Guia per co[...]

GW00374051

Fraseologia

ara [àrə] ...
ment; ...
fins ~, ...
but. ||
though...

Anglès americà

armeri[...]
mory.

Verbs irregulars | **atendre** [ətèndrə] *i.* to pay attention to. ■ 2 *t.* to take into account. 3 to attend to; to serve [shops]. ▲ CONJUG. GER.: *ateŋent.* || P. P.: *atès.* || SUBJ. Pres.: *atengui, atenguis,* etc. | Imperf.: *atengués, atenguessis,* etc. | Irregular verbs

Aclariments semàntics | **batut, -uda** [bətút, -úðə] *a.* threshed. 2 beaten. ■ 3 *m.* bang, crack [heavy blow]. 4 shake [drink]. 5 *f.* beating, thrashing. 6 threshing. 7 *fer una batuda,* to raid. | Semantic explanations

Abreviatures | **BCN** *f. (Barcelona)* Barcelona. | Abbreviations

Tecnicisme | **caixa** [kàʃə] *f.* box; chest. || ~ *forta,* safe; AERON. ~ *negra,* black box, flight recorder. 2 ~ *d'estalvis,* savings bank. | Field label

Exemples d'ús | **calcinar** [kəlsinà] *t.* to calcine. || *el cotxe va quedar calcinat,* the car was completely burnt out. | Examples of use

Topònims | **Cambotja** [kəmbɔ́dʒə] *pr. n. f.* GEOGR. Cambodia. | Place names

Sigles | **DNI** [deenəi] *m. (Document Nacional d'Identitat)* identity card. | Acronyms

Noms propis | **Felip** [fəlip] *pr. n. m.* Philip. | Personal names

DICCIONARI ESSENCIAL
ANGLÈS · CATALÀ
CATALÀ · ANGLÈS

DICCIONARI ESSENCIAL
ANGLÈS · CATALÀ
CATALÀ · ANGLÈS

Primera Edició
Febrer, 1995

BIBLOGRAF

Han col·laborat en la redacció d'aquesta obra
sota la direcció i coordinació de l'Editor:

Equip de redacció:
  Núria Vilanova, Núria Font,
  Raphael Davies, Teresa Udina, Anna Jené.
Col·laboradors:
  Andrew Hastings, Andrew Sandilands,
  Suzanne MacNamee, Pilar Fornells.

© BIBLOGRAF, S.A.
Calàbria, 108
08015 Barcelona

Imprès a Espanya - Printed in Spain

ISBN: 84-7153-805-9
Dipòsit legal: B. 1.231-1995

Imprès per Romanyà Valls, S.A.
Pl. Verdaguer, 1
08786 CAPELLADES (Barcelona)

PRÒLEG

Aquest nou diccionari VOX anglès-català, català-anglès no ha volgut ésser un llibre massa exhaustiu, poc convenient per a l'usuari que no té un coneixement suficient de l'altra llengua, ni tampoc un simple llistat de vocabulari; és per això que se situa en un terme mitjà, i cobreix d'aquesta manera un buit important en la lexicografia bilingüe d'ambdues llengües.

El format, el nombre d'entrades (18 000 a cada banda), l'estructura dels articles i el contingut d'aquests fan del nou VOX un instrument de treball molt útil per als estudiants, catalanoparlants i angloparlants, que s'inicien en l'aprenentatge de l'altra llengua, i també per a qualsevol persona que necessiti una eina de consulta.

Les paraules que s'han seleccionat per a aquest diccionari són d'ús general; s'ha evitat d'incloure-hi mots massa formals o obsolets, terminologia especialitzada i argot sempre que no formin part de la llengua estàndard. Així mateix, de cada entrada se n'ha donat la traducció o traduccions més corrents i, mitjançant etiquetes especials, se n'ha indicat, quan ha estat necessari, el camp d'especialitat o el nivell de llenguatge. Exemples i fraseologia en general ens han ajudat a il·lustrar millor algunes de les accepcions, alhora que ens han permès de donar els usos figurats i idiomàtics més corrents de certes paraules.

En el cos del diccionari hi ha també noms propis de persona, topònims, sigles, els verbs irregulars anglesos, algunes variants de l'anglès americà i, el que és un dels elements més innovadors d'aquesta obra, una quantitat considerable de veus del valencià, del baleàric, del rossellonès i del català nord-occidental.

Totes les entrades, tret d'algunes sigles, van acompanyades de la corresponent transcripció fonètica.

PREFACE

The new VOX English-Catalan/Catalan-English dictionary is not intended to be an exhaustive treatment of the languages; this would make it inappropriate for beginners in either of the two. Nor is it a mere list of words and equivalents. Instead, we have situated the dictionary mid-way between these two extremes, so that it fills a significant gap in the lexicography of English and Catalan.

The new VOX dictionary's general layout, its number of entries (18 000 in each section), the internal structure and content of its entries, combine to make it a very useful tool for both English-speaking and Catalan-speaking students, whether as a guide at the outset of their studies of the other language, or as a constant source of reference.

The words selected for inclusion in this dictionary are in common use. We have avoided either excessively formal or obsolete words; neither have we included slang and technical or other specialized terminology where this is not part of standard English or Catalan. Every headword has been translated into the equivalent or equivalents in most common use, whilst with the aid of special labels we have indicated register and special fields of use and meaning. We have used examples and phraseology in general to illustrate better certain meanings and to present the most common figurative and idiomatic senses of certain words.

Included in this dictionary are: personal names, place names, acronyms and common abbreviations, English irregular verbs and American English equivalents, where they differ from British English. We have also included a sizeable number of words drawn from Valencian and North-Western Catalan as well as from Catalan spoken in the Balearic Islands and Rousillon.

Headwords, with the exception of a few abbreviations, are given with their phonetic transcription using IPA symbols.

ÍNDEX/CONTENTS

Pàg.

PRÒLEG V
PREFACE VII

Abreviatures usades en aquest diccionari XIII
Gramàtica anglesa XV
Principals sufixos de la llengua anglesa XXXI
Diccionari anglès-català 1

Abbreviations used in this dictionary III
Catalan grammar V
Common Catalan suffixes XXXI
Catalan-English Dictionary 1

ANGLÈS-CATALÀ

Abreviatures usades en aquest diccionari

a.: adjectiu
abrev., *abrev*.: abreviatura
ACÚST.: acústica
adj.: adjectiu
adv., *adv*.: adverbi
AERON.: aeronàutica
AGR.: agricultura
ALIM.: alimentació; indústries alimentàries
ANAT.: anatomia
(ANG.): Anglaterra
angl.: anglicisme
ant.: antic, antigament
ANTROP.: antropologia
arg.: argot
ARIT.: aritmètica
ARM.: armament
ARQ.: arquitectura
ARQUEOL.: arqueologia
art.: article
ASTR.: astronomia; astrologia
AUTO.: automòbil; automobilisme
aux.: verb auxiliar
AVIA.: aviació

(BAL.): Illes Balears
B. ART.: belles arts
BIB.: Bíblia
BIOL.: biologia
BOT.: botànica

CARN.: carnisseria
cast.: castellanisme
CINEG.: cinegètica
CINEM.: cinematografia
CLIMAT.: climatologia
col·loq.: col·loquial
COM.: comerç
compar.: comparatiu
COND.: condicional
conj.: conjunció
CONJUG.: conjugació
CONSTR.: construcció
contr.: contracció
cop.: copulatiu
COSM.: cosmètica
COST.: costura
CUL.: cuina

def.: definit
defec.: defectiu
DIB.: dibuix
dim.: diminutiu
DISS.: disseny

ECLES.: eclesiàstic; església
ECO.: economia
ELECT.: electricitat
ENOL.: enologia
ENSENY.: ensenyament
ENT.: entomologia
EQUIT.: equitació
(ESC.): Escòcia
ESGR.: esgrima
esp.: especialment
(EUA): Estats Units d'Amèrica

f.: femení; nom femení
FERROC.: ferrocarrils
fig.: figurat
FIL.: filosofia
FÍS.: física
FISIOL.: fisiologia
form.: formal
FORT.: fortificació
FOT.: fotografia
FUST.: fusteria
Fut., *fut*.: futur

(GAL·LES): País de Gal·les
gal·lic.: gal·licisme
GASTR.: gastronomia
(GB): Gran Bretanya
GEMM.: gemmologia
GENEAL.: genealogia
GEOGR.: geografia
GEOL.: geologia
GEOM.: geometria
ger.: gerundi
GRÀF.: arts gràfiques
gralnt.: generalment
GRAM.: gramàtica

HERÀLD.: ciència heràldica
HIST.: història
HOST.: hosteleria

i., *i*.: verb intransitiu
ICT.: ictiologia
IMPER.: imperatiu
imperf.: imperfet
impers.: verb impersonal
IMPR.: impremta
IND.: indústria
indef.: indefinit
INDIC., *indic*.: indicatiu
inf.: infinitiu
INFORM.: informàtica

interj.: interjecció
interrog.: interrogatiu
iròn.: usat irònicament
irreg.: irregular

JOI.: joieria

LING.: lingüística
LIT.: literatura
liter.: literari
LITÚRG.: litúrgia
LOC.: locució
loc. adv.: locució adverbial
loc. conj.: locució conjuntiva
loc. prep.: locució prepositiva
LÒG.: lògica

m.: masculí; nom masculí
MAR.: marina; marítim
MAT.: matemàtiques
MEC.: mecànica
MED.: medicina
METAL.: metal·lúrgia
METEOR.: meteorologia
MÈTR.: mètrica
MIL.: militar; milícia
MIN.: mineria
MINER.: mineralogia
MIT.: mitologia
MOBL.: mobiliari
MÚS.: música

NÀUT.: nàutica
neg.: negatiu
NEG.: negocis
n. pr.: nom propi

ODONT.: odontologia
(OCC.): català occidental
ORN.: ornitologia
ÒPT.: òptica

p.: verb pronominal
PART. PASS.: participi passat
pej.: pejoratiu
PERIOD.: periodisme
pers.: persona, persones; personal
pl.: plural

poèt.: poètic
POL.: política
pop.: popular
poss.: possessiu
p. p.: participi passat
pref.: prefix
prep.: preposició
Pres.: present
Pret.: pretèrit
pron.: pronom
PSICOL.: psicologia

QUÍM.: química

RADIO.: radiotelefonia, radiotelegrafia
RAMA.: ramaderia
ref.: verb reflexiu
REL.: religió
(ROSS.): Rosselló

s.: substantiu
SAN.: sanitat
sing.: singular
Subj.: subjuntiu
superl.: superlatiu

t., *t.*: verb transitiu
TEAT.: teatre
TECNOL.: tecnologia
TELEF.: telefonia
TELEGR.: telegrafia
TELEV.: televisió
TEOL.: teologia
TÈXT.: tèxtil
TIPOGR.: tipografia

us.: usat

(VAL.): País Valencià
VET.: veterinària
vulg.: vulgar

ZOOL.: zoologia

■ canvi de categoria gramatical
▲ explicació gramatical
‖ introdueix fraseologia
~ substitueix la paraula de l'entrada

Gramàtica anglesa

Fonètica

Les entrades angleses d'aquest diccionari porten una transcripció fonètica basada en el sistema de l'Associació Fonètica Internacional (AFI). Aquesta és una relació dels símbols emprats.

Les consonants

[p]	pan [pæn], happy [ˈhæpi], slip [slip].
[b]	big [big], habit [ˈhæbit], stab [stæb].
[t]	top [tɔp], sitting [ˈsitiŋ], bit [bit].
[d]	drip [drip], middle [ˈmidl], rid [rid].
[k]	card [kɑːd], maker [ˈmeikəˈ], sock [sɔk].
[g]	god [gɔd], mugger [ˈmʌɡəˈ], dog [dɔg].
[tʃ]	chap [tʃæp], hatchet [ˈhætʃit], beach [biːtʃ].
[dʒ]	jack [dʒæk], digest [daiˈdʒest], wage [weidʒ].
[f]	wish [wiʃ], coffee [ˈkɔfi], wife [waif].
[v]	very [veri], never [ˈnevəˈ], give [giv].
[θ]	thing [θiŋ], cathode [ˈkæθoud], filth [filθ].
[ð]	they [ðei], father [ˈfɑːðəˈ], loathe [louð].
[s]	spit [spit], spaces [ˈspeisiz], niece [niːs].
[z]	zoo [ˈzuː], weasel [ˈwiːzl], buzz [bʌz].
[ʃ]	show [ʃou], fascist [fæˈʃist], gush [gʌʃ].
[ʒ]	gigolo [ˈʒigəlou], pleasure [ˈpleʒəˈ], massage [ˈmæsɑːʒ].
[h]	help [help], ahead [əˈhed].
[m]	moon [muːn], common [ˈkɔmən], came [keim].
[n]	nail [neil], counter [ˈkauntəˈ], shone [ʃɔn].
[ŋ]	finger [ˈfʌŋɡəˈ], sank [sæŋk], thing [θiŋ].
[l]	light [lait], illness [ˈilnis], bull [bul].
[r]	rug [rʌg], merry [ˈmeri].
[j]	joung [jʌŋ], university [juːniˈvəːsiti], Europe [ˈjuərəp].
[w]	want [wɔnt], rewind [riːˈwaind].
[x]	loch [lɔx].
[ˈ]	se l'anomena *linking r* i es troba únicament a final de paraula. Només es pronuncia quan la paraula següent comença per una vocal: mother and father [ˈmʌðərənˈfɑːðəˈ].

Les vocals i els diftongs

[iː]	sheep [ʃiːp], sea [siː], scene [siːn], field [fiːld].
[i]	ship [ʃip], pity [ˈpiti], roses [ˈrouziz], babies [ˈbeibiz], college [ˈkɔlidʒ].
[e]	shed [ʃed], instead [inˈsted], any [ˈeni], bury [ˈberi], friend [frend].

[æ]	fat [fæt], thank [θæŋk], plait [plæt].
[ɑ:]	rather ['rɑ:ðə'], car [kɑ:], heart [hɑ:t], clerk [klɑ:k], palm [pɑ:m], aunt [ɑ:nt].
[ɔ]	lock [lɔk], wash [wɔʃ], trough [trɔf], because [bi'kɔz].
[ɔ:]	horse [hɔ:s], straw [strɔ:], fought [fɔ:t], cause [kɔ:z], fall [fɔ:l], boar [bɔ:'], door [dɔ:'].
[u]	look [luk], pull [pul], woman ['wumən], should [ʃud].
[u:]	loop [lu:p], do [du:], soup [su:p], elude [i'lu:d], true [tru:], shoe [ʃu:], few [fju:].
[ʌ]	cub [kʌb], ton [tʌn], young [jʌn], flood [flʌd], does [dʌz].
[ə:]	third [ðə:d], herd [hə:d], heard [hə:d], curl [kə:l], word [wə:d], journey ['dʒə:ni].
[ə]	actor ['æktə'], honour ['ɔnə'], about [ə'baut].
[ei]	cable ['keibl], way [wei], plain [plein], freight [freit], prey [prei], great [greit].
[ou]	go [gou], toad [toud], toe [tou], though [ðou], snow [snou].
[ai]	lime [laim], thigh [θai], height [hait], lie [lai], try [trai], either ['aiðə'].
[au]	house [haus], cow [kau].
[ɔi]	toy [tɔi], soil [sɔil].
[iə]	near [niə'], here [hiə'], sheer [ʃiə'], idea [ai'diə], museum [mju:'ziəm], weird [wiəd], pierce [piəs].
[eə]	hare [heə'], hair [heə'], wear [weə'].
[uə]	pure [pjuə'], during ['djuərin], tourist ['tuərist].
[']	indica accent tònic primari a la síl·laba següent.
[,]	indica accent tònic secundari a la síl·laba següent.

Ortografia

1. El sufix -s/-es segons la forma de la rel.

a) Per formar la tercera persona del singular del present d'indicatiu s'afegeix **s** a l'infinitiu, però si l'infinitiu acaba en **-sh**, **-ch**, **-s**, **-x**, **-z** i, de vegades, **-o**, s'afegeix **es**. Idènticament quan s'afegeix **s** per formar el plural dels substantius. Vegeu també l'apartat sobre els substantius.

wish	- *wishes*		*fix*	- *fixes*
teach	- *teaches*		*buzz*	- *buzzes*
kiss	- *kisses*		*go*	- *goes*

b) Si la rel acaba en qualsevol consonant + **y**, aquesta es converteix en **i** i s'afegeix **-es**. Però si la **y** va precedida d'una vocal no experimenta cap canvi.

	fry	- *fries*	*worry*	- *worries*
però				
	play	- *plays*		

2. Canvis ortogràfics a la rel quan hi afegim certs sufixos.

a) Per formar el gerundi o participi present afegim **-ing** a l'infinitiu, però si l'infinitiu acaba en qualsevol consonant + **e**, aquesta desapareix. Si acaba en **-ie** aquesta combinació es converteix en **y**.

give	- *giving*		*die*	- *dying*
move	- *moving*		*lie*	- *lying*

b) Si es tracta d'una rel monosíl·laba que acaba en una sola consonant precedida d'una sola vocal, la consonant es duplica als següents casos: en afegir

-*ing* al verb per formar el gerundi o participi present
-*ed* al verb per formar el passat simple
-*er* al verb per formar l'agent,
-*er* o -*est* a l'adjectiu per formar el comparatiu i superlatiu

stab	- *stabbing*	*trek*	- *trekked*
swim	- *swimming*	*clap*	- *clapped*
run	- *runner*	*grin*	- *grinned*

però

sleep	- *sleeping*	*look*	- *looked*
pant	- *panting*	*grasp*	- *grasped*

sad	- *sadder, saddest*	*hot*	- *hotter, hottest*
wet	- *wetter, wettest*	*big*	- *bigger, biggest*

però

cold	- *colder, coldest*	*cool*	- *cooler, coolest*
dear	- *dearer, dearest*	*fast*	- *faster, fastest*

NB   Les consonants *y*, *w* i *x* no es dupliquen.

c) També es duplica la consonant final dels verbs de més d'una síl·laba si l'accent tònic recau a l'última síl·laba.

begin	- *beginning*	*admit*	- *admitted*
refer	- *referring*		

però

offer	- *offering*	*open*	- *opened*

Tot i així, si la consonant final és *l*, aquesta es duplica independentment d'on recaigui l'accent tònic. Vegeu també l'apartat 4f.

travel	- *travelling*	*model*	- *modelled*

d) Si la rel acaba en qualsevol consonant + *y*, en afegir -*ed* a la rel del verb o -*er* o -*est* a la de l'adjectiu, la *y* es converteix en *i*.

spy	- *spied*	*carry*	- *carried*
pretty	- *prettier, prettiest*		

e) Si un adjectiu acaba en -*y*, en formar l'adverbi afegint -*ly* la *y* es converteix en *i*.

happy	- *happily*	*gay*	- *gaily*

3. Les contraccions

En anglès familiar és molt freqüent l'ús de les formes contretes de certs verbs a les quals un apòstrof ocupa el lloc d'una lletra suprimida. Aquesta és una llista de les més usuals:

's	is, has	*'re*	are
've	have	*'d*	would, had
'm	am	*'ll*	will, shall
-*n't*	not	*can't*	cannot
won't	will not		

4. Diferències ortogràfiques entre l'anglès britànic i l'americà.

Hi ha certes diferències regulars entre l'ortografia britànica i l'americana. El punt de referència és sempre l'anglès britànic.

a) Algunes paraules que acaben en -*tre* s'escriuen amb -*ter* en l'anglès americà.

centre	- *center*	*mitre*	- *miter*
theatre	- *theater*		

b) Algunes paraules que acaben en *-our* s'escriuen amb *-or* en l'anglès americà.

harbour	- *harbor*	*vapour*	- *vapor*
colour	- *color*		

c) Algunes paraules que contenen el dígraf *ae* en l'anglès americà s'escriuen amb *e*.

mediaeval	- *medieval*	*gynaecology*	- *gynecology*

d) Algunes paraules que contenen el dígraf *oe* en l'anglès americà s'escriuen amb *eu*.

manoeuvre	- *maneuver*	*oestrogen*	- *estrogen*

e) Algunes paraules que acaben en *-ogue* acaben en *-og* en l'anglès americà.

catalogue	- *catalog*	*dialogue*	- *dialog*

f) Malgrat el que queda expressat a l'apartat 2c), mentre que en l'anglès britànic una *l* final sol duplicar-se independentment d'on recaigui el accent tònic, en l'anglès americà aquesta *l* només es duplica si l'accent recau a l'última síl·laba:

travel	- *traveled, traveling*
rebel	- *rebelled, rebelling.*

L'article

L'article indefinit

L'article indefinit és *a* i és invariable: *a man, a young woman, a boy a girl, a big dog, a tree, a planet.*
Davant de les paraules que comencin per vocal, *a* es converteix en *an*: *an apple, an eagle, an easy test, an Indian, an untidy room.*
Tot i així, una palabra pot començar per una vocal escrita i no començar per un so vocàlic: això passa amb les paraules que comencen per *eu-* i algunes de les que comencen per *u-* (vegeu les transcripcions fonètiques al diccionari). En aquests casos s'empra *a* per comptes de *an*: *a European, a euphemistic expression; a union, a university professor.*
De la mateixa manera, si una *h* inicial es pronuncia s'emprarà *a*, i si és muda *an*: *a house, a helpful person*, però *an hour, an honest man.*

L'article indefinit només es posa davant dels substantius en singular.

a dog	un gos	*dogs*	uns gossos
an eel	una angula	*eels*	unes angules
an old house	una casa antiga	*old houses*	cases antigues

L'article definit

L'article definit és *the* i és invariable. Serveix tant per al singular com per al plural: *the man, the men, the woman, the women, the children, the earth, the sea.* Es pronuncia [ðə], però davant les paraules que comencin per un so vocàlic la seva pronunciació és [ði].

El substantiu

Gènere

En anglès, a diferència del català, els substantius manquen de gènere gramatical i els articles i adjectius són invariables. Només alguns noms referents a les persones tenen forma femenina i en alguns casos existeixen paraules diferents per a designar masculí i femení:

actor	- *actress*	*prince*	- *princess*	*host*	- *hostess*
king	- *queen*	*boy*	- *girl*	*son*	- *daughter*
cock	- *hen*	*bull*	- *cow*	*ram*	- *ewe*

El genitiu saxó

Per indicar la relació de posseïdor/possessió en anglès s'utilitza l'anomenat genitiu saxó, que consisteix en afegir 's al posseïdor col·locant-lo davant d'allò que és posseït. S'aplica per a persones i també per als animals:

Lawrence's mother	la mare de Lawrence
the boy's bicycle	la bicicleta del noi
my teacher's glasses	les ulleres del meu professor
the government's policies	la política del govern
our dog's tail	la cua del nostre gos

Si el posseïdor està en plural i acaba en -s, per comptes d'afegir 's afegim únicament l'apòstrof, però si es tracta de un plural irregular que no acaba en -s s'afegeix 's:

the boys' bicycles	les bicicletes dels nois
my parents' car	el cotxe dels meus pares
your children's toys	els juguets dels teus nens
men's trousers	pantalons d'home

Si el posseïdor acaba en -s al singular es sol afegir 's, encara que hi afegim només l'apòstrof a alguns noms estrangers, antics o clàssics:

Charles's wife	la dona de Charles
Mrs Jones's house	la casa de la Sra. Jones
Cervantes' novels	les novel·les de Cervantes
Aristophanes' plays	les obres d'Aristòfanes

Substantius comptables i incomptables

En anglès els substantius són comptables o incomptables. Els primers poden ser comptats i, per tant, poden optar a tenir singular i plural: *boy, boys; knife, knives; pencil, pencils.* És evident que els nois, ganivets i llapis es poden comptar. En canvi, *electricity* és incomptable, l'electricitat no es pot comptar.

Mentre que els comptables poden tenir singular i plural, els incomptables només tenen forma singular: *furniture, advice, news, information, health, chaos, honesty, peace.* Tot i així, alguns d'aquests substantius incomptables poden comptar-se mitjançant l'ús de *a piece of:*

furniture	els mobles	*a piece of furniture*	un moble
advice	els consells	*two pieces of advice*	dos consells
news	les notícies	*three pieces of news*	tres notícies

Plurals irregulars

La majoria de substantius en anglès són regulars i el plural es forma afegint -s (o -es, vegeu l'apartat 1 de la secció d'ortografia) a la forma del singular. Existeixen plurals irregulars i formes invariables, però també hi ha el que podríem anomenar "irregularitats regulars".

Els substantius que acaben en -o poden formar el plural afegint-hi -s, -es, o bé qualsevol de les dues terminacions.

Formen el plural afegint -s: *albino, avocado, bingo, cameo, casino, cello, concerto, contralto, duo, dynamo, ego, embryo, giro, hairdo, igloo, impresario, inferno, jumbo, nuncio, patio, photo, piano, pimento, pistachio, poncho, portfolio, radio, ratio, rodeo, scenario, shampoo, silo, solo, soprano, stereo, studio, taboo, tango, tattoo, tempo, to-do, torso, trio, tuxedo, two, ufo, video, violoncello, virtuoso, voodoo, zoo.*

Formen el plural afegint -es: *buffalo* (també invariable), *commando, domino, echo, embargo, go, hero, negro, potato, tomato, torpedo, vertigo, veto, weirdo.*

Formen el plural de totes dues maneres: *archipelago, banjo, calico, cargo, fiasco, flamingo, fresco, ghetto, halo, indigo, innuendo, lasso, mango, manifesto, memento, mosquito, motto, proviso, tobacco, tornado, volcano, zero.*

Els substantius que acaben en -*f* poden formar el plural afegint -*s*, canviant la *f* per *v* i afegint -*es*, o bé de qualsevol de les dues maneres. Els que acaben en -*ff* sempre (excepció feta del cas de *staff*, que també té un plural irregular) formen el plural afegint-hi una sola *s*.

El plural acaba en -*fs* a: *aperitif, belief, brief, chef, chief, clef, gulf, handkerchief, motif, oaf, poof, proof, reef, reproof, roof, spoof, surf, waif*.

El plural acaba en -*ves* en: *calf, elf, half, knife, leaf, loaf, scarf, self, sheaf, shelf, thief, wolf, yourself*.

El plural acaba de qualsevol de les dues formes en: *dwarf, hoof, turf, wharf*.

Els substantius que acaben en -*fe* solen formar el plural en -*ves* com en el cas de: *housewife, jack-knife, knife, life, midwife, penknife* i *wife*, mentre que *safe* i els acabats en -*ffe* només afegeixen una -*s*.

El pronom

Quadre de pronoms i adjectius possessius

pronom subjecte	pronom complement directe/indirecte	adjectiu possessiu	pronom possessiu	pronom reflexiu
I	me	my	mine	myself
you	you	your	yours	yourself
he	him	his	his	himself
she	her	her	hers	herself
it	it	its	—	itself
we	us	our	ours	ourselves
you	you	your	yours	yourselves
they	them	their	theirs	themselves

Els pronoms subjecte
En anglès el pronom subjecte ha de figurar sempre:
> *I was very pleased to see him there*,

encara que en una mateixa frase no és necessari repetir el pronom si el subjecte no canvia:
> *She locked the door and then put the key in her pocket.*

Els pronoms de complement directe/indirecte
El pronom de complement directe es col·loca darrera del verb que complementa:
> *She shot him; I washed and dried it.*

El pronom de complement indirecte, si acompanya un complement directe que és un substantiu, es col·loca també darrera del verb que complementa:
> *She made me a cake; I gave him the keys*,

però quan acompanya un complement directe que és pronom és més habitual emprar les preposicions *to* o *for*. Fixeu-vos també en el canvi d'ordre:
> *She made it for me; I gave them to him.*

El pronom amb funció de complement també s'empra:
1 - darrera d'una preposició:
> *She goes out with him; Look at them.*
2 - darrera de *than* i *as ... as ...* en els comparatius:
> *He's taller than her; She's as quick as him.*
3 - en anglès informal, darrera del verb *to be*:
> *It's me, John; It wasn't me, it was him.*
4 - per a respostes curtes com ara:
> *Who's got my pencil? —Me!*

Els adjectius possessius

Els adjectius possessius no varien segons allò que és posseït, sinó segons el posseïdor:
my sister, my sisters; their friend, their friends.

Els pronoms possessius

Els pronoms possessius s'empren per substituir l'estructura adjectiu possessiu + nom:
This is my car. Where's yours? (= your car); His family is bigger than mine. (= my family).

Els pronoms reflexius

Els pronoms reflexius s'empren:
1 - quan el subjecte i el complement del verb són els mateixos:
    I've hurt myself; Please help yourselves!
2 - quan volem remarcar que és una persona i no una altra qui realitza l'acció:
    If nobody will do it for me, I'll have to do it myself.

El pronom impersonal

En anglès col·loquial emprem *you* com pronom impersonal, mentre que en anglès formal s'empra *one*:
    You push this button if you want tea; You can't drive a car if you're under 17.
    One must be sure before one makes such serious accusations.

L'adjectiu

General

Els adjectius en anglès són invariables i quasi sempre van davant dels substantius: *an old man, an old woman; old men, old women*.

Poden anar després dels següents verbs: *be, look, seem, appear, feel, taste, smell, sound*.

Si un substantiu en una expressió numèrica s'empra com adjectiu, sempre va en singular: *a two-mile walk; an eight-hour day*.

El comparatiu i el superlatiu

Els comparatius s'empren per comparar una o dues persones, coses, etc., amb una altra o unes altres. Els superlatius els utilitzem per comparar una persona o cosa d'un grup amb dues o més persones o coses del mateix grup.

Afegeixen per a la rel -*er* per al comparatiu i -*est* per al superlatiu:
- els adjectius d'una sola síl·laba:

big	*bigger*	*biggest*
cold	*colder*	*coldest*.

- els de dues síl·labes que acaben en -*y*:

pretty	*prettier*	*prettiest*.

Formen el comparatiu amb *more* i el superlatiu amb *most*:
- la majoria de la resta d'adjectius de dues síl·labes:

boring	*more boring*	*the most boring*.

- els de tres i més síl·labes:

beautiful	*more beautiful*	*the most beautiful*.

Poden formar el comparatiu i superlatiu de qualsevol de les dues maneres els adjectius de dues síl·labes acabats en -*er*, -*ure*, -*le* i -*ow*, així com (entre d'altres) *common, quiet, tired, pleasant, handsome, stupid, cruel, wicked* i *polite*, encara que és més habitual la forma amb *more* i *most*.

Són irregulars els següents:

good	*better*	*best*
bad	*worse*	*worst*
far	*farther/further*	*farther/furthest*.

L'adverbi

General

Els adverbis poden formar-se molt sovint a partir dels adjectius afegint-hi *-ly*: *sad - sadly*, *quick - quickly*, *happy - happily*, *beautiful - beautifully*.

Si l'adjectiu acaba en *-ly* això no és possible: els adjectius *lovely*, *friendly*, *ugly*, *lonely* i *silly*, entre d'altres, no tenen adverbi corresponent.

En alguns casos aquesta formació d'un adverbi comporta canvis ortogràfics. Vegeu l'apartat d'ortografia.

Alguns adverbis tenen la mateixa forma que l'adjectiu corresponent: *hard*, *late*, *early*, *fast*, *far*, *much*, *little*, *high*, *low*, *near*.

Alguns adverbis canvien de sentit respecte de l'adjectiu al qual corresponen:

hard	= dur/durament	*hardly*	= a penes
late	= tard	*lately*	= últimament
near	= proper	*nearly*	= gairebé
high	= alt	*highly*	= molt o molt favorablement

Posició

Encara que els adverbis poden anar al començament de la frase, la posició més freqüent és després del verb i del complement. Tot i així hi ha certs adverbis que solen anar davant del verb (després del primer auxiliar si és un temps compost) i després del verb *be*. Els més freqüents d'aquest grup són *always*, *usually*, *generally*, *normally*, *often*, *sometimes*, *occasionally*, *seldom*, *rarely*, *never*, *almost*, *just*, *still*, *already* i *only*.

El comparatiu i el superlatiu

La regla general és com la dels adjectius; els adverbis de dues o més síl·labes anteposen sempre *more* per a la comparació i *most* per al superlatiu, i els d'una sola síl·laba afegeixen els sufixos *-er* per al comparatiu i *-est* per al superlatiu:

quickly	*more quickly*	*most quickly*
beautifully	*more beautifully*	*most beautifully*

fast	*faster*	*fastest*
hard	*harder*	*hardest*
near	*nearer*	*nearest*
però		
early	*earlier*	*earliest*

Són irregulars:

well	*better*	*best*
badly	*worse*	*worst*
little	*less*	*least*
much	*more*	*most*
far	*farther/further*	*farthest/furthest*
late	*later*	*last*

El verb

Conjugació

La conjugació del verb anglès és senzilla. La majoria dels verbs anglesos són regulars i passat simple i participi passat es formen afegint-hi *-ed* a la rel, i només *-d* si la rel ja té *-e* final. El participi present es forma afegint *-ing* a la rel. Vegeu també la secció d'ortografia.

Infinitiu	Passat simple	Participi passat	Participi present
sail	*sailed*	*sailed*	*sailing*
grab	*grabbed*	*grabbed*	*grabbing*
kiss	*kissed*	*kissed*	*kissing*
waste	*wasted*	*wasted*	*wasting*

Pronunciació del passat i participi passat regulars

El sufix *-ed* sempre s'escriu igual, però es pronuncia de tres maneres diferents segons la pronunciació (fixeu-vos en la transcripció fonètica) de la rel a la qual s'afegeix.

Es pronuncia [d] si la rel acaba en una consonant sonora [b], [g], [dʒ], [v], [ð], [z], [ʒ], [m], [n] i [l] o qualsevol vocal:

- *stabbed* [stabd], *begged* [begd], *opened* ['əupənd], *filled* [fild], *vetoed* ['viːtəud].

Es pronuncia [t] si la rel acaba en una consonant sorda [p], [k], [tʃ], [f], [θ], [s], [ʃ]:

- *clapped* [klapt], *licked* [likt], *kissed* [kʌst], *wished* [wiʃt].

Es pronuncia [id] si la rel acaba en [t] o [d];

- *tasted* ['teistid], *defended* [diˈfendid].

Per als verbs irregulars vegeu la taula al final d'aquesta secció i les respectives entrades.

Phrasal verbs

Els *phrasal verbs* o verbs preposicionals són molt nombrosos en anglès. En afegir una partícula adverbial o una preposició a un verb, el significat original del verb es modifica o canvia totalment.

put (posar)	*put out* (apagar)
turn (girar)	*turn on* (encendre)

La formació dels temps verbals

Present simple

Té la mateixa forma que l'infinitiu del verb per a totes les persones excepte a la tercera persona del singular, a la qual s'afegeix la terminació *-s* o *-es* (vegeu l'apartat d'ortografia):

I sail	*we sail*
you sail	*you sail*
he/she/it sails	*they sail*

Els verbs *to be* i *to have* són irregulars:

I am	*we are*	*I have*	*we have*
you are	*you are*	*you have*	*you have*
he/she/it is	*they are*	*he/she/it has*	*they have*

Present continu

Es forma amb el present del verb *to be* + el participi present:

I am resting, you are painting, etc.

Pretèrit perfet

Es forma amb el present del verb *to have* + el participi passat:

He has arrived, they have just left, etc.

Pretèrit perfet continu

Es forma amb el present del verb *to have* + *been* + el participi present:

I have been dreaming, we have been riding, etc.

Passat simple

Vegeu el començament d'aquesta secció i la taula de verbs irregulars. El verb *to be* és irregular:

I was	*we were*
you were	*you were*
he/she/it was	*they were*

Passat continu

Es forma del passat simple de *to be* + el participi present:

It was raining, they were laughing, etc.

Plusquamperfet
Es forma del passat simple de *to have* + el participi passat:

> *I had lost my slippers, the dog had taken them,* etc.

Plusquamperfet continu
Es forma del passat simple de *to have* + *been* + el participi passat:

> *He had been repairing his motorbike,* etc.

Futur
Es forma de *will/shall* + l'infinitiu. (Com a norma general *will* s'empra per a totes les persones, encara que, en el llenguatge formal, *shall* el substitueix en la primera primera persona tant del singular com del plural):

> *It will be here next week,* etc.

Futur continu
Es forma de *will/shall* + *be* + el participi present:

> *They will be lying on the beach,* etc.

Futur perfet
Es forma de *will/shall* + *have* + participi passat:

> *I will have finished in ten minutes, etc.*

Futur perfet continu
Es forma de *will/shall* + *have* + *been* + participi present:

> *We will have been living here for forty years,* etc.

Les oracions condicionals
Aquí mencionarem els tres tipus bàsics d'oracions condicionals de l'anglès, les anomenades reals, irreals i impossibles. Les construccions 1) i 2) fan referència al present i futur, mentre que 3) descriu situacions en el passat.

1) Condicional real (first conditional)
   If + present simple   *will/shall* + infinitiu
   If it snows this week,   *we will go skiing on Saturday*
2) Condicional irreal (second conditional)
   If + passat simple   *would* + infinitiu
   If we had a corkscrew,   *we would be able to open the bottle*
3) Condicional impossible (third conditional)
   If + plusquamperfet   *would have* + participi passat
   If you had run a little faster,   *you would have caught the train.*

La veu passiva
La veu passiva és freqüent en anglès. Es forma de la següent manera: s'inverteixen el subjecte i el complement directe, i es posa el verb *be* en el mateix temps que el verb de la frase activa, seguit del participi passat del verb, i es col·loca la partícula *by* davant del subjecte:

John broke the window	-	*The window was broken by John*
Leeds United have beaten Stoke City	-	*Stoke City have been beaten by Leeds United*

Sovint s'utilitza per donar més èmfasi al complement directe o quan el subjecte no es coneix o no té gaire importància:

The police will tow away your car	-	*Your car will be towed away (by the police)*
Someone has stolen my pen	-	*My pen has been stolen.*

L'imperatiu

Tant en singular com en plural, l'imperatiu es forma amb l'infinitiu sense *to*:

> **Shut up!; Open this door!; Give me my umbrella!**

Les oracions negatives es formen amb **do not (don't)** + infinitiu:

> **Do not feed the animals!; Don't put your feet on the chair!**

Emprem **let's (let us)** + infinitiu (sense *to*) com imperatiu per a la primera persona del plural o per fer suggerències:

> **Let's watch the other channel; Let's not quarrel** o **Don't let's quarrel**.

La construcció de les frases negatives i interrogatives

Negatives

Els temps compostos formen les frases negatives intercalant **not** després del verb auxiliar:

He has finished	-	*He has not finished*
It is raining	-	*It is not raining*
She will see you later	-	*She will not see you later*

En el present simple la negació es forma emprant l'infinitiu del verb (que és invariable) junt amb el verb auxiliar **do** (**does** per a la tercera persona singular) seguit de **not**:

He works on Saturdays	-	*He does not work on Saturdays*
You make a lot of mistakes	-	*You do not make a lot of mistakes*

Per al passat simple l'auxiliar **do/does** pren la forma del passat **did**, mentre que el verb principal es manté en infinitiu:

He worked last Saturday	-	*He did not work last Saturday*
You made a lot of mistakes	-	*You did not make a lot of mistakes*

Interrogatives

En els tiemps compostos es formen les frases interrogatives anteposant el verb auxiliar al subjecte:

She is having a shower	-	*Is she having a shower?*
We shall come to help you	-	*Shall we come to help you?*

En el present simple es formen emprant l'infinitiu del verb (que és invariable) junt amb el verb auxiliar **do** (**does** per a la tercera persona singular), el qual es col·loca abans del subjecte:

He works on Saturdays	-	*Does he work on Saturdays?*
They eat fish	-	*Do they eat fish?*

Per al passat simple l'auxiliar **do/does** pren la forma del passat **did**:

He worked last Saturday	-	*Did he work last Saturday?*
They ate all of it	-	*Did they eat all of it?*

Taula de verbs irregulars

Infinitiu	Passat simple	Participi passat
arise	arose	arisen
awake	awoke	awaked/awoken
be	was, were	been
bear	bore	borne/born
beat	beat	beaten

become	became	become
begin	began	begun
behold	beheld	beheld
bend	bent	bent
beseech	besought/beseeched	besought/beseeched
beset	beset	beset
bid	bid	bid
bid	bid/bade	bid/bidden
bide	bode/bided	bided
bind	bound	bound
bite	bit	bitten
bleed	bled	bled
blow	blew	blown
break	broke	broken
breed	bred	bred
bring	brought	brought
broadcast	broadcast	broadcast
build	built	built
burn	burnt/burned	burnt/burned
burst	burst	burst
buy	bought	bought
can	could	-
cast	cast	cast
catch	caught	caught
choose	chose	chosen
cleave	cleft/cleaved/clove	cleft/cleaved/cloven
cling	clung	clung
clothe	clothed/clad	clothed/clad
come	came	come
cost	cost	cost
creep	crept	crept
crow	crowed/crew	crowed
cut	cut	cut
deal	dealt	dealt
do	did	done
dig	dug	dug
draw	drew	drawn
dream	dreamed/dreamt	dreamed/dreamt
drink	drank	drunk
drive	drove	driven
dwell	dwelt	dwelt
eat	ate	eaten
fall	fell	fallen
feed	fed	fed
feel	felt	felt
fight	fought	fought
find	found	found
flee	fled	fled
fling	flung	flung
fly	flew	flown
forbear	forbore	forborne
forbid	forbade	forbidden
forecast	forecast/forecasted	forecast/forecasted
for(e)go	for(e)went	for(e)gone
foresee	foresaw	foreseen
foretell	foretold	foretold
forget	forgot	forgotten
forgive	forgave	forgiven
forsake	forsook	forsaken
freeze	froze	frozen

get	got	got, USA gotten
give	gave	given
go	went	gone
grind	ground	ground
grow	grew	grown
have	had	had
hang	hung/hanged[1]	hung/hanged[1]
hear	heard	heard
hide	hid	hidden/hid
hit	hit	hit
hold	held	held
hurt	hurt	hurt
input	input	input
keep	kept	kept
kneel	knelt	knelt
knit	knit/knitted	knit/knitted
know	knew	known
lay	laid	laid
lead	led	led
lean	leant/leaned	leant/leaned
leap	leapt/leaped	leapt/leaped
learn	learnt/learned	learnt/learned
leave	left	left
lend	lent	lent
let	let	let
lie	lay	lain
light	lighted/lit	lighted/lit
lose	lost	lost
make	made	made
may	might	-
mean	meant	meant
meet	met	met
mislead	misled	misled
misread	misread	misread
misspell	misspelled/misspelt	misspelled/misspelt
mistake	mistook	mistaken
mow	mowed	mowed/mown
offset	offset	offset
outdo	outdid	outdone
outgrow	outgrew	outgrown
overcome	overcame	overcome
overdo	overdid	overdone
overhear	overheard	overheard
override	overrode	overridden
overrun	overran	overrun
oversee	oversaw	overseen
oversleep	overslept	overslept
overtake	overtook	overtaken
overthrow	overthrew	overthrown
pay	paid	paid
prove	proved	proved/proven
put	put	put
read	read	read
rebuild	rebuilt	rebuilt
rend	rent	rent
rid	rid/ridded	rid/ridded
ride	rode	ridden
ring	rang	rung
rise	rose	risen
run	ran	run

saw	sawed	sawed/sawn
say	said	said
see	saw	seen
seek	sought	sought
sell	sold	sold
send	sent	sent
set	set	set
sew	sewed	sewed/sewn
shake	shook	shaken
shear	sheared	sheared/shorn
shed	shed	shed
shine	shone	shone
shoe	shod	shod
shoot	shot	shot
show	showed	showed/shown
shrink	shrank	shrunk
shut	shut	shut
sing	sang	sung
sink	sank	sunk
sit	sat	sat
slay	slew	slain
sleep	slept	slept
slide	slid	slid
sling	slung	slung
slink	slunk	slunk
slit	slit	slit
smell	smelled/smelt	smelled/smelt
sow	sowed	sown
speak	spoke	spoken
speed	speeded/sped	speeded/sped
spell	spelled/spelt	spelled/spelt
spend	spent	spent
spill	spilled/spilt	spilled/spilt
spin	spun/span	spun
spit	spat	spat
split	split	split
spoil	spoiled/spoilt	spoiled/spoilt
spread	spread	spread
spring	sprang	sprung
stand	stood	stood
steal	stole	stolen
stick	stuck	stuck
sting	stung	stung
stink	stank/stunk	stunk
strew	strewed	strewed/strewn
stride	strode	stridden
strike	struck	struck
string	strung	strung
strive	strove	striven
sublet	sublet	sublet
swear	swore	sworn
sweep	swept	swept
swell	swelled	swollen
swim	swam	swum
swing	swung	swung
take	took	taken
teach	taught	taught
tear	tore	torn
tell	told	told
think	thought	thought

thrive	throve/thrived	thrived/thriven
throw	threw	thrown
tread	trod	trodden/trod
undercut	undercut	undercut
undergo	underwent	undergone
understand	understood	understood
undertake	undertook	undertaken
underwrite	underwrote	underwritten
undo	undid	undone
unwind	unwound	unwound
uphold	upheld	upheld
upset	upset	upset
wake	woke	woken
waylay	waylaid	waylaid
wear	wore	worn
wed	wedded/wed	wedded/wed
weep	wept	wept
win	won	won
withdraw	withdrew	withdrawn
withhold	withheld	withheld
withstand	withstood	withstood
wring	wrung	wrung
write	wrote	written

[1] Vegeu l'entrada.

Principals sufixos de la llengua anglesa

-able, -ible: corresponen als catalans **-able, -ible**: *acceptable* (acceptable); *impossible* (impossible); *responsible* (responsable)

-dom: denota domini, càrrec, conjunt, condició: *kingdom* (regne); *freedom* (llibertat); *martyrdom* (martiri)

-ed: correspon a **-ut/-uda, -at/-ada**: *bearded* (barbut); *explained* (explicat)

-ee: indica la persona que és objecte de l'acció: *employee* (empleat)

-eer: indica ocupació o ofici: *engineer* (enginyer)

-er: 1) correspon a **-dor/-dora, -er/-era**: *buyer* (comprador); *baker* (forner)
2) és la terminació del comparatiu: *smaller* (més petit); *faster* (més de pressa)

-ess: forma el femení d'alguns substantius; a vegades correspon a **-essa**: *poetess* (poetessa), però *actress* (actriu)

-est: és la terminació del superlatiu: *shortest* (el més curt)

-fold: significa «vegades»: *tenfold* (deu vegades)

-ful: correspon a **-ós/-osa, -at/ada** amb el sentit de «ple» o «que té»: *spoonful* (cullerada); *brimful* (ple fins dalt), *heedful* (cautelós)

-hood: correspon a **-esa, -ència/-ància, -itat** amb el sentit de condició, caràcter, estat: *childhood* (infantesa), *widowhood* (viduïtat)

-ie: veure **-y 1**

-ing: és la terminació de gerundi, de participi actiu, del verb substantivat i d'adjectiu. Correspon a **-ant, -ent, -int, -dor/-dora**: *becoming* (convenient); *coming* (venint, vinent)

-ish: 1) adjectiu de nacionalitat: *British* (britànic)
2) correspon a **-ós/-osa, -enc/-enca**: *reddish* (vermellós, rogenc)

-less: indica manca o absència: *endless* (inacabable), *jobless* (sense feina)

-let: terminació de diminutiu: *piglet* (porquet)

-like: significa «de», «propi de», «que sembla de»: *deathlike* (mortal), *gentlemanlike* (de cavaller)

-ly: 1) correspon a **-ment**: *quickly* (ràpida*ment*)
2) correspon a **-al, -ari/-ària**: *brotherly* (fratern*al*); *daily* (di*ari*)

-ment, -tion: correspon a **-ment, -ció**: *organization* (organitza*ció*); *shipment* (embarca*ment*)

-ness: correspon a **-esa, -ència/-ància, -or/-ió**: *blackness* (negr*or*), *doggedness* (obstina*ció*)

-ship: 1) correspon a **-at, -esa, -ció**: *friendship* (amist*at*); *relationship* (rela*ció*)
2) indica art, destressa: *craftsmanship* (artesania)
3) indica títol, càrrec, ocupació: *apprenticeship* (aprenentatge)

-some: correspon a **-at/-ada, -dor/-dora**: *wearisome* (cans*at*, cansa*dor*)

-ty: correspon a **-itat, -etat, -itud, -esa**: *beauty* (belle*sa*); *receptivity* (receptiv*itat*)

-ward, -wards: significa «cap a»: *upwards* (cap amunt)

-ways, -wise: indica manera, direcció, posició: *likewise* (de la mateixa manera); *sideways* (de costat)

-y: 1) és terminació de diminutiu
2) correspon a **-ia**: *memory* (memòr*ia*); *geology* (geolog*ia*)
3) significa «ple de», «que sembla» i sovint correspon a **-ut/-uda, -ós/-osa, -at/-ada**: *hairy* (pel*ut*); *rosy* (ros*at*)

A

a [ei, ə], **an** [ən, æn] *art. indef.* un *m.*, una *f.*
AA [ˌei 'ei] *s.* (*Automobile Association*) associació *f.* de l'automòbil.
Aachen ['ɑ:kən] *n. pr.* GEOGR. Aquisgrà.
aback [ə'bæk] *adv.* cap enrera [esp. nàutica]. ‖ **to be taken** ~, quedar-se parat, desconcertat. 2 NÀUT. en fatxa.
abandon (to) [ə'bændən] *t.* abandonar. ■ 2 *p.* **to ~ oneself,** abandonar-se.
abandonment [ə'bændənmənt] *s.* abandó *m.*, abandonament *m.* 2 impulsivitat *f.*, irreflexió *f.*
abase (to) [ə'beis] *t.* humiliar, avergonyir, rebaixar.
abash (to) [ə'bæʃ] *t.* avergonyir. 2 **to be abashed,** quedar confós.
abate (to) [ə'beit] *t.* reduir, disminuir [violència]. ■ 2 *i.* minvar, amainar, afluixar [el vent, la pluja, etc.].
abbey ['æbi] *s.* abadia *f.*
abbot ['æbət] *s.* abat *m.*
abbreviate (to) [ə'bri:vieit] *t.* abreujar, abreviar.
abbreviation [əbri:vi'eiʃən] *s.* abreviació *f.* 2 abreviatura *f.*
ABC [ˌeibi:'si:] *s.* abecé *m.*
abdicate (to) ['æbdikeit] *t.-i.* abdicar *t.*
abdication [æbdi'keiʃən] *s.* abdicació *f.*
abdomen ['æbdəmen] *s.* ANAT. abdomen *m.*
abdominal [æb'dɔminl] *a.* abdominal.
abduct (to) [æb'dʌkt] *t.* liter. raptar.
abduction [æb'dʌkʃən] *s.* liter. rapte *m.*
aberration [æbə'reiʃən] *s.* aberració *f.*
abet (to) [ə'bet] *t.* incitar. 2 LOC. DRET **to aid and** ~, ésser còmplice de.
abeyance [ə'beiəns] LOC. DRET **to be in** ~, estar en suspens.
abhor (to) [əb'hɔ:ʳ] *t.* avorrir, detestar.
abhorrence [əb'hɔrəns] *s.* avorriment *m.*, odi *m.*
abhorrent [əb'hɔrənt] *a.* detestable, odiós.

abide (to) [ə'baid] *i.* ant. habitar. 2 romandre. 3 **to ~ by,** atenir-se *p.* a. ■ 4 *t.* suportar, aguantar. ▲ Pret. i p. p.: *abode* [ə'boud] o *abided* [ə'baidid].
abiding [ə'baidiŋ] *a.* permanent; perdurable.
ability [ə'biliti] *s.* capacitat *f.*, aptitud *f.* 2 talent *m.*
abject ['æbdʒekt] *a.* abjecte, roí.
abjection [æb'dʒekʃən] *s.* abjecció *f.*
abjure (to) [əb'dʒuəʳ] *t.* abjurar.
ablaze [ə'bleiz] *adv.-a.* abrandat *a.* 2 *a.* fig. resplendent.
able ['eibl] *a.* capaç, apte. ‖ **to be** ~ **to,** saber [fer alguna cosa]: *I'll buy you a car when you are* ~ *to drive,* et compraré un cotxe quan sàpigues conduir; poder: *will you be* ~ *to come?,* podràs venir?
ABM [ˌeibi:'em] *s.* (*anti-ballistic missile*) míssil *m.* antibalístic.
abnegation [æbni'geiʃən] *s.* renúncia *f.*, abnegació *f.*
abnormal [æb'nɔ:məl] *a.* anormal. 2 insòlit.
abnormality [æbnɔ:'mæliti] *s.* anomalia *f.* 2 monstruositat *f.*
aboard [ə'bɔ:d] *prep.* dalt de [tren, avió, vaixell, etc.]. ■ 2 *adv.* a bord.
abode [ə'boud] Vegeu ABIDE (TO) ■ 2 *s.* habitacle *m.*, domicili *m.*
abolish (to) [ə'bɔliʃ] *t.* abolir, suprimir.
abolition [æbə'liʃən] *s.* abolició *f.*, supressió *f.*
A-bomb ['eibɔm] *s.* (*atomic bomb*) bomba *f.* atòmica.
abominate (to) [ə'bɔmineit] *t.* abominar.
abomination [əbɔmi'neiʃən] *s.* abominació *f.*
aboriginal [æbə'ridʒənəl] *a.-s.* aborigen, indígena.
aborigines [æbə'ridʒini:z] *s. pl.* aborígens *m. pl.*, indígenes *m. pl.*
abort (to) [ə'bɔ:t] *i.* avortar.

abortion [əˈbɔːʃən] s. avortament m.

abound (to) [əˈbaund] i. abundar.

about [əˈbaut] prep. per, en: to travel ~ the world, viatjar pel món. 2 prop de, pels volts de, al voltant de: ~ the park, prop del parc. 3 quant a, sobre, relatiu a: to speak ~, parlar de. 4 how o what ~ that?, què et sembla? [per demanar informació i fer suggeriments]. ■ 5 adv. aproximadament, cap allà, entorn de: she came ~ 10 o'clock, va venir cap allà les deu. 6 loc. adv. ~ to, a punt de.

above [əˈbʌv] prep. dalt (de), damunt (de). 2 superior a, major de, més de [números]. 3 loc. prep. ~ all, sobretot adv. ■ 4 adv. (a) dalt; (al) damunt. 5 més amunt [text]. ■ 6 a. anterior: the ~ paragraph, el paràgraf anterior.

abrasion [əˈbreiʒən] s. abrasió f.; encetament m. [de la pell].

abreast [əˈbrest] adv. de costat: four ~, quatre de costat.

abridge (to) [əˈbridʒ] t. abreviar; resumir; compendiar.

abridg(e)ment [əˈbridʒmənt] s. resum m.; compendi m.

abroad [əˈbrɔːd] adv. a fora, a l'estranger: to go ~, anar a l'estranger. 2 there is a rumour ~, corren rumors de.

abrogate (to) [ˈæbrəugeit] t. abrogar.

abrupt [əˈbrʌpt] a. abrupte. 2 rost [terreny]. 3 inconnex [estil]. ■ 4 -ly adv. sobtadament; precipitadament.

abruptness [əˈbrʌptnəs] s. brusquedat f. 2 rost m.

abscess [ˈæbses] s. MED. abscés m.

abscond (to) [əbˈskɔnd] i. fugir; escapolir-se p.

absence [ˈæbsəns] s. absència f. 2 falta f. d'assistència. 3 ~ of mind, distracció f.

absent [ˈæbsənt] a. absent.

absent-minded [ˌæbsəntˈmaindid] a. distret.

absent (to) [ˈæbsent] p. absentar-se.

absentee [ˌæbsənˈtiː] s. absent.

absinth(e) [ˈæbsinθ] s. absenta f.

absolute [ˈæbsəluːt] a. absolut; complet; total. 2 pur: ~ alcohol, alcohol pur. ■ 3 s. the ~, l'absolut m.

absolution [ˌæbsəˈluːʃən] s. absolució f.

absolutism [ˈæbsəluːtizəm] s. absolutisme m.

absolve (to) [əbˈzɔlv] t. absoldre.

absorb (to) [əbˈsɔːb] t. absorbir. ‖ to be absorbed in (by), estar absort en. ‖ to become absorbed in, abstreure's p. en.

absorbent [əbˈsɔːbənt] a. absorbent. ■ 2 s. absorbent m.

absorbing [əbˈsɔːbiŋ] a. absorbent. 2 interessant [treball, etc.].

absorption [əbˈsɔːpʃən] s. absorció f., absorbiment m. 2 abstracció f. [mental].

abstain (to) [əbˈstein] i. abstenir-se p.

abstemious [æbˈstiːmjəs] a. abstemi.

abstention [æbˈstenʃən] s. abstenció f.

abstinence [ˈæbstinəns] s. abstinència f.

abstinent [ˈæbstinənt] a. abstinent.

abstract [ˈæbstrækt] a. abstracte. 2 s. extracte m., resum m.

abstract (to) [æbˈstrækt] t. extreure. 2 sostreure [robar]. 3 resumir; compendiar. 4 p. to ~ oneself, abstreure's.

abstraction [æbˈstrækʃən] s. abstracció f.

abstruse [æbˈstruːs] a. abstrús, difícil.

absurd [əbˈsəːd] a. absurd, ridícul.

absurdity [əbˈsəːditi] s. absurd m., absurditat f.

abundance [əˈbʌndəns] s. abundància f.

abundant [əˈbʌndənt] a. abundant.

abuse [əˈbjuːs] s. abús m. 2 maltractament m.; insult m.

abuse (to) [əˈbjuːz] t. abusar de i. 2 maltractar.

abusive [əˈbjuːsiv] a. abusiu. 2 injuriós. ■ 3 -ly adv. de manera insultant.

abyss [əˈbis] s. abisme m.

AC [ˈeisiː] s. ELECT. (alternating current) corrent m. altern.

acacia [əˈkeiʃə] s. BOT. acàcia f.

academic [ˌækəˈdemik] a.-s. acadèmic m.

academy [əˈkædəmi] s. acadèmia f.

accede (to) [ækˈsiːd] i. accedir. 2 prendre possessió [càrrec]. 3 pujar [al tron].

accelerate (to) [əkˈseləreit] t.-i. accelerar.

acceleration [əkˌseləˈreiʃən] s. acceleració f.

accelerator [əkˈseləreitə] s. accelerador m.

accent [ˈæksənt] s. accent m.

accent (to) [ækˈsent] t. accentuar.

accentuate (to) [əkˈsentjueit] t. fig. intensificar. 2 accentuar.

accentuation [əkˌsentjuˈeiʃən] s. accentuació f.

accept (to) [əkˈsept] t. acceptar. 2 admetre.

acceptable [əkˈseptəbl] a. acceptable. 2 adequat.

acceptance [əkˈseptəns] s. acceptació f.; acolliment m.

acceptation [æksep'teiʃən] s. accepció f.

accesible [æk'sesibl] a. accessible. 2 assequible.

access ['ækses] s. accés m.

accession [æk'seʃən] s. accessió f. 2 adveniment m. [al tron]. 3 augment m. 4 adquisició f.

accessory [æk'sesəri] a. accessori. ■ 2 s. accessori m.: *car accessories,* accessoris de cotxe.

accident ['æksidənt] s. accident m. 2 LOC. *by* ~, per casualitat f. 3 contratemps m.

accidental [æksi'dentl] a. accidental, fortuït. ■ 2 -ly adv. accidentalment; casualment.

acclaim (to) [ə'kleim] t. aclamar.

acclamation [æklə'meiʃən] s. aclamació f.

acclimatize (to) [ə'klaimətaiz] t. aclimatar. ■ 2 i. aclimatar-se p.

accolade ['ækəleid] s. bescollada f. [investidura de cavallers]. 2 elogi m.; guardó m.

accommodate (to) [ə'kɔmədeit] t. adaptar. 2 allotjar. ■ 3 i. adaptar-se p.; acomodar-se p.

accommodating [ə'kɔmədeitiŋ] a. servicial, atent.

accommodation [əkɔmə'deiʃən] s. allotjament m. 2 ~ *loan,* préstec m.; pagaré m. de favor.

accompaniment [ə'kʌmpənimənt] s. acompanyament m.

accompany (to) [ə'kʌmpəni] t. acompanyar (*with, by,* de). ■ 2 i. MÚS. acompanyar (*on,* amb).

accomplice [ə'kɔmplis] s. còmplice.

accomplish (to) [ə'kɔmpliʃ] t. acomplir; dur a terme.

accomplished [ə'kɔmpliʃt] a. complet, consumat. 2 distingit; cultivat.

accomplishment [ə'kɔmpliʃmənt] s. realització f. 2 assoliment m. 3 pl. qualitats f. pl.

accord [ə'kɔːd] s. acord m.; pacte m.; conveni m. || *with one* ~, unànimement adv. 2 acord m., harmonia f. || *of one's own* ~, de bon grat adv.

accord (to) [ə'kɔːd] t. concedir. ■ 2 i. harmonitzar; concordar (*with,* amb).

according [ə'kɔːdiŋ] loc. prep. ~ *to,* segons.

accordingly [ə'kɔːdiŋli] adv. en conseqüència, conseqüentment. 2 per tant.

accordion [ə'kɔːdjən] s. acordió m.

accost (to) [ə'kɔst] t. abordar, adreçar-se p. a.

account [ə'kaunt] s. compte m. || COM. *current* ~, compte corrent; *deposit* ~, compte a terme fix; *joint* ~, compte indistint; *savings* ~, compte d'estalvis. || *profit and loss* ~, balanç m. de guanys i pèrdues; *statement of* ~, estat m. de comptes. 2 informe m., relació f. (*of,* de). 3 MÚS. versió f., interpretació f. 4 *to take into* ~, tenir en compte. 5 LOC. *by* o *from all accounts,* segons sembla, pel que es diu. || *of no* ~, sense importància. || *on* ~ *of,* a causa de. || *on no* ~, de cap de les maneres.

account (to) [ə'kaunt] i. *to* ~ *for,* respondre (a; de); explicar t.; justificar t.: *that accounts for his attitude,* això justifica la seva actitud. || *there is no accounting for tastes,* sobre gustos no hi ha res escrit. 2 destruir, matar. ■ 3 t. considerar.

accountable [ə'kauntəbl] a. responsable (*for,* de; *to,* davant).

accountancy [ə'kauntənsi] s. comptabilitat f.

accountant [ə'kauntənt] s. comptable.

accounting [ə'kauntiŋ] s. Vegeu ACCOUNTANCY.

accredit (to) [ə'kredit] t. acreditar. 2 reconèixer. 3 atribuir.

accrue (to) [ə'kruː] i. ECON. augmentar; acumular-se p. || *accrued interest,* interès m. acumulat || *accrued income,* renda f. acumulada.

accumulate (to) [ə'kjuːmjuleit] t. acumular; apilar. ■ 2 i. acumular-se p.; apilar-se p.

accumulation [əkjuːmju'leiʃən] s. acumulació f.

accumulator [ə'kjuːmjuleitə] s. ELECT., INFORM. acumulador m.

accuracy ['ækjurəsi] s. precisió f.; exactitud f.

accurate ['ækjurit] a. precís; exacte.

accusation [ækjuːˈzeiʃən] s. acusació f. || *to bring an* ~, presentar una denúncia. 2 imputació f., càrrec m.

accusative [ə'kjuːzətiv] a.-s. GRAM. acusatiu m.

accuse (to) [ə'kjuːz] t. acusar: *to* ~ *somebody of theft,* acusar algú de robatori; *to be accused of something,* ésser acusat d'alguna cosa.

accused [ə'kjuːzd] s. DRET acusat. Vegeu també DEFENDANT.

accuser [ə'kjuːzə] s. acusador.

accusing [ə'kju:ziŋ] a. acusatori. ■ 2 **-ly** adv. d'una manera acusatòria.

accustom (to) [ə'kʌstəm] t. acostumar. ■ 2 p. *to become accustomed* o *to ~ one-self to*, acostumar-se a.

accustomed [ə'kʌstəmd] a. acostumat.

ace [eis] s. as m.

ache [eik] s. dolor m. (i f.), mal m.: *head ~*, mal de cap; *tooth ~*, mal de queixal.

ache (to) [eik] i. fer mal, tenir mal (de): *my head haches*, em fa mal el cap.

achieve (to) [ə'tʃi:v] t. dur a terme, realitzar: *he will never ~ anything*, no farà mai res de bo. 2 aconseguir [un fi]; arribar a i.

achievement [ə'tʃi:vmənt] s. realització f. 2 consecució f. 3 èxit m. [resultat]. 4 proesa f.

acid ['æsid] a. àcid. ■ 2 s. àcid m.

acidity [ə'siditi], **acidness** ['æsidnis] s. acidesa f.

acid rain [æsid'rein] s. pluja f. àcida.

acid test [æsid'test] s. fig. prova f. de foc.

acknowledge (to) [ək'nɔlidʒ] t.-p. reconèixer; confessar. 2 t. agrair [exterioritzar agraïment]. 3 *to ~ receipt*, acusar recepció, rebuda.

acknowledgment [ək'nɔlidʒmənt] s. reconeixement m., confessió f. 2 agraïment m. 3 acusament m. de recepció.

acme ['ækmi] s. acme f., súmmum m., cim m.

acne ['ækni] s. MED. acne f.

acolyte ['ækəlait] s. acòlit m.

acorn ['eikɔ:n] s. BOT. gla. f. (i m.).

acoustic [ə'ku:stik] a. acústic.

acoustics [ə'ku:stiks] s. acústica f.

acquaint (to) [ə'kweint] t.-p. assabentar (*with*, de); informar; posar al corrent: *to be acquainted with*, conèixer; tenir tracte amb.

acquaintance [ə'kweintəns] s. coneixença f. 2 tracte m., relació f. 3 conegut [pers.].

acquiesce (to) [ækwi'es] i. consentir (*in*, a). 2 acceptar i. 3 sotmetre's p. (*in*, a).

acquiescence [ækwi'esəns] s. aquiescència f., conformitat f.

acquire (to) [ə'kwaiə'] t. adquirir. ‖ *to ~ a taste for*, agafar gust a. 2 obtenir, aconseguir.

acquirement [ə'kwaiəmənt] s. adquisició f. 2 pl. coneixements m. pl.

acquisition [ækwi'ziʃən] s. adquisició f.

acquisitive [ə'kwizitiv] a. cobdiciós; acaparador.

acquit (to) [ə'kwit] t. absoldre; exculpar. ■ 2 p. *to ~ oneself*, comportar-se. ‖ *to ~ oneself well*, sortir-se'n bé.

acquittal [ə'kwitl] s. DRET absolució f., exculpació f. 2 descàrrec m. [un deute].

acquittance [ə'kwitəns] s. liquidació f., pagament m. [un deute].

acre ['eikə'] s. MÈTR. acre m. [40, 47 àrees].

acreage ['eikəridʒ] s. superfície f., extensió f. [en acres].

acrimonious ['ækri'mounjəs] a. acrimoniós. 2 agre. 3 agre. 4 mordaç.

acrimoniousness [æ'kri'mounjəsnis], **acrimony** ['ækriməni] s. acritud f. 2 acrimònia f. 3 aspresa f.

acrobat ['ækrəbæt] s. acròbata.

acrobatics [ækrə'bætiks] s. acrobàcia f.

across [ə'krɔs] prep. a través: *to walk ~ the street*, travessar el carrer ‖ a l'altre costat, a l'altra banda: *my mother lives ~ the street*, la meva mare viu a l'altra banda del carrer. ■ 2 adv. de través; en creu; pel mig; d'un costat a l'altre.

act [ækt] s. acte m., fet m., acció f. ‖ *in the (very) ~ of*, en el moment de, in fraganti, mentre. 2 ~ *of God*, força f. major. 3 TEAT. acte m. 4 DRET llei f. 5 número m. [món de l'espectacle]. 6 col·loq. fingiment m., comèdia f.: *to put on an ~*, fer comèdia.

act (to) [ækt] i. obrar, actuar, comportar-se p., fer de: *to ~ as referee*, fer d'àrbitre. 2 TEAT. actuar. ■ 3 t. fer, representar, interpretar [un paper]. ‖ *don't ~ the fool*, no facis el ruc.

acting ['æktiŋ] a. interí, suplent. ■ 2 s. TEAT. representació f. 3 professió f. d'actor.

action ['ækʃən] s. acció f. 2 DRET. acció f.; demanda f. ‖ *to bring an ~ against somebody*, presentar una demanda contra algú.

activate (to) ['æktiveit] t. activar.

active ['æktiv] a. actiu. 2 viu, enèrgic, vigorós. 3 en activitat. ■ 4 **-ly** adv. activament, enèrgicament.

activity [æk'tiviti] s. activitat f.

actor ['æktə'] s. actor m.

actress ['æktrəs] s. actriu f.

actual ['æktjuəl] f. real, veritable, concret. ‖ LOC. *in ~ fact*, de fet, en realitat.

actually ['æktjuəli] adv. de fet, en efecte, efectivament, realment. 2 fins i tot: *he not only insulted me; he ~ hit me!*, no tan sols em va insultar; fins i tot em va pegar!

actuary ['æktʃuəri] s. actuari m. d'assegurances.

actuate (to) ['æktʃueit] t. MEC. accionar, impulsar.

acumen [ə'kju:men] s. perspicàcia f. ‖ *business* ~, bona vista pels negocis.

acute [ə'kju:t] a. agut. 2 greu, crític [malaltia]. ■ 3 -ly adv. agudament, amb agudesa.

acuteness [ə'kju:tnis] s. agudesa f.

AD [ei'di:] (Anno Domini) dC (després de Crist).

Adam ['ædəm] n. pr. Adam m. 2 ANAT. *Adam's apple,* nou f. [del coll].

adamant ['ædəmənt] a. inexorable, inflexible. ■ 2 s. diamant m.

adapt (to) [ə'dæpt] t. -p. adaptar.

adaptable [ə'dæptəbl] a. adaptable.

adaptation [ædæp'teiʃən] s. adaptació f., versió f.

add (to) [æd] t. afegir, agregar, sumar, addicionar. ‖ *to ~ in,* afegir, incloure; *to ~ together, to ~ up,* sumar. 2 MAT. sumar. ■ 3 i. augmentar, acréixer t., engrandir t.: *to ~ to,* augmentar, engrandir; *to ~ up to,* sumar t., pujar a. 4 fig. voler dir, venir a ésser. ‖ *it doesn't ~ up to much,* no té gaire importància.

adder ['ædə'] s. ZOOL. vibra f., escurçó m.

addict ['ædikt] s. partidari, entusiasta. 2 *drug* ~, toxicòman.

addict (to) [ə'dikt] t.-p. tornar o fer addicte. ‖ *to be addicted to,* ésser addicte a. ▲ esp. passiva.

addicted [ə'diktid] a. afeccionat; entusiasta; addicte.

addiction [ə'dikʃən] s. inclinació f., afecció f. 2 *drug* ~, toxicomania f.

addition [ə'diʃən] s. addició f., afegidura f., afegit m. 2 MAT. addició f., suma f. 3 *loc. adv. in* ~, a més a més; *in* ~ *to,* a més de.

additional [ə'diʃənl] a. addicional, suplementari, de més.

additionally [ə'diʃənəli] adv. a més a més.

addle-brained ['ædlbreind] a. cap m. buit, capsigrany m.

addled ['ædld] a. podrit [ou].

address [ə'dres] s. adreça f. 2 *form of* ~, tractament m. [verbal i escrit]. 3 discurs m. 4 *public* ~ *system,* sistema m. de megafonia.

address (to) [ə'dres] t. parlar, adreçar-se p., dirigir-se p. 2 trametre, enviar [correspondència].

addressee [ædre'si:] s. destinatari m.

adduce (to) [ə'dju:s] t. adduir.

adept ['ædept] a. expert, hàbil. ■ 2 s. expert.

adequacy ['ædikwəsi] s. suficiència f., adequació f.

adequate ['ædikwit] a. adequat, suficient, satisfactori. ■ 2 -ly adv. adequadament.

adhere (to) [əd'hiə'] i. adherir i.-t. adherir-se p., enganxar-se p., enganxar t.

adherence [əd'hiərəns] s. adhesió f., adherència f.

adherent [əd'hiərənt] a. adherent, adhesiu. ■ 2 s. partidari, simpatitzant.

adhesion [əd'hi:ʒən] s. adherència f. 2 adhesió f.

adhesive [əd'hi:siv] a. adhesiu.

adjacent [ə'dʒeisənt] a. adjacent, contigu, del costat: ~ *room,* l'habitació del costat.

adjective ['ædʒiktiv] a. adjectiu. ■ 2 s. adjectiu m.

adjoining [ə'dʒɔiniŋ] a. contigu, del costat: ~ *bedrooms,* habitacions contígües.

adjourn (to) [ə'dʒə:n] t. ajornar, interrompre, suspendre [la sessió]. ■ 2 i. ajornar-se p. 3 traslladar-se p. [persones].

adjournment [ə'dʒə:nmənt] s. ajornament m.

adjudge (to) [ə'dʒʌdʒ] t. adjudicar. 2 jutjar [un assumpte]. ■ 3 i. dictar t. [sentència]; decidir t. de donar [un premi].

adjunct ['ædʒʌŋkt] s. adjunt m., accessori m.

adjure (to) [ə'dʒuə'] t. implorar, adjurar.

adjust (to) [ə'dʒʌst] t.-p. ajustar; adaptar. 2 t. arranjar. 3 modificar.

adjustment [ə'dʒʌstmənt] s. ajust m.; arranjament m. 2 canvi m., modificació f.

adman ['ædmæn] s. professional de la publicitat.

admass ['ædmæs] s. part f. de la població influïda pels mitjans de publicitat.

administer (to) [əd'ministə'] t.-i. administrar t. 2 t. donar. 3 aplicar.

administration [əd,minis'treiʃən] s. govern m., administració f. 2 administració [sacrament, jurament, càstig, etc.].

administrator [əd'ministreitə'] s. administrador; governant.

admirable ['ædmərəbl] a. admirable.

admiral ['ædmərəl] s. almirall m.

admiralty [ˈædmərəlti] s. almirallat m. 2 Ministeri m. de la Marina.

admiration [ˌædməˈreiʃən] s. admiració f.

admire (to) [ədˈmaiə] t. admirar.

admirer [ədˈmaiərə] s. admirador.

admission [ədˈmiʃən] s. admissió f., entrada f., accés m.: ~ *free,* entrada lliure; *no* ~, prohibida l'entrada. 2 reconeixement m.; acceptació f.: ~ *of guilt,* reconeixement m. de culpabilitat.

admit (to) [ədˈmit] t. admetre, deixar entrar [a un local, a una festa, etc.]. 2 reconèixer, confessar.

admittance [ədˈmitəns] s. admissió f., entrada f.: *no* ~, prohibida l'entrada.

admittedly [ədˈmitidli] adv. sens dubte: *he is* ~ *a great writer,* és, sens dubte, un gran escriptor. 2 ~, *she is very pretty,* s'ha de reconèixer que és molt bonica.

admonish (to) [ədˈmɔniʃ] t. amonestar, reprendre. 2 prevenir, avisar. 3 aconsellar.

admonition [ˌædməˈniʃən] s. reprensió f., amonestació f. 2 advertència f. 3 consell m.

adolescence [ˌædəˈlesəns] s. adolescència f.

adolescent [ˌædəˈlesənt] a.-s. adolescent.

adopt (to) [əˈdɔpt] t. adoptar; acceptar [un suggeriment]. 2 aprovar [una moció, un informe].

adoption [əˈdɔpʃən] s. adopció f. ‖ *country of* ~, país m. adoptiu.

adoptive [əˈdɔptiv] a. adoptiu: ~ *son,* fill adoptiu.

adorable [əˈdɔːrəbl] a. adorable.

adoration [ˌædɔːˈreiʃən] s. adoració f.

adore (to) [əˈdɔː] t. adorar. 2 col·loq. encantar: *I* ~ *London,* m'encanta Londres.

adorn (to) [əˈdɔːn] t. adornar.

adornment [əˈdɔːnmənt] s. adorn m., adornament m.

adrift [əˈdrift] adv.-a. a la deriva, sense direcció. ‖ fig. *to turn somebody* ~, deixar algú desemparat.

adulation [ˌædjuˈleiʃən] s. adulació f.

adult [ˈædʌlt] a. adult: ~ *education,* educació d'adults. ■ 2 s. adult.

adulterate (to) [əˈdʌltəreit] t. adulterar, desnaturalitzar.

adulteration [əˌdʌltəˈreiʃən] s. adulteració f.

adulterer [əˈdʌltərə] s. adúlter m.

adulteress [əˈdʌltəris] s. adúltera f.

adulterous [əˈdʌltərəs] a. adúlter.

adultery [əˈdʌltəri] s. adulteri m.

advance [ədˈvɑːns] s. avanç m., avançament m., avenç m. ‖ *to book in* ~, reservar anticipadament. 2 COM. avançament m., pagament m. anticipat.

advance (to) [ədˈvɑːns] t. avançar. 2 proposar, exposar [idees, etc.]. 3 anticipar, avançar [diners]. 4 ascendir [persones]. ■ 5 i. avançar, avançar-se p. 6 pujar, apujar-se p. [preus].

advanced [ədˈvɑːnst] a. avançat.

advancement [ədˈvɑːnsmənt] s. avenç m., progrés m.

advantage [ədˈvɑːntidʒ] s. avantatge m. 2 profit m., benefici m. ‖ *to take* ~ *of,* aprofitar, aprofitar-se p. de.

advantageous [ˌædvənˈteidʒəs] a. avantatjós; profitós. ■ 2 -ly adv. avantatjosament, d'una manera avantatjosa; amb profit.

advent [ˈædvənt] s. adveniment m. 2 ECLES. *Advent,* advent m.

adventure [ədˈventʃə] s. aventura f.

adventure (to) [ədˈventʃə] t. Vegeu VENTURE (TO).

adventurer [ədˈventʃərə] s. aventurer m.

adventuress [ədˈventʃəris] s. aventurera f.

adventurous [ədˈventʃərəs] a. aventurer, emprenedor.

adverb [ˈædvəːb] s. adverbi m.

adversary [ˈædvəsəri] s. adversari.

adverse [ˈædvəːs] a. advers; contrari. 2 desfavorable, negatiu: ~ *balance,* balanç negatiu. ■ 3 -ly adv. adversament.

adversity [ədˈvəːsiti] s. adversitat f.; desgràcia f.; infortuni m.

advertise, advertize (to) [ˈædvətaiz] t. anunciar, publicar [anuncis]. ■ 2 i. fer publicitat o propaganda 3 *to* ~ *for,* posar un anunci per .

advertisement [ədˈvəːtismənt], (EUA) [ˌædvərˈtaizmənt] s. anunci m.

advertiser, advertizer [ˈædvətaizə] s. anunciant.

advertising [ˈædvətaizin] s. publicitat f., propaganda f.

advice [ədˈvais] s. consell m.: *to ask for* ~ o *to seek* ~, demanar consell.

advisable [ədˈvaizəbl] a. aconsellable, recomanable, prudent.

advisability [ədˌvaizəˈbiliti] s. conveniència f.

advise (to) [ədˈvaiz] t. aconsellar, recomanar. 2 NEG. assessorar. 3 COM. notificar. ■ 4 i. *to* ~ *against,* desaconsellar t.; *to* ~ *on,* assessorar t. sobre.

adviser [əd'vaizəʳ] *s.* conseller. 2 NEG. assessor. 3 *legal* ~, advocat. 4 *spiritual* ~, confessor.

advisory [əd'vaizəri] *a.* consultiu; assessor: ~ *board* o ~ *committee*, comitè consultiu.

advocate [ˈædvəkət] *s.* defensor, partidari. 2 DRET (ESC.) advocat.

advocate (to) [ˈædvəkeit] *t.* advocar per *i.*; defensar. 2 recomanar.

aerial [ˈɛəriəl] *a.* aeri: ~ *cablecar*, funicular aeri. ■ 2 *s.* RADIO. antena *f.*

aerodrome [ˈɛərədroum] *s.* aeròdrom *m.*

aerodynamics [ˌɛəroudai'næmiks] *s.* aerodinàmica *f.*

aeronautics [ˌɛərə'nɔːtiks] *s.* aeronàutica *f.*

aeroplane [ˈɛərəplein] *s.* avió *m.*, aeroplà *m.*

aesthetic [iːsˈθetik] *a.* estètic.

aesthetics [iːsˈθetiks] *s.* estètica *f.*

affability [ˌæfə'biliti] *s.* afabilitat *f.*

affable [ˈæfəbl] *a.* afable.

affair [əˈfɛəʳ] *s.* afer *m.*, assumpte *m.* ‖ *business affairs*, negocis *m. pl.*; *current affairs*, actualitats *f. pl.*; *love* ~, aventura *f.* amorosa.

affect (to) [əˈfekt] *t.* afectar. 2 alterar [la salut]. 3 commoure, impressionar. 4 MED. afectar, atacar.

affectation [ˌæfekˈteiʃən] *s.* afectació *f.*

affected [əˈfektid] *a.* afectat.: ~ *manners*, comportament afectat, cursi. ■ 2 -ly *adv.* afectadament.

affection [əˈfekʃən] *s.* afecte *m.* 2 afecció *f.*

affectionate [əˈfekʃənit] *a.* afectuós. ■ -ly *adv.* afectuosament, amb afecte.

affidavit [ˌæfiˈdeivit] *s.* declaració *f.* jurada, afidàvit *m.*

affiliate (to) [əˈfilieit] *a.-s.* afiliat. 2 Vegeu també MEMBER.

affiliate (to) [əˈfilieit] *t.* afiliar. ■ 2 *i.* afiliar-se *p.*

affiliation [əˌfiliˈeiʃən] *s.* afiliació *f.*

affinity [əˈfiniti] *s.* afinitat *f.*

affirm (to) [əˈfəːm] *t.* afirmar.

affirmation [ˌæfəˈmeiʃən] *s.* afirmació *f.*

affirmative [əˈfəːmətiv] *a.* afirmatiu.

affix (to) [əˈfiks] *t.* posar, afegir [la firma, etc.]. 2 enganxar [segell, cartell, etc...].

afflict (to) [əˈflikt] *t.* afligir. ‖ *to be afflicted with*, patir de.

affliction [əˈflikʃən] *s.* aflicció *f.* 2 desgràcia *f.* 3 dolor *m.* (i *f.*), mal *m.*

affluence [ˈæfluəns] *s.* afluència *f.* 2 abundància *f.* 3 riquesa *f.*

affluent [ˈæfluənt] *a.* abundós, abundant. 2 opulent: *the* ~ *society*, la societat opulenta. ■ 3 *s.* GEOGR. afluent *m.*

afford (to) [əˈfɔːd] *t.* poder-se *p.* permetre, tenir els mitjans [econòmics] per: *I can't* ~ *to go on holiday*, no em puc permetre d'anar de vacances. 2 disposar de o tenir temps: *I can't* ~ *the time to go to the cinema*, no disposo de temps per anar al cinema. 3 córrer el risc, permetre's *p.* el luxe: *I can't* ~ *to neglect my work*, no em puc permetre el luxe de desatendre la meva feina. 4 form. proporcionar, oferir: *the trees afforded shade*, els arbres proporcionaven ombra. ▲ gralnt. amb **can, could, able to.**

affront [əˈfrʌnt] *s.* afront *m.*, insult *m.*, ofensa *f.*

aflame [əˈfleim] *a.-adv.* abrandat *a.*

afloat [əˈflout] *a.-adv.* a flor d'aigua, flotant *a.*

aforesaid [əˈfɔːsed] *a.* abans esmentat.

afraid [əˈfreid] *a.* to be ~, tenir por: *he's* ~ *of the dark*, té por de la foscor. 2 *to be* ~ *of* + *ger.*, tenir por de + *inf.*: *he was* ~ *of hurting her feelings*, tenia por de ferir els seus sentiments. 3 *to be* ~ *to* + *inf.*, no atrevir-se. ‖ *don't be* ~ *to ask for my help*, no dubtis en demanar-me ajut. 4 *I'm* ~ *he's out*, ho sento, però no hi és; *I'm* ~ *I have to go now*, ho lamento, però haig de marxar; *I'm* ~ *so!*, ho sento però és així.

afresh [əˈfreʃ] *adv.* de nou, una altra vegada.

aft [ɑːft] *adv.* MAR. a popa.

after [ˈɑːftəʳ] *prep.* després de [temps]. 2 després de, darrera de [ordre, lloc]. 3 segons [indicant estil, imitació]: *a painting* ~ *Picasso*, un quadre en o segons l'estil de Picasso. ‖ *loc. prep.* ~ *all*, després de tot, malgrat tot. ‖ *day* ~ *day*, un dia darrera l'altre. ‖ *time* ~ *time*, molt sovint. ■ 4 *adv.* després [temps]. ‖ *loc. adv.* *long* ~, molt després; *soon* ~, poc després. 5 darrera [lloc]. ■ 6 *conj.* després que. ■ 7 *a.* posterior: *in* ~ *years*, en els anys posteriors.

afterbirth [ˈɑːftəbəːθ] *s.* placenta *f.*, secundines *f. pl.*

aftercare [ˈɑːftəkɛəʳ] *s.* assistència *f.* postoperatòria.

after-dinner [ˌɑːftəˈdinəʳ] *a.* de sobretaula.

after-effect [ˈɑːftərifekt] *s.* conseqüència *f.*; efecte *m.* secundari.

afternoon [ɑːftəˈnuːn] s. tarda f.

aftertaste [ˈɑːftəteist] s. regust m.

afterthought [ˈɑːftəθɔːt] s. segon pensament m., idea f. addicional.

afterwards [ˈɑːftəwədz] adv. després, més tard.

again [əˈgen] adv. una altra vegada; de nou. ‖ LOC. ~ *and* ~, repetidament; *as many* ~, *as much* ~, el mateix; *every now and* ~, de tant en tant; *never* ~, mai més. 2 *and* ~, *it may not be true*, a més, és possible que no sigui veritat.

against [əˈgenst] prep. contra: ~ *time*, contra rellotge. 2 en contra (de). ‖ LOC. ~ *that*, *as* ~ *that*, contrastant amb això.

agape [əˈgeip] a.-adv. bocabadat.

age [eidʒ] s. edat f. ‖ *to come of* ~, arribar a la majoria d'edat f. 2 *old* ~, vellesa f. ‖ *over* ~, massa vell ‖ *under* ~, menor d'edat. 3 època f.; segle m.; era f.

age (to) [eidʒ] t. envellir. ■ 2 i. envellir-se p.

aged [ˈeidʒid], a. vell, gran [persona]. 2 [eidʒd] de [tants anys de] edat: *a boy* ~ *ten*, un xicot de deu anys. ■ 3 s. *the* ~, els vells m.

ageless [ˈeidʒlis] a. sempre jove, etern.

agency [ˈeidʒənsi] s. agència f.: *advertising* ~, agència de publicitat; *travel* ~, agència de viatges. 2 mediació f.: *through the* ~ *of*, mitjançant prep.

agenda [əˈdʒendə] s. ordre m. del dia.

agent [ˈeidʒənt] s. agent; representant; delegat.

agglomerate (to) [əˈgloməreit] t. aglomerar. ■ 2 i. aglomerar-se p.

agglomeration [əglomərˈeiʃən] s. aglomeració f.

aggravate (to) [ˈægrəveit] t. agreujar. 2 col·loq. irritar, exasperar ‖ *how aggravating!*, què empipador!

aggravation [ægrəˈveiʃən] s. agreujament m. 2 col·loq. exasperació f.

aggregate [ˈægrigeit] a. global, total. ‖ *in the* ~, globalment. ■ 2 s. agregat m. [conjunt de diferents coses o persones]. 3 CONSTR. conglomerat m.

aggregate (to) [ˈægrigeit] t. agregar, ajuntar. ■ 2 i. pujar [quantitat total].

aggression [əˈgreʃən] s. agressió f.

aggressive [əˈgresiv] a. agressiu. 2 emprenedor, dinàmic.

aggressor [əˈgresə[r]] s. agressor.

aggrieved [əˈgriːvd] a. ofès: *he was much* ~, es va ofendre molt.

aghast [əˈgɑːst] a. horroritzat, esgarrifat. ‖ *to be* ~, *to stand* ~, quedar(se) horroritzat. ‖ *to be* ~ *at*, *to stand* ~ *at*, horroritzar-se de.

agile [ˈædʒail] a. àgil.

agility [əˈdʒiliti] s. agilitat f.

agitate (to) [ˈædʒiteit] t. agitar. 2 inquietar, pertorbar. ■ 3 i. *to* ~ *for*, fer campanya a favor de.

agitation [ædʒiˈteiʃən] s. agitació f. 2 nerviositat f., excitació f. 3 discussió f. 4 campanya f. [per alguna qüestió sociopolítica].

agitator [ˈædʒiteitə[r]] s. agitador [esp. polític]. 2 QUÍM. agitador m.

ago [əˈgou] a. *two years* ~, fa dos anys. ■ 2 adv. *long* ~, fa molt de temps; *not long* ~, no fa gaire [temps] ‖ *how long* ~ *is it that you last saw her?*, quant fa que no la veus?, quan la vas veure per última vegada?

agonized [ˈægənaizd] a. angoixós.

agonizing [ˈægənaiziŋ] a. atroç, agut [dolor]. 2 angoixant.

agony [ˈægəni] s. dolor m. agut [físic]. 2 angoixa f. [mental].

agrarian [əˈgreəriən] a. agrari.

agree (to) [əˈgriː] i. *to* ~ *(to)*, assentir, consentir t. 2 acordar t.; posar-se p. d'acord, estar d'acord (*on*, en), (*with*, amb): *I* ~ *with you*, estic d'acord amb tu. 3 avenir-se p., congeniar [persones]. 4 avenir-se p., concordar [coses]. 5 *to* ~ *with*, anar bé, provar [clima, menjar, etc.]. 6 GRAM. concordar (*with*, amb). ■ 7 t. acceptar, aprovar [xifres, comptes, ofertes, etc.].

agreeable [əˈgriːəbl] a. agradable. 2 simpàtic, agradable [persones]. 3 conforme. 4 disposat; (estar) d'acord: *is that* ~ *to you?*, hi estàs d'acord? ■ 5 -ly adv. agradablement.

agreement [əˈgriːmənt] s. acord m. ‖ *to come to an* ~ arribar a un acord 2 conveni m., pacte m., contracte m. 3 GRAM. concordança f.

agricultural [ægriˈkʌltʃərəl] a. agrícola.

agriculture [ˈægrikʌltʃə[r]] s. agricultura f.

aground [əˈgraund] adv. MAR. encallat ‖ *to run* ~, encallar-se, embarrancar-se.

ahead [əˈhed] adv. davant, al davant. ‖ *go* ~ *!*, endavant!; *straight* ~, tot recte. 2 *to be* ~ *of the times*, anticipar-se al temps.

aid [eid] s. ajuda f., ajut m., auxili. m. 2 *in* ~ *of*, en benefici m. de.

aid (to) [eid] t. ajudar, socórrer, auxiliar.

AIDS [eidz] s. MED. *(acquired immune deficiency syndrome)* SIDA *f.* (síndrome d'immunodeficiència adquirida).

ail (to) [eil] *t.* ant. afligir. ■ 2 *i.* estar malalt.

ailing ['eiliŋ] *a.* malalt.

ailment ['eilmənt] *s.* malaltia *f.*, indisposició *f.*

aim [eim] *s.* punteria *f.* ‖ to take ~ at, apuntar. 2 fig. objectiu *m.*, propòsit *m.*

aimless ['eimlis] *a.* sense objecte.

aim (to) [eim] *t.* apuntar [pistola, etc.], dirigir [míssil, etc.]. ■ 2 *i.* aspirar a.

ain't [eint] contr. col·loq. de *am not, is not, are not, has not* i *have not.*

air [ɛəʳ] *s.* aire *m.* 2 aspecte *m.*, aire *m.* [aparença]. ‖ to put on airs, donar-se aires. 3 in the ~, incert, dubtós [plans, idees, etc.]. 4 RADIO. on the ~, en antena *f.*

air (to) [ɛəʳ] *t.* airejar, ventilar. [també fig.] 2 exhibir.

air-conditioned ['ɛəkən'difənd] *a.* refrigerat, amb aire condicionat.

air-conditioning ['ɛəkən'difəniŋ] *s.* aire *m.* condicionat.

aircraft ['ɛəkrɑːft] *s.* avió *m.*

aircraft carrier ['ɛəkrɑːft,kæriəʳ] *s.* portaavions *m.*

air force ['ɛəfɔːs] *s.* aviació *f.*, forces *f. pl.* aèries.

air gun ['ɛəgʌn] *s.* escopeta *f.* d'aire comprimit.

air hostess ['ɛə'houstis] *s.* hostessa *f.* d'avió.

airing ['ɛəriŋ] *s.* aireig *m.*, ventilació *f.*

airlift ['ɛəlift] *s.* pont *m.* aeri.

airline ['ɛəlain] *s.* línia *f.* aèria.

airmail ['ɛəmeil] *s.* correu *m.* aeri.

airman ['ɛəmən] *s.* aviador *m.*

airplane ['ɛəplein] *s.* (EUA) avió *m.*

airport ['ɛəpɔːt] *s.* aeroport *m.*

air raid ['ɛəreid] *s.* atac *m.* aeri.

airship ['ɛəʃip] *s.* aeronau *m.*, dirigible *m.*

airstrip ['ɛəstrip] *s.* pista *f.* d'aterratge.

airtight ['ɛətait] *a.* hermètic.

airway ['ɛəwei] *s.* línia *f.* aèria. 2 ruta *f.* aèria.

airy ['ɛəri] *a.* airejat, ventilat. 2 eteri, immaterial. 3 superficial. 4 despreocupat.

aisle [ail] *s.* corredor *m.*, passadís *m.* [teatre, avió, autocar, etc.]. 2 ARQ. nau *f.*

ajar [ə'dʒɑː] *a.* entreobert, ajustat: *the door is* ~, la porta està ajustada.

akimbo [ə'kimbou] *a.* with arms ~, amb les mans a les caderes.

akin [ə'kin] *a.* semblant, anàleg.

alabaster ['æləbɑːstə'] *s.* alabastre *m.*

alarm [ə'lɑːm] *s.* alarma *f.;* alerta *f.* 2 inquietud *f.*, temor *m.*

alarm (to) [ə'lɑːm] *t.* alarmar ‖ to be alarmed, alarmar-se *p.* (at, de). 2 espantar, inquietar.

alarm clock [ə'lɑːmklɔk] *s.* despertador *m.*

alarming [ə'lɑːmiŋ] *a.* alarmant.

albatross ['ælbətrɔs] *s.* ORN. albatros *m.*

albino [æl'biːnou] *s.* albí *s.-a.*

ALBM ['eielbiː'em] *s.* (air launched ballistic missile) míssil *m.* balístic aire-aire.

album ['ælbəm] *s.* àlbum *m.*

albumen ['ælbjumin] *s.* albumen *m.* 2 BIOL. albúmina *f.*

alchemist ['ælkimist] *s.* alquimista.

alchemy ['ælkimi] *s.* alquímia *f.*

alcohol ['ælkəhɔl] *s.* alcohol *m.*

alcoholic ['ælkə'hɔlik] *s.-a.* alcohòlic.

alderman ['ɔːldəmən] *s.* regidor *de certa antiguitat.*

ale [eil] *s.* (G.B.) tipus de cervesa *f.*

Alec ['ælik] *n. pr. m.* fam. Àlex. 2 smart ~, set-ciències.

alert [ə'ləːt] *a.* alerta, vigilant. 2 viu, llest, espavilat. ■ 3 *s.* alerta *f.*, alarma *f.* ‖ on the ~, en alerta.

alert (to) [ə'ləːt] *t.* alertar, avisar.

Alexander [ælig'zɑːndə'] *n. pr. m.* Alexandre.

alga ['ælgə] *s.* BOT. alga *f.* ▲ *pl.* algae ['ældʒiː].

algebra ['ældʒibrə] *s.* àlgebra *f.*

Algeria [æl'dʒiəriə] *n. pr.* Algèria.

Algiers [æl'dʒiəz] *n. pr.* Alger.

alias ['eiliəs] *adv.* àlias. ■ 2 *s.* àlias *m.*

alibi ['ælibai] *s.* coartada *f.* 2 col·loq. excusa *f.*

Alice ['ælis] *n. pr. f.* Alícia.

alien ['eiljən] *a.* aliè, estrany. 2 ~ to, contrari, oposat. 3 DRET estranger.

alienate (to) ['eiljəneit] *t.* alienar. 2 apartar [amics, etc.]. 3 perdre simpatia.

alienation [,eiljə'neiʃən] *s.* alienació *f.* 2 allunyament *m.* [d'un amic].

alight [ə'lait] *a.* encès. ‖ to be ~, estar encès. ‖ to set ~, encendre, calar foc.

alight (to) [ə'lait] *i.* baixar (from, de) [un tren, un cavall, etc.]. 2 aterrar, posar-se *p.* [un ocell, etc.].

align (to) [ə'lain] *t.* alinear. ■ *2 p. to ~ oneself with,* posar-se al costat de. ■ *3 i.* alinear-se *p.*

alignment [ə'lainmənt] *s.* alineació *f.*

alike [ə'laik] *a.* igual; semblant. ■ *2 adv.* igual, de la mateixa manera.

alimentary [æli'mentəri] *a.* alimentós, alimentari.

alimony [ˈæliməni] *s.* pensió *f.* alimentària. *2* DRET. aliments *m. pl.*

alive [ə'laiv] *a.* viu. *2* actiu, enèrgic. *3 ~ with,* ple de.

all [ɔ:l] *a.* tot. ‖ *on ~ fours,* de quatre grapes ‖ *you, of ~ people,* tu, precisament! *2* qualsevol: *at ~ hours,* a qualsevol hora. ■ *3 adv.* totalment, completament ‖ col·loq. *she was ~ excited,* estava completament entusiasmada. *4* LOC. col·loq. *~ for,* a favor de. *5 all -out,* al màxim, a fons. *6 ~ over,* arreu. *7 ~ right,* (EUA) *all-right,* satisfactori, bé; sí, d'acord. *8 ~ the same,* malgrat tot. *9 ~ told,* tot plegat. *10* ESPORT *three ~,* empat a tres. ■ *11 s.* tot *m.* *to stake one's ~* jugar-s'ho tot. ■ *12 pron.* tot. *13* LOC. *above ~,* sobretot; *after ~,* després de tot, al final; *~ in ~,* fet i fet; *at ~,* en absolut; *not at ~,* en absolut, gens; no es mereixen.

Allah [ˈælə] REL. *n. pr.* Alà *m.*

allegation [æləˈgeiʃən] *s.* al·legat *m.* *2* DRET. al·legació *f.*

allege (to) [əˈledʒ] *t.* al·legar; declarar.

allegiance [əˈliːdʒəns] *s.* lleialtat *f.;* fidelitat *f.* [a un govern o governant].

allegory [ˈæligəri] *s.* al·legoria *f.*

allergy [ˈælədʒi] *s.* al·lèrgia *f.*

alleviate (to) [əˈliːvieit] *t.* alleujar, mitigar.

alley [ˈæli] *s.* carreró *m.* ‖ *blind ~,* atzucac *m.* *2* camí *m.*

alliance [əˈlaiəns] *s.* aliança *f.*

allied [ˈælaid] *a.* aliat. *2* semblant.

alligator [ˈæligeitə'] *s.* ZOOL. caiman *m.*

allocate (to) [ˈæləkeit] *t.* assignar. *2* repartir, distribuir.

allocation [æləˈkeiʃən] *s.* assignació *f.;* repartiment *m.*

allot (to) [əˈlɔt] *t.* assignar; repartir, distribuir.

allotment [əˈlɔtmənt] *s.* assignació *f.* *2* (G.B.) parcel·les *f. pl.* municipals cultivables.

allow (to) [əˈlau] *t.* permetre. *2* donar, concedir. *3* admetre. ■ *4 i. to ~ for,* tenir *t.* en compte.

allowance [əˈlauəns] *s.* pensió *f.* *2* subsidi *m.* *3* COM. descompte *m.,* rebaixa *f.* *4 to make allowances for,* tenir en compte, en consideració.

alloy [ˈælɔi] *s.* QUÍM. aliatge *m.*

allude (to) [əˈluːd] *i.* al·ludir; referir-se *p.* *(to,* a).

alluring [əˈljuəriŋ] *a.* seductor, encantador.

allusion [əˈluːʒən] *s.* al·lusió *f.*

ally [ˈælai] *s.* aliat.

ally (to) [əˈlai] *t.-p. to ~ (oneself) with* o *to,* aliar-se *p.* amb. *2 allied to,* connectat amb.

almighty [ɔːlˈmaiti] *a.* omnipotent, totpoderós. ■ *2 s. the Almighty,* el Totpoderós *m.*

almond [ˈɑːmənd] *s.* ametlla *f.*

almond tree [ˈɑːməndtriː] *s.* ametller *m.*

almanac [ˈɔːlmənæk] *s.* almanac *m.*

almost [ˈɔːlmoust] *adv.* quasi, gairebé.

alms [ɑːmz] *s.* almoina *f.*

alone [əˈloun] *a.* sol. *2* únic. *3 let ~,* ni molt menys, encara menys. ■ *4 adv.* només, únicament: *that ~ can help us,* només això ens pot ajudar.

along [əˈlɔŋ] *prep.* per; al llarg de.: *I was walking ~ the street,* anava pel carrer. *2* LOC. *~ here,* per aquí [direcció]. ■ *3 adv.* LOC. *~ all ~,* sempre, des del començament ‖ *~ with,* amb, conjuntament amb. ■ *4 interj. come ~,* vinga!

aloof [əˈluːf] *adv.* a part: *to keep (oneself) ~ (from),* mantenir-se al marge de. ■ *2 a.* reservat [caràcter].

aloud [əˈlaud] *adv.* en veu alta.

alphabet [ˈælfəbet] *s.* alfabet *m.*

alpine [ˈælpain] *a.* alpí.

already [ɔːlˈredi] *adv.* ja.

alright [ɔːlˈrait] (EUA) Vegeu ALL 7.

also [ˈɔːlsou] *adv.* també; a més a més.

altar [ˈɔːltə'] *s.* altar *m.*

altarpiece [ˈɔːltəpiːs] *s.* retaule *m.*

alter (to) [ˈɔːltə'] *t.* alterar, canviar, modificar. *2* MAR. *~ course,* canviar la direcció. ■ *3 i.* canviar.

alteration [ɔːltəˈreiʃən] *s.* alteració *f.,* canvi *m.,* modificació *f.*

alternate [ɔːlˈtəːnit] *a.* altern, alternatiu: *on ~ days,* cada dos dies, un dia sí un dia no.

alternate (to) [ˈɔːltəːneit] *t.-i.* alternar.

alternating [ˈɔːltəːneitiŋ] *a.* ELECT. alterna [corrent].

alternative [ɔːlˈtəːnətiv] *a.* alternatiu. 2 GRAM. disjuntiva. [conjunció] ■ 3 *s.* alternativa *f.* [opció]. ■ 4 **-ly** *adv.* alternativament.

although [ɔːlˈðou] *conj.* encara que; si bé.

altitude [ˈæltitjuːd] *s.* altitud *f.*, altura *f.*, elevació *f.*

altogether [ɔːltəˈgeðəʳ] *adv.* del tot, enterament. 2 en total, tot plegat, en conjunt.

altruism [ˈæltruizəm] *s.* altruisme *m.*

aluminium [ˌæljuˈminiəm], (EUA) [əˈluːminəm] *s.* QUÍM. alumini *m.*

always [ˈɔːlweiz] *adv.* sempre ‖ *loc. adv. as* ~, com sempre.

a.m. [ˈeiem] (*ante meridiem*) a la matinada, al matí: *at 9 a.m.,* a les 9 del matí.

amalgam [əˈmælgəm] *s.* amalgama *f.*

amalgamate (to) [əˈmælgəmeit] *t.* amalgamar. ■ 2 *i.* amalgamar-se *p.*

amass (to) [əˈmæs] *t.* acumular, apilar.

amateur [ˈæmətəʳ] *a.-s.* aficionat, afeccionat.

amaze (to) [əˈmeiz] *t.* sorprendre; esbalair. 2 *to be amazed at,* admirar-se *p.* de.

amazement [əˈmeizmənt] *s.* sorpresa *f.*; esbalaïment *m.*; admiració *f.*

amazing [əˈmeiziŋ] *a.* sorprenent; esbalaïdor; admirable.

Amazon [ˈæməzən] *s.* MIT. amazona *f.* 2 *n. pr.* GEOGR. Amazones *m.*

ambassador [æmˈbæsədəʳ] *s.* ambaixador *m.*

ambassadress [æmˈbæsədris] *s.* ambaixadriu *f.*

amber [ˈæmbəʳ] *s.* ambre *m.*

ambergris [ˈæmbəgriːs] *s.* ambre *m.* gris.

ambiguity [ˌæmbiˈgjuːəti] *s.* ambigüitat *f.*

ambiguous [æmˈbigjuəs] *a.* ambigu. ■ 2 **-ly** *adv.* ambiguament.

ambition [æmˈbiʃən] *s.* ambició *f.*

ambitious [æmˈbiʃəs] *a.* ambiciós.

ambivalent [æmˈbivələnt] *a.* ambivalent.

amble (to) [ˈæmbl] *i.* amblar. 2 caminar a poc a poc [una persona].

ambulance [ˈæmbjuləns] *s.* ambulància *f.*

ambush [ˈæmbuʃ] *s.* emboscada *f.*

ambush (to) [ˈæmbuʃ] *t.* parar o preparar una emboscada. 2 emboscar. ‖ *to be ambushed,* caure en una emboscada. ■ 3 *i.* posar-se *p.* a l'aguait.

ameliorate (to) [əˈmiːljəreit] *t.-i.* millorar.

amelioration [əˌmiːljəˈreiʃən] *s.* millora *f.*, millorament *m.*

amenable [əˈmiːnəbl] *a.* dòcil; submís.

amend (to) [əˈmend] *t.* esmenar. 2 rectificar, corregir. ■ 3 *i.* esmenar-se *p.*

amendment [əˈmendmənt] *s.* esmena *f.* 2 rectificació *f.*, correcció *f.*

amends [əˈmendz] *s. pl.* reparació; *f.*; compensació *f.* ‖ *to make* ~ *for,* compensar.

amenity [əˈmiːnəti] *s.* amenitat *f.* 2 afabilitat *f.* 3 *pl.* comoditats *f. pl.*; equipaments *m. pl.* [de cultura i esbarjo].

American [əˈmerikən] *a.-s.* americà. 2 nord-americà.

amethyst [ˈæmiθist] *s.* ametista *f.*

amiable [ˈeimiəbl] *a.* amable.

amicable [ˈæmikəbl] *a.* amistós.

amid [əˈmid], **amidst** [-st] *prep.* poèt. enmig de, entre.

amiss [əˈmis] *adv.* malament ‖ *to take something* ~, agafar-se una cosa malament. ■ 2 *a.* impropi.

ammeter [ˈæmitəʳ] *s.* ELECT. amperímetre *m.*

ammoniac [əˈmouniæk] *s.* amoníac *m.*

ammunition [ˌæmjuˈniʃən] *s.* MIL. munició *f.*, municions *f. pl.*

amnesia [æmˈniːziə] *s.* amnèsia *f.*

amnesty [ˈæmnisti] *s.* amnistia *f.*

amoeba [əˈmiːbə] *s.* ameba *f.*

among (st) [əˈmʌŋ, -st] *prep.* entre, enmig de.

amoral [eiˈmɔrəl] *a.* amoral.

amorous [ˈæmərəs] *a.* amorós; enamoradís.

amorphous [əˈmɔːfəs] *a.* amorf.

amortize (to) [əˈmɔːtaiz] *t.* amortitzar.

amount [əˈmaunt] *s.* total *m.*, suma *f.* 2 quantitat *f.* 3 import *m.*

amount (to) [əˈmaunt] *i.* *to* ~ *to,* pujar; equivaler a.

amp [æmp], **ampere** [ˈæmpɛəʳ] *s.* ELECT. amper *m.*

amphibian [æmˈfibiən] *s.* amfibi *m.* 2 AERON. amfibi *m.*, vehicle *m.* amfibi 3 *a.* amfibi.

amphibious [æmˈfibiəs] *a.* amfibi: ~ *vehicles,* vehicles *m.* amfibis; ~ *operation,* operació *f.* amfíbia [militar].

amphitheatre, (EUA) **amphitheater** [ˈæmfiˌθiətəʳ] *s.* amfiteatre *m.*

ample [ˈæmpl] *a.* ampli, espaiós. 2 abundant. 3 suficient. 4 de sobra.

amplification [ˌæmplifiˈkeiʃən] *s.* amplificació *f.* 2 ampliació *f.*

amplifier [ˈæmplifaiəʳ] *s.* amplificador *m.*

amplify (to) ['æmplifai] t. ampliar, amplificar.

amplitude ['æmplitju:d] s. amplitud f.

amply ['æmpli] adv. ben; àmpliament.

amputate (to) ['æmpjuteit] t. amputar.

amputation [ˌæmpju'teiʃən] s. amputació f.

amulet ['æmjulit] s. amulet m.

amuse (to) [ə'mju:z] t.-p. entretenir; divertir.

amusement [ə'mju:zmənt] s. diversió f.; entreteniment m.; passatemps m.

amusing [ə'mju:ziŋ] a. divertit; graciós; entretingut.

an [ən, æn] art. indef. Vegeu A.

anachronism [ə'nækrənizəm] s. anacronisme m.

anaemic [ə'ni:mik] a. anèmic.

anagram ['ænəgræm] s. anagrama m.

analogous [ə'næləgəs] a. anàleg.

analogy [ə'nælədʒi] s. analogia f., semblança f. ‖ on the ~ of, per analogia amb.

analyse, -ze (to) ['ænəlaiz] t. analitzar.

analysis [ə'nælisis] s. anàlisi f.

analyst ['ænəlist] s. analista.

anarchic(al [æ'nɑ:kik, -əl] a. anàrquic.

anarchist ['ænəkist] s. anarquista.

anarchy ['ænəki] s. anarquia f.

anathema [ə'næθəmə] s. anatema m.

anatomy [ə'nætəmi] s. anatomia f.

ancestor ['ænsestəʳ] s. avantpassat m., antecessor.

ancestral [æn'sestrəl] a. ancestral. ‖ ~ home, casa f. pairal.

ancestry ['ænsestri] s. ascendència f.; llinatge m.

anchor ['æŋkəʳ] s. àncora f.

anchor (to) ['æŋkəʳ] t. ancorar. ■ 2 i. tirar l'àncora, ancorar.

anchorage ['æŋkəridʒ] s. ancoratge m.

anchovy ['æntʃəvi] s. ICT. anxova f.; seitó m.

ancient ['einʃənt] a. antic.: the ancients, els antics. 2 vell.

ancillary [æn'siləri] a. auxiliar; secundari. 2 subordinat.

and [ænd, ənd] conj. i.

andiron ['ændaiən] s. capfoguer m.

Andrew ['ændru:] n. pr. m. Andreu.

anecdote ['ænikdout] s. anècdota f.

anemone [ə'neməni] s. BOT. anemone f.: sea ~, anemone de mar.

angel ['eindʒəl] s. àngel m.

angelic(al [æn'dʒelik(əl)] a. angèlic, angelical.

anger ['æŋgəʳ] s. còlera f., ira f., enuig m.

anger (to) ['æŋgəʳ] t. enutjar, enfurir.

angle ['æŋgl] s. angle m. 2 fig. punt m. de vista.

angle (to) ['æŋgl] i. pescar t. amb canya. ■ 2 t. enfocar [un informe, les notícies, etc. gr: forma parcial].

angler ['æŋgləʳ] s. pescador m. [de canya].

angler fish ['æŋgləfiʃ] s. ICT. rap m.

angling ['æŋgliŋ] s. pesca f. [amb canya].

Anglo-Saxon [ˌæŋglou'sæksən] a.-s. anglosaxó.

angry ['æŋgri] a. enfadat, enrabiat, irritat.

anguish ['æŋgwiʃ] s. angoixa f. [mental]. 2 dolor m. agut [corporal].

angular ['æŋgjuləʳ] a. angular. 2 angulós.

animadversion [ˌænimæd'və:ʃən] s. (EUA) crítica f., animadversió f.

animadvert (to) [ˌænimæd'və:t] i. to ~ on someone's action, criticar t. l'acció d'algú.

animal ['æniməl] a. animal. ■ 2 s. animal m.

animate ['ænimit] a. animat.

animate (to) ['ænimeit] t. animar. 2 estimular.

animated ['ænimeitid] a. animat: ~ cartoons, dibuixos m. pl. animats.

animation [ˌæni'meiʃən] s. animació f.

animosity [ˌæni'mositi] s. animositat f.

ankle ['æŋkl] s. ANAT. turmell m.

annals ['ænəlz] s. pl. annals m. pl.

annex ['ænəks] s. annex m.

annex (to) [ə'neks] t. annexar, annexionar.

annexation [ˌænek'seiʃən] s. annexió f.

annihilate (to) [ə'naiəleit] t. anihilar; aniquilar.

annihilation [əˌnaiə'leiʃən] s. anihilament m.; aniquilament m.

anniversary [ˌæni'və:səri] s. aniversari m.

Anno Domini [ˌænou'dominai] s. Vegeu AD.

annotate (to) ['ænouteit] t. anotar; postil·lar.

annotation [ˌænou'teiʃən] s. anotació f.

announce (to) [ə'nauns] t. anunciar, fer saber, declarar.

announcement [ə'naunsmənt] s. anunci m., avís m., declaració m.

announcer [ə'naunsəʳ] s. locutor [de ràdio i televisió]. 2 anunciador.

annoy (to) [ə'nɔi] *t.* fer enfadar, molestar.

annoyance [ə'nɔiəns] *s.* molèstia *f.*

annoying [ə'nɔiiŋ] *a.* molest.

annual [ˈænjuəl] *a.* anual, anyal.

annuity [ə'nju:iti] *s.* anualitat *f.*, renda *f.* anual. ‖ *life* ~, renda *f.* vitalícia.

annul (to) [ə'nʌl] *t.* anul·lar. 2 DRET revocar.

annulment [ə'nʌlmənt] *s.* anul·lació *f.*

anodyne [ˈænədain] *a.-s.* anodí *a.*

anoint (to) [ə'nɔint] *t.* untar, ungir [esp. en una cerimònia religiosa].

anomalous [ə'nɔmələs] *a.* anòmal.

anomaly [ə'nɔməli] *s.* anomalia *f.*

anon [ə'nɔn] *adv.* ant. aviat; després.

anonymity [ˌænə'nimiti] *s.* anonimat *m.*

anonymous [ə'nɔniməs] *a.* anònim.

anorak [ˈænəræk] *s.* anorac *m.*

another [ə'nʌðər] *a.-pron.* un altre.

answer [ˈɑːnsər] *s.* resposta *f.* (*to,* a). ‖ *in* ~ *to,* en resposta a. 2 solució *f.* (*to,* a).

answer (to) [ˈɑːnsər] *t.-i.* respondre (a), contestar (a). ‖ *to* ~ *the door,* obrir la porta. 2 *to* ~ *back,* replicar. 3 *to* ~ *for,* respondre de.

answerable [ˈɑːnsərəbl] *a.* que té resposta. 2 responsable (*to,* davant o *for,* de).

ant [ænt] *s.* ENT. formiga *f.*

antagonism [æn'tægənizəm] *s.* antagonisme *m.*

antagonist [æn'tægənist] *s.* antagonista, adversari.

antagonize (to) [æn'tægənaiz] *t.* contrariar, enemistar-se *p.* amb.

antarctic [ænt'ɑːktik] *a.* antàrtic. ■ 2 GEOGR. Antàrtic.

antecedent [ˌænti'si:dənt] *a.* antecedent. ■ 2 *s.* antecedent *m.*

antechamber [ˈænti.tʃeimbər] *s.* antecambra *f.*

antedate to [ˌænti'deit] *t.* antedatar. 2 ser anterior.

antelope [ˈæntiloup] *s.* ZOOL. antílop *m.*

antenatal [ˌænti'neitl] *a.* prenatal.

antenna [æn'tenə] *s.* ZOOL., RADIO. antena *f.* ▲ *pl.* **antennae** [æn'teni:], **antennas** [æn'tenəs].

anterior [æn'tiəriər] *a.* anterior.

anteroom [ˈæntirum] *s.* antesala *f.* 2 sala *f.* d'espera.

anthem [ˈænθəm] *s.* REL. antífona *f.* 2 *national* ~, himne *m.* nacional.

ant-hill [ˈænthil] *s.* formiguer *m.*

anthology [æn'θɔlədʒi] *s.* antologia *f.*

Anthony [ˈæntəni] *n. pr. m.* Antoni.

anthracite [ˈænθrəsait] *s.* antracita *f.*

anthrax [ˈænθræks] *s.* àntrax *m.*

anthropology [ˌænθrə'pɔlədʒi] *s.* antropologia *f.*

anti-aircraft [ˌænti'ɛəkrɑːft] *a.* antiaeri.

antibiotic [ˌæntibai'ɔtik] *a.* antibiòtic. ■ 2 *s.* antibiòtic *m.*

antibody [ˈænti.bɔdi] *s.* anticòs *m.*

anticipate (to) [æn'tisipeit] *t.* comptar amb. 2 gastar per endavant. 3 anticipar-se *p.* (a). 4 prevenir, preveure. 5 esperar.

anticipation [ænˌtisi'peiʃən] *s.* previsió *f.* 2 anticipació *f.* ‖ LOC. *in* ~, per endavant. 3 esperança.

anti-climax [ˌænti'klaimæks] *s.* anticlímax *m.*

anti-clockwise [ˌænti'klɔkwaiz] *a.-adv.* en sentit contrari a les agulles del rellotge. 2 TECNOL. ~ *movement,* moviment *m.* sinistrors.

anticyclone [ˌænti'saikloun] *s.* anticicló *m.*

antidepressant [ˌæntidi'prəsnt] *a.* antidepressiu. ■ 2 *s.* antidepressiu *m.*

antidote [ˈæntidout] *s.* MED. antídot *m.*

antifreeze [ˈæntifri:z] *s.* anticongelant *m.*

Antilles [æn'tili:z] *n. pr.* GEOGR. Antilles.

antinomy [ˈæntinəmi] *s.* antinòmia *f.*

antipathy [æn'tipəθi] *s.* antipatia *f.*, aversió *f.*

Antipodes [æn'tipədi:z] *s. pl.* GEOGR. Antípodes *pl.*

antiquarian [ˌænti'kwɛəriən] *s.* antiquari.

antiquary [ˈæntikwəri] *s.* antiquari.

antiquated [ˈæntikweitid] *a.* antiquat.

antique [æn'ti:k] *a.* antic. 2 *s.* antiguitat *f.*, antigalla *f.*

antiquity [æn'tikwiti] *s.* antiguitat *f.* 2 *pl.* antiguitats *f. pl.*

antiseptic [ˌænti'septik] *a.* MED. antisèptic. ■ 2 *s.* antisèptic *m.*

antisocial [ˌænti'souʃl] *a.* antisocial.

antitank [ˌænti'tæŋk] *a.* MIL. antitanc.

antithesis [æn'tiθəsis] *s.* antítesi *f.*

antler [ˈæntlər] *s.* banya *f.*; banyam *m.*

antonym [ˈæntənim] *s.* antònim *m.*

Antwerp [ˈæntwəːp] *n. pr.* Anvers.

anus [ˈeinəs] *s.* ANAT. anus *m.*

anvil [ˈænvil] *s.* enclusa *f.*

anxiety [æŋ'zaiəti] *s.* ansietat *f.*, inquietud *f.*; ànsia *f.*; desfici *m.*; fal·lera *f.*

anxious ['æŋkʃəs] *a.* preocupat, inquiet, ansiós. 2 angoixós: *an ~ moment,* un moment angoixós. 3 desitjós, desficiós.

any ['eni] *a.* qualsevol, algun: *you can come ~ day,* pots venir qualsevol dia. ‖ LOC. *in ~ case,* en qualsevol cas. 2 *interrog.* algun, cap: *have you had ~ letters lately?,* has rebut alguna carta últimament?; *have you got ~ money?,* tens diners? 3 *neg.* cap. 4 LOC. *at ~ rate,* de totes maneres, sigui com sigui. ■ *5 adv.* *are you ~ better?,* et trobes (una mica) millor?; *she isn't ~ too well,* no es troba gens bé; *do you want ~ more?,* en vols més? ▲ gralnt. no es tradueix. ■ *6 pron.* algú, algun: *if there are ~ who can swim,* si hi ha algú que sàpiga nadar. 7 cap, ningú: *I haven't got ~,* no en tinc cap. 8 qualsevol: *~ of those would do,* qualsevol d'aquests aniria bé.

anybody ['eni,bɔdi] *pron.* algú, qualsevol, tothom. 2 *neg.* ningú. 3 algú [persona important].

anyhow ['enihau] *adv.* de qualsevol manera. 2 sense ordre, de qualsevol manera [descuidat]. 3 de totes maneres.

anyone ['eniwʌn] *pron.* Vegeu ANYBODY.

anyplace ['enipleis] *adv.* (esp. EUA) Vegeu ANYWHERE.

anything ['eniθiŋ] *pron.* alguna cosa, quelcom. 2 qualsevol cosa, tot. ‖ LOC. *~ but,* tot menys. ‖ col·loq. *(as) easy as ~,* molt fàcil.

anyway ['eniwei] *adv.* de totes maneres. ■ *2 interj.* en fi.

anywhere ['eniwɛə] *adv.* a qualsevol lloc, a algun lloc, on sigui. 2 *neg.* enlloc.

aorta [ei'ɔːtə] *s.* ANAT. aorta *f.*

AP [ei'piː] *s.* (Associated Press) premsa *f.* associada.

apart [ə'paːt] *adv.* a part. ‖ *~ from,* a part de. 2 per separat. 3 separat *a.*

apartheid [ə'paːteit] *s.* apartheid *m.,* segregació *f.* racial [a Sud-Àfrica].

apartment [ə'paːtmənt] *s.* apartament *m.,* pis *m.* 2 cambra *f.* 3 (EUA) *~ house,* bloc *m.* de pisos.

apathetic [æpə'θetik] *a.* apàtic.

apathy ['æpəθi] *s.* apatia *f.*

ape [eip] *s.* ZOOL. simi *m.* ‖ fig. *to play the ~,* imitar algú.

ape (to) [eip] *t.* imitar.

aperture ['æpətʃə] *s.* obertura *f.*

apex ['eipeks] *s.* àpex *m.* 2 fig. cim *m.*

aphorism ['æfərizəm] *s.* aforisme *m.*

apiary ['eipjəri] *s.* abellar *m.*

apiece [ə'piːs] *adv.* cada un. 2 per persona.

apologetic(al) [əpɔlə'dʒeti(əl)] *a.* contrit, ple de disculpes.

apologize (to) [ə'pɔlədʒaiz] *i.* disculparse *p.* (*for,* de; *to,* a).

apology [ə'pɔlədʒi] *s.* disculpa *f.,* excusa *f.* 2 apologia *f.*

apoplexy ['æpəpleksi] *s.* MED. apoplexia *f.*

apostate [ə'pɔsteit] *a.-s.* apòstata.

apostatize (to) [ə'pɔstətaiz] *i.* apostatar.

apostle [ə'pɔsl] *s.* apòstol *m.*

apostleship [ə'pɔslʃip], **apostolate** [ə'pɔstəlit] *s.* apostolat *m.*

apostolic [æpəs'tɔlik] *a.* apostòlic.

apostrophe [ə'pɔstrəfi] *s.* GRAM. apòstrof *m.*

apostrophize (to) [ə'pɔstrəfaiz] *t.* apostrofar.

apotheosis [ə'pɔθi'ousis] *s.* apoteosi *f.*

appal(l) (to) [ə'pɔːl] *t.* horroritzar. 2 consternar.

appalling [ə'pɔːliŋ] *a.* espantós, horrorós.

apparatus [æpə'reitəs] *s.* aparell *m.*

apparent [ə'pærənt] *a.* evident. 2 aparent. ■ 3 *-ly adv.* aparentment; sembla ser que. 4 evidentment.

apparition [æpə'riʃən] *s.* aparició *f.*

appeal [ə'piːl] *s.* *an ~ for,* una crida *f.* per. 2 DRET apel·lació *f.* 3 reclamació *f.* [esp. esports]. 4 atractiu *m.,* encant *m.* 5 súplica *f.,* petició *f.*

appeal (to) [ə'piːl] *i.* fer una crida. 2 DRET apel·lar. 3 recórrer; apel·lar. 4 atreure *t.,* agradar.

appealing [ə'piːliŋ] *a.* commovedor. 2 atraient, atractiu.

appealingly [ə'piːliŋli] *adv.* d'una manera suplicant.

appear (to) [ə'piə] *i.* aparèixer. 2 TEAT. sortir, actuar. 3 publicar-se *p.* [un llibre, etc.]. 4 semblar. 5 comparèixer.

appearance [ə'piərəns] *s.* aparició *f.* ‖ *to make an ~,* aparèixer. ‖ *to make one's first ~,* debutar [teatre, etc.]. 2 aparença *f.,* aspecte *m.* ‖ *to keep up appearances,* salvar les aparences. 3 DRET compareixença *f.*

appease (to) [ə'piːz] *t.* apaivagar, calmar.

appendage [ə'pendidʒ] *s.* afegidura *f.,* afegit *m.,* addició *f.*

appendicitis [əpendi'saitis] *s.* MED. apendicitis *f.*

appendix [ə'pendiks] *s.* apèndix *m.*

arbitrary

appetite ['æpitait] s. gana f., apetit m.; desig m.

appetizer ['æpitaizə'] s. aperitiu m.

appetizing ['æpitaiziŋ] a. apetitós.

applaud (to) [ə'plɔːd] t. aplaudir. 2 alabar. ∎ 3 i. aplaudir.

applause [ə'plɔːz] s. aplaudiment(s) m. (pl.).

apple ['æpl] s. BOT. poma f. 2 ~ of one's eye, nineta f. dels ulls.

apple pie ['æpl'pai] s. pastís m. de poma.

apple tree ['æpl,triː] s. pomer m.

appliance [ə'plaiəns] s. aparell m., instrument m., estri m. ‖ house-hold appliances, electrodomèstics m. pl.

applicable [ə'plikəbl] a. aplicable (to, a); apropiat (to, a).

applicant ['æplikənt] s. sol·licitant, aspirant.

application [æpli'keiʃən] s. sol·licitud f.; petició f. 2 aplicació f.

application form [æpli'keiʃnfɔːm] s. imprès m. de sol·licitud.

apply (to) [ə'plai] i. to ~ for, sol·licitar t., demanar t.; to ~ to, adreçar-se p. a. ∎ 2 t. aplicar. 3 t.-i. to ~ to, concernir t., afectar t. 4 i.-p. to ~ (oneself) to, aplicar-se a, esforçar-se f.

appoint (to) [ə'pɔint] t. fixar [hora, lloc, etc.]. 2 nomenar.

appointment [ə'pɔintmənt] s. cita f., compromís m., hora f. [amb el metge, etc.]. 2 lloc m. de treball. 3 pl. mobiliari m. sing.; equip m. sing.

apportion (to) [ə'pɔːʃən] t. prorratejar; repartir.

appraisal [ə'preizəl] s. apreciació f., estimació f., taxació f.

appreciable [ə'priːʃəbl] a. apreciable, sensible.

appreciate (to) [ə'priːʃieit] t. apreciar, estimar, avaluar. 2 agrair. ∎ 3 i. augmentar de valor.

appreciation [əpriːʃi'eiʃən] s. apreciació f., avaluació f. 2 reconeixement m. 3 augment m. de valor.

apprehend (to) [æpri'hend] t. arrestar, capturar. 2 form. témer. 3 ant. comprendre.

apprehension [æpri'henʃən] s. temor m. 2 comprensió f. 3 captura f.

apprehensive [æpri'hensiv] a. aprensiu, recelós.

apprentice [ə'prentis] s. aprenent.

apprenticeship [ə'prentiʃip] s. aprenentatge m. [esp. d'un ofici].

approach [ə'proutʃ] s. aproximació f., apropament m. 2 entrada f., accés m. 3 enfocament m., plantejament m.

approach (to) [ə'proutʃ] i.-t. apropar-se p. (a); aproximar-se p. (a). 2 t. fig. enfocar; abordar. 3 dirigir-se p. a [algú per alguna qüestió].

approachable [ə'proutʃəbl] a. accessible, abordable.

approaching [ə'proutʃiŋ] a. proper, pròxim.

appropriate [ə'proupriət] a. apropiat, adient.

appropriate (to) [ə'prouprieit] t. destinar [a un ús]; assignar [una quantitat]. 2 apropiar-se p.

appropriation [əproupri'eiʃən] s. apropiació f.; assignació f. [esp. de diners].

approval [ə'pruːvəl] s. aprovació f.; consentiment m.; vist-i-plau m. 2 COM. on ~, a prova f.

approve (to) [ə'pruːv] t.-i. to ~ of, aprovar t. 2 t. aprovar, confirmar.

approximate [ə'prɔksimət] a. aproximat. ∎ 2 -ly adv. aproximadament.

approximate (to) [ə'prɔksimeit] i. aproximar-se p. (to, a).

approximation [əprɔksi'meiʃən] s. aproximació f.

apricot ['eiprikɔt] s. BOT. albercoc m.

apricot tree ['eiprikɔt,triː] s. albercoquer m.

April ['eipril] s. abril m.

apron ['eiprən] s. davantal m.

apropos ['æprəpou] a. oportú. ∎ 2 adv. a propòsit.

apse [æps] s. ARQ. àbsida f.

apt [æpt] a. apropiat. 2 llest; apte. 3 propens.

aptitude ['æptitjuːd] s. aptitud f. ‖ ~ test, prova f. d'aptitud. 2 capacitat f., facilitat f.

aptness ['æptnis] s. justesa f. 2 tendència f.

aquarium [ə'kwεəriəm] s. aquàrium m. ▲ pl. aquaria [ə,kwεəriə] aquariums [ə,kwεəriəms].

aquatic [ə'kwætik] a. aquàtic. 2 aquatics, esports m. pl. aquàtics.

aqueduct ['ækwidʌkt] s. aqüeducte m.

Arab ['ærəb] a.-s. àrab.

arable ['ærəbl] a. cultivable, de conreu [terra].

arbiter ['ɑːbitə'] s. àrbitre [no esports].

arbitrary ['ɑːbitrəri] a. arbitrari. 2 despòtic. ∎ 3 -ly adv. arbitràriament.

arbitrate (to) [ˈɑːbitreit] *t.-i.* arbitrar *t.*

arbitration [ˌɑːbiˈtreiʃən] *s.* arbitratge *m.,* arbitrament *m.* 2 DRET *to go to* ~, recórrer a l'arbitratge.

arc [ɑːk] *s.* arc *m.*

arcade [ɑːˈkeid] *s.* ARQ. arcada *f.* 2 porxos *m. pl.* ‖ *shopping* ~, galeria *f.* comercial.

arch [ɑːtʃ] *s.* ARQ. arc *m.;* volta *f.* ■ 2 *a.* ~ *smile,* somriure *m.* murri. 3 gran, principal: ~ *enemies,* eterns rivals.

arch (to) [ɑːtʃ] *t.* arquejar. ■ 2 *i.* arquejar-se *p.*

archaeology [ˌɑːkiˈɔlədʒi] *s.* arqueologia *f.*

archaic [ɑːˈkeiik] *a.* arcaic.

archaism [ˈɑːkeiizəm] *s.* arcaisme *m.*

archbishop [ˌɑːtʃˈbiʃəp] *s.* arquebisbe *m.*

archduke [ˌɑːtʃˈdjuːk] *s.* arxiduc *m.*

archer [ˈɑːtʃə] *s.* arquer.

archery [ˈɑːtʃəri] *s.* ESPORT tir *m.* amb arc.

archetype [ˈɑːkitaip] *s.* arquetipus *m.*

archipielago [ˌɑːkiˈpeləgou] *s.* arxipèlag *m.*

architect [ˈɑːkitekt] *s.* arquitecte.

architecture [ˈɑːkitektʃə] *s.* arquitectura *f.*

archives [ˈɑːkaivz] *s. pl.* arxiu *m. sing.* [de documents històrics].

archivist [ˈɑːkivist] *s.* arxiver.

archway [ˈɑːtʃwei] *s.* arc *m.* d'entrada; arcada *f.*

Arctic [ˈɑːktik] *a.* GEOGR. àrtic. ■ 2 *s.* Àrtic *m.*

Arctic Circle [ˌɑːktikˈsəːkl] *s.* GEOGR. Cercle *m.* Polar Àrtic.

ardent [ˈɑːdənt] *a.* ardent; apassionat; fervorós.

arduous [ˈɑːdjuəs] *a.* laboriós, difícil [treball]. 2 ardu [un camí, etc.].

are [ɑː] Vegeu BE (TO).

area [ˈɛəriə] *s.* GEOM. àrea *f.,* superfície *f.* 2 GEOGR. regió *f.,* zona *f.,* àrea *f.*

arena [əˈriːnə] *s.* arena *f.,* cercle *m.* 2 fig. esfera *f.,* terreny *m.*

argue (to) [ˈɑːgjuː] *i.* discutir *t.* (*with,* amb; *about,* sobre), barallar-se *p.* ■ 2 *i.-t.* argüir *i.,* argumentar *i.* ■ 3 *t.* persuadir [mitjançant arguments]. 4 debatre.

argument [ˈɑːgjumənt] *s.* discussió *f.,* disputa *f.* 2 argument *m.;* raonament *m.* 3 argument *m.* [d'un llibre, etc.].

argumentation [ˌɑːgjumenˈteiʃən] *s.* argumentació *f.* 2 discussió *f.*

arid [ˈærid] *a.* àrid [també fig.].

aridity [æˈriditi] *s.* aridesa *f.*

arise (to) [əˈraiz] *i.* aparèixer, sorgir, presentar-se *p.* 2 originar-se *p.* (*from,* en), resultar (*from,* de). 3 ant. llevar-se *p.,* aixecar-se *p.* ▲ Pret.: *arose* [əˈrouz]; p. p.: *arisen* [əˈrizn].

aristocracy [ˌærisˈtɔkrəsi] *s.* aristocràcia *f.*

aristocrat [ˈæristəkræt] *s.* aristòcrata.

aristocratic [ˌæristəˈkrætik] *a.* aristocràtic.

arithmetic [əˈriθmətik] *s.* aritmètica *f.*

ark [ɑːk] *s.* arca *f.* ‖ *Ark of the Covenant,* Arca de l'Aliança. ‖ *Noah's Ark,* Arca de Noè.

arm [ɑːm] *s.* braç *m.* ‖ ~ *in* ~, de bracet. 2 fig. braç [del mar, cadira, etc.]. 3 MIL. arma *f.* [cossos en què es divideix un exèrcit].

arm (to) [ɑːm] *t.* armar. ■ 2 *i.-p.* armar-se.

armament [ˈɑːməmənt] *s.* MIL. armament *m.*

armband [ˈɑːmbænd] *s.* braçal *m.*

armchair [ˈɑːmtʃɛə] *s.* butaca *f.,* cadira *f.* de braços.

Armenia [ɑːˈmiːniə] *n. pr.* Armènia *f.*

armful [ˈɑːmful] *s.* braçat *m.,* braçada *f.*

armistice [ˈɑːmistis] *s.* armistici *m.*

armour, (EUA) **armor** [ˈɑːmə] *s.* armadura *f.* 2 blindatge *m.*

armourer, (EUA) **armorer** [ˈɑːmərə] *s.* armer *m.*

armoury, (EUA) **armory** [ˈɑːməri] *s.* armeria *f.*

armpit [ˈɑːmpit] *s.* ANAT. aixella *f.*

army [ˈɑːmi] *s.* exèrcit *m.:* ~ *corps,* cos *m.* de l'exèrcit.

Arnold [ˈɑːnəld] *n. pr. m.* Arnau.

aroma [əˈroumə] *s.* aroma *f.*

aromatic [ˌærəˈmætik] *a.* aromàtic.

around [əˈraund] *adv.* al voltant, a l'entorn. ‖ *all* ~, per tot arreu. 3 col·loq. a prop [lloc]. ■ 4 *prep.* al voltant de; cap: ~ *nine o'clock,* cap a les nou.

arouse (to) [əˈrauz] *t.* despertar. 2 excitar, estimular.

arrange (to) [əˈreindʒ] *t.* arranjar; organitzar; posar en ordre. 2 MÚS. arranjar, adaptar. ■ 3 *i.* posar-se *p.* d'acord, acordar *t.,* quedar [en alguna cosa].

arrangement [əˈreindʒmənt] *s.* arranjament *m.;* ordre *m.* 2 MÚS. arranjament *m.,* adaptació *f.* 3 acord *m.,* entesa *f.*

arrant [ˈærənt] *a.* acabat, consumat.

array [ə'rei] *s.* MIL. ordre *m.*, formació *f.* 2 ornament *m.*, gala *f.*

array (to) [ə'rei] *t.* formar [les tropes]. 2 abillar, vestir: *arrayed like a queen,* vestida com una reina.

arrears [ə'riəz] *s. pl.* endarreriments *m. pl.*, endarreriatges *m. pl.* [esp. ús econòmic].

arrest [ə'rest] *s.* arrest *m.*, detenció *f.*

arrest (to) [ə'rest] *t.* arrestar, detenir. 2 aturar [un procés, etc.]. 3 cridar [l'atenció].

arrival [ə'raivəl] *s.* arribada *f.* [també s'utilitza per persones].

arrive (to) [ə'raiv] *i.* arribar (*in* o *at,* a) [lloc]. 2 *to ~ at,* arribar a [una conclusió, un objectiu].

arrogance [ˈærəgəns] *s.* arrogància *f.*

arrogant [ˈærəgənt] *a.* arrogant.

arrow [ˈærou] *s.* fletxa *f.*, sageta *f.*

arsenal [ˈɑːsənl] *s.* arsenal *m.*

arsenic [ˈɑːsənik] *s.* arsènic *m.*

arson [ˈɑːsn] *s.* DRET incendi *m.* provocat [delicte].

art [ɑːt] *s.* art *m.*: *arts and crafts,* arts i oficis *m. pl.* 2 *black ~,* màgia *f.* negra.

artery [ˈɑːteri] *s.* ANAT. artèria. 2 fig. artèria *f.* [carretera, etc.].

artful [ˈɑːtful] *a.* arter, astut. 2 hàbil, destre.

Arthur [ˈɑːθə] *n. pr. m.* Artur.

artichoke [ˈɑːtitʃouk] *s.* carxofa *f.*

article [ˈɑːtikl] *s.* objecte *m.* 2 PERIOD. article *m.* ‖ *leading ~,* article *m.* de fons, editorial *m.* 3 GRAM. *article m.*

articulate [ɑːˈtikjulit] *a.* articulat. 2 clar [discurs].

articulate (to) [ɑːˈtikjuleit] *t.-i.* articular *t.*

articulation [ɑːˌtikjuˈleiʃən] *s.* articulació *f.*

artifice [ˈɑːtifis] *s.* artifici *m.*

artificial [ˌɑːtiˈfiʃəl] *a.* artificial. 2 postís. 3 artificial, afectat [persona].

artillery [ɑːˈtiləri] *s.* artilleria *f.*

artilleryman [ɑːˈtilərimən] *s.* artiller *m.*

artist [ˈɑːtist] *s.* artista.

artistic [ɑːˈtistik] *a.* artístic.

artless [ˈɑːtlis] *a.* natural, senzill, ingenu.

as [æz, əz] *conj.-adv.* com (que), ja que. 2 quan, mentre. 3 (tal) com; el que. 4 com, igual que. *5 compar.* ~ ... ~, tan... com. *6* LOC. ~ *for* o *to,* quant a.; ~ *from,* a partir de.; ~ *well,* també.; ~ *yet,* encara. ■ *7 prep.* com. ■ *8 pron.* que: *the same*

friend ~ I have, el mateix amic que jo tinc.

ascend (to) [ə'send] *t.* pujar [muntanya]. 2 remuntar [riu]. ■ *3 i.* pujar, ascendir.

ascendancy, ascendency [ə'sendənsi] *s.* domini *m.*; ascendent *m.*

ascendant, ascendent [ə'sendənt] *a.* ascendent. 2 predominant. ■ *3 s.* ascendent *m.*

ascension [ə'senʃən] *s.* ascensió *f.*

ascent [ə'sent] *s.* pujada *f.*, ascensió *f.*

ascertain (to) [ˌæsə'tein] *t.* esbrinar; encertir *t.-p.*

ascetic [ə'setik] *a.* ascètic. ■ *2 s.* asceta.

ascribe (to) [ə'skraib] *t.* atribuir (*to,* a).

ash [æʃ] *s.* cendra *f.* 2 BOT. freixe *m.*

ashamed [ə'ʃeimd] *a.* avergonyit. ‖ *to be ~,* avergonyir-se *p.* (*of,* de).

ashen [ˈæʃn] *a.* pàl·lid.

ashtray [ˈæʃtrei] *s.* cendrer *m.*

ashore [ə'ʃɔː] *adv.* NÀUT. en terra. ‖ *to go ~,* desembarcar *t.-i.; to run ~,* encallar-se *p.*

Ash Wednesday [ˈæʃwenzdi] *s.* REL. Dimecres *m.* de cendra.

Asia [ˈeiʃə] *n. pr.* Àsia *f.*

aside [ə'said] *adv.* a part, de costat, de banda. ■ *2 s.* TEAT. apart *m.*

ask (to) [ɑːsk] *t.* preguntar. *2 to ~ for* o *of,* demanar, sol·licitar. ‖ *don't ~ me!,* no ho sé!, a mi què m'expliques! *3* convidar, invitar. ‖ *to ~ someone in,* fer passar algú, dir-li que entri. ■ *4 i. to ~ after, about* o *for,* preguntar per, demanar per. *5 to ~ for trouble,* col·loq. *to ~ for it,* buscar-se *p.* problemes.

askance [əs'kæns] *adv. to look ~ at,* mirar amb desconfiança.

askew [əs'kjuː] *adv.* al o de biaix. ■ *2 a.* esbiaixat.

aslant [ə'slɑːnt] *adv.* obliquament, de través. ■ *2 prep.* a través de.

asleep [ə'sliːp] *a.-adv.* adormit. ‖ *to be fast ~,* dormir profundament. ‖ *to fall ~,* adormir-se *p.*

ASM [ˈeiesem] *s. (air-to-surface missile)* míssil *m.* aire-terra.

asp [æsp] *s.* ZOOL. àspid *m.*

asparagus [ə'spærəgəs] *s.* BOT. espàrrec *m.*

aspect [ˈæspekt] *s.* aspecte *m.* 2 orientació *f.* [d'una casa]. 3 GRAM. aspecte *m.*

aspen [ˈæspən] *s.* BOT. trèmol *m.*

aspersions [ə'spəːʃnz] *s. pl. to cast ~ on somebody,* calumniar *t.* algú.

asphalt [ˈæsfælt] *s.* asfalt *m.*

asphalt (to) ['æsfælt] t. asfaltar.

asphyxia [æs'fiksiə] s. asfíxia f.

asphyxiate (to) [æs'fiksieit] t. asfixiar.

aspirant [əs'paiərənt] s. aspirant, candidat (to o after, a).

aspiration [æspə'reiʃən] s. aspiració f. 2 anhel m., desig m.

aspire (to) [əs'paiə] i. aspirar (to o after, a).

aspirin ['æsprin] s. aspirina f.

ass [æs] s. ZOOL. ase m., ruc m. 2 fig. ruc. 3 (EUA) pop. cul m.

assail (to) [ə'seil] t. assaltar; atacar. 2 emprendre [una tasca]. 3 importunar, enutjar [amb preguntes, etc.].

assailant [ə'seilənt] s. assaltador.

assassin [ə'sæsin] s. assassí.

assassinate (to) [ə'sæsineit] t. assassinar.

assassination [ə,sæsi'neiʃən] s. assassinat m.

assault [ə'sɔːlt] s. assalt m., assaltament m.

assault (to) [ə'sɔːlt] t. assaltar.

assemble (to) [ə'sembl] t. ajuntar, reunir, agrupar. 2 MEC. muntar. ■ 3 i. ajuntar-se p., reunir-se p.

assembly [ə'sembli] s. assemblea f., (ROSS.) assemblada f., reunió f. 2 MEC. muntatge m.

assembly hall [ə'semblihɔːl] s. sala f. d'actes.

assembly line [ə'semblilain] s. MEC. cadena f. de muntatge.

assert (to) [ə'sɜːt] t. asseverar, afirmar. 2 mantenir, defensar. 3 fer valer [drets]. ■ 4 p. to ~ oneself, reafirmar-se.

assertion [ə'sɜːʃən] s. asseveració f., afirmació f. 2 reivindicació f.

assess (to) [ə'ses] t. avaluar; preuar. 2 taxar. 3 DRET. acensar.

assessment [ə'sesmənt] s. avaluació f. 2 taxació f.

assessor [ə'sesə'] s. assessor; taxador.

asset ['æset] s. pl. béns m. pl.: personal assets, béns mobles. 2 COM. haver m. sing., actiu m. sing. 3 avantatge m.

assiduity [æsi'djuəti] s. assiduïtat f.

assiduous [ə'sidjuəs] a. assidu.

assign (to) [ə'sain] t. assignar. 2 atribuir. 3 cedir [propietat, etc.]. 4 nomenar.

assignment [ə'sainmənt] s. assignació f. 2 atribució f. 3 DRET. cessió f. [d'una propietat, etc.]. 4 tasca f., missió f.

assimilate (to) [ə'simileit] t. assimilar. ■ 2 i. assimilar-se p.

assimilation [ə,simi'leiʃən] s. assimilació f.

assist (to) [ə'sist] t.-i. assistir t.; ajudar.

assistance [ə'sistəns] s. assistència f.; ajut m.; auxili m. ‖ to be of ~ (to), ajudar a.

assistant [ə'sistənt] a. ajudant; auxiliar. ‖ shop-assistant, dependent. ■ 2 s. ajudant.

associate [ə'souʃiət] a. associat. 2 (EUA) adjunt [professor]. ■ 3 s. soci. 4 còmplice [d'un crim].

associate (to) [ə'souʃieit] t.-p. associar (with, amb). ■ 2 i. relacionar-se p. (with, amb), fer-se p. (with, amb).

association [ə,sousi'eiʃən] s. associació f. 2 COM. societat f.

assonance ['æsənəns] s. assonància f.

assorted [ə'sɔːtid] a. assortit, variat. 2 avingut: an ill-assorted couple, un matrimoni mal avingut.

assortment [ə'sɔːtmənt] s. assortiment m.; varietat f. 2 classificació f.

assuage (to) [ə'sweidʒ] t. calmar, suavitzar, assuaujar, mitigar.

assume (to) [ə'sjuːm] t. suposar. ‖ LOC. assuming that, suposant que; considerant que. 2 assumir. 3 prendre, adoptar: ~ a new name, adoptar un nom nou.

assumption [ə'sʌmpʃən] s. suposició f. ‖ LOC. on the ~ that, suposant que. 2 assumpció f. [d'una responsabilitat, etc.]; presumpció f.; fingiment m. ‖ ECLES. The Assumption, L'Assumpció f.

assurance [ə'ʃuərəns] s. seguretat f. [confiança en un mateix]. 2 garantia f.; promesa f. 3 COM. assegurança f. 4 desvergonyiment m.

assure (to) [ə'ʃuə'] t. assegurar.

asterisk ['æstərisk] s. asterisc m.

astern [əs'tɜːn] adv. NÀUT. a la popa. 2 NÀUT. cap enrera.

asthma ['æsmə] s. MED. asma f.

astonish (to) [əs'tɔniʃ] t. sorprendre, deixar parat. ‖ to be astonished, sorprendre's p., quedar-se p. parat.

astonishing [əs'tɔniʃiŋ] a. sorprenent, xocant.

astonishment [əs'tɔniʃmənt] s. sorpresa f., estupefacció f.

astound (to) [əs'taund] t. esbalair, deixar estupefacte.

astray [əˈstrei] *adv.* esp. fig. pel mal camí. ■ 2 *a.* extraviat. ‖ *to go* ~, extraviar-se. ‖ *to lead* ~, despistar, desencaminar.

astride [əˈstraid] *adv.-a.* cama ací, cama allà *loc. adv.* ■ 2 *prep.* sobre.

astringent [əsˈtrindʒənt] *a.* astringent. 2 fig. dur, sever. ■ 3 *s.* astringent *m.*

astrologer [əsˈtrɔlədʒəˈ] *s.* astròleg.

astrology [əsˈtrɔlədʒi] *s.* astrologia *f.*

astronaut [ˈæstrɔnɔːt] *s.* astronauta.

astronomer [əsˈtrɔnəməˈ] *s.* astrònom.

astronomy [əsˈtrɔnəmi] *s.* astronomia *f.*

astute [əsˈtjuːt] *a.* astut.

astuteness [əsˈtjuːtnis] *s.* astúcia *f.*

asunder [əˈsʌndəˈ] *adv.* liter. separats [dues o més coses]. ‖ *to tear* ~, trossejar.

asylum [əˈsailəm] *s.* asil *m.*, refugi *m.* ‖ *political* ~, asil polític. 2 ant. manicomi *m.*

at [æt, ət] *prep.* a, en, per [lloc, posició, direcció]. ‖ ~ *the top of the page*, dalt de la pàgina. 2 a, per [temps]: ~ *Christmas*, per Nadal; ~ *two o'clock*, a les dues. ‖ LOC. ~ *once*, immediatament. 3 a [valor, cost]: ~ *12 p. each*, a 12 penics cadascun. 4 [indicant activitat, manera o condició]: *to be bad* ~ *something*, no valer per a alguna cosa.

ate [et, eit] Vegeu EAT (TO).

A-team [ˈeitiːm] *s.* equip *m.* A [grup d'experts].

atheism [ˈeiθiizəm] *s.* ateisme *m.*

atheist [ˈeiθiist] *s.* ateu.

Athens [ˈæθənz] *n. pr.* Atenes.

athlete [ˈæθliːt] *s.* ESPORT atleta.

athletic [æθˈletik] *a.* atlètic.

athletics [æθˈletiks] *s.* ESPORT atletisme *m.*

Atlantic [ətˈlæntik] *a.* atlàntic. ■ 2 *n. pr.* GEOGR. Atlàntic *m.*

atlas [ˈætləs] *s.* GEOGR. atlas *m.*

atmosphere [ˈætməsfiəˈ] *s.* atmosfera *f.* 2 ambient *m.*

atoll [ˈætɔl] *s.* atol *m.*, atol·ló *m.*

atom [ˈætəm] *s.* àtom *m.*

atom bomb [ˈætəmˌbɔm] *s.* bomba *f.* atòmica.

atone (to) [əˈtoun] *i. to* ~ *(for)*, expiar *t.*, reparar *t.*

atonement [əˈtounmənt] *s.* expiació *f.*, reparació *f.* ‖ *to make* ~ *for a fault*, reparar una falta.

atrocious [əˈtrouʃəs] *a.* atroç. 2 col·loq. espantós, terrible.

atrocity [əˈtrɔsiti] *s.* atrocitat *f.*

atrophy [ˈætrəfi] *s.* atròfia *f.* [també fig.]

atrophy (to) [ˈætrəfi] *t.* atrofiar. ■ 2 *i.* atrofiar-se *p.*

attach (to) [əˈtætʃ] *t.* lligar, fermar. 2 enganxar. 3 incloure, adjuntar [documents, etc.]. 4 donar [importància, valor, etc.]. 5 DRET confiscar, embargar. ■ 6 *i. to* ~ *to*, correspondre a, pertànyer a. ■ 7 *p. to* ~ *oneself*, entrar a formar part de; enganxar-se *p.* a [pejoratiu].

attaché [əˈtæʃei] *s.* agregat.

attaché case [əˈtæʃiˌkeis] *s.* maletí *m.* [per a documents].

attachment [əˈtætʃmənt] *s.* unió *f.*; lligament *m.*; col·locació *f.* 2 accessori *m.*, peça *f.* 3 acoblament *m.* 4 afecte *m.*, estimació *f.* 5 DRET confiscació *f.*, embargament *m.*

attack [əˈtæk] *s.* atac *m.*

attack (to) [əˈtæk] *t.* atacar.

attain (to) [əˈtein] *t.* aconseguir, assolir. ■ 2 *i. to* ~, arribar a.

attainment [əˈteinmənt] *s.* assoliment *m.*, aconseguiment *m.*, consecució *f.* 2 *pl.* coneixements *m. pl.*

attempt [əˈtempt] *s.* temptativa *f.*, intent *m.*, prova *f.*

attempt (to) [əˈtempt] *t.* intentar, provar. 2 emprendre. 3 ant. atemptar *i.*

attend (to) [əˈtend] *t.* assistir a *i.*, anar a *i.* [una reunió, classes, etc.]. 2 assistir [una persona], servir, atendre. 3 form. acompanyar. ■ 4 *i. to* ~ *to*, atendre, fer atenció a, ocupar-se de. 5 *to* ~ *(on* o *upon)*, atendre (a).

attendance [əˈtendəns] *s.* assistència *f.*, concurrència *f.*; presència *f.* 2 MED. assistència *f.* ‖ *to be in* ~, estar al servei *m.* de.

attendant [əˈtendənt] *a.* concomitant. 2 assistent. ■ 3 *s.* acompanyant. 4 servidor. 5 assistent.

attention [əˈtenʃən] *s.* atenció *f.* ‖ *to pay* ~, fer atenció. 2 *pl.* atencions *f. pl.*, detalls *m. pl.* 3 MIL. ~!, ferms!

attentive [əˈtentiv] *a.* atent.

attenuate (to) [əˈtenjueit] *t.* form. atenuar, disminuir.

attenuating [əˈtenjueitiŋ] *a.* atenuant.

attic [ˈætik] *s.* golfes *f. pl.* [habitables].

attire [əˈtaiəˈ] *s.* liter.-poèt. vestit *m.*

attire (to) [əˈtaiəˈ] *t.* ant. vestir.

attitude [ˈætitjuːd] *s.* postura *f.* [del cos]. 2 actitud *f.*

attorney [əˈtəːni] *s.* apoderat. 2 (EUA) advocat; fiscal, procurador. 3 *Attorney*

General, (G.B.) fiscal del Tribunal Su-
prem; (EUA) ministre *m.* de Justícia.

attract (to) [ə'trækt] *t.* atreure.

attraction [ə'trækʃən] *s.* atracció *f.* 2
atractiu *m.*

attractive [ə'træktiv] *a.* atractiu; atra-
ient.

attribute ['ætribjuːt] *s.* atribut *m.*

attribute (to) [ə'tribjuːt] *t.* atribuir.

attribution [ˌætri'bjuːʃən] *s.* atribució *f.*

ATV [ˌeitiː'viː] *s. (Associated Television)* te-
levisió *f.* associada.

auburn ['ɔːbən] *a.* castany rogenc. [esp.
cabells].

auction ['ɔːkʃən] *s.* subhasta *f.*, encant *m.*
‖ *to put up for* ~, posar en subhasta *f.*,
subhastar *t.*

audacious [ɔː'deiʃəs] *a.* audaç, atrevit. 2
desvergonyit, descarat.

audacity [ɔː'dæsiti] *s.* audàcia *f.* 2 pej.
atreviment *m.*, barra *f.*

audible ['ɔːdibl] *a.* oïble, audible.

audience ['ɔːdjəns] *s.* públic *m.:* ~ *ra-
tings,* nivells *m. pl.* d'audiència [ràdio,
TV]. 2 lectors *m. pl.* [d'un escriptor]. 3
form. audiència *f.* [entrevista].

audio-visual [ˌɔːdiou'vizjuəl] *a.* àudio-vi-
sual.

audit ['ɔːdit] *s.* ECON. intervenció *f.*, revi-
sió *f.* [de comptes].

audit (to) ['ɔːdit] *t.* ECON. intervenir, ve-
rificar [comptes].

audition [ɔː'diʃən] *s.* audició *f.* 2 prova *f.*
de veu, dansa, etc.

audition (to) [ɔː'diʃən] *t.* fer una audició.

auditor ['ɔːditəʳ] *s.* interventor; auditor.

auditorium [ˌɔːdi'tɔːriəm] *s.* auditori *m.*

augur (to) ['ɔːgəʳ] *t.-i.* augurar *t.*

August ['ɔːgəst] *s.* agost *m.*

aunt [ɑːnt] *s.* tia *f.*

au pair [ou'pɛəʳ] *s.* au pair.

aura ['ɔːrə] *s.* aurèola *f.* 2 emanació *f.* [de
les flors, etc.]. 3 ambient *m.*

aurora [ɔː'rɔːrə] *s.* aurora *f.* ‖ ~ *australis,*
aurora astral. ‖ ~ *borealis,* aurora bo-
real.

auscultate (to) ['ɔːskəlteit] *t.* MED. aus-
cultar.

auspice ['ɔːspisiz] *s.* auspici *m.*

auspicious [ɔːs'piʃəs] *a.* propici; favora-
ble.

austere [ɔs'tiəʳ] *a.* auster.

austerity [ɔs'teriti] *s.* austeritat *f.*

Australia [ɔs'treiliə] *n. pr.* GEOGR. Austrà-
lia.

Austrian ['ɔstriən] *a.-s.* austríac.

authentic [ɔː'θentik] *a.* autèntic.

authentically [ɔː'θentikli] *adv.* autènti-
cament.

authenticity [ˌɔːθen'tisiti] *s.* autentici-
tat *f.*

author ['ɔːθəʳ] *s.* autor, escriptor.

authoritarian [ɔːˌθɔri'tɛəriən] *a.* autori-
tari.

authoritative [ɔː'θɔritətiv] *a.* autoritzat,
amb autoritat. ‖ *from an* ~ *source,* de
bona font.

authority [ɔː'θɔriti] *s.* autoritat *f.* 2 *the
authorities pl.,* les autoritats.

authorize (to) ['ɔːθəraiz] *t.* autoritzar.

autobiography [ˌɔːtoubai'ɔgrəfi] *s.* au-
tobiografia *f.*

autocracy [ɔː'tɔkrəsi] *s.* autocràcia *f.*

autocrat ['ɔːtəkræt] *s.* autòcrata *f.*

autocrime ['ɔːtəkraim] *s.* DRET robatori
m. de cotxes o el que contenen.

autograph ['ɔːtəgrɑːf] *a.-s.* autògraf *m.*

automatic [ˌɔːtə'mætik] *a.* automàtic.

automatically [ˌɔːtə'mætikli] *adv.* auto-
màticament.

automaton [ɔː'tɔmətən] *s.* autòmat *m.*

automobile ['ɔːtəməbiːl], (EUA) [ˌɔːtəmə-
'biːl] *s.* automòbil *m.*

autonomous [ɔː'tɔnəməs] *a.* autònom.

autonomy [ɔː'tɔnəmi] *s.* autonomia *f.*

autopsy [ɔː'tɔpsi] *s.* autòpsia *f.*

autumn ['ɔːtəm] *s.* tardor *f.*

autumnal [ɔː'tʌmnəl] *a.* tardorenc.

auxiliary [ɔːg'ziljəri] *a.-s.* auxiliar.

AV [ei'viː] *a.-s. (audio-visual)* audio-vi-
sual *m.*

Av. [ei'viː] *s. (avenue)* avda., av. (avingu-
da).

av [ei'viː] *s. (average)* mitjana *f.*

avail [ə'veil] *s. it is of no* ~, no serveix de
res; *it is of little* ~, serveix de poca cosa;
to no ~, en va, sense cap resultat.

avail (to) [ə'veil] *p. to* ~ *oneself,* aprofi-
tar-se, valer-se (*of,* de). ■ 2 *i.* liter. servir.

available [ə'veiləbl] *a.* disponible. ‖ *are
you* ~ *tomorrow?,* estàs lliure demà? 2
assequible. 3 vàlid [bitllet].

avalanche ['ævəlɑːnʃ] *s.* allau *f.* 2 fig.
devessall *m.*

avant-garde [ˌævɔn'gɑːd] *s.* avantguar-
da *f.*

avarice ['ævəris] *s.* avarícia *f.*

avaricious [ˌævə'riʃəs] *a.* avar, avariciós.

avenge (to) [ə'vendʒ] *t.-p.* venjar.

avenger [ə'vendʒəʳ] *s.* venjador.

avenue [ˈævənjuː] s. avinguda f. 2 fig. camí m.

average [ˈævəridʒ] s. mitjana f., terme m. mitjà. ‖ *on an* o *the* ~, de mitjana, per terme mitjà. ■ 2 a. mitjà, normal, corrent.

average (to) [ˈævəridʒ] t. calcular la mitjana de. ■ 2 i. fer una mitjana de: *we* ~ *200 miles a day*, fem una mitjana de 200 milles per dia.

averse [əˈvəːs] a. oposat, contrari. ‖ *he is* ~ *to work*, no li agrada gens treballar.

aversion [əˈvəːʃən] s. aversió f., repugnància f.

avert (to) [əˈvəːt] t. apartar (*from*, de) [ulls, pensaments, etc.]. 2 esquivar, impedir [un accident, etc.].

aviary [ˈeivjəri] s. gabial m.

aviation [eiviˈeiʃən] s. aviació f.

aviator [ˈeivieitə] s. aviador.

avid [ˈævid] a. àvid.

avocado [ævəˈkaːdou] s. BOT. alvocat m.

avoid (to) [əˈvɔid] t. evitar; esquivar; eludir; defugir: *to* ~ *meeting someone*, evitar o esquivar algú. 2 DRET invalidar.

avoidable [əˈvɔidəbl] a. evitable, eludible.

avoidance [əˈvɔidəns] s. evitació f. 2 DRET invalidació f.

avow (to) [əˈvau] t. form. admetre, confessar, reconèixer.

avowal [əˈvauəl] s. form. confessió f., declaració f.

await (to) [əˈweit] t. esperar. ‖ *good times* ~ *us*, ens esperen bons temps.

awake [əˈweik] a. despert.

awake (to) [əˈweik] i. despertar-se p. 2 fig. adonar-se p., (BAL.) témer-se p. (*to*, de). ■ 3 t. despertar: *the noise awoke me*, el soroll em va despertar. ▲ Pret.: *awoke* [əˈwouk]; p. p. *awoken* [əˈwoukn].

awaken (to) [əˈweikən] t. despertar. 2 fig. espavilar. ‖ *to* ~ *someone to something*, fer adonar algú d'alguna cosa. ■ 3 i. despertar-se p. 4 fig. espavilar-se p.

awakening [əˈweikniŋ] s. despertar m. ‖ *a rude* ~, una sorpresa desagradable.

award [əˈwɔːd] s. DRET sentència f. 2 premi m. 3 adjudicació f.

award (to) [əˈwɔːd] t. concedir, atorgar. 2 DRET adjudicar.

aware [əˈwɛə] a. *to be* ~ *of* o *that*, conscient de o que: *are you* ~ *of the situation?*, ets conscient de la situació? 2 assabentat, coneixedor.

awareness [əˈwɛənis] s. consciència f., coneixement m.

away [əˈwei] adv. lluny: *the house is two miles* ~, la casa està a dues milles. ‖ LOC. *far* ~, molt lluny [d'aquí]. ‖ *far and* ~, de molt, de lluny. ‖ *from far* ~, de lluny. 2 fora: *are you playing at home or* ~?, jugueu a casa o fora? ‖ ~ *with you!*, vés-te'n! 3 contínuament, sense parar: *he is working* ~, no para de treballar. 4 *right* o *straight* ~, immediatament. ▲ us. amb verbs indica pèrdua, disminució, exhauriment.

awe [ɔː] s. temor m. (i f.). 2 respecte m. temerós.

awful [ˈɔːful] a. espantós, terrible. 2 col·loq. lleig, horrorós.

awfully [ˈɔːfuli] adv. espantosament, terriblement. ‖ *I'm* ~ *sorry*, ho sento moltíssim.

awhile [əˈwail] adv. durant una estona. ‖ *stay* ~, queda't una estona.

awkward [ˈɔːkwəd] a. difícil; perillós; delicat; violent; incòmode; inadequat; inoportú. ‖ col·loq. *an* ~ *customer*, un pesat. 2 maldestre, graponer.

awl [ɔːl] s. alena f.

awning [ˈɔːniŋ] s. vela f., tendal m.

awoke [əˈwouk] Vegeu AWAKE (TO).

awry [əˈrai] adv. de través, mal posat. ‖ *to go* ~, sortir malament, fracassar. ■ 2 a. tort.

ax, axe [æks] s. destral f. ‖ col·loq. *to get the* ~, ésser acomiadat d'una feina.

ax, axe (to) [æks] t. col·loq. reduir, retallar [els costos, el pressupost]. 2 acomiadar.

axiom [ˈæksiəm] s. axioma m.

axiomatic [æksiəˈmætik] a. axiomàtic.

axis [ˈæksis] s. eix m. 2 ANAT. axis m.

axle [ˈæksl] s. eix m. [d'una roda]; arbre m. [d'una màquina].

axle-box [ˈækslbɔks] s. TECNOL. caixa f. de l'eix.

azure [ˈæʒə] a. poèt. blau cel. ■ 2 s. atzur m.

B

B, b [biː] s. b f. [lletra]. 2 MÚS. si m. ‖ *B flat,* si bemoll.

BA [biː'ei] s. *(Bachelor of Arts)* llicenciat en filosofia i lletres. 2 *(British Academy)* acadèmia f. britànica. 3 *(British Airways)* companyia f. aèria britànica.

baa [baː] s. bel m.

baa (to) [baː] i. belar.

babble [bæbl] s. murmuri m., remor f., barbull m. 2 balboteig m.; barboteig m.

babble (to) [bæbl] i. balbotejar; barbotejar. 2 murmurejar, murmurar [d'un rierol, etc.]. ■ 3 t. barbollar, xerrar. 4 revelar [un secret].

babbler [bæblə'] s. xerraire; bocamoll.

babel [beibl] s. babel f., xivarri m. 2 *Tower of Babel,* torre f. de Babel.

baboon [bə'buːn] s. ZOOL. babuí m., papió m.

baby [beibi] s. criatura f., nen, bebè m. 2 benjamí m. 3 pop. nena f., monada f.

babyish [beibiiʃ] a. pej. infantil, de nen, pueril.

baby-sit (to) [beibisit] i. fer de cangur [de nens].

baby-sitter [beibi,sitə'] s. cangur [de nens].

baby-sitting [beibi,sitiŋ] s. tenir cura de nens.

bachelor [bætʃələ'] s. solter m., celibatari ‖ ~ *girl,* soltera f. 2 llicenciat [universitat].

bacillus [bə'siləs] s. bacil m. ▲ pl. *bacilli* [bə'silai].

back [bæk] s. ANAT. esquena f. 2 llom m. [d'un animal, d'un llibre]. 3 respatller m. 4 dors m., revers m. 5 darrera m.; fons m. 6 ESPORTS defensa f. ■ 7 a. de darrera, posterior. 8 endarrerit.

back (to) [bæk] t. reforçar. 2 *to* ~ *(up),* donar suport. 3 apostar a [cavalls, etc.]. 4 tirar enrera, fer anar enrera [un cotxe, un cavall, etc.]. ■ 5 i. retrocedir. 6 fig. *to* ~ *out,* fer-se enrera [en una promesa].

back [bæk] adv. endarrera, enrera, (VAL.) arrere. 2 enrera, en el passat: *years* ~, anys enrera. 3 de tornada: *journey* ~, viatge de tornada. ‖ *when will she be* ~?, quan tornarà? 4 [sentit de tornar, retornar]: *don't answer* ~!, no contestis!

backbencher [bæk'bentʃə'] s. diputat que no forma part del consell de ministres.

backbite (to) [bækbait] i.-t. criticar t. [a l'esquena]. ▲ Pret.: *backbit;* p. p.: *backbit* o *-bitten* [bækbit, -n].

backbone [bækboun] s. ANAT. espinada f., columna f. vertebral. 2 fig. puntal m., pal m. de paller.: *such men are the* ~ *of the country,* homes com aquests són els puntals del país. 3 fig. caràcter m., nervi m.

back-breaking [bækbreikiŋ] a. esgotador, extenuant [un treball].

backchat [bæktʃæt] s. col·loq. rèplica f., comentari m. impertinent.

backer [bækə'] s. apostador. 2 partidari. 3 COM. avalador.

background [bækgraund] s. fons m. [d'una vista, escena, etc.]. ‖ *the political and social* ~, el rerafons m. polític i social. 2 bagatge m. [cultural, etc., d'una persona]. 3 origen m., antecedents m. pl. [d'una persona, una situació].

backhand [bækhænd] a. ESPORT amb el dors de la mà: ~ *shot* o *stroke,* revés m. ■ 2 s. revés m.

backhanded [bæk'hændid] a. amb el dors de la mà. 2 fig. ambigu; sarcàstic.

backing [bækiŋ] s. suport m., recolzament m. [moral i físic]. 2 seguidors pl.

backlog [bæklɔg] s. endarreriments m. pl.; acumulació f. de feina.

back number [bæk'nʌmbə'] s. número m. endarrerit [d'una publicació, etc.].

back pay [bækpei] s. pagaments m. pl. endarrerits, endarreriatges m. pl.

backside [bæk,said] f. col·loq. cul m.

backslide (to) [ˈbækˌslaid] *i.* reincidir, recaure. 2 fig. desencaminar-se *p.*

backward [ˈbækwəd] *a.* retrògrad: *a ~ movement,* un moviment endarrera. 2 endarrerit, retardat [un país, un nen, etc.]. 3 tímid.

backwards [ˈbækwədz] *adv.* (cap) enrera, (VAL.) arrere. 2 al revés. 3 *~ and forward(s),* d'un cantó a l'altre. 4 *to know something ~,* conèixer una cosa perfectament.

backwater [ˈbækˌwɔːtə] *s.* rabeig *m.* 2 fig. recés *m.*

bacon [ˈbeikən] *s.* cansalada *f.* viada; bacó *m.*

bacterium [bækˈtiəriəm] *s.* bacteri *m.* ▲ *pl.* **bacteria** [bækˈtiəriə].

bad [bæd] *a.* dolent, (VAL.) roín; mal [davant de substantiu]. 2 desagradable. 3 greu, seriós. 4 podrit. 5 malalt. 6 col·loq. *to feel ~ about,* saber greu. 7 *not (so) ~,* força bé: *how are you? not (so) ~,* com estàs? anar fent. ■ 8 *s.* dolent: *from ~ to worse,* com més va pitjor. ■ 9 *-ly adv.* mal, malament. 10 per molt. 11 de totes, totes.

bade [beid] Vegeu BID (TO).

badge [bædʒ] *s.* insígnia *f.,* distintiu *m.* 2 símbol *m.*

badger [ˈbædʒə] *s.* ZOOL. teixó *m.*

badger (to) [ˈbædʒə] *t.* empipar [esp. per aconseguir alguna cosa].

badminton [ˈbædmintən] *s.* ESPORT bàdminton *m.*

badness [ˈbædnis] *s.* maldat *f.*

bad-tempered [bædˈtempəd] *a.* malhumorat, geniüt.

baffle (to) [ˈbæfl] *t.* desconcertar, confondre.

bag [bæg] *s.* bossa *f.* 2 sac *m.,* saca *f.* 3 CINEG. cacera *f.*

bag (to) [bæg] *t.* posar dins una bossa, ensacar. 2 col·loq. embutxacar-se *p.* 3 caçar. ■ 4 *i.* fer bossa [els pantalons, etc.].

baggage [ˈbægidʒ] *s.* equipatge *m.* 2 bagatge *m.* [d'un exèrcit].

baggy [ˈbægi] *a.* folgat, que fa bossa.

bagpipe [ˈbægpaip] *s.* MÚS. gaita *f.*

Bahamas [bəˈhɑːməz] *n. pr.* GEOGR. Bahames [les illes].

bail [beil] *s.* DRET fiança *f.* || *to be out on ~,* estar en llibertat sota fiança.

bail (to) [beil] *t. to ~ somebody out,* aconseguir la llibertat d'algú sota fiança.

■ 2 *t.-i.* NÀUT. treure l'aigua d'una embarcació.

bailiff [ˈbeilif] *s.* DRET agutzil *m.,* algutzir *m.* 2 administrador [d'un terratinent].

bait [beit] *s.* esquer *m.,* esca *f.,* carnada *f.* 2 fig. esquer *m.,* cimbell *m.,* reclam *m.*

bait (to) [beit] *t.* esquerar, posar un esquer. 2 fig. fer la guitza, turmentar.

baize [beiz] *s.* tapet *m.* verd.

bake (to) [beik] *t.* coure [en el forn]. || *baked potatoes,* patates *f. pl.* al forn. 2 fig. torrar-se *p.* [al sol]. ■ 3 *i.* coure, coure's *p.*

baker [ˈbeikə] *s.* forner. || *baker's,* forn *m.* [de pa], fleca *f.*

baker's dozen [ˌbeikəzˈdʌzn] *s.* dotzena *f.* de frare, tretze.

bakery [ˈbeikəri] *s.* forn *m.* [de pa], fleca *f.*

baking [ˈbeikin] *s.* cocció *f.*: *baking-time,* temps de cocció. ■ 2 *a.* **baking-hot,** molt calurós.

baking powder [ˈbeikinˌpaudə] *s.* llevat *m.* en pols.

balance [ˈbæləns] *s.* balança *f.,* balances *f. pl.* 2 balanç *m.,* equilibri *m.* [físic, mental, etc.]: *to keep one's ~,* mantenir l'equilibri. 3 COM. saldo *m.*

balance (to) [ˈbæləns] *t.* sospesar [un problema, etc.]. 2 comparar, contrastar. 3 equilibrar. 4 COM. saldar. ■ 5 *i.* equilibrar-se *p.* 6 COM. anivellar-se *p.*

balanced [ˈbælənst] *a.* equilibrat: *a ~ diet,* una dieta *f.* equilibrada.

balance sheet [ˈbælənsʃiːt] *s.* COM. balanç *m.*

balcony [ˈbælkəni] *s.* balcó *m.* 2 TEAT. amfiteatre *m.*

bald [bɔːld] *a.* calb. || *to go ~,* quedar-se calb. 2 fig. pelat [un paisatge, etc.]. 3 fig. sobri [estil]. ■ 4 *-ly adv.* fig. de manera directa.

baldness [ˈbɔːldnis] *s.* calvície *f.,* calbesa *f.*

bale [beil] *s.* bala *f.,* paca *f.* [de llana, palla, etc.].

bale (to) [beil] *t.* embalar, empacar.

Balearic Islands [ˌbæliˈærik ˈailəndz] *n. pr.* GEOGR. Illes Balears.

baleful [ˈbeilful] *a.* perniciós, funest, sinistre.

balk [bɔːk] *s.* biga *f.* 2 contratemps *m.*

balk (to) [bɔːk] *t.* obstaculitzar, impedir [intencionadament]. ■ 2 *i. to ~ (at),* negar-se *p.* a anar endavant; vacil·lar.

Balkan [ˈbɔːlkən] *a.* balcànic. ■ 2 *n. pr.* GEOGR. *the Balkans,* els Balcans.

ball [bɔːl] *s.* pilota *f.* 2 bola *f.* ‖ *to be on the ~,* ésser espavilat. 3 ball *m.* de gala. *4 pl. pop.* ous *m. pl.,* collons *m. pl.*

ballad [ˈbæləd] *s.* LIT.-MÚS. balada *f.*

ballast [ˈbæləst] *s.* llast *m.* [també fig.], balast *m.*

ballast (to) [ˈbæləst] *t.* llastar.

ballet [ˈbælei] *s.* ballet *m.*

ballistic [bəˈlistik] *a.* balístic.

ballistics [bəˈlistiks] *s.* balística *f.*

balloon [bəˈluːn] *s.* globus *m.*

ballot [ˈbælət] *s.* papereta *f.* [per votar]. 2 votació *f.* ‖ *to take a ~ on,* posar a votació.

ballot (to) [ˈbælət] *i.* votar.

ballot box [ˈbælətbɔks] *s.* urna *f.*

balm [bɑːm] *s.* bàlsam *m.*

balmy [ˈbɑːmi] *a.* balsàmic. 2 fig. suau, reconfortant.

balsam [ˈbɔːlsəm] *s.* bàlsam *m.*

Baltic Sea [ˈbɔːltikˈsiː] *n. pr.* GEOGR. mar *f.* Bàltica.

baluster [ˈbæləstəʳ] *s.* ARQ. balustre *m.*

balustrade [ˌbæləsˈtreid] *s.* ARQ. balustrada *f.*

bamboo [bæmˈbuː] *s.* BOT. bambú *m.*

ban [bæn] *s.* prohibició *f.,* interdicció *f.,* proscripció *f.*

ban (to) [bæn] *t.* prohibir, interdir, proscriure.

banal [bəˈnaːl] *a.* banal.

banality [bəˈnæləti] *s.* banalitat *f.*

banana [bəˈnaːnə] *s.* plàtan *m.,* banana *f.*

banana tree [bəˈnænəˌtriː] *s.* plataner *m.,* bananer *m.*

band [bænd] *s.* banda *f.,* tira *f.,* cinta *f.* 2 sanefa *f.* 3 MÚS. banda *f.,* orquestra *f.* 4 colla *f.,* banda *f.* ‖ *to climb o to jump on the ~ wagon,* posar-se *p.* al costat del més fort, seguir el corrent.

band (to) [bænd] *t.* lligar, fermar. 2 *to ~ together* o *with,* ajuntar. ■ 3 *i.* ajuntar-se *p.*

bandage [ˈbændidʒ] *s.* bena *f.,* embenat *m.*

bandage (to) [ˈbændidʒ] *t.* embenar.

bandit [ˈbændit] *s.* bandit *m.,* bandoler *m.*

bandoleer [ˌbændəˈliəʳ] *s.* bandolera *f.*

bandy (to) [ˈbændi] *t.* intercanviar [paraules, insults, etc.]. ‖ *to ~ a story about,* passar-ho de boca en boca.

bandy-legged [ˈbændiˌlegd] *a.* garrell.

bane [bein] *s.* verí *m.* [només en paraules compostes]. 2 fig. perdició *f.,* ruïna *f.*

baneful [ˈbeinful] *a.* funest, perniciós, nociu.

bang [bæŋ] *s.* cop *m.,* trompada *f.* 2 soroll *m.,* estrèpit *m.* 3 explosió *f.,* detonació *f.* ■ *4 adv.* col·loq. justament, exactament: *he arrived ~ on time,* va arribar a l'hora exacta. ■ *5 interj.* pam!, patapam! [cop, caiguda], paf! [bofetada].

bang (to) [bæŋ] *t.-i.* donar cops, copejar *t.* [amb soroll]. *2 to ~ about,* malmetre. *3 to ~ down,* llançar amb fúria. ■ *4 i.* espetegar.

bangle [ˈbæŋgl] *s.* braçalet *m.,* polsera *f.,* anella *f.*

banish (to) [ˈbæniʃ] *t.* desterrar (*from, de*). 2 deixar de banda.

banishment [ˈbæniʃmənt] *s.* desterrament *m.,* exili *m.*

banister [ˈbænistəʳ] *s.* barana *f.,* passamà *m.* ▲ *esp. pl.*

banjo [ˈbændʒou] *s.* MÚS. banjo *m.* ▲ *pl.* **banjoes, banjos.**

bank [bæŋk] *s.* COM. banc *m.* 2 banca *f.* [en el joc]. 3 riba *f.,* vora *f.,* marge *m.* 4 terraplè *m.* *5 sand ~,* banc *m.* de sorra. 6 piló [de neu]. 7 peralt *m.* [carretera].

bank (to) [bæŋk] *t.* amuntegar [terra, etc.]. 2 canalitzar [un riu, etc.]. 3 COM. dipositar [en un banc]. 4 decantar [un avió]. ■ *5 i.* decantar-se *p.* 6 *to ~ on,* comptar amb. *7 to ~ up,* amuntegar-se *p.*

banker [ˈbæŋkəʳ] *s.* COM. banquer *m.*

bank holiday [ˌbæŋkˈhɔlədei] *s.* dia *m.* festiu.

banking [ˈbæŋkiŋ] *s.* COM. banca *f.*

bankrupt [ˈbæŋkrʌpt] *a.* insolvent, fallit. ‖ *to go ~,* anar a la bancarrota. 2 *~ in* o *of,* mancat de. ■ *3 s.* ECON. bancarrota *f.*

bankruptcy [ˈbæŋkrʌptsi] *s.* fallida *f.,* crac *m.,* bancarrota *f.*

bank switching [ˌbæŋkˈswitʃiŋ] *s.* INFORM. commutació *f.* de bancs.

banner [ˈbænəʳ] *s.* pancarta *f.* 2 esp. fig. senyera *f.,* bandera *f.* 3 REL. pendó *m.* 4 PERIOD. *~ headlines,* grans titulars *m. pl.*

banns [bænz] *s.* amonestacions *f. pl.*

banquet [ˈbæŋkwit] *s.* banquet *m.*

banter [ˈbæntəʳ] *s.* burla *f.,* broma *f.* simpàtica.

banter (to) [ˈbæntəʳ] *t.* burlar-se *p.* de, fer burla *f.* ■ *2 i.* bromejar.

baptism [ˈbæptizəm] *s.* baptisme *m.* [sagrament]. 2 bateig *m.*

baptismal [bæpˈtizməl] *a.* baptismal.

baptize (to) [bæpˈtaiz] *t.* batejar.

bar [baːᵗ] *s.* barra *f.* [ús. general]. 2 barrot *m.* 3 barrera *f.* 4 fig. obstacle *m.* 5 MÚS. compàs *m.*; línia *f.* divisòria. 6 franja *f.*, raig *m.* [de color, llum]. 7 DRET tribunal *m.* [de color, llum]. 7 DRET tribunal *m.* 8 cocteleria *f.* [establiment]. ■ 9 *prep.* col·loq. llevat de, tret de. ‖ ~ *none,* sense excepció.

bar (to) [baːᵗ] *t.* barrar [una porta]. 2 obstruir. 3 excloure (*from,* de). 4 col·loq. impedir; prohibir.

barb [baːb] *s.* llengüeta *f.* [d'una sageta, d'un ham].

Barbados [baːˈbeidɔs] *n. pr.* GEOGR. Barbados.

barbarian [baːˈbɛəriən] *a.-s.* bàrbar *m.*

barbarism [baːbərizəm] *s.* barbàrie *f.* 2 GRAM. barbarisme *m.*

barbarity [baːˈbæriti] *s.* barbaritat *f.*

barbarous [baːbərəs] *a.* bàrbar, cruel.

barbecue [baːbikjuː] *s.* barbacoa *f.*

barbed [baːbd] *a.* provist de pues.

barbed wire [ˌbaːbdˈwaiəᵗ] *s.* filferro *m.* de punxes o espinós.

barber [baːbəᵗ] *s.* barber *m.*: *barber's shop,* barberia *f.*

bar code [baːkoud] *s.* codi *m.* de barres.

bard [baːd] *s.* bard *m.*

bare [bɛəᵗ] *a.* descobert; despullat. 2 pelat [paisatge]. 3 gastat [per l'ús]. 4 senzill, sense ornaments [estil]. 5 buit. 6 escàs.

bare (to) [bɛəᵗ] *t.* despullar; descobrir.

barefaced [bɛəfeist] *a.* descarat, pocavergonya.

barefoot [bɛəfut], **barefooted** [bɛəfutid] *adv.-a.* descalç *a.*

bareheaded [bɛəˈhedid] *a.* amb el cap descobert.

barely [bɛəli] *adv.* a penes, gairebé no. 2 escassament, pobrament.

bareness [bɛənis] *s.* nuesa *f.*

bargain [baːgin] *s.* tracte *m.* [de negocis]; pacte *m.*; acord *m.* [laboral]. 2 *into the ~,* a més a més. 3 COM. ganga *f.*, ocasió *f.*: *~ price,* preu *m.* de saldo; *~ sale,* venda *f.* de saldos, liquidació *f.*

bargain (to) [baːgin] *i.* negociar. 2 *to ~ for,* esperar *t.,* comptar amb. ■ 3 *t.* negociar; regatejar. 4 *to ~ away,* sacrificar.

barge [baːdʒ] *s.* NÀUT. barcassa *f.,* gavarra *f.* 2 MIL. falua *f.*

bark [baːk] *s.* BOT. escorça *f.* 2 ZOOL. lladruc *m.* ‖ *his ~ is worse than his bite,* crida molt però no mossega. 3 tos *f.* forta. 4 poèt. barca *f.*

bark (to) [baːk] *t.* escorçar, pelar. 2 fig. *to ~ (out) an order,* donar una ordre cridant. ■ 3 *i.* bordar (*at,* a). 4 *to ~ up the wrong tree,* equivocar-se *p.*

barley [baːli] *s.* BOT. ordi *m.*

barm [baːm] *s.* llevat *m.* de cervesa.

barmaid [baːmeid] *s.* cambrera *f.*

barmy [baːmi] *a.* col·loq. (G.B.) sonat, guillat.

barman [baːmən] *s.* bàrman *m.,* cambrer *m.*

barn [baːn] graner *m.,* paller *m.* 2 (EUA) estable *m.*

barnacle [baːnəkl] *s.* cast. ZOOL. percebe *m.,* peu *m.* de cabra.

barn yard [baːn jaːd] *s.* corral *m.*

barometer [bəˈrɔmitəᵗ] *s.* baròmetre *m.*

baron [bærən] *s.* baró *m.* 2 fig. (EUA) magnat *m.,* potentat *m.*

baroness [bærˈmeid] *s.* baronessa *f.*

baronet [bærənit] *s.* baronet *m.*

baroque [bəˈrɔk] *a.* barroc. ■ 2 *s.* barroc *m.*

barracks [bærəks] *s. pl.* quarter *m.,* caserna *f.*

barrage [bærɑːʒ] *s.* resclosa *f.,* presa *f.* 2 MIL. línia *f.* de foc.

barrel [bærəl] *s.* barril *m.,* bóta *f.* 2 canó *m.* [d'artilleria]. 3 MEC. cilindre *m.* 4 MÚS. ~ *organ,* orgue *m.* de maneta.

barrel (to) [bærəl] *t.* embotar.

barren [bærən] *a.* estèril, eixorc, infecund: ~ *land,* terra *f.* improductiva.; ~ *of,* mancat de. 2 fig. infructuós; estèril.

barricade [ˌbæriˈkeid] *s.* barricada *f.*

barricade (to) [ˌbæriˈkeid] *t. to ~ (in* o *off),* aixecar barricades. ■ 2 *p. to ~ oneself,* parapetar-se.

barrier [bæriəᵗ] *s.* barrera *f.* 2 fig. obstacle *m.*

barring [baːriŋ] *prep.* excepte.

barrister [bæristəᵗ] *s.* (G.B.) advocat.

barrow [bærou] *s.* carretó *m.*

barrow-boy [bæroubɔi] *s.* venedor *m.* ambulant de fruita, etc.

Bart [baːt] *m.* (abrev. *baronet*) baronet *m.*

barter [baːtəᵗ] *s.* canvi *m.,* permuta *f.,* barata *f.*

barter (to) [baːtəᵗ] *t.-i.* canviar *t.,* permutar *t.* 2 fig. *to ~ away,* malvendre *t.*

Bartholomew [baːˈθɔləmjuː] *n. pr. m.* Bartomeu.

basalt [bæsɔːlt] *s.* MINER. basalt *m.*

base [beis] *a.* baix, infame. ■ 2 *s.* base *f.*

base (to) [beis] *t.* basar, fundar (*on,* en). ■ 2 *p. to ~ (oneself),* basar-se.

baseball [beisbɔːl] *s.* ESPORT beisbol *m.*

baseless ['beislis] *a.* sense fonament.

basement ['beismənt] *s.* soterrani *m.*

bash [bæʃ] *s.* cop *m.* violent. ‖ col·loq. *to have a ~ at something,* intentar alguna cosa.

bash [bæʃ] *t.* col·loq. etzibar, descarregar un cop [contra algú o algun objecte].

bashful ['bæʃful] *a.* vergonyós, tímid. ■ 2 **-ly** *adv.* tímidament.

bashfulness ['bæʃfulnis] *s.* vergonya *f.*, timidesa *f.*

basic ['beisik] *a.* bàsic, fonamental, elemental.

Basil ['bæzl] *n. pr. m.* Basili.

basilica [bə'zilikə] *s.* basílica *f.*

basilisk ['bæzilisk] *s.* ZOOL., MITOL. basilisc *m.*

basin ['beisn] *s.* palangana *f.*; gibrell *m.* 2 lavabo *m.* 3 bol *m.* 4 GEOG. conca *f.* 5 dàrsena *f.*

basis ['beisis] *s.* base *f.*, fonament *m.* ‖ *on the ~ of,* partint de. ▲ *pl.* **bases** ['beisi:z].

bask (to) [ba:sk] *i. to ~ in the sunshine,* prendre el sol. 2 fig. gaudir (*in,* de).

basket ['ba:skit] *s.* cistell *m.*, cabàs *m.* 2 cistella *f.*; cove *m.* ‖ *waste-paper ~,* paperera *f.* 3 ESPORT *cistella f.*

basket ball ['ba:skitbɔ:l] *s.* ESPORT bàsquet *m.*

Basle [ba:l] *n. pr.* GEOGR. Basilea.

Basque [bæsk], ['b,:sk] *a.-s.* basc: ~ *Country,* País *m.* Basc.

bas-relief [bæsri'li:f] *s.* ART baix relleu *m.*

bass [bæs] *s.* ICT. llobarro *m.*, llobina *f.*

bass [beis] *a.* MÚS. baix. ■ 2 *s.* MÚS. baix *m.* [cantant, instrument] ‖ *double ~,* contrabaix *m.*

bassoon [bə'su:n] *s.* MÚS. fagot *m.*, baixó *m.*

bastard ['ba:stəd] *a.-s.* bastard. 2 *s.* pop. fill de puta.

baste (to) [beist] *t.* embastar. 2 CUI. enllardar. 3 apallissar, estomacar.

bat [bæt] *s.* ZOOL. rat-penat *m.* 2 *to have bats in the belfy,* estar tocat de l'ala. 3 ESPORT pal *m.* [criquet, etc.], pala *f.* [pingpong]. 4 *off one's own ~,* pel propi compte, sense ajuda.

bat (to) [bæt] *t.-i.* ESPORT pegar, copejar [amb la pala]. 2 fig. *not to ~ an eyelid,* no immutar-se *p.*; no poder aclucar els ulls.

batch [bætʃ] *s.* fornada *f.* 2 sèrie *f.*, remesa *f.* [de béns]. 3 piló *m.* [de cartes]. 4 grup *m.* [de persones].

bath [ba:θ] *s.* bany *m.* ‖ *to have a ~,* banyar-se. 2 banyera *f.* 3 *pl.* banys *m. pl.* [turcs, públics, etc.].

bathe (to) [beið] *t.* banyar [una ferida, els ulls, etc.]. ‖ *to be bathed in,* estar banyat en. ■ 3 *i.* banyar-se *p.*

bather ['beiðə'] *s.* banyista.

bathing ['beiðiŋ] *s.* bany *m.*

bathing costume ['beiðiŋˌkɔstju:m], **bathing suit** ['beiðiŋˌsu:t] *s.* vestit *m.* de bany.

bathrobe ['ba:θroub] *s.* barnús *m.*

bathroom ['ba:θrum] *s.* lavabo *m.*; cambra *f.* de bany *m.*

bathtub ['ba:θtʌb] *s.* banyera *f.*

baton ['bætən] *s.* porra *f.* [policia]. 2 MÚS. batuta *f.* 3 bastó *m.* de comandament. 4 ESPORT testimoni *m.* [cursa de relleus].

batsman ['bætsmən] *s.* ESPORT jugador de criquet o beisbol.

battalion [bə'tæljən] *s.* batalló *m.*

batten ['bætn] *s.* llistó *m.*, travesser *m.*

batten (to) ['bætn] *i. to ~ on* o *upon,* engreixar-se *p.*; fig. viure a costa de.

batter ['bætə'] *s.* CUI. pasta *f.* [per arrebossar].

batter (to) ['bætə'] *t.* apallissar. 2 batre [del vent, les onades]. 3 masegar. 4 *to ~ down,* tirar a terra [una porta, etc.]. 5 *to ~ about,* maltractar.

battered ['bætəd] *a.* espatllat, fet malbé. 2 maltractat: ~ *child,* nen maltractat.

battery ['bætəri] *s.* MIL., ELECT., CUI. bateria *f.* 2 ELECT. pila *f.*

battle ['bætl] *s.* batalla *f.*, combat *m.* 2 fig. batalla *f.* ‖ *to do ~ for,* lluitar per. ‖ *to fight a losing ~,* lluitar per una causa perduda. ‖ *to give* o *offer ~,* moure guerra.

battle (to) ['bætl] *i.* combatre (*with* o *against,* contra), (*for,* per).

battlefield ['bætlfi:ld] *s.* camp *m.* de batalla.

battlements ['bætlmənts] *s. pl.* ARQ. merlets *m. inv.*

battleship ['bætlʃip] *s.* MIL. cuirassat *m.*

bauble ['bɔ:bl] *s.* galindaina *f.*; quincalla *f.*

Bavaria [bə'veəriə] *n. pr.* GEOGR. Baviera.

Bavarian [bə'veəriən] *a.* GEOGR. bavarès.

bawdy ['bɔ:di] *a.* obscè, indecent. ‖ ~ *talk,* conversa *f.* picant.

bawl (to) [bɔ:l] *i.-t.* cridar. ‖ *to ~ out,* vociferar. ‖ *to ~ someone out,* esbroncar *t.* algú.

beat

bay [bei] s. BOT. llorer m.: ~ **wreath,** corona de llorer. 2 GEOGR. badia f.; golf m. [gran]. 3 ARQ. nau f. [trens; industrial]. 4 ARQ. intercolumni m. 5 lladruc m. 6 at ~, acorralat ‖ **to keep someone at ~,** tenir algú a ratlla.

bay (to) [bei] i. lladrar, udolar [esp. gos de caça].

bayonet [ˈbeiənit] s. baioneta f.

bay window [ˌbeiˈwindou] s. ARQ. finestra f. balconera.

bazaar [bəˈzɑːʳ] s. basar m. 2 venda f. benèfica.

bazooka [bəˈzuːkə] s. MIL. bazooka m., llançagranades m.

BBC [biːbiːˈsiː] s. (British Broadcasting Corporation) corporació f. britànica de radiotelevisió.

BC [biːˈsiː] (before Christ) aC (abans de Crist).

be (to) [biː] i. ésser, ser. 2 estar. 3 tenir: **he is ten,** té deu anys; **I'm cold,** tinc fred; **she's right,** té raó. 4 fer: **it's hot,** fa calor; **it's sunny,** fa sol. 5 impers. (amb **there**) haver-hi: **there is,** hi ha sing.; **there are,** hi ha pl. 6 aux. (passiva) **he is hated,** l'odien; (pres. continu) **I'm studying,** estic estudiant; (fut. immediat) **we are coming,** venim, vindrem; (indicant obligació) **I am to go out,** he de marxar. ■ **to ~ after,** perseguir, buscar; **to ~ at,** estar fent; **to ~ away,** ser fora [per alguns dies]; **to ~ in,** ser-hi [a casa, a l'oficina, etc.]; **to ~ off,** anar-se'n p., començar; cancel·lar; acabar-se p.; passar-se p. [el menjar]; **to ~ up,** haver-se o estar llevat. ▲ CONJUG. INDIC. Pres. **I am** [æm, əm, m], **you are** [ɑːʳ, əʳ, əʳ], **he is** [iz], **we are,** etc. │ Pret.: **I, he was** [wɔz, wəz], **you, we, they were** [wəːʳ, wəʳ]. ‖ SUBJ. Pres.: **be.** │ Pret.: **were.** ‖ Part. Pas.: **been** [biːn, bin]. │ GER.: **being** [ˈbiːiŋ].

beach [biːtʃ] s. platja f.

beach (to) [biːtʃ] t. treure una embarcació del mar.

beachwear [ˈbiːtʃwɛəʳ] s. vestits m. pl. de platja.

beacon [ˈbiːkən] s. alimara f. 2 far m. 3 MAR., AVIA. balisa f.

bead [biːd] s. gra m. [de rosari; collaret]. 2 gota f. 3 pl. collaret m. sing.; rosari m. sing.

beadle [ˈbiːdl] s. bidell m. 2 REL. ant. macer m.

beak [biːk] s. bec m. [de l'au, etc.]. 2 nas m. ganxut. 3 col·loq. magistrat.

beam [biːm] s. biga f., travesser m. 2 raig m. [de llum, de sol]. 3 NÀUT. bau m.; mànega f. 4 fig. somriure m. 5 camastró m. [de balança]. 6 timó m. [de l'arada].

beam (to) [biːm] t. emetre [llum, calor, senyals ràdio]. ■ 2 i. brillar. 3 fig. somriure.

beaming [ˈbiːmiŋ] a. somrient; radiant.

bean [biːn] s. mongeta f., (VAL.) fesol m.: **broad ~,** fava f.; **French ~,** mongeta f. verda. 2 mongetera f.

bear [bɛəʳ] s. ZOOL. ós, (ROSS.) urs. 2 ASTR. **the Great and Little Bear,** L'Ossa f. Major i Menor. 3 COM. baixista [en borsa].

bear (to) [bɛəʳ] t. portar. 2 tenir. 3 suportar, aguantar. 4 donar; proporcionar. 5 donar a llum: **she was born in Liverpool,** va néixer a Liverpool. 6 sentir (against o towards, envers o cap a). 7 merèixer. 8 to ~ **in mind,** tenir present. ■ 9 i. dirigir-se p. a. 10 tombar. 11 suportar, sostenir. ■ **to ~ down,** vèncer; córrer (on o upon, cap a); **to ~ out,** confirmar, corroborar; **to ~ up,** resistir, aguantar (against, ~). ▲ Pret.: **bore** [bɔːʳ]; p. p. **borne,** born [bɔːn] [nascut].

bearable [ˈbɛərəbl] a. suportable, tolerable, passable.

beard [biəd] s. barba f.: **he has a ~,** porta barba f. 2 BOT. aresta f.

bearded [ˈbiədid] a. barbut, amb barba.

beardless [ˈbiədlis] a. imberbe, barbamec.

bearer [ˈbɛərəʳ] s. portador. 2 mosso m. [per encàrrecs]. 3 arbre m. fructífer: **a poor ~,** un arbre de pocs fruits.

bearing [ˈbɛəriŋ] s. comportament m.; conducta f.; maneres f. pl. 2 aspecte(s) m. (pl.) [d'una qüestió]. 3 relació f., connexió f. 4 aguant m.: **beyond all ~,** insuportable, intolerable. 5. pl. orientació f. sing.: **to lose one's bearings,** desorientar-se. [també fig.]. 6 MEC. coixinet m.

beast [biːst] s. bèstia f., animal m. [també persona]. ‖ fig. **it is a ~ of a job,** és una feina espantosa.

beastly [ˈbiːstli] a. bestial. 2 col·loq. horrible, desagradable. ■ 3 adv. de manera desagradable.

beat [biːt] s. batec m. [del cor]; pulsació f. [cops o sons regulars]. 2 toc m. [de tambor]. 3 MÚS. ritme m. 4 ronda f.: **policemen on the ~,** policies fent la ronda pel carrer. 5 fig. **to be off** (o **out of**) **one's ~,** no ser al fort [d'algú].

beat (to) [biːt] t. copejar o picar repetidament [esp. amb un pal]; pegar, (ROSS.)

trucar. ‖ *to* ~ *somebody up,* apallissar algú. 2 MÚS. marcar el temps. 3 batre [les ales, els ous]. 4 derrotar, guanyar. 5 confondre, deixar perplex. ■ 6 *i.* batre, donar cops (*against,* contra) [del vent, etc.]. 7 bategar [del cor, etc.]. ▲ Pret.: *beat* [biːt]; p. p. *beaten* [biːtn].

beatify (to) [biˈætifai] *t.* REL. beatificar.

beating [ˈbiːtiŋ] *s.* pallissa *f.* [de cops]. 2 derrota *f.* 3 batec *m.* [del cor]; pulsació *f.*

beatitude [biˈætitjuːd] *s.* beatitud *f.* 2 REL. *pl. the Beatitudes,* les Benaurances *f. pl.*

beatnik [ˈbiːtnik] *s.* beatnik.

Beatrice [ˈbiətris] *n. pr. f.* Beatriu.

beautician [bjuːˈtiʃn] *s.* esteticista.

beautiful [ˈbjuːtiful] *a.* bonic, cast. maco. 2 preciós, meravellós. ■ 3 **-ly,** *adv.* meravellosament.

beautify (to) [ˈbjuːtifai] *t.* embellir.

beauty [ˈbjuːti] *s.* bellesa *f.*

beauty spot [ˈbjuːtispɔt] *s.* piga *f.* 2 contrada *f.* de gran bellesa.

beaver [ˈbiːvə] *s.* ZOOL. castor *m.*

became [biˈkeim] Vegeu BECOME (TO).

because [biˈkɔz] *conj.* perquè: *I did it* ~ *they asked me to do it,* ho vaig fer perquè m'ho van demanar. ■ 2 *prep.* ~ *of,* a causa de.

beckon (to) [ˈbekən] *t.* cridar gesticulant, fer signes. ■ 2 *i. to* ~ *to,* cridar fent signes a, fer signes a.

become (to) [biˈkʌm] *i.* esdevenir, fer-se *p.,* tornar-se *p.;* convertir-se *p.;* posar-se *p.* ‖ *to* ~ *angry,* empipar-se *p.* ‖ *to* ~ *of,* fer-se'n *p.: what has* ~ *of your brother?,* què s'ha fet del teu germà? ■ 2 *t.* afavorir; escaure: *this behaviour doesn't* ~ *you,* aquesta conducta no t'escau. ▲ Pret.: *became* [biˈkeim]; p. p.: *become* [biˈkʌm].

becoming [biˈkʌmiŋ] *a.* que cau bé, escaient; apropiat.

bed [bed] *s.* llit *m.* ‖ *to go to* ~, anar a dormir. 2 GEOGR. llit *m.* [d'un riu], llera *f.* 3 GEOL. estrat *m.* 4 JARD. massís *m.,* parterre *m.*

bed (to) [bed] *t.* fixar, col·locar, encastar. 2 *to* ~ *down,* fer un jaç per a 3 *to* ~ *out* o *to* ~ *in,* plantar.

bedaubed [biˈdɔːbd] *a.* ~ *(with),* empastifat [amb fang, guix, etc.].

bedbug [ˈbedbʌg] *s.* ENT. xinxa *f.*

bedcover [ˈbedkʌvə] *s.* vànova *f.,* cobrellit *m.*

bedding [ˈbediŋ] *s.* roba *f.* de llit, llençols *m. pl.* 2 jaç *m.* de palla [per a animals].

bedecked [biˈdekt] *a.* ~ *(with),* decorat, adornat [amb flors, joies, etc.].

bedhead [ˈbedhed] *s.* capçal *m.,* capçalera *f.*

bedlam [ˈbedləm] *s.* fig. rebombori *m.* 2 ant. manicomi *m.*

bed linen [ˈbedlinin] *s.* llençols *m. pl.,* roba *f.* de llit.

Bedouin [ˈbeduin] *a.-n. pr.* GEOGR. beduí.

bedpan [ˈbedpæn] *s.* orinal *m.,* gibrelleta *f.*

bedraggled [biˈdrægld] *a.* brut; moll [esp. roba].

bedridden [ˈbedˌridn] *a.* obligat a fer llit per debilitat o vellesa.

bedroom [ˈbedrum] *s.* dormitori *m.,* habitació *f.,* cambra *f.*

bedside [ˈbedsaid] *s.* capçal *m.,* capçalera *f.*

bedside table [ˌbedsaidˈteibl] *s.* tauleta *f.* de nit.

bedside manner [ˌbedsaidˈmænə] *s.* tracte *m.* amb un malalt.

bedstead [ˈbedsted] *s.* carcassa *f.* del llit.

bee [biː] *s.* abella *f.* 2 *to have a* ~ *in one's bonnet,* tenir una dèria. 3 (EUA) reunió *f.* social.

beech [biːtʃ] *s.* BOT. faig *m.*

beechnut [ˈbiːtʃnʌt] *s.* fageda *f.*

beef [biːf] *s.* carn *f.* de bou i de vaca. 2 múscul *m.* [de l'home].

beef (to) [biːf] *i.* col·loq. queixar-se *p.*

beef cattle [ˈbiːfkætl] *s.* bestiar *m.* boví.

beefsteak [ˈbiːfsteik] *s.* bistec *m.*

beehive [ˈbiːhaiv] *s.* rusc *m.*

bee-line [ˈbiːlain] *s.* línia *f.* recta. ‖ *to make a* ~ *for,* anar de dret a.

been [biːn, bin] Vegeu BE (TO).

beer [biə] *s.* cervesa *f.: draught* ~, cervesa de barril. 2 *he thinks no small* ~ *of himself,* té una opinió molt elevada de si mateix.

beeswax [ˈbiːzwæks] *s.* cera *f.* d'abella.

beet [biːt] *s.* BOT. planta *f.* d'arrel dolça: *red* ~, remolatxa *f.,* *white* ~, bleda-rave *f.*

beetle [ˈbiːtl] *s.* ENT. escarabat *m.*

beetroot [ˈbiːtruːt] *s.* BOT. remolatxa *f.*

beetle-browed [ˈbiːtlbraud] *a.* cellut.

befall (to) [biˈfɔːl] *t.-i.* passar *i.,* passar a *i.,* ocórrer *i.* ▲ només s'usa en tercera persona. Pret.: *befell* [biˈfel] p. p.: *befallen* [biˈfɔːlən].

befit (to) [bi'fit] *t.* form. correspondre a *i.;* venir bé a *i.* ▲ només s'usa en tercera persona.

befitting [bi'fitiŋ] *a.* convenient.

before [bi'fɔː'] *adv.* abans. 2 (per) endavant [espai i temps]. ■ 3 *prep.* abans de. ‖ ~ *long*, aviat. 4 davant de [ordre]. 5 en presència de, davant de. 6 abans que [indicant preferència]. ■ 7 *conj.* abans que.

beforehand [bi'fɔːhænd] *adv.* per endavant. ‖ *loc. adv.,* anticipadament: *I made preparations* ~, vaig fer els preparatius amb antelació.

befriend (to) [bi'frend] *t.* socórrer, ajudar; fer-se *p.* amic [esp. d'algú necessitat].

beg (to) [beg] *t.* pregar, demanar, suplicar. ■ 2 *i.* demanar caritat. 3 gosar. ‖ *I* ~ *to inform you that,* tinc el gust de fer-li saber que.

began [bi'gæn] Vegeu BEGIN (TO).

beget (to) [bi'get] *t.* engendrar. 2 fig. engendrar, ocasionar. ▲ Pret.: *begot* [bi'gɔt]; p. p.: *begotten* [bi'gɔtn].

beggar [bega'] *s.* captaire, mendicant. 2 col·loq. *you lucky* ~!, quina sort que tens, paio!; *poor* ~!, pobre home!

beggar (to) [bega'] *t.* arruïnar, empobrir.

beggarly [begəli] *a.* pobre, miserable; mesquí.

begin (to) [bi'gin] *t.-i.* començar, iniciar. 2 *to* ~ *to* [+ inf.] o *to* ~ [+ ger.], començar a *i.* 3 *to* ~ *at,* començar a partir de, des de; *to* ~ *with,* per començar, en primer lloc. ▲ Pret.: *began* [bi'gæn]; p. p.: *begun* [bi'gʌn]; ger.: *beginning* [bi'giniŋ].

beginner [bi'ginə'] *s.* principiant.

beginning [bi'giniŋ] *s.* començament *m.,* principi *m.* ‖ *at the* ~ *of the book,* al començament del llibre. ‖ *in the* ~ *I was lost,* al principi anava perdut.

begone [bi'gɔn] *interj.* fora! ▲ només s'usa com imperatiu.

begot [bi'gɔt], **begotten** [bi'gĕtn] Vegeu BEGET (TO).

begrimed [bi'graimd] *a.* brut.

beguile (to) [bi'gail] *t.* enganyar; ensibornar; seduir. 2 entretenir-se *p.,* distreure's *p.*

begun [bi'gʌn] Vegeu BEGIN (TO).

behalf [bi'hɑːf] *s. on* ~ *of,* en nom *m.* de, en representació *f.* de.

behave (to) [bi'heiv] *i.* comportar-se *p.,* portar-se *p.:* ~ *yourself!,* porta't bé! 2 funcionar [un cotxe, etc.].

behaviour [bi'heivjə'] *s.* conducta *f.,* comportament *m.*

behead (to) [bi'hed] *t.* decapitar.

beheading [bi'hediŋ] *s.* decapitació *f.*

beheld [bi'held] Vegeu BEHOLD (TO).

behind [bi'haind] *adv.* darrera, per darrera. ‖ *to fall* o *lag* ~, quedar-se enrera. ‖ *to leave* ~, deixar, deixar enrera. ■ 2 *prep.* darrera (de). ‖ *to be* o *lie* ~, ésser la causa o explicació. 3 per sota [inferior].

behindhand [bi'haind,hænd] *adv.-a.* endarrerit *a.,* amb retard *adv.*

behold (to) [bi'hould] *t.* ant. liter. esguardar. ▲ Pret. i p. p.: *beheld* [bi'held].

beige [beiʒ] *s.* beix *m.* ■ 2 *a.* beix, de color *m.* beix.

being [bi:iŋ] *s.* ésser *m.,* ser *m.: human* ~, ésser humà; *The Supreme Being,* l'ésser suprem. ‖ *to bring into* ~, crear, engendrar. ‖ *to come into* ~, néixer, començar a existir. ▲ ger. de BE (TO).

belated [bi'leitid] *a.* tardà: *a* ~ *greeting card,* una felicitació tardana. ■ 2 *-ly adv.* tardanament.

belch [beltʃ] *s.* eructe *m.,* rot *m.*

belch (to) [beltʃ] *i.* eructar, fer rots. ■ 2 *t. to* ~ *out,* vomitar foc o flames [un volcà, etc.].

beleaguer (to) [bi'li:gə'] *t.* assetjar.

belfry [belfri] *s.* campanar *m.*

Belgian [beldʒən] *a.-s.* GEOGR. belga.

Belgium [beldʒəm] *n. pr.* GEOGR. Bèlgica.

Belgrade [bel'greid] *n. pr.* GEOGR. Belgrad.

belie (to) [bi'lai] *t.* desmentir, contrariar. 2 defraudar [una promesa, una esperança, etc.].

belief [bi'li:f] *s.* creença *f.* ‖ *beyond* ~, increïble *a.* 2 confiança *f.* ‖ *in the* ~ *that,* amb el convenciment *m.* que. 3 fe *f.*

believe (to) [bi'li:v] *t.* creure; pensar *t.-p.* ■ 2 *i.* creure; confiar *(in,* en). ‖ *to make* ~, fer *t.* creure, fingir *t.*

believer [bi'li:və'] *s.* REL. creient. 2 partidari.

belittle (to) [bi'litl] *t.* menysprear, donar poca importància.

bell [bel] *s.* campana *f.;* campaneta *f.;* cascavell *m.;* esquella *f.* 2 timbre *m.: to ring the* ~, tocar el timbre ‖ col·loq. fig. *it rings a* ~, em sona.

bellboy [belbɔi] *s.* mosso *m.,* grum *m.*

belle [bel] *s.* beutat *f.*

bell hop [belhɔp] *s.* (EUA) mosso *m.,* grum *m.*

bellicose [belikous] *a.* bel·licós.

bellied [ˈbelid] a. esp. *pot-bellied*, panxut.
belligerent [biˈlidʒərənt] a.-s. bel·lige-
rant.
bellow (to) [ˈbelou] i. bramar, bramular,
rugir. ■ 2 t. to ~ *(out),* dir o cantar cri-
dant.
bellows [ˈbelouz] s. pl. manxa f.
belly [ˈbeli] s. col·loq. ventre m., panxa f.
2 panxa [d'animals i coses]: *the ~ of a
plane,* la panxa de l'avió.
belly (to) [ˈbeli] t. inflar [les veles]. ■ 2 i.
inflar-se p. [les veles].
belly-ache [ˈbelieik] s. mal m. d'estómac.
belly-ache (to) [ˈbelieik] t. col·loq. quei-
xar-se p.
belly button [ˈbeliˌbʌtn] s. col·loq. me-
lic m.
bellylanding [belilændiŋ] s. AERON. ater-
ratge m. de panxa.
belong (to) [biˈlɔŋ] i. pertànyer (to, a),
ser (to, de). 2 ser de [nadiu, resident]. 3
ser soci, ser membre (to, de). 4 anar [lloc
apropiat]: *this book belongs on that
shelf,* aquest llibre va en aquell prestat-
ge. 5 adir-se p., combinar-s'hi bé.
belongings [biˈlɔŋiŋz] s. pl. béns m. pl.,
objectes m. pl. personals: *my ~,* les me-
ves coses.
beloved [biˈlʌvd] a. estimat. ■ 2 a.-s.
[biˈlʌvid] estimat: *my ~,* el meu estimat.
below [biˈlou] adv. sota, davall, dessota.
■ 2 prep. sota, per sota. 3 inferior, per
sota. ‖ ~ *zero,* sota zero.
belt [belt] s. cinturó m., cinyell m. faixa f.
2 GEOGR. cinturó m., zona f. 3 MEC. cor-
retja f. de transmissió.
bemoan (to) [biˈmoun] t. liter. lamentar,
plorar.
Ben [ben] n. pr. m. (dim. *Benjamin)* Ben-
jamí.
bench [bentʃ] s. banc m. [de pedra, de fus-
ta, etc.]. 2 DRET *The Bench,* tribunal m. 3
banc m. de fuster.
bend [bend] s. corba f.; revolt m.: *a sharp
~,* una corba f. tancada. 2 meandre m.
[d'un riu]. 3 inclinació f. [del cos].
bend (to) [bend] t. corbar, doblegar, tor-
çar. 2 inclinar. 3 dirigir; concentrar [es-
forç, atenció, etc.]. ■ 4 i. inclinar-se p. 5
sotmetre('s). ▲ Pret. i p. p.: *bent* [bent].
bending [ˈbendiŋ] s. corba f.; flexió f.
Benedict [ˈbenidikt] n. pr. m. Benet.
Benedictine [ˌbeniˈdiktin] a.-s. REL. be-
nedictí.
benediction [beniˈdikʃən] s. benedic-
ció f.

beneath [biˈniːθ] adv.-prep. lit. sota,
baix. adv. 2 indigne a. de. 3 inferior a. a.
benefaction [ˌbeniˈfækʃən] s. bona obra
f. 2 almoina f., donació f.
benefactor [ˈbenifæktəˈ] s. benefactor.
beneficial [ˌbeniˈfiʃəl] a. form. beneficiós,
profitós.
beneficiary [ˌbeniˈfiʃəri] s. beneficiari.
benefit [ˈbenifit] s. benefici m., profit m.,
utilitat f. ‖ *for the ~ of,* en benefici de. 2
subsidi m.: *unemployment ~,* subsidi m.
d'atur.
benefit (to) [ˈbenifit] t. beneficiar. ■ 2 i.
beneficiar-se p. (*from* o *by,* de).
benevolence [biˈnevələns] s. benevolèn-
cia f., generositat f.
benevolent [biˈnevələnt] a. benèvol (*to* o
towards, amb). ■ 2 -ly adv. benèvola-
ment.
benign [biˈnain] a. benigne. 2 favorable.
benignant [biˈnignənt] a. form. benigne,
bondadós.
bent [bent] a. Vegeu BEND (TO). ■ 2 a. tort.
3 pop. deshonest. 4 *to be ~ on,* estar fer-
mament disposat a. ■ 5 s. inclinació f.,
tendència f.
benumb (to) [biˈnʌm] t. entumir.
benzine [ˈbenziːn] s. QUÍM. benzina f.
bequeath (to) [biˈkwiːð] t. llegar, dei-
xar.
bequest [biˈkwest] s. llegat m., donació f.
bereave (to) [biˈriːv] t. privar, desposseir
de. ▲ Pret. i p. p.: *bereaved* [biˈriːvd] o
bereft [biˈreft].
bereavement [biˈriːvmənt] s. pèrdua f.
[d'una persona]. 2 dol m.
bereft [biˈreft] Vegeu BEREAVE (TO).
beret [ˈberei] s. boina f.
Berlin [bəˈlin] n. pr. GEOGR. Berlín.
Berliner [bəˈlinəˈ] s. GEOGR. berlinès.
Bermuda [bəˈmjuːdə] n. pr. GEOGR. Ber-
mudes [les illes].
Bernard [ˈbəːnəd] n. pr. m. Bernat.
Berne [bəːn] n. pr. GEOGR. Berna.
berry [ˈberi] s. baia f.; gra m.
berserk [bəˈsəːk] a. fig. *to go ~,* perdre els
estreps.
Bert [bəːt] n. pr. m. fam. (abrev. *Albert,
Herbert,* etc.).
berth [bəːθ] s. llitera f. [tren, vaixell, etc.].
2 NÀUT. cabina f. 3 NÀUT. amarrador m.
berth (to) [bəːθ] t.-i. NÀUT. donar t. ca-
bina. 2 t. amarrar.
beseech (to) [biˈsiːtʃ] t. liter. implorar,
suplicar. ▲ Pret. i p. p.: *besought* [biˈsɔːt].

beset (to) [bi'set] *t.* assetjar; acorralar; encerclar. ▲ Pret. i p. p.: *beset;* ger.: *besetting.*

beside [bi'said] *prep.* al costat de; prop de. 2 al costat de, en comparació de. 3 ~ *oneself,* fora de si. 4 ~ *the point,* que no fa al cas.

besides [bi'saidz] *adv.* a més; d'altra banda. ■ 2 *prep.* a més de, a més a més de.

besiege (to) [bi'si:dʒ] *t.* assetjar. 2 fig. ~ *with,* acorralar, estrènyer.

besmear (to) [bi'smiə'] *t.* embrutar; empastifar; untar.

besought [bi'sɔ:t] Vegeu BESEECH (TO).

bespattered [bi'spætəd] *a.* ~ *with,* esquitxat [de fang, etc.].

bespeak (to) [bi'spi:k] *t.* encarregar, reservar, emparaular.

bespoke [bi'spouk] *a.* fet a mida [roba]: ~ *tailor,* sastre que fa vestits a mida.

Bess [bes] *n. pr. f.* fam. Isabel, Elisabet.

best [best] *a. superl.* (el o la) millor. 2 LOC. *the ~ part of,* la major part de [temps]. ■ 3 *adv. superl.* millor. 4 més: *the painting I like ~,* el quadre que més m'agrada. ■ 5 *pron.* el millor, la cosa millor. ‖ *to do one's ~,* fer el màxim que es pot. ‖ LOC. *at ~,* en el millor dels casos. ▲ *a. superl.* de GOOD; *adv. superl.* de WELL.

bestial ['bestjəl] *a.* bestial.

best man [ˌbest'mæn] *s.* amic *m.* del nuvi que fa de padrí de boda.

best seller [best'selə'] *s.* llibre *m.* d'èxit comercial; best seller *m.*

bestow (to) [bi'stou] *t. to ~ (on* o *upon),* atorgar, conferir.

bestowal [bi'stouəl] *s.* atorgament *m.,* donació *f.,* concessió *f.*

bestride (to) [bi'straid] *t.* muntar *i.* [eixarrancat]. ▲ Pret.: *bestrode* [bi'stroud]; p. p.: *bestridden* [bi'stridn].

bet [bet] *s.* aposta *f.*

bet (to) [bet] *t.* apostar (*on,* a); jugar-se *p.* ■ 2 *i.* fer una aposta. ▲ Pret. i p. p.: *bet* o *betted* [ɡbetid].

Bethlehem ['beθlihem] *n. pr.* GEOGR. Betlem.

betray (to) [bi'trei] *t.* trair. 2 revelar; delatar, (ROSS.) decelar.

betrayal [bi'treiəl] *s.* traïció *f.*

betroth (to) [bi'trouð] *t.* ant. prometre's *p.* en matrimoni.

betrothal [bi'trouðel] *s.* ant. esposalles *f. pl.*

betrothed [bi'trouðd] *s.* ant. promès.

better ['betə'] *a.* millor, més bé, més bo: *this brand is ~,* aquesta marca és més bona. ■ 2 *adv.* millor. ‖ ~ *off,* més acomodat, més ric; més bé. ‖ *so much the ~,* molt millor. 3 *had ~,* millor que [consell, suggeriment, etc.]. ■ 4 *s. for ~ or for worse,* en el bé i en el mal. 5 *pl.* superiors.

better (to) ['betə'] *t.* millorar. 2 *to ~ oneself,* millorar de posició [socio-econòmica, laboral].

betterment ['betəmənt] *s.* millora *f.,* millorament *m.*

betting ['betiŋ] *s.* aposta *f.*

bettor, better [betə'] *s.* apostador.

Betty ['beti] *n. pr. f.* fam. Elisabet.

between [bi'twi:n] *adv. (in)* ~, enmig, al mig. ■ 2 *prep.* entre [indicant connexió entre dos].

bevel ['bevəl] *s.* bisel *m.*

bevel (to) ['bevəl] *t.* bisel·lar.

beverage ['bevəridʒ] *s.* beguda *f.* [excepte l'aigua].

bewail (to) [bi'weil] *t.* poet. lamentar, plorar.

beware (to) [bi'wɛə'] *i.* guardar-se *p.* (*of,* de), anar amb compte (*of,* amb).

bewilder (to) [bi'wildə'] *t.* desconcertar, atordir, deixar perplex.

bewilderment [bi'wildəmənt] *s.* desconcert *m.,* atordiment *m.*

bewitch (to) [bi'witʃ] *t.* embruixar, encisar, encantar.

bewitchment [bi'witʃmənt] *s.* embruix *m.,* encís *m.* 2 fascinació *f.,* encant *m.*

beyond [bi'jɔnd] *adv.* més enllà, més lluny. ■ 2 *prep.* més enllà de. 3 fig. per sobre de [ultrapassant]. ■ 4 *s. the ~,* el més enllà *m.*

BHP, bhp [bi:eitʃ'pi:] *(brake horsepower)* potència *f.* de frenada.

bias ['baiəs] *s.* tendència *f.,* inclinació *f.* 2 parcialitat *f.,* prejudici *m.* 3 COST. biaix *m.: to cut on the ~,* tallar al biaix.

bias (to) ['baiəs] *t.* influir. ‖ *to be biased,* ser parcial.

bib [bib] *s.* pitet *m.*

Bible ['baibl] *s.* REL. Bíblia *f.*

biblical ['biblikəl] *a.* REL. bíblic.

bibliography [ˌbibli'ɔgrəfi] *s.* bibliografia *f.*

biceps ['baisəps] *s.* ANAT. bíceps *m.*

bicker (to) ['bikə'] *i.* barallar-se *p.*

bicycle ['baisikl] *s.* bicicleta *f.*

bid [bid] *s.* oferta *f.,* postura *f.* [en una subhasta]. 2 aposta *f.* [cartes].

bid (to) [bid] *t.* licitar; oferir. 2 ordenar, manar. 3 ant. dir. 4 ant. convidar. ■ 5 *i.* fer una oferta. ▲ Pret.: **bade** [bæd]; p. p.: **bidden** ['bidn].

bidden ['bidn] Vegeu BID (TO).

bidding ['bidiŋ] *s.* ordre *f.* 2 licitació *f.* 3 aposta *f.* [cartes].

bide (to) [baid] *t. to ~ one's time,* esperar el moment oportú.

biennial [bai'eniəl] *a.* biennal.

bier [biə'] *s.* fèretre *m.*

bifocal [bai'foukl] *a.* bifocal. ■ 2 *s. pl.* ulleres *f. pl.* bifocals.

big [big] *a.* gran, gros. 2 voluminós, corpulent.

bigamy ['bigəmi] *s.* bigàmia *f.*

bight [bait] *s.* MAR. cala *f.* 2 NÀUT. baga *f.* 3 recolze *m.* [riu, camí].

bigot ['bigət] *s.* fanàtic.

bigoted ['bigətid] *a.* fanàtic.

bigotry ['bigətri] *s.* fanatisme *m.,* intolerància *f.*

bigwig ['bigwig] *s.* fam. peix *m.* gros.

bile [bail] *s.* bilis *f.* [també fig.].

bilge [bildʒ] *s.* MAR. sentina *f.* 2 col·loq. bajanada *f.*

bilingual [bai'liŋgwəl] *a.* bilingüe.

bill [bil] *s.* factura *f.,* compte *m.* 2 nota *f.,* llista *f.* ‖ ~ *of fare,* menú *m.; ~ of lading,* coneixement *m.* d'embarcament. 3 ORN. bec *m.* 4 COM. ~ *of exchange,* lletra *f.* de canvi. 5 (EUA) bitllet *m.* de banc. 6 certificat *m.* 7 TEAT. cartell *m.;* programa *m.* 8 POL. projecte *m.* de llei.

bill (to) [bil] *t.* presentar factura. 2 anunciar [en programes i cartells].

Bill ['bil] *n. pr. m.* (dim. *William*) Guillem.

billboard ['bilbɔːd] *s.* (EUA) tanca *f.* publicitària.

billet ['bilit] *s.* MIL. allotjament *m.* 2 col·loq. lloc *m.* de treball.

billet (to) ['bilit] *t.* MIL. allotjar.

billiards ['biljədz] *s.* JOC billar *m.*

billion ['biljən] *s.* (G.B.) bilió *m.* 2 (EUA) mil milions *m. pl.*

billow ['bilou] *s.* liter. ona *f.,* onada *f.* 2 *pl.* poèt. mar *m.* (i *f.*). 3 fig. onada *f.*

billow (to) ['bilou] *i.* ondular.

billowy ['biloui] *a.* ondulant.

billy-goat ['biligout] *s.* ZOOL. cabró *m.,* boc *m.*

bin [bin] *s.* recipient *m.* esp. amb tapadora; galleda *f.*

bind [baind] *s.* llaç *m.* 2 fig. llauna *f.,* murga *f.* 3 MÚS. lligadura *f.*

bind (to) [baind] *t.* lligar, unir [també fig.]. 2 enribetar. 3 ~ *(up),* embenar, lligar. 4 enquadernar. 5 endurir. 6 obligar. ■ 7 *i.* endurir-se *p.* ■ 8 *p. to ~ oneself,* comprometre's *(to,* a). ▲ Pret. i p. p.: **bound** [baund].

binder ['baində'] *s.* enquadernador. 2 AGR. màquina *f.* d'agarbonar.

binding ['baindiŋ] *a.* obligatori. ■ 2 *s.* enquadernació *f.* 3 ribet *m.*

bindweed ['baindwiːd] *s.* BOT. corretjola *f.;* enfiladissa *f.*

binnacle ['binəkl] *s.* NÀUT. bitàcola *f.*

binoculars [bi'nɔkjuləz] *s.* ÒPT. binocle(s) *m. (pl.);* prismàtics *m. pl.*

biography [bai'ɔgrəfi] *s.* biografia *f.*

biology [bai'ɔlədʒi] *s.* biologia *f.*

biped ['baiped] *s.* bípede *m.*

birch [bəːtʃ] *s.* BOT. bedoll *m.,* beç *m.* 2 vara *f.* [de bedoll].

birch (to) [bəːtʃ] *t.* fustigar.

bird [bəːd] *s.* ocell *m.* (OCC.) moixó *m.,* (VAL.) pardal *m.* 2 col·loq. (G.B.) nena *f.,* noia *f.*

bird-lime ['bəːdlaim] *s.* CINEG. vesc *m.*

birth [bəːθ] *s.* naixement *m.* 2 MED. part *m.* ‖ *by o from ~,* de naixement. ‖ *give ~ to,* donar a llum. 3 fig. començament *m.;* origen *m.* 4 llinatge *m.*

birth-control ['bəːθkəntroul] *s.* control *m.* de natalitat.

birthday ['bəːθdei] *s.* aniversari *m.*

birthmark ['bəːθmɑːk] *s.* marca *f.* de naixement.

birthplace ['bəːθpleis] *s.* lloc *m.* de naixement; poble *m.* natal.

biscuit ['biskit] *s.* galeta *f.,* (BAL.) (VAL.) galleta *f.* 2 CERÀM. biscuit *m.*

bisect (to) [bai'sekt] *t.* bisecar.

bishop ['biʃəp] *s.* ECLES. bisbe *m.* 2 JOC alfil *m.* [escacs].

bishopric ['biʃəprik] *s.* ECLES. bisbat *m.*

bison ['baisn] *s.* ZOOL. bisó *m.* ▲ *pl.* **bison.**

bit [bit] *s.* tros *m.,* trosset *m.* 2 mica *f.* ‖ ~ *by ~,* de mica en mica; *not a ~,* gens ni mica. 3 bocí *m.,* mos *m.* [de menjar]. 4 fre *m.,* mos *m.* [de brida]. 5 MEC. broca *f.;* barrina *f.* 6 INFORM. bit *m.*

bit [bit] Vegeu BITE (TO).

bitch [bitʃ] *s.* ZOOL. gossa *f.;* guilla *f.;* lloba *f.* 2 col·loq. bruixa *f.* ‖ vulg. *son of a ~,* fill *m.* de puta *f.*

bite [bait] *s.* mossegada *f.* 2 picada *f.* [d'insecte]. 3 mos *m.* 4 aferrament *m.* [d'una serra, dels pneumàtics, etc.]. 5 fig. mordacitat *f.*

blaze

bite (to) [bait] *t.* mossegar. 2 picar [insecte, etc.]. 3 tallar: *the cold bit into his hands*, el fred li va tallar les mans. 4 MEC. aferrar-se *p.* 5 MEC. corroir. ■ *6 i.* mossegar. ▲ Pret.: *bit* [bit]; p. p.: *bit* o *bitten* [bitn].

biting [baitiŋ] *a.* mordaç. 2 que talla [vent, etc.].

bitten [bitn] Vegeu BITE (TO).

bitter [bitə] *a.* amarg; agre. 2 fig. cruel, amarg. 3 penetrant, punyent. ■ *4 s.* cervesa *f.* amarga.

bitterness [bitənis] *s.* amargor *f.*, amargura *f.* 2 agror *f.* 3 crueltat *f.* 4 rancor *m.*, rancúnia *f.*

bitter-sweet [bitəswi:t] *a.* agredolç [també fig.].

bitumen [bitjumin] *s.* betum *m.*

bivouac [bivuæk] *s.* bivac *m.*

bizarre [bi'za:] *a.* estrany, rar. 2 estrafolari.

blab (to) [blæb] *t.* revelar, divulgar. ■ *2 i.* xafardejar.

black [blæk] *a.* negre: ~ *art* o *magic*, màgia negra. 2 morè, bru, negre: ~ *man*, negre *m.* [home]; ~ *woman*, negra *f.* [dona]. 3 pur [cafè]. 4 fig. negre, funest, malcarat. ■ *5 s.* negre *m.* 6 dol *m.*

black (to) [blæk] *t.* ennegrir. 2 enllustrar [les sabates]. 3 boicotejar. ■ *4 to ~ out*, desmaiar-se *p.*

black-and-blue [blæk-ən-'blu:] *a.* ple de blaus.

blackberry [blækbəri] *s.* BOT. móra *f.*

blackbird [blækbə:d] *s.* ORN. merla *f.*

blackboard [blækbɔ:d] *s.* pissarra *f.*

black box [blæk'bɔks] *s.* AERON. caixa *f.* negra.

blacken (to) [blækən] *t.* ennegrir. 2 difamar. ■ *3 i.* ennegrir-se *p.*

blackguard [blæga:d] *s.* poca-vergonya, canalla *m.*

blackhead [blækhed] *s.* MED. barb *m.*

blackmail [blækmeil] *s.* xantatge *m.*

blackmail (to) [blækmeil] *t.* fer xantatge a.

Black Maria [blækmə'raiə] *n. pr.* arg. camioneta *f.* de la bòfia; cotxe *m.* cel·lular.

black market [blæk'ma:kit] *s.* mercat *m.* negre, estraperlo *m.*

blackness [blæknis] *s.* negror *f.*; foscor *f.*

black-out [blækaut] *s.* ELECT. apagada *f.* 2 pèrdua *f.* de coneixement.

black pudding [blæk'pudiŋ] *s.* botifarra *f.* negra.

Black Sea [blæk'si:] *n. pr.* GEOGR. mar Negra.

black sheep [blæk'ʃi:p] *s.* ovella *f.* negra.

blacksmith [blæksmiθ] *s.* ferrer *m.*, ferrador *m.*

bladder [blædə] *s.* ANAT. bufeta *f.*, veixiga *f.*

blade [bleid] *s.* fulla *f.* [d'un ganivet, etc.]. 2 pala *f.* [d'un rem]. 3 BOT. bri *m.*

blame [bleim] *s.* culpa *f.*: *to bear the ~*, tenir la culpa *f.* 2 censura *f.*, blasme *m.*, retret *m.*

blame (to) [bleim] *t.* culpar; blasmar; censurar.

blanch (to) [bla:ntʃ] *t.* emblanquir, blanquejar; empal·lidir. ■ *2 i.* empal·lidir.

bland [blænd] *a.* afable. 2 suau, fluix.

blandish (to) [blændiʃ] *t.* afalagar. 2 llagotejar, ensibornar.

blandishment [blændiʃmənt] *s.* afalac *m.*, falagueria *f.* 2 llagoteria *f.*

blank [blæŋk] *a.* en blanc [xec, paper, etc.]. 2 buit, sense interès o expressió. 3 perplex. 4 MIL. ~ *cartridge*, cartutx *m.* sense bala. ■ *5 s.* espai *m.* en blanc. 6 fig. llacuna *f.* ‖ *my mind was a complete ~*, em vaig quedar en blanc.

blanket [blæŋkit] *s.* manta *f.* 2 col·loq. *wet ~*, esgarriacries.

blare [blɛə] *s.* trompetada *f.* 2 estrèpit *m.*

blare [blɛə] *i.* sonar; ressonar [una trompeta]. ■ *2 t.* dir cridant.

blaspheme (to) [blæs'fi:m] *i.-t.* blasfemar.

blasphemous [blæsfəməs] *a.* blasfem.

blasphemy [blæsfəmi] *s.* blasfèmia *f.*

blast [bla:st] *s.* ràfega *f.* [de vent]. 2 explosió *f.* 3 buf *m.*, bufada *f.* [d'aire]. 4 col·loq. *at full ~*, a tota marxa *f.* 5 MÚS. toc *m.* [d'un instrument]. 6 MIL. barrinada *f.*

blast (to) [bla:st] *t.* volar [fer explotar]. 2 MIL. bombardejar. 3 marcir. ■ *4 i.* continuar disparant.

blatant [bleitənt] *a.* estrepitós; cridaner. 2 descarat. 3 evident.

blaze [bleiz] *s.* flamarada *f.* 2 foc *m.* 3 resplendor *m.* 4 fig. atac *m.* 5 clapa *f.* blanca [en el front d'un cavall o un bou]. 6 senyal *m.* [en un arbre]. 7 vulg. *go to blazes!*, vés a fer punyetes!

blaze (to) [bleiz] *i.* cremar. 2 brillar, resplandir. 3 fig. estar encès. ■ *4 i.-t. to ~ away*, disparar *t.* sense parar. ■ *5 t.* senyalar [un arbre]. 6 proclamar; fer córrer.

blazer ['bleizə'] s. jaqueta f. d'esport.

blazon ['bleizn] s. HERÀLD. blasó m.

bleach ['bliːtʃ] s. lleixiu m.

bleach (to) [bliːtʃ] t. posar en lleixiu; blanquejar. ■ 2 i. blanquejar.

bleak [bliːk] a. METEOR. fred, trist [el temps]. 2 desolat [un indret]. 3 fig. monòton, trist.

bleary ['bliəri] a. lleganyós [ull]. 2 borrós.

bleat [bliːt] s. ZOOL. bel m.

bleat (to) [bliːt] i. belar. ■ 2 t. to ~ (out), dir amb veu gemegosa.

bled [bled] Vegeu BLEED (TO).

bleed (to) [bliːd] i. sagnar [també fig.]. 2 exsudar [plantes]. ■ 3 t. sagnar, treure sang. 4 fig. fam. treure diners de. ▲ Pret. i p. p.: *bled* [bled].

bleeder ['bliːdə'] s. MED. hemofílic.

bleep [bliːp] s. RADIO. so m. agut.

bleep (to) [bliːp] i. RADIO. emetre t. senyals.

bleeper ['bliːpə'] s. RADIO. buscapersones m.

blemish ['blemiʃ] s. defecte m.; fig. tatxa f. ‖ *without* ~, perfecte a.

blemish (to) ['blemiʃ] t. tacar [també fig.], fer malbé.

blend [blend] s. barreja f., combinació f.

blend (to) [blend] t. barrejar, combinar, (BAL.) (VAL.) mesclar. ■ 2 i. barrejar-se p., combinar-se p. 3 avenir-se p., combinar, casar [esp. colors]. ▲ Pret. i p. p.: *blended* ['blendid] o liter. *blent* [blent].

blent [blent] Vegeu BLEND (TO).

bless (to) [bles] t. beneir. ‖ ~ *you!*, Jesús! [quan algú esternuda].

blessed ['blesid] a. REL. beneit; sant; benaventurat. 2 col·loq. maleït.

blessing ['blesiŋ] s. REL. benedicció f.; gràcia f. 2 benefici m., avantatge m. 3 fam. *what a* ~!, quina sort! f.

blew [bluː] Vegeu BLOW (TO).

blight [blait] s. BOT. rovell m.; neula f. 2 fig. plaga f.

blight (to) [blait] t. BOT. rovellar-se p.; neular-se p. 2 fig. arruïnar; frustrar.

Blighty [blaiti] n. pr. MIL. arg. Anglaterra.

blind [blaind] a. cec, orb. 2 fig. cec, encegat. 3 ocult. 4 arg. borratxo. ■ 5 s. persiana f. 6 tendal m. 7 fig. pretext m., excusa f. ■ 8 -ly adv. cegament.

blind (to) [blaind] t. encegar; enlluernar [també fig.].

blindfold ['blaindfould] a. amb els ulls embenats o tapats. ■ 2 s. MED. bena f. [pels ulls].

blindfold (to) ['blaindfould] t. embenar o tapar els ulls.

blindness ['blaindnis] s. MED. ceguetat f., ceguesa f., orbetat f.

blink [bliŋk] s. pestanyeig m., parpalleig m. 2 llampada f.

blink (to) [bliŋk] i. parpellejar, pestanyejar. ■ 2 t. fer l'ullet. 3 fig. eludir.

blinkers ['bliŋkəz], (EUA) **blinders** ['blaindz] s. aclucalls m. pl. [de cavall].

bliss [blis] s. benaurança f.; benaventurança f.

blissful ['blisful] a. benaurat, feliç.

blister ['blistə'] s. MED. butllofa f., (BAL.) bòfega f., (VAL.) bambolla f.

blister (to) ['blistə'] t. embutllofar, fer butllofes. ■ 2 i. cobrir-se p. de butllofes.

blizzard ['blizəd] s. METEOR. borrufada f.

bloated ['bloutid] a. inflat [també fig.].

block [blɔk] s. bloc m. 2 piló m.; tallador m. 3 illa f. [de cases]. 4 MEC. politja f., corriola f. 5 MAR. bossell m. 6 talòs. 7 COM. lot m. 8 bloc m. de paper. 9 obstacle m.

block (to) [blɔk] t. obstruir; destorbar; bloquejar. 2 donar forma [a un barret, etc.]. ■ 3 i. tancar-se p., bloquejar-se p.

blockade [blɔ'keid] s. MIL. bloqueig m.

blockade (to) [blɔ'keid] t. MIL. bloquejar; blocar.

blockhead ['blɔkhed] s. gamarús, totxo, pallús.

bloke [blouk] s. col·loq. individu m., tipus m.

blond [blɔnd] a.-s. ros m.

blonde [blɔnd] a.-s. rossa f.

blood [blʌd] s. sang f. ‖ fig. *in cold* ~, a sang freda. 2 fig. sang f. [temperament]. 3 llinatge m., sang f.

bloodcurdling ['blʌd,kəːdliŋ] a. horripilant, esborronador.

bloodhound ['blʌdhaund] s. gos m. coniller.

bloodless ['blʌdlis] a. exsangüe, sense sang. 2 esblanqueït. 3 insensible, fred.

blood pressure ['blʌd,preʃə'] s. MED. pressió f. arterial.

bloodshed ['blʌdʃed] s. matança f., carnisseria f.

bloodthirsty ['blʌd,θəːsti] a. sanguinari.

bloody ['blʌdi] a. sagnant, sangonós; sangonent. 2 pop. maleït, cony de... ■ 3 adv. pop. molt. 4 *not* ~ *likely!*, ni pensar-hi!, ni en broma!

bloom [bluːm] s. BOT. flor f.: *in* ~, en flor. 2 floració f. 3 frescor f., ufanor f. 4 fig.

flor *f.: the ~ of youth,* la flor de la joventut.

bloom (to) [bluːm] *i.* BOT. florir [també fig.].

blossom [ˈblɔsəm] *s.* BOT. flor *f.* [esp. d'un arbre fruiter]: *in ~,* en flor, florit.

blossom (to) [ˈblɔsəm] *i.* BOT. florir. 2 fig. *to ~ out,* desenvolupar-se *p.;* prosperar.

blot [blɔt] *s.* esborrall *m.,* taca *f.* [de tinta]. 2 fig. taca *f.*

blot (to) [blɔt] *t.* esborrallar, tacar [amb tinta]. 2 assecar [amb paper assecant]. 3 *to ~ out,* esborrar, ratllar; tapar; anihilar, destruir [l'enemic].

blotch [blɔtʃ] *s.* taca *f.* [de tinta, etc.]. 2 MED. erupció *f.;* pústula *f.*

blotchy [ˈblɔtʃi] *a.* tacat. 2 vermellós [la pell].

blotter [ˈblɔtə^r] *s.* assecador *m.,* assecant *m.*

blotting-paper [ˈblɔtiŋˌpeipə^r] *s.* paper *m.* assecant.

blouse [blauz] *s.* brusa *f.*

blow [blou] *s.* cop *m.,* (VAL.) colp *m.* [també fig.]. ‖ *at a (single) ~, at one ~,* d'un (sol) cop. 2 bufada *f.* 3 *to go for a ~,* anar a prendre l'aire.

blow (to) [blou] *i.* bufar [el vent, etc.]. 2 sonar [una sirena, etc.]. 3 esbufegar. 4 fondre's *p.* [fusibles]. 5 rebentar. ■ *6 t.* emportar-se *p.* [el vent, etc.]. 7 bufar [foc, vidre, instrument musical, xiulet, etc.]. 8 treure [aire, fum]. *9 to ~ one's nose,* mocar-se *p.* 10 rebentar. 11 fondre [fusibles]. *12 to ~ out,* apagar; inflar [les galtes]; rebentar; buidar [una caldera]. *13 to ~ up,* inflar; volar [un pont, etc.]; ampliar [una foto]. ▲ Pret.: *blew* [bluː]; p. p.: *blown* [bloun].

blowfly [ˈblouflai] *s.* ZOOL. mosca *f.* vironera.

blowlamp [ˈbloulæmp] *s.* soldador *m.*

blown [bloun] Vegeu BLOW (TO).

blowout [ˈblouˌaut] *s.* rebentada *f.* 2 ELECT. fusió *f.* 3 fam. tec *m.*

blowpipe [ˈbloupaip] *s.* sarbatana *f.*

blowtorch [ˈblouˌtɔːtʃ] *s.* bufador *m.*

blubber [ˈblʌbə^r] *s.* greix *m.* de balena.

blubber (to) [ˈblʌbə^r] *i.* ploriquejar, somicar. ■ *2 t. to ~ out,* dir plorant.

bludgeon [ˈblʌdʒən] *s.* porra *f.*

blue [bluː] *a.* blau. 2 moradenc. 3 col·loq. trist; deprimit; depriment. 4 POL. conservador. 5 verd [acudit, pel·lícula]. ■ *6 s.* blau *m.* [color]. 7 fig. poét. mar *f.* 8 fig.

cel *m.* ‖ *out of the ~,* inesperadament *adv.,* com caigut del cel.

blueprint [ˈbluːprint] *s.* FOT. cianografiat *m.,* fotocalc *m.* 2 fig. avantprojecte *m.*

bluestocking [ˈbluːˌstɔkiŋ] *s.* sàvia *f.,* saberuda *f.,* setciències *f.*

bluff [blʌf] *a.* escarpat. 2 brusc [persona]. ■ *3 s.* GEOGR. cingle *m.,* penyal *m.* 4 angl. bluf *m.;* fanfarronada *f.* 5 JOC catxa *f.*

bluff (to) [blʌf] *i.* fer un bluf; fanfarronejar. ■ *2 t.* enganyar.

blunder (to) [ˈblʌndə^r] *i.* espifiar *t.*

blunder [ˈblʌndə^r] *s.* fig. relliscada *f.,* planxa *f.*

blunderbuss [ˈblʌndəbʌs] *s.* trabuc *m.*

blunt [blʌnt] *a.* esmussat. 2 brusc [persona]. ■ *3 -ly adv.* francament, clarament.

blunt (to) [blʌnt] *t.* esmussar; espuntar, despuntar.

blur [bləː^r] *s.* taca *f.* 2 esborrall *m.*

blur (to) [bləː^r] *t.* entelar; desdibuixar; fer borrós. ■ *2 i.* entelar-se *p.;* desdibuixar-se *p.*

blurt (to) [bləːt] *t. to ~ out,* fig. deixar anar [un secret, etc.].

blush [blʌʃ] *s.* vermellor *f.,* enrojolament *m.*

blush (to) [blʌʃ] *i.* posar-se *p.* vermell; enrojolar-se *p.* 2 avergonyir-se *p.*

bluster (to) [ˈblʌstə^r] *i.* METEOR. ratxar, ratxejar. 2 faronejar; vociferar. ■ *3 t. to ~ out,* proferir.

BMA [biːemˈei] *s. (British Medical Association)* associació *f.* britànica de metges.

BMC [biːemˈsiː] *s. (British Motor Corporation)* corporació *f.* britànica del motor.

boa [ˈbouə] *s.* ZOOL. boa *f.* 2 boà *m.*

boar [bɔː^r] *s.* ZOOL. verro *m.*

board [bɔːd] *s.* post *f.;* tauló *m.* [de fusta]. 2 tauler *m.* [d'anuncis]. 3 taula *f.* 4 NÀUT. bord *m.: on ~,* a bord. 5 consell *m.,* junta *f.* 6 pensió *f.: full ~,* pensió completa. 7 TEAT. *the boards,* les taules, l'escenari *m.*

board (to) [bɔːd] *t.* entaular, entarimar. 2 NÀUT. embarcar-se *p.;* pujar a [un tren, etc.]. 3 tenir a dispesa. ■ *4 i.* estar a dispesa [*with,* a].

boarder [ˈbɔːdə^r] *s.* hoste. 2 intern [a una escola].

boarding [ˈbɔːdiŋ] *s.* empostissat *m.,* entaulat *m.*

boarding card [ˈbɔːdiŋˌkɑːd] *s.* targeta *f.* d'embarcament.

boarding house ['bɔ:dɪŋ,haus] s. pensió f., dispesa f.

boarding school ['bɔ:dɪŋ,sku:l] s. internat m.

boast [boust] s. jactància f. 2 orgull m.

boast (to) [boust] i. jactar-se p., vanagloriar-se p. 2 presumir de.

boaster ['bousta] s. fanfarró.

boastful ['boustful] a. jactanciós, faroner.

boat [bout] s. vaixell m., nau f. 2 barca f. [petita]. ‖ *cargo* ~, vaixell de càrrega. ‖ *sailing* ~, veler m.

boating ['boutɪŋ] s. passeig m. en barca [esp. de rems].

boatman ['boutmən] s. barquer m.

boatswain ['bousn] s. MAR. contramestre m.

Bob [bɔb] n. pr. m. (dim. *Robert*) Robert.

bob [bɔb] s. llentilla f. [de pèndol]. 2 ant. xelí m.

bob (to) [bɔb] i. balancejar-se p.; moure's p. [amunt i avall]. 2 fig. *to* ~ *up*, sorgir de nou, reaparèixer. ■ 3 t. ant. tallar [els cabells per damunt les espatlles].

bobbin ['bɔbɪn] s. MEC. bobina f., rodet m.

Bobby ['bɔbi] n. pr. m. (dim. *Robert*) Robert. 2 s. (G.B.) policia m.

bobsled ['bɔbsled], **bobsleigh** ['bɔbslei] s. ESPORT angl. bobsleigh m.

bobtail ['bɔbteil] s. ZOOL. cua f. tallada.

Boche [bɔʃ] a.-s. col·loq. alemany.

bode (to) [boud] t.-i. poèt. presagiar t. 2 pronosticar t.

bodice ['bɔdis] s. cosset m.

bodily ['bɔdili] a. corporal; físic. ■ 2 adv. en persona. 3 en pes.

body ['bɔdi] s. cos m. 2 part f. principal. 3 AUTO. carrosseria f. 4 grup m.; conjunt m.; massa f. ‖ LOC. *in a* ~, en bloc. 5 col·loq. individu m., persona f. 6 entitat f., societat f.

bodyguard ['bɔdigɑ:d] s. guàrdia personal.

bog [bɔg] s. pantà m., aiguamoll m. 2 pop. wàter m.

bogey ['bougi] s. follet m.; espectre m.

boggy ['bɔgi] a. pantanós.

boil [bɔil] s. bull m.: *to come to the* ~, arrencar el bull. 2 MED. furóncol m.

boil (to) [bɔil] i. bullir [també fig.]. ■ 2 t. fer bullir. ‖ *to* ~ *away*, estar bullint, evaporar t.-p.; *to* ~ *down*, reduir t.-p.; *to* ~ *over*, vessar t.-p.

boiler ['bɔilə] s. caldera f.

boiling ['bɔilɪŋ] a. bullent. ‖ col·loq. *it's* ~ *hot*, fa molta calor. ■ 2 s. ebullició f.

boisterous ['bɔistərəs] a. borrascós, violent, mogut [el vent, etc.]. 2 bulliciós, esvalotat.

bold [bould] a. valent, intrèpid. 2 atrevit. 3 descarat.

boldness ['bouldnis] s. valentia f., coratge m. 2 gosadia f., atreviment m. 3 fam., fig. barra f., penques f. pl.

Bolshevik ['bɔlʃəvik] a.-s. bolxevic.

Bolshevism ['bɔlʃəvizm] s. bolxevisme m.

bolster (to) ['boulstə] t. *to* ~ *up*, recolzar; animar.

bolt [boult] s. baldó m.; forrellat m. 2 pany m. [d'un rifle]. ■ 3 adv. ~ *upright*, dret com un ciri.

bolt (to) [boult] t. tancar amb baldó; passar el forrellat. *to* ~ *in*, tancar a dins. 3 *to* ~ *out*, tancar a fora. 4 empassar-se p., engolir. ■ 5 i. sortir disparat, fugir; desbocar-se p. [un cavall].

bomb [bɔm] s. ARM. bomba f.

bomb (to) [bɔm] t. ARM. bombardejar.

bombard (to) [bɔm'bɑ:d] t. ARM. bombardejar [amb projectils]. 2 fig. bombardejar [amb preguntes, etc.].

bombardier [,bɔmbə'diə] s. ARM. bombarder m. [soldat].

bombardment [bɔm'bɑ:dmənt] s. ARM. bombardeig m.

bombast ['bɔmbæst] s. ampul·lositat f.

bombastic [bɔm'bæstik] a. ampul·lós, inflat.

bomber ['bɔmə] s. ARM. bombarder m.

bombing ['bɔmɪŋ] s. ARM. bombardeig m.

bombproof ['bɔmpru:f] a. a prova de bombes.

bombshell ['bɔmʃel] s. fig. bomba f.

bonanza [bə'nænzə] s. (EUA) fig. mina f. [font de riquesa]. ■ 2 s. pròsper.

bond [bɔnd] s. lligam m.; vincle m.; llaç m. 2 pacte m., compromís m. 3 COM. bo m. 4 pl. fig. cadenes f. pl., captivitat f. sing.

bondage ['bɔndidʒ] s. esclavitud f., servitut f.

bone [boun] s. ANAT. os m. 2 espina f. [de peix].

bone (to) [boun] t. desossar. 2 fam. pispar.

bonfire ['bɔnfaiə] s. foguera f., fogata f.

bonnet ['bɔnit] s. casquet m. [de dona]. 2 gorra f. escocesa. 3 AUTO. capot m.

bonny ['bɔni] a. (ESC.) bonic, formós.

bother

bonus ['bounəs] s. ECON. prima f., plus m., gratificació f.

bony ['bouni] a. ossat, ossut. 2 fig. esquelètic.

booby ['bu:bi] s. babau, talòs.

book [buk] s. llibre m. 2 llibret m.

book (to) [buk] t. reservar [entrades, etc.]. ‖ **to be booked up,** estar complet, no haver-hi [entrades], exhaurit. 2 fitxar [la policia]. 3 anotar.

bookbinding ['buk,baindiŋ] s. enquadernació f.

bookcase ['buk,keis] s. prestatge m. per llibres, llibreria f.

booking office ['bukiŋ,ɔfis] s. taquilla f.

book-keeper ['buk,ki:pə'] s. COM. tenidor de llibres.

book-keeping ['buk,ki:piŋ] s. COM. tenidoria f. de llibres.

booklet ['buklit] s. fullet m.

bookmaker ['buk,meikə] s. (G.B.) corredor d'apostes.

bookseller ['buk,selə'] s. llibreter.

bookshop ['bukʃɔp], **bookstore** [-stɔ:'] s. llibreria f. [botiga].

bookstall ['buk,stɔ:l] s. quiosc m.; parada f. de llibres.

bookworm ['bukwə:m] s. ZOOL. arna f. 2 fig. rata f. de biblioteca.

boom [bu:m] s. espetec m.; retrò m. 2 fig. auge m., boom m. 3 NÀUT. botavara f.; botaló m. 4 sonic ~, bang m. sònic.

boom (to) [bu:m] i. ressonar. 2 prosperar, estar en el moment àlgid.

boon [bu:n] s. liter. mercè f., favor m. 2 avantatge m.; benefici m. ■ 3 a. alegre: **a ~ companion,** un company alegre.

boor [buə'] s. fig. pagerol.

boorish ['buəriʃ] a. tosc, groller.

boost [bu:st] s. propulsió f. 2 fig. estímul m.

boost (to) [bu:st] t. propulsar. 2 fig. estimular. 3 apujar, augmentar.

boot [bu:t] s. bota f. ‖ fig. **to get the ~,** ésser acomiadat; **to give someone the ~,** acomiadar. 2 AUTO. (G.B.) portaequipatge m. 3 **to ~,** a més adv.; a més a més adv.

bootblack ['bu:tblæk] s. enllustrador.

booth [bu:ð], (EUA) [bu:θ] s. parada f. [esp. d'un mercat]. 2 **polling ~,** cabina f. electoral.

bootleg ['bu:tleg] a. de contraban. ‖ **a ~ edition,** una edició pirata.

booty ['bu:ti] s. botí m.

booze [bu:z] s. beguda f. [alcohòlica].

booze (to) [bu:z] i. col·loq. beure t. [begudes alcohóliques].

border ['bɔ:də'] s. vora f., vorera f. 2 COST. ribet m. 3 POL. frontera f. ■ 4 a. fronterer.

border (to) ['bɔ:də'] t. vorejar. 2 COST. ribetejar. ■ 3 i. **to ~ on** o **upon,** afrontar; estar tocant a; fer frontera amb. 4 ranejar.

border line ['bɔ:dəlain] s. frontera f. [també fig.].

borderline ['bɔ:dəlain] a. fig. dubtós.

bore [bɔ:'] Vegeu BEAR (TO).

bore [bɔ:'] s. forat m., barrinada f. 2 ànima f. [d'una arma de foc]. 3 pesat, fig. corcó m. [persona]. 4 llauna f., avorriment m.

bore (to) [bɔ:'] t. perforar. 2 barrinar [obrir forats]. 3 avorrir, donar la llauna.

boredom ['bɔ:dəm] s. avorriment m.

boring [bɔ:riŋ] a. avorrit, pesat.

born [bɔ:n] Vegeu BEAR (TO). 2 **to be ~,** néixer i., (VAL.) nàixer i. ■ 3 a. nat.

borne [bɔ:n] Vegeu BEAR (TO).

borough ['bʌrə] s. (G.B.) municipi m. 2 districte m.

borrow (to) ['bɔrou] t. manllevar, demanar: **can I ~ your pen?,** em deixes el bolígraf? 2 apropiar-se p. [d'una idea, etc.].

borrower ['bɔrouə'] s. manllevador.

Bosnia-Herzegovina [,bɔzniəhə:tsəgə'vi:nə] n. pr. GEOGR. Bòsnia-Hercegovina.

bosom ['buzəm] s. ANAT. ant. pit m. 2 COST. pitrera f. 3 fig. si m. ■ 4 a. **a ~ friend,** un amic íntim.

boss [bɔs] s. col·loq. cap m., patró, director, capitost m.

boss (to) [bɔs] t.-i. manar.

bossy ['bɔsi] a. manaire.

botanist ['bɔtənist] s. botànic.

botany ['bɔtəni] s. botànica f.

botch [bɔtʃ] s. barroeria f.; nyap m.; fig. bunyol m.

botch (to) [bɔtʃ] t. potinejar; fer barroerament.

both [bouθ] a.-pron. ambdós, els dos, tots dos: **~ of us,** nosaltres dos; **~ of them,** els dos, ambdós. ■ 2 adv. a la vegada, alhora.

bother ['bɔðə'] s. preocupació f. 2 empipament m.; molèstia f.

bother (to) ['bɔðə'] t. preocupar, amoïnar. 2 empipar. ‖ **I can't be bothered to do it,** no tinc humor per fer-ho. ■ 3 i. **to ~ about,** amoïnar-se p. per.

bothersome [ˈbɔðəsəm] a. empipador, molest.

bottle [ˈbɔtl] s. ampolla f., botella f.

bottle (to) [ˈbɔtl] t. embotellar. 2 fig. to ~ up, reprimir [sentiment, etc.].

bottleneck [ˈbɔtlnek] s. fig. embús m. [a la carretera].

bottom [ˈbɔtəm] s. fons m.; cul m. [d'ampolla, etc.]. ‖ fig. at ~, en el fons. 2 base f., fonament m. 3 peu m. [de muntanya, de pàgina, etc.]. 4 seient m. [de cadira, etc.]. 5 NÀUT. quilla f. 6 ANAT. col·loq. cul m., (ROSS.) pompill m. ■ 7 a. inferior, més baix. 8 darrer, últim.

bottom (to) [ˈbɔtəm] i. to ~ (out), tocar fons.

bottomless [ˈbɔtəmlis] a. sense fons, sense límits. 2 fig. insondable.

boudoir [ˈbuːdwɑːʳ] s. tocador m., lligador m. [cambra].

bough [bau] s. BOT. branca f. [d'un arbre].

bought [bɔːt] Vegeu BUY (TO).

boulder [ˈbouldəʳ] s. GEOL. còdol m., palet m., cantal m.

boulevard [ˈbuːləvɑːd] s. bulevard m.

bounce [bauns] s. bot m. [pilota]. 2 vitalitat f. [persona].

bounce (to) [bauns] t. fer botar. ■ 2 i. botar. 3 saltar. 4 col·loq. ser retornat [un xec bancari]. 5 fig. to ~ back, recuperar-se p.

bound [baund] Vegeu BIND (TO). 2 a. destinat. 3 obligat. 4 ~ for, en direcció a, cap a. 5 fig. ~ up in, absorbit per; ~ up with, molt lligat amb. ■ 6 s. límit m. 7 salt m.; bot m.

bound (to) [baund] t. limitar. 2 afrontar i. ■ 2 i. saltar; botar.

boundary [ˈbaundəri] s. límit m., frontera f.

boundless [ˈbaundlis] a. il·limitat, infinit. ■ 2 -ly adv. il·limitadament, infinitament.

bounteous [ˈbauntiəs], **bountiful** [ˈbauntiful] a. liter. generós. 2 abundant.

bounty [ˈbaunti] s. form. generositat f., liberalitat f. 2 form. regal m. 3 subsidi m. 4 gratificació f., recompensa f.

bouquet [ˈbukei] s. ram m., pom m., toia f. [de flors]. 2 bouquet m. [de vi].

Bourbon [ˈbuəbən] n. pr. HIST. Borbó. 2 (EUA) whisky m.

bourgeois [ˈbuəʒwɑː] a.-s. burgès.

bout [baut] s. torn m., tanda f. 2 ESPORT combat m.; assalt m. [boxa]. 3 MED. accés m., atac m.

1) bow [bou] s. arc m. [arma]. 2 MÚS. arquet m. 3 llaç m., llaçada f.

2) bow [bau] s. inclinació f., reverència f. 2 MAR. proa f.

1) bow (to) [bou] t. MÚS. passar l'arquet.

2) bow (to) [bau] t. inclinar [el cap, el cos]. ‖ to ~ (somebody) in/out, rebre/acomiadar (algú) amb una reverència. 2 doblegar. ▲ gralnt. en passiva. ■ 3 i. inclinar-se p.

bowel [ˈbauəl] s. ANAT. budell m., intestí m. 2 pl. fig. entranyes f. pl.

bower [ˈbauəʳ] s. glorieta f.; pèrgola f.

bowl [boul] s. bol m. 2 cassoleta f. 3 (EUA) amfiteatre m. 4 JOC bola f.

bowl (to) [boul] t. fer rodar. 2 fig. to ~ over, aixafar; deixar bocabadat. ■ 3 i. jugar a bowling. 4 to ~ along, lliscar [un cotxe].

bow-legged [ˈbouˌlegd] a. garrell.

bowler [ˈbouləʳ] s. ESPORT jugador de bowling o bitlles; llançador [criquet]. 2 ~ (hat), barret m. fort.

bowling alley [ˈboulinæliː] s. pista f. de bitlles.

bowman [ˈboumən] s. arquer m.

bow window [ˌbouˈwindou] s. ARQ. mirador m.

box [bɔks] s. capsa f. [receptacle petit]; caixa f. [receptacle gran]. 2 apartat m. de correus. 3 TEAT. llotja f. 4 BOT. boix m. 5 mastegot m. 6 ~ post office, apartat m. de correus.

box (to) [bɔks] t. encaixonar, embalar. 2 to ~ up, tancar. ■ 3 ESPORT i. boxar.

boxer [ˈbɔksəʳ] s. ESPORT boxador, boxejador.

boxing [ˈbɔksiŋ] s. ESPORT boxa f.

Boxing Day [ˈbɔksiŋ dei] s. el vint-i-sis de desembre, dia de Sant Esteve.

box office [ˈbɔksˌɔfis] s. TEAT. taquilla f.

boxwood [ˈbɔkswud] s. BOT. boix m.

boy [bɔi] s. noi m., xicot m., (BAL.) al·lot m., (VAL.) xic m., (ROSS.) nin m.

boycott [ˈbɔikɔt] s. angl. boicot m.

boycott (to) [ˈbɔikɔt] t. boicotejar.

boyfriend [ˈbɔifrend] s. amic m. [íntim], xicot m.

boyhood [ˈbɔihud] s. infantesa f., joventut f. [d'un home].

boyish [ˈbɔiiʃ] a. pueril.

BP [biːˈpiː] s. (British Petroleum) petrolis m. pl. britànics.

Br. [biːˈɑːʳ] a. (British) britànic.

bra [brɑː] s. col·loq. sostenidors m. pl.

brace [breis] *s.* abraçadora *f.*, grapa *f.* 2 filaberquí *m.* 3 parell *m.* 4 ARQ. trava *f.*, tirant *m.* 5 MAR. braça *f.* 6 *pl.* elàstics *m. pl.* 7 *pl.* ODONT. ferros *m. pl.* [per les dents].

brace (to) [breis] *t.* lligar; assegurar. 2 *to* ~ *up,* animar, encoratjar. ■ 3 *p. to* ~ *oneself,* preparar-se [per una adversitat].

bracelet ['breislit] *s.* braçalet *m.*

bracing ['breisiŋ] *a.* fortificant.

bracken ['brækən] *s.* BOT. falguera *f.*

bracket ['brækit] *s.* TIPOGR. parèntesi *m.*, claudàtor *m.* 2 ARQ. mènsula *f.* 3 suport *m.* 4 abraçadora. 5 fig. grup *m.*, classe *f.*

bracket (to) ['brækit] *t.* TIPOGR. posar entre parèntesis. 2 fixar amb mènsules. 3 agrupar.

brackish ['brækiʃ] *a.* salabrós.

brag [bræg] *s.* fanfarronada *f.*; jactància *f.*

brag (to) [bræg] *i.* fanfarronejar, vanar-se *p.*

braggart ['brægət] *s.* fanfarró, cregut.

braid [breid] *s.* trena *f.* 2 galó *m.* [d'un uniforme, etc.].

braid (to) [breid] *t.* trenar. 2 galonejar.

brain [brein] *s.* ANAT. cervell *m.* 2 *pl.* GASTR. cervell *m. sing.* 3 ANAT. col·loq. cap *m.* 4 fig. intel·ligència *f.* 5 cervell *m.* [persona brillant].

brain-child ['breintʃaild] *s.* idea *f.*, invenció *f.* [genial].

brainless ['breinlis] *a.* tonto, tòtil.

brainstorm ['breinstɔːm] *s.* atac *m.* de bogeria.

brainstorming ['breinstɔːmiŋ] *s.* brainstorming *m.*

Brains Trust ['breinz,trʌst] *s.* grup *m.* consultiu d'experts.

brainwash ['breinwɔʃ] *i.* rentar el cervell.

brainwashing ['brein,wɔʃiŋ] *s.* rentat *m.* de cervell.

brake [breik] *s.* fre *m.* [també fig.].

brake (to) [breik] *t.* frenar.

bramble ['bræmbl] *s.* BOT. esbarzer *m.*

bran [bræn] *s.* AGR. segó *m.*

branch [brɑːntʃ] *s.* BOT. branca *f.* 2 fig. branca *f.*; secció *f.* 3 sucursal *f.* 4 braç *m.* [d'un riu]. 5 bifurcació *f.*

branch (to) [brɑːntʃ] *i.* BOT. treure branca. 2 ramificar-se *p.*, bifurcar-se *p.* 3 *to* ~ *off,* desviar-se *p.* 4 *to* ~ *out,* expandir-se *p.*

brand [brænd] *s.* COM. marca *f.* 2 RAMA. marca *f.*, senyal *m.* 3 teia *f.* 4 ferro *m.* de marcar.

brand (to) [brænd] *t.* RAMA. marcar [amb un ferro]. 2 estigmatitzar.

brandish (to) ['brændiʃ] *t.* brandar, brandir, brandejar.

brand-new [,brænd'njuː] *a.* nou de trinca, flamant.

brandy ['brændi] *s.* conyac *m.*, brandi *m.*

brass [brɑːs] *s.* llantó *m.* 2 MÚS. metall *m.* [instruments]. 3 desvergonyiment *m.*, barra *f.* 4 col·loq. *top* ~, peixos *m. pl.* grossos.

brass band [brɑːs'bænd] *s.* xaranga *f.*

brass hat [brɑːs'hæt] *s.* MIL. fam. capitost *m.*

brassière ['bræsiə] *s.* sostenidors *m. pl.*

brat [bræt] *s.* mocós.

bravado [brə'vɑːdou] *s.* bravata *f.*, fanfarronada *f.*

brave [breiv] *a.* valent, brau. ■ 2 *s.* valent *m.*

brave (to) [breiv] *t.* afrontar. 2 desafiar.

bravery ['breivəri] *s.* valentia *f.*

bravo [brɑː'vou] *interj.* bravo!

brawl [brɔːl] *s.* baralla *f.*, batussa *f.*

brawl (to) [brɔːl] *i.* barallar-se *p.*, esbatussar-se *p.*

brawn [brɔːn] *s.* múscul *m.* 2 força *f.* muscular. 3 GASTR. carn *f.* de porc adobada.

brawny ['brɔːni] *a.* musculós, musculat.

bray [brei] *s.* bram *m.* 2 so *m.*; ronc *m.* [de trompeta, etc.].

bray (to) [brei] *i.* bramar. ■ 2 *t. to* ~ *(out),* dir o tocar [la trompeta] de manera estrident. 3 triturar, picar.

braze (to) [breiz] *t.* soldar amb llautó.

brazen ['breizn] *a.* de llautó. 2 com llautó. 3 ronc [so]. 4 descarat.

brazier ['breizjə] *s.* braser *m.*

Brazil [brə'zil] *n. pr.* GEOGR. Brasil.

breach [briːtʃ] *s.* infracció *f.*; incompliment *m.*; ruptura *f.* 2 bretxa *f.* 3 obertura *f.*, forat *m.*

breach (to) [briːtʃ] *t.* obrir una bretxa. 2 trencar, violar [un acord, etc.].

bread [bred] *s.* pa *m.* [també fig.]. 2 col·loq. peles *f. pl.*

bread-and-butter [,bredən'bʌtə] *s.* pa *m.* amb mantega *f.* 2 fig. col·loq. mitjans *m. pl.* de vida. ■ 3 *a.* corrent, normal. ‖ ~ *letter,* carta d'agraïment.

breadcrumb ['bredkrʌm] *s.* engruna *f.* de pa. 2 *pl.* pa *m. sing.* ratllat.

breadth [bredθ] *s.* amplada *f.* 2 fig. llarguesa *f.*, liberalitat *f.*

breadwinner ['bredwinə] s. el qui guanya el pa.

break [breik] s. ruptura f., trencament m. 2 descans m.; interrupció f.; pausa f.; esbarjo m. [a l'escola]. 3 començament m.: ~ of day, alba f. 4 canvi m. 5 METEOR. clariana f. 6 ELECT. interrupció f. [en un circuit]. 7 oportunitat f. 8 fuga f., evasió f.

break (to) [breik] t. trencar, rompre. 2 esmorteir. 3 interrompre. 4 fer fracassar. 5 dominar; domar. 6 arruïnar. 7 divulgar, comunicar, donar [una notícia]. 8 violar [la llei, etc.]. 9 ESPORT to ~ the record, batre el récord. ■ 10 i. trencarse p., rompre's p., partir-se p. 11 debilitar-se p., malmetre's p. [la salut]. 12 irrompre; prorrompre. 13 dissoldre's p.; dissipar-se p. 14 trencar t. [relacions]. 15 fallar, fallir; espatllar-se p. 16 aparèixer, sortir; trencar [l'alba]. 17 divulgar-se p. [una notícia, etc.]. ■ to ~ away, deslligar-se p., escapar-se p.; to ~ down, destruir, desballestar; avariar-se p. [una màquina, etc.], ressentir-se p., esfondrar-se p. [la salut]; fracassar; to ~ into, entrar a robar; trencar; començar; to ~ off, trencar [un pacte, una relació, etc.]; parar [de treballar, etc.]; to ~ out, esclatar, desencadenar-se p.; escapar-se p.: to ~ through, aparèixer; descobrir; travessar; to ~ up, rompre, trencar, esmicolar; acabar.

breakage ['breikidʒ] s. ruptura f.; trencament m. 2 pl. objectes m. pl. trencats; indemnització f. sing. per objectes trencats.

breakdown ['breikdaun] s. MEC. avaria f., pana f. 2 MED. col·lapse m., depressió f. nerviosa. 3 QUÍM. descomposició f. 4 anàlisi f. 5 fracàs m.; ruptura f.

breaker ['breikə] s. MAR. rompent m. [ona].

breakfast ['brekfəst] s. esmorzar m., (BAL.) berenar m., (VAL.) desdejuni m.: to have ~, esmorzar.

breakneck ['breiknek] a. perillós, suïcida [velocitat].

break-up ['breikʌp] s. ruptura f., separació f. 2 METEOR. empitjorament m. [del temps].

breakwater ['breikwɔːtə] s. escullera f.

bream [briːm] s. ICT. sea ~, besuc m.

breast [brest] s. ANAT. pit m. 2 mama f., mamella f., pit m. [dona i femella]. 3 pit m. [animals]. 4 pitrera f.

breast (to) [brest] t. resoldre amb decisió; afrontar; plantar cara.

breastbone ['brestboun] s. ANAT. estèrnum m. 2 ORN. barca f.

breast-feed (to) ['brestfiːd] t. donar el pit, donar mamar.

breastplate ['brestpleit] s. pitet m. 2 ARM. plastró m.

breaststroke ['breststrouk] s. ESPORT braça f.

breastwork ['brestwəːk] s. FORT. parapet m.

breath [breθ] s. alè m.; respiració f.: out of ~, desalenat; panteixant a. 2 bufada f.

breathalyse (to) ['breθəlaiz] t. fer la prova de l'alcohol.

breathe (to) [briːð] i. respirar. 2 bufar. 3 esbufegar. 4 to ~ in, aspirar. 5 to ~ out, exhalar t., expirar t. ■ 6 t. inhalar. 7 insuflar. 8 respirar.

breathing ['briːðiŋ] s. respiració f.

breathing space ['briːðiŋ,speis] s. descans m., respir m.

breathless ['breθlis] a. sense alè. 2 panteixant, esbufegant.

bred [bred] Vegeu BREED (TO).

breech [briːtʃ] s. ARM. recambra f.

breeches ['britʃiz] s. pl. pantalons m. pl.

breed [briːd] s. casta f., raça f.

breed (to) [briːd] t. criar [animals]. 2 fig. engendrar; produir. 3 criar, educar. ■ 4 i. reproduir-se p. ▲ Pret. i p. p.: bred [bred].

breeding ['briːdiŋ] s. cria f.; reproducció f. 2 educació f., criança f.

breeze [briːz] s. METEOR. brisa f., airet m.

breviary ['briːvjəri] s. REL. breviari m.

brevity ['breviti] s. brevetat f.

brew [bruː] s. infusió f. [beguda]; beuratge m.

brew (to) [bruː] t. per, preparar [cervesa, te, etc.]. 2 tramar, ordir. ■ 3 i. fabricar t. cervesa. 4 preparar-se p., formar-se p., amenaçar t. [una tempestat].

brewery ['bruəri] s. cerveseria f. [fàbrica].

Brian ['braiən] n. pr. m. Bernardí.

bribe [braib] s. suborn m., subornació f.

bribe (to) [braib] t. subornar.

bribery ['braibəri] s. suborn m.

bric-a-brac ['brik ə bræk] s. curiositats f. pl.

brick [brik] s. CONSTR. totxo m., maó m. 2 fig. un tros de pa [persona].

brick (to) [brik] t. CONSTR. posar totxos. ‖ to ~ up o in, tapar amb totxos. 2 enrajolar.

bricklayer [ˈbrikˌleiəʳ] s. CONSTR. paleta *m.*, (BAL.) picapedrer *m.*, (VAL.) obrer *m.*

bridal [ˈbraidl] *a.* nupcial.

bride [braid] *s.* núvia *f.*: *the ~ and the groom,* els nuvis *m. pl.*

bridegroom [ˈbraidgrum] *s.* nuvi *m.*, (BAL.) novii *m.*

bridesmaid [ˈbraidzmeid] *s.* dama *f.* d'honor [de la núvia].

bridge [bridʒ] *s.* CONSTR. pont *m.* 2 ANAT. os *m.* del nas. 3 ODONT. pont *m.* 4 JOC bridge *m.*

bridge (to) [bridʒ] *t.* fer un pont sobre. 2 fig. omplir.

Bridget [ˈbridʒit] *n. pr. f.* Brígida.

bridle [ˈbraidl] *s.* EQUIT. brida *f.* 2 fig. fre *m.*

bridle (to) [ˈbraidl] *t.* embridar. 2 fig. refrenar. ■ 3 *i.* engallar-se *p.*, molestar-se *p.*

bridle path [ˈbraidlpæθ] *s.* camí *m.* de ferradura.

brief [briːf] *a.* breu, concís. 2 fugaç. ■ 3 *s.* resum *m.* 4 DRET expedient *m.* 5 ECLES. breu *m.* 6 *pl.* calçotets *m. pl.*; calces *f. pl.*

brief (to) [briːf] *t.* informar. 2 contractar, donar instruccions. 3 resumir.

brier, briar [ˈbraiəʳ] *s.* BOT. esbarzer *m.*; bruc *m.*

brig [brig] *s.* MAR. bergantí *m.*

brigade [briˈgeid] *s.* brigada *f.*

brigand [ˈbrigənd] *s.* bandit *m.*; bergant *m.*

brigantine [ˈbrigəntiːn] *s.* MAR. bergantí-goleta *m.*

bright [brait] *a.* brillant. 2 lluminós. 3 radiant [somriure, etc.]. 4 intel·ligent, brillant. 5 viu, animat. ■ 6 **-ly,** *adv.* brillantment. 7 enginyosament.

brighten (to) [ˈbraitn] *t.* abrillantar. 2 animar, avivar. ■ 3 *i.* esclarir-se *p.* [el temps]. 4 animar-se *p.*, avivar-se *p.*

brightness [ˈbraitnis] *s.* brillantor *f.* 2 claredat *f.*, lluminositat *f.* 3 alegria *f.*, vivesa *f.* 4 intel·ligència *f.*, enginy *m.*

brine [brain] *s.* salmorra *f.*

brilliance, -cy [ˈbriljəns, -si] *s.* brillantor *f.*; resplendor *m.* 2 fig. brillantor *f.*

brilliant [ˈbriljənt] *a.* brillant [també fig.]. ■ 2 *s.* GEMM. brillant *m.*

brim [brim] *s.* vora *f.* [d'un got, etc.]. 2 ala *f.* [d'un barret].

brimful [ˈbrimˌful] *a.* fins a dalt, a vessar.

brimstone [ˈbrimstoun] *s.* ant. QUÍM. sofre *m.*

brindled [ˈbrindld] *a.* clapejat [en fons gris o marró].

bring (to) [briŋ] *t.* portar, (ROSS.) aportar, dur; conduir. 2 causar, produir. 3 induir, persuadir. 4 adduir. 5 posar [en un estat, condició, etc.]. 6 DRET. iniciar. ■ *to ~ about,* ocasionar, provocar; *to ~ back,* tornar; *to ~ down,* baixar; enderrocar, abatre; *to ~ forth,* donar a llum, donar [fruit]; *to ~ in,* entrar; recollir [la collita]; donar, produir, rendir [diners, etc.]; introduir; *to ~ out,* treure; publicar; fer palès; *to ~ round,* portar [una persona]; convèncer; fer tornar en si; desviar [una conversa, etc.]; *to ~ up,* pujar; educar; criar; treure [un tema]; vomitar, treure. ▲ Pret. i p. p.: **brought** [brɔːt].

brink [briŋk] *s.* vora *f.* 2 fig. caire *m.* ‖ *on the ~ of,* al caire de, a punt de.

brisk [brisk] *a.* viu, actiu, animat. 2 àgil, lleuger.

brisket [ˈbriskit] *s.* GASTR. carn *f.* [del pit]. 2 pit *m.* [d'animal].

briskness [ˈbrisknis] *s.* vivesa *f.*, activitat *f.*

bristle [ˈbrisl] *s.* cerra *f.*

bristle (to) [ˈbrisl] *i.* eriçar-se *p.* 2 fig. enfurismar-se *p.* 3 *to ~ with,* estar ple de. ■ 4 *t.* eriçar. 5 proveir de cerres.

Brit [ˈbrit] *s.* *(Britain)* Gran Bretanya. 2 *(Britannia)* Britània. ■ 3 *a.* *(British)* britànic.

Britain [ˈbritn] *n. pr.* GEOGR. *Great ~,* Gran Bretanya.

British [ˈbritiʃ] *a.-s.* britànic.

Briton [ˈbritn] *a.-s.* HIST. britànic, britó. 2 liter. britànic.

Brittany [ˈbritəni] *n. pr.* GEOGR. Bretanya.

brittle [ˈbritl] *a.* trencadís. 2 fig. irritable.

broach (to) [broutʃ] *t.* posar aixeta; foradar. 2 portar a col·lació, treure [un tema].

broad [brɔːd] *a.* ample. 2 ampli, extens, lat. 3 general. 4 clar. 5 comprensiu, tolerant, obert. 6 atrevit, groller. 7 *in ~ daylight,* en ple dia.

broadcast [ˈbrɔːdkɑːst] *s.* RADIO. emissió *f.*

broadcast (to) [ˈbrɔːdkɑːst] *t.* RADIO. emetre, radiar; televisar. 2 escampar, difondre. 3 AGR. sembrar a eixams. ■ 4 *i.* parlar, cantar, etc. per ràdio o televisió. ▲ Pret. i p. p.: **broadcast.**

broadcaster [ˈbrɔːdkɑːstəʳ] *s.* locutor.

broadcasting [ˈbrɔːdkɑːstiŋ] *s.* RADIO. radiodifusió *f.*: *~ station,* emissora *f.*

broaden (to) ['brɔ:dn] *t.* eixamplar. ■ *2 i.* eixamplar-se *p.*

broad-minded [,brɔ:d'maindid] *a.* liberal, tolerant, obert.

broadside ['brɔ:dsaid] *s.* MAR. costat *m.*, andana *f.* ‖ ~ **on**, de costat. 2 andanada *f.*

broadways ['brɔ:dweiz], **broadwise** [-waiz] *adv.* a l'ample; lateralment.

brocade [brə'keid] *s.* TÈXT. brocat *m.*

broccoli ['brɔkəli] *s.* BOT. bròquil *m.*

brochure ['brouʃə'] *s.* fullet *m.*, prospecte *m.*

broil (to) [brɔil] *t.* rostir [en unes graelles]. 2 fig. rostir, torrar. ■ *3 i.* rostir-se *p.* 4 fig. torrar-se *p.*

broken ['broukən] Vegeu BREAK (TO). ■ *2 a.* trencat; fracturat. 3 crebantat. 4 trencada [línia]. 5 accidental [terreny]. 6 interromput. 7 arruïnat. 8 fig. trencat, partit.

broker ['broukə'] *s.* COM. corredor, agent. 2 borsista.

bronchitis [brɔŋ'kaitis] *s.* MED. bronquitis *f.*

bronze [brɔnz] *s.* METAL. bronze *m.*

brooch [broutʃ] *s.* agulla *f.* [de pit].

brood [bru:d] *s.* cria *f.*; llocada *f.*; niuada *f.* 2 fig. progènie *f.*, prole *f.* 3 casta *f.*

brood (to) [bru:d] *i.* covar *t.*, incubar *t.* 2 fig. **to** ~ **on** o **over**, rumiar *t.*, cavil·lar *t.*

broody ['bru:di] *a.* lloca *f.*, cloca *f.* 2 fig. melangiós.

brook [bruk] *s.* rierol *m.*, rieró *m.*

broom [bru:m] *s.* escombra *f.*, (BAL.) (VAL.) granera *f.* 2 BOT. ginesta *f.*

bronze (to) [brɔnz] *t.* bronzejar, embrunir. ■ *2 i.* embrunir-se *p.*

Bros ['brɔs] *s. pl.* COM. *(Brothers)* germans *m. pl.*

broth [brɔθ] *s.* GASTR. brou *m.*

brothel ['brɔθl] *s.* bordell *m.*

brother ['brʌðə'] *s.* germà *m.* ‖ *pl.* **brothers and sisters,** germans *m. pl.*

brotherhood ['brʌðəhud] *s.* germandat *f.* 2 REL. confraria *f.*

brother-in-law ['brʌðərinlɔ:] *s.* cunyat *m.*, germà *m.* polític.

brotherly ['brʌðəli] *a.* fraternal.

brought [brɔ:t] Vegeu BRING (TO).

brow [brau] *s.* ANAT. cella *f.* 2 ANAT. front *m.* 3 cim *m.*

browbeat (to) ['braubi:t] *t.* intimidar [amb amenaces]. ▲ Pret.: *browbeat*; p. p.: *browbeaten*.

brown [braun] *a.* marró [color]. ‖ ~ *paper*, paper *m.* d'estrassa. ‖ ~ *bread*, pa *m.* integral. 2 castany [cabells]. 3 morè, bru [pell].

brown (to) [braun] *t.* torrar. 2 GASTR. daurar.

browse (to) [brauz] *i.* brostejar, pasturar. 2 fullejar *t.* [un llibre].

bruise [bru:z] *s.* morat *m.*, blau *m.*, contusió *f.* 2 macadís *m.*, macadura *f.* [la fruita].

bruise (to) [bru:z] *t.* fer un blau o morat, masegar, contusionar. 2 macar [la fruita]. ■ *3 i.* fer-se *p.* un blau o morat, contusionar-se *p.* 4 macar-se *p.*

brunch [brʌntʃ] *s.* col·loq. esmorzar-dinar *m.*

brunette [bru:'net] *a.-s.* morena *f.*

brunt [brʌnt] *s.* allò més fort, allò més violent: **to bear the** ~ **of the attack,** aguantar allò més violent de l'atac.

brush [brʌʃ] *s.* raspall *m.*, (BAL.) espalmador *m.* 2 pinzell *m.*; brotxa *f.* 3 raspallada *f.*; pinzellada *f.* 4 BOT. bardissa *f.*, brossa *f.* 5 fig. cua *f.* peluda [de guineu, etc.].

brush (to) [brʌʃ] *t.* raspallar. ‖ **to** ~ *up,* repassar, refrescar.

brushwood ['brʌʃwud] *s.* BOT. brossa *f.*, bardissa *f.*

brusque [bru:sk] *a.* brusc.

Brussels [brʌslz] *n. pr.* GEOGR. Brussel·les.

Brussels sprouts [,brʌslz'sprauts] *s. pl.* BOT. cols *f. pl.* de Brussel·les.

brutal ['bru:tl] *a.* brutal; cruel.

brutality [bru:'tæliti] *s.* brutalitat *f.*; crueltat *f.*

brute [bru:t] *a.* brutal. 2 brut [pes, força, etc.]. ■ *3 s.* bèstia *f.* 4 fig. bèstia *f.*, salvatge [persona].

brutish ['bru:tiʃ] *a.* abestiat, brutal. 2 estúpid.

BSc [bi:es'si:] *s. (Bachelor of Science)* llicenciat en ciències.

bubble ['bʌbl] *s.* bombolla *f.* 2 fig. il·lusió *f.*

bubble (to) ['bʌbl] *i.* bombollejar, borbollar. 2 fig. **to** ~ **with joy,** desbordar d'alegria.

bubble gum ['bʌblgʌm] *s.* xiclet *m.*

bubonic [bju:'bɔnik] *a.* MED. ~ *plague*, pesta *f.* bubònica.

buccaneer [,bʌkə'niə'] *s.* bucaner *m.*

buck [bʌk] *s.* ZOOL. mascle *m.* [del cèrvol, la llebre i el conill]. 2 fig. petimetre *m.* 3 fam. (EUA) dòlar *m.* 4 fam. **to pass the** ~

bullring

to (somebody), carregar el mort a (algú). ■ *5 a.* mascle.

buck (to) [bʌk] *i.* saltar amb les anques arquejades [un cavall]. *2 to ~ up,* animar-se *p.* 3 *~ up!* afanya't!, afanyeu-vos!. ■ *4 t.* desmuntar, boleiar. *5 to ~ up,* animar.

bucket [ˈbʌkit] *s.* galleda *f.;* (BAL.) (VAL.) poal *m.* 2 catúfol *m.*

buckle [ˈbʌkl] *s.* sivella *f.*

buckle (to) [ˈbʌkl] *t.* cordar, ensivellar. ■ *2 i. to ~ to* o *down to,* esforçar-se *p.* a. 3 corbar-se *p.,* torçar-se *p.* [metall, etc.].

buckshot [ˈbʌkʃɔt] *s.* perdigó *m.*

buckskin [ˈbʌkskin] *s.* pell *f.* d'ant.

bucktooth [ˈbʌkˈtu:θ] *s.* dent *f.* sortint.

bucolic [bjuːˈkɔlik] *a.* bucòlic.

bud [bʌd] *s.* BOT. brot *m.;* botó *m.,* gemma *f.* 2 poncella *f.: in ~,* treure brot o poncella. 3 fig. *nip in the ~,* tallar de socarel.

bud (to) [bʌd] *i.* BOT. brotar, borronar.

Buddha [ˈbudə] *n.pr. m.* REL. Buda.

budding [ˈbʌdiŋ] *a.* en flor. 2 fig. en potència, en embrió.

budge (to) [bʌdʒ] *t.* moure. 2 fig. fer canviar [una actitud, etc.]. ■ *3 i.* moure's. *p.* 4 fig. canviar [d'actitud, etc.].

budgerigar [ˈbʌdʒəriga:ʳ] *s.* ORN. periquito *m.*

budget [ˈbʌdʒit] *s.* ECON. pressupost *m.*

budget (to) [ˈbʌdʒit] *i. to ~ for,* pressupostar, fer el pressupost.

buff [bʌf] *a.* de color d'ant. ■ *2 s.* pell *f.* d'ant.

buffalo [ˈbʌfəlou] *s.* ZOOL. búfal *m.*

buffer [ˈbʌfəʳ] *s.* MEC. amortidor *m.* 2 FERROC. topall *m.*

buffer state [ˈbʌfəˌsteit] *s.* estat *m.* tampó.

buffet [ˈbufei] *s.* bar *m.,* cantina *f.;* (G.B.) *~ car,* vagó-bar *m.* 2 *cold ~,* sopar *m.* fred. 3 MOBL. bufet *m.,* trinxant *m.*

buffet [ˈbʌfit] *s.* bufetada *f.* 2 fig. bufetada *f.,* cop *m.,* desgràcia *f.*

buffet (to) [ˈbʌfit] *t.* copejar. 2 bufetejar. 3 sacsejar.

buffoon [bʌˈfu:n] *s.* bufó *m.*

buffoonery [bʌˈfu:nəri] *s.* bufonada *f.*

bug [bʌg] *s.* ZOOL. xinxa *f.;* cuca *f.;* bestiola *f.* 2 col·loq. microbi *m.* 3 col·loq. defecte *m.;* fallada *f.* 4 petit micròfon *m.* ocult. *5* col·loq. *big ~,* peix *m.* gros.

bug (to) [bʌg] *t.* col·loq. intervenir [mitjançant un micròfon ocult]. 2 col·loq. (EUA) empipar.

bugbear [ˈbʌgbɛəʳ] *s.* fig. malson *m.* 2 espantall *m.*

bugger [ˈbʌgəʳ] *s.* sodomita. 2 col·loq. ximple.

bugger (to) [ˈbʌgəʳ] *t.* vulg. donar pel sac. ■ *2 i.* vulg. *to ~ off,* fotre el camp; tocar el dos. 3 *to ~ up,* fer malbé.

bugle [ˈbju:gl] *s.* MÚS. clarí *m.,* corneta *f.*

build [bild] *s.* estructura *f.* 2 forma *f.,* figura *f.,* complexió *f.*

build (to) [bild] *t.* construir, calificar. 2 fundar, fonamentar. ■ *3 i.* construir-se *p.* ■ *to ~ in,* encastar, incorporar; *to ~ on,* edificar en; fig. basar, fonamentar; *to ~ up,* urbanitzar, muntar; fig. elaborar, crear, fer; augmentar; enfortir. ▲ Pret. i p. p.: *built* [bilt].

builder [ˈbildəʳ] *s.* constructor. 2 mestre *m.* de cases. 3 fig. creador, fundador.

building [ˈbildiŋ] *s.* construcció *f.,* edificació *f.* 2 edifici *m.,* casa *f.*

building society [ˈbildiŋsəˌsaiəti] *s.* societat *f.* especialitzada en préstecs per l'habitatge.

built [bilt] Vegeu BUILD (TO).

bulb [bʌlb] *s.* BOT. bulb *m.* 2 ELECT. bombeta *f.*

bulge [bʌldʒ] *s.* protuberància *f.* 2 bombament *m.* 3 increment *m.* 4 MIL. sortint.

bulge (to) [bʌldʒ] *i.* fer panxa; bombar-se *p.;* sobresortir. ■ *2 t.* engrossir; inflar.

bulk [bʌlk] *s.* volum *m.,* tossa *f.* 2 mola *f.* 3 la major part *f.* 4 loc. adv. *in ~,* a l'engròs.

bulk-buying [ˌbʌlkˈbaiiŋ] *s.* compra *f.* a l'engròs.

bulky [ˈbʌlki] *a.* voluminós.

bull [bul] *s.* ZOOL. toro *m.* 2 ECLES. butlla *f.* 3 COM. alcista.

bulldog [ˈbuldɔg] *s.* angl. ZOOL. buldog *m.*

bulldozer [ˈbulˌdouzəʳ] *s.* bulldozer *m.,* excavadora *f.*

bullet [ˈbulit] *s.* bala *f.*

bulletin [ˈbulitin] *s.* butlletí *m.* [publicació]. 2 comunicat *m.,* anunci *m.*

bullet-proof [ˈbulitpru:f] *a.* a prova de bales.

bullfight [ˈbulfait] *s.* cursa *f.* de braus.

bullfighter [ˈbulfaitəʳ] *s.* cast. torero *m.*

bullfighting [ˈbulfaitiŋ] *s.* tauromàquia *f.,* toreig *m.,* toros *m. pl.*

bullion [ˈbuljən] *s.* or i plata en lingots *m. pl.*

bullock [ˈbulək] *s.* ZOOL. jònec *m.,* bravatell *m.* 2 bou *m.*

bullring [ˈbulriŋ] *s.* plaça *f.* de toros.

bull's eye ['bulzai] s. fitó m. 2 ARQ. MAR. ull m. de bou.

bullshit ['bulʃit] s. vulg. bestieses f. pl., collonades f. pl.

bully ['buli] s. pinxo m., perdonavides m. ■ 2 a. excel·lent.

bully (to) ['buli] t. intimidar.

bulwark ['bulwək] s. baluard m., [també fig.]. 2 MAR. escullera f. 3 MAR. macarró m.

bum [bʌm] a. inútil; dolent; fumut. ■ 2 s. col·loq. cul m. 3 col·loq. (EUA) dropo, gandul, vague.

bum [bʌm] i. vagar, vagabundejar. ■ 2 t. gorrejar i.

bumble-bee ['bʌmbl,bi:] s. ENT. abellot m., borinot m.

bump [bʌmp] s. xoc m., patacada f., trompada f. 2 nyanyo m., bony m. 3 sot m., clot m.

bump (to) [bʌmp] t. donar un cop, copejar; xocar amb. 2 col·loq. to ~ off, pelar, carregar-se p. [algú]. ■ 3 i. donar-se p. un cop, xocar (against, into, amb, contra). 4 fig. to ~ into (someone), topar-se p. amb (algú).

bumper ['bʌmpə'] a. abundant. ■ 2 s. AUTO. para-xocs m. 3 FERROC. topall m. 4 got m. ple.

bumpkin ['bʌmpkin] s. fig. pagès, pagerol.

bumptious ['bʌmpʃəs] a. presumptuós, pretensiós.

bun [bʌn] s. ALIM. brioix m., pasta f. 2 castanya f., cast. monyo m.

bunch [bʌntʃ] s. ram m., pom m. [de flors]. 2 manat m., manoll m., grapat m. 3 carràs m. 4 grup m., colla f.

bunch (to) [bʌntʃ] t. to ~ up o together, ajuntar, agrupar. ■ 2 i. to ~ up o together, ajuntar-se p., agrupar-se p.

bundle ['bʌndl] s. lligall m., [de papers]. 2 feix m. [de llenya]. 3 farcell m. [de roba]. 4 paquet m.

bundle (to) ['bʌndl] t. to ~ up o together, lligar, empaquetar. 2 ficar [de qualsevol manera].

bungalow ['bʌngəlou] s. bungalow m., caseta f.

bungle ['bʌngl] s. barroeria f., nyap m., bunyol m.

bungle (to) ['bʌngl] t. potinejar, fer barroerament. ■ 2 i. potinejar.

bungler ['bʌnglə'] s. potiner, barroer.

bunion ['bʌnjən] s. galindó m.

bunk [bʌnk] s. llitera f.

bunker ['bʌnkə'] s. carbonera f.

bunny ['bʌni] s. col·loq. conillet m.

bunting ['bʌntin] s. TÈXT. estam m. 2 banderetes f. pl., gallarets m. pl.

buoy [bɔi] s. MAR. boia f.; balisa f.

buoy (to) [bɔi] t. abalisar, senyalar amb boies. 2 aboiar. 3 to ~ up, fer flotar; fig. animar.

buoyancy ['bɔiənsi] s. flotabilitat f. 2 fig. animació f., optimisme m.

buoyant ['bɔiənt] a. flotant. 2 fig. animat, optimista, puixant.

BUP [bi:yu:pi:] s. (British United Press) premsa f. britànica unida.

burden (to) ['bə:dn] t. carregar; aclaparar.

burden ['bə:dn] s. càrrega f., pes m. [gralnt. fig.]. ‖ beast of ~, bèstia f. de càrrega. 2 NÀUT. tonatge m. 3 tornada f. [d'una cançó]. 4 tema m., idea f. principal.

burdensome ['bə:dnsəm] a. feixuc, carregós, pesat, molest.

bureau ['bjuərou] s. MOBL. (G.B.) escriptori m., taula f. 2 departament m., oficina f.: Tourist Bureau, Oficina f. de Turisme. 3 (EUA) MOBL. calaixera f.

bureaucracy [bjuə'rɔkrəsi] s. burocràcia f.

burglar ['bə:glə'] s. lladre.

burglar alarm ['bə:glərə,la:m] s. alarma f. antirobatòria.

burglarproof ['bə:gləpru:f] a. a prova de lladres.

burglary ['bə:gləri] s. robatori m.

burgle (to) ['bə:gl] t.-i. robar t.

burial ['beriəl] s. enterrament m.

burial ground ['beriəlgraund] s. cementiri m.

Burial Service ['beriəl,sə:vis] s. ECLES. funerals m. pl., exèquies f. pl.

burlap ['bə:læp] s. xarpellera f., arpillera f.

burlesque [bə:'lesk] a. burlesc.

burly ['bə:li] a. corpulent.

Burma ['bə:mə] n. pr. GEOGR. Birmània.

Burmese [bə:'mi:z] a.-s. GEOGR. birmà.

burn [bə:n] s. cremada f.

burn (to) [bə:n] t. cremar; abrasar. 2 escaldar [la llengua, etc.]. 3 torrar, coure. ■ 4 i. cremar, cremar-se p. 5 incendiar-se p. 6 fig. cremar, estar encès. ■ to ~ away, no parar de cremar; cremar-se p. del tot; to ~ down, consumir-se p., apagar-se p.; incendiar-se p.; to ~ out, extingir-se p., apagar-se p.; cremar;

fondre's *p.;* fig. acabar-se *p.* [una persona]; **to ~ up,** cremar de nou, cremar; fig. enfurir, enfurir-se *p.* ▲ Pret. i p. p.: *burned* [bə:nd] o *burnt* [bə:nt].

burner ['bə:nə] *s.* cremador *m.* 2 blener *m.,* blenera *f.*

burning ['bə:nin] *a.* ardent, roent, cremós. 2 fig. candent [qüestió, tema, etc.]. 3 fig. fervent.

burnish (to) ['bə:niʃ] *t.* brunyir.

burnt [bə:nt] Vegeu BURN (TO).

burp [bə:p] *s.* col·loq. rot *m.*

burp (to) [bə:p] *i.* col·loq. rotar, eructar. ■ 2 *t.* fer eructar [un nen].

burrow ['bʌrou] *s.* cau *m.,* lloriguera *f.,* llodriguera *f.*

burrow (to) ['bʌrou] *t.* fer un cau, excavar. ■ 2 *i.* encauar-se *p.*

burst [bə:st] *s.* explosió *f.,* esclat *m.,* rebentada *f.*

burst (to) [bə:st] *i.* rebentar, esclatar, explotar; trencar-se *p.* 2 prorrompre. 3 fig. desbordar. ■ 4 *t.* rebentar; fer esclatar. ■ **to ~ in** o **into,** irrompre. ‖ fig. **to ~ into tears** o **laughter,** posar-se a plorar o riure; **to ~ out,** saltar, esclatar. ‖ **to ~ out laughing** o **crying,** esclatar de riure o plorar. ▲ Pret. i p. p. *burst.*

bury (to) ['beri] *t.* enterrar.

bus [bʌs] *s.* autobús *m.:* fig. **to miss the ~,** perdre una oportunitat, perdre el tren.

bush [buʃ] *s.* BOT. arbust *m.* 2 **the ~,** bosc *m.* baix [Austràlia i Àfrica]. 3 fig. **to beat about the ~,** anar amb embuts.

bushel ['buʃl] *s.* AGR. mesura *f.* d'àrids [G.B. 36,36 l., EUA 35,24 l.].

bushy ['buʃi] *a.* cobert de mates, pelut. 2 espès.

busily ['bizili] *adv.* diligentment; activament.

business ['biznis] *s.* negocis *m. pl.* 2 negoci *m.;* empresa *f.;* establiment *m.* 3 ofici *m.,* treball *m.* 4 assumpte *m.,* qüestió *f.: it's my ~,* és cosa meva; **to mean ~,** parlar o actuar de debò. 5 dret *m.* 6 feinada *f.,* embolic *m.*

bus stop ['bʌsstɔp] *s.* parada *f.* de l'autobús.

bust [bʌst] *s.* bust *m.*

bust (to) [bʌst] *t.* trencar. 2 arrestar. 3 COM. causar fallida. ■ 4 *i.* COM. fer fallida.

bustle ['bʌsl] *s.* moviment *m.,* bullícia *f.,* enrenou *m.*

bustle (to) ['bʌsl] *i.* afanyar-se *p.,* apressar-se *p.,* atrafegar-se *p.;* bellugar-se *p.* ■ 2 *t.* apressar, cuitar.

bust-up ['bʌstʌp] *s.* pop. baralla *f.: they had a ~,* han trencat.

busy ['bizi] *a.* ocupat; enfeinat; atrafegat. 2 actiu. 3 concorregut, ple [lloc, etc.].

busy (to) ['bizi] *t.-p.* ocupar; enfeinar.

busybody ['bizibɔdi] *s.* manefla, tafoner.

but [bʌt, bət] *conj.* però, mes, (ROSS.) mè; sinó, sinó que; sense; sense que. ‖ *I can't write ~ I get tied in knots,* no puc escriure sense fer-me un embolic. ■ 2 *adv.* només, no més que, solament. 3 *all ~,* gairebé. ■ 4 *prep.-conj.* menys, tret de, llevat de. ‖ **~ for, ~ that,** si no fos per; sense. ‖ **~ then,** d'altra banda. ‖ **the last ~ one,** el penúltim.

but [bʌt, bət] *n.* però *m.,* objecció *f.*

butane ['bju:tein] *s.* butà *m.*

butcher ['butʃə] *s.* carnisser. ‖ COM. **the butcher's,** la carnisseria *f.* 2 fig. carnisser.

butcher (to) ['butʃə] *t.* matar [animals]. 2 fig. matar, fer una carnisseria.

butchery ['butʃəri] *s.* carnisseria *f.* [també fig.].

butler ['bʌtlə] *s.* majordom *m.*

butt [bʌt] *s.* bóta *f.,* tona *f.,* tonell *m.* 2 aljub *m.* 3 extrem *m.;* ARM. culata *f.* [d'un fusell]. 4 burilla *f.* [d'un cigarret]. 5 *pl.* camp *m.* de tir. 6 blanc *m.,* fitó *m.* 7 fig. objecte *m.* 8 tossada *f.*

butt (to) [bʌt] *t.* tossar *i.* ■ 2 *i.* col·loq. **to ~ in,** ficar-hi cullerada. 3 **to ~ into,** xocar amb.

butter ['bʌtə] *s.* ALIM. mantega *f.*

butter (to) ['bʌtə] *t.* posar mantega a. 2 **to ~ somebody up,** afalagar.

butterfly ['bʌtəflai] *s.* ENT. papallona *f.* ‖ fig. **to have butterflies (in one's stomach),** tenir un nus a l'estómac.

buttery ['bʌtəri] *a.* mantegós.

buttock ['bʌtək] *s.* ANAT. natja *f.,* anca *f.,* galta *f.* del cul. 2 *pl.* darreres *m. pl.,* cul *m. sing.*

button ['bʌtn] *s.* botó *m.*

button (to) ['bʌtn] *t.* cordar, botonar. ■ 2 *i.* cordar-se *p.*

buttonhole ['bʌtnhoul] *s.* trau *m.*

buttress ['bʌtris] *s.* ARQ. contrafort *m.* 2 fig. suport *m.*

buxom ['bʌksəm] *a. f.* pleneta; de bon any.

buy (to) [bai] *t.* comprar. ▲ Pret. i p. p.: *bought* [bɔ:t].

buyer ['baiə'] *s.* comprador.

buyer's market ['baiəz,mɑːkit] *s.* mercat *m.* del comprador.

buzz [bʌz] *s.* brunzit *m.*, bonior *f.* 2 murmuri *m.*

buzz (to) [bʌz] *i.* bonir, brunzir. 2 murmurar. 3 fer el baliga-balaga. ‖ col·loq. *to* ~ *off,* tocar el pirandó. ■ 4 *t.* AVIA. intimidar, passar molt a prop.

buzzard ['bʌzəd] *s.* ORN. aligot *m.*

by [bai] *prep.* prop de, a prop de, al costat de. 2 segons, d'acord amb. 3 a, amb, de, en, per. ‖ ~ *day,* de dia; ~ *far,* de bon tros, de molt.; ~ *heart,* de memòria; ~ *now,* a hores d'ara, ja.; ~ *oneself,* sol, tot sol, sense ajut. 4 ~ *the way,* a propòsit. ■ *5 adv.* prop, al costat, davant. *6* ~ *and* ~, més tard, després. 7 ~ *and large,* en general.

by-election ['baiilɛkʃn] *s.* POL. elecció *f.* parcial.

Byelorussia [baieləu'rʌʃə] *n. pr.* GEOGR. Bielorrússia.

by-gone ['baigɔn] *a.* passat. ■ *2 s. pl.* el passat: *let by-gones be by-gones,* deixem-ho córrer, no en parlem més.

by-law ['bailɔː] *s.* DRET ordenança *f.*, estatut *m.*, reglament *m.* [municipal].

by-pass ['baipɑːs] *s.* cinturó *m.* [de trànsit]. 2 MEC., ELECT. derivació *f.*, desviació *f.*

by-pass (to) ['baipɑːs] *t.* evitar. 2 desviar. 3 fig. negligir.

bypath ['baipaːθ] *s.* sendera *f.*, caminoi *m.*, viarany *m.*

by-product ['bai,prɔdəkt] *s.* subproducte *m.*, derivat *m.*

by-road ['bairoud] *s.* carretera *f.* secundària.

bystander ['bai,stændə'] *s.* espectador, curiós.

byte [bait] *s.* INFORM. byte *m.*

byword ['baiwəːd] *s. to be a* ~ *for,* ser famós per.

Byzantine [bai'zæntain] *a.-s.* HIST. bizantí.

C

C, c [siː] s. c f. [lletra]. 2 MÚS. do m.

C [siː] s. QUÍM. (carbon) C (carboni).

c [siː] (Celsius) Celsius. 2 (centigrade) centígrad. 3 (Centum) centum. 4 POL. (conservative) conservador.

ca. [siː'eí] (circa) als volts de, cap a: *ca. 1789,* cap al 1789.

cab [kæb] s. taxi m. 2 cabina f. [de conductor de tren, camió, etc.].

cabal [kə'bæl] s. facció f. de conspiradors [esp. política].

cabaret ['kæbərei] s. cabaret m.

cabbage ['kæbidʒ] s. BOT. col f.: *red ~,* col llombarda.

cabin ['kæbin] s. MAR.-AERON. cabina f. 2 cabanya f.

cabin boy ['kæbinbɔi] s. grumet m.

cabin cruiser ['kæbin,kruːzə'] s. iot m. d'esbargiment.

cabinet ['kæbinit] s. MOBL. armari m.; consola f.; vitrina f. 2 POL. consell m. de ministres, govern m.

cabinetmaker ['kæbinit,meikə'] s. FUST. ebenista.

cable ['keibl] s. cable m. 2 telegrama m., cablegrama m.

cable (to) ['keibl] t.-i. TELECOM. cablegrafiar t.

cable car ['keiblkɑː'] s. telefèric m.

cablegram ['keiblgræm] s. TELECOM. cablegrama m.

cable railway ['keibl'reilwei] s. funicular m.

cabman ['kæbmən] s. taxista m.

caboose [kə'buːs] s. NÀUT. cuina f. 2 FERROC. (EUA) furgó m. de cua.

cackle ['kækl] s. cloqueig m. 2 rialleda f. 3 garla f., garleria f.

cackle (to) ['kækl] i. cloquejar. 2 garlar.

cactus ['kæktəs] s. BOT. cactus m. ▲ *pl.* **cactuses** o **cacti** ['kæktai].

cad [kæd] s. canalla m., brètol m.

cadaver [kə'deivə'] s. cadàver m.

cadaverous [kə'dævərəs] a. cadavèric; pàl·lid.

caddy ['kædi] s. capseta f. per a te. 2 ESPORT el qui porta els pals de golf.

cadence ['keidəns] s. LING., MÚS. cadència f.

cadet [kə'det] s. MIL. cadet m.

cadge [kædʒ] t.-i. gorrejar i.

cadger ['kædʒə'] s. gorrer.

Caesar ['siːzə'] n. pr. m. Cèsar.

CAF [siːei'ef] s. (cost and freight) cost m. i càrrega f.

café ['kæfei] s. cafè m. [establiment].

cafeteria [,kæfi'tiəriə] s. restaurant m. d'autoservei.

caffeine ['kæfiːn] s. cafeïna f.

cage [keidʒ] s. gàbia f.

cage (to) [keidʒ] t. engabiar.

cagey ['keidʒi] a. col·loq. cautelós; reservat. ■ 2 cagily adv. cautelosament.

cajole (to) [kə'dʒoul] t. entabanar, ensarronar, afalagar.

cajolery [kə'dʒouləri] entabanament m.; ensabonada f.; llagoteria f.

cake [keik] s. pastís m., (ROSS.) gató m. ‖ *sponge ~,* mena de pa m. de pessic. 2 pastilla f. [de sabó, cera, etc.]. 3 col·loq. *a piece of ~,* bufar i fer ampolles. 4 (selling) like hot cakes, (vendre's) com pa m. beneït.

cake (to) [keik] i. endurir-se p.; incrustar-se p.; coagular-se p.

calabash ['kæləbæʃ] s. BOT. carbassa f. [assecada i buidada].

calamitous [kə'læmitəs] a. calamitós, desastrós.

calamity [kə'læmiti] s. calamitat f., desgràcia f.

calcify ['kælsifai] t. calcificar. ■ 2 i. calcificar-se p.

calcium ['kælsiəm] s. QUÍM. calci m.

calculable ['kælkjuləbl] a. calculable.

calculate (to) ['kælkjuleit] *t.* calcular. 2 *fig. to be calculated to,* fer amb una intenció o finalitat. ■ 3 *i.* fer càlculs.

calculating ['kælkju,leitiŋ] *a.* calculador, astut.

calculating machine ['kælkjuleitiŋmə,ʃiːn] *s.* màquina *f.* calculadora.

calculation [kælkju'leiʃn] *s.* càlcul *m.* 2 astúcia *f.*

calculus ['kælkjuləs] *s.* càlcul *m.*: *differential* o *integral* ~, càlcul diferencial o integral. 2 MED. càlcul *m.* [pedra]. ▲ *pl.* **calculi** ['kælkjulai], **calculuses**.

calendar ['kælində'] *s.* calendari *m.*

calender ['kælində'] *s.* TECNOL. calandra *f.*

calf [kaːf] *s.* ZOOL. vedell *m.* ‖ *cow in* o *with* ~, vaca prenyada. 2 ANAT. panxell *m.,* tou *m.* de la cama. ▲ *pl.* **calves.**

calfskin ['kaːfskin] *s.* pell *f.* de vedell.

calibrate (to) ['kælibreit] *t.* calibrar; graduar.

calibre, (EUA) **caliber** ['kælibə'] *s.* calibre *m.*

calico ['kælikou] *s.* TÈXT. calicó *m.*

caliph ['keilif] *s.* califa *m.*

call [kɔːl] *s.* crit *m.;* crida *f.* 2 trucada *f.* [telefònica]. 3 visita *f.* curta; parada *f.* curta. 4 demanda *f.;* exigència *f.* 5 *fig.* motiu, necessitat. 6 vocació *f.*

call (to) [kɔːl] *t.* cridar. 2 anomenar, dir. 3 convocar. 4 considerar. 5 COM. demanar el reembors. ■ 6 *i.* cridar, donar veus. 7 fer *t.* una trucada [telefònica]. 8 fer una visita, passar. 9 parar [tren], fer escala [vaixell]. ■ *to* ~ *at,* passar per, fer una visita; *to* ~ *back,* tornar a trucar [per telèfon]; recordar; fer tornar; *to* ~ *down,* fer baixar; invocar; renyar; *to* ~ *for,* demanar; cridar (a), *to* ~ *forth,* provocar; fer sorgir; *to* ~ *in,* demanar el retorn; *to* ~ *off,* suspendre, cancel·lar; *to* ~ *on,* visitar; *to* ~ *together,* reunir; *to* ~ *up,* trucar per telèfon; evocar; cridar al servei militar; *to* ~ *upon,* exhortar.

call box ['kɔːlbɔks] *s.* cabina *f.* telefònica.

caller ['kɔlə'] *s.* visitant.

calling ['kɔliŋ] *s.* professió *f.* 2 vocació *f.;* crida *f.*

callosity [kæ'lɔsiti] *s.* callositat *f.,* durícia *f.*

callous ['kæləs] *a.* callós. 2 *fig.* ~ *to* insensible, indiferent.

callousness ['kæləsnis] *s.* callositat *f.,* durícia *f.* 2 *fig.* insensibilitat, indiferència.

calm [kaːm] *a.* calmat, tranquil. ‖ *keep* ~, tranquil, calma't. ■ 2 *s.* calma *f.,* assossec *m.*

calm (to) [kaːm] *t.* calmar, assossegar, tranquilitzar. ■ 2 *i. to* ~ *down,* calmarse *p.,* tranquil·litzar-se *p.*

calmness ['kaːmnis] *s.* tranquil·litat *f.,* calma *f.*

calorie ['kæləri] *s.* caloria *f.*

calorific [kælə'rifik] *a.* calorífic: ~ *value,* poder *m.* calorífic.

calumniate (to) [kə'lʌmnieit] *t.* calumniar.

calumny ['kæləmni] *s.* calúmnia *f.*

calyx ['keiliks] *s.* BOT. calze *m.* ▲ *pl.* **calyxes** o **calyces** ['keilisiːz].

cam [kæm] *s.* MEC. lleva *f.*

came [keim] Vegeu COME (TO).

camel ['kæməl] *s.* ZOOL. camell *m.*

camellia [kə'miːliə] *s.* BOT. camèlia *f.*

cameo ['kæmiou] *s.* camafeu *m.*

camera ['kæmərə] *s.* càmera *f.* cambra *f.* fotogràfica, màquina *f.* de fotografiar. 2 càmera *f,* cambra *f.* cinematogràfica, màquina *f.* de filmar [TV, vídeo].

cameraman ['kæmərəmæn] *s.* CINEM. cameraman, segon operador.

camomile ['kæməmail] *s.* BOT. camamilla *f.,* camamil·la *f.*

camouflage ['kæməflaːʒ] *s.* camuflament *m.*

camouflage (to) ['kæməflaːʒ] *t.* camuflar.

camp [kæmp] *s.* campament *m.* ‖ *holiday* ~, campament o colònies *f. pl.* d'estiu; *summer* ~, colònies d'estiu. 2 grup *m.,* facció *f.*

camp [kæmp] *a.* col·loq. cursi, afectat, amanerat. ■ 2 *s.* amanerament *m.,* afectació *f.*

camp (to) [kæmp] *i.-t.* acampar. ■ 2 *i. to* ~ *(it up),* fer comèdia; actuar de manera exagerada.

campaign [kæm'pein] *s.* campanya *f.;* ~ *advertising* ~, campanya publicitària.

campaign (to) [kæm'pein] *i.* fer campanya [a favor de].

campaigner [kæm'peinə'] *s.* lluitador, batallador; paladí *m.* 2 *old* ~, veterà.

camphor ['kæmfə'] *s.* QUÍM., FARM. càmfora *f.*

camping ['kæmpiŋ] *s.* càmping *m.*: ~ *site,* càmping *m.*

camshaft ['kæmʃaːft] *s.* MEC. arbre *m.* de lleves.

can [kæn] *s.* llauna *f.*, (BAL.) (VAL.) llanda *f.* ‖ ~ **opener**, obrellaunes *m.* 2 bidó *m.* [de metall]. 3 fig. **to carry the ~**, carregar les culpes, carregar-se-la.

can [kæn, kən] *aux.* poder: **I ~ wait for it**, puc esperar. 2 saber: **he ~ swim very well**, sap nedar molt bé. ▲ Pret. i cond.: **could** [kud, kəd].

can (to) [kæn] *t.* enllaunar, envasar en llauna.

Canada [ˈkænədə] *n. pr.* GEOGR. Canadà.

Canadian [kəˈneidjən] *a.-s. pr.* GEOGR. canadenc.

canal [kəˈnæl] *s.* canal *m.*

canalize (to) [ˈkænəlaiz] *t.* canalitzar.

canapé [ˈkænəpei] *s.* canapè *m.*

canary [kəˈnɛəri] *s.* ORN. canari *m.*

Canary Islands [kəˈnɛəri ˈailəndz] *n. pr.* GEOGR. Illes *f. pl.* Canàries.

cancel (to) [ˈkænsəl] *t.* cancel·lar; anul·lar; invalidar. 2 ratllar, passar ratlla. 3 marcar [un segell]. 4 **to ~ out**, neutralitzar-se mútuament.

cancer [ˈkænsəʳ] *s.* MED. càncer *m.*

Cancer [ˈkænsəʳ] *s.* ASTR. Càncer *m.* o Cranc *m.* 2 GEOGR. **Tropic of ~**, Tròpic *m.* de Càncer.

cancerous [ˈkænsərəs] *a.* cancerós, cancerígen.

candelabrum [kændiˈlɑːbrəm] *s.* canelobre *m.* ▲ *pl.* **candelabra** [kændiˈlɑːbrə].

candid [ˈkændid] *a.* sincer, franc. ‖ ~ **camera**, càmera *f.* indiscreta.

candidate [ˈkændidət] *s.* candidat; aspirant. 2 examinand, opositor.

candied [ˈkændid] *a.* ensucrat, confitat, garapinyat.

candle [ˈkændl] *s.* espelma *f.*

candlestick [ˈkændlstik] *s.* candeler *m.*; portabugia *m.*

candour, (EUA) **candor** [ˈkændəʳ] *s.* sinceritat *f.*, franquesa *f.*

candy [ˈkændi] *s.* sucre candi. 2 (EUA) caramel.

candy (to) [ˈkændi] *t.* ensucrar, confitar, garapinyar.

cane [kein] *s.* BOT. canya *f.*: **sugar ~**, canya de sucre. 2 pal *m.*, bastó *m.*, vara *f.*

canine [ˈkeinain] *a.* caní.

canine tooth [ˈkeinainˈtuːθ] *s.* ODONT. ullal *m.*

canister [ˈkænistəʳ] *s.* pot *m.*, capseta *f.* de llauna [per a te, tabac, etc.].

canker [ˈkæŋkəʳ] *s.* MED. úlcera *f.* [bucal]. 2 fig. càncer *m.*

canker (to) [ˈkæŋkəʳ] *t.* corrompre; ulcerar. ■ 2 *i.* corrompre's *p.*; ulcerar-se *p.*

cannabis [ˈkænəbis] *s.* cànem *m.* indi.

canned [kænd] *a.* enllaunat. 2 col·loq. pre-enregistrat: ~ **music**, música pre-enregistrada, fil musical. 3 col·loq. (EUA) trompa, borratxo.

cannery [ˈkænəri] *s.* fàbrica *f.* de conserves.

cannibal [ˈkænibəl] *a.-s.* caníbal.

cannibalize [ˈkænibəlaiz] *f.* fer servir les peces d'un cotxe o màquina.

cannon [ˈkænən] *s.* canó *m.* 2 carambola.

cannonball [ˈkænənbɔːl] *s.* bala *f.* de canó.

cannonade [kænəˈneid] *s.* canoneig *m.*

cannon fodder [ˈkænənˌfɔdəʳ] *s.* carn *f.* de canó.

cannon shot [ˈkænənˈʃɔt] *s.* canonada *f.*

cannot [ˈkænɔt] forma composta de **can** i **not**.

canoe [kəˈnuː] *s.* NÀUT. canoa *f.*; piragua *f.*

canon [ˈkænən] *s.* cànon *m.* 2 canonge *m.*

canonical [kəˈnɔnikəl] *a.* canònic.

canonize (to) [ˈkænənaiz] *t.* canonitzar.

canopy [ˈkænəpi] *s.* dosser *m.*, baldaquí *m.* [fix]; pal·li *m.*, tàlem *m.* [mòbil].

can't [kɑːnt, kænt] *contr.* de **can** i **not**.

cant [kænt] *s.* hipocresia *f.* 2 argot *m.* 3 inclinació *f.*

cant (to) [kænt] *t.* inclinar, decantar.

cantankerous [kənˈtæŋkərəs] *a.* intractable, malhumorat.

canteen [kænˈtiːn] *s.* cantina *f.* 2 cantimplora *f.*

canter [ˈkæntəʳ] *s.* mig galop *m.*

canter (to) [ˈkæntəʳ] *i.* anar a mig galop.

canticle [ˈkæntikl] *s.* BIB. càntic *m.*

cantilever [ˈkæntiliːvəʳ] *s.* CONSTR. suport *m.*, biga *f.* voladissa.

canvas [ˈkænvəs] *s.* lona *f.* 2 ART tela *f.*, llenç *m.*

canvass (to) [ˈkænvəs] *t.-i.* sol·licitar *t.* vots (*to*, *for*; de, per a). 2 COM. buscar *t.* comandes o clients. ■ 3 *t.* examinar en detall, discutir.

canyon [ˈkænjən] *s.* vall *f.* profunda, gorja *f.*

cap [kæp] *s.* gorra *f.*; casquet *m.* 2 còfia *f.* ‖ fig. ~ **in hand**, barret *m.* en mà, humilment *adv.* 3 tap *m.*, tapadora *f.* [d'un bolígraf, etc.].

cap (to) [kæp] *t.* cobrir *t.-p.* [el cap]; tapar. 2 superar, millorar.

capability [ˌkeipəˈbiliti] s. capacitat f., aptitud f.

capable [ˈkeipəbl] a. capaç, apte, dotat. 2 ~ *of*, capaç de.

capacious [kəˈpeiʃəs] a. espaiós, gran.

capacity [kəˈpæsiti] s. capacitat f. cabuda f., 2 competència f., capacitat f. [persones]. 3 posició f., condició f.

cape [keip] s. esclavina f., capa f. curta. 2 GEOGR. cap m.

caper [ˈkeipə] s. cabriola f.; entremaliadura f. 2 BOT. tàpera f.

caper (to) [ˈkeipə] i. cabriolar.

capital [ˈkæpitl] a. capital: DRET ~ *punishment*, pena f. capital. 2 a.-s. GRAM. majúscula a.-f. ■ 3 s. capital f. [ciutat]. 4 ECON. capital m.: *fixed* ~, capital fix; *floating* ~, capital circulant. 5 ARQ. *capitell* m.

capitalism [ˈkæpitəlizəm] s. ECON. capitalisme m.

capitalist [ˈkæpitəlist] a.-s. capitalista.

capitulate (to) [kəˈpitʃuleit] i. capitular, rendir-se p.

capitulation [kəˌpitʃuˈleiʃən] s. capitulació f.

caprice [kəˈpriːs] s. caprici m.; rampell m.

capricious [kəˈpriʃəs] a. capritxós, inconstant. ■ 2 -ly, adv. capritxosament.

capsize (to) [kæpˈsaiz] t. NÀUT. bolcar. ■ 2 i. NÀUT. bolcar-se p., sot-sobrar.

capstan [ˈkæpstən] s. cabrestant m., argue m.

capsule [ˈkæpsjuːl] s. càpsula f.

Capt. [siːeipiˈtiː] s. (*Captain*) capità.

captain [ˈkæptin] s. capità.

caption [ˈkæpʃən] s. encapçalament m., títol m. 2 peu m. [de fotografia o illustració]. 3 CINEM. peu m.

captious [ˈkæpʃəs] a. criticaire, mastegatatxes.

captivate (to) [ˈkæptiveit] t. captivar, fascinar.

captivating [ˈkæptiveitiŋ] a. captivador, fascinador, seductor.

captive [ˈkæptiv] a.-s. captiu.

captivity [kæpˈtiviti] s. captivitat f.

capture [ˈkæptʃə] s. captura f., presa f.

capture (to) [ˈkæptʃə] t. capturar, empresonar.

car [kaːˈ] s. cotxe m. 2 FERROC. vagó m.; cotxe m.: *sleeping* ~, vagó-llit.

caramel [ˈkærəmel] s. caramel m.

carapace [ˈkærəpeis] s. ZOOL. closca f.

carat [ˈkærət] s. quirat m.

caravan [ˈkærəˈvæn] s. caravana f. [sentit de corrua i de remolc].

caraway [ˈkærəwei] s. BOT. comí m.

carbide [ˈkaːbaid] s. QUÍM. carbur m.

carbine [ˈkaːbain] s. ARM. carrabina f.

carbon [ˈkaːbən] s. QUÍM. carboni m.

carbonate [ˈkaːbənit] s. QUÍM. carbonat m.

carbon dating [ˈkaːbənˌdeitiŋ] s. mètode m. del carboni catorze.

carbonic [kaːˈbɔnik] a. carbònic.

carbonize (to) [ˈkaːbənaiz] t. carbonitzar.

carbon paper [ˈkaːbənˌpeipə] s. paper m. carbó.

carbuncle [ˈkaːbʌŋkl] s. MINER. carboncle m. 2 MED. carboncle m.

carburettor, (EUA) **carburetor** [ˈkaːbjuretə] s. carburador m.

carcass, carcase [ˈkaːkəs] s. cos m. d'animal m. mort. 2 cos m. humà. 3 carcassa f., carcamada f.

card [kaːd] s. targeta f. [postal]: *Christmas* ~, targeta de felicitació de Nadal. 2 targeta f.; carnet m. 3 fitxa f. 4 JOC carta f. naip m. 5 TÈXT. carda f.

card (to) [kaːd] t. TÈXT. cardar.

cardboard [ˈkaːdbɔːd] s. cartó m., cartró m.

cardigan [ˈkaːdigən] s. jersei m. obert, jaqueta f. de punt.

cardinal [ˈkaːdinl] a. cardinal. ‖ ~ *numbers*, nombres m. pl. cardinals. ‖ *the* ~ *points*, els punts cardinals. ■ 2 s. REL. cardenal m.

care [kɛə] s. compte m., cura f. ‖ *take* ~!, fes bondat!, ves amb compte! ‖ col·loq. *to take* ~ *of*, tenir cura de, encarregar-se. ‖ ~ *of*, c/o, a casa de [en una carta]. 2 preocupació f., inquietud f.

care (to) [kɛə] i. preocupar-se p., inquietar-se p. ‖ *he doesn't* ~ *a damn*, l'importa un rave. 2 *to* ~ *about*, interessar-se p., ésser important [per a algú]. 3 *to* ~ *for*, tenir cura, fer-se p. càrrec; sentir afecte; voler, agradar.

careen (to) [kəˈriːn] t. MAR. carenar.

career [kəˈriə] s. carrera f.; professió f. 2 curs m., decurs m. [de la vida, d'una idea]. 3 carrera f. [moviment m. ràpid].

career (to) [kəˈriə] i. *to* ~ *about* o *along*, córrer com un llamp.

careful [ˈkɛəful] a. cautelós, prudent. 2 acurat. 3 *to be* ~, anar amb compte (*of* o *to*; amb o en) ‖ *be* ~!, vés amb compte! ■ 4 -ly, adv. prudentment; amb cura.

carefulness ['kɛəfulnis] s. cura f., atenció f. 2 prudència f., cautela f.

careless ['kɛəlis] a. descurós, negligent. 2 imprudent, irreflexiu. 3 liter. ~ *of*, indiferent, insensible.

carelessness ['kɛəlisnis] s. falta f. de cura, negligència f. 2 imprudència f.

caress [kə'res] s. carícia f. 2 afalac m.

caress (to) [kə'res] t. acariciar.

caretaker ['kɛə,teikə'] s. conserge, porter.

caretaker government ['kɛəteikə'gʌvənmənt] s. govern m. provisional.

cargo ['ka:gou] s. MAR., AERON. càrrega f., carregament m. ▲ pl. **cargoes**.

caricature ['kærikətjuə'] s. caricatura f.

caricature (to) ['kærikətjuə'] t. caricaturar, ridiculitzar.

caricaturist ['kærikətjuərist] s. caricaturista.

caries ['kɛəri:z] s. MED. càries f.

carmine ['ka:main] a. carmí. ■ 2 s. carmí m.

carnage ['ka:nidʒ] s. matança f., carnatge m., carnisseria f.

carnal ['ka:nl] a. carnal. ■ 2 -ly, adv. carnalment.

carnation [ka:'neiʃən] s. BOT. clavell m. [flor]. 2 BOT. clavellina [planta].

carnival ['ka:nivəl] s. festa f. [al carrer], carnaval m.

carnivore ['ka:nivo:'] s. ZOOL. carnívor m.

carnivorous [ka:'nivərəs] a. carnívor.

carol ['kærəl] s. nadala f.

carp [ka:p] s. ICT. carpa f. ▲ pl. **carp**.

carp (to) [ka:p] i. to ~ (*at*), queixar-se p., rondinar [per bajanades].

carpenter ['ka:pintə'] s. fuster.

carpentry ['ka:pintri] s. fusteria f.

carpet ['ka:pit] s. catifa f. 2 fig. *to call somebody on the* ~, demanar explicacions.

carpet (to) ['ka:pit] t. encatifar. 2 arg. renyar.

carriage ['kæridʒ] s. carruatge m. 2 FERROC. vagó m. 3 ~ *way*, carretera f., calçada f.: *dual* ~ *way*, carretera de doble direcció. 4 transport m. 5 carro m. [de màquina d'escriure]. 6 port m., aire m. [d'una persona]. 7 ARTILL. curenya f.

carrier ['kæriə'] s. transportista, missatger. 2 empresa f. de transports. 3 portador [de malaltia]. 4 AERON. *aircraft*-~, portaavions m. 5 ~ *bag*, bossa f. [per a queviures, etc.].

carrion ['kæriən] s. carronya f.

carrot ['kærət] s. BOT. pastanaga f.

carry (to) ['kæri] t. portar, (ROSS.) aportar, transportar, dur. 2 implicar, portar implícit. 3 tenir, contenir. 4 guanyar. ‖ *to* ~ *the day*, guanyar, sortir-se'n bé. ■ 5 i. arribar. 6 sentir-se p. ■ *to* ~ *away*, endur-se p., emportar-se p.; fig. exaltarse p.; *to* ~ *back*, fer recordar; *to* ~ *forward*, sumar i seguir; *to* ~ *off*, emportar-se p., guanyar [premis]; *to* ~ *on*, continuar; mantenir; dirigir; tenir un embolic [amorós]; *to* ~ *out*, dura a terme, executar; *to* ~ *through*, ajudar; acomplir.

cart [ka:t] s. carro m., carreta f.

cart (to) [ka:t] t. carretejar, carrejar.

cartage ['ka:tidʒ] s. carretatge m.

carte blanche [ka:t 'blɒnʃ] s. carta f. blanca.

cartel [ka:'tel] s. ECON. càrtel m.

carter ['ka:tə'] s. carreter m.

cartilage ['ka:tilidʒ] s. ANAT. cartílag m.

cartilaginous [,ka:ti'lædʒinəs] a. cartilaginós.

cart-load ['ka:tloud] s. carretada f.

carton ['ka:tn] s. capsa f. o caixa f. de cartró. ‖ *a* ~ *of cigarettes*, un cartró de tabac.

cartoon [ka:'tu:n] s. caricatura f., còmic m. [dibuix]. ‖ *animated* ~, pel·lícula f. de dibuixos animats. 3 B. ART. cartró m., cartó m.

cartridge ['ka:tridʒ] s. ARM. cartutx m.

cartridge belt ['ka:tridʒbelt] s. canana f.

cartridge box ['ka:tridʒbɒks] s. cartutxera f.

carve (to) [ka:v] t. esculpir, cisellar, entallar, gravar [pedra, marbre, etc.]. 2 trinxar, tallar [la carn].

carver ['ka:və'] s. B. ART. entallador, tallista, escultor. 2 trinxador [persona]. 3 trinxant m. [forquilla].

carving ['ka:viŋ] s. entalladura f., talla f., escultura f.

carving knife ['ka:viŋnaif] s. ganivet m. per trinxar.

cascade [kæs'keid] s. cascada f.

case [keis] s. cas m., assumpte m. ‖ LOC. *in any* ~, en qualsevol cas; *in* ~, si és cas que, si de cas. 2 DRET plet m., procés m. 3 estoig m.; funda f.; maleta f.

case (to) [keis] t. embalar, enfundar.

case history [keis'histri] s. historial m. mèdic.

casein ['keisi:n] s. caseïna f.

casement ['keismənt] *s.* finestra *f.* de frontissa.

case study [keis'stʌdi] *s.* estudi *m.* d'un cas.

cash [kæʃ] *s.* ECON. efectiu *m.,* diners *m. pl.* comptants ‖ ~ *down,* al comptat; ~ *on delivery,* entrega *f.* contra reemborsament; *in* ~, en metàl·lic; *to be out of* ~, no tenir-ne ni cinc; *to pay* ~, pagar al comptat.

cash (to) [kæʃ] *t.* cobrar, pagar, fer efectiu [un xec]. 2 *to* ~ *in (on) something,* aprofitar-se *p.* de.

cashier [kæ'ʃiə'] *s.* caixer.

cashmere [kæʃ'miə'] *s.* TÈXT. caixmir *m.*

cash register ['kæʃˌredʒistə'] *s.* caixa *f.* enregistradora.

cash point ['kæʃpɔint] *s.* caixer *m.* automàtic.

casing ['keisiŋ] *s.* coberta *f.,* folre *m.,* embolcall *m.*

cask [ka:sk] *s.* barril *m.,* bóta *f.,* tona *f.*

casket ['ka:skit] *s.* arqueta *f.,* cofre *m.,* capseta *f.* 2 taüt *m.,* bagul *m.*

casserole ['kæsəroul] *s.* cassola *f.*

cassette [kə'set] *s.* cassette *f.* [de cinta magnètica]. 2 FOT. rodet *m.*

cassock ['kæsək] *s.* sotana *f.*

cast [ka:st] *s.* llançament *m.,* tirada *f.* 2 motlle *m.;* màscara *f.* 3 peça *f.* fosa. 4 TEAT. repartiment *m.* 5 tipus *m.* ‖ ~ *of mind,* mentalitat *f.* 6 ÒPT. lleuger estrabisme *m.*

cast (to) [ka:st] *t.* llançar, tirar. *cast-off clothes, cast-offs,* vestits per llençar. 2 dirigir, girar [els ulls]. 3 projectar [una ombra, llum, etc.]. 4 emmotllar. 5 assignar, donar [un paper]. 6 NÀUT. *to* ~ *off,* desamarrar; abandonar, llançar. 7 *to* ~ *lots,* fer-ho a la sort. ■ 8 *i. to* ~ *about for,* buscar *t.* [excuses, etc.]. ▲ Pret. i p. p.: *cast.*

castanets [kæstə'nets] *s. pl.* MÚS. castanyoles *f. pl.,* castanyetes *f. pl.*

castaway ['ka:stəwei] *a.-s.* nàufrag.

caste [ka:st] *s.* casta *f.;* classe *f.*

castellated ['kæsteleitid] *a.* emmerletat.

castigate (to) ['kæstigeit] *t.* castigar.

casting ['ka:stiŋ] *s.* peça *f.* fosa. 2 TEAT. repartiment *m.* 3 llançament *m.* ‖ COM. ~ *director,* cap de promoció i llançament.

casting vote ['ka:stiŋˌvout] *s.* vot *m.* decisiu.

castle ['ka:sl] *s.* castell *m.* ‖ fig. *castles in the air* o *in Spain,* castells en l'aire. 2 torre *f.* [escacs].

castor, caster ['ka:stə'] *s.* rodeta *f.* [de butaca, moble, etc.]. 2 saler *m.,* sucrera *f.*

castoroil ['ka:stərˌɔil] *s.* oli *m.* de ricí.

castor sugar ['ka:stəˌʃugə] *s.* sucre *m.* en pols.

castrate (to) [kæs'treit] *t.* castrar, capar.

casual ['kæʒjuəl] *a.* casual, fortuït. 2 despreocupat. ‖ ~ *clothes,* roba *f.* d'esport o d'estar per casa. 3 ~ *labour,* feina eventual, temporal.

casually ['kæʒjuəli] *adv.* casualment. 2 despreocupadament.

casualty ['kæʒjuəlti] *s.* accident *m.* [amb desgràcies personals]. 2 MIL. baixa *f.* 3 víctima *f.* [d'un accident].

cat [kæt] *s.* ZOOL. gat.

cataclysm ['kætəklizəm] *s.* cataclisme *m.*

catacombs ['kætəku:mz] *s. pl.* catacumbes *f. pl.*

catafalque ['kætəfælk] *s.* cadafal *m.*

Catalan ['kætələn] *a.-s.* GEOGR. català. 2 *s.* català *m.* [llengua].

catalogue ['kætələg], (EUA) **catalog** ['kætələːg] *s.* catàleg *m.*

catalogue (to) ['kætələg], (EUA) **catalog (to)** ['kætələːg] *t.* catalogar.

Catalonia [kætəlounjə] *n. pr.* GEOGR. Catalunya.

catalysis [kə'tæləsis] *s.* QUÍM.-FÍS. catàlisi *f.*

catalyst ['kætəlist] *s.* catalitzador *m.*

catamaran [kætəmə'ræn] *s.* MAR. catamarà *m.*

catapult ['kætəpʌlt] *s.* ARM., AERON. catapulta *f.* 2 tirador *m.* [joguina].

cataract ['kætərækt] *s.* GEOGR. cascada *f.* 2 ÒPT. cataracta *f.*

catarrh [kə'ta:'] *s.* MED. catarro *m.*

catastrophe [kə'tæstrəfi] *s.* catàstrofe *f.* GEOL. cataclisme *m.*

catcall ['kætkɔ:l] *s.* xiulada *f.*

catch [kætʃ] *s.* agafada *f.* 2 pesca *f.,* xarxada *f.* 3 partit *m.: he's a good* ~, és un bon partit. 4 parany *m.,* trampa *f.* 5 balda *f.,* baldó *m.* 6 MÚS. cànon *m.*

catch (to) [kætʃ] *t.* agafar, (ROSS.) hajar. 2 agafar, arreplegar [una malaltia]. 3 atrapar, sorprendre, enxampar. 4 copsar, sentir. 5 *to* ~ *one's breath,* contenir la respiració. 6 *to* ~ *up,* encalçar. ■ 7 *i.* enredar-se *p.,* enganxar-se *p.* 8 *to* ~ *fire,* p.

encendre's *p.* ▲ Pret. i p. p.: *caught* [kɔːt].

catching ['kætʃiŋ] *a.* MED. contagiós. 2 fig. encomanadís [una cançó, un hàbit].

catchment ['kætʃmənt] *s.* captació *f.* ‖ *catchment-area,* àrea *f.* de captació; *catchment-basin,* conca de captació [d'un riu].

catchphrase ['kætʃfreiz] *s.* eslògan *m.;* frase *f.* de reclam.

catchword ['kætʃwəːd] *s.* lema *m.,* eslògan *m.*

catchy ['kætʃi] *a.* encomanadís [melodia]. 2 enganyós, capciós.

catechism ['kætikizəm] *s.* catecisme *m.*

categorical [kæti'gɔrikəl] *a.* categòric.

categorize ['kætigəraiz] *t.* classificar.

category ['kætigəri] *s.* categoria *f.*

cater (to) ['kɑitə] *i. to ~ for,* fornir, proveir, subministrar [queviures, menjar]. 2 *to ~ for o to,* complaure *t.,* satisfer *t.*

caterer ['keitərə] *s.* proveïdor, abastador.

caterpillar ['kætəpilə] *s.* ZOOL. eruga *f.*

catgut ['kætgʌt] *s.* catgut *m.* [corda de tripa].

cathedral [kə'θiːdrəl] *s.* catedral *f.*

Catherine ['kæθrin] *n. pr. f.* Caterina.

cathode ['kæθoud] *s.* ELECT. càtode *m.* ‖ *~ ray,* raig *m.* catòdic.

catholic ['kæθəlik] *a.-s.* catòlic.

Catholicism [kə'θɔlisizəm] *s.* catolicisme *m.*

catkin ['kætkin] *s.* BOT. ament *m.,* candela *f.*

catnap ['kætnæp] *s.* becaina *f.*

cat sleep ['kætsliːp] *s.* becaina *f.*

cattle ['kætl] *s.* bestiar *m.* [bovi].

cattle cake ['kætlkeik] *s.* pinso *m.*

cattleman ['kætlmən] *s.* ramader *m.*

cattle raiser ['kætl,reizə] *s.* ramader *m.*

cattle raising ['kætl,reiziŋ] *s.* ramaderia *f.*

catwalk ['kætwɔːk] *s.* passarel·la *f.*

caucus ['kɔːkəs] *s.* comitè *m.* [d'un partit polític]. 2 reunió *f.* del comitè.

caught [kɔːt] Vegeu CATCH (TO).

cauldron ['kɔːldrən] *s.* calder *m.,* calderó *m.*

cauliflower ['kɔliflauə] *s.* BOT., CUI. coli-flor *f.*

caulk (to) [kɔːk] *t.* MAR. calafatar.

causal ['kɔːzəl] *a.* causal.

cause [kɔːz] *s.* causa *f.,* raó *f.,* motiu *m.*

cause (to) [kɔːz] *t.* causar, motivar. 2 fer (amb inf.); fer que, impel·lir a.

causeless ['kɔːzlis] *a.* sense motiu, sense fonament.

causeway ['kɔːzwei] *s.* pas *m.* elevat [esp. sobre aiguamolls].

caustic ['kɔːstik] *a.* càustic [també fig.].

caustic soda [kɔːstik'soudə] *s.* QUÍM. sosa *f.* càustica [hidròxid de sodi].

cauterize (to) ['kɔːtəraiz] *t.* cauteritzar.

caution ['kɔːʃən] *s.* cautela *f.,* precaució *f.* 2 advertència *f.,* avís *m.*

caution (to) ['kɔːʃən] *t.* advertir, avisar. 2 amonestar.

cautious ['kɔːʃəs] *a.* caut, cautelós, prudent. ■ 2 **-ly** *adv.* cautament.

cautiousness ['kɔːʃəsnis] *s.* cautela *f.,* precaució *f.,* prudència *f.*

cavalcade [kævəl'keid] *s.* cavalcada *f.,* desfilada *f.*

cavalier [kævə'liə] *a.* alegre, espavilat. 2 descortès, groller.

cavalry ['kævəlri] *s.* MIL. cavalleria *f.*

cave [keiv] *s.* cova *f.,* caverna *f.,* gruta *f.*

cave (to) [keiv] *i. to ~ in,* enfonsar-se *p.,* ensorrar-se *p.* [un túnel, el terra etc.], esfondrar-se *p.*

caveman ['keivmæn] *s.* troglodita *m.*

cavern ['kævən] *s.* liter. caverna *f.*

caviar ['kæviɑː] *s.* caviar *m.*

cavil (to) ['kævil] *i. to ~ (at),* posar dificultats o entrebancs.

cavity ['kæviti] *s.* cavitat *f.: nasal cavities,* cavitats nasals.

caw [kɔː] *s.* ORN. grall *m.* [del corb, la gralla]; cucleig *m.* [de la cornella].

caw (to) [kɔː] *i.* ORNIT. grallar, cuclejar.

CBS [siːbiːˈes] *s.* (EUA) *(Columbia Broadcasting System)* sistema *m.* de radiotelevisió de Columbia.

c.c. [siːˈsiː] *s. (cubic centimetre)* centímetre *m.* cúbic.

CC [siːˈsiː] *s. (City Council)* consell *m.* municipal. 2 *(Consular Corps)* cos *m.* consular. 3 *(County Council)* consell *m.* del comtat.

cease (to) [siːs] *i.-t.* parar, cessar, deixar de.

cease-fire [siːsˈfaiə] *s.* MIL. alto *m.* el foc.

ceaseless ['siːslis] *a.* continu, incessant, persistent, constant. ■ 2 **-ly** *adv.* constantment, sense parar.

Cecil ['sesil] *n. pr. m.* Cecili.

Cecilia [səˈsiːljə] *n. pr. f.* Cecília.

cedar ['siːdə] *s.* BOT. cedre *m.*

cede (to) [siːd] *t.* cedir, transferir (*to,* a).

ceiling [ˈsiːliŋ] s. sostre m. 2 fig. màxim m. límit m. ‖ **to fix a price ~**, fixar un límit de preus.

celebrate (to) [ˈselibreit] t. celebrar; commemorar. ■ 2 i. divertir-se p., passar-s'ho p. bé.

celebrated [ˈselibreitid] a. cèlebre, famós.

celebration [seliˈbreiʃən] s. celebració f. 2 festa f.

celebrity [siˈlebrəti] s. celebritat f.; fama f.

celery [ˈseləri] s. BOT. api m.

celestial [siˈlestjəl] a. celestial, celest. ‖ **~ body**, astre m. 2 fig. celestial, diví.

celibacy [ˈselibəsi] s. REL. celibat m.

celibate [ˈselibət] a.-s. cèlibe s.

cell [sel] s. cel·la f. [de presó, convent, etc.]. 2 ZOOL. cel·la f. [d'abelles]. 3 ELECT. cel·la f. 4 BIOL. cèl·lula f.

cellar [ˈselə] s. celler m.; soterrani m.

cellist [ˈtʃelist] s. MÚS. violoncel·lista f.

cello [ˈtʃelou] s. MÚS. violoncel m.

cellophane [ˈseləfein] s. cel·lofana f. [paper].

cellular [ˈseljulə] a. cel·lular.

celluloid [ˈseljulɔid] s. QUÍM. cel·luloide m.

cellulose [ˈseljulous] s. QUÍM.-BOT. cel·lulosa f.

Celt [kelt], (EUA) [selt] s. celta.

Celtic [ˈkeltik], (EUA) [seltik] a.-s. cèltic: **~ languages,** llengües f. pl. cèltiques.

cement [siˈment] s. ciment m.

cement (to) [siˈment] t. cimentar, unir amb ciment. 2 fig. consolidar, afermar, reforçar.

cemetery [ˈsemətri] s. cementiri m.

cenotaph [ˈsenətɑːf] s. cenotafi m.

censor [ˈsensə] s. censor.

censor (to) [ˈsensə] t. censurar.

censorious [senˈsɔːriəs] a. censurador, sever, rígid.

censorship [ˈsensəʃip] s. censura f.

censure [ˈsenʃə] s. censura f.; crítica f.

censure (to) [ˈsenʃə] t. censurar, criticar, reprovar.

census [ˈsensəs] s. cens m., padró m.

cent [sent] s. cèntim m., centèssima part f. [moneda]. 2 cent: **per ~**, per cent.

centenarian [sentiˈnɛəriən] s.-a. centenari [una persona].

centenary [senˈtiːnəri] a.-s. centenari.

centennial [senˈteniəl] a.-s. centenari.

centigrade [ˈsentigreid] a. centígrad.

centipede [ˈsentipiːd] s. ENT. centpeus m.

central [ˈsentrəl] a. central; cèntric: **a ~ location,** una localització cèntrica.

Central America [ˈsentrəl əˈmerikə] n. pr. GEOGR. Amèrica Central.

central heating [ˈsentrəlˈhiːtiŋ] s. calefacció f. central.

centralization [sentrəlaiˈzeiʃən] s. centralització f.

centralize (to) [ˈsentrəlaiz] t. centralitzar.

centre, (EUA) **center** [ˈsentə] s. centre m. [tots els sentits].

centre (to) [ˈsentə] t. centrar. 2 concentrar. ■ 3 i. concentrar-se p., centrar-se p.

century [ˈsentʃəri] s. segle m., centúria f.

ceramic [siˈræmik] a. ceràmic.

ceramics [siˈræmiks] s. ceràmica f.

cereal [ˈsiəriəl] s. cereal m. ▲ gralnt. s'usa en plural.

cerebral [ˈseribrəl], (EUA) [səˈriːbrəl] a. cerebral [també fig.].

ceremonial [seriˈmounjəl] a. cerimonial. ■ 2 s. cerimonial m.

ceremonious [seriˈmounjəs] a. cerimoniós.

ceremony [ˈserimə ni] s. cerimònia f. ‖ **please don't stand on ~**, si et plau, no facis compliments.

certain [ˈsəːtn] a. cert, segur, indubtable. ‖ **~ of o about,** o **to,** segur, convençut (de o que). ‖ **for ~**, sens dubte, de ben segur. ‖ **to make ~**, assegurar-se, confirmar. ■ 2 **-ly** adv. certament, naturalment.

certainty [ˈsəːtnti] s. certesa f., seguretat f., convenciment m.

certificate [səˈtifikit] s. certificat m.: COM. **~ of origin,** certificat m. d'origen. ‖ **birth ~**, partida f. de naixement. 2 diploma m., títol m.

certificate (to) [səˈtifikeit] t. certificar.

certify (to) [ˈsəːtifai] t. certificar, assegurar. 2 **to ~ to something,** atestar, donar fe d'alguna cosa.

cessation [seˈseiʃən] s. cessació f., acabament m., suspensió f.

cession [ˈseʃən] s. cessió f., traspàs m.

cesspit [ˈsespit], **cesspool** [ˈsespuːl] s. pou m. mort, pou m. sec. 2 fig. sentina f.

ch. [ˈtʃæptə] s. (chapter) (cap.) m. (capítol).

chafe (to) [tʃeif] t. fregar [per escalfar]. 2 encetar, irritar. ■ 3 i. encetar-se p., irritar-se p. ‖ fig. **to ~ at o under,** impacientar-se p., irritar-se p. (amb o per).

chaff [tʃɑːf] s. BOT. boll m.; pellofa f., pellerofa f. 2 palla f. menuda [pinso].

chaffinch [ˈtʃæfintʃ] s. ORN. pinsà m.

chafing dish [ˈtʃeifiŋ diʃ] s. fogonet m., escalfador m.

chagrin [ˈʃægrin] s. disgust m., enuig m., contrarietat f.

chain [tʃein] s. cadena f. 2 pl. cadenes f. pl. [de presoner]. ‖ **in chains,** empresonat; captiu. 3 **he's a ~ smoker,** fuma com un carreter.

chain (to) [tʃein] t. encadenar.

chain reaction [ˈtʃeinriˌækʃn] s. QUÍM. reacció f. en cadena.

chain store [ˈtʃeinstɔːʳ] s. botiga f. [d'una cadena d'establiments].

chair [tʃɛəʳ] s. cadira f.: *folding ~,* cadira f., plegable. 2 *the ~,* presidència f.: *to take the ~,* presidir. 3 càtedra.

chairman [ˈtʃɛəmən] s. president [d'una reunió, d'una empresa].

chalet [ˈʃælei] s. xalet m.

chalice [ˈtʃælis] s. calze m.

chalk [tʃɔːk] s. guix m. ‖ *as different as ~ from cheese,* tan diferent com la nit i el dia. 2 creta f.

chalk (to) [tʃɔːk] t. guixar, escriure o dibuixar amb guix.

chalkpit [ˈtʃɔːkpit] s. pedrera f. de creta.

challenge [ˈtʃælindʒ] s. repte m., desafiament m.

challenge (to) [ˈtʃælindʒ] t. reptar, desafiar. 2 DRET recusar. 3 MIL. donar l'alto.

challenger [ˈtʃælindʒəʳ] s. reptador, desafiador. 2 aspirant [a un títol].

chamber [ˈtʃeimbəʳ] s. POL., COM. cambra f. *Chamber of Commerce,* Cambra de Comerç. 2 ant. cambra f., sala f.

chamber music [ˈtʃeimbəˌmjuːzik] s. música f. de cambra.

chameleon [kəˈmiːljən] s. ZOOL. camaleó m. [també fig.].

chamois [ˈʃæmwaː] s. ZOOL. camussa f., isard m.

chamois leather [ˈʃæmiˌleðəʳ] s. camussa f. [pell].

champ (to) [tʃæmp] t. mastegar [fent soroll]. 2 fig. *to ~ (at the bit),* impacientar-se p.

champagne [ʃæmˈpein] s. xampany m., cava m.

champion [ˈtʃæmpjən] s. defensor, paladí. 2 ESPORT campió.

champion (to) [ˈtʃæmpjən] t. defensar, advocar.

championship [ˈtʃæmpjənʃip] s. campionat m.

chance [tʃɑːns] s. sort f., atzar m.; casualitat f. ‖ loc. adv. *by ~,* per casualitat. 2 possibilitat f. 3 oportunitat f.

chance (to) [tʃɑːns] i. to ~ *(on o upon),* trobar t.; veure t. [casualment]. ‖ *it chanced that,* va passar que. ■ 3 t. *to ~ it,* arriscar-s'hi p.

chancel [ˈtʃɑːnsəl] s. presbiteri m.

chancellery [ˈtʃɑːnsələri] s. cancelleria f.

chancellor [ˈtʃɑːnsələʳ] s. canceller. 2 rector [d'universitat]. 3 (G.B.) *Chancellor of the Exchequer,* Ministre d'Hisenda.

chancy [ˈtʃɑːnsi] a. col·loq. arriscat; incert.

chandelier [ˌʃændiˈliəʳ] s. llum m., aranya f. [llum].

change [tʃeindz] s. canvi m., modificació f., alteració f. ‖ LOC. *for a ~,* per variar. 2 muda f. [de roba; de pell]. 3 canvi m., permuta f. 4 COM. canvi m. [d'un bitllet; d'un pagament]. 5 COM. moneda f. menuda, xavalla f.

change (to) [tʃeindz] t. canviar, alterar, modificar, transformar. ‖ *to ~ colour,* canviar de color. ‖ *to ~ one's mind,* canviar d'opinió. ‖ *to ~ one's tune,* canviar de to. ■ 2 i. canviar, mudar. 3 fer transbord [de trens, etc.].

changeable [ˈtʃeindʒəbl] a. variable [temps, caràcter, etc.], canviant. 2 canviable.

changeless [ˈtʃeindʒlis] a. immutable, invariable.

channel [ˈtʃænl] s. canal m. [braç de mar]: *the English Channel,* el Canal de la Mànega. 2 llit m. [d'un riu, etc.], llera f. 3 RADIO., TELEV. canal m. 4 fig. canal m. [d'informació, transmissió, etc.].

channel (to) [ˈtʃænl] t. acanalar. 2 canalitzar.

chant [tʃɑːnt] s. MÚS. salmòdia f., monodia f., cant m.

chant (to) [tʃɑːnt] t. salmodiar, cantar.

chaos [ˈkeiɔs] s. caos m.

chaotic [keiˈɔtik] a. caòtic.

chap [tʃæp] s. col·loq. tipus m., individu m., home m.: *poor old ~,* pobre home. 2 tall m., clivella f. [a la pell, als llavis].

chap (to) [tʃæp] t. tallar-se p., encetar-se p. [la pell, els llavis].

chapel [ˈtʃæpəl] s. capella f.

chaperon [ˈʃæpərəun] s. acompanyant; dama f. de companyia [d'una noia].

chapfallen [ˈtʃæpfɔːlən] a. desanimat, desmoralitzat, moix.

chaplain [ˈtʃæplin] s. REL. capellà m.

chapter ['tʃæptə'] s. capítol m. 2 ECLES. capítol m.

char (to) [tʃɑːʳ] t. socarrar. ∎ 2 i. socarrar-se p. 3 fer feines de neteja a hores.

character ['kærəktə'] s. caràcter m. [tots els sentits]. 2 LIT., TEAT. personatge m. 3 fama f.

characteristic [ˌkærəktə'ristik] a. característic. ∎ 2 s. característica f.

characterize (to) ['kærəktəraiz] t. caracteritzar.

charade [ʃə'rɑːd], (EUA) [ʃə'reid] s. xarada f.

charcoal ['tʃɑːkoul] s. carbó m. vegetal. 2 DIB. carbonet m.

charcoal burner ['tʃɑːkoulˌbəːnə'] s. carboner m.

charge [tʃɑːdʒ] s. ARM., ELECT. càrrega f. 2 càrrec m.; responsabilitat f.; encàrrec m. ‖ to be in ~ of, tenir la responsabilitat de, ser l'encarregat de; to take ~ of, fer-se càrrec de. 3 DRET acusació f., càrrec m. 4 COM. preu m., cost m. 5 MIL., ESP. càrrega f., atac m.

charge (to) [tʃɑːdʒ] t. ARM., ELECT. carregar. 2 to ~ with, encarregar de, responsabilitzar de. 3 acusar (with, de). 4 manar; exhortar. 5 COM. carregar [en compte]. 6 t.-i. COM. cobrar t. (for, per). 7 t.-i. MIL. carregar.

chargeable ['tʃɑːdʒəbl] a. acusable. 2 COM. a càrrec m. de.

charger ['tʃɑːdʒə'] s. ant. corser m.

chariot ['tʃæriət] s. HIST. carro m., quadriga f.

charisma [kə'rizmə] s. carisma m.

charitable ['tʃæritəbl] a. caritatiu. ‖ ~ institutions, institucions benèfiques.

charity ['tʃæriti] s. caritat f.; compassió f. 2 institució f. benèfica.

charivari [ˌʃɑːriː'vɑːri], (EUA) [ʃivə'riː] s. xivarri m.

charlatan ['ʃɑːlətən] s. engalipador, ensibornador, xarlatà. 2 cast. curandero.

Charles ['tʃɑːlz] n. pr. m. Carles.

Charley, Charlie ['tʃɑːli] n. pr. m. (dim. Charles) Carles.

charm [tʃɑːm] s. encant m., atractiu m., encís m. 2 amulet m. ‖ to work like a ~, funcionar de meravella.

charm (to) [tʃɑːm] t. encantar, encisar, embadalir.

charming ['tʃɑːmiŋ] a. encantador, encisador. ‖ how ~ of you!, quin detall!

chart [tʃɑːt] s. carta f. nàutica. 2 diagrama m.; gràfic m.; taula f.

chart (to) [tʃɑːt] t. fer un diagrama o un gràfic; dibuixar un mapa.

charter ['tʃɑːtə'] s. carta f., fur m., privilegi m. 2 lloguer m. [d'un vaixell, d'un avió].

charter (to) ['tʃɑːtə'] t. concedir una carta o un privilegi. 2 llogar [un vaixell, un avió, etc.].

charter flight ['tʃɑːtəflait] s. vol m. charter.

chary ['tʃɛəri] a. cautelós, prudent, caut (of, en).

chase [tʃeis] s. caça f., persecució f.

chase (to) [tʃeis] t. perseguir, empaitar, (BAL.) encalçar, (VAL.) acaçar. 2 cisellar. ∎ 3 i. córrer, precipitar-se p.

chasm ['kæzəm] s. abisme m. [també fig.].

chassis ['ʃæsi] s. xassís m., bastidor m.

chaste [tʃeist] a. cast. 2 simple, senzill, sobri [l'estil, el gust].

chasten (to) ['tʃeisn] t. castigar. 2 polir; simplificar [l'estil, etc.].

chastise (to) [tʃæs'taiz] t. castigar severament.

chastisement ['tʃæ'aizmənt] s. càstig m.

chastity ['tʃæstiti] s. castedat f.

chasuble ['tʃæzjubl] s. ECLES. casulla f.

chat [tʃæt] s. xerrada f., taba f.

chat (to) [tʃæt] i. xerrar, (BAL.) ratllar. 2 col·loq. to ~ somebody up, lligar-se p. algú.

chattels ['tʃætlz] s. béns m. pl. mobles.

chatter ['tʃætə'] s. xerrameca f., (ROSS.) rall m. 2 petament m. [de dents]. 3 piulada f.; refilet m. [d'un ocell].

chatter (to) ['tʃætə'] i. xerrar, garlar. 2 petar, batre [les dents]. 3 piular [els ocells].

chatterbox ['tʃætəbɔks] s. xerraire.

chatty ['tʃæti] a. xerraire.

chauffeur ['ʃoufə'] s. xofer m.

chauvinism ['ʃouvinizm] s. xovinisme m.

cheap [tʃiːp] a. barat, econòmic. 2 baix, menyspreable. 3 superficial; poc sincer.

cheapen (to) ['tʃiːpən] t. abaratir. 2 menysprear. ∎ 3 i. abaratir-se.

cheapness ['tʃiːpnis] s. barator f. 2 baixesa f.

cheat [tʃiːt] s. estafa f., estafada f., trampa f. 2 estafador.

cheat (to) [tʃiːt] t. estafar. ∎ 2 i. fer trampa.

check [tʃek] s. comprovació f., verificació f., inspecció f. 2 fre m., control m. 3 COM. (EUA) xec m., taló m. 4 disseny m. a quadres: ~ tablecloth, estovalles f. pl. de quadres. *5 in* ~, escac *m.* al rei. *6 check-in (desk),* taulell *m.* de facturació. *7* ~ *out,* caixa *f.* [en un supermercat, grans magatzems, etc.].

check (to) [tʃek] *t.* comprovar, verificar, inspeccionar. 2 frenar, aturar. 3 obstaculitzar. 4 refrenar. 5 fer escac al rei. *6* (EUA) marcar. ■ *7 i.* aturar-se *p.* 8 correspondre, ésser conforme. ■ *to* ~ *in,* facturar, consignar; *to* ~ *out,* retirar; pagar el compte [d'un hotel, etc.]; *to* ~ *with,* preguntar, mirar: ~ *with your father,* pregunta-li al teu pare.

checkbook [ˈtʃekbuk] (EUA) *s.* talonari *m.* de xecs.

checker (to) [ˈtʃekəʳ] *t.* (EUA) Vegeu CHEQUER (TO).

checkers [ˈtʃekəz] *s. pl.* (EUA) JOC dames *f. pl.*

checkmate [ˈtʃekmeit] *s.* escac *m.* i mat.

checkmate (to) [ˈtʃekmeit] *t.* fer escac i mat.

checkup [ˈtʃekʌp] *s.* MED. reconeixement *m.,* revisió *f.* mèdica.

cheek [tʃiːk] *s.* galta *f.* 2 fig. barra *f.,* galtes *f. pl.*

cheekbone [ˈtʃiːkboun] *s.* ANAT. pòmul *m.*

cheeky [ˈtʃiːki] *a.* descarat, barrut.

cheep [tʃiːp] *s.* piulet *m.,* piu *m.* [de pollet, d'ocell].

cheep (to) [tʃiːp] *i.* piular.

cheer [tʃiəʳ] *s.* ànim *m.;* alegria *f.* 2 ant. *good* ~, bon menjar i beure. 3 visca *m.,* víctor *m.* 4 interj. *cheers!,* salut!

cheer (to) [tʃiəʳ] *t. to* ~ *(up),* animar, alegrar. 2 aclamar, cridar visques, victorejar. ■ 3 *i.* animar-se *p.,* alegrar-se *p.* ‖ *cheer up!,* ànim, anima't.

cheerful [ˈtʃiəful] *a.* animat, alegre, jovial.

cheer leader [ˈtʃiəliːdəʳ] *s.* (EUA) animador *m.* [de grup, de festa].

cheerless [ˈtʃiəlis] *a.* trist, malenconiós.

cheese [tʃiːz] *s.* formatge *m.*

cheesecake [ˈtʃiːzkeik] *s.* pastís *m.* de formatge.

cheetah [ˈtʃiːtə] *s.* ZOOL. guepard *m.*

chef [ʃef] *s.* xef *m.,* cuiner en cap.

chemical [ˈkemikəl] *a.* químic. ■ 2 *s.* producte *m.* químic.

chemist [ˈkemist] *s.* químic. 2 farmacèutic: *chemist's (shop),* farmàcia *f.*

chemistry [ˈkemistri] *s.* química *f.*

chemotherapy [ˌkemouˈθerəpi] *s.* quimioteràpia *f.*

cheque [tʃek] *s.* (G.B.) COM. xec *m.,* taló *m.: cheque-book,* talonari *m.* de xecs; *crossed* ~, taló *m.* barrat.

chequer (to), (EUA) **checker (to)** [ˈtʃekəʳ] *t.* fer o marcar amb quadres [un teixit, etc.]. 2 fig. variar.

cherish (to) [ˈtʃeriʃ] *t.* acariciar. 2 fig. acariciar, nodrir, alimentar [una idea, una esperança].

cherry [ˈtʃeri] *s.* BOT. cirera *f.*

cherry tree [ˈtʃeritriː] *s.* cirerer *m.*

cherub [ˈtʃerəb] *s.* querubí *m.*

chess [tʃes] *s.* escacs *m. pl.*

chessboard [ˈtʃesbɔːd] *s.* taulell *m.,* escaquer *m.*

chessman [ˈtʃesmæn] *s.* peça *f.,* escac *m.*

chest [tʃest] *s.* cofre *m.,* arca *f.* ‖ ~ *of drawers,* calaixera *f.* 2 ANAT. pit *m.* 3 col·loq. (EUA) *the community* ~, fons d'una institució *f.* pública. 4 fig. col·loq. *to get something off one's* ~, desfogar-se.

chestnut [ˈtʃesnʌt] *s.* BOT. castanya *f.* ■ 2 *a.* castany [color].

chestnut tree [ˈtʃesnʌtriː] *s.* BOT. castanyer *m.*

chew (to) [tʃuː] *t. to* ~ *(up),* mastegar. 2 col·loq. *to* ~ *on something* o *to* ~ *something over,* rumiar, meditar, considerar.

chewing-gum [ˈtʃuːiŋɡʌm] *s.* xiclet *m.*

chiaroscuro [kiˌɑːrəˈskuərou] *s.* clar-obscur *m.*

chic [ʃiːk] *a.* distingit, elegant. ■ 2 *s.* gràcia *f.,* estil *m.,* distinció *f.*

chicanery [ʃiˈkeinəri] *s.* enredada *f.,* tracamanya *f.,* argúcia *f.*

chick [tʃik] *s.* pollet *m.* 2 pop. mossa *f.*

chicken [ˈtʃikin] *s.* pollastre *m.*

chicken feed [ˈtʃikinfiːd] *s.* minúcies *f. pl.,* menuderies *f. pl.*

chicken-hearted [ˈtʃikinˈhɑːtid] *a.* covard, cagat, poruc.

chicken run [ˈtʃikinrʌn] *s.* galliner *m.,* corral *m.*

chick-pea [ˈtʃikpiː] *s.* BOT. cigró *m.*

chicken-pox [ˈtʃikinpɔks] *s.* MED. varicel·la *f.*

chicory [ˈtʃikəri] *s.* BOT. xicoira *f.*

chief [tʃiːf] *a.* principal, major. ■ 2 *s.* cap *m.,* director *m.* ‖ *-in-chief,* en cap, suprem.

chiefly [ˈtʃiːfli] *adv.* principalment; sobretot.

chieftain [ˈtʃiːftən] *s.* cap *m.* de clan, cap *m.* de tribu.

chiffon [ʃifɔn] s. gasa f. [tela].

chilblain [ˈtʃilblein] s. MED. penelló m.

child [tʃaild] s. nen m., nena f., (OCC.) (BAL.) nin m., nina f., (VAL.) (ROSS.) xiquet m., xiqueta f. 2 infant m., criatura f. 2 fill m., filla f. ▲ pl. **children**.

childbirth [ˈtʃaildbəːθ] s. FISIOL. part m.

childhood [ˈtʃaildhud] s. infantesa f., infància f. 2 fig. infància f.

childish [ˈtʃaildiʃ] a. pueril, infantil.

childless [ˈtʃaildlis] a. sense fills.

childlike [ˈtʃaildlaik] a. infantil. 2 fig. innocent.

children [ˈtʃildrən] s. pl. de CHILD.

Chile [ˈtʃili] n. pr. GEOGR. Xile.

Chilean [ˈtʃiliən] a.-s. GEOGR. xilè.

chill [tʃil] s. fred m. [sensació]. 2 esgarrifança f., calfred m. 3 refredat m., constipat m. ◼ 4 a. desplaent, desagradable.

chill (to) [tʃil] t. refredar; glaçar. ◼ 2 i. refredar-se p.; glaçar-se p.

chilli, chile, chili [ˈtʃili] s. AGR. bitxo m.

chilly [ˈtʃili] a. fred; glaçat. 2 fig. fred, distant.

chime [tʃaim] s. joc m. de campanes [del carilló], campaneig m.

chime (to) [tʃaim] t. tocar, fer sonar [campanes]. ◼ 2 i. sonar, tocar [campanes]. 3 harmonitzar.

chimney [ˈtʃimni] s. xemeneia f. 2 tub m. de vidre [de làmpada]. 3 GEOL. xemeneia f., goleró m.

chimney sweep [ˈtʃimniswiːp] s. escura-xemeneies m.

chimpanzee [ˌtʃimpænˈziː] s. ZOOL. ximpanzé m.

chin [tʃin] s. ANAT. barbeta f., mentó m. ‖ fig. **to keep one's ~ up**, no desanimar-se.

China [ˈtʃainə] n. pr. GEOGR. Xina.

china [ˈtʃainə] s. porcellana f., pisa f.

chinaware [ˈtʃainəwɛəʳ] s. porcellana f., pisa f.

Chinese [tʃaiˈniːz] a.-s. GEOGR. xinès. 2 s. xinès [llengua].

chink [tʃiŋk] s. esquerda f.; escletxa f.; clivella f. 2 dring m., so m. metàl·lic o de vidre.

chink (to) [tʃiŋk] i. dringar. ◼ 2 t. fer dringar.

chip [tʃip] s. estella f., esberla f., tros m. ‖ fig. **a ~ off the old block**, si el pare és músic el fill és ballador. 2 escantell m. 3 fitxa f. [de joc]. 4 grill m. ‖ **potato chips**, patates f. pl. fregides. 5 INFORM. xip m.

chip (to) [tʃip] t. estellar, esberlar, escantellar. 2 obrir a grills. ◼ 3 i. estellar-se p., esberlar-se p., escantellar-se p. 4 col·loq. **to ~ in**, participar [en una conversa]; contribuir [amb diners].

chiropodist [kiˈrɔpədist] s. callista.

chirp [tʃəːp] s. refilet m., piular m. [dels ocells]; carrisqueig m., xerric m. [dels grills].

chirp (to) [tʃəːp] i. refilar; xerricar; carrisquejar.

chisel [ˈtʃizl] s. cisell m.

chisel (to) [ˈtʃizl] t. cisellar. 2 col·loq. enganyar; fer trampa.

chit [tʃit] s. pej. marrec m., criatura f., nena f. consentida. 2 nota f., carteta f. 3 nota f., compte m. [d'un hotel, d'un bar].

chit-chat [ˈtʃittʃæt] s. xerrada f., xerradeta f.

chivalrous [ˈʃivəlrəs] a. cavallerós. 2 cavalleresc.

chivalry [ˈʃivəlri] s. HIST. cavalleria f. [institució]. 2 cavallerositat f.

chlorine [ˈklɔːriːn] s. QUÍM. clor m.

chloroform [ˈklɔrəfɔːm] s. QUÍM. cloroform m.

chlorophyll [ˈklɔrəfil] s. BOT. clorofil·la f.

chock [tʃɔk] s. falca f.

chock-full [ˈtʃɔkful] a. col·loq. ple, atapeït.

chocolate [ˈtʃɔklət] s. xocolata f.

choice [tʃɔis] s. elecció f., tria f., selecció f. 2 alternativa f., opció f. 3 varietat f. 4 persona f. o cosa f. escollida. ◼ 5 a. escollit; selecte.

choir [ˈkwaiəʳ] s. MÚS. cor m., coral f.

choke (to) [tʃouk] t. ofegar-se p., sufocar-se p., ennuegar-se p. ◼ 2 t. **to ~ (with)**, ofegar, sufocar. 3 **to ~ up**, obturar, embussar.

cholera [ˈkɔlərə] s. MED. còlera m.

choleric [ˈkɔləric] a. colèric.

choose (to) [tʃuːz] t. escollir, triar, seleccionar. ▲ Pret.: **chose** [tʃouz]; p. p.: **chosen** [ˈtʃouzn].

chop [tʃɔp] s. tall m., cop m. tallant. 2 costella f. [tros de carn].

chop (to) [tʃɔp] t. podar; tallar; picar [carn, etc.]. ‖ **to ~ off**, tallar [separant].

choppy [ˈtʃɔpi] a. mogut, agitat, picat [mar].

chopsticks [ˈtʃɔpstiks] s. bastonets m. pl. [per al menjar xinès, etc.].

choral [ˈkɔːrəl] a. MÚS. coral.

chord [kɔːd] s. MÚS. acord m. 2 GEOM. corda f.

chore [tʃɔːʳ] s. feina f. domèstica.

choreography [ˌkɔriˈɔgrəfi] s. coreografia f.

chorus [ˈkɔːrəs] a.-s. MÚS., TEAT. cor m. 2 tornada f. [poesia i música] 3 LOC. in ~, a l'unison.

chorus girl [ˈkɔːrəsgəːl] s. TEAT. corista f.

chose [tʃouz] Vegeu CHOOSE (TO).

chosen [ˈtʃouzn] Vegeu CHOOSE (TO).

Christ [kraist] n. pr. REL. Crist m.

christen (to) [ˈkrisn] t. REL. batejar. 2 batejar, posar nom.

Christendom [ˈkrisndəm] s. REL. cristiandat f.

christening [ˈkrisniŋ] s. bateig m.

Christian [ˈkristjən] s. REL. cristià.

Christian [ˈkristjən] a.-s. cristià.

christian name [ˈkristjənneim] s. nom m. de pila.

Christine [ˈkristiːn] n. pr. f. Cristina.

Christmas [ˈkrisməs] s. Nadal m. ‖ *Father ~,* Papà m. Noel.

Christmas carol [ˌkriːsməˈkærəl] s. nadala f.

Christmas Day [ˈkrisməsˈdei] s. dia m. de Nadal.

Christmas Eve [ˈkrisməsˈiːv] s. nit f. de Nadal.

Christopher [ˈkristəfəʳ] n. pr. m. Cristòfol, Cristòfor.

chronic [ˈkrɔnik] a. crònic. 2 col·loq. dolent, terrible.

chronicle [ˈkrɔnikl] s. crònica f.

chronicle (to) [ˈkrɔnikl] t. fer la crònica de, narrar.

chronicler [ˈkrɔniklə'] s. cronista.

chronology [krəˈnɔlədʒi] s. cronologia f.

chrysalis [ˈkrisəlis] s. ZOOL. crisàlide f.

chubby [ˈtʃʌbi] a. grassonet, rodanxó.

chuck [tʃʌk] s. MEC. mandrí m. 2 *to get the ~,* ser acomiadat.

chuck (to) [tʃʌk] t. col·loq. *to ~ (away),* llençar [escombraries]. 2 col·loq. *to ~ (out),* expulsar, foragitar [una persona]. 3 *to ~ (up),* abandonar, renunciar a. 4 *to ~ somebody under the chim,* fer moixaines al sotabarba.

chum [tʃʌm] s. fam. amic, company [esp. entre nois]. ‖ *to be great chums,* ser molt amics.

chump [tʃʌmp] s. soc m., talòs m. 2 fam. talòs; boig. 3 fam. cap m.

church [tʃəːtʃ] s. església f.

churchgoer [ˈtʃəːtʃgouəʳ] s. missaire.

churchyard [ˈtʃəːtʃjɑːd] s. cementiri m. [al costat de l'església].

churl [tʃəːl] s. taujà s. 2 ant. pagès.

churlish [ˈtʃəːliʃ] a. rude.

churn [tʃəːn] s. manteguera f. 2 lletera f. [grossa i de metall].

churn (to) [tʃəːn] t. batre [per fer mantega]. 2 remenar, agitar, sacsejar. ■ 3 i. agitar-se p.

CIA [siːaiˈei] s. *(Central Intelligence Agency)* agència f. central d'intel·ligència.

cicada [siˈkɑːdə] s. ENT. cigala f.

CID [siːaiˈdiː] s. *(Criminal Investigation Department)* departament m. d'investigació criminal.

cider [ˈsaidəʳ] s. sidra f.

cif. [siːaiˈef] s. *(cost, insurance and freight)* cost m., assegurança f. i càrrega f.

cigar [siˈgɑːʳ] s. cigar m.

cigarette [ˌsigəˈret] s. cigarret m., cigarreta f.

cigarette case [ˈsigəˈretˌkeis] s. portacigarretes m.

cigarette holder [ˈsigəˈretˌhouldəʳ] s. broquet m.

cm [siːˈem] s. *(centimetre)* cm (centímetre) m.

CND [siːenˈdiː] s. *(Campaign for Nuclear Disarmament)* campanya f. per al desarmament nuclear.

cinder [ˈsindəʳ] s. carbonissa f., terregada f. 2 pl. cendres f. pl.

cinema [ˈsinəmə] s. cinema m., cine m.

cinnamon [ˈsinəmən] s. canyella f.

cipher [ˈsaifəʳ] s. MAT. zero m. 2 MAT. xifra f. 3 clau f., codi m.

cipher (to) [ˈsaifəʳ] t. xifrar, escriure en clau. 2 col·loq. fer càlculs, sumar.

circle [ˈsəːkl] s. GEOM. cercle m. 2 TEAT. amfiteatre m.; primer m. pis. 3 cercle m., ambient m.

circle (to) [ˈsəːkl] t. envoltar, encerclar. 2 circumdar. ■ 3 i. donar t. voltes, giravoltar.

circuit [ˈsəːkit] s. circuit m.; recorregut m. 2 gira f. [viatge]. 3 cadena f. [de cinemes, teatres]. 4 ELECT. circuit m.

circuitous [səːˈkjuːitəs] a. indirecte, tortuós.

circular [ˈsəːkjulə'] a. circular. ■ 2 s. circular f. [carta].

circulate (to) [ˈsəːkjuleit] t. fer circular; posar en circulació; divulgar. ■ 2 i. circular.

circulation [ˌsəːkjuˈleiʃən] s. circulació f. 2 tirada f. [d'un diari].

circumcision [sə:kəm'siʒən] *s.* MED. circumsció *f.*

circumference [sə'kʌmfərəns] *s.* GEOM. circumferència *f.*

circumflex ['sə:kəmfleks] *a..* circumflex. ■ 2 circumflex *m.*

circumlocution [sə:kəmlə'kju:ʃən] *s.* circumlocució *f.*

circumscribe (to) ['sə:kəmskraib] *t.* circumscriure.

circumspect ['sə:kəmspekt] *a.* circumspecte, prudent.

circumstance ['sə:kəmstəns] *s.* circumstància *f.* ‖ DRET *extenuating circumstances*, circumstàncies atenuants. 2 detall *m.* 3 *pl.* posició *f. sing.* o situació *f. sing.* econòmica.

circumstantial [sə:kəm'stænʃəl] *a.* circumstancial. 2 DRET ~ *evidence*, prova conjectural.

circumvent (to) [sə:kəm'vent] *t.* form. frustrar [els plans d'algú]. 2 eludir; trampejar [una llei, una dificultat].

circus ['sə:kəs] *s.* circ *m.* 2 plaça *f.* circular.

cistern ['sistən] *s.* cisterna *f.*

citadel ['sitədl] *s.* ciutadella *f.*

citation [sai'teiʃən] *s.* citació *f.*

cite (to) [sait] *t.* citar, esmentar. 2 DRET citar, convocar [en procediments legals].

citizen ['sitizn] *s.* ciutadà; habitant.

citizenship ['sitiznʃip] *s.* ciutadania *f.*

citron ['sitrən] *s.* BOT. poncemer *m.* [arbre]. 2 poncem *m.*, poncir *m.* [fruita].

citrus ['sitrəs] *s. pl.* BOT. ~ *fruits*, cítrics *m. pl.*

city ['siti] *s.* ciutat *f.* ‖ *city council*, ajuntament *m.*, consell *m.* municipal. ‖ *the City*, centre financer de Londres.

civet ['sivit] *s.* ZOOL. civeta *f.*, gat *m.* d'algàlia. 2 algàlia *f.*

civic ['sivik] *a.* cívic.

civil ['sivil] *a.* civil.

civil servant [sivil'sə:vənt] *s.* funcionari *m.* de l'estat.

civilian [si'viljən] *a.* civil, de paisà. ■ 2 *s.* civil *m.*, paisà *m.*

civility [si'viliti] *s.* cortesia *f.*, urbanitat *f.*

civilization [sivilai'zeiʃən] *s.* civilització *f.*

civilize (to) ['sivilaiz] *t.* civilitzar.

clad [klæd] ant. Vegeu CLOTHE (TO). ■ 2 *a.* poèt. vestit (*in*, de).

claim [kleim] *s.* demanda *f.*, reclamació *f.*, reivindicació *f.* 2 dret *m.*, pretensió *f.* 3

afirmació *f.*, declaració *f.* 4 MIN. concessió *f.*

claim (to) [kleim] *t.* exigir, demanar; reclamar, reivindicar. 2 afirmar, declarar.

claimant ['kleimənt] *s.* demandant. 2 pretendent [al tron].

clairvoyance [klɛə'vɔiəns] *s.* clarividència *f.*

clairvoyant [klɛə'vɔiənt] *a.* clarivident.

clam [klæm] *s.* ZOOL. cloïssa *f.*

clamber (to) ['klæmbə'] *i.* enfilar-se *p.*, pujar de quatre grapes.

clammy ['klæmi] *a.* humit; fred i enganxós.

clamour, (EUA) **clamor** ['klæmə'] *s.* clamor *m.*, cridòria *f.*

clamour, (EUA) **clamor (to),** ['klæmə'] *i.* clamar; vociferar, cridar.

clamorous ['klæmərəs] *a.* clamorós, sorollós.

clamp [klæmp] *s.* MEC. abraçadora *f.*, armella *f.*

clamp (to) [klæmp] *t.* subjectar [amb una abraçadora]. ■ 2 *i.* col·loq. *to ~ down (on),* fer pressió per aturar; suprimir *t.*

clandestine [klænd'destin] *a.* form. clandestí.

clang (to) [klæŋ] *t.* fer sonar o tocar ■ 2 *i.* tocar, sonar [les campanes].

clank (to) [klæŋk] *t.* fer sonar. ■ 2 *i.* sonar, ressonar.

clap [klæp] *s.* espetec *m.* [d'un tro]. 2 palmellada *f.*, aplaudiment *m.*

clap (to) [klæp] *t.* aplaudir, picar de mans. 2 copejar [l'esquena, etc.].

clapper ['klæpə'] *s.* batall *m.* [d'una campana]. 2 xerrac *m.*, carrau *m.*

clapping ['klæpiŋ] *s.* aplaudiments *m. pl.*, picaments *m. pl.* de mans.

claptrap ['klæptræp] *s.* bestieses *f. pl.*

claret ['klærət] *a.-s.* claret *m.* [vi].

clarify (to) ['klærifai] *t.* aclarir. ■ 2 *i.* aclarir-se.

clarinet [klæri'net] *s.* MÚS. clarinet *m.*

clarion ['klæriən] *s.* clarí *m.*

clash [klæʃ] *s.* soroll *m.* [de metall]. 2 estrèpit *m.* 3 conflicte *m.*; desacord *m.*

clash (to) [klæʃ] *i.* xocar, topar. 2 estar en desacord. 3 sonar [en xocar]. 4 coincidir [dates]. 5 desentonar [colors]. ■ 6 *t.* fer xocar. 7 fer sonar.

clasp [klɑːsp] *s.* afiball *m.*; tanca *f.*; gafet *m.* 2 encaixada *f.* [de mà].

clasp (to) [klɑːsp] *t.* cordar [un gafet, un collaret, etc.]. 2 encaixar [les mans]. 3 agafar, aferrar. 4 abraçar.

class [klɑːs] *s.* classe *f.* [grup, categoria]. 2 classe *f.* [a l'ensenyament]. 3 (EUA) EDUC. promoció *f.* 4 col·loq. estil *m.*, distinció *f.*

class (to) [klɑːs] *t.* classificar.

classic [ˈklæsik] *a.* clàssic. ■ 2 *s.* clàssic *m.* [obra literària, etc.]. 3 *the classics*, literatura i llengües clàssiques [llatí, grec].

classical [ˈklæsikəl] *a.* clàssic.

classification [ˌklæsifiˈkeiʃən] *s.* classificació *f.*

classify (to) [ˈklæsifai] *t.* classificar.

class-mate [ˈklɑːsmeit] *s.* company de classe.

classroom [ˈklɑːsrum] *s.* aula *f.*

clatter [ˈklætə'] *s.* soroll *m.*; enrenou *m.* 2 martelleig *m.* 3 guirigall *m.*

clatter (to) [ˈklætə'] *t.* fer sonar; fer xocar [plats, forquilles]. ■ 2 *i.* sonar, fer *soroll.*

clause [klɔːz] *s.* clàusula *f.* 2 GRAM. frase *f.* simple, oració *f.*

claw [klɔː] *s.* ZOOL. urpa *f.*; ungla *f.* 2 arpa *f.* [del gat, lleó, etc.]. 3 pinces *f. pl.* [de l'escamarlà]. 4 TECNOL. garfi *m.*

claw (to) [klɔː] *t.-i.* esgarrapar; esquinçar.

clay [klei] *s.* argila *f.*

clean [kliːn] *a.* net. ‖ *to make something* ~, netejar una cosa. 2 net, pur. 3 ben format, proporcionat. 4 hàbil; fi. 5 decent. ■ 6 *adv.* completament, totalment.

clean (to) [kliːn] *t.* netejar, rentar, (VAL.) llavar. ‖ *to* ~ *one's teeth,* rentar-se *p.* les dents. 2 col·loq. *to be cleaned out,* quedar-se *p.* sense ni cinc. 3 *to* ~ *up,* endreçar, netejar. ■ 4 *i. to* ~ *(up),* fer neteja.

cleaner [ˈkliːnə'] *s.* persona que neteja. 2 netejador *m.*, detergent *m.* 3 *(dry) cleaner's,* tintoreria *f.*

cleanliness [ˈklenlinis] *s.* neteja *f.*

cleanly [ˈklenli] *a.* net, polit.

cleanly [ˈkliːnli] *adv.* netament, amb netedat. 2 clarament.

cleanse (to) [klenz] *t.* form.-ant. netejar, rentar. 2 purificar.

clear [kliə'] *a.* clar. ‖ ~ *about,* segur, confiat. ‖ ~ *of,* lliure [d'obstacles]. ‖ *to make oneself* ~, fer-se entendre. 2 net, pur. 3 tranquil. 4 ampli. ■ 5 *adv.* clar. ‖ *to keep* ~ *of,* evitar, mantenir-se lluny.

clear (to) [kliə'] *t.* aclarir, dissipar [també fig.]. 2 netejar, arranjar, treure [des-

torbs, etc.]. 3 desparar [la taula]. 4 liquidar, pagar [un compte, etc.]. 5 absoldre. 6 salvar, saltar per sobre. 7 COM. compensar. 8 ESPORT allunyar. ■ *to* ~ *away,* treure; dissipar-se *p.*; *to* ~ *off* o *out,* allunyar-se *p.*, tocar el dos; *to* ~ *up,* allunyar-se *p.*, aclarir.

clearance [ˈkliərəns] *s.* espai *m.* lliure. 2 MAR. despatx *m.* de duanes. 3 COM. ~ *sale,* liquidació *f.*

clear-cut [kliəˈkʌt] *adj.* ben definit, clar.

clear-headed [kliəˈhedid] *a.* intel·ligent, lúcid.

clearing [ˈkliəriŋ] *s.* clariana *f.* [en un bosc]. 2 COM. compensació *f.*; liquidació *f.*

clearing-house [ˈkliəriŋhaus] *s.* COM. cambra *f.* de compensació.

clearness [ˈkliənis] *s.* claredat *f.*

clear-sighted [kliəˈsaitid] *a.* clarivident, lúcid.

cleavage [ˈkliːvidʒ] *s.* escletxa *f.* 2 divisió *f.*, partició *f.* 3 col·loq. escot *m.*

1) cleave (to) [kliːv] *i.* adherir-se *p.*, enganxar-se *p.* 2 fig. ser fidel. ▲ Pret. i p. p.: *cleaved* [kliːvd].

2) cleave (to) [kliːv] *t.* esquerdar, clivellar; partir. ■ 2 *i.* esquerdar-se *p.*, clivellar-se *p.*, partir-se *p.* ▲ Pret.: *cleft* [kleft], *cleaved* [kliːvd] o *clove* [klouv]; p. p.: *cleft, cleaved* o *cloven* [klouvn].

clef [klef] *s.* MÚS. clau *f.*

cleft [kleft] *a.* clivellat. ■ 2 *s.* clivella *f.*, escletxa *f.* (BAL.) retxillera *f.*, (VAL.) badall *m.* ▲ Vegeu CLEAVE (TO).

clemency [ˈklemənsi] *s.* clemència *f.*

clench (to) [klentʃ] *t.* estrènyer [els punys, les dents]. 2 agafar; aferrar.

clergy [ˈkləːdʒi] *s.* ECLES. clericat *m.*, clerecia *f.*

clergyman [ˈkləːdʒimən] *s.* ECLES. clergue *m.*; pastor *m.* protestant.

cleric [ˈklerik] *s.* clergue *m.*

clerical [ˈklerikəl] *a.* clerical. 2 d'oficina; d'oficinista: ~ *error,* error de còpia.

clerk [klɑːk], (EUA) [kləːk] *s.* oficinista, administratiu. 2 recepcionista [d'hotel]. 3 (EUA) dependent. 4 clergue *m.*

clever [ˈklevə'] *a.* llest, espavilat, intel·ligent. 2 hàbil, destre. 3 enginyós.

cleverness [ˈklevənis] *s.* intel·ligència *f.* 2 habilitat *f.* 3 enginy *m.*

click [klik] *s.* cop *m.* sec.

click (to) [klik] *i.* fer *t.* clic, sonar. 2 col·loq. agradar-se *p.*

client [ˈklaiənt] *s.* client.

cliff [klif] *s.* GEOL. espadat *m.*, penya-segat *m.*

climate ['klaimit] *s.* METEOR. clima *m.* 2 fig. clima *m.*, ambient *m.*

climax ['klaimæks] *s.* clímax *m.*, punt *m.* culminant.

climb [klaim] *s.* pujada *f.*, escalada *f.*, ascensió *f.*

climb (to) [klaim] *t.* pujar, escalar, ascendir *i.* 2 pujar *i.* a, enfilar-se *p.* a. ■ 3 *i.* pujar, enfilar-se *p.* 4 *to* ~ *down*, baixar; fig. fer-se *p.* enrera; desdir-se *p.*

climber ['klaimə'] *s.* escalador; alpinista. 2 BOT. enfiladissa *f.* 3 fig. *(social)* ~, arribista.

clinch [klintʃ] *s.* TECNOL. reblada *m.* [d'un clau]. 2 conclusió *f.*, resolució *f.* [d'un tracte, etc.]. 3 col·loq. abraçada *m.*

clinch (to) [klintʃ] *t.* reblar [un clau]. 2 concloure, resoldre [un tracte]. 3 estrènyer [les dents, els punys]. ■ 4 *i.* ESPORT lluitar cos a cos. 5 col·loq. abraçar-se, *p.*

cling (to) [kliŋ] *i. to* ~ *to*, agafar-se *p.*, aferrar-se *p.* [també fig.]. ▲ Pret. i p. p.: *clung* [klʌŋ].

clinic ['klinik] *s.* clínica *f.*

clink [kliŋk] *t.* fer dringar, fer sonar. ■ 2 *i.* dringar.

clip [klip] *s.* clip *m.* [de papers, etc.]. 2 grapa *f.* 3 agafador [de bolígraf]. 4 esquilada *f.*; estisorada *f.*

clip (to) [klip] *t.* subjectar, ajuntar [amb un clip, grapa, etc.]. 2 esquilar; tallar; retallar.

clipper ['klipə'] *s.* NÀUT. clíper *m.* 2 esquilador. 3 *pl.* maquineta *f.* sing. per tallar cabells.

clipping ['klipiŋ] *s.* retall *m.* [de roba, de diari, etc.]. 2 tallat *f.* [dels cabells]. 3 esquilada *m.*

clique [kli:k] *s.* colla *f.*, camarilla *f.* [esp. d'art].

cloak [klouk] *s.* capa *f.* 2 fig. capa *f.*, pretext *m.*

cloak (to) [klouk] *t.* encapotar, cobrir. 2 encobrir, dissimular.

cloak and dagger [kloukən'dægə'] *s.* LIT. de capa *f.* i espasa *f.*

cloak-room ['kloukrum] *s.* guarda-roba *m.* [teatre, etc.].

clock [klɔk] rellotge *m.* [de paret o taula]. 2 fig. *round the* ~, dia i nit.

clockwise ['klɔkwaiz] *adv.* en el sentit de les agulles del rellotge.

clockwork ['klɔkwə:k] *s.* mecanisme *m.* de rellotgeria.

clod [klɔd] *s.* terròs *m.* [de terra]. 2 pej. tanjà, pagesot.

clog [klɔg] *s.* esclop *m.* 2 fig. obstacle *m.*; càrrega *f.*

clog (to) [klɔg] *t.* obstruir. ■ 2 *i.* obstruir-se *p.*

cloister ['klɔistə'] *s.* claustre *m.*

1) close [klouz] *s.* fi *f.*, final *m.* conclusió *f.*

2) close [klous] *a.* proper, pròxim [a prop]. 2 tancat. 3 íntim [amic]. 4 premut; molt junt, compacte. 5 detallat, minuciós [examen]. 6 precís [argument]. 7 exacte, fidel [traducció]. 8 carregat [ambient]; mal ventilat [habitació]; feixuc, xafogós [clima]. 9 GRAM. tancat [vocal]. 10 avar. ■ 11 *s.* clos *m.*, recinte *m.* ■ 12 *adv.* prop de.

close (to) [klouz] *t.* tancar. 2 tapar, obstruir. 3 estrènyer [una fila, etc.]. 4 acabar, concloure. 5 clausurar. 6 COM. saldar [un compte]. ■ 7 *i.* tancar-se *p.* 8 apropar-se *p.* ■ *to* ~ *down*, tancar [definitivament]; *to* ~ *in*, escurçar-se *p.* [els dies]; acostar-se *p.*, envoltar; *to* ~ *up*, tancar; tancar-se *p.* [les flors]; ajuntar-se *p.*

closeness ['klousnis] *s.* proximitat *f.* 2 intimitat *f.* 3 detall *m.*, minuciositat *f.* 4 fidelitat *f.* [traducció]. 5 avarícia *f.* 6 inaccessibilitat *f.* [d'un grup, etc.].

closet [klɔzit] *s.* (EUA) armari *m.*, guardaroba *m.* 2 ant. lavabo *m.*, wàter *m.*

closure ['klouʒə'] *s.* tancament *m.*, closa *f.* 2 clausura *f.*

clot [klɔt] *s.* grumoll *m.*, coàgul *m.*

clot (to) [klɔt] *t.* coagular, guallar. ■ 2 *i.* coagular-se *p.*

cloth [klɔθ] *s.* TÈXT. teixit *m.*, roba *f.*, tela *f.*, drap *m.* 2 eixugamà *m.*, drap *m.* de cuina. 3 *table-cloth*, estovalles *f. pl.*

clothe (to) [klouð] *t.* vestir. 2 fig. revestir. ▲ Pret. i p. p.: *clothed* [klouðd] o (ant.) *clad* [klæd].

clothes [klouðz] *s.* roba *f. sing.*; vestits *m. pl.*

clothes brush ['klouðzbrʌʃ] *s.* raspall *m.* de la roba, (VAL.) espalmador *m.*

clothes hanger ['klouðz,hæŋə'] *s.* penjador *m.*

clothing ['klouðiŋ] *s.* roba *f.*, vestits *m. pl.*

cloud [klaud] *s.* METEOR. núvol *m.*, (BAL.) nígul *m.* [també fig.]. ‖ fig. *to have one's head in the clouds*, estar als núvols.

cloud (to) [klaud] *t.* METEOR. ennuvolar [també fig.]. ■ 2 *i.* ~ *(over)*, ennuvolar-se *p.* [també fig.].

cloud-burst ['klaudbə:st] s. METEOR. xàfec m.

cloudy ['klaudi] a. METEOR. ennuvolat, nuvolós. 2 tèrbol [líquids].

clove [klouv] s. clau m., clavell m. [d'espècia]. 2 gra m. [d'all].

cloven ['klouvn] Vegeu CLEAVE (TO). 2 a. ZOOL. forcat: ~ *hoof*, peülla forcada.

clover ['klouvə'] s. BOT. trèvol m. ‖ fig. to *live in* ~, viure com un rei.

clown [klaun] s. pallasso. 2 taujà.

clownish ['klauniʃ] a. de pallasso. 2 rústec, grosser.

cloy (to) [klɔi] t.-i. embafar t.

club [klʌb] s. club m., centre m. social. 2 clava f., porra f. 3 ESPORT bat m.; pal m. [de golf]. 4 trèvol m. [joc de cartes].

club (to) [klʌb] t. bastonejar, garrotejar. ■ 2 i. to ~ *together*, reunir-se p., unir-se p. [amb una finalitat].

club-foot [klʌb'fut] s. peu m. esguerrat.

cluck [klʌk] s. cloqueig m.

cluck (to) [klʌk] i. cloquejar.

clue [klu:] s. indici m., pista f. ‖ *I haven't got a* ~, no en tinc ni idea.

clump [klʌmp] s. BOT. grup m. [d'arbres]. 2 BOT. mata f. [de planta].

clump (to) [klʌmp] t. agrupar [plantes, etc.]. ■ 2 i. caminar pesadament.

clumsiness ['klʌmzinis] s. matusseria f.; malaptesa f.; poca traça f.

clumsy [klʌmzi] a. maldestre; matusser.

clung [klʌŋ] Vegeu CLING (TO).

cluster ['klʌstə'] s. grup m. 2 ram m.; raïm m.; carràs m.; penjoll m. [de fruita, etc.].

cluster (to) ['klʌstə'] i. arraïmar-se p., agrupar-se p.; apinyar-se p.

clutch [klʌtʃ] s. agarrada f. 2 pl. fig. urpes f. pl. 3 MEC. embragatge m. 4 ORN. niuada f.

clutch (to) [klʌtʃ] t. agarrar, agafar fortament. ■ 2 i. to ~ *(at)*, mirar d'agafar-se p., aferrar-se p.

Co. ['cou] s. (*Company*) Cia. f. (companyia).

c/o [si:'ou] (abrev. *care of*) a casa de.

coach [koutʃ] s. (G.B.) autocar m. 2 FERROC. vagó m. 3 carruatge m., cotxe m. 4 carrossa f. 5 professor particular. 6 ESPORT entrenador.

coach (to) [koutʃ] t.-i. fer classes particulars. 2 t. ESPORT entrenar.

coachman ['koutʃmən] s. cotxer m.

coagulate (to) [kou'ægjuleit] t. coagular. ■ 2 i. coagular-se p.

coal [koul] s. MINER. carbó m., hulla f.

coal (to) [koul] t. proveir de carbó. ■ 2 i. proveir-se p. de carbó, carbonejar.

coalesce (to) [kouə'les] i. unir-se p.; fondre's p.

coalfield ['koulfi:ld] s. conca f. minera.

coalition [kouə'liʃən] s. POL. coalició f.

coalman ['koulmæn] s. carboner m. ▲ *pl.* **coalmen.**

coalmine ['koulmain] s. mina f. de carbó.

coalpit ['koulpit] s. mina f. de carbó.

coarse [kɔ:s] a. bast, groller [caràcter, etc.]. 2 vulgar, groller [llengua, etc.]. 3 aspre, gruixut [material, etc.].

coast [koust] s. costa f.; litoral m.

coast (to) [koust] i. costerejar. 2 AUTO. lliscar, anar en punt mort.

coastal ['koustl] a. costaner, costenc.

coaster ['koustə'] s. vaixell m. de cabotatge. 2 sotacopa f.

coastline ['koustlain] s. litoral m.

coat [kout] s. abric m., (ROSS.) manto m. 2 jaqueta f. 2 ZOOL. pelatge m.; ORN. plomatge m. 4 capa f. [de pintura]. 5 coberta f.; revestiment m. 6 ~ *of arms*, escut m. d'armes.

coat (to) [kout] t. cobrir.

coating ['koutiŋ] s. capa f., mà f. [de pintura, etc.].

coax (to) [kouks] t. fig. esperonar, estimular.

cob [kɔb] s. ZOOL. cigne m. 2 ZOOL. haca f. 3 *corn-cob*, panotxa f.

cobalt ['koubɔ:lt] s. QUÍM. cobalt m.

cobble ['kɔbl] s. còdol m., palet m.

cobble (to) ['kɔbl] t. empedrar amb còdols. 2 adobar [sabates].

cobbler ['kɔblə'] s. ant. sabater. 2 barroer. 3 fig. *a load of (old) cobblers*, bajanades f. pl.

cobweb ['kɔbweb] s. teranyina f.

cocaine [kou'kein] s. cocaïna f.

cock [kɔk] s. ZOOL. gall m. ‖ *fighting* ~, gall de baralla. 2 mascle m. d'un ocell. 3 aixeta f., clau f. 4 percussor m. [d'una pistola]. 5 vulg. titola f., cigala f.

cock (to) [kɔk] t. alçar, dreçar. 2 muntar [una pistola]. 3 col·loq. to ~ *up*, fúmer enlaire.

cockade [kɔ'keid] s. escarapel·la f.

cockatoo [kɔkə'tu:] s. ORN. cacatua f.

cockchafer ['kɔk,tʃeifə'] s. ENT. borinot m.

cockerel ['kɔkərəl] s. ZOOL. gall m. jove, pollastre m.

cock-fighting ['kɔkfaitiŋ] s. baralla f. de galls.

cockle ['kɔkl] s. ZOOL. escopinya f. de gallet. 2 vaixell m. petit.

cockney ['kɔkni] a. propi dels nadius de certes àrees de Londres. ■ 2 s. nadiu de certes àrees de Londres; parla f. característica d'aquestes àrees.

cockpit ['kɔkpit] s. gallera f. 2 AERON. carlinga f., cabina f.

cockroach ['kɔkroutʃ] s. ENT. cuca f. panera, cuca f. molla.

cocktail ['kɔkteil] s. còctel m.

cocky ['kɔki] a. col·loq. pressumptuós.

coco ['koukou] s. BOT. cocoter m.

cocoa ['koukou] s. cacau m.

coconut ['koukənʌt] s. coco m.

cocoon [kə'ku:n] s. capoll m., capell m.

cod [kɔd] s. ICT. bacallà m.

COD [si:ou'di:] COM. (cash on delivery), (EUA) (collect on delivery) lliurament m. contra reemborsament.

coddle (to) ['kɔdl] t. tractar amb una cura excessiva. 2 bullir a poc a poc.

code [koud] s. codi m. 2 xifra f.

codify (to) ['koudifai] t. codificar.

coerce (to) [kou'ə:s] t. constrènyer, coercir, obligar (into, a).

coercion [kou'ə:ʃən] s. coerció f.

coffee ['kɔfi] s. cafè m.: black ~, cafè sol; white ~, cafè amb llet, tallat m.

coffeepot ['kɔfipɔt] s. cafetera f.

coffer ['kɔfə'] s. cofre m., arca f.

coffin ['kɔfin] s. caixa f. de morts, taüt m., bagul m.

cog [kɔg] s. dent f. [d'engranatge].

cogency ['koudʒənsi] s. força f., pes m. [d'un argument].

cogent ['koudʒənt] a. convincent.

cogitate (to) ['kɔdʒiteit] t.-i. meditar, reflexionar t.

cognate ['kɔgneit] a. cognat. 2 anàleg [llengua, etc.]. ■ 3 s. cognació f. 4 analogia f.

cognizance ['kɔgnizəns] s. DRET coneixement m. 2 DRET competència f.

cohabit (to) [kou'hæbit] i. form. cohabitar.

cohere (to) [kou'hiə'] i. form. adherir-se p. 2 ésser coherent [arguments, etc.].

coherence [kou'hiərəns], **coherency** [kou'hiərənsi] s. adherència f. 2 coherència f.

coherent [kou'hiərənt] a. adherent, adhesiu. 2 coherent.

cohesion [kou'hi:ʒən] s. cohesió f. [també fig.].

coil [kɔil] s. rotlle m. [de corda, etc.]. 2 ELECT. bobina f. 3 MED. col·loq. espiral f. [anticonceptiu].

coil (to) [kɔil] t. enrotllar, cargolar. ■ 2 i. enrotllar-se p., cargolar-se p.

coin [kɔin] s. moneda f.

coin (to) [kɔin] t. encunyar, amonedar. 2 fig. encunyar, crear, inventar [mots, etc.].

coinage ['kɔinidʒ] s. encunyació f. 2 moneda f. 3 invenció f. [de mots, etc.].

coincide (to) [kouin'said] i. coincidir.

coincidence [kou'insidəns] s. coincidència f.

coke [kouk] s. coc m. [carbó]. 2 col·loq. Coke, Coca-Cola f. 3 col·loq. coca f. [cocaïna].

colander, cullender ['kʌləndə'] s. escorredora f., colador m.

cold [kould] a. fred: to be ~, ser fred [cosa]; fer fred [temps]; tenir fred [persona]. 2 fig. fred, indiferent [caràcter]. 3 fig. fred [situació, etc.]. 4 frígid. ■ 5 s. fred m. 6 constipat m., refredat m.: to catch a ~, constipar-se p.; to have a ~, estar constipat.

cold-blooded [kould'blʌdid] a. fig. insensible. 2 ZOOL. de sang freda.

coldness ['kouldnis] s. fredor f.

collaborate (to) [kə'læbəreit] t. col·laborar.

collaboration [kə,læbə'reiʃən] s. col·laboració f.

collaborator [kə'læbəreitə'] s. col·laborador. 2 col·laboracionista.

collapse [kə'læps] s. esfondrament m., ensorrament m., enderrocament m. 2 fig. fracàs m., ruina f. 3 MED. col·lapse m.

collapse (to) [kə'læps] i. esfondrar-se p., ensorrar-se p., enderrocar-se p. 2 fig. fracassar. 3 MED. tenir un col·lapse.

collapsible, -able [kə'læpsibl] a. plegable, desmuntable.

collar ['kɔlə'] s. coll m. [d'una peça de vestir]. 2 collar m.

collar (to) ['kɔlə'] t. agafar pel coll. 2 ant. col·loq. pispar.

collarbone ['kɔləboun] s. ANAT. clavícula f.

collate [kɔ'leit] t. acarar, confrontar.

collateral [kɔ'lætərəl] a. col·lateral.

collation [kɔ'leiʃən] s. confrontació f., col·lació f. 2 àpat m. lleuger.

colleague ['kɔliːg] s. col·lega, company [de feina, etc.].

collect (to) [kə'lekt] t. recollir, aplegar. 2 recaptar [diners, etc.]. 3 col·leccionar. 4 anar a buscar. 5 posar en ordre [les idees, etc.]. ■ 6 p. to ~ *oneself*, asserenar-se p. ■ 7 i. congregar-se p., aglomerar-se p., acumular-se p.

collected [kə'lektid] a. complet: ~ *works*, obres completes. 2 fig. assossegat, tranquil.

collection [kə'lekʃən] s. recollida f. 2 col·lecta f.; recaptació f. 3 col·lecció f.

collective [kə'lektiv] a. col·lectiu.

collectivize (to) [kə'lektivaiz] t. col·lectivitzar.

collector [kə'lektə'] s. col·leccionista. 2 recaptador: *tax* ~, recaptador d'impostos.

college ['kɔlidʒ] s. escola f., institut f. [d'ensenyament superior i professional]. 2 col·legi m. [d'advocats, metges, etc.]. 3 universitat f.; facultat f. universitària.

collide (to) [kə'laid] i. xocar [també fig.], col·lidir.

collie ['kɔli] s. ZOOL. gos m. pastor escocès.

collier ['kɔliə'] s. miner [de carbó]. 2 MAR. vaixell m. carboner.

colliery ['kɔljəri] s. mina f. de carbó.

collision [kə'liʒən] s. col·lisió f., xoc m. 2 conflicte m.

colloquial [kə'loukwiəl] a. col·loquial, familiar.

colloquialism [kə'loukwiəlizəm] s. expressió f. o frase f. col·loquial.

collusion [kə'luːʒən] s. col·lusió f., confabulació f.

colonel ['kəːnl] s. MIL. coronel m.

colonist ['kɔlənist] s. colonitzador. 2 colon m.

colonize (to) ['kɔlənaiz] t. colonitzar.

colony ['kɔləni] s. colònia f.

colossal [kə'lɔsl] a. colossal.

colour (EUA) **color** ['kʌlə'] s. color m. (i f.). ‖ *to lose* ~, empal·lidir. 2 pl. ART colorit m. sing., tons m. pl.‖ *water-colours*, aquarel·la f. 3 MIL. colors m. pl., bandera f. ‖ *to hoist the colours*, hissar la bandera. 4 pl. colors m. pl., distintiu m. sing. [d'un club, etc.].

colour (to), (EUA) **color (to)** ['kʌlə'] t. acolorir; pintar; tenyir. 2 alterar [les notícies, etc.]. ■ 3 i. to ~ *(up)*, verolar [fruits, etc.], canviar de color; enrojolar-se p. [persones].

colour bar ['kʌləbɑː'] s. barrera f. racial.

colour-blind ['kʌləblaind] a. daltònic.

colourful ['kʌləfl] a. ple de color. 2 animat, viu.

colouring ['kʌlərin] s. coloració f. 2 colorit m.

colourless ['kʌləlis] a. incolor. 2 descolorit. 3 pàl·lid. 4 fig. insípid.

colt [koult] s. ZOOL. poltre m. 2 fig. xitxarel·lo m.

column ['kɔləm] s. columna f.

columnist ['kɔləmnist] s. articulista, periodista.

comb [koum] s. pinta f. 2 carda f. 3 bresca f. 4 ZOOL. cresta f.

comb (to) [koum] t. pentinar. 2 cardar [la llana, etc.]. 3 col·loq. fer una batuda. 4 fig. to ~ *out*, fer neteja. ■ 5 i. to ~ *over*, rompre's p. [les ones].

combat ['kɔmbæt] s. combat m.

combat (to) ['kɔmbæt] t.-i. combatre.

combatant ['kɔmbətənt] a.-s. combatent.

combative ['kɔmbətiv] a. combatiu.

combativeness ['kɔmbətivnis] s. combativitat f.

combination [,kɔmbi'neiʃən] s. combinació f.

combine ['kɔmbain] s. COM. associació f. 2 AGR. ~ o *harvester*, segadora-batedora f., recol·lectora f.

combine (to) [kəm'bain] t. combinar. 2 fusionar, unir. 3 QUÍM. combinar(se). ■ 4 i. combinar-se p. 5 fusionar-se p., unir-se p.

combustible [kəm'bʌstibl] a. combustible. 2 fig. explosiu [persones]. ■ 3 s. pl. combustible m. sing.

combustion [kəm'bʌstʃən] s. combustió f.

come (to) [kʌm] i. venir, arribar. 2 provenir, procedir. 3 aparèixer, surtir. 4 passar, ocórrer. 5 entrar [en contacte, en acció, etc.]. 6 col·loq. escórrer-se p. [ejacular]. 7 to ~ *true*, acomplir-se p., esdevenir-se p. ■ to ~ *about*, passar, succeir, to ~ *across*, topar t., trobar t. per casualitat; to ~ *apart* o *asunder*, desmuntar-se p., trencar-se p.; dividir-se p.; to ~ *back*, tornar; recordar, tornar a la memòria; to ~ *by*, aconseguir, obtenir; to ~ *down*, esfondrar-se p., caure; baixar; to ~ *forth*, sortir, aparèixer; to ~ *forward*, presentar-se p. oferir-se p.; to ~ *in*, entrar; to ~ *of*, provenir. ‖ *to ~ of* *age,* arribar a la majoria d'edat; *to ~ off,* tenir lloc; tenir èxit; despendre's *p.,* desenganxar-se *p.; to ~ on,* seguir; desenvolupar-se *p.,* progressar; arribar; *to ~ out,* sortir, aparèixer; desaparèixer; *to ~ round,* visitar, deixar-se *p.* caure; entendre, assentir; *to ~ to,* tornar en si; pujar a; arribar a; *to ~ together,* ajuntar-se *p.; to ~ up,* pujar, aparèixer, sortir, sorgir; ser discutit; acostar-se *p.; to ~ upon,* caure sobre, sorprendre. ‖ Pret.: *came* [keim]; p. p.: *come* [kʌm].

comedian [kə'miːdjən] *s.* comediant *m.*

comedienne [kə,miːdi'en] *s.* comedianta *f.*

comedy ['kɔmidi] *s.* comèdia *f.*

comeliness ['kʌmlinis] *s.* ant. gentilesa *f.* 2 gràcia *f.,* encís *m.*

comely ['kʌmli] *a.* ant. gentil; ben plantat. 2 decent.

comet ['kɔmit] *s.* ASTR. cometa *m.*

comfort ['kʌmfət] *s.* comoditat *f.,* benestar *m.* [físic]. 2 consol *m.*

comfort (to) ['kʌmfət] *t.* consolar. 2 alleujar. 3 animar, reconfortar.

comfortable ['kʌmftəbl] *a.* còmode. ‖ *make yourself ~!,* posa't còmode! 2 confortable. 3 *a ~ income,* uns bons ingressos; *a ~ life,* una vida folgada.

comforter ['kʌmfətə'] *s.* consolador. 2 (G.B.) bufanda *f.* 3 (G.B.) xumet *m.* 4 (EUA) edredó *m.*

comfortless ['kʌmfətlis] *a.* incòmode. 2 trist, gris.

comfort station ['kʌmfət,steiʃn] *s.* (EUA) lavabo *m.* públic.

comic ['kɔmik] *a.* còmic, graciós. ■ 2 *s.* TEAT. comèdia *f.* 3 còmic *m.* [publicació].

comical ['kɔmikəl] *a.* graciós, còmic, divertit.

coming ['kʌmiŋ] *a.* proper, vinent. ■ 2 *s.* arribada *f.,* vinguda *f.*

command [kə'mɑːnd] *s.* ordre *f.,* mandat *m.* 2 comandament *m.; domini m.* 3 MIL. comandància *f.*

command (to) [kə'mɑːnd] *t.* manar, ordenar, comandar. 2 dominar. 3 disposar *i.* de ■ 4 *i.* manar *t.*

commandant [,kɔmən'dænt] *s.* MIL. comandant *m.*

commander [kə'mɑːndə'] *s.* MIL. comandant *m.* 2 MAR. capità *m.* de fragata.

commandment [kə'mɑːndmənt] *s.* manament *m.* ‖ REL. *The Ten Commandments,* Els Deu Manaments.

commando [kə'mɑːndou] *s.* MIL. comando *m.*

commemorate (to) [kə'meməreit] *t.* commemorar.

commemoration [kə,memə'reiʃən] *s.* commemoració *f.*

commence (to) [kə'mens] *t.-i.* form. començar.

commencement [kə'mensmənt] *s.* form. començament *m.*

commend (to) [kə'mend] *t.* recomanar. 2 encomanar.

commensurate [kə'menʃərit] *a.* proporcional, corresponent.

comment ['kɔmənt] *s.* comentari *m.* ‖ *no ~!,* sense comentaris!

comment (to) ['kɔment] *i.* comentar *t.,* opinar (*on* o *upon,* sobre).

commentary ['kɔməntəri] *s.* comentari *m.* ‖ *running ~,* retransmissió *f.* en directe.

commentator ['kɔmenteitə'] *s.* comentarista; locutor.

commerce ['kɔməːs] *s.* comerç *m.*

commercial [kə'məːʃəl] *a.* comercial. ■ 2 *s.* RADIO., TELEV. anunci *m.*

commercial traveller [kə,məːʃəl'trævlə'] *s.* viatjant *m.*

commiserate (to) [kə'mizəreit] *i.* apiadar-se *p.* (*with,* de).

commiseration [kə,mizə'reiʃən] *s.* commiseració *f.*

commissariat [,kɔmi'seəriət] *s.* comissariat *m.* 2 MIL. intendència.

commissary ['kɔmisəri] *s.* comissari *m.* 2 MIL. intendent *m.*

commission [kə'miʃən] *s.* comissió *f.* [encàrrec]. 2 COM. comissió *f.: on ~,* a comissió. 3 MIL. despatx *m.,* nomenament *m.* 4 comissió *f.,* delegació *f.*

commission (to) [kə'miʃən] *t.* comissionar, encarregar.

commissioner [kə'miʃənə'] *s.* comissari. 2 enviat, propi.

commit (to) [kə'mit] *t.* cometre, perpetrar. 2 confiar, entregar. 3 comprometre: *to ~ oneself,* comprometre's (*to,* a). 4 tancar, empresonar; internar.

commitment [kə'mitmənt] *s.* compromís *m.,* obligació *f.* 2 empresonament *m.,* internament *m.,* reclusió *f.*

committee [kə'miti] *s.* comitè *m.,* comissió *f.*

commodious [kə'moudjəs] *a.* espaiós.

commodity [kə'mɔditi] *s.* article *m.* [de consum], producte *m.*

common ['kɔmən] *a.* comú. 2 corrent, ordinari. 3 col·loq. vulgar [persona]. 4

complain

DRET consuetudinari. 5 *the Common Market*, el Mercat Comú. ■ 6 s. empriu *m.*, terra *f.* comunal. 7 *loc. adv. in* ~, en comú. 8 *pl.* POL. *the House of Commons*, la Cambra dels Comuns.

commoner ['kɔmənə] s. plebeu.

commonplace ['kɔmənpleis] *a.* comú, vulgar. ■ 2 s. tòpic *m.*, lloc *m.* comú. 3 cosa *f.* corrent.

commonsense [kɔmən'sens] s. sentit *m.* comú.

commonwealth ['kɔmənwelθ] s. estat *m.* 2 comunitat *f.* de nacions. 3 *the Commonwealth*, la Commonwealth.

commotion [kə'mouʃən] s. rebombori *m.*, tumult *m.*, disturbi *m.* 2 commoció *f.*

commune ['kɔmju:n] s. comuna *f.* 2 comunitat *f.*

communicate (to) [kə'mju:nikeit] *t.* comunicar. ■ 2 *i.* comunicar-se *p.* (*with*, amb). 3 REL. combregar.

communication [kə,mju:ni'keiʃən] s. comunicació. 2 *official* ~, comunicat *m.* oficial.

communion [kə'mju:njən] s. comunió *f.*

communism ['kɔmjunizəm] s. comunisme *m.*

communist ['kɔmjunist] *a.-s.* comunista.

community [kə'mju:niti] s. comunitat *f.* ‖ ~ *centre*, centre *m.* o local *m.* social; centre *m.* cívic.

commutation [kɔmju:'teiʃən] s. commutació *f.*

commutation ticket [kɔmju:teiʃn,tikit] s. (EUA) abonament *m.*

commute (to) [kə'mju:t] *t.* commutar. ■ 2 *i.* viatjar diàriament de casa a la feina.

commuter [kə'mju:tə] s. persona *f.* que viatja diàriament de casa a la feina.

compact ['kɔmpækt] s. pacte *m.*, conveni *m.* 2 COSM. polvorera *f.*

compact [kəm'pækt] *a.* compacte, dens. 2 breu, concís [estil].

compact (to) [kəm'pækt] *t.* estrènyer, comprimir, condensar.

companion [kəm'pænjən] s. company. 2 persona *f.* de companyia.

companionship [kəm'pænjənʃip] s. companyonia *f.*

company ['kʌmpəni] s. companyia *f.* 2 visita *f.*, convidats *m. pl.*

comparable ['kɔmpərəbl] *a.* comparable.

comparative [kəm'pærətiv] *a.* comparatiu. 2 relatiu. 3 comparat. ■ 4 s. GRAM. comparatiu *m.*

compare [kəm'pεə] s. poèt. *beyond* o *past* ~, sense parió.

compare (to) [kəm'pεə] *t.* comparar. 2 acarar, confrontar. ■ 3 *i.* comparar-se *p.*: *this cannot* ~ *with that*, no es poden comparar; *how do they* ~?, en què es diferencien?

comparison [kəm'pærisn] s. comparació *f.*: *by* o *in* ~, en comparació *f.*

compartment [kəm'pɑ:tmənt] s. compartiment *m.*, departament *m.*

compass ['kʌmpəs] s. brúixola *f.* 2 ~ o *compasses*, compàs *m.* 3 abast *m.*; extensió *f.*

compass (to) ['kʌmpəs] *t.* Vegeu ENCOMPASS (TO).

compassion [kəm'pæʃən] s. compassió *f.*

compassionate [kəm'pæʃənit] *a.* compassiu.

compatibility [kəm'pætə'biliti] s. compatibilitat *f.*

compatible [kəm'pætəbl] *a.* compatible.

compatriot [kəm'pætriət] s. compatriota.

compel (to) [kəm'pel] *t.* compel·lir, obligar. 2 imposar.

compendium [kəm'pendiəm] s. compendi *m.*, resum *m.*

compensate (to) ['kɔmpenseit] *t.* compensar. 2 indemnitzar. ■ 3 *i.* *to* ~ *for*, compensar *t.*

compensation [kɔmpen'seiʃən] s. compensació *f.*

compete (to) [kəm'pi:t] *i.* competir.

competence ['kɔmpitəns] s. competència *f.*, aptitud *f.*, aptesa *f.* 2 DRET competència *f.*

competent ['kɔmpitənt] *a.* competent, capaç. 2 adequat, idoni.

competition [kɔmpi'tiʃən] s. competició *f.* 2 competència *f.* 3 certamen *m.*, concurs *m.*

competitive [kəm'petitiv] *a.* de competència. ‖ ~ *examination*, concurs *m.*, oposicions *f. pl.*

compilation [kɔmpi'leiʃən] s. compilació *f.*, recopilació *f.*

compile (to) [kəm'pail] *t.* compilar, recopilar.

complacence [kəm'pleisəns], **complacency** [kəm'pleisənsi] s. autosatisfacció *f.* 2 complaença *f.*

complacent [kəm'pleisənt] *a.* satisfet de si mateix.

complain (to) [kəm'plein] *i.* queixar-se *p.*

complaint [kəmˈpleint] s. queixa f. 2 MED. mal m., malaltia f.

complaisance [kəmˈpleizəns] s. complaença f., amabilitat f.

complaisant [kəmˈpleizənt] a. complaent, amable.

complement [ˈkɔmplimənt] s. complement m. 2 GRAM. atribut m., complement m. 3 MAR. dotació f.

complete [kəmˈpliːt] a. complet. 2 acabat. 3 total. 4 consumat.

complete (to) [kəmˈpliːt] t. completar; acabar.

completion [kəmˈpliːʃən] s. acabament m., terminació f. 2 realització f.

complex [ˈkɔmpleks] a. complex; complicat. ■ 2 s. complex m. 3 PSICOL. complex m.

complexion [kəmˈplekʃən] s. cutis m., color m. de la cara. 2 fig. aspecte m., caire m.

complexity [kəmˈpleksiti] s. complexitat f.

compliance [kəmˈplaiəns] s. condescendència f., submissió f. 2 conformitat f.

compliant [kəmˈplaiənt] a. condescendent. 2 dòcil; submís.

complicate (to) [ˈkɔmplikeit] t. complicar.

complicated [ˈkɔmplikeitid] a. complicat.

complication [ˌkɔmpliˈkeiʃən] s. complicació f.

complicity [kəmˈplisiti] s. complicitat f.

compliment [ˈkɔmplimənt] s. compliment m. 2 atenció f., detall m. 3 pl. salutacions f. pl.

compliment (to) [ˈkɔmpliment] t. complimentar; felicitar.

complimentary [ˌkɔmpliˈmentəri] a. elogiós, afalagador. 2 de favor, gratuït.

comply (to) [kəmˈplai] i. condescendir, accedir (with, a). 2 to ~ with, complir t., obeir t.

compose (to) [kəmˈpouz] t.-i. compondre. ■ 2 t.-p. calmar, asserenar.

composed [kəmˈpouzd] a. asserenat, assossegat.

composer [kəmˈpouzəʳ] s.-a. compositor.

composite [ˈkɔmpəzit] a.-s. compost.

composition [ˌkɔmpəˈziʃən] s. composició f. 2 redacció f. [exercici].

compositor [kəmˈpɔzitəʳ] s. IMPR. caixista m.

compost [ˈkɔmpɔst] s. AGR. adob m., compost m.

composure [kəmˈpouʒəʳ] s. calma f., serenitat f.

compound [ˈkɔmpaund] a. compost. ■ 2 s. compost m., barreja f. 3 GRAM. paraula f. composta.

compound (to) [kəmˈpaund] t. combinar, barrejar. 2 compondre, arranjar. 3 agreujar [un insult, una ofensa]. ■ 4 i. arribar a un acord, pactar.

comprehend (to) [ˌkɔmpriˈhend] t. comprendre. 2 contenir.

comprehensible [ˌkɔmpriˈhensəbl] a. comprensible.

comprehension [ˌkɔmpriˈhenʃən] s. comprensió f.

comprehensive [ˌkɔmpriˈhensiv] a. extens, ampli. 2 comprensiu.

comprehensiveness [ˌkɔmpriˈhensivnis] s. comprensió f. 2 amplitud.

comprehensive school [ˌkɔmpriˈhensivskuːl] s. institut m. d'ensenyament mitjà.

compress [ˈkɔmpres] s. compresa f.

compress (to) [kəmˈpres] t. comprimir. 2 condensar.

compression [kəmˈpreʃən] s. compressió f.; condensació f.

compressor [kəmˈpresəʳ] s. compressor m.

comprise (to) [kəmˈpraiz] t. comprendre, incloure.

compromise [ˈkɔmprəmaiz] s. avinença f., transacció f. 2 DRET compromís m. 3 terme m. mitjà.

compromise (to) [ˈkɔmprəmaiz] t. acordar. 2 comprometre. ■ 3 i. arribar a un acord. 4 transigir.

compulsion [kəmˈpʌlʃən] s. compulsió f., coacció f. || under ~, per força.

compulsory [kəmˈpʌlsəri] a. obligatori, forçat.

compunction [kəmˈpʌŋkʃən] s. compunció f., remordiment m.

compute (to) [kəmˈpjuːt] t. computar, calcular.

computer [kəmˈpjuːtəʳ] s. computador m., computadora f. 2 calculador m., calculadora f. 3 ordinador m.

comrade [ˈkɔmreid] s. company, camarada.

comradeship [ˈkɔmreidʃip] s. companyonia f.

con (to) [kɔn] t. col·loq. fig. ensarronar.

con [kɔn] s. contra m.: *the pros and cons,* els pros i contres. 2 col·loq. estafa f.

concave [ˈkɔnkeiv] a. còncau, concavat. ■ 2 s. concavitat f.

conduct

conceal (to) [kən'siːl] *t.* ocultar, amagar, encobrir, tapar.

concealment [kon'siːlment] *s.* ocultació *f.* 2 amagatall *m.*

concede (to) [kən'siːd] *t.* concedir, atorgar. 2 admetre, reconèixer.

conceit [kən'siːt] *s.* vanitat *f.*, presumpció *f.* 2 idea *f.* enginyosa.

conceited [kən'siːtid] *a.* vanitós, presumptuós, envanit.

conceivable [kən'siːvəbl] *a.* concebible.

conceive (to) [kən'siːv] *t.-i.* concebre *t.*

concentrate (to) ['kɔnsentreit] *t.* concentrar. ■ 2 concentrar-se *p.*

concentration [ˌkɔnsen'treiʃən] *s.* concentració *f.*

concept ['kɔnsept] *s.* concepte *m.*

conception [kən'sepʃən] *s.* concepció *f.* 2 idea *f.*, concepció *f.*

concern [kən'səːn] *s.* assumpte *m.*, cosa *f.*: *it's no ~ of mine*, no és cosa meva. 2 negoci *m.*; empresa *f.* 3 interès *m.*, part *f.* 4 preocupació *f.*, inquietud *f.*

concern (to) [kən'səːn] *t.* afectar, concernir. ‖ *as far as I'm concerned*, quant a mi. 2 tractar. 3 preocupar. ■ 4 *p.* interessar-se.

concerning [kən'səːniŋ] *prep.* pel que fa a; sobre.

concert ['kɔnsəːt] *s.* MÚS. concert *m.* 2 concert *m.*, acord *m.*

concert (to) [kən'səːt] *t.* concertar.

concerted [kən'səːtid] *a.* concertat; conjunt. ‖ *~ effort*, esforç *m.* conjunt.

concession [kən'seʃən] *s.* concessió *f.*

conch [kɔntʃ] *s.* ZOOL. cargol *m.* de mar.

conciliate (to) [kən'silieit] *t.* conciliar, propiciar.

conciliation [kənˌsili'eiʃən] *s.* conciliació *f.*

conciliatory [kən'siliətəri] *a.* conciliatori.

concise [kən'sais] *a.* concís.

conciseness [kən'saisnis] *s.* concisió *f.*

conclave ['kɔnkleiv] *s.* conclave *m.*

conclude (to) [kən'kluːd] *t.* concloure, acabar. 2 concertar (*with*, amb) [un tractat]. 3 concloure, inferir. 4 decidir, determinar. ■ 5 *i.* concloure *t.*

conclusion [kən'kluːʒən] *s.* conclusió *f.*; final *m.*: *in ~*, en conclusió. 2 *a foregone ~*, un resultat inevitable.

conclusive [kən'kluːsiv] *a.* conclusiu. 2 concloent.

concoct (to) [kən'kɔkt] *t.* confeccionar. 2 mesclar, inventar [sopa, beguda, etc.]. 3 fig. ordir, tramar.

concoction [kən'kɔkʃən] *s.* mescla *f.*; beuratge *m.* 2 fig. trama *f.*

concomitant [kən'kɔmitənt] *a.* form. concomitant. ■ 2 *s.* form. cosa *f.* concomitant.

concord ['kɔnkɔːd] *s.* concòrdia *f.* 2 GRAM. concordança *f.*

concordance [kən'kɔːdəns] *s.* concordança *f.*, acord *m.* 2 concordances *f. pl.* [índex].

concordant [kən'kɔːdənt] *a.* concordant.

concourse ['kɔnkɔːs] *s.* concurrència *f.* 2 (EUA) vestíbul *m.* [d'una estació de tren].

concrete ['kɔnkriːt] *a.* concret. ■ 2 *s.* CONSTR. formigó *m.*, ciment *m.*

concrete (to) ['kɔnkriːt] *t.* recobrir de formigó i ciment. ■ 2 *i.* solidificar-se *p.*

concur (to) [kən'kəː'] *i.* assentir, estar d'acord. 2 concórrer; coincidir; cooperar.

concurrence [kən'kʌrəns] *s.* acord *m.* 2 concurrència *f.*

concussion [kən'kʌʃən] *s.* MED. commoció *f.* cerebral. 2 convulsió *f.*, espasme *m.*

condemn (to) [kən'dem] *t.* condemnar. 2 confiscar.

condemnation [ˌkɔndem'neiʃən] *s.* condemnació *f.*

condensation [ˌkɔnden'seiʃən] *s.* condensació *f.*

condense (to) [kən'dens] *t.* condensar. 2 condensar, abreujar [discurs, etc.]. ■ 3 *i.* condensar-se *p.*

condescend (to) [ˌkɔndi'send] *i.* condescendir, dignar-se *p.*

condescension [ˌkɔndi'senʃən] *s.* condescendència *f.*

condiment ['kɔndimənt] *s.* ALIM. condiment *m.*

condition [kən'diʃən] *s.* condició *f.* ‖ *on ~ (that)*, a (o amb) la condició de (o que).

condition (to) [kən'diʃən] *t.* condicionar.

conditional [kən'diʃənl] *a.* condicional.

condole (to) [kən'doul] *i.* condoldre's *p.*

condolence [kən'douləns] *s.* condol *m.*, condolença *f.*

condone (to) [kən'doun] *t.* condonar, perdonar.

conduce (to) [kən'djuːs] *i. to ~ to* o *towards*, conduir a; contribuir a.

conducive [kən'djuːsiv] *a.* conduent.

conduct ['kɔndʌkt] *s.* conducta *f.*

conduct (to) [kən'dʌkt] *t.* conduir, guiar. 2 dirigir, controlar. 3 QUÍM. conduir.

conductor [kən'dʌktəʳ] *s.* MÚS. director. 2 cobrador [d'autobús]. 3 (EUA) revisor [de tren].

cone [koun] *s.* GEOM., BOT. con *m.*

confection [kən'fekʃən] *s.* dolços *m. pl.* 2 confecció *f.*

confectioner [kən'fekʃənəʳ] *s.* confiter, pastisser.

confectionery [kən'fekʃənəri] *s.* confits *m. pl.*, caramels *m. pl.*, bombons *m. pl.* 2 confiteria *f.*, pastisseria *f.*

confederacy [kən'fedərəsi] *s.* confederació *f.*

confer (to) [kən'fəːʳ] *t.* conferir, concedir. ■ 2 *i.* conferir, conferenciar.

conference ['kɔnfərəns] *s.* congrés *m.*, conferència *f.* [reunió].

confess (to) [kən'fes] *t.* confessar. ■ 2 *i.* confessar-se *p.*

confessed [kən'fest] *a.* confessat, declarat, reconegut.

confession [kən'feʃən] *s.* confessió *f.*: ~ *of faith,* confessió *f.* de fe. 2 credo *m.*

confessional [kən'feʃənl] *a.* confessional. ■ 2 *s.* confessionari *m.*

confidant [ˌkɔnfi'dænt] *s.* confident.

confide (to) [kən'faid] *t.-i.* confiar.

confidence ['kɔnfidəns] *s.* confiança *f.*, fe *f.* 2 confidència *f.*

confident ['kɔnfidənt] *a.* confiat, segur.

confidential [ˌkɔnfi'denʃəl] *a.* confidencial. 2 de confiança *f.*

confines ['kɔnfainz] *s. pl.* límits *m. pl.*, fronteres *f. pl.*

confine (to) [kən'fain] *t.* confinar. 2 limitar, restringir.

confinement [kən'fainmənt] *s.* confinament *m.* 2 presó *f.*, reclusió *f.* 3 part *m.*, infantament *m.*

confirm (to) [kən'fəːm] *t.* confirmar, corroborar, ratificar. 2 REL. confirmar.

confirmation [ˌkɔnfə'meiʃən] *s.* confirmació *f.* 2 REL. confirmació *f.*

confirmed [kən'fəːmd] *a.* confirmat. 2 inveterat.

confiscate (to) ['kɔnfiskeit] *t.* confiscar.

confiscation [ˌkɔnfis'keiʃən] *s.* confiscació *f.*

conflagration [ˌkɔnflə'greiʃən] *s.* incendi *m.*

conflict ['kɔnflikt] *s.* conflicte *m.*

conflict (to) [kən'flict] *i.* entrar en conflicte, estar en conflicte.

confluence ['kɔnfluəns] *s.* confluència *f.*

conform (to) [kən'fɔːm] *t.* conformar. ■ 2 *i.* conformar-se *p.*

conformist [kən'fɔːmist] *s.* conformista.

conformity [kən'fɔːmiti] *s.* conformitat *f.*, concordança *f.*, consonància *f.*

confound (to) [kən'faund] *t.* confondre, desconcertar ■ 2 *interj. ant.* ~ *it!,* ostres!

confounded [kən'faundid] *a.* confús. 2 *fam.* maleït.

confraternity [ˌkɔnfrə'təːniti] *s.* confraria *f.*, confraternitat *f.*

confront (to) [kən'frʌnt] *t.* confrontar, acarar. 2 afrontar.

confuse (to) [kən'fjuːz] *t.* confondre.

confusion [kən'fjuːʒən] *s.* confusió *f.*

congeal (to) [kən'dʒiːl] *t.* congelar, quallar, coagular. ■ 2 *i.* congelar-se *p.*, quallar-se *p.*, coagular-se *p.*

congenial [kən'dʒiːnjəl] *a.* congenial. 2 simpàtic, agradable.

congenital [kən'dʒenitl] *a.* congènit.

conger ['kɔŋgəʳ] *s.* ICT. ~ *eel,* congre *m.*

congest (to) [kən'dʒest] *t.* congestionar, aglomerar. ■ 2 *i.* congestionar-se *p.*, aglomerar-se *p.*

congestion [kən'dʒestʃən] *s.* congestió *f.* 2 aglomeració *f.*

conglomerate [kən'glɔmərit] *a.-s.* conglomerat *s.* [també fig.].

conglomerate (to) [kən'glɔməreit] *t.* conglomerar. ■ 2 *i.* conglomerar-se *p.*

congratulate (to) [kən'grætjuleit] *t.* congratular, felicitar. ■ 2 *p.* to ~ *oneself,* felicitar-se.

congratulation [kənˌgrætju'leiʃən] *s.* congratulació *f.*, felicitació *f.*

congregate (to) ['kɔŋgrigeit] *t.* congregar, aplegar, ajuntar. ■ 2 *i.* congregar-se *p.*, aplegar-se *p.*, ajuntar-se *p.*

congregation [ˌkɔŋgri'geiʃən] *s.* congregació *f.*, reunió *f.*

congress ['kɔŋgres] *s.* congrés *m.*

congruent ['kɔŋgruənt], **congruous** ['kɔŋgruəs] *a.* congruent.

conic ['kɔnik], **conical** ['kɔnikəl] *a.* cònic.

conifer ['kɔnifəʳ] *s.* BOT. conífera *f.*

conjecture [kən'dʒektʃəʳ] *s.* conjectura *f.*, presumpció *f.*

conjecture (to) [kən'dʒektʃəʳ] *t.-i.* conjecturar *t.*, presumir *t.*

conjoin (to) [kən'dʒɔin] *t.* unir, ajuntar. ■ 2 *i.* unir-se *p.*, ajuntar-se *p.*

conjoint ['kɔndʒɔint] a. unit, associat.

conjugal ['kɔndʒugəl] a. conjugal.

conjugate (to) ['kɔndʒugeit] t. conjugar. ■ 2 i. conjugar-se p.

conjugation [kɔndʒu'geiʃən] s. conjugació f.

conjunction [kən'dʒʌŋkʃən] s. GRAM. conjunció f. 2 conjunció f., unió f.

conjuncture [kən'dʒʌŋktʃəʳ] s. conjuntura f., circumstàncies f. pl.

conjure (to) [kən'dʒuəʳ] t. conjurar, implorar, suplicar. 2 ['kʌndʒəʳ] t. conjurar, evocar [un esperit, etc.]. 3 fer alguna cosa com per art de màgia. 4 **to ~ up**, evocar [imatges, etc.]. ■ 5 i. fer jocs de mans.

conjurer, conjuror ['kʌndʒərəʳ] s. prestidigitador.

con man ['kɔnmaen] s. estafador m.

connect (to) [kə'nekt] t. connectar. 2 unir, enllaçar; comunicar. 3 relacionar, associar. ■ 4 i. unir-se p., enllaçar-se p., comunicar, comunicar-se p. 5 FERROC. enllaçar.

connection, connexion [kə'nekʃən] s. connexió f., enllaç m. 2 relació f. 3 comunicació f. 4 FERROC. enllaç m., correspondència f.

connivance [kə'naivəns] s. connivència f., consentiment m., complicitat f.

connive (to) [kə'naiv] i. fer els ulls grossos. 2 confabular-se p.

conquer (to) ['kɔŋkəʳ] t. conquerir. 2 vèncer, derrotar; dominar.

conqueror ['kɔŋkərəʳ] s. conqueridor. 2 vencedor.

conquest ['kɔŋkwest] s. conquesta f.

Conrad ['kɔnræd] n. pr. m. Conrad.

consanguinity [kɔnsæŋ'gwiniti] s. consanguinitat f.

conscience ['kɔnʃəns] s. consciència f.: a **matter of ~**, una qüestió f. de consciència.

conscientious [kɔnʃi'enʃəs] a. conscienciós, de consciència.

conscientiousness [kɔnʃi'enʃəsnis] s. consciència f., rectitud f., escrupolositat f.

conscious ['kɔnʃəs] a. conscient.

consciousness ['kɔnʃəsnis] s. consciència f. 2 MED. coneixement m.

conscript ['kɔnskript] a. reclutat. ■ 2 s. recluta m.

conscript (to) [kən'skript] t. reclutar.

conscription [kən'skripʃən] s. reclutament m.

consecrate (to) ['kɔnsikreit] t. consagrar.

consecration [kɔnsi'kreiʃən] s. consagració f. 2 dedicació f.

consecutive [kən'sekjutiv] a. consecutiu, successiu.

consensus [kən'sensəs] s. consens m.

consent [kən'sent] s. consentiment m., assentiment m.: **all with one ~**, unànimement.

consent (to) [kən'sent] i. consentir, accedir.

consequence ['kɔnsikwəns] s. conseqüència f., resultat m. 2 conclusió f. 3 importància f.

consequent ['kɔnsikwənt] a. conseqüent, lògic. 2 LÒG. conseqüent.

consequential [kɔnsi'kwenʃəl] a. consegüent. 2 important, significatiu.

consequently ['kɔnsikwəntli] adv. consegüentment, en conseqüència, per consegüent.

conservation [kɔnsəː'veiʃən] s. conservació f.

conservative [kən'səːvətiv] a. conservador. 2 moderat. ■ 3 s. POL. conservador.

conservatoire [kən'səːvətwɑːʳ] s. conservatori m.

conservatory [kən'səːvətri] s. hivernacle m.

conserve [kən'səːv] s. conserva f., confitura f.

conserve (to) [kən'səːv] t. conservar, mantenir. 2 confitar.

consider (to) [kən'sidəʳ] t. considerar.

considerable [kən'sidərəbl] a. considerable.

considerate [kən'sidərit] a. considerat [envers els altres].

consideration [kən,sidə'reiʃən] s. consideració f. 2 retribució f., paga f., diners m. pl.

considering [kən'sidəriŋ] prep. tenint en compte.

consign (to) [kən'sain] t. consignar, confiar, dipositar.

consignment [kən'sainmənt] s. consignació f. 2 COM. tramesa f., remesa f.

consist (to) [kən'sist] i. consistir. 2 constar (of, de).

consistence [kən'sistəns], **consistency** [kən'sistənsi] s. conseqüència f., lògica f. [en el comportament, etc.]. 2 consistència f.

consistent [kən'sistənt] *a.* conseqüent. 2 consistent, sòlid.

consolation [ˌkɔnsə'leiʃən] *s.* consolació *f.*, consol *m.*, conhort *m.*

console ['kɔnsoul] *s. console-table,* consola *f.*

console (to) [kən'soul] *t.* consolar.

consolidate (to) [kən'sɔlideit] *t.* consolidar. ■ 2 *i.* consolidar-se *p.*

consonance ['kɔnsənəns] *s.* consonància *f.*; conformitat *f.*, acord *m.*

consonant ['kɔnsənənt] *a.-s.* consonant *f.*

consort ['kɔnsɔːt] *s.* consort.

consort (to) [kən'sɔːt] *i.* anar amb, ajuntar-se *p.* 2 concordar, correspondre's *p.*

conspicuous [kən'pikjuəs] *a.* conspicu, eminent. 2 sobresortint, singular.

conspiracy [kən'spirəsi] *s.* conspiració *f.*

conspirator [kən'spirətəʳ] *s.* conspirador.

conspire (to) [kən'paiəʳ] *i.* conspirar, conjurar-se *p.* ■ 2 *t.* tramar, ordir.

constable ['kʌnstəbl] *s.* agent de policia. 2 conestable *m.*

constancy ['kɔnstənsi] *s.* constància *f.*, fermesa *f.*, perseverança *f.*

constant ['kɔnstənt] *a.* constant. 2 lleial. 3 continu.

constellation [ˌkɔnstə'leiʃən] *s.* ASTR. constel·lació *f.* [també fig.].

consternation [ˌkɔnstə'neiʃən] *s.* consternació *f.*

constipate (to) ['kɔnstipeit] *t.* restrènyer.

constipation [ˌkɔnsti'peiʃən] *s.* restrenyiment *m.*

constituency [kən'stitjuənsi] *s.* districte *m.* electoral. 2 electors *pl.*

constituent [kəns'titjuənt] *a.* constitutiu, constituent. 2 POL. constituent. ■ 3 *s.* constituent *m.* 4 POL. elector.

constitute (to) ['kɔnstitjuːt] *t.* constituir.

constitution [ˌkɔnsti'tjuːʃən] *s.* constitució *f.*

constrain (to) [kən'strein] *t.* constrènyer, obligar.

constraint [kən'streint] *s.* constrenyiment *m.*, coacció *f.* 2 repressió *f.*

constrict (to) [kən'strikt] *t.* estrènyer, prémer, comprimir. 2 MED. estrangular [una vena, etc.].

construct (to) [kən'strʌkt] *t.* construir, fabricar, fer.

construction [kən'strʌkʃən] *s.* construcció *f.* 2 edificació *f.*

construe (to) [kən'struː] *t.* GRAM. construir. 2 interpretar; analitzar. 3 traduir. 4 explicar.

consul ['kɔnsəl] *s.* cònsol.

consular ['kɔnsjulə] *a.* consular.

consulate ['kɔnsjulit] *s.* consolat *m.*

consult (to) [kən'sʌlt] *t.* consultar. ■ 2 *i.* deliberar.

consultation [ˌkɔnsəl'teiʃən] *s.* consulta *f.* 2 junta *f.*

consultative [kən'sʌltətiv] *a.* consultiu.

consume (to) [kən'sjuːm] *t.* consumir. ■ 2 *i.* consumir-se.

consumer [kən'sjuːməʳ] *s.* consumidor.

consummate [kən'sʌmit] *a.* consumat, perfecte.

consummate (to) ['kɔnsəmeit] *t.* consumar.

consummation [ˌkɔnsə'meiʃən] *s.* consumació *f.*

consumption [kən'sʌmpʃən] *s.* consum *m.*, consumpció *f.* 2 pop. tisi *f.*

contact ['kɔntækt] *s.* contacte *m.*

contact (to) ['kɔntækt] *t.* posar-se *p.* en contacte amb, estar en contacte amb.

contagion [kən'teidʒən] *s.* contagi *m.*

contagious [kən'teidʒəs] *a.* contagiós, encomanadís.

contagiousness [kən'teidʒəsnis] *s.* contagiositat *f.*

contain (to) [kən'tein] *t.* contenir; tenir cabuda. 2 comprendre, incloure. 3 reprimir, refrenar.

container [kən'teinəʳ] *s.* contenidor *m.*, continent *m.*, recipient *m.*, envàs *m.*

contaminate (to) [kən'tæmineit] *t.* contaminar.

contamination [kənˌtæmi'neiʃən] *s.* contaminació *f.*

contemplate (to) ['kɔntempleit] *t.* contemplar. 2 proposar-se *p.*, considerar. ■ 3 *i.* meditar.

contemplation [ˌkɔntem'pleiʃən] *s.* contemplació *f.* 2 projecte *m.* 3 meditació *f.*

contemplative [kɔn'templətiv] *a.* contemplatiu.

contemporaneous [kənˌtempə'reinjəs] *a.* **contemporary** [kən'tempərəri] *a.-s.* contemporani *a.-m.*

contempt [kən'tempt] *s.* menyspreu *m.*, menyspreament *m.*, desdeny *m.*

contemptible [kən'temptəbl] *a.* menyspreable. 2 desdenyós.

contend (to) [kən'tend] *i.* contendre, contendir. 2 competir, rivalitzar. 3 llui-

73 **control**

tar, pugnar, esforçar-se. ■ **4** *t*. mantenir, afirmar.

1) content ['kɔntent] *s*. contingut *m*.

2) content [kən'tent] *a*. content, satisfet. ■ **2** *s*. contentació *f.,* satisfacció *f.*

content (to) [kən'tent] *t*. acontentar, satisfer.

contented [kən'tentid] *a*. content, satisfet.

contention [kən'tenʃən] *s*. disputa *f.,* baralla *f.* **2** argument *m.,* afirmació *f.*

contentious [kən'tenʃəs] *a*. contenciós. **2** litigiós.

contentment [kən'tentmənt] *s*. satisfacció *f.,* contentació *f.*

contest ['kɔntest] *s*. lluita *f.,* contesa *f.;* disputa *f.;* litigi *m.* **2** competició *f.,* concurs *m.,* certamen *m.,* torneig *m.,* combat *m.* [boxa].

contest (to) [kən'test] *t*. disputar, lluitar per *i.,* pugnar per *i.* **2** impugnar. ■ **3** *i*. contendre, contendir, competir.

contestant [kən'testənt] *s*. contrincant, contendent, participant.

context ['kɔntekst] *s*. context *m.*

contiguous [kən'tigjuəs] *a*. contigu, immediat, proper.

continence ['kɔntinəns] *s*. continència *f.*

continent ['kɔntinənt] *a*. que es conté [persona]. ■ **2** *s*. GEOGR. continent *m.*

contingency [kən'tindʒənsi] *s*. contingència *f.* **2** eventualitat *f.*

contingent [kən'tindʒent] *a*. contingent. ■ **2** *s*. contingent *m.*

continual [kən'tinjuəl] *a*. continu, incessant.

continuance [kən'tinjuəns] *s*. duració *f.,* continuació *f.* **2** permanència *f.*

continuation [kən,tinju:'eiʃən] *s*. continuació *f.*

continue (to) [kən'tinju:] *t*. continuar. ■ **2** *i*. durar, continuar.

continuity [,kɔnti'nju:əti] *s*. continuïtat *f.*

continuous [kən'tinjuəs] *a*. continu. ■ **2** **-ly** *adv*. contínuament.

contort (to) [kən'tɔ:t] *t*. retòrcer, retorçar, tòrcer, torçar.

contortion [kən'tɔ:ʃən] *s*. contorsió *f.*

contour ['kɔntuə'] *s*. contorn *m.*

contraband ['kɔntrəbænd] *s*. contraban *m.*

contraception [,kɔntrə'sepʃn] *s*. contracepció *f.,* anticoncepció *f.*

contraceptive [,kɔntrə'septiv] *a*. anticonceptiu. ■ **2** *s*. anticonceptiu *m.*

contract ['kɔntrækt] *s*. contracte *m.*

contract (to) [kən'trækt] *t*. contractar, pactar. **2** contreure, contraure, encongir. **3** contreure [matrimoni, etc.]. ■ **4** *i*. contreure's *p.,* contraure's *p.,* encongir-se *p.* **5** comprometre's *p.* per contracte.

contraction [kən'trækʃən] *s*. contracció *f.*

contractor [kən'træktə'] *s*. contractant. **2** contractista *m.*(i *f*).

contradict (to) [,kɔntrə'dikt] *t*. contradir. **2** desmentir, negar.

contradiction [,kɔntrə'dikʃən] *s*. contradicció *f.*

contradictory [,kɔntrə'diktəri] *a*. contradictori.

contraption [kən'træpʃən] *s*. col·loq. artefacte *m.*

contrarily [kən'treərəli] *adv*. obstinadament, tossudament.

contrariness ['kɔntrərinis] *s*. oposició *f.* **2** obstinació *f.,* tossuderia *f.*

contrary ['kɔntrəri] *a*. contrari, oposat. **2** advers, desfavorable. **3** tossut, obstinat. ■ **4** *s*. **the ~,** el contrari. ■ **5** *prep*. **~ to,** contràriament. **6 on the ~,** al contrari; **to the ~,** en contra.

contrast ['kɔntrɑ:st] *s*. contrast *m.*

contrast (to) [kən'trɑ:st] *t*. fer contrast, comparar. ■ **2** *i*. contrastar.

contravene (to) [,kɔntrə'vi:n] *t*. contravenir. **2** contradir.

contravention [,kɔntrə'venʃən] *s*. contravenció *f.,* infracció *f.*

contribute (to) [kən'tribju:t] *t*. contribuir *i*. amb, aportar. ■ **2** *i*. contribuir, col·laborar.

contribution [,kɔntri'bju:ʃən] *s*. contribució *f.,* col·laboració *f.,* aportació *f.* **2** contribució *f.,* taxa *f.*

contributor [kən'tribju:tə'] *s*. contribuïdor. **2** col·laborador.

contrite ['kɔntrait] *a*. contrit.

contrition [kən'triʃən] *s*. contrició *f.*

contrivance [kən'traivəns] *s*. inventiva *f.* **2** traça *f.,* enginy *m.* **3** invenció *f.,* aparell *m.* **4** pla *m.,* idea *f.*

contrive (to) [kən'traiv] *t*. idear, enginyar, inventar. **2** maquinar, tramar. **3** aconseguir. ■ **4** *i*. enginyar-se *p.*

control [kən'troul] *s*. control *m.,* autoritat *f.* **2** govern *m.,* direcció *f.* **3** fre *m.,* aturador *m.* **4** inspecció *f.,* comprovació *f.* **5** MEC. comandament *m.,* control *m.*

control (to) [kən'troul] *t*. controlar. **2** reprimir. **3** governar, dirigir.

controversial [ˌkɔntrəˈvəːʃəl] *a.* controvertible, discutible.

controversy [ˈkɔntrəvəsi] *s.* controvèrsia *f.*

controvert (to) [ˌkɔntrəˈvəːt] *t.* controvertir *i.* 2 negar; discutir.

contumacious [ˌkɔntjuˈmeiʃəs] *a.* form. contumaç.

contumacy [ˈkɔntjuməsi] *s.* contumàcia *f.*, rebel·lia *f.*

contumely [ˈkɔntjuːmli] *s.* form. injúria *f.*

contusion [kənˈtjuːʒən] *s.* MED. contusió *f.*

conundrum [kəˈnʌndrəm] *s.* endevinalla *f.*

conurbation [ˌkɔnəˈbeiʃn] *s.* conurbació *f.*

convalescence [ˌkɔnvəˈlesns] *s.* convalescència *f.*

convalescent [ˌkɔnvəˈlesnt] *a.* convalescent.

convene (to) [kənˈviːn] *t.* convocar. 2 citar. ■ 3 *i.* reunir-se *p.*

convenience [kənˈviːnjəns] *s.* conveniència *f.*, comoditat *f.* 2 (G.B.) *public conveniences,* lavabos *m. pl.* públics.

convenient [kənˈviːnjənt] *a.* convenient. 2 oportú. 3 còmode.

convent [ˈkɔnvənt] *s.* convent *m.*

convention [kənˈvenʃən] *s.* convenció *f.* 2 congrés *m.*, assemblea *f.*, reunió *f.*, convenció *f.*

conventional [kənˈvenʃənəl] *a.* convencional.

converge (to) [kənˈvəːdʒ] *i.* convergir. ■ 2 *t.* fer convergir.

convergence [kənˈvəːdʒəns] *s.* convergència *f.*

convergent [kənˈvəːdʒənt] *a.* convergent.

conversant [kənˈvəːsənt] *a.* ~ *with,* versat en.

conversation [ˌkɔnvəˈseiʃən] *s.* conversa *f.*, conversació *f.*

converse [ˈkɔnvəːs] *a.* oposat, contrari. ■ 2 *s.* inversa *f.*

converse (to) [kənˈvəːs] *i.* conversar.

conversion [kənˈvəːʃən] *s.* conversió *f.*

convert [ˈkɔnvəːt] *s.* convers *a.-s.*

convert (to) [kənˈvəːt] *t.* convertir. ■ 2 *i.* convertir-se *p.*

convex [ˈkɔnveks] *a.* convex.

convexity [kɔnˈveksiti] *s.* convexitat *f.*

convey (to) [kənˈvei] *t.* portar, transportar. 2 transmetre. 3 DRET traspassar.

conveyance [kənˈveiəns] *s.* transport *m.* 2 transmissió *f.* 3 DRET traspàs *m.*

convict [ˈkɔnvikt] *s.* presidiari, convicte.

convict (to) [kənˈvikt] *t.* condemnar. 2 DRET declarar culpable.

conviction [kənˈvikʃən] *s.* convicció *f.*, convenciment *m.* 2 DRET declaració *f.* de culpabilitat, condemna *f.*

convince (to) [kənˈvins] *t.* convèncer.

convivial [kənˈviviəl] *a.* sociable, jovial.

convocation [ˌkɔnvəˈkeiʃən] *s.* convocació *f.*, convocatòria *f.* 2 assemblea *f.*

convoke (to) [kənˈvouk] *t.* convocar, reunir.

convoy [ˈkɔnvɔi] *s.* comboi *m.; escorta *f.*, protecció *f.*

convoy (to) [ˈkɔnvɔi] *t.* acomboiar, escortar.

convulse (to) [kənˈvʌls] *t.* crispar. ‖ *to be convulsed with laughter,* trencar-se *p.* de riure.

convulsion [kənˈvʌlʃən] *s.* convulsió *f.*

convulsive [kənˈvʌlsiv] *a.* convulsiu.

coo [kuː] *s.* parrup *m.* [dels coloms].

coo (to) [kuː] *i.* parrupejar [els coloms].

cook [kuk] *s.* cuiner.

cook (to) [kuk] *t.* cuinar; guisar; coure. 2 fig. falsificar. 3 fig. *to* ~ *up,* tramar; inventar. ■ 4 *i.* cuinar; coure's *p.*

cooker [ˈkukə] *s.* cuina *f.* [electrodomèstic]. 2 fruita *f.* per cuinar [poma, pera, etc.].

cookery [ˈkukəri] *s.* GASTR. cuina *f.: Indian* ~, cuina *f.* índia.

cooking [ˈkukiŋ] *s.* GASTR. cuina *f.* ‖ *to do the* ~, cuinar. ■ 2 *a.* de cuina, culinari.

cool [kuːl] *a.* fresc; fred; tebi. 2 tranquil; fresc. 3 agosarat. 4 fig. fred [comportament]. ■ 5 *s.* fresca *f.* 6 frescor *f.* 7 fig. col·loq. sang *f.* freda: *keep your* ~*!,* no perdis els estreps!

cool (to) [kuːl] *t.* refrescar; refredar. 2 calmar. ■ 3 *i.* refrescar-se *p.;* refredar-se *p.* 4 fig. *to* ~ *down,* calmar-se *p.*

coolness [ˈkuːlnis] *s.* fresca *f.* 2 frescor *f.* 3 fredor *f.* 4 serenitat *f.*

coop [kuːp] *s.* galliner *m.*

co-op [ˈkouɔp] *s.* col·loq. cope *f.*

cooper [ˈkuːpə] *s.* boter *m.*

co-operate (to) [kouˈɔpəreit] *i.* cooperar.

co-operation [kouˌɔpəˈreiʃən] *s.* cooperació *f.*

co-operative [kouˈɔpərətiv] *a.* cooperatiu. ■ 2 *s.* cooperativa *f.*

cop [kɔp] *s.* pop. bòfia, policia.

cop (to) [kɔp] *t.* pop. **to ~ it**, tocar el rebre. 2 **to ~ out (of)**, abandonar.

cope (to) [koup] *i.* **to ~ (with)**, poder amb; sortir-se'n *p.*; enfrontar-se *p.* amb.

copious ['koupjəs] *a.* copiós, abundant. 2 prolífic [un escriptor].

copper ['kɔpəʳ] *s.* QUÍM. coure *m.* 2 ant. moneda *f.* 3 pop. bòfia, policia.

coppice ['kɔpis] *s.* ~ **(woods)**, bosquina *f.,* bosquet *m.*

copulate (to) ['kɔpjuleit] *i.* copular (*with*, amb).

copulation [,kɔpju'leiʃən] *s.* copulació *f.*

copulative ['kɔpjulətiv] *a.* copulatiu. ■ 2 *s.* GRAM. còpula *f.*

copy ['kɔpi] *s.* còpia *f.;* imitació *f.;* reproducció *f.* 2 exemplar *m.* [de llibre, de diari]. 3 IMPR. original *m.* 4 **rough ~**, esborrany *m.*

copy (to) ['kɔpi] *t.* copiar. 2 imitar.

copyright ['kɔpirait] *s.* drets *m. pl.* de propietat literària, musical, artística, etc.

copywriter ['kɔpiraitəʳ] *s.* escriptor *m.* de material publicitari.

coquetry ['kɔkitri] *s.* coqueteria *f.,* flirteig *m.*

coquette [kɔ'ket] *s.* coqueta *f.*

coquettish [kɔ'ketiʃ] *a.* coqueta.

coral ['kɔrəl] *s.* coral *m.*

corbel ['kɔːbəl] *s.* ARQ. mènsula *f.*

cord [kɔːd] *s.* cordill *m.* gruixut. 2 **vocal cords**, cordes *f. pl.* vocals.

cordage ['kɔːdidʒ] *s.* NÀUT. cordam *m.*

cordial ['kɔːdjəl] *a.* cordial. ■ 2 *s.* cordial *m.*

cordiality [,kɔːdi'æliti] *s.* cordialitat *f.*

cordon ['kɔːdn] *s.* cordó *m.*

corduroy ['kɔːdərɔi] *s.* pana *f.* 2 *pl.* pantalons *m.* de pana.

core [kɔːʳ] *s.* centre *m.,* nucli *m.;* ànima *f.* 2 cor *m.* [d'una fruita].

core (to) [kɔːʳ] *t.* espinyolar.

cork [kɔːk] *s.* suro *m.* 2 tap *m.* de suro.

cork (to) [kɔːk] *t.* tapar [amb suro].

cork oak ['kɔːkouk] *s.* alzina *f.* surera.

cork-screw ['kɔːkskruː] *s.* gal·lic. tirabuixó *m.,* llevataps *m.:* ~ **curl**, tirabuixó *m.*

cormorant ['kɔːmərənt] *s.* ORN. cormorà *m.*

corn [kɔːn] *s.* gra *m.;* cereal *m.* 2 blat *m.,* (EUA) blat *m.* de moro. 3 durícia *f.*

corn (to) [kɔːn] *t.* salar, assaonar, adobar.

corncob ['kɔːnkɔb] *s.* (EUA) panotxa *f.*

corned beef [,kɔːnd'biːf] *s.* carn *f.* salada i fumada.

corner ['kɔːnəʳ] *s.* angle *m.;* cantonada *f.;* racó *m.;* cantell *m.*‖ ~ **shelf**, cantonera *f.* 2 fig. atzucac *m.* 3 lloc *m.* aïllat, remot. 4 punta *f.* [d'un barret]. 5 COM. acaparament *m.* 6 ESPORT corner *m.*

corner (to) [kɔːnəʳ] *t.* arraconar; abordar [també fig.]. 2 col·loq. posar entre l'espasa i la paret. ■ 3 *i.* girar una cantonada. 4 COM. acaparar.

corner-stone ['kɔːnəstoun] *s.* pedra *f.* angular. 2 fig. part *f.* fonamental.

cornet ['kɔːnit] *s.* corneta *f.;* cornetí *m.* 2 cucurutxo *m.*

corn exchange ['kɔːniks,tʃeindz] *s.* llotja *f.* de gra.

cornice ['kɔːnis] *s.* ARQ. cornisa *f.*

coronation [,kɔrə'neiʃən] *s.* coronació *f.*

coroner ['kɔrənəʳ] *s.* DRET mena de jutge de primera instància.

coronet ['kɔrənet] *s.* corona *f.* [de noble]. 2 diadema *f.*

corporal ['kɔːpərəl] *a.* corporal. ■ 2 *s.* MIL. corporal *m.*

corporation [,kɔːpə'reiʃən] *s.* corporació *f.;* gremi *m.* 2 COM. companyia *f.* 3 **municipal ~**, ajuntament *m.* 4 (EUA) societat *f.* anònima.

corporeal [kɔː'pɔːriəl] *a.* corpori. 2 tangible.

corps [kɔːʳ, *pl.* kɔːz] *s.* MIL. cos *m.* 2 cos *m.: the Diplomatic ~*, el cos diplomàtic. 3 ▲ *pl.* **corps**.

corpse [kɔːps] *s.* cadàver *m.*

corpulence ['kɔːpjuləns] *s.* corpulència *f.*

corpulent ['kɔːpjulənt] *a.* corpulent.

corpuscle ['kɔːpʌsl] *s.* ANAT. corpuscle *m.;* glòbul *m.* 2 FÍS. corpuscle *m.*

correct [kə'rekt] *a.* correcte. 2 vàlid. 3 exacte.

correct (to) [kə'rekt] *t.* corregir. 2 reformar. 3 ajustar.

correction [kə'rekʃən] *s.* correcció *f.,* esmena *f.* 2 càstig *m.*

correctness [kə'rektnis] *s.* correcció *f.* 2 exactitud *f.*

correspond (to) [,kɔris'pɔnd] *i.* correspondre, correspondre's *p.* (*to*, a; *with*, amb). 2 escriure's *p.* (*with*, amb).

correspondence [,kɔris'pɔndəns] *s.* correspondència *f.*

correspondent [ˌkɔris'pɔndənt] s. corresponsal m. ■ 2 a. corresponent.

corresponding [ˌkɔris'pɔndiŋ] a. corresponent.

corridor ['kɔridɔ:'] s. corredor m., passadís m.

corroborate (to) [kə'rɔbəreit] t. corroborar, confirmar.

corroboration [kəˌrɔbə'reiʃən] s. corroboració f.

corrode (to) [kə'roud] t. corroir.

corrosion [kə'rouʒən] s. corrosió f.

corrosive [kə'rousiv] a. corrosiu. ■ 2 s. corrosiu m.

corrugate (to) ['kɔrəgeit] t. corrugar.

corrupt [kə'rʌpt] a. corromput, corrupte.

corrupt (to) [kə'rʌpt] t. corrompre, degradar; adulterar. ■ 2 i. corrompre's p.

corruptible [kə'rʌptəbl] a. corruptible.

corruption [kə'rʌpʃən] s. corrupció f.

corsair ['kɔːsɛə'] s. corsari m.

corset ['kɔːsit] s. cotilla f. 2 faixa f. ortopèdica.

cortege [kɔː'teiʒ] s. seguici m.; acompanyament m.

corvette [kɔː'vet] s. NÀUT. corbeta f.

cosily ['kouzili] adv. confortablement; còmodament.

cosmetic [kɔz'metik] a. cosmètic. ■ 2 s. cosmètic m. ▲ gralnt. plural.

cosmic ['kɔzmik] a. ASTR. còsmic.

cosmonaut ['kɔzmə'nɔːt] s. cosmonauta, astronauta.

cosmopolitan [ˌkɔzmə'pɔlitən] a.-s cosmopolita.

cost [kɔst] s. ECON. cost m., preu m. ‖ ~ of living, cost de vida; running costs, despeses f. pl. 2 fig. cost m., preu m.: at all costs, a qualsevol preu, costi el que costi. 3 pl. DRET costes f. pl.

cost (to) [kɔst] i. costar, valer [també fig.]. ■ 2 t. calcular el cost de. ▲ no en passiva. ▲ Pret. i p. p.: cost [kɔst].

cosy ['kouzi] a. acollidor, còmode.

costliness ['kɔstlinis] s. preu m. elevat. 2 fig. sumptuositat f.

costly ['kɔstli] a. costós, car [també fig.].

costume ['kɔstjuːm] s. vestit m. ‖ historical ~, vestit històric; swimming ~, vestit m. de bany. ‖ ~ jewellery, bijuteria f.

cot [kɔt] s. llit m. de baranes. 2 catre m., llitera f.

coterie ['koutəri] s. tertúlia f.; cercle m.

cottage ['kɔtidʒ] s. casa f. de camp.

cottage cheese [ˌkɔtidʒ'tʃiːz] s. mató m.

cotton ['kɔtn] s. cotó m. ‖ BOT. cotton-plant, cotoner m.

cotton wool [ˌkɔtən'wul] s. cotó m. fluix.

couch [kautʃ] s. MOBL. sofà m. 2 MOBL. canapè m.

couch (to) [kautʃ] t. form. expressar. ■ 2 i. ajupir-se p.; estar a l'aguait [animals].

cough [kɔːf] s. tos f.

cough (to) [kɔːf] i. tossir. ■ 2 t. expel·lir [tossint]. 3 fig. pop. to ~ up, deixar anar [esp. diners].

could [kud] Vegeu CAN.

council ['kaunsil] s. consell m.; junta f. 2 assemblea f. 3 city ~, ajuntament m.

councillor, (EUA) **councilor** ['kaunsilə] s. regidor.

counsel ['kaunsəl] s. form. consell m. 2 advocat, conseller legal.

counsel (to) ['kaunsəl] t. form. aconsellar.

counsellor, (EUA) **counselor** ['kaunsələ] s. conseller. 2 (EUA), (IRL.) advocat.

count [kaunt] s. compte m.; càlcul m. 3 còmput m.; recompte m. 4 comte m. [títol nobiliari].

count (to) [kaunt] t. MAT. comptar. 2 comptar, incloure. 3 considerar, tenir per. ■ 4 i. comptar. 5 comptar, tenir valor. 6 to ~ on, comptar amb.

countdown ['kauntdaun] s. compte m. a l'inrevés.

countenance ['kauntinəns] s. rostre m., semblant m.: to change ~, trasmudar t.; to put out of ~, desconcertar t. 2 suport m.; aprovació f.

countenance (to) ['kauntinəns] t. donar suport, recolzar.

counter ['kauntə'] s. fitxa f. [de joc]. 2 taulell m. 3 comptador m. ■ 4 a. contrari; hostil. ■ 5 adv. ~ to, en oposició a, contrari a.

counter (to) ['kauntə'] t. contrarestar; contestar; oposar. ■ 2 i. tornar-s'hi p. 3 oposar-se p.

counteract (to) [ˌkauntə'rækt] t. contrarestar.

counter-attack ['kauntərə'tæk] s. contraatac m.

counter-attack (to) ['kauntərə'tæk] t.-i. contraatacar.

counterbalance ['kauntəˌbæləns] s. contrapès m.

counterfeit ['kauntəfit] a. falsificat, fals. ■ 2 s. falsificació f.

counterfeit (to) ['kauntəfit] t. falsificar.

cozen

counterfoil ['kauntəfɔil] s. matriu f. [d'un talonari].

counterpane [kauntəpein] s. cobrellit m., vànova f.

counterpart ['kauntəpaːt] s. duplicat m. 2 complement m.; part f. complementària.

counterpoint ['kauntəpɔint] s. MÚS. contrapunt m. 2 contraposició f.

counterpoise ['kauntəpɔiz] s. contrapès m. 2 equilibri m.

counterpoise (to) ['kauntəpɔiz] t. equilibrar.

countersign ['kauntəsain] s. contrasenya f.

countersign (to) ['kauntəsain] t. refrendar, visar, ratificar. 2 contrasignar.

countess ['kauntis] s. comtessa f.

countless ['kauntlis] a. incomptable, innombrable.

country ['kʌntri] s. pàtria f.; país m.; nació f. 2 regió f., comarca f. ‖ ~ dance, ball m. popular. 3 ~ (side), terra f., camp m.; zona f. rural: ~ house, casa f. de camp.

countryman ['kʌntrimən] s. pagès m. 2 compatriota m.

county ['kaunti] s. (G.B.) comtat m. 2 (EUA) districte m.

couple ['kʌpl] s. parell m. 2 parella f.

couple (to) ['kʌpl] t. unir, connectar, aparellar. 2 apariar. 3 casar. ■ 2 i. unir-se p. sexualment.

courage ['kʌridʒ] s. coratge m., valentia f.

courageous [kə'reidʒəs] a. coratjós, valent.

courier ['kuriə'] s. missatger. 2 guia turístic. 3 contrabandista. 4 correu [diplomàtic].

course [kɔːs] s. trajectòria f.; curs m. [dels esdeveniments]. 2 fig. direcció f.; camí m.; rumb m. 3 línia f. [de conducta]. 4 curs m. [d'estudis], carrera f. [universitària]. 5 ARQ. filada f. 6 plat m. [d'un menjar]. 7 ESPORT camp m., pista f. ■ 8 loc. adv. of ~, és clar, naturalment adv.

course (to) [kɔːs] t. caçar [amb gossos]. ■ 2 i. lliscar, córrer.

court [kɔːt] s. DRET tribunal m.; jutjat m. 2 pista f. [de tennis]. 3 pati m. ‖ inside ~, celobert. 4 cort f. [d'un sobirà]. 5 pay ~ to (a woman), fer la cort f.

court (to) [kɔːt] t. cortejar, galantejar. 2 sol·licitar, buscar.

courteous ['kəːtjəs] a. cortès, educat.

courtesan [kɔːti'zæn] s. HIST. cortesana f.

courtesy ['kəːtisi] s. cortesia f.

courtier ['kɔːtjə'] s. cortesà m. palatí.

courtly ['kɔːtli] a. cortès; elegant, refinat.

court-martial [kɔːt'maːʃəl] s. MIL. consell m. de guerra.

courtship ['kɔːtʃip] s. galanteig m. 2 prometatge m.

courtyard ['kɔːtjaːd] s. pati m.; atri m., placeta f. interior.

cousin ['kʌzn] s. cosí f.

cove [kouv] s. cala f., ansa f.

covenant ['kʌvənənt] s. DRET conveni m., pacte m.

covenant (to) ['kʌvənənt] t. acordar, estipular. ■ 2 i. pactar.

cover ['kʌvə'] s. tapadora f. 2 coberta f. [d'un llibre, etc.]. 3 embolcall m. 4 cobert m. [estar a]. 5 GASTR. cobert m. 6 ECON. cobertura f. 7 under ~ of, sota pretext m. 8 PERIOD. crònica f.

cover (to) ['kʌvə'] t. cobrir. 2 protegir. 3 amagar. 4 incloure. 5 abastar. 6 PERIOD. cobrir.

covering ['kʌvərin] s. CONSTR. cobert m. 2 cobertor m. 3 pretext m., aparença f.

coverlet ['kʌvəlit] s. cobrellit m.

covert ['kʌvət] a. encobert, dissimulat. ■ 2 s. ['kʌvə'] amagatall m.

covet (to) ['kʌvit] t. cobejar.

covetous ['kʌvitəs] a. cobejós.

covetousness ['kʌvitəsnis] s. cobdícia f.

covey ['kʌvi] s. ORN. bandada f. 2 grup m.

cow [kau] s. ZOOL. vaca f.

cow (to) [kau] t. intimidar, acovardir.

coward ['kauəd] a.-s. covard.

cowardice ['kauədis] s. covardia f.

cowardly ['kauədli] a. covard; menyspreable. ■ 2 adv. covardament.

cowboy ['kaubɔi] s. vaquer m.

cower (to) ['kauə'] i. ajupir-se p.; arraulir-se p.

cowl [kaul] s. cogulla f.; caputxa f. 2 barret m. [de xemeneia].

cowling ['kaulin] s. AERON. coberta f. [del motor].

cowpox ['kaupɔks] s. MED. vacuna f.

cowslip ['kauslip] s. BOT. primavera f.

coxcomb ['kɔkskoum] s. petimetre m.

coxswain ['kɔkswein, 'kɔksn] s. NÀUT. timoner, patró.

coy [kɔi] a. púdic, tímid [falsament].

coyness ['kɔinis] s. timidesa f., modèstia f. [simulada].

cozen (to) ['kʌzn] t. liter. enganyar.

crab [kræb] s. ZOOL. cranc m. 2 BOT. poma f. borda. 3 col·loq. queixa f.

crack [kræk] s. esquerda f., escletxa f., (BAL.) retxillera f., (VAL.) badell m. 2 cruixit m. 3 espetec m. ■ 4 a. expert, molt bo.

crack (to) [kræk] t. esquerdar, esbotzar, esberlar. 2 trencar [una nou]. 3 QUÍM. desfer [hidrats de carbó, etc.]. ■ 4 i. cruixir, esclafir. 5 esquerdar-se p., esberlarse. 6 to ~ up, embogir. 7 trencar-se p. [la veu].

crack-brained ['krækbreind] a. sonat, boig.

cracker ['krækə'] s. galeta f. 2 correcames m. 3 sorpresa f. 4 pl. trencanous m. 5 pl. col·loq. sonat.

crackle ['krækl] s. cruixit m., esclafit m., crepitació f.

crackle (to) ['krækl] i. espetegar, esclafir, crepitar.

cradle ['kreidl] s. bressol m. [també fig.]. 2 bastida f. [de drassana]. 3 suport m. [del telèfon].

cradle (to) ['kreidl] t. bressar, bressolar.

craft [krɑːft] s. art m. 2 destresa f., habilitat f. 3 ofici m.; gremi m. 4 astúcia f., artifici m. 5 NÀUT. embarcació f. 6 nau f.

craftiness ['krɑːftinis] s. manya f., traça f. 2 arteria f., astúcia f.

craftsman ['krɑːftsmən] s. artesà m.

craftsmanship ['krɑːftsmənʃip] s. artesania f.

craftswoman ['krɑːftswʌmən] s. artesana f.

crafty ['krɑːfti] a. astut, arterós.

crag [kræg] s. cingle m., estimball m., precipici m.

cragged ['krægid], **craggy** ['krægi] a. abrupte, escabrós, dur, sever.

cram (to) [kræm] t. atiborrar. 2 col·loq. estudiar de valent. ■ 3 i. atiborrar-se p.

crammer ['kræmə'] s. professor particular. 2 col·loq. molt estudiós.

cramp [kræmp] s. MED. rampa f. 2 CONSTR. abraçadora f., armella f.

cramp (to) [kræmp] t. restringir, obstaculitzar. 2 MED. agafar rampa. 3 faixar, arrapinyar.

crane [krein] s. ORN. grua f. 2 CONSTR. grua f.

crane (to) [krein] t. aixecar com amb grua. ■ 2 i. estirar el coll.

cranium ['kreinjəm] s. crani m.

crank [kræŋk] s. MEC. manubri m., manovella f ■ a. maniàtic, excèntric.

crankshaft ['kræŋkʃɑːft] s. AUTO. cigonyal m.

cranky ['kræŋki] a. guillat. 2 guerxo. 3 MEC. poc ferm, inestable.

cranny ['kræni] s. esquerda f., escletxa f.

crape [kreip] s. crespó m.

crash [kræʃ] s. trencadissa f., terrabastall m. 2 xoc m., topada f. 3 COM. fallida f.

crash (to) [kræʃ] t. trencar [plats, etc.]. ■ 2 i. estrellar-se p. [cotxe, avió]. 3 COM. fer fallida.

crass [kræs] a. cras, molt estúpid.

crater ['kreitə'] s. cràter m.

cravat [krə'væt] s. corbata f.

crave (to) [kreiv] t. desitjar, implorar, anhelar. ■ 2 i. antullar-se p., tenir un desig.

craven ['kreivən] a.-s. covard.

craving ['kreiviŋ] s. desig m.; anhel m., antull m.

crawfish ['krɔːfiʃ] s. ZOOL. llagosta f.

crawl [krɔːl] s. reptació f. 2 ESPORT crol m.

crawl (to) [krɔːl] i. reptar; arrossegar-se p.; anar de quatre grapes. 2 sentir formigueig. 3 to ~ with, estar infestat de.

crayfish ['kreifiʃ] s. Vegeu CRAWFISH.

crayon ['kreiən] s. ART llapis m. de cera, carbó o guix.

craze [kreiz] s. mania f.; moda f.; ceba f.

crazy ['kreizi] a. esbojarrat; insensat. 2 boig; dement. 3 extravagant. 4 ruïnós.

creak (to) [kriːk] i. cruixir, grinyolar.

creaking ['kriːkiŋ] s. cruixit m., carrisqueig m.

cream [kriːm] s. ALIM. crema f. de llet; whipped ~, nata f. 2 ALIM. crema f. [sopa]. 3 COSM. crema f. 4 fig. la flor f. i nata f.

crease [kriːs] s. plec m., doblec m. 2 séc m., arruga f. 3 ratlla f. dels pantalons.

crease (to) [kriːs] t. doblegar. 2 arrugar. ■ 3 i. arrugar-se p.

create (to) [kriː'eit] t. crear. 2 produir, causar.

creation [kriː'eiʃən] s. creació f.

creative [kriː'eitiv] a. creador; creatiu.

creator [kriː'eitə'] s. creador.

creature ['kriːtʃə'] s. criatura f.

credence ['kriːdəns] s. creença f.

credentials [kri'denʃəlz] s. pl. credencials f. pl.

credible ['kredəbl] a. creïble.

credit ['kredit] s. COM. crèdit m.; haver m. ‖ on ~, a crèdit. 2 honor m.; reputació f.:

that does you ~, això t'honra. 3 CINEM. *credits*, títols *m. pl.* de crèdit.

credit (to) ['kredit] *t.* creure. 2 fig. donar crèdit. 3 COM. acreditar, abonar.

creditable ['kreditəbl] *a.* fidel, honest, lloable.

creditor ['kreditə'] *s.* creditor.

credulity [kri'dju:liti] *s.* credulitat *f.*

credulous ['kredjuləs] *a.* crèdul.

creed [kri:d] *s.* REL. creença *f.*, credo *m.*

creek [kri:k] *s.* GEOGR. ançó *m.; rada *f.*, cala *f.* 2 (EUA) rierol *m.*

creep [kri:p] *s.* arrossegament *m.*, arrossegada *f.* 2 GEOL. lliscament *m.* 3 formigueig *m.* [a la pell]. 4 horror. 5 fam. desgraciat. ■ *6 to give the creeps*, posar la pell de gallina.

creep (to) [kri:p] *i.* arrossegar-se *p.; *lliscar 2 enfilar-se *p.* [les plantes]. 3 obeir servilment. 4 sentir formigueig. 5 tenir calfreds. ▲ Pret. i p. p. *crept* [krept].

creeper ['kri:pə'] *s.* ZOOL. grimpaire. 2 BOT. planta *f.* enfiladissa.

cremate (to) [kri'meit] *t.* incinerar.

cremation [kri'meiʃən] *s.* incineració *f.*

cremotorium [kremə'tɔ:riəm], **cremotory** ['kremətəri] *s.* crematori *m.*, forn *m.* crematori.

Creole ['kri:oul] *a.-s.* crioll.

crept [krept] Vegeu CREEP (TO).

crescent ['kresnt] *a.* creixent. ■ 2 *s.* mitja lluna *f.* 3 carrer *m.* corbat.

crest [krest] *s.* ORN. cresta *f.; *plomall *m.* 2 MIL. plomall *m.* 3 HERÀLD. emblema *m.* 4 cim *m.; *cresta *f.* [d'onada].

crestfallen ['krest,fɔ:lən] *a.* abatut, descoratjat.

crevice ['krevis] *s.* escletxa *f.*, esquerda *f.* [en una roca, etc.].

crew [kru:] *s.* MAR., AVIA. tripulació *f.* 2 equip *m.; *escamot *m.; *colla *f.* ▲ Vegeu CROW (TO).

crib [krib] *s.* menjadora *f.* 2 bressol *m.* 3 REL. (USA) pessebre *m.* 4 traducció *f.* literal.

crib (to) [krib] *t.* confinar. 2 encaixonar. 3 plagiar.

crick [krik] *s.* MED. torticoli *f.*

cricket ['krikit] *s.* ENT. grill *m.* 2 ESPORT criquet *m.*

crier ['kraiə'] *s.* nunci, pregoner. 2 ploraner.

crime [kraim] *s.* delicte *m.; *crim *m.* 2 delinqüència *f.; *criminalitat *f.* 3 fig. crim *m.*

criminal ['kriminl] *a.-s.* criminal.

crimp (to) [krimp] *t.* arrissar; ondular.

crimson ['krimzn] *a.* carmesí. ■ 2 *s.* carmesí *m.*

cringe (to) [krindʒ] *i.* arraulir-se *p.* [de por]. 2 comportar-se *p.* servilment.

crinkle ['kriŋkl] *s.* plec *m.; *ris *m.* [en un paper, etc.].

crinkle (to) ['kriŋkl] *t.* arrissar, arrugar. ■ 2 *i.* arrissar-se *p.*, arrugar-se *p.*

crinoline ['krinəlin] *s.* TÈXT. crinolina *f.*

cripple ['kripl] *s.* coix i esguerrat.

cripple (to) ['kripl] *t.* mutilar; esguerrar [també fig.].

crippled ['kripld] *a.* esguerrat; mutilat.

crisis ['kraisis] *s.* crisi *f.* ▲ *pl.* *crises* ['kraisi:s].

crisp [krisp] *a.* GASTR. sec, torrat, cruixent. 2 encrespat. 3 glaçat, sec [aire]. 4 precís; decidit. ■ 5 *s. pl.* patates *f. pl.* fregides de bossa.

crisp (to) [krisp] *t.* encrespar, arrissar. 2 torrar. 3 fer cruixir. ■ 4 *i.* encrespar-se *p.*, arrissar-se *p.*

criss-cross ['kriskrɔs] *a.* encreuat. ■ 2 *adv.* en creu.

criterion [krai'tiəriən] *s.* criteri *m.* ▲ *pl.* *criteria* [krai'tiəriə].

critic ['kritik] *s.* crític.

critical ['kritikəl] *a.* crític.

criticism ['kritisizəm] *s.* crítica *f.; *opinió *f.; *judici *m.* 2 pej. crítica *f.*

criticize (to) ['kritisaiz] *t.* criticar. ■ 2 *i.* fer crítica.

croak [krouk] *s.* grall *m.* [de corb]. 2 ranc *m.* [de la granota].

croak (to) [krouk] *i.* grallar; rancar. 2 rondinar. ■ 3 *t.* augurar [males notícies]. 4 col·loq. matar.

Croatia ['kroueiʃə] *n. pr.* GEOGR. Croàcia.

crochet ['krouʃei] *s.* ganxet *m.* [labor].

crockery ['krɔkəri] *s.* terrissa *f.*

crocodile ['krɔkədail] *s.* ZOOL. cocodril *m.*

crocus ['kroukəs] *s.* BOT. safrà *m.*

crone [kroun] *s.* vellota *f.; *harpia *f.*

crony ['krouni] *s.* camarada.

crook [kruk] *s.* gaiato *m.* 2 ganxo *m.; *garfi *m.* 3 corba *f.* 4 ANAT. sofraja *f.* 5 col·loq. malfactor.

crook (to) [kruk] *t.* forçar; encorbar; doblegar. ■ 2 *i.* forçar-se *p.; *encorbar-se *p.; *doblegar-se *p.*

crooked ['krukid] *a.* torçat. 2 tortuós. 3 poc honrat, dolent.

crookedness ['krukidnis] *s.* sinuositat *f.* 2 maldat *f.*

crop [krɔp] s. AGR. collita f. 2 cabells m. pl. molt curts. 3 ORN. pap m. 4 munt m., grapat m. [també fig.].

crop (to) [krɔp] t. AGR. collir; recol·lectar; fer la collita i. 2 AGR. plantar; cultivar. 3 tallar; retallar. ■ 4 i. AGR. donar rendiment [la terra].

croquet ['kroukei] s. ESPORT croquet m.

crosier ['krouʒiəʳ] s. REL. bàcul m.

cross [krɔs] s. creu f. 2 senyal m. de la creu f. 3 encreuament m. 4 fig. creu f.; sofriment m. 5 BOT. creuament m., hibridació f. ■ 6 a. transversal. 7 oposat; recíproc. 8 enfadat; malhumorat.

cross (to) [krɔs] t. travessar; creuar [un carrer, etc.]. 2 creuar [races]. 3 encreuar. 4 contrariar, frustrar. 5 to ~ off o out, esborrar; cancel·lar. 6 barrar [xecs]. ■ 7 i. creuar-se p. [correspondència, etc.]. 8 to ~ over, creuar, passar a l'altre costat ■ 9 p. to ~ oneself, senyar-se.

crossbar ['krɔsbɑːʳ] s. travesser m.

crossbones ['krɔsbounz] s. pl. ossos m. pl. encreuats [senyal de perill].

crossbow ['krɔsbou] s. MIL. ballesta f.

crossbred ['krɔsbred] a.-s. híbrid.

cross-country [krɔs'kʌntri] a. camp m. a través.

cross-examine (to) ['krɔsig'zæmin] t. DRET interrogar minuciosament; repreguntar.

cross-eyed ['krɔsaid] a. guenyo.

cross-grained ['krɔsgreind] a. de gra m. encreuat [fusta]. 2 fig. intractable; irritable.

crossing ['krɔsiŋ] s. MAR. travessia f. 2 encreuament m. 3 pas m. [de peatons]. 4 gual m. 5 level ~, pas m. a nivell.

crosspiece ['krɔspiːs] s. travesser m.

crossroads ['krɔsroudz] s. encreuament m.; cruïlla f.

crosswise ['krɔswaiz] adv. transversalment. 2 de biaix; en creu.

cross-word (puzzle) ['krɔswɔːd'pʌzl] s. mots m. pl. encreuats.

crotch [krɔtʃ] s. forqueta f. [dels arbres]. 2 entrecuix m. [dels pantalons].

crotchet ['krɔtʃit] s. MÚS. negra f. 2 mania f.; caprici m.

crotchety ['krɔtʃiti] a. de mala lluna; irritable.

crouch (to) [krautʃ] i. ajupir-se p.; arraulir-se p. 2 fig. rebaixar-se p.

crow [krou] s. ORN. corb m., gralla f. 2 cock's ~, cant m. del gall.

crow (to) [krou] i. cantar [el gall]. 2 jactar-se p.; vantar-se p. ▲ Pret.: crowed o crew [kruː].

crowbar ['kroubɑːʳ] s. palanca f.

crowd [kraud] s. multitud f., gentada f.

crowd (to) [kraud] t. reunir; aplegar; amuntegar. ■ 2 i. reunir-se p.; aplegar-se p.; amuntegar-se p.

crown [kraun] s. corona f. 2 ANAT. coroneta f. 3 cim m.; cimera f. 4 copa f. [d'arbre, de barret].

crown (to) [kraun] t. coronar.

crow's foot ['krouzfut] s. pota f. de gall.

crucial ['kruːʃəl] a. crucial.

crucifix ['kruːsifiks] s. crucifix m.

crucifixion [kruːsi'fikʃən] s. crucifixió f.

crucify (to) ['kruːsifai] t. crucificar. 2 tormentar.

crude [kruːd] a. cru [materials]. 2 tosc. 3 vulgar; rude. ■ 3 s. material m. cru, sense processar.

crudity ['kruːditi] s. cruesa f. 2 tosquedat. f. 3 vulgaritat f.

cruel [kruəl] a. cruel.

cruelty ['kruəlti] s. crueltat f.

cruet ['kruːit] s. setrill m.: ~ stand, setrilleres f. pl.

cruise [kruːz] s. NÀUT. creuer m.

cruise (to) [kruːz] i. NÀUT. fer un creuer. 2 MIL. patrullar.

cruiser ['kruːzəʳ] s. MIL. creuer m.

crumb [krʌm] s. engruna f. [també fig.]. 2 molla f.

crumble (to) ['krʌmbl] t. esmicolar; esbocinar; desfer. ■ 2 i. decaure; esfondrar-se p. enfonsar-se p. [també fig.].

crumple (to) ['krʌmpl] t. arrugar; rebregar. ■ 2 i. arrugar-se p.; rebregar-se p.

crunch (to) [krʌntʃ] t. fer cruixir [el menjar]. 2 fer cruixir. ■ 3 i. cruixir.

crusade [kruː'seid] s. croada f.

crusader [kruː'seidəʳ] s. croat m.

crush [krʌʃ] s. esclafamenta f. 2 atapeïment m.; aglomeració f. 3 suc m. de fruita.

crush (to) [krʌʃ] t. esclafar, (ROSS.) nyafar; matxucar. 2 oprimir. 3 anihilar. 4 prémer. 5 esprémer.

crust [krʌst] s. MED., ALIM., GEOL. crosta f. 2 rosegó m.

crustacean [krʌs'teiʃən] s. ZOOL. crustaci m. ■ 2 a. crustaci.

crusty ['krʌsti] a. crostós, crostat. 2 rude. 3 aspre, tosc.

crutch [krʌʃ] s. MED. crossa f. 2 forqueta f., bifurcació f.

cry [krai] s. exclamació f.; crit m. 2 lament m. 3 plor m. 4 crida f., pregó m.

cry (to) [krai] i. exclamar; fer un crit. 2 plorar. 3 udolar. ■ 4 t. proclamar. 5 demanar [ajuda, etc.]. 6 to ~ **down**, desacreditar. 7 t.-i. to ~ **out**, cridar, fer un crit.

crying [ˈkraiiŋ] a. escandalós; atroç. ■ 2 s. plor m.

crypt [kript] s. cripta f.

cryptic [ˈkriptik] a. críptic, secret, ocult.

crystal [ˈkristl] s. cristall m. ■ 2 a. cristal·lí.

crystalline [ˈkristəlain] a. cristal·lí.

crystallize (to) [ˈkristəlaiz] t.-i. cristallitzar.

cub [kʌb] s. cadell m.

cube [kjuːb] s. GEOM., MAT. cub m. ‖ ~ **root**, arrel cúbica.

cube (to) [kjuːb] t. cubicar.

cubic(al [ˈkjuːbikəl] a. cúbic.

cubicle [ˈkjuːbikl] s. cubiculum m.

cubism [ˈkjuːbizəm] s. ART cubisme f.

cubist [ˈkjuːbist] a.-s. cubista.

cuckoo [ˈkukuː] s. ORN. cucut m.

cucumber [ˈkjuːkʌmbə] s. BOT. cogombre m.

cuddle (to) [ˈkʌdl] t. abraçar; acaronar. ■ 2 i. estar abraçat.

cudgel [ˈkʌdʒəl] s. ant. garrot m.; porra f.

cudgel (to) [ˈkʌdʒəl] t. bastonejar; garrotejar. 2 to ~ **one's brains**, escalfar-se p. el cap.

cue [kjuː] s. senyal m.; indicació f. 2 TEAT. peu m.; entrada f. 3 ESPORT tac m. [de billar].

cuff [kʌf] s. COST. puny m.

cuff (to) [kʌf] t. bufetejar.

cuff links [ˈkʌfliŋks] s. pl. botons m. pl. de puny.

cuirass [kwiˈræs] s. cuirassa f.

cull (to) [kʌl] t. escollir. 2 triar; destriar; seleccionar.

culminate (to) [ˈkʌlmineit] i. culminar.

culpability [ˈkʌlpəˈbiliti] s. DRET culpabilitat f.

culpable [ˈkʌlpəbl] a. DRET culpable.

culprit [ˈkʌlprit] s. DRET culpable, reu.

cult [kʌlt] s. culte m.

cultivate (to) [ˈkʌltiveit] t. AGR. cultivar. 2 civilitzar. 3 refinar, educar.

cultivation [ˈkʌltiveiʃən] s. AGR. cultiu m.

cultivator [ˈkʌltiveitə] s. AGR. agricultor; cultivador. 2 AGR. aixada f.

culture [ˈkʌltʃə] s. cultura f.

cultured [ˈkʌltʃəd] a. cultivat; culte.

cumbersome [ˈkʌmbəsəm] a. voluminós; pesat.

cumulative [ˈkjuːmjulətiv] a. acumulatiu.

cunning [ˈkʌniŋ] a. astut; sagaç. 2 ant. habilidós; enginyós. 3 (EUA) atractiu. ■ 4 s. sorneguería f.; dissimulació f.; sagacitat f.

cup [kʌp] s. tassa f. 2 REL. calze m. 3 ESPORT copa f. [trofeu].

cupboard [ˈkʌbəd] s. armari m.; rebost m. [moble].

cupidity [kjuːˈpiditi] s. avarícia f.

cupola [ˈkjuːpələ] s. ARQ. cúpula f.

cur [kəː] s. pej. gos bastard. 2 canalla m.

curable [ˈkjuərəbl] a. curable.

curate [ˈkjuərit] s. REL. coadjutor.

curator [kjuəˈreitə] s. conservador [d'un museu, etc.].

curb [kəːb] s. ZOOL. barbada f. 2 fig. fre m.; repressió f. 3 ARQ. vorada f.

curb (to) [kəːb] t. posar la barbada [a un cavall]. 2 fig. refrenar; reprimir; delimitar.

curd [kəːd] s. ALIM. quallada m. 2 mató m.

curdle (to) [ˈkəːdl] t. ALIM. quallar; coagular. ■ 2 ALIM. quallar-se p.; coagular-se p. 3 fig. gelar-se p. [d'horror].

cure [kjuə] s. remei m.; cura f. 2 curació f.; guariment m. 3 REL. tasca m. pastoral.

cure (to) [kjuə] t. MED. curar; guarir. 2 ALIM. assaonar; adobar. ■ 3 i. MED. guarir-se p.

curfew [ˈkəːfjuː] s. MIL. toc m. de queda.

curio [ˈkjuəriou] s. ART curiositat f.; antiguitat f. [objecte].

curiosity [ˌkjuəriˈɒsiti] s. curiositat f. [per saber]; objecte m. rar.

curious [ˈkjuəriəs] a. investigador, inquiridor. 2 tafaner. 3 rar; original.

curl [kəːl] s. ris m.; rínxol m.; rull m. 2 remolí m.

curl (to) [kəːl] t. arrissar. 2 caragolar. 3 encrespar [la mar]. ■ 4 i. arrissar-se p. 5 caragolar-se p. 6 encrespar-se p. [la mar].

curlew [ˈkəːljuː] s. ORN. corriol.

curling tongs [ˈkəːliŋtɒŋz] s. pl. molls m.

curmudgeon [kəːˈmʌdʒən] a. geniüt.

currant [ˈkʌrənt] s. ALIM. pansa f. de Corint. 2 BOT. grosella f.

currency ['kʌrənsi] s. circulació f.; ús m. corrent; acceptació f. general. 2 ECON. moneda f. corrent; moneda f. en circulació.

current ['kʌrənt] a. corrent; actual. 2 en moviment. ■ 3 s. METEOR. corrent m. [d'aigua, d'aire]. 4 curs m. [dels esdeveniments]. 5 FÍS. corrent m. elèctric.

curry ['kʌri] s. ALIM. curry m. [condiment].

curry (to) ['kʌri] t. estrijolar [cavalls]. 2 adobar, assaonar [pells]. 3 adular.

curse [kəːs] s. maledicció f. 2 imprecació f. 3 calamitat f.

curse (to) [kəːs] t. imprecar. 2 maleir. 3 jurar; renegar.

cursed ['kəːsid] a. damnable. 2 maleït.

cursory ['kəːsəri] a. superficial; fet amb presses; imprecís.

curt [kəːt] a. sobtat; brusc; curt.

curtail (to) [kəːˈteil] t. escurçar. 2 limitar; restringir.

curtain ['kəːtn] s. cortina f.: *to draw the ~,* córrer la cortina. 2 TEAT. teló m.

curtness ['kəːtnis] s. brusquetat f.; rudesa f.

curtsy ['kəːtsi] s. reverència f.

curtsy (to) ['kəːtsi] i. fer una reverència.

curvature ['kəːvətʃə] s. curvatura f.

curve [kəːv] s. corba f.

curve (to) [kəːv] t. corbar; arquejar. ■ 2 i. corbar-se p., arquejar-se p.

cushion ['kuʃən] s. coixí m.

custard ['kʌstəd] s. ALIM. crema f.

custodian [kʌsˈtoudjən] s. guardià; conservador [d'un museu, etc.].

custody ['kʌstədi] s. custòdia f., vigilància f. 2 detenció f.; empresonament m.: *to take into ~,* detenir. 3 DRET custòdia f.

custom ['kʌstəm] s. costum m.; hàbit m. 2 COM. clientela f. ■ 3 pl. duana f.; drets m. pl. de duana.

customary ['kʌstəməri] a. acostumat; habitual; usual.

customer ['kʌstəmə] s. COM. client; parroquià.

custom-made ['kʌstəm,meid] a. fet a mida, fet per encàrrec.

cut [kʌt] s. tall m.; incisió f. 2 ganivetada f. 3 reducció f.; escurçada f.; supressió f. 4 ALIM. llesca f.; toll m.; tallada f. 5 COST. tall. 6 desdeny m.; rebuf m. 7 *short ~,* drecera f.

cut (to) [kʌt] t. tallar; separar; partir. 2 tallar [roba; el gas; l'aigua]. 3 ALIM. llescar. 4 retallar, escapçar. 5 ferir [també fig.]. 6 segar. 7 reduir, escurçar. 8 intersectar; interrompre. 9 diluir; adulterar [un líquid, etc.]. 10 desdenyar. ■ 11 i. desviar-se p.; marrar. 12 CINEM. deixar de filmar. 13 poder-se p. tallar. ■ ~ *away,* tallar; ~ *back,* reduir; podar; ~ *down,* talar; escurçar; rebatre; disminuir, minvar; ~ *into,* interrompre; dividir; bescanviar; ~ *off,* tallar; aïllar; ~ *out,* retallar; suprimir, excloure; reemplaçar; espatllar-se p.; desconnectar-se p.; ~ *it* o *that out!,* interj. prou!; ~ *up,* capolar, esmicolar; afligir-se p. ▲ Pret. i p. p.: *cut.*

cute [kjuːt] a. llest, viu. 2 (EUA) bonic.

cuticle ['kjuːtikl] s. FISIOL. cutícula f.

cutlass ['kʌtləs] s. HIST. simitarra f.

cutlery ['kʌtləri] s. coberteria f.

cutlet ['kʌtlit] s. GASTR. costella f.

cut-throat ['kʌtθrout] s. assassí m. ■ 2 a. assassí; cruel; despietat.

cutting ['kʌtin] s. retall m. [de diari]. 2 CONSTR. rasa f. 3 AGR. esqueix m.; estaca f. ■ 4 a. tallant. 5 fig. feridor.

cuttlefish ['kʌtlfiʃ] s. ZOOL. sèpia f.

cycle (to) ['saikl] i. anar en bicicleta.

cycling ['saiklin] s. ESPORT ciclisme m.

cyclist ['saiklist] s. ESPORT ciclista.

cyclone ['saikloun] s. METEOR. cicló m.

cylinder ['silində] s. GEOM. cilindre m.

cymbal ['simbəl] s. MÚS. plateret m.

cynic ['sinik] s. cínic.

cynical ['sinikəl] a. cínic.

cynicism ['sinisizəm] s. cinisme m.

cynosure [,sinəzˈjuə] s. (EUA) centre m. d'atracció.

cypress ['saipris] s. BOT. xiprer m.

Cyril ['sirəl] n. pr. m. Ciril.

czar [zaː] s. tsar m.

Czeck [tʃek] a., n. txec. || *Czech Republic,* República Txeca.

Czechoslovakia [tʃekəsləˈvækiə] n. pr. GEOGR. Txecoslovàquia.

D

D, d [di:] *s.* d [lletra]. 2 MÚS. re *m.* 3 xifra romana per 500. ▲ 4 *'d* abreviatura per **would, had, should.**

dab [dæb] *s.* copet *m.,* brotxada *f.* 2 expert. 3 ICT. palaia *f.*

dab (to) [dæb] *t.* tustar. 2 eixugar [els ulls]. ■ 3 *i.* fer pinzellades.

dabble (to) ['dæbl] *t.* sucar. 2 ruixar; humitejar, esquitxar. 3 *to ~ in,* interessar-se *p.* per; afeccionar-se *p.* a.

dad [dæd], **daddie, daddy** ['dædi] *s.* col·loq. pare *m.;* papà *m.*

dado ['deidou] *s.* ARQ. dau *m.* 2 ARQ. fris *m.*

daffodil ['dæfədil] *s.* BOT. narcís *m.*

daft [dɑ:ft] *a.* liró; beneit.

dagger ['dægəʳ] *s.* daga *f.*

dahlia ['deiziə] *s.* BOT. dàlia *f.*

daily ['deili] *a.* diari. ■ 2 *adv.* diàriament.

dainty ['deinti] *a.* exquisit; elegant; refinat. ■ 2 *s.* GASTR. llepolia *f.,* llaminadura *f.*

dairy ['dɛəri] *s.* IND. indústria *f.* làctia; formatgeria *f.* 2 COM. lleteria *f.*

dairymaid ['dɛərimeid] *s.* lletera *f.* [persona].

dairyman ['dɛərimən] *s.* lleter *m.*

dais ['deiis] *s.* tarima *f.;* estrada *f.*

daisy ['deizi] *s.* BOT. margarida *f.*

dale [deil] *s.* poèt. GEOL. vall *f.*

dalliance ['dæliəns] *s.* flirteig *m.;* frivolitat *f.*

dally (to) ['dæli] *i.* jugar; joguinejar, entretenir-se *p.* 2 perdre el temps.

dam [dæm] *s.* CONSTR. dic *m.;* presa *f.* 2 mare *m.* [en ramaderia].

dam (to) [dæm] *t.* embassar. 2 estancar, deturar; bloquejar. 3 reprimir [sentiments].

damage ['dæmidʒ] *s.* dany *m.;* perjudici *m.* ▲ 2 *pl.* DRET indemnització *f.*

damage (to) ['dæmidʒ] *t.* danyar; perjudicar. ■ 2 *i.* avariar-se *p.*

damaging ['dæmidʒiŋ] *a.* perjudicial; nociu.

damask ['dæməsk] *a.* adomassat. ■ 2 *s.* domàs *m.*

dame [deim] *s.* dama *f.* 2 ant., poèt., iròn. dona *f.*

damn [dæm] *s.* col·loq., fig. rave *m.: I don't give a ~,* m'importa un rave. 2 TEOL. maledicció *f.,* damnació *f.*

damn (to) [dæm] *t.* TEOL. damnar; condemnar; maleir. 2 desaprovar; desacreditar. ■ 3 *interj. ~ it,* merda!; *~ you!,* maleït siguis!

damnable ['dæmnəbl] *a.* damnable; condemnable; execrable.

damnation [dæm'neiʃən] *s.* TEOL. damnació *f.,* condemna *f.;* perdició *f.* 2 crítica *f.* mordaç.

damp [dæmp] *a.* humit. ■ 2 *s.* humitat *f.*

damp (to) [dæmp] *t.* humitejar, humectar. 2 descoratjar, entristir. ■ 3 *i.* humitejar-se *p.*

dampen (to) ['dæmpən] *t.* Vegeu DAMP (TO).

dampness ['dæmpnis] *s.* humitat *f.*

Dan [dæn] *n. pr. m.* (dim. *Daniel*) Daniel.

dance [dɑ:ns] *s.* dansa *f.;* ball *m.*

dance (to) [dɑ:ns] *t.-i.* dansar; ballar. ‖ fig. *to ~ attendance on,* ser molt amable amb.

dancer ['dɑ:nsəʳ] *s.* ballador. 2 ballarí. 3 dansador; dansaire.

dancing ['dɑ:nsiŋ] *s.* dansa *f.,* ball *m.* ■ 2 *a.* de dansa *f.,* que dansa.

dandelion ['dændilaiən] *s.* BOT. dent *f.* de lleó.

dandle (to) ['dændl] *t.* fer saltar [un nen] damunt els genolls.

dandruff ['dændrʌf] *s.* caspa *f.*

dandy ['dændi] *a.* col·loq. excel·lent. ■ 2 *s.* dandi *m.*

Dane [dein] *s.* GEOGR. danès.

danger ['deindʒəʳ] *s.* perill *m.;* risc *m.*

dangerous [ˈdeindʒərəs] *a.* perillós; insegur.

dangle (to) [ˈdæŋgl] *t.* fer ballar [en l'aire]; fer penjant [les claus, etc.]. ■ 2 *i.* penjar, estar penjat.

Daniel [ˈdæniəl] *n. pr. m.* Daniel.

Danish [ˈdeiniʃ] *a.* GEOGR. danès.

dank [dæŋk] *a.* rellent; humit.

dapper [ˈdæpə] *a.* eixerit. 2 pulcre, net.

dapple(d [ˈdæpld] *a.* clapejat. 2 clapat [cavall, etc.].

dare [dɛə] *s.* repte *m.*; desafiament *m.*; provocació *f.*

dare (to) [dɛə] *i.* gosar, atrevir-se *p.*: *do I ~ to ask her?*, li ho pregunto? ■ 2 *t.* reptar, desafiar: *he dared me to jump from the bridge*, em va desafiar a saltar des del pont. ■ 3 *aux.* gosar, atrevir-se *p.*: *~ he tell them what he knows?*, gosarà dir-los què sap? ▲ Pret. *dared* [dɛəd] o *durst* [dɜːst]; p. p. *dared.*

daring [ˈdɛəriŋ] *s.* coratge *m.*; gosadia *f.* ■ 2 *a.* coratjós; agosarat.

dark [dɑːk] *a.* fosc; obscur, negrós. 2 morè. 3 fig. amagat; misteriós. 4 fig. trist, melangiós. 5 HIST. *the Dark Ages*, Alta Edat Mitjana. ■ 6 *s.* fosca *f.*; foscor *f.*; negror *f.*: *in the ~*, a les fosques. 7 fig. ignorància *f.*

darken [ˈdɑːkən] *t.* enfosquir. ■ 2 *i.* enfosquir-se *p.*; entristir-se *p.*

darkness [ˈdɑːknis] *s.* foscor *f.* 2 tenebra *f.* 3 fig. ignorància *f.*

dark room [ˈdɑːkrum] *s.* FOT. cambra *f.* obscura.

darling [ˈdɑːliŋ] *a.* estimat.

darn [dɑːn] *s.* COST. sargit *m.*

darn (to) [dɑːn] *t.* sargir.

darnel [ˈdɑːnl] *s.* BOT. zitzània *f.*; jull *m.*

darning [ˈdɑːniŋ] COST. sargit *m.* 2 roba *f.* per sargir.

dart [dɑːt] *s.* dard *m.* 2 ZOOL. fibló *m.* 3 moviment *m.* brusc.

dart (to) [dɑːt] *t.* llançar. ■ 2 *i.* llançar-se *p.*; precipitar-se *p.*

dash [dæʃ] *s.* arremesa *f.*; escomesa *f.* 2 embat *m.* 3 IMPR. guió *m.* 4 tret *m.* [d'escriptura]. 5 *to cut a ~*, fer un gran paper. 6 una mica.

dash (to) [dæʃ] *t.* llançar. 2 trencar; estavellar. 3 esquitxar. 4 diluir. 5 frustrar. 6 confondre; enredar. 7 fer depressa [un dibuix, etc.]. ■ 8 *i.* xocar. 9 llançar-se *p.*

dashboard [ˈdæʃbɔːd] *s.* AUTO. quadre *m.* de comandament.

dashing [ˈdæʃiŋ] *a.* vigorós, enèrgic; desimbolt. 2 ostentós; vistós.

DAT [ˈdæt] *s. (Digital Audio Tape)* cinta *f.* àudio digital.

data [ˈdeitə] *s. pl.* dades *f. pl.*

date [deit] *s.* data *f.* ‖ *out of ~*, antiquat; *up to ~*, fins avui; al dia. 2 cita *f.* 3 BOT. dàtil *m.*

date (to) [deit] *t.* datar. 2 citar. ■ 3 *i. to ~ from* o *back to*, datar de.

dative [ˈdeitiv] *a.* datiu. ■ 2 *s.* GRAM. datiu *m.*

daub [dɔːb] *s.* pastitxo *m.*, taca *f.*

daub (to) [dɔːb] *t.* empastifar.

daughter [ˈdɔːtə] *s.* filla *f.*

daughter-in-law [ˈdɔːtərinlɔː] *s.* jove *f.*, nora *f.*

daunt (to) [dɔːnt] *t.* intimidar; acovardir, descoratjar.

dauntless [ˈdɔːntlis] *a.* coratjós, impàvid.

dauphin [ˈdɔːfin] *s.* HERÀLD. delfí *m.*

David [ˈdeivid] *n. pr. m.* David. 2 *St. David's Day*, 1r de Març.

Davy [ˈdeivi] *n. pr. m. (dim. David)* David.

Davy lamp [ˈdeiviˌlæmp] *s.* MIN. llum *f.* de davy.

daw [dɔː] *s.* ORN. cornella *f.*

dawdle (to) [ˈdɔːdl] *i.* romancejar. ■ 2 *t.* malgastar [el temps, etc.].

dawn [dɔːn] *s.* alba *f.*

dawn (to) [dɔːn] *i.* llostrejar, clarejar. 2 acudir-se *p.* [quelcom a algú].

dawning [ˈdɔːniŋ] *s.* albada *f.* 2 albors *m. pl.*; inicis *m. pl.*

day [dei] *s.* dia *m.*; jorn *m.* 2 jornada *f.* ‖ *~ off*, dia lliure; *by ~*, de dia; *the ~ after tomorrow*, demà passat, (BAL.) passat demà, (VAL.) després demà; *the ~ before yesterday*, abans d'ahir.

day-book [ˈdeibuk] *s.* COM. diari *m.*

daybreak [ˈdeibreik] *s.* alba *f.*

daylight [ˈdeilait] *s.* llum *f.* de dia. 2 fig. *~ robbery*, estafa *f.* 3 alba *f.*

daze [deiz] *s.* desconcert *m.*; atordiment *m.*, estupefacció *f.*

daze (to) [deiz] *t.* desconcertar; atordir.

dazzle [ˈdæzl] *s.* enlluernament *m.*

dazzle (to) [ˈdæzl] *t.* enlluernar.

dazzling [ˈdæzliŋ] *a.* enlluernador; llampant.

DBS [ˌdiːbiːˈes] *s. (Direct Broadcasting by Satellite)* transmissió *f.* directa per satèl·lit.

DC [diːˈsiː] s. ELECT. *(direct current)* corrent *m.* directe. 2 (EUA) *(District of Columbia)* districte *m.* de Colúmbia.

DDT [diːdiːˈtiː] s. *(dichloro-diphenyl-trichloroethane)* D.D.T. (diclorodifeniltricloroetà).

deacon ['diːkən] s. REL. diaca *m.*

dead [ded] *a.* mort. 2 difunt. 3 inert. 4 insensible [pel fred, etc.]. 5 sord [soroll]. 6 mat [color]. 7 exacte. 8 col·loq. molt: ~ *easy,* facilíssim. ■ 9 adv. totalment. ■ 10 s. *the* ~, els morts.

deaden (to) ['dedn] *t.* esmorteir, alleujar [el dolor, etc.].

dead end [ˌdedˈend] s. carreró *m.* sense sortida [també fig.].

deadline ['dedlain] s. termini *m.* màxim.

deadlock ['dedlɔk] s. punt *m.* mort; situació *f.* irreversible.

deadly ['dedli] *a.* mortal. || REL. *the seven* ~ *sins,* els set pecats capitals. ■ 2 adv. mortalment; excessivament.

deaf [def] *a.* sord. || ~ *and dumb,* sordmut; *to turn a* ~ *ear to,* fer-se el sord.

deafen (to) ['defn] *t.* eixordar. 2 ensordir.

deafmute [ˌdefˈmjuːt] s. sord-mut.

deafness ['defnis] s. sordesa *f.*

deal [diːl] s. COM. tracte *m.;* pacte *m.* 2 tracte *m.* 3 quantitat *f.* || *a great* ~ *(of),* molt. 4 JOC repartiment *m.* [de cartes].

deal (to) [diːl] *t.* dividir, distribuir, repartir. 2 donar [un cop, etc.]. ■ 3 *i.* COM. *to* ~ *with* o *at,* fer negocis amb, tenir tractes amb. 4 COM. *to* ~ *in,* vendre, dedicar-se *p. a.* 5 *to* ~ *with,* tractar [una persona, un problema], tenir relacions amb. ▲ Pret. i p. p.: *dealt* [delt].

dealer ['diːlə'] s. comerciant; tractant; traficant. 2 JOC el qui reparteix les cartes.

dealing ['diːliŋ] s. capteniment *m.;* conducta *f.* ■ 2 *pl.* COM. negocis *m. pl.;* transaccions *f. pl.*

dealt [delt] Vegeu DEAL (TO).

dean [diːn] s. degà.

dear [diə'] *a.* estimat. 2 encantador. 3 car. || *Dear Sir,* benvolgut Senyor. ■ 4 *interj.* ~ *me!,* mare meva!; oh! ■ 5 adv. car.

dearly ['diəli] adv. moltíssim. 2 tendrament. 3 molt car.

dearth [dəːθ] s. carestia *f.;* mancança *f.;* escassetat *f.*

death [deθ] s. mort *f.* || *to put to* ~, executar. 2 fig. *sick to* ~, fart.

death duty [ˈdeθˌdjuːti] s. drets *m. pl.* de successió.

deathless ['deθlis] *a.* immortal; imperible.

deathly ['deθli] *a.* mortal; de mort *f.*

death rate ['deθreit] s. taxa *f.* de mortalitat.

death roll ['deθroul] s. llista *f.* de baixes [en una guerra etc.]

death-trap ['deθtræp] s. lloc *m.* perillós, insegur.

debar (to) [diˈbaː'] *t.* excloure. 2 prohibir; impedir.

debase (to) [diˈbeis] *t.* rebaixar; degradar; adulterar.

debasement [diˈbeismənt] s. degradació *f.;* alteració *f.*

debatable [diˈbeitəbl] *a.* discutible.

debate [diˈbeit] s. debat *m.;* discussió *f.*

debate (to) [diˈbeit] *t.* debatre; discutir. 2 reflexionar. ■ 3 *i.* participar en un debat.

debauch [diˈbɔːtʃ] s. corrupció *f.;* llibertinatge *m.*

debauch (to) [diˈbɔːtʃ] *t.* corrompre, seduir.

debauchee [ˌdebɔːˈtʃiː] s. llibertí.

debauchery [diˈbɔːtʃəri] s. llibertinatge *m.;* intemperància *f.*

debenture [diˈbentʃə'] s. ECON. obligació *f.*

debilitate (to) [diˈbiliteit] *t.* debilitar, enervar.

debility [diˈbiliti] s. debilitat *f.;* llanguiment *m.*

debit ['debit] s. COM. deure *m.* 2 COM. dèbit *m.*

debit (to) ['debit] *t.* COM. deure. 2 afegir a un compte.

debouch (to) [diˈbautʃ] *i.* desembocar, emergir. ■ 2 *t.* fer desembocar; fer emergir.

debris ['debri] s. runa *f.;* enderroc *m.*

debt [det] s. deute *m.* 2 deure *m.*

debtor ['detə'] s. deutor.

debunk (to) [diːˈbʌŋk] *t.* desacreditar. 2 col·loq. fig. desemmascarar.

début ['deibjuː] s. TEAT. debut *m.;* estrena *f.* 2 presentació *f.* en societat.

débutante [ˌdeibjuˈtɑːnt] s. noia *f.* presentada en societat. 2 debutant.

decade ['dekeid] s. dècada *f.*

decadence ['dekədəns] s. decadència *f.*

decadent ['dekədənt] *a.* decadent.

Decalogue ['dekəlɔg] s. REL. els deu manaments.

decamp (to) [diˈkæmp] *i.* MIL. decampar. 2 fugir en secret.

decant (to) [di'kænt] *t.* decantar [líquids, etc.]. 2 trafegar, trascolar.

decanter [di'kæntə'] *s.* ampolla *f.;* brocal *m.*

decapitate (to) [di'kæpiteit] *t.* decapitar.

decay [di'kei] *s.* decadència *f.;* ruïna *f.* 2 podridura *f.* 3 MED. càries *f.*

decay (to) [di'kei] *i.* decaure; disminuir. 2 esfondrar-se *p.* 3 podrir-se *p.* 4 marcir-se *p.* 5 MED. corcar-se *p.*

decease [di'si:s] *s.* form. decés *m.;* defunció *f.*

decease (to) [di'si:s] *i.* form. morir.

deceased [di'si:st] *a.-s.* form. difunt.

deceit [di'si:t] *s.* engany *m.;* frau *m.* 2 mentida *f.;* superxeria *f.*

deceitful [di'si:tful] *a.* fals; fraudulent. 2 enganyador.

deceive (to) [di'si:v] *t.* enganyar, (BAL.) enganar. 2 defraudar.

deceiver [di'si:və'] *s.* impostor.

December [di'sembə'] *s.* desembre *m.*

decency [di:snsi] *s.* decència *f.* 2 decòrum *m.*

decent [di:snt] *a.* decent. 2 passador; satisfactori.

decentralize [di:'sentrəlaiz] *t.* POL. descentralitzar.

deception [di'sepʃən] *s.* engany *m.*

deceptive [di'septiv] *a.* enganyós; fal·laç.

decide (to) [di'said] *t.* decidir; acabar; determinar. ■ 2 *i.* decidir-se *p.*

decided [di'saidid] *a.* decidit. 2 clar; definit. ■ 3 *adv.* decididament; indubtablement.

deciduous [di'sidjuəs] *a.* BOT. de fulla *f.* caduca.

decimal [desiməl] *a.* decimal.

decimate (to) [desimeit] *t.* delmar.

decimeter, -tre [desi,mi:tə'] *s.* decímetre *m.*

decipher (to) [di'saifə'] *t.* desxifrar.

decision [di'siʒən] *s.* decisió *f.*

decisive [di'saisiv] *a.* decidit. 2 decisiu.

deck [dek] *s.* MAR. coberta *f.;* 2 imperial *m.* [d'un autobús]. 3 JOC baralla *f.* [de cartes].

deck (to) [dek] *t.* engalanar; adornar.

declaim (to) [di'kleim] *t.* declamar; recitar. ■ 2 *i.* declamar.

declamation [deklə'meiʃən] *s.* declamació *f.* 2 discurs *m.*

declaration [deklə'reiʃən] *s.* declaració *f.* 2 manifest *m.*

declare (to) [di'kleə'] *t.* declarar. 2 manifestar. ■ 3 *i.* fer una declaració. 4 *to ~ for* o *against,* declarar-se *p.* a favor o en contra.

decline [di'klain] *s.* declinació *f.,* decadència *f.* 2 decaïment *m.* 3 minva *f.*

decline (to) [di'klain] *t.* declinar; refusar. 2 inclinar. 3 GRAM. declinar. ■ 4 *i.* minvar. 5 decaure.

declivity [di'kliviti] *s.* GEOGR. declivi *m.;* pendís *m.*

decoction [di'kɔkʃən] *s.* decocció *f.*

décolleté [dei'kɔltei] *a.* escotat.

decompose (to) [dikəm'pouz] *t.* descomposar. ■ 2 *i.* descomposar-se *p.*

decomposition [di:kɔmpə'ziʃən] *s.* descomposició *f.*

decorate (to) [dekəreit] *t.* decorar; ornamentar. 2 condecorar.

decoration [dekə'reiʃən] *s.* decoració *f.;* ornament *m.* 2 condecoració *f.*

decorative [dekərətiv] *a.* decoratiu; ornamental.

decorous [dekərəs] *a.* decorós; correcte; decent. ■ 2 *-ly adv.* decorosament; correctament.

decorum [di'kɔ:rəm] *s.* decòrum *m.*

decoy [dikɔi] *s.* ORN. reclam *m.;* enze *m.* 2 fig. ensarronada *f.;* fig. esquer *m.*

decoy (to) [dikɔi] *t.* atraure amb reclam. 2 ensarronar; seduir.

decrease [di:kri:s] *s.* decreixement *m.;* disminució *f.*

decrease (to) [di:'kri:s] *i.* decréixer; disminuir. ■ 2 *t.* fer decréixer; disminuir.

decree [di'kri:] *s.* DRET decret *m.;* edicte *m.;* ordre *f.*

decree (to) [di'kri:] *t.* decretar.

decrepit [di'krepit] *a.* decrèpit.

decrepitude [di'krepitju:d] *s.* decrepitud *f.*

decry (to) [di'krai] *t.* desacreditar, rebaixar. 2 depreciar [una moneda *f.,* etc.].

dedicate (to) [dedikeit] *t.* dedicar. 2 consagrar.

dedication [dedi'keiʃən] *s.* dedicació *f.* 2 dedicatòria *f.*

deduce (to) [di'dju:s] *t.* deduir; inferir.

deduct (to) [di'dʌkt] *t.* deduir; restar; descomptar.

deduction [di'dʌkʃən] *s.* deducció *f.;* descompte *m.* 2 inferència *f.*

deed [di:d] *s.* fet *m.;* acció *f.* 2 gesta *f.;* proesa *f.* 3 DRET escriptura *f.*

deem (to) [di:m] *t.* considerar; judicar; creure.

deep [diːp] a. profond; fons. 2 obscur; complicat. 3 greu [un so]. 4 intens [un color]. ■ 5 adv. a fons; profundament. ■ 6 s. pèlag m.; abisme m.; profunditat f.

deepen (to) [ˈdiːpən] t. aprofundir; profunditzar; intensificar. ■ 2 i. fer-se p. profund; intensificar-se p.

deepness [ˈdiːpnis] s. profunditat f.; intensitat f.

deer [diəʳ] s. ZOOL. cérvol m.

deface (to) [diˈfeis] t. desfigurar; mutilar.

defacement [diˈfeismənt] s. desfiguració f.; mutilació f.

defamation [ˌdefəˈmeiʃən] s. difamació f.

defamatory [diˈfæmətəri] a. difamatori; calumniós.

defame (to) [diˈfeim] t. difamar; calumniar.

default [diˈfɔːlt] s. incompliment m. 2 omissió m. 3 negligència f. 4 DRET rebel·lia f.

default (to) [diˈfɔːlt] i. faltar [a un deure, etc.]. 2 DRET no comparèixer.

defeat [diˈfiːt] s. derrota f.; desfeta f.

defeat (to) [diˈfiːt] t. derrotar; vèncer. 2 frustrar.

defeatist [diˈfiːtist] s. derrotista.

defect [ˈdifekt] s. defecte m.

defection [diˈfekʃən] s. defecció f.

defective [diˈfektiv] a. defectuós. 2 GRAM. defectiu. 3 PSICOL. deficient.

defence, (EUA) defense [diˈfens] s. defensa f.

defenceless, (EUA) defenseless [diˈfenslis] a. indefens.

defend (to) [diˈfend] t. defensar.

defendant [diˈfendənt] s. DRET demandat; acusat.

defender [diˈfendəʳ] s. ESPORT defensor.

defensible [diˈfensəbl] a. defensable.

defensive [diˈfensiv] a. defensiu. ■ 2 s. defensiva f.

defer (to) [diˈfəːʳ] t. ajornar; diferir. ■ 2 i. deferir.

deference [ˈdefərəns] s. deferència f.; consideració f.

deferential [ˌdefəˈrenʃəl] a. ant. deferent; respectuós.

defiance [diˈfaiəns] s. desafiament m.; repte m. ‖ in ~ of, a despit de.

defiant [diˈfaiənt] a. desafiador; reptador.

deficiency [diˈfiʃənsi] s. deficiència f. 2 insuficiència f.

deficient [diˈfiʃənt] a. deficient. 2 insuficient.

deficit [ˈdefisit] s. dèficit m.

defile [ˈdiːfail] s. GEOL. congost m.; gorja f.

defile (to) [diˈfail] t. embrutar. 2 profanar. 3 MIL. desfilar.

defilement [diˈfailmənt] s. embrutament m.; pol·lució f. 2 profanació f.

definable [diˈfainəbl] a. definible.

define (to) [diˈfain] t. definir. 2 delimitar. 3 caracteritzar.

definite [ˈdefinit] a. definit. 2 clar; terminant. ■ 3 -ly adv. definitivament; certament.

definiteness [ˈdefinitnis] s. exactitud f.; precisió f.

definition [ˌdefiˈniʃən] s. definició f. 2 precisió f., nitidesa f.

definitive [diˈfinitiv] a. definitiu.

deflate (to) [diˈfleit] t. desinflar [també fig.]. ■ 2 i. desinflar-se p. [també fig.].

deflation [diˈfleiʃən] s. ECON., GEOL. deflació f.

deflect (to) [diˈflekt] t. desviar. ■ 2 i. desviar-se p.

deflection [diˈflekʃən] s. desviació f.; desviament m.

deflower (to) [diːˈflauəʳ] t. desflorar. 2 saquejar; destrossar.

deform (to) [diˈfɔːm] t. deformar; alterar. 2 degradar; envilir.

deformation [ˌdifɔːˈmeiʃən] s. deformació f.

deformed [diˈfɔːmd] a. deformat. 2 deforme.

deformity [diˈfɔːmiti] s. deformitat f.

defraud (to) [diˈfrɔːd] t. defraudar; estafar.

defrauder [diˈfrɔːdəʳ] s. defraudador.

defraudation [ˌdifrɔːˈdeiʃn] s. defraudació f.

defray (to) [diˈfrei] t. sufragar.

deft [deft] a. destre; llest; hàbil.

defunct [diˈfʌŋkt] a. difunt.

defy (to) [diˈfai] t. desafiar; reptar.

degeneracy [diˈdʒenərəsi] s. degeneració f.

degenerate [diˈdʒenərit] a.-s. degenerat.

degenerate (to) [diˈdʒenəreit] i. degenerar.

degeneration [diˌdʒenəˈreiʃn] s. degeneració f.

degradation [ˌdegrəˈdeiʃn] s. degradació f. 2 degeneració f.

degrade (to) [di'greid] *t.* degradar; rebaixar. ■ 2 *i.* rebaixar-se *p.*

degrading [di'greidiŋ] *a.* degradant.

degree [di'gri:] *s.* grau *m.* 2 nivell *m.* 3 ENSENY. títol *m.*: *to take a ~*, llicenciar-se *p.* 4 *by degrees*, gradualment.

dehydrate (to) [di:'haidreit] *t.* deshidratar ■ 2 *i.* deshidratar-se *p.*

deification [,di:ifi'keiʃən] *s.* deïficació *f.*; divinització *f.*

deify (to) ['di:ifai] *t.* deïficar; divinitzar.

deign (to) [dein] *i.* dignar-se *p.*

deism ['di:izəm] *s.* REL. deisme *m.*

deist ['di:ist] *s.* deista.

deity ['di:iti] *s.* deïtat *f.*; divinitat *f.*

deject (to) [di'dʒekt] *t.* desanimar; deprimir; abatre.

dejected [di'dʒektid] *a.* desanimat; deprimit; abatut.

dejection [di'dʒekʃən] *s.* abatiment *m.*

delay [di'lei] *s.* dilació *f.*; retard *m.*

delay (to) [di'lei] *t.* diferir; ajornar. 2 retardar. ■ 3 *i.* tardar.

delegate ['deligit] *s.* delegat.

delegate (to) ['deligeit] *t.* delegar; comissionar.

delegation [,deli'geiʃən] *s.* delegació *f.*

delete (to) [di'li:t] *t.* esborrar.

deliberate [di'libərit] *a.* deliberat, premeditat, intencionat. 2 cautelós, caut.

deliberate (to) [di'libəreit] *t.* reflexionar, considerar, rumiar. ■ 2 *i.* deliberar.

deliberation [di,libə'reiʃən] *s.* deliberació *f.*; reflexió *f.*

delicacy ['delikəsi] *s.* delicadesa *f.* 2 finesa *f.*; sensibilitat *f.* 3 mirament *m.* 4 refinament *m.* 5 llaminadura *f.*

delicate ['delikit] *a.* delicat. 2 considerat, primmirat. 3 exquisit.

delicatessen [,delikə'tesn] *s.* productes *m. pl.* de xarcuteria selecta. 2 xarcuteria *f.* selecta.

delicious [di'liʃəs] *a.* deliciós. 2 saborós.

delight [di'lait] *s.* delit *m.*, plaer *m.*, delícia *f.*, satisfacció *f.*

delight (to) [di'lait] *t.* delectar, encantar. ■ 2 *i.* delectar-se *p.*, complaure's *p.*

delightful [di'laitful] *a.* delectable; deliciós, encantador, exquisit.

delimit [di:'limit], **delimitate** [di:'limiteit] *t.* delimitar.

delimitation [di,limi'teiʃən] *s.* delimitació *f.*

delineate (to) [di'linieit] *t.* delinear, esbossar.

delineation [di,lini'eiʃən] *s.* delineació *f.*, esbós.

delinquency [di'liŋkwənsi] *s.* delinqüència *f.* 2 culpa *f.*, falla *f.*

delinquent [di'liŋkwənt] *a.-s.* delinqüent, culpable.

delirious [di'liriəs] *a.* delirant.

delirium [di'liriəm] *s.* deliri *m.*, desvariejament *m.*, frenesí *m.*

deliver (to) [di'livə'] *t.* lliurar, repartir [correu, comandes]. 2 alliberar, deslliurar, salvar (*from*, de). 3 pronunciar [un discurs, etc.]. 4 *to ~ (up o over)* lliurar, donar; rendir, retre. 5 MED. assistir un part: *the doctor delivered her baby*, el metge va assistir-la en el part. || *to be delivered of a child*, donar a llum, deslliurar.

deliverance [di'livərəns] *s.* alliberament *m.*, deslliurament *m.*

deliverer [di'livərə'] *s.* llibertador, salvador, alliberador.

delivery [di'livəri] *s.* lliurament *m.*, repartiment *m.* [correu, comandes, etc.]. 2 alliberament *m.* 3 presentació *f.*, execució *f.* [d'un discurs, etc.]. 4 MED. part *m.*

dell [del] *s.* vall *f.* petita, sot *m.*

delta ['deltə] *s.* delta *m.*

delude (to) [di'lu:] *t.* enganyar.

deluge ['delju:dʒ] *s.* diluvi *m.* 2 inundació *f.* 3 fig. diluvi *m.*

deluge (to) ['delju:dʒ] *t.* inundar [també fig.].

delusion [di'lu:ʒən] *s.* engany *m.*

delusive [di'lu:siv] *a.* enganyós, il·lusori.

delve (to) [delv] *t.-i.* ant. cavar *t.* 2 *i.* fig. *to ~ into*, aprofundir *t.*, buscar a fons.

demagogic [,demə'gɔgik] *a.* demagògic.

demagogue ['deməgɔg] *s.* demagog.

demagogy ['deməgɔgi] *s.* demagògia *f.*

demand [di'mɑ:nd] *s.* demanda *f.*, petició *f.* || *law of supply and ~*, llei de l'oferta i la demanda.

demand (to) [di'mɑ:nd] *t.* exigir, reclamar, demanar.

demarcate (to) ['di:mɑ:keit] *t.* demarcar, delimitar.

demarcation [,di:mɑ:'keiʃən] *s.* demarcació *f.*, delimitació *f.*

demean (to) [di'mi:n] *t.-p.* rebaixar(se), degradar(se).

demeanour, (EUA) **demeanor** [di-'mi:nə] *s.* comportament; *m.*; posat *m.*

demented [di'mentid] *a.* dement.

demerit [di:'merit] *s.* demèrit *m.*

demesne [di'mein] s. DRET propietat f., possessió f., heretat f.

demigod ['demigɔd] m. MIT. semidéu.

demilitarize (to) ['di:'militəraiz] t. desmilitaritzar.

demise [di'maiz] s. DRET defunció f.

demobilize (to) [di:'moubilaiz] t. MIL. desmobilitzar.

democracy [di'mɔkrəsi] s. democràcia f.

democrat ['deməkræt] s. demòcrata.

democratic [demə'krætik] a. democràtic.

demolish (to) [di'mɔliʃ] t. enderrocar. 2 fig. enfonsar, ensorrar, destruir.

demon ['di:mən] s. dimoni m. 2 esperit m.

demonstrate (to) ['demənstreit] t. demostrar. ■ 2 i. manifestar-se p.

demonstration [deməns'treiʃən] s. demostració f. 2 manifestació f. pública.

demonstrative [di'mɔnstrətiv] a. demostratiu.

demonstrator ['demənstreitəˈ] s. manifestant. 2 demostrador, mostrador.

demoralization [di͵mɔrəlai'zeiʃən] s. desmoralització f.

demoralize (to) [di'mɔrəlaiz] t. desmoralitzar, descoratjar.

demoralizing [di'mɔrəlaiziŋ] a. desmoralitzador.

demur [di'məːˈ] s. vacil·lació f., indecisió f. 2 objecció f.

demur (to) [di'məːˈ] i. to ~ (to o at), objectar t., posar inconvenients (a). 2 vacil·lar.

demure [di'mjuəˈ] a. seriós, formal. 2 pudorós, púdic. 3 melindrós.

den [den] s. ZOOL. cau m. [també fig.].

denial [di'naiəl] s. negació f. 2 negativa f., denegació f.

denigrate (to) ['denigreit] t. denigrar.

denizen ['denizn] s. habitant.

denominate (to) [di'nɔmineit] t. denominar, anomenar.

denomination [di͵nɔmi'neiʃən] s. denominació f. 2 ECLES. confessió f., secta f. 3 classe f., categoria f.

denominator [di'nɔmineitəˈ] s. MAT. denominador m.

denote (to) [di'nout] t. denotar, indicar, assenyalar.

dénouement [dei'nu:mɑːŋ] s. desenllaç m.

denounce (to) [di'nauns] t. denunciar. 2 DRET denunciar [un tractat].

dense [dens] a. dens, espès. 2 fig. espès.

density ['densiti] s. densitat f.

dent [dent] s. bony m., abonyec m., osca f.

dent (to) [dent] t. oscar, abonyegar. ■ 2 i. abonyegar-se p.

dental ['dentl] a. dental.

dentifrice ['dentifris] s. dentifrici a.-m.

dentist ['dentist] s. dentista.

denture ['dentʃəˈ] s. dentadura f. postissa.

denude (to) [di'nju:d] t. GEOL. denudar. 2 despullar (of, de).

denunciation [di͵nʌnsi'eiʃən] s. denúncia f.

deny (to) [di'nai] t. negar, denegar.

deodorant [di:'oudərənt] s. desodorant a.-m.

depart (to) [di'pɑːt] i. marxar, sortir. 2 allunyar-se p.; fugir. 3 ant. morir. ‖ the departed, els difunts.

department [di'pɑːtmənt] s. departament m. 2 districte m. 3 secció f. [grans magatzems].

department store [di'pɑːtmənt͵stɔː] s. grans magatzems m. pl.

departure [di'pɑːtʃəˈ] s. sortida f. 2 fig. orientació f.

depend (to) [di'pend] i. dependre (on o upon, de).

dependable [di'pendəbl] a. formal, fiable, segur.

dependant [di'pendənt] s. persona f. a càrrec.

dependence [di'pendəns] s. dependència f. 2 confiança f.

dependency [di'pendənsi] s. protectorat m. [territori].

dependent [di'pendənt] a. dependent. ‖ to be ~ on, dependre de. ■ 2 s. persona f. a càrrec.

depict (to) [di'pikt] t. dibuixar, representar, descriure.

deplete (to) [di'pli:t] t. esgotar, exhaurir.

depletion [di'pli:ʃən] s. esgotament m., exhauriment m.

deplorable [di'plɔːrəbl] a. deplorable, lamentable.

deplore (to) [di'plɔːˈ] t. deplorar, lamentar.

deploy (to) [di'plɔi] t. MIL. desplegar. 2 fig. desplegar [arguments, energia, etc.].

deployment [di'plɔimənt] s. desplegament m.

depopulate (to) [di:'pɔpjuleit] t. despoblar. ■ 2 i. despoblar-se p.

deport (to) [di'pɔːt] *t.* deportar, desterrar.

deportation [ˌdiːpɔːˈteiʃən] *s.* deportació *f.*

deportment [di'pɔːtmənt] *s.* conducta *f.*, comportament *m.;* maneres *f. pl.*

depose (to) [di'pouz] *t.* destituir, deposar. ■ 2 *i.* DRET declarar *t.*

deposit [di'pɔzit] *s.* COM. dipòsit *m.* 2 GEOL. dipòsit *m.*, (BAL.) (VAL.) depòsit *m.;* sediment *m.;* jaciment *m.*

deposit (to) [di'pɔzit] *t.* COM. dipositar, posar. 2 GEOL. dipositar, sedimentar.

deposition [depɔˈziʃən] *s.* destitució *f.*, deposició *f.* 2 DRET deposició *f.*, testimoni *m.*

depository [di'pɔzitəri] *s.* magatzem *m.;* guardamobles *m.*

depot [ˈdepou], (EUA) [ˈdiːpou] *s.* dipòsit *m.*, magatzem *m.* [esp. militar]. 2 cotxera *f.* 3 (EUA) estació *f.* [d'autobús o de tren].

deprave (to) [di'preiv] *t.* depravar, corrompre, pervertir, viciar.

depravity [di'præviti] *s.* depravació *f.*, perversió *f.* 2 acció *f.* depravada.

deprecate (to) [ˈdeprikeit] *t.* desaprovar.

deprecation [ˌdepriˈkeiʃən] *s.* desaprovació *f.*

depreciate (to) [di'priːʃieit] *t.* depreciar. 2 menysprear, desestimar. ■ 3 *i.* depreciar-se *p.*

depreciation [diˌpriːʃiˈeiʃən] *s.* depreciació *f.* 2 desestimació *f.*

depredation [ˌdepriˈdeiʃən] *s.* depredació *f.* 2 *pl.* estralls *m. pl.*

depress (to) [di'pres] *t.* deprimir, enfonsar. 2 deprimir, desanimar. 3 fer baixar [preus].

depressed [di'prest] *a.* desanimat; deprimit [persona]. ∥ ~ *area,* zona deprimida.

depressing [di'presiŋ] *a.* depriment.

depression [di'preʃən] *s.* depressió *f.* 2 abatiment *m.*, desànim. 3 COM. crisi *f.* 4 CLIMAT. depressió *f.* atmosfèrica.

depressive [di'presiv] *a.* depressiu; depriment. ■ 2 *s.* PSICOL. depressiu [persona].

deprivation [ˌdepriˈveiʃən] *s.* privació *f.*

deprive (to) [di'praiv] *t.* privar, desposseir. 2 obstaculitzar, impedir. 3 destituir.

depth [depθ] *s.* profunditat *f.*, fondària *f.* 2 cor *m.*, fons *m.* [també fig.]. 3 intensitat *f.* [de color, pensament, etc.].

deputation [ˌdepjuˈteiʃən] *s.* diputació *f.*, delegació *f.*

depute (to) [di'pjuːt] *t.* delegar, diputar.

deputy [ˈdepjuti] *s.* delegat, representant, comissari *m.* 2 diputat.

derail (to) [di'reil] *t.* fer descarrilar. ■ 2 *i.* descarrilar.

derailment [di'reilmənt] *s.* descarrilament *m.*

derange (to) [di'reindʒ] *t.* desarreglar, trastornar. 2 destorbar, interrompre.

derangement [di'reindʒmənt] *s.* trastorn *m.*, alteració *f.*, desordre *m.* 2 PSICOL. pertorbació *f.* mental.

derelict [ˈderilikt] *a.* abandonat, deixat. 2 negligent. ■ 3 *s.* NÀUT. derelicte *m.*

dereliction [ˌderiˈlikʃən] *s.* abandó *m.*, deixadesa *f.* 2 negligència *f.*

deride (to) [di'raid] *t.* burlar-se *p.*, riure's *p.*, fer riota.

derision [di'riʒən] *s.* riota *f.*, mofa *f.*, escarn *m.*

derisive [di'raisiv] *a.* burlesc; risible, ridícul.

derisory [di'raisəri] *a.* irrisori.

derivation [ˌderiˈveiʃən] *s.* derivació *f.* 2 origen *m.*, procedència *f.*

derive (to) [di'raiv] *t.* obtenir; treure; deduir; derivar. ■ 2 *i.* derivar, derivar-se *p.*

derogate (to) [ˈderəgeit] *i. to ~ from,* detractar *t.*, detreure *t.*

derrick [ˈderik] *s.* grua *f.*, càbria *f.* 2 torre *f.* de perforació.

dervish [ˈdəːviʃ] *s.* REL. dervix *m.*

descend (to) [di'send] *i.* descendir, baixar (*from,* de). 2 rebaixar-se *p.* (*to,* a). 3 *to ~ on* o *upon,* caure sobre, atacar *t.*, sorprendre *t.* ■ 4 *t.* descendir, baixar.

descendant [di'sendənt] *a.* descendent. ■ 2 *s.* GENEAL. descendent.

descent [di'sent] *s.* baixada *f.;* descens *m.* 2 GENEAL. llinatge *m.;* descendència *f.* 3 pendent *m.* 4 MIL. *incursió f.*

describe (to) [dis'kraib] *t.* descriure.

description [dis'kripʃən] *s.* descripció *f.*

descriptive [dis'kriptiv] *a.* descriptiu.

desecrate (to) [ˈdesikreit] *t.* profanar.

desert [ˈdezət] *a.* desèrtic, desert. ■ 2 *s.* desert *m.*

desert (to) [di'zəːt] *t.* abandonar, deixar, desertar. ■ 2 *i.* MIL. desertar *t.*

deserter [di'zəːtə'] *s.* desertor *m.*

desertion [di'zə:ʃən] s. abandó m. 2 MIL. deserció f.

deserts [di'zə:ts] s. pl. mèrits m. pl.‖ to get one's (just) ~, obtenir el que hom mereix, obtenir una recompensa justa.

deserve (to) [di'zə:v] t.-i. merèixer t., merèixer-se p.

deserving [di'zə:viŋ] a. mereixedor. 2 meritori.

desiccate (to) ['desikeit] t. dessecar, deshidratar. ■ 2 i. dessecar-se p., deshidratar-se p.

design [di'zain] s. disseny m., dibuix m., projecte m. 2 intenció f., propòsit m.

design (to) [di'zain] t. concebre, enginyar, ordir, idear, projectar. ■ 2 i. dissenyar t. projectar t.

designate (to) ['dezigneit] t. indicar, assenyalar. 2 designar, anomenar. 3 nomenar.

designation [dezig'neiʃən] s. nomenament m., designació f.

designedly [di'zainidli] adv. expressament, a posta.

designer [di'zainə'] s. dissenyador, delineant.

designing [di'zainiŋ] a. arter, insidiós, intrigant. ■ 2 s. disseny m.

desirable [di'zaiərəbl] a. desitjable.

desire [di'zaiə'] s. desig m. 2 anhel m., ànsia f.

desire (to) [di'zaiə'] t. desitjar, anhelar. 2 demanar, pregar.

desirous [di'zaiərəs] a. desitjós, anhelós.

desist (to) [di'zist] i. desistir.

desk [desk] s. escriptori m., pupitre m., taula f.

desolate ['desəlit] a. desolat, desert, solitari, sol, trist.

desolate (to) ['desəleit] t. assolar, devastar. 2 desolar, afligir, entristir.

desolation [desə'leiʃən] s. desolació f., devastació f. 2 aflicció f., tristor f.

despair [dis'pɛə'] s. desesperació f.; desesperança f.

despair (to) [dis'pɛə'] i. desesperar(se); desesperançar(se).

despairingly [dis'pɛəriŋli] adv. desesperadament.

despatch [dis'pætʃ] Vegeu DISPATCH (TO).

desperado [despə'rɑːdou] s. malfactor, criminal.

desperate ['despərit] a. desesperat. 2 arriscat, temerari. ■ 3 -ly adv. desesperadament.

desperation [despə'reiʃən] s. desesperació f., furor m.

despicable ['despikəbl] a. menyspreable, baix.

despise (to) [dis'paiz] t. menysprear, menystenir.

despite [dis'pait] prep. malgrat, tot i, amb tot.

despoil (to) [dis'pɔil] t. despullar, privar (of, de).

despond (to) [dis'pɔnd] i. desanimar-se p., abatre's p.

despondence, despondency [dis-'pɔndəns, -i] s. desànim m., abatiment m.

despondent [dis'pɔndənt] a. desanimat, abatut.

despot ['despɔt] s. dèspota m.

despotic [de'spɔtik] a. despòtic.

despotism ['despətizəm] s. despotisme m.

dessert [di'zə:t] s. postres f. pl.

destination [desti'neiʃən] s. destinació f.

destine (to) ['destin] t. destinar. ‖ to be destined, estar destinat.

destiny ['destini] s. destí m., fat m.

destitute ['destitju:t] a. indigent, necessitat. 2 desproveït.

destitution [desti'tju:ʃən] s. misèria f., indigència f.

destroy (to) [dis'trɔi] t. destruir. 2 trencar, destrossar, anihilar. 3 matar, sacrificar [animals].

destroyer [dis'trɔiə'] s. destructor. 2 MAR. destructor m.

destruction [dis'trʌkʃən] s. destrucció f. 2 ruïna f., perdició f.

destructive [dis'trʌktiv] a. destructiu. 2 danyós [animal].

desuetude [di'sju:itju:d] s. desús m.

desultory ['desəltəri] a. intermitent, irregular, discontinu.

detach (to) [di'tætʃ] t. separar, desenganxar. 2 MIL. destacar.

detachable [di'tætʃəbl] a. separable. 2 MEC. desmuntable.

detached [di'tætʃt] a. separat. ‖ ~ house, torre f. [casa]. 2 imparcial.

detachment [di'tætʃmənt] s. separació f. 2 objectivitat f.; despreocupació f.; despreniment m. 3 MIL. destacament m.

detail ['di:teil] s. detall m., particularitat f. 2 MIL. destacament m.

detail (to) ['di:teil] t. detallar, especificar. 2 MIL. destacar.

detain (to) [di'tein] *t.* retenir, deturar. 2 retardar-se *p.* 3 DRET arrestar, detenir.

detect (to) [di'tekt] *t.* descobrir; advertir, percebre. 2 RADIO. detectar.

detection [di'tekʃən] *s.* descobriment *m.;* investigació *f.* 2 RADIO detecció *f.*

detective [di'tektiv] *a.* ~ *novel* o *story*, novel·la policíaca. ■ 2 *s.* detectiu.

detector [di'tektə'] *s.* detector *m.*

déteute ['dei'tɑːnt] *s.* distensió *f.*

detention [di'tenʃən] *s.* DRET detenció *f.*, arrest *m.* ‖ ~ *barracks*, calabós *m.*

deter (to) [di'tə'] *t.* dissuadir, impedir, desanimar.

detergent [di'tə:dʒənt] *a.* detergent. ■ 2 *s.* detergent *m.*

deteriorate (to) [di'tiəriəreit] *t.* deteriorar, empitjorar. ■ 2 *i.* deteriorar-se *p.*, empitjorar-se *p.*

deterioration [di,tiəriə'reiʃən] *s.* deteriorament *m.*, empitjorament *m.*

determinate [di'tə:minit] *a.* determinat, fixe, definit. 2 definitiu.

determination [di,tə:mi'neiʃən] *s.* determinació *f.* 2 decisió *f.* 3 DRET resolució *f.*, veredicte *m.*

determine (to) [di'tə:min] *t.* determinar, establir, fixar. 2 calcular. 3 DRET anul·lar, rescindir. ■ 4 *i.* decidir-se *p.* (*on*, per).

deterrent [di'terənt] *a.* dissuasiu. ■ 2 *s.* impediment *m.*, fre *m.*

detest (to) [di'test] *t.* detestar, avorrir, odiar.

detestable [di'testəbl] *a.* detestable, odiós.

detestation [,di:tes'teiʃən] *s.* odi *m.*, aversió *f.*

dethrone (to) [di'θroun] *t.* destronar [també fig.].

dethronement [di'θrounmənt] *s.* destronament *m.*

detonate (to) ['detouneit] *i.* esclatar, detonar. ■ 2 *t.* fer esclatar, fer detonar.

detonation [,detə'neiʃən] *s.* detonació *f.*, explosió *f.*

detonator ['detəneitə'] *s.* detonador *m.*

detour ['di:tuə'] *s.* desviació *f.;* marrada *f.*

detoxify (to) [di:'tɔksifai] *t.* desintoxicar.

detract (to) [di'trækt] *t.* treure. 2 denigrar, detractar, detreure. ■ 3 *i.* to ~ *from*, treure; rebaixar.

detraction [di'trækʃən] *s.* detracció *f.*, denigració *f.*, maldiença *f.*

detriment ['detrimənt] *s.* detriment *m.*, dany *m.*, perjudici *m.*

detrimental [,detri'mentl] *a.* perjudicial, nociu.

deuce [dju:s] *s.* JOC dos *m.* 2 empat a 40, 40 iguals [tennis]. 3 col·loq. dimoni *m.*

devaluation [,di:vælju'eiʃən] *s.* devaluació *f.*, desvaloració *f.*

devalue (to) [di:'vælju:], **devaluate (to)** [di:'væljueit] *t.* devaluar, desvalorar.

devastate (to) ['devəsteit] *t.* devastar, assolar.

devastation [,devəs'teiʃən] *s.* devastació *f.*, assolament *m.*

develop (to) [di'veləp] *t.* desenvolupar, desenrotllar. 2 fer créixer, fomentar. 3 millorar, perfeccionar. 4 urbanitzar. 5 agafar, contraure. 6 explotar [una mina, etc.]. 7 mostrar, manifestar. 8 FOT. revelar. 9 MIL. desplegar. ■ 10 *i.* desenvolupar-se *p.*, evolucionar. 11 augmentar, créixer. 12 aparèixer.

development [di'veləpmənt] *s.* desenvolupament *m.*, evolució *f.* 2 foment *m.*, explotació *f.*, urbanització *f.* 3 esdeveniment *m.* 4 FOT. revelat *m.*

deviate (to) ['di:vieit] *i.* desviar-se *p.;* allunyar-se *p.*

deviation [,di:vi'eiʃən] *s.* desviació *f.*, allunyament *m.*

device [di'vais] *s.* ardit *m.*, estratagema *f.* 2 artifici *m.* 3 aparell *m.*, artefacte *m.*, dispositiu *m.* 4 divisa *f.*, emblema *m.*

devil ['devl] *s.* diable *m.*, dimoni *m.*

devilish ['devliʃ] *a.* diabòlic. 2 endimoniat.

devilment ['devilmənt], **devilry** ['devlri] *s.* entremaliadura *f.*, malesa *f.* 2 perversitat *f.*, malignitat *f.*

devious ['di:vjəs] *a.* desviat. 2 enrevessat, tortuós.

devise (to) [di'vaiz] *t.* inventar, concebre. 2 enginyar, ordir. 3 DRET llegar.

devoid [di'vɔid] *a.* mancat, faltat.

devolution [,di:və'lu:ʃən] *s.* lliurament *m.*, traspàs *m.* [de poder, competències, etc.]. 2 delegació *f.*, descentralització *f.*

devolve (to) [di'vɔlv] *t.* traspassar, transferir. ■ 2 *i.* recaure.

devote (to) [di'vout] *t.* consagrar, dedicar, destinar. 2 *p.* to ~ *oneself*, consagrar-se, dedicar-se.

devoted [di'voutid] *a.* consagrat, dedicat, destinat. 2 devot, lleial.

devotee [,devou'ti:] *s.* devot, beat. 2 fanàtic.

devotion [di'vouʃən] s. devoció f., lleialtat f. 2 dedicació f.

devour (to) [di'vauəʳ] t. devorar [també fig.].

devout [di'vaut] a. devot, piadós, beat. 2 fervorós, sincer.

dew [dju:] s. rosada f.

dew (to) [dju:] t. enrosar, humitejar de rosada, enrellentir. 2 fig. banyar. ■ 3 i. rosar.

dewlap ['dju:læp] s. papada f.

dewy ['dju:i] a. enrosat, mullat de rosada.

dexterity [deks'teriti] s. destresa f., habilitat f., manya f.

dexterous ['dekstərəs] a. destre, hàbil, manyós.

diabolic(al) [ˌdaiə'bɔlik(əl)] a. diabòlic.

diadem ['daiədəm] s. diadema f.

diaeresis [dai'iərisis] s. dièresi f.

diagnose (to) ['daiəgnouz] t. diagnosticar.

diagnosis [ˌdaiəg'nousis] s. diagnosi f.

diagnostic [ˌdaiəg'nɔstik] a. diagnòstic. ■ 2 s. diagnòstic m.

diagonal [dai'ægənl] a. diagonal. ■ 2 s. diagonal f.

diagram ['daiəgræm] s. diagrama m., esquema m.

dial ['daiəl] s. esfera f. [de rellotge]. 2 disc m. [de telèfon]. 3 rellotge m. de sol, quadrant m.

dial (to) ['daiəl] t. TELEF. marcar.

dialect ['daiəlekt] s. dialecte m.

dialectics [ˌdaiə'lektiks] s. dialèctica f.

dialogue ['daiəlɔg] s. diàleg m.

diameter [dai'æmitəʳ] s. diàmetre m.

diamond ['daiəmənd] s. GEMM. diamant m. 2 GEOM. rombe m. 3 JOC diamant [cartes].

Diana [dai'ænə] n. pr. f. Diana.

diaper ['daiəpəʳ] s. (EUA) bolquer m.

diaphanous [dai'æfənəs] a. diàfan.

diaphragm ['daiəfræm] s. diafragma m.

diarrhoea [ˌdaiə'ri:ə] s. diarrea f.

diary ['daiəri] s. diari m. [d'experiències personals]. 2 agenda f., dietari m.

diatribe ['daiətraib] s. diatriba f.

dice [dais] s. pl. de DIE.

dice-box ['daisbɔks] s. gobelet m.

Dick [dik] n. pr. m. (dim. *Richard*) Ricard.

dickens ['dikinz] s. col·loq. dimoni m., diantre m.

dictaphone ['diktəfoun] s. dictàfon m.

dictate ['dikteit] s. ordre f. ▲ gralnt. pl.

dictate (to) [dik'teit] t. dictar. 2 i. manar t.

dictation [dik'teiʃən] s. dictat m.

dictator [dik'teitəʳ] s. dictador.

dictatorial [ˌdiktə'tɔ:riəl] a. dictatorial.

dictatorship [dik'teitəʃip] s. dictadura f.

diction ['dikʃən] s. dicció f., estil m.

dictionary ['dikʃənri] s. diccionari m.

dictum ['diktəm] s. dita f., aforisme m.

did [did] Vegeu DO (TO).

didactic [dai'dæktik] a. didàctic.

didn't [didnt] contr. de **did** i **not**.

die [dai] s. JOC dau m. 2 pl. daus m. pl. [de formatge] ▲ pl. **dice** [dais].

die [dai] s. ARQ. dau m. 2 MEC. encuny m. 3 TECNOL. matriu f. ▲ pl. **dies** [daiz].

die (to) [dai] i. morir(-se). ‖ fig. *to be dying to* o *for*, morir-se p. per. ‖ *I'm dying to start*, em moro de ganes de començar. ■ *to ~ down*, apagar-se p. [foc, soroll, passió]; *to ~ out*, extingir-se p., desaparèixer. ▲ Pret. i p. p.: **died** [daid]; ger.: **dying** [daiiŋ].

diet ['daiət] s. ALIM. dieta f. 2 HIST. dieta f.

diet (to) ['daiət] t. posar a dieta, tenir a dieta. ■ 2 i. estar a dieta.

differ (to) ['difəʳ] i. diferir, diferenciar-se p. 2 *to ~ from*, discrepar, dissentir.

difference ['difrəns] s. diferència f. 2 desigualtat f. 3 desacord m.

different ['difrənt] a. diferent. ■ 2 -ly adv. diferentment.

differentiate (to) [ˌdifə'renʃieit] t. diferenciar. ■ 2 i. diferenciar-se p.

difficult ['difikəlt] a. difícil.

difficulty ['difikəlti] s. dificultat f. 2 obstacle m., objecció f. 3 problema m.

diffidence ['difidəns] s. timidesa f., manca f. de confiança f. en un mateix.

diffident ['difidənt] a. tímid.

diffuse [di'fju:s] a. prolix. 2 difús.

diffuse (to) [di'fju:z] t. difondre. ■ 2 i. difondre's p.

diffusion [di'fju:ʒən] s. difusió f.

dig [dig] s. cop m. de colze. 2 indirecta f. 3 ARQUEOL. excavació f. 4 pl. col·loq. (G.B.) allotjament m.

dig (to) [dig] t. cavar, excavar, remoure. ‖ *to ~ out* o *up*, desenterrar. 3 col·loq. agradar i. ■ 4 i. cavar t., excavar t. ▲ Pret. i p. p.: **dug** [dʌg].

digest ['daidʒest] s. compendi m., compilació f., resum m.

digest (to) [di'dʒest] t. digerir, pair, (ROSS.) acotxar [també fig.]. 2 resumir,

compilar. ■ 3 *i.* digerir-se *p.*, pair-se *p.*
[també fig.].

digestible [di'dʒestəbl] *a.* digerible.

digestion [di'dʒestʃən] *s.* digestió *f.*

digestive [di'dʒestiv] *a.* digestiu.

digger [digə'] *s.* cavador. 2 ARQUEOL. ex-
cavador.

digging ['digiŋ] *s.* excavació *f.*

dignified ['dignifaid] *a.* dignificat. 2 dig-
ne, solemne, elegant, majestuós.

dignify (to) ['dignifai] *t.* dignificar, lloar.

dignitary ['dignitəri] *s.* dignatari.

dignity ['digniti] *s.* dignitat *f.* 2 honor *m.*
3 rang *m.*

digress (to) [dai'gres] *i.* divagar.

digression [dai'greʃən] *s.* digressió *f.*

dike [daik] *s.* dic *m.* 2 escorranc *m.*

dilapidated [di'læpideitid] *a.* ruinós, es-
patllat, vell, malmès.

dilapidation [di,læpi'deiʃən] *s.* ruina *f.*,
decadència *f.*

dilate [dai'leit] *t.* dilatar. ■ 2 *i.* dila-
tar-se *p.*

dilation [dai'leiʃən] *s.* dilatació *f.*

dilatory ['dilətəri] *a.* dilatori. 2 lent, tri-
ganer.

dilemma [di'lemə] *s.* dilema *m.*

dilettante [dili'tænti] *s.* afeccionat.

diligence ['dilidʒəns] *s.* diligència *f.*, apli-
cació *f.*

diligent ['dilidʒənt] *a.* diligent.

dilly-dally (to) ['dili,dæli] *i.* perdre el
temps, entretenir-se *p.* 2 vacil·lar, titu-
bejar.

dilute (to) [dai'lju:t] *t.* diluir, deixatar
[també fig.]. ■ 2 *i.* diluir-se *p.*, deixatar-
se *p.*

dilution [dai'lju:ʃən] *s.* dilució *f.*

dim [dim] *a.* confús, desdibuixat, boirós.
2 obscur, fosc. 3 feble, imprecís. 4 fig.
pessimista. 5 col·loq. curt.

dim (to) [dim] *t.* enfosquir, obscurir, es-
morteir. ■ 2 *i.* enfosquir-se *p.*, esmor-
teir-se *p.*

dime [daim] *s.* (EUA) deu *m.* centaus.

dimension [di'menʃən] *s.* dimensió *f.*

diminish (to) [di'miniʃ] *t.-i.* disminuir.

diminution [dimi'nju:ʃən] *s.* disminu-
ció *f.*

diminutive [di'minjutiv] *a.* diminut. ■ 2
s. GRAM. diminutiu *m.*

dimness ['dimnis] *s.* penombra *f.*, mitja
llum *f.* 2 obscuritat *f.*, foscor *f.* 3
pal·lidesa *f.* [llum].

dimple ['dimpl] *s.* clotet *m.*

din [din] *s.* xivarri *m.*, rebombori *m.*, en-
renou *m.*

dine (to) [dain] *i.* form. sopar. ■ 2 *t.* fer
un sopar.

diner ['dainə'] *s.* comensal. 2 FERROC.
vagó-restaurant *m.*

dinghy ['diŋgi] *s.* barqueta *f.* 2 llanxa *f.* de
goma.

dinginess ['dindʒinis] *s.* brutícia *f.*, sor-
didesa *f.*

dingy ['dindʒi] *a.* brut, sòrdid.

dining-car ['dainiŋka:'] *s.* FERROC. vagó-
restaurant *m.*

dining-room ['dainiŋrum] *s.* menjador *m.*

dinner ['dinə'] *s.* sopar *m.*; dinar *m.* [l'apat
més fort del dia].

dinner jacket ['dinə,dʒækit] *s.* angl.
smoking *m.*

dinner service ['dinə,sə:vis] *s.* vaixella *f.*

dinner set ['dinəset] *s.* vaixella *f.*

dint [dint] *s.* ant. escantell *m.*, abonyec *m.*
■ 2 LOC. **by ~ of**, a força de.

diocese ['daiəsis] *s.* ECLES. diòcesi *f.*

dip [dip] *s.* fam. remullada *f.*, bany *m.* 2
pendent *m.*

dip (to) [dip] *t.* submergir, banyar, mu-
llar. 2 abaixar [els llums]. 3 MAR. saludar
[amb banderes]. ■ 4 *i.* submergir-se *p.*,
remullar-se *p.* 5 baixar *t.*, inclinar-se *p.*
6 fig. **to ~ into a book**, fullejar un llibre.
to ~ into one's pocket, gastar-se'ls; **to ~
into the future**, preveure el futur.

Dip. Ed. [dip'ed] *s. (Diploma of Education)*
diploma *m.* d'educació.

diphthong ['difθɔŋ] *s.* diftong *m.*

diploma [di'ploumə] *s.* diploma *m.*

diplomacy [di'plouməsi] *s.* diplomàcia *f.*

diplomat ['dipləmæt], **diplomatist** [di-
'ploumətist] *s.* diplomàtic *m.*

diplomatic [diplə'mætik] *a.* diplomàtic.

dipper ['dipə'] *s.* culler *m.*, culleró *m.* 2
ORN. merla *f.* d'aigua. 3 **big ~**, munta-
nyes *f. pl.* russes.

dipstick ['dipstik] *s.* AUTO. vareta *f.* de
l'oli.

dire ['daiə'] *a.* terrible, espantós. 2 extrem.

direct [di'rekt] *a.* directe, dret: ~ **object**,
complement *m.* directe. 2 recte. 3 clar
[resposta]. 4 obert [caràcter].

direct (to) [di'rekt] *t.* dirigir, manar, or-
denar. 2 encaminar, adreçar. ■ 3 *i.* diri-
gir *t.*, encarregar-se *p.*

direction [di'rekʃən] *s.* direcció *f.*, orien-
tació *f.* 2 *pl.* instruccions *f. pl.*, indicació *f.*

discharge

directly [di'rektli] *adv.* directament. 2 de seguida. 3 exactament; just. ■ *4 conj.* tan aviat com, tan bon punt. ■

directness [di'rektnis] *s.* franquesa *f.,* rectitud *f.*

director [di'rektə'] *s.* director. 2 gerent.

directorate [di'rektərit] *s.* direcció *f.* [càrrec]. 2 junta *f.* directiva.

directory [di'rektəri] *s.* directori *m.* 2 guia *f.* [telefònica, etc.].

direful ['daiəful] *a.* terrible, espantós, horrible.

dirge [də:dʒ] *s.* cant *m.* fúnebre.

dirt [də:t] *s.* brutícia *f.;* greix *m.* 2 fang *m.*

dirty ['də:ti] *a.* brut, tacat. 2 indecent, fastigós. 3 vil, baix. ‖ ~ *trick,* marranada *f.;* ~ *old man,* vell *m.* verd.

dirty (to) ['də:ti] *t.* embrutar, tacar. ■ 2 *i.* embrutar-se *p.,* tacar-se *p.* [també fig.].

disability [ˌdisə'biliti] *s.* impotència *f.,* incapacitat *f.,* impediment *m.,* impossibilitat *f.*

disable (to) [dis'eibl] *t.* inutilitzar, impossibilitar. 2 esguerrar. 3 DRET incapacitar.

disabled [dis'eibld] *a.* mutilat, esguerrat, invàlid.

disablement [dis'eiblmənt] *s.* incapacitat *f.,* invalidesa *f.* 2 mutilació *f.* 3 impediment *m.,* impossibilitat *f.*

disabuse (to) [ˌdisə'bju:z] *t.* desenganyar, treure de l'error.

disadvantage [ˌdisəd'va:ntidʒ] *s.* desavantatge *m.* 2 inconvenient *m.*

disadvantageous [ˌdisædvɑ:n'teidʒəs] *a.* desavantatjós.

disaffected [ˌdisə'fektid] *a.* desafecte.

disaffection [ˌdisə'fekʃən] *s.* descontentament *m.,* deslleialtat *f.*

disagree (to) [ˌdisə'gri:] *i.* discrepar, dissentir, no estar d'acord. 2 no provar.

disagreeable [ˌdisə'griəbl] *a.* desagradable. 2 malagradós, antipàtic.

disagreement [ˌdisə'gri:mənt] *s.* discrepància *f.,* desacord *m.,* discordança *f.* 2 dissentiment *m.*

disallow (to) [ˌdisə'lau] *t.* denegar, rebutjar. 2 ESPORT anul·lar.

disappear (to) [ˌdisə'piə'] *i.* desaparèixer.

disappearance [ˌdisə'piərəns] *s.* desaparició *f.*

disappoint (to) [ˌdisə'pɔint] *t.* defraudar, decebre, desenganyar, desil·lusionar.

disappointment [ˌdisə'pɔintmənt] *s.* desil·lusió *f.,* desengany *m.,* desencant *m.* 2 escarment *m.*

disapproval [ˌdisə'pru:vəl] *s.* desaprovació *f.,* censura *f.*

disapprove (to) [ˌdisə'pru:v] *t.* desaprovar. ■ 2 *i.* desaprovar *t.* (*of, –*).

disarm (to) [dis'a:m] *t.* desarmar [també fig.]. ■ 2 *i.* desarmar-se *p.,* deposar les armes.

disarmament [dis,a:məmənt] *s.* desarmament *m.*

disarrange (to) ['disə'reindʒ] *t.* desordenar, desarranjar. 2 pertorbar, desbaratar, desorganitzar.

disarray ['disə'rei] *s.* desordre *m.,* confusió *f.* 2 deixadesa *f.*

disarray (to) ['disə'rei] *t.* desendreçar, desordenar.

disaster [di'za:stə'] *s.* desastre *m.*

disastrous ['disa:strəs] *a.* desastrós.

disavow (to) ['disə'vau] *t.* form. repudiar, renegar, denegar. 2 desaprovar.

disband (to) [dis'bænd] *t.* dissoldre [organització]. 2 dispersar [manifestació, etc.]. 3 llicenciar [tropes]. ■ *4 i.* dispersar-se *p.,* dissoldre's *p.*

disbelief [ˌdisbi'li:f] *s.* incredulitat *f.*

disbelieve (to) [ˌdisbi'li:v] *t.-i.* descreure *t.,* no creure *i.* (*in, en*).

disburse (to) [dis'bə:s] *t.* desemborsar, pagar.

disbursement [dis'bə:smənt] *s.* desembors *m.,* pagament *m.*

disc, (EUA) **disk** [disk] *s.* disc *m.*

discard (to) [di'ka:d] *t.* descartar, rebutjar, llençar. ■ 2 *i.* descartar-se *p.*

discern (to) [di'sə:n] *t.* discernir, distingir. 2 percebre, copsar.

discerning [di'sə:niŋ] *a.* perspicaç.

discernment [di'sə:nmənt] *s.* discerniment *m.,* perspicàcia *f.* 2 bon criteri *m.*

discharge ['distʃa:dʒ] *s.* descàrrega *f.* 2 tret *m.* 3 fuita *f.* [d'un gas]. 4 sortida *f.* [d'un líquid]. 5 pagament *m.* 6 acompliment *m.,* realització *f.* 7 rebut *m.,* quitança *f.* 8 destitució *f.,* acomiadament *m.* 9 DRET absolució *f.,* alliberament *m.* [d'un pres] 10 MED. supuració *f.* 11 MED. alta *f.* 12 MIL. llicenciament *m.*

discharge (to) [dis'tʃa:dʒ] *t.* descarregar. 2 ARM. disparar. 3 saldar [un deute]. 4 realitzar [una tasca, etc.]. 5 acomiadar, destituir. 6 MED. donar d'alta. 7 DRET absoldre, exonerar; alliberar. 8 MIL.

llicenciar. ■ *9 i.* desguassar [un riu]. *10* descarregar-se *p.* *11* MED. supurar.

disciple [di'saipl] *s.* deixeble.

discipline ['disiplin] *s.* disciplina *f.* 2 càstig *m.*

discipline (to) ['disiplin] *t.* disciplinar. 2 castigar.

disc jockey ['diskdʒɔki] *s.* disc-jòquei.

disclaim (to) [dis'kleim] *t.* negar, rebutjar, repudiar. 2 DRET renunciar.

disclose (to) [dis'klouz] *t.* revelar.

disclosure [dis'klouʒə'] *s.* revelació *f.;* descobriment *m.*

discolor, (EUA) **discolor (to)** [dis'kʌlə'] *t.* descolorir, destenyir. ■ *2 i.* descolorir-se *p.,* destenyir-se *p.*

discomfit (to) [dis'kʌmfit] *t.* desconcertar, confondre.

discomfiture [dis'kʌmfitʃə'] *s.* desconcert *m.*

discomfort [dis'kʌmfət] *s.* incomoditat *f.,* malestar *m.* 2 molèstia *f.*

discompose (to) [diskəm'pouz] *t.* torbar, pertorbar; desconcertar.

discomposure [diskəm'pouʒə'] *s.* torbació *f.,* pertorbació *f.,* desconcert *m.*

disconcert (to) [diskən'sə:t] *t.* desconcertar, confondre. 2 pertorbar, trastornar.

disconnect (to) [diskə'nekt] *t.* desconnectar.

disconnected [diskə'nektid] *a.* desconnectat. 2 incoherent, inconnex.

disconsolate [dis'kɔnsəlit] *a.* desconsolat.

discontent [diskən'tent] *s.* descontentament *m.,* disgust *m.*

discontent (to) [diskən'tent] *t.* descontentar, disgustar.

discontinuance [diskən'tinjuəns] *s.* discontinuïtat *f.,* interrupció *f.,* cessament *m.*

discontinue (to) [diskən'tinju:] *t.* interrompre, cessar, suspendre. ■ *2 i.* interrompre's *p.,* suspendre's *p.,* acabar.

discontinuous [diskən'tinjuəs] *a.* discontinu.

discord ['diskɔ:d] *s.* discòrdia *f.* 2 MÚS. dissonància *f.*

discordant [dis'kɔ:dənt] *a.* discordant. 2 MÚS. dissonant.

discount ['diskaunt] *s.* descompte *m.,* rebaixa *f.*

discount (to) [dis'kaunt] *t.* descomptar, rebaixar. 2 rebutjar; no fer cas.

discourage (to) [dis'kʌridʒ] *t.* descoratjar, desanimar. 2 dissuadir.

discouragement [dis'kʌridʒmənt] *s.* descoratjament *m.,* desànim *m.* 2 dissuasió *f.*

discourse ['diskɔ:s] *s.* discurs *m.,* conferència *f.,* conversa *f.,* dissertació *f.;* tractat *m.*

discourse (to) [dis'kɔ:s] *i.* dissertar, discórrer, exposar. ‖ *to ~ upon,* parlar de.

discourteous [dis'kə:tjəs] *a.* descortès.

discourtesy [dis'kə:tisi] *s.* descortesia *f.*

discover (to) [dis'kʌvə'] *t.* descobrir, trobar.

discoverable [dis'kʌvərəbl] *a.* esbrinadís.

discoverer [dis'kʌvərə'] *s.* descobridor.

discovery [dis'kʌvəri] *s.* descobriment *m.,* troballa *f.*

discredit [dis'kredit] *s.* descrèdit *m.,* desprestigi *m.* 2 dubte *m.*

discredit (to) [dis'kredit] *t.* desacreditar, desprestigiar, deshonrar. 2 posar en dubte; no creure.

discreet [dis'kri:t] *a.* discret, prudent, assenyat, seriós.

discrepancy [dis'krepənsi] *s.* discrepància *f.,* diferència *f.*

discretion [dis'kreʃən] *s.* discreció *f.,* prudència *f.,* sensatesa *f.,* seny *m.*

discriminate (to) [dis'krimineit] *t.* distingir, diferenciar, discernir, discriminar. ■ *2 i.* discriminar *t.*

discriminating [dis'krimineitiŋ] *a.* perspicaç, sagaç. 2 discriminant.

discrimination [dis,krimi'neiʃən] *s.* discerniment *m.* 2 discriminació *f.*

discursive [dis'kə:siv] *a.* divagador. 2 discursiu.

discus ['diskəs] *s.* ESPORT disc *m.*

discuss (to) [dis'kʌs] *t.* parlar; tractar; discutir.

discussion [dis'kʌʃən] *s.* discussió *f.,* debat *m.*

disdain [dis'dein] *s.* desdeny *m.,* menyspreu *m.*

disdain (to) [dis'dein] *t.* desdenyar, menysprear. ‖ *to ~ to,* no dignar-se *p.* a.

disdainful [dis'deinful] *a.* desdenyós.

disease [di'zi:z] *s.* malaltia *f.,* afecció *f.*

diseased [di'zi:zd] *a.* malalt. 2 morbós, malalt [ment]. 3 MED. contagiat [teixit].

disembark (to) [disim'bɑ:k] *t.-i.* desembarcar.

disembarkation [disembɑ:'keiʃən] *s.* desembarcament *m.*

disjoin

disembodied [ˌdisimˈbɔdid] *a.* incorpori, immaterial.

disembowel (to) [ˌdisimˈbauəl] *t.* esbudellar, estripar.

disenchant (to) [ˌdisinˈtʃɑːnt] *t.* desencantar, desencisar, desil·lusionar.

disenchantment [ˌdisinˈtʃɑːntmənt] *s.* desencant *m.,* desencís *m.;* desengany *m.,* desil·lusió *f.*

disencumber (to) [ˌdisinˈkʌmbə] *t.* desembarassar.

disengage (to) [ˈdisinˈgeidʒ] *t.* deslligar, deslliurar; desembarassar. 2 AUTO. desembragar. 3 MEC. desenclavar, desenganxar. 4 MIL. retirar. ■ 5 *i.* MIL. retirar-se *p.*

disengaged [ˌdisinˈgeidʒd] *a.* lliure; desocupat.

disentangle (to) [ˌdisinˈtæŋgl] *t.* desenredar, desembrollar; aclarir. ■ 2 *i.* desenredar-se *p.*

disentanglement [ˌdisinˈtæŋglmənt] *s.* desembolic *m.,* desembrollament *m.,* desembullament *m.*

disestablishment [ˌdisisˈtæbliʃmənt] *s.* separació *f.* de l'Església i l'Estat.

disfavour, (EUA) **disfavor** [disˈfeivə] *s.* desfavor *m.,* desaprovació *f.;* desgràcia *f.*

disfigure (to) [disˈfigə] *t.* desfigurar, enlletgir, deformar.

disfranchise (to) [disˈfræntʃaiz] *t.* privar dels drets civils. 2 privar del dret de vot.

disgorge (to) [disˈgɔːdʒ] *t.* vomitar, gitar. 2 retornar, tornar, restituir.

disgrace [disˈgreis] *s.* desgràcia *f.,* infortuni *m.* 2 deshonra *f.,* vergonya *f.*

disgrace (to) [disˈgreis] *t.* deshonrar, desacreditar. ■ 2 *p. to* ~ *oneself,* deshonrar-se, desacreditar-se.

disgraceful [disˈgreisful] *a.* deshonrós, vergonyós, escandalós.

disgruntled [disˈgrʌntld] *a.* descontent, malhumorat.

disguise [disˈgaiz] *s.* disfressa *f.*

disguise (to) [disˈgaiz] *t.* disfressar. 2 amagar, ocultar, dissimular.

disgust [disˈgʌst] *s.* aversió *f.,* fàstic *m.,* repugnància *f.,* repulsió *f.*

disgust (to) [disˈgʌst] *t.* repugnar, fer fàstic, fastiguejar.

disgusting [disˈgʌstiŋ] *a.* repugnant, fastigós. ‖ *how* ~*!,* quin fàstic!

dish [diʃ] *s.* plat *m.* 2 plata *f.* 3 pop. bombó *m.* [persona atractiva].

dish (to) [diʃ] *t. to* ~ *up,* posar en una plata, servir. 2 fig. presentar [argu-

ments, etc.]. 3 *to* ~ *out,* distribuir. 4 col·loq. frustrar.

dish-cloth [ˈdiʃklɔθ] *s.* drap *m.* de cuina.

dishearten (to) [disˈhɑːtn] *t.* descoratjar, desanimar.

dishevel (to) [diˈʃevəl] *t.* despentinar, descabellar; desendreçar.

dishevelled [diˈʃevəld] *a.* despentinat, descabellat; deixat, descurat.

dishonest [disˈɔnist] *a.* deshonest, fals, poc honrat. 2 fraudulent. ■ 3 **-ly** *adv.* deshonestament; fraudulentament.

dishonesty [disˈɔnisti] *s.* deshonestedat *f.,* falsedat *f.,* manca *f.,* d'honradesa *f.*

dishonour, (EUA) **dishonor** [disˈɔnə] *s.* deshonor *m.,* deshonra *f.,* vergonya *f.* 2 afront *m.*

dishonour (to), (EUA) **dishonor (to)** [disˈɔnə] *t.* deshonrar. 2 afrontar. 3 refusar de pagar [un xec, un deute, etc.].

dishonourable, (EUA) **dishonorable** [disˈɔnərəbl] *a.* deshonrós. 2 poc honrat.

dishwasher [ˈdiʃwɔʃə] *s.* rentaplats *m. pl.*

disillusion [ˌdisiˈluːʒən] *s.* desil·lusió *f.,* desengany *m.,* desencant *m.*

disillusion (to) [ˌdisiˈluːʒən] *t.* desil·lusionar.

disinclination [ˌdisinkliˈneiʃən] *s.* aversió *f.;* resistència *f.*

disincline (to) [ˈdisinˈklain] *t. to be disinclined,* estar o sentir-se poc disposat, poc inclinat.

disinfect (to) [ˌdisinˈfekt] *t.* desinfectar.

disinfectant [ˌdisinˈfektənt] *a.* desinfectant. ■ 2 *s.* desinfectant *m.*

disinfection [ˌdisinˈfekʃən] *s.* desinfecció *f.*

disingenuous [ˌdisinˈdʒenjuəs] *a.* fals, enganyós, simulat.

disinherit (to) [ˌdisinˈherit] *t.* desheretar.

disintegrate (to) [disˈintigreit] *t.* desintegrar, disgregar. ■ 2 *i.* desintegrar-se *p.,* disgregar-se *p.*

disinter (to) [ˌdisinˈtəː] *t.* desenterrar, exhumar.

disinterested [disˈintristid] *a.* desinteressat. 2 imparcial.

disinterment [ˌdisinˈtəːmənt] *s.* desenterrament *m.,* exhumació *f.*

disinvestment [ˌdisinˈvestmənt] *s.* ECON. desinversió *f.*

disjoin (to) [disˈdʒɔin] *t.* separar, desjuntar, desunir. ■ 2 *i.* separar-se *p.,* desjuntar-se *p.,* desunir-se *p.*

disjoint (to) [dis'dʒɔint] t. desarticular, desencaixar, desllorigar, desengranar, desmembrar.

disjointed [dis'dʒɔintid] a. inconnex, incoherent [un discurs, etc.].

dislike [dis'laik] s. aversió f., antipatia f.

dislike (to) [dis'laik] t. desagradar, no agradar. 2 tenir antipatia, sentir aversió.

dislocate (to) ['disləkeit] t. dislocar, desllorigar, desconjuntar, desencaixar.

dislodge (to) [dis'lɔdʒ] t. desallotjar, desocupar, fer fora.

disloyal ['dis'lɔiəl] a. deslleial.

disloyalty ['dis'lɔiəlti] s. deslleialtat f.

dismal ['dizməl] a. trist, melangiós, depriment.

dismantle (to) [dis'mæntl] t. desmantellar, desguarnir. 2 desmuntar.

dismay [dis'mei] s. descoratjament m., desànim m. 2 consternació f., desconcert m., abatiment m.

dismay (to) [dis'mei] t. descoratjar, desanimar, espantar, consternar, abatre.

dismember (to) [dis'membə'] t. desmembrar.

dismiss (to) [dis'mis] t. acomiadar, expulsar, despatxar. 2 destituir, llicenciar. 3 deixar marxar. 4 dissoldre [una junta, etc.]. 5 rebutjar, allunyar [un pensament, etc.].

dismissal [dis'misəl] s. acomiadament m., expulsió f. 2 destitució f. 3 dissolució f.

dismount (to) ['dis'maunt] t. desmuntar. ■ 2 i. descavalcar, baixar.

disobedience [disə'bi:djəns] s. desobediència f.

disobedient [disə'bi:djənt] a. desobedient, malcreient.

disobey (to) [disə'bei] t.-i. desobeir t.

disorder [dis'ɔːdə'] s. desordre m., confusió f., garbuix m., tumult m. 2 malaltia f., trastorn m.

disorder (to) [dis'ɔːdə'] t. desordenar, trastornar. 2 trastocar, pertorbar.

disorderly [dis'ɔːdəli] a. desordenat. 2 esvalotat, tumultuós.

disorganization [dis,ɔːgənai'zei:ʃən] s. desorganització f.

disorganize (to) [dis'ɔːgənaiz] t. desorganitzar.

disown (to) [dis'oun] t. repudiar, rebutjar, negar, renegar.

disparage (to) [dis'pæridʒ] t. detractar, denigrar. 2 menystenir, menysprear, rebaixar.

disparagement [dis'pæridʒmənt] s. detracció f., menyspreu m.

disparagingly [dis'pæridʒiŋli] adv. amb desdeny, desdenyosament.

disparity [dis'pæriti] s. disparitat f.

dispassionate [dis'pæʃənit] a. desapassionat, fred. 2 imparcial.

dispatch [dis'pætʃ] s. despatx m. [acció]. 2 despatx m., comunicat m., comunicació f. 3 celeritat f., promptitud f.

dispatch (to) [dis'pætʃ] t. despatxar, enviar, expedir. 2 enllestir.

dispel (to) [dis'pel] t. dissipar, esvair.

dispensary [dis'pensəri] s. dispensari m.

dispensation [,dispen'seiʃən] s. dispensació f., distribució f. 2 designi m. diví, providència f. divina. 3 exempció f., dispesa f. 4 REL. llei f. 5 DRET administració f.

dispense (to) [dis'pens] t. dispensar, distribuir, concedir. 2 dispensar, eximir. 3 DRET administrar. ■ 4 i. to ~ with, prescindir de.

dispersal [dis'pəːsəl] s. dispersió f.

disperse (to) [dis'pəːs] t. dispersar. 2 FÍS. descompondre [la llum]. 3 i. dispersar-se p. 4 FÍS. descompondre's p.

dispirit (to) [di'spirit] t. descoratjar, desanimar.

displace (to) [dis'pleis] t. desplaçar. 2 traslladar, canviar de lloc. || *displaced person*, exiliat. 3 reemplaçar, substituir. 4 QUÍM. desplaçar.

displacement [dis'pleismənt] s. desplaçament m. 2 trasllat m. 3 reemplaçament m., substitució f.

display [dis'plei] s. exposició f.; exhibició f.; demostració f.; manifestació f. 2 ostentació f. 3 pompa f., cerimònia f. 4 TECNOL. representació f. visual.

display (to) [dis'plei] t. desplegar. 2 exposar, mostrar. 3 exhibir, ostentar, lluir.

display artist [dis'plei,ɑːtist] s. aparadorista.

displease (to) [dis'pliːz] t. desagradar, disgustar, ofendre, enutjar.

displeasure [dis'pleʒə'] s. desgrat m., desplaer m., disgust m.

disposable [dis'pouzəbl] a. disponible. 2 no retornable, per llençar.

disposal [dis'pouzəl] s. disposició f., arranjament m., col·locació f. [acció]. 2 destrucció f., eliminació f.: *waste ~*, destrucció f. d'escombraries. 3 neutralització f. [d'una bomba]. 4 evacuació f. 5 disposició f., resolució f. || *at the ~ of*, a la disposició de. 6 COM. venda f.

dissipation

dispose (to) [dis'pouz] t. disposar, col·locar, arranjar. 2 decidir, determinar. 3 inclinar, moure, persuadir. ■ 4 i. to ~ of, disposar de; desfer-se p. de, llençar t. 5 cedir t., alienar t. [els drets, etc.]. 6 resoldre t. [un problema]. 7 despatxar t. [un negoci]. 8 COM. vendre t.

disposition [dispə'ziʃən] s. disposició f., arranjament m. 2 caràcter m., temperament m. 3 inclinació f., tendència f., propensió f., predisposició f. 4 traspàs m. [propietat].

disposses (to) [dispə'zes] t. desposseir. 2 DRET desnonar.

disproportion [disprə'pɔːʃən] s. desproporció f.

disproportionate [disprə'pɔːʃənit] a. desproporcionat.

disproval ['dis'pruːvəl] s. refutació f.

disprove (to) [dis'pruːv] t. refutar, confutar.

disputable [dis'pjuːtəbl] a. disputable, discutible, controvertible, qüestionable.

dispute [dis'pjuːt] s. disputa f., discussió f.: in ~, a debat m. 2 DRET plet m., litigi m.: under ~, en litigi m.

dispute (to) [dis'pjuːt] t. discutir, disputar. ■ 2 i. controvertir, disputar.

disqualify (to) [dis'kwɔlifai] t. inhabilitar, incapacitar. 2 ESPORT desqualificar.

disqualification [dis,kwɔlifi'keiʃən] s. inhabilitació f., incapacitació f. 2 ESPORT desqualificació f.

disquiet [dis'kwaiət] s. inquietud f., ànsia f., preocupació f., intranquil·litat f.

disquiet (to) [dis'kwaiət] t. inquietar, desassossegar, preocupar, intranquil·litzar.

disquieting [dis'kwaiətin] a. inquietant, preocupant.

disregard ['disri'gaːd] s. desatenció f.; indiferència f.; despreocupació f.; desdeny m. 2 DRET desacatament m.

disregard (to) [disri'gaːd] t. desatendre, descurar, desdenyar. 2 DRET desacatar.

disrepair [disri'pɛəʳ] s. mal estat m., deteriorament m., ruïna f. ‖ to fall into ~, deteriorar-se p., amenaçar ruïna.

disreputable [dis'repjutəbl] a. desacreditat. 2 deshonrós, vergonyós. 3 de mala reputació.

disrepute [disri'pjuːt] s. descrèdit m., desprestigi m., deshonra f. 2 mala reputació f., mala fama f. ‖ to fall into ~, desprestigiar-se p., desacreditar-se p.

disrespect [disris'pekt] s. manca f. de respecte, desacatament m.

disrespectful [disris'pektful] a. irrespectuós.

disrobe (to) [dis'roub] t. despullar, desvestir. ■ 2 i. despullar-se p., desvestir-se p.

disrupt (to) [dis'rʌpt] t. trencar, dividir. 2 desbaratar, alterar; interrompre.

disruption [dis'rʌpʃən] s. trencament m., ruptura f., divisió f. 2 trastorn m.; interrupció f.; desbaratament m.; desorganització f. [plans].

disruptive [dis'rʌptiv] a. destructiu. 2 trastornador. 3 perjudicial, nociu. 3 ELECT. disruptiu.

dissatisfaction [dis,sætis'fækʃən] s. insatisfacció f., descontentament m.

dissatisfy (to) [di'sætisfai] t. descontentar, no satisfer.

dissect (to) [di'sekt] t. dissecar. 2 fig. dissecar, examinar detalladament.

dissection [di'sekʃən] s. disecció f., disecació f.

dissemble (to) [di'sembl] t. simular, fingir. ■ 2 i. dissimular t.

dissembler [di'semblə'] s. simulador, fingidor, hipòcrita.

disseminate (to) [di'semineit] t. disseminar. 2 difondre, divulgar, propagar. ■ 3 i. disseminar-se p. 4 difondre's p., divulgar-se p., propagar-se p.

dissension [di'senʃən] s. dissensió f., discòrdia f.

dissent [di'sent] s. dissentiment m.

dissent (to) [di'sent] i. dissentir, diferir, discrepar.

dissertation [disə'teiʃən] s. dissertació f.

disservice [dis'sɔːvis] s. perjudici m.

dissever (to) [dis'sevə'] t. partir, dividir, separar, desunir. 2 partir, dividir. 3 trencar [relacions]. ■ 4 i. separar-se p., desunir-se p.

dissidence ['disidəns] s. dissidència f. 2 dissentiment m., desacord m.

dissimilar [di'similə'] a. diferent, desigual, distint.

dissimilarity [disimi'læriti] s. diferència f., dissemblança f., desigualtat f.

dissimulate (to) [di'simjuleit] t.-i. dissimular, fingir.

dissimulation [di,simju'leiʃən] s. dissimulació f., fingiment m., simulació f. 2 hipocresia f.

dissipate (to) ['disipeit] t. dissipar. 2 esvair. ■ 3 i. dissipar-se p., esvair-se p.

dissipation [disi'peiʃən] s. dissipació f. 2 diversió f. 3 dissolució f.

dissociate

dissociate (to) [di'souʃieit] t. dissociar. ∎
2 i. dissociar-se p.

dissociation [di‚sousi'eiʃən] s. dissociació f.

dissoluble [di'sɔljubl] a. dissoluble.

dissolute ['disəlju:t] a. dissolut, dissipat.

dissoluteness [disəlju:tnis] s. dissolució f., dissipació f.

dissolution [disə'lu:ʃən] s. dissolució f. [acció de dissoldre o dissoldre's]. 2 DRET dissolució f.

dissolve (to) [di'zɔlv] t. dissoldre. 2 fig. desfer. 3 CINEM. fondre, encadenar. ∎ 4 i. dissoldre's p. 5 fig. desfer-se p. 6 CINEM. fondre's p., encadenar-se p.

dissonance ['disənəns] s. discòrdia f., dissensió f. 2 MÚS. dissonància f.

dissuade (to) [di'sweid] t. dissuadir, desaconsellar.

dissuasion [di'sweiʒən] s. dissuasió f.

distaff ['dista:f] s. filosa f.

distance ['distəns] s. distància f. 2 llunyania f., llunyària f.: in the ~, lluny, al lluny. 3 MÚS. interval m. 4 ESPORT long ~ race, cursa f. de fons; middle ~ race, cursa f. de mig fons.

distance (to) ['distəns] t. distanciar. 2 allunyar.

distant ['distənt] a. distant, llunyà. 2 fig. distant, fred.

distaste [dis'teist] s. aversió f., odi m., repugnància f.

distasteful [dis'teistful] a. desagradable, repugnant.

distemper [dis'tempə'] s. VET. brom m. 2 fig. malaltia f., malestar m. 3 B. ART. trempa f., pintura f. al tremp. 4 DRET desordre m.

distemper (to) [dis'tempə'] t. pintar al tremp.

distend (to) [dis'tend] t. inflar, dilatar, distendre. ∎ 2 i. inflar-se p., dilatar-se p., distendre's p.

distil, (EUA) **distill (to)** [dis'til] t.-i. destil·lar t.

distillation [disti'leiʃən] s. destil·lació f. 2 extret m., essència f.

distillery [dis'tiləri] s. destil·leria f.

distinct [dis'tiŋkt] a. distint, clar. 2 diferent: as ~ from, a diferència de. 3 marcat, assenyalat.

distinction [dis'tiŋkʃən] s. distinció f. 2 diferència f. ‖ of ~, distingit a., eminent a.; with ~, amb distinció, amb menció.

distinctive [dis'tiŋktiv] a. distintiu.

distinguish (to) [dis'tiŋgwiʃ] t. distingir. 2 discernir. ∎ 3 i. distingir-se p.

distinguished [dis'tiŋgwiʃt] a. distingit. 2 famós, eminent, notable.

distorsion [dis'tɔ:ʃən] s. distorsió f., deformació f. 2 fig. tergiversació f., falsejament f., desnaturalització f. 3 FÍS., FOT. distorsió f.

distort (to) [dis'tɔ:t] t. torçar, deformar. 2 fig. tergiversar, falsejar.

distract (to) [dis'trækt] t. distreure. 2 pertorbar, enfollir. 3 atordir, confondre.

distracted [dis'træktid] a. distret. 2 pertorbat, enfollit, trastornat.

distraction [dis'trækʃən] s. distracció f. 2 pertorbació f., confusió f. 3 bogeria f. 4 diversió f., entreteniment m.

distraught [dis'trɔ:t] a. boig, enfollit.

distress [dis'tres] s. pena f., aflicció f. 2 misèria f., pobresa f., necessitat f. 3 tràngol m. 4 MED. cansament m., esgotament m. 5 DRET embargament m.

distress (to) [dis'tres] t. afligir, entristir. 2 preocupar, neguitejar.

distressed [dis'trest] a. afligit, neguitós, engoixat. 2 en perill. 3 MED. esgotat.

distressing [dis'tresiŋ] a. penós.

distribute (to) [dis'tribju:t] t. distribuir, repartir. 2 classificar.

distribution [distri'bju:ʃən] s. distribució f., repartiment m. 2 classificació f. [estadística].

distributive [dis'tribjutiv] a. distributiu. ∎ 2 s. GRAM. adjectiu distributiu.

distributor [dis'tribjutə'] s. distribuïdor m.

district ['distrikt] s. districte m. 2 partit m., comarca f., regió f. 3 barri m.

distrust [dis'trʌst] s. desconfiança f., recel m.

distrust (to) [dis'trʌst] t. desconfiar, recelar, malfiar-se p.

disturb (to) [dis'tə:b] t. torbar, pertorbar, trastornar, preocupar. 2 agitar. 3 distreure, destorbar, molestar. ‖ Do not ~, no molesteu.

disturbance [dis'tə:bəns] s. torbació f., pertorbació f., trastorn m. 2 agitació f., alteració f. 3 destorb m., molèstia f., malestar m.

disturbing [dis'tə:biŋ] a. pertorbador, torbador. 2 molest, preocupant.

disunion [dis'ju:njən] s. desunió f. 2 dissensió f.

disunite (to) [disju:'nait] t. desunir. ∎ 2 i. desunir-se p.

disuse [dis'ju:s] s. desús m., abandó m.

disuse (to) [dis'ju:z] *t.* desusar, deixar d'usar.

ditch [ditʃ] *s.* rasa *f.*, fossat *m.*, cuneta *f.*, canal *m.*, sèquia *f.*, rec *m.*, reguer *m.* 2 ESPORT fossat *m.*

ditch (to) [ditʃ] *t.* fer rases o sèquies en. 2 col·loq. abandonar, deixar, llençar, desfer-se *p.* de. ■ 3 *i.* obrir rases o sèquies. 2 AVIA. amarar per força.

dither ['diðər] *s.* **to be all of a ~**, estar fet un embolic.

dither (to) ['diðər] *i.* vacil·lar, dubtar.

ditto ['ditou] *s.* ídem *adv.*

ditto mark ['ditou,ma:k] *s.* cometes *f. pl.*

ditty ['diti] *s.* cançó *f.*, corranda *f.*

diurnal [dai'ə:nl] *a.* diürn.

divagate (to) ['daivəgeit] *i.* divagar.

divagation [,daivə'geiʃən] *s.* divagació *f.*

divan [di'væn] *s.* divan *m.*

dive [daiv] *s.* capbussada *f.*, immersió *f.*, submersió *f.* 2 salt *m.* [a l'aigua]. 3 col·loq. taverna *f.*, timba *f.* 4 AVIA. picat *m.* 5 ESPORT estirada *f.* [del porter].

dive (to) [daiv] *i.* cabussar-se *p.*, capbussar-se *p.*, submergir-se *p.* 2 nedar sota l'aigua. 3 tirar-se *p.* de cap. 4 AVIA. baixar en picat. 5 ESPORT estirar-se *p.*, tirar-se *p.* [el porter]. ■ 6 *t.* cabussar, submergir.

diver ['daivə'] *s.* bus.

diverge (to) [daivə:dʒ] *i.* divergir. 2 separar-se *p.*, allunyar-se *p.* 3 dissentir, divergir, discrepar. ■ 4 *t.* desviar.

divergence [daivə:dʒəns] *s.* divergència *f.*

divergent [daivə:dʒənt] *a.* divergent.

diverse [daivə:s] *a.* divers, diferent, distint, vari.

diversify (to) [daivə:sifai] *t.* diversificar, variar.

diversion [daivə:ʃən] *s.* desviació *f.*, desviament *m.* 2 diversió *f.*, entreteniment *m.*, distracció *f.*

diversity [daivə:siti] *s.* diversitat *f.*

divert (to) [daivə:t] *t.* desviar, allunyar. 2 divertir, entretenir. 3 distreure.

diverting [daivə:tiŋ] *a.* divertit.

divest (to) [daivest] *t.* desvestir, despullar. 2 desposseir. ■ 3 *p.* **to ~ oneself**, desfer-se, desembarassar-se, desempallegar-se.

divide (to) [di'vaid] *t.* dividir, separar. ■ 2 *i.* dividir-se *p.*, separar-se *p.*; bifurcar-se *p.*

dividend ['dividend] *s.* COM., MAT. dividend *m.*

divider [di'vaidə'] *s.* partidor. 2 MAT. divisor *m.* 3 *pl.* compàs *m.*

divination [,divi'neiʃən] *s.* endevinació *f.*

divine [di'vain] *a.* diví. 2 fig. sublim, meravellós. ■ 2 *s.* teòleg, eclesiàstic.

divine (to) [di'vain] *t.-i.* endevinar *t.* 2 predir *t.*

diviner [di'vainə'] *s.* endevinador, endevinaire.

diving ['daiviŋ] *s.* immersió *f.* 2 cabussada *f.* 3 AVIA. picat *m.* 4 ESPORT salt *m.*

diving bell ['daiviŋbel] *s.* campana *f.* de bus.

diving board ['daiviŋbɔ:d] *s.* trampolí *m.*

diving suit ['daiviŋsu:t] *s.* vestit *m.* de bus.

divining [di'vainiŋ] *a.* endevinatori.

divining rod [di'vainiŋrɔd] *s.* vareta *f.* de saurí.

divinity [di'viniti] *s.* divinitat *f.* 2 teologia *f.*

divisibility [di,vizi'biliti] *s.* divisibilitat *f.*

divisible [di'vizəbl] *a.* divisible.

division [di'viʒən] *s.* divisió *f.* 2 separació *f.* 3 secció *f.*, departament *m.* 4 desacord *m.*, discrepància *f.* 5 votació *f.* [Parlament Britànic]. 6 MAT. divisió *f.*

divisor [di'vaizə'] *s.* MAT. divisor *m.*

divorce [di'vɔ:s] *s.* divorci *m.*

divorce (to) [di'vɔ:s] *t.* divorciar. ■ 2 *i.* divorciar-se *p.*

divorcee [di,vɔ:'si:] *s.* divorciat.

divulge (to) [daivʌldʒ] *t.* divulgar, fer públic.

DIY [di:ai'wai] *s. (do-it-yourself)* bricolatge *m.*

dizziness ['dizinis] *s.* vertigen *m.*, mareig *m.*, rodament *m.* de cap.

dizzy ['dizi] *a.* vertiginós. 2 marejat, atordit.

DNA [di:en'ei] *s. (deoxyribonucleic acid)* ADN *m.* (àcid deoxiribonucleic).

do (to) [du:] *t.* fer [sentit general]. 2 concloure, acabar. 3 complir [un deure, etc.]. ‖ **to ~ one's best**, esforçar-se *p.*, mirar-s'hi *p.* 4 produir. 5 preparar, arranjar. ‖ **to ~ one's hair**, pentinar-se *p.* 6 guisar, coure. ■ 7 *i.* obrar, actuar. 8 portar-se *p.*, comportar-se *p.*, estar. ‖ **how ~ you ~ ?**, molt de gust, encantat. 9 **well to ~**, ric. ■ **to ~ away with**, abolir; **to ~ by**, tractar; **to ~ for**, treballar per a; espavilar-se *p.*; destruir, acabar; **to ~ out**, netejar, arranjar; **to ~ up**, restaurar, reparar; lligar, embolicar; cordar; **to ~ with**, fer amb; aguantar, tolerar; necessitar, estar satisfet amb; *to ~ without*, passar sense, prescindir de; ▲ a) auxiliar en frases negatives [*he did not go*, no hi va anar] i interrogatives [*does he go?* ell hi va?]; b) per emfatitzar [*I do like it*, m'agrada de veritat]; c) per substituir un verb que no es vol repetir [*she plays the piano better now than she did last year*, toca el piano millor ara que no [el tocava] l'any passat]. ▲ INDIC. Pres., 3.ª pers.: *does* [dʌz, dəz]. | Pret.: *did* [did]. | P. p.: *done* [dʌn].

docile ['dousail] *a.* dòcil.

docility [dou'siliti] *s.* docilitat *f.*

dock [dɔk] *s.* dic *m.*, dàrsena *f.* 2 desambarcador *m.*; moll *m.* 3 banc *m.* dels acusats. 4 BOT. paradella *f.* 5 *pl.* port *m.*

dock (to) [dɔk] *t.* escuar. 2 tallar, retallar. 3 descomptar, deduir. 4 acoblar [naus espacials]. 5 NÀUT. *fer entrar un vaixell en un dic.* ■ 6 *i.* acoblar-se *p.* [naus espacials]. 7 entrar en un dic.

docker ['dɔkə'] *s.* estibador, carregador o descarregador del moll.

dockyard ['dɔkjɑ:d] *s.* drassana *f.*

doctor ['dɔktə'] *m.* doctor. 2 metge, facultatiu.

doctor (to) ['dɔktə'] *t.* doctorar. 2 MED. tractar. 3 reparar, esmenar. 4 adulterar [menjar, etc.]. 5 trucar, falsejar.

doctorate ['dɔktərit] *s.* doctorat *m.*

doctrine ['dɔktrin] *s.* doctrina *f.*

document ['dɔkjumənt] *s.* document *m.*

document (to) ['dɔkjumənt] *t.* documentar.

documentary [dɔkju'mentari] *a.* documental: *~ proof*, prova documental. ■ 2 *s.* CINEM. documental *m.*

dodder (to) ['dɔdə'] *i.* tentinejar, fer tentines.

dodge [dɔdʒ] *s.* esquivament *m.*, esquivada *f.*, finta *f.* 2 truc *m.*, astúcia *f.*, argúcia *f.*

dodge (to) [dɔdʒ] *i.* esquitllar-se *p.*, escapolir-se *p.*, esmunyir-se *p.*; enretirar-se *p.* 2 amagar-se *p.* 3 anar amb embuts. ■ 4 *t.* defugir, eludir, esquivar. 5 col·loq. fer campana.

dodgems ['dɔdʒemz] *s.* autos *m.* de xoc.

dodger ['dɔdʒə'] *s.* trampós, murri.

doe [dou] *s.* ZOOL. daina *f.*; conilla *f.*, llebre *f.*

doer ['du:ə'] *s.* agent, persona *f.* activa.

does [dʌz, dəz] Vegeu DO (TO).

doff (to) [dɔf] *t.* ant. treure's *p.* [el barret, l'abric, etc.].

dog [dɔg] *s.* ZOOL. gos *m.*, (BAL.) ca *m.* ‖ *stray ~*, gos vagabund. ‖ col·loq. *the dogs*, cursa de llebrers. 2 mascle *m.* [de la guineu, del llop, etc.]. 3 pop., pej. gos *m.*: *dirty ~*, malparit *m.* 4 ASTR. *ca m.* 5 TECNOL. capçal *m.* 6 *~ in the manger*, que no fa ni deixa fer. *hot ~*, frankfurt *m.* 7 *to go to the dogs*, arruïnar-se *p.*

dog (to) [dɔg] *t.* perseguir, seguir, empaitar.

dog days ['dɔgdeiz] *s. pl.* canícula *f.*

doge [doudʒ] *s.* dux *m.* [de Venècia i de Gènova].

dog-ear ['dɔgiə'] *s.* punta *f.* doblegada d'una pàgina. ■ 2 *a.* **dog-eared**, gastat [un llibre, una revista, etc.].

dogfight ['dɔgfait] *s.* baralla *f.* de gossos. 2 col·loq. brega *f.*, batussa *f.* 3 AVIA. combat *m.* aeri.

dogfish ['dɔgfiʃ] *s.* ICT. gat *m.*

dogged ['dɔgid] *a.* tossut, obstinat. ■ 2 -ly *adv.* obstinadament.

doggedness ['dɔgidnis] *s.* tossuderia *f.*, obstinació *f.*, tenacitat *f.*

doggerel ['dɔgərəl] *s.* vers *m.* dolent o vulgar. 2 pej. rodolí *m.*

doggish ['dɔgiʃ] *a.* semblant al gos, caní. 2 fig. esquerb.

dogma ['dɔgmə] *s.* dogma *m.*

dogmatic(al [dɔg'mætik(əl] *a.* dogmàtic.

do-gooder ['duː'gudə'] *s.* benefactor.

dogsbody ['dɔgsbɔdi] *s.* fig. bèstia *f.* de càrrega.

dog tired ['dɔg'taiəd] *a.* esgotat.

doing ['duːiŋ] *ger.* de TO DO. ■ 2 *s.* obra *f.*, acció *f.* 3 esforç *m.* 4 *pl.* esdeveniments *m.*, fets *m.*

doldrums ['dɔldrəmz] *s. pl.* MAR. zona *f. sing.* de calmes equatorials. 2 *in the ~*, abatut, afligit; en calma [borsa]; ECON. estancat; NEG. aturat.

dole [doul] *s.* col·loq. subsidi *m.* de l'atur: *to be on the ~*, cobrar de l'atur. 2 distribució *f.*, repartiment *m.* [de menjar, vestits, etc.].

doleful ['doulful] *a.* trist, dolorós, lúgubre. 2 afligit.

doll [dɔl] *s.* nina *f.* 2 col·loq. nena *f.*, noia *f.*

dollar ['dɔlə'] *s.* dòlar *m.*

dolly ['dɔli] *s.* nineta *f.* 2 picador *m.* [per rentar roba]. 3 bolquet *m.*, carretó *m.* 4 CINEM. *travelling m.*

Dolly ['dɔli] *n. pr. f.* (*dim. Dorothy*) Dorotea.

dolphin ['dɔlfin] *s.* ZOOL. dofí *m.*

dolt [doult] *s.* talós, toix.

domain [dəˈmein] *s.* domini *m.* 2 finca *f.*, propietat *f.* 3 camp *m.*, àrea *f.*, terreny *m.* [de coneixements, de ciència].

dome [doum] *s.* ARQ. cúpula *f.*

domestic [dəˈmestik] *a.* domèstic. 2 casolà. 3 nacional, interior. ■ 4 *s.* domèstic, criat.

domesticate (to) [dəˈmestikeit] *t.* domesticar. 2 civilitzar. 3 aclimatar [plantes].

domicile [ˈdəmisail] *s.* domicili *m.*

dominance [ˈdəminəns] *s.* dominació *f.*, predomini *m.*

dominant [ˈdəminənt] *a.* dominant. ■ 2 *s.* MÚS. dominant *f.*

dominate (to) [ˈdəmineit] *t.* dominar. ■ 2 *i.* dominar.

domination [dəmiˈneiʃən] *s.* dominació *f.*

domineer (to) [dəmiˈniə'] *i.* dominar, tiranitzar *t.*

domineering [dəmiˈniəriŋ] *a.* dominant, autoritari.

dominion [dəˈminjən] *s.* dominació *f.*, govern *m.* 2 senyoria *f.* 3 *pl.* REL. **dominions,** dominacions *f.*

domino [ˈdəminou] *s.* dominó *m.* [vestit]. 2 JOC dòmino *m.* [fitxa]. 3 *pl.* **dominoes.** JOC dòmino *m.*

don [dɔn] *s.* don *m.* [tractament espanyol]. 2 (G.B.) professor *m.*, catedràtic *m.*

don (to) [dɔn] *t.* ant. vestir-se *p.*

donate (to) [douˈneit] *t.* donar.

donation [douˈneiʃən] *s.* donatiu *m.* 2 DRET donació *f.*

done [dʌn] Vegeu DO (TO). 2 acabat, enllestit. 3 esgotat, extenuat. 3 CUI. fet [carn]. 4 gastat. 5 ~!, fet!

donkey [ˈdɔŋki] *s.* ase *m.*, burro *m.* 2 *pl.* col·loq. **donkey's years,** segles *m.*

donor [ˈdounə'] *s.* donant.

doodle [ˈduːdl] *s.* gargot *m.*

doodle (to) [ˈduːdl] *i.* gargotejar, empastifar *t.*

doom [duːm] *s.* sentència *f.*, condemna *f.* 2 destí *m.*, sort *f.* 3 ruïna *f.*, perdició *f.*, condemnació *f.* 4 mort *f.* 5 REL. judici *m.* final.

doom (to) [duːm] *t.* destinar. 2 REL., DRET condemnar.

doomsday [ˈduːmzdei] *s.* REL. dia *m.* del judici *m.* final.

door [dɔː', dɔə'] *s.* porta *f.* ∥ *front* ~, porta d'entrada, porta principal. ∥ *next* ~, casa del costat. ∥ *out of doors,* a l'aire lliure. 2 portal *m.*

door bell [dɔːbel] *s.* timbre *m.* [de la porta].

door case [ˈdɔːkeis] *s.* marc *m.* de la porta.

door keeper [ˈdɔːˌkiːpə'] *s.* porter, conserge.

doorknob [ˈdɔːˌnɔb] *s.* pom *m.* [de la porta].

doorman [ˈdɔːmən] *s.* porter, conserge.

door plate [ˈdɔːpleit] *s.* placa *f.* [a la porta].

doorstepping [ˈdɔːstepiŋ] *s.* el porta a porta *m.*

doorway [ˈdɔːwei] *s.* entrada *f.*, portal *m.* 2 fig. porta *f.*

dope [doup] *s.* col·loq. droga *f.*, narcòtic *m.* 2 col·loq. informació *f.* 3 col·loq. idiota.

dope (to) [doup] *t.* drogar, narcotitzar.

dormant [ˈdɔːmənt] *a.* adormissat, endormiscat, letàrgic. 2 inactiu, latent, secret. 3 DRET desusat.

dormitory [ˈdɔːmitri] *s.* dormitori *m.* [per varies persones en internats, etc.].

dormouse [ˈdɔːmaus] *s.* ZOOL. linó *m.* ▲ *pl.* **dormice** [ˈdɔːmais].

Dorothy [ˈdɔrəθi] *n. pr. f.* Dorotea.

dorsal [ˈdɔːsəl] *a.* ANAT. dorsal.

dosage [ˈdousidʒ] *s.* dosificació *f.* 2 administració *f.* [d'un fàrmac]. 3 fig. dosi *f.*

dose [dous] *s.* dosi *f.*

dose (to) [dous] *t.* medicar. 2 dosificar.

doss house [ˈdɔshaus] *s.* col·loq. fonda *f.* de mala mort.

dot [dɔt] *s.* punt *m.*, senyal *m.* ∥ *on the* ~, a l'hora en punt. ∥ *three dots,* punts suspensius. ∥ *to pay on the* ~, pagar bitllo-bitllo, al comptant.

dot (to) [dɔt] *t.* posar el punt a [la i]. 2 escampar, sembrar. 3 MÚS. puntejar.

dotage [ˈdoutidʒ] *s.* repapieg *m.*

dotard [ˈdoutəd] *s.* vell xaruc.

dote (to) [dout] *i.* repapiejar. 2 *to* ~ *on,* adorar *t.*, estar boig per, perdre el seny per.

double [ˈdʌbl] *a.* doble, duple. 2 doble [de dues parts]. 3 doble [ambigu, insincer]: ~ *dealing,* doble joc, joc brut. 3 COM. ~ *entry,* partida doble. ■ 4 *s.* doble *m.* 5 duplicat *m.*, còpia *f.* 6 plec *m.*, doblec *m.* 7 *pl.* ESPORT dobles *m.* [tennis]. ■ 8 *adv.* doblement.

double (to) [ˈdʌbl] *t.* doblar, duplicar, redoblar; repetir. 2 doblegar, plegar. ■ 3 *i.* doblar-se *p.*, duplicar-se *p.*, redoblar. 4 *to* ~ *back,* tornar [algú] sobre els seus passos. *5 to ~ up,* doblegar(se), cargolar-se; compartir [habitació].

double-cross [dʌbl'krɔs] *t.* trair.

double-decker [dʌbl'dekə'] *s.* autobús *m.* de dos pisos. 2 (EUA) entrepà *m.* doble. 3 MAR. vaixell *m.* amb dues cobertes.

doubt [daut] *s.* dubte *m.* ‖ *no ~,* sens dubte. 2 incertesa *f.*

doubt (to) [daut] *t.* dubtar, (ROSS.) hesitar: *I ~ it,* ho dubto. ■ 2 *i.* dubtar, desconfiar.

doubtful ['dautful] *a.* dubtós. 2 indecís. 3 incert. 4 sospitós.

doubtless ['dautlis] *adv.* indubtablement, sens dubte.

dough [dou] *s.* pasta *f.,* massa *f.* [del pa]. 2 pop. pasta *f.* [diners].

doughnut ['dounʌt] *s.* bunyol *m.*

doughty ['dauti] *a.* poèt. valent, valerós.

doughy ['doui] *a.* pastós, tou.

dour [duə'] *a.* auster, sever, rígid. 2 tossut, obstinat.

Douro ['dourou] *s. n. pr.* GEOGR. Duero.

douse (to) [daus] *t.* ficar a l'aigua. 2 mullar, remullar, ruixar. 3 col·loq. apagar [un llum]. 4 MAR. arriar.

dove [dʌv] *s.* ORN. colom.

dovecote ['dʌvkɔt] *s.* colomar *m.*

dowager ['dauədʒə'] *s.* vídua *f.* rica.

dowdy ['daudi] *a.* deixat, malforjat.

dower ['dauə'] *s.* viduïtat *f.* 2 dot *m.* 3 do *m.*

down [daun] *s.* plomissol *m.,* plomissa *f.* 2 borrisol *m.,* pèl *m.,* moixí. 3 pelussa *f.* 4 duna *f.,* turó *m.* 6 *pl.* **ups and downs,** alts *m.* i baixos *m.* ■ 7 *adv.-prep.* avall, cap avall: *~ the street,* carrer avall. 8 a baix, per baix. *9* de dalt a baix. ■ 10 *a.* baix. ‖11 pendent, descendent. 12 deprimit, afligit, malalt. 13 *a.-adv.* COM. al comptat. ■ *14 interj.* a baix!

down (to) [daun] *t.* abaixar. 2 abatre, tombar. 3 derrotar. 4 empassar, beure [d'un glop].

down-and-out [daunən'aut] *a.* indigent, que no té diners.

downcast ['daunkɑːst] *a.* afligit, trist, deprimit. 2 baix [els ulls, la mirada].

downfall ['daunfɔːl] *s.* ruixat *m.* [d'aigua]. 2 fig. daltabaix *m.,* ruïna *f.,* esfondrament *m.*

downhearted [daun'hɑːtid] *a.* afligit, deprimit, desanimat.

downhill [daun'hil] *s.* pendent *m.,* baixada *f.* ■ 2 *a.* inclinat. ‖ ESPORT *~ race,*

cursa *f.* de descens *m.* [esquí]. ■ 3 *adv.* costa avall.

downpour ['daunpɔː'] *s.* xàfec *m.,* ruixat *m.*

downright ['daunrait] *a.* sincer, franc. 2 clar, categòric. 3 evident, manifest. 4 absolut, total. ■ 4 *adv.* clarament, categòricament, totalment, rotundament.

downstairs [daun'steəz] *adv.* a baix [al pis de sota].

downstream ['daunstriːm] *a.-adv.* riu avall.

down-to-earth [dauntu'əːθ] *a.* pràctic, realista.

downtown ['dauntaun] *adv.* (EUA) al centre de la ciutat. ■ 2 *a.* cèntric. ■ 3 *s.* centre *m.*

downward ['daunwəd] *a.* descendent. 2 COM. a la baixa, de baixa. ■ 3 *adv.* cap avall.

downwards ['daunwədz] *adv.* cap avall. ‖ *face ~,* de bocaterrossa.

downy ['dauni] *a.* pelut. 2 suau, tou.

dowry ['dauəri] *s.* dot *m.*

doz. ['dʌz] *s.* (abrev. *dozen*) dotzena *f.*

doze [douz] *s.* becaina *f.*

doze (to) [douz] *i.* dormisquejar. 2 ‖ *to ~ off,* adormir-se *p.,* fer una becaina.

dozen ['dʌzn] *s.* dotzena *f.* ‖ *baker's ~,* dotzena de frares.

dozy ['douzi] *a.* endormiscat. 2 ensopit.

drab [dræb] *s.* castany *m.* terrós. ■ 2 *a.* castany, terrós. 3 monòton, trist, gris.

drabble (to) ['dræbl] *t.* enfangar(se), enllodar(se).

draft [drɑːft] *s.* esborrany *m.* 2 esbós *m.,* apunt *m.* 3 redacció *f.,* versió *f.* 4 tiratge *m.* [d'una xemeneia]. 5 glop *m.* 6 COM. lletra *f.* de canvi, xec *m.,* gir *m.* 7 DRET minuta *f.,* projecte *m.* 8 *pl.* JOC dames *f. pl.* 9 MIL. quinta *f.,* lleva *f.* 10 *~ bill,* avantprojecte *m.* de llei. *11 on ~,* a pressió *f.*

draft (to) [drɑːft] *t.* esbossar. 2 fer un esborrany. 3 fer un projecte. 4 redactar. 5 MIL. reclutar, quintar.

draftsman ['drɑːftsmən] *s.* dibuixant, delineant, projectista. 2 redactor. 3 JOC dama *f.* [peça].

draftsmanship ['drɑːftsmənʃip] *s.* dibuix *m.* lineal, disseny *m.*

drag [dræg] *s.* fig. obstacle *m.,* impediment *m.* 2 col·loq. pipada *f.,* xuclada *f.* 3 col·loq. llauna *f.: what a ~!,* quina llauna! 4 AGR. rascle *m.,* romàs *m.* 5 AVIA. resistència f. aerodinàmica. 6 TEAT. *disfressa* f. de dona: *in* ~, disfressat de dona.

drag (to) [dræg] t. arrossegar. 2 dragar. 3 rastrejar. 4 col·loq. donar la llauna. 5 AGR. rastellar, rasclar. 6 fig. *to* ~ *down*, enfonsar. ■ 7 i. arrossegar-se p. 8 endarrerir-se p. 9 fer-se p. llarg, allargar-se p. 10 *to* ~ *on*, anar per llarg, haver-n'hi per temps.

draggle (to) [drægl] t. enfangar, enllotar. ■ 2 i. enfangar-se p., enllotar-se p. 3 endarrerir-se p., ressagar-se p.

dragon [drægən] s. MIT. drac m. 2 fig. fera f., fura f.

dragonfly [drægənflai] s. ENT. libèl·lula f.

dragoon [drəguːn] s. MIL. dragó m.

dragoon (to) [drəguːn] t. perseguir, intimidar. 2 tiranitzar. 3 forçar, obligar [a fer alguna cosa].

drain [drein] s. desguàs m., cuneta f. escorranc m. 2 claveguera f. 3 pl. clavegueram m. 4 fig. sangonera f. 5 MED. drenatge m. 6 TECNOL. purgador m.

drain (to) [drein] t. desguassar, buidar, escórrer. 2 dessecar. 3 fig. esprémer, exhaurir, empobrir, esgotar. 4 beure d'un glop. 5 AGR. drenar. 6 MED. drenar. 7 TECNOL. purgar. ■ 8 i. buidar-se p., escórre's p., dessecar-se p. 9 exhaurir-se p., empobrir-se p., esgotar-se p.

drainage [dreinidʒ] s. desguàs m. 2 assecament m., dessecació f. 3 clavegueram m. 4 AGR., MED. drenatge m.

drainage basin [dreinidʒ,beisn] s. GEOGR. conca f.

draining board [dreiniŋbɔːd] s. escorredora f., escorreplats m.

drake [dreik] s. ORN. ànec m. [mascle].

drama [drɑːmə] s. TEAT. drama m. [també fig.].

dramatic [drəmætik] a. dramàtic.

dramatist [dræmətist] s. TEAT. dramaturg.

dramatize (to) [dræmətaiz] t. dramatitzar [també fig.].

drank [dræŋk] Vegeu DRINK (TO).

drape [dreip] s. caient m. [d'un vestit]. 2 domàs m. 3 (EUA) cortina f.

drape (to) [dreip] t. drapar. 2 penjar [cortines, etc.]. 3 entapissar. 4 adornar, guarnir, cobrir [amb tapissos, banderes, etc.].

draper [dreipə'] s. draper.

drapery [dreipəri] s. draperia f. 2 tapisseria f. 3 domàs m., guarniment m., parament m.

drastic [dræstik] a. dràstic. 2 enèrgic, sever. 3 important.

draught [drɑːft] s. corrent m. [d'aire]. 2 tiratge m. [d'una xemeneia]. 3 xarxada f., pescada f. 4 esbós m. 5 glop m. 6 JOC dames f. pl. 7 MAR. calat m.

draught (to) [drɑːft] t. Vegeu DRAFT (TO).

draughtsman [drɑːftsmæn] s. JOC dama f. [fitxa]. 2 Vegeu DRAFTSMAN.

draw [drɔː] s. tracció f., arrossegament m., tirada f., remolc m. 2 atracció f., sorteig m.; premi m. [de la loteria]. 3 col·loq. pipada f. 4 ESPORT empat m.

draw (to) [drɔː] t. arrossegar, tirar. 2 treure, (VAL.) traure. 3 extreure. 4 atreure. 5 estirar, allargar. 6 desenfundar, desembeinar. 7 aconseguir, guanyar, cobrar. 8 aspirar, inspirar, inhalar. 9 fer parlar. 10 esbossar, traçar. 11 redactar, estendre [un xec]. 12 contreure, deformar. 13 córrer [les cortines]. 14 COM. girar. 15 JOC sortejar, fer-ho a sorts. ■ 16 i. tirar [una xemeneia]. 17 dibuixar. 18 empatar. ■ *to* ~ *away*, allunyar-se p.; *to* ~ *back*, fer-se p. enrere; *to* ~ *in*, acabarse p.; encongir-se p.; *to* ~ *on*, acostar-se p.; *to* ~ *out*, allargar(se), estirar(se); *to* ~ *up*, aturar-se p. ▲ Pret.: *drew* [druː]; p. p.: *drawn* [drɔːn].

drawback [drɔːbæk] s. inconvenient m.; desavantatge m.

drawbridge [drɔːbridʒ] s. pont m. llevadís.

drawee [drɔːiː] s. COM. lliurat m.

drawer [drɔːr, drɔːə'] s. calaix m. 2 dibuixant. 3 pl. calçotets m. pl., bragues f. pl.

drawing [drɔːiŋ] s. dibuix m. 2 tracció f., arrossegament m. 3 sorteig m.

drawing pin [drɔːiŋpin] s. xinxeta f.

drawing room [drɔːiŋrum] s. saló m.

drawing up [drɔːiŋ'ʌp] redacció f., el·laboració f.

drawl [drɔːl] s. parla f. lenta i pesada.

drawl (to) [drɔːl] t. pronunciar lentament. ■ 2 i. parlar lentament.

drawn [drɔːn] Vegeu DRAW (TO). ■ 2 a. arrossegat. 3 empatat. 4 cansat, ullerós.

dread [dred] s. por f., temor m. ■ 2 a. temible, terrible, espantós.

dread (to) [dred] t. témer, tenir por (de).

dreadful [dredful] a. terrible, espantós. 2 dolentíssim, fatal. 3 fig. horrible, repugnant. ∥ *how* ~*!*, quin horror! ■ 4 *-ly*, adv. terriblement.

dream [driːm] s. somni m. 2 quimera f., il·lusió f.

dream (to) [driːm] *t.* somiar. 2 imaginar, pensar. 3 *to ~ up*, idear, enginyar. ■ 4 *i.* somiar. 5 somiejar. ▲ Pret. i p. p.: *dreamed* o *dreamt* [dremt].

dreamer [driːmə] *s.* somiador.

dreamt [dremt] Vegeu DREAM (TO).

dreariness [driərinis] *s.* tristesa *f.*, melangia *f.* 2 monotonia *f.*, avorriment *m.*

dreary [driəri] *a.* trist, melangiós. 2 monòton, avorrit.

dredge [dredʒ] *s.* draga *f.*, rossegall *m.*

dredge (to) [dredʒ] *t.* dragar. 2 empolvorar, enfarinar. ■ 3 *i.* utilitzar una draga.

dredging [dredʒiŋ] *s.* dragatge *m.*

dregs [dregz] *s. pl.* baixos *m.*, pòsit *m. sing.*, solatge *m. sing.*, sediment *m. sing.* 2 mare *f.* [del vi]. 3 fig. escòria *f.*, púrria *f.*

drench (to) [drentʃ] *t.* mullar, calar, amarar, xopar. 2 VET. administrar una poció.

dress [dres] *s.* vestit *m.* [de dona]. 2 vestit *m.*, vestimenta *f.* 3 indumentària *f.*, roba *f.*

dress (to) [dres] *t.* vestir. ‖ *to get dressed*, vestir(se). 2 preparar, adobar, amanir. 3 pentinar, arreglar [els cabells]. 4 adornar, guarnir. 5 MED. curar, embenar [ferides]. 6 MIL. arrenglar, alinear. ■ 7 *i.* vestir-se *p.* 8 MIL. arrenglar-se *p.*, alinear-se *p.* ■ *to ~ up*, mudar(se). ‖ *to ~ up as*, disfressar(se) de.

dresser [dresə] *s.* bufet *m.* de cuina. 2 calaixera *f.* amb un mirall. 3 (EUA) lligador *m.*, tocador *m.* 4 TECNOL. adobador *m.*

dressing [dresiŋ] *s.* vestiment *m.* [acció de vestir(se)]. 2 adorn *m.*, guarniment *m.* 3 CUI. amaniment *m.*, condiment *m.* 4 MED. cura *f.*, bena *f.* 5 ~ o ~ *down*, allisada *f.*, reny *m.*

dressing gown [dresiŋgaun] *s.* bata *f.*

dressing room [dresiŋrum] *s.* TEAT. camerino *m.*

dressing table [dresiŋteibl] *s.* lligador *m.*, tocador *m.*

dressmaker [dresmeikə] *s.* modista *f.*

dressmaking [dresmeikiŋ] *s.* costura *f.*

dress rehearsal [dresriˈhəːsəl] *s.* assaig *m.* general.

drew [druː] Vegeu DRAW (TO).

dribble [dribl] *s.* degoteig *m.*, regalim *m.* 2 bava *f.* 3 angl. ESPORT dribbling *m.*

dribble (to) [dribl] *i.* degotar, regalimar. 2 bavejar. 3 ESPORT esquivar. ■ 4 *t.* degotar, regalimar. 5 ESPORT fer un dribbling.

dried [draid] Vegeu DRY (TO). ■ 2 *a.* sec.

drier [draiə] *s.* assecador *m.* 2 eixugador *m.*

drift [drift] *s.* arrossegament *m.* 2 corrent *m.* [d'aigua, d'aire]. 3 rumb *m.*, direcció *f.*, intenció *f.*, sentit *m.*, tendència *f.* 4 impuls *m.* 5 ARQ. càrrega *f.* 6 AVIA., NÀUT. deriva *f.*

drift (to) [drift] *t.* arrossegar, empènyer. 2 amuntegar. ■ 3 *i.* deixar-se *p.* arrossegar, ser arrossegat. 4 amuntegar-se *p.* 5 AVIA., NÀUT. anar a la deriva, derivar.

drill [dril] *s.* trepant *m.*, barrina *f.* 2 exercici *m.* 3 AGR. solc *m.*, rega *f.*; sembradora *f.* 4 MIL. instrucció *f.* 5 TÈXT. dril *m.* 6 ZOOL. mandril *m.*

drill (to) [dril] *t.* trepar, foradar, perforar, barrinar. 2 entrenar, exercitar. 3 AGR. sembrar a solc. 4 MIL. fer instrucció. ■ 5 *i.* entrenar-se *p.*, exercitar-se *p.* 6 MIL. fer instrucció.

drink [driŋk] *s.* beguda *f.* 2 glop *m.* 3 copa *f.* ‖ *soft ~*, beguda no alcohòlica. ‖ *to have a ~*, fer una copa. ‖ *to take to ~*, donar-se a la beguda.

drink (to) [driŋk] *t.* beure('s). ‖ *to ~ to someone's health*, brindar a la salut d'algú. 2 fig. absorbir, xuclar. ■ 3 *i.* emborratxar-se *p.* ▲ Pret.: *drank* [draŋk]; p. p.: *drunk* [drʌŋk].

drinkable [driŋkəbl] *a.* potable.

drinker [driŋkə] *s.* bevedor. ‖ *hard ~*, bevedor recalcitrant.

drinking [driŋkiŋ] *s.* beguda *f.*, beure *m.*

drinking bout [driŋkiŋbaut] *s.* gresca *f.*, borratxera *f.*

drinking trough [driŋkiŋtrɔf] *s.* abeurador *m.*

drinking water [driŋkiŋwɔːtə] *s.* aigua *f.* potable.

drip [drip] *s.* degoteig *m.*, degotament *m.* 2 degotall *m.* 3 col·loq. corcó *m.* tanoca, sòmines.

drip (to) [drip] *i.* degotar, degotejar, gotejar. ■ 2 *t.* deixar caure gota a gota.

drive [draiv] *s.* passeig *m.* o viatge *m.* en cotxe. 2 camí *m.*, carrer *m.*, avinguda *m.* [privat]. 3 energia *f.*, esforç *m.*, empenta *f.* 4 campanya *f.* 5 AUTO. tracció *f.*, transmissió *f.* 6 ESPORT cop *m.*, impuls *m.*, drive *m.* [tennis]. 7 *drive-in*, parador *m.* [de carretera]; autocinema *m.*

drive (to) [draiv] *t.* conduir. 2 portar, dur, menar. 3 guiar, dirigir. 4 empènyer, impulsar. 5 *to ~ away*, allunyar, foragitar. 6 *to ~ back*, rebutjar, fer retrocedir. 7 *to ~ mad*, fer tornar boig. ■ 8 *i.*

conduir *t.* *9* anar en cotxe. *10 to* ~ *back,* tornar en cotxe. *11 to* ~ *off,* anar-se'n en cotxe, arrencar i marxar. ▲ Pret.: *drove* [drouv]; p. p.: *driven* [drivn].

drivel (to) ['drivl] *i.* dir bestieses. 2 bavejar.

driven ['drivn] Vegeu DRIVE (TO).

driver ['draivǝ'] *s.* conductor. 2 cotxer; carreter; xofer; camioner; taxista. 3 AUTO. corredor, pilot *m.* 4 FERROC. maquinista. 5 TECNOL. roda *f.* motriu.

driving ['draiviŋ] *s.* conducció *f.* 2 impuls *m.* ■ 3 *a.* motriu. 4 de conducció *f.*

driving licence ['draiviŋ,laisǝns] *s.* permís *m.* o carnet *m.* de conduir.

driving school ['draiviŋsku:l] *s.* auto-escola *f.*

driving test ['draiviŋtest] *s.* examen *m.* de conducció.

drizzle ['drizl] *s.* plugim *m.*, xim-xim *m.*

drizzle (to) ['drizl] *i.* plovisquejar, caure gotes.

droll [droul] *a.* estrany, peculiar. 2 còmic, divertit.

dromedary ['drʌmǝdǝri] *a.* ZOOL. dromedari *m.*

drone [droun] *s.* ENT. abellot *m.* 2 fig. dropo, gandul. 3 brunzit *m.*, bonior *f.*

drone (to) [droun] *t.* murmurar. ■ 2 *i.* murmurar, xiuxiuejar. 3 brunzir.

droop [dru:p] *s.* inclinació *f.*, caiguda *f.*

droop (to) [dru:p] *t.* inclinar, abaixar. ■ 2 *i.* inclinar-se *p.*, abaixar-se *p.* 3 fig. pansir-se *p.*, ensopir-se *p.*

drop [drɔp] *s.* gota *f.* 2 baixa *f.*, disminució *f.* 3 descens *m.*, caiguda *f.*, baixada *f.* 4 declivi *m.*, inclinació *f.*, desnivell *m.* 5 JOI. arracada *f.* 6 MIL. aprovisionament *m.* aeri.

drop (to) [drɔp] *t.* deixar caure, deixar anar, llençar. ‖ *to* ~ *a hint,* llençar una indirecta. 2 fer caure, abatre. 3 disminuir, minvar. 4 ometre. 5 deixar, deixar córrer, abandonar. 6 *to* ~ *a line,* escriure quatre ratlles. ■ 7 *i.* caure, descendir. 8 degotar, gotejar. 9 disminuir, baixar. 10 acabar-se *p.*, cessar. ■ fig. *to* ~ *by, to* ~ *in,* deixar-se *p.* caure, visitar; *to* ~ *off,* decaure, disminuir; adormir-se *p.*, endormiscar-se *p.; to* ~ *out,* plegar, retirar-se *p.*

dropper ['drɔpǝ'] *s.* MED., QUÍM. comptagotes *m.*

dropsy ['drɔpsi] *s.* MED. hidropesia *f.*

dross [drɔs] *s.* METAL. escòria *f.* [també fig.].

drought [draut] *s.* sequera *f.*, secada *f.*

drove [drouv] Vegeu DRIVE (TO). 2 *s.* ramat, *m.*, ramada *f.* 3 munió *f.*, gentada *f.*, multitud *f.*

drover ['drouvǝ'] *s.* ramader.

drown (to) [draun] *t.* negar, ofegar. 2 fig. inundar; amarar. ■ 3 *i.* negar-se *p.*, ofegar-se *p.*

drowse (to) [drauz] *t.-i.* endormiscar-se *p.*

drowsiness ['drauzinis] *s.* somnolència *f.*, sopor *m.* 2 fig. apatia *f.*, ensopiment *m.*, nyonya *f.*

drowsy ['drauzi] *a.* somnolent. 2 soporífer.

drub (to) [drʌb] *t.* bastonejar, apallissar.

drubbing ['drʌbiŋ] *s.* bastonada *f.*, pallissa *f.*

drudge [drʌdʒ] *s.* escarràs *m.*, esdernec *m.*

drudge (to) [drʌdʒ] *i.* escarrassar-se *p.*, esdernegar-se *p.*

drudgery ['drʌdʒǝri] *s.* treball *m.* dur, treballada *f.* 2 feina *f.* monòtona.

drug [drʌg] *s.* droga *f.* 2 MED. medecina *f.*, medicament *m.*

drug (to) [drʌg] *t.* drogar(-se). 2 narcotitzar.

drug addict ['drʌgædikt] *s.* toxicòman, drogaaddicte.

drug addiction ['drʌgǝdikʃǝn] *s.* toxicomania *f.*, drogaaddicció *f.*

druggist ['drʌgist] *s.* (G.B.) adroguer, farmacèutic. 2 (EUA) propietari *m.* d'un DRUGSTORE.

drugstore ['drʌgstɔ:'] *s.* (EUA) drugstore *m.*, botiga *f.* amb serveis múltiples [farmàcia, perfumeria, adrogueria, etc.].

drum [drʌm] *s.* MÚS. tambor *m.*, timbal *m.* ‖ *bass* ~, bombo *m.* 2 bidó *m.* 3 *pl.* bateria *f.* 4 ANAT. timpà *m.* 5 MEC. cilindre *m.* 6 MIL. *major* ~, tambor *m.* major.

drum (to) [drʌm] *i.* tocar el tambor, tamborinejar. 2 fig. tamborinar.

drumbeat ['drʌmbi:t] *s.* toc *m.* de tambor, toc *m.* de timbal.

drummer ['drʌmǝ'] *s.* tambor, timbaler. 2 bateria. 3 (EUA) viatjant de comerç.

drumstick ['drʌmstik] *s.* MÚS. baqueta *f.* [de tambor]. 2 CUI. cuixa *f.* [de pollastre, d'ànec, etc.].

drunk [drʌŋk] Vegeu DRINK (TO). ■ 2 *a.* begut, embriac, borratxo. ‖ *to get* ~, emborratxar-se. 3 fig. ebri. ■ 4 *s.* embriac, borratxo.

drunkard ['drʌŋkǝd] *s.* embriac, borratxo.

drunken [ˈdrʌŋkən] *a.* bebedor, embriac, borratxo. ‖ ~ *state,* estat *m.* d'embriaguesa.

drunkenness [ˈdrʌŋkənnis] *s.* embriaguesa *f.*

dry [drai] *a.* sec, eixut. 2 sòlid. 3 avorrit.

dry (to) [drai] *t.* assecar, eixugar, (VAL.) torcar. ■ 2 *i.* assecar-se *p.,* eixugar-se *p.,* (VAL.) torcar-se *p.* 3 col·loq. ~ *up!,* calla!

dry cleaning [draiˈkliːniŋ] *s.* rentat *m.* en sec.

dry ice [draiˈais] *s.* neu *f.* carbònica.

dry land [draiˈlænd] *s.* terra *f.* ferma.

dry law [draiˈlɔː] *s.* (EUA) llei *f.* seca.

dryness [ˈdrainis] *s.* sequedat *f.,* eixutesa *f.* 2 aridesa *f.*

dry nurse [ˈdrainəːs] *s.* dida *f.* seca.

dubious [ˈdjuːbjəs] *a.* dubtós. 2 sospitós, equívoc, ambigu. ■ 3 **-ly** *adv.* dubtosament.

dubiousness [ˈdjuːbjəsnis] *s.* dubte *m.,* incertesa *f.*

ducal [ˈdjuːkəl] *a.* ducal.

ducat [ˈdʌkət] *s.* ducat *m.* [moneda].

duchess [ˈdʌtʃis] *s.* duquessa *f.*

duchy [ˈdʌtʃi] *s.* ducat *m.* [territori].

duck [dʌk] *s.* ORN. ànec *m.,* ànega *f.* 2 capbussada *f.,* esquivament *m.* 3 TÈXT. dril *m.*

duck (to) [dʌk] *t.* capbussar, cabussar. 2 esquivar, ajupir. 3 fig. eludir. 4 col·loq. *to ~ a class,* fer campana. ■ 5 *i.* capbussar-se *p.,* cabussar-se *p.* 6 ajupir-se *p.*

duct [dʌkt] *s.* conducte *m.*

ductile [ˈdʌktail] *a.* dúctil [també fig.].

due [djuː] *a.* degut. ‖ ~ *to,* degut a. 2 convenient, oportú. 3 previst. ‖ *in ~ time,* a l'hora prevista, quan sigui l'hora. 4 COM. pagable. ‖ ~ *date,* data *f.* de venciment, data *f.* de pagament. ‖ ~ *payment,* pagament *m.* pendent. ■ 5 *s.* *to give someone his ~,* castigar algú com es mereix. 6 COM. deute *m.* 7 *pl.* drets *m. pl.* [per pagar]; quota *f.* ■ 8 *adv.* exactament; directament.

duel [ˈdjuːəl] *s.* duel *m.*

duenna [djuːˈenə] *s.* senyora *f.* de companyia [per a noies].

duet [djuːˈet] *s.* MÚS. duo *m.*

duffer [ˈdʌfəˈ] *s.* col·loq. talós, toix, estúpid.

dug [dʌg] Vegeu DIG (TO). 2 mamella *f.*

dug-out [ˈdʌgaut] *s.* NÀUT. piragua *f.* 2 MIL. trinxera *f.,* refugi *m.* subterrani.

duke [djuːk] *s.* duc *m.*

dukedom [ˈdjuːkdəm] *s.* ducat *m.*

dull [dʌl] *a.* apagat, mat, esmorteït, somort. 2 ennuvolat, boirós [temps]. 3 talós, obtús, espès. 4 avorrit, monòton. 5 trist. 6 esmussat.

dull (to) [dʌl] *t.* esmortir, mitigar. 2 alleugerir, alleujar. 3 desllluir, enfosquir. 4 esmussar [també fig.]. 5 fig. refredar. ■ 6 *i.* esmorteir-se *p.* 7 alleujar-se *p.* 8 desllluir-se *p.,* enfosquir-se *p.* 9 esmussar-se *p.* [també fig.]. 10 fig. refredar.

dullness [ˈdʌlnis] *s.* esmorteiment *m.,* pal·lidesa *f.* 2 alleujament *m.* 3 desllluïment *m.,* opacitat *f.,* grisor *f.* 4 avorriment *m.* 5 bestiesa *f.*

duly [ˈdjuːli] *adv.* degudament. 2 puntualment, a l'hora.

dumb [dʌm] *a.* mut [també fig.]. 2 (EUA) enze, soca, talós.

dumbbell [ˈdʌmbel] *s.* halters *m. pl.*

dumbfound (to) [dʌmˈfaund] *t.* sorprendre, esbalair, deixar parat.

dumbness [ˈdʌmnis] *s.* mudesa *f.* 2 mutisme *m.,* silenci *m.*

dumb show [ˈdʌmʃou] *s.* pantomima *f.*

dummy [ˈdʌmi] *a.* fals, postís, d'imitació. ■ 2 *s.* maniquí *m.,* figurí *m.* 3 maqueta *f.* 4 xumet. 5 mort *m.* [cartes].

dump [dʌmp] *s.* abocador *m.* 2 *pl.* abatiment *m.,* aflicció *f.* 3 MIL. dipòsit *m.* [d'armes, etc.].

dump (to) [dʌmp] *t.* abocar, descarregar, buidar [de cop]. 2 desfer-se *p.* de, desempallegar-se *p.* de. 3 COM. inundar el mercat.

dumpy [ˈdʌmpi] *a.* rabassut.

dun [dʌn] *a.* marró grisenc. ■ 2 *s.* marró *m.* grisenc. 3 persona que persegueix morosos.

dun (to) [dʌn] *t.* perseguir morosos.

dunce [dʌns] *s.* beneit, talós.

dune [djuːn] *s.* duna *f.*

dung [dʌŋ] *s.* AGR. fems *m. pl.,* (ROSS.) aixer *m.*

dung (to) [dʌŋ] *t.* femar.

dungaress [dʌŋgəˈriːz] *s. pl.* granota *f.* *sing.* [vestit].

dungeon [ˈdʌndʒən] *s.* calabós *m.,* masmorra *f.*

dunghill [ˈdʌŋhil] *s.* femer *m.*

duo [ˈdjuːou] *s.* MÚS. duo *m.*

dupe [djuːp] *s.* pau *m.,* taujà., ingenu.

dupe (to) [djuːp] *t.* enredar, entabanar, ensarronar.

duplicate [ˈdjuːplikit] *a.* duplicat. ■ 2 *s.* duplicat *m.,* còpia *f.*

duplicate (to) [ˈdjuːplikeit] *t.* duplicar.

duplicity [dju:'pliciti] *s.* duplicitat *f.*

durability [djuərə'biliti] *s.* durabilitat *f.*, durada *f.*, duració *f.*

durable ['djuərəbl] *a.* durable, durador.

duration [djuə'reiʃən] *s.* duració *f.*, durada *f.*

duress [djuə'res] *s.* coacció *f.* 2 empresonament *m.*

during ['djuəriŋ] *prep.* durant.

durst [dəːst] Vegeu DARE (TO).

dusk [dʌsk] *s.* vespre *m.*, crepuscle *m.* 2 fosca *f.*, foscor *f.*

dusky ['dʌski] *a.* fosc, obscur, ombrívol. 2 bru, morè.

dust [dʌst] *s.* pols *f.* 2 col·loq. merder *m.*, confusió *f.* 3 liter., ant. cendres *f. pl.*, restes *f. pl.* mortals.

dust (to) [dʌst] *t.* treure la pols, espolsar. 2 empolsar, enfarinar.

dustbin ['dʌstbin] *s.* galleda *f.* de les escombraries.

dust cloud ['dʌstklaud] *s.* polseguera *f.*

duster ['dʌstə'] *s.* drap *m.* de la pols. 2 espolsadors *m. pl.* 3 esborrador *m.*

dustman ['dʌstmən] *s.* escombriaire.

dusty ['dʌsti] *a.* polsós, empolsinat.

Dutch [dʌtʃ] *a.-s.* holandès.

dutiful ['djuːtiful] *a.* obedient, respectuós.

duty ['djuːti] *s.* deure *m.*, obligació *f.* ‖ **to do one's ~**, complir algú el seu deure. 2 obediència *f.*, respecte *m.* 3 funció *f.*, feina *f.*, tasca *f.* 4 servei *m.* ‖ **on ~**, de servei ‖ **to be off ~**, estar lliure de servei. 5 impost *m.* (*on*, sobre). *6 pl.* drets *m. pl.* ‖ **customs duties,** aranzels *m. pl.*, drets *m. pl.* de duana.

dwarf [dwɔ:f] *a.-s.* nan.

dwarf (to) [dwɔ:f] *t.* no deixar créixer. 2 empetitir, fer semblar petit.

dwarfish ['dwɔ:fiʃ] *a.* nan, diminut.

dwell (to) [dwel] *i.* liter. habitar, viure, residir. 2 estar-se *p.* 3 fig.: **to ~ on** o **upon,** allargar-se *p.*, estendre's *p.* ▲ Pret. i p. p.: **dwelt** [dwelt] o **dwelled.**

dweller ['dwelə'] *s.* habitant.

dwelling ['dweliŋ] *s.* casa *f.*, morada *f.*, vivenda *f.*

dwelt [dwelt] Vegeu DWELL (TO).

dwindle (to) ['dwindl] *i.* minvar, disminuir.

dye [dai] *s.* tintura *f.*, tint *m.*, color *m.*

dye (to) [dai] *t.* tenyir, tintar. ■ 2 *i.* tenyir-se *p.*

dyer ['daiə'] *s.* tintorer.

dying ['daiiŋ] Vegeu DIE (TO). ■ 2 *a.* moribund, agonitzant. 3 final, darrer.

dynamic [dai'næmik] *a.* dinàmic.

dynamics [dai'næmiks] *s.* FÍS. dinàmica *f.*

dynamite ['dainəmait] *s.* dinamita *f.*

dynamo ['dainəmou] *s.* ELECT. dinamo *f.*

dynastic [di'næstik] *a.* dinàstic.

dynasty ['dinəsti] *s.* dinastia *f.*

dysentery ['disəntri] *s.* disenteria *f.*

dyspepsia [dis'pepsia] *s.* dispèpsia *f.*

dyspeptic [dis'peptik] *a.* dispèptic.

E

E, e [i:] s. e [lletra]. 2 MÚS. mi m.

each [i:tʃ] a. cada, cadascun. ■ 2 pron. cada u, cadascú. || ~ *other*, l'un a l'altre, mútuament, entre ells, entre si. 3 *the apples cost 15 p.* ~, les pomes costen 15 penics cada una.

eager ['i:gəʳ] a. frisós, ansiós, bascós. ■ 2 -ly adv. ansiosament.

eagerness ['i:gənis] s. frisança f., ànsia f., afany m.

eagle ['i:gl] s. ORN. àguila f., àliga f.

ear [iəʳ] s. orella f. || fig. *up to the ears*, fins el capdamunt. 2 oïda f., orella f. || *to give* ~ *to*, donar o prestar orella. || *to play by* ~, tocar d'oïda.; fig. improvisar. 3 BOT. espiga f.

ear-ache ['iəreik] s. mal m. d'orella.

eardrum ['iədrʌm] s. ANAT. timpà m.

earl [ə:l] s. comte m.

earldom ['ə:ldəm] s. comtat m.

early ['ə:li] a. primitiu, antic, primer. 2 pròxim [en el futur]. 3 primerenc. 4 precoç. 5 *to be* ~, arribar d'hora. ■ 6 adv. al principi. 7 aviat, (BAL.) prest, (VAL.) prompte. 8 d'hora, (VAL.) enjorn.

earn (to) [ə:n] t. guanyar(se), cobrar, percebre. 2 merèixer(se), aconseguir.

earnest ['ə:nist] a. seriós, formal. 2 sincer, franc. 3 constant, ferm, diligent. ■ 4 s. seriositat f., formalitat f. || *in* ~, seriosament, amb seriositat. 5 COM. paga i senyal f. 6 penyora f. ■ 7 -ly adv. seriosament, de veritat.

earnestness ['ə:nistnis] s. seriositat f., formalitat. 2 fermesa f., constància f., tenacitat f.

earnings ['ə:niŋz] s. pl. ingressos m. pl., guanys m. pl., beneficis m. pl. sou m. sing., salari m. sing.

earphones ['iəfounz] s. pl. auriculars m. pl.

earpiece ['iəpi:s] s. TELEF. auricular m.

earring ['iəriŋ] s. arracada f.

earshot ['iəʃɔt] s. abast de l'orella f. || *to be within* ~, estar a l'abast de l'orella.

earth [ə:θ] s. terra f. [planeta, etc.]. 2 terra m., sòl m. 3 TECNOL. terra f. 4 ZOOL. cau m.

earthen ['ə:θen] a. de fang, de terrissa.

earthenware ['ə:θənwɛəʳ] s. terrissa f., ceràmica f. ■ 2 a. de fang.

earthly ['ə:θli] a. terrenal, terrestre. 2 carnal, mundà.

earthquake ['ə:θkweik] s. terratrèmol m., moviment m. sísmic.

earthwork ['ə:θwə:k] s. terraplè m.

earthworm ['ə:θwə:m] s. ZOOL. cuc m., llambric m.

earthy ['ə:θi] a. terrós, terri, terrenc. 2 fig. groller, vulgar.

earwig ['iəwig] s. ENT. papaorelles f., tisoreta f.

ease [i:z] s. alleujament m., descans m. 2 tranquil·litat f., serenitat f. 3 comoditat f., benestar m., assossec m. 4 facilitat f. 5 MIL. *at* ~, descans m. [posició].

ease (to) [i:z] t. alleujar, alleugerir. 2 mitigar, apaivagar. 3 descarregar. 4 assossegar, tranquil·litzar. 5 facilitar. 6 afluixar, relaxar. ■ 7 i. afluixar, disminuir. 8 *to* ~ *off*, o *up*, relaxar-se p., tranquil·litzar-se p., moderar-se p.

easel ['i:zl] s. cavallet m. [de pintor].

easily ['i:zili] adv. fàcilment, tranquil·lament. 2 amb tranquil·litat, amb calma.

easiness ['i:zinis] s. facilitat f., desimboltura f. 2 comoditat f., tranquil·litat f.

east [i:st] s. est m., orient m., llevant m. ■ 2 a. de l'est, oriental. || *Far East*, Extrem Orient. || *Middle East*, Orient Mitjà. || *Near East*, Pròxim Orient.

Easter ['i:stəʳ] s. Pasqua f. de Resurrecció f., Setmana f. Santa.

easterly ['i:stəli] a. oriental, de l'est. ■ 2 adv. cap a l'est, a l'est.

eastern ['i:stən] a. oriental, de l'est.

easy ['i:zi] *a.* fàcil, senzill. 2 còmode, confortable. ‖ ~ *chair,* butaca *f.* 3 desimbolt, tranquil, natural. *4 take it ~!,* calma't!, pren-t'ho amb calma! ■ *5 adv.* fàcilment, tranquil·lament.

easy-going [i:zi'gouiŋ] *a.* tranquil, indolent. 2 tolerant, condescendent. 3 lent. 4 deixat. 5 afable, simpàtic.

eat (to) [i:t] *t.* menjar(se). 2 consumir, gastar. ■ 3 *i.* menjar(se). ■ *to ~ away* o *into,* corroir, gastar, menjar-se; *to ~ up,* menjar-se, acabar-se. ▲ Pret.: *ate* [et, eit]; p. p.: *eaten* [i:tn].

eatable ['i:təbl] *a.* comestible. ■ 2 *s. pl.* comestibles *m. pl.*

eaten ['i:tn] Vegeu EAT (TO).

eating-house ['i:tiŋhaus] *s.* restaurant *m.*

eau-de-Cologne [oudəkə'loun] *s.* aigua *f.* de Colònia.

eaves [i:vz] *s. pl.* ARQ. ràfec *m. sing.,* volada *f. sing.*

eavesdrop (to) ['i:vzdrɔp] *i.* escoltar d'amagat.

ebb [eb] *s.* reflux *m.* ‖ *the ~ and flow,* el flux i el reflux. 2 *fig.* decadència *f.,* caiguda *f.,* disminució *f.*

ebb (to) [eb] *i.* minvar, baixar [la marea]. 2 *fig.* decaure, disminuir.

ebb tide ['ebtaid] *s.* marea *f.* minvant.

ebony ['ebəni] *s.* BOT. banús *m.* ■ 2 *a.* de banús.

ebullience [i'bʌljəns] *s.* exuberància *f.,* exaltació *f.,* entusiasme *m.,* animació *f.*

ebullient [i'bʌljənt] *a.* exuberant, exaltat, entusiasmat.

eccentric [ik'sentrik] *a.* excèntric. ■ 2 *s.* excèntric. 3 MEC. excèntrica *f.*

eccentricity [,eksen'trisiti] *s.* excentricitat *f.*

ecclesiastic [i,kli:zi'æstik] *a.-s.* eclesiàstic.

echo ['ekou] *s.* eco *m.*

echo (to) ['ekou] *t.* repetir, imitar. 2 fer-se *p.* eco de. ■ 2 *i.* ressonar, fer eco.

eclectic [i'klektik] *a.-s.* eclèctic.

eclipse [i'klips] *s.* eclipsi *m.*

eclipse (to) [i'klips] *t.* eclipsar.

eclogue ['eklɔg] *s.* LIT. ègloga *f.*

ecological [i:kə'lɔdʒikəl] *a.* ecològic.

ecologist [i'kɔlədʒist] *s.* ecologista.

ecology [i'kɔlədʒi] *s.* ecologia *f.*

economic [,ikə'nɔmik] *a.* econòmic. ‖ ~ *crisis,* crisi econòmica.

economical [,i:kə'nɔmikəl] *a.* econòmic, barat. ‖ *an ~ holiday,* unes vacances econòmiques.

economics [,i:kə'nɔmiks] *s.* economia *f.* [ciència].

economist [i'kɔnəmist] *s.* economista.

economize (to) [i'kɔnəmaiz] *t.-i.* economitzar *t.,* estalviar *t.*

economy [i'kɔnəmi] *s.* economia *f.*

ecosystem ['i:kousistəm] *s.* ecosistema *m.*

ecstasy ['ekstəsi] *s.* èxtasi *m.*

Ecuador [,ekwə'dɔ:'] *n. pr.* GEOGR. l'Equador.

ecumenic [,i:kju:'menik] *a.* ecumènic.

ed. [ed] *s.* (abrev. *edition, editor, education*) edició *f.,* editor, educació *f.*

Ed [ed] *n. pr. m.* (dim. *Edgar, Edward*) Edgar, Eduard.

eddy ['edi] *s.* remolí *m.*

eddy (to) ['edi] *i.* arremolinar-se *p.*

edge [edʒ] *s.* tall *m.,* fil *m.* 2 vora *f.,* cantó *m.* ‖ *on ~,* de cantó; *fig.* impacient. 3 marge *m.,* riba *f.* 4 extrem *m.,* límit *m.,* afores *f. pl.* *5 to set the teeth on ~,* fer esgarrifar.

edge (to) [edʒ] *t.* enribetar, ribetejar, orlar. 2 vorellar. 3 esmolar. 4 moure a poc a poc. ■ *5 i.* moure's *p.* a poc a poc.

edgeways ['edʒweiz], **edgewise** [-waiz] *adv.* de cantó. 2 *fig. not get a word in ~,* no poder obrir la boca, no poder dir la seva [en una conversa].

edging ['edʒiŋ] *s.* ribet *m.,* vorell *m.*

edible ['edibl] *a.* comestible. ■ 2 *s. pl.* comestibles *m. pl.*

edict ['i:dikt] *s.* edicte *m.,* decret *m.*

edification [,edifi'keiʃən] *s.* edificació *f.* [moral, etc.].

edifice ['edifis] *s.* edifici *m.* [també *fig.*].

edify (to) ['edifai] *t.* edificar [sentit moral].

Edinburgh ['edimbərə] *n. pr.* GEOGR. Edimburg.

edit (to) ['edit] *t.* revisar, corregir, preparar l'edició [d'un diari, un llibre, etc.]. 2 redactar, dirigir [un diari].

edition [i'diʃən] *s.* edició *f.* ‖ *paperback ~,* edició de butxaca. 2 tirada *f.* 3 *fig.* versió *f.*

editor ['editə'] *s.* director, redactor [d'una publicació].

editorial [,edi'tɔ:riəl] *a.* de direcció, de redacció: ~ *staff,* redacció *f.* [d'un diari]. ■ 2 *s.* editorial *m.,* article *m.* de fons.

educate (to) ['edjukeit] *t.* educar. 2 instruir, formar, ensenyar.

educated ['edjukeitid] *a.* culte, instruït.

education [,edjuˈkeiʃən] *s.* educació *f.*, ensenyament *m.* 2 instrucció *f.*, formació *f.*, cultura *f.*

educational [,edjukeiʃənl] *a.* educacional, relatiu a l'ensenyament. 2 docent. 3 cultural.

educator [ˈedjuːkeitəʳ] *s.* educador, pedagog.

Edward [ˈedwəd] *n. pr. m.* Eduard.

EEC [ˈiːiːˈsiː] *s. (European Economic Community)* CEE (Comunitat Econòmica Europea).

eel [iːl] *s.* ICT. anguila *f.*

eerie, eery [ˈiəri] *a.* misteriós, esgarrifós, fantàstic, terrible.

efface (to) [iˈfeis] *t.* esborrar.

effect [iˈfekt] *s.* efecte *m.* ‖ *in ~,* de fet. ‖ *to take ~,* fer efecte; posar en vigor. ‖ *to the ~ that,* en el sentit que. 2 resultat *m.*, conseqüència *f.* 3 impressió *f.* 4 *pl.* efectes *m. pl.*

effect (to) [iˈfekt] *t.* efectuar, dur a terme, realitzar.

effective [iˈfektiv] *a.* efectiu, eficaç, eficient. 2 DRET vigent. ‖ *to become ~,* entrar en vigor. 3 MIL., TECNOL. útil.

effectual [iˈfektjuəl] *a.* eficaç; adequat.

effectuate (to) [iˈfektjueit] *t.* efectuar, realitzar.

effeminacy [iˈfeminəsi] *s.* efeminació *f.*

effeminate [iˈfeminit] *a.* efeminat.

effervesce (to) [,efəˈves] *i.* estar en efervescència.

effervescence [,efəˈvesns] *s.* efervescència *f.*

effervescent [,efəˈvesənt] *a.* efervescent.

effete [iˈfiːt] *a.* esgotat. 2 decadent.

efficacious [,efiˈkeiʃəs] *a.* eficaç; adequat.

efficacy [ˈefikəsi] *s.* eficàcia *f.*

efficiency [iˈfiʃənsi] *s.* eficiència *f.*, eficàcia *f.*, rendiment *m.*

efficient [iˈfiʃənt] *a.* eficient. 2 capaç; competent. 3 eficaç.

effigy [ˈefidʒi] *s.* efígie *f.*, imatge *f.*

effort [ˈefət] *s.* esforç *m.* 2 col·loq. obra *f.*, intent *m.*

effortless [ˈefətlis] *a.* fàcil, sense esforç.

effrontery [eˈfrʌntəri] *s.* afrontament *m.* 2 desvergonyiment *m.*

effulgence [eˈfʌldʒəns] *s.* fulgor *m.*; resplendor *m.*

effulgent [eˈfʌldʒənt] *a.* resplendent.

effusion [iˈfjuːʒən] *s.* efusió *f.* [també fig.]. 2 MED. vessament *m.*

effusive [iˈfjuːsiv] *a.* efusiu.

e.g. [iːˈdʒiː; ˌfɔrigˈzaːmpl] (abrev. *exempli gratia, for example*) per exemple.

egg [eg] *s.* ou *m.* ‖ *boiled ~,* ou passat per aigua. ‖ *fried ~,* ferrat. ‖ *hard-boiled ~,* ou dur. ‖ *new-laid ~,* ou fresc. 2 fig. *to put all one's eggs in one basket,* jugar-s'ho tot a una sola carta.

egg (to) [eg] *t. to ~ on,* instigar, incitar.

egg-cup [ˈegkʌp] *s.* ouera *f.*

eggplant [ˈegplɑːnt] *s.* BOT. albergínia. 2 alberginiera.

eggshell [ˈegʃəl] *s.* closca *f.* d'ou.

egg-whisk [ˈegwisk] *s.* batidora *f.* d'ous.

egg white [ˈegwait] *s.* clara *f.* d'ou.

ego [ˈiːgou, ˈegou] *s.* FIL., PSICOL. jo *m.* ‖ col·loq. *he's on an ~ tip,* només pensa en ell mateix.

egoist [ˈəgouist] *s.* egoista.

egotism [ˈegoutizəm] *s.* egotisme *m.*

egregious [iˈgriːdʒəs] *a.* egregi; insigne.

Egypt [ˈiːdʒipt] *n. pr.* GEOGR. Egipte.

Egyptian [iˈdʒipʃən] *a.-s.* egipci.

eiderdown [ˈaidədaun] *s.* edredó *m.*

eight [eit] *a.* vuit, (VAL.) huit. ■ 2 *s.* vuit *m.*, (VAL.) huit *m.*

eighteen [ˌeiˈtiːn] *a.* divuit, (BAL.) devuit, (VAL.) dèvuit, (ROSS.) desavuit. ■ 2 *s.* divuit *m.*, (BAL.) devuit *m.*, (VAL.) dèvuit *m.*, (ROSS.) desavuit *m.*

eighteenth [ˌeiˈtiːnθ] *a.* divuitè.

eighth [eitθ] *a.* vuitè. ■ 2 *s.* vuitè *m.*

eightieth [ˈeitiiθ] *a.* vuitantè. ■ 2 *s.* vuitantè *m.*

eighty [ˈeiti] *a.* vuitanta. ■ 2 *s.* vuitanta *m.*

Eire [ˈɛərə] *n. pr.* GEOGR. República *f.* d'Irlanda.

either [ˈaiðəʳ, ˈiːðəʳ] *a.-pron.* l'un o l'altre. 2 qualsevol [dels dos]. 3 cap. ■ 4 *adv.* tampoc. ■ 5 *conj.* ~... *or,* o... o.

ejaculate (to) [iˈdʒækjuleit] *t.* FISIOL. ejacular. 2 exclamar.

eject (to) [iˈdʒekt] *t.* expel·lir. 2 expulsar; fer fora.

eke out (to) [iːk aut] *t.* augmentar [amb dificultat]; suplir [insuficiències].

elaborate [iˈlæbərit] *a.* elaborat; detallat; complicat.

elaborate (to) [iˈlæbəreit] *t.* elaborar; desenvolupar. ■ 3 *i.* elaborar-se *p.* 4 aprofundir.

elapse (to) [iˈlæps] *i.* passar; transcórrer [temps].

elastic [iˈlæstik] *a.* elàstic, flexible [també fig.]. ■ 2 *s.* elàstic *m.*

elate(d) [i'leit(id)] *a.* alegre, joiós.

elation [i'leiʃən] *s.* elació *f.*; joia *f.*, gaubança *f.*

elbow ['elbou] *s.* colze *m.* ‖ *at one's ~,* al costat. 3 MEC. colze *m.*

elbow (to) ['elbou] *t.* donar colzades. ‖ *to ~ one's way,* obrir-se pas a colzades [també fig.].

elder ['eldə^r] *a.* gran, (VAL.) major [en edat]: *~ sister,* germana gran. ■ *2 s.* gran [persona]. 3 BOT. saüc *m.*

elderly ['eldəli] *a.* d'edat avançada; ancià.

eldest ['eldist] *a. superl.* més gran [d'edat]. 2 primogènit.

elect [i'lekt] *a.* escollit. 2 electe. ■ *3 s.* TEOL. *the ~,* els escollits.

elect (to) [i'lekt] *t.* elegir, escollir.

election [i'lekʃən] *s.* elecció *f.*

elective [i'lektiv] *a.* electiu; electoral.

elector [i'lektə^r] *s.* elector.

electric [i'lektrik] *a.* elèctric. ‖ *~ chair,* cadira elèctrica. ‖ *~ guitar,* guitarra elèctrica. 2 fig. molt tens.

electrical [i'lektrikl] *a.* elèctric. ‖ *~ engineer,* enginyer electrotècnic. 2 fig. electritzant.

electrician [ilek'triʃən] *s.* electricista.

electricity [ilek'trisiti] *s.* electricitat *f.*

electrify (to) [i'lektrifai] *t.* electritzar [també fig.]. 2 TECNOL. electrificar.

electrocute (to) [i'lektrəkju:t] *t.* electrocutar.

electrode [i'lektroud] *s.* FÍS. elèctrode *m.*

electron [i'lektron] *s.* FÍS. electró *m.*

electronic [ilek'tronik] *a.* electrònic.

electroplate (to) [i'lektroupleit] *t.* FÍS. galvanitzar.

elegance ['eligəns] *s.* elegància *f.*

elegant ['eligənt] *a.* elegant.

elegy ['elidʒi] *s.* LIT. elegia *f.*

element ['elimənt] *s.* element *m.*, part *f.*, constituent *m.*; factor *m.* 3 *pl.* forces *f. pl.* de la natura.

elementary [eli'mentəri] *a.* elemental. ‖ *~ education,* ensenyament primari.

Eleanor ['elinə^r] *n. pr. f.* Elionor.

elephant ['elifənt] *s.* ZOOL. elefant *m.*

elephantine [eli'fæntain] *a.* fig. elefantí, mastodòntic, gegantí.

elevate (to) ['eliveit] *t.* elevar, aixecar. 2 fig. millorar.

elevated ['eliveitid] *a.* elevat. 2 aeri. 3 col·loq. alegre.

elevation [eli'veiʃən] *s.* elevació *f.* 2 dignitat *f.*, grandiositat *f.* 3 GEOGR. altitud *f.* 4 ARQ. alçat *m.*

elevator ['eliveitə^r] *s.* elevador *m.* 2 muntacàrregues *m.* 3 (EUA) ascensor *m.* 4 (G.B.) escala *f.* mecànica. 5 AGR. magatzem *m.* de gra.

eleven [i'levn] *a.* onze. ■ *2 s.* onze *m.*

elicit (to) [i'lisit] *t.* treure; arrencar; fer sortir.

eleventh [i'levnθ] *a.-s.* onzè. 2 *at the ~ hour,* al darrer moment.

elf [elf] *s.* MIT. elf *m.*

elide (to) [i'laid] *t.* GRAM. elidir.

eligible ['elidʒəbl] *a.* elegible, adequat. ‖ *an ~ young man,* un bon partit. 2 *~ for a pension,* tenir dret a una pensió.

eliminate (to) [i'limineit] *t.* eliminar.

elimination [i.limi'neiʃən] *s.* eliminació *f.*

elision [i'liʒən] *s.* GRAM. elisió *m.*

élite [ei'li:t] *s.* gal·lic. èlite *f.*

elixir [i'liksə^r] *s.* elixir *m.*

Elizabeth [i'lizəbəθ] *n. pr. f.* Isabel, Elisabet.

elk [elk] *s.* ZOOL. ant *m.*

ellipse [i'lips] *s.* GEOM. el·lipse *f.*

ellipsis [i'lipsis] *s.* GRAM. el·lipsi *f.*

elliptic [i'liptik], **elliptical** [i'liptikəl] *a.* el·líptic.

elm [elm] *s.* BOT. om *m.*

elocution [elə'kju:ʃən] *s.* elocució *f.*; declamació *f.*; dicció *f.*

elongate (to) [i:'lɔŋgeit] *t.* allargar; estendre [en l'espai]. ■ *2 i.* allargar-se *p.*; estendre's *p.*

elongation [i:lɔŋ'geiʃən] *s.* elongació *f.* 2 allargament *m.*, extensió *f.*

elope (to) [i'loup] *i.* escapar-se *p.* [amb un amant].

elopement [i'loupmənt] *s.* fuga *f.* [amb un amant].

eloquence ['eləkwəns] *s.* eloqüència *f.*

eloquent ['eləkwənt] *a.* eloqüent.

else [els] *adv.* més: *did you see anybody ~?,* vas veure algú més? 2 d'una altra manera: *how ~ would you do it?,* de quina altra manera ho faries? ■ *3 conj.* si no: *run or ~ you'll be late,* corre, si no faràs tard.

elsewhere ['els'wɛə^r] *adv.* en (qualsevol) altre lloc.

elucidate (to) [i'lu:sideit] *t.* elucidar; dilucidar.

elude (to) [i'lu:d] *t.* eludir, fugir, evitar: *the answer eludes me,* la resposta se m'escapa. 2 desfer-se *p.*, desempallegar-se *p.*

elusive [i'lu:siv] *a.* elusiu. 2 difícil de retenir [a la memòria].

emaciate (to) [i'meiʃieit] *t.* emaciar; demacrar.

emaciation [i,meisi'eiʃən] *s.* emaciació *f.*; demacració *f.*

email ['i:meiəl] *s.* INFORM. correu *m.* electrònic.

emanate (to) ['eməneit] *i.* emanar.

emanation [,emə'neiʃən] *s.* emanació *f.*

emancipate (to) [i'mænsipeit] *t.* emancipar.

emancipation [i,mænsi'peiʃən] *s.* emancipació *f.*

emasculate (to) [i'mæskjuleit] *t.* emascular; capar.

embalm (to) [im'ba:m] *t.* embalsamar.

embankment [im'bæŋkmənt] *s.* CONSTR. terraplè *m.; dic m.*

embargo [em'ba:gou] *s.* COM. prohibició *f.;* restricció *f.* [també fig.]. 2 DRET embarg *m.*, embargament *m.*

embark (to) [im'ba:k] *t.* embarcar. ■ 2 *i.* embarcar-se *p.* 3 fig. *to ~ on,* empendre *t.*, embarcar-se *p.* [en un negoci, etc.].

embarkation [,emba:'keiʃən] *s.* embarcament *m.*

embarrass (to) [im'bærəs] *t.* torbar; desconcertar. 2 embarassar; fer nosa. 3 ECON. crear problemes econòmics.

embarrassing [im'bærəsin] *a.* violent, molest, tens, desagradable.

embarrassment [im'bærəsmənt] *s.* torbació *f.;* desconcert *m.* 2 embaràs *m.;* nosa *f.* 3 ECON. problemes *m. pl.* econòmics.

embassy ['embəsi] *s.* ambaixada *f.*

embattle (to) [im'bætl] *t.* MIL. formar en batalla. 2 fortificar. 3 emmerletar.

embed (to) [im'bed] *t.* encaixar; encastar; incrustar. 2 fig. ficar, fixar.

embellish (to) [im'beliʃ] *t.* embellir; adornar.

embellishment [im'beliʃmənt] *s.* embelliment *m.;* adornament *m.*

ember ['embə'] *s.* brasa *f.*

embezzle (to) [im'bezl] *t.* ECON. desfalcar. 2 malversar.

embezzlement [im'bezlmənt] *s.* ECON. peculat *m.* 2 malversació *f.*

embitter (to) [im'bitə'] *t.* exasperar. 2 amargar [una persona]. 3 enverinar [una discussió].

emblem ['embləm] *s.* emblema *m.* 2 símbol *m.*

embodiment [im'bɔdimənt] *s.* encarnació *f.* 2 incorporació *f.* 3 personificació *f.*

embody (to) [im'bɔdi] *t.* expressar, exposar. 2 incloure, incorporar. 3 encarnar, personificar, materialitzar.

embolden (to) [im'bouldən] *t.* encoratjar.

embolism ['embəlizəm] *s.* MED. embòlia *f.*

emboss (to) [im'bɔs] *t.* repussar; estampar en relleu. 2 gofrar.

embrace [im'breis] *s.* abraçada *f.*

embrace (to) [im'breis] *t.* abraçar. 2 comprendre; abastar. 3 acceptar; fer ús de. ■ 4 *i.* abraçar-se *p.*

embrasure [im'breiʒə'] *s.* MIL. canonera *f.,* tronera *f.* 2 ARQ. ampit; rebaix.

embrocation [,embrə'keiʃən] *s.* MED. embrocació *f.*

embroider (to) [im'brɔidə'] *t.* COST. brodar. 2 fig. embellir.

embroidery [im'brɔidəri] *s.* COST. brodat *m.*

embroil (to) [im'brɔil] *t.* embrollar; enredar; embolicar.

embryo ['embriou] *s.* BOT., ZOOL. embrió *m.* [també fig.]. ‖ lit. fig. *in ~,* en embrió.

embryonic [,embri'ɔnik] *a.* embrionari.

emend (to) [i'mend] *t.* esmenar; corregir.

emendation [,i:men'deiʃən] *s.* esmena *f.;* correcció *f.*

emerald ['emərəld] *s.* GEMM. maragda *f.* ■ 2 *a.* de color de maragda.

emerge (to) [i'mə:dʒ] *i.* emergir; sortir; aparèixer; sorgir. ‖ *it emerges that,* resulta que. 2 treure's *p.* 3 DRET deduir *t.*

emergence [i'mə:dʒəns] *s.* emergència *f.,* sortida *f.;* aparició *f.*

emergency [i'mə:dʒənsi] *s.* emergència *f.* ‖ *~ brake,* fre *m.* de seguretat. ‖ *~ exit,* sortida d'emergència. ‖ *~ landing,* aterratge forçós o d'emergència. 2 MED. urgència *f.*

emergent [i'mə:dʒənt] *a.* emergent. 2 inesperat. 3 jove. ‖ *~ country,* país *m.* jove.

emery ['eməri] *s.* MINER. esmeril *m.*

emery board ['eməri,bɔ:d] *s.* llima *f.* de les ungles.

emery paper ['eməri,peipə'] *s.* paper *m.* de vidre.

emigrant ['emigrənt] *s.* emigrant, emigrat.

emigrate (to) ['emigreit] *i.* emigrar.

emigration [ˌemiˈgreiʃən] s. emigració f.

Emily [ˈeməli] n. pr. f. Emília.

eminence [ˈeminəns] s. eminència f., distinció f. 2 GEOGR. eminència f. 3 REL. *His Eminence,* S'Eminència.

eminent [ˈeminənt] a. eminent; distingit. 2 manifest.

emir [eˈmiə'] s. emir m.

emissary [ˈemisəri] s. emissari.

emission [iˈmiʃən] s. emissió f. [no de ràdio]; descàrrega f., expulsió f.

emit (to) [iˈmit] t. emetre [no un programa de ràdio]; expulsar.

emolument [iˈmɔljumənt] s. emolument m.

emotion [iˈmouʃən] s. emoció f.

emotional [iˈmouʃənl] a. emocional, emotiu.

emperor [ˈempərə'] s. emperador m.

emphasis [ˈemfəsis] s. èmfasi m.; insistència f. 2 GRAM. èmfasi m.

emphasize (to) [ˈemfəsaiz] t. emfasitzar; recalcar. 2 GRAM. emfasitzar.

emphatic [imˈfætik] a. remarcat, enèrgic.

empire [ˈempaiə'] s. imperi m.

empiric [imˈpirik], **empirical** [imˈpirikəl] a.-s. empíric.

empiricism [imˈpirisizəm] s. empirisme m.

emplacement [imˈpleismənt] s. MIL. emplaçament m.

employ (to) [imˈplɔi] t. col·locar; donar feina. 2 esmerçar [el temps, etc.].

employee [ˌemplɔiˈiː] s. empleat; treballador.

employer [imˈplɔiə'] s. patró; amo.

employment [imˈplɔimənt] s. col·locació f., treball m. 2 ocupació f.

emporium [emˈpɔːriəm] s. empori m.; centre m. comercial.

empower (to) [imˈpauə'] t. autoritzar, donar poder.

empress [ˈempris] s. emperadriu f.

emptiness [ˈemptinis] s. buidor f. [també fig.]. 2 fatuïtat f.

empty [ˈempti] a. buit. 2 vacant; desocupat. 3 fatu. ■ 4 s.pl. cascs m. pl. o envasos m. pl. buits.

empty (to) [ˈempti] t. buidar. 2 abocar, descarregar. 3 treure de. ■ 4 i. buidar-se p. 5 GEOGR. desembocar.

empty-headed [emptiˈhedid] a. cap de trons; eixelebrat.

emulate (to) [ˈemjuleit] t. emular, rivalitzar amb.

emulation [ˌemjuˈleiʃən] s. emulació f., rivalitat f.

emulsion [iˈmʌlʃən] s. QUÍM. emulsió f.

enable (to) [iˈneibl] t. habilitar; facultar. 2 facilitar. 3 permetre.

enact (to) [iˈnækt] t. DRET aprovar, decretar; promulgar. 2 TEAT. fer [un paper]; representar [un personatge].

enactment [iˈnæktmənt] s. DRET promulgació f.; llei f.; estatut m.

enamel [iˈnæməl] s. esmalt m.

enamel (to) [iˈnæməl] t. esmaltar.

enamour, (EUA) **enamor (to)** [iˈnæmə] t. enamorar. 2 fig. captivar, seduir.

encaged [inˈkeidʒd] a. engabiat.

encamp (to) [inˈkæmp] t. acampar. ■ 2 i. acampar, plantar una tenda.

encampment [inˈkæmpmənt] s. campament m.

encase (to) [inˈkeis] t. encaixonar. 2 ficar [dins].

enchain (to) [inˈtʃein] t. encadenar.

enchant (to) [inˈtʃɑːnt] t. encantar; embruixar. 2 captivar, encisar.

enchanter [inˈtʃɑːntə'] s. encantador m.; fetiller m.

enchanting [inˈtʃɑːntiŋ] a. encantador; encisador.

enchantment [inˈtʃɑːntmənt] s. encantament m.; fetilleria f. 2 encant m.; encís m.

enchantress [inˈtʃɑːntris] s. encantadora f.; fetillera f.

encircle (to) [inˈsəːkl] t. encerclar; envoltar.

enclose (to) [inˈklouz] t. envoltar [amb una tanca]. 2 confinar. 3 adjuntar [a una carta].

enclosure [inˈklouʒə'] s. encerclament m. 2 tancat m.; clos m. 3 tanca f., barrera f. 4 document m. adjunt.

encode (to) [inˈkoud] t. codificar.

encomium [enˈkoumiəm] s. encomi m.; lloança f. calorosa.

encompass (to) [inˈkʌmpəs] t. encerclar; envoltar. 2 abastar.

encore [ˈɔŋkɔː] interj. un altre! ■ 2 s. MÚS., TEAT. bis m.; repetició f.

encounter [inˈkauntə'] s. encontre m.; xoc m. 2 fig. topada f.

encounter (to) [inˈkauntə'] t. encontrar. 2 combatre. 3 fig. topar [pel carrer, etc.].

encourage (to) [inˈkʌridʒ] t. encoratjar; animar. 2 incitar. 3 estimular; fomentar; promoure.

encouragement [inˈkʌridʒmənt] s. encoratjament m., ànim m. 2 estímul m.

encroach (to) [inˈkrəutʃ] i. to ~ on o upon, ultrapassar [límits]; abusar; usurpar; envair.

encroachment [inˈkrəutʃmənt] s. abús m.; usurpació f.; intromissió f.

encumber (to) [inˈkʌmbəʳ] t. destorbar. 2 tenir [deutes]. 3 omplir.

encumbrance [inˈkʌmbrəns] s. obstacle m.; destorb m. 2 DRET càrrega f., gravamen m.

encyclop(a)edia [enˌsaiklouˈpiːdjə] s. enciclopèdia f.

end [end] s. fi m. 2 final m., límit m., extrem m. || at the ~ of, a finals de. || in the ~, al final. 3 cap m., punta f., cabota f. 4 burilla f. 5 conclusió f., acabament m., mort f. || to come to an ~, acabar-se. || to make an ~ of, acabar amb. 6 finalitat f., objectiu m. || to the ~ that, a fi que, a fi i efecte que. || the ~ justifies the means, a bon fi, tot li és camí. 7 col·loq. to go off the deep ~, perdre els estreps.

end (to) [end] t. acabar, donar fi, terminar. || to ~ by saying, acabar tot dient. ■ 2 i. acabar, terminar. 3 morir. ■ to ~ in, acabar en; to ~ off, concloure; to ~ up, acabar.

endanger (to) [inˈdeindʒeʳ] t. posar en perill; comprometre.

endear (to) [inˈdiəʳ] t. fer estimar; fer admirar.

endearing [inˈdiəriŋ] a. atractiu.

endearment [inˈdiəmənt] s. expressió f. afectuosa.

endeavour, (EUA) **endeavor** [inˈdevə] s. form. esforç m.; afany m.; temptativa f.

endeavour, (EUA) **endeavor (to)** [inˈdevə] i. form. esforçar-se p.; intentar t.

ending [ˈendiŋ] s. final m.; conclusió f. 2 GRAM. terminació f.

endive [ˈendiv] s. BOT. endívia f.

endless [ˈendlis] a. inacabable; interminable, sense fi. 2 continu.

endorse (to) [inˈdɔːs] t. COM. endossar [un xec, etc.]. 2 aprovar; recolzar.

endorsee [ˌendɔːˈsiː] s. COM. endossatari.

endorsement [inˈdɔːsmənt] s. COM. endossament m. 2 inhabilitació f. [per conduir]. 3 fig. aprovació f., confirmació f.

endow (to) [inˈdau] t. dotar [també fig.]. 2 subvencionar.

endowment [inˈdaumənt] s. dotació f., donació f., subvenció f. 2 dot m. 3 fig. do m. qualitat f.

endurable [inˈdjuərəbl] a. suportable, tolerable, aguantable.

endurance [inˈdjuərəns] s. resistència f., aguant m., fortalesa f. || ~ race, cursa f. de resistència.

endure (to) [inˈdjuəʳ] t. suportar, aguantar, tolerar, resistir. ■ 2 i. durar, perdurar.

enduring [inˈdjuəriŋ] a. durable, resistent, sofert.

endways [ˈendweiz], **endwise** [-waiz] adv. de punta. 2 de cantó. 3 dret. 4 longitudinalment.

enemy [ˈenimi] s.-a. enemic.

energetic [ˌenəˈdʒetik] a. energètic.

energize (to) [ˈenədʒaiz] t. vigoritzar, donar energia. 2 fig. activar, estimular. 3 ELECT. excitar. ■ 4 i. actuar amb energia, amb vigor.

energy [ˈenədʒi] s. energia f.

enervate (to) [ˈenəveit] t. enervar, debilitar, deprimir.

enervating [ˈenəveitiŋ] a. enervant; depriment.

enfeeble (to) [inˈfiːbl] t. debilitar, afeblir.

enfold (to) [inˈfould] t. embolicar. 2 abraçar.

enforce (to) [inˈfɔːs] t. fer complir; posar en vigor [una llei, etc.]. 2 imposar [obediència, etc.]. 3 fer respectar [disciplina, etc.]. 4 reforçar [un argument, etc.].

enfranchise (to) [inˈfræntʃaiz] t. concedir drets polítics. 2 DRET manumetre. 3 fig. alliberar, emancipar.

Eng. [iŋ] s. (abrev. England, English) Anglaterra, anglès.

engage (to) [inˈgeidʒ] t. contractar, agafar, llogar. 2 reservar [una habitació, etc.]. 3 comprometre, garantir. 4 ocupar, atreure [l'atenció]. 5 encetar [una conversa]. 6 MIL. atacar. ■ 7 i. comprometre's p. 8 ocuparse p. en, dedicar-se p. a. 9 MEC. engranar, encaixar, embragar.

engaged [inˈgeidʒd] a. promès, compromès. 2 ocupat. 3 MEC. engranat, encaixat, ficat. 4 TELEF. comunicant. || ~ tone, senyal m. de comunicar.

engagement [inˈgeidʒmənt] s. compromís m., contracte m., obligació f. 2 prometatge m. 3 cita f. 4 MIL. atac m., acció f.

engaging [in'geidʒiŋ] *a.* atractiu, simpàtic.

engender (to) [in'dʒendə'] *t.* engendrar, produir, causar.

engine ['endʒin] *s.* motor *m.* 2 màquina *f.* ‖ *steam* ~, màquina de vapor. 3 FERROC. locomotora *f.*

engine driver ['endzin'draivə'] *s.* FERROC. maquinista.

engineer [‚endʒi'niə'] *s* (G.B.) enginyer. 2 mecànic *m.*

engineer (to) [‚endʒi'niə'] *t.* construir. 2 projectar, dissenyar. 3 fig. enginyar, ordir, assolir.

engineering ['endʒi'niəriŋ] *s.* enginyeria *f.* 2 maneig *m.*, manejament *m.* [d'un aparell, d'una màquina, etc.].

England ['iŋglənd] *n. pr.* GEOGR. Anglaterra.

English ['iŋgliʃ] *a.-s.* anglès.

English Channel [‚iŋgliʃ'tʃænl] *s.* GEOGR. canal *m.* de la Mànega.

Englishman ['iŋgliʃmən] *s.* anglès *m.*

Englishwoman ['iŋgliʃ‚wumən] *s.* anglesa *f.*

engrave (to) [in'greiv] *t.* gravar, cisellar [també fig.].

engraver [in'greivə'] *s.* gravador.

engraving [in'greiviŋ] *s.* gravat *m.* 2 làmina *f.*, estampa *f.*

engross (to) [in'grous] *t.* fig. absorbir, encativar. ‖ *to be engrossed in,* estar absort en. 2 DRET copiar.

engulf (to) [in'gʌlf] *t.* englotir, engolir. 3 submergir, sumir.

enhance (to) [in'hɑ:ns] *t.* realçar, destacar. 2 incrementar, encarir [preus, etc.].

enigma [i'nigmə] *s.* enigma *m.*

enigmatic [enig'mætik] *a.* enigmàtic.

enjoin (to) [in'dʒɔin] *t.* manar, ordenar, prescriure, encarregar. 2 imposar. 3 DRET prohibir.

enjoy (to) [in'dʒɔi] *t.* gaudir de, fruir de. 2 agradar. 3 tenir, posseir. 4 *p. to* ~ *oneself,* divertir-se, passar-s'ho bé.

enjoyable [in'dʒɔiəbl] *a.* agradable, divertit.

enjoyment [in'dʒɔimənt] *s.* plaer *m.*, delectació *f.*, gust *m.* 2 possessió *f.*, gaudi *m.* 3 divertiment *m.*

enlarge (to) [in'lɑ:dʒ] *t.* augmentar, engrandir, estendre. 2 allargar, eixamplar. 3 FÍS., MED. dilatar. 4 FOT. ampliar. ■ 5 *i.* estendre's *p.*, engrandir-se *p.* 6 allargar-se *p.*, eixamplar-se *p.* 7 FOT. ampliar-se

p. 8 *to* ~ *upon,* allargar-se *p.* [un discurs, etc.].

enlargement [in'lɑ:dʒmənt] *s.* augment *m.*, engrandiment *m.*, extensió *f.* 2 allargament *m.*, eixamplament *m.* 3 FÍS., MED. dilatació *f.* 4 FOT. ampliació *f.*

enlighten (to) [in'laitn] *t.* aclarir, il·luminar, il·lustrar. 2 informar, instruir.

enlightened [in'laitənd] *a.* il·lustrat, culte.

enlightening [in'laitniŋ] *a.* informatiu; instructiu.

enlightenment [in'laitnmənt] *s.* il·lustració *f.*, cultura *f.* 2 aclariment *m.* 3 HIST. *The Age of Enlightenment,* Segle *m.* de les Llums.

enlist (to) [in'list] *t.* MIL. allistar, reclutar. 2 fig. aconseguir. ■ 3 *i.* allistar-se *p.*

enliven (to) [in'laivn] *t.* avivar, animar, alegrar.

enmesh (to) [in'meʃ] *t.* enxarxar, enredar.

enmity ['enmiti] *s.* enemistat *f.*

ennoble (to) [i'noubl] *t.* ennoblir [també fig.].

ennumerate (to) [i'nju:məreit] *t.* enumerar. 2 numerar, comptar.

enormity [i'nɔ:miti] *s.* enormitat *f.* 2 atrocitat *f.*, monstruositat *f.*

enormous [i'nɔ:məs] *a.* enorme. ■ 2 *-ly adv.* enormement.

enough [i'nʌf] *a.* prou, suficient, bastant. ■ 2 *adv.* prou, suficientment. ‖ *sure* ~, sens dubte. ■ 3 *interj. that's* ~*!,* prou! 4 *s. there's* ~ *for everyone,* n'hi ha prou per a tots.

enquire (to) [in'kwaiə'] Vegeu INQUIRE (TO).

enquiry [in'kwaiəri] *s.* Vegeu INQUIRY.

enrage (to) [in'reidʒ] *t.* enrabiar, enfurismar, exasperar.

enrapture (to) [in'ræptʃə'] *t.* encisar, entusiasmar, extasiar.

enrich (to) [in'ritʃ] *t.* enriquir [també fig.]. 2 AGR. fertilitzar.

enrichment [in'ritʃmənt] *s.* enriquiment *m.* [també fig.]. 2 AGR. fertilització *f.*

enrol(l) (to) [in'roul] *t.* inscriure, registrar, matricular. 2 MIL. allistar, reclutar. ■ 3 *i.* inscriure's *p.*, matricular-se *p.* 4 MIL. allistar-se *p.* ■

enrol(l)ment [in'roulmənt] *s.* inscripció *f.*, registre *m.*, matriculació *f.* 2 MIL. allistament *m.*

ensemble [ɔn'sɔmbl] *s.* conjunt *m.* 2 MÚS. conjunt *m.*, grup *m.*; orquestra *f.* de cambra. 3 TEAT. companyia *f.*

enshrine (to) [in'frain] *t.* REL. ficar en un reliquiari. 2 tancar, ficar. 3 fig. conservar religiosament.

enshroud (to) [in'fraud] *t.* embolcallar, embolcar.

ensign ['ensain: in the navy, ensn] *s.* insígnia *f.*, estendard *m.*, ensenya *f.*, bandera *f.* ‖ ~ *bearer,* banderer *m.* 2 (EUA) MIL. alferes [de la marina].

enslave (to) [in'sleiv] *t.* esclavitzar.

enslavement [in'sleivmənt] *s.* esclavitud *f.*, esclavatge *m.*

ensnare (to) [in'snɛə'] *t.* entrampar, agafar en una trampa.

ensue (to) [in'sju:] *i.* seguir *t.*, seguir-se *p.*, resultar.

ensure (to) [in'fuə'] *t.* assegurar, garantitzar. ■ 2 *p. to* ~ *oneself,* assegurar-se.

entail [in'teil] *s.* DRET vinculació *f.*

entail (to) [in'teil] *t.* comportar, ocasionar. 2 implicar, suposar. 3 DRET vincular.

entangle (to) [in'tæŋgl] *t.* enredar(se), embolicar(se). ‖ *to get entangled,* ficar-se en un embolic.

enter (to) ['entə'] *t.* entrar *i.* a.: *to* ~ *a house,* entrar a una casa. 2 ingressar *i.* 3 registrar, anotar. 4 inscriure, matricular. 5 DRET entaular; interposar. ■ 6 *i.* entrar. 7 inscriure's *p.* 8 començar.

enterprise ['entəpraiz] *s.* empresa *f.* 2 iniciativa *f.*, empenta *f.*

enterprising ['entəpraiziŋ] *a.* emprenedor. 2 decidit.

entertain (to) [entə'tein] *t.* entretenir, divertir. 2 convidar. 3 atendre, complimentar [convidats]. 4 considerar, prendre en consideració. 5 nodrir, tenir [idees, sentiments]. ■ 6 *i.* tenir convidats; oferir àpats o festes.

entertainer [entə'teinə'] *s.* artista, actor, músic. 2 animador. 3 amfitrió.

entertaining [entə'teiniŋ] *a.* divertit, entretingut.

entertainment [entə'teinmənt] *s.* entreteniment *m.*, diversió *f.*, distracció *f.* 2 funció *f.*, espectacle *m.* 3 hospitalitat *f.*, acolliment *m.*

enthral, (EUA) **enthrall (to)** [in'θrɔ:l] *t.* captivar, fascinar, seduir.

enthrone (to) [in'θroun] *t.* entronitzar [també fig.].

enthuse (to) [in'θju:z] *i.* col·loq. *to* ~ *over,* entusiasmar-se *p.* per.

enthusiasm [in'θju:ziæzəm] *s.* entusiasme *m.*

enthusiast [in'θju:ziæst] *s.* entusiasta.

enthusiastic [in'θju:zi'æstik] *a.* entusiàstic.

entice (to) [in'tais] *t.* atreure, temptar. 2 seduir.

enticement [in'taismənt] *s.* atractiu *m.*, temptació *f.* 2 seducció *f.*

entire [in'taiə'] *a.* enter, complet. 2 tot, total. ■ 3 **-ly** *adv.* totalment, del tot, completament.

entirety [in'taiərəti] *s.* totalitat *f.*

entitle (to) [in'taitl] *t.* titular. 2 autoritzar, donar el dret a. ‖ *to be entitled to,* tenir dret a.

entity ['entiti] *s.* entitat *f.* ‖ DRET *legal* ~, persona jurídica. 2 FIL. ens *m.*

entomology [entə'mɔlədʒi] *s.* entomologia *f.*

entourage [ɔntu'ra:ʒ] *s.* seguici *m.*, acompanyament *m.* 2 ambient *m.*

entrails ['entreilz] *s. pl.* entranyes *f. pl.*, vísceres *f. pl.*

entrance ['entrəns] *s.* entrada *f.* ‖ *no* ~, prohibida l'entrada. 2 accés *m.*, ingrés *m.* 3 porta *f.*, portal *m.* 4 boca *f.*, obertura *f.*

entrance (to) [in'tra:ns] *t.* captivar, extasiar.

entreat (to) [in'tri:t] *t.* suplicar, pregar, implorar.

entreaty [in'tri:ti] *s.* súplica *f.*, petició *f.*, prec *m.*

entrench (to) [in'trentʃ] *t.* atrinxerar. ■ 2 *i.* atrinxerar-se *p.*

entrenchment [in'trentʃmənt] *s.* atrinxerament *m.*

entrepreneur [ɔntrəprənə:'] *s.* empresari.

entrust (to) [in'trʌst] *t.* confiar. 2 encarregar.

entry ['entri] *s.* entrada *f.*, ingrés *m.*, accés *m.* ‖ *no* ~, direcció prohibida; prohibida l'entrada. 2 porta *f.*, portal *m.*, vestíbul *m.* 3 anotació *f.*, nota *f.* 4 article *m.* [de diccionari]. 5 COM. partida *f.* 6 DRET presa *f.* de possessió. 7 ESPORT participant.

entwine (to) [in'twain] *t.* entrellaçar, entrelligar. ■ 2 *i.* entrellaçar-se *p.*, entrelligar-se *p.*

enumeration [inju:mə'reiʃən] *s.* enumeració *f.*

enunciate (to) [i'nʌnsieit] *t.* enunciar. 2 pronunciar. 3 formular. ■ 4 *i.* articular *t.*

enunciation [i,nʌnsi'eiʃən] *s.* enunciació *f.* 2 pronunciació *f.*, articulació *f.* 3 proclamació *f.*, declaració *f.*

envelop (to) [in'veləp] *t.* embolicar, embolcar, cobrir.

envelope [enviloup] *s.* sobre *m.* [de carta]. 2 embolcall *m.*, coberta *f.* 3 MAT. envolupant.

envelopment [in'veləpmənt] *s.* embolcallament *m.* 2 embolcall *m.*

enviable ['enviəbl] *a.* envejable.

envious ['enviəs] *a.* envejós. ‖ *to be ~ of,* envejar, tenir enveja de.

environment [in'vaiərənmənt] *s.* ambient *m.*, medi ambient *m.*, condicions *f. pl.* ambientals.

environmental [in,vaiərənmentəl] *a.* ambiental.

environs [in'vairənz] *s. pl.* voltants *m. pl.*, entorns *m.pl.*, rodalies *f.pl.*

envisage (to) [in'vizidʒ] *t.* imaginar(-se), concebre. 2 veure, enfocar [idees, pensaments]. 3 preveure, projectar.

envoy ['envɔi] *s.* missatger. 2 ambaixador, enviat.

envy ['envi] *s.* enveja *f.*

envy (to) ['envi] *t.* envejar, tenir enveja.

epaulet ['epoulet] *s.* MIL. xarretera *f.*

ephemeral [i'femərəl] *a.* efímer.

epic ['epik] *a.* èpic. ■ 2 *s.* epopeia *f.*, poema *m.* èpic.

epicure ['epikjuə'] *s.* epicuri. 2 gastrònom, sibarita.

epidemic [,epi'demik] *a.* MED. epidèmic. ■ 2 *s.* MED. epidèmia *f.* [també fig.].

epigram ['epigræm] *s.* epigrama *m.*

epigrammatic [,epigrə'mætik] *a.* epigramàtic.

epilepsy ['epilepsi] *s.* MED. epilèpsia *f.*

epileptic [,epi'leptik] *a.-s.* MED. epilèptic.

epilogue, (EUA) **epilog** [epileg] *s.* epíleg *m.*

episcopal [i'piskəpəl] *a.* ECLES. episcopal.

episode ['episoud] *s.* episodi *m.*

episodic(al [,epi'sɔdik, -əl] *a.* episòdic. 2 esporàdic, circumstancial, incidental.

epistle [i'pisl] *s.* epístola *f.*

epitaph ['epitɑːf] *s.* epitafi *m.*

epithet ['epiθet] *s.* epítet *m.*

epitome [i'pitəmi] *s.* epítom *m.* 2 resum *m.*, compendi *m.* 3 fig. personificació *f.*, model *m.*

epitomize (to) [i'pitəmaiz] *t.* resumir, compendiar. 2 fig. personificar.

epoch ['iːpɔk] *s.* època *f.*, edat.

epoch-making ['iːpɔk,meikiŋ] *a.* que fa època.

equable ['ekwəbl] *a.* igual, uniforme, regular, invariable. 2 tranquil, reposat.

equal [iːkwəl] *a.* igual. 2 equitatiu. 3 *to be ~ to,* tenir forces per; estar a l'altura de ■ 4 *s.* igual. ■ 5 *-ly adv.* igualment, a parts iguals.

equal (to) ['iːkwəl] *t.* igualar, ser igual a.

equality [iː'kwɔliti] *s.* igualtat *f.*

equalize (to) ['iːkwəlaiz] *t.* igualar.

equanimity [,iːkwə'nimiti] *s.* equanimitat *f.*

equation [i'kweiʒən] *s.* MAT. equació *f.*

equator [i'kweitə'] *s.* equador *m.*

equatorial [,ekwə'tɔːriəl] *a.* equatorial.

equestrian [i'kwestriən] *a.* eqüestre.

equidistant [,iːkwi'distənt] *a.* equidistant.

equilateral [,iːkwi'lætərəl] *a.* GEOM. equilàter.

equilibrium [,iːkwi'libriəm] *s.* equilibri *m.*

equinoctial [,iːkwi'nɔkʃəl] *a.* ASTR. equinoccial.

equinox [iːkwinɔks] *s.* ASTR. equinocci *m.*

equip (to) [i'kwip] *t.* equipar, proveir, fornir.

equipment [i'kwipmənt] *s.* equip *m.*, equipament *m.* 2 material *m.*, estris *m. pl.*, eines *f.pl.*

equitable ['ekwitəbl] *a.* just, equitatiu, imparcial.

equity ['ekwiti] *s.* equitat *f.* 2 justícia *f.* 3 *pl.* COM. accions *f. pl.* ordinàries. ‖ *~ capital,* capital en accions ordinàries.

equivalence [i'kwivələns] *s.* equivalència *f.*

equivalent [i'kwivələnt] *a.* equivalent. ■ 2 *s.* equivalent *m.*

equivocal [i'kwivəkəl] *a.* equívoc. 2 sospitós, dubtós.

equivocate (to) [i'kwivəkeit] *i.* parlar amb ambigüitat.

equivocation [i,kwivə'keiʃən] *s.* equívoc *m.* 2 ambigüitat *f.*

era [iərə] *s.* era *f.* [de temps]. ‖ *to mark an ~,* fer època.

eradicate (to) [i'rædikeit] *t.* AGR. desarrelar. 2 fig. eradicar, extirpar.

eradication [i,rædi'keiʃən] *s.* AGR. desarrelament *m.* 2 fig. eradicació *f.*, extirpació *f.*

erase (to) [i'reiz] *t.* esborrar. 2 ratllar, guixar.

eraser [i'reizə'] s. esborrador m. 2 goma f. d'esborrar.

erasure [i'reiʒə'] s. esborrament m. 2 rascada f.

erect [i'rekt] a. erecte, dret, eret. 2 eriçat, de punta [els cabells].

erect (to) [i'rekt] t. erigir, aixecar. 2 construir, edificar. 3 muntar, armar.

erection [i'rekʃən] s. erecció f. 2 estructura f. 3 construcció f., edifici m. 4 MEC. muntatge m.

ermine ['ə:min] s. ZOOL. armini m.

Ernest ['ə:rnist] n. pr. m. Ernest.

erode (to) [i'roud] t. erosionar. 2 corroir, desgastar. 3 i. desgastar-se p.

erosion [i'rouʒən] s. erosió f. 2 corrosió f., desgast m.

erotic [i'rɔtik] a. eròtic.

eroticism [e'rɔtisizəm] s. erotisme m.

err (to) [ə:'] i. errar, equivocar-se p. 2 pecar.

errand ['erənd] s. encàrrec m. ‖ ~ boy, noi m. dels encàrrecs.

errant ['erənt] a. errant. ‖ knight-errant, cavaller m. errant.

erratic [i'rætik] a. erràtic. 2 variable, inconstant. 3 irregular, desigual.

erratum [e'ra:təm] s. errata f. ▲ pl. **errata** [e'ra:tə].

erroneus [i'rounjəs] a. erroni, equivocat. ■ **-ly** adv. erròniament.

error ['erə'] s. error m., errada f., equivocació f.

eructate (to) [i'rʌkteit] t. eructar.

eructation [ˌiːrʌk'teiʃən] s. eructe m.

erudite ['eru:dait] a. erudit.

erudition [ˌeru:'diʃən] s. erudició f., coneixements m. pl.

erupt (to) [i'rʌpt] t. expulsar, expel·lir. ■ 2 i. estar en erupció, entrar en erupció [un volcà]. 3 brollar, sorgir. 4 esclatar [una guerra, etc.]. 5 MED. fer erupció.

eruption [i'rʌpʃən] s. erupció f. 2 esclat m., explosió f.

escalade [ˌeskə'leid] s. MIL. escalada f.

escalate (to) ['eskəleit] t. incrementar, augmentar, intensificar, estendre. 2 COM. apujar. ■ 3 i. incrementar-se p., intensificar-se p., estendre's p.

escalation [ˌeskə'leiʃən] s. escalada f. 2 increment m., augment m. 3 puja f.

escalator ['eskəleitə'] s. escala f. mecànica.

escapade [ˌeskə'peid] s. aventura f.; escapada f.

escape [is'keip] s. fuga f., fugida f. 2 fuita f. 3 evasió f. 4 escapatòria f. 5 fire ~, sortida f. d'incendis.

escape (to) [is'keip] t. evitar, eludir. 2 defugir, esquivar. ■ 3 i. escapar-se p. 4 escapolir-se p., fugir.

escape clause [is'keipˌklɔ:z] s. DRET clàusula f. d'excepció.

escapee [eskei'pi:] s. fugitiu.

escapism [is'keipizm] s. fig. evasió f.

escarpment [is'ka:pmənt] s. GEOL. escarpament m., escarpa f.

eschew (to) [is'tʃu:] t. form. abstenir-se p. de, evitar.

escort ['eskɔ:t] s. escorta f., seguici m. 2 comboi m. 3 acompanyant.

escort (to) [is'kɔ:t] t. escortar, acomboiar, acompanyar.

escutcheon [is'kʌtʃən] s. HERÀLD. escut m. d'armes, blasó m.

Eskimo ['eskimou] a.-s. esquimal.

especial [is'peʃəl] a. especial, peculiar, particular.

especially [is'peʃəli] adv. especialment, particularment, sobretot.

espionage [espiə'na:ʒ] s. espionatge m.

esplanade [esplə'neid] s. passeig m. 2 passeig m. marítim.

espousal [is'pauzəl] s. adhesió f. 2 fig. adopció f.

espouse (to) [is'pauz] t. amullerar-se p., casar-se p. 2 adherir-se p. 3 adoptar.

espy (to) [is'pai] t. albirar, entreveure, percebre.

Esquire [is'kwaiə'] s. (**Esq.**) títol posat darrera del cognom a les cartes; equival a Sr. o En.

essay ['esei] s. intent m., temptativa f., esforç m. 2 assaig m., redacció f., composició f.

essay (to) ['esei] t.-i. assajar t., intentar t., provar t.

essence ['esns] s. essència f. ‖ in ~, en essència, essencialment. 2 fons m.

essential [i'senʃəl] a. essencial. 2 indispensable, primordial, fonamental. ■ 2 s. l'essencial m. 3 pl. fonaments m. pl., coses f. pl. essencials. ■ 4 **-ly**, adv. essencialment, fonamentalment.

establish (to) [is'tæbliʃ] t. establir, fundar, instal·lar. 2 provar, demostrar.

established [is'tæbliʃt] a. establert. 2 oficial. 3 sabut, conegut.

establishment [is'tæbliʃmənt] t. establiment m., fundació f. 2 demostració f., comprovació f. 3 personal m., servei m.

4 MIL. forces *f.pl.* 5 *the Establishment,* la classe dominant.

estate [is'teit] *s.* propietat *f.,* finca *f.* ‖ ~ *agent,* corredor de finques, agent immobiliari. ‖ *housing* ~, urbanització *f.* ‖ *industrial* ~, polígon *m.* industrial. 2 béns *m. pl.* ‖ ~ *car,* cotxe familiar. ‖ *personal* ~, béns *m. pl.* mobles. ‖ *real* ~, béns *m. pl.* ents. 3 estat *m.* [estament social]. 4 herència *f.*

estate duty [i'steit,dju:ti] *s.* DRET drets *m. pl.* de successió.

esteem [is'ti:m] *s.* estima *f.,* estimació *f.,* afecte *m.*

esteem (to) [is'ti:m] *t.* estimar, apreciar. 2 considerar.

Esther ['estə'] *n. pr. f.* Ester.

estimate ['estimit] *s.* estimació *f.,* càlcul *m.* 2 pressupost *m.* [d'una obra].

estimate (to) ['estimeit] *t.* estimar, avaluar, jutjar [també fig.]. ■ 2 *i.* **to** ~ **for,** calcular o fer un pressupost.

estimation [,esti'meiʃən] *s.* opinió *f.,* judici *m.* ‖ *in my* ~, segons el meu parer. 2 estimació *f.,* apreci *m.* 3 avaluació *f.*

Estonia [i'stouniə] *n. pr.* GEOGR. Estònia.

estrange (to) [is'treindʒ] *t.* estranyar, allunyar, alienar, fer perdre l'amistat.

estrangement [is'treindʒmənt] *s.* allunyament *m.,* separació *f.* desavinença *f.,* enemistat *f.*

estuary ['estjuəri] *s.* estuari *m.*

etch (to) [etʃ] *t.* gravar a l'aiguafort.

etching ['etʃiŋ] *s.* gravat *m.* a l'aiguafort, aiguafort *m.*

eternal [i'tə:nl] *a.* etern, perpetu, sempitern.

eternity [i'tə:niti] *s.* eternitat *f.*

ether ['i:θə'] *s.* èter *m.*

ethereal [i'θiəriəl] *a.* eteri. 2 subtil, vaporós, incorpori.

ethic(al) ['eθik,əl] *a.* ètic. 2 honrat. 3 moral.

ethic ['eθik] *s.* ètica *f.,* moralitat *f.* 3 *pl.* FIL. ètica *f.*

Ethiopia [,i:θi'oupiə] *n. pr.* GEOGR. Etiopia.

ethnic(al) ['eθnik,əl] *a.* ètnic.

etiquette ['etiket] *s.* etiqueta *f.,* protocol *m.* 2 normes *f. pl.* professionals, ètica *f.* professional. 3 bones maneres *f. pl.*

etymology [,eti'mɔlədʒi] *s.* etimologia *f.*

eucalyptus [,ju:kə'liptəs] *s.* BOT. eucaliptus *m.*

Eucharist ['ju:kərist] *s.* REL. Eucaristia *f.*

eucharistic [,ju:kə'ristik] *a.* eucarístic.

eugenics [ju:'dʒeniks] *s.* eugenèsia *f.*

eulogize (to) ['ju:lədʒaiz] *t.* elogiar, lloar, encomiar.

eulogy ['ju:lədʒi] *s.* elogi *m.,* lloança *f.,* encomi *m.*

eunuch ['ju:nək] *s.* eunuc *m.*

euphemism ['ju:fimizəm] *s.* eufemisme *m.*

Europe ['juərəp] *n. pr.* GEOGR. Europa.

European [,juərə'pi:ən] *a.-s.* europeu.

Eurovision [,juərəvi:ʒn] *s.* TELEV. Eurovisió *f.*

euthanasia [,ju:θə'neiziə] *s.* eutanàsia *f.*

evacuate (to) [i'vækjueit] *t.* evacuar. 2 desocupar, buidar.

evacuation [i'vækju'eiʃən] *s.* evacuació *f.* 2 deposició *f.*

evade (to) [i'veid] *t.* evadir, eludir, defugir, evitar.

evaluate (to) [i'væljueit] *t.* avaluar, valorar, apreuar [també fig.].

evaluation [i'vælju'eiʃən] *s.* avaluació *f.,* valoració *f.* [també fig.].

evanescent [,i:və'nesnt] *a.* evanescent; fugaç, efímer.

evangelize (to) [i'vændʒilaiz] *t.* evangelitzar.

evaporate (to) [i'væpəreit] *t.* evaporar. 2 deshidratar. ■ 3 *i.* evaporar-se *p.* 4 esvair-se *p.*

evasion [i'veiʒən] *s.* evasió *f.* 2 evasiva *f.* 3 COM. evasió *f.* [fiscal].

evasive [i'veisiv] *a.* evasiu.

Eve [i:v] *n. pr. f.* Eva.

eve [i:v] *s.* vigília *f.* ‖ *Christmas Eve,* nit *f.* de Nadal. ‖ *New Year's Eve,* cap *m.* d'any. ‖ fig. *on the* ~ *of,* en vigílies de.

even [i:vən] *a.* pla, llis. 2 regular, uniforme, constant. 3 igual, igualat, equilibrat. ‖ ~ *odds,* les mateixes possibilitats a favor i en contra. ‖ col·loq. **to break** ~, quedar-se igual, no guanyar ni perdre. ‖ fig. **to get** ~ **with,** passar comptes amb. 4 parell. 5 tranquil, reposat, serè. ■ *6 adv.* fins i tot, àdhuc. ‖ ~ *as,* en el precís moment que. ‖ ~ *if,* encara que, tot i que. ‖ ~ *so,* tot i així. 7 *not* ~, ni tan sols. *8* **-ly** *adv.* uniformement; equitativament. *9* plàcidament, serenament.

even (to) ['i:vən] *t.* aplanar, allisar, igualar.

evening ['i:vniŋ] *s.* vespre *m.,* nit *f.*

evening dress ['i:vniŋdres] *s.* vestit *m.* de nit.

evening star ['i:vniŋ,sta:'] *s.* estel *m.* vespertí.

event [i'vent] *s.* esdeveniment *m.* 2 succés *m.*, cas *m.*, fet *m.* ‖ *at all events,* en tot cas. ‖ *current events,* actualitat *f.* 3 ES-PORT *prova f.*

eventful [i'ventful] *a.* ple d'esdeveniments, agitat, accidentat.

eventual [i'ventʃuəl] *a.* final; conseqüent. ■ 2 -ly *adv.* finalment, conseqüentment, posteriorment.

ever ['evə'] *adv.* sempre. ‖ *for* ~, per sempre. 2 alguna vegada. 3 (després de negació) mai. ‖ *hardly* ~, gairebé mai. ‖ *more than* ~, més que mai. 4 ~ *since,* des d'aleshores; des que. 5 ~ *so,* ~ *so much,* molt.; ~ *so little,* molt poc.

evergreen ['evəgri:n] *a.* BOT. de fulla perenne. ■ 2 *s.* BOT. sempreviva *f.*

evergreen oak [evəgri:n'ouk] *s.* BOT. alzina *f.*

everlasting [evə'lɑ:stiŋ] *a.* etern, perpetu, sempitern. 2 incessant, constant.

evermore [evə'mɔ:'] *adv.* eternament, sempre. ‖ *for* ~, per sempre més.

every ['evri] *a.* cada, tot, tots. ‖ ~ *day,* cada dia. ‖ ~ *other day,* dia sí dia no, dia per altre. ‖ *his* ~ *word,* cada paraula que deia. ‖ ~ *now and then,* de tant en tant. ‖ ~ *time,* sempre, sempre que. 2 ~ *bit,* igual que, tant: *he is* ~ *bit as intelligent as his brother,* és tant intel·ligent com el seu germà.

everybody ['evribɔdi] *pron.* tothom, tots; cadascun.

everyday ['evridei] *a.* diari, quotidià. 2 corrent, ordinari.

everyone ['evriwʌn] *pron.* Vegeu EVERY-BODY.

everything ['evriθiŋ] *pron.* tot.

everywhere ['evriwɛə'] *adv.* a tot arreu; pertot arreu, arreu.

evict (to) [i'vikt] *t.* desnonar, desallotjar.

evidence ['evidəns] *s.* evidència *f.* 2 prova *f.,* demostració *f.* 3 DRET testimoni *m.,* declaració *f.* ‖ *to give* ~, prestar declaració.

evident ['evidənt] *a.* evident, clar, manifest. ■ 2 -ly *adv.* evidentment, naturalment.

evil [i:vl] *a.* dolent, perniciós. 2 malvat, pervers, maligne. ‖ ~ *eye,* mal *m.* d'ull. 3 infaust, malastruc. ■ 3 *s.* mal *m.,* desastre *m.,* desgràcia *f.* 4 -ly *adv.* malignament, perversament.

evil-doer [i:vl'du:ə'] *s.* malfactor.

evil-minded [i:vl'maindid] *a.* malintencionat; malpensat.

evocation [i:vou'keiʃən] *s.* evocació *f.*

evocative [i'vɔkətiv] *a.* evocador, suggestiu.

evoke (to) [i'vouk] *t.* evocar.

evolution [i:və'lu:ʃən] *s.* evolució *f.* 2 desenvolupament *m.*

evolve (to) [i'vɔlv] *t.* desenvolupar, desenrotllar. ■ 2 *i.* evolucionar, desenvolupar-se *p.*

ewe [ju:] *s.* ZOOL. ovella *f.,* (ROSS.) feda *f.*

ex [eks] *prep.* sense; fora de. 2 ~ *works price,* preu de fàbrica. ■ 3 *pref.* ex-, antic: *ex-president,* ex-president. ■ 4 *s.* col·loq. *my ex,* el meu o la meva ex [marit, dona, etc.].

exacerbate (to) [eks'æsə:beit] *t.* form. exacerbar.

exact [ig'zækt] *a.* exacte. 2 precís, rigorós. ■ 3 -ly *adv.* exactament.

exact (to) [ig'zækt] *t.* exigir, imposar.

exacting [ig'zæktiŋ] *a.* exigent. 2 sever, rigorós.

exaction [ig'zækʃən] *s.* DRET exacció *f.*

exactness [ig'zæktnis] *s.* exactitud *f.*

exaggerate (to) [ig'zædʒəreit] *t.* exagerar.

exaggeration [ig,zædʒə'reiʃən] *s.* exageració *f.*

exalt (to) [ig'zɔ:lt] *t.* exaltar, elevar. 2 lloar.

exaltation [egzɔ:l'teiʃən] *s.* exaltació *f.*

exam [ig'zæm] *s.* (abrev. col·loq. *d'examination)* examen *m.*

examination [igzæmi'neiʃən] *s.* examen *m.* ‖ *entrance* ~, examen d'ingrés. 2 DRET interrogatori *m.;* instrucció *f.;* sumari *m.* 3 MED. reconeixement *m.,* investigació *f.*

examine (to) [ig'zæmin] *t.* examinar. 2 DRET interrogar, instruir. 3 MED. reconèixer.

examinee [ig,zæmi'ni:] *s.* examinand. 2 candidat.

examiner [ig'zæminə'] *s.* examinador.

example [ig'zɑ:mpl] *s.* exemple *m.* ‖ *for* ~, per exemple. 2 model *m.* 3 representant. 4 mostra *f.,* exemplar *m.*

exasperate (to) [ig'zɑ:spəreit] *t.* exasperar, irritar.

exasperation [igzɑ:spə'reiʃən] *s.* exasperació *f.*

excavate (to) ['ekskəveit] *t.* excavar.

excavation [,ekskə'veiʃən] *s.* excavació *f.*

excavator ['ekskəveitə'] *s.* excavador. 2 MEC. excavadora *f.*

execrable ['eksikrəbl] *a.* execrable, abominable.

exceed (to) [ik'si:d] *t.* excedir(se), ultrapassar, depassar.

exceeding [ik'si:diŋ] *a.* excessiu. 2 superior. ■ 3 **-ly** *adv.* extremadament.

excel (to) [ik'sel] *t.* avantatjar, sobrepassar, superar. ■ 2 *i.* excel·lir, distingir-se *p.,* sobresortir.

excellence ['eksələns] *s.* excel·lència *f.*

Excellency ['eksələnsi] *s.* excel·lència. ‖ *His ~,* Sa excel·lència.

excellent ['eksələnt] *a.* excel·lent.

except [ik'sept] *prep.* excepte, llevat de, tret de. ■ 2 *conj.* a menys que, si no és que.

except (to) [ik'sept] *t.* exceptuar, excloure.

exception [ik'sepʃən] *s.* excepció *f.* 2 objecció *f.* ‖ *to take ~,* objectar; ofendre's.

exceptionable [ik'sepʃənəbl] *a.* objectable, recusable.

exceptional [ik'sepʃənl] *a.* excepcional, extraordinari, desusat.

excerpt ['eksə:pt] *s.* cita *f.,* fragment *m.,* extracte *m.*

excess [ik'ses] *s.* excés *m.* ‖ *~ luggage,* excés d'equipatge. 2 abús *m.* 3 COM. excedent *m.*

excessive [ik'sesiv] *a.* excessiu.

exchange [iks'tʃeindʒ] *s.* canvi *m.,* bescanvi *m.* ‖ *in ~ for,* a canvi de. 2 COM. borsa *f.;* llotja *f.* 3 *bill of ~,* lletra *f.* de canvi. ‖ *foreign ~,* divises *f. pl.* 4 TELEF. *central f.* telefònica.

exchange (to) [iks'tʃeindʒ] *t.* canviar, bescanviar. ‖ *to ~ greetings,* saludar-se 2 creuar [mirades]. 3 donar, propinar [cops].

exchange rate [iks'tʃeindʒ,reit] *s.* taxa *f.* de canvi.

Exchequer [iks'tʃekə'] *s.* (G.B.) ministeri *m.* d'hisenda *f.* ‖ *Chancellor of the ~,* ministre d'hisenda. 2 tresor *m.* o erari *m.* públic.

excise ['eksaiz] *s.* COM. impost *m.* indirecte.

excise (to) [ik'saiz] *t.* gravar amb l'impost indirecte. 2 extirpar. 3 suprimir.

excision [ik'siʒən] *s.* excisió *f.* 2 extirpació *f.* 3 supressió *f.*

excitability [ik,saitə'biliti] *s.* excitabilitat *f.*

excitable [ik'saitəbl] *a.* excitable, nerviós.

excite (to) [ik'sait] *t.* emocionar, entusiasmar. 2 excitar, provocar. 3 despertar, suscitar [emocions, sentiments, etc.].

excited [ik'saitid] *a.* entusiasmat, emocionat, excitat, nerviós. ‖ *to get ~,* emocionar-se, entusiasmar-se, excitar-se. ■ 2 **-ly** *adv.* amb entusiasme, amb emoció, amb excitació.

excitement [ik'saitmənt] *s.* excitació *f.,* emoció *f.,* agitació *f.,* entusiasme *m.*

exciting [ik'saitiŋ] *a.* excitant. 2 emocionant, apassionant.

exclaim (to) [iks'kleim] *t.-i.* exclamar.

exclamation [,eksklə'meiʃən] *s.* exclamació *f.*

exclamation mark [,eksklə'meiʃnmɑ:k] *s.* GRAM. signe *m.* d'admiració.

exclude (to) [iks'klu:d] *t.* excloure. 2 evitar.

excluding [iks'klu:diŋ] *prep.* excepte, exceptuant, llevat de, tret de.

exclusion [iks'klu:ʒən] *s.* exclusió *f.*

exclusive [iks'klu:siv] *a.* exclusiu, selecte. ‖ *~ interview,* entrevista *f.* en exclusiva *f.* ‖ *~ of,* exceptuant. ■ 2 **-ly** *adv.* exclusivament.

excommunicate (to) [,ekskə'mju:nikeit] *t.* REL. excomunicar.

excruciating [iks'kru:ʃieitiŋ] *a.* terrible, insoportable; agut [dolor].

exculpate (to) ['ekskʌlpeit] *t.* form. exculpar.

excusable [iks'kju:zəbl] *a.* excusable, disculpable.

excursion [iks'kə:ʃən] *s.* excursió *f.* ‖ *~ ticket,* tarifa *f.* d'excursió.

excuse [iks'kju:s] *s.* excusa *f.,* (ROSS.) desencusa *f.*

excuse (to) [iks'kju:z] *t.* excusar. 2 perdonar, dispensar: *excuse me!,* dispensi!, perdoni!

execrate (to) ['eksikreit] *t.* execrar, abominar.

execration [,eksi'kreiʃən] *s.* execració *f.,* abominació *f.*

execute (to) ['eksikju:t] *t.* executar, complir, dur a terme. 2 executar, ajusticiar. 3 atorgar [un document]. 4 TEAT. fer [un paper].

execution [,eksi'kju:ʃən] *s.* execució *f.* DRET execució *f.*

executioner [,eksi'kju:ʃənə'] *s.* executor, botxí *m.*

executive [ig'zekjutiv] *a.* executiu. ■ 2 *s.* executiu. 3 executiu *m.* [poder]. 4 directiva *f.,* executiva *f.* [junta].

executor [ig'zekjutə'] s. DRET executor, marmessor.

exemplary [ig'zempləri] a. exemplar. 2 il·lustratiu.

exemplify (to) [ig'zemplifai] t. exemplificar.

exempt [ig'zempt] a. exempt, lliure, franc.

exempt (to) [ig'zempt] t. eximir, dispensar, alliberar.

exemption [ig'zempʃən] s. exempció f.

exercise ['eksəsaiz] s. exercici m. 2 pràctica f.

exercise (to) ['eksəsaiz] t. exercitar. 2 exercir, fer ús. 3 preocupar, amoïnar. ■ 4 i. exercitar-se p.

exert [ig'zə:t] t. exercir, utilitzar. ■ 2 p. to ~ oneself, esforçar-se.

exertion [ig'zə:ʃən] s. esforç m. 2 exercici m.

exhalation [ekshə'leiʃən] s. exhalació.

exhale (to) [eks'heil] t. exhalar. ■ 2 i. exhalar-se p.

exhaust [ig'zɔ:st] s. MEC. escapament m. ‖ ~ pipe, tub m. d'escapament.

exhaust (to) [ig'zɔ:st] t. exhaurir, esgotar. 2 buidar.

exhaustion [ig'zɔ:stʃən] s. exhaustió f., esgotament m.

exhaustive [ig'zɔ:stiv] a. exhaustiu.

exhibit [ig'zibit] s. objecte m., exposat, peça f. de museu. 2 DRET prova f.

exhibit (to) [ig'zibit] t. exhibir, exposar. 2 mostrar, evidenciar. ■ 3 i. fer una exposició.

exhibition [ˌeksi'biʃən] s. exhibició f., exposició f. 2 demostració f.

exhibitionist [ˌeksi'biʃənist] s. exhibicionista.

exhibitor [ig'zibitə'] s. expositor.

exhilarate (to) [ig'ziləreit] t. alegrar, animar.

exhilarating [ig'ziləreitiŋ] a. estimulant, vivificant.

exhilaration [igzilə'reiʃən] s. alegria f., animació f.

exhort (to) [ig'zɔ:t] t. form. exhortar.

exhortation [ˌeksɔ:'teiʃən] s. exhortació f.

exhume (to) [eks'hju:m] t. exhumar. 2 fig. desenterrar.

exigence, -cy [ˈeksidʒens, -i] s. exigència f. 2 necessitat f., urgència f.

exile ['eksail] s. exili m., desterrament m. ‖ to go into ~, exiliar-se. 2 exiliat, desterrat [persona].

exile (to) ['eksail] t. exiliar, desterrar.

exist (to) [ig'zist] i. existir. 2 viure.

existence [ig'zistəns] s. existència f. ‖ to come into ~, néixer.

exit ['eksit] s. sortida f. 2 TEAT. mutis m.

exodus ['eksədəs] s. èxode m.

exonerate (to) [ig'zɔnəreit] t. exonerar, eximir. 2 exculpar.

exoneration [igzɔnəˈreiʃən] s. exoneració f., disculpació f.

exorbitant [ig'zɔ:bitənt] a. exorbitant, excessiu.

exorcise (to) ['eksɔ:saiz] t. exorcitzar.

exorcism ['eksɔ:sizəm] s. exorcisme m.

exordium [ek'sɔ:djəm] s. exordi m.

exotic [ig'zɔtik] a. exòtic.

expand (to) [iks'pænd] t. estendre, dilatar, eixamplar, ampliar. 2 obrir, desplegar. ■ 3 i. estendre's p., dilatar-se p., eixamplar-se p., ampliar-se p. 4 desplegar-se p. 5 expansionar-se p.

expandable [iks'pændəbl] a. expansible, dilatable, extensible.

expanse [iks'pæns] s. extensió f.

expansion [iks'pænʃən] s. expansió f. 2 dilatació f. 3 extensió f.

expansive [iks'pænsiv] a. expansiu. 2 comunicatiu.

expatiate (to) [ek'speiʃieit] i. form. estendre's p. [parlant, etc.].

expatriate [eks'pætriət] s. expatriat.

expatriate (to) [eks'pætrieit] t.-p. expatriar(se).

expect (to) [iks'pekt] t. esperar. ‖ to be expecting, esperar una criatura. 2 suposar.

expectancy [iks'spektənsi] s. expectació f., expectativa f. 2 esperança f. ‖ life ~, esperança de vida.

expectant [iks'spektənt] a. expectant. ‖ ~ mother, dona embarassada.

expectation [ˌekspek'teiʃən] s. expectació f., espera f. 2 perspectiva f., esperança f.

expedient [iks'pi:djənt] a. convenient, oportú. ■ 2 s. expedient m., recurs m.

expedite (to) ['ekspidait] t. accelerar, facilitar. 2 despatxar, expedir.

expedition [ˌekspi'diʃən] s. expedició f. [militar, científica].

expeditious [ˌekspi'diʃəs] a. expeditiu, prompte.

expel (to) [iks'pel] t. expel·lir. 2 expulsar.

expend (to) [iks'pend] t. gastar. 2 esgotar, exhaurir. 3 passar, dedicar [el temps].

expenditure [ik'spenditʃə'] s. despesa f., desembors m. 2 dedicació f., utilització f.

expense [iks'pens] s. despesa f., desembors m.: *legal expenses,* despeses judicials; *overhead* ~, despeses generals. 2 fig. *at my* ~, a expenses f. pl. meves.

expensive [iks'pensiv] a. car, costós.

experience [iks'spiərians] s. experiència f.

experience (to) [iks'spiərians] t. experimentar. 2 tenir l'experiència. 3 patir l'experiència.

experiment [ik'sperimənt] s. experiment m.

experiment (to) [ik'speriment] i. experimentar, fer experiments.

expert ['ekspə:t] a. expert, destre. 2 DRET pericial. ∎ 3 s. expert, perit.

expertise [ˌekspə:'ti:z] s. COM. peritatge m.

expertness ['ekspə:tnis] s. perícia f., habilitat f.

expiate (to) ['ekspieit] t. expiar.

expiation [ˌekspi'eiʃən] s. expiació f.

expiration [ˌekspaiə'reiʃən] s. expiració f. 2 mort f. 3 terminació f. 4 COM. venciment m.

expire (to) [ik'spaiə'] i. expirar, morir. 2 fig. expirar, acabar. 3 COM. véncer [un termini, etc.]. ∎ 4 t. expirar, expel·lir.

expiry [iks'paiəri] s. expiració f. 2 COM. venciment m.

explain (to) [ik'splein] t. explicar. 2 exposar, aclarir. 3 *to* ~ *away,* justificar. ∎ 4 p. *to* ~ *oneself,* explicar-se.

explanation [ˌeksplə'neiʃən] s. explicació f. 2 aclariment m.

explanatory [ik'splænətri] a. explicatiu, aclaridor.

expletive [ik'spli:tiv] s. exclamació f., interjecció f. 2 renec m. 3 expletiu a.

explicit [ik'splisit] a. explícit.

explode (to) [ik'sploud] t. fer explotar, volar. 2 desmentir. 3 refutar, rebatre, impugnar. ∎ 4 i. volar, explotar.

exploit ['eksploit] s. proesa f., gesta f.

exploit (to) [iks'ploit] t. explotar [també fig.].

exploitation [ˌeksploi'teiʃən] s. explotació f., aprofitament m. 2 abús m.

exploration [ˌeksplə'reiʃən] s. exploració f.

explore (to) [iks'plɔː'] t. explorar. 2 examinar, analitzar, investigar.

explorer [iks'plɔːrə'] s. explorador.

explosion [iks'plouʒən] s. explosió f., esclat m.

explosive [iks'plousiv] a.-s. explosiu.

expo ['ekspou] s. (abrev. d'*exposition*) exposició f. universal.

exponent [iks'pounənt] s. representant, exponent. 2 MAT. exponent m.

export ['ekspɔːt] s. COM. exportació f.

export (to) [eks'pɔːt] t. COM. exportar.

exportation [ˌekspɔː'teiʃən] s. COM. exportació f.

exporter [eks'pɔːtə'] s. exportador.

expose (to) [iks'pouz] t. exposar. 2 descobrir, revelar, desemmascarar. 3 FOT. exposar. ∎ 4 p. *to* ~ *oneself,* exposar-se.

expostulate (to) [iks'pɔstjuleit] i. protestar. 2 *to* ~ *with,* discutir amb; reconvenir t. a; intentar convèncer t.

expostulation [iks,pɔstju'leiʃən] s. protesta f., reconvenció f.

exposure [iks'pouʒə'] s. exposició f. 2 orientació f. [d'una casa]. 3 revelació f., desemmascarament m., descobriment m. 4 FOT. exposició.

exposure meter [iks'pouʒə,mi:tə'] s. FOT. fotòmetre m.

express [iks'pres] a. exprés, clar, explícit. 2 especial, urgent [correu, servei, etc.]. 3 FERROC. exprés, ràpid. ∎ 4 s. FERROC. exprés m., ràpid m.

express (to) [iks'pres] t. expressar. 2 esprémer, premsar. ∎ 3 p. *to* ~ *oneself,* expressar-se, explicar-se.

expressive [iks'presiv] a. expressiu. ∎ 2 -ly adv. explícitament, clarament, terminantment. 2 expressament, a posta.

expressway [iks'preswei] s. (EUA) autopista f.

expropriate (to) [eks'prouprieit] t. DRET expropiar. 2 desposeir.

expropriation [eks,proupri'eiʃən] s. expropiació f.

expulsion [iks'pʌlʃən] s. expulsió f.

exquisite ['ekskwizit] a. exquisit. 2 delicat, refinat. 3 intens, viu, agut [dolor, etc.].

extant [eks'tænt] a. existent, que queda.

extempore [eks'tempəri] a. extemporani, improvisat. ∎ 2 adv. extemporàriament, improvisadament.

extemporize (to) [iks'tempəraiz] t.-i. improvisar t.

extend (to) [iks'tend] t. estendre. 2 allargar, perllongar. 3 engrandir, eixamplar. 4 donar, oferir [la mà, les gràcies, etc.].

5 fig. abraçar, incloure. ■ *6 i.* estendre's *p.* 7 allargar-se *p.,* perllongar-se *p.*

extension [iks'tenʃən] *s.* extensió *f.* 2 prolongació *f.,* allargament *m.* 3 annex *m.* 4 COM. pròrroga *f.*

extensive [iks'tensiv] *a.* extens, ample, vast. 2 freqüent, general [ús]. ■ 3 **-ly** *adv.* extensament. ‖ *to travel* ~, viatjar molt.

extent [iks'tent] *s.* extensió *f.;* magnitud *f.;* longitud *f.* 2 abast *m.* ‖ *to a certain* ~, fins a cert punt.

extenuate (to) [iks'tenjueit] *t.* atenuar, pal·liar, mitigar.

extenuating [iks'tenjueitiŋ] *a.* atenuant: ~ *circumstance,* circumstància atenuant.

exterior [iks'tiəriə³] *a.* exterior, extern. ■ 2 *s.* exterior *m.*

exterminate (to) [iks'tə:mineit] *t.* exterminar.

external [iks'tə:nl] *a.* extern, exterior. ■ 2 **-ly** *adv.* exteriorment, externament, per fora.

extinct [iks'tiŋkt] *a.* extint, extingit. 2 apagat [foc, volcà, etc.].

extinction [iks'tiŋkʃən] *s.* extinció *f.*

extinguish (to) [iks'tiŋgwiʃ] *t.* extingir, apagar, (ROSS.) atudar [també fig.]. 2 saldar, liquidar [un compte, un deute].

extinguisher [iks'tiŋgwiʃə³] *s.* extintor *m.*

extirpate (to) ['ekstəpeit] *t.* fig. extirpar, eradicar.

extol (to) [iks'toul] *t.* lloar, exalçar, enaltir.

extort (to) [iks'tɔ:t] *t.* extorquir, arrabassar, obtenir alguna cosa per la força.

extortion [iks'tɔ:ʃən] *s.* extorsió *f.* 2 exacció *f.*

extortionate [iks'tɔ:ʃənit] *a.* excessiu, exorbitant.

extra ['ekstrə] *a.* addicional, de més. 2 extra, extraordinari [pagament, etc.]. 3 suplementari [despeses, serveis, etc.]. ■ 4 *adv.* especialment, extraordinàriament. ■ 5 *s.* extra *m.* 6 suplement *m.* [en una factura, etc.]. 7 CINEM., TEAT. extra, comparsa, figurant. 8 PERIOD. edició *f.* extraordinària [d'un diari].

extract ['ekstrækt] *s.* LIT. extracte *m.,* selecció *f.* 2 CUI. concentrat *m.* 3 QUÍM. extret *m.*

extract (to) [iks'trækt] *t.* extreure. 2 treure, arrencar.

extraction [iks'trækʃən] *s.* extracció *f.* 2 origen *m.,* ascendència *f.*

extracurricular [ˌekstrəkə'rikjulə³] *a.* extraacadèmic.

extradite ['ekstrədait] *t.* concedir l'extradició. 2 obtenir l'extradició.

extradition [ˌekstrə'diʃən] *s.* extradició *f.*

extramural ['ekstrə'mjuərəl] *a.* extraacadèmic. 2 extramurs.

extraneous [eks'treinjəs] *a.* aliè. 2 form. estrany, no relacionat.

extraordinary [iks'trɔ:dnri] *a.* extraordinari. ‖ *envoy* ~, enviat especial. 2 rar.

extravagance [iks'trævəgəns] *s.* malbaratament *m.,* balafiament *m.* 2 extravagància *f.*

extravagant [iks'trævəgənt] *a.* malgastador, malbaratador. 2 extravagant. ■ 3 **-ly** *adv.* amb extravagància, excessivament.

extreme [iks'tri:m] *a.* extrem. 2 extremat. 3 extremista. ■ 4 *s.* extrem *m.,* extremitat *f.* ■ 5 **-ly** *adv.* extremadament, summament.

extremity [iks'tremiti] *s.* extremitat *f.,* punta *f.* 2 necessitat *f.,* tràngol *m.* 3 *pl.* ANAT. extremitats *f. pl.*

extricate (to) ['ekstrikeit] *t.* alliberar, deslliurar, deslligar [també fig.]. ■ 2 *p. to* ~ *oneself,* alliberar-se, deslliurar-se, deslligar-se.

extrinsic [eks'trinsik] *a.* extrínsec.

extrovert ['ekstrəvə:t] *a.-s.* extravertit.

exuberance [ig'zu:bərəns] *s.* exuberància *f.* 2 eufòria *f.,* exultació *f.*

exuberant [ig'zu:bərənt] *a.* exuberant. 2 eufòric, exultant.

exude (to) [ig'zju:d] *t.* traspuar. ■ 2 *i.* regalar.

exult (to) [ig'zʌlt] *i.* exultar. 2 *to* ~ *in* o *at,* alegrar-se *p.* de o per. 3 *to* ~ *over,* triomfar sobre.

exultant [ig'zʌltənt] *a.* exultant. 2 triomfant.

exultation [ˌegzʌl'teiʃən] *s.* exultació *f.,* alegria *f.,* entusiasme *m.*

eye [ai] *s.* ull *m.* ‖ *black* ~, ull de vellut. ‖ *evil* ~, mal *m.* d'ull. ‖ *to catch the* ~ *of,* cridar l'atenció. ‖ *to keep an* ~ *on,* no perdre d'ull, no perdre de vista. ‖ *to set eyes on,* posar els ulls en. ‖ *to turn a blind* ~ *to,* fer els ulls grossos.

eye (to) [ai] *t.* fitar, mirar, observar.

eyeball ['aibɔ:l] *s.* ANAT. globus *m.* ocular.

eye brow ['aibrau] *s.* ANAT. cella *f.*

eyecatcher ['aiˌkætʃə³] *s.* persona o cosa vistosa.

eyecatching [ˈaiˌkætʃiŋ] *a.* vistós.

eyelash [ˈailæʃ] *s.* ANAT. pestanya *f.*

eyelet [ˈailit] *s.* COST. ullet *m.*

eyelid [ˈailid] *s.* ANAT. parpella *f.*

eye-opener [ˈaiˌoupnəʳ] *s.* fig. sorpresa *f.,* revelació *f.*

eye-shade [ˈaiʃeid] *a.* visera *f.*

eye-shadow [ˈaiʃædou] *s.* COSM. ombrejador *m.,* ombra *f.* d'ulls.

eyesight [ˈaisait] *s.* vista *f.* [sentit].

eyesore [ˈaisɔːʳ] *s.* monstruositat *f.*

eye-tooth [ˈaituːθ] *s.* ullal *m.*

eye-witness [ˈaiˌwitnis] *s.* testimoni ocular o presencial.

F

F, f [ef] *s.* f. *f.* [lletra]. 2 MÚS. fa *m.*

FA [eˈfei] *s.* *(Football Association)* federació *f.* de futbol.

fable [ˈfeibl] *s.* LIT. faula *f.* [també fig.].

fabric [ˈfæbrik] *s.* TÈXT. teixit *m.*, roba *f.*, tela *f.*, (ROSS.) estofa *f.* 2 ARQ. fàbrica *f.* 3 CONST. estructura *f.* [també fig.].

fabricate (to) [ˈfæbrikeit] *t.* falsificar, falsejar. 2 inventar.

fabrication [ˌfæbriˈkeiʃən] *t.* falsificació *f.*, falsejament *m.* 2 invenció *f.*, mentida *f.*

fabulous [ˈfæbjuləs] *a.* fabulós. 2 increïble. 3 col·loq. magnífic, esplèndid.

façade [fəˈsɑːd] *s.* ARQ. façana *f.* 2 fig. aparença *f.*

face [feis] *s.* cara *f.*, rostre *m.*, semblant *m.* ‖ fig. *in the ~ of*, malgrat; davant de, en presència de. 2 expressió *f.*, gest *m.*, ganyota *f.* ‖ *to go about with a long ~*, fer cara llarga. ‖ *to make faces*, fer ganyotes. 3 barra *f.*, atreviment *m.* ‖ *to have the ~ to*, tenir la barra de. 4 prestigi *m.*, aparences *f. pl.* ‖ *to lose ~*, perdre prestigi. ‖ *to save ~*, salvar les aparences. 5 aspecte *m.*, aparença *f.* ‖ *on the ~ of it*, a primera vista, segons les aparences. 6 superfície *f.*, façana *f.* [d'un edifici]. 7 esfera *f.* [d'un rellotge].

face (to) [feis] *t.* estar de cara a, posar-se *p.* de cara a. 2 donar a, mirar cap. 3 enfrontar, afrontar, fer front. 4 CONSTR. revestir. ■ 5 *i.* estar encarat cap a. 6 *to ~ up to*, reconèixer *t.*, acceptar *t.*

face-cream [ˈfeiskriːm] *s.* COSM. crema *f.* de bellesa.

face-flannel [ˈfeisˌflænl] *s.* manyopla *f.*, tovalloleta *f.* [per la cara].

face-lifting [ˈfeisliftiŋ] *s.* operació *f.* de cirugia estètica [de la cara], estirada *f.* de pell [de la cara].

face-powder [ˈfeisˌpaudə*ʳ*] *s.* COSM. pólvores *f. pl.*

facet [ˈfæsit] *s.* faceta [també fig.].

facetious [fəˈsiːʃəs] *a.* faceciós, graciós.

face value [ˈfeisˌvæljuː] *s.* COM. valor nominal; fig. valor *m.* aparent.

facile [ˈfæsail] *a.* fàcil. 2 superficial.

facilitate (to) [fəˈsiliteit] *t.* facilitar, possibilitar.

facility [fəˈsiliti] *s.* facilitat *f.*

facing [ˈfeisiŋ] *prep.-adv.* davant de, de cara a. ■ 2 *s.* CONSTR. revestiment *m.*, parament.

facsimile [fækˈsimili] *s.* facsímil *m.*

fact [fækt] *s.* fet *m.* ‖ *in ~*, de fet. 2 realitat *f.*, veritat *f.* ‖ *as a matter of ~*, en realitat. 3 dada *f.*

faction [ˈfækʃən] *s.* facció *f.*; bàndol *m.*

factious [ˈfækʃəs] *a.* facciós.

factitous [ˈfæktiʃəs] *a.* form. factici, artificial.

factor [ˈfæktə*ʳ*] *s.* factor *m.*, element *m.* 2 COM. agent.

factory [ˈfæktəri] *s.* fàbrica *f.*

factotum [fækˈtoutəm] *s.* factòtum *m.*

factual [ˈfæktjuəl] *a.* objectiu, basat en fets.

faculty [ˈfækəlti] *s.* facultat *f.*

fad [fæd] *s.* mania *f.*, caprici *m.*

fade (to) [feid] *t.* marcir, pansir. 2 descolorir, destenyir. 3 afeblir. ■ 4 *i.* marcir-se *p.*, pansir-se *p.* 5 descolorir-se *p.*, destenyir-se. *p.* 6 apagar-se *p.*, desaparèixer [gradualment]. 7 *to ~ away*, esvanir-se *p.*

fag [fæg] *s.* col·loq. feinada *f.*, feina *f.* pesada. 2 pop. cigarret *m.*

fag (to) [fæg] *t.* col·loq. cansar, fatigar. ■ 2 *i.* col·loq. pencar.

fail [feil] *s.* *without ~*, sens falta *f.*

fail (to) [feil] *t.* decebre, fallar. 2 suspendre. ■ 3 *i.* suspendre. *t.* 4 fracassar, fallar, fallir. 5 debilitar-se *p.*, decaure. 6 exhaurir-se *p.*, acabar-se *p.* 7 *to ~ to*, deixar de.

failing [ˈfeiliŋ] *s.* falta *f.*, defecte *m.*, flaquesa *f.* ■ 2 *prep.* a falta de.

famous

failure [ˈfeiljə] s. suspens m. 2 fracàs m. 3 avaria f. [d'un motor, etc.]. 4 aturada f. [del cor]. 5 COM. fallida f.

faint [feint] a. feble. 2 borrós, desdibuixat. 3 pàl·lid. 4 imperceptible, fluix, vague. 5 to feel ~, estar marejat. ■ 6 s. desmai m.

faint (to) [feint] i. desmaiar-se p. 2 defallir.

faint-hearted [feintˈhɑːtid] a. poruc, covard.

fair [fɛə] a. just, imparcial, equitatiu. 2 honest, honrat. ‖ ~ play, joc net. 3 bo, serè [el temps, el cel, etc.]. 4 pàl·lid, blanc [pell, etc.]. 5 ros [cabells]. 6 net, clar. ‖ ~ copy, còpia neta. 7 bonic, formós. ■ 8 adv. imparcialment, equitativament. 9 ~ enough, molt bé, d'acord. 10 -ly adv. amb imparcialitat, honestament. 11 col·loq. completament, totalment. 12 força, bastant: ~ good, força bo; ~ well, bastant bé. ■ 13 s. fira f., mercat m.

fairground [ˈfɛəgraund] s. parc m. d'atraccions. 2 recinte m. firal. 3 emplaçament m. d'una fira.

fairness [ˈfɛənis] s. justícia f., imparcialitat f. ‖ in all ~, per ser justos. 2 blancor f., pal·lidesa f., claror f. 3 bellesa f.

fairy [ˈfɛəri] s. fada f. 2 pop. marieta m.

fairy tale [ˈfɛəriteil] s. conte m. de fades.

fait accompli [ˌfeitəˈkɔpli] s. fet m. consumat.

faith [feiθ] s. fe f. ‖ in good ~, de bona fe. ‖ to keep ~, complir la paraula donada. 2 religió f. creença f., confessió f.

faithful [ˈfeiθful] a. fidel, lleial. ■ 2 -ly adv. fidelment, lleialment. 3 yours faithfully, el saluda atentament. ■ 4 s. pl. the ~, els fidels m. pl.

faithfulness [ˈfeiθfulnis] s. fidelitat f., lleialtat f. 2 exactitud f.

faith healing [feiθˈhiːliŋ] s. curació f., per la fe.

faithless [ˈfeiθlis] a. deslleial, pèrfid. 2 descregut.

fake [feik] a. fals. ■ 2 s. imitació f., falsificació f. 3 impostor.

fake (to) [feik] t. falsificar. 2 fingir. 3 inventar.

fakir [ˈfeikiə] s. faquir m.

falcon [ˈfɔːlkən] s. ORN. falcó m.

Falkland [ˈfɔːklənd] n. pr. GEOGR. the ~ Islands, Illes Malvines.

fall [fɔːl] s. caiguda f. 2 decadència f. 3 baixa f., descens m. 4 declini m., desnivell m. 5 cascada f., saltant m. 6 MIL. rendició f. 7 (EUA) tardor f.

fall (to) [fɔːl] i. caure [també fig.]. 2 baixar, descendir. 3 recaure, correspondre. 4 to ~ asleep, adormir-se p. 5 fig. to ~ flat, no tenir èxit. 6 to ~ in love, enamorar-se p. 7 to ~ short, fer curt, no arribar. ■ to ~ back, retirar-se, retrocedir; to ~ back on, recórrer a; to ~ down, caure, esfondrar-se; fig. fracassar; to ~ for, enamorar-se de; deixar-se enredar; to ~ in with, estar d'acord amb; coincidir; to ~ out with, barallar-se renyir; to ~ through, fracassar; to ~ upon, caure sobre. ▲ Pret.: fell [fel]; p. p.: fallen [ˈfɔːlən].

fallacious [fəˈleiʃəs] a. fal·laç, fal·laciós.

fallen [ˈfɔːlən] Vegeu FALL (TO).

fall guy [ˈfɔːlgai] s. (EUA) col·loq. cap m. de turc.

fallibility [ˌfæliˈbiliti] s. fal·libilitat f.

fallible [ˈfæləbl] a. fal·lible.

falling star [ˈfɔːliŋˈstɑː] s. estel m. fugaç, estrella f. fugaç.

fallow [ˈfæləu] a.-s. AGR. guaret m.

fallow deer [ˈfæləuˈdiə] s. ZOOL. daina f.

false [fɔːls] a. fals. 2 postís [dents, cabells, etc.]. ■ 3 -ly adv. falsament.

falsehood [ˈfɔːlshud] s. falsedat f.

falsification [ˌfɔːlsifiˈkeiʃən] s. falsificació f. 2 falsejament m.

falsify (to) [ˈfɔːlsifai] t. falsificar. 2 falsejar.

falter (to) [ˈfɔːltə] t. dir amb veu tremolosa, balbucejar. ■ 2 i. vacil·lar, titubejar. 3 balbucejar, vacil·lar.

fame [feim] s. fama f., reputació f. ■ 2 a. famed famós.

familiar [fəˈmiliə] a. familiar, conegut. ‖ to be ~ with, estar familiaritzat amb. 2 corrent, comú. 3 íntim. 4 fig. fresc.

familiarity [fəˌmiliˈæriti] s. familiaritat f. 2 coneixement m. 3 intimitat. 4 excessiva familiaritat.

familiarize (to) [fəˈmiliəraiz] t. familiaritzar, acostumar. ■ 2 p. to ~ oneself, familiaritzar-se.

family [ˈfæmili] s. família f. 2 llinatge m. ■ 3 a. familiar, de família.

family name [ˈfæmiliˌneim] s. cognom m.

family planning [ˈfæmiliˌplæniŋ] s. planificació f. familiar.

famine [ˈfæmin] s. fam f. 2 misèria f., penúria f.

famished [ˈfæmiʃt] a. famèlic, afamat.

famous [ˈfeiməs] a. famós, cèlebre.

fan [fæn] s. ventall m. 2 ventilador m. 3 col·loq. fan, admirador.

fan (to) [fæn] t. ventar. 2 atiar [també fig.]. ■ 3 p. to ~ oneself, ventar-se. ■ 4 i. to ~ out, obrir-se p. com un ventall.

fanatic [fə'nætik] a.-s. fanàtic.

fanatical [fə'nætikəl] a. fanàtic.

fanaticism [fə'nætisizəm] s. fanatisme m.

fanciful ['fænsiful] a. capriciós. 2 fantàstic. 3 irreal, imaginari.

fancy ['fænsi] s. imaginació f., fantasia f. 2 quimera f., il·lusió f. 3 caprici m., antull m. ■ 4 a. de fantasia, d'adorn. 5 extravagant, excessiu.

fancy (to) ['fænsi] t. imaginar(se), afigurar-se p. 2 suposar, creure. 3 col·loq. encapritxar-se p.; agradar; venir de gust. 4 ~ that!, imagina't!, fixa't!

fancy dress [,fænsi'dres] s. disfressa f.

fanfare ['fænfɛəʳ] s. MÚS. fanfara f.

fang [fæŋ] s. ullal m. [d'animal]. 2 dent f. [de serp].

fantasize ['fæntəˌsaiz] i.-t. fantasiar i., fantasiejar i.

fantastic(al [fæn'tæstik, -əl] a. fantàstic, imaginari. 2 extravagant, absurd. 3 pop. extraordinari, magnífic.

fantasy ['fæntəsi] s. fantasia f., imaginació f.

FAO [,efei'ou] s. (Food and Agricultural Organization) FAO f. (Organització per a l'agricultura i l'alimentació).

far [fɑːʳ] adv. lluny, al lluny. ‖ ~ and wide, pertot arreu. ‖ as ~ as, fins, tan lluny com. ‖ as ~ as I know, pel que jo sé. ‖ in so ~ as, pel que fa. ‖ so ~, fins ara.

farce [fɑːs] s. farsa f.

farcical ['fɑːsikəl] a. absurd, ridícul. 2 burlesc.

fare [fɛəʳ] s. preu m. [d'un viatge]. 2 bitllet m. 3 client m., passatger. 4 menú m., menjar m.

fare (to) [fɛəʳ] i. passar-ho [bé o malament]. ‖ how did you ~? com t'ha anat? 2 to ~ alike, còrrer la mateixa sort.

farewell [fɛə'wel] interj. adéu-siau! ■ 2 s. comiat m., adéu m. ‖ to say ~ to, acomiadar(se).

farm [fɑːm] s. granja f. hisenda f., masia f. 3 viver m.

farm (to) [fɑːm] t. conrear, llaurar. ■ 2 i. tenir terres, conrear la terra, fer de pagès. 2 to ~ out, arrendar, donar feina.

farmer ['fɑːməʳ] s. granger f. 2 pagès, (VAL.) llaurador.

farmhand ['fɑːmhænd] s. bracer m.

farmhouse ['fɑːmhaus] s. granja f. 2 mas m., masia f.

farming ['fɑːmiŋ] s. conreu m., cultiu m. 2 agricultura f.

farmyard ['fɑːmjɑːd] s. corral m.

fart [fɑːt] s. vulg. pet m.

farther ['fɑːðəʳ] adv. més lluny, més enllà. 2 a més. ■ 3 a. més llunyà, més distant.

farthest ['fɑːðist] a. superl. el més llunyà, extrem. ■ 2 adv. més lluny.

farthing ['fɑːðiŋ] s. ant. quart de penic, m. ‖ it's not worth a brass ~, no val ni cinc.

fascinate (to) ['fæsineit] t. fascinar, captivar.

fascination [,fæsi'neiʃən] s. fascinació f., suggestió f.

fascism ['fæʃizəm] s. feixisme m.

fascist ['fæʃist] a.-s. feixista.

fashion ['fæʃən] s. manera f., forma f. ‖ after a ~, en certa manera. 2 moda f. ‖ in ~, de moda. ‖ out of ~, passat de moda. 3 bon gust m., elegància f.

fashion (to) ['fæʃən] t. donar forma, modelar. 2 emmotllar.

fashionable ['fæʃnəbl] a. de moda. 2 elegant. ■ 3 -ly adv. elegantment, a la moda.

fast [fɑːst] s. dejuni m.

fasten (to) ['fɑːsn] t. assegurar, fermar, lligar, subjectar. 2 enganxar. 3 tancar [amb baldó, etc.]. 4 cordar. ■ 5 i. subjectar-se p., afermar-se p. 6 cordar-se p.

fastener ['fɑːsnəʳ] s. balda f. 2 gafet m., cremallera f. 3 clip m., grapa f. [de papers].

fastidious [fæs'tidiəs] a. delicat. 2 exigent. 3 primmirat.

fat [fæt] a. gras. 2 gruixut. 3 magre [carn]. 4 gran: ~ profits, grans beneficis. 5 fèrtil [terra]. ■ 6 s. greix m. 7 llard m. [per cuinar]. ‖ to live on the ~ of the land, viure a cor què vols, cor què desitges.

fatal ['feitl] a. fatal; mortal. 2 funest.

fatalism ['feitəlizəm] s. fatalisme m.

fatalist ['feitəlist] s. fatalista.

fatality [fə'tæliti] s. fatalitat f. 2 víctima f., mort.

fate [feit] s. fat m., destí m. 2 sort f.

fast [fɑːst] a. ràpid, veloç. 2 fix [color, nus, etc.]. ‖ to make ~, subjectar, fermar; MAR. amarrar. 3 avançat [rellotge]. 4 profund [son]: ~ asleep, completament adormit. 5 FOT. ràpid. 6 col·loq. to pull a ~ one on someone, fer una mala passada a algú. ■ *7 adv.* ràpid, ràpidament, veloçment, de pressa. *8* fermament. ‖ **stuck ~,** ben enganxat.

fated ['feitid] *a.* destinat, predestinat.

fateful ['feitful] *a.* fatal, fatídic. *2* decisiu.

father ['fɑːðə'] *s.* pare *m.* *2* REL. **Our Father,** Pare *m.* nostre.

father (to) ['fɑːðə'] *t.* engendrar.

fatherhood ['fɑːðəhud] *s.* paternitat *f.*

father-in-law ['fɑːðərinlɔː] *s.* sogre *m.,* pare *m.* polític.

fatherland ['fɑːðəlænd] *s.* pàtria *f.*

fatherly ['fɑːðəli] *a.* paternal.

fathom ['fæðəm] *s.* MAR. braça *f.* [mesura].

fathom (to) ['fæðəm] *t.* MAR. sondar, sondejar. *2* comprendre, entendre.

fatigue [fə'tiːg] *s.* fatiga *f.,* cansament *m.*

fatigue (to) [fə'tiːg] *t.* fatigar, cansar.

fatness ['fætnis] *s.* grassor *f.,* grassesa *f.,* obesitat *f.*

fatten (to) ['fætn] *t.* engreixar, encebar [animals].

fatty ['fæti] *a.* gras; greixós.

fatuous ['fætjuəs] *a.* fatu, neci.

fault [fɔːlt] *s.* culpa *f.: it's my ~,* és culpa meva. *2* defecte *m.* [també fig.]. *3* error. *4* GEOL., MIN. falla *f.*

fault-finding ['fɔːltfaindiŋ] *a.* criticaire.

faultless ['fɔːltlis] *a.* impecable, perfecte. *2* irreprotxable.

faulty ['fɔːlti] *a.* defectuós.

fauna ['fɔːnə] *s.* fauna *f.*

favour, (EUA) **favor** ['feivə] *s.* favor. ‖ **do me the ~ of,** fes el favor de; **to be in ~ of,** estar a favor, donar suport a; **to be in ~ with,** gaudir del favor [d'algú]; **to curry ~ with,** intentar congraciar-se amb.

favour, (EUA) **favor (to)** ['feivə] *t.* afavorir. *2* donar suport, recolzar.

favourable, (EUA) **favorable** ['feivərəbl] *a.* favorable, propici.

favoured, (EUA) **favored** ['feivəd] *a.* afavorit. ‖ **~ by nature,** dotat per la natura, ben plantat.

favourite, (EUA) **favorite** ['feivərit] *a.* favorit, preferit, predilecte. ■ *2 s.* favorit.

fawn [fɔːn] *s.* ZOOL. cervatell *m.*

fawn (to) [fɔːn] *i.* fig. **to ~ on** o **upon,** adular, afalagar.

FBI ['efbiː'ai] *s.* (*Federal Bureau of Investigation*) FBI *m.* (oficina federal d'investigació).

fear [fiə'] *s.* por *f.,* temor *m.*

fear (to) [fiə'] *t.* tenir por de, témer. ■ *2 i.* **to ~ for,** témer per.

fearful ['fiəful] *a.* aprensiu. *2* espantós, esfereïdor. *3* col·loq. terrible, horrible. *4* poruc, (VAL.) poregós.

fearless ['fiəlis] *a.* intrèpid, agosarat, audaç, que no té por. ‖ **~ of,** sense por de.

fearlessness ['fiəlisnis] *s.* intrepidesa *f.*

fearsome ['fiəsəm] *a.* temible, espantós.

feasibility [fiːzə'biliti] *s.* viabilitat *f.,* plausibilitat *f.*

feasible ['fiːzəbl] *a.* factible, possible, viable.

feast [fiːst] *s.* festí *m.,* banquet *m.,* tiberi *m.* *2* REL. **~, ~ day,** festa *f.*

feast (to) [fiːst] *t.* festejar, celebrar. *2* complimentar. *3* oferir un banquet. *4* fig. **to ~ one's eyes on,** regalar-se *p.* la vista. ■ *5 i.* banquetejar.

feat [fiːt] *s.* proesa *f.,* gesta *f.*

feather ['feðə'] *s.* ploma *f.* [d'au]. ‖ fig. **that's a ~ in his cap,** això és un triomf per a ell.

feather (to) [feðə'] *t.* emplomallar. *2* cobrir amb plomes. *3* fig. **to ~ one's nest,** procurar per un mateix.

feather bed ['feðəbed] *s.* matalàs *m.* de plomes.

feather duster ['feðədʌstə] *s.* plomall *m.*

feature ['fiːtʃə'] *s.* tret *m.,* facció *f.* [de la cara]. *2 pl.* cara *f.* *3* forma *f.,* figura *f.* *4* característica *f.,* tret *m.* distintiu. *5* CINEM. **~, ~ film,** pel·lícula *f.* principal.

feature (to) ['fiːtʃə'] *t.* presentar [un actor en una pel·lícula]. *2* descriure. *3* representar. *4* caracteritzar. *5* actuar *i.,* treballar *i.* ■ *6 i.* figurar, constar.

February ['februəri] *s.* febrer *m.*

fecundity [fi'kʌnditi] *s.* fecunditat *f.* *2* fertilitat *f.*

fed [fed] Vegeu FEED (TO).

federal ['fedərəl] *a.* federal.

federate (to) ['fedəreit] *t.* federar. ■ *2 i.* federar-se *p.*

federation [fedə'reiʃən] *s.* federació *f.,* lliga *f.*

fee [fiː] *s.* honoraris *m. pl.,* drets *m. pl.,* quota *f.* ‖ **membership ~,** quota *f.* de soci. ‖ **registration ~,** drets de matrícula.

feeble ['fiːbl] *a.* feble, dèbil.

feeble-minded ['fiːbl'maindid] *a.* deficient mental.

feed [fiːd] *s.* menjar *m.,* aliment *m.* *2* pinso *m.* [dels animals].

feed (to) [fi:d] *t.* alimentar, nodrir, donar menjar a. 2 subministrar. 3 *to ~ up*, encebar, sobrealimentar. 4 *to be fed up (with)*, estar fart (de). ■ 5 *i.* menjar. 6 pasturar. 7 *to ~ on* o *upon*, alimentar-se *p.* de ▲ Pret. i p. p.: *fed* [fed].

feedback [ˈfi:dbæk] *s.* ELECT. realimentació *f.* 2 reacció *f.*, resposta *f.*, comentaris *m. pl.*

feel [fi:l] *s.* tacte *m.* 2 sensació *f.*

feel (to) [fi:l] *t.* tocar, palpar. ‖ *to ~ one's way*, anar a les palpentes. 2 prendre [el pols]. 3 examinar, sondejar. 4 sentir, experimentar. 5 creure, pensar. ■ 6 *i.* sentir-se *p.*, estar, tenir. ‖ *I ~ sorry for you*, ho sento per tu. ‖ *to ~ bad*, sentir-se *p.* malament; *to ~ cold*, tenir fred; *to ~ hot*, tenir calor. 7 ser sensible, sentir *t.* 8 *it feels cold*, ho trobo fred. 9 *to ~ for*, buscar a les palpentes; condoldre's *p.* 10 *to ~ like*, tenir ganes de. 11 *to ~ up to*, sentir-se *p.* capaç de. ▲ Pret. i p. p.: *felt* [felt].

feeling [ˈfi:liŋ] *s.* sentiment *m.* 2 sensació *f.*, percepció *f.* 3 tacte *m.* [sentit]. 4 calor *f.*, passió *f.*, tendresa *f.*, compassió *f.* 5 pressentiment *m.* ■ 6 *a.* sensible. ■ 7 -*ly adv.* amb emoció, amb sensibilitat.

feet [fi:t] *s. pl.* de FOOT.

feign (to) [fein] *t.* fingir, aparentar, fer veure que. 2 inventar [una excusa]. ■ 3 *i.* fingir *t.*

felicity [fiˈlisiti] *s.* form. felicitat *f.* 2 *to express oneself with ~*, expressar-se amb facilitat, amb desimboltura.

feline [ˈfi:lain] *a.* felí.

fell [fel] Vegeu FALL (TO). ■ 2 *a.* poèt. cruel; funest. ■ 3 *s.* tala *f.* [d'arbres]. 4 pell *m.*, cuir *m.* 5 turó *m.*, pujol *m.*

fell (to) [fel] *t.* tombar, abatre. 2 tallar [arbres].

fellow [ˈfelou] *s.* col·loq. xicot *m.*, tio *m.*, tipus *m.* ‖ *good ~*, bon noi. 2 igual. 3 soci *m.*, membre *m.* [d'una acadèmia]. ■ 4 *a.* ~ *being*, ~ *creature*, proïsme; ~ *citizen*, conciutadà; ~ *student*, condeixeble; ~ *traveller*, company de viatge.

fellowship [ˈfelouʃip] *s.* companyerisme *m.* 2 comunicat *f.* 3 companyia *f.*, associació *f.* 4 cos *m.*, societat *f.* 5 beca *f.*

felony [ˈfeləni] *s.* crim *m.*, delicte *m.* greu.

felt [felt] Vegeu FEEL (TO). ■ 2 *s.* feltre *m.*

female [ˈfi:meil] *s.* femella *f.* 2 dona *f.* ■ 3 *a.* femení. 4 femella.

feminine [ˈfeminin] *a.* femení. femení *m.*

feminism [ˈfeminizm] *s.* feminisme *m.*

fen [fen] *s.* pantà *m.*, aiguamoll *m.*

fence [fens] *s.* tanca *f.*, clos *m.*, closa *f.*, estacada *f.*

fence (to) [fens] *t.* tancar [amb una tanca]. 2 protegir. 3 fig. esquivar. ■ 4 *i.* esgrimir.

fencing [ˈfensiŋ] *s.* ESPORT esgrima *f.* 2 material *m.* per a tanques.

fend (to) [fend] *t.* *to ~ off*, defensar-se *p.* de, parar [un cop]. ■ 2 *i.* *to ~ for oneself*, espavilar-se *p.* sol, defensar-se *p.* sol.

fender [ˈfendə] *s.* guardafoc *m.* 2 AUTO. para-xocs *m.* 3 MAR. defensa *f.*

fennel [ˈfenl] *s.* BOT. fonoll *m.*

ferment [ˈfə:mənt] *s.* ferment *m.* 2 fermentació *f.* 3 fig. agitació *f.*

ferment (to) [fəˈment] *i.-t.* fermentar. 2 agitar(se).

fern [fə:n] *s.* BOT. falguera *f.*

ferocious [fəˈrouʃəs] *a.* feroç, ferotge, terrible.

ferocity [fəˈrɔsiti] *s.* ferocitat *f.*, feresa *f.*

ferret [ˈferit] *s.* ZOOL. fura *f.*, furó *m.*

ferret (to) [ˈferit] *i.* furar, furonar. 2 fig. *to ~ about*, furetejar, remenar. ■ 3 *t.* fig. *to ~ out*, esbrinar.

ferroconcrete [ˌferouˈkɔnkri:t] *s.* formigó *m.* armat.

ferrous [ˈferəs] *a.* ferrós.

ferrule [ˈferu:l] *s.* guaspa *f.*, virolla *f.* 2 abraçadora *f.*

ferry [ˈferi] *s.* transbordador *m.* 2 embarcador *m.*

ferry (to) [ˈferi] *t.* transportar. ■ 2 *i.* creuar [en vaixell].

ferryman [ˈferimæn] *s.* barquer *m.*

fertile [ˈfə:tail] *a.* fèrtil. 2 fecund.

fertilize (to) [ˈfə:tilaiz] *t.* fertilitzar. 2 fecundar. 3 adobar.

fertilizer [ˈfə:tilaizə] *s.* fertilitzant *m.*, adob *m.*

fervent [ˈfə:vənt] *a.* fervent, fervorós, vehement.

fervour, (EUA) **fervor** [ˈfə:və] *s.* fervor *m.*, ardor *m.*

festal [ˈfestl] *a.* festiu, alegre.

fester (to) [ˈfestə] *i.* MED. supurar. 2 podrir-se *p.* 3 fig. enverinar-se *p.* exasperar-se *p.*

festival [ˈfestəvəl] *s.* festa *f.*, festivitat *f.* ‖ *Christmas is a Church ~*, el Nadal és una festa religiosa. 2 festival *m.*

festivity [fesˈtiviti] *s.* animació *f.*, alegria *f.* 2 festa *f.*, festivitat *f.*

festoon [fesˈtu:n] *s.* fistó *m.* [adorn].

figure

fetch (to) [fetʃ] t. anar a buscar. 2 portar. 3 vendre's p. a o per. 4 col·loq. clavar, ventar [un cop].

fête [feit] s. festa f., celebració f. [generalment al carrer, a l'aire lliure].

fetid ['fetid] a. fètid, pestilent.

fetish ['fetiʃ] s. fetitxe m.

fetter ['fetə'] s. grilló m. [d'un pres]. 2 trava f. [d'un cavall]. 3 pl. fig. traves f. pl., obstacles m. pl.

fetter (to) ['fetə'] t. encadenar. 2 fig. posar traves.

fettle ['fetl] s. estat m., condició f.: *in fine* ~, en bones condicions; de bon humor m.

fetus ['fi:təs] s. Vegeu FOETUS.

feud [fju:d] s. renyida f., enemistat f.

feudal ['fju:dl] a. feudal.

feudalism ['fju:dəlizəm] s. feudalisme m.

fever ['fi:və'] s. MED. febre f. [també fig.].

feverish ['fi:vəriʃ] a. febril.

few [fju:] a.-pron. pocs, alguns. ‖ *a* ~, uns quants. ‖ *quite a* ~, bastants.

fewer ['fju:ə'] a.-pron. comp. de FEW; menys: *the* ~ *the better,* quants menys millor.

fiancé [fi'ɑ:nsei] s. promès m.

fiancée [fi'ɑ:nsei] s. promesa f.

fiasco [fi'æskou] s. fracàs m.

fib [fib] s. col·loq. bola f., mentida f.

fibre, (EUA) **fiber** [faibə] s. fibra f. 2 fig. nervi m., caràcter m.

fibre-glass, (EUA) **fiberglass** [faibəglɑ:s] s. fibra f. de vidre.

fibrous ['faibrəs] a. fibrós.

fickle ['fikl] a. inconstant, voluble, veleïtós.

fickleness ['fiklnis] s. inconstància f.

fiction ['fikʃən] s. ficció f.

fiddle ['fidl] s. MÚS. col·loq. violí m. 2 col·loq. trampa f. 3 *tax* ~, defraudació f. fiscal.

fiddle (to) ['fidl] t. col·loq. falsificar. 2 obtenir amb trampes. 3 defraudar [taxes]. ■ 4 i. col·loq. tocar el violí. *5 to* ~ *about,* perdre el temps. *6 to* ~ *with,* tocar, remenar.

fiddling ['fidliŋ] a. col·loq. fútil, trivial.

fidelity [fi'deliti] s. fidelitat f.

fidget (to) ['fidʒit] i. moure's p.; estar nerviós; agitar-se p. 2 *to* ~ *with,* tocar, remenar.

fidgety ['fidʒiti] a. inquiet, nerviós, impacient.

field [fi:ld] s. camp m. [de terra]. 2 camp m. [de batalla]. 3 fig. camp m., domini m. 4 ESPORT competidors pl., participants pl. 5 MIN. jaciment m.

field artillery ['fi:ldɑ:,tiləri] s. artilleria f. de campanya.

field glasses ['fi:ldglɑ:siz] pl. binocles m. pl., prismàtics m. pl. de campanya.

fieldwork ['fi:ldwə:k] s. treball m. sobre el terreny.

fiend [fi:nd] s. dimoni m., diable m.

fiendish ['fi:ndiʃ] a. diabòlic.

fierce [fiəs] a. feroç, ferotge. 2 furiós. 3 intens.

fierceness ['fiəsnis] s. ferocitat f.

fieriness ['faiərinis] s. ardor m., calor f. 2 fogositat f., passió f.

fiery ['faiəri] a. igni. 2 ardent, encès. 3 fogós, apassionat. 4 irascible, soberbi.

fifteen [fifti:n] a. quinze. ■ s. quinze m.

fifteenth [fifti:nθ] a.-s. quinzè.

fifth [fifθ] a.-s. cinquè.

fiftieth ['fiftiəθ] a.-s. cinquantè.

fifty ['fifti] a. cinquanta. ■ 2 s. cinquanta m.

fig [fig] s. BOT. figa f. 2 fig. rave m.: *I don't care a* ~, m'importa un rave.

fight [fait] s. lluita f., combat m. 2 baralla f., disputa f.

fight (to) [fait] i. lluitar. 2 barallar-se p. ■ 3 t. lluitar amb o contra. 4 combatre, resistir. 5 entaular [una batalla]. 6 torejar. 7 *to* ~ *down,* reprimir. 8 *to* ~ *off,* rebutjar, treure's p. de sobre. ▲ Pret. i p. p.: *fought* [fɔ:t].

fighter ['faitə'] s. lluitador. 2 combatent. 3 guerrer. 4 AVIA. avió m. de caça. 5 ESPORT boxador.

fighting ['faitiŋ] a. lluitador, combatiu. ‖ ~ *spirit,* combativitat f., ànim m. de lluita. ■ 2 s. combat m., lluita f., baralla f. ‖ *street* ~, baralles al carrer.

fig leaf ['figli:f] s. fulla f. de cep.

figment ['figmənt] s. ficció f., invenció f. ‖ ~ *of the imagination,* quimera f.

fig tree ['figtri:] s. figuera f.

figurative ['figjurətiv] a. figurat. 2 ART figuratiu.

figure ['figə'] s. ARIT. xifra f., número m. 2 figura f. 3 tipus m., figura f., cos m. 4 preu m., valor m. 5 quantitat f., suma f. 6 dibuix m.; estàtua f.

figure (to) ['figə'] t. figurar-se p., imaginar. 2 calcular. 3 representar. 4 *to* ~ *out,* resoldre; desxifrar; entendre; calcular. ■ 5 i. figurar, constar. 6 *to* ~ *(in),* figurar, aparèixer. 7 (EUA) *to ~ (on),* projectar, calcular.

figurehead ['figəhed] *s.* mascaró *m.* de proa. 2 fig. figura *f.* decorativa.

filament ['filəmənt] *s.* filament *m.*

filch (to) [filtʃ] *t.* pispar, robar.

file [fail] *s.* llima *f.* 2 carpeta *f.*, arxivador *m.*, fitxer *m.* ‖ *police files,* arxius *m. pl.* policials. 3 expedient *m.* 4 fila *f.*, filera *f.*

file (to) [fail] *t.* llimar(se). 2 arxivar, registrar, classificar. 3 *to ~ a claim,* presentar una reclamació. ■ 4 *i. to ~ past,* desfilar davant de.

filibuster ['filibʌstə'] *s.* POL. obstruccionista, filibuster. 2 maniobra *f.* obstruccionista.

filigree ['filigri:] *s.* filigrana *f.*

filing ['failiŋ] *s.* llimada *f.*, llimadura *f.* [acció]. 2 acció *f.* d'arxivar. 3 *pl.* llimadures *f. pl.*

filing cabinet ['failiŋˌkæbint] *s.* fitxer *m.*, arxivador *m.*

filing card ['failiŋkɑ:d] *s.* fitxa *f.* [de fitxer].

fill [fil] *s.* afartament *m.*, atipament *m.* ‖ *I've had my ~ of him,* estic tip d'ell.

fill (to) [fil] *t.* omplir. 2 afegir, completar. 3 ocupar [un lloc]. 4 tapar, cobrir. 5 empastar [un queixal]. 6 dur a terme. 7 CUI. farcir. ■ 8 *i.* omplir-se *p.* ■ *to ~ in,* omplir [un imprès]; *to ~ out,* eixamplar(se), engreixar(se); *to ~ up,* omplir, tapar.

fillet ['filit] *s.* cinta *f.* [pel cabell]. 2 CARN. filet *m.*

fillet (to) ['filit] *t.* tallar en filets.

filling ['filiŋ] *s.* farcit *m.*; ompliment *m.* 2 envàs *m.* 3 empastat *m.*

filling station ['filiŋˌsteiʃn] *s.* estació *f.* de servei.

fillip ['filip] *s.* ditada *f.*, closquet *m.* 2 fig. estímul *m.*

filly ['fili] *s.* ZOOL. poltra *f.*

film [film] *s.* pel·lícula *f.*, capa *f.* 2 pel·lícula *f.*, film *m.*

film (to) [film] *t.* CINEM. filmar, rodar. 2 entelar, cobrir [amb una capa o una pel·lícula]. ■ 3 *i.* filmar *t.* 4 cobrir-se *p.* [amb una capa o una pel·lícula].

film star ['filmstɑ:] *s.* estrella *f.* del cine.

filter ['filtə'] *s.* filtre *m.*

filter (to) ['filtə'] *t.* filtrar [també fig.]. ■ 2 *i.* filtrar-se *p.* [també fig.].

filth [filθ] *s.* brutícia *f.*, porqueria *f.* 2 corrupció *f.*, obscenitat *f.*

filthiness ['filθinis] *s.* brutícia *f.* 2 obscenitat *f.*

filthy ['filθi] *a.* brut, llardós. 2 corromput, impur. 3 col·loq. *~ rich,* fastigosament ric.

fin [fin] *s.* aleta *f.* [de peix].

final ['fainl] *a.* últim, darrer, final. 2 conclusiu. 3 definitiu, decisiu; determinant. ■ 4 *s.* ESPORT final *f.* 5 *pl.* exàmens *m. pl.* finals. ■ 6 *-ly adv.* finalment, per fi.

finance [fai'næns] (EUA) [fi'næns] *s.* finances *f. pl.* 2 *pl.* fons *m.*

finance (to) [fai'næns] (EUA) [fi'næns] *t.* finançar.

financial [fai'næn∫əl] (EUA) [fi'næn∫əl] *a.* financer. ‖ *~ year,* any econòmic.

financier [fai'nænsiə'] (EUA) [fi'nænsiə'] *s.* financer.

finch [fintʃ] *s.* ORN. pinzà *m.*

find [faind] *s.* troballa *f.*, descobriment *m.*

find (to) [faind] *t.* trobar. ‖ *to ~ fault with,* trobar defectes, censurar. 2 descobrir. 3 proporcionar. 4 *to ~ one's feet,* començar a caminar; fig. independitzar-se *p.* 5 DRET *to ~ guilty,* declarar culpable. ■ 6 *p. to ~ oneself,* trobar-se. ■ 7 *i.* fallar. ■ *to ~ for,* fallar a favor de; *to ~ out,* esbrinar; *to ~ out about,* informar-se sobre, esbrinar sobre. ▲ Pret. i p. p.: *found* [faund].

finding ['faindiŋ] *s.* descobriment *m.* 2 *pl.* troballes *f. pl.* 3 DRET sentència *f.*, veredicte *m.*, resolució *f.*

fine [fain] *a.* fi. 2 maco, bonic. ‖ *~ arts,* belles arts. 3 bo, excel·lent. 4 primorós. 5 elegant. 6 petit, menut. 7 esmolat. 8 refinat, pur [metalls]. 9 elevat, noble. ■ 10 *s.* multa *f.* ■ 11 *adv.* col·loq. molt bé.

fine (to) [fain] *t.* multar.

fineness ['fainnis] *s.* finor *f.*, finesa *f.* 2 delicadesa *f.* 3 excel·lència *f.*

finery ['fainəri] *s.* arreus *m. pl.*, guarniments *m. pl.*

finesse [fi'nes] *s.* astúcia *f.*, subtilesa *f.* 2 tacte *m.*, diplomàcia *f.* 3 discerniment *m.*; discriminació *f.*

finger ['fiŋgə'] *s.* dit *m.* ‖ *index ~,* dit índex. ‖ *little ~,* dit petit. ‖ *midde ~,* dit del mig. ‖ *ring ~,* dit anular. ‖ *to burn one's fingers,* picar-se els dits.

finger (to) ['fiŋgə'] *t.* tocar, grapejar. 2 teclejar. 3 pispar, robar.

fingernail ['fiŋgəneil] *s.* ungla *f.* [dels dits de la mà].

fingerprint ['fiŋgəprint] *s.* empremta *f.* digital.

fingertip ['fiŋgətip] *s.* punta *f.* del dit.

finicky ['finiki] *a.* primmirat, punyeter.

finish [ˈfiniʃ] *s.* fi *m.*, final *m.* 2 acabat *m.* 3 ESPORT arribada *f.*, meta *f.*

finish (to) [ˈfiniʃ] *t.* acabar, terminar, concloure. 2 donar l'acabat a. 3 vèncer, matar, acabar amb. ■ 4 *i.* acabar(se).

finite [ˈfainait] *a.* finit.

Finland [ˈfinlənd] *n. pr.* GEOGR. Finlàndia.

Finn [fin] *s.* finlandès.

Finnish [ˈfiniʃ] *a.-s.* finlandès. ■ 2 *s.* finlandès *m.* [llengua].

fir [fəːʳ] *s.* BOT. avet *m.*

fir cone [ˈfəːkoun] *s.* pinya *f.* d'avet.

fire [ˈfaiəʳ] *s.* foc *m.* ‖ *to be on* ~, cremar, estar cremant; *to catch* ~, encendre's; *to set on* ~ o *to* ~, calar foc a, incendiar. 2 foc *m.*, incendi *m.* 3 foc *m.* [trets]. ‖ *to miss* ~, fallar el tret. 4 estufa *f.* 5 fig. ardor *m.*, passió *f.*, inspiració *f.*

fire (to) [ˈfaiəʳ] *t.* encendre, calar foc, incendiar, cremar. 2 disparar [una arma de foc]. 3 acomiadar [un treballador]. 4 fig. despertar, inspirar, excitar. ■ 5 *i.* encendre's *p.* 6 disparar-se *p.* 7 enardir-se *p.*, excitar-se *p.*

fire alarm [ˈfaiərəˌlɑːm] *s.* alarma *f.* d'incendis.

firearm [ˈfaiərɑːm] *s.* arma *f.* de foc.

firebrigade [ˈfaiəbriˌgeid] *s.* bombers *m. pl.*

fire engine [ˈfaiərˌendʒin] *s.* cotxe *m.* de bombers.

fireman [ˈfaiəmən] *s.* bomber. 2 FERROC. fogoner.

fireplace [ˈfaiəpleis] *s.* llar *f.*, xemeneia *f.*

fireproof [ˈfaiəpruːf] *a.* incombustible, a prova de foc.

fire raiser [ˈfaiəˌreizəʳ] *s.* incendiari *m.*

fireside [ˈfaiəsaid] *s.* lloc *m.* al costat de la llar de foc.

firewood [ˈfaiəwud] *s.* llenya *f.*

fireworks [ˈfaiəwəːks] *s. pl.* focs *m. pl.* artificials.

firing [ˈfaiəriŋ] *s.* cuita *f.* [de totxos]. 2 AUTO. encesa *f.* 3 MIL. tret *m.*; tiroteig *m.*; canonades *f. pl.*

firm [fəːm] *a.* ferm. 2 dur, consistent. ■ 3 *s.* firma *f.*, empresa *f.*, casa *f.*

firmness [ˈfəːmnis] *s.* fermesa *f.* [també fig.].

first [fəːst] *a.* primer. 2 primitiu original. 3 anterior. 4 primerenc. ■ 5 *adv.* primer. 6 abans, al principi. 7 per primer cop, per primera vegada. ■ 8 *s.* primer. 9 principi *m.*: *at* ~, al principi; *from the* ~, des del principi. ■ 10 *-ly adv.* primer, en primer lloc, primerament.

first aid [ˈfəːsteid] *s.* primers auxilis *m. pl.*

first-born [ˈfəːstbɔːn] *a.-s.* primogènit.

first-hand [ˈfəːsthænd] *a.* de primera mà.

first name [ˈfəːstneim] *s.* nom *m.* de pila.

first night [ˈfəːstnait] *s.* TEAT. nit *f.* d'estrena.

first-rate [ˈfəːstreit] *a.* excel·lent, de primera classe. ■ 2 *adv.* molt bé.

firth [fəːθ] *s.* ria *f.*, estuari *m.*

fiscal [ˈfiskəl] *a.* ECON. fiscal. ‖ ~ *year,* any *m.* fiscal.

fish [fiʃ] *s.* ICT. peix *m.*; (ROSS.) pei *m.* 2 fig. *a queer* ~, un tipus o un individu estrany.

fish (to) [fiʃ] *t.* pescar. ■ 2 *i.* anar a pescar, fer pesca.

fisherman [ˈfiʃəmən] *s.* pescador, (ROSS.) pescaire.

fishing [ˈfiʃiŋ] *s.* pesca *f.*

fishing rod [ˈfiʃiŋrɔd] *s.* canya *f.* de pescar.

fishing tackle [ˈfiʃiŋˌtækl] *s.* ormeig *m.* de pescar.

fishhook [ˈfiʃhuk] *s.* ham *m.*

fishmonger [ˈfiʃˌmʌŋgəʳ] *s.* peixater. ‖ *fishmonger's shop,* peixateria *f.*

fishpond [ˈfiʃpɔnd] *s.* viver *m.*, piscina *f.*

fission [ˈfiʃən] *s.* FIS. fissió *f.*

fissure [ˈfiʃəʳ] *s.* fissura *f.*, escletxa *f.*

fist [fist] *s.* puny *m.*

fisticuffs [ˈfistikʌfs] *s. pl.* cops *m. pl.* de puny.

fit [fit] *a.* apte, capaç, apropiat, convenient. 2 bé de salut, sà. 3 llest, preparat. ■ 4 *s.* atac *m.*, rampell *m.* 5 MED. atac *m.*, accés *m.* 6 ajustatge *m.*, reglatge *m.*, encaixament *m.* 7 *by fits and starts,* a empentes.

fit (to) [fit] *t.* ajustar, encaixar. 2 capacitar. 3 escaure a, anar bé a. 4 proveir, equipar. 5 disposar, preparar. 6 ficar, posar, col·locar. ■ 7 *i.* encaixar. 8 correspondre a. 9 ser propi o adequat de o per a. 10 adaptar-se *p.*, ajustar-se *p.* 11 escaure, anar bé o malament.

fitful [ˈfitful] *a.* variable. 2 capritxós. 3 espasmòdic.

fitness [ˈfitnis] *s.* aptitud *f.*, conveniència *f.* 2 salut *f.*

fitting [ˈfitiŋ] *a.* propi, adequat, convenient. ■ 2 *s.* ajustatge *m.*, encaixament *m.* 3 emprova *f.*, entallament *m.* [d'un vestit]. 4 *pl.* accesoris *m. pl.*, guarniments *m. pl.*; mobles *m. pl.* 5 MEC. muntatge *m.*

five [faiv] *a.* cinc. ■ 2 *s.* cinc *m.*

fiver ['faivə] s. col·loq. bitllet m. de cinc lliures.

fix [fiks] s. mal tràngol m., compromís m., embolic m. 2 col·loq. punxada f. [de droga].

fix (to) [fiks] t. fixar, assegurar. 2 assenyalar; posar, establir. 3 gravar [a la memòria]. 4 atreure, cridar [l'atenció]. 5 arranjar, arreglar. 6 col·loq. manejar, trucar; passar comptes amb algú. ■ 7 i. fixar-se p., solidificar-se p. 8 to ~ on, decidir-se p. per, escollir.

fixture ['fikstʃə] s. cosa f., moble m., fix a un lloc. 2 persona f. que viu fixa en un lloc. 3 pl. instal·lació f. [de gas, etc.]. 4 ESPORT partit m.

fizz (to) [fiz] i. bombollejar. 2 fer un soroll sibilant.

fizzle (to) ['fizl] i. xiuxiuejar. 2 to ~ out, apagar-se p.; fig. fracassar.

flabbergast (to) ['flæbəgɑːst] t. col·loq. confondre, desconcertar.

flabbiness ['flæbinis] s. flacciditat f. 2 fluixesa f.

flabby ['flæbi] a. flàccid, fluix, flonjo.

flaccid ['flæksid] a. flàccid, fluix.

flaccidity [flæk'siditi] s. flacciditat f.

flag [flæg] s. bandera f., senyera f., bandereta f., estendard m. 2 llosa f.

flag (to) [flæg] i. afluixar, decaure, flaquejar. 2 fig. desanimar-se p.

flagellate (to) ['flædʒəleit] t. flagel·lar.

flagging ['flægin] a. fluix, esmaperdut.

flagon ['flægən] s. gerra f. 2 ampolla f. [de dos litres].

flagrant ['fleigrənt] a. flagrant, notori, escandalós.

flagship ['flægʃip] s. vaixell m. o nau f. almirall.

flair [flɛə'] s. instint m., disposició f. natural.

flake [fleik] s. floc m. [de neu]. 2 escama f., lamel·la f.

flaky ['fleiki] a. escamós. 2 col·loq. inestable; excèntric, extravagant. 3 CUI. fullat, fullada.

flamboyant [flæm'bɔiənt] a. cridaner. 2 vistós, extremat. 3 ARQ. flamejant.

flame [fleim] s. flama f.; foc m. 2 passió f.

flame (to) [fleim] i. flamejar, encendre's p., inflamar-se p.

flamingo [flə'miŋgou] s. ORN. flamenc m.

flange [flændʒ] s. MEC. brida f., pestanya f., vorell m.

flank [flæŋk] s. illada f. 2 costat m. 3 MIL. flanc m.

flank (to) [flæŋk] t. vorejar. 2 MIL. flanquejar.

flannel ['flænl] s. TÈXT. franel·la f.

flap [flæp] s. tapeta f. [de butxaca]. 2 tapa f. [de vestit]. 3 peça f. plegable [de taula]. 4 cop m. d'ala. 5 to get into a ~, posar-se nerviós.

flap (to) [flæp] t. moure, batre [les ales]. ■ 2 i. aletejar, esbategar.

flare [flɛə'] s. flamarada f.; llampada f. 2 espurneig m., llampurneig m. 3 vol m. [d'una faldilla]. 4 fig. rampell m., llampec m. [d'ira, d'inspiració, etc.]. 5 MIL. bengala f.

flare (to) [flɛə'] t. acampanar [una faldilla, etc.]. ■ 2 i. acampanar-se p. 3 flamejar, resplendir, brillar. 4 fig. to ~ up, encendre's p., enutjar-se p.

flash [flæʃ] s. flamarada f., fogonada f., llampec m. 2 ostentació f.

flash (to) [flæʃ] t. encendre. 2 deixar anar [llum, flamarades, etc.]. 3 RADIO. radiar. 4 TELEGR. telegrafiar. ■ 5 i. flamejar, brillar, resplendir.

flashlight ['flæʃlait] s. llanterna f. 2 FOT. flash m.

flashy ['flæʃi] a. cridaner, extremat.

flask [flɑːsk] s. flascó m. 2 QUÍM. matràs m.

flat [flæt] a. pla, llis, ras. 2 esmussat, xato. 3 positiu, categòric. 4 fig. monòton, avorrit, insuls. 5 MÚS. desafinat. 6 MÚS. bemoll. ■ 7 s. plana f., pla m. 8 palmell m. [de la mà]. 9 pis m., apartament. 10 MÚS. bemoll m. ■ 11 adv. planerament; completament; terminantment.

flatness ['flætnis] s. planor f. 2 planura f. 3 fig. monotonia f., insipidesa f.

flatten (to) ['flætn] t. aplanar, allisar. 2 abatre. 3 aixafar, aplastar. ■ 4 i. allisar-se p. 5 perdre el gust.

flatter (to) ['flætə'] t. adular, llagotejar. 2 afalagar.

flattering ['flætərin] a. falaguer, afalagador.

flattery ['flætəri] s. adulació f., llagoteria f. 2 afalac m.

flatulent ['flætjulent] s. flatulent.

flaunt (to) [flɔːnt] t. fer onejar. 2 lluir, ostentar. ■ 3 p. to ~ oneself, gallejar. ■ 4 i. onejar, ondejar.

flautist ['flɔːtist] s. flautista m.

flavour, (EUA) **flavor** ['fleivə] s. gust m., sabor m. 2 aroma m. 3 assaonament m.

flavour, (EUA) **flavor (to)** ['fleivə] t. condimentar, assaonar.

flaw [flɔː] s. esquerda f. 2 defecte m., imperfecció f., desperfecte m.

flawless [ˈflɔːlis] a. impecable, perfecte.

flax [flæks] s. lli m.

flaxen [ˈflæksən] a. de lli. 2 ros clar [cabell].

flay (to) [flei] t. escorxar. 2 fig. renyar; deixar com un drap brut.

flea [fliː] s. puça f.

flea market [ˈfliːmɑːkit] s. encants m. pl.

fleck [flek] s. taca f., placa f.

fled [fled] Vegeu FLEE (TO).

fledged [ˈfledʒd] a. plomat. 2 fig. **fully-fledged**, de cap a peus, del tot.

flee (to) [fliː] i. fugir, (ROSS.) fúger. 2 fugir de, evitar. ▲ Pret. i p. p.: **fled** [fled].

fleece [fliːs] s. velló m. 2 llana f.

fleece (to) [fliːs] t. esquilar. 2 fig. plomar, deixar pelat, robar.

fleecy [ˈfliːsi] a. llanós, llanut.

fleet [fliːt] s. armada f. 2 flota f., esquadra f. ■ 2 a. poèt. veloç, lleuger.

fleeting [ˈfliːtiŋ] a. fugaç, passatger, efímer.

Flemish [ˈflemiʃ] a. flamenc [de Flandes]. ■ 2 s. flamenc m. [llengua].

flesh [fleʃ] s. carn f. [també fig.]. ‖ **to lose ~**, aprimar-se. ‖ **to put on ~**, engreixar-se.

fleshy [ˈfleʃi] a. carnós. 2 gras [persones].

flew [fluː] Vegeu FLY (TO).

flex [fleks] s. ELECT. cable m. flexible.

flex (to) [fleks] t. doblar, plegar.

flexibility [ˌfleksiˈbiliti] s. flexibilitat f.

flexible [ˈfleksəbl] a. flexible.

flexitime [ˈfleksitaim] s. horari m. flexible.

flick [flik] s. copet m. 2 col·loq. pel·lícula f. 3 col·loq. **the flicks**, el cine m.

flicker [ˈflikə] s. centelleig m. 2 fig. mica f., bocí m.

flicker (to) [ˈflikə] i. vacil·lar, tremolar. 2 vibrar.

flight [flait] s. vol m. 2 trajectòria f. [d'un projectil]. 3 bandada f. [d'ocells]. 4 esquadrilla f. [d'avions]. 5 fuga f., fugida f. 6 tram m. [d'escala].

flighty [ˈflaiti] a. frívol, capritxós, voluble.

flimsiness [ˈflimzinis] s. feblesa f. 2 fragilitat f.

flimsy [ˈflimzi] a. feble, dèbil. 2 futil, trivial. ■ 3 s. paper m. de ceba.

flinch (to) [flintʃ] i. acovardir-se p., recular, fer-se p. enrera (from, davant).

fling [fliŋ] s. tir m. 2 intent m., temptativa f. 3 bot m. 4 pulla f. 5 ball m. escocès.

fling (to) [fliŋ] t. llençar, llançar, tirar. ‖ **to ~ open**, obrir de cop. ■ 2 i. llençar-se p., llançar-se p., tirar-se p. ▲ Pret. i p. p.: **flung** [flʌŋ].

flint [flint] s. pedrenyal m., pedra f. foguera. 2 pedra f. d'encenedor.

flip [flip] s. closquet m., copet m. 2 col·loq. **the ~ side**, la segona cara f. d'un disc. 3 AVIA. vol m. curt.

flip (to) [flip] t. llançar, tirar enlaire [amb els dits].

flippancy [ˈflipənsi] s. frivolitat f. 2 lleugeresa f.

flippant [ˈflipənt] a. lleuger, frívol. 2 impertinent, petulant.

flirt [fləːt] s. coqueta f. [noia].

flirt (to) [fləːt] i. flirtejar, coquetejar. 2 fig. **to ~ with**, acariciar [una idea].

flirtation [fləːˈteiʃən] s. flirteig m., coqueteig m., festeig m.

flit (to) [flit] i. volar, voletejar.

float [flout] s. flotador m., boia f. 2 rai m., barca f. 3 carrossa f.

float (to) [flout] i. flotar, surar [també fig.]. ■ 2 t. fer flotar. 3 COM. emetre.

flock [flɔk] s. ramat m. [de cabres, bens, etc.]. 2 estol m., bandada f. [d'ocells]. 3 multitud f., gentada f. 4 REL. ramat m.

flock (to) [flɔk] i. reunir-se p., congregar-se p., ajuntar-se p.

floe [flou] s. panna f. de glaç.

flog (to) [flɔg] t. fuetejar, assotar. 2 col·loq. vendre.

flogging [ˈflɔgiŋ] s. pallissa f., atupada f.

flood [flʌd] s. inundació f. 2 torrent m. 3 abundància f.

flood (to) [flʌd] t. inundar [també fig.]. 2 desbordar. ■ 3 i. desbordar-se p. 4 **to ~ in**, arribar a grapats. 5 **to ~ out**, desallotjar; fig. inundar.

flood-light [ˈflʌdlait] s. focus m.

flood tide [ˈflʌdtaid] s. plenamar f.

floor [flɔː] s. terra m., sòl m. 2 fons [del mar]. 3 paviment m. [d'una casa]. 4 **ground ~**, planta f. baixa.

floor (to) [flɔː] t. posar el terra [d'una casa]. 2 tombar, tirar a terra. 3 fig. tombar, vèncer. 4 fig. desconcertar.

flooring [ˈflɔːriŋ] s. paviment m., sòl m. [interior]. 2 enrajolat m.

flop (to) [flɔp] i. deixar-se p. caure amb tot el pes. 2 col·loq. fracassar.

flora [ˈflɔːrə] s. BOT. flora f.

Florence ['florəns] *n. pr.* GEOGR. Florència.

florid ['florid] *a.* florit [estil]. 2 vermell [cara].

florin ['florin] *s.* florí *m.*

florist ['florist] *s.* florista.

flotsam ['flotsəm] *s.* restes *f. pl.*, despulles *f. pl.* [d'un naufragi].

flounce [flauns] *s.* volant *m.*, farbalà *m.* 2 estremiment *m.*

flounce (to) [flauns] *t.* posar volants o farbalans. ■ 2 *i.* moure's *p.* bruscament.

flounder [flaundə'] *s.* ICT. palaia *f.*

flounder (to) [flaundə'] *i.* debatre's *p.* 2 equivocar-se *p.*, entrebancar-se *p.*; vacil·lar.

flour ['flauə'] *s.* farina *f.*

flour (to) ['flauə'] *t.* enfarinar.

flourish ['flʌriʃ] *s.* floreig *m.* [amb l'espasa]. 2 cop *m.* de ploma. 3 toc *m.* de trompeta. 4 MÚS. fanfara *f.*

flourish (to) ['flʌriʃ] *i.* florir, prosperar. ■ 2 *t.* adornar. 3 brandir [l'espasa, etc.].

flourishing ['flʌriʃiŋ] *a.* pròsper, florent.

floury ['flauəri] *a.* farinós. 2 enfarinat.

flout (to) [flaut] *t.* mofar-se *p.* de, burlar-se *p.* de, insultar.

flow [flou] *s.* corrent *f.* 2 flux *m.* 3 doll *m.* 4 torrent *m.*

flow (to) [flou] *i.* fluir, córrer. 2 rajar, brollar. 3 procedir, provenir. 4 *to* ~ *away*, esmunyir-se *p.* 5 *to* ~ *into*, desembocar.

flower ['flauə'] *s.* BOT. flor *f.* || ~ *vase*, gerro *m.*, florera *f.* 2 fig. *the* ~ *of*, la flor i la nata de.

flower (to) ['flauə'] *i.* florir.

flowerpot ['flauəpɔt] *s.* test *m.*

flowery ['flauəri] *a.* florit [també fig.].

flowing ['flouiŋ] *a.* fluid, fluent. 2 deixat anar [cabell]. 3 ample, folgat [roba].

flown [floun] Vegeu FLY (TO).

flu [flu:] *s.* MED. col·loq. (*abrev. de influenza*) grip *f.*

fluctuate (to) ['flʌktjueit] *i.* fluctuar.

fluctuation [ˌflʌktju'eiʃən] *s.* fluctuació *f.*

flue [flu:] *s.* fumeral *m.*, tub *m.*, conducte *m.*

fluency ['fluənsi] *s.* fluïdesa *f.* 2 facilitat *f.*, domini *m.* [d'una llengua].

fluent ['fluənt] *a.* fluid. 2 bo. ■ 3 -**ly** *adv.* amb fluïdesa, bé.

fluff [flʌf] *s.* borrissol *m.*, llaneta *f.*

fluff (to) [flʌf] *t.* estufar, estovar, esponjar. 2 suspendre [un examen]. 3 col·loq.

TEAT. dir malament, equivocar-se *p.* ■ 4 *i.* esponjar-se *p.*

fluffy ['flʌfi] *a.* tou, esponjat.

fluid ['flu:id] *a.* fluid. 2 inestable. ■ 3 *s.* fluid *m.*

fluidity [flu:'iditi] *s.* fluïdesa *f.*

fluke [flu:k] *s.* col·loq. xamba *f.*, sort *f.* 2 MAR. ungla *f.* [d'una àncora]. 3 ZOOL. trematode *m.*

flung [flʌŋ] Vegeu FLING (TO).

fluorescent [fluə'resnt] *a.* fluorescent.

flurry ['flʌri] *s.* agitació *f.*, neguit *m.* 2 ràfega *f.* [de vent, de pluja, etc.].

flurry (to) ['flʌri] *t.* posar nerviós, neguitejar.

flush [flʌʃ] *a.* ple, ric, abundant. 2 vermell, encès. 3 anivellat, ras. ■ 4 *s.* broll *m.* [d'aigua]. 5 rubor *m.*, enrojolament *m.*

flush (to) [flʌʃ] *i.* posar-se *p.* vermell, enrojolar-se *p.* 2 sortir, brollar. ■ 3 *t.* netejar [amb aigua]. 4 fer posar vermell, fer enrojolar. 5 animar. 6 inundar. 7 igualar. 8 *to* ~ *the toilet*, tirar la cadena del wàter.

fluster ['flʌstə'] *s.* neguit *m.*, nerviosisme *m.*, confusió *f.*

fluster (to) ['flʌstə'] *t.* posar nerviós, neguitejar, atordir. || *to get flustered*, posar-se *p.* nerviós.

flute [flu:t] *s.* flauta *f.* 2 ARQ. estria *f.* 3 plec *m.*

flutter ['flʌtə'] *s.* aleteig *m.* 2 vibració *f.*, palpitació *f.* 3 fig. agitació *f.*, conmoció *f.*

flutter (to) ['flʌtə'] *i.* aletejar, moure [les ales]. 2 onejar. 3 agitar-se *p.* ■ 4 *t.* agitar, bellugar.

fluvial ['flu:vjəl] *a.* fluvial.

flux [flʌks] *s.* flux *m.* 2 fundent *m.*

fly [flai] *s.* ENT. mosca *f.* 2 bragueta *f.*

fly (to) [flai] *i.* volar. 2 anar amb avió. 3 hissar [una bandera]. 4 fugir, escapar-se *p.* 5 llançar-se *p.* contra, precipitar-se *p.* sobre. 6 saltar, esclatar. 7 *to* ~ *into a passion*, encendre's *p.* d'indignació. ■ 8 *t.* portar, pilotar [un avió]. 9 fer onejar [una bandera]. 10 evitar, fugir de. ▲ Pret.: *flew* [flu:]; p. p.: *flown* [floun].

flying ['flaiiŋ] *a.* volador, volant. || ~ *club*, club *m.* d'aviació. 2 ràpid, veloç. || ~ *visit*, visita *f.* breu, fugitiu. 3 onejant [bandera].

flying buttress [ˌflaiiŋ'bʌtris] *s.* ARQ. arc-botant *m.*

flying saucer [ˌflaiiŋ'sɔːsə'] *s.* platet *m.* volant.

flyleaf ['flaili:f] s. guarda f. [d'un llibre].

flywheel ['flaiwi:l] s. MEC. volant m.

foal [foul] s. ZOOL. poltre m.

foam [foum] s. escuma f.

foam (to) [foum] i. fer escuma; treure escuma.

f.o.b. [fɔb, 'efou'bi:] (abrev. *free on board*) franc a bord.

focus ['foukəs] s. focus m. 2 fig. centre m.

focus (to) ['foukəs] t. enfocar. 2 centrar, fixar [l'atenció, etc.].

fodder ['fɔdə'] s. pinso m., farratge m.

foe [fou] s. poèt. enemic.

foetus, (EUA) **fetus** ['fi:təs] s. fetus m.

fog [fɔg] s. boira f., broma f. ‖ fig. *to be in a ~*, sumit en un mar de dubtes.

foggy ['fɔgi] a. boirós, bromós. 2 FOT. velat.

foible ['fɔibl] s. punt m. flac, debilitat f. 2 mania f.

foil [fɔil] s. *aluminium ~*, paper m. d'alumini. 2 ESGR. floret m. 3 làmina f. [de metall].

foil (to) [fɔil] t. frustrar. 2 fig. realçar, fer destacar.

foist (to) [fɔist] t. *to ~ something on somebody*, endossar, encolomar [una mercaderia] amb engany.

fold [fould] s. plec m., séc m. 2 pleta f., cleda f. [pels bens]. 3 REL. ramat m.

fold (to) [fould] t. doblar, doblegar, plegar. 2 creuar [els braços]. ■ 3 i. doblarse p., doblegar-se p., plegar-se p. 4 *to ~ up*, fracassar, tancar [un negoci].

folder ['fouldə'] s. carpeta f.

folding ['fouldiŋ] a. plegable: *~ chair*, cadira plegable.

foliage ['fouliidʒ] s. fullatge m.

folio ['fouliou] s. foli m.

folk [fouk] s. gent f., poble m. 2 pl. col·loq. família f. ■ 3 a. popular.

folklore ['fouklɔ:'] s. folklore m.

folk song ['fouksɔŋ] s. cançó f. popular.

follow (to) ['fɔlou] t. seguir. ‖ *as follows*, tal com segueix. 2 perseguir. 3 *to ~ on* o *up*, prosseguir. 4 *to ~ out*, dur a terme.

follower ['fɔlouə'] s. seguidor. 2 partidari. 3 deixeble.

following ['fɔlouiŋ] a. següent. ■ 2 s. seguidors m. pl., partidaris m. pl.

folly ['fɔli] s. bestiesa f. 2 bogeria f.

foment (to) [fou'mənt] t. MED. fomentar [també fig.].

fond [fɔnd] a. afectuós. 2 *to be ~ of*, estimar; ser afeccionat a. ■ 3 *-ly*, adv. afectuosament.

fondle (to) ['fɔndl] t. acariciar, acaronar.

fondly ['fɔndli] adv. afectuosament. 2 ingènuament.

fondness ['fɔndnis] s. afecció f. 2 tendresa f.

font [fɔnt] s. pila f. baptismal.

food [fu:d] s. menjar m., aliment m. ‖ *food-stuffs*, comestibles m. pl., productes m. pl. alimentaris.

fool [fu:l] s. ximplet, enze. 2 boig. 3 pallasso. ‖ *to make a ~ of*, ridiculitzar, posar en ridícul.

fool (to) [fu:l] t. enganyar. 2 entabanar, ensarronar. ■ 3 i. fer broma, fer el ximple.

foolhardy ['fu:lhɑ:di] a. temerari.

foolish ['fu:liʃ] a. ximple, ximplet, neci. 2 absurd, ridícul.

foolishness ['fu:liʃnis] s. bestiesa f., ximpleria f.

foot [fut] s. ANAT. peu m. ‖ *on ~*, a peu, a peu. 2 pota f., peu m. [d'animal, moble, etc.]. 3 peu m., base f. 4 peu m. [mesura]. 5 fig. *to get back on one's feet*, restablir-se, aixecar el cap; *to get cold feet*, espantar-se, tenir por; *to put one's ~ in it*, ficar-se de peus a la galleda. ▲ pl. *feet* [fi:t].

footage ['futidʒ] s. longitud f. en peus. 2 CINEM. metratge m.

football ['futbɔ:l] s. ESPORT futbol m. 2 pilota f. [de futbol].

footfall ['futfɔ:l] s. trepitjada f., passa f., pas m.

footing ['futiŋ] s. peu m., base f., fonament m.

footlights ['futlaits] s. pl. TEAT. bateria f. sing. [de llums].

footman ['futmən] s. lacai m.

footpath ['futpɑ:θ] s. viarany m., camí m., sendera f.

footprint ['futprint] s. petjada f., petja f.

footsore ['futsɔ:'] a. espeuat, amb els peus cansats.

footstep ['futstep] s. pas m., passa f.

footwear ['futwɛə'] s. calçat m.

fop [fɔp] s. petimetre m.

for [fɔ:', fə'] prep. per; per a; a causa de; durant; contra; a favor de; de [amb destinació a]. ‖ *as ~ me*, pel que fa a mi; *but ~*, si no fos per; sense; *~ all that*, no obstant això, malgrat tot; *~ ever*, *~ good*, per sempre; *~ sale*, en venda, es ven; *the flight* ~ *Barcelona*, el vol de Barcelona. ■ *2 conj.* ja que, perquè.

forage ['fɔrid3] *s.* farratge *m.*

forage (to) ['fɔrid3] *i.* farratjar. 2 fig. furgar. ■ 3 *t.* fig. saquejar, pillar.

forasmuch as [fərəz'mʌtʃæz] *conj.* ja que, atès que [legal].

foray ['fɔrei] *s.* incursió *f.*, ràtzia *f.*, irrupció *f.* 2 saqueig *m.*

forbade [fə'beid] Vegeu FORBID (TO).

forbear, (EUA) **forebear** ['fēːbɛə] *s. pl.* avantpassats *m. pl.*

forbear (to) [fɔː'bɛə] *t.* form. evitar, deixar de. 2 sofrir amb paciència. ■ 3 *i.* abstenir-se *p.* ▲ Pret.: *forbore* [fɔː'bɔːʳ]; p. p.: *forborne* [fɔː'bɔːn].

forbearance [fɔː'bɛərəns] *s.* abstenció *f.*, contenció *f.* 2 paciència *f.*, indulgència *f.*

forbid (to) [fə'bid] *t.* prohibir, vedar, privar. || *God* ~!, Déu no ho vulgui! ▲ Pret.: *forbade* [fə'beid] o *forbad* [fə'bæd]; p. p.: *forbidden* [fə'bidn].

forbidding [fə'bidiŋ] *a.* inhòspit, amenaçador, terrible. 2 formidable, impressionant. 3 sever [persona].

forbore [fɔː'bɔːʳ] Vegeu FORBEAR (TO).

forborne [fɔː'bɔːn] Vegeu FORBEAR (TO).

force [fɔːs] *s.* força *f.: by* ~, per força, per la força. 2 vigor *m.*, energia *f.* 3 virtut *f.*, eficàcia *f.* 4 *in* ~, en vigor, vigent.

force (to) [fɔːs] *t.* forçar. 2 obligar. 3 imposar. 4 obtenir, treure, ficar, etc. [per la força]. || *to* ~ *one's way*, obrir-se *p.* pas a empentes.

forceful ['fɔːsful] *a.* fort, poderós, eficaç; violent.

forcemeat ['fɔːsmiːt] *s.* farciment *m.*

forceps ['fɔːsəps] *s. pl.* fòrceps *m.*

forcible ['fɔːsəbl] *a.* violent, forçat. 2 eficaç, convincent [persona].

ford [fɔːd] *s.* gual *m.*

ford (to) [fɔːd] *t.* travessar, passar a gual.

fore [fɔː, fɔə] *a.* davanter. ■ 2 *s.* davantera *f.* 3 MAR. proa *f.* ■ 4 *adv.* a proa.

forearm ['fɔːrɑːm] *s.* avantbraç *m.*

forebode (to) [fɔː'boud] *t.* presagiar, predir. 2 pressentir.

foreboding [fɔː'boudiŋ] *s.* presagi *m.*, predicció *f.* 2 pressentiment *m.*

forecast ['fɔːkɑːst] *s.* pronòstic *m.*, previsió *f.* || *weather* ~, previsió meteorològica.

forecast (to) ['fɔːkɑːst] *t.* pronosticar, preveure. ▲ Pret. i p. p.: *forecast* o *-ted* [-tid].

foredoomed [fɔː'duːmd] *a.* condemnat o destinat d'entrada.

forefather ['fɔːfɑːðə] *s.* avantpassat *m.*

forefinger ['fɔːfiŋgə] *s.* dit *m.*, índex.

forefoot ['fɔːfut] *s.* pota *f.* davantera.

forefront ['fɔːfrʌnt] *s.* avantguarda *f.*; primer pla *m.* 2 MIL. primera línia *f.*

foregoing [fɔː'gouiŋ] *a.* anterior, precedent.

foreground ['fɔːgraund] *s.* primer terme *m.*, primer pla *m.* [també fig.].

forehead ['fɔrid] *s.* ANAT. front *m.*

foreign ['fɔrin] *a.* estranger, exterior. || (G.B.) *Foreign Office*, ministeri *m.* d'afers estrangers. 2 foraster, estrany. 3 aliè.

foreigner ['fɔrinə] *s.* estranger [persona]. 2 foraster.

foreknowledge ['fɔː'nɔlid3] *s.* presciència *f.*

foreland ['fɔːlənd] *s.* cap *m.*, promontori *m.*

foreleg ['fɔːleg] *s.* pota *f.* davantera.

forelock ['fɔːlɔk] *s.* tupè *m.*

foreman ['fɔːmən] *s.* capataç *m.*, encarregat *m.*

foremost ['fɔːmoust] *a.* primer, principal, capdavanter. ■ 2 *adv.* *first and* ~, primer que res, abans de tot.

forensic [fə'rensik] *a.* forense.

forerunner ['fɔːrʌnə] *s.* precursor. 2 anunci *m.*, presagi *m.*

foresee (to) [fɔː'siː] *t.* preveure. ▲ Pret.: *foresaw* [fɔː'sɔː]; p. p.: *foreseen* [fɔː'siːn].

foreshadow (to) [fɔː'ʃædou] *t.* prefigurar, presagiar.

foreshortening [fɔː'ʃɔːtniŋ] *s.* escorç *m.*

foresight ['fɔːsait] *s.* previsió *f.*, perspicàcia *f.* 2 prudència *f.*

foreskin ['fɔːskin] *s.* ANAT. prepuci *m.*

forest ['fɔrist] *s.* bosc *m.* 2 fig. selva *f.*

forestall (to) [fɔː'stɔːl] *t.* anticipar(se). 2 prevenir, impedir.

forestry ['fɔristri] *s.* silvicultura *f.* || ~ *expert*, silvicultor.

foretell (to) [fɔː'tel] *t.* predir. ▲ Pret. i p. p.: *foretold* [fɔː'tould].

forethought ['fɔːθɔːt] *s.* previsió *f.*, prudència *f.* 2 premeditació *f.*

forever [fə'revə] *adv.* sempre, per sempre.

forewarn (to) [fɔː'wɔːn] *t.* prevenir, advertir, avisar.

foreword ['fɔːwəd] *s.* prefaci *m.*

forfeit ['fɔːfit] s. pena f., multa f. 2 pl. joc m. de penyores. 3 DRET pèrdua f. [també fig.].

forfeit (to) ['fɔːfit] t. DRET perdre [també fig.]. 2 confiscar, comissar, decomissar.

forgave [fəˈgeiv] Vegeu FORGIVE (TO)

forge [fɔːdʒ] s. farga f., forja f., foneria f.

forge (to) [fɔːdʒ] t. forjar, fargar [també fig.]. 2 falsificar [documents]. ■ 3 i. to ~ ahead, progressar, avançar.

forgery [fɔːdʒəri] s. falsificació f.

forget (to) [fəˈget] t. oblidar(se), descuidar-se p. ‖ ~ it, oblida-ho, no t'amoïnis. ■ 2 i. oblidar-se p. ▲ Pret.: **forgot** [fəˈgɛt]; p. p.: **forgotten** [fəˈgɔtn].

forgetful [fəˈgetful] a. oblidadís.

forgive (to) [fəˈgiv] t. perdonar, dispensar. ▲ Pret.: **forgave** [fəˈgeiv]; p. p.: **forgiven** [fəˈgivn].

forgiveness [fəˈgivnis] s. perdó m., remissió f. 2 misericòrdia f. 3 indulgència f.

forgo (to) [fɔːˈgou] t. renunciar a, privar-se p. de, estar-se p. de. ▲ Pret.: **forwent** [fɔːˈwent]; p. p.: **forgone** [fɔːˈgɔn].

forgot [fəˈgɔt], **forgotten** [fəˈgɔtn] Vegeu FORGET (TO).

fork [fɔːk] s. forquilla f., (BAL.), (VAL.) forqueta f. 2 forca f., forquilla f. 3 bifurcació f., enforcall m.

fork (to) [fɔːk] t. agafar amb la forca, enforcar. ■ 2 i. bifurcar-se p.

forlorn [fəˈlɔːn] a. poèt. abandonat. 2 trist, desolat. 3 desesperat.

form [fɔːm] s. forma f. 2 manera f. 3 classe f., tipus m. 4 imprès m., formulari m. 5 banc, m. [seient]. 6 (G.B.) curs m., grau m.

form (to) [fɔːm] t. formar. 2 fer. 3 modelar. 4 pronunciar, dir. 5 crear. 6 fer-se p., formar-se p. 7 concebre, idear. 8 MIL. formar. ■ 9 i. formar-se p., prendre forma.

formal ['fɔːməl] a. formal. 2 solemne, formalista. 3 cerimoniós, protocolari. 4 oficial. 5 d'etiqueta. 6 correcte. 7 COM. en ferm.

formality [fɔːˈmæliti] s. formalitat f., tràmit m., requisit. 2 cerimònia f., etiqueta f.

formation [fɔːˈmeiʃən] s. MIL. formació [també fig.]. 2 disposició f., estructura f.

former ['fɔːmə'] a. anterior, precedent, antic. 2 pron. el primer [de dos]. 3 the ~..., the latter..., aquest..., aquell...

formerly ['fɔːməli] adv. abans, anteriorment. 2 antigament.

formidable ['fɔːmidəbl] a. formidable. 2 fig. impressionant.

formula ['fɔːmjulə] s. fórmula f. ▲ pl. formulas o formulae ['fɔːmjuliː].

formulate (to) ['fɔːmjuleit] t. formular.

fornicate (to) ['fɔːnikeit] i. fornicar.

fornication [ˌfɔːniˈkeiʃən] s. fornicació f.

forsake (to) [fəˈseik] t. abandonar, desemparar. 2 renunciar a. ▲ Pret.: **forsook** [fəˈsuk]; p. p.: **forsaken** [fəˈseikən].

forswear (to) [fɔːˈswɛə'] t. abjurar, renunciar a. ▲ Pret.: **forswore** [fɔːˈswɔː']; p. p.: **forsworn** [fɔːˈswɔːn].

fort [fɔːt] s. fort m., fortalesa f.

forth [fɔːθ] adv. endavant; en endavant. ‖ and so ~, i així successivament.

forthcoming [fɔːˈθʌmiŋ] a. proper, pròxim, vinent. 2 disponible. 3 amable.

forthwith [ˌfɔːθˈwiθ] adv. immediatament, de seguida.

fortieth ['fɔːtiəθ] a.-s. quarantè.

fortification [ˌfɔːtifiˈkeiʃən] s. fortificació f.

fortify (to) ['fɔːtifai] t. MIL. fortificar. 2 enfortir, reforçar. 3 preparar.

fortitude ['fɔːtitjuːd] s. fermesa f., valor m., coratge m.

fortnight ['fɔːtnait] s. quinzena f.

fortnightly ['fɔːtˌnaitli] a. quinzenal, bimensual. ■ 2 adv. cada quinze dies.

fortress ['fɔːtris] s. fortalesa f.

fortuitous [fɔːˈtjuːitəs] a. fortuït, casual.

fortunate ['fɔːtʃənit] a. afortunat, feliç. 2 oportú.

fortune ['fɔːtʃən] s. fortuna f., sort f. ‖ fortune-teller, endevinaire. 2 fortuna f., riquesa f.

forty ['fɔːti] a. quaranta. ■ 2 s. quaranta m.

forum ['fɔːrəm] s. fòrum m. 2 fig. tribunal m.

forward ['fɔːwəd] a. davanter. 2 precoç, avançat. 3 atrevit, descarat. 4 avançat, primerenc. ■ 5 s. ESPORT davanter.

forward (to) ['fɔːwəd] t. enviar, expedir, trametre. 2 promoure, afavorir, fer avançar.

forward(s) ['fɔːwəd(z)] adv. endavant, (VAL.) avant. ‖ We look forward to hearing from you, esperem notícies seves.

forwardness ['fɔːwədnis] s. progrés m. 2 promptitud f. 3 precocitat f. 4 audàcia f. 5 barra f., desvergonyiment m.

fossil ['fɔsil] a. fòssil. ■ 2 s. fòssil m. [també fig.].

fossilize (to) [ˈfɔsilaiz] t. fossilitzar [també fig.]. ■ 2 i. fossilitzar-se p. [també fig.].

foster [ˈfɔstə'] a. de llet. ‖ *foster-brother*, germà de llet. 2 adoptiu. ‖ *foster-child*, fill adoptiu. ‖ *foster-mother*, mare adoptiva.

foster (to) [ˈfɔstə'] t. criar [una criatura]. 2 fomentar, promoure.

fought [fɔːt] Vegeu FIGHT (TO).

foul [faul] a. brut, fastigós. 2 fètid, pudent. 3 viciat [aire]. 4 dolent, lleig [temps]. 5 obscè. 6 embussat. ■ 7 adv. brut. ■ 8 s. ESPORT falta f.

foul (to) [faul] t. embrutar, enllardar, tacar. 2 embussar. 3 encallar-se p. amb. 4 topar amb, xocar amb. 5 ESPORT fer una falta. ■ 6 i. embrutar-se p., enllardar-se p., tacar-se p. 7 embussar-se p. 8 encallar-se p. 9 ESPORT fer una falta.

foul play [ˈfaulˈplei] s. DRET crim m. violent. 2 ESPORT joc m. brut.

found [faund] Vegeu FIND (TO).

found (to) [faund] t. fundar. 2 basar, fonamentar. 3 TECNOL. fondre.

foundation [faunˈdeiʃən] s. fundació f. [acció; institució]. 2 fig. fonament m., base f. 3 ARQ. fonaments m. pl.

foundation cream [faunˈdeiʃn͵kriːm] s. COSM. maquillatge m. base.

foundation stone [faunˈdeiʃn͵stoun] s. ARQ. primera pedra f. 2 fig. pedra f. angular.

founder [ˈfaundə'] s. fundador. 2 TECNOL. fonedora f.

founder (to) [ˈfaundə'] t. NÀUT. fer anar a pic, enfonsar. 2 fer caure [un cavall]. ■ 3 i. NÀUT. enfonsar-se p., anar a pic. 2 ensopegar, caure [un cavall]. 3 ensorrar-se p., enfonsar-se p. [un negoci, etc.]. 4 fracassar.

foundling [ˈfaundliŋ] s. expòsit, bord.

foundry [ˈfaundri] s. foneria f.

fount [faunt] s. brollador m.

fountain [ˈfauntin] s. font f., brollador m.

fountain pen [ˈfauntin͵pen] s. ploma f. estilogràfica.

four [fɔːʳ, fɔə'] a. quatre. ‖ *on all fours*, de quatre grapes. ■ 2 s. quatre m.

fourteen [͵fɔːˈtiːn] a. catorze. ■ 2 s. catorze m.

fourteenth [͵fɔːˈtiːnθ] a. catorzè.

fourth [fɔːθ] a.-s. quart.

fowl [faul] s. ocell m. o au f. de corral.

fox [fɔks] s. ZOOL. guineu f., guilla f., guillot m.

foxy [ˈfɔksi] a. astut, murri.

fraction [ˈfrækʃən] s. fragment m., tros m. 2 MAT. fracció f.

fractious [ˈfrækʃəs] a. repelós, susceptible, malgeniüt.

fracture [ˈfræktʃə'] s. fractura f.

fracture (to) [ˈfræktʃə'] t. fracturar, trencar. ■ 2 i. fracturar-se p., trencar-se f.

fragile [ˈfrædʒail] a. fràgil. 2 trencadís, delicat.

fragment [ˈfrægmənt] s. fragment m., tros m.

fragmentary [ˈfrægməntəri] a. fragmentari.

fragrance [ˈfreigrəns] s. fragància f.

fragrant [ˈfreigrənt] a. fragant, olorós.

frail [freil] a. fràgil. 2 dèbil, feble.

frame [freim] s. carcassa f., carcanada f., bastiment m. 2 cos m. 3 bastidor m., marc m. 4 ~ *of mind*, estat m. d'ànim.

frame (to) [freim] t. formar, construir. 2 emmarcar, enquadrar. 4 idear. 4 expressar.

framework [ˈfreimwəːk] s. carcassa f., estructura f.

franc [fræŋk] s. franc m. [moneda].

France [frɑːns] n. pr. GEOGR. França.

franchise [ˈfræntʃaiz] s. privilegi m. 2 dret m. polític.

Francis [ˈfrɑːnsis] n. pr. m. Francesc.

frank [fræŋk] a. franc, sincer.

Frank [fræŋk] n. pr. m. (dim. *Francis*) Cesc.

frankfurter [ˈfræŋk͵fɔːtə'] s. salsitxa f. de Frankfurt.

frankincense [ˈfræŋkin͵sens] s. encens m.

frankness [ˈfræŋknis] s. franquesa f., sinceritat f.

frantic [ˈfræntik] a. frenètic, furiós, desesperat.

fraternal [frəˈtəːnl] a. fraternal.

fraternity [frəˈtəːniti] s. germanor f., fraternitat f.

fraternize (to) [ˈfrætənaiz] i. fraternitzar.

fratricide [ˈfrætrisaid] s. fratricidi m. 2 fratricida.

fraud [frɔːd] s. frau m., engany m., dol m. 2 farsant, impostor.

fraudulent [ˈfrɔːdjulənt] a. fraudulent.

fraught [frɔːt] a. ple, carregat, proveït.

fray [frei] s. baralla f., batussa f.

fray (to) [frei] t. gastar, desgastar, esfilagarsar. ■ 2 i. gastar-se p., desgastar-se p., esfilagarsar-se p.

freak [friːk] s. caprici *m.*, antull *m.* 2 ra-resa *f.* 3 monstre *m.*, monstruositat *f.*

freakish [ˈfriːkiʃ] *a.* monstruós. 2 estrany. 3 capriciós.

freckle [frekl] s. piga *f.*

Fred [fred], **Freddy** [fredi] *n. pr. m.* (dim. *Frederick*) Frederic.

Frederick [ˈfredrik] *n. pr. m.* Frederic.

free [friː] *a.* lliure. ‖ ~ *and easy,* despreo-cupat. 2 franc, exempt. 3 gratuït, de franc. 4 espontani, voluntari. 5 liberal, generós. 6 desfermat, fàcil. 7 atrevit, desvergonyit. 8 desocupat, vacant. ■ *9 adv.* lliurement. 10 -ly *adv.* lliurement. 11 francament. 12 voluntàriament.

free (to) [friː] *t.* deslliurar, alliberar. 2 eximir. 3 desembarassar. 4 deixar anar.

freebooter [ˈfriːˌbuːtəʳ] s. filibuster *m.* 2 Vegeu FILIBUSTER.

freedom [ˈfriːdəm] s. llibertat *f.* 2 facilitat *f.*, desimboltura *f.*

freehand [ˈfriːhænd] *a.* fet a pols [dibuix].

freehold [ˈfriːhould] s. propietat *f.* absoluta.

freemason [ˈfriːˌmeisn] s. francmaçó *m.*

freemasonry [ˈfriːˌmeisnri] s. francma-çoneria *f.*

freer [ˈfriːəʳ] s. llibertador *m.*

free trade [ˌfriːˈtreid] s. lliure canvi *m.*

free will [ˌfriːˈwil] s. lliure arbitri *m.*

freeze [friːz] s. glaçada *f.*, gelada *f.*

freeze (to) [friːz] *t.* glaçar, gelar, conge-lar. ■ *2 i.* glaçar-se *p.*, gelar-se *p.*, con-gelar-se *p.* ▲ Pret.: *froze* [frouz]; p. p.: *frozen* [frouzn].

freezing [ˈfriːziŋ] *a.* glacial. ‖ ~ *point,* punt *m.* de congelació. 2 frigorífic.

freight [freit] s. càrrega *f.* 2 noli *m.*, nò-lit *m.*

French [frentʃ] *a.-s.* GEOGR. francès. 2 s. francès *m.* [llengua].

French bean [ˌfrentʃˈbiːn] s. mongeta *f.* verda.

Frenchman [ˈfrentʃmən] s. francès *m.* [home].

French window [ˌfrentʃˈwindou] s. porta *f.* finestra [d'un balcó o un jardí].

Frenchwoman [ˈfrentʃˌwumən] s. fran-cesa *f.* [dona].

frenzied [ˈfrenzid] *a.* frenètic.

frenzy [ˈfrenzi] s. frenesí *m.*, bogeria *f.*, deliri *m.*

frequency [ˈfriːkwənsi] s. freqüència *f.*

frequent [ˈfriːkwənt] *a.* freqüent. 2 ha-bitual, regular.

frequent (to) [friˈkwent] *t.* freqüentar.

fresco [freskou] s. B. ART. fresc *m.*

fresh [freʃ] *a.* fresc, nou, recent. 2 fresc, tou [pa]. 3 pur [aire]. 4 descansat [tro-pa]. 5 fresc, barrut. 6 dolça [aigua]. ■ *7 -ly adv.* recentment.

freshen (to) [freʃn] *t.-i.* refrescar.

freshman [ˈfreʃmən] s. estudiant de pri-mer curs a la universitat.

freshness [ˈfreʃnis] s. frescor *f.* 2 verdor *f.* 3 novetat *f.* 4 desvergonyiment *m.*, barra *f.*

fret [fret] s. frec *m.*, fregament *m.* 2 ras-padura *f.*, rosec *m.* 3 irritació *f.*

fret (to) [fret] *t.* fregar, gastar, desgastar, rosegar. 2 amoïnar, neguitejar, irritar. ■ *3 i.* fregar-se *p.*, gastar-se *p.*, desgastar-se *p.* 4 amoïnar-se *p.*, neguitejar-se *p.*, irritar-se *p.*

fretful [fretful] *a.* irritable, irascible. 2 nerviós, impacient.

friar [ˈfraiəʳ] s. frare *m.*, monjo *m.*

friction [ˈfrikʃən] s. fricció *f.*, frec *m.*, ro-sec *m.*

Friday [ˈfraidi] s. divendres *m.* ‖ *Good* ~, Divendres Sant.

fried [fraid] Vegeu FRY (TO). 2 *a.* fregit.

friend [frend] s. amic. ‖ *bosom* ~, amic ín-tim; amic de l'ànima. ‖ *to make friends with,* fer amistat amb, fer-se amic de.

friendless [ˈfrendlis] *a.* sense amics.

friendly [ˈfrendli] *a.* amistós, amical; sim-pàtic. 2 benèvol, favorable.

friendship [ˈfrendʃip] s. amistat *f.*

frieze [friːz] s. ARQ. fris *m.*

frigate [ˈfrigit] s. fragata *f.*

fright [frait] s. por *f.*, terror *m.* 2 esglai *m.*, ensurt *m.* 3 espantall *m.*

frighten (to) [fraitn] *t.* espantar. 2 es-verar, esglaiar. ‖ *to* ~ *away,* espantar, fer fugir.

frightful [ˈfraitful] *a.* espantós, terrible, esfereïdor. 2 horrorós, molt lleig. ■ *3 -ly adv.* terriblement.

frightfulness [ˈfraitfulnis] s. horror *m.*, espant *m.*

frigid [ˈfridʒit] *a.* frígid. 2 fred.

frigidity [friˈdʒiditi] s. frigidesa *f.* 2 fredor *f.*, indiferència *f.*

frill [fril] s. COST. punta *f.*, volant *m.*, far-balà *f.*

fringe [frindʒ] s. serrell *m.*, flocadura *f.*, orla *f.* 2 serrell *m.* [de cabell]. 3 vora *f.*

fringe (to) [frindʒ] *t.* orlar, posar serrells o flocadures.

frippery ['frɪpəri] s. penjolls m. pl. ■ 2 a. frívol.

frisk (to) [frisk] i. saltar, saltironar, guimbar. ■ 2 t. escorcollar.

frisky ['frɪski] a. juganer, alegre, bellugadís.

fritter ['frɪtəʳ] s. bunyol m. 2 fragment m.

fritter (to) ['frɪtəʳ] t. esmicolar. 2 to ~ away, malgastar, fer malbé.

frivolity [frɪ'vɔliti] a. frivolitat f.

frivolous ['frɪvələs] a. frívol.

frizzle (to) ['frizl] t. arrissar, crespar.

fro [frou] adv. to and ~, endavant i endarrera; amunt i avall; d'aquí cap allà.

frock [frɔk] s. hàbit m. [monacal]. 2 vestit m. [de dona]. 3 ~ coat, levita f. [peça de vestir].

frog [frɔg] s. granota f.

frolic ['frɔlik] s. joc m., diversió f. 2 gresca f., gatzara f.

frolic (to) ['frɔlik] i. jugar, divertir-se p., fer gatzara.

frolicsome ['frɔliksəm] a. juganer, entremaliat, esbojarrat.

from [frɔm, frəm] prep. de, des de. 2 a partir de. 3 de part de. 4 pel que, segons. 5 per, a causa de.

front [frʌnt] s. front m. 2 façana f. 3 davantera f. 4 pitrera f. [de camisa]. 5 in ~ of, davant de. ■ 6 a. davanter; principal; frontal.

front (to) [frʌnt] t. fer front a. 2 donar a, mirar cap a.

frontier ['frʌntiəʳ] s. frontera f. ■ 2 a. fronterer.

frontispiece ['frʌntispiːs] s. frontispici m. 2 portada f. [d'un llibre].

frost [frɔst] s. gebre m. 2 gelada f., glaçada f.

frost-bitten ['frɔst,bitn] a. gelat, glaçat; cremat [per la glaçada].

frosty ['frɔsti] a. gelat, glaçat, glacial.

froth [frɔθ] s. escuma f.

froth (to) [frɔθ] t. escumar.

frothy ['frɔθi] a. escumós. 2 frívol.

frown [fraun] s. celles f. pl. arrufades.

frown (to) [fraun] i. arrufar les celles o el nas.

frowning ['fraunɪŋ] a. malcarat, amb les celles arrufades.

froze [frouz] Vegeu FREEZE (TO).

frozen ['frouzn] Vegeu FREEZE (TO).

frugal ['fruːgəl] a. frugal.

frugality [fru'gæliti] s. frugalitat f.

fruit [fruːt] s. fruit m. 2 fruita f. [fruits comestibles].

fruit (to) [fruːt] i. fructificar.

fruiterer ['fruːtərəʳ] s. fruiter. ‖ fruiterer's shop, fruiteria f.

fruitful ['fruːtful] a. fructífer, fructuós. 2 fèrtil; abundant.

fruition [fruː'iʃən] s. fruïció f.

fruitless ['fruːtlis] a. infructuós, va, estèril.

fruit tree ['fruːttriː] s. arbre m. fruiter.

frump [frʌmp] s. persona f. amb roba vella i antiquada.

frustrate (to) [frʌs'treit] t. frustrar. 2 fer fracassar.

frustration [frʌs'treiʃən] s. frustració f.

fry [frai] s. fresa f., peixet m. ‖ fig. small ~, xusma f.

fry (to) [frai] t. fregir. ■ 2 i. fregir-se p.

frying ['fraiiŋ] s. fregida f.

frying pan ['fraiiŋpæn] s. paella f.

fuck [fʌk] s. vulg. clau m., cardada f. 2 fuck-all, res de res. 3 fucker, idiota, imbècil. ■ 4 a. fucking that ~ guy!, aquest cony de paio!

fuck (to) [fʌk] t.-i. vulg. cardar i., fotre. ‖ ~ it!, merda! ‖ ~ off!, ves-te'n a la merda! ‖ to ~ something up, fer malbé una cosa.

fuel [fjuəl] s. combustible m. 2 fig. pàbul m.

fugitive ['fjuːdʒitiv] a. fugitiu. 2 fugaç, fugisser. ■ 3 s. fugitiu.

fulfil, (EUA) **fulfill (to)** [ful'fil] t. complir, realitzar. 2 satisfer. 3 executar, dur a terme.

fulfilment [ful'filmənt] s. execució f., realització f. 2 satisfacció f., acompliment m.

full [ful] a. ple, curull, replet, atapeït. ‖ TEAT. ~ house, ple. ‖ ~ moon, lluna plena. 2 íntegre, complet, tot. ‖ at ~ speed, a tota velocitat. 3 plenari [sessió]. 4 abundant, copiós. 5 extens, detallat. ‖ in ~, detalladament, sense abreujar. 6 exacte. ■ 7 adv. justament, en ple, de ple. 8 pel cap baix.

full-back ['fulbæk] s. ESPORT defensa.

full dress [,ful'dres] s. vestit m. de gala, vestit m. d'etiqueta.

full-grown [,ful'groun] a. adult, madur.

full-length [ful'leŋθ] a. de tot el cos, dret [retrat].

fullness ['fulnis] s. plenitud f., totalitat f. 2 abundància f. 3 afartament m., atipament m.

full stop [,ful'stɔp] s. punt m. [puntuació].

full-time [ˌfulˈtaim] *a.* de jornada plena, de dedicació exclusiva [treball, activitat, etc.]. ■ 2 *adv.* **to work** ~, treballar a jornada plena. ■ 3 *s.* ESPORT **full time,** final *m.* [del partit].

fully [ˈfuli] *adv.* plenament. 2 totalment, completament, del tot. 3 de ple. 4 àmpliament.

fulminate (to) [ˈfʌlmineit] *t.* fulminar. ■ 2 *i.* **to** ~ **against,** clamar, cridar contra.

fumble (to) [ˈfʌmbl] *i.* buscar a les palpentes. ■ 2 *t.* toquejar, grapejar.

fumbler [ˈfʌmblə] *s.* poca-traça.

fume [fjuːm] *s. pl.* fum *m.,* fumarada *f.* 2 vapor *m.,* gas *m.* 3 còlera *f.,* enrabiada *f.*

fume (to) [fjuːm] *t.* fumar. ■ 2 *i.* fumar, fumejar. 3 estar empipat o enrabiat.

fumigate (to) [ˈfjuːmigeit] *t.* fumigar.

fuming [ˈfjuːmiŋ] *a.* enutjat, furiós.

fumigation [ˌfjuːmiˈgeiʃən] *s.* fumigació *f.*

fun [fʌn] *s.* broma *f.* ‖ **in** o **for** ~, de broma; **to be** ~, ser divertit; **to have some** ~, divertir-se. 2 diversió *f.* 3 burla *f.* ‖ **to make** ~ **of,** burlar-se de.

function [ˈfʌŋkʃən] *s.* funció *f.* 2 festa *f.,* reunió *f.,* acte *m.*

function (to) [ˈfʌŋkʃən] *i.* funcionar.

functional [ˈfʌŋkʃənl] *a.* funcional.

fund [fʌnd] *s.* COM. fons *m.,* capital *m.* 2 provisió *f.,* reserva *f.* 3 *pl.* fons *m.* 4 fig. font *f.*

fund (to) [fʌnd] *t.* consolidar [el deute públic]. 2 col·locar. 3 invertir. 4 proveir fons.

fundamental [ˌfʌndəˈmentl] *a.* fonamental. ■ 2 *s. pl.* fonaments *m. pl.,* principis *m. pl.* ■ 3 **-ly** *adv.* fonamentalment.

fundamentalism [ˌfʌndəˈmentlizm] *s.* fonamentalisme *m.*

fundamentalist [ˌfʌndəˈmentlist] *s.* fonamentalista.

funeral [ˈfjuːnərəl] *s.* enterrament *m.* 2 funeral *m.,* exèquies *f. pl.* ■ 3 *a.* fúnebre, funeral, funerari.

funereal [fjuːˈniəriəl] *a.* fúnebre.

funfair [ˈfʌnfɛə] *s.* parc *m.* d'atraccions.

fungus [ˈfʌŋgəs] *s.* BOT. fongs *m.*

funk [fʌŋk] *s.* covardia *f.,* por *f.*

funnel [ˈfʌnl] *s.* embut *m.* 2 xemeneia *f.* [de vapor].

funny [ˈfʌni] *a.* còmic, graciós, divertit. 2 curiós, estrany.

fur [fəː] *s.* pell *f.* ‖ ~ **coat,** abric *m.* de pell. 2 saburra *f.*

furbish (to) [ˈfəːbiʃ] *t.* brunyir, polir. 2 netejar.

furious [ˈfjuəriəs] *a.* furiós, furibund, irat.

furl (to) [fəːl] *t.* plegar [banderes]. 2 MAR. aferrar [veles]. 3 enrotllar.

furlong [ˈfəːlɔŋ] *s.* estadi *m.* [mesura].

furlough [ˈfəːlou] *s.* MIL. permís *m.*

furnace [ˈfəːnis] *s.* forn *m.* ‖ **blast** ~, alt forn.

furnish (to) [ˈfəːniʃ] *t.* proveir, fornir. 2 equipar, amoblar. 3 subministrar, proporcionar.

furnishings [ˈfəːniʃiŋ] *s. pl.* mobiliari *m. sing.,* parament *m. sing.*

furniture [ˈfəːnitʃə] *s.* mobiliari *m.,* mobles *m. pl.* ‖ **piece of** ~, moble *m.*

furrier [ˈfʌriə] *s.* pellisser *m.*

furrow [ˈfʌrou] *s.* solc *m.* 2 arruga *f.*

furrow (to) [ˈfʌrou] *t.* solcar, fer solcs.

further [ˈfəːðə] *a.* addicional, ulterior, nou, altre. ‖ ~ **education,** *educació f.* superior no universitària. 2 més llunyà. 3 COM. ~ **to my letter,** en relació amb la meva carta.

further (to) [ˈfəːðə] *t.* afavorir, fomentar, donar suport, promoure.

furthermore [ˈfəːðəmɔː] *adv.* a més.

furthest [ˈfəːðist] *a.-adv.* Vegeu FARTHEST.

furtive [ˈfəːtiv] *a.* furtiu.

fury [ˈfjuəri] *s.* furor *m.,* fúria *f.* 2 entusiasme *m.,* exaltació *f.* 3 fig. fúria *f.* [nena, dona].

furze [fəːz] *s.* BOT. gatosa *f.*

fuse [fjuːz] *s.* espoleta *f.,* enceb *m.,* metxa *f.* 2 ELECT. fusible *m.*

fuse (to) [fjuːz] *t.* fondre. 2 fig. fusionar. ■ 3 *i.* fondre's *p.* 4 fig. fusionar-se *p.*

fuselage [ˈfjuːzilɑːʒ] *s.* buc *m.,* fusellatge *m.*

fusilier [ˌfjuːziˈliə] *s.* MIL. fuseller *m.*

fusillade [ˌfjuːziˈleid] *s.* descàrrega *f.* [d'armes].

fusion [ˈfjuːʒən] *s.* fusió *f.* [també fig.].

fuss [fʌs] *s.* esvalot *m.,* enrenou *m.,* commoció *f.* ‖ **to make a** ~, fer escàndol, fer mullader; queixar-se enèrgicament. ‖ **to make a** ~ **of,** contemplar [algú]. ■ 2 *a.* col·loq. ~ **pot,** perepunyetes.

fuss (to) [fʌs] *t.* molestar, amoïnar. ■ 2 *i.* neguitejar-se *p.,* amoïnar-se *p.;* queixar-se *p.* [per bestieses].

fussy [ˈfʌsi] *a.* inquiet. 2 primmirat, perepunyetes, exigent.

fustian [ˈfʌstiən] *a.* de fustany. 2 altisonant, grandiloqüent. ■ 3 *s.* TÈXT. fustany *m.*

fusty ['fʌsti] *a.* ranci, passat. 2 que fa pudor de resclosit. 3 fig. antiquat.

futile ['fjuːtail] *a.* fútil. 2 frívol. 3 va, inútil.

futility [fjuːˈtiliti] *s.* futilitat *f.*

future ['fuːtʃəʳ] *a.* futur. 2 proper; a venir.

■ 3 *s.* futur *m.,* esdevenidor *m.* 4 *pl.* COM. futurs *m. pl.*

fuzz [fʌz] *s.* borrissol *m.,* pelussa *f.* 2 col·loq. policia *f.*

fuzzy ['fʌzi] *a.* pilós, pelut. 2 arrissat, crespat. 3 borrós.

G

G, g [dʒiː] *s.* g *f.* [lletra]. 2 (EUA) col·loq. mil dòlars *m. pl.* 3 MÚS. sol *m.*

gab [gæb] *s.* loquacitat *f.*, xerrameca *f.*

gabardine [gæbəˈdiːn] *s.* TÈXT. gavardina *f.* [roba].

gabble [ˈgæbl] *s.* xerrameca *f.*, garla *f.* 2 barboteig *m.*

gabble (to) [ˈgæbl] *t.* xampurrejar, murmurar. ■ 2 *i.* barbotejar. 3 xerrar.

gable [ˈgeibl] *s.* ARQ. frontó *m.*

Gabriel [ˈgeibriəl] *n. pr. m.* Gabriel.

gad (to) [gæd] *i.* to ~ about, rondar, vagar, anar d'un cantó a l'altre.

gadabout [ˈgædəbaut] *s.* rondaire.

gadfly [ˈgædflai] *s.* ENT. tàvec *m.*, tavà *m.*

gadget [ˈgædʒit] *s.* col·loq. dispositiu *m.*, mecanisme *m.*

gaff [gæf] *s.* arpó *m.*, garfi *m.* 2 col·loq. *to blow the ~*, destapar un assumpte, xerrar-ho tot. 3 MAR. pic *m.* d'aurica. 4 MAR. *~ sail*, cangrea *f.*, aurica *f.*

gag [gæg] *s.* mordassa *f.* [també fig.]. 2 gag *m.*, acudit *m.* 3 TEAT. improvisació *f.*

gag (to) [gæg] *t.* amordassar [també fig.]. 2 TEAT. improvisar. ■ 3 *i.* tenir nàusees. 4 fer broma, dir acudits.

gage [geidʒ] *s.* Vegeu GAUGE.

gage (to) [geidʒ] *t.* Vegeu GAUGE (TO).

gaiety [ˈgeiəti] *s.* alegria *f.*, diversió *f.* 2 *pl. gaieties,* diversions *f. pl.*

gain [gein] *s.* guany *m.*, benefici *m.* 2 augment *m.* 3 avantatge *m.*

gain (to) [gein] *t.* guanyar. 2 aconseguir. 3 recuperar. 4 avançar [el rellotge]. ■ 5 *i.* guanyar, millorar. 6 progressar, avançar. 7 augmentar, pujar. 8 *to ~ on*, apropar-se *p.* a; guanyar terreny.

gainful [ˈgeinful] *a.* profitós, lucratiu, remunerat.

gainings [ˈgeiniŋz] *s. pl.* guanys *m. pl.*

gainsay (to) [gein'sei] *t.* liter. contradir, negar.

gait [geit] *s.* form. pas *m.*, manera *f.* de caminar.

gaiter [ˈgeitə] *s.* polaina *f.*

gala [ˈgɑːlə] *s.* gala *f.*, festa *f.*

galaxy [ˈgæləksi] *s.* galàxia *f.* 2 fig. constel·lació *f.*, plèiade *f.*

gale [geil] *s.* vendaval *m.* 2 tempestat *f.*

gall [gɔːl] *s.* bilis *f.* 2 fig. fel *m.*, amargura *f.* 3 fig. barra *f.* 4 VET. matadura *f.*

gall (to) [gɔːl] *t.* rascar, irritar. 2 humiliar, ferir l'amor propi i fer la guitza.

gallant [ˈgælənt] *a.* ant. galà. 2 gallard, valent. 3 galant, cortès. ■ 4 *s.* galant *m.*

gallantry [ˈgæləntri] *s.* valentia *f.* 2 galanteria *f.*

gall bladder [ˈgɔːlˌblædə] *s.* ANAT. vesícula *f.* biliar.

galleon [ˈgæliən] *s.* MAR. galió *m.*

gallery [ˈgæləri] *s.* galeria *f.* 2 passadís *m.*, corredor *m.* 3 tribuna *f.* 4 TEAT. galliner *m.*

galley [ˈgæli] *s.* MAR. galera *f.* 2 MAR. cuina *f.*

galley proof [ˈgælipruːf] *s.* IMPR. galerada *f.*

galley slave [ˈgælisleiv] *s.* galiot *m.*

gallicism [ˈgælisizəm] *s.* gal·licisme *m.*

gallivant (to) [ˈgæliˈvænt] *i.* to ~ about off, vagar, rondar, anar d'un cantó a l'altre.

gallon [ˈgælən] *s.* galó *m.* [mesura].

gallop [ˈgæləp] *s.* EQUIT. galop *m.*

gallop (to) [ˈgæləp] *t.* fer galopar. ■ 2 *i.* galopar. 3 anar o fer a corre-cuita. ‖ *he galloped through the lecture,* va fer la conferència molt depressa.

galloping [ˈgæləpiŋ] *a.* MED. galopant [també fig.].

gallows [ˈgæləuz] *s.* forca *f.*, patíbul *m.*, cadafal *m.*

gallows bird [ˈgæləuzˌbəːd] *s.* fig. carn *f.* de canó.

gallstone ['gɔːlstoun] s. MED. càlcul m. biliar.

galore [gə'lɔːʰ] adv. en abundància.

galoshes [gə'lɔʃiz] s. pl. xancles m. pl.

galvanize (to) ['gælvənaiz] t. galvanitzar. 2 fig. fer moure.

gambit ['gæmbit] s. JOC gambit m. [escacs]. 2 fig. tàctica f.

gamble ['gæmbl] s. jugada f. 2 risc m., empresa f. arriscada.

gamble (to) ['gæmbl] t.-i. jugar(-se) [diners]. 2 to ~ away, perdre en el joc [diners].

gambling ['gæmbliŋ] s. joc m.

gambling den ['gæmbliŋ,den], **gamblinghouse** ['gæmbliŋ,haus] s. casa f. de joc.

gambol ['gæmbəl] s. salt m., bot m., saltiró m., cabriola f.

gambol (to) ['gæmbəl] i. saltar, botar, saltironar, fer cabrioles.

game [geim] s. joc m., diversió f. 2 caça f. [animals]. ‖ big ~, caça major. 3 burla f., broma f. 4 fig. embolic m. 5 COM. dedicació f., ofici m. 6 ESPORT partit m. 7 JOC partida f.

game (to) [geim] Vegeu GAMBLE (TO).

gamecock ['geimkɔk] s. gall m. de combat.

gamekeeper ['geim,kiːpəʰ] s. guardabosc.

gamester ['geimstəʰ] s. jugador.

gammon ['gæmən] s. tipus de pernil m. que es menja cuit.

gamut ['gæmət] s. gama f., escala f.

gander ['gændəʰ] s. ZOOL. oc m.

gang [gæŋ] s. grup m., quadrilla f., brigada f., colla f.

gangplank ['gæŋplæŋk] s. MAR. palanca f., passarel·la f.

gangrene ['gæŋgriːn] s. MED. gangrena f.

gangster ['gæŋstəʰ] s. gàngster m., pistoler m.

gangway ['gæŋwei] s. corredor m., passadís m. 2 pasarel·la f. 3 MAR. portaló m.

gaol [dʒeil] s. presó f.

gap [gæp] s. portell m., bretxa f. 2 esvoranc m., forat m. 3 buit m., buidat m. [també fig.]. ‖ generation ~, buit generacional. 4 llacuna f. 5 barranc m., congost m.

gape [geip] s. badall m. 2 mirada f. atònita.

gape (to) [geip] i. badallar. 2 quedar-se · p. bocabadat.

garage ['gæraːʒ], (EUA) [gə'raːʒ] s. garatge m.

garb [gaːb] s. vestit m., indumentària f.

garbage ['gaːbidʒ] s. (EUA) escombraries f. pl. ‖ (EUA) ~ can, galleda f. de les escombraries. 2 (G.B.) rebuigs m. pl., deixalles f. pl. [també fig.].

garble (to) ['gaːbl] t. falsificar, falsejar.

garden ['gaːdn] s. jardí m., hort m. 2 pl. parc m., jardins m. pl. ■ 3 a. de jardí; de l'hort.

gardener ['gaːdnəʰ] s. jardiner. 2 hortolà.

gardenia [gaː'diːnjə] s. BOT. gardènia f.

gardening ['gaːdniŋ] s. jardineria f., horticultura f. ■ 2 a. de jardineria, d'horticultura.

garden party ['gaːdn,paːti] s. festa f. a l'aire lliure.

gargle (to) ['gaːgl] t.-i. gargaritzar i., fer gàrgares.

gargoyle ['gaːgɔil] s. ARQ. gàrgola f.

garish ['gɛəriʃ] a. cridaner, llampant.

garland ['gaːlənd] s. garlanda f.

garlic ['gaːlik] s. BOT. all m.

garment ['gaːmənt] s. vestit m., peça f. [de vestir].

garnet ['gaːnit] s. MIN. granat m.

garnish ['gaːniʃ] s. adorn m. 2 CUI. guarnició f.

garnish (to) ['gaːniʃ] t. adornar. 2 CUI. guarnir, amanir.

garret ['gærət] s. golfes f. pl.

garrison ['gærisn] s. MIL. guarnició f.

garrison (to) ['gærisn] t. MIL. posar una guarnició, guarnir.

gar(r)otte [gə'rɔt] s. garrot m. [collar].

gar(r)otte (to) [gə'rɔt] t. donar garrot.

garrulity [gə'ruːliti] s. xerrameca f., garla f.

garrulous ['gærələs] a. loquaç, xerraire.

garter ['gaːtəʰ] s. lligacama f.

gas [gæs] s. gas m. 2 (EUA) abrev. col·loq. gasolina f.

gasbag ['gæsbæg] s. AERON. bossa f. del gas 2 col·loq. xerraire.

gas cooker ['gæs,kukəʰ] s. cuina f. de gas.

gaseous ['gæsiəs] a. gasós.

gas fire ['gæs,faiəʰ] s. estufa f. de gas.

gas fitter ['gæs,fitəʰ] s. treballador m. del gas.

gash [gæʃ] s. ganivetada f., ferida f.

gash (to) [gæʃ] t. acoltellar, apunyalar, ferir [amb un ganivet].

gasket ['gæskit] s. MEC. junta f., juntura f.

gaslight ['gæslait] s. llum f. de gas.

gas mask [ˈgæsmɑːsk] s. màscara f. de gas.

gas meter [ˈgæsˌmiːtəʳ] s. comptador m. del gas.

gasoline, gasolene [ˈgæsəliːn] s. (EUA) gasolina f.

gasp [gɑːsp] s. esbufec m. 2 crit m. de sorpresa.

gasp (to) [gɑːsp] i. esbufegar. 2 quedar-se p. parat, sense respiració. ■ 3 t. dir amb la veu mig nuada.

gas station [ˈgæsˌsteiʃn] s. (EUA) gasolinera. f.

gastric [ˈgæstrik] a. ANAT. gàstric.

gastritis [gæsˈtraitis] s. MED. gastritis f.

gastronomy [gæsˈtrɒnəmi] s. gastronomia f.

gasworks [ˈgæswɜːks] s. fàbrica f. de gas.

gate [geit] s. porta f. [d'una ciutat, muralla, etc.]. 2 entrada f. 3 reixat m., barrera f. 4 comporta f. [d'un canal, etc.].

gatecrash (to) [ˈgeitkræʃ] t. entrar sense pagar o sense estar convidat.

gatekeeper [ˈgeitˌkiːpəʳ] s. porter. 2 FERROC. guardabarrera.

gate-legged table [geitlegdˈteibl] s. taula f. plegable.

gate money [ˈgeitˌmʌni] s. recaptació f., taquilla f.

gateway [ˈgeitwei] s. porta f., entrada f. [també fig.].

gather (to) [ˈgæðəʳ] t. recollir, collir, reunir. 2 acumular, arreplegar. 3 recol·lectar, recabdar. 4 deduir, inferir. 5 agafar [aire, color, etc.]. 6 augmentar, guanyar. 7 COST. arrugar. ■ 8 i. reunir-se p., ajuntar-se p. 9 acumular-se p., amuntegar-se p.

gathering [ˈgæðəriŋ] s. assemblea f., reunió f. 2 recol·lecció f. 3 recaptació f. 4 acumulació f. 5 COST. plec m., arruga f. 6 MED. abscés m.

gaudily [ˈgɔːdili] adv. ostentosament.

gaudy [ˈgɔːdi] a. cridaner, llampant; ostentós.

gauge, (EUA) **gage** [geidʒ] s. mesura f. 2 indicació f., mostra f. 3 ARM. calibre m. 4 FERROC. entrevia f., ample m. de via. 5 MAR. calat m. 6 MAR. **weather ~**, sobrevent m. 7 TECNOL. indicador m., manòmetre m.

gauge (to) [geidʒ] t. mesurar, calibrar. 2 fig. jutjar, calcular, estimar. 3 MAR. arquejar.

gaunt [gɔːnt] a. prim, demacrat. 2 fig. lúgubre, tètric.

gauntlet [ˈgɔːntlit] s. guantellet m., manyopla f. 2 guant m. ‖ fig. **to take up the ~**, recollir el guant, acceptar un repte.; fig. **to throw down the ~**, llançar el guant, desafiar.

gauze [gɔːz] s. gasa f., glassa f. ‖ **wire-gauze**, tela f. metàl·lica.

gauzy [ˈgɔːzi] a. transparent.

gave [geiv] Vegeu GIVE (TO).

gawky [ˈgɔːki] a. beneit, espès, maldestre.

gay [gei] a. alegre. 2 vistós, llampant. 3 col·loq. gai, homosexual. ■ 4 s. col·loq. gai, homosexual.

gaze [geiz] s. mirada f. fixa. 2 contemplació f.

gaze (to) [geiz] i. mirar t. fixament. 2 contemplar t.

gazelle [gəˈzel] s. ZOOL. gasela f.

gazette [gəˈzet] s. gaseta f. [periòdica].

gazetteer [gæziˈtiəʳ] s. índex m. geogràfic.

GB [ˈdʒiːˈbiː] s. (Great Britain) Gran Bretanya f.

gear [giəʳ] s. vestits m. pl., equip m. 2 estris m. pl., eines f. pl. 3 arreus m. pl., ormeig m. [del cavall]. 4 AUTO., MEC. velocitat f., marxa f. ‖ **neutral ~**, punt mort. 5 MEC. engranatge m., mecanisme m. [de transmissió]. ‖ **to put into ~**, engranar, posar una marxa. 6 MAR. aparell m.

gear (to) [giəʳ] t. engranar i. 2 abillar, guarnir, arrear. ■ 3 i. engranar. 4 **to ~ to**, adaptar, ajustar.

gear lever [ˈgiəˌliːvəʳ] s. palanca f. del canvi de marxes.

gear shift [ˈgiəʃift] s. Vegeu GEAR LEVER.

geese [giːs] s. pl. de GOOSE.

gelatine [dʒeləˈtiːn] s. gelatina f.

gelatinous [dʒiˈlætinəs] a. gelatinós.

geld (to) [geld] t. castrar, capar.

gelding [ˈgeldiŋ] s. cavall m. castrat.

gem [dʒem] s. JOI. gemma f., pedra f. preciosa. 2 fig. joia f.

gender [ˈdʒendəʳ] s. GRAM. gènere m. 2 sexe m.

general [ˈdʒenərəl] a. general. ‖ **as a ~ rule**, per regla general. ‖ **in ~**, en general. ■ 2 s. general m. ■ 3 **-ly** adv. generalment.

general delivery [dʒenərəldiˈlivəri] s. (EUA) llista f. de correus.

generality [dʒenəˈræliti] s. generalitat f.

generalization [dʒenrəlaiˈzeiʃən] s. generalització f.

generalize (to) [ˈdʒenrəlaiz] t.-i. generalitzar(-se).

generate (to) [ˈdʒenəreit] t. generar, produir.

generation [ˌdʒenəˈreiʃən] s. generació f.

generator [ˈdʒenəreitəʳ] s. TECNOL. generador. 2 (EUA) dinamo m.

generic [dʒiˈnerik] a. genèric.

generosity [ˌdʒenəˈrɔsiti] s. generositat f., noblesa f.

generous [ˈdʒenərəs] a. generós. 2 noble. 3 ampli.

genetic [dʒiˈnetik] a. genètic. ‖ ~ **code**, codi genètic. ‖ ~ **engineering**, enginyeria genètica. ■ 2 s. pl. genètica f.

genial [ˈdʒiːnjəl] a. afable, alegre, simpàtic. 2 suau, moderat [clima]. 3 reconfortant. 4 genial.

geniality [ˌdʒiːniˈæliti] s. cordialitat f., afabilitat f., simpatia f. 2 alegria f. 3 clemència f., suavitat f. [del clima].

genie [ˈdʒiːni] s. geni m. [dels contes àrabs]. ▲ pl. **genies** [ˈdʒiːniz] o **genii** [ˈdʒiːniai].

genius [ˈdʒiːnjəs] s. geni m. [poder creatiu; caràcter d'un poble, època, etc.]. ▲ pl. **geniuses** [ˈdʒiːnəsiz]. 2 pl. **genii** [ˈdʒiːniai] geni m. [ésser sobrenatural].

genre [ˈʒɑːnrə] s. gènere m., classe f., tipus m.

genteel [dʒenˈtiːl] a. cortès, gentil. 2 iròn. cursi.

gentile [ˈdʒentail] a.-s. gentil, pagà.

gentle [ˈdʒentl] a. de bona posició social. 2 amable, afable. 3 dòcil. 4 bondadós, generós. 5 lleuger. 6 lent. 7 suau, moderat.

gentleman [ˈdʒentlmən] s. cavaller m., senyor m. ‖ **gentleman's agreement**, pacte m. entre cavallers. ‖ **ladies and gentlemen!**, senyores i senyors!

gentlemanliness [ˈdʒentlmənlinis] s. cavallerositat f.

gentlemanly [ˈdʒentlmənli] a. cavallerós.

gentleness [ˈdʒentlnis] s. amabilitat f. 2 bondat f. 3 afabilitat f. 4 dolçor f., suavitat f. 5 distinció f. 6 docilitat f.

gentlewoman [ˈdʒentl͵wumən] f. ant. senyora f., dama f.

gently [ˈdʒentli] adv. amablement. 2 suaument. 3 poc a poc, lentament.

gentry [ˈdʒentri] s. **the** ~, petita noblesa f., alta burgesia f. 2 iròn. gent f.

genuflection, genuflexion [ˌdʒenjuˈflekʃən] s. genuflexió f.

genuine [ˈdʒenjuin] a. genuí, autèntic, veritable. 2 sincer. ■ 3 **-ly** adv. veritablement; sincerament.

genuineness [ˈdʒenjuinnis] s. autenticitat f. 2 sinceritat f.

geographer [dʒiˈɔgrəfəʳ] s. geògraf.

geography [dʒiˈɔgrəfi] s. geografia f.

geology [dʒiˈɔlədʒi] s. geologia f.

geometry [dʒiˈɔmitri] s. geometria f.

George [dʒɔːdʒ] n. pr. m. Jordi.

Georgia [ˈdʒɔːdʒiə] n. pr. Geòrgia.

geranium [dʒiˈreinjəm] s. BOT. gerani m.

germ [dʒəːm] s. BIOL., BOT. germen m. [també fig.]. 2 microbi m., bactèria f. ‖ ~ **warfare**, guerra bacteriològica.

German [ˈdʒəːmən] a. alemany. 2 MED. col·loq. ~ **measles**, rubèola f., rosa f. ■ 3 s. alemany [persona]. 4 alemany m. [llengua].

germane [dʒəːˈmein] a. ~ **to**, relacionat amb, pertinent.

Germany [ˈdʒəːməni] n. pr. GEOGR. Alemanya.

germicide [ˈdʒəːmisaid] s. germicida m.

germinate (to) [ˈdʒəːmineit] i. germinar. ■ 2 t. fer germinar.

germination [ˌdʒəːmiˈneiʃən] s. germinació f.

gesticulate (to) [dʒesˈtikjuleit] i. gesticular, fer gests.

gesticulation [dʒes͵tikjuˈleiʃən] s. gesticulació f. 2 gests m. pl.

gesture [ˈdʒestʃəʳ] s. gest m., moviment m. 2 fig. detall m., mostra f.

get (to) [get] t. obtenir, aconseguir. 2 proporcionar. 3 agafar, atrapar. 4 posar [en un estat], fer tornar. ‖ **to** ~ **ready**, preparar(se). 5 comprendre. 6 **to** ~ **hold of**, agafar, aferrar. 7 **to** ~ **the better of**, avantatjar. 8 **to** ~ **wind of**, assebentar-se p. de. ■ 9 i. estar [a un lloc]. 10 anar, arribar. 11 fer-se p., tornar-se p., posar-se p. ‖ **to** ~ **better**, millorar. ‖ **to** ~ **old**, envellir, fer-se p. vell. 12 **to** ~ **rid of**, desfer-se p. de. 13 **to** ~ **near**, apropar-se p. ‖ **to** ~ **about**, desplaçar-se, moure's; difondre's, escampar-se; viatjar molt; **to** ~ **along**, avenir-se; progressar, fer progressos; millorar; anar; anar fent; espavilar-se; marxar; **to** ~ **away**, allunyar-se; marxar; escapar-se; **to** ~ **back**, recobrar; tornar; **to** ~ **by**, defensar-se, espavilar-se; **to** ~ **down**, baixar; desanimar; empassar-se; **to** ~ **in**, entrar; arribar; pujar, muntar; tornar; **to** ~ **into**, ficar-se a; entrar a; pujar a; muntar a; posar a; posar-se p.; **to** ~ **off**, baixar de; escapar-se; marxar; arrencar; sortir; desempellegar-se; **to ~ on,** muntar a, pujar a; armonitzar; avançar; progressar; fer-se vell; fer-se tard. ‖ **to ~ on one's nerves,** emprenyar-se; **to ~ out,** sortir, escapar-se; baixar; sortir; publicar; fer-se públic. ‖ **~ out!,** fora!, marxa!; **to ~ over,** millorar; refer-se; superar [un obstacle]; passar a l'altra banda, travessar; passar per sobre; acabar amb; **to ~ through,** aconseguir; passar per; acabar; aprovar; comunicar; ficar al cap; col·loq. gastar; DRET fer aprovar; ser aprovat; **to ~ to,** arribar a; aprendre a; **to ~ up,** llevar-se, (BAL.) aixecar-se, (VAL.) alçar-se ▲ Pret. i p. p.: **got** [gɔt], (EUA) p. p. **gotten** [gɔtn].

get-up [getʌp] s. col·loq. indumentària f., vestits m. pl.

gewgaw [gju:gɔ:] s. fotesa f., bagatel·la f.

geyser [gi:zə'], (EUA) [gaizə'] s. GEOL. guèiser m. 2 (G.B.) escalfador m. d'aigua.

ghastliness [gɑ:stlinis] s. pal·lidesa f. 2 horror m.

ghastly [gɑ:stli] a. horrible. 2 fantasmal. 3 lívid, cadavèric. 4 col·loq. espantós, terrible. ■ 5 adv. horriblement, terriblement.

gherkin [gə:kin] s. cogombre m. petit.

ghetto [getou] s. ghetto m.

ghost [goust] s. esperit m., ànima f. ‖ **the Holy Ghost,** l'Esperit Sant. 2 espectre m., fantasma m.

ghost writer [goust,raitə'] s. escriptor a sou.

ghoul [gu:l] s. esperit m. necròfag, vampir. 2 col·loq. persona f. macabra.

giant [dʒaiənt] a.-s. gegant.

gibber (to) [dʒibə'] i. farfollar, embarbollar-se p.

gibberish [gibəriʃ] s. xerrameca f., xerroteig m.

gibbet [dʒibit] s. forca f. 2 cadafal m., patíbul m.

gibe [dʒaib] s. mofa f., escarn m., burla f.

gibe (to) [dʒaib] i. mofar-se p., burlar-se p.

giblets [dʒiblits] s. pl. CUI. menuts m. pl.

giddiness [gidinis] s. vertigen m. 2 mareig m.

giddy [gidi] a. vertiginós. 2 marejat, que pateix vertigen. 3 eixelebrat, frívol. ■ 4 **-ly** adv. vertiginosament.

gift [gift] s. regal m., obsequi m. 2 do m., talent m. 3 DRET donació f.

gifted [giftid] a. dotat.

gig [gig] s. calessa f. 2 bot m., llanxa f. 3 col·loq. actuació f.

gigantic [dʒai'gæntik] a. gegantí.

giggle [gigl] s. rialleta f. nerviosa, rialleta f. ximple.

giggle (to) [gigl] i. riure nerviosament, riure per no res.

gild (to) [gild] t. daurar. ▲ Pret. i p. p.: **gilded** o **gilt** [gilt].

gill [gil] s. ganya f. [de peix]. 2 pl. papada f., sotabarba f. ‖ **to look green about the ~,** fer mala cara. 3 [dʒil] quart m. de pinta [mesura].

gilt [gilt] a. daurat. ■ 2 s. daurat m. Vegeu GILD (TO).

gimmick [gimik] s. col·loq. artefacte m., giny m. 2 truc m.

gin [dʒin] s. ginebra f. [licor]. 2 trampa f. 3 esborradora f. [de cotó].

ginger [dʒindʒə'] s. BOT. gingebre m. 2 ros m. vermellós [color].

gingerly [dʒindʒəli] a. cautelós, caute. ■ 2 adv. cautelosament, amb precaució.

gipsy [dʒipsi] s. gitano.

giraffe [dʒirɑ:f] s. girafa f.

gird (to) [gə:d] t. cenyir. 2 envoltar. 3 fig. preparar-se p.; i investir. ▲ Pret. i p. p.: **girded** [gə:did] o **girt** [gə:t].

girdle [gə:dl] s. cenyidor m. 2 faixa f. 3 cinturó m.

girdle (to) [gə:dl] t. cenyir. 2 envoltar.

girl [gə:l] f. noia f., nena f.

girlfriend [gə:lfrend] s. xicota f., amiga f.

girlhood [gə:lhud] s. joventut f., infantesa f. [de la dona].

girlish [gə:liʃ] a. juvenil, de nena.

girt [gə:t] Vegeu GIRD (TO).

girth [gə:θ] s. cingla f., faixa f. 2 grassor f., obesitat. 3 circumferència f., perifèria f., contorn m.

gist [dʒist] s. **the ~,** el quid m., l'essència f., el fons m.

give (to) [giv] t. donar; regalar; lliurar; concedir. 2 proveir de. 3 encomanar. 4 pronunciar [un discurs]. 5 comunicar. 6 dedicar. 7 **to ~ birth to,** donar a llum, parir. 8 MED. posar [una injecció]. 9 DRET pronunciar [una sentència], condemnar a. ■ 10 i. fer regals. 11 cedir; donar-se p. 12 donar a [una finestra, etc.]. ■ **to ~ away,** regalar; repartir; lliurar; revelar [un secret]; **to ~ back,** tornar, retornar; **to ~ off,** treure, llançar [fum, etc.]; **to ~ out,** repartir, distribuir; publicar; emetre; exhaurir-se [mercaderies, etc.]; difondre; **to ~ over,** lliurar; deixar de, desistir de; *to ~ up,* renunciar a; lliurar; dimitir; deixar de; deixar còrrer; cedir. ▲ Pret.: *gave* [geiv]; p. p.: *given* ['givn].

gizzard ['gizəd] *s.* pedrer *m.* 2 fig. *that sticks in my ~,* això no m'ho empasso.

glacial ['gleisjəl] *a.* glacial.

glacier ['glæsjə'] *s.* GEOL. glacera *f.*

glad [glæd] *a.* alegre, content, feliç. || *to be ~ of,* alegrar-se de. ■ 2 *-ly adv.* amb molt de gust.

gladden (to) ['glædn] *t.* alegrar.

glade [gleid] *s.* clariana *f.* [en un bosc].

gladness ['glædnis] *s.* alegria *f.,* satisfacció *f.*

gladsome ['glædsəm] *a.* lit. alegre, content.

glamorous ['glæmərəs] *a.* encantador, fascinador, atractiu.

glamour, (EUA) glamor ['glæmə] *s.* encant *m.,* atractiu *m.,* encís *m.*

glance [glɑːns] *s.* mirada *f.* 2 cop *m.* d'ull, ullada *f.* || *at first ~,* a primera vista. 3 besllum *m.* 4 centelleig *m.,* llampurneig *m.*

glance (to) [glɑːns] *t.* donar un cop d'ull, mirar. ■ 2 *i.* donar un cop d'ull, donar una ullada. 3 mirar. 4 mirar de reüll. 5 centellejar, llampurnejar. 6 *to ~ off,* rebotar, desviar-se *p.*

gland [glænd] *s.* ANAT., BOT. glàndula *f.*

glare [glɛə'] *s.* resplendor *f.,* llum *f.* intensa. 2 enlluernament *m.* 3 mala mirada *f.*

glare (to) [glɛə'] *i.* brillar. 2 enlluernar. 3 mirar malament.

glaring ['glɛəriŋ] *a.* brillant, enlluernador. 2 cridaner. 3 evident. 4 irat, feroç.

glass [glɑːs] *s.,* (EUA) [glæs] *s.* vidre *m.,* cristall *m.* || *~ case,* aparador *m.* 2 got *m.,* vas *m.,* (BAL.) tassó *m.* 3 cristalleria *f.* 4 mirall *m.* 5 *pl.* ulleres *f. pl.;* binocles *m. pl.*

glass-house ['glɑːshaus] *s.* hivernacle *m.* 2 col·loq. presó *f.* militar.

glassware ['glɑːs-wɛə'] *s.* cristalleria *f.,* objectes *m. pl.* de vidre.

glassy ['glɑːsi] *a.* vidriós, vitri; llis.

glaze [gleiz] *s.* vernís *m.,* llustre *m.*

glaze (to) [gleiz] *t.* vernissar, esmaltar. 2 posar vidres. ■ 3 *i.* envidriar-se *p.* [els ulls].

GLC ['dʒiːel'siː] *s. (Greater London Council)* Corporació *f.* Metropolitana de Londres.

gleam [gliːm] *s.* raig *m.,* resplendor *f.* 2 llampada *f.,* guspira *f.* 3 fig. besllum *m.,* raig *m.* [de llum, d'esperança].

gleam (to) [gliːm] *i.* brillar, llampurnar, resplendir.

glean (to) [gliːn] *t.-i.* espigolar [també fig.]. 2 fig. arreplegar.

glee [gliː] *s.* alegria *f.,* joia *f.*

gleeful ['gliːful] *a.* alegre, joiós.

glen [glen] *s.* vall *f.* estreta, sot *m.,* clotada *f.*

glib [glib] *a.* garlaire, xerraire.

glide [glaid] *s.* lliscament *m.* 2 AVIA. planatge *m.*

glide (to) [glaid] *i.* lliscar, relliscar. 2 AVIA. planar.

glider ['glaidə'] *s.* AVIA. planador *m.*

glimmer ['glimə'] *s.* besllum *m.,* resplendor *m.,* poca llum *f.* 2 fig. raig *m.*

glimmer (to) ['glimə'] *i.* brillar amb poca llum.

glimpse [glimps] *s.* visió *f.* ràpida, visió *f.* momentània.

glimpse (to) [glimps] *i.* donar una ullada. 2 brillar amb llum trèmula. ■ 3 *t.* treveure.

glint [glint] *s.* centelleig *m.,* espurneig *m.*

glint (to) [glint] *i.* brillar, centellejar, espurneig *m.* ■ 2 *t.* reflectir [la llum].

glisten (to) ['glisn] *i.* brillar, centellejar, relluir.

glitter ['glitə'] *s.* resplendor *f.* 2 lluentor *f.,* brillantor *f.*

glitter (to) ['glitə'] *i.* brillar, lluir, centellejar.

gloaming ['gloumiŋ] *s.* capvespre *m.,* crepuscle *m.*

gloat (to) [glout] *i. to ~ over,* recrear-se *p.* amb, complaure's *p.* en.

globe [gloub] *s.* globus *m.,* bola *f.* 2 esfera *f.* [terrestre].

globe-trotter ['glougtrɔtə'] *s.* rodamón *m.*

globular ['glɔbjulə'] *a.* globular.

globule ['glɔbjuːl] *s.* glòbul *m.*

gloom [gluːm] *s.* foscor *f.* 2 fosca *f.* 3 tristesa *f.,* malenconia *f.,* pessimisme *m.*

gloomy ['gluːmi] *a.* fosc, llòbreg, obscur. 2 trist, pessimista, malencònic.

Gloria ['glɔːriə] *n. pr. f.* Glòria.

glorification [glɔːrifi'keifən] *s.* glorificació *f.*

glorify (to) ['glɔːrifai] *t.* glorificar. 2 lloar.

glorious ['glɔːriəs] *a.* gloriós. 2 esplèndid, magnífic. 3 enorme, colossal.

glory ['glɔːri] *s.* glòria *f.* 2 grandesa *f.* 3 B. ART. aurèola *f.*

glory (to) ['glɔːri] *t.* gloriar-se *p.* de, vanagloriar-se *p.* de.

gloss [glɔs] s. brillantor f., lluentor f. 2 glossa f., comentari m. 3 fig. oripell m.

gloss (to) [glɔs] t. enllustrar, polir. 2 pal·liar. 3 glossar. 4 **to ~ over,** encobrir, disfressar. ■ 5 i. fer glosses.

glossary [ˈglɔsəri] s. glossari m.

glossy [ˈglɔsi] a. brillant, llustrós. 3 satinat. 4 FOT. brillant.

glove [glʌv] s. guant m.

glove compartment [ˈglʌvkəmˌpaːtmənt] s. AUTO. guantera f.

glow [glou] s. fulgor m., llum f., resplendor f. 2 vermellor f., color m. viu. 3 calor f., escalfor f.

glow (to) [glou] i. fer llum o calor; cremar; brillar, resplenir. 2 tenir colors vius. 3 envermellir. 4 encendre's p., enrogir-se.

glower (to) [ˈglauə] i. mirar amb les celles arrufades. 2 llançar una mirada furiosa.

glowing [ˈglouiŋ] a. resplendent, incandescent. 2 ardent, encès. 3 viu [color]. 4 entusiasta. 5 càlid. 6 ~ **with health,** ple de salut.

glow-worm [ˈglouwəːm] s. ZOOL. cuca f. de llum.

glucose [ˈgluːkous] s. QUÍM. glucosa f.

glue [gluː] s. cola f., goma f. [d'enganxar].

glue (to) [gluː] t. encolar, enganxar [amb cola].

gluey [ˈgluːi] a. enganxós.

glum [glʌm] a. malenconiós, trist.

glut [glʌt] s. sobreabundància f., excés m. 2 sacietat f.

glut (to) [glʌt] t. afartar, atipar. 2 omplir, abarrotar. 3 COM. inundar [el mercat].

glutinous [ˈgluːtinəs] a. glutinós, viscós, enganxós.

glutton [ˈglʌtn] s. golafre, fart, voraç. ‖ **to be a ~ for,** ser insaciable per a, no tenir-ne mai prou de.

gluttony [ˈglʌtəni] s. golafreria f., gula f., voracitat f.

glycerine [ˈglisəriːn], (EUA) **glycerin** [ˈglisərin] s. QUÍM. glicerina f.

gnarl [naːl] s. nus m. [de la fusta].

gnarled [naːld] a. nuós, nodós.

gnash (to) [næʃ] t. fer carrisquejar, fer cruixir [les dents]. ■ 2 i. carrisquejar, cruixir [les dents].

gnat [næt] s. ENT. mosquit m.

gnaw (to) [nɔː] t. rosegar. 2 ratar, mossegar. 3 fig. ~ **at,** rosegar, turmentar. ■ Pret.: **gnawed** [nɔːd]; p. p.: **gnawed** [nɔːd] o **gnawn** [nɔːn].

gnome [noum] s. gnom m., nan m.

GNP [ˈdʒiːenˈpiː] s. (Gross National Product) producte m. nacional brut.

go [gou] s. energia f. 2 empenta f. 3 temptativa f. 4 moda f.: **it is all the ~,** està de moda.

go (to) [gou] i. anar. 2 anar-se'n p., marxar. ‖ **to ~ abroad,** anar a l'estranger; **to ~ astray,** perdre's p.; **to let ~,** deixar anar. 3 anar, funcionar. 4 caure bé [un vestit]. 5 decaure; morir. 6 sortir, (VAL.) eixir, (ROSS.) sàller. 7 desaparèixer, perdre's p. 8 quedar-se p., tornar-se p. ‖ **to ~ bad,** fer-se p. malbé: **to ~ mad,** tornar-se p. boig. 9 sonar. 10 dir; fer. 11 cedir, trencar-se p. 12 caure. 13 fondre's p. 14 vendre's p. 15 transcórrer. 16 cabre. 17 valer. 18 **to ~ ahead,** avançar. 19 **to ~ to sleep,** adormir-se p. 20 **to ~ wrong,** sortir malament. ■ 21 t. seguir. ‖ **to ~ one's way,** fer el seu camí. 22 caminar, recórrer. 23 jugar-se p., apostar. 24 **to ~ halves,** anar a mitges. ■ **to ~ about,** anar d'un costat a l'altre; circular, córrer; recórrer; empendre; **to ~ after,** seguir, perseguir; anar darrera; **to ~ along,** continuar; passar per; estar d'acord. ‖ **to ~ along with,** acompanyar; **to ~ at,** atacar, escometre; **to ~ away,** anar-se'n, marxar; desaparèixer; **to ~ back,** tornar; recular; **to ~ between,** interposar-se, mitjançar; **to ~ by,** passar [de llarg]; transcórrer; atenir-se a; **to ~ down,** baixar; enfonsar-se; amagar-se [el sol]; disminuir; decaure; **to ~ for,** anar a buscar; escometre; valer per a; votar per; **to ~ in** o **into,** entrar; **to ~ off,** anar-se'n, marxar; disparar-se; fer-se malbé; explotar; sonar; adormir-se; **to ~ on,** continuar; avançar, progressar; **to ~ out,** sortir, (VAL.) eixir, (ROSS.) sàller; publicar-se, passar de moda; apagar-se [la llum]; **to ~ over,** repassar; travessar, passar [per sobre; a l'altre costat] recórrer; anar; assajar; **to ~ through,** travessar; sofrir, patir; examinar a fons; ser aprovat; gastar. ‖ **to ~ through with,** dur a terme; **to ~ up,** pujar. ‖ **to ~ up to,** apropar-se a; **to ~ without,** passar sense. ▲ Pres. 3.ª pers.: **goes** [gouz], pret.: **went** [went], p. p.: **gone** [gɔn].

goad [goud] s. agulló m., agullada f. 2 fig. agulló m., estímul m.

goad (to) [goud] t. agullonar, punxar, picar. 2 fig. agullonar, estimular.

goal [goul] s. ESPORT meta f., porteria f., gol m. ‖ **to score a ~,** fer un gol. 2 fig. finalitat f., objectiu m., propòsit m.

goalkeeper [ˈgoulˌkiːpə] s. ESPORT porter.

goat [gout] s. ZOOL. cabró m., boc m. [mascle]. 2 cabra f. [femella]. 2 fig. col·loq. *to get one's ~,* emprenyar.

goatee [gou'ti:] s. pera f., barba f. de cabra.

goat-herd ['gouthə:d] s. cabrer.

gob [gɔb] s. vulg. gargall m., escopinada f. 2 col·loq. boca f. 3 (EUA) col·loq. mariner.

gobble (to) ['gɔbl] t. *to ~ up,* engolir-se p. ■ 2 i. *to ~ up,* endrapar. 3 escatainar [el gall d'indi].

go-between ['goubi,twi:n] s. intermediari, mitjancer. 2 missatger.

goblet ['gɔblit] s. copa f.

goblin ['gɔblin] s. follet m., esperit m. dolent.

God, god [gɔd] m. Déu, déu. ∥ col·loq. *for God's sake!,* per l'amor de Déu!; *Good God,* Déu meu senyor!; *God willing,* si Déu vol. 2 s. déu m.

godchild ['gɔdtʃaild] s. fillol.

goddess ['gɔdis] s. deessa f., dea f.

godfather ['gɔd,fɑ:ðə'] s. padrí m.

godforsaken ['gɔdfə,seikn] a. deixat de la mà de Déu, abandonat. 2 trist, desert, desolat.

godless ['gɔdlis] a. descregut, impiu, ateu.

godlessness ['gɔdlinis] s. impietat f.

godliness ['gɔdlinis] s. pietat f., devoció f.

godly ['gɔdli] a. pietós, devot.

godmother ['gɔd,mʌðə'] f. padrina f.

goggle ['gɔgl] a. *goggle-eyed,* d'ulls sortits. 2 s. pl. ulleres f. pl. submarines.

goggle (to) ['gɔgl] i. fer girar els ulls, obrir molt els ulls. 2 *to ~ at,* mirar amb els ulls molt oberts.

goggle-box ['gɔglbɔks] s. col·loq. televisió f.

going ['gouiŋ] s. camí m. 2 pas m. 3 fig. manera f. de fer, conducta f. 4 fig. progrés m. 5 fig. liter. *the goings and comings,* les anades f. i vingudes. ■ *6 a.* a ~ *concern,* una empresa que va bé. 7 existent. 8 corrent [preu].

going-over ['gouiŋ'ouvə'] s. inspecció f. 2 fig. pallissa f.

goings-on ['gouiŋz'ɔn] s. pl. col·loq. tripijocs m. pl.

go-kart ['goukɑ:t] s. ESPORT kart m.

gold [gould] s. or m. [també fig.]. ∥ ~ *leaf,* pa m. d'or. ■ 2 a. d'or, daurat.

golden ['gouldən] a. d'or, daurat, auri. ∥ *Golden Age,* Edat f. d'Or. ∥ ZOOL. ~ *ea-*

gle, àguila f. daurada o reial. 2 fig. excel·lent, d'or.

goldfinch ['gouldfintʃ] s. cadernera f.

goldsmith ['gouldsmiθ] s. orfebre.

golf [gɔlf] s. ESPORT golf m.

golf course ['gɔlfkɔ:s] s., **golf links** ['gɔlfliŋks] s. pl. camp m. sing. de golf.

gone [gɔn] Vegeu GO (TO). ∥ 2 a. passat. ∥ *to be ~,* ser fora. ∥ *to be far ~,* estar passat [menjar]; estar begut; estar molt malalt. 3 fig. boig. ∥ *to be ~ on,* estar boig per. 4 fig. acabat, mort.

goner ['gɔnə'] s. col·loq. malalt desnonat; persona f. arruïnada, acabada.

gong [gɔŋ] s. MÚS. gong m.

good [gud] a. bo; amable; agradable; vàlid. ∥ *good-for-nothing,* inútil, bo per a res; *Good Friday,* Divendres Sant; ~ *morning,* bon dia; ~ *night,* bona nit; ~ *time,* bona estona; diversió; ~ *turn,* favor; *a ~ deal,* molt; *a ~ while,* una bona estona. ■ 2 interj. molt bé! ■ 3 s. bé m. ∥ *to feel ~,* trobar-se bé. ∥ *what is the ~ of it?,* per què serveix? 5 *for ~,* per sempre.

good-bye [gud'bai] s. adéu m. ∥ *to say ~ to,* dir adéu a, acomiadar. ■ 2 interj. adéu!

goodly ['gudli] a. agradable. 2 bonic, maco. 3 considerable.

goodness ['gudnis] s. bondat f. 2 virtut f. 3 substància f. 4 qualitat f. ■ 5 interj. ~ *gracious!* Déu meu! ∥ *for ~ sake!,* per l'amor de Déu!

goods [gudz] s. pl. béns m. pl., efectes m. pl. ∥ ~ *and chattels,* efectes personals. 2 COM. gènere m. sing., articles m. pl., mercaderies f. pl. ∥ *consumer ~,* articles de consum.

goody ['gudi] s. llaminadura f. 2 *goody-goody,* beat; hipòcrita. ■ 3 interj. ~!, que bé!

goof [gu:f] s. col·loq. beneit, babau. 2 (EUA) col·loq. espifiada f., pifia f.

goon [gu:n] s. col·loq. beneit, babau.

goose [gu:s] s. ORN. oca f. ▲ pl. geese [gi:s].

gooseberry ['guzbəri] s. BOT. riber m. espinós, agrassó m. 2 grosella f., riba f.

gooseflesh ['gu:sfleʃ] s. pell f. de gallina.

goose pimples ['gu:s,pimplz] s. pl. Veure GOOSEFLESH.

gore [gɔ:'] s. liter. sang f. [quallada, vessada]. 2 COST. gaia f. [d'un vestit].

gore (to) [gɔ:'] t. posar una gaia a. 2 banyegar, cornar. 3 ferir amb els ullals.

gorge [gɔːdʒ] s. gorja f., gola f. 2 gorja f., call m.

gorge (to) [gɔːdʒ] t. engolir, empassar-se p. ■ 2 i.-p. afartar-se p., atipar-se p.

gorgeous [gɔːdʒəs] a. magnífic, esplèndid. 2 col·loq. bonic.

gorilla [gərilə] s. zool. goril·la m.

gory [gɔːri] a. ensangonat, sangonós, sagnant.

go-slow [gouslou] s. ~ **strike,** vaga f. de zel.

gospel [gɔspəl] s. bib. **the Gospel,** evangeli m. [també fig.].

gossamer [gɔsəmə] s. teranyina f. 2 gasa f. ■ 3 a. fi, molt prim.

gossip [gɔsip] s. xafarderia f., comareig m. || **piece of ~,** una xafarderia. 2 rumor. 3 xafarder, murmurador.

gossip (to) [gɔsip] i. xafardejar, comarejar. 2 xerrar, murmurar.

gossip column [gɔsipˌkɔləm] s. notes f. pl. de societat [d'un diari o revista].

got [gɔt] Vegeu GET (TO).

Gothic [gɔθik] a. gòtic.

gouge [gaudʒ] s. tecnol. gúbia f., badaine m.

gouge (to) [gaudʒ] t. foradar amb el badaine. 2 col·loq. arrencar, treure.

gourd [guəd] s. bot. carbassa f., (BAL.), (VAL.) carabassa f.

gourmet [guəmei] s. gastrònom.

gout [gaut] s. med. gota f.

gouty [gauti] a. med. gotós.

govern (to) [gʌvən] t. governar. 2 dirigir, administrar. 3 guiar. 4 dominar. 5 gram. regir. ■ 6 i. governar t.

governance [gʌvənəns] s. form. govern m., governació f.

governess [gʌvənis] s. institutriu f.

government [gʌvənmənt] s. govern m. 2 direcció f., autoritat f., administració f., gestió f. 3 fig. domini m., control m. 4 gram. règim m. ■ 5 a. del govern, governamental, administratiu.

governor [gʌvənə] s. governador. 2 director, administrador. 3 col·loq. cap m. 4 tecnol. regulador m.

gown [gaun] s. vestit m. de dona. 2 túnica f., toga f.

GP [dʒiːpiː] s. (General Practitioner) metge de capçalera.

GPO [dʒiːpiːou] s. (General Post Office) central f. de Correus.

grab (to) [græb] t. agafar, aferrar. 2 apropiar-se p. 3 col·loq. **to ~ a bite,** fer un mos. ■ 4 i. **to ~ at,** intentar d'agafar(se).

grace [greis] s. gràcia f. [física, espiritual]. 2 amabilitat f. 3 elegància f., encant m. 4 disposició f. [d'ànim]: **with bad ~,** a desgrat, de mala gana f. 5 cortesia f. 6 pl. **good graces,** favor m. sing. 7 **Your Grace** Excel·lència f. [duc]; Il·lustríssim(a) [bisbe]. 8 mit. pl. **The Graces,** les gràcies.

grace (to) [greis] t. adornar, ornar. 2 agraciar. 3 honorar.

graceful [greisful] a. graciós, agraciat, airós, elegant.

gracefulness [greisfulnis] s. gràcia f., gentilesa f., desimboltura f.

gracious [geiʃəs] a. graciós, atractiu. 2 afable, cortès. 3 bondadós, gentil. ■ 4 interj. ~! valga'm Déu! ■ 5 -ly, adv. graciosament, agradablement.

graciousness [greiʃəsnis] s. gràcia f., benevolència f. 2 afabilitat f., bondat f., amabilitat f. 3 rel. misericòrdia f.

gradation [grədeiʃən] s. gradació f.

grade [greid] s. grau m. 2 classe f., qualitat f. 3 pendent m. 4 nivell m. || **to make the ~,** arribar al nivell desitjat. 5 nota f. 6 (EUA) curs m. [escolar].

grade (to) [greid] t. graduar. 2 degradar [un color]. 3 classificar. 4 anivellar, aplanar. 5 (EUA) qualificar, posar nota.

gradient [greidjənt] s. pendent m., desnivell m.

gradual [grædjuəl] a. gradual, progressiu. ■ 2 -ly adv. gradualment.

graduate [grædjuit] a. graduat, llicenciat, diplomat [a la universitat].

graduate (to) [grædjueit] t. graduar. 2 donar un títol, un diploma. ■ 3 i. graduar-se p., aconseguir un títol.

graft [grɑːft] s. agr., med. empelt m. 2 (EUA) tripijoc m., corrupció f. 3 col·loq. treball m.

graft (to) [grɑːft] t. agr., med. empeltar. ■ 2 i. fer tripijocs, ser corrupte.

grain [grein] s. gra m. [de blat, raïm, etc.]. 2 cereals m. pl. 3 fibra f., veta f. || fig. **against the ~,** a repèl. 4 fig. mica f. 5 fot. gra m.

gram, gramme [græm] s. gram m.

grammar [græmə] s. gramàtica f.

grammar school [græməˌskuːl] s. (G.B.) institut m. d'ensenyament secundari; (EUA) escola f. primària.

granary [grænəri] s. graner m.

grand [grænd] a. gran, gros. 2 impressionant, fabulós. 3 complet, general. ■ 4 s. (EUA) col·loq. mil dòlars m. pl.

grandchild ['grændt∫aild] s. nét m., néta f.

granddaughter ['grændɔ:tə'] s. néta f.

grandeur ['grændʒə'] s. grandesa f., grandiositat f., magnificència f.

grandfather ['grænd,fɑ:ðə'] s. avi m.

grandiloquent [græn'diləkwənt] a. grandiloqüent.

grandiose ['grændious] a. grandiós [també fig.]. 2 pompós, pretensiós.

grandmother ['græn,mʌðə'] s. àvia f.

grandparents ['græn,pɛərənts] s. pl. avis m. pl.

grand piano [grænd'pi:ænou] s. MÚS. piano m. de cua.

grandson ['grænsʌn] s. nét m.

grandstand ['grændstænd] s. tribuna f.

grange [greindʒ] s. granja f., casa f. de camp. 2 casa f. pairal.

granite ['grænit] s. granit m.

granny, -nie ['græni] s. iaia f.

grant [grɑ:nt] s. concessió f., donació f., atorgament m. 2 subvenció f. 3 beca f. 4 DRET donació f., cessió f.

grant (to) [grɑ:nt] t. concedir, atorgar, donar. 2 admetre. 3 **to take for granted**, donar per descomptat. 4 **granted that**, en el cas que; donat que. 5 DRET cedir.

granulated ['grænjuleitid] a. granulat.

grape [greip] s. BOT. raïm m.

grapefruit ['greipfru:t] s. BOT. aranja f., naronja .

grape-vine ['greipvain] s. vinya f., cep m., parra f.

graph [græf] s. gràfic m.

graphic(al ['græfik(əl] a. gràfic.

graphite ['græfait] s. MINER. grafit m.

grapple (to) [græpl] t. agafar, aferrar. ■ 2 i. lluitar, abraonar-se p. 3 fig. intentar resoldre [un problema].

grasp [grɑ:sp] s. agafament m. 2 encaixada f. [de mans]. 3 domini m., poder m. 4 comprensió f.

grasp (to) [grɑ:sp] t. agafar, subjectar. 2 abraçar, abastar. 3 estrènyer. 4 comprendre, entendre. ■ 5 i. **to ~ at**, intentar agafar; aprofitar [una oportunitat].

grasping ['grɑ:spiŋ] a. avar, gasiu.

grass [grɑ:s] s. herba f., gespa f., pastura f.

grasshopper ['grɑ:s,hɔpə'] s. ENT. llagosta f., saltamartí m.

grassland ['grɑ:slænd] s. prat m., prada f.

grassy ['grɑ:si] a. cobert d'herba, herbós.

grate [greit] s. graelles f. pl. [d'una llar de foc].

grate (to) [greit] t. ratllar. 2 fer grinyolar. ■ 3 i. **to ~ (on)**, carrisquejar, grinyolar; molestar t.

grateful ['greitful] a. agraït. 2 grat, agradable.

gratification [grætifi'keiʃən] s. satisfacció f. 2 gratificació f.

gratify (to) ['grætifai] t. satisfer, complaure. 2 gratificar.

grating ['greitiŋ] a. aspre. 2 estrident. 3 irritant. ■ 4 s. reixa f., enreixat. 5 graella f., engraellat m.

gratis ['greitis] adv. gratis.

gratitude ['grætitju:d] s. gratitud f., agraïment m.

gratuitous [grə'tju:itəs] a. gratuït. 2 injustificat.

gratuity [grə'tjuiti] s. gratificació f. 2 propina f.

grave [greiv] a. greu. ■ 2 s. tomba f., sepulcre m.

gravel ['grævəl] s. grava f.

gravestone ['greivstoun] s. làpida f. sepulcral.

graveyard ['greivjɑ:d] s. cementiri m., (BAL.), (VAL.) cementeri m.

gravitate (to) ['græviteit] i. gravitar. 2 **to ~ towards**, tenir tendència a, sentir-se p. atret per.

gravitation [grævi'teiʃən] s. gravitació f.

gravity ['græviti] s. FÍS. física f.

gravy ['greivi] s. CUI. suc m. [de la carn], salsa f. [feta amb el suc de la carn].

gray [grei] a. Vegeu GREY.

graze [greiz] s. fregament m. 2 rascada f. 3 pastura f.

graze (to) [greiz] t. fregar. 2 rascar. ■ 3 i. pasturar.

grazing ['greiziŋ] s. pasturatge m. 2 pastura f. ‖ **grazing-land**, devesa f.

grease [gri:s] s. greix m. 2 sèu m.

grease (to) [gri:z] t. engreixar, untar.

greasy ['gri:si] a. greixós.

great [greit] a. gran, gros, major, magne. 2 ~ **age**, edat avançada. 3 important, destacat. 4 magnífic, fantàstic. ■ 5 **-ly** adv. molt, altament.

greatness ['greitnis] s. grandesa f. 2 amplitud f. 3 esplendor f.

Grecian ['gri:ʃən] a. grec [art, arquitectura, trets, etc.].

greed, greediness [gri:d, -inis] s. cobdícia f. 2 ànsia f. 3 voracitat f., golafreria f.

greedy ['gri:di] a. ansiós, cobdiciós. 2 golafre, voraç.

Greek [gri:k] a.-s. grec. GEOGR. grec. 2 grec m. [llengua].

green [gri:n] a. verd [color, fruita]. 2 càndid, inexpert. 3 fig. ufanós. ■ *4 s.* verd m. [color]. *5* verdor f. *6* prat m. *7* pl. verdures f. pl., hortalises f. pl.

greengrocer ['gri:ngrousə'] s. verdulaire.

greenhouse ['gri:nhaus] s. hivernacle m.

Greenland ['gri:nlənd] n. pr. GEOGR. Groenlàndia.

greet (to) [gri:t] t. saludar.

greeting ['gri:tin] s. salutació f. *2* pl. salutacions f. pl., records m. pl. [en una carta].

gregarious [gre'gɛəriəs] a. gregari.

grenade [gri'neid] s. granada f.

grew [gru:] Vegeu GROW (TO).

grey, gray [grei] a. gris. ■ *2 s.* gris m.

greyhound ['greihaund] s. llebrer m.

grid [grid] s. reixa f., enreixat m. *2* CUI. graelles f. pl., graella f. sing. *3* ELECT. xarxa f. *4* RADIO. reixa f.

grief [gri:f] s. dolor m., pena f., aflicció f. *2* dany m., mal m., desgràcia f. ‖ *to come to ~,* patir una desgràcia, sofrir un dany.

grievance [gri:vəns] s. greuge m., ofensa f., agravi m.

grieve (to) [gri:v] t. afligir, entristir. ■ *2* i. afligir-se p., entristir-se p.

grievous [gri:vəs] a. dolorós, penós. *2* sever, atroç.

grill [gril] s. CUI. graella f., graelles f. pl.

grill (to) [gril] t. fer a la brasa. *2* col·loq. interrogar [la policia]. ■ *3* i. fer-se p. a la brasa.

grille [gril] s. reixa f., enreixat m.

grim [grim] a. sorrut, malcarat. *2* lleig. *3* horrible, sinistre.

grimace [gri'meis] s. ganyota f., (BAL.) carussa f., (VAL.) carassa f.

grimace (to) [gri'meis] i. fer ganyotes, (BAL.) fer carusses, (VAL.) fer carasses.

grime [graim] s. engrut m., greix m., brutícia f.

grime (to) [graim] t. embrutar, enllardar.

grimy ['graimi] a. brut, llardós.

grin [grin] s. ganyota f. *2* somriure m. obert.

grin (to) [grin] i. somriure. *2* fer ganyotes. ■ *3* t. expressar amb un somriure o una ganyota.

grind (to) [graind] t. moldre, triturar. *2* esmolar, afilar. *3* fer carrasquejar [les dents]. *4* molestar, oprimir. ■ *5* i. moldre's p., triturar-se p. *6* preparar-se p. ▲ Pret. i p. p.: **ground** [graund].

grindstone ['graindstoun] s. mola f., pedra f. d'esmolar.

grip [grip] s. agafament m. *2* poder m., domini m. *3* agafador m., puny m. *4 to come to grips,* atacar de valent. *5* (EUA) maletí m. *6* fig. comprensió f. [d'un problema].

grip (to) [grip] t. agafar, empunyar, estrènyer. ■ *2* i. agafar-se p., arrapar-se p.

gripes [graips] s. pl. col·loq. recargolament m. sing. de ventre.

grisly ['grizli] a. horrorós, terrible.

gristle ['grisl] s. cartílag m.

grit [grit] s. sorra f., arena f. *2* fermesa f.

grizzle (to) ['grizl] t. somicar, ploriquejar.

groan [groun] s. gemec m., queixa f.

groan (to) [groun] t. dir gemegant. ■ *2* i. gemegar.

groats [grouts] s. pl. civada f. sing. trossejada.

grocer ['grousə'] s. adroguer, botiguer [de comestibles].

grocery ['grousəri] s. adrogueria f., botiga f. de comestibles. *2* pl. comestibles m. pl.

groggy ['grogi] a. vacil·lant, estabornit, atordit. *2* dèbil.

groin [groin] s. ANAT. engonal m. *2* ARQ. aresta f.

groom [grum] s. mosso m. d'estable. *2* nuvi m. *3* lacai m.

groom (to) [grum] t. tenir cura de [cavalls]. *2* empolainar, arreglar. *3* col·loq. preparar.

groove [gru:v] s. ranura f., solc m. *2* fig. rutina f.

groove (to) [gru:v] t. acanalar.

grope (to) [group] t. buscar a les palpentes, tocar a les palpentes. ■ *2* i. caminar a les palpentes.

gross [grous] a. gros, gras. *2* gruixut. *3* dens. tosc, vulgar. *4* groller, obscè. *5* cras [error, engany, etc.]. *6* COM. total, brut. ■ *7 s.* grossa f. ■ *8 -ly adv.* grollerament, toscament.

grossness ['grousnis] s. grolleria f. *2* enormitat f.

grotto ['grɔtou] s. gruta f., cova f.

grotesque [grou'tesk] a. grotesc.

ground [graund] s. terra m., (BAL.) trespol m., (VAL.) pis m. *2* terreny m. *3* camp m. [de batalla; d'esports]. *4* àrea f. *5* terme *m.* [perspectiva]. *6* raó *f.*, motiu *m.*, causa *f.*, fonament *m.* *7* *pl.* terrenys *m. pl.* *8* *pl.* pòsit *m. sing.*, sediment *m. sing.* *9* B. ART. fons *m.*, primera capa *f.* ■ *10* Vegeu GRIND (TO).

ground (to) [graund] *t.* MAR. encallar, fer encallar. *2* AVIA. obligar a quedar-se a terra. *3* ELECT. connectar amb terra. *4* basar, fonamentar. *5* ensenyar les bases. ■ *6* *i.* MAR. encallar(se). *7* AVIA. quedar-se *p.* a terra. *8* ELECT. connectar-se *p.* amb terra. *9* basar-se *p.*, fonamentar-se *p.*

ground floor [graund'flɔ:ʳ] *s.* (G.B.) planta *f.* baixa.

groundless [ˈgraundlis] *a.* sense fonament, sense base.

group [gru:p] *s.* grup *m.*, conjunt *m.*

group (to) [gru:p] *t.-i.* agrupar(se).

grouse [graus] *s.* gall *m.* de bosc, gall *m.* fer, gall *m.* salvatge. *2* col·loq. queixa *f.*

grove [grouv] *s.* bosquet *m.*

grovel (to) [ˈgrɔvl] *i.* arrossegar-se *p.*, humiliar-se *p.*, rebaixar-se *p.*

grow (to) [grou] *i.* créixer, desenvolupar-se *p.* *2* néixer, sortir [el cabell, etc.]. *3* fer-se *p.*, posar-se *p.*, tornar-se *p.* ‖ to ~ old, envellir, fer-se *p.* vell. ■ *4* *t.* conrear, cultivar. *5* fer créixer, deixar créixer. *6* criar. ■ to ~ on/upon, arrelar [un costum, etc.]; arribar a agradar; to ~ out of, quedar petit, fer-se petit; deixar, abandonar; venir de, derivar-se; to ~ to, arribar a [estimar, etc.]; to ~ up, créixer, fer-se gran; desenvolupar-se *p.* ▲ Pret.: grew [gru:]; p. p.: grown [groun].

grower [ˈgrouəʳ] *s.* conreador, cultivador.

growl [graul] *s.* grunyit *m.*

growl (to) [graul] *i.* grunyir. ■ *2* *t.* to ~ (out), dir rondinant.

grown [groun] Vegeu GROW (TO). ■ *2* *a.* adult, madur.

grown-up [ˈgrounʌp] *a.-s.* adult.

growth [grouθ] *s.* creixement *m.* *2* desenvolupament *m.*, augment *m.* *3* conreu *m.*, cultiu *m.* *4* vegetació *f.* *5* MED. tumor *m.*

grub [grʌb] *s.* larva *f.*, cuc *m.* *2* col·loq. teca *f.*

grudge [grʌdʒ] *s.* ressentiment *m.*, rancúnia *f.*

grudge (to) [grʌdʒ] *t.* regatejar, escatimar. *2* envejar.

grudgingly [ˈgrʌdʒiŋli] *adv.* de mala gana, a contracor.

gruel [gruəl] *s.* CUI. farinetes *f. pl.*

gruesome [ˈgru:səm] *a.* horrible, horripilant. *2* repugnant.

gruff [grʌf] *a.* brusc, malhumorat, aspre.

gruffness [ˈgrʌfnis] *s.* aspror *f.*, mala cara *f.*, mal humor *m.*

grumble [ˈgrʌmbl] *s.* queixa *f.*, remugament *m.* *2* soroll *m.* sord.

grumble (to) [ˈgrʌmbl] *i.* rondinar, remugar. *2* fer un soroll sord. ■ *3* *t.* dir remugant.

grunt [grʌnt] *s.* grunyit *m.*, gardeny *m.*

grunt (to) [grʌnt] *i.* grunyir, gardenyar.

guarantee [ˌgærənˈtiː] *s.* garantia *f.*, fiança *f.* *2* DRET fiador, fiançador.

guarantee (to) [ˌgærənˈtiː] *t.* garantir. *2* fer-se *p.* responsable.

guarantor [ˌgærənˈtɔːʳ] *s.* garant. *2* fiador, fiançador.

guaranty [ˈgærənti] *s.* DRET garantia *f.*, fiança *f.*

guard [gɑːd] *s.* guàrdia *f.* *2* vigilància *f.*, protecció *f.* *3* guardià, guarda, vigilant. *4* guarda *f.* [de l'espasa]. *5* FERROC. cap de tren.

guard (to) [gɑːd] *t.* guardar, protegir, vigilar. ■ *2* *i.* guardar-se *p.* de.

guardian [ˈgɑːdjən] *s.* guarda, guardià, custodi. ‖ ~ angel, àngel *m.* custodi, àngel *m.* de la guarda. *2* DRET tutor.

guardianship [ˈgɑːdjənʃip] *s.* protecció *f.* *2* DRET tutela *f.*

guarded [ˈgɑːdid] *a.* cautelós. ■ *2* -ly *adv.* cautelosament.

gudgeon [ˈgʌdʒən] *s.* ICT. gòbit *m.*, gobi *m.*, cabot *m.* *2* MEC. piu *m.*, pern *m.*

guerrilla, guerilla [gəˈrilə] *s.* guerriller. *2* guerrilla *f.*

guess [ges] *s.* conjectura *f.* *2* suposició *f.* *3* parer *m.*, opinió *f.*

guess (to) [ges] *t.-i.* endevinar. *2* encertar. *3* suposar, conjecturar, creure.

guest [gest] *s.* hoste, invitat, convidat.

guffaw [gʌˈfɔː] *s.* riallada *f.*, rialla *f.*

guffaw (to) [gʌˈfɔː] *i.* petar-se *p.* de riure.

guidance [ˈgaidəns] *s.* guia *f.*, govern *m.*, direcció *f.*

guide [gaid] *s.* guia [persona]. *2* guia [llibre]. *3* guia, conseller. *4* MEC., MIL. guia.

guide (to) [gaid] *t.* guiar. *2* governar, dirigir.

guild [gild] *s.* gremi *m.*, cofradia *f.*

guile [gail] *s.* astúcia *f.* *2* engany *m.*

guileful [ˈgailful] *a.* astut.

guileless ['gailliss] *a.* senzill, innocent, ingenu.

guilt [gilt] *s.* culpa *f.* 2 culpabilitat *f.*

guiltless ['giltlis] *a.* innocent, lliure de culpa.

guilty ['gilti] *a.* culpable.

guinea ['gini] *s.* guinea *f.* [moneda].

guinea fowl ['ginifaul] *s.* ZOOL. gallina *f.* de Guinea.

guinea pig ['ginipig] *s.* ZOOL. conillet *m.* d'Índies.

guise [gaiz] *s.* ant. guisa *f.*, manera *f.* ‖ *under the ~ of*, disfressat de, amb el pretext de

guitar [gi'ta:ʳ] *s.* MÚS. guitarra *f.*

gulch [gʌlʃ] *s.* (EUA) barranc *m.*

gulf [gʌlf] *s.* GEOGR. golf *m.* ‖ *Gulf Stream*, Corrent del Golf. 2 abisme *m.*, avenc *m.*

gull [gʌl] *s.* ORN. gavina *f.* 2 fig. beneit, babau, crèdul.

gull (to) [gʌl] *t.* estafar, enganyar.

gullet ['gʌlit] *s.* gargamella *f.*, gola *f.* 2 ANAT. esòfag *m.*

gullibility [gʌli'biliti] *s.* credulitat *f.*

gullible ['gʌlibl] *a.* babau, crèdul.

gully ['gʌli] *s.* barranc *m.* 2 regueró *m.*

gulp [gʌlp] *s.* glop *m.*, tirada *f.*

gulp (to) [gʌlp] *t.* empassar-se *p.*, englotir.

gum [gʌm] *s.* ANAT. geniva *f.* 2 goma *f.* ‖ *chewing ~*, xiclet *m.*

gum (to) [gʌm] *t.* engomar, encolar. 2 enganxar, (BAL.) aferrar; (VAL.) espigar.

gumboot ['gʌmbu:t] *s.* bota *f.* de goma.

gumption ['gʌmpʃən] *s.* col·loq. seny *m.*, sentit *m.* comú, iniciativa *f.*

gum tree ['gʌmtri:] *s.* BOT. eucaliptus *m.*

gun [gʌn] *s.* ARTILL. arma *f.* de foc. 2 pistola *f.*

gunboat ['gʌnbout] *s.* canoner *m.* [vaixell].

gunman ['gʌnmən] *s.* pistoler *m.*

gunner ['gʌnəʳ] *s.* MIL. artiller *m.*

gunnery ['gʌnəri] *s.* artilleria *f.*

gunpowder ['gʌn,paudəʳ] *s.* pólvora *f.*

gunshot ['gʌnʃɔt] *s.* tret *m.* [d'arma de foc].

gunwale ['gʌnl] *s.* MAR. borda *f.*, regala *f.*

gurgle ['gə:gl] *s.* gloc-gloc *m.*, clapoteig *m.* 2 xerroteig *m.* [de les criatures].

gurgle (to) ['gə:gl] *i.* clapotejar, fer gloc-gloc. 2 xerrotejar [una criatura].

gush [gʌʃ] *s.* raig *m.*, doll *m.* 2 fig. efusió *f.*, efusivitat *f.*

gush (to) [gʌʃ] *i.* rajar, brollar. 2 ser efusiu.

gushing ['gʌʃiŋ] *a.* efusiu.

gust [gʌst] *s.* ràfega *f.*, ratxa *f.* 2 explosió *f.*, rauxa *f.*

gusto ['gʌstou] *s.* gust *m.*, afecció *f.*

gusty ['gʌsti] *a.* borrascós.

gut [gʌt] *s.* ANAT. intestí *m.*, budell *m.* 2 corda *f.*, tripa *f.* [d'un instrument]. 3 *pl.* col·loq. pebrots *m. pl.* [valor].

gut (to) [gʌt] *t.* estripar, esbudellar, treure les tripes.

gutter ['gʌtəʳ] *s.* regueró *m.*, escorranc *m.* 2 cuneta *f.* 3 canal *m.*, canaló *m.* 4 rasa *f.*

gutter (to) ['gʌtəʳ] *i.* fondre's *p.*, consumir-se *p.* [una espelma].

guttersnipe ['gʌtəsnaip] *s.* trinxeraire *m.*

guttural ['gʌtərəl] *a.* gutural.

guy [gai] *s.* individu *m.*, paio *m.* 2 mamarratxo *m.* 3 corda *f.*, vent *m.*

guy (to) [gai] *t.* ridiculitzar.

guzzle (to) ['gʌzl] *t.-i.* col·loq. empassar-se *p.*, englotir.

gymnasium [dʒim'neizjəm] *s.* gimnàs *m.*

gymnast ['dʒimnæst] *s.* gimnasta.

gymnastic [dʒim'næstik] *a.* gimnàstic.

gymnastics [dʒim'næstiks] *s.* gimnàstica *f.*

gypsum ['dʒipsəm] *s.* guix *m.*

gypsy ['dʒipsi] *a.-s.* Vegeu GIPSY.

gyrate (to) [dʒai'reit] *i.* girar, giravoltar.

gyration [dʒai'reiʃən] *s.* gir *m.*, volt *m.*

H

H, h [eitʃ] *s.* h *f.* [lletra].

haberdashery [ˈhæbədæʃəri] *s.* articles *m. pl.* de merceria. 2 (EUA) roba *f.* de senyors.

habit [ˈhæbit] *s.* hàbit *m.*, costum *m.* ‖ *a bad ~,* un mal costum. ‖ *to be in the ~ of,* tenir costum de. 2 hàbit *m.* [vestit].

habitable [ˈhæbitəbl] *a.* habitable.

habitation [ˌhæbiˈteiʃən] *s.* habitació *f.,* habitatge *m.*

habitual [həˈbitjuəl] *a.* habitual, acostumat. 2 empedreït, inveterat: *a ~ drunkard,* un bebedor empedreït.

habituate (to) [həˈbitjueit] *t.-p.* habituar-se (*to,* a).

habitué [həˈbitjuei] *s.* persona *f.* assídua, parroquià.

hack [hæk] *s.* cavall *m.* de lloguer. 2 escriptor a sou. 3 tall *m.,* trau *m.*

hack (to) [hæk] *t.* tallar, trinxar. ■ 2 *i. to ~ at,* donar cops [de destral, matxet, etc.].

hacking [ˈhækiŋ] *a.* seca [tos]. ‖ *~ cough,* tos *f.* de gos.

hackney [ˈhækni] *s.* cavall *m.,* euga *f.* ‖ *~ carriage,* cotxe *m.* de lloguer. ■ 2 *a. hackneyed,* suat, gastat [en sentit fig.].

hacksaw [ˈhæksɔː] *s.* serra *f.* d'arquet [per tallar metalls].

had [hæd, həd] Vegeu HAVE (TO).

haddock [ˈhædək] *s.* ICT. eglefí *m.* ▲ *pl.* invariable.

haft [hɑːft] *s.* mànec *m.,* puny *m.*

hag [hæg] *s.* fig. bruixa *f.,* vella *f.*

haggard [ˈhægəd] *a.* ullerós, macilent, cansat.

haggle (to) [ˈhægl] *i.* regatejar *t.* 2 discutir *t.-i.*

Hague [heig] *n. pr.* GEOGR. *the ~,* La Haia.

hail [heil] *s.* calamarsa *f.,* granissa *f.,* pedra *f.* 2 fig. pluja *f.: a ~ of blows,* una pluja de cops. 3 salutació *f.,* crit *m.* ■ 4 *interj.* salve!

hail (to) [heil] *i.* pedregar, calamarsejar, granissar. 2 fig. *to ~ down on,* ploure sobre. 3 *to ~ from,* ser de, venir de. ■ 4 *t.* ploure [also fig.]. 5 saludar, cridar.

hair [heə] *s.* cabell *m.,* cabells *m. pl.;* pèl *m.,* pèls *m. pl.* ‖ *against the ~,* a contrapèl. ‖ *to cut one's ~,* tallar-se els cabells [un mateix]. ‖ *to have one's ~ cut,* tallar-se els cabells, fer-se tallar els cabells.

hairbreadth [ˈhɛəbreθ] *s.* fig. pèl *m.; by a ~,* pels pèls, per un pèl.

hairbrush [ˈhɛəbrʌʃ] *s.* raspall *m.* [dels cabells].

haircut [ˈhɛəkʌt] *s.* tallat *m.* de cabells, pentinat *m.*

hair-do [ˈhɛəduː] *s.* col·loq. pentinat *m.*

hairdresser [ˈhɛəˌdresə] *s.* perruquer.

hairdresser's [ˈhɛəˌdresəz] *s.* perruqueria *f.*

hairless [ˈhɛəlis] *a.* sense cabells, calb. 2 sense pèls, pelat.

hairpin [ˈhɛəpin] *s.* agulla *f.* dels cabells, agulla *f.* de ganxo.

hair-raising [ˈhɛəˌreiziŋ] *a.* esgarrifós, horripilant.

hairy [ˈhɛəri] *a.* pelut, pilós, vellós.

hake [heik] *s.* ICT. lluç *m.* ▲ *pl.* invariable.

halberd [ˈhælbəd] *s.* alabarda *f.*

halberdier [ˌhælbəˈdiə] *s.* alabarder *m.*

hale [heil] *a.* sa, robust. ‖ *~ and hearty,* sa com un roure.

half [hɑːf] *s.* meitat *f.* mig *m.* ‖ *better ~,* meitat [cònjuge]. ‖ *to go halves,* anar a mitges ‖ *too clever by ~,* fer massa el viu. ▲ *pl. halves* [hɑːvz]. ■ 2 *a.* mig. ■ 3 *adv.* mig; a mitges: *~ crying,* mig plorant.

half-back [ˈhɑːfbæk] *s.* defensa *m,* mig *m.* [futbol, etc.].

half-breed [ˈhɑːfbriːd] *s.* mestís.

half-caste [ˈhɑːfkɑːst] *s.* Vegeu HALF-BREED.

half-length [ˈhɑːfleŋθ] *a.* de mig cos [retrat].

halfpenny [ˈheipni] *s.* mig penic *m.*

half-time ['hɑːftaim] *s.* mitja jornada *f.* 2 ESPORT mitja part *f.*

halfway ['hɑːfwei] *adv.* al mig; a mig camí [també fig.]. ■ 2 *a.* a mig camí.

half-witted ['hɑːfwitid] *a.* imbècil, babau.

hall [hɔːl] *s.* vestíbul *m.*, rebedor *m.* 2 sala *f.* 3 paranimf *m.*, saló *m.* d'actes [de la universitat]. 4 residència *f.* universitària, col·legi *m.* major. 5 *Town Hall* o *City Hall*, ajuntament *m.*

hallmark ['hɔːlmɑːk] *s.* contrast *m.* [segell oficial de garantia]. 2 fig. segell *m.*

hallo [hə'lou] *interj.* Vegeu HULLO.

halloo [hə'luː] *interj.* busca!, au! [als gossos]. ■ 2 *s.* crit.

halloo (to) [hə'luː] *t.* cridar. 2 aquissar, atiar [els gossos].

hallow ['hælou] *s. All Hallow's Day,* dia *m.* de Tots Sants.

hallow (to) ['hælou] *t.* santificar; reverenciar.

Halloween [ˌhælou'wiːn] *s.* vigília *f.* de Tots Sants.

hallucinate [hə'luːsineit] *i.* al·lucinar *t.*

hallucination [həˌluːsi'neiʃən] *s.* al·lucinació *f.*

halo ['heilou] *s.* ASTR. halo *m.* 2 REL. aurèola *f.*, nimbe *m.*, halo *m.*

halogen ['hælədʒən] *s.* QUÍM. halogen *m.*

halt [hɔːlt] *s.* alto *m.*, parada *f.* ∥ fig. *to call a ~ (to),* posar fre (a). 2 FERROC. baixador *m.*

halt (to) [hɔːlt] *i.* aturar-se *p.*, parar-se *p.*, fer un alto. 2 vacil·lar. ■ 3 *t.* aturar, parar.

halter ['hɔːltə'] *s.* cabestre *m.* 2 dogal *m.*

halting ['hɔːltiŋ] *a.* vacil·lant. 2 coix, defectuós [un vers].

halve (to) [hɑːv] *t.* partir pel mig, dividir en dos. 2 reduir a la meitat.

halves [hɑːvz] Vegeu HALF.

ham [hæm] *s.* pernil *m.*: *a slice of ~,* un tall *m.* de pernil. 2 col·loq. amateur, afeccionat.

hamburger ['hæmbɜːgə'] *s.* hamburguesa *f.*

hamlet ['hæmlit] *s.* llogarret *m.*, poblet *m.*

hammer ['hæmə'] *s.* martell *m.* 2 ARM. percussor *m.* 3 MÚS. martellet *m.*

hammer (to) ['hæmə'] *t.* martellejar, donar cops de martell. ∥ *to ~ a nail,* clavar un clau. 2 batre [metall]. 3 fig. insistir. 4 ESPORT apallissar, derrotar.

hammock ['hæmək] *s.* hamaca *f.* NÀUT. coi *m.*

hamper ['hæmpə'] *s.* cistell *m.*, cistella *f.*, panera *f.*: *a Christmas ~,* una panera de Nadal.

hamper (to) ['hæmpə'] *t.* destorbar, fer nosa, obstaculitzar.

hand [hænd] *s.* mà *f.* ∥ *at first ~,* de primera mà. ∥ *at ~,* a mà, a prop. ∥ *by ~,* a mà. ∥ *to hold hands,* agafar-se de les mans. ∥ *to lend a ~,* donar un cop de mà, ajudar. ∥ *hands off!,* fora les mans!, les mans quietes! ∥ *hands up!,* mans enlaire! 2 pam *m.* 3 mà d'obra *f.*, operari; tripulant. 4 lletra *f.*, escriptura *f.* 5 JOC mà *f.* [de cartes]. 6 *to be ~ in glove,* ser carn *f.* i ungla *f.; to get the upper ~,* tenir avantatge *m.; on ~,* disponible; *on the one ~ ... on the other ~,* per una banda *f.* ... per l'altra banda *f.; second ~,* de segona mà.

hand (to) [hænd] *t.* donar; atansar; passar. ■ *to ~ down,* transmetre, deixar; *to ~ in,* lliurar, presentar; *to ~ out,* donar, repartir; *to ~ over,* lliurar.

handbag ['hændbæg] *s.* bossa *f.* [de mà].

handball ['hændbɔːl] *s.* handbol *m.*

handbarrow ['hænd'bærou] *s.* carreta *f.*

handbill ['hændbil] *s.* prospecte *m.*

handbook ['hændbuk] *s.* guia *f.*, manual *m.*

handbrake ['hændbreik] *s.* fre *m.* de mà.

handcart ['hændkɑːt] *s.* carretó *m.*

handcuffs ['hændkʌfs] *pl.* manilles *f. pl.*

handful ['hændful] *s.* grapat *m.*

handicap ['hændikæp] *s.* fig. obstacle *m.*, desavantatge *m.*, destorb *m.* 2 ESPORT handicap *m.*

handicap (to) ['hændikæp] *t.* perjudicar; destorbar. 2 ESPORT handicapar.

handicapped ['hændikæpt] *a.* MED., PSICOL. disminuït *a.-s.*

handicraft ['hændikrɑːft] *s.* artesania *f.* 2 habilitat *f.* manual.

handiwork ['hændiwɜːk] *s.* obra *f.* 2 treball *m.* manual.

handkerchief ['hæŋkətʃif] *s.* mocador *m.*

handle ['hændl] *s.* mànec *m.*; ansa *f.*, nansa *f.*; maneta *f.*; pom *m.*, agafador *m.*

handle (to) ['hændl] *t.* tocar. 2 toquejar, palpejar. 3 manipular. 4 portar, manejar. 5 dirigir, controlar. ■ 6 *i.* apanyar-se *p.*, espavilar-se *p.*

handlebar ['hændlbɑː'] *s.* manillar *m.*

handling ['hændliŋ] *s.* maneig *m.*, manipulació *f.*, tracte *m.* 2 govern *m.*, direcció *f.*

hand luggage ['hænd,lʌgidʒ] s. equipatge m. de mà.

handmade ['hændmeid] a. fet a mà.

handout ['hændaut] s. fullet m., prospecte m. 2 comunicat m.

handshake ['hændʃeik] s. encaixada f. [de mans].

handsome ['hændsəm] a. bonic, atractiu. 2 generós, liberal.

handwork ['hændwə:k] s. treball m. manual.

handwriting ['hænd,raitiŋ] s. lletra f.

handy ['hændi] a. destre, hàbil. 2 a mà, proper. 3 pràctic, útil.

handyman ['hændi,mæn] s. home m. traçut.

hang [hæŋ] s. caient m. [d'un vestit, etc.]. 2 inclinació f., pendent m. 3 col·loq. I don't give a ~, m'importa un rave m.

1) hang (to) [hæŋ] t. penjar, enforcar [persones]. ▲ Pret. i p. p.: hanged ['hæŋd].

2) hang (to) [hæŋ] t. penjar, suspendre. 2 estendre [la roba]. 3 abaixar [el cap]. 4 posar, enganxar. 5 i. penjar. 6 dependre, descansar. ■ to ~ on, agafar-se, aferrar-se ‖ col·loq. ~ on a minute!, espera un moment!; to ~ up, penjar [el telèfon]. ‖ col·loq. to be hung up, estar penjat [emocionalment]. ▲ Pret. i p. p.: hung [hʌŋ].

hangar ['hæŋəʳ] s. hangar m.

hanger ['hæŋəʳ] s. ganxo m.; penjador m., perxa f.

hanging ['hæŋiŋ] a. suspès. ■ 2 s. execució f. a la forca. 3 pl. draperia f. sing.

hangman ['hæŋmən] s. botxí m.

hangover ['hæŋ,ouvəʳ] s. caparra f. [després d'una borratxera].

hang-up ['hæŋʌp] s. fig. dificultat f., obstacle m. 2 inhibició f., obsessió f.

hank [hæŋk] s. cabdell m., troca f.

hanker (to) ['hæŋkəʳ] i. to ~ after, anhelar, desitjar.

hankering ['hæŋkəriŋ] s. desig m., anhel m.

haphazard [hæp'hæzəd] a. casual, fortuït. ■ 2 s. casualitat f., atzar m. ■ 3 adv. a l'atzar.

happen (to) ['hæpən] i. passar, ocórrer. ‖ whatever happens, passi el que passi. 2 I happened to be there, per casualitat jo era allà. 3 to ~ on, trobar, ensopegar.

happening ['hæpəniŋ] s. esdeveniment m., succés m. 2 espectacle m. improvisat.

happily ['hæpili] adv. feliçment, afortunadament.

happiness ['hæpinis] s. felicitat f. 2 alegria f.

happy ['hæpi] a. feliç. 2 content, alegre, satisfet. ‖ to be ~ to, alegrar-se, estar content. 3 happy-go-lucky, despreocupat.

harangue [hə'ræŋ] s. arenga f.

harangue (to) [hə'ræŋ] t. arengar. ■ 2 i. fer una arenga.

harass (to) ['hærəs] t. turmentar. 2 fustigar, encalçar, assetjar.

harbour, (EUA) **harbor** ['hɑːbəʳ] s. MAR. port m. 2 fig. abric m., refugi m., recer m.

harbour, (EUA) **harbor (to)** ['hɑːbəʳ] t. acollir, hostatjar. 2 protegir, amagar, encobrir. 3 fig. alimentar, acariciar [una idea, etc.]. ■ 4 i. ancorar en un port.

hard [hɑːd] a. dur. ‖ ~ of hearing, dur d'orella. 2 fort, ferm, massís. ‖ ~ facts, fets m. pl. indiscutibles. 3 difícil, ardu ‖ ~ labour, treballs m. pl. forçats. 4 dolent, sever, rigorós. 5 COM. estable [preu]. ■ 6 adv. durament, rigorosament. 7 fort, molt. 8 ~ by, molt a prop de. 9 ~ up, escurat [de diners].

hard cash [hɑːd'kæʃ] s. diners m. pl. comptants.

hard feelings [hɑːd'fiːliŋz] s. ressentiment m.

harden (to) ['hɑːdn] t. endurir, enfortir [també fig.]. 2 fig. avesar. ■ 3 i. endurir-se p., enfortir-se p. 4 avesar-se p.

hardheaded [hɑːd'hedid] a. pràctic, realista, calculador.

hardhearted [hɑːd'hɑːtid] a. insensible, de cor dur.

hardiness ['hɑːdinis] s. força f., vigor m. 2 fig. audàcia f., atreviment m.

hardly ['hɑːdli] adv. difícilment. 2 a penes, gairebé no. ‖ ~ anybody, gairebé ningú. ‖ ~ ever, gairebé mai. 3 durament.

hardness ['hɑːdnis] s. duresa f. 2 dificultat f. 3 rigor m., severitat f.

hardship ['hɑːdʃip] s. dificultat f., penalitat f. 2 sofriment m., desgràcia f.

hardware ['hɑːdwɛəʳ] s. ferreteria f., quincalla f. ‖ hardware-shop, ferreteria f. 2 INFORM. hardware m., sistema m. físic.

hardy ['hɑːdi] a. fort, robust, resistent. 2 fig. valent, audaç.

hare [hɛəʳ] s. ZOOL. llebre f.

hare-brained ['hɛəbreind] a. capfluix. 2 insensat.

harehound ['hɛəhaund] s. llebrer m.

haricot ['hærikou] s. monjeta f.

hark (to) [ha:k] i. escoltar, sentir. ■ 2 interj. escolta!, escolti!

harlot ['ha:lət] s. meuca f., bagassa f.

harm [ha:m] s. mal m., dany m., perjudici m.

harm (to) [ha:m] t. fer mal, danyar, perjudicar.

harmful ['ha:mful] a. perjudicial, nociu, dolent.

harmless ['ha:mlis] a. inofensiu.

harmonic [ha:'mɔnik] a. MÚS. harmònic. ■ 2 s. MÚS. harmònic m.

harmonica [ha:'mɔnika] s. MÚS. harmònica f.

harmonious [ha:'mounjəs] s. harmoniós.

harmonize (to) ['ha:mənaiz] t. harmonitzar. ■ 2 i. harmonitzar, concordar.

harmony ['ha:məni] s. MÚS. harmonia f.

harness ['ha:nis] s. arnès m., guarniments m. pl., arreus m. pl.

harness (to) ['ha:nis] t. arrear, guarnir [un cavall]. 2 aprofitar [l'energia d'un riu, etc.].

harp [ha:p] s. MÚS. arpa f.

harp (to) [ha:p] i. tocar l'arpa. 2 fig. to ~ on, insistir, amaçar.

harpoon [ha:'pu:n] s. arpó m.

harpoon (to) [ha:'pu:n] t. arponar.

harpsichord [ha:psiko:d] s. MÚS. clavicordi m.

harpy ['ha:pi] s. harpia f. [també fig.].

harrow ['hærou] s. AGR. rascle m.

harrow (to) ['hærou] t. rasclar. 2 fig. esquinçar, turmentar.

harrowing ['hærouiŋ] a. punyent, commovedor.

Harry ['hæri] n. pr. m. (dim. *Henry*) Enric.

harry (to) ['hæri] t. soquejar, assolar. 2 empaitar, molestar.

harsh [ha:ʃ] a. aspre. 2 discordant, cridaner. 3 dur, cruel. ■ 4 -ly adv. durament, amb aspresa.

harshness ['ha:ʃnis] s. aspresa f. 2 duresa f., severitat f. 3 discordància f.

hart [ha:t] s. ZOOL. cérvol m.

harum-scarum ['hɛərəm'skɛərəm] a.-s. eixelebrat, cap m. de trons.

harvest ['ha:vist] s. collita f., anyada f. [també fig.]. || ~ *festival*, festa f. de la collita. 2 sega f. 3 verema f.

harvest (to) ['ha:vist] t. collir, recollir, recol·lectar, segar. ■ 2 i. fer la collita.

harvester ['ha:vistə'] s. segador. 2 segadora f. [màquina].

has [hæz, həz] 3.ª pers. pres. ind. de HAVE (TO).

hash [hæʃ] s. CUI. picada f., xixina f. 2 embolic m., garbuix m. 3 col·loq. haixix m.

hash (to) [hæʃ] t. picar, trossejar [carn]. 2 col·loq. embullar, embolicar.

hashish ['hæʃiːʃ] s. haixix m.

hassle ['hæsl] s. col·loq. dificultat f., problema m. 2 baralla f., discussió f.

hassle (to) [hæsl] i. discutir, barallar-se p. ■ 2 t. empipar, molestar.

haste [heist] s. pressa f., rapidesa f. || to be in ~, tenir pressa. || to make ~, afanyar-se p., apressar-se p.

hasten (to) [heisn] t. donar pressa, accelerar. ■ 2 i. afanyar-se p., apressar-se p.

hastily ['heistili] adv. de pressa, apressadament. 2 precipitadament, a la lleugera.

hasty ['heisti] a. precipitat. 2 ràpid, prest. 3 irreflexiu.

hat [hæt] s. barret m., (BAL.) capell m. 2 fig. to keep it under one's ~, mantenir-ho en secret; to take one's ~ off to, treure's el barret, descobrir-se [davant d'alguna cosa].

hatband ['hætbænd] s. cinta f. de barret.

hatbox ['hætbɔks] s. capellera f.

hatch [hætʃ] s. comporta f., finestreta f., trapa f., portella f. 2 niuada f., covada f. 3 MAR. escotilla f.

hatch (to) [hætʃ] t. incubar, covar. 2 fig. idear, ordir. ■ 3 i. sortir de l'ou, trencar-se p. [l'ou]. 4 fig. madurar.

hatchet ['hætʃit] s. destral f. || fig. to bury the ~, fer les paus.

hatchway ['hætʃwei] s. MAR. escotilla f.

hate [heit] s. odi m., aversió f.

hate (to) [heit] t. odiar, detestar. 2 sentir, lamentar.

hateful ['heitful] a. odiós, detestable.

hatred ['heitrid] s. odi m., aversió f., repugnància f.

hatter ['hætə'] s. barreter, barretaire. || fig. mad as a ~, boig com una cabra, boig rematat.

haughtiness ['hɔ:tinis] s. arrogància f., altivesa f.

haughty ['hɔ:ti] a. altiu, arrogant. ■ 2 -ly adv. altivament, de manera arrogant.

haul [hɔːl] *s.* estirada *f.,* estrebada *f.* 2 trajecte, recorregut. 3 botí *m.* 3 xarxada *f.,* pescada *f.*

haul (to) [hɔːl] *t. -i.* arrossegar, estirar. 2 transportar, corretejar. 3 *to ~ down,* arriar. 4 *to ~ somebody over the coals,* renyar, clavar un esbronc.

haulage [ˈhɔːlidʒ] *s.* transport *m.,* carreteig *m.*

haunch [hɔːntʃ] *s.* anca *f.,* cuixa *f.* ∥ *to sit on one's haunches,* asseure's a la gatzoneta. 2 CUI. cuixa *f.*

haunt [hɔːnt] *s.* lloc *m.* freqüentat. 2 cau *m.,* amagatall *m.*

haunt (to) [hɔːnt] *t.* freqüentar, rondar. 2 turmentar, obsessionar [una idea, etc.].

haunted [ˈhɔːntid] *a.* obsessionat. 2 *~ house,* casa encantada.

Havana [həˈvænə] *n. pr.* GEOGR. l'Havana. ∥ *~ cigar,* havà *m.*

have (to) [hæv *o* həv] *aux.* haver. 2 *I had rather go home,* preferiria anar a casa; *we had better do it,* més val que ho fem. ■ 3 *t.* tenir, posseir. 4 saber, tenir coneixements: *he has no latin,* no sap llatí. 5 prendre, agafar. 6 beure, menjar. 7 rebre, acceptar, obtenir. 8 permetre, consentir. 9 fer que, fer fer. 10 passar. 11 trobar. 12 dir [un rumor, etc.]. ■ *to ~ against,* tenir en contra; *to ~ on,* portar, vestir. ∥ col·loq. *to ~ somebody on,* enredar; *to ~ to,* haver de. ∥ *to ~ a mind to,* estar temptat de. ∥ *to ~ to do with,* tenir a veure amb. ▲ 3.ª pers. pres. ind.: *has* [hæz, həz]; pret. i p. p.: *had* [hæd, həd].

haven [ˈheivn] *s.* MAR. port *m.* 2 fig. refugi *m.,* recer *m.*

haversack [ˈhævəsæk] *s.* motxilla *f.*

havoc [ˈhævək] *s.* destrucció *f.,* estralls *m. pl.* ∥ *to play ~ with,* fer estralls.

hawk [hɔːk] *s.* ORN. falcó *m.*

hawk (to) [hɔːk] *t.* vendre a domicili o pel carrer. 2 ESPORT caçar amb falcó. ■ 3 *i.* escurar-se *p.* el coll.

hawker [ˈhɔːkə'] *s.* falconer. 2 venedor ambulant, quincallaire.

hay [hei] *s.* palla *f.,* fenc *m.* ∥ fig. *to make ~ while the sun shines,* aprofitar l'ocasió, fer l'agost.

hay fever [ˈhei.fiːvə'] *s.* MED. febre *f.* del fenc.

hayloft [ˈheilɔft] *s.* AGR. pallissa *f.,* herbera *f.*

hayrick [ˈheirik], **haystack** [-stæk] *s.* paller *m.,* pallera *f.* ∥ *to look for a needle in a ~,* cercar una agulla en un paller.

haywire [ˈheiwaiə'] *a.* col·loq. desorganitzat, desordenat. 2 fet malbé. 3 boig. ∥ *to go ~,* fer-se malbé; desorganitzarse; tornar-se boig. ■ 4 *s.* filferro *m.* per lligar pallers.

hazard [ˈhæzəd] *s.* risc *m.,* perill *m.* 2 atzar *m.* 3 *~ lights,* llums *f.* d'avaria *f.*

hazard (to) [ˈhæzəd] *t.* arriscar, posar en perill. 2 aventurar.

hazardous [ˈhæzədəs] *a.* arriscat, perillós. 2 aventurat.

haze [heiz] *s.* boirina *f.,* boirim *m.* 2 fig. confusió *f.,* incertitud *f.*

hazel [ˈheizl] *s.* avellaner *m.* ■ 2 *a.* de color avellana.

hazelnut [ˈheizlnʌt] *s.* avellana *f.*

hazy [ˈheizi] *a.* boirós, bromós. 2 fig. vague, confús.

H-bomb [ˈeitʃbɔm] *s.* bomba *f.* d'hidrogen.

he [hiː] *pron. pers.* ell. 2 *pron. indef.* el, aquell. ■ 3 *a.* mascle: *he-bear,* ós *m.* [mascle].

head [hed] *s.* cap *m.* ∥ *~ of hair,* cabellera *f.* ∥ *~ over heels,* de cap a peus, de cap a cap. 2 seny *m.,* intel·ligència *f.* ∥ *to keep one's ~,* no perdre el cap. 3 cara *f.* [d'una moneda]: *heads or tails,* cara *f. sing.* o creu *f. pl.* 4 capçalera *f.,* capçal *m.* 5 cim *m.;* cimal *m.* [d'un arbre]. 6 puny *m.* [de bastó]. 7 títol *m.,* encapçalament *m.* 8 promontori *m.,* punta *f.* 9 capça *f.,* cabdell *m.* [de col, etc.]. 10 escuma *f.* [d'un líquid], crema *f.* [de la llet]. 11 crisi *f.* ∥ *to come to a ~,* arribar a un moment crític. 12 cap, encarregat, director. 13 NÀUT. proa *f.*

head (to) [hed] *t.* encapçalar, dirigir. 2 anar al davant. 3 donar un cop de cap [a la pilota]. 4 fig. *to ~ off,* evitar. ■ 5 *i.* anar, dirigir-se *p.*

headache [ˈhedeik] *s.* mal *m.* de cap.

heading [ˈhedin] *s.* títol *m.,* encapçalament *m.,* capçalera *f.*

headland [ˈhedlənd] *s.* GEOGR. promontori *m.,* punta *f.*

headlight [ˈhedlait] *s.* far *m.,* llum *m.* [de vehicle].

headline [ˈhedlain] *s.* titular *m.* [de diari]. 2 títol *m.* 3 *pl.* resum *m. sing.* de les notícies.

headlong [ˈhedlɔn] *a.* precipitat, impetuós. 2 de cap [caure].

headmaster [ˌhedˈmɑːstə'] *s.* director [d'un col·legi].

headmistress [ˌhedˈmistris] *s.* directora *f.* [d'un col·legi].

headquarters [ˌhedˈkwɔːtəz] s. MIL. quarter m. general. 2 prefectura f. de policia. 3 seu f., direcció f., centre m. [d'una entitat, etc.].

headstrong [ˈhedstrɔŋ] a. obstinat, tossut.

heal (to) [hiːl] t. guarir, curar. ■ 2 i. guarir, sanar.

health [helθ] s. salut f. 2 sanitat f.

healthy [ˈhelθi] a. sa, bo. 2 saludable.

heap [hiːp] s. munt m., pila f., pilot m., (ROSS.) petadissa f.

heap (to) [hiːp] t. apilonar, amuntegar. 2 omplir, curullar.

hear (to) [hiər] t. sentir. 2 escoltar. 3 sentir a dir. ■ 4 i. to ~ about, saber t., assabentar-se p., sentir parlar de. ‖ I won't ~ of it, no en vull sentir parlar. 5 to ~ from, tenir notícies de, rebre una carta de. 6 to ~ out, escoltar fins el final. 7 Hear! Hear!, molt bé! ▲ Pret. i p. p.: heard [hɑːd].

hearer [ˈhiərə] s. oient.

hearing [ˈhiəriŋ] s. oïda f., orella f. [sentit]. ‖ ~ aid, audífon m., aparell m. de sordera. ‖ hard of ~, dur d'orella. ‖ to be out of ~, no poder sentir, fora de l'abast de l'orella. ‖ to be within ~, a l'abast de l'orella. 2 DRET audiència.

hearsay [ˈhiəsei] s. rumor m. ‖ from ~, de nom, d'haver-ho sentit.

hearse [hɑːs] s. cotxe m. funerari.

heart [hɑːt] s. cor m. [també fig.]. ‖ ~ and soul, en cos i ànima. ‖ to dinamir-se. ‖ to take to ~, prendre's a la valenta. ‖ at ~, en el fons. ‖ by ~, de memòria, de cor. ‖ to one's heart's content, a cor què vols. ‖ to wear one's ~ on one's sleeve, anar amb el cor a la mà. 2 cor m., moll m. [d'una fruita, etc.]. 3 centre m. 4 cors m. pl. [de la baralla].

heartache [ˈhɑːteik] s. aflicció f., pena f., angoixa f.

heart attack [ˈhɑːtətæk] s. atac m. de cor.

heartbeat [ˈhɑːtbiːt] s. batec m. [del cor].

heartbreak [ˈhɑːtbreik] s. pena f., angoixa f.

hearten (to) [ˈhɑːtn] t. animar, encoratjar.

heart failure [ˈhɑːtˌfeiljə] s. fallida f. cardíaca.

heartfelt [ˈhɑːtfelt] a. sincer, cordial.

hearth [hɑːθ] s. llar f., xemeneia f.

heartless [ˈhɑːtlis] a. despietat, cruel.

heart-rending [ˈhɑːtˌrendiŋ] a. punyent, angoixós, penós.

hearty [ˈhɑːti] a. cordial, sincer. 2 sa, robust. 3 gran, abundant.

heat [hiːt] s. calor f., calda f. 2 fig. passió f., vehemència f., ardor f. 3 ZOOL. zel m.: in o on ~, en zel.

heat (to) [hiːt] t. escalfar, acalorar [també fig.]. ■ 2 i. escalfar-se p., acalorar-se p. [també fig.].

heat barrier [ˈhiːtˌbæriə] s. barrera f. tèrmica.

heater [ˈhiːtə] s. escalfador m.

heathen [ˈhiːðən] a.-s. pagà. 2 fig. bàrbar, salvatge.

heather [ˈheðə] s. BOT. bruc m.

heating [ˈhiːtiŋ] s. calefacció f. ‖ central ~, calefacció central.

heatstroke [ˈhiːtstrouk] s. MED. insolació f.

heatwave [ˈhiːtweiv] s. onada f. de calor.

heave [hiːv] s. esforç m. [per aixecar]. 2 moviment m., agitació f. 3 esbufec m. 4 palpitació f.

heave (to) [hiːv] t. aixecar, estirar, empènyer. 2 exhalar [un sospir, etc.]. 3 inflar [el pit]. ■ 4 i. pujar i baixar regularment. 5 esbufegar. 6 bategar. ▲ Pret. i p. p.: heaved [hiːvd] o hove [houv].

heaven [hevn] s. cel m., glòria f., paradís m. ‖ ~ knows!, Déu ho sap! ‖ for heavens sake!, per l'amor de Déu! ‖ thank ~!, gràcies a Déu! 2 cel m., firmament m.

heavenly [ˈhevnli] a. celestial, diví. 2 ASTR. celest: ~ body, cos celest.

heaven-sent [ˈhevnˈsent] a. fig. providencial.

heavily [ˈhevili] adv. pesadament. 2 molt, profundament. 3 amb dificultat. 4 durament, amb força.

heaviness [ˈhevinis] s. pesadesa f. 2 letargia f., abaltiment m. 3 força f., pes m.

heavy [ˈhevi] a. pesat. 2 opressiu, sever. 3 fort, violent. 4 profund, intens. 5 ensopit, abaltit. 6 aclaparat, oprimit. 7 espès, atapeït. 8 tapat, fosc. ■ 9 adv. pesadament.

heavy-duty [ˌheviˈdjuːti] a. resistent, d'alta resistència.

heavy-handed [ˌheviˈhændid] a. maldestre.

heavyweight [ˈheviweit] s. pes m. pesat.

Hebrew [ˈhiːbru] a.-s. hebreu. 2 s. hebreu m. [llengua].

heckle (to) [ˈhekl] t. interrogar, interrompre, interpel·lar.

hectare ['hektɑːʳ] s. hectàrea f.

hectic ['hektik] a.-s. MED. hèctic, tísic. 2 a. febril, agitat.

hedge [hedʒ] s. tanca f., clos m., closa f.

hedge (to) [hedʒ] t. tancar, envoltar, encerclar [amb una tanca, etc.]. 2 fig. protegir; posar obstacles. ■ 3 i. contestar amb evasives. 4 AVIA. to ~ hop, volar baix.

hedgehog ['hedʒhɔg] s. ZOOL. eriçó m.

heed [hiːd] s. atenció f., cas m.

heed (to) [hiːd] t. fer atenció, fer cas. 2 notar.

heedful ['hiːdful] a. cautelós, prudent, caut.

heedless ['hiːdlis] a. despreocupat, imprudent.

heehaw ['hiːhɔː] s. bram m. 2 fig. riallada f.

heel [hiːl] s. taló m. ‖ Achilles' ~, taló d'Aquil·les. ‖ to take to one's heels, fugir, escapar-se.

heel (to) [hiːl] t. posar talons [a les sabates]. 2 ESPORT xutar amb el taló. 3 MAR. fer escorar. ■ 4 i. estalonar. 5 MAR. escorar.

hefty ['hefti] a. massís, corpulent.

hegemony [hiːˈgemǝni] s. hegemonia f.

heifer ['hefǝʳ] s. vedella f.

height [hait] s. alçada f., alçària. 2 altitud f., altura f. 3 estatura f. 4 cim m., puig m. 5 fig. extrem m.; súmmum m.

heighten (to) ['haitn] t. aixecar, alçar. 2 augmentar, acréixer. 3 intensificar, realçar. ■ 4 i. elevar-se p. 5 créixer, augmentar. 6 intensificar-se p.

heinous ['heinǝs] a. odiós, atroç.

heir [ɛǝʳ] s. hereu m. ‖ DRET. ~ apparent, hereu forçós.

heiress ['ɛǝris] s. hereva f.

heirloom ['ɛǝluːm] s. relíquia f. familiar. 2 fig. herència f.

held [held] Vegeu HOLD (TO).

Helen ['helǝn] n. pr. f. Helena, Elena.

helicopter ['helikɔptǝʳ] s. AERON. helicòpter m.

heliport ['helipɔːt] s. AERON. heliport m.

helix ['hiːliks] s. hèlix f., hèlice f. ▲ pl. helices ['hiːlisiːz].

he'll [hiːl] contr. de HE SHALL i HE WILL.

hell [hel] s. infern m. ‖ fig. a ~ of a, infernal, fatal; fantàstic. ‖ fig. for the ~ of it, perquè sí. ‖ fig. to go through ~, passar-ho molt malament.

hello [hǝˈlou] interj. Vegeu HULLO.

helm [helm] s. MAR. timó m. [també fig.].

helmet ['helmit] s. casc m.

helmsman ['helmzmǝn] s. timoner m.

help [help] s. ajuda f., ajut m., auxili m.: help! auxili!, ajut! 2 remei m.: there is no ~ for it, no hi ha remei, no té remei. 3 dona f. de fer feines.

help (to) [help] t. ajudar, auxiliar, socórrer. 2 facilitar, fomentar. 3 evitar: I can't ~ crying, no puc evitar de plorar. 4 servir [menjar, etc.].

helper ['helpǝʳ] s. ajudant, auxiliar, assistent, col·laborador.

helpful ['helpful] a. útil, profitós. 2 amable, servicial.

helping ['helpiŋ] a. to lend someone a ~ hand, donar un cop de mà. ■ 2 s. ració f., porció f. [de menjar].

helpless ['helplis] a. desvalgut, indefens. 2 incapaç, inútil, inepte. 3 impotent, dèbil. ■ 4 -ly adv. en va, inútilment. 5 sense esperança.

helplessness ['helplisnis] s. desemparança f. 2 impotència f. 3 incapacitat f.

helpmate ['helpmeit], **helpmeet** ['helpmiːt] bon company. 2 marit m.; muller f.

helter-skelter [ˌheltǝˈskeltǝʳ] a. atrafegat. ■ 2 adv. a corre-cuita, precipitadament. ■ 3 s. desori m., aldarull m. 4 desbandada f.

hem [hem] s. COST. vora f. ‖ to lower o raise the ~, escurçar o allargar [una peça de roba]. 2 voraviu m., orla f.

hem (to) [hem] t. COST. fer la vora. 2 envoltar, encerclar.

hemline ['hemlain] s. repunt m.

hemp [hemp] s. cànem m. ‖ Indian ~, haixix m. ; marihuana f.

hen [hen] s. ORN. gallina f. 2 femella f. d'au.

hence [hens] adv. des d'aquí, d'aquí. 2 des d'ara, d'aquí a. 3 per això.

henceforth [ˌhensˈfɔːθ] adv. d'ara en endavant.

henchman ['hentʃmǝn] s. sequaç (EUA), partidari. 2 home m. de confiança.

hen-coop ['henkuːp] s. galliner m.

hen-house ['henhaus] s. Vegeu HEN-COOP.

hen party ['henpɑːti] s. col·loq. festa f. o reunió f. de dones.

henpecked ['henpekt] a. ~ husband, calçasses m.

Henry ['henri] n. pr. m. Enric.

her [həːˈ, əˈ, həˈ, əˈ] *pron. f.* (acusatiu o datiu) la, li. 2 (amb prep.) ella. ■ 3 *a. poss. f.* el seu, la seva, els seus, les seves.

herald ['herəld] *s.* herald *m.* 2 fig. capdavanter, precursor.

herald (to) ['herəld] *t.* anunciar.

heraldry ['herəldri] *s.* heràldica *f.*

herb [həːb] *s.* herba *f.* 2 *pl.* CUI. herbes *f. pl.* fines.

herbalist ['həːbəlist] *s.* herbolari.

Herbert ['həːbət] *n. pr. m.* Heribert.

herbivore [həːbivɔː] *s.* ZOOL. herbívor *m.*

herbivorous [həːˈbivərəs] *a.* herbívor.

herd [həːd] *s.* ramat *m.*, ramada *f.* [també fig.].

herd (to) [həːd] *t.* arramadar, aplegar. ■ 2 *i.* arramadar-se *p.*, aplegar-se *p.*

herdsman ['həːdzmən] *s.* pastor *m.*

here [hiəˈ] *adv.* aquí, (VAL.) ací. ‖ ~ *it is,* mi(ra)-te’l. ‖ col·loq. *neither* ~ *nor there,* no ve al cas.

hereabouts ['hiərəbauts] *adv.* per aquí a prop.

hereafter [hiərˈɑːftəˈ] *adv.* d’ara en endavant, en el futur. 2 seguidament, a continuació. ■ 3 *s.* l’altra vida *f.*, l’altre món *m.* 4 futur *m.*, esdevenidor *m.*

hereby [hiəˈbai] *adv.* amb aquests mitjans. 2 amb aquesta carta.

heredity [hiˈrediti] *s.* herència *f.*

hereditary [hiˈraditəri] *a.* hereditari.

heresy ['herəsi] *s.* heretgia *f.*

heretic ['herətik] *s.* heretge *m.*

heritage ['heritidʒ] *s.* herència *f.*, heretatge *m.* 2 fig. patrimoni *m.*

hermetic(al) [həːˈmetik, -əl] *a.* hermètic.

hermit ['həːmit] *s.* eremita, ermità.

hermitage ['həːmitidʒ] *s.* ermita *f.*

hero ['hiərou] *s.* heroi *m.* 2 personatge *m.* principal, protagonista *m.* [masculí].

heroic(al) [hiˈrouik(əl)] *a.* heroic. ‖ ~ *verse,* decasíl·lab *m.* 2 *pl.* grandiloqüència *f. sing.*

heroin ['herouin] *s.* heroïna *f.* [estupefaent].

heroine ['herouin] *f.* heroïna *f.* 2 personatge *m.* principal, protagonista *f.* [femenina].

heroism ['herouizəm] *s.* heroisme *m.*

heron ['herə] *s.* ORN. bernat *m.* pescaire.

herring ['heriŋ] *s.* ICT. areng *m.* 2 CUI. arengada *f.* ‖ *smoked* ~, arengada fumada. 3 fig. *red-herring,* pista *f.* falsa.

herringbone ['heriŋboun] *a.* d’espiga [disseny].

hers [həːz] *pron. poss. f.* el seu, la seva, els seus, les seves.

herself [həːˈself] *pron. pers. f.* d’ella, d’ella mateixa, es. 2 ella, ella mateixa. 3 ella sola [sense ajut].

he’s [hiːz] *contr.* DE HE IS i HE HAS.

hesitate (to) ['heziteit] *i.* dubtar, titubejar, (ROSS.) hesitar.

hesitation [heziˈteiʃən] *s.* vacil·lació *f.*, dubte *m.*, titubeig *m.*

heterodox ['hetərədɔks] *a.* heterodox.

heterogeneous [hetərəˈdʒiːnjəs] *a.* heterogeni.

hew (to) [hjuː] *t.* tallar. 2 talar. 3 cisellar. ▲ Pret.: *hewed* [hjuːd]; p. p.: *hewn* [hjuːn] o *hewed* [hjuːd].

hexagon ['heksəgən] *s.* hexàgon *m.*

hexagonal [hekˈsægənl] *a.* hexagonal.

hey [hei] *interj.* eh!, escolta!, escolti!, ep!, ei!

heyday ['heidei] *s.* fig. apogeu *m.*

hi [hai] *interj.* hola!, ei!

hiccough, hiccup ['hikʌp] *s.* singlot *m.*

hiccough, hiccup (to) ['hikʌp] *i.* singlotar, tenir singlot.

hid [hid] Vegeu HIDE (TO).

hidden ['hidn] *a.* amagat. 2 fig. ocult, secret. ■ 3 Vegeu HIDE (TO).

hide [haid] *s.* pell *f.*, cuiro *m.*

hide (to) [haid] *t.* amagar, ocultar, tapar; encobrir. ■ 2 *i.* amagar-se *p.*, ocultar-se *p.* 3 emparar-se *p.* ▲ Pret.: *hid* [hid]; p. p.: *hidden* ['hidn] o *hid.*

hide-and-seek [haid ənd ˈsiːk] *s.* acuit *m.* i amagar [joc].

hideaway ['haidəwei], **hideout** ['haidaut] *s.* col·loq. amagatall *m.*

hideous ['hidiəs] *a.* espantós, horrible. 2 terrible, monstruós.

hiding ['haidiŋ] *s.* ocultació *f.* 2 DRET encobriment *m.* 3 col·loq. pallissa *f.*, llenya *f.*

hiding place ['haidiŋpleis] *s.* amagatall *m.*, refugi *m.*

hierarchy ['haiərɑːki] *s.* jerarquia *f.*

hieroglyph ['haiərəglif] *s.* jeroglífic *m.*

hi-fi ['hai,fai] *s.* (abrev. *high-fidelity*) alta fidelitat *f.*

high [hai] *a.* alt [cosa]. ‖ ~ *seas,* alta mar; ~ *water,* marea alta. 2 elevat. 3 il·lustre, noble. 4 altiu, altívol. 5 fort. 6 agut. 7 suprem. 8 car [preu]. 9 major [altar, missa]; gran [carrer]. 10 grossa [mar]. ■ 11 *adv.* alt, enlaire. 12 ~ *and low,* per tot arreu. 13 *-ly, adv.* altament; fort; molt.

■ *14 s.* altura *f.;* extrem *m. 15* (EUA) col·loq. rècord *m.*

high-born ['haibɔːn] *a.* noble, aristòcrata.

highbrow ['haibrau] *a.-s.* intel·lectual.

high-class [hai'klæs] *a.* de categoria. 2 de primera classe.

high-flown ['haifloun] *a.* altisonant, ampul·lós, pretensiós.

high-flying [hai'flaiiŋ] *a.* ambiciós.

high-handed [hai'hændid] *a.* arbitrari, despòtic, tirànic.

highland ['hailənd] *s.* terres *f. pl.* altes.

high-minded [hai'maindid] *a.* noble, generós, magnànim.

highness ['hainis] *s.* altesa *f.*

highway ['haiwei] *s.* carretera *f.* 2 (EUA) autopista *f.* 3 fig. via *f.* directa.

highwayman ['haiweimən] *s.* saltejador *m.,* bandoler *m.* ▲ *pl.* **highwaymen.**

hike [haik] *s.* col·loq. excursió *f.,* caminada *f.* ‖ *to go on a ~,* anar d'excursió, fer una caminada.

hiker ['haikəʳ] *s.* excursionista.

hilarious [hi'lɛəriəs] *a.* alegre, divertit.

hill [hil] *s.* pujol *m.,* puig *m.,* turó *m.,* tossal *m.* 2 pendent *m.,* costa *f.*

hillock ['hilək] *s.* monticle *m.,* altell *m.*

hillside ['hilsaid] *s.* vessant *m.*

hilly ['hili] *a.* muntanyós.

hilt [hilt] *s.* empunyadura *f.,* puny *m.* 2 *(up) to the ~,* fins el fons, totalment.

him [him, im] *pron. m.* (acusatiu) el; (datiu) li. 2 (amb preposició) ell: *to ~,* a ell.

himself [him'self] *pron. pers. m.* ell, ell mateix, si mateix, se: *he did it ~,* ho va fer ell sol o ell mateix.

hind [haind] *a.* posterior, del darrera. ■ *2 s.* cérvola *f.*

hinder (to) ['hindəʳ] *t.* obstaculitzar, destorbar, impedir.

hindrance ['hindrəns] *s.* destorb *m.,* obstacle *m.,* impediment.

hinge [hindʒ] *s.* frontissa *f.,* xarnera *f.* 2 fig. eix *m.*

hinge (to) [hindʒ] *t.* engolfar, posar xarneres. ■ *2 i. to ~ on* o *upon,* dependre de.

hint [hint] *s.* insinuació *f.,* suggeriment *m.,* indirecta *f.,* indicació *f.*

hint (to) [hint] *t.* indicar, suggerir, insinuar. ■ *2 i. to ~ at,* al·ludir a, fer al·lusió a.

hinterland ['hintəlænd] *s.* interior *m.* [d'un país].

hip [hip] *s.* maluc *m.*

hire (to) ['haiəʳ] *t.* llogar, arrendar.

hire ['haiəʳ] *s.* lloguer *m.*

his [hiz, iz] *a.-pron. poss.* el seu, la seva, les seus, les seves [d'ell].

hiss [his] *s.* xiuxiueig *m.* 2 xiulada *f.*

hiss (to) [his] *i.-t.* xiuxiuejar, xiular.

historian [his'tɔːriən] *s.* historiador.

historic [his'tɔrik] *a.* històric.

historical [his'tɔrikəl] *a.* històric.

history ['histri] *s.* història *f.*

hit [hit] *s.* cop *m.,* cop *m.* 2 èxit *m.,* sensació *f.* ‖ *~ parade,* llista *f.* d'èxits.

hit (to) [hit] *t.* pegar, copejar, donar cops a, ferir; encertar. ‖ *to ~ the mark,* fer blanc, encertar en el blanc. ‖ *to ~ the nail on the head,* encertar-la. ■ *2 i.* atacar *t.* 2 ensopegar amb, pensar en. ▲ Pret. i p. p.: *hit* [hit].

hitch [hitʃ] *s.* obstacle *m.,* entrebanc *m.,* dificultat *m.* 2 estrebada *f.,* sacsejada *f.,* sotrac *m.*

hitch (to) [hitʃ] *t.* pujar-se *p.* [els pantalons, etc.]. 2 lligar, enganxar. ■ *3 i.* lligar-se *p.,* enganxar-se *p.*

hitch-hike (to) ['hitʃhaik] *i.* fer autostop.

hitch-hiking ['hitʃhaikiŋ] *s.* autostop *m.*

hither ['hiðəʳ] *adv.* ant. aquí, cap aquí: *~ and thither,* aquí i allà.

hitherto [hiðə'tuː] *adv.* fins aquí, fins ara.

hive [haiv] *s.* rusc *m.;* arna *f.,* buc *m.* 2 fig. formiguer *m.*

H.M.S. ['eitʃem'es] *s.* *(His/Her Majesty's Service)* servei *m.* de Sa Majestat (govern, exèrcit). 2 *(His/Her Majesty's Ship)* vaixell *m.* de guerra britànic.

hoard [hɔːd] *s.* tresor *m.,* acumulació *f.,* dipòsit *m.*

hoard (to) [hɔːd] *t.* acumular, guardar, tresorejar, atresorar.

hoarding ['hɔːdiŋ] *s.* tresorejament *m.* 2 tanca *f.* de construcció. 3 taula *f.* d'anuncis, llista *f.* d'espectacles.

hoarfrost ['hɔːfrɔst] *s.* gebre *m.*

hoarse [hɔːs] *a.* ronc, aspre.

hoary ['hɔːri] *a.* canut, canós. 2 fig. vell.

hoax [houks] *s.* broma *f.,* jugada *f.,* parany *m.*

hoax (to) [houks] *t.* enganyar, enredar.

hobble ['hɔbl] *s.* coixesa *f.* 2 trava *f.* [també fig.].

hobble (to) ['hɔbl] *i.* coixejar. ■ *2 t.* travar, posar traves [també fig.].

hobble skirt ['hɔblskəːt] *s.* faldilla *f.* de tub.

hobby ['hɔbi] s. entreteniment m., passatemps m.

hobgoblin ['hɔbgɔblin] s. follet m. [dolent].

hockey ['hɔki] s. ESPORT hoquei m.

hoe [hou] s. aixada f., aixadella f., aixadell m.

hoe (to) [hou] t. treballar amb l'aixada.

hog [hɔg] s. porc m., marrà m.

hogshead ['hɔgzhed] s. bocoi m. 2 mesura aprox. equivalent a 240 litres.

hoist [hɔist] s. grua f., muntacàrregues m. 2 col·loq. empenta f. [cap amunt].

hoist (to) [hɔist] t. pujar, alçar, aixecar. 2 hissar, enarborar.

hold [hould] s. presa f., agafada f. 2 agafador m., agafall m., sostenidor m.; suport m. 3 refugi m., fortalesa f. 4 receptacle m. 5 fig. domini m., influència f., poder m. 6 AVIA. cabina f. de càrrega f. 7 ESPORT clau f. [de lluita]. 8 MAR. bodega f. 9 *to take* o *lay ~ of,* agafar, apoderar-se p. de.

hold (to) [hould] t. tenir, posseir. 2 agafar, (ROSS.) hajar, subjectar. 3 aguantar, suportar, sostenir. 4 sostenir, defensar. 5 detenir, aturar. 6 ocupar, absorbir. 7 tenir capacitat per a. 8 celebrar [una reunió, etc.]; mantenir, tenir [una conversa]. 9 considerar, tenir por. 10 *to ~ good,* valer o servir per a. ■ 11 i. agafarse p. 12 mantenir-se p., sostenir-se p. 13 valer, estar o seguir en vigor. 14 durar, continuar. ■ *to ~ back,* vacil·lar, contenir(se), refrenar; *to ~ down,* subjectar, aguantar; oprimir; *to ~ forth,* predicar, perorar; presentar, oferir; *to ~ in,* contenir(se); *to ~ out,* resistir, allargar, durar; *to ~ over,* ajornar, diferir; *to ~ up,* retardar, retenir; sostenir, aixecar; presentar, mostrar; atracar; *to ~ with,* estar d'acord amb. ▲ Pret. i p. p.: *held* [held].

holdall ['houldɔːl] s. bossa f. de viatge; maleta f.

holder ['houldə'] s. tenidor, posseïdor. ‖ ESPORT *record-holder,* posseïdor d'un rècord. 2 mànec m., agafador m. ‖ *cigarette-holder,* broquet m. 3 titular. 4 FOT. xassís m.

holding ['houldiŋ] s. possessió f. [esp. de terra].

hold-up ['houldʌp] s. atracament m. a mà armada. 2 interrupció f. [de serveis]. 3 embussament m. [de trànsit].

hole [houl] s. forat m., esvoranc m. 2 buit m., clot m., fossa f., sot m. 3 cova f., cau

m. 4 defecte m. 5 col·loq. destret m. 6 fig. cofurna f.

hole (to) [houl] t. foradar, perforar. 2 ESPORT ficar en el forat [golf]. ■ 3 i. *to ~ out,* ficar la pilota al forat [golf]. 4 col·loq. *to ~ up,* amagar-se p., encofurnar-se.

holiday ['hɔlədi, -lid-, -dei] s. festa f., dia m. de festa, festivitat f. 2 pl. vacances f. pl., vacacions f. pl. ■ 3 a. festiu.

holiness ['houlinis] s. santedat f.

hollow ['hɔlou] a. buit [també fig.]. 2 enfonsat [ulls, galtes]. 3 fals, poc sincer. ■ 4 s. buit m., clot m. 5 fondalada f., vall f.

holly ['hɔli] s. BOT. grèvol m.

holm-oak ['houmouk] s. alzina f.

holocaust ['hɔləkɔːst] s. holocaust m.

holster ['houlstə'] s. pistolera f.

holy ['houli] a. sant; sagrat.

homage ['hɔmidʒ] s. homenatge m.: *to do* o *pay ~,* retre homenatge a.

home [houm] s. casa f., llar f. ‖ *at ~,* a casa; *make yourself at ~,* com si fossis a casa teva. 2 asil m., hospici m. 3 pàtria f., país m. natal. ■ 4 a. casolà. 5 domèstic. 6 nacional, del país. ‖ *Home Office,* ministeri m. de l'interior. ‖ *Home Rule,* autonomia f., autogovern m. ■ 7 adv. a casa: *I'm going ~,* me'n vaig a casa.

homeland ['houmlænd] s. pàtria f., terra f. natal.

homeless ['houmlis] a. sense casa.

homely ['houmli] a. simple, senzill, casolà. 2 rústec, inculte. 3 (EUA) lleig, vulgar.

homemade [houm'meid] a. fet a casa.

homesick ['houmsik] a. enyorat, nostàlgic.

homesickness ['houmsiknis] s. enyorança f., enyor m., nostàlgia f.

homespun ['houmspʌn] a. teixit a casa, fet a casa. 2 fig. bast, senzill.

homicidal [hɔmi'saidl] a. homicida.

homicide ['hɔmisaid] s. homicidi m. ‖ (EUA) *~ squad,* brigada f. d'homicidis. 2 homicida [persona].

homily ['hɔmili] s. homilia f.

homonym ['hɔmənim] s. homònim m. 2 LING. homònim m.

homosexual [houmə'seksjuəl] a.-s. homosexual.

hone (to) [houn] t. esmolar.

honest ['ɔnist] a. honrat, probe. 2 just, recte. 3 sincer. 4 honest. ■ 5 *-ly* adv. sincerament.

honesty ['ɔnisti] s. honradesa f., rectitud f. 2 sinceritat f.

honey ['hʌni] s. mel m. [també fig.]. 2 dolçor f., dolcesa f. 3 ~!, amor!

honey bee ['hʌnibiː] s. abella f. obrera.

honeycomb ['hʌnikoum] s. rusc m.

honeyed ['hʌni] a. melós, dolç, melat.

honeymoon ['hʌnimuːn] s. lluna f. de mel.

honeysuckle ['hʌniˌsʌkl] s. BOT. xuclamel m.

honorary ['ɔnərəri] a. honorari, d'honor: ~ *member*, membre honorari. 2 honorífic: ~ *secretary*, secretari honorific.

honour, (EUA) **honor** ['ɛnə] s. honor m., honra f. ‖ *guard of* ~, guàrdia d'honor; *maid of* ~, dama f. d'honor. 2 honradesa f. 3 glòria f., llorer m. 4 *Your Honour*, Vostra Senyoria f., Senyor Jutge. 5 pl. honors m. pl.

honour, (EUA) **honor** ['ɛnə] t. honorar, honrar, retre honors. 2 condecorar, llorejar. 3 COM. fer honor a; acceptar, pagar.

honourable, (EUA) **honorable** ['ɛnərəbl] a. honorable. 2 honrat. 3 honròs.

hood [hud] s. caputxa f., caputxó m., caperutxa f., caperulla f., capirot m. 2 capota f. [de cotxe]; (EUA) capot m.

hoodwink (to) ['hudwiŋk] t. enganyar, enredar.

hoof [huːf] s. casc m., peülla f. ▲ pl. *hoofs* [huːfs] o *hooves* [huːvz].

hook [huk] s. ganxo m., croc m., garfi m. ‖ ~ *and eye*, gafet m. i gafeta f. ‖ *by* ~ *or by crook*, a les bones o a les dolentes. 2 escàrpia m. 3 ham m. 4 fig. col·loq. *his father got him off the* ~, el seu pare li va solucionar els problemes, el va treure d'un mal pas. 5 ESPORT ganxo m. [boxa]. 6 TELEF. *off the* ~, despenjat.

hook (to) [huk] t. enganxar. 2 pescar, atrapar. 3 penjar. 4 corbar, encorbar. 5 ESPORT fer un ganxo [boxa]. ■ 6 i. enganxar-se p.

hooked [hukt] a. ganxut. ‖ *a* ~ *nose*, nas m. aguilenc. ‖ ~ *on drugs*, drogaddicte. ‖ *to get* ~ *on*, aviciar-se a.

hookup ['hukʌp] s. TECNOL. connexió f. 2 xarxa f. de comunicacions.

hoop [huːp] s. rutlla f., cèrcol. 2 anell m., anella f., argolla f.

hoot [huːt] s. crit m., udol m. 2 crit m. [del mussol]. 3 xiulet m. [de la locomotora]; botzinada f.

hoot (to) [huːt] i. udolar, ulular. 2 cridar [mussol]. 3 xiular [persona]. ■ 4 t. xiular.

hooter ['huːtə] s. sirena f. [d'una fàbrica, etc.]. 2 AUTO. botzina f.

hop [hɔp] s. salt m., bot m. 2 AERON. vol m. 3 BOT. llúpol m., esparga f.

hop (to) [hɔp] i. saltar, botar. 2 col·loq. ~ *it!*, toca el dos!

hope [houp] s. esperança f., confiança f. 2 promesa f.

hope (to) [houp] t. esperar. ‖ *I* ~ *so!*, espero que sí. ■ 2 i. esperar, tenir esperança. 3 confiar.

hopeful ['houpful] a. esperançat. 2 esperançador, prometedor. ■ 3 s. promesa f.: *young hopefuls*, joves promeses.

hopeless ['houplis] a. desesperat, irremeiable. 2 MED. incurable.

horde [hɔːd] s. horda f. 2 fig. multitud f.

horizon [hə'raizn] s. horitzó m. [també fig.].

horizontal [ˌhɔriˈzɔntl] a. horitzontal.

horn [hɔːn] s. banya f., corn m. ‖ ~ *of plenty*, corn de l'abundància. 2 botzina f. 3 MÚS. corn m., trompa f.

hornet ['hɔːnit] s. ENT. vespa f.

horny ['hɔːni] a. corni. 2 callós.

horrible ['hɔribl] a. horrible.

horrid ['hɔrid] a. horrorós, horripilant.

horrify (to) ['hɔrifai] t. horroritzar.

horror ['hɔrə] s. horror m.

horse [hɔːs] s. ZOOL. cavall m. ‖ ~ *race*, cursa f. de cavalls. 2 cavallet m. 3 cavall m. [de gimnàstica]. 4 MIL. cavalleria f.

horseback ['hɔːsbæk] adv. *on* ~, a cavall.

horsefly ['hɔːsflai] s. ENT. tàvec m., tavà m.

horsehair ['hɔːshɛə] s. crinera f.

horseman ['hɔːsmən] s. genet m. ▲ pl. *horsemen*.

horsemanship ['hɔːsmənʃip] s. equitació f.

horsepower ['hɔːsˌpauə] s. cavall m. de vapor: *this is a 60* ~ *engine*, és un motor de 60 cavalls.

horseshoe ['hɔːsʃuː] s. ferradura f.

horse-sense ['hɔːssens] s. sentit m. comú.

horsewoman ['hɔːsˌwumən] s. amazona f. ▲ pl. *horsewomen*.

horticulture ['hɔːtikʌltʃə] s. horticultura f.

hose [houz] s. mànega f. 2 ant. mitges f. pl.; mitjons m. pl. 3 ant. calces f. pl., calçons m. pl.

hosier ['houʒiə] s. calceter, mitger.

hosiery ['houʒiəri] s. calceteria f., gènere m. de punt.

hospice ['hɔspis] s. hospital m. [per a malalts terminals]. 2 hostalatge m.

hospitable [hɔ'spitəbl] a. hospitalari, acollidor.

hospital ['hɔspitl] s. hospital m.

hospitality [hɔspi'tæliti] s. hospitalitat f.

host [houst] s. amfitrió, hoste. 2 fondista, hostaler, dispeser. 3 host f. 4 multitud f. 5 BIOL. hoste m. 6 REL. hòstia f.

hostage ['hɔstidʒ] s. ostatge m.

hostel ['hɔstəl] s. residència f. [d'estudiants]. 2 alberg m.: youth ~, alberg m. de la joventut.

hostess ['houstis] s. amfitriona f. 2 hostalera f., dispesera f. 3 AVIA. air ~, hostessa f.

hostile ['hɔstail] a. hostil.

hostility [hɔs'tiliti] s. hostilitat f.

hot [hɔt] a. calent. ‖ to be ~, tenir calor. ‖ it is ~, fa calor. 2 càlid, calorós. 3 acalorat, enardit. 4 fogós, vehement. 5 enèrgic. 6 fort [geni]. 7 recent [notícia, etc.]. 8 CUI. picant. ■ 9 -ly adv. calorosament, acaloradament. 10 violentament.

hotbed ['hɔtbed] s. planter m. [també fig.].

hot-dog ['hɔtdɔg] s. frankfurt m.

hotel [hou'tel] s. hotel m.

hothead ['hɔthed] s. cap m. calent, exaltat.

hothouse ['hɔthaus] s. hivernacle m.

hound [haund] s. gos m. de caça, gos m. perdiguer, gos m. coniller.

hour ['auə] s. hora f. ‖ ~ hand, agulla f. de les hores. ‖ per ~, per hora. 2 fig. moment m., temps m.

hourglass [auəglɑːs] s. rellotge m. de sorra.

hourly ['auəli] a. de cada hora, continu. ■ 2 adv. (un cop) cada hora.

house [haus] s. casa f. 2 cambra f.: House of Commons, Cambra dels Comuns. 3 MEC. encaix m., encaixament m. 4 TEAT. sala f.; públic m.

household ['haushould] s. casa f., família f., llinatge m. ■ 2 a. domèstic; casolà.

householder ['haushouldə'] s. cap m. de casa. 2 llogater.

housekeeper ['hausˌkiːpə'] s. majordoma f., casera f.

housemaid ['hausˌmeid] s. criada f., minyona f.

housewife ['hausˌwaif] s. mestressa f. de casa.

housework ['hauzˌwəːk] s. feines f. pl. de la casa.

housing ['hauziŋ] s. allotjament m., habitatge m. 2 MEC. tapadora f., cobertora f.

hove [houv] Vegeu HEAVE (TO).

hovel ['hɔvl] s. casot m., casull m.

hovercraft ['hɔvəkrɑːft] s. aerolliscador m.

how [hau] adv. com, de quina manera. ‖ ~ about...?, què et sembla si...? ‖ ~ are you?, com estàs? ‖ col·loq. ~ come...?, com és que...? ‖ ~ do you do?, encantat, molt de gust. 2 que [admiratiu]: ~ nice!, que bonic! 3 quant: ~ old are you?, quants anys tens? ‖ ~ long, quant de temps. ‖ ~ many, quants. ‖ ~ much, quant.

however [hau'evə'] adv. per més que, per molt que. 2 ~ that may be, sigui com sigui; ~ I do it, ho faci com ho faci. ■ 3 conj. tanmateix, però, no obstant, de totes maneres.

howitzer ['hauitsə'] s. MIL. obús m.

howl [haul] s. udol m. 2 crit m.

howl (to) [haul] i. cridar, udolar. ■ 2 t. to ~ (down), aücar, esbroncar; fer callar a crits.

HP, h.p. ['eitʃ'piː] s. (hire purchase) compra f. a terminis. 2 (horse-power) cavalls m. pl. de vapor.

HQ [eitʃ'kjuː] s. (Headquarters) quarter m. general.

hub [hʌb] s. botó m. [de roda]. 2 fig. centre m., eix m.

hubbub ['hʌbʌb] s. xivarri m., cridòria f., gatzara f.

huckster ['hʌkstə'] s. quincallaire, quincaller.

huddle ['hʌdl] s. munió f., tropell m., gentada f., confusió f.

huddle (to) ['hʌdl] t. apilonar, amuntegar. ■ 2 i. amuntegar-se p., apilotar-se p., ajuntar-se p. 3 arraulir-se p., arrupir-se p.

hue [hjuː] s. color m., matís m., to m.

huff [hʌf] s. enrabiada f., empipament m., enuig m.

huffy ['hʌfi] a. enfadadís. 2 enutjat, enrabiat.

hug [hʌg] s. abraçada f.

hug (to) [hʌg] t. abraçar. 2 fig. aferrar-se p. a.

huge [hjuːdʒ] a. enorme, immens.

hulk [hʌlk] s. buc m. 2 fig. baluerna f., galiassa f. ■ 3 a. *hulking,* feixuc, graponer.

hull [hʌl] s. clofolla f., closca f.; pell f., pela f. [de la fruita]; beina f. [del llegum]. 2 buc m. [d'un vaixell].

hull (to) [hʌl] t. pelar.

hullo [hə'lou] interj. hola!; digui! [telèfon].

hum [hʌm] s. brunzit m., brunziment m., remor f.

hum (to) [hʌm] i. brunzir. 2 cantussejar. 3 to ~ *and haw,* titubejar, titubar. ■ 4 t. cantussejar i.

human ['hju:mən] a. humà: ~ *being,* ésser humà; ~ *nature,* naturalesa humana. ■ 2 humanament.

humane [hju:'mein] a. humà, humanitari.

humanism ['hju:mənizm] s. humanisme m.

humanity [hju:'mæniti] s. humanitat f. 2 gènere m. humà. 3 pl. humanitats f. pl.

humanize (to) ['hju:mənaiz] t. humanitzar.

humankind [hju:mən'kaind] s. humanitat f.

humble ['hʌmbl] a. humil. 2 modest, senzill. ■ 3 -ly adv. humilment; modestament.

humble (to) ['hʌmbl] t.-p. humiliar(se).

humbleness ['hʌmblnis] s. humilitat f.

humbug ['hʌmbʌg] s. engany m., mentida f., bola f. ■ 2 a. farsant, trampós. ■ 3 interj. ximpleries!, bestieses!

humbug (to) ['hʌmbʌg] t. enganyar, entabanar.

humdrum ['hʌmdrʌm] a. monòton, avorrit, rutinari. ■ 2 s. monotonia f., rutina f.

humerus ['hju:mərəs] s. ANAT. húmer m.

humid ['hju:mid] a. humit.

humidify [hju:'midifai] t. humitejar.

humidity [hju:'miditi] s. humitat f.

humiliate (to) [hju:'milieit] t. humiliar.

humiliation [hju:mili'eiʃən] s. humiliació f.

humility [hju:'militi] s. humilitat f.

humming ['hʌmiŋ] a. brunzent, brunzaire. 2 molt actiu, intens. ■ 3 s. cantussol m., taral·la f. 4 brunzit m., brunziment m. 5 murmuri m., mormoleig m.

hummingbird ['hʌmiŋbəːd] s. colibrí m.

hummock ['hʌmək] s. altell m., montitjol m. 2 monticle m. de gel.

humorist ['hju:mərist] s. humorista. 2 graciós, facetós, bromista [persona].

humorous ['hju:mərəs] a. humorístic. 2 graciós, divertit. ■ 3 adv. humorísticament, amb gràcia.

humorousness ['hju:mərəsnis] s. humorisme m., gràcia f.

humour, (EUA) humor ['hju:mə] s. humor m., gràcia f. ‖ sense of ~, sentit m. de l'humor. 2 ANAT. ant. humor m.

humour, (EUA) humor (to) ['hju:mə] t. complaure, amanyagar.

hump [hʌmp] s. gep m., gepa f.

humpback ['hʌmpbæk] s. geperut.

humbacked ['hʌmpbækt], **humped** [hʌmpt] a. geperut. 2 arquejat.

humpy ['hʌmpi] a. desigual [terreny].

hunch [hʌntʃ] s. gep m., gepa f. 2 fig. pressentiment m.

hunch (to) [hʌntʃ] t. corbar, encorbar.

hundred ['hʌndrəd] a. cent. ■ 2 s. cent m. 3 centena f.

hundredfold ['hʌndredfould] adv. cèntuple.

hundredth ['hʌndredθ] a. centèsim. ■ 2 s. centèsima f. part; centèsim m.

hundredweight ['hʌndrədweit] s. quintar m. [(G.B.) 58.8 kg; (EUA) 45.36 kg].

hung [hʌŋ] Vegeu HANG (TO).

hunger ['hʌŋgə'] s. gana f., fam f., (VAL.) fam f. 2 fig. set f.

hunger (to) ['hʌŋgə'] i. tenir gana, (VAL.) tenir fam. 2 fig. to ~ for o after, tenir set de.

hunger strike ['hʌŋgəstraik] s. vaga f. de fam.

hungrily ['hʌŋgrili] adv. àvidament, amb ànsia.

hungry ['hʌŋgri] a. famolenc, afamat. ‖ to be ~, tenir gana, (VAL.) tenir fam.

hunk [hʌŋk] s. col·loq. tros m.

hunt [hʌnt] s. caça f. [també fig.]. 2 cacera.

hunt (to) [hʌnt] t.-i. caçar. ‖ to go hunting, anar de caça. 2 buscar, cercar. 3 perseguir.

hunter ['hʌntə'] s. caçador, (ROSS.) caçaire [també fig.].

hunting ['hʌntiŋ] s. cacera f., munteria f., caça f. [també fig.]. ■ 2 a. de caça, de cacera.

huntsman ['hʌntsmən] s. caçador m., (ROSS.) caçaire ▲ pl. *huntsmen.*

hurdle ['həːdl] s. tanca f. 2 ESPORT obstacle m. [també fig.].

hurdle (to) ['həːdl] t. tancar, barrar [amb tanques]. 2 fig. salvar, vèncer [els obstacles, etc.]. 3 ESPORT saltar [obstacles].

■ 4 *i.* saltar obstacles. 5 fer una cursa d'obstacles.

hurdler ['hə:dlə'] *s.* ESPORT corredor d'obstacles.

hurdy-gurdy ['hə:digə:di] *s.* MÚS. orguenet *m.*, orgue *m.* de maneta.

hurl [hə:l] *s.* tir *m.*, llançament *m.*

hurl (to) [hə:l] *t.* llançar, tirar. 2 *p.* **to ~ oneself**, llançar-se.

hurrah! [hu'ra:] *interj.* hurra!

hurricane ['hʌrikən] *s.* huracà *m.*

hurried ['hʌrid] *a.* precipitat, ràpid, fet amb presses.

hurry ['hʌri] *s.* pressa *f.*, precipitació *f.* ‖ **to be in a ~**, tenir pressa.

hurry (to) ['hʌri] *t.* apressar, acuitar. 2 accelerar, activar. 3 precipitar. ■ 4 *i.* afanyar-se *p.*, apressar-se *p.* donar-se *p.* pressa.

hurt [hə:t] *s.* ferida *f.*, lesió *f.* 2 fig. dany *m.*, perjudici *m.*

hurt (to) [hə:t] *t.* ferir, encetar. 2 fer mal. 3 perjudicar. 4 afligir, causar pena. ‖ **to ~ someone's feelings**, ofendre algú, ferir-li els sentiments. ■ 5 ESPORT lesionar. ■ 6 *p.* **to ~ oneself**, fer-se mal, ferir-se. ■ 7 *i.* fer mal. ▲ Pret. i p. p.: **hurt.**

hurtful ['hə:tful] *a.* perjudicial, danyós, nociu.

hurtle (to) ['hə:tl] *t.* llançar, tirar. ■ 2 *i.* volar, caure [amb violència]. 3 esfondrar-se *p.*, ensorrar-se *p.*

husband ['hʌzbənd] *s.* marit *m.*; col·loq. home *m.*; form. espòs *m.*

husband (to) [hʌzbənd] *t.* administrar, economitzar.

husbandry ['hʌzbəndri] *s.* agricultura *f.*, conreu *m.* 2 administració *f.*

hush [hʌʃ] *s.* silenci *m.*; tranquil·litat *f.*, calma *f.* ■ 2 *interj.* ~! calla! ■ 3 *a.* **hush-hush**, molt secret.

hush (to) [hʌʃ] *i.* callar. ■ 2 *t.* fer callar. 3 assossegar, calmar. 4 **to ~ up**, tirar terra damunt [d'un assumpte, etc.].

husk [hʌsk] *s.* closca *f.*, pellofa *f.*, beina *f.*

husk (to) ['hʌsk] *t.* despellofar. 2 pelar.

huskiness ['hʌskinis] *s.* ronquera *f.*

husky ['hʌski] *a.* ronc, rogallós. 2 amb closca, amb pellofa. 3 col·loq. fort, cepat, fornit. ■ 4 *s.* ZOOL. gos *m.* esquimal. ■ 5 *adv.* **huskily**, amb veu ronca.

hussy ['hʌsi] *s.* fresca *f.*, desvergonyida *f.*, impertinent. 2 dona *f.* perduda.

hustle ['hʌsl] *s.* activitat *f.*, bullícia *f.* ‖ **the ~ and bustle of life**, el vaivé de la vida. 2 empenta *f.*; pressa *f.* 3 col·loq. estafa *f.*, estafada *f.*

hustle (to) ['hʌsl] *t.* empènyer, acuitar. 2 (EUA) col·loq. estafar, robar; prostituir. 3 *i.* afanyar-se *p.*, obrir-se *p.* pas a cops de colze. 4 (EUA) col·loq. prostituir-se *p.*

hustler ['hʌslə'] *s.* (EUA) pinxo *m.* 2 prostituta *f.*

hut [hʌt] *s.* barraca *f.*, cabanya *f.*, cabana. ‖ **mountain ~**, refugi *m.* de muntanya.

hutch [hʌtʃ] *s.* arca *f.*, cofre *m.* 2 conillera *f.*

hyacinth ['haiəsinθ] *s.* BOT., MIN. jacint *m.*

hyaena [hai'i:nə] *s.* Vegeu HYENA.

hybrid ['haibrid] *a.*-*s.* híbrid *m.*

hydrangea [hai'dreindʒə] *s.* BOT. hortènsia *f.*

hydrant ['haidrənt] *s.* boca *f.* d'aigua. 2 **fire ~**, boca *f.* d'incendis.

hydraulic [hai'drɔ:lik] *a.* hidràulic.

hydraulics [hai'drɔ:liks] *s.* hidràulica *f.*

hydrogen ['haidridʒən] *s.* QUÍM. hidrogen *m.*

hydroplane ['haidrəplein] *s.* AERON. hidroavió *m.*

hyena [hai'i:nə] *s.* ZOOL. hiena *f.*

hygiene ['haidʒi:n] *s.* higiene *f.*

hygienic [hai'dʒi:nik] *a.* higiènic.

hymen ['haimən] *s.* ANAT. himen *m.*

hymn [him] *s.* himne *m.*

hyperbole [hai'pə:bəli] *s.* hipèrbole *f.*

hyphen ['haifən] *s.* guió *m.*, guionet *m.*

hypnosis [hip'nousis] *s.* hipnosi *f.*

hypnotism ['hipnətizəm] *s.* hipnotisme *m.*

hypnotize (to) ['hipnətaiz] *t.* hipnotitzar.

hypocrisy [hi'pɔkrəsi] *s.* hipocresia *f.*

hypocrite ['hipəkrit] *s.* hipòcrita.

hypocritical [hipə'kritikəl] *a.* hipòcrita.

hypotenuse [hai'pɔtinju:z] *s.* GEOM. hipotenusa *f.*

hypothesis [hai'pɔθisis] *s.* hipòtesi *f.*

hypothetic(al [haipə'θetik, -əl] *a.* hipotètic.

hysteria [his'tiəriə] *s.* histèria *f.*

hysterical [his'terikəl] *a.* histèric.

hysterics [his'teriks] *s. pl.* atac *m. sing.* d'histèria.

I

I, i [ai] *s.* i *f.* [lletra]. 2 xifra romana per 1.

I [ai] *pron. pers.* jo. ■ 2 *s.* FIL. jo *m.*, ego *m.*

ice [ais] *s.* gel *m.*, glaç *m.* ‖ fig. *break the* ~, trencar el gel. 2 QUÍM. *dry* ~, neu *f.* carbònica.

ice (to) [ais] *t.* gelar, glaçar, congelar. 2 refredar, refrescar. 3 *to* ~ *over* o *up*, gelar, glaçar. ■ 4 *i. to* ~ *over* o *up*, gelar-se *p.*, glaçar-se *p.*, congelar-se *p.*

iceberg [ˈaisbəːg] *s.* iceberg *m.* 2 fig. glaç *m.* [persona].

icebox [ˈaisbɔks] *s.* nevera *f.* [de gel].

icebreaker [ˈaisbreikəˈ] *s.* MAR. trenca-glaç *m.* [vaixell].

ice cream [ˈaiskriːm] *s.* gelat *m.*

ice floe [ˈaisflou] *s.* panna *f.* de glaç.

Iceland [ˈaislənd] *n. pr.* GEOGR. Islàndia.

ice rink [ˈaisriŋk] *s.* pista *f.* de patinatge sobre gel.

ice skating [ˈaisskeitiŋ] *s.* ESPORT pati-natge *m.* sobre gel.

icicle [ˈaisikl] *s.* caramell *m.*

icing [ˈaisiŋ] *s.* AVIA. formació *f.* de gel. 2 CUI. pasta *f.* de sucre.

icing sugar [ˌaisiŋˈʃugəˈ] *s.* CUI. sucre *m.* de llustre, sucre *m.* en pols.

icy [ˈaisi] *a.* gelat, glaçat, fred, glacial [tam-bé fig.].

I'd [aid] *contr.* de I HAD i I WOULD.

idea [aiˈdiə] *s.* idea *f.* ‖ *to get an* ~, fer-se una idea. ‖ *to get used to the* ~, fer-se a la idea. ‖ *what an* ~!, quina bestiesa!, quina ximpleria! 2 projecte *m.*, pla *m.* 3 intenció *f.* 4 opinió *f.*, impressió *f.*, concepte *m.*

ideal [aiˈdiəl] *a.* ideal. ■ 2 *s.* ideal *m.* ■ 3 -**ly** *adv.* idealment, perfectament.

idealism [aiˈdiəlizəm] *s.* idealisme *m.*

idealist [aiˈdiəlist] *s.* idealista.

idealize (to) [aiˈdiəlaiz] *t.* idealitzar.

identical [aiˈdentikəl] *a.* idèntic.

identification [aiˌdentifiˈkeiʃən] *s.* iden-tificació *f.*

identify (to) [aiˈdentifai] *t.* identificar. ■ 2 *i.* identificar-se *p.*

identikit [aiˈdentikit] *s.* ~ *picture*, retrat *m.* robot.

identity [aiˈdentiti] *s.* identitat *f.* ‖ ~ *card*, carnet *m.* d'identitat. ‖ *mistaken* ~, identitat errònia.

idiocy [ˈidiəsi] *s.* idiotesa *f.*, estupidesa *f.*, imbecilitat *f.*

idiom [ˈidiəm] *s.* idioma *m.*, llengua *f.* 2 lo-cució *f.*, idiotisme *m.*, modisme *m.* 3 estil *m.* [d'un escriptor, etc.].

idiot [ˈidiət] *s.* idiota [també fig.].

idiotic [ˌidiˈɔtik] *a.* idiota, imbècil.

idle [ˈaidl] *a.* ociós, inactiu. 2 desocupat, aturat. 3 inútil, frívol. 4 dropo, gandul. 5 COM. improductiu. 6 MEC. alentit.

idle (to) [ˈaidl] *i.* estar ociós, perdre el temps, mandrejar. ‖ *he idled away the afternoon,* va estar perdent el temps tota la tarda. 2 MEC. funcionar a l'alentit.

idleness [ˈaidlnis] *s.* inactivitat *f.*, ocio-sitat *f.* 2 futilesa *f.* 3 atur *m.*, desocupa-ció *f.* 4 mandra *f.*, (BAL.) peresa *f.*, (VAL.) gos *m.*

idol [ˈaidl] *s.* ídol *m.*

idolatry [aiˈdɔlətri] *s.* idolatria *f.*

idolize (to) [ˈaidəlaiz] *t.* idolatrar *t.-i.*

idyll [ˈidil] *s.* idil·li *m.*

idyllic [aiˈdilik] *a.* idíl·lic.

i.e. [ˌaiˈiː] *(id est, that is)* és a dir, a saber.

if [if] *conj.* si. ‖ *as* ~, com si; *even* ~, encara que; ~ *only,* si tan sols; ~ *so,* si és així. 2 encara que, tot i que.

ignite (to) [igˈnait] *t.* encendre. ■ 2 *i.* en-cendre's *p.*, inflamar-se *p.*

ignition [igˈniʃən] *s.* ignició *f.* 2 encesa *f.*, contacte *m.* [d'un motor].

ignoble [igˈnoubl] *a.* innoble.

ignominious [ˌignəˈminiəs] *a.* ignomi-niós.

ignorance [ˈignərəns] *s.* ignorància *f.*

ignorant [ˈignərənt] *a.* ignorant.

ignore (to) [ig'nɔːʳ] t. ignorar, no fer cas.

iguana [i'gwɑːnə] s. ZOOL. iguana f.

I'll [ail] contr. de I SHALL i I WILL.

ill [il] a. malalt. ‖ *to fall* ~, posar-se malalt. 2 marejat. 3 dolent, mal. ‖ *ill-breeding*, mala educació. ‖ ~ *health*, mala salut. ■ 4 s. mal m., desgràcia f. ■ 5 adv. malament.

illegal [i'liːgəl] a. il·legal.

illegality [ili'gæliti] s. il·legalitat f.

illegible [i'ledʒibl] a. il·legible.

illegitimate [ili'dʒitimit] a. il·legítim.

illicit [i'lisit] a. il·lícit.

illiteracy [i'litərəsi] s. analfabetisme m. 2 ignorància f.

illiterate [i'litərit] a. analfabet. 2 il·letrat.

ill-mannered [il'mænəd] a. mal educat.

illness [i'lnis] s. malaltia f.

illogical [i'lɔdʒikəl] a. il·lògic.

ill-timed [il'taimd] a. inoportú, intempestiu.

ill-treat (to) [il'triːt] t. maltractar.

illuminate (to) [i'ljuːmineit] t. il·luminar. 2 aclarir.

illumination [iˌljuːmi'neiʃən] s. il·luminació f. 2 pl. enllumenat m. sing.

illusion [i'luːʒən] s. il·lusió f.; miratge m.

illusory [i'luːsəri] a. il·lusori, enganyós.

illustrate (to) [i'ləstreit] t. il·lustrar [amb dibuixos, etc.].

illustration [iləs'treiʃən] s. il·lustració f. [d'un llibre, etc.]. 2 il·lustració f., exemple m.

illustrious [i'lʌstriəs] a. il·lustre.

ILO [ˈaielˈou] s. (International Labour Organization) OIT f. (Organització Internacional del Treball).

I'm [aim] contr. de I AM.

image [ˈimidʒ] s. imatge f. 2 representació f., efígie m. 3 semblança f.

imaginable [i'mædʒinəbl] a. imaginable.

imaginary [i'mædʒinəri] a. imaginari.

imagination [iˌmædʒi'neiʃən] s. imaginació f.

imagine (to) [i'mædʒin] t. imaginar.

imbecile [ˈimbəsiːl] a.-s. imbècil.

imbecility [imbi'siliti] s. imbecil·litat f.

imbibe (to) [im'baib] t. form. absorbir, assimilar. 2 embeure's p.

imbroglio [im'brouliou] s. embolic m., embull m.

imbue (to) [im'bjuː] t. form. saturar, impregnar. 2 imbuir, infondre.

imitate (to) [ˈimiteit] t. imitar.

imitation [imi'teiʃən] s. imitació f.

immaculate [i'mækjulit] a. immaculat.

immaterial [iˌmə'tiəriəl] a. immaterial. 2 indiferent, poc important: *it is* ~, no importa.

immature [imə'tjuəʳ] a. immadur.

immeasurable [i'meʒərəbl] a. immesurable.

immediate [i'miːdjət] a. immediat.

immediately [i'miːdjətli] adv. immediatament. ■ 2 conj. tan aviat com.

immense [i'mens] a. immens.

immensity [i'mensiti] s. immensitat f.

immerse (to) [i'məːs] t. submergir. 2 absorbir.

immersion [i'məːʃən] s. immersió f.

immigrant [ˈimigrənt] a.-s. immigrant.

immigration [imi'greiʃən] s. immigració f.

imminent [ˈiminənt] a. imminent.

immobile [i'moubail] a. immòbil.

immobilize (to) [i'moubilaiz] t. immobilitzar.

immoderate [i'mɔdərit] a. immoderat, excessiu.

immoderation [imɔdə'reiʃən] s. immoderació f.

immodest [i'mɔdist] a. immodest. 2 indecent.

immodesty [i'mɔdisti] s. immodèstia f. 2 indecència f.

immolate (to) [ˈiməleit] t. immolar.

immoral [i'mɔrəl] a. immoral.

immorality [imə'ræliti] s. immoralitat f.

immortal [i'mɔːtl] a. immortal.

immortality [imɔː'tæliti] s. immortalitat f.

immortalize (to) [i'mɔːtəlaiz] t. immortalitzar.

immovable [i'muːvəbl] a. inamovible, immòbil, fix. 2 inalterable, inflexible.

immune [i'mjuːn] a. immune.

immunity [i'mjuːniti] s. immunitat f. 2 privilegi m., exempció f.

immunize (to) [ˈimjunaiz] t. immunitzar.

immure (to) [i'mjuəʳ] t. form. emparedar, aparedar.

immutable [i'mjuːtəbl] a. immutable.

imp [imp] s. dimoniet m., diablet m. [també fig.].

impact [ˈimpækt] s. impacte m., xoc m., cop m.

impair (to) [im'pɛəʳ] t. danyar, deteriorar. 2 debilitar, afeblir.

impale (to) [im'peil] *t.* empalar.

impalpable [im'pælpəbl] *a.* impalpable.

impart (to) [im'pɑːt] *t.* form. donar, comunicar. 2 fer saber.

impartial [im'pɑːʃəl] *a.* imparcial.

impartiality [ˌimpɑːʃi'æliti] *s.* imparcialitat *f.*

impassable [im'pɑːsəbl] *a.* impracticable, intransitable.

impasse ['æmpɑːs] *s.* atzucac *m.* 2 fig. punt *m.* mort.

impassible [im'pæsibl] *a.* impassible, impàvid.

impassioned [im'pæʃənd] *a.* apassionat.

impassive [im'pæsiv] *a.* impassible, insensible.

impatience [im'peiʃəns] *s.* impaciència *f.* 2 ànsia *f.*

impatient [im'peiʃənt] *a.* impacient.

impeach (to) [im'piːtʃ] *t.* posar en dubte, posar en qüestió. 2 DRET acusar.

impeccable [im'pəkəbl] *a.* form. impecable.

impede (to) [im'piːd] *t.* impedir, destorbar.

impediment [im'pedimənt] *s.* impediment *m.*, destorb *m.*

impel (to) [im'pel] *t.* obligar, forçar. 2 impel·lir, impulsar.

impending [im'pendiŋ] *a.* imminent. 2 amenaçador.

impenetrable [im'penitrəbl] *a.* impenetrable.

impenitent [im'penitənt] *a.* form. impenitent.

imperative [im'perativ] *a.* imperatiu. ■ 2 *s.* imperatiu *m.*

imperfect [im'pəːfikt] *a.* imperfecte. 2 GRAM. imperfet. ■ 3 *s.* GRAM. ~, ~ *tense*, imperfet *m.*

imperfection [ˌimpə'fekʃən] *s.* imperfecció *f.*

imperial [im'piəriəl] *a.* imperial.

imperialism [im'piəriəlizəm] *s.* imperialisme *m.*

imperialist [im'piəriəlist] *s.* imperialista.

imperialistic [imˌpiəriə'listik] *a.* imperialista.

imperil (to) [im'peril] *t.* posar en perill.

imperious [im'piəriəs] *a.* imperiós. ■ 2 -ly *adv.* imperiosament.

imperishable [im'periʃəbl] *a.* imperible.

impersonal [im'pəːsənl] *a.* impersonal.

impersonate (to) [im'pəːsəneit] *t.* imitar. 2 personificar. 3 fer-se *p.* passar per. 4 TEAT. representar, fer el paper de.

impertinence [im'pəːtinəns] *s.* impertinència *f.*

impertinent [im'pəːtinənt] *a.* impertinent.

impervious [im'pəːvjəs] *a.* impenetrable, impermeable. 2 insensible, impertèrrit.

impetuosity [imˌpetju'ɔsiti] *s.* impetuositat *f.*

impetuous [im'petjuəs] *a.* impetuós. ■ 2 -ly *adv.* impetuosament.

impetus ['impitəs] *s.* ímpetu *m.*, impuls *m.*

impinge (to) [im'pindʒ] *i.* form. ~ *on* o *upon*, xocar amb, topar amb.

impious ['impiəs] *a.* impiu.

impish ['impiʃ] *a.* entremaliat, maliciós.

implacable [im'plækəbl] *a.* form. implacable.

implant (to) [im'plɑːnt] *t.* implantar.

implement ['implimənt] *s.* eina *f.*, instrument *m.* 2 *pl.* estris *m. pl.*

implicate (to) ['implikeit] *t.* form. implicar. 2 embolicar, ficar, comprometre.

implication [impli'keiʃən] *s.* form. implicació *f.*

implicit [im'plisit] *a.* form. implícit. 2 absolut, incondicional.

implore (to) [im'plɔː] *t.* implorar.

imply [im'plai] *t.* implicar, comportar. 2 significar, voler dir.

impolite [impə'lait] *a.* mal educat, descortès, groller.

imponderable [im'pɔndərəbl] *a.* imponderable. ■ 2 *s.* imponderable *m.*

import ['impɔːt] *s.* importació *f.* 2 *pl.* articles *m. pl.* d'importació. 3 form. importància *f.* 4 significat *m.*

import (to) [im'pɔːt] *t.* importar. 2 voler dir, significar.

importance [im'pɔːtəns] *s.* importància *f.*

important [im'pɔːtənt] *a.* important.

importation [impɔː'teiʃən] *s.* importació *f.*

importer [im'pɔːtə'] *s.* importador.

importunate [im'pɔːtjunit] *a.* form. importú, pesat, insistent.

importune (to) [im'pɔːtjuːn] *t.* form. importunar.

importunity [impə'tjuːniti] *s.* importunitat *f.*

impose (to) [im'pouz] *t.* taxar, posar un impost sobre. ■ 2 *i.* **to ~ on** o **upon,** enganyar; aprofitar-se *p.* de.

imposing [im'pouziŋ] *a.* imponent, impressionant.

imposition [impə'ziʃən] *s.* imposició *f.* 2 impost *m.* 3 engany *m.*

impossibility [im,pɔsə'biliti] *s.* impossibilitat *f.*

impossible [im'pɔsibl] *a.* impossible.

impostor [im'pɔstə'] *s.* impostor.

imposture [im'pɔstʃə'] *s.* impostura *f.*

impotence [impətəns] *s.* impotència *f.*

impotent ['impətənt] *a.* impotent.

impound (to) [im'paund] *t.* confiscar. 2 tancar.

impoverish (to) [im'pɔvəriʃ] *t.* form. empobrir.

impracticable [im'præktikəbl] *a.* impracticable. 2 intransitable.

impregnable [im'pregnəbl] *a.* inexpugnable.

impregnate (to) ['impregneit] *t.* fecundar. 2 impregnar.

impresario [imprə'sɑːriou] *s.* TEAT. empresari.

impress ['impres] *s.* impressió *f.,* senyal *f.,* marca *f.*

impress (to) [im'pres] *t.* imprimir, gravar. 2 inculcar. 3 impressionar.

impression [im'preʃən] *s.* impressió *f.* 2 senyal *m.,* empremta *f.* 3 edició *f.* [d'un llibre, etc.].

impressive [im'presiv] *a.* impressionant, emocionant.

imprint ['imprint] *s.* impressió *f.,* empremta *f.* 2 IMPR. peu *m.* d'impremta.

imprint (to) [im'print] *t.* imprimir, estampar. 2 gravar.

imprison (to) [im'prizn] *t.* empresonar.

imprisonment [im'priznmənt] *s.* empresonament *m.* 2 presó *f.*

improbability [im,prɔbə'biliti] *s.* improbabilitat *f.*

improbable [im'prɔbəbl] *a.* improbable. 2 inversemblant.

impromptu [im'prɔmptjuː] *a.* improvisat. ■ 2 *adv.* de sobte; improvisadament. ■ 3 *s.* MÚS. improvisació *f.*

improper [im'prɔpə'] *a.* impropi. 2 incorrecte. 3 indecorós.

impropriety [imprə'praiətli] *s.* impropietat *f.* 2 incorrecció *f.* 3 indecència *f.*

improvidence [im'prɔvidəns] *s.* imprevisió *f.*

improvident [im'prɔvidənt] *a.* form. imprevisor. 2 malgastador.

improve (to) [im'pruːv] *t.* millorar, perfeccionar. 2 aprofitar. ■ 3 *i.* millorar, progressar, perfeccionar-se *p.*

improvement [im'pruːvmənt] *s.* millora *f.* 2 progrés *m.* 3 aprofitament *m.*

improvisation [,imprəvai'zeiʃən] *s.* improvisació *f.*

improvise (to) ['imprəvaiz] *t.-i.* improvisar *t.*

imprudence [im'pruːdəns] *s.* imprudència *f.*

imprudent [im'pruːdənt] *a.* imprudent.

impudence [impjudəns] *s.* impudència *f.,* insolència *f.,* desvergonyiment *m.*

impudent ['impjudənt] *a.* impudent, insolent, desvergonyit.

impugn (to) [im'pjuːn] *t.* form. impugnar.

impulse ['impʌls] *s.* impuls *m.* 2 impulsió *f.,* ímpetu *m.*

impulsion [im'pʌlʃən] *s.* impulsió *f.,* ímpetu *m.*

impulsive [im'pʌlsiv] *a.-s.* impulsiu.

impunity [im'pjuːniti] *s.* impunitat *f.*

impure [im'pjuə'] *a.* impur.

impurity [im'pjuəriti] *s.* impuresa *f.;* deshonestedat *f.*

imputation [impju'teiʃən] *s.* imputació *f.*

impute (to) [im'pjuːt] *t.* imputar, atribuir.

in [in] *prep.* a, amb, de, dins, dintre, durant, en, sota. ‖ *dressed ~ black,* vestit de negre. ‖ *~ the morning,* al matí. ‖ *~ that,* perquè, ja que. 2 *~ so far as,* pel que fa. ■ 3 *adj.* interior, de dins, de dintre. 4 de moda, modern. ■ 5 *adv.* dins, dintre: *~ here,* aquí dins. 6 a casa. ‖ *is Anne ~?,* que hi és l'Anna? 7 en el poder. ■ 8 *s.* **ins and outs,** l'entrellat *m.,* detalls *m. pl.*

inability [,inə'biliti] *s.* incapacitat *f.,* impotència *f.*

inaccessible [,inæk'sesəbl] *a.* form. inaccessible.

inaccuracy [in'ækjurəsi] *s.* inexactitud, incorrecció.

inaccurate [in'ækjurit] *a.* inexacte, imprecís.

inaction [in'ækʃən] *s.* inacció *f.*

inactive [in'æktiv] *a.* inactiu.

inactivity [inæk'tiviti] *s.* inactivitat *f.*

inadequacy [in'ædikwəsi] *s.* insuficiència *f.,* incapacitat *f.*

inadequate [in'ædikwit] a. inadequat. 2 insuficient.

inadmissible [,inəd'misəbl] a. inadmissible.

inadvertence [,inəd'vəːtəns] s. inadvertència f.

inadvertent [,inəd'vəːtənt] a. form. inadvertit, distret. ■ 2 **-ly** adv. inadvertidament.

inalienable [in'eiljənəbl] a. inalienable.

inane [i'nein] a. neci, estúpid.

inanimate [in'ænimit] a. inanimat. 2 exànime.

inanition [,inə'niʃən] a. inanició f.

inanity [i'næniti] s. inanitat f., estupidesa f., neciesa f.

inapplicable [in'æplikəbl] a. inaplicable.

inapposite [in'æpəzit] a. inadequat, poc apropiat.

inappreciable [,inə'priːʃəbl] a. inapreciable.

inappropriate [,inə'proupriit] a. impropi.

inappropriateness [,inə'proupriitnis] s. impropietat f.

inapt [in'æpt] a. inepte.

inaptitude [in'æptitjuːd] a. ineptitud f.

inarticulate [,inɑː'tikjulit] a. inarticulat.

inasmuch as [inez'mʌtʃ æz] adv. form. ja que, donat que.

inattention [,inə'tenʃən] s. inatenció f., inadvertència f.

inattentive [,inə'tentiv] a. desatent, distret.

inaudible [in'ɔːdibl] a. imperceptible [so].

inaugurate (to) [i'nɔːgjureit] t. prendre possessió. 2 inaugurar.

inauguration [i,nɔːgju'reiʃən] s. presa f. de possessió. 2 inauguració f.

inauspicious [,inɔːs'piʃəs] a. poc propici, desfavorable.

inborn [,in'bɔːn] a. innat, ingènit.

inbred [,in'bred] a. innat. 2 engendrat per endogàmia.

Inc. ['iŋk] s. (EUA) (Incorporated) SA f. (societat anònima).

incalculable [in'kælkjuləbl] a. incalculable. 2 imprevisible.

incandescent [,inkæn'desnt] a. incandescent.

incantation [,inkæn'teiʃən] s. conjur m., encanteri m., sortilegi m.

incapability [in,keipə'biliti] s. incapacitat f.

incapable [in'keipəbl] a. incapaç.

incapacitate (to) [,inkə'pæsiteit] t. incapacitar; inhabilitar.

incapacity [,inkə'pæsiti] s. incapacitat f.

incarcerate (to) [in'kɑːsəreit] t. form. empresonar.

incarnate [in'kɑːnit] a. encarnat.

incarnation [,inkɑː'neiʃən] s. encarnació f., personificació f.

incautious [in'kɔːʃəs] a. incaut, imprudent.

incendiary [in'sendjəri] a. incendiari [també fig.].

incense ['insens] s. encens m.

incense (to) [in'sens] t. irritar, enutjar.

incentive [in'sentiv] s. incentiu m.

inception [in'sepʃən] s. form. principi m., començament m.

incertitude [in'səːtitjuːd] s. incertitud f., incertesa f.

incessant [in'sesnt] a. incessant. ■ 2 **-ly** adv. incessantment, sense cessar.

incest ['insest] s. incest m.

incestuous [in'sestjuəs] a. incestuós.

inch [intʃ] s. polzada f. [2.54 cm]. ‖ inch by inch, pam a pam, gradualment. ‖ by inches, per un pèl. ‖ every ~, totalment, completament.

incidence ['insidəns] s. incidència f.

incident ['insidənt] a. incident. ■ 2 s. incident m.

incidental [,insi'dentl] a. incidental. 2 imprevist; accessori, fortuït. 3 ~ to, propi de, inherent a. ■ 4 **-ly** adv. incidentalment, per cert.

incinerate [in'sinəreit] t. incinerar, cremar.

incinerator [in'sinəreitəʳ] s. cremador m., incinerador m.

incipient [in'sipiənt] a. incipient.

incise (to) [in'saiz] t. tallar, fer una incisió.

incision [in'siʒən] s. incisió f.

incisive [in'saisiv] a. incisiu, tallant, mordaç.

incisor [in'saizəʳ] s. dent f. incisiva.

incite (to) [in'sait] t. incitar.

incitement [in'saitmənt] s. incitació f., estímul m., incentiu m.

incivility [,insi'viliti] s. incivilitat f., descortesia f.

inclemency [in'klemənsi] s. inclemència f. 2 intempèrie f.

inclination [ˌinkliˈneiʃən] *s.* inclinació *f.*, pendent *m.* 2 fig. inclinació *f.*, tendència *f.*

incline [ˈinklain] *s.* pendent *m.*; pujada *f.*; baixada *f.*

incline (to) [inˈklain] *t.* inclinar [també fig.]. 2 abaixar [el cap]. ■ 3 *i.* inclinar-se *p.* 4 tendir. 5 MED. ser propens.

include (to) [inˈkluːd] *t.* incloure. 2 comprendre, contenir. 3 adjuntar.

included [inˈkluːdid] *a.* inclòs. 2 fins i tot.

inclusion [inˈkluːʒən] *s.* inclusió *f.*

inclusive [inˈkluːsiv] *a.* inclusiu.

incoherence [ˌinkouˈhiərəns] *s.* incoherència *f.*

incoherent [ˌinkouˈhiərənt] *a.* incoherent.

incombustible [ˌinkəmˈbʌstəbl] *a.* incombustible.

income [ˈinkəm] *s.* ingressos *m. pl.*, guany *m.*, renda *f.*

income tax [ˈinkʌmtæks] *s.* impost *m.* sobre la renda.

incommensurate [ˌinkəˈmenʃərit] *a.* incommensurable. 2 desproporcionat.

incomparable [inˈkɔmprəbl] *a.* incomparable.

incompatible [ˌinkəmˈpætəbl] *a.* incompatible.

incompetent [inˈkɔmpitənt] *a.* incompetent.

incomplete [ˌinkəmˈpliːt] *a.* incomplet, inacabat.

incomprehensible [inˌkɔmpriˈhensəbl] *a.* incomprensible.

inconceivable [ˌinkənˈsiːvəbl] *a.* inconcebible. 2 increïble.

incongruous [inˈkɔngruəs] *a.* incongruent. 2 inadequat.

inconsequent [inˈkɔnsikwənt] *a.* inconseqüent, incongruent.

inconsiderate [ˌinkənˈsidərit] *a.* inconsiderat, desconsiderat. 2 irreflexiu.

inconsistency [ˌinkənˈsistənsi] *s.* inconseqüència *f.*, contradicció *f.* 2 inconsistència *f.*

inconsistent [ˌinkənˈsistənt] *a.* incompatible, contradictori. 2 inconseqüent. 3 inconsistent.

inconstancy [inˈkɔnstənsi] *s.* inconstància *f.*

inconstant [inˈkɔnstənt] *a.* inconstant, inestable.

incontestable [ˌinkənˈstestəbl] *a.* indiscutible.

incontinence [inˈkɔntinəns] *s.* incontinència *f.*

inconvenience [ˌinkənˈviːnjəns] *t.* inconveniència *f.*, inconvenient *m.* 2 incomoditat *f.*, molèstia *f.*

inconvenience (to) [ˌinkənˈviːnjəns] *t.* incomodar, molestar.

inconvenient [ˌinkənˈviːnjənt] *a.* inconvenient, impropi, inoportú. 2 incòmode, molest.

incorporate (to) [inˈkɔːpəreit] *t.* incorporar, unir. 2 contenir, incloure. 3 constituir [una societat, etc.]. ■ 4 *i.* incorporar-se *p.*, unir-se *p.*

incorrect [ˌinkəˈrekt] *a.* incorrecte. 2 inexacte.

incorrectness [ˌinkəˈrektnis] *s.* incorrecció *f.* 2 inexactitud *f.*

incorruptible [ˌinkəˈrʌptəbl] *a.* incorruptible; íntegre.

increase [ˈinkriːs] *s.* augment *m.*, increment *m.*, creixement *m.* 2 pujada *f.* alça *f.*

increase (to) [inˈkriːs] *t.* augmentar, acréixer; engrandir. 2 apujar, alçar. ■ 3 *i.* créixer, augmentar. 4 apujar-se *p.*, pujar.

incredible [inˈkredəbl] *a.* increïble. 2 col·loq. sorprenent.

incredulous [inˈkredjuləs] *a.* incrèdul.

increment [ˈinkrəmənt] *s.* augment *m.*, increment *m.* ‖ *unearned ~,* plusvàlua *f.*

incriminate (to) [inˈkrimineit] *t.* incriminar.

incubate (to) [ˈinjkubeit] *t.-i.* covar, incubar.

inculcate (to) [ˈinkʌlkeit] *t.* inculcar.

incumbent [inˈkʌmbənt] *a.* incumbent: *to be ~ on,* incumbir a. ■ 2 *s.* titular [d'un càrrec]. 3 ECLES. beneficiat *m.*

incur (to) [inˈkəːˈ] *t.* incórrer en. 2 contraure [un deute, etc.].

incurable [inˈkjuərəbl] *a.* incurable. 2 fig. irremeiable. ■ 3 *s.* malalt desnonat.

incursion [inˈkəːʃən] *s.* incursió *f.*, invasió *f.* [també fig.].

indebted [inˈdetid] *a.* endeutat. 2 fig. agraït, obligat.

indecency [inˈdiːsnsi] *s.* indecència *f.*

indecent [inˈdiːsnt] *a.* indecent. 2 indecorós. ■ 3 **-ly** *adv.* indecentment.

indecision [ˌindiˈsiʒən] *s.* indecisió *f.*, irresolució *f.*

indecisive [ˌindiˈsaisiv] *a.* indecís, irresolut.

indecorous [in'dekərəs] *a.* indecorós, impropi. ■ 2 **-ly** *adv.* indecorosament.

indeed [in'di:d] *adv.* realment, de veritat; en efecte, efectivament, naturalment.

indefatigable [ˌindi'fætigəbl] *a.* infatigable, incansable.

indefensible [ˌindi'fensəbl] *a.* indefensable, insostenible, injustificable.

indefinite [in'definit] *a.* indefinit. 2 indeterminat. 3 vague, poc precís.

indelible [in'delibl] *a.* indeleble, inesborrable [també fig.].

indelicacy [in'delikəsi] *s.* indelicadesa *f.* 2 grolleria *f.*

indelicate [in'delikit] *a.* indelicat. 2 indecorós. 3 groller.

indemnification [inˌdemnifi'keiʃən] *s.* indemnització *f.*

indemnify (to) [in'demnifai] *t.* indemnitzar. 2 assegurar(se).

indemnity [in'demniti] *s.* indemnitat *f.*, indemnització *f.* 2 reparació *f.*

indent ['indent] *s.* osca *f.*, mossa *f.* 2 COM. comanda *f.*; requisa *f.*

indent (to) [in'dent] *t.* dentar, oscar. 2 IMPR. entrar. ■ 3 *i.* COM. **to ~ for**, demanar; requisar.

indenture [in'dentʃə'] *s.* contracte *m.*

independence [ˌindi'pendəns] *s.* independència *f.*

independent [ˌindi'pendənt] *a.* independent. ‖ **to become ~**, independitzar-se.

indescribable [ˌindis'kraibəbl] *a.* indescriptible.

indestructible [ˌindis'trʌktəbl] *a.* indestructible.

indeterminate [ˌindi'tə:minit] *a.* indeterminat, indefinit.

indetermination ['indiˌtə:mi'neiʃən] *s.* indeterminació *f.*, indecisió *f.*, irresolució *f.*

index ['indeks] *s.* índex *m.* 2 senyal *m.*, indici *m.*

index card ['indekska:d] *s.* fitxa *f.*

index finger ['indeks,fiŋgə'] *s.* índex *m.* [dit].

index number ['indeks,nʌmbə'] *s.* MAT. índex *m.*, exponent *m.*

Indian ['indjən] *a.-s.* indi. ‖ **in ~ file**, en fila índia.

Indian club ['indiən klʌb] *s.* ESPORT. maça *f.* [de gimnàstica].

Indian ink [ˌindiən'iŋk] *s.* tinta *f.* xina.

Indian summer [ˌindiən'sʌmə'] *s.* estiuet *m.* de sant Martí.

india-rubber [ˌindjə'rʌbə'] *s.* cautxú *m.* 2 goma *f.* d'esborrar.

indicate (to) ['indikeit] *t.* indicar.

indication [ˌindi'keiʃən] *s.* indicació *f.*, senyal *m.*, indici *m.*

indict (to) [in'dait] *t.* acusar. 2 processar.

indictment [in'daitmənt] *s.* acusació *f.* 2 processament *m.*

Indies ['indiz] *s. pl.* GEOGR. Índies *pl.* 2 **West ~**, Antilles *pl.*

indifference [in'difrəns] *s.* indiferència *f.*

indifferent [in'difrəns] *a.* indiferent. 2 desinteressat.

indigence ['indidʒəns] *s.* indigència *f.*, pobresa *f.*

indigenous [in'didʒinəs] *a.* indígena.

indigestible [ˌindi'dʒestəbl] *a.* indigest, indigerible.

indigestion [ˌindi'dʒestʃən] *s.* indigestió *f.*, empatx *m.*

indignant [in'dignənt] *a.* indignat.

indignation [ˌindig'neiʃən] *s.* indignació *f.*

indignity [in'digniti] *s.* indignitat *f.* 2 ultratge *m.*, afront *m.*

indigo ['indigo] *s.* anyil *m.*, indi *m.*

indirect [ˌindi'rekt] *a.* indirecte. ‖ ECON. **~ tax**, impost *m.* indirecte. ‖ GRAM. **~ object**, complement *m.* indirecte.

indiscipline [in'disiplin] *s.* indisciplina *f.*

indiscreet [ˌindis'kri:t] *a.* indiscret. 2 imprudent, poc hàbil.

indiscretion [ˌindis'kreʃən] *s.* indiscreció *f.* 2 imprudència *f.*, error *m.*

indiscriminate [ˌindis'kriminit] *a.* indiscriminat, indistint.

indispensable [ˌindis'pensəbl] *a.* indispensable, imprescindible.

indisposed [ˌindis'pouzd] *a.* indisposat.

indisposition [ˌindispə'ziʃən] *s.* indisposició *f.*, malestar *m.*

indisputable [ˌindis'pju:təbl] *a.* indisputable, incontestable, inqüestionable.

indissoluble [ˌindi'sɔljubl] *a.* indissoluble.

indistinct [ˌindis'tiŋkt] *a.* indistint. 2 confús.

indistinguishable [ˌindis'tiŋgwiʃəbl] *a.* indistingible.

individual [ˌindi'vidjuəl] *a.* individual. 2 propi, particular, personal. ■ 3 *s.* individu.

indivisible [ˌindi'vizəbl] *a.* indivisible.

indoctrinate (to) [in'dɔktrineit] *t.* adoctrinar.

indolence ['indələns] *s.* indolència *f.,* mandra *f.*

indolent ['indələnt] *a.* indolent.

indomitable [in'dɔmitəbl] *a.* indomable, indòmit.

indoor ['indɔː'] *a.* interior. 2 ESPORT en pista *f.* coberta. ‖ ~ *swimming pool,* piscina *f.* coberta.

indoors [in'dɔːz] *adv.* a casa, (a) dins: *he stayed ~ all week,* es va quedar a casa tota la setmana.

induce (to) [in'djuːs] *t.* induir, instigar, persuadir. 2 produir, ocasionar. 3 MED. provocar.

inducement [in'djuːsmənt] *s.* mòbil *m.,* motiu *m.* 2 incentiu *m.,* al·licient *m.*

induct (to) [in'dʌkt] *t.* ECLES. instal·lar [en un càrrec]. 2 iniciar [un nou membre].

induction [in'dʌkʃən] *n.* introducció *f.,* iniciació *f.* 2 ECLES. instal·lació *f.* 3 FIL., FÍS. inducció *f.*

indulge (to) [in'dʌldʒ] *t.* satisfer [passions, etc.]. 2 complaure, acontentar. 3 consentir, malcriar. ■ 4 *i.* complaure's *p.,* delectar-se *p.* 5 permetre's *p.* [un luxe, etc.].

indulgence [in'dʌldʒəns] *s.* satisfacció *f.,* gratificació *f.* 2 complaença *f.,* acontentament *m.* 3 tolerància *f.* 4 abandó *m.,* rebaixament *m.* 5 ECLES. indulgència *f.*

indulgent [in'dʌldʒənt] *a.* indulgent.

industrial [in'dʌstriəl] *a.* industrial. ‖ ~ *accident,* accident *m.* de treball.

industrial action [in'dʌstriəl'ækʃn] *s.* vaga *f.* laboral.

industrial estate [in'dʌstriəli'steit] *s.* polígon *m.* industrial.

industrious [in'dʌstriəs] *a.* industriós, treballador, diligent.

industry ['indəstri] *s.* indústria *f.* 2 diligència *f.,* laboriositat *f.*

inebriated [i'niːbrieitid] *a.* ebri, embriac, borratxo.

inedible [in'edibl] *a.* immenjable, no comestible.

ineffable [in'efəbl] *a.* inefable.

ineffaceable [,ini'feisəbl] *a.* inesborrable.

ineffective [,ini'fektiv] *a.* ineficaç, inútil. ‖ *to prove* ~, no fer efecte.

ineffectual [,ini'fektjuəl] *a.* ineficaç. 2 inútil.

inefficiency [,ini'fiʃənsi] *s.* ineficàcia *f.,* incapacitat *f.,* incompetència *f.*

inefficient [,ini'fiʃənt] *a.* ineficient, ineficaç. 2 incapaç, incompetent.

inept [i'nept] *a.* inepte, incapaç, incompetent.

inequality [,ini'kwɔliti] *s.* desigualtat *f.* 2 desproporció *f.*

inert [i'nəːt] *a.* inert. 2 inactiu.

inertia [i'nəːʃə] *s.* inèrcia *f.* 2 inacció *f.,* inactivitat *f.*

inescapable [,inis'keipəbl] *a.* ineludible.

inevitable [in'evitəbl] *a.* inevitable, ineludible. 2 col·loq. de costum, de sempre.

inexact [,inig'zækt] *a.* inexacte.

inexhaustible [,inig'zɔːstəbl] *a.* inexhaurible, inesgotable.

inexorable [in'eksərəbl] *a.* inexorable; inflexible, implacable.

inexpedient [,iniks'piːdjənt] *a.* inoportú, inconvenient.

inexpensive [,iniks'pensiv] *a.* barat, econòmic, bé de preu.

inexperience [,iniks'piəriəns] *s.* inexperiència *f.,* imperícia *f.*

inexperienced [,iniks'piəriənst] *a.* inexpert.

inexpressive [,iniks'presiv] *a.* inexpressiu.

inextricable [in'ekstrikəbl] *a.* inextricable, intrincat.

infallibility [in'fælə'biliti] *s.* infal·libilitat *f.*

infallible [in'fæləbl] *a.* infal·lible.

infamous ['infəməs] *a.* infame, detestable.

infamy ['infəmi] *s.* infàmia *f.*

infancy ['infənsi] *s.* infància *f.,* infantesa *f.* 2 minoria *f.* d'edat. 3 fig. principi *m.,* començament *m.*

infant ['infənt] *s.* infant *m.,* criatura *f.,* nen. ■ 2 *a.* infantil. 3 de pàrvuls. 4 fig. naixent.

infantile ['infəntail] *a.* infantil.

infantry ['infəntri] *s.* MIL. infanteria *f.*

infatuate (to) [in'fætjueit] *t.* encantar, enterbolir. 2 encapritxar-se *p.,* enamorar-se *p.* follament.

infatuated [in'fætjueitid] *a.* follament enamorat. 2 *to be* ~ *with,* estar boig per, haver-se begut l'enteniment per [algú].

infatuation [in'fætju'eiʃən] *s.* encateriment *m.,* caprici *m.* 2 enamorament *m.,* passió *f.,* bogeria *f.*

infect (to) [in'fekt] *t.* infectar, (ROSS.) emmalignar. 2 contaminar; encomanar. 3 fig. corrompre, aviciar.

infection [in'fekʃən] *s.* infecció *f.* 2 contaminació *f.* 3 contagi *m.* [també fig.].

infectious [in'fekʃəs] a. infecciós. 2 contagiós [també fig.].

infer (to) [in'fəː'] t. inferir, deduir.

inference ['infərəns] s. inferència f., deducció f., conclusió f.

inferior [in'fiəriə'] a. inferior. ■ 2 s. inferior m.

inferiority [in'fiəri'ɔriti] s. inferioritat f. ‖ ~ *complex*, complex m. d'inferioritat.

infernal [in'fəːnl] a. infernal.

infest (to) [in'fest] t. infestar.

infidel ['infidəl] a.-s. REL. infidel.

infiltrate (to) ['infiltreit] t. infiltrar. ■ 2 i. infiltrar-se p.

infinite ['infinit] a. infinit. ■ 2 s. infinit m.

infinitive [in'finitiv] s. GRAM. infinitiu m.

infinity [in'finiti] s. infinitat f. 2 MAT. infinit m.

infirm [in'fəːm] a. dèbil, feble. 2 insegur, inestable. 3 malaltís, malalt. 4 DRET nul.

infirmary [in'fəːməri] s. hospital m. 2 infermeria f.

infirmity [in'fəːmiti] s. malaltia f. 2 debilitat f., afebliment m. 3 fig. flaquesa f.

inflame (to) [in'fleim] t. inflamar. 2 enutjar, enfurir. 3 encendre, escalfar [els ànims, etc.]. 4 MED. inflamar. ■ 5 i. inflamar-se p. 6 enutjar-se p., enfurir-se p. 7 encendre's p., escalfar-se p. 8 MED. inflamar-se p.

inflammable [in'flæməbl] a. inflamable. 2 irascible.

inflammation [inflə'meiʃən] s. MED. inflamació [també fig.].

inflate (to) [in'fleit] t. inflar.

inflated [in'fleitid] a. inflat. 2 envanit, cregut. 3 fig. pompós, altisonant. 4 COM. inflacionista.

inflation [in'fleiʃən] s. inflor f., infladura f. 2 fig. fums m. pl.; pomposität f. 3 ECON. inflació f.

inflect (to) [in'flekt] t. torçar, doblegar. 2 GRAM. declinar, conjugar. 3 MÚS. modular [la veu].

inflection [in'flekʃən] s. inflexió f.

inflexibility [in,fleksə'biliti] s. inflexibilitat f.

inflexible [in'fleksəbl] a. inflexible.

inflict (to) [in'flikt] t. inflingir. 2 donar, clavar [un cop, etc.]. 3 provocar, causar [una ferida, etc.]. 4 imposar, aplicar.

infliction [in'flikʃən] s. inflicció f. 2 pena f., càstig m.

inflow ['inflou] s. afluència f.

influence ['influəns] s. influència f., influx m., ascendent m. ‖ *under the ~ of*

drink, sota la influència o els efectes de l'alcohol. 2 ELECT. inducció f.

influence (to) ['influəns] t. influir i.

influential [influ'enʃəl] a. influent.

influenza [influ'enzə] s. MED. influença f., grip f.

influx ['inflʌks] s. afluència f., entrada f.

inform (to) [in'fɔːm] t. informar, fer saber. 2 comunicar. ■ 3 i. to ~ *against,* delatar, denunciar, (ROSS.) decelar.

informal [in'fɔːml] a. informal. 2 senzill, sense cerimònia. 3 oficiós. 4 desimbolt, natural.

informality [infɔː'mæliti] s. informalitat f., manca f. de compliments.

informally [in'fɔːməli] adv. informalment, de manera informal. 2 sense cerimònia, sense compliments. 3 oficiosament.

informant [in'fɔːmənt] s. informador, informant.

information [infɔ'meiʃən] s. informació f. 2 notícies f. pl., informes m. pl. 3 coneixements m. pl., dades f. pl. 4 DRET acusació f., denúncia f.

informer [in'fɔːmə'] s. denunciant. 2 delator. 3 confident, informador.

infraction [in'frækʃən] s. infracció f.

infringe (to) [in'frindʒ] t. infringir, violar. ■ 2 i. to ~ *on* o *upon,* trepitjar t., violar t. [drets, etc.].

infringement [in'frindʒmənt] s. infracció f., violació f.

infuriate (to) [in'fjuərieit] t. enfurismar, irritar, exasperar.

infuse (to) [in'fjuːz] t. infondre. 2 fer una infusió f.

ingenious [in'dʒiːnjəs] a. enginyós, hàbil, llest.

ingenuity [indʒi'njuːiti] s. enginy m., inventiva f. 2 habilitat f., genialitat f.

ingenuous [in'dʒenjuəs] a. ingenu, càndid, innocent. 2 sincer, franc.

ingenuousness [in'dʒenjuəsnis] s. ingenuïtat f., candidesa f., sinceritat f.

inglorious [in'glɔːriəs] a. ignominiós, vergonyós.

ingot ['iŋgət] s. llingot m.

ingratiate (to) [in'greiʃieit] p. to ~ *oneself with,* congraciar-se amb.

ingratitude [in'grætitjuːd] s. ingratitud f.

ingredient [in'griːdjənt] s. ingredient m.

inhabit (to) [in'hæbit] t. habitar, viure a.

inhabitant [in'hæbitənt] s. habitant.

inhale (to) [in'heil] t. respirar, aspirar. 2 MED. inhalar.

inherent [in'hiərənt] *a.* inherent. 2 innat.

inherit (to) [in'herit] *t.-i.* heretar *t.*

inheritance [in'heritəns] *s.* herència *f.* [també fig.]. 2 successió *f.*

inhibit (to) [in'hibit] *t.* reprimir, inhibir. 2 impedir. 3 prohibir.

inhibition [ˌinhi'biʃən] *s.* inhibició *f.* 2 prohibició *f.*

inhospitable [in'hɔspitəbl] *a.* inhòspit, inhospitalari.

inhuman [in'hju:mən] *a.* inhumà, cruel.

inimical [i'nimikəl] *a.* form. hostil, contrari.

iniquitous [i'nikwitəs] *a.* inic.

iniquity [i'nikwiti] *s.* iniquitat *f.*

initial [i'niʃəl] *a.* inicial, primer. ■ 2 *s. pl.* inicials *f. pl.*, sigles *f. pl.*

initiate (to) [i'niʃieit] *t.* iniciar, començar. 2 introduir, promoure. 3 admetre.

initiative [i'niʃiətiv] *s.* iniciativa *f.*

inject (to) [in'dʒekt] *t.* injectar [també fig.].

injection [in'dʒekʃən] *s.* injecció *f.*

injudicious [ˌindʒu:'diʃəs] *a.* form. imprudent.

injunction [in'dʒʌŋkʃən] *s.* injunció *f.* 2 ordre *f.*, manament *m.* 3 DRET requeriment *m.*

injure (to) ['indʒə'] *t.* danyar, perjudicar. 2 ferir, fer mal [també fig.]. 3 DRET causar perjudici. 4 ESPORT lesionar.

injurious [in'dʒuəriəs] *a.* dolent, perjudicial. 2 lesiu. 3 injuriós, ofensiu.

injury ['indʒəri] *s.* mal *m.*, perjudici *m.* 2 ferida *f.*, lesió *f.* 3 injúria *f.*, ofensa *f.*

injury time ['indʒəritaim] *s.* ESPORT temps *m.* descomptat [per lesions].

injustice [in'dʒʌstis] *s.* injustícia *f.*

ink [iŋk] *s.* tinta *f.* ‖ *in* ~, amb tinta.

inkling ['iŋkliŋ] *s.* indici *m.* 2 sospita *f.* 3 idea *f.*, impressió *f.*

inlaid [in'leid] Vegeu INLAY (TO).

inland [in'lænd] *a.* interior, de l'interior, de terra endins. ‖ ~ *navigation,* navegació *f.* fluvial. ■ 2 *adv.* [in'lænd] terra endins, a l'interior. ■ 3 *s.* interior *m.* [del país].

Inland Revenue [ˌinlənd'revinju:] *s.* (G.B.) contribució *f.* 2 hisenda *f.*

in-laws ['inlɔ:z] *s. pl.* parents *m. pl.* polítics.

inlay (to) [in'lei] *t.* incrustar, encastar, embotir. ▲ Pret. i p. p.: *inlaid* [in'leid].

inlet ['inlet] *s.* cala *f.*, badia *f.*, ansa *f.*, ria *f.* 2 MEC. admissió *f.*, entrada *f.*

inmate ['inmeit] *s.* habitant, ocupant, inquilí, resident. 2 malalt. 3 internat. 4 pres, presoner.

inmost ['inmoust] *a.* més interior, més íntim, més profund.

inn [in] *s.* fonda *f.*, posada *f.*, alberg *m.*

innate [i'neit] *a.* innat.

inner ['inə'] *a.* interior, íntern. 2 fig. secret, íntim. 3 MED. intern.

inner tube ['inətju:b] *s.* cambra *f.* d'aire [d'un pneumàtic].

innkeeper ['inˌki:pə'] *s.* dispeser, fondista, hosteler.

innocence ['inəsns] *s.* innocència *f.*

innocent ['inəsnt] *a.-s.* innocent.

innocuous [i'nɔkjuəs] *a.* innocu, inofensiu.

innovation [ˌinə'veiʃən] *s.* innovació *f.*, novetat *f.*

innuendo [ˌinju'endou] *s.* indirecta *f.*, insinuació *f.*

inoculate (to) [i'nɔkjuleit] *t.* MED. inocular.

inoffensive [ˌinə'fensiv] *a.* inofensiu.

inoperative [in'ɔpərətiv] *a.* inoperant.

inopportune [in'ɔpətju:n] *a.* inoportú.

inordinate [i'nɔ:dinit] *a.* immoderat, excessiu, desmesurat.

inorganic [ˌinɔ:'gænik] *a.* inorgànic.

inpatient ['inˌpeiʃənt] *s.* malalt intern en un hospital.

input ['input] *s.* entrada *f.* 2 MEC. potència *f.* d'entrada. 3 INFORM. entrada *f.*

inquest ['inkwest] *s.* DRET investigació *f.*, judicial. 2 enquesta *f.*, indagació *f.*

inquire (to) [in'kwaiə'] *t.* preguntar, demanar, informar-se *p.* sobre. ■ 2 *i.* preguntar *t.* 3 *to* ~ *after,* preguntar per. 4 *to* ~ *into,* investigar, esbrinar, indagar.

inquiry [in'kwaiəri] *s.* pregunta *f.*, enquesta *f.* 2 investigació *f.*, indagació *f.* 3 *pl. inquiries,* informació *f. sing.*

inquiry office [in'kwaiəri'ɔfis] *s.* oficina *f.* d'informació.

inquisition [ˌinkwi'ziʃən] *s.* inquisició *f.*, investigació *f.*, recerca *f.* 2 HIST. *the Inquisition* la Inquisició.

inquisitive [in'kwizitiv] *a.* curiós, xafarder.

inroad ['inroud] *s.* MIL. incursió *f.*, invasió *f.* 2 fig. intrusió *f.*, violació *f.*

inrush ['inrʌʃ] *s.* irrupció *f.*, invasió *f.* 2 afluència *f.*, entrada *f.*

insane [in'sein] *a.* insà, boig, foll. ‖ ant. ~ *asylum,* manicomi *m.* 2 fig. insensat.

insanitary [in'sænitəri] a. antihigiènic, malsà, insalubre.

insanity [in'sæniti] s. bogeria f., demència f., insanitat f.

insatiable [in'seifəbl] a. insaciable.

inscribe (to) [in'skraib] t. inscriure. 2 gravar. 3 COM. registrar, enregistrar. ‖ *inscribed stock*, existències f. pl. registrades. 4 MAT. inscriure.

inscription [in'skripfən] s. inscripció f. 2 rètol m. 3 dedicatòria f. 4 COM. registre m.

inscrutable [in'skru:təbl] a. inescrutable.

insect ['insekt] s. ZOOL. insecte m.

insecure [ˌinsi'kjuə] a. insegur, inestable.

insecurity [ˌinsi'kjuəriti] s. inseguretat f. 2 perill m., risc m.

insensible [in'sensibl] a. insensible. 2 imperceptible. 3 MED. inconscient.

insensitive [in'sensitiv] a. insensible.

insert (to) [in'sə:t] t. inserir, introduir. 2 intercalar. 3 ficar, posar.

insertion [in'sə:fən] s. inserció f., introducció f. 2 anunci m. 3 COST. entredós m.

inside [in'said] s. interior m. 2 pl. entranyes f. pl., budells m. pl., estómac m. sing. ■ 3 a. interior, intern. 4 confidencial, secret. ■ 5 adv. (a) dins, a l'interior. ‖ ~ out, de dalt a baix, a fons. 6 col·loq. en menys de, abans de: *he can't do it ~ of a week*, no pot fer-ho en menys d'una setmana. ■ 7 prep. dins de.

insidious [in'sidiəs] a. insidiós.

insight ['insait] s. perspicàcia f., penetració f., intuïció f. 2 *to get an ~ into*, fer-se una idea de.

insignificance [ˌinsig'nifikəns] s. insignificància f.

insincere [ˌinsin'siə] a. poc sincer, hipòcrita, fals.

insinuate (to) [in'sinjueit] t. insinuar. 2 p. *to ~ oneself*, insinuar-se.

insinuation [inˌsinju'eifən] s. insinuació f.

insipid [in'sipid] a. insípid, insuls [també fig.].

insipidity [ˌinsi'piditi] s. insipidesa f., insipiditat f.

insist (to) [in'sist] i. insistir, persistir, obstinar-se p. a. ■ 2 t. sostenir. 3 insistir i. en.

insistence [in'sistəns] s. insistència f., persistència f. obstinació f.

insistent [in'sistənt] a. insistent, persistent. ‖ *to be ~*, obstinar-se a.

insole ['insoul] s. plantilla f. [de sabata].

insolence ['insələns] s. insolència f. descarament m., atreviment m.

insolent ['insələnt] a. insolent. 2 descarat, atrevit.

insoluble [in'sɔljubl] a. insoluble.

insolvency [in'sɔlvənsi] a. DRET insolvència f.

insolvent [in'sɔlvənt] a. DRET insolvent.

insomnia [in'sɔmniə] s. MED. insomni m.

insomuch [ˌinsou'mʌtʃ] adv. ~ *that*, fins el punt que. 2 ~ *as*, ja que, donat que.

inspect (to) [in'spekt] t. inspeccionar, examinar. 2 registrar. 3 MIL. passar revista a.

inspection [in'spekfən] s. inspecció f., examen m. 2 registre m. 3 MIL. revista f.

inspector [in'spektə] s. inspector. 2 FERROC. revisor, interventor.

inspiration [ˌinspi'reifən] s. inspiració f.

inspire (to) [in'paiə] t. inspirar. 2 infondre. 3 suggerir. 4 MED. inspirar; aspirar. ■ 5 i. MED. inspirar, aspirar, respirar.

install (to) [in'tɔ:l] t. instal·lar.

instalment, (EUA) installment [in'stɛːlmənt] s. termini m. [de pagament]. 2 fascicle m. 3 instal·lació f., muntatge m.

instance ['instəns] s. exemple m., cas m.: *for ~*, per exemple. 2 instància f.

instant ['instənt] s. instant m., moment m. ■ 2 a. instant, urgent. 3 immediat, imminent. 4 instantani. 5 corrent, present: *the 10th ~*, el deu del mes corrent, del present mes.

instantaneous [ˌinstən'teinjəs] a. instantani.

instantly ['instəntli] adv. instantàniament, immediatament, de seguida.

instead [in'sted] adv. en o per comptes de, en lloc de. ‖ ~ *of*, en lloc de, per comptes de.

instep ['instep] s. empenya f. [del peu, de la sabata].

instigate (to) ['instigeit] t. instigar, incitar. 2 fomentar.

instil, (EUA) instill (to) [in'stil] t. instil·lar. 2 fig. infondre, inculcar.

instinct ['instiŋkt] s. instint m.

institute ['institju:t] s. institut m., institució f. 2 associació f. 3 centre m. social.

institute (to) ['institju:t] t. instituir, establir. 2 començar, iniciar.

institution [ˌinsti'tju:fən] s. institució f. 2 associació f. 3 hospici m. 4 establiment m., creació f.

instruct (to) [in'strʌkt] *t.* instruir, ensenyar. 2 ordenar, manar. 3 donar instruccions.

instruction [in'strʌkʃən] *s.* instrucció *f.*, ensenyament *m.* 3 *pl.* instruccions *f. pl.*, ordres *f. pl.*, indicacions *f. pl.*

instrument ['instrumənt] *s.* instrument. 2 MED. *pl.* instrumental *m.*

insubordination [ˌinsəˌbɔːdi'neiʃən] *s.* insubordinació *f.*

insubstantial [ˌinsəbs'tænʃəl] *a.* insubstancial, immaterial. 2 sense fonament.

insufferable [in'sʌfərəbl] *a.* insofrible, insuportable.

insufficient [ˌinsə'fiʃənt] *a.* insuficient.

insular ['insjulə'] *a.* insular, illenc. 2 fig. tancat, d'esperit estret.

insulate (to) ['insjuleit] *t.* aïllar. 2 separar, apartar.

insult ['insʌlt] *s.* insult *m.*

insult (to) [in'sʌlt] *t.* insultar.

insurance [in'ʃuərəns] *s.* COM. assegurança *f.* ‖ ~ *policy*, pòlissa *f.* d'assegurances. ‖ *life* ~, assegurança de vida. 2 garantia *f.*, seguretat *f.*

insure (to) [in'ʃuə'] *t.* COM. assegurar. 2 garantir. ∎ 3 *i.* fer-se *p.* una assegurança.

insurgent [in'sɜːdʒənt] *a.-s.* insurgent, insurrecte.

insurmountable [ˌinsə'mauntəbl] *a.* insuperable, infranquejable.

insurrection [ˌinsə'rekʃən] *s.* insurrecció *f.*

intact [in'tækt] *a.* intacte, íntegre.

intake ['inteik] *s.* presa *f.*, entrada *f.* 2 admissió *f.* 3 consum *m.* 4 quantitat *f.* de persones admeses [en una escola, etc.].

intangible [in'tændʒibl] *a.* intangible, impalpable.

integer ['intidʒə'] *s.* MAT. (nombre) enter *m.*

integral ['intigrəl] *a.* integrant, essencial. 2 integral, sencer. ∎ 3 *s.* MAT. integral *f.*

integrate (to) ['intigreit] *t.* integrar. ∎ 2 *i.* integrar-se *p.*

integrity [in'tegriti] *s.* integritat *f.*, honradesa *f.* 2 totalitat *f.*

intellect ['intilekt] *s.* intel·lecte *m.*, intel·ligència *f.* ∎ 2 *s.* fig. intel·lectual.

intellectual [ˌinti'lektjuəl] *s.-a.* intel·lectual.

intelligence [in'telidʒəns] *s.* intel·ligència *f.*, enteniment *m.* ‖ ~ *quotient*, quocient *m.* intel·lectual. 2 notícia *f.* 3 informació *f.* secreta.

intelligent [in'telidʒənt] *a.* intel·ligent.

intemperance [in'tempərəns] *s.* intemperància *f.*

intemperate [in'tempərit] *a.* intemperant, intemperat. 2 immoderat, excessiu.

intend (to) [in'tend] *t.* proposar-se *p.*, tenir l'atenció de, pensar. 2 destinar. 3 voler dir, voler fer.

intended [in'tendid] *a.* proposat, desitjat. 2 fet (*for*, per a). 3 destinat (*for*, per a). ∎ 4 *s.* col·loq. promès *m.*; futur *m.*

intense [in'tens] *a.* intens. 2 pujat, viu. 2 punyent, agut. 3 gran, enorme. 4 fort, penetrant, violent. 5 FOT. contrastat.

intensify (to) [in'tensifai] *t.* intensificar. 2 augmentar. 3 FOT. contrastar. ∎ 4 *i.* intensificar-se *p.*, créixer.

intensive [in'tensiv] *a.* intensiu. ‖ MED. ~ *care unit*, unitat *f.* de vigilància intensiva. 2 intens. 3 profund. 4 GRAM. intensiu.

intent [in'tent] *a.* absort, profund [pensament, mirada]. ‖ ~ *on*, atent a, dedicat a, absort en; dedicat a. ∎ 2 *s.* propòsit *m.*, intenció *f.*

intention [in'tenʃən] *s.* intenció *f.*

intentional [in'tenʃənl] *a.* intencionat, intencional.

inter (to) [in'tɜː'] *t.* form. enterrar, sepultar.

interact (to) [ˌintər'ækt] *i.* actuar recíprocament.

intercede (to) [ˌintə'siːd] *i.* intercedir.

intercept (to) [ˌintə'sept] *t.* interceptar. 2 aturar. 3 tallar. 4 MAT. interceptar.

interchange ['intətʃeindʒ] *s.* intercanvi *m.*, canvi *m.*

interchange (to) [ˌintə'tʃeindʒ] *t.* canviar, intercanviar, bescanviar. 2 alternar. ∎ 3 *i.* alternar-se *p.*

intercom ['intəkɔm] *s.* col·loq. intercomunicador *m.*, porter *m.* automàtic.

intercourse ['intəkɔːs] *s.* tracte *m.*, relació *f.* ‖ *sexual* ~, coit *m.* 2 comerç *m.*; intercanvi *m.*

interdict (to) [ˌintə'dikt] *t.* form. prohibir, interdir. 2 REL. entredir, posar entredit.

interest ['intrəst] *s.* interès *m.* 2 profit *m.*, benefici *m.* 3 *pl.* indústria *f. sing.*, negocis *m. pl.* 4 escreix *m.* 5 COM. interès *m.*; participació *f.*

interest (to) ['intrəst] *t.* interessar.

interesting ['intrəstin] *a.* interessant.

interface ['intəfeis] *s.* interfície *f.* 2 fig. àrea comú de dos sistemes.

interfere (to) [ˌintəˈfiə] *i.*, interferir, entremetre's *p.*, ficar-s'hi *p.* ‖ *to ~ with*, remenar *t.*, grapejar *t.*; destorbar *f.*, dificultar *t.*

interference [ˌintəˈfiərəns] *s.* interferència *f.* 2 RÀDIO paràsits *m. pl.* 3 ingerència *f.*, intromissió *f.* 4 obstacle *m.*, destorb *m.*

interim [ˈintərim] *a.* ínterim. 2 interí, provisional. ■ *3 s.* entremig *m.* ‖ *in the ~*, mentrestant.

interior [inˈtiəriəʳ] *a.* interior, intern. ■ *2 s.* interior *m.*

interjection [ˌintəˈdʒekʃən] *s.* GRAM. interjecció *f.*, exclamació *f.*

interlace (to) [ˌintəˈleis] *t.* entrellaçar, entreteixir. ■ *2 i.* entrellaçar-se *p.*, entreteixir-se *p.*

interlock (to) [ˌintəˈlɔk] *t.* travar, entrellaçar. 2 engranar, encaixar. ■ *3 i.* travar-se *p.*, entrellaçar-se *p.* 4 encaixar, engranar.

interloper [ˈintəloupəʳ] *s.* intrús, aprofitat.

interlude [ˈintəluːd] *s.* TEAT. entreacte *m.* 2 MÚS. interludi *m.* 3 interval *m.*

intermarriage [ˌintəˈmæridʒ] *s.* matrimoni *m.* mixt. 2 matrimoni *m.* entre parents.

interment [inˈtəːmənt] *s.* form. enterrament *m.*

intermission [ˌintəˈmiʃən] *s.* intermissió *f.*, interrupció *f.* 2 CINEM. descans *m.* 3 TEAT. entreacte *m.*

intermittent [ˌintəˈmitənt] *a.* intermitent.

intern [inˈtəːn] *s.* (EUA) intern [metge].

internal [inˈtəːnl] *a.* intern. 2 interior.

international [ˌinteˈnæʃnəl] *a.* internacional.

interplay [ˈintəplei] *s.* interacció *f.*

interpose (to) [ˌintəˈpouz] *t.* interposar. ■ *2 i.* interposar-se *p.*, intervenir.

interpret (to) [inˈtəːprit] *t.* interpretar. ■ *2 i.* fer d'intèrpret.

interpretation [inˌtəːpriˈteiʃən] *s.* interpretació *f.*

interpreter [inˈtəːpritəʳ] *s.* intèrpret *m.*

interrelate (to) [ˌintəriˈleit] *t.* interrelacionar.

interrelation [ˌintəriˈleiʃn] *s.* interrelació *f.*, correlació *f.*, relació *f.*

interrogate (to) [inˈterəgeit] *t.* interrogar.

interrupt (to) [ˌintəˈrʌpt] *t.* interrompre. ■ *2 i.* interrompre's *p.*

interruption [ˌintəˈrʌpʃən] *s.* interrupció *f.*

intersect (to) [ˌintəˈsekt] *t.* tallar, encreuar [una línia, etc., amb una altra]. ■ *2 i.* encreuar-se *p.* 3 MAT. intersecar-se *p.*

intersperse [ˌintəˈspəːs] *t.* escampar, sembrar, mesclar.

interstice [inˈtəːstis] *s.* interstici *m.*, escletxa *f.*

interval [ˈintəvəl] *s.* interval *m.* ‖ *at short ~*, freqüentment. 2 descans *m.* 3 TEAT. entreacte *m.*

intervene (to) [ˌintəˈviːn] *i.* intervenir. 2 ocórrer, sorgir. 3 interposar-se *p.*

intervening [ˌintəˈviːniŋ] *a.* que intervé. 2 intermediari. 3 intermedi.

interview [ˈintəvjuː] *s.* entrevista *f.* 2 interviu *f.* [periodística].

interview (to) [ˈintəvjuː] *t.* entrevistar(se), interviuar.

interweave (to) [ˌintəˈwiːv] *t.* entreteixir [també fig.]. ▲ Pret. *interwove* [ˌintəˈwouv]; p. p. *interwoven* [ˌintəˈwouvn].

intestine [inˈtestin] *a.* intestí, intern. ■ *2 s.* ANAT. intestí *m.*: *large ~*, intestí gros; *small ~*, intestí prim.

intimate [ˈintimit] *a.* íntim, personal. 2 de confiança. 3 profund. ■ *4 s.* amic íntim. ■ *5 -ly adv.* íntimament.

intimate (to) [ˈintimeit] *t.* notificar, anunciar. 2 indicar.

intimation [ˌintiˈmeiʃən] *s.* notificació *f.*, anunci *m.* 2 indicació *f.*

intimidate (to) [inˈtimideit] *t.* intimidar.

into [ˈintu] *prep.* a, (a) dins, en [moviment, transformació, penetració]. ‖ *he worked late ~ the night*, va treballar fins ben entrada la nit. ‖ col·loq. *he's very much ~ sport*, té la febre de l'esport, està molt ficat en l'esport.

intolerable [inˈtɔlərəbl] *a.* intolerable, insuportable, inadmissible.

intonation [ˌintəˈneiʃən] *s.* entonació *f.*

intoxicate (to) [inˈtɔksikeit] *t.* embriagar(se) [també fig.].

intoxication [inˌtɔksiˈkeiʃən] *s.* embriaguesa *f.* [també fig.].

intractable [inˈtræktəbl] *a.* intractable, rebel, indòcil [persona]. 2 difícil de resoldre [problema, etc.].

intransigent [inˈtrænsidʒent] *s.* intransigent.

intra-uterine [ˌintrəˈjuːtərain] *a.* MED. intrauterí. *~ device,* dispositiu intrauterí, esterilet.

intrepid [in'trepid] a. intrèpid.

intricacy ['intrikəsi] s. embolic m., complicació f.

intricate ['intrikit] a. intricat, complicat, confús.

intrigue [in'tri:g] s. intriga f., conspiració f. 2 intriga f. amorosa. 3 LIT. novel·la f. d'embolics.

intrigue (to) [in'tri:g] t.-i. intrigar.

introduce (to) [ˌintrə'dju:s] t. introduir. 2 presentar [una persona; un projecte de llei].

introduction [ˌintrə'dʌkʃən] s. introducció f. 2 presentació f.

introductory [ˌintrə'dʌktəri] a. introductiu, introductori.

intrude (to) [in'tru:d] t. imposar [presència, opinions, etc.]. ■ 2 i. destorbar, molestar.

intruder [in'tru:də'] s. intrús.

intuition [ˌintju:'iʃən] s. intuició f.

intuitive [in'tju:itiv] a. intuïtiu.

inundate (to) ['inʌndeit] t. inundar [també fig.].

inundation [ˌinʌn'deiʃən] s. inundació f.

inure (to) [i'njuə'] t. acostumar, habituar, avesar.

inured [i'njued] a. avesat, acostumat, habituat.

invade (to) [in'veid] t. envair. 2 usurpar; violar [drets, etc.].

invader [in'veidə'] s. invasor.

invalid [in'vælid] a. invàlid, nul. 2 ['invəlid] invàlid. 3 xacrós. ■ 4 s. invàlid. 5 persona xacrosa.

invalidate (to) [in'vælideit] t. invalidar, anul·lar.

invaluable [in'væljuəbl] a. inestimable, incalculable. 2 sense valor.

invariable [in'vɛəriəbl] a. invariable.

invasion [in'veiʒən] s. invasió f. 2 usurpació f., violació f.

invective [in'vektiv] s. invectiva f.

invent (to) [in'vent] t. inventar. 2 imaginar, pensar.

invention [in'venʃən] s. invenció f., invent m. 2 inventiva f.

inventor [in'ventə'] s. inventor.

inventory ['invəntri] s. inventari m.

invert (to) [in'və:t] t. invertir, capgirar.

inverted [in'və:tid] a. invertit. ‖ ~ *commas*, cometes f. pl.

invest (to) [in'vest] t. invertir [diners]. 2 investir, conferir. 3 *to* ~ *with*, revestir,

cobrir. 4 MIL. assetjar. ■ 5 i. fer una inversió.

investigate (to) [in'vestigeit] t. investigar. 2 indagar. 3 examinar, estudiar.

investigation [inˌvesti'geiʃən] s. investigació f. 2 indagació f.

investment [in'vestmənt] s. investidura f. 2 inversió f. [de diners]. 3 MIL. setge m.

inveterate [in'vetərit] a. inveterat. 2 reconsagrat, pertinaç. 3 arrelat.

invidious [in'vidiəs] a. irritant, odiós. ■ 2 -ly adv. odiosament.

invigorate (to) [in'vigəreit] t. vigoritzar, enfortir. 2 animar, estimular.

invigorating [in'vigəreitiŋ] a. vigoritzant, estimulant, vivificant.

invincible [in'vinsibl] a. invencible.

inviolable [in'vaiələbl] a. inviolable; sagrat.

invisible [in'vizəbl] a. invisible; ~ *ink*, tinta f. simpàtica.

invitation [ˌinvi'teiʃən] s. invitació f. 2 crida f.

invite (to) [in'vait] t. invitar, convidar. 2 demanar, sol·licitar. 3 temptar.

inviting [in'vaitiŋ] a. temptador. 2 atractiu, seductor. ■ 3 -ly adv. temptadorament, d'una manera atractiva.

invoice ['invɔis] s. COM. factura f.

invoice (to) ['invɔis] t. COM. facturar.

invoke (to) [in'vouk] t. invocar. 2 implorar. 3 conjurar. 4 recórrer a. 5 demanar.

involve (to) [in'vɔlv] t. concernir. 2 afectar. 3 exigir. 4 comprendre. 5 embolicar, enrotllar. 6 embolicar, complicar, comprometre. 7 enredar.

involved [in'vɔlvd] a. embolicat, enredat, complicat, compromès. 2 intrincat. 3 absort.

inward ['inwəd] a. interior, intern, íntim.

inwardness ['inwədnis] s. espiritualitat f. 2 essència f. 3 naturalesa f. íntima.

inwards ['inwədz] adv. cap a dins.

IOU [ˌəi ou 'ju:] s. (I owe you) pagaré m.

IPA ['aipi:'ei] s. (International Phonetic Alphabet) AFI m. (Alfabet Fonètic Internacional). 2 (International Press Association) associació f. internacional de premsa.

irate [ai'reit] a. aïrat, colèric, enutjós.

ire ['aiə'] s. form. ira f., còlera f.

Ireland ['aiələnd] n. pr. GEOGR. Irlanda. 2 *Northern* ~, Irlanda del Nord.

Irene [ai'ri:ni, 'airi:n] n. pr. f. Irene.

Irish ['aiəriʃ] a.-s. irlandès.

irksome [ˈəːksəm] *a.* pesat, carregós, enutjós.

iron [ˈaiən] *s.* MIN. ferro *m.* 2 planxa *f.* 3 ferro *m.* roent. 3 *pl.* manilles *f. pl.*, grillons *m. pl.* 4 ESPORT pal *m.* de golf. ▪ 5 *a.* de ferro, ferri. ‖ fig. ~ *will*, voluntat *f.* de ferro.

iron (to) [ˈaiən] *t.* planxar [la roba]. ‖ fig. *to* ~ *out a difficulty*, aplanar una dificultat.

Iron Age [ˈaiəneidʒ] *s.* Edat *f.* de ferro.

Iron Curtain [ˈaiənˈkəːtn] *s.* teló *m.* d'acer.

ironic(al) [aiˈrɔnik, -əl] *a.* irònic. ▪ 2 **-ly** *adv.* irònicament.

irony [ˈaiərəni] *s.* ironia *f.*

irradiate (to) [iˈreidieit] *t.* irradiar, radiar. 2 fig. aclarir, il·luminar. ▪ 3 *i.* brillar, resplendir.

irrational [iˈræʃənəl] *a.* irracional. 2 absurd, il·lògic.

irreconciliable [iˈrekənsailəbl] *a.* irreconciliable. 2 inconciliable.

irrecoverable [iriˈkʌvərəbl] *a.* irrecuperable. 2 incobrable. 3 fig. irreparable.

irredeemable [iriˈdiːməbl] *a.* irredimible. 2 fig. irremeiable; incorregible. 3 COM. no amortitzable.

irregular [iˈregjulə] *a.* irregular. 2 desigual. ▪ 2 **-ly** *adv.* irregularment.

irrelevant [iˈrelivənt] *a.* irrellevant, no pertinent, aliè a la qüestió. 2 DRET improcedent.

irreligious [iriˈlidʒəs] *a.* irreligiós.

irrepressible [iriˈpresəbl] *a.* irreprimible, incontrolable, irrefrenable.

irresistible [iriˈzistəbl] *a.* irresistible.

irresolute [iˈrezəluːt] *a.* irresolut, indecís.

irrespective [irisˈpektiv] *a.* ~ *of*, sense tenir en compte, prescindint de, independentment de.

irresponsible [irisˈpɔnsəbl] *a.* irresponsable. 2 irreflexiu.

irreverent [iˈrevərənt] *a.* irreverent.

irrigate (to) [ˈirigeit] *t.* AGR. irrigar, regar. 2 MED. irrigar.

irrigation [iriˈgeiʃən] *s.* irrigació *f.* 2 regatge *m.*

irritable [ˈiritəbl] *a.* irritable.

irritate (to) [ˈiriteit] *t.* irritar.

irritation [iriˈteiʃən] *s.* irritació *f.*

Isabel [ˈizəbel] *n. pr. f.* Isabel.

ISBN [ˈaiesbiːˈen] *s. (International Standard Book Number)* ISBN *m.* (número estàndard internacional per a llibres).

island [ˈailənd] *s.* illa *f.*

islander [ˈailəndə] *s.* illenc.

isle [ail] *s.* illot *m.* 2 illa *f.* ‖ *The Isle of Wight*, l'Illa de Wight. ‖ *The British Isles*, les Illes Britàniques.

isolate (to) [ˈaisəleit] *t.* aïllar. 2 separar, incomunicar.

isolation [aisəˈleiʃən] *s.* aïllament *m.*

issue (to) [ˈiʃuː] *t.* distribuir, repartir. 2 publicar, emetre, posar en circulació. 3 assignar, concedir. 4 donar, expedir [una ordre]. 5 DRET pronunciar. ▪ 6 *i.* sortir; néixer; vessar. 7 desprendre's *p.* 8 acabar, resoldre's *p.* 9 publicar-se *p.*

issue [ˈiʃuː] *s.* sortida *f.* 2 vessament *m.*; flux *m.* 3 publicació *f.*, edició *f.*, tiratge *m.*, emissió *f.* 4 venda *f.*, distribució *f.* 5 resultat *m.*, solució *f.* 6 punt *m.*, tema *m.*, qüestió *f.* ‖ *at* ~, a debat. ‖ *to avoid the* ~, anar amb embuts. 7 beneficis *m. pl.*, renda *f.* 8 DRET prole *f.*, fillada *f.*

it [it] *pr. neutre* ell, ella, allò, això, el, la, li. ▪ 2 *s.* atractiu *m.*

italic [iˈtælik] *a.* en cursiva. ▪ 2 *s. pl.* IMPR. cursiva *f. sing.*

Italy [ˈitəli] *n. pr.* GEOGR. Itàlia.

itch [itʃ] *s.* MED. sarna *f.*; picor *f.*, coïssor *f.* 2 fig. pruïja *f.*, ganes *f. pl.* ‖ col·loq. *to have an* ~, tenir la pruïja de.

itch (to) [itʃ] *i.* tenir picor. 2 picar, fer picor. 3 tenir pruïja, desitjar.

item [ˈaitem] *s.* article *m.* 2 punt *m.*, assumpte *m.* 3 detall *m.* 4 notícia *f.* 5 COM. partida *f.* 6 TEAT. número *m.* ▪ 7 *adv.* així mateix, a més.

itemize (to) [ˈaitəmaiz] *t.* detallar, especificar.

iterate (to) [ˈitəreit] *t.* repetir, reiterar.

itinerant [aiˈtinərənt] *a.* itinerant, ambulant.

itinerary [aiˈtinərəri] *a.* itinerari. ▪ 2 *s.* itinerari *m.* 3 guia *f.* [de viatge].

it'll [itl] *contr. de* IT WILL, IT SHALL.

its [its] *a. poss.* el seu, la seva, els seus, les seves.

it's [its] *contr. de* IT IS *i* IT HAS.

itself [itˈself] *pron.* se, es. 2 ell mateix, ella mateixa, si mateix. 3 *by* ~, sol, aïllat.

ITV [ˈaitiːˈviː] *s.* (G.B.) *(Independent Television)* televisió *f.* independent.

I've [aiv] *contr. de* I HAVE.

ivory [ˈaivəri] *s.* ivori *m.*, vori *m.* 2 color *m.* de l'ivori. ▪ 3 *a.* d'ivori. ‖ fig. ~ *tower*, torre *f.* d'ivori. 4 de color de l'ivori.

ivy [ˈaivi] *s.* BOT. heura *f.*

J

J, j [dʒei] s. j f. [lletra].

jab [dʒæb] s. cop m., punxada f. 2 col·loq. injecció f.

jab (to) [dʒæb] t. copejar; punxar, donar un cop de puny. ■ i. *to ~ at someone with a knife*, atacar algú amb un ganivet.

jabber [ˈdʒæbəʳ] s. xerrameca f., barboteig m., guirigall m.

jabber (to) [ˈdʒæbəʳ] t. balbucejar, murmurar. ■ 2 i. xerrar, garlar, barbollar.

Jack [dʒæk] n. pr. m. (dim. *John*) Joan.

jack [dʒæk] s. col·loq. home m., noi m. 2 sota f., valet m. [cartes]. 3 pl. joc m. sing. del botxí. 4 ELECT. endoll m., clavilla f. [femella]. 5 ESPORT bolig m. [joc de botxes]. 6 MAR. mariner. m. 7 NÀUT. pavelló m., bandera f. 8 MEC. gat m., cric m.

jack (to) [dʒæk] t. aixecar amb el gat. 2 augmentar, apujar [preus]. 3 col·loq. *to ~ something in*, deixar córrer, abandonar.

jackal [ˈdʒækɔːl], (EUA) [ˈdʒækl] s. ZOOL. xacal m.

jackass [ˈdʒækæs] s. ase m. [també fig.].

jackdaw [ˈdʒækdɔː] s. ORN. gralla f.

jacket [ˈdʒækit] s. jaqueta f., americana f., caçadora f. 2 sobrecoberta f. [d'un llibre]. 3 pell f. [de patata]. 4 MEC. camisa f.

jack-in-the-box [ˈdʒækinðəbɔks] s. caixa f. sorpresa.

jack-knife [ˈdʒæk naif] s. navalla f.

jackpot [ˈdʒækpɔt] s. grossa f. [premi]. ‖ *to hit the ~*, tocar la grossa; fig. tenir sort o èxit.

jade [dʒeid] s. MINER. jade m. 2 rossí m. [cavall] 3 meuca f. [dona].

jaded [ˈdʒeidid] a. fart. 2 esgotat, exhaust.

jagged [ˈdʒægid] a. dentat, oscat, descantellat. 2 irregular, desigual.

jaguar [ˈdʒægjuəʳ] s. ZOOL. jaguar m.

jail [dʒeil] s. presó f.

jail (to) [dʒeil] t. empresonar.

jailbird [ˈdʒeilbɔːd] n. pr. m. ant. pres reincident.

jailbreak [ˈdʒeilbreik] s. evasió f., fugida f., fuga f. [de la presó].

jailer [ˈdʒeiləʳ] s. carceller.

jalopy [dʒəˈlɔpi] s. col·loq. carraca f., cafetera f., tartana f. [cotxe o avió].

jam [dʒæm] s. melmelada f., confitura f. 2 embús m., embussament m. [de trànsit]. 3 col·loq. embolic m., tràngol m. 4 col·loq. *money for ~*, diners m. pl. fàcils. 5 MÚS. *~ session*, sessió f. informal de jazz.

jam (to) [dʒæm] t. comprimir, apilotar, apinyar. 2 travar, encallar. 3 embussar, obstruir. 4 encabir, fer cabre. 5 agafar-se p. [els dits]. 6 RADIO. interferir. ■ 7 i. apilotar-se p., apinyar-se p. 8 travar-se p., encallar-se p. 9 embussar-se p.

jamboree [dʒæmbəˈriː] s. festa f., tabola f., barrila f. 2 jambori f.

James [dʒeimz] n. pr. m. Jaume.

Jane [dʒein] n. pr. f. Joana.

jangle (to) [ˈdʒæŋgl] t. fer sonar. ■ 2 i. esquellotejar, xerricar. 3 renyir, discutir.

janitor [ˈdʒænitəʳ] s. porter.

January [ˈdʒænjuəri] s. gener m.

Japan [dʒəˈpæn] n. pr. GEOGR. Japó.

Japanese [dʒæpəˈniːz] a.-s. japonès. 2 s. japonès m. [llengua].

jar [dʒaːʳ] s. gerra f., pot m. 2 xerric m., grinyol m. 3 desavinença f., desacord m. 4 fig. xoc m., sotrac m., esgarrifament m. 5 *the door is on the ~*, la porta és entreoberta.

jar (to) [dʒaːʳ] t. irritar, crispar. 2 fer mal d'orella [un so]. ■ 3 i. xerricar, grinyolar. 4 desentonar. 5 fig. renyir, discutir. 6 fig. *to ~ on*, irritar t., molestar t.

jargon [ˈdʒaːgən] s. argot m. 2 xerroteig m.

jarring [ˈdʒaːriŋ] a. discordant, estrident [també fig.].

jasmin [ˈdʒæsmin] s. BOT. gessamí m., llessamí m.

jasper ['dʒæspə'] s. MINER. jaspi m., diaspre m.

jaundice ['dʒɔːndis] s. MED. icterícia f. 2 fig. enveja f., gelosia f., despit m. ■ 3 a. MED. ictèric; groc, groguenc. 4 envejós, gelós.

jaunt [dʒɔːnt] s. passeig m., excursió f.

jaunt (to) [dʒɔːnt] i. passejar, fer una excursió.

jauntiness ['dʒɔːntinis] s. vivacitat f., gràcia f. 2 seguretat f., confiança f.

jaunty ['dʒɔːnti] a. vivaç, airós, graciós.

javelin ['dʒævəlin] s. ESPORT javelina f. ‖ throwing the ~, llançament m. de javelina.

jaw [dʒɔː] s. ANAT. mandíbula f., barra f. 2 ANAT. maixella f. [d'animal]. 3 MEC. mordassa f. 4 pl. fig. boca f. sing., entrada f. sing., portes f. pl. 5 col·loq. xerrameca f., garla f. 6 col·loq. sermó m., discurs m.

jawbreaker ['dʒɔːbreikə'] s. col·loq. paraula f. difícil de pronunciar.

jazz [dʒæz] s. MÚS. jazz m.

jealous ['dʒeləs] a. gelós, envejós. 2 zelós. ■ 3 -ly adv. gelosament.

jealousy ['dʒeləsi] s. gelosia f. 2 enveja f. 3 zel m.

Jean [dʒiːn] n. pr. f. Joana.

jean [dʒiːn] s. TÈXT. dril m. 2 pl. pantalons m. pl. texans.

jeep [dʒiːp] s. AUTO. jeep m.

jeer [dʒiə'] s. burla f., mofa f., escarn m.

jeer (to) [dʒiə'] t.-i. burlar-se p., mofar-se p., escarnir, escarnir t.

jeering ['dʒiəriŋ] a. burlaner, burlesc. ■ 2 s. burla f., escarni m. 3 esbronc m., aülls m. pl.

jell (to) [dʒel] t. col·loq. modelar, donar forma. ■ 2 i. quallar. 3 fig. agafar forma, cristal·litzar.

jelly ['dʒeli] s. gelatina f. 2 CUI. gelea f.

jellyfish ['dʒelifiʃ] s. ZOOL. medusa f.

jeopardize (to) ['dʒepədaiz] t. arriscar, exposar, posar en perill.

jeopardy ['dʒepədi] s. risc m., perill m., exposició f.

jerk [dʒɜːk] s. sotregada f., estrebada f., batzegada f. 2 empenta f., estirada f. 3 espasme m., contracció f. 4 (EUA) col·loq. idiota; corcó m. 5 CUI. carn f. salada.

jerk (to) [dʒɜːk] t. sotragar, batzegar. 2 estrebar, estirar. 3 sacsejar. 4 obrir de cop. 5 salar [la carn]. ■ 6 i. moure's p. a batzegades. 7 obrir-se p. de cop.

Jerry ['dʒeri] n. pr. m. (dim. Gerald) Gerard. 2 (dim. Jeremy) Jeremies.

jerry ['dʒeri] s. col·loq. orinal m. 2 col·loq. MIL. Jerry, soldat m. alemany. 3 MIL. bidó m.

jerry-builder ['dʒeri,bildə'] s. mal constructor.

jerry-building ['dʒeri,bildiŋ] s. construcció f. de mala qualitat.

jersey ['dʒəːzi] s. jersei m. 2 teixit m. de punt.

jest [dʒest] s. broma f., mofa f., burla f. 2 cosa f. per riure. 3 in ~, de broma.

jest (to) [dʒest] i. bromejar, fer broma. 2 mofar-se p., burlar-se p.

jester ['dʒestə'] s. burler, mofeta. 2 HIST. bufó m.

Jesuit ['dʒezjuit] s. ECLES. jesuïta m.

Jesus ['dʒiːzəs] n. pr. m. Jesús.

jet [dʒet] s. doll m., raig m. 2 sortidor m. 3 avió m. a reacció, jet m., reactor m. 4 cremador m. 5 MINER. atzabeja f.

jet (to) [dʒet] t. fer rajar a dolls. ■ 2 i. rajar a dolls.

jet lag ['dʒetlæg] s. transtorn m. fisiològic després d'un viatge llarg amb avió.

jetty ['dʒeti] s. espigó m., dic m. 2 moll m., desembarcador m.

Jew [dʒuː] s. jueu.

jewel ['dʒuːəl] s. joia f., joiell m. 2 pedra f. preciosa. 3 fig. joia f., perla f.

jeweller, (EUA) **jeweler** ['dʒuːələ'] s. joier. ‖ jeweller's (shop), joieria f.

jewellery, (EUA) **jewelry** ['dʒuːəlri] s. joies f. pl.

Jewess ['dʒuːis] f. jueva.

Jewish ['dʒuːiʃ] a. jueu.

jib [dʒib] s. MAR. floc m.

jib (to) [dʒib] i. plantar-se p. [un cavall]. 2 resistir-se p.

jig [dʒig] s. giga f.

jig (to) [dʒig] i.-t. caminar o moure's p. fent saltets. 2 saltar amunt i avall.

jilt (to) [dʒilt] t. donar carbassa, carbassejar, rebutjar [un noi].

Jim ['dʒim] n. pr. m. (dim. James) Jaume.

jingle ['dʒiŋgl] s. dring m., dringadissa f., cascavelleig m. 2 cançoneta f.

jingle (to) ['dʒiŋgl] i. dringar, cascavellejar. 2 rimar. ■ 3 t. fer sonar.

jingo ['dʒiŋgou] s. patrioter a.-s.

jingoism ['dʒiŋgouizəm] s. patrioterisme m.

jinx ['dʒiŋks] s. col·loq. persona f. o cosa f. que porta mala sort. 2 mala sort f.

jitter (to) ['dʒitəʳ] *i.* estar nerviós. 2 moure's *p.* nerviosament.

jitters ['dʒitəz] *s. pl.* col·loq. nervis *m. pl.*, por *f.*, cangueli *m.* ‖ **to have the ~**, tenir por, passar canguelis.

Joan [dʒoun] *n. pr. f.* Joana.

job [dʒɔb] *s.* obra *f.*, tasca *f.*, treball *m.* 2 feina *f.*, ocupació *f.* 3 assumpte *m.*, negoci *m.* 4 col·loq. *just the* ~, just el que volia. 5 col·loq. *to do a* ~, fer una feina [entre delinqüents].

job (to) [dʒɔb] *t.* donar feina a escarada o a preu fet. 2 COM. comprar; vendre [accions]. 3 col·loq. recomanar, apadrinar. ■ 4 *i.* treballar a preu fet. 5 treballar d'agent de borsa.

jockey ['dʒɔki] *s.* ESPORT joquei *m.*, genet *m.*

jockstrap ['dʒɔkstræp] *s.* suspensori *m.*

jocose [dʒəˈkous] *a.* jocós, humorístic.

jocular ['dʒɔkjuləʳ] *a.* jocós. 2 bromista. 3 alegre, jovial.

jocund ['dʒɔkənd] *a.* jocund, jocós.

Joe ['dʒou] *n. pr. m.* (dim. *Joseph*) Josep.

jog [dʒɔg] *s.* empenteta *f.*, copet *m.* 2 trot *m.*, pas *m.* curt. 3 fig. estímul *m.*

jog (to) [dʒɔg] *t.* donar una empenta. 2 refrescar [la memòria]. 3 sacsejar. ■ 4 *i.* *to ~ along*, avançar a poc a poc [també fig.].

jogging ['dʒɔgiŋ] *s.* ESPORT footing *m.*, jogging *m.*

John ['dʒɔn] *n. pr. m.* Joan. 2 fig. ~ *Bull*, Anglaterra; un anglès típic.

join ['dʒɔin] *s.* unió *f.* 2 junta *f.*, juntura *f.* 3 costura *f.*, cosit *m.*

join (to) [dʒɔin] *t.* unir, ajuntar, connectar. 2 ingressar *i.*, entrar *i.*; fer-se *p.* soci de. 3 reunir-se *p.* amb, anar *i.* amb 4 començar [una batalla]. 5 MEC. empalmar. 6 MIL. allistar-se *p.*, enrolar-se *p.* ■ 7 *i.* unir-se *p.*, ajuntar-se *p.* 8 convergir, concórrer. 9 *to ~ in*, entrar en.

joiner ['dʒɔinəʳ] *s.* ebenista, fuster.

joinery ['dʒɔinəri] *s.* ebenisteria *f.*, fusteria *f.*

joining ['dʒɔiniŋ] *s.* unió *f.*, junta *f.*, juntura *f.*

joint [dʒɔint] *s.* junta *f.*, juntura *f.* 2 unió *f.*, connexió *f.* 3 xarnera *f.*, frontissa *f.* 4 porció [de carn]; quart [de pollastre]. 5 col·loq. cau *m.*, antre *m.* 6 arg. porro *m.* 7 ANAT. articulació *f.* ‖ *out of* ~, dislocat. 8 BOT. nus *m.*, entrenús *m.* ■ 9 *a.* unit, mixt. 10 comú, conjunt. ‖ ~ *author*, coautor. ■ 11 **-ly** *adv.* conjuntament, en comú.

jointed [dʒɔintid] *a.* articulat. 2 BOT. nuós.

joint stock [dʒɔint'stɔk] *s.* COM. capital *m.* social. ‖ ~ *company*, companyia *f.* anònima.

joke [dʒouk] *s.* broma *f.*; acudit *m.* ‖ *as a* ~, de broma. ‖ *practical* ~, broma pesada, mala passada *f.* ‖ *to play a* ~ *on*, fer una broma.

joke (to) [dʒouk] *i.* bromejar, fer broma. ‖ *no joking*, seriosament, sense bromes. ‖ *you must be joking!* no ho deus dir seriosament!, ho dius en broma!

joker ['dʒoukəʳ] *s.* facecíos, graciós, bromista. 2 jòquer *m.* [de cartes]. 3 col·loq. paio *m.*, individu *m.*

joking ['dʒoukiŋ] *a.* humorístic; graciós. ■ 2 **-ly** *adv.* de broma.

jolly ['dʒɔli] *a.* alegre, divertit. 2 bo; bonic. ■ 3 *adv.* col·loq. molt, la mar de: ~ *good!*, la mar de bo.

jolt [dʒoult] *s.* estrebada *f.*, sacsejada *f.*, sotragada *f.* 2 xoc *m.* 3 fig. sorpresa *f.*, ensurt *m.*

jolt (to) [dʒoult] *i.* trontollar, botar. 2 moure's *p.* a estrebades. ■ 3 *t.* donar una empenta, estirar de cop.

Jordan ['dʒɔːdən] *n. pr.* GEOGR., Jordà.

Joseph ['dʒouzif] *n. pr. m.* Josep.

jostle (to) ['dʒɔsl] *t.-i.* empentar, arrossegar. 2 donar empentes. 3 obrir-se *p.* pas a empentes.

jot (to) [dʒɔt] *t.* *to ~ down*, apuntar, prendre nota.

journal ['dʒəːnl] *s.* diari *m.*

journey ['dʒəːni] *s.* viatge *m.*, trajecte *m.*, camí *m.*

journey (to) ['dʒəːni] *i.* viatjar.

joust [dʒaust] *s.* HIST. justa *f.*, torneig *m.*

joust (to) [dʒaust] *i.* HIST. justar.

jovial ['dʒouvjəl] *a.* jovial, alegre.

jowl [dʒaul] *s.* queix *m.*, barra *f.* 2 galta *f.* 3 pap *m.*, papada *f.*

joy [dʒɔi] *s.* joia *f.*, alegria *f.*, felicitat *f.* 2 AVIA., JOC col·loq. *joy-stick*, palanca *f.* de govern.

joyful ['dʒɔiful] *a.* joiós, alegre. ■ 2 **-ly** *adv.* joiosament, alegrement.

JP ['dʒei'piː] *s.* (*Justice of the Peace*) jutge de pau.

jubilant ['dʒuːbilənt] *a.* form. joiós, content.

jubilation [dʒuːbi'leiʃən] *s.* alegria *f.*, joia *f.*

judge ['dʒʌdʒ] *s.* jutge, magistrat. 2 expert, perit.

judge (to) [dʒʌdʒ] *t.-i.* jutjar *t.* 2 fer de jutge. 3 creure *t.*, considerar *t.*

judg(e)ment [ˈdʒʌdʒment] *s.* decisió *f.*, resolució *f.* 2 sentència *f.*, veredicte *m.* 3 judici *m.*, criteri *m.*

judicious [dʒuːˈdiʃəs] *a.* form. judiciós, assenyat. ■ 2 **-ly** *adv.* judiciosament, assenyadament.

jug [dʒʌg] *s.* gerra *f.*, gerro *m.*, (BAL.), (VAL.) pitxer *m.* 2 col·loq. garjola *f.*, presó *f.*

juggle [ˈdʒʌgl] *s.* joc *m.* de mans. 2 truc *m.*, trampa *f.*

juggle (to) [ˈdʒʌgl] *i.* fer jocs de mans. ■ 2 *t.* enganyar, enredar.

Jugoslavia [ˈjuːgəslɑːvjə] *n. pr.* GEOGR. Iugoslàvia.

juice [dʒuːs] *s.* suc *m.*

juicy [ˈdʒuːsi] *a.* sucós. 2 col·loq. picant, divertit.

Julia [ˈdʒuːljə] *n. pr. f.* Júlia.

July [dʒuːˈlai] *s.* juliol *m.*

jumble [ˈdʒʌmbl] *s.* barreja *f.*, poti-poti *m.*, malendreç *m.*

jumble (to) [ˈdʒʌmbl] *t. to ~ (up),* amuntegar, apilonar, barrejar.

jumble sale [ˈdʒʌmblseil] *s.* mercat *m.* benèfic d'objectes usats.

jump [dʒʌmp] *s.* salt *m.*, bot *m.* 2 augment *m.* brusc [dels preus]. 3 ensurt *m.*, sobresalt *m.*

jump (to) [dʒʌmp] *i.* saltar, botar. 2 augmentar, apujar-se *p.* [preus]. 3 *t.* saltar, salvar. ‖ to ~ *the gun,* fer una sortida en fals; fig. precipitar-se *p.* ‖ to ~ *the queue,* passar davant [en una cua]. ‖ to ~ *the track,* descarrilar. ‖ to ~ *to conclusions,* precipitar-se *p.* a treure conclusions. ‖ to ~ *at,* agafar [oportunitat].

jumpy [ˈdʒʌmpi] *a.* saltador. 2 nerviós, excitable.

junction [ˈdʒʌŋkʃən] *s.* unió *f.* 2 junta *f.* 3 confluència *f.* 4 ELECT. empalmament *m.* 5 FERROC. enllaç *m.*, entroncament *m.*

juncture [ˈdʒʌŋktʃəʳ] *s.* form. junta *f.*, juntura *f.* 2 articulació *f.*, connexió *f.* 3 conjuntura *f.*, moment *m.* crític. ‖ at this ~, en aquests moments, en la conjuntura actual.

June [dʒuːn] *s.* juny *m.*

jungle [ˈdʒʌŋgl] *s.* jungla *f.*, selva *f.* 2 fig. garbuix *m.*, embull *m.*

junior [ˈdʒuːnjəʳ] *a.* menor, més jove, més petit. 2 fill: *X X ~,* X.X. fill. ■ 3 *s.* jove, menor.

junk [dʒʌŋk] *s.* andròmines *f. pl.*, trastos *m. pl.* 2 MAR. jonc *m.*

junkie, junky [ˈdʒʌŋki] *s.* col·loq. drogaaddicte.

jurisdiction [dʒuərisˈdikʃən] *s.* jurisdicció *f.*

jury [ˈdʒuəri] *s.* DRET jurat *m.*

jurisprudence [dʒuərisˈpruːdəns] *s.* jurisprudència *f.*

jurist [ˈdʒuərist] *s.* jurista *f.*

juror [ˈdʒuərəʳ] *s.* membre *m.* d'un jurat.

just [dʒʌst] *a.* just, recte. 2 merescut. 3 fidel, exacte. 4 justificat, ben fonamentat. ■ 5 *adv.* (G.B.) *I've ~ had dinner,* (EUA) *I ~ had dinner,* acabo de sopar. 6 ~ *as,* alhora que, quan; tal com, igual que. 7 ~ *about,* gairebé, quasi. 8 ~ *as well,* sort que. 9 ~ *in case,* en cas de, donat el cas, si de cas. 10 ~ *now,* ara mateix; fa poc. 11 ~ *the same,* no obstant, tanmateix. 12 **-ly** *adv.* justament, amb rectitud, exactament.

justice [ˈdʒʌstis] *s.* justícia *f.* 2 veritat *f.*, exactitud *f.* 3 DRET jutge, magistrat: ~ *of the peace,* jutge de pau.

justification [dʒʌstifiˈkeiʃən] *s.* justificació *f.*

justify (to) [ˈdʒʌstifai] *t.* justificar. ■ 2 *p. to ~ oneself,* justificar-se.

justness [ˈdʒʌstnis] *s.* justícia *f.*, equitat *f.* 2 exactitud *f.*, precisió *f.*

jut (to) [dʒʌt] *i. to ~ (out),* sortir, sobresortir.

jute [dʒuːt] *s.* BOT. jute *m.*

juvenile [ˈdʒuːvinail] *a.* juvenil, jove. 2 ~ *court,* tribunal de menors. ■ 3 DRET *s.* menor.

juxtapose (to) [dʒʌkstəˈpouz] *t.* juxtaposar.

K

K, k [kei] *s.* k *f.* [lletra].

kaleidoscope [kəˈlaidəskoup] *s.* calidoscopi *m.* [també fig.].

kangaroo [ˌkæŋgəˈruː] *s.* ZOOL. cangur *m.*

Katharine, Katherine [ˈkæθrin], **Kathleen** [ˈkæθliːn] *n. pr. f.* Caterina.

keel [kiːl] *s.* quilla *f.*

keel (to) [kiːl] *i.* to ~ **over,** capgirar-se *p.,* bolcar, tombar-se *p.*

keen [kiːn] *a.* agut, esmolat, afilat. 2 intens, profund. 3 agut, perspicaç. 4 mordaç, punyent. 5 vehement. 6 ansiós. 7 *to be* ~ *on,* ser afeccionat a; estar interessat per; agradar molt. ■ 8 **-ly** *adv.* amb entusiasme; profundament.

keenness [ˈkiːnnis] *s.* agudesa *f.,* vivacitat *f.* 2 perspicàcia *f.* 3 entusiasme *m.,* vehemència *f.* 4 interès *m.,* afecció *f.*

keep [kiːp] *s.* menjar *m.,* subsistència *f.* 2 torre *f.* [d'un castell]. 3 col·loq. *for keeps,* per sempre.

keep (to) [kiːp] *t.* guardar, conservar. 2 tenir, mantenir. 3 tenir cura de, custodiar, guardar. 4 dirigir, portar [un establiment]. 5 portar [els llibres]. 6 contenir, dominar. 7 mantenir, sostenir, defensar. 8 aturar, impedir. 9 callar, amagar. 10 guardar [silenci]. 11 seguir, continuar. 12 tenir, celebrar [una reunió, etc.]. ■ 13 *i.* mantenir-se *p.,* conservar-se *p.* 14 seguir, continuar. 15 romandre, quedar-se *p.* 16 limitar-se *p.* a, complir. ■ *to* ~ *at,* persistir en; *to* ~ *away,* mantenir(se) allunyat; evitar; *to* ~ *back,* mantenir a ratlla; contenir, amagar; *to* ~ *down,* oprimir; dominar; limitar; retenir; *to* ~ *from,* abstenir-se *p.* de, impedir; evitar; amagar; *to* ~ *off,* no acostar-se *p.,* no tocar, no trepitjar; *to* ~ *on,* continuar, seguir; continuar portant [una peça de roba]; insistir; prosseguir; *to* ~ *out,* no deixar entrar; *to* ~ *to,* limitar-se *p.* a; complir; continuar; *to* ~ *up,* mantenir, sostenir; no endarrerir-se *p.;* aixecar; continuar. ▲ Pret. i p. p.: *kept* [kept].

keeper [ˈkiːpə] *s.* guardià, guàrdia. 2 custodi, vetllador. 3 conservador; arxiver. 4 alcaid *m.* 5 propietari [de certs establiments]. 6 ~, *game* ~, guardabosc.

keeping [ˈkiːpiŋ] *s.* atenció *f.,* manteniment *m.* 2 tenidoria *f.* 3 DRET observança *f.,* compliment *m.* 4 LOC. *in* ~ *with,* d'acord amb.

keepsake [ˈkiːpseik] *s.* record *m.,* memòria *f.*

keg [keg] *s.* bóta *f.,* barril *m.*

Kelt [kelt] *s.* celta *m.*

kennel [ˈkenl] *s.* canera *f.* 2 gossada *f.* 3 *pl.* lloc *m. sing.* on guarden gossos.

Kenya [ˈkenjə] *n. pr.* GEOGR. Kènia.

kept [kept] Vegeu KEEP (TO).

kerb [kəːb] *s.* vorada *f.* [de la vorera]. ‖ ~ *stone,* pedra *f.* de la vorada.

kerchief [ˈkəːtʃif] *s. ant.* mocador *m.* [pel cap].

kernel [ˈkəːnl] *s.* gra *m.* [de blat]. 2 BOT. bessó *m.,* moll *m.* [també fig.].

kettle [ˈketl] *s.* bullidor *m.* [en forma de tetera].

kettledrum [ˈketldrʌm] *s.* MÚS. timbala *f.*

key [kiː] *s.* clau *f.* [també fig.]. 2 tecla *f.* [de piano, etc.]. 3 *skeleton* ~, rossinyol *m.* 4 GEOGR. illot *m.,* riell *m.* 5 MEC. xaveta *f.,* clavilla *f.* 6 MÚS. to *m.* 7 MÚS. afinador *m.,* temprador *m.*

keyboard [ˈkiːbɔːd] *s.* teclat *m.*

keyhole [ˈkiːhoul] *s.* forat *m.* del pany.

keynote [ˈkiːnout] *s.* tònica *f.* 2 idea *f.* clau.

keystone [ˈkiːstoun] *s.* ARQ. clau *f.* 2 fig. pedra *f.* clau.

kibbutz [kiˈbutc] *s.* kibbutz *m.*

kick [kik] *s.* puntada *f.,* cop *m.* [de peu]. 2 guitza *f.,* potada *f.* 3 col·loq. diversió *f.,* gràcia *f.:* *to get a* ~ *out of,* sentir-se atret, fer gràcia [alguna cosa]. ESPORT *free* ~, cop *m.* franc. 5 MEC. pedal *m.* o palanca *f.* d'engegada.

kick (to) [kik] t. donar una puntada de peu, ventar una guitza. 2 ESPORT ficar, marcar [un gol]. 3 col·loq. *to ~ the bucket,* anarse'n p. al calaix, anar-se'n p. a l'altre barri. ■ 4 i. ventar una guitza, donar una puntada de peu. 5 xutar. ■ *to ~ against,* oposar-se a, protestar per; *to ~ back,* retrocedir, tenir retrocés; *to ~ down,* tombar, fer caure; *to ~ off,* començar; *to ~ out,* fer fora a cops de peu; *to ~ up,* aixecar amb el peu. || *to ~ up a fuss,* fer merder.

kickback ['kikbæk] s. culatada f. 2 (EUA) col·loq. comissió f., percentatge m.

kick-off ['kikɔf] s. ESPORT sacada f. inicial. 2 fig. començament m., principi m.

kid [kid] s. ZOOL. cabrit m. 2 cabritilla f. 3 cria f. 4 col·loq. criatura f., nen m., noi m. || *kid's stuff,* joc m. de criatures. 5 pl. canalla f. sing., mainada f. sing.

kid (to) [kid] t. col·loq. enganyar, prendre el pèl: *you're kidding me,* em prens el pèl. ■ 2 i. fer broma, bromejar. 3 parir t. [cries]. 4 *no kidding!,* i ara!

kidnap (to) ['kidnæp] t. segrestar, raptar [persones].

kidney ['kidni] s. ANAT. ronyó m. 2 fig. tipus m., classe f.

kidney bean [kidni'bi:n] s. mongeta f.

kidney machine [kidniməʃi:n] s. ronyó m. artificial.

kidney stone [kidni,stoun] s. MED. càlcul m. renal.

kill [ki] s. peça f. [de caça, etc.]. 2 caça f.

kill (to) [kil] t. matar. || *to ~ off,* exterminar. || fig. *to ~ time,* matar el temps. 2 assassinar. 3 sacrificar [animals]. 4 fig. fer caure, carregar-se p.

killer ['kilə] s. assassí.

killer whale ['kilə'weil] s. ZOOL. orca f.

killing ['kiliŋ] a. mortal. 2 assassí. 3 col·loq. esgotador, aclaparador. 4 col·loq. molt divertit. ■ 5 s. assassinat m. 6 carnisseria f., matança f.

killjoy ['kildʒɔi] s. esgarriacries.

kiln [kiln] s. forn m. [per assecar, etc.].

kilogram ['kiləgræm] s. quilogram m.

kilometre, (EUA) **kilometer** ['kilə,mi:tə] s. quilòmetre m.

kilowatt ['kiləwɔt] s. ELECT. quilovat m.

kilt [kilt] s. faldilla f. [escocesa].

kin [kin] s. parents m. pl., parentela f., família f. || *next of ~,* parent més pròxim. ■ 2 a. relacionat; emparentat.

kind [kaind] a. amable, considerat. 2 bo; afectuós. 3 dòcil, mans. ■ 4 s. espècie f., mena f., classe f.: *a ~ of,* una mena f. de.

kindergarten ['kindəga:tn] s. parvulari m., jardí m. d'infància.

kind-hearted [kaind'ha:tid] a. bondadós, de bon cor.

kindle (to) ['kindl] t. encendre [també fig.]. 2 fig. despertar. ■ 3 i. encendre's p. [també fig.].

kindliness ['kaindlinis] s. bondat f., benevolència f. 2 favor m., amabilitat f.

kindling ['kindliŋ] s. encenalls m. pl. 2 fig. encesa f.

kindly ['kaindli] a. bondadós, amable. 2 favorable, amable, benigne. ■ 3 adv. bondadosament, amablement. 4 *to take ~ to,* acceptar de bon grat.

kindness ['kaindnis] s. bondat f., benevolència f. 2 amabilitat f., atenció f. 3 delicadesa f., finesa f.

kindred ['kindrid] a. relacionat, emparentat. 2 semblant, afí. ■ 3 s. parentiu m. 4 parents pl., família f.

kinetics [kai'netiks] s. cinètica f.

king [kiŋ] s. rei m., monarca m. || *the Three Kings,* els tres reis d'orient. 2 rei m. [d'escacs]; dama f. [de dames].

kingdom ['kiŋdəm] s. regne m. 2 col·loq. *kingdom-come,* l'altra vida f. || *till ~ come,* fins el dia del judici.

kingly ['kiŋli] a. reial, regi.

king-size ['kiŋsaiz] a. extragran, extrallarg: *~ cigarettes,* cigarretes extrallargues. 2 fig. enorme, gegant.

kink [kiŋk] s. nus m., remolí m., cargol m. [d'un cabell, un fil, etc. quan es doblegen o s'entortolliguen].

kink (to) [kiŋk] t. cargolar, entortolligar, arrissar. ■ 2 i. cargolar-se p., entortolligar-se p., arrissar-se p.

kinky ['kiŋki] a. cargolat, entortolligat, arrissat. 2 col·loq. guillat, estrany.

kinship ['kinʃip] s. parentiu m. 2 afinitat f.

kiosk ['ki:ɔsk] s. quiosc m. 2 cabina f. telefònica.

kip [kip] s. (G.B.) col·loq. jaç m., catre m. 2 allotjament m., dispesa f. 3 *to have a ~,* fer un son.

kipper [kipə] s. areng m. fumat i salat.

kiss [kis] s. petó m., (BAL.) besada f., (VAL.) bes m. || *give me a ~,* fes-me un petó. 2 *~ of life,* respiració f. boca a boca.

kiss (to) [kis] t. besar, fer un petó a. 2 fig. *to ~ something goodbye,* acomiadar(-se) (d')alguna cosa. 3 fig. *to ~ the dust* o *the*

ground, ser assassinat; arrossegar-se *p.* per terra, ser humiliat. ■ 4 *i.* besar-se *p.,* fer-se *p.* petons.

kit [kit] *s.* equip *m.,* equipament *m.* 2 estris *m. pl.,* eines *f. pl.* 3 equipatge *m.* 4 maqueta *f.* 5 *first-aid ~,* farmaciola *f.*

kitbag ['kitgæg] *s.* motxil·la *f.,* farcell *m.*

kitchen ['kitʃin] *s.* cuina *f.*

kitchen-boy ['kitʃinbɔi] *s.* marmitó *m.*

kitchen garden [kitʃin'gɑːdn] *s.* hort *m.*

kitchen range [kitʃin'reindʒ] *s.* fogó *m.*

kitchen sink ['kitʃin'siŋk] *s.* aigüera *f.*

kitchenware ['kitʃinwɛə] *s.* bateria *f.* de cuina.

kite [kait] *s.* estel *m.,* (VAL.) milotxa *f.* 2 fig. *fly a ~,* sondejar, llançar una idea. 3 ORN. milà *m.*

kitten ['kitn] *s.* gatet *m.,* moix *m.* 2 fig. *to have kittens,* espantar-se.

kitty [kiti] *s.* bossa *f.,* fons *m.* comú. 2 mix, moix, gatet.

knack [næk] *s.* habilitat *f.,* traça *f.,* manya *f.* 2 truc *m.,* desllorigador *m.*

knapsack ['næpsæk] *s.* motxil·la *f.,* sarró *m.*

knave [neiv] *s.* ant. truà *m.,* bergant *m.* 2 valet *m.;* sota *f.* [cartes].

knavish ['neiviʃ] *a.* bergant. 2 astut. 3 entremaliat. ■ 2 *-ly adv.* astutament.

knead (to) [niːd] *t.* pastar. 2 fer una massa.

knee [niː] *s.* ANAT. genoll *m.* ‖ *~ breeches,* pantalons *m. pl.* curts. ‖ *on one's knees,* de genolls, agenollat. 2 MEC. colze *m.*

kneecap ['niːkæp] *s.* ANAT. ròtula *f.*

kneel (to) [niːl] *i.* agenollar-se *p.,* posar-se *p.* de genolls. 2 estar agenollat. ■ Pret. i p. p.: **knelt** [nelt] o **kneeled** ['niːld].

knell [nel] *s.* toc *m.* de difunts. 2 fig. final *m.*

knelt [nelt] Vegeu KNEEL (TO).

knew [njuː] Vegeu KNOW (TO).

knickerbockers ['nikəbɔkəz] *s.* bombatxos *m. pl.,* pantalons *m. pl.* de golf.

knickers ['nikəz] *s.* calces *f. pl.*

knick-knack ['niknæk] *s.* galindaina *f.,* bagatel·la *f.*

knife [naif] *s.* ganivet *m.,* navalla *f.,* fulla *f.* [de tallar]. ▲ *pl.* **knives** [naivz].

knight [nait] *s.* cavaller *m.* 2 cavall *m.* [d'escacs].

knight (to) [nait] *t.* armar cavaller.

knight-errant [nait'erənt] *s.* cavaller *m.* errant.

knit (to) [nit] *t.* teixir, tricotar. 2 adjuntar, unir. 3 *to ~ one's brows,* arrugar les celles. ■ 4 *i.* fer mitja. ▲ Pret. i p. p.: **knit** [nit] o **knitted** ['nitid].

knob [nɔb] *s.* pom *m.* [de la porta, etc.]. 2 botó *m.* [de la ràdio, etc.]. 3 bony *m.,* protuberància *f.* 4 terròs *m.,* tros *m.*

knock [nɔk] *s.* cop *m.* (VAL.) colp *m.* 2 col·loq. crítica *f.*

knock (to) [nɔk] *t.* picar, copejar, donar cops. ‖ fig. *to ~ one's head against a brick wall,* donar-se cops de cap a la paret. 2 xocar [també fig.]. 3 col·loq. criticar, deixar com un drap brut. ■ 4 *i.* picar *t.,* petar [motor]. ■ *to ~ about,* rondar, vagar; *to ~ down,* enderrocar; atropellar; rebaixar, abaixar [preus]; *to ~ off,* plegar; rebaixar; col·loq. robar; *to ~ out,* estabornir, deixar fora de combat; eliminar [d'una competició]; *to ~ up,* pilotejar, (G.B.) col·loq. despertar.

knocker ['nɔkə'] *s.* picaporta *f.* 2 persona *f.* o cosa que dóna cops.

knock-out ['nɔkaut] *s.* ESPORT fora de combat *m.,* KO *m.* 2 col·loq. espaterrant *a.,* impressionant *a.* [persona, cosa].

knoll [noul] *s.* turó *m.,* pujol *m.*

knot (to) [nɔt] *s.* nus *m.* 2 llaç *m.* 3 fig. dificultat *f.,* problema *m.* 4 *tie oneself in knots,* fer-se un embolic *m.*

knot (to) [nɔt] *t.* lligar, fer un nus, fer nusos. 2 arrugar [les celles]. ■ 3 *i.* fer-se *p.* un nus. 2 embolicar-se *p.*

knotty ['nɔti] *a.* nuós, nodós. 2 difícil, espinós. 3 aspre, rugós.

know (to) [nou] *t.* conèixer: *to ~ by sight,* conèixer de vista; *to get to ~ someone,* conèixer algú. 2 saber: *to ~ how to, to ~ to,* saber [fer]; *for all I ~,* pel que jo sé; al meu entendre. 3 reconèixer. 4 veure, comprendre. 5 distingir, discernir. ■ 6 *i.* saber *t.: to ~ best,* saber-ho millor. ▲ Pret.: **knew** [njuː]; p. p.: **known** [noun].

know-how ['nouhau] *s.* habilitat *f.,* destresa *f.* 2 coneixements *m. pl.*

knowing ['nouiŋ] *a.* intel·ligent, llest. 2 astut, enginyós. 3 d'intel·ligència. ■ 4 *-ly adv.* expressament. 5 hàbilment. 6 astutament.

knowledge ['nɔlidʒ] *s.* coneixement *m.* ‖ *to the best of my ~,* pel que jo sé. ‖ *without my ~,* sense saber-ho jo. 2 saber *m.,* coneixements *m. pl.*

knowledgeable ['nɔlidʒəbl] *a.* entès, erudit.

known [noun] Vegeu KNOW (TO). ‖ *to make* ~, fer saber.

knuckle ['nʌkl] *s.* ANAT. artell *m.* 2 jarret [d'un animal].

knuckle (to) ['nʌkl] *t.* copejar amb els artells. ■ 2 *i. to* ~ *down to,* posar-s'hi p. [a fer una cosa]; *to* ~ *under,* sotme-tre's *p.*

knuckle-bone ['nʌklboun] *s.* taba *f.,* as-tràgal *m.* [os].

Korea [kɔ'riə] *n. pr.* GEOGR. Corea.

Kuwait [ku'weit] *n. pr.* GEOGR. Kuwait.

L

L, l [el] *s.* l *f.* [lletra]. 2 *L-plate,* placa *f.* de conductor novell. 3 xifra romana per 50.

lab [læb] *s.* col·loq. (abrev. *laboratory*) laboratori *m.*

Lab [ˈlæb] *s.* POL. (abrev. *Labour*) laborista.

label [ˈleibl] *s.* etiqueta *f.,* rètol *m.*

label (to) [ˈleibl] *t.* etiquetar [també fig.], retolar, posar etiquetes, posar rètols.

laboratory [ləˈbɔrətri] *s.* laboratori *m.*

laborious [ləˈbɔːriəs] *a.* treballador. 2 laboriós. 3 difícil, penós.

labour, (EUA) **labor** [ˈleibə] *s.* treball *m.* ‖ *Labour Exchange,* institut *m.* nacional d'ocupació. ‖ *hard ~,* treballs forçats. 2 tasca *f.,* feina *f.* 3 mà *f.* d'obra. 4 MED. part *m.* ■ 5 *a.* laborista: *Labour Party,* Partit Laborista. 6 laboral.

labour (to), (EUA) **labor (to)** [ˈleibə] *i.* treballar. 2 esforçar-se *p.* 3 *to ~ under,* patir *t.,* sofrir *t.* [una malaltia, un error, etc.]. ■ 4 *t.* insistir en. 5 polir, perfilar. 6 AGR. treballar, conrear.

labourer, (EUA) **laborer** [ˈleibərə] *s.* treballador *m.,* obrer *m.,* jornaler *m.,* bracer *m.*

labyrinth [ˈlæbərinθ] *s.* laberint *m.* [també fig.].

lace [leis] *s.* cinta *f.,* cordó *m.* 2 galó *m.* [d'or o plata]. 3 punta *f.,* blonda *f.*

lace (to) [leis] *t.* cordar. 2 posar puntes o blondes. ■ 3 *i.* cordar-se *p.*

lacerate (to) [ˈlæsəreit] *t.* lacerar. 2 estripar. 3 fig. ferir [els sentiments, etc.].

lachrymose [ˈlækrimous] *a.* lacrimogen.

lack [læk] *s.* falta *f.,* manca *f.* 2 necessitat *f.*

lack (to) [læk] *t.* no tenir, mancar. 2 necessitar. ■ 3 *i.* faltar.

lackey [ˈlæki] *s.* lacai *m.* [també fig.].

lacking [ˈlækiŋ] *a.* mancat de, desprovist de. ‖ *~ in,* sense.

laconic [ləˈkɔnik] *a.* lacònic.

lacquer [ˈlækə] *s.* laca *f.*

lacquer (to) [ˈlækə] *t.* lacar, envernissar amb laca.

lad [læd] *s.* noi *m.,* xicot *m.,* (BAL.) al·lot *m.,* (VAL.) xic *m.*

ladder [ˈlædə] *s.* escala *f.* de mà. 2 carrera *f.* [a les mitges]. 3 fig. escala *f.,* jerarquia *f.* [social]. 4 fig. esglaó *m.,* graó *m.*

laden [ˈleidn] *a.* ~ *with,* carregat de. 2 fig. aclaparat, desbordat.

lading [ˈleidiŋ] *s.* NÀUT. càrrega *f.,* carregament *m.* ‖ *bill of ~,* coneixement *m.*

lady [ˈleidi] *s.* senyora *f.,* dama *f.* ‖ *lady-in-waiting,* dama [d'una reina, princesa, etc.]. 2 *Ladies,* senyores *f. pl.* [lavabos]. 3 (G.B.) Lady *f.* [títol nobiliari]. 4 REL. *Our Lady,* Nostra Senyora *f.* ■ 5 *a.* ~ *doctor,* doctora; ~ *lawyer,* advocadessa. 6 ~ *killer,* don Joan. 7 REL. *Lady Day,* dia de l'Anunciació. 8 ZOOL. ~ *bird,* marieta.

ladylike [ˈleidilaik] *a.* elegant, distingit. 2 pej. efeminat, amanerat.

lag [læg] *s.* retard *m.* 2 col·loq. presoner, presidiari.

lag (to) [læg] *t.* revestir, aïllar [amb materials termoaïllants]. 2 col·loq. empresonar. ■ 3 *i.* anar a poc a poc; retardar-se *p.;* trigar.

laggard [ˈlægəd] *s.* endarrerit *a.;* lent *a.* 2 gandul, dropo.

lagging [ˈlægiŋ] *s.* revestiment *m.* termoaïllant. 2 folre *m.*

lagoon [ləˈguːn] *s.* llacuna *f.,* albufera *f.*

laid [leid] Vegeu LAY (TO).

lain [lein] Vegeu LIE (TO) 2.

lair [lɛə] *s.* cau *m.* [també fig.].

lake [leik] *s.* llac *m.* 2 *ornamental ~,* estany *m.,* bassa *f.* 3 laca *f.* ■ 4 *a.* lacustre, de llac.

lamb [læm] *s.* be *m.,* (BAL.) xot *m.,* (VAL.) corder *m.* 2 xai *m.,* anyell *m.* ‖ ~ *chops,* costelles *f. pl.* de be. 3 fig. xai *m.*

lame [leim] *a.* coix, esguerrat. 2 fig. fluix, poc convincent. 3 LIT. ~ *verse,* vers coix.

lame (to) [leim] *t.* deixar coix, esguerrar, incapacitar.

lameness ['leimnis] *s.* coixera *f.*, coixesa *f.* 2 fig. falta de solidesa *f.*, falta de convicció *f.*

lament [lə'ment] *s.* lament *m.*, queixa *f.* 3 MÚS. complanta *f.*

lament (to) [lə'ment] *t.* lamentar. 2 plorar. ■ 3 *i.* lamentar-se *p.*

lamentable ['læməntəbl] *a.* lamentable, deplorable. 2 planyívol, lamentós.

laminate (to) ['læmineit] *t.* laminar. 2 aplacar, contraplacar, contraxapar. 3 dividir en làmines. ■ 4 *i.* dividir-se *p.* en làmines.

lamp [læmp] *s.* llum *m.* ‖ ~ *holder,* portallànties *m. sing.,* portalàmpada *m. sing.; wall* ~, aplic; ~ *light,* llum *f.* d'un fanal, claror *f.* d'un llum; ~ *shade,* pantalla *f.; street* ~, fanal *m.* 2 llanterna *f.* 3 llàntia *f.* 4 far *m.*

lamp-post ['læmpoust] *s.* pal *m.* d'un fanal. 2 fanal *m.*

lance [la:ns] *s.* llança *f.* 2 MED. llanceta *f.*

lance (to) [la:ns] *t.* llancejar, ferir amb una llança. 2 MED. obrir amb una llanceta.

land [lænd] *s.* terra *f.*, sòl *m.* 2 terreny *m.*, tros *m.*, terra *f.* [conreada]. 3 terra *f.*, país *m.*, nació *f.*, pàtria *f.*

land (to) [lænd] *t.* aterrar [un avió]. 2 desembarcar. 3 agafar, pescar [un peix]. 4 aconseguir, obtenir. ■ 5 *i.* aterrar. 6 desembarcar. 7 baixar. 8 posar-se *p.* 9 anar a parar, caure. ‖ fig. *to* ~ *on one's feet,* tenir sort. 10 col·loq. *to* ~ *up,* arribar, anar a parar.

landing ['lændiŋ] *s.* aterratge *m.* 2 desembarcament *m.* 3 desembarcador *m.* 4 replà *m.* 5 AVIA. *landing-gear,* tren *m.* d'aterratge.

landlady ['lænd,leidi] *s.* mestressa *f.*; propietària *f.* 2 dispesera *f.*

landlord ['lændlɔːd] *s.* propietari *m.* [de terres], amo *m.* 2 dispeser *m.*

landmark ['lændma:k] *s.* molló *m.*, fita *f.* 2 fig. punt *m.* decisiu. 3 MAR. marca *f.*, senyal *m.*

landowner ['lænd,ounə'] *s.* terratinent, hisendat.

landscape ['lændskeip] *s.* paisatge *m.* ‖ ~ *architect,* arquitecte paisagista.

landslide ['lændslaid] *s.* esllavissament *m.* de terres.

lane [lein] *s.* senda *f.*, camí *m.*, caminoi *m.* 2 carreró *m.* 3 AVIA., MAR. ruta *f.* 4 ESPORT banda *f.*

language ['læŋgwidʒ] *s.* llenguatge *m.* 2 llengua *f.*, idioma *m.* [d'un país].

languid ['læŋgwid] *a.* lànguid, decandit. 2 fluix; lent.

languish (to) ['læŋgwiʃ] *i.* esllanguir-se *p.* 2 consumir-se *p.*

lank [læŋk] *a.* llis, estirat [cabells]. 2 llarg i prim, esprimatxat.

lanky ['læŋki] *a.* llargarut [persona].

lanolin ['lænəlin] *s.* lanolina *f.*

lantern ['læntən] *s.* llanterna *f.*, fanal *m.*, llàntia *f.*

lap [læp] *s.* falda *f.* ‖ ~ *dog,* gos de falda. 2 genolls *m. pl.* 3 llepada *f.* 4 clapoteig [de l'aigua]. 5 *over* ~, solapa *f.* 6 ESPORT volta *f.*

lap (to) [læp] *t.* encavalcar, cavalcar. 2 embolicar, envoltar. 3 llepar. ■ 4 *i.* encavallar-se *p.* 5 clapotejar. 6 fig. *to* ~ *up,* absorbir fàcilment o amb entusiasme. 7 ESPORT fer una volta.

lapel [lə'pel] *s.* solapa *f.* [d'un vestit, etc.].

lapse [læps] *s.* lapsus *m.*, error *m.*, equivocació *f.* 2 lapse *m.*, interval *m.* 3 DRET prescripció *f.*, caducitat *f.*

lapse (to) [læps] *i.* passar, transcórrer. 2 caure, relliscar. 3 recaure, reincidir [en un error, etc.]. 4 DRET caducar.

larceny ['la:səni] *s.* DRET robatori *m.*, furt *m.*

larch [la:tʃ] *s.* BOT. làrix *m.*

lard [la:d] *s.* llard *m.*

larder ['la:də'] *s.* rebost *m.*

large [la:dʒ] *a.* gran, gros. ‖ *on a* ~ *scale,* a gran escala. 2 important. 3 abundant, nombrós. 4 ampli. 5 extens. 6 *large-hearted,* magnànim, generós. 7 *large-minded,* tolerant. ■ 8 loc. adv. *at* ~, extensament; en general; en llibertat. ■ 9 -*ly* adv. àmpliament, en gran part.

lark [la:k] *s.* ORN. alosa *f.* 2 col·loq. diversió *f.*, disbauxa *f.*, xerinola *f.*

lark (to) [la:k] *i.* fer gresca, fer sarau. 2 divertir-se *p.* 3 *to* ~ *about,* fer bestieses.

larynx ['læriŋks] *s.* ANAT. laringe *f.*

lascivious [lə'siviəs] *a.* lasciu.

laser [leizə'] *s.* làser *m.*

lash [læʃ] *s.* fuet *m.*, tralla *f.* 2 fuetada *f.*, assot *m.* 3 ANAT. pestanya *f.*

lash (to) [læʃ] *t.* fuetejar, assotar. 2 lligar. 3 fustigar. ■ 4 *i.* espetegar [el fuet].

lass [læs] *s.* noia *f.*, xicota *f.*

lasso ['læsuː] *s.* llaç *m.* escorredor.

lassitude ['læsitjuːd] *s.* lassitud *f.*, fluixesa *f.*

last [lɑːst] *a.* últim, darrer. ∥ ~ *but one,* penúltim. 2 passat: ~ *Sunday,* diumenge passat; ~ *night,* ahir a la nit. ■ 3 *s.* fi *f.,* final *m.,* últim. ∥ *at* ~, per fi. ∥ *to the* ~, fins el final. 4 forma *f.* [de la sabata]. ■ 5 *adv.* finalment, en darrer lloc.

last (to) [lɑːst] *i.* durar. 2 romandre, perdurar. 3 aguantar, resistir.

lasting [lɑːstiŋ] *a.* durable, perdurable. 2 sòlid, permanent.

latch [lætʃ] *s.* balda *f.,* baldó *m.*

late [leit] *a.* que arriba, passa o es fa tard, endarrerit. ∥ *to be* ~, fer tard. 2 tardà, de finals de. 3 anterior; últim, darrer. 4 difunt. 5 recent. ■ 6 *adv.* tard. 7 recentment. 8 *of* ~, últimament. 9 ~ *in,* a finals de.

lately [leitli] *adv.* últimament, darrerament, recentment.

latent [leitənt] *a.* latent. 2 amagat, dissimulat.

later [leitə'] *a.-adv. comp.* de LATE: ~ *on,* més tard, després.

lateral [lætərəl] *a.* lateral.

latest [leitist] *a.-adv. superl.* de LATE.

lathe [leið] *s.* MEC. torn *m.*

lather [lɑːðə'] *s.* escuma *f.* [de sabó, etc.]. 2 suor *f.* [d'un cavall].

lather (to) [lɑːðə'] *t.* ensabonar. ■ 2 *i.* fer escuma.

Latin [lætin] *a.* llatí. ■ 2 llatí *m.* [llengua].

latitude [lætitjuːd] *s.* latitud *f.*

latter [lætə'] *a.* més recent, darrer, últim. 2 *latter-day,* modern. 3 *the* ~, aquest, aquest darrer.

lattice [lætis] *s.* reixa *f.,* enreixat. *m.* ■ 2 reixat.

Latvia [lætviə] *pr. n.* GEOGR. Letònia.

laugh [lɑːf] *s.* riure *m.,* rialla *f.*

laugh (to) [lɑːf] *i.* riure('s). ∥ *to* ~ *at,* riure's *p.* de, burlar-se *p.* de. ■ 2 *t.* dir rient.

laughing [lɑːfiŋ] *a.* rialler. 2 ~ *matter,* cosa de riure. 3 ~ *gas,* gas hilarant. ■ 4 *adv.* (tot) rient: *she said* ~, va dir tot rient. 5 **-ly** rient.

laughing-stock [lɑːfiŋstɔk] *s.* riota *f.,* befa *f.*

laughter [lɑːftə'] *s.* rialla *f.,* riure *m.,* hilaritat *f.*

launch [lɔːntʃ] *s.* MAR. avarada *f.* 2 MAR. llanxa *f.,* faluga *f.*

launch (to) [lɔːntʃ] *t.* llançar. 2 MAR. varar. ■ 3 *i.* llançar-se *p.*

launching [lɔːntʃiŋ] *s.* llançament *m.* 2 MAR. avarada *f.* 3 fundació *f.,* creació *f.*

launderette [lɔːndret] *s.* bugaderia *f.* automàtica.

laundress [lɔːndris] *s.* bugadera *f.*

laundry [lɔːndri] *s.* safareig *m.* 2 bugaderia *f.* 3 *the* ~, la bugada *f.*

laurel [lɔrəl] *s.* BOT. llorer *m.* 2 *pl.* fig. llorers *m. pl.*

lavatory [lævətri] *s.* lavabo *m.,* wàter *m.*

lavender [lævəndə'] *s.* espígol *m.* 2 ~ *water,* lavanda *f.*

lavish [læviʃ] *a.* pròdig, generós. 2 abundant, copiós.

lavish (to) [læviʃ] *t.* prodigar. 2 malgastar.

law [lɔː] *s.* DRET, FÍS. llei *f.* 2 dret *m.,* jurisprudència *f.* ∥ *to read* ~, estudiar dret. 3 dret *m.,* codi *m.,* legislació *f.* ∥ *commercial* ~, dret mercantil. 4 advocacia *f.,* fur *m.* 5 justícia *f.* ∥ *to take the* ~ *into one's own hands,* agafar-se la justícia pel seu compte.

law-abiding [lɔːɔˌbaidiŋ] *a.* observant de la llei.

lawful [lɔːful] *a.* legal, legítim, lícit. 2 ~ *age,* majoria d'edat. ■ 3 **-ly** *adv.* legalment.

lawless [lɔːlis] *a.* sense llei. 2 il·legal, il·legítim, il·lícit. 3 ingovernable, caòtic. ■ 4 **-ly** *adv.* il·legalment.

lawn [lɔːn] *s.* gespa *f.* ∥ *lawn-mower,* màquina *f.* de tallar la gespa. ∥ ESPORT ~ *tennis,* tennis *m.* sobre herba.

lawsuit [lɔːsuːt] *s.* DRET acció *f.,* plet *m.,* procés *m.*

lawyer [lɔːjə'] *s.* advocat, lletrat.

lax [læks] *a.* lax, relaxat. 2 negligent, descurat. 3 MED. fluix [d'estómac].

laxity [læksiti] *s.* laxitud *f.* 2 negligència *f.* 3 imprecisió *f.*

lay [lei] *a.* laic, seglar. 2 llec, no professional. ■ 3 *s.* situació *f.,* configuració *f.,* posició *f.* 4 LIT. troba *f.,* balada *f.*

lay [lei] *pret.* de LIE (TO) 2.

lay (to) [lei] *t.* ajeure, ajaure. 2 posar, col·locar, deixar. 3 assentar, establir. 4 estendre [un fil, etc.]. 5 cobrir, aplicar (sobre). 6 preparar, disposar. 7 imposar [càrregues]. 8 pondre [ous]. 9 parar [taula]. 10 assossegar, tranquil·litzar. 11 culpar, donar la culpa: *to* ~ *the blame on someone,* donar la culpa a algú. 12 presentar, exposar. 13 apostar, jugar-se *p.* [diners]. 14 *to* ~ *hold of,* agafar, apoderar-se *p.* 15 *to* ~ *bare,* descobrir, despullar. ■ 16 *i.* pondre [les gallines]. ■ *to* ~ *aside,* guardar; deixar, deixar a un costat; rebutjar, arraconar; *to* ~ *by,*

guardar; *to ~ down,* ajeure, tombar; re-
tre, deixar; apostar [diners]; ordir, pro-
jectar; dictar [la llei]; *to ~ in,* proveir-se
p.; to ~ on, instal·lar [aigua, gas, etc.];
col·loq. proveir, proporcionar; *to ~ out,*
preparar, disposar, desplegar; projectar,
organitzar, invertir [diners]. ▲ Pret. i
p.: **laid** [leid].

layer ['leiǝ] *s.* capa *f.* 2 ARQ. filada *f.* 3
GEOL. estrat *m.* 4 ZOOL. gallina *f.* pone-
dora.

layman ['leimǝn] *s.* seglar *m.,* laic. *m.* 2 fig.
llec *m.,* profà *m.*

laziness ['leizinis] *s.* mandra *f.,* (BAL.) pe-
resa *f.,* (VAL.) gos *m.*

lazy ['leizi] *a.* gandul, mandrós, (ROSS.)
gansola. 2 lent, pesat.

L/C ['el'si:] *s. (Letter of Credit)* carta *f.* de crè-
dit.

1) lead [led] *s.* plom *m.* 2 mina *f.* [de lla-
pis].

2) lead [li:d] *s.* corretja *f.* [de gos]. 2 di-
recció *f.,* comandament *m.,* guia *f.* 3 JOC
sortida *f.,* joc *m.* 4 avantatge *m.* 5 da-
vantera *f.,* primer lloc *m.* 6 MEC., ELECT.
cable *m.* 7 TEAT. primer paper *m.,* paper
m. protagonista.

lead (to) [li:d] *t.* conduir, guiar, dirigir,
impulsar, induir. 2 fer passar [un fil,
etc.]. 3 aconduir [aigua, etc.]. 4 portar,
(ROSS.) aportar [un tipus de vida]. 5
avantatjar, anar el primer. 6 *to ~ astray,*
desviar, desencaminar. ■ 7 *i.* guiar *t.,* di-
rigir *t.* 8 dirigir *t.,* encapçalar *t.* ▲ Pret. i
p. p.: **led** [led].

leaden ['ledn] *a.* de plom. 2 plomós. 3 fig.
pesat.

leader [li:dǝ'] *s.* líder, dirigent. 2 conduc-
tor; guia. 3 cap, cabdill. 4 editorial *m.,*
article *m.* de fons. ‖ *leader-writer,* edi-
torialista. 5 MÚS. primer violí *m.*

leadership ['li:dǝʃip] *s.* direcció *f.,* co-
mandament *m.* ‖ *under the ~ of,* sota la
direcció de. 2 comandament *m.,* liderat
m. ‖ *to have powers of ~,* tenir do de co-
mandament.

leading ['li:din] *a.* principal, primer: *~
man,* primer actor; *~ lady,* primera ac-
triu. 2 destacat, eminent. 3 *~ question,*
pregunta intencionada. 4 fig. dominant.

leaf [li:f] *s.* BOT. fulla *f.,* pètal *m.* 2 full *m.,*
plana *f.,* pàgina *f.* 3 ala *f.* [de taula]. 4
TECNOL. fulla *f.* ▲ *pl.* **leaves** [li:vz].

leafy ['li:fi] *a.* frondós. 2 fullós.

league [li:g] *s.* lliga *f.,* unió *f.* 2 ant. llegua
f. 3 ESPORT lliga *f.*

league (to) [li:g] *t.* lligar, unir. ■ 2 *i.* lli-
gar-se *p.,* aliar-se *p.,* unir-se *p.*

leak [li:k] *s.* fuga *f.* [de gas, líquid, etc.]. 2
gotera *f.* 3 escletxa *f.* 4 pèrdua *f.* 5 fig.
filtració *f.* [d'informació, etc.].

leak (to) [li:k] *i.* perdre *t.,* tenir pèrdues,
estar foradat [un recipient]. 2 gotejar
[un sostre]. 3 filtrar-se *p.,* escapar-se *p.*
[també fig.]. ■ 4 *t.* vessar, deixar sortir,
deixar escapar. 5 fig. filtrar [notícies, se-
crets, etc.].

leaky ['li:ki] *a.* que vessa, que fa aigua.

lean [li:n] *a.* prim, xuclat. 2 magre. ■ 3 *s.*
carn *f.* magra.

lean (to) [li:n] *t.* inclinar, reclinar, recol-
zar. ■ 2 *i.* inclinar-se *p.* 3 recolzar-se *p.,*
recolzar-se *p.,* reclinar-se *p.* ■ *to ~ back,*
recolzar-se [cap enrera]; *to ~ on some-
thing,* recolzar-se en alguna cosa [també
fig.]; *to ~ out,* abocar-se *p.* ▲ Pret. i p.
p.: **leant** [lent] o **leaned** [li:nd].

leaning ['li:niŋ] *s.* inclinació *f.* [també
fig.]. 2 propensió *f.,* tendència *f.*

leant [lent] Vegeu LEAN (TO).

lean-to ['li:ntu:] *s.* cobert *m.,* rafal *m.*

leap [li:p] *s.* salt *m.,* bot *m.,* saltiró *m.* ‖ *by
leapss and bounds,* a passes de gegant.
2 canvi *m.,* tomb *m.* 3 fig. salt *m.* ‖ *a ~
in the dark,* un salt en el buit. ■ 4 *a.
leap-frog,* saltar i parar [joc]. 5 *~ year,*
any de traspàs.

leap (to) [li:p] *i.* saltar, botar. 2 fig. saltar,
fer un salt: *my heart leapt,* em va fer un
salt el cor. ■ 3 *i.* saltar. 4 fer saltar. ▲
Pret. i p. p.: **leapt** [lept] o **leaped** [li:pt].

learn (to) [lǝ:n] *t.* aprendre. ‖ *to ~ by
heart,* aprendre de memòria. 2 as-
sabentar-se *p.,* saber. ■ 3 *i.* aprendre *t.*
▲ Pret. i p. p.: **learned** [lǝ:nd] o **learnt**
[lǝ:nt].

learned ['lǝ:nid] *a.* docte, erudit, savi,
versat en. 2 culte [estil]. 3 *~ profession,*
professió liberal.

learner ['lǝ:nǝ'] *s.* principiant. 2 apre-
nent. 3 estudiant.

learning ['lǝ:niŋ] *s.* instrucció *f.,* saber *m.*
2 coneixements *m. pl.*

learnt [lǝ:nt] Vegeu LEARN (TO).

lease ['li:s] *s.* arrendament *m.* 2 contracte
m. d'arrendament. 3 fig. *to get a new ~
of life,* recobrar la vitalitat, agafar noves
forces per continuar.

lease (to) [li:s] *s.* arrendar; llogar. 2 do-
nar o agafar una cosa en arrendament.

leash [li:ʃ] *s.* ronsal *m.,* corretja *f.* 2 fig. *to
strain at the ~,* tenir moltes ganes. 3 fig.
to hold in ~, dominar, controlar.

least [li:st] a. (superl. de LITTLE.) més petit, menor; mínim. ■ 3 s. the ~, el més petit, el menor, el mínim. ‖ at ~, almenys, com a mínim; not in the ~, gens ni mica, en absolut. ■ 4 adv. menys. ‖ ~ of all, sobretot; menys que res; when you ~ expect it, quan menys t'ho esperes.

leather [leðəʳ] s. cuiro m., pell f. 2 patent ~, xarol m. ■ 3 a. de cuiro, de pell. 4 a. leathery adobat. 5 fig. dur.

leave [li:v] s. permís m., llicència f. ‖ by your ~, amb el vostre permís. 2 comiat m. ‖ to take ~, acomiadar-se.

leave (to) [li:v] t. deixar. 2 marxar i. 3 quedar i., sobrar t. ■ 4 i. marxar, anar-se'n p., sortir, (VAL.) eixir, (ROSS.) sàller. ■ to ~ behind, deixar enrera; to ~ for, marxar cap a; to ~ off, deixar de [fer una cosa]; deixar [la feina, un costum, etc.]. ▲ Pret. i p. p.: left [left].

leaven [levn] s. llevat m. 2 fig. estímul m.

leaves [li:vz] s. pl. de LEAF.

leavings [li:viŋz] s. pl. sobres f. pl., deixalles f. pl.

lecherous [letʃərəs] a. luxuriós, lasciu.

lectern [lektə:n] s. faristol m.

lecture [lektʃəʳ] s. conferència f., discurs m. 2 classe f. [universitat]. 3 reprensió f., sermó m. 4 ~ hall, aula f.; sala f. de conferències.

lecture (to) [lektʃəʳ] i. fer una conferència. 2 donar una classe ■ 3 t. sermonejar, renyar.

lecturer [lektʃərəʳ] s. conferenciant. 2 professor [universitat]. ‖ assistant ~, professor adjunt.

led [led] Vegeu LEAD (TO).

ledge [ledʒ] s. lleixa f., represa f., prestatge m. 2 ARQ. repeu m. 3 MAR. escull m.

ledger [ledʒəʳ] s. COM. llibre m. mestre.

leech [li:tʃ] s. ZOOL. sangonera f. [també fig.].

leek [li:k] s. BOT. porro m.

leer [liəʳ] s. mirada f. de reüll; mirada f. lasciva; mirada f. maliciosa.

lees [li:z] s. pl. pòsit m. sing., solatge m. sing. [també fig.]. ‖ to drink to the ~, beure-s'ho tot.

leeward [li:wəd] s. MAR. sotavent m. ■ 2 adv. a sotavent.

left [left] Vegeu LEAVE (TO). ‖ to be ~ over, quedar, sobrar. ■ 2 a. esquerre. ■ 3 s. esquerra f.; on the ~, a l'esquerra. 4 POL. esquerrà. ■ 5 adv. a l'esquerra, cap a l'esquerra.

left-handed [lefthændid] a. esquerrà.

leg [leg] s. cama f. [persona]. 2 pota f. 3 suport m., peu m. 4 camal m. 5 CUI. cuixa f. [de pollastre]. 6 col·loq. to pull someone's ~, prendre el pèl m. a algú.

legacy [legəsi] s. llegat m., herència f. [també fig.].

legal [li:gəl] a. legal. 2 legítim, lícit. 3 jurídic. ■ 4 -ly adv. legalment.

legate [legit] s. llegat m.

legation [ligeiʃən] s. legació f. 2 ambaixada f.

legend [ledʒənd] s. llegenda f.

legion [li:dʒən] s. legió f.

legionary [li:dʒənəri] a. legionari. ■ 2 s. legionari m.

legislate (to) [ledʒisleit] i. legislar.

legislation [ledʒisleiʃən] s. legislació f.

legislature [ledʒisleitʃəʳ] s. cos m. legislatiu.

legitimacy [lidʒitiməsi] s. legitimitat f.

legitimate [lidʒitimit] a. legítim.

legitimize (to) [lidʒitimaiz] t. legitimar.

leisure [leʒəʳ] s. lliure m., temps m. lliure, oci m. ‖ ~ hours, temps lliure. ‖ at one's ~, quan es pugui, quan es tingui temps.

lemon [lemən] s. BOT. llimona f., (OCC.) llimó m., (VAL.) llima f. ‖ ~ tree, llimoner m., (VAL.) llimera f.

lemonade [lemə'neid] s. llimonada f.

lend (to) [lend] t. deixar [diners, etc.]. ‖ to ~ a hand, donar un cop de mà. 2 to ~ oneself o itself, prestar-se p. a. ▲ Pret. i p. p.: lent [lent].

lender [lendəʳ] s. prestador.

length [leŋθ] s. longitud f., llargada f., llargària f. ‖ at ~, finalment, extensament, detalladament. ‖ at full ~, sense abreujar, in extenso. ‖ to go to any ~, fer tot el que calgui. 2 espai m., extensió f., tros m.

lengthen (to) [leŋθən] t. allargar, perllongar. ■ 2 i. allargar-se p., perllongar-se p.

lengthy [leŋθi] a. llarg, extens. 2 massa llarg.

leniency [li:njənsi] s. lenitat f., indulgència f., benevolència f.

lenient [li:njənt] a. indulgent, benevolent, fluix.

lens [lenz] s. OPT. lent f. 2 ANAT. cristal·lí m.

Lent [lent] s. REL. Quaresma f.

lent [lent] Vegeu LEND (TO).

lentil [lentil] s. BOT. llentia f.

leper [lepəʳ] s. leprós.

leprosy ['leprəsi] *s.* MED. lepra *f.*

less [les] *a.-adv.-prep.* menys. 2 menor. ‖ *to grow ~,* minvar.

lessen (to) ['lesn] *t.* reduir, disminuir, rebaixar. ■ 2 *i.* minvar, disminuir, empetitir-se *p.*

lesser ['lesə] *a.* (*comp.* de LITTLE) menor.

lesson ['lesn] *s.* lliçó [també fig.]. 2 classe *f.*

lest [lest] *conj.* per por de, per por que, per tal de no.

let [let] *s.* DRET destorb *m.,* obstacle *m.* 2 ESPORT *~ ball,* let *m.* [tennis].

let (to) [let] *t.* llogar, arrendar: *I'm going to ~ my flat,* llogaré el meu pis. 2 deixar, permetre. 3 MED. treure [sang]. 4 *to ~ alone,* deixar en pau, no tocar; *to ~ loose,* deixar anar, deslligar, afluixar. 5 *to ~ know,* fer saber, avisar. ■ 6 *i.* llogar-se *p.* ■ 7 *aux.* ~ *B equal C,* posem que B és igual a C; ~ *him come,* que vingui; ~ *us run,* correm. ■ *to ~ down,* abaixar, allargar; deixar anar; desinflar; fig. decebre, fallar; *to ~ in,* deixar o fer entrar; *to ~ off,* disparar; deixar sortir; *to ~ on,* dir; fingir(se); *to ~ out,* deixar sortir o escapar; deixar anar; afluixar; eixamplar [un vestit]; arrendar, llogar; *to ~ up,* disminuir, aminar, minvar; moderar-se. ▲ Pret. i p. p.: *let* [let]. ■ 8 *adv.* ~ *alone,* no diguem de, i encara menys.

lethal ['li:θəl] *a.* letal, mortal.

lethargy ['leθədʒi] *s.* letargia *f.*

let's [lets] *aux.* (*contr. let us*) ~ *go!,* anem!, anem-nos-en!

letter ['letə] *s.* lletra *f.* ‖ *to the ~,* al peu de la lletra. 2 carta *f.;* document *m.* ‖ *~ of credit,* carta *f.* de crèdit. ‖ ~ *box,* bústia *f.* 3 *pl.* lletres *f. pl.* [estudis, etc.].

lettering ['letəriŋ] *s.* rètol *m.,* inscripció *f.,* lletres *f. pl.*

lettuce ['letis] *s.* BOT. enciam *m.* (VAL.) encisam *m.*

level ['levl] *a.* llis, pla. 2 ras, uniforme. 3 horitzontal; anivellat. ‖ FERROC. ~ *crossing,* pas *m.* a nivell. 4 igual, igualat. 5 equilibrat; imparcial. 6 assenyat. ■ 7 *adv.* a nivell. 8 horitzontalment. ■ 9 *s.* nivell *m.* 10 plana *f.* 11 alçada *f.;* índex *m.* 12 *on the ~,* honrat, seriós.

level (to) ['levl] *t.* anivellar. 2 aplanar. 3 desmuntar, enderrocar. 4 apuntar [una arma]. 5 fig. dirigir. ■ 6 *i.* anivellar-se *p.* 7 COM. estabilitzar-se *p.*

lever ['li:və] *s.* palanca *f.,* alçaprem *m.*

levity ['leviti] *s.* form. frivolitat *f.* vel·leitat *f.*

levy ['levi] *s.* recaptació *f.* [d'impostos]. 2 MIL. lleva *f.*

levy (to) ['levi] *t.* recabdar [impostos]. 2 MIL. reclutar. ■ 3 *i.* DRET *to ~ on,* embargar *r.*

lewd [lu:d] *a.* indecent, lasciu.

liability [laiə'biliti] *s.* responsabilitat *f.* 2 risc *m.,* tendència *f.* 3 *pl.* COM. obligacions *f. pl.* 4 *pl.* COM. passiu *m. sing.*

liable ['laiəbl] *a.* responsable. 2 exposat, subjecte, susceptible. 3 propens.

liar ['laiə] *s.* mentider.

Lib [lib] *s.* POL. (abrev. *Liberal*) liberal.

libel ['laibəl] *s.* libel *m.* 2 calumnia *f.,* difamació *f.*

liberal ['libərəl] *a.* liberal. ‖ *the ~ arts,* les lletres. ‖ ~ *education,* educació *f.* humanista. 2 generós; abundant. ■ 3 *s.* POL. liberal.

liberality [libə'ræliti] *s.* liberalitat *f.,* generositat *f.* 2 mentalitat *f.* oberta.

liberate (to) ['libəreit] *t.* alliberar, llibertar, posar en llibertat.

libertine ['libəti:n] *a.-s.* llibertí.

liberty ['libəti] *s.* llibertat *f.* ‖ *at ~,* en llibertat, lliure. 2 *pl.* privilegis *m. pl.*

librarian [lai'brɛəriən] *s.* bibliotecari.

library ['laibrəri] *s.* biblioteca *f.*

licence, (EUA) **license** ['laisəns] *s.* llicència *f.,* permís *m.* ‖ *driving ~,* carnet *m.* de conduir. 2 autorització *f.* 3 patent *f.,* concessió *f.* 4 llibertinatge *m.* 5 AUTO. *licence-plate,* matrícula *f.* 6 LIT. llicència *f.* poètica.

licence, (EUA) **license (to)** ['laisəns] *t.* autoritzar, donar permís.

licentious [lai'senʃəs] *a.* llicenciós.

lick [lik] *s.* llepada *f.*

lick (to) [lik] *t.* llepar. ‖ fig. *to ~ someone's boots,* llepar el cul a algú. 2 col·loq. apallissar, donar una pallissa.

licorice ['likəris] *s.* BOT. regalèssia *f.*

lid [lid] *s.* tapa *f.,* tapadora *f.* 2 *eye ~,* parpella *f.*

lie [lai] *s.* mentida *f.* ‖ *white ~,* mentida pietosa. 2 posició *f.* 3 fig. *the ~ of the land,* l'estat *m.* de les coses.

1) lie (to) [lai] *i.* mentir. ▲ Pret. i p. p.: *lied* [laid]; ger. *lying* [laiiŋ].

2) lie (to) [lai] *i.* ajeure's *p.,* ajaure's *p.,* estirar-se *p.* 2 estar estirat, estar ajagut. 3 estar enterrat, descansar. 4 estar, trobar-se *p.,* estar situat. 5 consistir, basar-se *p.,* raure. 6 estendre's *p.,* ocupar. 7

quedar-se *p.* 8 dependre. *9* MAR. estar ancorat. ■ *to ~ about,* estar escampat, estar per tot arreu; *to ~ in,* quedar-se al llit; *to ~ low,* ajupir-se; estar quiet, amagar-se: *to ~ on,* dependre de; pesar sobre; *to ~ up,* no fer-se servir; estar-se al llit; MAR. desarmar. ▲ Pret.: *lay* [lei]; p. p.: *lain* [lein]; ger. *lying* ['laiin].

lieutenant [leftenənt], (EUA) [lu:'tenənt] *s.* lloctinent. 2 MIL. tinent *m.* ‖ *~ colonel,* tinent coronel.

life [laif] *s.* vida *f.* ‖ *~ belt,* cinturó *m.* salvavides; *~ sentence,* cadena f. perpètua; *a matter of ~ and/or death,* qüestió *f.* de vida o mort; *as large as ~,* de tamany *m.* natural; *for ~,* per tota la vida; *come to ~,* ressuscitar; reanimar-se; *low ~,* gentussa *f.,* xusma *f.;* B. ART. *still ~,* natura *f.* morta. 2 durada *f.,* duració *f.* 3 animació *f.* ■ 4 *a.* de la vida, vital. ‖ *~ force,* força *f.* vital. 5 vitalici.

life-boat ['laifbout] *s.* MAR. bot *m.* salvavides.

lifeless ['laiflis] *a.* mort, sense vida. 2 inanimat, inert. 3 fig. fluix, insípid.

lifelong ['laiflɔŋ] *a.* de tota la vida, de sempre.

lifelike ['laiflaik] *a.* que sembla viu, natural, realista.

lifetime ['laiftaim] *s.* vida *f.* [duració]. ‖ *the chance of a ~,* l'oportunitat d'una vida. ■ 2 *a.* perpetu, vitalici, de tota una vida.

lift [lift] *s.* elevació *f.,* aixecament *m.* ‖ *lift-off,* enlairament *m.* [d'un coet]. ‖ *air-lift,* pont *m.* aeri. 2 augment *m.,* pujada *f.* 3 empenta *f.,* força *f.* 4 *to give someone a ~,* portar algú amb el cotxe. 5 fig. animació *f.,* exaltació *f.* 6 (G.B.) ascensor *m.*

lift (to) [lift] *t.* aixecar, elevar. 2 suprimir, aixecar [restriccions, etc.]. 3 transportar [en avió]. 4 fig. exaltar, animar. 5 col·loq. *to shop-lift,* robar, pispar. ■ 6 *i.* aixecar-se *p.,* elevar-se *p.* 7 AVIA. enlairar-se *p.*

lifting ['liftiŋ] *s.* Vegeu FACE-LIFTING.

light [lait] *s.* llum *f.* ‖ *to see the ~,* veure la llum; néixer. 2 foc *m.* [per encendre]. 3 llum *m.,* llanterna *f.,* far *m.* ‖ *traffic-light,* semàfor *m.* ‖ TEAT. *foot-light,* bateria *f.* 4 claror *f.,* brillantor *f.* 5 lluerna *f.,* claraboia *f.* 6 fig. llumenera *f.* 7 fig. aspecte *m.,* aparença. *f.* 8 *pl.* fig. llums *f. pl.,* enteniment *m.,* intel·ligència *f.* ■ *9 a.* de llum. *10* ros; pàl·lid. *11* clar [color]. *12* lleuger, fàcil. *13* fi, suau. *14* alegre, content. ■ *15 adv. to travel ~,* viatjar amb poc equipatge.

light (to) [lait] *t.* encendre, (ROSS.) allumar. 2 il·luminar. ■ *3 i.* topar, trobar-se *p.* amb. 4 il·luminar-se *p.* [també fig.]. ▲ Pret. i p. p.: *lighted* ['laitid] o *lit* [lit].

lighten (to) ['laitn] *t.* il·luminar. 2 aclarir, avivar [un color]. 3 alegrar. 4 alleujar. ■ *5 i.* il·luminar-se *p.* aclarir-se *p.,* avivar-se *p.* [un color]. 7 alegrar-se *p.* 8 alleugerir-se *p.* 9 llampegar.

lighter ['laitə'] *s.* encenedor *m.* 2 MAR. gavarra *f.,* barcassa *f.*

light-headed ['lait'hedid] *a.* capverd, frívol. 2 marejat. 3 delirant.

lighthouse ['laithaus] *s.* MAR. far *m.*

lighting ['laitiŋ] *s.* il·luminació *f.* 2 enllumenat *m.* 3 encesa *f.*

lightness ['laitnis] *s.* lleugeresa *f.* 2 agilitat *f.* 3 claredat, lluminositat *f.*

lightning ['laitniŋ] *s.* llamp *m.,* llampec *m.* ‖ *~ rod,* parallamps *m.*

likable, likeable ['laikəbl] *a.* simpàtic, agradable, amable.

like [laik] *a.* igual; semblant; equivalent, anàleg, tal. ‖ *~ father ~ son,* tal el pare, tal el fill. 2 probable. ■ 3 *adv.* probablement. ‖ *~ enough, very ~,* possiblement, probablement. 4 *~ this,* així. ■ 5 *prep.* com, igual que, tal com. 6 *what's it ~?,* què tal és?, com és? ■ 7 *conj.* com, de la mateixa manera. ■ 8 *s.* semblant. ‖ col·loq. *the likes of,* persones o coses com. *9 pl.* gustos *m. pl.,* simpaties *f. pl.*

like (to) [laik] *t.* agradar *i.: I ~ your flat,* m'agrada el teu pis. 2 apreciar, sentir simpatia per. 3 voler.

likelihood ['laiklihud] *s.* probabilitat *f.;* versemblança *f.*

likely ['laikli] *a.* probable, possible. 2 versemblant, creïble. 3 apropiat, adequat. 4 prometedor. ■ 5 *adv.* probablement.

liken (to) ['laikən] *t.* assemblar-se *p.,* comparar.

likeness ['laiknis] *s.* semblança *f.* 2 aparença *f.,* forma *f.* 3 retrat *m.*

likewise ['laikwaiz] *adv.* igualment, de la mateixa manera. 2 a més, també.

liking ['laikiŋ] *s.* inclinació *f.,* afecte *m.,* simpatia *f.* 2 gust *m.,* afecció *f.*

lilac ['lailək] *s.* BOT. lila *f.,* lilà *m.* ■ 2 *a.* lila, de color lila.

lily ['lili] *s.* BOT. lliri *m.;* assutzena *f.* 2 *water ~,* nenúfar *m.* 3 HERÀLD. flor *f.* de lis. ■ 4 *a. lily-white,* pàl·lid o blanc com un lliri; pur, innocent.

limb [limb] *s.* ANAT. membre *m.* 2 BOT. branca *f.*

limber ['limbə'] *a.* flexible, àgil.

lime [laim] s. calç f. ‖ ~ *pit*, pedrera f. de calcària. 2 calcària f. 3 BOT. llima f.; tiller m.

limelight ['laimlait] s. TEAT. llum m., bateria f. 2 fig. *to be in the* ~, ser dalt de tot, atreure l'interès de tothom.

limestone ['laimstoun] s. pedra f. calcària.

limit ['limit] s. límit m. 2 col·loq. súmmum m.: *to be the* ~, ser el súmmum.

limit (to) ['limit] t. limitar.

limitation [‚limi'teiʃən] s. limitació f. 2 restricció f.

limited ['limitid] a. limitat. 2 reduït, escàs. 3 COM. ~ *company*, societat anònima.

limp [limp] s. coixesa f. ■ 2 a. tou, flàccid. 3 fluix, flexible. 4 dèbil.

limp (to) [limp] i. coixejar.

limpid ['limpid] a. límpid, clar, transparent.

linden ['lindən] s. BOT. til·ler m.

line [lain] s. línia f., ratlla f., (BAL.) retxa f. 2 fila f., filera f., cua f. 3 línia f. [aèria, fèrria, etc.]. 4 TELEF. línia f. ‖ *hold the ~!*, no pengis! 5 LIT. vers m. [línia]. 6 TEAT. paper m. 7 fig. actitud f. ‖ ~ *of conduct*, línia f. de conducta. 8 conducció f., canonada f. 9 arruga f. [de la cara]. 10 branca f. [negocis, especialitat]. 11 corda f., cordill m., sedal m. 12 pl. línies f. pl., contorns m. pl., trets m. pl.

line (to) [lain] t. ratllar. 2 arrugar [la cara]. 3 alinear(se). 4 fig. omplir. 5 TECNOL. folrar, revestir. ■ *6 i. to* ~ *up*, alinear-se p., posar-se p. en fila; fer cua; MIL. formar.

lineage ['liniidʒ] s. llinatge m.

lineaments ['liniəmənts] s. pl. form. trets m. pl., fesomia f.

linen ['linin] s. lli m., fil m., llenç m. 2 roba f. blanca [de llit, interior, etc.], (ROSS.) llinge f. ‖ *table-linen*, joc m. de taula. 3 fig. *to wash one's dirty* ~ *in public*, treure els draps bruts. ■ 4 a. de fil, de lli.

liner ['lainə'] s. AVIA. avió m. de línia. 2 MAR. transatlàntic m., vaixell m.

linesman ['lainzmən] s. ESPORT línier m., jutge m. de línia.

line-up ['lainʌp] s. alineació f. 2 ESPORT alineació f., formació f. 3 RADIO., TELEV. programació f.: *today's* ~ *includes a political debate*, la programació d'avui inclou un debat polític.

linger ['lingə'] i. romancejar, entretenir-se p. 2 trigar, endarrerir-se p. 3 persistir, subsistir [dubtes, etc.].

lingerie ['lænʒeri:] s. roba f. interior femenina [nom comercial].

lingering ['lingərin] a. lent. 2 romancer. 3 perllongat; persistent. 4 MED. crònic.

lingo ['lingou] s. col·loq. pej. llengua f., idioma m.

linguistics [lin'gwistiks] s. lingüística f.

lining ['lainin] s. folre m., folro m. 2 TECNOL. revestiment m., folre m. 3 *every cloud has a* ~, Déu escanya però no ofega.

link [link] s. anella f., baula f. ‖ fig. *missing* ~, graó m. perdut. 2 fig. vincle m., llaç m. 3 connexió f., relació f. 4 *cuff-links*, botons m. de puny. 5 ESPORT camp m. de golf.

link (to) [link] t. encadenar. 2 unir, connectar. 3 acoblar. 4 fig. unir, relacionar. ■ *5 i.* enllaçar-se p., unir-se p. [també fig.]. 6 acoblar-se p., empalmar.

linoleum [li'nouljəm] s. linòleum m.

lion ['laiən] s. ZOOL. lleó m. [també fig.]. ‖ fig. *the lion's share*, la part del lleó.

lioness ['laiənis] s. ZOOL. lleona f.

lip [lip] s. llavi m., (BAL.) morro m. ‖ *lip-reading*, llegir els llavis. 2 broc m. 3 col·loq. insolència f., impertinència f.

lipstick ['lipstik] s. pintallavis m.

liquefy (to) ['likwifai] t. liquar. ■ *2 i.* liquar-se p.

liqueur [li'kjuə'] s. licor m.

liquid ['likwid] a. líquid. 2 clar. 3 transparent, cristal·lí. ■ *4 s.* líquid m.

liquor ['likə'] s. (G.B.) beguda f. alcohòlica. 2 licor m.

liquorice, (EUA) **licorice** ['likəris] s. BOT. regalèssia f.

Lisbon ['lizbən] n. pr. GEOGR. Lisboa.

lisp ['lisp] s. parlar m. papissot. 2 balboteig m., balbuceig m. 3 fig. murmuri m., xiuxiueig m.

lisp (to) [lisp] i. papissotejar, parlar papissot. 2 fig. dir papissotejant.

lissom, (EUA) **lissome** ['lisəm] a. àgil. 2 flexible.

list [list] s. llista f., catàleg m., relació f. ‖ *wine* ~, carta f. de vins. ‖ COM. *price* ~, llista f. de preus. 2 voraviu m. 3 MAR. inclinació f., escora f. 4 MIL. escalafó m.

list (to) [list] t. fer una llista, posar en una llista; registrar. 2 enumerar. 3 COM. cotitzar. ■ *4 i.* escorar, inclinar-se p.

listen (to) ['lisn] i. *to* ~ *(to)*, escoltar, sentir; posar atenció a.

listener ['lisnə'] s. oient, radioient.

listless ['listlis] *a.* distret, indiferent, apàtic, abatut. ■ 2 **-ly** *adv.* sense interès.

lit [lit] Vegeu LIGHT (TO).

literal ['litərəl] *a.* literal. 2 prosaic. ■ 3 **-ly** *adv.* literalment. ■ 4 *s.* IMPR. errata *f.*

literate ['litərit] *a.* instruït, culte. ■ 2 *s.* persona *f.* culta.

literature ['litrətʃəʃ] *s.* literatura *f.* 2 fullets *m. pl.*, opuscles *m. pl.* [publicitaris]. 3 documentació *f.*

lithe [laið], **lithesome** [-səm] *a.* flexible, àgil, vincladís.

lithography [li'θɔgrəfi] *s.* litografia *f.*

Lithuania [liθju'einiə] *n. pr.* GEOGR. Lituània.

litigate (to) ['litigeit] *t.-i.* litigar *t.*

litre, (EUA) **liter** ['li:tə] *s.* litre *m.*

litter ['litə] *s.* llitera *f.* 2 jaç *m.*, pallat *m.* 3 escombraries *f. pl.*, porqueria *f.* || *litter-bin/basket,* paperera *f.* || *litter-lout,* persona *f.* que embruta el carrer. 4 fig. desordre *m.*, confusió *f.* 5 ZOOL. ventrada *f.*, llodrigada *f.*

litter (to) ['litə] *t.* escampar porqueria, embrutar, desordenar. 2 preparar un jaç de palla [per a animals]. ■ 3 *i.* parir [animals].

little ['litl] *a.* petit, (VAL.) xicotet. || ~ *finger,* dit *m.* petit. 2 poc, mica. 3 fig. estret. ■ 4 *adv.* poc, mica. ■ 5 *s.* una mica. 6 una estona.

littleness ['litlnis] *s.* petitesa *f.* [també fig.]. 2 mesquinesa *f.*

live [laiv] *a.* viu [que viu; enèrgic; actiu]. 2 ardent, encès. || ~ *coals,* brases *f. pl.* || ~ *bomb,* bomba *f.* sense explotar. 3 d'actualitat, candent. 4 ELECT. amb corrent. 5 RADIO., TELEV. en directe.

live (to) [liv] *t.* viure; portar, tenir [un tipus de vida, etc.]. ■ 2 *i.* viure. || *to* ~ *together,* viure junts. || ~ *and let* ~, viu i deixa viure. ■ *to* ~ *by,* viure de; *to* ~ *in,* viure a, habitar, ocupar; *to* ~ *on* o *upon,* viure de o a costa de, *to* ~ *out,* acabar; *to* ~ *through,* sobreviure, anar fent; *to* ~ *it up,* viure sense estar-se de res.

livelihood ['laivlihud] *s.* vida *f.*, mitjans *m. pl.* de vida.

liveliness ['laivlinis] *s.* vida *f.*, vivacitat *f.*, animació *f.*

lively [laivli] *a.* viu. 2 animat. 3 alegre, brillant. 4 ràpid, enèrgic. 5 realista, gràfic [una descripció, etc.]. ■ 6 *adv.* vivament.

liver ['livə] *s.* ANAT., CUI. fetge *m.* 2 *good* ~, persona *f.* que sap viure.

livery ['livəri] *s.* lliurea *f.* 2 ~ *stable,* quadra *f.* de cavalls de lloguer. 3 poèt. vestidura *f.*, plomatge *m.*

livestock ['laivstɔk] *s.* ramaderia *f.*, bestiar *m.*

livid ['livid] *a.* lívid, pàlid. 2 col·loq. furiós.

living ['liviŋ] *a.* viu, vivent; de vida, vital. 2 *living-room,* sala *f.* d'estar. ■ 3 *s.* vida *f.* [manera de viure, mitjans de vida]. || *to make a* ~, guanyar-se la vida. 4 *the* ~, els vius. 5 ~ *wage,* sou *m.* mínim. 6 ~ *allowance,* dietes *f. pl.*

Liz [liz] *n. pr. f.* (dim. *Elisabeth*) Elisabet.

lizard ['lizəd] *s.* ZOOL. llangardaix *m.*, sargantana *f.*

llama ['lɑːmə] *s.* ZOOL. llama *f.*

load [loud] *s.* càrrega *f.* 2 pes *m.* [també fig.]. 3 carregament *m.* 4 *pl.* col·loq. munt *m.* [molts], (ROSS.) petadissa *f.* 5 MEC. rendiment *m.*

load (to) [loud] *t.* carregar [un vaixell, una arma, una filmadora, etc.]. 2 cobrir, omplir [d'honors, etc.]. 3 fig. aclaparar, oprimir. 5 INFORM. carregar. ■ 6 *i.* carregar-se *p.*, agafar càrrega.

loaf [louf] *s.* pa *m.*, barra *f.* de pa. 2 col·loq. cap *m.*: *use your* ~!, fes servir el cap! ▲ *pl.* **loaves** [louvz].

loaf (to) [louf] *i.* gandulejar. 2 *to* ~ *about,* fer el dropo, perdre el temps.

loafer ['loufə] *s.* gandul, dropo.

loan [loun] *s.* préstec *m.* 2 COM. emprèstit *m.* 3 LING. ~ *word,* préstec *m.*

loan (to) [loun] *t.* form. deixar [diners].

loath [louθ] *a.* refractari, poc disposat.

loathe (to) [louð] *t.* odiar, detestar, sentir repugnància.

loathing ['louðiŋ] *s.* aversió *f.*, fàstic *m.*, odi *m.*, repugnància *f.*

loathsome ['louðsəm] *a.* fastigós, repugnant. 2 odiós.

lobby ['lɔbi] *s.* corredor *m.*; sala *f.* d'espera [de cambra legislativa]; vestíbul. 2 grup *m.* de pressió.

lobby (to) ['lɔbi] *t.* pressionar [políticament]. ■ 2 *i.* fer pressió [política].

lobe [loub] *s.* lòbul *m.*

lobster ['lɔbstə] *s.* ZOOL. llagosta *f.*

local ['loukəl] *a.* local. || ~ *news,* notícies *f. pl.* locals. 2 limitat, restringit. 3 urbà, interior. 4 municipal, regional, comarcal. 5 de rodalies. ■ 6 *s.* gent *f.* del poble; natiu. 7 secció *f.* local.

locality [lou'kæliti] *s.* localitat *f.* 2 lloc *m.* 3 regió *f.* 4 situació *f.* 5 orientació *f.*

localize (to) ['loukəlaiz] *t.* localitzar, fer local. 2 limitar.

locate (to) [lou'keit] *t.* localitzar, situar. 2 trobar. 3 posar, col·locar.

location [lou'keiʃən] *s.* localització *f.* 2 situació *f.*, posició *f.* 3 CINEM. exteriors *m. pl.* ‖ **the film was shot on ~ in Almeria,** la pel·lícula es va rodar a Almeria.

lock [lɔk] *s.* rínxol *m.*, rull *m.* 2 floc *m.* [de cabells]. 3 *pl.* cabells *m. pl.* 4 pany *m.* 5 clau *f.* [d'una arma; de lluita]. 6 resclosa *f.*

lock (to) [lɔk] *t.* tancar [amb clau]. 2 abraçar [fort]. 3 empresonar. 4 MEC. travar, enclavillar, clavillar. ■ 5 *i.* tancar-se *p.*, quedar-se *p.* tancat. 6 MEC. travar-se *p.* ■ **to ~ away,** guardar amb pany i clau; **to ~ in,** tancar amb clau; **to ~ out,** tancar a fora; **to ~ up,** guardar amb pany i clau; deixar tancat; tancar [algú].

locker ['lɔkə'] *s.* armari *m.*, armariet *m.* [tancat amb clau que serveix per guardar coses en un lloc públic].

locket ['lɔkit] *s.* medalló *m.*, relíquia *f.*

lockout ['lɔkaut] *s.* locaut *m.*

locksmith ['lɔksmiθ] *s.* manyà *m.*

locomotion [ˌloukə'mouʃən] *s.* locomoció *f.*

locomotive ['loukə'moutiv] *a.* locomotor, locomotriu. ■ 2 *s.* FERROC. locomotora *f.*

locust ['loukəst] *s.* ENT. llagosta *f.*; cigala *f.* 2 BOT. ~ **tree,** garrofer *m.*

locution [lou'kju:ʃən] *s.* locució *f.*

lode [loud] *s.* MIN. filó *m.*, veta *f.* 2 ~ **star,** estel *m.* polar; fig. nord *m.*, guia.

lodge [lɔdʒ] *s.* casa *f.* del guarda. 2 pavelló *m.* 3 lògia *f.*

lodge (to) [lɔdʒ] *t.* allotjar. 2 ficar, col·locar. 3 dipositar. 4 presentar [una denúncia, etc.]. ■ 5 *i.* allotjar-se *p.* 6 ficar-se *p.*

lodging ['lɔdʒiŋ] *s.* allotjament *m.* ‖ ~ **house,** pensió *f.*

loft [lɔft] *s.* golfes *f. pl.* 2 altell *m.* d'un paller.

log [lɔg] *s.* tronc *m.* ‖ **to sleep like a ~,** dormir com un tronc. 2 NAUT. diari *m.* de bord; quadern *m.* de bitàcola. 3 AVIA. diari *m.* de vol.

logarithm ['lɔgəriðəm] *s.* MAT. logaritme *m.*

loggerheads ['lɔgəhədz] *s. pl.* **to be at ~,** estar en desacord *m. sing.*

loggia ['lɔdʒiə] *s.* ARQ. pòrtic *m.*, galeria *f.*

logic ['lɔdʒik] *s.* lògica *f.*

logical ['lɔdʒikəl] *a.* lògic. ■ 2 **-ly** *adv.* lògicament.

loin [lɔin] *s.* illada *f.* 2 CARN. llom *m.*, rellom *m.* 3 *pl.* lloms *m. pl.* 4 **loin-cloth,** tapall *m.*

loiter (to) ['lɔitə'] *i.* endarrerir-se *p.*, entretenir-se *p.*; gandulejar. ■ 2 *t.* **to ~ away,** perdre el temps.

loll (to) [lɔl] *i.* escarxofar-se *p.*, arrepapar-se *p.* 2 **to ~ out,** penjar [la llengua]. ■ 3 *t.* **to ~ out,** portar penjant [la llengua].

lollipop ['lɔlipɔp] *s.* pirulí *m.*, piruleta *f.* 2 **ice ~,** pol *m.* [gelat].

London ['lʌndən] *n. pr.* GEOGR. Londres. ■ 2 *a.* londinenc.

Londoner ['lʌndənə'] *s.* londinenc.

lone [loun] *a.* sol [sense companyia; únic]. 2 solitari.

loneliness ['lounlinis] *s.* soledat *f.*, solitud *f.* 2 tristesa *f.* [del qui està sol].

lonely ['lounli] *a.* sol, solitari. 2 que se sent sol.

long [lɔŋ] *a.* llarg. ‖ **in the ~ run,** a la llarga. 2 extens, perllongat. 3 que triga: **to be ~ in coming,** trigar a venir. ■ 4 *adv.* durant [un temps]; molt temps. ‖ **as ~ as,** mentre; sempre que. ‖ ~ **ago,** fa molt de temps. ‖ **so ~!,** fins ara!, a reveure! 5 *s.* llarg *m.*, llargària *f.*, longitud *f.*

long (to) [lɔŋ] *i.* **to ~ (after, for, to),** anhelar *t.*, tenir moltes ganes de, enyorar *t.*

longhand ['lɔŋhænd] *s.* escriptura *f.* normal [no taquigràfica].

longing ['lɔŋiŋ] *s.* ànsia *f.*, anhel *m.* 2 enyorament *m.* ■ 3 *a.* ansiós, delerós.

longitude ['lɔndʒitju:d] *s.* GEOGR., ASTR. longitud *f.*, llargària *f.*

long-sighted [ˌlɔŋ'saitid] *a.* MED. prèsbita. 2 previsor. 3 fig. perspicaç, astut.

long-suffering [ˌlɔŋ'sʌfəriŋ] *a.* sofert, pacient.

long-term [ˌlɔŋ'tə:m] *a.* a llarg termini.

longways ['lɔŋweiz], (EUA) **longwise** ['lɔŋwaiz] *adv.* pel llarg, longitudinalment.

long-winded [ˌlɔŋ'windid] *a.* llarg i avorrit. 2 interminable.

look [luk] *s.* mirada *f.*, ullada *f.*, cop *m.* d'ull. 2 cara *f.*, aspecte *m.* 3 aparença *f.*, aire *m.* 4 *pl.* **good looks,** bellesa *f.*

look (to) [luk] *i.* mirar. 2 considerar. 3 donar a, caure; estar situat. 4 semblar: **he looked tired,** semblava cansat. 5 aparèixer, manifestar-se *p.* 6 anar, escaure, caure [bé o malament]. 7 **to ~ alike,** as-

lottery

semblar-se *p.* 8 *to* ~ *alive,* cuitar, donar-se *p.* pressa. *9 to* ~ *like,* semblar. ■ *10 t.* mirar. *11 to* ~ *daggers (at),* mirar malament, fulminar amb la mirada. ■ *to* ~ *about,* mirar al voltant; *to* ~ *after,* tenir cura de; *to* ~ *back,* mirar enrera; fig. fer-se enrera; *to* ~ *down on,* menysprear; *to* ~ *for,* buscar, (BAL.) cercar; *to* ~ *forward to,* esperar amb il·lusió; *to* ~ *into,* investigar; *to* ~ *out,* abocar-se; anar amb compte. ‖ ~ *out!,* ves amb compte!; *to* ~ *over,* repassar, examinar; fullejar [un llibre]; *to* ~ *through,* donar una ullada; tenir cura de; registrar; fullejar; *to* ~ *to,* ocupar-se; mirar per; *to* ~ *up,* buscar [en un diccionari, etc.], consultar; *to* ~ *upon,* mirar, considerar.

looker-on [ˌlukərˈɔn] *s.* badoc; espectador.

looking-glass [ˈlukiŋglɑːs] *s.* ant. mirall *m.*

lookout [ˈlukaut] *s.* talaia *f.* 2 mirador *m.* 3 guaita, vigia, sentinella. 4 vigilància *f.,* guaita *f.* ‖ *to be on the* ~ *for,* estar a l'expectativa de. 5 perspectiva *f.;* responsabilitat *f.*

loom [luːm] *s.* TÈXT. teler *m.*

loom (to) [luːm] *i.* aparèixer, sorgir. 2 perfilar-se *p.,* dibuixar-se *p.* [d'una manera confusa o impressionant]. 3 amenaçar *t.*

loony [ˈluːni] *a.* col·loq. sonat, guillat.

loop [luːp] *s.* baga *f.,* llaç *m.* 2 revolt *m.,* corba *f.* 3 baqueta *f.* 4 AVIA. ris *m.* 5 INFORM. bucle *m.*

loop (to) [luːp] *t.* fer una baga o un llaç. 2 cordar amb una bagueta. ■ 3 *i.* fer una baga. 4 serpentejar. 5 AVIA. *to* ~ *the loop,* fer un ris.

loophole [ˈluːphoul] *s.* MIL. espitllera *f.,* respitllera *f.* 2 fig. sortida *f.,* escapatòria *f.*

loose [luːs] *a.* solt, deslligat, descordat. 2 fluix [una dent; un cargol, etc.], ample, balder [un vestit, etc.]. 3 desmanegat, malgirbat. 4 tou, flonjo. 5 fluixe; deslligat. ‖ *to break* ~, escapar-se, deslligar-se. ‖ *to let* ~, deixar anar. 6 lax, dissolut. 7 fig. imprecís, indeterminat; lliure [traducció]. 8 ELECT. desconnectat. 9 TECNOL. ~ *pulley,* politja boja. ■ *10 s.* llibertat *f.* ‖ *on the* ~, en llibertat, lliure. ■ *11 -ly adv.* balderament; folgadament; aproximadament; dissolutament.

loose (to) [luːs] *t.* deixar anar, deslligar, afluixar. 2 deixar en llibertat. 3 fig. deslligar [la llengua, etc.].

loose end [luːsˈend] *s.* cap per a lligar [també fig.]. 2 fig. *to be at a* ~, no tenir res per fer.

loosen (to) [ˈluːsn] *t.* deixar anar, deslligar, afluixar. 2 esponjar, estovar. 3 *to* ~ *up,* relaxar, desentumir [els muscles]. 4 fig. fer parlar, fer córrer [la llengua]. 5 MED. descarregar, afluixar [la panxa]. ■ 6 *i.* deixar-se *p.* anar, deslligar-se *p.,* afluixar-se *p.* 7 ESPORT escalfar *t.* [els muscles]. 8 MED. descarregar, afluixar-se *p.* [la panxa].

loot [luːt] *s.* botí *m.,* presa *f.* 2 *looting,* saqueig *m.* 3 col·loq. guanys *m. pl.,* peles *f. pl.*

loot (to) [luːt] *t.-i.* saquejar *t.,* pillar *t.*

lop (to) [lɔp] *t. to* ~ *(away/off),* podar, esmotxar, tallar. ■ 2 *i.* penjar, caure: *lop-ears,* orelles caigudes.

loquacious [louˈkweiʃəs] *a.* loquaç.

lord [lɔːd] *s.* lord *m.* ‖ *Lord Mayor of London,* alcalde *m.* de Londres. ‖ *House of Lords,* cambra *f.* dels Lords. 2 senyor *m.,* amo *m.* 3 REL. *the Lord,* el Senyor *m.*

lordship [ˈlɔːdʃip] *s.* senyoria *f.* 2 senyoriu *m.* ‖ *his* o *your* ~, Sa o Vostra senyoria *f.*

lorry [ˈlɔri] *s.* camió *m.* ‖ ~ *driver,* camioner.

lose (to) [luːz] *t.* perdre. ‖ *to* ~ *one's temper,* perdre la paciència, enfadar-se *p.* ‖ *to* ~ *one's way,* perdre's *p.,* no trobar el camí. 2 fer perdre. ■ 3 *i.* perdre, no guanyar. 4 *to* ~ *out,* sortir perdent. ▲ Pret. i p. p.: *lost* [lɔst].

loser [ˈluːsə] *s.* perdedor.

loss [lɔs, lɔːs] *s.* pèrdua *f.* 2 dany *m.* 3 MED. pèrdua *f.* 4 *to be a dead* ~, ser un desastre *m.* [una persona]. 5 col·loq. *to be at a* ~, estar perplex, indecís.

lost [lɔst] Vegeu LOSE (TO). ■ 2 *a.* perdut. ‖ ~ *property office,* oficina *f.* d'objectes perduts. ‖ *to get* ~, perdre's *p.* ‖ *get* ~!, ves a fer punyetes! 3 arruïnat. 4 oblidat. 5 perplex, parat. 6 ~ *in thought,* abstret, pensatiu. 7 fig. ~ *to,* insensible a, perdut per a.

lot [lɔt] *s.* lot *m.,* part *f.* 2 solar *m.,* terreny *m.* 3 sort *f.: to cast lots,* fer-ho a la sort. 4 destí *m.* 5 grup *m.,* col·lecció *f.* 6 individu, persona *f.* 7 *a* ~ *of, lots of,* un munt *m.,* de, (ROSS.) petadissa *f.* ‖ *quite a* ~, bastants. ‖ *the* ~, la totalitat. ‖ *What a* ~ *of noise!,* quin soroll! ■ 8 *adv. a* ~, molt.

lottery [ˈlɔtəri] *s.* loteria *f.,* rifa *f.* [també fig.].

loud [laud] *a.* fort, alt [so, crit, etc.]. 2 sorollós, estrepitós. 3 cridaner. 4 vulgar, ordinari. ■ *5* -**ly** *adv.* en veu alta. *6* sorollosament.

loud-speaker [,laud'spi:kə⁰] *s.* RADIO. altaveu *m.*

Louise [lu,i:z] *n. pr. f.* Lluïsa.

lounge [laundʒ] *s.* sala *f.* d'estar, saló *m.* 2 *lounge-chair*, gandula *f.* 3 *lounge-suit*, vestit *m.* de carrer.

lounge (to) [laundʒ] *i.* passejar, gandulejar. 2 estar escarxofat o arrepapat.

louse [laus] *s.* ENT. poll *m.* 2 col·loq. pocavergonya, trinxeraire. ▲ *pl. lice* [lais].

lousy ['lauzi] *a.* pollós. 2 dolent. 3 col·loq. fastigós. 4 fig. *to be ~ with*, estar folrat.

lout [laut] *s.* rústec *a.*, tauja.

lovable ['lʌvəbl] *a.* adorable, encantador.

love [lʌv] *s.* amor *m.*, afecció *f.*, estimació *f.*, passió *f.* ‖ ~ *affair*, aventura *f.* amorosa; ~ *at first sight*, amor a primera vista; *for ~*, per amor; gratis; *not for ~ or money*, per res del món; *to be in ~ with*, estar enamorat de; *to fall in ~ with*, enamorar-se de; *to make ~*, fer l'amor. 2 amor *m.* [persona estimada]. 3 col·loq. rei, nen, maco. 4 ESPORT zero *m.* ‖ ~ *game*, joc *m.* en blanc [tennis].

love (to) [lʌv] *t.* estimar. 2 agradar molt, encantar: *I'd love to!*, m'encantaria!

lovely ['lʌvli] *a.* preciós, encantador, adorable, deliciós, bonic. ‖ *that's ~!*, que bonic! 2 molt bé.

lover ['lʌvə⁰] *s.* amant *m.* 2 amant, afeccionat: *he is a ~ of ballet*, és un amant del ballet.

lovesick ['lʌvsik] *a.* malalt d'amor.

loving ['lʌviŋ] *a.* afectuós, tendre, manyac. 2 bondadós. ■ *3* -**ly** *adv.* afectuosament, tendrament, bondadosament.

low [lou] *a.* baix. ‖ *low-necked*, escotat [un vestit]; ~ *relief*, baix relleu; ~ *trick*, mala passada, cop baix; ~ *water*, baixamar, estiatge. 2 pobre, escàs, insuficient. 3 dèbil, malalt, abatut. ‖ ~ *spirits*, abatiment, desànim. 4 groller, maleducat. 5 humil, submís. *6* AUTO. ~ *gear*, primera [marxa]. 7 CUI. lent. 8 MÚS. baix, greu. *9* -**ly** *a.* humil, modest. ■ *10* *adv.* baix. 11 poc. 12 submisament. 13 -**ly**, humilment, modestament. ■ *14 s.* mugit *m.*, bramul *m.*

lower (to) ['louə⁰] *t.* abaixar, fer baixar. 2 arribar [una bandera]. 3 llançar. 4 rebaixar, reduir. 5 fig. humiliar, abatre. ■ *6 p. to ~ oneself*, rebaixar-se. ■ *7 i.* baixar. 8 disminuir.

lowering ['lauəriŋ] *a.* corrugant, amenaçador. 2 tapat, ennuvolat [el cel].

loyal ['lɔiəl] *a.* lleial, fidel.

loyalty ['lɔiəlti] *s.* lleialtat *f.*, fidelitat *f.*

lozenge ['lɔzindʒ] *s.* GEOM. romb *m.* 2 HERÀLD. losange *m.* 3 pastilla *f.* [de menta, etc.].

Ltd. ['limitid] *s.* (abrev. *Limited*) SA *f.* (societat anònima).

lubricant ['lu:brikənt] *a.* lubricant, lubrificant. ■ *2 s.* lubricant *m.*, lubrificant *m.*

lubricate ['lu:brikeit] *t.* lubricar, lubrificar, greixar.

lucid ['lu:sid] *a.* lúcid.

lucidity [lu:'siditi] *s.* lucidesa *f.*

luck [lʌk] *s.* sort *f.*, fortuna *f.* [bona o dolenta]. ‖ *just my ~!*, estic de pega.

luckily ['lʌkili] *adv.* per sort, afortunadament.

lucky ['lʌki] *a.* afortunat. 2 feliç.

lucrative ['lu:krətiv] *a.* lucratiu.

ludicrous ['lu:dikrəs] *a.* còmic, ridícul, absurd.

luggage ['lʌgidʒ] *s.* equipatge *m.* ‖ ~ *rack*, portaequipatges *m.*

lugubrious [lə'gu:briəs] *a.* lúgubre.

lukewarm [,lu:k'wɔ:m] *a.* tebi, temperat [també fig.].

lull [lʌl] *s.* respir *m.*, treva *f.*, moment *m.* de calma o de silenci.

lull (to) [lʌl] *t.* adormir. 2 calmar. ■ *3 i.* amainar, calmar-se *p.*

lullaby ['lʌləbai] *s.* cançó *f.* de bressol.

lumbago [lʌm'beigou] *s.* MED. lumbago *m.*

lumber ['lʌmbə⁰] *s.* fusta *f.* [serrada], fusta *f.* de construcció. ‖ ~ *jack*, llenyataire. 2 andròmines *f. pl.* ‖ ~ *room*, cambra *f.* dels mals endreços.

luminous ['lu:minəs] *a.* lluminós.

lump [lʌmp] *s.* tros *m.* 2 terròs [de sucre]. 3 bony *m.*, protuberància *f.* 4 col·loq. corcó *m.*, pesat. 5 TÈXT. nus *m.* [també fig.]. *6 in the ~*, tot plegat; ~ *sum*, suma *f.* global.

lunacy ['lu:nəsi] *s.* bogeria *f.*, demència *f.*

lunar ['lu:nə⁰] *a.* lunar.

lunatic ['lu:nətik] *a.-s.* llunàtic, boig, dement.

lunch [lʌntʃ], **luncheon** ['lʌntʃən] *s.* dinar *m.* ‖ ~ *time*, hora *f.* de dinar.

lunch (to) [lʌntʃ] *i.* dinar. ■ *2 t.* convidar a dinar.

lung [lʌŋ] *s.* pulmó *m.*

lunge [lʌndʒ] *s.* estocada *f.* 2 embestida *f.*

lurch [ləːtʃ] *s.* sacsejada *f.,* sotrac *m.,* tomb *m.* 2 batzegada *f.,* bandada *f.* 3 *to leave in the* ~, deixar plantat.

lure [ljuəʳ] *s.* cimbell *m.,* reclam *m.* 2 esquer *m.* 3 fig. al·licient.

lure (to) [ljuəʳ] *t.* atreure [amb un reclam]. 2 seduir, temptar.

lurid [ˈljuərid] *a.* rogent, vermell. 2 fosc. 3 fig. horripilant, horrorós.

lurk (to) [ləːk] *i.* estar a l'aguait, estar amagat. 2 fig. rondar.

luscious [ˈlʌʃəs] *a.* deliciós, exquisit. 2 dolç; saborós. 3 embafador. ■ 4 **-ly** *adv.* saborosament, exquisitament.

lush [lʌʃ] *a.* fresc, ufanós. 2 fig. exuberant. ■ 3 *s.* (EUA) col·loq. borratxo.

lust [lʌst] *s.* luxúria *f.* 2 anhel *m.,* ànsia *f.*

lust (to) [lʌst] *i. to* ~ *after* o *for,* cobejar, desitjar [amb luxúria].

lustful [ˈlʌstful] *a.* luxuriós, libidinós.

lustre [ˈlʌstəʳ] *s.* llustre *m.,* lluentor *f.* 2 reflex *m.* 3 aranya *f.* [llum]. 4 fig. glòria *f.,* esplendor *m.*

lustrous [ˈlʌstrəs] *a.* llustrós, lluent.

lusty [ˈlʌsti] *a.* ufanós, fort, robust. 2 vigorós, enèrgic.

lute [luːt] *s.* MÚS. llaüt *m.*

Luxembourg [ˈlʌksəmbəːg] *n. pr.* GEOGR. Luxemburg.

luxuriant [lʌgˈzuəriənt] *a.* luxuriant, exuberant, frondós.

luxurious [lʌgˈzuəriəs] *a.* luxós, fastuós.

luxury [ˈlʌkʃəri] *s.* luxe *m.,* fast *m.*

lyceum [laiˈsiːəm] *s.* liceu *m.* 2 (EUA) auditori *m.,* sala *f.* de conferències.

Lydia [ˈlidiə] *n. pr. f.* Lídia.

lye [lai] *s.* QUÍM. lleixiu *f.*

lying [ˈlaiiŋ] Vegeu LIE (TO). ■ 2 *a.* mentider. 3 estirat. 4 situat.

lynch (to) [lintʃ] *t.* linxar.

lynx [liŋks] *s.* ZOOL. linx *m.* ▲ *pl.* **lynxes** o **lynx.**

lyre [ˈlaiəʳ] *s.* MÚS. lira *f.*

lyric [ˈlirik] *a.* líric. ■ 2 *s.* ~ *poem,* poema *m.* líric. 3 *pl.* lletra *f.* [d'una cançó].

M

M, m [em] *s.* m. [lletra]. 2 xifra romana per 1.000.

M [em] *s.* (G.B.) *(Motorway)* A *f.* (autopista).

M.A. ['eiʹei] *s.* *(Master of Arts)* llicenciat amb grau de filosofia i lletres.

ma [maː] *s.* col·loq. (abrev. de *mamma*) mama *f.*

macaroni [ˌmækəˈrouni] *s.* macarrons *m. pl.*

macaroon [ˌmækəˈruːn] *s.* GASTR. ametllat *m.* [pastís].

mace [meis] *s.* maça *f.* [arma; insígnia]. ‖ ~ **bearer**, macer *m.*

Macedonia [ˌmæsiˈdouniə] *n. pr.* GEOGR. Macedònia.

machination [ˌmæki'neiʃən] *s.* maquinació *f.*

machine [məˈʃiːn] *s.* màquina *f.*

machine-code [məˈʃiːnkoud] *s.* INFORM. codi *m.* màquina.

machine-gun [məˈʃiːngʌn] *s.* metralleta *f.*

machinery [məˈʃiːnəri] *s.* maquinària *f.* 2 mecanisme *m.*, sistema *m.* [també fig.].

mackerel ['mækrəl] *s.* ICT. cavalla *f.*, verat *m.* 2 ~ **sky**, cel *m.* aborrallonat.

mackintosh ['mækintɔʃ] *s.* (G.B.) impermeable *m.*

macrobiotic [ˌmækroubaiˈɔtik] *a.* macrobiòtic.

mad [mæd] *a.* boig. ‖ col·loq. fig. *like* ~, com un boig; *to be* ~ *about*, estar boig per; *to drive somebody* ~, fer tornar boig algú; fig. *to go* ~, tornar-se boig. 2 insensat, desbaratat. 3 furiós. 4 rabiós [animal]. ■ *5* -**ly** *adv.* bojament, furiosament.

madam ['mædəm] *s.* senyora *f.* 2 *to be a bit of a* ~, ser molt manaire. 3 mestressa *f.* [d'un bordell].

madden (to) ['mædn] *t.* embogir, fer tornar boig. ■ *2 i.* embogir, tornar-se *p.* boig.

maddening ['mædniŋ] *a.* exasperant.

made [meid] Vegeu MAKE (TO). ■ *2 a.* fet, compost, confeccionat, fabricat.

made-up ['meidʌp] *a.* fet, confeccionat [vestit, roba]. 2 maquillat, pintat [cara]. 3 artificial, fictici, inventat [història, etc.].

madhouse ['mædhaus] *s.* col·loq. manicomi *m.* 2 fig. casa *f.* de bojos.

madman ['mædmən] *s.* boig *m.*

madness ['mædnis] *s.* bogeria *f.*, demència *f.* 2 fúria *f.*, ràbia *f.*

Madrid [məˈdrid] *n. pr.* GEOGR. Madrid.

maelstrom ['meilstrəm] *s.* vòrtex [també fig.]. 2 fig. remolí *m.*

magazine [ˌmægəˈziːn] *s.* revista *f.* [periòdica]. 2 dipòsit *m.* [d'armes]. 3 polvorí *m.* 4 recambra *f.*

Magi ['meidʒai] *s. pl. the* ~, els tres Reis d'Orient.

magic ['mædʒik] *s.* màgia *f.* [també fig.]. ‖ *as if by* ~, com per art de màgia. ■ *2 a.* màgic. ‖ CINEM. ~ *lantern*, llanterna *f.* màgica.

magical ['mædʒikəl] *a.* màgic; encantat.

magician [məˈdʒiʃən] *s.* mag, màgic, bruixot. 2 prestidigitador.

magistrate ['mædʒistreit] *s.* magistrat. 2 jutge de pau.

magnanimous [mægˈnæniməs] *a.* magnànim. ■ *2 -ly adv.* magnànimament.

magnate ['mægneit] *s.* magnat, potentat.

magnet ['mægnit] *s.* ELECT. imant *m.*

magnetic [mægˈnetik] *a.* magnètic. ‖ ~ *needle*, brúixola *f.* 2 fig. magnètic, atractiu.

magnificence [mægˈnifisns] *s.* magnificència *f.*

magnificent [mægˈnifisnt] *a.* magnífic, esplèndid. ■ *2 -ly adv.* magníficament.

magnify (to) ['mægnifai] *t.* augmentar, amplificar, engrandir. 2 exagerar. 3 magnificar.

magnifying glass ['mægnifaiiŋglɑːs] *s.* lent *f.* d'augment, lupa *f.*

magpie ['mægpai] *s.* ORN. garsa *f.* 2 fig. cotorra *f.*, barjaula *f.*, (ROSS.) llorma *f.*

mahogany [mə'hɔgəni] *s.* BOT. caoba *f.*

maid [meid] *s.* ant., liter. donzella *f.* ‖ ~ *of honour*, dama *f.* d'honor. 2 criada *f.*, minyona *f.*, cambrera *f.* 3 *old* ~, conca *f.*

maiden ['meidn] *s.* donzella *f.* ■ 2 *a.* de soltera: ~ *name*, nom *m.* de soltera. 3 virginal. 4 primer, inicial, inaugural.

maid-servant ['meid,sə:vənt] *s.* criada *f.*, minyona *f.*

mail [meil] *s.* malla *f.*, cota *f.* de malles. 2 correu *m.*, correspondència *f.* ‖ ~ *boat*, vaixell *m.* correu. ‖ *air* ~, correu *m.* aeri.

mail (to) [meil] *t.* tirar al correu, enviar per correu.

mailbox ['meilbɔks] *s.* (EUA) bústia *f.*

maim (to) [meim] *t.* mutilar, esguerrar.

main [mein] *a.* principal, primer, major, més important. ‖ ~ *body*, gros *m.* [de l'exèrcit]. ■ 2 *s.* allò principal o essencial. ‖ *in the* ~, en la major part, principalment. 3 canonada *f.*, conducció *f.* [de gas, d'aigua, etc.]. 4 ELECT. gralnt. *mains*, xarxa *f.* elèctrica.

mainland ['meinlənd] *s.* continent *m.*, terra *f.* ferma.

main-spring ['meinspriŋ] *s.* molla *f.* principal [rellotge]. 2 fig. causa *f.* principal, origen *m.*

mainstay ['meinstei] *s.* MAR. estai *m.* major. 2 fig. pilar *m.*, fonament *m.*

maintain (to) [mein'tein] *t.* mantenir. 2 afirmar, sostenir. 3 conservar, guardar.

maintenance ['meintinəns] *s.* manteniment *m.*, conservació *f.* 2 sosteniment *m.*, suport *m.* 3 manutenció *f.*

maize [meiz] *s.* BOT. blat *m.* de moro.

majestic [mə'dʒestik] *a.* majestuós.

majesty ['mædʒisti] *s.* majestat *f.* 2 majestuositat *f.*

major ['meidʒə'] *a.* major, principal, màxim. ■ 2 *s.* DRET major d'edat. 3 especialitat *f.* [universitària]. 4 MIL. comandant *m.*

Majorca [mə'dʒɔ:kə] *n. pr.* GEOGR. Mallorca.

majority [mə'dʒɔriti] *s.* majoria *f.* ‖ *one's* ~, majoria d'edat.

make [meik] *s.* marca *f.*, tipus *m.*, model *m.* 2 fabricació *f.*, factura *f.* 3 *to be on the* ~, fer-se ric o progressar al preu que sigui.

make (to) [meik] *t.* fer [crear, elaborar; fabricar; formar; causar; produir; efectuar; etc.]. ‖ *to* ~ *a mistake,* equivocar-se *p.* ‖ *to* ~ *a noise,* fer soroll. ‖ *to* ~ *fun of,* burlar-se *p.* de. 2 fer [que algú faci alguna cosa]. 3 *to* ~ *angry,* fer enfadar; *to* ~ *clear,* aclarir; *to* ~ *good,* complir, dur a terme; mantenir; justificar [amb el resultat]; *to* ~ *haste,* donar-se *p.* pressa; *to* ~ *known,* fer saber; *to* ~ *much of,* donar molta importància a; apreciar; *to* ~ *the most of,* treure profit. ■ 4 *i.* anar, dirigir-se *p.* a. 5 contribuir a. 6 *to* ~ *merry,* divertir-se *p.* ■ *to* ~ *away,* anar-se'n *p.*; *to* ~ *away with,* emportar-se *p.*; suprimir, destruir; *to* ~ *for,* anar cap a, dirigir-se *p.* a; *to* ~ *into,* transformar en, convertir en; *to* ~ *off,* marxar corrents; *to* ~ *out,* fer; escriure; comprendre; desxifrar; entreveure, estendre; omplir; creure; imaginar-se *p.*; *to* ~ *over,* canviar, transformar; cedir; *to* ~ *up,* inventar; maquillar(se); muntar; embolicar; constituir; composar; arreglar; compaginar; confeccionar; recuperar; compensar; fer les paus; *to* ~ *up for,* suplir, compensar. ▲ Pret. i p. p.: *made* [meid].

maker ['meikə'] *s.* fabricant. 2 constructor. 3 autor, artífex. 4 DRET signant. 5 REL. *the Maker,* el Creador.

makeshift ['meikʃift] *a.* provisional. 2 improvisat. ■ 2 *s.* recurs *m.*, arranjament *m.* provisional.

make-up ['meikʌp] *s.* caràcter *m.*, temperament *m.* 2 construcció *f.*, estructura *f.* 3 COM. maquillatge *m.* 4 TÈXT. confecció *f.* 5 TIPOGR. compaginació *f.*

making ['meikiŋ] *s.* confecció *f.*, formació *f.*, fabricació *f.* ‖ *in the* ~, en vies de fer-se; en potència. ‖ *his many setbacks were the* ~ *of him,* els molts revessos de la vida el van anar formant. 2 preparació *f.*, composició *f.*, creació *f.* 3 *pl.* guanys *m. pl.*; fig. qualitats *f. pl.*, fusta *f. sing.*

maladjustment [mælə'dʒʌstmənt] *s.* fig. inadaptació *f.* 2 TECNOL. mal ajustatge *m.*, ajustatge *m.* defectuós.

maladroit ['mælədrɔit] *a.* maldestre; espès.

malady ['mælədi] *s.* MED. mal *m.*, malaltia *f.* [també fig.].

malcontent ['mælkəntent] *a.-s.* malcontent, descontent *a.*

male [meil] *a.* mascle. 2 baró: ~ *child,* fill baró. 3 masculí. ■ 4 *s.* home *m.* 5 mascle *m.* [animal, etc.].

malefactor ['mælifæktə'] *s.* malfactor.

maleficent [mə'lefisnt] *a.* malèfic.

malevolence [mə'levələns] *s.* malvolença *f.*

malice ['mælis] s. mala voluntat f. 2 malícia f., malignitat f. 3 rancor m., rancúnia f.

malicious [mə'liʃəs] a. malèvol, rancorós. 2 entremaliat, bergant. ■ 3 **-ly** adv. malèvolament, malignament.

malign [mə'lain] a. maligne, malèvol. 2 danyós, nociu.

malign (to) [mə'lain] t. difamar, calumniar.

malignant [mə'lignənt] a. maligne. 2 malèfic. 3 malèvol.

mallard ['mæləd] s. ORN. ànec m. collverd.

malleable ['mæliəbl] a. mal·leable.

mallet ['mælit] s. maça f., mall m.

mallow ['mælou] s. BOT. malva f.

malt [mɔːlt] s. malt m.

maltreat (to) [mæl'triːt] t. maltractar.

mammal ['mæməl] s. ZOOL. mamífer m.

mammoth ['mæməθ] s. mamut m.

mammy ['mæmi] s. mama f. 2 (EUA) mainadera f. negra.

man [mæn] s. home m., baró m. 2 ésser m. humà. ‖ *the ~ in the street,* l'home del carrer. ‖ *to a ~,* tots, tothom [sense excepció]. 3 el gènere m. humà. ▲ pl. **men** [men].

man (to) [mæn] t. NÀUT. tripular. 2 proveir d'homes, guarnir d'homes.

manacle (to) ['mænəkl] t. emmanillar, posar les manilles. 2 fig. reprimir, controlar.

manacles ['mænəklz] s. pl. manilles f. pl., grillons m. pl.

manage (to) ['mænidʒ] t. manejar. 2 dirigir, governar, administrar. 3 manipular amb compte. 4 aconseguir. 5 col·loq. poder menjar o beure: *can you ~ another drink?,* podries beure-te'n una altra?

manageable ['mænidʒəbl] a. manejable. 2 dòcil.

management ['mænidʒmənt] s. maneig m., govern m., administració f.; cura f. 2 gerència f. 3 habilitat f.

manager ['mænidʒə'] s. gerent, director, administrador.

mandate ['mændeit] s. mandat m., ordre m.

mane [mein] s. crinera f. [de cavall]. 2 cabellera f.

manful ['mænful] a. brau, valent, decidit.

manganese ['mæŋgəniːz] s. QUÍM. manganès m.

mange [meindʒ] s. MED. ronya f., sarna f.

manger ['meindʒə'] s. pessebre m., menjadora f.

mangle (to) ['mæŋgl] t. planxar amb màquina. 2 destrossar, mutilar. 3 fig. fer malbé.

mango ['mæŋgou] s. mango m.

mangy ['meindʒi] a. sarnós.

manhood ['mænhud] s. virilitat f. 2 valor m. 3 homes m. pl.

mania ['meinjə] s. mania f., fal·lera f., bogeria f.

maniac ['meiniæk] s. maníac.

maniacal [mə'naiəkl] a. maníac. 2 fig. fanàtic.

manicure ['mænikjuə'] s. manicura f.

manifest ['mænifest] a. manifest, patent, evident.

manifest (to) ['mænifest] t.-p. manifestar(se).

manifestation [,mænifes'teiʃən] s. manifestació f.

manifesto [,mæni'festou] s. manifest m. [polític, etc.].

manifold ['mænifould] a. múltiple, divers, variat. ■ 2 s. col·lector m.

manipulate (to) [mə'nipjuleit] t. manipular, manejar.

manipulation [mə,nipju'leiʃən] s. manipulació f.

mankind [mæn'kaind] s. humanitat f., gènere m. humà. 2 els homes m. pl.

manlike ['mænlaik] a. viril, masculí.

manliness ['mænlinis] s. virilitat f., masculinitat f.

manly ['mænli] a. viril, masculí.

mannequin ['mænikin] s. maniquí f.

manner ['mænə'] s. manera f., mode m. ‖ *by no ~ of means,* de cap manera. ‖ *in a ~,* en certa manera; fins a cert punt. 2 costum m., hàbit m. 3 aire m., port m. 4 pl. maneres f. pl., modes f. pl.

mannerly ['mænəli] a. cortès, ben educat.

manoeuvre, (EUA) **maneuver** [mə'nuːvə] s. MIL., MAR. maniobra f. 2 maneig m.

manoeuvre, (EUA) **maneuver (to)** [mə'nuːvə] t. maniobrar. 2 induir, manipular. ■ 3 i. maniobrar.

manor ['mænə'] s. casa f. senyorial al camp, casa f. pairal. 2 *manor-house,* residència f.

manservant ['mæn,səːvənt] s. criat m.

mansion ['mænʃən] s. casa f. gran, mansió f.

manslaughter ['mæn,slɔːtə'] s. homicidi m.

mantelpiece ['mæntlpi:s] s. lleixa f. de la llar de foc.

mantle [mæntl] s. mantell m. 2 fig. capa f.

mantle (to) [mæntl] t. cobrir, tapar, embolicar.

manual ['mænjuəl] a. manual. ■ 2 s. manual m.

manufacture [,mænju'fæktʃə'] s. manufactura f. [fabricació; producte fabricat].

manufacture (to) [,mænju'fæktʃə'] t. manufacturar, fabricar.

manufacturer [,mænju'fæktʃərə'] s. fabricant.

manure [mə'njuə'] s. AGR. fems m. pl., (ROSS.) aixer m., adob m.

manure (to) [mə'njuə'] t. adobar, femar.

manuscript ['mænjuskript] a. manuscrit. ■ 2 s. manuscrit m.

many ['meni] a. molts. 2 (en composició): poli-, multi-: **many-coloured**, multicolor, policrom. ■ 3 pron. molts. || as ~ as, tants com || **as ~ as you want**, tants com en vulguis. || fins, no menys que: **as ~ as six passed the exam**, sis van aconseguir passar l'examen. || **as ~ times as**, tantes vegades com. || **how ~?**, quants? || **one too ~**, un de més. || **so ~**, tants. || **too ~**, massa. || **twice as ~**, el doble. ■ 4 s. majoria f. || **a great ~**, un gran nombre m.

map [mæp] s. mapa m., plànol m. 2 carta f.

maple ['meipl] s. BOT. auró m.

marathon ['mærəθən] s. ESPORT marató f.

marble ['ma:bl] s. marbre m. 2 JOC bala f. ■ 3 a. de marbre.

March [ma:tʃ] s. març m.

march [ma:tʃ] s. marxa f. [caminada; curs; progrés]. 2 MÚS., MIL. marxa f.

march (to) [ma:tʃ] i. marxar, caminar. 2 avançar, progressar. ■ 3 t. fer anar [a algun lloc].

mare [mɛə'] s. ZOOL. euga f.

Margaret ['ma:gərit] n. pr. f. Margarida.

margarine [,ma:dʒə'ri:n] s. margarina f.

margin ['ma:dʒin] s. marge m. 2 vora f. 3 COM., ECON. marge m.

marginal ['ma:dʒinəl] a. marginal.

marijuana, marihuana [,mæri'wa:nə] s. marihuana f.

marine [mə'ri:n] a. MAR. marí, mariner. ■ 2 s. marina f. 3 soldat m. de marina. 4 pl. infanteria f. sing. de marina.

marionette [,mæriə'net] s. titella f., putxinel·li m.

marital ['mæritəl] a. marital. 2 matrimonial. 3 ~ **status**, estat civil.

marjoram ['ma:dʒərəm] s. BOT. marduix m., majorana f.

Mark [ma:k] n. pr. m. Marc.

mark [ma:k] s. marca f., senyal m. 2 taca f. 3 empremta f. 4 signe m., indici m. 5 importància f., distinció f. 6 nota f., qualificació f. punt m. 7 blanc m., fi m., propòsit m. || **to miss the ~**, errar el tret. || **beside the ~**, irrellevant, que no fa al cas. 8 marc m. [moneda].

mark (to) [ma:k] t. marcar, senyalar. 2 indicar. 3 delimitar. 4 advertir, observar, notar. || ~ **my words!**, fixa't en què dic! 5 puntuar, qualificar. 6 MIL. **to ~ time**, marcar el pas. 7 **to ~ down**, posar per escrit; COM. rebaixar. 8 **to ~ out**, traçar; amollonar [un camp, una propietat, etc.].

market ['ma:kit] s. mercat m. || ~ **price**, preu m. del mercat. || ~ **town**, població f. amb mercat. 2 borsa f.

marketing ['ma:kitiŋ] s. COM. màrqueting m.

marksman ['ma:ksmən] s. bon tirador.

marmalade ['ma:məleid] s. melmelada f.

marmot ['ma:mət] s. ZOOL. marmota f.

marquetry ['ma:kitri] s. marqueteria f.

marquis, marquess ['ma:kwis] s. marquès m.

marriage ['mæridʒ] s. matrimoni m. || **by ~**, polític [parent]. 2 casament m., boda f.

marriageable ['mæridʒəbl] a. casador.

married ['mærid] a. casat. || ~ **couple**, matrimoni m. || **to get ~**, casar-se.

marrow ['mærou] s. medul·la f., moll m. de l'os.

marry (to) ['mæri] t. casar. 2 casar-se p. amb. 3 fig. unir, ajuntar. ■ 4 i. casar-se p.

marsh [ma:ʃ] s. pantà m., maresme m.

marshal ['ma:ʃəl] s. MIL. mariscal m. 2 mestre de cerimònies.

marshy ['ma:ʃi] a. pantanós.

mart [ma:t] s. empori m.; centre m. comercial.

marten ['ma:tin] s. ZOOL. marta f.

Martha ['ma:θə] n. pr. f. Marta.

martial ['ma:ʃəl] a. marcial, militar: ~ **law**, llei marcial.

Martin ['ma:tin] n. pr. m. Martí.

martin ['ma:tin] s. oreneta f. || **house-martin**, oreneta cuablanca.

martyr ['ma:tə'] s. màrtir m.

martyr (to) ['ma:tə'] t. martiritzar.

martyrdom ['ma:tədəm] s. martiri m.

marvel ['ma:vǝl] *s.* meravella *f.*, prodigi *m.*

marvel (to) ['ma:vǝl] *i.* meravellar-se *p.*, admirar-se *p.*

marvellous ['ma:vilǝs] *a.* meravellós, prodigiós. 2 sorprenent.

Mary ['meǝri] *n. pr. f.* Maria.

marzipan ['ma:zipæn] *s.* massapà *m.*

mascot ['mæskǝt] *s.* mascota *f.*

masculine ['ma:skjulin] *a.* masculí, viril. 2 homenenc.

mask (to) [ma:sk] *t.* emmascarar. ■ 2 *i.* posar-se *p.* una màscara. 3 disfressar-se *p.* ‖ *masked ball,* ball *m.* de màscares.

mason ['meisn] *s.* paleta, (BAL.) picapedrer, (VAL.) obrer. 2 maçó *m.*, francmaçó *m.*

masonry ['meisnri] *s.* obra *f.*, pedra *f.* i morter *m.*, maçoneria *f.* 2 *Masonry,* francmaçoneria *f.*

masquerade [ma:skǝ'reid] *s.* mascarada *f.*, ball *m.* de màscares. 2 màscara *f.* [disfressa]. 3 fig. farsa *f.*

masquerade (to) [ma:skǝ'reid] *i.* disfressar-se *p.*

mass [mæs] *s.* massa *f.*, embalum *m.*, mola *f.* 2 munt *m.*, (ROSS.) petadissa *f.*, gran quantitat *f.* ‖ ~ *production,* producció *f.* en sèrie. 3 *the masses,* les masses.

Mass [mæs] *s.* ECLES. missa *f.*

mass (to) [mæs] *t.* reunir o ajuntar en massa. ■ 2 *i.* ajuntar-se *p.* o reunir-se *p.* en massa.

massacre ['mæsǝkǝ] *s.* carnisseria *f.*, matança *f.*

massacre (to) ['mæsǝkǝ] *t.* fer una matança. 2 assassinar en massa.

massage ['mæsa:ʒ] *s.* massatge *m.*

massive ['mæsiv] *a.* massís. 2 voluminós. 3 dures [faccions]. 4 imponent.

mass media [mæs'mi:djǝ] *s.* mitjans *m. pl.* de comunicació de masses.

mast [ma:st] *s.* asta *f.* [d'una bandera]. 2 MAR. pal *m.*, arbre *m.* 3 RADIO. torre *f.*

master ['ma:stǝ] *s.* amo *m.*, propietari *m.* 2 senyor *m.*, senyoret *m.* 3 cap *m.*, director *m.* 4 *school* ~, mestre *m.*, professor *m.* [d'institut]; llicenciatura *f.* amb grau. 5 MAR. patró *m.*, capità *m.* ■ 6 *a.* mestre, magistral. ‖ ~ *builder,* mestre *m.* d'obra. ‖ *master-key,* clau *f.* mestra.

master (to) ['ma:stǝ] *t.* dominar, vèncer, subjugar. 2 dominar [un idioma, un art, etc.].

masterful ['ma:stǝful] *a.* dominant, autoritari. 2 hàbil, destre. 3 magistral.

masterly ['ma:stǝli] *a.* magistral, genial.

masterpiece ['ma:stǝpi:s] *s.* obra *f.* mestra.

mastery ['ma:stǝri] *s.* domini *m.* [poder; coneixement]. 2 mestria *f.*

masticate (to) ['mæstikeit] *t.* mastegar.

mastication [mæsti'keiʃǝn] *s.* masticació *f.*

mastiff ['mæstif] *s.* mastí *m.*

masturbate (to) ['mæstǝbeit] *t.* masturbar. ■ 2 *i.* masturbar-se *p.*

masturbation [mæstǝr'beiʃǝn] *s.* masturbació *f.*

mat [mæt] *s.* estora *f.* 2 estoreta *f.*, pallet *m.* 3 individual *m.* [tovalles]; estalvis *m. pl.* 4 grenya *f.*, nus *m.* [cabells]. ■ 5 *a.* mat.

mat, matt [mæt] *a.* mat.

mat (to) [mæt] *t.* embolicar, embullar. ■ 2 *i.* embolicar-se *p.*, embullar-se *p.*

match [mætʃ] *s.* llumí *m.*, misto *m.* 2 parella *f.*, igual. 3 casament *m.* 4 partit *m.*: *he's a good* ~, és un bon partit [per casar-s'hi]. 5 ESPORT partit *m.*, encontre *m.*

match (to) [mætʃ] *t.* aparellar, casar. 2 equiparar, igualar a. 3 adaptar. 4 adaptar. 5 fer lligar. ■ 6 *i.* fer joc, lligar.

matchless ['mætʃlis] *a.* incomparable, sense parió.

mate [meit] *s.* col·loq. company. 2 col·loq. xicot. 3 col·loq. consort, cònjuge. 4 ajudant. 5 JOC mat *m.*, escac *m.* al rei. 6 MAR. segon de bord.

mate (to) [meit] *t.* acoblar, apariar [animals]. ■ 2 *i.* acoblar-se *p.*

material [mǝ'tiǝriǝl] *a.* material. 2 físic, corpori. 3 important, essencial. 4 DRET pertinent. ■ 5 *s.* material *m.*, matèria *f.* 6 roba *f.*, gènere *m.* 7 *pl.* materials *m. pl.*, ingredients *m. pl.*; fig. fets *m. pl.*, dades *f. pl.*

materialism [mǝ'tiǝriǝlizm] *s.* materialisme *m.*

materialize (to) [mǝ'tiǝriǝlaiz] *t.* materialitzar. 2 fer visible. ■ 3 *i.* materialitzar-se *p.*

maternal [mǝ'tǝːnǝl] *a.* matern, maternal.

maternity [mǝ'tǝːniti] *s.* maternitat *f.*

mathematics [mæθi'mætiks] *s. pl.* matemàtiques *f. pl.*

maths [mæθs], (EUA) **math** [mæθ] *s.* col·loq. (abrev. de *mathematics*) mates *f. pl.*

matriculate (to) [məˈtrikjuleit] *t.* matricular. ■ 2 *i.* matricular-se *p.* [a la universitat].

matrimony [ˈmætriməni] *s.* matrimoni *m.*

matrix [ˈmeitriks] *s.* matriu *f.*

matron [ˈmeitrən] *s.* matrona *f.*

matter [ˈmætə⁻] *s.* matèria *f.*, substància *f.* 2 assumpte *m.*, qüestió *f.*, tema *m.* ‖ ~ *of course,* fet *m.* lògic, natural. ‖ *as a ~ of fact,* de fet, en realitat. 3 motiu *m.*, ocasió *f.* 4 cosa *f.: a ~ of ten years,* cosa de deu anys. 5 importància *f.* 6 *printed ~,* impresos *m. pl.* 7 *what's the ~?,* què passa?; *what's the ~ with you?,* què et passa?

matter (to) [ˈmætə⁻] *t.* importar: *it doesn't ~,* no importa.

matting [ˈmætiŋ] *s.* estora *f.*

mattock [ˈmætək] *s.* aixadella *f.*

mattress [ˈmætris] *s.* matalàs *m.*, (VAL.) matalaf *m.*

mature [məˈtjuə⁻] *a.* madur. 2 adult; assenyat. 3 COM. vençut.

mature (to) [məˈtjuə⁻] *t.* madurar. ■ 2 *i.* madurar. 2 COM. vèncer.

maturity [məˈtjuəriti] *s.* maduresa *f.* 2 COM. venciment *m.* [d'un deute, un termini, etc.].

maul (to) [mɔːl] *t.* destrossar, ferir.

mawkish [ˈmɔːkiʃ] *a.* apegalós, carrincló.

maxim [ˈmæksim] *s.* màxima *f.*, sentència *f.*

maximize [ˈmæksimaiz] *t.* portar al màxim.

May [mei] *s.* maig *m.* 2 BOT. arç *m.* blanc.

may [mei] *v. aux.* poder [tenir facultat, llibertat, oportunitat, propòsit o permís; ser possible]: ~ *I go?,* puc marxar?; *come what ~,* pasi el que passi; *she ~ be late,* potser arribarà tard, és possible que arribi tard. 2 (expressió de desig): ~ *it be so,* tant de bo sigui així. ▲ Pret.: *might* [mait] [només té pres. i pret.].

maybe [ˈmeibiː] *adv.* potser, tal vegada, (BAL.) per ventura.

mayonnaise [ˌmeiəˈneiz] *s.* CUI. maionesa *f.*

mayor [mɛə⁻] *s.* alcalde *m.*, batlle *m.*, (BAL.) batlle *m.*

maypole [ˈmeipoul] *s.* maig *m.*, arbre *m.* de maig.

maze [meiz] *s.* laberint *m.*, dèdal *m.* 2 confusió *f.*, perplexitat *f.* ‖ *to be in a ~,* estar perplex.

me [miː, mi] *pron. pers.,* em, me, mi, jo: *she looked at ~,* em va mirar; *it's ~,* sóc jo; *with ~,* amb mi.

meadow [ˈmedou] *s.* prat *m.*, prada *f.*

meagre, (EUA) **meager** [ˈmiːgə⁻] *a.* magre, prim. 2 pobre, escàs.

meal [miːl] *s.* menjar *m.*, àpat *m.* ‖ ~ *time,* hora *f.* de menjar. 2 farina *f.* [de blat, etc.].

mean [miːn] *a.* mitjà, intermedi. ‖ ~ *term,* terme mitjà. 2 baix, humil. 3 roí, vil. 4 (EUA) desagradable. ■ 5 *s.* terme *m.* mitjà, mitjana *f.* 6 *pl.* mitjà *m.*, mitjans *m. pl.* [de fer, aconseguir, etc.]. ‖ *by all means,* naturalment, és clar que sí; *by means of,* per mitjà de, mitjançant; *by no means,* de cap manera. 7 *pl.* mitjans *m. pl.,* recursos *m. pl.* econòmics.

mean (to) [miːn] *t.* significar, voler dir. ‖ *what do you ~ by that?,* què vols dir amb això? 2 pensar, proposar-se *p.,* tenir intenció de. 3 destinar, servir: *clothes are meant for use,* els vestits serveixen per portar-los. 4 col·loq. *to ~ business,* parlar seriosament. ■ 5 *i.* tenir intenció [bona o dolenta]. ▲ Pret. i p. p.: *meant* [ment].

meander [miˈændə⁻] *s.* meandre *m.*

meander (to) [miˈændə⁻] *i.* serpejar. 2 errar, vagar.

meaning [ˈmiːniŋ] *s.* significat *m.*, sentit *m.*, accepció *f.* 2 intenció *f.*

meanness [ˈmiːnnis] *s.* humilitat *f.*, pobresa *f.* 2 mala qualitat *f.* 3 vilesa *f.* 4 mesquinesa *f.* 5 gasiveria *f.*

meant [ment] Vegeu MEAN (TO).

meantime [ˈmiːntaim], **meanwhile** [ˈmiːnwail] *adv.* mentre. ‖ *in the ~,* mentrestant.

measles [ˈmiːzlz] *s. pl.* MED. xarampió *m.* *sing.* 2 MED. *German ~,* rubèola *f. sing.*

measure [ˈmeʒə⁻] *s.* mesura *f.*, mida *f.* ‖ *beyond ~,* sense mesura, en gran manera. ‖ *to take measures,* prendre les mesures o les disposicions necessàries. 2 quantitat *f.*, grau *m.*, extensió *f.* ‖ *in some ~,* fins a cert punt *m.*, en certa manera. 3 ritme *m.* 4 MÚS. compàs *m.*

measure (to) [ˈmeʒə⁻] *t.* mesurar, amidar, prendre mides. ‖ *she measured her length,* va caure a terra tan llarga com era. 2 ajustar, proporcionar. ■ 3 *i.* mesurar *t.*, tenir *t.*, fer *t.*

measured [ˈmeʒəd] *a.* mesurat. 2 rítmic, compassat. 3 moderat.

measurement [ˈmeʒəmənt] *s.* mesurament *m.* 2 mesura *f.* 3 *pl.* mides *f. pl.*, dimensions *f. pl.*

meat [mi:t] *s.* carn *f.* [aliment]. 2 menjar *m.*, teca *f.* 3 fig. suc *m.*, substància *f.*

meatball ['mi:tbɔ:l] *s.* mandonguilla *f.*, pilota *f.*

meat safe ['mi:tseif] *s.* carner *m.*, rebost *m.*

mechanic [mi'kænik] *a.* mecànic. ■ 2 *s.* mecànic *m.*

mechanical [mi'kænikəl] *a.* mecànic. 2 fig. mecànic, maquinal.

mechanics [mi'kæniks] *s.* mecànica *f.* [ciència]. 2 mecanisme *m.*

mechanism ['mekənizəm] *s.* mecanisme *m.*

medal [medl] *s.* medalla *f.*

medallion [mi'dæljən] *s.* medalló *m.*

meddle (to) [medl] *i.* entremetre's *p.*, ficar-se *p.* (*in,* en).

meddlesome ['medlsəm] *a.* xafarder, que es fica on no el demanen.

media ['mi:diə] *s.* mitjans *m. pl.* de comunicació de massa.

mediate ['mi:dieit] *i.* mitjançar, intercedir. ■ 2 *t.* fer de mitjancer en [un conflicte, acord, etc.].

mediation [ˌmi:di'eiʃən] *s.* mediació *f.*

mediator ['mi:dieitə'] *s.* mediador, mitjancer.

medical ['medikəl] *a.* mèdic, de medicina.

medicament [mi'dikəmənt] *s.* medicament *m.*

medicate (to) ['medikeit] *t.* medicar.

medicine ['medsin] *s.* medicina *f.* [ciència]. 2 medecina *f.*, medicament *m.* 3 fig. càstig *m.* merescut, conseqüències *f. pl.*

mediocre [ˌmi:di'oukə'] *a.* mediocre.

meditate (to) ['mediteit] *t.* meditar. 2 projectar, pensar. ■ 3 *i.* meditar, reflexionar (*up/upon,* sobre).

meditation [ˌmedi'teiʃən] *s.* meditació *f.*; reflexió *f.*

Mediterranean [ˌmeditə'reinjən] *a.* GEOGR. mediterrani. ‖ ~ *Sea,* mar *m.* Mediterrània.

medium ['mi:djəm] *s.* mitjà *m.* 2 terme *m.* mitjà. 3 medi *m.*, conducte *m.* 4 mèdium [espiritisme]. ▲ *pl.* **mediums** o **media.** ■ 5 *a.* mitjà, intermedi.

medlar ['medlə'] *s.* BOT. nespra *f.*, nespla *f.* 2 nesprer *m.*, nespler *m.*

medley ['medli] *s.* barreja *f.*, mescla *f.* 2 MÚS. popurri *m.*

meek [mi:k] *a.* mans, mansoi, dòcil.

meekness [mi:knis] *s.* mansuetud *f.*, docilitat *f.*

meet (to) [mi:t] *t.* trobar. ‖ *to go to* ~, anar a esperar o rebre. 2 topar(se) *p.* amb. 3 enfrontar-se *p.* amb. 4 conèixer, ser presentat a. 5 reunir-se *p.* amb., entrevistar-se *p.* amb. 6 fer front a [les despeses, etc.]. 7 satisfer, omplir, complir, cobrir [necessitats; requisits, etc.]. 8 refutar, respondre. ■ 9 *i.* reunir-se *p.*, trobar-se *p.*, veure's *p.* 10 oposar-se *p.*, barallar-se *p.* 11 conèixer-se *p.* 12 confluir. 13 batre's *p.*, enfrontar-se *p.* 14 *to* ~ *with,* trobar *t.*, trobar-se *p.* amb; sofrir *t.*, tenir *t.*, ensopegar amb. ▲ Pret. i p. p.: *met* [met].

meeting ['mi:tiŋ] *s.* reunió *f.* 2 junta *f.*, sessió *f.*, assemblea *f.*, (ROSS.) assemblada *f.* 3 míting *m.* 4 trobada *f.*, aplec *m.* 5 cita *f.* 6 conferència *f.*, entrevista *f.*

megaphone ['megəfoun] *s.* megàfon *m.*

melancholic [ˌmelən'kɔlik] *a.* malenconiós, melangiós.

melancholy ['melənkəli] *s.* malenconia *f.*, melangia *f.* ■ 2 *a.* malenconiós. 3 depriment, trist.

mellifluous [me'lifluəs] *a.* mel·liflu.

mellow ['melou] *a.* madur, dolç [fruit]. 2 tou, tendre, pastós, melós. 3 suau, vell [vi]. 4 pur, suau, dolç [veu, so, color, llum]. 5 col·loq. alegre [begut]. ■ 6 **-ly** *adv.* dolçament, suaument, tendrament.

mellow (to) ['melou] *t.* madurar. 2 suavitzar. ■ 3 *i.* madurar. 3 suavitzar-se *p.*

melodious [mi'loudjəs] *a.* melodiós.

melody ['melədi] *s.* MÚS. melodia *f.*

melon ['melən] *s.* BOT. meló *m.*

melt (to) [melt] *t.* fondre, desfer, dissoldre. 2 dissipar, esvair. 3 ablanir, estovar. ■ 4 *i.* fondre's *p.*, desfer-se *p.*, dissoldre's *p.* 5 dissipar-se *p.*, esvair-se *p.* 6 ablanir-se *p.*, estovar-se *p.* 7 fig. *to* ~ *into tears,* desfer-se *p.* en llàgrimes. ▲ Pret: *melted*; p. p.: *melted* o *molten* ['moultən].

member ['membə'] *s.* membre *m.* 2 soci. 3 diputat, membre *m.* [d'una cambra]. 4 ANAT. membre *m.*

membership ['membəʃip] *s.* qualitat *f.* de membre o soci. ‖ ~ *dues,* ~ *fee,* quota *f.* de soci.

memoir ['memwa:'] *s.* memòria *f.*, informe *m.* 2 *pl.* memòries *f. pl.*

memorable ['memərəbl] *a.* memorable.

memo ['memou] *s.* (abrev. de *memorandum*) memoràndum *m.*

memorandum [ˌmemə'rændəm] *s.* memoràndum *m.* 2 nota *f.*, apunt *m.* ▲ *pl.*

memorandums o *memoranda* [ˌmemə'rændə].

memorial [mi'mɔːriəl] *a.* commemoratiu. ■ *2 s.* monument *m.* commemoratiu. ‖ *war* ~, monument als caiguts. 3 (EUA) memorial *m.*

memorize (to) ['meməraiz] *t.* aprendre de memòria, memoritzar.

memory ['meməri] *s.* memòria *f.,* retentiva *f.* 2 record *m.* ‖ *within living* ~, que es recorda.

men [men] *s. pl.* de MAN.

menace ['menəs] *s.* amenaça *f.*

menace (to) ['menəs] *t.* amenaçar.

mend (to) [mend] *t.* adobar, reparar, apariar. 2 repassar, sargir. 3 corregir, esmenar. 4 millorar. ■ *5 i.* corregir-se *p.,* esmenar-se *p.* 6 millorar, restablir-se *p.*

menial ['miːnjəl] *a.* domèstic. 2 pej. servil. ■ *2 s.* criat, servent.

meningitis [ˌmenin'dʒaitis] *s.* MED. meningitis *f.*

menopause ['menəpɔːz] *s.* menopausa *f.*

Menorca [mi'nɔːkə] *n. pr.* GEOGR. Menorca.

menstruation [ˌmenstru'eiʃn] *s.* menstruació *f.*

mental ['mentl] *a.* mental, intel·lectual. ■ *2* **-ly** *adv.* mentalment.

mentality [men'tæliti] *s.* mentalitat *f.*

mention ['menʃən] *s.* menció *f.,* esment *m.*

mention (to) ['menʃən] *t.* esmentar, mencionar. ‖ *don't* ~ *it,* de res.

menu ['menjuː] *s.* menú *m.*

mercantile ['məːkəntail] *a.* mercantil, mercant.

mercenary ['məːsinəri] *a.* mercenari. 2 interessat. ■ *3 s.* MIL. mercenari.

merchandise ['məːtʃəndaiz] *s.* mercaderia *f.,* gènere *m.*

merchant ['məːtʃənt] *s.* mercader, comerciant. ■ *2 a.* mercant, mercantil.

merciful ['məːsiful] *a.* misericordiós, clement, compassiu. ■ *2* **-ly** *adv.* amb misericòrdia, compassivament.

mercifulness ['məːsifulnis] *s.* misericòrdia *f.,* clemència *f.,* compassió *f.*

merciless ['məːsilis] *a.* implacable, despietat, cruel.

mercury ['məːkjuri] *s.* QUÍM. mercuri *m.*

mercy ['məːsi] *s.* misericòrdia *f.,* clemència *f.,* compassió *f.* 2 mercè *f.,* gràcia *f.* ‖ *at the* ~ *of,* a la mercè de.

mere [miə'] *a.* mer, simple. 2 només. ■ *2 s.* estany *m.,* llac *m.*

merge (to) [məːdʒ] *t.* ajuntar, combinar, fusionar, unir. ■ *2 i.* ajuntar-se *p.,* combinar-se *p.,* fusionar-se *p.,* unir-se *p.*

meridian [mə'ridiən] *s.* meridià *m.*

meridional [mə'ridiənl] *a.* meridional.

meringue [mə'ræŋ] *s.* CUI. merenga *f.*

merit ['merit] *s.* mèrit *m.,* mereixement *m.*

merit (to) ['merit] *t.* merèixer, ser digne de.

meritorius [ˌmeri'tɔːriəs] *a.* meritori.

mermaid ['məːmeid] *s.* MIT. sirena *f.*

merrily ['merili] *adv.* alegrement.

merriment ['merimənt] *s.* alegria *f.,* joia *f.* 2 festa *f.,* diversió *f.*

merry ['meri] *a.* alegre, divertit, festiu. ‖ *to make* ~, divertir-se. 2 content, rialler.

merry-go-round ['merigouˌraund] *s.* cavallets *m. pl.*

mesh [meʃ] *s.* malla *f.,* xarxa *f.* 2 MEC. engranatge *m.* 3 *pl.* parany *m. sing.,* trampa *f. sing.*

mesmerize (to) ['mezməraiz] *t.* hipnotitzar.

mess [mes] *s.* confusió *f.* 2 desordre *m.,* brutícia *f.* ‖ *to make a* ~ *of,* desordenar, enredar, embrutar. 2 embolic *m.;* enrenou *m.* ‖ *to set into a* ~, ficar-se en un embolic, embolicar-se. 3 MIL. menjador *m.* d'oficials.

mess (to) [mes] *t.* desarreglar, desendreçar. 2 embrutar. 3 desbaratar, fer malbé. *4 to* ~ *about,* empipar. ■ *5 i. to* ~ *about,* perdre el temps; fer el ximple.

message ['mesidʒ] *s.* missatge *m.* 2 encàrrec *m.*

messenger ['mesindʒə'] *s.* missatger *m.* propi *m.* 3 herald *m.*

Messiah [mi'saiə] *s.* Messies *m.*

met [met] Vegeu MEET (TO).

metal ['metl] *s.* metall *m.* 2 *pl.* FERROC. raïls *m. pl.*

metallic [mi'tælik] *a.* metàl·lic.

metamorphosis [ˌmetə'mɔːfəsis] *s.* metamorfosi *f.*

metaphor ['metəfə'] *s.* metàfora *f.*

metaphysics [ˌmetə'fiziks] *s.* metafísica *f.*

meter ['miːtə'] *s.* comptador *m.* [del gas, de l'aigua, etc.].

methane ['miːθein] *s.* metà *m.*

method ['meθəd] *s.* mètode *m.* 2 tècnica *f.*

methodical [mi'θɔdikəl] *a.* metòdic.

meticulous [mi'tikjuləs] *a.* meticulós.

metre, (EUA) **meter** ['miːtə'] *s.* metre *m.*

metropolis [mi'trɔpəlis] *s.* metròpoli *f.*

metropolitan [‚metrə'pɔlitən] *a.* metropolità. ■ 2 *s.* ECLES. *Metropolitan,* metropolita *m.*

mettle ['metl] *s.* ànim *m.,* tremp *m.,* empenta *f.*

Mexican ['meksikən] *a.-s.* mexicà.

Mexico ['meksikou] *n. pr.* GEOGR. Mèxic.

mica ['maikə] *s.* MINER. mica *f.*

mice [mais] Vegeu MOUSE.

Michael ['maikl] *n. pr. m.* Miquel.

microbe ['maikroub] *s.* microbi *m.*

microphone ['maikrəfoun] *s.* micròfon *m.*

mid [mid] *a.* mig, mitjan.

midday [‚mid'dei] *s.* migdia *m.,* (VAL.) migjorn *m.*

midget ['midʒit] *s.* nan, lil·liputenc. ■ 2 *a.* molt petit. 3 de butxaca.

middle ['midl] *a.* del mig, mig, mitjà; central. ■ 2 *s.* mig *m.,* meitat *f.,* centre *m.* ∥ *in the ~ of,* a mitjan, al mig de, enmig de. 3 col·loq. cintura *f.*

middle-aged [‚midl'eidʒd] *a.* de mitjana edat.

Middle Ages [‚midl'eidʒiz] *s.* HIST. Edat *f.* Mitjana.

middle-class [‚midl'klɑːs] *s.* classe *f.* mitjana.

Middle East [‚midl'iːst] *n. pr.* GEOGR. Orient Mitjà.

midnight ['midnait] *s.* mitjanit *f.* ∥ *Midnight Mass,* missa del gall.

midst [midst] *s.* centre *m.,* mig *m.* ∥ *in the ~ of,* entre, enmig de.

midsummer [‚mid'sʌmə] *s.* ple estiu *m.;* solstici *m.* d'estiu.

midway [‚mid'wei] *a.-adv.* a mig camí, a la meitat del camí.

midwife ['midwaif] *s.* llevadora *f.* ▲ *pl.* *midwives.*

mien [miːn] *s.* liter. semblant *m.,* aire *m.,* capteniment *m.*

might [mait] Vegeu MAY. ■ 2 *s.* poder *m.,* força *f.* ∥ *with ~ and main,* a més no poder, amb totes les forces.

mighty ['maiti] *a.* poderós. 2 vigorós, potent. 3 enorme, gran, immens. ■ 4 *adv.* col·loq. molt.

migraine ['miːgrein] *s.* migranya *f.*

migrate (to) [mai'greit] *i.* emigrar. 2 ZOOL. migrar.

migration [mai'greiʃən] *s.* emigració *f.* 2 ZOOL. migració *f.*

Mike [maik] *n. pr. m.* (dim. de *Michael*) Miquel.

mike [maik] *s.* (abrev. de *microphone*) micro *m.* (micròfon).

mild [maild] *a.* plàcid, tranquil. 2 pacífic, mansoi. 3 suau, benigne, bonancenc. 4 poc sever. 5 fluix, suau [menjar, beure, etc.]. ■ 6 *-ly adv.* plàcidament, tranquil·lament.

mildew ['mildjuː] *s.* AGR. florit *m.,* verdet *m.* [orgànic]. 2 AGR. míldiu *m.;* neula *f.,* rovell *m.*

mildness ['maildnis] *s.* suavitat *f.,* benignitat *f.* 2 indulgència *f.,* lenitat *f.* 3 docilitat *f.* 4 dolçor *f.*

mile [mail] *s.* milla *f.* ∥ *it is miles away,* és molt lluny.

mileage ['mailidʒ] *s.* quilometratge *m.* [en milles]. ∥ *~ indicator,* comptador *m.* de milles. ∥ FERROC. *~ ticket,* bitllet *m.* quilomètric. 2 recorregut *m.,* distància *f.* 3 despeses *f. pl.* [de viatge]. 4 cost *m.* [del transport].

milestone ['mailstoun] *s.* fita *f.* 2 fig. punt *m.* decisiu [de la història].

militancy ['militənsi] *s.* bel·licositat *f.,* combativitat *f.* 2 militància *f.* [política, sindical].

military ['militri] *a.* militar. 2 castrense. ■ 3 *s. the ~,* els militars.

militate (to) ['militeit] *i.* militar.

militia [mi'liʃə] *s.* milícia *f.*

milk [milk] *s.* llet *f.*

milk (to) [milk] *t.* munyir. ■ 2 *i.* donar llet.

milk can ['milkkæn] *s.* lletera *f.*

milk churn ['milktʃəːn] *s.* lletera *f.*

milkman ['milkmən] *s.* lleter *m.* ▲ *pl.* *milkmen.*

milk shake ['milkʃeik] *s.* batut *m.*

milksop ['milksɔp] *s.* col·loq. gallina *m.,* marieta *f.*

milk tooth ['milktuːθ] *s.* dent *f.* de llet. ▲ *pl.* *milk teeth.*

milky ['milki] *a.* lletós, lacti. ∥ ASTR. *Milky Way,* Via *f.* Làctia.

mill [mil] *s.* molí *m.* 2 molinet *m.* [de cafè, etc.]. 3 fàbrica *f.,* taller *m.*

mill (to) [mil] *t.* moldre, triturar. 2 fresar. ■ 3 *i. to ~ about* o *around,* arremolinar-se *p.,* apinyar-se *p.* [la gent].

miller ['milə] *s.* moliner *m.*

million ['miliən] *s.* milió *m.*

millionaire [‚miliə'neə] *s.* milionari.

mime [maim] *s.* TEAT. mim *m.* [teatre; persona].

mimic ['mimik] *a.* mimic. 2 mimètic. 3 imitatiu. 4 dissimulat, fictici. ■ 5 *s.* imitador.

mimic (to) ['mimik] *t.* imitar; escarnir. ▲ Pret. i p. p.: *mimicked* ['mimikt]; ger.: *mimicking* ['mimikiŋ].

mimosa [mi'mouzə] *s.* BOT. mimosa *f.*

mince [mins] *t.* esmicolar. 2 trinxar [carn]. ‖ fig. *without mincing words,* sense pèls a la llengua. ■ 3 *i.* parlar, caminar d'una manera amanerada.

mincing ['minsiŋ] *a.* afectat, amanerat.

mind [maind] *s.* ment *f.*, esperit *m.*, enteniment *m.*, seny *m.*, intel·ligència *f.*, cervell *m.*, ànim *m.* ‖ *presence of* ~, presència *f.* d'ànim; *state of* ~, estat *m.* d'ànim; *to go out of one's* ~, perdre el seny. 2 mentalitat *f.* 3 intenció *f.*, propòsit *m.*, desig *m.*, voluntat *f.* ‖ *to know one's* ~, saber el que es vol. ‖ *to set one's* ~ *on,* estar decidit a. 4 pensament *m.*, memòria *f.*, record *m.* ‖ *to bear* o *to keep in* ~, tenir present; *to bring to* ~, recordar, fer recordar; *out of* ~, oblidat. 5 opinió *f.*, idea *f.*, parer *m.* ‖ *of one* ~, unànimes; *to change one's* ~, canviar d'idea, canviar d'opinió; *to my* ~, segons el meu parer.

mind's eye [maindz'ai] *s.* imaginació *f.*

mind (to) [maind] *t.* tenir en compte, fer cas de, posar atenció. 2 tenir inconvenient a; molestar-se *p.* per, importar: *do you* ~ *the smoke?,* et molesta el fum? 3 tenir cura de, ocupar-se *p.* de, vigilar, pensar en. 4 anar amb compte amb. ‖ ~ *your language,* compte què dius. 5 recordar(se). 6 ~ *you,* en realitat, la veritat és que. 7 *i.* preocupar-se *p.* ‖ *I don't* ~, no em fa res, no m'importa. ‖ *never* ~, és igual, no s'amoïni, no en faci cas. 8 *mind!,* compte!

mindful ['maindful] *a.* atent, prudent, conscient. ■ 2 **-ly** *adv.* atentament, prudentment, conscientment.

1) mine [main] *pron. poss.* meu, meva, meus, meves: *a friend of* ~, un amic meu.

2) mine [main] *s.* MIL., MIN., MAR. mina *f.* ‖ MIN. *coal* ~, mina de carbó. 2 fig. mina *f.*, pou *m.*

mine (to) [main] *t.* minar [també fig.]. 2 volar, destruir [amb mines]. 3 posar mines. ■ 4 *i.* obrir una mina. 5 extreure minerals.

miner ['mainə'] *s.* miner *m.*

mineral ['minərəl] *a.* mineral. 2 *s.* mineral *m.*

mingle (to) ['miŋgl] *t.* barrejar, mesclar. ■ 2 *i.* barrejar-se *p.*, mesclar-se *p.*

miniature ['minitʃə'] *s.* miniatura *f.* ■ 2 *a.* en miniatura.

minimize (to) ['minimaiz] *t.* minimitzar; treure importància.

minimum ['miniməm] *a.* mínim. ■ 2 *s.* mínim *m.*

minister ['ministə'] *s.* ministre. 2 ECLES. pastor *m.*

minister (to) ['ministə'] *i.* *to* ~ *to,* atendre *t.* 2 auxiliar *t.*, ajudar *t.*

ministry ['ministri] *s.* ministeri *m.* 2 ECLES. sacerdoci *m.*, ministeri *m.*

mink [miŋk] *s.* ZOOL. visó *m.*

Minorca [mi,nɔːkə] *n. pr.* GEOGR. Menorca.

minor ['mainə'] *a.* menor. 2 secundari. 3 menut. ‖ ~ *expenses,* despeses *f. pl.* menudes. 4 MÚS. menor. ‖ ~ *key,* to m. menor. ■ 5 *s.* menor d'edat.

minority [mai'nɔriti] *s.* minoria *f.* 2 minoria *f.* d'edat.

minstrel ['minstrəl] *s.* joglar *m.*, trobador *m.* 2 cantant còmic.

mint [mint] *s.* BOT. menta *f.* 2 caramel *m.* de menta. 3 casa *f.* de la moneda. ■ 4 *a.* nou. ‖ *in* ~ *condition,* com nou; en perfecte estat.

mint (to) [mint] *t.* encunyar [també fig.].

minus ['mainəs] *a.* negatiu. ■ 2 *prep.* menys. 3 col·loq. sense. ■ 4 *s.* signe *m.* menys. 5 quantitat *f.* negativa.

1) minute [mai'njuːt] *a.* menut, petit. 2 minuciós.

2) minute ['minit] *s.* minut *m.* 2 minuta *f.* 3 nota *f.* 4 *pl.* actes *f. pl.* [d'una reunió, etc.]. 5 fig. moment *m.*, instant *m.*

minute hand ['minithænd] *s.* minutera *f.*

miracle ['mirəkl] *s.* miracle *m.*

miracle play ['mirəklplei] *s.* TEAT. miracle *m.*, auto *m.* sacramental.

miraculous [mi'rækjuləs] *a.* miraculós. 2 meravellós.

mirage ['mira:ʒ] *s.* miratge *m.* [també fig.].

mire ['maiə'] *s.* fang *m.*, llot *m.*

mirror ['mirə'] *s.* mirall *m.*, (OCC.), (VAL.) espill *m.* 2 fig. mirall *m.*, reflex *m.*

mirror (to) ['mirə'] *t.* liter. fig. reflectir.

mirth [mə:θ] *s.* alegria *f.*, joia *f.* 2 riallada *f.*, rialla *f.*

miry ['maiəri] *a.* llotós, fangós.

misadventure [,misəd'ventʃə'] *s.* desgràcia *f.*, contratemps *m.*

misanthropy [mi'zænθrəpi] s. misantro-pia f.

misapply (to) [ˌmisə'plai] t. aplicar mal-lament. 2 fer mal ús.

misapprehend (to) [ˌmisæpri'hend] t. comprendre malament.

misbehave (to) [ˌmisbi'heiv] i. portar-se p. malament.

misbehaviour, (EUA) **misbehavior** [ˌmisbi'heivjə] s. mal comportament m. 2 descortesia f.

misbelief [ˌmisbi'li:f] s. falsa creença f.; opinió f. equivocada; error m. 2 REL. he-retgia f.

miscarry (to) [mis'kæri] i. MED. avortar [involuntàriament]. 2 perdre's p. [una carta]. 3 sortir malament.

miscarriage [mis'kæridʒ] s. MED. avor-tament m. [natural]. 2 error m. ‖ ~ of jus-tice, error judicial. 3 pèrdua f. 4 fig. fracàs m.

miscellaneous [ˌmisə'leinjəs] a. miscel-lani, variat, divers.

miscellany [mi'seləni] s. miscel·lània f.

mischange [mis'tʃɑːns] s. desgràcia f., infortuni m.

mischief [ˈmistʃif] s. mal m., dany m., perjudici m. ‖ to make ~, embolicar, ar-mar embolics. 2 entremaliadura f.

mischievous [ˈmistʃivəs] a. dolent, no-ciu. 2 maliciós. 3 entremaliat. ■ 4 -ly adv. maliciosament, amb malícia.

misconduct [mis'kɔndəkt] s. mala con-ducta f. 2 mala gestió f.

misconduct (to) [ˌmiskən'dʌkt] t. to ~ oneself, portar-se malament. 2 dirigir o administrar malament.

misconstrue (to) [ˌmiskən'struː] t. inter-pretar malament.

misdeed [mis'diːd] s. malifeta f., delic-te m.

misdemeanour, (EUA) **misdemean-or** [ˌmisdi'miːnə] s. DRET falta f., delicte m. menor. 2 mala conducta f.

misdirect (to) [ˌmisdi'rekt] t. dirigir ma-lament. 2 posar malament l'adreça [en una carta]. 3 DRET instruir malament.

miser [ˈmaizə] s. avar, gasiu, miserable.

miserable [ˈmizrəbl] a. desgraciat. 2 trist. 3 miserable.

miserly [ˈmaizəli] a. avar, gasiu, rata.

misery [ˈmizəri] s. misèria f., pobresa f. 2 desgràcia f., tristesa f., infortuni m. 3 pena f., dolor m., sofriment m.

misfire (to) [ˌmis'faiə] i. fallar [un tret, un motor, etc.].

misfit [ˈmisfit] s. vestit m. que no cau bé. 2 fig. inadaptat, marginat.

misfortune [ˌmis'fɔːtʃuːn] s. infortuni m., desventura f., desgràcia f.

misgiving [mis'giviŋ] s. dubte m., sospita f., recel m., temor m.

misgovernment [mis'gʌvənmənt] s. des-govern m., mala administració f.

misguide (to) [mis'gaid] t. dirigir mala-ment, aconsellar malament.

misguided [ˌmis'gaidid] a. mal aconse-llat, desencaminat; poc afortunat.

mishandle [mis'hændl] t. tractar mala-ment. 2 manejar malament.

mishap [ˈmishæp] s. desgràcia f., accident m., contratemps m.

misjudge (to) [mis'dʒʌdʒ] t.-i. jutjar ma-lament; calcular malament.

mislay (to) [mis'lei] t. extraviar, perdre. ▲ Pret. i p. p.: mislaid [mis'leid].

mislead (to) [mis'liːd] t. desencaminar, desencarrilar. 2 enganyar, seduir. ▲ Pret. i p. p.: misled [mis'led].

mismanagement [ˌmis'mænidʒmənt] s. mala administració f., mala gestió f.

misplace (to) [mis'pleis] t. posar fora de lloc, col·locar malament. 2 extraviar. 3 fig. atorgar immerescudament [afecció, confiança, etc.].

misprint [ˈmisprint] s. errata f., error m. d'imprenta, falta f. tipogràfica.

misrepresent (to) [ˌmisrepri'zent] t. des-criure malament, desfigurar, tergiver-sar.

Miss [mis] s. senyoreta f.

miss [mis] s. errada f., error m. 2 falta f., pèrdua f. 3 fracàs m.

miss (to) [mis] t. errar. 2 perdre [un tren, etc.]. 3 perdre's p. [un esdeveniment, etc.]. 4 ometre. 5 no assistir i., faltar i. 6 equivocar-se p. 7 trobar a faltar. 8 no entendre, no sentir, perdre's: I missed what you said, no he entès què has dit, no he pogut sentir què has dit. ■ 9 i. er-rar el tret, errar el fitó. 10 fallar, no fer efecte. 11 equivocar-se p.

misshapen [mis'ʃeipən] a. deforme.

missile [ˈmisail], (EUA) [ˈmisl] s. míssil m., projectil m.

missing [ˈmisiŋ] a. extraviat, perdut, que falta. ‖ to be ~, faltar, estar extraviat o perdut. 2 absent. 3 desaparegut.

mission [ˈmisən] s. missió f.

missive [ˈmisiv] s. missiva f. [carta].

misspend [mis'spend] t. malgastar. ▲ Pret. i p. p.: misspent [ˌmis'spent].

mist [mist] *s.* boira *f.*, vapor *m.*, tel *m.* 2 fig. vel *m.*

mistake [mis'teik] *s.* equivocació *f.*, error *m.*, confusió *f.* || *to make a ~,* equivocar-se.

mistake (to) [mis'teik] *t.* equivocar, confondre, prendre per una altra [persona o cosa]. ■ 2 *i.* equivocar-se *p.* ▲ Pret.: *mistook* [mis'tuk]; p. p.: *mistaken* [mis'teiken].

mistaken [mis'teiken] Vegeu MISTAKE (TO). ■ 2 *a.* equivocat, errat. 3 erroni, incorrecte.

mister ['miste'] *s.* senyor *m.*

mistletoe ['misltou] *s.* BOT. vesc *m.*

mistook [mis'tuk] Vegeu MISTAKE (TO).

mistress ['mistris] *s.* mestressa *f.*, senyora *f.* 2 mestra *f.* [d'escola]. 3 amant *f.*, amistançada *f.*

mistrust [,mis'trʌst] *s.* desconfiança *f.*, recel *m.*

mistrust (to) [,mis'trʌst] *t.* desconfiar de, recelar de.

mistrustful [mis'trʌstful] *a.* desconfiat, recelós.

misty ['misti] *a.* boirós, nebulós. 2 entelat. 3 confús, vague.

misunderstand (to) [,misʌndə'stænd] *t.* entendre malament. ▲ Pret. i p. p.: *misunderstood* [,mis,'ndə'stu:d].

misunderstanding [,misʌndə'stændiŋ] *s.* equivocació *f.*, error *m.*, mala interpretació *f.* 2 malentès *m.* 3 desavinença *f.*

misunderstood [,mis,ʌndə'stu:d] Vegeu MISUNDERSTAND (TO).

misuse [,mis'ju:s] *s.* mal ús *m.*, ús *m.* impropi.

misuse (to) [,mis'ju:z] *t.* maltractar. 2 usar malament, fer ús impropi.

mite [mait] *s.* petitesa *f.* 2 mica *f.*, bocí *m.* 3 criatura *f.* [nen petit].

mitigate (to) ['mitigeit] *t.* mitigar, disminuir, atenuar.

mitigation [,miti'geiʃən] *s.* mitigació *f.*, mitigament *m.*

mitre ['maitə'] *s.* ECLES. mitra *f.*

mitten ['mitn] *s.* manyopla *f.* 2 mitena *f.*

mix [miks] *s.* mescla *f.*, barreja *f.*

mix (to) [miks] *t.* mesclar, barrejar. 2 *to ~ up,* mesclar; confondre. ■ 3 *i.* barrejar-se *p.*, mesclar-se *p.* 4 ajuntar-se *p.*

mixed [mikst] *a.* mesclat, barrejat. 2 mixt. 3 assortit, variat.

mixed-up ['mikstʌp] *a.* confús, atabalat.

mixture ['mikstʃə'] *s.* mescla *f.*; mixtura *f.*

mix-up ['miksʌp] *s.* embolic *m.*, confusió *f.*

moan [moun] *s.* gemec *m.*, queixa *f.*, lament *m.*

moan (to) [moun] *i.* gemegar, queixar-se *p.* ■ 2 *t.* dir gemegant.

moat [mout] *s.* FORT. fossat *m.*

mob [mɔb] *s.* populatxo *m.*, xusma *f.*, turba *f.* 2 multitud *f.*, gentada *f.*

mob (to) [mɔb] *t.* amuntegar-se *p.* o aplegar-se *p.* per a admirar o atacar.

mobile ['moubail] *a.* mòbil. 2 inconstant, variable.

mobilize (to) ['moubilaiz] *t.* mobilitzar. ■ 2 *i.* mobilitzar-se *p.*

moccasin ['mɔkəsin] *s.* mocassí *m.*

mock [mɔk] *a.* fictici, fals. 2 fingit, simulat. 3 burlesc. ■ 4 *s.* ant. burla *f.*, mofa *f.* || *to make a ~ of,* burlar-se de, mofar-se de.

mock (to) [mɔk] *t.* mofar-se *p.* de, burlar-se *p.* de, riure's *p.* de. 2 imitar. ■ 3 *i. to ~ at,* burlar-se *p.* de.

mockery ['mɔkəri] *s.* burla *f.*, mofa *f.*, escarn *m.* 2 imitació *f.*, paròdia *f.*

mock-up ['mɔkʌp] *s.* maqueta *f.*

model ['mɔdl] *s.* model *m.* 2 maqueta *f.* 3 disseny *m.*, mostra *f.* 4 model *m.*, figurí *m.* 5 model *m.*, exemple *m.* ■ 5 *a.* model, modèlic. || *~ school,* escola *f.* modèlica.

model (to) ['mɔdl] *t.* modelar. ■ 2 *i.* fer de model, servir de model.

moderate ['mɔdərit] *a.* moderat. 2 temperat. 3 mòdic. 4 mitjà, regular. ■ 5 *-ly adv.* moderadament.

moderate (to) ['mɔdəreit] *t.* moderar. 2 temperar. ■ 3 *i.* moderar-se *p.*; calmar-se *p.*

moderation [,mɔdə'reiʃən] *s.* moderació *f.* 2 temperància *f.* 3 sobrietat *f.* 4 mesura *f.*

modern ['mɔdən] *a.* modern.

modest ['mɔdist] *a.* modest. 2 moderat. 3 púdic.

modesty ['mɔdisti] *s.* modèstia *f.* 2 pudor *m.*, decència *f.*

modify (to) ['mɔdifai] *t.* modificar. 2 moderar, temperar, suavitzar.

modulate (to) ['mɔdjuleit] *t.* modular. ■ 2 *i.* MÚS. modular.

Mohammed [mou'hæmed] *n. pr. m.* REL. Mahoma.

Mohammedan [mou'hæmidən] *a.-s.* REL. mahometà.

moiety ['mɔiəti] *s.* meitat *f.*

moist [mɔist] *a.* humit, moll, mullat.

moisten (to) ['mɔisn] t. humitejar, mullar. ■ 2 i. humitejar-se p., mullar-se p.

moisture ['mɔistʃəʳ] s. humitat f.

mole [moul] s. piga f. 2 NÀUT. moll m. 3 ZOOL. talp m.

molecule ['mɔlikjuːl] s. mol·lècula f.

molest (to) [məˈlest] t. molestar, importunar. 2 molestar, agredir [sexualment].

mollify (to) ['mɔlifai] t. moderar; calmar, apaivagar.

molten ['moultən] Vegeu MELT (TO). ■ 2 a. fos [metall].

moment ['moumənt] s. moment m. 2 instant m., estona f. 3 importància f.

momentarily ['mouməntrili] adv. momentàniament.

momentous [mou'mentəs] a. important, greu, transcendental.

momentum [mou'mentəm] s. FÍS. moment m. 2 fig. ímpetu m.

Monaco ['mɔnəkou] n. pr. GEOGR. Mónaco.

monarch ['mɔnək] s. monarca m.

monarchy ['mɔnəki] s. monarquia f.

monastery ['mɔnəstri] s. monestir m., convent m.

monastic [məˈnæstik] a. monàstic.

Monday ['mʌndi, -dei] s. dilluns m.

Monegasque ['mɔnəgaːsk] a.-s. monegasc.

money ['mʌni] s. diners m. pl., cèntims m. pl., (BAL.) doblers m. pl., (ROSS.) sous m. pl.

money-box ['mʌnibɔks] s. guardiola f., (BAL.) (VAL.) vidriola f., (ROSS.) denieirola f.

money-lender ['mʌniˌlendəʳ] s. prestador.

money order ['mʌniˌɔːdəʳ] s. gir m. postal.

mongol ['mɔŋgɔl] a. mongol. ■ 2 s. mongol. 3 mongol m. [llengua].

mongoose ['mɔŋguːs] s. ZOOL. mangosta f., icneumon m.

mongrel ['mʌŋgrəl] a. mestís [planta o animal]. 2 petaner [gos]. ■ 3 s. mestís. 4 petaner m.

Monica ['mɔnikə] n. pr. f. Mònica.

monitor ['mɔnitəʳ] s. monitor. 2 RADIO. monitor m.

monk [mʌŋk] s. monjo m., frare m.

monkey ['mʌŋki] s. ZOOL. mona f., mico m.

monkey wrench ['mʌŋkirenʃ] s. MEC. clau f. anglesa.

monograph ['mɔnəgraːf] s. monografia f.

monologue ['mɔnəlɔg] s. monòleg m.

monopolize (to) [məˈnɔpəlaiz] t. monopolitzar.

monopoly [məˈnɔpəli] s. monopoli m.

monotonous [məˈnɔtənəs] a. monòton.

monotony [məˈnɔtəni] s. monotonia f.

monsoon [mɔnˈsuːn] s. CLIMAT. monsó m.

monster ['mɔnstəʳ] s. monstre m. ■ 2 a. monstruós, enorme.

monstrosity [mɔnsˈtrɔsiti] s. monstruositat f.

monstruous ['mɔnstrəs] a. monstruós. ■ 2-ly adv. monstruosament.

month [mʌnθ] s. mes m.

monthly ['mʌnθli] a. mensual. ■ 2 adv. mensualment. ■ 3 s. publicació f. mensual.

monument ['mɔnjumənt] s. monument m.

mood [muːd] s. humor m., disposició f. [d'ànim]. ‖ to be in no ~ for o to, no tenir ganes de.

moody ['muːdi] a. malhumorat, trist, melanconiós. 2 estrany, variable, caprixós.

moon [muːn] s. ASTR. lluna f. ‖ full ~, lluna plena; new ~, lluna nova. ‖ col·loq. once in a blue ~, de tant en tant.

moonlight ['muːnlait] s. llum f. de la lluna.

Moor [muəʳ] s. moro.

moor [muəʳ] s. erm m., ermàs m.

moor (to) [muəʳ] t. MAR. amarrar.

mop [mɔp] s. baieta f., borràs m. 2 grenya f.

mop (to) [mɔp] t. fregar, netejar. 2 eixugar, assecar [la suor, etc.].

mope (to) [moup] i. estar abatut, estar deprimit, estar trist.

moral ['mɔrəl] a. moral. 2 virtuós. ■ 3 s. moral f., moralitat f. 4 pl. moral f. sing., ètica f sing. 5 moral f. [costums].

morale [mɔˈraːl] s. moral f. [estat d'ànim].

morality [mɔˈræliti] s. moralitat f.

moralize (to) ['mɔrəlaiz] t.-i. moralitzar t.

morass [məˈræs] s. pantà m., maresma f. 2 fig. empantanegament m., embolic m.

morbid ['mɔːbid] a. mòrbid, morbós.

morbidity [mɔːˈbiditi] s. morbositat f.

more [mɔːr] a.-adv. més. ‖ do you want any ~?, en vols més?; ~ or less, més o menys; once ~, un cop més, una altra vegada; she can't come any ~, no pot venir més; the ~ the merrier, com més

serem, més riurem. ■ 2 *s.-pron.* més. ‖
we can't spend ~, no podem gastar més.

moreover [mɔːˈrouvəˈ] *adv.* a més, a més
a més; d'altra banda.

mordant [ˈmɔːdənt] *a.* mordaç. 2 cor-
rosiu. ■ 3 *s.* mordent *m.*

Moresque [məˈresk] *a.* moresc, àrab.

morgue [mɔːg] *s.* dipòsit *m.* de cadàvers.

morning [ˈmɔːniŋ] *s.* matí *m.* 2 matinada
f. 3 alba *f.*, albada *f.* ■ 4 *a.* matinal, ma-
tutí, del matí, de l'alba.

morning star [ˈmɔːniŋˈstɑː] *s.* estel *m.*
del matí.

Moroccan [məˈrɔkən] *a.-s.* marroquí.

Morocco [məˈrɔkou] *n. pr.* GEOGR. Mar-
roc.

morose [məˈrous] *a.* malhumorat, taci-
turn, brusc. ■ 2 **-ly** *adv.* amb mal humor.

morphia [ˈmɔːfjə], **morphine** [ˈmɔːfiːn]
s. morfina *f.*

morrow [ˈmɔrou] *s.* liter. demà *m.*

morsel [ˈmɔːsəl] *s.* mos *m.* 2 trosset *m.*,
bocí *m.*

mortal [ˈmɔːtl] *a.* mortal. ‖ *~ sin*, pecat *m.*
mortal. ■ 2 *s.* mortal. ■ 3 **-ly** *adv.* mor-
talment [també fig.].

mortality [mɔːˈtæliti] *s.* mortalitat *f.* 2
mortals *pl.*, humanitat *f.*

mortar [ˈmɔːtəˈ] *s.* morter *m.*

mortgage [ˈmɔːgidʒ] *s.* hipoteca *f.*

mortgage (to) [ˈmɔːgidʒ] *t.* hipotecar.

mortify (to) [ˈmɔːtifai] *t.* mortificar [tam-
bé fig.]. ■ 2 MED. gangrenar-se *p.*

mortuary [ˈmɔːtjuəri] *a.* mortuori. ■ 2 *s.*
dipòsit *m.* de cadàvers.

mosaic [məˈzeiik] *a.* mosaic.

Moscow [ˈmɔskou] (EUA) [ˈmɔskau] *n. pr.*
GEOGR. Moscou.

Moslem [ˈmɔzlem] *a.-s.* musulmà.

mosque [mɔsk] *s.* mesquita *f.*

mosquito [məsˈkiːtou] *s.* ENT. mosquit *m.*

mosquito net [məsˈkiːtounet] *s.* mosqui-
tera *f.*

moss [mɔs] *s.* BOT. molsa *f.*

most [moust] *adj. superl.* de MORE, MUCH i
MANY. 2 molts, gairebé tots, la majoria.
3 *for the ~ part*, majoritàriament *adv.*,
en gran part. ■ 4 *adv.* summament;
molt; més. ‖ *Most Reverend*, reverendís-
sim. ■ 5 *s. pron.* el màxim. ‖ *at the ~*,
com a màxim, com a molt. ‖ *~ of them*,
gairebé tots, la majoria.

mostly [ˈmoustli] *adv.* en la major part, en
general; principalment, sobretot.

MOT [ˌemouˈtiː] *s. (Ministry of Transport)*
ministeri *m.* de transports. ‖ *MOT-test*,
ITV *f.* (inspecció tècnica de vehicles).

motel [mouˈtel] *s.* motel *m.*

moth [mɔθ] *s.* ENT. arna *f.;* papallona *f.*
nocturna.

mother [ˈmʌðəˈ] *s.* mare *f.*

motherhood [ˈmʌðəhud] *s.* maternitat *f.*

mother-in-law [ˈmʌðərinˌlɔː] *s.* sogra f.
▲ *pl.* **mothers-in-law**.

motherly [ˈmʌðəli] *a.* maternal, matern.
■ 2 *adv.* maternalment.

mother-of-pearl [ˌmʌðərəvˈpəːl] *s.* nà-
car *m.*

mother ship [ˈmʌðəʃip] *s.* MAR. vaixell *m.*
escola.

mother tongue [ˈmʌðətʌŋ] *s.* llengua *f.*
materna.

motif [mouˈtiːf] *s.* MÚS., ART. motiu *m.*

motion [ˈmouʃən] *s.* moviment *m.*, moció
f. 2 senyal *m.*, gest *m.* 3 moció *f.*, pro-
posició *f.*

motion (to) [ˈmouʃən] *i.-t.* fer un gest, fer
un senyal.

motionless [ˈmouʃənlis] *a.* immòbil.

motion picture [ˌmouʃnˈpiktʃəˈ] *s.* CINEM.
form. pel·lícula *f.*, film *m.*

motive [ˈmoutiv] *s.* motiu *m.*, mòbil *m.*,
causa *f.*, raó *f.* ‖ *ulterior ~*, motiu ocult.
■ 2 *a.* motor, motriu. ‖ *~ power*, força *f.*
motriu.

motor [ˈmoutəˈ] *s.* motor *m.* ■ 2 *a.* motor.
3 de motor; automòbil.

motorbike [ˈmoutəbaik] *s.* col·loq. mo-
to *f.*

motorcar [ˈmoutəkɑː] *s.* ant. cotxe *m.*

motorcycle [ˈmoutəsaikl] *s.* motocicle-
ta *f.*

motorcycling [ˈmoutəsaikliŋ] *s.* moto-
ciclisme *m.*

motorcyclist [ˈmoutəsaiklist] *s.* motoris-
ta.

motorist [ˈmoutərist] *s.* automobilista.

motor racing [ˈmoutəreisiŋ] *s.* ESPORT
automobilisme *m.*

motorway [ˈmoutəwei] *s.* autopista *f.*

mottle [ˈmɔtl] *s.* taca *f.*, pinta *f.*, clapa *f.*
[de color].

mottle (to) [ˈmɔtl] *t.* clapar, clapejar.

motto [ˈmɔtou] *s.* lema *m.*, divisa *f.*, con-
signa *f.* ▲ *pl.* **mottos** o **mottoes**.

mould, (EUA) **mold** [mould] *s.* floridura
f., florit *m.*, verdet *m.*, rovell *m.* 2 terra *f.*
vegetal; fem *m.* 3 motlle *m.*, matriu *f.* 4
forma *f.*, figura *f.*, factura *f.*

mould, (EUA) **mold (to)** [mould] *t.* emmotllar, motllurar. 2 modelar. 3 buidar. ■ 4 *i.* florir-se *p.*

moulder, (EUA) **molder (to)** ['mouldə] *i.* consumir-se *p.,* esfondrar-se *p.,* ensorrar-se *p.* [també fig.].

moulding, (EUA) **molding** ['mouldiŋ] *s.* ARQ., FUST. motllura *f.* 2 buidat *m.* 3 emmotllament *m.* 4 fig. emmotllament *m.,* formació *f.*

mouldy, (EUA) **moldy** ['mouldi] *a.* florit, rovellat.

moult, (EUA) **molt (to)** [moult] *t.* mudar [la ploma, la veu, etc.]. ■ 2 *i.* mudar, fer la muda [un animal].

moulting, (EUA) **molting** ['moultiŋ] *s.* muda *f.* [dels animals].

mound [maund] *s.* pujol *m.* 2 túmul *m.* 3 terraplè *m.*

mount [maunt] *s.* liter. muntanya *f.,* turó *m.,* pujol *m.* 2 muntura *f.,* cavall *m.* 3 muntura *f.* [d'un objecte].

mount (to) [maunt] *t.* pujar [pendent, etc.]. 2 pujar, aixecar. 3 pujar, enfilar-se *p.,* muntar *i.* 4 muntar, armar; organitzar. 5 MAR., MIL. muntar [canons; la guàrdia]. 6 TEAT. posar en escena, muntar. ■ 7 *i.* pujar, enfilar-se *p.* 2 elevar-se *p.*

mountain ['mauntin] *s.* muntanya *f.* 2 fig. munt *m.,* pilot *m.*

mountain climber ['mauntin,klaimə] *s.* alpinista *m.,* muntanyenc *m.*

mountain dew ['mauntin'dju:] *s.* colloq. whisky *m.* escocès.

mountain range ['mauntin'reindʒ] *s.* serralada *f.*

mountaineer [,mauntiˈniəʳ] *s.* muntanyenc. 2 alpinista.

mountaineering ['mauntin,iəriŋ] *s.* muntanyisme *m.,* alpinisme *m.*

mountainous ['mauntinəs] *a.* muntanyós. 2 enorme.

mounting ['mauntiŋ] *s.* pujada *f.* 2 muntatge *m.* 3 muntura *f.,* marc *m.* suport *m.*

mourn (to) [mɔːn] *t.* deplorar, lamentar, plorar. ■ 2 *i.* lamentar-se *p.,* doldre's *p.* 3 portar dol, anar de dol.

mournful ['mɔːnful] *a.* trist, llòbrec, fúnebre. 2 afligit.

mourning ['mɔːniŋ] *s.* dolor *m.,* pena *f.* 2 plor *m.,* lamentació *f.* 3 dol *m.* ‖ *to be in* ~, portar dol.

mouse [maus] *s.* ZOOL. rata *f.,* ratolí *m.* 2 fig. persona *f.* tímida. ▲ *pl.* **mice** [mais].

mousetrap ['maustræp] *s.* ratera *f.*

moustache [məsˈtɑːʃ], (EUA) **mustache** ['mʌstæʃ] *s.* bigoti *m.*

mouth [mauθ] *s.* ANAT. boca *m.* ‖ *down in the* ~, trist, de cara llarga. 2 boca *f.* [entrada, forat]. 3 boca *f.,* desembocadura *f.* [riu].

mouthful ['mauθful] *s.* mos *m.,* queixalada *f.* [de menjar]. 2 glopada *f.* [aire, fum, etc.].

mouth-organ ['mauθɔːgn] *s.* MÚS. harmònica *f.*

mouthpiece ['mauθpiːs] *s.* MÚS. broc *m.,* embocadura *f.* 2 portaveu.

movable ['muːvəbl] *a.* movible, mòbil. ■ 2 *s. pl.* mobles *m. pl.,* mobiliari *m. sing.*

move [muːv] *s.* moviment *m.* ‖ *on the* ~, en moviment, en marxa. ‖ fam. *to get a* ~ *on,* apressar-se, anar de pressa. 2 jugada *f.* 3 canvi *m.* de lloc, trasllat *m.,* mudança *f.* 4 pas *m.,* diligència *f.*

move (to) [muːv] *t.* moure. 2 induir, persuadir. 3 remenar. 4 traslladar, mudar. 5 commoure, entendrir, impressionar. 6 despertar, excitar [sentiments]. 7 proposar [en una reunió]. 8 JOC moure [peça]. ■ 9 *i.* moure's *p.,* caminar. 10 traslladar-se *p.* 11 circular. 12 anar-se'n, marxar. 13 mudar-se *p.* 14 jugar, fer una jugada. 15 fer gestions, prendre mesures. ■ *to* ~ *about,* anar i venir; moure's; *to* ~ *along,* avançar per; *to* ~ *aside,* posar-se en un costat, sortir del mig; *to* ~ *away,* anar-se'n; allunyar-se; *to* ~ *back,* moure's cap enrera; ajornar; *to* ~ *in,* installar-se en una casa; *to* ~ *off,* allunyar-se; marxar; posar-se en camí; *to* ~ *on,* fer circular [gent]; continuar; reprendre el viatge; *to* ~ *out,* desallotjar; traslladar; abandonar [lloc]; sortir; *to* ~ *round,* donar voltes; *to* ~ *up,* pujar, ascendir.

movement ['muːvmənt] *s.* moviment *m.* 2 mecanisme *m.* [rellotge, etc.]. 3 joc *m.* 4 circulació *f.* 4 activitat *f.*

movie ['muːvi] *s.* CINEM. colloq. pellícula *f.* 2 *pl. the movies,* el cine.

moving ['muːviŋ] *a.* mòbil, que es mou. ‖ ~ *picture,* pellícula *f.* [cine]. 2 motor. 3 fig. commovedor, patètic. ■ 4 **-ly** *adv.* commovedorament, patèticament.

mow (to) [mou] *t.* segar, tallar. 2 *to* ~ *down,* segar [també fig.]. ▲ Pret. **mowed** [moud]; p. p.: **mown** [moun].

mown [moun] Vegeu MOW (TO).

MP ['em'piː] *s.* (G.B.) *(Member of Parliament)* membre *m.* del parlament, diputat.

Mr ['mistəʳ] *s.* (abrev. *Mister*) Sr. *m.* (Senyor).

Mrs ['misis] s. (abrev. *Mistress*) Sra. f. (Senyora).

MSc [ˌeməsiː] s. *(Master of Science)* llicenciat en ciències amb grau.

much [mʌtʃ] a. molt. ■ 2 adv. molt. ‖ *as ~ as,* tant com; *how ~?,* quant?; *so ~ the better,* molt millor. ■ 3 s. molt, *pron.* gran part f., gran cosa f. 4 *to make ~ of,* comprendre; donar importància, exagerar.

muck [mʌk] s. fems m. pl. 2 brutícia f. 3 col·loq. porqueria f.

mud [mʌd] s. fang m., llot m. ‖ *to sling ~ at,* enfangar, difamar.

muddle ['mʌdl] s. embolic m., confusió f., desordre m.

muddle (to) ['mʌdl] t. embolicar, desordenar. 2 enterbolir. 3 atordir, confondre. ■ 4 i. *to ~ through,* sortir-se'n p.

muddy ['mʌdi] a. fangós, enfangat, enllotat. 2 tèrbol. 3 confús.

mudguard ['mʌdgɑːd] s. AUTO. parafang m.

muesli ['mjuːzli] s. ALIM. muesli m. [cereals].

muezzin [muː'ezin] s. muetzí m.

muffle (to) ['mʌfl] t. tapar, cobrir, embolicar, emboçar. 2 esmorteir, apagar [so].

muffler ['mʌfləʳ] s. bufanda f. 2 (EUA) MEC. silenciador m.

mug [mʌg] s. tassa f., gerra f. [per beure]. 2 col·loq. babau, enze.

mug (to) [mʌg] t. col·loq. atracar, assaltar, robar.

mulatto [mjuː'lætou] a.-s. mulat.

mulberry ['mʌlbərri] s. BOT. morera f. 2 mòra f.

mule [mjuːl] s. ZOOL. mul m. ‖ *she-mule,* mula f.

multiple ['mʌltipl] a. múltiple. ■ 2 s. múltiple m.

multiply (to) ['mʌltiplai] t. multiplicar. ■ 2 i. multiplicar-se p.

multitude ['mʌltitjuːdœ] s. multitud f.

multitudinous [ˌmʌlti'tjuːdinəs] a. nombrós. 2 multitudinari.

mum [mʌm] s. col·loq. mama f. 2 *interj.* silenci m. ■ 3 a. callat.

mumble (to) ['mʌmbl] t. mussitar. ■ 2 i. remugar.

mummy ['mʌmi] s. mòmia f. 2 mamà f.

mumps [mʌmps] s. MED. galteres f. pl.

munch (to) [mʌntʃ] t. mastegar.

mundane [mʌn'dein] a. mundà.

Munich ['mjuːnik] n. pr. GEOGR. Múnic.

municipal [mjuː'nisipl] a. municipal.

municipality [mjuːˌnisi'pæliti] s. municipalitat f., municipi m.

munificent [mjuː'nifisnt] a. form. munífic, munificent.

munitions [mjuː'nifənz] s. pl. municions f. pl.

murder (to) ['məːdəʳ] t. assassinar, matar.

murder ['məːdəʳ] s. assassinat m. 2 DRET homicidi m.

murderer ['məːdərəʳ] s. assassí. 2 DRET homicida.

murderous ['məːdərəs] a. assassí, homicida. 2 sanguinari, cruel.

murky ['məːki] a. obscur, llòbrec, fosc.

murmur ['məːməʳ] s. murmuri m., xiuxiueig m., remor f. 2 queixa f.

murmur (to) ['məːməʳ] t. murmurar. ■ i. xiuxiuejar. 3 remugar.

muscle ['mʌsl] s. ANAT. muscle m.

muscular ['mʌskjulə] a. muscular. 2 musculós, musculat, cepat.

Muse [mjuːz] MIT. musa f. [també fig.].

muse (to) [mjuːz] i. meditar, reflexionar. 2 estar distret, estar encantat.

museum [mjuː'ziəm] s. museu m.

mushroom ['mʌʃrum] s. BOT. bolet m., xampinyó m.

music ['mjuːzik] s. música f. ‖ fig. *to face the ~,* afrontar les conseqüències; afrontar les crítiques.

musical ['mjuːzikəl] a. musical, músic. ‖ *~ comedy,* comèdia f. musical, opereta f. 2 harmoniós, melodiós.

musician [mjuː'ziʃən] s. músic.

music stand ['mjuːzikstænd] s. faristol m.

musk [mʌsk] s. mesc m., almesc m. ‖ *~ melon,* meló m.

musket ['mʌskit] s. ARM. mosquet m., fusell m.

musketeer [ˌmʌski'tiəʳ] s. mosqueter m., fuseller m.

musketry ['mʌskitri] s. mosqueteria f., fuselleria f.

muskrat ['mʌskræt] s. ZOOL. rata f. mesquera.

muslin ['mʌzlin] s. TÈXT. mussolina f. 2 percala f.

must [mʌst, məst] s. most m. 2 col·loq. *his latest film is a ~,* tothom hauria de veure la seva darrera pel·lícula.

must [mʌst, məst] aux. haver de, caldre [només en present]. 2 deure: *you ~ be joking!,* deus estar de broma, oi? 3 ser necessari.

mustard ['mʌstəd] *s.* mostassa *f.*

muster ['mʌstəˀ] *s.* reunió *f.* 2 MIL. llista *f.,* revista *f.*

muster (to) ['mʌsəˀ] *t.* ajuntar, reunir. 2 MIL. cridar a revista. ■ 3 *i.* reunir-se *p.,* ajuntar-se *p.*

musty ['nʌsti] *a.* florit. 2 ranci. 3 fig. vell, antiquat.

mute [mjuːt] *a.* mut. 2 GRAM. mut. ■ 3 *s.* mut. 4 MÚS. sordina *f.* ■ 5 -ly *adv.* amb sordina; silenciosament.

mutilate (to) ['mjuːtileit] *t.* mutilar.

mutilation [ˌmjuːti'leiʃən] *s.* mutilació *f.*

mutineer [ˌmjuːti'niəˀ] *s.* amotinat.

mutinous ['mjuːtinəs] *a.* rebel, indòmit. 2 amotinat, amotinador, subversiu. ■ 3 -ly *adv.* sediciosament.

mutiny ['mjuːtini] *s.* motí *m.,* insubordinació *f.,* sublevació *f.*

mutiny (to) ['mjuːtini] *i.* amotinar-se *p.,* insubordinar-se *p.,* sublevar-se *p.*

mutter ['mʌtəˀ] *s.* murmuri *m.*

mutter (to) ['mʌtəˀ] *t.* murmurar. ■ 2 *i.* murmurar, xiuxiuejar.

mutton ['mʌtn] *s.* carn *f.* de be. || ~ *chop,* costella *f.* de be.

mutual ['mjuːtjuəl] *a.* mutu, mutual; recíproc. 2 comú.

muzzle ['mʌzl] *s.* morro *m.,* musell *m.* 2 boç *m.,* morrió *m.* 3 boca *f.* [d'una arma de foc].

muzzle (to) ['mʌzl] *t.* emboçar, posar el morrió. 2 fig. tapar la boca.

my [mai] *a. poss.* el meu, la meva, els meus, les meves; ~ *book,* el meu llibre. ■ 2 *interj.* oh, ~!, carai!

myopia [mai'opjə] *s.* MED. miopia *f.*

myrrh [məːˀ] *s.* mirra *f.*

myrtle ['məːtl] *s.* BOT. murta *f.,* murtra *f.*

myself [mai'self] *pron.* jo, jo mateix. 2 em, me. 3 mi, meu.

mysteri ['mistəri] *s.* misteri *m.*

mysterious [mis'tiəriəs] *a.* misteriós.

mystery play ['mistəriˌplei] *s.* TEAT. acte *m.* sacramental.

mystic ['mistik] *a.-s.* místic.

mysticism ['mistisizəm] *s.* misticisme *m.,* mística *f.*

mystify (to) ['mistifai] *t.* confondre, desconcertar, desorientar.

mystique [mis'tiːk] *s.* caràcter *m.* esotèric. 2 misteri *m.*

myth [miθ] *s.* mite *m.*

mythological [ˌmiθə'lɔdʒikəl] *a.* mitològic.

mythology [mi'θɔlədʒi] *s.* mitologia *f.*

N

N, n [en] *s.* n *f.* [lletra].

nacre [ˈneɪkəʳ] *s.* nacre *m.*

nadir [ˈneɪdɪəʳ] *s.* ASTR. nadir *m.* 2 fig. punt *m.* més baix.

nag [næg] *s.* rossí *m.*, róssa *f.*

nag (to) [næg] *t.-i.* renyar *t.*; empipar *t.*; criticar *t.*

nail [neɪl] *s.* ANAT. ungla *f.* 2 ZOOL. unglot *m.*, urpa *f.* 3 clau *m.* 4 **on the ~**, a l'acte *m.*

nail (to) [neɪl] *t.* clavar, subjectar amb claus.

nail clippers [ˈneɪlˌklɪpəz] *s. pl.* tallaungles *m.*

naïve, naive [naɪˈiːv] *a.* senzill, ingenu. ■ 2 **-ly** *adv.* ingènuament.

naked [ˈneɪkɪd] *a.* despullat, nu. ‖ *with the ~ eye*, a simple vista. 2 descobert, sense protecció. ■ 3 **-ly** *adv.* clarament.

name [neɪm] *s.* nom *m.* ‖ *in the ~ of*, en nom de; *nick ~*, sobrenom *m.*, malnom *m.*; *what is your ~?*, com et dius? 2 fama *f.*, reputació *f.*

name (to) [neɪm] *t.* dir, denominar, anomenar. 2 esmentar, fer esment. 3 designar, indicar.

name day [ˈneɪmdeɪ] *s.* sant *m.* [dia].

nameless [ˈneɪmlɪs] *a.* anònim. 2 innominat. 3 sense nom. 4 indescriptible.

namely [ˈneɪmlɪ] *adv.* és a dir, a saber.

namesake [ˈneɪmseɪk] *s.* homònim.

nanny [ˈnænɪ] *s.* mainadera *f.*

nap [næp] *s.* becaina *f.*, migdiada *f.* 2 borrissol *m.*, pelussa *f.*

nap [næp] *i.* fer una becaina, fer la migdiada. 2 *to catch napping*, agafar desprevingut.

nape [neɪp] *s.* ~ *of the neck*, clatell *m.*, (BAL.) clotell *m.*, (VAL.) bescoll *m.*

napkin [ˈnæpkɪn] *s.* tovalló *m.* 2 bolquer *m.*, gasa *f.*

Naples [ˈneɪplz] *n. pr.* GEOGR. Nàpols.

narcissus [nɑːˈsɪsəs] *s.* BOT. narcís *m.*

narcotic [nɑːˈkɔtɪk] *a.* MED. narcòtic. ■ 2 *s.* MED. narcòtic *m.*

nard [nɑːd] *s.* BOT. nard *m.*, vara *f.* de Jessè.

narrate (to) [næˈreɪt] *t.* narrar.

narration [næˈreɪʃən] *s.* narració *f.*

narrative [ˈnærətɪv] *a.* narratiu. ■ 2 *s.* narració *f.*, relat *m.* 3 narrativa *f.*

narrow [ˈnærou] *a.* estret, angost. ‖ ~ *gauge*, de via estreta. 2 escàs, reduït, limitat. ‖ ~ *circumstances*, pobresa *f.*, estretor *f.* 3 amb poc marge. ‖ *I had a ~ escape*, vaig escapar pels pèls. 4 intolerant. ■ 5 **-ly** *adv.* estretament, de prop; per poc; minuciosament; mesquinament.

narrow (to) [ˈnærou] *t.* estrènyer, fer estret, reduir. ■ 2 *i.* estrènyer-se *p.*, fer-se *p.* estret, reduir-se *p.*

narrow-minded [ˌnærouˈmaɪndɪd] *a.* estret de mires, mesquí, intolerant.

narrowness [ˈnærounɪs] *s.* estretor *f.*, estretesa *f.*

NASA [ˈnæsə] *s.* (EUA) *(National Aeronautics and Space Administration)* NASA *f.* (administració nacional aeronàutica i espacial).

nasal [ˈneɪzəl] *a.* nasal. ■ 2 *s.* so *m.* nasal.

nasty [ˈnɑːstɪ] *a.* brut, porc. 2 fastigós, repugnant. 3 indecent, groller. 4 desagradable. 5 dolent.

nation [ˈneɪʃən] *s.* nació *f.*

national [ˈnæʃnəl] *a.* nacional.

national anthem [ˌnæʃnəlˈænθəm] *s.* himne *m.* nacional.

National Debt [ˌnæʃnəlˈdet] *s.* COM. deute *m.* públic.

nationalism [ˈnæʃnəlɪzm] *s.* nacionalisme *m.*

nationalist [ˈnæʃnəlɪst] *s.* nacionalista.

nationality [ˌnæʃəˈnælɪtɪ] *s.* nacionalitat *f.*

nationalize (to) [ˈnæʃnəlaɪz] *t.* nacionalitzar [la indústria, etc.]. 2 nacionalitzar, naturalitzar. 3 esdevenir una nació.

national service [ˌnæʃnəlˈsəːvis] s. servei m. militar.

nationwide [ˈneiʃənˌwaid] a. a tota la nació, per tota la nació, a escala nacional.

native [ˈneitiv] a. natural, nadiu. 2 originari, oriünd. 3 indígena. 4 natal; matern. ■ 5 s. natural m., nadiu, indígena.

nativity [nəˈtiviti] s. nativitat f., naixença f., naixement m.

NATO [ˈneitou] s. (North Atlantic Treaty Organization) OTAN f. (Organització del Tractat de l'Atlàntic Nord).

natter (to) [ˈnætə] i. col·loq. xerrar, xerrotejar. 2 queixar-se p., remugar.

natty [ˈnæti] a. col·loq. elegant. 2 destre, hàbil.

natural [ˈnætʃrəl] a. natural. 2 nat, innat, de naixement. 3 instintiu. ■ 4 s. MÚS. nota f. natural; becaire m. 5 imbècil. 6 col·loq. persona f. amb dots naturals.

naturalize (to) [ˈnætʃrəlaiz] t. naturalitzar. 2 BOT., ZOOL. aclimatar. ■ 3 i. naturalitzar-se p. 4 BOT., ZOOL. aclimatar-se p.

nature [ˈneitʃə] s. natura f., naturalesa f. 2 caràcter m., temperament m. ‖ *good* ~, amabilitat f., bon caràcter. 3 tipus m., classe f., gènere m. 4 essència f. 5 B. ART *from* ~, del natural.

naught [nɔːt] s. zero m. 2 res: *to come to* ~, anar a parar a res, frustrar-se.

naughty [ˈnɔːti] a. entremaliat, desobedient, dolent, (VAL.) roín.

nausea [ˈnɔːsjə] s. nàusea f., basca f.

nauseate (to) [ˈnɔːsieit] t. fer venir nàusea, fer fàstic.

nauseous [ˈnɔːsiəs] a. nauseabund.

nautical [ˈnɔːtikəl] a. nàutic.

naval [ˈneivəl] a. naval.

nave [neiv] s. ARQ. nau f.

navel [ˈneivəl] s. ANAT. melic m., llombrígol m.

navigate (to) [ˈnævigeit] t. governar, portar [un vaixell, etc.]. 2 fig. guiar. ■ 3 i. navegar.

navigation [ˌnæviˈgeiʃən] s. navegació f.; nàutica f.

navigator [ˈnævigeitə] s. navegant.

navy [ˈneivi] s. armada f., flota f., marina f. de guerra.

N.B. [ˈenˈbiː] (Nota Bene, note well) N.B. (Nota Bene, noteu bé).

NBC [ˌenbiːˈsiː] s. (EUA) (National Broadcasting Company) NBC f. (societat nacional de radiodifusió).

near [niə] a. pròxim, proper, immediat, a prop. ‖ COM. ~ *offer*, preu m. a discutir. 2 estret, íntim. ■ 3 adv. prop. ‖ *to come* ~, apropar-se, acostar-se. 4 gairebé, a punt de. ■ 5 prep. a prop de. 6 gairebé. ‖ ~ *the end of the year*, a finals d'any.

near (to) [niə] t. apropar, acostar. ■ 2 i. apropar-se p., acostar-se p.

nearby [ˈniəbai] a. proper, pròxim. ■ 2 adv. prop, a prop.

Near East [ˌniərˈiːst] s. GEOGR. Pròxim Orient.

nearly [ˈniəli] adv. quasi, gairebé; per poc. 2 prop; aproximadament.

neat [niːt] a. polit, pulcre. 2 net, endreçat. 3 acurat. 4 elegant. 5 hàbil, destre. 6 pur, sol.

neatness [ˈniːtnis] s. pulcritud f., cura f. 2 habilitat f.; elegància f.

nebula [ˈnebjulə] s. ASTR. nebulosa f. ▲ *pl.*: **nebulae** [ˈnebjuliː], **nebulas** [ˈnebjuləz].

nebulous [ˈnebjuləs] a. ASTR. nebulós [també fig.].

necessary [ˈnesisəri] a. necessari. ■ 2 s. pl. necessitats f. pl.

necessitate (to) [niˈsesiteit] t. necessitar; fer necessari, exigir.

necessitous [niˈsesitəs] a. form. necessitat, pobre.

necessity [niˈsesiti] s. necessitat f., requisit m. 2 pl. articles m. pl. de primera necessitat.

neck [nek] s. ANAT. coll m. 2 coll m., broc m. 3 istme m., estret m. 4 part f. estreta. 5 fig. *to get it in the* ~, carregar els nelers, carregar-se-les. 6 fig. *to stick one's* ~ *out*, arriscar-se. 7 COST. *V-neck*, coll m. de punxa. 8 ESPORT coll m.: *to win by a* ~, guanyar per un coll. 9 MED. *stiff* ~, torticoli f.

neck (to) [nek] i. col·loq. petonejar-se p.; abraçar-se p.; acaronar-se p.

necklace [ˈneklis] s. collaret m.

need [niːd] s. necessitat f., manca f. 2 necessitat f., pobresa f., indigència f.

need (to) [niːd] t. necessitar, haver de menester, requerir. ■ 2 i. tenir necessitat. 3 caldre.

needful [ˈniːdful] a. necessari. 2 necessitat. ■ 3 s. col·loq. *do the* ~, fer tot el que calgui.

needle [ˈniːdl] s. agulla f. ‖ *magnetic* ~, agulla nàutica.

needless [ˈniːdlis] a. innecessari, inútil. ‖ ~ *to say*, no cal dir que.

needlework [ˈniːdlwəːk] s. costura f. 2 brodat m.

needy ['ni:di] *a.* necessitat, indigent. ■ 2 *s. the* ~, els necessitats.

nefarious [ni'feəriəs] *a.* nefand, vil, infame.

negation [ni'geiʃən] *s.* negació *f.*

negative ['negətiv] *a.* negatiu. ■ 2 *s.* negativa *f.*, negació *f.* 3 FOT., ELECT. negatiu *m.*

neglect [ni'glekt] *s.* descuit *m.*, negligència *f.* 2 deixadesa *f.*, abandonament. 3 incompliment *m.*, inobservància *f.*

neglect (to) [ni'glekt] *t.* abandonar, descurar, deixar. 2 no complir, no observar. 3 no fer cas de, menysprear.

neglectful [ni'glektful] *a.* descurat, negligent. 2 abandonat, deixat. ■ 3 *-ly adv.* negligentment.

negligence ['neglidʒəns] *s.* negligència *f.*, descuit *m.*, deixadesa *f.*

negotiate (to) [ni'gouʃieit] *t.* negociar. 2 col·loq. travessar, saltar, salvar. ■ 3 *i.* negociar amb.

negotiation [nigouʃi'eiʃən] *s.* negociació *f.*

Negress ['ni:gres] *s.* negra *f.* [dona].

Negro ['ni:grou] *s.* negre *m.* [home].

neigh [nei] *s.* renill *m.*

neigh (to) [nei] *i.* renillar.

neighbour, (EUA) **neighbor** ['neibə] *s.* veí. 2 REL. proïsme.

neighbourhood, (EUA) **neighborhood** ['neibəhud] *s.* veïnat *m.* 2 voltants *m. pl.*, rodalies *f. pl.*

neighbouring, (EUA) **neighboring** ['neibəriŋ] *a.* veí, proper, immediat.

neither ['naiðə, 'ni:ðə'] *a.* cap [dels dos]. ■ 2 *conj.* ni. ■ 3 *adv.* tampoc, ni tan sols. ■ 4 *pron.* cap, ni l'un ni l'altre.

neologism [ni:'ɔlədʒizəm] *s.* neologisme *m.*

nephew ['nevju:] *s.* nebot *m.*

nerve [nə:v] *s.* ANAT., BOT. nervi *m.* [també fig.]. 2 sang *f.* freda, valor *m.;* barra *f.: what a ~!,* quina barra! 3 *pl.* nervis *m. pl.*

nervous ['nə:vəs] *a.* nerviós. 2 vigorós, enèrgic. 3 tímid, poruc.

nest [nest] *s.* niu *m.* [també fig.]. 2 covador *m.*, ponedor *m.*

nest (to) [nest] *i.* fer el niu, niar. 2 buscar nius.

nestle (to) ['nesl] *t.* abraçar. ■ 2 *i.* acotxar-se *p.*, escarxofar-se *p.* 3 arrupir-se *p.*

net [net] *s.* xarxa *f.* 2 malla *f.* [teixit]. 3 fig. parany *m.*, trampa *f.* ■ 4 *a.* COM. net.

Netherlands ['neðərləndz] *n. pr.* GEOGR. *the* ~, els Països Baixos.

nettle ['netl] *s.* BOT. ortiga *f.*

nettle (to) ['netl] *t.* picar-se *p.* [amb una ortiga]. 2 fig. irritar, molestar.

network ['netwə:k] *s.* xarxa *f.* [telegràfica, telefònica, etc.].

neuter ['nju:tə'] *a.* neutre. ■ 2 *s.* gènere *m.* neutre.

neutral ['nju:trəl] *a.* neutral; neutre. ■ 2 *s.* país *m.* neutral, persona *f.* neutral. 3 AUTO. *in* ~, en punt mort.

never ['nevə'] *adv.* mai. ‖ ~ *again,* mai més. 2 de cap manera; no. ‖ ~ *fear,* no t'amoïnis. ‖ ~ *mind,* 3 col·loq. *on the never-never,* a terminis.

nevertheless [,nevəðə'les] *adv.-conj.* tanmateix, no obstant.

new [nju:] *a.* nou. ‖ ~ *look,* nova imatge. 2 tou [pa]. 3 modern. 4 fresc, recent. ‖ ~ *arrival,* nouvingut. ■ 5 *-ly adv.* novament; recentment.

newborn ['nju:bɔ:n] *a. a ~ baby,* un nen acabat de néixer, un nadó.

new-comer ['nju:kʌmə'] *s.* nouvingut.

New Delhi ['nju:'deli] *n. pr.* GEOGR. Nova Delhi.

new-laid ['nju:leid] *a. a ~ egg,* un ou fresc, acabat de pondre.

news [nju:z] *s.* notícia *f.*, notícies *f. pl.*, nova *f.*, noves *f. pl.* ‖ *a piece of* ~, una notícia *f.* 2 premsa *f.*, diaris *m. pl.*, telenotícies *m.*

newscaster ['nju:zkæstə'] *s.* locutor de telenotícies.

newspaper ['nju:speipə'] *s.* periòdic *m.*, diari *m.*

newspaperman ['nju:speipəmæn] *s.* periodista *m.*

newspaperwoman ['nju:speipəwumən] *s.* periodista *f.*

newt [nju:t] *s.* ZOOL. tritó *m.*

New York [nju:'jɔ:k] *n. pr.* GEOGR. Nova York.

New Zealand [,nju:'zi:lənd] *n. pr.* GEOGR. Nova Zelanda. ■ 2 *a.* neozelandès.

New Zealander [,nju:'zi:ləndə'] *s.* GEOGR. neozelandès.

next [nekst] *a.* pròxim, proper, immediat, contigu, del costat, veí; següent, successiu; futur, vinent. ‖ ~ *door,* del costat, de la casa del costat. ‖ ~ *life,* vida *f.* futura. ■ 2 *adv.* després, més tard, a continuació. ‖ ~ *to,* al costat de; després de; fig. gairebé, quasi. ■ 3 *prep.* al costat de. 4

després de, immediatament, la pròxima vegada.

nib [nib] s. plomí m., tremp m. [d'una ploma]. 2 MEC. punta f., pua f. dent f.

nibble ['nibl] s. mossegada f., picada f.

nibble (to) ['nibl] t. mossegar, rosegar. 2 picar [un peix]. ■ 3 i. fig. to ~ at, sentir-se p. temptat, interessar-se p. per.

Nicaragua [nikə'rægjuə], (EUA) [nikæ'rægwæ] n. pr. GEOGR. Nicaragua.

Nicaraguan [nikə'rægjuə], (EUA) [nikæ'rægwn] a.-s. nicaragüenc.

nice [nais] a. maco, bonic. 2 bo, agradable, deliciós, exquisit. 3 elegant. 4 amable, simpàtic. 5 subtil, fi; exacte, precís. 6 acurat, meticulós. 7 delicat, exigent. ■ 8 -ly adv. subtilment; amablement, agradablement; elegantment; molt bé.

niche [nitʃ] s. nínxol m., fornícula f. 2 fig. forat m.

Nicholas ['nikələs] n. pr. m. Nicolau.

Nick ['nik] n. pr. m. (dim. **Nicholas**) Nicolau.

nick [nik] s. incisió f., tall m., osca f. ‖ **in the ~ of time**, en el moment precís.

nickel ['nikl] s. QUÍM. níquel m. 2 (EUA) col·loq. moneda f. de cinc centaus.

nickname ['nikneim] s. sobrenom m., malnom m.

niece [ni:s] s. neboda f.

niggard ['nigəd] s. avar, gasiu.

niggardly ['nigədli] a. avar, gasiu. ■ 2 adv. amb gasiveria, amb avarícia.

night [nait] s. nit f. ‖ **at ~, by ~**, de nit, a la nit. ‖ **last ~**, ahir m. a la nit, anit. ■ 2 a. de nit, nocturn.

nightfall ['naitfɔːl] s. vespre m., cap al tard m.

nightgown ['naitgaun] s. camisa f. de dormir; bata f. de nit.

nightingale ['naitiŋgeil] s. ORN. rossinyol m.

nightly ['naitli] adv. cada nit. ■ 2 a. de cada nit.

nightmare ['naitmeə'] s. malson m.

night-time ['naittaim] s. nit f. ‖ **in the ~**, de nit, a la nit.

night-watchman [ˌneit'wɔtʃmən] s. sereno m., vigilant m. nocturn.

nil [nil] s. ESPORT zero m., res m.

nimble ['nimbl] a. àgil, lleuger. 2 viu, actiu.

nincompoop ['ninkəmpuːp] s. babau, talòs.

nine [nain] a. nou. ■ 2 s. nou m. ‖ **~ o'clock**, les nou.

ninepins ['nainpinz] s. joc m. de bitlles.

nineteen [nain'tiːn] a. dinou, (BAL.) denou, (VAL.) dèneu, (ROSS.) desanou. ■ 2 s. dinou m., (BAL.) denou m., (VAL.) dèneu m., (ROSS.) desanou m.

nineteenth [nain'tiːnθ] a. dinovè. ■ 2 s. dinovè m.

ninetieth ['naintiəθ] a. norantè. ■ 2 s. norantè m.

ninety ['nainti] a. noranta. ■ 2 s. noranta m.

ninny ['nini] s. babau, talòs.

ninth [nainθ] a. novè. ■ 2 s. novè m.

nip [nip] s. pessigada f.; mossegada f. 2 glop m. [d'una beguda].

nip (to) [nip] t. pessigar. 2 glaçar, gelar [una planta]. 3 tallar: to ~ **in the bud**, tallar en sec, tallar d'arrel. ■ 4 i. picar t., espicossar t. 5 col·loq. córrer, anar de pressa.

nipper ['nipə'] s. pinces f. pl. [de crustaci]. 2 pl. pinces f. pl., alicates f. pl. 3 (G.B.) col·loq. criatura, nen.

nipple ['nipl] s. ANAT. mugró m. 2 tetina f. 3 protuberància f.

nit [nit] s. ZOOL. llémena f. 2 imbècil, idiota.

nitrogen ['naitridʒən] s. QUÍM. nitrogen.

no [nou] adv. no. ‖ **I have ~ more money**, no tinc més diners; ~ **more**, mai més; **she ~ longer lives here**, ja no viu aquí. ■ 2 a. cap, ningú: ~ **one**, ningú. ‖ **with ~ money**, sense diners. ■ 3 s. no m. ▲ pl.: **noes** ['nouz]

nobility [nou'biliti] s. noblesa f.

noble ['noubl] a.-s. noble.

nobleman ['noublmən] s. noble m., aristòcrata m.

nobleness ['noublnis] s. noblesa f. [moral].

nobody ['noubədi] pron. ningú. ■ 2 s. ningú m., no ningú m.

nod [nɔd] s. cop m. de cap, moviment m. del cap [senyal d'assentiment; salutació, etc.]. 2 capcinada f., cop m. de cap [quan es dorm assegut].

nod (to) [nɔd] t. inclinar el cap. 2 assentir [amb el cap]. 3 saludar [amb el cap]. ■ 4 i. fer cops de cap, pesar figues.

noise [nɔiz] s. soroll m., so m. 2 soroll m., rebombori m., estrèpit m. 3 col·loq. **big ~**, peix m. gros.

noise (to) [nɔiz] t. to ~ **abroad**, divulgar, difondre, fer córrer.

noiseless [ˈnɔizlis] a. silenciós, apagat, tranquil.

noisome [ˈnɔisəm] a. fètid, repugnant, ofensiu [olor]. 2 nociu, perniciós.

noisy [ˈnɔizi] a. sorollós, estrepitós, escandalós.

nomad [ˈnoumæd] a.-s. nòmada.

nominate (to) [ˈnɔmineit] t. nomenar. 2 anomenar. 3 proposar.

nomination [ˌnɔmiˈneiʃən] s. nominació f., nomenament m., proposta f.

non-aligned [ˌnɔnəˈlaind] a. neutral, no alineat.

nonchalance [ˈnɔnʃələns] s. indiferència f., indolència f.

nonconformist [ˌnɔnkənˈfɔːmist] a.-s. inconformista, dissident.

nondescript [ˈnɔndiskript] a.-s. indefinit, estrany, difícil de classificar.

none [nʌn] pron. ningú, cap. ‖ ~ but, només. ■ 2 adv. no, de cap manera. ‖ ~ the less, tanmateix, no obstant.

nonentity [nɔˈnentiti] s. no res m., no existència f. 2 zero m. a l'esquerra, nul·litat f. [persona].

non-payment [ˌnɔnˈpeimənt] s. manca f. de pagament.

nonplus (to) [nɔnˈplʌs] t. deixar parat, deixar perplex.

nonsense [ˈnɔnsəns] s. absurditat f., disbarat m., (BAL.) doi m., desbarat m., (VAL.) destrellat m. 2 bestieses f. pl. ■ 3 interj. quina bestiesa!

non-skid [ˌnɔnˈskid] a. antilliscant.

noodle [ˈnuːdl] s. tallarina f., fideu m. 2 fig. babau, talòs.

nook [nuk] s. racó m. 2 fig. amagatall m., cau m.

noon [nuːn] s. migdia m., (VAL.) migjorn m.

noose [nuːs] s. nus m. o llaç m. escorredor. 2 hangman's ~, dogal m.

nor [nɔːʳ] conj. ni: neither you ~ I, ni tu ni jo. 2 tampoc: ~ I, jo tampoc.

norm [nɔːm] s. norma f., pauta f., model m.; tipus m.

normal [ˈnɔːməl] a. normal. ■ 2 s. nivell m. normal, estat m. normal, grau m. normal. 3 normalitat f. ■ 4 -ly adv. normalment.

Norman [ˈnɔːmən] a.-s. normand.

Norse [nɔːs] a. noruec, escandinau. ■ 2 s. noruec m. [llengua].

north [nɔːθ] s. nord m. ■ 2 a. del nord, nòrdic, septentrional. ■ 3 adv. cap al nord, al nord.

northern [ˈnɔːðən] a. del nord, septentrional.

North Pole [ˈnɔːθˌpoul] s. GEOGR. Pol m. Nord.

Norwegian [nɔːˈwiːdʒən] a. noruec. ■ 2 s. noruec [persona]. 3 noruec m. [llengua].

Norway [ˈnɔːwei] n. pr. GEOGR. Noruega.

nose [nouz] s. ANAT. nas m. 2 nas m., olfacte m. 3 morro m., musell m. 4 AVIA. morro m. 5 MAR. proa f.

nose (to) [nouz] t. olorar, ensumar, flairar. 2 rastrejar. ■ 3 i. tafanejar, xafardejar.

nose bag [ˈnouzbæg] s. morral m., civadera f.

nosegay [ˈnouzgei] s. ram m., pom m. [de flors].

nosey [ˈnouzi] a. col·loq. tafaner, xafarder.

nostalgia [nɔsˈtældʒiə] s. nostàlgia f.

nostril [ˈnɔstril] s. nariu f.

not [nɔt] adv. no. ‖ absolutely ~!, de cap manera; ~ a few; no pas pocs; ~ anymore, ja no, prou; ~ at all, gens; de cap manera; de res; ~ likely!, ni parlar-ne!

notable [ˈnoutəbl] a. notable. 2 memorable. ■ 3 s. persona f. notable.

notary (public) [ˈnoutəri] s. notari.

notation [nouˈteiʃən] s. notació f. 2 anotació f.

notch [nɔtʃ] s. osca f., mossa f.

notch (to) [nɔtʃ] t. oscar, escantellar. 2 dentar.

note [nout] s. nota f., apunt m. 2 nota f., comunicació f. 3 nota f., observació f., anotació f. ‖ to take ~ of, observar. 4 importància f. 5 senyal m., marca f. 6 bitllet m. [de banc]. 7 MÚS. nota f.

note (to) [nout] t. notar, observar, advertir. 2 fer notar. 3 anotar, registrar, apuntar. ‖ to ~ down, apuntar.

notebook [ˈnoutbuk] s. agenda f., llibreta f., quadern m.

noted [ˈnoutid] a. conegut, famós.

nothing [ˈnʌθiŋ] s. res pron. ‖ for ~, gratis, en va, per a res, inútilment. 2 bestiesa f. 3 MAT. zero m. ■ 4 adv. res pron.; de cap manera; no.

notice [ˈnoutis] s. avís m., advertència f. 2 anunci m., cartell m. 3 coneixement m.; observació f.; cas m. ‖ to take ~ of, notar; fer cas de. 4 atenció f., interès m., cortesia f. 5 acomiadament m.: ‖ to give ~, acomiadar. 6 ressenya f. [literària, etc.].

notice (to) ['noutis] *t.* notar, observar, remarcar. 2 adonar-se *p.*, fixar-se *p.* 3 esmentar, ressenyar, fer la ressenya [d'un llibre]. 4 reconèixer, veure.

noticeable ['noutisəbl] *a.* evident, obvi. 2 perceptible, notable.

notify (to) ['noutifai] *t.* notificar, comunicar, fer saber. 2 informar, avisar.

notion ['nouʃən] *s.* noció *f.* 2 idea *f.*, concepte *m.* 3 intenció *f.* 4 caprici *m.* 5 *pl.* (EUA) articles *m. pl.* de merceria.

notorious [nou'tɔːriəs] *a.* notori, molt conegut, famós [gralnt. pej.].

notwithstanding [,nɔtwiθ'stændiŋ] *adv.* tanmateix, no obstant. ■ 2 *prep.* malgrat. ■ 3 *conj.* tot i que, per més que.

nougat ['nuːgaː] *s.* mena de torró *m.* d'avellanes, nogat *m.*

nought [nɔːt] *s.* res *pron.* 2 MAT. zero *m.*

noughts-and-crosses ['nɔːtsən'krɔsiz] *s.* JOC marro *m.*

noun [naun] *s.* GRAM. nom *m.*, substantiu *m.*

nourish (to) ['nʌriʃ] *t.* nodrir, alimentar [també fig.].

nourishing ['nʌriʃiŋ] *a.* nutritiu.

nourishment ['nʌriʃmənt] *s.* aliment *m.* 2 nutrició *f.*

novel ['nɔvəl] *a.* nou; original. ■ 2 *s.* LIT. novel·la *f.*

novelist ['nɔvəlist] *s.* LIT. novel·lista.

novelty ['nɔvəlti] *s.* novetat *f.*

November [nou'vembə] *s.* novembre *m.*

novice ['nɔvis] *s.* principiant. 2 ECLES. novici.

now [nou] *adv.* ara; avui, actualment. ‖ *from ~ on*, des d'ara, d'ara (en) endavant; *just/right ~*, ara mateix; fa un moment; *~ and then*, de tant en tant. 2 aleshores. 3 ara, ara bé. 4 *now... now*, ara... ara, tan aviat... com. ■ 5 *conj.* ara. ■ 6 *interj.* vinga!, va!

nowadays ['nauədeiz] *adv.* avui dia, avui en dia, actualment.

nowhere ['nouwɛə'] *adv.* enlloc. 2 fig. ni de bon tros.

noxious ['nɔkʃəs] *a.* nociu, perniciós.

NT [,en'tiː] *s.* (New Testament) Nou Testament *m.*

nth [enθ] *a.* col·loq. enèsim; màxim, extrem.

nuance ['njuːɑːns] *s.* matís *m.*

nuclear ['njuːkliə'] *a.* nuclear.

nucleus ['njuːkliəs] *s.* nucli *m.*

nude [njuːd] *a.* nu, despullat [també fig.]. ■ 2 *s.* B. ART nu *m.*

nudge [nʌdʒ] *s.* cop *m.* de colze.

nudge (to) [nʌdʒ] *t.* donar un cop de colze.

nugget ['nʌgit] *s.* MIN. palleta *f.*

nuisance ['njuːsns] *s.* molèstia *f.*, incomoditat *f.* 2 llauna *f.: to be a ~*, donar la llauna; ser una llauna. 3 pesat, corcó *m.*

null [nʌl] *a.* nul, invàlid. ‖ *~ and void*, nul i sense efecte.

nullify (to) ['nʌlifai] *t.* anul·lar, invalidar.

numb [nʌm] *a.* entumit, enravenat, encarcarat, adormit.

numb (to) [nʌm] *t.* entumir, enravenar, encarcarar.

number ['nʌmbə'] *s.* número *m.* 2 nombre *m.* 3 *a ~ of*, diversos, alguns: *any ~ of*, la mar f. de.

number (to) ['nʌmbə'] *t.* numerar. 2 comptar. ■ 3 *i.* pujar a, sumar. 4 *to ~ off*, numerar-se *p.*

numberless ['nʌmbəlis] *a.* innombrable, innumerable.

numbness ['nʌmnis] *s.* entumiment *m.,* encarcarament *m.,* fig. insensibilitat *f.*

numeral ['njuːmərəl] *a.* numeral. ■ 2 *s.* número *m.*, xifra *f.*

numerator ['njuːməreitə'] *s.* numerador *m.*

numerous ['njuːmərəs] *a.* nombrós. 2 molts.

numskull ['nʌmskʌl] *s.* tanoca, totxo, pallús.

nun [nʌn] *s.* monja *f.,* religiosa *f.*

nuncio ['nʌnsiou] *s.* ECLES. nunci *m.* [apostòlic].

nunnery ['nʌnəri] *s.* convent *m.* [de monges].

nuptial ['nʌpʃəl] *a.* nupcial.

nurse [nəːs] *s.* infermera *f.* 2 dida *f.* 3 mainadera *f.*

nurse (to) [nəːs] *t.* donar el pit, criar. 2 assistir, tenir cura de [un nen, un malalt, etc.]. 3 bressolar, acaronar. 4 alimentar [també fig.]. 5 fomentar.

nursery ['nəːsri] *s.* habitació *f.* dels nens. ‖ *day ~*, jardí *m.* d'infants, escola *f.* bressol. 2 AGR. criador *m.*, planter *m.*

nursery rhyme ['nəːsri,raim] *s.* cançó *f.* de criatures.

nursery school ['nəːsri,skuːl] *s.* jardí *m.* d'infants.

nursing ['nəːsiŋ] *s.* criança *f.,* alletament *m.,* lactància *f.* 2 assistència *f.* [de malalts]. 3 professió *f.* d'infermera.

nursing home ['nəːsiŋ,houm] *s.* clínica *f.* de repòs.

nurture ['nəːtʃəʳ] *s.* alimentació *f.,* nutrició *f.* 2 criança *f.,* educació *f.*

nurture (to) ['nəːtʃəʳ] *t.* alimentar, nodrir. 2 criar, educar.

nut [nʌt] *s.* BOT. nou *f.* 2 MEC. femella *f.,* rosca *f.* 3 *pl.* col·loq. sonat, guillat. ‖ *to be nuts about,* estar/anar boig per.

nut-brown ['nʌtbraun] *a.* castany, torrat.

nutcrackers ['nʌtˌkrækəz] *s. pl.* trencanous *m.*

nutrition [njuːˈtriʃən] *s.* form. nutrició *f.*

nutritious [njuːˈtriʃəs] *a.* form. nutritiu, alimentós.

nutshell ['nʌtʃəl] *s.* closca *f.* de nou. 2 fig. *in a ~,* amb poques paraules.

nuzzle (to) ['nʌzl] *t.* fregar amb el morro, furgar amb el morro. ■ 2 *i. to ~ up (to/ against),* fregar o empènyer amb el morro.

nymph [nimf] *s.* MIT. nimfa *f.*

O, o [ou] *s.* o *f.* [lletra]. 2 zero *m.* [telèfon].

oak [ouk] *s.* BOT. roure *m.*

oar [ɔːʳ, ɔəʳ] *s.* rem *m.*

oarsman [ˈɔːzmən] *s.* remer *m.*

oasis [ouˈeisis] *s.* oasi *m.*

oat [out] *s.* BOT. civada *f.* [gralnt. pl.].

oath [ouθ] *s.* jurament *m.*, jura *f.* ‖ *to take* ~, prestar jurament. 2 renec *m.*, blasfèmia *f.*

oatmeal [ˈoutmiːl] *s.* farina *f.* de civada.

obduracy [ˈɔbdjurəsi] *s.* obstinació *f.*, tossuderia *f.*, obduració *f.*

obedience [əbiːdjəns] *s.* obediència *f.*

obedient [əbiːdiənt] *a.* obedient. 2 dòcil.

obeisance [ouˈbeisəns] *s.* reverència *f.* [salutació]. 2 respecte *m.*, homenatge *m.*

obelisk [ˈɔbilisk] *s.* obelisc *m.*

obesity [ouˈbiːsiti] *s.* obesitat *f.*

obey (to) [əˈbei] *t.-i.* obeir.

obituary [əˈbitjuəri] *a.* necrològic. ■ 2 *s.* obituari *m.*, necrologia *f.*, nota *f.* necrològica.

object [ˈɔbdʒikt] *s.* objecte *m.* 2 objecte *m.*, objectiu *m.* 3 GRAM. objecte *m.*

object (to) [əbˈdʒekt] *i.* oposar-se *p.*, tenir objeccions. ■ 2 *t.* objectar.

objection [əbˈdʒekʃən] *s.* objecció *f.*, inconvenient *m.*

objectionable [əbˈdʒekʃənəbl] *a.* objectable, censurable. 2 molest, inconvenient.

objective [ɔbˈdʒektiv, əb-] *a.* objectiu. ■ 2 *s.* objectiu *m.*

objector [əbˈdʒektəʳ] *s.* objector. ‖ *conscientious* ~, objector *m.* de consciència.

obligate (to) [ˈɔbligeit] *t.* obligar.

obligation [ɔbliˈgeiʃən] *s.* obligació *f.*, deure *m.*, compromís *m.* 2 *to be under* ~ *to,* deure favors a.

oblige (to) [əˈblaidʒ] *t.* obligar. 2 complaure, servir. ‖ *much obliged,* molt agraït.

obliging [əˈblaidʒiŋ] *a.* atent, servicial, cortès. ■ 2 *-ly adv.* cortesament, atentament, amablement.

oblique [əˈbliːk] *a.* oblic. 2 indirecte.

obliterate (to) [əˈblitəreit] *t.* esborrar, fer desaparèixer, obliterar.

oblivion [əˈbliviən] *s.* oblit *m.*

oblivious [əˈbliviəs] *a.* oblidós. 2 desmemoriat. 3 inconscient.

oblong [ˈɔblɔŋ] *a.* oblong.

obnoxious [əbˈnɔkʃəs] *a.* ofensiu, detestable, odiós, obnoxi.

oboe [ˈoubou] *s.* MÚS. oboè *m.*

obscene [ɔbˈsiːn] *a.* obscè; indecent.

obscure [əbsˈkjuəʳ] *a.* obscur. 2 fosc. 3 borrós, vague.

obscure (to) [əbsˈkjuəʳ] *t.* obscurir, enfosquir. 2 amagar.

obscurity [əbˈskjuəriti] *s.* obscuritat *f.*, fosca *f.* 2 confusió *f.*, vaguetat *f.*

obsequies [ˈɔbsikwiz] *s. pl.* exèquies *f. pl.*, funerals *m. pl.*

obsequious [əbˈsiːkwiəs] *a.* obsequiós, servil.

observance [əbˈzəːvəns] *s.* observança *f.* 2 cerimònia *f.*, ritus *m.*, pràctica *f.*

observant [əbˈzəːvənt] *a.* atent, vigilant. 2 observador. 3 escrupulós.

observation [ɔbzə(ː)ˈveiʃən] *s.* observació *f.*

observatory [əbˈzəːvətri] *s.* observatori *m.*

observe (to) [əbˈzəːv] *t.* observar. 2 complir. 3 celebrar [una festa]. 4 dir, fer notar. ■ 5 *i.* observar *t.*

observer [əbˈzəːvəʳ] *s.* observador.

obsess (to) [əbˈses] *t.* obsessionar.

obsession [əbˈseʃən] *s.* obsessió *f.*

obsolete [ˈɔbsəliːt] *a.* obsolet.

obstacle [ˈɔbstəkl] *s.* obstacle *m.* 2 impediment *m.*, inconvenient *m.*

obstinacy [ˈɔbstinəsi] *s.* obstinació *f.* 2 tossuderia *f.*, persistència *f.*

obstinate ['ɔbstinit] *a.* obstinat. 2 tossut. 3 persistent.

obstruct (to) [əbs'trʌkt] *t.* obstruir. 2 obturar, embossar. 3 destorbar, impedir.

obstruction [əbs'trʌkʃən] *s.* obstrucció *f.* 2 obstacle *m.,* destorb *m.*

obtain (to) [əb'tein] *t.* obtenir, aconseguir. ■ 2 *i.* ser general, prevaler, regir.

obtrude (to) [əb'truːd] *t.* imposar. ■ 2 *i.* imposar-se *p.*

obtrusive [əb'truːsiv] *a.* intrús, molest, inoportú.

obtuse [əb'tjuːs] *a.* obtús. 2 adormit [sentit]. 3 apagat [dolor]. ■ 4 **-ly** *adv.* obtusament.

obverse ['ɔbvəːs] *s.* anvers *m.*

obviate (to) ['ɔbvieit] *t.* obviar, prevenir, evitar.

obvious ['ɔbviəs] *a.* obvi, evident, patent. 2 senzill, fàcil de descobrir. ■ 3 **-ly** *adv.* òbviament, evidentment.

occasion [ə'keiʒən] *s.* ocasió *f.,* oportunitat *f.,* cas *m.,* circumstància *f.* ‖ *on* ~, de tant en tant, de vegades. 2 ocasió *f.,* vegada *f.* 3 motiu *m.,* raó *f.* ‖ *on the* ~ *of,* amb motiu de.

occasion (to) [ə'keiʒən] *t.* ocasionar, causar, motivar.

occasional [ə'keiʒənl] *a.* ocasional. 2 casual. 3 poc freqüent. ■ 4 **-ly** *adv.* de tant en tant, ocasionalment.

Occident ['ɔksidənt] *s.* occident *m.*

occlude (to) [ɔ'kluːd] *t.* cloure, tancar. ■ 2 *i.* encaixar [les dents].

occult [ɔ'kʌlt] *a.* ocult, secret, misteriós.

occupant ['ɔkjupənt] *s.* ocupant, inquilí.

occupation [ɔkju'peiʃən] *s.* ocupació *f.* 2 possessió *f.,* tinença *f.* 3 ocupació *f.,* passatemps *m.*

occupy (to) ['ɔkjupai] *t.* ocupar. 2 passar, invertir. 3 *to* ~ *oneself in,* ocupar-se de, dedicar-se a.

occur (to) [ə'kəː] *i.* esdevenir, ocórrer, succeir. 2 trobar-se *p.,* ser. 3 ocórre's *p.*

occurrence [ə'kʌrəns] *s.* esdeveniment *m.,* cas *m.,* incident *m.*

ocean ['ouʃən] *s.* oceà *m.*

Oceania [ousi'aːniə] *n. pr.* GEOGR. Oceania.

Oceanian [ousi'aːniən] *a.-s.* oceànic.

ochre, (EUA) **ocher** ['oukə] *s.* ocre *m.*

o'clock [ə'klɔk] *adv. at seven* ~, a les set. ‖ *he left at six* ~, va marxar a les sis.

October [ɔk'toubə] *s.* octubre *m.*

octopus ['ɔktəpəs] *s.* ZOOL. pop *m.*

ocular ['ɔkjulə] *a.* ocular. ■ 2 *s.* ocular *m.*

oculist ['ɔkjulist] *s.* oculista.

odd [ɔd] *a.* imparell, senar [números]. 2 desparellat, de més. ‖ col·loq. ~ *man out,* que sobra, que no encaixa, que hi està de més [persona o cosa]. 3 ocasional. ‖ ~ *job,* feina *f.* ocasional. ‖ ~ *times,* estones *f. pl.* perdudes. 4 i escaig: *ten pounds* ~, deu lliures i escaig. 5 rar, estrany, curiós. ■ 6 **-ly** *adv.* estranyament.

oddity ['ɔditi] *s.* raresa *f.,* singularitat *f.* 2 persona *f.* estranya.

odds [ɔdz] *s.* desigualtat *f.;* superioritat *f.* ‖ *to fight against* ~, lluitar contra forces superiors. 2 avantatge *m.* [en el joc, en l'esport]. 3 probabilitats *f. pl.* [a favor o en contra]. 4 desavinença *f.* ‖ *to be at* ~ *with,* estar renyits. 5 ~ *and ends,* bagatel·les *f. pl.,* fòtils *m. pl.* 6 *it makes no* ~, és igual. ▲ *pl.: odds* [ɔdz].

ode [oud] *s.* LIT. oda *f.*

odious ['oudiəs] *a.* odiós, repugnant.

odium ['oudiəm] *s.* odi *m.*

odour, (EUA) **odor** ['oudə] *s.* olor *f.* 2 fragància *f.,* perfum *m.* 3 pudor *f.* 4 aprovació *f.* ‖ *to be in good/bad* ~ *with,* estar en bones o males relacions amb, gaudir o no del favor o aprovació de.

odourless, (EUA) **odorless** ['oudəlis] *a.* inodor.

of [ɔv, əv] *prep.* en molts casos es tradueix per *de;* en d'altres per *a, en, amb, per,* etc. ‖ ~ *himself,* sol, per ell mateix. ‖ ~ *late,* darrerament, últimament.

off [ɔːf, ɔf] *adv.* lluny, fora; totalment, del tot [indica allunyament, absència, separació, privació, cessament]: *from far* ~, de lluny; *I'm* ~, me'n vaig. 2 *on and* ~, a temporades. ■ 3 *prep.* de; des de; fora de; lluny de. 4 MAR. a l'altura de. ■ 5 *a.* dolent, passat: *the meat is* ~, la carn s'ha fet malbé. 6 allunyat, absent. 7 lateral [carrer, etc.]. 8 lliure: *I'm* ~ *on Thursday,* tinc els dijous lliures. 9 cancel·lat, interromput, suspès. 10 tret, desconnectat. 11 tancat, tallat, apagat [gas, aigua, etc.].

offal ['ɔfəl] *s.* corada *f.,* freixura *f.,* tripes *f. pl.* 2 deixalles *f. pl.*

offence, (EUA) **offense** [ə'fens] *s.* ofensa *f.,* greuge *m.* 2 ofensiva *f.,* atac *m.* 3 pecat *m.* 4 infracció *f.,* delicte *m.*

offend (to) [ə'fend] *t.* ofendre. 2 molestar. ■ 3 *i. to* ~ *against,* pecar contra.

offender [ə'fendə] *s.* ofensor. 2 pecador. 3 infractor, delinqüent.

offensive [ə'fensiv] *a.* ofensiu. 2 perjudicial. ■ 3 *s.* ofensiva *f.*

offer [ˈɔfə] s. oferta f., oferiment m. 2 proposta f., proposició f. 3 COM. oferta f.

offer (to) [ˈɔfə] t. oferir. 2 brindar. 3 fer [un comentari, etc.]. ■ 4 i. presentar-se p., donar-se p. 5 oferir-se p.

offering [ˈɔfəriŋ] s. oferta f. 2 oferiment m.

off-hand [ˌɔfˈhænd] a. brusc. 2 improvisat. ■ 2 adv. improvisadament; sense pensar-s'hi; de cop.

office [ˈɔfis] s. oficina f., despatx m., agència f., departament m. ‖ *booking* ~, taquilla f. 2 càrrec m., feina f. [esp. públic, d'autoritat]. 3 ofici m., funció f., ministeri m. 4 pl. oficis m. pl.: *good offices*, bons oficis. 5 ECLES. ofici m.

officer [ˈɔfisə] s. MAR., MIL. oficial. 2 funcionari.

official [əˈfiʃəl] a. oficial. ■ 2 s. persona f. que té un càrrec públic. 3 funcionari.

officiate (to) [əˈfiʃieit] i. oficiar.

officious [əˈfiʃəs] a. oficiós. 2 obsequiós.

offing [ˈɔfiŋ] s. MAR. *in the* ~, a la llunyania; fig. en perspectiva f.

offset [ˈɔːfset] s. compensació f. 2 IMPR. offset m.

offside [ˌɔfˈsaid] adv. fora de joc [futbol].

offspring [ˈɔːfspriŋ] s. descendent, fill, fills pl., descendència f. ▲ pl. invariable.

oft [ɔft] adv. poèt. Vegeu OFTEN.

often [ˈɔ(ː)fn] adv. sovint, freqüentment, molt, moltes vegades. ‖ *as* ~ *as*, tan sovint com, tantes vegades com; *every so* ~, de tant en tant; *how* ~?, quantes vegades?

ogle (to) [ˈougl] t.-i. mirar amb insinuació.

ogre [ˈougə] s. ogre m.

oil [ɔil] s. oli m. 2 petroli m. 3 ART oli m., color m. o pintura f. a l'oli. ‖ ~ *painting*, pintura f. a l'oli.

oilcloth [ˈɔilklɔθ] s. hule m. 2 linòleum m.

oily [ˈɔili] a. oliós. 2 greixós, llardós. 3 llagoter, llepa, hipòcrita.

ointment [ˈɔintmənt] s. ungüent m., untura f.

O.K. [ˈouˈkei] dim. d'OKAY.

okay [ˈouˈkei] a. correcte, aprovat. ■ 2 adv. d'acord, molt bé. 3 vist i plau.

old [ould] a. vell, antic. ‖ *how* ~ *are you?*, quants anys tens?; ~ *boy*, antic alumne; ~ *man*, vell m.; ~ *salt*, llop m. de mar; BIB. *Old Testament*, Antic Testament.

old-fashioned [ˌouldˈfæʃənd] a. antiquat, passat de moda.

oldster [ˈouldstə] s. col·loq. vell.

oleander [ˌouliˈændə] s. BOT. baladre m.

oligarchy [ˈɔligaːki] a. oligarquia f.

olive [ˈɔliv] s. BOT. olivera f., oliver m. 2 oliva f.

olive grove [ˈɔlivgrouv] s. oliverar m., oliveda f.

olive oil [ˌɔlivˈɔil] s. oli m. d'oliva.

olive tree [ˈɔlivtriː] s. olivera f., oliver m.

omelette, omelet [ˈɔmlit] s. truita f. [d'ous].

omen [ˈoumən] s. auguri m., averany m., presagi m.

ominous [ˈɔminəs] a. ominós; amenaçador; de mal averany.

omission [əˈmiʃən] s. omissió f. 2 oblit m., descuit m.

omit (to) [əˈmit] t. ometre. 2 descuidar-se p., oblidar.

omnibus [ˈɔmnibəs] s. òmnibus m. ■ 2 a. general, complet.

omnipotent [ɔmˈnipətənt] a. omnipotent.

omniscient [ɔmˈnisiənt] a. omniscient.

omnivorous [ɔmˈnivərəs] a. omnívor. ‖ fig. *an* ~ *reader*, un lector insaciable.

on [ɔn] prep. a, en, sobre, a sobre, de; amb; per; sota. ‖ ~ *all sides*, per tot arreu; ~ *arrival* o *arriving*, en arribar, quan arribi; ~ *board*, a bord; ~ *credit*, a crèdit; ~ *duty*, de servei; de guàrdia; ~ *foot*, a peu; ~ *pain of*, sota pena de; ~ *the table*, a la taula, sobre la taula; ~ *this condition*, amb aquesta condició; *what's* ~ *TV tonight?*, què fan aquesta nit a la tele? 2 ~ *Monday*, el dilluns. ■ 3 adv. posat: *to have one's hat* ~, portar el barret posat. 4 endavant. ‖ *and so* ~, i així successivament. ‖ *to go* ~, continuar. 5 ~ *and* ~, sense parar. 6 més: *later* ~, més tard, posteriorment. ■ 7 a. que funciona; encès; obert: *the light is* ~, el llum és encès o obert.

once [wʌns] adv. una vegada, un cop. ‖ *all at* ~, de cop, de sobte; *at* ~, ara mateix, de seguida, (BAL.) (VAL.) tot d'una; ~ *a week*, un cop per setmana; ~ *and again*, una altra vegada; ~ *and for all*, una vegada per sempre; ~ *in a blue moon*, molt de tant en tant; ~ *upon a time there was*, hi havia una vegada. 2 antigament, abans. ■ 3 conj. tan aviat com.

one [wʌn] a. un. ‖ ~ *hundred*, cent. 2 sol, únic. ‖ *his* ~ *chance*, la seva única oportunitat. 3 idèntic, mateix. ‖ *it is all* ~ *to me*, és el mateix, m'és igual. 4 *the last but* ~, el penúltim. ■ 5 pron. un. ‖ *no* ~, ningú; ~ *another*, l'un a l'altre; *the* ~

who, el que, aquell que; *this* ~, aquest. ■ *6 s.* u *m.* [número].

onerous ['ɔnərəs] *a.* onerós.

oneself [wʌn'self] *pron.* se, es, si mateix, un mateix. ‖ *by* ~, sol; *to hurt* ~, fer-se mal; *within* ~, dins un mateix.

one-way ['wʌn'wei] *a.* direcció única. 2 d'anada [bitllet].

onion ['ʌnjən] *s.* BOT. ceba *f.*

only [ounli] *a.* sol, únic. ■ 2 *adv.* només, sols, solament, únicament. ‖ *not* ~ *... but ...,* no només... sinó que... 3 *if* ~, tant de bo: *if* ~ *I could go,* tant de bo pogués anar-hi. ■ 4 *conj.* només que, però.

onrush ['ɔnrʌʃ] *s.* envestida *f.,* arremesa *f.* 2 força *f.,* ímpetu *m.*

onset ['ɔnset] *s.* atac *m.,* arremesa *f.* 2 principi *m.,* començament *m.*

onslaught ['ɔnslɔːt] *s.* atac *m.* violent, assalt *m.*

onto ['ɔntə'ɔntuː] *prep.* cap a, sobre.

onward ['ɔnwəd] *a.* cap endavant, (VAL.) avant: *the* ~ *movement,* el moviment cap endavant. ■ 2 *adv.* Vegeu ONWARDS.

onwards ['ɔnwədz] *adv.* cap endavant. 2 *from then* ~, des d'aleshores; *from the 18th century* ~, des del segle XVIII, a partir del segle XVIII.

ooze [uːz] *s.* llacor *f.,* llot *m.,* fang *m.*

ooze (to) [uːz] *i.* traspuar, filtrar-se *p.* 2 rajar, brollar [lentament]. ■ 3 *t.* traspuar [també fig.].

opal ['oupəl] *s.* MINER. òpal *m.*

opaque [ou'peik] *a.* opac. 2 obscur [estil]. 3 obtús, espès.

open [oupən] *a.* obert. ‖ *in the* ~ *air,* a l'aire lliure. ‖ *the Open University,* universitat *f.* a distància. 2 ras, descobert. 3 destapat, descobert [un cotxe, etc.]. 4 exposat *a.* 5 visible, públic, conegut: ~ *secret,* secret de domini públic. 6 franc, sincer. ■ 7 -*ly adv.* obertament, públicament, francament.

open (to) [oupən] *t.* obrir. 2 desplegar, estendre, destapar, desembolicar. 3 *to* ~ *up,* descobrir, obrir, fer accessible. ■ 4 *i.* obrir(se). 5 confiar-se *p.,* obrir el cor a. 6 començar. 7 *to* ~ *into, on, upon,* donar accés, sortir a, donar a.

opening ['oupəniŋ] *s.* obertura *f.;* entrada *f.;* portell *m.;* clariana *f.* 2 començament *m.,* inici *m.* 3 inauguració *f.* 4 oportunitat *f.* 5 TEAT. estrena *f.*

open-minded [ˌoupən'maindid] *a.* de mentalitat oberta, sense prejudicis.

openness ['oupənnəs] *s.* franquesa *f.*

opera ['ɔprə] *s.* MÚS. òpera *f.*

opera glasses ['ɔprəglɑːsiz] *s. pl.* binocles *m. pl.* de teatre.

operate (to) ['ɔpəreit] *t.* fer funcionar, fer anar, moure, manejar, dirigir. 2 efectuar. ■ 3 *i.* obrar. 4 funcionar. 5 fer efecte. 6 COM., MED., MIL. operar.

operation [ˌɔpə'reiʃən] *s.* operació *f.* 2 funcionament *m.*

operator ['ɔpəreitə'] *s.* operador. ‖ *telephone* ~, telefonista. 2 operari, maquinista.

opinion [ə'pinjən] *s.* opinió *f.,* parer *m.*

opinionated [ə'pinjəneitid] *a.* tossut, entestat.

opium ['oupjəm] *s.* opi *m.* ‖ ~ *poppy,* cascall *m.*

opossum [ə'pɔsəm] *s.* ZOOL. opòssum *m.,* sariga *f.*

opponent [ə'pounənt] *s.* oponent, contrari, adversari, contrincant.

opportune [ˌɔpə'tjuːn] *a.* oportú.

opportunity [ˌɔpə'tjuːniti] *s.* oportunitat *f.,* ocasió *f.*

oppose (to) [ə'pouz] *t.* oposar(se). 2 resistir(se).

opposed [ə'pouzd] *a.* oposat, contrari.

opposite ['ɔpəzit] *a.* oposat: ~ *angles,* angles oposats. 2 del costat, del davant. 3 contrari. ■ 4 *prep.* davant de. ■ 5 *prep.* al davant. ■ 6 *s.* el contrari.

opposition [ˌɔpə'ziʃən] *s.* oposició *f.;* resistència *f.*

oppress (to) [ə'pres] *t.* oprimir. 2 tiranitzar. 3 aclaparar, afeixugar, abatre.

oppression [ə'preʃən] *s.* opressió *f.,* tirania *f.*

oppressor [ə'presə'] *s.* opressor.

opprobious [ə'proubiəs] *a.* oprobiós. 2 injuriós, ultratjant.

opt (to) [ɔpt] *i.* optar.

optic ['ɔptik] *a.* òptic.

optician [ɔp'tiʃən] *s.* òptic.

optimist ['ɔptimist] *s.* optimista.

optimistic [ˌɔpti'mistik] *a.* optimista.

option ['ɔpʃən] *s.* opció *f.* 2 alternativa *f.*

optional ['ɔpʃənl] *a.* opcional, facultatiu.

opulence ['ɔpjuləns] *s.* opulència *f.*

opulent ['ɔpjulənt] *a.* opulent.

or [ɔː'] *conj.* o. ‖ *two hours* ~ *so,* unes dues hores, dues hores més o menys. ‖ *50* ~ *so,* uns 50. 2 ni.

oracle ['ɔrəkl] *s.* oracle *m.*

oral ['ɔːrəl] *a.* oral.

orange ['ɔrindʒ] *s.* BOT. taronja *f.*

orange blossom [ˈɒrindʒblɒsəm] s. BOT. tarongina f., flor f. del taronger.

orange tree [ˈɒrindʒtriː] s. BOT. taronger.

oration [ɔːˈreiʃən] s. discurs m.

orator [ˈɒrətə] s. orador.

oratory [ˈɒrətəri] s. oratòria f. 2 oratori m., capella f.

orb [ɔːb] s. orbe m. 2 esfera f.

orbit [ˈɔːbit] s. ASTR. òrbita f.

orchard [ˈɔːtʃəd] s. hort m. [d'arbres fruiters].

orchestra [ˈɔːkistrə] s. orquestra f. 2 TEAT. platea f.

orchid [ˈɔːkid] s. BOT. orquídia f.

ordain (to) [ɔːˈdein] t. ECLES. ordenar. 2 ordenar, decretar, disposar.

ordeal [ɔːˈdiːl] s. HIST. ordalia f. 2 prova f. [penosa].

order [ˈɔːdə] s. ordre m. [disposició o arranjament regular]. ‖ in ~, en ordre. ‖ out of ~, desordenat, desendreçat. 2 condecoració f. 3 ordre m., manament m., precepte m. 4 ordre m., classe f., grau m., classificació f. 5 in ~ to, per, a fi de. 6 COM. comanda f. 7 ECLES., MIL. orde m.

order (to) [ˈɔːdə] t. ordenar. 2 demanar. 3 COM. demanar, fer una comanda. 4 ECLES. ordenar. 5 MED. prescriure. 6 MIL. ~ arms!, descanseu!

orderly [ˈɔːdəli] a. ordenat, metòdic. 2 obedient, tranquil. ■ 3 s. MED. practicant, infermer. 4 MIL. ordenança m., assistent m. ■ 5 adv. ordenadament.

ordinal [ˈɔːdinl] a. ordinal. ■ 2 s. número m. ordinal, ordinal m.

ordinary [ˈɔːdin(ə)ri] a. ordinari, corrent. 2 in ~, en funcions, en activitat. ■ 3 s. ECLES. ordinari m. [de la missa].

ordnance [ˈɔːdnəns] s. artilleria f., canons m. pl.

ordure [ˈɔːdjuə] s. brutícia f.

ore [ɔː', ɔə] s. MIN. mineral m., mena f.

organ [ˈɔːgən] s. òrgan m. [d'un animal, una planta, un partit, etc.]. 2 MÚS. orgue m. ‖ barrel ~, orgue m. de maneta, orguenet m.

organ grinder [ˈɔːgəngraində] s. tocador m. d'organet.

organism [ˈɔːgənizəm] s. BIOL., FIL., organisme m.

organization [ˌɔːgənaiˈzeiʃən] s. organització f.

organize (to) [ˈɔːgənaiz] t. organitzar. ■ 2 i. organitzar-se p.

orgasm [ˈɔːgæzəm] s. orgasme m.

orgy [ˈɔːdʒi] s. orgia f.

Orient [ˈɔːriənt] s. GEOGR. orient m.

orient (to) [ˈɔːrient] t. Vegeu ORIENTATE (TO).

orientate (to) [ˈɔːrienteit] t. orientar. 2 to ~ oneself, orientar-se.

orifice [ˈɒrifis] s. orifici m.

origin [ˈɒridʒin] s. origen m. 2 procedència f.

original [əˈridʒənl] a. original: ~ sin, pecat original. 2 primitiu, primer. ■ 3 s. original m.

originate (to) [əˈridʒineit] t. originar, crear, produir. ■ 2 i. originar-se p., néixer, venir de.

ornament [ˈɔːnəmənt] s. ornament m., adorn m.

ornament (to) [ˈɔːnəmənt] t. ornamentar, adornar.

ornamental [ˌɔːnəˈmentl] a. ornamental, decoratiu.

ornate [ɔːˈneit] a. molt adornat, enfarfegat. 2 florit [estil].

ornithology [ˌɔːniˈθɒlədʒi] s. ornitologia f.

orography [ˈɒrɔgrəfi] s. orografia f.

orphan [ˈɔːfən] a.-s. orfe.

orphanage [ˈɔːfənidʒ] s. orfanat m., hospici m. 2 orfandat f.

orthodox [ˈɔːθədɒks] a. ortodox.

orthodoxy [ˈɔːθədɒksi] s. ortodòxia f.

orthography [ɔːˈθɒgrəfi] s. ortografia f.

oscillate (to) [ˈɒsileit] i. oscil·lar [també fig.]. ■ 2 t. fer oscil·lar.

osier [ˈouʒiə] s. BOT. vimetera f. 2 vim m., vímet m.

Oslo [ˈɒzlou] n. pr. GEOGR. Oslo.

ostensible [ɔsˈtensibl] a. ostensible. 2 aparent.

ostentation [ˌɒstenˈteiʃən] s. ostentació f.

ostentatious [ˌɒstenˈteiʃəs] a. ostentós.

ostler [ˈɒslə] s. mosso m. d'estable, palafrener m.

ostracism [ˈɒstrəsizəm] s. ostracisme m.

ostrich [ˈɒstritʃ] s. ORN. estruç f.

other [ˈʌðə] a. altre. ‖ every ~ day, dies alterns; on the ~ hand, per altra banda; the ~ one, l'altre. ■ 2 pron. -s. the ~, l'altre; the others, els altres; no ~ than, cap altre, només. ■ 3 adv. ~ than, altra cosa que.

otherwise [ˈʌðəwaiz] adv. d'altra manera, altrament. 2 per altra part, per la resta. ■ 3 conj. si no, altrament. ■ 4 a. diferent.

otiose [ˈouʃious] a. form. ociós.

otter [ˈɒtə] s. ZOOL. llúdria f., llúdriga f.

ought [ɔːt] *def.* i *aux.* haver de, caldre: *I ~ to write,* he d'escriure, hauria d'escriure, cal que escrigui.

ounce [auns] *s.* unça *f.* [mesura].

our [auə] *a. poss.* (el) nostre, (la) nostra, (els) nostres, (les) nostres: *Our Lady,* Nostra Senyora; *~ brothers,* els nostres germans.

ours [ˈauəz] *pron. poss.* (el) nostre, (la) nostra, (els) nostres, (les) nostres: *a friend of ~,* un amic nostre.

ourselves [auəˈselvz] *pron.* nosaltres mateixos. ‖ *by ~,* nosaltres sols [sense ajuda]; nosaltres sols [sense ningú més]. 2 ens,-nos, a nosaltres mateixos.

oust (to) [aust] *t.* desallotjar, treure, fer fora.

out [aut] *adv.* fora, a fora, enfora. ‖ *to go ~,* sortir. 2 clar, sense embuts: *speak ~,* parla clar. 3 completament, fins al final. 4 *~ and away,* de bon tros, de molt; *~ for,* a la recerca de; *~ of favour,* en desgràcia; *~ on strike,* en vaga; *~ to win,* decidit a vèncer. ■ 5 *a.* absent, fora de casa. 6 tancat, apagat; expirat. 7 publicat, que ha sortit. 8 *~ and ~,* completament; acèrrim, empedreït; *~ of place,* fora de lloc; incongruent; *~ of this world,* extraordinari, fantàstic. ■ 9 *prep.* fora de: *~ of danger,* fora de perill. 10 per: *~ of pity,* per pietat. 11 de: *~ of a bottle,* d'una ampolla; *one ~ of ten,* un de cada deu; un sobre deu [nota]. 12 entre: *one book ~ of many,* un llibre entre molts. 13 sense: *~ of money,* sense diners. ■ 14 *interj. ~!,* fora!

outbreak [ˈautbreik] *s.* erupció *f.* 2 rampell *m.,* rauxa *f.* 3 començament *m.,* declaració *f.* [d'una guerra, etc.]. 4 epidèmia *f.,* passa *f.* 5 onada *f.* [de crims, violència, etc.].

outbuilding [ˈautbildiŋ] *s.* dependència *f.* [d'un edifici].

outburst [ˈautbəːst] *s.* rampell *m.,* atac *m.,* explosió *f.: ~ of laughter,* atac de riure.

outcast [ˈautkɑːst] *a.-s.* proscrit, pària.

outcome [ˈautkʌm] *s.* resultat *m.,* conseqüència *f.,* desenllaç *m.*

outcry [ˈautkrai] *s.* crit *m.* 2 clam *m.,* protesta *f.,* clamor *m.*

outdo (to) [autˈduː] *t.* excedir, superar, sobrepassar. 2 *to ~ oneself,* superar-se. ▲ Pret.: *outdid* [autˈdid]; p. p.: *outdone* [autˈdʌn].

outdoor [ˈautdɔː] *a.* a l'aire lliure. 2 de carrer.

outdoors [autˈdɔːz] *adv.* fora de casa; a l'aire lliure.

outer [ˈautə] *a.* exterior, extern. ‖ ASTR. *~ space,* espai *m.* exterior.

outfit [ˈautfit] *s.* equip *m.* 2 eines *f. pl.,* joc *m.* d'eines. 3 conjunt *m.* [de vestir].

outfit (to) [ˈautfit] *t.* equipar.

outflow [ˈautflou] *s.* efusió *f.,* fluix *m.,* pèrdua *f.* 2 desaiguament *m.*

outing [ˈautiŋ] *s.* sortida *f.,* excursió *f.*

outlaw [ˈautlɔː] *s.* bandit, bandoler. 2 proscrit.

outlet [ˈautlet] *s.* sortida *f.* [també fig.]. 2 desaiguament *m.* 3 COM. sortida *f.* [també fig.]., mercat *m.* 4 ELECT. presa *f.* [de corrent].

outline [ˈautlain] *s.* contorn *m.,* perfil *m.* 2 esbós *m.* 3 esquema *m.,* resum *m.; idea f.* general.

outlook [ˈautluk] *s.* vista *f.,* perspectiva *f.* 2 perspectives *f. pl.,* pronòstic *m.* 3 actitud *f.* mental.

outlying [ˈautlaiiŋ] *a.* allunyat, llunyà. 2 aïllat. 3 exterior, de fora.

out-of-date [ˈautəvdeit] *a.* passat de moda, antiquat.

out-of-print [ˈautəvˈprint] *a.* exhaurit [una edició, un llibre, etc.].

outpost [ˈautpoust] *s.* MIL. avançada *f.*

output [ˈautput] *s.* producció *f.,* rendiment *m.* 2 INFORM. sortida *f.*

outrage [ˈautreidʒ] *s.* ultratge *m.,* abús *m.,* excés *m.*

outrage (to) [ˈautreidʒ] *t.* ultratjar, abusar de, violar.

outrageous [autˈreidʒəs] *a.* ultratjant. 2 violent. 3 enorme, atroç. ■ 4 *-ly adv.* d'una manera ultratjant, violentament, atroçment.

outright [ˈautrait] *a.* sincer, franc, directe. 2 complet, absolut. ■ 3 *adv.* completament. 4 obertament, francament. 5 d'un cop, d'una vegada.

outset [ˈautset] *s.* principi *m.,* començament *m.*

outside [ˈautsaid] *s.* exterior *m.,* part *f.* externa; superfície *f.* 2 aparença *f.,* aspecte *m.* 3 *at the ~,* pel cap alt. 4 ESPORT extrem *m.* ■ 5 *a.* exterior, extern. 6 remot. 7 màxim. 8 forà, aliè. ■ 9 *adv.* fora, a fora; al carrer, a l'aire lliure. ■ 10 *prep.* a fora de, mes enllà de.

outsider [autˈsaidə] *s.* foraster. 2 estrany, intrús. 3 cavall *m.* no favorit [en una cursa]; candidat sense possibilitats [en unes eleccions].

outskirts [ˈautskəːts] *s. pl.* afores *m. pl.*

outstanding [autˈstændiŋ] *a.* sortint, prominent. 2 rellevant, notable, excel·lent. 3 pendent, per pagar o cobrar.

outstretched [autˈstretʃt] *a.* estès, allargat, estirat.

outstrip (to) [autˈstrip] *t.* avantatjar, deixar enrera.

outward [ˈautwəd] *a.* exterior, extern. 2 aparent, superficial. 3 que surt cap enfora, que surt. 4 d'anada.

outwards [ˈautwədz] *adv.* cap enfora.

outwit (to) [autˈwit] *t.* enganyar, ser més llest que.

oval [ˈouvəl] *a.* oval, ovalat. ■ 2 *s.* figura *f.* ovalada, objecte *m.* ovalat.

ovary [ˈouvəri] *s.* ANAT. ovari *m.*

oven [ˈʌvn] *s.* forn *m.*

over [ˈouvə] *adv.* a sobre, per sobre. 2 a l'altra banda. 3 davant. 4 completament. ‖ *all* ~, a tot arreu, pertot arreu. 5 més, de més. ‖ *take the food that is left* ~, agafa el menjar que ha sobrat; 6 ~ *again*, una altra vegada. 7 *to be* ~, estar acabat, acabar-se. 8 *to run* ~, desbordar-se, vessar-se. ■ 9 *prep.* per sobre de, a sobre de. 10 a l'altra banda, de l'altra banda, de l'altre costat. 11 més de. 12 durant. 13 per, a. 14 amb: *he stumbled* ~ *the stone*, va ensopegar amb la pedra. 15 de, a propòsit de. 16 superior, més alt. 17 que cobreix. 18 excessiu, de més.

overalls [ˈouvərɔːlz] *s.* granota *f.* [vestit]. 2 guardapols *m.*

overawe (to) [ouvərˈɔː] *t.* intimidar, fer por.

overbear (to) [ouvəˈbeə] *t.* dominar, imposar(se). 2 aclaparar. 3 fig. intimidar. ▲ Pret.: *overbore* [ouvəˈbɔːʳ]; p. p.: *overborne* [ouvəˈbɔːn].

overbearing [ouvəˈbeəriŋ] *a.* dominador, despòtic, altiu.

overbore Vegeu OVERBEAR (TO).

overborne Vegeu OVERBEAR (TO).

overcame Vegeu OVERCOME (TO).

overcast [ouvəkaːst] *a.* ennuvolat, tapat. 2 fig. obscur; trist.

overcharge (to) [ouvəˈtʃaːdʒ] *t.* sobrecarregar, recarregar. 2 cobrar massa. ■ 3 *i.* cobrar *t.* massa.

overcoat [ˈouvəkout] *s.* abric *m.*, sobretot *m.*, gavany *m.*

overcloud (to) [ouvəˈklaud] *t.* ennuvolar. ■ 2 *i.* ennuvolar-se *p.*

overcome (to) [ouvəˈkʌm] *t.* vèncer, triomfar sobre. 2 vèncer, superar, salvar [obstacles, dificultats, etc.]. 3 superar, sobreposar-se *p.* 4 rendir, esgotar. ▲ Pret.: *overcame* [ouvəˈkeim]; p. p.: *overcome* [ouvəˈkʌm].

overcrowd (to) [ouvəˈkraud] *t.* abarrotar, omplir, atapeir.

overdo (to) [ouvəˈduː] *t.* fer massa, excedir-se *p.*, exagerar. 2 fer caure massa. ▲ Pret.: *overdid* [ouvəˈdid]; p. p.: *overdone* [ouvəˈdʌn].

overdress (to) [ouvəˈdres] *t.* mudar, empolainar excessivament. ■ 2 *i.* anar massa mudat o empolainat, mudar-se *p.* excessivament.

overflow [ˈouvəflou] *s.* inundació *f.*, desbordament *m.*, vessament *m.* 2 excés *m.*

overflow (to) [ouvəˈflou] *t.* inundar. 2 desbordar. ■ 3 *i.* desbordar-se *p.* [també fig.]. 4 vessar.

overgrown [ouvəˈgroun] *a.* massa alt [per a la seva edat]. 2 cobert de plantes, d'herbes.

overhang (to) [ouvəˈhæŋ] *t.* projectar(se) sobre. 2 amenaçar. ■ 3 *i.* penjar per sobre de. ▲ Pret. i p. p.: *overhung* [ouvəˈhʌŋ].

overhaul [ˈouvəhɔːl] *s.* repàs *m.*, revisió *f.*

overhaul (to) [ouvəˈhɔːl] *t.* repassar, revisar, examinar. 2 atrapar.

overhead [ouvəˈhed] *adv.* per sobre [del cap]. ■ 2 *a.* [ˈouvəhed] de dalt. 2 aeri.

overhear (to) [ouvəˈhiə] *t.* sentir per casualitat, sentir sense voler. ▲ Pret. i p. p.: *overheard* [ouvəˈhəːd].

overhung Vegeu OVERHANG (TO).

overjoyed [ouvəˈdʒɔid] *a.* molt content, ple d'alegria.

overland [ˈouvəlænd] *a.* terrestre. ■ 2 *adv.* [ouvəˈlænd] per terra, per via terrestre.

overlap (to) [ouvəˈlæp] *t.-i.* encavalcar, encavallar(se), sobreposar-se *p.* 2 fig. coincidir parcialment.

overlook (to) [ouvəˈluk] *t.* mirar des de dalt. 2 dominar [amb la vista]. 3 donar a, tenir vista a. 4 inspeccionar, vigilar. 5 repassar, revisar. 6 passar per alt, no veure, oblidar. 7 tolerar, perdonar.

overnight [ouvəˈnait] *adv.* anit, a la nit anterior. 2 a la nit, durant la nit. ‖ *to stay* ~, passar la nit. ■ 3 *a.* [ˈouvənait] de nit, nocturn, d'una nit. ‖ ~ *success*, èxit de la nit al dia.

overpower (to) [ouvəˈpauə] *t.* vèncer, dominar. 2 aclaparar, afeixugar. 3 provocar massa polèmica.

overpowering [ˌouvəˈpauəriŋ] a. dominador, dominant. 2 aclaparador, irresistible.

overran Vegeu OVERRUN (TO).

overrate (to) [ˌouvəˈreit] t. valorar excessivament.

overrun (to) [ˌouvəˈrʌn] t. cobrir totalment, invadir, ocupar. 2 excedir, sobrepassar. ▲ Pret. *overran* [ˌouvəˈran]; p. p. *overrun* [ˌouvəˈrʌn].

oversaw Vegeu OVERSEE (TO).

oversea [ˌouvəˈsiː] a. d'ultramar.

overseas [ˌouvəˈsiːz] adv. a ultramar, a l'altra banda del mar.

oversee (to) [ˌouvəˈsiː] t. vigilar, inspeccionar, supervisar. ▲ Pret.: *oversaw* [ˌouvəˈsɔː]; p. p.: *overseen* [ˌouvəˈsiːn].

overseer [ˈouvəsiə] s. inspector, supervisor. 2 capataç.

overshadow (to) [ˌouvəˈʃædou] t. fer ombra [també fig.].

overshoe [ˈouvəʃuː] s. xancle m.

oversight [ˈouvəsait] s. descuit m., omissió f., distracció f. 2 vigilància f., cura f.

overstate (to) [ˌouvəˈsteit] t. exagerar.

overstep (to) [ˌouvəˈstep] t. anar més enllà de, ultrapassar.

overtake (to) [ˌouvəˈteik] t. atrapar. 2 passar, deixar enrera. 3 sorprendre. ▲ Pret.: *overtook* [ˌouvəˈtuk]; p. p.: *overtaken* [ˌouvəˈteikən].

overthrow (to) [ˌouvəˈθrou] t. bolcar, tombar. 2 derrocar, enderrocar. 3 destruir. 4 vèncer. ▲ Pret. *overthrew* [ˌouvəˈθruː]; p. p.: *overthrown* [ˌouvəˈθroun].

overtime [ˈouvətaim] s. hores f. pl. extres o extraordinàries. ■ 2 adv. en hores extres o extraordinàries.

overtook Vegeu OVERTAKE (TO).

overture [ˈouvətjuə] s. insinuació f., proposició f., proposta f. [de pau, etc.]. 2 MÚS. obertura f.

overturn (to) [ˌouvəˈtəːn] t. bolcar. 2 enderrocar. 3 transtornar. ■ 4 i. bolcar.

overweening [ˌouvəˈwiːniŋ] a. presumptuós, pretensiós.

overwhelm (to) [ˌouvəˈwelm] t. inundar. 2 aclaparar, afeixugar. 3 confondre, desconcertar.

overwhelming [ˌouvəˈwelmiŋ] a. aclaparador, irresistible, poderós.

owe (to) [ou] t. deure: *he owes £50 to his brother,* deu 50 lliures al seu germà. ■ 2 i. deure t., tenir deutes.

owing [ˈouiŋ] ger. de OWE (TO). ■ 2 a. que es deu. ■ 3 prep. ~ *to,* per causa de, degut a.

owl [aul] s. ORN. mussol m., òliba f., gamarús m.

own [oun] a. propi, seu: *his* ~ *mother,* la seva pròpia mare; *this car is my* ~, aquest cotxe és meu. ■ 2 pron. *on one's* ~, sol; pel seu compte; únic.

own (to) [oun] t. posseir, tenir. 2 reconèixer, confessar. ■ 3 i. reconèixer t., confessar t.

owner [ˈounə] s. amo, propietari, posseïdor.

ox [ɔks] s. ZOOL. bou m. 2 BOT. *ox-eye,* margarida f. ▲ pl. *oxen* [ˈɔksən].

oxide [ˈɔksaid] s. QUÍM. òxid m.

oxygen [ˈɔksidʒən] s. oxigen m.

oyster [ˈɔistə] s. ostra f.

P

P, p [piː] s. p f. [lletra]. 2 *to mind one's p's and q's,* anar amb compte amb el que es diu.

pa [pɑː] s. col·loq. (abrev. de *papa*) papa m.

pace [peis] s. pas m., passa f. [marxa, manera de caminar; mesura]. 2 ritme m., velocitat f. 3 ambladura f., portant m. [d'un cavall].

pace (to) [peis] i. passejar, caminar. 2 amblar [un cavall]. ■ 3 t. apassar, mesurar a passes.

pacemaker ['peismeikəʳ] s. MED. marcapàs m. 2 ESPORT el qui marca el pas [en una cursa].

pacific [pə'sifik] a. pacífic.

Pacific Ocean [pə'sifik'ouʃn] n. pr. GEOGR. Oceà m. Pacífic.

pacify (to) ['pæsifai] t. pacificar, apaivagar, calmar, assossegar.

pack [pæk] s. farcell m., fardell m., bolic m., bala f., paquet m., càrrega f. 2 baralla f. [de cartes]. 3 reguitzell m., enfilall m. 4 quadrilla f., colla f. 5 ramat m. 6 gossada f., canilla f.

pack (to) [pæk] t. empaquetar, embolicar; envasar. 2 fer [una maleta, etc.]. 3 entaforar, encabir, entatxonar. 4 CUI. conservar, fer conserves. ■ 5 i. entaforar-se p., encabir-se p., entatxonar-se p. 6 *to ~ up,* fer la maleta; col·loq. plegar; fer-se p. malbé.

package ['pækidʒ] s. paquet m., farcell m., fardell m.

package holiday ['pækidʒ,hɔlidei], **package tour** ['pækidʒ,tuə] s. vacances f. pl. organitzades, viatge m. organitzat.

pack animal ['pækæniml] s. animal m. de càrrega.

packet ['pækit] s. paquet m. 2 paquet m. de tabac [cigarretes].

packet boat ['pækit,bout] s. MAR. paquebot m.

packing ['pækiŋ] s. embalatge m.; envàs m.

packsaddle ['pæk,sædl] s. albarda f., bast m.

pact [pækt] s. pacte m., acord m.

pad [pæd] s. coixí m., coixinet m. 2 postís m. 3 farciment m. 4 musclera f.; genollera f.; plastró m. 5 bloc m., llibreta f. 6 tampó m. [de tinta]. 7 *launching ~,* plataforma f. de llançament [d'un coet]. 8 tou m. [de la pota d'un animal].

pad (to) [pæd] t. encoixinar, farcir, folrar [amb un material tou]. 2 *to ~ out,* posar palla [en un discurs, etc.]. ■ 3 i. caminar.

padding ['pædiŋ] s. farciment m., farcit m., coixí m. 2 fig. palla f. [en un discurs, etc.].

paddle ['pædl] s. platós m. [rem]. 2 paleta f. [d'una roda].

paddle (to) ['pædl] t. impulsar amb platós. ■ 2 i. remar amb platós. 3 xipollejar, mullar-se p. els peus.

paddle boat ['pædlbout] s. vaixell m. de rodes.

paddock ['pædək] s. devesa f., clos m., cleda f. 2 clos m. [per a cavalls de cursa].

padlock ['pædlɔk] s. cadenat m.

pagan ['peigən] a.-s. pagà.

page [peidʒ] s. pàgina f., plana f. 2 patge m. 3 grum m.

pageant ['pædʒənt] s. cavalcada f., desfilada f. 2 espectacle m., festa f.

paid [peid] Vegeu PAY (TO).

pail [peil] s. galleda f., (BAL.) (VAL.) poal m. 2 MAR. bujol m.

pain [pein] s. dolor m., sofriment m., mal m.; aflicció f. 2 pena f. [càstig]: *on/under ~ of,* sota pena de. 3 treball m., esforç m., molèstia f. ‖ *to take pains to,* esforçar-se a, fer tot el possible per. 4 col·loq. *to be a ~ in the neck,* ser un pesat, ser una llauna.

pain (to) [pein] t. fer mal. 2 doldre, saber greu.

painful ['peinful] a. dolorós. 2 penós, angoixós, desagradable. 3 ardu. 4 dolorit. ■ 5 -**ly** adv. dolorosament, penosament.

painstaking ['peinz,teikiŋ] a. afanyat, industriós, polit, diligent, curós.

paint [peint] s. pintura f. 2 COSM. coloret m.

paint (to) [peint] t.-i. pintar t. [també fig.].

paintbrush ['peintbrʌʃ] s. brotxa f., pinzell m.

painter ['peintə'] s. pintor. 2 MAR. amarra f.

painting ['peintiŋ] s. pintura f. [acció, art; color]. 2 pintura f., quadre m., retrat m.

pair [pɛə'] s. parell m. ‖ ~ **of scissors**, unes tisores. ‖ ~ **of trousers**, uns pantalons. 2 parella f. 3 tronc m.

pair (to) [pɛə'] t. aparellar, 2 aparionar, acoblar. 3 casar. ■ 4 i. aparellar-se p., aparionar-se p. 5 fer parella.

pajamas [pə'dʒɑ:məz] s. pl. pijama m. sing.

pal [pæl] s. col·loq. company, camarada, amic.

palace ['pælis] s. palau m.

palatable ['pælətəbl] a. saborós, suculent. 2 agradable, acceptable.

palate ['pælit] s. paladar m.

pale [peil] a. pàl·lid. 2 descolorit. 3 esblanqueït. ■ 4 s. pal m., estaca f. 5 fig. límit m., frontera f. ■ 6 -**ly** adv. pàl·lidament.

pale (to) [peil] i. empal·lidir.

palette ['pælit] s. B. ART paleta f. [de pintor].

palfrey ['pɔ:lfri] s. poèt. palafrè m.

paling ['peiliŋ] s. palissada f., estacada f.

palisade [,pæli'seid] s. palissada f., estacada f., tanca f.

pall [pɔ:l] s. drap m. fúnebre. 2 fig. cortina f. [de fum]. 3 ECLES. pal·li m.

pall (to) [pɔ:l] i. to ~ **(on/upon)**, avorrir t., embafar t., cansar t.

palliate (to) ['pælieit] t. pal·liar, mitigar. 2 atenuar, excusar.

pallid ['pælid] a. pàl·lid, desmaiat, esmorteït.

palm [pɑ:m] s. palmell m., palma f. [de la mà]. 2 BOT. palma f., palmera f. 3 fig. victòria f., palma f.

palm (to) [pɑ:m] t. escamotejar. 2 to ~ **off on**, encolomar, endossar.

palmist [pɑ:mist] s. quiromàntic.

palmistry ['pɑ:mistri] s. quiromància f.

Palm Sunday [,pɑ:m'sʌndei] s. diumenge m. de rams.

palm tree ['pɑ:mtri:] s. BOT. palmera f.

palpable ['pælpəbl] a. palpable, evident.

palpitate (to) ['pælpiteit] i. palpitar, bategar.

paltry ['pɔ:ltri] a. mesquí, miserable. 2 insignificant, fútil.

pampas ['pæmpəs] s. pl. pampa f. sing.

pamper (to) ['pæmpə'] t. consentir, malacostumar.

pamphlet ['pæmflit] s. fullet m., opuscle m.

pan [pæn] s. cassola f., cassó m. ‖ **frying** ~, paella f. 2 balançó m., plat m. [d'una balança]. 3 cassoleta f. [d'una arma de foc].

panacea [,pænə'siə] s. panacea f.

Panama [,pænə'mɑ:] n. pr. GEOGR. Panamà.

Panamian [,pænə'meiniən] a.-s. panameny.

pancake ['pænkeik] s. crêpe f., crespell m., bunyol m.

pane [pein] s. vidre m. [de finestra, etc.].

panegyric [,pæni'dʒirik] s. panegíric m.

panel ['pænl] s. ARQ.,CONSTR. plafó m., entrepilastra f., cassetó m. 2 tauler m. [de control, de comandament, etc.]. 3 llista f. [de jurats]. 4 jurat m.

panelling, (EUA) **paneling** ['pænəliŋ] s. revestiment m. 2 cassetonat m. 3 plafons m. pl.

pang [pæŋ] s. punxada f., fiblada f. [també fig.].

panic ['pænik] s. pànic m.

panic ['pænik] i. espantar-se p., atemorir-se. 2 esverar-se p.: don't ~! no t'esveris!

pannier ['pæniə'] s. sarrià m., sarrió m. 2 cistella f. [d'una bicicleta, etc.]. 3 mirinyac m.

panorama [,pænə'rɑ:mə] s. panorama m.

pansy ['pænzi] s. BOT. pensament m. 2 fig. col·loq. marieta m.

pant [pænt] s. esbufec m., bleix m., panteix m. 2 batec m.

pant (to) [pænt] i. esbufegar, panteixar. 2 bategar. ■ 3 i. dir esbufegant.

pantheist ['pænθiist] s. panteista.

panther ['pænθə'] s. ZOOL. pantera f. 2 (EUA) puma m.

panties ['pæntiz] s. pl. calces f. pl., calcetes f. pl.

pantomime ['pæntəmaim] s. pantomima f.

pantry ['pæntri] s. rebost m.

pants [pænts] *s. pl.* (G.B.) calçotets *m. pl.* 2 (EUA) pantalons *m. pl.*

papa [pə'pɑː] *s.* col·loq. papà *m.*

papacy ['peipəsi] *s.* papat *m.*, pontificat *m.*

papal ['peipəl] *a.* papal, pontifical.

paper ['peipə^r] *s.* paper *m.* ‖ ~ *currency,* ~ *money,* paper moneda. 2 document *m.* 3 full *m.* d'examen. 3 diari *m.*

paper (to) ['peipə^r] *t.* empaperar.

paperback ['peipəbæk] *s.* llibre *m.* de butxaca. ■ 2 *a.* en rústica.

paper clip ['peipəklip] *s.* clip *m.* per a papers.

paper knife ['peipənaif] *s.* tallapapers *m.*

paper-weight ['peipəweit] *s.* petjapapers *m.*

par [pɑː^r] *s.* paritat *f.,* igualtat *f.* 2 COM. par *f.* ‖ *at* ~, a la par. ‖ *to be on a* ~ *with,* ser igual a.

parable ['pærəbl] *s.* BIB., LIT. paràbola *f.*

parabola [pə'ræbələ] *s.* GEOM. paràbola *f.*

parachute ['pærəʃuːt] *s.* paracaigudes *f.*

parade [pə'reid] *s.* MIL. parada *f.,* revista *f.* 2 desfilada *f.,* cavalcada *f.,* seguici *m.* 3 ostentació *f.,* gala *f.* 4 passeig *m.,* avinguda *f.*

parade (to) [pə'reid] *t.* ostentar, fer gala de. 2 fer formar. ■ 3 *i.* formar, posar-se *p.* en formació. 4 desfilar.

paradise ['pærədais] *s.* paradís *m.*

paradox ['pærədɔks] *s.* paradoxa *f.*

paragon ['pærəgən] *s.* model *m.,* exemple *m.*

paragraph ['pærəgrɑːf] *s.* paràgraf *m.* 2 PERIOD. entrefilet *m.*

Paraguay ['pærəgwai] *n. pr.* GEOGR. Paraguai.

Paraguayan [pærə'gwaiən] *a.-s.* paraguaià.

parakeet ['pærəkiːt] *s.* ORN. periquito *m.*

paralyse (to) ['pærəlaiz] *t.* paralitzar.

parallel ['pærəlel] *a.* paral·lel. ■ 2 *s.* paral·lelisme *m.,* semblança *f.* 3 paral·lel *m.* 4 ELECT. *in* ~, en paral·lel *m.* 5 GEOGR. paral·lel *m.*

parallel (to) ['pærəlel] *t.* establir un paral·lelisme. 2 ser paral·lel a [també fig.].

parallelogram [pærə'leləgræm] *s.* GEOM. paral·lelògram *m.*

paralysis [pə'rælisis] *s.* paràlisi *f.*

paralytic [pærə'litik] *a.-s.* paralític.

paramount ['pærəmaunt] *a.* superior, suprem, màxim.

parapet ['pærəpit] *s.* ampit *m.,* barana *f.* 2 MIL. parapet *m.*

parasite ['pærəsait] *s.* paràsit *m.* 2 gorrer, gorrista.

parasol [pærə'sɔl] *s.* ombrel·la *f.,* parasol *m.*

paratrooper ['pærətruːpə^r] *s.* paracaigudista.

parcel ['pɑːsl] *s.* paquet *m.;* farcell *m.* 2 parcel·la *f.*

parcel (to) ['pɑːsl] *t. to* ~ *out,* parcel·lar; dividir. 2 *to* ~ *up,* empaquetar, embalar.

parch (to) [pɑːtʃ] *t.* 2 cremar. 3 agostejar, agostar, ressecar.

parchment ['pɑːtʃmənt] *s.* pergamí *m.;* vitel·la *f.*

pardon ['pɑːdn] *s.* perdó *m.* ‖ *I beg your* ~, perdoni. 2 DRET indult *m.,* amnistia *f.*

pardon (to) ['pɑːdn] *t.* perdonar, disculpar. ‖ ~ *me,* perdoni. 2 DRET indultar, amnistiar.

pare (to) [peə^r] *t.* tallar. 2 pelar [fruita, etc.]. 2 retallar, rebaixar. 3 fig. reduir.

parent ['peərənt] *s.* pare *m.,* mare *m.* 2 *pl.* pares *m. pl.*

parentage ['peərəntidʒ] *s.* família *f.,* llinatge *m.,* origen *m.*

parish ['pæriʃ] *s.* (G.B.) parròquia *f.*

parishioner [pə'riʃənə^r] *s.* parroquià, feligrès.

Paris ['pæris] *n. pr.* GEOGR. París.

Parisian [pə'rizjən] *a.-s.* parisenc.

park [pɑːk] *s.* parc *m.* 2 jardí *m.*

park (to) [pɑːk] *t.* aparcar. 2 col·loq. deixar, posar [coses]; instal·lar-se *p.* [persones]. ■ 3 *i.* aparcar.

parking ['pɑːkiŋ] *s.* aparcament *m.*

parley ['pɑːli] *s.* conferència *f.,* debat *m.,* discussió *f.*

parley (to) ['pɑːli] *i.* discutir, debatre, conferenciar, parlamentar.

parliament ['pɑːləmənt] *s.* parlament *m.,* corts *f. pl.*

parlour, (EUA) **parlor** ['pɑːlə^r] *s.* sala *f.* 2 saló *m.* d'audiències. 2 (EUA) saló *m.* [de bellesa]; sala *f.* [de billar]. 4 ECLES. locutori *m.*

parochial [pə'roukjəl] *a.* parroquial. 2 fig. limitat, reduït, estret.

parody ['pærədi] *s.* paròdia *f.*

parole [pə'roul] *s.* paraula *f.,* paraula *f.* d'honor. 2 llibertat *f.* sota paraula. 3 MIL. sant *m.* i senya.

paroxysm ['pærəksizəm] *s.* paroxisme *m.,* rampell *m.*

parrot ['pærət] *s.* ORN. lloro *m.,* cotorra *f.,* papagai *m.*

parry ['pæri] *s.* parada *f.* 2 fig. elusió *f.*

parry (to) ['pæri] *t.* parar, aturar [un cop, etc.]. 2 fig. evitar, eludir.

parsimonious [pɑːsi'mounjəs] *a.* parsimoniós, estalviador.

parsley ['pɑːsli] *s.* BOT. julivert *m.*

parsnip ['pɑːsnip] *s.* BOT. xirivia *f.*

parson ['pɑːsn] *s.* ECLES. rector *m.*, vicari *m.* 2 col·loq. sacerdot *m.*

parsonage ['pɑːsənidʒ] *s.* rectoria *f.*

part [pɑːt] *s.* part *f.* [tros; divisió; participació; participants]. ‖ *to take the ~ of,* posar-se de part de. 2 *pl.* llocs *m. pl.,* parts *f. pl.* 3 MEC. peça *f.,* recanvi *m.* 4 MÚS. part *f.* 5 TEAT. papers *m. pl.* ■ *6 a.* parcial. ■ *7 adv.* parcialment.

part (to) [pɑːt] *t.* dividir, separar. ‖ *to ~ one's hair,* fer-se *p.* la clenxa. ■ 2 *i.* separar-se *p.* 3 apartar-se *p.* 3 despendre's *p.,* saltar. 4 morir. 5 *to ~ with,* despendre's *p.*

partake (to) [pɑː'teik] *i. to ~ in,* participar en. 2 *to ~ of,* participar de. ▲ Pret.: *partook;* p. p.: *partaken.*

partial ['pɑːʃəl] *a.* parcial. 2 afeccionat. ■ 3 **-ly** *adv.* parcialment.

partiality [pɑːʃi'æliti] *s.* parcialitat *f.,* favoritisme *m.* 2 afecció *f.,* inclinació *f.*

participate (to) [pɑː'tisipeit] *i. to ~ (in),* participar (en), prendre part.

participle ['pɑːtisipl] *s.* GRAM. participi *m.*

particle ['pɑːtikl] *s.* partícula *f.* 2 mica *f.,* engruna *f.* 3 GRAM. partícula *f.*

particular [pə'tikjulə] *a.* particular, concret. 2 minuciós, detallat. 3 escrupulós, exigent. ■ 4 *s.* detall *m.* ‖ *in ~,* amb detall.

particularize (to) [pə'tikjuləraiz] *t.-i.* particularitzar *t.,* detallar *t.,* especificar *t.*

parting ['pɑːtiŋ] *s.* separació *f.,* divisió *f.* ‖ fig. *~ of the ways,* moment de separació. 2 marxa *f.,* comiat *m.* 3 clenxa *f.,* ratlla *f.*

partisan [pɑːti'zæn] *s.* partidari. 2 guerriller, partisà. ■ 3 *a.* partidari, partidista.

partition [pɑː'tiʃən] *s.* partició *f.,* fragmentació *f.* 2 divisió *f.* 3 envà *m.*

partly ['pɑːtli] *adv.* en part, en certa manera.

partner ['pɑːtnə] *s.* soci [en un negoci]. 2 company [de joc]. 3 parella *f.* [de ball]. 4 cònjuge *m.*

partook Vegeu PARTAKE (TO).

partridge ['pɑːtridʒ] *s.* ORN. perdiu *f.*

party ['pɑːti] *s.* partit *m.* [polític]; bàndol *m.* 2 festa *f.,* reunió *f.* 3 grup *m.* de persones [en un viatge, a la feina, etc.]. 4

part *f.* [en un contracte; una disputa]. 5 tipus *m.,* individu *m.* 6 MIL. destacament *m.* ■ 7 *a.* de partit, partidista. 8 de festa, de gala.

pass [pɑːs] *s.* pas *m.,* port *m.* de muntanya, gorja *f.,* congost *m.* 2 passi *m.,* salconduit *m.* 3 carnet *m.* [de soci]. 4 situació *f.* 5 aprovat *m.* 6 ESPORT passada *f.*

pass (to) [pɑːs] *i.* passar. 2 oblidar-se *p.,* desaparèixer. 3 ser acceptable. 4 aprovar *t.* ■ 5 *t.* passar. 6 travessar, deixar enrera. 7 sobrepassar, passar de. 8 sofrir, tolerar. 9 passar [temps]. 10 aprovar [un examen, una llei, etc.]. 11 fer córrer [coses falses]. 12 deixar passar. 13 fer marxar, fer passar. 14 DRET dictar, pronunciar [sentència]. ■ *to ~ away,* passar, desaparèixer, oblidar-se; morir; *to ~ by,* deixar de banda, deixar córrer; passar prop de; passar de llarg; *to ~ out,* deixar, graduar-se [el col·legi, la universitat, etc.]; col·loq. desmainar-se; *to ~ round,* passar de l'un a l'altre. ▲ Pret. i p. p.: *passed* o *past* [pɑːst].

passable ['pɑːsəbl] *a.* transitable, practicable. 2 tolerable, passable, acceptable.

passage ['pæsidʒ] *s.* pas *m.,* passatge *m.,* trànsit *m.* 2 passatge *m.,* entrada *f.* 3 passatge *m.* [d'un vaixell, etc.]. 4 passatge *m.* [d'un llibre]. 5 *pl.* encontre *m.* sing., baralla *f.* sing.

passenger ['pæsindʒə] *s.* passatger, viatger.

passer-by [pɑːsə'bai] *s.* transeünt, vianant.

passing ['pɑːsiŋ] *s.* pas *m.* 2 trànsit *m.,* mort *f.* ■ 3 *a.* que passa. 4 passatger, transitori.

passion ['pæʃən] *s.* passió *f.* 2 còlera *f.,* ira *f.* 3 REL. *the Passion,* la Passió.

passionate ['pæʃənit] *a.* apassionat. 2 irat, encès. ■ 3 **-ly** *adv.* apassionadament, acaloradament.

passive ['pæsiv] *a.* passiu, inactiu. 2 GRAM. passiu. ■ 3 *s.* GRAM. veu *f.* passiva.

passport ['pɑːspɔːt] *s.* passaport *m.*

password ['pɑːswəːd] *s.* sant *m.* i senya, contrasenya. *f.*

past [pɑːst] *a.* passat, propassat. 2 anterior. 3 consumat. 4 GRAM. passat. ■ 5 *s.* passat *m.* ■ 6 *prep.* més de. 7 per davant de; més enllà de. 8 *it's ~ 11,* són les onze tocades. ■ 9 Vegeu PASS (TO).

paste [peist] *s.* pasta *f.,* massa *f.* 2 engrut *m.,* pastetes *f. pl.*

paste (to) [peist] *t.* enganxar amb engrut. 2 col·loq. apallissar, atonyinar.

pasteboard ['peistbɔːd] s. cartró m.

pastel ['pæstəl] s. ART pastel m. [pintura]. ■ 2 a. al pastel.

pastime ['paːstaim] s. passatemps m.

pastor ['paːstə'] s. pastor m. [de l'església].

pastoral ['paːstərəl] a. pastoral. ■ 2 s. pastoral f.

pastry ['peistri] s. pasta f. 2 pastisseria f., pastissos m. pl., pastes f. pl.

pastrycook ['peistrikuk] s. pastisser.

pasturage ['paːstjuridʒ] s. pastura f.

pasture ['paːstʃə'] s. pastura f., past m.

pasture (to) ['paːstʃə'] t. pasturar, portar a pasturar. ■ 2 i. pasturar.

pat [pæt] a. exacte, convenient, oportú. ■ 2 adv. oportunament. ■ 3 s. copet m., closquet m.

pat (to) [pæt] t.-i. donar copets.

patch [pætʃ] s. pedaç m., sargit m. 2 pegat m. 3 taca f. [de color]. 4 tros m., parcel·la f. 5 piga f. postissa.

patch (to) [pætʃ] t. apedaçar, posar pedaços, aparracar. 2 to ~ up, arreglar; fig. posar pau.

patent ['peitənt] a. patent, manifest. 2 patentat. 3 ~ leather, xarol m. ■ 4 s. patent f., llicència f.

patent (to) ['peitənt] t. patentar.

paternity [pə'təːniti] s. paternitat f.

path [paːθ] s. camí m., caminet m., senda f., viarany m. 2 ruta f., itinerari m., curs m.

pathetic [pə'θetik] a. patètic. 2 llastimós, penós.

pathos ['peiθɔs] s. patetisme m., sentiment m., emoció f.

pathway ['paːθwei] s. camí m., caminet m., viarany m.

patience ['peiʃəns] s. paciència f. 2 (G.B.) JOC solitari m.

patient ['peiʃənt] a. pacient, sofert. ■ 2 s. MED. pacient, malalt. ■ 3 -ly adv. pacientment.

patriarch ['peitriaːk] s. patriarca m.

patrimony ['pætriməni] s. patrimoni m.

patriot ['peitriət] s. patriota m.

patriotism ['pætriətizəm] s. patriotisme m.

patrol [pə'troul] s. patrulla f., ronda f.

patrol (to) [pə'troul] t.-i. patrullar i., rondar i.

patron ['peitrən] a. patró. ■ 2 s. patró m. [sant]. 3 patrocinador m., protector m. 4 parroquià m., client m.

patronage ['pætrənidʒ] s. protecció f., patrocini m. 2 clientela f. 3 REL. patronat m.

patroness ['peitrənis] s. patrona f. [santa]. 2 patrocinadora f., protectora f. 3 parroquiana f., clienta f.

patronize (to) ['pætrənaiz] t. protegir, patrocinar. 2 tractar de manera condescendent.

patten ['pætn] s. esclop m., xancle m.

pattern ['pætən] s. model m. 2 mostra f. 3 exemplar m., tipus m. 4 patró m., plantilla f. 5 dibuix m., disseny m.

paunch ['pɔːntʃ] s. panxa f., ventre m.

pauper ['pɔːpə'] s. pobre [persona].

pause [pɔːz] s. pausa f. 2 interrupció f. 3 vacil·lació f. 4 descans m., treva f. 5 MÚS. calderó m.

pause (to) [pɔːz] i. fer una pausa, aturar-se p. 2 vacil·lar, dubtar.

pave (to) [peiv] t. pavimentar. 2 empedrar.

pavement ['peivmənt] s. (G.B.) vorera f. 2 paviment m.

pavillion [pə'viljən] s. pavelló m. 2 envelat m.

paw [pɔː] s. pota f. 2 grapa f., arpa f.

paw (to) [pɔː] t. toquejar, grapejar. ■ 2 i. potejar.

pawn [pɔːn] s. peó m. [d'escacs]. 2 fig. ninot m. 3 garantia f., dipòsit m., penyora f. ∥ in ~, a penyora.

pawn (to) [pɔːn] t. empenyorar.

pawnbroker ['pɔːnˌbroukə'] s. prestador.

pawnshop ['pɔːnʃɔp] s. casa f. d'empenyorament.

pay [pei] s. paga f., pagament m. 2 sou m., salari m. 3 gratificació f.

pay (to) [pei] t. pagar. 2 ingressar [diners al banc]. 3 compensar. 4 parar, prestar [atenció]. 5 rendir, donar. 6 fer [cumpliments]; retre [homenatge]. ■ 7 i. pagar. 8 ser rendible, profitós. ■ to ~ back, tornar [diners], reemborsar; to ~ for, pagar per [també fig.]; to ~ off, liquidar, saldar; to ~ out, pagar, abonar; NÀUT. amollar; to ~ up, saldar. ▲ Pret. i p. p.: paid [peid].

payable ['peiəbl] a. pagable, pagador.

payer ['peiə'] s. pagador.

paymaster ['peiˌmaːstə'] s. pagador. 2 habilitat f.

payment ['peimənt] s. pagament m. 2 retribució f., recompensa f.

pea [piː] s. BOT. pèsol m.

peace [piːs] *s.* pau *f.* 2 ordre *m.* públic. 3 tranquil·litat *f.*

peaceful ['piːsful] *a.* pacífic, tranquil. ■ 2-**ly** *adv.* pacíficament.

peacemaker ['piːsˌmeikəʳ] *s.* pacificador.

peach [piːtʃ] *s.* BOT. préssec *m.*, (BAL.) melicotó *m.*, (VAL.) bresquilla *f.*

peach tree ['piːtʃtriː] *s.* BOT. presseguer *m.*

peacock ['piːkɔk] *s.* ORN. paó *m.*

peahen ['piːhen] *s.* ORN. paona *f.*

peak [piːk] *s.* cim *m.*, cúspide *f.* [també fig.]. 2 punta *f.* ‖ *off* ~, fora de l'hora punta. 3 cresta *f.* [d'una onada]. 4 visera *f.* [de gorra].

peal [piːl] *s.* repic *m.*, repicada *f.*, toc *m.* [de campanes]. 2 esclat *m.*, estrèpit *m.*

peal (to) [piːl] *t.* repicar, tocar [les campanes]. 2 fer sonar, fer ressonar. ■ 3 *i.* sonar.

peanut ['piːnʌt] *s.* BOT. cacauet *m.* 2 *pl.* col·loq. poques peles *f. pl.*

pear [pɛəʳ] *s.* BOT. pera *f.*

pearl [pəːl] *s.* perla *f.* 2 nacre *m.*

pearly ['pəːli] *a.* perlat, perlí, nacrat. 2 de perla, de perles, amb perles.

pear tree ['pɛətriː] *s.* BOT. perera *f.*

peasant ['pezənt] *s.* camperol, pagès, (VAL.) llaurador.

peasantry ['pezəntri] *s.* gent *f.* del camp, pagesia *f.*

peat [piːt] *s.* GEOL. torba *f.*

pebble ['pebl] *s.* còdol *m.*, palet *m.*

peck [pek] *s.* mesura d'àrids [aprox. 9 litres]. 2 becarrada *f.*, picada *f.* 3 fig. pila *f.*, munt *m.*

peck (to) [pek] *t.* picar [amb el bec]. 2 espicassar. 3 col·loq. fer petons per rutina. ■ 4 *i.* picotejar.

pectoral ['pektərəl] *a.* pectoral.

peculiar [pi'kjuːliəʳ] *a.* peculiar, propi. 2 particular, especial. 3 estrany, singular.

peculiarity [piˌkjuːli'æriti] *s.* peculiaritat *f.*

pecuniary [pi'kjuːnjəri] *a.* pecuniari.

pedagogue ['pedəgɔg] *s.* pedagog. 2 col·loq. professor pedant.

pedal ['pedl] *s.* pedal *m.* ■ 2 *a.* del peu.

pedant ['pedənt] *s.* pedant.

pedantry ['pedəntri] *s.* pedanteria *f.*

peddle (to) ['pedl] *i.* vendre per les cases. ■ 2 *t.* escampar, fer córrer la veu.

peddler ['pedləʳ] *s.* venedor ambulant; firaire *m.*

pedestal ['pedistl] *s.* pedestal *m.*, peu *m.*, base *f.*

pedestrian [pi'destriən] *a.* pedestre. ■ 2 *s.* vianant.

pedigree ['pedigriː] *s.* genealogia *f.*, llinatge *m.* 2 arbre *m.* genealògic.

peel [piːl] *s.* pell *f.*, pellofa *f.*, pela *f.*, escorça *f.*

peel (to) [piːl] *t.* ~ *to* ~ *(off)*, pelar, esclofollar. ■ 2 *i.* ~ *to* ~ *(off)*, saltar, despendre's *p.* [la pell, etc.].

peelings ['piːliŋz] *s. pl.* peles *f. pl.*, peladures *f. pl.*, pellofes *f. pl.*

peep [piːp] *s.* ullada *f.*, cop *m.* d'ull, mirada *f.* 2 alba *f.*, albada *f.* 3 piu *m.*, piulet *m.* [d'ocell].

peep (to) [piːp] *i.* donar un cop d'ull, donar una ullada. 2 mirar d'amagat. 3 treure el cap, treure el nas. 4 piular.

peep-hole ['piːphoul] *s.* espiera *f.*, espiell *m.*

peer [piəʳ] *s.* igual *m.* 2 par *m.* [noble].

peer (to) [piəʳ] *i.* mirar atentament, fitar, clavar els ulls. 2 sortir, aparèixer.

peerage ['piəridʒ] *s.* dignitat *f.* de par. 2 noblesa *f.* 3 guia *f.* de la noblesa.

peerless ['piəlis] *a.* sense parió, incomparable.

peevish ['piːviʃ] *a.* malcarat, brusc, sorrut, irritable.

peg [peg] *s.* agulla *f.* [d'estendre roba]. 2 penjador *m.*, penja-robes *m.* 3 clavilla *f.* 4 estaca *f.*, pal *m.* 4 fig. pretext *m.*, tema *m.*

peg (to) [peg] *t.* clavar, clavillar.

Peking [piː'kiŋ] *n. pr.* GEOGR. Pequín.

pelican ['pelikən] *s.* ORN. pelicà *m.*

pellet ['pelit] *s.* piloteta *f.*, boleta *f.* 2 píndola *f.* 3 perdigó *m.*

pell-mell [pel'mel] *adv.* amb presses, desordenadament.

pellucid [pe'luːsid] *a.* diàfan, transparent.

pelota [pə'loutə] *s.* ESPORT pilota *f.* basca.

pelt [pelt] *s.* pell *m.*, cuir *m.*

pelt (to) [pelt] *t.* llançar, tirar. ■ 2 *i.* ploure a bots i barrals. 3 xocar contra, caure amb força sobre. 4 anar a tota velocitat.

pen [pen] *s.* ploma *f.* [per escriure]. 2 bolígraf *m.* 3 corral *m.*, galliner *m.*

pen (to) [pen] *t.* escriure. 2 tancar [el bestiar]. ▲ Pret. i p. p.: *penned* o *pent*.

penal ['piːnl] *a.* penal. 2 penable.

penalize (to) ['piːnəlaiz] *t.* penar, castigar, penalitzar.

penalty ['penəlti] *s.* pena *f.*, càstig *m.* 2 ESPORT penal *f.* [futbol].

penance ['penəns] *s.* penitència *f.*

penchant ['pɑːnʃɑːn] s. tendència f., inclinació f.

pence [pens] s. Vegeu PENNY.

pencil ['pensl] s. llapis m. 2 pinzell m. fi.

pendant, pendent ['pendənt] s. penjoll m.; penjarella f., arracada f. 2 ARQ. penjant m.

pendent ['pendənt] a. penjant. 2 pendent.

pendulum ['pendjuləm] s. pèndol m.

penetrate (to) ['penitreit] t.-i. penetrar, entrar, travessar t.

penetrating ['penitreitiŋ] a. penetrant. 2 perspicaç.

penetration [,peni'treiʃən] s. penetració f.

penfriend ['penfrend] s. amic per correspondència.

penguin ['peŋgwin] s. ORN. pingüí m.

penholder ['pen,houldəʳ] s. portaploma m.

peninsula [pə'ninsjulə] s. península f.

peninsular [pə'ninsjuləʳ] a. peninsular.

penis ['piːnis] s. ANAT. penis m.

penitence ['penitəns] s. penitència f.; contricció f., penediment m.

penitent ['penitənt] a.-s. penitent, penedit.

penitential [,peni'tenʃəl] a. penitencial.

penitentiary [,peni'tenʃəri] s. penitenciari m., presó f. ■ 2 a. penitenciari.

penknife ['pennaif] s. trempaplomes m., navalla f.

pennant ['penənt] s. MAR. gallardet m. 2 flàmula f., banderí m.

penniless ['penilis] a. pobre, que no té diners.

penny ['peni] s. penic m. ▲ pl. **pennies** ['peniz].

pension ['penʃən] s. pensió f., retir m., jubilació f. 2 ['pɑːnsiːʃn] pensió f., dispesa f.

pension (to) ['penʃən] t. pensionar, retirar, jubilar.

pensioner ['penʃənəʳ] s. pensionista f.

pensive ['pensiv] a. pensatiu, pensarós; trist.

pent Vegeu PEN (TO).

pentagon ['pentəgən] s. GEOM. pentàgon m.

Pentecost ['pentikɔst] s. REL. pentecosta f.

penthouse ['penthaus] s. rafal m., cobert m. 2 àtic m.

pent-up ['pentʌp] a. reprimit.

penultimate [pi'nʌltimit] a. penúltim.

penury ['penjuri] s. penúria f., estretor f. 2 pobresa f. 3 manca f., mancança f.

people ['piːpl] s. gent f., persones f. pl.: *the young* ~, la gent jove; *two* ~, dues persones. 2 poble m., raça f., nació f. 3 poble m. [ciutadans; no nobles, etc.]. 4 col·loq. família f., parents m. pl.

people (to) ['piːpl] t. poblar.

pep [pep] s. col·loq. empenta f., vigor m.

pepper ['pepəʳ] s. pebre m. 2 pebrotera f.; pebrot m. || *red* ~, pebrot vermell.

pepper (to) ['pepəʳ] t. amanir amb pebre. 2 assetjar [amb preguntes, etc.].

peppermint ['pepəmint] s. BOT. menta f.

per [pə(ː)ʳ] prep. per: ~ *cent*, per cent. 2 col·loq. *as* ~, segons.

perambulate (to) [pə'ræmbjuleit] t. liter. recórrer. ■ 2 i. caminar, passejar, voltar.

perambulator [pə'ræmbjuleitəʳ] s. Vegeu PRAM.

perceivable [pə'siːvəbl] a. perceptible.

perceive (to) [pə'siːv] t. percebre; veure; compendre.

percentage [pə'sentidʒ] s. percentatge m.

perceptible [pə'septibl] a. perceptible, visible.

perception [pə'sepʃən] s. percepció f.

perch [pəːtʃ] s. ICT. perca f. 2 mesura f. de longitud [aprox. 5 metres]. 3 perxa f., pal m., barra f. 4 col·loq. bona posició f.

perch (to) [pəːtʃ] t. penjar, enfilar. ■ 2 i. posar-se p. [en una branca, etc.]. 3 enfilar-se p.

perchance [pə'tʃɑːns] adv. ant. per atzar, per ventura.

percolate (to) ['pəːkəleit] t. colar, filtrar. ■ 2 i. colar-se p., filtrar-se p.

percolator ['pəːkəleitəʳ] s. cafetera f. russa, cafetera f. de filtre.

percussion [pəː'kʌʃən] s. percussió f.

perdition [pəː'diʃən] s. perdició f.

peregrination [,perigri'neiʃən] s. peregrinació f., viatge m.

peremptory [pə'remptəri] a. peremptori, terminant. 2 autoritari, imperiós.

perennial [pə'renjəl] a. perenne.

perfect ['pəːfikt] a. perfecte. 2 absolut, consumat. ■ 3 -ly adv. perfectament; absolutament.

perfect (to) [pə'fekt] t. perfeccionar.

perfection [pə'fekʃən] s. perfecció f.

perfidious [pəː'fidiəs] a. pèrfid.

perfidy ['pəːfidi] s. perfídia f.

perforate (to) ['pə:fəreit] t. perforar, foradar.

perforce [pəˈfɔːs] adv. per força.

perform (to) [pəˈfɔːm] t. fer, dur a terme, executar, realitzar. 2 representar [una obra]; tocar [un instrument]; cantar [una cançó]. ■ 3 i. actuar. 4 tocar, cantar.

performance [pəˈfɔːməns] s. execució f., compliment m., acompliment m., realització f. 3 acció f., gesta f. 4 funció f., representació f., concert m.; actuació f.; sessió f.

perfume ['pə:fju:m] s. perfum m.

perfume [pəˈfju:m] t. perfumar.

perfunctory [pəˈfʌŋktəri] a. perfuntori, rutinari.

perhaps [pəˈhæps, præps] adv. potser, tal vegada, (BAL.) per ventura.

peril ['peril] s. perill m. 2 risc m.

perilous ['periləs] a. perillós, arriscat.

period ['piəriəd] s. període m. 2 època f. 3 punt m. 4 MED. menstruació f.

periodic [ˌpiəriˈɔdik] a. periòdic.

periodical [piəriˈɔdikəl] a. periòdic. ■ 2 s. periòdic m., publicació f. periòdica, revista f.

periscope ['periskoup] s. periscopi m.

perish (to) ['periʃ] t. fer malbé, deteriorar. 2 **to be perished with hunger,** estar mort de gana. ■ 3 i. fer-se p. malbé, deteriorar-se p. 4 morir, perir.

perishable ['periʃəbl] a. perible, alterable, que no es conserva.

perjure (to) ['pə:dʒə] t. **to ~ oneself,** perjurar.

perjury ['pə:dʒəri] s. perjuri m.

perk (to) [pə:k] t. **to ~ up,** aixecar [el cap]. 2 animar, encoratjar. ■ 3 i. **to ~ up,** reanimar-se p., revifar-se p.

perky ['pə:ki] a. espavilat, eixerit. 2 descarat, fresc, barrut.

permanence ['pə:mənəns] s. permanència f.

permanent ['pə:mənənt] a. permanent, estable, fix. ‖ **~ wave,** permanent [dels cabells]. ■ 2 **-ly** adv. permanentment.

permeate (to) ['pə:mieit] t. penetrar, amarar, impregnar. ■ 2 i. penetrar.

permission [pəˈmiʃən] s. permís m., llicència f., vènia f. 2 MIL. permís m.

permissive [pəˈmisiv] a. permissiu, tolerant.

permit ['pə:mit] s. permís m., llicència f., passi m.

permit (to) [pəˈmit] t. permetre. ■ 2 i. **to ~ of,** admetre t., permetre t.

pernicious [pəˈniʃəs] a. perniciós, perjudicial.

perorate (to) ['perəreit] i. perorar.

perpendicular [ˌpə:pənˈdikjulə] a. perpendicular. ■ 2 s. perpendicular f.

perpetrate (to) ['pə:pitreit] t. perpetrar.

perpetual [pəˈpetjuəl, -tʃuəl] a. perpetu. 2 continu, constant. ■ 3 **-ly** adv. perpètuament.

perpetuate (to) [pəˈpetjueit] t. perpetuar.

perplex (to) [pəˈpleks] t. deixar perplex, confondre. 2 atabalar. 3 complicar, enredar.

perplexity [pəˈpleksiti] s. perplexitat f., confusió f. 2 atabalament m. 3 complicació f.

perquisite ['pə:kwizit] s. percaç m. 2 sobresou m., propina f. 3 privilegi m.

persecute (to) ['pə:sikju:t] t. perseguir. 2 assetjar, importunar.

persecution [ˌpə:siˈkju:ʃən] s. persecució f.

perseverance [ˌpə:siˈviərəns] s. perseverància f.

persevere (to) [ˌpə:siˈviə] i. perseverar.

persist (to) [pəˈsist] i. persistir [in, a].

persistence [pəˈsistənt] s. persistència f., insistència f. 2 constància f.

persistent [pəˈsistənt] a. persistent. 2 constant, tenaç. 3 insistent. ■ 4 **-ly** adv. persistentment, constantment, insistentment.

person ['pə:sn] s. persona f.

personable ['pə:sənəbl] a. atractiu, ben plantat, agradable.

personal ['pə:snəl] a. personal, particular, privat. ‖ **~ estate** o **property,** béns m. pl. mobles. ■ 2 s. pl. nota f. de societat. ■ 3 **-ly** adv. personalment.

personage ['pə:sənidʒ] s. personatge m. 2 personalitat f.

personality [ˌpə:səˈnæliti] s. personalitat f. 2 individualitat f. 3 personalisme m. 4 personatge m., personalitat f. [famós]. 5 pl. al·lusions f. pl. personals.

personate (to) ['pə:səneit] t. TEAT. fer el paper de, fer de. 2 fingir, fer-se p. passar per. 3 personificar.

personify (to) [pe:ˈsɔnifai] t. personificar.

personnel [ˌpə:səˈnel] s. personal m., plantilla f. ‖ **~ manager,** cap de personal.

perspective [pəˈspektiv] s. perspectiva f. [també fig.].

perspicacious [ˌpɛːspiˈkeiʃəs] *a.* perspicaç.

perspicuous [pəˈspikjuəs] *a.* perspicu.

perspiration [ˌpəːspiˈreiʃən] *s.* transpiració *f.,* suor *f.*

perspire (to) [pəsˈpaiəʳ] *i.* transpirar, suar.

persuade (to) [pəˈsweid] *t.* persuadir, convèncer. 2 exhortar, intentar convèncer.

persuasion [pəˈsweiʒən] *s.* persuasió *f.* 2 creença *f.* 3 convicció *f.*

pert [pəːt] *a.* petulant, impertinent, descarat. 2 (EUA) viu, alegre, espavilat. ■ 3 **-ly** *adv.* descaradament.

pertain (to) [pəːˈtein] *i.* pertànyer; pertocar. 2 tenir a veure amb, correspondre.

pertinacious [ˌpəːtiˈneiʃəs] *a.* pertinaç.

pertinent [ˈpəːtinənt] *a.* pertinent, oportú, apropiat.

pertness [ˈpəːtnis] *s.* petulància *f.,* insolència *f.,* arrogància *f.* 2 vivacitat *f.*

perturb (to) [pəˈtəːb] *t.* pertorbar, torbar, trasbalsar.

perturbation [ˌpəːtəˈbeiʃən] *s.* pertorbació *f.,* torbament *m.,* transtorn *m.*

Peru [pəˈruː] *n. pr.* GEOGR. Perú.

perusal [pəˈruːzəl] *s.* form. lectura *f.*

peruse (to) [pəˈruːz] *t.* form. llegir.

Peruvian [pəˈruːvjən] *a.-s.* peruà.

pervade (to) [pəˈveid] *t.* penetrar, omplir, escampar-se *p.* per.

perverse [pəˈvəːs] *a.* pervers. 2 tossut, obstinat. 3 díscol. ■ 4 **-ly** *adv.* perversament.

perversion [pəˈvəːʃən] *s.* perversió *f.* 2 corrupció *f.,* alteració *f.*

perverseness [pəˈvəːsnis], **perversity** [pəˈvəːsiti] *s.* perversitat *f.,* malícia *f.* 2 tossuderia *f.,* obstinació *f.* 3 indocilitat *f.*

pervert [ˈpəːvəːt] *s.* pervertit.

pervert (to) [pəˈvəːt] *t.* pervertir. 2 corrompre, fer malbé. 3 tergiversar, falsejar.

pervious [ˈpəːvjəs] *a.* penetrable, permeable.

pessimist [ˈpesimist] *s.* pessimista.

pest [pest] *s.* pesta *f.,* plaga *f.* 2 insecte *m.* nociu. 3 col·loq. fig. pesat, plom *m.*

pester (to) [ˈpestəʳ] *t.* molestar, importunar.

pestiferous [pesˈtifərəs] *a.* pestífer, pestilent. 2 danyós, nociu. 3 fig. perniciós.

pestilence [ˈpestiləns] *s.* MED. pesta *f.,* pestilència *f.*

pestle [ˈpesl] *s.* mà *f.* de morter.

pet [pet] *a.* favorit, predilecte; consentit. ‖ ~ **name,** apel·latiu *m.* afectuós. ‖ ~ **aversion,** enrabiada *f.* 2 domèstic ■ 3 *s.* animal *m.* domèstic. 4 persona *f.* consentida; favorit.

pet (to) [pet] *t.* acariciar, amanyagar. 2 malcriar, consentir. ■ 3 *i.* acariciar-se *p.,* amanyagar-se *p.*

petal [ˈpetl] *s.* BOT. pètal *m.*

Peter [ˈpiːtəʳ] *n. pr. m.* Pere.

petition [piˈtiʃən] *s.* petició *f.,* sol·licitud *f.* 2 prec *m.,* súplica *f.* 3 DRET demanda *f.,* petició *f.,* recurs *m.*

petition (to) [piˈtiʃən] *t.* sol·licitar. 2 adreçar una petició a. 3 DRET presentar una demanda. ■ 4 *i.* fer una sol·licitud.

petrel [ˈpetrəl] *s.* ORN. petrell *m.*

petrify (to) [ˈpetrifai] *t.* petrificar. 2 fig. deixar de pedra. ■ 3 *i.* petrificar-se *p.* 4 fig. quedar-se *p.* de pedra.

petrol [ˈpetrəl] *s.* (G.B.) gasolina *f.,* benzina *f.,* (ROSS.) essència *f.*

petroleum [piˈtrouljəm] *s.* petroli *m.* ‖ ~ **jelly,** vaselina *f.*

petticoat [ˈpetikout] *s.* combinació *f.,* enagos *m. pl.*

pettifoger [ˈpetifɔgəʳ] *s.* picaplets.

pettiness [ˈpetinis] *s.* insignificança *f.,* fotesa *f.,* nimietat *f.* 2 mesquinesa *f.*

pettish [ˈpetiʃ] *a.* geniüt, malcarat, sorrut.

petty [ˈpeti] *a.* petit, insignificant. ‖ ~ **cash,** diners *m. pl.* per a o procedents de, despeses menors. ‖ ~ **thief,** lladregot. 2 mesquí. 3 inferior, subaltern. ‖ MAR. ~ **officer,** sots-oficial [de la marina], contramestre.

petulance [ˈpetjuləns] *s.* impaciència *f.,* mal geni *m.,* mal humor *m.*

petulant [ˈpetjulənt] *a.* irritable, geniüt, malcarat.

pewter [ˈpjuːtəʳ] *s.* peltre *m.*

phalanx [ˈfælæŋks] *s.* ANAT., HIST. falange *f.* ▲ *pl.* **phalanges** [fəˈlændʒiːz].

phantasm [ˈfæntæzəm] *s.* fantasma *m.*

phantom [ˈfæntəm] *s.* fantasma *f.,* aparició *f.* 2 miratge *m.,* il·lusió *f.* òptica. ■ 3 *a.* fantasmal.

pharmacy [ˈfɑːməsi] *s.* farmàcia *f.*

phase [feiz] *s.* fase *f.* ‖ *out of* ~, desfasat.

phase (to) [feiz] *t.* escalonar; programar per fases. 2 *to* ~ *into,* introduir de mica en mica. 3 *to* ~ *out,* desfer; reduir progressivament.

pheasant [ˈfeznt] *s.* ORN. faisà *m.*

phenomenon [fiˈnɔminən] *s.* fenomen *m.*

philander (to) [fiˈlændə] i. flirtejar, festejar.

philanthropy [fiˈlænθrəpi] s. filantropia f.

philharmonic [ˌfilɑːˈmɔnik] a. filarmònic.

philologist [fiˈlɔlədʒist] s. filòleg.

philosopher [fiˈlɔsəfə] s. filòsof.

philosophy [fiˈlɔsəfi] s. filosofia f.

philtre, (EUA) philter [ˈfiltə] s. filtre m., beuratge m. [amorós].

phlegm [flem] s. MED. flegma f. [també fig.].

phlegmatic(al) [flegˈmætik(əl)] a. flegmàtic.

phoenix [ˈfiːniks] s. MIT. fènix.

phone [foun] s. col·loq. telèfon m. ∥ ~ **boot,** cabina f. telefònica. ∥ ~ **call,** trucada f. telefònica. 2 GRAM. fonema m.

phone (to) [foun] t.-i. col·loq. telefonar t., trucar t. per telèfon.

phone-in [ˈfounin] s. RADIO., TELEV. programa m. amb participació telefònica.

phonetics [fəˈnetiks] s. fonètica f.

phoney, phony [ˈfouni] a. col·loq. fals, enganyós. ■ 2 s. farsant.

photo [ˈfoutou] s. col·loq. foto f.

photocopy [ˈfoutoukɔpi] s. fotocòpia f.

photocopy (to) [ˈfoutoukɔpi] t. fotocopiar.

photograph [ˈfoutəgrɑːf] s. fotografia f. ∥ ~ **library,** fototeca f.

photograph (to) [ˈfoutəgrɑːf] t. fotografiar, fer una fotografia. ■ 2 i. to ~ **well** o **badly,** ser o no ser fotogènic.

photogravure [ˌfoutəgrəˈvjuə] s. GRÀF. fotogravat m.

phrase [freiz] s. frase f. 2 locució f., expressió f. 3 GRAM. locució f. 4 MÚS. frase f.

phrase (to) [freiz] t. expressar, redactar.

physical [ˈfizikəl] a. físic. ∥ ~ **fitness,** bon estat físic. ∥ ~ **training,** educació f. física. ■ 2 **-ly** adv. físicament.

physician [fiˈziʃən] s. metge, doctor.

physicist [ˈfizisist] s. físic.

physics [ˈfiziks] s. física f.

physiognomy [ˌfiziˈɔnəmi] s. fisonomia f., fesomia f.

physiologist [ˌfiziˈɔlədʒist] s. fisiòleg.

physique [fiˈziːk] s. físic m. [figura, constitució].

pianist [ˈpiənist] s. MÚS. pianista f.

piano [piˈænou] s. piano m. ∥ **grand** ~, piano m. de cua. ∥ **upright** ~, piano m. vertical.

picaresque [ˌpikəˈresk] a. picaresc.

pick [pik] s. pic m. 2 collita f. 3 selecció f. ∥ fig. **the** ~ **of,** la flor i nata, el bó i millor. 4 MÚS. plectre m.

pick (to) [pik] t. foradar. 2 picar. 3 collir, plegar [flors, fruita, etc.]. 4 escollir, triar. 5 pelar, netejar, escurar. 6 rebentar [un pany]. 7 picar, espicossar. 8 **to** ~ **a quarrel,** cercar o buscar raons. 9 MÚS. puntejar [les cordes]. ■ 10 i. picar t., menjotejar. ■ **to** ~ **off,** arrencar, arrancar; **to** ~ **on,** escollir; criticar, censurar; **to** ~ **out,** distingir; escollir; **to** ~ **up,** collir, recollir; agafar; captar; copsar; despenjar [el telèfon]; comprar; millorar, refer-se; agafar velocitat; recuperar-se.

picket [ˈpikit] s. estaca f., pal m. 2 piquet m. [de vaga; de soldats].

pickle [ˈpikl] s. salmorra f., adob m., escabetx m. 2 col·loq. embolic m., tràngol m. 3 pl. confitats m. pl.

pickle (to) [ˈpikl] t. adobar, marinar, escabetxar.

pickpocket [ˈpikpɔkit] s. carterista, pispa.

pickup [ˈpikʌp] s. ELECT. càpsula f. fonocaptora. 2 furgoneta f. de repartiment. 3 cosa f. trobada. 4 col·loq. aventura f., embolic m. [amorós]. 5 AUTO. acceleració f.

picnic [ˈpiknik] s. excursió f., sortida f. al camp; menjar m. al camp. 2 col·loq. plaer m., cosa f. senzilla.

picnic (to) [ˈpiknik] i. menjar al camp.

picture [ˈpiktʃə] s. pintura f., quadre m. 2 imatge f., retrat m. 3 làmina f., gravat m. 4 escena f.; quadre m. 5 descripció f. 6 visió f. 7 CINEM. pel·lícula f. ∥ **the pictures,** el cine. 8 FOT. fotografia f. 9 TELEV. imatge m.

picture (to) [ˈpiktʃə] t. pintar, retratar. 2 descriure. 3 imaginar-se p., representar-se p.

picturesque [ˌpiktʃəˈresk] a. pintoresc. 2 típic. 3 original [persona].

pie [pai] s. pastís m., (ROSS.) gató m.; empanada f. ∥ fig. **as easy as** ~, facilíssim. ∥ **to have a finger in every** ~, estar ficat en tot.

piece [piːs] s. tros m., bocí m. ∥ fig. **to give someone a** ~ **of one's mind,** cantar les veritats a algú. ∥ fig. **to go to pieces,** esfondrar-se [una persona]. 2 peça f., component m. [d'un mecanisme]. 3 ~ **of advice,** consell m.; ~ **of furniture,** moble m.; ~ **of news,** notícia f. 4 moneda f. 5 MÚS., LIT., TEAT. peça f., obra f.

piece (to) [piːs] *t. to ~ together,* muntar, armar; fig. lligar caps. 2 *to ~ something out,* completar.

piecemeal [ˈpiːsmiːl] *a.* fet a poc a poc, de mica en mica. 2 poc sistemàtic. ■ 3 *adv.* a poc a poc, per parts.

piecework [ˈpiːswəːk] *s.* treball *m.* a preu.

pied [paid] *a.* clapat, clapejat.

pier [piəʳ] *s.* dic *m.,* espigó *m.,* escullera *f.* 2 moll *m.,* embarcador *m.* 3 ARQ. pilar *m.,* pilastra *f.;* pany *m.*

pierce (to) [piəs] *t.* travessar, traspassar; penetrar. 2 perforar, foradar, fer un forat. 3 fig. commoure.

piercing [ˈpiəsiŋ] *a.* agut, penetrant. 2 esgarrifós. 3 tallant, que talla [vent].

piety [ˈpaiəti] *s.* pietat *f.,* devoció *f.*

pig [pig] *s.* ZOOL. porc *m.,* marrà *m.* 2 fig. porc, bacó [persona]. 3 CUI. *suckling ~,* garrí *m.,* porcell *m.*

pigeon [ˈpidʒin] *s.* colom *m.* ‖ *carrier/homing ~,* colom missatger. 2 CUI. colomí *m.* 3 ESPORT colom *m.*

pigeonhole [ˈpidʒinhoul] *s.* covador *m.* [de colomar]. 2 casella *f.* [de caseller].

piggy bank [ˈpigibæŋk] *s.* guardiola *f.,* (BAL.) vidriola *f.,* (VAL.) vidriola *f.,* (ROSS.) denieirola *f.*

pig-headed [ˈpigˈhedid] *a.* tossut, obstinat.

pigskin [ˈpigskin] *s.* pell *f.* de porc.

pigsty [ˈpigstai] *s.* cort *f.,* baconera *f.* 2 fig. cort *f.*

pigtail [ˈpigteil] *s.* cua *f.* [de cabells].

pike [paik] *s.* MIL. pica *f.* [arma]. 2 ICT. lluç *m.* de riu. 3 barrera *f.* de peatge.

pilaster [piˈlæstəʳ] *s.* ARQ. pilastra *f.*

pile [pail] *s.* ARQ. estaca *f.,* puntal *m.* 2 pila *f.,* munt *m.* ‖ *funeral ~,* pira *f.* funerària. ‖ col·loq. *make a ~,* fer molts diners, fer una pila de diners. 3 borrissol *m.,* pèl *m.* [de roba]. 4 ELECT. pila *f.,* bateria *f.* 5 MED. hemorroides *f.*

pile (to) [pail] *t.* amuntegar, apilar, apilonar. 2 assegurar amb puntals. ■ 3 *i.* amuntegar-se *p.,* apilonar-se *p.;* acumular-se *p.* 4 *to ~ up,* amuntegar(se), apilonar(se), acumular(se).

pileup [ˈpailʌp] *s.* col·loq. xoc *m.* múltiple o en cadena [de cotxes].

pilfer (to) [ˈpilfəʳ] *t.-i.* rampinyar *t.,* pispar *t.,* cisar *t.*

pilfering [ˈpilfəriŋ] *s.* rampinya *f.,* cisa *f.*

pilgrim [ˈpilgrim] *s.* pelegrí, romeu.

pilgrimage [ˈpilgrimidʒ] *s.* peregrinació *f.,* romeria *f.,* romiatge *m.*

pill [pil] *s.* píndola *f.,* pastilla *f.* ‖ *the ~,* la píndola [anticonceptiva]. ‖ *to be on the ~,* prendre la píndola *f.* [anticonceptiva]. 2 fig. *a bitter ~ to swallow,* un mal tràngol.

pillage [ˈpilidʒ] *s.* pillatge *m.,* saqueig *m.*

pillage (to) [ˈpilidʒ] *t.* pillar, saquejar.

pillar [ˈpiləʳ] *s.* pilar *m.,* columna *f.,* suport *m.,* puntal *m.* [també fig.]. 2 fig. *from ~ to post,* anar d'Herodes a Pilat.

pillar box [ˈpiləbɔks] *s.* (G.B.) bústia *f.*

pillion [ˈpiljən] *s.* seient *m.* de darrera.

pillory [ˈpiləri] *s.* picota *f.*

pillow [ˈpilou] *s.* coixí *m.*

pillowcase [ˈpiloukeis], **pillowslip** [ˈpilouslip] *s.* coixinera *f.*

pilot [ˈpailət] *m.* AVIA. pilot, aviador. 2 MAR. pilot, pràctic. 3 fig. guia, conseller. ■ 4 *a.* pilot, experimental.

pilot (to) [ˈpailət] *t.* pilotar. 2 dirigir, guiar.

pimp [pimp] *s.* alcavot, macarró, proxeneta.

pimple [ˈpimpl] *s.* gra *m.,* barb *m.* [a la pell].

pin [pin] *s.* agulla *f.* de cap. ‖ *drawing ~,* xinxeta *f.* ‖ fig. *pins and needles,* formigueig *m.* 2 agulla *f.* [joia]. 3 ESPORT bitlla *f.* 4 *pl.* ESPORT pals *m. pl.* [de billar]. 5 MEC. pern *m.* 6 TECNOL. xaveta *f.*

pin (to) [pin] *t.* clavar, posar [agulles]. 2 subjectar [amb agulles]. 2 *to ~ down,* subjectar; trobar, localitzar; precisar. ‖ fig. *to ~ somebody down,* obligar algú a comprometre's *p.* 3 *to ~ something on somebody,* culpar, acusar, responsabilitzar algú d'alguna cosa; *to ~ one's hopes on,* posar les esperances en.

pinafore [ˈpinəfɔːʳ] *s.* bata *f.,* davantal *m.* [de criatura]. ‖ *~ dress,* faldilla *f.* amb pitet.

pincers [ˈpinsəz] *s. pl.* tenalles *f. pl.,* estenalles *f. pl.,* alicates *f. pl.* 2 ZOOL. pinces *f. pl.*

pinch [pintʃ] *s.* pessic *m.* 2 punxada *f.,* fiblada *f.* [de dolor]. 3 pessic *m.,* mica *f.,* polsim *m.* 4 fig. tràngol *m.,* destret *m.* ‖ *at a ~,* en cas de necessitat.

pinch (to) [pintʃ] *t.* pessigar. 2 estrènyer [la sabata]. 3 pispar, cisar. 4 reduir, cisar. 5 agafar(se), enganxar(se). ■ 6 *i.* economitzar *t.,* estalviar *t.*

pine [pain] *s.* BOT. pi *m.*

pine (to) [pain] *i.* defallir, consumir-se *p.,* llanguir [gralnt. amb *away*]. 2 afligir-se *p.* 3 *to* ~ *for* o *after,* delir-se *p.* per, anhelar.

pineapple ['painæpl] *s.* BOT. ananàs *m.,* pinya *f.*

pinecone ['painkoun] *s.* BOT. pinya *f.*

pine kernel ['pain'kəːnl], **pine nut** ['painnʌt] *s.* BOT. pinyó *m.*

ping-pong ['piŋpɔŋ] *s.* ESPORT. col·loq. ping-pong *m.*

pinion ['pinjən] *s.* ORN., poèt. ala *f.* 2 MEC. pinyó *m.*

pinion (to) ['pinjən] *t.* tallar les ales. 2 lligar de mans.

pink [piŋk] *a.* BOT. clavell *m.,* clavellina *f.* ‖ col·loq. *in the* ~ *of health,* bona salut *f.* 2 rosa *m.* [color]. ■ 3 *a.* rosa. 4 POL. rogenc.

pinnacle ['pinəkl] *s.* ARQ. pinacle *m.* [també fig.]. 2 cim *m.*

pint [paint] *s.* pinta *f.* [mesura].

pioneer [,paiə'niə] *s.* pioner. 2 explorador. 3 iniciador. 3 MIL. sapador.

pious ['paiəs] *a.* pietós, devot. ■ 2 *-ly adv.* pietosament.

pip [pip] *s.* VET. pepida *f.* 2 JOC punt [daus, dòmino, etc.]. 3 (G.B.) MIL., col·loq. galó *m.* 4 BOT. llavor *f.,* pinyol *m.* 5 RÀDIO., TELEV. senyal *m.*

pipe [paip] *s.* tub *m.,* canonada *f.,* conducte *m.* 2 tub *m.* [d'un orgue]. 3 xiulet *m.,* xiulada *f.* 4 pipa *f.* [per fumar]. 5 bóta *f.* 6 *pl.* canonada *f.* 7 MÚS. flauta *f.,* caramella *f.,* flautí *m.; pl.* gaita *f.,* sac *m.* de gemecs.

pipe (to) [paip] *t.* canalitzar, acanonar, aconduir [per una canonada, etc.]. 2 MAR. cridar [amb una sirena]. ■ 3 *i.* MÚS. tocar la flauta, la caramella, etc. 4 cridar; cantar. ‖ col·loq. *to* ~ *down,* callar.

pipe dream ['paipdriːm] *s.* castell *m.* en l'aire, il·lusió *f.*

pipeline ['paiplain] *s.* canonada *f.,* tub *m.* ‖ *gas* ~, gasoducte *m.* ‖ *oil* ~, oleoducte *m.* ‖ *to be in the* ~, estar a punt d'arribar.

piper ['paipə] *s.* gaiter. 2 flautista.

piping ['paipiŋ] *a.* agut, aflautat. ■ 2 *adv.* ~ *hot,* molt calent, calentíssim. ■ 3 *s.* canonada *f.,* tub *m.* 4 xiulet *m.* 5 adorn *m.* 6 COST. ribet *m.* 7 MÚS. so *m.* de la flauta, la caramella, la gaita, etc.

piquancy ['piːkənsi] *s.* picantor *f.* [també fig.].

piquant ['piːkənt] *a.* picant [també fig.].

pique (to) [piːk] *t.* picar, ferir, ofendre. 2 picar, excitar [la curiositat].

piracy ['pairəsi] *s.* pirateria *f.* [també fig.].

pirate ['paiərit] *s.* pirata. ‖ ~ *edition,* edició *f.* pirata. ‖ ~ *radio,* emissora *f.* pirata.

pirate (to) ['paiərit] *t.* publicar una edició pirata de. ■ 2 *i.* piratejar.

piss [pis] *s.* vulg. pipí *m.,* pixum *m.*

piss (to) [pis] *t.* vulg. pixar. ■ 2 *i.* vulg. pixar(se). 3 vulg. ~ *off!,* ves a fer punyetes!

pissed [pist] *a.* vulg. trompa, borratxo. 2 vulg. *to be* ~ *off,* estar empipat, emprenyat.

pistil ['pistl] *s.* BOT. pistil *m.*

pistol ['pistl] *s.* pistola *f.*

pistol case ['pistlkeis] *s.* pistolera *f.*

pistol shot ['pistlʃɔt] *s.* tret *m.* de pistola.

piston ['pistən] *s.* MEC. pistó *m.,* èmbol *m.* ‖ ~ *ring,* anella *f.* del pistó. ‖ ~ *rod,* tija *f.* ‖ ~ *stroke,* moviment *m.* de l'èmbol.

pit [pit] *s.* forat *m.,* clot *m.,* sot *m.,* pou *m.* 2 senyal *m.,* marca *f.* [de la verola]. 3 mina *f.* 4 (EUA) pinyol *m.* [de fruita]. 5 (EUA) mercat *m.* [de Borsa]. 6 fig. trampa *f.* 7 fig. abisme *m.* 8 ANAT. boca *f.* [de l'estómac]. 9 MEC. pou *m.* de reparació [d'un garatge]. 10 TEAT. platea *f.*

pit (to) [pit] *t.* marcar, senyalar [la verola]. 2 omplir de forats, de clots. 3 (EUA) espinyolar, treure el pinyol [de la fruita]. 4 *to* ~ *one thing against another,* oposar. 5 *to* ~ *against,* enfrontar-se *p.,* lluitar contra.

pit-a-pat [,pitə'pæt] *s.* batec *m.,* palpitació *f.*

pitch [pitʃ] *s.* pega *f.,* brea *f.,* quitrà *f.* 2 llançament *m.* 3 inclinació *f.,* pendent *m.* 4 parada *f.* [de mercat]. 5 pas *m.* [de rosca]. 6 fig. grau *m.,* nivell *m.* 7 ARQ. pendent *m.* 8 ESPORT camp *m.,* terreny *m.* 9 MAR. capficall *m.* 10 MÚS. to *m.*

pitch (to) [pitʃ] *t.* embrear, enquitranar. 2 clavar, plantar. 3 posar, col·locar. 4 armar, muntar. 5 fer caure. 6 ESPORT llançar, tirar. 7 MÚS. entonar. ■ 8 *i.* acampar. 9 caure. 10 MAR. capficar, fer capficalls.

pitcher ['pitʃə] *s.* gerro *m.,* (BAL.) (VAL.) pitxer *m.,* gerra *f.* 2 ESPORT llançador [beisbol].

pitchfork ['pitʃfɔːk] *s.* AGR. forca *f.*

piteous ['pitiəs] *a.* llastimós, lamentable.

pitfall ['pitfɔːl] *s.* trampa *f.* [també fig.].

pith [piθ] *s.* medul·la *f.,* moll *m.* 2 vigor *m.,* força *f.* 3 fig. essència *f.,* cor *m.*

pithy ['piθi] *a.* fig. concís, substancial; expressiu.

pitiable ['pitiəbl] *a.* llastimós, lamentable. 2 menyspreable.

pitiful ['pitiful] *a.* llastimós. 2 compassiu. 3 menyspreable. ■ 4 **-ly** *adv.* llastimosament; compassivament.

pitiless ['pitilis] *a.* despietat, cruel, inhumà. ■ 2 **-ly** *adv.* depietadament.

pity ['piti] *s.* pietat *f.,* compassió *f.* 2 llàstima *f.,* pena *f.* ‖ *what a ~!,* quina pena!, quina llàstima!

pity (to) ['piti] *t.* compadir(se), apiadar-se *p.*

pivot ['pivət] *s.* TECNOL. eix *m.,* pivot *m.,* piu *m.* 2 fig. eix *m.,* base *f.* 3 ESPORT pivot [bàsquet].

placard ['plæka:d] *s.* cartell *m.,* anunci *m.,* placard *m.*

placate (to) [plə'keit] *t.* apaivagar, aplacar.

place [pleis] *s.* lloc *m.,* indret *m.* ‖ *out of ~,* fora de lloc. ‖ col·loq. *to go places,* arribar lluny; viatjar; tenir èxit. 2 part *f.,* banda *f.* 3 local *m.,* casa *f.,* oficina *f.* 4 lloc *m.,* col·locació *f.,* càrrec *m.,* feina *f.* 5 pàgina *f.* 6 seient *m.,* plaça *f.* 7 plaça *f.* 8 *to take ~,* tenir lloc, ocórrer, celebrar-se. 9 ESPORT posició *f.,* lloc *m.*

place (to) [pleis] *t.* col·locar, posar, emplaçar, acomodar. 2 identificar. 3 COM. invertir, col·locar. 4 ESPORT classificar-se *p.*

placement ['pleismənt] *s.* col·locació *f.,* situació *f.,* emplaçament *m.*

placid ['plæsid] *a.* plàcid, tranquil.

plague [pleig] *s.* plaga *f.* 2 desastre *m.* 3 fig. molèstia *f.* 4 MED. pesta *f.*

plague (to) [pleig] *t.* infestar, empestar. 2 molestar, importunar.

plaid [plæd] *s.* manta *f.* escocesa. 2 tartà *m.* 3 roba *f.* de quadres.

plain [plein] *a.* pla, llis. 2 planer, clar, evident. 3 franc, sincer. 4 simple, corrent. 5 lleig, sense atractiu. 6 pur, natural, sense mescla. ■ 7 *adv.* clarament. ■ 8 *s.* pla *m.,* plana *f.,* planura *f.* ■ 9 **-ly** *adv.* clarament, senzillament.

plain clothes [,plein'klouðz] *s.* roba *f.* de paisà. ‖ ~ *policeman,* policia *m.* de paisà.

plain sailing [plein'seiliŋ] *s.* fig. *to be ~,* ésser bufar i fer ampolles.

plainsong ['pleinsɔŋ] *s.* MÚS. cant *m.* pla.

plaint [pleint] *s.* queixa *f.* 2 poèt. plany *m.,* lament *m.* 3 DRET demanda *f.,* querella *f.*

plaintiff ['pleintif] *s.* DRET demandant, querellant.

plaintive ['pleintiv] *a.* planyívol, lamentós.

plait [plæt] *s.* trena *f.*

plait (to) [plæt] *t.* trenar.

plan [plæn] *s.* pla *m.,* disseny *m.,* esquema *f.* 2 pla *m.,* projecte *m.* 3 plànol *m.*

plan (to) [plæn] *t.* planejar, projectar, planificar. 2 fer el plànol de. ■ 3 *i.* fer projectes.

plane [plein] *a.* pla. ■ 2 *s.* avió *m.* 3 fig. pla *m.,* nivell *m.* 4 MAT. pla *m.* 5 TECNOL. garlopa *f.,* ribot *m.*

plane (to) [plein] *t.* TECNOL. ribotar. ■ 2 *i.* AVIA. volar, planar.

planet ['plænit] *s.* ASTR. planeta *m.*

plank [plæŋk] *s.* tauló *m.,* biga *f.* 2 postam *m.*

plant [pla:nt], (EUA) [plænt] *s.* BOT. planta *f.* 2 equip *m.,* instal·lació *f.,* maquinària *f.* 3 planta *f.,* fàbrica *f.* 4 col·loq. trampa *f.,* estratagema *f.*

plant (to) [pla:nt], (EUA) [plænt] *t.* plantar, sembrar, conrear. 2 plantar-se *p.* [una persona]. 3 col·locar, posar. 4 col·loq. amagar; comprometre. 5 fig. inculcar, imbuir.

plantation [plæn'teifən] *s.* plantació *f.* ‖ *banana ~,* platanar *m.,* plataneda *f.* ‖ *coffee ~,* cafetar *m.*

plaster ['pla:stə'] *s.* guix *m.* 2 ~, *sticking ~,* espadadrap *m.* 3 enguixat *m.,* estucat *m.*

plaster (to) ['pla:stə'] *t.* enguixar. 2 emplastrar. 3 enguixar, estucar. 4 posar, enganxar [un cartell, etc.].

plastic ['plæstik] *a.* plàstic. ‖ ~ *arts,* arts *f. pl.* plàstiques. ‖ ~ *explosive,* explosiu *m.* plàstic. ‖ ~ *surgery,* cirurgia *f.* plàstica. 2 fig. influenciable, mal·leable. ■ 3 *s.* plàstic *m.*

plate [pleit] *s.* planxa *f.,* làmina *f.* 2 gravat *m.,* làmina *f.* 3 plat *m.,* plata *f.* 4 vaixella *f.* [de plata, etc.]. 5 placa *f.*

plate (to) [pleit] *t.* blindar. 2 xapar, argentar, niquelar, daurar. 3 IMPR. imprimir amb clixés.

plateau ['plætou] *s.* altiplà *m.*

platform ['plætfɔ:m] *s.* plataforma *f.* 2 cadafal *m.,* estrada *f.* 3 entaulat *m.,* tarima *f.* 4 FERROC. andana *f.*

platinum ['plætinəm] *s.* platí *m.*

platitude ['plætitju:d] *s.* tòpic *m.,* lloc comú.

platoon [plə'tu:n] *s.* MIL. escamot *m.*

plausible ['plɔ:zibl] *a.* plausible, versemblant. 2 convincent [persona].

play [plei] *s.* joc *m.* [diversió, esport]. ‖ *fair ~,* joc net; *foul ~,* joc brut; ~ *on words,* joc de paraules. 2 joc *m.,* funcionament *m.,* acció *f.,* activitat *f.* 3 joc *m.* [de llums, de colors, etc.] 4 MEC. joc *m.* 5 TEAT. representació *f.* 6 TEAT. comèdia *f.*, obra *f.*, drama *m.*, peça *f.*

play (to) [plei] *t.* jugar [una partida, etc.]; moure [una peça]. 2 posar en moviment. 3 fer, causar: *to* ~ *a trick on,* fer una mala passada a. 4 fingir. ‖ *to* ~ *the fool,* fer-se el ximplet. 5 col·loq. *to* ~ *truant,* fer campana. 6 CINEM. treballar. 7 ESPORT jugar 8 MÚS. tocar, interpretar. 9 TEAT. representar, interpretar [una obra]; fer [un paper]. ■ 10 *i.* divertir-se *p.*, jugar; jugar [per broma]. 11 *to* ~ *fair,* jugar net. ■ *to* ~ *about/around,* fer el ximple; joguinejar; jugar amb, burlar-se *p.*; *to* ~ *at,* jugar a, fer [poc seriosament]; *to* ~ *back,* posar; tornar a posar; tornar a sentir [un disc, etc.]; *to* ~ *down,* treure importància, minimitzar; *to* ~ *on,* aprofitar-se de; continuar jugant o tocant. ‖ *to* ~ *on someone's nerves,* fer la guitza, fer el corcó; *to* ~ *out,* acabar; *to* ~ *up,* exagerar [un fet].

playacting [plei‿æktiŋ] *s.* fig. comèdia *f.*

player [plei‿əʳ] *s.* ESPORT jugador. 2 MÚS. músic, executant, intèrpret. 3 TEAT. actor *m.*, actriu *f.*

player piano [plei‿əpi‿ænou] *s.* MÚS. pianola *f.*

playful [pleiful] *a.* juganer, enjogassat. 2 alegre.

playgoer [pleigou‿əʳ] *s.* aficionat al teatre.

playground [pleigraund] *s.* pati *m.* [de col·legi]. 2 camp *m.* de joc. 3 parc *m.* infantil.

playhouse [pleihaus] *s.* teatre *m.*

play-off [plei‿ɔf] *s.* ESPORT desempat *m.*, play off *m.*

playwright [pleirait] *s.* autor dramàtic, dramaturg.

PLC, plc [pi:el'si:] *s.* COM. *(public limited company)* mena de societat anònima.

plea [pli:] *s.* petició *f.* 2 disculpa *f.*, excusa *f.*, pretext *m.* 3 súplica *f.* 4 DRET al·legant *m.*, defensa *f.*

plead (to) [pli:d] *i.* DRET pledejar. 2 advocar, intervenir. 3 implorar, suplicar. ■ 4 *t.* defensar, al·legar [en defensa]. 5 DRET *to* ~ *guilty,* declarar-se *p.* culpable. ▲ Pret. i p. p.: *pleaded* o *plead.*

pleading [pli:diŋ] *s.* (gralnt. *pl.*) DRET al·legats *m. pl.* 2 precs *m. pl.*, súpliques *f. pl.*

pleasant [pleznt] *a.* agradable, grat, plaent. 2 simpàtic, amable, afable. ■

3 **-ly** *adv.* agradablement, amablement, gratament.

pleasantry [plezntri] *s.* broma *f.*, facècia *f.*

please (to) [pli:z] *t.* agradar *i.* 2 complaure, acontentar. 3 caure bé. 4 *to be pleased (to),* estar content; voler; alegrar-se *p.* ■ 5 *i.* agradar. 6 dignar-se *p.* 7 voler *t.* ‖ ~ *yourself!,* com vulguis!

pleased [pli:zd] *a.* content, satisfet. ‖ ~ *to meet you,* encantat de conèixe'l.

pleasing [pli:ziŋ] *a.* agradable, grat, plaent. 2 afable, cortès. ■ 3 **-ly** *adv.* agradablement, gratament, etc.

pleasurable [pleʒərəbl] *a.* agradable, delitós, grat.

pleasure [pleʒəʳ] *s.* plaer *m.*, delit *m.*, goig *m.*, gust *m.* ‖ ~ *trip,* viatge *m.* de plaer. 2 distracció *f.*, divertiment *m.* 3 voluntat *f.*, desig *m.*

pleasure boat [pleʒəbout] *s.* vaixell *m.* de plaer.

pleasure ground [pleʒəgraund] *s.* parc *m.* d'atraccions.

pleat [pli:t] *s.* plec *m.*, doblec *m.*

plebeian [pli'bi:ən] *a.-s.* plebeu.

pledge [pledʒ] *s.* penyora *f.*, garantia *f.* 2 empenyorament *m.* 3 promesa *f.* 4 compromís *m.* 5 brindis *m.*

pledge (to) [pledʒ] *t.* empenyorar, deixar de penyora. 2 comprometre's *p.* 3 prometre, jurar. 4 brindar *i.* per.

plentiful [plentiful] *a.* abundant, copiós.

plenty [plenti] *s.* abundància *f.* ‖ ~ *of,* molt; de sobres; bastant, prou. ■ 2 *adv.* col·loq. prou, bastant.

pliable [plaiəbl] *a.* dúctil, manejable. 2 fig. flexible, dòcil.

pliant [plaiənt] *a.* flexible, vincladís. 2 fig. tou, dòcil, complanent.

pliers [plaiəz] *s. pl.* alicates *f. pl.*, tenalles *f. pl.*, estenalles *f. pl.*

plight [plait] *s.* tràngol *m.*, destret *m.* 2 situació *f.*, estat *m.*, condició *f.*

plod (to) [plɔd] *t.* recórrer [penosament]. ■ 2 *i.* caminar, arrossegar-se *p.* [pesadament]. 3 treballar laboriosament, afanyar-se *p.*

plot [plɔt] *s.* terreny *m.*, tros *m.*, parcel·la *f.*, solar *m.* 2 conspiració *f.*, complot *m.*, maquinació *f.* 3 LIT. trama *f.*, argument *m.*

plot (to) [plɔt] *t.* tramar, maquinar, ordir. 2 fer el plànol de, traçar. ■ 3 *i.* conspirar, intrigar.

plotter [plɔtəʳ] *s.* conspirador, intrigant.

plough, (EUA) **plow** [plau] s. AGR. arada f.

plough, (EUA) **plow (to)** [plau] t. llaurar. 2 solcar. ■ 3 i. llaurar t. ■ **to ~ back,** reinvertir; **to ~ through a crowd,** obrir-se camí entre la gentada; **to ~ through a book,** llegir un llibre amb dificultat.

ploughman, (EUA) **plowman** [plaumən] s. llaurador m., menador m.

pluck [plʌk] s. valor m., empenta f. 2 estrebada f., estirada f. 3 corada f., freixura f., menuts m. pl.

pluck (to) [plʌk] t. plomar. 2 agafar, collir. 3 estirar, arrencar. 4 **to ~ up courage,** armar-se p. de valor, animar-se p. 5 col·loq. robar, estafar. 6 MÚS. puntejar.

plug [plʌg] s. tap m., tac m. 2 col·loq. publicitat f. [ràdio, televisió]. 3 AUTO. bugia f. 4 ELECT. clavilla f., endoll m.

plug (to) [plʌg] t. tapar, obturar. 2 col·loq. fer publicitat de; repetir, insistir en. 3 ELECT. **to ~ in,** endollar, connectar. ■ 5 i. col·loq. **to ~ away at,** continuar treballant en.

plum [plʌm] s. BOT. pruna f. 2 col·loq. ganga f., ocasió f.

plumage ['pluːmidʒ] s. plomatge m.

plumb [plʌm] s. **plumb-line,** plom m., plomada f. ■ 2 a. vertical. 3 complet. ■ 4 adv. a plom. 5 (EUA) col·loq. completament; directament.

plumb (to) [plʌm] t. sondar, sondejar [també fig.]. 2 CONSTR. aplomar.

plumber ['plʌmə'] s. lampista m.

plumbing ['plʌmiŋ] s. lampisteria f. 2 instal·lació f. de canonades; instal·lació f. sanitària.

plume [pluːm] s. ploma f. [d'au]. 2 plomatge m. 3 plomall m.

plump [plʌmp] a. rodanxó, grassonet. 2 categòric, terminant.

plum tree ['plʌmtriː] s. BOT. prunera f.

plunder ['plʌndə'] s. pillatge m., saqueig m. 2 botí m.

plunder (to) ['plʌndə'] s. pillar, saquejar, robar.

plundering ['plʌndəriŋ] s. pillatge m., rapinya f. 2 espoliació f.

plunge [plʌndʒ] s. cabussó m., cabussada f. 2 immersió f. 3 salt m., caiguda f. 4 fig. **to take the ~,** fer un pas decisiu.

plunge (to) [plʌndʒ] t. enfonsar, submergir. 2 clavar. 3 sumir. ■ 4 i. saltar, capbussar-se p. 5 enfonsar-se p., submergir-se p. 6 llançar-se p., precipitar-se p. [també fig.].

plunger ['plʌndʒə'] s. TECNOL. èmbol m. 2 desembussador m.

pluperfect [,pluː'pə:fikt] a.-s. GRAM. plusquamperfet m.

plural ['pluərəl] a. plural. ■ 2 s. plural m.

plus [plʌs] prep. més. ■ 2 a. ELECT., MAT. positiu. ■ 3 s. MAT. més m. 4 col·loq. fig. qualitat f. positiva.

plush [plʌʃ] s. TÈXT. pelfa f.; peluix m. ■ 2 a. de pelfa, pelfat. 3 col·loq. fig. luxós.

ply [plai] s. cap m., gruix m. ‖ **three-ply wool,** llana de tres caps.

ply (to) [plai] t. usar, utilitzar, manejar. 2 practicar. 3 treballar durament en. 4 **to ~ with,** atabalar amb preguntes; fer menjar o beure. ■ 5 i. **to ~ between,** fer el servei entre.

plywood ['plaiwud] s. fusta f. contraxapada.

p.m. [,piː'em] (post meridiem) a la tarda, al vespre: **at 8 p.m.,** a les 8 del vespre.

poach (to) [poutʃ] i. caçar t. o pescar t. en vedat o il·legalment. ■ 2 t. caçar o pescar en vedat o il·legalment. 3 fig. robar, pispar. 4 CUI. escumar [ous].

poacher ['poutʃə'] s. caçador o pescador furtiu.

pock [pɔk] s. MED. senyal m., marca f. [deixats per la verola].

pocket ['pɔkit] s. butxaca f. 2 ANAT. bossa f., sac m. 3 AVIA. bossa f. d'aire. 4 JOC tronera f. [billar]. 5 MIL. sac m.

pocket (to) ['pɔkit] t. ficar(-se), guardar(-se) a la butxaca. 2 embutxacar-se p., apropiar-se p. 3 fig. robar, pispar. 4 fig. empassar-se p.: **he pocketed his pride,** es va empassar el seu orgull. 5 JOC ficar la bola a la tronera [billar].

pocketbook ['pɔkitbuk] s. llibreta f. 2 (EUA) bitlletera f.; bossa f. de mà.

pocket knife ['pɔkitnaif] s. navalla f.

pocket money ['pɔkit,mʌni] s. setmanada f. [esp. dels nens].

pock-marked ['pɔkmɑːkt] a. marcat de verola.

pod [pɔd] s. BOT. beina f., tavella f.

poem ['pouim] s. poema m., poesia f.

poet ['pouit] s. poeta m.

poetess ['pouites] s. poetessa f.

poetry ['pouitri] s. poesia f. [art]. 2 poètica f.

poignant ['pɔinjənt] a. acerb, cruel. 2 agut, punyent. 3 mordaç. 4 commovedor. ■ 5-ly adv. punyentment, cruelment, agudament, etc.

point [pɔint] *s.* punta *f.*, punxa *f.* 2 punxó *m.*, buril *m.* 3 punt *m.* ‖ *on the ~ of,* a punt de. ‖ *~ of view,* punt de vista. 4 qüestió *m.*, tema *m.*, intenció *f.* ‖ *beside the ~,* no venir al cas. ‖ *to come to the ~,* anar al gra; venir al cas. 5 sentit *m.*, significat *m.* 6 peculiaritat *f.*, tret *m.*, característica *f.* 7 l'important, el quid *m.* 8 moment *m.* 9 finalitat *f.*, propòsit *m.*, intenció *f.* ‖ *to carry one's ~,* sortir-se amb la seva ‖ *what's the ~?,* per què?, que se'n treu? 10 grau *m.* [en una escala]. 11 ESPORT, JOC punt *m.* 12 FERROC. agulla *f.* 13 GEOGR. punta *f.* 14 GRAM. punt *m.* 15 MAT. punt *m.*, coma *f.* [dels decimals].

point (to) [pɔint] *t.* afilar, esmolar, fer punta a. 2 apuntar, enfocar, encarar. 3 assenyalar, indicar, fer notar. ■ 4 *i.* assenyalar la caça [un gos]. 5 *to ~ at, to* o *toward,* assenyalar, apuntar cap a. 6 *to ~ out,* assenyalar, indicar, assenyalar.

point-blank [ˌpɔint'blæŋk] *a.* directe, clar. 2 fet a boca de canó [també fig.]. ■ 3 *adv.* a boca de canó [també fig.]. 4 directament, clarament; categòricament.

pointed [pɔintid] *a.* punxegut. 2 afilat, esmolat. 3 fig. mordaç, intencionat. 4 ARQ. ogival. ■ 5 **-ly** *adv.* intencionadament, agudament, mordaçment.

pointer [pɔintəʳ] *s.* indicador *m.*, agulla *f.* 2 gos *m.* de mostra. 3 apuntador *m.* 4 fig. indicació *f.*

pointless [pɔintlis] *a.* sense punta. 2 fig. sense sentit, inútil.

poise [pɔiz] *s.* equilibri *m.* 2 serenitat *f.* 3 aire *m.*, aspecte *m.* 4 elegància *f.*, aplom *m.*

poise (to) [pɔiz] *t.* equilibrar. 2 balancejar. ■ 3 *i.* estar en equilibri, estar suspès. 4 planar.

poison [pɔizn] *s.* verí *m.*, metzina *f.*

poison (to) [pɔizn] *t.* enverinar, emmetzinar [també fig.].

poisonous [pɔiznəs] *a.* verinós. 2 tòxic. 3 fig. odiós; perniciós.

poke [pouk] *s.* empenta *f.*, cop *m.* de colze. 2 burxada *f.*

poke (to) [pouk] *t.* clavar, burxar. 2 empènyer. 3 atiar, avivar. 4 ficar. 5 *to ~ fun at,* riure's *p.* de, burlar-se *p.* de. 6 fig. *to ~ one's nose into,* ficar el nas. ■ 7 *i.* burxar *t.*, remenar *t.* 8 *to ~ about/ around,* ficar el nas pertot, xafardejar.

poker [poukəʳ] *s.* furga *f.*, atiador *m.* 2 JOC pòquer *m.* ‖ fig. col·loq. *poker-face,* cara *f.* d'esfinx, cara inescrutable.

Poland [poulənd] *n. pr.* GEOGR. Polònia.

polar [poulǝʳ] *a.* polar. 2 fig. oposat.

pole [poul] *s.* pol *m.* 2 pal *m.* 3 llança *f.* [de carruatge]. 4 *Pole,* polonès. 5 *flag ~,* asta *f.* de bandera. 6 fig. col·loq. *to be up the ~,* estar com un llum. 7 ESPORT perxa *f.*

polemic [pɔlemik] *a.* polèmic. ■ *s.* polèmica *f.* 3 polemista.

pole-star [poulsta:ʳ] *s.* estrella *f.* polar.

pole vault [poulvɔ:lt] *s.* ESPORT salt *m.* de perxa.

police [pǝli:s] *s.* policia *f.*

police (to) [pǝli:s] *t.* mantenir l'ordre, vigilar, controlar.

police force [pǝli:sfɔ:s] *s.* cos *m.* de policia, força *f.* pública, policia *f.*

policeman [pǝli:smǝn] *s.* policia *m.*, guàrdia *m.*

police record [pǝli:sˌrekɔ:d] *s.* antecedents *m. pl.* penals.

police station [pǝli:sˌsteiʃn] *s.* comissaria *f.* de policia.

policewoman [pǝli:sˌwumǝn] *s.* dona *f.* policia.

policy [pɔlisi] *s.* política *f.* 2 principis *m. pl.*, norma *f.* 3 sistema *m.*, tàctica *f.* 4 pòlissa *f.* [d'assegurances].

Polish [pouliʃ] *a.* polonès. ■ 2 *s.* polonès [persona]. 3 polonès *m.* [llengua].

polish [pɔliʃ] *s.* poliment *m.* 2 lluentor *f.*, brillantor *f.* 3 betum *m.*, llustre *m.* 4 cera *f.* 5 esmalt *m.*, laca *f.* 6 fig. refinament *m.*, elegància *f.*

polish (to) [pɔliʃ] *t.* polir, brunyir, enllustrar, abrillantar, encerar. 2 fregar, netejar. 3 fig. polir, refinar. 4 *to ~ off,* polir-se *p.* [menjar, beure]; despatxar, acabar. 5 *to ~ up,* polir, abrillantar, enllustrar; fig. polir, perfeccionar.

polite [pǝlait] *a.* cortès, atent, ben educat. 2 culte, refinat.

politeness [pǝlaitnis] *s.* cortesia *f.*, bona educació *f.*, urbanitat *f.*

politic [pɔlitik] *a.* polític, diplomàtic, prudent. 2 astut, sagaç.

political [pǝlitikǝl] *a.* POL. polític.

politician [ˌpɔli'tiʃǝn] *s.* polític.

politics [pɔlitiks] *s. pl.* política *f. sing.*

poll [poul] *s.* votació *f.*, elecció *f.* escrutini *m.*, resultat *m.* 2 llista *f.* electoral. 3 *pl.* eleccions *f. pl.* 4 *to go to the polls,* anar a votar. 5 sondeig *m.* [d'opinió].

poll (to) [poul] *t.* obtenir, aconseguir [vots]. 2 registrar. 3 sondejar [opinions]. 4 escornar. 5 podar. ■ 6 *i.* votar.

pollen [pɔlin] *s.* BOT. pol·len *m.*

polling [pouliŋ] *s.* votació *f.*

polling booth ['pouliŋˌbuːð] *s.* cabina *f.* per a votar.

polling station ['pouliŋˌsteiʃn] *s.* col·legi *m.* electoral.

poll tax ['poultæks] *s.* capitació *f.*

pollute (to) [pɔ'luːt] *t.* pol·luir, contaminar, embrutar. 2 fig. corrompre.

pollution [pɔ'luːʃən] *s.* contaminació *f.*, pol·lució *f.*

polo ['poulou] *s.* ESPORT polo *m.*

polo-neck ['poulou,nek] *s.* COST. coll *m.* alt.

polygamous [pɔ'ligəməs] *a.* polígam.

polytechnic [pɔli'teknik] *s.* escola *f.* politècnica, politècnic *m.* ■ 2 *a.* politècnic.

polytheism ['pɔliθiːizəm] *s.* politeisme *m.*

pomegranate ['pɔmigrænit] *s.* BOT. magrana *f.* 2 BOT. magraner *m.*

pommel ['pɔml] *s.* pom *m.* [de l'espasa, de l'arçó, etc.].

pommel (to) ['pʌml] *t.* bastonejar, donar cops de puny.

pomp [pɔmp] *s.* pompa *f.*, fastuositat *f.*

pompous ['pɔmpəs] *a.* pompós, fastuós. 2 presumit, vanitós. ■ 3 -**ly** *adv.* pomposament.

pond [pɔnd] *s.* bassa *f.*, toll *m.* (ROSS.) gassot *m.*

ponder (to) ['pɔndə'] *t.* ponderar, sospesar. 2 *to* ~ *on* o *over,* rumiar, reflexionar sobre. ■ 3 *i.* meditar, reflexionar *t.*

ponderous [pɔndərəs] *a.* pesat, feixuc. 2 pesat, avorrit. ■ 3 -**ly** *adv.* pesadament.

pony ['pouni] *s.* ZOOL. poni *m.*

ponytail ['pouniteil] *s.* cua *f.* de cavall [cabells].

poodle ['puːdl] *s.* gos caniche.

pool [puːl] *s.* bassa *f.*, toll *m.*, (ROSS.) gassot *m.* 2 estany *m.* 3 piscina *f.* 4 posta *f.* [en el joc]. 5 *pl.* travessa *f.* 6 (EUA) billar *m.* americà. 7 fig. font *f.*, reserva *f.* 8 COM. capital *m.*, fons *m.* comú; consorci *m.*

pool (to) [puːl] *t.* unir, ajuntar. 2 fer un fons comú.

poop [puːp] *s.* MAR. popa *f.*

poor [puə'] *a.* pobre. ‖ ~ *thing,* pobret. 2 dolent, de mala qualitat. 3 humil. 4 mediocre. 5 dèbil; malalt. 6 *the* ~, els pobres. 7 *to be* ~ *at,* no servir per a. ■ 8 -**ly** *adv.* pobrement, insuficientment.

poor-spirited [puə'spiritid] *a.* apocat, pobre d'esperit.

pop [pɔp] *s.* esclat *m.*, crec *m.*, pet *m.* 2 col·loq. beguda *f.* gasosa. 3 col·loq. pop *m.* [música]. 4 (EUA) col·loq. papà *m.* ■ 5 *a.* pop: ~ *art,* art pop; ~ *concert,* concert pop.

pop (to) [pɔp] *t.* rebentar, punxar, fer esclatar. 2 treure el cap. 3 deixar anar, disparar. 4 ficar. 5 col·loq. *to* ~ *the question,* declarar-se *p.* ■ 6 *i.* esclatar, petar, rebentar. 7 col·loq. disparar. ■ *to* ~ *across/by/over/round,* apropar-se *p.*, passar per; *to* ~ *in,* entrar de cop; *to* ~ *off,* marxar; col·loq. dinyar-la; *to* ~ *up,* aparèixer inesperadament, sorgir.

pop-corn ['pɔpkɔːn] *s.* crispetes *f. pl.*, rosetes *f. pl.* [de blat de moro].

Pope [poup] *s.* Papa *m.*, pontífex *m.* 2 pope *m.*

pop-eyed ['pɔpaid] *a.* d'ulls sortints.

poplar ['pɔplə'] *s.* BOT. àlber *m.*, àlba *f.*; pollancre *m.*, pollanc *m.*

poppy ['pɔpi] *s.* BOT. rosella *f.*, gallaret *m.*

popular ['pɔpjulə'] *a.* popular. 2 corrent, general. 3 estimat. 4 de moda.

popularity [ˌpɔpju'læriti] *s.* popularitat *f.*

populate (to) ['pɔpjuleit] *t.* poblar.

population [ˌpɔpju'leiʃən] *s.* població *f.*, habitants *m. pl.* ‖ *the* ~ *explosion,* l'explosió *f.* demogràfica.

porcelain ['pɔːsəlin] *s.* porcellana *f.*

porch [pɔːtʃ] *s.* pòrtic *m.*, porxo *m.*

porcupine ['pɔːkjupain] *s.* ZOOL. porc *m.* espí *m.*

pore [pɔː'] *s.* porus *m.*

pore (to) [pɔː'] *i. to* ~ *over,* mirar de prop; llegir amb atenció.

pork [pɔːk] *s.* porc *m.*, carn *f.* de porc. ‖ ~ *chop,* costella *f.* de porc. ‖ ~ *sausage,* botifarra *f.*

porkpie ['pɔːkˈpai] *s.* empanada *f.* de porc.

porn [pɔːn] *s.* (abrev. col·loq. *pornography*) porno *m.*

pornography [pɔː'nɔgrəfi] *s.* pornografia *f.*

porpoise ['pɔːpəs] *s.* ZOOL. marsopa *f.*

porridge ['pɔridʒ] *s.* farinetes *f. pl.* [de civada].

port [pɔːt] *s.* port *m.* [de mar o riu]. ‖ *free* ~, port franc. 2 fig. refugi *m.* 3 ENOL. porto *m.* 4 MAR. portell *m.*, portalera *f.* 5 MAR. babord *m.* ■ 6 *a.* portuari.

portable ['pɔːtəbl] *a.* portàtil.

portcullis [pɔːt'kʌlis] *s.* FORT. rastell *m.*

portend (to) [pɔː'tend] *t.* form. anunciar, presagiar.

portent ['pɔːtent] *s.* portent *m.* 2 presagi *m.*

portentous [pɔː'tentəs] *a.* portentós. 2 presagiós. 3 greu, solemne.

porter ['pɔːtə'] *s.* porter, conserge. 2 mosso *m.* [d'estació, d'hotel, etc.].

portfolio [pɔːt'fouliou] *s.* carpeta *f.*, cartera *f.* 2 cartera *f.*, ministeri *m.* 3 COM. cartera *f.* [d'un banc].

portion ['pɔːʃən] *s.* porció *f.*, part *f.*, tros *m.* 2 ració *f.* 3 fig. sort *f.*, destí *m.* 4 ant. dot *f.*

portion (to) ['pɔːʃən] *t.* dividir; repartir, distribuir. 2 ant. dotar.

portly ['pɔːtli] *a.* gros, corpulent.

portmanteau [pɔːt'mæntou] *s.* maleta *f.*, bagul *m.* 2 GRAM. paraula *f.* nova formada a partir de dues paraules ja existents.

portrait ['pɔːtrit] *s.* retrat *m.*

portray (to) [pɔː'trei] *t.* pintar un retrat, retratar. 2 fig. retratar. 3 TEAT. representar.

portrayal [pɔː'treiəl] *s.* retrat *m.* [també fig.]. 2 representació *f.*

Portugal ['pɔːtjəgl] *n. pr.* GEOGR. Portugal.

Portuguese [pɔːtju'giːz] *a.* portuguès. ■ 2 *s.* portuguès [persona]. 3 portuguès *m.* [llengua].

pose [pouz] *s.* actitud *f.*, postura *f.* 2 fig. posa *f.*, afectació *f.*

pose (to) [pouz] *t.* ART col·locar, posar. 2 plantejar [un problema, etc.]. 3 fer [una pregunta]. ■ 4 *i.* ART posar. 5 *to* ~ *as*, donar-se *p.* aires; fer-se *p.* passar per.

posh [pɔʃ] *a.* col·loq. elegant, distingit. 2 luxós. 3 afectat, cursi.

position [pə'ziʃən] *s.* posició *f.* 2 postura *f.* 3 condició *f.*, situació *f.* ‖ *in a* ~ *to,* en condicions de. ‖ *put yourself in my* ~, posa't al meu lloc. 4 lloc *m.*, categoria *f.*

position (to) [pə'ziʃən] *t.* col·locar, posar, situar.

positive ['pɔzitiv] *a.* positiu. 2 categòric, definitiu. 3 indubtable, real, veritable. 4 segur, convençut. ‖ COM. ~ *order,* comanda *f.* en ferm. 5 enèrgic. ■ 6 *s.* allò positiu. 7 ELECT. pol *m.* positiu. 8 FOT. positiu *m.* ■ 9 *-ly adv.* positivament, definitivament, veritablement.

possess (to) [pə'zes] *t.* posseir, tenir. 2 induir, empènyer: *what possessed him to do it?,* què el va induir a fer-ho? 3 *to be possessed,* estar posseït, estar boig. 4 *to be possessed with,* estar obsessionat amb.

possession [pə'zeʃən] *s.* possessió *f.* ‖ *she's in full* ~ *of her senses,* en plena possessió de les seves facultats mentals.

‖ *to be in* ~ *of,* tenir, posseir. 2 *pl.* possessions *f.*, béns *m.* 3 DRET tinença *f.*, possessió *f.* 4 REL. possessió *f.* diabòlica, possessió *f.*

possibility [pɔsi'biliti] *s.* possibilitat *f.* ‖ *to have possibilities,* tenir possibilitats, prometre.

possible ['pɔsibl] *a.* possible. ‖ *as far as* ~, tant com sigui possible. ‖ *as soon as* ~, com més aviat millor. 2 acceptable, satisfactori. ■ 3 *s.* persona *f.* o cosa *f.* possibles o amb possibilitats.

possibly ['pɔsibli] *adv.* possiblement, potser.

post [poust] *s.* pal *m.*, puntal *m.* 2 lloc *m.*, feina *f.*, càrrec *m.* 3 (G.B.) *trading* ~, factoria *f.* comercial. 4 correu *m.*, cartes *f. pl.*; correus *m. pl.* 5 HIST. posta *f.* [per viatjar]. 6 MIL. post *m.*

post (to) [poust] *t.* anunciar [amb cartells]; enganxar, posar [cartells]: ~ *no bills,* prohibit enganxar cartells. 2 situar, apostar. 3 enviar [per correu], tirar a la bústia. 4 declarar: *the ship was posted missing,* van declarar desaparegut el vaixell. 5 *to keep someone posted,* tenir algú al corrent. 6 MIL. destinar, enviar. ■ 7 *i.* viatjar en posta.

postage ['poustidʒ] *s.* franqueig *m.*

postage stamp ['poustidʒstæmp] *s.* segell *m.* de correus.

postal ['poustəl] *a.* postal.

postal order ['poustəlɔːdə'] *s.* gir *m.* postal.

postbox ['poustbɔks] *s.* bústia *f.*

postcard ['poustkaːd] *s.* postal *f.*

postcode ['poustkoud] *s.* codi *m.* postal.

postdate (to) [poust'deit] *t.* postdatar.

poster ['poustə'] *s.* cartell *m.*, pòster *m.* ‖ *bill* ~, persona *f.* que enganxa cartells. 2 anunci *m.* ‖ ~ *designer,* cartellista.

posterity [pɔs'teriti] *s.* posteritat *f.*

postman ['poustmən] *s.* carter *m.*

postmark ['poustmaːk] *s.* mata-segells *m.*

post office ['poustɔfis] *s.* oficina *f.* de correus, correus *m.*

postpone (to) [pə'spoun] *t.* ajornar, diferir.

postponement [pə'spounmənt] *s.* ajornament *m.*

postscript ['pousskript] *s.* postdata *f.*

posture ['pɔstʃə'] *s.* postura *f.*, actitud *f.* 2 estat *m.*, situació *f.*

pot [pɔt] *s.* olla *f.*, pot *m.* 2 terrina *f.* 3 test *m.* 4 col·loq. copa *f.*; premi *m.* 5 col·loq. marihuana *f.* 6 col·loq. *big* ~, peix *m.*

gros. 7 *pl.* col·loq. *pots of money,* molts diners, una pila de diners.

potato [pəˈteitou] *s.* BOT. patata *f.,* (VAL.) creïlla *f.* ‖ *sweet ~,* moniato *m.,* batata *f.*

potency [ˈpoutənsi] *s.* potència *f.* 2 poder *m.,* autoritat *f.,* força *f.*

potent [ˈpoutənt] *a.* potent. 2 eficaç. 3 poderós, fort.

potentate [ˈpoutənteit] *s.* potentat.

potential [pəˈtenʃəl] *a.* potencial. 2 possible. ■ 3 *s.* potencial *m.* 4 potència *f.,* potencialitat *f.* 5 ELECT. potència *f.* ■ 6 -ly *adv.* potencialment.

pothole [ˈpɔthoul] *s.* GEOL. olla *f.* de gegants, avenc *m.*

potluck [ˌpɔtˈlʌk] *s.* *to take ~,* agafar o menjar el que hi hagi.

potshot [ˈpɔtʃɔt] *s.* tret *m.* a l'atzar.

potter [ˈpɔtəʳ] *s.* terrissaire, ceramista. ‖ *potter's wheel,* torn *m.* de terrissaire.

pottery [ˈpɔtəri] *s.* terrisseria *f.* 2 terrissa *f.* 3 ceràmica *f.*

pouch [pautʃ] *s.* bossa *f.,* sac *m.* 2 petaca *f.* 3 cartutxera *f.* 4 ANAT., ZOOL. bossa *f.*

poultice [ˈpoultis] *s.* MED. cataplasma *f.,* emplastre *m.*

poultry [ˈpoultri] *s.* aviram *m.,* volateria *f.*

poultry farm [ˈpoultrifɑːm] *s.* granja *f.* avícola.

poultry keeper [ˈpoultriˌkiːpəʳ], **poultryfarmer** [ˈpoultriˌfɑːmə] *s.* avicultor.

poultry keeping [ˈpoultriˌkiːpiŋ], **poultry farming** [ˈpoultriˌfɑːmiŋ] *s.* avicultura *f.*

pounce [pauns] *s.* escomesa *f.* 2 envestida *f.* 3 atac *m.*

pounce (to) [pauns] *i.* atacar *t.,* escometre *t.,* envestir *t.* 2 *to ~ on/at,* saltar sobre, llançar-se *p.* sobre. 3 fig. *to ~ at,* precipitar-se *p.* sobre; no perdre l'oportunitat.

pound [paund] *s.* lliura *f.* [pes; moneda]. 2 dipòsit *m.* [per a animals, cotxes, etc.].

pound (to) [paund] *t.* bastonejar, atonyinar, apallissar. 2 picar, batre. 3 matxucar, trinxar. 4 MIL. batre.

pour (to) [pɔːʳ] *t.* avocar, vessar. 2 tirar. 3 servir. 4 *to ~ away/off,* buidar. 5 *to ~ out one's heart,* desfogar-se *p.* ■ 6 *i.* fluir, córrer, brollar. 7 ploure [molt]. ‖ *it's pouring down,* plou a bots i barrals. ‖ fig. *it never rains but it pours,* una desgràcia no ve mai sola. 8 *to ~ out,* sortir a munts, sortir a empentes.

pout [paut] *s.* mala cara *f.,* morros *m. pl.* 2 *pl.* morros *m. pl.*

pout (to) [paut] *i.* fer morros, posar mala cara.

poverty [ˈpɔvəti] *s.* pobresa *f.,* indigència *f.* 2 manca *f.,* mancança *f.*

poverty-stricken [ˈpɔvətiˌstrikn] *a.* pobre, indigent.

powder [ˈpaudəʳ] *s.* pólvores *f. pl.* 2 ARM. pólvora *f.*

powder (to) [ˈpaudəʳ] *t.* polveritzar. 2 empolsegar, empolsinar. 3 empolvorar-se *p.* ■ 4 *i.* polveritzar-se *p.* 5 empolsegar-se *p.,* empolsinar-se *p.* 6 empolvarse *p.*

powder box [ˈpaudəbɔks], **powder compact** [ˈpaudəˌkɔmpækt] *s.* polvorera *f.*

powder magazine [ˈpaudəˌmægəˌziːn] *s.* polvorí *m.*

powdered [ˈpaudəd] *a.* en pols.

powdery [ˈpaudəri] *a.* en pols, polvoritzat: *~ snow,* neu en pols.

power [ˈpauəʳ] *s.* poder *m.* 2 facultat *f.* 3 força *f.,* energia *f.* 4 potestat *f.,* autoritat *f.,* influència *f.* 5 potència *f.* [país]. 6 capacitat *f.,* possibilitat *f.* 7 COM. *purchasing ~,* poder *m.* adquisitiu. 8 DRET poder *m.:- of attorney,* poders *m. pl.* 9 ELECT., FÍS. energia *f.,* força *f.,* potència *f.* ‖ *~ cut,* tallada *f.* de corrent; apagament *m.* ‖ *~ plant,* central *f.* elèctrica.

powered [ˈpauəd] *a.* *~ by,* impulsat per, accionat per. 2 fig. *a high-powered executive,* executiu amb un gran poder de convicció.

powerful [ˈpauəful] *a.* poderós. 2 fort. 3 intens, potent. 4 convincent. ■ 5 -ly *adv.* poderosament.

power-house [ˈpauəhaus] *s.* central *f.* elèctrica.

powerless [ˈpauəlis] *a.* impotent, ineficaç.

practicable [ˈpræktikəbl] *a.* practicable. 2 factible, realitzable. 3 transitable.

practical [ˈpræktikəl] *a.* pràctic. 2 virtual, de fet. 3 *~ joke,* broma pesada. ■ 4 -ly *adv.* de manera pràctica, eficaçment. 5 pràcticament, quasi, gairebé.

practice [ˈpræktis] *s.* pràctica *f.* ‖ *in ~,* en la pràctica. 2 costum *m.* ‖ *to make a ~ of,* tenir el costum de. 3 clientela *f.* 4 exercici *m.* [de la professió]. 5 estratagema *f.* 6 DRET pràctica *f.,* procediment *m.* 7 ESPORT entrenament *m.*

practise, (EUA) **practice (to)** [ˈpræktis] *t.* practicar. 2 exercir [una professió]. 3 ESPORT practicar, entrenar-se *p.* ■ 4 *i.* fer pràctiques, fer exercicis. *5* exercitar-se *p*. *6* ESPORT entrenar-se *p*.

practised, (EUA) **practiced** ['præktist] *a*. expert.

practitioner [præk'tiʃənə'] *s*. professional, persona que exerceix la seva professió. *2* metge. ‖ *general ~*, metge de capçalera.

Prague ['prɑːg] *n. pr*. GEOGR. Praga.

pragmatic [præg'mætik] *a*. pragmàtic.

prairie ['prɛəri] *s*. prada *f*., prat *m*., plana *f*.

prairie wolf ['prɛəri,wulf] *s*. ZOOL. coiot *m*.

praise [preiz] *s*. lloança *f*., elogi *m*.

praise (to) [preiz] *t*. lloar, elogiar.

praiseworthy ['preiz,wəːði] *a*. lloable, digne d'elogi.

pram [præm] *s*. (abrev. *perambulator*) cotxet *m*. de criatura.

prance [prɑːns] *s*. cabriola *f*., piafada *f*. [d'un cavall].

prance (to) [prɑːns] *i*. fer cabrioles, piafar [un cavall]. *2* fig. gallejar, fer-se *p*. veure.

prank [præŋk] *s*. entremaliadura *f*., dolenteria *f*. *2* broma *f*.

prattle ['prætl] *s*. xerrameca *f*., garla *f*. *2* balbuceig *m*.

prattle (to) ['prætl] *i*. xerrar, garlar. *2* balbucejar.

prawn [prɔːn] *s*. ZOOL. gamba *f*.

pray (to) [prei] *t*. pregar, suplicar. ■ *2 i*. resar, pregar.

prayer [prɛə'] *s*. prec *m*., súplica *f*. *2* REL. oració *f*., pregària *f*. ‖ *the Lord's Prayer*, el Parenostre *m*. *3 pl*. REL. pregàries *f*. *pl*.

prayer book ['prɛəbuk] *s*. missal *m*.

preach (to) [priːtʃ] *t*.-*i*. predicar, sermonar *i*.

preacher ['priːtʃə'] *s*. predicador.

preamble [priː'æmbl] *s*. preàmbul *m*.

prebend ['prebənd] *s*. prebenda *f*.

precarious [pri'kɛəriəs] *a*. precari. *2* incert, insegur. *3* infondat.

precaution [pri'kɔːʃən] *s*. precaució *f*.

precede (to) [priː'siːd] *t*.-*i*. precedir *t*.

precedence ['presidəns] *s*. precedència *f*. *2* prioritat *f*., preferència *f*.

precedent ['presidənt] *a*. precedent. ■ *2 s*. precedent *m*. ‖ *to set a ~*, establir un precedent.

precept ['priːsept] *s*. precepte *m*.

precinct ['priːsiŋkt] *s*. recinte *m*. *2* zona *f*., illa *f*. ‖ *pedestrian ~*, illa *f*. de via-

nants. *3* límit *m*., frontera *f*. *4 pl*. voltants *m*. *pl*. *5* (EUA) districte *m*. electoral. *6* (EUA) barri *m*.

precious ['preʃəs] *a*. preciós, preat. *2* estimat. *3* preciosista. ■ *4 adv*. molt. *5* *-ly adv*. extremadament.

precipice ['precipis] *s*. precipici *m*. *2* estimball *m*.

precipitate [pri'sipitit] *a*. precipitat. *2* sobtat. ■ *3 s*. [pri'sipiteit] QUÍM. precipitat *m*.

precipitate (to) [pri'sipiteit] *t*. precipitar(se).

precipitous [pri'sipitəs] *a*. abrupte, rost, escarpat.

precise [pri'sais] *a*. precís, clar. *2* exacte, just, concret. ‖ *~!*, exacte! *3* meticulós, primmirat. ■ *4* *-ly adv*. precisament, justament, exactament.

preciseness [pri'saisnis] *s*. precisió *f*., exactitud *f*. *2* claredat *f*.

precision [pri'siʒən] *s*. precisió *f*., exactitud *f*.

preclude (to) [pri'kluːd] *t*. impedir, evitar, impossibilitar. *2* excloure.

precocious [pri'kouʃəs] *a*. precoç.

precursor [priː'kəːsə'] *s*. precursor.

predecessor ['priːdisesə'] *s*. predecessor, antecessor.

predestinate (to) [priː'destineit] *t*. predestinar.

predestination [priːˌdesti'neiʃən] *s*. predestinació *f*.

predestine (to) [priː'destin] *t*. predestinar.

predicament [pri'dikəmənt] *s*. tràngol *m*., destret *m*.

predict (to) [pri'dikt] *t*. predir, pronosticar.

prediction [pri'dikʃən] *s*. predicció *f*., pronòstic *m*.

predilection [ˌpriːdi'lekʃən] *s*. predilecció *f*.

predispose (to) [ˌpriːdis'pouz] *t*. predisposar.

predominance [pri'dɔminəns] *s*. predomini *m*.

predominate (to) [pri'dɔmineit] *t*. predominar, prevaler.

pre-eminent [priː'eminənt] *a*. preeminent.

prefabricated [ˌpriː'fæbrikeitid] *a*. prefabricat.

preface ['prefis] *s*. prefaci *m*., pròleg *m*.

prefect ['priːfekt] *s*. perfecte *m*.

prefer (to) [pri'fəːʳ] *t.* preferir. 2 ascendir. 3 DRET presentar [càrrecs].

preferable ['prefrəbl] *a.* preferible.

preference ['prefrəns] *s.* preferència *f.* 2 predilecció *f.*

preferential [,prefə'renʃəl] *a.* preferent.

preferment [pri'fəːmənt] *s.* ascens *m.,* promoció *f.* 2 preferència *f.,* suport *m.*

prefix ['priːfiks] *s.* GRAM. prefix *m.*

pregnancy ['pregnənsi] *s.* embaràs *m.*

pregnant ['pregnənt] *a.* prenyada, embarassada. 2 fig. important, significatiu.

prehensile [pri'hensail] *a.* prènsil.

prehistory [,priː'histri] *s.* prehistòria *f.*

prejudge (to) [,priː'dʒʌdʒ] *t.* prejutjar.

prejudice ['predʒudis] *s.* prejudici *m.,* parcialitat *f.* 2 perjudici *m.,* dany *m.*

prejudice (to) ['predʒudis] *t.* prevenir, predisposar. 2 perjudicar, fer mal.

prejudicial [,predʒu'diʃəl] *a.* perjudicial, nociu.

prelate ['prelit] *s.* ECLES. prelat *m.*

preliminary [pri'liminəri] *a.* preliminar. ■ 2 *s.* preliminar *m.* 3 *pl.* preliminars *m. pl.*

prelude ['preljuːd] *s.* preludi *m.*

prelude (to) ['preljuːd] *t.-i.* preludiar.

premature ['premətjuəʳ] *a.* prematur. ■ 2 **-ly** *adv.* prematurament.

premeditate (to) [pri'mediteit] *t.* premeditar.

premier ['premjəʳ] *a.* primer, principal. ■ 2 *s.* primer ministre, cap *m.* del govern.

première ['premiɛəʳ] *s.* CINEM., TEAT., estrena *f.*

premise, premiss ['premis] *s.* premissa *f.* 2 *pl.* locals *m. pl.,* casa *f.,* edifici *m.*

premium ['priːmjəm] *s.* premi *m.* 2 COM. prima *f.,* interès *m.* ‖ *at a* ~, per damunt de la par; fig. altament valorat.

premonition [,priːmə'niʃən] *s.* premonició *f.,* pressentiment *m.*

preoccupation [,priːɔkju'peiʃn] *s.* preocupació *f.*

preoccupy (to) [priː'ɔkjupai] *t.* preocupar(se).

preparation [,prepə'reiʃən] *s.* preparació *f.* 2 gralnt. *pl.* preparatiu *m.* 3 preparat *m.*

preparatory [pri'pærətəri] *a.* preparatori. ‖ ~ *school* escola *f.* preparatòria. 2 ~ *to,* abans de, amb vistes a.

prepare (to) [pri'pɛəʳ] *t.* preparar. ■ 2 *i.* preparar-se *p.*

prepayment [,priː'peimənt] *s.* bestreta *f.*

preponderance [pri'pɔndərəns] *s.* preponderància *f.*

preposition [,prepə'ziʃən] *s.* GRAM. preposició *f.*

prepossess (to) [,priːpə'zes] *t.* imbuir [una idea, etc.]. 2 predisposar.

prepossessing [,priːpə'zesiŋ] *a.* simpàtic, atractiu.

preposterous [pri'pɔstərəs] *a.* absurd, ridícul. ■ 2 **-ly** *adv.* absurdament.

prerequisite [,priː'rekwizit] *s.* requisit *m.* previ, condició *f.* prèvia. ■ 2 *a.* prèviament necessari.

prerogative [pri'rɔgətiv] *s.* prerrogativa *f.*

presage ['presidʒ] *s.* presagi *m.* 2 pronòstic *m.,* auguri *m.*

presage (to) [pri'seidʒ] *t.* presagiar. 2 predir.

Presbyterian [,prezbi'tiəriən] *a.-s.* presbiterià.

presbytery ['prezbitri] *s.* ARQ. presbiteri *m.,* santuari *m.*

prescribe (to) [pris'kraib] *t.* prescriure. 2 ordenar, manar. 3 MED. receptar. ■ 4 *i.* establir per llei o per norma. 5 MED. fer una recepta.

prescription [pris'kripʃən] *s.* prescripció *f.* 2 precepte *m.,* norma *f.* 3 MED. recepta *f.*

presence ['prezns] *s.* presència *f.* ‖ ~ *of mind,* presència d'esperit. 2 assistència *f.* 3 aire *m.,* personalitat *f.*

present ['prezənt] *a.* present. ‖ *to be* ~, assistir, ser present. 2 actual. 3 GRAM. present [temps]. ■ 4 *s.* present *m.,* actualitat *f.* ‖ *at* ~, actualment, ara, avui. ‖ *for the* ~, de moment, per ara. 5 regal *m.,* obsequi *m.* 6 GRAM. present *m.*

present (to) [pri'zent] *t.* presentar. ‖ *to* ~ *oneself,* presentar-se [a un lloc]. 2 exposar, plantejar. 3 oferir. 4 plantejar. 5 apuntar [una arma]. 6 *to* ~ *with,* regalar, obsequiar amb. 7 TEAT., CINEM. representar; presentar.

presentation [,prezen'teiʃən] *s.* presentació *f.* 2 plantejament *m.* 3 lliurament *m.* 4 obsequi *m.,* regal *m.* 5 TEAT. representació *f.* ■ 6 *a.* ~ *copy,* exemplar d'obsequi.

presentiment [pri'zentimənt] *s.* pressentiment *m.*

presently ['prezntli] *adv.* aviat. 2 d'aquí a poca estona. 3 (EUA) ara, actualment.

preservation [,prezə'veiʃən] *s.* conservació *f.* 2 preservació *f.*

preserve [pri'zəːv] *s.* conserva *f.,* confitura *f.* 2 vedat *m.,* reserva *f.* 3 fig. terreny *m.,* domini *m.*: **to poach on someone's ~,** ficar-se en el terreny d'un altre.

preserve (to) [pri'zə:v] *t.* protegir, preservar. 2 conservar, mantenir. 3 CUI. conservar, confitar.

preside (to) [pri'zaid] *i.* presidir; dirigir. ‖ **to ~ at** o **over,** presidir.

president ['prezidənt] *s.* president. 2 director.

press [pres] *s.* pressió *f.* [també fig.]. 2 multitud *f.,* gentada *f.* 3 pressa *f.* urgència *f.* 4 ESPORT **press-up,** flexió *f.* 7 PERIOD. premsa *f.*

press (to) [pres] *t.* prémer, pitjar. 2 premsar, esprémer. 3 allisar, planxar. 4 atacar, hostilitzar. 5 estrènyer. *6* fig. instar, constrènyer. 7 fig. obligar. *8* **to ~ for,** demanar amb insistència. ■ *9 i.* fer pressió, prémer *t.* 10 amuntegar-se *p.,* apilotar-se *p.* 11 avançar. *12* urgir, apressar.

press box ['presbɔks] *s.* tribuna *f.* de premsa.

press clipping ['pres,klipiŋ], **press cutting** ['pres,kʌtiŋ] *s.* retall *m.* de diari.

press conference ['pres,kɔnfrəns] *s.* roda *f.* de premsa.

pressing ['presiŋ] *a.* urgent, imperiós. 2 insistent, persistent. ■ 3 *s.* premsatge *m.*

press release ['pres,rili:s] *s.* comunicat *m.* de premsa.

pressure ['preʃə'] *s.* pressió *f.* 2 força *f.,* potència *f.* 3 pes *m.,* pesantor *f.* 4 fig. urgència *f.,* pressa *f.* 5 ELECT. tensió *f.* 6 MED. pressió *f.,* tensió *f.*

pressure cooker ['preʃə,kukə'] *s.* CUI. olla *f.* a pressió.

prestidigitation [,presti'didʒitei'ʃən] *s.* prestidigitació *f.*

prestige [pres'ti:ʒ] *s.* prestigi *m.*

presume (to) [pri'zju:m] *t.* presumir, suposar. 2 atrevir-se *p.,* permetre's *p.*

presumption [pri'zʌmpʃən] *s.* presumpció *f.,* suposició *f.* 2 atreviment *m.,* gosadia *f.* 3 DRET presumpció *f.*

presumptive [pri'zʌmptiv] *a.* presumpte, suposat. 2 DRET presumptiu.

presumptuous [pri'zʌmptjuəs] *a.* presumptuós, presumit. ■ 2 **-ly** *adv.* presumptuosament.

presuppose (to) [,pri:sə'pouz] *t.* pressuposar.

pretence, (EUA) **pretense** [pri'tens] *s.* pretensió *f.* 2 fingiment *m.,* apariència *f.* 3 pretext *m.* ‖ **under ~ of,** amb el pretext de. ‖ **under falses pretences,** amb engany, amb frau. 4 ostentació *f.*

pretend (to) [pri'tend] *t.* aparentar, fingir, simular. 2 pretendre, aspirar a. 3 *i.* dissimular, fingir. 4 pretendre, aspirar a.

pretender [pri'tendə'] *s.* pretendent.

pretentious [pri'tenʃəs] *a.* pretensiós. 2 presumptuós, presumit. ■ 3 **-ly** *adv.* pretensiosament, amb presumpció.

preterit(e) ['pretərit] *a.* GRAM. pretèrit, passat. ■ 2 *s.* GRAM. pretèrit *m.*

pretext ['pri:tekst] *s.* pretext *m.*

prettily ['pritili] *adv.* amb gràcia, amb elegància.

pretty ['priti] *a.* bonic, preciós. 2 graciós. 3 considerable: **a ~ penny,** una quantitat considerable [de diners]. ■ *4 adv.* bastant, força: **~ well,** força bé. ■ *5 s.* **my ~,** rei meu.

prevail (to) [pri'veil] *i.* prevaler. 2 predominar, imperar, regnar. 3 **to ~ upon** o **with,** convèncer, persuadir.

prevalent ['prevələnt] *a.* predominant. 2 corrent, comú. 3 general.

prevaricate (to) [pri'værikeit] *i.* deformar la veritat, falsejar, mentir. 2 DRET prevaricar.

prevent (to) [pri'vent] *t.* prevenir, evitar, impedir.

prevention [pri'venʃn] *s.* prevenció *f.* ‖ **~ is better than cure,** més val curar-se en salut. 2 impediment *m.* 3 protecció *f.* ‖ **society for the ~ of cruelty to animals,** societat *f.* protectora d'animals.

preventive [pri'ventiv] *a.* preventiu. 2 impeditiu. ■ 2 *s.* preventiu, *m.* profilàctic *m.* [medicament].

preview ['pri:vju:] *s.* CINEM., TEAT. preestrena *f.*

previous ['pri:vjəs] *a.* previ. 2 anterior, precedent. ‖ **~ to,** abans de. ■ 3 **-ly** *adv.* prèviament. 2 anteriorment, abans.

prevision [pri'viʒən] *s.* previsió *f.*

prey [prei] *s.* presa *f.,* rapinya *f.* 2 fig. presa *f.,* víctima *f.,* botí *m.*

prey (to) [prei] *i.* **to ~ on** o **upon,** atacar, devorar [una presa]; robar, pillar; preocupar, amoïnar.

price [prais] *s.* preu *m.,* cost *m.,* valor *m.* [també fig.]. ‖ fig. **at any ~,** a qualsevol preu. ‖ **fixed ~,** preu fix. 2 COM. cotització *f.* ‖ **closing ~,** cotització final. ‖ **opening ~,** cotització d'obertura o inicial.

price (to) [prais] *t.* valorar, taxar, avaluar, posar preu a. 2 fig. valorar.

priceless ['praislis] *a.* inapreciable, inestimable, que no té preu. 2 col·loq. divertidíssim, graciosíssim.

prick [prik] *s.* punxada *f.,* picada *f.,* fiblada *f.* 2 vulg. pixa *f.,* verga *f.,* cigala *f.*

prick (to) [prik] *t.* punxar(se), picar. 2 burxar. 3 foradar, perforar. 4 *to ~ up one's ears,* parar orella. 5 fig. remordir *i.* ■ 6 *i.* picar, formiguejar.

prickle ['prikl] *s.* BOT. espina *f.,* punxa *f.* 2 ZOOL. pua *f.,* punxa *f.* 3 picor *f.,* coïssor *f.*

prickle (to) ['prikl] *t.-i.* picar [també fig.].

prickly ['prikli] *a.* espinós [també fig.]. 2 ple d'espines; que pica.

prickly pear [,prikli'pɛə'] *s.* BOT. figuera *f.* de moro [arbre]. 2 figa *f.* de moro [fruit].

pride [praid] *s.* orgull *m.* ‖ *to take ~ in,* enorgullir-se. 2 altivesa *f.,* supèrbia *f.* 3 *false ~,* vanitat *f.* 4 fig. pompa *f.,* esplendor *f.*

pride (to) [praid] *p. to ~ oneself on* o *upon,* enorgullir-se de o per.

priest [priːst] *s.* sacerdot *m.* ‖ *high ~,* summe sacerdot.

priestess ['priːstis] *s.* sacerdotessa *f.* ‖ *high ~,* summa sacerdotessa.

priesthood ['priːsthud] *s.* sacerdoci *m.* 2 clergat *m.*

prig [prig] *s.* beat, pretensiós. 2 presumptuós, pedant.

prim [prim] *a.* primmirat, repolit, melindrós. 2 rigorós, exacte. ■ 3 *-ly adv.* melindrosament, amb afectació, etc.

primacy ['praiməsi] *s.* primacia *f.*

primary ['praiməri] *a.* primari. 2 primer. 3 fonamental, essencial, bàsic. 4 ENSENY. primari: *~ education,* ensenyament primari; *~ school,* escola primària. ■ 5 *s. pl.* (EUA) eleccions *f. pl.* primàries. ■ 6 *primarily adv.* en primer lloc, abans de tot, principalment.

primate ['praimeit] *s.* ECLES. primat *m.* 2 ZOOL. primats *m. pl.*

prime [praim] *a.* primer, principal. ‖ *~ mover,* força *f.* motriu; fig. instigador, promotor. 2 fonamental, bàsic. 3 original, primitiu. 4 superior, excel·lent, selecte. 5 MAT. primer. ■ 6 *s.* prima *f.* [hora]. 7 flor *f.;* perfecció *f.* ‖ *the ~ of life,* la flor de la vida. 9 poèt. alba *f.,* albada *f.*

prime (to) [praim] *t.* encebar [una arma, etc.]. 2 preparar [una superfície, etc.]. 3 instruir, informar.

prime minister [praim'ministə'] *s.* primer ministre.

primer ['praimə'] *s.* llibre *m.* elemental [de text]. 2 carbasseta *f.* 3 fulminant *m.*

primeval [prai'miːvəl] *a.* primitiu, prehistòric.

primitive ['primitiv] *a.* primitiu. 2 rudimentari. ■ 3 *s.* ART primitiu.

primordial [prai'mɔːdjəl] *a.* primordial.

primrose ['primrouz] *s.* BOT. primavera *f.,* prímula *f.*

prince [prins] *s.* príncep *m.*

princely ['prinsli] *a.* principesc, digne d'un príncep. 2 fig. noble, regi.

princess [prin'ses] *s.* princesa *f.*

principal ['prinsipl] *a.* principal. ■ 2 *s.* cap. 3 director [d'un col·legi]; rector [de la universitat]. 4 COM. capital *m.* principal. 5 DRET poderdant. ■ 6 *-ly adv.* principalment.

principality [,prinsi'pæliti] *s.* principat *m.*

principle ['prinsəpl] *s.* principi *m.* [origen, veritat fonamental; norma; llei]. ‖ *in ~,* en principi. ‖ *on ~,* per principi. 2 QUÍM. principi *m.*

print [print] *s.* empremta *f.,* marca *f.* ‖ *finger prints,* empremtes digitals. ‖ *foot prints,* petjades *f. pl.* 2 estampa *f.,* gravat *m.,* imprès *m.* ‖ *in ~,* imprès; a la venda; disponible; *large ~,* caràcters *m. pl.* grans; *out of ~,* exhaurit; *small ~,* caràcters *m. pl.* petits; *to get into ~,* publicar-se. 3 FOT. còpia *f.* 4 TEXT. estampat *m.*

print (to) [print] *t.* imprimir, gravar [també fig.]. 2 publicar, tirar, fer una tirada. 3 escriure amb lletres d'impremta. 4 TEXT. estampar. ■ 5 *i.* imprimir-se *p.*

printable ['printəbl] *a.* imprimible.

printed ['printid] *a.* imprès. ‖ *~ circuit,* circuit *m.* imprès. ‖ *~ matter/papers,* impresos *m. pl.* 2 estampat, gravat. 3 d'impremta.

printing ['printiŋ] *s.* impressió *f.* 2 estampat *m.* 3 impremta *f.,* tipografia *f.* 4 imprès *m.,* estampa *f.* 5 tiratge *m.*

printing house ['printiŋ,haus] *s.* impremta *f.*

printing office ['printiŋ,ofis] *s.* impremta *f.,* taller *m.* gràfic.

printing press ['printiŋ,pres] *s.* premsa *f.*

prior ['praiə'] *a.* anterior, previ. ■ 2 *adv.* ~ *to,* abans de. ■ 3 *s.* ECLES. prior *m.*

priority [prai'ɔriti] *s.* prioritat *f.* 2 antelació *f.*

prism [prizəm] *s.* FÍS., MAT. prisma *m.*

prismatic [priz'mætik] *a.* prismàtic. 2 brillant, variat [colors].

prison ['prizn] *s.* presó *f.* ■ *2 a.* de la presó, penitenciari. ‖ ~ *population*, població *f.* reclusa. ‖ ~ *system*, règim *m.* penitenciari.

prisoner ['prizna'] *s.* pres, presoner. 2 detingut, arrestat. 3 DRET acusat.

pristine ['pristi:n] *a.* pristi, primitiu, original.

privacy ['praivasi] *s.* retir *m.*, aïllament *m.* 2 secret *m.*, reserva *f.* 3 intimitat *f.*, vida *f.* privada.

private ['praivit] *a.* privat, personal, particular. ‖ ~ *hospital*, clínica *f.* privada; ~ *means*, mitjans *m.* o béns personals; ~ *parts*, parts pudendes. 2 reservat, confidencial. 3 secret. 4 íntim. 5 sol: *they wish to be* ~, volen estar sols. ■ *6 s.* soldat *m.* ras. 7 *in* ~, en privat; en secret; a porta tancada. ■ *8 -ly adv.* en la intimitat; en secret; confidencialment, personalment; a porta tancada.

private enterprise [,praivit'entapraiz] *s.* iniciativa *f.* privada.

privateer [,praiva'tia'] *s.* MAR. corsari *m.*

privation [prai'veiʃan] *s.* privació *f.*, estretor *f.*, misèria *f.*, penúria *f.*

privilege ['priviliʤ] *s.* privilegi *m.* 2 prerrogativa *f.*, honor *m.* 3 exempció *f.* 4 immunitat *f.*: *parliamentary* ~, immunitat parlamentària.

privy ['privi] *a.* privat, ocult, secret. ‖ ~ *council*, consell *m.* privat; ~ *parts*, parts *f. pl.* pudendes; ~ *seal*, segell *m.* real. 2 ~ *to*, assabentat; còmplice de. ■ *3 s.* ant col·loq. wàter.

prize [praiz] *s.* premi *m.*, recompensa *f.* [també fig.]. 2 grossa *f.* [de loteria]. 3 MAR. presa *f.*, captura *f.* ■ *4 a.* de primera. 5 digne de premi.

prize (to) [praiz] *t.* apreuar, estimar, valorar, avaluar. 2 alçapremar, palanquejar.

prize giving ['praizgiviŋ] *s.* repartiment *m.* de premis.

prizewinning ['praizwiniŋ] *a.* premiat, guardonat.

probability [,proba'biliti] *s.* probabilitat *f.* ‖ *in all* ~, probablement, amb tota probabilitat. 2 versemblança *f.*

probable ['probabl] *a.* versemblant.

probation [pra'beiʃan] *s.* període *m.* de prova. 2 DRET llibertat *f.* vigilada. ‖ *on* ~, a prova; en llibertat provisional. ‖ ~ *officer*, oficial *m.* encarregat de la vigilància de les persones en llibertat condicional.

probe [proub] *s.* MED. sonda *f.* 2 enquesta *f.*, sondeig *m.*, investigació *f.* 3 TECNOL. *space* ~, sonda *f.* còsmica.

probe (to) [proub] *t.* MED. sondar. 2 explorar, sondejar, investigar. ■ *3 i. to* ~ *into*, examinar *t.*, investigar *t.*, esbrinar *t.*

probity ['proubiti] *s.* form. probitat *f.*

problem ['problam] *s.* problema *m.* ■ *2 a.* problemàtic, difícil: *a* ~ *child*, un nen problemàtic, un nen difícil.

problematic(al) [,probli'mætik(al)] *a.* problemàtic. 2 enigmàtic, dubtós.

procedure [pra'si:ʤa'] *s.* procediment *m.* ‖ *legal* ~, procediment legal. 2 tràmits *m. pl.*, diligències *f. pl.*

proceed (to) [pra'si:d] *i.* procedir. 2 prosseguir, continuar.

proceeding [pra'si:diŋ] *s.* procediment *m.* 2 marxa *f.*, procés *m.* 3 sistema *m.* 4 *pl.* actes *f. pl.* 4 DRET procés *m.*, actuacions *f. pl.*

proceeds ['prousi:dz] *s. pl.* producte *m.*, beneficis *m. pl.*, guanys *m. pl.*

process ['prouses] *s.* procés *m.*, curs *m.*, progrés *m.* ‖ *in* ~, en curs; *in* ~ *of*, en via de, en curs de. ‖ *in* ~ *of time*, amb el temps. 2 procediment *m.*, sistema *m.* 3 ANAT., BOT. apòfisi *f.*, apèndix *m.* 4 DRET procés *m.*, causa *f.* 5 TECNOL. fotomecànica *f.*

process (to) ['prouses] *t.* tractar. 2 transformar, elaborar. 3 processar. 4 FOT. revelar. 5 IMPR. reproduir per fotomecànica.

process [pra'ses] *i.* anar en processó; desfilar.

processing ['prousesiŋ] *s.* tractament *m.* 2 procediment *m.* 3 transformació *f.* 4 INFORM. processament *m.* ‖ *central* ~ *unit*, unitat *f.* central; *data* ~, processament de dades.

procession [pra'seʃan] *s.* processó *f.* 2 desfilada *f.*, seguici *m.*, cavalcada *f.* 3 curs *m.*, progrés *m.* 4 fig. sèrie *f.*

proclaim (to) [pra'kleim] *t.* proclamar. 2 declarar, anunciar. 3 revelar, descobrir.

proclamation [,prokla'meiʃan] *s.* proclamació *f.* 2 declaració *f.* 3 proclama *f.*, ban *m.*, edicte *m.*

proclivity [pra'kliviti] *s.* form. proclivitat *f.*, tendència *f.*, inclinació *f.*

procrastinate (to) [prou'kræstineit] *t.-i.* diferir *t.*, ajornar *t.*

procreation [,proukri'eiʃan] *s.* procreació *f.*

procure (to) [prə'kjuə'] t. procurar aconseguir, obtenir. 2 procurar, proporcionar.

prod [prɔd] s. cop m. 2 punxada f., fiblada f. 3 fig. estímul m.

prod (to) [prɔd] t. donar un cop [amb un objecte punxagut]. 2 donar un cop de colze. 3 picar, punxar. 3 fig. estimular.

prodigal ['prɔdigəl] a. pròdig. ‖ BIB. *the Prodigal Son,* el fill pròdig. ∎ 2 -ly adv. pròdigament.

prodigious [prə'didʒəs] a. prodigiós, portentós. 2 enorme, immens. ∎ 3 -ly adv. prodigiosament.

prodigy ['prɔdidʒi] s. prodigi m., portent m. ‖ *child/infant ~,* nen prodigi.

produce ['prɔdju:s] s. producte m., producció f. ‖ AGR. *farm ~,* productes m. pl. agrícoles.

produce (to) [prə'dju:s] t. presentar, mostrar, exhibir. 2 produir, fabricar. 3 criar. 4 causar, ocasionar. 5 CINEM. produir. 6 DRET presentar. 7 TEAT. dirigir, posar en escena. 8 TELEV. realitzar. ∎ 9 i. produir t.

producer [prə'dju:sə'] s. productor. 2 fabricant. 3 CINEM. productor. 4 TEAT. director d'escena, escenògraf. 5 TELEV. realitzador.

product ['prɔdʌkt] s. producte m., producció f. ‖ *gross national ~,* producte nacional brut. ‖ *manufactured products,* productes manufacturats. 2 resultat m., efecte m. 3 MAT., QUÍM. producte m.

production [prə'dʌkʃən] s. producció f. ‖ *mass ~,* producció en sèrie. 2 fabricació f. 3 rendiment m. 4 ART, LIT. obra f. 5 CINEM., TELEV. realització f. 6 TEAT. direcció f. escènica, representació f. ∎ 7 a. de sèrie. ‖ *~ motorcycle,* motocicleta f. pl. de sèrie.

production line [prə'dʌkʃn,lain] s. cadena f. de muntatge.

productive [prə'dʌktiv] a. productiu. 2 AGR. fèrtil, fecund [també fig.].

profane [prə'fein] a. profà. 2 irreverent, blasfem. 3 malparlat, groller.

profane (to) [prə'fein] t. profanar.

profanity [prə'fæniti] s. profanitat f. 2 irreverència f., renec m. 3 blasfèmia f. 4 pl. renecs m. pl.

profess (to) [prə'fes] t. professar. 2 declarar, manifestar, confessar. 3 exercir. ∎ 4 i. exercir.

professed [prə'fest] a. declarat. 2 ostensible. 3 suposat, pretès. 4 profés.

profession [prə'feʃən] s. professió f., ofici m. ‖ *by ~,* de professió. 2 professió f., manifestació f. ‖ *~ of faith,* professió de fe. 3 professió f., religió f.

professor [prə'fesə'] s. catedràtic. 2 professor.

professorship [prə'fesəʃip] s. càtedra f. 2 professorat m.

proffer ['prɔfə'] s. oferta f., proposició f.

proffer (to) ['prɔfə'] t. oferir, proposar, presentar [una oferta].

proficiency [prə'fiʃənsi] s. perícia f., habilitat f., capacitat f.

proficient [prə'fiʃənt] a. pèrit, expert. 2 competent, capaç. 3 destre, hàbil.

profile ['proufail] s. perfil m. ‖ *in ~,* de perfil. 2 silueta f., contorn m. 3 descripció f. 4 fig. retrat m.; ressenya f. biogràfica. 5 ARQ. secció f.

profile (to) ['proufail] t. perfilar(se).

profit ['prɔfit] s. profit m., avantatge m., utilitat f. 2 COM. guany m., benefici m. ‖ *~ and loss,* guanys i pèrdues. ‖ *~ sharing,* participació en els beneficis.

profit (to) ['prɔfit] i. guanyar, treure profit, beneficiar-se p. 2 *to ~ by,* treure profit, aprofitar(se). ∎ 3 t. aprofitar. 4 ser útil a, servir.

profitability [,prɔfitə'biliti] s. rendibilitat f.

profitable ['prɔfitəbl] a. profitós, beneficiós, rendible, lucratiu.

profiteer [,prɔfi'tiə'] s. aprofitat, acaparador, explotador.

profligate ['prɔfligit] a.-s. llibertí, llicenciós. 2 pròdig, malgastador.

profound [prə'faund] a. profund. ∎ 2 -ly adv. profundament.

profuse [prə'fju:s] a. profús. 2 pròdig, generós. ∎ 3 -ly adv. profusament; pròdigament.

profusion [prə'fju:ʒən] s. profusió f., abundància f. 2 prodigalitat f.

progeny ['prɔdʒini] s. prole f., descendència f.

prognosticate (to) [prɔg'nɔstikeit] t. pronosticar.

programme, (EUA) **program** ['prougræm] s. programa m.

programme, (EUA) **program (to)** ['prougræm] t. INFORM. programar. 2 projectar, programar.

progress ['prougres] s. progrés m. 2 marxa f., curs m., desenvolupament m.

progress (to) [prə'gres] *i.* progressar, fer progressos. 2 avançar. 3 desenvolupar-se *p.*

progressive [prə'gresiv] *a.* progressiu. 2 POL. progressista. ■ 3 *s.* POL. progressista.

prohibit (to) [prə'hibit] *t.* prohibir. 2 impedir.

prohibition [,proui'biʃən] *s.* prohibició *f.* ‖ (EUA) ~ *law,* llei *f.* seca, prohibicionisme *m.*

project ['prɔdʒekt] *s.* projecte *m.*, pla *m.*

project (to) [prə'dʒekt] *t.* projectar, idear. 2 projectar, llançar. 3 GEOM. projectar. ■ 4 *i.* sobresortir, destacar.

projection [prə'dʒekʃn] *s.* projecció *f.* 2 sortint *m.* 3 fig. concepció *f.*

projection room [prə'dʒekʃn,ru:m] *s.* CINEM. cabina *f.* de projecció.

proletariat [,proule'tɛəriət] *s.* proletariat *m.*

proliferation [prə,lifə'reiʃn] *s.* proliferació *f.*, multiplicació *f.* ‖ *non-proliferation treaty,* tractat *m.* per a la no proliferació d'armament nuclear.

prolix ['prouliks] *a.* form. prolix, difús.

prologue ['prouləg] *s.* pròleg *m.*

prolong (to) [prə'lɔŋ] *t.* prolongar, perllongar. 2 allargar.

promenade [,prɔmi'nɑ:d] *s.* passeig *m.* 2 avinguda *f.*, passeig *m.* 3 passeig *m.* marítim.

promenade concert ['prɔmənə,dkɔnsət] *s.* concert *m.* en el qual una part del públic està dret.

prominence ['prɔminəns] *s.* prominència *f.* 2 fig. eminència *f.* importància *f.* ‖ *to come into* ~, adquirir importància.

prominent ['prɔminənt] *a.* prominent, sortint. 2 fig. notable, distingit, eminent. ■ 3 **-ly** *adv.* prominentment, eminentment.

promiscuous [prə'miskjuəs] *a.* promiscu. 2 llicenciós, lliberti.

promise ['prɔmis] *s.* promesa *f.* 2 avenir *m.* 3 esperança *f.*

promise (to) ['prɔmis] *t.-i.* prometre 2 augurar, prometre, pronosticar, anunciar. ‖ *the Promised Land,* la terra promesa.

promising ['prɔmisiŋ] *a.* prometedor, falaguer, que promet.

promissory ['prɔmisəri] *a.* promissori. ‖ COM. ~ *note,* pagaré *m.*

promontory ['prɔməntri] *s.* promontori *m.*

promote (to) [prə'mout] *t.* promoure, ascendir. 2 promoure, fomentar. 3 estimular, afavorir. 4 fundar, organitzar [una empresa]. 5 finançar.

promotion [prə'mouʃən] *s.* promoció *f.* 2 ascens *m.* ‖ ~ *list,* escalafó *m.* 3 foment *m.* 4 creació *f.*, fundació *f.* 5 presentació *f.*

prompt [prɔmpt] *a.* prompte, prest. 2 llest, preparat. 3 ràpid, puntual, immediat. ‖ ~ *payment,* pagament *m.* immediat. ■ 4 *s.* TEAT. apuntament *m.* ■ 5 **-ly** *adv.* amb promptitud; ràpidament; immediatament, puntualment.

prompt (to) [prɔmpt] *t.* incitar, induir, moure. 2 suggerir, inspirar. ■ 3 TEAT. apuntar.

prompt box ['prɔmptbɔks] *s.* TEAT. coverol *m.*

prompter ['prɔmptəʳ] *s.* TEAT. apuntador.

promulgate (to) ['prɔmʌlgeit] *t.* promulgar, publicar. 2 fig. divulgar, difondre.

prone [proun] *a.* pron, bocaterrós. 2 inclinat, propens.

prong [prɔŋ] *s.* pua *f.*, punxa *f.*, punta *f.*, pollegó *m.* [de forca, de forquilla, etc.]. 2 forca *f.*

pronoun ['prounaun] *s.* GRAM. pronom *m.*

pronounce (to) [prə'nauns] *t.* pronunciar [sons; sentències]. 2 declarar. ■ 3 *i.* pronunciar-se *p.*

pronounced [prə'naunst] *a.* pronunciat, marcat, decidit, fort.

pronunciation [prə,nʌnsi'eiʃn] *s.* pronunciació *f.*

proof [pru:f] *s.* prova *f.* 2 comprovació *f.* 3 assaig *m.* 4 DRET, FOT., IMPR., MAT. prova *f.* ‖ IMPR. ~ *reader,* corrector de proves. ■ 5 *a.* resistent. ‖ ~ *against,* a prova de. 6 de graduació normal [alcohol].

prop [prɔp] *s.* suport *m.*, puntal *m.*, pilar *m.* [també fig.]. 2 AVIA. (abrev. *propeller*) hèlice *f.* 3 CINEM., TEAT. (abrev. *properties*) accessoris *m. pl.*

prop (to) [prɔp] *t.* apuntalar, suportar, sostenir [també fig.]. 2 mantenir. 3 *to* ~ *oneself against,* repenjar-se a sobre.

propaganda [,prɔpə'gændə] *s.* pej. propaganda *f.*

propagate (to) ['prɔpəgeit] *t.* propagar. 2 difondre. ■ 3 *i.* propagar-se *p.*

propel (to) [prə'pel] *t.* propulsar, impel·lir.

propeller [prə'peləʳ] *s.* propulsor *m.* 2 hèlix *f.*, hèlice *f.* [de vaixell o avió].

propensity [prə'pensiti] s. propensió f., tendència f.

proper ['prɔpə'] a. propi, característic. 2 propi, apropiat. 3 correcte [en el seu ús, etc.]. 4 pròpiament dit. 5 convenient, adient. 6 decent. 7 GRAM. propi [nom]. ■ 8 **-ly** adv. pròpiament, correctament, convenientment, degudament.

property ['prɔpəti] s. propietat f. 2 TEAT. accesoris m. pl.

prophecy ['prɔfisi] s. profecia f.

prophesy (to) ['prɔfisai] t.-i. profetitzar t.

prophet ['prɔfit] s. profeta.

prophetic(al [prə'fetik, -əl] a. profètic.

propitiate (to) [prə'pifieit] i. propiciar.

propitious [prə'pifəs] a. propici. 2 favorable. ■ 3 **-ly** adv. propiciament.

proportion [prə'pɔːʃən] s. proporció f., correlació f. ‖ in ~ to, en proporció amb. 2 pl. proporcions f. pl., tamany m. sing. 3 MAT. proporció f.

proportion (to) [prə'pɔːʃən] t. proporcionar, equiparar.

proportional [prə'pɔːʃənl] a. proporcional. ■ 2 **-ly** adv. proporcionalment.

proportionate [prə'pɔːʃənit] a. Vegeu PROPORTIONAL.

proposal [prə'pouzəl] s. proposició f., proposta f. 2 oferiment m., oferta f. 3 declaració f., proposta f. de matrimoni.

propose (to) [prə'pouz] t. proposar. 2 proposar-se p. de, tenir la intenció de. ■ 3 i. proposar t. 4 demanar t. la mà, declarar-se p.

proposition [,prɔpə'ziʃən] s. proposició f., afirmació f. 2 proposició f. 3 tasca f., empresa f. 4 col·loq. problema m.

propound (to) [prə'paund] t. form. proposar. 2 presentar, plantejar.

proprietor [prə'praiətə'] s. propietari m., amo m.

proprietress [prə'praiətris] s. propietària f., mestressa f.

propriety [prə'praiəti] s. propietat f. [qualitat d'apropiat]. 2 correcció f., decència f. 3 pl. urbanitat f. sing., normes f. pl. socials.

prorogue (to) [prə'roug] t. prorrogar.

proscribe (to) [prəs'kraib] t. proscriure.

proscription [prəs'kripʃn] s. proscripció f.

prose [prouz] s. prosa f.

prosecute (to) ['prɔsikjuːt] t. form. prosseguir, continuar. 2 DRET processar, demandar.

prosecution [,prɔsi'kjuːʃən] s. form. prossecució f., continuació f. 2 DRET procés

m., processament m. 3 DRET ministeri m. fiscal.

prosecutor ['prɔsikjuːtə'] s. DRET demandant; acusador privat. 2 DRET public ~, fiscal.

prosody ['prɔsedi] s. mètrica f. 2 prosòdia f.

prospect ['prɔspekt] s. perspectiva f. 2 vista f., panorama f. 3 pl. expectatives f. pl. 4 esperança f. 5 possible client.

prospect (to) [prəs'pekt] t. explorar [per buscar or, petroli, etc.]. ■ 2 i. fer prospeccions.

prospective [prəs'pektiv] a. possible, probable, en perspectiva.

prospectus [prəs'pektəs] s. prospecte m.

prosper (to) [prəs'pə'] i. prosperar. ■ 2 t. liter. fer prosperar, afavorir.

prosperity [prɔs'periti] s. prosperitat f.

prosperous ['prɔspərəs] a. pròsper.

prostitute ['prɔstitjuːt] s. prostituta.

prostrate ['prɔstreit] a. prostrat, prosternat. 2 fig. abatut, aclaparat. 3 BOT. prostrat.

prostrate (to) [prɔs'treit] t. prostrar, abatre. 2 to ~ oneself, prostrar-se, prosternar-se.

prostration [prɔs'treiʃən] s. prostració f.

prosy ['prouzi] a. prosaic [estil]. 2 llauna, avorrit.

protect (to) [prə'tekt] t. protegir.

protection [prə'tekʃən] s. protecció f.

protective [prə'tektiv] a. protector. 2 proteccionista.

protector [prə'tektə'] s. protector.

protein ['proutiːn] s. QUÍM. proteïna f.

protest ['proutest] s. protesta f.

protest (to) [prə'test] t.-i. protestar.

Protestant ['prɔtistənt] a.-s. REL. protestant.

Protestantism ['prɔtistəntizəm] s. REL. protestantisme m.

protocol ['proutəkɔl] s. protocol m.

protract (to) [prə'trækt] t. allargar, prolongar.

protrude (to) [prə'truːd] t. fer sortir. ■ 2 i. sortir, sobresortir.

protuberance [prə'tjuːbərəns] s. protuberància f.

proud [praud] a. orgullós. ‖ to be ~ of, enorgullir-se de. 2 superb, arrogant. 3 esplèndid, magnífic, noble. ■ 4 **-ly** adv. orgullosament, amb orgull; arrogantment; esplèndidament.

pull

prove (to) [pruːv] t. provar. 2 demostrar, comprovar. 3 confirmar. 4 posar a prova; fer la prova de. ■ 5 i. sortir, resultar. 6 demostrar t. que s'és [apte, etc.]. ▲ p. p.: *proved* [pruːvd] o *proven* [pruːvn].

provender ['prɔvində'] s. pinso m., farratge m. 2 col·loq. menjar m., teca f.

proverb ['prɔvəːb] s. proverbi m., refrany m., dita f.

provide (to) [prəvaid] t. proveir, proporcionar. 2 subministrar. 3 estipular. ■ 4 i. to ~ for, mantenir t., proveir t. de, proporcionar mitjans de vida. 5 to ~ against, prevenir-se p. contra, prendre precaucions contra.

provided [prəvaidid] conj. ~ (that), a condició que, sempre que.

providence ['prɔvidəns] s. providència f., previsió f. 2 REL. providència f.

provident ['prɔvidənt] a. provident, previsor.

province ['prɔvins] s. província f. 2 regió f., districte m., comarca f. 3 esfera f., àmbit m. [d'activitat, etc.]. 4 competència f., incumbència f.

provision [prəviʒən] s. provisió f., previsió f. 2 mesura f., providència f. 3 pl. provisions m. pl. 4. DRET clàusula f., disposició f.

provisional [prəviʒənl] a. provisional. ■ 2 -ly adv. provisionalment.

proviso [prəvaizou] s. estipulació f., condició f., clàusula f.

provocative [prəvɔkətiv] a. provocatiu, provocador.

provoke (to) [prəvouk] t. provocar, causar. 2 provocar, irritar.

provoking [prəvoukiŋ] a. provocador, provocatiu. 2 irritant, exasperant.

prow [prau] s. MAR. proa f.

prowess ['prauis] s. valor m., coratge m. 2 habilitat f., traça f.

prowl (to) [praul] t.-i. rondar [a l'aguait].

proximate ['prɔksimit] a. form. pròxim; immediat.

proxy ['prɔksi] s. procuració f., delegació f. ‖ by ~, per poders. 2 apoderat, delegat.

prude [pruːd] s. melindrós, amanerat.

prudence ['pruːdəns] s. prudència f.

prudent ['pruːdənt] a. prudent; previsor. ■ 2 -ly adv. prudentment.

prudery ['pruːdəri] s. amanerament m., afectació f.

prudish ['pruːdiʃ] a. melindrós, primmirat.

prune (to) [pruːn] t. podar. 2 fig. treure, retallar.

pruning-hook ['pruːniŋˌhuk], **pruning-knife** ['pruːniŋˌnaif] s. podadora f., podall m.

prurience ['pruəriəns] s. lascívia f.

pry (to) [prai] i. espiar, tafanejar. ■ 2 t. alçapremar, palanquejar.

ps [pi:es] s. (abrev. *postscript*) postdata f.

psalm [sɑːm] s. psalm m., salm m.

pseudonym ['sjuːdənim] s. pseudònim m.

psychiatrist [sai'kaiətrist] s. psiquiatra f.

psychiatry [sai'kaiətri] s. psiquiatria f.

psychologic(al) [ˌsaikə'lɔdʒik(əl)] a. psicològic.

psychologist [sai'kɔlədʒist] s. psicòleg.

psychology [sai'kɔlədʒi] s. psicologia f.

psychosis [sai'kousis] s. MED. psicosi f.

pub [pʌb] s. bar m., pub m.

puberty ['pjuːbəti] s. pubertat f.

public ['pʌblik] a. públic. ■ 2 s. públic m. ■ 3 -ly adv. públicament.

publication [ˌpʌbli'keiʃən] s. publicació f. 2 edició f.

public-house [ˌpʌblik'haus] s. bar m., pub m.

publicity [pʌ'blisiti] s. publicitat f.

publish (to) ['pʌbliʃ] t. publicar. 2 editar. 3 difondre, escampar.

publisher ['pʌbliʃə'] s. editor.

pucker ['pʌkə'] s. arruga f., plec m.

pucker (to) ['pʌkə'] t. arrugar, plegar. ■ 2 i. to ~ (up), arrugar-se p.

pudding ['pudiŋ] s. púding m.

puddle ['pʌdl] s. bassal m., toll m.

pudgy ['pʌdʒi] a. rodanxó, rabassut.

puerility [pjuə'riliti] s. puerilitat f.

puff [pʌf] s. bufada f. 2 alenada f., bafarada f. 3 CUI. bunyol m. 4 COST. bollat m.

puff (to) [pʌf] i. bufar; esbufegar. 2 fumar, fumejar. ■ 3 t. bufar. 4 treure, deixar anar [fum, etc.]. 5 to ~ out, inflar. 6 to ~ up, inflar-se p., estarrufar-se p.

puff pastry ['pʌfˌpeistri] s. pasta f. de full.

pugilist ['pjuːdʒilist] s. púgil, boxador.

pugnacious [pʌg'neiʃəs] a. form. pugnaç, belicós.

pull [pul] s. estirada f., estrebada f. 2 glop m. 3 atracció f. 4 esforç m. 5 pipada f. 6 agafador m., cordó m. 7 col·loq. influències f. pl., padrins m. pl.

pull (to) [pul] t. estirar. 2 arrossegar. 3 atreure. 4 arrencar, treure, (VAL.) traure. 5 estripar, esquinçar, destrossar. 6 prémer, pitjar. 7 córrer, descórrer [cortines]. *8* moure [rems]. *9* distendre [un lligament, una articulació]. *10* impulsar. *11* treure [una arma]. *12* fig. *to ~ one's leg*, prendre el pèl. ■ *13 i.* estirar *t.,* donar una estrebada. *14* xuclar, fer un traguet. *15* girar, desviar-se *p.* *16* remar. ■ *to ~ apart,* separar; esquinçar; *to ~ away,* arrencar; separar-se; *to ~ back,* fer-se enrere; *to ~ down,* enderrocar; abaixar; desanimar; *to ~ in,* aturar-se arribar [un tren]; *to ~ off,* arrencar [vehicle]; sortir-se'n; *to ~ on;* posar-se [mitjes, mitjons, etc.]; *to ~ out,* arrencar, treure; sortir, marxar; *to ~ through,* recuperar-se; dur a terme; treure d'un mal pas; *to ~ up,* acostar, aproparse; arrencar; aturar; renyar.

pulley ['puli] *s.* corriola *f.,* politja *f.*

pullover ['puḷouvə'] *s.* pullòver *m.,* jersei *m.*

pulp [pʌlp] *s.* polpa *f.* *2* pasta *f.* [de paper, de fusta].

pulpit ['pulpit] *s.* púlpit *m.,* trona *f.* *2 pl. the pulpits,* el clergat.

pulsate (to) [pʌl'seit] *i.* bategar, polsar. ■ *2 t.* fer bategar.

pulse [pʌls] *s.* pols *m.* *2* pulsació *f.,* batec *m.*

pulse (to) [pʌls] *i.* polsar, bategar.

pulverize (to) ['pʌlvəraiz] *t.* polvoritzar. *2* fig. destruir [arguments contraris, etc.]. ■ *3 i.* esmicolar-se *p.*

puma ['pjuːmə] *s.* ZOOL. puma *m.*

pumice, pumice stone ['pʌmisstoun] *s.* pedra *f.* tosca.

pump [pʌmp] *s.* MEC. bomba *f.: water ~,* bomba d'aigua. *2* bambes *f. pl.*

pump (to) [pʌmp] *t.* bombar, treure, extreure. *2* inflar [amb una bomba]. *3* fig. estirar la llengua. ■ *4 i.* fer anar la bomba.

pumpkin ['pʌmpkin] *s.* BOT. carbassa *f.,* carabassa *f.*

pun [pʌn] *s.* joc *m.* de paraules.

punch [pʌntʃ] *s.* ponx *m.* *2* cop *m.* (VAL.) colp *m.,* cop *m.* de puny. *3* punxó *m.,* picador *m.* *4* fig. energia *f.*

Punch [pʌntʃ] *n. pr.* putxinel·li *m.* ‖ *Punch-and-Judy show,* teatre *m.* de putxinel·lis.

punch (to) [pʌntʃ] *t.* picar. *2* foradar, perforar. *3* pegar, donar un cop.

punctilious [pʌŋk'tiliəs] *a.* puntós, meticulós.

punctual ['pʌŋktjuəl] *a.* puntual. ■ *2* -ly *adv.* puntualment.

punctuality [‚pʌŋktju'æliti] *s.* puntualitat *f.*

punctuate (to) ['pʌŋktjueit] *t.* GRAM. puntuar. *2* interrompre.

punctuation [‚pʌŋktju'eiʃən] *s.* GRAM. puntuació *f.*

puncture ['pʌŋktʃə'] *s.* punxada *f.* MED. punció *f.*

puncture (to) ['pʌŋktʃə'] *t.* punxar, foradar. *2* rebentar. *3* fig. desinflar-se *p.* ■ *4 i.* punxar-se *p.*

pungent ['pʌndʒənt] *a.* picant, fort. *2* mordaç. *3* agut, viu, penetrant.

punish (to) ['pʌniʃ] *t.* castigar, penar. *2* maltractar. *3* col·loq. devorar [menjar].

punishment ['pʌniʃmənt] *s.* càstig *m.,* pena *f.*

punt [pʌnt] *s.* barca *f.* de perxa.

punt (to) [pʌnt] *t.* portar en una barca de perxa. ■ *2 i.* anar en una barca de perxa. *3* apostar, fer apostes [en cavalls].

puny ['pjuːni] *a.* escarransit, escanyolit. *2* petit, insignificant.

pup [pʌp] *s.* cadell *m.*

pupil ['pjuːpl, -pil] *s.* alumne, deixeble. *2* ANAT. pupil·la *f.* *3* DRET pupil.

puppet ['pʌpit] *s.* titella *m.,* putxinel·li *m.,* ninot *m.*

purchase ['pəːtʃəs] *s.* compra *f.,* adquisició *f.* *2* MAR. aparell *m.* *3* MEC. palanca *f.;* suport *m.;* agafador *m.*

purchase (to) ['pəːtʃəs] *t.* comprar, adquirir: *purchasing power,* poder adquisitiu.

purchaser ['pəːtʃəsə'] *s.* comprador.

pure ['pjuə'] *a.* pur. ■ *2* -ly *adv.* purament, simplement.

purgative ['pəːgətiv] *a.* purgatiu, purgant. ■ *2 s.* purgant *m.*

purgatory ['pəːgətəri] *s.* purgatori *m.*

purge [pəːdʒ] *s.* purga *f.* *2* purgant *m.*

purge (to) [pəːdʒ] *t.* purgar. *2* depurar.

purification [‚pjuərifi'keiʃən] *s.* purificació *f.* *2* depuració *f.*

purifier [‚pjuərifaiə'] *s.* purificador. *2* depurador.

purify ['pjuərifai] *t.* purificar. *2* depurar.

puritan ['pjuəritən] *a.-s.* purità.

purity ['pjuəriti] *s.* puresa *f.*

purl [pəːl] *s.* poèt. remor *f.* de l'aigua. *2* punt *m.* del revés. *3* COST. punta *f.*

purl (to) [pəːl] *t.* fer punt del revés. *2* posar puntes. ■ *3 i.* poèt. remorejar [l'aigua]. *4* fer punt del revés.

purloin (to) [pəˈlɔin] t. form. robar, furtar.

purple [ˈpəːl] a. porprat, purpuri. ■ 2 s. porpra, púrpura [color].

purport [ˈpəːpət] s. significat m., sentit m.

purport (to) [pəˈpɔːt] t. significar, voler dir; donar a entendre. 2 pretendre.

purpose [ˈpəːpəs] s. propòsit m., intenció f., objectiu m. ‖ on ~, a posta. 2 resolució f., determinació f. 3 efecte m., resultat m., ús m., utilitat m. ■ 4 -ly adv. a posta, expressament.

purpose (to) [ˈpəːpəs] t. liter. proposar-se p.

purposeful [ˈpəːpəsful] a. decidit.

purr [pəː'] s. ronc m.

purr (to) [pəː'] i. roncar [un gat]. ■ 2 t. dir suaument.

purse [pəːs] s. moneder m., portamonedes m. 2 butxaca f., bossa f. [diners]. 3 col·lecta f. 4 (EUA) bossa f. [de mà].

purse (to) [pəːs] t. arrugar, arrufar [les celles], arronsar [els llavis].

pursue (to) [pəˈsjuː] t. perseguir, empaitar, (BAL.) encalçar, (VAL.) acaçar. 2 perseguir [un objectiu]. 3 prosseguir, continuar.

pursuit [pəˈsjuːt] s. persecució f., caça f., recerca f. 2 prossecució f., afany m. 3 prossecució f. 4 ocupació f., feina f., activitat f.

purvey (to) [pəˈvei] t.-i. proveir t., subministrar t.

purveyor [pəˈveiə'] s. proveïdor, subministrador.

purview [ˈpəːvjuː] s. esfera f., límits m. pl., abast m.

pus [pʌs] s. MED. pus m.

push [puʃ] s. empenta f. 2 empenta f., determinació f., energia f. 3 embranzida f. 4 moment m. crític.

push (to) [puʃ] t. empènyer. 2 empentar, (ROSS.) pussar, pussir. 3 trepitjar; prémer. 4 impulsar. 5 insistir, instar, apressar. ■ 6 i. empènyer; fer pressió. ■ to ~ aside, apartar; deixar de banda; to ~ forward, avançar, obrir-se pas; to ~ in, passar davant [en una cua]; col·loq. to ~ off, tocar el dos; MAR. desatracar; to ~ over, fer caure, empentar, donar empentes; to ~ through, fer avançar; dur a terme; to ~ up, pujar, aixecar.

push-button [ˈpuʃˌbʌtn] s. botó m., botó m. elèctric.

pushchair [ˈpuʃtʃeə'] s. cotxet m.

pusher [ˈpuʃə'] s. col·loq. camell m. [drogues].

push-up [ˈpuʃʌp] s. flexió f. de braços.

pushy [ˈpuʃi] a. col·loq. agressiu.

pusillanimous [ˌpjuːsiˈlæniməs] a. pusil·lànime.

puss [pus] s. mix m., mixeta f. 2 col·loq. noia f.

put [put] s. llançament m. ■ 2 a. to stay ~, estar quiet.

put (to) [put] t. posar, col·locar, ficar. 2 fer [una pregunta]. 3 expressar, exposar. 4 instar, apressar. ■ 5 i. MAR. posar el rumb. ■ to ~ aside, deixar de banda, deixar de, renunciar a; to ~ away, guardar; estalviar; rebutjar; to ~ back, posposar, ajornar; to ~ down, posar [a terra]; reprimir; ridiculitzar, deixar en ridícul; humiliar; apuntar, anotar; atribuir; to ~ forth, exposar; mostrar; proposar; to ~ forward, plantejar, proposar; to ~ in, dedicar; interrompre; posar; to ~ off, ajornar; fer esperar; dissuadir, fer perdre les ganes; treure's [un vestit]; to ~ on, posar-se [un vestit]; oferir [un servei]; encendre [el llum, el foc, etc.]; enganyar; fer posat de; TEAT. posar en escena. ‖ to ~ on weight, engreixar-se; to ~ out, treure, (VAL.) traure; apagar [la llum, el foc, etc.]; molestar; desconcertar; dislocar; to ~ over, expressar, explicar; to ~ through, posar amb [per telèfon]; fer aprovar; fer passar; to ~ together, muntar; to ~ up, aixecar, erigir, armar, muntar; allotjar; enganxar, penjar; oferir [resistència]; proporcionar [diners]; apujar; embolicar. ‖ to ~ up with, aguantar, sofrir. ▲ Pret. i p. p.: put [put]; ger.: putting [ˈputiŋ].

putrefaction [ˌpjuːtriˈfækʃən] s. putrefacció f.

putrefy (to) [ˈpjuːtrifai] t. podrir. ■ 2 i. podrir-se p.

putrid [ˈpjuːtrid] a. pútrid, podrit. 2 pudent. 3 corromput. 4 col·loq. horrible.

putsch [putʃ] s. cop m. d'estat.

putty [ˈpʌti] s. massilla f.

puzzle [ˈpʌzl] s. perplexitat f., estranyesa f. 2 problema m., enigma m. 3 trencaclosques m.; endevinalla f. ‖ crossword ~, mots m. pl. encreuats.

puzzle (to) [ˈpʌzl] t. deixar parat, confondre. 2 to ~ out, desxifrar, solucionar [un problema, etc.]. ■ 3 i. to ~ over, meditar sobre, reflexionar sobre.

puzzling [ˈpʌzliŋ] a. enigmàtic, intrigant.

pygmy [ˈpigmi] a.-s. pigmeu.

pyjamas [pəˈdʒɑːməz] s. pl. pijama m. sing.

pyramid [ˈpirəmid] s. piràmide f.
pyre [ˈpaiə] s. pira f., foguera f.
Pyrenean [piriˈniən] a. pirinenc.

Pyrenees [ˌpirəˈniːz] n. pr. GEOGR. Pirineus.
python [ˈpaiθən] s. ZOOL. pitó m.

Q

Q, q [kju:] s. q f. [lletra].

quack [kwæk] s. claca f. [de l'ànec]. 2 xarlatà, curandero. ■ 3 a. fals; de xarlatà.

quack (to) [kwæk] i. clacar.

quadrangle ['kwɔdræŋgl] s. quadrangle m. 2 pati m. [esp. d'un col·legi].

quag [kwæg] s. Vegeu QUAGMIRE 1.

quagmire ['kwægmaiəʳ] s. fanguissar m., fangar m. 2 fig. empantanegament m., entrebanc m.

quail [kweil] s. ORN. guatlla f.

quail (to) [kweil] i. acovardir-se p., arronsar-se p.

quaint [kweint] a. curiós, singular, original.

quake (to) [kweik] i. tremolar, estremir-se p.

qualification [ˌkwɔlifiˈkeiʃən] s. qualificació f. 2 condició f., requisit m. 3 capacitat f., aptitud f.

qualified ['kwɔlifaid] a. qualificat, apte, competent.

qualify (to) ['kwɔlifai] t. qualificar. 2 capacitar. 3 limitar, concretar. 4 GRAM. modificar. ■ 5 i. capacitar-se p. 6 ESPORT qualificar-se p.

quality ['kwɔliti] s. qualitat f.

qualm [kwa:m] s. dubte m., escrúpol m., remordiment m. 2 basques f. pl., nàusea f., mareig m.

quandary ['kwɔndəri] s. incertesa f., perplexitat f. 2 dilema m.; situació f. difícil.

quantity ['kwɔntiti] s. quantitat f. 2 pl. gran quantitat f. sing. 3 MAT. **unknown** ~, incògnita f.

quantity surveyor ['kwɔntitisəˌveiəʳ] s. CONSTR. aparellador m.

quarantine ['kwɔrəntiːn] s. quarantena f. [aïllament].

quarrel ['kwɔrəl] s. disputa f., discussió f. 2 baralla f., batussa f.

quarrel (to) ['kwɔrəl] i. renyir, barallar-se p., discutir. 2 **to** ~ **with**, dissentir de; queixar-se p. de; protestar contra.

quarrelsome ['kwɔrəlsəm] a. buscabregues; buscaraons.

quarry ['kwɔri] s. MIN. pedrissa f., pedrera f. 2 presa f., caça f.

quart [kwɔːt] s. quart m. de galó.

quarter ['kwɔːtəʳ] s. quart m., quarter, m., quarta part f. 2 trimestre m. 3 regió f., part f., direcció f. ‖ **from all quarters**, d'arreu. 4 font f. [d'informació, etc.]. 5 barri m. 6 pl. allotjament m. sing., habitatge m. sing. 7 (EUA) moneda f. de 25 cèntims. 8 pl. MIL. quarter m. sing. ‖ **to give no** ~, no donar quarter.

quarter (to) ['kwɔːtəʳ] t. esquerterar, dividir en quarters. 2 MIL. aquarterar; allotjar.

quarterly ['kwɔːtəli] a. trimestral. ■ 2 adv. trimestralment. ■ 3 s. publicació f. trimestral.

quartet [kwɔːˈtet] s. MÚS. quartet m.

quartz [kwɔːts] s. MINER. quars m.

quash (to) [kwɔʃ] t. DRET anul·lar. 2 reprimir.

quatrain ['kwɔtrein] s. LIT. quarteta f.

quaver (to) ['kweivəʳ] i. tremolar, vibrar. 2 MÚS. refilar, trinar. ■ 3 t. dir amb veu tremolosa.

quay [kiː] s. moll m., desembarcador m.

queen [kwiːn] s. reina f. 2 JOC reina f. [d'escacs]; dama f. [de cartes].

queen bee ['kwiːnˈbiː] s. ZOOL. abella f. reina.

queer [kwiəʳ] a. rar, estrany, estrafalari. 2 excèntric, tocat de l'ala. 3 misteriós. 4 malalt. ‖ **I feel** ~, em trobo malament. ■ 5 s. vulg. marieta m. [homosexual].

quell (to) [kwel] t. poèt. reprimir, sofocar. 2 apaivagar. 3 calmar.

quench (to) [kwentʃ] t. apagar [també fig.].

querulous ['kweruləs] a. gemegaire, queixós.

query ['kwiəri] s. pregunta f. 2 dubte m. 3 interrogant m.

query (to) [kwɪəri] *t.* posar en dubte, dubtar. 2 preguntar, interrogar. 3 *to ~ whether/if,* preguntar-se *p.* si.

quest [kwest] *s.* busca *f.,* recerca *f.* ‖ *in ~ of,* a la recerca de.

quest (to) [kwest] *t.-i.* buscar *t.,* cercar *t.*

question [ˈkwestʃən] *s.* pregunta *f.* ‖ *~ mark,* interrogant *m.* 2 objecció *f.,* dubte *m.* ‖ *beyond all ~,* fora de dubtes; *out of the ~,* impossible; *to call in ~,* posar en dubte; *without ~,* sens dubte. 3 qüestió *f.,* problema *m.* ‖ *beside the ~,* que no ve al cas.

question (to) [ˈkwestʃən] *t.* preguntar; interrogar. 2 posar en dubte, dubtar de. 3 discutir.

questionable [ˈkwestʃənəbl] *a.* qüestionable, disutible. 2 dubtós, sospitós.

questionnaire [ˌkwestʃəˈnɛəˈ] *s.* qüestionari *m.;* enquesta *f.*

queue [kjuː] *s.* cua *f.* [filera].

queue (to) [kjuː] *i.* fer cua.

quibble [ˈkwɪbl] *s.* evasiva *f.,* subterfugi *m.*

quibble (to) [ˈkwɪbl] *i. to ~ (over),* parlar amb evasives.

quick [kwik] *a.* ràpid, veloç. 2 viu [geni]. 3 intel·ligent, llest. 4 àgil. ■ *5 s.* carn *f.* viva. ‖ fig. *to cut the ~,* tocar el punt sensible. ■ *6* -ly *adv.* ràpidament, velozment.

quicken (to) [ˈkwikən] *t.* avivar, animar. 2 accelerar, apressar. ■ *3 i.* avivar-se *p.,* animar-se *p.* 4 accelerar-se *p.,* apressar-se *p.*

quicklime [ˈkwiklaim] *s.* calç *f.* viva.

quickness [ˈkwiknis] *s.* rapidesa *f.* 2 promptitud *f.* 3 intel·ligència *f.*

quicksand [ˈkwiksænd] *s.* arenes *f. pl.* movedisses.

quick-tempered [ˌkwikˈtempəd] *a.* geniüt.

quick-witted [ˌkwikˈwitid] *a.* astut, perspicaç.

quid [kwid] *s.* tabac *m.* de mastegar. 2 (G.B.) col·loq. lliura *f.* [diners].

quiet [ˈkwaiət] *a.* silenciós, callat. 2 tranquil, calmat, reposat. 3 senzill, discret, amable. 4 suau, apagat. ■ *5 s.* tran-quil·litat *f.,* silenci *m.,* calma *f.,* pau *f.* 6 *on the ~,* d'amagat, per sota mà.

quiet (to) [ˈkwaiət] *t.* calmar, tranquil·litzar, assossegar. 2 fer callar. ■ *3 i. to ~ down,* calmar-se *p.,* tranquil·litzar-se *p.,* assossegar-se *p.;* callar.

quill [kwil] *s.* ploma *f.* [d'au]. 2 canó *m.* [d'una ploma].

quilt [kwilt] *s.* edredó *m.*

quilt (to) [kwilt] *t.* embuatar, enconxar.

quince [kwins] *s.* BOT. codony *m.* 2 codonyer *m.*

quintal [ˈkwintl] *s.* quintar *m.*

quintessence [kwinˈtesns] *s.* quinta essència *f.*

quintet [kwinˈtet] *s.* MÚS. quintet *m.*

quip [kwip] *s.* comentari *m.* sarcàstic, acudit *m.*

quit [kwit] *a.* deslliurat, lliure, exent.

quit (to) [kwit] *t.* deixar, abandonar. 2 deixar de, renunciar a. ■ *3 i.* marxar, anar-se'n *p.* 4 dimitir; parar. ▲ pret. i p.: *quitted* o *quit.*

quite [kwait] *adv.* completament, totalment. ‖ *you're ~ right,* tens tota la raó. 2 força, bastant. 3 col·loq. *a ~ man,* tot un home. 4 col·loq. *~ so,* és clar, efectivament.

quits [kwits] *a. to be ~ with,* estar en paus amb.

quittance [ˈkwitəns] *s.* quitament *m.,* quitança *f.* 2 pagament *m.*

quiver [ˈkwivəˈ] *s.* carcaix *m.,* aljava *f.* 2 tremolor *m.,* estremiment *m.,* vibració *f.*

quiver (to) [ˈkwivəˈ] *i.* tremolar, estremir-se *p.,* vibrar, moure.

quixotic [kwikˈsɔtik] *a.* quixotesc.

quiz [kwiz] *s.* RADIO., TELEV. concurs *m.*

quoit [kɔit], (EUA) [kwɔit] *s.* tella *f.,* joc *m.* de la tella.

quotation [kwouˈteiʃən] *s.* citació *f.* 2 COM. cotització *f.* ■ *3 a. ~ marks,* cometes *f.*

quote (to) [kwout] *t.* citar, esmentar [un text, un autor]. 2 COM. cotitzar; fixar el preu de.

quotidian [kwɔˈtidiən] *a.* recurrent [febre].

quotient [ˈkwouʃənt] *s.* MAT. quocient *m.*

R

R, r [ɑːʳ] s. r f. [lletra].

Rabat [rə'bæt] n. pr. GEOGR. Rabat.

rabbi ['ræbai] s. rabí m.

rabbit ['ræbit] s. ZOOL. conill m. 2 col·loq. ESPORT jugador dolent.

rabbit-hole ['ræbithoul] s. lloriguera f., cau m. de conills.

rabbit-hutch ['ræbithʌtʃ] s. conillera f.

rabble ['ræbl] s. xusma f., canalla f. 2 multitud f. turbulenta.

rabid ['ræbid] a. MED. rabiós. 2 furiós, violent, fanàtic.

rabies ['reibiːz] s. MED. ràbia f.

rac(c)oon [rə'kuːn] s. ZOOL. ós m. rentador.

race [reis] s. raça f. 2 casta f., llinatge m. 3 poble m. 4 ESPORT cursa f., regata f.

race (to) [reis] i. córrer [en una cursa]. ■ 2 t. fer córrer. 3 competir amb [en una cursa].

racial ['reiʃəl] a. racial.

racism ['reisizəm] s. racisme m.

rack [ræk] s. prestatge m., lleixa f. 2 penjador m. 3 cavall m. de tortura. 4 FERROC. reixa f. [per l'equipatge]. 5 MEC. cremallera f.

rack (to) [ræk] t. torturar. 2 turmentar. 3 fig. *to ~ one's brains*, escalfar-se p. el cap.

racket ['rækit] s. ESPORT raqueta f. 2 xivarri m., soroll m., gresca f. 3 col·loq. estafa f., engany m.

rack-railway ['ræk,reilwei] s. FERROC. ferrocarril m. de cremallera.

racy ['reisi] a. viu, animat [estil]. 2 salat, picant, fort.

radar ['reidɑːʳ] s. TECNOL. radar m.

radial ['reidjəl] a. radial.

radiance ['reidjəns] s. brillantor f., resplendor f., esplendor f.

radiant ['reidjənt] a. radiant, resplendent, brillant.

radiate (to) ['reidieit] t. radiar, irradiar. ■ 2 i. partir de, sortir de.

radiation [,reidi'eiʃən] s. radiació f.

radiator ['reidieitəʳ] s. radiador m.

radical ['rædikəl] a. radical. ■ 2 s. POL. radical. 3 MAT. radical m. ■ 3 **-ly** adv. radicalment.

radio ['reidiou] s. ELECT. ràdio f. ■ 2 a. de ràdio, radiofònic.

radioactive [,reidiou'æktiv] a. radioactiu.

radio set ['reidiou,set] s. ràdio f., aparell m. de ràdio.

radish ['rædiʃ] s. BOT. rave m.

radium ['reidjəm] s. QUÍM. radi m.

radius ['reidjəs] s. GEOM., ANAT. radi m. 2 radi m. [d'acció]. ▲ pl. **radii** ['reidiai].

raffle ['ræfl] s. rifa f.

raffle (to) ['ræfl] t. rifar, sortejar.

raft [rɑːft] s. rai m. 2 bot m.

rafter ['rɑːftəʳ] s. ARQ. biga f.

rag [ræg] s. drap m. 2 parrac m. ‖ *in rays*, desparracat. 3 col·loq. diari m. de mala mort.

ragamuffin ['rægəmʌfin] s. trinxeraire, perdulari.

rage [reidʒ] s. ràbia f., ira f. 2 fúria f., violència f. 3 passió f., fervor m. 4 *to be all the ~*, estar de moda f., ser el darrer crit.

rage (to) [reidʒ] i. enrabiar-se p., posar-se p. furiós. 2 fer estralls, enfurismar-se p., bramar [el vent, la pluja, etc.].

ragged ['rægid] a. esparracat, pollós. 2 estripat; escantellat. 3 fig. irregular, desigual. ■ 4 **-ly** adv. amb esparracs, amb estrips.

ragman ['rægmæn] s. drapaire m.

raid [reid] s. incursió f., ràtzia f., atac m. 2 agafada f. [de la policia].

raid (to) [reid] t.-i. fer una incursió, atacar per sorpresa.

rail [reil] s. barana f., passamà m. 2 tanca f., closa f. 3 FERROC. carril m., rail m., via f. ‖ *by ~*, per ferrocarril.

rail (to) [reil] *t.* encerclar amb una tanca. 2 posar una barana. ■ *3 i. to ~ at*, protestar contra, queixar-se *p.* de.

railing ['reiliŋ] *s.* barana *f.*, passamà *m.*; barrera *f.*

raillery ['reiləri] *s.* liter. facècia *f.*, broma *f.*

railway ['reilwei], (EUA) **railroad** ['reilroud] *s.* ferrocarril *m.*, via *f.* fèrria.

rain [rein] *s.* pluja *f.* [també fig.].

rain (to) [rein] *i.-impers.-t.* ploure. ‖ *to ~ cats and dogs*, ploure a bots i barrals.

rainbow ['reinbou] *s.* arc *m.* de sant Martí, arc *m.* iris.

raincoat ['reinkout] *s.* impermeable *m.*

raindrop ['reindrɔp] *s.* gota *f.* de pluja.

rainfall ['reinfɔːl] *s.* xàfec *m.*, ruixat *m.* 2 pluviositat *f.*

rainstorm ['reinstɔːm] *s.* aiguat *m.*, tempesta *f.*

rainy ['reini] *a.* plujós, de pluja.

raise [reiz] *s.* augment *m.*, puja *f.* [de preus, de salaris, etc.].

raise (to) [reiz] *t.* aixecar, alçar. 2 elevar, apujar, augmentar. 3 erigir, alçar [un monument, una estàtua, etc.]. 4 provocar, produir, suscitar. 5 promoure, presentar, plantejar [una objecció, protesta, etc.]. 6 conrear, cultivar [plantes]; fer cria, criar [animals]. 7 criar, pujar [una família]. 8 aconseguir, obtenir, reunir. 9 aixecar [un setge, una pena, etc.].

raisin ['reizn] *s.* pansa *f.*

raja(h ['rɑːdʒə] *s.* rajà *m.*

rake [reik] *s.* AGR. rasclet *m.*, rascle *m.* 2 llibertí *m.* 3 NÀUT. inclinació *f.*

rake (to) [reik] *t.* rasclar, rastellar. 2 ramassar, aplegar. 3 furgar, burxar [el foc]. 4 fig. *to ~ in*, fer molts diners. 5 NÀUT. inclinar. ■ *6 i.* NÀUT. inclinar-se *p.*

rally ['ræli] *s.* reunió *f.*, concentració *f.*, replegament *m.* 2 recuperació *f.* millorament *m.* [salut, economia, etc.]. 3 ESPORT rally *m.*

rally (to) ['ræli] *t.* reunir, concentrar. 2 refer, reorganitzar. 3 animar. ■ *4 i.* reunir-se *p.*, concentrar-se *p.* 5 refer-se *p.* 6 reorganitzar-se *p.* 7 animar-se *p.*

ram [ræm] *s.* ZOOL. marrà *m.* 2 MIL. ariet *m.* 3 MEC. maçó *m.*, picó *m.*

ram (to) [ræm] *t.* piconar, maçonar. 2 clavar. 3 entaforar, ficar [per força]. 4 xocar *i.*, topar *i.*

ramble ['ræmbl] *s.* passeig *m.*, excursió *f.* 2 fig. divagació *f.*

ramble (to) ['ræmbl] *i.* passejar, fer una excursió. 2 fig. divagar.

rambler ['ræmblə'] *s.* excursionista.

rambling ['ræmbliŋ] *a.* tortuós, laberíntic, de distribució irregular [carrers, cases]. 2 inconnex, confús, incoherent [discurs; pensaments]. 3 BOT. enfiladís.

ramp [ræmp] *s.* rampa *f.*

rampant ['ræmpənt] *a.* exuberant [planta]. 2 violent, agressiu. 3 *to be ~*, estendre's, escampar-se [una malaltia, un vici, etc.]. 4 HERÀLD. rampant.

rampart ['ræmpɑːt] *s.* muralla *f.*, terraplè *m.* 2 fig. defensa *f.*, protecció *f.*

ramshackle ['ræm‚ʃækl] *a.* atrotinat, ruïnós.

ran [ræn] Vegeu RUN (TO).

ranch [rɑːntʃ] *s.* (EUA) ranxo *m.*, hisenda *f.*

rancher ['rɑːntʃə'] *s.* (EUA) ranxer *f.*

rancid ['rænsid] *a.* ranci.

rancour, (EUA) **rancor** ['ræŋkə] *s.* rancor *m.*, rancúnia *f.*

random ['rændəm] *s.* *at ~*, a l'atzar *m.* ‖ *2 a.* fortuït, casual.

rang [ræŋ] Vegeu RING (TO) 2.

range [reindʒ] *s.* fila *f.*, filera *f.* ‖ *~ of mountains,* serra *f.*, carena *f.* 2 esfera *f.* [d'activitat, de coneixement]. 3 camp *m.* de tir. 4 abast *m.*, distància *f.* [d'una arma]. 5 abast *m.*, extensió *f.* [de la veu, l'oïda, etc.]. 6 escala *f.*, sèrie *f.*, gamma *f.* 7 cuina *f.* econòmica. 8 (EUA) devesa *f.*

range (to) [reindʒ] *t.* alinear, afilerar, arrenglerar. 2 arreglar, ordenar, classificar. 3 recórrer [també fig.]. 4 collocar. 5 *to ~ oneself*, col·locar-se. ■ *6 i.* estendre's *p.* 7 vagar. 8 oscil·lar, variar. 9 abastar, arribar [una arma].

rank [ræŋk] *a.* pej. rematat, absolut. ‖ *a ~ injustice,* una gran injustícia. 2 pudent, ranci. 3 exuberant [vegetació]. ■ *4 s.* fila *f.*, filera *f.*, renglera *f.* 5 MIL. rang *m.*, graduació *f.*, grau *m.*

rank (to) [ræŋk] *t.* classificar, col·locar, posar. 2 alinear, arrenglerar. ■ *3 i.* figurar entre, formar part de. 4 ocupar *t.* un lloc [en una escala]. ‖ *to ~ high*, ocupar una alta posició.

rankle (to) ['ræŋkl] *i.* amargar *t.* ‖ *his failure still rankles,* el seu fracàs encara li dol.

ransack (to) ['rænsæk] *t.* escorcollar; examinar. 2 saquejar, pillar.

ransom ['rænsəm] *s.* rescat *m.* 2 REL. redempció *f.*

ransom (to) ['rænsəm] *t.* rescatar. 2 REL. redimir.

rant (to) [rænt] *t.* dir amb ampul·lositat. ■ 2 *i.* parlar amb grandiloqüència. 3 desvariar.

rap [ræp] *s.* cop *m.* sec. 2 col·loq. culpa *f.*: *to take the ~ for,* carregar amb les culpes per. 3 (EUA) col·loq. xerrada *f.,* conversa *f.*

rap (to) [ræp] *t.-i.* trucar, donar un cop. 2 (EUA) col·loq. xerrar.

rapacious [rə'peiʃəs] *a.* rapaç; àvid.

rape (to) [reip] *t.* violar, forçar.

rapid ['ræpid] *a.* ràpid. ■ 2 *s.* ràpid *m.* [d'un riu]. ■ 3 **-ly** *adv.* ràpidament.

rapidity [rə'piditi] *s.* rapidesa *f.*

rapier ['reipiə'] *s.* estoc *m.,* espasa *f.*

rapport [ræ'pɔː'] *s.* relació *f.,* harmonia *f.,* conformitat *f.* ‖ *to be in ~ with,* estar d'acord amb.

rapt [ræpt] *a.* absort, pensarós. 2 ravatat, captivat.

rapture ['ræptʃə'] *s.* rapte *m.,* embaladiment *m.,* èxtasi *m.*

rapturous ['ræptʃərəs] *a.* extàtic, embadalit.

rare [rɛə'] *a.* rar, poc freqüent, poc comú. 2 enrarit [aire]. 3 col·loq. excel·lent, molt bo. 4 CUI. poc fet [carn]. ■ 5 **-ly** *adv.* rarament, rares vegades.

rarefy ['rɛərifai] *t.* enrarir. ■ 2 *i.* enrarir-se *p.*

rarity ['rɛəriti] *s.* raresa *f.*

rascal [rɑːskəl] *s.* bergant, murri.

rase (to) [reiz] *t.* Vegeu RAZE (TO).

rash [ræʃ] *a.* irreflexiu, precipitat, imprudent, temerari. ■ 2 *s.* MED. granissada *f.,* erupció *f.* ■ 3 **-ly** *adv.* imprudentment; precipitadament.

rasp (to) [rɑːsp] *t.* llimar. 2 crispar [els nervis]. 3 *t.-i.* dir amb veu *f.* aspra. ■ 4 *i.* fer un soroll aspre.

raspberry ['rɑːzbəri] *s.* BOT. gerd *m.*

rasping ['rɑːspiŋ] *a.* aspre. 2 irritant.

rat [ræt] *s.* ZOOL. rata *f.* 2 fig. traïdor; esquirol.

ratchet ['rætʃit] *s.* MEC. cadell *m.*

rate [reit] *s.* raó *f.,* proporció *f.* 2 tant *m.* per cent. 3 tipus *m.,* [d'interès, canvi, etc.]. 4 preu *m.,* valor *m.* 5 velocitat *f.,* ritme *m.* 6 classe *f.,* categoria *f.* 7 taxa *f.,* impost *m.* 8 *at any ~,* de tota manera, en qualsevol cas.

rate (to) [reit] *t.* valorar, avaluar, estimar. 2 considerar. ■ 3 *i.* considerar *t.,* tenir *t.* per.

rather ['rɑːðə'] *adv.* bastant, força, una mica. 2 més, millor: *I would ~,* m'estimaria més, preferiria. 3 més aviat, al contrari. 4 més ben dit. ■ 5 *interj.* ja ho crec!

ratify (to) ['rætifai] *t.* ratificar.

ratio ['reiʃiou] *s.* relació *f.,* proporció *f.* 2 MAT. raó *f.*

ration ['ræʃən] *s.* ració *f.;* ranxo *m.*

ration (to) ['ræʃən] *t. to ~ (out),* racionar.

rational ['ræʃnl] *a.* racional. 2 raonable, assenyat. ■ 3 **-ly** *adv.* racionalment.

rationalize (to) ['ræʃənlaiz] *t.* racionalitzar.

rationing ['ræʃəniŋ] *s.* racionament *m.*

rattle ['rætl] *s.* tust *m.,* colpejament *m.* 2 petarrelleig *m.* 3 sotragueig *m.* 4 cascavell *m.* [de serp]. 5 sonall *m.* 6 xerric-xerrac *m.*

rattle (to) ['rætl] *t.* fer sonar, fer vibrar, fer cruixir. 2 dir ràpidament; garlar *i.* ■ 3 *i.* ressonar, vibrar, cruixir. 4 fer sotracs, sotraguejar [un cotxe, un tren, etc.].

rattlesnake ['rætlsneik] *s.* ZOOL. serpent *f.* de cascavell.

rattling ['rætliŋ] *a.* lleuger, viu: *~ pace,* pas lleuger. 2 fantàstic. ■ 3 *adv.* col·loq. molt.

raucous ['rɔːkəs] *a.* ronc, estrident.

ravage ['rævidʒ] *s.* destrossa *f.,* estrall *m.* 2 *pl.* estralls *m. pl.*

ravage (to) ['rævidʒ] *t.* devastar, destruir. 2 saquejar.

rave (to) [reiv] *i.* desvariejar. 2 bramar, enfurismar-se *p.* 3 parlar amb entusiasme.

raven ['reivn] *s.* ORN. corb *m.*

ravenous ['rævinəs] *a.* voraç. 2 famèlic, afamat.

ravine [rə'viːn] *s.* congost *m.,* gorja *f.*

raving ['reiviŋ] *s.* delirant. 2 furiós. ■ 3 *s. pl.* deliri *m. sing.,* desvariejament *m. sing.* ■ 4 *adv.* molt.

ravish (to) ['ræviʃ] *t.* extasiar, embadalir, encisar. 2 ant. violar.

raw [rɔː] *a.* cru. 2 en brut, sense refinar; en floca [cotó]. ‖ *~ flesh,* carn *f.* viva. ‖ *~ material,* materia *f.* prima. 3 cru, fred, viu [fred, vent, etc.]. 4 inexpert, principiant. 5 groller, brusc.

raw-boned ['rɔː'bound] *a.* ossut.

ray [rei] *s.* raig *m.* [de llum, energia, etc.]. 2 GEOM. radi *m.* 3 ICT. rajada *f.*

raze (to) [reiz] *t.* arrasar, assolar, devastar.

razor ['reizə'] *s.* navalla *f.* d'afaitar. 2 màquina *f.* d'afaitar elèctrica.

razor blade ['reizəbleid] s. fulla f. d'afaitar.

reach [ri:tʃ] s. abast m., extensió f. ‖ in ~ of, a l'abast de. ‖ to have long ~, tenir els braços llargs.

reach (to) [ri:tʃ] t. arribar i. [a un lloc; a tocar; a un acord; etc.]. 2 allargar, donar [un objecte]. 3 estendre, estirar. 4 localitzar, trobar. ■ 5 i. estendre's p., arribar a.

react (to) [ri(:)'ækt] i. reaccionar.

reactor [ri(:)'æktə] s. reactor m.

read (to) [ri:d] t. llegir. 2 desxifrar. 3 estudiar [a la universitat]. 4 interpretar, entendre. ■ 5 i. llegir. 6 dir t. [un text, un escrit, etc.]. 7 indicar t. [un termòmetre, un indicador, etc.]. ▲ Pret. i p. p.: *read* [red].

reader ['ri:də] s. lector. 2 IMPR. corrector.

readily ['redili] adv. de seguida. 2 de bon grat. 3 fàcilment.

readiness ['redinis] s. promptitud f., facilitat f. 2 disposició f., bona voluntat f. 3 disponibilitat f.

reading ['ri:diŋ] s. lectura f. 2 coneixements m. pl. 3 interpretació f. 4 indicació f., lectura f. [d'un termòmetre, aparell, etc.].

readjust (to) [ri:ə'dʒʌst] t. reajustar. 2 readaptar. ■ 3 i. reajustar-se p. 4 readaptar-se p.

ready ['redi] a. preparat, prompte, llest, amatent, a punt. 2 disposat. 3 viu, àgil, destre. 4 fàcil [mètode], a mà, disponible. 5 comptant, efectiu [diners].

ready-made [,redi'meid] a. fet, de confecció: ~ *clothes,* roba feta.

real [riəl] a. real, vertader. 2 sincer. 3 DRET immoble, seent [béns].

realism ['riəlizəm] s. realisme m.

realistic [riə'listik] a. realista. 2 pràctic.

reality [ri(:)'æliti] s. realitat f.

realization [,riəlai'zeiʃən] s. realització f. 2 comprensió f.

realize (to) ['riəlaiz] t. adonar-se p., (ROSS.) s'envisar p., comprendre. 2 realitzar, acomplir, dur a terme.

really ['riəli] adv. realment, de debò, (BAL.) (VAL.) de veres, (ROSS.) sensat.

realm [relm] s. regne m. 2 fig. camp m., domini m., món m.

reap (to) [ri:p] t. segar. 2 collir, recollir.

reaper ['ri:pə] s. segador. 2 segadora f. [màquina].

reaping ['ri:piŋ] s. sega f.

reappear (to) [,ri:ə'piə] i. reaparèixer.

rear [riə] a. del darrera, posterior, de cua. ■ 2 s. part f. del darrera, cua f., fons m. [d'una habitació], cua [d'una fila].

rear (to) [riə] t. aixecar, alçar, erigir. 2 criar, educar, pujar. ■ 3 i. arborar-se p. [un cavall].

rear-admiral [,riər'ædmirəl] s. MIL. contraalmirall.

rearguard ['riəgɑ:d] s. MIL. reraguarda f.

reason ['ri:zn] s. raó f. ‖ by ~ of, a causa de. ‖ it stands to ~, és raonable, és evident.

reason (to) ['ri:zn] i. raonar. 2 discutir amb, raonar amb. ■ 3 t. convèncer amb raons. 4 raonar.

reasonable ['ri:zənəbl] a. raonable. 2 racional.

reasoning [ri:z(ə)niŋ] s. raonament m.

reassurance [,ri:ə'ʃuərəns] s. confiança f., seguretat f.

reassure (to) [,ri:ə'ʃuə] t. tranquil·litzar.

rebel ['rebl] a.-s. rebel.

rebel (to) [ri'bel] i. rebel·lar-se p. (against, contra).

rebelion [ri'beljən] s. rebel·lió f., sublevació f.

rebound [ri'baund] s. rebot m., retop m. [també fig.]. ‖ on the ~, de rebot, de retop.

rebound (to) [ri'baund] i. rebotar, rebotre. 2 fig. repercutir, afectar.

rebuff [ri'bʌf] s. rebuf m., miquel m., menyspreu m.

rebuff (to) [ri'bʌf] t. donar un rebuf o un miquel, menysprear.

rebuild (to) [ri:'bild] t. reconstruir.

rebuke [ri'bju:k] s. reprensió f., censura f.

rebuke (to) [ri'bju:k] t. reprendre, renyar, censurar.

recalcitrant [ri'kælsitrənt] a. recalcitrant, obstinat, tossut.

recall [ri'kɔ:l] s. crida f. [per fer tornar algú]. 2 anul·lació f., revocació f. 3 record m.

recall (to) [ri'kɔ:l] t. cridar, fer tornar. 2 recordar(se). 3 anul·lar, revocar.

recant (to) [ri'kænt] t. retractar. ■ 2 i. retractar-se p.

recapitulate (to) [,ri:kə'pitjuleit] t.-i. recapitular t., resumir t.

recede (to) [ri'si:d] i. retrocedir. 2 retirar-se p., allunyar-se p.

receipt [ri'si:t] s. recepció f., rebuda f. 2 rebut m. 3 pl. COM. entrada f. sing., ingressos m. pl.

receive (to) [ri'si:v] *t.* rebre. 2 acceptar, admetre. 3 cobrar. 4 encobrir [objectes robats].

receiver [ri'si:vər] *s.* receptor. 2 destinatari. 3 síndic. 4 encobridor [d'objectes robats]. 5 TECNOL. receptor *m.;* auricular *m.*

recent ['ri:snt] *a.* recent, nou. ■ 2 -**ly** *adv.* recentment.

receptacle [ri'septəkl] *s.* receptacle *m.,* recipient *m.*

reception [ri'sepʃən] *s.* recepció *f.,* rebuda *f.* 2 acolliment *m.;* acceptació *f.*

receptionist [ri'sepʃənist] *s.* recepcionista.

recess [ri'ses] *s.* descans *m.,* pausa *f.;* suspensió *f.* 2 buit *m.;* alcova *f.,* nínxol *m.* 3 recer *m.* 4 fig. racó *m.*

recipe ['resipi] *s.* recepta *f.*

recipient [ri'sipiənt] *s.* receptor *m.*

reciprocal [ri'siprəkəl] *a.* recíproc, mutu. ■ 2 -**ly** *adv.* recíprocament, mútuament.

reciprocate (to) [ri'siprəkeit] *t.* reciprocar. 2 tornar, correspondre a [un favor, etc.]. ■ 3 *i.* ser recíproc. 4 MEC. oscil·lar, tenir un moviment alternatiu.

recital [ri'sait] *s.* relació *f.,* narració *f.* 2 MÚS. recital *m.*

recite (to) [ri'sait] *t.-i.* recitar. 2 fer una relació.

reckless ['reklis] *a.* temerari, imprudent; inconscient, irreflexiu.

reckon (to) ['rekən] *t.* calcular, comptar. 2 considerar. 3 suposar, pensar. ■ 4 *i. to* ~ *on* o *upon,* comptar amb. 5 fer càlculs, fer comptes.

reckoning ['rekənin] *s.* compte *m.,* còmput *m.,* càlcul *m.* 2 compte *m.,* nota *f.,* factura *f.*

reclaim (to) [ri'kleim] *t.* fer cultivable o utilitzable [un terreny], guanyar terreny [al mar]. 2 reformar, regenerar. 3 reclamar.

recline (to) [ri'klain] *t.* reclinar, recolzar, jeure. ■ 2 *i.* recolzar-se *p.,* jeure's *p.*

recluse [ri'klu:s] *a.* solitari, retirat. ■ 2 *s.* anacoreta, eremita, persona *f.* retirada del món.

recognize (to) ['rekəgnaiz] *t.* reconèixer [no té el sentit d'examinar].

recoil [ri'kɔil] *s.* retrocés *m.,* reculada *f.* 2 ARM. retrocés *m.*

recoil (to) [ri'kɔil] *i.* retrocedir, recular. 2 ARM. tenir retrocés.

recollect (to) [rekə'lekt] *t.* recordar. ■ 2 *i.* recordar-se *p.*

recollection [rekə'lekʃən] *s.* record *m.,* memòria *f.*

recommend (to) [rekə'mend] *t.* recomanar.

recommendation [rekəmen'deiʃən] *s.* recomanació *f.* 2 consell *m.*

recompense ['rekəmpens] *s.* recompensa *f.* 2 compensació *f.*

recompense (to) ['rekəmpens] *t.* recompensar. 2 compensar.

reconcile (to) ['rekənsail] *t.* reconciliar. 2 conciliar, fer compatible. 3 *to* ~ *oneself to,* resignar-se a, conformar-se a.

reconciliation [rekənsili'eiʃən] *s.* reconciliació *f.* 2 conciliació *f.*

reconnaissance [ri'kɔnisəns] *s.* MIL. reconeixement *m.*

reconnoitre (to) [rekə'nɔitə'] *t.* MIL. reconèixer. ■ 2 *i.* MIL. fer un reconeixement.

reconsider (to) [ri:kən'sidə'] *t.* repensar, tornar a estudiar, a examinar.

reconstruct (to) [ri:kəns'trʌkt] *t.* reconstruir.

record ['rekɔ:d] *s.* registre *m.,* relació *f.,* document *m.* 2 acta *f.,* escriptura *f.* 3 full *m.* de serveis, historial *m.;* currículum *m.* 4 antecedents *m.* pl. 5 disc *m.* [enregistrat]. 6 *pl.* arxius *m.* pl. 7 ESPORT rècord *m.,* marca *f.*

record (to) [ri'kɔ:d] *t.* registrar, inscriure. 2 gravar, enregistrar. 3 indicar, marcar [un indicador, un termòmetre, etc.].

recorder [ri'kɔ:də'] *s.* registrador. 2 arxiver. 3 MEC. indicador *m.,* comptador *m.* 4 MÚS. flauta *f.* dolça.

recount (to) [ri'kaunt] *t.* contar, explicar. 2 tornar a comptar, recomptar.

recourse [ri'kɔ:s] *s.* recurs *m.* ‖ *to have* ~ *to,* recórrer a.

recover (to) [ri'kʌvə'] *t.* recobrar, recuperar. 2 refer-se *p.* 3 rescatar. 4 *to* ~ *oneself,* refer-se, recobrar-se, recuperar l'equilibri. ■ 5 *i.* refer-se *p.,* recuperar-se *p.*

recovery [ri'kʌvəri] *s.* recuperació *f.,* recobrament *m.* 2 restabliment *m.,* convalescència *f.*

re-create (to) [ri:kri'eit] *t.* recrear, tornar a crear.

recreate (to) ['rekrieit] *t.* recrear, divertir. ■ 2 *i.* recrear-se *p.*

recreation [rekri'eiʃən] *s.* recreació *f.,* esbarjo *m.*

recriminate (to) [ri'krimineit] *i.* recriminar *t.*

recruit [ri'kru:t] s. recluta m.

recruit (to) [ri'kru:t] t. reclutar.

rectangle ['rek.tæŋgl] s. GEOM. rectangle m.

rectify (to) ['rektifai] t. rectificar, corregir, esmenar. 2 QUÍM. rectificar.

rectitude ['rektitju:d] s. rectitud f.

rector ['rektə'] s. rector.

rectory ['rektəri] s. rectoria f.

recumbent [ri'kʌmbənt] a. estirat, ajagut; jacent.

recuperate (to) [rik'ju:pəreit] t. recuperar, recobrar. ■ 2 i. refer-se p., recobrar-se p.

recur (to) [ri'kə:'] i. repetir-se p. 2 tornar [a la memòria, al cap, etc.]. 3 repetir t., recordar t.

recurrence [ri'kʌrəns] s. recurrència f., repetició f.

recurrent [ri'kʌrənt] a. recurrent; periòdic.

red [red] a. vermell, (OCC.) (VAL.) roig. ‖ ~ corpuscle, glòbul m. roig; ~ wine, vi m. negre. 2 enrojolat, encès. ‖ to turn ~, posar-se vermell, encendre's. 3 POL. roig. ■ 4 s. vermell m., roig m. [colors]. 5 POL. roig.

redcurrant [,red'kʌrənt] s. riba f. vermella, grosella f.

redden (to) ['redn] t. envermellir, enrogir. ■ 2 i. enrogir-se p. 3 posar-se p. vermell, enrojolar-se p., encendre's p.

redeem (to) [ri'di:m] t. redimir. 2 complir [una promesa, una obligació, etc.]. 3 compensar. 4 rescatar.

Redeemer [ri'di:mə'] s. REL. the ~, el Redemptor m.

redemption [ri'dempʃən] s. redempció f.

red-hot [,red'hɔt] a. roent, candent. 2 aferrissat, entusiasta. 3 fresc, recent [notícies].

red-light [,red'lait] a. ~ district, barri m. xinès.

redness [rednis] s. vermellor f., rojor f.

redolent ['redoulənt] a. fragant, olorós; que fa olor a. 2 que recorda a, que fa pensar en.

redouble (to) [ri'dʌbl] t. redoblar. ■ 2 i. redoblar-se p.

redoubtable [ri'dautəbl] a. liter. terrible, formidable.

redress [ri'dres] s. reparació f., compensació f., satisfacció f. 2 correcció f.

redress (to) [ri'dres] t. rectificar, reparar. 2 compensar, desgreujar.

Red Sea ['red'si:] s. GEOGR. Mar Roig.

redskin ['redskin] s. pell-roja.

red tape [,red'teip] s. paperassa f., burocràcia f.

reduce (to) [ri'dju:s] t. reduir. 2 rebaixar. 3 diluir. 4 MIL. degradar. ■ 5 i. disminuir. 6 col·loq. aprimar-se p.

reduction [ri'dʌkʃən] s. reducció f.

redundancy [ri'dʌndənsi] s. redundància f.

reduplicate (to) [ri'dju:plikeit] t. reduplicar.

reed [ri:d] s. BOT. canya f., canyís m., jonc m. 2 canya f. [material]. 3 MÚS. llengüeta f. 4 pl. MÚS. instruments m. pl. de vent.

reef [ri:f] s. escull m., baix m. 2 NÀUT. ris m.

reek [ri:k] s. pudor f., mala olor f.

reek (to) [ri:k] i. fumejar. 2 to ~ of, fer pudor a, pudir.

reel [ri:l] s. rodet m., debanador m., bobina f. 2 tentina f., vacil·lació f. 3 CINEM. rotlle m. [de pel·lícula].

reel (to) [ri:l] t. debanar, bobinar, enrotllar. ■ 2 i. fer tentines, vacil·lar. 3 tremolar.

refer (to) [ri'fə:'] t. remetre. 2 fer referència a. ■ 3 i. referir-se p. 4 remetre's p. 5 aludir a. 6 recórrer a.

referee [,refə'ri:] s. àrbitre; jutge.

reference ['refrəns] s. referència f., al·lusió f., esment m. 2 relació f. 3 pl. referències f. pl. ■ 4 a. de consulta: ~ book, llibre de consulta.

refine (to) [ri'fain] t. refinar. 2 polir, perfeccionar. ■ 3 i. refinar-se p., polir-se p. perfeccionar-se p. 4 subtilitzar.

refined [ri'faind] a. refinat. 2 polit. 3 fi, culte.

refinement [ri'fainmənt] s. refinament m. 2 finesa f., urbanitat f. 3 refinació f., purificació f. 4 subtilesa f.

reflect (to) [ri'flekt] t. reflectir(se). 2 considerar. ■ 3 i. reflectir-se p. 4 reflexionar.

reflection [ri'flekʃən] s. reflexió f., reflex m. 2 imatge m. 3 reflexió f., consideració f. 4 crítica f., retret m.

reflex [ri:fleks] a. reflex. ■ 2 s. reflex m.

reform [ri'fɔ:m] s. reforma f.

reform (to) [ri'fɔ:m] t. reformar, millorar, esmenar. ■ 2 i. reformar-se p., corregir-se p.

reformation [,refə'meiʃən] s. reforma f.

reformer [ri'fɔ:mə'] s. reformador.

refraction [ri'frækʃən] s. refracció f.

refractory [ri'fræktəri] a. refractari. 2 tossut, obstinat.

refrain [ri'frein] *s.* tornada *f.* [d'una cançó].

refrain (to) [ri'frein] *i.* *to ~ (from),* estar-se *p.* de, abstenir-se *p.* de.

refresh (to) [ri'freʃ] *t.* refrescar. 2 recuperar [forces]; descansar. 3 *to ~ oneself,* refer-se, recobrar-se.

refreshment [ri'freʃmənt] *s.* refresc *m.,* refrigeri *m.*

refrigerate (to) [ri'fridʒəreit] *t.* refrigerar.

refrigerator [ri'fridʒəreitə'] *s.* refrigerador *m.,* nevera *f.,* frigorífic *m.*

refuge ['refju:dʒ] *s.* refugi *m.,* protecció *f.,* recer *m.,* aixopluc *m.* [també fig.].

refugee [ˌrefju(:)'dʒi:] *s.* refugiat.

refund (to) [ri:'fʌnd] *t.* reemborsar, reingressar, tornar.

refusal [ri'fju:zəl] *s.* refús *m.,* rebuig *m.,* negativa *f.* 2 opció *f.*

refuse ['refju:s] *s.* escombraries *f. pl.,* (BAL.) (VAL.) fems *m. pl.,* deixalles *f. pl.*

refuse (to) [ri'fju:z] *t.* refusar, rebutjar, denegar, negar. 2 negar-se *p.* a.

refute (to) [ri'fju:t] *t.* refutar, impugnar, rebatre.

regain (to) [ri'gein] *t.* recobrar, recuperar.

regal ['ri:gəl] *a.* reial, regi.

regale (to) [ri'geil] *t.* regalar, obsequiar, afalagar, delectar. 2 *to ~ oneself,* regalar-se, obsequiar-se, delectar-se.

regard [ri'gɑ:d] *s.* consideració *f.,* contemplació *f.,* cas *m.* || *without ~ to,* sense fer cas de. 2 afecció *f.,* respecte *m.,* consideració *f.* 3 *with ~ to,* pel que fa a, respecte a, quant a. 4 ant. esguard *m.,* mirada *f.* 5 *pl.* records *m. pl.*

regard (to) [rigɑ:d] *t.* considerar, creure. 2 *as regards,* pel que fa a, quant a. 3 fer cas. 4 ant. mirar, esguardar.

regarding [ri'gɑ:diŋ] *prep.* pel que fa a, quant a.

regenerate (to) [ri'dʒenəreit] *t.* regenerar. ■ 2 *i.* regenerar-se *p.*

regent ['ri:dʒənt] *a.-s.* regent.

regicide ['redʒisaid] *s.* regicidi *m.* 2 regicida.

regime [rei'ʒi:m] *s.* règim *m.*

regiment ['redʒimənt] *s.* MIL. regiment *m.*

region ['ri:dʒən] *s.* regió *f.*

register ['redʒistə'] *s.* registre *m.* 2 MEC. indicador *m.*

register (to) ['redʒistə'] *t.* registrar, enregistrar. 2 inscriure, matricular. 3 indicar, marcar. 4 mostrar, palesar. 5 certificar [una carta]. 6 facturar [l'equipatge]. ■ 7 *i.* inscriure's *p.,* matricular-se *p.*

registrar [ˌredʒis'trɑ:'] *s.* registrador, arxiver, secretari.

registration [ˌredʒis'treiʃən] *s.* registre *m.;* inscripció *f.,* matrícula *f.* 2 facturació *f.* [d'equipatge].

registry ['redʒistri] *s.* registre *m.* [inscripció; oficina]. 2 matrícula *f.*

regnant ['regnənt] *a.* regnant.

regression [ri'greʃən] *s.* regressió *f.*

regret [ri'gret] *s.* pesar *m.,* sentiment *m.,* recança *f.* 2 pendiment *m.* 3 *pl.* excuses *f. pl.*

regret (to) [ri'gret] *i.* sentir, lamentar, saber greu. 2 penedir-se *p.* de.

regretful [ri'gretful] *a.* pesarós; penedit. ■ 2 -ly *adv.* amb pena.

regrettable [ri'gretəble] *a.* sensible, lamentable.

regular ['regjulə'] *a.* regular. 2 sistemàtic, metòdic. 3 habitual. 4 normal, corrent.

regulate (to) ['regjuleit] *t.* regular. 2 reglamentar. 3 ajustar, arreglar.

regulation [ˌregju'leiʃən] *s.* regulació *f.* 2 reglament *m.,* reglamentació *f.,* regla *f.* ■ 2 *a.* reglamentari, de reglament.

rehash (to) [ri:'hæʃ] *t.* refondre.

rehearsal [ri'hə:səl] *s.* repetició *f.,* enumeració *f.* 2 TEAT., MÚS. assaig *m.*

rehearse (to) [ri'hə:s] *t.* TEAT., MÚS. assajar. 2 repetir, repassar.

reign [rein] *s.* regnat *m.* [també fig.].

reign (to) [rein] *i.* regnar [també fig.].

reimburse (to) [ˌri:im'bə:s] *t.* reemborsar. 2 indemnitzar.

rein [rein] *s.* regna *f.,* brida *f.* [també fig.].

reindeer ['reindiə'] *s.* ZOOL. ren *m.* ▲ *pl.* reindeer.

reinforce (to) [ˌri:in'fɔ:s] *t.* reforçar.

reinforced concrete [ˌri:in'fɔ:st'kɔnkri:t] *s.* ciment *m.* armat.

reinforcement [ˌri:in'fɔ:smənt] *s.* reforçament *m.* 2 *pl.* reforços *m. pl.*

reinsate (to) [ˌri:in'steit] *t.* reposar [en un càrrec]. 2 restablir. 3 reintegrar. 4 rehabilitar.

reiterate (to) [ri:'itəreit] *t.* reiterar, repetir.

reject [ri'dʒekt] *s.* rebuig *m.,* deixalla *f.,* article *m.* defectuós.

reject (to) [ri'dʒekt] *t.* rebutjar. 2 denegar. 3 descartar, desestimar. 4 repel·lir.

rejection [ri'dʒekʃən] *s.* rebuig *m.* 2 denegació *f.*

rejoice (to) [ri'dʒɔis] *t.* alegrar, complaure. ■ 2 *i.* alegrar-se *p.*, complaure's *p.*

rejoicing [ri'dʒɔisiŋ] *s.* alegria *f.*, satisfacció *f.* 2 *pl.* festes *f. pl.*, celebracions *f. pl.*

rejoin (to) [ri'dʒɔin] *t.* reunir-se *p.* amb, tornar a, ajuntar-se *p.* amb.

rejoinder [ri'dʒɔində'] *s.* resposta *f.*, rèplica *f.*

rejuvenate (to) [ri'dʒuːvineit] *t.-i.* rejovenir.

relaid Vegeu RELAY (TO) 2.

relapse [ri'læps] *s.* recaiguda *f.* 2 reincidència *f.*

relapse (to) [ri'læps] *i.* recaure. 2 reincidir.

relate (to) [ri'leit] *t.* form. relatar, referir, contar. 2 *to ~ with/to,* relacionar amb. ■ 3 *i. to ~ to,* relacionar-se *p.* amb, fer referència a.

related [ri'leitid] *a.* relacionat, connex. 2 afí. 3 emparentat.

relation [ri'leiʃən] *s.* relació *f.*, narració *f.* 2 relació *f.*, connexió *f.* ‖ *in ~ to,* respecte a, en relació amb. 3 parentiu *m.* 4 parent.

relationship [ri'leiʃənʃip] *s.* relació *f.* [entre coses o persones]. 2 parentiu *m.*

relative ['relətiv] *a.* relatiu. ■ 2 *s.* parent, familiar *m.* ■ 3 **-ly** *adv.* relativament.

relax (to) [ri'læks] *t.* relaxar, afluixar. 2 suavitzar, moderar. ■ 3 *i.* relaxar-se *p.*, afluixar-se *p.* 4 suavitzar-se *p.* 5 descansar.

relaxation [riːlæk'seiʃən] *s.* relaxació *f.*, afluixament *m.* 2 descans *m.*, solaç *m.*, esbargiment *m.*

relay ['riːlei] *s.* relleu *m.* 2 TECNOL. repetidor *m.*

1) relay (to) [ri'lei] *t.* retransmetre. ▲ Pret. i p. p.: *relayed* [ri'leid].

2) relay (to) [riː'lei] *t.* tornar a, posar, tornar a col·locar. ▲ Pret. i p. p.: *relaid* [riː'leid].

release [ri'liːs] *s.* alliberament *m.*, escarceració *f.* 2 llibertat *f.* 3 emissió *f.*, llançament *m.* 4 descàrrec *m.*, absolució *f.*

release (to) [ri'liːs] *t.* alliberar, deixar anar. 2 descarregar, afluixar. 3 emetre, llançar. 4 DRET cedir.

relegate (to) ['religeit] *t.* relegar (*to*, a).

relent (to) [ri'lent] *i.* cedir, entendrir-se *p.*

relentless [ri'lentlis] *a.* implacable, inexorable.

relevant ['relivənt] *a.* pertinent, aplicable, que fa al cas.

reliable [ri'laiəbl] *a.* de confiança, seriós, segur. 2 fidedigne.

reliance [ri'laiəns] *s.* confiança *f.*

relic ['relik] *s.* relíquia *f.* 2 *pl.* rastres *m. pl.*, vestigis *m. pl.*

relief [ri'liːf] *s.* ajuda *f.*, auxili *m.*, socors *m.;* almoina *f.* 2 alleujament *m.* 3 consol *m.* 4 descans *m.*, solaç *m.* 5 ART relleu *m.*, realçament *m.* 6 MIL. relleu *m.*

relieve (to) [ri'liːv] *t.* alleujar, alleugerir. 2 reconfortar, consolar. 3 esbravar. 4 auxiliar, socórrer. 5 realçar, fer realçar. 6 MIL. rellevar.

religion [ri'lidʒən] *s.* religió *f.*

religious [ri'lidʒəs] *a.* religiós. 2 devot. 3 escrupulós. ■ 4 *s.* religiós.

relinquish (to) [ri'liŋkwiʃ] *t.* abandonar, deixar. 2 renunciar a, desistir de. 3 cedir.

relish ['reliʃ] *s.* gust *m.*, sabor *m.* 2 gust *m.*, afecció *f.* 3 apetència *f.* 4 condiment *m.*

relish (to) ['reliʃ] *t.* assaborir, paladejar. 2 agradar.

reluctance [ri'lʌktəns] *s.* desgana *f.*, repugnància *f.* ‖ *with ~,* a contracor, de mala gana.

reluctant [ri'lʌktənt] *a.* refractari, remitent, poc disposat.

rely (to) [ri'lai] *i. to ~ on* o *upon,* confiar en, comptar amb, fiar-se *p.* de, refiar-se *p.* de.

remain (to) [ri'mein] *i.* quedar, sobrar, restar. 2 quedar-se *p.*, romandre, continuar.

remainder [ri'meində'] *s.* resta *f.*, romanent *m.* 2 MAT. resta *f.*, residu *m.*

remains [ri'meinz] *s. pl.* restes *f. pl.*, ruïnes *f. pl.* 2 restes *f. pl.* mortals, despulles *f. pl.*

remark [ri'maːk] *s.* observació *f.*, comentari *m.*

remark (to) [ri'maːk] *t.* observar, comentar. 2 ant. observar, notar. ■ 3 *i.* fer una observació, fer un comentari, comentar *t.*

remarkable [ri'maːkəbl] *a.* notable, extraordinari.

remedy ['remidi] *s.* remei *m.*

remedy (to) ['remidi] *t.* remeiar.

remember (to) [ri'membə'] *t.* recordar, recordar-se *p.* de. 2 donar records. ■ 3 *i.* recordar *t.*, recordar-se *p.* de.

remind (to) [ri'maind] *t. to ~ of,* recordar, fer pensar.

reminder [ri'maində'] *s.* recordatori *m.*

reminiscent [remi'nisnt] *a.* evocador. 2 suggeridor. 3 ple de records.

remiss [ri'mis] a. negligent, descurat.

remission [ri'miʃən] s. remissió f.

remit (to) [ri'mit] t. remetre.

remittance [ri'mitəns] s. gir m. [de diners].

remnant ['remnənt] s. romanent m., resta f., residu m. 2 vestigi m. 3 retall m. [de roba].

remonstrate (to) [ri'mɔnstreit] i. protestar. 2 fer retrets, renyar t.

remorse [ri'mɔːs] s. remordiment m. 2 pietat f.: *without* ~, sense pietat.

remorseful [ri'mɔːsful] a. penedit, compungit.

remorseless [ri'mɔːslis] a. implacable, cruel.

remote [ri'mout] a. remot, distant, llunyà. 2 estrany, aliè. ■ 3 **-ly** adv. remotament.

removal [ri'muːvəl] s. acció de treure o emportar-se. 2 trasllat m. 3 mudança f. 4 eliminació f., supressió f. 5 allunyament m. 6 destitució f.

remove (to) [ri'muːv] t. treure, (VAL.) traure. 2 eliminar, suprimir. 3 traslladar. 4 destituir, acomiadar. 5 *removed from,* allunyat de. ■ 6 i. mudar-se p., traslladar-se p.

remunerate (to) [ri'mjuːnəreit] t. remunerar.

remunerative [ri'mjuːnərətiv], (EUA) [ri'mjuːnəreitəv] a. remunerador.

Renaissance [ri'neisəns], (EUA) ['renəsɑːns] s. Renaixement m. 2 Renaixença f.

rend (to) [rend] t. liter. tallar, esquinçar, trencar. 2 dividir, desunir, separar. 3 arrencar. ▲ Pret. i p. p.: *rent* [rent].

render (to) ['rendə'] t. donar, lliurar. 2 retre. 3 tornar. 4 prestar, donar [ajuda, assistència, etc.]. 5 fer: *to* ~ *useless,* fer inútil. 6 traduir. 7 MÚS.,TEAT. interpretar.

rendezvous ['rɔndivuː] s. cita f. 2 lloc m. de reunió, lloc m. de cita.

renegade ['renigeid] a.-s. renegat.

renew (to) [ri'njuː] t. renovar. 2 reprendre. ■ 2 i. renovar-se p.

renewal [ri'njuː(ə)l] s. renovació f. 2 represa f.

renounce (to) [ri'nauns] t. renunciar. 2 renegar. 3 repudiar, rebutjar.

renovate (to) ['renouveit] t. renovar, restaurar.

renown [ri'naun] s. renom m., anomenada f.

renowned [ri'naund] a. conegut, famós.

rent [rent] Vegeu REND (TO). ■ 2 s. lloguer m., arrendament m. 3 estrip m., (BAL.) esqueix m., (VAL.) trencat m.; esquerda f. 4 fig. cisma f., escissió f.

rent (to) [rent] t. llogar. ■ 2 i. llogar-se p.

renunciation [ri,nʌnsi'eiʃən] s. renúncia f.

reorganize (to) [riː'ɔːgənaiz] t. reorganitzar. ■ 2 i. reorganitzar-se p. *repaid* [ri'peid] Vegeu REPAY (TO).

repair [ri'peə'] s. reparació f., restauració f., pedaç m., reforma f. 2 estat m.: *in good* ~, en bon estat.

repair (to) [ri'peə'] t. reparar, adobar. 2 reformar. 3 remeiar, reparar. ■ 4 i. form. *to* ~ *to,* acudir a, anar a [esp. molta gent].

reparation [,repə'reiʃən] s. reparació f., compensació f., satisfacció f. 2 pl. indemnitzacions f. pl.

repartee [,repɑː'tiː] s. rèplica f. [ràpida].

repast [ri'pɑːst] s. form. àpat m.

repay (to) [riː'pei] t. tornar, reembossar. 2 pagar, correspondre a. 3 compensar. ▲ Pret. i p. p.: *repaid* [ri'peid].

repayment [riː'peimənt] s. pagament m., reembossament m. 2 devolució f.

repeal [ri'piːl] s. abrogació f., revocació f.

repeal (to) [ri'piːl] t. abrogar, revocar.

repeat (to) [ri'piːt] t. repetir. 2 reiterar. 3 recitar. 4 *to* ~ *oneself,* tornar a dir o fer. ■ 5 i. repetir-se p. 6 tornar a la boca [el menjar].

repeatedly [ri'piːtidli] adv. repetidament.

repel (to) [ri'pel] t. repel·lir, rebutjar. 2 repugnar.

repellent [ri'pelənt] a. repel·lent, repulsiu.

repent (to) [ri'pent] i. penedir-se p. ■ 2 t. penedir-se p. de.

repentance [ri'pentəns] s. penediment m.

repentant [ri'pentənt] a. penedit.

repercussion [,riːpəː'kʌʃən] s. repercussió f. [també fig.].

repetition [,repi'tiʃən] s. repetició f. 2 recitació f. 3 reproducció f.

replace (to) [ri'pleis] t. reposar, tornar. 2 reemplaçar, substituir. 2 canviar [una peça].

replacement [ri'pleismənt] s. reposició f., devolució f. 2 reemplaçament m., substitució f. 3 devolució f. 4 recanvi m. [peça].

replenish (to) [ri'pleniʃ] *t.* omplir; reomplir. 2 renovar.

reply [ri'plai] *s.* resposta *f.*, contestació *f.*

reply (to) [ri'plai] *t.-i.* repondre, contestar. 2 DRET replicar.

report [ri'pɔːt] *s.* informe *m.*, memòria *f.* 2 crònica *f.*, informació *f.*, notícia *f.* 3 narració *f.*, relat *m.*, relació *f.* 4 nota *f.*, comunicació *f.* 5 rumor *m.*; xafarderia *f.* 6 detonació *f.*, tret *m.* 7 form. reputació *f.*, fama *f.*

report (to) [ri'pɔːt] *t.* relatar, contar. 2 donar part; comunicar, informar de. 3 denunciar. 4 prendre nota de; fer una ressenya de. ■ 5 *i.* presentar-se *p.* [en un lloc]. 6 fer un informe.

reporter [ri'pɔːtə'] *s.* repòrter.

repose [ri'pouz] *s.* repòs *m.*

repose (to) [ri'pouz] *t.* descansar, reposar. 2 recolzar. 3 donar, posar [confiança, etc.]. ■ 4 *i.* recolzar-se *p.* 5 descansar, reposar. 6 basar-se *p.* en.

reposeful [ri'pouzful] *a.* assossegat, tranquil.

reprehend (to) [.repri'hend] *t.* reprendre, renyar, censurar.

represent (to) [.repri'zent] *t.* representar. 2 explicar. 3 presentar(se).

representation [.reprizen'teiʃən] *s.* representació *f.* 2 súplica *f.*, protesta *f.*, petició *f.*

representative [.repri'zentətiv] *a.* representatiu. 2 típic. ■ 3 *s.* representant; delegat. 4 DRET apoderat.

repress (to) [ri'pres] *t.* reprimir, contenir, dominar, ofegar.

repression [ri'preʃən] *s.* repressió *f.*

reprieve [ri'priːv] *s.* suspensió *f.*, ajornament *m.* [d'una execució]; indult *m.* 2 fig. respir *m.*, treva *f.*, descans *m.*

reprieve (to) [ri'priːv] *t.* suspendre una execució, indultar.

reprimand ['reprimaːnd] *s.* reprensió *f.*, reprimenda *f.*

reprimand (to) ['reprimaːnd] *t.* reprendre, renyar.

reprint [.riː'print] *s.* reimpressió *f.* 2 tirada *f.* a part.

reprisal [ri'praizəl] *s.* represàlia *f.*

reproach [ri'proutʃ] *s.* reprotxe *m.*, censura *f.* 2 tatxa *f.*, oprobi *m.*

reproach (to) [ri'proutʃ] *t.* reprotxar, retreure. 2 reprendre, renyar.

reprobate ['reproubeit] *a.-s.* depravat, viciós.

reproduce (to) [.riːprə'djuːs] *t.* reproduir. ■ 2 *i.* reproduir-se *p.*

reproduction [.riːprə'dʌkʃən] *s.* reproducció *f.*

reproof [ri'pruːf], **reproval** [ri'pruːvəl] *s.* reprovació *f.* 2 reprensió *f.*

reprove (to) [ri'pruːv] *t.* reprovar. 2 reprendre, renyar.

reptile ['reptail] *m.* ZOOL. rèptil.

republic [ri'pʌblik] *s.* república *f.*

repudiate (to) [ri'pjuːdieit] *t.* repudiar. 2 rebutjar, negar(se).

repugnance [ri'pʌgnəns] *s.* repugnància *f.*

repugnant [ri'pʌgnənt] *a.* repugnant. 2 incompatible.

repulse [ri'pʌls] *s.* FIS. repulsió *f.* [també fig.].

repulse (to) [ri'pʌls] *t.* repel·lir. 2 rebutjar, refusar. 3 desatendre, desdenyar, desanimar.

repulsive [ri'pʌlsiv] *a.* repulsiu.

reputable ['repjutəbl] *a.* respectat, acreditat. 2 honrat.

reputation [.repju(ː)'teiəən] *s.* reputació *f.*, fama *f.* 2 bona fama *f.*, bon nom *m.*

repute [ri'pjuːt] *s.* fama *f.*, reputació *f.* ‖ *of ill* ~, de mala fama. 2 bona fama *f.*, bona reputació *f.*

repute (to) [ri'pjuːt] *t.* tenir fama de, reputar.

reputedly [ri'pjuːtidli] *adv.* segons que diuen, diuen que.

request [ri'kwest] *s.* petició *f.*, sol·licitud *f.*, prec *m.*, demanda *f.* ‖ *at the* ~ *of*, a instàncies de. ‖ *in* ~, sol·licitat.

request (to) [ri'kwest] *t.* demanar, sol·licitar, pregar.

require (to) [ri'kwaiə'] *t.* requerir, demanar. 2 necessitar, exigir. 3 demanar, voler.

requirement [ri'kwaiəmənt] *s.* requisit *m.*, condició *f.* 2 exigència *f.*, necessitat *f.*

requisite ['rekwizit] *a.* precís, necessari, imprescindible. ■ 2 *s.* requisit *m.*

rescind (to) [ri'sind] *t.* rescindir, anul·lar.

rescue ['reskjuː] *s.* rescat *m.*, salvament *m.* 2 alliberament *m.*

rescue (to) ['reskjuː] *t.* rescatar, salvar. 2 alliberar.

rescuer ['reskjuə'] *s.* salvador.

research [ri'səːtʃ] *s.* recerca *f.*, investigació *f.*, indagació *f.*

restless

research (to) [ri'sə:tʃ] *t.* investigar, indagar.

resemblance [ri'zembləns] *s.* semblança *f.*, retirada *f.*

resemble (to) [ri'zembl] *t.* semblar-se *p. a.*

resent (to) [ri'zent] *t.* ressentir-se *p.*, ofendre's *p.* per, molestar-se *p.* per.

resentful [ri'zentful] *a.* ressentit, ofès.

resentment [ri'zentmənt] *s.* ressentiment *m.*, irritació *f.*, enuig *m.*

reservation [ˌrezə'veiʃən] *s.* reserva *f.* [condició; terreny; per a un viatge].

reserve [ri'zə:v] *s.* reserva *f.*

reserve (to) [ri'zə:v] *t.* reservar.

reserved [ri'zə:vd] *a.* reservat. ■ 2 **-ly** *adv.* reservadament.

reservoir ['rezəvwɑ:'] *s.* dipòsit *m.* [d'aigua]. 2 bassa *f.* 3 cisterna *f.* 4 embassament *m.* 5 fig. font *f.*

reside (to) [ri'zaid] *i.* residir [també fig.].

residence ['reizidəns] *s.* residència *f.* [estada, edifici]. 2 casa *f.*, mansió *f.*

resident ['rezidənt] *a.-s.* resident.

residue ['rezidju:] *s.* residu *m.*, resta *f.* 2 COM. romanent *m.*

resign (to) [ri'zain] *t.* dimitir, renunciar a. 2 lliurar. 3 *to* ~ *oneself to*, resignar-se a, conformar-se a. ■ 4 *i.* dimitir.

resignation [ˌrezig'neiʃən] *s.* dimissió *f.*, renúncia *f.* 2 resignació *f.*, conformitat *f.*

resilience [ri'ziliəns] *s.* elasticitat *f.* 2 fig. capacitat *f.* de recuperació, resistència *f.*

resilient [ri'ziliənt] *a.* elàstic. 2 fig. resistent, amb capacitat de recuperació.

resin ['rezin] *s.* resina *f.*

resist (to) [ri'zist] *t.* resistir. ■ 2 *i.* resistir-se *p.*, oposar-se *p.*

resistance [ri'zistəns] *s.* resistència *f.*

resistant [ri'zistənt] *a.* resistent.

resolute ['rezəlu:t] *a.* resolut, resolt, decidit.

resolution [ˌrezə'lu:ʃən] *s.* resolució *f.*

resolve [ri'zɔlv] *s.* resolució *f.*, determinació *f.*

resolve (to) [ri'zɔlv] *t.* resoldre. ■ 2 *i.* resoldre's *p.*

resonance ['rezənəns] *s.* ressonància *f.*

resort [ri'zɔ:t] *s.* recurs *m.*, solució *f.* 2 lloc *m.* per anar de vacances. ‖ *winter-sports* ~, estació *f.* d'hivern.

resort (to) [ri'zɔ:t] *i.* *to* ~ *to*, recórrer a. 2 freqüentar *t.*

resound (to) [ri'zaund] *i.* ressonar, retrunyir, fer eco.

resource [ri'sɔ:s] *s.* recurs *m.*, mitjà *m.*, expedient *m.* 2 *pl.* recursos *m. pl.*

resourceful [ri'zɔ:sful] *a.* enginyós, llest.

respect [ris'pekt] *s.* respecte *m.*, atenció *f.*, consideració *f.* 2 respecte *m.*, relació *f.* ‖ *with* ~ *to*, respecte a. 3 aspecte *m.* ‖ *in this* ~, en aquest aspecte. 4 *pl.* records *m. pl.*, salutacions *m. pl.*

respect (to) [ris'pekt] *t.* respectar. 2 *to* ~ *oneself*, respectar-se.

respectable [ris'pektəbl] *a.* respectable. 2 decent, presentable. 3 honrós.

respectful [ris'pektful] *a.* respectuós. ■ 2 **-ly** *adv.* respectuosament.

respecting [ris'pektiŋ] *prep.* respecte a, quant a, pel que fa.

respective [ris'pektiv] *a.* respectiu.

respiration [ˌrespi'reiʃən] *s.* respiració *f.*, respir *m.*

respite ['respait] *s.* respir *m.*, treva *f.*, descans *m.* 2 suspensió *f.*, pròrroga *f.*

resplendent [ris'plendənt] *a.* resplendent.

respond (to) [ris'pɔnd] *i.* respondre, contestar. 2 respondre, correspondre [a una acció, situació, etc.].

response [ris'pɔns] *s.* resposta *f.*, contestació *f.*, rèplica *f.*

responsibility [risˌpɔnsi'biliti] *s.* responsabilitat *f.* 2 seriositat *f.*, formalitat *f.*

responsible [ris'pɔnsəbl] *a.* responsable. 2 seriós, formal.

responsive [ris'pɔnsiv] *a.* que respon, que correspon [a una acció, un efecte, etc.]. 2 sensible, obedient; que mostra interès.

rest [rest] *s.* descans *m.*, repòs *m.* ‖ *at* ~, en pau. [mort]. 2 pau *f.*, tranquil·litat *f.* 3 peu *m.*, suport *m.* 4 resta *f.* ‖ *the* ~, la resta, els altres.

rest (to) [rest] *i.* descansar, reposar. 2 estar quiet. 3 parar, deturar-se *p.* 4 descansar sobre, recolzar(se) en o sobre. 5 basar-se *p.* en. 6 romandre, seguir sent. 7 *to* ~ *with*, dependre de. ■ 8 *t.* descansar, deixar descansar. 9 recolzar, posar; basar.

restaurant ['restərənt] *s.* restaurant *m.*

restful ['restful] *a.* quiet, tranquil, assossegat. 2 reparador, relaxant, tranquil·litzador.

restive ['restiv] *a.* ingovernable, rebel [un animal]. 2 inquiet, impacient.

restless ['restlis] *a.* inquiet, intranquil, agitat. 2 bulliciós. 3 desvetllat, insomne.

restoration [ˌrestəˈreiʃən] s. restauració f. 2 restitució f.

restore (to) [risˈtɔ:ʳ] t. restaurar. 2 restablir. 3 reposar. 4 tornar.

restrain (to) [risˈtrein] t. refrenar, contenir, reprimir. 2 impedir. 3 limitar.

restraint [risˈtreint] s. fre m., control m., restricció f. 2 reserva f., circumspecció f. 3 contenció f., moderació f.

restrict (to) [risˈtrikt] t. restringir, limitar.

restriction [risˈtrikʃən] s. restricció f., limitació f.

restrictive [risˈtriktiv] a. restrictiu.

result [riˈzʌlt] s. resultat m. 2 conseqüència f.

result (to) [riˈzʌlt] i. to ~ from, resultar de, originar-se p. 2 to ~ in, tenir com a resultat, produir, resultar.

resume (to) [riˈzju:m] t. reassumir, reprendre. 2 tornar a ocupar. 3 continuar.

résumé [ˈrezjuːmei], (EUA) [ˌrezuˈmei] s. resum m. 2 (EUA) currículum m.

resumption [riˈzʌmpʃən] s. reassumpció f. 2 represa f., continuació f.

resurgence [riˈsəːdʒəns] s. ressorgiment m.

resurrection [ˌrezəˈrekʃən] s. resurrecció f. [també fig.].

resuscitate [riˈsʌsiteit] t.-i. ressuscitar.

retail [ˈri:teil] s. venda f. al detall o a la menuda. ■ 2 adv. al detall, a la menuda.

retail (to) [ˈri:teil] t. detallar, vendre al detall o a la menuda. 2 repetir [un rumor, una història, etc.]. ■ 3 i. vendre's al detall o a la menuda.

retain (to) [riˈtein] t. retenir, conservar. 2 contenir; frenar. 3 contractar, aconductar [esp. un advocat].

retainer [riˈteinəʳ] s. minuta f. 2 ant. criat.

retaliate (to) [riˈtælieit] i. venjar-se p., revenjar-se p.; tornar-s'hi p.

retaliation [riˌtæliˈeiʃən] s. venjança f., revenja f.

retard [riˈtɑ:d] s. retard m.

retard (to) [riˈtɑ:d] t. retardar, endarrerir.

reticent [ˈretisənt] a. reservat, reticent.

retina [ˈretinə] s. ANAT. retina f. ▲ pl. retinas [ˈretinəz], retinae [ˈretini:].

retinue [ˈretinju:] s. seguici m., comitiva f., acompanyament m.

retire (to) [riˈtaiəʳ] i. retirar-se p. 2 jubilar-se p. 3 anar-se'n p. al llit. ■ 4 i. retirar, treure [de la circulació]. 5 jubilar.

retired [riˈtaiəd] a. retirat, apartat, solitari [lloc]. 2 retirat, jubilat.

retirement [riˈtaiəmənt] s. retir m., jubilació f. 2 retirada f.

retiring [riˈtaiəriŋ] a. reservat, retret, tímid.

retort [riˈtɔ:t] s. rèplica f. mordaç. 2 QUÍM. retorta f.

retort (to) [riˈtɔ:t] t.-i. replicar, respondre.

retrace (to) [riˈtreis] i. refer [camí]. ‖ to ~ one's steps, tornar algú sobre els seus passos, refer camí. 2 recordar, rememorar.

retract (to) [riˈtrækt] t. retractar. ■ 2 i. retractar-se p.

retreat [riˈtri:t] s. retirada f. 2 retir m., aïllament m. 3 refugi m., recer m. 4 MIL. retreta f.

retreat (to) [riˈtri:t] i. retirar-se p., retrocedir. 2 baixar, minvar. ■ 3 t. retirar, fer retrocedir.

retrench (to) [riˈtrentʃ] t. reduir [despeses]. 2 tallar, escurçar. ■ 3 i. estalviar, economitzar.

retribution [ˌretriˈbju:ʃən] s. càstig m. merescut, càstig m. just.

retrieve (to) [riˈtri:v] t. recuperar, recobrar. 2 reparar, esmenar [errors, culpes, etc.]. 3 cobrar, agafar [la caça un gos]. ■ 4 i. cobrar t., agafar t. [la caça un gos].

retrograde [ˈretrougreid] a. retrògrad.

retrospect [ˈretrouspekt] s. mirada f. retrospectiva. ‖ in ~, retrospectivament.

return [riˈtə:n] s. tornada f., retorn m. ‖ by ~, a correu seguit; many happy returns, per molts anys; ~ ticket, bitllet m. d'anada i tornada. 2 devolució f., restitució f. 3 pagament m., canvi m. ‖ in ~, a canvi. 4 pl. guanys m. pl., ingressos m. pl. 5 pl. ~ of income, declaració f. sing. de renda. 6 election returns, resultat m. o dades f. pl. d'un escrutini.

return (to) [riˈtə:n] i. tornar, restituir; pagar; donar a canvi. 2 escollir, votar [un candidat]. 3 declarar [ingressos; culpable]. 4 pronunciar [una sentència]. ■ 5 i. tornar.

reunion [ˌri:ˈju:njən] s. reunió f.; retrobament m.

reunite (to) [ˌri:ju:ˈnait] t. reunir, reconciliar. ■ 2 i. reunir-se p., reconciliar-se p.

reveal (to) [riˈvi:l] t. revelar, descobrir.

revel [ˈrevl] s. gresca f., tabola f.

revel (to) [ˈrevl] i. fer gresca, fer tabola. 2 delectar-se p. en, complaure's p. a.

riddle

revelation [ˌrevi'leiʃən] s. revelació f. 2
BIB. *Revelation,* Apocalipsi f.

revenge [ri'vendʒ] s. venjança f., reven-
ja f.

revenge (to) [ri'vendʒ] t. venjar(se).

revengeful [ri'vendʒful] a. venjatiu.

revenue ['revinju:] s. guanys m. pl., renda
f., beneficis m. pl. 2 renda f. pública, tre-
sor m. públic.

reverberate (to) [ri'və:bəreit] t.-i. rever-
berar.

revere (to) [ri'viə'] t. reverenciar, vene-
rar.

reverence ['revərəns] s. reverència f., ve-
neració f.

reverence (to) ['revərəns] t. reverenciar,
venerar.

reverend ['revərənd] a. reverend ■ 2 s. re-
verend m.

reverent ['revərənt] a. reverent.

reverie ['revəri] s. somni m., fantasia f.,
il·lusió f.

reversal [ri'və:səl] s. reversió f.; inver-
sió f.

reverse [ri'və:s] a. contrari, oposat. 2 in-
vers; invertit. ■ 3 s. *the ~,* el contrari. 2
revers m., revés m., dors m. 3 contra-
temps m., revés m. 4 MEC. marxa f. en-
rera.

reverse (to) [ri'və:s] t. invertir, capgirar,
canviar. 2 anul·lar, revocar. 3 MEC. fer
anar marxa enrera.

review [ri'vju:] s. revista f. [inspecció; pu-
blicació]. 2 revisió f. 4 ressenya f.; crítica
f. [d'un llibre].

review (to) [ri'vju:] t. repassar, tornar a
examinar. 2 revisar. 3 ressenyar, fer una
ressenya.

revile (to) [ri'vail] t. ultratjar, denigrar,
injuriar, insultar.

revise (to) [ri'vaiz] t. revisar, repassar;
corregir.

revision [ri'viʒən] s. revisió f., repàs m.;
correcció f.

revival [ri'vaivəl] s. renaixement m. 2 res-
tabliment m., restauració f. 3 ressorgi-
ment m. 4 TEAT. CINEM. reposició f.

revive (to) [ri'vaiv] t. reanimar, desper-
tar. 2 restablir, ressuscitar. ■ 3 i. des-
pertar-se p., revifar-se p.; ressuscitar.

revoke (to) [ri'vouk] t. revocar, derogar.

revolt [ri'voult] s. revolta f., rebel·lió f.

revolt (to) [ri'voult] i. revoltar-se p., su-
blevar-se p. [també fig.]. ■ 2 t. fer fàstic.

revolting [ri'voultiŋ] a. indignant, odiós.
2 fastigós, repugnant.

revolution [ˌrevə'lu:ʃən] s. revolució f.

revolve (to) [ri'vɔlv] t. girar, fer girar. 2
donar voltes [a una idea]. ■ 3 i. girar, gi-
ravoltar, donar voltes.

revolver [ri'vɔlvə'] s. revòlver m.

revulsion [ri'vʌlʃən] s. canvi m. sobtat,
reacció f.

reward [ri'wɔ:d] s. premi m., recompensa
f., guardó m. 2 pagament m.

reward (to) [ri'wɔ:d] t. premiar, recom-
pensar, pagar.

rhapsody ['ræpsədi] s. LIT., MÚS. rapsò-
dia f.

rhetoric ['retərik] s. retòrica f.

rheumatism ['ru:mətizəm] s. MED. reu-
matisme m., reuma m.

rhinoceros [rai'nɔsərəs] s. ZOOL. rinoce-
ront m.

rhomboid ['rɔmbɔid] a. romboïdal. ■ 2 s.
romboide m.

rhubarb ['ru:ba:b] s. BOT. ruibarbre m.

rhyme [raim] s. LIT. rima f. ‖ *without ~ or
reason,* sense solta ni volta.

rhyme (to) [raim] t.-i. rimar.

rhythm ['riðəm] s. ritme m.

rib [rib] s. ANAT. costella f. 2 barnilla f. [de
paraigua; de ventall]. 3 ARQ. nervadura
f. 4 BOT., ENT. nervi m. [d'ala; de fulla]. 5
NÀUT. quaderna f. 6 TÈXT. cordó m.

ribald ['ribəld] a. groller, obscè.

ribbon ['ribən] s. cinta f., banda f., galó m.
2 tira f.: *to tear to ribbons,* estripar una
cosa, fer-la a tires.

rice [rais] s. arròs m.

rich [ritʃ] a. ric. 2 car, luxós. 3 suculent. 4
dolç, embafador. 5 fèrtil. 6 abundant
[beneficis]. 7 melodiós, sonor [veu; so].
8 col·loq. divertit. ■ 9 **-ly** adv. ricament;
luxosament; abundantment.

riches ['ritʃiz] s. pl. riquesa f. sing.

rickets ['rikits] s. MED. raquitisme m.

rickety ['rikiti] a. raquític. 2 desmanegat;
ruïnós.

rid (to) [rid] t. alliberar, desembarassar. ‖
to be ~ of, estar lliure de. ‖ *to get ~ of,*
desembarassar-se p. de, desempallegar-
se p. de, eliminar. 2 *to ~ oneself of,* alli-
berar-se, desembarassar-se de. ▲ pret. i
p. p.: *rid.*

ridden ['ridn] Vegeu RIDE (TO).

riddle ['ridl] s. endevinalla f. 2 enigma m.,
misteri m. 3 sedàs m., garbell m.

riddle (to) ['ridl] t. ~ *me this,* endevina-
ho. 2 garbellar, passar pel sedàs. 3 cosir
a trets.

ride [raid] *s.* passeig o viatge a cavall, amb cotxe o amb bicicleta.

ride (to) [raid] *i.* anar a cavall, amb cotxe, amb bicicleta. 2 cavalcar, muntar. 3 anar, marxar, funcionar. 4 fig. *to ~ for a fall,* buscar-se-la *p.* 5 NÀUT. *to ~ at anchor,* ancorar, fondejar. ■ 6 *t.* muntar [cavall, bicicleta, etc.]; anar *i.* a cavall, amb bicicleta, etc. 7 fendir [les onades]. 8 obsessionar, oprimir. ■ *to ~ down,* atropellar, trepitjar; *to ~ on,* muntar, anar muntat; *to ~ out,* capejar [un temporal]; *to ~ up,* rebregar-se ▲ Pret.: *rode* [roud]; p. p.: *ridden* ['ridn].

rider ['raidə'] *s.* genet [de cavall]. 2 ciclista; motorista, motociclista. 3 DRET clàusula *f.* addicional.

ridge [ridʒ] *s.* carener *m.,* cavalló *m.* [d'una teulada]. 2 carena *f.,* cresta *f.* 3 AGR. cavalló *m.*

ridicule ['ridikju:l] *s.* ridícul *m.*

ridicule (to) ['ridikju:l] *t.* ridiculitzar, posar en ridícul.

ridiculous [ri'dikjuləs] *a.* ridícul.

riding ['raidiŋ] *s.* equitació *f.* ■ 2 *a.* d'equitació, de muntar.

riding breeches ['raidiŋ,bri:tʃiz] *s. pl.* pantalons *m. pl.* de muntar.

rife [raif] *a.* corrent, general, freqüent. 2 *~ with,* ple de.

riff-raff ['rifræf] *s. the ~,* la púrria, la xusma.

rifle ['raifl] *s.* rifle *m.,* fusell *m.* 2 *pl.* MIL. fusellers *m. pl.*

rifle (to) ['raifl] *t.* escorcollar; saquejar, robar.

rift [rift] *s.* escletxa *f.,* esquerda *f.;* clariana *f.* 2 fig. dissensió *f.,* desavinença *f.*

rig [rig] *t.* MAR. aparellar, ormejar. 2 *to ~ out,* equipar; col·loq. vestir, portar. 3 *to ~ up,* muntar, construir.

rigging ['rigiŋ] *s.* MAR. aparell *m.,* eixàrcia *f.*

right [rait] *a.* just, honrat. 2 bo, correcte, exacte. 3 convenient, adequat, apropiat. 4 recte. 5 dret, de la dreta. 6 autèntic, veritable. 7 que té raó. 8 assenyat. ■ *9 adv.* directament, de dret. ‖ *~ away,* de seguida. ‖ *~ now,* ara mateix. 10 exactament. 11 correctament. 12 bé. 13 a la dreta. ■ 14 *interj.* *all ~!,* d'acord! ■ 15 *s.* dret *m.,* justícia *f.,* raó *f.,* bé *m.* 16 dret *m.,* privilegi *m.* 17 dret *m.* [d'una roba]. 18 dreta *f.* ■ 19 *-ly adv.* com cal, correctament.

right (to) [rait] *t.* adreçar, redreçar. 2 corregir, rectificar.

righteous ['raitʃəs] *a.* just. 2 honest, virtuós. ■ 3 *-ly adv.* honestament.

rightful ['raitful] *a.* legítim. 2 just, justificable.

rigid ['ridʒid] *a.* rígid. 2 sever, rigorós.

rigour, (EUA) **rigor** ['rigə'] *s.* rigor *m.,* rigidesa *f.*

rill [ril] *s.* poèt. rierol *m.,* rieró *m.*

rim [rim] *s.* vora *f.,* caire *m.,* vorell *m.,* marge *m.* 2 llanda *f.* [de roda].

rind [raind] *s.* clofolla *f.;* pell *f.,* pela *f.* 2 crosta *f.* [del formatge]. 3 cotna *f.* [de porc]. 4 escorça *f.* [d'un arbre].

ring [riŋ] *s.* anell *m.* 2 anella *f.,* cèrcol *m.,* rutlla *f.* 3 camarilla *f.,* cercle *m.,* banda *f.* 4 ring *m.* [boxa]; pista *f.,* arena *f.* 5 clos *m.,* tancat *m.* 6 aposta *f.* [cavalls]. 7 so *m.* vibrant o metàl·lic. 8 dring *m.,* dringadissa *f.* 9 so *m.,* to *m.* 10 toc *m.* [de timbre], truc *m.* 11 trucada *f.,* telefonada *f.*

1) ring (to) [riŋ] *t.* encerclar, envoltar. 2 anellar. ▲ Pret. i p. p.: *ringed* [riŋd].

2) ring (to) [riŋ] *t.* fer sonar, tocar [una campana, un timbre, etc.]. 2 *to ~ up,* trucar, telefonar. ■ 3 *i.* sonar, ressonar, dringar, repicar. 4 xiular [les orelles]. ▲ Pret.: *rang* [ræŋ]; p. p.: *rung* [rʌŋ].

ringing ['riŋiŋ] *a.* sonor, vibrant. 2 enèrgic. ■ 2 *s.* repic *m.* 3 dringadissa *f.* 4 xiulet *m.* [a les orelles].

ringlet ['riŋlit] *s.* rínxol *m.,* tirabuixó *m.*

rink [riŋk] *s.* pista *f.* de gel.

rinse (to) [rins] *t.* esbandir.

riot ['raiət] *s.* disturbi *m.,* aldarull *m.,* avalot *m.* 2 bullícia *f.,* gatzara *f.* 3 abundància *f.,* excés *m.*

riot (to) ['raiət] *i.* provocar disturbis o aldarulls. 2 excedir-se *p.*

rioter ['raiətə'] *s.* avalatador, amotinat.

riotous ['raiətəs] *a.* avalotador, agitador. 2 amotinat, insurrecte. 3 disbauxat.

rip [rip] *s.* estrip *m.* 2 descosit *m.*

rip (to) [rip] *t.* estripar, esquinçar; descosir; arrencar. ■ 2 *i.* estripar-se *p.,* esquinçar-se *p.;* descosir-se *p.* 3 córrer molt de pressa, anar o passar molt de pressa.

ripe [raip] *a.* madur. 2 llest, a punt.

ripen (to) ['raipən] *t.* fer madurar. ■ 2 *i.* madurar.

ripple ['ripl] *s.* ona *f.,* ondulació *f.* 2 murmuri *m.* [de l'aigua]. 3 xiuxiueig *m.*

ripple (to) ['ripl] *t.* arrissar, cargolar. ■ 2 *i.* arrissar-se *p.,* cargolar-se *p.,* onejar.

rise [raiz] *s.* ascensió *f.,* pujada *f.* 2 elevació *f.* [de terreny]. 3 sortida *f.* [del sol, etc.]. 4 pujada *f.*, costa *f.* 5 augment *m.*, pujada *f.* [de preus; temperatures, etc.]. 6 origen *m.*, causa *f.* ‖ *to give ~ to,* donar lloc a. 7 ascens *m.*

rise (to) [raiz] *i.* pujar, ascendir. 2 alçar-se *p.*, aixecar-se *p.* 3 aixecar-se *p.*, llevar-se *p.* 4 sortir [un astre]. 5 alçar-se *p.*, revoltar-se *p.* 6 pujar, augmentar; créixer. 7 néixer, sortir. 8 sorgir, aparèixer, ocórrer. 9 fer carrera, ascendir. ▲ Pret.: *rose* [rouz]; p. p.: *risen* ['rizn].

rising ['raiziŋ] *s.* pujada *f.* 2 aixecament *m.*, alçament *m.*, insurrecció *f.*

risk [risk] *s.* risc *m.*, perill *m.* ‖ *to take risks,* arriscar-se.

risk (to) [risk] *t.* arriscar(se). 2 exposar-se *p. a.*

risky ['riski] *a.* arriscat, exposat. 2 verd, escabrós.

rite [rait] *s.* ritu *m.*

ritual ['ritjuəl] *a.* ritual. ■ 2 *s.* ritual *m.*

rival ['raivəl] *a.-s.* rival.

rival (to) ['raivəl] *t.* rivalitzar amb, competir amb.

rivalry ['raivəlri] *s.* rivalitat *f.*, competència *f.*

river ['rivə'] *s.* riu *m.* ‖ *down ~,* riu avall. ‖ *up ~,* riu amunt.

river-basin ['rivəˌbeisn] *s.* conca *f.* [d'un riu].

riverside ['rivəsaid] *s.* riba *f.*, vora *f.*, marge *m.* [d'un riu].

rivet (to) ['rivit] *t.* reblar. 2 fixar, concentrar [la mirada, l'atenció, etc.].

rivulet ['rivjulit] *s.* rierol *m.*

road [roud] *s.* carretera *f.*, camí *m.* 2 carrer *m.* 3 MAR. rada *f.*

road-house ['roudhaus] *s.* parador *m.*

roadway ['roudwei] *s.* calçada *f.*, carretera *f.*

roam (to) [roum] *t.-i.* vagar, errar per.

roar [rɔː', rɔə'] *s.* bram *m.*; rugit *m.* 2 crit *m.* 3 soroll *m.*, terrabastall *m.*

roar (to) [rɔː'] *t. to ~ out,* cridar, dir cridant. 2 *to ~ oneself hoarse,* esgargamellar-se. ■ 3 *i.* bramar, rugir. 4 cridar. 5 gemegar. 6 fer molt soroll.

roaring ['rɔːriŋ] *s.* sorollós. 2 pròsper, bo [negoci, tracte, etc.].

roast [roust] *s.* rostit *m.* ■ 2 *a.* rostit, torrat.

roast (to) [roust] *t.* rostir, torrar. ■ 2 *i.* rostir-se *p.*, torrar-se *p.*

rob (to) [rɔb] *t.* robar.

robber ['rɔbə'] *s.* lladre.

robbery ['rɔbəri] *s.* robatori *m.*

robe [roub] *s.* vestidura *f.*, vestimenta *f.* 2 túnica *f.* 3 toga *f.* [de jutge, catedràtic, etc.]. 4 hàbit *m.* 5 bata *f.*

robe (to) [roub] *t.* vestir. ■ 2 *i.* vestir-se *p.*

robin ['rɔbin] *s.* ORN. pit-roig *m.*

robot ['roubɔt] *s.* robot *m.*

robust [rə'bʌst] *a.* robust; fort, sa.

rock [rɔk] *s.* roca *f.* 2 penya *f.*, penyal *m.* ‖ (EUA) *on the rocks,* amb gel [whisky]; fig. arruïnat; NÀUT. encallat.

rock (to) [rɔk] *t.* bressar. 2 gronxar. 3 saquejar. ■ 4 *i.* gronxar-se *p.* 5 fer sotracs.

rocket ['rɔkit] *s.* coet *m.*

rocking-chair ['rɔkiŋtʃeə'] *s.* balancí *m.*

rock-salt ['rɔkɔːlt] *s.* sal *f.* gemma.

rocky ['rɔki] *a.* rocallós, pedregós. 2 col·loq. vacil·lant, inestable.

rod [rɔd] *s.* vara *f.*, vareta *f.*, barra *f.* 2 bastó *m.* de comandament. 3 canya *f.* [de pescar].

rode [roud] Vegeu RIDE (TO).

rodent ['roudənt] *s.* ZOOL. rosegador *m.*

roe [rou] *s.* fresa *f.*, ous *m. pl.* de peix.

rogue [roug] *s.* bergant, brivall *m.*

role, rôle [roul] *s.* CINEM., TEAT. paper *m.* [també fig.].

roll [roul] *s.* rotlle *m.*, rotllo *m.* [de paper; pel·lícula, etc.]. 2 llista *f.*, nòmina *f.*, registre *m.* 3 panet *m.* 4 retró *m.*, retruny *m.* 5 balanceig *m.*, balandreig *m.* ‖ *~ of the waves,* onatge *m.*

roll (to) [roul] *t.* rodar, fer rodar. 2 moure, portar, empènyer [sobre rodes]. 3 enrotllar. 4 arromangar. 5 fer, cargolar [una cigarreta]. 6 embolicar. 7 aplanar [amb un corró]. 8 fer retrunyir. ■ 9 *i.* rodar, rodolar. 10 anar sobre rodes. 11 rebolcar-se *p.* 12 ondular [un terreny]. 13 onejar. 14 cargolar-se *p.*, enrotllar-se *p.* 15 retrúnyer, retrunyir. 16 redoblar [els tambors]. ■ *to ~ down,* baixar, baixar rodant; fig. *to ~ in,* inundar; *to ~ on,* passar [el temps]; *to ~ up,* arribar.

roller ['roulə'] *s.* MEC. corró *m.*, cilindre *m.*, roleu *m.* 2 roda *f.* [de patí, d'un moble, etc.]. 3 MAR. onada *f.*

rolling ['rouliŋ] *a.* ondulant.

rolling-pin ['rouliŋpin] *s.* corró *m.* de cuina.

rolling-stock ['rouliŋstɔk] *s.* FERROC. material *m.* mòbil.

Roman ['roumən] *a.-s.* romà.

romance [rə'mæns] *s.* novel·la *f.* d'amor; història *f.* d'amor. 2 amor *m.*, idil·li *m.*, aventura *f.* amorosa. 3 aspecte *m.* romàntic, màgia *f.*, atractiu *m.* 4 LIT. *Romance*, novel·la *f.* de cavalleria.

Romanesque [ˌrouməˈnesk] *a.* ARQ. romànic. ■ 2 *s.* ARQ. romànic *m.*

Romania [ruˈmeiniə] *n. pr.* GEOGR. Romania.

Romanian [ruˈmeiniən] *a.* romanès. ■ 2 *s.* romanès [persona]. 3 romanès *m.* [llengua].

romantic [rouˈmæntik, rə-] *a.* romàntic.

Rome [roum] *n. pr.* GEOGR. Roma.

romp (to) [rɔmp] *i.* jugar, córrer, guimbar. 2 tenir èxit; vèncer; aprovar [un examen].

roof [ruːf] *s.* sostre *m.*, terrat *m.*, teulada *f.* ‖ *flat* ~, terrat. 2 esfera *f.* celeste. 3 fig. sostre *m.*, llar *f.*

roof (to) [ruːf] *t.* cobrir, ensostrar, sostrar.

rook [ruk] *s.* ORN. gralla *f.* 2 JOC torre *f.* [escacs].

room [ruːm] *s.* habitació *f.*, cambra *f.*, sala *f.*, saló *m.* 2 espai *m.*, lloc *m.*, cabuda *f.* ‖ *to make* ~, fer lloc; deixar passar. 3 raó *f.*, motiu *m.* ‖ *there is no* ~ *for doubt*, no hi ha dubte.

roomy [ˈrumi] *a.* espaiós, balder, ampli.

roost [ruːst] *s.* perxa *f.* 2 galliner *m.*

roost (to) [ruːst] *i.* ajocar-se *p.*, dormir [una au a la perxa].

rooster [ˈruːstə] *s.* gall *m.*

root [ruːt] *s.* arrel *f.* ‖ *to take* ~, arrelar.

root (to) [ruːt] *t.* fer arrelar. 2 clavar [una persona]. 3 arrelar *i.* 4 *to* ~ *out*, arrencar de soca-arrel, desarrelar. ■ 5 *i.* arrelar, fer arrels.

rope [roup] *s.* corda *f.*, soga *f.*, maroma *f.* ‖ fig. *to know the ropes*, conèixer fil de randa. 2 rest *m.*, rast *m.*, enfilall *m.*

rosary [ˈrouzəri] *s.* REL. rosari *m.*

rose [rouz] *s.* BOT. roser *m.* 2 BOT. rosa *f.* 3 rosa *m.* [color]. 4 bec *m.* [d'una regadora]. 5 rosassa *f.*, roseta *f.* ■ 6 Vegeu RISE (TO).

rosebud [ˈrouzbʌd] *s.* capoll *m.*, poncella *f.*

rosemary [ˈrouzməri] *s.* BOT. romaní *m.*

rosewood [ˈrouzwud] *s.* BOT. palissandre *m.*

rosy [ˈrouzi] *a.* rosat, de color rosa. 2 enrojolat. 3 fig. falaguer, esperançós.

rot [rɔt] *s.* putrefacció *f.*, descomposició *f.* 2 decadència *f.* 3 col·loq. bestieses *f. pl.*, bajanades *f. pl.*

rot (to) [rɔt] *t.* podrir, corrompre [també fig.]. ■ 2 *i.* podrir-se *p.*, corrompre's *p.* [també fig.].

rotary [ˈroutəri] *a.* rotatori, de rotació.

rotate [rouˈteit] *t.* fer girar. 2 alternar. 3 AGR. conrear en rotació. ■ 4 *i.* girar, giravoltar. 5 alternar(se), fer torns.

rote [rout] *s.* *by* ~, per rutina *f.*; de memòria *f.*

rotten [ˈrɔtn] *a.* podrit, putrefacte, corromput. 2 fètid. 3 dolent, ofensiu, brut. 4 poc segur, de joguina.

rotund [rouˈtʌnd] *a.* rotund. 2 gras.

rouble [ˈruːbl] *s.* ruble *m.*

rouge [ruːʒ] *s.* coloret *m.*

rough [rʌf] *a.* aspre, tosc, bast. 2 accidental, abrupte [terreny]. 3 agitat [mar]. 4 tempestuós [temps]. 5 rústic, inculte. 6 brusc, groller. 7 brut. ‖ ~ *copy*, esborrany *m.* 8 aproximat. 9 dur, brut, violent. ■ 10 *-ly adv.* bruscament; toscament; violentament; aproximadament. ■ 11 *s.* terreny *m.* accidentat. 12 aspresa *f.* 13 *in the* ~, en brut. 14 pinxo *m.*, bergant *m.*

rough (to) [rʌf] *t.* esborrifar [els cabells]. 2 *to* ~ *in*, esbossar, fer un esbós. 3 col·loq. *to* ~ *up*, apallissar. 4 *to* ~ *it*, passar-les magres.

roulette [ruːˈlet] *s.* JOC ruleta *f.*

round [raund] *a.* rodó, (BAL.) (VAL.) redó, circular. 2 clar, categòric, rotund. 3 fort, sonor. 4 complet. 5 d'anada i tornada [viatge]. ■ 6 *s.* cercle *m.*, esfera *f.* 7 rotllana *f.* 8 recorregut *m.*, ronda *f.* 9 ronda *f.* [de begudes]. 10 successió *f.* [de fets]; rutina *f.* 11 salva *f.* [d'aplaudiments]. 12 salva *f.*, descàrrega *f.*, tret *m.* 13 volta *f.* [d'un circuit; electoral]. 14 ART relleu *m.* 15 ESPORT assalt *m.* [boxa]; *preliminary* ~, eliminatòria *f.* ■ 16 *adv.* al voltant, entorn. ‖ *all* ~, per tot arreu. ‖ *to hand* ~ *the cigars*, fer circular els cigars, fer córrer els cigars. ‖ *to turn* ~, girar-se, tombar-se. ‖ *we were* ~ *at the pub*, eren al pub. ■ 17 *prep.* al voltant; pels volts de. ‖ ~ *(about)*, aproximadament. ‖ ~ *the world*, al voltant del món, pertot el món. ‖ ~ *the corner*, a la cantonada.

round (to) [raund] *t.* arrodonir. 2 tombar [una cantonada, revolt, etc.]. 3 envoltar, rodejar. 4 *to* ~ *off*, completar, arrodonir. 5 *to* ~ *up*, reunir, aplegar. ■ 6 *i.* arrodonir-se *p.* 7 *to* ~ *off*, culminar.

roundabout [ˈraundəbaut] *a.* indirecte. ‖ *in a* ~ *way*, fer volta; amb embuts. ■ 2 *s.* cavallets *m. pl.* [de fira]. 3 plaça *f.* [en un cruïlla].

rumble

roundly ['raundli] *adv.* francament. 2 rotundament, categòricament.

round-up ['raundʌp] *s.* acorralament *m.,* aplegament *m.* [del bestiar]. 2 agafada *f.,* batuda *f.* [de la policia].

rouse (to) [rauz] *t.* despertar. 2 animar, excitar. ■ 3 despertar-se *p.* 4 animar-se *p.,* revifar-se *p.*

rout [raut] *s.* desfeta *f.,* derrota *f.*

rout (to) [raut] *t.* derrotar, desfer. 2 *to ~ out,* treure, fer sortir, fer fora.

route [ru:t] *s.* ruta *f.,* camí *m.* 2 itinerari *m.,* trajecte *m.*

routine [ru:'ti:n] *s.* rutina *f.* ■ 2 *a.* rutinari, de rutina.

rove (to) [rouv] *t.* recórrer. 2 piratejar. ■ 3 *i.* vagar, errar. 4 recórrer *t.* [alguna cosa amb la mirada].

rover ['rouvə'] *s.* vagabund, rodamón. 2 pirata.

1) row [rau] *s.* terrabastall *m.,* estrèpit *m.* 2 baralla *f.,* batussa *f.* 3 embolic *m.,* problema *m.*

2) row [rou] *s.* fila *f.,* filera *f.,* rengle *m.,* renglera *f.*

3) row (to) [rau] *t.* renyar. ■ 2 *i.* barallar-se *p.* (*with,* amb).

4) row (to) [rou] *t.* portar a rem. ■ 2 *i.* remar, vogar.

rowdy ['raudi] *a.* avalotador, sorollós. ■ 2 *s.* cerca-bregues, cerca-raons.

rower ['rouə'] *s.* remer.

royal ['rɔiəl] *a.* reial, regi.

royalty ['rɔiəlti] *s.* reialesa *f.* 2 família *f.* real. 3 drets *m. pl.* [d'autor].

rub [rʌb] *s.* frega *f.,* fricció *f.;* frec *m.* 2 dificultat *f.,* problema *m.*

rub (to) [rʌb] *t.* fregar, refregar, friccionar. 2 rascar, gratar. 3 enllustrar, polir. ■ 4 *i.* fregar. ■ col·loq. *to ~ along,* anar fent; *to ~ in,* fer penetrar fregant; retreure, tirar per la cara; *to ~ off,* rascar, gratar; *to ~ out,* esborrar.

rubber ['rʌbə'] *s.* cautxú *m.,* goma *f.* 2 goma *f.* d'esborrar. 3 *pl.* xancles *f. pl.*

rubbish ['rʌbiʃ] *s.* escombraries *f. pl.,* (BAL.) (VAL.) fems *m. pl.,* (VAL.) brossa *f.* 2 bestieses *f. pl.,* bajanades *f. pl.*

rubble ['rʌbl] *s.* enderroc *m.,* runa *f.* 2 CONSTR. reble *m.*

rubblework ['rʌblwə:k] *s.* CONSTR. maçoneria *f.*

rubicund ['ru:bikənd] *a.* rubicund.

ruby ['ru:bi] *s.* MINER. robí *m.* 2 vermell *m.* fosc [color]. ■ 3 *a.* de robí. 4 de color vermell fosc.

rucksack ['rʌksæk] *s.* motxilla *f.*

ruction ['rʌkʃən] *s.* col·loq. raons *f. pl.* 2 sarau *m.,* gresca *f.*

rudder ['rʌdə'] *s.* NÀUT. timó *m.,* governall *m.*

ruddy ['rʌdi] *a.* rubicund; encès; vermell.

rude [ru:d] *a.* rude, grosser, maleducat. 2 tosc, rústec. 3 inculte. 4 verd, obscè.

rudeness ['ru:dnis] *s.* rudesa *f.* 2 grosseria *f.,* descortesia *f.* 3 obscenitat *f.*

rudiment ['ru:dimənt] *s.* BIOL. rudiment *m.* 2 *pl.* rudiments *m. pl.*

rue [ru:] *s.* BOT. ruda *f.*

rue (to) [ru:] *t.* liter. plorar, penedir-se *p.* de, lamentar.

rueful ['ru:ful] *a.* lamentable. 2 trist, afligit, penedit.

ruff [rʌf] *s.* ZOOL., ORN. collar *m.* 2 HIST. gorjera *f.*

ruffian ['rʌfjən] *a.* cruel, violent. ■ 2 *s.* rufià, pinxo.

ruffle ['rʌfl] *s.* COST. volant *m.* escarolat. 2 agitació *f.*

ruffle (to) ['rʌfl] *t.* COST. crespar, frunzir, prisar. 2 estarrufar, esborrifar. 3 ondular, arrugar. 4 agitar, torbar. ■ 5 *i.* estarrufar-se *p.* 6 ondular-se *p.,* arrugar-se *p.* 7 torbar-se *p.*

rug [rʌg] *s.* catifa *f.,* estora *f.,* pelut *m.* [petit]. 2 manta *f.* de viatge.

rugby (football) ['rʌgbi] *s.* ESPORT rugbi *m.*

rugged ['rʌgid] *a.* accidentat, abrupte, rocós. 2 dur [faccions]. 3 tosc. 4 desigual.

ruin [ruin] *s.* ruïna *f.* 2 destrucció *f.* 3 perdició *f.* 4 *pl.* ruïnes *f. pl.*

ruin (to) [ruin] *t.* arruïnar. 2 destruir. 3 perdre.

ruinous ['ruinəs] *a.* ruïnós.

rule [ru:l] *s.* regla *f.,* norma *f.,* precepte *m.* ‖ *as a ~,* com a regla general. 2 codi *m.,* reglament *m.* 3 domini *m.,* autoritat *f.,* govern *m.* 4 regle *m.*

rule (to) [ru:l] *t.* governar, regir, dirigir. 2 dominar, contenir [passions, instints, etc.]. 3 dominar, influir, guiar. 4 traçar [una ratlla], reglar. 5 *to ~ out,* rebutjar, refusar, excloure. 6 DRET decidir. ■ 7 *i.* governar *t.;* regnar. 8 DRET prendre una decisió.

ruler ['ru:lə'] *s.* governant; sobirà; autoritat *f.* 2 regle *m.*

rum [rʌm] *s.* rom *m.* 2 (EUA) aiguardent *m.* ■ 3 *a.* estrany, curiós.

rumble ['rʌmbl] *s.* retró *m.,* retruny *m.,* retrunyiment *m.* 2 estrèpit *m.*

rumble (to) [ˈrʌmbl] *i.* retrunyir, retronar. *2* fer soroll [els budells]. ■ *3 t. to ~ out,* murmurar.

ruminant [ˈruːminənt] *a.* remugant, ruminant. ■ *2 s.* ZOOL. remugant *m.,* ruminant *m.*

ruminate (to) [ˈruːmineit] *i.* rumiar *t. 2* ZOOL. remugar *t.,* ruminar *t.*

rummage (to) [ˈrʌmidʒ] *i.* furgar *t.,* remenar *t.,* escorcollar *t.* ■ *2 t.* escorcollar.

rumour, (EUA) **rumor** [ˈruːmə] *s.* rumor *m.*

rumour, (EUA) **rumor (to)** [ˈruːmə] *t.* córrer el rumor, dir(se): *it is rumoured that,* corre el rumor que, es diu que, diuen que.

rump [rʌmp] *s.* anques *f. pl.,* gropa *f.* [de cavall]. *2* carpó *m.* [de les aus]. *3* col·loq. cul *m.*

rumple (to) [ˈrʌmpl] *t.* arrugar, rebregar. *2* esborrifar, despentinar. ■ *3 i.* arrugarse *p.,* rebregar-se *p.* *4* esborrifar-se *p.,* despentinar-se *p.*

rumpus [ˈrʌmpəs] *s.* col·loq. xivarri *m.,* gresca *f.*

run [rʌn] *s.* carrera *f.,* correguda *f.,* corredissa *f. 2* curs *m.,* marxa *f.,* direcció *f. 3* sèrie *f.,* ratxa *f. 4* viatge *m.,* excursió *f. 5* distància *f.;* trajecte *m.,* recorregut *m. 6* classe *f.,* tipus *m.* corrent. *7 in the long ~,* a la llarga. *8* col·loq. llibertat *f.* de moviments, lliure accés *m.* ■ *9* Vegeu RUN (TO).

run (to) [rʌn] *i.* córrer. *2* estendre's *p.,* arribar a, assolir. *3* passar [a un estat]. *to ~ dry,* assecar-se *p.* [un pou]. *4* fluir, rajar. *5* fondre's *p. 6* supurar. *7* durar, mantenir-se *p. 8* TEAT. representar-se *p.* ininterrompudament. *9* seguir, ser vigent. *10* POL. presentar-se *p.* (per a). ■ *to ~ about,* anar amunt i avall; *to ~ across,* trobar inesperadament; *to ~ after,* perseguir; *to ~ away,* fugir; *to ~ down,* criticar; atropellar; aturar-se, quedar-se sense corda; *to ~ into,* tenir [problemes]; trobar per casualitat; xocar; *to ~ off,* marxar, tocar el dos; *to ~ on,* allargassar-se [temps]; *to ~ out (of),* acabar-se, exhaurir-se; caducar; *to ~ over,* atropellar; vessar; *to ~ through,* travessar [amb una espasa, llança, etc.]; assajar [un paper]; *to ~ up,* acumular [factures]; *to ~ up against,* tenir [problemes]. ▲ Pret.: *ran* [ræn]; p. p.: *run* [rʌn]; ger.: *running.*

runabout [ˈrʌnəbaut] *s.* avió *m.,* barca *f.* o cotxe *m.* lleuger. *2* (EUA) vagabund.

runaway [ˈrʌnəwei] *a.* fugitiu. *2* desbocat [cavall]. *3* sense fre. *4* fàcil [victòria]. ■ *5 s.* fugitiu. *6* desertor. *7* cavall *m.* desbocat.

rung [rʌŋ] *s.* esglaó *m.,* graó *m.* ■ *2* Vegeu RING (TO) 2.

runner [ˈrʌnə] *s.* corredor [atleta]. *2* missatger. *3* contrabandista. *4* patí *m.* [de trineu]. *5* catifa *f.* o estora *f.* llarga. *6* BOT. estoló *m. 7* MEC. corredora *f.,* cèrcol *m.* mòbil, roda *f.*

running [ˈrʌniŋ] *s.* carrera *f.,* correguda *f.,* corredissa *f. 2* funcionament *m. 3* direcció *f.,* govern *m.* ■ *4 a.* corrent: *~ water,* aigua corrent. *5* continu. *6* cursiva [lletra]. ■ *7 adv.* seguit.

running-knot [ˈrʌniŋnɔt] *s.* nus *m.* escorredor.

runway [ˈrʌnwei] *s.* AVIA. pista *f.* d'aterratge.

rupee [ruːˈpiː] *s.* rupia *f.*

rupture [ˈrʌptʃə] *s.* ruptura *f.,* trencament *m. 2* MED. hèrnia *f.*

rupture (to) [ˈrʌptʃə] *t.* trencar, esvinçar. *2* MED. herniar-se *p.* ■ *3 i.* MED. herniarse *p.*

rural [ˈruərəl] *a.* rural.

ruse [ruːz] *s.* ardit *m.,* estratagema *f.*

rush [rʌʃ] *s.* precipitació *f.,* pressa *f. 2* ímpetu *m. 3* afluència *f.,* aglomeració *f.* [de gent]. *4* confusió *f.,* batibull *m. 5* corrent *m.,* torrent *m. 6* escomesa *f.,* atac *m. 7* BOT. jonc *m.*

rush (to) [rʌʃ] *i.* precipitar-se *p.,* abalançar-se *p.,* tirar-se *p. 2* córrer. *3* anar de pressa, afanyar-se *p. 4 to ~ out,* sortir precipitadament. ■ *5 t.* empènyer. *6* apressar. *7* fer de pressa. *8* portar ràpidament. *9* assaltar, atacar.

rush hour [ˈrʌʃauə] *s.* hora *f.* punta.

rusk [rʌsk] *s.* galeta *f.*

Russia [ˈrʌʃə] *n. pr.* GEOGR. Rússia.

Russian [ˈrʌʃən] *a.* rus. ■ *2 s.* rus [persona]. *3* rus *m.* [llengua].

rust [rʌst] *t.* rovellar, oxidar [també fig.]. ■ *2 i.* rovellar-se *p.,* oxidar-se *p.*

rustic [ˈrʌstik] *a.* rústic. *2* rústec. ■ *3 s.* pagès, aixafaterrossos.

rustle [ˈrʌsl] *s.* remor *f.,* murmuri *m. 2* cruixit *m.*

rustle (to) [ˈrʌsl] *i.* remorejar, murmurar. *2* cruixir. *3* (EUA) col·loq. robar [bestiar]. ■ *4 t.* xiuxiuejar *i.,* dir en veu baixa; moure fent remor.

rusty [ˈrʌsti] *a.* oxidat, rovellat [també fig.]. *2* de color de rovell. *3* descolorit, vell [un vestit negre].

rut [rʌt] s. rodera f., carrilada f. 2 fig. rutina f. 3 ZOOL. zel m.

ruthless ['ruːθlis] s. cruel, despietat, in-

humà. ■ 2 **-ly** adv. cruelment, despietadament.

rye [rai] s. BOT. sègol m.

S

S, s [es] s. s f. [lletra].

Sabbath ['sæbəθ] s. dia m. de descans; diumenge m. [cristians]; dissabte m. [jueus].

sabotage ['sæbətaːʒ] s. sabotatge m.

sabre, (EUA) **saber** ['seibə] s. sabre m.

sack [sæk] s. sac m., costal m. 2 saqueig m. 3 col·loq. acomiadament m.

sack (to) [sæk] t. saquejar. 2 ensacar, ficar dins d'un sac. 3 col·loq. acomiadar, fer fora.

sacrament ['sækrəmənt] s. REL. sagrament m. ‖ *Holy Sacrament,* sant sagrament.

sacred ['seikrid] a. sagrat.

sacrifice ['sækrifais] s. sacrifici m.

sacrifice (to) ['sækrifais] t. sacrificar(se).

sacrilege ['sækrilidʒ] s. REL. sacrilegi m.

sacrilegious [ˌsækriˈlidʒəs] a. sacríleg.

sad [sæd] a. trist. 2 infaust. 3 lamentable, deplorable. ■ 4 **-ly** adv. tristament; lamentablement.

sadden (to) ['sædn] t. entristir. ■ 2 i. entristir-se p.

saddle ['sædl] s. sella f. [de muntar]. 2 selló m. [d'una bicicleta, d'una motocicleta].

saddle (to) ['sædl] t. ensellar. 2 **to ~ with,** endossar, encolomar.

sadism ['sædizəm] s. sadisme m.

sadness ['sædnis] s. tristesa f.

safe [seif] a. segur. 2 il·lès, incòlume. ‖ ~ *and sound,* sa i estalvi. 3 prudent, assenyat. 4 protegit, resguardat. ■ 5 s. caixa f. forta, caixa f. de cabals. 6 armari m. del rebost. ‖ *meat-safe,* carner m. ■ 7 **-ly** adv. sense perill. 8 amb seguretat. 9 sense novetat, sense cap incident.

safe-conduct [seifˈkɔndəkt] s. salconduit m.

safeguard ['seifgɑːd] s. salvaguarda f.

safety ['seifti] s. seguretat f. 2 prudència.

safety-belt ['seiftibelt] s. cinturó m. de seguretat.

safety-pin ['seiftipin] s. agulla f. imperdible, imperdible f.

safety-razor ['seiftiˌreizəʳ] s. maquineta f. d'afaitar.

saffron ['sæfrən] s. safrà m.

sag (to) [sæg] i. enfonsar-se p., esfondrar-se p. 2 cedir, afluixar-se p. 3 baixar [els preus].

sagacious [səˈgeiʃəs] a. sagaç.

sage [seidʒ] s. BOT. sàlvia f. 2 savi m. ■ 3 a. savi.

said [sed] Vegeu SAY (TO).

sail [seil] s. MAR. vela f. 2 aspa f., antena f. [de molí].

sail (to) [seil] i. navegar. 2 sortir [un vaixell, persones en un vaixell], fer-se p. a la mar. 3 lliscar, flotar, volar. ■ 4 t. tripular, navegar [un vaixell].

sailing ['seiliŋ] s. navegació f., nàutica f. 2 ESPORT vela f.

sailor ['seiləʳ] s. mariner, marí.

saint [seint, snt] s. sant.

saintly ['seintli] a. sant.

sake [seik] s. causa f., motiu m., amor m., consideració f.: *for God's ~,* per l'amor de Déu; *for my ~,* per mi; *for the ~ of,* per, amb motiu de, en consideració a.

salad ['sæləd] s. amanida f., (BAL.) trempó m., (VAL.) ensalada f.

salad-bowl ['sælədboul] s. enciamera f.

salamander ['sæləˌmændəʳ] s. ZOOL., MIT. salamandra f.

salary ['sæləri] s. sou m., salari m., paga f.

sale [seil] s. venda f. ‖ *for ~, on ~,* en venda, es ven. 2 liquidació f., rebaixes f. pl. 3 subhasta f.

salesman ['seilzmən] s. venedor m. 2 viatjant m. [de comerç].

saleswoman ['seilzwumən] s. venedora f. 2 viatjant f. [de comerç].

saliva [səˈlaivə] s. saliva f.

saucer

sallow ['sælou] *a.* pàl·lid, citrí, groguenc [cara].

salmon ['sæmən] *s.* ICT. salmó *m.* 2 salmó *m.* [color]. ▲ *pl.* **salmon.**

salon ['sælɔn] *s.* saló *m.*

saloon [sə'lu:n] *s.* sala *f.*, saló *m.* [d'un hotel, un vaixell, etc.]. 2 (EUA) bar *m.*, taverna *f.*

salt [sɔ:lt] *s.* CUL., QUÍM. sal *f.* [també fig.]. ■ 2 *a.* salat; salí.

salt (to) [sɔ:lt] *t.* posar sal. 2 salar.

saltpetre, (EUA) **saltpeter** [sɔ:lt'pi:tə⁵] *s.* salnitre *m.*, salpetre *m.*, nitre *m.*

salutary ['sæljutəri] *a.* saludable, salutífer.

salutation [ˌsælju'teiʃən] *s.* salutació *f.*, salut *m.*

salute [sə'lu:t] *s.* salutació *f.*

salute (to) [sə'lu:t] *t.-i.* saludar *t.*

Salvador, El ['sælvədɔː⁵, 'el] *n. pr.* GEOGR. El Salvador.

Salvadorean [sælvə'dɔːriən] *a.-s.* salvadorenc.

salvage ['sælvidʒ] *s.* salvament *m.* 2 objectes *m. pl.* salvats.

salvation [sæl'veiʃən] *s.* salvació *f.*

same [seim] *a.* mateix; igual: *at the ~ time,* al mateix temps; *the two dresses are the ~,* els dos vestits són iguals. ■ 2 *pron.* mateix: *I'm the ~ as always,* sóc el mateix de sempre; *I did the ~,* jo vaig fer el mateix. ■ 3 *adv.* de la mateixa manera. 4 igual: *It's all the ~ to me,* m'és igual. 5 *all the ~,* tanmateix.

sameness ['seimnis] *s.* igualtat *f.* 2 monotonia *f.*

sample ['sɑːmpl] *s.* COM. mostra *f.*

sample (to) ['sɑːmpl] *t.* treure una mostra de. 2 provar, tastar.

sanatorium [ˌsænə'tɔːriəm] *s.* sanatori *m.* ▲ *pl.* **sanatoriums** o **sanatoria** [ˌsænə'tɔːriə].

sanctimonious [ˌsæŋkti'mounjəs] *a.* rosegaaltars, beguí.

sanction ['sæŋkʃən] *s.* sanció *f.*

sanction (to) ['sæŋkʃən] *t.* sancionar.

sanctuary ['sæŋktjuəri] *s.* santuari *m.* [també fig.]. 2 sagrari *m.* 3 refugi *m.*

sand [sænd] *s.* sorra *f.*, (BAL.) (VAL.) arena *f.* 2 platja *f.*

sandal ['sændl] *s.* sandàlia *f.* 2 BOT. sàndal *m.*

sand-bar ['sændbɑː⁵] *s.* banc *m.* de sorra.

sandwich ['sænwidʒ] *s.* sandvitx *m.*, entrepà *m.*

sane [sein] *a.* sa, en el seu seny. 2 assenyat, sensat, enraonat. ■ 3 **-ly** *adv.* assenyadament, sensatament.

sang [sæŋ] Vegeu SING (TO).

sanguinary ['sæŋgwinəri] *a.* sanguinari. 2 sangonent, sangonós.

sanguine ['sæŋgwin] *a.* optimista; esperançat. 2 rubicund.

sanitary ['sænitəri] *a.* sanitari, de sanitat. 2 higiènic.

sanity ['sæniti] *s.* seny *m.*, salut *f.* mental. 2 seny *m.*, sensatesa *f.*

sank Vegeu SINK (TO).

sap [sæp] *s.* BOT. saba *f.* [també fig.]. 2 col·loq. enze, babau. 3 MIL. sapa *f.*

sap (to) [sæp] *i.* fer sapes. ■ 2 *t.* soscavar. 3 fig. minar.

sapphire ['sæfaiə⁵] *s.* MINER. safir *m.*

sarcasm ['sɑːkæzəm] *s.* sarcasme *m.*

sarcastic [sɑː'kæstik] *a.* sarcàstic.

sardine [sɑː'diːn] *s.* ICT. sardina *f.*

Sardinia [sɑː'diniə] *n. pr.* GEOGR. Sardenya.

sardonic [sɑː'dɔnik] *a.* sardònic.

sash [sæʃ] *s.* faixa *f.*, banda *f.*, faixí *m.*

sash window [sæʃˌwindou] *s.* finestra *f.* de guillotina.

sat [sæt] Vegeu SIT (TO).

satanic [sə'tænik] *a.* satànic.

satchel ['sætʃəl] *s.* cartera *f.* [de col·legi].

satellite ['sætəlait] *s.* satèl·lit *m.*

satiate (to) ['seiʃieit] *t.* form. saciar, sadollar(se), atipar-se *p.*

satiety [sə'taieti] *s.* form. sacietat *f.*

satin ['sætin] *s.* TÈXT. setí *m.*, ras *m.*

satire ['sætaiə⁵] *s.* sàtira *f.*

satiric [sə'tirik] *a.* satíric.

satirize (to) ['sætəraiz] *t.* satiritzar.

satisfaction [ˌsætis'fækʃən] *s.* satisfacció *f.*

satisfactory [ˌsætis'fæktəri] *a.* satisfactori. 2 suficient.

satisfy (to) ['sætisfai] *t.* satisfer. 2 convèncer: *I am satisfied that,* estic convençut que, estic segur que. ■ 3 *i.* estar content, estar satisfet.

saturate (to) ['sætʃəreit] *t.* saturar. 2 impregnar, amarar [també fig.].

Saturday ['sætədi, -dei] *s.* dissabte *m.*

sauce [sɔːs] *s.* salsa *f.*

sauce-boat ['sɔːsbout] *s.* salsera *f.*

saucepan ['sɔːspən] *s.* cassola *f.*

saucer ['sɔːsə⁵] *s.* sotacopa *f.*, platet *m.*

saucy [ˈsɔːsi] *a.* descarat, impertinent. 2 col·loq. bufó, elegant.

saunter (to) [ˈsɔːntəʳ] *i.* passejar-se *p.;* caminar a poc a poc [sense direcció].

sausage [ˈsɔsidʒ] *s.* botifarra *f.*, salsitxa *f.*, embotit *m.*

savage [ˈsævidʒ] *a.* salvatge, primitiu. 2 ferotge, furiós. ■ 3 *s.* salvatge. ■ 4 **-ly** *adv.* salvatgement; ferotgement.

savagery [ˈsævidʒəri] *s.* salvatgeria *f.*, salvatjada *f.* 2 salvatgia *f.*, salvatgisme *m.*

savant [ˈsævənt] *s.* savi, erudit.

save [seiv] *prep.* llevat de. ■ 2 *conj.* llevat que.

save (to) [seiv] *t.* salvar. 2 conservar, preservar. 3 guardar; estalviar. 4 evitar, impedir.

1) saving [ˈseiviŋ] *s.* economia *f.*, estalvi *m.* 2 *pl.* estalvis *m. pl.*

2) saving [ˈseiviŋ] *prep.* llevat de, excepte.

savings bank [ˈseiviŋzbæŋk] *s.* caixa *f.* d'estalvis.

saviour, (EUA) **savior** [ˈseivjə] *s.* salvador.

savour, (EUA) **savor** [ˈseivə] *s.* sabor *m.*, gust *m.;* olor *f.* 2 regust *m.*

savour, (EUA) **savor** [ˈseivə] *t.* assaborir. ■ 2 *i.* tenir gust de.

savoury, (EUA) **savory** [ˈseivəri] *a.* saborós, gustós. 2 salat. ■ 3 *s.* tapa *f.* [menjar].

saw [sɔː] *s.* serra *f.* [eina]. 2 dita *f.*, refrany *m.* ■ 3 Vegeu SEE (TO).

saw (to) [sɔː] *t.-i.* serrar. ▲ Pret.: **sawed** [sɔːd]; p. p.: **sawn** [sɔːn].

sawdust [ˈsɔːdʌst] *s.* serradures *f. pl.*

sawed [sɔːd] Vegeu SAW (TO).

sawn [sɔːn] Vegeu SAW (TO).

Saxon [ˈsæksn] *a.* saxó. ■ 2 *s.* saxó [persona]. 3 saxó *m.* [llengua].

say [sei] *s.* **to have one's ~**, dir la seva, tenir alguna cosa a dir.

say (to) [sei] *t.* dir. ∥ **it is said**, es diu que, diuen que; **that is to ~**, és a dir; **to ~ mass**, dir missa. 2 recitar; resar. ▲ Pres. 3.ª pers.: **says** [səz], pret. i p. p.: **said** [sed].

saying [ˈseiiŋ] *s.* dita *f.*, refrany *m.*

scab [skæb] *s.* MED. crosta *f.* 2 col·loq. esquirol.

scabbard [ˈskæbəd] *s.* beina *f.* [d'espasa].

scaffold [ˈskæfəld] *s.* CONSTR. bastida *f.* 2 cadafal *m.*, patíbul *m.*

scaffolding [ˈskæfəldiŋ] *s.* bastida *f.*, bastimentada *f.*

scale [skeil] *s.* escama *f.*, escata *f.* 2 escala *f.* [graduació; proporció; música]. 3 balanç *m.*, platet *m.* [d'una balança]. 4 balança *f.*, bàscula *f.*

scale (to) [skeil] *t.* escatar. 2 fer a escala. 3 escalar. ■ 4 *i.* saltar o caure a escates. 5 pesar.

scalp [skælp] *s.* cuir *m.* cabellut; cabellera *f.*

scalp (to) [skælp] *t.* arrencar la cabellera.

scalpel [ˈskælpəl] *s.* MED. escalpel *m.*

scaly [ˈskeili] *a.* escamós.

scamp [skæmp] *s.* bergant, brivall.

scamper [ˈskæmpəʳ] *s.* fugida *f.* o fuga *f.* precipitada.

scamper (to) [ˈskæmpəʳ] *i.* fugir, córrer [els animals].

scan (to) [skæn] *t.* observar; escodrinyar, escrutar [amb la vista]. 2 fer una ullada o un cop d'ull. 3 escandir.

scandal [ˈskændl] *s.* escàndol *m.*, vergonya *f.* 2 xafarderies *f. pl.*, murmuracions *f. pl.* 3 difamació *f.*

scandalize (to) [ˈskændəlaiz] *t.* escandalitzar.

scandalous [ˈskændələs] *a.* escandalós, vergonyós. 2 difamatori.

Scandinavia [ˌskændiˈneiviə] *n. pr.* GEOGR. Escandinàvia.

Scandinavian [ˌskændiˈneiviən] *a.-s.* escandinau.

scant [skænt] *a.* escàs, poc.

scanty [ˈskænti] *a.* escàs, insuficient, magre.

scapegoat [ˈskeipgout] *s.* fig. cap *m.* de turc.

scar [skɑːʳ] *s.* cicatriu *f.* 2 fig. senyal *m.* 3 roca *f.* pelada.

scarce [skeəs] *a.* escàs, insuficient. 2 rar, poc freqüent.

scarcely [ˈskeəsli] *adv.* a penes, difícilment, amb prou feines. ∥ ~ **ever**, gairebé mai.

scarcity [ˈskeəsiti] *s.* escassesa *f.*, escassetat *f.* 2 raresa *f.*, poca freqüència *f.*

scare [skeəʳ] *s.* esglai *m.*, ensurt *m.*, alarma *f.* 2 por *f.*, pànic *m.*

scare (to) [skeəʳ] *t.* espantar, fer por; alarmar. 2 **to ~ away**, espantar, fer fugir. ■ 3 *i.* espantar-se *p.* 4 **to be scared**, tenir por, estar espantat.

scarecrow [ˈskeəkrou] *s.* espantaocells *m.*

scarf [skɑːf] *s.* bufanda *f.* 2 mocador *m.* de coll o de cap. 3 xal *m.* ▲ *pl.* **scarfs** o **scarves** [skɑːvz].

scarlet ['ska:lit] *a.* escarlata. ■ *2 s.* escarlata *m.* [color].

scathing ['skeiðiŋ] *a.* acerb, mordaç, dur.

scatter (to) ['skætə] *t.* dispersar, esparpallar, escampar, (ROSS.) escampillar. ■ *2 i.* dispersar-se *p.*, esparpallar-se *p.*, escampar-se *p.*

scenario [si'nɑːriou] *s.* TEAT., CINEM. guió *m.*, argument *m.*

scene [si:n] *s.* escena *f.* ‖ *behind the scenes*, entre bastidors. [també fig.]. *2* escenari *m. 3* vista *f.*, panorama *f. 4* TEAT. decorat *m.*

scenery ['si:nəri] *s.* paisatge *m.*, panorama *f.*, vista *f. 2* TEAT. decoració *f.*

scent [sent] *s.* olor *f.*, aroma *m.*, fragància *f. 2* perfum *m. 3* rastre *m.*, pista *f.*

scent (to) [sent] *t.* olorar, sentir olor de, flairar. *2* sospitar. *3* perfumar.

sceptic ['skeptik] *s.* FIL. escèptic.

sceptical ['skeptikl] *a.* escèptic.

scepticism ['skeptisizəm] *s.* escepticisme *m.*

sceptre, (EUA) **scepter** ['septə] *s.* ceptre [reial].

schedule ['ʃedju:l], (EUA) ['skedʒu:l] *s.* llista *f.*, inventari *m. 2* horari *m.* [de trens, autobús, etc.]. *3* programa *m.*, pla *m.*, previsió *f.*

scheme [ski:m] *s.* combinació *f.*, arranjament *m. 2* projecte *m.*, disseny *m.*, pla *m. 3* intriga *f.*, maquinació *f.*

scheme (to) [ski:m] *t.* projectar, idear, planejar. *2* ordir, tramar, maquinar. ■ *3 i.* fer projectes. *4* ordir *t.*, tramar *t.*, maquinar *t.*

schism ['sizəm] *s.* cisma *m.*

scholar ['skɔlə] *s.* becari. *2* savi, erudit.

scholarship ['skɔləʃip] *s.* saber *m.*, erudició *f. 2* beca *f.*

school [sku:l] *s.* escola *f. 2* col·legi *m. 3* institut *m. 4* facultat *f.* [de la universitat]. ■ *5 a.* escolar, d'escola. ‖ *~ year*, any escolar.

school (to) [sku:l] *t.* ensenyar, instruir, educar.

schooling ['sku:liŋ] *s.* instrucció *f.*, ensenyament *m.*

schoolmaster ['sku:l,mɑːstə] *s.* mestre *m.* d'escola; professor *m.* d'institut.

schoolmistress ['sku:l,mistris] *s.* mestra *f.* d'escola; professora *f.* d'institut.

science ['saiens] *s.* ciència *f.*

scientist ['saiəntist] *s.* científic.

scintillate (to) ['sintileit] *i.* centellejar, espurnejar.

scion ['saiən] *s.* BOT. brot *m.*, lluc *m.*, tany *m. 2* descendent.

scissors ['sizəz] *s. pl.* tisores *f. pl.*, estisores *f. pl.*

scoff [skɔf] *s.* burla *f.*, mofa *f. 2* riota *f.*

scoff (to) [skɔf] *i.* mofar-se *p.*, burlar-se *p. (at, de).*

scold (to) [skould] *t.-i.* renyar *t.*, escridassar *t.*

scoop [sku:p] *s.* pala *f. 2* cullerot *m.*, culler *m. 3* MAR. sàssola *f. 4* TECNOL. cullera *f. 4 at one ~*, de cop *m.*, d'una revolada *f.*

scope [skoup] *s.* possibilitat *f.*, oportunitat *f. 2* abast *m.*, àmbit *m.*, camp *m.* d'acció, camp *f.* d'observació.

scorch (to) [skɔ:tʃ] *t.* socarrimar, socarrar. *2* abrasar, cremar. ■ *3 i.* socarrimar-se *p.*, socarrar-se *p. 4* abrasar-se *p.*, cremar-se *p.*

scorching ['skɔ:tʃiŋ] *a.* abrasador, molt calent. *2* molt calorós.

score [skɔ:] *s.* osca *f.*, mòssa *f.*, senyal *m. 2* compte *m. 3* motiu *m.*, raó *m. 4* vintena *f.*, vint *m. 5* ESPORT resultat *m.*, punts *m. pl.*, gols *m. pl. 6* MÚS. partitura *f.*

score (to) [skɔ:] *t.* oscar, fer osques a, ratllar. *2* ESPORT marcar, fer [punts]. *3* MÚS. instrumentar, orquestrar. ■ *4 i.* marcar gols, fer punts. *5* obtenir un resultat o una puntuació. *6* tenir èxit, guanyar.

scorn [skɔ:n] *s.* desdeny *m.*, menyspreu *m. 2* escarniment *m.*, escarn *m.*

scorn (to) [skɔ:n] *t.* desdenyar, menysprear. *2* escarnir.

scorpion ['skɔ:pjən] *s.* ZOOL. escorpí *m.*

Scot [skɔt] *s.* escocès.

Scotch [skɔtʃ] *a.* escocès. ■ *2 s.* whisky *m.* escocès.

Scotland ['skɔtlənd] *n. pr.* GEOGR. Escòcia.

Scottish ['skɔtiʃ] *a.-s.* escocès.

scoundrel ['skaundrəl] *s.* canalla, facinerós, bergant.

scour (to) ['skauə] *t.* fregar, refregar, netejar. *2* netejar; emportar-se *p.* amb un raig d'aigua. *3* escorcollar, recórrer.

scourge [skə:dʒ] *s.* fuet *m.*, flagell *m. 2* fig. flagell *m.*, fuet *m.*

scourge (to) [skə:dʒ] *t.* assotar, flagel·lar.

scout [skaut] *s.* MIL. explorador, escolta. ‖ *~*, *boy ~*, noi *m.* escolta.

scout (to) [skaut] *t.* explorar; reconèixer [el terreny]. 2 rebutjar amb menyspreu. ■ 3 *i.* fer un reconeixement [del terreny], explorar *t.*

scowl [skaul] *s.* mala cara *f.*, nas *m.* arrufat, celles *f. pl.* arrufades.

scowl (to) [skaul] *i.* mirar amb les celles arrufades o amb cara de pomes agres.

scrag [skræg] *s.* persona *f.* o animal *m.* molt prim. 2 clatell *m.*, bescoll *m.*

scramble ['skræmbl] *s.* baralla *f.*, estiracabells *m.*, lluita *f.*

scramble (to) ['skræmbl] *i.* grimpar, enfilar-se *p.* 2 barallar-se *p.* per, anar a l'estiracabells. ■ 3 *t.* remenar. ‖ *scrambled eggs,* ous remenats.

scrap [skræp] *s.* tros. 2 *pl.* deixalles *f. pl.*, sobres *f. pl.* 3 retall *m.*

scrap-book ['skræpbuk] *s.* àlbum *m.* de retalls [de revistes o diaris].

scrap-iron ['skræp'aiən] *s.* ferralla *f.*, ferros *m. pl.* vells.

scrape [skreip] *s.* esgarrapada *f.*, raspadura *f.* 2 embolic *m.*, trencacolls *f.*

scrape (to) [skreip] *t.* rascar; llimar. 2 fregar. 3 fig. ~ *along,* anar tirant.

scratch [skrætʃ] *s.* esgarrapada *f.*, esgarrinxada *f.* 2 ratlla *f.*, marca *f.*; tall *m.* 3 ESPORT línia *f.* de sortida.

scratch (to) [skrætʃ] *t.-i.* esgarrapar, esgarrinxar(-se). 2 ratllar, rascar(-se). 3 retirar-se *p.* d'una competició.

scream [skri:m] *s.* crit *m.*, xiscle *m.*

scream (to) [skri:m] *t.-i.* cridar, xisclar.

screech [skri:tʃ] *s.* xiscle *m.*, esgarip *m.* 2 xerric *m.*

screech (to) [skri:tʃ] *i.* xisclar, fer esgarips. 2 xerricar.

screen [skri:n] *s.* pantalla *f.* 2 fig. cortina *f.*, protecció *f.*, mur *m.* 3 biombo *m.*, paravent *m.* 4 mosquitera *f.* 5 sedàs *m.*, garbell *m.* 6 *the big* ~, el cinema; *the small* ~, la petita pantalla , la televisió.

screen (to) [skri:n] *t.* ocultar, amagar. 2 protegir. 3 garbellar. 4 CINEM. projectar.

screw [skru:] *s.* cargol *m.*, femella *f.* 2 volta *f.* [de cargol]. 3 hèlice *f.*

screw (to) [skru:] *t.* cargolar, collar. [també fig.]. 2 *t.-i.* vulg. cardar *i.*

screwdriver ['skru:ˌdraivə˚] *s.* tornavís *m.*, (BAL.) desengramponador *m.*

scribble [skribl] *s.* gargot *m.*

scribble (to) [skribl] *t.* escriure amb mala lletra. ■ 2 *i.* gargotejar.

script [skript] *s.* lletra *f.*, escriptura *f.* manual. 2 CINEM. guió *m.*

scroll [skroul] *s.* rotlle *m.* [de paper, pergamí, etc.].

scrounge (to) [skraundʒ] *i.* anar de gorra, fer el viu. ■ 2 *t.* gorrejar.

scrounger ['skraundʒə˚] *s.* gorrer.

scrub [skrʌb] *s.* sotabosc *m.* 2 fregada *f.* ■ 3 *a.* petit, esquifit.

scrub (to) [skrʌb] *t.-i.* fregar.

scruff [skrʌf] *s. the* ~ *of the neck,* clatell *m.*

scruple ['skru:pl] *s.* escrúpol *m.*

scruple (to) ['skru:pl] *i.* tenir escrúpols; dubtar.

scrutinize (to) ['skru:tinaiz] *t.* escrutar, comptar amb detall.

scullery ['skʌləri] *s.* recuina *f.*, repartidor *m.*

sculptor ['skʌlptə˚] *s.* escultor.

sculptress ['skʌlptris] *s.* escultora *f.*

sculpture ['skʌlptʃə˚] *s.* escultura *m.*

scum [skʌm] *s.* escuma *f.* 2 fig. púrria *f.*, escòria *f.*

scurry (to) ['skʌri] *i.* córrer, apressar-se *p.*

scuttle ['skʌtl] *s.* fugida *f.* precipitada, retirada *f.* [amb covardia]. 2 escotilla *f.*

scuttle (to) ['skʌtl] *t.* MAR. fer anar a pic, enfonsar.

scythe [saið] *s.* dalla *f.*

sea [si:] *s.* mar *m.* (i *f.*) ‖ *on the high* ~, en alta mar; *seamanship,* destresa *f.* per a navegar. 2 fig. *a* ~ *of blood,* un riu de sang.

sea bream ['si:'bri:m] *s.* ICT. besuc *m.*

seagull ['si:gʌl] *s.* gavina *f.*, gavià *m.*

sea horse ['si:hɔ:s] *s.* ZOOL. cavall *m.* de mar.

seal [si:l] *s.* ZOOL. foca *f.* 2 segell *m.*

seal (to) [si:l] *t.* segellar, precintar.

sea level ['si:levl] *s.* nivell *m.* del mar.

sealing-wax ['si:liŋwæks] *s.* lacre *m.*

seam [si:m] *s.* costura *f.*, repunt *m.*

seam (to) [si:m] *t.* cosir. 2 fer repunts.

seaman ['si:mən] *s.* mariner *m.*

seamstress ['si:mstris] *s.* cosidora *f.*, modista *f.*

sear (to) [siə˚] *t.* marcir, assecar. 2 abrasar, cremar. 3 marcar amb ferro roent.

search [sə:tʃ] *s.* recerca *f.*, escorcoll *m.*, registre *m.* 2 investigació *f.*, examen *m.*

search (to) [sə:tʃ] *t.-i.* examinar *t.*, investigar *t.* 2 registrar *t.*, escorcollar *t.*

searchlight ['sə:tʃlait] *s.* ELECT. reflector *m.*, focus *m.*

seasick ['si:sik] *a.* marejat [navegant].

seasickness ['si:siknis] *s.* mareig *m.* [navegant].

seaside ['si:said] *s.* platja *f.*, costa *f.*, zona *f.* costanera. ■ 2 *a.* costaner, de la costa.

season ['si:zn] *s.* estació *f.*, període *m.*, temporada *f.*, temps *m.* ‖ *on due ~,* al seu temps.

season (to) ['si:zn] *t.* assaonar, amanir. 2 alleugerir. 3 aclimatar, habituar.

seasonable ['si:zənəbl] *a.* oportú; adequat, apropiat.

season ticket ['si:zntikit] *s.* abonament *m.*

seat [si:t] *s.* seient *m.* ‖ *to take a ~,* seure, asseure's. 2 CINEM., TEAT. localitat *f.* 3 seu *f.* [d'un govern, etc.]. 4 localització *f.* [d'una malaltia].

seat (to) [si:t] *t.* asseure. 2 tenir capacitat per [seients]. 3 encaixar; instal·lar. ■ 4 *i.* fer bossa [pantalons, etc.].

seat belt ['si:tbelt] *s.* cinturó *m.* de seguretat.

sea wall ['si:wɔ:l] *s.* dic *m.*, escullera *f.*

secede (to) [si'si:d] *i.* escindir-se *p.*, separar-se *p.*

secession [si'seʃən] *s.* secessió *f.*, escissió *f.*

seclude (to) [si'klu:d] *t.* aïllar, separar, bandejar.

seclussion [si'klu:ʒən] *s.* aïllament *m.*, reclusió *f.*, bandejament *m.*

second ['sekənd] *a.* segon. 2 secundari, subordinat. ■ 3 *s.* segon. ‖ ~ *hand,* busca *f.* dels segons [rellotge]. ■ 4 *-ly adv.* en segon lloc.

second (to) ['sekənd] *t.* recolzar, secundar.

secondary ['sekəndəri] *a.* secundari.

secondhand [,seknd'hænd] *a.* de segona mà.

secret ['si:krit] *a.-s.* secret. ■ 2 *-ly adv.* secretament.

secretary ['sekrətri] *s.* secretari. 2 ministre.

secrete (to) [si'kri:t] *t.* amagar, ocultar. ■ 2 *i.* secretar.

sect [sekt] *s.* secta *f.* 2 grup *m.*, partit *m.*

section ['sekʃən] *s.* secció *f.*

secular ['sekjulə'] *a.* secular. ■ 2 *s.* seglar, laic.

secure [si'kjuə'] *a.* segur; confiat. 2 segur, ferm; assegurat. ■ 3 *-ly adv.* de manera segura.

secure (to) [si'kjuə'] *t.* assegurar, fixar. 2 garantir. 3 aconseguir.

security [si'kjuəriti] *s.* seguretat *f.* 2 fiança *f.*

sedative ['sedətiv] *a.* MED. sedant ■ 2 MED. *s.* sedant *m.*

sedentary ['sedntəri] *a.* sedentari.

sediment ['sedimənt] *s.* sediment *m.*

sedition [si'diʃən] *s.* sedició *f.*

seduce (to) [si'dju:s] *t.* induir, temptar. 2 seduir.

sedulous ['sedjuləs] *a.* diligent, aplicat.

see [si:] *s.* ECLES. seu *f.:* *Holy See,* Santa Seu.

see (to) [si:] *t.* veure. 2 entendre, veure. 3 mirar, observar. 4 rebre. ■ 5 *i.* veure. ‖ *let's ~!,* vejam!, a veure! 6 entendre *t.*, veure *t.* ‖ *I ~!,* ja ho veig!; *you ~?* ho entens?; *as far as I can ~,* al meu entendre. ■ *to ~ after,* tenir cura de, encarregar-se de; *to ~ into,* investigar, examinar; *to ~ off,* acomiadar, dir adéu; *to ~ through,* veure a través; calar; penetrar; *to ~ to,* tenir cura de, atendre. ▲ Pret.: *saw* [sɔ:]; p. p. *seen* [si:n].

seed [si:d] *s.* llavor *f.*, sement *f.*, gra *m.*

seed (to) [si:d] *t.* sembrar. 2 espinyolar. ■ 3 *i.* granar.

seek (to) [si:k] *t.* buscar, (BAL.) cercar. 2 demanar. 3 perseguir, ambicionar. ■ 4 *i.* *to ~ after, for* o *out,* buscar; sol·licitar. ▲ Pret. i p. p.: *sought* [sɔ:t].

seem (to) [si:m] *i.* semblar. ‖ *it seems to me that...,* em sembla que...; *it seems so,* això sembla.

seeming ['si:miŋ] *a.* aparent. ■ 2 *s.* aparença *f.* ■ 3 *-ly adv.* aparentment.

seemly ['si:mli] *a.* form. correcte. 2 decent.

seen [si:n] Vegeu SEE (TO).

seep (to) [si:p] *i.* filtrar-se *p.*

seer ['si(:)ə'] *s.* vident; profeta.

seethe (to) [si:ð] *i.* bullir [també fig.].

segment ['segmənt] *s.* segment *m.*

segregation [segri'geiʃən] *s.* segregació *f.*, separació *f.*

seismic ['saizmik] *a.* sísmic.

seize (to) [si:z] *t.* agafar, engrapar. 2 DRET confiscar, embargar. 3 apoderar-se *p.* de. ■ 4 *i.* *to ~ (up),* encallar-se *p.*

seizure ['si:ʒə'] *s.* DRET embargament *m.*, embarg *m.* 2 captura *f.*

seldom ['seldəm] *adv.* rarament, quasi gens.

select [si'lekt] *a.* selecte.

select (to) [si'lekt] *t.* seleccionar, escollir.

selection [si'lekʃən] *s.* selecció *f.* 2 elecció *f.* 3 COM. assortiment *m.*

self [self] *a.* mateix, idèntic. ▲ *pl.* **selves** [selvz].

self-adhesive [ˌselfəd'hiːsiv] *a.* autoadhesiu.

self-appointed [ˌselfə'pɔintid] *a.* nomenat per si mateix.

self-centred, (EUA) **self-centered** [ˌselfsentəd] *a.* egocèntric.

self-confidence [ˌself'kɔnfidəns] *s.* seguretat *f.* en un mateix.

self-confident [ˌself'kɔnfidənt] *a.* segur d'un mateix.

self-conscious [ˌself'kɔnʃəs] *a.* conscient. 2 col·loq. tímid, vergonyós.

self-consciousness [ˌself'kɔnʃəsnis] *s.* consciència *f.* 2 col·loq. timidesa *f.,* vergonya *f.*

self-control [ˌself'kɔn'troul] *s.* autocontrol *m.*

self-denial [ˌselfdi'naiəl] *s.* abnegació *f.*

self-denying [ˌselfdi'naiŋ] *a.* abnegat.

self-discipline [ˌself'disiplin] *s.* autodisciplina *f.*

self-employed [ˌselfem'plɔid] *a.* que treballa per compte propi.

self-governing [ˌself'gʌvniŋ] *a.* autònom.

selfish [selfiʃ] *a.* egoista, interessat. ■ 2 -**ly** *adv.* egoistament, de manera interessada.

selfishness ['selfiʃnis] *s.* egoisme *m.*

self-portrait [ˌself'pɔːtreit] *s.* autoretrat *m.*

self-respect [ˌselfris'pekt] *s.* dignitat *f.,* amor *m.* propi.

self-respecting [ˌselfris'pektiŋ] *a.* que té amor propi.

self-righteous [ˌself'raitʃəs] *a.* arrogant, desdenyós.

self-sacrifice [ˌself'sækrifais] *s.* abnegació *f.*

self-sacrificing [ˌself'sækrifaisiŋ] *a.* sacrificat, abnegat.

self-satisfied [ˌself'sætisfaid] *a.* satisfet de si mateix.

self-service [ˌselfsə'vis] *a.* d'autoservei.

self-starter [ˌself'staːtə'] *s.* MEC. motor *m.* d'arrencada automàtica.

self-sufficient [ˌselfsə'fiʃnt] *a.* autosuficient.

sell [sel] *s.* col·loq. engany *m.,* estafa *f.*

sell (to) [sel] *t.* vendre. 2 trair, vendre. 3 enganyar. 4 *to ~ off,* liquidar. ■ *5 i.* vendre's *p.* ▲ Pret. i p. p.: **sold** [sould].

seller ['selə'] *s.* article *m.* venut: *it's a slow ~,* és un producte que no es ven bé.

semaphore ['seməfɔː'] *s.* FERROC., MAR. semàfor *m.*

semblance ['sembləns] *s.* semblança *f.* 2 aparença *f.*

semicolon [ˌsemi'koulən] *s.* punt i coma [ortografia].

seminar ['seminɑː'] *s.* seminari *m.* [universitat].

senate ['senit] *s.* senat *m.* 2 claustre *m.* [universitat].

send (to) [send] *t.* enviar, trametre. 2 llançar. 3 tornar. 4 pop. tornar boig, entusiasmar. ■ *to ~ away,* acomiadar; *to ~ back,* tornar; *to ~ down,* fer baixar; expulsar [un estudiant]; *to ~ forth,* treure, produir; *to ~ on,* tornar a enviar; *to ~ up,* fer apujar; satiritzar, parodiar. ▲ Pret. i p. p.: **sent** [sent].

sender ['sendə'] *s.* remitent. 2 RADIO. transmissor *m.*

senile ['siːnail] *a.* senil.

senior ['siːnjə'] *a.* més gran, de més edat. 2 més antic, degà. ■ *3 s.* gran. 4 superior. 5 (EUA) estudiant de l'últim curs [universitat].

sensation [sen'seiʃən] *s.* sensació *f.* 2 sensacionalisme *m.*

sensational [sen'seiʃənl] *a.* sensacional. 2 sensacionalista.

sense [sens] *s.* sentit *m.* [corporal; de l'humor, etc.]. 2 seny *m.* ‖ *common ~,* sentit comú. 3 significat *m.,* sentit *m.* ‖ *to make ~,* tenir sentit. 4 sensació *f.,* impressió *f.* 5 seny *m.,* raó *f.* ‖ *to be out one's senses,* estar boig.

sense (to) [sens] *t.* sentir; percebre; adonar-se *p.*

senseless ['senslis] *a.* absurd, sense sentit. 2 insensat. 3 MED. sense coneixement. ■ 4 -**ly** *adv.* absurdament. 5 sense coneixement.

sensible ['sensibl] *a.* sensat. 2 perceptible. ‖ *to be ~ of,* adonar-se'n de.

sensitive ['sensitiv] *a.* sensible. 2 susceptible.

sensual ['sensjuel] *a.* sensual.

sent [sent] Vegeu SEND (TO).

sentence ['sentəns] *s.* DRET sentència; condemna *f.* 2 GRAM. oració *f.,* frase *f.*

sententious [sen'tenʃəs] *a.* sentenciós. 2 concís.

sentiment ['sentimənt] *s.* sentiment *m.* 2 parer *m.,* opinió *f.*

sentimental [ˌsenti'mentl] *a.* sentimental.

sentry ['sentri] *s.* MIL. sentinella *m.*

Seoul [soul, se'uːl] *n. pr.* GEOGR. Seül.

separate ['seprit] *a.* separat.

separate (to) ['sepəreit] *t.* separar. ■ 2 *i.* separar-se *p.*

separation [sepə'reiʃən] *s.* separació *f.*

September [səp'tembə'] *s.* setembre *m.*

sepulchre ['sepəlkə'] *s.* sepulcre *m.,* sepultura *f.*

sequel ['siːkwəl] *s.* seqüela *f.* 2 conclusió *f.* 3 continuació *f.*

sequence ['siːkwəns] *s.* seqüència *f.,* successió *f.;* sèrie *f.* 2 conseqüència *f.*

sequential [si'kwenʃəl] *a.* successiu, consecutiu. 2 conseqüent.

Serbia ['səːbiə] *n. pr.* GEOGR. Sèrbia.

serenade [seri'neid] *s.* MÚS. serenata *f.*

serene [si'riːn] *a.* serè.

serenity [si'reniti] *s.* serenitat *f.*

serf [səːf] *s.* serf *m.,* serva *f.* 2 esclau.

sergeant ['saːdʒənt] *s.* MIL. sargent *m.*

serial ['siəriəl] *a.* en sèrie, consecutiu. 2 serial. ■ 3 *s.* serial *m.*

series ['siəriːz] *s.* sèrie *f.: in ~,* en sèrie.

serious ['siəriəs] *a.* seriós. ■ 2 **-ly** *adv.* seriosament, de debò.

seriousness ['siəriəsnis] *s.* seriositat *f.;* gravetat *f.*

sermon ['səːmən] *s.* sermó *m.*

serpent ['səːpənt] *s.* serp *f.*

serried ['serid] *a.* atapeït, estret.

serum ['siərəm] *s.* sèrum *m.*

servant ['səːvənt] *s.* servent, criat. 2 servidor. 3 *civil ~,* funcionari.

serve (to) [səːv] *t.* servir. 2 assortir, proveir. 3 executar, notificar: *to ~ a summons,* entregar una citació. 4 complir [una condemna]. 5 *it serves me right,* m'ho mereixo. ■ 6 *i.* servir.

service ['səːvis] *s.* servei *m.* ‖ *at your ~,* a la seva disposició; *bus ~,* servei d'autobusos; *military ~,* servei militar. 2 ESPORT *servei m.,* sacada *f.* 3 REL. servei *m.* [església protestant]. 4 MEC. posada *f.* a punt. 5 utilitat *f.,* ajuda *f.* 6 *pl.* forces *f. pl.* armades.

serviceable ['səːvisəbl] *a.* servible. 2 útil. 3 durable. 4 servicial.

service station ['səːvis,steiʃn] *s.* estació *f.* de servei.

servile ['səːvail] *a.* servil.

servitude ['səːvitjuːd] *s.* servitud. ‖ *penal ~,* treballs forçats.

session ['seʃən] *s.* sessió *f.*

set [set] *s.* joc *m.,* col·lecció *f.;* grup *m.;* bateria *f.* [de cuina]. 2 actitud *f.,* postura *f.*

3 direcció *f.;* tendència *f.;* desviació *f.* 4 aparell *m.* [ràdio, televisió, etc.]. 5 esqueix *m.* 6 set *m.* [tenis]. 7 TEAT., CINEM. decorats *m. pl.,* plató *m.* ■ 8 *a.* determinat, resolt. 9 ferm, fix; immòbil. ‖ ~ *price,* preu *m.* fix. 10 preparat, estudiat.

set (to) [set] *t.* posar, col·locar, instal·lar. 2 fixar; destinar. 3 adobar, regular. 4 plantar; erigir. 5 preparar. 6 encastar [joies, etc.]. 7 adornar. 8 musicar. 9 atribuir, donar [feina, missió; valor]. 10 comparar, confrontar. 11 *to ~ fire,* calar foc. 12 *to ~ going,* posar en marxa. ■ 13 *i.* pondre's *p.* [el sol]. 14 atacar. 15 dirigir-se *p.* 16 posar-se *p.* [a fer una feina]. ■ *to ~ about,* començar, posar-s'hi; atacar, contrarestar; *to ~ aside,* deixar de banda; *to ~ back,* endarrerir-se [un rellotge]; *to ~ forth,* emprendre el camí; *to ~ free,* alliberar; *to ~ off,* comparar; fer explotar; sortir; *to ~ out,* estendre, projectar; *to ~ out for,* partir, marxar [cap a un lloc]; *to ~ up,* alçar; fundar; *to ~ up for,* fer-se passar per. ▲ Pret. i p. p.: *set* [set]; ger.: *setting* ['setiŋ].

set-back ['setbæk] *s.* contrarietat *f.,* revés *m.*

settee [se'tiː] *s.* sofà *m.*

setting ['setiŋ] *s.* col·locació *f.,* distribució *f.* 2 encast *m.* [d'una joia]. 3 decoració *f.;* fons *m.;* ambient *m.* 4 CINEM., TEAT. decorats *m. pl.* 5 posta *f.* [del sol].

setting-up ['setiŋʌp] *s.* establiment *m.;* fundació *f.*

settle ['setl] *s.* caixabanc *m.*

settle (to) ['setl] *t.* col·locar, establir. 2 colonitzar, poblar. 3 ordenar; arreglar. 4 temperar [nervis], alleugerir [dolor]. ■ 5 *i.* instal·lar-se *p.,* posar-se *p.;* establir-se *p.* 6 dipositar-se *p.* ‖ *to ~ down,* instal·lar-se *p.;* acostumar-se *p.* [situació, etc.].

settlement ['setlmənt] *s.* establiment *m.;* instal·lació *f.* 2 colonització *f.;* poblament *m.* 3 poblat *m.* 4 acord *m.,* conveni *m.*

settler ['setlə'] *s.* poblador, colon.

seven ['sevn] *a.-s.* set.

seventeen [sevn'tiːn] *a.-s.* disset, (BAL.) desset, (VAL.) dèsset, (ROSS.) desasset.

seventeenth [sevn'tiːnθ] *a.* dissetè.

seventh ['sevnθ] *a.* setè.

seventieth ['sevntiəθ, -tiiθ] *a.-s.* setantè.

seventy ['sevnti] *a.-s.* setanta.

sever (to) ['sevə'] *t.-i.* separar(-se); trencar(-se). 2 *t.* tallar, retallar.

several ['sevrəl] a. uns quants, alguns. 2 diversos.

severe [si'viəʳ] a. sever. 2 auster [decoració, etc.]. 3 seriós, greu, important. ■ 4 **-ly**, adv. severament.

Seville [sə'vil] n. pr. GEOGR. Sevilla.

sew (to) [sou] t.-i. cosir. ▲ Pret.: **sewed** [soud]; p. p.: **sewn** [soun] o **sewed**.

sewage ['sju:idʒ] s. aigües f. pl. residuals.

sewed [soud] Vegeu SEW (TO).

sewer [sjuəʳ] s. claveguera f.

sewing ['souiŋ] s. costura f.

sewing machine ['souiŋməʃi:n] s. màquina f. de cosir.

sewn [soun] Vegeu SEW (TO).

sex [seks] s. sexe m. || col·loq. **to have** ~, tenir relacions sexuals.

sexual ['seksjuəl] a. sexual.

shabby ['ʃæbi] a. usat, gastat. 2 vell, tronat. 3 espellifat. 4 mesquí, vil.

shack [ʃæk] s. barraca f., barracot m.

shackle ['ʃækl] s. grilló m.; manilles f. pl. 2 destorb m.; obstacle m.

shade [ʃeid] s. ombra f. 2 obaga f. 3 pantalla f.; visera f.; cortina f. 4 matís m.; to m.; tonalitat f. [d'un color].

shade (to) [ʃeid] t. fer ombra. 2 ombrejar.

shadow ['ʃædou] s. ombra f. [també fig.]. 2 visió f.; intuïció f. 3 fantasma m. 4 foscor f.

shadow (to) ['ʃædou] t. fer ombra. 2 espiar, seguir, perseguir.

shaft [ʃɑ:ft] s. asta f., pal m. [de bandera]. 2 fletxa f., sageta f. 3 escletxa f. lluminosa. 4 tronc m. [d'arbre]. 5 MEC. eix m.

shake [ʃeik] s. sacseig m.; sotrac m.; batzegada f. 2 tremolor m. 3 encaixada f. de mans.

shake (to) [ʃeik] i. trontollar, tremolar: **to** ~ **with cold**, tremolar de fred. 2 estremir-se p. ■ 3 i. sacsar, sacsejar, sotragar, batzegar. 4 fer trontollar, fer tremolar. 5 fer vacil·lar. 6 **to** ~ **hands**, fer una encaixada [de mans]. ▲ Pret.: **shook** [ʃuk]; p. p.: **shaken** ['ʃeikən].

shaky ['ʃeiki] a. vacil·lant, tremolós. 2 precari, poc estable. 3 malaltís.

shall [ʃæl, -əl] v. aux. fut. [només 1.ª pers.]: **I** ~ **go**, hi aniré. 2 haver de, tenir la intenció de [només 2.ª i 3.ª pers.]: **he** ~ **go**, hi ha d'anar.

shallow ['ʃælou] a. poc profund. 2 superficial, frívol. ■ 3 s. aigües f. pl. baixes.

sham [ʃæm] s. hipocresia f. 2 imitació f., cosa f. falsa. 3 imitador, falsificador.

sham (to) [ʃæm] t.-i. fingir, simular, imitar.

shame [ʃeim] s. vergonya f. || **it's a** ~, és una llàstima.

shame (to) [ʃeim] t. avergonyir.

shameful ['ʃeimful] a. ignominiós, infamant, vergonyós. 2 **-ly** adv. ignominiosament.

shampoo [ʃæm'pu:] s. xampú m.

shank [ʃæŋk] s. canyella f. 2 tija m.

shape [ʃeip] s. forma f. [també fig.], figura f. 2 contorn m.

shape (to) [ʃeip] t. formar, donar forma. 2 emmotllar. 3 disposar. 4 modelar.

shapeless ['ʃeiplis] a. sense forma definida. 2 deforme.

share [ʃeəʳ] s. part, porció f. 2 COMM. acció.

share (to) [ʃeəʳ] t. distribuir, repartir, compartir. ■ 2 i. prendre part, participar. || **to do one's** ~, complir, fer el que toca.

shareholder ['ʃeəhouldəʳ] s. COM. accionista.

shark [ʃɑ:k] s. ICT. tauró m. 2 estafador. 3 (EUA) entès, eminència f.

sharp [ʃɑ:p] a. esmolat; punxegut; agut. 2 llest; astut; viu. 3 irritable; impetuós. 4 dur, sever. 5 contundent. 6 MÚS. agut. 7 sobtat. 8 precís, exacte.

sharpen (to) ['ʃɑ:pən] t. esmolar, fer punta.

sharpener ['ʃɑ:pnəʳ] s. esmolador m. 2 maquineta f. de fer punta.

sharpness ['ʃɑ:pnis] s. agudesa f.; perspicàcia f.; astúcia f. 2 mordacitat f. 3 rigor m.; exactitud m.

shatter (to) ['ʃætəʳ] t. trencar, esmicolar, destrossar. 2 cansar, fatigar molt.

shave (to) [ʃeiv] t.-i. afaitar(se). 2 t. fregar, passar arran.

shaving ['ʃeiviŋ] s. afaitat m.; afaitada f.

shaving brush ['ʃeiviŋbrʌʃ] s. brotxa f. d'afaitar.

shaving foam ['ʃeiviŋfoum] s. escuma f. d'afaitar.

shawl [ʃɔ:l] s. xal m., mantó m.

she [ʃi:, ʃi] pron. pers. ella. ■ 2 s. femella f. || **she-cat**, gata f.

sheaf [ʃi:f] s. feix m. ▲ pl. **sheaves** [ʃi:vz].

shear (to) [ʃiəʳ] t. esquilar, tondre. ▲ Pret: **sheared**; p. p.: **shorn** [ʃɔ:n] o **sheared**.

sheath [ʃi:θ] s. beina f., funda f. 2 condó m. ▲ pl. **sheaths** [ʃi:ðz].

sheathe (to) [ʃi:ð] t. embeinar, enfundar.

shed [ʃed] s. cobert m.; barraca f. 2 nau f.

shed (to) [ʃed] t. vessar. 2 ser impermeable [a alguna cosa]. ■ 3 i. ZOOL. mudar. ▲ Pret. i p. p.: **shed**.

sheen [ʃiːn] s. lluentor f., lluïssor f.

sheep [ʃiːp] s. ovella f., be m.; xai m.; (BAL.) xot m.; (OCC.) corder m.; (ROSS.) feda f. ▲ pl. **sheep**.

sheepdog [ʃiːpdɔg] s. gos m. d'atura.

sheer [ʃiəʳ] a. pur, mer. 2 complet, absolut. 3 pur, no adulterat. 4 costerut; escarpat; pendent. ■ 5 adv. completament. 6 verticalment.

sheer (to) [ʃiəʳ] t.-i. desviar(se).

sheet [ʃiːt] s. làmina f., planxa f. 2 full m. 3 llençol m.

shelf [ʃelf] s. prestatge m.; lleixa f. 2 pl. prestatgeria f. sing. 3 sortint m. [roca]. 4 fig. plataforma f. 5 MAR. banc m. de sorra. ▲ pl. **shelves** [ʃelvz].

shell [ʃel] s. ZOOL. closca f.; clofolla f.; beina f.; petxina f., conquilla f. 2 carcassa f., armadura f. 3 MAR. buc m. 4 MIL. projectil m.

shell (to) [ʃel] t. treure la closca, pelar. 2 esgranar. 3 llençar projectils, bombardejar. ■ 4 i. pelar-se p.

shellfish [ʃelfiʃ] s. crustaci m.; marisc m.

shelter [ʃeltəʳ] s. refugi m.; aixopluc m. ‖ to take ~, aixoplugar-se.

shelter (to) [ʃeltəʳ] t.-i. protegir(se), aixoplugar(se). 2 t. amagar.

shelve (to) [ʃelv] t. posar prestatges. 2 posar en un prestatge. 3 fer fora, acomiadar; arraconar; arxivar. ■ 4 i. fer pendent, baixar.

shelves [ʃelvz] s. pl. de **shelf**.

shepherd [ʃepəd] s. pastor m.

sheriff [ʃerif] s. xèrif m.

sherry [ʃeri] s. xerès m.

shield [ʃiːld] s. escut m. 2 defensa f. protector m.; protecció f.

shield (to) [ʃiːld] t. protegir. 2 amagar, encobrir.

shift [ʃift] s. truc m.; subterfugi m. 2 canvi m.; trasllat m. 3 tarda f., torn m. [de treball].

shift (to) [ʃift] t. canviar [per una altra cosa]. 2 alterar, modificar, canviar. 3 moure, canviar de lloc. 4 fam. treure's del damunt, llençar. ■ 5 i. canviar. 6 moure's p.

shiftless [ʃiftlis] a. inútil. 2 mandrós, amb poca empenta.

shilling [ʃiliŋ] s. xelí m.

shimmer [ʃiməʳ] s. reflex m., tornassol m.

shimmer (to) [ʃiməʳ] i. reflectir lleument.

shin [ʃin] s. canya f. [de la cama]; sofraja m.

shin (to) [ʃin] i.-t. enfilar-se p.; pujar de quatre grapes.

shine [ʃain] s. lluor, lluïssor, resplendor, brillantor.

shine (to) [ʃain] i. brillar, resplendir, lluir. ■ 2 t. enllustrar [sabates]. ▲ Pret. i p. p.: **shone** [ʃɔn].

shingle [ʃiŋgl] s. palets m. pl., pedres f. pl. 2 platja f. amb pedres.

shining [ʃainiŋ] a. brillant, lluent.

ship [ʃip] s. vaixell m.

ship (to) [ʃip] t.-i. embarcar(se). 2 t. transportar, expedir.

shipbuilder [ʃip,bildəʳ] s. constructor naval.

shipment [ʃipmənt] s. carregament m., remesa f.

shipping [ʃipiŋ] s. embarc m.; expedició f.

shipwreck [ʃipreck] s. naufragi m.

shipwrecked [ʃiprekt] a. to be ~, naufragar.

shipyard [ʃipjaːd] s. drassana f.

shire [ʃaiəʳ] s. (G.B.) districte m., comtat m., zona f.

shirk (to) [ʃəːk] t. eludir, evitar. ■ 2 i. fugir d'estudi.

shirt [ʃəːt] s. camisa f. ‖ in one's ~ sleeves, en mànigues de camisa.

shiver [ʃivəʳ] s. tremolor m., estremiment m.

shiver (to) [ʃivəʳ] i. tremolar, estremir-se p. ■ 3 t. esmicolar.

shoal [ʃoul] s. GEOL. ZOOL. banc m. 2 fig. multitud f.

shock [ʃɔk] s. xoc m. 2 sacsejada m. 3 cop m. violent. 3 xoc m. [emocional]. 4 ensurt m. 5 MED. xoc m. [tractament].

shock [ʃuk] Vegeu SHAKE (TO).

shock (to) [ʃɔk] t. xocar, impressionar. 2 sacsejar; commoure. ‖ to be shocked, escandalitzar-se; estranyar-se; sorprendre's.

shocking [ʃɔkiŋ] a. xocant, estrany.

shod [ʃɔd] Vegeu SHOE (TO).

shoe [ʃuː] s. sabata f.

shoe (to) [ʃuː] t. ferrar [cavalls]. ▲ Pret. i p. p.: **shod** [ʃɔd].

shoeblack [ʃuːblæk] s. enllustrador.

shoehorn [ʃuːhɔːn] s. calçador m.

shoelace [ʃuːleis] s. cordó m. de sabata.

shoemaker [ʃuːˈmeikəʳ] *s.* sabater.

shoe polish [ʃuːˈpɔliʃ] *s.* betum *m.*

shoeshop [ʃuːˈʃɔp] *s.* sabateria *f.*

shoe tree [ʃuːˈtriː] *s.* forma *f.* [de sabater].

shone [ʃɔn] Vegeu SHINE (TO).

shoot [ʃuːt] *s.* BOT. lluc *m.*; brot *m.* 2 rampa *f.* 3 cacera *f.* 4 concurs *m.* de tir al blanc. 5 vedat *m.* de caça.

shoot (to) [ʃuːt] *t.* disparar, tirar [trets, sagetes, fotografies]. 2 matar o ferir amb arma de foc. 3 CINEM. rodar, filmar. 4 llençar [escombraries, deixalles]. 5 ESPORT xutar. ■ *6 i.* anar a caçar. 7 llençar-se *p.*, precipitar-se *p.* ▲ Pret. i p. p.: *shot.*

shooting [ʃuːtiŋ] *s.* caça *f.* 2 tiroteig *m.*; afusellament *m.* 3 CINEM. rodatge *m.*

shop [ʃɔp] *s.* botiga *f.*

shop (to) [ʃɔp] *i.* comprar [en una botiga].

shop assistant [ʃɔpəˈsistənt] *s.* dependent.

shopkeeper [ʃɔpkiːpəʳ] *s.* botiguer.

shopping [ʃɔpiŋ] *s.* compra *f.* 2 coses *f. pl.* comprades, mercaderia *f.*

shopping bag [ʃɔpiŋbæg] *s.* bossa *f.* d'anar a la plaça.

shop window [ʃɔpˈwindou] *s.* aparador *m.*, (BAL.) mostrador *m.*

shore [ʃɔːʳ] *s.* costa *f.*, platja *f.* 2 vora *f.* [del mar]; riba *f.*; ribera *f.*

shorn [ʃɔːn] Vegeu SHEAR (TO).

short [ʃɔːt] *a.* curt, breu, escàs. 2 baix [persona]. 3 sec, brusc. ‖ *to be ~ of*, anar curt de; *to cut ~*, interrompre bruscament; *to fall ~ of*, no arribar; *to run ~ of*, fer curt. ■ *4 adv.* breument. 5 ~ *of*, si no. ■ *6 s.* allò curt. ‖ *for ~*, per fer-ho més curt; *in ~*, en resum; *~ for*, forma abreujada per. 7 CINEM. curt-metratge *m.* 8 *pl.* pantalons *m. pl.* curts.

shortage [ʃɔːtidʒ] *s.* manca *f.*; insuficiència *f.*, escassetat *f.*

short cut [ʃɔːtˈkʌt] *s.* drecera *f.*

shorten (to) [ʃɔːtn] *t.* escurçar, reduir.

shorthand [ʃɔːthænd] *s.* taquigrafia *f.*

shortly [ʃɔːtli] *adv.* en poques paraules. 2 aviat. ‖ ~ *before,* poc abans.

short-sighted [ʃɔːtsaitid] *a.* curt de vista.

shot [ʃɔt] *a.* matisat, tornassolat. 2 destrossat [nervis, etc.]. ■ *3 s.* tret *m.*; disparament *m.* 4 ESPORT xut *m.* 5 bala *f.*; projectil *m.* 6 intent *m.* 7 conjectura *f.* 8 dosi *f.* 9 tirada *f.*

shot-gun [ʃɔtgʌn] *s.* escopeta *f.*

should [ʃud, ʃəd] *v. aux.* Cond. pret. de *shall: I ~ come*, vindria; *you ~ come*, hauries de venir.

shoulder [ʃouldəʳ] *s.* espatlla *f.*, (VAL.) muscle *m.*

shoulder (to) [ʃouldəʳ] *t.* posar-se o portar a l'esquena. 2 empènyer amb l'espatlla. 3 assumir una responsabilitat.

shoulder blade [ʃouldəbleid] *s.* ANAT. omòplat *m.*

shout [ʃaut] *s.* crit *m.*

shout (to) [ʃaut] *t.* cridar. ■ *2 i.* cridar, fer crits.

shove [ʃʌv] *s.* empenta *f.* 2 impuls *m.*

shove (to) [ʃʌv] *t.* empènyer, empentar. ■ *2 i.* avançar a empentes.

shovel [ʃʌvl] *s.* pala *f.* 2 palada *f.*

show [ʃou] *s.* demostració *f.*; exhibició *f.*; mostra *f.*, exposició *f.* 2 show *m.*, espectacle *m.*, funció *m.* 3 ostentació *f.*

show (to) [ʃou] *t.* mostrar, ensenyar, exhibir. 2 fer veure, demostrar. 3 revelar, descobrir. 4 palesar, indicar. 5 acompanyar: ~ *him in*, fes-lo passar. 6 *to ~ up*, destacar. ■ *7 i.* semblar, mostrar-se *p.* 8 TEAT. actuar. 9 *to ~ off*, fatxendejar. ▲ Pret.: *showed* [ʃoud]; p. p.: *shown* [ʃoun] o *showed.*

shower [ʃauəʳ] *s.* xàfec *m.* [també fig.]. 2 dutxa *f.*

shown [ʃoun] Vegeu SHOW (TO).

showroom [ʃourum] *s.* exposició *f.*, sala *f.* de demostracions.

showy [ʃoui] *a.* espectacular; cridaner. 2 ostentós, fatxenda.

shrank [ʃræŋk] Vegeu SHRINK (TO).

shred [ʃred] *s.* retall *m.*, tira *f.* 2 tros *m.*, fragment *m.*

shred (to) [ʃred] *t.* estripar, esquinçar. 2 fer a trossos.

shrew [ʃruː] *s.* ZOOL. musaranya *f.* 2 donota *f.*, mala pècora *f.*

shrewd [ʃruːd] *a.* perspicaç, llest, astut. ■ *2 -ly adv.* subtilment, astutament.

shriek [ʃriːk] *s.* xiscle *m.*; xerric *m.*

shriek (to) [ʃriːk] *i.* xisclar; xerricar.

shrill [ʃril] *a.* agut, penetrant [so].

shrill (to) [ʃril] *t.-i.* cridar, xisclar.

shrimp [ʃrimp] *s.* ZOOL. gambeta *f.* 2 napbuf *m.*, tap *m.* de bassa.

shrine [ʃrain] *s.* urna *f.* 2 santuari *m.* [també fig.].

shrink (to) [ʃriŋk] *t.-i.* encongir(se); contraure's *p.* 2 fig. acovardir-se *p.* ▲ Pret.: *shrank* [ʃræŋk] o *shrunk* [ʃrʌŋk]; p. p.: *shrunk* o *shrunken* [ʃrʌŋkən].

shrinkage ['friŋkidʒ] s. encongiment m.; contracció f.

shrivel (to) ['frivl] t.-i. arrugar(se), encongir(se), ressecar(se).

shroud [fraud] s. mortalla f.

shroud (to) [fraud] t. amortallar, ocultar.

shrub [frʌb] s. arbust m.

shrug (to) [frʌg] t.-i. arronsar les espatlles.

shrunk [frʌŋk] Vegeu SHRINK (TO).

shrunken [frʌŋkən] Vegeu SHRINK (TO).

shuck (to) [fʌk] t. (EUA) pelar, llevar la closca.

shudder ['fʌdə'] s. tremolor m.; estremiment m.

shudder (to) ['fʌdə'] i. estremir-se p. 2 tremolar.

shuffle (to) ['fʌfl] t. barrejar. 2 arrossegar [els peus]. ■ 2 i. caminar arrossegant els peus. 3 actuar amb evasives. 4 barrejar [cartes].

shun (to) [fʌn] t. evitar, esquivar, defugir.

shut (to) [fʌt] t. tancar. ■ 2 i. tancar-se p. ■ to ~ down, tancar [un negoci, etc.]; to ~ off, tallar [aigua, gas, etc.]; to ~ out, excloure. ▲ Pret. i p. p.: **shut** [fʌt]; ger. **shutting.**

shutter ['fʌtə'] s. persiana f.; finestró m.; porticó m. 2 FOT. obturador m.

shy [fai] a. tímid; retret. 2 espantadís. ■ 3 -ly adv. tímidament.

shy (to) [fai] i. esquivar; espantar-se p. 2 reguitnar [un cavall].

shyness ['fainis] s. timidesa f.; vergonya f.

Sicily ['sisili] n. pr. GEOGR. Sicília.

sick [sik] a.-s. malalt: he is ~, està malalt. 2 marejat. || fig. to be ~ of, estar fart de.

sicken (to) ['sikn] t. fer emmalaltir, fer posar malalt. 2 fer fàstic. 3 enbafar. 4 fig. enfastijar; afartar. ■ 5 i. posar-se p. malalt. 6 marejar-se p.

sickening ['siknin] a. nauseabund, repugnant.

sickle ['sikl] s. falç f.

sickly ['sikli] a. malaltís. 2 malsà, insalubre.

sickness ['siknis] s. malaltia m. 2 nàusea f.; mareig m.

side [said] s. banda f., costat m., (ROSS.) ban m. || by the ~ of, al costat de. 2 vora f., marge m. 3 falda f. [d'una muntanya]. 4 partit m., bàndol m.: to take sides with, prendre partit per. ■ 5 a. lateral: ~ door, porta lateral.

side (to) [said] i. to ~ with, prendre partit per; posar-se p. al costat de.

sideboard ['saidbɔːd] s. bufet m.

sidelong ['saidlɔŋ] a. de reüll. 2 lateral; oblic. ■ 3 adv. de reüll. 4 lateralment, obliquament.

sidewalk ['saidwɔːk] s. (EUA) vorera f., voravia f.

sideward(s) ['saidwəd(z)] a. lateral, de costat. 2 de reüll. ■ 3 adv. lateralment, de costat, cap un costat. 4 de reüll.

sideways ['saidweiz], **sidewise** ['saidwaiz] a.-adv. Vegeu SIDEWARD.

siege [siːdʒ] s. setge m.

sieve [siv] s. sedàs, garbell.

sift (to) [sift] t. garbellar.

sigh [sai] s. sospir m.

sigh (to) [sai] i. sospirar: to ~ for, anhelar.

sight [sait] s. vista f., visió f. [sentit; òrgan; acció de veure]. || at first ~, on first ~, a primera vista; by ~, de vista. 2 pl. llocs m. pl. d'interès: to see the sights, veure els llocs interessants. 3 mira f. [d'arma].

sight (to) [sait] t. veure, mirar. 2 albirar.

sightly ['saitli] a. atractiu, privilegiat [lloc, zona].

sightseeing ['sait,siːin] s. turisme m. || to go ~, visitar llocs interessants.

sign [sain] s. senyal m., signe m. || electric ~, anunci m. lluminós. 2 senyal m.; vestigi m.; indici m. 3 cartell m., rètol m.

sign (to) [sain] t. signar, firmar. 2 indicar. ■ 3 i. fer senyals. 4 signar. || to ~ up, signar per [un equip de futbol, una companyia, etc.]; fitxar.

signal ['signəl] s. senyal m.

signalize (to) ['signəlaiz] t. assenyalar; distingir.

signatory ['signətəri] a.-s. signant, signatari m.

signature ['signətfə'] s. signatura f., firma f.

signboard ['sainbɔːd] s. tauler m. d'anuncis; anunci m.

significance, -cy [sig'nifikəns, -si] s. significació f. 2 significat m.

significant [sig'nifikənt] a. significatiu, important.

signify (to) ['signifai] t. significar. ■ 2 i. importar.

signing-up ['sainin'ʌp] s. ESPORT fitxatge m.

signpost ['sainpoust] s. indicador m. de pal.

silence ['sailəns] s. silenci m.

silence (to) ['sailəns] t. fer callar.

silent ['sailənt] a. silenciós.

silhouette [,silu'et] s. silueta f.

silk [silk] s. seda f. 2 pl. peces f. pl. de roba de seda.

silken ['silkən] a. de seda. 2 sedós.

silkworm ['silkwə:m] s. ZOOL. cuc m. de seda.

sill [sil] s. llindar m. 2 ampit m.

silliness ['silinis] s. ximpleria f.; bestiesa f.

silly ['sili] a. ximple, ruc, totxo, talòs. 2 absurd, forassenyat.

silver ['silvə'] s. plata f., argent m. ■ 2 a. de plata, d'argent.

silversmith ['silvəsmiθ] s. argenter.

silverware ['silvəwɛə'] s. objectes m. pl. de plata.

silver wedding [,silvə'wediŋ] s. noces f. pl. d'argent.

similar ['similə'] a. similar, semblant.

similarity [,simi'læriti] s. similaritat f., semblança f.

simmer (to) ['simə'] t.-i. coure, bullir a foc lent.

simper ['simpə'] s. somriure m. estúpid.

simple ['simpl] a. simple.

simple-minded [,simpl'maindid] a. ingenu. 2 ruc, talòs.

simplicity [sim'plisiti] s. simplicitat f. 2 senzillesa f. 3 ingenuïtat f.

simplify (to) ['simplifai] t. simplificar.

simply ['simpli] adv. simplement.

simulate (to) ['simjuleit] t. simular; imitar.

simultaneous [,siməl'teinjəs] a. simultani.

sin [sin] s. pecat m.

sin (to) [sin] i. pecar, fer pecats.

since [sins] adv. des de llavors, des d'aleshores. ‖ how long ~?, quant de temps fa? ■ 2 prep. des de, després de: ~ last year, des de l'any passat. ■ 3 conj. des que: ~ she was born, des que va néixer. 4 perquè, ja què, atès que, com que.

sincere [sin'siə'] a. sincer.

sincerity [sin'seriti] s. sinceritat f., franquesa f.

sinew ['sinju:] s. ANAT. tendó m. 2 fig. nervi m.; vigor m.; energia f. 3 pl. fig. recursos m. pl., mitjans m. pl.

sinewy ['sinju(:)i] a. musculós, ple de nervis. 2 fig. fort, vigorós.

sinful ['sinful] a. pecador. 2 pecaminós.

sing (to) [siŋ] t.-i. cantar: to ~ out of tune, desafinar. ▲ Pret.: sang [sæŋ]; p. p.: sung [sʌŋ].

singe (to) [sindʒ] t. socarrimar, socarrar.

singer ['siŋə'] s. cantant.

singing ['siŋiŋ] s. cant m.

single ['siŋgl] a. sol; únic. 2 individual. 3 solter. 4 senzill, simple.

single (to) ['siŋgl] t. to ~ out, singularitzar, distingir; escollir.

singsong ['siŋsɔŋ] a. monòton. ■ 2 s. cantada f. ‖ to have a ~, cantar.

singular ['siŋgjulə'] a. liter. singular. 2 form. rar. ■ 3 s. GRAM. singular m.

sinister ['sinistə'] a. sinistre. 2 HERÀLD. sinistrat.

sink [siŋk] s. lavabo m., rentamans m. 2 aigüera f.

sink (to) [siŋk] t.-i. enfonsar(se), (VAL.) afonar(se). 2 t. naufragar. 3 cavar, fer [un pou, forat, etc.]. 4 clavar [un pal]. 5 to ~ down, esfondrar-se p., enfonsar-se p. ■ 6 i. pondre's p. [el sol]. ▲ Pret.: sank [sæŋk] o sunk [sʌŋk]; p. p.: sunk o sunken ['sʌŋkən].

sinner ['sinə'] s. pecador.

sinuosity [,sinju'ɔsiti] s. sinuositat f.

sinuous ['sinjuəs] a. sinuós.

sip [sip] s. glop m., xarrup m.

sip (to) [sip] t.-i. beure a glops, xarrupar.

sir [sə:', sə'] s. senyor m. 2 sir m. [títol].

sire ['saiə'] s. animal m. pare; semental m. 2 ant. senyor m. [tractament del sobirà].

siren ['saiərin, -rən] s. MIT. sirena f. 2 sirena f. [xiulet].

sirloin ['sə:lɔin] s. filet m., rellom m.

sister ['sistə'] s. germana f. 2 REL. germana f., monja f. 3 infermera f.

sister-in-law ['sistərin,lɔ:] s. cunyada f. ▲ pl. sisters-in-law.

sit (to) [sit] i. seure, asseure's p., estar assegut. 2 posar-se p. [un ocell]. 3 ser membre d'un comitè, etc.]. 4 celebrar sessió. 5 covar [una au]. 6 posar [per a una fotografia]. 7 estar situat. 8 estar-se p., quedar-se p. 9 fer un examen. ■ 10 t. asseure p.; fer seure. 11 covar [ous]. 12 presentar-se p. a un examen. ■ to ~ down, asseure's; to ~ for, representar, fer ~ on, reprimir, esclafar. ▲ Pret. i p. p.: sat [sæt].

site [sait] s. lloc m., escenari m. [d'alguna cosa]. 2 situació f., plaça f., seient m. [d'una població, etc.].

307

sitting ['sitiŋ] s. sessió f. 2 sentada f., tirada f. 3 llocada f., covada f. ■ 4 a. assegut.

sitting room ['sitiŋrum] s. sala f., saló m.

situation [ˌsitjuˈeiʃən] s. situació f. 2 condició f., estat m. 3 feina f., lloc m. de treball.

six [siks] a. sis. ■ 2 s. sis m.

sixteen ['siksˈtiːn] a. setze. ■ 2 s. setze m.

sixteenth ['siksˈtiːnθ] a.-s. setzè.

sixth [siksθ] a.-s. sisè.

sixtieth ['sikstiəθ] a.-s. seixantè.

sixty ['siksti] a. seixanta. ■ 2 s. seixanta m.

size [saiz] s. mida f., dimensió f. 2 talla f., estatura f. [de persones]. 3 talla f., mida f. [roba, calçat].

size (to) [saiz] t. classificar per dimensions. 2 fig. to ~ up, mesurar, apamar. 3 encolar, aprestar.

sizeable ['saizəble] a. de considerables dimensions, força gran.

sizzle ['sizl] s. espetec m., crepitació f.

sizzle (to) ['sizl] i. espetegar, crepitar.

skate [skeit] s. ZOOL. rajada f. 2 ESPORT patí m.

skate (to) [skeit] i. ESPORT patinar. 2 fig. tractar superficialment [una qüestió, un tema, etc.].

skein [skein] s. troca f. 2 fig. embolic m.

skeleton ['skelitn] s. esquelet m. 2 carcassa f. 3 esquema m.

skeleton key ['skelitnˌkiː] s. clau f. mestra.

sketch [sketʃ] s. apunt m., esborrany m.; esquema m. 2 TEAT. sainet m.

sketch (to) [sketʃ] t. esbossar, descriure amb trets generals. 2 DIB. esbossar, fer un croquis.

ski [skiː] s. ESPORT esquí m.

ski (to) [skiː] i. ESPORT esquiar.

skid (to) [skid] i. relliscar, patinar, (BAL.) llenegar, (VAL.) esvarar.

skier ['skiːəʳ] s. esquiador m.

skiing ['skiːiŋ] s. ESPORT esquí m.

skilful ['skilful] a. hàbil, expert, destre. ■ 2 -ly adv. hàbilment, destrament.

skill [skil] s. habilitat f., destresa f., traça f.; tècnica f.

skilled [skild] a. expert. 2 qualificat, especialitzat [obrer].

skim (to) [skim] t. escumar; desnatar. 2 llegir, mirar pel damunt. ■ 3 i. passar a frec.

skin [skin] s. pell f., cutis m. ‖ by the ~ of one's teeth, d'un pèl. 2 ZOOL. pell f., despulla f. 3 BOT. pell f., escorça f.

skin (to) [skin] t. espellar. 2 col·loq. fig. plomar, escurar. 3 pelar. 4 pelar-se p., fer-se p. mal. ■ 5 i. to ~ over, cicatritzar.

skin-deep [ˌskinˈdiːp] a. superficial.

skip [skip] s. bot m., saltet m. 2 salt m., omissió f. 3 MIN. vagoneta f.

skip (to) [skip] i. saltar, saltironar. ■ 2 t. ometre, passar per alt.

skirmish ['skəːmiʃ] s. batussa f.

skirt [skəːt] s. faldilla f., (BAL.), (VAL.) faldeta f., (ROSS.) jupa f. 2 contorn m., extrem m., vora f.

skirt (to) [skəːt] t.-i. vorejar t., circumdar t. 2 evitar t., defugir t.

skit [skit] s. burla f., paròdia f.

skulk (to) [skʌlk] i. moure's p. furtivament, amagar-se p.

skull [skʌl] s. crani m.

sky [skai] s. cel m. ‖ to praise somebody to the skies, lloar algú. ▲ pl. skies.

sky-blue [ˌskaiˈbluː] a. blau cel. ■ 2 s. blau m. cel.

skylark ['skailɑːk] s. ORN. alosa f.

skylight ['skailait] s. claraboia f.

skyscraper ['skaiˌskreipəʳ] s. gratacels m.

slab [slæb] s. bloc m., tros m.

slack [slæk] a. negligent, deixat. 2 inactiu, passiu. 3 fluix, destensat. ■ 4 s. part f. fluixa [d'una corda]. 5 inactivitat f., calma f. 6 pl. pantalons m. pl. 7 MIN. carbonissa f.

slacken (to) ['slækən] t. afluixar; moderar. ■ 2 i. afluixar-se p.; minvar; relaxar-se p.

slag [slæg] s. escòria f., cagaferro m.

slain [slein] Vegeu SLAY (TO).

slake (to) [sleik] t. calmar [desig, set]. 2 apagar [calç].

slam [slæm] s. cop m. violent; cop m. de porta.

slam (to) [slæm] t.-i. tancar(-se) amb violència.

slander ['slɑːndəʳ] s. calúmnia f., difamació f.

slander (to) ['slɑːndəʳ] t. calumniar, difamar.

slanderous ['slɑːdərəs] a. calumniós, difamatori.

slang [slæŋ] s. argot m.

slant [slɑːnt] s. inclinació f., pendent m. 2 punt m. de vista.

slant (to) [slɑːnt] t.-i. inclinar(-se), decantar(-se).

slap [slæp] s. manotada f., mastegot m. 2 fig. ofensa f., desaire m.

slap (to) [slæp] t. donar una bufetada, colpejar, pegar.

slash [slæʃ] s. ganivetada f.; tall m. 2 vulg. pixarada f.

slash (to) [slæʃ] t. apunyalar, clavar el ganivet. 2 criticar durament. 3 vulg. tallar, reduir, rebaixar [preus, salaris, etc.].

slate [sleit] s. pissarra f.

slate (to) [sleit] t. empissarrar. 2 fig. col·loq. criticar, deixar malament.

slaughter [ˈslɔːtəʳ] s. degollament m. [d'animals]. 2 degolladissa f., matança f., carnisseria f.

slaughter (to) [ˈslɔːtəʳ] t. matar, degollar; fer una matança.

slaughterhouse [ˈslɔːtəhaus] s. escorxador m.

slave [sleiv] s. esclau.

slavery [ˈsleivəri] s. esclavatge m., esclavitud f.

slave trade [ˈsleivtreid] s. comerç m. d'esclaus.

slay (to) [slei] t. matar, assassinar. ▲ Pret.: **slew** [sluː]; p. p.: **slain** [slein].

sled [sled], **sledge** [sledʒ] s. trineu m.

sleek [sliːk] a. llis, brillant, brunyit. 2 endreçat, polit, net [persona]. 3 afectat [persona].

sleek (to) [sliːk] t. allisar, polir, enllustrar.

sleep [sliːp] s. son m. 2 dormida f. 3 fig. mort f.

sleep (to) [sliːp] i. dormir. ‖ *to* ~ *like a log,* dormir com un tronc. ‖ *to* ~ *away,* dormir hores i hores. ■ 2 t. tenir llits: *this hotel sleeps sixty guests,* en aquest hotel hi poden dormir seixanta hostes. ▲ Prep. i p. p.: **slept** [slept].

sleepiness [ˈsliːpinis] s. somnolència f.

sleeping [ˈsliːpiŋ] a. adormit.

sleeping bag [ˈsliːpiŋbæg] s. sac m. de dormir.

sleeping car [ˈsliːpiŋkɑːʳ] s. vagó m. llit.

sleeping pill [ˈsliːpiŋpil] s. MED. somnífer m., pastilles f. pl. per dormir.

sleeping tablet [ˈsliːpiŋˌtæblit] s. Vegeu SLEEPING PILL.

sleeplessness [ˈsliːplisnis] s. insomni m.

sleepwalker [ˈsliːpˌwɔːkəʳ] s. somnàmbul.

sleepy [ˈsliːpi] a. endormiscat, somnolent. 2 quiet, inactiu [lloc]. 3 massa madur [fruita].

sleeve [sliːv] s. màniga f. ‖ *to laugh up one's* ~, riure per sota el nas.

sleigh [slei] s. trineu m.

sleight [slait] s. ~ *of hand,* prestidigitació f.; destresa f. manual.

slender [ˈslendəʳ] a. prim. 2 tènue. 3 esvelt. 4 minso.

slept [slept] Vegeu SLEEP (TO).

sleuth [sluːθ] s. ant. col·loq. detectiu.

slew [sluː] Vegeu SLAY (TO).

slice [slais] s. llesca f., tallada f., tall m., rodanxa f.

slice (to) [slais] t. llescar, tallar. ■ 2 i. fer rodanxes, fer talls.

slick [slik] a. relliscós; llis, sedós. 2 hàbil, astut. ■ 3 s. *oil* ~, marea f. negra.

slid [slid] Vegeu SLIDE (TO).

slide [slaid] s. relliscada f.; lliscada f. 2 relliscall m., rossola f. 3 tobogan m. 4 diapositiva f. 5 placa f. [d'un microscopi]. 6 cursor m. 7 despreniment m.

slide (to) [slaid] i. lliscar, relliscar, patinar. ■ 2 t. fer córrer, fer lliscar. 3 esmunyir-se p. ▲ Pret.: **slid** [slid].

slight [slait] a. lleuger, lleu. 2 prim. 3 petit, insignificant. ■ 4 **-ly** adv. lleugerament, una mica. ■ 5 s. desaire m., ofensa f.

slight (to) [slait] t. ofendre, insultar, desairar, menysprear.

slim [slim] a. prim, esvelt. 2 col·loq. petit, trivial, escàs.

slime [slaim] s. llot m., llim m. 2 bava f. [de serps, llimacs, etc.].

slimy [ˈslaimi] a. ple de llot. 2 llefiscós, viscós. 3 col·loq., fig. adulador, servil.

sling [sliŋ] s. fona f. 2 MED. cabestrell m. 3 baga m.

sling (to) [sliŋ] t. llançar, tirar amb força. 2 suspendre, aguantar, penjar. ▲ Pret. i p. p.: **slung** [slʌŋ].

slink (to) [sliŋk] i. moure's p. furtivament. ‖ *to* ~ *away,* escapolir-se p., marxar d'amagat. ▲ Pret. i p. p.: **slunk** [slʌŋk].

slip [slip] s. relliscada f. [també fig.]. 2 oblit m. 3 combinació f., enagos m. pl. 4 tira f. 5 BOT. plançó m., esqueix m. 6 passera f. de fusta.

slip (to) [slip] i. relliscar, patinar, (BAL.) llenegar, (VAL.) esvarar. 2 moure's p. sigilosament, esmunyir-se p. ■ 3 t. relliscar, fugir de les mans. 4 deixar escapar,

smell

deixar anar [un objecte, un secret]. 5 engiponar, posar. 6 eludir, esquivar. ■ *to ~ off*, escapar-se, fugir; *to ~ up*, equivocar-se.

slip-knot ['slipnɔt] *s.* nus *m.* escorredor.

slipper ['slipǝ⁷] *s.* sabatilla *f.*, babutxa *f.*

slippery ['slipǝri] *a.* relliscós; llefiscós, viscós. 2 astut, arterós, sense escrúpols.

slip-up ['slipʌp] *s.* errada *f.*, equivocació *f.*

slit [slit] *s.* obertura *f.*, ranura *f.*, tall *m.*

slit (to) [slit] *t.* tallar, fer un tall. ▲ Pret. i p. p.: *slit* [slit].

slogan ['slougǝn] *s.* eslògan *m.*, lema *m.*

slop [slɔ] *s.* deixalles *f. pl.* líquides; excrements *m. pl.* 2 aliments *m. pl.* líquids.

slop (to) [slɔp] *t.-i.* vessar(se).

slope [sloup] *s.* pendent *m.*, desnivell *m.*, inclinació *f.* 2 GEOGR. vessant *m.*

slope (to) [sloup] *t.-i.* inclinar(-se); fer baixada.

sloping ['sloupiŋ] *a.* inclinat, esbiaixat, que fa pendent.

sloppy ['slɔpi] *a.* moll; enfangat, ple de tolls. 2 barroer, mal fet, descurat. 3 sensibler, cursi.

slot [slɔt] *s.* obertura *f.*, ranura *f.*

sloth [slouθ] *s.* mandra *f.*, (BAL.), (VAL.) peresa *f.* 2 ZOOL. peresós *m.*

slot machine ['slɔtmǝʃi:n] *s.* màquina *f.* venedora.

slouch (to) [slautʃ] *t.-i.* fer el dropo. 2 rondar, vagarejar. 3 *t.-i.* treure, desfer-se *p.* de.

Slovakia [slou'vækiǝ] *n. pr.* GEOGR. Eslovàquia.

Slovenia [slou'vi:niǝ] *n. pr.* GEOGR. Eslovènia.

sloven ['slʌvn] *s.* desmanegat, deixat [persona].

slovenly ['slʌvnli] *a.* desmanegat, deixat, desendreçat [persona].

slow [slou] *a.* lent. 2 curt, espès, aturat [persona]. 3 d'efectes retardats. 4 endarrerit [rellotge]. 5 avorrit, poc interessant. ■ 6 *-ly* adv. lentament, a poc a poc.

slow (to) [slou] *t.* fer anar a poc a poc, alentir. ■ 2 *i.* anar a poc a poc, alentir-se *p.*

slowness ['slounis] *s.* lentitud. 2 calma, poca activitat.

slow-witted [slou'witid] *a.* curt de gambals, totxo.

slug [slʌg] *s.* ZOOL. llimac *m.* 2 ARTILL. bala *f.* irregular.

slug (to) [slʌg] *t.* pegar, atonyinar. ■ 2 *i.* caminar amb pas segur.

sluggish ['slʌgiʃ] *a.* lent; inactiu; encalmat. ■ 2 *-ly*, adv. lentament, amb calma.

slum [slʌm] *s.* barri *m.* pobre, suburbi *m.*

slumber ['slʌmbǝ⁷] *s.* liter. son *m.*

slumber (to) ['slʌmbǝ⁷] *i.* liter. dormir tranquil·lament.

slump [slʌm] *s.* davallada *f.* econòmica.

slump (to) [slʌmp] *i.* ensorrar-se *p.*; deixar-se *p.* caure; desplomar-se *p.*

slung [slʌŋ] Vegeu SLING (TO).

slunk [slʌŋk] Vegeu SLINK (TO).

slur [slǝ:⁷] *s.* reprotxe *m.* 2 fig. taca *f.*, màcula *f.* 3 MÚS. lligat *m.*

slur (to) [slǝ:⁷] *t.* barrejar. 2 *to ~ over*, passar per alt, deixar de banda.

slush [slʌʃ] *s.* fangueig *m.* 2 sentimentalisme *m.* barat.

slushy ['slʌʃi] *a.* enfangat. 2 sentimentaloide, cursi.

sly [slai] *a.* arterós; sagaç; murri. 2 furtiu, dissimulat. 3 maliciós, entremaliat.

slyness ['slainis] *s.* astúcia *f.*; sagacitat *f.*; murrieria *f.* 2 dissimulació *f.* 3 malícia *f.*

smack [smæk] *s.* plantofada *f.*, cop *m.* de mà. 2 petó *m.* sorollós. 3 MAR. balandre *m.* de pesca.

smack (to) [smæk] *i.* bofetejar. 2 *to ~ of*, tenir regust de [també fig.], suggerir.

small [smɔ:l] *a.* petit, (VAL.) xicotet. 2 baix [persona]. 3 poc important [detall].

smallness ['smɔ:lnis] *s.* petitesa *f.*

smallpox ['smɔ:lpɔks] *s.* MED. verola *f.*

smart [sma:t] *a.* elegant, selecte, refinat. 2 llest, brillant, eixerit. 3 lleuger, ràpid. ∥ *a ~ pace*, pas lleuger, bon pas. 4 dur, sever. ■ 5 *s.* coïssor *f.*, picor *f.* 6 fig. mal *m.*, dolor *m.*

smart (to) [sma:t] *i.* coure, picar. 2 fig. fer mal.

smash [smæʃ] *s.* trencadissa *f.* 2 cop *m.*, topada *f.* 3 hecatombe *f.* 4 bancarrota *f.* 5 *a ~ hit*, èxit *m.* fulminant [en música, etc.].

smash (to) [smæʃ] *t.-i.* trencar(-se), destrossar(se); fer(se) miques. 2 *t.* copejar amb força. 3 fer fallida.

smashing ['smæʃiŋ] *a.* col·loq. formidable, fabulós.

smattering ['smætǝriŋ] *s.* *a ~ of*, coneixement *m.* superficial, nocions *f. pl.*

smear [smiǝ⁷] *s.* llàntia *f.*, taca *f.*

smear (to) [smiǝ⁷] *t.* enllardar, tacar, empastifar. 2 fig. calumniar.

smell [smel] *s.* olfacte *m.* 2 olor *f.*

smell (to) [smel] *t.* sentir olor de, flairar. 2 ensumar, olorar. ■ 3 *i.* fer olor de. 4 fer pudor. ▲ Pret. i p. p.: *smelt* [smelt].

smelt (to) [smelt] *t.* fondre, extreure per fusió [metalls]. 2 Pret. i p. p. de SMELL (TO).

smile [smail] *s.* somriure *m.*, mitja rialla *f.*, rialleta *f.*

smile (to) [smail] *i.* somriure, fer mitja rialla.

smirk (to) [smə:k] *i.* somriure afectadament.

smite (to) [smait] *t.* liter. colpejar. 2 fig. vèncer, esclafar. ■ 3 *i.* donar cops. ▲ Pret.: *smote* [smout]; p. p.: *smitten* ['smitn].

smith [smiθ] *s.* forjador; ferrer.

smithy ['smiði] *s.* forja *f.*, ferreria *f.*

smitten [smitn] Vegeu SMITE (TO).

smog [smɔg] *s.* boira *f.* amb fum *m.*

smoke [smouk] *s.* fum *m.* 2 xemeneia *f.* alta. ‖ **to have a ~**, fumar, fer una cigarreta.

smoke (to) [smouk] *t.* fumar. 2 fumigar. ■ 3 *i.* fumar. 4 fer fum; fumejar.

smokescreen ['smoukskri:n] *s.* cortina *f.* de fum. 2 fig. excusa *f.*

smokestack ['smoukstæk] *s.* xemeneia *f.*

smoking ['smoukin] *a.* fumejant. ■ 2 *s.* el fumar. ‖ **no ~**, no fumeu.

smoky ['smouki] *a.* ple de fum. 2 fumejant. 3 fumat.

smooth [smu:ð] *a.* llis, fi, suau. 2 fi, sense grumolls [líquid]. 3 agradable, afable. ■ 4 **-ly** *adv.* suaument.

smooth (to) [smu:ð] *t.* allisar. 2 assuaujar, facilitar [situacions]. ■ 3 *i.* calmar-se *p.*

smote [smout] Vegeu SMITE (TO).

smother ['smʌðəʳ] *s.* polseguera *f.*, núvol *m.* de pols.

smother (to) ['smʌðəʳ] *t.* ofegar; asfixiar, sufocar.

smug [smʌg] *a.* presumit; pretensiós. ■ 2 **-ly** *adv.* pretensiosament.

smuggle (to) ['smʌgl] *t.* passar de contraban, fer contraban de.

smut [smʌt] *s.* taca *f.*; mascara *f.* 2 col·loq. obscenitat *f.*

smut (to) [smʌt] *t.* tacar, emmascarar, embrutar.

snack [snæk] *s.* mos *m.*; queixalada *f.*; menjar *m.* lleuger.

snag [snæg] *s.* entrebanc *m.*; obstacle *m.* 2 col·loq. dificultat *f.*

snake [sneik] *s.* serp *f.* ‖ **to see snakes**, veure visions.

snake (to) [sneik] *i.* serpentejar, zigzaguejar.

snail [sneil] *s.* ZOOL. cargol *m.*

snap [snæp] *s.* petament *m.*, clec *m.* 2 mossegada *f.*, dentellada *f.* 3 **cold ~**, onada *f.* de fred curta. 4 col·loq. energia *f.*, vigor *m.* ■ 5 *a.* improvisat, sobtat.

snap (to) [snæp] *t.* mossegar, clavar queixalada. 2 trencar, petar. 3 obrir de cop, tancar de cop. 4 escridassar. 5 fer petar [els dits, etc.]. ■ 6 *i.* trencar-se *p.*, petar-se *p.* 7 fer clec, petar.

snapshot ['snæpʃɔt] *s.* FOT. instantània *f.*

snare [snɛəʳ] *s.* parany *m.*, llaç *m.* 2 fig. parany *m.*; temptació *f.*

snare (to) [snɛəʳ] *t.* fer caure a la trampa [també fig.].

snarl [snɑ:l] *s.* embolic *m.*, confusió *f.* 2 grunyit *m.*, gruny *m.*

snarl (to) [snɑ:l] *i.* ensenyar les dents, grunyir [animals]. 2 grunyir [persones]. 3 *t.-i.* embolicar(-se), complicar(-se).

snatch [snætʃ] *s.* engrapada *f.*, arpada *f.* 2 fragment *m.* 3 estona *f.*

snatch (to) [snætʃ] *t.* engrapar, arrabassar; prendre. 2 aprofitar [l'ocasió].

sneak [sni:k] *s.* traïdor, covard. 2 delator, espieta.

sneak (to) [sni:k] *i.* actuar furtivament. ■ 2 *t.* robar.

sneer [sniəʳ] *s.* somriure *m.* burleta.

sneer (to) [sniəʳ] *i.* burlar-se *p.* de, fer escarni de; fer un somriure burleta.

sneeze [sni:z] *s.* esternut *m.*

sneeze (to) [sni:z] *i.* esternudar.

sniff [snif] *s.* ensumada *f.*; inhalació *f.*

sniff (to) [snif] *t.* inhalar, ensumar. 2 **to ~ at**, menystenir, no tenir en consideració [una oferta, etc.]. 3 empassar-se *p.* pel nas. ■ 4 *i.* ensumar els mocs.

snip [snip] *s.* estisorada *f.*, tall *m.* 2 retall *m.* 3 ganga *f.*

snip (to) [snip] *t.* tallar, retallar. ■ 2 *i.* fer retalls.

snivel (to) ['snivl] *i.* ploriquejar, queixar-se *p.*, fer el ploricó.

snob [snɔb] *s.* esnob.

snobbery ['snɔbəri] *s.* esnobisme *m.*

snooze [snu:z] *s.* becaina *f.*, dormideta *f.*

snooze (to) [snu:z] *i.* fer una dormideta.

snore (to) [snɔ:ʳ] *i.* roncar.

snort (to) [snɔ:t] *i.* esbufegar, brufolar. ■ 2 *t.* dir esbufegant.

snout [snaut] *s.* musell *m.*, morro *m.* [d'un animal]. 2 col·loq. nàpia *f.* [d'una persona].

snow [snou] *s.* neu *f.*

snow (to) [snou] *i.* nevar.

snowdrift ['snoudrift] *s.* congesta *f.*, pila *f.* de neu.

snowfall ['snoufɔːl] *s.* nevada *f.*

snowflake ['snoufleik] *s.* floc *m.* de neu.

snowplough ['snouplau] *s.* llevaneu *f.*

snowstorm ['snoustɔːm] *s.* tempesta *f.* de neu.

snub [snʌb] *s.* repulsa *f.*, desaire *m.*

snub (to) [snʌb] *t.* reprendre, renyar.

snub-nosed ['snʌb'nouzd] *a.* xato, camús.

snuff [snʌf] *s.* rapè *m.*

snuffle (to) ['snʌfl] *i.* respirar amb el nas tapat. 2 parlar amb el nas.

snug [snʌg] *a.* còmode, abrigat. 2 ajustat, cenyit.

snuggle (to) ['snʌgl] *i.* arraulir-se *p.*, acostar-se *p.*; arrupir-se *p.* ■ 2 *t.* acostar, estrènyer [algú].

so [sou] *adv.* així: *I hope ~*, així ho espero. 2 tan, tant: *~ big*, tan gran; *it's ~ hot!*, fa tanta calor! 3 doncs, per tant. ■ 4 *conj.* *~ that*, per tal de, perquè, a fi que. 5 *and ~ forth*, etcètera; *~ far*, fins ara, fins aquí; *~ many*, tants; *~ much*, tan; *~ to speak*, per dir-ho d'alguna manera. 6 *~ do I*, *~ can I*, jo també.

soak [souk] *s.* remull *m.*, remullada *f.*: *in ~*, en remull. 2 bebedor empedreït.

soak (to) [souk] *t.* remullar. 2 amarar. 3 *to ~ up*, absorbir. ■ 4 *i.* remullar-se *p.* 5 amarar-se *p.* 6 *to ~ through*, penetrar, calar. 7 col·loq. entrompar-se *p.*

so-and-so ['souənsou] *s.* tal: *Mr. ~*, Sr. Tal.

soap [soup] *s.* sabó *m.*

soap (to) [soup] *t.* ensabonar [també fig.].

soapdish ['soupdiʃ] *s.* sabonera *f.*

soar (to) [sɔːʳ, sɔəʳ] *i.* elevar-se *p.*, enlairar-se *p.* 2 apujar-se *p.* [preus].

sob [sɔb] *s.* sanglot *m.*; sospir *m.*

sob (to) [sɔb] *t.-i.* sanglotar ‖ *to ~ one's heart out*, plorar a llàgrima viva.

sober ['soubəʳ] *a.* sobri. 2 serè, calmat. 3 seriós. 4 discret [colors]. ■ 5 *-ly adv.* sòbriament; serenament.

sobriety [sou'braiəti] *s.* sobrietat *f.*, serenitat *f.*

so-called ['sou'kɔːld] *a.* anomenat, suposat.

sociable ['souʃəbl] *a.* sociable.

social ['souʃəl] *a.* social. ‖ *~ security*, seguretat *f.* social. 2 sociable. ■ 3 *s.* reunió *f.*, trobada *f.*

socialism ['souʃəlizəm] *s.* socialisme *m.*

society [sə'saiəti] *s.* societat *f.* 2 associació *f.* 2 companyia *f.*

sock [sɔk] *s.* mitjó *m.*, (BAL.), (VAL.) calcetí *m.* 2 cop *m.*; cop *m.* de puny.

socket ['sɔkit] *s.* forat *m.*; cavitat *f.* 2 conca *f.* [de l'ull]. 3 alvèol *m.* [de les dents]. 4 ELECT. endoll *m.*

sod [sɔd] *s.* gespa *f.* 2 pa *m.* d'herba [tros d'herba]. 3 pop. cabró *m.*

sodden ['sɔdn] *a.* amarat, xop.

sofa ['soufə] *s.* sofà *m.*

soft [sɔft] *a.* tou: *a ~ mattress*, un matalàs tou. 2 suau, fi: *~ skin*, pell fina. 3 dolç, grat. 4 dèbil, tou [de caràcter]. 4 col·loq. fàcil [treball, tasca, etc.]. ■ 5 *-ly adv.* suaument, blanament.

soften (to) ['sɔfn] *t.* ablanir, estovar, suavitzar. ■ 2 *i.* ablanir-se *p.*, estovar-se *p.*, suavitzar-se *p.*

softness ['sɔftnis] *s.* suavitat *f.* 2 blanesa *f.*, mollesa *f.* 3 dolçor *f.*, dolcesa *f.*

soil [sɔil] *s.* terra *f.*, sòl *m.*

soil (to) [sɔil] *t.* embrutar, tacar. ■ 2 *i.* embrutar-se *p.*, tacar-se *p.*

sojourn ['sɔdʒɛːn] *s.* liter. sojorn *m.*, estada *f.*

sojourn (to) ['sɔdʒɛːn] *i.* liter. sojornar.

solace ['sɔləs] *s.* consol *m.*, confort *m.*, reconfort *m.*

solace (to) ['sɔləs] *t.* consolar, confortar, reconfortar.

sold [sould] Vegeu SELL (TO).

solder (to) ['sɔldəʳ] *t.* soldar.

soldier ['souldʒəʳ] *s.* soldat *m.*

sole [soul] *s.* planta *f.* [del peu]. 2 sola *f.* [d'una sabata]. 3 ICT. llenguado *m.* ■ 4 *a.* únic. 5 exclusiu.

solemn ['sɔləm] *a.* solemne.

solemnity [sə'lemniti] *s.* solemnitat *f.*

solemnize (to) ['sɔləmnaiz] *t.* solemnitzar.

snuff (to) [snʌf] *t.* inhalar. 2 olorar, ensumar. 3 esmocar, mocar [una espelma]. ■ 4 *i.* pop. *to ~ out*, dinyar-la.

solicit (to) [sə'lisit] *t.* solicitar. 2 induir, incitar.

solicitor [sə'lisitəʳ] *s.* DRET (G.B.) advocat. 2 (EUA) representant, agent.

solicitous [sə'lisitəs] *a.* sol·lícit, ansiós.

solicitude [sə'lisitju:d] s. sol·licitud f. 2 preocupació f.

solid ['sɔlid] a. sòlid. 2 massís. 3 dur, ferm.

solidarity [sɔli'dæriti] s. solidaritat f.

solidify (to) [sə'lidifai] t. solidificar. ■ 2 i. solidificar-se p.

solidity [sə'liditi] s. solidesa f.

soliloquy [sə'liləkwi] s. soliloqui m.

solitary ['sɔlitəri] a. solitari. 2 sol, únic.

solitude ['sɔlitju:d] s. solitud f.

soluble ['sɔljubl] a. soluble.

solution [sə'lu:ʃən] s. solució f.

solve (to) [sɔlv] t. solucionar.

sombre, (EUA) **somber** ['sɔmbəʳ] a. obscur, ombrívol, fosc.

some [sʌm, səm] a. algun, alguns, (BAL.) qualque, qualques. 2 un, uns: ~ *years ago,* fa uns anys. 3 una mica de, un xic de: *I'll have* ~ *tea,* prendré te; *pass me* ~ *butter,* passa'm una mica de mantega. ■ 4 *pron.* alguns, uns: ~ *came to the party,* alguns van venir a la festa. 5 en: *do you want* ~?, que en vols? ■ 6 *adv.* més o menys, aproximadament. 7 col·loq. (EUA) una mica, un xic.

somebody ['sʌmbədi] *pron.* algú, (BAL.) qualcú: ~ *else,* algú altre.

somehow ['sʌmhau] *adv.* d'alguna manera, d'una manera o altra. 2 per algun motiu: *I like that place* ~, no sé per què però m'agrada aquell lloc.

someone ['sʌmwʌn] *pron.* Vegeu SOMEBODY.

somersault ['sʌməsɔ:lt] s. tombarella f., giravolt m., (ROSS.) retorn m.

something ['sʌmθiŋ] *s.-pron.* alguna cosa, quelcom, (BAL.) qualque cosa; *I need* ~ *to eat,* haig de menjar alguna cosa; *I think he's an engineer or* ~, crec que és enginyer o alguna cosa així. ■ 2 *adv.* ~ *like,* com; més o menys, alguna cosa com.

sometime ['sʌmtaim] *adv.* algún dia, alguna vegada.

sometimes ['sʌmtaimz] *adv.* a vegades, algunes vegades.

somewhat ['sʌmwɔt] *adv.* una mica, un xic. 2 ~ *of,* alguna cosa, una mica.

somewhere ['sʌmwɛəʳ] *adv.* en algún lloc.

son [sʌn] s. fill m.

song [sɔŋ] s. cant m. [acció de cantar]. 2 MÚS., LIT. cançó f., cant m.

songbook ['sɔŋbuk] s. cançoner m.

son-in-law ['sʌninlɔ:] s. gendre m., fill m. polític. ▲ pl. *sons-in-law.*

sonnet ['sɔnit] s. LIT. sonet m.

sonorous [sə'nɔ:rəs] a. sonor.

soon [su:n] adv. aviat, (BAL.) prest, (VAL.) prompte. || *as* ~ *as,* tan aviat com. || ~ *after,* poc després.

sooner [su:nəʳ] adv. compar. de SOON: més aviat: ~ *or later,* tard o d'hora.

soot [sut] s. sutge m., sutja f., estalzí m.

soothe (to) [su:ð] t. alleujar, calmar, apaivagar.

soothsayer ['su:θˌseiəʳ] s. endeví.

sophism ['sɔfizəm] s. sofisma m.

sophisticated [sə'fistikeitid] a. sofisticat, refinat, selecte.

soporific [ˌsɔpə'rifik] a. soporífer, soporífic. ■ 2 s. soporífer m., soporífic m.

soprano [sə'prɑ:nou] s. MÚS. soprano.

sorcerer ['sɔːsərəʳ] s. bruixot m.

sorcery ['sɔːsəri] s. bruixeria f.

sordid ['sɔːdid] a. sòrdid.

sore [sɔːʳ, sɔəʳ] a. adolorit, inflamat; *to have a* ~ *throat,* tenir mal de coll. 2 afligit, entristit. 3 fig. dolorós. 4 ofès. ■ 5 s. úlcera f., nafra f. 6 fig. pena f. ■ 7 -*ly* adv. molt; profundament.

sorrow ['sɔrou] s. pena f., dolor m., pesar m.

sorrow (to) ['sɔrou] i. afligir-se p., passar pena.

sorry ['sɔri] a. afligit, trist. || *I'm* ~, ho sento. || ~!, perdoni! 2 penedit: *aren't you* ~ *about what you said!,* no et sap greu el que has dit! 3 *to be a feel* ~ *for somebody,* sentir llàstima o pena per algú, compadir-se d'algú. 4 llastimós, penós.

sort [sɔːt] s. mena f., espècie f. || *a* ~ *of,* una mena de. 2 manera. 3 *out of sorts,* empiocat.

sort (to) [sɔːt] t. col·loq. *to* ~ *(out),* ordenar, classificar; triar. 2 col·loq. *to* ~ *(out)* solucionar, aclarir.

so-so ['sousou] a.-adv. regular. 2 adv. així així.

sough (to) [sau] i. murmurar, remorejar [el vent].

sought [sɔːt] Vegeu SEEK (TO).

soul [soul] s. ànima f.

sound [saund] a. sa, bo. || *of* ~ *mind,* en el seu seny. 2 sensat, enraonat. 3 sòlid, segur. 4 fort, bo. 5 profund, intens [son]. 6 sonor: ~ *film,* pel·lícula sonora; ~ *wave,* onda sonora. ■ 7 s. so m. 8 GEOGR. braç m. de mar; ria f.

sound (to) [saund] *i.* sonar [també fig.].
■ 2 *t.* tocar: *to ~ the trompet,* tocar la
trompeta. 3 pronunciar, dir. 4 MAR. son-
dar.

sounding ['saundiŋ] *a.* sonor. ■ 2 *s.* MAR.
sondeig *m.* 3 fig. sondeig *m.* [d'opinió].

soundness ['saundnis] *s.* solidesa *f.* ||
~ of body, bona salut. 2 seny *m.,* recti-
tud *f.*

soup [su:p] *s.* sopa *f.*

sour [sauə'] *a.* àcid, agre. 2 ranci. 3 es-
querp, adust. || fig. *to turn ~,* fer-se agre,
agrir-se.

sour (to) ['sauə'] *t.* agrir. ■ 2 *i.* agrir-se *p.*

source [sɔ:s] *s.* font *f.,* deu *f.* 2 fig. font *f.,*
origen *m.*

sourness ['sauənis] *s.* acidesa *f.* 2 agror *f.*
[també fig.].

south [sauθ] *s.* sud *m.,* migdia *m.,* mig-
jorn *m.* ■ 2 *a.* del sud, meridional.

South Africa [‚sauθ'æfrikə] *n. pr.* GEOGR.
Sud-Àfrica.

South African [‚sauθ'æfrikən] *a.-s.* sud-
africà.

South America [‚sauθə'merikə] *s.* GEO-
GR. Sud-Amèrica.

southern ['sʌðən] *a.* del sud, meridional.

souvenir ['su:vəniə'] *s.* record *m.* [objec-
te].

sovereign ['sɔvrin] *a.* sobirà. 2 suprem,
summe. ■ 3 *s.* sobirà [monarca].

Soviet ['souviet] *a.-s.* soviètic.

Soviet Union ['souviət'ju:niən] *n. pr.*
GEOGR. Unió Soviètica.

sow [sau] *s.* truja *f.*

sow (to) [sou] *t.-i.* sembrar *t.* ▲ Pret.:
sowed [soud]; p. p.: *sown* [soun] o
sowed.

spa [spa:] *s.* balneari *m.*

space [speis] *s.* espai *m.*

space (to) [speis] *t.* espaiar.

spacious ['speiʃəs] *a.* espaiós.

spade [speid] *s.* AGR. fanga *f.,* pala *f.* || fig.
call a ~ a ~, dir les coses pel seu nom.

Spain [spein] *n. pr.* GEOGR. Espanya.

span [spæn] *s.* pam *m.* 2 espai *m.,* lapse
m. [temps]. 3 ARQ. arcada *f.;* ulleral *m.,*
ull *m.* de pont. 4 AVIA. envergadura *f.* ■
5 Vegeu SPIN (TO).

spangle ['spæŋgl] *s.* lluentó *m.*

Spaniard ['spænjəd] *s.* espanyol.

Spanish ['spæniʃ] *a.* espanyol. ■ 2 *s.*
espanyol *m.,* castellà *m.* [llengua].

spank (to) [spæŋk] *t.* natjar, pegar a les
natges. ■ 2 *i. to ~ (along),* córrer, galo-
par.

spanner ['spænə'] *s.* MEC. clau *f.* || *shifting
~,* clau anglesa.

spar [spa:'] *s.* perxa *f.,* pal *m.* 2 combat *m.*
de demostració [boxa]. 3 fig. baralla *f.* 4
MINER. espat *m.*

spar (to) [spa:'] *i.* fintar *t.,* fer fintes. 2 fig.
barallar-se *p.*

spare [spɛə'] *a.* sobrant, sobrer; disponi-
ble; de recanvi. 2 flac, sec [persones]. 3
frugal, sobri.

spare (to) [spɛə'] *t.* estalviar, economit-
zar. 2 prescindir, estar-se *p.* de. 3 per-
donar, fer gràcia de.

sparing ['spɛəriŋ] *a.* econòmic, parc, so-
bri. 2 escàs. ■ 3 *-ly adv.* sòbriament,
amb moderació.

spark [spa:k] *s.* espurna *f.,* guspira *f.* 2 fig.
engruna *f.,* pèl *m.*

spark (to) [spa:k] *i.* espurnejar, guspi-
rejar. 2 fer esclatar.

sparking plug ['spa:kiŋplʌg], **spark
plug** ['spa:kplʌg] *s.* AUTO. bugia *f.*

sparkle ['spa:kl] *s.* espurneig *m.,* cente-
lleig *m.* 2 fig. vivesa *f.,* animació *f.*

sparkling ['spa:kliŋ] *a.* espurnejant; bri-
llant. || *~ wine,* vi *m.* escumós.

sparrow ['spærou] *s.* pardal *m.*

sparse [spa:s] *a.* escàs; dispers. 2
esclarissat [pèls].

spasm ['spæzəm] *s.* espasme *m.*

spat [spæt] Vegeu SPIT (TO).

spat (to) [spæt] *t.-i.* (EUA) barallar(-se). 2
donar un cop.

spatter (to) ['spætə'] *t.-i.* esquitxar.

speak (to) [spi:k] *i.* parlar. || *to ~ out,*
parlar clar, sense embuts; *to ~ to some-
one,* parlar amb algú. ■ 2 *t.* parlar, dir,
expressar: *to ~ one's mind,* dir el que
un pensa. ▲ Pret.: *spoke* [spouk]; p. p.:
spoken ['spoukən].

speaker ['spi:kə'] *s.* persona *f.* que parla.
2 orador. 3 president [d'una assemblea].
4 ELECT. col·loq. altaveu *m.*

spear [spiə'] *s.* llança *f.* 2 arpó *m.* [per pes-
car].

spear (to) [spiə'] *t.* allancejar. 2 travessar
amb arpó.

special ['speʃəl] *a.* especial. ■ 2 *-ly adv.*
especialment, en especial.

specialist ['speʃəlist] *a.-s.* especialista *s.*

specialize (to) ['speʃəlaiz] *t.-i.* especialit-
zar(-se).

species ['spiːʃiːz] s. BIOL. espècie f. 2 classe f., mena f. ▲ pl. **species**.

specific [spi'sifik] a. específic. ■ 2 s. específic m. 3 pl. detalls m. pl. [fàrmac].

specify (to) ['spesifai] t. especificar.

specimen ['spesimin] s. espècimen m.; mostra f.; exemplar m.

specious ['spiːʃəs] a. especiós, enganyós.

speck [spek] s. taca f., partícula f. 2 fig. punt m.

speckle ['spekl] s. taqueta f.

spectacle ['spektəkl] s. espectacle m. 2 pl. form. ulleres m. pl.

spectacular [spek'tækjulə] a. espectacular.

spectator [spek'teitə] s. espectador.

spectre, (EUA) **specter** ['spektə] s. espectre m.

speculate (to) ['spekjuleit] i. especular, teoritzar (about, sobre). 2 COM. especular.

sped [sped] Vegeu SPEED (TO).

speech [spiːtʃ] s. parla f., paraula f., llenguatge m. 2 discurs m. 3 pronúncia f., manera f. de parlar. 4 TEAT. parlament m.

speed [spiːd] s. velocitat f. 2 rapidesa f.; pressa f.

speed (to) [spiːd] t. accelerar, donar pressa a. 2 disparar [una fletxa]. ■ 3 i. afanyar-se p. 4 anar de pressa. ▲ Pret. i p. p.: **sped** [sped] o **speeded** ['spiːdid].

speedy ['spiːdi] a. ràpid, veloç.

spelaeologist [ˌspiːli'ɔlədʒist] s. espeleòleg.

spelaeology [ˌspiːli'ɔlədʒi] s. espeleologia f.

spell [spel] s. encís m., encant m. 2 fascinació f. 3 torn m., tanda f. 4 període m., temporada f.

spell (to) [spel] t. lletrejar, escriure's p.: how do you ~ your name? com s'escriu el teu nom? 2 to ~ out, escriure correctament; explicar en detall. 3 significar, voler dir. 4 t.-i. escriure bé. ▲ Pret. i p. p.:**spelled** [speld] o **spelt** [spelt].

spelling ['speliŋ] s. lectura f. lletrejada. 2 ortografia f.

spelt [spelt] Vegeu SPELL (TO).

spend (to) [spend] t. gastar, despendre. 2 consumir, esgotar. 3 gastar, passar [el temps]. ▲ Pret. i p. p.: **spent** [spent].

spendthrift ['spendθrift] s. malgastador.

spent [spent] Vegeu SPEND (TO).

spermatazoon [ˌspəːmətə'zəuən] s. espermatozoide m.

sphere [sfiə] s. esfera f. 2 globus m., orbe m.

sphinx [sfiŋks] s. esfinx.

spice [spais] s. espècia f.

spice (to) [spais] t. assaonar.

spicy ['spaisi] a. assaonat amb espècies, picant [també fig.].

spider ['spaidə] s. aranya f.: spider's web, teranyina f.

spike [spaik] s. punxa f., pua f., punta f. 2 clau m. [sabates]. 3 BOT. espiga f.

spike (to) [spaik] t. clavar. 2 fig. espatllar.

spill [spil] s. vessament m. 2 caiguda f. 3 teia f.

spill (to) [spil] t. vessar. 2 llençar, fer caure [del cavall]. ■ 3 i. vessar-se p. ▲ Pret. i p. p.: **spilled** [spild] o **spilt** [spilt].

spilt [spilt] Vegeu SPILL (TO).

spin [spin] s. gir m., tomb m., volta f. 2 tomb m. [en vehicle].

spin (to) [spin] t. fer girar. 2 filar. 3 teixir [també fig.]. ‖ fig. to ~ a yarn, explicar una història. ■ 3 i. girar, donar voltes. 5 filar. ▲ Pret.: **spun** [spʌn] o **span** [spæn]; p. p.: **spun** [spʌn].

spinach ['spinidʒ] s. espinac m.

spinal ['spainl] a. espinal: ~ column, espina dorsal.

spindle ['spindl] s. fus m. [per filar]. 2 MEC. eix m.

spine [spain] s. ANAT. espinada f. 2 llom m. [d'un llibre]. 3 espina f.

spineless ['spainlis] a. invertebrat, sense espina. 2 fig. tou, dèbil [persona].

spinet [spi'net] s. MÚS. clavecí m.

spinner ['spinə] s. filador. 2 f. filadora [màquina].

spinning ['spiniŋ] s. filatura f., acció f. de filar.

spinning mill ['spiniŋmil] s. filatura f. [fàbrica].

spinning top ['spiniŋtɔp] s. baldufa f.

spinning wheel ['spiniŋwiːl] s. filosa f.

spinster ['spinstə[r]] s. soltera f.

spiral ['spaiərəl] a. espiral: ~ staircase, escala de cargol.

spire ['spaiə] s. ARQ. agulla f.

spirit ['spirit] s. esperit m. 2 ànim m., valor m., vivacitat f., energia f. ‖ to be in high spirits, estar molt animat; out of spirits, trist, abatut. 3 pl. esperit m. sing., alcohol m. sing., beguda f. sing. alcohòlica.

spirit (to) ['spirit] t. to ~ (up), animar, encoratjar. 2 to ~ away o off, desaparèixer.

spirited ['spiritid] *a.* viu, coratjós, vigorós.

spiritless ['spiritles] *a.* exànime. 2 abatut, desanimat. 3 covard.

spiritual ['spiritjuəl] *a.* espiritual. ■ 2 *s.* espiritual *m.* negre [cant].

spit [spit] *s.* saliva *f.* 2 ast *m.*, rostidor *m.*

spit (to) [spit] *i.* escopir. 2 plovisquejar. ■ 3 *t.* escopir. ▲ Pret. i p. p.: *spat* [spæt].

spite [spait] *s.* despit *m.*, rancor *m.*, ressentiment *m.* ‖ *in ~ of*, a despit de, malgrat.

spite (to) [spait] *t.* molestar, irritar.

spiteful ['spaitful] *a.* rancorós; malèvol. ■ 2 *-ly adv.* rancorosament; malèvolament.

splash [splæʃ] *s.* esquitxada *f.*, esquitx *m.*, ruixada *f.* ‖ fig. *to make a ~*, causar sensació. 2 xipolleig *m.* 3 taca *f.* [de color].

splash (to) [splæʃ] *t.* esquitxar; ruixar. ■ 2 *i.* xipollejar.

spleen [spli:n] *s.* ANAT. melsa *f.* 2 bilis *f.*, mal humor *m.* 3 esplín *m.*

splendid ['splendid] *a.* esplèndid. ■ 2 *-ly adv.* esplèndidament.

splendour, (EUA) splendor ['splendə] *s.* esplendor *f.* 2 magnificència *f.*

splint [splint] *s.* canya *f.* [per mantenir rígid un membre trencat].

splinter ['splintə] *s.* estella *f.* [de fusta]. 2 resquill *m.* [d'ós].

splinter (to) ['splintə] *t.* estellar, esberlar. ■ 2 *i.* estellar-se *p.*, esberlar-se *p.*

split [split] *s.* esquerda *f.* 2 divisió *f.*, cisma *m.* 3 POL. escissió *f.* 4 ruptura *f.*, separació *f.*

split (to) [split] *t.* separar; partir; esquerdar. 2 POL. escindir. ■ 3 *i.* separar-se *p.*; partir-se *p.*; esquerdar-se *p.* ▲ Pret. i p. p.: *split* [split].

spoil [spɔil] *s.* botí *m.*, despulles *f. pl.*

spoil (to) [spɔil] *t.* espatllar, malmetre, fer malbé. 2 aviciar, malacostumar. 3 saquejar. ■ 4 *i.* fer-se *p.* malbé. ▲ Pret. i p. p.: *spoiled* [spɔild] o *spoilt* [spɔilt].

spoilt [spɔilt] Vegeu SPOIL (TO).

spoke [spouk] Vegeu SPEAK (TO). ■ 2 *s.* raig *m.* [de roda].

spoken ['spoukən] Vegeu SPEAK (TO).

spokesman ['spouksmən] *s.* portaveu *m.*

sponge [spʌndʒ] *s.* esponja *f.*

sponge (to) [spʌndʒ] *t.* rentar amb esponja. 2 esborrar. 3 absorbir, xuclar. ■ 4 *i.* col·loq. gorrejar.

sponger ['spʌndʒə] *s.* col·loq. gorrer, paràsit.

sponsor ['spɔnsə] *s.* patrocinador. 2 fiador, garant. 3 padrí *m.*, padrina *f.*

sponsor (to) ['spɔnsə] *t.* patrocinar. 2 fiar, garantir. 3 apadrinar.

spontaneous [spɔn'teinjəs] *a.* espontani. ■ 2 *-ly adv.* espontàniament.

spool [spu:l] *s.* rodet *m.*, bobina *f.*

spoon [spu:n] *s.* cullera *f.*

spoonful ['spu:nful] *s.* cullerada *f.* ▲ *pl.* *spoonfuls* o *spoonsful*.

sport (to) [spɔ:t] *t.* ostentar, lluir. ■ 2 *i.* jugar, enjogassar-se *p.*

sport [spɔ:t] *s.* esport *m.* 2 diversió *f.*; joc *m.*; broma *f.*

sporting ['spɔ:tiŋ] *a.* esportiu. 2 honrat, lleial.

sportive ['spɔ:tiv] *a.* alegre, festiu, divertit.

sportsman ['spɔ:tsmən] *s.* esportista *m.*

sportswoman ['spɔ:tswumən] *s.* esportista *f.*

spot [spɔt] *s.* ANAT. gra *m.* 2 taca *f.*, clapa *f.* 3 pic *m.*, rodoneta *f.* [en la roba]. 4 lloc *m.* ‖ fig. *in a ~*, en un mal pas.

spot (to) [spɔt] *t.* tacar, clapejar. 2 localitzar, descobrir. ■ 3 *i.* tacar-se *p.* 4 col·loq. caure gotes.

spotless ['spɔtlis] *a.* net, immaculat.

spotlight ['spɔtlait] *s.* TEAT. focus *m.*, reflector *m.* ‖ fig. *to be in the ~*, ésser el centre d'atenció.

spouse [spauz] *s.* espòs.

spout [spaut] *s.* broc *m.*, galet *m.* [atuell]. 2 canaló *m.*, canal *f.* [per l'aigua]. 3 brollador *m.*, sortidor *m.*

spout (to) [spaut] *t.* llançar, treure [a raig]. 2 col·loq. declamar. ■ 3 *i.* rajar, brollar.

sprain [sprein] *s.* MED. torçada *f.*

sprain (to) [sprein] *t.* MED. torçar: *to ~ one's ankle*, torçar-se *p.* el turmell.

sprang [spræŋ] Vegeu SPRING (TO).

sprawl (to) [sprɔ:l] *i.* estirar-se *p.*, ajeure's *p.* [persona]. 2 estendre's *p.*, escampar-se *p.* [coses].

spray [sprei] *s.* esprai *m.* 2 ramet *m.* [flors].

spray (to) [sprei] *t.* polvoritzar [un líquid]. 2 ruixar.

spread [spred] *s.* desplegament *m.*, desenvolupament *m.* 2 extensió *f.* 3 difusió *f.*, propaganda *f.* 4 AVIA. envergadura *f.* 5 tiberi *m.* [menjar]. ■ 6 Vegeu SPREAD (TO).

spread (to) [spred] *t.* estendre, desplegar. 2 untar, posar. 3 difondre, divulgar.

■ 4 *i.* estendre's *p.*, desplegar-se *p.* 5 difondre's *p.*, divulgar-se *p.* ▲ Pret. i p. p.: *spread* [spred].

spree [spri:] *s.* gresca *f.*, diversió *f.* ‖ *a spending* ~, gastar molts diners de cop.

sprig [sprig] *s.* branquilló *m.*, ramet *m.*

sprightly ['spraitli] *a.* viu, alegre. 2 enèrgic, àgil.

spring [spriŋ] *s.* primavera *f.* font *f.:* ~ *water,* aigua de font. 3 origen *m.*, començament *m.* 4 salt *m.*, bot *m.* 5 molla *f.*, ressort *m.* 6 elasticitat *f.* 7 vigor *m.*, energia *f.* 8 ARQ. arrencada *f.* [d'un arc].

spring (to) [spriŋ] *i.* saltar, botar. 2 *to* ~ *(up),* brollar, néixer. 3 provenir, sortir *(from,* de). ■ 4 *t.* saltar, fer saltar. 5 deixar anar de cop *(on,* a) [sorpresa, notícia, etc.]. ▲ Pret.: *sprang* [spræŋ]; p. p.: *sprung* [sprʌŋ].

springboard ['spriŋbɔ:d] *s.* trampolí *m.*, palanca *f.*

spring mattress [spriŋ'mætrəs] *s.* matalàs *m.* de molles.

spring tide [spriŋ'taid] *s.* marea *f.* viva.

springtime ['spriŋtaim] *s.* primavera *f.*

sprinkle (to) ['spriŋkl] *t.* esquitxar. 2 escampar. 3 ensalgar.

sprinkling ['spriŋkliŋ] *s.* esquitxada *f.* ‖ fig. *there was a* ~ *of young people,* hi havia uns quants joves.

sprint [sprint] *s.* sprint *m.*, carrera *f.* ràpida i curta.

sprint (to) [sprint] *i.* córrer molt de pressa.

sprite [sprait] *s.* follet *m.*

sprout [spraut] *s.* brot *m.*, lluc *m.* 2 *pl. Brussels sprouts,* cols *f. pl.* de Brussel·les.

sprout (to) [spraut] *i.* brotar, llucar.

spruce [spru:s] *a.* pulcre, polit, endreçat. ■ 2 *s.* BOT. avet *m.* roig.

spruce (to) [spru:s] *t.-i.* empolainar(se); mudar(se).

sprung [sprʌŋ] Vegeu SPRING (TO).

spun [spʌn] Vegeu SPIN (TO).

spur [spə:ʳ] *s.* esperó *m.* 2 fig. estímul *m.* 3 GEOGR. esperó *m.*, morrot *m.*

spur (to) [spə:ʳ] *t.* esperonar. 2 fig. estimular.

spurious ['spjuəriəs] *a.* espuri, fals.

spurn (to) [spə:n] *t.* rebutjar; menysprear.

spurt [spə:t] *s.* arravatament *m.*, rampell *m.* 2 raig *m.*, doll *m.*

spurt (to) [spə:t] *i.* brollar. 2 fig. esclatar.

sputter ['spʌtəʳ] *s.* fig. capellà *m.*, saliva *f.* 2 espeternec *m.*, espetec *m.* 3 barboteig *m.*, balbuteig *m.*

sputter (to) ['spʌtə] *i.* fig. tirar capellans, tirar saliva. 2 espeternegar. 3 *t.-i.* balbucejar, balbotejar.

sputum ['spju:təm] *s.* MED. esput *m.* ▲ *pl. sputa* ['spju:tə].

spy [spai] *s.* espia.

spy (to) [spai] *t.* espiar. 2 intentar, mirar de. ■ 3 *i.* espiar.

spyglass ['spaiglɑ:s] *s.* ullera *m.* llarga vista.

spyhole ['spaihoul] *s.* espiell *m.*

squabble ['skwɔbl] *s.* batussa *f.*, brega *f.*

squabble (to) ['skwɔbl] *i.* esbatussar-se *p.*, buscar raons.

squad [skwɔd] *s.* brigada *f.*, escamot *m.*

squadron ['skwɔdrən] *s.* MAR. esquadra *f.* 2 MIL. esquadró *m.*

squalid ['skwɔlid] *a.* sòrdid; miserable; brut.

squall [skwɔ:l] *s.* ràfega *f.;* gropada *f.* 2 xiscle *m.*

squall (to) [skwɔ:l] *i.* cridar, xisclar.

squalor ['skɔlə'] *s.* misèria *f.;* brutícia *f.;* sordidesa *f.*

squander (to) ['skwɔndə'] *t.* malgastar, malbaratar.

square [skwɛə'] *s.* GEOM. quadrat *m.* 2 MAT. quadrat *m.* 3 JOC casa *f.*, casella *f.* 4 DIB. escaire *m.* 5 plaça *f.* [urbanisme]. 6 carca, reaccionari. ■ 7 *a.* quadrat. 8 robust, fort. 9 exacte, ordenat, ben posat. 10 just, honrat, recte. 11 saldat; empatat.

square (to) [skwɛə'] *t.* quadrar; fer quadrar. 2 quadricular. 3 ESPORT empatar. 4 COM. quadrar. ■ 5 *i.* quadrar, ajustar-se *p.*, adir-se *p.* 2 posar-se *p.* a la defensiva.

squash [skɔʃ] *s.* suc *m.* [de fruita]. 2 aixafamenta *f.* 3 munió *f.* 4 BOT. carabassa *f.* 5 ESPORT squash *m.*

squash (to) [skɔʃ] *t.-i.* aixafar(se), esclafar(se).

squat [skwɔ] *a.* ajupit. ■ 2 *s.* edifici *m.* ocupat.

squat (to) [skwɔt] *i.* ajupir-se *p.*, arraulir-se *p.* 2 instal·lar-se *p.* en una propietat buida.

squawk [skwɔ:k] *s.* xiscle *m.;* queixa *f.*

squawk (to) [skwɔ:k] *i.* xisclar, queixar-se *p.*

squeak [ski:k] *s.* xiscle *m.*, xisclet *m.*, xerric *m.*

squeak (to) [ski:k] *i.* xisclar; xerricar.

squeal [skiːl] s. xiscle *m.*, esgarip *m.*

squeal (to) [skiːl] *i.* xisclar, fer esgarips.

squeamish [ˈskwiːmiʃ] *a.* propens a la nàusea. 2 recelós, aprensiu.

squeeze [skwiːz] s. espremuda *f.* 2 encaixada *f.* [de mans]. 3 pressió *f.*, compressió *f.* 4 atapeïment *m.*

squeeze (to) [skwiːz] *t.* pressionar, comprimir. 2 prémer, premsar; exprémer [també fig.].

squelch [skwelʧ] s. xipolleig *m.* 2 aixafamenta *f.*

squelch (to) [skwelʧ] *t.* esclafar. ■ 2 *i.* xipollejar.

squid [skwit] s. calamars *m.*

squint [skwint] s. MED. estrabisme *m.* 2 cop m. d'ull, llambregada *f.;* mirada *f.* de cua d'ull.

squint (to) [skwint] *i.* ser estràbic, mirar guenyo. 2 mirar de reüll. 3 llambregar, donar un cop d'ull.

squint-eyed [ˈskwintˈaid] *a.* guenyo, estràbic.

squire [skwaiə'] s. escuder *m.* 2 (G.B.) terratinent *m.;* amo *m.*

squirm (to) [skwəːm] *i.* caragolar-se *p.,* torçar-se *p.* recaragolar-se *p.*

squirrel [ˈskwirəl] s. esquirol *m.*

squirt [skwəːt] s. raig *m.*, doll *m.*, ruixada *f.* 2 milhomes *m.*

squirt (to) [skwəːt] *t.* llançar a raig, rajar. 2 xeringar. 3 ruixar.

stab [stæb] s. punyalada *f.*, ganivetada *f.* 2 col·loq. intent *m.*

stab (to) [stæb] *t.* apunyalar. ■ 2 *i.* clavar una ganivetada. 3 intentar apunyalar.

stability [stəˈbiliti] s. estabilitat *f.*

stable [ˈsteibl] *a.* estable. ■ 2 s. estable *m.*, cort *f.*

stable (to) [ˈsteibl] *t.* posar en un estable. ■ 2 *i.* ser en un estable.

stack [stæk] s. AGR. garbera *f.* 2 pila *f.;* munt m. 3 *chimney ~,* canó *m.* de xemeneia. 4 pavelló *m.* de fusells. 5 col·loq. pila *f.;* munt m., gran quantitat *f.* ‖ *stacks of money,* pela *f.* llarga. 6 conjunt m. d'altaveus.

stack (to) [stæk] *t.* apilar, amuntegar. 2 JOC trucar.

stadium [ˈsteidjəm] s. ESPORT estadi *m.*

staff [stɑːf] s. bastó *m.*, palm *m.;* vara *f.*, gaiato m. 2 asta *f.*, pal m. 3 fig. suport *m.*, sustentació *f.* 4 MÚS. pentagrama *m.* 5 personal m., plantilla *f.* 6 MIL. estat m. major.

staff (to) [stɑːf] *t.* proveir de personal. 2 treballar per.

stag [stæg] s. cérvol m. 2 fig. *~ party,* comiat m. de solter [només per a homes].

stage [steidʒ] s. estrada *f.*, empostissat m., plataforma *f.* 2 bastida *f.* 3 escenari m.; escena *f.* 4 professió *m.* teatral. 5 platina *f.* [d'un microscopi]. 6 parada *f.;* etapa *f.* [en una ruta]. 7 grau m.; nivell m., període m.

stage (to) [steidʒ] *t.* posar en escena.

stagecoach [ˈsteidʒkoutʃ] s. diligència *f.* [carruatge].

stagger (to) [ˈstægə'] *i.* fer tentines, tentinejar. 2 dubtar, vacil·lar. ■ 3 *t.* confondre, sorprendre, fer vacil·lar.

staging [ˈsteidʒiŋ] s. bastida *f.* 2 posada *f.* en escena.

stagnant [ˈstægnənt] *a.* estancat, aturat. 2 inactiu.

stagnate (to) [ˈstægneit] *i.* estancar(se), paralitzar(se) [també fig.].

staid [steid] *a.* assenyat, formal, seriós.

stain [stein] s. taca *f.* 2 descoloriment m. 3 tint m. 4 fig. màcula *f.*

stain (to) [stein] *t.-i.* tacar(-se), descolorir(-se), tenyir(-se).

stained glass [ˈsteindˈglɑːs] s. vidre m. de color. ‖ *~ window,* vitrall *m.*, vidriera *f.* de colors.

stainless [ˈsteinlis] *a.* net, sense taca. ‖ *~ steel,* acer m. inoxidable.

stair [stɛə'] s. esglaó m., (BAL.), (VAL.) escaló m. 2 escala *f.* 3 *stairs,* escala. ‖ *downstairs,* el pis de sota; *upstairs,* el pis de sobre.

staircase [ˈstɛəkeis] s. escala *f.*

stake [steik] s. estaca *f.*, pal m.; puntal m. 2 JOC aposta *f.*, posta *f.* 3 foguera *f.;* martiri m. 4 premi m. [en una cursa]. 5 COM. interès m.

stake (to) [steik] *t.* tancar amb estaques. 2 apuntalar. 3 JOC apostar, jugar. 4 COM. invertir. 5 COM recolzar econòmicament.

stalactite [ˈstæləktait] s. estalactita *f.*

stalagmite [ˈstæləgmait] s. estalagmita *f.*

stale [steil] *a.* ranci, passat, sec, dur [menjar]. 2 fig. gastat, vell, suat [un argument, etc.]. ‖ *~ smell,* pudor *f.* de resclosit.

stalk [stɔːk] s. BOT. tija *f.*, cama *f.*, tronxo m. 2 caminar m. majestuós.

stalk (to) [stɔːk] *i.* caminar majestuosament. 2 espiar, sotjar. ■ 3 *t.* espiar, sotjar, perseguir.

stall [stɔ:l] *s.* estable *m.* 2 cadira *f.* del cor [en una església]. 3 parada *f.* [de mercat o fira]. 4 TEAT. butaca *f.* de platea.

stall (to) [stɔ:l] *t.* tancar a l'estable. 2 aturar, embussar, ofegar [un motor]. 3 embolicar, entretenir [un afer] *p.* ■ 4 *i.* aturar-se *p.* embussar-se *p.*; ofegar-se *p.* [un motor]. 5 fig. no anar al gra, entretenir-se *p.*

stallion [ˈstæljən] *s.* cavall *m.* semental.

stalwart [ˈstɔ:lwət] *a.* fornit, robust. 2 valent. 3 lleial. ■ 4 *s.* persona *f.* fornida, robusta. 5 persona *f.* valenta. 6 persona *f.* lleial.

stammer [ˈstæmə'] *s.* quequeig *m.* 2 balbuceig *m.*

stammer (to) [ˈstæmə'] *i.* quequejar. 2 balbucejar.

stamp [stæmp] *s.* segell *m.* 2 marca *f.*, empremta *f.* 3 tampó *m.* 4 cop *m.* de peu.

stamp (to) [stæmp] *t.* estampar, imprimir. 2 segellar. 3 marcar, timbrar. 4 posar segells. ■ 5 *t.-i.* picar de peus, donar cops amb el peu.

stampede [stæmˈpi:d] *s.* fugida *f.*, desbandada *f.*

stanch [stɑ:ntʃ] *a.* Vegeu STAUNCH (TO).

stand [stænd] *s.* posició *f.*, lloc *m.* 2 plataforma *f.*; tribuna *f.* 3 resistència *f.*, oposició *f.* 4 parada *f.*, estació *f.* 5 TEAT. funció *f.*, representació *f.* 6 peu *m.*, suport *m.* 7 MÚS. faristol *m.* 8 penjador *m.* 9 parada *f.* [de mercat o fira].

stand (to) [stænd] *i.* estar dret, estar dempeus, aixecar-se *p.*: ~ up!, aixeca't! 2 mesurar d'alçada. 3 mantenir una posició o punt de vista. 4 ser, estar situat. 5 quedar-se *p.*, romandre. 6 durar; ser vàlid; estar en vigor. 7 ser [situacions temporals]. ■ 8 *t.* suportar, tolerar, resistir, aguantar: *I can't ~ him!*, no l'aguanto! 9 posar, col·locar. 10 pagar, sufragar, fer-se *p.* càrrec de [despeses]. 11 aixecar, posar dret. 12 complir [un deure]. 13 *to ~ a chance*, tenir una oportunitat. ■ *to ~ by*, ser lleial, romandre fidel; *to ~ for*, simbolitzar, representar; *to ~ on*, descansar damunt de; dependre de; insistir. || *to ~ on ceremonies*, fer compliments; *to ~ out*, destacar, sobresortir; *it stands to reason*, és raonable. ▲ Pret. i p. p. *stood* [stud].

standard [ˈstændəd] *s.* bandera *f.*, estendard *m.* 2 norma *f.*, nivell *m.*; ~ *of living*, nivell de vida. 3 patró *m.*, model *m.*; criteri *m.* 4 suport *m.* vertical, peu *m.* ■ 5 *a.* model; estàndard; establert; oficial. 6 corrent, normal.

standard bearer [ˈstændəd,beərə'] *s.* banderer. 2 líder, capdavanter.

standardize (to) [ˈstændədaiz] *t.* estandarditzar, normalitzar.

standing [ˈstændiŋ] *a.* dempeus, dret. 2 AGR. encara no segat. 3 estancat. 4 permanent; constant. ■ 5 *s.* categoria *f.* 6 situació *f.*, posició *f.*; reputació *f.* 7 durada *f.*; existència.

standpoint [ˈstændpɔint] *s.* punt *m.* de vista.

standstill [ˈstændstil] *s.* aturada *f.*, cul *m.* de sac.

stank [stæŋk] Vegeu STINK (TO).

staple [ˈsteipl] *s.* grapa *f.*, pinça *f.* 2 producte *m.* principal [d'un país]. 3 matèria *f.* primera. 4 tema *m.* principal.

staple (to) [ˈsteipl] *t.* grapar, posar grapes.

star [stɑ:'] *s.* ASTR. estrella *f.*, (VAL.) estrela *f.* 2 asterisc *m.* 3 placa *f.*, insígnia *f.* 4 CINEM. estrella *f.*

star (to) [stɑ:'] *t.* adornar amb estrelles. 2 marcar amb un asterisc. 3 TEAT., CINEM., fer sortir com a estrella, presentar com a estrella. ■ 4 *i.* protagonitzar.

starboard [ˈstɑ:bəd] *s.* MAR. estribord *m.*

starch [stɑ:tʃ] *s.* midó *m.*, fècula *f.*

starch (to) [stɑ:tʃ] *t.* emmidonar.

stare [steə'] *s.* mirada *f.* fixa.

stare (to) [steə'] *t.-i.* mirar fixament; clavar la vista.

starfish [ˈstɑ:fiʃ] *s.* estrella *f.* de mar.

stark [stɑ:k] *a.* rígid. 2 decidit, determinat. 3 pur, complet. 4 despullat [d'adorns]. ■ 5 *adv.* completament. || ~ *raving mad*, boig com una cabra.

starry [ˈstɑ:ri] *a.* estrellat, estelat.

start [stɑ:t] *s.* sotrac *m.*, espant *m.* 2 començament *m.*; principi *m.* 3 arrencada *f.*, sortida *f.* || *for a ~*, per començar. 4 avantatge *m.*

start (to) [stɑ:t] *i.* començar. || *to ~ with*, per començar. 2 fer un bot [de sorpresa, etc.], sobresaltar-se *p.* 3 sortir amb força. ■ 4 *t.* començar, emprendre. 5 engegar, posar en marxa. 6 fer sortir de l'amagatall.

starter [ˈstɑ:tə'] *s.* ESPORT jutge de sortida. 2 ESPORT participant [en una cursa]. 3 iniciador, promotor. 4 primer plat *m.* 5 AUTO. starter *m.*

starting point [ˈstɑ:tiŋpɔint] *s.* lloc *m.* de sortida, punt *m.* de partida.

startle (to) [stɑːtl] t.-i. esglaiar(-se), espantar(-se); sorprendre('s).

starvation [stɑːˈveiʃən] s. fam f., inanició f.

starve (to) [stɑːv] i. passar gana. 2 morir de fam. ■ 3 t. fer passar gana. 4 fer morir de fam.

state [steit] s. estat. ‖ ~ *policy*, policia f. estatal. 2 pompa f., ostentació f.

state (to) [steit] t. expressar. 2 exposar, plantejar.

stateliness ['steitlinis] s. majestuositat f.

stately ['steitli] a. majestuós; impressionant.

statement ['steitmənt] s. afirmació f., declaració f. 2 exposició f., relació f. 3 COM. estat m. de comptes.

statesman ['steitsmən] s. home m. d'estat, estadista.

static ['stætik] a. estàtic.

station ['steiʃən] s. estació f. [de tren, autobús, etc.]. ‖ *broadcasting* ~, emissora f. de ràdio; *police* ~, comissaria f. de policia. 2 posició f., situació f. 3 base f. militar.

station (to) ['steiʃən] t. estacionar, situar.

stationary ['steiʃənəri] a. estacionari, fix.

stationery ['steiʃənəri] s. papereria f. 2 material m. d'oficina.

statistics [stəˈtistiks] s. estadística f.

statuary ['stætjuəri] a. estatuari m. ■ 2 s. estatuària f., estàtues f. pl.

statue ['stætjuː] s. estàtua f.

stature ['stætʃəʳ] s. estatura f., talla f.

status ['steitəs] s. estatus m., estat m. [legal, social, professional].

statute ['stætjuːt] s. estatut m.

staunch [stɔːntʃ] a. lleial, constant, ferm.

staunch (to) [stɔːntʃ] t. estroncar, aturar.

stave [steiv] s. doga f. [d'una bóta]. 2 MÚS. pentagrama m. 3 LIT. estrofa f.

stave (to) [steiv] t.-i. to ~ in, foradar(se), trencar(se). 2 t. ajornar, diferir. ▲ Pret. i p. p.: *staved* [steivd] o *stove* [stouv].

stay [stei] s. estada f., visita f. 2 sosteniment m., suport m. 3 estai m. 4 DRET ajornament m. 5 pl. cotilla f sing.

stay (to) [stei] i. romandre, quedar-se p. ‖ ~ *a little*, espera't una mica; to ~ in, quedar-se p. a casa. 2 viure, allotjar-se p., estar-se p. 3 resistir, aguantar. ■ 4 t. diferir, ajornar. 5 resistir, aguantar. 6 detenir, aturar. 7 soportar, sostenir.

stead [sted] s. in her ~, al seu lloc; en el lloc d'ella.

steadfast ['stedfəst] a. ferm, tenaç.

steadiness ['stedinis] s. fermesa f., estabilitat f.

steady ['stedi] a. ferm, estable, fix. 2 regular, constant. 3 col·loq. xicot m., xicota f.

steady (to) ['stedi] t.-i. agafar(se), aguantar(se), afermar(se). 2 regularitzar(se).

steak [steik] s. bistec m.

steal (to) [stiːl] t.-i. robar t., furtar t., prendre t. 2 i. moure's p. sigilosament, fer d'amagat. ‖ to ~ *away*, esmunyir-se p., escapolir-se p. ▲ Pret.: *stole* [stoul]; p. p.: *stolen* ['stoulən].

stealth [stelθ] s. by ~, furtivament, d'amagat, secretament.

stealthy ['stelθi] a. furtiu, secret.

steam [stiːm] s. vapor m. 2 baf m. 3 col·loq. força f., energia f.

steam (to) [stiːm] i. fumejar [menjar calent, etc.]. 2 evaporar-se p. 3 funcionar a vapor. ■ 4 t. coure al vapor. 5 entelar.

steamboat ['stiːmbout], **steamer** ['stiːməʳ], **steamship** ['stiːmʃip] s. NÀUT. vapor m., vaixell m. de vapor.

steam engine ['stiːmˌendʒin] s. màquina f. de vapor.

steed [stiːd] s. liter. corser m.

steel [stiːl] s. acer m. ‖ *stainless* ~, acer inoxidable.

steel (to) [stiːl] t. endurir.

steep [stiːp] a. costerut, pendent, espadat. 2 col·loq. excessiu, desmesurat.

steep (to) [stiːp] t.-i. mullar(-se), xopar(-se), remullar(-se).

steeple ['stiːpl] s. campanar m.

steepness ['stiːpnis] s. escarpament m.; declivi m.

steer [stiəʳ] s. jònec m.

steer (to) [stiəʳ] t. conduir, guiar [un vehicle]. ■ 2 i. conduir.

steering gear ['stiəriŋgiəʳ] s. mecanisme m. de direcció.

steering wheel ['stiəriŋwiːl] s. AUTO. volant m.

stem [stem] s. BOT. tija f.; tronc m. 2 peu m.; canya f. 3 LING. arrel f. 4 NÀUT. tallamar m.

stem (to) [stem] t. contenir, aturar [un liquid, un corrent]. 2 obrir-se p. pas.

stench [stentʃ] s. pudor f., tuf m.

stenography [steˈnɔgrəfi] s. taquigrafia f.

step [step] s. passa f., pas m. [també fig.]: ~ *by* ~, pas per pas, gradualment. 2 *(foot)* ~, petja f., petjada f. 3 esglaó m.:

~ *ladder*, escala *f.* plegable. 4 grau *m.*, nivell *m.*

step (to) [step] *i.* caminar, anar. 2 fer un pas. 3 col·loq. apressar-se *p.* ■ 4 *t.* trepitjar, caminar [per damunt de]. ■ *to* ~ *aside*, fer-se a un costat [també fig.]; fig. *to* ~ *down*, plegar, retirar-se; *to* ~ *in*, intervenir, prendre part; *to* ~ *out*, apressar el pas, anar de pressa.

stepfather ['step,fɑ:ðəʳ] *s.* padrastre *m.*

stepmother ['step,mʌðəʳ] *s.* madrastra *f.*

sterile ['sterail] *a.* estèril.

sterling ['stə:liŋ] *a.* pur, veritable [metall]. ‖ ~ *silver*, plata *f.* de llei. 2 esterlí: ~ *pound*, lliura esterlina.

stern [stə:n] *a.* dur, rigorós, sever, estricte. ■ 2 *s.* NÀUT. popa *f.*

sternness ['stə:nnis] *s.* severitat *f.*, rigor *m.*, austeritat *f.*

sternum ['stə:nnəm] *s.* ANAT. estèrnum *m.*

stevedore ['sti:vidɔːʳ] *s.* estibador *m.*

stew [stju:] *s.* estofat *m.*, guisat *m.* ‖ *to be in a* ~, estar en un embolic.

stew (to) [stju:] *t.* estofar, guisar. ■ 2 *i.* guisar-se *p.*, coure's *p.*

steward ['stjuəd] *s.* majordom *m.* 2 administrador *m.* [d'una finca]. 3 cambrer *m.*

stewardess ['stjuədis] *s.* hostessa *f.* [d'avió]; cambrera *f.*

stewed [stju:d] *a.* estofat, cuit.

stew-pan ['stju:pæn], **stew-pot** [-pɔt] *s.* cassola *f.*, olla *f.*

stick [stik] *s.* branquilló *m.* 2 pal *m.*; bastó *m.* 3 barreta *f.* [de guix, de pintallavis, de carbó]. 4 talòs, estaquirot.

stick (to) [stik] *t.-i.* clavar(-se). 2 enganxar(-se), (BAL.) aferrar(-se), (VAL.) apegar(-se), adherir(-se). 3 *t.* enpignorar, ficar. 4 quedar-se *p.* enganxat, clavat [en el fang, etc.]. 5 aguantar, resistir [algú]. ▲ Pret. i p. p.: *stuck* [stʌk].

sticky ['stiki] *a.* enganxós, enganxifós.

stiff [stif] *a.* rígid, dur, enravenat. ‖ ~ *neck*, torticoli *f.* 2 espès, consistent [pasta]. 3 enravenat, tibat [persona]. 4 fort [vent, alcohol].

stiffen (to) ['stifn] *t.-i.* endurir(-se), encarcarar(-se), enravenar(-se), espesseir(-se).

stiff-necked [,stif'nekt] *a.* fig. tossut, obstinat.

stiffness ['stifnis] *s.* rigidesa *f.*, duresa *f.*, enravenament *m.*, tibantor *f.*

stifle (to) ['staifl] *t.-i.* ofegar(-se), sufocar(-se). 2 *t.* sufocar, reprimir [revolta, sentiment].

stigma ['stigmə] *s.* estigma *f.* ▲ *pl.* **stigmas** ['stigməs] o **sitgmata** ['stigmətə].

still [stil] *a.* quiet, tranquil. 2 immòbil. 3 sense gas [beguda]. ■ 4 *s.* poèt. calma *f.*, quietud *f.* 5 CINEM. fotografia *f.* de rodatge. ■ 6 *adv.* encara. ■ 7 *conj.* tot i això, malgrat tot.

still (to) [stil] *t.* calmar, tranquilitzar, assossegar.

still life [stil'laif] *s.* B. ART. natura *f.* morta.

stillness ['stilnis] *s.* calma *f.*, silenci *m.*

stilted ['stiltid] *a.* tibat, enravenat [persona].

stimulant ['stimjulənt] *a.* estimulant. ■ 2 *s.* estimulant *m.*

stimulate (to) ['stimjuleit] *t.-i.* estimular.

stimulus ['stimjuləs] *s.* estímul *m.* ▲ *pl.* **stimuli** ['stimjulai].

sting [stiŋ] *s.* ZOOL. fibló *m.* 2 BOT. punxa *f.* 3 picada *f.*, fiblada *f.* 4 coïssor *f.*, picor *f.*

sting (to) [stiŋ] *t.* picar. ■ 2 *i.* picar, coure. 3 picar-se *p.*, enfadar-se *p.* ▲ Pret. i p. p.: *stung* [stʌŋ].

stinginess ['stindʒinis] *s.* gasiveria *f.*

stingy ['stindʒi] *a.* avar, gasiu.

stink [stiŋk] *s.* pudor *f.*, ferum *f.*, mala olor *f.* 2 persona *f.* non grata.

stink (to) [stiŋk] *i.* fer pudor, fer mala olor, pudir. ■ 2 *t.* empestar. ▲ Pret.: *stank* [stæŋk] o *stunk* [stʌŋk]; p. p.: *stunk*.

stint [stint] *s.* tasca *f.* assignada. 2 *without* ~, sense límits.

stint (to) [stint] *t.-i.* limitar(se), reduir(se).

stipulate (to) ['stipjuleit] *t.* estipular.

stir [stə:ʳ] *s.* activitat *f.*; commoció *f.*, excitament *m.*

stir (to) [stə:ʳ] *t.-i.* moure('s), remenar(se). 2 *t.* agitar, promoure, inspirar.

stirrup ['stirəp] *s.* estrep *m.*

stitch [stitʃ] *s.* punt *m.* [costura]; embasta *f.* 2 MED. punxada *f.*, dolor *m.* agut.

stitch (to) [stitʃ] *t.* cosir, embastar.

stock [stɔk] *s.* COM. estoc *m.*, provisió *f.*, existències *f.* pl. ‖ ~ *room*, magatzem *m.*; ~ *taking*, inventari *m.*; *to take* ~ *of*, avaluar, considerar. 2 quantitat *f.* 3 *live* ~, ramaderia *f.*, bestiar *m.* 4 COM. acció *f.*, valor *m.* ‖ ~ *exchange*, borsa *f.* 5 llinatge *m.* 6 matèria *f.* prima. 7 brou *m.* 8 suport *m.*, mànec *m.*, empunyadura *f.* 9 BOT. portaempelt *m.*

stock (to) [stɔk] *t.* *to* ~ *(with),* proveir, assortir. 2 tenir en existència.

stockade [stɔˈkeid] *s.* estacada *f.*, tancat *m.*

stockbreeder [ˈstɔkbriːdəʳ] *s.* ramader.

stockholder [ˈstɔkhouldəʳ] *s.* accionista.

stocking [ˈstɔkiŋ] *s.* mitja *f.*, (BAL.), (VAL.) calça *f.*

stocky [ˈstɔki] *a.* rodanxó, rabassut.

stoic (al) [ˈstouik, -əl] *a.* estoic.

stoicism [ˈstɔuisizəm] *s.* estoïcisme *m.*

stoke (to) [stouk] *t.-i.* atiar *t.*, mantenir *t.* [el foc, un forn, etc.].

stole [stoul], **stolen** [ˈstoulən] Vegeu STEAL (TO).

stolid [ˈstɔlid] *a.* impassible.

stomach [ˈstʌmək] *s.* estómac *m.* [també fig.].

stomach ache [ˈstʌməkeik] *s.* mal *m.* d'estómac.

stone [stoun] *s.* pedra *f.* [també fig.]. ‖ *hail* ~, calamarsa *f.* 2 closca *f.*, llavor *f.* 3 (G.B.) unitat de pes. ‖ *within a stone's throw,* aquí mateix, molt a prop.

stone (to) [stoun] *t.* apedregar. 2 espinyolar.

stony [ˈstouni] *a.* pedregós. 2 dur, insensible [persona].

stood [stud] Vegeu STAND (TO).

stool [stuːl] *s.* tamboret *m.*, banqueta *f.* 2 MED. excrement *m.* sòlid.

stoop [stuːp] *s.* inclinació *f.* del cos; carregament *m.* d'espatlles. 2 (EUA) porxo *m.*

stoop (to) [stuːp] *i.* abaixar el cap; doblegar l'esquena. 2 rebaixar(se) moralment. ■ 3 *i.* caminar encorbat.

stop [stɔp] *s.* parada *f.* 2 pausa *f.*, interrupció *f.* 3 GRAM. *full* ~, punt *m.* 4 parada *f.*, escala *f.* 5 estada *f.* 6 LING. so *m.* oclusiu. 7 aturall *m.* 8 MÚS. clau *f.* [d'instrument]. 9 FOT. diafragma *m.* 10 aturada *f.* [laboral].

stop (to) [stɔp] *t.-i.* aturar(-se), parar(-se). 2 interrompre's, estroncar(-se); tallar(-se). 3 acabar(-se). 4 *t.* impedir, evitar. 5 deixar de. 6 col·loq. parar, fer estada.

stoppage [ˈstɔpidʒ] *s.* aturada *f.*; interrupció *f.* 2 obstrucció *f.*

stopper [ˈstɔpəʳ] *s.* tap *m.*

storage [ˈstɔːridʒ] *s.* emmagatzemament *m.* 2 acumulació *f.* 3 magatzem *m.*, dipòsit *m.*, recipient *m.*

store [stɔːʳ, stɔəʳ] *s.* provisió *f.*, provisions *f. pl.*; reserva *f.* 2 dipòsit *m.*, magatzem *m.* 3 grans magatzems *m. pl.* ‖ *to have in* ~, tenir emmagatzemat; (fig.) deparar.

store (to) [stɔːʳ, stɔəʳ] *t.* emmagatzemar; proveir. 2 dipositar; guardar. ‖ *to* ~ *up,* fer provisions, acumular.

storehouse [ˈstɔːhaus] *s.* grans magatzems *m. pl.*

storey [ˈstɔːri] *s.* ARQ. pis *m.*, planta *f.*

stork [stɔːk] *s.* ORN. cigonya *f.*

storm [stɔːm] *s.* tempesta *f.*; temporal *m.* 2 fig. tempesta *f.* [de queixes, protestes, etc.]. ‖ *to take by* ~, prendre per assalt.

storm (to) [stɔːm] *t.* assaltar, prendre per assalt. ■ 2 *i.* fig. enfadar-se *p.*; cridar.

stormy [ˈstɔːmi] *a.* tempestuós [també fig.].

story [ˈstɔːri] *s.* història *f.*, llegenda *f.*, conte *m.* 2 col·loq. bola *f.*, història *f.* ‖ *the same old* ~, la mateixa cançó. 3 argument *m.*, trama *f.*

stout [staut] *a.* fort, resistent. 2 ferm, valent. 3 grassó, rodanxó.

stove [stouv] *s.* estufa *f.* 2 cuina *f.*, fogó *m.* ■ 3 Vegeu STAVE (TO).

stow (to) [stou] *t.* estibar, emmagatzemar. 2 empaquetar, guardar. ■ *to* ~ *away,* guardar; anar de polissó.

straddle (to) [ˈstrædl] *t.-i.* eixarrancar(-se).

straggle (to) [ˈstrægl] *i.* escampar-se *p.*, estendre's *p.* 2 ressagar-se *p.*, quedar-se *p.* enrera.

straight [streit] *a.* dret, recte. 2 directe. 3 en ordre. 4 honest, clar, franc. ■ 5 *adv.* directament. ‖ ~ *ahead,* tot recte, tot seguit; ~ *away* o ~ *off,* immediatament; ~ *out,* clarament, sense embuts.

straighten (to) [ˈstreitn] *t.* adreçar, redreçar. ■ 2 *i.* adreçar-se *p.*, redreçar-se *p.*

straightforward [streitˈfɔːwəd] *a.* honrat. 2 franc, sincer.

straightness [ˈstreitnis] *s.* rectitud *f.* 2 honradesa *f.*

strain [strein] *s.* tensió *f.* 2 esforç *m.* 3 fatiga *f.* 4 MED. torçada *f.*, revinclada *f.* 5 to *m.*; accent *m.*, manera *f.* 6 tendència *f.*, inclinació *f.* 7 ZOOL. família *f.*, classe *f.*

strain (to) [strein] *t.* estirar; tibar. 2 forçar. 3 esgotar; cansar. 4 escórrer, colar. 5 MED. torçar(se). ■ 6 *i.* esforçar-se *p.*, donar el màxim. 7 filtrar-se *p.*

strainer [ˈstreinəʳ] *s.* colador *m.* 2 filtre *m.*

strait [streit] *a.* ant. estret. ‖ ~ *jacket,* camisa *f.* de força. ■ 2 *s.* GEOGR. estret *m.* 3 fig. estretor *f.*, dificultat *f.*, mal pas *m.*

strand [strænd] *s.* cap *m.* [d'una corda], fil *m.*, tira *f.* 2 fig. fil *m.* [d'un argument]. 3 liter. platja *f.*, riba *f.*

strand (to) [strænd] *t.-i.* embarrancar. 2 *t.* deixar desemparat.

strange [streindʒ] *a.* estrany. ■ -ly *adv.* estranyament, de manera estranya.

stranger ['streindʒəʳ] *s.* foraster. 2 estrany.

strangle (to) ['stræŋgl] *t.* estrangular. 2 reprimir, sofocar.

strap [stræp] *s.* corretja *f.* 2 tira *f.*

strap (to) [stræp] *t.* lligar amb una corretja. 2 pegar amb una corretja.

strapping ['stræpiŋ] *a.* robust, cepat.

stratagem ['strætidʒəm] *s.* estratagema *f.*

strategic(al) [strə'tiːdʒik(əl)] *a.* estratègic.

stratosphere ['strætousfiəʳ] *s.* estratosfera *f.*

stratum ['streitəm, strɑːtəm] *s.* estrat *m.*, capa *f.* ▲ *pl.* **strata** ['streitə].

straw [strɔː] *s.* palla *f.* ‖ *that's the last ~*, això ja passa de mida.

strawberry ['strɔːbəri] *s.* maduixa *f.*, maduixot *m.*

straw hat ['strɔː'hæt] *s.* barret *m.* de palla.

stray [strei] *a.* esgarriat; perdut; extraviat. ■ 2 *s.* animal *m.* extraviat. 3 nen abandonat.

stray (to) [strei] *i.* desviar-se *p.*; esgarriar-se *p.*, perdre's *p.*

streak ['striːk] *s.* ratlla *f.*; línia *f.*, franja *f.* 2 fig. vena *f.* 3 ratxa *f.*, període *m.* curt.

streak (to) ['striːk] *t.* ratllar. ■ 2 *i.* fer ratlles. 3 col·loq. moure's *p.* molt ràpidament.

streaky ['striːki] *a.* ratllat, amb ratlles.

stream [striːm] *s.* riu *m.*; rierol *m.* 2 corrent *m.*: fig. *to go with the ~*, seguir el corrent. 3 doll *m.*, fluix *m.*

stream (to) [striːm] *i.* fluir. 2 rajar. 3 volejar. ■ 4 *t.* classificar, agrupar [els alumnes].

streamline (to) ['striːmlain] *t.* fig. agilitar, racionalitzar [sistemes, mètodes, etc.].

streamlined ['striːmlaind] *a.* aerodinàmic. 2 fig. àgil, dinàmic [sistemes, mètodes, etc.].

street [striːt] *s.* carrer. 2 fig. *that's right up his ~*, això cau dintre del seu camp d'interessos.

streetcar ['striːtkɑːʳ] *s.* (EUA) tramvia *m.*

strength [streŋθ] *s.* força *f.*, energia *f.* 2 fermesa *f.* 3 poder *m.* 4 intensitat *f.*

strengthen (to) ['streŋθən] *t.* enfortir, reforçar. ■ 2 *i.* enfortir-se *p.*, reforçar-se *p.*

strenuous ['strenjuəs] *a.* esgotador.

stress [stres] *s.* pressió *f.*, força *f.*, coacció *f.* 2 LING., MÚS. accent *m.* 3 èmfasi *m.* 4 tensió *f.* 5 MED. estrès *m.*, sobrecàrrega *f.* nerviosa.

stress (to) [stres] *t.* emfasitzar; accentuar; recalcar.

stretch [stretʃ] *s.* extensió *f.* 2 estirada *f.* 3 esforç *m.*, tensió *f.* 4 rendiment *m.*

stretch (to) [stretʃ] *t.* estirar; allargar. 2 eixamplar, estendre. 3 tibar. ■ 4 *i.* estirar-se *p.*; allargar-se *p.* 5 eixamplar-se *p.*, estendre's *p.* 6 tibar-se *p.* ■ 7 *p.* *to ~ oneself*, estirar-se, fer mandres.

stretcher ['stretʃəʳ] *s.* MED. llitera *f.* 2 eixamplador *m.*

strew (to) [struː] *t.* escampar, sembrar. ▲ Pret.: **strewed** [struːd], p. p.: **strewed** o **strewn** [struːn].

stricken ['strikən] *a.* ferit, afectat [per una malaltia]. 2 trist, afligit. 3 espantat, esporuguit. ■ 4 Vegeu STRIKE (TO).

strict [strikt] *a.* estricte; rigorós. ■ 2 -ly *adv.* estrictament; rigorosament.

stridden ['stridn] Vegeu STRIDE (TO).

stride [straid] *s.* gambada *f.*, passa *f.*

stride (to) [straid] *i.* fer passes llargues. ■ 2 *t.* muntar o estar amb les cames eixarrancades. ▲ Pret.: **strode** [stroud]; p. p.: **stridden** ['stridn].

strident [straidənt] *a.* estrident.

strife [straif] *s.* disputa *f.*, pugna *f.*

strike [straik] *s.* vaga *f.*: *to be on ~*, fer vaga. 2 MIL., ESPORT cop *m.*; atac *m.* 3 descobriment *m.*, troballa *f.*

strike (to) [straik] *t.* colpejar, ferir. 2 trobar [or, petroli, etc.]. 3 tallar d'un cop, segar. 4 encendre [un llumí]. 5 xocar, sobtar, sorprendre. ‖ *to ~ dumb*, deixar mut. 6 ocórrer, venir al cap [una idea]. 7 encunyar [moneda]. 8 MÚS. tocar. 9 tocar [les hores]. 10 tancar [un tracte]. 11 semblar, opinar: *how does she ~ you?*, què et sembla?, què en penses d'ella? 12 hissar. 13 *i.* marxar, partir. 14 declarar-se *p.* en vaga. ■ *to ~ down*, enderrocar; *to ~ out*, esborrar. ▲ Pret.: **struck** [strʌk]; p. p.: **struck** o **stricken** ['strikən].

strikebreaker ['straikbreikəʳ] *s.* esquirol *m.*

striker ['straikəʳ] *s.* vaguista.

striking ['straikiŋ] *a.* sorprenent, colpidor.

string [striŋ] *s.* cordill *m.,* cordó *m.* 2 MÚS. corda *f.* 3 enfilall *m.*

string (to) [striŋ] *t.* MÚS. encordar. 2 enfilar [collaret]. 3 empipar, excitar. 4 penjar d'una corda. 5 lligar amb una corda. ▲ Pret. i. p. p.: *strung* [strʌŋ].

stringent ['strindʒənt] *a.* estricte, sever [norma]. 2 COM. fluix [mercat].

strip [strip] *s.* tira *f.,* llenca *f.*

strip (to) [strip] *t.* despullar. 2 desmantellar, desmuntar. 3 desposseir. ■ 4 *i.* despullar-se. 5 desmantellar-se *p.,* desmuntar-se *p.* ▲ Pret. i p. p.: *stripped* [stript].

stripe [straip] *s.* ratlla *f.,* franja *f.*

stripe (to) [straip] *t.* ratllar, fer ratlles.

striped [straipt] *a.* ratllat, amb ratlles.

striptease ['striptiːz] *s.* striptease *m.*

strive (to) [straiv] *i.* lluitar, combatre. 2 esforçar-se *p.,* escarrassar-se *p.* ▲ Pret.: *strove* [strouv]; p. p.: *striven* ['strivn].

strode [stroud] Vegeu STRIDE (TO).

stroke [strouk] *s.* cop *m.* [també fig.] 2 braçada *f.* [en natació]. 3 cop *m.* de rem. 4 ESPORT jugada *f.* 5 campanada *f.* 6 MED. *atac m.* 7 traç *m.,* pinzellada *f.* 8 raspallada *f.* 9 carícia *f.*

stroke (to) [strouk] *t.* acaronar, acariciar.

stroll [stroul] *s.* passejada *f.: to take a ∼,* anar a fer una volta.

stroll (to) [stroul] *i.* passejar.

strong [strɔŋ] *a.* fort, dur, resistent.

stronghold ['strɔŋhould] *s.* fortalesa *f.,* plaça *f.* forta.

strong-minded [ˌstrɔŋ'maindid] *a.* decidit, resolt.

strong-willed [ˈstrɔŋ'wild] *a.* obstinat; ferm.

strove [strouv] Vegeu STRIVE (TO).

struck [strʌk] Vegeu STRIKE (TO).

structure ['strʌktʃəʳ] *s.* estructura *f.*

struggle ['strʌgl] *s.* esforç *m.* 2 lluita *f.,* baralla *f.*

struggle (to) ['strʌgl] *i.* lluitar. 2 esforçar-se *p.*

strung [strʌŋ] Vegeu STRING (TO).

strut (to) [strʌt] *i.* fatxendejar. 2 caminar amb posat arrogant.

stub [stʌb] *s.* punta *f.* [de cigarret]. 2 extrem *m.* [d'un llapis gastat]. 3 matriu *f.* [de talonari].

stubble ['stʌbl] *s.* AGR. rostoll *m.* 2 barba *f.* de quatre dies.

stubborn ['stʌbən] *a.* tossut, obstinat.

stuck [stʌk] Vegeu STICK (TO).

stud [stʌd] *s.* tatxot *m.;* tatxó *m.;* galó *m.* 2 botó *m.* de puny. 3 quadra *f.,* cavallerissa *f.* 4 semental *m.*

stud (to) [stʌd] *t.* tatxonar, ribetejar amb tatxons.

student ['stjuːdənt] *s.* estudiant.

studio ['stjuːdiou] *s.* estudi *m.;* taller *m.* 2 CINEM. estudi *m.*

studious ['stjuːdjəs] *a.* estudiós. 2 delerós.

study ['stʌdi] *s.* estudi *m.*

study (to) ['stʌdi] *t.-i.* estudiar *t.*

stuff [stʌf] *s.* material *m.;* matèria *f.;* substància *f.* ‖ *good ∼,* cosa bona; *silly ∼,* animalada *f.*

stuff (to) [stʌf] *t.* omplir, embotir, atapeir. 2 col·loq. enredar, dir boles [a algú]. 3 farcir. 4 dissecar. 5 atiborrar-se *p.*

stuffy ['stʌfi] *a.* mal ventilat. 2 tibat, orgullós. 3 antiquat; avorrit.

stumble ['stʌmbl] *s.* ensopegada *f.*

stumble (to) ['stʌmbl] *i.* ensopegar; entrebancar-se *p.*

stump [stʌmp] *s.* soca *f.* 2 monyó *m.* 3 punta *f.* [de cigarret].

stump (to) [stʌmp] *i.* carrenquejar, anar amb la pota ranca. 2 caminar enravenat. ■ 3 *t. I was stumped by the last question,* la darrera pregunta va ser massa difícil. 4 POL. fer mítings.

stumpy ['stʌmpi] *a.* rodanxó.

stun (to) [stʌn] *t.* estabornir, deixar inconscient. 2 atabalar, confondre, desconcertar.

stung [stʌŋ] Vegeu STING (TO).

stunk [stʌŋk] Vegeu STINK (TO).

stunt [stʌnt] *s.* truc *m.* publicitari. 2 proesa *f.* 3 acrobàcia *f.*

stunt (to) [stʌnt] *t.* atrofiar; impedir el creixement.

stunt man ['stʌnt mæn] *s.* CINEM. doble *m.*

stupefaction [ˌstjuːpi'fækʃən] *s.* estupefacció *f.*

stupefy (to) ['stjuːpifai] *t.* deixar estupefacte; atabalar; atordir.

stupendous [stjuː'pendəs] *a.* estupend, fabulós, magnífic.

stupid ['stjuːpid] *a.* estúpid. 2 atordit. ■ 3 *s.* estúpid.

stupidity [stjuː(ː)'piditi] *s.* estupidesa *f.*

stupor ['stjuːpəʳ] *s.* estupor *m.*

sturdiness ['stəːdinis] *s.* robustesa *f.;* fermesa *f.;* vigor *m.*

sturdy ['stəːdi] *a.* robust; ferm; vigorós.

stutter (to) ['stʌtə*] *i.* quequejar, tardamudejar. ■ 2 *t.* dir quequejant.

stutterer ['stʌtərə*] *s.* quec, tartamut.

sty, stye [stai] *s.* cort *m.* de porcs, porcellera *f.* 2 MED. mussol *m.*

style [stail] *s.* estil *m.*

suave [swaːv] *a.* cortès, ben educat.

subconscious [sʌb'kɔnʃəs] *a.* subconscient. ■ 2 *s.* subconscient *m.*

subdivision ['sʌbdiviʒən] *s.* subdivisió *f.*

subdue (to) [səb'djuː] *t.* subjugar, sotmetre. 2 atenuar, fer minvar.

subdued [səbdjuːd] *a.* suau, atenuat, fluix.

subject ['sʌbdʒikt] *a.* subjecte; sotmès. ‖ ~ *to,* amb tendència a: *are you ~ to headache?,* tens sovint mal de cap? ■ 2 *s.* súbdit. 3 subjecte *m.,* tema *m.* 4 contingut *m.* [d'un text]. 5 subjecte *m.* 6 EN-SENY. assignatura *f.*

subject (to) [səb'dʒekt] *t.* sotmetre, subjectar. 2 exposar(-se) (*to, a*) [ridícul, crítiques, etc.].

subjection [səb'dʒekʃən] *s.* subjugació *f.;* submissió *f.*

subjugate (to) ['sʌbdʒugeit] *t.* subjugar, conquerir.

sublime [sə'blaim] *a.* sublim.

submarine [ˌsʌbmə'riːn] *a.* submarí. ■ 2 *s.* submarí *m.*

submerge (to) [səb'məːdʒ] *t.* submergir. ■ 2 *i.* submergir-se *p.*

submission [sə'miʃən] *s.* submissió *f.*

submissive [səb'misiv] *a.* submís.

submit (to) [səb'mit] *t.* sotmetre('s). 2 presentar, suggerir. ■ 2 *i.* sotmetre's *p.* (*to, a*).

subordinate [sə'bɔːdinit] *a.* subordinat.

subordinate (to) [sə'bɔːdineit] *t.* subordinar.

subscribe (to) [səb'skraib] *t.* subscriure('s). ■ 2 *i.* subscriure's [a una revista, etc.]. 3 *to ~ to,* estar d'acord, aprovar.

subscription [səb'skripʃən] *s.* subscripció *f.*

subsequent ['sʌbsikwənt] *a.* subseqüent. ■ 2 **-ly** *adv.* posteriorment.

subside (to) [səb'said] *i.* baixar, minvar [líquid]. 2 enfonsar-se *p.,* abaixar-se *p.* 3 afluixar, calmar-se *p.,* minvar, disminuir.

subsidiary [səb'sidjəri] *a.* subsidiari, auxiliar. 2 COM. filial *f.* ■ 3 *s.* COM. filial *f.*

subsidize (to) ['sʌbsidaiz] *t.* subvencionar.

subsidy ['sʌbsidi] *s.* subvenció *f.,* subsidi *m.*

subsist (to) [səb'sist] *i.* subsistir.

subsistence [səb'sistəns] *s.* subsistència *f.*

substance ['sʌbstəns] *s.* substància *f.*

substantial [səb'stænʃəl] *a.* sòlid, resistent, fort. 2 substancial, considerable. 3 ric, benestant. 4 substantial, essencial. 5 real, existent.

substantiate (to) [səb'stænʃieit] *t.* provar, justificar.

substantive ['sʌbstəntiv] *m.* real; existent; essencial. ■ 2 *s.* GRAM. substantiu *m.*

substitute ['sʌbstitjuːt] *s.* substitut.

substitute (to) ['sʌbstitjuːt] *t.* substituir.

substitution [ˌsʌbsti'tjuːʃən] *s.* substitució *f.*

subterfuge ['sʌbtəfjuːdʒ] *s.* subterfugi *m.*

subterranean [ˌsʌbtə'reinjən], **subterraneous** [-njəs] *a.* subterrani.

subtle ['sʌtl] *a.* subtil.

subtlety ['sʌtlti] *s.* subtilitat *f.,* subtilesa *f.* 2 astúcia *f.*

subtract (to) [səb'trækt] *t.* sostreure. 2 MAT. restar.

subtraction [səb'trækʃən] *s.* sostracció *f.* 2 MAT. resta *f.*

suburb ['sʌbəːb] *s.* zona *f.* residencial.

subvention [səb'venʃən] *s.* subvenció *f.*

subversive [səb'vəːsiv] *a.* subversiu.

subway ['sʌbwei] *s.* pas *m.* subterrani. 2 (EUA) metro *m.*

succeed (to) [sək'siːd] *i.* assolir, sortir-se'n *p.;* tenir èxit. ■ 2 *t.* succeir [algú]. 3 heretar.

success [sək'ses] *s.* èxit *m.*

succesful [sək'sesful] *a.* afortunat; amb èxit. ■ 2 **-ly** *adv.* feliçment, amb èxit.

succession [sək'seʃən] *s.* successió *f.*

successive [sək'sesiv] *a.* successiu.

successor [sək'sesə*] *s.* successor.

succour, (EUA) **succor** ['sʌkə*] *s.* socors *m. pl.,* auxili *m.*

succour, (EUA) **succor (to)** ['skə*] *t.* socórrer, auxiliar.

succulent ['sʌkjulənt] *a.* suculent; bo. 2 BOT. carnós.

succumb (to) [sə'kʌm] *i.* sucumbir.

such [sʌtʃ] *a.-pron.* tal, com aquest, així. ‖ *Did you ever see ~ a thing?* Havies vist mai una cosa semblant? 2 ~ *as,* tal, tal com. || ~ ***people as those,*** gent com aquella. ■ 3 *adv.* tan: ***it was ~ a lovely night,*** va ser una nit tan meravellosa!

suchlike ['sʌtʃlaik] *s.* semblant, així, d'aquesta mena.

suck (to) [sʌk] *t.-i.* xuclar *t.* 2 xarrupar.

sucker ['sʌkəʳ] *s.* xuclador *m.* 2 ventosa *f.* 3 babau, beneit. 4 BOT. xuclador *m.,* pollanc *m.*

suckle (to) ['sʌkl] *t.* donar de mamar, alletar.

sudden ['sʌdn] *a.* sobtat; brusc. || ***all of a ~,*** de sobte. ■ 2 **-ly** *adv.* de sobte, sobtadament.

suddenness ['sʌdnnis] *s.* brusquedat *f.;* precipitació *f.*

suds [sʌdz] *s. pl.* sabonera *f. sing.* [escuma], aigua *f. sing.* sabonosa.

sue (to) [sjuː, suː] *t.* DRET demandar. ■ 2 *i.* demanar (*for,* –).

suffer (to) ['sʌfəʳ] *t.* sofrir, patir. || ***he suffers from headaches,*** té mal de cap molt sovint. 2 sofrir, experimentar. 3 permetre. 4 tolerar, aguantar. ■ 5 *i.* patir, sofrir.

suffering ['sʌfəriŋ] *s.* sofriment *m.,* patiment *m.,* dolor *m.*

suffice (to) [sə'fais] *t.-i.* bastar, ser suficient, haver-n'hi prou.

sufficient [sə'fiʃənt] *a.* suficient, prou. ■ 2 **-ly** *adv.* suficientment, prou.

suffocate (to) ['sʌfəkeit] *t.* asfixiar. 2 sufocar. ■ 3 *i.* sufocar-se *p.*

suffrage ['sʌfridʒ] *s.* sufragi *m.*

suffuse (to) [sə'fjuːz] *t.* fig. cobrir; inundar; amarar.

sugar ['ʃugəʳ] *s.* sucre *m.* || ***lump of ~,*** terrós *m.* de sucre.

sugar (to) ['ʃugəʳ] *t.* ensucrar, confitar.

sugar bowl ['ʃugəboul] *s.* sucrera *f.*

sugar cane ['ʃugəkein] *s.* canya *f.* de sucre.

suggest (to) [sə'dʒest] *t.* suggerir. ■ 2 *i.* ocórrer [idea].

suggestion [sə'dʒestʃən] *s.* suggeriment *m.* 2 indici *m.;* indicació *f.*

suggestive [sə'dʒestiv] *a.* suggestiu, suggeridor.

suicide ['sjuisaid] *s.* suicidi *m.* || ***to commit ~,*** suicidar-se *p.*

suit [sjuːt] *s.* vestit *m.* || ***trouser-suit,*** vestit *m.* jaqueta. 2 DRET plet *m.,* procés *m.* 3 prec *m.,* demanda *f.* 4 coll *m.* [de cartes].

suit (to) [sjuːt] *t.-i.* convenir, anar bé. 2 *t.* caure bé, venir bé [esp. roba]. 3 ajustar-se *p.,* ser adequat.

suitable ['sjuːtəbl] *a.* apropiat, satisfactori, convenient, adequat.

suitcase ['sjuːtkeis] *s.* maleta *f.*

suite [swiːt] *s.* seguici *m.,* comitiva *f.* 2 joc *m.,* col·lecció *f.,* sèrie *f.* 3 suite [en un hotel]. 4 MÚS. suite *f.*

suitor ['sjuːtəʳ] *s.* DRET demandant, pledejador. 2 pretendent *m.*

sulk (to) [sʌlk] *i.* fer morros, estar empipat.

sulky ['sʌlki] *a.* malcarat; malhumorat.

sullen ['sʌlən] *a.* taciturn, sorrut. 2 gris, sinistre [cel, paisatge].

sully ['sʌli] *s.* màcula *f.,* taca *f.*

sully (to) ['sʌli] *t.* desacreditar, tacar la reputació.

sulphate ['sʌlfeit] *s.* sulfat *m.*

sulphur ['sʌlfəʳ] *s.* sofre *m.*

sultriness ['sʌltrinis] *s.* xafogor *f.* 2 apassionament *m.*

sultry ['sʌltri] *a.* xafogós. 2 apassionat.

sum [sʌm] *s.* suma *f.* 2 total *m.*

sum (to) [sʌm] *t.-i.* sumar *t.* 2 ***to ~ up,*** sumar *t.;* resumir *t.*

summarize (to) ['sʌməraiz] *t.* resumir, compendiar.

summary ['sʌməri] *a.* breu, sumari. ■ 2 *s.* resum *m.;* compendi *m.*

summer ['sʌməʳ] *s.* estiu *m.*

summer (to) ['sʌməʳ] *i.* estiuejar.

summit ['sʌmit] *s.* cim *m.;* súmmum *m.*

summon (to) ['sʌmən] *t.* convocar. 2 demanar, requerir. 3 DRET citar.

summons ['sʌmənz] *s.* citació *f.* 2 crida *f.*

sumptuous ['sʌmptjuəs] *a.* sumptuós.

sun [sʌn] *s.* sol *m.*

sun (to) [sʌn] *t.* posar al sol, exposar al sol, assolellar. || ***to ~ oneself,*** prendre el sol.

sunbathe (to) ['sʌnbeið] *i.* prendre el sol.

sunbeam ['sʌnbiːm] *s.* raig *m.* de sol.

sunburn ['sʌnbəːn] *s.* morenor *f.* 2 cremada *f.*

sunburnt ['sʌnbəːnt] *a.* emmorenit, colrat, bru. 2 cremat pel sol.

Sunday ['sʌndi, -dei] *s.* diumenge *m.*

sunder (to) ['sʌndəʳ] *t.* ant. liter. separar, dividir.

sundial ['sʌndaiəl] *s.* rellotge *m.* de sol.

sundown ['sʌndaun] *s.* posta *f.* de sol.

sundry ['sʌndri] *a.* diversos. || col·loq. ***all and ~,*** tots, tothom.

sunflower ['sʌnˌflauəʳ] *s.* BOT. girasol *m.*

sung [sʌŋ] Vegeu SING (TO).

sunk [sʌŋk] Vegeu SINK (TO).

sunken [sʌŋkən] Vegeu SINK (TO).

sunlight ['sʌnlait] s. sol m., llum f. del sol.

sunny ['sʌni] a. assolellat. 2 radiant, alegre, content.

sunrise ['sʌnraiz] s. sortida f. del sol, sol m. ixent.

sunset ['sʌnset] s. posta f. de sol, sol m. ponent.

sunshade ['sʌnʃeid] s. parasol m. 2 tendal m., vela f.

sunshine ['sʌnʃain] s. llum f. del sol, claror f. del sol.

sunstroke ['sʌnstrouk] s. MED. insolació f.

sup (to) [sʌp] t.-i. xarrupar; fer glops. 2 i. sopar.

super [sjuːpəʳ] a. col·loq. excel·lent, sensacional, fabulós.

superb [sju(ː)ˈpəːb] a. magnífic, fabulós, superb.

supercilious [sjuːpəˈsiliəs] a. arrogant, altiu.

superficial [sjuːpəˈfiʃəl] a. superficial. ■ 2 -ly adv. superficialment, de manera superficial.

superfluous [sjuːˈpəːfluəs] a. superflu.

superhuman [sjuːpəˈhjuːmən] a. sobrehumà.

superintendent [sjuːpərinˈtendənt] s. superintendent. 2 supervisor. 3 administrador.

superior [sju(ː)ˈpiəriəʳ] a.-s. superior.

superiority [sju(ː)piəriˈɔriti] s. superioritat f.

superlative [sju(ː)ˈpəːlətiv] a. superlatiu. 2 suprem, superior. ■ 3 s. GRAM. superlatiu m.

supernatural [sju(ː)pəˈnætʃrəl] a. sobrenatural.

supersede (to) [sjuːpəˈsiːd] t. reemplaçar, substituir.

superstition [sjuːpəˈstiʃən] s. superstició f.

superstitious [sjuːpəˈstiʃəs] a. supersticiós.

supervise (to) ['sjuːpəvaiz] t. inspeccionar, revisar, supervisar.

supervision [sjuːpəˈviʒən] s. inspecció f., vigilància f., supervisió f.

supervisor ['sjuːpəvaizəʳ] s. inspector, director, supervisor.

supper ['sʌpəʳ] s. sopar m. || *to have ~*, sopar.

supplant (to) [səˈplɑːnt] t. suplantar.

supple ['sʌpl] a. flexible. 2 dòcil.

supplement ['sʌplimənt] s. suplement m.

supplement (to) ['sʌpliment] t. complementar, completar.

suppliant ['sʌpliənt], **supplicant** [-kənt] a.-s. suplicant.

supplication [sʌpliˈkeiʃən] s. súplica f., prec m.

supplier [səˈplaiəʳ] s. subministrador, proveïdor.

supply [səˈplai] s. subministrament m., abastament m. 2 pl. assortiment m. sing., existències f. pl.; provisions f. pl.

supply (to) [səˈplai] t. subministrar, proporcionar, assortir. 2 proveir, facilitar.

support [səˈpɔːt] s. suport m., aguant m. 2 suport m., recolzament m.

support (to) [səˈpɔːt] t. suportar, aguantar. 2 donar suport, recolzar. 3 mantenir [una família, etc.].

supporter [səˈpɔːtəʳ] s. suport m., aguant m. 2 partidari, seguidor, fan [persona].

suppose (to) [səˈpouz] t. suposar.

supposed [səˈpouzd] a. suposat, pretès. ■ 2 -ly adv. suposadament.

suppress (to) [səˈpres] t. suprimir. 2 reprimir.

suppression [səˈpreʃən] s. supressió f. 2 opressió f., repressió f.

supremacy [sjuˈpreməsi] s. supremacia f.

supreme [sju(ː)ˈpriːm] a. suprem. ■ 2 -ly adv. summament, supremament.

sure [ʃuəʳ] a. segur: *I'm not quite ~*, no n'estic segur. || *to make ~*, assegurar-se'n, comprovar. 2 segur, fort, resistent. ■ 3 -ly adv. certament.

sureness ['ʃuənis] s. seguretat f.

surety ['ʃuəti] s. garantia f. 2 garant [persona].

surf [səːf] s. MAR. rompent m.; escuma f. [de les onades]. 2 ESPORT surf m.

surface ['səːfis] s. superfície f. ■ 2 a. MIL. *~ to air*, terra aire [míssil, projectil, etc.]. 3 superficial.

surface (to) ['səːfis] t. allisar, polir. 2 revestir. 3 t.-i. (fer) sortir a la superfície.

surfeit ['səːfit] s. form. excés m., empatx m.

surfeit (to) ['səːfit] t. empatxar(-se), afartar(-se).

surge [səːdʒ] s. anar i venir m., anada f. [de gent, etc.].

surge (to) [səːdʒ] i. moure's p. endavant, desplaçar-se p. [onades, masses de gent, etc.].

swarm

surgeon ['sə:dʒən] s. cirurgià. ‖ *dental* ~, odontòleg, dentista. 2 MIL. metge.

surgery ['sə:dʒəri] s. cirurgia f. 2 (G.B.) consulta f. [metge, dentista].

surliness ['sə:linis] s. brusquedat f.; mal geni m.

surly ['sə:li] a. brusc; geniüt, malhumorat.

surmise ['sə:maiz] s. conjectura f., suposició f.

surmise (to) [se:'maiz] t. conjecturar, suposar.

surmount (to) [sə:'maunt] t. vèncer, superar [obstacles, dificultats].

surmountable [sə:'mauntəbl] a. superable; conquerible.

surname ['sə:neim] s. cognom m.

surpass (to) [sə:'pɑ:s] t. sobrepassar; avantatjar; superar.

surpassing [sə:'pɑ:siŋ] a. incomparable.

surplus ['sə:pləs] s. superàvit m., excedent m. ■ 2 a. excedent, sobrant.

surprise [sə'praiz] s. sorpresa f. ■ 2 a. inesperat; de sorpresa.

surprise (to) [sə'praiz] t. sorprendre. 2 *to be* ~, sorprendre's p.

surprising [sə'praiziŋ] a. sorprenent, astorador.

surrender [sə'rendə'] s. rendició f. 2 renúncia f.

surrender (to) [sə'rendə'] t. rendir, donar. 2 renunciar. 3 p. *to* ~ *oneself,* abandonar-se [a emocions, hàbits, etc.]. ‖ *she surrendered herself to despair,* es va deixar portar per la desesperació. ■ 4 i. rendir-se p., donar-se p.

surround (to) [sə'raund] t. envoltar, encerclar.

surrounding [sə'raundiŋ] a. circumdant, del voltant. ■ 2 s. pl. voltants m. pl., rodalies f. pl. 3 BOT., ZOOL. ambient m.

surveillance [sə:'veiləns] s. vigilància f.

survey ['sə:vei] s. inspecció f., examen m. 2 medició f., fitació [de terra]. 3 informe m.

survey (to) [sə:'vei] t. inspeccionar, examinar. 2 mirar, fer una ullada. 3 mesurar, anidar, posar fites, alçar plànols.

surveyor [sə(:)'veiə'] s. agrimensor m. 2 inspector [d'habitatges, etc.]. 3 topògraf.

survival [sə'vaivəl] s. supervivència f. 2 romanalla f., relíquia f., resta f.

survive (to) [sə'vaiv] t. sobreviure.

survivor [sə'vaivə'] s. sobrevivent.

susceptible [sə'septibl] a. susceptible, fàcilment afectable. 2 susceptible, capaç.

suspect ['sʌspekt] a.-s. sospitós.

suspect (to) [səs'pekt] t. sospitar; imaginar-se p. ‖ *to be suspected of,* ser sospitós de.

suspend (to) [səs'pend] t. suspendre.

suspenders [səs'pendəz] s. pl. lligacames m. sing. 2 (EUA) tirants m. pl., elàstics m. pl.

suspense [səs'pens] s. suspens m., interrupció f. 2 suspens m., inquietud f.

suspension [səs'penʃən] s. suspensió f. ‖ ~ *bridge,* pont m. penjat; ~ *points,* punts m. pl. suspensius.

suspicion [səs'piʃən] s. sospita f.

suspicious [səs'piʃəs] a. sospitós. ■ 2 -ly adv. d'una manera sospitosa, sospitosament.

suspiciousness [səs'piʃəsnis] s. suspicàcia f., recel m.

sustain (to) [səs'tein] t. sostenir, aguantar, resistir. 2 sofrir, aguantar, patir. 3 mantenir, continuar.

sustenance ['sʌstinəns] s. sustentació f., aliment m.

swaddle (to) ['swɔdl] t. posar bolquers.

swagger ['swægə'] s. fatxenderia f., arrogància f.

swagger (to) ['swægə'] i. fatxendejar; caminar amb arrogància.

swain [swein] s. ant., liter. jovencell m.; festejador m.

swallow ['swɔlou] s. glop m. 2 empassada f., engoliment m. 3 ORN. oreneta f.

swallow (to) ['swɔlou] t.-i. empassar (-se), engolir(-se). 2 fig. *to* ~ *up,* engolir (-se), desaparèixer.

swallow dive ['swɔloudaiv] s. salt m. de l'àngel.

swam [swæm] Vegeu SWIM (TO).

swamp ['swɔmp] s. aiguamoll m., zona f. pantanosa.

swamp (to) ['swɔmp] t. inundar, negar, amarar. 2 fig. *to* ~ *with,* aclaparar.

swampy ['swɔmpi] a. pantanós.

swan [swɔn] s. ORN. cigne m.

swan dive ['swɔndaiv] s. (EUA) Vegeu SWALLOW DIVE.

swap [swɔp] t. baratar, bescanviar. ■ 2 i. fer barates, fer canvis.

sward [swɔ:d] s. liter. gespa f.

swarm [swɔ:n] s. eixam m., estol m. [també fig.].

swarm (to) [swɔːm] *i.* pul·lular, formiguejar.

swarthy ['swɔːði] *a.* bru, bronzejat.

swat [swɔt] *s.* plantofada *f.* 2 matamosques *m.*

swat (to) *t.* colpejar, esclafar. ‖ *to ~ a fly,* matar una mosca.

swathe [to] [sweið] *t.* embenar, embolcallar.

sway [swei] *s.* oscil·lació *f.,* balanceig *m.* 2 poder *m.,* domini *m.: under the ~,* sota el poder.

sway (to) [swei] *i.* oscil·lar, bressar-se *p.,* balancejar-se *p.* ■ 2 *t.* fer oscil·lar, balancejar. 3 controlar; influenciar.

swear (to) [swɛə'] *t.* dir solemnement, dir emfàticament. ■ 3 *i.* jurar. 4 renegar. 5 col·loq. *to ~ by,* tenir plena confiança. ▲ Pret.: *swore* [swɔː']; p. p.: *sworn* [swɔːn].

sweat [swet] *s.* suor *f.* ‖ *to be in a ~,* estar cobert de suor, estar suat. 2 suada *f.* 4 fig. feinada *f.*

sweat (to) [swet] *t.-i.* suar; transpirar. 2 (fer) suar [també fig.]. 3 supurar.

sweater ['swetə'] *s.* suèter *m.;* jersei *m.*

Sweden ['swiːdn] *n. pr.* GEOGR. Suècia.

Swedish ['swiːdiʃ] *a.-s.* GEOGR. suec. 2 *s.* suec *m.* [llengua].

sweep [swiːp] *s.* escombrada *f.* 2 moviment *m.* circular [del braç]. 3 extensió *f.;* estesa *f.* [de terreny]. 4 doll *m.,* corrent *m.* ininterromput. 5 corriola *f.* [de pou]. 6 *(chimney) ~,* escuraxemeneies.

sweep (to) [swiːp] *t.* escombrar, (BAL.), (VAL.) agranar [també fig.]. 2 abastar. ■ 3 *i.* moure's *p.* majestuosament. ▲ Pret. i p. p.: *swept* [swept].

sweeper ['swiːpə'] *s.* escombriaire. 2 màquina *f.* d'escombrar.

sweet [swiːt] *a.* dolç, ensucrat. ‖ *to have a ~ tooth,* ser llaminer. 2 atractiu, agradable. 3 amable; benigne. 4 olorós. ■ 5 *s.* dolçor *f.* 6 *pl.* llaminadures *f. pl.,* dolços *m. pl.*

sweeten (to) ['swiːtn] *t.* endolcir, ensucrar. ■ 2 *i.* endolcir-se *p.,* ensucrar-se *p.*

sweetheart ['swiːthɑːt] *s.* xicot, enamorat, estimat.

sweet-toothed ['swiːt'tuːθt] *a.* llaminer.

swell [swel] *s.* inflament *m.* 2 MAR. marejada *f.* 3 (EUA) elegant *a.,* distingit *a.* ■ 4 *a.* elegant, refinat. 5 excel·lent, de primera classe.

swell (to) [swel] *t.* inflar; engrandir; enfortir. ■ 2 *i.* inflar-se *p.;* engrandir-se *p.;*

enfortir-se *p.* ▲ Pret.: *swelled* [sweld]; p. p.: *swollen* ['swoulən], *swelled.*

swelling ['swelin] *s.* inflor *f.* 2 augment *m.,* crescuda *f.*

swelter (to) ['sweltə'] *i.* ofegar-se *p.* de calor.

swept [swept] Vegeu SWEEP (TO).

swerve [swəːv] *s.* desviació *f.* sobtada, gir *m.* brusc. 2 efecte *m.* [d'una pilota].

swerve (to) [swəːv] *t.* desviar bruscament. ■ 2 *i.* desviar-se *p.* bruscament. 3 girar de sobte.

swift [swift] *a.* ràpid, lleuger, rabent.

swiftness ['swiftnis] *s.* rapidesa *f.,* velocitat *f.*

swim [swim] *s.* nedada *f.* ‖ *to go for a ~,* anar a nedar. 2 fig. *to be out of the ~,* no estar al cas, no saber de què va.

swim (to) [swim] *i.* nedar. ■ 2 *t.* travessar nedant. ▲ Pret.: *swam* [swæm]; p. p.: *swum* [swʌm].

swimmer ['swimə'] *s.* nedador.

swimming ['swimin] *s.* ESPORT natació *f.*

swimming costume ['swimin,kɔstjuːm] *s.* vestit *m.* de bany.

swimming pool ['swiminpuːl] *s.* piscina *f.*

swimsuit ['swimsuːt] *s.* Vegeu SWIMMING COSTUME.

swindle ['swindl] *s.* estafa *f.,* frau *m.*

swindle (to) ['swindl] *t.* estafar. ■ 2 *i.* fer una estafa.

swindler ['swindlə'] *s.* estafador, timador.

swine [swain] *s.* ant., liter. porc *m.,* marrà *m.* 2 fig. porc, bandarra. ▲ *pl.* **swine.**

swing [swin] *s.* oscil·lació *f.,* balanceig *m.* 2 ritme *f.* fort. ‖ *in full ~,* en plena acció. 3 gronxador *m.* 4 MÚS. swing *m.*

swing (to) [swin] *t.* gronxar, fer balancejar. 2 tombar, girar de sobte. 3 fer oscil·lar. ■ 4 *i.* gronxar-se *p.;* balancejar(se). 5 oscil·lar; ballar [música swing]. 6 tombar-se *p.,* girar-se *p.* de sobte. ▲ Pret. i p. p.: *swung* [swʌn].

swipe [swaip] *s.* cop *m.* fort.

swipe (to) [swaip] *t.* colpejar amb força. 2 col·loq. pispar, furtar.

swirl [swəːl] *s.* remolí *m.*

swirl (to) [swəːl] *i.* giravoltar, arremolinar-se *p.* ■ 2 *t.* fer giravoltar, fer voltar.

Swiss [swis] *a.-s.* suís.

switch [switʃ] *s.* ELECT. interruptor *m.* 2 FERROC. agulla *f.* 3 verga *f.,* vara *f.,* fuet *m.* 4 canvi *m.,* desviació *f.* 5 cabells *m. pl.* postissos.

switch (to) [switʃ] *t.* ELECT. *to ~ off,* tancar, apagar, desconnectar; *to ~ on,* encendre, connectar, obrir. *2* fer canviar de via [un tren]. 3 fer canviar, fer donar un tomb [a la conversa, etc.]. 4 fuetejar.

switch-board ['switʃbɔːd] *s.* ELECT. taula *f.* de control.

Switzerland ['switsələnd] *n. pr.* GEOGR. Suïssa.

swollen ['swoulən] Vegeu SWELL (TO).

swoon [swuːn] *s.* desmai *m.*

swoon (to) [swuːn] *i.* desmaiar-se *p.,* caure en basca.

swoop (to) [swuːp] *i.* llançar-se *p.* al damunt, escometre, abatre's *p.* sobre.

swop (to) [swɔp] Vegeu SWAP (TO).

sword [swɔːd] *s.* espasa *f.* ‖ fig. *to cross swords with,* barallar-se *p.* amb.

swore [swɔːʳ] Vegeu SWEAR (TO).

sworn [swɔːn] Vegeu SWEAR (TO).

swum [swʌm] Vegeu SWIM (TO).

swung [swʌŋ] Vegeu SWING (TO).

sycamore ['sikəmɔːʳ] *s.* BOT. sicòmor *m.*

syllable ['siləbl] *s.* síl·laba *f.*

syllabus ['siləbəs] *s.* programa *m.* [d'un curs].

symbol ['simbl] *s.* símbol *m.*

symbolic(al) [sim'bɔlik(əl)] *a.* simbòlic.

symmetric(al) [si'metrik(əl)] *a.* simètric.

symmetry ['simitri] *s.* simetria *f.*

sympathetic [simpə'θetik] *a.* comprensiu. 2 compassiu. 3 amable. 4 ANAT., FÍS. simpàtic.

sympathize (to) ['simpəθaiz] *i.* tenir compassió, compadir-se *p.* 2 simpatitzar, estar d'acord, comprendre.

sympathy ['simpəθi] *s.* compassió *f.,* condolència *f.* 2 comprensió *f.,* afinitat *f.*

symphony ['simfəni] *s.* simfonia *f.*

symptom ['simptəm] *s.* símptoma *m.*

syndicate ['sindikit] *s.* distribuidora *f.* de material periodístic. 2 sindicat *m.*

synonym ['sinənim] *s.* sinònim *m.*

synonymous [si'nɔniməs] *a.* sinònim.

syntax ['sintæks] *s.* GRAM. sintaxi *f.*

synthetic [sin'θetik] *a.* sintètic.

synthetize (to) ['sinθitaiz] *t.* sintetitzar.

Syria ['siriə] *n. pr.* GEOGR. Síria.

Syrian ['siriən] *a.-s.* GEOGR. Sirià.

syringe ['sirindʒ] *s.* xeringa *f.*

syrup ['sirəp] *s.* almívar *m.* 2 xarop *m.*

system ['sistəm] *s.* sistema *f.*

systematic(al) [sisti'mætik(əl)] *a.* sistemàtic.

systematize (to) ['sistimətaiz] *t.* sistematitzar.

T

T, t [ti] *s.* t *f.* [lletra].

tabernacle [ˈtæbəˈnækl] *s.* tabernacle *m.*

table [ˈteibl] *s.* taula *f.* 2 taula *f.*, quadre *m.* [estadística, etc.]. 3 llista *f.:* ~ *of contents,* índex *m.* de matèries. 4 GEOGR. altiplà *m.*

table (to) [ˈteibl] *t.* posar sobre la taula. ‖ *to* ~ *a motion,* presentar una moció. 2 fer un índex, ordenar.

tablecloth [ˈteibəlklɔθ] *s.* estovalles *f. pl.*

tablet [ˈtæblit] *s.* làpida *f.* 2 tauleta *f.*, pastilla *f.* 3 bloc *m.* de paper.

tableware [ˈteibəlwɛə] *s.* vaixella *f.*, servei *m.* de taula.

taboo [təˈbuː] *a.* tabú, prohibit. ■ 2 *s.* tabú *m.*

tabulate (to) [ˈtæbjuleit] *t.* disposar en forma de taula. 2 classificar.

tacit [ˈtæsit] *a.* tàcit.

tack [tæk] *s.* tatxa *f.* 2 basta *f.* 3 fig. *to get down to brass tacks,* anar al gra. 4 NÀUT. amura *f.*, fig. rumb *m.*

tack (to) [tæk] *t.* tatxonar. 2 embastar. ■ 3 *i.* NÀUT. virar.

tackle [ˈtækl] *s.* estris *m. pl.*, ormeig *m.* 2 ESPORT càrrega *f.* 3 NÀUT. eixàrcia *f.*

tackle (to) [ˈtækl] *t.* abordar, emprendre [un problema, etc.]. 2 ESPORT blocar.

tacky [ˈtæki] *a.* enganxós.

tact [tækt] *s.* tacte *m.*, discreció *f.*

tactful [ˈtæktful] *a.* prudent, discret.

tactless [ˈtæktlis] *a.* indiscret, mancat de tacte.

tactics [ˈtæktiks] *s. pl.* tàctica *f. sing.*

tadpole [ˈtædpoul] *s.* ZOOL. cap-gros *m.*

tag [tæg] *s.* capçat *m.* 2 etiqueta *f.*, titllet *m.* 3 cap *m.*; parrac *m.* 4 *to play* ~, jugar a tocar i parar.

tag (to) [tæg] *t.* posar una etiqueta a. 2 seguir de prop. 3 *to* ~ *on,* afegir. ■ 4 *i. to* ~ *along,* seguir, anar al darrera. 5 *to* ~ *on to someone,* unir-se *p.* a algú.

tail [teil] *s.* cua *f.*, (BAL.) coa *f.* 2 faldó *m.* [d'un abric, camisa, etc.]. 3 *pl.* creu *f. sing.* [d'una moneda].

tail (to) [teil] *t.* seguir de prop; vigilar. ■ 2 *i. to* ~ *off,* anar minvant, disminuir.

tail-coat [ˈteilkout] *s.* frac *m.*

tail-light [ˈteillait] *s.* llum *m.* posterior [d'un cotxe, etc.].

tailor [ˈteilə] *s.* sastre *m.*

tailor (to) [ˈteilə] *t.* confeccionar, fer. 2 fig. adaptar.

tailoring [ˈteilərin] *s.* sastreria *f.* [ofici]. 2 tall *m.*

tailor-made [ˈteiləˈmeid] *a.* fet a mida [també fig.].

taint [teint] *s.* corrupció *f.*, infecció *f.* 2 taca *f.*

taint (to) [teint] *t.* corrompre. ■ 2 *i.* corrompre's *p.*; infectar-se *p.*

take [teik] *s.* CINEM. presa *f.* 2 (EUA) ingressos *m. pl.*, recaptació *f.*

take (to) [teik] *t.* prendre, agafar. 2 portar, conduir. 3 guanyar. 4 demanar. 5 reservar, ocupar. 6 admetre. 7 acceptar, agafar. 8 aguantar, suportar. 9 aguantar, suportar. 10 tardar, trigar. 11 *to* ~ *a chance,* córrer el risc, provar; *to* ~ *care of,* tenir cura de; *to* ~ *charge of,* encarregar-se *p.* de; *to* ~ *place,* ocórrer, tenir lloc. ■ 12 *i.* agafar, prendre. 13 arrelar. 14 agradar, tenir èxit. ■ *to* ~ *away,* emportar-se; *to* ~ *back,* tornar, retornar; *to* ~ *down,* treure; abaixar; aterrar; enderrocar; *to* ~ *from,* reduir, disminuir; *to* ~ *in,* recollir, agafar; allotjar; entendre; fam. donar gat per llebre; *to* ~ *off,* treure, despenjar [telèfon]; suprimir; descomptar, fer descompte; enlairar-se; prendre el vol; arrencar [vehicle]; minvar [vent]; *to* ~ *on,* prendre [forma, qualitat]; assumir, encarregar-se de; acompanyar; agafar [passatgers]; acceptar [repte]; col·loq. perdre els estreps; *to* ~ *out,* treure; fer sortir [taca]; fer-se [assegurança, certificat]; *to* ~ *over,* fer-se càrrec de; assolir

tap dance

el poder; substituir; *to ~ to,* afeccionar-se a, tirar-se a [beguda, vici]; *to ~ up,* agafar; pujar; aixecar; absorbir; prendre possessió de; dedicar-se a; criticar, censurar; seguir, acceptar. ▲ Pret.: **took** [tuk]; p. p.: **taken** ['teikən].

take-down ['teik,daun] *a.* desmuntable. ■ *s.* humiliació *f.*

taken ['teikən] Vegeu TAKE (TO). *2 to be ~ ill,* posar-se malalt.

takeoff ['teikɔf] *s.* AVIA. envol *m.* 2 imitació *f.,* paròdia *f.,* sàtira *f.*

take-over ['teikouvəʳ] *s.* presa *f.* de possessió; presa *f.* de poder. 2 adquisició *f.,* compra *f.* [d'una empresa].

taking ['teikiŋ] *a.* atractiu, seductor. 2 contagiós. ■ *3 s. pl.* ingressos *m. pl.;* recaptació *f. sing.*

talcum powder ['tælkəm,paudəʳ] *s.* pólvores *f.* de talc.

tale [teil] *s.* conte *m.: fairy tales,* contes de fades. 2 relat *m.,* narració *f.* 3 xafarderia *f.* ‖ fam. *to tell tales,* xafardejar.

talebearer ['teilbɛərəʳ] *s.* espieta, delator. 2 xafarder.

talent ['tælənt] *s.* talent *m.,* aptitud *f.,* do *m.*

tale-teller ['teil,teləʳ] *s.* narrador. 2 espieta. 3 xafarder.

talk [tɔːk] *s.* conversa *f.* 2 conferència *f.;* xerrada *f.,* discurs *m.* 3 rumor *m.,* parleria *f.* 4 tema *m.* de conversa.

talk (to) [tɔːk] *i.* parlar, conversar. ‖ *to ~ for talking's sake,* parlar per parlar; *to ~ nineteen to the dozen,* parlar pels descosits. ■ *2 t.* parlar [una llengua]. 3 dir. ‖ *to ~ nonsense,* dir disbarats. ■ *to ~ about,* parlar de; *to ~ away,* parlar sense parar; *to ~ into,* persuadir; *to ~ out of,* dissuadir; *to ~ over,* examinar; *to ~ round,* convèncer, persuadir; *to ~ up,* parlar clar.

talkative ['tɔːkətiv] *a.* parlador, xerraire.

tall [tɔːl] *a.* alt. ‖ *how ~ are you?,* quant fas d'alçada? 2 fam. excessiu, increïble, exagerat. ‖ *a ~ talk,* una fanfarronada.

tallness ['tɔːlnis] *s.* alçada *f.* 2 estatura *f.,* talla *f.* [persona].

tallow ['tælou] *s.* sèu *m.*

tally ['tæli] *s.* HIST. tarja *f.* [bastó]. 2 compte *m.* 3 etiqueta *f.* 4 resguard *m.* 5 total *m.*

tally (to) ['tæli] *t.* portar el compte. 2 etiquetar. ■ *3 i. to ~ (with),* concordar, correspondre.

talon ['tælən] *s.* urpa *f.,* xarpa *f.* 2 JOC munt *m.,* pila *f.* [de cartes].

tamable ['teiməbl] *a.* domable, domesticable.

tambourine [,tæmbə'riːn] *s.* MÚS. pandereta *f.*

tame [teim] *a.* domesticat, domat. 2 mans, dòcil. 3 domèstic. 4 insuls; avorrit. ■ *5 -ly, adv.* mansament.

tame (to) [teim] *t.* domar, amansir.

tameness ['teimnis] *s.* mansuetud *f.* 2 submissió *f.* 3 insipidesa *f.*

tamer ['teiməʳ] *s.* domador.

tamp (to) [tæmp] *t.* maçonar.

tamper (to) ['tæmpəʳ] *i. to ~ with,* entremetre's *p.* 2 espatllar *t.* 3 graponejar *t.,* grapejar *t.*

tan [tæn] *a.* broncejat; torrat [color]. ■ *2 s.* broncejat *m.,* morenor *f.*

tan (to) [tæn] *t.* broncejar, colrar, emmorenir. 2 adobar, assaonar. 3 fam. apallissar. ■ *4 i.* broncejar-se *p.,* colrar-se *p.*

tang [tæŋ] *s.* olor *f.* forta, sentor *f.;* sabor *m.* fort. 2 toc *m.* [campana].

tangent ['tændʒənt] *a.* tangent. ■ *2 s.* tangent *f.* ‖ fig. *to go off at a ~,* anar-se'n per la tangent.

tangerine [,tændʒə'riːn] *s.* mandarina *f.*

tangible ['tændʒəbl] *a.* tangible, palpable.

Tangier [tæn'dʒiəʳ] *n. pr.* GEOGR. Tànger.

tangle ['tæŋgl] *s.* nus *m.,* embull *m.* 2 confusió *f.,* embolic *m.*

tangle (to) ['tæŋgl] *t.* enredar, embolicar, confondre. ■ *2 i.* enredar-se *p.,* embolicar-se *p.,* confondre's *p.*

tank [tæŋk] *s.* dipòsit *m.,* tanc *m.* 2 cisterna *f.* 3 MIL. tanc *m.*

tank (to) [tæŋk] *t. to ~ up,* omplir el dipòsit. ‖ fig. col·loq. *to get tanked up,* emborratxar-se *p.*

tannery ['tænəri] *s.* adoberia *f.*

tantalize (to) ['tæntəlaiz] *t.* turmentar o exasperar amb impossibles; fer patir el suplici de Tàntal. 2 temptar.

tantalizing ['tæntəlaiziŋ] *a.* turmentador, empipador. 2 temptador, seductor.

tantamount ['tæntəmaunt] *a.* equivalent.

tantrum ['tæntrəm] *s.* enrabiada *f.,* rebequeria *f.*

tap [tæp] *s.* aixeta *f.* 2 copet *m.*

tap (to) [tæp] *t.* obrir [un barril]. 2 intervenir, interceptar [un telèfon, etc.]. 3 *t.-i.* donar copets, copejar: *to ~ at the door,* trucar a la porta.

tap dance ['tæpdɑːns] *s.* claqué *m.*

tap dancer ['tæp,dɑ:nsə'] s. ballarí de claqué.

tape [teip] s. cinta f. 2 cinta f. magnetofònica. 3 MED. esparadrap m.

tape (to) [teip] t. lligar amb cinta. 2 gravar, enregistrar [en un magnetòfon].

tape measure ['teip,meʒə'] s. cinta f. mètrica.

taper ['teipə'] s. espelma f.; ciri m.

taper (to) ['teipə'] t. afuar. ■ 2 i. afuar-se p. 3 to ~ off, disminuir.

tape-recorder ['teip,rikɔ:də'] s. magnetòfon m.

tapestry ['tæpistri] s. tapís m. 2 tapisseria f.

tapestry maker ['tæpəstri,meikə'] s. tapisser.

tapeworm ['teipwə:m] s. tènia f., solitària f.

tar [tɑ:'] s. quitrà m., brea f. 2 col·loq. mariner m.

tar (to) [tɑ:'] t. enquitranar, embrear.

tardiness ['tɑ:dinis] s. liter. lentitud f., tardança f.

tardy ['tɑ:di] a. liter. lent, tardà. 2 retardat.

target ['tɑ:git] s. objectiu m., fita f.

target practice ['tɑ:git,præktis] s. tir m. al blanc.

tariff ['tærif] s. tarifa f.; aranzel m.

tariff barrier ['tærif'bæriə'] s. ECON. barrera f. aranzelària.

tarmac ['tɑ:mæk] s. superfície f. enquitranada.

tarnish (to) ['tɑ:niʃ] t. desenllustrar, entelar. 2 fig. tacar [fama, reputació]. ■ i. desenllustrar-se p., entelar-se p.

tarpaulin [tɑ:pɔ:lin] s. lona f. enquitranada, encerada.

tarry ['tɑ:ri] a. enquitranat.

tarry (to) ['tæri] i. liter. romandre, restar. 2 trigar, demorar-se p.

tart [tɑ:t] a. acre, agre [també fig.]. ■ 2 s. pastís m. de fruita. 3 prostituta f., meuca f.

tartan ['tɑ:tən] s. TÈXT. tartà m.; quadre m. escocès.

task [tɑ:sk] s. tasca f., treball m. 2 missió f., encàrrec m., comesa f. 3 to take to ~, renyar, reprendre.

task force ['tɑ:skfɔ:s] s. MIL. exèrcit m. expedicionari.

tassel ['tæsəl] s. TÈXT. borla f.

taste [teist] s. gust m., sabor m. ‖ there is no accounting for tastes, sobre gustos no hi ha res escrit. 2 the ~, gust m. [sen-

tit]. 3 traguet m.; mos m. 4 afecció f., gust m.: to have a ~ for, ser aficionat a. 5 mostra f., prova f., experiència f.

taste (to) [teist] t. tastar; degustar. 2 notar gust de, sentir gust de. ■ 3 i. to ~ of, tenir gust de.

taste bud ['teistbʌd] s. ANAT. papil·la f. gustativa.

tasteful ['teistful] a. de bon gust, elegant.

tasteless ['teistlis] a. insuls, insípid. 2 de mal gust.

tasty ['teisti] a. saborós, apetitós. 2 de bon gust.

tatter ['tætə'] s. parrac m., pellingot m.

tattle ['tætl] s. xerrameca f., xerrada f. 2 xafarderia f.

tattler ['tætlə'] s. xerraire m.

tattle (to) ['tætl] i. xerrar. 2 xafardejar.

tattoo [tə'tu:] s. tatuatge m. 2 MIL. retreta f. 2 parada f. militar. 3 repicament m.

tattoo (to) [tə'tu:] t. tatuar.

taught [tɔ:t] Vegeu TEACH (TO).

taunt [tɔ:nt] s. retret m., reprotxe m., provocació f.; sarcasme m.

taunt (to) [tɔ:nt] t. reprotxar, provocar, fer burla de, mofar-se p. de.

taut [tɔ:t] a. tens, tes, tibat.

tavern ['tævən] s. liter. taverna f.

tawdry ['tɔ:dri] a. cridaner, cursi [objecte].

tawny ['tɔ:ni] a. morè, bru. 2 lleonat; falb.

tax [tæks] s. ECON. impost m., contribució f. 2 fig. càrrega f., esforç m.

tax (to) [tæks] t. gravar, imposar un impost a. 2 esgotar, acabar [la paciència]. 3 acusar (with, de). 4 DRET taxar.

taxable ['tæksəbl] a. subjecte a impost: ~ income, renda subjecta a impost.

taxation [tæk'seiʃən] s. imposició f., imposts m., sistema m. tributari.

tax-free [tæks'fri:] a. exempt d'impostos.

taxi [tæksi], **taxicab** ['tæksikæb] s. taxi m.

taxi driver ['tæksi,draivə'] s. taxista.

taxi rank ['tæksiræŋk] s. parada f. de taxis.

taxpayer ['tækspeiə'] s. contribuent.

tea [ti:] s. te m. 2 infusió f. 3 fam. berenarsopar m., sopar m. 4 LOC. it's not my cup of ~, no és el meu estil, no és el meu tarannà.

tea break ['ti:breik] s. pausa f. per al te.

teach (to) [ti:tʃ] t. ensenyar, instruir. ■ 2 i. ensenyar, ser professor de, donar classes de. ▲ Pret. i p. p.: taught [tɔ:t].

teacher ['ti:tʃəʳ] s. professor, mestre. ‖ ~ *training*, formació f. pedagògica.

teach-in ['ti:tʃin] s. seminari m.

teaching ['ti:tʃiŋ] s. ensenyament. ■ 2 a. docent: ~ *staff*, personal m. docent.

team [ti:m] s. grup m., equip m. 3 ESPORT equip m.: *home* ~, equip local; *away* ~, equip visitant.

team (to) [ti:m] i. col·loq. *to* ~ *up*, associar-se p., agrupar-se p. (*with*, amb).

teamwork ['ti:mwəːk] s. treball m. en equip.

tear [tɛəʳ] s. estrip m., estripada f.

tear [tiəʳ] s. llàgrima f., (ROSS.) llàgrema f. ‖ *in tears*, plorant. ‖ *to burst into tears*, esclatar en plors, desfer-se en plors.

tear (to) [tɛəʳ] t. estripar, esqueixar, trencar. 2 arrencar, separar amb violència. 3 MED. ferir, lacerar; distendre [múscul]. ■ 4 i. estripar-se p., esqueixar-se p. 5 moure's p. de pressa. ■ *to* ~ *along*, anar a tota pastilla; *to* ~ *down*, demolir; desarmar; *to* ~ *off*, arrencar; anar corrent; sortir de pressa; *to* ~ *up*, arrencar; trencar a trossos. ▲ Pret.: *tore* [tɔːʳ, tɔəʳ]; p. p.: *torn* [tɔːn].

tearful ['tiəful] a. plorós.

tear gas ['tiəgæs] s. gas m. lacrimògen.

teapot ['ti:pɔt] s. tetera f.

tease (to) [ti:z] t. empipar, fer la guitza; prendre el pèl.

tea set ['ti:set] s. joc m. de te.

teasing ['ti:ziŋ] a. bromista, burleta. 2 turmentador. ■ 3 s. broma f., burla f. ■ 4 -ly adv. en broma.

teaspoon ['ti:spu:n] s. cullereta f.

teaspoonful ['ti:spu:nful] s. cullerade-ta f.

teat [ti:t] s. ANAT. mugró m. 2 tetina f. [de biberó].

technical ['teknikəl] a. tècnic. ■ 2 -ly adv. tècnicament.

technicality [ˌtekni'kæliti] s. tecnicitat f.; consideració f. tècnica. 2 tecnicisme m. [paraula].

technician [tek'niʃən] s. tècnic, especialista.

technique [tek'ni:k] s. tècnica f.

technology [tek'nɔlədʒi] s. tecnologia f.

teddy bear ['tedi,bɛəʳ] s. osset m. de peluix.

tedious ['ti:djəs] a. avorrit, tediós. ■ 2 -ly adv. avorridament, fastidiosament.

tediousness ['ti:djəsnis] s. avorriment m., tedi m.

tee [ti:] s. te [lletra]. 2 ESPORT punt m. de partida; suport m. de la pilota [golf]. 3 fig. *to a* ~, com anell al dit.

teem (to) [ti:m] i. abundar. ‖ *to* ~ *with*, abundar en, estar ple de.

teenage ['ti:neidʒ] a. adolescent.

teenager ['ti:nˌeidʒəʳ] s. adolescent, jove de 13 a 19 anys.

teens [ti:nz] s. adolescència f., edat f. entre els 13 i 19 anys.

tee-shirt ['ti:ʃəːt] s. Vegeu T-SHIRT.

teeth [ti:θ] s. pl. de TOOTH.

teethe (to) [ti:ð] i. sortir les dents.

teething ['ti:ðiŋ] s. dentició f. ‖ fig. ~ *troubles*, problemes m. pl. inicials [projecte, empresa, etc.].

teetotal [ti:'toutl] a. abstemi.

teetotaller, (EUA) **teetotaler** [ti:'toutlə] s. abstemi.

Teheran ['tehərɑ:n] n. pr. GEOGR. Teheran.

telecast ['telikɑ:st] s. teledifusió f., emissió f. televisada.

telecast (to) ['telikɑ:st] t. televisar.

telegram ['teligræm] s. telegrama m.

telegraph ['teligrɑ:f,-græf] s. telègraf m.

telephone ['telifoun] s. telèfon m.

telephone (to) ['telifoun] t.-i. telefonar, trucar per telèfon.

telephone booth ['telifounbu:ð], **telephone box** ['telifounbɔks] s. cabina f. telefònica.

telephone call ['telifounɔ:l] s. trucada f. telefònica.

telephone directory ['telifoundai,rektri] s. guia f. telefònica.

telephone exchange ['telifounik's-tʃeindʒ] central f. telefònica.

telephoto ['telifoutou] a. telefotogràfic. ■ 2 s. telefoto f. 3 ~ *lens*, teleobjectiu m.

teleprinter ['teliprintəʳ] s. teletip m.

telescope ['teliskoup] s. telescopi m.

telescopic [ˌteli'skɔpik] a. telescòpic.

televiewer ['telivju:əʳ] s. telespectador, televident.

television ['teli,viʒən] s. televisió f.

television set ['teli,viʒənset] s. aparell m. de televisió, televisor m.

televise ['telivaiz] t. televisar.

tell (to) [tel] t. narrar, dir, explicar. 2 dir, manar, ordenar. 3 distingir, conèixer; endevinar. ‖ *to* ~ *on someone*, bescantar algú; ~ *me another!*, sí, home!, I què més!; *there is no telling,* no es pot pre- veure. ▲ Pret. i p. p.: *told* [tould].

telling ['teliŋ] *a.* eficaç, contundent. 2 expressiu, revelador.

temerity [ti'meriti] *s.* temeritat *f.*

temper ['tempə'] *s.* geni *m.,* humor *m.: in a good ~,* de bon humor. 2 còlera, geni. ‖ LOC. *to keep one's ~,* dominar-se, con- tenir-se; *to lose one's ~,* perdre els es- treps, enfurismar-se. 2 TECNOL. tremp, punt de duresa [del metall, etc.].

temper (to) ['tempə'] *t.* TECNOL. trempar. 2 fig. temperar, moderar. ■ 3 *i.* tempe- rar-se *p.*

temperament ['tempərəmənt] *s.* tempe- rament *m.* [persona].

temperance ['tempərəns] *s.* temperància *f.,* moderació *f.* 2 sobrietat *f.;* abstinèn- cia *f.* [alcohol].

temperate ['tempərit] *a.* temperat, mo- derat.

temperature ['tempritʃə'] *s.* temperatura *f.* 2 MED. febre *f.: to have a ~,* tenir febre.

tempest ['tempist] *s.* tempesta *f.* 2 fig. agitació *f.,* convulsió *f.*

tempestuous [tem'pestʃuəs] *a.* tempes- tuós, agitat [també fig.]. ■ 2 *-ly adv.* tempestuosament.

temple ['templ] *s.* temple *m.* 2 ANAT. tem- pla *f.*

temporal ['tempərəl] *a.* temporal. 2 tran- sitori, terrenal.

temporary ['tempərəri] *a.* temporal, pro- visional, interí. ‖ *~ work,* treball *m.* eventual.

temporize (to) ['tempəraiz] *i.* contem- poritzar; guanyar temps.

tempt (to) [tempt] *t.* temptar, induir, se- duir.

temptation [temp'teiʃən] *s.* temptació *f.*

tempter ['temptə'] *s.* temptador.

tempting ['temtiŋ] *a.* temptador, atrac- tiu, seductor.

ten [ten] *a.* deu. ■ 2 *s.* deu *m.;* desena *f.* ‖ LOC. *~ to one,* molt probablement.

tenable ['tenəbl] *a.* defensable, sosteni- ble.

tenacious [ti'neiʃəs] *a.* tenaç; ferm. ■ 2 *-ly adv.* tenaçment, amb tenacitat.

tenacity [ti'næsiti] *s.* tenacitat *f.*

tenant ['tenənt] *s.* llogater, inquilí, ar- rendatari.

tend (to) [tend] *t.* atendre, vigilar, cus- todiar. ■ 2 *i.* tendir a, inclinar-se *p.* a, ti- rar a.

tendency ['tendənsi] *s.* tendència *f.;* pro- pensió *f.*

tender ['tendə'] *a.* tendre, tou. 2 delicat, sensible. 3 adolorit, sensible. 4 escru- polós. ■ *5 s.* COM. oferta *f.,* proposta *f.* ‖ *by ~,* per adjudicació.

tender (to) ['tendə'] *t.* oferir, presentar, donar. ■ 2 *i.* fer una oferta.

tenderness ['tendənis] *s.* tendresa *f.,* suavitat *f.* 2 sensibilitat *f.*

tendon ['tendən] *s.* ANAT. tendó *m.*

tendril ['tendril] *s.* BOT. circell *m.*

tenement ['tenimənt] *s.* habitatge *m.,* pis *m.: tenement-house,* bloc *m.* de pisos.

tenet ['tenit] *s.* principi *m.;* creença *f.;* dogma *m.*

tennis ['tenis] *s.* ESPORT tennis *m.*

tennis elbow [,tenis'elbou] *s.* MED. colze *m.* de tenis.

tennis court ['tenisko:t] *s.* pista *f.* de te- nis.

tenor ['tenə'] *s.* MÚS. tenor *m.* 2 contingut *m.,* significat *m.* 3 curs *m.,* tendència *f.*

tense [tens] *a.* tens, tibant [també fig.]. ■ 2 *s.* GRAM. temps *m.* [verb].

tense (to) [tens] *t.* tensar, tibar.

tension ['tenʃən] *s.* tensió *f.,* tibantor *f.* [també fig.]. 2 ELECT. voltatge *m.*

tent [tent] *s.* tenda *f.* de campanya.

tentacle ['tentəkl] *s.* tentacle *m.*

tentative ['tentətiv] *a.* provisional; de tempteig. ■ 2 *-ly adv.* provisionalment; sense gran confiança.

tenth [tenθ] *a.-s.* desè.

tenuous ['tenjuəs] *a.* tènue; subtil. 2 prim.

tenure ['tenjuə'] *s.* possessió *f.* 2 ocupació *f.,* exercici *m.* [d'un càrrec].

tepid ['tepid] *a.* tebi, temperat [també fig.].

Terence ['terəns] *n. pr. m.* Terenci.

term [tə:m] *s.* termini *m.;* període *m.* 2 tri- mestre *m.* [universitat, escola, etc.]. 3 MAT., LÒG., LING. terme *m.* 4 *pl.* condi- cions *f. pl.: to come to terms,* arribar a un acord, acceptar, adaptar-se a. *5 pl.* re- lacions *f. pl.: to be on good terms,* estar en bones relacions.

term (to) [tə:m] *t.* anomenar, denomi- nar.

terminal ['tə:minl] *a.* terminal, final. ■ *2 s.* AERON., NÀUT., FERROC. terminal *f.* 3 ELECT. born *m.,* polo *m.*

terminate (to) [tə:mineit] *t.* acabar, concloure, finalitzar. ■ 2 *i.* acabar-se *p.,* concloure's *p.*

termination [ˌteːmiˈneiʃən] s. acabament m., fi f. 2 GRAM. terminació f.

terminus ['təːminəs] s. estació f. terminal, terminal f. [autobús, tren, etc.]. ▲ pl. **termini** ['təːminai], **terminuses** ['təːminəsiz].

terrace ['terəs] s. AGR. terrassa f. 2 ESPORT graderia f. 3 filera f. ‖ ~ **houses,** filera de cases contigües [normalment idèntiques]. 4 (EUA) terrassa f.

terrestrial [tiˈrestriəl] a. terrestre.

terrible ['teribl] a. terrible, horrible, fatal.

terribly ['teribli] adv. terriblement. 2 fam. espantosament.

terrier ['teriə'] s. ZOOL. terrier m.

terrific [teˈrifik] a. terrorífic. 2 fam. fantàstic, fabulós, bàrbar.

terrify (to) ['terifai] t. terroritzar, aterrir.

territory ['teritəri] s. territori m.

terror ['terə'] s. terror m., espant m.

terrorism ['terərizəm] s. terrorisme m.

terrorist ['terərist] a.-s. terrorista.

Terry ['teri] n. pr. (dim. de **Terence, Theresa**) Terenci m., Tere f.

terse [təːs] a. concís, breu. ■ 2 **-ly** adv. concisament.

test [test] s. examen m. 2 prova f., assaig m. 3 PSICOL. test m. 4 MED. anàlisi f.

test tube ['test,tjuːb] s. tub m. d'assaig, proveta f. ‖ ~ **baby,** nen proveta.

test (to) [test] t. examinar, provar, experimentar, posar a prova. 2 analitzar.

testament ['testəmənt] s. testament m.: **New Testament,** Nou Testament.

testify (to) ['testifai] t. testimoniar, donar fe de. ■ 2 i. DRET declarar.

testimonial [testiˈmounjəl] s. certificat m., testimonial m. 2 recomanació f., carta f. de recomanació. 3 testimoni m. de gratitud.

testimony ['testiməni] s. testimoni m., declaració f.

testy ['testi] a. irritable, susceptible.

tête-à-tête [ˌteitaːˈteit] s. conversa f. confidencial. ■ 2 adv. a soles.

tether ['teðə'] s. ronsal m. ‖ LOC. fig. **at the end of one's ~,** fart, tip; esgotat; a les últimes.

tether (to) ['teðə'] t. lligar [amb un ronsal].

text [tekst] s. text m. 2 tema m. [d'un discurs, etc.].

textbook ['tekstbuk] s. llibre m. de text.

textile ['tekstail] a. tèxtil m.: ~ **mill,** fàbrica f. de teixits.

Thames [temz] n. pr. GEOGR. Tàmesis.

than [ðæn, ðən] conj. que [en comparatius]: **he is taller ~ you,** és més alt que tu. 2 de [amb nombres]: **not more ~ five,** no més de cinc.

thank (to) [θæŋk] t. agrair, donar les gràcies: ~ **you,** gràcies; ~ **you very much,** moltes gràcies.

thankful ['θæŋkful] a. agraït. ■ 2 **-ly** adv. amb agraïment, amb gratitud.

thankfulness ['θæŋkfulnis] s. agraïment m., gratitud f.

thankless ['θæŋklis] a. ingrat, desagraït.

thanksgiving ['θæŋksgiviŋ] s. acció f. de gràcies. ‖ (EUA) **Thanksgiving Day,** Dia m. d'Acció de Gràcies.

that [ðæt] a. aquell, aquella, (VAL.) eixe, eixa. ■ 2 pron. pers. aquest, (VAL.) este, aquesta (VAL.) aquest, aquell, aquella: **who's ~?,** qui és aquest? 3 això (VAL.) açò, allò. 4 pron. rel. que: **the girl ~ you saw,** la noia que vas veure. 5 **so ~,** per tal que. ■ 6 adv. tan: ~ **far,** tan lluny; ~ **big,** així de gros.

thatch [θætʃ] s. palla f. seca; sostre m. de palla seca.

thatched [θætʃt] a. de palla. ‖ ~ **cottage,** caseta f. amb sostre de palla.

thaw [θɔː] s. desglaç m., fosa f.

thaw (to) [θɔː] t. desglaçar, fondre. ■ 2 i. desglaçar-se p., fondre's p.

the [ðə; davant vocal ðiː] art. el, la, els, les, (BAL.) es, sa, ses. ■ 2 adv. ~ **more he has,** ~ **more he wants,** com més té més vol.

theatre, (EUA) **theater** ['θiətə'] s. teatre m. ‖ **variety ~,** teatre de varietats.

theatregoer, (EUA) **theatergoer** ['θiətəgouə'] s. afeccionat al teatre.

theatrical [θiˈætrikəl] a. teatral. 2 exagerat. 3 pl. **amateur theatricals,** teatre m. sing. d'afeccionats.

theft [θeft] s. robatori m., furt m.

them [ðem, ðəm] pron. pers. els, 'ls, les, los. 2 (amb preposició) ell, ella: **to ~,** a ells, a elles.

theme [θiːm] s. tema m.

theme song ['θiːmsɔŋ] s. CINEM., tema f. musical.

themselves [ðəmˈselvz] pron. pers. ells mateixos, elles mateixes. 2 se, s'.

then [ðen] adv. llavors. ‖ **what are we doing ~?,** què fem, doncs?; ~ **it started raining,** llavors va començar a ploure. 2 després: **we'll have soup and ~ fish,** menjarem sopa i després peix. ‖ **now and ~,** de tant en tant; ~ **and there,** allà mateix.

thence [ðens] *adv.* form. des d'allà. 2 per tant.

thenceforth ['ðens'fɔːθ] *adv.* des d'aleshores.

theology [θiˈɔlədʒi] *s.* teologia *f.*

theoretic(al) [θiəˈretik, -əl] *a.* teòric. ■ 2 **theoretically,** adv. teòricament, en teoria.

theory ['θiəri] *s.* teoria *f.*

there [ðɛəˈ, ðəˈ] *adv.* allà, allí. 2 ~ **is,** hi ha (*sing.*); ~ **are,** hi ha (*pl.*); ~ **was,** hi havia (*sing.*); ~ **were,** hi havia (*pl.*). 3 ~ **he is,** ja és aquí.

thereabouts ['ðɛərəˌbauts] *adv.* aproximadament; més o menys; si fa no fa.

thereafter [ðɛərˈaːftəˈ] *adv.* després (d'això).

thereby ['ðɛəˈbai] *adv.* d'aquesta manera, així.

therefore ['ðɛəfɔːˈ] *adv.* per tant, per això mateix.

therein [ðɛərˈin] *adv.* allà; pel que fa a això.

thereof [ðɛərˈɔv] *adv.* d'això, d'allò.

Theresa [təˈriːzə] *n. pr. f.* Teresa.

thereupon [ðɛərəˈpɔn] *adv.* llavors; com a conseqüència.

thermometer [θeˈmɔmitəˈ] *s.* termòmetre *m.*

thermos flask ['θəːməs flɑːsk] *s.* termos *m.*

these [ðiːz] *a.-pron. pl.* de THIS.

thesis ['θiːsis] *s.* tesi *f.* ▲ *pl.* **theses** ['θiːsiːz].

their [ðɛəˈ] *a. poss.* els seus, les seves.

theirs [ðɛəz] *pron. poss.* (el) seu, (la) seva, (els seus), (les) seves, d'elles, d'elles).

they [ðei] *pron. pers.* ells, elles.

thick [θik] *a.* gruixut, (BAL.) gruixat, (VAL.) gros. ∥ **two inches ~,** de dues polzades de gruix. 2 espès, poblat [barba]. ∥ ~ **with,** ple de. 3 seguit, continuat. 4 tèrbol, nebulós. 5 curt, talòs [persona]. 6 ronc [veu]. 7 dur d'orella. 8 íntim [amic]. ■ 9 *s.* gruix *m.,* gruixària *f.* ∥ **through ~ and thin,** incondicionalment.

thicken (to) ['θikən] *t.* espessir. 2 complicar. ■ 3 *i.* espessir-se *p.* 4 complicar-se *p.*

thicket ['θikit] *s.* garriga *f.*

thickness ['θiknis] *s.* espessor *f.,* densitat *f.,* gruix *m.* 2 copa *f.,* pis *m.*

thief [θiːf] *s.* lladre *m.*

thieve (to) [θiːv] *i.* robar, (VAL.) furtar.

thigh [θai] *s.* ANAT. cuixa *f.*

thimble ['θimbl] *s.* didal *m.*

thin [θin] *a.* prim. ∥ **thin-skinned,** hipersensible [persona]. 2 tènue, lleuger. 3 poc dens; buit; esclarissat. 4 pobre, escàs. 5 dèbil, agut, fluix [veu].

thin (to) [θin] *t.* aprimar, fer aprimar. 2 desatapeir. 3 desespessir. 4 disminuir, afluixar. ■ 5 *i.* aprimar-se *p.* 6 esllanguir-se *p.* 7 desatapeir-se *p.* 8 desespessir-se *p.*

thing [θiŋ] *s.* cosa *f.* ∥ **for one ~,** en primer lloc; **poor ~!,** pobret!; **to have a ~ about,** tenir obsessió per.

think (to) [θiŋk] *t.-i.* pensar. 2 *t.* considerar, creure. ∥ **I don't ~ so,** em sembla que no. 3 imaginar-se *p.:* **I can't ~ why she didn't come,** no em puc imaginar perquè no va venir. 4 tenir la intenció de. ∥ **I ~ I'll stay in,** em sembla que em quedaré a casa. 5 **to ~ about,** pensar en; reflexionar, considerar. ∥ ~ **about it,** pensa-t'ho; pensa-hi; **to ~ of,** pensar en. ▲ Pret. i p. p.: **thought** [θɔːt].

thinker ['θiŋkəˈ] *s.* pensador.

third [θəːd] *a.* tercer. ■ 2 *s.* terç *m.,* tercera part *f.*

thirst [θəːst] *s.* set *f.* [també fig.].

thirst (to) [θəːst] *i.* **to ~ (for),** tenir set. 2 fig. anhelar, desitjar.

thirsty ['θəːsti] *a.* assedegat. ∥ **to be ~,** tenir set.

thirteen [ˌθəːˈtiːn] *a.* tretze. ■ 2 *s.* tretze *m.*

thirteenth ['θəːˈtiːnθ] *a.* tretzè.

thirtieth ['θəːtiiθ] *a.* trentè.

thirty ['θəːti] *a.* trenta. ■ 2 *s.* trenta *m.*

this [ðis] *a.-pron.* aquest, (VAL.) este, aquesta, (VAL.) esta.

thistle ['θisl] *s.* BOT. card *m.*

thither ['ðiðəˈ] *adv.* ant. allà, cap allà.

thong [θɔŋ] *s.* corretja *f.*

thorn [θɔːn] *s.* BOT. espina *f.,* punxa *f.* 2 fig. problema *m.,* dificultat *f.,* embolic *m.*

thorny ['θɔːni] *a.* ple de punxes, espinós. 2 fig. espinós, difícil.

thorough ['θʌrə] *a.* complet, total. 2 minuciós.

thoroughbred ['θʌrəbred] *a.-s.* pura sang, raça.

thoroughfare ['θʌrəfɛəˈ] *s.* carrer *m.,* via *f.* pública.

those [ðouz] *a.-pron. pl.* de THAT.

thou [ðau] *pron. pers.* ant., liter. tu.

though [ðou] *conj.* tot i que, encara que. 2 **as ~,** com si. ■ 3 *adv.* tanmateix.

thumbtack

thought [θɔːt] Vegeu THINK (TO). ■ 2 s. pensament *m.*, idea *f.* ‖ *on second thoughts,* pensant-ho millor.

thoughtful [ˈθɔːtful] *a.* pensarós, meditabund. 2 considerat, atent, sol·lícit. ■ 3 -ly *adv.* pensativament. 4 atentament.

thoughtfulness [ˈθɔːtfulnis] *s.* seriositat *f.* 2 atenció *f.*, consideració *f.*

thoughtless [ˈθɔːtlis] *a.* irreflexiu. 2 egoista, desconsiderat.

thoughtlessness [ˈθɔːtlisnis] *s.* irreflexió *f.*; lleugeresa *f.* 2 egoisme *m.*; desconsideració *f.*

thousand [ˈθauzənd] *a.* mil. ■ 2 s. *a ~, one ~,* mil *m.*, un miler.

thousandth [ˈθauzənθ] *a.* mil·lèsim, milè. ■ 2 s. mil·lèsim *m.*, milè *m.*

thrash (to) [θræʃ] *t.* colpejar, pegar, apallissar. 2 debatre, moure. 3 *to ~ out,* esclarir; esbrinar, aclarir. ■ 4 *i.* debatre's *p.*, moure's *p.*

thrashing [ˈθræʃiŋ] *s.* pallissa *f.*, estomacada *f.*, allisada *f.*

thread [θred] *s.* fil *m.* 2 femella *f.* [de caragol].

thread (to) [θred] *t.* enfilar. 2 cargolar [un cargol]. ■ 3 *i.* lliscar, passar.

threat [θret] *s.* amenaça *f.*

threaten (to) [ˈθretn] *t.-i.* amenaçar *t.*

threatening [ˈθretniŋ] *a.* amenaçador.

three [θriː] *a.* tres. ■ 2 s. tres *m.*

thresh (to) [θreʃ] *t.-i.* AGR. batre, trillar.

threshing [ˈθreʃiŋ] *s.*

threshing floor [ˈθreʃiŋflɔːˈ] *s.* AGR. era *f.*

threshing machine [ˈθreʃiŋməˈʃiːn] *s.* AGR. màquina *f.* de batre, trilladora *f.*

threshold [ˈθreʃ(h)ould] *s.* llindar *m.*

threw [θruː] Vegeu THROW (TO).

thrift [θrift] *s.* economia *f.*, frugalitat *f.*

thriftless [ˈθriftlis] *a.* malgastador, malbaratador.

thrifty [ˈθrifti] *a.* econòmic, frugal. 2 (EUA) pròsper.

thrill [θril] *s.* calfred *m.*, estremiment *m.* 2 emoció *f.* forta, excitació *f.* 3 esgarrifança *f.*

thrill (to) [θril] *t.* estremir; esgarrifar. 2 emocionar, excitar. 3 commoure, colpir. ■ 4 *i.* estremir-se *p.*, esgarrifar-se *p.* 5 emocionar-se *p.*, excitar-se *p.* 6 commoure's *p.* 7 tenir calfreds.

thriller [ˈθriləˈ] *s.* novel·la *f.*, film *m.* esborronador.

thrive (to) [θraiv] *i.* créixer, prosperar. ▲ Pret.: *throve* [θrouv] o *thrived* [θraivd]; p. p.: *thrived* o *thrived* [ˈθrivn].

throat [θrout] *s.* gola *f.*, gorja *f.*, coll *m.*: *sore ~,* mal *m.* de coll.

throb [θrɔb] *s.* batec *m.*, palpitació *f.*

throb (to) [θrɔb] *i.* bategar, palpitar.

throe [θrou] *s.* angoixa *f.*, patiment *m.*, dolor *m.*

throne [θroun] *s.* tron *m.*

throng [θrɔŋ] *s.* gentada *f.*, munió *f.*

throng (to) [θrɔŋ] *i.* apinyar-se *p.*, apilotar-se *p.* ■ 2 *t.* omplir de gom a gom.

throttle [ˈθrɔtl] *s.* vàlvula *f.* reguladora.

throttle (to) [ˈθrɔtl] *t.* escanyar, estrangular. 2 *to ~ down,* afluixar, reduir la marxa.

through [θruː] *prep.* per, a través de. 2 per mitjà de, a causa de. ■ 3 *adv.* de banda a banda; completament. ‖ *to be wet ~,* estar totalment xop; *to carry the plan ~,* dur a terme el pla. ■ 4 *a.* directe [tren, etc.].

throughout [θruːˈaut] *prep.* per tot. ‖ *~ the country,* arreu del país. 2 durant tot: *~ the year,* durant tot l'any. ■ 3 *adv.* per tot arreu. ‖ *the chair was rotten ~,* la cadira era tota ben podrida.

throve [θrouv] Vegeu THRIVE (TO).

throw [θrou] *s.* llançament *m.* 2 tirada *f.*

throw (to) [θrou] *t.* tirar, llençar, llançar. 2 estendre, desplegar. 3 donar [la culpa]. 4 col·loq. fer [una festa]. 5 posar. ■ *to ~ away,* llençar [a les escombraries]; malbaratar, desaprofitar; *to ~ back,* reflectir; tornar, retornar; refusar; fer enrera; retardar; *to ~ down,* llençar [de dalt a baix]; tirar a terra, abatre; *to ~ in,* tirar-hi; afegir; intercalar; *to ~ off,* treure's del damunt; renunciar [a un costum]; abandonar; despistar, fer perdre; *to ~ open,* obrir de bat a bat; *to ~ out,* treure, proferir; expulsar, fer [llum, pudor, soroll], arrelar; fer ressaltar; *to ~ over,* abandonar, deixar; posar-se [roba al damunt]; *to ~ up,* llençar enlaire; aixecar; vomitar. ▲ Pret.: *threw* [θruː]; p. p.: *thrown* [θroun].

thrown [θroun] Vegeu THROW (TO).

thrush [θrʌʃ] *s.* ORN. tord *m.*

thrust [θrʌst] *s.* atac *m.*, escomesa *f.* 2 empenta *f.* 3 MEC. empenyiment *m.*

thrust (to) [θrʌst] *t.* empènyer, empentar. 2 ficar, introduir. ‖ *to ~ one's way,* obrir-se *p.* camí. ■ 2 *i.* fer-se *p.* endavant; escometre. ▲ Pret. i p. p.: *thrust* [θrʌst].

thud [θʌd] *s.* patacada *f.*; cop *m.* sord.

thumb [θʌm] *s.* polze *m.*, dit *m.* gros.

thumbtack [ˈθʌmtæk] *s.* (EUA) xinxeta *f.*

thump [θʌmp] s. patacada f., trompada f.

thump (to) [θʌmp] t.-i. donar cops de puny, donar patacades, estorar.

thunder [ˈθʌndə] s. tro m. 2 fig. fragor m., terrabastall m.

thunder (to) [ˈθʌndə] i. tronar. 2 fig. retrunyir.

thunderbolt [ˈθʌndəboult] s. llamp m. 2 fig. daltabaix m., catàstrofe m., desgràcia f.

thunderclap [ˈθʌndəklæp] s. tro m.; tronada f. 2 fig. males notícies f. pl. [sobtades].

thunderstorm [ˈθʌndəstɔːm] s. tronada f., tempestat f. amb trons.

thunderstruck [ˈθʌndəstrʌk] a. liter. atordit, atabalat, sorprès.

Thursday [ˈθəːzdi, -dei] s. dijous m.

thus [ðʌs] adv. d'aquesta manera, així. ‖ ~ far, fins ara.

thwart (to) [θwɔːt] t. obstruir, frustrar, impedir.

thyme [taim] s. BOT. farigola f.

tick [tik] s. tic-tac m. 2 col·loq. moment m., minut m. ‖ *I'll be here in two ticks,* arribaré en un no res. 3 marca f.; senyal m. 4 ZOOL. paparra f.

tick (to) [tik] i. fer tic-tac [rellotge, taxímetre, etc.]. 2 col·loq. comportar-se p., actuar. ■ 3 t. to ~ off, marcar, senyalar.

ticket [ˈtikit] s. bitllet m.; entrada f.; tiquet m. ‖ *return* ~, bitllet d'anada i tornada. 2 etiqueta f. [en roba, electrodomèstics, etc.]. 3 (EUA) POL. llista f. de candidats, candidatura f. 4 multa f. de trànsit.

ticket office [ˈtikitˌɔfis] s. taquilla f.; despatx m. de bitllets.

tickle [ˈtikl] s. pessigolles f. pl., pessigolleig m.

tickle (to) [ˈtikl] t. fer pessigolles. 2 divertir. 3 fer venir pessigolles. ■ 4 i. tenir pessigolles. 5 sentir pessigolleig.

ticklish [ˈtikliʃ] a. pessigoller. 2 delicat [afer].

tide [taid] s. marea f. 2 opinió f., corrent m.; tendència f.

tidily [ˈtaidili] adv. en ordre, pulcrament.

tidiness [ˈtaidinis] s. polidesa f., netedat f.; ordre m.

tidings [ˈtaidiŋz] s. pl. ant. notícies f. pl.

tidy [ˈtaidi] a. net; endreçat; polit; ordenat. 2 considerable. ‖ *a ~ amount,* una bona quantitat. 3 pl. calaix m. sing. dels mals endreços.

tidy (to) [ˈtaidi] t. netejar; endreçar; ordenar.

tie [tai] s. cinta f., cordó m., lligall m. 2 llaç m., nus m. 3 corbata f. 4 lligam m. 5 ESPORT empat m. 6 MÚS. lligat m. 7 fig. lligam m., destorb m.

tie (to) [tai] t. lligar. 2 cordar. 3 fer un nus. ■ 4 i. lligar-se p. 5 ESPORT empatar. 6 anar lligat. ‖ *where does that* ~, on va lligat això?

tier [tiə] s. renglera f., filera f.; grada f.

tie-up [ˈtaiʌp] s. lligam m., enllaç m. 2 fig. bloqueig m., paralització f.

tiger [ˈtaigə] s. tigre m.

tight [tait] a. fort: *hold me* ~, agafa'm fort. 2 ben lligat, fort. 3 hermètic. 4 estret, ajustat [roba, sabates]. 5 tibant, estirat [corda]. 6 col·loq. borratxo. ‖ *to be in a* ~ *spot,* ajustar, trobar-se en un mal pas.

tighten (to) [ˈtaitn] t. ajustar, estrènyer. 2 tibar. ■ 3 i. ajustar-se p., estrènyer-se p. 4 tibar-se p.

tightness [ˈtaitnis] s. tibantor f., tensió f. 2 estretor f.

tights [taits] n. pl. mitges f. pl., pantis m. pl.

tile [tail] s. rajola f. 2 teula f.

tile (to) [tail] t. enrajolar, posar teules.

till [til] prep. Vegeu UNTIL.

till (to) [til] t. AGR. cultivar, conrear.

tillage [ˈtilidʒ] s. AGR. conreu m., cultiu m.

tiller [ˈtilə] s. AGR. llaurador, conreador. 2 NÀUT. canya f. del timó.

tilt [tilt] s. inclinació f., pendent m. 2 escomesa f., cop m. de llança. ‖ *at full* ~, a tota marxa.

tilt (to) [tilt] t. inclinar, decantar. 2 escometre. ■ 3 i. inclinar-se p., decantar-se p. 4 HIST. justar.

timber [ˈtimbə] s. fusta f. tallada, tauló m. 2 biga f. 3 arbres m. pl. per a fusta.

time [taim] s. temps m.; hora f. ‖ *at a* ~, de cop, en un sol cop; *at any* ~, a qualsevol hora; *at no* ~, mai; *at the same* ~, alhora; *for the* ~ *being,* ara com ara, de moment; *from* ~ *to* ~, de tant en tant; *in* ~, a temps; *on* ~, puntual; *to have a good* ~, passar-ho bé; *what* ~ *is it?, what's the* ~?, quina hora és? 2 MÚS. compàs m.

time (to) [taim] t. triar el moment. 2 cronometrar. 3 regular, adaptar, fer coincidir.

timekeeper [ˈtaimˌkiːpə] s. cronòmetre m. 2 cronometrador [persona].

timeless [ˈtaimlis] a. etern. 2 sense durada.

timely ['taimli] *adv.* oportú.

time-table [taim,teibl] *s.* horari *m.*

timidity [ti'miditi] *s.* timidesa *f.*

timid ['timid] *a.* tímid; espantadís.

timorous ['timərəs] *a.* poruc, espantadís; tímid.

tin [tin] *s.* estany *m.* 2 llauna *f.,* (BAL.), (VAL.) llanda *f.*

tin (to) [tin] *t.* estanyar. 2 enllaunar. ‖ *tinned goods,* conserves *f. pl.*

tincture ['tiŋktʃə'] *s.* MED. tintura *f.*

tincture (to) [tiŋktʃə'] *t.* tintar; tenyir.

tinder ['tində'] *s.* esca *f.*

tinge [tindʒ] *s.* matís *m.* [també fig.].

tinge (to) [tindʒ] *t.* matisar. 2 fig. tenir regust de.

tingle ['tiŋgl] *s.* formigueig *m.;* coïssor *f.*

tingle (to) [tiŋgl] *i.* coure; sentir formigueig.

tinkle ['tiŋkl] *s.* dringadissa *f.,* dring *m.*

tinkle (to) ['tiŋkl] *i.* dringar. ■ 2 *t.* fer dringar.

tinsel ['tinsəl] *s.* oripell *m.* [també fig.].

tint [tint] *s.* matís *m.,* ombra *f.* [de color]. 2 tint *m.* [cabell].

tint (to) [tint] *t.* tintar, tenyir. 2 matisar.

tiny ['taini] *a.* petitet, petitó, minúscul.

tip [tip] *s.* extrem *m.,* punta *f.* 2 (G.B.) abocador *m.* [d'escombraries]. 3 pronòstic *m.,* indicacions *f. pl.* 4 propina *f.*

tip (to) [tip] *t.* posar punta, cobrir l'extrem. 2 moure; aixecar; inclinar. 3 buidar, abocar. 4 ser el factor decisiu. 5 tocar lleugerament. 6 donar propina a. 7 avisar, aconsellar. ■ 8 *i.* moure's *p.;* aixecar-se *p.;* inclinar-se *p.* 9 buidar-se *p.*

tipsy ['tipsi] *a.* alegre, una mica begut.

tiptoe ['tiptou] *s. adv.* **on ~,** de puntetes.

tiptoe (to) ['tiptou] *i.* anar de puntetes.

tirade [tai'reid] *s.* diatriba *f.,* invectiva *f.*

tire (to) ['taiə'] *t.* cansar. ■ 2 *i.* cansar-se *p.*

tired ['taiəd] *a.* cansat. ‖ ~ **out,** exhaust.

tiredness ['taiədnis] *s.* cansament *m.*

tireless ['taiəlis] *a.* incansable.

tiresome ['taiəsəm] *a.* enutjós; pesat.

tiring ['taiəriŋ] *a.* cansat, pesat, esgotador.

tissue ['tisju:, tiʃju:] *s.* teixit *m.* 2 BIOL. teixit *m.* 3 fig. xarxa, sèrie, conjunt.

tissue paper ['tiʃu:,peipə'] *s.* paper *m.* de seda, paper *m.* fi.

tit [tit] *s.* ORN. mallerenga *f.* 2 pop. mamella *f.* 3 col·loq. talòs, totxo. 4 LOC. ~

for tat, qui la fa, la paga; tal faràs, tal trobaràs.

titbit ['titbit] fig. llaminadura *f.,* temptació *f.*

tithe [taið] *s.* HIST., REL. delme *m.*

title ['taitl] *s.* títol *m.*

title deed ['taitl,di:d] *s.* DRET títol *m.* de propietat.

title page ['taitl'peidʒ] *s.* portada *f.* [llibre].

titter ['titə'] *s.* rialleta *f.*

titter (to) ['titə'] *i.* riure per sota el nas.

titular ['titjulə'] *a.-s.* titular.

to [tu:, tu, tə] *prep.* a: ~ *the left,* a l'esquerra, cap a l'esquerra. 2 fins a. 3 per, per a. 4 *a quarter* ~ *three,* tres quarts de tres. 5 *I have* ~ *go,* hi he d'anar. ▲ TO davant de verb és marca d'infinitiu.

toad [toud] *s.* ZOOL. gripau *m.*

toast (to) [toust] *t.* torrar. 2 brindar. ■ 3 *i.* torrar-se *p.*

toast [toust] *s.* torrada *f.,* pa *m.* torrat. 2 brindis *m.*

toaster ['toustə'] *s.* torradora *f.*

tobacco [tə'bækou] *s.* tabac *m.*

tobacconist [tə'bækənist] *s.* estanquer. ‖ *tobacconist's,* estanc *m.*

today, to-day [tə'dei] *adv.-s.* avui, (VAL.) hui.

toe [tou] *s.* dit *m.* del peu. 2 punta *f.* [de sabata, mitjó, mitja, etc.].

toe-nail ['touneil] *s.* ungla *f.* [del dit del peu].

together [tə'geðə'] *adv.* junts. 2 alhora, al mateix temps. 3 d'acord. 4 ininterrompudament. ‖ *to come* ~, reunir-se, ajuntar-se; *to go* ~, sortir, festejar; harmonitzar, fer joc; *to hang* ~, tenir lògica, tenir cap i peus.

toil [tɔil] *s.* treball *m.,* esforç *m.*

toil (to) [tɔil] *i.* esforçar-se *p.,* afanyar-se *p.* 2 moure's *p.,* amb dificultat.

toilet ['tɔilit] *s.* lavabo *m.;* cambra *f.* de bany, wàter *m.* 2 neteja *f.* personal.

toilet bag ['tɔilitbæg] *s.* necesser *m.*

toilet paper ['tɔilit,peipə'] *s.* paper *m.* higiènic.

toiletries ['tɔilitriz] *s. pl.* articles *m. pl.* de tocador.

toilet roll ['tɔilit,roul] *s.* rotlle *m.* de paper higiènic.

toilet soap ['tɔilit,soup] *s.* sabó *m.* de rentar-se les mans.

toilsome ['tɔilsəm] *a.* cansat, pesat, feixuc.

token ['toukən] *s.* senyal *m.*, marca *f.*, in-
dici *f.* ■ 2 *a.* simbòlic.

Tokyo ['toukjou] *n. pr.* GEOGR. Tòquio.

told [tould] Vegeu TELL (TO).

tolerance ['tɔlərəns] *s.* tolerància *f.*

tolerant ['tɔlərənt] *a.* tolerant.

tolerate (to) ['tɔləreit] *t.* tolerar.

toll [toul] *s.* peatge *m.* 2 danys *m. pl.*, pèr-
dues *f. pl.* 3 repic *m.* [de campana].

toll (to) [toul] *t.-i.* (fer) tocar [campana].

tomato [tə'mɑːtou] (EUA [tə'meitou] *s.* BOT.
tomàquet *m.*, tomate *f.*, (BAL.), (VAL.) to-
màtiga *f.*

tomb [tuːm] *s.* tomba *f.*, sepulcre *m.*

tombstone ['tuːmstoun] *s.* pedra *f.* de
tomba, làpida *f.*

tomcat ['tɔm,kæt] *s.* ZOOL. gat *m.* [mas-
cle].

tome [toum] *s.* llibrot *m.*

tomorrow [tə'mɔrou] *adv.-s.* demà *m.* ||
the day after ~, demà passat, (BAL.) pas-
sat demà, (VAL.) després demà.

ton [tʌn] *s.* tona *f.*

tone [toun] *s.* to *m.* [també fig.].

tone (to) [toun] *t.* donar to. 2 MÚS. en-
tonar. ■ *to ~ down,* abaixar el to; as-
suavjar; *to ~ in,* fer joc, harmonitzar
[colors]; *to ~ up,* acolorir [també fig.].

tongs [tɔŋz] *s. pl.* pinces *f. pl.*, molls *m.
pl.*

tongue [tʌŋ] *s.* ANAT. llengua *f.* || fig. *to
hold one's ~,* mossegar-se la llengua. 2
LING. llengua *f.* || *mother ~,* llengua ma-
terna.

tongue twister ['tʌŋtwistə'] *s.* embar-
bussament *m.* [joc de paraules].

tonic ['tɔnik] *a.-s.* tònic.

tonight [tə'nait, tu-] *adv.-s.* aquesta nit,
avui a la nit.

tonnage ['tʌnidʒ] *s.* tonatge *m.*

tonsil ['tɔnsl] *s.* amígdala *f.*

tonsure ['tɔnʃə'] *s.* tonsura *f.*

too [tuː] *adv.* massa. ~ *big,* massa gran.
2 ~ *much,* massa; ~ *much noise,* mas-
sa soroll. 3 ~ *many,* massa: ~ *many
people,* massa gent. 4 també; a més (a
més).

took [tuk] Vegeu TAKE (TO).

tool [tuːl] *s.* eina *f.*, (VAL.) ferramenta *f.*,
estri *m.*, utensili *m.*

tooth [tuːθ] *s.* dent *f.*, queixal *m.* || *to have
a sweet ~,* ser llaminer. ▲ *pl.* teeth [tiːθ].

toothache ['tuːθeik] *s.* mal *m.* de quei-
xal.

toothbrush ['tuːθbrʌʃ] *s.* raspall *m.* de
dents.

toothless ['tuːθlis] *a.* esdentegat.

toothpaste ['tuːθpeist] *s.* pasta *f.* de
dents, pasta *f.* dentrifícia.

toothpick ['tuːθpik] *s.* escuradents *m.*

top [tɔp] *s.* part *m.* superior, dalt *m.* || *at
the ~,* dalt de tot; *from ~ to bottom,* de
dalt a baix, de cap a peus; *on (the) ~,* al
(cap)-damunt; fig. *on the ~ of the world,*
feliç, content, pels núvols; ~ *speed,* mà-
xima velocitat.

top (to) [tɔp] *t.* coronar [cim, edifici], re-
matar. 2 acabar, posar fi. 3 sobrepassar,
excedir. 4 escapçar, llevar la punta.

topaz ['toupæz] *s.* MINER. topaci *m.*

top hat ['tɔp'hæt] *s.* barret *m.* de copa.

topic ['tɔpik] *s.* tema *m.*, qüestió *f.* ■ 2 *a.*
d'actualitat, d'interès [tema].

topmost ['tɔpmoust] *a.* més alt.

topple (to) ['tɔpl] *t.* fer caure; fer tron-
tollar. 2 bolcar. ■ 3 *i.* caure; trontollar.
4 bolcar-se *p.*

torch [tɔːtʃ] *s.* torxa *f.*, atxa *f.* 2 fig. acla-
riment *m.*, solució *f.* 3 (G.B.) llanterna *f.*,
lot *f.*

tore [tɔː'] Vegeu TEAR (TO).

torment ['tɔːmənt] *s.* turment *m.*, supli-
ci *m.*

torment (to) [tɔː'ment] *t.* turmentar.

torn [tɔːn] Vegeu TEAR (TO). 2 *a.* estripat,
trencat.

tornado [tɔː'neidou] *s.* tornado *m.*

torpedo [tɔː'piːdou] *s.* MIL., ICT. torpe-
de *m.*

torpedo (to) [tɔː'piːdou] *t.* torpedinar,
disparar torpedes.

torpedo boat [tɔː'piːdoubout] *s.* MIL.
llanxa *f.* llançatorpedes.

torpor ['tɔːpə'] *s.* apatia *f.*; torpor *m.*

torrent ['tɔrənt] *s.* torrent *m.* [també fig.].

torrid ['tɔrid] *a.* tòrrid.

torsion ['tɔːʃən] *s.* torsió *f.*

tortoise ['tɔːtəs] *s.* ZOOL. tortuga *f.*

torture ['tɔːtʃə'] *s.* tortura *f.*, turment *m.*

torture (to) ['tɔːtʃə'] *t.* torturar, turmen-
tar.

toss (to) [tɔs] *t.* llençar, tirar (enlaire). 2
jugar-se *p.* a cara o creu. 3 fig. discutir,
pensar. 4 brandar, balancejar. ■ 5 *i.* ba-
lancejar-se *p.*, agitar-se *p.*, moure's *p.*

toss-up ['tɔsʌp] *s.* cara o creu *m.* 2 dubte
m., probabilitat *f.* incerta.

tot [tɔt] *s.* petarrell, marrec. 2 col·loq. vas
m. licorer.

tot (to) [tɔt] *t.-i.* *to* ~ *(up),* sumar, ascendir a.

total [toutl] *a.* total. ■ 2 *s.* total *m.* ■ 3 **-ly** *adv.* totalment, completament.

totalitarian [toutæli'teəriən] *a.* totalitari.

totter (to) [tɔtə] *i.* fer tentines, vacil·lar. 2 amenaçar ruïna.

touch [tʌtʃ] *s.* toc *m.* 2 frec *m.* 3 tacte *m.* [sentit]. *4* mica *f.,* petita quantitat *f.,* pessic *m.* 5 contacte *m.: to be in* ~*,* estar en contacte.

touch (to) [tʌtʃ] *t.* tocar. 2 pegar [per contacte]. 3 assolir, afectar. 4 tocar, afectar, commoure. 5 ocupar-se *p.* de. ‖ *to* ~ *off,* provocar, desencadenar; *to* ~ *up,* retocar. ■ *6 i.* tocar-se *p.,* estar de costat.

touchiness [tʌtʃinis] *s.* susceptibilitat *f.*

touching [tʌtʃiŋ] *a.* colpidor, commovedor. ■ 2 *prep.* tocant a, pel que fa a.

touchstone [tʌtʃstoun] *s.* pedra *f.* de foc.

touchy [tʌtʃi] *a.* susceptible, irritable.

tough [tʌf] *a.* dur, corretjut [carn]. 2 dur, fort, resistent. 3 fort, ferm, valent. 4 violent, rude, malcarat. 5 tossut; tenaç. 6 difícil, complicat [problema].

toughen (to) [tʌfn] *t.* endurir, enfortir [també fig.]. ■ 2 *i.* endurir-se *p.,* enfortir-se *p.* [també fig.].

toughness [tʌfnis] *s.* duresa *f.;* resistència *f.* 2 tenacitat *f.*

tour [tuə] *s.* viatge *m.,* excursió *f.* 2 volta *f.;* visita *f.* [monument, etc.] 3 gira *f.* ‖ *on* ~*,* de tourné.

tour (to) [tuə] *i.* anar de viatge, fer turisme. 2 anar de gira, fer una gira.

tourist [tuərist] *s.* turista. ■ 2 *a.* turista, turístic, de turisme.

tournament [tuənəmənt] *s.* torneig *m.,* competició *f.* 2 HIST. torneig *m.*

tow [tou] *s.* remolc *m.* ‖ *can you give me a* ~*?,* pots remolcar-me?

toward [tə'wɔːd], **towards** [tə'wɔːdz] *prep.* cap a, vers: *he is running* ~ *the hill,* corre cap el pujol; ~ *ten o'clock,* cap a les deu. 2 cap a, envers. ‖ *what are your feelings* ~ *her?,* què sents per ella?

towboat [toubout] *s.* (EUA) remolcador *m.*

towel [tauəl] *s.* tovallola *f.,* (VAL.) tovalla *f.*

towel rail [tauelreil] *s.* tovalloler *m.*

tower [tauə] *s.* torre *f.*

tower (to) [tauə] *i.* sobresortir, dominar [en alçada].

towering [tauəriŋ] *a.* ~ *rage,* gran violència *f.*

town [taun] *s.* ciutat *f.,* vila *f.,* població *f.* ‖ ~ *gas,* gas *m.* ciutat. 2 municipi *m.*

town council [taun'kaunsil] *s.* ajuntament *m.,* consistori *m.*

town hall [taun'hɔːl] *s.* ajuntament *m.* [edifici].

town planning [taun'plæniŋ] *s.* urbanisme *m.*

toxic [tɔksik] *a.* tòxic. ■ 2 *s.* tòxic *m.*

toy [tɔi] *s.* joguina *f.* ■ 2 *a.* de joguina; petit.

toy (to) [tɔi] *i.* jugar, joguinejar. 2 acariciar [idea, projecte].

trace [treis] *s.* rastre *m.,* petja *f.,* marca *f.,* pista *f.* 2 indici *m.,* petita quantitat *f.*

trace (to) [treis] *t.* traçar; esbossar. 2 calcar, resseguir. 3 escriure laboriosament, traçar. 4 rastrejar, seguir la pista. 5 localitzar.

track [træk] *s.* rastre *m.,* pista *f.,* vestigi *m.* 2 rodera *f.* [de cotxe], solc *m.* [de vaixell]. 3 rumb *m.,* trajectòria *f.* ‖ *to make tracks,* tocar el dos. 4 via *f.* 5 ESPORT carril *m.*

track [træk] *t.* seguir el rastre, rastrejar, seguir la pista.

tract [trækt] *s.* àrea *f.,* franja *f.* de terreny. 2 ANAT. aparell *m.,* sistema *m.*

tractable [træktəbl] *a.* dòcil; tractable; manejable.

traction [trækʃən] *s.* tracció *f.*

tractor [træktə] *s.* tractor *m.*

trade [treid] *s.* comerç *m.; negoci *m.* 2 ocupació *f.,* ofici *m.*

trade (to) [treid] *i.* comerciar, negociar, tractar. ■ 2 *t.* comerciar en, vendre, fer negoci amb.

trade gap [treidgæp] *s.* COM. dèficit *m.*

trademark [treidmɑːk] *s.* marca *f.* registrada.

trader [treidə] *s.* comerciant.

tradesman [treidzmən] *s.* botiguer.

trade union [treid'juːnjən] *s.* sindicat *m.*

trade unionist [treid'juːnjənist] *s.* sindicalista.

trading [treidiŋ] *a.* comercial, mercantil.

tradition [trə'diʃən] *s.* tradició *f.*

traditional [trə'diʃənl] *a.* tradicional.

traduce (to) [trə'djuːs] *t.* form. difamar, calumniar.

traffic [træfik] *s.* trànsit *m.,* circulació *f.* 2 tràfic *m.* [transport]. 3 tràfic *m.,* comerç *m.* il·lícit.

traffic light ['træfiklait] *s.* semàfor *m.* ▲ sovint *pl.*

tragedian [trə'dʒiːdjən] *s.* autor tràgic; actor tràgic.

tragedy ['trædʒidi] *s.* tragèdia *f.* [també fig.].

tragic(al) ['trædʒik(-əl)] *a.* tràgic. ■ 2 **-ly** *adv.* tràgicament, d'una manera tràgica.

trail [treil] *s.* solc *m.*, cua *f.*, deixant *m.* 2 rastre *m.*, pista *f.* 3 camí *m.* de bosc.

trail (to) [treil] *t.* arrossegar. 2 seguir el rastre. ■ 3 *i.* arrossegar-se *p.* 4 enfilar-se *p.*, estendre's [planta]. 5 caminar arrossegant-se *p.*, amb dificultat.

trailer ['treilə'] *s.* AUTO. remolc *m.*, caravana *f.*, roulotte *f.* 2 BOT. enfiladissa *f.* 3 CINEM. trailer *m.*

train [trein] *s.* tren *m.: goods* ~, tren de mercaderies. 2 filera *f.*; corrua *f.* 3 sèrie *f.*, seguit *m.*; fil *m.* [de pensaments, etc.]. 4 cua *f.* [de vestit]. 5 reguerot *m.* de pólvora.

train (to) [trein] *t.* entrenar, formar, instruir. 2 BOT. enasprar. 3 *to* ~ *on/upon*, apuntar [arma]. ■ 4 *i.* entrenar-se *p.*, formar-se *p.*, instruir-se *p.*

trainee [trei'niː] *s.* aprenent.

trainer ['treinə'] *s.* entrenador, ensinistrador.

training ['treinin] *s.* entrenament *m.*, formació *f.*, instrucció *f.* ‖ ~ *college*, escola *f.* de formació professional.

trait [trei], (EUA) [treit] *s.* tret *m.*, peculiaritat *f.*, caràcter *m.*

traitor ['treitə'] *s.* traïdor.

tram [træm], **tramcar** ['træmkaː'] *s.* tramvia *m.*

trammel (to) ['træməl] *t.* form. obstaculitzar, fer nosa.

tramp [træmp] *s.* vagabund, rodamón *m.* [persona]. 2 caminada *f.*, excursió *f.*

tramp (to) [træmp] *i.* caminar feixugament. 2 viatjar a peu, rodar.

trample (to) ['træmpl] *t.* petjar, trepitjar [també fig.].

trance [traːns] *s.* èxtasi *m.*, alienació *f.* 2 estat *m.* hipnòtic.

tranquil ['træŋkwil] *a.* tranquil, reposat.

tranquility [træn'kwiliti] *a.* tranquil·litat *f.*, pau *f.*, repòs *m.*

transact (to) [træn'zækt] *t.* fer [negocis, tractes]; tramitar.

transaction [træn'zækʃən] *s.* negoci *m.*, negociació *f.* 2 transacció *f.* 3 *pl.* actes *f. pl.*

transatlantic [,trænzə'tlæntik] *a.* transatlàntic.

transcend (to) [træn'send] *t.* transcendir, ultrapassar.

transcendence [træn'sendəns], **transcendency** [træn'sendənsi] *s.* transcendència *f.*

transcontinental [,trænz,kɔnti'nentl] *a.* transcontinental.

transcribe (to) [træns'kraib] *t.* transcriure.

transcript ['trænskript] *s.* transcripció *f.*, còpia *f.*

transfer ['trænsfə'] *s.* transferència *f.*, trasllat *m.*, traspàs *m.* 2 bitllet *m.* combinat [autobús, tren, etc.].

transfer (to) [træns'fəː'] *t.* transferir, traslladar, traspassar. 2 cedir, traspassar. ■ 3 *i.* transbordar, fer transbord.

transferable [træns'fəːrəbl] *a.* transferible.

transfix (to) [træns'fiks] *t.* travessar. 2 *to be transfixed*, quedar-se mut, petrificat, glaçat.

transform (to) [træns'fɔːm] *t.-i.* transformar(se).

transformation [,trænsfə'meiʃən] *s.* transformació *f.*

transgress (to) [træns'gres] *t.* transgredir, anar més enllà. 2 trencar, violar, infringir [la llei, un pacte].

transgression [træns'greʃən] *s.* transgressió *f.* 2 delicte *m.*, falta *f.*

transient ['trænziənt] *a.* transitori, passatger. ■ 2 *s.* hoste de pas.

transistor [træn'sistə'] *s.* ELECT. transistor *m.*

transit ['trænsit] *s.* trànsit *m.*, transport *m.* ‖ ~ *visa*, visat *m.* de pas.

transition [træn'siʒən] *s.* transició *f.*

transitive ['trænsitiv] *a.* GRAM. transitiu.

transitory ['trænsitəri] *a.* Vegeu TRANSIENT.

translate (to) [træns'leit] *t.* traduir.

translation [træns'leiʃən] *s.* traducció *f.*

translator [træns'leitə'] *s.* traductor.

translucent [trænz'luːsnt] *a.* translúcid.

transmission [trænz'miʃən] *s.* transmissió *f.*; retransmissió *f.* 2 AUTO. transmissió *f.*

transmit (to) [trænz'mit] *t.* transmetre, retransmetre.

transmitter [trænz'mitə'] *s.* transmissor *m.*, emissor.

transom ['trænsəm] *s.* ARQ. travesser *m.*

trend

transparence [træns'pærəns] s. transparència f.

transparency [træns'pærensi] s. transparència f. 2 diapositiva f.

transparent [træns'pærənt] a. transparent [també fig.].

transpiration [ˌtrænspi'reiʃən] s. transpiració f.

transpire (to) [træns'paiə*] t. transpirar. ■ 2 i. transpirar. 3 divulgar-se p., fer-se p. públic.

transplant (to) [træns'plɑ:nt] t. trasplantar.

transplantation [ˌtrænsplɑ:n'teiʃən] s. trasplantament m.

transport ['trænspɔ:t] s. transport m.

transport (to) [træns'pɔ:t] t. transportar. 2 ant. deportar.

transportation [ˌtrænspɔ:'teiʃən] s. transport m., transports m. pl. 2 ant. deportació f.

transpose (to) [træns'pouz] t. transposar. 2 MÚS. transportar.

transshipment [træn'ʃipmənt] s. transbord m. [en vaixells].

transversal [trænz'vəːsəl] a. transversal.

trap [træp] s. trampa f., parany m.: to lay a ~, posar una trampa. 2 sifó m. [en fontaneria]. 3 col·loq. boca f. 4 cabriolé m.

trap (to) [træp] t. atrapar, capturar amb una trampa.

trapeze [trə'pi:z] s. trapezi m.

trapper ['træpə*] s. tramper, caçador.

trappings ['træpiŋz] s. pl. ornaments m. pl., adornaments m. pl., guarniments m. pl.

trash [træʃ] s. fig. palla f., fullaraca f. 2 deixalles f. pl., escombraries f. pl., brossa f.: trash-can, galleda f. de les escombraries.

trashy ['træʃi] a. inútil. 2 dolent [literatura]. 3 sense valor.

travel ['trævl] s. viatge m., viatjar m. 2 MEC. recorregut m.

travel (to) ['trævl] i. viatjar. ■ 2 t. viatjar i. per, recórrer.

traveller, (EUA) **traveler** ['trævlə] s. viatger.

traverse (to) ['trævə(ː)s] t. recórrer, travessar.

travesty ['trævisti] s. paròdia f., imitació f., falsejament m.

travesty (to) ['trævisti] t. parodiar, imitar; falsejar.

tray [trei] s. safata f.

treacherous ['tretʃərəs] a. traïdor, deslleial. 2 incert, perillós, de poc fiar [temps, etc.]. ■ 3 -ly adv. traïdorament.

treachery ['tretʃəri] s. traïció f., deslleialtat f.

tread [tred] s. pas m., petjada f., trepig m. 2 graó m., esglaó m. 3 banda f. de rodament [d'un pneumàtic].

tread (to) [tred] t. trepitjar, (ROSS.) pelsigar, petjar. 2 caminar i., anar per [un camí, etc.]. ▲ Pret.: trod [trɔd]; p. p.: trodden ['trɔdn] o trod.

treason ['tri:zn] s. traïció f.

treasure ['treʒə*] s. tresor m.

treasure (to) ['treʒə*] t. atresorar, acumular. 2 valorar, apreciar.

treasurer ['treʒərə*] s. tresorer.

treasury ['treʒəri] s. (G.B.) the Treasury, el tresor públic. 2 tresoreria f. 3 erari m.

treat [tri:t] s. plaer m. poc freqüent, plaer m. inesperat. 2 torn m., ronda f. [de pagar].

treat (to) [tri:t] t. tractar. 2 to ~ as, considerar. 3 tractar, discutir. 4 convidar, pagar una ronda. ■ 5 i. to ~ with, fer tractes, negociar.

treatise ['tri:tiz] s. tractat m. [llibre].

treatment ['tri:tmənt] s. tracte m., tractament m.

treaty ['tri:ti] s. tractat m., conveni m.

treble ['trebl] a. triple. ■ 2 s. MÚS. tiple.

treble (to) ['trebl] t.-i. triplicar(se).

tree [tri:] s. BOT. arbre m. || family ~, arbre genealògic.

treeless ['tri:lis] a. pelat, sense arbres.

trellis ['trelis], **trellis-work** ['treliswəːk] s. gelosia f., filat m.

tremble ['trembl] s. tremolor m.

tremble (to) ['trembl] i. tremolar.

tremendous [tri'mendəs] a. tremend, enorme. 2 col·loq. extraordinari; esplèndid.

tremor ['tremə*] s. tremolor m. 2 estremiment m., calfred m.

tremulous ['tremjuləs] a. tremolós. 2 tímid. 3 nerviós.

trench [trentʃ] s. rasa f., fossa f. 2 MIL. trinxera f.

trench (to) [trentʃ] t. obrir rases, fer fosses. 2 MIL. cavar trinxeres.

trenchant ['trentʃənt] a. incisiu, mordaç [llenguatge].

trend [trend] s. direcció f.; tendència f., inclinació f.

trend (to) [trend] i. tendir, inclinar-se p.

trepidation [ˌtrepiˈdeiʃən] s. inquietud f., excitació f.

trespass [ˈtrespəs] s. violació f. de propietat. 2 abús m. [de confiança, etc.]. 3 ant. pecat m., falta f.

trespass (to) [ˈtrespəs] i. violar la propietat. ‖ *no trespassing!*, no passeu! 2 *to* ~, abusar de [hospitalitat, confiança, etc.]. 3 ant. pecar, faltar.

trial [ˈtraiəl] s. prova f., assaig m., provatura f. 2 judici m., procés m. 3 contratemps m., obstacle m.

triangle [ˈtraiæŋgl] s. triangle m.

tribe [traib] s. tribu f.

tribulation [ˌtribjuˈleiʃən] s. tribulació f.

tribunal [traiˈbjuːnl] s. tribunal m.

tributary [ˈtribjutəri] a.-s. tributari. 2 afluent.

tribute [ˈtribjuːt] s. tribut m., homenatge m. 2 tribut m., impost m.

trice [trais] s. *in a* ~, en un tres i no res; en un obrir i tancar d'ulls.

trick [trik] s. truc m., enganyifa f., ensarronada f. 2 hàbit m. peculiar, vici m.

trick (to) [trik] t. enganyar, enredar, estafar. 2 *to* ~ *out* o *up*, engalanar, adornar.

trickery [ˈtrikəri] s. engany m., enredada f.

trickle (to) [ˈtrikl] i. degotar; rajar. ■ 2 t. fer degotar, fer rajar.

tricky [ˈtriki] a. enredaire, ensarronador. 2 difícil, complicat.

tried [traid] Vegeu TRY (TO).

trifle [ˈtraifl] s. fotesa f., bagatel·la f. 2 misèria f., petita quantitat f. [de diners]. ■ 3 adv. una mica, un pèl.

trifle (to) [ˈtraifl] i. *to* ~ *with*, jugar amb, rifar-se p. [algú]. 2 *to* ~ *away*, malgastar, malbaratar.

trifler [ˈtraiflə] s. persona f. frívola.

trifling [ˈtraifliŋ] a. de poca importància, trivial.

trigger [ˈtrigə] s. gallet m., disparador m.

trill [tril] s. refilet m., trinat m. 2 MÚS. trinat m. 3 vibració f. [so].

trill (to) [tril] t.-i. refilar i., trinar i. 2 pronunciar amb vibració.

trim [trim] a. endreçat, polit, ordenat. ■ 2 s. ordre m., polidesa f., disposició f. ■ 3 -ly adv. en ordre.

trim (to) [trim] t. allisar, polir, podar, esporgar, netejar. 2 guarnir, engalanar, adornar. 3 AERON. NÀUT. equilibrar. ■ 4 i. POL. canviar de camisa; fer falses promeses; ser oportunista.

trimming [ˈtrimiŋ] s. arranjament m.; allisament m. 2 poda f., esporgada f. 3 guarniment m., adorn m. 4 AERON. NÀUT. equilibri m. 5 col·loq. oportunisme m.

trinket [ˈtriŋkit] s. quincalla f.

trip [trip] s. viatge m.; excursió f. 2 ensopegada f., entrebancada f. [també fig.]. 3 viatge m. [amb al·lucinògens].

trip (to) [trip] i. brincar, saltironejar. 2 *to* ~ *(out)*, viatjar [amb al·lucinògens]. 3 t.-i. entrebancar(se).

triple [ˈtripl] a. triple.

tripper [ˈtripə] s. excursionista.

trite [trait] a. comú, vist, repetit [argument].

triumph [ˈtraiəmf] s. triomf m.

triumph (to) [ˈtraiəmf] i. triomfar, vèncer.

triumphal [traiˈʌmfəl] a. triomfal.

triumphant [traiˈʌmfənt] a. triomfant. ■ 2 -ly adv. triomfalment.

trivial [ˈtriviəl] a. trivial, banal. 2 superficial, frívol [persona].

triviality [ˌtriviˈæliti] s. futilesa f., banalitat f., trivialitat f.

trod [trɔd] Vegeu TREAD (TO).

trodden [ˈtrɔdn] Vegeu TREAD (TO).

trolley [ˈtrɔli] s. carretó m. 2 *(tea)* ~, tauleta f. amb rodes [per a servir menjar]. 3 tròlei m. [de tramvia, etc.].

trolley bus [ˈtrɔlibʌs] s. tramvia m.

trombone [trɔmˈboun] s. MÚS. trombó m.

troop [truːp] s. estol m., colla f. 2 MIL. tropa f. 3 estol m. [d'escoltes].

trophy [ˈtroufi] s. trofeu m.

tropic [ˈtrɔpik] s. tròpic m.; tròpics m. pl.

tropical [ˈtrɔpikəl] a. tropical.

trot [trɔt] s. trot m.: *at a* ~, al trot.

trot (to) [trɔt] i. trotar. 2 col·loq. caminar, anar: ~ *along!*, ves-te'n! ■ 3 t. col·loq. *to* ~ *out*, treure, fer sortir. 4 fer caminar, fer causar.

trouble [ˈtrʌbl] s. pertorbació f., desordre m., trastorn m. 2 pena f., problema m. ‖ *to be in* ~, estar en un mal pas, tenir problemes. 3 inconvenient m., molèstia f. 4 avaria f. 5 MED. malaltia f., trastorn m.: *heart* ~, malaltia f. del cor.

trouble (to) [ˈtrʌbl] t. torbar, pertorbar; trasbalsar. 2 preocupar; molestar. ■ 3 i. preocupar-se p. 4 torbar-se p.

troublemaker [ˈtrʌblmeikə] s. agitador, busca-raons.

troublesome [ˈtrʌblsəm] a. pesat, molest, enutjós.

trough [trɔf] s. menjadora f., abeurador m. 1 pastera f. 2 METEOR. depressió f.

trousers ['trauzəz] s. pl. pantalons m. pl.

trousseau ['truːsou] s. aixovar m. ▲ pl. **trousseaus** o **trousseaux**.

trout [traut] s. ICT. truita f.

truant ['tru(ː)ənt] s. nen que fa campana: **to play** ~, fer campana, saltar-se les classes. ■ 2 a. ociós, gandul.

truce [truːs] s. treva f.

truck [trʌk] s. (G.B.) FERROC. vagó m. de plataforma. 2 (EUA) camió m. 3 carretó m. 4 canvi m., barata f.

truculence ['trʌkjuləns] s. truculència f., agressivitat f.

truculent ['trʌkjulənt] a. truculent, agressiu, ferotge.

trudge [trʌdʒ] s. caminada f., esgotadora.

trudge (to) [trʌdʒ] i. caminar pesadament, caminar fatigosament.

true [truː] a. veritable, cert, real. ‖ **it's** ~, és veritat. ‖ ~ **love**, amor m. de debò. 2 ~ **(to)**, fidel, lleial.

truism ['tru(ː)izm] s. veritat f. manifesta; bajanada f.

truly ['truːli] adv. de debò, (BAL.), (VAL.) de veres; veritablement. 2 sincerament. 3 veritable, de debò.

trump [trʌmp] s. JOC trumfo m. 2 liter. (soroll de) trompeta f.

trump (to) [trʌmp] t. JOC matar amb un trumfo. 2 **to** ~ **up**, inventar [excusa, història, etc.].

trumpery ['trʌmpəri] s. oripell m.; engany m.

trumpet ['trʌmpit] s. trompeta f. 2 trompetada f. [so].

truncheon ['trʌntʃən] s. porra f.

trunk [trʌŋk] s. tronc m. [d'arbre, del cos, etc.]. 2 bagul m. 3 trompa f. [d'elefant]. 4 pl. pantalons m. pl. curts. 5 (EUA) portaequipatges m., maleta f. [de l'automòbil].

trunk call ['trʌŋkkɔːl] s. TELEF. conferència f. interurbana.

trust [trʌst] s. confiança f., fe f. ‖ **on** ~, a ulls clucs, sense dubtar-ne; a crèdit. 2 COM. trust m. 3 responsabilitat f. 4 COM. custòdia f. ‖ **national** ~, patrimoni m. nacional.

trust (to) [trʌst] i. tenir confiança en. ■ 2 t. confiar-se. 3 fiar-se p. de.

trustee [trʌsˈtiː] s. fideïcomís, dipositari. ‖ **board of trustees**, patronat m.

trustful ['trʌstful] a. confiat. ■ 2 **-ly** adv. confiadament.

trustworthy ['trʌstˌwəːði] a. digne de confiança, fidedigne.

trusty ['trʌsti] a. ant. Vegeu TRUSTWORTHY.

truth [truːθ] s. veritat f.: **to tell the** ~, dir la veritat; per ser-te franc.

truthful ['truːθful] a. veraç [persona].

truthfulness ['truːθfulnis] s. veracitat f.

try [trai] s. intent m., prova f., temptativa f.

try (to) [trai] t. intentar. 2 **to** ~ **(for)**, voler assolir, procurar. 3 provar. 4 posar a prova. 5 DRET jutjar. 6 **to** ~ **on**, emprovar-se p.

trying ['traiiŋ] a. irritant, molest, insuportable.

T-shirt ['tiːʃəːt] s. samarreta f. de màniga curta.

tub [tʌb] s. cubell m., cossi m. 2 col·loq. (G.B.) banyera f. 3 NÀUT. col·loq. pot m., carraca f.

tube [tjuːb] s. tub m. 2 (EUA) ELECT. làmpada f., vàlvula f. 3 (G.B.) metro m., ferrocarril m. metropolità.

tuberculosis [tjuˌbəːkjuˈlousis] s. tuberculosi f.

tuberculous [tjuˈbəːkjuləs] a. tuberculós.

tuck (to) [tʌk] t. ficar, entaforar.

Tuesday ['tjuːzdi, -dei] s. dimarts m.

tuft [tʌft] s. tupè m., floc m., cresta f.

tug [tʌg] s. estirada f., estrebada f. 2 ~ **(boat)**, remolcador m.

tug (to) [tʌg] t.-i. estirar t., estrebar t.

tuition [tjuˈiʃən] s. ensenyament m. ‖ **private** ~, classes f. pl. particulars.

tulip ['tjuːlip] s. tulipa f.

tumble ['tʌmbl] s. caiguda f. 2 desordre m., confusió f.

tumble (to) ['tʌmbl] i. caure a terra. 2 agitar-se p., rebolcar-se p. 3 estar a punt de caure; amenaçar ruïna. ■ 4 t. fer caure. 5 preocupar, amoïnar. 6 desordenar; enredar. 7 **to** ~ **to**, adonar-se p. de, comprendre, veure.

tumbledown ['tʌmbldaun] a. que amenaça ruïna, a punt de caure.

tumbler ['tʌmblə] s. got m., vas m., (BAL.) tassó m. 2 fiador m. [de pany]. 3 acròbata.

tumour, (EUA) **tumor** ['tjuːmə] s. MED. tumor m.

tumult ['tjuːmʌlt] s. tumult m.

tumultuous [tju(ː)ˈmʌltjuəs] a. tumultuós.

tuna ['tjuːnə], **tuna fish** ['tjuːnəfiʃ] s. tonyina f.

tune [tju:n] *s.* melodia *f.*; tonada *f.* 2 melodia *f.*; melodiositat *f.* ‖ *in* ~, a to, afinat; *out of* ~, fora de to, desafinat. 3 fig. harmonia *f.*, harmoniositat *f.*

tune (to) [tju:n] *t.* afinar [un instrument]. 2 RADIO. *to* ~ *in (to)*, sintonitzar, fig. sintonitzar, estar al cas. ■ 3 *t.* trucar [un motor].

tuneful [tju:nful] *a.* harmoniós, melodiós.

tunic [tju:nik] *s.* jaqueta *f.* [d'uniforme]. 2 túnica *f.*

tuning fork [tju:niŋ,fɔ:k] *s.* MÚS. diapasó *m.*

Tunis [tju:nis] *n. pr.* GEOGR. Tunis.

tunnel [tʌnl] *s.* túnel *m.*

tunny [tʌni] *s.* ICT. tonyina *f.*, bonítol *m.*

turbid [tə:bid] *a.* tèrbol [també fig.].

turbine [tə:bin, -bain] *s.* MEC. turbina *f.*

turbojet [tə:bou'dʒet] *s.* turboreactor *m.*

turbulent [tə:bjulənt] *a.* turbulent, agitat, tumultuós.

turf [tə:f] *s.* gespa *f.*, herbei *m.* 2 JOC *the* ~, els cavalls, les curses de cavalls. 2 torba *f.*

turgid [tə:dʒid] *a.* turgent. 2 ampul·lós, pompós.

Turin [tju'rin] *n. pr.* GEOGR. Torí.

Turk [tə:k], **Turkish** [tə:kiʃ] *s.* turc.

Turkey [tə:ki] *n. pr.* GEOGR. Turquia.

turkey [tə:ki] *s.* gall *m.* dindi.

turmoil [tə:mɔil] *s.* confusió *f.*, aldarull *m.*, desordre *m.*, tumult *m.*

turn [tə:n] *s.* volta *f.*, gir *m.* 2 canvi *m.* de direcció; giravolt *m.* 3 torn *m.*, ocasió *f.*, oportunitat *f.* ‖ *by turns*, per torns, per rotació. 4 tendència *f.* natural, inclinació *f.* 5 propòsit *m.*, necessitat *f.*, requeriment *m.* 6 TEAT. número *m.* 7 col·loq. xoc *m.*, impacte *m.* [sentiments].

turn (to) [tə:n] *t.* girar, fer girar, fer donar voltes. 2 tombar. 3 fer tornar, tornar, fer esdevenir. 4 desviar; evitar; eludir. 5 trastornar, trasbalsar. ■ 6 *i.* girar; donar voltes. 7 tornar, donar la volta. 8 tornar-se *p.* ‖ *she turned red*, es va posar vermella. 9 canviar, variar. 10 dedicar-se *p.* ■ *to* ~ *against*, enemistar; posar-se en contra; *to* ~ *around*, donar la volta; desvirtuar, falsejar; *to* ~ *aside*, desviar, fer-se a un costat; *to* ~ *back*, tornar, tornar enrera, fer tornar enrera; girar-se; *to* ~ *down*, abaixar, afluixar, mitigar; rebutjar; posar de cap per avall; fer a mans, lliurar; fer, executar; anar-se'n al llit; *to* ~ *into*, transformar, convertir, transformar-se, convertir-se, esdevenir;

to ~ *off*, apagar, tancar, desconnectar; sortir [de la carretera], desviar-se col·loq. destrempat; *to* ~ *on*, encendre, obrir, connectar; col·loq. excitar; dependre de; tornar-se contra; *to* ~ *out*, pasturar; girar de dintre a fora, tombar; vestir, equipar-se; apagar [llum]; col·loq. alçar-se, aixecar-se del llit; manufacturar, produir en cadena; resultar; ser; sortir; *to* ~ *over*, meditar, pensar; cedir; lliurar; girar full; *to* ~ *up*, aparèixer de sobte; apujar [volum, etc.]; escurçar [roba].

turning [tə:niŋ] *s.* cantonada *f.*, encreuament *m.*

turning point [tə:niŋpɔint] *s.* punt *m.* crucial, moment *m.* decisiu.

turnip [tə:nip] *s.* nap *m.*

turnout [tə:naut] *s.* concurrència *f.*, públic *m.* 2 presència *f.*, aspecte *m.* [persona]. 3 neteja *f.*, netejada *f.*

turnover [tə:nouvə'] *s.* CUI. cresteta *f.* 2 COM. volum *m.* de vendes. 3 moviment *m.* [gent, material, etc.].

turpentine [tə:pəntain] *s.* trementina *f.*

turpitude [tə:pitju:d] *s.* depravació *f.*, dolenteria *f.*, vilesa *f.*

turret [tʌrit] *s.* torratxa *f.*; torreta *f.* 2 MIL. torreta *f.*

turtle [tə:tl] *s.* ZOOL. tortuga *f.* de mar.

turtledove [tə:tldʌv] *s.* ORN. tórtora *f.*

tusk [tʌsk] *s.* ullal *m.* [d'animal].

tussle [tʌsl] *s.* baralla *f.*, brega *f.*, batussa *f.*

tutor [tju:tə'] *s.* preceptor, professor particular. 2 (G.B.) tutor [universitat].

tutor (to) [tju:tə'] *t.* ensenyar, instruir. 2 reprimir, educar, moderar [sentiments, passions].

tuxedo [tʌk'si:dou] *s.* (EUA) smoking *m.*

twang [twæŋ] *s.* so *m.* vibrant [d'una corda]. 2 to *m.* nasal, veu *f.* de nas.

tweed [twi:d] *s.* xeviot *m.*

tweezers [twi:zəz] *s. pl.* pinces *f. pl.*

twelfth [twelfθ] *a.* duodècim. ■ 2 *s.* duodècim *m.*

twelfth night [twelfθ,nait] *s.* nit *f.* de reis.

twelve [twelv] *a.* dotze. ■ 2 *s.* dotze *m.*

twentieth [twentiiθ] *a.* vintè, vigèsim. ■ 2 *s.* vintè *m.*, vigèsim *m.*

twenty [twenti] *a.* vint. ■ 2 *s.* vint *m.*

twice [twais] *adv.* dos cops, dues vegades. ‖ ~ *as much*, el doble.

twig [twig] *s.* BOT. branquilló *m.*

twilight ['twailait] *s.* crepuscle *m.* [també fig.].

twin [twin] *s.* bessó. ‖ ~ *bed room,* habitació *f.* amb dos llits, habitació doble.

twine [twain] *s.* gansalla *f.,* ficel·la *f.*

twine (to) [twain] *t.* trenar, teixir [cordills, fils]. ■ 2 *i.* entortolligar-se *p.,* enroscar-se *p.*

twinge [twind3] *s.* punxada *f.,* dolor *m.* agut. 2 remordiment *m.*

twinkle ['twiŋkl] *s.* titil·lació *f.,* espurneig *m.;* centelleig *m.;* lluïssor *f.*

twinkle (to) ['twiŋkl] *i.* centellejar, espurnejar, titil·lar, lluir. 2 batre, fer anar amunt i avall.

twinkling ['twiŋkliŋ] *s. in a ~,* en un tres i no res; *in the ~ of an eye,* en un obrir i tancar d'ulls.

twirl [twə:l] *s.* giravolt *m.,* tomb *m.*

twirl (to) [twə:l] *t.* fer girar, fer rodar, fer giravoltar. ■ 2 *i.* girar, rodar, giravoltar.

twist [twist] *s.* torsió *f.* 2 torçal *m.,* trena *f.* 3 paperina *f.* 4 twist *m.* [ball]. 5 torçada *f.* [de peu, etc.]. 6 angle *m.* de torsió. 7 canvi *m.* inesperat.

twist (to) [twist] *t.* trenar. 2 cargolar, enroscar. 3 torçar-se *p.* [el peu, etc.]. 4 distorsionar. 5 fer girar. ■ 6 *i.* serpentejar. 7 distorsionar-se *p.* 8 ballar el twist.

twitch [twitʃ] *s.* tremolor *m.,* contracció *f.* nerviosa, crispació *f.* 2 estirada *f.,* estrebada *f.*

twitch (to) [twitʃ] *t.* endur-se *p.,* estirar, arrabassar. ■ 2 *i.* crispar-se *p.,* contraure's *p.* espasmòdicament.

twitter ['twitə'] *s.* piuladissa *f.,* refiladissa *f.* 2 agitació *f.* [en el parlar].

twitter (to) ['twitə'] *i.* piular, refilar. 2 parlar agitadament.

two [tu:] *a.* dos *m.,* dues *f.* ■ 2 *s.* dos *m.*

tycoon [tai'ku:n] *s.* magnat *m.*

type [taip] *s.* tipus *m.,* model *m.* 2 tipus *m.,* mena *f.* 3 TIPOGR. tipus *m.*

type (to) [taip] *t.-i.* escriure a màquina. 2 *t.* determinar, fixar, esbrinar.

typewriter ['taipraitə'] *s.* màquina *f.* d'escriure.

typhoon [tai'fu:n] *s.* METEOR. tifó *m.*

typical ['tipikl] *a.* típic, característic. ■ 2 -ly *adv.* típicament.

typist ['taipist] *s.* mecanògraf.

tyrannic(al) [ti'rænik(-əl)] *a.* tirànic.

tyrannize (to) ['tirənaiz] *t.* tiranitzar. ■ 2 *i.* obrar amb tirania.

tyranny ['tirəni] *s.* tirania *f.*

tyrant ['taiərənt] *s.* tirà.

tyre ['taiə'] *s.* pneumàtic *m.*

tyro ['taiərou] *s.* principiant, neòfit *m.*

U

U, u [ju:] *s.* u *f.* [lletra].

ubiquity [ju:'bikwiti] *s.* ubiqüitat *f.*, omnipresència *f.*

udder ['ʌdə] *s.* ZOOL. mamella *f.*

ugliness ['ʌglinis] *s.* lletjor *f.*

Ukraine [ju:'krein] *n. pr.* GEOGR. Ucraïna *f.*

ugly ['ʌgli] *a.* lleig. 2 horrible, terrible. 3 amenaçador.

ulcer ['ʌlsə] *s.* úlcera *f.*, nafra *f.*

ulcerate (to) ['ʌlsəreit] *t.-i.* ulcerar(se).

ulcerous ['ʌlsərəs] *a.* ulcerós.

ultimate ['ʌltimit] *a.* bàsic, fonamental, essencial, darrer. ■ 2 **-ly** *adv.* finalment.

umbrage ['ʌmbridʒ] *s.* ressentiment *m.*

umbrella [ʌm'brelə] *s.* paraigüa *m.*, ombrel·la *f.* 2 fig. protecció *f.*

umbrella stand [ʌm'breləstænd] *s.* paraigüer *m.*

umpire ['ʌmpaiə] *s.* àrbitre, jutge.

umpteen [ʌmp'ti:n] *a.* col·loq. molts, moltíssims.

unabashed [ʌnə'bæʃt] *a.* desvergonyit, descarat.

unable [ʌn'eibl] *a.* incapaç, impossibilitat. ‖ **to be ~ to**, no poder [fer quelcom].

unaccountable [ʌnə'kauntəbl] *a.* inexplicable, estrany.

unaccustomed [ʌnə'kʌstəmd] *a.* form. no acostumat, no habituat. 2 poc freqüentat, rar, desacostumat.

unadvised [ʌnəd'vaizd] *a.* sense consell. 2 imprudent, precipitat. ■ 3 **-ly** *adv.* precipitadament, irreflexivament.

unaffected [ʌnə'fektid] *a.* senzill, natural, sense afectació [persona].

unalterable [ʌn'ɔːltərəbl] *a.* inalterable, immutable.

unanimity [ju:nə'nimiti] *s.* unanimitat *f.*

unanimous [ju(:)'næniməs] *a.* unànime.

unanswerable [ʌn'ɑːnsərəbl] *a.* incontestable; irrebatible.

unarmed [ʌn'ɑːmd] *a.* desarmat, indefens.

unassuming [ʌnə'sju:miŋ] *a.* modest, sense pretensions.

unattached [ʌnə'tætʃt] *a.* independent; deslligat; lliure. 2 solter, sense compromís.

unavailing [ʌnə'veiliŋ] *a.* inútil, infructuós, va.

unavoidable [ʌnə'vɔidəbl] *a.* inevitable, ineludible.

unaware [ʌnə'wɛə] *a.* desprevingut; ignorant. ‖ **to be ~ of**, no saber, no adonar-se de. ■ 2 *adv.* **unawares**, per sorpresa, inesperadament. ‖ **to take unawares**, agafar desprevingut. 3 per descuit, sense adonar-se'n.

unbalanced [ʌn'bælənst] *a.* desequilibrat [esp. mentalment].

unbearable [ʌn'bɛərəbl] *a.* intolerable, insuportable, insostenible, inaguantable.

unbecoming [ʌnbi'kʌmiŋ] *a.* que no lliga, que cau malament [vestit]. 2 ~ **to** o **for**, impropi, inadequat. ■ 3 **-ly** *adv.* de manera inadequada.

unbelief [ʌnbi'li:f] *s.* incredulitat *f.*

unbelievable [ʌnbi'li:vəbl] *a.* increïble.

unbend (to) [ʌn'bend] *i.* relaxar-se *p.*, calmar-se *p.* ■ 2 *t.* relaxar, alliberar de tensions. ▲ Pret. i p. p.: **unbent** [ʌn'bent].

unbending [ʌn'bendiŋ] *a.* inflexible [esp. persona].

unbias(s)ed [ʌn'baiəst] *a.* imparcial.

unborn [ʌn'bɔ:n] *a.* per néixer, futur.

unbosom (to) [ʌn'buzəm] *t.-p.* **to ~ oneself**, desfogar-se, confessar-se.

unbounded [ʌn'baundid] *a.* il·limitat, sense fronteres.

unbridled [ʌn'braidld] *a.* fig. desenfrenat, sense control.

unbroken [ʌn'broukən] *a.* indòmit. 2 ininterromput, seguit. 3 imbatut [rècord, etc.].

unburden (to) [ʌnˈbəːdn] t.-p. to ~ *one-self,* desfogar-se, buidar el pap, confessar-se.

unbutton (to) [ʌnˈbʌtn] t. descordar [botons].

uncanny [ʌnˈkæni] a. misteriós, estrany.

unceasing [ʌnˈsiːsiŋ] a. incessant, continu. ■ **2 -ly** adv. contínuament, sense parar.

unceremonious [ˌʌnˌseriˈmounjəs] a. informal, familiar. 2 rude, descortès.

uncertain [ʌnˈsəːtn] a. variable. 2 indecís; dubtós, incert. ■ **3 -ly** adv. incertament.

uncertainty [ʌnˈsəːtnti] s. incertesa f., dubte m.

unchanged [ʌnˈtʃeindʒd] a. inalterat.

uncharitable [ʌnˈtʃæritəbl] a. dur, estricte [jutjant els altres].

unchecked [ʌnˈtʃekt] a. desenfrenat, no reprimit.

uncivil [ʌnˈsivl] a. mal educat, groller.

uncle [ˈʌŋkl] s. oncle m., (BAL.) conco m.

unclouded [ʌnˈklaudid] a. fig. clar, serè.

uncomfortable [ʌnˈkʌmfətəbl] a. incòmode.

uncommon [ʌnˈkɔmən] a. insòlit, poc usual. 2 extraordinari, insòlit. ■ **3 -ly** adv. rarament. 4 extraordinàriament.

uncompromising [ʌnˈkɔmprəmaiziŋ] a. inflexible, intransigent.

unconcern [ˌʌnkənˈsəːn] s. desinterès m.; indiferència f.

unconcerned [ˌʌnkənˈsəːnd] a. desinteressat, indiferent.

unconditional [ˌʌnkənˈdiʃənl] a. incondicional.

unconscious [ʌnˈkɔnʃəs] a. inconscient [acte]. ■ **2** s. inconscient m. ■ **3 -ly** adv. inconscientment, sense adonar-se'n.

unconsciousness [ʌnˈkɔnʃəsnis] s. inconsciència f.

unconventional [ˌʌnkənˈvenʃənl] a. anticonvencional, original, despreocupat.

uncouth [ʌnˈkuːθ] a. inculte, rude.

uncover (to) [ʌnˈkʌvər] t. destapar, descobrir. ■ **2** i. destapar-se p. descobrir-se p.

unctuous [ˈʌŋktjuəs] a. hipòcrita, llagoter.

undaunted [ʌnˈdɔːntid] a. sense por; impàvid, impertèrrit.

undecided [ˌʌndiˈsaidid] a. indecís.

undefended [ˌʌndiˈfendid] a. DRET sense defensa.

undeniable [ˌʌndiˈnaiəbl] a. innegable, indiscutible.

under [ˈʌndər] prep. sota, a sota. 2 per sota. ‖ ~ *repair,* en reparació; ~ *an hour,* menys d'una hora. ■ **3** adv. a sota, a baix. ■ **4** a. inferior, de sota, de baix.

under age [ˈʌndərˈeidʒ] a. menor d'edat.

underbrush [ˈʌndəbrʌʃ] s. sotabosc m., brossa f., matolls m. pl.

underclothes [ˈʌndəklouðz] s. roba f. interior, (ROSS.) llinge f.

undercover [ˌʌndəˈkʌvər] a. clandestí, secret. ‖ ~ *agent,* espia.

underdeveloped [ˌʌndədiˈveləpt] a. subdesenvolupat.

underdone [ˈʌndədʌn, -ˈdʌn] a. CUI. poc fet.

underestimate (to) [ˌʌndərˈestimeit] t. menystenir, no considerar.

underfed [ˌʌndəˈfed] a. mal alimentat.

undergo (to) [ˌʌndəˈgou] t. sofrir, aguantar, passar. ▲ Pret.: *underwent* [ˌʌndəˈwent]; p. p.: *undergone* [ˌʌndəˈgɔn].

undergraduate [ˌʌndəˈgrædjuit] s. estudiant universitari. ■ **2** a. universitari.

underground [ˈʌndəgraund] a. subterrani. 2 secret, clandestí, subterrani. ■ **3** adv. sota terra. ■ **4** s. *(the)* ~, metro m., ferrocarril m. subterrani. 5 resistència f., moviment m. clandestí.

undergrowth [ˈʌndəgrouθ] s. sotabosc m., brossa f., matolls m. pl.

underhand [ˈʌndəhænd] adv. de sota mà, secretament. ■ **2** a. secret, clandestí.

underlie (to) [ˌʌndəˈlai] t. estar a sota de; servir de base a.

underline (to) [ˌʌndəˈlain] t. subratllar.

undermine (to) [ˌʌndəˈmain] t. minar, soscavar [també fig.].

underneath [ˌʌndəˈniːθ] adv. sota. ■ **2** prep. sota de.

underpants [ˈʌndəpænts] s. pl. calçotets m. pl.

underpay (to) [ˌʌndəˈpei] t. pagar poc, pagar malament.

underrate (to) [ˌʌndəˈreit] t. rebaixar, menystenir.

undersign (to) [ˌʌndəˈsain] t. sotasignar, signar.

undershirt [ˈʌndəʃəːt] s. (EUA) samarreta f., (BAL.), (VAL.) camiseta f.

understand (to) [ˌʌndəˈstænd] t. entendre, comprendre. ‖ *to make oneself understood,* fer-se entendre. 2 sobreentendre. ▲ Pret. i p. p.: *understood* [ˌʌndəˈstud].

understandable [ʌndəˈstændəbl] *a.* comprensible.

understanding [ʌndəˈstændiŋ] *s.* intel·ligència *f.* 2 comprensió *f.* 3 acord *m.*, entesa *f.* ‖ *on the ~ that,* amb el benentès que. ■ 4 *a.* comprensiu.

understatement [ʌndəˈsteitmənt] *s.* descripció *f.* insuficient, declaració *f.* incompleta.

understood [ʌndəˈstud] Vegeu UNDERSTAND (TO).

undertake (to) [ʌndəˈteik] *t.* comprometre's *p. a.* 2 emprendre. ▲ Pret.: *undertook* [ʌndəˈtuk]; p. p.: *undertaken* [ʌndəˈteikən].

undertaker [ˈʌndəˌteikəʳ] *s.* enterramorts *m.*

undertaking [ʌndəˈteikiŋ] *s.* tasca *f.*, empresa *f.* 2 promesa *f.*, compromís *m.*

undertone [ˈʌndətoun] *s.* veu *f.* baixa, to *m.* baix. 2 qualitat *f.* subjacent. 3 color *m.* apagat, fluix.

undertook [ʌndəˈtuk] Vegeu UNDERTAKE (TO).

undertow [ˈʌndətou] *s.* MAR. ressaca *f.*

undervalue (to) [ˈʌndəˈvælju:] *t.* menystenir, menysvalorar, infravalorar.

underwear [ˈʌndəwɛəʳ] *s.* roba *f.* interior, (ROSS.) llinge *f.*

underwent [ʌndəˈwent] Vegeu UNDERGO (TO).

underworld [ˈʌndəwəːld] *s.* MIT. més *m.* enllà. 2 baixos fons *m. pl.*; barris *m. pl.* baixos.

underwrite (to) [ˈʌndərait] *t.* assegurar, reassegurar. 2 garantir, subscriure. ▲ Pret.: *underwrote* [ˈʌndərout]; p. p.: *underwritten* [ˈʌndəˌritn].

undeserved [ˌʌndiˈzəːvd] *a.* immerescut.

undeserving [ˌʌndiˈzəːviŋ] *a.* indigne.

undesirable [ˌʌndiˈzaiərəbl] *a.-s.* indesitjable.

undeveloped [ˈʌndiˈveləpt] *a.* per desenvolupar, sense desenvolupar.

undid [ʌnˈdid] Vegeu UNDO (TO).

undignified [ʌnˈdignifaid] *a.* poc digne, indecorós.

undo (to) [ʌnˈdu:] *t.* descordar, desfer [també fig.]. ‖ *to come undone,* descordar-se *p.* ▲ Pret.: *undid* [ʌnˈdid]; p. p.: *undone* [ʌnˈdʌn].

undone [ʌnˈdʌn] Vegeu UNDO (TO): *to leave ~,* deixar inacabat, deixar per fer.

undoubted [ʌnˈdautid] *a.* cert, indubtable, veritable. ■ 2 *-ly adv.* indubtablement, certament.

undress (to) [ʌnˈdres] *t.* despullar. ■ 2 *i.* despullar-se *p.*

undue [ʌnˈdju:] *a.* indegut; excessiu.

undulate (to) [ˈʌndjuleit] *i.* onejar, ondular.

unduly [ʌnˈdju:li] *adv.* indegudament; excessivament.

undying [ʌnˈdaiiŋ] *a.* immortal, etern.

unearth (to) [ʌnˈəːθ] *t.* desenterrar [també fig.].

uneasiness [ʌnˈiːʒinis] *s.* intranquil·litat *f.*, inquietud *f.*, agitació *f.*, malestar *m.*

uneasy [ʌnˈiːzi] *a.* intranquil, inquiet, agitat.

uneducated [ʌnˈedjukeitid] *a.* inculte, poc instruït.

unemployed [ˌʌnimˈplɔid] *a.* aturat, sense feina, en atur [persona]. 2 no utilitzat.

unemployment [ˌʌnimˈplɔimənt] *s.* atur *m.* [laboral].

unending [ʌnˈendiŋ] *a.* inacabable, interminable.

unequal [ʌnˈiːkwəl] *s.* desigual. 2 insuficient, ineficaç.

unequalled [ʌnˈiːkwəld] *a.* sense igual, inigualat.

unerring [ʌnˈəːriŋ] *a.* infal·lible.

unexpected [ˌʌniksˈpektid] *a.* inesperat, sobtat. ■ 2 *-ly adv.* inesperadament, sobtadament.

unevenness [ʌnˈiːvənnis] *s.* desnivell *m.*, desigualtat *f.*, rugositat *f.*

unfailing [ʌnˈfeiliŋ] *a.* constant, inexhaurible.

unfair [ʌnˈfɛəʳ] *a.* injust. 2 deslleial.

unfaithful [ʌnˈfeiθful] *a.* infidel, deslleial.

unfaithfulness [ʌnˈfeiθfulnis] *s.* infidelitat *f.*, deslleialtat *f.*

unfamiliar [ˌʌnfəˈmiljəʳ] *a.* poc familiar, desconegut.

unfasten (to) [ʌnˈfɑːsn] *t.* descordar, deslligar.

unfathomable [ʌnˈfæðəməbl] *a.* insondable, sense fons [també fig.].

unfeeling [ʌnˈfiːliŋ] *a.* dur, insensible, sense sentiments. 2 MED. insensible. ■ 3 *-ly adv.* insensiblement.

unfinished [ʌnˈfiniʃt] *a.* inacabat, incomplet.

unfit [ʌnˈfit] *a.* incapaç, inepte; incompetent.

unfold (to) [ʌnˈfould] *t.* obrir. 2 revelar, fer saber. ■ 2 *i.* obrir-se *p.* 3 revelar-se *p.*

unforeseen [ˌʌnfɔːˈsiːn] *a.* imprevist.

unforgettable [ʌnfəˈgetəbl] a. inoblidable.

unfortunate [ʌnˈfɔːtʃənit] a.-s. dissortat, desgraciat. ■ 2 **-ly** adv. dissortadament, desgraciadament.

unfounded [ʌnˈfaundid] a. infundat, sense fonament.

unfrequented [ʌnfriˈkwentid] a. poc freqüentat, solitari.

unfriendly [ʌnˈfrendli] a. poc amistós, hostil.

unfurl (to) [ʌnˈfəːl] t. desplegar, estendre [veles, etc.].

unfurnished [ʌnˈfəːniʃt] a. sense mobles, desamoblat.

ungainly [ʌnˈgeinli] a. desmanegat; maldestre, graponer.

ungodly [ʌnˈgɔdli] a. impietós. 2 col·loq. sorprenent, molest. 3 col·loq. poc raonable, exagerat.

ungrateful [ʌnˈgreitful] a. ingrat, desagraït. 2 poc grat, ingrat [tasca, feina].

unguent [ˈʌŋgwənt] s. ungüent m.

unhappy [ʌnˈhæpi] a. desgraciat, infeliç. ‖ an ~ remark, un comentari poc afortunat.

unhealthy [ʌnˈhelθi] a. poc saludable, malsà. 2 col·loq. perillós.

unheard [ʌnˈhəːd] a. imperceptible.

unheard-of [ʌnˈhəːdəv] a. inaudit, sense precedents.

unhinge (to) [ʌnˈhindʒ] t. treure de polleguera [també fig.]. 2 pertorbar [la ment].

unhook (to) [ʌnˈhuk] t. descordar; desenganxar, despenjar.

unification [juːnifiˈkeiʃən] s. unificació f.

uniform [ˈjuːnifɔːm] a. uniforme. ■ 2 s. uniforme m.

unify (to) [ˈjuːnifai] t. unificar, unir. 2 uniformitzar, uniformar.

unimportant [ʌnimˈpɔːtənt] a. insignificant, gens important.

uninterested [ʌnˈintristid] a. apàtic, indiferent, distret.

union [ˈjuːnjən] s. unió f. 2 sindicat m. 3 associació f.

unique [juːˈniːk] a. únic, rar, singular.

unison [ˈjuːnizn] a. uníson s.

unit [ˈjuːnit] s. unitat f., peça f., element m.

unite (to) [juːˈnait] t. unir; ajuntar. ■ 2 i. unir-se p., ajuntar-se p.

United States [juːnaitidˈsteits] n. pr. pl. GEOGR. Estats Units.

unity [ˈjuːniti] s. unitat f., unió f., harmonia f.

universal [juːniˈvəːsəl] a. universal.

universe [ˈjuːnivəːs] s. univers m.

university [juːniˈvəːsiti] s. universitat f. ■ 2 a. de la universitat, universitari.

unjust [ʌnˈdʒʌst] a. injust, immerescut.

unkempt [ʌnˈkempt] a. desendreçat, malforjat. 2 despentinat, escabellat.

unkind [ʌnˈkaind] a. poc amable, mal educat, despietat. ■ 2 **-ly** adv. sense educació, despietadament.

unknown [ʌnˈnoun] a. desconegut, ignorat.

unlearned [ʌnˈləːnid] a. ignorant. 2 no après, instintiu.

unless [ənˈles] conj. tret que, a no ser que. 2 tret de, excepte.

unlike [ʌnˈlaik] a. diferent, dissemblant. ■ 2 prep. diferent de.

unlikely [ʌnˈlaikli] a. improbable.

unload (to) [ʌnˈloud] t. descarregar, buidar. 2 col·loq. to ~ (on to), desfer-se p. de, treure's del damunt. ■ 3 i. descarregar.

unlock (to) [ʌnˈlɔk] t. obrir [un pany].

unlooked-for [ʌnˈluktfɔːʳ] a. imprevist, inesperat.

unloose (to) [ʌnˈluːs] t. deslligar, alliberar.

unmatched [ʌnˈmætʃt] a. únic, sense igual, incomparable. 2 desaparellat.

unmindful [ʌnˈmaindful] a. ~ (of), oblidadís, despistat.

unmistakable [ʌnmisˈteikəbl] a. inequívoc, clar, evident.

unmoved [ʌnˈmuːvd] a. indiferent, fred, impertorbable.

unnatural [ʌnˈnætʃrəl] a. antinatural, no natural. 2 anormal.

unnecessary [ʌnˈnesisəri] a. innecessari, no necessari, superflu.

unnoticed [ʌnˈnoutist] a. inadvertit, desapercebut.

unpack (to) [ʌnˈpæk] t. desempaquetar; treure [de la maleta]. ■ 2 i. desfer [la maleta].

unparalleled [ʌnˈpærəleld] a. únic, incomparable.

unpleasant [ʌnˈpleznt] a. desagradable, molest. ■ 2 **-ly** adv. desagradablement.

unprecedented [ʌnˈpresidentid] a. sense precedents.

unprejudiced [ʌnˈpredʒudist] a. sense prejudicis, imparcial.

unpretending [ʌnpriˈtendiŋ], **unpretentious** [ʌnpriˈtenʃəs] a. modest, sense pretensions.

unprincipled [ʌnˈprinsipld] *a.* immoral, sense principis.

unqualified [ʌnˈkwɔlifaid] *a.* no qualificat, incompetent, incapaç. 2 il·limitat, absolut.

unquestionable [ʌnˈkwestʃənəbl] *a.* inqüestionable, indubtable.

unquiet [ʌnˈkwaiət] *a.* liter. inquiet, agitat.

unravel (to) [ʌnˈrævl] *t.* desfer, desenredar, desembullar. 2 aclarir, descobrir. ■ 3 *i.* desfer-se *p.*, desenredar-se *p.*, desembullar-se *p.* 4 aclarir-se *p.*, descobrir-se *p.*

unreal [ʌnˈriəl] *a.* irreal, il·lusori, imaginari.

unreasonable [ʌnˈriːznəbl] *a.* irraonable, poc raonable. 2 excessiu.

unrelenting [ʌnriˈlentiŋ] *a.* inexorable, inflexible.

unreliable [ʌnriˈlaiəbl] *a.* informal, de poca confiança.

unreserved [ʌnriˈzəːvd] *a.* sense reserva, lliure [taula, seient, etc.]. 2 total, complet.

unrest [ʌnˈrest] *s.* inquietud *f.*, malestar *m.* [social, polític].

unrestrained [ʌnrisˈtreind] *a.* lliure; desenfrenat.

unrivalled [ʌnˈraivəld] *a.* únic, sense rival, incomparable.

unroll (to) [ʌnˈroul] *t.-i.* descargolar(-se), desfer(-se).

unruly [ʌnˈruːli] *a.* ingovernable, rebel, desobedient.

unsavoury, (EUA) **unsavory** [ʌnˈseivəri] *a.* desagradable; groller; repugnant.

unscathed [ʌnˈskeiðd] *a.* il·lès.

unscrupulous [ʌnˈskruːpjuləs] *a.* sense escrúpols.

unseemly [ʌnˈsiːmli] *a.* inadequat, impropi [comportament, etc.].

unseen [ʌnˈsiːn] *a.* no vist, inadvertit; invisible.

unsettle (to) [ʌnˈsetl] *t.* alterar, pertorbar, excitar.

unsettled [ʌnˈsetld] *a.* inquiet, variable, inestable.

unsightly [ʌnˈsaitli] *a.* que fa mal a la vista, lleig.

unskilful, (EUA) **unskillful** [ʌnˈskilful] *a.* poc hàbil, inexpert, maldestre.

unskilled [ʌnˈskild] sense qualificar [feina, obrer].

unsound [ʌnˈsaund] *a.* en males condicions. 2 poc satisfactori. 3 DRET *of ~ mind,* pertorbat mental.

unspeakable [ʌnˈspiːkəbl] *a.* indescriptible, inexpressable. 2 col·loq. molt desagradable.

unstable [ʌnˈsteibl] *a.* inestable. 2 inestable, pertorbat [persones].

unsure [ʌnˈʃuəʳ] *a.* insegur [persona]. 2 no del tot segur, dubtós.

unsuspected [ʌnsəsˈpektid] *a.* insospitat, desconegut.

untidy [ʌnˈtaidi] *a.* desendreçat, desordenat [lloc]. 2 poc polit, malfardat [persona].

until [ənˈtil] *prep.* fins a. ‖ *I'll be here ~ nine o'clock,* seré aquí fins les nou. ■ 2 *conj.* fins que: *she'll be at home ~ you get there,* serà a casa fins que hi arribis.

untimely [ʌnˈtaimli] *a.* inoportú, fora de lloc.

untiring [ʌnˈtaiəriŋ] *a.* incansable, infatigable.

unto [ˈʌntu] *prep.* ant. Vegeu TO.

untold [ʌnˈtould] *a.* incalculable.

untouchable [ʌnˈtʌtʃəbl] *a.* intocable. ■ 2 *s.* intocable [membre de la casta més baixa, a l'Índia].

untoward [ʌnˈtwɔːd] *a.* indòcil, ingovernable, rebel. 2 infeliç, dissortat. 3 advers, poc favorable.

untruth [ʌnˈtruːθ] *s.* falsetat *f.*

unused [ʌnˈjuːzd] *a.* no usat, no fet servir. 2 [ʌnˈjuːst] no acostumat (*to,* a).

unusual [ʌnˈjuːʒuəl] *a.* poc usual, poc freqüent, excepcional, insòlit. ■ 2 **-ly,** *adv.* excepcionalment, rarament.

unveil (to) [ʌnˈveil] *t.-i.* treure('s) el vel. 2 *t.* mostrar, donar a conèixer, ensenyar.

unwieldy [ʌnˈwiːldi] *a.* difícil de manejar [per pes, volum, etc.].

unwilling [ʌnˈwiliŋ] *a.* reaci, poc disposat. ■ 2 **-ly** *adv.* de mala gana, a contracor.

unwitting [ʌnˈwitiŋ] *a.* inconscient [acte]. ■ 2 **-ly** *adv.* sense voler, sense adonar-se'n, inconscientment.

up [ʌp] *adv.* dalt. 2 cap amunt; enlaire. 3 llevat, fora del llit. 4 del tot, completament: *to burn ~,* cremar-se del tot. 5 en contacte, en proximitat. ‖ *to lay ~,* acumular. 6 *it's ~ to you,* depèn de tu; *~ to date,* fins ara; *what's ~?,* què passa?, què hi ha? ■ 7 *a.* que puja, ascendent. ■ 8 *prep.* a dalt de, al damunt de. ■ 10 *s.* dalt *m.,* part *f.* superior. ‖ *pl.* *ups and downs,* alts i baixos.

upbraid (to) [ʌpˈbreid] t. renyar, reprendre, blasmar.

upbringing [ˈʌpˌbriŋiŋ] s. educació f., formació f.

upheaval [ʌpˈhiːvəl] s. daltabaix m., commoció f., cataclisme m.

upheld [ʌpˈheld] Vegeu UPHOLD (TO).

uphill [ʌpˈhil] a. ascendent. 2 fig. difícil, dur. ■ 3 adv. muntanya amunt, amunt.

uphold (to) [ʌpˈhould] t. donar suport, recolzar. 2 confirmar, reafirmar. ▲ Pret. i p. p.: **upheld** [ʌpˈheld].

upholster (to) [upˈhoulstəˈ] t. entapissar, tapissar.

upholstery [ʌpˈhoulstəri] s. tapisseria f., tapissat m.

upkeep [ˈʌpkiːp] s. manteniment m., conservació f. 2 despeses f. pl. de manteniment.

upland [ˈʌplənd] s. terra f. alta, altiplà m.

uplift [ˈʌplift] s. inspiració f., elevació f.

uplift [ʌpˈlift] t. inspirar; elevar.

upon [əˈpɔn] prep. form. Vegeu ON.

upper [ˈʌpəˈ] a. superior, elevat. ‖ the ~ part of the body, la part superior del cos. 2 ~ class, classe alta. ■ 2 s. empenya f. [de sabata].

uppermost [ˈʌpəmoust, -məst] a. predominant, (el) més alt. ■ 2 adv. dalt de tot; en primer lloc.

upright [ˈʌprait] a. erecte, dret, vertical. 2 recte, honrat [persona]. ■ 3 **-ly** adv. verticalment, rectament, honradament.

uprightness [ˈʌpraitnis] s. rectitud f. 2 fig. rectitud f., honradesa f.

uprising [ʌpˈraiziŋ] s. alçament m.; revolta f.

uproar [ˈʌprɔː] s. enrenou m.; avalot m.; rebombori m.

uproarious [ʌpˈtɔːriəs] a. sorollós, escandalós [persona].

uproot (to) [ʌpˈruːt] t. arrencar de socarel. 2 desarrelar.

upset [ʌpˈset] a. capgirat. 2 trastornat, trasbalsat. 3 molest; preocupat. ■ 4 s. trastorn m., trasbals m.

upset (to) [ʌpˈset] t. bolcar, tombar, capgirar. 2 trastornar, alterar, trasbalsar. ■ 3 i. bolcar-se p.; tombar-se p. ▲ Pret. i p.: **upset** [ʌpˈset].

upside-down [ʌpsaidˈdaun] adv. de cap per avall [també fig.].

upstairs [ʌpˈstɛəz] adv. al pis de dalt, dalt. ■ 2 a. del pis de dalt, de dalt. ‖ the man ~, el veí de dalt.

upstart [ˈʌpstɑːt] a.-s. arribista; nou ric. 2 pressumptuós, insolent.

up-to-date [ʌptəˈdeit] a. modern, actual.

upward [ˈʌpwəd] a. ascendent, que puja. ■ 2 adv. **upward(s)**, cap amunt, enlaire.

urban [ˈɜːbən] a. urbà.

urbanity [əˈbæniti] s. urbanitat f., refinament m., cortesia f.

urchin [ˈɜːtʃin] s. pillet, murri.

urge [əːdʒ] s. desig m., necessitat f., impuls m.

urge (to) [əːdʒ] t. instar, apressar. 2 incitar; persuadir; convèncer.

urgency [ˈəːdʒənsi] s. urgència f., necessitat f. 2 insistència f.

urgent [ˈəːdʒənt] a. urgent. 2 insistent, persistent.

urinate (to) [ˈjuərineit] i. orinar.

urn [əːn] s. gerra f., urna f. [per decoració]. 2 mena de recipient m. gros per fer cafè o te.

Uruguay [ˈjuːrəgwai] n. pr. GEOGR. Uruguai.

Uruguayan [juːrəˈgwaiən] a.-s. uruguaià.

us [ʌs, əs, s] pron. pers. ens: to ~, a nosaltres. 2 ~ Catalans, nosaltres els catalans.

usage [ˈjuːzidʒ] s. ús m., maneig m. 2 ús m., costum m.

use [juːs] s. ús m., utilització f. ‖ out of ~, fora d'ús, que ja no es fa servir. 2 utilitat f., servei m., profit m. ‖ that's of no ~ to me, això no em serveix per a res. 3 ús m., pràctica f., costum m.

use (to) [juːz] t. usar, utilitzar, emprar. 2 tractar. 3 to ~ (up), acabar; gastar; consumir.

used [juːst] v. aux. (pret. de to use), solia, acostumava. ‖ I ~ to smoke a lot, jo fumava molt. ■ 2 a. acostumat, habituat. 3 usat, fet servir.

useful [ˈjuːsful] a. útil; de profit.

useless [ˈjuːslis] a. inútil; inservible.

usher [ˈʌʃəˈ] s. TEAT., CINEM. acomodador m. 2 uixer m., porter m.

usher (to) [ˈʌʃəˈ] t. guiar, portar, acompanyar. 2 to ~ in, anunciar, fer saber.

usherette [ʌʃəˈret] s. TEAT., CINEM. acomodadora f.

usual [ˈjuːʒuəl] a. usual, habitual: as ~, com de costum, com sempre. ■ 2 **-ly** adv. generalment, normalment, usualment.

usurer [ˈjuːʒərəˈ] s. usurer.

usurp (to) [juːˈzəːp] t. usurpar.

usury [ˈjuːʒuri] s. usura f.

utensil [ju:'tensl, -sil] s. utensili m., eina f., estri m. ‖ *household utensils,* estris m. pl. de casa.

utility [ju:'tiliti] s. utilitat f., profit m. 2 *(public)* ~, servei m. públic [subministrament d'aigua, gas, etc.].

utilize (to) ['ju:tilaiz] t. utilitzar. 2 trobar utilitat.

utmost ['ʌtmoust, -məst] a. extrem, suprem. ‖ *of the* ~ *importance,* de summa importància. ■ 2 s. *one's* ~, el màxim. ‖ *to do one's* ~, fer tot el possible.

utter ['ʌtəʳ] a. total, complet, absolut. ■ 2 **-ly** adv. completament, absolutament.

utter (to) ['ʌtəʳ] t. articular, pronunciar. 2 dir, expressar. 3 posar en circulació [moneda, documents falsos, etc.].

utterance ['ʌtərəns] s. manera f. de parlar; pronúncia f. 2 cosa f. dita, expressió f. 3 declaració f., discurs m.

V

V, v [vi:] s. v f. [lletra].

vacancy [veikənsi] s. vacant f. 2 habitació f. lliure [hotel]. 3 buit m., buidor f.

vacant [veikənt] a. buit. 2 buit, desocupat, lliure.

vacate (to) [vəˈkeit] t. deixar vacant; desocupar; deixar lliure.

vacation [vəˈkeiʃən] s. vacances f. pl. [escolars], descans m. [dels tribunals]. 2 (EUA) vacances f. pl.

vaccinate (to) [væksineit] t. vacunar, (ROSS.) vaccinar.

vaccine [væksi:n] s. vacuna f.

vacillate (to) [væsileit] t. fluctuar; vacil·lar.

vacuum [vækjuəm] s. buit m. 2 ~ o ~ **cleaner**, aspirador.

vacuum flask [vækjuːmflɑːsk] s. termos m.

vagabond [vægəbɔnd] a.-s. vagabund.

vagary [veigəri] s. capaci m.; estirabot m.

vagrant [veigrənt] a.-s. vagabund; rodamón.

vague [veig] a. vague, incert. 2 confús, indefinit, incert [persona].

vain [vein] a. va, inútil. ‖ in ~, debades; en va. 2 vanitós.

vainglory [vein'glɔːri] s. vanaglòria f.

vale [veil] s. liter. vall f.

valence [veiləns], **valency** [veilənsi] s. QUÍM. valència f.

valentine [væləntain] s. tarjeta f. postal del dia de Sant Valentí. 2 xicot m., promès m. 3 xicota f., promesa f.

valet [vælit, -lei, -li] s. valet m., ajuda f. de cambra.

valiant [væljənt] a. valent, coratjós.

valid [vælid] a. vàlid.

validity [vəˈliditi] s. validesa f.

valise [vəˈliːz] s. ant. valisa f., maleta f. 2 MIL. sac m.

valley [væli] s. vall f.

valour, (EUA) **valor** [vælə] s. valor m. coratge m.

valuable [væljuəbl] a. valuós, de (gran) valor. ■ 2 s. pl. objectes m. pl. de valor.

valuation [væljuˈeiʃən] s. valoració f., estimació f.; avaluació f.

value [vælju:] s. valor m., mèrit m., importància f., vàlua f.

value (to) [vælju:] t. valorar, avaluar, taxar. 2 valorar, apreciar, tenir una alta opinió de.

valve [vælv] s. vàlvula f. 2 ZOOL. valva f.

vampire bat [væmpaiə bæt] s. ZOOL. vampir m.

van [væn] s. camioneta f., furgoneta f. 2 FERROC. (G.B.) cotxe m. d'equipatges.

vandalism [vændəlizəm] s. vandalisme m.

vane [vein] s. gallet m., penell m. 2 pala f., aspa f.

vanguard [vængɑːd] s. avantguarda f.

vanilla [vəˈnilə] s. BOT. vainilla f.

vanish (to) [væniʃ] i. desaparèixer; esfumar-se p., dissipar-se p. ‖ to ~ into the air, fer-se p. fonedís.

vanity [væniti] s. vanitat f.; orgull m. 2 vanitat f., futilitat f., buidesa f.

vanity case [vænitikeis] s. estoig m. per als cosmètics, necesser m.

vanquish (to) [væŋkwiʃ] t. liter. conquerir, conquistar.

vapid [væpid] a. insípid, sense interès.

vaporize (to) [veipəraiz] t. vaporitzar, evaporar. ■ 2 i. vaporitzar-se p., evaporar-se p.

vaporous [veipərəs] a. vaporós. 2 fig. insubstancial.

vapour, (EUA) **vapor** [veipə] s. vapor m.; baf m. 2 boira f.

variable [vɛəriəbl] a. variable, variant. ■ 2 s. variable f.

variance [vɛəriəns] s. form. at ~ (with), en desacord, en discrepància.

variation [vεəriˈeiʃən] s. variació f.

varied [vεərid] a. divers, variat.

variegated [vεərigeitid] a. bigarrat, jaspiat, matisat.

variety [vəˈraiəti] s. varietat f., diversificació f. 2 varietat f., classe f., mena f. 3 TEAT. varietats f. pl.

various [vεəriəs] a. diversos, diferents. ‖ for ~ purposes, per propòsits varis.

varnish [vɑːniʃ] s. vernís m. 2 esmalt m. de les ungles. 3 fig. vernís m., aparença f. falsa.

varnish (to) [vɑːniʃ] t. vernissar. 2 pintar-se p. les ungles.

vary (to) [vεəri] i. variar, ser variable. ■ 2 t. variar, fer variar.

vase [vɑːz] s. gerro m.

vast [vɑːst] a. vast. ■ 2 -ly adv. vastament.

vastness [vɑːstnis] s. immensitat f.

vat [væt] s. tina f., dipòsit m., tanc m.

vaudeville [voudəvil] s. vodevil m., varietats f. pl.

vault [vɔːlt] s. ARQ. volta f. 2 celler m.; cripta f. 3 ESPORT salt m. [amb perxa].

vault (to) [vɔːlt] t.-i. ESPORT saltar [amb perxa].

vaunt (to) [vɔːnt] t. alabar; vanar-se p. de. ■ 2 i. vanar-se p., vanagloriar-se p.

veal [viːl] s. carn f. de vedella.

veer (to) [viə] i. virar, fer un tomb.

vegetable [vedʒitəbl] a. vegetal. ■ 2 s. verdura f., hortalissa f.

vegetate (to) [vedʒiteit] i. vegetar.

vegetation [vedʒiˈteiʃən] s. vegetació f.

vehemence [viːiməns] s. vehemència f.

vehement [viːimənt] a. vehement. ■ 2 -ly adv. amb vehemència.

vehicle [viːikl] s. vehicle m. 2 fig. vehicle m., medi m.

veil [veil] s. vel m. [també fig.].

veil (to) [veil] t. cobrir amb un vel. 2 fig. dissimular, ocultar.

vein [vein] s. ANAT. vena f. 2 BOT. nervi m. 3 fig. rastre m., feron m. 4 MINER. veta f., filó m. 5 vena f., humor m., estat m. d'ànim.

vellum [veləm] s. pergamí m.

velocity [viˈlɔsiti] s. velocitat f.

velvet [velvit] s. vellut m. ■ 2 a. de vellut. 3 suau.

velvety [velviti] a. vellutat.

veneer [viˈniə] s. fullola f.

veneer (to) [viˈniə] t. cobrir amb fullola.

venerable [venərəbl] a. venerable.

venerate (to) [venəreit] t. venerar, reverenciar.

veneration [venəˈreiʃən] s. veneració f.

vengeance [ven(d)ʒens] s. venjança f., revenja f. ‖ col·loq. with a ~, amb fúria; en gran quantitat.

vengeful [ven(d)ʒful] a. venjatiu.

Venice [venis] n. pr. GEOGR. Venècia.

venison [venizn] s. carn m. de cérvol m.

venom [venəm] s. verí m. [de serp]. 2 fig. odi m., rancor m.

vent [vent] s. respirador m., respirall m., orifici m. 2 sortida f. ‖ to give ~ to anger, deixar sortir l'ira. 3 estrip m., descosit m.

vent (to) [vent] t. donar sortida; descarregar [ira, mal humor, etc.].

ventilate (to) [ventileit] t. ventilar. 2 exposar públicament.

ventilator [ventileitə] s. ventilador m.

ventriloquist [venˈtriləkwist] s. ventríloc.

venture [ventʃə] s. risc m., aventura f., empresa f. arriscada.

venture (to) [ventʃə] t. aventurar, arriscar. ■ 2 i. aventurar-se p., arriscar-se p. (on, en).

venturesome [ventʃəsəm] a. temerari, arriscat [persona].

veracious [vəˈreiʃəs] a. verídic, veritable. 2 veraç.

veranda(h) [vəˈrændə] s. terrassa f., porxo m.; balconada f.

verb [vəːb] s. verb m.

verbal [vəːbl] a. verbal, oral. 2 verbal, del verb. 3 literal: a ~ copy, una còpia literal.

verbatim [vəːˈbeitim] adv. al peu de la lletra, literalment.

verbena [və(ː)ˈbiːnə] s. BOT. berbena f.

verbose [vəːˈbous] a. verbós.

verbosity [vəːˈbɔsiti] s. verbositat f.

verdant [vəːdənt] a. liter. verd.

verdict [vəːdikt] s. veredicte m. 2 dictamen m.

verge [vəːdʒ] s. marge m.; vora f. ‖ on the ~ of, a punt de.

verge (to) [vəːdʒ] i. to ~ on, o upon, estar a punt de; acostar-se p. a.

verification [verifiˈkeiʃən] s. verificació f. 2 prova f. evidència f.

verify (to) [verifai] t. verificar.

verily [verili] adv. ant. veritablement, de debò.

veritable [veritəbl] a. veritable.

vermicelli [vəːmiˈseli] s. fideus m. pl.

vermilion [vəˈmiljən] *a.* vermell. ■ *2 s.* vermell *m.*

vermin [ˈvəːmin] *s.* animals *m. pl.* nocius.

vernacular [vəˈnækjulə] *a.* vernacle. ■ *2 s.* llengua *f.* vernacle.

versatile [ˈvəːsətail] *a.* d'usos múltiples. *2* amb interessos diversos [persona].

verse [vəːs] *s.* vers *m.*

versed [vəːst] *a.* versat, instruït.

versify (to) [ˈvəːsifai] *t.-i.* versificar.

version [ˈvəːʃən] *s.* versió *f.*

vertebrate [ˈvəːtibrit] *a.* vertebrat. ■ *2 s.* vertebrat *m.*

vertical [ˈvəːtikəl] *a.* vertical. ■ *2* **-ly** *adv.* verticalment.

vertiginous [vəːˈtidʒinəs] *a.* vertiginós.

vertigo [ˈvəːtigou] *s.* vertigen *m.*

verve [vɛəv, vəːv] *s.* entusiasme *m.*, vigor *m.*

very [ˈveri] *a.* genuí, real. ‖ *at that ~ moment,* en aquell precís moment; *the ~ truth,* la pura veritat. *2* pur, simple. ‖ *the ~ thought frightened me,* només de pensar-hi ja m'agafava por. ■ *3 adv.* molt. ‖ *~ much,* moltíssim.

vessel [vesl] *s.* vas *m.*, receptacle *m.* ‖ *blood ~,* vas *m.* sanguini. *2* vaixell *m.*

vest [vest] *s.* (G.B.) samarreta *f.* *2* armilla *f.*

vested [ˈvestid] *a.* *~ interest,* interès *m.* creat.

vestibule [ˈvestibjuːl] *s.* vestíbul *m.*, rebedor *m.*

vestige [ˈvestidʒ] *s.* vestigi *m.*

vestment [ˈvestmənt] *s.* vestidura *f.*

vestry [ˈvestri] *s.* sagristia *f.* *2* junta *f.* parroquial.

vet [vet] *s.* col·loq. (abrev. *veterinary*) veterinari.

veteran [ˈvetərən] *a.-s.* veterà [esp. de guerra].

veterinary [ˈvetərinəri] *a.* veterinari. ‖ *~ surgeon,* veterinari *m.*

veto [ˈviːtou] *s.* veto *m.*

veto (to) [ˈviːtou] *t.* vetar, prohibir.

vex (to) [veks] *t.* molestar; irritar. ‖ *vexed point,* punt *m.* conflictiu.

vexation [vekˈseiʃən] *s.* enuig *m.*, disgust *m.*, molèstia *f.*

via [ˈvaiə] *prep.* via: *we travelled ~ Brussels,* vam viatjar via Brussel·les.

viaduct [ˈvaiədʌkt] *s.* viaducte *m.*

vial [ˈvaiəl] *s.* flascó *m.*, ampolla *f.*

vibrant [ˈvaibrənt] *a.* vibrant.

vibrate (to) [vaiˈbreit] *t.* fer vibrar. ■ *2 i.* vibrar.

vicar [ˈvikə] *s.* mossèn *m.* anglicà. *2* vicari *m.*

vicarage [ˈvikəridʒ] *s.* vicaria *f.*, rectoria *f.*

vicarious [vaiˈkɛəriəs] *a.* vicari.

vice [vais] *s.* vici *m.* *2* MEC. cargol *m.* de banc.

viceroy [ˈvaisrɔi] *s.* virrei *m.*

vice versa [ˈvaisiˈvəːsə] *adv.* viceversa.

vicinity [viˈsiniti] *s.* proximitat *f.* *2* encontorns *m. pl.*, veïnat *m.*

vicious [ˈviʃəs] *a.* viciós. *2* rancorós, rancuniós. *3* aviciat [animal]. *4* defectuós.

vicissitude [viˈsisitjuːd] *s.* vicissitud *m.*

victim [ˈviktim] *s.* víctima *f.*

victor [ˈviktə] *s.* vencedor, conqueridor *m.*

victorious [vikˈtɔːriəs] *a.* victoriós, triomfant.

victory [ˈviktəri] *s.* victòria *f.*, triomf *m.*

victual (to) [vitl] *t.* proveir, avituallar. ■ *2 i.* proveir-se *p.*, avituallar-se *p.*, fer provisions.

victuals [ˈvitlz] *s. pl.* provisions *f. sing.*

video [ˈvidiəu] *s.* vídeo *m.*

vie (to) [vai] *t.* competir, rivalitzar.

Vienna [viˈenə] *n. pr.* GEOGR. Viena.

Vietnam [vietˈnæm] *n. pr.* GEOGR. Vietnam.

Vietnamese [vietnəˈmiːz] *a.-s.* vietnamita.

view [vjuː] *s.* vista *f.*; visió *f.* ‖ *in ~ of,* considerant. *2* vista *f.*, panorama *m.*, escena *f.* *3* visió *f.*, opinió *f.* ‖ *point of ~,* punt *m.* de vista. *4* ànim *m.*, intenció *f.*, propòsit *m.*

view (to) [vjuː] *t.* examinar; considerar; inspeccionar.

viewer [ˈvjuːə] *s.* telespectador. *2* projector *m.* de transparències.

viewpoint [ˈvjuːpɔint] *s.* punt *m.* de vista *f.*

vigil [ˈvidʒil] *s.* vigília *f.*, vetlla *f.* [estat]. ‖ *to keep ~,* vetllar. *2* vigília *f.*, vetlla *f.* [la nit abans].

vigilance [ˈvidʒiləns] *s.* vigilància *f.*

vigilant [ˈvidʒilənt] *a.* amatent, a l'aguait, alerta.

vigorous [ˈvigərəs] *a.* vigorós, fort, enèrgic. ■ *2* **-ly** *adv.* vigorosament, enèrgicament.

vigour, (EUA) **vigor** [ˈvigə] *s.* vigor *m.*, força *f.*, energia *f.*

vile [vail] *a.* vil, roí. *2* col·loq. dolent, desastrós. ■ *3* **-ly** *adv.* vilment, roïnament.

vileness [vailnis] s. vilesa f., baixesa f., vergonya f., infàmia f.

vilify (to) [vilifai] t. insultar, vilipendiar.

villa [vilə] s. (G.B.) torre f., casa f., xalet m. 2 torre f. d'estiueig.

village [vilidʒ] s. poble m., vila f.

villager [vilidʒə'] s. habitant [de poble], vilatà.

villain [vilən] s. canalla, poca-vergonya.

vindicate (to) [vindikeit] t. vindicar, justificar. 2 reivindicar.

vindication [vindi'keiʃən] s. vindicació f., justificació f. 2 reivindicació f.

vindictive [vin'diktiv] a. rancorós, vindicatiu.

vine [vain] s. BOT. parra f. 2 enfiladissa f.

vinegar [vinigə'] s. vinagre m.

vineyard [vinjəd] s. vinya f.

vintage [vintidʒ] s. verema f. 2 collita f. [de vi].

violate (to) [vaiəleit] t. violar, trencar [un pacte, la llei]. 2 violar, profanar. 3 violar [una persona].

violence [vaiələns] s. violència f.

violent [vaiələnt] a. violent [atac; temperament, etc.]. 2 virulent, sever [dolor].

violet [vəilit] s. BOT. violeta f. 2 color m. violeta.

violin [,vaiə'lin] s. violí m.

violinist [vaiəlinist] s. violinista.

violoncello [,vaiələn'tʃelou] s. violoncel m.

viper [vaipə'] s. escurçó m. [també fig.].

virago [vi'ra:gou] s. donota f., harpia f.

virgin [və:dʒin] s. verge f. ‖ *the Virgin*, la Verge. ■ 2 a. verge [també fig.].

virginity [və'dʒiniti] s. virginitat f.

virile [virail] a. viril.

virility [vi'riliti] s. virilitat f.

virtual [və:tjuəl] a. virtual. ■ 2 -**ly** adv. virtualment.

virtue [və:tju:] s. virtut: *by* o *in* ~ *of*, en virtut de.

virtuosity [və:tju'ɔsiti] s. virtuosisme m.

virtuous [və:tʃuəs, -tjuəs] a. virtuós; molt dotat.

virulence [viruləns] s. virulència f.

virulent [virulənt] a. virulent.

virus [vaiərəs] s. virus m. 2 col·loq. malaltia f. vírica.

visa [vi:zə] s. visat m.

visage [vizidʒ] s. liter. rostre m., cara f.

viscount [vaikaunt] s. vescomte m.

viscountess [vaikauntis] s. vescomtessa f.

vise [vais] s. Vegeu VICE 2.

visible [vizibl] a. visible.

vision [viʒən] s. visió f.

visionary [viʒənəri] a. imaginari, fantàstic. 2 somiador, somiatruites [persona].

visit [vizit] s. visita f.

visit (to) [vizit] t. visitar. 2 (EUA) inspeccionar. ■ 3 i. anar a visitar, fer visita.

visitor [vizitə'] s. visita f., visitant. ‖ *summer* ~, estiuejant; turista.

visor [vaizə'] s. visera f.

vista [vistə] s. perspectiva f., vista f., panorama m. [també fig.].

visual [vizjuəl] a. visual.

visualize (to) [vizjuəlaiz] t. tenir present, imaginar-se p., recordar.

vital [vaitl] a. vital. 2 col·loq. mesures f. pl. [d'una dona]. 3 vital, indispensable. ■ 4 s. pl. **vitals**, òrgans m. pl. vitals.

vitality [vai'tæliti] s. vitalitat f., força f. vital.

vitalize (to) [vaitəlaiz] t. vivificar.

vitamin [vitəmin,] (EUA [vaitəmin] s. vitamina f.

vitiate (to) [viʃieit] t. corrompre, degradar, viciar, fer malbé. ‖ ~ *air*, aire m. viciat.

vitriol [vitriəl] s. vitriol m. 2 sarcasme m.

vituperate (to) [vi'tju:pəreit] t. vituperar.

vivacious [vi'veiʃəs] a. vivaç, viu, alegre, animat.

vivacity [vi'væsiti] s. vivacitat f., vivesa f.

vivid [vivid] a. vívid. 2 vivaç, viu. 3 clar, viu, distingible. ■ 4 -**ly** adv. vivament.

vixen [viksn] s. ZOOL. guineu f. 2 donota f., mala pècora f.

vocabulary [və'kæbjuləri] s. vocabulari m.

vocal [voukəl] a. vocal; oral; verbal. ■ 2 -**ly** adv. vocalment, oralment.

vocalist [voukəlist] s. vocalista.

vocation [vou'keiʃən] s. vocació f. 2 aptitud f., talent m. 3 ofici m., professió f.

vociferate (to) [vou'sifəreit] t. vociferar, dir a crits. ■ 2 i. vociferar, cridar, parlar a crits.

vociferous [vou'sifərəs] a. vociferant, cridaner, sorollós.

vogue [voug] s. moda f., voga f.

voice [vɔis] s. veu f. [també fig.]. 2 parla f., paraula f. ‖ *with one* ~, unànimement.

voice (to) [vɔis] t. posar en paraules; expressar.

voiced [vɔist] a. GRAM. sonor.

voiceless [ˈvɔislis] a. sense veu. 2 GRAM. sord.

void [vɔid] a. buit, vacant. 2 ~ *of,* sense *prep.* 3 DRET **null and** ~, no vàlid, sense força. ■ 4 s. buit m. [també fig.].

volatile [ˈvɔlətail] a. volàtil. 2 inconstant, voluble [persona].

volcanic [vɔlˈkænik] a. volcànic.

volcano [vɔlˈkeinou] s. volcà m.

volition [vouˈliʃən] s. volició f., voluntat f.

volley [ˈvɔli] s. descàrrega f. [artilleria]. 2 reguitzell m., devessall m., seguit m. [d'improperis; preguntes].

volley (to) [ˈvɔli] i. llençar una descàrrega. ■ 2 t. descarregar [artilleria].

volleyball [ˈvɔlibɔːl] s. ESPORT boleivol m.

voltage [ˈvoultidʒ] s. ELECT. voltatge m., tensió f.

volt [voult] s. ELECT. volt m.

voluble [ˈvɔljubl] a. loquaç; que parla amb fluïdesa.

volume [ˈvɔljum] s. volum m.

voluminous [vəˈljuːminəs] a. voluminós. 2 productiu, fèrtil [autor].

voluntary [ˈvɔləntəri] a. voluntari.

volunteer [ˌvɔlənˈtiə] s. voluntari.

volunteer (to) [ˌvɔlənˈtiə] t.-i. oferir(se) voluntàriament.

voluptuous [vəˈlʌptjuəs] a. voluptuós, sensual.

voluptuousness [vəˈlʌptjuəsnis] s. voluptuositat f., sensualitat f.

volute [vəˈljuːt] s. voluta f., espiral f.

vomit (to) [ˈvɔmit] t.-i. vomitar [també fig.].

voracious [vəˈreiʃəs] a. voraç, àvid.

voracity [vɔˈræsiti] s. voracitat f., avidesa f.

vortex [ˈvɔːteks] s. vòrtex m.; remolí m. [també fig.]. ▲ **vortexes** [ˈvɔːteksiz], **vortices** [ˈvɔːtisiːz].

vote [vout] s. vot m.; sufragi m.; votació f. 2 pressupost m.

vote (to) [vout] i. votar, donar el vot. ■ 2 t. votar. 3 aprovar [pressupost]. 4 col·loq. declarar; anomenar. 5 suggerir, proposar.

voter [ˈvoutə] s. votant.

vouch (to) [vautʃ] i. to ~ **for,** respondre per.

voucher [ˈvautʃə] s. rebut m., comprovant m., resguard m.

vouchsafe (to) [vautʃˈseif] t. concedir, permetre.

vow [vau] s. vot m., promesa f.

vow (to) [vau] t. fer vots, prometre; jurar.

vowel [ˈvauəl] a. GRAM. vocal. 2 vocal f.

voyage [ˈvɔiidʒ] s. viatge m. [per mar, per l'espai].

voyage (to) [ˈvɔiidʒ] i. ant. viatjar.

voyager [ˈvɔiədʒə] s. navegant; descobridor.

vulgar [ˈvʌlgə] a. vulgar, de mal gust. 2 vulgar, comú, usual. 3 GRAM. vulgar.

vulgarize (to) [ˈvʌlgəraiz] t. vulgaritzar.

vulgarity [vʌlˈgæriti] s. vulgaritat f.

vulnerable [ˈvʌlnərəbl] a. vulnerable.

vulture [ˈvʌltʃə] s. voltor m.

vying [ˈvaiiŋ] ger. de VIE (TO).

W

W, w ['dʌbljuː] *s.* w *f.* [lletra].

wad [wɔd] *s.* buata *f.*, farciment *m.*, tou *m.* 2 feix *m.* [documents, bitllets].

waddle (to) ['wɔdl] *i.* caminar com un ànec.

wade (to) [weid] *i.* caminar amb dificultat [pel fang, l'aigua, etc.]. ■ 2 *t.* travessar un terreny mullat, fangós, etc.

waft (to) [wɑːft, wɔːft, wɔft] *t.* transportar, portar [per l'aire, per l'aigua].

wag [wæg] *s.* remenament *m.*; bellugueig *m.*

wag (to) [wæg] *t.* remenar, bellugar, moure. ■ 2 *i.* remenar, moure's *p.*

wage [weidʒ] *s.* paga *f.*, jornal *m.*, salari *m.*, setmanada *f.* ▲ esp. *pl.*

wage (to) [weidʒ] *t.* emprendre, endegar.

wager ['weidʒəʳ] *s.* aposta *f.* ‖ **to lay a ~,** fer una aposta.

wager (to) ['weidʒəʳ] *t.-i.* apostar.

waggle (to) ['wægl] Vegeu WAG (TO).

waggon, (EUA) **wagon** ['wægən] *s.* carro *m.* ‖ fig. col·loq. **on the ~,** sense beure alcohol. 2 (EUA) FERROC. vagó *m.* de mercaderies.

waif [weif] *s.* nen sense llar.

wail [weil] *s.* lament *m.*, gemec *m.* [també fig.].

wail (to) [weil] *t.-i.* lamentar-se *p.*, gemegar *i.* [també fig.].

wainscot ['weinskət] *s.* sòcol *m.* de fusta.

waist [weist] *s.* cintura *f.*

waistcoat ['weiskout] *s.* armilla *f.*

wait [weit] *s.* espera *f.*

wait (to) [weit] *i.* esperar-se *p.* 2 **to ~ for,** esperar *t.*: **~ for me,** espera'm. 3 **to ~ on** o **upon,** servir *t.*, atendre *t.* [algú]. ■ 4 *t.* esperar.

waiter ['weitəʳ] *s.* cambrer *m.*

waiting ['weitiŋ] *s.* espera *f.*; esperar *m.*

waiting room ['weitiŋrum] *s.* sala *f.* d'espera.

waitress ['weitris] *s.* cambrera *f.*

waive (to) [weiv] *t.* renunciar; desistir.

wake [weik] *s.* (G.B.) festa *f.* anual al Nord d'Anglaterra. 2 vetlla *f.* [d'un mort]. 3 solc *m.*, deixant *m.*

wake (to) [weik] *t.* **to ~ (up),** despertar [també fig.]. ■ 2 *i.* **to ~ (up),** despertar-se *p.* ▲ Pret. **waked** [weikt] o **woke** [wouk]; p. p.: **waked** o **woken** ['woukən].

wakeful ['weikful] *a.* desvetllat. ‖ **a ~ night,** una nit en blanc.

waken (to) ['weikən] *t.-i.* despertar(se).

Wales [weilz] *n. pr.* GEOGR. Gal·les.

walk [wɔːk] *s.* passejada *f.*; volta *f.* ‖ **to go for a ~,** anar a fer un tomb. 2 passeig *m.*; camí *m.* ‖ fig. **~ of life,** condició *f.* social, professió *f.* 3 caminar *m.*

walk (to) [wɔːk] *i.* caminar. ■ 2 *t.* fer caminar, treure a passejar. 3 petjar, fer [un camí]. ■ **to ~ away with,** derrotar, vèncer fàcilment; **to ~ out,** sortir; fer vaga; **to ~ up to,** importunar, abordar [algú].

walkie-talkie [ˌwɔːkiˈtɔːki] *s.* walkie-talkie *m.*

walking stick ['wɔːkiŋstik] *s.* bastó *m.* [per a caminar].

wall [wɔːl] *s.* paret *f.*, mur *m.*; muralla *f.* [també fig.]. 2 vora *f.*, costat *m.* [en un carrer]. ‖ **to drive** o **to push to the ~,** vèncer, derrotar.

wallet ['wɔlit] *s.* cartera *f.*, portamonedes *m.*

wallow (to) ['wɔlou] *i.* rebolcar-se *p.* [també fig.].

walnut ['wɔːlnət] *s.* BOT. noguera *f.* 2 nou *f.*

walnut tree ['wɔːlnʌtriː] *s.* BOT. noguera *f.*

wan [wɔn] *a.* pàl·lid, malaltís [persona].

wand [wɔnd] *s.* vara *f.*; vareta *f.*

wander (to) ['wɔndəʳ] *t.-i.* voltar, rodar. 2 *i.* desviar-se *p.*, perdre's *p.* 3 divagar; volar [pensaments, etc.].

wanderer [ˈwɔndərəʳ] s. rodamón, nòmada. 2 animal m. nòmada.

wane (to) [wein] i. minvar [la lluna]. 2 minvar, disminuir.

want [wɔnt] s. manca f.; escassetat f. 2 necessitat f. 3 pl. desigs m. pl.; aspiracions f. pl., necessitats f. pl.

want (to) [wɔnt] t. voler, desitjar. 2 requerir, necessitar. ‖ *his hair wants cutting*, s'hauria de tallar els cabells.

wanting [ˈwɔntiŋ] a. mancat. ‖ *he's ~ in politeness*, no té educació.

wanton [ˈwɔntən] a. liter. juganer, capriciós. 2 sense at.urador; exagerat. 3 intencionat. 4 irreflexiu. 5 ant. immoral.

war [wɔːʳ] s. guerra f.

war (to) [wɔːʳ] i. lluitar, fer la guerra, combatre.

warble [ˈwɔːbl] s. refilet m., refiladissa f.

warble (to) [ˈwɔːbl] t.-i. refilar.

war cry [ˈwɔːcrai] s. crit m. de guerra [també fig.].

ward [wɔːd] s. custòdia f., vigilància f., tutela f. 2 divisió f. administrativa. 3 sala f. [hospital, presó, etc.]. 4 guarda f. [de pany].

ward (to) [wɔːd] t. to ~ *off*, evitar.

war dance [ˈwɔːdɑːns] s. dansa f. de guerra.

warden [ˈwɔːdn] s. director; encarregat.

warder [ˈwɔːdəʳ] s. (G.B.) centinella m. [d'una presó].

wardrobe [ˈwɔːdroub] s. armari m. de la roba. 2 vestuari m., roba f. [d'una persona].

wares [wɛəʳs] s. pl. gènere m. sing., mercaderia f. sing., articles m. pl.

warehouse [ˈwɛəhaus] s. magatzem m.

warfare [ˈwɔːfɛəʳ] s. guerra f.

warhorse [ˈwɔːhɔːs] s. cavall m. de batalla. 2 fig. polític o soldat veterà.

wariness [ˈwɛərinis] s. cautela f., precaució f.

warm [wɔːm] a. calent, càlid, tebi. ‖ *it's ~ in here*, hi fa calor aquí. 2 calent, gruixut, d'abric [roba]. 3 que escalfa; que fa suar [activitat]. 4 esgotador, cansador. 5 cordial, afable.

warm (to) [wɔːm] t. to ~ *(up)*, escalfar. 2 animar. ■ 3 i. to ~ *(up)*, escalfar-se p. 4 animar-se p.

warm-hearted [ˌwɔːmˈhɑːtid] a. bona persona, bondadós.

warmth [wɔːmθ] s. escalfor f. 2 afecte m., cordialitat f.

warn (to) [wɔːn] t. avisar, advertir.

warning [ˈwɔːniŋ] s. avís m., advertiment m. ■ 2 a. d'avís, d'advertiment.

warp [wɔːp] s. ordit m. [d'un teixit]. 2 guerxesa f. [de la fusta].

warp (to) [wɔːp] t. tornar guerxo, deformar. ■ 2 i. tornar-se p. guerxo, deformar-se p. [també fig.].

warrant [ˈwɔrənt] s. DRET ordre f. judicial, autorització f.

warrant (to) [ˈwɔrənt] t. justificar.

warranty [ˈwɔrənti] s. garantia f.

warrior [ˈwɔriəʳ] s. liter. guerrer m., soldat m.

Warsaw [ˈwɔːsɔː] n. pr. GEOGR. Varsòvia f.

warship [ˈwɔːʃip] s. vaixell m. de guerra.

wary [ˈwɛəri] a. caut, prudent.

was [wɔz, wəz] Vegeu BE (TO).

wash [wɔʃ] s. rentada f.: *to give a ~*, fer una rentada. 2 roba f. per a rentar, bugada f. 3 bugaderia f. 4 menjar m. per als porcs.

wash (to) [wɔʃ] t. rentar, (VAL.) llavar. ■ 2 i. rentar-se p. 3 rentar-se p. bé, poder-se p. rentar. 4 batre, picar [onades]. ‖ fig. *he was washed away by the waves*, les ones se'l van endur.

washable [ˈwɔʃəbl] a. rentable, que es pot rentar.

washbasin [ˈwɔʃbeisn] s. rentamans m.

washer [ˈwɔʃəʳ] s. MEC. volandera f. 2 rentadora f., màquina f. de rentar.

washerwoman [ˈwɔʃəˌwumən] s. bugadera f., rentadora f. [persona].

washing machine [ˈwɔʃiŋməˌʃiːn] s. màquina f. de rentar.

washing powder [ˈwɔʃiŋˌpaudəʳ] s. detergent m., sabó m. [en pols].

washing-up [ˌwɔʃiŋˈʌp] s. rentada f. 2 plats m. pl. per a rentar. ‖ *to do the ~*, rentar els plats.

wash leather [ˈwɔʃleðəʳ] s. baieta f., camussa f.

washroom [ˈwɔʃrum] s. lavabo m., cambra f. de bany.

washstand [ˈwɔʃstænd] s. ant. rentamans m.

wasn't [ˈwɔznt] contr. de WAS NOT.

wasp [wɔsp] s. vespa f.

wasp's nest [ˈwɔspsnest] s. vesper m., niu m. de vespes.

wastage [ˈweistidʒ] s. desaprofitament m.

waste [weist] a. erm, incultivat, eixorc [terra]. 2 inútil, superflu. 3 inútil, sobrant, innecessari. ‖ *~ products*, productes m. pl. residuals. ■ 4 s.

malbaratament *m.,* desaprofitament *m.;* pèrdua *f.* [temps, energia, etc.]. 5 residus *m. pl.,* deixalles *f. pl.*

waste (to) [weist] *t.* malgastar, malbaratar; desaprofitar.‖ *to ~ one's time,* perdre el temps. 2 devastar, arrasar. 3 desgastar; afeblir. ■ 4 *i.* malgastar-se *p.,* malbaratar-se *p.;* desaprofitar-se *p.;* 5 desgastar-se *p.,* afeblir-se *p.*

wastepaper basket [weist'peipə ,ba:skit] *s.* paperera *f.*

waste pipe [weistpaip] *s.* desguàs *m.*

wastrel [weistrəl] *s.* poca-pena, malgastador.

watch [wɔtʃ] *s.* vigilància *f.,* supervisió *f.* 2 torn *m.* de guàrdia, guàrdia *f.* 3 ant. vetlla *f.* 4 rellotge *m.* [de polsera, de butxaca].

watch (to) [wɔtʃ] *t.-i.* mirar, contemplar *t.,* esguardar: *to ~ television,* mirar la televisió. 2 *to ~ out,* vigilar, estar alerta. 3 ant. vetllar. 4 anar amb compte.

watchful [wɔtʃful] *a.* desvetllat; despert. 2 vigilant.

watch-maker [wɔtʃ,meikə'] *s.* rellotger.

watchman [wɔtʃmən] *s.* vigilant *m.,* nocturn. 2 sereno *m.*

watchword [wɔtʃwə:d] *s.* MIL. sant i senya *m.,* contrasenya *f.* 2 consigna *f.,* lema *m.,* eslògan *m.*

water [wɔ:tə'] *s.* aigua *f.* ‖ *drinking ~,* aigua potable; *in deep ~,* en un trencacoll, en un mal pas, *spring ~,* aigua mineral, aigua de font. ■ 2 *a.* d'aigua, aquàtic.

water (to) [wɔ:tə'] *t.* regar, mullar. 2 donar aigua, fer beure. 3 *to ~ down,* aigualir [també fig.]. ■ 4 *i.* humitejar-se. ‖ *to make the mouth ~,* fer-se la boca aigua.

water closet [wɔ:təklɔzit] *s.* lavabo *m.,* wàter *m.*

watercolour, (EUA) **watercolor** [wɔ:təkʌlə] *s.* aquarel·la *f.*

waterfall [wɔ:təfɔ:l] *s.* salt *m.* d'aigua, cascada *f.*

waterfront [wɔ:təfrʌnt] *s.* ribera *f.,* riba *f.;* zona *f.* litoral.

water ice [wɔ:tərais] *s.* ALIM. sorbet *m.*

watering [wɔ:təriŋ] *s.* regatge *m.;* irrigació *f.*

watering can [wɔ:təriŋkæn] *s.* regadora *f.*

watering place [wɔ:təriŋpleis] *s.* abeurador *m.* 2 balneari *m.* 3 poble *m.* costaner d'estiueig.

water lily [wɔ:təlili] *s.* BOT. nenúfar *m.*

waterline [wɔ:təlain] *s.* MAR. línia *f.* de flotació.

waterlogged [wɔ:təlɔgd] *a.* xopat, amarat, anegat [terreny]. 2 ple d'aigua, inundat [embarcació].

watermark [wɔ:təma:k] *s.* TIPOGR. filigrana *f.*

watermelon [wɔ:tə'melən] *s.* síndria *f.*

water power [wɔ:təpauə'] *s.* energia *f.* hidràulica.

waterproof [wɔ:təpru:f] *a.* a prova d'aigua; impermeable; submergible.

watershed [wɔ:təʃed] *s.* fet *m.* trascendental, moment *m.* decisiu. 2 GEOGR. divisòria *f.* d'aigües.

water-skiing [wɔ:təski:iŋ] *s.* ESPORT esquí *m.* aquàtic.

waterspout [wɔ:təspaut] *s.* mànega *f.,* tromba *f.* marina.

watertight [wɔ:tətait] *a.* hermètic [respecte a l'aigua]. 2 clar; molt ben fet, perfecte [pla, acord, etc.].

water wings [wɔ:təwiŋz] *s. pl.* salvavides *m. sing.* de braç.

watery [wɔ:təri] *a.* aigualit. 2 humit, mullat. ‖ *a ~ sky,* cel *m.* plujós.

wave [weiv] *s.* ona *f.,* onada *f.* [també fig.]. 2 RADIO. ona *f.* 3 onda *f.,* ondulació *f.*

wave (to) [weiv] *i.* onejar, agitar-se *p.,* moure's *p.,* oscil·lar. ‖ *she waved at me,* em va fer un signe amb la mà; *she waved to me,* em va saludar amb la mà. ■ 2 *t.* agitar; fer anar amunt i avall. ‖ *she waved goodbye to me,* em va fer adéu (amb la mà). 3 ondular.

wavelength [weivleŋθ] *s.* RADIO. longitud *f.* d'ona.

waver (to) [weivə'] *i.* oscil·lar, trontollar, tremolar. 2 vacil·lar. 3 trontollar [ideals, conviccions].

wavy [weivi] *a.* ondulat. 2 onejant.

wax [wæks] *s.* cera *f.* ‖ *~ candle,* espelma *f., ~ work,* figura *f.* de cera.

wax (to) [wæks] *t.* encerar. ■ 2 *i.* créixer [la lluna].

way [wei] *s.* camí *m.;* carrer *m.,* via *f.* 2 camí *m.,* ruta *f.* ‖ *on the ~,* pel camí. 3 rumb *m.,* direcció *f.* ‖ *~ down the road,* carrer avall; *this ~,* per aquí, cap aquí; *which ~ shall we go?,* cap on anem? 4 manera *f.,* forma *f.* ‖ *do it this ~,* fes-ho així; *no ~,* de cap manera; *the other ~ round,* al revés. 5 costum *m.,* hàbit *m.;* comportament *m.* ‖ *the Chinese ~ of life,* la manera de viure xinesa.

wayfarer [wei,fɛərə'] *s.* liter. caminant.

waylay (to) [wei'lei] *t.* ant. abordar, es-cometre [una persona].

wayside [weisaid] *s.* vora *f.* del camí.

wayward ['weiwəd] *a.* rebec; entremaliat, rebel.

we [wi:, wi] *pron. pers.* nosaltres.

weak [wi:k] *a.* dèbil, fluix, feble. 2 fluix, aigualit [alcohol, sopa, etc.].

weaken (to) ['wi:kən] *t.* debilitar. ■ 2 *i.* debilitar-se *p.* 3 flaquejar, fluixejar.

weakness ['wi:knis] *s.* debilitat *f.*, flaquesa *f.*

weal [wi:l] *s.* blau *m.;* morat *m.* [a la pell]. 2 ant. bé *m.*, prosperitat *f.*

wealth [welθ] *s.* riquesa *f.* 2 fortuna *f.*

wealthy ['welθi] *a.* ric.

weapon ['wepən] *s.* arma *f.*

wear [wɛə'] *s.* ús *m.* [roba, calçat, etc.]: *for everyday* ~, per a l'ús diari, per a tot portar. 2 ús *m.*, desgast *m.* ‖ *these trousers are showing* ~, aquests pantalons es veuen molt portats. 3 *men's* ~, roba *f.* d'home.

wear (to) [wɛə'] *t.* portar posat, vestir. 2 portar [ulleres, watch, etc.]. 3 gastar, desgastar, deteriorar. ■ 4 *i.* gastar-se *p.*, deteriorar-se *p.* ‖ ~ *thin,* gastar-se *p.* ■ *to* ~ *away,* desgastar(se); esborrar(se); *to* ~ *down,* gastar(se): *her shoe heels were worn down,* tenia els talons de les sabates gastats; fig. esgotar(se), cansar(se); fig. *to* ~ *off,* dissipar-se fig.; liter. *to* ~ *on,* perllongar-se, passar lentament [temps]; *to* ~ *out,* gastar(se), fer(se) malbé. ▲ Pret.: *wore* [wɔ:] i p. p.: *worn* [wɔ:n].

weariness ['wiərinis] *s.* cansament *m.;* desànim *m.*

wearisome ['wiərisəm] *a.* avorrit; cansador.

weary [wiəri] *a.* cansat. 2 abatut, desanimat; preocupat. 3 cansador, esgotador. ■ 4 *adv.* **wearily,** amb cansament, penosament.

weasel [wi:zl] *s.* mostela *f.*

weather [weðə'] *s.* temps *m.* [atmosfèric]. ‖ *the weather's fine today,* avui fa bon dia; *to feel under the* ~, estar pioc, trobar-se malament; *what's the* ~ *like?,* quin temps fa?

weather (to) [weðə'] *i.* exposar-se *p.* a la intempèrie. ■ 2 *t.* superar, trampejar [problemes].

weather forecast [weðə'fɔ:ka:st] *s.* informació *f.* meteorològica.

weather vane [weðəvein] *s.* gallet *m.*, penell *m.*

weave [wi:v] *s.* teixit *m.*, textura *f.*

weave (to) [wi:v] *t.* teixir. 2 ordir, tramar [també fig.]. ▲ Pret.: *wove* [wouv]; p. p.: *woven* ['wouvən] o *wove.*

weaver ['wi:və'] *s.* teixidor.

web [web] *s.* teixit *m.;* tela *f.* ‖ *(spider's)* ~, teranyina *f.*

webfooted ['web'futid] *a.* ZOOL. palmípede.

we'd [wi:d] *contr.* de WE HAD, WE SHOULD, WE WOULD.

wed (to) [wed] *t.* casar-se *p.* amb. 2 liter. unir-se *p.* ■ 3 *i.* casar-se *p.* ▲ Pret. i p. p.: *wedded* [wedid] o *wed* [wed].

wedding [wediŋ] *s.* casament *m.*, noces *f. pl.*, núpcies *f. pl.: silver* ~, noces d'argent.

wedge [wedʒ] *s.* falca *f.;* cuny *m.* [també fig.].

wedge (to) [wedʒ] *t.* falcar.

wedlock [wedlɔk] *s.* DRET lligam *m.* matrimonial, matrimoni *m.*

Wednesday ['wenzdi, -dei] *s.* dimecres *m.*

weed [wi:d] *s.* herba *f.*, mala herba *f.* 2 fig. persona *f.* prima, secall *m.* 3 col·loq. herba *f.*, marihuana *f.*

weed (to) [wi:d] *t.-i.* desherbar *t.*, arrencar *t.* les males herbes. 2 *t. to* ~ *out,* triar, destriar.

week [wi:k] *s.* setmana *f.*

weekend [wi:kend] *s.* cap *m.* de setmana.

weekly ['wi:kli] *a.* setmanal. ■ 2 *adv.* setmanalment. ■ 3 *s.* setmanari *m.*, publicació *f.* setmanal.

weep (to) [wi:p] *i.* liter. plorar. ■ 2 *t.* vessar [llàgrima]. ▲ Pret. i p. p.: *wept* [wept].

weeping ['wi:piŋ] *a.* ploraner.

weight [weit] *s.* pes *m.* ‖ *to put on* ~, engreixar-se *p.* 2 sistema *m.* de mesures.

weigh (to) [wei] *t.-i.* pesar. ■ *to* ~ *down,* deprimir, fer anar cap avall [pel pes]; *to* ~ *up,* considerar, sospesar.

weight (to) [weit] *t.* posar pes, carregar.

weighty [weiti] *a.* pesat. 2 important, de pes.

weir [wiə'] *s.* resclosa *f.*

weird [wiəd] *a.* fantàstic, rar, sobrenatural, misteriós.

welcome ['welkəm] *a.* benvingut, ben rebut. ‖ *you are* ~ *to borrow my car,* si vols, et deixo el cotxe. 2 *you are* ~, de res, no es mereixen [les gràcies]. ■ 3 *s.* benvinguda *f.*

welcome (to) ['welkəm] *t.* donar la benvinguda.

welcoming [welkəmiŋ] *a.* acollidor.

welfare [welfɛəˀ] *s.* benestar *m.*

we'll [wiːl] *contr.* de WE SHALL i WE WILL.

1) well [wel] *s.* pou *m.*

2) well (to) [wel] *i. to ~ (up)*, brollar.

3) well [wel] *adv.* bé. ‖ *very ~*, molt bé; *~ done*, ben fet; *he's ~ over fifty*, té cinquanta anys ben bons. 2 *as ~*, també. ■ 3 *adj.* bé [salut].

well-being [wel,biːiŋ] *s.* benestar *m.*, felicitat *f.*, prosperitat *f.*

well-built [,wel'bilt] *a.* cepat, ben fet, quadrat.

wellington [weliŋtən], **wellington boot** [,weliŋtən'buːt] *s.* botes *f. pl.* d'aigua, catiusques *f. pl.*

well-known [,wel'noun] *a.* conegut, de renom, famós.

well-meaning [,wel'miːniŋ] *a.* ben intencionat.

well-off [wel'ɔf] *a.* benestant, acomodat.

well-to-do [welta'duː] *a.* benestant, acomodat.

Welsh [welʃ] *a.* gal·lès. ■ 2 *s.* gal·lès [persona]. 3 gal·lès *m.* [llengua].

went [went] Vegeu GO (TO).

wept [wept] Vegeu WEEP (TO).

we're [wiəˀ] *contr.* de WE ARE.

were [wəˀ, wəˀ] Vegeu BE (TO).

west [west] *s.* oest *m.*, occident *m.* ■ 2 *a.* de l'oest, occidental.

westerly [westəli] *a.* de l'oest. ■ 2 *adv.* cap a l'oest.

West Indies [,west'indiːz] *s.* GEOGR. Antilles.

wet [wet] *a.* mullat; humit. ‖ *to be ~ through*, estar xop; *to set ~*, mullar-se *p.* 2 plujós. 3 amb poca empenta, apagat [persona].

wet (to) [wet] *t.* mullar, (VAL.) banyar; humitejar. ▲ Pret. i p. p.: *wet* o *wetted.*

wetness [wetnis] *s.* mullena *f.*, humitat *f.*

whale [weil, hweil] *s.* ZOOL. balena *f.*

wharf [wɔːf,hwɔːf] *s.* moll *m.* ▲ *pl.* **wharfs** o **wharves.**

what [wɔːt, hwɔːt] *a. interrog.* quin: *~ time is it?*, quina hora és?; *~ a man!*, quin home! ■ 2 *pron. interrog.* què: *~ happened?*, què ha passat? ‖ *~ for*, per a què. ‖ *what's the weather like?*, quin temps fa? 3 *pron. rel.* què, allò que: *I don't know ~ he wants*, no sé què vol; *~ you said is rubbish*, allò que has dit són bestieses.

whatever [wɔˀtevəˀ] *a.* qualsevol. ■ 2 *pron.* qualsevol cosa, qualsevol.

whatsoever [,wɔtsou'evəˀ] *a.-pron.* liter. Vegeu WHATEVER.

wheat [wiːt, hwiːt] *s.* blat *m.*

wheat field [wiːtfiːld] *s.* camp *m.* de blat.

wheedle (to) [wiːdl, 'hwiːdl] *t.* afalagar. 2 entabanar, afalagant.

wheel [wiːl, hwiːl] *s.* roda *f.* 2 MEC. torn *m.* 3 AUTO. volant *m.*

wheelbarrow [wiːl,bærou] *s.* carretó *m.*

wheeze [wiːz, hwiːz] *s.* panteix *m.;* bleix *m.;* esbufec *m.*

wheeze (to) [wiːz, hwiːz] *i.* bleixar; panteixar, esbufegar.

when [wen, hwen] *adv.-conj.* quan.

whence [wens, hwens] *adv.* form. d'on, d'allà on.

whenever [wen'evəˀ, hwen'evəˀ] *adv.* sempre que; quan.

where [wɛəˀ, hwɛəˀ] *adv.* on.

whereabouts [wɛərəbauts] *s.* parador *m.*, situació *f.*, localització *f.*

whereas [wɛərˀæz] *conj.* considerant que. 2 mentre que.

whereby [wɛəˀbai] *adv.* amb la qual cosa, per la qual cosa.

whereupon [,wɛərəˀpɔn] *adv.* després de la qual cosa, llavors.

wherever [wɛərˀevəˀ] *adv.* arreu on, a qualsevol lloc on. ‖ *~ you are,* siguis on siguis.

whet (to) [wet, hwet] *t.* esmolar. 2 fig. excitar, estimular.

whether [weððˀ] *conj.* si: *I wonder ~ it's enough,* no sé si n'hi deu haver prou; *~ you come or not,* tant si vens com si no.

which [witʃ, hwitʃ] *a. interrog.-pron. interrog.* quin: *~ book do you prefer?,* quin llibre t'estimes més? 2 *a. rel.* form. el qual. ‖ *the first thing ~ I saw,* la primera cosa que vaig veure.

whichever [witʃˀevəˀ, hwitʃˀevəˀ] *a.-pron.* qualsevol.

whiff [wif, hwif] *s.* buf *m.*, bufada *f.* 2 alè *m.*, bafarada *f.*

while [wail, hwail] *s.* estona *f.* ‖ *for a ~,* durant (un) temps; *once in a ~,* de tant en tant. ■ 2 *conj.* mentre, mentrestant.

while (to) [wail, hwail] *t. to ~ away,* passar [el temps, l'estona, etc.].

whilst [wailst, hwailst] *conj.* mentre, mentrestant.

whim [wim, hwim] *s.* antull *m.*, caprici *m.*

whimper [wimpǝ', 'hwimpǝ'] s. gemec m., queixa f., ploriqueig m.

whimper (to) [wimpǝ', hwimpǝ'] i. gemegar, ploriquejar.

whimsical [wimzikǝl, 'hwimzikǝl] a. capriciós, extravagant.

whimsy [wimzi, 'hwimzi] s. Vegeu WHIM.

whine [wain, hwain] s. gemec m., plany m., queixa f.

whine (to) [wain, hwain] i. gemegar f., queixar-se f.

whip [wip, hwip] s. fuet m., xurriaca f. ‖ *to have the ~ hand,* dominar la situació, tenir la paella pel mànec. 2 ALIM. batut m.

whip (to) [wip, hwip] t. fuetejar. 2 CUI. batre. 3 col·loq. batre, derrotar, vèncer. 4 treure de cop; moure ràpidament. ■ 5 i. treure's p. de cop; moure's p. ràpidament.

whipping [wipiŋ, 'hwipiŋ] s. pallissa f.

whir [wǝ:', hwǝ:'] s. zumzeig m., fregadís m.

whir (to) [wǝ:', hwǝ:'] i. brunzir, zumzejar.

whirl [wǝ:l, hwǝ:l] s. remolí m. 2 fig. confusió f., embolic m.

whirl (to) [wǝ:l, hwǝ:l] i. donar voltes, giravoltar. ■ 2 t. fer donar voltes, fer giravoltar.

whirlpool [wǝ:lpu:l, 'hwǝ:lpu:l] s. remolí m.

whirlwind [wǝ:lwind, 'hwǝ:lwind] s. remolí m. de vent.

whisker [wiskǝ', 'hwiskǝ'] s. patilla f. 2 pl. ZOOL. bigotis m. pl.

whiskey, whisky [wiski] s. whisky m.

whisper [wispǝ', 'hwispǝ'] s. murmuri m., xiuxiueig m.

whisper (to) [wispǝ', 'hwispǝ'] i.-t. xiuxiuejar, murmurejar. 2 t. dir en secret; rumorejar.

whistle [wisl, 'hwisl] s. xiulet m.

whistle (to) [wisl, 'hwisl] i.-t. xiular.

whit [wit, hwit] s. *not a ~,* gens, gens ni mica.

white [wait, hwait] a. blanc. 2 pàl·lid, malaltís. ■ 3 s. persona f. de raça blanca. 4 blanc m. de l'ull. 5 clara f. [d'ou].

white-hot [wait'hɔt] a. candent, ardent, roent [també fig.].

whiten (to) [waitn, 'hwaitn] t. emblanquinar. ■ 2 i. tornar-se p. blanc.

whiteness [waitnis, 'hwaitnis] s. blancor f.

white paper [,wait'peipǝ'] s. (G.B.) llibre m. blanc [del govern].

whitewash (to) [waitwɔʃ, 'hwaitwɔʃ] t. emblanquinar. 2 fig. encobrir, tapar.

Whitsunday [,wit'sʌndi] s. diumenge m. de Pentecosta.

Whitsuntide [witsntaid] s. Pentecosta f., Segona Pasqua f.

whiz o **whizz** [wiz, hwiz] s. zumzeig m., batre m., brunzit m.

whiz o **whizz** [to] [wiz, hwiz] i. zumzejar, brunzir.

who [hu:, hu] pron. qui.

whoever [hu:'evǝ] pron. rel. qualsevol. ‖ *~ you are,* siguis qui siguis.

whole [houl] a. tot, sencer: *the ~ day,* tot el dia. 2 íntegre, intacte. ■ 3 s. total m., conjunt m.: *as a ~,* com un tot, en conjunt, *on the ~,* en general.

whole-hearted [houl'ha:tid] a. cordial, incondicional, sincer.

wholesale [houlseil] adv. a l'engròs. ■ 2 a. a l'engròs. 3 fig. total, general. ■ 4 s. venda f. a l'engròs. 5 *wholesaler,* majorista.

wholesome [houlsǝm] a. sa, saludable.

wholly [houli] adv. completament, totalment.

whom [hu:m, hum] pron. a qui, qui.

whoop [hu:p] s. crit m., udol m. 2 estossec m., tos f.

whoop (to) [hu:p] t.-i. cridar, udolar.

whooping-cough [hu:piŋkɔf] s. MED. tos ferina f.

whose [hu:z] pron. pos. de qui. *~ is that?,* de qui és això? 2 pron. rel. del qual, de qui: *the man ~ sister is a typist,* l'home la germana del qual és mecanògrafa; *the writer ~ books were published recently,* l'escriptor a qui li han publicat llibres fa poc.

why [wai, hwai] adv. interrog. per què: *~ didn't you come?,* per què no vas venir? ■ 2 interj. caram, òndia, ostres! ■ 3 s. perquè m., causa f.

wick [wik] s. ble m.

wicked [wikid] a. dolent, pervers. 2 rancorós. 3 malèvol, feridor.

wicker [wikǝ'] s. vímet m. ■ 2 a. de vímet.

wide [waid] a. ample: *two feet ~,* de dos peus d'ample. 2 ampli, vast, extens. 3 sense escrúpols: pop. *~ boy,* bretol, bandarra. ■ 4 adv. del tot, completament. ‖ *~ open,* ben obert; de bat a bat

[porta]; fig. ~ *awake,* alerta, despert, es-
pavilat. *5* lluny, a distància.

widen (to) [waidn] *t.* eixamplar, esten-
dre. ■ 2 *i.* eixamplar-se *p.;* estendre's *p.*

wide-spread [waidspred] *a.* estès, molt
difós: *a ~ belief,* una creença general.

widow [widou] *s.* vídua *f.,* viuda *f.*

widower [widouəʳ] *s.* vidu *m.,* viudo *m.*

widowhood [widouhud] *s.* viduïtat *f.*

width [widθ] *s.* amplada *f.,* amplària *f.*

wield (to) [wi:ld] *t.* utilitzar, manejar. ‖
to ~ authority, tenir autoritat.

wife [waif] *s.* muller *f.,* esposa *f.,* dona *f.*
▲ *pl.* **wives** [waivz].

wig [wig] *s.* perruca *f.,* postís *m.*

wild [waild] *a.* salvatge: *~ duck,* ànec *m.*
salvatge. 2 silvestre; sense conrear. 3
agrest, desolat. 4 violent, incontrolat. *5*
excitat, apassionat, descontrolat.

wild boar [waildbɔːʳ] *s.* ZOOL. porc *m.*
senglar, senglar *m.*

wildcat [waildkæt] *s.* ZOOL. gat *m.* sal-
vatge. ■ 2 *a.* arriscat, temerari, perillós.

wilderness [wildənis] *s.* terra *f.* erma,
ermot *m.*

wildness [waildnis] *s.* estat *m.* salvatge.
2 brutalitat *f.*

wile [wail] *s.* ardit *m.,* estratagema *f.*

wilfulness [wilfulnis] *s.* obstinació *f.,*
determinació *f.* 2 premeditació *f.,* inten-
cionalitat *f.,* intenció *f.*

1) will [wil] *s.* voluntat *f.* 2 desig *m.* 3
DRET testament *m.*

2) will [wil] *aux. futur.: I ~ go,* hi aniré;
~ you come?, vindràs?

3) will (to) [wil] *t.* desitjar, voler. 2 DRET
llegar.

willing [wiliŋ] *a.* amatent; servicial, dis-
posat. 2 voluntari; entusiasta. ■ 3 *-ly*
adv. de bon grat, de gust.

willingness [wiliŋnis] *s.* ganes *f. pl.,* dis-
posició *f.*

willow [wilou] *s.* BOT. salze *m.* ‖ BOT.
weeping ~ desmai *m.*

willowy [wiloui] *a.* lleuger, àgil, esvelt.

willy-nilly [ˌwili'nili] *adv.* vulguis o no, a
la força.

wilt (to) [wilt] *t.* marcir. ■ 2 *i.* marcir-se
p. [plantes, flors]. 3 neulir-se *p.* [perso-
nes].

wily [waili] *a.* astut, arterós.

win (to) [win] *t.* guanyar. 2 vèncer. ■ 3 *i.*
guanyar-se *p.* 4 vèncer, triomfar. ▲ Pret.
i p. p.: *won* [wʌn].

wince [wins] *s.* ganyota *f.* [de por, de do-
lor].

wince (to) [wins] *i.* fer una ganyota [de
por, de dolor].

wind [wind] *s.* vent *m.* 2 pl. *winds,* vents
m. pl., punts *m. pl.* cardinals. 3 respiració
f., alè *m.* 4 olor *f.* ‖ *to get the ~ of,* en-
sumar-se. *5* ventositat *f.,* flat *m.*

1) wind (to) [waind] *i.* serpentejar, zig-
zaguejar. ■ 2 *t.* cargolar. 3 donar corda.
▲ Pret. i p. p.: *wound* [waund].

2) wind (to) [wind] *t.* ensumar, detectar
amb l'olfacte. ■ 2 *t.* panteixar *i.,* bufar *i.* ▲
Pret. i p. p.: *winded* [windid].

windbag [windbæg] *s.* col·loq. xerraire,
parauler.

windfall [windfɔːl] *s.* fruita *f.* caiguda de
l'arbre [pel vent]. 2 sort *f.* inesperada.

winding [waindiŋ] *s.* cargolament *m.,*
bobinat *m.* 2 corba *f.,* volta *f.,* giragonsa
f. ■ 3 *a.* tortuós, sinuós. ‖ *~ stairs,* escala
f. de cargol.

windmill [winmil] *s.* molí *m.* de vent.

window [windou] *s.* finestra *f.* 2 *shop-
window,* aparador *m.*

window frame [windoufreim] *s.* marc
m. [de finestra].

window pane [windoupein] *s.* vidre *m.*
[de finestra].

windpipe [windpaip] *s.* tràquea *f.*

wind sock [windsɔk] *s.* col·loq. anemos-
copi *m.,* mànega *f.* aeroscòpica.

windscreen [windskri:n], (EUA) **wind-
shield** [windʃi:ld] *s.* AUTO. parabrisa *m.*

windy [windi] *a.* ventós. ‖ *it's ~,* fa vent.

wine [wain] *s.* vi *m.: red ~,* vi *m.* negre.

wine cellar [wainselə] *s.* celler *m.*

wineglass [wainglɑ:s] *s.* got *m.* per al vi.

wineskin [wainskin] *s.* bot *m.* [per con-
tenir líquids].

wing [wiŋ] *s.* ala *f.* ‖ *on the ~,* en ple vol;
to take ~, alçar el vol. 2 TEAT. bastidors
m. pl.

wink [wiŋk] *s.* parpelleig *m.,* pestanyeig
m. 2 picada *f.* [d'ull]. ‖ *I didn't sleep a ~,*
no vaig poder aclucar l'ull.

wink (to) [wiŋk] *i.-t.* fer l'ullet *i.,* picar
l'ull *i.* ‖ *he winked at his sister,* va picar
l'ullet a la seva germana. 2 pestanyejar
i., parpellejar *i.* 3 *i.* centellejar, guspire-
jar.

winner [winəʳ] *s.* guanyador, vencedor.

winning [winiŋ] *a.* guanyador, vence-
dor. 2 persuasiu. 3 atractiu, encantador.
4 JOC *winnings,* guanys *m. pl.,* beneficis
m. pl.

winsome [winsəm] *a.* agradable, atrac-
tiu [persona].

wonder

winter [wintəʳ] s. hivern. ■ 2 a. d'hivern, hivernal: ~ *month,* mes d'hivern.

wintry [wintri] a. hivernal. ‖ *a ~ day,* un dia fred.

wipe (to) [waip] t. eixugar, (VAL.) torcar; fregar. ‖ *to ~ one's nose,* mocar-se p. 2 *to ~ away,* eixugar [llàgrimes, etc.]. 3 *to ~ off,* fregar, netejar; esborrar; eixugar [dentes].

wire [waiəʳ] s. fil m., cable m. [elèctric, telefònic, etc.]; filferro m. ‖ fig. *to pull the ~,* moure fils, buscar influències. 2 col·loq. (EUA) telegrama m.

wireless [waiəlis] s. telegrafia f. sense fils; ràdio f.

wiry [waeiəri] a. prim, sec, nerviüt [persona].

wisdom [wizdəm] s. seny m. ‖ ~ *tooth,* queixal m. del seny. 2 saviesa f.

wise [waiz] a. savi, assenyat; prudent. ■ 2 -ly adv. sàviament; de manera assenyada.

wish [wiʃ] s. desig m., anhel m.

wish (to) [wiʃ] desitjar, tenir ganes. ‖ *he wishes to be alone,* vol estar sol; *I ~ you were here,* m'agradaria que fossis aquí. ■ 2 i. *to ~ for,* anhelar t. 3 expressar un desig.

wishful [wiʃful] a. delerós, desitjós. ‖ ~ *thinking,* il·lusió f., fantasia f., desig m.

wistful [wistful] a. trist, enyorat, malenconiós, capficat.

wit [wit] s. agudesa f., enginy m., intel·ligència f. ‖ *to be at one's wit's end,* no saber com sortir-se'n; *to be out of one's wits,* perdre el seny, atabalar-se. 2 agudesa f., comicitat f., humor m. 3 persona f. aguda.

witch [witʃ] s. bruixa f.

witchcraft [witʃkrɔːft], **witchery** [witʃəri] s. bruixeria f.

with [wið] prep. amb. ‖ ~ *all speed,* a tota velocitat; *filled ~,* ple de; *have you got any money ~ you?,* portes diners?

withdraw (to) [wið'drɔː] t. retirar. 2 fer enrera; enretirar. 3 retirar-se p. 4 fer-se p. enrera. ‖ *to ~ a statement,* retractar-se p. ▲ Pret.: *withdrew* [wið'druː], p. p.: *withdrawn* [wið'drɔːn].

withdrawal [wið'drɔːəl] s. retirada f. 2 retractació f.

withdrawn [wið'drɔːn] Vegeu WITHDRAW (TO).

withdrew [wið'druː] Vegeu WITHDRAW (TO).

wither (to) [wiðəʳ] t. marcir. 2 fig. fulminar [amb la mirada, etc.]. ■ 3 i. marcir-se p.

withheld [wið'held] Vegeu WITHHOLD (TO).

withhold (to) [wið'houl] t. retenir; no revelar. ▲ Pret. i p. p.: *withheld* [wið'held].

within [wi'ðin] prep. en, dins de, a l'abast de. ‖ ~ *an hour,* en menys d'una hora. ■ 2 adv. liter. dintre.

without [wi'ðaut] prep. sense. 2 ant. fora de. ■ 3 adv. ant. liter. fora.

withstand (to) [wið'stænd] t. resistir, aguantar. ▲ Pret. i p. p.: *withstood* [wið'stud].

withstood [wið'sud] Vegeu WITHSTAND (TO).

witness [witnis] s. testimoni m.: *eye-witness,* testimoni ocular. 2 prova f., evidència f.

witness (to) [witnis] t. ser testimoni de, presenciar. 2 mostrar, evidenciar. ■ 3 i. testificar.

witticism [witisizəm] s. frase f. aguda, comentari m. encertat.

witty [witi] a. enginyós, agut, còmic.

wives [waivz] s. pl. de WIFE.

wizard [wizəd] s. bruixot m.

woe [wou] s. liter. pena f., aflicció f.

woebegone [woubigɔn] a. trist, compungit, abatut.

woeful [wouful] a. afligit. 2 trist, entristidor.

woke [wouk] Vegeu WAKE (TO).

woken [woukən] Vegeu WAKE (TO).

wolf [wulf] llop m. ▲ pl. *wolves* [wulvz].

wolf cub [wulfkʌb] s. ZOOL. llobató m. 2 llobató m. [escoltisme].

woman [wumən] dona f. ▲ pl. *women* [wimin].

womanish [wuməniʃ] a. de dona, femení, femenívol. 2 efeminat.

womankind [wumən'kaind] s. el sexe femení, les dones.

womanly [wumənli] a. femení, de dona.

womb [wuːm] s. úter m., matriu f.

won [wʌn] Vegeu WIN (TO).

wonder [wʌndəʳ] s. sorpresa f., perplexitat f. astorament m. 2 meravella f., prodigi m. ‖ *no ~,* no té res d'estrany.

wonder (to) [wʌndəʳ] t. demanar-se p., preguntar-se p. ‖ *I ~ what he wants,* no sé pas què vol; *I ~ why,* em demano per què. ■ 2 i. *to ~ at,* meravellar-se p. de, sorprendre's *p.* de. 3 **to ~ (about)**, demanar-se *p.*

wonderful [wʌndəful] *a.* sorprenent; meravellós. ■ 2 **-ly** *adv.* meravellosament; sorprenentment.

wondrous [wʌndrəs] *a.* aut. liter. sorprenent, meravellós.

wont [wount] *s.* ant. liter. costum *m.*, hàbit *m.*

won't [wount] *contr.* de WILL NOT.

woo (to) [wuː] *t.* ant. cortejar. 2 perseguir, buscar [fama, suport, èxit].

wood [wud] *s.* bosc *m.*; selva *f.* 2 fusta *f.* ‖ **small ~**, fustetes *f. pl.*

woodbine [wudbain] *s.* mareselva *f.*, lligabosc *m.*

wood-cutter [wudˌkʌtəʳ] *s.* llenyataire *m.*

wooded [wudid] *a.* ple de boscos, boscós.

woodlouse [wudlaus] *s.* panerola *f.* ▲ *pl.* **woodlice**.

woodpecker [wudˌpekəʳ] *s.* ORN. picot *m.*

wool [wul] *s.* llana *f.*: **all ~**, pura llana *f.*

woolly [wuli] *a.* de llana, llanut; com de llana.

word [wəːd] *s.* paraula *f.* ‖ **by ~ of mouth**, oralment. ‖ **to have a ~ with**, parlar (un moment) amb. 2 avís *m.*, informació *f.* ‖ **to leave ~**, deixar un encàrrec. 3 paraula *f.*, promesa *f.* 4 ordre *f.*

word (to) [wəːd] *t.* formular, expressar [amb paraules].

wordiness [wəːdinis] *s.* vèrbola *f.*, verbositat *f.*

wordy [wəːdi] *a.* verbós.

wore [wɔːʳ, wɔəʳ] Vegeu WEAR (TO).

work [wəːk] *s.* treball *m.* 2 feina *f.*; ocupació *f.*, treball *m.* 3 obra *f.*; producció *f.* 4 *pl.* mecanisme *m. sing.*

work (to) [wəːk] *i.* treballar; fer feina. 2 funcionar, operar. 2 donar resultat, fer efecte. ■ 3 *t.* fer treballar. 4 controlar. 5 treballar [metall, fusta, etc.]. 6 cosir, brodar. ■ **to ~ in**, penetrar, endinsar-se; **to ~ out**, resultar: *did it ~ out?* ha funcionat?; **to ~ up**, fer pujar, augmentar, pujar, inflamar, excitar.

workable [wəːkəbl] *a.* factible, viable.

workday [wəːkdei] *s.* dia *m.* feiner.

worker [wəːkəʳ] *s.* obrer; treballador.

working [wəːkiŋ] *a.* que treballa. ‖ **~ class**, la classe obrera. 2 que funciona. ‖ **in ~ order**, en bon estat, a punt. 3 de treball. ‖ **~ lunch**, dinar *m.* de treball. 4 suficient; funcional. ‖ **~ knowledge**, nocions *f. pl.* bàsiques.

working day [wəːkiŋˌdei] *s.* dia *f.* laborable. 2 jornada *f.* laboral.

working party [wəːkiŋˌpɑːti] *s.* equip *m.* de treball; comissió *f.* de seguiment.

workman [wəːkmən] *s.* obrer *m.* 2 artesà *m.*, operari *m.*

workmanlike [weːkmənlaik], **workmanly** [wəːkmənli] *a.* d'artesà, ben fet.

workmanship [wəːkmənʃip] *s.* factura *f.*; qualitat *f.*

workroom [wəːkrum] *s.* taller *m.*, obrador *m.*, estudi *m.*

workshop [wəːkʃɔp] *s.* taller *m.* 2 seminari *m.*; grup *m.* de treball; taller *m.*: *a theatre ~*, un taller de teatre.

world [wəːld] *s.* món *m.* 2 fig. món *m.*, ambient *m.*, univers *m.* ■ 3 *a.* mundial, de nivell mundial.

worldly [wəːldli] *a.* material. 2 temporal. 3 terrenal.

worm [wəːm] *s.* cuc *m.* 2 fig. mitja cerilla *m.*, cuc *m.*, no-res *m.* [persona].

worm (to) [wəːm] *t.* medicar [per a extirpar cucs intestinals]. ■ 2 *i.* **to ~ one's way**, esmunyir-se *p.*

worn [wɔːn] Vegeu WEAR (TO). 2 **~ out**, usat, gastat; cansat, esgotat.

worried [wʌrid] *a.* preocupat, angoixat, inquiet.

worry [wʌri] *s.* preocupació *f.*; angoixa *f.*; molèstia *f.* 2 *pl.* **worries**, preocupacions *f. pl.*, problemes *m. pl.*, mals *m. pl.* de cap.

worry (to) [wʌri] *t.* preocupar, angoixar, inquietar, molestar. ■ 2 *i.* preocupar-se *p.*, angoixar-se *p.*, inquietar-se *p.*

worse [wəːs] *a.-adv.* (*compar.* de *bad*) pitjor, més malament. ‖ **to get ~**, empitjorar. ■ 2 *s.* empitjorament. ‖ **the ~**, el pitjor.

worsen (to) [wəːsn] *t.* empitjorar(se).

worship [wəːʃip] *s.* culte *m.*, adoració *f.*, veneració *f.*

worship (to) [wəːʃip] *t.* adorar, venerar. ■ 2 *i.* rendir culte a.

worst [wəːst] *a. superl.* pitjor. ‖ **the ~**, el pitjor. ■ 2 *adv.* pitjor, més malament. ■ 3 *s.* el pitjor, la pitjor part, allò pitjor *m.*

worst (to) [wəːst] *t.* derrotar, vèncer.

worsted [wustid, ˌtəd] *s.* TÈXT. estam *m.*

worth [wəːθ] *a.* tenir valor, estar valorat, valdre. ‖ *it's not ~ the effort*, no val la pena esforçar-s'hi. ■ 2 *s.* valor *m.*, preu *m.*; vàlua *f.*

worthless [wəːθlis] *a.* inútil, sense valor.

worthy [ˈwɔːði] *a.* digne, mereixedor. ■ 2 *s.* personatge *m.*, personalitat *f.* 3 col·loq. iròn. personatge *m.*

would [wud, wəd] *aux. cond.:* **I ~ like to go,** m'agradaria anar-hi. ‖ **~ you please pass me the salt?,** em pot passar la sal, si li plau? 2 Pret. **he ~ come every day,** venia cada dia.

would-be [ˈwuldbiː] *a.* aspirant. 2 suposat.

wouldn't [ˈwudənt] *contr.* de WOULD NOT.

1) wound [wuːnd] *s.* ferida *f.* 2 ofensa *f.*

2) wound [waund] Vegeu WIND (TO) 1.

wound (to) [wuːnd] *t.* ferir, fer mal. 2 ofendre, ferir.

wounded [ˈwuːndid] *a.* ferit. 2 ofès. ■ 3 *s.* ferit *m.*

wove [wouv] Vegeu WEAVE (TO).

woven [ˈwouvən] Vegeu WAVE (TO).

wrangle [ˈræŋgl] *s.* baralla *f.*, brega *f.*, batussa *f.*

wrangle (to) [ˈræŋgl] *i.* barallar-se *p.*, esbatussar-se *p.*

wrap [ræp] *s.* embolcall *m.* 2 abrigall *m.*, abric *m.*

wrap (to) [ræp] *t.-i.* **to ~ (up),** cobrir(-se), embolicar(-se), embolicallar(-se). ‖ **~ yourself up!,** tapa't!, abriga't! 2 **to be wrapped (up) in,** estar absort en.

wrapping [ˈræpiŋ] *s.* embolcall *m.*, coberta *f.*, recobriment *m.*

wrapping paper [ˈræpiŋˌpeipə] *s.* paper *m.* d'embolicar.

wrath [rɔːθ] *s.* liter. còlera *f.*, ira *f.*

wrathful [ˈrɔːθful] *a.* colèric, irat, furiós. ■ 2 **-ly** *adv.* colèricament, iradament.

wreak [riːk] *t.* liter. infligir, aplicar; descarregar.

wreath [riːθ] *s.* garlanda *f.*, corona *f.* 2 anell *m.*, virolla *f.* [de fum, boira, etc.].

wreathe [riːð] *t.* cobrir, envoltar, encerclar. 2 entortolligar, entrellaçar. ■ 3 *i.* entortolligar-se *p.*, entrellaçar-se *p.*

wreck [rek] *s.* ruïna *f.*, restes *f. pl.* 2 restes *f. pl.*, carcassa *f.* [de vaixell]. 3 naufragi *m.*

wreck (to) [rek] *t.* fer naufragar; fer col·lisionar, destruir.

wreckage [ˈrekidʒ] *s.* ruïna *f.*, restes *f. pl.*

wrench [rentʃ] *s.* estirada *f.* 2 torçada *f.*, torçament *m.* 3 dolor *m.*, pena *f.* [per separació]. 4 **~ o monkey ~,** clau *f.* anglesa.

wrench (to) [rentʃ] *t.* torçar; fer girar. 2 torçar-se *p.* [el peu, etc.]. 3 distorsionar, falsejar.

wrest (to) [rest] *t.* prendre, arrencar, arrabassar. 2 deformar, distorsionar.

wrestle (to) [ˈresl] *i.* lluitar [cos a cos]. 2 fig. lluitar, batallar.

wretch [retʃ] *s.* miserable, desafortunat. 2 miserable, desgraciat, bandarra.

wretched [ˈretʃid] *a.* miserable, pobre. 2 de baixa qualitat, dolent. ‖ **your ~ stupidity,** la teva immensa estupidesa.

wriggle (to) [ˈrigl] *i.* recargolar-se *p.*, moure's *p.* zigzaguejar. ■ 2 *t.* moure, remenar.

wring (to) [riŋ] *t.* torçar, retorçar. 2 **to ~ out,** fer sortir, esprémer. ‖ **to ~ out the water,** escórrer l'aigua. ▲ Pret. i p. p.: **wrung** [rʌŋ].

wrinkle [ˈriŋkl] *s.* arruga *f.*, séc *m.*; solc *m.*

wrist [rist] *s.* ANAT. canell *m.*

wrist watch [ˈristwɔtʃ] *s.* rellotge *m.* de polsera.

writ [rit] *s.* DRET ordre *f.*, decret *m.*

write (to) [rait] *t.-i.* escriure. ‖ **to ~ back,** contestar per escrit, contestar una carta; **to ~ down,** escriure, anotar; **to ~ up,** completar, posar al dia; descriure. ▲ Pret.: **wrote** [rout]; p. p.: **written** [ˈritn].

writer [ˈraitə] *s.* escriptor.

writhe (to) [raið] *i.* cargolar-se *p.*, recargolar-se *p.* [de dolor].

writing [ˈraitiŋ] *s.* escrit *m.*, text *m.* 2 lletra *f.*, escriptura *f.*

writing desk [ˈraitiŋdesk] *s.* escriptori *m.*

writing pad [ˈraitiŋpæd] *s.* bloc *m.* [de notes].

writing paper [ˈraitiŋˌpeipə] *s.* paper *m.* d'escriure.

written [ˈritn] Vegeu WRITE (TO).

wrong [rɔŋ] *a.* dolent, mal fet. ‖ **It was ~ of you,** vas fer mal fet. 2 erroni, equivocat. ‖ **the ~ side,** el costat dolent, el costat de sota [d'una roba]; **to be ~,** anar equivocat, no tenir raó. ■ 3 *adv.* malament. ‖ **what's ~ with you?,** què caram et passa? ■ 4 *s.* mal *m.*; injustícia *f.*

wrong (to) [rɔŋ] *t.* ofendre, tractar injustament.

wrongdoer [ˈrɔŋduə] *s.* malfactor.

wrongful [ˈrɔŋful] *a.* injust.

wrote [rout] Vegeu WRITE (TO).

wrought [rɔːt] pret. i p. p. irreg. ant. de WORK (TO). ■ 2 *a.* treballat, forjat.

wrung [rʌŋ] Vegeu WRING (TO).

wry [rai] *a.* torçat, tort. ‖ **~ face,** ganyota *f.*

X

X, x [eks] *s.* x *f.* [lletra].
xenophobia [ˌzenəˈfoubjə] *s.* xenofòbia *f.*

Xmas [ˈkrisməs] *s.* abrev. de CHRISTMAS.
X-ray [ˈeksrei] *s.* raigs X *m. pl.*

Y

Y, y [wai] *s.* y *f.* [lletra].

yacht [jɔt] *s.* MAR. iot *m.*

Yankee ['jæŋki] *a.-s.* ianqui.

yard [jɑːd] *s.* iarda *f.* [0,914 m]. 2 pati *m.*, eixida *f.* ‖ *back* ~, pati anterior, pati de darrera.

yarn [jɑːn] *s.* fil *m.* 2 narració *f.* fantàstica, història *f.* ‖ *to spin a* ~, explicar històries [com a excusa, etc.].

yawn [jɔːn] *s.* badall *m.*

yawn (to) [jɔːn] *i.* badallar.

year [jəː'] *s.* any *m.* ‖ *once a* ~, un cop a l'any.

yearly ['jeːli] *a.* anual, anyal. ■ 2 *adv.* anualment, anyalment.

yearn (to) [jeːn] *i.* anhelar, desitjar *(for,* ~).

yearning ['jəːniŋ] *s.* anhel *m.*, sospir *m.*

yeast [jiːst] *s.* llevat *m.*

yell [jell] *s.* xiscle *m.*, crit *m.*; udol *m.*

yell (to) [jel] *i.* cridar, xisclar, udolar. ■ 2 *t. to* ~ *(out),* cridar, xisclar, udolar.

yellow ['jelou] *a.* groc. 2 col·loq. covard.

yelp [jelp] *s.* esgarip *m.*, udol *m.*

yelp (to) [jelp] *i.* fer esgarips, udolar.

yeoman ['joumən] *s.* HIST. petit propietari *m.* rural. 2 ~ *of the guard,* guarda *m.* de la Torre de Londres.

yes [jes] *adv.* sí. ■ 2 *s.* sí *m.*

yesterday ['jestədi, -dei] *adv.* ahir. ‖ *the day before* ~, abans d'ahir. ■ 2 *s.* ahir *m.*

yet [jet] *adv.* encara; ja: *haven't you finished reading that book yet?,* encara no has acabat de llegir aquell llibre? ■ 2 *conj.* no obstant això, tanmateix.

yew [juː] *s.* BOT. teix *m.*

yield [jiːld] *s.* producció *f.*, rendiment *m.* 2 collita *f.*

yield (to) [jiːld] *t.* produir, donar. ■ 2 *i.* rendir-se *p.*, cedir, abandonar.

yoga ['jougə] *s.* ioga *f.*

yogi ['jougi] *s.* iogui.

yoke [youk] *s.* jou *m.* [també fig.].

yoke (to) [jouk] *t.* junyir [també fig.].

yokel ['joukəl] *s.* pagerol *m.*, rústic *m.*

yolk [jouk] *s.* rovell *m.* [d'ou].

yore [jɔː'] *s.* ant. *of* ~, fa temps.

you [juː, ju] *pron. pers.* tu, nosaltres. 2 et, te, us. ‖ *I gave it to* ~, t'ho vaig donar; us ho vaig donar; *that's for* ~, és per a tu; és per a vosaltres.

young [jʌŋ] *a.* jove. ‖ ~ *lady,* senyoreta *f.* 2 jovença, novell. 3 *the* ~, els joves, la gent jove. ■ 4 *s.* els petits, les cries.

youngster ['jʌŋstə'] *s.* noi *m.*, jove *m.*, jovenet *m.*

your [juə', jɔː'] *a. poss.* el teu, els teus, el vostre, els vostres: *is that* ~ *chair?,* aquesta és la teva cadira?; aquesta és la vostra cadira?

yours [juə', jɔː'] *pron. poss.* teu, teus, vostre, vostres: *is that coat* ~*?,* aquesta jaqueta és teva?; aquesta jaqueta és vostra?; *where is* ~*?,* on és el teu?; on és el vostre?

yourself [juə'self, jɔː-] *pron. pers.* tu, tu mateix: *buy it* ~, compra-ho tu mateix; *wrap* ~ *up in that coat,* embolica't amb aquesta jaqueta. ▲ *pl.* *yourselves* [juə'selvz, jɔː'selvz].

youth [juːθ] *s.* joventut *f.*, adolescència *f.* 2 jove *m.*; noi *m.* 3 gent *f.* jove, joventut *f.*, jovenalla *f.*

youthful ['juːθful] *a.* jove, juvenil; jovenívol. ■ 2 *-ly adv.* jovenívolament, de manera juvenil.

Yugoslavia ['juːgouˈslɑːvjə] *n. pr.* GEOGR. Iugoslàvia.

Yugoslavian ['juːgouˈslɑːvjən] *a.-s.* iugoslau.

yule [juːl] *s.* ant. Nadal *m.*

Z

Z, z [zed] s. z f. [lletra].

zeal [ziːl] s. zel m., entusiasme m.

zealot [ˈzelət] s. fanàtic.

zealous [ˈzeləs] a. zelós, entusiasta. ■ 2 -ly adv. zelosament; amb entusiasme.

zebra [ˈziːbrə] s. ZOOL. zebra f.

zenith [ˈzeniθ] s. zènit m. [també fig.].

zephyr [ˈzefəʳ] s. METEOR. zèfir.

zero [ˈziərou] s. zero m. ‖ **below ~**, sota zero.

zest [zest] s. entusiasme m., gran interès m. 2 al·licient m.

zigzag [ˈzigzæg] s. ziga-zaga f. ■ 2 a.-adv. en ziga-zaga, fent ziga-zaga.

zigzag (to) [ˈzigzæg] i. fer ziga-zaga.

zinc [ziŋk] s. zenc m., zinc m.

zip [zip] s. cremallera f. 2 xiulet m. [d'un projectil].

zip (to) [zip] t. tancar amb cremallera. 2 to ~ up, tancar la cremallera.

zip fastener [ˈzipˈfaːsnəʳ], **zipper** [ˈzipəʳ] s. cremallera f.

zone [zoun] s. zona f.; àrea f.

zoological [zouəˈlɔdʒikl] a. zoològic.

zoology [zouˈɔlədʒi] s. zoologia f.

zoom [zuːm] s. brunzit m. [de l'avió que s'enlaira]. 2 FOT. ~ o ~ **lens,** zoom m.

zoom (to) [zuːm] i. enlairar-se p. ràpidament [avió]. 2 col·loq. pujar, apujar-se p. 3 FOT. usar el zoom.

CATALAN-ENGLISH

Abbreviations used in this dictionary

a.: adjective
abbr., *abbr.*: abbreviation
adv.: adverb
adv. phr.: adverbial phrase
AER.: aeronautics
AGR.: agriculture
ANAT.: anatomy
ant.: antiquated
ARCH.: architecture
ARITH.: arithmetic
art.: article
ARTILL.: artillery
ASTR.: astronomy
ASTROL.: astrology
AUTO.: automobile
AVIAT.: aviation

(BAL.): Balearic Islands
BIOL.: biology
BOT.: botany

cast.: Spanishism
CHEM.: chemistry
CIN.: cinema
coll.: colloquial
COMM.: commerce
COMP.: computers
COND.: conditional
conj.: conjunction
CONJUG.: conjugation
CONSTR.: building industry
contr.: contraction
COOK.: cookery
cop.: copulative
COSM.: cosmetics

dem.: demonstrative
dim.: diminutive
DRAW.: drawing

ECCL.: ecclesiastic
ECON.: economy
EDUC.: education
ELECTR.: electricity
ENT.: entomology
esp.: especially

f.: feminine
fig.: figurative
Fut.: future

GARD.: gardening
(GB): Great Britain
GEMM.: gemmology
GEOGR.: geography
GEOL.: geology
GEOM.: geometry
GER.: gerund
GRAMM.: grammar

HERALD.: heraldry
HIST.: history

i.: intransitive verb
ICHTHY.: ichthyology
imper.: impersonal
IMPERAT.: imperative
Imperf.: imperfect
IND.: industry
indef.: indefinite
INDIC.: indicative
interj.: interjection
interr.: interrogative
iron.: ironic

JOURN.: journalism

LING.: linguistics
lit.: literary
LIT.: literature
LITURG.: liturgy

m.: masculine
MAR.: maritime
MATH.: mathematics
MECH.: mechanics
MED.: medicine
METALL.: metallurgy
METEOR.: meteorology
MIL.: military
MIN.: mining
MINER.: mineralogy
MUS.: music
MYTH.: mythology

NAUT.: nautical
(N-O): North-Western Catalan
num.: numeral
NUMIS.: numismatics

(OCC.): Western Catalan

IV

OPT.: optics
ORNIT., ORNITH.: ornithology

p.: pronominal
P.A.: performing arts
pej.: pejorative
Perf.: perfect
pers.: personal
PHIL.: philosophy
phr.: phrase
PHYS.: physics
PHYSIOL.: physiology
PHON.: phonology
PHOT.: photography
pl.: plural
poet.: poetical
POL.: politics
poss.: possessive
P. P.: past participle
pr. n.: proper noun
pr. p.: present participle
prep.: preposition
prep. phr.: prepositional phrase
Pres.: present
PRINT.: printing
pron.: pronoun
PSYCH.: psychology

RADIO: radio
RAIL.: railway

REL.: religion
RHET.: rhetoric
(ROSS.): Rousillon

SEW.: sewing
sing.: singular
sl.: slang
SP.: sport
SUBJ.: subjunctive

t.: transitive verb
TECH.: technology
TEXT.: textiles
THEATR.: theatre
TRANS.: transport
T.V.: television
TYPOGR.: typography
(USA): United States of America
usu.: usually

(VAL.): Valencia
VIT.: viticulture
vulg.: vulgarism

ZOOL.: zoology

■ change of grammatical categoryy
▲ grammatical explanations
‖ introduces phraseology
~ substitutes headword

Catalan grammar

Phonetics

Here is a brief description of the pronunciation of Catalan.

Vowels

PHONETIC SYMBOL	DESCRIPTION	EXAMPLES
[i]	as in pit	*nit* [nit], *llit* [ʎit]
[e]	nonexistent; similar to get but closer	*nét* [net], *carrer* [kərré]
[ɛ]	as in get	*nen* [nɛn], *plego* [plɛɣu]
[a]	as in barn but shorter	*vas* [bas], *mare* [márə]
[ɔ]	as in pot	*pot* [pɔt], *allò* [əʎɔ]
[o]	as in order	*onze* [ónzə], *cançó* [kənsó]
[u]	as in room	*únic* [únik], *donar* [duná]
[ə]	as in annoy	*porta* [pɔ́rtə], *mare* [márə]

Semivowels

[ĭ]	as in joy	*drapaire* [drəpáĭrə], *boira* [bɔ́ĭrə]
[ŭ]	as in cow	*ciutat* [siŭtát], *babau* [bəβáŭ]

Semiconsonants

[j]	as in university	*noia* [nɔ́jə], *boia* [bəβáŭ]
[w]	like in well	*guant* [gwán], *quatre* [kwátrə]

Consonants

[p]	as in pocket	*porta* [pɔ́rtə], *empipar* [əmpipá]
[b]	as in bet	*balcó* [bəlkó], *bo* [bɔ]
[t]	as in foot	*taula* [táŭlə], *entre* [éntrə]
[d]	as in dark	*dona* [dɔ́nə], *dit* [dit]
[k]	as in king	*casa* [kázə], *quatre* [kwátrə]
[g]	as in cigarette	*gat* [gat], *goma* [gómə]
[β]	nonexistent. Voiced fricative bilabial	*àvia* [áβiə], *rebut* [rrəβút]
[ð]	as in mother	*adéu* [əðéŭ], *cada* [káðə]
[ɣ]	nonexistent. Voiced fricative velar	*aigua* [áĭɣwə], *negar* [nəɣá]
[f]	as in feather	*font* [fɔn], *agafar* [əɣəfá]

[s]	as in sail	cera [sɛ́rə], caçador [kəsəðó], rossa [rròsə]
[z]	as in rose	colze [kólzə], pisos [pizus]
[ʃ]	as in shark	xic [ʃik], creix [kreʃ]
[ʒ]	as in measure	jove [ʒóβə], ajagut [əʒəɣút]
[ts]	as in tsetse fly	potser [putsɛ́]
[dz]	as in goods	dotze [dòdzə], magatzem [məɣədzɛ̀m]
[tʃ]	as in chocolate	despatx [dəspàtʃ], desig [dəzitʃ]
[dʒ]	as in jam	metge [mèdʒə], corretja [kurrɛ̀dʒə]
[m]	as in map	mes [mes], meu [meŭ]
[n]	as in net	noi [nɔĭ], anar [ənà]
[ŋ]	as in ring	sang [saŋ], ungla [úŋglə]
[ɲ]	nonexistent. Voiced nasal palatal. Similar to onion	menys [mɛɲs], canya [káɲə]
[ʎ]	nonexistent. Voiced lateral palatal. Similar to million	allà [əʎà], llibre [ʎíbrə]
[l]	as in lost	línia [liniə], alè [əlɛ̀]
[r]	nonexistent. Simple voiced vibrant alveolar. Similar to red, barrow	però [pərɔ́], fora [fɔ́rə]
[rr]	nonexistent. Multiple voiced vibrant alveolar	rosa [rrɔ́zə], arròs [ərrós]

Other signs

| ['] | main stress |
| [,] | secondary stress |

Syllables

a) **Inseparable**: *uu (duu), güe (aigües), güi (am-bi-güi-tat), qüe (qües-ti-ó), qüi (o-bli-qüi-tat), ny (es-tany).*

b) **Separable**:
   1) those syllables where *i* and *u* are semiconsonants (neither following on strong vowels, nor at the start of a word, nor between vowels): *grà-ci-a, pi-e-tat, cu-a, fu-et,* but note: *io-de, iu-ca, no-ia, to-ia.*
   2) the digraphs *rr, ss* and *l·l (bar-ra, pas-si-ó, al-lu-si-ó).*
   3) those vowels which do not form a diphthong, this being indicated by the relevant accent or diaeresis (¨): *pa-ís, pa-ï-sos, be-ne-ït, lla-üt, pe-ü-lla, ru-ï-na,* etc. The diaeresis is omitted in the endings of the future and conditional tenses and of gerunds: *tra-i-ré, tra-i-ri-en, tra-int,* and in compound words such as: *co-in-ci-dir, re-in-te-grar, re-u-nir,* etc.

Accentuation

Accents are written on:

1) all words with stress on the final syllable ending in:
   à, é, è, í, ó, ò, ú (demà, puré, setè, robí, peó, això, oportú); às, és, ès, én, èn, ís, ín, ós, òs,

ús (cabàs, accés, espès, amén, ofèn, vernís, esplín, amorós, espòs, abús); but NOT on those words ending in *i, is, in, u*, or *us*, if these form part of a diminishing diphthong *(espai, serveis, gripau, guineus, dinou).*

2) all words with stress on the penultimate syllable but without any of the above endings:
   àcid, anàveu, antídot, cànem, diàfan, diguéssiu, húmer, inèdit, tròlei.

3) all words with stress on the antepenultimate syllable:
   ànima, àrdu-a, Àsi-a, brúixola, cúpula, dèri-a, època, perpètu-a, rèmora, sèri-e, vàlvula, zitzàni-a; but note: *aigua, aigües, llengua, llengües,* because these form diphthongs.

The diacritic accent
This is used to distinguish identical-looking words having different meanings, for example:
bé(ns) and *be(ns), bóta* and *bota, Déu - déu* and *deu, dóna (-es)* and *dona (-es), és* and *es, fóra* and *fora, nét(s)* and *net(s), ós* and *os, sé* and *se, séc* and *sec, sí* and *si, sóc* and *soc, són* and *son, té* and *te, ús* and *us, véns* and *vens, vós* and *vos, mà* and *ma, mòlt* and *molt, pèl(s)* and *pel(s), sòl* and *sol,* etc.

The article

		Singular	Plural
Definite	masculine:	*(lo), el, l'*	*(los), els*
	feminine:	*la, l'*	*les*
Indefinite	masculine:	*un*	*uns*
	feminine:	*una*	*unes*

The bracketed forms are the traditional ones or ones which still persist in dialects; *el* adopts the apostrophised form *l'* before a **vowel** or *h* provided the vowel is not the beginning of a diphthong: *el pare, l'ase, l'home, l'oncle,* but *el ion; la* is shortened to *l'* in the same instances, except for the vowels *i* or *u* where these are unstressed: *l'àvia, l'herba, l'oda, l'ungla;* but: *la idea, la hidròlisi, la unió, la humitat. El, els* are contracted in combination with *a, de* and *per,* forming *al, als, del, dels,* and *pel, pels: al pare, als pobres, del riu, dels vius, pel camí, pels homes;* but note: *a l'avi, de l'home, per l'esquena,* etc.

Changes of meaning according to gender
El còlera (disease) - *la còlera* (anger), *el fi* (purpose) - *la fi* (end), *el llum* (lamp) - *la llum* (light), *el salut* (greeting) - *la salut* (health).

The definite article is also used before ***personal names***: La Maria, l'Enric, even before well-known ***surnames***: l'Adenauer, la Callas. Note, however, that it changes to *en (En)* before masculine names beginning with a consonant: *en Lluís, en Narcís, en Ramon.*

Noun forms

Nouns and adjectives
Formation of the feminine (fem.) from the masculine (masc.) form, and of the plural (pl.) from the singular (sing.) form.

Feminine forms
– Where masc. ends in an unstressed *e* fem. ends in *a: alumn(e)/(-a), sogr(e)/(-a).*
– Where masc. ends in a stressed vowel, fem. = masc. + *na: cosí(na), bo(na), fi(na).*
– In a few cases, fem. = masc. + *essa: poet-(essa), abad(essa).*
– With spelling changes:
   a) *nebot - neboda, llop - lloba, jueu - jueva, boig - boja, mig - mitja.*
   b) *actor - actriu, emperador - emperadriu.*

c) *raça - races, figa - figues, pluja - pluges, taca - taques, llengua - llengües.*
- Fem. totally different from masc.: *ase - somera, boc - cabra, cavall - euga, gendre - nora, marit - muller, oncle - tia, pare - mare,* etc.
- Fem. = masc. + femella: *un pinsà femella,* or, conversely, *una cadernera mascle.*

Plural forms

In general, pl. = sing. + *s*: *cap(s), fill(s), gat(s), noi(s), brut(s).*
- Where ending is an unstressed *e* or *a*, pl. ends in *es*: *alumn(es), sogr(es), cas(es), mar(es).*
- Where ending is a stressed vowel, pl. = sing. + *ns*: *cosí (ins), lleó (ons), bo (bons).*
  Exceptions: *bisturí(s), cafè(s), clixé(s), esquí(s), mamà(s), menú(s), mercè(s), papà(s), sofà(s),* etc.
- With monosyllables, or words with final syllable stress, ending in *ç* or *s*:
  a) pl. = sing. + *os*: *braç(os), llaç(os), avis(os), gas(os), matís(issos).*
  b) pl. = sing. + *sos*: *arròs(ossos), cabàs(assos), ingrés(essos), nas(sos), os(sos), pas(sos), revés(essos), rus(sos).*
  c) pl. (fem. nouns) = sing. + *s* (or *invariable*): *calç(s), falç(s), pols.*
  d) but note that some masc. polysyllabic nouns without final syllable stress are *invariable*: *cactus, òmnibus,* etc.
- Where ending is *g* or *ig*, pl. = sing. + *s* (mute): *desig(s), faig(s), raig(s)* (or *fajos, rajos*).
- With masc. nouns having final syllable stress and ending in *sc, st, tx, x,* or *xt,* pl. = sing. + *os* (or *s*): *bosc(os), gest(os), despatx(os), boix(os), peix(os), text(os).*
- Words without final syllable stress, or instances of fem., pl. = sing. + *s*: *apèndix(s), còdex(s), hèlix(s), índex(s).*

Demonstrative adjectives

	Singular		Plural	
	masc.	fem.	masc.	fem.
	aquest	*aquesta*	*aquests (-os)*	*aquestes*
	(aqueix)	*(aqueixa)*	*(aqueixos)*	*(aqueixes)*
	aquell	*aquella*	*aquells*	*aquelles*

Examples: *Aquest* home i *aquelles* dones pertanyen a una sola família. (This man, and those women over there belong to one single family). The forms in brackets are traditional or poetical.

Possessive adjectives

One possessor

	Singular		Plural	
	masc.	fem.	masc.	fem.
1st person	*el meu*	*la meva*	*els meus*	*les meves*
	(mon)	*(ma)*	*(mos)*	*(mes)*
2nd person	*el teu*	*la teva*	*els teus*	*les teves*
	(ton)	*(ta)*	*(tos)*	*(tes)*
3rd person	*el seu*	*la seva*	*els seus*	*les seves*
	(son)	*(sa)*	*(sos)*	*(ses)*

Several possessors	Singular		Plural
1st person	*el nostre*	*la nostra*	*els/les nostres*
	(nostre)	*(nostra)*	
2nd person	*el vostre*	*la vostra*	*els/les vostres*
	(vostre)	*(vostra)*	
3rd person	*el seu*	*la seva*	*els seus/les seves*
	(llur)	*(llur)*	*(llurs)*

Standard Catalan is tending to disregard, or reserve for poetical use, the traditional forms in brackets above used without articles.

Personal pronouns

Strong forms

	Singular		Plural	
	masc.	fem.	masc.	fem.
1st person	*jo, mi*		*nosaltres(nós)*	
2nd person	*tu*		*vosaltres(vós)*	
3rd person	*ell*	*ella*	*ells*	*elles*
3rd reflexive	*si*		*si/ells*	*si/elles*

Formal (polite) versions of the 2nd person are: *vostè* (and *vos*). *Mi* replaces *jo* after the prepositions *a*, *amb*, *de*, *en*, *per*, *contra*, *entre*, *sense*, and *envers*, but not when these govern two or more related terms, e.g.: *contra mi*, but: *contra jo, tu i ell*. *Si* is used only after a preposition, although in pl. the forms *ells - elles* are often preferred, e.g.: *parlava de si*; *deien entre ells (elles)*.

Demonstrative pronouns

These have the same forms as the corresponding demonstrative adjectives along with the neuter forms (*aço*, *ço*) —which are obsolete or rare— and *això*, *allò*. For example: No vull *això*, porta'm *allò*.

Possessive pronouns

These have the same forms as the corresponding adjectives.

Other adjectival and pronominal forms

Indefinite.
a) *es, un, una, hom, un hom, algú, ningú, cadascú, alguna cosa* or *quelcom, qualsevol, tot, tothom, res,* and *altri*.
b) *un, una, uns, unes, algun (-a, -s, -es), cert (-a, -s, -es), mateix (-a, -os, -es), altre (-a, -es), qualsevol (qualssevol* or *qualsevols), cada, cadascun (-a), cap, ambdós, ambdues, sengles.*

Examples: *Es* va dient, i *un* (*hom, un hom*) acaba creient-ho. (A thing gets spread around and in the end people come to believe it's true). *Algú* deia que *ningú* no ho sabia. (Someone said that no-one knew). Digué *alguna cosa* (*quelcom*). (He said something). *Qualsevol* pensaria...! (Whoever would think). *Tot* s'ho creu! (He believes anything!). *Tothom* treballava de valent. (Everybody was working away with a will). No veig *res*. (I can't see a thing). No facis mal a *altri*. (Don't do harm to others). *Cert* dia, jo *mateix* i *uns altres* companys, en *tal* i en *tal altre*... (One day, myself and a few mates, so-and-so and so-and-so...). Per *qualsevol* cosa, es posa nerviós. (He gets upset over anything). *Cada* home, *cadascun* de vosaltres, vindrà armat. (Every man, every single one of you, will come armed). No n'he vist *cap*. (I haven't seen any). *Ambdues* germanes eren fora. (Both of the sisters were away).

Quantifying
molt, molta, molts, moltes, poc, poca, pocs, poques, tant (-a, -s, -es), quant (-a, -s, -es), bastant (-s), gaire, (-s), cap, diferent (-s), divers (-a, -os, -es); més, menys, que, prou, massa, força, una mica de, un xic de, gota de, gens de, etc.

Weak forms

		Singular				Plural			
		Before the verb		After the verb		Before the verb		After the verb	
		Complete	Elided	Complete	Elided	Complete	Elided	Complete	Elided
1st person	Direct and Indirect Object	em	m'	-me	'm	ens		-nos	'ns
2nd person	Indirect Object	et	t'	-te	't	us		-vos	'us
3rd person	Direct Object masc.	el	l'	-lo	'l	els		-los	'ls
	fem.	la	l'	-la		les		-les	
	neuter	ho		-ho					
	Indirect Object masc. / fem. / neuter	li		-li		els			
	Reflexive	es	s'	-se	's	es	s'	-se	's

Invariable forms

	Before the verb	After the verb
Adverbial or prepositional pronouns	hi	-hi
	en	n'
	-ne	'n

Hi stands for adverbs or adverbial phrases of place and manner with the prepositions *a, amb, en.* It is used with *haver* and other verbs such as: *fer, sentir, tocar* and *veure.* Finally, it replaces *li, els, (als)* beside the accusative forms *el, la, els, les, em, et, ens, us* (and the dative form *li*). It is used with reflexive verbs of motion.

En stands for adverbial phrases of place and for prepositional phrases beginning with the preposition *de.* It is used with reflexive verbs of motion.

Examples: *Molts* joves van venir. (Many young men [or young people] came). *Poca* gent l'escoltava. (Few listened to him). *Quant* val? *Tant* (How much does it cost? So much). Hi ha *bastant* de boira. (There's quite a bit of fog). No n'han vingut *gaires*. (Very few of them have come). No hi he trobat *cap* home.(I didn't find a single man there). *Diferents* persones l'ajudaven. (Various people helped him). *Diversos* homes bevien. (Several men were drinking). *Més* vi, *menys* aigua! (More wine, less water!). *Que* car! (How expensive!). *Prou* d'això! (That's enough of that!). *Massa* fressa. (Too much noise). *Força* dansaires. (A whole lot of dancers). *Una mica* de blat. (A little corn). *Una pila* de llenya. (A heap of firewood). *Un xic* d'aigua. (A drop of water).

Numbers

Cardinal	Ordinal
un, una	*primer, u, primera*
dos, dues	*segon, segona*
tres	*tercer*
quatre	*quart*
cinc	*cinquè (quint)*
sis	*sisè*
...	...
nou	*novè*
deu	*desè (dècim)*
onze	*onzè*
...	...
vint	*vintè*
vint-i-un (-i-una)	*vint-i-unè, vint-i-u*
...	...
cent	*centèsim, centè*
dos-cents quaranta-quatre	*(dos-cents quaranta-quatrè)*
...	...
mil	*mil·lèsim, milè*

Vint-i-dos milions, quatre-cents vint-i-sis mil, nou cents, trenta-tres.

Partitive

These have the same form as the ordinals, except for: *en octau*, *en dotzau* for books, and *quinta*, *sexta*, *sèptima*, *octava* in music, all these being latinisms.

Interrogative

Variable forms: *quin, quina, quins, quines* (which, what)
quant, quanta, quants, quantes (how much, how many)
Invariable forms: *com* (how), *on* (where), *quan* (where).

Examples: *Qui* era? (Who was it?). De *qui* parlàveu? (Who were you talking about?). De *què* es tracta? (What's it about?). No sé pas *què* vol. (I don't know what he wants). No m'afiguro *qui* podia ser. (I have no idea who it might be). *Quin* germà era? (Which brother was it?). M'agradaria saber *quina* d'elles ha estat. (I'd like to know which one of them [fem.] it was). *Quins* homes! (What men!). *Com* et dius? (What's your name?). *On* és ara? (Where is he now?). *Quan* arribaran? (When do they arrive?). *Quant* val? (How much does it cost?). *Quantes* cols portes? (How many cabbages have you brought?). No sé pas descriure-us *com* és de meravellós aquell paisatge! (I just don't know how to describe to you how beatiful that countryside is!).

Relative

Que, qui, què; el (la) qual, els (les) quals; on (adverbial); *qui, el (la) qui, els (les) qui; el que* (neuter) *[ço que]* (noun uses).

Examples: L'home *que* ve és el forner. (The man coming is the baker). La noia *que* vas veure és mestra. (The girl you saw is a teacher). Els oficials mataven els soldats *que* fugien. (The officers killed the soldiers who fled). L'home *amb qui* anava era el meu germà.

(The man I was with was my brother). La cosa *de què* parlàveu ja està resolta. (The matter you were discussing has already been resolved). Problemes molt importants, *els quals* cal estudiar. (Very serious problems which must be gone into). El tribunal davant *el qual* compareix. (The court before which he is appearing). La llei *de la qual* tothom parla. (The law everybody's talking about). Un mas *al voltant del qual*. (A farmstead around which). Un sant les virtuts *del qual*. (A saint whose virtues). La via *on* s'ha esdevingut l'accident. (The road where the accident occurred). El país *d'on* ve l'oli. (The country where oil comes from). La finestra *per on* es fica el vent. (The window which lets the wind in). *Qui* gosi que ho digui. (Whoever dares let him speak up). Ho dono *a qui* vull. (I'll give it to whoever I like). *El qui* fa això és un porc. (Whoever does that is a swine). *Els qui* enganyen s'enganyen. (Those who seek to deceive, deceive but themselves). *El que* has de fer és dormir. (What you must do is sleep). Pensa *en el que* jurares. (Think about what you swore). *Del que* em contes no en crec res. (I don't believe a thing of what you're telling me).

Sometimes *què* is a good substitute for this neuter: No sé pas *el que* vol (=*què* vol). (I don't know what he wants). Pensa *en què* jurares, etc.

Instead of *ço que* (obsolete) are used the compounds *allò que, això que, la cosa que*, all of which are neuters, but which are accompanied by a *que* similar to that in: *aquell que, tothom que*, i.e. really a weak form pronoun with its own antecedent: *Això que* dius és fals. (What you're saying is false). *La cosa que* em contes se la creurà la teva àvia! (Look for someone more gullible to believe what you're telling me!). *Allò que* objectes no val! (Your objection isn't valid).

Verb conjugations

AUXILIARY VERBS

HAVER

INDICATIVE

Present	*Past*
he (o haig)	haguí (o vaig haver) hagut
has	hagueres (o vas haver) hagut
ha	hagué (o va haver) hagut
havem (o hem)	haguérem (o vam haver) hagut
haveu (o heu)	haguéreu (o vau haver) hagut
han	hagueren (o van haver) hagut
Imperfect	*Pluperfect*
havia	havia hagut
havies	havies hagut
havia	havia hagut
havíem	havíem hagut
havíeu	havíeu hagut
havien	havien hagut
Past simple	*Perfect*
haguí (o vaig haver)	he hagut
hagueres (o vas haver)	has hagut
hagué (o va haver)	ha hagut
haguérem (o vam haver)	havem (o hem) hagut
haguéreu (o vau haver)	haveu (o heu) hagut
hagueren (o van haver)	han hagut
Future	*Future perfect*
hauré	hauré hagut
hauràs	hauràs hagut
haurà	haurà hagut
haurem	haurem hagut
haureu	haureu hagut
hauran	hauran hagut

CONDITIONAL

Simple	*Perfect*
hauria (o haguera)	hauria (o haguera) hagut
hauries (o hagueres)	hauries (o hagueres) hagut
hauria (o haguera)	hauria (o haguera) hagut
hauríem (o haguérem)	hauríem (o haguérem) hagut
hauríeu (o haguéreu)	hauríeu (o haguéreu) hagut
haurien (o hagueren)	haurien (o hagueren) hagut

SUBJUNCTIVE

Present	*Perfect*
hagi	hagi hagut
hagis	hagis hagut
hagi	hagi hagut
hàgim (o haguem)	hàgim hagut
hàgiu (o hagueu)	hàgiu hagut
hagin	hagin hagut

Imperfect	*Pluperfect*
hagués	hagués hagut
haguessis	haguessis hagut
hagués	hagués hagut
haguéssim	haguéssim hagut
haguéssiu	haguéssiu hagut
haguessin	haguessin hagut

GERUND

INFINITIVE

Present: havent
Past: havent hagut

Present: haver
Past: haver hagut

PARTICIPLE

hagut, haguda
haguts, hagudes

ÉSSER O SER

INDICATIVE

Present	*Past*
sóc	haguí (o vaig haver) estat
ets	hagueres (o vas haver) estat
és	hagué (o va haver) estat
som	haguérem (o vam haver) estat
sou	haguéreu (o vau haver) estat
són	hagueren (o van haver) estat

Imperfect	*Pluperfect*
era	havia estat
eres	havies estat
era	havia estat
érem	havíem estat
éreu	havíeu estat
eren	havien estat

Past simple	*Perfect*
fui (o vaig ésser)	he estat
fores (o vas ésser)	has estat
fou (o va ésser)	ha estat
fórem (o vam ésser)	havem (o hem) estat
fóreu (o vau ésser)	haveu (o heu) estat
foren (o van ésser)	han estat

Future	*Future perfect*
seré	hauré estat
seràs	hauràs estat
serà	haurà estat
serem	haurem estat
sereu	haureu estat
seran	hauran estat

CONDITIONAL

Simple	*Perfect*
seria (o fóra)	hauria (o haguera) estat
series (o fores)	hauries (o hagueres) estat
seria (o fóra)	hauria (o haguera) estat
seríem (o fórem)	hauríem (o haguérem) estat
seríeu (o fóreu)	hauríeu (o haguéreu) estat
serien (o foren)	haurien (o hagueren) estat

SUBJUNCTIVE

Present	*Perfect*
sigui	hagi estat
siguis	hagis estat
sigui	hagi estat
siguem	hàgim estat
sigueu	hàgiu estat
siguin	hagin estat

Imperfect	*Pluperfect*
fos	hagués estat
fossis	haguessis estat
fos	hagués estat
fóssim	haguéssim estat
fóssiu	haguéssiu estat
fossin	haguessin estat

IMPERATIVE	GERUND
sigues	*Present:* essent (o sent)
sigui	*Past:* havent estat
siguem	
sigueu	
siguin	

INFINITIVE	PARTICIPLE
Present: ésser (o ser)	estat, estada
Past: haver estat	estats, estades

ESTAR

INDICATIVE

Present	*Past*
estic	haguí (o vaig haver) estat
estàs	hagueres (o vas haver) estat
està	hagué (o va haver) estat
estem	haguérem (o vam haver) estat
esteu	haguéreu (o vau haver) estat
estan	hagueren (o van haver) estat

Imperfect	*Pluperfect*
estava	havia estat
estaves	havies estat
estava	havia estat
estàvem	havíem estat
estàveu	havíeu estat
estaven	havien estat

Past simple	*Perfect*
estiguí (o vaig estar)	he estat
estigueres (o vas estar)	has estat
estigué (o va estar)	ha estat
estiguérem (o vam estar)	havem (o hem) estat
estiguéreu (o vau estar)	haveu (o hem) estat
estigueren (o van estar)	han estat

Future	*Future perfect*
estaré	hauré estat
estaràs	hauràs estat
estarà	haurà estat
estarem	haurem estat
estareu	haureu estat
estaran	hauran estat

CONDITIONAL

Simple	*Perfect*
estaria	hauria (o haguera) estat
estaries	hauries (o hagueres) estat
estaria	hauria (o haguera) estat
estaríem	hauríem (o haguérem) estat
estaríeu	hauríeu (o haguéreu) estat
estarien	haurien (o hagueren) estat

SUBJUNCTIVE

Present	*Perfect*
estigui	hagi estat
estiguis	hagis estat
estigui	hagi estat
estiguem	hàgim estat
estigueu	hàgiu estat
estiguin	hagin estat

Imperfect	*Pluperfect*
estigués	hagués estat
estiguessis	haguessis estat
estigués	hagués estat
estiguéssim	haguéssim estat
estiguéssiu	haguéssiu estat
estiguessin	haguessin estat

IMPERATIVE	GERUND
estigues	*Present:* estant
estigui	*Past:* havent estat
estiguem	
estigueu	
estiguin	

INFINITIVE	PARTICIPLE
Present: estar	estat, estada
Past: haver estat	estats, estades

MODEL VERBS

I) CANTAR

INDICATIVE

Present	*Past*
canto	haguí (o vaig haver) cantat
cantes	hagueres (o vas haver) cantat
canta	hagué (o va haver) cantat
cantem	haguérem (o vam haver) cantat
canteu	haguéreu (o vau haver) cantat
canten	hagueren (o van haver) cantat

Imperfect	*Pluperfect*
cantava	havia cantat
cantaves	havies cantat
cantava	havia cantat
cantàvem	havíem cantat
cantàveu	havíeu cantat
cantaven	havien cantat

Past simple	*Perfect*
cantí (o vaig cantar)	he cantat
cantares (o vas cantar)	has cantat
cantà (o va cantar)	ha cantat
cantàrem (o vam cantar)	havem (o hem) cantat
cantàreu (o vau cantar)	haveu (o heu) cantat
cantaren (o van cantar)	han cantat

Future	*Future perfect*
cantaré	hauré cantat
cantaràs	hauràs cantat
cantarà	haurà cantat
cantarem	haurem cantat
cantareu	haureu cantat
cantaran	hauran cantat

CONDITIONAL

Simple	*Perfect*
cantaria	hauria (o haguera) cantat
cantaries	hauries (o hagueres) cantat
cantaria	hauria (o haguera) cantat
cantaríem	hauríem (o haguérem) cantat
cantaríeu	hauríeu (o haguéreu) cantat
cantarien	haurien (o hagueren) cantat

SUBJUNCTIVE

Present	*Perfect*
canti	hagi cantat
cantis	hagis cantat
canti	hagi cantat
cantem	hàgim cantat
canteu	hàgiu cantat
cantin	hagin cantat

Imperfect	*Pluperfect*
cantés	hagués cantat
cantessis	haguessis cantat
cantés	hagués cantat
cantéssim	haguéssim cantat
cantéssiu	haguéssiu cantat
cantessin	haguessin cantat

IMPERATIVE	GERUND
canta	*Present:* cantant
canti	*Past:* havent cantat
cantem	
canteu	
cantin	

INFINITIVE	PARTICIPLE
Present: cantar	cantat, cantada
Past: haver cantat	cantats, cantades

IIa) PERDRE

INDICATIVE

Present	*Past*
perdo	haguí (o vaig haver) perdut
perds	hagueres (o vas haver) perdut
perd	hagué (o va haver) perdut
perdem	haguérem (o vam haver) perdut
perdeu	haguéreu (o vau haver) perdut
perden	hagueren (o van haver) perdut

Imperfect	*Pluperfect*
perdia	havia perdut
perdies	havies perdut
perdia	havia perdut
perdíem	havíem perdut
perdíeu	havíeu perdut
perdien	havien perdut

Past simple	*Perfect*
perdí (o vaig perdre)	he perdut
perderes (o vas perdre)	has perdut
perdé (o va perdre)	ha perdut
perdérem (o vam perdre)	havem (o hem) perdut
perdéreu (o vau perdre)	haveu (o heu) perdut
perderen (o van perdre)	han perdut

Future	*Future perfect*
perdré	hauré perdut
perdràs	hauràs perdut
perdrà	haurà perdut
perdrem	haurem perdut
perdreu	haureu perdut
perdran	hauran perdut

CONDITIONAL

Simple	*Perfect*
perdria	hauria (o haguera) perdut
perdries	hauries (o hagueres) perdut
perdria	hauria (o haguera) perdut
perdríem	hauríem (o haguérem) perdut
perdríeu	hauríeu (o haguéreu) perdut
perdrien	haurien (o hagueren) perdut

SUBJUNCTIVE

Present	*Perfect*
perdi	hagi perdut
perdis	hagis perdut
perdi	hagi perdut
perdem	hàgim perdut
perdeu	hàgiu perdut
perdin	hagin perdut

Imperfect	*Pluperfect*
perdés	hagués perdut
perdessis	haguessis perdut
perdés	hagués perdut
perdéssim	haguéssim perdut
perdéssiu	haguéssiu perdut
perdessin	haguessin perdut

IMPERATIVE	GERUND
perd	*Present:* perdent
perdi	*Past:* havent perdut
perdem	
perdeu	
perdin	

INFINITIVE	PARTICIPLE
Present: perdre	perdut, perduda
Past: haver perdut	perduts, perdudes

IIb) TÉMER

INDICATIVE

Present	*Past*
temo	haguí (o vaig haver) temut
tems	hagueres (o vas haver) temut
tem	hagué (o va haver) temut
temem	haguérem (o vam haver) temut
temeu	haguéreu (o vau haver) temut
temen	hagueren (o van haver) temut

Imperfect	*Pluperfect*
temia	havia temut
temies	havies temut
temia	havia temut
temíem	havíem temut
temíeu	havíeu temut
temien	havien temut

Past simple	*Perfect*
temí (o vaig témer)	he temut
temeres (o vas témer)	has temut
temé (o va témer)	ha temut
temérem (o vam témer)	havem (o hem) temut
teméreu (o vau témer)	haveu (o heu) temut
temeren (o van témer)	han temut

Future	*Future perfect*
temeré	hauré temut
temeràs	hauràs temut
temerà	haurà temut
temerem	haurem temut
temereu	haureu temut
temeran	hauran temut

CONDITIONAL

Simple	*Perfect*
temeria	hauria (o haguera) temut
temeries	hauries (o hagueres) temut
temeria	hauria (o haguera) temut
temeríem	hauríem (o haguérem) temut
temeríeu	hauríeu (o haguéreu) temut
temerien	haurien (o hagueren) temut

SUBJUNCTIVE

Present	*Perfect*
temi	hagi temut
temis	hagis temut
temi	hagi temut
temem	hàgim temut
temeu	hàgiu temut
temin	hagin temut

Imperfect	*Pluperfect*
temés	hagués temut
temessis	haguessis temut
temés	hagués temut
teméssim	haguéssim temut
teméssiu	haguéssiu temut
temessin	haguessin temut

IMPERATIVE	GERUND
tem	*Present:* tement
temi	*Past:* havent temut
temem	
temeu	
temin	

INFINITIVE	PARTICIPLE
Present: témer	temut, temuda
Past: haver temut	temuts, temudes

IIIa) SENTIR

INDICATIVE

Present	Past
sento	haguí (o vaig haver) sentit
sents	hagueres (o vas haver) sentit
sent	hagué (o va haver) sentit
sentim	haguérem (o vam haver) sentit
sentiu	haguéreu (o vau haver) sentit
senten	hagueren (o van haver) sentit

Imperfect	Pluperfect
sentia	havia sentit
senties	havies sentit
sentia	havia sentit
sentíem	havíem sentit
sentíeu	havíeu sentit
sentien	havien sentit

Past simple	Perfect
sentí (o vaig sentir)	he sentit
sentires (o vas sentir)	has sentit
sentí (o va sentir)	ha sentit
sentírem (o vam sentir)	havem (o hem) sentit
sentíreu (o vau sentir)	haveu (o heu) sentit
sentiren (o van sentir)	han sentit

Future	Future perfect
sentiré	hauré sentit
sentiràs	hauràs sentit
sentirà	haurà sentit
sentirem	haurem sentit
sentireu	haureu sentit
sentiran	hauran sentit

CONDITIONAL

Simple	Perfect
sentiria	hauria (o haguera) sentit
sentiries	hauries (o hagueres) sentit
sentiria	hauria (o haguera) sentit
sentiríem	hauríem (o haguérem) sentit
sentiríeu	hauríeu (o haguéreu) sentit
sentirien	haurien (o hagueren) sentit

SUBJUNCTIVE

Present	Perfect
senti	hagi sentit
sentis	hagis sentit
senti	hagi sentit
sentim	hàgim sentit
sentiu	hàgiu sentit
sentin	hagin sentit

Imperfect	*Pluperfect*
sentís	hagués sentit
sentissis	haguessis sentit
sentís	hagués sentit
sentíssim	haguéssim sentit
sentíssiu	haguéssiu sentit
sentissin	haguessin sentit

IMPERATIVE	GERUND
sent	*Present:* sentit
senti	*Past:* havent sentit
sentim	
sentiu	
sentin	

INFINITIVE	PARTICIPLE
Present: sentir	sentit, sentida
Past: haver sentit	sentits, sentides

IIIb) SERVIR

INDICATIVE

Present	*Past*
serveixo	haguí (o vaig haver) servit
serveixes	hagueres (o vas haver) servit
serveix	hagué (o va haver) servit
servim	haguérem (o vam haver) servit
serviu	haguéreu (o vau haver) servit
serveixen	hagueren (o van haver) servit

Imperfect	*Pluperfect*
servia	havia servit
servies	havies servit
servia	havia servit
servíem	havíem servit
servíeu	havíeu servit
servien	havien servit

Past simple	*Perfect*
serví (o vaig servir)	he servit
servires (o vas servir)	has servit
serví (o va servir)	ha servit
servírem (o vam servir)	havem (o hem) servit
servíreu (o vau servir)	haveu (o heu) servit
serviren (o van servir)	han servit

Future	*Future perfect*
serviré	hauré servit
serviràs	hauràs servit
servirà	haurà servit
servirem	haurem servit
servireu	haureu servit
serviran	hauran servit

CONDITIONAL

Simple	*Perfect*
serviria	hauria (o haguera) servit
serviries	hauries (o hagueres) servit
serviria	hauria (o haguera) servit
serviríem	hauríem (o haguérem) servit
serviríeu	hauríeu (o haguéreu) servit
servirien	haurien (o hagueren) servit

SUBJUNCTIVE

Present	*Perfect*
serveixi	hagi servit
serveixis	hagis servit
serveixi	hagi servit
servim	hàgim servit
serviu	hàgiu servit
serveixin	hagin servit

Imperfect	*Pluperfect*
servis	hagués servit
servissis	haguessis servit
servís	hagués servit
servíssim	haguéssim servit
servíssiu	haguéssiu servit
servissin	haguessin servit

IMPERATIVE	GERUND
serveix	*Present:* servint
serveixi	*Past:* havent servit
servim	
serviu	
serveixin	

INFINITIVE	PARTICIPLE
Present: servir	servit, servida
Past: haver servit	servits, servides

Comments

All verbs with the infinitive ending in *ar* —except *anar* and *estar*— follow model verb I above. Those with infinitive endings *gar*, *car*, *jar*, *çar*, *guar* and *quar* suffer —where conjugation endings beginning with *e* or *i* occur— the usual spelling changes to *gu*, *qu*, *g*, *c*, *gü* and *qü*. For example, *pagar: paguem, paguin; tocar: toqueu, toquin; començar: comenceu, comencin; obliquar: obliqüem, obliqüin*. As to diaeresis, something similar occurs in the case of the conjugation endings *i*, *is*, *in*: 1) when the verb stem ends in a vowel (*creïn*, *estudiïn*), but NOT where *i* is a semivowel (*esglaiar*); 2) where *u* is a semivowel (intervocalic or preceded by a *g* or *q*: *creuar, enaiguar, obliquar*) these endings have no diaeresis. For example: *creï, estudiïs, lloïn, suï, suïs, esglai, esglaïn*; but note: *creuï, creuïs, creuïn, enaigüí, obliqüín*.

Verbs with infinitives ending in *re* or in *er* stressed (*haver, poder, saber, valer, voler, soler*) follow the pattern of model verb IIa.

Verbs with infinitive ending in unstressed *er* (*témer*) follow model verb IIb.

Few follow the pattern of IIIa: *(acudir), (acullir), ajupir, bullir, collir, cosir, cruixir, dormir, eixir, (escollir), escopir, fugir, (mentir), morir, munyir, obrir, omplir, pudir, recollir, retrunyir, sentir, sortir, tenir, tossir, obtenir*, etc.

The verbs bracketed are also conjugated like model verb IIIb, just as the majority of verbs whose infinitives end in *ir*. If the verb stem ends in a vowel (*trair, obeir, oir, traduir*) a diaeresis is written over the *i* in some of the conjugation endings, except in the future and conditional tenses and not in the gerund: *traïm, traïa, traíem, traíeu, traïen, traís, traïssis, traíssiu, traíssin, traí, traíres, traírem, traíreu, traíren, traït, traïda, traint, trairé, trairia,* etc.

Examples: Quan *vaig haver cantat* i m'*haguéreu sentit*, tots us en *vau* meravellar. (When I sang and you listened to me, you were amazed). *Vas témer (temeres)* que no t'*haguéssim sentit*. (You were afraid that we hadn't heard you). Que *vàgiu servir* d'esquer! (That you acted as bait!). Ja ens ho *havíem* mig *temut*. (We had already more or less feared as much). Que *hagin perdut (vagin perdre)* el camí era cosa previsible. (That they should have lost their way was something foreseeable). Que es *perdin* i no els *hàgim* de *veure* mai més! (May they get lost and may we never have to see them again!).

Moods of verbs

The Indicative Mood: Verb action is thought of as something really happening and, for this reason, existing objectively: *volia marxar* (he wanted to leave); *ara vinc* (I'll be back in a minute; I'm just coming); *vindré demà* (I'll come tomorrow); *he arribat tard* (I arrived late). The verb tense can be **present**, **past** or **future**.

The Subjunctive Mood: Verb action is thought of as something only existing in our mind and without objective existence outside the mind. This mood covers possibility/probability, doubt, volition: *vull que vinguis* (I want you to come); *es probable que plogui* (it'll probably rain); *si m'ho haguessis dit* (if you had told me...). The tenses can be **present** or **past**.

The Imperative Mood: This is used to give orders: *menja!* (eat!); *calla!* (be quiet!); *entreu* (come in!). However, negative commands are put in the subjunctive: *no caiguis!* (don't fall off); *no vinguis tard* (don't be late!).

Adverbs

Time
abans: Vindré *abans* de sopar. (I'll come before dinner).
abans d'ahir: Vam arribar *abans d'ahir*. (We arrived the day before yesterday).
ahir: Ahir va ploure. (Yesterday it rained).
anit: Anit anirem al cinema. (Tonight we're going to the cinema).
ara: Ara fa sol. (Now the sun is shining).
aviat: Sortirem *aviat*. (We'll be leaving soon).
avui: Avui hi ha vaga d'autobusos. (Today there is a bus strike).
demà: Demà comença el curs. (The course begins tomorrow).
demà passat: Demà passat és el meu aniversari. (The day after tomorrow is my birthday).
encara: Encara no he acabat. (I still haven't finished, I haven't finished yet).
ja: Ja ho he fet. (I've already done it).
llavors: Llavors es va posar a plorar. (Then he began to cry).
sempre: Sempre dius el mateix. (You always say the same).
tard: Si no ens apressem farem *tard*. (If we don't hurry up, we'll be late).

Place
allà: Posa-ho *allà*. (Put it over there).
amunt: Estira cap *amunt*. (Pull up [wards]).
aquí: Aquí no hi ha ningú. (There's no-one here).
avall: Tirarem carrer *avall*. (We'll go down the street).
baix: El pis de *baix* és buit. (The flat downstairs is empty).
dalt: És *dalt* de l'armari. (It's on top on the cupboard).
damunt: Deixa-ho *damunt* la taula. (Leave it on the table).
darrera: És *darrera* la porta. (It's behind the door).

davant: Posa't aquí *davant*. (Stand here in front).
endarrera: El cotxe anava cap *endarrera*. (The car was going backwards).
endavant: Mira *endavant*. (Look ahead).
endins: La llança ha entrat molt *endins*. (The lance has gone in very deep).
enfora: Aquesta biga surt massa *enfora*. (This beam sticks out too much).
on: No sé *on* és. (I don't know where he is).
sobre: M'ha caigut a *sobre*. (It fell on top of me).
sota: El gat és *sota* la taula. (The cat is under the table).

Quantity
bastant: Ho fas *bastant* bé. (You're doing it quite well).
força: La pel·lícula és *força* interessant. (The film is rather interesting).
gaire: En vols *gaire*? (Do you want much?) / Que plou *gaire*? (Is it raining a lot?).
no gaire: *No* fa *gaire* calor. (It's not very hot).
gairebé: El dipòsit és *gairebé* buit. (The tank is almost empty).
massa: Corres *massa*. (You're in too much of a hurry).
més: És *més* interessant que l'altre. (It's more interesting than the other).
menys: Has de menjar *menys*. (You must eat less).
molt: Xerres *molt*. (You talk a lot).
prou: Ja n'hi ha prou. (That's enough).
quant: *Quant* val? (How much is it?).
tan: No era *tan* complicat com semblava. (It wasn't as complicated as it seemed).
tant: No treballis *tant*. (Don't work so hard).

Manner
així: Fes-ho *així*. (Do it like this).
a poc a poc: Has de parlar més *a poc a poc*. (You must speak more slowly).
bé: No hi sento *bé*. (I don't hear very well).
com: *Com* ho podem solucionar? (How can we sort this out?).
de pressa: No mengis tan *de pressa*. (Don't eat so quickly).
malament: Cantes molt *malament*. (You sing very badly).
millor: Ara ja em trobo *millor*. (I feel better now).
pitjor: Cada dia ho fas *pitjor*. (You're getting worse every day).

Adjective + ment
ràpidament: quickly (or fast).
lentament: slowly.
astutament: cunningly.

Other adverbs
no: Negative: *No* ho sap ningú. Ningú *no* ho sap. (Nobody knows it).
  Expletive: Tinc por que *no* el trenqui. (I'm afraid he'll break it). Promet més que *no* dóna. (He promises more than he gives).

pas: No ens veurem *pas*, demà. (But we won't see each other tomorrow) / Aquest vas vessa, no estarà *pas* trencat? (This glass leaks. Could it be cracked?). No sé *pas* què t'empatolles. (I have no idea what you are talking about) / Fa més fred dintre la casa que no *pas* fora. (It's colder inside the house than outside) / No *pas* jo! (Not me!).
sí: Affirmative: Va dir: «*sí*». (She said, «Yes»).
també: Affirmative: Que tinguis unes bones vacances! Tu *també*. (Have a nice holiday! You, too). La Teresa *també* va venir a la festa. (Teresa also came to the party). *També* hi vam anar, al parc. (We went to the park as well).

Prepositions

Unstressed prepositions
a:
– indirect object: Vaig portar un llibre *a* la meva mare. (I took a book to my mother).
– place, direction, time, etc.: Sóc *a* casa. (I'm at home). Viu *a* Lleida. (She lives in Lleida).

Anem *a* l'escola. (We go to school). *A* les vuit. (At eight o'clock).
- in excepcional cases, direct object: Et mirava *a* tu. (She was looking at you).
- prepositional verbs: accedir *a* (to accede to), contribuir *a* (to contribute to), dedicar-se *a* (to devote oneself to), etc.

de:
- locative use: Vinc *del* despatx. (I've just come from the office).
- genitive: La botiga *de* la teva mare. (Your mother's shop).
- partitive: Una mica *de* llenya. (A little firewood). De tisores ja en tinc. (I have already got some scissors).
- prepositional verbs: adonar-se *de* (to realize), oblidar-se *de* (to forget), recordar-se *de* (to remember).

en:
- locative use, with demonstrative adjectives, *un* and *algun*: Vivia *en* aquella casa. (He used to live in that house). Ha de ser *en* algun lloc. (It must be somewhere).
- before an infinitive: *En* fer-se de dia vam marxar. (We left when dawn broke). En veure'l em vaig decidir a marxar. (On seeing him I decided to leave).
- prepositional verbs: pensar *en* (to think of or about).

amb:
- means, company, contact: Mullar *amb* aigua. (To wet with water). Amb la seva cosina. (With his cousin). He vingut *amb* autobús (I came by bus).

per:
- reason, cause, means, agent: Ho ha fet *per* enveja. (He did it out of envy). Ha estat pintat *per* un pintor de renom. (It was painted by a famous artist). Hem rebut les dues notícies *per* télex. (We got the news by telex). He vingut *per* saludar-te. (I came to say hello to you).

per a:
- Tinc notícies *per a* tu: (I'got some news for you). Cursos *per a* adults. (Adult courses).

Stressed prepositions
contra: Ho han fet *contra* la meva voluntat. (They did it against my will).
entre: La casa és *entre* dos turons. (The house stands between two hills) / *Entre* els convidats hi havia la reina. (Among the guests was the queen).
malgrat: *Malgrat* la pluja he trobat taxi. (I found a taxi despite the rain).
segons: *Segons* ell, aquí no ha vingut ningú. (According to him, no-one's been here).
sense: No puc viure *sense* tu. (I can't live without you).
cap (a): Caminava a poc a poc *cap a* mi. (He was walking slowly towards me).
des de: Et vaig veure *des de* la porta. (I saw you from the door).
fins (a): Han anat *fins a* Badalona. (They went as far as Badalona). Es va quedar a casa nostra *fins* l'endemà. (He stayed at our house until the next day).
sobre: Un tractat *sobre* genètica. (A treatise on genetics). Quatre graus *sobre* zero. (Four degrees above zero).
sota: Han actuat *sota* la seva direcció. (They acted under his direction). Deu graus *sota* zero. (Ten degrees below zero).
durant: Ho va dir *durant* el sopar. (He said that during dinner). Ha plogut *durant* tres dies. (It's been raining for three days).

Other prepositions
arran de: La polèmica esclatà *arran d'*unes declaracions del president. (The controversy arose out of some statements made by the chairman).
entorn de: Feien voltes *entorn de* l'arbre. (They were circling around the tree).
quant a: *Quant a* això que dius, ja ho discutirem més endavant. (As for what you're saying, we'll talk about later).
mitjançant: Ho hem aconseguit *mitjançant* un préstec. (We got it through a bank loan).
en lloc de: *En lloc d'*anar a París aniré a Varsòvia. (I'll go to Warsaw instead of Paris).

Conjunctions

Coordinating conjunctions

Copulative
i, *ni*: La mare canta *i* el fillet dorm. (The mother sings and her little son sleeps). Tu no ho saps *ni* ell tampoc. (You don't know nor does he).

Distributive
Adés... adés, ara ...ara (adés), mig ...mig, ni... ni, o... o, sia... sia, ja... ja, entre... i, l'una... l'altra, qui... qui, que... que, no solament... sinó (que), etc.

Examples: *Adés* riu, *adés* plora. (Now he laughs, now he cries). *Ara* guanyen, *ara* (*adés*) perden. (One moment they're winning, the next they're losing). *Mig* ho fa de bon grat, *mig* per força. (He does it half willingly, half of necessity). *Ni* tu ho saps, *ni* ell tampoc. (Neither you nor he knows). *O* és boig, *o* el fa. (He's either mad or pretending to be so). *Ja* rigui, *ja* plori, mai no endevines per què. (Whether he laughs or cries, you can never tell the reason). *Entre* morts *i* ferits eren més de mil. (There were more than a thousand of them, counting dead and wounded). *No solament* és ruc, *sinó que* ho sembla. (He's not only stupid, but he looks it, too).

Disjunctive
O (*o bé*): Hi aniré jo *o* hi aniràs tu. (Either I'll go or you). És bo, *o bé* és dolent? (Is it good, or is it bad?).

Adversative
Ara, però, sinó, tanmateix, ans (=*sinó que*), together with the phrases *això no obstant, amb tot, així i tot, tot i (amb) això, malgrat (tot) això, més aviat*, etc.

Examples: Pot ser que tinguis raó; *ara*, no t'ho prenguis tan a la valenta! (Maybe you're right; but don't take it so much to heart!). Volíem votar *però* no ens fou possible. (We wanted to vote, but we couldn't). No és culpa d'ell, *sinó* del seu amic. (It's not his fault, but his friend's). No hi crec; *tanmateix* ho provaré. (I've got no faith in it; nevertheless, I'll give it a try). N'està ben tip; *això no obstant*, aguanta. (He's fed up with the whole business, nevertheless he's putting up with it). Estic malalt; *amb tot*, no ho sembla. (I'm ill; yet I don't look it). Estava prou cansat; *així i tot* [(*tot i (amb) això*) (*malgrat això*)] no ha dubtat a emprendre el camí. (He was pretty tired but in spite of this he didn't hesitate to set out). No és pas blau, *més aviat* tira a verd. (It isn't blue; rather, it's greenish). No ho rebutjo, *sinó que* (*ans*) al contrari ho accepto agraït. (I don't reject it; on the contrary, I accept it gratefully).

Causal
Car (obsolete), *que* and *perquè*.

Examples: No voldré mai el seu ajut; *car*, si l'acceptava, esdevindria el seu esclau. (I'll never want his help; because, were I to accept it, I'd become a slave to him). Riu, *que* ara, núbil, et somriu la vida! (Laugh away, because now, winsome as you are, life is all smiles!). No em diguis que no, *perquè* em faràs posar trist. (Don't say no to me, because you'll make me sad).

Conditional
Altrament (=*d'altra manera*), *si no*.

Examples: Clava-ho; *altrament* caurà. (Nail it up; otherwise it'll fall down). Estudia; *si no*, restaràs sempre un ignorant. (Study hard; otherwise you'll always be ignorant).

Consecutive
Doncs.

Examples: No deies que vingués? *Doncs* ja ha arribat. (Weren't you saying that he should come? Well, he has come!).

Continuative
Encara, així mateix, a més, (a) més a més, i tot, etc.

Examples: Hi ha guanyat diners, i la dona, i, *encara*, la sogra. (He's made money out of it, and so has his wife and even his mother-in-law). Recorda-li el que et dic i recomana-li, *així mateix*, que no faci tard. (Remind him of what I'm telling you and, furthermore, ask him not to be late). Li atorgà el seu ajut i, *a més* ([a] *més a més*), la seva amistat. (He gave his assistance and, moreover, his friendship). Tan forta com era, i es va trencar *i tot*! (For all its strength, it still broke!).

Subordinating conjunctions

Substantive-completive
Que: M'interessa *que* vinguis. (It's important for me that you come). S'entesta *que* es faci. (He stubbornly insists that it be done). This *que* precedes phrases functioning as a) subject or b) complement: a) No m'agrada *que* fumis. (I don't like you smoking); b) Voldria *que* vinguessis. (He would like you to come).

Causal
Perquè, com que, ja que, puix, puix que, vist que, per tal com (obsolete and literary, like *puix, puix que*).

Examples: Li ho pago *perquè* s'ho mereix. (I'm paying him because he deserves it); *Com que* és tard, té son. (Since it's late, he is sleepy). *Ja que* ets peresós, et despatxo. (Seeing that you're lazy, I'm giving you the sack). *Vist que* no pots fer-hi res, deixa-ho estar. (Seeing that you can't do a thing about it, let it be).

Final
Perquè (with the subjunctive. NOT *per a que*), *a fi que, per tal que*.

Examples: Te'l deixo *perquè* estudïis (I'll let you have it, so that you'll study). On the other hand: *Per què* vols el bastó? (What do you want the walking-stick for?). Dóna-li pipa, *a fi que* calli! (Give him the dummy in order to keep him quiet!). El van apallissar, *per tal que* parlés. (They beat him up to make him talk).

Temporal
Quan, mentre, abans que, així que, tan aviat com, cada vegada que, d'ençà que (= des que), després que, fins que.

Examples: *Mentre* podia treballar, menjaven. (They had food to eat for as long as he was able to work). *Abans que* te'n vagis, avisa'm. (Let me know before you go). *Així que* arribis, truca'm. (Give me a ring as soon as you arrive). *Cada vegada que* hi penso, ploro. (Whenever I think about it, I cry). *D'ençà que* viuen junts, tot són renyines. (Since they've been living together, they've never stopped fighting). *Des [de] que* ha vingut no fa sinó xerrar. (He has done nothing but talk from the moment he arrived). *Després que* haurem sopat, anirem al cinema. (We'll go to the cinema after we've had dinner). Va treballar *fins que* estigué mort de son. (He worked until he was falling asleep on his feet).

Some people nowadays use colloquially *sempre que* —originally with a slight conditional sense— as a synonym of *cada vegada que*.

Example: *Sempre que* baixa em visita. (Whenever he comes down he visits me).

Conditional
Si, mentre (que), amb que, en cas que, només que, posat que, sempre que.

Examples: *Si* el veies, fes-m'ho saber. (If you see him, let me know). *Amb que* l'ajudés una mica, n'hi hauria prou. (It would be enough if you only helped him a little). *En cas que* sigui així com dius, potser té raó. (If it is as you say, he could possibly be right). *Només que* m'esperis un moment, podré acompanyar-te. (If you will only wait a moment,

I'll be able to come with you). *Posat que* se'n penedeixi, la perdono. (If she is sorry for it, I'll forgive her). Hi anirem demà, *sempre que* no plogui. (We'll go there tomorrow, provided it doesn't rain). *Si no* ho saps de cert, no ho contis. (If you're not sure of it, don't talk about it).

Concessive

Si, si bé, amb tot (i) que, bé que, baldament, encara que, malgrat que, ni que, per bé que, per més que, tot i (+ infinitive or gerund), *tot i que.*

Examples: *Si té* diners, els seus maldecaps li costen! (Money he has, but it certainly gives him a headache or two!). *Si bé* no ho sé de cert, almenys ho endevino. (Even though I don't know it for sure, at least I can guess it). *Amb tot i que* li ho vaig advertir, no me'n feu cas. (Despite my having warned him, he didn't pay any attention to me). *Bé que* no menja gaire, està prou sa. (Although he doesn't eat much, he's quite healthy). *Baldament* no ho vulguis admetre, és ell qui té raó. (Even though you won't admit it, he's the one who's right). *Encara que* no et plagui, has de venir. (Though you dislike it, you've got to come). *Malgrat que* et sàpiga greu, l'has vessada. (Although it grieves you, you've made a mistake). *Ni que* em donessin tot l'or del món, hi consentiria. (I wouldn't agree to it, were they to give me all the tea in China). *Per bé que* voldria fer el sant, sóc com els altres. (Though I'd like to pretend I'm a saint, I'm in fact no better than the rest). *Per més que* m'afalaguin els teus elogis, no me'ls crec. (However much I like to hear your praises, I don't believe in them). *Tot i volent-ho*, no podia moure's. (Even though he wanted to, he couldn't move). *Tot i que* no em plau, vindré (Even though I don't like it, I'll come).

Consecutive

Així que, de manera que, que.

Examples: Estem mancats de verdura, *així que* n'haurem d'anar a comprar. (We're short of greens, so we'll have to go and buy some). Em trobo privat de feina i de salut, *de manera que* no tindré cap altre remei sinó anar a captar. (Here I am, sick and out of work with the result that I have no choice but to go and beg). Trobo l'espai tan curt *que* m'hi hauré de negar. (I find the space such a squeeze that I'll have to reject it).

Comparative

Tal... com (tal), tan (tant)... com, com (quant) més (menys)... més (menys), més (menys)... que, etc.

Examples: *Tal (talment)* obra, com parla. (He is as good as his word). *Tal* faràs, *tal* trobaràs. (Do as you would be done by). *Tan* aviat diu que sí, *com* que no. (One moment he is saying yes, the next, no). *Com (quant) més* ho assegura, *menys* ho crec. (The more he assures me of it, the less I believe it). Parla *més que* no obra. (He talks a lot more than he acts). Fa *menys que* no diu. (He does less than he says).

Modal

Com, així com, com si, segons com (que), etc.

Examples: *(Així) com* vesteix ella, ho fa la seva germana. (Her sister dresses just as she does). *Com si* fos veritat el que diu, es fa l'important. (He makes out he's important, as if what he says were true). *Segons com* tractis els altres, *(així)* els altres faran amb tu. (Just as you treat others, so they will treat you).

Common Catalan suffixes

-able, -ible:	are equivalent to the English suffixes **-able**, **-ible**: *respectable* (respect*able*); *possible* (possi*ble*)
-ació, -ada, -ança/-ença, -atge, -ment, -ció:	are equivalent to **-ment**, **-tion**, **-sion**, **-ing**, in words denotating action or effect: *solució* (solu*tion*); *partença* (lea*ving*)
-ada, -alla, -am, -atge, -eria:	group or collection of: *cadiram* (set of chairs); *cristalleria* (glassware); *gentada* (crowd)
-all, -ar, -eda, -ori:	place: *dormitori* (bedroom), *amagatall* (hiding place)
-all, -et, -dor/-dora:	instrument, tool, machine: *raspall* (brush); *ganivet* (knife); *aspirador* (vacuum cleaner)
-at, -ia:	are equivalent to **-dom**, **-ship**, **-cy** for state, office, place: *capitania* (captain*cy*); *ciutadania* (citizen*ship*)
-aire, -er/-era, -ista, -or/-ora, -òleg/-òloga:	are equivalent to **-ist**, **-er** for occupation or profession: *periodista* (journal*ist*); *biòloga* (biolog*ist*), *forner* (bak*er*)
-at/-ada, -ible, -ós/-osa, -ut/-uda:	are equivalent to **-ed**, **-ing**, **-ous**, **-able** for quality: *comprensible* (understand*able*); *barbut* (beard*ed*); *famós* (fam*ous*)
-às/assa, -arro/-arra, -ot/-ota:	are augmentative endings
-et/-eta, -í/-ina, -ó/-ona:	are diminutive endings
-esa, -itat/-etat, -etud/ -itud, -ió, -ia, -ència/ -ància:	are equivalent to **-ence**, **-ness**, **-ity**, **-hood** for qualities: *paciència* (pati*ence*); *ambigüitat* (ambigu*ity*)
-ment:	are equivalent to **-ly**: *seriosament* (serious*ly*); *ràpidament* (rapid*ly*)
-íssim/-íssima:	is the superlative ending

A

A, a [a] *f.* a [letter].

a [ə] *prep.* in: *en Jaume viu ~ Girona,* James lives in Girona; *tornaré ~ la tarda,* I'll be back in the afternoon. 2 to: *demà vaig ~ València,* tomorrow I'm going to Valencia; *ho he donat ~ la teva germana,* I gave it to your sister. 3 at: *sóc ~ casa,* I'm at home.

AAVV *f. pl. (Associació de Veïns)* residents' association.

àbac [áβək] *m.* abacus.

abadessa [əβəðέsə] *f.* abbess.

abadia [əβəðíə] *f.* abbey.

abaixar [əβəʃá] *t.* to lower.

abalançar-se [əβələnsársə] *p.* to lean over. 2 to rush at.

abaltir-se [əβəltírsə] *p.* to fall asleep, to become drowsy.

abandó [əβəndó] *m.* neglect. 2 abandon. 3 giving up, desertion.

abandonament [əβəndunəmὲn] *m.* See ABANDÓ.

abandonar [əβənduná] *t.* to abandon. 2 to desert. ■ 3 *p.* to give way to.

abandonat, -ada [əβəndunát, -áðə] *a.* negligent. 2 abandoned, deserted.

abans [əβáns] *adv.* before.

abans-d'ahir [əβanzðəí] *adv.* the day before yesterday.

abaratir [əβərəti] *t.* to make cheaper; to cheapen.

abarrotar [əβərrutá] *t.* to fill to bursting.

abassegar [əβəsəɣá] *t.* to corner [a market]. 2 to monopolize.

abast [əβást] *m.* reach. ‖ *a l'~ de la mà,* within reach; *a l'~ de tothom,* within everyone's reach; *no dono l'~,* I can't cope.

abastar [əβəstá] *i.* to be able to. ‖ *no abasto a comprendre-ho,* I can't understand it. 2 to reach. ■ 3 *t.* to reach; to pick. 4 to supply.

abat [əβát] *m.* abbot.

abatre [əβátrə] *t.* to knock down. 2 fig. to dishearten. ■ 3 *p.* to swoop down [a bird]. 4 fig. to weaken, to lose heart. ▲ CONJUG. like *batre.*

abdicar [əbdiká] *t.* to abdicate.

abdomen [əbdómən] *m.* ANAT. abdomen.

abecedari [əβəsəðári] *m.* alphabet.

abella [əβέʎə] *f.* ENT. bee. ‖ *~ obrera,* worker bee; *~ reina,* queen bee.

abellir [əβəʎí] *i.* to appeal, to be tempting. ■ 2 *p.* to agree.

abellot [əβəʎɔ́t] *m.* ENT. drone. 2 bumble bee.

aberració [əβərrəsió] *f.* aberration.

abeurador [əβəŭrəðó] *m.* drinking trough.

abeurar [əβəŭrá] *t.* to water [animal].

abillar [əβiʎá] *t.* to set up. 2 to array. 3 fig. *abillar-la,* to be flush with money.

abisme [əβízmə] *m.* abyss.

abissal [əβisál] *a.* abyssal.

abjecció [əbʒəksió] *f.* abjection.

abjurar [əbʒurá] *t.* to abjure.

ablanir [əbləní] *t.* to soften.

ablució [əblusió] *f.* ablution.

abnegació [əbnəɣəsió] *f.* abnegation.

abnegat, -ada [əbnəɣát, -áðə] *a.* unselfish; self-sacrificing.

abocador [əβukəðó] *m.* tip, dump [for rubbish].

abocar [əβuká] *t.* to pour (*en,* into) [also fig.]. ■ 2 *p.* to lean out [of a window, etc.]. 3 to throng (*a, to*) [people]. 4 to dedicate oneself (*a, to*) [hobby, work, sport, etc.].

abolició [əβulisió] *f.* abolition.

abolir [əβuli] *t.* to abolish.

abominar [əβuminá] *t.* to abominate.

abonament [əβunəmὲn] *m.* season ticket. 2 COMM. payment to the credit, credit payment.

abonar [əβuná] *t.* to pay [bill, price]; to pay for [article]. 2 COMM. to credit (*a,* to). 3 to return [deposit on]. 4 to subscribe (a, for).

abonat, -ada [əβunát, -áðə] a., m.-f. subscriber.

abonyegar [əβuɲəɣá] t.-p. to dent.

abordar [əβurðá] t. MAR. to sail close to. 2 to board. 3 fig. to undertake [a matter]. ■ 4 i. MAR. to tie up [a boat].

abordatge [əβurðádʒə] m. boarding.

aborigen [əβuriʒən] a. aboriginal. ■ 2 m. pl. els aborígens, the aborigines.

abraçada [əβrəsáðə] f. embrace.

abraçar [əβrəsá] t. to embrace; to surround. 2 to take in [view, motion, etc.]. ■ 3 p. to embrace [people].

abrandar [əβrəndá] t. to set fire. 2 fig. to inflame [passions, tempers, etc.].

abraonar [əβrəuná] t.-p. to embrace or hug tightly. 2 p. to hurl oneself (contra, against).

abrasar [əβrəzá] t. to burn.

abrasió [əβrəzió] f. abrasion.

abreujament [əβrəuʒəmèn] m. See ABREVIACIÓ.

abreujar [əβrəuʒá] t. See ABREVIAR.

abreviació [əβrəβiəsió] f. abbreviation.

abreviar [əβrəβiá] t. to abbreviate; to abridge.

abreviatura [əβrəβiatúrə] f. abbreviation.

abric [əβrík] m. coat. 2 shelter.

abrigall [əβriɣáʎ] m. coat. 2 bedclothes pl.

abrigar [əβriɣá] t.-p. to wrap up [in clothes].

abril [əβríl] m. April.

abrillantar [əβriʎəntá] t. to polish.

abrupte, -ta [əβrúptə, -tə] a. abrupt; precipitous.

abrusar [əβruzá] t. to scorch. ■ 2 p. to get scorched [by sun].

abscés [əpsès] s. MED. abscess. ▲ pl. abscessos.

abscsissa [əpsísə] f. GEOM. absciss.

absència [əpsénsiə] f. absence. ‖ en ~ de, in absence of.

absent [əpsèn] a. absent. 2 inattentive.

absenta [əpsèntə] f. absinth [drink].

absentar-se [əpsəntársə] p. to absent oneself.

absoldre [əpsóldrə] t. REL. to absolve. 2 LAW. to acquit. ▲ CONJUG. GER.: absolent. ‖ P. P.: absolt. ‖ INDIC. Pres.: absolc, absols, absol, etc. ‖ SUBJ. Pres.: absolgui,

absolguis, etc. ‖ Imperf.: absolgués, absolguessis, absolguéu, etc.

absis [ápsis] m. ARCH. apse.

absolució [əpsulusió] f. REL. absolution. 2 LAW acquittal.

absolut, -ta [əpsulút, -tə] a. absolute. 2 utter. 3 en ~, not at all.

absolutisme [əpsulutízmə] m. absolutism.

absorbent [əpsurβèn] a.-m. CHEM. absorbent. 2 a. absorbing.

absorbir [əpsurβí] t. to absorb. 2 to engross [attention].

absorció [əpsursió] f. absorption.

absort, -ta [əpsór(t), -tə] a. absorbed. 2 engrossed.

abstemi, -èmia [əpstèmi, -émiə] a. abstemious. ■ 2 m.-f. teetotaller.

abstenció [əpstənsió] f. abstention.

abstenir-se [əpstənirsə] p. to abstain. ▲ CONJUG. P. P.: abstingut. ‖ INDIC. Pres.: m'abstinc, t'abstens, s'absté, etc. ‖ Fut.: m'abstindré, t'abstindràs, s'abstindrà, etc. ‖ SUBJ. Pres.: m'abstingui, t'abstinguis, s'abstingui, etc. ‖ Imperf.: m'abstingués, t'abstinguessis, etc. ‖ IMPERAT.: abstén-te.

abstinència [əpstinènsiə] f. abstinence.

abstracció [əpstrəksió] f. abstraction.

abstracte, -ta [əpstráktə, -tə] a. abstract.

abstreure [əpstrèurə] t. to abstract; to remove. ■ 2 p. to be lost in thought. ▲ CONJUG. like treure.

abstrús, -usa [əpstrús, -úzə] a. abstruse.

absurd, -da [əpsúr(t) -ðə] a. absurd. ■ 2 m. absurdity.

abúlia [əβúliə] f. lack of willpower.

abundància [əβundánsiə] f. abundance.

abundar [əβundá] i. to abound.

abundor [əβundó] f. See ABUNDÀNCIA.

abús [əβús] m. abuse.

abusar [əβuzá] i. to abuse (de, -). 2 to take advantage of. 3 to assault [indecently].

abusiu, -iva [əβuzíu, -íβə] a. abusive.

aC abbr. (abans de Crist) BC (Before Christ).

acabalat, -ada [əkəβəlát, -áðə] a. wealthy, well-off.

acaballes [əkəβáʎəs] f. pl. end sing. 2 final stages pl.

acabament [əkəβəmèn] m. finishing; finishing touches pl.

acolorir

acabar [əkəβá] *t.-i.* to finish, to end. *2 i.* to end up. ■ *3 p.* to finish. *4 fig.* to pass away, to die.

acabat, -ada [əkəβát, -áðə] *a.* complete, utter. *2 perfect: és un mentider ~,* he's a perfect liar. ■ *3 m.* finish. ■ *4 adv. en ~,* afterwards.

acaçar [əkəsá] (VAL.) *t.* See EMPAITAR.

acàcia [əkásiə] *f.* BOT. acacia.

acadèmia [əkəðέmiə] *f.* school [usually private]. *2* academy.

acadèmic, -ca [əkəðέmik, -kə] *a.* academic. ■ *2 m.-f.* academician.

acalorar [əkəlurá] *t.* to warm, to heat. *2* to excite, to work up [emotions]. ■ *3 p.* to get heated [with excitement].

acampar [əkəmpá] *t.-i.* to camp.

acanalar [əkənəlá] *t.* to groove. *2* to channel.

acaparar [əkəpərá] *t.* to monopolize. *2* to hoard.

àcar [ákər] *m.* ENT. acarus.

acaramullar [əkərəmuʎá] *t.* to fill up. *2* to heap; to amass.

acarar [əkərá] *t.* to confront [face-to-face]. *2* to compare [two texts].

acariciar [əkərisiá] *t.* to caress. *2 fig.* to cherish [hope, wish, etc.].

acarnissar-se [əkərnisársə] *p.* to vent one's anger on; to fight with fury.

acarnissat, -ada [əkənisát, -ðə] *a.* fierce, without quarter.

acaronar [əkəruná] *t.* to fondle, to caress; to pamper.

acatar [əkətá] *t.* to respect; to obey.

accedir [əksəði] *i.* to accede, to agree (*a,* to).

acceleració [əksələrəsió] *f.* acceleration.

accelerador, -ra [əksələrəðó, -rə] *a.* accelerating, quickening. ■ *2 m.* accelerator.

accelerar [əksələrá] *t.-p.* to accelerate.

accent [əksέn] *m.* accent; stress.

accentuació [əksəntuəsió] *f.* accentuation; stress.

accentuar [əksəntuá] *t.* to accentuate; to stress. *2 fig.* to point out.

accepció [əksəpsió] *f.* acceptation; meaning.

acceptació [əksəptəsió] *f.* acceptance.

acceptar [əksəptá] *t.* to accept.

accés [əksés] *m.* access. ▲ *pl.* **accessos.**

accessible [əksəsibblə] *a.* accessible, approachable.

accèssit [əksέsit] *m.* accessit.

accessori, -òria [əksəsóri, -óriə] *a.-m.* accessory. *2 a.* secondary.

accident [əksiðέn] *m.* accident. ‖ *per ~,* by accident. *2* GRAMM. inflection.

accidental [əksiðəntál] *a.* accidental; fortuitous. *2* secondary.

accidentar-se [əksiðəntársə] *p.* to have an accident.

accidentat, -ada [əksiðəntát, -áðə] *a.* rough, uneven; hilly. ■ *2 m.-f.* injured person.

acció [əksió] *f.* act; action. ‖ *fer ~ de,* to make as if to; to make a move to. ‖ *bona ~,* good deed. *2* CIN. *interj. ~!,* action! *2 pl.* behaviour *sing.*

accionar [əksiuná] *i.* to make gestures; to gesticulate. ■ *t. 2* MECH. to activate; to drive.

accionista [əksiunistə] *m.-f.* shareholder.

acer [əsέr] *m.* steel: *~ inoxidable,* stainless steel.

acetona [əsətónə] *f.* acetone.

ací [əsi] (VAL.) *adv.* See AQUÍ.

àcid, -da [ásit, -ðə] *a.* acid; bitter, sour. ■ *2 m.* CHEM. acid.

aclamació [əkləməsió] *f.* acclamation.

aclamar [əkləmá] *t.* to acclaim, to hail as.

aclaparador, -ra [əkləpərəðó, -rə] *a.* oppressive; overwhelming.

aclaparar [əkləpərá] *t.* to oppress; overwhelm.

aclaridor [əkləriðó] *a.* explanatory.

aclariment [əklərimέn] *m.* explanation.

aclarir [əkləri] *t.-p.* to clear. *2 t. fig.* to clarify, to explain. *3* to find out.

aclimatar [əklimətá] *t.* to acclimatise. ■ *2 p.* to become acclimatised.

aclofar-se [əklufársə] *p.* to lounge; to sit back.

aclucar [əkluká] *t.* to close [one's eyes]. ‖ *no poder ~ l'ull,* not to get a wink of sleep.

acne [ánnə] *f.* MED. acne.

açò [əsɔ́] (VAL.) *dem. pron.* See AIXÒ.

acoblar [əkubblá] *t.-p.* to link up, to connect.

acollidor, -ra [əkuʎiðó, -rə] *a.* welcoming; cosy.

acollir [əkuʎi] *t.* to welcome. *2* to receive. ▲ CONJUG. like *collir.*

acollonir [əkuʎuni] *t.* coll. to intimidate. ■ *2 p.* to get scared.

acolorir [əkuluri] *t.* to colour; to dye.

acomboiar [əkumbuiá] t. to convoy; to transport in a convoy. 2 MAR. to escort.

acomiadar [əkumiəðá] t. to dismiss, to sack (de, from). 2 to say goodbye to. ■ 3 p. to say goodbye to; to take one's leave (de, of).

acomodació [əkumuðəsió] f. adaptation.

acomodador, -ra [əkumuðəðó, -rə] m. usher. 2 f. usherette.

acomodar [əkumuðá] t. to adapt. 2 to accommodate. ■ 2 p. to adapt oneself.

acomodat, -ada [əkumuðát, -áðə] a. wealthy, well-off.

acompanyament [əkumpəɲəmèn] m. accompaniment.

acompanyant (-ta) [əkumpəɲán (-tə)] a. accompanying. ■ 2 m.-f. companion.

acompanyar [əkumpəɲá] t. to accompany.

acomplir [əkumpli] t. to perform; to fulfil. ■ 2 p. to be accomplished.

acompte [əkòmtə] m. COMM. down-payment. 2 COMM. advance.

aconseguir [əkunsəɣi] t. to get, to obtain. 2 fig. to achieve. 3 to manage [to do]. 4 to catch up with; to reach [also fig.].

aconsellar [əkunsəʎá] t. to advise.

acontentar [əkuntəntá] t. to satisfy; to make happy. ■ 2 p. to become satisfied.

acoquinar [əkukiná] t. to intimidate. ■ 2 p. to be intimidated; to get scared.

acord [əkòr(t)] m. agreement. ‖ d'~!, all right. 2 MUS. chord.

acordar [əkurðá] t. to agree. 2 to decide. 3 MUS. to tune.

acordió [əkurðió] m. MUS. accordion.

acordonar [əkurðuná] t. to cordon off.

Açores [əsɔrəs] pr. n. f. pl. GEOGR. Azores.

acorralar [əkurrəlá] t. to pen, to corral. 2 to corner.

acostar [əkustá] t. to move closer. ■ 2 p. to move closer; to approach; to come closer.

acostumar [əkustumá] t. to accustom, to get into the habit of. ■ 2 i. to be in the habit of. ■ 3 p. to get used to.

acotació [əkutəsió] f. marginal note.

acotar [əkutá] t. to incline, to lower: ~ el cap, to lower one's head. 2 to survey; to mark out. ■ 3 p. to bend down.

acotxar [əkutʃá] t. to tuck up [in bed], to wrap up [in clothes]. ■ 2 p. to wrap (oneself) up, to tuck oneself up. 3 to crouch.

acovardir [əkuβərði] t. to intimidate; to frighten. ■ 2 p. to become intimidated; to become frightened.

acràcia [əkrásiə] f. anarchy.

àcrata [ákrətə] a. anarchic, anarchical. ■ 2 m.-f. anarchist.

acre [ákrə] a. pungent, bitter, sour. 2 fig. biting [humour]. ■ 3 m. acre [land measure].

acreditar [əkrəðitá] t. to vouch for. 2 fig. to do credit to. 3 ECON. to credit. 4 to accredit.

acrílic, -ca [əkrilik, -kə] a.-m. acrylic.

acritud [əkritút] f. pungency. 2 bitterness, sourness. 3 fig. acrimony.

acrobàcia [əkruβásiə] f. acrobatics.

acròstic, -ca [əkròstik, -kə] a. acrostic, acrostical. ■ 2 m. acrostic.

acròpoli [əkrɔpuli] f. acropolis.

acta [áktə] f. document, minutes pl.

acte [áktə] m. act. 2 deed; action: ~ heroic, heroic deed. 3 public ceremony, public function. ‖ d'inauguració, official opening. 4 a l'~, instantly, immediately. 5 fer ~ de presència, to be present, to attend. 6 THEATR. act.

actini [əktini] m. CHEM. actinium.

actitud [əktitút] f. attitude.

actiu, -iva [əktiŭ, -iβə] a. active; lively. ■ 2 m. COMM. assets pl.

activar [əktiβá] t. to activate. 2 to speed up.

activitat [əktiβitát] f. activity. ‖ en ~, active.

actor [əktó] m. actor.

actor, -ra [əktó, -rə] m.-f. LAW plaintiff.

actriu [əktriu] f. actress.

actuació [əktuəsió] f. THEATR., MUS. performance. 2 l'~ de la policia fou criticada, the way the police acted was criticised.

actual [əktuál] a. present day; up-to-date.

actualitat [əktuəlitát] f. news, current events pl. ‖ d'~, recent [events]. ‖ en l'~, nowadays.

actuar [əktuá] t. to actuate. ■ 2 i. to act.

acudir [əkuði] i. to come; to turn up. ■ 2 p. to think of, to have [an idea]: se t'acut cada cosa!, you have the strangest ideas sometimes!

acudit [əkuðit] m. witty saying; joke; funny story.

acular [əkulá] t. to back (up to or against). 2 to corner. ■ 3 p. to dig one's heels in.

acumulació [əkumuləsió] *f.* accumulation.

acumular [əkumulá] *t.-p.* to accumulate, to build up.

acupuntura [əkupuntúrə] *f.* acupuncture.

acuradament [əkurəðəmèn] *adv.* carefully.

acurat, -ada [əkurát, -áðə] *a.* careful; neat. 2 accurate [descriptions, definitions].

acusació [əkuzəsió] *f.* accusation. 2 LAW charge.

acusador, -ra [əkuzəðó, -rə] *a.* accusing. ■ 2 *m.-f.* accuser.

acusar [əkuzá] *t.* to accuse (*de*, of), to charge (*de*, with). 2 to show, to reveal. 3 ~ **recepció**, to acknowledge receipt.

acusat, -ada [əkuzát, -áðə] *m.-f.* LAW accused, defendant.

acústic, -ca [əkústik, -kə] *a.* acoustic. ■ 2 *f.* acoustics.

adagi [əðáʒi] *m.* adage, saying.

adàgio [əðáʒio] *m.* MUS. adagio *s.-a.* ■ 2 *adv.* MUS. adagio.

adaptable [əðəptábblə] *a.* adaptable.

adaptació [əðəptəsió] *f.* adaptation. 2 MUS. arrangement.

adaptar [əðəptá] *t.-p.* to adapt. 2 MUS. to arrange.

addicció [əddiksió] *f.* addiction.

addició [əddisió] *f.* addition. 2 bill [in a restaurant].

addicionar [əddisiuná] *t.* to add.

addicte, -ta [əðiktə, -tə] *a.* addicted. ■ 2 *m.-f.* addict; supporter; fan.

adduir [əddui] *t.* to adduce, to bring forward [proof, evidence].

adelerat, -ada [əðələrát, -áðə] *a.* eager; anxious.

adepte, -ta [əðèptə, -tə] *a., m.-f.* adept.

adequar [əðəkwá] *t.-p.* to adapt.

adequat, -ada [əðəkwát, -áðə] *a.* adequat, suitable. ‖ *aquesta és la paraula adequada,* that's exactly the right word for it.

adés [əðès] *adv.* just now.

adéu [əðèu] *interj.* goodbye, bye, see you. ■ 2 *m.* farewell. ‖ *fer* ~, to wave goodbye.

adéu-siau [əðęu̯siáu̯] *interj.* goodbye.

adherència [əðərènsiə] *f.* adhesion; adherence.

adherent [əðərèn] *a.* adherent, adhesive. ■ 2 *m.* follower, adherent.

adherir [əðəri] *i.* to adhere. ■ 2 *t.* to stick. ■ 3 *p.* to support firmly.

adhesió [əðəzió] *f.* adhesion. 2 support.

adhesiu, -iva [əðəziü, -íβə] *a.* adhesive. ■ 2 *m.* PRINT. sticker.

àdhuc [áðuk] *adv.* even.

adient [əðièn] *a.* suitable, appropriate, apt.

adinerat, -ada [əðinərát, -áðə] *a.* wealthy, rich.

adipós, -osa [əðipós, -ózə] *a.* adipose, fatty.

adir-se [əðírsə] *p.* to match, to suit.

adiu [əðiü] (ROSS.) *interj.-m.* See ADÉU.

adjacent [ədʒəsèn] *a.* adjacent, adjoining.

adjectiu, -iva [ədʒəktiü, -íβə] *a.* adjectival. ■ 2 *m.* GRAMM. adjective.

adjudicació [ədʒuðikəsió] *f.* award.

adjudicar [ədʒuðiká] *t.* to award. ■ 2 *p.* to appropriate.

adjunt, -ta [ədʒún, -tə] *a.* joined, attached. 2 *a., m.-f.* assistant. 3 *m.-f.* associate.

adjuntar [ədʒuntá] *t.* to attach. 2 to enclose [in a letter, parcel, etc.].

admetre [əmmètrə] *t.* to accept, to admit, to allow. ▲ CONJUG. P. p.: *admès*.

administració [əmministrəsió] *f.* administration; management.

administrador, -ra [əmministrəðó, -rə] *a.* administrative. ■ 2 *m.-f.* administrator, manager; steward [estates].

administrar [əmministrá] *t.* to administer, to administrate; to manage.

administratiu, -iva [əmministrətiü, -íβə] *a.* administrative, managerial. ■ 2 *m.-f.* clerk, office worker.

admirable [əmmirábblə] *a.* admirable.

admiració [əmmirəsió] *f.* admiration, wonder. 2 GRAMM. *signe d'~*, exclamation mark.

admirador, -ra [əmmirəðó, -rə] *a.* admiring. ■ 2 *m.-f.* admirer.

admirar [əmmirá] *t.* to admire; to wonder at. 2 to surprise, to amaze. ■ 3 *p.* to be amazed (*de*, at), to be surprised.

admissió [əmmisió] *f.* admission, admittance.

admonició [əmmunisió] *f.* admonition, reproof.

adob [əðóp] *m.* repair, mend. 2 COOK. dressing, seasoning. 3 fertilizer.

adobar [əðuβá] *t.* to repair, to mend. 2 to season, to pickle, to dress. 3 to tan [leather]. 4 to fertilize.

adober [əðuβέ] *m.* tanner.

adolescència [əðuləsένsiə] *f.* adolescence.

adolescent [əðuləsὲn] *a., m.-f.* adolescent.

Adolf [əðɔ̀lf] *pr. n. m.* Adolf, Adolph.

adolorir [əðuluri] *t.* to hurt; to cause pain.

adonar-se [əðunàrsə] *p.* to notice (*de*, —); to realize (*de*, that).

adopció [əðupsiò] *f.* adoption.

adoptar [əðuptà] *t.* to adopt.

adoptiu, -iva [əðuptiŭ, -iβə] *a.* adoptive: *fill* ~, adoptive or adopted son.

adoració [əðurəsiò] *f.* adoration, worship.

adorar [əðurà] *t.* to adore, to worship.

adormir [əðurmi] *t.* to send to sleep; to make drowsy. ‖ *estar adormit,* to be asleep. ■ *2 p.* to fall asleep. ‖ fig. *se m'ha adormit el peu,* my foot's fallen asleep.

adorn [əðòr(n)] *m.* ornament.

adornar [əðurnà] *t.* to adorn, to ornament, to decorate.

adossar [əðusà] *t.* to lean on or against.

adotzenat, -ada [əðudzənàt, -àðə] *a.* vulgar; common.

adquirir [əkkiri] *t.* to acquire, to obtain. 2 to purchase.

adquisició [əkkizisiò] *f.* acquisition.

adreç [əðrὲs] *m.* preparation. 2 COOK. seasoning.

adreça [əðrὲsə] *f.* address.

adreçar [əðrəsà] *t.* to straighten (out). ■ *2 p.* to address oneself (*a,* to).

Adrià [əðrià] *pr. n. m.* Adrian.

Adriana [əðriànə] *pr. n. f.* Adrienne.

adroguer [əðruyὲ] *m.* grocer.

adrogueria [əðruyəriə] *f.* grocery, grocer's.

adscriure [ətskriŭrə] *t.* to appoint; to assign. ▲ CONJUG. like *escriure.*

adulació [əðuləsiò] *f.* adulation.

adular [əðulà] *t.* to adulate; to flatter.

adult, -ta [əðul(t), -tə] *a., m.-f.* adult.

adúlter, -ra [əðúltər, -rə] *a.* adulterous. ■ *2 m.* adulterer. *3 f.* adulteress.

adulterar [əðultərà] *t.* to adulterate. 2 fig. to corrupt, to vitiate. ■ *3 i.* to commit adultery.

adulteri [əðultὲri] *m.* adultery.

adust, -ta [əðús(t), -tə] *a.* scorched. 2 fig. sullen, humourless.

adveniment [əbbənimὲn] *m.* advent.

advenir [əbbəni] *i.* to come about, to happen.

advent [əbbὲn] *m.* ECCL. Advent.

adventici, -ícia [əbbəntisi, -isiə] *a.* adventitious; fortuitous.

adverbi [əbbὲrβi] *m.* adverb.

advers, -sa [əbbὲrs, -sə] *a.* adverse; hostile.

adversari, -ària [əbbərsàri, -àriə] *a.* contrary; hostile. ■ *2 m.-f.* adversary.

adversitat [əbbərsitàt] *f.* adversity.

advertència [əbbərtὲnsiə] *f.* warning; piece of advice. 2 awareness.

advertiment [əbbərtimὲn] *m.* See ADVERTÈNCIA.

advertir [əbbərti] *t.* to warn. 2 to point out: *l'hem advertit del seu error,* we have pointed out his mistake to him. 3 to notice.

advocacia [əbbukasiə] *f.* the law, the legal profession.

advocació [əbbukəsiò] *f.* advocation.

advocadessa [əbbukəðὲsə] *f.* woman lawyer.

advocat, -ada [əbbukàt, -àðə] *m.-f.* LAW lawyer; solicitor, barrister. ‖ ~ *defensor,* defence counsel. 2 (USA) attorney. 3 advocate.

advocar [əbbukà] *i.* ~ *per,* to advocate *t.*

aerobi, -òbia [əerɔ̀βi, -ɔ̀βiə] *a.* aerobic. ■ *2. m.* aerobe.

aerodinàmic, -ca [əeruðinàmik, -kə] *a.* aerodynamic. ■ *2 f.* aerodynamics.

aeròdrom [əerɔ̀ðrum] *m.* aerodrome.

aeròlit [əerɔ̀lit] *m.* meteorite.

aeronau [əerunàŭ] *f.* airship.

aeronauta [əerunàŭtə] *m.-f.* aeronaut.

aeronàutic, -ca [əerunàŭtik, -kə] *a.* aeronautic. ■ *2 f.* aeronautics.

aeroplà [əeruplà] *m.* aeroplane, airplane.

aeroport [əerupɔr(t)] *m.* airport.

aerosol [əerusɔ̀l] *m.* aerosol [the container].

aeròstat [əerɔ̀stət] *m.* aerostat.

afabilitat [əfəβilitàt] *f.* affability.

afable [əfàbblə] *a.* affable.

afaiçonar [əfəisunà] *t.* to fashion; to create. 2 to embellish or to distort [description].

afaitar [əfəĭtà] *t.* to shave. ‖ *fulla d'*~, razor blade; *màquina d'*~, shaver, razor [electric].

aeri, aèria [əὲri, əὲriə] *a.* air. ‖ *línia aèria,* airline. 2 airy [also fig.], insubstantial.

advocar [əbbukà] *i.* ~ *per,* to advocate *t.*

afalac [əfəlák] *m.* flattery. 2 flattering compliment.

afalagar [əfələɣá] *t.* to gratify; to please. 2 to flatter.

afamat, -ada [əfəmát, -áðə] *a.* hungry; starving.

afanada [əfənáðə] *f.* petty thieving.

afanar [əfəná] *t.* to nick, to pinch.

afany [əfáɲ] *m.* effort, industry; exertion. 2 desire (*de,* for).

afanyar-se [əfəɲársə] *p.* to get a move on, to hurry.

afartar [əfərtá] *t.* to overfeed. ■ 2 *p.* coll. to stuff oneself.

afavorir [əfəβuri] *t.* to favour.

afeblir [əfébbli] *t.-p.* to weaken.

afecció [əfəksió] *f.* affection. 2 MED. ailment, trouble.

afeccionar-se [əfəksiunársə] *p.* to become fond (*de,* of).

afeccionat, -ada [əfəksiunát, -áðə] *a., m.-f.* amateur. 2 *m.-f.* SP. supporter.

afectació [əfəktəsió] *f.* affectation.

afectar [əfəktá] *t.* to affect.

afecte, -ta [əfɛ́ktə, -tə] *a.* fond; inclined. ■ 2 *m.* fondness, affection, attachment.

afectiu, -iva [əfəktiŭ, -iβə] *a.* affective.

afectuós, -osa [əfəktuós, -ózə] *a.* affectionate.

afegidura [əfəʒiðúrə] *f.* See AFEGIMENT.

afegiment [əfəʒimèn] *m.* addition.

afegir [əfəʒí] *t.* to fix. 2 to add.

afegit [əfəʒit] *m.* addition; extra.

afer [əfèr] *m.* matter; affair: *afers estrangers,* foreign affairs.

afermar [əfərmá] *t.* to strengthen, to secure. 2 to confirm. ■ 3 *p.* fig. to be unmoved, to remain by what one has said.

aferrar [əfərrá] *t.* to seize, to take hold of. 2 (BAL.) See ENGANXAR. ■ 3 *p.* to cling, to stick.

aferrissar-se [əfərrisársə] *p.* to fight ruthlessly or savagely. 2 fig. to work furiously.

aferrissat, -ada [əfərrisát, -áðə] *a.* fierce, without quarter.

afganès, -esa [əfɡənès, -ɛ́zə] *a., m.-f.* Afghan.

Afganistan [əfɡənistán] *pr. n. m.* GEOGR. Afghanistan.

afí [əfí] *a.* related.

aficionat, -ada [əfisiunát, -áðə] *a.* See AFECCIONAT.

afidàvit [əfiðáβit] *m.* LAW affidavit.

afigurar-se [əfiɣurársə] *p.* to suppose; to fancy.

afilar [əfilá] *t.* See ESMOLAR.

afilerar [əfilərá] *t.-p.* to line, to line up.

afiliar [əfiliá] *t.* to affiliate. ■ 2 *p.* to join [society, club, etc.].

afiliat, -ada [əfiliát, -áðə] *a.* affiliated. ■ 2 *m.-f.* member [of a club, society, etc.].

afillar [əfiʎá] *t.* to adopt [as one's son].

afinador, -ra [əfinəðó, -rə] *m.-f.* MUS. tuner.

afinar [əfiná] *t.* to refine [minerals; taste; customs]. 2 to polish [slight imperfections]. 3 MUS. to tune. ■ 4 *i.* to play or sing in tune. ■ 5 *p.* to get close (*a,* to).

afinitat [əfinitát] *f.* affinity.

afirmació [əfirməsió] *f.* statement; assertion.

afirmar [əfirmá] *t.* to state; to assert.

afixar [əfiksá] *t.* to stick up, to put up [posters, etc.]. 2 GRAMM. to affix.

aflaquir [əfləkí] *t.-p.* to weaken.

aflautat, -ada [əfləŭtát, -áðə] *a.* fluty [voice, sound, etc.].

aflicció [əfliksió] *f.* affliction.

afligir [əfliʒí] *t.* to distress. ■ 2 *p.* to distress oneself.

aflorar [əflurá] *i.* to crop out; to sprout up. 2 fig. to crop up.

afluència [əfluɛ́nsiə] *f.* influx. 2 fluency; eloquence.

afluent [əfluèn] *a.* flowing. ■ 2 *m.* GEOGR. tributary.

afluir [əfluí] *i.* to flow. 2 fig. to throng, to rush.

afluixar [əfluʃá] *t.* to loosen. 2 to slacken. 3 to reduce. ■ 4 *i.* to weaken; to relent; to abate. ‖ *el vent afluixa,* the wind is dying down. 5 to let up: *no afluixis davant les dificultats,* don't let up in the face of difficulty. ■ 6 *p.* to come or to work loose.

afonar [əfuná] (VAL.) *t.-p.* See ENFONSAR.

afonia [əfuniə] *f.* MED. loss of voice.

afònic [əfɔ́nik] *a.* hoarse; voiceless.

afores [əfɔ́rəs] *m. pl.* outskirts.

aforisme [əfurizmə] *m.* aphorism.

afortunat, -ada [əfurtunát, -áðə] *a.* lucky; fortunate.

Àfrica [áfrikə] *pr. n. f.* GEOGR. Africa.

africà, -ana [əfrikà, -ánə] *a., m.-f.* GEOGR. African.

afrodisíac, -ca [əfruðiziək, -kə] *a.* aphrodisiacal. ■ 2 *m.* aphrodisiac.

afront [əfròn] *m.* public affront. 2 insult, indignity.

afrontar [əfruntà] *t.* to face; to face up [also fig.]. 2 to insult publicly. ■ 3 *i.* to border on each other [countries, estates, etc.].

afta [àftə] *f.* MED. aphta.

afusellament [əfuzəʎəmèn] *m.* execution, shooting [by firing squad].

afusellar [əfuzəʎá] *t.* to execute, to shoot [by firing squad]. 2 to plagiarize.

agafada [əɣəfàðə] *f.* seizing, seizure. 2 people caught [in a police raid or similar].

agarrada [əɣərràðə] gripping. 2 fig. altercation, fight.

agarrar [əɣərrá] *t.* to seize, to grip, to grasp. 2 (VAL.) See AGAFAR.

àgata [àɣətə] *f.* MINER. agate.

agençar [əʒənsá] *t.* to embellish; to arrange neathy or decoratively.

agència [əʒènsiə] *f.* agency ‖ ~ *de publicitat,* advertising agency; ~ *de viatges,* travel agency; ~ *matrimonial,* marriage bureau.

agenciar [əʒənsiá] *t.* to effect; to procure.

agenda [əʒèndə] *f.* diary; notebook. 2 agenda.

agafar [əɣəfá] *t.* to grasp, to take hold of; to pick up. ‖ fig. *agafar-se les coses malament,* to take things badly. 2 to catch [illnesses, diseases]. 3 to take [taxi]; to catch [public transport]. 4 to take [street, road, etc.]. 5 to cover; to take up, to occupy. 6 to catch: *l'he agafat dient una mentida,* I caught him lying. 7 *i.-p.* BOT. to take root. 8 to stick. 9 *p.* to hold on (*a,* to). 10 to use [as an excuse].

agenollar-se [əʒənuʎàrsə] *p.* to kneel (down).

agent [əʒèn] *a.* active; functioning. ■ 2 *m.* agent, acting power. 3 *m.-f.* agent [person]. 4 COMM. agent. ‖ ~ *de canvi,* stockbroker. 5 CHEM. agent.

agermanar [əʒərməná] *t.* to twin.

àgil [àʒil] *a.* agile. 2 fig. lively, alert.

agilitat [əʒilitàt] *f.* agility.

agitació [əʒitəsiò] *f.* shaking. 2 restlessness. 3 unrest.

agitador, -ora [əʒitəðò, -rə] *a.* agitating. ■ 2 *m.-f.* POL. agitator. 3 CHEM. agitator, shaker.

agitar [əʒitá] *t.* to shake. 2 fig. to move, to unsettle. ■ 3 *p.* to shake. 4 to get upset; to get worried.

aglà [əɣlà] *m.* See GLA.

aglomeració [əɣlumərəsiò] *f.* agglomeration; massing.

aglomerar [əɣlumərá] *t.-p.* to agglomerate; to crowd together.

aglutinació [əɣlutinəsiò] *f.* agglutination.

aglutinar [əɣlutiná] *t.* to agglutinate.

Agnès [əɲnès] *pr. n. f.* Agnes.

agnòstic, -ca [əɲnɔ̀stik, -kə] *a., m.-f.* agnostic.

agnosticisme [əɲnustisizmə] *m.* agnosticism.

agombolar [əɣumbulá] *t.* to care solicitously. 2 to wrap up [person].

agonia [əɣuniə] *f.* dying moments; death agony.

agonitzar [əɣunidzá] *i.* to be dying.

agosarat, -ada [əɣuzərát, -áðə] *a.* daring; adventurous. 2 forward, cheeky.

agost [əɣòs(t)] *m.* August. ‖ fer *l'*~, to make a pile [of money].

agraciat, -ada [əɣrəsiàt, -áðə] *a.* good-looking.

agradable [əɣrəðàbblə] *a.* pleasant; nice.

agradar [əɣrəðá] *i.* to like *t.*: *m'agrada la xocolata,* I like chocolate; *t'agrada?,* do you like me? 2 to please: *és una pel·lícula que agrada,* it's a film which pleases.

agranar [əɣrəná] (BAL.), (VAL.) *t.* See ESCOMBRAR.

agraïment [əɣrəimèn] *m.* gratitude.

agrair [əɣrəi] *t.* to thank for. 2 to be grateful for.

agraït, -ïda [əɣrəit, -iðə] *a.* thankful, grateful.

agrari, -ària [əɣrári, -áriə] *a.* agrarian.

agre, -a [àɣrə, -ə] *a.* bitter. 2 fig. acrimonious.

agredir [əɣrəði] *t.* to attack; to assault.

agredolç, -ça [əɣrəðóls, -sə] *a.* bittersweet.

agregar [əɣrəɣá] *t.* to collect; to accumulate.

agregació [əɣrəɣəsiò] *f.* collection; accumulation.

agregat [əɣrəɣàt] *m.* attaché. ‖ *professor* ~, senior lecturer.

agressió [əɣrəsiò] *f.* aggression, attack.

agressiu, -iva [əɣrəsiŭ, -iβə] *a.* aggressive.

agressor, -ra [əɣrəsò, -rə] *m.-f.* aggressor, attacker.

agrest, -ta [əɣrès(t), -tə] *a.* rural, country. 2 rough.

agreujament [əɣrəŭʒəmèn] *m.* aggravation.

agreujar [əɣrəŭʒá] *t.* to aggravate. ■ 2 *p.* to become aggravated.

agrícola [əɣríkulə] *a.* agricultural. 2 farming.

agricultor, -ra [əɣrikultò, -rə] *m.-f.* farmer.

agricultura [əɣrikultúrə] *f.* agriculture.

agrimensor [əɣrimensò] *m.* surveyor.

agrònom, -ma [əɣrɔ̀num, -mə] *a.* agricultural. ■ 2 *m.-f.* agronomist, farming, expert.

agror [əɣrò] *f.* sourness; bitterness. 2 pungency.

agrumollar-se [əɣrumuʎársə] *p.* to go lumpy.

agrupació [əɣrupəsiò] *f.* grouping. 2 association, society.

agrupament [əɣrupəmèn] *m.* grouping. 2 association.

agrupar [əɣrupá] *t.* to group together; to assemble.

aguait [əɣwáĭt] *m.* watching. ‖ *estar a l'~,* to be on the alert.

aguant [əɣwàn] *m.* resistance. 2 fig. staying-power.

aguantar [əɣwəntá] *t.* to hold. 2 fig. to put up with; to stand, to bear. ■ 3 *p.* fig. to carry on, to continue. ‖ *no m'aguanto dret,* I can scarcely stay on my feet. 4 fig. to stand up, to hold water [arguments, alibis, etc.].

aguditzar [əɣuðidzá] *t.* to sharpen. ■ 2 *p.* fig. to become more intense.

agudesa [əɣuðɛ́zə] *f.* sharpness; acuteness; keenness. 2 wittiness.

àguila [áɣilə] *f.* ORNIT. eagle.

agulla [əɣúʎə] *f.* needle. ‖ *~ de fer mitja,* knitting needle. 2 pin. ‖ *~ de cap,* pin. ‖ *~ imperdible,* safety pin. 3 hairpin. 4 hand [of a clock]. 5 *~ d'estendre,* clothes peg.

agulló [əɣuʎò] *m.* goad. 2 fig. spur, incentive.

agullonar [əɣuʎuná] *t.* to goad; to spur [also fig.].

agut, -uda [əɣút, -úðə] *a.* acute; sharp; keen. 2 witty, smart. 3 MUS. high, sharp.

agutzil [əɣudzil] *m.* See ALGUTZIR.

ah! [a] *interj.* Ah!

ahir [əi] *adv.* yesterday.

ai! [áĭ] *interj.* ouch! [pain]. 2 oh dear!

aigua [áĭɣwə] *f.* water. ‖ *a flor d'~,* afloat; *~ dolça,* fresh water.

aiguader, -ra [áĭɣwəðè, -rə] *a.* abstemious, teetotalling. ■ 2 *m.-f.* teetotaller. 3 water seller.

aiguafort [áĭɣwəfɔr(t)] *m.* etching.

aigualir [áĭɣwəli] *t.* to water down; to dilute. ■ 2 *p.* to become watery. 3 fig. to bespoilt, to be ruined [party, meeting, etc.].

aiguamoll [áĭɣwəmɔ́ʎ] *m.* marsh.

aiguaneu [áĭɣwənèŭ] *f.* sleet.

aiguardent [áĭɣwərðèn] *m.* brandy.

aiguarràs [áĭɣwərràs] *m.* turpentine.

aiguat [áĭɣwàt] *m.* heavy shower, cloudburst.

aiguavés [áĭɣwəβès] *m.* slope. ▲ *pl.* **aiguavessos.**

aigüera [áĭɣwèrə] *f.* sink.

aïllament [əíʎəmèn] *m.* isolation.

aïllant [əíʎán] *a.* ELECT. insulating. 2 isolating. ■ 3 *m.* insulator.

aïllar [əíʎá] *t.* to insulate. 2 to isolate.

aïrat, -ada [əirát, -áðə] *a.* irate; very angry.

aire [áĭrə] *m.* air. ‖ *~ condicionat,* air conditioning; *a l'~ lliure,* (in the) open-air. 2 wind; breeze. ‖ *cop d'~,* gust [of wind]; fig. cold. 3 fig. air, appearance.

airejar [áĭrəʒá] *t.-p.* to air.

airós, -osa [əirós, -ózə] *a.* airy. 2 elegant.

aixa [áʃə] *f.* adze.

aixada [əʃáðə] *f.* hoe.

aixafar [əʃəfá] *t.* to squash; to squeeze; to crush. 2 fig. to crush [person]. 3 fig. to ruin, to spoil [plans].

aixecar [əʃəká] *t.* to lift (up); to raise, to raise up. 2 to stand up. 3 fig. *~ la camisa,* to pull someone's leg. ■ 4 *p.* to get up; to stand up. 5 to rise up.

aixella [əʃéʎə] *f.* ANAT. armpit.

aixer [əʃè] (ROSS.) *m.* See FEMS.

aixeta [əʃétə] *f.* tap.

així [əʃí] *adv.* so; thus. ‖ *~ i tot,* nevertheless, however.

això [əʃɔ́] *dem. pron.* this; that.

aixopluc [əʃuplúk] *m.* refuge; cover; shelter [also fig.].

aixoplugar [əʃupluɣá] *t.-p.* to shelter.

ajaçar [əʒəsá] *t.* to put to bed.

ajaure [əʒáŭrə] *t.-p.* See AJEURE.

ajeure [əʒèŭrə] *t.-p.* to lay. ▲ CONJUG. like **jeure.**

ajornar [əʒurná] *t.* to postpone.

ajuda [əʒúðə] *f.* help; aid; assistance.

ajudant, -ta [əʒuðán, -tə] *a., m.-f.* assistant; helper.

ajudar [əʒuðá] *t.* to help, to aid, to assist. ■ 2 *i.* to contribute to.

ajuntament [əʒuntəmèn] *m.* town hall, city hall. 2 town council, city council.

ajuntar [əʒuntá] *t.-p.* to assemble; to meet; to gather together.

ajupir [əʒupí] *t.-p.* to bend down. ▲ CONJUG. INDIC. Pres.: *ajupo, ajups, ajup.*

ajust [əʒús(t)] *m.* adjustment. 2 agreement.

ajustar [əʒustá] *t.* to adjust. 2 to agree [conditions, terms, etc.]. 3 to half-close; to leave ajar [door, window]. ■ 4 *i.* to fit.

ajusticiar [əʒustisiá] *t.* to execute.

ajut [əʒút] *m.* See AJUDA.

al [əl] (*contr. a + el*).

ala [álə] *f.* wing.

alabança [ələβánsə] *f.* See LLOANÇA.

alabar [ələβá] *t.* See LLOAR.

alabastre [ələβástrə] *m.* MINER. alabaster.

alacaigut, -uda [ələkəiγút, -úðə] *a.* fig. crestfallen.

alambí [ələmbí] *m.* CHEM. still.

alarit [ələrit] *m.* warcry.

alarma [əlármə] *f.* alarm.

alarmar [ələrmá] *t.* to alarm. ■ 2 *p.* to become alarmed.

alarmista [ələrmístə] *m.-f.* alarmist.

alat, -ada [əlát, -áðə] *a.* winged.

alba [álβə] *f.* dawn.

albada [əlβáðə] *f.* dawn twilight.

albanès, -esa [əlβənès, -ézə] *a., m.-f.* Albanian.

Albània [əlβániə] *pr. n. f.* GEOGR. Albania.

albarà [əlβərá] *m.* COMM. delivery note; slip.

albatros [əlβátrus] *m.* ORN. albatross.

àlber [álβər] *m.* BOT. poplar.

albercoc [əlβərkók] *m.* BOT. apricot.

albercoquer [əlβərkukè] *m.* BOT. apricot tree.

alberg [əlβèrk] *m.* shelter, refuge. 2 hostel. ‖ ~ *de joventut,* youth hostel.

albergar [əlβərγá] *t.-i.* to accommodate, to house.

albergínia [əlβərʒíniə] *f.* BOT. aubergine; (USA) eggplant.

Albert [əlβèrt] *pr. n. m.* Albert.

albí, -ina [əlβí, -inə] *a., m.-f.* albino.

albinisme [əlβínizmə] *m.* MED. albinism.

albirar [əlβirá] *t.* to make out. 2 to conjecture; to imagine.

albor [əlβó] *f.* whiteness. 2 dawn light.

albufera [əlβufèrə] *f.* a kind of lagoon.

àlbum [álβum] *m.* album.

albumen [əlβúmən] *m.* albumen; white of egg.

albúmina [əlβúminə] *f.* CHEM. albumen.

alça [álsə] *f.* block. [to raise in height]. 2 rise [prices, temperature, etc.].

alçada [əlsáðə] *f.* height.

alcalde [əlkáldə] *m.* mayor.

alcaldessa [əlkəldèsə] *f.* mayoress.

alcaldia [əlkəldíə] *f.* office of mayor [rank]. 2 mayor's office [room].

alcalí, -ina [əlkəli, -inə] *a.* alkaline.

alçament [əlsəmèn] *m.* lifting; raising. 2 rise [price]. 3 MIL. revolt.

alçaprem [əlsəprèm] *m.* lever [for lifting].

alçar [əlsá] *t.* to lift (up), to raise. 2 to make higher. 3 to build. 4 to stand up. 5 fig. to raise. ■ 6 *p.* to get up; to stand up. 7 to rise up. 8 (VAL.) See LLEVAR 3.

alcavot, -ta [əlkəβót, -tə] *m.-f.* go-between.

alcista [əlsístə] *m.-f.* ECON. speculator.

alcohol [əlkuɔ́l] *m.* alcohol.

alcohòlic, -ca [əlkuɔ́lik, -kə] *a.* alcoholic: *beguda no alcohòlica,* soft drink. ■ 2 *m.-f.* alcoholic.

alcoholisme [əlkuulízmə] *m.* alcoholism.

alcova [əlkóβə] *f.* bedroom.

aldarull [əldərúʎ] *m.* disturbance. 2 racket, row.

alè [əlɛ́] *m.* breath: *sense* ~, breathless.

aleatori, -òria [əleətɔ́ri, -ɔ́riə] *a.* uncertain. 2 fortuitous.

alegrar [ələγrá] *t.* to make happy; to gladden. ■ 2 *p.* to become happy. 3 to be happy; to rejoice.

alegre [əlèγrə] *a.* happy, glad. 2 merry, slightly drunk.

alegria [ələγriə] *f.* happiness; rejoicing.

alejar [ələʒá] *i.* to flap its wings.

alemany, -nya [ələmáɲ, -ɲə] *a., m.-f.* GEOGR. German.

Alemanya [ələmáɲə] *pr. n. f.* GEOGR. Germany.

alena [əlènə] *f.* awl.

alenada [ələnáðə] *f.* puff [of air].

alenar [ələná] *i.* to breathe.

alentir [ələnti] *t.-p.* to slow down.

aleró [ələró] *m.* ORNIT. wing. 2 AVIAT. aileron.

alerta [ələrtə] *interj.* look out. ■ *2 adv. anar ~,* to step with care. ■ *3 f. ~ aèria,* air alarm; bomber alarm.

alertar [ələrtá] *t.* to alert.

aleshores [ələʒɔ́rəs] *adv.* then.

aleta [əlɛ́tə] *f.* small wing. *2* fin. *3 fer l'~ a algú,* to curry favour with someone.

aletejar [ələtəʒá] *i.* See ALEJAR.

Alexandre [ələgzándrə] *pr. n. m.* Alexander.

Alexandria [ələgzándriə] *pr. n.* GEOGR. Alexandria.

alfabet [əlfəβɛ́t] *m.* alphabet.

alfabètic, -ca [əlfəβɛ́tik, -kə] *a.* alphabetical.

alfàbrega [əlfáβrəɣə] *f.* BOT. basil.

alfals [əlfáls] *m.* BOT. alfalfa, lucerne.

alferes [əlfɛ́rəs] *m.* MIL. second lieutenant.

alfil [əlfil] *m.* bishop [chess].

Alfred [əlfrɛ́t] *pr. n. m.* Alfred.

alga [álɣə] *f.* BOT. alga. ▲ *pl.* **algues**.

àlgebra [álʒəβrə] *f.* algebra.

alforja [əlfɔ́rʒə] *f.* saddle-bag.

algerí, -ina [əlʒəri, -inə] *a., m.-f.* Algerian.

Algèria [əlʒɛ́riə] *pr. n. f.* GEOGR. Algeria.

àlgid, -da [álʒit, -ðə] *a.* icy. *2* culminating; critical.

algú [əlɣú] *indef. pron.* someone, anyone; somebody, anybody.

algun, -una [əlɣún, -únə] *a.* some, any. || *alguna cosa,* something, anything.

algutzir [əlɣutzi] *m.* bailiff.

alhora [əlɔ́rə] *adv.* simultaneously, at the same time.

aliança [əliánsə] *f.* alliance. *2* wedding ring.

aliar [əliá] *t.* to ally. ■ *2 p.* to form an alliance, to become allies.

àlias [álias] *adv.* alias. ■ *2 m.* alias.

aliat, -ada [əliát, -áðə] *a.* allied. ■ *2 m.-f.* ally.

aliatge [əlia(d)ʒə] *m.* CHEM. alloy.

alicates [əlikátəs] *f. pl.* MECH. pliers.

aliè, -ena [əliɛ̀, -ɛ́nə] *a.* belonging to others. *2* alien.

alienar [əlianá] *t.* to alienate. *2* to estrange. *3* to drive mad or insane.

alienat, -ada [əliənát, -áðə] *a.* insane. ■ *2 m.-f.* lunatic.

àliga [áliɣə] *f.* eagle.

alimara [əlimárə] *f.* (fire) beacon.

aliment [əlimɛ̀n] *m.* food.

alimentació [əlimǝntǝsió] *f.* feeding. *2* nourishment; food.

alimentar [əlimǝntá] *t.-p.* to feed.

alimentari, -ària [əlimǝntári, -áriǝ] *a.* alimentary; food.

alineació [əlineǝsió] *f.* alignment.

alinear [əlineá] *t.* to align, to line up. ■ *2 p.* to line up.

all [áʎ] *m.* BOT. garlic. || *un gra d'~,* a clove of garlic.

Al·là [əllá] *pr. n. m.* REL. Allah.

allà [əʎá] *adv.* there, over there.

allargament [əʎǝrɣǝmɛ̀n] *m.* prolonging; extension.

allargar [əʎǝrɣá] *t.* to lengthen. *2* to prolong, to extend. *3* to hand, to pass. ■ *4 p.* to lenghten, to get longer. *5* to drag out.

allargassar [əʎǝrɣǝsá] *t.-p.* to drag out or on.

allau [əʎáu] *f.* avalanche. *2* fig. rush, torrent: *una ~ de mots,* a torrent of words.

al·legació [əlləɣǝsió] *f.* allegation.

al·legar [əlləɣá] *t.* to give as a reason. *2* LAW to plead.

al·legat [əlləɣát] *m.* reasons *pl.* *2* LAW plea.

al·legoria [əlləɣuriə] *f.* allegory.

al·legòric, -ca [əlləɣɔ̀rik, -kə] *a.* allegorical.

al·legro [əllɛ́ɣro] *adv.-m.* MUS. allegro.

al·leluia [əlləlújə] *interj.-m.* hallelujah.

al·lèrgia [əllɛ̀rʒiə] *f.* MED. allergy.

alletar [əʎətá] *t.* to suckle.

alleugerir [əʎəǔʒəri] *t.* to alleviate. *2* to lighten.

alleujament [əʎəǔʒǝmɛ̀n] *m.* lightening [weight]. *2* alleviation.

alleujar [əʎəǔʒá] *t.* to lighten [weight]. *2* to alleviate.

allí [əʎí] *adv.* there.

alliberació [əʎiβǝrǝsió] *f.* See ALLIBERAMENT.

alliberament [əʎiβǝrǝmɛ̀n] *m.* freeing; liberation.

alliberar [əʎiβǝrá] *t.* to set free. *2* to free (*de,* from). ■ *3 p.* to free oneself.

al·licient [əllisiɛ̀n] *m.* stimulus, incentive.

alliçonar [əʎisuná] *t.* to instruct.

allioli [əʎiɔ́li] *m.* COOK. garlic mayonnaise.

allisada [əʎizáðə] *f.* smoothing; flattening. *2* fig. scolding. *3* fig. hiding [beating].

allisar [əʎizá] *t.* to smooth, to smooth down.

allistar [əʎistá] *t.-p.* to enrol. 2 MIL. to enlist; to sign up. 3 to list.

allitar-se [əʎitársə] *p.* to take to one's bed [through illness].

allò [əʎɔ́] *dem. pron.* that.

al·locució [əllukusió] *f.* allocution.

al·lot, -ta [əllɔ́t, -tə] *m.* (BAL.) boy. 2 *f.* (BAL.) girl.

allotjament [əʎudʒəmèn] *m.* lodgings *pl.*; accommodation.

allotjar [əʎudʒá] *t.-p.* to lodge. 2 *t.* to accommodate.

al·lucinació [əllusinəsió] *f.* hallucination.

al·lucinar [əllusiná] *t.* to hallucinate. 2 fig. to be fascinated.

al·ludir [əlludí] *i.* to allude (*a,* to).

allumar [əʎumá] (ROSS.) *t.-p.* See EN-CENDRE.

allunyament [əʎuɲəmèn] *m.* distancing.

allunyar [əʎuɲá] *t.* to move away; to drive away. ■ 2 *p.* to move away, to go away.

al·lusió [əlluzió] *f.* allusion.

al·lusiu, -iva [əlluziŭ, -iβə] *a.* allusive.

al·luvió [əlluβió] *m.* overflowing; flood. 2 GEOL. alluvium.

almanac [əlmənák] *m.* almanack.

almàssera [əlmásərə] *f.* oil press.

almenys [əlmèɲs] *adv.* at least.

almirall [əlmiráʎ] *m.* admiral.

almirallat [əlmiraʎát] *m.* admiralty.

almívar [əlmíβər] *m.* syrup.

almogàver [əlmuɣáβər] *m.* HIST. Catalan soldier of Middle Ages.

almoina [əlmɔ̆inə] *f.* alms *pl.*

àloe [áloe] *m.* BOT. aloe.

alopècia [əlupésiə] *f.* MED. alopecia, baldness.

alosa [əlɔ́zə] *f.* ORNIT. lark. 2 ICTHY shad.

alpaca [əlpákə] *f.* ZOOL. alpaca. 2 nickel silver [metal].

alpí, -ina [əlpi, -inə] *a.* alpine.

alpinisme [əlpinizmə] *m.* climbing, mountaineering.

alpinista [əlpinistə] *m.-f.* climber, mountaineer.

Alps [álps] *pr. n. m. pl.* GEOGR. Alps.

alquímia [əlkimiə] *f.* alchemy.

alquimista [əlkimistə] *m.-f.* alchemist.

alt. [ál] *f.* (abbr. of *altitud*) alt. (altitude).

alt, -ta [ál, -tə] *a.* high. 2 tall. 3 loud [sound]. 4 upper. 5 noble; excellent. ■ *6 adv.* high, on high. 7 loudly [sound]. 8 *passar per ~,* to overlook, to ignore. ■ *9 f. donar l'alta,* to discharge from hospital. *10 donar-se d'alta,* to inscribe, to join.

altament [əltəmèn] *adv.* highly, exceedingly.

altar [əltá] *m.* altar.

altaveu [əltəβéu] *m.* loudspeaker.

altell [əltèʎ] *m.* hillock.

alteració [əltərəsió] *f.* alteration.

alterar [əltərá] *t.* to change; to alter; to distort. 2 to upset, to disturb. ■ *3 p.* to get upset.

altercat [əltərkát] *m.* altercation, quarrel.

altiplà [əltiplá] *m.* GEOGR. plateau.

altre, -tra *a.-pron.* other, another.

alumini [əlumini] *m.* aluminium.

alvocat [əlβukát] *m.* BOT. avocado pear.

alzina [əlzinə] *f.* BOT. evergreen oak, holm oak. ‖ ~ *surera,* cork-oak.

alzinar [əlziná] *m.* evergreen oak grove.

amabilitat [əməβilitát] *f.* kindness, friendliness.

amable [əmábblə] *a.* kind, nice, friendly.

amagar [əməɣá] *t.-p.* to hide [also fig.].

amagat [əməɣát] *adv. phr.* d'~, behind one's back.

amagatall [əməɣətáʎ] *m.* hiding place.

amagatotis [əməɣətɔ̀tis] *adv. phr.* d'~ See AMAGAT.

amagrir [əməɣrí] *t.* to make thin. ■ *2 p.* to lose weight.

amainar [əməĭná] *t.* NAUT. to lower, to take in [a sail]. ■ *2 i.* to slacken, to lessen.

amalgama [əməlɣàmə] *f.* amalgam.

amanerat, -ada [əmənərát, -áðə] *s.* affected [person].

amanida [əməniðə] *f.* salad.

amaniment [əmənimèn] *m.* dressing, seasoning.

amanir [əməní] *t.* to dress, to season.

amansir [əmənsí] *t.* to tame, to calm down. ■ *2 p.* to become tame, to calm down.

amant [əmán] *a., m.-f.* lover.

amanyagar [əməɲəɣá] *t.* to caress.

amar [əmá] *t.* lit. to love.

amarar [əmərá] *t.* to soak. ‖ *amarat de suor,* soaked in sweat. 2 fig. to brim with [emotion]. 3 AER. to land on water; to splash down.

amarg, -ga [əmàr(k), -ɣə] *a.* bitter.

amargar [əmərɣá] *t.* to make bitter. 2 to embitter; to ruin. ■ 3 *i.* to taste bitter.

amarra [əmàrrə] *f.* NAUT. mooring rope or line.

amarrador [əmərrəðó] *m.* mooring, berth.

amarrar [əmərrá] *t.-i.* to berth.

amassar [əməsá] *t.* to build up.

amatent [əmətèn] *a.* willing, ready.

amazona [əməzònə] *f.* MYTH. Amazon. ■ 2 horsewoman.

Amazones [əmazònəs] *pr. n. m.* GEOGR. Amazon.

amb [əm] *prep.* with. 2 in: *escriure ~ bol·lígraf,* to write in pen. 3 by: *anar ~ cotxe,* to go by car. 4 ~ *això,* just then. ‖ ~ *tot,* nevertheless.

ambaixada [əmbəʃàðə] *f.* embassy. 2 mission.

ambaixador, -ra [əmbəʃəðó, -rə] *m.-f.* ambassador. 2 envoy.

ambaixadriu [əmbəʃəðriu] *f.* ambassadress. 2 ambassador's wife.

ambdós, -dues [əmdós, -dúəs] *a.-pron. indef.* both.

ambició [əmbisió] *f.* ambition.

ambiciós, -osa [əmbisiós, -ózə] *a.* ambitious.

ambient [əmbièn] *m.* atmosphere [also fig.]; environment. ‖ *medi ~,* environment.

ambientar [əmbiəntá] *t.* to give an atmosphere to. ■ 2 *p.* to get used to, to adapt oneself to.

ambigu, -gua [əmbiɣu, -ɣwə] *a.* ambiguous.

ambigüitat [əmbiɣwitàt] *f.* ambiguity.

àmbit [àmbit] *m.* field, area.

ambre [àmbrə] *m.* amber.

ambulància [əmbulànsiə] *f.* ambulance.

ambulant [əmbulàn] *a.* walking, itinerant. ‖ *venedor ~,* travelling salesman.

ambulatori [əmbulətɔ̀ri] *m.* out patients clinic.

amè, -ena [əmè, -ɛ́nə] *a.* pleasant; entertaining.

ameba [əmèβə] *f.* BOT. amoeba.

amén [əmèn] *interj.* Amen. ‖ *dir ~ a tot,* to agree to everything.

amenaça [əmənàsə] *f.* threat, menace.

amenaçar [əmənəsá] *t.* to threaten, to menace.

amenitat [əmənitàt] *f.* amenity.

Amèrica [əmèrikə] *pr. n. f.* GEOGR. America.

americà, -ana [əmərikà, -ánə] *a., m.-f.* GEOGR. American. 2 *f.* jacket.

americanisme [əmərikənizmə] *m.* Americanism.

ametista [əmətistə] *f.* MINER. amethyst.

ametlla [əmèʎʎə] *f.* almond.

ametllat [əməʎʎát] *a.* almond-shaped. ■ 2 *m.* almond-covered ice-cream.

ametller [əməʎʎé] *m.* BOT. almond tree.

amfibi, -íbia [əmfiβi, -iβiə] *a.* amphibious. ■ 2 *m.* ZOOL. amphibian.

amfiteatre [əmfiteátrə] *m.* amphitheatre, USA amphitheater. 2 gallery [of a theatre].

amfitrió, -ona [əmfitrió, -ónə] *m.* host. 2 *f.* hostess.

àmfora [àmfurə] *f.* amphora.

amiant [əmiàn] *m.* asbestos.

amic, -iga [əmik, -iɣə] *a.* friendly; fond of. ■ 2 *m.-f.* friend. 3 *m.* boyfriend. 4 *f.* girlfriend.

amidar [əmiðá] *t.* to measure.

amigable [əmiɣàbblə] *a.* amicable, friendly.

amígdala [əmiɣdələ] *f.* ANAT. tonsil.

amistançat, -ada [əmistənsàt, -áðə] *m.-f.* lover. 2 *f.* mistress.

amistat [əmistát] *f.* friendship. 2 *pl.* friends *pl.,* acquaintances *pl.*

amistós, -osa [əmistós, -ózə] *a.* friendly, amicable. 2 SP. friendly [match].

amnèsia [əmnèziə] *f.* MED. amnesia.

amnistia [əmnistiə] *f.* amnesty.

amnistiar [əmnistiá] *t.* to grant amnesty to.

amo [àmu] *m.* master, owner; landlord. ‖ *fer-se l'~,* to take over (*de, —*).

amoïnar [əmuiná] *t.* to worry, to disquiet, to make uneasy. 2 to upset, to annoy; to pester, to harass. ■ 3 *p.* to worry, to get upset.

amoïnat, -ada [əmuinát, -áðə] *a.* worried, uneasy.

amoixar [əmuʃá] *t.* to caress, to fondle; to cuddle.

amollar [əmuʎá] *t.* to loosen, to slacken. 2 to let out; to let go [also fig.]. ■ 3 *i.* to slacken, to ease (off).

amonestació [əmunəstəsió] *f.* admonition, reproof. 2 *pl.* marriage banns *pl.*

amonestar [əmunəstá] *t.* to admonish, to warn.

amoníac [əmuniak] *m.* CHEM. ammonia.

amor [əmòr] *m.* (i *f.*) love, affection. ‖ ~ *propi,* self-respect; *fer l'~,* to make love; *per ~ a l'art,* unselfishly, not for money; *per l'~ de Déu,* for God's sake. 2 *pl.* love affairs *pl.*

amoral [əmurál] *a.* amoral.

amoretes [əmurètəs] *f. pl.* compliment, pass; flattery.

amorf, -fa [əmòrf, -fə] *a.* amorphous.

amorosir [əmuruzi] *t.* to soften; to appease, to mitigate.

amorrar [əmurrá] *t.* to push someone's mouth or face to. ‖ *la policia la va ~ a la paret,* the policewoman pushed her up against the wall. ‖ *li va ~ l'ampolla perquè begués,* she pushed the bottle to his lips for him to drink. ■ 2 *p.* to push one's mouth or face to.

amortallar [əmurtəʎá] *t.* to shroud.

amortidor [əmurtiðò] *m.* damper. 2 MECH., AUTO. shock absorber.

amortir [əmurti] *t.* to deaden, to muffle, to absorb [shock].

amortitzar [əmurtidzá] *t.* LAW to amortize. 2 ECON. to redeem, to pay off [mortgage, bonds, etc.]. 3 to get one's money's worth out of.

amper [əmpèr] *m.* ELECTR. amp, ampere.

amperímetre [əmpərímətrə] *m.* PHYS. ammeter.

ampit [əmpit] *m.* parapet, fence.

amplada [əmpláðə] *f.* See AMPLÀRIA.

amplària [əmplàriə] *f.* width, breadth.

ample, -a [ámplə, -plə] *a.* wide, broad. ‖ *de ca l'~,* terrific. ■ 2 *m.* width, breadth.

ampli, àmplia [ámpli, ámpliə] *a.* extensive, spacious.

ampliació [əmpliəsiò] *f.* amplification. 2 PHOT. enlargement.

ampliar [əmpliá] *t.* to amplify. 2 PHOT. to enlarge.

amplificació [əmplifikəsiò] *f.* amplification; enlargement.

amplificar [əmplifiká] *t.* to amplify; to enlarge.

amplitud [əmplitút] *f.* amplitude.

ampolla [əmpóʎə] *f.* bottle. ‖ *bufar i fer ampolles,* nothing to it, piece of cake.

ampul·lós, -osa [əmpullòs, -òzə] *a.* pompous.

amputació [əmputəsiò] *f.* MED. amputation.

amputar [əmputá] *t.* MED. to amputate.

Amsterdam [əmstərðám] *pr. n.* GEOGR. Amsterdam.

amulet [əmulèt] *m.* amulet.

amunt [əmún] *adv.* up, above. ‖ ~ *i avall,* up and down.

amuntegar [əmuntəɣá] *t.* to heap, to pile (up). 2 fig. to hoard, to accumulate.

anacoreta [ənəkurètə] *m.-f.* REL. anchorite.

anacronisme [ənəkrunizmə] *m.* anachronism.

anada [ənàðə] *f.* the way there, going. 2 outing, excursion.

anaerobi, -òbia [ənəeròβi, -òβiə] *a.* anaerobic. ■ 2 *m.* BIOL. anaerobe.

anagrama [ənəɣrámə] *m.* anagram.

anàleg, -oga [ənàlək, -uɣə] *a.* analogous, akin.

analfabet, -ta [ənəlfəβèt, -tə] *a., m.-f.* illiterate.

analgèsia [ənəlʒèziə] *f.* MED. analgesia.

analgèsic, -ca [ənəlʒèzic, -cə] *a.-m.* MED. analgesic.

anàlisi [ənàlizi] *f.* analysis.

analista [ənəlistə] *m.-f.* CHEM. analyst.

analitzar [ənəlidzá] *t.* to analyse, (USA) to analyze.

analogia [ənəluʒiə] *f.* analogy: *per ~ amb,* on the analogy of.

ananàs [ənənàs] *m.* BOT. pineapple.

anar [əná] *i.* to go, to move. ‖ ~ *a la seva,* to go one's own way; ~ *amb compte,* to be careful; ~ *fent,* to get by; *deixar ~,* to let go, to release; *fer ~,* to make work, to start; fig. *no ~ enlloc,* to lead to nothing. 2 to run, to work [a mechanism]. 3 to suit: *et va bé demà a les nou?,* would nine o'clock tomorrow suit you?. ‖ *aquest vestit no li va bé,* this dress doesn't suit her. 4 to discharge, to evacuate [excrement, etc.]. ▲ CONJUG. INDIC. Pres.: *caure l'~ al peus,* | Fut.: *aniré o iré, etc.* ‖ SUBJ. Pres.: *vagi, vagis, vagi, vagin.* ‖ IMPERAT.: *vés.*

ànima [ánimə] *f.* soul. ‖ ~ *caure l'~ al peus,* to be disappointed; *en cos i ~,* entirely, completely; *sortir de l'~,* to come out spontaneously. 2 inner structure or area [of a building, etc.].

anarquia [ənərkiə] *f.* anarchy.

anàrquic, -ca [ənárkik, -kə] *a.* anarchic, anarchical.

anarquisme [ənərkizmə] *m.* anarchism.

anarquista [ənərkistə] *a., m.-f.* anarchist.

anar-se'n [ənársən] *p.* to leave, to go away. 2 fig. to die.

anatema [ənətèmə] *m.* anathema.

anatomia [ənətumiə] *f.* anatomy.

anca [ánkə] *f.* haunch, rump; buttock.

ancestral [ənsəstrál] *a.* ancestral.

ancià, -ana [ənsià, -ánə] *a.* ancient; old; elderly. ■ 2 *m.-f.* old man or woman.

ancianitat [ənsiənitát] *f.* old age.

àncora [áŋkurə] *f.* NAUT. anchor.

ancorar [əŋkurá] *t.-i.* NAUT. to anchor.

ancoratge [əŋkurádʒə] *m.* NAUT. anchorage.

andana [əndánə] *f.* platform [docks, train station]. 2 quay.

andante [əndántə] *adv.-m.* MUS. andante.

Andes [ándəs] *pr. n. m. pl.* GEOGR. Andes.

andí, -ina [əndí, -inə] *a., m.-f.* Andean.

Andorra [əndórrə] *pr. n. f.* GEOGR. Andorra.

andorrà, -ana [əndurrà, -ánə] *a., m.-f.* Andorran.

ànec [ánək] *m.* ORNIT. duck; drake.

anècdota [ənέgdutə] *f.* anecdote.

anell [ənέʎ] *m.* ring; hoop. ‖ *com l'~ al dit,* timely; just right.

anella [ənέʎə] *f.* ring, hoop. 2 link. 3 knocker [door]. 4 *pl.* SP. rings *pl.*

anèmia [ənέmiə] *f.* MED. anaemia, anemia.

anèmic, -ca [ənέmik, -kə] *a.* anaemic.

anemòmetre [ənəmɔ́mətrə] *m.* anemometer.

anemone [ənəmɔ́nə] *f.* BOT. anemone.

anestèsia [ənəstέziə] *f.* MED. anaesthesia, anesthesia.

anestesiar [ənəstəziá] *t.* MED. to anaesthetize, to anesthetize.

àngel [ánʒəl] *m.* angel.

angelical [ənʒəlikál] *a.* angelic, angelical.

angina [ənʒínə] *m.* MED. sore throat. 2 ~ *de pit,* angina pectoris.

Anglaterra [əŋglətɛ́rrə] *pr. n. f.* GEOGR. England.

angle [áŋglə] *m.* angle; corner. ‖ ~ *recte,* right angle. ‖ *fer ~ amb,* to be at an angle to.

anglès, -esa [əŋglέs, -έzə] *a.* English. ■ 2 *m.* Englishman. 3 *f.* Englishwoman.

anglicà, -ana [əŋglikà, -ánə] *a., m.-f.* Anglican.

anglicisme [əŋglisízmə] *m.* anglicism.

anglòfil, -la [əŋglɔ́fil, -lə] *a., m.-f.* anglophile.

anglofòbia [əŋglufɔ́βiə] *f.* anglophobia.

anglo-saxó, -ona [əŋglusəksó, -ónə] *a., m.-f.* Anglo-Saxon.

angoixa [əŋgóʃə] *f.* anguish; distress, anxiety.

angoixar [əŋguʃá] *t.* to afflict, to distress, to worry. ■ 2 *p.* to worry.

angoixós, -osa [əŋguʃós, -ózə] *a.* distressed, anxious; distressing, heartbreaking.

Angola [əŋgólə] *pr. n. f.* GEOGR. Angola.

angolès, -esa [əŋgolέs, -έzə] *a., m.-f.* Angolan.

angost, -ta [əŋgós(t), -tə] *a.* narrow.

anguila [əŋgílə] *f.* ICHTHY. eel. 2 fig. *esmunyir-se com una ~,* to slip away.

angula [əŋgúlə] *f.* ICHTHY. elver, young eel.

angular [əŋgulá] *a.* angular. ‖ *pedra ~,* cornerstone.

angulós, -osa [əŋgulós, -ózə] *a.* angular.

angúnia [əŋgúniə] *f.* anguish, grief. 2 aversion. ‖ *fer ~,* to sicken; to disgust.

anguniejar [əŋguniəʒá] *t.* to anguish, to grieve. ■ 2 *p.* to feel anguish; to grieve.

anguniós, -osa [əŋguniós, -ózə] *a.* distressing, disgusting.

anhel [ənέl] *m.* longing, yearning, desire. 2 aspiration.

anhelar [ənəlá] *t.* to desire, to long for. ■ 2 *i.* to part, to gasp.

anhídrid [əniðrit] *m.* CHEM. anhydride.

anihilació [əniiləsió] *f.* annihilation.

anihilament [əniiləmέn] *m.* See ANIHILACIÓ.

anihilar [əniilá] *t.* to annihilate.

ànim [ánim] *m.* intention, purpose. 2 courage, spirit.

animació [əniməsió] *f.* animation, liveliness. 2 bustle, crowd. 3 CIN. animation.

animador, -ra [əniməðó, -rə] *a.* cheering, encouraging. ■ 2 *m.-f.* leader, organizer [of activities].

animadversió [ənimədbərsió] *f.* animadversion.

animal [ənimál] *m.* animal, beast. ‖ *fer l'~,* to behave rudely. ■ 2 *a.* animal.

animalada [əniməláðə] *f.* coll. foolish, coarse action.

animalitat [əniməlitát] *f.* animality.

animaló [əniməló] *m. dim.* sweet little animal.

animar [ənimá] *t.* to encourage; to cheer up. 2 to enliven, to stimulate. ■ 3 *p.* to cheer up.

aniquilació [ənikiləsió] *f.* See ANIHILACIÓ.

aniquilament [ənikiləmέn] *m.* See ANIHILACIÓ.

aniquilar [ənikilá] *t.* See ANIHILAR.

anís [ənis] *m.* anise. 2 anisette. 3 small, round, white sweet.

anit [ənit] *adv.* tonight. 2 last night.

anivellar [əniβəʎá] *t.* to level (out). 2 fig. to even out, to level up [differences]. 3 fig. to balance.

aniversari [əniβərsári] *m.* anniversary. 2 birthday.

Anna [ánnə] *pr. n. f.* Ann, Anne.

annals [ənáls] *m. pl.* HIST. annals *pl.*

annex, -xa [ənɛ́ks, ənɛ́ksə] *a.* attached, annexed; joined. ■ 2 *m.* annex.

annexió [ənəksió] *f.* annexation.

annexionar [ənəksiunə́] *t.* to annex [territory].

ànode [ánuðə] *m.* ELECTR. anode.

anodí, -ina [ənuðí, -inə] *a.* anodyne. 2 harmless, inoffensive. 3 fig. insubstantial, uninteresting.

anòmal, -ala [ənɔ́məl, -ələ] *a.* anomalous.

anomalia [ənuməlíə] *f.* anomaly, irregularity.

anomenada [ənumənáðə] *f.* fame, renown. 2 reputation.

anomenar [ənumənə́] *t.* to name, to call. 2 to designate; to mention. ■ 3 *p.* to be called.

anomenat, -ada [ənumənát, -áðə] *a.* renowned, famous; well-known.

anònim, -ma [ənɔ́nim, -mə] *a.* anonymous. ■ 2 *m.* anonymous letter. 3 unsigned literary work.

anonimat [ənunimát] *m.* anonymity. ‖ *mantenir l'~,* to remain anonymous.

anorac [ənurák] *m.* anorak.

anormal [ənurmál] *a.* abnormal, unusual. ■ 2 *m. f.* a mentally handicapped person.

anorrear [ənurreá] *t.* See ANIHILAR.

anotació [ənutəsió] *f.* annotation. 2 note, entry.

anotar [ənutá] *t.* to annotate. 2 to note, to write down.

anquilosar [əŋkiluzá] *t.* MED. to ankylose.

ans [ans] *adv.* before. ■ 2 *conj.* but.

ansa [ánsə] *f.* See NANSA.

ànsia [ánsiə] *f.* fervour, eagerness; longing. 2 anguish. ‖ *passar ~,* to worry.

ansietat [ənsiətát] *f.* anxiety, worry.

ant [án] *m.* ZOOL. elk, moose. 2 suède [leather].

antagonisme [əntəɣunizmə] *m.* antagonism.

antagonista [əntəɣunistə] *a., m.-f.* antagonist, opponent.

antany [əntáɲ] *adv.* last year. 2 long ago. ■ 3 *m.* the ancient world.

antàrtic, -ca [əntártik, -kə] *a.* GEOGR. Antarctic.

Antàrtida [əntártiðə] *pr. n. f.* GEOGR. the Antarctic, Antarctica.

antecedent [əntəsəðén] *a.* previous, antecedent. ■ 2 *m.* antecedent. 3 *pl.* background. 4 LAW *antecedents penals,* criminal record.

antecessor, -ra [əntəsəsó, -rə] *m.-f.* ancestor.

antediluvià, -ana [əntəðiluβià, -ánə] *a.* antediluvian.

antelació [əntələsió] *f.* priority. ‖ *amb ~,* in advance.

antena [ənténə] *f.* RADIO aerial, antenna. 2 ZOOL. antenna, feeler.

antepenúltim, -ma [əntəpənúltim, -mə] *a.* antepenultimate, second from last.

anteposar [əntəpuzá] *t.* to place in front. 2 fig. to give preference to.

anteposició [əntəpuzisió] *f.* placement in front. 2 fig. preference.

anterior [əntəriónrœ] *a.* anterior. 2 previous, former.

anterioritat [əntəriuritát] *f.* priority. ‖ *amb ~,* previously, beforehand.

avantsala [əβənsálə] *f.* ante-room; hall.

antiaeri, -èria [antiáɛri, -ériə] *a.* anti-aircraft.

antiadherent [əntiəðəren] *a.-m.* nonstick *a.*

antial·lèrgic, -ca [əntiəllɛ́rʒik, -kə] *a. m.* MED. anti-allergenic.

antibiòtic [əntiβiɔ̀tik] *a.-m.* MED. antibiotic.

antic, -iga [əntik, -iɣə] *a.* ancient, antique, old. 2 former. ‖ *~ alumne,* ex-student. 3 *adv. phr. a l'antiga,* in an old-fashioned way.

anticaspa [əntikáspə] *a.* anti-dandruff.

anticicló [əntisikló] *m.* anticyclone.

anticipació [əntisipəsió] *f.* anticipation. ‖ *amb ~,* in advance.

anticipar [əntisipá] *t.* to advance, to bring forward [event]. 2 to anticipate, to foresee. ■ 3 *p.* to forestall. 4 to come early.

anticonceptiu, -iva [əntikunsəptiŭ, -iβə] *a.-m.* contraceptive.

anticongelant [əntikunʒəlán] *a.-m.* antifreeze *s.*

anticonstitucional [əntikunstitusiunál] *a.* unconstitutional.

anticòs [əntikɔ́s] *m.* MED. antibody. ▲ *pl.* **anticossos.**

anticrist [əntikrist] *m.* Antichrist.

antidepressiu [əntiðəprəsiu] *a.-m.* MED. antidepressant *s.*

antídot [əntiðut] *m.* antidote.

antiestètic, -ca [əntiəstɛ́tik, -kə] *a.* unaesthetic.

antifaç [əntifás] *m.* mask, veil.

antigalla [əntiɣáʎə] *f.* antique. *2* old custom or story.

antiguitat [əntiɣitát] *f.* antiquity, the ancient world. *2 pl.* antiques *pl.*, antiquities *pl.*

antiheroi [əntiərɔ́i] *m.* anti-hero.

antihigiènic, -ca [əntiʒiɛ́nik, -kə] *a.* unhygienic, unsanitary.

Antilles [əntiʎəs] *pr. n. f. pl.* GEOGR. Antilles, West Indies.

antílop [əntilup] *m.* ZOOL. antelope.

antinòmia [əntinɔ́miə] *f.* antinomy.

antipapa [əntipápə] *m.* antipope.

antipatia [əntipətiə] *f.* antipathy, aversion.

antipàtic, -ca [əntipátik, -kə] *a.* disagreeable, unpleasant; uncongenial; unfriendly.

antípoda [əntipuðə] *m.-f.* antipodal person; fig. exact opposite. *2* antipode [place].

antiquari, -ària [əntikwári, -áriə] *m.-f.* antiquarian, antiquary.

antiquat, -ada [əntikwát, -áðə] *a.* antiquated, old-fashioned; obsolete.

antisemita [əntisəmitə] *a.* anti-Semitic. ■ *2 m.-f.* anti-Semite.

antisèpsia [əntisɛ́psiə] *f.* MED. antisepsis.

antítesi [əntitəzi] *f.* antithesis.

antitètic, -ca [əntitɛ́tik, -kə] *a.* antithetic, antithetical.

antitoxina [əntituksinə] *f.* BIOL. antitoxin.

antologia [əntuluʒiə] *f.* anthology.

Antoni [əntɔ́ni] *pr. n. m.* Anthony.

antònim [əntɔ́nim] *m.* antonym.

antonomàsia [əntunumáziə] *f.* antonomasia.

antracita [əntrəsitə] *f.* MINER. anthracite.

àntrax [ántrəks] *m.* MED. anthrax.

antre [ántrə] *m.* cavern; den.

antropòfag, -ga [əntrupɔ́fək, -ɣə] *a.* man-eating, cannibalistic. ■ *2 m.-f.* cannibal.

antropofàgia [əntrupufáʒiə] *f.* cannibalism.

antropòleg, -oga [əntrupɔ́lək, -uɣə] *m.-f.* anthropologist.

antropologia [əntrupuluʒiə] *f.* anthropology.

antropomorfisme [əntrupumurfizmə] *m.* anthropomorphism.

antull [əntúʎ] *m.* whim, notion, fancy.

antuvi [əntúβi] *adv. phr.* **d'~,** beforehand, first of all.

anual [ənuál] *a.* annual.

anuari [ənuári] *m.* annual, yearbook.

anular [ənulá] *a.* annular, ring-like. ‖ **dit ~,** ring finger.

anul·lació [ənulləsió] *f.* annulment, cancellation. *2* LAW annulment, avoidance.

anul·lar [ənullá] *t.* to annul, to cancel.

anunci [ənúnsi] *m.* announcement. *2* notice. *3* advertisement, commercial.

anunciant [ənunsiàn] *m. f.* advertiser, (USA) advertizer.

anunciar [ənunsiá] *t.* to announce, to publicize. *2* to advertise.

anus [ánus] *m.* ANAT. anus.

anvers [əmbɛ́rs] *m.* face, front. *2* obverse [of a coin or medal].

anxova [ənʃɔ́βə] *f.* ICHTHY. anchovy.

any [añ] *m.* year. ‖ **anys i panys,** many years; **l'~ de la picor,** ages ago. *2 pl.* years, age. ‖ **fer anys,** to have a birthday; **per molts anys,** happy birthday; many happy returns; **tinc trenta anys,** I'm thirty years old.

anyada [əñáðə] *f.* harvest, year's crop. *2* annuity, annual payment.

anyal [əñál] *a.* annual.

anyell [əñɛ́ʎ] *m.* ZOOL. lamb.

aorta [əɔ́rtə] *f.* ANAT. aorta.

apa! [ápə] *interj.* come on!, let's go!; hurry up! *2* well!; really!

apadrinar [əpəðriná] *t.* to sponsor, to back. *2* fig. to support, to favour.

apagar [əpəɣá] *t.* to put out, to extinguish [fire]. *2* to turn off, to switch off [light, radio, etc.]. *3* to quench [thirst]. *4* to silence, to muffle [sound]. *5* to soothe [pain]. ■ *6 p.* to go out [fire]. *7* to go out, to be put out [light, etc.]. *8* to die away [sound].

apagat, -ada [əpəɣát, -áðə] *a.* dull [colours]. *2* off [radio, lights, heating, etc.]. ■ *3 f.* ELECTR. black out; power cut.

apaïsat, -ada [əpəizát, -áðə] *a.* oblong.

apaivagar [əpaĭβəɣà] *t.* to appease, to calm down. ■ 2 *p.* to calm down, to quieten down.

apallissar [əpəʎisà] *t.* to beat, to thrash; to batter.

apanyar [əpəɲá] *t.* to mend, to repair. ■ 2 *p.* to manage. ‖ *ja t'apanyaràs!,* that's your problem!

aparador [əpərəðó] *m.* shop window.

aparatós, -osa [əpərətòs, -ózə] *a.* spectacular ostentatious, showy.

aparcament [əpərkəmèn] *m.* car park, parking place, (USA) parking lot.

aparcar [əpərkà] *t.* to park.

aparèixer [əpərɛ́ʃə] *i.* to appear. ▲ CONJUG. P. P.: *aparegut.* ‖ INDIC. Pres.: *aparec.* ‖ SUBJ. Pres.: *aparegui,* etc. ‖ IMPERAT.: *apareix.*

aparell [əpərɛ́ʎ] *m.* MECH. device, piece of equipment. ‖ ~ *de televisió,* television set. 2 instrument. ‖ *a l'~,* on the phone. 3 appliance. 4 ANAT. system: ~ *respiratori,* respiratory system.

aparellador, -ra [əpərəʎəðó, -rə] *m.-f.* ARCH. surveyor; architect's assistant.

aparellar [əpərəʎà] *t.-p.* to pair, to mate [animals]. 2 *t.* to match, to level up.

aparença [əpərɛ́nsə] *f.* appearance, look, aspect. 2 pl. (outward) appearance: *salvar les aparences,* to keep up appearances, to save face.

aparent [əpərèn] *a.* apparent. 2 visible.

aparentar [əpərəntà] *t.* to look; to seem to be. ‖ *aparenta vint anys,* she looks twenty years old. 2 to feign, to affect.

aparentment [əpərɛ̀nmèn] *adv.* apparently. 2 visibly.

apariar [əpərià] *t.* to pair, to match. 2 to mate, to pair [animals]. 3 to prepare, to get ready.

aparició [əpərisió] *f.* appearance; publication. 2 apparition, spectre.

apart [əpár(t)] *m.* THEAT. aside.

apartament [əpərtəmèn] *m.* apartment, flat.

apartar [əpərtà] *t.* to separate, to take away (*de,* from), to set apart. 2 to push aside, to move away. 3 to stray.

apartat [əpərtàt] *m.* spare room. 2 box: ~ *de correus,* post-office box. 3 paragraph, section.

apassionament [əpəsiunəmèn] *m.* passion, vehemence.

apassionar [əpəsiunà] *t.* to appeal strongly to, to stir deeply: *la lectura l'apassiona,* he adores reading. ■ 2 *p.* to become impassioned; to fall madly in love (*per,* with) [person]; to become enthusiastic (*per,* about) [thing].

àpat [ápət] *m.* meal.

apatia [əpətiə] *f.* apathy.

apàtic, -ca [əpátik, -kə] *a.* apathetic.

apàtrida [əpátriðə] *a.* stateless. ■ 2 *m.-f.* person with no nationality.

apedaçar [əpəðəsà] *t.* to mend, to patch. 2 to patch up; to partially repair or restore: ~ *el cotxe,* to patch up the car.

apedregar [əpəðrəɣà] *t.* to stone; to throw stones at.

apegalós, -osa [əpəɣəlòs, -ózə] *a.* sticky, adhesive. 2 fig. sloppy, cloying, sickeningly sweet [person].

apegar [əpəɣà] (OCC.) *t.-p.* See ENGANXAR.

apelfat, -ada [əpelft, -áðə] *a.* plush, velvety.

apel·lació [əpəlləsió] *f.* LAW appeal.

apel·lar [əpəllà] *i.* LAW to appeal.

apendicitis [əpəndisitis] *f.* MED. appendicitis.

apèndix [əpéndiks] *m.* ANAT. appendix.

apercebre [əpərsɛ́βrə] *t.* to notice, to become aware of; to detect. 2 to recognize, to identify. ▲ CONJUG. INDIC. Pres.: *aperceps, apercep.*

apergaminat, -ada [əpərɣəminət, -áðə] *a.* parchment-like, dried-up; wrinkled [skin].

aperitiu, -iva [əpəritiŭ, -iβə] *a.* appetizing. ■ 2 *m.* appetizer, aperitif.

apetència [əpətɛ́nsiə] *f.* appetite; craving, desire.

apetible [əpətibblə] *a.* appetizing; desirable, attractive.

apetit [əpətit] *m.* appetite; hunger.

apetitós, -osa [əpətitòs, -ózə] *a.* appetizing; tasty.

àpex [ápəks] *m.* apex; summit. ▲ *pl.* **àpexs.**

api [ápi] *m.* BOT. celery.

apiadar-se [əpiəðàrsə] *p.* to take pity (*de,* on), to feel sorry (*de,* for).

apicultura [əpikultúrə] *f.* apiculture, beekeeping.

apilar [əpilà] *t.* to amass, to accumulate; to pile up.

apilonar [əpilunà] *t.* See APILAR.

apilotar [əpilutà] *t.* to pile up, to heap up.

apinyar [əpiɲà] *t.* to pack, to press together. ■ 2 *p.* to crowd together, to be packed tight.

apinyat, -ada [əpiɲát, -áðə] *a.* crowded, packed.

aplacar [əpləká] *t.* to soothe, to placate, to calm down.

aplanadora [əplənəðòrə] *f.* steam-roller.

aplanar [əpləná] *t.* to level, to flatten, to make even. 2 fig. to iron out [difficulty]. 3 to knock down.

aplaudiment [əpləŭðimèn] *m.* applause.

aplaudir [əpləŭði] *i.-t.* to applaud.

aplec [əplέk] *m.* meeting, gathering; get-together.

aplegar [əpləɣá] *t.* to gather, to collect, to assemble; to put together, to join.

aplicació [əplikəsió] *f.* application. 2 adornment, appliqué [sewing].

aplicar [əpliká] *t.* to apply. ‖ ~ *una llei,* to implement a law; ~ *una pena,* to sentence; ~ *la teoria a la pràctica,* to put a theory into practice. ■ 2 *p.* to apply oneself, to devote oneself.

aplicat, -ada [əplikát, -áðə] *a.* applied. 2 studious, industrious.

aplom [əplóm] *m.* conviction; self-assurance.

apocalipsi [əpukəlipsi] *m.* apocalypse.

apocat, -ada [əpukát, -áðə] *a.* diffident; spiritless, faint-hearted.

apòcrif, -fa [əpɔ́krif, -fə] *a.* apocryphal. ■ 2 *m. pl.* Apocrypha.

apoderar-se [əpuðərársə] *p.* to seize (*de, —*), to take hold or possession (*de,* of).

apoderat, -ada [əpuðərát, -áðə] *m.-f.* LAW attorney. 2 representative, agent.

apogeu [əpuʒέu] *m.* ASTROL. apogee [also fig.].

apologia [əpuluʒíə] *f.* apology.

apoplexia [əpupléksiə] *f.* MED. apoplexy.

aportació [əpurtəsió] *f.* contribution.

aportar [əpurtá] *t.* to contribute, to bring [as one's share]. 2 to bring forward, to adduce [proof, reasons, etc.]. 3 (ROSS.) See PORTAR.

aposentar [əpuzəntá] *t.* to lodge, to put up. ■ 2 *p.* to take lodging.

aposta [əpɔ́stə] *f.* bet, wager; bid [cards].

apostar [əpustá] *t.* to station, to post. 2 to bet; to bid [cards]. ■ 3 *p.* to be posted or stationed. 4 to bet.

apostasia [əpustəsíə] *f.* apostasy.

a posteriori [əpustəriɔ́ri] *phr.* a posteriori.

apostolat [əpustulát] *m.* apostleship, apostolate.

apòstol [əpɔ́stul] *m.* apostle [also fig.].

apòstrof [əpɔ́struf] *m.* GRAMM. apostrophe.

apotecari [əputəkári] *m.* apothecary; chemist.

apotecaria [əputəkəriə] *f.* ant. chemist's [shop]; (USA) pharmacy, drugstore.

apoteosi [əputəɔ́zi] *f.* apotheosis.

apreciació [əprəsiəsió] *f.* appraisal. 2 appreciation; esteem, regard.

apreciar [əprəsiá] *t.* to appraise. 2 to appreciate; to esteem, to like.

aprendre [əpréndrə] *t.* to learn. ▲ CONJUG. GER.: *aprenent.* ‖ P. P.: *après.* ‖ INDIC. Pres.: *aprenc, aprens, aprèn,* etc. ‖ SUBJ. Pres.: *aprengui, aprenguis,* etc. ‖ Imperf.: *aprengués, aprenguessis,* etc.

aprenent, -ta [əprənèn, -tə] *m.-f.* learner, apprentice. 2 beginner.

aprenentatge [əprənəntádʒə] *m.* learning. 2 apprenticeship, training period.

aprensió [əprənsió] *f.* apprehension, fear.

aprensiu, -iva [əprənsiu, -iβə] *a.* apprehensive.

apressar [əprəsá] *t.* to hurry, to hasten; to urge. ■ 2 *p.* to hurry, to make haste. ■ 3 *i.* to be urgent or pressing.

apressat, -ada [əprəsát, -áðə] *a.* hasty, hurried.

aprest [əprès(t)] *m.* finish [of leather]. 2 preparation.

apreuar [əprəwá] *t.* to estimate, to evaluate.

aprimar [əprimá] *t.* to make thin, to reduce. ■ 2 *p.* to lose weight; to become slim.

a priori [əpriɔ́ri] *phr.* a priori; deductive.

aprofitador, -ra [əprufitəðò, -rə] *a.* resourceful, diligent, saving.

aprofitar [əprufitá] *t.* to make (good) use of, to take advantage of, not to waste. ■ 2 *i.* to be of use, to be useful. ■ 3 *p.* to take (unfair) advantage of.

aprofundir [əprufundí] *t.* to deepen; go deeply into [also fig.].

apropar [əprupá] *t.* to bring near or nearer, to bring over. ■ 2 *p.* to come near or nearer, to approach.

apropiació [əprupiəsió] *f.* appropriation.

apropiar [əprupiá] *t.* to apply, to adapt. ■ 2 *p.* to make one's own; to take over.

apropiat, -ada [əprupiát, -áðə] *a.* appropriate, suitable.

aprovació [əpruβəsió] *f.* approval, approbation.

aprovar [əpruβá] t. to approve, to approve of; to agree with. 2 to pass [an examination]. 3 to pass, to adopt [a law, a resolution].

aprovat [əpruβát] m. pass, pass mark [on an examination].

aprovisionar [əpruβiziunà] t. to provision, to supply. ■ 2 p. to supply or furnish oneself (de, with).

aproximació [əpruksimasió] f. approximation; approach.

aproximar [əpruksimà] t. to bring near or nearer. ■ 2 p. to approach; to approximate (a, to).

aproximat, -ada [əpruksimàt, -àðə] a. approximate; rough.

apte, -a [àptə, -tə] a. apt; suitable, fit. ‖ *una pel·lícula apta*, a film suitable for all audiences, (USA) a film rated «G».

aptitud [ətitút] f. aptitude, ability; skill.

apujar [əpuʒà] t. to raise, to increase [prices, taxes, etc.]; to turn up [heating, music, etc.].

apunt [əpún] m. note, memorandum. 2 ARTS sketch. 3 pl. notes: *agafar apunts*, to take notes.

apuntador, -ra [əpuntəðó, -rə] m.-f. THEATR. prompter.

apuntar [əpuntà] t. to take down, to jot down [notes]. 2 to register, to enter [on a list]. 3 to point at, to hint at. 4 THEATR. to prompt. 5 to aim [a gun] at; to take an aim with. ■ 6 i. to begin to appear: *apunta el dia*, dawn is breaking. 7 to aim.

apuntalar [əpuntəlà] t. ARCH. to prop (up), to shore up; to underpin. ■ 2 p. to lean (on); to get a foothold.

apunyalar [əpuɲəlà] t. to stab.

apurar [əpurà] t. to purify, to cleanse. 2 to clarify, to clear up; to verify.

aquarel·la [əkwərɛ́llə] f. ARTS water color, aquarelle.

Aquari [əkwàri] m. ASTROL. Aquarius.

aquàrium [əkwàriüm] m. aquarium.

aquarterar [əkwərtərà] t. MIL. to billet, to quarter [soldiers].

aquàtic, -ca [əkwàtik, -kə] a. aquatic.

aqüeducte [əkwəðúktə] m. aqueduct.

aqueix, -xa [əkéʃ, -ʃə] dem. a., pron. ant. that.

aquell, -lla [əkéʎ, -ʎə] dem. a., pron. that.

aquest, -ta [əkɛ́t, -tə] dem. a., pron. this.

aquí [əkí] adv. here. ‖ *per ~*, this way. 2 now: *d'~ a vint dies*, twenty days from now, in twenty days' time.

aquiescència [əkiəsɛ̀nsiə] f. acquiescence.

aquietar [əkiətà] t. to calm down, to quiet; to lull, to soothe.

aqüífer, -ra [əkwífər, -rə] a. GEOL. aquiferous, water-bearing.

aquilí, -ina [əkili, -inə] a. aquiline.

Aquisgrà [əkisgrà] pr. n. GEOGR. Aachen.

aquós, -osa [əkwós, -ózə] a. aqueous.

ara [árə] f. altar; altar stone.

ara [árə] adv. now. ‖ *~ com ~*, at the moment; *d'~ endavant*, from now on. 2 *fins ~*, see you soon. ■ 3 conj. however, but. ‖ *~ bé*, however; *i ~!*, really!, the thought of it!

àrab [árəp] a. Arab, Arabian. ■ 2 m.-f. Arab. 3 m. Arabic [language].

aràbic, -iga [əràβik, -iɣə] a. Arab, Arabian, Arabic.

aràcnids [əràŋnits] m. pl. ZOOL. arachnids pl.

arada [əràðə] f. AGR. plough.

aram [əràm] m. METALL. copper.

aranja [əràn͡ʒə] f. BOT. grapefruit.

aranya [əràɲə] f. ZOOL. spider.

aranyó [əɾəɲó] m. BOT. sloe [fruit].

aranzel [əɾənzɛ̀l] m. ECON. tariff.

arbitrar [ərβitrá] t. to arbitrate [dispute]. 2 SP. to referee.

arbitrarietat [ərβitrəriətàt] f. arbitrariness; outrage.

arbitratge [ərβitràd͡ʒe] m. arbitration.

àrbitre, -tra [árβitrə, -trə] m.-f. arbiter; arbitrator. 2 SP. referee.

arbitri [ərβitri] m. free will. 2 LAW adjudication, decision.

arboç [ərβós] m. BOT. arbutus.

arborar [ərβurà] t. to hoist [a flag], to raise. 2 fig. to stir up. 3 fig. to inflame, to exasperate. ■ 4 p. to become exasperated.

arbori, -òria [ərβóri, -óriə] a. arboreal.

arbre [áβrə] m. BOT. tree. ‖ *~ genealògic*, family tree. 2 MECH. axle, shaft.

arbreda [ərβrèðə] f. grove; wooded land.

arbust [ərβús(t)] m. BOT. shrub, bush.

arc [ark] m. bow. ‖ *~ de Sant Martí*, rainbow. 2 ARCH. arch.

arç [ars] m. BOT. thornbush, briar.

arca [árkə] f. ark.

arcà, -ana [ərkà, -ánə] a. arcane. ■ 2 m. secret, mystery.

arcada [ərkàðə] f. ARCH. arcade; arch, span [of bridge]. 2 MED. retching.

arcaic, -ca [ərkáik, -kə] a. archaic.

arcaisme [ərkáizmə] *m.* archaism.

arcàngel [ərkánʒəl] *m.* archangel.

ardent [ərðén] *a.* burning. 2 fig. ardent.

ardiaca [ərðiákə] *m.* archdeacon.

ardit, -ida [ərðit, -iðə] *a.* bold, intrepid, fearless. ■ 2 *m.* ruse, stratagem; trick.

ardor [ərðó] *m.-f.* heat, warmth. 2 fig. ardour.

ardu, àrdua [árðu, árðuə] *a.* arduous, tough.

àrea [áreə] *f.* area; field. || ~ *de servei,* service area.

arena [ərénə] *f.* sand. 2 arena.

areng [ərén] *m.* See ARENGADA.

arenga [ərénɡə] *f.* harangue, lecture.

arengada [ərənɡáðə] *f.* ICHTHY. herring.

areny [ərén] *m.* sandy ground. 2 sand pit.

aresta [əréstə] *f.* edge. 2 ARCH. arris.

argamassa [ərɣəmásə] *f.* mortar.

argelaga [ərʒəláɣə] *f.* BOT. gorse.

argent [ərʒén] *m.* silver. 2 ~ *viu,* mercury. || *semblar o ser un* ~ *viu,* to be [like] a live wire.

argentí, -ina [ərʒəntí, -inə] *a., m.-f.* GEOGR. Argentinian.

Argentina [ərʒəntínə] *pr. n. f.* GEOGR. Argentina.

argenter, -ra [ərʒəntɛ, -rə] *m.-f.* silversmith. 2 jeweller.

argenteria [ərʒəntəríə] *f.* silversmith's. 2 jeweller's.

argila [ərʒílə] *f.* clay.

argó [ərɣó] *m.* CHEM. argon.

argolla [ərɣóʎə] *f.* ring, hitching ring.

argot [ərɣɔt] *m.* jargon; slang.

argúcia [ərɣúsiə] *f.* subtlety, subtlety.

argüir [ərɣui] *i.* to argue, to contend. ■ 2 *t.* to infer, to deduce.

argument [ərɣumén] *m.* argument. 2 plot [of a story, play, etc.].

argumentació [ərɣuməntəsió] *f.* argumentation.

argumentar [ərɣuməntá] *i.* to argue.

ari, ària [ári, áriə] *a., m.-f.* Aryan.

ària [áriə] *f.* MUS. aria.

àrid, àrida [árit, áriðə] *a.* arid, dry.

Àries [áriəs] *m.* ASTROL. Aries.

aristocràcia [əristukrásiə] *f.* aristocracy.

aristòcrata [əristɔkrətə] *m.-f.* aristocrat.

aritmètic, -ca [ərimmέtik, -kə] *a.* arithmetical. ■ 2 *f.* arithmetic.

arma [ármə] *f.* weapon, arm. || ~ *blanca,* knife, sword blade; *alçar-se en armes,* to rise in armed rebellion; *passar per les*

armes, to shoot, to execute [by firing squad].

armada [ərmáðə] *f.* navy.

armador [ərmaðó] *m.* shipowner.

armadura [ərməðúrə] *f.* MIL., HIST. armour; suit of armour, (USA) armor. 2 frame, framework. || ~ *de llit,* bedstead.

armament [ərməmén] *m.* MIL. armament.

armar [ərmá] *t.* to arm. 2 to put together, to prepare. 3 fig. to cause: ~ *un aldarull,* to cause a disturbance.

armari [ərmári] *m.* cupboard; wardrobe [for clothes].

Armènia [ərméniə] *pr. n. f.* GEOGR. Armenia

armeria [ərməríə] *f.* armoury, (USA) armory.

armilla [ərmíʎə] *f.* waistcoat.

armistici [ərmistísi] *m.* armistice.

arna [árnə] *f.* ENT. moth.

arnar-se [ərnársə] *p.* to get or be motheaten.

Arnau [ərnáu] *pr. n. m.* Arnold.

arnès [ərnέs] *m.* armour (USA), armor.

aroma [ərómə] *f.* aroma, flavour.

arpa [árpə] *f.* MUS. harp. 2 claw; paw [animals].

arpegi [ərpéʒi] *m.* MUS. arpeggio.

arpillera [ərpiʎérə] *f.* sackcloth, sacking.

arpó [ərpó] *m.* harpoon.

arponer [ərpunέ] *m.* harpooner.

arquebisbe [ərkəβízβə] *m.* archbishop.

arqueig [ərkétʃ] *m.* MAR. tonnage. 2 COMM. cashing up.

arqueòleg, -òloga [ərkəɔlək, -ɔluɣə] *m.-f.* archaeologist.

arqueologia [ərkəuluʒíə] *f.* archaeology.

arquer, -ra [ərkέ, -rə] *m.-f.* archer; bowman.

arquet [ərkέt] *m.* MUS. bow.

arquetipus [ərkətipus] *m.* archetype; prototype.

arquitecte [ərkitέktə] *m.-f.* architect.

arquitectura [ərkitəktúrə] *f.* architecture.

arquivolta [ərkiβɔltə] *f.* ARCH. archivolt.

arrabassar [ərrəβəsá] *t.* to clear [land for cultivation]. 2 to pull up, to uproot [plants]. 3 to snatch, to grab.

arracada [ərrəkáðə] *f.* earring.

arracar [ərrəká] (ROSS.) *i.* See RECAR.

arraconar [ərrəkuná] *t.* to put in a corner. 2 to discard. 3 to ignore. 4 to save [money].

arrambar [ərrəmbá] *t.* to move something up to, to put something against or near: *arramba el cotxe a la paret,* move the car (close) up to the wall. 2 to steal.

arran [ərrán] *adv.* almost touching. ‖ *tallar ~,* to cut very short. ■ 2 *prep. phr. ~ de,* very close to. ‖ *~ de terra,* at ground level. 3 as a result of.

arranjament [ərrənʒəmèn] *m.* putting in order, ordering. 2 MUS. arrangement.

arranjar [ərrənʒá] *t.* to put in order, to arrange. 2 MUS. to arrange. ■ 3 *p.* to manage: *ens ho vam ~ per no treballar el dilluns,* we managed to get Monday off.

arrapar-se [ərrəpársə] *p.* to cling to.

arrasar [ərrəzá] *t.* to raze to the ground; to destroy completely.

arraulir-se [ərrəúlirsə] *p.* to huddle, to curl up.

arrauxat, -ada [ərrəúʃát, -áðə] *a.* capricious; impulsive.

arrebossar [ərrəβusá] *t.* CONSTR. to cement render. 2 COOK. to batter.

arrebossat [ərrəβusát] *m.* CONSTR. coat of cement. 2 COOK. batter.

arrecerar [ərrəsərá] *t.* to shelter, to protect.

arreglar [ərrəɡɡlá] *t.* to regulate, to organize. 2 to arrange, to put in order. ■ 3 *p.* to sort things out: *pot arreglar-se sol,* he can sort things out for himself.

arrel [ərrèl] *f.* root. 2 MATH. *~ quadrada,* square root.

arrelar [ərrəlá] *i.* to root. ■ 2 *p.* to settle, to put down roots.

arremangar [ərrəməŋɡá] *t.-p.* to roll up *t.* [sleeves, trousers, etc.].

arremetre [ərrəmètrə] *t.-i.* to attack. ▲ CONJUG. P. P.: *arremès.*

arremolinar [ərrəmuliná] *t.-p.* to swirl.

arrencada [ərrəŋkáðə] *f.* pulling up. 2 start [of a race]. 3 AUTO. starting.

arrencaqueixals [ərrèŋkəkəʃáls] *m.* coll. dentist.

arrencar [ərrəŋká] *t.* to pull up; to pull outø to pull off. 2 to drag something out of somebody [confessions, etc.]. 3 to start suddenly. ‖ *~ a córrer,* to break into a run. 4 to start [a car]. ■ 5 *i.* to begin, to start.

arrendament [ərrəndəmèn] *m.* renting, hiring.

arrendar [ərrəndá] *t.* to rent; to hire.

arrendatari, -ària [ərrəndətàri, -àriə] *a., m.-f.* tennant s.

arrenglerar [ərrəŋɡlərá] *t.-p.* to line up.

arrepapar-se [ərrəpəpársə] *p.* to sit back, to make oneself comfortable.

arreplegar [ərrəpləɣá] *t.* to gather, to collect, to pick up. 2 to catch, to come down with [illnesses]. 3 to catch, to get.

arrere [ərrèrə] (VAL.) *adv.* See ENDARRERA.

arres [árrəs] *f. pl.* security, deposit.

arrest [ərrès(t)] *m.* arrest.

arrestar [ərrəstá] *t.* to arrest, to apprehend.

arreu [ərrèu] *adv.* all over: *~ del món,* all over the world.

arreveure [ərrəβèúrə] *m.* goodbye, farewell. 2 *interj.* goodbye.

arri! [árri] *interj.* gee up!

arriar [ərriá] *t.* MAR. to slacken; to let go [ropes, cables]. 2 to strike [sails, flags]. 3 to drive, to urge on [animals].

arribada [ərriβáðə] *f.* arrival. 2 SP. finish.

arribar [ərriβá] *i.* to arrive (*a,* in, at), to reach (*a,* to). 2 fig. to reach, to attain: *va ~ a ser el president del seu país,* he became president of his country. 3 to come up to: *l'aigua ens arribava als genolls,* the water came up to our knees. 4 *si ho arribo a saber,* if only I'd known.

arrimar [ərrimá] *t.-p.* to move up to, to put close to.

arriscar [ərriská] *t.* to risk. ■ 2 *p.* to take a risk.

arriscat, -ada [ərriskát, -áðə] *a.* risky, hazardous. 2 daring [person].

arrissar [ərrisá] *t.* to curl, to frizz. ■ 2 *p.* to curl, to go frizzy.

arrodonir [ərruðuní] *t.* to make round. 2 fig. to finish off, to round off. ■ 3 *p.* to become round.

arrogància [ərruɣànsiə] *f.* arrogance.

arronsar [ərrunsá] *t.* to hunch up, to huddle.‖ *~ les espatlles,* to shrug one's shoulders. ■ 2 *p.* to shrink. 3 fig. to lose heart, to become frightened.

arrop [ərrɔp] *m.* grape syrup.

arròs [ərrɔs] *m.* rice.

arrossaire [ərrusáirə] *m.-f.* rice grower. 2 rice dealer. 3 rice lover.

arrossar [ərrusá] *m.* paddy field, rice field.

arrossegar [ərrusəɣá] *t.* to drag [also fig.]. ■ 2 *i.* to hang catching the ground. ■ 3 *p.* to drag oneself. 4 fig. to be humiliated. 5 to hang around.

arrossinat, -ada [ərrusinát, -áðə] *a.* wretched, miserable.

arrufar [ərrufá] *t.* to wrinkle. || ~ *les celles,* to frown; ~ *el nas,* to turn one's nose up.

arruga [ərrúɣə] *f.* wrinkle; crease.

arrugar [ərruɣá] *t.* to wrinkle. 2 to crease. ■ *3 p.* to get wrinkled. *4* to get creased.

arruïnar [ərruiná] *t.* to ruin, to bankrupt. ■ *2 p.* to go bankrupt; to be ruined.

arrupir-se [ərrupírsə] *p.* to huddle, to curl up. 2 to crouch.

arsenal [ərsənál] *m.* arsenal.

arsènic [ərsɛ́nik] *m.* arsenic.

art [ár(t)] *m.-f.* art. || *arts i oficis,* arts and crafts; *obra d'~,* work of art; *belles arts,* fine arts. 2 skill, artistry. 3 *males arts,* trickery.

artefacte [ərtəfáktə] *m.* device, appliance.

artell [ərtéʎ] *m.* ANAT. knuckle.

artèria [ərtɛ́riə] *f.* ANAT. artery [also fig.].

arteriosclerosi [ərtɛriusklərɔ́zi] *f.* MED. arteriosclerosis.

artesà, -ana [ərtəzá, ánə] *m.-f.* craftsman *m.,* artisan.

artesià, -ana [ərtəziá, ánə] *a.* artesian.

àrtic, -ca [ártik, -kə] *a.* GEOGR. Arctic.

article [ərtíklə] *m.* article. 2 GRAMM. article. 3 item. || *articles de luxe,* luxury goods.

articulació [ərtikuləsió] *f.* ANAT. joint, articulation. 2 PHON. articulation. 3 TECH. joint.

articular [ərtikulá] *t.* to articulate, to join together. 2 PHON. to articulate, to enunciate.

articulat, -ada [ərtikulát, -áðə] *a.* jointed, articulated. 2 expressed in articles. ■ *3 m.* LAW *articles pl.*

articulista [ərtikulístə] *m.-f.* columnist.

artífex [ərtífəks] *m.-f.* craftsman *m.* 2 fig. author, maker.

artifici [ərtifísi] *m.* skill, ingenuity. 2 (cunning) trick, artifice. 3 *focs d'~,* fireworks.

artificial [ərtifisiál] *a.* artificial. || *focs artificials,* fireworks.

artigar [ərtiɣá] *t.* to clear and prepare land for cultivation.

artilleria [ərtiʎəríə] *f.* artillery.

artista [ərtístə] *m.-f.* artist.

artístic, -ica [ərtístik, -kə] *a.* artistic.

artròpode [ərtrɔ́puðə] *m.* ZOOL. arthropod.

Artur [ərtúr] *pr. n. m.* Arthur.

arxiduc, -quessa [ərʃiðúk, -késə] *m.* archduke. 2 *f.* archduchess.

arxipèlag [ərʃipɛ́lək] *m.* archipelago.

arxiu [ərʃiu] *m.* archives *pl.* 2 files *pl.*

arxivador [ərʃiβəðó] *m.* filing cabinet.

arxivar [ərʃiβá] *t.* to file. 2 to archive.

arxiver, -ra [ərʃiβè, -rə] *m.-f.* archivist.

as [as] *m.* ace [also fig.].

ascendència [əsəndɛ́nsiə] *f.* ancestry.

ascendent [əsəndèn] *a.* ascending, ascendant. ■ *2 m.* ancestor, forbear. 3 fig. ascendancy, ascendance.

ascendir [əsəndí] *i.* to rise, to go up. 2 to be promoted. ■ *3 t.* to promote.

ascens [əsɛ́ns] *m.* promotion.

ascensió [əsənsió] *f.* ascent. 2 REL. ascension.

ascensor [əsənsónrœ] *m.* lift, (USA) elevator.

asceta [əsɛ́tə] *m.-f.* ascetic.

ascetisme [əsətízmə] *m.* asceticism.

ase [ázə] *m.* ZOOL. ass [also fig.]. || *no dir ni ~ ni bèstia,* not to say a word.

asèptic, -ca [əsɛ́ptik, -kə] *a.* aseptic.

asfalt [əsfál(t)] *m.* asphalt.

asfaltar [əsfáltá] *t.* to asphalt.

asfíxia [əsfíksiə] *f.* MED. asphyxia.

asfixiar [əsfiksiá] *t.* to asphyxiate.

Asia [ásiə] *pr. n. f.* GEOGR. Asia.

asiàtic, -ca [əziátik, -kə] *a., m.-f.* Asian. 2 *a.* Asiatic.

asil [əzil] *m.* asylum, sanctuary. || ~ *polític,* political asylum; *dret d'~,* right of sanctuary. 2 fig. shelter, refuge. 3 home: ~ *d'infants,* children's home.

asimetria [əsimətríə] *f.* asymmetry.

asma [ázmə] *f.* MED. asthma.

aspa [áspə] *f.* cross. 2 sails *pl.* of a windmill.

aspecte [əspɛ́ktə] *m.* appearance; aspect; look. 2 GRAMM. aspect.

aspergir [əspərʒí] *t.* to sprinkle.

aspersió [əspərsió] *f.* sprinkling.

áspid [áspit] *m.* ZOOL. asp.

aspiració [əspirəsió] *f.* breathing in, inhalation. 2 aspiration.

aspirador, -ra [əspirəðó, -rə] *m.* suction pump; extractor. 2 *f.* vacuum cleaner.

aspirant [əspirán] *a., m.-f.* aspirant *s.;* applicant *s.;* contender *s.*

aspirar [əspirá] *i.* to aspire (*a,* to), to aim (*a,* at). 2 PHON. to aspirate. ■ *3 t.* to inhale, to breathe in. *4* to suck in.

aspirina [əspirínə] *f.* aspirin.

aspre, -pra [ásprə, -prə] *a.* rough. 2 sour; tart [tastes]. 3 fig. harsh, gruff.

aspror [əspró] *f.* roughness. 2 sourness; tartness [tastes]. 3 fig. harshness.

assabentar [əsəβəntá] *t.* to inform (*de*, of, about), to tell (*de*, of, about); to acquaint (*de*, with). ■ 2 *p.* to discover, to find out (*de*, about), to learn.

assaborir [əsəβuri] *t.* to savour.

assagista [əsəʒistə] *m.-f.* essayist.

assaig [əsátʃ] *m.* LIT. essay. 2 THEATR., MUS. rehearsal. 3 TECH. test.

assajar [əsəʒá] *t.* THEATR., MUS. to rehearse. 2 to try. 3 TECH. to test.

assalt [əsál(t)] *m.* attack, assault. 2 SP. round [boxing].

assaltar [əsəltá] *t.* to attack; to assail; to assault.

assaonar [əsəuná] *t.-p.* to mature, to ripen. 2 *t.* COOK. to season.

assassí, -ina [əsəsi, -inə] *m.-f.* assassin; murderer.

assassinar [əsəsiná] *t.* to assassinate; to murder.

assassinat [əsəsinát] *m.* assassination; murder.

assecar [əsəká] *t.-p.* to dry.

assedegat, -ada [əsəðəɣát, -áðə] *a.* thirsty [also fig.].

assegurança [əsəɣuránsə] *f.* assurance. 2 insurance.

assegurar [əsəɣurá] *t.* to secure, to fix, to fasten; to assure: *et puc ~ que...,* I can assure you that... 3 COMM. to insure, to assure. ■ 4 *p.* to make sure (*de*, of).

assegut, -uda [əsəɣút, -úðə] *a.* seated, sitting.

assemblada [əsəmblàðə] (ROSS.) *f.* See ASSEMBLEA.

assemblar-se [əsəmblársə] *p.* to look like, to be like.

assemblea [əsəmblèə] *f.* assembly; meeting.

assentada [əsəntáðə] *f.* sit-in. 2 sit down strike.

assentar [əsəntá] *t.* to place, to position, to fix. 2 fig. to settle, to establish. 3 to register. ■ *p.* 4 to come to rest; to settle.

assentir [əsənti] *i.* to agree (—, to).

assenyalar [əsəɲəlá] *t.* to indicate. 2 to point to. 3 to fix.

assenyat, -ada [əsəɲát, -áðə] *a.* sensible, wise, judicious.

assequible [əsəkibblə] *a.* accessible, within reach, obtainable.

asserció [əsərsió] *f.* assertion, affirmation.

asserenar [əsərəná] *t.* to calm. ■ 2 *p.* to calm down.

assessor, -ra [əsəsó, -rə] *a.* advisory. ■ 2 *m.-f.* consultant, advisor, adviser.

assessorar [əsəsurá] *t.* to advise. ■ 2 *p.* to take advice.

assestar [əsəstá] *t.* to deal, to strike [a blow].

assetjar [əsədʒá] *t.* to besiege. 2 fig. to beset.

asseure [əsɛ̀ŭrə] *t.* to sit, to seat [a person in a place]. ■ 2 *p.* to sit down. ▲ CONJUG. like *seure.*

asseverar [əsəβərá] *t.* to assert.

assidu, -ídua [əsiðu, -íðuə] *a.* assiduous.

assiduïtat [əsiðuitát] *f.* assiduity.

assignació [əsiɲnəsió] *f.* assignation. 2 allocation. 3 wage.

assignar [əsiɲná] *t.* to assign; to allocate; to allot.

assignatura [əsiɲnətúrə] *f.* subject [of one's studies].

assimilació [əsimiləsió] *f.* assimilation.

assimilar [əsimilá] *t.* to make similar (*a*, to). 2 to compare. 3 to assimilate, to digest. ■ 4 *p.* to be alike, to become alike; to be similar to.

assistència [əsistɛ́nsiə] *f.* attendance. 2 those in attendance. 3 help, aid, assistance.

assistent, -ta [əsistèn, -tə] *a.* assisting, helping. 2 present. ■ 3 *m.-f.* person present. 4 helper. ‖ *~ social,* social worker. 5 assistant.

assistir [əsisti] *i.* to attend, to be present. ■ 2 *t.* to help, to aid, to assist. 3 to treat, to attend.

associació [əsusiəsió] *f.* association.

associar [əsusiá] *t.* to associate; to connect. 2 COMM. to take into partnership. ■ 3 *p.* to team up, to join together.

associat, -ada [əsusiát, -áðə] *m.-f.* member, associate.

assolar [əsulá] *t.* to raze; to destroy, to devastate.

assolellat [əsuləʎát] *a.* sunny.

assolir [əsuli] *t.* to reach, to attain, to achieve.

assonància [əsunánsiə] *f.* assonance.

assortiment [əsurtimèn] *m.* selection, assortment.

assortir [əsurti] *t.* to supply (*de*, with).

assortit, -ida [əsurtit, -íðə] *a.* assorted.

assossec [əsusɛ́k] *f.* peace, quiet, tranquillity.

assossegar [əsusəɣá] *t.* to calm, to tranquillize, to quieten. ■ *2 p.* to calm down.

assot [əsɔ́t] *m.* scourge; whip. 2 lash.

assotar [əsutá] *t.* to scourge, to flog.

assuaujar [əsuəŭʒá] *t.* to soften.

assumir [əsumi] *t.* to assume.

assumpció [əsumsió] *f.* assumption.

assumpte [əsúmtə] *m.* subject, topic. 2 affair.

assutzena [əsudzɛ́nə] *f.* BOT. white lily.

ast [ás(t)] *m.* spit. ‖ *pollastre a l'~*, spit roast chicken.

asta [ástə] *f.* shaft. 2 lance, spear [weapon]. 3 pole, flagpole.

astènia [əstɛ́niə] *f.* MED. asthenia, debility.

asterisc [əstərisk] *m.* asterisk.

asteroide [əstərɔ́idə] *m.* ASTR. asteroid.

astigmatisme [əstigmətizmə] *m.* MED. astigmatism.

astor [əstɔ́] *m.* ORNIT. goshawk.

astorament [əsturəmɛ́n] *m.* shock, fright.

astorar [əsturá] *t.* to shock, to astound. ■ *2 p.* to be shocked.

astracan [əstrəkán] *m.* astrakhan.

astral [əstrál] *a.* astral.

astre [ástrə] *m.* star; heavenly body.

astringent [əstrinʒɛ́n] *a.-m.* astringent.

astròleg, -òloga [əstrɔ́lək, -ɔ́luɣə] *m.-f.* astrologer.

astronauta [əstronáutə] *m.-f.* astronaut.

astrònom, -ma [əstrɔ́num, -mə] *m.-f.* astronomer.

astronomia [əstrunumiə] *f.* astronomy.

astruc, -ca [əstrúk, -kə] *a.* fortunate, lucky.

astrugància [əstruɣánsiə] *f.* fortune, luck.

astúcia [əstúsiə] *f.* astuteness, cleverness. 2 cunning.

astut, -ta [əstút, -tə] *a.* astute, clever. 2 artful, crafty.

atabalar [ətəβəlá] *t.* to dizzy, to fluster. ■ *2 p.* to get flustered.

atac [əták] *m.* attack.

atacant [ətəkán] *a.* attacking. ■ *2 m.-f.* attacker.

atacar [ətəká] *t.* to attack. 2 to attach, to fix.

ataconador [ətəkunəðó] *m.* cobbler.

ataconar [ətəkuná] *t.* to heel, to repair [shoes]. 2 to beat up. 3 to press down. ■ *4 p.* to stuff oneself.

atalair [ətəlájá] *t.* to watch, to observe. ■ *2 p.* to realize.

atansar [ətənsá] *t.* to reach. ■ *2 p.* to approach.

atapeir [ətəpəi] *t.* to compress. ■ *2 p.* to cram together, to squeeze together.

atapeït, -ïda [ətəpəit, -iðə] *a.* squeezed together. 2 compact. 3 thick.

ataüllar [ətəuʎá] *t.* to see in the distance [not clearly].

atavisme [ətəβizmə] *m.* atavism.

ateisme [ətəizmə] *m.* atheism.

atemorir [ətəmuri] *t.* to frighten, to scare.

atemptar [ətəmtá] *i.* to attack (*contra*, -).

atemptat [ətəmtát] *m.* attack, outrage, assault. ‖ *un ~ terrorista*, a terrorist attack.

atenció [ətənsió] *f.* attention. ‖ *tothom esperava amb ~*, everyone was waiting attentively. 2 courtesy, kindness. ‖ *tingué l'~ de convidar-me a dinar*, he was kind enough to invite me to lunch. ■ *3 interj.* look out!, be careful!

atendre [ətɛ́ndrə] *i.* to pay attention to. ■ *2 t.* to take into account. 3 to attend to; to serve [shops]. ▲ CONJUG. GER.: *atenent.* ‖ P. P.: *atès.* ‖ SUBJ. Pres.: *atengui, atenguis*, etc. ‖ Imperf.: *atengués, atenguessis*, etc.

Atenes [ətɛ́nəs] *pr. n.* GEOGR. Athens.

atenès, -esa [ətənɛ́s, -ɛ́zə] *a., m.-f.* Athenian.

ateneu [ətənɛ́ŭ] *m.* society, association [scientific or cultural], atheneum.

atenir-se [ətənirsə] *p.* *~ a*, to abide by; to stick to. ‖ *vull saber a què atenir-me*, I want to know where I stand. ▲ CONJUG. like *abstenir-se.*

atent, -ta [ətɛ́n, -tə] *a.* attentive. 2 thoughtful, considerate.

atenuant [ətənuán] *a.* attenuating. 2 LAW extenuating. ■ *3 m.* LAW extenuating circumstance.

atenuar [ətənuá] *t.* to attenuate.

atènyer [ətɛ́ɲə] *t.* to reach, to get to. 2 fig. to achieve. ■ *3 i.* to reach. ▲ CONJUG. P. P.: *atès.*

aterrar [ətərrá] *t.* to knock down, to bring down [also fig.]. ■ *2 i.* to land (*sobre*, on; *a*, at).

aterratge [ətərrádʒə] *m.* landing. ‖ *pista d'~*, runway, landing strip.

aterridor, -ra [ətərriðó, -rə] *a.* frightening, terrifying.

aterrir [ətərri] *t.* to terrify, to frighten.

atestar [ətəstá] *t.* to attest, to testify.

atestat [ətəstát] *m.* LAW certificate, certification.

ateu, atea [ətέu, ətέə] *a.* atheistic. ■ 2 *m.-f.* atheist.

atiar [ətiá] *t.* to poke [a fire]. 2 fig. to stir up, to excite [passions]. 3 fig. to goad.

àtic [átik] *m.* top floor, penthouse.

atipar [ətipá] *t.* to satiate, to satisfy. 2 fig. to tire; to annoy. ■ 3 *p.* to gorge oneself on, to stuff oneself with.

atlàntic, -ca [əllàntik, -kə] *a.* GEOGR. Atlantic. ■ 2 *pr. n. m. Oceà Atlàntic,* the Atlantic Ocean.

atles [álləs] *m.* atlas.

atleta [əllέtə] *m.-f.* athlete.

atletisme [əllətízmə] *m.* athletics.

atmosfera [əmmusfέrə] *f.* atmosphere.

atmosfèric, -ca [əmmusfέrik, -kə] *a.* atmospheric.

atol·ló [ətulló] *m.* GEOGR. atoll.

àtom [átum] *m.* atom.

atòmic, -ca [ətɔ́mik, -kə] *a.* atomic.

àton, -na [átun, -nə] *a.* GRAMM. unstressed, atonic.

atonia [ətuniə] *f.* lassitude. 2 MED. atony.

atònit, -ta [ətɔ́nit, -tə] *a.* amazed, astounded.

atordir [əturðí] *t.* to stun, to daze. 2 to deafen. 3 fig. to confuse, to bewilder.

atorgar [əturyá] *t.* to award.

atorrollar [əturruʎá] *t.* to confuse, to bewilder. ■ 2 *p.* to get confused, to lose one's head.

atracador, -ra [ətrəkəðó, -rə] *m.-f.* robber. 2 *m.* MAR. quay.

atracament [ətrəkəmέn] *m.* robbery.

atracar [ətrəká] *t.* to rob, to attack ■ 2 *p.* to stuff oneself.

atracció [ətrəksió] *f.* attraction. ‖ *parc d'atraccions,* funfair.

atractiu, -iva [ətrəktíu, -íßə] *a.* attractive, appealing. ■ 2 *m.* attraction, appeal.

atrafegar-se [ətrəfəɣársə] *p.* to throw oneself into [work], to work away at.

atrafegat, -ada [ətrəfəɣát, -áðə] *a.* extremely busy. ‖ *anar ~,* to be up to one's eyes in work, to be rushed off one's feet.

atraient [ətrəíèn] *a.* attractive.

atrapar [ətrəpá] *t.* to catch.

atresorar [ətrəzurá] *t.* to hoard, to amass. 2 fig. to possess [qualities].

atreure [ətrέurə] *t.* to attract. ▲ CONJUG. like *treure.*

atrevir-se [ətrəßírsə] *p.* to dare.

atrevit, -ida [ətrəßít, -íðə] *a.* daring, bold, audacious.

atri [átri] *m.* atrium.

atribolar [ətrißulá] *t.* to bewilder, to perplex. ■ 2 *p.* to get confused, to lose one's head.

atribució [ətrißusió] *f.* attribution.

atribuir [ətrißuí] *t.* to ascribe, to put down to. 2 to attribute: *aquesta obra s'atribueix a Borrassà,* this work is attributed to Borrassà. 3 to allocate.

atribut [ətrißút] *m.* attribute.

atrinxerar [ətrinʃərá] *t.* MIL. to entrench. ■ 2 *p.* MIL. to dig in.

atroç [ətrɔ́s] *a.* cruel, atrocious. 2 terrible.

atrocitat [ətrusitát] *f.* atrocity.

atròfia [ətrɔ́fiə] *f.* ANAT. atrophy.

atrofiar [ətrufiá] *t.-p.* to atrophy.

astronomia [əstrunumíə] *f.* astronomy.

atropelladament [ətrupəʎəðəmέn] *adv.* hurriedly, in a rush. 2 helter-skelter.

atropellament [ətrupəʎəmέn] *m.* knocking down or over. 2 hurry, rush; jostling.

atropellar [ətrupəʎá] *t.* to knock down, to run over. 2 to rush. 3 to tire out, to exhaust. ■ 4 *p.* to push, to jostle. 5 to gabble.

atrotinar [ətrutiná] *t.* to wear out *t.-i.,* to break *t.-i.*

atrotinat, -ada [ətrutinát, -áðə] *a.* worn out; broken; spoilt. ‖ *anar ~,* to wear tatty, old clothes.

ATS [ateèsə] *(Assistent Tècnic Sanitari) f.* nurse. 2 *m.* male nurse.

atudar [ətuðá] *t.* (ROSS.) See APAGAR.

atuell [ətuέʎ] *m.* bowl.

atuir [ətui] *t.* to strike down; to fulminate. 2 fig. to depress, to dishearten.

atur [ətúnɾœ] *m.* unemployment. ‖ *carnet d'~,* card showing entitlement to unemployment benefit.

aturar [əturá] *t.-p.* to stop.

aturat, -ada [əturát, -áðə] *a.* unemployed. 2 slow, thick [person]. ■ 3 *m.-f.* unemployed person.

atxa [átʃə] *f.* large candle. ‖ *endavant les atxes,* let's get on with it!

atzabeja [ədzəßέʒə] *f.* GEOL. jet.

atzagaiada [ədzəɣəjáðə] f. hasty or reckless action.

atzar [ədzà(r)] m. chance. ‖ *jocs d'~,* games of chance.

atzarós, -osa [ədzərós, -ózə] a. risky.

atzavara [ədzəβárə] f. BOT. agave.

atzur [ədzúr] m. azure.

1) au [áŭ] f. bird.

2) au! [áŭ] *interj.* come on! off we go!

auca [áŭkə] f. printed sheet with pictures and rhyming couplets which tells a story. ‖ *fer tots els papers de l'~,* to be the general dog's body.

aücs [áŭks] m. pl. shouting, din; hue and cry.

audaç [əŭðás] a. daring, bold, audacious.

audàcia [əŭðásiə] f. daring, boldness, audacity.

audible [əŭðíbblə] a. audible.

audició [əŭðisió] f. hearing. 2 audition.

audiència [əŭðiènsiə] f. audience.

àudio-visual [àəŭðioβizuál] a. audio-visual. ■ 2 m. audio-visual material.

auditiu, -iva [əŭðitíŭ, -íβə] a. auditory.

auditor [əŭðitó] m. auditor.

auditori [əŭðitɔ́ri] m. audience. 2 auditorium.

auge [áŭʒə] m. ASTR. apogee. 2 fig. peak, climax.

augment [əŭmèn] m. increase.

augmentar [əŭməntá] t.-i. to increase, to augment.

augurar [əŭɣurá] t. to augur, to pressage.

auguri [əŭɣúri] m. augury.

aula [áŭlə] f. lecture hall; lecture room. 2 classroom.

aura [áŭrə] f. soft breeze. 2 fig. approval, acceptance: ~ *popular,* general approval.

aurèola [əŭrɛ̀ulə] f. halo. 2 aureole.

auri, àuria [áŭri, áŭriə] a. golden.

aurícula [əŭríkulə] f. ANAT. auricle.

auricular [əŭrikulá] a. auricular. ■ 2 m. headphone.

aurífer, -ra [əŭrífər, -rə] a. gold-bearing, auriferous.

auriga [əŭríɣə] m. charioteer. 2 ASTR. Auriga.

aurora [əŭrɔ́rə] f. dawn. ‖ ~ *boreal,* aurora borealis, northern lights pl.

aürt [əúr(t)] m. bump, knock.

auscultar [əŭskultá] t. MED. to auscultate.

auspici [əŭspisi] m. auspice. ‖ *sota els auspicis de,* under the auspices of.

auster, -ra [əŭstè(r), -rə] a. austere.

austeritat [əŭstəritát] f. austerity.

austral [əŭstrál] a. southern.

Austràlia [əŭstráliə] pr. n. f. GEOGR. Australia.

australià, -ana [əŭstrəliá, -ánə] a., m.-f. Australian.

Àustria [áŭstriə] pr. n. f. GEOGR. Austria.

austríac, -ca [əŭstríək, -kə] a., m.-f. Austrian.

autarquia [əŭtərkíə] f. autarchy.

autèntic, -ca [əŭtèntik, -kə] a. authentic.

autenticitat [əŭtəntisitát] f. authenticity.

auto [áŭtu] m. car, automobile. ‖ *autos de xoc,* bumper cars.

autobiografia [əŭtuβiuɣrəfíə] f. autobiography.

autobús [əŭtuβús] m. bus.

autocar [əŭtukár] m. coach.

autoclau [əŭtuklàŭ] f. autoclave. 2 sterilizer.

autocràcia [əŭtukràsiə] f. autocracy.

autòcrata [əŭtɔ́krətə] m.-f. autocrat.

autòcton, -na [əŭtɔ́ktun, -nə] a. native, indigenous.

autodidacte, -ta [əŭtuðiðáktə, -tə] m.-f. self-taught person.

autofinançament [əŭtufinənsəmèn] m. self-financing.

autogen, -ògena [əŭtɔ́ʒən, -ɔ́ʒənə] a. autogenous.

autogir [əŭtuʒir] m. autogiro or autogyro.

autògraf, -fa [əŭtɔ́ɣrəf, -fə] a. autographic. ■ 2 m. autograph.

autòmat [əŭtɔ́mət] m. automaton, robot.

automàtic, -ca [əŭtumátik, -kə] a. automatic.

automatisme [əŭtumətizmə] m. automatism.

automòbil [əŭtumɔ́βil] a. automotive, self-propelled. ■ 2 m. automobile, car.

automobilisme [əŭtumuβilizmə] m. SP. motor racing.

automobilista [əŭtumuβilistə] m.-f. driver, motorist.

automotor, -ra [əŭtumutó, -rə] a. automotive, self-propelled.

autònom, -ma [əŭtɔ́num, -mə] a. autonomous.

autonomia [əŭtunumíə] f. autonomy.

autopista [əŭtupistə] f. motorway.

autòpsia [əŭtɔ́psiə] f. autopsy, post mortem.

autor, -ra [əutò, -rə] *m.-f.* author.

autoretrat [əuturrətrát] *m.* self-portrait.

autoritari, -ària [əuturitári, -áriə] *a.* authoritarian.

autoritat [əuturitát] *f.* authority.

autorització [əuturidzəsió] *f.* authorization.

autoritzar [əuturidzá] *t.* to authorize.

autoritzat, -ada [əuturitzát, -áðə] *a.* authorized.

autoscola [àutuskòlə] *f.* driving school.

autoservei [àutusərβéi] *m.* supermarket.

autostop [àutustòp] *m.* hitchhiking.

autosuggestió [àutusuʒəstió] *f.* autosuggestion.

autovia [àutuβiə] *m.* main road; dual-carriageway; motorway.

auxili [əuksili] *m.* assistance, aid. 2 *interj.* help.

auxiliar [əuksiliá] *a.* auxilliary. ■ 2 *m.-f.* assistant.

auxiliar [əuksiliá] *t.* to help, to give help, to aid.

aval [əβál] *m.* guarantee. 2 guarantor's signature.

avalador, -ra [əβələðò, -rə] *a.* which guarantees. ■ 2 *m.-f.* guarantor.

avalar [əβəlá] *t.* to guarantee; to act as guarantor for. 2 fig. to answer for.

avall [əβáʎ] *adv.* down, downwards.

avalot [əβəlòt] *m.* tumult; disturbance, riot. 2 uproar, din.

avalotar [əβəlutá] *t.* to disturb. ■ 2 *p.* to riot. 3 to become agitated, to get rowdy.

avaluació [əβəluəsió] *f.* estimate, valuation; assessment.

avaluar [əβəluá] *t.* to estimate, to value; to assess.

avanç [əβáns] *m.* See AVANÇAMENT.

avançada [əβənsáðə] *f.* See AVANÇAMENT.

avançament [əβənsəmèn] *m.* advance. 2 advancement, promotion. 3 progress. 4 overtaking.

avançar [əβənsá] *t.* to advance; to move forward. 2 to overtake. ■ 3 *i.* to advance, to progress.

avant [əβán] (VAL.) *adv.* See ENDAVANT.

avantatge [əβəntádʒə] *m.* advantage.

avantatjar [əβəntədʒá] *t.* to be ahead of *i.*; to surpass, to be better than *i.*, to beat.

avantatjós, -osa [əβəntədʒòs, -òzə] *a.* advantageous.

avantbraç [əβəmbrás] *m.* ANAT. forearm.

avantguarda [əβəŋgwárðə] *f.* advance guard. 2 fig. ART. avant-garde.

avantpassat, -ada [əβəmpəsát, -áðə] *m.* ancestor.

avantprojecte [əβəmpruʒèktə] *m.* preliminary draft. ‖ ~ *de llei,* white paper.

avar, -ra [əβár, -rə] *a.* miserly, avaricious, greedy. ■ 2 *m.-f.* miser.

avarar [əβərá] *t.* to launch.

avarca [əβárkə] *f.* kind of sandal.

avaria [əβariə] *f.* TECH. breakdown. 2 damage.

avariar [əβariá] *t.* to damage. ■ 2 *p.* TECH. to break down *i.*

avarícia [əβarisiə] *f.* avarice, greed. 2 miserliness.

avellana [əβəʎánə] *f.* BOT. hazelnut.

avellaner [əβəʎanè] *m.* BOT. hazel, hazel tree.

avenc [əβèŋ] *m.* pothole, chasm.

avenç [əβèns] *m.* advance; advancement; progress.

avenir [əβəni] *m.* future.

avenir-se [əβənirsə] *p.* to get on (*amb,* with); to agree (*a,* to). ▲ CONJUG. like *abstenir-se.*

aventura [əβəntúrə] *f.* adventure. ‖ ~ *amorosa,* love affair. 2 *adv. phr.* a l'~, randomly, at random.

aventurar [əβəntúrá] *t.* to risk. ■ 2 *p.* to take a risk.

aventurer, -ra [əβənturè, -rə] *a.* adventurous. ■ 2 *m.* adventurer. 3 *f.* adventuress.

averany [əβəráɲ] *m.* omen; prediction.

avergonyir [əβərɣuɲi] *t.* to shame. 2 to embarrass. ■ 3 *p.* to be ashamed (*de,* of).

avern [əβèrn] *m.* hell.

aversió [əβərsió] *f.* aversion, revulsion.

avés [əβès] *m.* habit, custom.

avesar [əβəzá] *t.* to accustom, to get someone used to. ‖ *estar avesat a,* to be used to. ■ 2 *p.* to get used to.

avet [əβèt] *m.* BOT. fir, fir tree.

avi, àvia [áβi, áβiə] *m.* grandfather, grandad. 2 *f.* grandmother, grandma.

aviació [əβiəsió] *f.* aviation. 2 air force.

aviador, -ra [əβiəðò, -rə] *m.-f.* aviator.

aviat [əβiát] *adv.* soon. ‖ *fins* ~, see you soon. 2 *adv. phr. més* ~, rather. ‖ *s'assembla més* ~ *a la mare que al pare,* he looks like his mother than like his father. ‖ *és més* ~ *alt,* he's on the tall side.

aviciar [əβisiá] *t.* to spoil [a child]. ■ 2 *p.* to pick up bad habits, to be corrupted.

avicultura [əβikultúrə] *f.* poultry keeping; aviculture.

àvid, -da [áβit, -ðə] *a.* avid, greedy.

avidesa [əβiðézə] *f.* avidity, greed.

avinença [əβinénsə] *f.* agreement; compromise; deal.

avinent [əβinén] *a.* easy to get on with. 2 easily, accessible, convenient. 3 *fer* ~, to remind.

avinentesa [əβinəntézə] *f.* opportunity, chance.

avinguda [əβiŋgúðə] *f.* avenue.

avió [əβió] *m.* aeroplane, aircraft.

avioneta [əβiunétə] *f.* biplane.

aviram [əβirám] *f.* poultry.

avís [əβís] *m.* announcement. 2 warning.

avisar [əβizá] *t.* to warn, to alert. 2 to inform.

avisat, -ada [əβizát, -áðə] *a.* wise, clever, prudent.

avituallar [əβituəʎá] *t.* to supply with food, to provision.

avivar [əβiβá] *t.* to enliven, to revive, to liven up, to brighten up. ■ 2 *p.* to burn more brightly [fires].

avorriment [əβurrimén] *m.* boredom. 2 abhorrence.

avorrir [əβurri] *t.* to abhor. 2 to bore. ■ 3 *p.* to be bored.

avortament [əβurtəmén] *m.* abortion.

avortar [əβurtá] *i.* to miscarry, to have a miscarriage [involuntary]. 2 to abort [voluntary]. 3 fig. to fail, to abort.

avui [əβúi] *adv.* today. ‖ ~ *(en) dia,* nowadays. ‖ *d'*~ *endavant,* from now on.

axial [əksiál] *a.* axial.

axil·la [əksillə] *f.* armpit, axilla.

axioma [əksiómə] *m.* axiom.

axiomàtic, -ca [əksiumátik, -kə] *a.* axiomatic.

axis [áksis] *m.* ANAT. axis.

azalea [əzəléə] *f.* BOT. azalea.

azimut [əzimút] *m.* azimuth.

B

B, b [be] *f.* b [letter].

babalà [bəβəlà] *adv. phr.* **a la ~**, wildly, carelessly.

babarota [bəβərɔ̀tə] *f.* scarecrow. ‖ **fer babarotes**, to make someone green with envy; to make faces at someone.

babau [bəβàũ] *m.-f.* fool, idiot, simpleton, sucker.

babord [bəβɔ̀r(t)] *m.* MAR. port [of a ship].

babuí [bəβuí] *m.* ZOOL. baboon.

bac [bak] *m.* north facing slope; shady place.

baca [bákə] *f.* roofrack. ‖ **fer la ~**, to toss [in a blanket].

bacallà [bəkəʎà] *m.* ICHTHY. cod. ‖ **sec com un ~**, as thin as a rake. ‖ fig. **tallar el ~**, to be the boss.

bacanal [bəkənàl] *f.* orgy.

bacant [bəkán] *f.* bacchante; nymphomaniac.

bacil [bəsil] *m.* bacillus.

bacó, -ona [bəcò, -ónə] *m.* bacon. 2 pig. 3 *m.-f.* fig. dirty person.

bacteri [bəktèri] *m.*, **bactèria** [bəktèriə] *f.* bacterium.

badada [bəðàðə] *f.* distraction; missed opportunity; oversight.

badall [bəðàʎ] *m.* yawn. ‖ **fer el darrer ~**, to breathe one's last. 2 VAL. See ESCLETXA.

badallar [bəðəʎà] *i.* to yawn.

badar [bəðà] *t.* to split open, to open. ‖ **no ~ boca**, to say nothing. 2 to watch. ■ 3 *i.* to be (half) open [doors, windows]. 4 to be lost in wonder. 5 to be distracted, to miss an opportunity. ■ 6 *p.* to open.

badia [bəðiə] *f.* bay.

badiu [bəðiũ] *m.* ANAT. nostril.

bàdminton [bádminton] *m.* SP. badminton.

badoc, -ca [bəðɔ̀k, -kə] *a.* distracted; easily distracted. ■ 2 *m.-f.* onlooker. 3 easily distracted person.

baf [báf] *m.* vapour, steam. 2 bad air, smoky or sweaty atmosphere. 3 (bad) breath.

bafarada [bəfəràðə] *f.* strong smelling atmosphere or breath. 2 speech balloon [cartoons].

baga [bàɣə] *f.* bow. 2 MECH. eyebolt. 3 MECH. screw eye.

bagassa [bəɣàsə] *f.* prostitute, whore.

bagatel·la [bəɣətéllə] *f.* bagatelle, trifle.

bagatge [bəɣàdʒə] *m.* baggage, luggage. ‖ fig. **~ cultural**, cultural background.

bagul [bəɣúl] *m.* trunk. 2 coffin.

bah! [ba] *interj.* bah!

baia [bàjə] *f.* BOT. berry.

baiard [bəjàr(t)] *m.* stretcher.

baieta [bəjétə] *f.* cloth; floorcloth. ‖ **passar la ~**, to wash the floor.

baioneta [bəjunètə] *f.* bayonet.

1) baix, -xa [baʃ, -ʃə] *a.* low. 2 short, small. 3 deep. 4 fig. base, common. 5 MUS. flat [out of tune].

2) baix [baʃ] *m.* the bottom part. ‖ **els baixos d'una casa**, the ground floor or basement of a house. ‖ **alts i baixos**, ups and downs. 2 MUS. bass.

3) baixa [baʃə] *f.* MIL. casualty, loss. 2 fig. **anar de ~**, to be on the way down (or out). ‖ **donar de ~**, to discharge, to dismiss, to expell.

4) baix [baʃ] *adv.* below. ‖ **a ~ el dictador!**, down with the dictator!; **de dalt a ~**, from top to bottom; **és a ~**, she's downstairs; **parlar ~**, to talk quietly, **volar ~**, to fly low.

baixà [bəʃà] *m.* pasha.

baixada [bəʃàðə] *f.* descent. ‖ **la ~ a la cova**, the way down to the cave. 2 downward slope.

baixador [bəʃəðò] *m.* RAIL. halt. 2 mounting block.

baixamar [bəʃəmàr] *f.* low tide.

baixar [bəʃà] *t.* to descend, to go down; to take down; to bring down. ■ 2 *i.* to get off [trains, buses] (*de*, of); to get out (*de*, —) [cars]. 3 to descend. ‖ *el dòlar ha baixat,* the dollar has fallen; *la febre ha baixat,* his fever has come down; *no ~ del burro,* to be stubborn.

baixesa [bəʃέzə] *f.* lowness, baseness. 2 vile action.

baixista [bəʃístə] *m.-f.* COMM. bear.

bajanada [bəʒənáðə] *f.* foolish thing, stupid thing.

bajoca [bəʒɔ́kə] *f.* pod, shell [peas, beans]. 2 (OCC.) See MONGETA.

bala [bálə] *f.* bale. 2 MIL. bullet. 3 GAME marble.

balada [baláðə] *f.* LIT., MUS. ballad.

baladre [bəláðrə] *m.* BOT. oleander.

baladrejar [bələðrəʒá] *i.* to shout, to yell.

balanç [bəláns] *m.* rocking movement. 2 COMM. balance. ‖ *fer el ~,* to balance the books [also fig.].

balança [bəlánsə] *f.* balance, scales *pl.* 2 fig. equilibrium, indecision. 3 ~ *de pagaments,* balance of payments. 4 ASTROL. *Balança,* Libra.

balanceig [bələnsέtʃ] *m.* swinging; rocking; roll [ships].

balancejar [bələnsəʒá] *i.-t.* to move from side to side, to rock.

balancí [bələnsí] *m.* rocking chair.

balançó [bələnsó] *m.* dish [on scales].

balandra [bəlándrə] *f.* MAR. sloop, yacht.

balandrejar [bələndrəʒá] *i.* to move from side to side, to rock. ■ 2 *p.* to swing.

balast [bəlás(t)] *m.* ballast.

balb, -ba [bálp, -βə] *a.* numb, stiff.

balbotejar [bəlβutəʒá] *i.-t.* to babble.

balbucejar [bəlβusəʒá] *i.-t.* to stammer, to stutter.

balcànic, -ca [bəlkánik, -kə] *a., m.-f.* Balkan.

Balcans [bəlkáns] *pr. n. m. pl.* GEOGR. the Balkans.

balcó [bəlkó] *m.* balcony.

balconada [bəlkunáðə] *f.* large balcony.

balda [báldə] *f.* latch, fastener. 2 doorknocker.

baldament [bəldəmέn] *conj.* although; even though.

baldar [bəldá] *t.* to cripple, to paralyze. ‖ *estic baldat,* I'm shattered, I'm exhausted.

balder, -ra [bəldέ, -rə] *a.* loose.

baldó [bəldó] *m.* See BALDA.

baldufa [bəldúfə] *f.* top [toy]. 2 fig. dumpy person.

balear [bəleá] *a.* GEOGR. Balearic. ■ 2 *m.-f.* native of the Balearic Islands. 3 *f. pl. Illes Balears,* Balearic Islands.

balena [bəlέnə] *f.* ZOOL. whale.

balener, -ra [bəlεnέ, -rə] *a.* whaling. ■ 2 *m.* whaling vessel, whaling ship. 3 *m.-f.* whaler.

balí [bəli] *m.* pellet, small bullet.

baliga-balaga [bəliɣəβáláɣə] *a.* unreliable person.

balisa [bəlizə] *f.* MAR. buoy, beacon. 2 AER. beacon.

balístic, -ca [bəlistik, -kə] *a.* ballistic. ■ 2 *f.* ballistics.

ball [baʎ] *m.* ball, dance. 2 dancing.

ballar [bəʎá] *i.* to dance. 2 to be loose; to wobble. ■ 3 *t.* to dance. ‖ fig. *ballar-la,* to be in a fix; ~ *pel cap,* to have a vague recollection of; *fer ~ el cap,* to pester someone.

ballarí, -ina [bəʎəri, -inə] *m.-f.* dancer; ballet dancer; ballerina *f.*

ballaruga [bəʎərúɣə] *f.* short, dumpy, active person. 2 coll. *pl.* dance.

ballesta [bəʎέstə] *f.* crossbow. 2 AUT. spring.

ballet [bəʎέt] *m.* ballet.

balma [bálmə] *f.* cave.

balneari, -ària [bəlneári, -áriə] *a.-m.* spa.

baló [bəló] *m.* ball [football, rugby, etc.].

bàlsam [bálsəm] *m.* balsam, balm. 2 fig. balm.

bàltic, -ca [báltik, -kə] *a.* GEOGR. Baltic. ■ 2 *pr. n. f. Mar Bàltica,* the Baltic Sea.

baluard [bəluár(t)] *m.* bastion; bulwark [also fig.].

baluerna [bəluέrnə] *f.* great big thing; monstrosity.

balustrada [bəlustráðə] *f.* ARCH. balustrade.

bamba [bámbə] *f.* pump [shoes].

bambolina [bəmbulinə] *f.* THEAT. flies.

bambolla [bəmbóʎə] *f.* (VAL.) See BUTLLOFA.

bambú [bəmbú] *m.* BOT. bamboo.

ban [bən] *m.* proclamation; edict. 2 fine. 3 (ROSS.) See BANDA 2.

banal [bənál] *a.* banal.

banalitat [bənəlitát] *f.* banality.

banana [bənánə] *f.* BOT. banana.

bananer [bənənέ] *m.* BOT. banana tree.

banc [bəŋ] *m.* bench; pew [church]. 2 COMM. bank. 3 GEOL. layer. ‖ ~ *de sorra,* sandbank; ~ *de proves,* test bench; ~ *de sang,* blood bank.

banca [báŋkə] *f.* bench. 2 stool. 3 COMM. banking; the banking system. 4 COMM. bank. 5 GAME *bank.*

bancal [bəŋkál] *m.* AGR. patch; terrace.

bancarrota [bəŋkərrɔ́tə] *f.* ECON. bankruptcy.

banda [bándə] *f.* strip, band. ‖ ~ *sonora,* soundtrack. 2 side: *a ~ i ~,* on both sides. ‖ *adv. phr. d'altra ~,* apart from that, furthermore. ‖ *conj. d'una ~,... d'altra ~,...,* on the one hand..., on the other hand... ‖ *deixar de ~,* to leave aside. 3 place. 4 band, gang [thieves, etc.]. 5 RAD. band. 6 MUS. band: *la ~ municipal,* the town band.

bandarra [bəndárrə] *f.* prostitute, whore. 2 *m.-f.* scoundrel, rascal.

bandejar [bəndəʒá] *t.* to exile, to banish; to expel. 2 fig. to banish.

bandera [bəndérə] *f.* flag, banner. ‖ *abaixar ~,* to give in, to surrender. ‖ *abaixar la ~ costa setanta pessetes,* the minimum fare is seventy pesetas [taxi]. 2 MIL. company.

banderí [bəndəri] *m.* pennant.

banderola [bəndərɔ́lə] *f.* pennant. 2 signalling flag.

bandit [bəndit] *m.* bandit; outlaw.

bàndol [bándul] *m.* faction, party.

bandoler [bəndulé] *m.* bandit; highwayman.

bandolera [bəndulérə] *f.* bandoleer.

banjo [bánʒu] *m.* MUS. banjo.

banquer, -ra [bəŋkè, -rə] *m.-f.* banker.

banquet [bəŋkɛt] *m.* banquet. 2 small bench.

banqueta [bəŋkɛ́tə] *f.* MAR. bench, seat [in the bow].

banús [bənús] *m.* ebony.

bany [ban] *m.* bath, bathe. ‖ *cambra de ~,* bathroom; *prendre un ~ de sol,* to sunbathe; *vestit de ~,* swimsuit, swimming costume. 2 bathroom.

banya [báɲə] *f.* horn; antler. 2 bump, lump [on forehead]. ‖ *ficar la ~ en un forat,* to dig one's heels in.

banyada [bəɲáðə] *f.* bath; bathe, dip. 2 thrust of a horn; wound caused by a horn.

banyar [bəɲá] *t.* to bathe. ■ 2 *p.* to have a bath [to get clean]. 3 to have a dip, to go for a swim [sea, swimming pool]. 4 (VAL.) See MULLAR.

banyera [bəɲèrə] *f.* bath, bath tub. 2 MAR. cockpit.

banyeta [bəɲɛ́tə] *f.* small horn. 2 *m. en ~,* Old Nick.

banyista [bəɲistə] *m.-f.* bather.

banyut, -uda [bəɲút, -úðə] *a.* horned. 2 fig. cuckolded.

baobab [bəuβáp] *m.* BOT. baobab.

baptisme [bəptizmə] *m.* baptism, christening.

baqueta [bəkɛ́tə] *f.* MUS. drumstick. ‖ *tractar a ~,* to treat harshly.

bar [bar] *m.* bar.

baralla [bəráʎə] *f.* quarrel, fight, brawl. 2 pack, deck [cards].

barallar [bərəʎá] *t.* to cause to quarrel. ■ 2 *p.* to quarrel, to fight, to argue.

barana [bəránə] *f.* banister, rail.

barat, -ta [bərát, -tə] *a.* cheap. ■ 2 *f.* exchange.

barb [barp] *m.* spot, blackhead. 2 ICHTHY. barbel.

barba [bárβə] *f.* beard. ‖ *per ~,* per head. 2 chin.

barbacana [bərβəkánə] *f.* barbican. 2 eaves *pl.*

barbacoa [bərβəcɔ́ə] *f.* barbecue.

barballera [bərβəʎérə] *f.* jowl; dewlap [animals]; double chin [man]; wattle [birds]. 2 chin strap.

barbamec [bərβəmék] *a.* smooth faced [man]. ■ 2 *m.* fig. pretentious youth, whipper-snapper.

bàrbar, -ra [bárβər, -rə] *a., m.-f.* barbarian. 2 *a.* barbarous.

barbàrie [bərβáriə] *f.* barbarism. 2 barbarity, extreme cruelty.

barbarisme [bərβərizmə] *m.* GRAMM. barbarism.

barbaritat [bərβəritát] *f.* barbarity, outrage. 2 fig. enormous amount, awful lot.

barber [bərβé] *m.* barber.

barberia [bərβəriə] *f.* barber's.

barbeta [bərβɛ́tə] *f.* chin. ‖ *tocar la ~,* to suck up to someone.

barbitúric, -ca [bərβitúrik, -kə] *a.* barbituric. ■ 2 *m.* barbiturate.

barbotejar [bərβutəʒá] *i.* to babble.

barbull [bərβúʎ] *m.* noise, babble.

barbut, -uda [bərβút, -úðə] *a.* bearded.

barca [bárkə] *f.* small boat.

barcassa [bərkásə] *f.* barge.

Barcelona [bərsəlónə] *pr. n. f.* GEOGR. Barcelona.

bard [bar] *m.* bard.

bardissa [bərðisə] f. BOT. undergrowth, brush. 2 thorn hedge.

barem [bərɛ́m] m. scale.

bari [bári] m. MINER. barium.

baríton [bəritun] m. MUS. baritone.

barjaula [bərʒə́ŭlə] f. prostitute, whore.

Barna [bárnə] pr. n. f. dim. (Barcelona) Barcelona.

barnilla [bərniʎə] f. rib [umbrella].

barnús [bərnús] m. bathrobe.

baró [bəró] m. baron. 2 respectable, upstanding man.

baròmetre [bərɔ́mətrə] m. barometer.

baronessa [bərunɛ́sə] f. baroness.

baronia [bəruniə] f. barony.

baronívol, -la [bəruniβul, -lə] a. virile, manly. 2 courageous, brave.

barquer, -ra [bərkɛ́, -rə] m.-f. boatman, boatwoman.

barra [bárrə] f. bar. 2 loaf [bread]. 3 jaw. || fig. *quina ~!*, what a nerve! 4 stripe.

barrabassada [bərrəβəsáðə] f. something really stupid, extremely foolish thing to do.

barraca [bərrákə] f. cabin, hut. 2 stall, stand [fairs]. 3 (VAL.) thatched cottage.

barracot [bərrəkɔ́t] m. shack, shanty.

barral [bərrál] m. barrel.

barranc [bərráŋ] m. gully, ravine.

barraquisme [bərrəkizmə] m. slums pl. || *l'ajuntament encara no ha pogut erradicar el ~ a la ciutat,* the council has not yet been able to eliminate slums from the town.

barrar [bərrá] t. to bar [also fig.]. || *~ el pas,* to block the path, to bar the way. 2 COMM. to cross [cheques].

barreja [bərrɛ́ʒə] f. mixture, blend. 2 confusion.

barrejar [bərrəʒá] t. to mix, to blend. 2 GAME to shuffle [cards]. ■ 3 p. to mingle with. 4 to intervene.

barrera [bərrɛ́rə] f. barrier [also fig.]. || *~ de so,* sound barrier. 2 fig. obstacle.

barret [bərrɛ́t] m. hat: *~ de copa,* top hat.

barretina [bərrətinə] f. Catalan cap.

barri [bárri] m. area, district [of a town]. || fig. *anar-se'n a l'altre ~,* to go to meet one's maker.

barriada [bərriáðə] f. large or independent *barri.*

barricada [bərrikáðə] f. barricade: *aixecar barricades,* to put up barricades.

barrija-barreja [bərriʒəβərrɛ́ʒə] f. jumble, mess, hotchpotch.

barril [bərril] m. barrel.

barrila [bərrilə] f. spree, wild time. || *fer ~,* to make a racket.

barrim-barram [bərrimbərrám] adv. helter-skelter, without rhyme or reason.

barrina [bərrinə] f. MECH. bit.

barrinada [bərrináðə] f. drill hole. 2 blast [of a charge].

barrinar [bərriná] t. to drill, to bore. 2 to mine. 3 fig. to meditate, to think deeply.

barroc, -ca [bərrɔ́k, -kə] a. baroque. ■ 2 m. baroque style. 3 baroque period.

barroer, -ra [bərruɛ́, -rə] a. bad or clumsy. 2 botched [job]. ■ 3 m.-f. botcher.

barrot [bərrɔ́t] m. bar.

barrut, -uda [bərrút, -úðə] a. which eats a lot [esp. animals]. 2 fig. cheeky.

basalt [bəzál(t)] m. GEOL. basalt.

basar [bəzár] m. bazaar.

basar [bəzá] t. to base (en, on). ■ 2 p. to base oneself on, to be based on.

basarda [bəzárðə] f. terror, fear, dread.

basc, -ca [básk, -kə] a., m.-f. GEOGR. Basque. 2 m. *el País Basc,* the Basque Country.

basca [báskə] f. anxiety. 2 loss of consciousness. || *caure en ~,* to faint. 3 pl. nausea sing.

bàscula [báskulə] f. scales pl.

base [bázə] f. base. 2 fig. basis, grounds.

bàsic, -ca [bázik, -kə] a. basic.

basílica [bəzilikə] f. basilica.

basilisc [bəzilisk] m. basilisk.

basqueig [bəskɛ́tʃ] m. nausea.

bàsquet [báskət] See BASQUETBOL.

basquetbol [bəskɛbbɔ́l] m. SP. basketball.

bassa [básə] f. pond, pool. 2 reservoir. 3 latrine.

bassal [bəsál] m. puddle; pool.

bast, -ta [bás(t), -tə] a. coarse, crude. ■ 2 m. *animal de ~,* beast of burden. 3 f. SEW. tacking stitch.

bastaix [bəstáʃ] m. bearer, porter.

bastant [bəstán] a. enough, sufficient; quite a lot of. ■ 2 adv. quite, rather, fairly, pretty.

bastar [bəstá] i. to suffice, to be enough, to be sufficient.

bastard, -da [bəstárNd, -ðə] a., m.-f. bastard. 2 a. adulterated.

bastida [bəstiðə] f. scaffolding.

bastidor [bəstiðó] m. frame. 2 AUT. chassis. 3 THEATR. pl. flats. || fig. *entre bastidors,* in private, behind the scenes.

bastiment [bəstimèn] *a.* frame. 2 AUT. chassis.

bastió [bəstió] *m.* bastion, fortress.

bastir [bəsti] *t.* to construct, to build.

bastó [bəstó] *m.* stick; walking stick.

bata [bátə] *f.* dressing gown, housecoat, smock.

batall [bətáʎ] *m.* clapper.

batalla [bətáʎə] *f.* battle [also fig.]. ‖ battlefield. ‖ *cavall de* ~, hobbyhorse.

batallar [bətəʎá] *i.* to battle, to fight. 2 fig. to quarrel, to fight.

batalló [bətəʎó] *m.* MIL. battalion. 2 team [of workers].

batata [bətátə] *f.* BOT. sweet potato.

batec [bətɛ́k] *m.* beating [heart, bird's wings].

batedor, -ra [bətəðò, -rə] *m.-f.* scout. 2 *m.* egg beater, whisk. 3 *f.* AGR. threshing machine. 4 *f.* electric beater or mixer; liquidizer.

bategar [bətəɣá] *i.* to beat, to palpitate.

bateig [bətɛ́tʃ] *m.* baptism, christening. 2 naming [ship, plane, etc.].

batejar [bətəʒá] *t.* to baptize, to christen [also fig.]. 2 to name [ship, plane, etc.]. 3 to water down.

batent [bətèn] *a.* banging. ■ 2 *m.* door jamb. 3 leaf [of a door].

bateria [bətəriə] *f.* MIL., ELECT. battery. 2 MUS. drums. 3 THEAT. footlights *pl.* 4 ~ *de cuina*, kitchen equipment or utensils.

batí [bəti] *m.* dressing gown.

batibull [bətiβúʎ] *m.* mix-up, mess, confusion, tangle.

batista [bətistə] *f.* TEXT. cambric, batiste.

batle [bállə] (BAL.) See BATLLE.

batlle [báʎʎə] *m.* mayor.

batraci [bətrási] *m. pl.* ZOOL. batrachian.

batre [bátrə] *t.* to beat. 2 AGR. to thresh. 3 to beat up. ■ 4 *i.* to beat. ■ 5 *p. batre's en retirada*, to beat retreat.

batussa [bətúsə] *f.* fight, scuffle. 2 fig. quarrel.

batut, -uda [bətút, -úðə] *a.* threshed. 2 beaten. ■ 3 *m.* bang, crack [heavy blow]. 4 shake [drink]. 5 *f.* beating, thrashing. 6 threshing. 7 *fer una batuda*, to raid.

batuta [bətútə] *f.* baton. ‖ fig. *portar la* ~, to be in control.

batxillerat [bətʃiʎərát] *m.* three year period of secondary education immediately after primary education.

batzac [bədzák] *m.* crash, bump, thump.

batzegada [bədzəɣàðə] *f.* See BATZAC.

batzegar [bədzəɣá] *t.* to shake [violently].

bau [báu] *m.* MAR. beam.

bauxita [bəúksitə] *f.* MINER. bauxite.

bava [báβə] *f.* saliva, dribble. ‖ *caure-li la* ~ *a algú*, to be thrilled, to be delighted. ‖ *tenir mala* ~, to be nasty or malicious.

bavejar [bəβəʒá] *i.* to dribble; to slobber.

bazooka [bəzókə] *m.* MIL. bazooka.

BCN *f. (Barcelona)* Barcelona.

be [bɛ] *m.* lamb. ‖ fig. *un* ~ *negre!*, come off it!

1) bé [be] *adv.* well: *et trobes* ~?, are you all right?. ‖ *més ben dit*, or rather; *ben* ~, exactly. 2 very: *ets ben ximple*, you're really stupid. ‖ *està* ~, it's all right; to go the right way: *anem* ~ *per Terrassa?*, are we going the right way for Terrassa? 4 *venir* ~, to be right: *aquesta faldilla no em va* ~, this skirt doesn't fit me. ■ 5 *conj.* well. ‖ *ara* ~, however. ‖ *doncs* ~, well then. ‖ *per* ~ *que* ~ *que*, although. ■ 6 *interj.* O.K., good, all right. 7 well: ~, *on érem?*, well, where were we? ▲ *ben* when followed by an adjective, adverb or verbal form.

2) bé [be] *m.* good. ‖ *gent de* ~, good people, honest people. 2 *pl.* goods, wealth *sing.* 3 LAW *pl.* assets. 4 ~ *de Déu*, abundance: *quin* ~ *de Déu de taronges!*, what glorious oranges! ▲ *pl. béns*.

beat, -ta [beàt, -tə] *a.* blessed. 2 devout. ■ 3 *m.-f.* church goer.

beatificar [beətifiká] *t.* REL. to beatify.

bebè [bəβɛ́] *m.* baby.

bec [bek] *m.* beak. 2 fig. mouth. 3 spout. 4 MUS. mouthpiece.

beç [bɛs] *m.* BOT. birch.

beca [bɛ́kə] *f.* grant, scholarship.

becada [bəkáðə] *f.* beakful. 2 ORNIT. woodcock. 3 nod.

becaina [bəkáɪnə] *f.* nap. 2 nod.

becaire [bəkáɪrə] *m.* MUS. natural sign.

becari, -ària [bəkári, -áriə] *a.* grant holding, scholarship holding. ■ 2 *m.-f.* grant holder, scholarship holder.

beceroles [bəsərɔ́ləs] *f. pl.* primer *sing.*, spelling book *sing.* 2 rudiments *pl.*

bedoll [bəðóʎ] *m.* BOT. birch.

befa [bɛ́fə] *f.* scorn, mockery, jeering. ‖ *fer* ~, to mock, to scoff.

begònia [bəɣɔ́niə] *f.* BOT. begonia.

begut, -uda [bəɣút, -úðə] *a.* drunk. ■ 2 *f.* drink.

beina [bɛ́ɪnə] *f.* sheath [sword]. 2 pod.

Beirut [bəĭrút] *pr. n. m.* GEOGR. Beirut.

beisbol [bĕĭzbɔ̀l] *m.* SP. baseball.

beix [bɛʃ] *a.-m.* beige.

beixamel [bəʃəmɛ́l] *f.* béchamel sauce.

bel, -la [bĕl, -lə] *a.* (ROSS.) See BELL. ■ 2 *m.* baa.

belar [bəlá] *i.* to bleat, to baa.

Belfast [bĕlfəs(t)] *pr. n. m.* GEOGR. Belfast.

belga [bĕlɣə] *a., m.-f.* GEOGR. Belgian.

Bèlgica [bĕlʒikə] *pr. n. f.* GEOGR. Belgium.

Belgrad [bəlɣrát] *pr. n. m.* GEOGR. Belgrade.

belitre [belitrə] *m.* scoundrel, knave.

bell, -lla [bĕʎ, -ʎə] *a.* beautiful [woman], handsome [man]. 2 large; strong. ‖ *fa una bella estona,* a long while ago. 3 right. ‖ *adv. phr. al ~ mig,* right in the middle. *de ~ antuvi,* from the very start. ‖ *de ~ nou* over again.

belladona [bəʎəðɔ́nə] *f.* BOT. belladonna, deadly nightshade.

bellesa [bəʎɛ́zə] *f.* beauty.

bèl·lic, -ca [bĕllik, -kə] *a.* war, of war. ‖ *conflicte ~,* war.

bel·licós, -osa [bəllikós, -ózə] *a.* warlike, bellicose.

bel·ligerància [bəlliʒəránsiə] *f.* belligerency.

bel·ligerant [bəlliʒərán] *a., m.-f.* belligerent.

bellugadissa [bəʎuɣəðisə] *f.* rustling [of leaves in wind]; seething, swarming, milling [of people].

bellugar [bəʎuɣá] *i.-t.* to move, to shake.

bemoll [bəmɔ́ʎ] *m.* MUS. flat.

ben [ben] See BÉ 1).

bena [bĕnə] *f.* bandage. ‖ fig. *tenir una ~ davant dels ulls,* to be blind to the truth.

benastruc, -uga [bənəstrúk, -úɣə] *a.* fortunate, lucky.

benaurança [bənəŭránsə] *f.* REL. beatitude.

benaventurança [bənəβənturánsə] See BENAURANÇA.

benedicció [bənəðiksió] *f.* benediction.

benedictí, -ina [bənəðikti, -ínə] *a., m.-f.* Benedictine.

benefactor, -ra [bənəfəktó, -rə] *a., m.-f.* benefactor *s.*

benèfic, -ca [bənɛ́fik, -kə] *a.* charitable, beneficent.

beneficència [bənəfisɛ́nsiə] *f.* charity, beneficence.

benefici [bənəfisi] *m.* benefit, advantage, gain. 2 COMM. profit: *~ net,* clear profit. 3 THEAT. benefit (performance).

beneficiar [bənəfisiá] *t.* to benefit. ■ 2 *p.* to benefit (*de,* from, by).

beneficiari, -ària [bənəfisiàri, -àriə] *a., m.-f.* beneficiary *s.*

beneir [bənəí] *t.* to bless. ‖ *~ la taula,* to say grace.

beneit, -ta [bənĕit, -tə] *a.* simple, stupid. 2 ant. blessed. ‖ *vendre's com pa ~,* to sell like hot cakes.

beneitó, -ona [bənəĭtó, -ónə] *a.* stupid, foolish, simple.

benemèrit, -ta [bənəmɛ́rit, -tə] *a.* meritorious, worthy.

beneplàcit [bənəplásit] *m.* approval, blessing.

benestant [bənəstán] *a.* comfortable, comfortably off; well off.

benestar [bənəstá] *m.* well-being. 2 ECON. *estat de ~,* welfare state.

benèvol, -la [bənɛ́βul, -lə] *a.* benevolent, kind.

benevolència [bənəβulɛ́nsiə] *f.* benevolence, kindness.

benevolent [bənəβulɛ̀n] See BENÈVOL.

benigne, -na [bəniŋnə, -nə] *a.* benign.

benjamí [bənʒəmi] *m.* youngest son.

benparlat, -ada [bempərlát, -áðə] *a.* well-spoken.

benvingut, -uda [bembiŋgút, -úðə] *a.* welcome. ■ 2 *f.* welcome.

benvist, -ta [bembis(t), -tə] *a.* well-liked, well-thought-of.

benvolgut, -uda [bembulɣút, -úðə] *a.* dear; well-beloved.

benzina [bənzinə] *f.* benzine. 2 petrol, (USA) gasoline.

benzol [bənzɔ́l] *m.* CHEM. benzol.

berenar [bərəná] *i.* to have an afternoon snack or tea. 2 (BAL.) See ESMORZAR.

berenar [bərəná] *m.* afternoon snack, tea. 2 (BAL.) See ESMORZAR.

bergant, -ta [bərɣán, -tə] *m.-f.* rascal, scoundrel.

bergantí [bərɣanti] *m.* MAR. brigantine, brig.

Berna [bĕrnə] *pr. n. f.* GEOGR. Bern.

bernat [bərnát] *m.* bar. 2 ORNITH. *~ pescaire,* heron. 3 ZOOL. *~ ermità,* hermit crab.

Bernat [bərnát] *pr. n. m.* Bernard.

berruga [bərrúɣə] *f.* wart.

Berta [bĕrtə] *pr. n. f.* Bertha.

Bertran [bərtrán] *pr. n. m.* Bertrand.

bes [bɛs] *m.* lit. kiss. 2 (OCC) See PETÓ.

besada [bəzáðə] *f.* kissing. 2 lit. kiss. 3 (BAL.) See PETÓ.

besar [bəzá] *t.* lit., (BAL.), (OCC.) to kiss.

besavi, -àvia [bəzáβi, -áβiə] *m.* great grandfather. 2 *f.* great grandmother.

bescantar [bəskántá] *t.* to slander, to denigrate, to insult.

bescanviar [bəskəmbiá] *t.* to exchange.

bescoll [bəskóʎ] (VAL.) See CLATELL.

bescuit [bəskúit] *m.* plain sponge cake. 2 rusk. 3 type of ice-cream.

besllum [bəsʎúm] *m.* diffused light. ‖ *de ~,* against the light. 2 fig. vague knowledge.

besnét, -éta [bəsnèt, -étə] *m.* great grandson. 2 *f.* great granddaughter.

bessó, -ona [bəsó, -ónə] *a., m.-f.* twin.

bessonada [bəsunàðə] *f.* multiple childbirth. ‖ *tenir ~,* to give birth to twins, triplets, etc.

bèstia [bèstiə] *f.* beast, animal: *~ de càrrega,* beast of burden. 2 beast, brute.

bestial [bəstiál] *a.* bestial, beasty. 2 brutal. 3 fig. terrible, awful, extreme. 4 fig. fantastic, terrific.

bestiar [bəstiá] *m.* livestock. ‖ *~ boví,* cattle.

bestiesa [bəstiɛ̀zə] *f.* silly thing, stupid thing.

bestiola [bəstiɔ́lə] *f.* little animal. 2 insect.

bestreta [bəstrɛ̀tə] *f.* advance [money]. ‖ *a la ~,* in advance.

bestreure [bəstrɛ́ürə] *i.* to pay in advance, to make a payment before it is due. ▲ CONJUG. like *treure.*

besuc [bəzúk] *m.* ICHTHY. bronze bream, Spanish bream.

betum [bətúm] *m.* bitumen, pitch, tar. 2 shoe polish.

beuratge [bəŭrádʒə] *m.* potion. 2 nasty drink.

1) beure [bɛ́ürə] *t.* to drink. ‖ *~ a morro,* to drink straight from the bottle. ‖ fig. *haver begut oli,* to have had it. 2 to drink alcohol. ∎ *3 p.* to soak up, to absorb. ‖ *beure's l'enteniment,* to act like a fool, to be mad. ▲ CONJUG. GER.: *bevent.* ‖ P. P.: *begut.* ‖ INDIC. Pres.: *bec, beus,* etc. ‖ SUBJ. Pres.: *begui, beguis,* etc. | Imperf.: *begués, beguéssis,* etc.

2) beure [bɛ́ürə] *m.* drink.

beutat [bəŭtát] *f.* belle, beauty.

bevedor, -ra [bəβəðò, -rə] *a., m.-f.* drinker. 2 *m.* (i *f.*) drinking trough.

beverri [bəβɛ́rri] *m.* heavy drinker.

biaix [biáʃ] *m.* bias, slant. ‖ *adv. phr. al* o *de ~,* askew, obliquely, on a slant.

biberó [biβəró] *m.* (feeding) bottle [for babies].

Bíblia [bíβliə] *f.* REL. Bible.

bibliòfil, -la [biβliɔ́fil, -lə] *m.-f.* bibliophile, book lover.

bibliografia [biβliuɣrəfiə] *f.* bibliography.

biblioteca [biβliutɛ́kə] *f.* library. ‖ *rata de ~,* bookworm.

bibliotecari, -ària [biβliutəkàri, -áriə] *m.-f.* librarian.

bicarbonat [bikərβunát] *m.* CHEM. bicarbonate. 2 bicarbonate of soda.

bíceps [bísəps] *m.* ANAT. biceps.

bicicleta [bisiklɛ́tə] *f.* bicycle.

bicolor [bikuló] *a.* two-tone, two-colour.

bidell [biðéʎ] *m.* beadle.

bidet [biðét] *m.* bidet.

bidó [biðó] *m.* can, drum.

biela [biɛ́lə] *f.* MECH. connecting rod.

Bielorrússia [biɛlurrùsiə] *pr. n. f.* Byelorussia.

biennal [biənnál] *a.* biennial.

bifi, bífia [bifi, bifiə] *a.* thick-lipped.

bífid, -da [bifit, -iðə] *a.* ANAT. bifid.

bifocal [bifukál] *a.* bifocal.

bifurcació [bifurkəsió] *f.* fork [roads]; junction [railways].

bifurcar-se [bifurkársə] *p.* to fork.

biga [biɣə] *f.* beam.

bigàmia [biɣàmiə] *f.* bigamy.

bigarrat, -ada [biɣərràt, -áðə] *a.* multicoloured [clashing colours].

bigoti [biɣɔ́ti] *m.* moustache.

bijuteria [biʒutəriə] *f.* (imitation) jewellery.

bilateral [bilətərál] *a.* bilateral.

biliar [biliá] *a.* biliary.

bilingüe [bilíŋɡüə] *a.* bilingual.

bilingüisme [biliŋɡwizmə] *m.* bilingualism.

bilió [bilió] *m.* billion.

bilis [bilis] *f.* bile [also fig.].

billar [biʎár] *m.* billiards.

bimensual [bimənsuál] *a.* twice a month.

binari, -ària [binàri, -áriə] *a.* binary.

binocles [binɔ́kləs] *m. pl.* binoculars.

binomi [binɔ́mi] *m.* binomial.

boca

biografia [biuɣrəfiə] f. biography.

biòleg, -òloga [biɔ̀lək, -ɔ́luɣə] m.-f. biologist.

biologia [biuluʒiə] f. biology.

biòpsia [biɔ̀psiə] f. MED. biopsy.

bioquímica [biukimikə] f. biochemistry.

bípede, -da [bipəðə, -ðə] a. biped, bipedal, two-footed.

biplà [biplà] m. biplane.

birmà, -ana [birmà, -ánə] a., m.-f. GEOGR. Burmese.

Birmània [birmàniə] pr. n. f. GEOGR. Burma.

bis [bis] adv. twice. ■ 2 interj. encore. ■ 3 m. encore.

bisbe [bizβə] m. bishop. 2 short thick type of sausage.

bisectriu [bitəktriŭ] f. bisector.

bisell [bizéʎ] m. bevel.

bisó [bizó] m. ZOOL. bison.

bistec [bistɛ́k] m. steak. ‖ ~ rus, hamburger.

bisturí [bisturi] m. scalpel.

bit [bit] m. COMP. bit.

bitàcola [bitàkulə] f. MAR. binnacle.

bitlla [biʎʎə] f. skittle. ‖ joc de bitlles, skitles; bowling.

bitllet [biʎʎέt] m. ticket. 2 banknote, note.

bitllo-bitllo [biʎʎuβiʎʎu] adv. phr. cash down.

bitxo [bitʃu] m. BOT. chili pepper.

bivac [biβák] m. bivouac.

bivalència [biβəlɛ̀nsiə] f. bivalence.

bixest [biʃés(t)] a. leap: any ~, leap year.

bizantí, -ina [bizənti, -inə] a. Byzantine.

bla, blana [bla, blànə] a. soft.

Blai [blàǐ] pr. n. m. Blase.

blanc, -ca [blaŋ, -kə] white a. 2 blank. ‖ passar la nit en ~, not to sleep a wink all night. ■ 3 m. white. 4 blank space. 5 target.

Blanca [blàŋkə] pr. n. f. Blanche.

blanquejar [bləŋkəʒà] t. to whiten; to bleach. 2 to tan [leather]. 3 to blanch [vegetables etc.]. ■ 4 i. to be white; to be whitish.

blanqueria [bləŋkəriə] f. tanning. 2 tannery.

blasfem, -ma [bləsfɛ́m, -mə] a. blasphemous. ■ 2 m.-f. blasphemer.

blasfemar [bləsfəmà] i.-t. to blaspheme.

blasfèmia [bləsfɛ̀miə] f. blasphemy.

blasmable [bləsmàbblə] a. censurable, reprehensible.

blasmar [bləzmà] t. to censure, to disapprove of, to condemn.

blasme [blàzmə] m. condemnation, disapproval.

blasó [bləzó] m. heraldry. 2 coat of arms. 3 arms pl.

blat [blat] m. BOT. wheat. ‖ ~ de moro, maize, sweetcorn.

blau, blava [blàŭ, blàβə] a.-m. blue. ‖ ~ cel, sky blue. ‖ ~ marí, navy blue. ■ 2 m. bruise.

blauet [bləwέt] m. BOT. cornflower. 2 ORNITH. kingfisher.

ble [blɛ] m. wick. 2 lock; tuft [hair].

bleda [blɛ̀ðə] f. chard, Swiss chard. 2 fig. slow, stupid woman.

bleix [bléʃ] m. pant.

bleixar [bləʃà] i. to pant.

blenda [blɛ̀ndə] f. MINER. blende; sphalerite.

blindar [blindà] t. to armour-plate.

bloc [blɔk] m. block [stone, flats]. 2 pad: ~ de notes, note pad. 3 series, group: un ~ de propostes, a series of proposals. 4 coalition; ideological grouping. ‖ ~ comunista, communist bloc. 5 adv. phr. en ~, en bloc.

blonda [blóndə] f. blonde lace.

bloqueig [blukɛ́tʃ] m. MIL. blockade, siege. 2 COMM. freezing, blocking. 3 MED. blockage.

bloquejar [blukəʒà] t. MIL. to blockade. 2 COMM. to freeze, to block. 3 MED. to block.

bluf [bluf] m. bluff.

bo, bona [bɔ, bɔ́nə] a. good. ‖ bon dia, good morning. ‖ fa ~ avui, it's a nice day today. ‖ bon home, gullible man. 2 més ~, better. 3 adv. phr. a la bona de Déu, any old way. 4 adv. phr. a les bones, amicably, without resorting to threats or force. ■ 5 interj. good! 6 well!: ~, ara l'he perdut!, well, now I've lost it! ▲ bon in front of inf. or m. sing.

boa [bɔ̀ə] f. ZOOL. boa, boa-constrictor.

bon [bɔn] See **bo**.

bòbila [bɔ̀βilə] f. brickyard; brickkiln.

bobina [buβinə] f. bobbin, reel [thread]. 2 reel [film]. 3 ELECT. coil.

boc [bɔk] m. ZOOL. goat, billy goat.

boca [bókə] f. mouth. ‖ anar de ~ en ~, to go round, to be common knowledge; ~ de pinyó, small mouth; no badar ~, to say nothing. 2 MUS. mouthpiece. 3 mouth [rivers, tunnels]. 4 appetite. ‖ fer ~, to be appetizing.

bocabadat, -ada [bokəβəðàt, -àðə] *a.* open-mouthed, agape.

bocada [bukàðə] *f.* mouthful.

bocamàniga [bokəmànigə] *f.* cuff.

bocamoll, -lla [bokəmóʎ, -ʎə] *a.* big mouth *s.*

bocassa [bukàsə] *f.* bad taste [esp. as a result of indigestion].

bocaterrós, -osa [bokətərrós, -ózə] *a.* lying face downwards. ‖ *de bocaterrosa,* face downwards.

bocí [busí] *m.* bit, small piece [of food]. 2 bit. ‖ *fer bocins,* to smash to pieces.

bocoi [bukój] *m.* hogshead, cask.

boda [bóðə] *f.* wedding.

bodega [buðéγə] *f.* MAR. hold.

bòfega [bòfəγə] (BAL.) See BUTLLOFA.

bòfia [bòfiə] *f.* blister. 2 fig. lie. 3 coll. the fuzz *pl.,* the cops *pl.* 4 *m.-f.* a cop.

bogeria [buʒəríə] *f.* madness, lunacy. ‖ *té una ~ pel tennis,* she's mad about tennis. 2 mad thing to do or say. 3 mental asylum.

bohemi, -èmia [buèmi, -èmiə] *a.* bohemian. 2 GEOGR. Bohemian. ■ 3 *m.-f.* bohemian. 4 GEOGR. Bohemian. 5 *f.* GEOGR. *Bohèmia* Bohemia.

boia [bójə] *f.* buoy.

boicot [buikót] *m.* boycott.

boicotejar [buikutəʒà] *t.* to boycott.

boig, boja [bòtʃ, bòʒə] *a.* mad. 2 wild, excessive. ■ 3 *m.-f.* lunatic.

boina [bójnə] *f.* beret.

boira [bòjrə] *f.* fog. ‖ *vés a escampar la ~!,* why don't you go for a walk? 2 ~ *pixanera,* drizzle.

boirina [buírinə] *f.* mist.

boirós, -osa [buírós, -ózə] *a.* foggy [also fig.].

boix [bóʃ] *m.* BOT. box. 2 ~ *grèvol,* holly.

boixac [buʃàk] *m.* BOT. marigold.

boixet [buʃèt] *m.* bobbin.

bol [bòl] *m.* bowl.

bola [bòlə] *f.* ball. ‖ *formatge de ~,* Edam. 2 fig. lie. ‖ *tenir ~ a algú,* not to be able to stand someone.

bolcada [bulkàðə] *f.* capsizing [boats]; erturning.

bolcar [bulkà] *t.* to overturn, to knock over. ■ 2 *i.* to capsize [boats]; to fall over.

boleivol [buleíβòl] *m.* SP. volleyball.

bolet [bulèt] *m.* mushroom [edible]; toadstool [not edible]. 2 bowler hat. ‖ coll.

estar tocat del ~, to be not all there. 3 slap, smack.

bòlid [bòlit] *m.* ASTR. meteorite. 2 SP. racing car.

bolígraf [bulíγrəf] *m.* ball pen, ball-point pen, biro.

bòlit [bòlit] *adv. phr.* anar de ~, not to know whether one is coming or going.

bollabessa [buʎəβèsə] *f.* bouillabaisse.

bolquer [bulké] *m.* nappy, (USA) diaper. ‖ *un nen de bolquers,* a tiny baby.

bolquet [bulkèt] *m.* wheelbarrow, barrow. 2 tip-lorry.

bolxevic [bulʃəβik] *a., m.-f.* Bolshevik.

bolxevisme [bulʃəβizmə] *m.* Bolshevism.

bomba [bómbə] *f.* bomb: *a prova de ~,* bomb-proof; col·loq. *caure com una ~,* to come as a bombshell; col·loq. *passar-ho ~,* to have a wonderful time. 2 pump.

bombar [bumbà] *t.-p.* to bulge (out). 2 to pump.

bombarda [bumbàrðə] *f.* mortar.

bombardeig [bumbərðètʃ] *m.* bombardment.

bombardejar [bumbərðəʒà] *t.* to bombard; to bomb.

bombarder [bumbərðè] *m.* bomber.

bombatxo [bumbàtʃu] *m.* knee breeches; knickerbockers, plus fours.

bombejar [bumbəʒà] See BOMBARDEJAR.

bomber [bumbè] *m.* fireman.

bombeta [bumbètə] *f.* lightbulb, bulb.

bombo [bómbu] *m.* MUS. big drum.

bombó [bumbó] *m.* chocolate, (USA) chocolate candy.

bombolla [bumbóʎə] *f.* bubble.

bombollejar [bumbuʎəʒà] *i.* to bubble.

bombona [bumbónə] *f.* large gas bottle. 2 carboy.

bon [bɔn] See BO.

bonament [bɔnəmèn] *adv.* easily, without making too much effort. ‖ *fes el que ~ puguis,* just do what you can.

bonança [bunànsə] *f.* good weather. 2 MAR. calm sea.

bonàs, -assa [bunàs, -àsə] *a.* good-natured, easy-going.

bonaventura [bɔnəβəntúrə] *f.* fortune.

bondadós, -osa [bundəðós, -ózə] *a.* kind, kind-hearted.

bondat [bundàt] *f.* kindness.

bonhomia [bunumíə] *f.* bonhomie, geniality.

bonic, -ca [bunik, -kə] *a.* beautiful, pretty.

bonificar [bunifikà] *t.* to improve. 2 COMM. to pay into an account.

bonior [buniò] *f.* buzz, buzzing.

boniquesa [bunikɛzə] *f.* prettiness.

bonítol [bunitul] *m.* ICHTHY. bonito.

bony [bóɲ] *m.* bump, swelling, lump.

bonyegut, -uda [buɲəɣùt, -úðə] *a.* swollen; covered in bumps.

boquejar [bukəʒà] *i.* to gasp; to gape. 2 to be baggy [clothes].

borboll [burβóʎ] *m.* bubble, bubbling. 2 fig. confusion, tumult.

borbollar [burβuʎà] *i.* to bubble up. ■ 2 *t.* to blurt out.

borbollons [burβuʎòns] *adv. phr. a ~,* in a rush.

1) bord, -da [bor(t), -ðə] *m.* MAR. side, board. ‖ *a ~,* on board. 2 *f.* gunwale.

2) bord, -da [bor(t), -ðə] *a., m.-f.* bastard.

borda [bòrðə] *f.* hut, outhouse.

bordada [burðàðə] *f.* barking.

bordar [burðà] *i.* to bark.

bordegàs, -assa [burðəɣàs, -ásə] *m.* lad, boy. 2 *f.* lass, girl.

bordell [burðèʎ] *m.* brothel.

bordó [burðó] *m.* staff [stick]. 2 MUS. bass string. 3 bourdon.

boreal [bureàl] *a.* northern.

bòric, -ca [bòrik, -kə] *a.* boric.

borinot [burinòt] *m.* ZOOL. bumblebee. 2 fig. pest, nuisance.

borla [bòrlə] *f.* tassel.

born [born] *m.* ELECT. terminal. 2 HIST. lists.

borni, bòrnia [bórni, bórniə] *a.* oneeyed.

bornoi [burnòj] *m.* MAR. buoy. 2 float.

borra [bórrə] *f.* TEXT. flock.

borrall [burràʎ] *m.* tiny piece, bit. ‖ fig. *no entendre ni un ~,* to understand absolutely nothing. 2 flake.

borralló [burrəʎó] *m.* small ball of fibres. 2 *~ de neu,* snowflake.

borràs [burràs] *m.* TEXT. burlap. ‖ *anar de mal ~,* to be in a bad way, to have come down in the world.

borrasca [burràskə] *f.* storm; squall. 2 fig. storm.

borrascós, -osa [burrəskòs, -ózə] *a.* stormy [also fig.].

borratxera [burrətʃèrə] *f.* drunkenness.

borratxo, -txa [burràtʃu, -tʃə] *a., m.-f.* drunk.

borrego [burrèɣu] *m.* COOK. type of toasted biscuit.

borrissol [burrisòl] *m.* fluff, down.

borró [burró] *m.* fluff, fuzz. 2 BOT. bud. 3 ORNIT. down.

borrós, -osa [burrós, -ózə] *a.* blurred, confused, vague.

borrufada [burrufàðə] *f.* METEOR. blizzard.

borsa [bórsə] *f.* stock exchange.

borsari, -ària [bursàri, -àriə] *a.* stock exchange.

borsista [bursistə] *m.* stockbroker.

bosc [bɔsk] *m.* wood, forest.

boscà, -ana [buskà, -ánə] *a.* wood; wild.

boscatge [buskàdʒə] *m.* small wood, copse.

Bòsnia-Hercegovina [bòzniə ərsəɣuβínə] *pr. n.* Bosnia-Herzegovina.

bosquerol, -la [buskəròl, -lə] *a.* wood. ■ 2 *m.-f.* wood dweller.

bossa [bósə] *f.* bag. ‖ *~ d'aire,* air-pocket. ‖ *fer ~,* to go baggy. 2 handbag [bossa de mà]. 3 fig. money.

bot [bot] *m.* wineskin. ‖ *ploure a bots i barrals,* to pour down. 2 jump, leap [person]; bounce [ball]. 3 MAR. boat.

bota [bòtə] *f.* boot [shoe].

bóta [bótə] *f.* barrel. 2 wineskin.

botànic, -ca [butànik, -kə] *a.* botanical. ■ 2 *f.* botany [science]. 3 *m.-f.* botanist.

botavara [butəβàrə] *f.* MAR. boom.

botella [butèʎə] *f.* bottle.

boter [butè] *m.* cooper, barrel maker.

boterut, -uda [butərút, -úðə] *a.* barrelshaped, short and fat. 2 misshapen.

botet [butèt] *m.* birdcall, lure.

botí [butí] *m.* booty, loot. 2 spat.

botifarra [butifàrrə] *f.* type of pork sausage.

botiga [butiɣə] *f.* shop.

botiguer, -ra [butiɣè, -rə] *m.-f.* shopkeeper. 2 *m.* ORNIT. kingfisher.

botir [butí] *t.* to stuff, to cram. ■ 2 *p.* to stuff oneself.

botó [butó] *m.* button. ‖ *botons de puny,* cufflinks. ‖ *anar de vint-i-un ~,* to be dressed up to the nines.

botxa [bòtʃə] *f.* bowl: *joc de botxes,* bowls. 2 bag [of an ill-fitting garment].

botxí [butʃí] *m.* executioner, hangman.

botzina [budzinə] *f.* AUTO., MUS. horn. 2 megaphone.

bou [bɔ́ŭ] *m.* ox, bullock. 2 seine fishing.

bouer, -ra [bue͂, -rə] See BOVER.

bover, -ra [buβέ, -rə] *m.-f.* cowherd, drover. 2 *cargol* ~, edible snail.

boví, -ina [buβí, -inə] *a.* bovine.

bòvids [bɔ́βits] *m. pl.* bovines.

boxa [bɔ́ksə] *f.* SP. boxing.

boxador [buksəðó] *m.* SP. boxer.

boxar [buksá] *i.* SP. to box.

braç [bras] *m.* arm. ‖ fig. *ésser el ~ dret d'algú,* to be someone's right hand man. 2 COOK. *~ de gitano,* Swiss roll.

braça [brásə] *f.* SP. breaststroke. 2 MAR. fathom [measure].

braçal [brəsál] *m.* armband.

braçalet [brəsəlέt] *m.* bracelet, bangle.

bracejar [brəsəʒá] *i.* to wave one's arms about.

bracer [brəsέ] *m.* farmhand, farm labourer.

bracet [brəsέt] *adv. phr. de* ~, arm-in-arm.

bràctea [brákteə] *f.* BOT. bract.

braguer [brəɣέ] *m.* truss [orthopaedic]. 2 ZOOL. udder.

bragues [bráɣəs] See CALCES.

bragueta [brəɣέtə] *f.* flies *pl.,* fly [of trousers].

bram [bram] *m.* braying [donkey]. 2 lowing [cow]. 3 bellow [bull].

bramadissa [brəməðisə] *f.* loud, persistent braying or lowing or bellowing.

bramar [brəmá] *i.* to bray [donkey]. 2 to low [cow]. 3 to bellow [bull] [also fig.].

bramul [brəmúl] *m.* bellow, bellowing. 2 roaring, roar [storm].

bramular [brəmulá] *i.* to bellow, to roar.

branca [bráŋkə] *f.* branch.

brancatge [brəŋkádʒə] *m.* branches *pl.*

brandar [brəndá] *t.* to brandish.

brandó [brəndó] *m.* torch.

brànquia [bráŋkjə] *f.* gill [of a fish].

branquilló [brəŋkiʎó] *m.* twig.

braó [brəó] *m.* upper part of an animal's foreleg. 2 fig. courage, bravery.

braol [brəɔ́l] See BRAMUL.

braolar [brəulá] See BRAMULAR.

brasa [brázə] *f.* ember. ‖ *a la* ~, barbequed.

braser [brəzέ] *m.* brazier.

Brasil [brəzíl] *pr. n. m.* GEOGR. Brazil.

brasiler, -ra [brəzilέ, -rə] GEOGR. *a., m.-f.* Brazilian.

brau, -ava [bráŭ, -áβə] *a.* brave. 2 MAR. rough [sea]. 3 wild. ■ *4 m.* bull.

bravada [brəβáðə] *f.* bad smell, stink.

bravata [brəβátə] *f.* bravado; boasting.

bravesa [brəβέzə] *f.* bravery.

bravo! [bráβo] *interj.* bravo!

brea [brέə] *f.* tar, pitch.

brega [brέɣə] *f.* argument, quarrel, row, fight.

bregar [brəɣá] *i.* to struggle, to fight [to achieve something].

bresca [brέskə] *f.* honeycomb.

bresquilla [brəskiʎə] *f.* (OCC.) See PRÉSSEC.

bressar [brəsá] *t.* to rock.

bressol [brəsɔ́l] *m.* cradle.

bressolar [brəsulá] *t.* to rock [in a cradle].

bressoleig [brəsulέtʃ] *m.* rocking.

brètol [brέtul] *m.* rogue, rascal, scoundrel.

bretxa [brέtʃə] *f.* breach.

breu [brέŭ] *a.* brief, short.

breument [breŭmέn] *adv.* briefly.

brevetat [brəβətát] *f.* briefness.

breviari [brəβiári] *m.* REL. breviary.

bri [bri] *m.* thread, fibre, filament. 2 fig. tiny bit.

bricbarca [brigbárkə] *m.-f.* MAR. bark, barque.

bricolatge [brikuládʒə] *m.* do-it-yourself.

brida [briðə] *f.* bridle; reins.

bridge [britʃ] *m.* GAME. Bridge.

brigada [briɣáðə] *f.* brigade, squad.

brillant [briʎán] *a.* brilliant, bright. ■ *2 m.* diamond.

brillantina [briʎəntinə] *f.* brilliantine.

brillantor [briʎəntó] *f.* brilliance, brightness.

brillar [briʎá] *i.* to shine [also fig.]. ‖ *~ algú per la seva absència,* to be conspicuous by one's absence.

brindar [brindá] *i.* to toast [to drink someone's health]. ■ *2 t.* to offer [something to someone].

brioix [briɔ́ʃ] *m.* brioche.

brisa [brizə] *f.* breeze; seabreeze.

brisca [briskə] *f.* cold air. 2 card game.

britànic, -ca [britának, -kə] *a.* GEOGR. British. ■ *2 m.-f.* Briton.

briva [briβə] *f.* rabble, riff-raff.

brivall [briβáʎ] *m.* ruffian, rascal, loafer, vagabond. 2 lad, boy.

broc [brɔk] *m.* spout. ‖ *abocar (alguna cosa) pel ~ gros,* not to mince words. 2 *pl.* excuses.

broca [brɔ́kə] *f.* bit [drill].

brocal [brukál] *m.* small wall [round a well]; rim.

brocat [brukát] *m.* brocade.

brodar [bruðá] *t.* to embroider [also fig.].

brodat [bruðát] *m.* embroidery.

bròfec, -ega [brɔ́fək, -əɣə] *a.* severe, harsh, gruff, crude, rude.

brogit [bruʒit] *m.* confused noises; rustling [leaves]; murmur [crowds, water].

broll [brɔʎ] *m.* jet [liquids]. 2 undergrowth.

brollador [bruʎəðó] *m.* spring. 2 fountain.

brollar [bruʎá] *i.* to gush, to spout.

broma [brɔ́mə] *f.* joking; joke; trick. ‖ *pesada,* practical joke; *de ~,* jokingly; *fer ~,* to joke. 2 mist, fog. 3 foam.

bromejar [bruməʒá] *i.* to joke.

bromera [brumɛ́rə] *f.* foam.

bromista [brumístə] *a.* joking; fond of a joke. ■ 2 *m.-f.* joker; funny person.

bromós, -osa [brumós, -ózə] *a.* misty.

broncopneumònia [bruŋkunəumɔ́niə] *f.* MED. bronchopneumonia.

bronqui [brɔ́ŋki] *m.* ANAT. bronchus.

bronquitis [bruŋkítis] *f.* MED. bronchitis.

bronze [brɔ́nzə] *m.* bronze.

bronzejar [brunzəʒá] *t.* to bronze. 2 to tan, to suntan.

bronzejat, -ada [brunzəʒát, -áðə] *a.* bronzed. 2 suntanned, tanned.

bròquil [brɔ́kil] *m.* BOT. broccoli.

brossa [brɔ́sə] *f.* dead leaves; undergrowth. 2 particle; speck, grain. 3 rubbish.

brostar [brustá] *i.* to sprout, to bud.

brot [brɔ́t] *m.* shoot, bud.

brotar [brutá] *i.* to bud.

brotxa [brɔ́tʃə] *f.* paintbrush. 2 shaving brush.

brou [bɔ́u] *m.* broth; stock.

bru, -na [brú, -nə] *a.* brown; dark-skinned.

bruc [bruk] *m.* BOT. heather.

Bruges [brúʒəs] *pr. n. f.* GEOGR. Bruges.

bruguera [bruɣɛ́rə] *f.* See BRUC.

bruixa [brúʃə] *f.* witch. 2 coll. pej. bitch.

bruixeria [bruʃəriə] *f.* witchcraft, sorcery. ‖ *per art de ~,* as if by magic.

brúixola [brúʃulə] *f.* compass.

bruixot [bruʃɔ́t] *m.* wizard, sorcerer.

brunyir [bruɲi] *t.* to burnish, to polish.

brunzir [brunzi] *i.* to hum, to buzz.

brunzit [brunzit] *m.* buzzing, buzz, humming, hum.

brusa [brúzə] *f.* blouse.

brusc, -ca [brusk, -kə] *a.* abrupt, brusque.

brusquedat [bruskəðát] *f.* abruptness, brusqueness.

Brussel·les [brusɛ́lləs] *pr. n. f.* GEOGR. Brussels.

brut, -ta [brut, -tə] *a.* dirty. 2 raw, crude, unrefined. ‖ *en ~,* in rough. ‖ *pes ~,* gross weight. ‖ *producte ~,* gross product. ‖ *jugar ~,* to play dirty.

brutal [brutál] *a.* brutal; animal.

brutalitat [brutəlitát] *f.* brutality.

brutícia [brutísiə] *f.* dirt, filth, dirtiness, filthiness.

buc [buk] *m.* cavity. 2 body [ship, plane], shell [house]. 3 stairwell.

bucal [bukál] *a.* buccal, of the mouth.

Bucarest [bukərɛ́s(t)] *pr. n. f.* GEOGR. Bucharest.

bucle [búklə] *m.* ringlet, curl.

bucòlic, -ca [bukɔ́lik, -kə] *a.* bucolic; rural.

Buda [búðə] *m.* Buddha.

Budapest [buðəpɛ́s(t)] *pr. n. f.* GEOGR. Budapest.

budell [buðéʎ] *m.* intestine, gut.

budellam [buðəʎám] *m.* intestines *pl.,* guts *pl.*

budisme [buðízmə] *m.* Buddhism.

buf [buf] *m.* blow, puff. 2 MED. murmur.

bufa [búfə] *f.* slap. 2 bladder. 3 wind, flatulence. ■ 4 *interj.* My Goodness! Good Lord!

bufada [bufáðə] *f.* blow, puff.

bufador, -ra [bufəðó, -rə] *m.-f.* blower, person who blows. 2 *m.* blowlamp; welding torch. 3 *m.* a windy place.

búfal [búfəl] *m.* ZOOL. buffalo.

bufanda [bufándə] *f.* scarf.

bufar [bufá] *i.-t.* to blow. ‖ *és ~ i fer ampolles,* it's dead easy, it's a piece of cake.

bufat, -ada [bufát, -áðə] *a.* blown up, inflated, swollen. 2 fig. vain.

bufec [bufɛ́k] *m.* snort; whistling.

bufera [bufɛ́rə] *f.* GEOGR. saltwater lagoon. 2 puff.

bufet [bufɛ́t] *m.* sideboard. 2 buffet [food]. 3 lawyer's office.

bufeta [bufɛ́tə] *f.* bladder.

bufetada [bufətàðə] *f.* slap, blow to the face.

bufetejar [bufətəʒà] *t.* to slap, to smack [the face].

bufó, -ona [bufó, -ónə] *a.* pretty, cute, lovely. ■ 2 *m.* fool, jester, buffoon.

bugada [buɣàðə] *f.* laundry [clothes]. 2 the washing operation. 3 *fig.* cleaning, clearing.

bugaderia [buɣəðəriə] *f.* laundry [shop].

bugia [buʒiə] *f.* sparkplug. 2 candle. 3 MED. bougie.

buidar [buĭðà] *t.-p.* to empty.

buidatge [buĭðàtʒə] *m.* emptying.

buidor [buĭðó] *f.* emptiness.

buina [buĭnə] *f.* cow dung.

buit, buida [buĭt, buĭðə] *a.* empty. ‖ *adv. phr. de ~,* with no passengers or load, empty. ■ 2 *m.* empty space; vacuum. ‖ *fer el ~,* to ignore.

bulb [bulp] *m.* bulb.

buldog [buldɔk] *m.* bulldog.

búlgar, -ra [búlɣər, -rə] *a., m.-f.* GEOGR. Bulgarian.

Bulgària [bulɣàriə] *pr. n. f.* GEOGR. Bulgaria.

bull [buʎ] *m.* boil, boiling. ‖ *faltar-li a algú un ~,* to be not all there.

bullent [buʎén] *a.* boiling.

bullícia [buʎisiə] *f.* agitation, bustle. 2 din, uproar, noise.

bulliciós, -osa [buʎisiòs, -ózə] *a.* bustling, restless; noisy.

bullida [buʎiðə] *f.* See BULL.

bullir [buʎi] *i.-t.* to boil.

bullit [buʎit] *m.* stew. 2 *fig.* jumble, mess, muddle.

bum! [bum] *interj.* boom!, bang!

bunyol [buɲɔl] *m.* COOK. fritter. 2 *fig.* mess, botch, botched job.

BUP [bup] *m.* EDUC. *(Batxillerat Unificat Polivalent)* three year period of secondary education.

burg [burk] *m.* HIST. borough, small town formed round a castle.

burgés, -esa [burʒès, -ézə] *a.* middle-class. 2 bourgeois. ■ 3 *m.-f.* member of the middle-class.

burgesia [burʒəsiə] *f.* middle-class. 2 HIST. pej. bourgeoisie.

burí [buri] *m.* burin.

burilla [buriʎə] *f.* cigarette end, butt. 2 bogey. ‖ *fer burilles,* to pick one's nose.

burla [burlə] *f.* jeer, gibe. ‖ *fer ~ d'algú,* to make fun of someone.

burlar-se [burlàrsə] *p.* to make fun of, to mock: *~ dels reglaments,* to flout the rules.

burlesc, -ca [burlèsk, -kə] *a.* burlesque.

burleta [burlètə] *m.-f.* one who pokes fun at everything; joker.

burocràcia [burukràsiə] *f.* bureaucracy. 2 *pej.* red tape.

buròcrata [burɔkrətə] *m.-f.* bureaucrat.

burro, -a [búrru, -ə] *m.-f.* ZOOL. donkey. 2 stupid person.

burxa [búrʃə] *f.* pointed metal rod. 2 poker.

burxar [burʃà] *t.* to prod, to poke. 2 to poke [a fire]. 3 *fig.* to pester [someone].

burxeta [burʃètə] *f.* nuisance; person who pesters.

bus [bus] *m.* diver.

busca [búskə] *f.* small piece, bit. 2 gnomon [sundial]; hand [watches, clocks]. 3 pointer.

buscagatoses [buskəɣətòzəs] *m.* loafer, lazybones.

buscall [buskàʎ] *m.* log, piece of firewood.

buscar [buskà] *t.* to look for, to seek.

busca-raons [buskərrəòns] *m.-f.* argumentative or quarrelsome person.

bust [bus(t)] *m.* bust.

bústia [bústiə] *f.* letterbox.

butà [butà] *m.* butane.

butaca [butàkə] *f.* armchair. 2 seat.

butlla [buʎʎə] *f.* bull [papal].

butlleta [buʎʎètə] *f.* ticket; voucher; warrant.

butlletí [buʎʎəti] *m.* bulletin; report.

butllofa [buʎʎɔfə] *f.* blister.

butxaca [butʃàkə] *f.* pocket.

C

C, c [se] *f.* c [letter].

1) ca [ka] (BAL.) See GOS.

2) ca [ka] *f. dim.* house; *a ~ l'Andreu,* at Andrew's.

3) ca! [ka] *interj.* nonsense!, rubbish!

cabal [kəβál] *m.* flow, amount of water which flows down a river. *2 pl.* possessions, goods.

càbala [káβələ] *f.* cabala, cabbala [Jewish mysticism]. *2 fig.* cabal, intrigue.

cabalístic, -ca [kəβəlístik, -kə] *a.* cabalistic. *2* hidden, secret.

cabana [kəβánə] See CABANYA.

cabanya [kəβáɲə] *f.* cabin, hut, shack.

cabaret [kəβərèt] *m.* cabaret, night-club.

cabàs [kəβás] *m.* basket.

cabdal [kəbdál] *a.* capital, principal.

cabdell [kəbdéʎ] *m.* ball [of wool]. *2* heart [lettuce, cabbage].

cabdellar [kəbdəʎá] *t.* to wind, to form a ball.

cabdill [kəbdíʎ] *m.* chief, leader; commander.

cabeça [kəβésə] *f.* bulb; head [of garlic].

cabell [kəβéʎ] *m.* a hair [of the head].

cabellera [kəβəʎèrə] *f.* the hair, head of hair.

cabellut, -uda [kəβəʎút, -úðə] *a.* hairy.

cabina [kəβínə] *f.* MAR. cabin. *2* TRANS. cab. *3* booth. ‖ *~ telefònica,* telephone box.

cabirol [kəβiról] *m.* ZOOL. roe deer.

cable [kábblə] *m.* cable.

cabòria [kəβɔ̀riə] *f.* trouble, worry [especially unfounded].

cabota [kəβɔ́tə] *f.* head [of a nail].

cabotage [kəβutádʒə] *m.* MAR. cabotage, coastal trade.

cabotejar [kəβutəʒá] *i.* to nod, to shake; to move the head backwards, forwards orsideways.

cabra [káβrə] *f.* goat. ‖ *estar com una ~,* to be daft, to be loony. *2 ~ de mar,* crab.

cabre [káβrə] *i.* to fit. ‖ *no hi cap de content,* he's over the moon. ▲ CONJUG. GER.: *cabent.* ‖ P. P.: *cabut, cabuda.* ‖ INDIC. Pres.: *cabo, caps, cap.* ‖ SUBJ. Pres.: *càpiga,* etc. ‖ Imperf.: *cabés,* etc.

cabrejar-se [kəβrəʒársə] *p.* to get really pissed off.

cabriola [kəβriɔ̀lə] *f.* pirouette; leap.

cabrit [kəβrit] *m.* ZOOL. kid. *2* bugger [insult].

cabró [kəβró] *m.* billy-goat. *2* cuckold. *3 vulg.* bastard [insult].

cabrum [kəβrùm] *a.* goat. ■ *2 m.* goats *pl.*

cabuda [kəβúðə] *f.* capacity.

caca [kákə] *f.* excrement, dirt. ‖ *deixa això, és ~,* don't touch that, it's dirty.

caça [kásə] *f.* hunting, shooting. *2* game. *3 m.* fighter plane.

caçador, -ra [kəsəðó, -rə] *a.* hunting. ■ *2 m.* hunter. *3 f.* huntress. *4 f.* windcheater.

caçaire [kəsáirə] *m.-f.* (ROSS.) See CAÇADOR 2, 3.

caçar [kəsá] *t.* to hunt, to shoot. *2 fig.* to bag, to get.

cacatua [kəkətúə] *f.* ORNIT. cockatoo.

cacau [kəkáŭ] *m.* cocoa tree. *2* cocoa. *3 coll. quin ~!,* what a mess!

cacauet [kəkəwèt] *m.* BOT. peanut, groundnut.

cacera [kəsèrə] *f.* hunting, shooting. *2* hunting party.

cacic [kəsík] *m.* cacique, political boss.

caciquisme [kəsikízmə] *m.* caciquism, despotism.

cacofonia [kəkufuniə] *f.* cacophony.

cactus [káktus] *m.* BOT. cactus.

cada [káðə] *a.* each, every: *~ dia,* every day; *~ un,* each. ■ *2 pron. ~ un,* each one, every one.

cadafal [kəðəfál] *m.* platform, stage [in a public place]. *2* scaffold [for execution].

cadascú [kəðəskú] *pron.* each one, everyone: ~ *és lliure de fer el que vol,* each man is free to do as he wants.

cadascun, -una [kəðəskún, -únə] *a.* each.

cadastre [kəðástrə] *m.* official property or land register, cadastre.

cadàver [kəðáβər] *m.* corpse, cadaver.

cadell,-lla [kəðéʎ, -ʎə] *a.* ZOOL. young. ■ 2 *m.-f.* puppy, pup; cub [bear or wolf].

cadena [kəðénə] *f.* chain. ‖ *en* ~, one after another, in succession.

cadenat [kəðənát] *m.* padlock.

cadència [kəðɛ́nsiə] *f.* cadence, rhythm.

cadeneta [kəðənɛ́tə] *f.* light chain [especially on military decorations]. ‖ *punt de* ~, chain stitch.

cadernera [kəðərnérə] *f.* ORNIT. goldfinch.

cadet [kəðɛ́t] *m.* cadet.

cadira [kəðírə] *f.* chair. ‖ *n'hi havia per llogar-hi cadires!,* you should have seen it!, what a performance!

cadireta [kəðirɛ́tə] *f.* small chair. 2 type of chair formed by two people's hands.

caduc, -ca [kəðúk, -kə] *a.* on the point of disappearing. 2 BOT. deciduous [leaves]. 3 decrepit, senile.

caducar [kəðuká] *i.* to be about to disappear. 2 to expire, to become invalid, to lapse.

caducitat [kəðusitát] *f.* expiry: *data de* ~, sell by date.

cafè [kəfɛ́] *m.* coffee. 2 café, coffee bar.

cafeïna [kəfəínə] *f.* caffeine.

cafetera [kəfətérə] *f.* coffeepot.

cafre [káfrə] *a., m.-f.* Kaffir. 2 *a.* fig. brutal, savage. 3 *m.-f.* brute, savage.

cagacalces [kạɣəkálsəs] *m.* coll. coward, chicken.

cagada [kəɣáðə] *f.* defecation. 2 vulg. blunder.

cagadubtes [kạɣəðúptəs] *m.-f.* ditherer, waverer.

cagalló [kəɣəʎó] *m.* pellet, dropping [excrement]. 2 vulg. coward. 3 vulg. cowardice.

caganer, -ra [kəɣəné, -rə] *a.* who shits, shitting. 2 cowardly. ■ 3 shitter. 4 little child. 5 coward.

caganiu [kạɣəniu] *m.* youngest child.

cagar [kəɣá] *i.-t.* to shit. 2 *cagar-la,* to make a mess (of), to make a balls of. 3 *p.* coll. *me cago en l'ou,* shit!, damn!

cagarada [kəɣəráðə] *f.* stool; shit.

cagarro [kəɣárru] *m.* turd.

caiguda [kəiɣúðə] *f.* fall. ‖ *a la* ~ *del sol,* when the sun sets, at sunset.

caiman [kəimán] *m.* ZOOL. alligator, caiman.

caire [káirə] *m.* edge. 2 aspect.

Caire, el [káirə, əl] *pr. n. m.* GEOGR. Cairo.

caixa [káʃə] *f.* box; chest. ‖ ~ *forta,* safe; AERON. ~ *negra,* black box, flight recorder. 2 ~ *d'estalvis,* savings bank.

caixer [kəʃé, -rə] *m.-f.* cashier. ‖ ~ *automàtic,* cash dispenser.

caixó [kəʃó] *m.* small box.

cal [kəl] (*contr. ca + al*): *vinc de* ~ *metge,* I've just come from the doctor's.

cala [kálə] *f.* GEOGR. cove, inlet.

calabós [kələβós] *m.* cell. 2 MIL. coll. glasshouse. ▲ *pl. calabossos.*

calafatar [kələfətá] *t.* to caulk.

calaix [kəláʃ] *m.* drawer. 2 *anar-se'n al* ~, to die.

calaixera [kələʃérə] *f.* chest of drawers.

calamars [kələmárs] *m.* ICHTHY. squid.

calamarsa [kələmársə] *f.* METEOR. hail, hailstones.

calamitat [kələmitát] *f.* calamity.

calandra [kəlándrə] *f.* MEC. radiator grille. 2 ORNIT. calandra lark. 3 TECH. calender.

calàndria [kəlándriə] *f.* ORNIT. calandra lark.

calar [kəlá] *t.* MAR. to strike a sail. 2 to penetrate [liquids into porous things]. 3 fig. to see through. 4 ~ *foc,* to set on fire.■ 5 *p.* calar-se *foc,* to catch fire. 6 AUTO. to stall.

calat [kəlát] *m.* openwork.

calavera [kələβérə] *f.* skull. 2 skeleton. 3 fig. sensualist, libertine.

calb, -ba [kálp, -βə] *a., m.-f.* bald *a.* 2 *f.* bald head.

calc [kalk] *m.* tracing. 2 fig. copy, plagiarism.

calç [kals] *f.* CHEM. lime.

calçada [kəlsáðə] *f.* made road, paved road. 2 roadway [where cars may pass].

calçador [kəlsəðó] *m.* shoehorn. ‖ *entrar amb* ~, to be a tight fit.

calcar [kəlká] *t.* to trace. 2 fig. to copy, to plagiarise. 3 to put pressure on [with the foot].

calçar [kəlsá] *t.* to shoe; to make shoes for someone. 2 to take a certain size of shoe: *quin número calces?,* what size (shoe) do you take? ■ 3 *p.* to put one's shoes on. 4 to buy one's shoes at a certain place.

Cambotja

calcari, -ària [kəlkári, -àriə] *a.* calcareous. ‖ *pedra calcària,* limestone.

calçasses [kəlsásəs] *m.* henpecked husband.

calçat [kəlsát] *a.* wearing shoes. ■ *2 m.* footwear, shoes *pl.*

calces [kálsəs] *f. pl.* knickers, panties. 2 (BAL.), (VAL.) stockings.

calcetins [kəlsətins] (BAL.), (VAL.) *See* MITJONS.

calci [kálsi] *m.* MINER. calcium.

calcificar [kəlsifikà] *t.* to calcify.

calcinar [kəlsinà] *t.* to calcine. ‖ *el cotxe va quedar calcinat,* the car was completely burnt out.

calcomania [kəlkumaniə] *f.* PRINT. transfer.

calçot [kəlsɔt] *m.* type of spring onion usually cooked in embers.

calçotada [kəlsutàðə] *f.* a [usually] open air meal of *calçots.*

calçotets [kəlsutéts] *m. pl.* underpants.

càlcul [kálkul] *m.* calculation. 2 calculus. 3 MED. calculus, stone.

calculador, -ra [kəlkuləðò, -rə] *a.* calculating. ■ *2 m.-f.* calculator.

calcular [kəlkulà] *t.* to calculate.

calda [káldə] *f.* heat. 2 stoking [furnace].

caldejar [kəldəʒà] *t.* to heat [sun].

caldera [kəldèrə] *f.* boiler; cauldron.

calderada [kəldəràðə] *f.* boilerful, the contents of a boiler; cauldronful.

caldre [káldrə] *i.* to be necessary, to need. ‖ *com cal,* proper, as it should be. ‖ *no cal dir,* of course. ▲ CONJUG. like *valer.*

calé [kəlé] *m.* dough, bread, money. ▲ usu. *pl.*

calefacció [kələfəksió] *f.* heating.

calendari [kələndàri] *m.* calendar.

calent [kəlèn] *a.* hot. ‖ *el més ~ és a l'aigüera,* there's nothing ready to eat [at mealtime]. ‖ *cap ~,* hothead.

caler [kəlé] *See* CALDRE.

calfred [kálfrèt] *m.* shiver.

calibrar [kəliβrà] *t.* to gauge, to calibrate.

calibre [kəliβrə] *m.* calibre.

càlid, -da [kálit, -ðə] *a.* warm, hot.

calidoscopi [kəliðuskɔpi] *m.* kaleidoscope.

califa [kəlifə] *m.* caliph.

calitja [kəlidʒə] *f.* METEOR. haze.

caliu [kəliǔ] *m.* embers, hot ashes. 2 fig. warmth, affection; well-being.

call [káʎ] *m.* MED. corn; callous. 2 HIST. Jewish quarter.

callar [kəʎá] *t.* to silence, to shut up. ■ 2 *i.* to shut up, to be silent. ‖ *fer ~,* to silence.

callat, -ada [kəʎát, -àðə] *a.* silent, quiet.

cal·ligrafia [kəlliɣrəfiə] *f.* calligraphy.

callista [kəʎistə] *m.-f.* chiropodist.

calm, -ma [kálm, -mə] *a.* calm, tranquil. ■ 2 *f.* calm, calmness.

calmant [kəlmán] *a.* calming, soothing. ■ *2 m.* pain-killer, sedative, tranquillizer.

calmar [kəlmá] *t.* to calm, to calm down: *això et calmarà el dolor,* this will ease your pain. ■ 2 *i.* to become calm: *el vent ha calmat,* the wind has dropped. ■ 3 *p. calma't!,* take it easy!

calmós, -osa [kəlmós, -ózə] *a.* calm. 2 calm, unhurried.

calor [kəló] *f.* heat: *fa ~,* it's hot.

calorada [kəluràðə] *f.* great heat, oppressive heat. 2 heat [after physical effort].

caloria [kəluriə] *f.* calorie.

calorífic, -ca [kəlurifik, -kə] *a.* calorific.

calorós, -osa [kəlurós, -ózə] *a.* warm [also fig.].

calúmnia [kəlúmniə] *f.* calumny; slander [spoken]; libel [written].

calumniar [kəlumniá] *t.* to slander [spoken]; to libel [written]; to calumny.

calvari [kəlβári] *m.* Calvary. 2 fig. trials and tribulations, suffering.

calvície [kəlβisiə] *f.* baldness.

calze [kálzə] *m.* chalice. 2 BOT. calyx.

cama [kámə] *f.* leg. ‖ *cames ajudeu-me,* hell for leather. ‖ *~ ací, ~ allà,* astride.

camafeu [kəməféǔ] *m.* cameo.

camal [kəmál] *m.* leg [of trousers].

camaleó [kəməleó] *m.* ZOOL. chameleon.

camàlic [kəmálik] *m.* porter, carrier.

camamilla [kəməmiʎə] *f.* BOT. camomile.

camarada [kəməràðə] *m.* comrade; mate.

camarilla [kəməriʎə] *f. cast.* clique; pressure group; lobby [Parliament].

camarot [kəmərɔt] *m.* MAR. cabin.

cama-sec [kəməsék] *m.* BOT. fairy ring mushroom. 2 honey mushroom.

cama-segat, -ada [kaməsəɣát, àðə] *a.* exhausted, worn out.

Cambotja [kəmbɔdʒə] *pr. n. f.* GEOGR. Cambodia.

cambotjà, -ana [kəmbudʒà, -ánə] *a., m.-f.* Cambodian.

cambra [kámbrə] *f.* chamber; bedroom: ~ *de bany*, bathroom. 2 COMM. ~ *de compensació*, clearing house. 3 AUT. ~ *d'aire*, inner tube.

cambrer, -ra [kəmbrè, -rə] *m.* waiter, barman. 2 *f.* waitress, barmaid.

camèlia [kəmèliə] *f.* BOT. camellia.

camell, -lla [kəmèʎ, -ʎə] *m.-f.* ZOOL. camel. 2 coll. pusher.

camerino [kəmərinu] *m.* THEATR. dressing room.

camí [kəmí] *m.* way, route. 2 path, track; lame; road. || ~ *de cabres*, narrow, difficult track. || HIST. ~ *ral*, highway. 3 fig. *a mig* ~, halfway. 4 fig. *obrir-se* ~, to overcome difficulties to reach a goal. 5 fig. *tots els camins duen a Roma*, all roads lead to Rome. 6 fig. *anar pel mal* ~, to go astray.

caminada [kəminàðə] *f.* long walk.

caminador, -ra [kəminəðò, -rə] *a., m.-f.* good walker. ■ 2 *m. pl.* reins [children].

caminar [kəminá] *i.* to walk. || ~ *de puntetes*, to tiptoe.

camió [kəmiò] *m.* lorry, truck.

camió-cisterna [kəmiò sistèrnə] *m.* tanker.

camioneta [kəmiunɛtə] *f.* van.

camisa [kəmizə] *f.* shirt. || ~ *de dormir*, nightshirt; fig. *aixecar la* ~, to take [someone] in, to fool; *anar en mànegues de* ~, to be in shirt-sleeves.

campar [kəmpá] *i.* to get by, to manage. || *campi qui pugui!*, every man for himself!

camiseria [kəmizəriə] *f.* shirt shop.

camp [kam] *m.* country, countryside [as opposed to town]. 2 field, open land: ~ *d'aviació*, airfield: ~ *d'esports*, sportsfield. 3 fig. field: *el* ~ *de la televisió*, the field of television: ~ *magnètic*, magnetic field. || *fotre el* ~, to go, to leave. || *deixar el* ~ *lliure*, to leave the field open. || *haver-hi* ~ *per córrer*, to have plenty of room to manoeuvre. || ~ *de concentració*, concentration camp. || ~ *de treball*, work camp. || ~ *de visió*, field of vision.

campament [kəmpəmèn] *m.* encampment; camp. 2 camping.

campana [kəmpánə] *f.* bell. || *fer* ~, to play truant. || *sentir tocar campanes (i no saber on)*, to have a vague idea or recollection of something.

campanada [kəmpənàðə] *f.* ringing; peal.

campanar [kəmpəná] *m.* bell tower, belfry.

campaner [kəmpənè] *m.* bellmaker. 2 bellringer.

campaneta [kəmpənɛtə] *f.* small bell; handbell. 2 BOT. bellflower.

campanya [kəmpápə] *f.* country. 2 campaign: ~ *electoral*, election campaign: ~ *publicitària*, advertising campaign: *fer* ~ *per*, to campaign for.

camperol, -la [kəmpərɔ̀l, -lə] *a.* country, rural: *flors camperoles*, wild flowers. ■ 2 *m.-f.* country person.

càmping [kámpiŋ] *m.* camping. 2 camping site, camp site.

campió, -ona [kəmpiò, -ònə] *m.-f.* champion.

campionat [kəmpiunàt] *m.* championship.

camús, -usa [kəmús, -úzə] *a.* snubnosed.

camussa [kəmúsə] *f.* ZOOL. chamois, izard.

can [kən] (*contr. ca + en*): *a* ~ *Miquel*, at Michael's (house). || ~ *seixanta*, bedlam.

cana [kánə] *f.* measure of length equivalent to eight *pams*.

Canadà [kənəðà] *pr. n. m.* GEOGR. Canada.

canadenc, -ca [kənəðèŋ, -kə] *a., m.-f.* Canadian.

canal [kənál] *m.* canal. 2 channel: *el* ~ *de la Mànega*, the English Channel. 3 waveband 4 *f.* defile, very narrow valley.

canalització [kənəlidzəsiò] *f.* canalization.

canalitzar [kənəlidzá] *t.* to channel.

canalla [kənáʎə] *f.* children; kids. 2 *m.* blackguard, scoundrel, swine.

canallada [kənəʎàðə] *f.* dirty trick. 2 large group of children. 3 childishness, childish act.

canapè [kənəpè] *m.* COOK. canapé. 2 sofa, settee.

canari, ària [kənàri, -àriə] *a.* GEOGR. Canary Islands. ■ 2 *m.-f.* Canary Islander. 3 *m.* ORNITH. canary.

Canàries (Illes) [kənàriəs, íʎəs] *pr. n. f. pl.* GEOGR. Canary Islands.

canastra [kənàstrə] *f.* basket. 2 GAME canasta [cards].

cancel·lar [kənsellá] *t.* to cancel.

canceller [kənsəʎè] *m.* chancellor.

cancelleria [kənsəʎəriə] *f.* chancellory, chancellery.

càncer [kánsər] *m.* cancer. 2 ASTROL. *Càncer,* Cancer.

cancerós, -osa [kənsərós, -ózə] *a.* cancerous.

cançó [kənsó] *f.* song. ‖ ~ *de bressol,* lullaby.

cançoner [kənsunè] *m.* collection of poems. 2 collection of songs. 3 songbook. ■ 4 *a.* dawdling.

candela [kəndèlə] *f.* candle. 2 icicle. 3 *et cau la* ~, your nose is running.

candent [kəndèn] *a.* white-hot, red-hot. 2 fig. burning: *un problema* ~, a burning problem.

càndid, -da [kándit, -ðə] *a.* candid, frank, sincere. 2 naïve, innocent.

candidat, -ta [kəndiðát, -tə] *m.-f.* candidate; applicant.

candidatura [kəndiðətúrə] *f.* candidature. 2 list of candidates. 3 candidates, applicants *pl.*

candidesa [kəndiðèzə] *f.* candour.

candor [kəndó] *m.* candour, innocence.

candorós, -osa [kəndurós, -ózə] *a.* innocent, guileless.

canell [kənèʎ] *m.* ANAT. wrist.

canelobre [kənəlɔ́βrə] *m.* candelabrum, candelabra.

cànem [kánəm] *m.* BOT. hemp. ‖ ~ *indi,* cannabis.

canemàs [kənəmás] *m.* canvas.

cangueli [kəɲɣèli] *m.* coll. fear.

cangur [kəɲɡúr] *m.* ZOOL. kangaroo. 2 babysitter. ‖ *fer de* ~, to babysit.

caní, -ina [kəni, -inə] *a.* canine.

caníbal [kəniβəl] *m.* cannibal.

canibalisme [kəniβəlizmə] *m.* cannibalism.

canícula [kənikulə] *f.* METEOR. dog days *pl.,* high summer.

canó [kənó] *m.* tube; pipe. 2 barrel [guns]. ‖ *a boca de* ~, point blank. 3 cannon. ‖ *carn de* ~, cannon fodder.

canoa [kənɔ́ə] *f.* canoe.

cànon [kánon] *m.* canon. 2 MUS. canon. 3 LAW rent; levy.

canonada [kənunáðə] *f.* gunshot [artillery]. 2 pipe.

canoner, -ra [kənunèr, -rə] *m.-f.* cannoneer. 2 *m.* gunboat.

canonge [kənɔ́nʒə] *m.* canon.

canònic, -ca [kənɔ́nik, -kə] *a.* canon; canonical.

canonització [kənunidzəsió] *t.* canonization.

canós, -osa [kənós, -ózə] *a.* grey-haired; white-haired.

canot [kənɔ́t] *m.* canoe.

cansalada [kənsəláðə] *f.* salted fat bacon. 2 coll. *suar la* ~, to sweat like a pig.

cansament [kənsəmèn] *m.* tiredness.

cansar [kənsá] *t.-p.* to tire *t.-i.*

cansat, -ada [kənsát, -áðə] *a.* tired. 2 tiring.

cant [kan] *m.* song; singing.

cantaire [kəntáïrə] *a.* singing. ■ 2 *m.-f.* singer.

cantant [kəntán] *m.-f.* singer.

cantar [kəntá] *i.-t.* to sing. ‖ ~ *les veritats a algú,* to speak frankly. 2 *i.* to look wrong, to be wrong. 3 *t.* fig. to squeal *i.,* to let out [a secret].

cantarella [kəntərèʎə] *f.* singsong quality; accent.

cantata [kəntátə] *f.* MUS. cantata.

cantautor, -ra [kəntəutó, -rə] *m.-f.* singer.

cantell [kəntèʎ] *m.* edge.

cantellut, -uda [kəntəʎút, -úðə] *a.* corner. 2 many-edged.

canterano [kəntəránu] *m.* bureau; desk.

càntic [kántik] *m.* canticle; song.

cantimplora [kəntimplɔ́rə] *f.* waterbottle.

cantina [kəntinə] *f.* buffet [station]; bar.

càntir [kánti] *m.* pitcher.

cantó [kəntó] *m.* corner. ‖ *quatre cantons,* crossroads. 2 side.

cantonada [kəntunáðə] *f.* corner [street].

cantonera [kəntunèrə] *f.* corner piece. 2 corner cabinet. 3 corner stone.

cantussejar [kəntusəʒá] *i.* to hum; to sing [softly, to oneself].

cànula [kánulə] *f.* MED. cannula.

canvi [kámbi] *m.* change, alteration. 2 exchange. ‖ *taxa de* ~, exchange rate. 3 change [money]: *tens* ~ *de mil pessetes?,* have you got change of a thousand pesetas?, can you change a thousand pesetas? 4 *lliure* ~, free trade. 5 *en* ~, on the other hand.

canviar [kəmbiá] *i.-t.* to change; to alter.

canvista [kəmbistə] *m.-f.* moneychanger.

canya [káɲə] *f.* cane. ‖ ~ *de sucre,* sugar cane ‖ fig. *no deixar ~ dreta,* to destroy completely. 2 ~ *de pescar,* fishing rod.

canyada [kəɲáðə] *f.* gorge with reeds. 2 FISH. cast.

canyamel [kəɲəmέl] *f.* BOT. sugar cane.

canyar [kəɲá] *m.* cane plantation; reedbed.

canyella [kəɲέʎə] *f.* BOT. cinnamon. 2 shin.

canyís [kəɲís] *m.* cane or wicker lattice. 2 BOT. thin type of cane.

caoba [kəɔ́βə] *f.* BOT. mahogany.

caolí [kəulí] *m.* kaolin.

caos [káos] *m.* chaos.

caòtic, -ca [kəɔ̀tik, -kə] *a.* chaotic.

1) cap [kap] *m.* head. ‖ ~ *de turc,* scapegoat; *anar amb el ~ alt,* to hold one's head high; *anar amb el ~ sota l'ala,* to be crestfallen; *ballar pel ~,* to have vague recollections of something; *de ~ a peus,* from head to toe; *escalfar-se el ~,* to rack one's brains; *fer un cop de ~,* to come to a decision; *no tenir ni ~ ni peus,* to be a real mess; *passar pel ~,* to occur; *per ~,* each. 2 judgement, wisdom, common sense. 3 head, chief, leader. ‖ ~ *de vendes,* sales manager. 4 end. ‖ ~ *d'any,* New Year; ~ *de setmana,* weekend; *al ~ i a la fi,* when all's said and done; *lligar caps,* to tie up loose ends; fig. to put two and two together. 5 GEOGR. cape.

2) cap [kap] *a.* no; none: *no té ~ fill,* she has no children; *si ~ d'ells ve, t'ho diré,* if none of them comes, I'll let you know; *en tens ~?,* haven't you got one? ■ 2 *prep.* towards. ‖ *vine ~ aquí,* come here. ‖ *anava ~ a casa,* she was going home. 3 not far from. ‖ *viu ~ a Tàrrega,* he lives near Tàrrega. 4 approximately. ‖ ~ *a tres quarts de cinc,* at about a quarter to five.

Cap, Ciutat del [kap, siŭtáddəl] *pr. n. f.* GEOGR. Cape Town.

capa [kápə] *f.* cape, cloak. 2 pretext; façade. 3 coat [paint]. 4 GEOL. stratum.

capaç [kəpás] *a.* able, capable. ‖ *és ~ de no venir!,* he's liable not to come! 2 competent.

capacitar [kəpəsitá] *t.* to train, to qualify.

capacitat [kəpəsitát] *f.* capacity. 2 ability, aptitude.

capar [kəpá] *t.* to castrate, to geld.

caparrada [kəpərráðə] *f.* butt [push]. 2 rash or reckless act.

caparrut, -da [kəpərrút, -úðə] *a.* stubborn, pig-headed.

capatàs [kəpətás] *m.* overseer; foreman.

capbaix [kəbbáʃ, -ʃə] *a.* crestfallen.

capbussada [kəbbusáðə] *f.* dive.

capbussar [kəbbusá] *t.-p.* to dive.

capbussó [kəbbusó] *m.* See CAPBUSSADA.

capçada [kəpsáðə] *f.* crown, branches [of a tree]. 2 AGR. patch.

capçal [kəpsál] *m.* bedhead. 2 pillow. 3 ELECTR. head, tapehead.

capçalera [kəpsəlέrə] *f.* headboard. ‖ *metge de ~,* family doctor. 2 frontispiece. 3 heading, rubric.

capciós, -osa [kəpsiós, -zə] *a.* captious, artful. ‖ *una pregunta capciosa,* a catch question.

capdamunt [kəbdəmún] *adv. phr.* *al ~,* at the top, on top. ‖ *fins al ~,* to the top. ‖ *estar-ne fins al ~ de,* to be sick of.

capdavall [kəbdəβáʎ] *adv. phr.* *al ~,* at the bottom, in the bottom; at the end.

capdavant [kəbdəβàn] *adv. phr.* *al ~ de,* at the head of.

capdavanter, -ra [kəbdəβəntè, -rə] *m.-f.* leader. 2 fig. pioneer.

capell [kəpèʎ] *m.* hat. 2 cocoon.

capella [kəpèʎə] *f.* chapel.

capellà [kəpəʎá] *m.* priest, chaplain.

capelleta [kəpəʎέtə] *f.* coterie, clique.

capficar-se [kəpfikársə] *p.* to worry.

capgirar [kəbʒirá] *t.* to overturn, to turn upside down. 2 fig. to upset, to throw into disorder. 3 to confuse, to misunderstand.

capgirell [kəbʒirèʎ] *m.* fall, tumble. 2 fig. sudden change [in fortune].

cap-gros [kəbɡrɔ́s] *m.* bighead. 2 ZOOL. tadpole.

cap-i-cua [kəpikúə] *m.* palindromic number.

capil·lar [kəpiʎá] *a.* hair. 2 capillary. ■ *m.* capillary.

capil·laritat [kəpiʎəritát] *f.* capillarity.

capir [kəpi] *t.* to understand.

capità [kəpitá] *m.-f.* captain.

capital [kəpitál] *a.* capital, main, chief, principal. ‖ *enemic ~,* principal enemy. ‖ *pena ~,* death penalty. ■ 2 *m.* ECON. capital. ‖ ~ *social,* share capital. 3 *f.* capital.

capitalisme [kəpitəlizmə] *m.* capitalism.

capitalista [kəpitəlistə] *a., m.-f.* capitalist.

capitalitzar [kəpitəlidzá] *t.-i.* to capitalize. 2 to accumulate capital.

capitanejar [kəpitənəʒá] *t.* to captain, to lead.

capitania [kəpitəniə] *f.* captaincy, captainship.

capitell [kəpitéʎ] *m.* ARCH. capital.

capítol [kəpitul] *m.* chapter. 2 BOT. capitulum.

capitost [kəpitɔs(t)] *m.* chief, commander.

capitular [kəpitulá] *t.* to divide into chapters. ■ 2 *i.* to capitulate, to sign a truce.

capó [kəpó] *m.* capon; castrated animal.

capolar [kəpulá] *t.* to chop up, to cut up. 2 fig. to wear out [people].

capoll [kəpóʎ] *m.* BOT. bud. 2 ZOOL. cocoon.

caponar [kəpuná] *t.* to castrate, to geld.

caporal [kəpurál] *m.* MIL. corporal.

capota [kəpɔtə] *f.* AUT. folding top or hood.

caprici [kəprisi] See CAPRITX.

capriciós, -osa [kəprisiós, -ózə] See CAPRITXÓS.

Capricorn [kəprikɔrn] *m.* ASTROL. Capricorn.

capritx [kəpritʃ] *m.* caprice, whim.

capritxós, -osa [kəpritʃós, -ózə] *a.* capricious; moody.

capsa [kápsə] *f.* box. ‖ ~ *de llumins,* matchbox.

capsigrany [kəpsiɣráɲ] *m.* ORNIT. shrike. 2 blockhead.

càpsula [kápsulə] *f.* capsule.

capta [káptə] *f.* begging. 2 collection.

captació [kəptəsió] *f.* harnessing [energy]. 2 begging. 3 reception [radio].

captaire [kəptáĭrə] *m.-f.* beggar.

captar [kəptá] *i.* to beg; to make a collection. ■ 2 *t.* to harness [water, energy]. 3 *t.* to receive, to pick up [radio signals].

capteniment [kəptənimèn] *m.* behaviour.

captenir-se [kəptənírsə] *p.* to behave. ▲ CONJUG. like *abstenir-se.*

captiu, -iva [kəptiŭ, -iβə] *a., m.-f.* captive.

captivador, -ra [kəptiβəðò, -rə] *a.* captivating.

captivar [kəptiβá] *t.* to capture, to take captive. 2 to captivate, to charm.

captivitat [kəptiβitát] *f.* captivity.

captura [kəptúrə] *f.* capture, seizure.

capturar [kəpturá] *t.* to capture, to apprehend, to seize.

caputxa [kəpútʃə] *f.* hood.

caputxó [kəputʃó] *m.* little hood. 2 MECH. cap.

capvespre [kábbèsprə] *m.* dusk.

caqui [káki] *a.* khaki. ■ 2 *m.* BOT. persimmon.

car [kár] *conj. ant.* for, because.

car, -ra [kár, -rə] *a.* expensive, dear. 2 dear, darling.

cara [kárə] *f.* face. ‖ *donar la* ~, to own up, to accept responsibility; *em va caure la* ~ *de vergonya,* I nearly died of shame; *fer mala* ~, not to look well; *fer una* ~ *nova,* to beat up; *plantar* ~, to stand up to; *tenir* ~, to be cheeky. 2 obverse [coin]. ‖ ~ *o creu,* heads or tails.

caràcter [kəráktər] *m.* character. 2 character, characteristic. 3 *prep. phr. amb* ~ *de,* as. 4 fig. (strong) personality, backbone.

característic, -ca [kərəktəristik, -kə] *a.* characteristic, typical. ■ 2 *f.* characteristic.

caracteritzar [kərəktəridzá] *t.* to characterize. ■ 2 *p.* to be characterized. 3 *p.* to make up and dress up [actors for a part].

caragirat, -ada [kərəʒirát, -áðə] *a.* traitorous. 2 false, hypocritical.

caram [kərám] *interj.* good heavens!, gosh!, really!

carambola [kərəmbɔlə] *f.* cannon [billiards]. ‖ fig. *per* ~, indirectly.

caramel [kərəmèl] *m.* caramel; sweet.

caramell [kərəmèʎ] *m.* icicle. 2 stalactite.

carantoines [kəràntɔĭnəs] *f. pl.* caresses, fondling *sing.;* flattery *sing.*

carassa [kərásə] *f.* broad face. 2 wry face. 3 grimace.

carat! [kərát] *interj.* (good) heavens!, you don't say!, really!

caràtula [kərátulə] *f.* mask.

caravana [kərəβánə] *f.* crowd, throng [of people on an outing]. 2 caravan, (USA) trailer. 3 AUTO. tailback, hold-up.

caravel·la [kərəβέllə] *f.* NAUT. caravel, caravelle.

carbassa [kərβásə] *f.* BOT. pumpkin, gourd. 2 coll. *donar* ~, to refuse, to turn down [a lover]. ‖ *treure* ~, to fail [an examination]; (USA) to flunk.

carbassó [kərβəsó] *m.* BOT. marrow, (USA) squash.

carbó [kərβó] *m.* coal. ‖ ~ *de coc,* coke; ~ *de pedra,* coal; ~ *vegetal,* charcoal.

carboner, -ra [kərβuné, -rə] *m.-f.* coal-dealer. 2 coal-cellar.

carboni [kərβóni] *m.* CHEM. carbon. ‖ *diòxid de ~,* carbon dioxide.

carbònic, -ca [kərβónik, -kə] *a.* CHEM. carbonic.

carbonífer, -ra [kərβunifər, -rə] *a.* carboniferous.

carbonissa [kərβunisə] *f.* coal-dust, slack.

carbonitzar [kərβunidzá] *t.* CHEM. to carbonize. 2 to make charcoal of.

carbur [kərβúr] *m.* CHEM. carbide.

carburador [kərβuraðó] *m.* carburettor.

carburant [kərβurán] *a.* carburetting. ■ 2 *m.* liquid fuel, combustible liquid.

carburar [kərβurá] *t.* to carburet. ■ 2 *i.* fig. to run, to work.

carcanada [kərkənáðə] *f.* carcass. 2 coll. skeleton.

carcassa [kərkásə] *f.* skeleton, carcass. 2 shell. 3 framework.

card [kar(t)] *m.* BOT. thistle.

carda [kárðə] *f.* BOT., TECH. teasel, card.

cardar [kərðá] *t.* to card. ■ 2 *i.* sl. to fuck.

cardenal [kərðənál] *m.* cardinal.

cardíac, -ca [kərðiək, -kə] *a.* cardiac, heart. ■ 2 *m.-f.* a person suffering from heart disease.

cardina [kərðinə] *f.* ORNIT. goldfinch.

cardinal [kərðinál] *a.* cardinal. ‖ *nombres cardinals,* cardinal numbers. ‖ *punts cardinals,* cardinal points.

carei [kəréĭ] *m.* ZOOL. tortoise.

carena [kərénə] *f.* NAUT. keel, careening. 2 ridge, hilltop.

carenejar [kərənəʒá] *i.* to follow or walk along the ridge of a mountain.

carestia [kərəstiə] *f.* shortage, scarcity. 2 high cost, high price.

careta [kərétə] *f.* mask. ‖ ~ *antigàs,* gas mask. 2 fig. *llevar-se la ~,* to unmask oneself.

carga [kárγə] *f.* load [unit of measure or weight].

cargol [kərγɔl] *m.* snail. ‖ ~ *de mar,* conch. 2 screw, bolt. 3 *escala de ~,* spiral staircase.

cargolar [kərγulá] *t.* to roll [paper, cigarette, etc.]. 2 to curl [hair]. 3 MECH. to screw.

cariar-se [kəriársə] *p.* to decay, to rot.

cariàtide [kəriátiðə] *f.* caryatid.

Carib [kərip] *pr. n. m.* GEOGR. Caribbean.

caricatura [kərikətúrə] *f.* caricature. 2 fig. parody, travesty.

carícia [kərisiə] *f.* caress. 2 fig. soft touch.

càries [káriəs] *f.* bone decay, caries. 2 tooth decay; cavity.

carilló [kəriʎó] *m.* MUS. carillon. 2 chimes.

caritat [kəritát] *f.* charity. 2 alms *pl.: fer ~,* to give alms.

Carles [kárləs] *pr. n. m.* Charles.

carlina [kərlinə] *f.* BOT. carline [thistle].

carmanyola [kərməɲɔlə] *f.* lunch box.

Carme [kármə] *pr. n. f.* Carmen.

carmesí, -ina [kərməzi, -inə] *a.-m.* crimson.

carmí [kərmi] *a.-m.* carmine.

carn [karn] *f.* flesh. ‖ fig. ~ *de canó,* cannon-fodder; *ésser ~ i ungla,* to be thumb and nail; *no ésser ni ~ ni peix,* to be neither here nor there. 2 meat. ‖ ~ *d'olla,* stewed meat; ~ *de porc,* pork; ~ *de vedella,* veal; ~ *picada,* mince, (USA) ground beef.

carnada [kərnáðə] *f.* bait.

carnal [kərnál] *a.* carnal, of the flesh. 2 sexual: *unió ~,* sexual intercourse. 3 related by blood: *cosí ~,* first cousin.

carnaval [kərnəβál] *m.* carnival [period preceding lent], shrovetide.

carnestoltes [kərnəstɔltəs] *m.* carnival [as celebrated in Catalonia]. 2 fig. scarecrow.

carnet [kərnét] *m.* notebook. 2 card, licence: ~ *de conduir,* driving licence, (USA) driver's license; ~ *d'identitat,* identity card.

carnisser, -ra [kərnisé, -rə] *a.* carnivorous [animal]. 2 fig. cruel, bloodthirsty. ■ 3 *m.-f.* butcher [also fig.].

carnisseria [kərnisəriə] *f.* butcher's [shop], meat market. 2 slaughter, massacre.

carnívor, -ra [kərniβur, -rə] *a.* carnivorous. ■ 2 *m.-f.* carnivore.

carnós, -osa [kərnós, -ózə] *a.* fleshy [lips], flabby [body]. 2 BOT. fleshy [fruit, leaf, etc.].

carota [kərótə] *f.* mask. 2 grotesque face.

caròtida [kərótiðə] *f.* ANAT. carotid.

carp [karp] *m.* ANAT. carpus.

carpa [kárpə] *f.* ICHTHY. carp.

carpel [kərpέl] *m.* BOT. carpel.

carpeta [kərpétə] *f.* folder, (USA) binder.

carquinyoli [kərkiɲɔ́li] *m.* rock-hard biscuit made with flour, eggs, sugar and sliced almonds.

carrabina [kərrəβínə] *f.* carbine, short rifle.

carrabiner [kərrəβiné] *m.* carabineer.

carraca [kərrákə] *f.* NAUT. carrack. 2 old tub. 3 fig. hulk, sluggard. 4 crate.

carrat, -ada [kərrát, -áðə] *a.* square, truncated.

càrrec [kárrək] *m.* post, office. 2 load, burden. 3 fig. duty, job; charge. ‖ *fer-se ~ de,* to take charge of; to see to: *me'n faig ~,* I realize that, I understand that.

càrrega [kárrəγə] *f.* load [also fig.]. 2 burden, weight. 3 COMM. cargo. 4 fig. duty, obligation. 5 MIL. charge. ó loading [act]. 7 ~ *elèctrica,* charge, load. 8 *tren de ~,* freight train.

carregament [kərrəγəmèn] *m.* load, cargo; loading. 2 fig. heaviness [of stomach, etc.]. 3 increase [in price].

carregar [kərrəγá] *t.* to load; to burden. 2 ELECTR. to charge. 3 fig. to burden, to encumber. ‖ *estar carregat de deutes,* to be burdened with debts. ‖ ~ *les culpes,* to pass on the blame. ■ 4 *i.* to charge.

carregós, -osa [kərrəγós, -ózə] *a.* tiresome, burdensome; boring, annoying.

carrer [kərré] *m.* street, road. ‖ fig. *deixar al mig del ~,* to leave in the lurch; *treure al ~,* to kick out.

carrera [kərrèrə] *f.* career: *una brillant ~ política,* a brilliant political career. 2 (university) studies. 3 fig. *fer ~,* to get on, to make headway. 4 SP. race. 5 TEXT. ladder, (USA) run.

carrerada [kərrəráðə] *f.* cattle track.

carreró [kərrəró] *m.* alley. 2 SP. lane.

carreta [kərrétə] *f.* small wagon, low cart.

carretejar [kərrətəʒá] *t.* to cart, to haul.

carreter, -ra [kərrətè, -rə] *a.* cart. ■ 2 *m.-f.* carter. ‖ *parlar com un ~,* to be foulmouthed. 3 *f.* road, highway.

carretó [kərrətó] *m.* small cart.

carreu [kərréŭ] *m.* ARCH. ashlar.

carril [kərríl] *m.* lane [motorway]. 2 rail [train].

carrincló, -ona [kərriŋkló, -ónə] *a.* mediocre, run of the mill.

carrisquejar [kərriskəʒá] *i.* to chirp [bird, cricket]; to screech; to creak [wheel]; to grate [teeth, unoiled parts, etc.].

carro [kárru] *m.* cart, wagon. ‖ ~ *de combat,* tank. ‖ fig. *para el ~!,* hang on a moment! 2 float {in procession}. 3 carriage [of typewriter]. 4 trolley [for shopping].

carronya [kərrɔ́ɲə] *f.* carrion. 2 fig. (old) good-for-nothing.

carrossa [kərrɔ́sə] *f.* coach, carriage; float [in procession].

carrosseria [kərrusəriə] *f.* AUTO. body [of a car]; bodywork.

carruatge [kərruádʒə] *m.* carriage.

carta [kártə] *f.* letter. 2 document, deed. ‖ *donar ~ blanca,* to give someone carte blanche. 3 chart, map: ~ *nàutica,* chart. 4 card. ‖ fig. *jugar-se l'última ~,* to play one's last card. ‖ *tirar les cartes,* to tell-someone's fortune.

cartabò [kərtəβɔ́] *m.* TECH. set square; triangle.

cartejar-se [kərtəʒársə] *p.* to correspond, to write to one another.

cartell [kərtéʎ] *m.* poster; bill [theatre]; wall chart.

carter [kərté] *m.* postman, (USA) mailman.

cartera [kərtèrə] *f.* wallet. 2 briefcase, portfolio. 3 ECON. holdings. 4 POL. portfolio, (ministerial) post. ‖ *tenir en ~,* to plan, to have in mind.

carterista [kərtəristə] *m.-f.* pickpocket.

carteró [kərtəró] (ROSS.) See RÈTOL.

cartílag [kərtílək] *m.* ANAT. cartilage.

cartilla [kərtíʎə] *f.* card, record: ~ *militar,* military record. 2 ~ *escolar,* study record.

cartipàs [kərtipás] *m.* (lined) notebook, exercise book. 2 portfolio.

cartó [kərtó] *m.* cardboard.

cartògraf, -fa [kərtɔ́γraf, -fə] *m.-f.* cartographer, mapmaker.

cartografia [kərtuγrəfiə] *f.* cartography, mapmaking.

cartolina [kərtulínə] *f.* thin card.

cartomància [kərtumánsiə] *f.* fortune-telling [with cards].

cartró [kərtró] See CARTÓ.

cartutx [kərtútʃ] *m.* cartridge. 2 roll [of coins].

cartutxera [kərtutʃérə] *f.* cartridge belt.

carxofa [kərʃɔ́fə] *f.* BOT. artichoke.

cas [kas] *m.* case, circumstance: *en cap ~,* under no circumstances. ‖ *no fer al ~,* to be beside the point; *si de ~,* if. 2 GRAMM. case. 3 MED. case. 4 *ets un ~!,* you're a case!

casa [kázə] f. house; home, household. 2 building. ‖ ~ de la vila, town or city hall; ~ de barrets, brothel; ~ de pagès, farmhouse; ~ de pisos, block of flats. 3 d'estar per ~, casual [clothes], makeshift; tirar la ~ per la finestra, to go all out.

casaca [kəzákə] f. long coat, tunic.

casal [kəzál] m. family home, family seat. 2 dynasty. 3 cultural or recreational centre: ~ d'avis, old age pensioner's club.

casalot [kəzəlɔ́t] m. large (ramshackle) house.

casament [kəzəmèn] m. wedding [ceremony]; marriage. 2 fig. match, matching.

casar [kəzá] t. to marry. 2 fig. to match, to couple. ■ 3 i. to match, to harmonize. ■ 4 p. to get married (amb, to).

casat, -ada [kəzát, -áðə] a. married. ■ 2 m.-f. married man or woman.

casc [kask] m. helmet. 2 NAUT. hull: ~ de la nau, hull [of a ship]. 3 district: ~ antic, old quarter [of a city].

cascada [kəskáðə] f. waterfall, cascade.

cascall [kəskáʎ] m. BOT. opium poppy.

cascar [kəská] t. to batter, to beat. 2 to bruise. 3 to harm, to damage. 4 tenir la veu cascada, to have a cracked voice.

cascavell [kəskəβèʎ] m. (little) bell. 2 ZOOL. serp de ~, rattlesnake.

casella [kəzéʎə] f. compartment. 2 GAME square [crossword puzzle, chess, etc.].

caseriu [kəzəriŭ] m. hamlet, group of houses.

caserna [kəzérnə] f. MIL. barracks.

caseta [kəzɛ́tə] f. stall, booth: ~ de banys, bathing hut. 2 compartment.

casimir [kəzimir] m. cashmere.

casino [kəzinu] m. club. ‖ ~ de joc, casino.

casolà, -ana [kəzulá, -ánə] a. household, home-made; home-loving [person].

casori [kəzɔ́ri] m. wedding, marriage.

casot [kəzɔ́t] m. hut, hovel.

caspa [káspə] f. dandruff.

casquet [kəskɛ́t] m. skull-cap. ‖ ~ glacial, ice-cap.

cassació [kəsəsió] f. LAW annulment.

casserola [kəsərɔ́lə] See CASSOLA.

cassó [kəsó] m. saucepan, pan.

cassola [kəsɔ́lə] f. casserole; earthenware casserole.

cast, -ta [kás(t), -tə] a. chaste. ■ 2 f. caste. 3 class, quality.

castany, -nya [kəstáɲ, -ɲə] a. chestnut-coloured. ■ 2 f. BOT. chestnut.

castanyada [kəstəɲàðə] f. chestnut-roasting party.

castanyer [kəstəɲè, -rə] m. BOT. chestnut-tree.

castanyoles [kəstəɲɔ́ləs] f. pl. castanets.

castedat [kəstəðàt] f. chastity.

castell [kəstéʎ] m. castle. ‖ ~ de focs, fireworks. ‖ ~ de sorra, sand-castle.

castellanisme [kəstəʎənizmə] m. Castilianism.

càstig [kástik] m. punishment.

castigar [kəstiɣá] t. to punish. 2 fig. to make suffer.

castís, -issa [kəstis, -isə] a. pure, authentic, genuine; purebred, pedigree, pure-blooded.

castor [kəstó] m. ZOOL. beaver.

castrar [kəstrá] t. to castrate, to geld.

castrense [kəstrénsə] a. military.

casual [kəzuál] a. accidental, chance.

casualitat [kəzuəlitát] f. chance, coincidence. ‖ per ~, by chance.

casuística [kəzuistikə] f. casuistry.

casulla [kəzúʎə] f. chasuble.

cataclisme [kətəklizmə] m. cataclysm. 2 fig. disaster.

catacumbes [kətəkúmbəs] f. pl. catacombs.

català, -ana [kətəlá, -ánə] a. Catalonian, Catalan. ■ 2 m.-f. Catalonian [person]. 3 m. Catalan [language].

catalanisme [kətələnizmə] m. Catalanism; catalanism [linguistics].

catàleg [kətálək] m. catalogue.

catàlisi [kətálizi] f. catalysis.

Catalunya [kətəlúɲə] pr. n. f. GEOGR. Catalonia.

cataplasma [kətəplázmə] m. MED. poultice. 2 fig. sickly person.

catapulta [kətəpúltə] f. catapult.

cataracta [kətəráktə] f. MED. cataract.

catarro [kətárru] m. cold, head cold. 2 catarrh.

catàstrofe [kətástrufə] f. catastrophe.

catau [kətáŭ] m. den, lair; hideout, hiding place.

catecisme [kətəsizmə] m. catechism.

catecumen, -úmena [kətəkúmən, -úmənə] m.-f. catechumen.

càtedra [kátəðrə] f. chair, professorship [university]. ‖ exercir una ~, to hold a chair.

catedral [kətəðrál] f. cathedral.

catedràtic, -ca [kətəðràtik, -kə] *m.* professor, lecturer; ~ *d'institut,* head of department; ~ *d'universitat,* university professor.

categoria [kətəɣuriə] *f.* category; quality, standing.

categòric, -ca [kətəɣɔ̀rik, -kə] *a.* categorical.

catequesi [kətəkɛ̀zi] *f.* catechesis.

caterva [kətɛ̀rβə] *f.* throng, crowd; flock.

catet [kətɛ̀t] *m.* GEOM. cathetus.

catifa [kətifə] *f.* rug, carpet.

càtode [kátuðə] *m.* ELECTR. cathode.

catòlic, -ca [kətɔ̀lik, -kə] *a., m.-f.* catholic. ‖ fig. *no estar ~,* to be under the weather.

catolicisme [kətulisizmə] *m.* Catholicism.

catorze [kətɔ̀rzə] *a.-m.* fourteen.

catorzè, -ena [kəturzɛ̀, -ɛ́nə] *a.-m.* fourteenth.

catre [kátrə] *m.* cot.

catric-catrac [kətrikkətràk] *m.* clickety-clack.

catúfol [kətúful] *m.* bucket, scoop [in a well]. ‖ *fer catúfols,* to dodder, to be in one's dotage.

catxalot [kətʃəlɔ̀t] *m.* ZOOL. sperm whale.

cau [káü] *m.* den, lair; burrow. ‖ *a ~ d'orella,* whispering in someone's ear. 2 card game.

caució [kəüsió] *f.* caution. 2 guarantee, pledge.

caure [káürə] *i.* to fall, to drop. ‖ *~ a terra,* to fall to the ground or on the floor. ‖ *deixar ~,* to drop. 2 fig. *caure-hi,* to realize. 3 to lie, to be located. 4 fig. *~ a les mans,* to come across. 5 fig. *~ bé,* to impress favourably. ‖ *em cauen malament,* I don't take to them.

causa [káüzə] *f.* cause, reason; grounds. ‖ prep. phr. *a ~ de,* on account of, because of. 2 LAW lawsuit; case, trial.

causal [kəüzál] *a.* causal.

causant [kəüzán] *a.* causing. ■ 2 *m.-f.* cause.

causar [kəüzá] *t.* to cause; to create, to provoke.

càustic, -ca [káüstik, -kə] *a.* caustic. 2 fig. sarcastic.

cauteritzar [kəütəridzá] *t.* to cauterize.

cautxú [kəütʃú] *m.* rubber.

cavalcada [kəβəlkàðə] *f.* cavalcade. 2 cavalry raid.

cavalcadura [kəβəlkəðúrə] *f.* mount.

cavalcar [kəβəlká] *t.* to ride [a horse]. ■ 2 *i.* to ride (horseback), to go riding.

cavall [kəβáʎ] *m.* horse. 2 knight [chess]. 3 fig. ~ *de batalla,* main point or theme. 4 ~ *de vapor,* horsepower.

cavalla [kəβáʎə] *f.* ICHTHY. mackerel.

cavaller [kəβəʎé] *m.* rider, horseman. 2 gentleman. 3 knight.

cavalleresc, -ca [kəβəʎərɛ̀sk, -kə] *a.* knightly, chivalric; of chivalry [literature].

cavalleria [kəβəʎəriə] *f.* chivalry. 2 cavalry.

cavallerissa [kəβəʎərisə] *f.* stable [for horses].

cavallerós, -osa [kəβəʎərós, -ózə] *a.* chivalrous; gentlemanly.

cavallet [kəβəʎét] *m.* CONSTR. trestle, sawhorse. 2 easel. 3 *pl.* roundabout *sing.,* merry-go-round *sing.*

cavallot [kəβəʎɔ̀t] *m.* large, clumsy horse. 2 fig. tomboy.

cavar [kəβá] *t.* to dig; to excavate.

càvec [káβək] *m.* mattock.

caverna [kəβɛ̀rnə] *f.* cavern, cave.

caviar [kəβiár] *m.* caviar.

cavil·lació [kəβilləsió] *f.* deep thought, rumination.

cavil·lar [kəβillá] *t.* to brood over, to ponder.

cavitat [kəβitát] *f.* cavity. 2 ANAT. ~ *toràcica,* thoracic cavity.

ceba [sɛ̀βə] *f.* BOT. onion. 2 fig. obsession.

ceballot [səβəʎɔ̀t] *m.* onion bud. 2 fig. half-wit.

ceballut, -uda [səβəʎút, -úðə] *a.* obstinate, stubborn.

cec, cega [sɛ̀k, -sɛ̀ɣə] *a.* blind. ■ 2 *m.* blind man. 3 caecum, blind gut. 4 *f.* blind woman.

Cecília [səsiliə] *pr. n. f.* Cecily.

cedir [səði] *t.* to yield, to hand over; to transfer [property]. ■ 2 *i.* to yield, to give in (*a,* to). 3 to diminish, to ease off.

cedre [sɛ̀ðrə] *m.* BOT. cedar.

cèdula [sɛ̀ðulə] *f.* certificate, document; permit.

CE *f.* (Comunitat Europea) EC (European Community).

cefàlic, -ca [səfálik, -kə] *a.* cephalic.

ceguesa [səɣɛ̀zə] *f.* blindness.

cel [sɛ̀l] *m.* sky; heaven. ‖ *remoure ~ i terra,* fig. to move heaven and earth. 2 REL. heaven: fig. *baixar del ~,* to come as a godsend. 3 ~ *ras,* ceiling.

celar [səlá] *t.* to conceal, to hide; to cover.

celebèrrim, -ma [sələβérrim, -mə] *a.* very famous, (extremely) well-known.

celebració [sələβrəsió] *f.* celebration; holding [of a meeting].

celebrar [sələβrá] *t.* to celebrate; to hold [a meeting]. 2 to be glad of. ■ 3 *p.* to take place, to be held.

cèlebre [sέləβrə] *a.* famous, well-known.

celebritat [sələβritát] *f.* celebrity, fame. 2 celebrity [famous person].

celeritat [sələritát] *f.* speed; promptness, swiftness.

celestial [sələstiál] *a.* celestial, heavenly. 2 fig. perfect, ideal; delightful.

celibat [səliβát] *m.* celibacy.

celístia [səlistiə] *f.* starlight.

cella [sέʎə] *f.* ANAT. eyebrow. ‖ *ficar-se una cosa entre ~ i ~,* to get something into one's head. 2 METEOR. cloud-cap. 3 flange, projection; rim.

cel·la [sέllə] *f.* cell [in prison, convent, etc.].

cellajunt, -ta [səʎəʒún, -tə] *a.* bushy-eyebrowed, with knitted eyebrows. 2 fig. worried, scowling.

celler [səʎé] *m.* cellar, wine-cellar.

cel·lofana [səllufánə] *f.* cellophane.

cèl·lula [sέllulə] *f.* cell. ‖ *~ fotoelèctrica,* photoelectric cell.

cel·lular [səllulár] *a.* cellular, cell. ‖ *cotxe ~,* prison van, (GB) Black Maria

cel·lulitis [səllulitis] *f.* cellulitis.

cel·luloide [səllulɔ́iðə] *m.* celluloid.

cel·lulosa [səllulózə] *f.* cellulose.

celobert [s[sp[fɣu,v]n]rpluβέr(t)] *m.* interior patio, (USA) shaft.

celta [sέltə] *m.-f.* GEOGR. Celt.

cèltic, -ca [sέltik, -kə] *a.* Celtic [language]. ■ 2 *m.-f.* Celt.

cement [səmèn] *m.* cement [of teeth].

cementiri [səməntiri] *m.* cemetery, graveyard. ‖ *~ d'automòbils,* breaker's yard.

cenacle [sənáklə] *m.* circle [literary, political, artistic, etc.].

cendra [sέndrə] *f.* ash.

cendrer [səndrè] *m.* ashtray.

cens [sèns] *m.* census. ‖ *~ electoral,* electoral roll.

censor [sənsó] *m.* censor.

censura [sənsúrə] *f.* censorship, censoring. 2 censure, blame. 3 POL. *moció de ~,* censure motion.

censurar [sənsurá] *t.* to censor. 2 to censure, to condemn; to blame.

cent [sen] *a.-m.* one hundred, a hundred.

centaure [səntáurə] *m.* MYTH. centaur.

centè, -ena [səntè, -ένə] *a.-m.* hundredth. 2 *f.* hundred.

centella [səntέʎə] *f.* spark; flash. ‖ *ésser viu com una ~,* fig. to be a live wire.

centenar [səntənár] *m.* hundred.

centenari, -ària [səntənári, -áriə] *a.* centennial. ■ 2 *m.* centenary [period]; centenary, (USA) centennial [anniversary].

centèsim, -ma [səntέzim, -mə] *a., m.-f.* hundredth.

centesimal [səntəzimál] *a.* centesimal.

centígrad, -da [səntiɣrət, -ðə] *a.* Celsius, centigrade. ‖ *grau ~,* degree Celsius.

centígram [səntiɣrəm] *m.* centigram.

centilitre [səntilitrə] *m.* centilitre, (USA) centiliter.

cèntim [sέntim] *m.* hundredth part of a peseta; cent, penny. ‖ *fer-ne cinc cèntims,* give a brief explanation (of something). 2 *pl.* money *sing.*

centímetre [səntimətrə] *m.* centimetre, (USA) centimeter. 2 measuring tape.

centpeus [sémpėus] *m.* ZOOL. centipede.

central [səntrál] *a.* central, middle. ■ 2 *f.* head office; plant, station. ‖ *~ elèctrica,* power station. ‖ *~ nuclear,* nuclear power station.

centralisme [səntrəlizmə] *m.* centralism.

centralitzar [səntrəlidzá] *t.* to centre. 2 POL. to centralize.

centrar [səntrá] *t.* to centre. 2 SP. to centre.

centre [sέntrə] *m.* centre. ‖ *~ de gravetat,* centre of gravity. 2 fig. main topic [of conversation].

cèntric, -ca [sέntrik, -kə] *a.* central, middle; convenient. 2 downtown.

centrífug, -ga [səntrifuk, -ɣə] *a.* centrifugal.

centrípet, -ta [səntripət, -tə] *a.* centripetal.

centúria [səntúriə] *f.* lit. century.

centurió [sənturió] *m.* centurion.

cenyidor [səɲiðó] *m.* sash, belt.

cenyir [səɲi] *t.* to girdle; to encircle. 2 to gird on [sword], to put on [belt]. 3 to fit tightly. ■ 4 *p.* to tighten [up]; to restrict. 5 fig. to limit oneself.

cep [sèp] *m.* BOT. grapevine, vine stem. 2 clamp [on a wheel].

cepat, -ada [səpát, -áðə] *a.* hefty, well-built.

ceptre [sèptrə] *m.* sceptre.

cera [sèrə] *f.* wax.

ceràmic, -ca [səràmik, -kə] *a.* ceramic. ■ 2 *f.* ceramics, pottery.

ceramista [sərəmistə] *m.* potter, ceramicist, ceramist.

cerç [sɛrs] *m.* cold north wind.

cerca [sèrkə] *f.* search, hunt; quest.

cercabregues [sⁿrkəβrèɣəs] *m.-f.* trouble maker.

cercar [sərkà] *t.* lit. so seek. 2 (BAL.) See BUSCAR.

cerca-raons [sⁿrkərràòns] *m.-f.* quarrelsome *a.,* trouble-maker.

cerciorar [sⁿrsiorà] *t.* to assure, to affirm. ■ 2 *p.* to ascertain, to make sure (*de,* of).

cercle [sèrklə] *m.* circle. ‖ fig. ~ *d'amistats,* circle of friends. ‖ fig. ~ *viciós,* vicious circle.

cèrcol [sèrkul] *m.* rim; hoop.

cereal [sərəàl] *a.* cereal; grain. ■ 2 *m.* cereal.

cerebel [sərəβèl] *m.* ANAT. cerebellum.

cerebral [sərəβràl] *a.* cerebral, brain. 2 fig. cerebral, intellectual.

ceri, -cèria [sɛri, -sɛriə] *a.* waxen, wax.

cerilla [səriʎə] *f.* match. 2 taper, candle.

cerimònia [sərimòniə] *f.* ceremony.

cerimonial [sərimuniàl] *a.-m.* ceremonial.

cerimoniós, -osa [sərimuniòs, -òzə] *a.* ceremonious, elaborate. 2 slow, deliberate.

cerra [sɛrrə] *f.* (boar) bristle.

cert, -ta [sɛrt, -tə] *a.* true. 2 certain. ‖ *és ~,* that's true. ‖ *de ciència certa,* for certain. ‖ *d'una ~ edat,* of mature years.

certamen [sərtàmən] *m.* contest, competition.

certament [sɛrtəmèn] *adv.* definitely, certainly.

certesa [sərtèzə] *f.* certainty, sureness.

certificar [sərtifikà] *t.* to certify; to vouch for. 2 to register [letter, package].

certificat, -ada [sərtifikàt, -àðə] *a.* certified. ‖ *correu ~,* registered post, (USA) registered mail. ■ 2 *m.* certificate. ‖ ~ *d'aptitud,* diploma.

certitud [sərtitùt] See CERTESA.

cerumen [sərùmən] *m.* MED. earwax.

cervatell [sərβətèʎ] *m.* ZOOL. fawn.

cervell [sərβèʎ] *m.* brain. 2 fig. whizzkid, genius [person].

cervesa [sərβèzə] *f.* beer.

cervical [sərβikàl] *a.* cervical.

cérvol, -la [sèrβul, -lə] *m.* ZOOL. deer, stag. 2 *f.* hind.

cessació [səsəsiò] *f.* cessation, ceasing; suspension. 2 dismissal, firing [of worker].

cessar [səsà] *t.* to cease, to suspend [payment]. 2 to dismiss, to fire. ■ 3 *i.* to stop, to cease; to leave off [activity], to let up [rain].

cessió [səsiò] *f.* LAW, POL. cession, surrender.

cetaci [sətàsi] *m.* ZOOL. cetacean.

cianur [siənùr] *m.* cyanide.

ciàtic, -ca [siàtik, -kə] *a.* sciatic. ■ 2 *f.* MED. sciatica.

cicatritzar [sikətridzà] *t.-p.* to heal, to cicatrize.

cicatriu [sikətriù] *f.* scar.

cicerone [sisərònə] *m.* guide [person].

cicle [siklə] *m.* cycle.

cíclic, -ca [siklik, -kə] *a.* cyclic, cyclical.

ciclisme [siklizmə] *m.* cycling. 2 SP. cycle racing.

ciclista [siklistə] *a.* cycle. ■ 2 *m.-f.* cyclist.

cicló [siklò] *m.* METEOR. cyclone.

cicuta [sikùtə] *f.* BOT. hemlock.

CIEMEN [sièmən] *m.* (Centre Internacional d'Estudis de les Minories Ètniques i Nacionals) (International Centre of Ethnic and National Minority Studies).

ciència [siènsiə] *f.* science; knowledge. ‖ *tenir la ~ infusa,* to divine.

científic, -ca [siəntifik, -kə] *a.* scientific. ■ 2 *m.-f.* scientist.

cigala [siɣàlə] *f.* ENT. cicada. 2 ZOOL. flat lobster. 3 vulg. cock.

cigar [siɣàr] *m.* cigar.

cigarrera [siɣərrèrə] *f.* cigar or cigarette case.

cigarret [siɣərrèt] *m.* cigarette.

cigarreta [siɣərrètə] *f.* See CIGARRET.

cigne [siŋnə] *m.* ORNIT. swan.

cigonya [siɣòɲə] *f.* ORNIT. stork.

cigonyal [siɣuɲàl] *m.* MECH. crankshaft.

cigró [siɣrò] *m.* chickpea.

cili [sili] *m.* cilium.

cilici [silisi] *m.* cilice, hair shirt.

cilindre [silindrə] *m.* cylinder. 2 MECH. barrel; roller.

cilíndric, -ca [silindrik, -kə] *a.* cylindrical.

cim [sim] *m.* top [of tree]; top, peak, summit [of mountain]. ‖ *al ~ de,* on top of.

cimal [simál] *m.* peak, summit [of mountain]. 2 top. branch, main branch [of tree].

cimbals [símbəls] *m. pl.* cymbals.

cimbori [simbɔ́ri] *m.* ARCH. base [of a dome].

ciment [simèn] *m.* cement. ‖ ~ *armat,* reinforced concrete.

cimera [simέrə] *f.* summit meeting, summit conference. 2 crest [of helmet].

cinabri [sináβri] *m.* MINER. cinnabar.

cinc [siŋ] *a.-m.* five.

cinc-cents, -tes [siŋsέns,-təs] *a.-m.* five hundred.

cine [sínə] *m.* See CINEMA. ‖ *cine-club,* cinema club, film club, arts cinema.

cinegètic, -ca [sinəʒέtik, -kə] *a.-f.* hunting.

cinema [sínəmə] *m.* cinema [art], films: ~ *d'art i assaig,* non-commercial films; ~ *mut,* silent films. 2 cinema [place], (USA) movie theatre, movies.

cinemàtic, -ca [sinəmátik, -kə] *a.* cinematic. ■ 2 *f.* cinematics.

cinematògraf [sinəmətɔ́γrəf] *m.* cine projector, (USA) movie projector. 2 cinema, (USA) movie theatre.

cinematografia [sinəmətuγrəfíə] *f.* cinema, film-making. 2 films.

cinerari, -ària [sinərári, -áriə] *a.* cinerary.

cinètic, -ca [sinέtik, -kə] *a.* kinetic. ■ 2 *f.* kinetics.

cingla [siŋglə] *f.* girth.

cingle [siŋglə] *m.* cliff, crag.

cínic, -ca [sínik, -kə] *a.* cynical. 2 shameless.

cinisme [sinízmə] *m.* cynicism. 2 impudence, shamelessness.

cinquanta [siŋkwántə] *a.-m.* fifty.

cinquè, -ena [siŋkέ, -έnə] *a.-m.* fifth.

cinta [síntə] *f.* band, strip. 2 ribbon: ~ *per a màquina d'escriure,* typewriter ribbon. 3 tape: ~ *aïllant,* insulating tape; ~ *mètrica,* tape measure. 4 ~ *transportadora,* conveyor belt.

cintura [sintúrə] *f.* waist; waistline.

cinturó [sinturó] *m.* belt. ‖ ~ *de seguretat,* safety belt. 2 fig. belt, area. ‖ ~ *industrial,* industrial belt. 3 ~ *de ronda,* ring road.

cinyell [siɲéʎ] *m.* belt, waistband; sash.

circ [sirk] *m.* circus. 2 GEOL. cirque.

circuit [sirkúit] *m.* circuit, route [around a place]. 2 ELECTR. circuit: ~ *integrat,* integrated circuit; ~ *tancat,* closed-circuit [TV]. 3 SP. circuit, track.

circulació [sirkuləsió] *f.* circulation. 2 traffic.

circular [sirkulá] *a.-f.* circular.

circular [sirkulá] *i.* to circulate. 2 to run [transport]; to drive [cars]. 3 to pass round. 4 fig. to get round [news].

circumcidar [sirkumsiðá] *t.* to circumcise.

circumcisió [sirkumsizió] *f.* circumcision.

circumdar [sirkumdá] *t.* to encircle, to surround.

circumferència [sirkumfərέsiə] *f.* circumference.

circumloqui [sirkumlɔ́ki] *m.* circumlocution.

circumscripció [sirkumskripsió] *f.* division [of territory]. ‖ ~ *electoral,* constituency.

circumspecció [sirkumspəksió] *f.* caution, prudence.

circumspecte, -ta [sirkumspέktə, -tə] *a.* cautious, wary.

circumstància [sirkumstánsiə] *f.* circumstance.

circumval·lació [sirkumbəlləsió] *f.* encircling, walling in. 2 bypass, ring road.

cirera [sirέrə] *f.* cherry. 2 fig., coll. *remenar les cireres,* to be in charge, to hold the reins.

cirerer [sirəré] *m.* BOT. cherry tree.

ciri [síri] *m.* (wax) candle.

CIRIT [sirit] *f.* (Comissió Interdepartamental de Recerca i Innovació Tecnològica) (Interdepartamental Comission for Technological Research and Innovation).

cirrosi [sirɔ́zi] *f.* MED. cirrhosis.

cirrus [sírrus] *m.* METEOR. cirrus.

cirurgia [sirurʒíə] *f.* surgery.

cirurgià, -ana [sirurʒià, -ánə] *m.-f.* surgeon.

cisalla [sizáʎə] *f.* metal shears. 2 guillotine.

cisar [sizá] *t.* to trim; to shear. 2 to embezzle.

cisell [sizéʎ] *m.* chisel.

cisma [sízmə] *m.* schism, division.

cistell [sistéʎ] *m.* basket.

cistella [sistéʎə] *f.* basket. 2 SP. basket.

cisterna [sistέrnə] *f.* cistern, storage tank.

cita [sítə] *f.* appointment [with doctor, dentist, etc.]; date [with friends].

citació [sitəsiò] f. summons. ‖ ~ *judicial,* subpoena. 2 LITER. quotation.

citar [sità] t. to make an appointment with. 2 to quote, to cite (*de,* from). 2 LAW to summon, to subpoena.

cítara [sitərə] f. MUS. zither.

cítric, -ca [sitrik, -kə] a. citric. ‖ *àcid* ~, citric acid. ■ 2 m. citrus fruit.

ciutadà, -ana [siŭtəðà, -ànə] a. civic, city. ■ 2 m.-f. citizen; inhabitant.

ciutadella [siŭtəðèʎə] f. citadel, look-out tower.

ciutat [siŭtát] f. city; town. ‖ ~ *dormitori,* dormitory town. ‖ ~ *universitària,* (university) campus.

civada [siβáðə] f. oat(s) (*pl.*).

civeta [siβɛ́tə] f. ZOOL. civet, civet-cat.

cívic, -ca [siβik, -kə] a. civic; civil. ‖ *centre* ~, civic centre.

civil [siβil] a. civil. 2 polite, obliging. ■ 3 m.-f. *guàrdia* ~, civil guard.

civilització [siβilidzəsiò] f. civilization.

civilitzar [siβilidzà] t. to civilize.

civisme [siβizmə] m. public spirit; patriotism.

clac [klak] m. clack [noise].

claca [klákə] f. claque.

clam [klam] m. claim, complaint. 2 outcry, clamour.

clamar [kləmà] t. to cry out for, to shout for; to demand. ■ 2 i. to cry out, to clamour; to shout.

clamor [kləmò] m. (i f.) cry, shout; noise. 2 outcry, clamour [of protest].

clan [klan] m. clan. 2 faction, clique.

clandestí, -ina [kləndəsti, -inə] a. clandestine, hidden; underground [activity].

clap [klap] m. patch: *un* ~ *de gespa,* a patch of grass.

clapa [klápə] f. spot, mark [of colour]. 2 opening, gap; clearing.

clapir [kləpi] i. to yelp, to whine [a dog].

clapotejar [kləputəʒà] i. to splash, to be splashed [liquid].

clar, -ra [kla, -rə] a. clear, bright: *un matí molt* ~, a clear morning. 2 light [colour]. 3 thin. ‖ *una sopa clara,* clear soup. 4 fig. clear, easy to understand. ‖ *és* ~, of course, sure. ‖ *més* ~ *que l'aigua,* obvious. ■ 5 adv. clearly. ‖ *parlar* ~, to be frank.

claraboia [klərəβɔ̀iə] f. skylight.

clarament [klɑrəmɛ̀n] adv. clearly; obviously.

claredat [klərəðát] f. brightness, light. 2 clearness, clarity.

clarejar [klərəʒà] i. to dawn, to grow light. 2 to be pale or thin [liquid].

clarí [kləri] m. MUS. bugle.

clariana [kləriànə] f. break in the clouds; sunny period. 2 clearing.

clarificar [klərifikà] t. to clarify.

clarinet [klərinɛ̀t] m. MUS. clarinet.

clarividència [kləriβiðènsiə] f. clairvoyance.

claror [klərò] f. brightness [of light].

classe [klásə] f. class. ‖ *fer* ~, to give lessons [teacher]; to have lessons [pupil]. ‖ ~ *social,* social class. 2 classroom.

clàssic, -ca [klásik, -kə] a. classic. 2 typical, traditional. 3 classical.

classificació [kləsifikəsiò] f. classification.

classificar [kləsifikà] t. to classify, to rate; to sort.

clatell [klətɛ̀ʎ] m. back or nape of the neck.

clatellada [klətəʎàðə] f. slap on the neck.

clau [kláu] m. nail. ‖ fig. *arribar com un* ~, to be punctual, on time. ‖ *ésser sec com un* ~, to be skinny as a twig. 3 BOT. ~ *d'espècia,* clove. 3 f. key. ‖ ~ *mestra,* master key. 4 tap, switch. ‖ ~ *de pas,* stopcock. ‖ ~ *d'una aixeta,* tap, (USA) faucet. 5 key [answer]. 6 MUS. key.

claudàtor [kləŭdàtor] m. square bracket.

Claudi [kláŭði] pr. n. m. Claudius, Claude.

Clàudia [kláŭðiə] pr. n. f. Claudia.

claudicar [kləŭðikà] i. to give way, to back down. 2 to be untrue to one's principles.

clauer [kləwè] m. key-ring.

claustre [kláŭstrə] m. cloister. 2 staff, (USA) faculty [of university].

clàusula [kláŭzulə] f. clause.

clausurar [kləŭzurà] t. to close (down); to adjourn.

clavar [kləβà] t. to nail; to hammer in. 2 to embed, to set. 3 to thrust, to drive [with violence]: ~ *una bufetada,* to hit, to punch [someone]. ■ 4 p. *m'he clavat una estella al dit,* I've got a splinter in my finger. 5 *m'he clavat una sorpresa,* I was absolutely amazed.

clavat, -ada [kləβàt, -àðə] a. identical, just like. 2 just right.

clavecí [kləβəsi] m. MUS. harpsichord.

claveguera [kləβəɣèrə] f. sewer, drain.

clavell [kləβèʎ] m. BOT. carnation.

clavellina [kləβəʎinə] f. BOT. pink.

clavicèmbal [kləβisèmbəl] MUS. See CLA-VECÍ.

clavícula [kləβikulə] f. ANAT. collarbone, clavicle.

clavilla [kləβiʎə] f. pin, peg.

clàxon [klákson] m. horn [of a car].

cleda [klèðə] f. pen, sheepfold.

clemència [kləmènsiə] f. mercy, clemency.

clement [kləmèn] a. merciful, clement.

clenxa [klénʃə] f. parting [of hair].

clepsa [klèpsə] f. crown of the head; skull. 2 fig. brains.

cleptomania [kləptuməniə] f. kleptomania.

clergue [klèrɣə] m. clergyman, priest; minister.

clerical [klərikál] a. clerical.

client, -ta [klièn, -tə] m.-f. client, customer; patient [of a doctor].

clientela [kliəntèlə] f. clients, customers; clientele.

clima [klimə] m. climate. 2 fig. atmosphere.

climatologia [klimətuluʒiə] f. climatology.

clin [klin] See CRIN.

clínic, -ca [klinik, -kə] a. clinical. ■ 2 f. clinic; clinical training.

clip [klip] m. paper clip. 2 hairclip (USA) bobby pin.

clissar [klisá] t. to see, to notice. ■ 2 i. to see.

clivella [kliβèʎə] f. crack, cleft; crevice.

clixé [klifè] m. PRINT. stencil. 2 fig. cliché.

clofolla [klufóʎə] f. shell, nutshell.

cloïssa [kluisə] f. ZOOL. clam.

cloquejar [klukəʒà] i. to cluck.

clor [klɔr] m. chlorine.

clorat [klurát] CHEM. a. chlorinated. ■ 2 m. chlorate.

clorhídric [kluriðrik] a. CHEM. hydrochloric.

clorofil·la [klurufilə] f. chlorophyll.

cloroform [klurufòrm] m. chloroform.

clorur [klurúr] m. CHEM. chloride.

clos, -sa [klɔs, -ózə] a. enclosed; fenced in, walled in. ■ 2 m. enclosed area, enclosure. 3 f. fence, wall.

closca [klóskə] f. shell; eggshell. 2 skull; head. ‖ fig. *dur de* ~, thick-skulled.

clot [klɔt] m. hole, pit; hollow. 2 hole; grave. ‖ *anar al* ~, to die [a person].

clotell [klutèʎ] (BAL.) See CLATELL.

cloure [klɔ̀urə] t. to close, to shut. 2 to clinch. ▲ CONJUG. P. P. *clos*.

club [klup] m. club.

ço [sɔ] *dem. pron.* ant. this; that.

coa [kɔ̀ə] (BAL.) See CUA.

coacció [kuəksió] f. coercion, duress.

coaccionar [kuəksiuná] t. to coerce; to compel.

coadjutor, -ra [kuadʒutò, -rə] a., m.-f. assistant, helper s.

coadjuvar [kuədʒuβá] i. to help one another, to co-operate.

coagular [kuəɣulá] t. to coagulate, to clot; to curdle. ■ 2 p. to coagulate, to curdle; to set, to thicken.

coalició [kuəlisió] f. coalition.

coartada [kuərtàðə] f. alibi.

cobalt [kuβál] m. MINER. cobalt.

cobdícia [kubdisiə] See COBEJANÇA.

cobejança [kuβəʒánsə] f. greed, covetousness.

cobejar [kuβəʒà] t. to covet, to desire; to long for.

cobert, -ta [kuβèr(t), -tə] a. covered. 2 overcast [sky]. ■ 3 m. shelter. 4 place setting [at a table]. 5 meal [at a fixed charge]. 6 fig. *estar a* ~, to be in the black.

cobertor [kuβərtór] (VAL.) See COBRELLIT.

cobla [kóbblə] f. MUS. popular Catalonian instrumental group.

cobra [kɔ́βrə] f. ZOOL. cobra.

cobrador, -ra [kuβrəðò, -rə] m.-f. collector; conductor; conductress [of bus].

cobrar [kuβrá] t. to collect, to receive [esp. money]. 2 to charge [price]. 3 to recover.

cobrellit [kɱβrəʎit] m. coverlet.

cobrir [kuβri] t. to cover, to protect. 2 to spread or extend over. 3 to meet, to cover [expenses]. 4 to cover up for. ■ 5 p. to cover up, to cover oneself. ▲ CONJUG. P. P.: *cobert*.

coc [kɔk] m. cook; chef.

coca [kókə] f. flat, oven-baked dough with topping. 2 fig. *estar fet una* ~, to feel low or depressed. 3 BOT. coca [plant]. 4 coll. coke, cocaine.

cocaïna [kukəinə] f. cocaine.

cocció [kuksió] f. cooking, baking.

còccix [kɔ́ksiks] m. ANAT. coccyx.

coco [kóku] m. coconut.

cocodril [kukuðril] m. ZOOL. crocodile.

cocoter [kukutè] m. BOT. coconut palm.

còctel [kɔ́ktəl] *m.* cocktail [drink]. 2 cocktail party.

coctelera [kuktəlέrə] *f.* cocktail shaker.

coda [kɔ́ðə] *f.* MUS. coda.

còdex [kɔ́ðəks] *m.* codex.

codi [kɔ́ði] *m.* code. || ~ *de circulació,* highway code; ~ *genètic,* genetic code; ~ *penal,* penal code.

codificar [kuðifikà] *t.* to codify. 2 to rationalize, to order.

còdol [kɔ́ðul] *m.* boulder.

codolell [kuðulέʎ] *m.* pebble.

codony [kuðóɲ] *m.* BOT. quince [fruit].

codonyat [kuðuɲàt] *m.* quince jelly.

codonyer [kuðuɲέ] *m.* BOT. quince tree.

coeficient [kuəfisièn] *m.* MATH. coefficient. 2 quotient.

coerció [kuərsió] *f.* coercion; compulsion.

coercir [kuərsí] *t.* to coerce; to compel.

coet [kuέt] *m.* rocket.

coetani, -ània [kuətàni, -ània] *a.* contemporary [of the same period].

coexistir [kuəgzistí] *i.* to coexist.

còfia [kɔ́fiə] *f.* cap [of nurse, maid, etc.].

cofre [kɔ́frə] *m.* chest, trunk, coffer.

cofurna [kufúrnə] *f.* hovel, dump; dingy room.

cognició [kuɲnisió] *f.* cognition.

cognom [kuɲnɔ̀m] *m.* surname, (USA) last name; family name.

cognoscible [kuɲnusibblə] *a.* knowable; recognizable.

cogombre [kuɣómbrə] *m.* BOT. cucumber.

cohabitar [kuəβità] *i.* to live together; to cohabit.

coherència [kuərέnsiə] *f.* coherence.

coherent [kuərèn] *a.* coherent.

cohesió [kuəzió] *f.* cohesion.

cohibició [kuiβisió] *f.* restraint, inhibition.

cohibir [kuiβí] *t.* to restrain, to inhibit.

coincidència [kuinsiðènsiə] *f.* coincidence.

coincidir [kuinsiðí] *i.* to coincide. || *vam* ~ *al cinema,* we ran into each other at thecinema. 2 to agree.

coïssor [kuisó] *f.* smart, burning or stinging pain.

coit [kɔ̀it] *m.* intercourse, coition.

coix, -xa [koʃ, -ʃə] *a.* lame, limping; crippled. ■ 2 *m.-f.* lame person; crippled.

coixejar [kuʃəʒà] *i.* to limp, to hobble (along); to be lame or crippled.

coixesa [kuʃέzə] *f.* lameness; limp.

coixí [kuʃí] *m.* cushion; pillow.

coixinera [kuʃinérə] *f.* cushion-slip; pillow-case.

coixinet [kuʃinέt] *m.* small cushion or pillow; pad. 2 MECH. bearing.

col [kɔl] *f.* BOT. cabbage. || ~ *de Brussel·les,* (Brussels) sprout.

cola [kɔ́lə] *f.* glue; gum.

colador [kuləðó] *m.* strainer.

colar [kulà] *t.* to strain, to filter [a liquid].

coleòpters [kuləɔ́ptərs] *m. pl.* ENT. beetles.

còlera [kɔ́lərə] *m.* MED. cholera. 2 *f.* rage, anger.

colgar [kulɣà] *t.* to bury, to cover up. ■ 2 *p.* to cover oneself up [in bed]. 3 to go to bed.

colibrí [kuliβrí] *m.* ORNIT. hummingbird.

còlic, -ca [kɔ́lik, -kə] *a.* MED. colic [of the colon]. ■ 2 *m.* colic. 3 diarrhea.

col-i-flor [kɔliflɔ́] *f.* BOT. cauliflower.

colitis [kulitis] *f.* MED. colitis.

coll [kɔʎ] *m.* neck. || *a* ~, on one's back or in one's arms. 2 throat. 3 collar [of a shirt, a coat, etc.]. 4 mountain pass. 5 suit [cards].

colla [kɔ́ʎə] *f.* gathering, crowd; assembly. 2 series, group, collection.

col·laboració [kulləβurəsió] *f.* collaboration.

col·laborador, -ra [kulləβurəðó, -rə] *m.-f.* collaborator.

col·laborar [kulləβurà] *i.* to collaborate.

col·lació [kulləsió] *f.* conferment. 2 light meal, snack. 3 *portar a* ~, to bring up, to mention.

collada [kuʎàðə] *f.* mountain pass.

col·lapse [kulàpsə] *m.* collapse, breakdown. 2 fig. collapse, ruin, stoppage.

collar [kuʎá] *m.* necklace. 2 collar [of dog].

collar [kuʎá] *t.* to screw together; to join. 2 fig. to subject.

collaret [kuʎərέt] *m.* necklace.

col·lateral [kullətəràl] *a.* collateral.

col·lecció [kulləksió] *f.* collection.

col·leccionar [kulləksiunà] *t.* to collect.

col·leccionista [kulləksiunistə] *m.-f.* collector.

col·lectar [kulləktà] *t.* to collect [taxes]; to take a collection [for charity].

col·lectiu, -iva [kulləktiŭ, -iβə] *a.* collective; joint, group. ■ 2 *m.* council, committee; group.

col·lectivitat [kulləktiβitàt] *f.* whole; group, community.

col·lector [kulləktò] *a.* collecting. ■ *2 m.* drain; sewer.

col·lega [kullέɣə] *m.-f.* colleague, partner; mate.

col·legi [kullέʒi] *m.* school; school building. *2* association; body, college. ‖ ~ *electoral,* electoral college.

col·legial [kulləʒiàl] *a.* school, college. ■ *2 m.* schoolboy. *3 f.* schoolgirl.

col·legiar-se [kulləʒiàrsə] *p.* to become a school, college or association. *2* to enter a school, college or association.

col·legiata [kulləʒiàtə] *f.* collegiate church.

collir [kuʎi] *t.* to pick, to pick up; to pluck. *2* to harvest, to reap; to gather, to collect. ▲ CONJUG. INDIC. Pres.: *cullo, culls, cull, cullen.* ‖ SUBJ. Pres.: *culli, cullis, culli, cullin.* ‖ IMPERAT.: *cull, culli, cullin.*

col·liri [kulliri] *m.* MED. eyewash, collyrium.

col·lisió [kullizió] *f.* collision. *2* fig. clash.

collita [kuʎitə] *f.* crop, harvest; picking, gathering. ‖ fig. *de ~ pròpia,* of one's own invention.

colló [kuʎó] *m.* ball, testicle. ‖ *interj.* vulg. *collons!,* fucking hell!

col·locació [kullukəsió] *f.* placing. *2* job, position.

col·locar [kullukà] *t.* to place; to position, to put. *2* to invest.

col·loide [kullɔ̀iðə] *m.* colloid.

col·loqui [kullɔ̀ki] *m.* conversation. *2* discussion [after conference]; conference.

colobra [kulɔ̀brə] *f.* ZOOL. snake.

colofó [kulufó] *m.* colophon. *2* fig. end, ending.

colom [kulòm] *m.* pigeon.

colomí [kulumi] *m.* young pigeon. *2* greenhorn; naïve person.

còlon [kɔ̀lun] *m.* ANAT. colon.

colònia *f.* colony. *2* cologne.

Colònia [kulɔ̀niə] *pr. n. f.* GEOGR. Cologne.

colonitzar [kulunidzà] *t.* to colonize; to settle.

color [kulò] *m.* colour, (USA) color. ‖ *perdre el ~,* to turn pale. *2* fig. shade, tone; aspect. *3 de ~,* coloured, black [person].

coloració [kulurəsió] *f.* colouring, (USA) coloring. *2* coloration, markings.

colorant [kuluràn] *a.* colouring, (USA) coloring. ■ *2 m.* CHEM. dye, colouring, (USA), coloring.

colorar [kulurà] *t.* to colour, (USA) to color; to dye, to stain.

coloret [kulurὲt] *m.* COSM. rouge.

colorit [kulurit] *m.* colouring, (USA) coloring.

colós [kulòs] *m.* colossus; giant.

colossal [kulusàl] *a.* colossal, giant.

colp [kɔ̀lp] (VAL.) See COP.

colpejar [kulpəʒà] *t.* to hit; to strike, to punch; to beat; to bang.

colpidor, -ra [kulpiðò, -rə] *a.* shocking, startling.

colpir [kulpi] *t.* to hit, to strike, to beat; to injure. *2* fig. to move, to affect [emotionally]; to shock.

colrar [kulrrà] *t.* to tan [skin]. ■ *2 p.* to get tanned.

coltell [kultέʎ] *m.* ant. knife.

columna [kulúmnə] *f.* ARCH. column; pillar. *2* ANAT. spine. ‖ ~ *vertebral,* spinal column, spine. *3* fig. pillar, support.

columnata [kulumnàtə] *f.* colonnade.

colze [kòlzə] *m.* elbow. *2* elbow's length [measurement]. *3* elbow [joint].

com [kɔm] *adv.* how; like; as. ‖ ~ *a,* as. ‖ ~ *ara,* such as. *2* as, while. ■ *3 conj.* as; since; because.

coma [kòmə] *m.* MED. coma. *2* GEOGR. (wide) mountain pass. *3* PRINT. comma.

comanar [kumanà] *t.* to entrust, to commission; to delegate. *2* to pay tribute to [an absent party].

comanda [kumàndə] *f.* order. *2* care, custody.

comandament [kuməndəmèn] *m.* command; rule, authority. *2* commanding officers [army]. *3* control [of aircraft]; driving [of car].

comandant [kuməndàn] *m.* commander; commandant.

comandar [kuməndà] *t.* to command, to lead; to be in charge of.

comarca [kumàrkə] *f.* region; area, district.

comare [kumàrə] *f.* godmother. *2* midwife. *3* neighbour [woman]; gossip.

combat [kumbàt] *m.* battle, combat; fight. ‖ *posar o deixar fora de ~,* to put out of action, to knock out.

combatent [kumbatèn] *m.* combatant.

combatre [kumbàtrə] *t.* to attack, to fight. *2* to counter, to oppose. ■ *3 i.* to fight, to battle.

combinació [kumbinəsió] *f.* combination. 2 (women's) slip [undergarment].

combinar [kumbiná] *t.* to combine; to join, to put together. 2 to blend, to mix. ■ 3 *p.* to combine; to mix, to match.

combinat [kumbinát] *m.* cocktail.

comboi [kumbɔ́i] *m.* convoy. 2 train.

combregar [kumbrəɣá] *t.* ECCL. to administer communion to. ■ 2 *i.* to receive communion. 3 fig. to be of the same opinion or feeling. ‖ *fer ~ amb rodes de molí,* to bamboozle.

combustible [kumbustibblə] *a.* combustible. ■ 2 *m.* fuel, combustible.

combustió [kumbustió] *f.* combustion.

comèdia [kuméðiə] *f.* comedy. 2 fig. farce, comedy. ‖ fig. *fer ~,* to play the fool.

comediant, -ta [kuməðián, -tə] *a.* comic, comical. ■ 2 *m.* comedian. 3 *f.* comedienne. 4 *m.-f.* fake.

començ [kuméns] See COMENÇAMENT.

començament [kumənsəmén] *m.* beginning, start. ‖ *des del ~,* all along, from the start. 2 birth.

començar [kumənsá] *t.* to begin, to start. 2 to undertake, to take on. ■ 3 *i.* to begin, to start. ‖ *~ per,* to begin with. ‖ *per ~,* to begin with, in first place.

comensal [kumənsál] *m.-f.* table companion, dinner guest.

comentar [kuməntá] *t.* to comment on; to discuss, to give one's opinion of.

comentari [kuməntári] *m.* commentary. 2 comment; remark.

comentarista [kuməntərístə] *m.-f.* commentator [literary, historical, etc.].

comerç [kumérs] *m.* commerce, trade; business. 2 dealers, merchants [as a whole].

comercial [kumərsiál] *a.* commercial; business, trade. ‖ *centre ~,* shopping centre.

comerciant, -ta [kumərsián, -tə] *m.-f.* dealer, merchant; trader.

comerciar [kumərsiá] *i.* to do business; to trade.

comesa [kumézə] *f.* duty, custody. 2 commission, assignment; task, job.

comestible [kuməstibblə] *a.* edible. ■ 2 *m. pl.* food, provisions; groceries.

cometa [kumétə] *m.* ASTR. comet.

cometes [kumétəs] *f. pl.* PRINT. inverted commas, quotation marks.

cometre [kumétrə] *t.* to commit; to make [error]. ‖ *~ un assassinat,* to commit murder. ▲ CONJUG. like *admetre.*

comí [kumí] *m.* BOT. cumin.

comiat [kumiát] *m.* farewell. 2 dismissal; firing, sacking.

còmic, -ca [kɔ́mik, -kə] *a.* comic, comical. ■ 2 *m.* comedian. 3 comic (strip), cartoon. 4 *f.* comedienne.

comicis [kumísis] *m. pl.* elections.

comissari [kumisári] *m.* commissary, deputy. 2 (police) inspector.

comissaria [kumisəríə] *f.* commissioner's office. 2 police station.

comissura [kumisúrə] *f.* commissure. ‖ *la ~ dels llavis,* the corner of the mouth.

comitè [kumité] *m.* committee.

comitiva [kumitíßə] *f.* retinue, procession.

commemoració [kumməmurəsió] *f.* commemoration.

commemorar [kumməmurá] *t.* commemorate.

commemoratiu, -iva [kumməmurətiŭ, -íßə] *a.* commemorative.

commensurable [kummənsurábblə] *a.* commensurable.

comminació [kumminəsió] *f.* threat.

comminar [kumminá] *t.* to threaten [with a penalty].

comminatori, -òria [kumminətɔ́ri, -ɔ́riə] *a.* threatening.

commoció [kummusió] *f.* commotion, shock, upheaval. ‖ *~ cerebral,* concussion.

commoure [kummɔ́urə] *t.* to shake: *una enorme explosió va ~ la ciutat,* an enormous explosion shook the city. 2 to awake, [emotions]. 3 to move, to affect: *les seves paraules ens van ~ a tots,* her words moved all of us.

comissió [kumisió] *f.* commission.

commovedor, -ra [kummußəðó, -rə] *a.* moving, touching.

commutador [kummutəðó] *m.* ELECTR. commutator.

commutar [kummutá] *t.* to exchange, to commute. 2 ELECTR. to commutate. 3 LAW to commute.

còmode, -da [kɔ́muðə, -ðə] *a.* comfortable. 2 convenient, handy.

comoditat [kumuðitát] *f.* comfort. 2 convenience. 3 *pl.* comforts, amenities, conveniences.

compacte, -ta [kumpàktə, -tə] *a.* compact.

compadir [kumpəðí] *t.* to sympathize with. ■ 2 *p.* to take pity (*de,* on).

compaginar [kumpəʒiná] *t.* to combine, to put together. 2 PRINT. to make up. ■ 3 *p.* to go together, to fit in with.

company, -nya [kumpáɲ, -ɲə] *m.-f.* companion, mate, colleague.

companyia [kumpəɲíə] *f.* company. ‖ *fer* ~ *a algú,* to keep someone company.

companyó, -ona [kumpəɲó, -ónə] See COMPANY.

companyonia [kumpəɲuníə] *f.* companionship.

comparable [kumpərábblə] *a.* comparable.

comparació [kumpərəsió] *f.* comparison. ‖ *en* ~ *a,* in comparison with, compared to.

comparar [kumpərá] *t.* to compare.

comparatiu, -iva [kumpərətiŭ, -íβə] *a.* comparative.

compareixença [kumpərəʃénsə] *f.* LAW appearance.

comparèixer [kumpəréʃə] *i.* to appear. ▲ CONJUG. P. P.: *comparegut.* | INDIC. Pres.: *comparec.* ‖ SUBJ. Pres.: *comparegui,* etc. | Imperf.: *comparegués,* etc.

comparsa [kumpársə] *m.-f.* THEATR. extra. 2 *f.* group of people in fancy dress in carnival.

compartiment [kumpərtimèn] *m.* sharing. 2 compartment [train, ship, etc.].

compartir [kumpərtí] *t.* to share (out).

compàs [kumpás] *m.* compass. 2 MUS. rhythm; bar; time. ▲ *pl.* *compassos.*

compassat, -ada [kumpəsát, -áðə] *a.* measured; steady.

compassió [kumpəsió] *f.* compassion.

compassiu, -iva [kumpəsiŭ, -íβə] *a.* understanding, sympathetic.

compatibilitat [kumpətiβilitát] *f.* compatibility.

compatible [kumpətibblə] *a.* compatible.

compatriota [kumpətriɔ̀tə] *m.-f.* compatriot. 2 *m.* fellow countryman. 3 *f.* fellow countrywoman.

compel·lir [kumpəlli] *t.* to compel, to force.

compendi [kumpèndi] *m.* summary, résumé; compendium.

compendiar [kumpəndiá] *t.* to summarize, to abridge.

compenetració [kumpənətrəsió] *f.* mutual understanding.

compenetrar-se [kumpənətrársə] *p.* to understand each other.

compensació [kumpənsəsió] *f.* compensation. 2 ECON. *cambra de* ~, clearing house.

compensar [kumpənsá] *t.* to compensate, to compensate for.

competència [kumpətènsiə] *f.* scope, province: *això és* ~ *del director,* that's the headmaster's province. 2 competence, ability. 3 competition: *fer la* ~, to compete.

competent [kumpətèn] *a.* competent. 2 appropiate: *ens posarem en contacte amb les autoritats competents,* we shall get in touch with the appropiate authorities.

competició [kumpətisió] *f.* competition.

competidor, -ra [kumpətiðò, -rə] *m.-f.* competitor.

competir [kumpəti] *i.* to correspond; to concern. 2 to compete.

compilació [kumpiləsió] *f.* compilation.

compilar [kumpilá] *t.* to compile.

complaença [kumplaènsə] *f.* desire to please. 2 pleasure. 3 satisfaction.

complaent [kumplaèn] *a.* helpful, obliging. 2 satisfied, pleased.

complaure [kumplàŭrə] *t.* to please. ■ 2 *p.* to be pleased about. ▲ CONJUG. like *plaure.*

complement [kumpləmèn] *m.* complement. 2 GRAMM. object, complement.

complementar [kumpləməntá] *t.* to complement, to complete.

complementari, -ària [kumpləməntàri, -àriə] *a.* complementary.

complert, -ta [kumplér(t), -tə] *a.* full, replete. 2 complete, whole.

complet [kumplét] *a.* complete. 2 full: *l'hotel està* ~, the hotel has no vacancies.

completar [kumplətá] *t.* to complete.

complex, -xa [kumplèks, -ksə] *a.* complex, complicated. ■ 2 *m.* complex.

complexió [kumpləksió] *f.* constitution, nature.

complicació [kumplikəsió] *f.* complication.

complicar [kumpliká] *t.* to complicate, to make complicated. ■ 2 *p.* to get complicated. 3 to get involved (*en,* in). 4 *complicar-se la vida,* to make life difficult for oneself.

complicat, -ada [kumplikát, -áðə] *a.* complicated.

còmplice [kɔ́mplisə] *m.-f.* accomplice.

complicitat [kumplisitát] *f.* complicity.

complidor, -ra [kumpliðó, -rə] *a.* reliable; obliging. ■ 2 *m.-f.* reliable person; obliging person.

compliment [kumplimɛ́n] *m.* carrying out; fulfilment. 2 compliment. ‖ *no fer compliments,* not to stand on ceremony.

complimentar [kumpliməntá] *t.* to compliment.

complir [kumpli] *t.* to fulfil [a promise]; to carry out [an order]. 2 to reach [an age]; to meet [a deadline]. ‖ *demà compleix vint-i-sis anys,* she's twenty six tomorrow. ■ 3 *i.* to do one's duty, to do what is required. ■ 4 *p.* to come true [predictions, desires]. ▲ CONJUG. P. P.: *complert* or *complit.*

complit, -ida [kumplit, -íðə] See COM-PLERT.

complot [kumplɔ́t] *m.* plot, conspiracy.

compondre [kumpóndrə] *t.* to make up; to put together. 2 to compose, to write. ■ 3 *p.* to tidy oneself up, to make oneself look smart. 4 *compondre-s'ho,* to sort things out, to manage. ▲ CONJUG. like *respondre.*

component [kumpunɛ́n] *a.-m.-f.* component.

comporta [kumpɔ́rtə] *f.* sluice, floodgate.

comportament [kumpurtəmɛ́n] *m.* behaviour.

comportar [kumpurtá] *t.* to suffer, to put up with. 2 to imply, to involve. ■ 3 *p.* to behave, to behave oneself.

composició [kumpuzisió] *f.* composition.

compositor, -ra [kumpuzitó, -rə] *m.-f.* MUS. composer.

compost, -ta [kumpɔ́s(t), -tə] *a.-m.* compound. 2 *m.* compost.

compota [kumpɔ́tə] *f.* compote.

compra [kómprə] *f.* buying, purchase. 2 shopping.

comprador, -ra [kumprəðó, -rə] *m.-f.* buyer, purchaser.

comprar [kumprá] *t.* to buy, to purchase.

comprendre [kumprɛ́ndrə] *t.* to understand, to comprehend. 2 to comprehend, to include. ■ 3 *p.* to be understandable. ▲ CONJUG. like *aprendre.*

comprensible [kumprənsíbblə] *a.* understandable, comprehensible.

comprensió [kumprənsió] *f.* comprehension, understanding.

comprensiu, -iva [kumprənsiŭ, -íβə] *a.* understanding [person]. 2 comprehensive: *un estudi* ~, a comprehensive study.

compresa [kumprɛ́zə] *f.* compress. 2 sanitary towel [for women].

compressió [kumprəsió] *f.* compression.

compressor, -ra [kumprəsó, -rə] *a.* compressive. ■ 2 *m.* compressor.

comprimir [kumprimí] *t.* to compress. 2 fig. to contain, to control. ■ 2 *p.* to control oneself.

comprimit, -ida [kumprimit, -íðə] *a.* compressed. ■ 2 *m.* tablet, pill.

comprometedor, -ra [kumprumətəðó, -rə] *a.* compromising.

comprometre [kumprumɛ́trə] *t.* to compromise. 2 to jeopardize, to endanger. 3 to implicate, to involve. 4 to promise. ■ 5 *p.* to commit oneself, to promise. ‖ *m'he compromès a escriure el llibre,* I have undertaken to write the book. ▲ CONJUG. like *admetre.*

compromís [kumprumís] *m.* obligation, commitment. 2 appointment, engagement. 3 fix. ‖ *no et vull posar en un* ~, I don't want to put you in a difficult situation.

comprovació [kumpruβəsió] *f.* check, checking, verification. 2 proof.

comprovant [kumpruβán] *m.* proof; voucher; receipt.

comprovar [kumpruβá] *t.* to check, to verify; to prove.

comptabilitat [kumtəβilitát] *f.* accountancy, accounting, bookkeeping.

comptable [kumtábblə] *a.* countable. ■ 2 *m.* accountant.

comptador, -ra [kumtəðó, -rə] *m.-f.* accountant. 2 meter.

comptagotes [kɔmtəɣótəs] *m.* dropper.

comptant [kumtán] *a.* *diners comptants,* cash.

comptar [kumtá] *t.* to count. 2 to be a certain age: *quan comptava només dotze anys,* when he was only twelve. ‖ *té els dies comptats,* his days are numbered. 3 to ascribe: *compteu-li aquest èxit,* put this success down to her. ■ 4 *i.* to count: *sap* ~ *fins a 100,* he can count up to 100. 5 fig. to imagine: *ja pots* ~ *el que degueren pensar!,* you can imagine what they must have thought! *6* to sort out money matters: *ja ho comptarem quan arribem a casa,* we'll sort out who owes who what when we get home. *7* to be sure. ‖ *És molt fàcil. Pots* ~*!,* It's very easy. I'm sure it is! [said sarcastically].

comptat, -ada [kumtát, -áðə] *a.* **al** ~, cash. *2 pl.* rare, scarce: *hi he anat comptades vegades,* I've seldom been there.

compte [kómtə] *m.* calculation, counting. *2* count. *3* care, attention. ‖ ~*!,* look out! ‖ ~ *amb el ganivet,* be careful with that knife. *4* bill. ‖ *passar comptes,* to sort out money. *5* account. ‖ *donar* ~ *de,* to inform of. ‖ *tenir en* ~, to take into account. *6* bank account. *7 en comptes de,* instead of.

compulsa [kumpúlsə] *f.* certified true copy.

compulsar [kumpulsá] *t.* to make a certified true copy. *2* to look through; to consult.

compulsió [kumpulsió] *f.* compulsion.

compunció [kumpunsió] *f.* remorse, compunction.

compungiment [kumpunʒimèn] *m.* See COMPUNCIÓ.

compungir-se [kumpunʒírsə] *p.* to feel remorseful, to be sad.

compungit, -ida [kumpunʒit, -íðə] *a.* remorseful; sad.

còmput [kɔ́put] *m.* computation, calculation.

computador, -ra [kumputəðó] *a.* calculating, computing. ■ *2 m.-f.* computer.

computar [kumputá] *t.* to compute, to calculate.

comtal [kumtál] *a.* count's.

comtat [kumtát] *m.* county, shire. *2* countship, earldom.

comte [kómtə] *m.* count, earl.

comtessa [kumtɛ́sə] *f.* countess.

comú, -una [kumú, -únə] *a.* common: *sentit* ~, common sense. ■ *2 f.* ant. toilet. *3* commune.

comunament [kumunəmèn] *adv.* commonly; often.

comunicació [kumunikəsió] *f.* communication.

comunicant [kumunikàn] *a.* communicating. ■ *2 m.-f.* communicant.

comunicar [kumuniká] *t.* to tell, to communicate: *m'han comunicat la notícia,* I've been told the news. *2* to transmit, to spread. ■ *3 i.* to be engaged [telephone]. ■ *4 p.* to be or get in touch. *5* to communicate.

comunicat [kumunikàt] *m.* report; despatch; communiqué.

comunicatiu, -iva [kumunikətiŭ, -iβə] *a.* communicative.

comunió [kumunió] *f.* communion.

comunisme [kumunizmə] *m.* communism.

comunista [kumunistə] *a., m.-f.* communist.

comunitat [kumunitàt] *f.* community. ‖ ~ *de propietaris,* owner's association.

con [kɔn] *m.* GEOM. cone.

conat [kunát] *m.* beginnings *pl.* *2* attempt.

conca [kóŋkə] *f.* bowl. *2* socket [of the eyes]. *3* basin [of a river].

concatenació [kuŋkətənəsió] *f.* concatenation, linking.

còncau, -ava [kóŋkəŭ, -əβə] *a.* concave.

concavitat [kuŋkəβitàt] *f.* concavity, hollow; hollowness.

concebible [kunsəβibblə] *a.* conceivable.

concebre [kunsέβrə] *t.* to conceive. *2* fig. to conceive, to imagine, to have [an idea]. *3* ~ *esperances,* to have hopes. ▲ CONJUG. like *rebre.*

concedir [kunsəði] *t.* to award. *2* to concede, to allow.

concentració [kunsəntrəsió] *f.* concentration.

concentrar [kunsəntrà] *t.-p.* to concentrate.

concèntric, -ca [kunsέntrik, -kə] *a.* concentric.

concepció [kunsəpsió] *f.* conception.

concepte [kunsέptə] *m.* concept. *2* conception, idea. *3* opinion.

conceptuar [kunsəptuá] *t.* to consider, to think, to judge.

concernent [kunsərnèn] *a.* concerning, regarding.

concernir [kunsərni] *t.* to concern, to affect, to apply to.

concert [kunsέr(t)] *m.* MUS. concert. *2* agreement.

concertar [kunsərtà] *t.* to arrange, to agree on. ‖ ~ *la pau,* to come to a peace agreement. ■ *2 i.* MUS. to harmonize.

concertista [kunsərtistə] *m.-f.* MUS. concert performer, concert artist.

concessió [kunsəsió] *f.* concession. *2* awarding, granting, grant.

concessionari, -ària [kunsəsiunàri, -àriə] *a.* concessionary. ■ *2 m.-f.* concessionaire.

concili [kunsíli] *m.* council.

conciliàbul [kunsiliàβul] *m.* unlawful meeting, unlawful assembly.

conciliació [kunsiliəsió] *f.* conciliation.

conciliador, -ra [kunsiliəðò, -rə] *a.* conciliatory. ■ *2 m.-f.* conciliator, peacemaker.

conciliar [kunsilià] *t.* to reconcile; to conciliate. 2 to win, to gain [respect, favour, etc.].

conciliatori, -òria [kunsiliətòri, -òriə] *a.* conciliatory.

concís, -isa [kunsís, -izə] *a.* concise.

concisió [kunsizió] *f.* conciseness.

conciutadà, -ana [kunsiütəðà, -ánə] *m.-f.* fellow citizen.

conclave [kuŋklàβə] *m.* conclave.

concloent [kuŋkluèn] *a.* decisive, conclusive.

concloure [kuŋklòurə] *t.* to finish, to end, to conclude. 2 to conclude, to deduce. ▲ CONJUG. like *cloure*.

conclusió [kuŋkluzió] *f.* conclusion.

conco, -a [kòŋku, -a] *m.* pej. bachelor. 2 *f.* pej. spinster. 3 *m.* BAL. See ONCLE.

concomitància [kuŋkumitànsiə] *f.* concomitance, accompaniment.

concomitant [kuŋkumitàn] *a.* concomitant.

concordança [kuŋkurðànsə] *f.* harmony, concordance. 2 GRAMM. agreement.

concordant [kuŋkurðàn] *a.* concordant.

concordar [kuŋkurðà] *t.* to make agree. 2 to agree on. ■ *3 i.* to agree.

concordat [kuŋkurðàt] *m.* concordat.

concòrdia [kuŋkòrðiə] *f.* harmony, concord. 2 accord, agreement.

concórrer [kuŋkòrrə] *i.* to concur, to coincide. 2 to concur, to happen together. 3 to converge, to meet. 4 to compete for. ▲ CONJUG. like *córrer*.

concreció [kuŋkrəsió] *f.* concretion.

concret, -ta [kuŋkrèt, -tə] *a.* concrete [not abstract]; definite, actual, specific. ‖ *en aquest cas ~,* in this particular case.

concretament [kuŋkrətəmèn] *adv.* in particular, specifically, to be exact.

concretar [kuŋkrətà] *t.* to specify, to say definitely. ‖ *encara no hem concretat cap hora per l'entrevista,* we still haven't fixed an exact time for the interview. ■ *2 p.* to limit. ‖ *sempre divaga, no es con-*

creta mai a la qüestió, he always digresses, he never confines himself to the matter in hand.

concubina [kuŋkuβinə] *f.* concubine.

conculcar [kuŋkulkà] *t.* to infringe [laws]; to violate [rights]; not to respect [authority].

concupiscència [kuŋkupisènsiə] *f.* concupiscence, lustfulness. 2 greed.

concupiscent [kuŋkupisèn] *a.* concupiscent, lustful. 2 greedy.

concurrència [kuŋkurrènsiə] *f.* crowd, gathering; audience. 2 convergence; concurrence. 3 competition, rivalry.

concurrent [kuŋkurrèn] *a.* convergent. 2 concurrent. ■ *3 m.-f.* contender; candidate. 4 member of the audience; spectator.

concurs [kuŋkúrs] *m.* competition, contest. 2 concourse. 3 gathering, crowd.

concursant [kuŋkursàn] *m.-f.* competitor, candidate.

condecoració [kundəkurəsió] *f.* medal, decoration.

condecorar [kundəkurà] *t.* to decorate [with badge, medal].

condeixeble, -a [kundəʃébblə, -bblə] *m.-f.* schoolmate, classmate.

condemna [kundèmnə] *f.* LAW sentence. 2 fig. condemnation.

condemnar [kundəmnà] *t.* LAW to sentence, to condemn. 2 to condemn. 3 MED. to declare incurable.

condemnat, -ada [kundəmnàt, -áðə] *a.* condemned; convicted; damned. ■ *2 m.-f.* convicted person.

condensació [kundənsəsió] *f.* condensation.

condensador, -ra [kundənsəðò, -rə] *a.* condensational. ■ *2 m.* condenser, capacitor.

condensar [kundənsà] *t.* to condense. ■ *2 p.* to come together, to conglomerate.

condescendència [kundəsəndènsiə] *f.* acquiescence; condescension.

condescendent [kundəsəndèn] *a.* acquiescent; willing to help, kind.

condescendir [kundəsəndi] *i.* to acquiesce, to agree.

condició [kundisió] *f.* condition. 2 condition, state: *la ~ natural,* the natural state. ‖ *en la seva ~ de ministre,* in his capacity as a minister. 3 status; social rank. 4 *a ~ de,* provided.

condicional [kundisiunàl] *a.* conditional. ‖ *llibertat ~,* probation.

condicionar [kundisiunà] t. to condition. 2 to prepare, to make suitable.

condiment [kundimèn] m. condiment.

condimentar [kundiməntà] t. to condiment, to season.

condó [kundò] m. condom.

condol [kundòl] m. condolence, sympathy. ‖ *donar el* ~, to express one's sympathy.

condoldre's [kundòldrəs] p. to sympathize, to express one's sympathy. ▲ CONJUG. like *valer*.

condolença [kundulènsə] f. condolence, sympathy.

condonar [kundunà] t. to condone, to pardon.

còndor [kòndur] m. ORNIT. condor.

conducta [kundúktə] f. conduct, behaviour, (USA) behavior.

conducte [kundúktə] m. conduit, pipe. 2 ANAT. duct, canal.

conductibilitat [kunduktiβilitàt] f. conductivity.

conductor, -ra [kunduktò, -rə] a. conductive. ■ 2 m.-f. driver. 3 m. ELECTR. conductor.

conduir [kundui] t. to lead, to guide. 2 to conduct, to transmit. 3 to drive. ■ 4 p. to behave.

conegut, -uda [kunəyút, -úðə] a. known. 2 well-known, famous. ■ 3 m.-f. acquaintance.

coneixedor, -ra [kunəʃəðò, -rə] m.-f. expert.

coneixement [kunəʃəmèn] m. knowledge. 2 consciousness: *perdre el* ~, to lose consciousness.

coneixença [kunəʃènsə] f. knowledge: *tenir* ~ *de*, to know about, to be informed about. 2 acquaintanceship: *fer la* ~ *d'algú*, to make someone's acquaintance. 3 acquaintance.

conèixer [kunéʃə] t. to know. ‖ ~ *món*, to be widely travelled. ‖ ~ *el món*, to be a man of the world. 2 to meet: *ahir vaig* ~ *una noia meravellosa*, I met a wonderful girl yesterday. 3 to recognize: *no em coneixes?*, don't you recognise me?

confabulació [kumfəβuləsiò] f. plot, intrigue.

confabular-se [kumfəβulàrsə] p. to plot, to intrigue.

confecció [kumfəksiò] f. making-up, tailoring. 2 ready-made clothes; the production of ready-made clothes.

confeccionar [kumfəksiunà] t. to make up.

confederació [kumfəðərəsiò] f. confederation.

confederar [kumfəðərà] t. to confederate.

confegir [kumfəʒi] t. to put back together [something broken]. 2 to spell out.

conferència [kumfərènsiə] f. lecture. 2 meeting, conference.

conferenciant [kumfərənsiàn] m.-f. speaker, lecturer.

conferir [kumfəri] t. to award. ■ 2 i. to confer, to converse, to discuss.

confessar [kumfəsà] t. to confess. 2 to hear confession.

confessió [kumfəsiò] f. confession.

confessional [kumfəsiunàl] a. confessional.

confessionari [kumfəsiunàri] m. ECCL. confessional.

confessor [kumfəsò] m. ECCL. confessor.

confetti [kumfèti] m. confetti.

confí [kumfi] m. border. 2 pl. limits, confines.

confiança [kumfiànsə] f. confidence; faith. ‖ *de* ~, reliable, dependable, trustworthy. ‖ *en* ~, confidentially. ‖ *inspirar* ~, to inspire confidence.

confiar [kumfià] t. to entrust. 2 to confide in. ■ 3 i. to trust. ‖ *confio en tu*, I trust you.

confiat, -ada [kumfiàt, -àðə] a. confident, sure. 2 credulous.

confidència [kumfiðènsiə] f. confidence, revelation of a secret.

confidencial [kumfiðənsiàl] a. confidential.

confident [kumfiðèn] m. confidant. 2 f. confidante. 3 m.-f. spy, informer.

configuració [kumfiyurəsiò] f. configuration, form.

configurar [kumfiyurà] t. to shape, to configure.

confinar [kumfinà] i. to border with; to adjoin. ■ 2 t. to confine. ■ 3 p. to shut oneself up.

confirmació [kumfirməsiò] f. confirmation.

confirmar [kumfirmà] t. to confirm.

confiscació [kumfiskəsiò] f. LAW confiscation.

confiscar [kumfiskà] t. LAW to confiscate.

confit [kumfit] m. sweet [sugar coated].

confitar [kumfitá] *t.* to sugar, to preserve in sugar. || *cireres confitades,* glacé cherries. 2 to pickle.

confiter, -ra [kumfitè, -rə] *m.-f.* confectioner.

confiteria [kumfitəriə] *f.* sweet industry, confectionery. 2 sweetshop, confectioner's.

confitura [kumfitúrə] *f.* jam, preserve. 2 crystallized fruit.

conflicte [kumfliktə] *m.* conflict.

confluència [kumfluènsiə] *f.* confluence.

confluir [kumflui] *i.* to meet, to come together, to join.

confondre [kumfóndrə] *t.* to mistake. || *la vaig ~ amb la seva germana,* I mistook her sister for her. 2 to confound, to baffle. 3 to embarrass. ■ *4 p.* to run together, to be indistinguishable from, to blend in with. ▲ CONJUG. GER.: *confonent.* || P. P.: *confós.* || INDIC. Pres.: *confonc.* || SUBJ. Pres.: *confongui,* etc. Imperf.: *confongués.*

conformar [kumfurmá] *t.* to shape, to adapt, to adjust. ■ *2 p.* to comply with, to conform to, to resign oneself to.

conforme [kumfórmə] *a.* in accordance with, in keeping with. 2 in agreement. || *hi estàs ~?,* do you agree? || 3 proper, suitable, appropriate.

conformista [kumfurmistə] *m.-f.* conformist.

conformitat [kumfurmitát] *f.* conformity, similarity. 2 agreement, approval. 3 resignation.

confort [kumfór(t)] *m.* comfort.

confortable [kumfurtábblə] *a.* comfortable.

confortar [kumfurtá] *t.* to comfort, to console; to strengthen; to encourage.

confraria [kumfrəriə] *f.* brotherhood, society, association.

confraternitat [kumfrətərnitát] *f.* brotherhood.

confrontació [kumfruntəsió] *f.* confrontation.

confrontar [kumfruntá] *t.* to confront, to face. 2 to compare [two texts]. 3 to border.

confús, -usa [kumfús, -úzə] *a.* blurred, unclear, indistinct. 2 confused.

confusió [kumfuzió] *f.* confusion, chaos. 2 mistake.

congelar [kunʒəlá] *t.-p.* to freeze [also fig.].

congènere [kunʒènərə] *a.* of the same species. 2 similar.

congeniar [kunʒəniá] *i.* to get on (well) with.

congènit, -ta [kunʒènit, -tə] *a.* congenital.

congesta [kunʒèstə] *f.* patch of unmelted snow.

congestió [kunʒəstió] *f.* congestion.

congestionar [kunʒəstiuná] *t.* to congest. ■ *2 p.* to become congested.

conglomerar [kunglumərá] *t.* to conglomerate.

conglomerat [kunglumərát] *m.* conglomeration. 2 GEOL. conglomerate.

congost [kungòs(t)] *m.* narrow pass, narrow valley, defile.

congraciar-se [kungrəsiársə] *p.* to ingratiate oneself.

congre [kóngrə] *m.* ICHTHY. conger eel.

congregació [kungrəγəsió] *f.* congregation.

congregar [kungrəγá] *t.-p.* to congregate, to gather.

congrés [kungrès] *m.* congress.

congressista [kungrəsistə] *m.-f.* congress-goer; congress member, delegate.

congriar [kungriá] *t.* to create, to give rise to *i.* ■ *2 p.* to form, to build up.

congruència [kungruènsiə] *f.* congruence.

congruent [kungruèn] *a.* appropriate, suitable.

conhortar [kunurtá] *t.-p.* to console, to comfort.

cònic, -ca [kónik, -kə] *a.* conical.

coníferes [kunifərəs] *f. pl.* BOT. conifers.

conill [kuniʎ] *m.* ZOOL. rabbit. ■ *2 a.* coll. naked, bare.

coniller, -ra [kuniʎè, -rə] *a.* rabbit. ■ *2 m.* (rabbit) hound. 3 *f.* rabbit warren. 4 rabbit hutch.

conillets [kuniʎèts] *m. pl.* BOT. snapdragon.

conjectura [kunʒəktúrə] *f.* conjecture.

conjecturar [kunʒəkturá] *t.* to conjecture.

conjugació [kunʒuγəsió] *f.* conjugation.

conjugal [kunʒuγál] *a.* conjugal: *vida ~,* married life.

conjugar [kunʒuγá] *t.-p.* to conjugate.

cònjuge [kónʒuʒə] *m.-f.* spouse. 2 *m.* husband. 3 *f.* wife.

conjuminar [kunʒuminá] *t.* to arrange, to manage [so that things come out well].

conjunció [kunʒunsió] *f.* conjunction.

conjunt, -ta [kunʒún, -tə] *a.* together; joint. ■ 2 *m.* ensemble; whole, set. 3 outfit [clothes]. 4 MUS. ensemble; group.

conjuntiu, -iva [kunʒuntiŭ, -iβə] *a.* conjunctive. ■ 2 *f.* ANAT. conjunctiva.

conjuntura [kunʒuntúrə] *f.* situation; circumstance: *aprofitem la* ~, let's take advantage of the situation. 2 ECON., POL. political and social situation.

conjuntivitis [kunʒuntiβitis] *f.* MED. conjunctivitis.

conjur [kunʒúr] *m.* exorcism; incantation.

conjurar [kunʒurá] *t.* to exorcise. 2 to ward off. ■ 3 *p.* to conspire.

connectar [kunnəktá] *t.* to connect.

connex, -xa [kunnéks, -ksə] *a.* closely connected.

connexió [kunnəksió] *f.* connection, connexion.

connotació [kunnutəsió] *f.* connotation.

connotar [kunnutá] *t.* to connote.

conqueridor, -ra [kuŋkəriðò, -rə] *a.* conquering. ■ 2 *m.-f.* conqueror.

conquerir [kuŋkəri] *t.* to conquer. 2 fig. to win over.

conquesta [kuŋkèstə] *f.* conquest.

conquilla [kuŋkiʎə] *f.* shell.

conquista [kuŋkistə] See CONQUESTA.

conquistador, -ra [kuŋkistəðò, -rə] *m.-f.* conqueror. 2 ladykiller.

conquistar [kuŋkistá] See CONQUERIR.

conreador, -ra [kunrreəðò, -rə] *m.-f.* AGR. cultivator, farmer. 2 *f.* harrow.

conrear [kunrreá] *t.* to cultivate; to farm, to till. 2 fig. to improve. 3 fig. to dedicate oneself to.

conreu [kunrréu] *m.* AGR. cultivation. 2 fig. dedication.

consagració [kunsəɣrəsió] *f.* consecration.

consagrar [kunsəɣrá] *t.-p.* to dedicate, to devote. 2 *t.* to consecrate.

consanguini, -ínia [kunsəŋgini, -iniə] *a.* consanguineous.

consciència [kunsiènsiə] *f.* conscience: *tenir la* ~ *neta*, to have a clear conscience. 2 consciousness: *perdre la* ~, to lose consciousness.

conscient [kunsièn] *a.* conscious. ∥ *sóc* ~ *d'això*, I am aware of that.

consecució [kunsəkusió] *f.* achievement, attainment.

consecutiu, -iva [kunsəkutiŭ, -iβə] *a.* consecutive. ∥ *ha nevat cinc dies consecutius*, it has snowed five days running. 2 subsequent, resulting.

conseqüent [kunsəɣwén] *a.* resulting. ∥ *despeses conseqüents al divorci*, expenses arising from divorce. ■ 2 *m.* consequence, conclusion.

consell [kunséʎ] *m.* piece of advice. 2 council. ∥ COMM. ~ *d'administració*, board of directors; MIL. ~ *de guerra*, court martial; POL. ~ *de ministres*, cabinet.

conseller, -ra [kunséʎé, -rə] *m.-f.* adviser, counsellor. 2 adviser, consultant [professional]. 3 COMM. member of the board. 4 POL. councillor. 5 minister in the *Generalitat de Catalunya*.

consentiment [kunsəntimèn] *m.* consent, approval.

consentir [kunsənti] *t.* to tolerate, to permit, to allow. ■ 2 *i.* to agree. ▲ CONJUG. like *sentir*.

consentit, -ida [kunsəntit, -iðə] *a.* spoilt: *un nen* ~, a spoilt child.

conseqüència [kunsəkwènsiə] *f.* consequence. ∥ *a* ~ *de*, on account of. ∥ *en* ~, as a result, therefore.

conseqüent [kunsəkwèn] *a.* consequent. 2 consistent.

conserge [kunsèrʒə] *m.-f.* caretaker, (USA) janitor.

consergeria [kunsərʒəriə] *f.* porter's office.

conserva [kunsèrβə] *f.* preserve(s) (*pl.*); canned food, tinned food.

conservació [kunsərβəsió] *f.* conservation.

conservador, -ra [kunsərβəðò, -rə] *a.* POL. conservative. ■ 2 *m.-f.* curator [museums].

conservar [kunsərβá] *t.-p.* to keep *t.-p.-i.*, to maintain. 2 *t.* to conserve.

conservatori, -òria [kunsərβətòri, -òriə] *a.* which conserves. ■ 2 MUS. *m.* conservatoire, conservatory.

considerable [kunsiðəràbblə] *a.* considerable.

consideració [kunsiðərəsió] *f.* consideration. ∥ *tenir en* ~, to take into account.

considerar [kunsiðərá] *t.* to consider. 2 to respect: *cal* ~ *els drets dels altres*, we must respect others' rights.

consigna [kunsiŋnə] *f.* password. 2 left luggage locker, left luggage office.

consignar [kunsiɲɲá] *t.* to allocate. 2 to send. 3 COMM. to consign. 4 to write down, to record.

consignatari, -ària [kunsiɲɲətári, -áriə] *m.-f.* COMM. consignee. 2 trustee.

consirós, -sa [kunsirós, -ózə] *a.* pensive, thoughtful, lost in thought.

consistència [kunsistɛ́nsiə] *f.* consistency, substance, body.

consistent [kunsistɛ́n] *a.* solid, firm, thick. 2 ~ *en,* consisting of.

consistir [kunsistí] *i.* to consist (*en,* of). 2 to lie in. || *tots els seus problemes consisteixen a no tenir calers,* all his problems reside in his lack of money.

consistori [kunsistɔ́ri] *m.* town council.

consol [kunsɔ́l] *m.* consolation.

cònsol [kɔ́nsul] *m.* consul.

consola [kúnsɔlə] *f.* console table. 2 console.

consolar [kunsulá] *t.* to console, to comfort. ■ 2 *p.* **consolar-se amb,** to make do with.

consolat [kunsulát] *m.* consulate.

consolidar [kunsuliðá] *t.-p.* to strengthen. 2 fig. to consolidate.

consonància [kunsunánsiə] *f.* consonance. 2 fig. harmony.

consonant [kunsunán] *a.* consonant. ■ 2 *f.* consonant.

consorci [kunsɔ́rsi] *m.* ECON. consortium.

consort [kunsɔ́r(t)] *m.-f.* LAW consort. || *el príncep* ~, the Prince Consort.

conspicu, -ícua [kunspiku, -ikuə] *a.* eminent, prominent.

conspiració [kunspirəsió] *f.* conspiracy.

conspirar [kunspirá] *i.* to conspire.

constància [kunstánsiə] *f.* constancy; steadfastness; perseverance.

Constantinoble [kunstəntinɔ́bblə] *pr. n. f.* GEOGR. Constantinople.

constant [kunstán] *a.* constant; persevering; steadfast. ■ 2 *f.* MATH. constant.

constar [kunstá] *i.* to consist. 2 to be certain, to be known. || *em consta que has treballat molt,* I know that you have worked very hard.

constatar [kunstatá] *t.* to establish, to verify. 2 to record.

constel·lació [kunstəl·ləsió] *f.* ASTR. constellation.

consternació [kunstərnəsió] *f.* consternation.

consternar [kunstərná] *t.* to appal, to dismay, to consternate.

constipar-se [kunstipá] *p.* to catch a cold.

constipat, -ada [kunstipát, -áðə] *a.* **estic** ~, I've got a cold. ■ 2 *m.* MED. cold.

constitució [kunstitusió] *f.* constitution.

constitucional [kunstitusiunál] *a.* constitutional.

constituent [kunstituɛ́n] *a.* constituent. ■ 2 *m.* CHEM. constituent.

constituir [kunstitui] *t.-p.* to form, to set up, to create. 2 to constitute, to make up.

constitutiu, -iva [kunstitutiŭ, -íβə] *a.* constituent, component.

constrènyer [kunstrɛ́ɲə] *t.* to constrain, to force. 2 to contain, to hold back, to repress. ▲ CONJUG. P. P.: *constret.*

construcció [kunstruksió] *f.* construction.

constructiu, -iva [kunstruktiŭ, -íβə] *a.* constructive.

constructor, -ra [kunstruktó, -rə] *m.-f.* builder.

construir [kunstrui] *t.* to build, to construct.

consubstancial [kunsupstənsiál] *a.* consubstantial.

consuetud [kunsuətút] *f.* custom, habit.

consular [kunsulá] *a.* consular.

consulta [kunsúltə] *f.* consultation. 2 advice, opinion. 3 visit [to a doctor or lawyer]. || *fer una* ~, to ask for advice or information. 5 ~ *electoral,* election.

consultar [kunsultá] *t.* to consult.

consultiu, -iva [kunsultiŭ, -íβə] *a.* consultative, advisory.

consultori [kunsultɔ́ri] *m.* surgery [doctor, dentist]; office [lawyer].

consum [kunsúm] *m.* consumption. || *béns de* ~, consumer goods. || *societat de* ~, consumer society.

consumació [kunsuməsió] *f.* consummation.

consumar [kunsumá] *t.* to consummate.

consumidor, -ra [kunsumiðó, -rə] *a., m.-f.* consumer.

consumir [kunsumi] *t.* to consume, to use (up). ■ 2 *p.* to be used up. || *l'oli s'ha consumit tot,* all the oil has been used up.

consumpció [kunsumsió] *f.* consumption.

contacte [kuntáktə] *m.* contact. || *posar en* ~, to put in touch.

contagi [kuntáʒi] *m.* contagion, transmission.

contagiar [kuntəʒiá] t. to transmit, to give [diseases]. ■ 2 p. to become infected. 3 to be transmitted.

contagiós, -osa [kuntəʒiòs, -ózə] a. contagious.

contaminació [kuntəminəsió] f. contamination. 2 pollution.

contaminar [kuntəminá] t. to contaminate. 2 to pollute.

contar [kuntá] t. to tell, to relate.

conte [kòntə] m. tale, story.

contemplació [kuntəmpləsió] f. contemplation. 2 pl. due respect, ceremony. ‖ *tractar algú sense ~*, to treat someone unceremoniously, not to stand on ceremony.

contemplar [kuntəmplá] t. to contemplate, to stare at. 2 to treat with respect, consideration or indulgence.

contemplatiu, -iva [kuntəmplətiŭ, -iβə] a. contemplative.

contemporani, -ània [kuntəmpuráni, -ániə] a. contemporary.

contenció [kuntənsió] f. containment. ‖ *mur de ~*, retaining wall.

contenciós, -osa [kuntənsiòs, -ózə] a. contentious.

contendre [kuntèndrə] i. to contend, to dispute. ▲ CONJUG. like *atendre*.

contenir [kuntəni] t. to contain. ■ 2 p. to contain oneself. ▲ CONJUG. like *obtenir*.

content, -ta [kuntèn, -tə] a. content, pleased, happy; satisfied.

contesa [kuntézə] f. dispute. 2 struggle, fight.

contesta [kuntèstə] f. answer, reply.

contestar [kuntəstá] t. to answer. ■ 2 i. to object.

context [kuntèks(t)] m. context.

contigu, -gua [kuntiyu, -ɣwə] a. adjacent, contiguous.

continència [kuntinènsiə] f. continence.

continent [kuntinèn] a. continent. ■ 2 m. container. 3 GEOGR. continent.

continental [kuntinəntál] a. continental.

contingència [kuntinʒènsiə] f. contingency.

contingent [kuntinʒèn] a. contingent, possible. ■ 2 m. contingent.

contingut [kuntinɣút] m. content [subject matter of book or film]. 2 contents pl. [of bottle, tin, etc.; of book].

continu, -ínua [kuntinu, -inuə] a. continuous. ‖ ELECTR. *corrent ~*, continuous current.

continuació [kuntinuəsió] f. continuation. ‖ *a ~*, next.

continuar [kuntinuá] i.-t. to continue.

continuïtat [kuntinuitát] f. continuity.

contorn [kuntòrn] m. outline; edge, periphery.

contorsió [kuntursió] f. contortion.

contra [kòntrə] prep. against: *va xocar ~ un cotxe*, she crashed into a car. ‖ *en ~*, against; *el pro i el ~*, the pros and the cons; *fer o portar la ~ a algú*, to go against someone.

contraatac [kòntrəták] m. counterattack.

contrabaix [kɔntrəβáʃ] m. MUS. double bass.

contraban [kòntrəβàn] m. smuggling. ‖ *passar de ~*, to smuggle.

contrabandista [kʊntrəβəndistə] m.-f. smuggler.

contracció [kuntrəksió] f. contraction.

contracepció [kòntrəsəpsió] f. MED. contraception.

contracor [kòntrəkòr] adv. phr. *a ~*, reluctantly.

contractació [kuntrəktəsió] f. taking on, hiring; engagement.

contractar [kuntrəktá] t. to contract, to hire, to take on.

contracte, -ta [kuntráktə, -tə] a. contracted. ■ 2 m. contract.

contràctil [kuntráktil] a. contractile.

contractista [kuntrəktistə] m. contractor.

contrada [kuntráðə] f. surrounding area; surroundings. 2 region, area.

contradicció [kuntrəðiksió] f. contradiction.

contradictori, -òria [kuntrəðiktòri, -òriə] a. contradictory.

contradir [kuntrəði] t.-p. to contradict. ▲ CONJUG. like *dir*.

contrafer [kòntrəfè] t. to contravene. 2 to forge, to counterfeit [money]. 3 to plagiarize, to copy. ▲ CONJUG. like *desfer*.

contrafort [kòntrəfòr(t)] m. ARCH. buttress. 2 GEOL. spur.

contraindicació [kòntrəindikəsió] f. MED. contraindication.

contrallum [kòntrəʎúm] m. against the light: *una fotografia feta a ~*, a photograph taken against the light.

contralt [kuntrál] m.-f. MUS. contralto.

contramestre [kòntrəmèstrə] m. MAR. boatswain. 2 foreman.

contrametzina [kɔntrəmədzinə] *f.* anti-
dote.

contraordre [kɔntrɔɾɔ́ɾðɾə] *f.* counter-
mand.

contrapartida [kɔntrəpəɾtiðə] *f.* com-
pensation.

contrapèl [kɔntrəpɛ́l] *adv. phr. a ~,* the
wrong way.

contrapès [kɔntrəpɛ́s] *m.* counter-
balance, counterweight.

contraposar [kuntrəpuzá] *t.* to oppose.

contraproduent [kɔntrəpɾuðuèn] *a.*
counterproductive.

contrapunt [kɔntrəpún] *m.* MUS. coun-
terpoint.

contrarestar [kuntrərrəstá] *t.* to coun-
teract, to cancel out.

contrari, -ària [kuntrári, -áriə] *a.* con-
trary (*a,* to), opposed (*a,* to). 2 opposite.
‖ *en sentit ~,* the other way. 3 adverse,
unfavourable. ■ *4 m.* the opposite, the
contrary, the reverse. ‖ *al ~,* on the con-
trary. ‖ *al ~ de,* unlike. 5 opponent, ad-
versary.

contrariar [kuntrəriá] *t.* to oppose, to go
against. 2 to annoy.

contrarietat [kuntrəriətát] *f.* opposition,
conflict: *~ d'interessos,* conflict of in-
terests. 2 setback; obstacle.

contrasenya [kɔntrəsɛ́ɲə] *f.* password.

contrast [kuntrás(t)] *m.* opposition,
resistance. 2 contrast. 3 hallmark.

contrastar [kuntrəstá] *t.* to resist, to at-
tempt to stop. 2 to assay, to check
against a standard. ■ *3 i.* to contrast
(*amb,* with).

contratemps [kɔntrətɛ́ms] *m.* setback. 2
MUS. syncopation.

contraure [kuntráuɾə] See CONTREURE.

contravenir [kuntrəβəni] *i.* to contra-
vene. ▲ CONJUG. like *obtenir.*

contreure [kuntrɛ́uɾə] *t.* to contract. ‖ *~
amistat amb algú,* to become the friend
of someone; *~ deutes,* to incur debts; *~
matrimoni,* to contract marriage. 2 to
contract, to catch [diseases]. ■ *3 p.* to
contract. ▲ CONJUG. like *treure.*

contribució [kuntɾiβusió] *f.* contribu-
tion. 2 LAW tax.

contribuent [kuntɾiβuèn] *m.-f.* contri-
butor. 2 LAW tax-payer.

contribuir [kuntɾiβui] *i.* to contribute. 2
LAW to pay taxes.

contrincant [kuntɾiŋkán] *m.* opponent.

control [kuntrɔ́l] *m.* control.

controlar [kuntrulá] *t.* to control. 2 to
check, to verify, to examine.

controvèrsia [kuntruβɛ́ɾsiə] *f.* contro-
versy.

contuberni [kuntuβɛ́ɾni] *m.* collusion.

contumaç [kuntumás] *a.* contumacious,
stubborn, disobedient.

contundent [kuntundèn] *a.* blunt: *un
instrument ~,* a blunt instrument. 2
fig. forceful, impressive [arguments].

contusió [kuntuzió] *f.* contusion, bruise.

convalescència [kumbələsɛ́nsiə] *f.* con-
valescence.

convalescent [kumbələsèn] *a., m.-f.*
convalescent.

convèncer [kumbɛ́nsə] *t.* to convince. ▲
CONJUG. like *vèncer.*

convenció [kumbənsió] *f.* convention.

convencional [kumbənsiunál] *a.* con-
ventional.

conveni [kumbɛ́ni] *m.* agreement, ac-
cord, pact.

conveniència [kumbəniɛ́nsiə] *f.* advisa-
bility, what is good for you, utility. ‖ *no
veig la ~ d'anar-hi,* I don't see the point
of going there.

convenient [kumbəniɛ̀n] *a.* convenient,
advisable, suitable.

convenir [kumbəni] *t.* to agree, to ar-
range: *què han convingut?,* what have
they arranged? ■ *2 i.* to be good, to be
advisable. ‖ *et convé prendre el sol,* you
should sunbathe. 3 to agree. ▲ CONJUG.
like *obtenir.*

convent [kumbèn] *m.* convent.

convergir [kumbəɾʒi] *i.* to converge.

convers, -sa [kumbɛ́ɾs, -sə] *a.* REL. con-
verted. ■ *2 m.-f.* REL. convert.

conversa [kumbɛ́ɾsə] *f.* conversation.

conversar [kumbəɾsá] *i.* to converse, to
talk, to chat.

conversió [kumbəɾsió] *f.* conversion.

convertir [kumbəɾti] *t.* to transform (en,
into), to turn into. 2 to convert. 3 to per-
suade, to bring round. ■ *4 p.* to become,
to change into.

convex, -xa [kumbɛ́ks, -ksə] *a.* convex.

convexitat [kumbəksitát] *f.* convexity.

convicció [kumbiksió] *f.* conviction.

convicte, -ta [kumbiktə, -tə] *a.* convict-
ed.

convidar [kumbiðá] *t.* to invite. ‖ *la pluja
no convida a sortir,* the rain doesn't
really make you feel like going out.

convidat, -ada [kumbiðát, -áðə] *m.-f.*
guest.

convincent [kumbinsèn] *a.* convincing.

convinença [kumbinénsə] *f.* agreement; pact.

convit [kumbit] *m.* invitation. 2 meal, party [to which people are invited].

conviure [kumbiúrə] *i.* to live together, to coexist. ▲ CONJUG. like *viure*.

convivència [kumbiβénsiə] *f.* living together; coexistence.

convocar [kumbukà] *t.* to call together. 2 to call, to convene, to convoke.

convocatòria [kumbukətòriə] *f.* convocation, convening. 2 document of convocation.

convuls, -sa [kumbúls, -sə] *a.* convulsed.

convulsió [kumbulsió] *f.* convulsion.

conxorxa [kunʃòrʃə] *f.* conspiracy, collusion.

cony [kòɲ] *m.* vulg. cunt. 2 *interj.* bloody hell!, fucking hell!

conya [kòɲə] *f.* coll. joke, joking.

conyac [kuɲák] *m.* cognac, brandy.

cooperació [kuupərəsió] *f.* cooperation.

cooperar [kuupərá] *i.* to cooperate.

cooperatiu, -iva [kuupərətiu, -iβə] *a.-f.* cooperative.

coordenada [kuurðənàðə] *f.* coordinate.

coordinació [kuurðinəsió] *f.* coordination.

coordinador, -ra [kuurðinəðò, -rə] *a.* coordinating. ■ 2 *m.-f.* coordinator.

coordinar [kuurðinà] *t.* to coordinate.

cop [kɔp] *m.* blow, knock [also fig.]. ‖ *de ~ i volta*, suddenly; *fer un ~ de cap*, to make one's mind up, to decide; *tancar de ~*, to pull or push a door shut; *un ~ baix*, a blow below the belt; *un ~ d'aire*, a cold, a chill; *un ~ de mà*, a hand [help]; *un ~ d'ull*, a look, a glance. 2 time: *un ~*, once; *un altre ~*, again. 3 coup: *~ d'estat*, coup d'état.

copa [kòpə] *f.* glass: *una ~ de vi*, a glass of wine. ‖ *fer una ~*, to have a drink [alcoholic]. 2 cup, trophy.

copejar [kupəʒà] *t.* to bang, to knock.

Copenhaguen [kupənàɣən] *pr. n. f.* GEOGR. Copenhagen.

còpia [kòpiə] *f.* copy. 2 copying. 3 PHOT. print.

copiós, -osa [kupiòs, -òzə] *a.* copious, plentiful.

copista [kupistə] *m.-f.* copyist.

copropietari, -ària [kuprupiətàri, -àriə] *m.-f.* joint owner.

copsar [kupsá] *t.* to catch [also fig.]. 2 fig. to understand, to grasp.

còpula [kòpulə] *f.* GRAMM. copula. 2 ZOOL. copulation.

copulatiu, -iva [kupulətiŭ, -iβə] *a.* copulative.

coqueta [kukétə] *f.* flirt.

coquetejar [kukətəʒà] *i.* to flirt.

cor [kɔr] *m.* ANAT. heart. ‖ *de tot ~*, wholeheartedly; *fer el ~ fort*, to pluck up courage; *tenir bon ~*, to be good hearted. 2 choir.

coral [kurál] *a.* MUS. choral. ■ 2 *f.* choir. 3 *m.* chorale. 4 ZOOL. See CORALL.

corall [kuráʎ] *m.* ZOOL. coral.

coral·lí, -ina [kurəlli, -inə] *a.* coralline.

coratge [kuràdʒə] *m.* courage, bravery.

coratjós, -osa [kurədʒòs, -òzə] *a.* courageous, brave.

corb [kɔrp] *m.* ORNIT. crow. ‖ *~ de mar*, cormorant.

corb, -ba [kɔrp, -βə] *a.* curved, bent. ■ 2 *f.* curve. 3 bend [in road].

corbar [kurβà] *t.-p.* to bend.

corbata [kurβátə] *f.* tie.

corbatí [kurβəti] *m.* bow tie.

corbeta [kurβétə] *f.* MAR. corvette.

corc [kork] *m.* ENT. woodworm.

corcar [kurká] *t.* to eat into. *i.* ■ 2 *p.* to decay, to become eaten away. ‖ *se m'ha corcat un queixal*, I've got a bad tooth.

corcó [kurkó] *m.* ENT. woodworm. 2 fig. pest.

corcoll [kurkòʎ] *m.* back of the neck. ‖ *anar de ~*, not to know whether one is coming or going.

corda [kòrðə] *f.* cord, rope. ‖ *~ vocal*, vocal chord; *donar ~*, to wind up [watch, clock]; *saltar a ~*, to skip. 2 MUS. chord.

cordada [kurðàðə] *f.* lash. 2 climbers roped together.

cordar [kurðà] *t.* to button up, to do up, to fasten. 2 to string [rackets; musical instruments].

corder [kurðé] *m.* rope-maker, rope dealer. 2 ZOOL. (OCC.) See BE.

cordial [kurðiàl] *a.-m.* cordial.

cordialitat [kurðiəlitàt] *f.* cordiality.

cordill [kurðiʎ] *m.* cord, string.

cordó [kurðó] *m.* lace [shoes]. 2 cordon.

Corea [kurèə] *pr. n. f.* GEOGR. Korea.

coreà, -ana [kureà, -ànə] *a., m.-f.* GEOGR. Korean.

coreògraf, -fa [kurəòɣrəf, -fə] *m.-f.* choreographer.

coreografia [kurəuɣrəfiə] *f.* choreography.

corfa [kɔ́rfə] *f.* bark [trees]. *2* skin, peel [fruit]. *3* rind [cheese]. *4* crust [bread]. *5* scab [wound].

corglaçar-se [kɔ́rɣləsársə] *p.* to become frightened.

corista [kuristə] *f.* chorus girl.

cormorà [kurmurà] *m.* ORNIT. cormorant.

corn [korn] *m.* horn. *2* MUS. horn.

cornada [kurnáðə] *f.* thrust with a horn.

cornamenta [kurnəmèntə] *f.* horns *pl.* [bull]; antlers *pl.* [deer].

cornamusa [kurnəmúzə] *f.* MUS. bagpipe.

còrner [kɔ́rnər] *m.* SP. corner.

cornet [kurnɛ́t] *m.* cup [for dice]. *2* cornet, cone [ice-cream].

corneta [kurnɛ́tə] *f.* MUS. cornet. *2* MUS. bugle.

cornetí [kurnəti] *m.* MUS. bugle.

corni, còrnia [kɔ́rni, kɔ́rniə] *a.* horny; hornlike. ■ *2 f.* ANAT. cornea.

cornisa [kurnizə] *f.* GEOL. corniche.

Cornualla [kurnwàʎə] *pr. n. f.* GEOGR. Cornwall.

cornut, -uda [kurnút, -úðə] *a.* horned. *2* cuckolded. ■ *3 m.* cuckold.

corol·la [kurɔ́lːə] *f.* BOT. corolla.

corona [kurɔ́nə] *f.* crown.

coronació [kurunəsió] *f.* coronation.

coronar [kuruná] *t.* to crown [also fig.].

coronel [kurunɛ́l] *m.* colonel.

coroneta [kurunɛ́tə] *f.* ANAT. crown of the head. *2* REL. tonsure.

còrpora [kɔ́rpurə] *f.* body, torso, trunk.

corporació [kurpurəsió] *f.* corporation.

corporal [kurpurál] *a.* corporal; bodily.

corpori, -òria [kurpɔ́ri, -ɔ́riə] *a.* corporeal.

corprenedor, -ra [kurprənəðó, -rə] *a.* captivating, enthralling, enchanting.

corpulència [kurpulɛ́nsiə] *f.* corpulence.

corpulent, -ta [kurpulɛ̀n, -tə] *a.* corpulent.

corpuscle [kurpúsklə] *m.* corpuscle.

corral [kurrál] *m.* farmyard, barnyard.

corranda [kurràndə] *f.* folk song. *2* folk dance.

còrrec [kɔ́rrək] *m.* rill, channel cut by rainwater.

correcames [kɔrrəkàməs] *m.* jumping jack, jumping cracker, squib.

correcció [kurrəksió] *f.* correction. *2* correctness.

correccional [kurrəksiunál] *a.* correctional. ■ *2 m.* reformatory.

correcte, -ta [kurrɛ́ktə, -tə] *a.* correct.

corrector, -ra [kurrɛ́któ, -rə] *m.-f.* corrector. *2* PRINT. proofreader.

corre-cuita [kɔrrəkúïtə] *adv. phr.* **a** ~, hurriedly, hastily.

corredís, -issa [kurrəðis, -isə] *a.* sliding. ■ *2 f.* short run, dash.

corredor, -ra [kurrəðó, -rə] *a.* who runs a lot. ■ *2 m.-f.* runner. *3* COMM. representative. ‖ ~ *de borsa,* stockbroker. *4 m.* corridor.

corregir [kurrəʒi] *t.* to correct.

correguda [kurrəɣúðə] *f.* run.

correlació [kurrələsió] *f.* correlation.

correlatiu, -iva [kurrələtiŭ, -iβə] *a.* correlative.

correligionari, -ària [kurrəliʒiunàri, -àriə] *m.-f.* coreligionist. *2* fig. colleague; like-thinker.

corrent [kurrèn] *a.* running; flowing. *2* normal; common. ‖ *normal i* ~, ordinary, normal. ■ *3 m.* current [water, electricity]. ‖ *contra* ~, against the flow [also fig.]. *4* draught, current [air]. *5* trend [fashion]. ‖ *estar al* ~, to be up to date; *posar al* ~, to bring up to date.

corrents [kurrèns] *adv.* very quickly: *vés-hi* ~, go there as fast as you can.

córrer [kɔ́rrə] *i.* to run. *2* to go fast. ‖ *aquest cotxe corre molt,* this is a very fast car. ‖ *no corris tant!,* don't drive so fast. *3* to hurry: *corre, que fem tard,* hurry up, we're late. *4* to circulate [rumours, news]. ■ *5 t.* to run [race]. *6* to move: *correu les cadires cap a la paret,* move the chairs up to the wall. *7* to run [risk]. ■ *8 deixa-ho* ~*!,* forget about it!, it's not important. *9* ~ *món,* to travel widely. *10 ara hi corro!,* oh, I'll do it right away! [used sarcastically when one is not prepared to do what one is told or asked]. ▲ CONJUG. P. P.: *corregut.* ‖ SUBJ. Pres.: *correguem* or *correm, corregueu* or *correu.* ‖ Imperf.: *corregués,* etc.

correspondència [kurrəspundènsiə] *f.* correspondence.

correspondre [kurrəspɔ́ndrə] *i.* to correspond, to match, to tally. ‖ *les notícies que he sentit jo no corresponen amb les que has sentit tu,* the news I've heard is different from the news you've heard. *2* to belong, to pertain. ‖ *la casa correspon al fill gran,* the house is the eldest son's. *3* to return [love, affection]. ■ *4 p.* to love one another. *5* to correspond. ▲ CONJUG. like *respondre.*

corresponent [kurrəspunèn] *a.* corresponding.

corresponsal [kurrəspunsál] *m.-f.* correspondent: ~ *de guerra,* war correspondent. 2 representative.

corretja [kurrèdʒə] *f.* belt; strap. ‖ *tenir* ~, to be patient.

corretjola [kurrədʒòlə] *f.* BOT. bindweed.

correu [kurrèŭ] *m.* HIST. messenger, courier. 2 mail, post. 3 *pl.* post office; the postal service.

corriment [kurrimèn] *m.* GEOL. landslide. 2 MED. discharge.

corriol [kurriòl] *m.* narrow path. 2 ORNIT. plover.

corriola [kurriòlə] *f.* pulley.

corró [kurró] *m.* TECH. roller.

cor-robat, -ada [kòrruβát, -áðə] *a.* captivated, enthralled.

corroboració [kurruβurəsió] *f.* corroboration.

corroborar [kurruβurà] *t.* to corroborate, to bear out. 2 to strengthen.

corroir [kurruí] *t.* to eat away, to erode. 2 to corrode.

corrompre [kurròmprə] *t.-p.* to turn bad: *la calor corromp el peix,* heat turns fish bad. 2 to pollute. 3 fig. to corrupt, to pervert.

corrosió [kurruzió] *f.* corrosion.

corrosiu, -iva [kurruziu, -iβə] *a.* corrosive. 2 fig. biting.

corrua [kurrúə] *f.* line, file.

corrupció [kurrupsió] *f.* corruption: ~ *de menors,* corruption of minors.

corruptela [kurruptèlə] *f.* corruption, corruptness.

corruptor, -ra [kurruptó, -rə] *a.* corrupting. ■ 2 *m.-f.* corrupter.

corsari, -ària [kursári, -áriə] *a., m.-f.* privateer.

corsecar [kòrsəkà] *t.-p.* to wither, to shrivel, to dry out *t.-i.* [also fig.].

corser [kursè] *m.* charger, steed.

cort [kor(t)] *f.* court [of kings]. 2 *pl.* Spanish parliament. *sing.* 3 pigsty; cowshed. 4 fig. pigsty.

cortès, -esa [kurtès, -èzə] *a.* courteous, polite.

cortesà, -ana [kurtəzà, -ánə] *a.* court. ■ 2 *m.-f.* courtier. 3 *f.* courtesan.

cortesia [kurtəziə] *f.* courtesy, politeness, respect.

cortina [kurtinə] *f.* curtain.

cortinatge [kurtinàdʒə] *m.* curtains *pl.*

cos [kɔs] *m.* body. ‖ *anar de* ~, to defecate. 2 dead body. 3 group, body. ‖ ~ *de bombers,* fire brigade. 4 bodice.

cosa [kózə] *f.* thing. 2 affair, business. 3 *com qui no vol la* ~, as if one is not interested. 4 *com una mala* ~, terribly, very badly. 5 *és poca* ~, there's not much of it, it's quite small. 6 *va marxar fa* ~ *de vint minuts,* he left about twenty minutes ago.

cosí, -ina [kuzí, -inə] *m.-f.* cousin. ‖ ~ *germà,* first cousin.

cosidor, -ra [kusiðó, -rə] *a.* sewing. ■ 2 *f.* seamstress. 3 *m.* sewing room.

cosinus [kuzinus] *m.* GEOM. cosine.

cosir [kuzí] *t.* to sew, to stitch. 2 fig. to unite. 3 fig. ~ *a punyalades,* to riddle with stab wounds. ▲ CONJUG. INDIC. Pres.: *cuso, cuses, cus, cusen.* ‖ SUBJ. Pres.: *cusi, cusis, cusi, cusin.*

cosit [kuzit] *m.* sewing.

cosmètic, -ca [kuzmètik, -kə] *a.-m.* cosmetic.

còsmic, -ca [kɔzmik, -kə] *a.* cosmic.

cosmopolita [kuzmupulitə] *a., m.-f.* cosmopolitan.

cosmos [kɔzmus] *m.* cosmos.

cosset [kusèt] *m.* small body. 2 bodice.

cossi [kòsi] *m.* washtub.

cost [kɔs(t)] *m.* cost.

costa [kóstə] *f.* coast. 2 slope. ‖ fig. *venir* o *fer-se* ~ *amunt,* to be an uphill struggle, to be difficult. 3 cost.

costaner, -ra [kustənè, -rə] *a.* coastal.

costar [kustá] *i.* to cost [also fig.]. ‖ ~ *un ull de la cara* or *un ronyó,* to cost a fortune. ‖ *costi el que costi,* whatever the cost.

costat [kustàt] *m.* side. 2 ANAT. side; hip. 3 fig. side, aspect. 4 *al* ~ *de,* next to; *de* ~, side by side; *del* ~, adjoining, next door; *fer* ~, to support, to back.

costejar [kustəʒà] *t.* to pay for. 2 2MAR. to coast.

costella [kustèʎə] *f.* ANAT. rib. 2 chop. 3 AERON. frame. 4 fig. wife.

costellada [kustəʎàðə] *f.* ANAT. ribs *pl.,* ribcage. 2 barbecue of chops.

coster, -ra [kustè, -rə] *a.* steep; sloping. 2 lateral; side. ■ 3 *f.* coast.

costerut, -uda [kustərút, -úðə] *a.* steep.

costós, -osa [kustós, -ózə] *a.* expensive; costly.

costum [kustúm] *m.* custom, habit. ‖ *de* ~, normally, usually.

costura [kustúrə] f. sewing. 2 stitching, seam.

cot, -ta [kot, -tə] a. bowed, facing downwards.

cota [kɔ́tə] f. height above sea level.

cotilla [kutíʎə] f. corset.

cotització [kutidzəsiò] f. price, quotation.

cotitzar [kutidzà] t. to quote, to fix a price. 2 fig. to value. ■ 3 i. to pay one's dues [taxes, subscriptions]. 4. to be quoted [shares].

cotna [kɔ̀dnə] f. thick skin, [esp. of a pig].

cotó [kutò] m. cotton. ‖ ~ **fluix,** cotton wool.

cotorra [kutòrrə] f. ORNIT. parrot. 2 chatterbox.

cotxe [kótʃə] m. car. 2 RAIL. carriage.

cotxinilla [kutʃiníʎə] f. ENT. woodlouse.

COU [kóu] m. (*Curs d'Orientació Universitària*) the last year of secondary education.

coure [kòurə] m. MINER. copper.

coure [kòurə] t. to cook. 2 to bake. ■ 3 i. to sting: *em couen els ulls,* my eyes sting. 4 to be hot [spicy]. 5 fig. to hurt. ■ *6 p.* to cook. ▲ CONJUG. GER.: *coent.* ‖ P. P.: *cuit.* ‖ INDIC. Pres.: *coc.* ‖ SUBJ. Pres.: *cogui,* etc. ‖ Imperf.: *cogués,* etc.

cova [kɔ̀βə] f. cave. ‖ fig. ~ **de lladres,** den of thieves.

covar [kuβà] t. to sit on [eggs], to hatch. 2 fig. to hatch [plot]; to prepare in secret. 3 to carry [disease]. ■ 4 i. fig. to smoulder. ■ *5 p.* to be overcooked [rice].

covard, -da [kuβàr(t), -ðə] a. craven, cowardly. ■ 2 *m.-f.* coward.

covardia [kuβərðíə] f. cowardice.

cove [kɔ́βə] m. basket. ‖ *fer-ne una com un ~,* to make a really stupid mistake. ‖ *voler agafar la lluna en un ~,* to want the impossible.

coxal [kuksàl] a. ANAT. (of the) hip.

crac [krak] interj. crack!, snap! ■ 2 m. crack, snap. 3 fig. bankruptcy.

cranc [kraŋ] m. ZOOL. crab.

crani [kràni] m. ANAT. cranium, skull.

cràpula [kràpulə] f. drunkenness. 2 m. dissolute man; debauched man.

cras, -assa [krəs, -àsə] a. crass.

cràter [kràtəʳ] m. crater.

creació [kreəsiò] f. creation.

creador, -ra [kreəðò, -rə] a. which creates. ■ 2 *m.-f.* creator.

crear [kreà] t. to create.

crec [krɛk] interj. crack!, snap! ■ 2 m. crack.

credencial [krəðənsiàl] a. credential. ■ 2 f. credentials pl.

credibilitat [krəðiβilitàt] f. credibility.

crèdit [krɛ́ðit] m. credence. 2 credit. 3 COMM. credit; loan.

creditor, -ra [krəðitò, -rə] *m.-f.* creditor.

credo [krɛ̀ðu] m. REL. creed. ‖ *al temps de dir un ~,* in a couple of shakes.

crèdul, -la [krɛ́ðul, -lə] a. credulous, gullible.

credulitat [krəðulitàt] f. credulity, gullibility.

creença [krəènsə] f. belief.

cregut, -uda [krəɣút, -úðə] a. conceited, vain. ■ 2 *m.-f.* conceited person.

creïble [kreìbblə] a. credible, believable.

creient [krəjén] a. who believes. 2 obedient [esp. children]. ■ 3 *m.-f.* believer.

creïlla [kreíʎə] (VAL.) See PATATA.

creixement [krəʃəmèn] m. growth; increase.

creixença [krəʃènsə] f. growth; increase.

créixens [kréʃəns] m. pl. BOT. watercress.

créixer [kréʃə] i. to grow; to increase. 2 to grow. ▲ CONJUG. P. P.: *crescut.*

crema [krèmə] f. cream [also fig.]. ‖ ~ **catalana,** type of crème brûlée. 2 burning.

cremada [krəmàðə] f. burning. 2 burn.

cremallera [krəməʎèrə] f. zip fastener. 2 rack railway. 3 TECH. rack.

cremar [krəmà] t.-i. to burn. 2 i. to be very hot. ■ 3 *p.* to burn oneself, to get burnt. ‖ fig. *cremar -se les celles,* to flog oneself, to work really hard.

cremat [krəmàt] m. drink made of coffee, rum and cinnamon. ■ 2 interj. (ROSS.) See OSTRA 2.

cremor [krəmò] f. burning sensation, burning.

crepè [krəpɛ́] m. crêpe.

crepitar [krəpità] i. to crackle.

crepuscle [krəpúsklə] m. twilight [also fig.].

crescuda [krəskúðə] f. growth. 2 swelling [of a river or stream].

cresp, -pa [kresp, -pə] a. frizzy.

cresta [krɛ̀stə] f. crest. ‖ fig. *alçar* or *abaixar la ~,* to take or lose heart. ‖ fig. *picar-se les crestes,* to have a slanging match.

Creta [krɛ̀tə] pr. n. f. GEOGR. Crete.

cretí, -ína [krəti, -inə] a. cretinous. ■ 2 *m.-f.* cretin.

cretona [krətɔ̀nə] f. TEXT. cretonne.

creu [krɛ̀w] f. cross [also fig.]. ‖ *ajudar a portar la* ~, to lighten someone's load; *fer-se creus*, to marvel (*de*, at); *fer* ~ *i ratlla*, to want to forget completely.

creuar [krəwà] t. to cross, to go across, to come across.

creuer [krəwè] m. cruise.

creure [krɛ̀wrə] t.-i.-p. to believe; to think. ‖ *fer* ~, to make out, to lead to believe. ‖ *creure's qui sap què*, to be full of one's own importance. ▲ CONJUG. GER.: *creient*. ‖ P. P.: *cregut*. ‖ INDIC. Pres.: *crec*. ‖ Imperf.: *creia*, etc. ‖ SUBJ. Pres.: *cregui*, etc. ‖ Imperf.: *cregués*, etc.

cria [krìə] f. breeding. 2 litter [mammals]; brood [birds].

criar [krià] t. to bring up [children]. 2 to breed [animals]. 3 to produce. ■ 4 i. to give birth [animals].

criat, -ada [kriàt, -àðə] m. servant, man-servant. 2 f. maid, maidservant.

criatura [kriətùrə] f. REL. creature, living being [created by God]; child. ‖ *ésser una* ~, to act like a baby.

cric [krik] m. jack [for cars].

crida [krìðə] f. call, calling. 2 proclamation.

cridaner, -ra [kriðənè, -rə] a. who shouts a lot. 2 garish. ■ 3 m.-f. person who shouts a lot.

cridar [kriðà] t. to call. 2 to call out someone's name. 3 fig. to attract: ~ *l'atenció*, to attract one's attention. 4 fig. to need, to require, to call for. ‖ *aquest formatge crida un bon vi negre*, a good red wine would go well with this cheese. ■ 5 i. to shout. 6 to scream. 7 to cry out.

cridòria [kriðɔ̀riə] f. shouting, bawling.

crim [krim] m. serious crime [esp. murder].

criminal [kriminàl] a., m.-f. criminal [esp. murderer].

crinera [krinèrə] f. mane.

crioll, -lla [kriɔ́ʎ, -ʎə] a., m.-f. creole.

cripta [kriptə] f. crypt.

críptic, -ca [kriptik, -kə] a. cryptic.

crisàlide [krizàliðə] f. chrysalis.

crisantem [krizəntɛ̀m] m. BOT. chrysanthemum.

crisi [krizi] f. crisis.

crisma [krizmə] m.-f. chrism, holy oil. ‖ *rompre la* ~ *a algú*, to smash someone's head in.

crispació [krispəsiò] f. contraction of muscles. 2 fig. tension.

crispar [krispà] t. to tense, to cause to contract [muscles]. 2 fig. to make tense [situations].

crispeta [krispɛ̀tə] f. pop corn.

cristall [kristàʎ] m. crystal. 2 glass.

cristalleria [kristəʎəriə] f. crystal, glassware. 2 glass making. 3 glass shop.

cristal·lí, -ina [kristəlli, -inə] a. crystalline.

cristal·lització [kristəllidzəsiò] f. crystallization.

cristal·lografia [kristəlluyrəfiə] f. crystallography.

cristià, -ana [kristià, -ànə] a., m.-f. Christian.

cristianisme [kristiənizmə] m. Christianity.

crit [krit] m. scream. 2 shout. ‖ *a crits*, in a loud voice, shouting. ‖ *fer un* ~ *a algú*, to call someone; to shout at someone.

criteri [kritɛ̀ri] m. criterion.

crític, -ca [kritik, -kə] a. critical. ■ 2 m.-f. critic. 3 f. criticism, (USA) animadversion.

criticaire [kritikàjrə] a. critical, hypercritical, carping. ■ 2 m.-f. critic, carper, caviller.

criticar [kritikà] t. to criticize.

Croàcia [kruàsiə] pr. n. f. Croatia.

croada [kruàðə] f. HIST. crusade.

crocant [krukàn] m. praline.

croissant [kruzàn] m. croissant.

crom [krɔm] m. MINER. chromium.

cromàtic, -ca [krumàtik, -kə] a. chromatic.

cromo [krɔ̀mu] m. picture card, chromo.

cromosoma [krumuzɔ̀mə] m. BIOL. chromosome.

crònic, -ca [krɔ̀nik, -kə] a. chronic. ■ 2 f. HIST. chronicle. 3 JOURN. news report. ‖ *crònica esportiva*, sports section, sports page.

cronista [krunistə] m.-f. JOURN. columnist.

cronologia [krunuluʒiə] f. chronology.

cronòmetre [krunɔ̀mətrə] m. chronometer.

croquet [krukɛ̀t] m. SP. croquet.

croqueta [krukɛ̀tə] f. croquette.

croquis [krɔ̀kis] m. sketch, outline.

cross [krɔs] m. SP. cross-country race.

crossa [krɔ̀sə] f. crutch. 2 walking stick.

crosta [krɔ́stə] f. crust [bread]. 2 rind [cheese]. 3 scab [wound].

crostó [krustó] m. crust, (USA) heel [of bread loaf]. ‖ *tocar el ~ a algú,* to thump someone.

cru, crua [kru, krúə] a. COOK. raw; half-cooked; not cooked. 2 fig. *la veritat crua,* the harsh truth. 3 *color ~,* cream, off-white. 4 untreated; crude [oil].

cruament [kruəmèn] adv. harshly, straight. ‖ *t'ho diré ~,* I'll tell you plainly.

crucial [krusiàl] a. crucial.

crucificar [krusifikà] t. to crucify.

crucifix [krusifiks] m. crucifix.

cruel [kruèl] a. cruel.

crueltat [krualtàt] f. cruelty.

cruent, -ta [kruèn, -tə] a. bloody.

cruïlla [kruíʎə] f. crossroads.

cruiximent [kruʃimèn] m. stiffness [of muscles]. 2 exhaustion.

cruixir [kruʃi] i. to rustle [cloth, leaves]; to creak [doors]; to grind [teeth]. 2 to tire out, to exhaust. ▲ CONJUG. INDIC. Pres.: *cruix.*

cruixit, -ida [kruʃit, -íðə] a. worn out, exhausted. ■ 2 m. rustling [leaves, cloth]; creaking [doors]; grinding [teeth].

cruspir-se [kruspirsə] p. to gobble up, to devour.

crustaci [krustàsi] m. ZOOL. crustacean.

cua [kúə] f. tail. ‖ fig. *amb la ~ entre cames,* with one's tail between one's legs, dejected; *deixar ~,* to have consequences; *girar ~,* to turn tail; *mirar de ~ d'ull,* to look askance (-,at). 2 ponytail. 3 queue.

cub [kub] m. cube.

Cuba [kúβə] pr. n. f. GEOGR. Cuba.

cubà, -ana [kuβà, -ánə] a., m.-f. GEOGR. Cuban.

cubell [kuβèʎ] m. bin. ‖ *~ de les escombraries,* dustbin, rubbish bin.

cúbic, -ca [kúβik, -kə] a. cubic.

cubicar [kuβikà] t. to cube. ‖ *aquest model cubica 1.500 c.c.,* this model has a 1,500 c.c. engine.

cubisme [kuβizmə] m. ARTS cubism.

cúbit [kúβit] m. ANAT. ulna.

cuc [kuk] m. worm. ‖ *~ de terra,* earthworm; *matar el ~,* to have a bite between meals. ‖ fig. *tenir cucs,* to be scared.

cuca [kúkə] f. worm; beetle; bug. ‖ *~ de llum,* glow-worm. ‖ *morta la ~, mort el verí,* dead dogs don't bite.

cucanya [kukáɲə] f. greasy pole.

cucurutxo [kukurútʃu] m. cornet, cone.

cucut [kukút] m. ORNIT. cuckoo.

cuejar [kuəʒà] i. to wag the tail.

cuidar [kuiðà] t. to look after. 2 to be on the point of. 3 ant. to think.

cuina [kúinə] f. kitchen. 2 cooker, stove. 3 cookery, cooking.

cuinar [kuinà] t. to cook.

cuiner, -ra [kuinè, -rə] m.-f. cook; chef m.

cuir [kuir] m. leather. 2 *~ cabellut,* scalp.

cuirassa [kuiràsə] f. armour.

cuirassat, -ada [kuiràsàt, -áðə] a. armoured, armour-plated. ■ 2 m. MAR. battleship.

cuiro [kúiru] See CUIR.

cuit, -ta [kúit, -tə] a. cooked, done. 2 fig. fed up, tired. ■ 3 m. hide-and-seek [game]. 4 f. cooking, baking. 5 haste, speed. ‖ *a cuita-corrents,* hastily.

cuitar [kuità] i. to hurry (up). ‖ *cuita!,* hurry up! ‖ *~ el pas,* to speed up, to quicken one's pace.

cuixa [kúʃə] f. thigh. 2 leg [chicken, pork, etc.]. 3 HIST. *dret de ~,* droit du seigneur.

cul [kul] m. bottom, backside, arse, (USA) ass. ‖ coll. *anar de ~,* to have one's work cut out; *~ de món,* godforsaken place; *ésser ~ i merda,* to be inseparable, *ser el ~ d'en Jaumet,* to be always on the go; *tenir-ne el ~ pelat,* to have a lot of practice.

culata [kulàtə] f. butt [of a rifle]. 2 breech. 3 AUT. cylinder head.

cul-de-sac [kuldəsàk] m. cul-de-sac.

culinari, -ària [kulinàri, -àriə] a. culinary.

cullera [kuʎèrə] f. spoon.

cullerada [kuʎəràðə] f. spoonful. ‖ *ficar-hi ~,* to stick one's oar in.

cullereta [kuʎərètə] f. teaspoon; coffee-spoon. 2 ZOOL. tadpole.

cullerot [kuʎərɔ́t] m. tablespoon; serving spoon.

culminació [kulminəsió] f. culmination, climax.

culminar [kulminà] i. to culminate.

culpa [kúlpə] f. fault, misdemeanour. ‖ *donar la ~,* to blame t.; to lay the blame on.‖ *la ~ és de ton pare,* it's your father's fault, your father's to blame.

culpabilitat [kulpəβilitàt] f. guilt.

culpable [kulpàbblə] a. guilty.

culpar [kulpà] t. to blame, to lay the blame on i.

culte, -ta [kúltə, -tə] *a.* cultured, educated. ■ 2 *m.* worship. 3 cult.

cultiu [kultiŭ] *m.* cultivation.

cultivar [kultiβá] *t.* to cultivate.

cultura [kultúrə] *f.* culture. ‖ *és una persona de poca ~,* he's not very well educated, not widely read.

cultural [kulturál] *a.* cultural.

culturisme [kulturizmə] *m.* body-building.

culturista [kulturistə] *m.* body-builder.

cúmul [kúmul] *m.* heap, pile.

cuneïforme [kunəifòrmə] *a.* cuneiform.

cuneta [kunέtə] *f.* ditch.

cuny [kuɲ] *m.* wedge.

cunyat, -ada [kuɲát, -áðə] *m.* brother-in-law. 2 *f.* sister-in-law.

cup [kup] *m.* wine press. 2 press house.

cupè [kupέ] *m.* coupé.

cupó [kupó] *m.* coupon.

cúpula [kúpulə] *f.* ARCH. dome, cupola.

cura [kúrə] *f.* care. 2 treatment; cure. ‖ *tenir ~,* to be curable; to be careful.

curaçao [kurəsàu] *m.* curaçao.

curandero, -ra [kurəndèru, -rə] *m.-f.* quack, charlatan.

curar [kurá] *t.* to be careful with. 3 to intend, to propose. ■ 4 *i.-p.* ~ *de,* to look after.

curatiu, -iva [kurətiŭ, -iβə] *a.* curative.

cúria [kúriə] *f.* HIST., REL. curia. 2 the legal profession.

curiós, -osa [kuriòs, -ózə] *a.* curious. 2 clean, tidy. 3 rare.

curiositat [kuriuzitát] *f.* curiosity. 2 neatness.

curós, -osa [kuròs, -ózə] *a.* careful.

curs [kurs] *m.* course; route. 2 EDUC. course; year.

cursa [kúrsə] *f.* race.

cursar [kursá] *t.* to deal with, to process [applications]. 2 to study; to attend classes.

cursi [kúrsi] *a.* affected, pretentious [people, behaviour]; flashy, showy [dresses]. ■ 2 *m.-f.* affected, pretentious or showy person.

cursiu, -iva [kursiŭ, -iβə] *a.* PRINT. cursive. ■ 2 *f.* PRINT. italics *pl.*

curt, -ta [kur(t), -ə] *a.* short. ‖ ~ *de gambals,* slow, thick; *anar ~ de diners,* to be short of cash; *fer ~,* to run short (*de,* of).

curull, -lla [kurúʎ, -ʎə] *a.* full, overflowing.

curvatura [kurβətúrə] *f.* curvature.

cúspide [kúspidə] *f.* peak. 2 cusp.

custòdia [kustɔ̀ðiə] *f.* custody.

custodiar [kustuðià] *t.* to guard; to defend.

cutani, -ània [kutáni, -àniə] *a.* cutaneous, of the skin.

cutícula [kutikulə] *f.* cuticle.

cutis [kútis] *m.* skin, complexion.

D

D, d [de] *f.* d [letter].

d' *prep.* See DE.

dactilografia [dəktiluɣrəfiə] *f.* typewriting.

dactiloscòpia [dəktiluskɔ̀piə] *f.* identification by fingerprints.

dada [dáðə] *f.* datum, piece of information. ‖ COMP. *tractament de dades,* data processing.

daga [dáɣə] *f.* dagger.

daina [dáĭnə] *f.* ZOOL. fallow deer.

daixonses [dəʃɔ́nsəs] *pron.* thingumajig, thingummy, thingummybob.

dàlia [dáliə] *f.* BOT. dahlia.

dalla [dàʎə] *f.* scythe.

dallar [dəʎá] *t.* to scythe, to cut with a scythe.

dalt [dal] *adv.* above, at the top. ‖ ~ *de tot,* at the very top; fig. *de ~ a baix,* completely, thoroughly. ■ *2 prep. phr.* ~ *de,* on top of; ‖ ~ *del tren,* on the train. ■ *3 m.* the top part; the top floor.

daltabaix [dàltəβáʃ] *adv.* down, right down. ■ *2 m.* disaster, calamity.

daltonisme [dəltunízmə] *m.* MED. colour blindness.

dama [dámə] *f.* lady. *2* GAME draughts *pl.,* (USA) checkers *pl.*

Damasc [dəmás(k)] *pr. n. m.* GEOGR. Damascus.

damisel·la [dəmizέllə] *f.* young lady; damsel.

damnació [dəmnəsió] *f.* REL. damnation.

damnar [dəmná] *t.* REL. to damn.

damnificar [dəmnifiká] *t.* to damage; to harm.

damnificat, -ada [dəmnifikát, -áðə] *a., m.-f.* victim.

damunt [dəmún] *adv.* above. *2* on top. ‖ *per ~,* superficially. ■ *3 prep.* on, on top of. *4* above.

dandi [dándi] *m.* dandy.

danès, -esa [dənὲs, -ὲzə] *a.* Danish. ■ *2 m.-f.* Dane.

dansa [dánsə] *f.* dance. *2* dancing.

dansaire [dənsáĭrə] *m.-f.* dancer.

dansar [dənsá] *i.* to dance.

dantesc, -ca [dəntέsk, -kə] *a.* Dantesque; Dantean.

dany [daɲ] *m.* damage; harm. *2* injury. *3* LAW *danys i perjudicis,* damages.

danyar [dəɲá] *t.* to damage; to harm. *2* to injure; to hurt.

danyós, -osa [dəɲòs, -ózə] *a.* harmful. *2* fig. damaging.

dar [dá] See DONAR.

dard [dar(t)] *m.* dart. *2* poet. arrow.

darrer, -ra [dərrέ, -rə] *a.* last. *2* latest.

darrera [dərrέrə] *adv.* behind, at the back. ■ *2 prep.* behind, at the back of. *3* after: *he sofert fracàs ~ fracàs,* I've had failure after failure. ■ *4 m.* back. *5* bottom, backside.

darrerament [dərrərəmέn] *adv.* lately.

darrere [dərrέrə] DARRERA.

darreria [dərrəriə] *f.* end. *2 pl.* afters [of a meal].

dàrsena [dàrsənə] *f.* dock.

data [dátə] *f.* date.

datar [dətá] *t.* to date. ■ *2* ~ *de i.* to date from.

dàtil [dàtil] *m.* BOT. date.

dau [dáŭ] *m.* die.

daurar [dəŭrá] *t.* to gild. *2* fig. ~ *la píndola,* to sugar the pill.

daurat, -ada [dəŭrát, -áðə] *a.* golden. ■ *2 m.* gilt.

davall [dəβáʎ] *adv.-prep.* See SOTA.

davallada [dəβəʎáðə] *f.* descent; way down. *2* fig. decrease, fall.

davallar [dəβəʎá] *t.* to come down *i.,* go down. *i. 2* to bring down, to take down. ■ *3 i.* to come down. *4* to fall, to decrease.

davant [dəβán] *adv.* in front; ahead. 2 opposite. 3 ~ *per* ~, face to face. ■ 4 *prep.* in front of; ahead of. 5 opposite. ■ 6 *m.* front part, front.

davantal [dəβəntál] *m.* apron.

davanter, -ra [dəβəntɛ̀, -rə] *a.* leading. ■ 2 *m.-f.* leader. 3 *m.* SP. forward.

David [dəβít] *pr. n. m.* David.

d.C. abbr. *(després de Crist)* A.D. (anno domini).

de [də] *prep.* of: *fet* ~ *coure,* made of copper. ∥ *una classe d'anglès,* an English class; *el pis* ~ *l'Andreu,* Andrew's flat; *vermell* ~ *cara,* red-faced. 2 in: *l'edifici més alt del poble,* the tallest building in the village. 3 from: *sóc* ~ *Terrassa,* I'm from Terrassa. 4 by. ∥ *una pel·lícula* ~ *Passolini,* a film by Passolini. 5 ~ *debò,* real, really. ∥ ~ *cop,* at once, at one go; ~ *dia,* by day, during the daytime; ~ *petit,* as a child.

deambular [dəəmbulá] *i.* to stroll about.

debades [dəβáðəs] *adv.* in vain.

debanar [dəβəná] *t.* to wind.

debat [dəβát] *m.* debate; discussion.

debatre [dəβátrə] *t.* to debate; to discuss. ■ 2 *p.* to struggle; to fight.

dèbil [dɛ́βil] *a.* weak, feeble.

debilitar [dəβilitá] *t.* to debilitate, to weaken.

debilitat [dəβilitát] *f.* feebleness, weakness, debility. 2 weakness: *les debilitats humanes,* human weaknesses.

dèbit [dɛ́βit] *m.* COMM. debt.

debò [dəβɔ́] *adv. phr. de* ~, actually, truly, really. 2 real, true.

debut [dəβút] *m.* debut.

dècada [dɛ́kəðə] *f.* decade.

decadència [dəkəðɛ́nsiə] *f.* decadence, decay, decline.

decadent [dəkəðɛ́n] *a.* decadent, decaying.

decagram [dəkəɣrám] *m.* decagramme, decagram.

decaigut, -uda [dəkáʝyut, -úðə] *a.* depressed; discouraged. 2 weak.

decàleg [dəkálək] *m.* decalogue.

decalitre [dəkəlitrə] *m.* decalitre.

decàmetre [dəkámətrə] *m.* decametre.

decandiment [dəkəndimèn] *m.* weakness; weakening; loss of strength.

decandir-se [dəkəndirsə] *p.* to lose strength, to grow weak.

decantació [dəkəntəsió] *f.* CHEM. decantation.

decantament [dəkəntəmèn] *m.* inclination, lean, leaning. 2 decantation.

decantar [dəkəntá] *t.* to tip [to one side]. 2 CHEM. to decant. ■ 3 *p.* fig. to incline towards, to lean towards. ∥ *cap a quina alternativa et decantes?,* which alternative do you prefer?

decapitació [dəkəpitəsió] *f.* decapitation, beheading.

decapitar [dəkəpitá] *t.* to decapitate, to behead.

decasíl·lab, -ba [dəkəsilləp, -βə] *a.* decasyllabic, ten-syllable. ■ 2 *m.* decasyllable.

decaure [dəkáŭrə] *i.* to decline; to go downhill; to decay, to deteriorate. 2 to lose strength, to weaken, to flag. ▲ CONJUG. like *caure.*

decebre [dəsɛ́βrə] *t.* to disappoint. ▲ CONJUG. like *rebre.*

decelar [dəsəlá] (ROSS.) See DELATAR.

decència [dəsɛ́nsiə] *f.* decency.

decenni [dəsɛ́ni] *m.* decennium.

decent [dəsɛ́n] *a.* decent.

decepció [dəsəpsió] *f.* disappointment.

decidir [dəsidí] *t.* to decide. ■ 2 *p.* to make up one's mind.

decidit, -da [dəsiðít, -íðə] *a.* decided, resolute.

decigram [dəsiɣrám] *m.* decigramme, decigram.

decilitre [dəsilitrə] *m.* decilitre, (USA) deciliter.

dècim, -ma [dɛ́sim, -mə] *a., m.-f.* tenth. 2 *m.* tenth part of a lottery ticket. 3 *f.* tenth of a degree.

decimal [dəsimál] *a.-m.* MATH. decimal.

decímetre [dəsimətrə] *m.* decimetre, (USA) decimeter.

decisió [dəsizió] *f.* decision. 2 determination, resolution.

decisiu, -iva [dəsiziŭ, -íβə] *a.* decisive.

declamació [dəkləməsió] *f.* declamation; recitation.

declamar [dəkləmá] *t.-i.* to recite; to declaim.

declaració [dəklərəsió] *f.* declaration, statement. ∥ ~ *de renda,* income tax declaration. 2 LAW statement, evidence. ∥ ~ *de culpabilitat,* verdict of guilty.

declaradament [dəklərəðəmèn] *adv.* openly, declaredly.

declarant [dəklərán] *m.-f.* LAW witness, testifier.

declarar [dəklərá] *t.* to declare; to state. 2 to tell. 3 LAW to find: ~ *culpable,* to

deglutir

find guilty. 4 LAW to testify. ■ *5 p.* to declare oneself. ‖ *declarar-se en vaga,* to go on strike.

declinar [dəklinà] *t.* to decline, to refuse. 2 GRAMM. to decline. ■ *3 i.* to decline.

declivi [dəkliβi] *m.* slope, incline.

decoració [dəkurəsió] *f.* decoration; décor. 2 CIN., THEATR. set, scenery.

decorador, -ra [dəkuradò, -rə] *m.-f.* decorator.

decorar [dəkurà] *t.* to decorate.

decorat [dəkuràt] *m.* See DECORACIÓ 2.

decoratiu, -iva [dəkurətiŭ, -iβə] *a.* decorative.

decorós, -osa [dəkurós, -ózə] *a.* decorous, proper, decent.

decòrum [dəkɔrum] *m.* decorum.

decreixent [dəkrəʃén] *a.* decreasing, diminishing.

decréixer [dəkréʃə] *i.* to decrease, to diminish. ‖ CONJUG. like *créixer.*

decrèpit, -ta [dəkrɛpit, -tə] *a.* decrepit.

decrepitud [dəkrəpitút] *f.* decrepitude.

decret [dəkrɛt] *m.* decree, order.

decretar [dəkrətà] *t.* to decree; to order.

decurs [dəkúrs] *m.* course.

dedicació [dəðikəsió] *f.* dedication.

dedicar [dəðikà] *t.* to dedicate. 2 to set aside. ■ *3 p.* to devote oneself (*a,* to).

dedicatòria [dəðikətɔriə] *f.* dedication; inscription.

dedins [dəðins] *adv.* inside. ■ *2 prep. al ~ de,* inside.

deducció [dəðuksió] *f.* deduction.

deduir [dəðui] *t.* to deduce. 2 to deduct [money]. 3 LAW to present [evidence]; to claim [rights].

deessa [dəɛsə] *f.* goddess.

defallir [dəfaʎi] *i.* to lose heart; to falter.

defecació [dəfəkəsió] *f.* defecation.

defecar [dəfəkà] *i.* to defecate.

defecció [dəfəksió] *f.* defection, desertion.

defecte [dəfɛktə] *m.* defect, fault, flaw. 2 lack; absence.

defectuós, -osa [dəfəktuós, -ózə] *a.* defective, faulty.

defendre [dəfɛndrə] See DEFENSAR.

defensa [dəfɛnsə] *f.* defence. ‖ *~ personal,* self-defence. ‖ LAW *legítima ~,* self-defence. ‖ PSYCH. *mecanisme de ~,* defence mechanism. 2 guard [on machines]. 3 *m.-f.* SP. back, defender.

defensar [dəfənsà] *t.* to defend (*contra,* against; *de,* from). 2 to protect. 3 to defend, to uphold [ideas, arguments].

defensiu, -iva [dəfənsiŭ, -iβə] *a.* defensive. ‖ *a la defensiva,* on the defensive.

defensor, -ra [dəfənsó, -rə] *a.* defending. ■ *2 m.-f.* defender. 3 LAW counsel for the defence.

deferència [dəfərɛnsiə] *f.* deference.

deficiència [dəfisiɛnsiə] *f.* deficiency, shortcoming.

deficient [dəfisièn] *a.* deficient, inadequate. ■ *2 m.-f.* MED. *~ mental,* mental deficient.

dèficit [dɛfisit] *m.* deficit.

definició [dəfinisió] *f.* definition.

definir [dəfini] *t.* to define. 2 to determine, to establish. ■ *3 p.* to make one's position or posture clear.

definit, -ida [dəfinit, -iðə] *a.* definite. ‖ *ben ~,* well-defined.

definitiu, -iva [dəfinitiŭ, -iβə] *a.* definitive, final. ‖ *en definitiva,* in short; finally, eventually; in the end.

deflació [dəfləsió] *f.* ECON. deflation.

defora [dəfɔrə] *adv.* outside. ■ *2 prep.* out of. ‖ *al ~ de,* out of, outside. ■ *3 m.* outside.

deformació [dəfurməsió] *f.* deformation.

deformar [dəfurmà] *t.-p.* to deform [also fig.]. 2 fig. to distort. 3 *p.* to lose shape, to go out of shape.

deforme [dəfɔrmə] *a.* deformed, misshapen.

deformitat [dəfurmitàt] *f.* deformity, disfigurement. 2 deformed person or thing.

defraudar [dəfrəŭðà] *t.* to defraud. 2 to evade [taxes]. 3 to disappoint.

defugir [dəfuʒi] *t.* to evade, to avoid. ▲ CONJUG. like *fugir.*

defunció [dəfunsió] *f.* decease, death.

degà [dəɣà] *m.* senior member. 2 dean.

deganat [dəɣənàt] *m.* deanship. 2 deanery.

degeneració [dəʒənərəsió] *f.* degeneracy; degeneration.

degenerar [dəʒənərà] *i.* to degenerate (*en,* into).

degenerat, -ada [dəʒənəràt, -àðə] *a., m.-f.* degenerate.

deglució [dəɣlusió] *f.* swallowing, deglutition.

deglutir [dəɣluti] *t.* to swallow.

degolladissa [dəɣuʎəðisə] *f.* See DEGO-
LLAMENT.

degollament [dəɣuʎəmèn] *m.* throat
cutting; slaughter.

degollar [dəɣuʎá] *t.* to cut the throat of,
to slaughter.

degotar [dəɣutá] *i.* to drip. 2 to leak [in
drips].

degradació [dəɣrəðəsiò] *f.* degradation,
humiliation. 2 MIL. demotion.

degradant [dəɣrəðán] *a.* degrading.

degradar [dəɣrəðá] *t.* to degrade, to hu-
miliate. 2 MIL. to demote. ■ 3 *p.* to de-
mean oneself.

degudament [dəɣuðəmèn] *adv.* duly,
properly.

degustació [dəɣustəsiò] *f.* tasting, sam-
pling.

degustar [dəɣustá] *t.* to taste, to sample.

deïficar [dəifiká] *f.* to deify.

deisme [dəizmə] *m.* deism.

deïtat [dəitát] *f.* deity, divinity.

deix [deʃ] *m.* slight accent. 2 after-effect.

deixa [dèʃə] *f.* legacy. 2 remains. 3 left-
overs.

deixadesa [dəʃəðèzə] *f.* slovenliness;
carelessness; untidiness.

deixalla [dəʃáʎə] *f.* waste. 2 *pl.* left-overs.

deixament [dəʃəmèn] *m.* slovenliness;
untidiness. 2 languor, listlessness; dis-
couragement.

deixar [dəʃá] *t.* to release, to let go. ‖ *dei-
xa't anar,* let go. 2 to leave. ‖ *deixa'm
estar!,* leave me alone! 3 to lend. 4 to
abandon, to give up. ‖ *deixa-ho córrer!,*
forget about it! ‖ ~ *plantat,* to stand
someone up. ■ *5 i.* to run [dye]. ■ *6 p.*
to forget, to leave behind.

deixat, -ada [dəʃát, -áðə] *a.* untidy; care-
less; slovenly.

deixatar [dəʃətá] *t.* to dissolve.

deixeble, -bla [dəʃébblə, -blə] *m.-f.* dis-
ciple, pupil, student, follower.

deixondir [dəʃundí] *t.-p.* to waken up, to
liven up.

dejecció [dəʒəksiò] *f.* dejection. 2 GEOL.
débris.

dejú, -una [dəʒú, -únə] *a.* fasting, not
having eaten. ‖ *en* ~, without eating
breakfast.

dejunar [dəʒuná] *i.* to fast.

dejuni [dəʒúni] *m.* fast.

del [dəl] (*contr. de* + *el*).

delació [dələsiò] *f.* denunciation; infor-
mation.

delatar [dələtá] *t.* to report [to the po-
lice]; to inform on. *i.* 2 to betray, to give
away.

delator, -ra [dələtò, -rə] *a.,* which gives
away. ■ 2 *m.-f.* informer, betrayer.

deleble [dəlèbblə] *a.* delible.

delectació [dələktəsiò] *f.* delight, delec-
tation.

delectança [dələktànsə] See DELECTACIÓ.

delectar [dələktá] *t.* to delight. ■ 2 *p.* to
take great pleasure, to take delight.

delegació [dələɣəsiò] *f.* delegation. 2 lo-
cal office; branch office: ~ *d'Hisenda,*
local tax office.

delegar [dələɣá] *t.* to delegate.

delegat, -ada [dələɣát, -áðə] *a.* delegat-
ed. ■ 2 *m.-f.* delegate; representative.

delejar [dələʒá] *t.* to long for *i.,* to yearn
for. *i.* ■ 2 *i.* to be impatient.

deler [dəlè] *m.* enthusiasm, zeal, eager-
ness. 2 desire, longing, yearning.

delerós, -osa [dələròs, -òzə] *a.* eager, en-
thusiastic.

deliberació [dəliβərəsiò] *f.* deliberation.

deliberar [dəliβərá] *t.* to deliberate.

delicadesa [dəlikəðèzə] *f.* delicacy. 2 re-
finement. 3 tact.

delicat, -ada [dəlikát, -áðə] *a.* delicate;
exquisite [food]. 2 discerning, refined. 2
fussy, difficult to please. 3 polite, re-
fined.

delícia [dəlisiə] *f.* delight.

deliciós, -osa [dəlisiòs, -òzə] *a.* delight-
ful.

delicte [dəliktə] *m.* offence, crime.

delictuós, -osa [dəliktuòs, -òzə] *a.*
criminal, unlawful.

delimitació [dəlimitəsiò] *f.* delimitation.

delimitar [dəlimitá] *t.* to delimit.

delineant [dəlineàn] *m.-f.* draughtsman.

delinear [dəlineá] *t.* to delineate, to out-
line [also fig.].

delinqüència [deliŋkwènsiə] *f.* crime,
delinquency. ‖ ~ *juvenil,* juvenile delin-
quency.

delinqüent [dəliŋkwèn] *m.-f.* criminal,
delinquent, offender.

delinquir [dəliŋki] *i.* to commit an of-
fence.

delir-se [dəlirsə] *p.* to long, to yearn.

delirar [dəlirá] *i.* to be delirious.

deliri [dəliri] *m.* delirium. 2 wild passion.

delit [dəlit] *m.* joy, delight, pleasure. 2
energy, spirit, go.

delitós, -osa [dəlitós, -ózə] a. delightful, delectable. 2 lively, spirited.

delmar [dəlmá] t. to decimate.

delme [dɛ́lmə] m. HIST. tithe.

delta [dɛ́ltə] m. delta [of a river]. 2 f. delta [Greek letter].

demà [dəmá] adv. tomorrow. ‖ ~ al matí, tomorrow morning; ~ m'afaitaràs!, pull the other one!; ~ passat, (BAL.) passat ~, (VAL.) despús ~, the day after tomorrow. ■ 2 m. future.

demacrat, -ada [dəməkràt, -áðə] a. emaciated.

demagog [dəməɣɔ́k] m.-f. demagogue.

demagògia [dəməɣɔ́ʒiə] f. demagogy.

demanar [dəməná] t. to ask for, to request. ‖ ~ la mà d'una noia, to ask for a girl's hand in marriage. ‖ ~ la paraula, to ask to speak. 2 to order [meal, drink]. 3 to need, to demand. ‖ la gespa ~ pluja, the lawn needs rain.

demanda [dəmándə] f. petition, request. 2 COMM. order. 3 LAW (legal) action.

demandar [dəmandá] t. LAW to sue, to take legal action against.

demarcació [dəmərkəsió] f. demarcation. 2 district.

demarcar [dəmərká] t. to demarcate.

demència [dəmɛ́nsiə] f. madness, insanity.

dement [dəmɛ́n] a. mad, insane, demented. ■ 2 m.-f. mad, insane or demented person.

demèrit [dəmɛ́rit] m. demerit, fault, defect.

democràcia [dəmukràsiə] f. democracy.

demòcrata [dəmɛ́krətə] m.-f. democrat.

democràtic, -ca [dəmukràtik, -kə] a. democratic.

democratitzar [dəmukrətidzá] t. to democratize.

demografia [dəmuɣrəfiə] f. demography.

demolició [dəmulisió] f. demolition.

demolir [dəmuli] t. to demolish [also fig.].

demoníac, -ca [dəmuniək, -kə] a. demoniacal, demoniac.

demora [dəmɔ́rə] f. delay, hold-up.

demorar [dəmurá] t. to delay, to hold up.

demostració [dəmustrəsió] f. demonstration. 2 show, display.

demostrar [dəmustrá] t. to demonstrate, to prove. 2 to show, to display.

demostratiu, -iva [dəmustrətiŭ, -íβə] a. demonstrative.

dempeus [dəmpɛ́ŭs] adv. standing, on one's feet.

denari, -ària [dənàri, -áriə] a. decimal. ■ 2 m. denarius.

denegació [dənəɣəsió] f. refusal, denial.

dèneu [dɛ́nəŭ], **denou** [dɛ́nɔŭ] (VAL.) See DINOU.

denegar [dənəɣá] t. to refuse, to deny.

denieirola [dəniəirɔ́lə] (ROSS.) See GUARDIOLA.

denigrar [dəniɣrá] t. to denigrate, to defame.

denominació [dənuminəsió] f. denomination, naming.

denominador, -ra [dənuminəðó, -rə] a. which denominates. ■ 2 m. MATH. denominator.

denominar [dənuminá] t. to denominate, to call, to designate.

denotar [dənutá] t. to denote, to signify, to indicate.

dens, -sa [dɛ́ns, -sə] a. dense, thick.

densitat [dənsitát] f. density.

dent [den] f. tooth; front tooth. ‖ parlar entre dents, to mumble. 2 MECH. tooth, cog.

dentadura [dəntəðúrə] f. teeth, set of teeth. ‖ ~ postissa, false teeth, dentures pl.

dental [dəntál] a. dental.

dentar [dəntá] t. MECH. to provide with teeth. ■ 2 i. to teethe [babies].

dentat, -ada [dəntát, -áðə] a. toothed. ■ 2 m. set of teeth.

dentetes [dəntɛ́təs] phr. fer ~, to make someone jealous.

dentició [dəntisió] f. teething, dentition.

dentifrici, -ícia [dəntifrisi, -ísiə] a.-m. tooth paste s.

dentista [dəntístə] m.-f. dentist.

denúncia [dənúnsiə] f. LAW complaint. 2 denunciation, reporting; report.

denunciar [dənunsiá] t. to report [to the police]. 2 to announce, to proclaim. 3 to denounce.

departament [dəpərtəmɛ́n] m. department, section. 2 RAIL. compartment. 3 department, province, district.

departir [dəpərti] i. to converse, to talk.

depauperat, -ada [dəpəŭpərát, -áðə] a. impoverished.

dependència [dəpəndɛ́nsiə] f. dependence; reliance. 2 dependency. 3 outhouse, outbuilding. 4 staff.

dependent, -ta [dəpəndɛ́n, -tə] a. dependent. ■ 2 m.-f. shop assistant.

dependre [dəpɛ́ndrə] *i.* to depend (*de,* on), to rely (*de,* on). ‖ *depèn* or *això de-pèn,* it depends. ▲ CONJUG. like *ofendre.*

depilació [dəpiləsió] *f.* COSM. depilation, hair removal.

depilar [dəpilá] *t.* COSM. to depilate, to remove hair.

depilatori, -òria [dəpilətɔ̀ri, -ɔ̀riə] *a.-m.* COSM. depilatory.

deplorar [dəplurá] *t.* to deplore; to lament.

deport [dəpɔ́r(t)] *m.* recreation.

deportar [dəpurtá] *t.* to deport.

deposar [dəpuzá] *t.* to abandon [attitudes]. 2 to depose [rulers]. 3 LAW to state in evidence, to depose. ■ 4 *i.* to defecate.

depravació [dəprəβəsió] *f.* vice, depravity; corruption.

depravar [dəprəβá] *t.-p.* to deprave, to corrupt. ■ 2 *p.* to become depraved or corrupted.

depreciació [dəprəsiəsió] *f.* depreciation.

depreciar [dəprəsiá] *t.* to depreciate *t.-i.*

depredador, -ra [dəprədəðó, -rə] *m.-f.* pillager, plunderer. 2 predator.

depredar [dəprədá] *t.* to pillage, to plunder.

depressió [dəprəsió] *f.* depression.

depressiu, -iva [dəprəsiǔ, -íβə] *a., m.-f.* depressive.

depriment [dəprimɛ́n] *a.* depressing.

deprimir [dəprimí] *t.* to depress. ■ 2 *p.* to get depressed.

depuració [dəpurəsió] *f.* purification, purge.

depurar [dəpurá] *t.* to purify, to purge.

dèria [dɛ́riə] *f.* obsession.

deriva [dəríβə] *f.* drifting. ‖ *anar a la ~,* to drift, to be off course [also fig.].

derivació [dəriβəsió] *f.* derivation.

derivar [dəriβá] *t.* to derive (*de,* from). 2 to divert. ■ 3 *i.* to derive, to be derived. 4 MAR. to drift.

dermatologia [dərmətulujíə] *f.* MED. dermatology.

dermis [dɛ́rmis] *f.* derm, dermis.

derogació [dəruɣəsió] *f.* repeal, derogation, abolition.

derogar [dəruɣá] *t.* to repeal, to abolish; to annul.

derrapar [dərrəpá] *i.* to skid.

derrota [dərrɔ́tə] *f.* defeat.

derrotar [dərrutá] *t.* to defeat; to beat.

derruir [dərrui] *t.* to demolish.

des [dɛs] *prep. phr.* ~ *de* or ~ *que,* since. 2 ~ *de,* from. ■ 3 *conj.* since.

desabrigat, -ada [dəzəβriɣát, -áðə] *a.* not wrapped up well enough. 2 exposed, unsheltered.

desaconsellar [dəzəkunsəʎá] *t.* to advise against *i.*

desacord [dəzəkɔ́r(t)] *m.* disagreement; discord.

desacreditar [dəzəkrəðitá] *t.* to disparage, to discredit, to denigrate. 2 to bring into discredit. ■ 3 *p.* to disgrace oneself.

desactivar [dəzəktiβá] *t.* to defuse, to make safe.

desafecte, -ta [dəzəfɛ́ktə, -tə] *a.* disaffected. ■ 2 *m.* disaffection. 3 *m.-f.* disaffected person.

desafiador, -ra [dəzəfiəðó, -rə] *a.* defiant. 2 challenging.

desafiament [dəzəfiəmɛ́n] *m.* defiance. 2 challenge.

desafiar [dəzəfiá] *t.* to challenge [to a fight or duel]. 2 to defy; to challenge.

desafinar [dəzəfiná] *t.* to sing or play out of tune, to be out of tune. 2 to put out of tune. ■ 3 *p.* to go out of tune.

desafortunat, -ada [dəzəfurtunát, -áðə] *a.* unfortunate.

desagradable [dəzəɣrəðábblə] *a.* unpleasant, disagreeable.

desagradar [dəzəɣrəðá] *t.* to displease. ‖ *no em desagrada,* I don't dislike it.

desagraïment [dəzəɣrəimɛ́n] *m.* ungratefulness, ingratitude.

desagraït, -ïda [dəzəɣrəit, -íðə] *a.* ungrateful.

desajust [dəzəúst] *m.* discrepancy. 2 TECH. maladjustment.

desallotjar [dəzəʎudʒá] *t.* to eject, to evict. 2 to evacuate.

desamor [dəzəmɔ́r] *m.-(i f.)* lack of love, coldness, dislike.

desamortització [dəzəmurtidzəsió] *f.* disentailment.

desamortizar [dəzəmurtidzá] *t.* to disentail.

desànim [dəzánim] *m.* discouragement, downheartedness.

desanimar [dəzənimá] *t.* to discourage. ■ 2 *p.* to get discouraged, to lose heart.

desanou [dəzənɔ́ŭ] (ROSS.) See DINOU.

desaparèixer [dəzəpərɛ́ʃə] *i.* to vanish, to disappear. ■ CONJUG. like *conèixer.*

desaparellar [dəzəpərəʎá] *t.* to split up a pair. ‖ *aquests mitjons són desapare-*

llats, these socks aren't a pair, these socks are odd.

desaparició [dəzəpərisió] *f.* disappearance.

desapercebut, -uda [dəzəpərsəβút, -úðə] *a.* unnoticed.

desaprensiu, -iva [dəzəprənsiŭ, -íβə] *a.* unscrupulous.

desaprofitar [dəzəprufitá] *t.* to waste, not to take advantage of.

desaprovar [dəzəpruβá] *t.* to disapprove of.

desar [dəzá] *t.* to put away, to keep [in a safe place].

desarmament [dəzərməmèn] *m.* disarmament.

desarmar [dəzərmá] *t.* to disarm [people]. 2 to take to pieces, to take apart, to dismantle [thing]. 3 fig. to calm, to appease.

desarrelar [dəzərrələ́] *t.* to uproot. 2 fig. to wipe out, to get rid of. ■ 3 *p.* fig. to uproot oneself.

desarrelat, -ada [dəzərrəlàt, -àðə] *a.* rootless [person], uprooted.

desassenyat, -ada [dəzəsəɲát, -áðə] *a.* unwise, foolish, silly.

desasset [dəzəsɛ́t] (ROSS.) See DISSET.

desassossec [dəzəsusɛ́k] *m.* uneasiness; anxiety; restlessness.

desastre [dəzástrə] *m.* disaster, calamity.

desastrós, -osa [dəzəstrós, -ózə] *a.* disastrous, awful, terrible; calamitous.

desatendre [dəzətɛ́ndrə] *t.* to ignore, to pay no attention to. 2 to neglect [work]. 3 to slight, to offend, to snub [person]. ▲ CONJUG. like *atendre.*

desatent, -ta [dəzətɛ́n, -tə] *a.* inattentive, inconsiderate; discourteous.

desautoritzar [dəzəŭturidzá] *t.* to deprive of authority; to declare to be without authority.

desavantatge [dəzəβəntádʒə] *m.* disadvantage. 2 handicap; drawback.

desavinença [dəzəβinɛ́sə] *f.* disagreement; discrepancy.

desavinent [dəzəβinɛ́n] *a.* inaccesible.

desavuit [dəzəβúĭt] (ROSS.) See DIVUIT.

desballestar [dəzβəʎəstá] *t.* to take apart, to dismantle. 2 to break up [cars, ships].

desbancar [dəzβəŋká] *t.* GAME to break the bank. 2 to supplant, to oust.

desbandada [dəzβəndáðə] *f.* flight in disarray, scattering. || *fugir a la ~,* to scatter.

desbandar-se [dəzβəndársə] *p.* to scatter, to flee in disarray.

desbaratar [dəzβərətá] *t.* to spoil, to ruin; to frustrate. 2 to throw into confusion. 3 TECH. to dismantle, to take to pieces. ■ 4 *p.* to deteriorate. || *s'ha desbaratat el temps,* the weather's got worse.

desbarrar [dəzβərrá] *t.* to unbar. ■ 2 *i.* to talk absolute rubbish; to say too much.

desbocar-se [dəzβukársə] *p.* to bolt [horses]. 2 to give vent to a stream of abuse.

desbordament [dəzβurðəmèn] *m.* overflowing, flooding. 2 outburst. 3 MIL. outflanking.

desbordar [dəzβurðá] *t.* to cause to overflow, to cause to flood [rivers]. 2 fig. to arouse [passions]. 3 MIL. to outflank. ■ 4 *i.-p.* to overflow, to flood [rivers]. 5 *p.* to burst out, to be aroused [passions].

desbrossar [dəzβrusá] *t.* to clear of weeds, undergrowth or rubbish.

descabdellar [dəskəbdəʎá] *t.* to unwind, to unravel. 2 fig. to expound in detail. ■ 3 *p.* to unravel.

descafeïnat, -ada [dəskəfəinàt, -áðə] *a.* decaffeinated. 2 fig. wishy-washy.

descalç, -ça [dəskáls, -sə] *a.* barefoot; unshod.

descamisat, -ada [dəskəmizàt, -áðə] *a.* shirtless. 2 fig. extremely poor.

descans [dəskáns] *m.* rest, repose. 2 relief. 3 rest. 4 rest, support, bracket.

descansar [dəskənsá] *i.* to rest, to have a rest, to take a break. 2 to sleep. 3 ~ *en* to rely on, to lean on. 4 ~ *sobre,* to rest on, to be supported by. ■ 5 *t.* to rest. 6 to help out.

descanviar [dəskəmbiá] *t.* to exchange, to change.

descarat, -ada [dəskəràt, -áðə] *a.* impudent, insolent, cheeky. ■ 2 *m.-f.* impudent, insolent or cheeky person.

descargolar [dəskərɣulá] *t.* to unscrew. ■ 2 *p.* to come unscrewed.

descarnat, -ada [dəskərnàt, -áðə] *a.* without flesh, clean, bare [bones]. 2 thin. 3 bare, uncovered. 4 fig. plain, straightforward, without commentaries.

descàrrega [dəskárrəɣə] *f.* unloading; emptying. 2 ELECT. discharge.

descarregar [dəskərrəɣá] *t.* to unload; to empty. 2 to fire, to shoot. 3 fig. to relieve, to release, to free.

descarrilament [dəskərriləmèn] *m.* derailment.

descarrilar [dəskərrilá] *i.* RAIL. to derail *t.-i.*

descartar [dəskərtá] *t.* to rule out, to reject. ■ 2 *p.* GAME to discard.

descendència [dəsəndènsiə] *f.* offspring, descendents *pl.,* family.

descendent [dəsəndèn] *a.* descending, descendent. ■ 2 *m.-f.* descendent.

descendir [dəsəndí] *t.* to go or come down; to descend. 2 to fall, to drop. 3 ~ *a,* to stoop to, to lower oneself to. 4 ~ *de,* to descend from; to be derived from.

descens [dəsèns] *m.* descent. 2 fall, drop. 3 SP. downhill event [skiing]. 3 SP. relegation.

descentralitzar [dəsəntrəlidzá] *t.* to decentralize.

descentrar [dəsəntrá] *t.* to put off or out of centre. ■ 2 *p.* to get out of centre.

descloure [dəsklɔ̆ürə] *t.-p.* lit. to open. ▲ CONJUG. like *cloure.*

descobert, -ta [dəskuβɛ̀r(t), -tə] *a.* open, uncovered. || *al* ~, uncovered, unprotected. || MIL. *en* ~, exposed to enemy fire. ■ 2 *m.* ECON. overdraft. ■ 3 *f.* discovery, finding.

descobriment [dəskuβrimèn] *m.* discovery.

descobrir [dəskuβrí] *t.* to discover, to find. 2 to uncover. 3 to show, to reveal. ■ 4 *p.* to take off one's hat. ▲ CONJUG. P. P.: *descobert.*

descodificar [dəskuðifiká] *t.* to decode.

descollar [dəskuʎá] *t.* to unscrew. ■ 2 *p.* to come unscrewed.

descolonització [dəskulunidzəsió] *f.* decolonization.

descolorir [dəskuluri] *t.* to discolour. ■ 2 *p.* to fade.

descompondre [dəskumpɔ̀ndrə] *t.* to break down, to decompose. 2 to perturb, to upset. ■ 3 *p.* to rot, to decompose. 4 to get upset; to get angry. ▲ CONJUG. like *respondre.*

descomposició [dəskumpuzisió] *f.* decomposition, rotting. 2 discomposure. 3 MED. diarrhoea.

descomptar [dəskumtá] *t.* to leave aside, not to take into account. 2 to discount. ■ 3 *p.* to make a mistake [in calculations].

descompte [dəskòmtə] *m.* COMM. discount, reduction.

desconcert [dəskunsɛ̀r(t)] *m.* discomposure, embarrassment.

desconcertar [dəskunsərtá] *t.* to disconcert, to bewilder; to embarrass. ■ 2 *p.* to get embarrassed, to be disconcerted.

desconeixement [dəskunəʃəmèn] *m.* ignorance, lack of knowledge.

desconèixer [dəskunéʃə] *t.* not to know, to be ignorant of, to be unaware of. ▲ CONJUG. like *conèixer.*

desconfiança [dəskumfiánsə] *f.* distrust, mistrust.

desconfiar [dəskumfiá] *i.* to be distrustful. || ~ *de,* to distrust *t.,* to mistrust *t.*

descongestionar [dəskunʒəstiuná] *t.* to unblock, to decongest.

desconnectar [dəskunəktá] *t.* to disconnect; to turn off.

desconsol [dəskunsɔ̀l] *m.* distress, grief; sorrow, sadness.

descontent, -ta [dəskuntèn, -tə] *a.* discontent, discontented, dissatisfied, unhappy.

descoratjar [dəskurədʒá] *t.* to discourage, to dishearten. ■ 2 *p.* to get discouraged, to lose heart.

descordar [dəskurðá] *t.* to unbutton, to undo. ■ 2 *p.* to come undone, to come unbuttoned.

descórrer [dəskɔ̀rrə] *t.* to draw back, to open [curtains]. ▲ CONJUG. like *córrer.*

descortès, -esa [dəskurtès, -ézə] *a.* rude, impolite, discourteous.

descosir [dəskuzi] *t.* to unstitch, to unpick. ■ 2 *p.* to come unstitched. ▲ CONJUG. like *cosir.*

descosit, -ida [dəskuzit, -iðə] *a.* unstitched. ■ 2 *m.* seam which has come unstitched. || *parla pels descosits,* she never stops talking.

descrèdit [dəskrèðit] *m.* discredit; disrepute.

descregut, -uda [dəskrəɣút, -úðə] *m.-f.* unbeliever.

descripció [dəskripsió] *f.* description.

descriure [dəskriúrə] *t.* to describe.

descuidar-se [dəskuĭðársə] *p.* to forget. || *m'he descuidat les claus a casa,* I've left my keys at home.

descuit [dəskŭit] *m.* slip, oversight.

descurar [dəskurá] *t.* to be careless about, to neglect.

desdejunar [dəzðəʒuná] (VAL.) See ESMORZAR.

desdentat, -ada [dəzðəntát, -áðə] *a.* toothless.

desdeny [dəzðɛ́ɲ] *m.* scorn; disdain; contempt.

desdenyar [dəzðəɲá] *t.* to scorn, to disdain.

desdibuixar [dəzðiβuʃá] *t.* to blur. ■ *2 p.* to become blurred.

desdir [dəzðí] *i.* to be inappropiate; to be unworthy. ■ *2 p. desdir-se de,* to go back on [promises]; to retract *t.* [what one has said]. ▲ CONJUG. like *dir.*

deseixir-se [dəzəʃírsə] *p.* to get rid of. 2 to get out of [difficult situations]. 3 to come out well.

desè, -ena [dəzɛ̀, -ɛ́nə] *a.-m.* tenth. 2 *f. una desena,* ten.

desembalar [dəzəmbəlá] *t.* to unpack.

desembarassar [dəzəmbərəsá] *t.* to get rid of *i.*

desembarcador [dəzəmbərkəðó] *m.* pier, landing stage, quay.

desembarcar [dəzəmbərká] *t.* to unload [things], to disembark [people]. ■ *2 i.* to come ashore, to go ashore, to disembark.

desembastar [dəzəmbəstá] *t.* to untack.

desembeinar [dəzəmbəi̯ná] *t.* to draw, to unsheathe [swords].

desembocadura [dəzəmbukəðúrə] *f.* GEOGR. mouth.

desembocar [dəzəmbuká] *t.* ~ *a o en,* to lead to, to come out into; to flow into.

desembolicar [dəzəmbuliká] *t.* to unwrap.

desemborsar [dəzəmbursá] *t.* to pay out.

desembragar [dəzəmbrəɣá] *t.* MECH. to disengage, to disconnect.

desembre [dəzɛ́mbrə] *m.* December.

desembussar [dəzəmbusá] *t.* to unblock [pipe]. ■ *2 p.* to become unblocked, to unblock itself.

desembutxacar [dəzəmbutʃəká] *t.* coll. to lay out [money].

desemmascarar [dəzəmməskərá] *t.* to unmask.

desempallegar-se [dəzəmpəʎəɣàrsə] *p.* to get rid of.

desempaquetar [dəzəmpəkətá] *t.* to unpack.

desemparar [dəzəmpərá] *t.* to desert, to abandon.

desemparat, -ada [dəzəmpəràt, -àðə] *a.* abandoned. 2 helpless, defenceless.

desena [dəzɛ́nə] *f.* ten: *una ~ d'alumnes,* (about) ten students.

desencadenar [dəzəŋkəðəná] *t.* to unleash [also fig.]. ■ *2 p.* to break out.

desencaixar [dəzəŋkəʃá] *t.-p.* to disconnect. 2 to dislocate [bones]. 3 *p.* fig. to become distorted or disfigured [face].

desencaminar [dəzəŋkəminá] *t.* ~ *algú,* to make somebody lose his way. 2 fig. to lead astray.

desencant [dəzəŋkán] *m.* disillusioning, disillusionment.

desencert [dəzənsɛ̀r(t)] *m.* error, mistake.

desencís [dəzənsís] *m.* disillusion.

desencisar [dəzənsizá] *t.* to disillusion. ■ *2 p.* to become disillusioned.

desencusa [dəzəŋkúzə] (ROSS.) See EXCUSA.

desendreçar [dezəndrəsá] *t.* to disarrange; to mess up; to make untidy.

desendreçat, -ada [dezəndrəsàt, -àðə] *a.* untidy; in a mess.

desenfeinat, -ada [dəzəmfəi̯nàt, -àðə] *a.* at ease, at leisure.

desenfocar [dəzəmfuká] *t.* to unfocus.

desenfrenament [dəzəmfrənəmén] *m.* lack of self-control; wildness.

desenfrenat, -ada [dəzəmfrənàt, -àðə] *a.* fig. wild, uncontrolled [person].

desenganxar [dəzəŋgənʃá] *t.* to unhook; to unstick; to undo.

desengany [dəzəŋgáɲ] *m.* disillusionment, disappointment.

desenganyar [dəzəŋgəɲá] *t.* to disappoint. ■ *2 p.* to be disappointed.

desengramponador [dəzəŋgrəmpunəðó] (BAL.) See TORNAVÍS.

desenllaç [dəzəɲʎás] *m.* outcome.

desenllaçar [dəzəɲʎəsá] *t.* to untie; to undo.

desenredar [dəzənrrəðá] *t.* to untangle, to disentangle, to unravel.

desenrotllament [dəzənrruʎʎəmén] *m.* development.

desenrotllar [dəzənruʎʎá] *t.-p.* to unroll. 2 to develop.

desentelar [dəzəntəlá] *t.* to de-mist [car window, etc.]. ■ *2 p.* to clear [glass].

desentendre's [dəzəntɛ̀ndrəs] *p.* fig. to wash one's hands. 2 to affect ignorance. ▲ CONJUG. like *atendre.*

desenterrar [dəzəntərrá] *t.-p.* to unearth *t.*, to dig up *t.* [also fig.].

desentès, -esa [dəzəntɛ̀s, -ɛ́zə] *phr. fer-se el ~,* to affect ignorance.

desentonar [dəzəntuná] *i.* MUS. to be out of tune. 2 fig. not to match; to clash.

desentortolligar [dəzənturtuʎiyà] *t.* to unwind. ■ 2 *p.* to unwind itself.

desenvolupament [dəzəmbulupəmèn] *m.* development.

desenvolupar [dəzəmbulupà] *t.-p.* to develop.

desequilibrat, -ada [dəzəkiliβràt, -βaðə] *a.* unbalanced. ■ 2 *m.-f.* mentally unbalanced person.

desequilibri [dəzəkiliβri] *m.* imbalance. 2 unbalanced mental condition.

deserció [dəzərsiò] *f.* desertion.

desert, -ta [dəzèr(t), -tə] *a.* deserted. ■ 2 *m.* desert.

desertar [dəzərtà] *t.* to desert.

desertor, -ra [dəzərtò, -rə] *m.-f.* deserter.

desesper [dəzəspèr] *m.* See DESESPERACIÓ.

desesperació [dəzəspərəsiò] *f.* despair; desperation.

desesperant [dəzəspəràn] *a.* despairing. 2 infuriating.

desesperar [dəzəspərà] *i.-p.* to despair. ■ 2 *t.* to drive to despair. 3 to infuriate.

desesperat, -ada [dəzəspəràt, -àðə] *a.* desperate. 2 hopeless.

desestimar [dəzəstimà] *t.* to rebuff. 2 LAW to reject.

desfalc [dəsfàlk] *m.* embezzlement.

desfalcar [dəsfəlkà] *t.* to embezzle. 2 to remove the wedge from.

desfavorable [dəsfəβuràbblə] *a.* unfavourable.

desfavorir [dəsfəβuri] *t.* to withdraw one's favour from. 2 not to suit [dress], not to look well on *i.* [dress].

desfer [dəsfè] *t.* to undo. 2 to untie; to unleash [also fig.]. 3 to melt. 8 to come undone. 5 to unleash oneself. 6 fig. *desfer-se en llàgrimes,* to break down in tears. 7 to melt. 8 to come off. 9 *desfer-se de,* to get rid of. ▲ CONJUG. P. P.: *desfet.* ‖ INDIC. Pres.: *desfaig, desfàs, desfà,* etc. | Imperf.: *desfeia,* etc. | Perf.: *vaig desfer,* etc. | Fut.: *desfaré,* etc. ‖ SUBJ. Pres.: *desfés,* etc.

desfermar [dəsfərmà] *t.* to let out; to set loose; to unleash [also fig.]. ■ 2 *p.* fig. to unleash itself; to break; to burst.

desfermat, -ada [dəsfərmàt, -àðə] *a.* set loose; unleashed. 2 fig. beside oneself [emotions, mental state].

desferra [dəsfèrrə] *f.* remains; ruins; waste.

desfeta [dəsfètə] *f.* defeat.

desfici [dəsfisi] *m.* anxiety; uneasiness.

desficiós, -osa [dəsfisiòs, -òzə] *a.* anxious; uneasy; upset.

desfigurar [dəsfiyurà] *t.* to disfigure; to alter. 2 to change, to alter [facts].

desfilada [dəsfilàðə] *f.* march-past; parade.

desfilar [dəsfilà] *i.* to march; to parade. 2 coll. to leave (one after the other).

desflorar [dəsflurà] *t.* to pull off the flowers from [tree, plant]. 2 to deflower [woman].

desfogar-se [dəsfuyàrsə] *p.* to let off steam, to vent one's anger.

desfullar [dəsfuʎà] *t.* to remove the leaves from, to strip the leaves off.

desgana [dəzyànə] *f.* lack of appetite. 2 lack of interest.

desganat, -ada [dəzyənàt, -àðə] *a.* lacking in appetite. 2 lacklustre; unenthusiastic.

desgast [dəzyàs(t)] *m.* wear and tear.

desgastar [dəzyəstà] *t.* to wear out. 2 to wear down.

desgavell [dəzyəβèʎ] *m.* chaos, total confusion.

desgavellar [dəzyəβəʎà] *t.* to throw into confusion.

desgel [dəzʒèl] *m.* See DESGLAÇ.

desgelar [dəzʒəlà] *i.-t.-p.* See DESGLAÇAR.

desglaç [dəzylàs] *m.* melting, thawing.

desglaçar [dəzyləsà] *i.-t.-p.* to melt, to thaw (out).

desglossar [dəzylusà] *t.* to separate out. 2 to break down [figures].

desgovern [dəzyuβèrn] *m.* misgovernment; misrule. 2 lack of government; lack of rule.

desgovernar [dəzyuβərnà] *t.* to misgovern; to misrule.

desgràcia [dəzyràsiə] *f.* misfortune. ‖ *interj. quina* ~!, what bad luck! 2 disgrace. ‖ *caure en* ~, to fall into disgrace.

desgraciar [dəzyrəsià] *t.* to ruin, to spoil. 2 to injure [person]; to damage [thing].

desgraciat, -ada [dəzyrəsiàt, -àðə] *a.* unlucky, unfortunate. 2 wretched. 3 graceless, ugly.

desgranar [dəzyrənà] *t.* to shell.

desgrat [dəzyràt] *m.* displeasure. ‖ *prep. phr. a* ~ *de,* in spite of.

desgravar [dəzyrəβà] *t.* to reduce the tax on.

desgreuge [dəzyrèŭʒə] *m.* amends. 2 satisfaction.

desguàs [dəzywàs] *m.* drainage, draining. 2 drain [pipe]. ▲ *pl.* **desguassos.**

desguassar [dəzɣwəsá] t. to drain [water]. ■ 2 i. to flow into [sea, river, etc.].

desguitarrar [dəzɣitərrá] t. to disarrange; to mess. 2 to spoil, to frustrate [projects, plans].

deshabitat, -ada [dəzəβitát, -áðə] a. uninhabited.

desheretar [dəzərətá] t. to disinherit.

deshidratar [dəziðrətá] t.-p. to dehydrate.

deshonest, -ta [dəzunès(t), -tə] a. dishonest.

deshonestedat [dəzunəstəðàt] f. dishonesty.

deshonor [dəzunòr] m. (i f.) dishonour, shame.

deshonra [dəzónrra] f. dishonour, disgrace.

deshonrós, -osa [dəzunrrós, -ózə] a. dishonourable; ignominious.

deshora [dəzɔ́rə] adv. phr. a ~, at the wrong time; at a bad time, inopportunely.

desideràtum [dəziðərátum] m. desideratum.

desídia [dəziðiə] f. apathy; idleness.

desidiós, -osa [dəziðiòs, -ózə] a. apathetic; idle.

desig [dəzitʃ] m. desire, wish.

designació [dəziɲnəsió] f. appointment, designation.

designar [dəziɲná] t. to appoint, to designate.

designi [dəziɲni] m. scheme, plan.

desigual [dəziɣwál] a. unequal; uneven.

desigualtat [dəziɣwəltát] f. unequality, unevenness.

desil·lusió [dəzilluzió] f. disillusion, disappointment.

desil·lusionar [dəzilluziuná] t. to disillusion; to disappoint. ■ 2 p. to become disillusioned, to be disappointed.

desimbolt, -ta [dəzimbɔ́l, -tə] a. open; confident [manner].

desimboltura [dəzimbultúrə] f. openness; confidence [manner].

desinfecció [dəzimfəksió] f. disinfection.

desinfectant [dəzimfəktán] a.-m. disinfectant.

desinfectar [dəzimfəktá] t. to disinfect.

desinflar [dəzimflá] t. to deflate. ■ 2 p. to lose air, to go flat; to go down.

desintegració [dəzintəɣrəsió] f. disintegration.

desintegrar [dəzintəɣrá] t.-p. to disintegrate.

desinterès [dəzintərès] m. lack of interest. 2 impartiality.

desinteressat, -ada [dəzintərəsát, -áðə] a. uninterested. 2 disinterested, impartial.

desistir [dəzisti] i. to desist.

desitjable [dəzidʒábblə] a. desirable.

desitjar [dəzidʒá] t. to desire, to wish.

desitjós, -osa [dəzidʒós, -ózə] a. eager, keen.

deslleial [dəzʎəjál] a. disloyal. 2 COMM. unfair [competition].

deslleialtat [dəzʎəjáltət] f. unfairness. 2 disloyalty.

deslletar [dəzʎətá] t. to wean.

deslligar [dəzʎiɣá] t. to untie; to unleash; to set loose.

deslliurament [dəzʎiŭrəmèn] m. liberation. 2 giving birth, delivery [of child].

deslliurar [dəzʎiŭrá] t. to free, to set free. 2 to give birth, to deliver [child].

desllogar [dəzʎuɣá] t. to vacate. ■ 2 p. to become vacant.

desllorigador [dəzʎuriɣəðò] m. ANAT. joint. 2 fig. solution, way out.

desllorigar [dəzʎuriɣá] t.-p. MED. to sprain; to dislocate.

deslluir [dəzʎui] t. to tarnish. ■ 2 p. to get tarnished.

desmai [dəzmǎi] m. faint. 2 BOT. weeping willow.

desmaiar [dəzməjá] i.-p. to faint.

desmamar [dəzməmá] t. See DESLLETAR.

desmanegar [dəzmənəɣá] t. to disrupt, to mess up. 2 to remove the handle of.

desmanegat, -ada [dəzmənəɣát, -áðə] a. disordered; untidy. 2 handleless.

desmantellar [dəzməntəʎá] t. to dismantle.

desmantellat, -ada [dəzməntəʎát, -áðə] a. dismantled.

desmarcar [dəzmərká] t. to remove the label from. ■ 2 p. SP. to lose one's marker.

desmarxat, -ada [dəzmərʃát, -áðə] a. untidy, slovenly [person].

desmembrar [dəzməmbrá] t.-p. to break up [also fig.]. 2 t. to dismember.

desmemoriar-se [dəzməmuriársə] p. to become forgetful.

desmemoriat, -ada [dəzməmuriàt, -áðə] a. forgetful, absent-minded.

desmenjament [dəzmənʒəmèn] m. lack or loss of appetite. 2 fig. lack of enthusiasm; disinclination.

desmenjat, -ada [dəzmənʒàt, -àðə] a. lacking in appetite. 2 fig. unenthusiastic. 3 fig. scornful.

desmentiment [dəzməntimèn] m. rebuttal, denial.

desmentir [dəzmənti] t. to rebut, to deny. ▲ CONJUG. INDIC. Pres.: *desment* o *desmenteix*.

desmerèixer [dəzmərɛ́ʃə] i. to lose in value. 2 to compare unfavourably. ▲ CONJUG. like *merèixer*.

desmèrit [dəzmɛ̀rit] m. unworthiness.

desmesura [dəzməzúrə] f. excess [also fig.]. 2 lack of moderation.

desmesurat, -ada [dəzməzuràt, -àðə] a. excessive. 2 immoderate.

desmillorar [dəzmiʎurà] t. to spoil. 2 to impair, to weaken. ■ 3 p. to get spoilt. 4 to become impaired, to weaken.

desmoralitzar [dəzmurəlidzà] t. to demoralize. 2 to corrupt. ■ 3 p. to become demoralised.

desmuntar [dəzmuntà] t. MECH. to dismantle; to strip down. ■ 2 i. to dismount [from horse].

desnaturalitzar [dəznəturəlidzà] t. to adulterate.

desnerit, -ida [dəznərit, -iðə] a. weak, puny [person].

desnivell [dəzniβɛ́ʎ] m. unevenness; slope. 2 fig. gap, inequality.

desnivellar [dəzniβəʎà] t. to make uneven. ■ 2 p. to become uneven.

desnonar [dəznunà] t. to evict. 2 to deem incurable [illness].

desnucar [dəznukà] t. to break the neck of.

desnutrició [dəznutrisió] f. malnutrition; undernourishment.

desobediència [dəzuβəðiènsiə] f. disobedience.

desobedient [dəzuβəðièn] a. disobedient.

desobeir [dəzuβəi] t. to disobey.

desocupació [dəzukupəsió] f. leisure. 2 unemployment.

desocupat, -ada [dəzukupàt, -àðə] a. at leisure. 2 unoccupied [seat, room]. ■ 3 m.-f. unemployed person.

desodorant [dəzuðuràn] a.-m. deodorant.

desolació [dəzuləsió] t. desolation. 2 fig. grief.

desolador, -ra [dəzuləðò, -rə] a. distressing.

desolar [dəzulà] t. to desolate [also fig.]. 2 to lay waste, to devastate.

desolat, -ada [dəzulàt, -àðə] a. desolate. 2 fig. distressed.

desorbitar [dəzurβità] t. to carry to extremes; to exaggerate vastly. ■ 2 p. to go to extremes; to get out of hand.

desorbitat, -ada [dəzurβitàt, -àðə] a. disproportionate; greatly exaggerated.

desordenar [dəzurðənà] t. to disarrange; to make untidy.

desordenat, -ada [dəzurðənàt, -àðə] a. disorderly; untidy. ■ 2 m.-f. disorganised person; untidy person.

desordre [dəzòrðrə] m. disorder; untidiness.

desorganització [dəsuryənidzəsió] f. lack of organisation; disorganisation.

desorganitzar [dəzuryənidzà] t. to disorganise.

desori [dəzɔ́ri] m. confusion, disorder.

desorientació [dəzuriəntəsió] f. disorientation, loss of one's bearings; confusion.

desorientar [dəzuriəntà] t. to disorientate. ■ 2 p. to lose one's bearings; to become disorientated.

desoxidar [dəzuksiðà] t. CHEM. to deoxidize.

desparar [dəspərà] t. ~ *la taula,* to clear the table.

despatx [dəspàtʃ] m. office. 2 dispatch.

despatxar [dəspàtʃà] t. to dispatch, to finish. 2 COMM. to sell. 3 to sack, to dismiss.

despectiu, -iva [dəspəktiŭ, -iβə] a. derogatory, scornful. 2 pejorative.

despectivament [dəspəktiβəmèn] adv. scornfully. 2. pejoratively.

despendre [dəspèndrə] t. to spend. 2 fig. to dedicate. ▲ CONJUG. like *ofendre.*

despenjar [dəspənʒà] t. to unhook, to take down. ‖ ~ *el telèfon,* to pick up the telephone. ■ 2 p. to come down. 3 fig. coll. to pop in, to drop in [person].

despentinar [dəspəntinà] t. to ruffle, to tousle [hair].

despenyar [dəspəpà] t. to hurl from a height.

desperfecte [dəspərfèktə] m. slight damage.

despert, -ta [dəspèr(t), -tə] a. awake. 2 fig. alert. 3 sharp.

despertador [dəspərtəðó] *m.* alarm clock.

despertar [dəspərtá] *t.-p.* to wake up *t.-i.*

despesa [dəspɛ́zə] *f.* expenditure: ~ *pública,* public expenditure. 2 *pl.* expenses.

despietat, -ada [dəspiətát,-áðə] *a.* merciless, heartless. ■ 2 *f.* cruelty, heartlessness.

despintar [dəspintá] *t.* to strip [paint]. ■ 2 *p.* to fade, to lose colour.

despistar [dəspistá] *t.* to lead astray, to make lose one's way. 2 fig. to mislead. ■ 3 *p.* to lose one's way.

despit [dəspit] *m.* spite. ‖ *a ~ de,* despite, in spite of.

desplaçament [dəspləsəmɛ́n] *m.* displacement. 2 journey, trip.

desplaçar [dəspləsá] *t.* to move, to displace. ■ 2 *p.* to go; to drive; to fly.

desplaent [dəspláɛ́n] *a.* disagreeable, unpleasant.

desplaure [dəspláu̯rə] *i.* to displease. ▲ CONJUG. like *plaure.*

desplegar [dəspləɣá] *t.* to unfold. 2 MIL. to deploy.

desplomar [dəsplumá] *t.* to knock over; to pull down. ■ 2 *p.* to collapse, to fall down.

despoblació [dəspubbləsió] *f.* depopulation.

despoblat, -ada [dəspubblát, -áðə] *a.* unpopulated. ■ 2 *m.* deserted spot.

desposseir [dəspusəí] *t.* to dispossess (*de,* of).

dèspota [dɛ́sputə] *m.-f.* despot.

despotisme [dəsputizmə] *m.* despotism.

desprendre [dəsprɛ́ndrə] *t.* to detach, to remove. ■ 2 *p.* to come off, to come away. 3 fig. to follow (*de,* from) [of deductions]. 4 to get rid of. ▲ CONJUG. like *aprendre.*

despreniment [dəsprənimɛ́n] *m.* loosening. 2 release, emission. 3 generosity.

despreocupat, -ada [dəsprəukupát, -áðə] *a.* carefree. 2 free and easy.

després [dəsprɛ́s] *adv.* afterwards. 2 then. 3 later. 4 next, after. ‖ LOC. ~ *de,* after.

desprestigi [dəsprəstíʒi] *m.* loss of prestige; discredit.

desprestigiar [dəsprəstiʒiá] *t.* to discredit. ■ 2 *p.* to fall into discredit, to lose prestige.

desproporcionat, -ada [dəsprupursiunát, -áðə] *a.* disproportionate.

despropòsit [dəsprupɔ̀zit] *m.* absurdity,piece of nonsense.

despulla [dəspúʎə] *f.* plunder, spoils. 2 *pl.* remains [corpse].

despullar [dəspuʎá] *t.-p.* to undress. 2 *t.* to divest (*de* of), to denude (*de,* of).

despullat, -ada [dəspuʎát, -áðə] *a.* bare; naked.

desqualificar [dəskwəlifiká] *t.* to disqualify.

dessagnar [dəsəŋná] *t.* to bleed. ■ 2 *p.* to bleed [to death].

dessecar [dəsəká] *t.* to dry [fruit]. ■ 2 *p.* to dry up.

desset [dəsɛ́t] (BAL.) See DISSET.

dèsset [dɛ́sət] (VAL.) See DISSET.

dessobre [dəsóβrə] adv. on top ‖ *al ~,* on top.

dessota [dəsótə] *adv.* underneath ‖ *al ~,* underneath.

destacament [dəstəkəmɛ́n] *m.* MIL. detachment.

destacar [dəstəká] *t.* to point out; to highlight. ■ 2 *p.* to stand out [also fig.].

destapar [dəstəpá] *t.* to uncover. 2 to open. 3 to uncork [bottle]. ■ 4 *p.* to throw off one's bedclothes. 5 fig. to reveal oneself.

destarotar [dəstərutá] *t.* to perplex.

desterrar [dəstərrá] *t.* to exile, to banish.

destí [dəsti] *m.* destiny, fate.

destil·lar [dəstiʎá] *t.* to distil. 2 to drip; to ooze; to exude.

destil·leria [dəstiʎəríə] *f.* distillery.

destinació [dəstinəsió] *f.* destination.

destinar [dəstiná] *t.* to destine. 2 to appoint; to assign.

destinatari, -ària [dəstinətári, -áriə] *m.-f.* addressee.

destitució [dəstitusió] *f.* dismissal [from post].

destituir [dəstitui] *t.* to dismiss [from post].

destorb [dəstɔ́rp] *m.* hindrance, impediment.

destorbar [dəsturβá] *t.* to hinder, to impede. 2 to bother, to disturb.

destral [dəstrál] *f.* axe, ax.

destraler, -ra [dəstrəlé̦-rɑ] *a.* fig. clumsy. ■ 2 *m.* woodcutter.

destre, -tra [dɛ́strə, -trə] *a.* skilful.

destrellat [dəstrəʎát] (VAL.) See DISBARAT.

destresa [dəstrɛzə] f. skill.

destret [dəstrɛt] m. difficulty, jam, fix.

destriar [dəstrià] t. to separate (out).

destronar [dəstrunà] t. to dethrone. 2 fig. to overthrow.

destrossar [dəstrusà] t. to destroy; to break up into pieces.

■ **destrucció** [dəstruksió] f. destruction.

destructor, -ra [dəstruktó, -rə] a. destructive. ■ 2 m. destroyer.

destruir [dəstrui] t. to destroy.

desunió [dəzunió] f. lack of unity.

desús [dəzús] m. disuse.

desvagat, -ada [dəzβəɣàt, -àðə] a. at ease, at leisure; unoccupied.

desvalgut, -uda [dəzβəlɣút, -úðə] a. helpless; destitute.

desvariar [dəzβərià] See DESVARIEJAR.

desvariejar [dəzβəriəʒà] i. to rave, to talk nonsense.

desvergonyiment [dəzβəɾɣuɲimèn] m. shamelessness. 2 cheek, impudence.

desvestir [dəzβəsti] t.-p. to undress.

desvetllar [dəzβətʎà] t. to wake up: *el cafè m'ha desvetllat*, the coffee's woken me up. 2 to excite: ~ *la curiositat*, to excite curiosity.

desviació [dəzβiasió] f. deviation; departure. 2 error.

desviar [dəzβià] t. to divert, to deflect. ■ 2 p. to deflect, to turn away [line]. 3 to turn off; to swerve [car]. 4 to deviate (*de*, from). ‖ *desviar-se dels bons costums*, to go astray.

desvirgar [dəzβirɣà] t. to deflower [woman].

desvirtuar [dəzβirtuà] t. to impair; to detract from *i.*

desviure's [dəzβiúrəs] p. ~ *per*, to be mad on; to do one's utmost for; to yearn for.

desxifrar [dəʃifrà] t. to decipher.

detall [dətàʎ] m. detail; particular. 2 *al* ~, retail (sale). 3 *quin* ~!, what a nice thought!; how sweet of you!

detallar [dətəʎà] t. to list; to detail.

detectiu [dətəktiŭ] m. detective.

detector [dətəktó] m. detector.

detenció [dətənsió] f. LAW arrest; detention.

deteniment [dətənimèn] m. care, attention.

detenir [dətəni] t. to stop. 2 t. LAW to arrest. ▲ CONJUG. like *obtenir*.

detergent [dətərʒèn] a.-m. detergent.

deterioració [dətəriurəsió] f. deterioration.

deteriorar [dətəriurà] t.-p. to deteriorate.

determinació [dətərminəsió] f. determination. 2 determination, decision, resolution.

determinant [dətərminàn] a. determining. ■ 2 m. determining factor.

determinar [dətərminà] t. to fix, to settle; to decide. 2 to cause, to bring about.

determini [dətərmini] m. See DETERMINACIÓ.

determinisme [dətərminizmə] m. determinism.

detestar [dətəstà] t. to detest, to loathe.

detonació [dətunəsió] f. detonation.

detonant [dətunàn] a. detonating.

detonar [dətunà] i. to detonate.

detractar [dətrəktà] t. to detract from *i.*, to slander.

detractor, -ra [dətrəktó, -rə] m.-f. detractor.

detriment [dətrimèn] m. detriment. ‖ *en* ~ *de*, to the detriment of.

detritus [dətritus] m. debris; detritus.

deturar [dəturà] t.-p. to stop.

deu [dĕu] a.-m. ten. 2 f. spring [water].

Déu [dĕu] m. REL. God. ‖ *Déu n'hi do!*, goodness me!; quite a lot!; *com* ~ *mana*, properly; vulg. *tot* ~, everybody.

deure [dĕŭrə] m. duty. 2 pl. homework *sing.* 3 ECON. debit column.

deure [dĕŭrə] t. to owe. 2 to have to; must. ‖ CONJUG. GER.: *devent*. ‖ P. P.: *degut*. ‖ INDIC. Pres.: *dec*. ‖ SUBJ. Pres.: *degui*, etc. ‖ Imperf.: *degués*, etc.

deute [dĕŭtə] m. ECON. debt.

deutor, -ra [dəutó, -rə] m.-f. debtor.

devastació [dəβəstəsió] f. devastation.

devastador, -ra [dəβəstəðó, -rə] a. devastating. ■ 2 m.-f. ravager.

devastar [dəβəstà] t. to devastate.

devers [dəβèrs] prep. towards.

devesa [dəβɛzə] f. meadow, pasture.

devessall [dəβəsàʎ] m. shower [also fig.]. 2 fig. torrent, stream. 3 mass, abundance.

devoció [dəβusió] f. devotion.

devolució [dəβulusió] f. return. 2 ECON. refund, repayment.

devorar [dəβurà] t. to devour; to eat up. 2 fig. to read avidly.

devot, -ta [dəβɔ̀t, -tə] a. pious, devout.

devuit [dəβúĭt] (BAL.) See DIVUIT.

dèvuit [dɛ́βuit] (VAL.) See DIVUIT.

dia [díə] *m.* day. ‖ *bon* ~*!,* good morning!, hello!; *de* ~, by day, in daytime, during the day; ~ *de cada* ~, working day. 2 weather, day: *fa bon* ~ *avui,* it's a nice day today.

diabetis [diəβέtis] *f.* MED. diabetes.

diable [diàββlə] *m.* devil.

diabòlic, -ca [diəβɔ́lik, -kə] *a.* diabolic.

diaca [diàkə] *m.* deacon.

diada [diàðə] *f.* feast day; holiday.

diadema [diəðέmə] *f.* diadem.

diàfan, -na [diàfən, -nə] *a.* diaphanous, translucent; clear.

diafragma [diəfràɣmə] *m.* ANAT., PHOT. diaphragm.

diagnòstic [diəŋnɔ̀stik] *m.* diagnosis.

diagnosticar [diəŋnustikà] *t.* to diagnose.

diagonal [diəɣunál] *a.-f.* diagonal.

diagrama [diəɣràmə] *m.* diagram.

dialecte [diəlέktə] *m.* dialect.

dialèctic, -ca [diəlέktik, -kə] *a.* dialectic, dialectical. ■ 2 *m.-f.* dialectician. 3 *f.* dialectics.

diàleg [diàlək] *m.* dialogue.

diàlisi [diàlizi] *f.* CHEM. dialysis.

diamant [diəmàn] *m.* diamond.

diàmetre [diàmətrə] *m.* GEOM. diameter.

dialogar [diəluɣà] *t.* to dialogue, to converse. ■ 2 *t.* to set down in dialogue form.

diana [diànə] *f.* target. 2 MIL. reveille.

diantre [diántrə] *interj.* coll. gosh!

diapasó [diəpəzó] *m.* MUS. diapason. 2 tuning fork.

diapositiva [diəpuzitíβə] *f.* PHOT. slide.

diari, -ària [diàri, -àriə] *a.* daily. ■ 2 *m.* (daily) newspaper. 3 diary.

diarrea [diərrέə] *f.* diarrhoea.

diatriba [diətríβə] *f.* diatribe.

dibuix [diβúʃ] *m.* drawing. ‖ ~ *animat,* cartoon. 2 pattern.

dibuixant [diβuʃàn] *m.-f.* draughtsman; designer.

dibuixar [diβuʃà] *t.* to draw; to sketch. 2 to describe, to depict.

dic [dik] *m.* MAR. dike, sea-wall. 2 MAR. breakwater.

dicció [diksió] *f.* diction.

diccionari [diksiunàri] *m.* dictionary.

dicotomia [dikutumíə] *f.* dichotomy.

dictador [diktəðó] *m.* dictator.

dictadura [diktəðúrə] *f.* dictatorship.

dictamen [diktàmən] *m.* opinion, judgement. 2 expert's report. 3 dictum. 4 *pl.* dictates.

dictaminar [diktəminà] *i.* to give an opinion, to report.

dictar [diktà] *t.* to dictate. 2 fig. to suggest. 3 to issue [decree; law]: ~ *sentència,* to pronounce sentence.

dictat [diktàt] *m.* dictation.

dida [díðə] *f.* wet-nurse. ‖ coll. *engegar algú a* ~, to tell someone to go to hell.

didàctic, -ca [diðàktik, -kə] *a.* didactic, didactical. ■ 2 *f.* didactics.

didal [diðàl] *m.* SEW. thimble.

dieta [diέtə] *f.* diet. 2 expense allowance.

dietari [diətàri] *m.* agenda. 2 diary.

dietètic, -ca [diətέtik, -kə] *a.* dietetic. ■ 2 *f.* MED. dietetics *pl.*

difamació [difəməsió] *f.* defamation, slander, libel.

difamar [difəmà] *t.* to defame; to slander; to libel.

diferència [difərέnsiə] *f.* difference.

diferencial [difərənsiàl] *m.* AUTO. differential. 2 *f.* MATH. differential.

diferenciar [difərənsià] *t.* to differentiate between *i.*

diferent [difərέn] *a.* different, unlike.

diferir [difərí] *i.* to be different, to differ. ■ 2 *t.* to postpone.

difícil [difísil] *a.* difficult.

dificultar [difikultà] *t.* to make difficult; to hinder; to obstruct.

dificultat [difikultàt] *f.* difficulty; problem; trouble. 2 obstacle.

difondre [difóndrə] *t.-p.* to spread: ~ *notícies,* to spread news. ▲ CONJUG. like *confondre.*

diftèria [diftέriə] *f.* diptheria.

difuminar [difuminà] *t.* to fade. ■ 2 *p.* to fade (away).

difunt, -ta [difún, -tə] *a., m.-f.* deceased.

difús, -usa [difús, -úzə] *a.* diffuse.

difusió [difuzió] *f.* diffusion; spreading; broadcasting.

digerir [diʒərí] *t.* to digest.

digestió [diʒəstió] *f.* digestion.

digestiu, -iva [diʒəstiu, -íβə] *a.* digestive. ‖ *tub* ~, alimentary canal.

dígit [díʒit] *m.* MATH. digit.

digital [diʒitàl] *a.* finger. ‖ *empremta* ~, fingerprint. 2 digital: *rellotge* ~, digital clock or watch.

dignar-se [diŋnàrsə] *p.* to deign, to condescend.

dignatari [diɲnətàri] *m.* dignitary.

digne, -na [dîgnə, -nə] *a.* worthy. ~ *d'e-logi,* worthy of praise. 2 honourable, upright.

dignificar [diɲnifikà] *t.* to dignify.

dignitat [diɲnitàt] *f.* dignity.

dijous [diȝòŭs] *m.* Thursday.

dilació [diləsiò] *f.* delay. 2 postponement.

dilapidar [diləpiðà] *t.* to squander [fortune].

dilatar [dilatà] *t.-p.* to dilate, to widen; to expand, to enlarge. 2 *t.* to put off, to postpone.

dilatori, -òria [dilətòri, -òriə] *a.* dilatory.

dilema [dilèmə] *m.* dilemma.

diletant [dilətàn] *m.-f.* dilettante.

diligència [diliȝènsiə] *f.* assiduity, diligence. 2 errand. 3 LAW execution [of court decision]; steps, measures. 4 stagecoach.

diligent [diliȝèn] *a.* assiduous, diligent.

dilluns [diʎùns] *m.* Monday.

dilucidar [dilusiðà] *t.* to elucidate; to clear up, to solve.

diluir [dilui] *t.* to dilute.

diluvi [dilùβi] *m.* deluge, flood.

dimanar [dimənà] *i.* to arise or stem (*de,* from).

dimarts [dimàrs] *m.* Tuesday.

dimecres [dimèkrəs] *m.* Wednesday.

dimensió [dimənsiò] *f.* dimension.

diminut, -uta [diminút, -útə] *a.* tiny, diminutive.

diminutiu, -iva [diminutiŭ, -iβə] *a.* diminutive.

dimissió [dimisiò] *f.* resignation: *presentar la* ~, to hand in one's resignation.

dimitir [dimiti] *i.* to resign.

dimoni [dimòni] *m.* demon.

Dinamarca [dinəmàrkə] *pr. n. f.* GEOGR. Denmark.

dinàmic, -ca [dinàmik, -kə] *a.* dynamic. ■ 2 *f.* dynamics f. *pl.*

dinamisme [dinəmizmə] *m.* dynamism.

dinamita [dinəmitə] *f.* dynamite.

dínamo [dínəmu] *f.* AUTO. dynamo.

dinamòmetre [dinəmòmətrə] *m.* MECH. dynamometer.

dinar [dinà] *m.* lunch; luncheon.

dinar [dinà] *i.* to have lunch.

dinastia [dinəstiə] *f.* dynasty.

diner [dinè] *m.* HIST. diner [ancient Catalan coin]. 2 *pl.* money, cash.

dineral [dinəràl] *m.* a lot of money, a fortune: *això ens costarà un* ~, that'll cost us a fortune!

dinou [dinòŭ] *a.-m.* nineteen.

dinovè, -ena [dinuβὲ, -ἐə] *a.-m.* nineteenth.

dins [dins] *prep., adv.* in, inside. ■ 2 *m.* interior, inside.

diòcesi [diòsəzi] *f.* ECCL. diocese.

diòptria [diòptriə, colld diuptriə] *f.* OPT. diopter, dioptre.

diorama [diuràmə] *m.* diorama.

diploma [diplòmə] *m.* diploma.

diplomàcia [diplumàsiə] *f.* diplomacy.

diplomàtic, -ca [diplumàtik, -kə] *a.* diplomatic. ■ 2 *m.-f.* diplomat. 3 *f.* diplomacy [career].

dipòsit [dipòzit] *m.* deposit. 2 warehouse, store. 3 tank.

dipositar [dipuzità] *t.* to deposit. 2 to store. ■ 3 *p.* to settle, to deposit itself.

dipositari, -ària [dipuzitàri, -ariə] *a.,* *m.-f.* ECON. depository. 2 LAW trustee. 3 fig. repository.

díptic [díptik] *m.* diptych.

diputació [diputəsiò] *f.* deputation, delegation. ‖ ~ *provincial,* administrative body similar to a county council.

diputat, -ada [diputat, -aðə] *m.-f.* POL. member of parliament; representative.

1) dir [di] *t.* to say, to tell. ‖ *digui!,* hallo?, hello? [on the phone]; *és a* ~, that is to say; *no cal* ~, needless to say; *tu diràs,* of course. ■ 2 *p.* to be called. ‖ *com et dius?,* what's your name? ▲ CONJUG. GER.: *dient.* ‖ P. P.: *dit.* ‖ INDIC. Pres.: *dic, dius, diu, diuen.* ‖ Imperf.: *deia, deies,* etc. ‖ SUBJ. Pres.: *digui,* etc. ‖ Imperf.: *digués,* etc. ‖ IMPERAT. *digues.*

2) dir [di] *m.* saying. ‖ *és un* ~, it isn't meant seriously.

direcció [dirəksiò] *f.* direction, guidance. 2 AUTO. steering. 3 COMM. management.

directe, -ta [dirέktə, -tə] *a.* direct. ‖ GRAMM. *complement* ~, direct object. 2 RADIO. *emissió en* ~, live broadcast.

directiu, -iva [dirəktiŭ, -iβə] *a.* managing, governing. ■ 2 *m.-f.* manager; executive.

director, -ra [dirέktó, -rə] *m.-f.* manager; director.

directori [dirəktòri] *m.* directory.

directriu [dirəktriŭ] *f.* standard, norm; guide-lines.

dirigent [diriʒèn] *a.* leading, at the head or top. ■ *2 m.-f.* manager, person in charge. *3* leader.

dirigir [diriʒi] *t.* AUTO. to steer; to direct. *2* COMM. to manage. *3* POL. to govern; to lead. *4* MUS. to conduct [orchestra]. ■ *5 p.* to head for, to make one's way to. *6* to address *t.* (*a, —*) [persons].

disbarat [dizβərát] *m.* piece of nonsense, idiocy. *2* blunder.

disbauxa [dizβáu̯ʃə] *f.* debauchery; lack of self-control or moderation.

disc [disk] *m.* MUS. record. *2* disc.

discernir [disərni] *t.* to discern.

disciplina [disiplinə] *f.* discipline.

discòbol [diskɔβul] *m.* discus-thrower.

díscol, -la [diskul, -lə] *a.* uncontrollable [esp. child or young person].

disconformitat [diskumfurmitát] *f.* disagreement.

discordant [diskurðán] *a.* discordant.

discòrdia [diskɔrðiə] *f.* discord.

discórrer [diskɔrrə] *i.* to speak, to talk, to discourse. ▲ CONJUG. like *córrer.*

discreció [diskrəsió] *f.* tact, discretion; prudence.

discrecional [diskrəsiunál] *a.* discretional, optional.

discrepància [diskrəpánsiə] *f.* discrepancy. *2* disagreement.

discrepar [diskrəpá] *i.* to differ, to disagree.

discret, -ta [diskrèt, -tə] *a.* discreet, tactful. *2* sober.

discriminació [diskriminəsió] *f.* discrimination: ~ *racial,* racial discrimination.

discriminar [diskriminá] *t.* to discriminate.

disculpa [diskúlpə] *f.* apology.

disculpar [diskulpá] *t.* to excuse, to pardon. *2* to exonerate. ■ *3 p.* to apologize.

discurs [diskúrs] *m.* speech, discourse.

discussió [diskusió] *f.* argument. *2* discussion.

discutir [diskuti] *t.* to discuss. *2* to argue about. *i.*

disenteria [dizəntəriə] *f.* MED. dysentery.

disfressa [disfrèsə] *f.* disguise. *2* fancy dress.

disfressar [disfrəsá] *t.* to disguise [also fig.]. *2* to dress up in fancy dress. ■ *3 p.* to disguise oneself. *4* to dress up in fancy dress.

disgregació [dizɣrəɣasió] *f.* disintegration.

disgregar [dizɣrəɣá] *t.-p.* to disintegrate.

disgust [dizɣús(t)] *m.* unpleasant shock or surprise. *2* displeasure.

disgustar [dizɣustá] *t.* to give an unpleasant shock or surprise to. *2* to cause displeasure or annoyance to, to displease. ■ *3 p.* to become annoyed.

disjunció [diʒunsió] *f.* disjunction.

dislèxia [dislèksiə] *f.* dyslexia.

dislocar [dizluká] *t.* to dislocate. *2* to sprain.

disminució [dizminusió] *f.* decrease, diminution.

disminuir [dizminui] *t.-i.* to decrease, to diminish. *2* fig. to shrink.

disparador [dispərəðó] *m.* trigger, trigger mechanism. ‖ ~ *automàtic,* automatic triggering device.

disparar [dispərá] *t.-i.* to shoot. *2 t.* to set in motion. *3* coll. to set going.

dispendi [dispèndi] *m.* waste, extravagance.

dispensa [dispènsə] *f.* dispensation.

dispensar [dispənsá] *t.* to exempt, to excuse. *2* to distribute, to dispense.

dispensari [dispənsári] *m.* clinic.

dispers, -sa [dispèrs, -sə] *a.* scattered, spread out, dispersed. ‖ fig. *una persona dispersa,* scatterbrained person.

dispersar [dispərsá] *t.-p.* to scatter, to spread out, to disperse.

dispesa [dispézə] *f.* inn, guest-house.

displicent [displisèn] *a.* apathetic, indifferent.

disponibilitat [dispuniβilitát] *f.* availability.

disponible [dispunibblə] *a.* available.

disposar [dispuzá] *t.* to arrange, to set out. *2* to make or get ready; to prepare. ‖ ~ *de,* to have (available). ■ *3 p. disposar-se a,* to prepare to, to get ready to.

disposició [dispuzisió] *f.* order, arrangement. *2* nature, disposition.

dispositiu [dispuzitíu̯] *m.* device, mechanism, appliance.

dispost, -ta [dispɔs(t), -tə] *a.* ready, prepared.

disputa [dispútə] *f.* argument. *2* dispute.

disputar [disputá] *t.-i.-p.* to argue. *2 t.* to dispute. *3 i.-p.* to have an argument.

disquisició [diskizisió] *f.* disquisition.

dissabte [disáptə] *m.* Saturday.

dissecar [disəká] *t.* ZOOL. to stuff. *2* MED. to dissect.

disseminar [disəminá] *t.* to spread.

dissemblança [disəmblánsə] *f.* lack of similarity, dissimilarity.

dissensió [disənsió] *f.* dissent.

dissentir [disənti] *i.* to dissent.

disseny [disɛ́n] *m.* design.

dissenyador, -ra [disəɲəðó, -rə] *m.-f.* designer.

dissenyar [disəɲá] *t.* to design.

dissertar [disərtá] *i.* to discourse.

disset [disɛ́t] *a.-m.* seventeen.

dissetè, -ena [disətɛ́, -ɛ́nə] *a.-m.* seventeenth.

dissidència [disiðɛ́nsiə] *f.* dissidence.

dissident [disiðén] *a.* dissident.

dissimilitud [disimilitút] *f.* dissimilarity, lack of resemblance.

dissimulació [disimuləsió] *f.* dissimulation, pretence.

dissimular [disimulá] *t.* to dissimulate. 2 to hide, to conceal. ■ 3 *i.* to dissemble, to pretend.

dissipació [disipəsió] *f.* dissipation.

dissipar [disipá] *t.* to dissipate [also fig.].

dissociació [disusiəsió] *f.* dissociation.

dissociar [disusiá] *t.* to dissociate, to separate.

dissoldre [disɔ́ldrə] *t.-p.* to dissolve. ▲ CONJUG. like **absoldre.**

dissolució [disulusió] *f.* dissolution. 2 CHEM. solution.

dissolvent [disulßén] *a.-m.* solvent.

dissonància [disunánsiə] *f.* MUS. dissonance.

dissort [disɔ́r(t)] *f.* bad luck, misfortune.

dissortat, -ada [disurtát, -áðə] *a.* unlucky, unfortunate.

dissuadir [disuəðí] *t.* to dissuade.

distància [distánsiə] *f.* distance, gap, gulf.

distanciar [distənsiá] *t.* to space out. 2 to separate. ■ 3 *p.* to move off; to move further away. 4 to become estranged.

distant [distán] *a.* distant.

distar [distá] *i.* to be distant, to be far (*de,* from).

distendre [distɛ́ndrə] *t.-p.* to stretch. ▲ CONJUG. like **atendre.**

distensió [distənsió] *f.* stretching. 2 easing [of tension].

distinció [distinsió] *f.* distinction, difference. 2 badge or mark of honour, distinction.

distingir [distinʒí] *t.* to distinguish; to make out; to tell. ■ 2 *p.* to be distinguished. 3 to stand out.

distingit, -ida [distinʒít, -íðə] *a.* distinguished.

distint, -ta [distín, -tə] *a.* different, distinct.

distintiu, -ive [distintiu, -íßə] *a.* distinctive; distinguishing. ■ 2 *m.* badge, distinguishing mark.

distracció [distrəksió] *f.* distraction. 2 amusement, entertainment.

distret, -ta [distrɛ́t, -tə] *a.* absent-minded. 2 enjoyable, entertaining.

distreure [distrɛ́urə] *t.* to distract [attention, etc.]. ■ 2 *p.* to enjoy oneself. 3 to be or get absent-minded; to cease to pay attention: *perdona'm, em vaig ~ un moment,* sorry, I wasn't paying attention for a moment. ▲ CONJUG. like *treure.*

distribució [distrißusió] *f.* distribution. 2 arrangement.

distribuir [distrißuí] *t.* to distribute; to share out, to give out.

distributiu, -iva [distrißutiú, -íßə] *a.* distributive.

districte [distriktə] *m.* district: ~ *postal,* postal district.

disturbi [distúrßi] *m.* disturbance; riot.

dit [dít] *m.* ANAT. toe: ~ *gros,* big toe. 2 ANAT. finger: ~ *petit,* little finger; *llepar-se els dits,* to lick one's fingers. 3 coll. a dash, a few drops [measure]: *un ~ de vi,* a drop of wine.

dita [dítə] *f.* saying, proverb.

ditada [ditáðə] *f.* fingerprint.

diumenge [diúmɛ́nʒə] *m.* Sunday.

diürètic, -ca [diurɛ́tik, -kə] *a.-m.* MED. diuretic.

diürn, -na [diúrn, -nə] *a.* by day (-time), day.

diva [díßə] *f.* prima donna.

divagar [dißəɣá] *i.* to wander about; to stroll around. 2 fig. to ramble; to wander from the point.

divan [dißán] *m.* divan, couch.

divendres [dißɛ́ndrəs] *m.* Friday.

divergir [dißərʒí] *i.* to diverge. 2 fig. to differ; to clash.

divers, -sa [dißɛ́rs, -sə] *a.* various. 2 varied; of many aspects.

diversió [dißərsió] *f.* entertainment; amusement.

diversitat [dißərsitát] *f.* variety; diversity.

divertiment [diβərtimèn] *m.* enjoyment.

divertir [diβərti] *t.* to amuse, to entertain. ■ *2 p.* to enjoy oneself.

divertit, -ida [diβərtit, -iðə] *a.* enjoyable; amusing.

diví, -ina [diβi, -inə] *a.* divine.

dividend [diβiðèn] *m.* MATH., COMM. dividend.

dividir [diβiði] *t.* to split up, to divide.

divinitat [diβinitàt] *f.* divinity, god or goddess. 2 fig. beauty, goddess.

divisa [diβizə] *f.* HERALD. coat-of-arms, blazon; emblem. 2 motto. 3 *pl.* foreign currency *sing.*, foreign exchange *sing.*

divisió [diβiziò] *f.* division; dividing. 2 SP. division, league: *un equip de primera ~,* a first division team. 3 MIL. division.

divisor [diβizò] *m.* MATH. divisor, dividing number.

divorci [diβòrsi] *m.* divorce.

divorciar [diβursià] *t.* to divorce. ■ *2 p.* to get divorced.

divuit [diβúit] *a.-m.* eighteen.

divuitè, -ena [diβúitè, -énə] *a.-m.* eighteenth.

divulgació [diβulγəsiò] *f.* spreading, broadcasting.

divulgar [diβulγà] *t.* to spread, to broadcast, to make known. ■ *2 p.* to become known; to leak out [secret].

DNI [deenəi] *m. (Document Nacional d'Identitat)* identity card.

do [dɔ] *m.* MUS. do, C. 2 gift, present.

D.O. [deɔ] *(Denominació d'Origen)* country or region of origin [food, wine].

doblar [dubblà] *t.-p.* to double. 2 *t.* to fold. 3 CIN. to dub.

doblatge [dubblàd3ə] *m.* CIN. dubbing.

doble [dòbblə] *a.* double [amount, size]. 2 thick [cloth, book, finger]. ■ *3 m.* double or twice the amount or size. ∥ *aquesta taula és el ~ de gran que aquella,* this table is twice as big as that one. 4 *m.-f.* CIN. stand-in, stunt-man.

doblec [dubblèk] *m.* fold; crease.

doblegadís, -issa [dubbləγəðis, -isə] *a.* easy to fold.

doblegar [dubbləγà] *t.* to fold; to bend. 2 fig. to cow, to break the resistance of. ■ *3 p.* to submit.

dobler [dubblè] NUMIS. *doubloon.* 2 (BAL.) See DINERS.

DOC [dòk] *m. (Diari Oficial de la Generalitat)* official publication of the Generalitat of Catalonia.

doc [dɔk] *m.* MAR. wharf warehouse.

docent [dusèn] *a.* teaching; educational.

dòcil [dòsil] *a.* obedient, docile.

docilitat [dusilitàt] *f.* obedience, docility.

docte, ta [dòktə, -tə] *a.* learned, erudite.

doctor, -ra [duktò, -rə] *m.-f.* doctor [academic title]. 2 MED. coll. doctor.

doctorat [dukturàt] *m.* doctorate.

doctrina [duktrinə] *f.* doctrine, teaching.

document [dukumèn] *m.* document; paper.

documentació [dukuməntəsiò] *f.* documents *pl.*, papers *pl.*; documentation.

documental [dukuməntàl] *a.-m.* CIN. documentary.

documentar [dukuməntà] *t.* to document. ■ *2 p.* to document oneself.

dofí [dufi] *m.* ZOOL. dolphin.

dogal [duγàl] *m.* AGR. halter; rope. 2 noose [for hanging].

dogma [dòγmə] *m.* dogma.

dogmàtic, -ca [dugmàtik, -kə] *a., m.-f.* dogmatic *a.*

dogmatisme [dugmàti3mə] *m.* dogmatism.

doi [dɔj] (BAL.) See DISBARAT.

dojo [dòʒu] *adv. phr. a ~,* in plenty, in abundance.

dol [dɔl] *m.* grief; mourning.

dòlar [dòlər] *m.* dollar.

dolç, -ça [dòls, -sə] *a.* sweet. ∥ *aigua dolça,* fresh water. ■ *2 m.* (sweet) cake, cakelet.

dolcesa [dulsèzə] See **dolçor**.

dolçor [dulsò] *f.* sweetness [taste or character]; gentleness. 2 softness [to touch].

doldre [dòldrə] *i.* to hurt, to distress, to cause sorrow. ∥ *em dol sentir-ho,* I'm sorry to hear that. ■ *2 p.* to be in pain. 3 to complain. ▲ CONJUG. like *valer.*

dolença [dulènsə] *f.* grief, distress.

dolent, -ta [dulèn, -tə] *a.* bad. 2 evil. 3 useless, not much good.

dolenteria [duləntəriə] *f.* badness, evil. 2 piece of mischief, prank [esp. child].

doll [doʎ] *m.* jet, spurt; stream. ∥ *un ~ de paraules,* a stream or burst of words. ∥ *a ~,* in plenty or abundance.

dolmen [dòlmən] *m.* dolmen.

dolor [dulò] *m.* (i *f.*) pain. 2 grief, distress.

dolorit, -ida [dulurit, -iðə] *a.* grief-stricken, distressed.

dolorós, -osa [duluròs, -òzə] *a.* painful.

domesticar [duməstikà] *t.* to tame; to domesticate.

dominació [duminəsió] *f.* domination; sway, rule.

domador, -ra [dumədó, -rə] *m.-f.* (animal) tamer; (animal) trainer.

domar [dumá] *t.* to tame, to train [animals]; to break in [horse].

domàs [dumás] *m.* damask. 2 *pl.* hangings.

domèstic, -ca [dumèstik, -kə] *a.* home, house, domestic. ‖ *animals domèstics,* pets. ■ 2 *m.-f.* servant; home-help. 3 *f.* cleaning lady.

domicili [dumisíli] *m.* home address, residence; domicile. 2 *servei a ~,* home delivery.

domiciliar [dumisiliá] *t.* ECON. to arrange payment of (a bill) by direct debit.

dominant [duminán] *a.* dominant. 2 domineering [person].

dominar [duminá] *t.* to dominate, to overlook. 2 to be in control of, to master. ■ 3 *i.* to be in a dominant or prominent position.

domini [dumíni] *m.* control, authority; rule, sway; power. ‖ 2 fig. grip: *està sota el ~ dels sentiments,* he's in the grip of his emotions. 3 dominion [land ruled]. 4 *ser del ~ públic,* to be common knowledge.

dominical [duminikál] *a.* Sunday.

dòmino [dòminu] *m.* GAME. domino.

dona [dɔ́nə] *f.* woman. 2 wife.

donació [dunəsió] *f.* donation, gift. 2 LAW gift; legacy, bequest.

donant [dunán] *m.-f.* donor: *~ de sang,* blood donor.

donar [duná] *t.* to give. 2 to produce, to yield; to cause. 3 to provide. 4 to grant, to donate. 5 *~ corda,* to wind up; *donar-se les mans,* to shake hands; to hold hands; *tant se me'n dóna,* it's all the same to me. ■ 6 *p.* to face (towards). ■ 7 *p.* to surrender. 8 to happen. 9 to abandon oneself (*a,* to).

donatiu [dunətíŭ] *m.* donation.

doncs [dɔ́ns] *conj.* well. ‖ *no tens gana? ~ no mengis,* so you're not hungry then? well, don't eat. 2 then, therefore: *penso, ~ sóc,* I think, therefore I am; *què fem, doncs?,* what're we going to do then?

doner [duné] *a.* pej. womanizing, skirt-chasing: *un home ~,* a womanizer.

donzell [dunzéʎ] *m.* LIT. youth. 2 HIST. squire. 3 BOT. wormwood.

donzella [dunzéʎə] *f.* LIT. maiden.

dòric, -ca [dɔ́rik, -kə] *a.* ARCH. Doric.

dormida [durmíðə] *f.* sleep. ‖ *fer una bona ~,* to have a good nap.

dormidor, -ra [durmiðó, -rə] *a.* sleepy, drowsy. ■ 2 *m.-f.* sleepy person.

dormilega [durmiléɣə] *m.-f.* sleepyhead.

dormir [durmí] *i.* to sleep, to be asleep. ‖ *~ com un tronc,* to sleep like a log. ▲ CONJUG. INDIC. Pres.: *dorm.*

dormitori [durmitɔ́ri] *m.* bedroom.

dors [dɔ́rs] *m.* back, behind; reverse.

dorsal [dursál] *a.* dorsal. ■ 2 *m.* SP. number [on back of player].

dos, dues [dos, dúəs] *a., m.-f.* two.

dos-cents, dues-centes [dosèns, duəsèntəs] *a.-m.* two hundred.

dosi [dɔ́zi] *f.* dose. 2 MED. dosis.

dot [dɔ́t] *m.* dowry. 2 gift, talent; ability.

dotació [dutəsió] *f.* endowment [act or money bestowed]. 2 staff [personnel]; equipment.

dotar [dutá] *t.* LAW to endow, to bestow. 2 to provide (*de,* with), to fit out (*de,* with).

dotze [dódzə] *a.-m.* twelve.

dotzè, -ena [dudzè, -ènə] *a.* twelfth. ■ 2 *m.* twelfth part.

dotzena [dudzènə] *f.* dozen. ‖ *~ de frare,* baker's dozen.

dovella [duβéʎə] *f.* ARCH. voussoir.

Dr. *m.* abbr. *(Doctor)* Dr. (Doctor).

Dra. *f.* abbr. *(Doctora)* Dr. (Doctor).

drac [drak] *m.* MYTH. dragon.

dracma [drágmə] *f.* NUMIS. drachma. 2 HIST. dram [weight measure].

draga [dráɣə] *f.* dredger [ship or apparatus].

dragar [drəɣá] *t.* MAR. to dredge. 2 to swallow.

dragó [drəɣó] *m.* ZOOL. lizard; salamander. 2 dragoon [soldier].

drama [drámə] *m.* drama.

dramàtic, -ca [drəmátik, -kə] *a.* dramatic. ‖ *un esdeveniment ~,* a dramatic event. ■ 2 *m.* THEATR. playwright. 3 *f.* drama, dramaturgy.

dramaturg, -ga [drəmətúrk, -ɣə] *m.* playwright, dramatist. 2 *f.* (woman) playwright.

drap [drap] *m.* cloth, piece of cloth. ‖ *~ de pols,* duster. ‖ *~ de cuina,* kitchen cloth. 2 fig. *deixar com un ~ brut,* to heap over with insults. ‖ fig. *treure els draps bruts,* to hang out one's dirty washing in public.

drapaire [drəpáĭrə] *m.-f.* rag-and-bone man.

drassana [drəsánə] *f.* shipyard.

dràstic, -ca [drástik, -kə] *a.* drastic.

dreçar [drəsá] *i.* to lead (straight) to. 2 to drive. ■ *3 t.* to put straight, to straighten. 4 to erect. 5 to prepare.

drecera [drəsérə] *f.* shortcut [path]. ‖ *fer ~,* to take a short-cut.

drenar [drəná] *t.* to drain.

dret, -ta [drét, -tə] *a.* straight: *posa't ~!,* sit up straight!, stand up straight! 2 steep [path, road, etc.]. 3 *estar ~,* to be standing, to be upright. ■ *4 m.* law: *estudiant de ~,* law student. 5 right: *drets humans,* human rights. 6 obverse, front side. 7 *f.* right-hand, right. 8 POL. right-wing. 9 *phr.* a *tort i a ~,* right and left.

dril [dril] *m.* TEXT. drill.

dringar [driŋgá] *i.* to tinkle.

droga [dróɣə] *f.* drug. 2 drugs [collectively].

drogueria [druɣəríə] *f.* hardware store.

dromedari [druməðári] *m.* ZOOL. dromedary.

dropo, -pa [drópu, -pə] *a.* idle, lazy. 2 coll. pej. good for nothing. ■ *3 m.-f.* pej. layabout, idler.

dròpol [dròpul] See DROPO.

druida [druíðə] *m.* HIST. druid.

dual [duál] *a.* dual.

dualitat [duəlitát] *f.* duality.

duana [duánə] *f.* customs. ‖ *passar la ~,* to go through customs.

duaner, -ra [duəné, -rə] *a.* customs, of the customs. ■ *2 m.-f.* customs officer.

dubitatiu, -iva [duβitətiu, -íβə] *a.* doubtful, dubious.

Dublín [dubblin] *pr. n. m.* GEOGR. Dublin.

dubtar [duptá] *t.-i.* to doubt. 2 *i.* to be in doubt.

dubte [dúptə] *m.* doubt. ‖ *posar en ~,* to raise doubts about. ‖ *sens ~,* without doubt, doubtless.

duc [duk] *m.* duke. 2 ORNIT. eagle owl.

ducat [dukát] *m.* dukedom [title or territory]. 2 duchy [territory]. 3 HIST. ducat [coin].

dúctil [dúktil] *a.* ductile [metal]. 2 fig. ductile [person].

duel [duél] *m.* duel.

duna [dúnə] *f.* dune, sand dune.

duo [dúo] *m.* MUS. duet, duo. ‖ *tocar a ~,* to play in duet.

duodè [duuðɛ́] *m.* ANAT. duodenum.

dúplex [dúpləks] *m.* duplex.

duplicar [dupliká] *t.* to duplicate. 2 to double [quantity, size]. ■ *3 p.* to double.

duplicitat [duplisitát] *f.* duplicity, deceitfulness.

duquessa [dukɛ́sə] *f.* duchess.

dur [du] *t.* to take. 2 to bring. 3 to carry. 4 to wear, to have on [clothes]. ▲ CONJUG. GER.: *duent.* ‖ P. P.: *dut.* ‖ INDIC. Pres.: *duc, duus* o *dus, duu* o *du.* | Imperf.: *duia,* etc. ‖ SUBJ. Pres.: *dugui,* etc. | Imperf.: *dugués,* etc.

dur, -ra [du, -rə] *a.* hard. ‖ *un hivern ~,* a hard winter; *una feina ~,* a hard or difficult job; *és molt dura,* she's a hard person. 2 fig. *té el cap ~,* she's not very bright; she's very obstinate.

duració [durəsió] *f.* duration, length [time].

durada [duráðə] *f.* See DURACIÓ.

durant [durán] *prep.* during: *~ les vacances d'estiu jugàvem molt,* we played a lot during the summer holidays. 2 for: *varen parlar ~ una hora,* they spoke for an hour.

durar [durá] *i.* to last.

duresa [durɛ́zə] *f.* hardness; toughness. 2 fig. difficulty. 3 fig. harshness, callousness.

durícia [durísiə] *f.* MED. hard patch, callosity.

duro [dúru] *m.* five-peseta coin.

dutxa [dútʃə] *f.* shower.

dutxar [dutʃá] *t.* to give a shower to. ■ *2 p.* to have a shower, to shower.

E

E, e [ɛ] *f.* e [letter].

eben [ɛ́βən] *m.* BOT. ebony.

ebenista [əβənístə] *m.* cabinetmaker; carpenter.

ebonita [eβunítə] *f.* MINER. ebonite.

Ebre [ɛ́βrə] *pr. n. m.* GEOGR. Ebro.

ebri, èbria [ɛ́βri, ɛ́βriə] *a.* drunk, drunken.

ebullició [əβuʎisió] *f.* boiling. 2 fig. activity; ferment.

eclipsar [əklipsá] *t.* to eclipse. 2 fig. to outshine; to put in a shadow. ■ 3 *p.* to disappear all of a sudden.

eclèctic, -ca [əklɛ́ktik, -kə] *a.* eclectic.

eclesiàstic, -ca [əkləziástik, -kə] *a.* ecclesiastic(al). ■ 2 *m.-f.* ecclesiastic, cleric.

eclipsi [əklípsi] *m.* eclipse.

eco [ɛ́ku] *m.* echo.

ecografia [əkuɣrəfíə] *f.* ultrasound test.

ecologia [əkuluʒíə] *f.* ecology.

ecològic [əkulɔ́ʒik] *a.* ecological.

ecologista [əkuluʒístə] *m.-f.* ecologist.

economat [əkunumát] *m.* cut-price store, cooperative store.

economia [əkunumíə] *f.* economy. 2 economy, saving. 3 economics [science].

econòmic, -ca [əkunɔ́mik, -kə] *a.* ECON. economic: *crisi econòmica,* economic crisis; *problemes econòmics,* economic problems. 2 economical, money-saving. 3 economical, thrifty [person].

economista [əkunumístə] *m.-f.* economist.

economitzar [əkunumidzá] *t.* to economize, to save.

ecs! [ɛks] *interj.* ugh!

ecumènic, -ca [əkumɛ́nik, -kə] *a.* ECCL. ecumenic(al.

èczema [ɛ́kzəmə] *m.* eczema.

edat [əðát] *f.* age. ‖ ~ *escolar,* school age. 2 fig. old age: *un home d'~,* an old man.

3 LAW age: *ser major d'~,* to be of age. 4 age, time, epoch. ‖ *és de l'~ de pedra,* it's ancient.

edelweiss [əðəlβɛis] *m.* BOT. edelweiss.

edema [əðémə] *m.* oedema.

edèn [əðɛ́n] *m.* HIST. Eden, Paradise. 2 fig. paradise.

edició [əðisió] *f.* edition. 2 issue, publication.

edicte [əðíktə] *m.* edict, proclamation, decree.

edificació [əðifikəsió] *f.* building, construction. 2 fig. edification.

edificant [əðifikán] *a.* edifying.

edificar [əðifiká] *t.* to build, to construct. 2 fig. to edify. 3 fig. to build up, to construct [theories].

edifici [əðifísi] *m.* building.

Edimburg [əðimbúrk] *pr. n. m.* GEOGR. Edinburgh.

editar [əðitá] *t.* to edit. 2 to publish.

editor, -ra [əðitò, -rə] *a.* publishing. ■ 2 *m.-f.* publisher. 3 editor.

editorial [əðituriál] *a.* publishing. ■ 2 *f.* publishing house, publishers. 3 *m.* leading article; editorial.

edredó [əðrəðó] *m.* eiderdown. 2 quilt.

educació [əðukəsió] *f.* education; studies. 2 teaching. 3 upbringing; manners.

educar [əðuká] *t.* to educate. 2 to teach. 3 to bring up.

educat, -ada [əðukát, -áðə] *a.* well-mannered, polite.

educatiu, -iva [əðukətiu, -íβə] *a.* educative; educational, instructive, edifying.

efecte [əfɛ́ktə] *m.* effect. ‖ *fer ~,* to have effect; *tenir ~,* to take place. 2 impression: *mal ~,* bad impression. ‖ *em fa l'~,* I think. ■ 3 MED. *efectes secundaris,* side-effects.

efectista [əfəktístə] *a.* sensational. ■ 2 *m.-f.* sensationalist.

efectiu, -iva [əfəktiu, -íβə] *a.* effective. ■ 2 *m.* cash: *en ~,* in cash. 3 *pl.* MIL. forces.

efectivament [əfəktiβəmèn] *adv.* indeed, precisely [in answer].

efectivitat [əfəktiβitàt] *f.* effectiveness.

efectuar [əfəktuá] *t.* to effect; to make, to perform. ■ *2 p.* to take place [function, performance].

efemèrides [əfəmèriðəs] *f. pl.* ASTR. ephemerides.

efeminat, -ada [əfəminàt, -àðə] *a.* womanish; effeminate.

efervescència [əfərβəsènsiə] *f.* effervescence; fizziness [drink]. *2* fig. ferment, unrest [of crowd].

eficàcia [əfikàsiə] *f.* efficacy.

efígie [əfíʒiə] *f.* effigy.

efímer, -ra [əfímər, -rə] *a.* short-lived, ephemeral.

efluvi [əflúβi] *m.* emanation, effluvium.

efusió [əfuziò] *f.* leaking, pouring out [of liquid, gas]; shedding [of blood]: *sense ~ de sang,* without bloodshed. *2* fig. effusiveness.

EGB [èʒèbè] *f. (Educació General Bàsica)* primary school education.

egipci, -ípcia [əʒipsi, -ipsiə] *a., m.-f.* GEOGR. Egyptian.

Egipte [əʒiptə] *pr. n. m.* GEOGR. Egypt.

ègloga [ɛɣluɣə] *f.* LIT. eclogue.

egoisme [əɣuizmə] *m.* egoism; selfishness.

egolatria [əɣulətriə] *f.* narcissism, self-worship.

egregi, -ègia [əɣrɛʒi, -ɛʒiə] *a.* eminent, distinguished.

egua [èɣuə] See EUGA.

ei! [èi] *interj.* hey! [to draw attention]. *2* hi! [to greet].

eina [èinə] *f.* tool; instrument [also fig.]. *2 pl.* tools of trade; equipment. *3* coll. gear.

Eivissa [əiβisə] *pr. n. f.* GEOGR. Ibiza.

eix [èʃ] *m.* MECH. axle. *2* fig. axis, main point.

eix, eixa [èʃ, èʃə] (VAL.) *a.-pron.* that [near person addressed].

eixalar [əʃəlá] *t.* to clip the wings of [also fig.].

eixam [əʃám] *m.* swarm [bees].

eixampla, eixample [əʃámplə] *f.* extension; enlargement. *2* new quarter [of town].

eixamplar [əʃəmplá] *t.-p.* to widen, to extend.

eixancarrar-se [əʃəŋkərràrsə] *p.* to separate or open out one's legs.

eixarreït, -ida [əʃərrəit, iðə] *a.* parched; dried out.

eixelebrat, -ada [əʃələβràt, -àðə] *a.* thoughtless.

eixerit, -ida [əʃərit, -iðə] *a.* lively, bright; alert; wide-awake: *on vas tan ~?,* where are you off to, looking so lively?

eixida [əʃiðə] *f.* courtyard. *2* exit, wayout.

eixir [əʃi] *i.* to come or go out (*de,* of), to leave *t.* 2 to get out (*de,* of) [vehicle]. 3 to start (out) [on journey]. ■ CONJUG. INDIC. Pres.: *ixo, ixes, ix, ixen.* ‖ SUBJ. Pres.: *ixi, ixis, ixi, ixin.*

eixir [əʃi] (VAL.) See SORTIR.

eixorbar [əʃurβá] *t.* to blind [by removing the eyes].

eixorc, -ca [əʃòrk, -ə] *a.* arid, waste: *terra eixorca,* wasteland.

eixordar [əʃurðá] *t.* to deafen.

eixorivir [əʃuriβí] *t.* to wake up [also fig.].

eixugador, -ra [əʃuɣəðò, -rə] *a.* drying. ■ *2 m.* drying cloth; tea-towel.

eixugamà [əʃuɣəmà] *m.* hand-towel.

eixugar [əʃuɣá] *t.* to dry, to wipe: *~ els plats,* to wipe or dry the dishes. ■ *2 p.* to dry. ‖ *eixugar-se les mans,* to dry or wipe one's hands.

eixut, -ta [əʃút, -tə] *a.* dry. *2* dried out. *3* parched, arid [land].

ejacular [əʒəkulá] *i.* to ejaculate.

ejecció [əʒəksiò] *f.* ejection. *2* ejaculation.

el [əl] *art. m. sing.* the. *2 neut.* before adjective: *~ bell,* beauty, what is beautiful. ■ *3 pers. pron.: no ~ conec,* I don't know him.

elaboració [ələβurəsiò] *f.* production. *2* elaboration.

elaborar [ələβurá] *t.* to produce, to manufacture: *~ productes alimentaris,* to manufacture foodstuffs. *2* to elaborate [project; theory].

elàstic, -ca [əlàstik, -kə] *a.* elastic; flexible. ‖ fig. *és una qüestió molt elàstica,* it's a very flexible issue. ■ *2 m. pl.* braces [for trousers].

elecció [ələksiò] *f.* selection, choosing. *2 pl.* POL. election *sing.*

electe, -ta [əlèktə, -tə] *a.* elect.

elector, -ra [ələktò, -rə] *m.-f.* POL. elector.

electoral [ələkturál] *a.* election, electoral: *campanya ~,* election campaign.

elèctric, -ca [əlèktrik, -kə] *a.* electric, electrical.

electricista [ələktrisistə] *m.* electrician.

electricitat [ələktrisitát] *f.* electricity. 2 electricity [science].

electritzar [ələktridzá] *t.* to electrify [also fig.].

electró [ələktró] *m.* electron.

electrocutar [ələktrukutá] *t.* to electrocute.

elèctrode [ǝléktruðǝ] *m.* electrode.

electrodomèstic, -ca [ǝlǝktruduméstik, -kǝ] *m.* household electrical appliance.

electrogen, -ògena [ǝlǝktrɔ́ʒǝn, -ɔ́ʒǝnǝ] *a.* generating, generator. ■ 2 *m.* electric generator.

electroimant [ǝléktruimàn] *m.* electromagnet.

electròlisi [ǝlǝktrɔ́lizi] *f.* electrolysis.

electrònic, -ca [ǝlǝktrɔ́nik, -kǝ] *a.* electronic. ■ 2 *f.* electronics.

electroscopi [ǝlǝktruskɔ́pi] *m.* electroscope.

electrostàtic, -ca [ǝléktrustàtik, -kǝ] *a.* electrostatic. ■ 2 *f.* electrostatics.

elefant, -ta [ǝlǝfán, -tǝ] *m.-f.* ZOOL. elephant.

elefantiasi [ǝlǝfǝntiàzi] *f.* MED. elephantiasis.

elegància [ǝlǝɣánsiǝ] *f.* elegance; smartness [clothes].

elegant [ǝlǝɣán] *a.* elegant; smart [clothes].

elegia [ǝlǝʒíǝ] *f.* LIT. elegy.

elegíac, -ca [ǝlǝʒiak, -kǝ] *a.* LIT. elegiac.

elegir [ǝlǝʒí] *t.* to choose, to select. 2 to elect.

element [ǝlǝmén] *m.* element.

elemental [ǝlǝmǝntál] *a.* elementary. 2 basic.

elenc [ǝlέŋ] *m.* catalogue; list. 2 THEATR. cast.

elevació [ǝlǝβǝsió] *f.* raising, lifting; elevation. 2 fig. loftiness [person].

elevar [ǝlǝβá] *t.* to raise. 2 fig. to elevate [to higher rank, etc.]. 3 MATH. to raise.

elidir [ǝliðí] *t.* to elide.

eliminació [ǝliminǝsió] *f.* elimination: *per ~,* by elimination.

eliminar [ǝliminá] *t.* to eliminate. 2 SP. to eliminate, to knock out [from competition]. 3 to get rid of. 4 coll. to eliminate, to kill [person]: *~ del mapa,* to snuff out.

eliminatori, -òria [ǝliminǝtɔ̀ri, -ɔ̀riǝ] *a.* eliminatory. ■ 2 *f.* SP. heat [athletics]; preliminary round.

Elisabet [ǝlizǝβét] *pr. n. f.* Elizabeth.

elisió [ǝlizió] *f.* elision.

elixir [ǝliksí] *m.* elixir [also fig.].

ell, ella [eʎ, éʎǝ] *pers. pron.* he, she.

el·lipse [ǝllípsǝ] *f.* ellipse.

el·lipsi [ǝllípsi] *f.* GRAMM. ellipsis.

elogi [ǝlɔ́ʒi] *m.* praise, eulogy.

elogiar [ǝluʒiá] *t.* to praise. 2 fig. to pay tribute to.

elogiós, -osa [ǝluʒiós, -ósǝ] *a.* eulogistic; favourable.

eloqüència [ǝlukwénsiǝ] *f.* eloquence [also fig.].

eloqüent [ǝlukwén] *a.* eloquent [also fig.]. 2 significant; expressive.

elucidar [ǝlusiðá] *t.* to elucidate.

elucubració [ǝlukuβrǝsió] *f.* lucubration.

eludir [ǝluðí] *t.* to escape from *i.,* to elude. 2 to evade; to avoid.

em [ǝm] *pers. pron.* me: *~ pots ajudar?,* can you help me?

emanar [ǝmǝná] *i.* to emanate, to arise (*de,* from) [also fig.].

emancipació [ǝmǝnsipǝsió] *f.* emancipation.

emancipar [ǝmǝnsipá] *t.* to emancipate; to free. ■ 2 *p.* to emancipate oneself; to free oneself (*de,* from).

embadalir [ǝmbǝðǝlí] *t.* to charm; to entrance. ■ 2 *p.* to be filled with wonder, to be entranced.

embadocar [ǝmbǝðuká] *v.* See EMBADALIR.

embafar [ǝmbǝfá] *t.-p.* to cloy, to surfeit. 2 fig. to nauseate, to sicken.

embalar [ǝmbǝlá] *t.* to pack (up); to wrap (up); to package.

embalar-se [ǝmbǝlársǝ] *p.* to speed up [also fig.].

embalatge [ǝmbǝládʒǝ] *m.* packing, packaging.

embalsamar [ǝmbǝlsǝmá] *t.* to embalm [corpses].

embalum [ǝmbǝlúm] *m.* bulk. ‖ *fer ~,* to be bulky.

embaràs [ǝmbǝrás] *m.* trouble, inconvenience; annoyance. 2 pregnancy.

embarassar [ǝmbǝrǝsá] *t.* to be in the way of. 2 to tie down [fig.]. 3 to make pregnant.

embarbussar-se [ǝmbǝrβusàrsǝ] *p.* to mutter; to stammer.

embarcació [ǝmbǝrkǝsió] *f.* boat; vessel.

embarcador [ǝmbǝrkǝðó] *m.* MAR. landing-stage. 2 MAR. small quay.

embarcar [əmbərká] t. to take on board. 2 to load or put on board. ■ 3 p. to embark, to go on board.

embarg [əmbár] m. See EMBARGAMENT.

embargament [əmbərɣəmèn] m. LAW seizure. 2 MAR. embargo.

embargar [əmbərɣá] t. LAW to seize. 2 MAR. to impose an embargo on.

embarrancar [əmbərrəŋká] t.-p. to run aground.

embassar [əmbəsá] t. to fill or cover with water [land, path, etc.]. ■ 2 p. to form pools of water.

embasta [əmbástə] f. SEW. basting, tacking.

embastar [əmbəstá] t. to baste, to tack.

embat [əmbát] m. breaking [waves]. 2 buffet, buffeting [wind].

embeinar [əmbəiná] t. to sheathe [sword, knife].

embellir [əmbəʎí] t. to improve, to beautify, to embellish.

embenar [əmbəná] t. to bind (up); to bandage (up).

embenat [əmbənát] m. binding; bandage. ‖ ~ *de guix,* plaster cast.

embenatge [əmbənádʒə] See EMBENAT.

embetumar [əmbətumá] t. to polish [shoes]. 2 to cover with pitch.

emblanquinar [əmbləŋkiná] t. to whitewash.

emblema [əmblémə] m. emblem, badge; sign.

embocadura [əmbukəðúrə] f. MUS. mouthpiece [of instrument]. 2 entrance [to street].

emboçar [əmbusá] t. to muzzle [dog]. 2 to muffle (up) [face]. ■ 3 p. to muffle oneself up.

embogir [əmbuʒí] t. to madden, to drive mad.

emboirar [əmbuirá] t. to cover with fog or mist. 2 fig. to make foggy [memory].

èmbol [émbul] m. piston.

embolcallar [əmbulkəʎá] t. to wrap (up).

embòlia [əmbɔ́liə] f. embolism.

embolic [əmbulik] m. mess; tangle. 2 fig. mess; chaos; confusion. 3 fig. jam, mess. 4 coll, affair, love-affair.

embolicaire [əmbulikáirə] a. troublemaking; meddling. ■ 2 m.-f. troublemaker.

embolicar [əmbuliká] t. to wrap (up). 2 to tangle up. 3 coll. to get in a mess. 4 fig. to complicate [matters]. ■ 5 p. to get

tangled up. 6 fig. to get or become complicated.

embolicat, -ada [əmbulikát, -áðə] a. complicated, tricky. 2 wrapped up.

emborratxar [əmburrətʃá] t.-p. to get drunk t.-i.

emboscada [əmbuskáðə] f. ambush. ‖ *caure en una ~,* to get caught in an ambush.

embossar [əmbusá] t. to pocket. 2 to put in a bag.

embotar [əmbutá] t. to barrel.

embotellar [əmbutəʎá] t. to bottle.

embotir [əmbutí] t. to cram or stuff.

embotit [əmbutít] m. cold meat [salted, cured, smoked, etc.].

embotornar [əmbuturná] t. to make swell, to swell [part of body]. ■ 2 p. to swell, to puff up [eyes].

embragar [əmbrəɣá] t. MECH., to couple, to connect.

embragatge [əmbrəɣádʒə] m. AUTO. clutch.

embrancar [əmbrəŋká] i. to join up (amb, with). ■ 2 p. fig. to get tangled up.

embranzida [əmbrənziðə] f. impetus; speed. ‖ *agafar ~,* to speed up.

embriac, -aga [əmbriák, -áɣə] a. drunk.

embriagar [əmbriəɣá] t. to intoxicate, to make drunk. 2 fig. to entrance, to enrapture. ■ 3 p. to get drunk. 4 to get or become entranced or enraptured.

embriagador, -ra [əmbriəɣəðò, -rə] a. intoxicating, heady. 2 fig. enrapturing, delightful.

embriaguesa [əmbriəɣézə] f. drunkenness.

embrió [əmbrió] m. BIOL. embryo.

embrionari, -ària [əmbriunári, -áriə] a. BIOL. embryonic.

embrollaire [əmbruʎáirə] See EMBOLICAIRE.

embrollar [əmbruʎá] t. to confuse, to complicate, to muddle.

embrollat, -ada [əmbruʎát, -áðə] a. confused, complicated, muddled (up).

embromar-se [əmbrumársə] p. to cloud over.

embruix [əmbrúʃ] m. enchantment; bewitching [action].

embruixar [əmbruʃá] t. to enchant, to bewitch.

embrunir [əmbruní] t. to tan, to make brown. ■ 2 p. to get tanned, to get brown, to get a suntan.

embrutidor, -ra [əmbrutiðó, -rə] *a.* dirty. 2 fig. degrading.

embrutir [əmbruti] *t.* to dirty. 2 fig. to degrade. ■ *3 p.* to get or become dirty. 4 to degrade oneself.

embuatar [əmbuətá] *t.* to cover or fill with cotton-wool.

embull [əmbúʎ] *m.* tangle, muddle, mess.

embullar [əmbuʎá] *t.* to entangle, to confuse, to muddle. ■ *2 p.* to get confused or muddled.

embús [əmbús] See EMBUSSAMENT.

embussament [əmbusəmèn] *m.* stopping-up; blocking [action]; blockage [effect]. 2 traffic jam.

embussar [əmbusá] *t.* to block (up). ‖ *s'ha embussat la canonada,* the pipe has got blocked (up).

embut [əmbút] *m.* funnel [for decanting liquids, etc.]. 2 *pl. parlar sense embuts,* not to beat about the bush.

emergència [əmərʒènsiə] *f.* emergence. 2 emergency.

emergir [əmərʒi] *i.* to emerge.

emetre [əmètrə] *t.* to emit, to send out. 2 to issue. ▲ CONJUG P. P.: *emès.*

èmfasi [èmfəzi] *m.-f.* emphasis, stress.

emfàtic, -ca [əmfátik, -kə] *a.* emphatic.

emfisema [əmfizèmə] *m.* MED. emphysema.

emigració [əmiɣrəsió] *f.* emigration.

emigrant [əmiɣrán] *a.* emigrant; emigratory. ■ *2 m.-f.* emigrant.

emigrar [əmiɣrá] *i.* to emigrate [people]. 2 to migrate [animals].

eminència [əminènsiə] *f.* GEOGR. highpoint, summit. 2 protuberance, swelling. 3 fig. celebrity.

eminent [əminèn] *a.* GEOGR. high, lofty. 2 fig. eminent: *un científic ~,* an eminent scientist.

emir [əmir] *m.* emir.

emissari, -ria [əmisári, -riə] *m.-f.* emissary.

emissió [əmisió] *f.* RADIO. broadcast [programme]; broadcasting [action]. 2 issue: *~ de moneda,* monetary issue. 3 POL. *~ de vots,* voting.

emissor, -ra [əmisó, -rə] *a.,* RADIO. transmitting; broadcasting. ■ *2 m.* RADIO. transmitter. 3 *f.* radio or tv. station.

emmagatzemar [əmməɣədzəmá] *t.* to store.

emmalaltir [əmmələlti] *i.* to fall or become ill. ■ *2 t.* to make ill.

emmalignar [əmməliɲ ná] (ROSS.) See INFECTAR.

emmanillar [əmməniʎá] *t.* to manacle, to handcuff.

emmarcar [əmmərká] *t.* to frame. 2 fig. to border.

emmascarar [əmməskərá] *t.* to blacken. 2 *p.* to get dirty.

emmenar [əmməná] *t.* to take. 2 to lead [also fig.].

emmerdar [əmmərðá] *t.* to dirty, to soil, to foul. 2 fig. to upset; to mess up.

emmetzinar [əmmədziná] *t.* to poison.

emmidonar [əmmiðuná] *t.* to starch.

emmirallar [əmmirəʎá] *t.* to mirror, to reflect. ■ *2 p.* to be reflected. 3 to look at oneself in the mirror.

emmordassar [əmmurðəsá] *t.* to gag.

emmorenir [əmmurəni] *t.* to tan, to get brown.

emmotllar [əmmuʎʎá] *t.* to mould; to fashion. ■ *2 p. emmotllar-se a,* to adjust oneself to.

emmudir [əmmuði] *t.* to silence. ■ *2 i.* to fall silent. ■ *3 p.* to be elided [phoneme].

emmurallar [əmmurəʎá] *t.* to wall.

emmurriar-se [əmmurriársə] *t.* to sulk.

emmusteir [əmmustəi] *t.* to wither, to shrivel (up) [plant].

emoció [əmusió] *f.* excitement. 2 emotion; feeling, pathos.

emocionant [əmusiunán] *a.* exciting. 2 moving.

emocionar [əmusiuná] *t.* to excite. 2 to move. ■ *3 p.* to get excited or worked up. 4 to become emotional.

emol·lient [əmullièn] *a.-m.* CHEM. emollient.

emotiu, -iva [əmutiu, -iβə] *a.* emotive; stirring: *un parlament molt ~,* a really stirring speech.

emotivitat [əmutiβitát] *f.* emotiveness.

empadronar [əmpəðruná] *t.* to register, to enter on the register. ■ *2 p.* to register [as a resident in the district].

empaitar [əmpəitá] *t.* to chase; to pursue. 2 fig. to badger.

empalar [əmpəlá] *t.* to impale.

empal·lidir [əmpəlliði] *t.-i.-p.* to turn pale, to turn white.

empalmar [əmpəlmá] *t.* to join up [also fig.].

empanada [əmpənáðə] *f.* pie [usu. savoury].

empantanegar [əmpəntənəɣá] t. fig. to obstruct, to block.

empaperar [əmpəpərá] t. to paper, to wallpaper. 2 coll. to have up.

empaquetar [əmpəkətá] t. to package, to parcel; to wrap up [parcel].

empara [əmpárə] f. protection, shelter. 2 defence [also fig.]. 3 LAW seizure.

emparar [əmpərá] t. to protect; to shelter. 2 to defend. ■ 3 p. to seek protection or refuge. 4 LAW to be seized or embargoed; to be confiscated.

emparaular [əmpərəulá] t. to promise i., to give one's word.

emparedar [əmpərəðá] t. to wall up, to immure [person].

emparentar [əmpərəntá] i.-p. to become related [by marriage].

empassar-se [əmpəsársə] to swallow. 2 fig. to face up to. 3 fig. to believe, to swallow.

empastar [əmpəstá] t. to paste.

empastifar [əmpəstifá] t. to smear, to daub.

empat [əmpát] m. SP. draw.

empatar [əmpətá] i. SP. to draw.

empatollar-se [əmpətuʎársə] p. to get confused; to talk nonsense. || **què t'empatolles?**, what on earth are you talking about?

empatx [əmpátʃ] m. feeling of being overfull, feeling of surfeit [also fig.].

empatxar [əmpətʃá] t. to obstruct, to impede. 2 to give or cause indigestion. ■ 3 p. to get indigestion; to have or suffer indigestion.

empedrar [əmpəðrá] t. to pave; to cobble.

empedrat [əmpəðrát] m. stone pavement or paving; cobbled surface. 2 COOK. kind of vegetable salad.

empedreir [əmpəðrəí] t.-p. to harden [also fig.]. 2 to turn to stone. 3 t. to make hard or insensitive. 4 p. to go stale [bread].

empegar [əmpəɣá] t. to paste, to glue.

empegueir-se [əmpəɣəírsə] p. to become embarrassed.

empèl [əmpέl] adv. phr. **a l'~**, bare-back [horse-riding].

empelt [əmpέl] m. MED., AGR. graft.

empeltar [əmpəltá] t. MED., AGR. to graft.

empenta [əmpέntə] f. push, shove. 2 fig. drive; impetus.

empentar [əmpəntá] v. See EMPENTEJAR.

empentejar [əmpəntəʒá] t. to push, to shove.

empenya [əmpέɲə] f. ANAT. instep.

empènyer [əmpέɲə] t. to push, to shove. 2 fig. to drive, to impel.

empenyorar [əmpəɲurá] t. to pawn, to pledge.

emperador [əmpərəðó] m. emperor. 2 ICHTHY. sword-fish.

emperadriu [əmpərəðriŭ] f. empress.

empescar-se [əmpəskársə] p. to invent, to think up.

empestar [əmpəstá] t. to stink out [of smell].

empetitir [əmpətití] t. to make smaller. 2 fig. to dwarf. 3 fig. pej. to trivialize.

empiocar-se [əmpiukársə] p. to fall or become ill.

empipament [əmpipəmέn] m. annoyance; anger, wrath.

empipar [əmpipá] t. to annoy. 2 to bother; to pester. ■ 3 p. to get annoyed.

empíric, -ca [əmpirik, -kə] a. empiric(al).

empirisme [əmpirizmə] m. empiricism.

empitjorament [əmpidʒurəmέn] m. worsening, deterioration.

empitjorar [əmpidʒurá] t.-i. to worsen.

emplaçament [əmpləsəmέn] m. site, location.

emplaçar [əmpləsá] t. to site, to situate, to locate.

emplastre [əmplástrə] m. poultice; plaster. 2 fig. pej. layabout, good-for-nothing.

empleat, -ada [əmpleát, -áðə] m.-f. employee, worker.

emplenar [əmpləná] t. to fill (up) [container]; to occupy [time].

emplujat, -ada [əmpluʒát, -áðə] a. rainy, wet.

empobridor, -ra [əmpuβriðó, -rə] a. impoverishing, pauperizing.

empobriment [əmpuβrimέn] m. impoverishment; pauperization.

empobrir [əmpuβrí] t. to impoverish. ■ 2 p. to become poor or impoverished.

empolainar [əmpuləiná] t. to adorn; to dress up. ■ 2 p. to dress up.

empolsar [əmpulsá] t. to cover in or with dust.

empolsegar [əmpulsəɣá] v. See EMPOLSAR.

emporcar [əmpurká] v. See EMBRUTAR.

empori [əmpɔ́ri] m. trading centre, market. 2 market town.

emportar-se [əmpurtàrsə] *p.* to take (away). 2 to remove. 2 to carry or bear away [of wind, water, etc.].

empostar [əmpustà] *t.* See EMPOSTISSAR.

empostissar [əmpustisà] *t.* to plank, to board (over).

emprar [əmprà] *t.* to use, to employ.

empremta [əmprèmtə] *f.* print, trace, sign [also fig.]: ~ *digital,* finger print. 2 printing, stamp [on document].

emprendre [əmprènðrə] *t.* to undertake, to set about; to begin. ▲ CONJUG. like *aprendre.*

emprenedor, -ra [əmprənəðò, -rə] *a.* enterprising. 2 adventurous.

emprenyar [əmprəɲà] *t.* coll. to annoy, to anger.

empresa [əmprèzə] *f.* enterprise, undertaking; task. 2 company; firm; business.

empresari, -ària [əmprəzàri, -àriə] *m.* businessman. 2 *f.* businesswoman.

empresonament [əmprəzunəmèn] *m.* imprisonment.

empresonar [əmprəzunà] *t.* to imprison, to put into prison.

emprèstit [əmprèstit] *m.* ECON. (public) loan.

emprova [əmpròbə] *f.* trial fitting, trying-on [of item of clothing].

emprovador [əmpruβəðò] *m.* changing room [in clothes shop].

emprovar [əmpruβà] *t.-p.* to try on [clothing].

empudegar [əmpuðəɣà] *t.* coll. to stink out.

empunyar [əmpuɲà] *t.* to grip, to hold firmly; to grasp.

èmul, -la [èmul, -lə] *m.-f.* rival, competitor [esp. in merits].

emulació [əmuləsió] *f.* emulation.

emular [əmulà] *t.* to emulate.

emulsió [əmulsió] *f.* emulsion.

1) en [ən] *pron.-adv.* from there, from that place; thence: *ara* ~ *vinc,* I've just come from there. 2 of or about [person, thing, this or that]: *sempre* ~ *parles!,* you're always talking about her! 3 of [quantities]: *no* ~ *tinc cap ni una,* I haven't got a single one of them. ▲ 'n, n', ne.

2) en [ən] *art. m.* [before first names]: ~ *Joan ha vingut,* John's come. ‖ ~ *Pau,* ~ *Pere i* ~ *Berenguera,* (every) Tom, Dick and Harry.

3) en [ən] *prep.* in: *visc* ~ *un pis petit,* I live in a small flat. 2 in, inside: *el tro-baràs* ~ *aquella caixa,* you'll find it in that box. 3 on: *no seguis* ~ *aquesta cadira,* don't sit on that chair. 4 in [time]: *ho he fet* ~ *mitja hora,* I dit it in half an hour. 5 into: *entraren* ~ *una casa vella,* they went into an old house. 6 ~ *sortir,* on coming or going out.

enagos [ənàɣus] *m. pl.* petticoat *sing.*

enaltir [ənəlti] *t.* to praise, to extol, to exalt.

enamoradís, -issa [ənəmurəðis, -isə] *a.* always falling in love.

enamorament [ənəmurəmèn] *m.* falling in love. 2 love-affair.

enamorar [ənəmurà] *t.* to make fall in love (*de,* with), to captivate, to enamour (*de,* with). ■ 2 *p.* **enamorar-se de,** to fall in love with, to be captivated by.

enamorat, -ada [ənəmuràt, -àðə] *a.* in love, captivated, enamoured; love-sick. ■ 2 *m.-f.* person in love; love-sick person.

enamoriscar-se [ənəmuriskàrsə] *p.* See ENAMORAR-SE.

enarborar [ənərβurà] *t.* to hoist, to raise [flag]. 2 to brandish [sword]. 3 to flourish.

enardir [ənərði] *t.* to fire; to inspire.

ença [ənsà] *adv.* up to here. ‖ *d'*~, since; from. ‖ ~ *i enllà,* here and there, hither and thither. ‖ *de llavors* ~, from that time on.

encabir [əŋkəβi] *t.-p.* to fit into, to insert. 2 *t.* to put, to place.

encaboriar-se [əŋkəβuriàrsə] *p.* to worry.

encabritar-se [əŋkəβritàrsə] *p.* to rear up [horse].

encadellar [əŋkəðəʎà] *t.* to dovetail; to join together [wood joints].

encadenament [əŋkəðənəmèn] *m.* chaining or joining together. 2 series [of events]. 3 linking [together].

encadenar [əŋkəðənà] *t.* to chain up or together. 2 fig. to chain (*a,* to); to be a slave (*a,* to). ■ 3 *p.* to follow (one another) in series.

encaix [əŋkàʃ] *m.* SEW. lace. 2 fitting, insertion. 3 joint; socket.

encaixada [əŋkəʃàðə] *f.* hand-shake.

encaixar [əŋkəʃà] *t.* to fit [also fig.]. 2 fig. to match. 3 to shake hands. ■ 4 *t.* ~ *en,* to fit into; to insert into.

encaixonar [əŋkəʃunà] *t.* to box (up). 2 to squeeze (*en,* into).

encalçar [əŋkəlsà] *t.* to pursue, to follow. 2 fig. to dog.

encalcinar [əŋkəlsinà] *t.* to whitewash.

encalitjar [əŋkəlidʒá] *t.* to fog up, to mist up or over. 2 to cover with a haze. ■ 3 *p.* to be covered in a fog or mist or haze.

encallar [əŋkəʎá] *i.-p.* MAR. to run aground *i.* (*a, en,* on).

encalmar-se [əŋkəlmàrsə] *p.* MAR. to be becalmed.

encaminar [əŋkəminà] *t.* to direct (*a,* to), to point out or show the way. ■ 2 *p.* to head for; to set out for.

encanonar [əŋkənunà] *t.* CONSTR. to pipe. 2 to point or level at [firearm].

encant [əŋkàn] *m.* charm; appeal. 2 *pl.* flea-market *sing.*

encantador, -ra [əŋkəntəðó, -rə] *a.* charming, delightful. ■ 2 *m.* magician, sorcerer. 3 *f.* magician, sorceress.

encantar [əŋkəntà] *t.* to charm; to delight. 2 to bewitch, to cast a spell on [also fig.]. ■ 3 *p.* to be spellbound; to be fascinated (*davant,* by).

encanyissada [əŋkəɲisàðə] *m.* cane fence; cane ceiling; cane lattice.

encanyissat [əŋkəɲisàt] *m.* See ENCANYISSADA.

encaparrar [əŋkəpərrá] *t.-p.* to worry.

encapçalar [əŋkəpsəlá] *t.* to head.

encapotar-se [əŋkəputàrsə] *p.* to cloud over [sky].

encapritxar-se [əŋkəpritʃàrsə] *p.* to take a fancy (*amb,* to).

encara [əŋkárə] *adv.* still; yet. 2 even. ■ 3 *conj.* ~ *que,* although, though.

encaramelat, -ada [əŋkərəməlàt, -àðə] *a.* toffee-flavoured or covered. 2 fig. in a world of their own [of lovers].

encarar [əŋkərà] *t.* to point or level at.

encarcarar [əŋkərkərà] *t.* to stiffen, to make stiff or rigid. ■ 2 *p.* to become stiff or rigid.

encarir [əŋkəri] *i.-p.* to rise in price *i.* ■ 2 *t.* to raise the price of.

encarnació [əŋkərnəsió] *f.* incarnation, embodiment.

encarnar [əŋkərnà] *t.* to embody, to incarnate. ■ 2 *i.* REL. to become flesh or incarnate. ■ 3 *p.* to be embodied.

encàrrec [əŋkárrək] *m.* task, job; assignment. 2 COMM. order. 3 message.

encarregar [əŋkərrəɣàt] *t.* to order; to entrust. ■ 2 *p. encarregar-se de,* to take charge of; to see about; to undertake to.

encarregat, -ada [əŋkərrəɣàt, -àðə] *m.-f.* person in charge. 2 foreman.

encarrilar [əŋkərrilà] *t.* to put or set on head in the right direction [also fig.].

encartonar [əŋkərtunà] *t.* to box (up), to put in cardboard boxes. ■ 2 *p.* to become as stiff as cardboard.

encasellar [əŋkəzəʎá] *t.* to pigeon-hole.

encastar [əŋkəstà] *t.* to put or fix in; to embed.

encaterinar-se [əŋkətərinàrsə] *p.* to form a fancy (*amb,* for).

encatifar [əŋkətifá] *t.* to carpet.

encauar [əŋkəwá] *t.* to hide or conceal in a secret place.

encausar [əŋkəwzà] *t.* to take legal action against. 2 LAW to sue; to prosecute.

encavalcar [əŋkəβəlkà] *t.* to put astride, to mount on.

encebar [ənsəβà] *t.* to feed; to fatten [animal]. 2 to load [firearm].

encèfal [ənsέfəl] *m.* ANAT. encephalon.

encegador, -ra [ənsəɣəðó, -rə] *a.* dazzling, blinding.

encegar [ənsəɣá] *t.* to blind, to dazzle [also fig.].

encenall [ənsənàʎ] *m.* wood shaving, shaving.

encendre [ənsèndrə] *t.* to light [fire; lamp, etc.]. 2 fig. to fire, to inflame, to excite. ▲ CONJUG. like *atendre*.

encenedor [ənsənəðò] *m.* cigarette lighter, lighter.

encens [ənsέns] *m.* incense.

encerar [ənsərà] *t.* to wax.

encerclar [ənsərklà] *t.* to encircle; to surround.

encert [ənsὲrt] *t.* correct guess. 2 success. 3 right answer. 4 hit [on target].

encertar [ənsərtà] *t.* coll. to get right; to choose or guess correctly. 2 to hit [target].

encetar [ənsətà] *t.* to start. 2 fig. to christen [new things]. 3 to rub, to make sore.

enciam [ənsiàm] *m.* lettuce.

enciamera [ənsiəmèrə] *f.* salad bowl.

encíclica [ənsiklikə] *f.* ECCL. encyclical.

enciclopèdia [ənsiklupὲðiə] *f.* encyclopedia.

encimbellar [ənsimbəʎá] *t.* to set on top. 2 to raise, to lift [to top].

encinta [ənsintə] *a. una dona* ~, a pregnant woman.

encís [ənsis] *m.* charm; attraction.

encisador, -ra [ənsizəðó, -rə] *a.* charming, delightful; enchanting, bewitching.

encisam [ənsizàm] (VAL.) See ENCIAM.

encisar [ənsizá] t. to charm, to delight; to bewitch, to enchant. 2 to fascinate.

enclaustrar [əŋklaŭstrá] t. to shut in a convent; to cloister [also fig.].

enclavar [əŋkləβá] t. to fix in, to embed; to insert.

encloure [əŋklɔ́ŭrə] t. to shut in; to enclose. ▲ CONJUG. like *cloure*.

enclusa [əŋklúzə] f. anvil. 2 ANAT. anvil, incus.

encobrir [əŋkuβri] t. to conceal. 2 coll. to cover up.

encoixinar [əŋkuʃiná] t. to upholster, to pad, to cushion.

encolar [əŋkulá] t. to paste or cover with glue.

encolerir-se [əŋkulərirsə] p. to get very angry.

encolomar [əŋkulumá] t. to put on [coat]. 2 fig. coll. to palm off (a, on).

encomanadís, -issa [əŋkumənəðis, -isə] a. infectious, contagious.

encomanar [əŋkuməná] t. to assign, to give [job, task, etc.]. 2 to pass on [illness]; to infect. ■ 3 p. to seek the protection (a, of).

encomi [əŋkɔ́mi] m. praise, eulogy.

encongir [əŋkunʒi] t.-p. to shrink.

encongit, -ida [əŋkunʒit, -iðə] a. shrunk. 2 shrunken, wizened [person].

encontorns [əŋkuntɔ́rns] m. pl. See VOLTANTS.

encontrar [əŋkuntrá] t. to meet. 2 to find; to encounter.

encontre [əŋkɔ́ntrə] m. mishap. 2 SP. game.

encoratjador, -ra [əŋkurədʒəðó, -rə] a. encouraging; reassuring.

encoratjar [əŋkurədʒá] t. to encourage.

encorbar [əŋkurβá] t.-p. See CORBAR.

encortinar [əŋkurtiná] t. to curtain; to curtain off.

encreuament [əŋkrəwəmən] m. crossing; intersection. 2 crossroads, junction.

encreuar [əŋkrəwá] t. to cross, to intersect. 2 ZOOL. to cross, to interbreed.

encruelir [əŋkruəli] t. to make worse. 2 to accentuate. ■ 3 p. to delight in one's cruelty, to take delight in cruelty.

encuny [əŋkúɲ] m. NUMIS. die.

encunyar [əŋkuɲá] t. to mint, to strike.

endarrera [əndərrérə] adv. back, backwards [space]. 2 back [time].

endarreriment [əndərrərimén] m. falling behind. 2 pl. backlog sing. [work]; arrears [in payments]. 3 PSYCH. backwardness.

endarrerir [əndərrəri] t. to delay; to postpone. ■ 2 p. to fall behind or into arrears [with payments].

endavant [əndəβán] adv. forward; ahead, on(ward). 2 ~!, go ahead! 3 *per* ~, in advance.

endebades [əndəβáðəs] adv. in vain, to no avail.

endegar [əndəγá] t. to tidy up, to arrange. 2 fig. to channel; to carry out.

endemà [əndəmá] m. *l'~*, the next day.

endemés [əndəmés] adv. besides, moreover.

endèmia [əndɛ́miə] f. endemic (disease).

endèmic, -ca [əndɛ́mik, -kə] a. endemic. 2 fig. rife.

enderroc [əndərrɔ́k] m. demolition, pulling down [house].

enderrocar [əndərruká] t. to demolish, to pull down [house]. 2 to destroy; to ruin. 3 POL. to overthrow.

endeutar [əndəŭtá] t. to plunge into debt. ■ 2 p. to fall into debt. 3 to pledge oneself.

endeví, -ina [əndəβi, -inə] m.-f. diviner.

endevinaire [əndəβináĭrə] m.-f. See ENDEVÍ.

endevinalla [əndəβináʎə] f. riddle; guessing game.

endevinar [əndəβiná] t. to guess. 2 to solve [riddle]. 3 to divine, to forsee [future].

endiablat, -ada [əndiəbblát, -áðə] a. diabolical, fiendish, devilish.

endins [əndins] adv. inside, within.

endinsar [əndinzá] t. to insert, to push in. ■ 2 p. to penetrate t., to penetrate into i.

endintre [əndintrə] See ENDINS.

endívia [əndiβiə] f. endive.

endocardi [əndukárði] m. ANAT. endocardium.

endocarp [əndukárp] m. BOT. endocarp.

endolar [əndulá] t. to put into mourning. 2 to dress in mourning.

endolat, -ada [əndulát, -áðə] a. in mourning, in black [clothes].

endolcir [əndulsi] t. to sweeten.

endoll [əndóʎ] m. ELECTR. power point, socket [on wall]. 2 plug [on flex].

endollar [ənduʎá] t. ELECTR. to plug in. 2 to plug or stop up.

endormiscar-se [əndurmiskársə] p. to doze. 2 coll. to nod off, to doze off.

endós [əndós] *m.* endorsing [act]. 2 endorsement.

endossar [əndusá] *t.* to endorse; to sign over. 2 fig. to palm off [unpleasant task].

endrapar [əndrəpá] *t.* fig. coll. to gobble (up), to wolf (down) [food].

endreç [əndrès] *m.* tidying-up; putting in order. 2 arrangement. 3 adornment.

endreçar [əndrəsá] *t.* to tidy (up); to put in order; to clean (up). 2 LIT. to dedicate [work].

endreçat, -ada [əndrəsát, -áðə] *a.* clean and tidy.

endret [əndrèt], **indret** [indrèt] *m.* side; face. 2 place, spot.

enduriment [əndurimèn] *m.* hardening.

endurir [ənduri] *t.-p.* to harden; to stiffen.

endur-se [əndúrsə] *p.* to take away *t.* to carry away *t.* 2 fig. *em vaig endur un disgust,* I was so disappointed.

enemic, -iga [ənəmik, -iɣə] *a.* hostile; unfriendly. ■ 2 *m.-f.* enemy.

enemistar [ənəmistá] *t.* to make an enemy of. ■ 2 *p.* to become enemies. 3 to fall out (*amb,* with).

enemistat [ənəmistát] *f.* enmity; unfriendliness.

energètic, -ca [ənərʒètik, -kə] *a.* energetic. ■ 2 *f.* energetics.

energia [ənərʒiə] *f.* energy. 2 vitality; spirit. 3 persistence; firmness.

enèrgic, -ca [ənèrʒik, -kə] *a.* energetic; spirited; full of life, active.

energumen [ənərɣúmən] *m.* madman.

enervar [ənərβá] *t.* to weaken, to enervate.

enèsim, -ma [ənèzim, -mə] *a.* umpteenth.

enfadar [əmfəðá] *t.* *(fer)* ~, to make angry. ■ 2 *p.* to get angry.

enfadeir [əmfəðəi] *t.* COOK. to make tasteless or insipid.

enfadós, -osa [əmfəðòs, -ózə] *a.* annoying, irksome.

enfaixar [əmfəʃá] *t.* to bind or wind round [rope, cloth, etc.].

enfangar [əmfəŋgá] *t.* to make muddy.

enfarfec [əmfərfèk] *m.* nuisance. 2 coll. bother. 3 coll. hotch-potch; mess.

enfarfegar [əmfərfəɣá] *t.* to overload; to weigh down.

enfavar-se [əmfəβársə] *p.* coll. to become silly; to get dopey (*amb,* over).

enfebrar-se [əmfəβrársə] *p.* to become feverish; to run a temperature.

enfeinat, -ada [əmfəinát, -áðə] *a.* busy; occupied.

enfellonir [əmfəʎuni] *t.* to make furious, to infuriate; to make angry.

enfervorir [əmfərβuri] *t.* to excite, to animate; to fire [enthusiasm].

enfilall [əmfiláʎ] *m.* string. 2 fig. series.

enfilar [əmfilá] *t.* SEW. to thread. ‖ *cadascú per on l'enfila,* one man's meat is another man's poison. 2 to take, to set out on [path]. ■ 3 *p.* *enfilar-se en,* to climb up.

enfit [əmfit] *m.* indigestion.

enfocar [əmfuká] *t.* to focus.

enfollir [əmfuʎi] *t.* to make mad, to madden. 2 coll. to make crazy.

enfondir [əmfundi] *t.* See APROFUNDIR.

enfonsament [əmfunzəmèn] *m.* sinking. 2 collapse.

enfonsar [əmfunzá] *t.-p.* to sink. 2 *t.* to embed. 3 to make collapse; to smash. 4 *p.* to collapse.

enfora [əmfɔ́rə] *adv.* outside; out.

enformador [əmfurməðò] *m.* chisel.

enformar [əmfurmá] *t.* to form, to fashion, to shape. 2 to mould.

enfornar [əmfurná] *t.* to put in the oven; to bake.

enfortir [əmfurti] *t.* to strengthen, to build up. ■ 2 *p.* to become stronger.

enfosquir [əmfuski] *t.* to darken.

enfredorir [əmfrəðuri] *t.* to make catch cold.

enfront [əmfròn] *m.* façade, front. 2 *prep. phr.* ~ *de,* opposite.

enfrontar [əmfruntá] *t.* to face; to confront. ■ 2 *p.* to face each other or one another [in duel, fight, etc.].

enfundar [əmfundá] *t.* to sheathe [sword]. 2 to encase, to put in a case.

enfurir [əmfuri] *t.* to infuriate; to make angry, to anger.

enfurismar [əmfurizmá] *t.* to infuriate; to make angry. 2 to annoy, to irritate.

engabiar [əŋgəβiá] *t.* to put in a cage. 2 to imprison.

engalanar [əŋgələná] *t.* to embellish; to adorn; to decorate.

engalipar [əŋgəlipá] *t.* to trick, to fool, to deceive; to hoodwink.

engallar-se [əŋgəʎársə] *p.* to make oneself smart. 2 coll. to swagger.

engaltar [əŋgəltá] *t.* to aim [firearm]. 2 fig. to talk straight *i.;* to go straight to the point *i.*

engalzar [əŋgəlzà] *t.* to join (up), to assemble. 2 fig. to trap, to catch.

enganar [əŋgənà] (BAL.) See ENGANYAR.

enganxar [əŋgənʃà] *t.* to hook. 2 to stick, to glue. ■ 3 *p.* to get caught on. 4 coll. to catch *v.* 5 coll. to be hooked [on drugs].

enganxós [əŋgənʃós, -ózə] *a.* sticky.

engany [əŋgáɲ] *m.* trick, deception; swindle.

enganyar [əŋgəɲà] *t.* to trick, to deceive, to swindle.

enganyifa [əŋgəɲifə] *f.* trick, deception. 2 coll. con; swindle.

enganyós, -osa [əŋgəɲós, -ózə] *a.* deceptive. 2 deceitful.

engargussar-se [əŋgərɣusàrsə] *p.* to get caught in one's throat. 2 to get blocked [drain].

engatar-se [əŋgətàrsə] *p.* to get drunk.

engavanyar [əŋgəβəɲà] *t.* to get in the way of [clothes].

engegada [ənʒəɣàðə] *f.* AUTO. starting. 2 letting-fly [exclamations]. 3 firing [projectiles].

engegar [ənʒəɣà] *t.* AUTO. to start. 2 to let fly [exclamations]. 3 to fire [projectiles]. 4 ~ *a passeig,* to send somebody packing.

engelosir [ənʒəluzi] *t.* to make jealous. ■ 2 *p.* to become jealous.

engendrar [ənʒəndrà] *t.* to procreate, to engender. 2 fig. to produce.

enginy [ənʒiɲ] *m.* ingeniousness, inventiveness. 2 skill. 3 cleverness, intelligence, wit.

enginyar [ənʒiɲà] *t.* to invent; to think up, to devise. ■ 2 *p.* to manage to.

enginyer [ənʒiɲé] *m.-f.* engineer.

enginyeria [ənʒiɲəriə] *f.* engineering.

engiponar [ənʒipunà] *t.* to throw together, to fix up [in a hurry].

englobar [əŋgluβà] *t.* to encompass; to include.

englotir [əŋgluti] *t.* See ENGOLIR.

engolir [əŋguli] *t.* to swallow.

engomar [əŋgumà] *t.* to gum; to glue.

engonal [əŋgunàl] *m.* ANAT. groin.

engraellat [əŋgrəʎàt] *m.* grille; latticework; trellis.

engranatge [əŋgrənàdʒə] *m.* MECH. engaging [of gears].

engrandir [əŋgrəndi] *t.* to enlarge, to make bigger. ■ 2 *p.-i.* to grow; to get or become bigger or larger, to increase in size.

engrapar [əŋgrəpà] *t.* to grip; to hold tight. 2 MECH. to staple.

engreixar [əŋgrəʃà] *t.* to fatten (up). 2 to grease, to lubricate. ■ 3 *p.* to get or become fat; to put on weight.

engreixinar [əŋgrəʃinà] *t.* to grease, to lubricate.

engrescar [əŋgrəskà] *t.* to encourage; to inspire; to incite. 2 to excite; to delight. ■ 3 *p.* to get or become excited; to be filled with excitement or delight.

engroguir [əŋgruɣi] *t.-p.* to turn yellow. 2 *t.* to make or colour yellow.

engròs [əŋgrós] COMM. *a l'~,* wholesale.

engruna [əŋgrúnə] *f.* breadcrumb. 2 a bit; a touch, a dash. 3 *pl.* left-overs [of meal].

engrut [əŋgrút] *m.* grime, filth. 2 paste [for gluing].

enguany [əŋgáɲ] *adv.* this year.

enguixar [əŋgiʃà] *t.* CONSTR. to plaster. 2 MED. to put in plaster.

enhorabona [ənɔrəβónə] *f.* congratulations: *donar l'~,* to congratulate (*per,* on).

enigma [əniɣmə] *m.* enigma.

enjogassat, -ada [ənʒuɣəsàt, -àðə] *a.* playful.

enjoiar [ənʒujà] *t.* to deck or adorn with jewels or jewellery.

enjorn [ənʒórnnɛ] *adv.* (VAL.) early.

enjudiciar [ənʒudisià] *t.* LAW to prosecute.

enlairar [ənləïrà] *t.* to lift (up), to raise. ■ 2 *p.* to rise. 3 AER. to take off.

enlaire [ənlàïrə] *adv.* above, in the air. 2 upwards, up into the air. ‖ *mans ~!,* hands up! 3 fig. pending; in suspense, unresolved: *deixar una qüestió ~,* to leave an issue unresolved. 4 fig. *engegar ~,* to spoil, to ruin; to upset [plan].

enllà [ənʎá] *adv.* to or over there. 2 further back [time, space]. 3 further on [time, space]. 4 *cap ~,* that way. 5 *el més ~,* the beyond.

enllaç [ənʎás] *m.* junction; connection. 2 link-up [between 2 points]. 3 go-between; link-man. ‖ ~ *sindical,* trade union representative. 4 wedding; union.

enllaçar [ənʎəsà] *t.* to link up; to connect, to join.

enllefiscar [ənʎəfiskà] *t.* to make sticky.

enllestir [ənʎəsti] *t.* to finish. 2 to put the finishing touches to. 3 to get ready. ■ 4 *p.* to hurry, to rush.

enllestit, -ida [ənʎəstit, -iðə] *a.* finished. 2 ready.

enlloc [ənʎɔ́k] *adv.* nowhere. ‖ *no l'he trobat ~,* I haven't found him anywhere.

enllotar [ənʎutá] *t.* to make muddy. ■ 2 *p.* to tarnish one's reputation.

enlluentir [ənʎuəntí] *t.* to polish; to put a shine on.

enlluernador, -ra [ənʎuərnəðó, -rə] *a.* dazzling, blinding [also fig.]: *una dona enlluernadora,* a woman of dazzling beauty.

enlluernament [ənʎuərnəmèn] *m.* dazzling or blinding effect. 2 brilliance [light].

enlluernar [ənʎuərná] *t.* to dazzle, to blind [also fig.]. 2 to fascinate, to entrance. ■ 3 *p.* to be dazzled or blinded [also fig.]. 4 to be fascinated or entranced.

enllumenar [ənʎuməná] *t.* to illuminate, to light up: *~ un carrer,* to light a street.

enllumenat [ənʎumənát] *m.* AUTO. lights *pl.* 2 CONSTR. lighting.

enllustrador, -ra [ənʎustrəðó, -rə] *m.-f.* bootblack.

enllustrar [ənʎustrá] *t.* to polish; to put a shine on. 2 to polish [shoes].

enmig [əmmitʃ] *prep. phr.* ~ *de,* in the middle of, amid, amidst, among.

ennegrir [ənnəɣrí] *t.-p.-i.* to blacken, to turn black. 2 *t.* to black. 3 *p.-i.* to go black.

ennoblir [ənnublí] *t.* to ennoble. 2 fig. to exalt, to honour. ■ 3 *p.* fig. to exalt oneself.

ennuegar-se [ənnuəɣársə] *p.* to choke, to go down the wrong way [food, drink].

ennuvolar-se [ənnuβulársə] *p.* to cloud over [sky].

enologia [ənuluʒiə] *f.* oenology, enology.

enorgullir [ənurɣuʎí] *t.* to make proud. ■ 2 *p. enorgullir-se de,* to be proud of; to pride oneself on.

enorme [ənɔ́rmə] *a.* enormous, huge.

enormitat [ənurmitát] *f.* enormousness. 2 fig. enormity.

enquadernació [əŋkwəðərnəsió] *f.* binding: *taller d'~,* bookbinder's.

enquadernar [əŋkwəðərná] *t.* to bind [book].

enquadrar [əŋkwəðrá] *t.* to frame [picture]. 2 to fit into [team]. 3 PHOT. to centre [picture on screen].

enquesta [əŋkèstə] *f.* survey; opinion-poll.

enquitranar [əŋkitrəná] *t.* to tar over.

enrabiar [ənrrəβiá] *t.* to annoy; to upset. 2 to make angry, to enrage. ■ 3 *p.* to get annoyed. 4 to get angry.

enrajolar [ənrrəʒulá] *t.* CONSTR. to tile.

enramada [ənrrəmáðə] *f.* tangle or network of branches. 2 bower [in garden].

enrampar [ənrrəmpá] *t.* to cause cramp. 2 ELECTR. to give a shock to. ■ 3 *p.* to get cramp: *se m'ha enrampat el peu,* I've got cramp in my foot. 4 ELECTR. to get a shock.

enraonar [ənrrəuná] *i.* to talk, to chat. ■ 2 *t.* to discuss, to talk about *i.*

enraonat, -ada [ənrrəunàt, -áðə] *a.* reasonable.

enraonia [ənrrəuniə] *f.* talk, chatter; gossip.

enrarir [ənrrərí] *t.* to rarify, to get thinner [air].

enravenar [ənrrəβəná] *t.-p.* to stiffen. 2 *p.* to become stiff or rigid.

enredada [ənrrəðáðə] *f.* decepcion, trick.

enredar [ənrrəðá] *t.* to catch in a net, to net. 2 fig. to get in a mess or a jam. 3 to deceive, to trick.

enregistrar [ənrrəʒistrá] *t.* to register; to sign in. 2 to record [sound].

enreixar [ənrrəʃá] *t.* to put bars or a grille on. 2 to put a railing round.

enrenou [ənrrənɔ̆ŭ] *m.* bustle. 2 hubbub.

enrera [ənrrèrə] *adv.* See ENDARRERA.

enretirar [ənrrətirá] *t.-p.* to withdraw, to move away. 2 *t.* to pull back.

enrevessat, -ada [ənrrəβəsàt, -áðə] *a.* complex, complicated.

enribetar [ənrriβətá] *t.* SEW. to border.

Enric [ənrrik] *pr. n. m.* Henry.

enriolar-se [ənrriulársə] *p.* to burst into laughter.

enriquir [ənrriki] *t.* to make rich. ■ 2 *p.* to get or grow rich; to enrich oneself, to make oneself rich.

enrobustir [ənrruβusti] *t.* to make strong or robust. ■ 2 *p.* to grow strong or robust.

enrocar [ənrrukà] *i.* to castle [chess]. ■ 2 *t.* to snag [angling]. ■ 3 *p.* to pick one's way between the rocks.

enrogallar-se [ənrruɣəʎàrsə] *p.* to grow or become hoarse.

enrogir [ənrruʒi] *t.* to make blush. ■ *2 p.* to blush, to turn red [face].

enrojolament [ənrruʒuləmèn] *m.* blushing. 2 blush.

enrojolar-se [ənrruʒulàrsə] *p.* to blush.

enrolar [ənrrulà] *t.* to sign on, to enrol; to enlist.

enronquir [ənrrunki] *t.* to make hoarse. ■ *2 p.* to grow or become hoarse.

enroscar [ənrruskà] *t.* MECH. to screw.

enrotllar [ənrruʎʎà] *t.* to roll up. 2 to tie round.

enrunar [ənrrunà] *t.* to pull down, to demolish. ■ *2 p.* to fall down; to fall apart or to pieces [house, wall, etc.].

1) ens [əns] *pers. pron.* ~ **heu vist?,** did you see us?

2) ens [ɛns] *m.* being; entity.

ensabonar [ənsəβunà] *t.* to soap (up). 2 fig. coll. to flannel.

ensacar [ənsəkà] *t.* to put in a sack or bag.

ensaïmada [ənsəimàðə] *f.* ensaimada [a filled sweet pastry, typical of the Balearics].

ensalada [ənsəlàðə] (VAL.) See AMANIDA.

ensarronar [ənsərrunà] *t.* fig. to swindle, to trick, to deceive.

ensellar [ənsəʎà] *t.* to saddle.

ensems [ənsèms] *adv.* together. 2 at the same time, simultaneously.

ensenya [ənsèɲə] *f.* standard, ensign.

ensenyament [ənsəɲəmèn] *m.* teaching; instruction. 2 education. ‖ ~ **mitjà,** secondary school education.

ensenyança [ənsəɲànsə] *f.* teaching. 2 education.

ensenyar [ənsəɲà] *t.* to point out, to indicate. 2 to reveal, to show. 3 to teach; to instruct.

ensibornar [ənsiβurnà] *t.* to trick, to fool.

ensinistrar [ənsinistrà] *t.* to train [esp. animals].

ensonyat, -ada [ənsuɲàt, -àðə] *a.* sleepy, drowsy.

ensopegada [ənsupəɣàðə] *f.* slip, trip, stumble. 2 fig. slip, oversight, error.

ensopegar [ənsupəɣà] *i.* to trip, to stumble. ■ *2 t.* to come across *i.*, fig. to stumble on *i.*

ensopiment [ənsupimèn] *m.* sleepiness, drowsiness. 2 boredom, tedium.

ensopir [ənsupi] *t.* to make sleepy or drowsy; to send to sleep. ■ *2 p.* to become sleepy or drowsy.

ensordir [ənsurði] *t.* to deafen, to make deaf. ■ *2* to become deaf; to be deafened.

ensorrar [ənsurrà] *t.* to pull down. 2 to bury [in sand]. 3 fig. to shatter, to leave shattered [person]. 4 *p.* to collapse. 5 to sink [in sand]. 6 fig. to go to pieces.

ensotat, -ada [ənsutàt, -àðə] *a.* sunk; sunken [also fig.].

ensucrar [ənsukrà] *t.* to sweeten with sugar. 2 to cover with sugar.

ensulsiar-se [ənsulsiàrsə] *p.* to fall down; to fall to pieces; to collapse [buildings].

ensumar [ənsumà] *t.-i.* to sniff. 2 *t.* to smell.

ensurt [ənsúr(t)] *m.* start, shock; fright.

entabanar [əntəβənà] *t.* to trick, to hoodwink. 2 coll. to con.

entaforar [əntəfurà] *t.* to hide, to conceal.

entapissar [əntəpisà] *t.* to hang with tapestries. 2 to upholster.

entatxonar [əntətʃunà] *t.* to cram, to stuff. 2 to pack, to crowd (together). ■ *3 p.* to crowd.

entaular [əntəulà] *t.* to start or begin [conversation]. 2 LAW to file, to put in [application, claim, etc.]. ■ *3 p.* to sit down at the table.

entelar [əntəlà] *t.* to cover [sky]; to mist up or over [window].

entelèquia [əntəlèkiə] *f.* PHIL. entelechy. 2 pipe dream.

1) entendre [əntèndrə] *t.* to understand, to comprehend; to grasp. ■ *2 i.* to understand. 3 ~ *de,* to know about. ■ *4 p.* to come to an agreement or an understanding. 5 coll. to have an affair: *s'entén amb la filla del batlle,* he's having an affair with the mayor's daughter. 6 coll. *jo ja m'hi entenc,* I can manage (on my own). ▲ CONJUG. like *atendre.*

2) entendre [əntèndrə] *m.* understanding. ‖ *al meu* ~, to my way of thinking, the way I see it.

entendrir [əntəndri] *t.* fig. to soften [feelings]; to touch, to move. ■ *2 p.* fig. to soften.

entenedor, -ra [əntənəðò, -rə] *m.-f.* expert, knowledgeable person. ■ *2 a.* intelligible, understandable.

enteniment [əntənimèn] *m.* understanding, comprehension. 2 intellect; mind. ‖ *que t'has begut l'*~?, have you gone off your head?

entenimentat, -ada [əntəniməntàt, -àðə] *a.* sensible, prudent; wise.

enter, -ra [əntèr, -rə] *a.* complete, whole, entire. ■ *2 m.* MATH. whole number, integer.

enterbolir [əntərβulí] *t.* to make muddy; to make cloudy. *2* fig. to confuse [mind]. ■ *3 p.* to get muddy or cloudy. *4* fig. to get confused.

enterc, -ca [əntèrk, -kə] *a.* stiff, rigid. *2* fig. stubborn; unbending, uncompromising.

enteresa [əntərézə] *f.* self-possession. *2* integrity; honesty, decency.

enterrament [əntərrəmèn] *m.* burial.

enterramorts [əntèrrəmórs] *m.* gravedigger.

enterrar [əntərrá] *t.* to bury.

entès, -sa [əntès, -zə] *a.* expert; knowledgeable. ■ *2 f.* understanding, agreement; collaboration.

entestar [əntəstá] *t.* to tie or knot together. ■ *2 p.* to stick to [opinion].

entitat [əntitát] *f.* entity. *2* body, organization.

entollar [əntuʎá] *t.* to form pools or puddles [water].

entomologia [əntumuluʒíə] *f.* entomology.

entonació [əntunəsió] *f.* intonation.

entonar [əntuná] *t.* to intone; to give [note]. *2* MED. to tone up; to build up.

entorn [əntòrn] *m.* surroundings. ‖ **a l'~,** around. ■ *2 prep. phr.* **~ de,** around, round.

entortolligar [ənturtuʎiɣá] *t.* to wind. *2* to tangle (up) [string]. ■ *3 p.* to wind. *4* to get tangled (up).

entossudir-se [əntusuðírsə] *p.* to insist (*a,* on) or to persist (*a,* in) stubbornly or obstinately. *2* to refuse stubbornly or obstinately [in negative phrases]: *s'entossudeix a no fer-ho,* he stubbornly refuses to do it.

entrada [əntráðə] *f.* entry. *2* entrance; access. *3* fig. admittance; admission. *4* ticket [for function]. *5* COMM. downpayment; first instalment [in series of payments]. *6* headword, entry [in dictionary]. *7 d'~,* from the start or beginning.

entrant [əntrán] *a.* next, following, coming: *la setmana ~,* the following week. ■ *3 m.* COOK. first course. *4* GEOGR. inlet.

entranya [əntráɲə] *f. pl.* ANAT. insides *pl.* *2* fig. feelings *pl.* ‖ *un home sense entranyes,* a heartless man.

entrar [əntrá] *i.* to come or go in; to enter *t.* *2* to fit into; to get into: *l'anell no m'entra al dit,* the ring won't fit onto my finger. ‖ *aquests pantalons no m'entren,* I can't get into these trousers. *3* coll. to understand. ■ *4 t.* to bring or take in. *5* to smuggle in [contraband].

entre [èntrə] *prep.* between. *2* among; amid(st.

entreacte [əntreáktə] *m.* THEATR. interval; pause [between acts].

entrebanc [əntrəβáŋ] *m.* obstacle, hindrance [also fig.]. *2* fig. stumbling-block; difficulty, problem. ‖ *posar entrebancs a,* to place obstacles in the way of, to hinder.

entrebancar [əntrəβəŋká] *t.* to hinder [also fig.]; to get in the way of [also fig.]. ■ *2 p.* to stumble (*amb,* over, against), to trip (*amb,* over).

entrecella [əntrəsèʎə] *f.* the space between the eyebrows.

entrecot [əntrəkɔ̀t] *m.* entrecôte; steak.

entrecreuar-se [əntrəkrəwàrsə] *p.* to cross (each other), to intersect. *2* ZOOL. to interbreed.

entrecuix [əntrəkúʃ] *m.* ANAT. crotch. *2* SEW. gusset in the crotch.

entregirar-se [əntrəʒiràrsə] *p.* to halfturn. *2* fig. to get twisted: *se m'han entregirat les mitges,* my stockings have got twisted.

entrellaçar [əntrəʎəsá] *t.* to interlace. *2* to link together.

entrellat [əntrəʎát] *m.* fig. puzzle, complex mystery. ‖ *treure'n l'~,* to get to the bottom of.

entrelligar [əntrəʎiɣá] *t.* to tie or knot together.

entrellucar [əntrəʎuká] *t.* See ENTREVEURE.

entremaliat, -ada [əntrəməliát, -àðə] *a.* mischievous. *2* coll. naughty.

entremès [əntrəmès] *m.* COOK. hors d'oeuvre. *2* THEATR. short one-act play.

entremesclar [əntrəməsklá] *t.* to mix (together); to mingle.

entremetre's [əntrəmètrəs] *p.* to interfere; to meddle.

entremig [əntrəmit͡ʃ] *adv.* in the middle. *2* in the way [hindrance]. ■ *3 m.* interval [time]; distance between [space].

entrenador, -ra [əntrənəðò, -rə] *m.-f.* SP. trainer, coach.

entrenar [əntrənə́] t.-p. SP. to train.

entreobrir [əntrəußɾí] t. to half-open; to open slightly.

entrepà [əntrəpá] m. sandwich.

entreparent, -ta [ɛntrəpəɾèn, -tə] m.-f. distant relative.

entresol [əntrəsɔ́l] m. mezzanine floor.

entresuar [əntrəsuá] i. to sweat or perspire slightly.

entretant [əntrətán] adv. meanwhile, in the meantime.

entretela [əntrətέlə] f. lining [of clothes].

entretemps [əntrətèms] m. period between summer and winter, period between two seasons.

entretenir [əntrətəní] t. to delay, to hold up. 2 to entertain, to amuse. ■ 3 p. to spend or waste time. 4 to amuse oneself. ▲ CONJUG. like **abstenir-se**.

entreveure [əntrəβέũɾə] t. to discern, to make out, to distinguish. 2 to glimpse; to spot. 3 fig. to discern, to spot: ~ les intencions d'algú, to discern or spot someone's intentions. ▲ CONJUG. like **veure**.

entrevista [əntrəβístə] f. interview.

entrevistar [əntrəβistá] t. to interview. ■ 2 p. to have a talk or talks; to interview.

entristir [əntristí] t.-p. to sadden, to grieve. 2 p. to become sad.

entroncar [əntruŋká] t.-i. to connect, to join (together).

entronitzar [əntrunidzá] t. to enthrone.

entropessar [əntrupəsá] i. See ENSOPEGAR.

entumir [əntumí] t. to numb. ■ 2 p. to go numb.

entusiasmar [əntuziəzmá] t. to excite, to fire, to inspire; to make enthusiastic. ■ 2 p. to get excited; to get enthusiastic.

entusiasme [əntuziázmə] m. enthusiasm, excitement.

entusiasta [əntuziástə] a. enthusiastic; excited. ■ 2 m.-f. follower; admirer. 3 coll. fan.

enuig [ənútʃ] m. anger. 2 annoyance.

enumeració [ənuməɾəsió] f. listing; enumeration.

enumerar [ənuməɾá] t. to list; to enumerate.

enunciar [ənunsiá] t. to express, to state; to declare.

enunciat [ənunsiát] m. MATH. terms.

enutjar [ənudʒá] t. to anger. 2 to annoy. ■ 3 p. to get angry. 4 to get annoyed.

envà [əmbá] m. partition wall.

envair [əmbəí] t. to invade.

envanir [əmbəní] t. to make vain or conceited. ■ 2 p. to become haughty or lofty.

envàs [əmbás] m. packaging. 2 container; tin, can; bottle; jar.

envasar [əmbəzá] t. to package; to bottle; to tin, to can.

enveja [əmbέʒə] f. envy. ‖ tenir ~ de, to envy t.

envejar [əmbəʒá] t. to envy.

envellir [əmbəʎí] t. to make old, to age. ■ 2 i.-p. to grow old; to put on years.

envergadura [əmbərɣəðúɾə] f. wingspan [of bird, plane]. 2 extent; scale [also fig.]. 3 fig. scope; magnitude.

enverinament [əmbəɾinəmèn] m. poisoning.

enverinar [əmbəɾiná] t. to poison. 2 fig. to embitter.

envermellir [əmbərməʎí] t. to redden. ■ 2 p. to blush.

envernissar [əmbərnisá] t. to varnish.

envers [əmbὲrs] prep. towards; for.

envestir [əmbəstí] t. to attack, to assault. 2 to charge [esp. animals]. 3 to undertake, to set about.

enviar [əmbiá] t. to send; to dispatch. ■ 2 p. to swallow (down).

enviduar [əmbiðuá] i. to become a widow or widower.

envigorir [əmbiɣuɾí] t. to strengthen, to make strong or robust; to build up [someone's strength].

enviliment [əmbilimèn] m. degradation, debasement.

envilir [əmbilí] t. to degrade, to debase. ■ 2 p. to degrade oneself; to lower oneself.

envisar-se [əmbizársə] (ROSS.) See ADONAR-SE.

envistes [embístəs] prep. phr. a les ~ de, in sight of.

envit [əmbít] m. call for bids, invitation to bid. 2 stake; bid.

envolar-se [əmbulársə] p. AER. to take off.

envoltant [əmbultán] a. surrounding.

envoltar [əmbultá] t.-p. to surround.

enxampar [ənʃəmpá] t. to trap, to catch. 2 fig. to catch out.

enxampurrat, -ada [ənʃəmpurrát, -áðə] a. parlar ~, to speak badly or imperfectly.

enxarxar [ənʃərʃá] t. to net, to catch in the net. ■ 2 fig. to catch, to trap.

enxiquir [ənʃiki] *t.* See EMPETITIR.

enxubat, -ada [ənʃuβát, -áðə] *a.* stuffy; airless [room].

enyorança [əɲuránsə] *f.* longing, yearning; nostalgia.

enyorar [əɲurá] *t.* to long or yearn for; to miss. ■ *2 p.* to be filled with nostalgia. 3 to feel or be homesick.

enze [ɛ́nzə] *m.* decoy, lure [animal in hunting]. 2 fig. coll. thickhead.

ep! [ep] *interj.* hey!

èpic, -ca [ɛ́pik, -kə] *a.-f.* epic.

epicuri, -úria [əpikúri, -úriə] *a.* Epicurean. ■ *2 m.-f.* epicure.

epidèmia [əpiðɛ́miə] *f.* epidemic.

epidermis [əpiðɛ́rmis] *f.* ANAT. epidermis.

epifania [əpifániə] *f.* Epiphany.

epiglotis [əpiɣlɔ́tis] *f.* ANAT. epiglottis.

epígraf [əpíɣrəf] *m.* caption; heading.

epigrama [əpiɣrámə] *m.* LIT. epigram.

epíleg [əpílək] *m.* epilogue.

epilèpsia [əpilɛ́psiə] *f.* MED. epilepsy.

epilèptic, -ca [əpilɛ́ptik, -kə] *a., m.-f.* epileptic.

episcopal [əpiskupál] *a.* episcopal.

episodi [əpizɔ́ði] *m.* episode.

epístola [əpístulə] *f.* epistle; letter.

epistolari [əpistulári] *m.* collected letters.

epitafi [əpitáfi] *m.* epitaph.

epiteli [əpitɛ́li] *m.* BOT. epithelium.

epítet [əpitet] *m.* epithet.

epítom [əpitum] *m.* LIT. summary; abridgement; abstract.

època [ɛ́pukə] *f.* age; time; epoch. 2 time, period. 3 fig. *fer ~,* to be a landmark [in history].

epopeia [əpupɛ́jə] *f.* epic [also fig.].

equació [əkwəsió] *f.* MATH. equation.

equador [əkwəðó] *m.* equator.

equànime [əkwànimə] *a.* equanimous; unruffled, calm, serene.

equatorial [əkwəturiál] *a.* equatorial.

eqüestre [əkwɛ́strə] *a.* equestrian.

equí, -ina [əki, -inə] *a.* ZOOL. equine.

equidistar [əkiðistá] *i.* to be equidistant, to be equal in distance from each other.

equilàter, -ra [əkilátər, -rə] *a.* equilateral.

equilibrar [əkiliβrá] *t.* to balance; to equilibrate [also fig.].

equilibri [əkiliβri] *m.* equilibrium; balance. ‖ *fer equilibris,* to totter. ‖ *perdre l'~,* to lose one's balance.

equilibrista [əkiliβristə] *m.-f.* tightrope walker. 2 acrobat.

equinocci [əkinɔ́ksi] *m.* equinox.

equip [əkip] *m.* equipment; tools *pl.* 2 SP. team: *~ visitant,* visiting team, visitors *pl.*

equipament [əkipəmèn] *m.* equipping [act]. 2 equipment. 3 facilities *pl;* amenities *pl.*

equipar [əkipá] *t.* to equip.

equiparar [əkipərá] *t.* to compare; to put on the same level.

equipatge [əkipádʒə] *m.* luggage, baggage.

equitació [əkitəsió] *f.* SP. horse-riding.

equitat [əkitát] *f.* justice, equity; fairness, impartiality.

equitatiu, -iva [əkitətiu, -iβə] *a.* equitable; fair; just.

equivalència [əkiβələnsiə] *m.* equivalence.

equivalent [əkiβələn] *a.-m.* equivalent.

equivaler [əkiβəlɛ́] *i.* to be equal; to be equivalent [also fig.]. ▲ CONJUG. like *valer.*

equívoc, -ca [əkiβuk, -kə] *a.* wrong, mistaken, erroneous. ■ *2 m.* mistake, error.

equivocació [əkiβukəsió] *f.* mistake, error: *per ~,* by mistake or error.

equivocar [əkiβuká] *t.* to mistake. ■ *2 p.* to make a mistake.

era [ɛ́rə] *f.* era, age. 2 AGR. threshing-floor.

erari [ərári] *m.* Treasury; Exchequer.

erecció [ərəksió] *f.* PHYSIOL. erection. 2 erection, building.

eremita [ərəmitə] *m.* hermit.

eriçar [ərisá] *t.-p.* to bristle (up).

eriçó [ərisó] *m.* ZOOL. hedgehog. ‖ *~ de mar,* sea-urchin.

erigir [əriʒi] *t.* to erect; to build. ■ *2 p.* to be erected; to be built.

erisipela [ərizipɛ́lə] *f.* MED. erysipelas.

erm, -ma [ɛ́rm, -mə] *a.* deserted, empty; desolate. ■ *2 m.* waste-land.

ermàs [ərmás] *m.* waste-land; desolate patch; moorland.

ermini [ərmini] *m.* ZOOL. stoat.

ermita [ərmitə] *f.* hermitage.

ermità, -ana [ərmità, -ánə] *a., m.-f.* hermit. 2 *a.* of a hermit, hermit's.

Ernest [ərnès] *pr. n. m.* Ernest.

erosió [əruziò] *f.* erosion, eroding.

erosionar [əruziunà] *t.-p.* to erode (away).

eròtic, -ca [əròtik, -kə] *a.* erotic.

erra [ɛ̀rrə] *f.* ant. error, mistake. 2 (the letter) R.

errada [ərràðə] *f.* error, mistake.

errant [ərràn] *m.* wandering; roving. 2 HIST. errant.

errar [ərrà] *i.* to wander; to rove. ■ 2 *t.* to miss [target]. 3 to mistake; to get wrong.

errata [ərràtə] *f.* PRINT. misprint, erratum.

erràtic, -ca [ərràtik, -kə] *a.* erratic.

erroni, -ònia [ərròni, -òniə] *a.* mistaken, erroneous; wrong.

error [ərròr] *m.* mistake, error.

eructar [əruktà] *i.* to belch.

erudició [əruðisiò] *f.* learning, erudition.

erudit, -ta [əruðit, -tə] *a.* learned, erudite. ■ 2 *m.-f.* scholar.

eruga [ərύɣə] *f.* ENT. caterpillar.

erupció [ərupsiò] *f.* GEOL. eruption. 2 MED. rash.

eruptiu, -iva [əruptiὐ, -iβə] *a.* eruptive.

es [əs] *art.* (BAL.) See EL.

es [əs] *refl. pron.* ~ *fa un cafè,* she's making herself a coffee; *mai no* ~ *dutxa,* he never has a shower. ■ 2 *impers. pron.: no se sent res,* it's absolutely silent; *es parla català,* Catalan spoken. ▲ es, 's, s', se.

esbadellar-se [əzβəðəʎàrsə] to flower, to open [flower].

esbalair [əsβəlai] *t.* to amaze, to astonish, to astound. ■ 2 *p.* to be amazed; to be astonished, to be astounded.

esbaldida [əzβəldiðə] *f.* See ESBANDIDA.

esbaldir [əzβəldi] *t.* See ESBANDIR.

esbandida [əzβəndiðə] *f.* rinse, rinsing.

esbandir [əzβəndi] *t.* to rinse.

esbargir [əzβərʒi] *t.* to spread; to scatter. ■ 2 *p.* to have fun; to amuse oneself.

esbarjo [əzβàrʒu] *m.* recreation; play. 2 play-time [schools].

esbart [əzβár(t)] *m.* group; pack [animals]; flight [birds]. 2 THEATR. troop, company, group: ~ *dansaire,* folk dance company or group.

esbarzer [əzβərzὲ] *m.* BOT. bramble. 2 blackberry bush.

esbatussar-se [əzβətusàrsə] *p.* to fight.

esberlar [əzβərlà] *t.* to split, to cleave. 2 to crack (open). ■ 3 *p.* to split. 4 to crack (open).

esbirro [əzβirru] *m.* HIST. constable; bailiff. 2 paid assassin. 3 ruffian; henchman.

esblaimar-se [əzβləimàrsə] *p.* to go pale; to go white [face].

esblanqueir-se [əzβləŋkəirsə] *p.* to lose colour; to become discoloured. 2 to go pale.

esbocinar [əzβusinà] *t.* to tear to pieces or shreds; to break into pieces.

esbojarrat, -ada [əzβuʒərràt, -àðə] *a.* crazy, mad, wild.

esbombar [əzβumbà] *t.* to spread, to broadcast; to publicize. ■ 2 *p.* to be spread, to be broadcasted; to be publicized.

esborrador [əzβurràðò] *m.* blackboard duster.

esborrany [əzβurràɲ] *m.* rough draft or copy; first or preliminary draft.

esborrar [əzβurrà] *t.* to erase, to rub out. ■ 2 *p.* to become erased.

esborronar [əzβurrunà] *t.* to horrify, to make one's hair stand on end.

esbós [əzβós] *m.* sketch. 2 outline.

esbossar [əzβusà] *t.* to sketch.

esbotifarrar [əzβutifərrà] *t.* to burst; to split open.

esbotzar [əzβudzà] *t.* to burst, to smash; to break open.

esbrancar [əzβrəŋkà] *t.* to strip or break off the branches of.

esbravar-se [əzβrəβàrsə] to go flat [drink]. 2 fig. to let oneself go, to relieve one's feelings.

esbrinar [əzβrinà] *t.* fig. to find out, to discover, to ascertain, to establish.

esbronc [əzβròn] *m.* telling-off, ticking-off, reprimand; warning.

esbroncar [əzβruŋkà] *t.* to tell off, to tick off, to reprimand.

esbrossar [əzβrusà] *t.* to clear [undergrowth].

esbudellar [əzβuðəʎà] *t.* to disembowel.

esbufegar [əzβufəɣà] *i.* to gasp. 2 to wheeze; to puff; to pant.

esbufec [əzβufέk] *m.* gasp. 2 wheeze; puff; panting.

esbullar [əzβuʎʎà] *t.* to dishevel, to tousle [hair].

esca [ɛ̀skə] *f.* tinder. 2 fig. incentive, spur; cause.

escabellar [əskəβəʎà] *t.* to rumple, to dishevel [hair].

escabetx [əskəβὲtʃ] *m.* COOK. pickle, marinade.

escabetxar [əskəβətʃá] *t.* to picke, to marinade. 2 coll. to do in, to kill.

escabrós, -osa [əskəβrós, -ózə] *a.* rough, broken [terrain]. 2 fig. risky, dangerous. 3 fig. indecent; dirty, blue [film].

escacs [əskáks] *m. pl.* chess *sing.* ‖ *escac i mat,* check-mate.

escadusser, -ra [əskəðusè, -rə] *a.* odd; left-over.

escafandre [əskəfándrə] *m.* diving-suit and equipment.

escagarrinar-se [əskəγərrinàrsə] *p.* vulg, to shit oneself [with fright]. 2 fig. coll. to be scared stiff.

escaient [əskəjèn] *a.* suitable, becoming.

escaig [əskátʃ] *m.* bit: *quatre quilòmetres i ~,* four kilometers and a bit.

escaiola [əskəjólə] *f.* BOT. canary grass. 2 MED. plaster cast.

escaire [əskáïrə] *m.* (carpenters) square. 2 bracket.

escala [əskálə] *f.* stairs *pl.*; staircase. 2 ladder. ‖ *~ de mà,* steps *pl.*; *~ mecànica,* elevator, moving staircase; *~ d'incendis,* fire escape. 3 scale; *a gran ~,* on a large scale.

escalada [əskəláðə] *f.* SP. climbing. 2 escalation, increase.

escalador, -ra [əskələðó, -rə] *m. f.* climber.

escalafó [əskələfó] *m.* scale; table; salary list.

escalar [əskəlá] *t.* to climb; to scale [also fig.].

escaldar [əskəldà] *t.* to burn, to scald. 2 to rub, to chafe. ■ *3 p.* to get burnt or scalded.

escalf [əskálf] *m.* heat; warmth [also fig.].

escalfabraguetes [əskálfəβrəγétəs] *f.* coll. prickteaser.

escalfador, -ra [əskálfəðó] *a.* heating. ■ *2 m.* heater. 3 *pl.* leg warmers.

escalfament [əskálfəmèn] *m.* SP. warming up; loosening up.

escalfapanxes [əskálfəpànʃəs] *m.* fireplace.

escalfar [əskálfá] *t.-p.* to warm (up), to heat (up). 2 *t.* fig. to fire; to excite. 3 fig. to thrash, to give a hiding or thrashing to: *ja t'escalfaré,* I'll give you a right hiding. ■ *4 p.* fig. to get heated [discussion].

escalfor [əskəlfó] *f.* warmth; heat [also fig.].

escalinata [əskəlinàtə] *f.* flight of steps.

escaló [əskəló] See ESGLAÓ.

escalpel [əskəlpèl] *m.* scalpel.

escama [əskámə] *f.* scale.

escamarlà [əskəmərlá] *m.* ZOOL. Norway lobster, Dublin Bay prawn.

escamot [əskəmɔt] *m.* group, band. 2 MIL. squad; unit. 3 flock; herd [animals].

escamotejar [əskəmutəʒá] *t.* to make disappear or vanish. 2 to whisk (away) [out of sight].

escampadissa [əskəmpəðisə] *f.* scattering, spreading; dispersal.

escampall [əskəmpáʎ] *m.* See ESCAMPA-DISSA.

escampar [əskəmmpá] *t.-p.* to scatter, to spread; to disperse.

escampillar [əskəmpiʎá] (ROSS.) See ES-CAMPAR.

escandalitzar [əeskəndəlidzá] *t.* to shock, to scandalize. ■ *2 p.* to be shocked or scandalized.

escandall [əskəndáʎ] *m.* COMM. pricing [by sample]: *fer ~,* to sample. 2 MAR. lead.

escandalós, -osa [əskəndəlòs, -ózə] *a.* shocking, scandalous.

escandinau, -va [əskəndináu, -βə] *a., m.-f.* Scandinavian.

Escandinàvia [əskəndináβiə] *pr. n. f.* GEOGR. Scandinavia.

escàndol [əskándul] *m.* scandal: *l'~ de la venda d'armes a l'Iran,* the arms sales to Iran scandal. 2 hubbub, hullabaloo.

escantellar [əskəntəʎá] *t.* to chip, to break (off) the edge or corner of.

escantonar [əskəntuná] See ESCANTE-LLAR.

escanyapobres [əskəɲəpóβrəs] *m.-f.* coll. usurer.

escanyar [əskəɲá] *t.* to strangle, to throttle. 2 to make narrow. 3 to squeeze.

escanyolit, -ida [əskəɲulit, -iðə] *a.* weak, sickly, emaciated.

escapada [əskəpàðə] *f.* escape, flight. 2 brief or flying visit: *fer una ~,* to make a flying visit. 3 SP. break.

escapar [əskəpà] *i.-p.* to escape; to flee; to run away.

escapatòria [əskəpətòriə] *f.* subterfuge. 2 excuse.

escapçar [əskəpsá] *t.* to behead. 2 to cut off or remove the head or top or tip of. 3 GAME to cut [cards].

escapolir-se [əskəpulirsə] *p.* coll. to get away. 2 to escape, to flee.

escàpula [əskàpulə] *f.* ANAT. scapula, shoulder blade.

escaquista [əskəkistə] *m.-f.* chess player.

escarabat [əskərəβàt] *m.* ENT. beetle.

escarafalls [əskərəfàʎs] *m. pl.* coll. fuss *sing.*

escaramussa [əskərəmúsə] *f.* skirmish.

escarapel·la [əskərəpèllə] *f.* rosette; badge; cockade.

escarceller [əskərsəʎè] *m. See* CARCELLER.

escardalenc, -ca [əskərðəlèŋ, -kə] *a.* skin and bones; withered, dried up [person].

escarlata [əskərlàtə] *a.-f.* scarlet.

escarlatina [əskərlàtinə] *f.* scarlet fever.

escarment [əskərmèn] *m.* learning of lesson; warning.

escarmentar [əskərməntà] *t.* to teach a lesson. ■ 2 *i.* to take to heart; to learn one's lesson.

escarmussar [əskərmusà] *t.* (ROSS.) See ESCARMENTAR.

escarni [əskárni] *m.* taunt; jibe, ridicule.

escarnir [əskárni] *t.* to ridicule, to mock. 2 to ape.

escarola [əskərɔ̀lə] *f.* BOT. curly endive.

escarpat, -ada [əskərpàt, -àðə] *a.* steep; sheer.

escarpra [əskárprə] *f.* cold chisel.

escarransit, -ida [əskərrənsit, -iðə] *a.* mean. 2 weak, sickly. 3 puny; undersized.

escarrassar-se [əskərrəsàrsə] *p.* to strive; to do one's utmost, to make every effort.

escartejar [əskərtəʒà] *t.* to turn over [pages]. 2 to shuffle [cards].

escarxofa [əskərʃɔ̀fə] *f. See* CARXOFA.

escàs, -assa [əskàs, -àsə] *a.* scarce, rare; short: *anar ~ de diners,* to be short of money.

escassejar [əskəsəʒà] *i.* to be scarce or rare. ■ 2 *t.* to be sparing with, to skimp.

escata [əskàtə] *f.* ICHTHY. scale. 2 flake.

escatar [əskàtə] *t.* to scale [fish]. 2 to strip; to scrape.

escatimar [əskətimà] *t.* to skimp, to scrimp, to stint.

escatiment [əskətimèn] *m.* ascertaining, finding out; discovery. 2 BOT. pruning.

escatir [əskàti] *t.* BOT. to prune. 2 to ascertain, to find out, to discover.

escatologia [əskətuluʒíə] *f.* eschatology.

escaure [əskàŭrə] *i.* to suit *t.* to befit. *t.* 2 to suit *t.* to look well on [clothes]. ■ 3 *p.*

to happen to. 4 to happen, to occur. ▲ CONJUG. like *caure.*

escena [əsɛ̀nə] *f.* scene [also fig.]. 2 THEATR. stage. ‖ *posar en ~,* to put on stage. 3 THEATR. *scene; scenery.*

escenari [əsənàri] *m.* THEAT. stage; scenery. 2 fig. scene: *~ dels fets,* scene of the action.

escenografia [əsənuɣrəfíə] *f.* scenography.

escèptic, -ca [əsɛ̀ptik, -kə] *a.* sceptical. ■ 2 *m.-f.* sceptic.

escepticisme [əsəptisizmə] *m.* scepticism.

escissió [əsisió] *f.* split, division [also fig.]. 2 MED. excision, extirpation.

esclafar [əsklafà] *t.* to flatten, to squash. 2 to break (open) [eggs, nuts, etc.]. 3 coll. to flatten [enemy]. ■ 4 *p.* to break, to get broken. 5 to get flattened or squashed.

esclafir [əsklafi] *t.-i.* to snap; to crack; to crunch. 2 *i.* to crash. ‖ fig. *~ a riure,* to burst into laughter, to burst out laughing.

esclafit [əsklafit] *m.* snap; crack; report [gun-shot]; crash or clap.

esclarir [əsklàri] *t.* to comb straight; to smooth [hair]. 2 fig. to unravel, to get to the bottom of.

esclarissat, -ada [əsklərisàt, -àðə] *a.* thin [hair]. 2 sparse [undergrowth].

esclat [əsklàt] *m.* explosion, crash; clap. ‖ *~ sònic,* sonic boom. 2 fig. outbreak [hostilities].

esclatar [əsklàtà] *i.* to explode, to burst. 2 fig. to break out. 3 *~ a,* to burst into. 4 to open (up) [flowers].

esclau, -ava [əsklàŭ, -àβə] *m.-f.* slave.

esclavatge [əskləβàdʒə] *m. See* ESCLAVITUD.

esclavitud [əskləβitút] *f.* slavery.

esclavitzar [əskləβidzà] *t.* to enslave.

esclerosi [əsklərɔ̀zi] *f.* MED. sclerosis.

escleròtica [əsklərɔ̀tikə] *f.* ANAT. sclera.

escletxa [əsklètʃə] *f.* crack, opening. 2 GEOGR. fissure.

esclop [əsklɔ̀p] *m.* wooden clog or shoe.

escó [əskó] *m.* bench. 2 seat [in parliament].

escocès, -esa [əskusɛ̀s, -ɛ̀zə] *a.* Scottish. ■ 2 *m.-f.* Scot. 3 *m.* Scotsman. 4 *f.* Scotswoman.

Escòcia [əskɔ̀siə] *pr. n. f.* GEOGR. Scotland.

escodrinyar [əskuðriɲá] *t.* to scrutinize, to examine carefully.

escofir [əskufi] *t.* (ROSS.) coll. *estar escofit,* to be broke.

escola [əskɔ́lə] *f.* school. 2 PHIL. school. ‖ *fer ~,* to have followers or imitators.

escolar [əskulá] *a., m.-f.* school: *edat ~,* school age. ■ 2 *m.* school-boy. 3 *f.* school-girl. 4 *pl.* school-children.

escolarització [əskuləridʒəsió] *f.* schooling, school education.

escolar-se [əskulársə] *p.* to leak [container]. 2 to bleed to death; to lose a lot of blood. 3 fig. to slip away [time; person].

escolàstic, -ca [əskulástik, -kə] *a., m.-f.* scholastic.

escollir [əskuʎi] *t.* to choose, to pick (out), to select. ▲ CONJUG. INDIC. Pres.: *escull o esculleix.*

escolopendra [əskulupéndrə] *f.* ZOOL. centipede, scolopendrid.

escolta [əskɔ́ltə] *f.* listening. ‖ *escoltes telefòniques,* phone-tapping. 2 eavesdropping. ■ 3 *m.* scout. 4 *f.* girl-guide.

escoltar [əskultá] *t.* to listen to *i.*

escoltisme [əskultismə] *m.* scouting [boys]. 2 girl guides [girls].

escombra [əskómbrə] *f.* broom.

escombrar [əskumbrá] *t.* to sweep [also fig.].

escombraries [əskumbrəriəs] *f. pl.* rubbish, refuse, (USA) garbage.

escombriaire [əskumbriáïrə] *m.* dustman.

escomesa [əskumézə] *f.* taking-on. 2 attack, assault; charge.

escometre [əskumétrə] *t.* to take on. 2 to attack; to charge. ▲ CONJUG. P. P.: *escomès.*

escon [əskón] See ESCÓ.

escopeta [əskupétə] *f.* shotgun. ‖ *~ d'aire comprimit,* air-gun.

escopidora [əskupiðórə] *f.* spittoon.

escopinada [əskupináðə] *f.* spit.

escopinya [əskupiɲə] *f.* ZOOL. clam; cockle.

escopir [əskupi] *i.* to spit. ‖ fig. *~ a la cara d'algú,* to despise, to treat with utter contempt. ■ 2 *t.* to spit at *i.*

escorbut [əskurβút] *m.* MED. scurvy.

escorç [əskórs] *m.* foreshortening [sculpture, art].

escorça [əskórsə] *f.* BOT. bark [of tree]; rind [of fruit]. 2 fig. surface [outward appearance]. 3 GEOL. *~ terrestre,* outer crust.

escorcoll [əskurkóʎ] *m.* search; frisking.

escorcollar [əskurkuʎá] *t.* to search; to frisk. 2 to scrutinize.

escòria [əskɔ́riə] *f.* slag; rubbish. 2 fig. scum, dregs.

escorpí [əskurpi] *m.* ZOOL. scorpion. 2 ASTROL. Scorpio.

escorredor, -ra [əskurrəðó, -rə] *a.* slip: *nus ~,* slipknot. ■ 2 *m.* draining board. 3 *f.* colander.

escorredís, -issa [əskurrəðis, -isə] *a.* slippery; difficult to hold.

escorreplats [əskɔrrəpláts] *m.* plate-rack.

escórrer [əskórrə] *t.* to drain, to let drain or dry. 2 to wring [clothes]. 3 to undo [woollen garment]. ▲ CONJUG. like *córrer.*

escorrialles [əskurriáʎəs] *f. pl.* dregs, last drops; remnants [also fig.].

escorta [əskɔ́rtə] *f.* escort.

escortar [əskurtá] *t.* to escort; to accompany. 2 MIL. to escort.

escorxador, -ra [əskurʃəðó, -rə] *m.-f.* skinner [animals]. 2 bark-stripper. 3 abattoir, (USA) slaughter house.

escorxar [əskurʃá] *t.* to skin [animals]. 2 to strip [bark].

escot [əskɔ́t] *m.* low neck [clothes].

escota [əskɔ́tə] *f.* MAR. sheet.

escotat [əskutát] *a.* low neck [clothes].

escotilla [əskutiʎə] *f.* MAR. hatch.

escotilló [əskutiʎó] *m.* MAR. poop hatch. 2 THEATR. trap door.

escreix [əskréʃ] *m.* ampleness, abundance. 2 excess. 3 *amb ~,* amply.

escriba [əskriβə] *m.* scribe, clerk.

escridassar [əskriðəsá] *t.* to boo. 2 to shout or scream at.

escriptor, -ra [əskriptó, -rə] *m.-f.* writer, author.

escriptori [əskriptɔ́ri] *m.* desk, writing desk. 2 office; clerks' room.

escriptura [əskriptúrə] *f.* writing, handwriting, script. 2 LAW deed.

escripturar [əskripturá] *t.* LAW to draw up in legal form, to formalize legally.

escrit [əskrit] *m.* writing. 2 missive, formal letter; letter.

escriure [əskriúrə] *t.* to write. ‖ *~ a màquina,* to type. ‖ *~ a mà,* to write (out) (in long hand). 2 *p.* to spell: *com s'escriu?,* how do you spell it? ▲ CONJUG. GER.: *escrivint.* ‖ P. P.: *escrit.* ‖ INDIC. Pres.: *escric.* ‖ SUBJ. Pres.: *escrigui,* etc. ‖ Imperf.: *escrivís,* etc.

escrivà [əskriβá] *m.* LAW clerk of the court.

escrivania [əskriβəniə] *f.* LAW office of notary. 2 LAW notary's office or room. 3 inkstand.

escrivent [əskriβèn] *m.* copyist; clerk.

escròfula [əskrɔ́fulə] *f.* MED. scrofula.

escrostonar [əskrustuná] *t.* to chip. ■ 2 *p.* to get chipped. 3 to flake off.

escruixir [əskruʃí] *t.* to affect adversely; to weaken; to damage. 2 to tremble, to quake. ■ 3 *p.* to be weakened, to be damaged. 4 fig. to suffer, to be grieved: *m'escruixeixo de veure com llencen el menjar,* it grieves me to see how they waste food.

escrúpol [əskrúpul] *m.* scruple. 2 fig. scruple, hesitation.

escrutar [əskrutá] *t.* to scrutinize; to check or go into thoroughly. 2 ~ *vots,* to count (up) votes.

escrutini [əskrutini] *m.* scrutiny; thorough check or investigation. 2 counting (up) [of votes].

escuar [əskuá] *t.* to dock.

escudella [əskuðéʎə] *f.* broth, thick soup. 2 bowl, basin.

escuder [əskuðé] *m.* HIST. esquire. 2 page.

escull [əskúʎ] *m.* reef. 2 fig. pitfall.

escullera [əskuʎérə] *f.* MAR. breakwater.

esculpir [əskulpí] *t.* to sculpt, to sculpture, to carve. 2 to cut, to engrave.

escultor, -ra [əskultó, -rə] *m.* sculptor. 2 *f.* sculptress.

escultura [əskultúrə] *f.* sculpture, carving [in stone].

escuma [əskúmə] *f.* foam; froth. 2 scum [also fig.].

escumadora [əskuməðòrə] *f.* COOK. skimmer.

escumejar [əskuməʒá] *i.* to froth; to foam.

escumós, -osa [əskumós, -ózə] *a.* frothy; foamy. ■ 2 *m.* sparkling wine.

escurabutxaques [əskuraβutʃákəs] *m* pickpocket. 2 *f.* coll. *màquina ~,* one-armed bandit, fruit machine.

escuradents [əskuraðèns] *m.* toothpick.

escurapeus [əskurapéus] *m. pl.* shoe scraper.

escurar [əskurá] *t.* to scrape clean [plate]; to clean. 2 fig. coll. to clean (out); *estar escurat,* to be cleaned out, to be broke.

escuraungles [əskuraúnɡləs] *m.* nailcleaner.

escura-xemeneies [əskurəʃəmənéʝəs] *m.* chimney-sweep.

escurçar [əskursá] *t.* to shorten. 2 to cut short. ■ 3 to shrink.

escurçó [əskursó] *m.* ZOOL. viper, adder. 2 fig. viper. ‖ *llengua d'~,* poison tongue.

escut [əskút] *m.* shield. ‖ *~ d'armes,* coat-of-arms. 2 fig. protection; shelter.

esdentegat, -ada [əzðəntəɡát, -áðə] *a.* toothless.

esdevenidor, -ra [əzðəβəniðò, -rə] *a.* coming, future. ■ 2 *m.* the future.

esdeveniment [əsðəβənimèn] *m.* happening, event, occurrence.

esdevenir [əzðəβəni] *i.* to become. ■ 2 *p.* to happen, to occur, to take place. ▲ CONJUG. like *abstenir-se.*

esfera [əsfèrə] *f.* sphere [also fig.]. 2 scope.

esfereir [əsfərəi] *t.* to terrify, to horrify, to fill with terror or horror. ■ 2 *p.* to become horrified.

esfèric, -ca [əsfèrik, -kə] *a.* GEOM. spherical.

esfilagarsar [əsfiləɣarsá] *t.* to pull threads from. ■ 2 *p.* to fray, to get frayed.

esfínter [əsfintər] *m.* ANAT. sphincter.

esfinx [əsfiɲʃ] *m.-f.* MYTH. sphinx.

esfondrar [əsfundrá] *t.* to sink. 2 to demolish, to pull down. ■ 3 *p.* to collapse.

esforç [əsfɔ́rs] *m.* effort; attempt; striving.

esforçar-se [əsfursàrsə] *p.* to try (hard) to; to strive to; to make an effort to. 2 to apply oneself to.

esfullar [əsfuʎá] *t.* to remove the leaves of; to defoliate. ■ 2 *p.* to lose its leaves, to become bare [tree].

esfumar [əsfumá] *t.* to tone down, to soften. ■ 2 *p.* to vanish, to disappear.

esgargamellar-se [əzɣərɣəməʎàrsə] *p.* to shout oneself hoarse.

esgarip [əzɣərip] *m.* scream; yell; howl.

esgarrapada [əzɣərrəpáðə] *f.* scratch (ing), scrape, scraping. 2 fig. coll. *he sopat amb una ~,* I rushed my dinner.

esgarrapar [əzɣərrəpá] *t.* to scratch; to scrape. 2 fig. to get together [money illegally].

esgarriacries [əzɣərriəkriəs] *m.-f.* wet-blanket.

esgarriar [əzɣərriá] *t.* to mislead. ■ 2 *p.* to lose one's way.

esgarrifança [əzɣərrifánsə] *f.* shiver; shudder.

esgarrifar [əzɣərrifá] *t.* to frighten, to scare; to make shiver. *2* to tremble; to thrill. ■ *3 p.* to get frightened or scared; to shiver, to shudder.

esgarrinxada [əzɣərrinʃáðə] *f.* scratch.

esgarrinxar [əzɣərrinʃá] *t.* to scratch. ■ *2 p.* to get scratched.

esglai [əzɣlái] *m.* fright; start; fear; terror.

esglaiar [əzɣləjá] *t.* to fighten, to horrify. ■ *2 p.* to get fightened; to be shocked.

esglaó [əzɣláó] *m.* step, stair.

església [əzɣlézíə] *f.* church.

esgotament [əzɣutəmén] *m.* exhaustion. *2* using up; depletion.

esgotar [əzɣutá] *t.* to exhaust. *2* to empty, to drain. *3* to use up, to exhaust. ■ *4 p.* to be used up. *5* to wear oneself out.

esgranar [əzɣrəná] *t.* to thresh [cereal crops]; to pick off [grapes]; to shell [peas, beans, etc.].

esgrima [əzɣrimə] *f.* SP. fencing.

esgrimir [əzɣrimí] *t.* to brandish [also fig.]; to wield.

esguard [əzɣwár(t)] *m.* look. *2* consideration, respect; regard.

esguardar [əzɣwərðá] *t.* to look at. *2* to consider, to bear in mind, to take into account.

esguerrar [əzɣərrá] *t.* to cripple, to maim. *2* to waste, to spoil, to ruin.

esguerrat, -ada [əzɣərrát, -áðə] *a.* ruined, spoiled. *2* maimed; crippled, disabled. ■ *3 m.-f.* cripple, disabled person.

esguerro [əzɣérru] *m.* waste, failure.

eslip [əzlip] *m.* briefs *pl.*, underpants *pl.*

esllanguir-se [əzʎəngirsə] *p.* to slim, to get slim.

esllanguit, -ida [əzʎəngit, -íðə] *a.* thin; slim.

esllavissar-se [əzʎəβisársə] *p.* to fall away, to subside; to slip or fall down [earth, rocks, etc.].

eslògan [əzlɔ́ɣən] *m.* slogan.

eslora [əzlɔ́rə] *f.* MAR. length.

Eslovàquia [əzluβákiə] *pr. n. f.* Slovakia.

Eslovènia [əzluβènniə] *pr. n. f.* Slovenia.

esma [ézmə] *f.* instinct, intuition. *2* feel, knack. *3* strength of mind, determination.

esmalt [əzmál] *m.* enamel.

esmaltar [əzməltá] *t.* to enamel. *2* fig. to decorate colourfully.

esmaperdut [ézməpərðút, -úðə] *a.* disorientated.

esmena [əzmènə] *f.* correction, rectification. *2* repair, remedy. *3* LAW amendment.

esmenar [əzməná] *t.* to rectify, to correct; to amend.

esment [əzmèn] *m.* knowledge, realization, awareness. *2* care; attention. *3* mention. ‖ *fer ~ de,* to mention *t.;* to allude to.

esmentar [əzməntá] *t.* to mention; to allude to *i.*

esmerçar [əzmərsá] *t.* to invest; to spend.

esmicolar [əzmikulá] *t.* to break into pieces, to smash, to shatter.

esmolar [əzmulá] *t.* to grind, to sharpen. *2* to sharpen, to whet [also fig.].

esmolet [əzmulɛ́t] *m.* knife-grinder or sharpener. *2* sharp or alert person.

esmorteir [əzmurtəí] *t.* to deaden; to soften; to cushion, to muffle.

1) esmorzar [əzmurzá] *i.* to have breakfast, to breakfast.

2) esmorzar [əzmurzá] *m.* breakfast.

esmunyir [əzmuɲi] *t.* to slip (through). ■ *2 p.* to slip (through), to squeeze (through).

esmussar [əzmusá] *t.* to blunt, to make blunt; to take the edge off. *2* fig. to blunt, to deaden [senses, sensitivity].

esnifar [əznifá] *t.* to sniff.

esnob [əznɔ́p] *m.-f.* snob.

esòfag [əzɔ́fək] *m.* ANAT. oesophagus.

esotèric, -ca [əzutɛ́rik, -kə] *a.* esoteric.

espacial [əspəsiál] *a.* space. ‖ *viatge ~,* space journey, journey through space.

espadat, -ada [əspəðát, -áðə] *a.* precipitous; steep. ■ *2 m.* precipice; steep slope.

espai [əspái] *m.* space, room. *2* distance. *3* space, period. *4* ASTR. space.

espaiar [əspəjá] *t.* to space out [also fig.].

espaiós, -osa [əspəjós, -ózə] *a.* spacious, roomy.

espalmador [əspəlməðò] (BAL.) See RASPALL.

espant [əspán] *m.* fright; start, shock.

espantall [əspəntáʎ] *m.* scarecrow.

espantaocells [əspəntəuséʎs] *m.* scarecrow.

espantar [əspəntá] *t.* to frighten. *2* coll. to scare. *3* to frighten away. *4* coll. to scare away.

espantós, -osa [əzpəntòs, -òzə] *a.* frightening, dreadful. 2 astonishing. 3 exagerated.

Espanya [əspàɲə] *pr. n. f.* GEOGR. Spain.

espanyar [əspəɲà] *t.* to force [lock].

espanyol, -la [əspəɲòl, -lə] *a.* Spanish. ■ 2 *m.* Spaniard.

espaordir [əspəurðí] *t.* to frighten, to scare; to terrify. ■ 2 *p.* to be frightened or afraid; to be terrified.

esparadrap [əspərəðràp] *m.* MED. sticking plaster.

espardenya [əspərðèɲə] *f.* rope sandal, espadrille.

espargir [əspərʒí] *t.* to scatter, to spread (out).

esparracar [əspərrəkà] *t.* to tear (up) [paper, clothes].

esparracat, -ada [əspərrəkàt, -àðə] *a.* ragged, in rags.

espàrrec [əspàrrək] *m.* COOK. asparagus.

espart [əspàr(t)] *m.* BOT. esparto (grass).

espartà, -ana [əspərtà, -ànə] *a.* Spartan [also fig.]. ■ 2 *m.-f.* Spartan.

esparver [əspərβè] *m.* ORNIT. sparrowhawk.

esparverar [əspərβərà] *t.* to frighten, to strike fear into, to scare; to terrify.

espasa [əspàzə] *f.* sword.

espasme [əspàzmə] *m.* spasm.

espaterrar [əspətərrà] *t.* to cause an impression on, to impress; to astonish; to startle.

espatlla [əspàʎʎə] *f.* shoulder. ‖ *arronsar les espatlles*, to shrug one's shoulders, fig. to be indifferent or resigned; *guardar les espatlles*, to protect or cover someone.

espatllar [əspəʎʎà] *t.* to break; to spoil, to ruin; to damage. 2 to injure.

espatllera [əspəʎʎèrə] *f.* back [chair]. 2 wall bars *pl.* [gym].

espàtula [əspàtulə] *f.* spatula.

espavilar [əspəβilà] *t.* to get going again [fire]. 2 fig. to wake up. ■ 3 *p.* coll. to smarten up, to get a move on.

espècia [əspèsiə] *f.* spice; seasoning.

especial [əspəsiàl] *a.* special. 2 extraordinary. 3 specific.

especialista [əspəsiəlistə] *m.-f.* specialist.

especialitat [əspəsiəlitàt] *f.* speciality. 2 specialism.

especialitzar [əspəsiəlidzà] *t.-p.* to specialize.

espècie [əspèsiə] *f.* kind, sort, type, class. 2 BIOL. species.

específic, -ca [əspəsifik, -kə] *a.* special; characteristic. 2 specific. ■ 3 *m.* MED. specific.

especificar [əspəsifikà] *t.* to specify; to list.

espècimen [əspèsimən] *m.* specimen; sample.

espectacle [əspəktàklə] *m.* spectacle. 2 THEATR. show. ‖ fig. *fer un ~*, to make a scene.

espectacular [əspəktəkulà] *a.* spectacular.

espectador, -ra [əspəktəðò, -rə] *m.-f.* spectator; onlooker.

espectre [əspèktrə] *m.* spectre, phantom. 2 PHYS. spectrum.

especulació [əspəkuləsiò] *f.* speculation, musing. 2 *pl.* dreaming, reverie *sing.* 3 ECON. speculation.

especular [əspəkulà] *t.-i.* to speculate.

espeleòleg, -òloga [əspələòlək, -òluyə] *m.-f.* potholer, speleologist.

espeleologia [əspələuluʒiə] *f.* SP. potholing, speleology.

espelma [əspèlmə] *f.* candle. ‖ fig. *aguantar l'~*, to chaperone.

espenta [əspèntə] See EMPENTA.

espenyar [əspəɲà] *t.* to throw down a precipice.

espera [əspèrə] *f.* wait, waiting. ‖ *sala d'~*, waiting-room. ‖ *tenir ~*, to be patient.

esperança [əspərànsə] *f.* hope; expectation; prospect.

esperanto [əspəràntu] *m.* Esperanto.

esperar [əspərà] *t.* to hope for; to expect. 2 to wait.

esperit [əspərit] *m.* spirit. 2 spirit, ghost. 3 mind. ‖ *presència d'~*, presence of mind. 4 soul, spirit.

esperma [əspèrmə] *f.* BIOL. sperm.

espermatozoide [əspərmətuzɔ̀iðə] *m.* BIOL. spermatozoid.

esperó [əspəró] *m.* spur. 2 fig. stimulus. 3 ZOOL. spur.

esperonar [əspərunà] *t.* to spur. 2 fig. to stimulate.

espès, -essa [əspès, -èsə] *a.* thick, dense.

espesseir [əspəsəí] *t.-p.* See ESPESSIR.

espessir [əspəsí] *t.-p.* to thicken. 2 *p.* to become dense or denser.

espessor [əspəsò] *f.* thickness; density.

espetec [əspətèk] *m.* crackle, crackling; snap(ping).

espetegar [əspətəɣá] *i.* to crackle; to snap.

espeternec [əspətərnέk] *m.* crackle, crackling [of wood-fire].

espeternegar [əspətərnəɣá] *i.* to kick out [angry child, etc.]. 2 fig. to crackle [fire].

espí [əspí] *m.* BOT. hawthorn. 2 ZOOL. *porc* ~, porcupine.

espia [əspíə] *m.-f.* spy.

espiadimonis [əspiəðimɔ́nis] *m.* ENT. dragonfly.

espiar [əspiá] *t.* to spy on.

espieta [əspiέtə] *m.-f.* spy; watcher. 2 informer.

espifiar [əspifiá] *t.* to miss. 2 fig. to botch, to bungle.

espiga [əspíɣə] *f.* ear [corn]. 2 spike [flowers]. 3 peg. 4 TEXT. herring-bone.

espigar [əspiɣá] *i.* to form ears [corn]. 2 to form spikes [flowers]. ■ 3 *p.* to shoot up [plants] [also fig.].

espigó [əspiɣó] *m.* ear [corn, etc.]. 2 spike [flowers, etc.]. 3 MAR. jetty, breakwater. 4 pole.

espígol [əspíɣul] *m.* BOT. lavender.

espigolar [əspiɣulá] *t.* to glean [corn]. 2 fig. to collect up [someone's leavings].

espill [əspíʎ] (OCC.) See MIRALL.

espina [əspínə] *f.* BOT. thorn [also fig.]. ‖ *fer mala* ~, to cause mistrust; to raise suspicion. 2 ANAT. ~ *dorsal,* spine, back-bone. 3 BOT. stalk, stem.

espinac [əspinák] *m.* BOT. spinach.

espinada [əspináðə] *f.* ANAT. spine, back-bone.

espitllera [əspiʎʎέrə] *f.* slit; arrow-slit.

espinguet [əspiŋɡέt] *m.* screech. 2 loud-mouth [person].

espionatge [əspiunádʒə] *m.* spying, espionage.

espira [əspírə] *f.* spiral; whorl.

espiració [əspirəsió] *f.* exhalation; breathing or blowing (out).

espiral [əspirál] *a.-f.* spiral. 2 *f.* whorl; loop.

espirar [əspirá] *i.* to blow; to breathe out.

espiritisme [əspiritízmə] *m.* spiritualism.

espiritista [əspiritístə] *a.* spiritualistic. ■ 2 *m.-f.* spiritualist.

espiritual [əspirituál] *a.* spiritual. 2 immaterial.

esplai [əsplái] *m.* recreation.

esplaiar [əspləjá] *t.* to let go, to release [esp. feelings]. ■ 2 *p.* to let oneself go; to relax.

esplanada [əsplənáðə] *f.* esplanade.

esplèndid, -da [əsplέndit, -íðə] *a.* splendid; magnificent, glorious. 2 generous; open-handed, liberal.

esplendor [əspləndó] *f.* brightness; brilliance. 2 splendour, magnificence.

esplet [əsplέt] *m.* harvest, crop, yield. 2 plenty, abundance.

espluga [əsplúɣə] *f.* cave.

espoleta [əspulέtə] *f.* fuse [of bomb].

espoliació [əspuliəsió] *f.* deprivation; dispossession. 2 pillage.

espoliar [əspuliá] *t.* to deprive; to dispossess. 2 to pillage.

espolsador, -ra [əspulsəðó, -rə] *a.* dusting; cleaning. ■ 2 *m.-f.* duster; cleaner.

espolsar [əspulsá] *t.* to dust; to clean. 2 to shake. ■ 3 *p.* fig. to shake off, to get rid of.

espona [əspónə] *f.* side [of bed]. 2 edge, margin.

esponerós, -osa [əspunərós, -ózə] *a.* thick, abundant; luxuriant [growth].

esponja [əspónʒə] *f.* sponge. ‖ ~ *de bany,* bath sponge.

espontani, -ània [əspuntáni, -ániə] *a.* spontaneous.

espora [əspórə] *f.* BOT. spore.

esporàdic, -ca [əspurádik, -kə] *a.* sporadic.

esporgar [əspurɣá] *t.* BOT. to prune.

esport [əspɔ́r(t)] *m.* sport(s).

esportiu, -iva [əspurtíu, -íβə] *a.* sports; sporting.

esporuguir [əspuruɣí] *t.* to frighten, to make afraid. ■ 2 *p.* to get or become frightened or afraid.

espòs, -osa [əspɔ́s, -ózə] *m.-f.* spouse. 2 *m.* husband. 3 *f.* wife.

esposar [əspuzá] *t.* to marry, to get married to *t.*

espremedora [əsprəməðórə] *f.* squeezer.

esprémer [əsprέmə] *t.* to squeeze (out). 2 fig. to exploit.

esprimatxat, -ada [əsprimətʃát, -áðə] *a.* thin, skinny, slim.

espuma [əspúmə] See ESCUMA.

espurna [əspúrnə] *f.* spark. 2 pinch; touch; bit.

espurneig [əspurnέtʃ] *m.* sparking; flying of sparks.

espurnejar [əspurnəʒà] *i.* to spark. 2 to sparkle.

esput [əspút] *m.* spit, sputum.

esquadra [əskwàðrə] *f.* squad. 2 MIL. unit.

esquadró [əskwəðró] *m.* squadron.

esquarterar [əskwərtərà] *t.* to cut up, to butcher.

esqueix [əskéʃ] *m.* BOT. cutting, slip. 2 twisting [of ankle]; pulling [of muscle]. 3 tearing [of cloth, etc.].

esqueixar [əskəʃà] *t.* to tear (up) to rip (up). 2 to sprain, to twist.

esqueixat, -ada [əskəʃát, -àðə] *a.* torn (up), ripped (up). 2 sprained, twisted. ■ 3 *f.* salt cod salad.

esquela [əskélə] *f.* notice, announcement [in newspaper]. 2 death notice.

esquelet [əskəlét] *m.* skeleton.

esquella [əskéʎə] *f.* bell [for cattle].

esquema [əskémə] *m.* diagram; sketch.

esquena [əskénə] *f.* ANAT. back. 2 back, rear. ‖ fig. *caure d'~*, to be flabbergasted or astounded; to be startled ‖ *donar o girar l'~ a*, to turn one's back on; to give the cold shoulder to. ‖ coll. *tirar-s'ho tot a l'~*, not to give a damn about anything.

esquenadret, -ta [əskɛnəðrèt, -tə] *a.* lazy; good-for-nothing [of person].

esquer [əské] *m.* bait [also fig.].

esquerda [əskèrðə] *f.* crack; crevice; chink.

esquerdar [əskərðà] *t.-p.* to crack, to split.

esquerp, -pa [əskèrp, -pə] *a.* unfriendly, stand-offish, unsociable. 2 shy, timid.

esquerrà, -ana [əskərrà, -ánə] *a.* left-handed. 2 POL. left-wing. ■ 3 *m.-f.* POL. left-winger.

esquerre, -rra [əskèrrə, -rrə] *a.* left; on the left. ■ 2 *f.* the left.

esquí [əskí] *m.* ski [equipment]. 2 skiing [sport]. ‖ *~ aquàtic*, waterskiing.

esquiar [əskià] *i.* to ski.

esquiador, -ra [əskiaðó, -rə] *a.* skier.

esquif [əskíf] *m.* MAR. skiff; rowing boat.

esquifit, -ida [əskifit, -íðə] *a.* under-sized; short; small; shrunken.

esquilar [əskilà] *t.* to shear.

esquimal [əskimál] *a.*, *m.-f.* Eskimo.

esquinç [əskins] *m.* pulling; tearing [of ligament, muscle, etc.]. ‖ *~ muscular*, pulled muscle.

esquinçar [əskinsà] *t.-p.* to tear, to rip. 2 to sprain, to twist.

esquirol [əskiról] *m.* ZOOL. squirrel. 2 blackleg; strikebreaker.

esquitllar-se [əskiʎʎàrsə] *p.* to slip off or away.

esquitx [əskítʃ] *m.* splash; drop; spatter.

esquitxar [əskítʃà] *t.* to splash, to splatter; to sprinkle; to scatter; to fleck with.

esquiu, -iva [əskiŭ, -íβə] *a.* shy, timid. 2 anti-social.

esquivar [əskiβà] *t.* to avoid, to get out of the way of. *i.* 2 to set to flight; to frighten away.

esquizofrenia [əskizufrèniə] *f.* PSYCH. schizophrenia.

essència [əsènsiə] *f.* essence. 2 fig. core, heart. 3 (ROSS.) See BENZINA.

essencial [əsənsiàl] *a.* essential; fundamental, basic.

1) ésser [əsá] *i.* to be. ‖ *és metge*, he's a doctor; *d'on ets?*, where are you from?; *sigui com sigui*, whatever happens; *són les set*, it's seven o'clock; *tant és*, it makes no difference. ▲ CONJUG. P. P.: *estat*. ‖ INDIC. Pres.: *sóc, ets, és, som, sou, són*. | Perf.: *fui (vaig ser), fores (vas ser), fou (va ser)*, etc. | Imperf.: *era, eres*, etc. | Fut.: *seré*, etc. | COND.: *seria*, etc. ‖ SUBJ. Pres.: *sigui*, etc. | Imperf.: *fos, fossis*, etc. ‖ IMPERAT.: *sigues*, etc.

2) ésser [èsə] *m.* being; existence.

est [es(t)] *m.* east.

este, -ta (VAL.) See AQUEST.

estabilitat [əstəβilitàt] *f.* stability; firmness; steadiness.

estabilitzar [əstəβilidzà] *t.* to stabilize; to steady.

estable [əstábblə] *a.* stable, steady; settled; firm. ■ 2 *m.* stall, cowshed.

establia [əstəbbliə] *f.* See ESTABLE.

establiment [əstəbblimèn] *m.* establishment. 2 institution.

establir [əstəbblí] *t.* to establish; to found; to begin. 2 to decree; to order. ■ 3 *p.* to establish oneself.

estabornir [əstəβurni] *t.* to stun, to daze.

estaca [əstàkə] *f.* stake, post; stick.

estació [əstəsió] *f.* station. ‖ *~ de servei*, service station. 2 season.

estacionament [əstəsiunəmèn] *m.* parking. 2 siting; location.

estacionar [əstəsiunà] *t.* to situate, to place. 2 to park. ■ 3 *p.* to become stationary or immobile.

estacionari, -ària [əstəsiunàri, -àriə] *a.* stationary; immobile.

estada [əstàðə] *f.* stay.

estadi [əstáði] *m.* SP. stadium. *2* state; period; stage.

estadista [əstəðistə] *m.* statesman.

estafa [əstáfə] *f.* swindle.

estafar [əstəfá] *t.* to swindle; to cheat.

estafeta [əstəfétə] *f.* sub-post-office.

estalactita [əstələktitə] *f.* stalactite.

estalagmita [əstələŋmitə] *f.* stalagmite.

estalonar [əstəluná] *t.* to prop; to underpin. *2* to be on the heels of.

estalvi, -àlvia [əstálβi, -álβiə] *a.* safe. ‖ *sa i ~,* safe and sound. ■ *2 m. pl.* saving, thrift. *3 pl.* tablemat *sing.*

estalviar [əstəlβiá] *t.* to save. *2 t.-p.* to save, to avoid.

estam [əstám] *m.* stamen.

estamordir [əstəmurði] *t.* to daze, to stun. *2* to frighten.

estampa [əstámpə] *f.* print; engraving.

estampació [əstəmpəsió] *f.* printing; engraving.

estampat, -ada [əstəmpát, -áðə] *a.* printed. ■ *2 m.* TEXT. print. *3* printing.

estampar [əstəmpá] *t.* to print; to engrave.

estanc [əstáŋ] *m.* tobacconist's [also sells stamps, government forms].

estança [əstánsə] *f.* room.

estancar [əstəŋká] *t.* to stem; to hold up [liquids]. *2* to dam.

estàndard [əstándar] *a.-m.* standard.

estant [əstán] *m.* shelf.

estany [əstáɲ] *m.* pool; lake. *2* MINER. tin.

estaquirot [əstəkirɔt] *m.* dumb; idiot. *2* scarecrow.

estar [əstá] *i.* to be. *2* to stay, to remain: *estan tancats a l'ascensor,* they are trapped in the lift; *estigues quiet!,* stay still! *3* to feel [health, mood]. *4* to spend, to take [time]: *estaré dues hores a acabar-ho,* it'll take me two hours to finish it. ■ *5 p.* to stay: *m'estic a casa d'uns amics,* I'm staying at a friend's house. ‖ *estar-se de,* to refrain from. ▲ CONJUG. INDIC. Pres.: *estic, està, estan.* ‖ SUBJ. Pres.: *estigui,* etc. ‖ Imperf.: *estigues,* etc.

estarrufar [əstərrufá] *t.* to bristle [hair, feathers]. ■ *2 p.* to swell up with pride.

estat [əstát] *m.* state, condition. *2* status; class. *3* POL. state.

estatal [əstətál] *a.* state: *defensa ~,* state defence.

estatge [əstádʒə] *m.* room. *2* home.

estàtic, -ca [əstátik, -kə] *a.* static. ■ *2 f.* statics *pl.*

estàtua [əstátuə] *f.* statue.

estatura [əstətúrə] *f.* height [person].

estatut [əstətút] *m.* statute. *2* rules *pl.* [club, sport].

estavellar [əstəβəʎá] *t.* to shatter; to smash. ■ *2 p.* to crash.

estel [əstɛl] *m.* star. *2* kite.

estela [əstɛlə] *f.* stele.

estella [əstɛʎə] *f.* chip, splinter.

estel·lar [əstəllá] *a.* stellar.

estellar [əstəʎá] *t.* to splinter; to chop up.

estenalles [əstənáʎəs] See TENALLES.

estendard [əstəndàr(t)] *m.* standard, banner.

estendre [əstɛndrə] *t.* to spread or hang out. *2* to widen; to lengthen; to extend. ■ *3 p.* to extend, to stretch. ▲ CONJUG. like *atendre.*

estenedor [əstənəðó] *m.* washing line, clothes line; clothes horse.

estenografia [əstənuɣrəfiə] *f.* shorthand.

estepa [əstɛpə] *f.* steppe.

estereotip [əstɛr(ə)utip] *m.* stereotype.

estèril [əstɛril] *a.* sterile, barren.

esterilitat [əstərilitát] *f.* sterility, barrenness.

esterilitzar [əstərilidzá] *t.* to sterilize.

esterlina [əstərlinə] *a.* *lliura ~,* pound sterling.

esternudar [əstərnuðá] *i.* to sneeze.

estèrnum [əstɛrnum] *m.* ANAT. sternum.

esternut [əstərnút] *m.* sneeze.

estès, -esa [əstɛs, -ɛzə] *a.* spread out, stretched out; outstreched. *2* widespread. ■ *3 f.* spreading.

esteta [əstɛtə] *m.-f.* aesthete.

estètic, -ca [əstɛtik, -kə] *a.* aesthetic: *cirurgia estètica,* cosmetic surgery. ■ *2 f.* aesthetics.

Esteve [əstɛβə] *pr. n. m.* Stephen.

estiba [əstiβə] *f.* NÀUT. stowage. *2* pile, mound.

estibador [əstiβəðó] *m.* docker.

estibar [əstiβá] *t.* to store, to stow (away). *2* to pack.

estigma [əstiŋmə] *m.* stigma, mark.

estil [əstil] *m.* style, manner. ‖ *per l'~,* like that.

estilar-se [əstilársə] *p.* to be fashionable.

estilet [əstilɛt] *m.* stiletto.

estilista [əstilistə] *m.-f.* stylist; designer.

estilitzar [əstilidzá] *t.* to stylize.

estilogràfica [əstiluɣráfikə] f. fountain pen.

estima [əstímə] f. value, worth. 2 fig. esteem, consideration, regard.

estimable [əstimábblə] a. esteemed.

estimar [əstimá] t. to love; to appreciate. 2 to estimate; to calculate. 3 fig. to consider, to deem. 4 *estimar-se més*, to prefer: *m'estimo més quedar-me a casa*, I prefer to stay at home.

estimació [əstiməsjó] f. evaluation; valuation. 2 fig. regard, esteem.

estimball [əstimbáʎ] m. precipice.

estimbar [əstimbá] t. to throw or fling down a precipice. ■ 2 p. to hurl oneself off.

estímul [əstímul] m. stimulus; incentive.

estimular [əstimulá] t. to stimulate.

estipendi [əstipéndi] m. stipend; salary.

estipular [əstipulá] t. to stipulate.

estirabot [əstiɾəβɔ́t] m. piece of nonsense.

estirar [əstiɾá] t. to stretch (out). ‖ *a tot ~*, at the most. 2 to pull. ■ 3 p. to stretch out.

estireganyar [əstiɾəɣəɲá] t. to stretch out of shape.

estiregassar [əstiɾəɣəssá] t. to tug.

estirp [əstírp] f. stock, lineage.

estisora [əstizɔ́ɾə] See TISORES.

estiu [əstíu̯] m. summer. ‖ *estiuet de Sant Martí*, Indian Summer.

estiueig [əstiwétʃ] m. summer holiday.

estiuejar [əstiwəʒá] i. to spend the summer holiday.

estival [əstiβál] a. summer.

estoc [əstɔ́k] m. rapier. 2 COMM. stock.

Estocolm [əstukólm] pr. n. m. GEOGR. Stockholm.

estofa [əstɔ́fə] f. quality, class. 2 (ROSS.) See TELA.

estofar [əstufá] t. to stew [meat].

estofat [əstufát] m. stew.

estoic, -ca [əstɔ́ik, -kə] a. stoic, stoical. ■ 2 m.-f. stoic.

estoïcisme [əstuisizmə] m. stoicism.

estoig [əstɔ́tʃ] m. case.

estol [əstɔ́l] m. MAR. squadron. 2 group.

estòlid, -da [əstɔ́lit, -ðə] a. stupid.

estómac [əstɔ́mək] m. ANAT. stomach.

estomacal [əstuməkál] a. stomach.

estomacar [əstuməká] t. to beat up.

estona [əstɔ́nə] f. time, while; period. ‖ *a estones*, now and again. ‖ *passar l'~*, to pass the time.

Estònia [əstɔ́niə] pr. n. f. Estonia.

estopa [əstɔ́pə] f. tow.

estora [əstɔ́ɾə] f. carpet; mat.

estornell [əstuɾnéʎ] m. ORNIT. starling.

estossec [əstusɛ́k] m. cough.

estossegar [əstusəɣá] i. to cough.

estossinar [əstusiná] t. to beat to death.

estovalles [əstuβáʎəs] See TOVALLES.

estovar [əstuβá] t.-p. to soften; to soften up. 2 t. to beat up.

estrabisme [əstɾəβizmə] m. MED. strabismus, squint.

estrada [əstɾáðə] f. platform, dais.

estrafer [əstɾəfé] t. to mimic; to imitate. 2 to alter, to disguise [voice, looks].

estrafolari, -ària [əstɾəfulári, -áɾiə] a. odd, bizarre.

estrall [əstɾáʎ] m. havoc, ruin.

estrambòtic, -ca [əstɾəmbɔ́tik, -kə] a. extravagant; eccentric.

estranger, -ra [əstɾənʒé, -ɾə] a. foreign. ■ 2 m.-f. foreigner.

estrangular [əstɾəŋgulá] t. to strangle, to throttle.

estrany, -nya [əstɾáɲ, -ɲə] a. strange, unfamiliar; foreign. 2 peculiar.

estranyar [əstɾəɲá] t. to banish. 2 to surprise. ■ 3 p. to be surprised.

estranyesa [əstɾəɲɛ́zə] f. surprise; astonishment.

estraperlo [əstɾəpɛ́rlu] m. black market.

estrassa [əstɾásə] f. rag. ‖ *paper d'~*, brown paper.

estrat [əstɾát] m. stratum, layer. 2 class, level.

estratagema [əstɾətəʒɛ́mə] m. stratagem.

estrateg [əstɾətɛ́k] m. strategist.

estratègia [əstɾətɛ́ʒiə] f. strategy.

estratègic, -ca [əstɾətɛ́ʒik, -kə] a. strategic, strategical.

estratosfera [əstɾətusfɛ́ɾə] f. stratosphere.

estratus [əstɾátus] m. METEOR. stratus.

estrebada [əstɾəβáðə] f. tug, tugging.

estrella [əstɾéʎə] f. star. 2 ZOOL. ~ *de mar*, starfish.

estremiment [əstɾəmimèn] m. shudder; start; fit of trembling.

estremir-se [əstɾəmírsə] t. to start; to shudder. 2 to tremble, to shiver.

estrena [əstɾénə] f. christening [first use]. 2 première; first performance.

estrenar [əstrəná] t. to christen [first use]. 2 to show or perform for the first time. ■ 3 p. to make one's début.

estrènyer [əstrɛ́ɲə] t. to take in [clothing]. 2 to tighten [belt, binding, etc.]. 3 to be tight, to pinch t.-i. [shoes]. 4 to shift closer. ■ 5 p. to squeeze up. ▲ Conjug. P. p.: *estret*.

estrep [əstrɛ́p] m. stirrup. || *perdre els estreps,* to go berserk. 2 step [on vehicle]. 3 fig. support.

estrèpit [əstrɛ́pit] m. din, noise.

estrès [əstrɛ́s] m. stress [mental tension].

estret, -ta [əstrɛ́t, -tə] a. narrow. 2 tight [esp. clothing]. 3 fig. close [relationship]. ■ 4 m. strait, channel. 5 f. handshake.

estri [ɛ́stri] m. tool; instrument; utensil.

estria [əstriə] m. groove; flute; striation; stria.

estriar [əstriá] t. to flute, to groove, to striate.

estribord [əstriβɔ́r(t)] m. starboard.

estricnina [əstriɲninə] f. strychnine.

estricte, -ta [əstriktə, -tə] a. strict, disciplinarian; severe.

estridència [əstriðɛ́nsiə] f. stridency; shrillness.

estrident [əstriðɛ́n] a. strident.

estrip [əstríp] m. tear, rip.

estripar [əstripá] t. to tear; to tear up.

estrofa [əstrɔ́fə] f. strophe, stanza.

estroncar [əstruŋká] t.-p. to dry up [also fig.]. 2 t. to staunch [blood from wound].

estronci [əstrɔ́nsi] m. MINER. strontium.

estruç [əstrús] m. ORNIT. ostrich.

estructura [əstruktúrə] f. structure.

estructurar [əstrukturá] t. to structure; to organize.

estuari [əstuári] m. GEOGR. estuary.

estuc [əstúk] m. stucco, plaster.

estudi [əstúði] m. study; research. 2 study [room]; studio. 3 pl. schooling, education. || fig. *fugir d'~,* to skirt [conversation topic].

estudiant, -ta [əstuðián, -tə] m.-f. student.

estudiar [əstuðiá] t. to study.

estudiós, -osa [əstuðiós, -ózə] a. studious; bookish. ■ 2 m.-f. studious or bookish person; scholar.

estufa [əstúfə] f. stove; heater.

estufar [əstufá] t. to fluff up. ■ 2 p. to swell up; to become spongy. 3 to swell up with pride.

estultícia [əstultisiə] f. stupidity, idiocy.

estupefacció [əstupəfaksió] f. amazement, astonishment; stupefaction.

estupefaent [əstupəfəɛ́n] a. stupefying. ■ 2 m. narcotic, drug.

estupend, -da [əstupɛ́n, -ðə] a. wonderful, splendid.

estúpid, -da [əstúpit, -ðə] a. stupid, idiotic.

estupor [əstupó] m. stupor, daze.

esturió [əsturió] m. ICHTHY. sturgeon.

esvair [əzβái] t. to dispel, to get rid of. 2 fig. to clarify, to clear up [a doubt]. ■ 3 p. to disappear, to vanish. 4 to feel very weak.

esvalot [əzβəlɔ́t] m. din, racket, hullaballoo.

esvalotar [əzβəlutá] t. to disturb. 2 to set in a turmoil. ■ 3 i. to make a din or a racket. ■ 4 p. to get excited. 5 to riot.

esvanir-se [əzβənirsə] p. to vanish. 2 to weaken; to faint.

esvarar [əzβərá] (VAL.) See RELLISCAR.

esvelt, -ta [əzβɛ́l(t), -tə] a. slim, slender; graceful.

esveltesa [əzβəltɛ́zə] f. slimness; gracefulness.

esventrar [əzβəntrá] t. to disembowel [animals]. 2 to gut [fish]. 3 to smash.

esverar [əzβərá] t. to frighten; to alarm. 2 to excite. ■ 3 p. to get frightened or alarmed. 4 to get excited.

esvoranc [əzβuráŋ] m. opening, gap; hole.

et [ət] pers. pron. you: ~ *criden,* you're wanted. || *demà ~ portaré el llibre,* I'll bring you the book tomorrow. ▲ t', 't, te.

etapa [ətápə] f. stage.

etcètera [ətsɛ́tərə] phr. etcetera, and so on.

èter [ɛ́tər] m. ether.

etern, -na [ətɛ́rn, -nə] a. eternal; unending; infinite. 2 ageless.

eternitat [ətərnitát] f. eternity.

eternitzar [ətərnidzá] t. to perpetuate. ■ 2 p. pej. to drag out, to be interminable.

ètic, -ca [ɛ́tik, -kə] a. ethical. ■ 2 f. ethic. 3 ethics pl. [study].

etimologia [ətimuluʒiə] f. etymology.

etíop [ətiup] a., m.-f. Ethiopian.

Etiòpia [ətiɔ̀piə] pr. n. f. GEOGR. Ethiopia.

etiqueta [ətikέtə] *f.* label. 2 tag; ticket.

etnografia [ədnuɣrəfiə] *f.* ethnography.

etnologia [ədnuluʒiə] *f.* ethnology.

etzibar [ədziβá] *t.* to deal (out) [blows]. 2 to let fly [words].

EUA *pr. n. m. pl.* GEOGR. *(Estats Units d'Amèrica)* USA (United States of America).

eucaliptus [ĕukəliptus] *m.* BOT. eucalyptus.

eufemisme [ĕufəmizmə] *m.* euphemism.

eufonia [ĕufuniə] *f.* euphony.

eufòria [ĕufɔriə] *f.* euphoria; exuberance.

eufòric, -ca [ĕufɔrik, -kə] *a.* euphoric.

euga [ĕuɣə] *f.* ZOOL. mare.

eunuc [ĕunúk] *m.* eunuch.

Europa [ĕurópə] *pr. n. f.* GEOGR. Europe.

europeu, -ea [ĕurupéŭ, -éə] *a., m.-f.* European.

evacuar [əβəkuá] *t.* to evacuate, to empty, to clear.

evadir [əβəði] *t.* to evade, to elude; to escape from. ■ 2 *p.* to escape, to flee [esp. from prison].

evangeli [əβənʒéli] *m.* gospel.

evangelitzar [əβənʒəlidzá] *t.* to evangelize.

evaporació [əβəpurəsió] *f.* evaporation.

evaporar [əβəpurá] *t.-p.* to evaporate.

evasió [əβəzió] *f.* escape, flight.

eventual [əβəntuál] *a.* fortuitous; possible. 2 seasonal; temporary [worker].

evidència [əβiðénsiə] *f.* evidence; proof.

evidenciar [əβiðənsiá] *t.* to demonstrate, to prove.

evident [əβiðén] *a.* evident, clear, obvious.

evitar [əβitá] *t.* to avoid. 2 to prevent.

evocació [əβukəsió] *f.* evocation; summoning up.

evocar [əβuká] *t.* to evoke.

evolució [əβulusió] *f.* evolution.

evolucionar [əβulusiuná] *i.* to evolve, to develop.

ex *m.* (abbr. d'*exemple*) eg. (example).

exabrupte [əgzəβrúptə] *m.* sudden broadside [words].

exacció [əgzəksió] *f.* demand; extortion.

exacerbar [əgzəsərβá] *t.* to exacerbate. 2 to aggravate.

exacte, -ta [əgzáktə, -tə] *a.* exact, accurate; precise.

exactitud [əgzəktitút] *f.* exactness, accuracy; precision.

exageració [əgzəʒərəsió] *f.* exaggeration.

exagerar [əgzəʒərá] *t.* to exaggerate.

exagerat, -ada [əgzəʒərát, -áðə] *a.* exaggerated; tall [story].

exalçar [əgzəlsá] *t.* to extol, to praise highly.

exaltació [əgzəltəsió] *f.* exaltation; extolling. 2 overexcitement.

exaltar [əgzəltá] *t.* to exalt, to extol. 2 to increase [feelings]. ■ 3 *p.* to become excited or hot headed.

examen [əgzámən] *m.* examination; test.

examinar [əgzəminá] *t.* to examine, to inspect. 2 to test, to examine.

exànime [əgzánimə] *a.* lifeless.

exasperació [əgzəspərəsió] *f.* exasperation.

exasperar [əgzəspərá] *t.* to exasperate. ■ 2 to become exasperated.

excavació [əkskəβəsió] *f.* excavation.

excavar [əkskəβá] *t.* to excavate; to dig out.

excedent [əksəðén] *a.* excess; surplus. 2 on leave; sabbatical. ■ 3 *m.* excess; surplus.

excedir [əksəði] *t.* to exceed; to surpass, to outdo. ■ 2 *p.* to go too far.

excel·lència [əksəllénsiə] *f.* excellence: *per ~,* par excellence. 2 Excellency: *Sa ~,* His or Her Excellency.

excel·lent [əksəllén] *a.* excellent; superior.

excel·lir [əksəllí] *i.* to excel, to be outstanding; to stand out.

excels, -sa [əksέls, -sə] *a.* exalted, sublime.

excèntric [əksέntrik, -kə] *a.-m.* eccentric.

excepció [əksəpsió] *f.* exception; exclusion. ‖ *sense ~,* without exception. ‖ *prep. phr. a ~ de,* with the exception of, excepting. 2 *estat d'~,* state of emergency.

excepcional [əksəpsiunál] *a.* exceptional.

excepte [əksέptə] *prep.* except (for), save.

exceptuar [əksəptuá] *t.* to except; to exempt.

excés [əksέs] *m.* excess, surplus. 2 fig. excess.

excessiu, -iva [əksəsiu, -iβə] *a.* excessive.

excitació [əksitəsió] *f.* excitement; agitation.

excitar [əksità] *t.* to excite. 2 to stimulate; to incite. ■ 3 *p.* to get worked up or excited.

exclamació [əkskləməsiò] *f.* exclamation.

exclamar [əkskləmà] *t.* to exclaim; to shout out. ■ 2 *p.* to protest loudly.

excloure [əksklòurə] *t.* to exclude; to bar. 2 fig. to be incompatible with. ▲ CONJUG. like *cloure*.

exclusió [əkskluziò] *f.* exclusion.

exclusiu, -iva [əkskluziŭ, -iβə] *a.* exclusive; sole. ■ 2 *f.* sole right. 3 JOURN. exclusive.

excomunicar [əkskumunikà] *t.* to excommunicate.

excrement [əkskrəmèn] *m.* excrement.

²**excretar** [əkskrətà] *t.* to excrete.

exculpar [əkskulpà] *t.* to exonerate, to free. 2 LAW to absolve.

excursió [əkskursiò] *f.* excursion.

excursionisme [əkskursiunizmə] *m.* walking, hiking, rambling.

excursionista [əkskursiunistə] *a.* hiking, ramblers': ***club* ~,** ramblers' club. ■ 2 *m.-f.* rambler, hiker. 3 tripper.

excusa [əkskùzə] *f.* excuse; pretext.

excusar [əkskuzà] *t.* to excuse. ■ 2 *p.* to excuse oneself; to apologize.

execrar [əgzəkrà] *t.* to execrate; to loathe.

execució [əgzəkusiò] *f.* performance, carrying out, execution. 2 LAW execution.

executar [əgzəkutà] *t.* to perform, to carry out, to execute. 2 LAW to execute.

executiu, -iva [əgzəkutiŭ, -iβə] *a.* executive. ■ 2 *m.-f.* executive.

exemplar [əgzəmplàr] *a.* exemplary. ■ 2 *m.* specimen. 3 PRINT. copy.

exemple [əgzèmplə] *m.* example. ‖ *per ~,* for example. ‖ *donar ~,* to set an example.

exemplificar [əgzəmplifikà] *t.* to exemplify.

exempt, -ta [əgzèm, -tə] *a.* exempt, free.

exèquies [əgzèkiəs] *f. pl.* funeral *sing.,* funeral service *sing.*

exercici [əgzərsisi] *m.* performance; practice. 2 financial or tax year. 3 exercise.

exercir [əgzərsi] *t.* to exercise. 2 to practise.

exèrcit [əgzèrsit] *m.* army.

exercitar [əgzərsità] *t.* to exercise. 2 to practise [profession]. ■ 3 *p.* to exercise; to practise.

exhalar [əgzəlà] *t.* to breathe out. 2 to heave [sigh].

exhaurir [əgzəùri] *t.* to finish, to exhaust, to use up.

exhaust, -ta [əgzàŭs(t), -tə] *a.* exhausted, completely finished.

exhibició [əgziβisiò] *f.* exhibition. 2 display.

exhibir [əgziβi] *t.* to show, to expose, to exhibit. ■ 2 *p.* to show or exhibit oneself. 3 to show off.

exhortar [əgzurtà] *t.* to exhort.

exhumar [əgzumà] *t.* to exhume; to dig up. 2 fig. to dig up; to dig out.

exigència [əgiʒènsiə] *f.* demand, requirement; exigency.

exigent [əgiʒèn] *a.* demanding, exacting.

exigir [əgziʒi] *t.* to demand. 2 to require.

exigu, -gua [əgziɣu, -ɣwə] *a.* minute; scanty, meagre.

exili [əgzili] *m.* exile.

exiliar [əgzilià] *t.* to exile; to banish.

eximi, -ímia [əgzimi, -imiə] *a.* eminent; select, distinguished.

eximir [əgzimi] *t.* to exempt, to free.

existència [əgzistènsiə] *f.* existence; being.

existencialisme [əgzistənsiəlizmə] *m.* existentialism.

existencialista [əgzistənsiəlistə] *a., m.-f.* existentialist.

existir [əgzisti] *i.* to exist.

èxit [ègzit] *m.* success; successful outcome.

ex-libris [ɛgzliβris] *m.* book-plate, ex-libris.

èxode [ègzuðə] *m.* exodus.

exonerar [əgzunərà] *t.* to exonerate, to absolve (*de,* from).

exorbitant [əgzurβitàn] *a.* exorbitant; excessive; unreasonable; disproportionate.

exorcisme [əgzursizmə] *m.* exorcism.

exorcitzar [əgzursidzà] *t.* to exorcize.

exòtic, -ca [əgzɔtik, -kə] *a.* exotic.

expansió [əkspənsiò] *f.* expansion; growth; extension.

expatriar [əkspətrià] *t.* to exile; to banish. ■ 2 *p.* to emigrate.

expectació [əkspəktəsiò] *f.* expectation; eager awaiting.

expectar [əkspəktà] *t.* to wait for *i.,* await. 2 to expect.

expectativa [əkspəktətiβə] f. expectation; prospect.

expectorar [əkspəkturà] t. to spit, to expectorate.

expedició [əkspəðisió] f. expedition. 2 COMM. shipment.

expedient [əkspəðièn] a. expedient; suitable, fitting. ■ 2 m. expedient; device. 3 file, dossier. ‖ ~ *acadèmic,* academic record.

expedir [əkspəði] t. to ship; to forward [goods]. 2 to draw up; to issue [official documents].

expeditiu, -iva [əkspəðitiŭ, -iβə] a. expeditious.

expel·lir [əkspəlli] t. to expel; to eject.

expendre [əkspèndrə] t. to sell as an agent. 2 to sell retail. 3 to pass [counterfeit money]. ▲ CONJUG. like *ofendre.*

expenses [əkspènsəs] f. pl. expenses; costs.

experiència [əkspəriènsiə] f. experience.

experiment [əkspərimèn] m. experiment, test; trial.

experimentar [əkspəriməntà] t. to try out; to experiment with i. 2 to experience, to undergo. 3 to suffer; to feel [emotion]. ■ 4 i. to make tests or trials; to experiment.

expert, -ta [əkspèr(t), -tə] a. expert; skilled. ■ 2 m.-f. expert.

expirar [əkspirà] t. to expire, to breathe out. ■ 2 i. to expire, to run out. 3 fig. to come to an end.

explicació [əksplikəsió] f. explanation.

explicar [əksplikà] t. to explain; to tell about. ■ 2 p. to understand; to make out.

explícit, -ta [əksplisit, -tə] a. explicit.

exploració [əksplurəsió] f. GEOGR., MED. exploration. 2 MIL. scouting, reconnaissance.

explorar [əksplurà] t. GEOGR. to explore. 2 MED. to explore; to probe, to scan. 3 MIL. to scout, to reconnoitre.

explosió [əkspluzió] f. explosion; blast, bang. 2 fig. outburst.

explosiu, -iva [əkspluziŭ, -iβə] a.-m. explosive.

explotació [əksplutəsió] f. exploitation; development. ‖ ~ *agrícola,* farming, cultivation. ‖ ~ *forestal,* forestry.

explotar [əksplutà] t. to exploit; to develop. 2 to exploit [person]. ■ 3 i. to explode, to go off.

exponent [əkspunèn] m. exponent. 2 example.

exportació [əkspurtəsió] f. export, exportation. 2 exports pl.

exportar [əkspurtà] t. to export.

exposar [əkspuzà] t. to expose. 2 to show, to exhibit [art]. 3 to state, to explain, to set forth [one's views or ideas]. ■ 4 p. to risk oneself, to put oneself in jeopardy.

exposició [əkspuzisió] f. exposing, exposure. 2 exhibition. 3 exposition; statement.

exprés, -essa [əksprès, -èsə] a. express. ‖ *cafè ~,* expresso coffee. 2 clear, specific. ■ 3 m. express (train). ■ 4 adv. expressly; on purpose, deliberately.

expressament [əksprəsəmèn] adv. on purpose.

expressar [əksprəsà] t. to express, to put forward, to voice; to state. ■ 2 p. to express oneself.

expressió [əksprəsió] f. expressing, expression. 2 idiom. 3 expressiveness.

expressionisme [əksprəsiunismə] m. ART expressionism.

expropiació [əksprupiəsió] f. expropriation, dispossession.

expropiar [əksprupià] t. to expropriate; to dispossess, to deprive.

expulsar [əkspulsà] t. to expel; to turn out, to kick out.

expulsió [əkspulsió] f. expulsion, expelling.

exquisit, -ida [əkskizit, -iðə] a. exquisite; delightful.

èxtasi [ɛkstəzi] m. ecstasy, rapture.

extens, -sa [əkstèns, -sə] a. wide, extensive; spacious.

extensió [əkstənsió] f. extension. 2 extent, size. 3 expanse, stretch [of land or sea]. 4 length [of time], duration. 5 range, scope.

extenuar [əkstənuà] t. to exhaust; to weaken.

exterior [əkstərió] a. external; exterior. ‖ *comerç ~,* foreign or overseas trade. ‖ *política ~,* foreign policy. ■ 2 m. exterior; outside. 3 abroad, overseas.

exterioritzar [əkstəriuridzà] t. to show [outwardly], to express; to reveal.

exterminar [əkstərminà] t. to exterminate.

extermini [əkstərmini] m. extermination.

extern, -na [əkstɛ́rn, -nə] *a.* external; outside, outward. ■ *2 m.-f.* day student or pupil.

extinció [əkstinsió] *f.* extinction, extinguishing.

extingir [əkstinʒí] *t.* to extinguish, to put out [fire, flame, light]. ■ *2 p.* to go out [fire]. *3* BIOL *to become extinct.*

extintor, -ra [əkstintó, -rə] *a.* extinguishing. ■ *2 m.* (fire) extinguisher.

extirpar [əkstirpá] *t.* MED. to remove [surgically]. *2* to eradicate, to extirpate [also fig.].

extorsió [əkstursió] *f.* extortion.

extra [ɛ́kstrə] *a.* high-quality; Grade A. *2* extra, special: *número* ~, special issue [magazine, newspaper, etc.]. ■ *3 m.* extra. ‖ *fer un* ~, to give oneself a treat. *4* extra [acting].

extracció [əkstrəksió] *f.* extraction; draw [lottery]. *2* MED. extraction.

extracte [əkstráktə] *m.* extract, excerpt. *2* abstract, summary. ‖ ~ *de comptes,* statement of account.

extradició [əkstrəðisió] *f.* extradition.

extralimitar-se [əkstrəlimitársə] *p.* to exceed or abuse one's authority, to overstep (oneself).

extraordinari, -ària [əkstrəurðinári, -àriə] *a.* extraordinary, unusual, outstanding; special. *2* extra. ‖ *hores extraordinàries,* overtime.

extravagància [əkstrəβəɣànsiə] *f.* extravagance; oddness, outlandishness.

extraviar [əkstrəβià] *t.* to lose, to misplace. ■ *2 p.* to go astray, to err.

extrem, -ma [əkstrɛ́m, -mə] *a.* extreme, ultimate, utmost; last, furthest. ■ *2 m.* extreme, end. ‖ fig. *passar d'un* ~ *a l'altre,* to go from one extreme to the other. *3* highest point or degree; utmost.

extremar [əkstrəmá] *t.* to carry to the extreme; to insist on. ‖ *s'han d'*~ *les precaucions,* we must take the utmost precautions. ■ *2 p.* to do one's utmost.

extremisme [əkstrəmizmə] *m.* extremism.

extremitat [əkstrəmitàt] *f.* end, tip, edge; extremity. *2 pl.* ANAT. extremities.

extremunció [əkstrəmunsió] *f.* extreme unction.

extreure [əkstrɛ́urə] *t.* to extract, to pull out. *2* to abstract, to remove, to take out. *3* to draw. ▲ CONJUG. like *treure.*

extrínsec, -ca [əkstrinsək, -kə] *a.* extrinsic.

exuberant [əgzuβərànt] *a.* exuberant. *2* full-figured, buxom: *una dona* ~, a buxom woman.

exultar [əgzultá] *i.* to exult, to rejoice.

F

F, f [ɛfə] *f.* f [letter].

fa [fa] *m.* MUS. fa, F.

fàbrica [fáβrikə] *f.* factory; plant. 2 manufacture, manufacturing. 3 ARCH. structure, walls.

fabricació [fəβrikəsió] *f.* manufacture, manufacturing; making, production.

fabricant [fəβrikán] *m.* manufacturer; maker.

fabricar [fəβriká] *t.* to manufacture, to make; to produce. ‖ ~ *en sèrie,* to mass-produce. 2 to build; to put together.

fabril [fəβril] *a.* manufacturing, production.

fabulós, -osa [fəβulós, -ózə] *a.* fabulous, mythical; fictitious. 2 tremendous; extraordinary.

façana [fəsánə] *f.* façade, front. ‖ *una casa amb ~ al mar,* a house overlooking the sea.

facció [fəksió] *f.* faction, splinter group, esp. hostile group. 2 *pl.* features [of face].

facècia [fəsέsiə] *f.* joke, wisecrack; witticism.

faceta [fəsέtə] *f.* facet [also fig.], quality [characteristic].

facial [fəsiál] *a.* facial, face.

facilitar [fəsilitá] *t.* to facilitate, to make easy. 2 to provide (with), to supply (with), to give.

fàcil [fásil] *a.* easy, simple; effortless. 2 possible, probable. ‖ *és ~ que plogui,* it's likely to rain. 3 fluent: *un estil ~,* a fluent style.

facilitat [fəsilitát] *f.* ease, facility. ‖ ~ *de paraula,* fluency. ‖ *s'enfada amb ~,* he gets angry easily. 2 aptitude, ability. ‖ *tenir ~ pels idiomes,* to be good at languages. 3 *pl.* facilities, terms. ‖ *facilitats de pagament,* easy terms. ‖ *donar facilitats,* to offer facilities.

facinerós, -osa [fəsinərós, -ózə] *a.* criminal, villainous; evil. ■ 2 *m.-f.* criminal, villain; wrongdoer.

facsímil [fəksímil] *a.-m.* facsimile.

factible [fəktibblə] *a.* feasible, possible, workable.

factor [fəktó] *m.* factor, element. 2 fig. agent.

factoria [fəkturiə] *f.* agency, trading post.

factòtum [fəktɔtum] *m.* factotum, jack of all trades.

factura [fəktúrə] *f.* bill, invoice. ‖ *passar ~,* to send an invoice, to bill *t.* [also fig.].

facturació [fəkturəsió] *f.* billing, invoicing. 2 RAIL. registration [of luggage]. 3 checking-in [of luggage]. 4 ECON. turnover.

facturar [fəkturá] *t.* to bill, to invoice. 2 RAIL. to register [luggage]. 3 to check in [luggage at an airport].

facultar [fəkultá] *t.* to authorize, to empower.

facultat [fəkultát] *f.* faculty, right; ability. ‖ *amb plenes facultats mentals,* with full mental capacity. 2 EDUC. faculty.

facultatiu, -iva [fəkultətiu, -iβə] *a.* optional, facultative. ‖ *prescripció facultativa,* (medical) prescription. ■ 2 *m.* doctor, practitioner.

facúndia [fəkúndiə] *f.* eloquence, fluency.

fada [fáðə] *f.* fairy.

fadrí, -ina [fəðrí, -inə] *m.* young man, youth. 2 bachelor. 3 clerk, assistant. 4 *f.* (unmarried) young woman.

fagot [fəɣɔt] *m.* MUS. bassoon.

faiçó [fəïsó] *f.* creation, making. 2 shape, form.

faig [fátʃ] *m.* BOT. beech.

faisà [fəïzá] *m.* ORNIT. pheasant.

faixa [fáʃə] *f.* strip, band [of cloth]; sash. 2 girdle, corset.

falaguer, -ra [fələɣέ, -rə] *a.* flattering. 2 hopeful, promising. ‖ *perspectives falagueres,* good outlook *sing.;* good prospects.

falange [fəlánʒə] *f.* phalanx.

falç [fals] *f.* sickle.

falca [fálkə] *f.* wedge.

falcó [fəlkó] *m.* ORNIT. hawk, falcon.

falda [fáldə] *f.* lap. 2 slope, hillside. 3 skirt.

faldeta [fəldɛ́tə] (BAL.), (VAL.) See FALDI-LLA.

faldilla [fəldíʎə] *f.* skirt.

falguera [fəlɣèrə] *f.* BOT. fern.

falla [fáʎə] *f.* GEOL. fault. 2 lack, shortage.

fal·làcia [fəllàsiə] *f.* deceit, fraud; false-ness.

fallada [fəʎáðə] *f.* error, mistake; fault; failure.

fallar [fəʎá] *t.* to miss [a shot, etc.]. ■ 2 *i.* to fail; to miss, to go wrong.

fal·lera [fəllèrə] *f.* mania, obsession, craze.

fallida [fəʎíðə] *f.* bankruptcy. ‖ *fer ~,* to go bankrupt.

fal·lus [fállus] *m.* phallus.

falòrnia [fəlɔ́rniə] *f.* hoax, imposture, fraud; (false) rumour, (USA) rumor.

fals, -sa [fals, -sə] *a.* false, fake, wrong. ‖ *~ testimoni,* false testimony. ‖ *moneda falsa,* fake coin. 2 *agafar algú en ~,* to catch someone in a lie. ‖ *fer una passa en ~,* to make a false move.

falsedat [fəlsəðát] *f.* falseness, dishones-ty, deceit. 2 falsehood, lie.

falsejar [fəlsəʒá] *t.* to falsify, to forge. ‖ *~ els resultats,* to falsify the results. 2 to fake, to feign.

falset [fəlsét] *m.* MUS. falsetto.

falsia [fəlsiə] *f.* falseness, duplicity.

falsificació [fəlsifikəsió] *f.* falsification, forgery.

falsificar [fəlsifiká] *t.* to counterfeit, to fake, to forge.

falta [fáltə] *f.* lack, shortage. ‖ *fer ~,* to be needed: *em fa ~ un bolígraf,* I need a pen. 2 fault, mistake. ‖ *~ d'ortografia,* spelling mistake. ‖ *sens ~,* without fail. 3 default, absence. ‖ *~ d'assistència,* absence.

faltar [fəltá] *i.* to be needed: *en falten dos,* two are needed. 2 to be missing; to be absent; to be lacking. ‖ *a taula falta gent!,* table's ready!; *falten cinc minuts per acabar,* we've got five minutes left: *trobar a ~,* to miss: *~ a una cita,* to miss or break an appointment; *~ a una promesa,* to break a promise. 3 to be rude, to insult, to slight.

fam [fam] *f.* (extreme) hunger, starvation. 2 famine. 3 fig. craving, longing. 4 (VAL.) See GANA.

fama [fámə] *f.* fame; reputation, renown. ‖ *mala ~,* bad reputation. ‖ *tenir ~ de,* to be said to be.

famèlic, -ca [fəmɛ́lik, -kə] *a.* starving, famished.

família [fəmíliə] *f.* family. ‖ *ser com de la ~,* to be (like) one of the family. ‖ *ser de bona ~,* to be of a good family.

familiar [fəmiliár] *a.* family. 2 familiar. 3 informal. ■ 4 *m.-f.* relative.

familiaritat [fəmiliəritát] *f.* informality, familiarity. ‖ *tractar algú amb massa ~,* to be too familiar with someone.

famolenc, -ca [fəmulɛ́ŋ, -kə] *a.* hungry. 2 starving, famished.

famós, -osa [fəmós, -ózə] *a.* famous; well-known.

fan [fan] *m.-f.* fan.

fanal [fənál] *m.* lantern; street lamp.

fanàtic, -ca [fənátik, -kə] *a.* fanatical. ■ 2 *m.-f.* fanatic; bigot.

fanatisme [fənətízmə] *m.* fanaticism; bi-gotry.

fandango [fəndáŋgu] *m.* fandango [Spanish popular dance].

fanfàrria [fəmfárriə] *f.* bravado, bluster; bragging.

fanfarró, -ona [fəmfərró, -ónə] *a.* boast-ful, pretentious, vain. ■ 2 *m.-f.* braggart, boaster, bully; loudmouth.

fang [faŋ] *m.* mud, mire.

fanga [fáŋgə] *f.* AGR. spade; (garden) fork.

fangar [fəŋgá] *m.* bog, marsh; quagmire.

fangueig [fəŋgɛ́tʃ] See FANGAR.

fantasia [fəntəziə] *f.* fantasy, imagina-tion, fancy. ‖ *de ~,* fancy.

fantasma [fəntázmə] *m.* ghost, phan-tom, apparition.

fantasmagoria [fəntəzməɣuriə] *f.* phan-tasmagoria.

fantàstic, -ca [fəntástik, -kə] *a.* fanciful, fantastic, unreal. 2 wonderful, extraor-dinary, superb.

fantotxe [fəntótʃə] *m.* puppet, mari-onette. 2 coll. nobody, nonentity.

faquir [fəkir] *m.* fakir.

far [far] *m.* lighthouse. 2 AUTO. headlight, headlamp; *~ antiboira,* foglamp.

farad [fərát] *m.* ELECTR. faraday.

faramalla [fərəmáʎə] *f.* junk; rubbish. 2 show, display.

faràndula [fəràndulə] f. THEATR. troupe of strolling players, (USA) road company.

faraó [fərəó] m. Pharaoh.

farbalà [fərβəlà] m. frill, furbelows pl.

farcell [fərsèʎ] m. bundle, parcel, swag (Australia). 2 possessions pl., (personal) belongings pl.

farcir [fərsí] t. COOK. to stuff. 2 fig. to stuff, to cram.

fardell [fərðèʎ] See FARCELL.

farfallós, -osa [fərfəʎós, -ózə] a. unintelligible [speech].

farga [fàrɣə] f. forge.

farigola [fəriɣòlə] f. BOT. thyme.

farina [fərínə] f. flour. 2 meal.

farinetes [fərinέtəs] f. pl. COOK. gruel. 2 pap.

faringe [fərínʒə] f. ANAT. pharynx.

faringitis [fərinʒítis] f. MED. pharyngitis.

fariseu [fərizέŭ] m. HIST. pharisee. 2 fig. hypocrite.

faristol [fəristòl] m. lectern; music stand.

farmacèutic, -ca [fərməsέŭtik, -kə] a. pharmaceutical. ■ 2 m.-f. chemist, pharmacist.

fàrmac [fàrmək] m. MED. drug.

farmàcia [fərmàsiə] f. pharmacy [study]. 2 chemist's, (USA) drugstore, pharmacy. 3 dispensary.

farmaciola [fərməsiòlə] f. medicine chest; first-aid kit.

faroner, -ra [fərunè, -rə] m.-f. lighthouse keeper.

farratge [fərràdʒə] m. fodder, forage.

farsa [fàrsə] f. THEATR. farce. 2 pretence, make-believe.

farsant [fərsán] a. fake, phoney. ■ 2 m.-f. fake, impostor.

fart [far(t), -tə] a. full, satiated. 2 fig. fed up (de, with). ■ 3 m.-f. glutton. 4 excess. ‖ fer-se un ~ de riure, to laugh fit to burst, to split one's sides (with laughter).

fartaner, -ra [fərtənè, -rə] m.-f. glutton, pig. 2 f. spread, feast.

fascicle [fəsiklə] m. fascicle; instalment.

fascinació [fəsinəsió] f. fascination, bewitchment.

fascinar [fəsinà] t. to fascinate, to bewitch, to captivate.

fase [fàzə] f. phase, stage; period.

fast [fast] m. pomp; splendour, (USA) splendor, magnificence.

fàstic [fàstik] m. disgust, revulsion; loathing.

fastig [fəstik] m. dullness, tediousness.

fastigós, -osa [fəstiɣós, -ózə] a. disgusting, revolting, loathsome; repulsive.

fastiguejar [fəstiɣəʒà] t. to disgust, to revolt; to sicken. 2 to annoy, to bother, to upset.

fat, fada [fat, fàðə] a. tasteless, insipid. ■ 2 m. fate, destiny.

fatal [fətál] a. fatal, ill-fated. 2 fig. terrible, awful.

fatalitat [fətəlitàt] f. fatality. 2 misfortune, ill-luck.

fatic [fətik] m. panting, gasping. 2 pl. hardships, toils.

fatiga [fətíɣə] f. fatigue, weariness, exhaustion.

fatigar [fətiɣá] t. to fatigue, to exhaust, to tire out. ■ 2 p. to tire, to wear oneself out.

fatu, fàtua [fàtu, fàtuə] a. fatuous; vain.

fatxa [fàtʃə] f. coll. face; look, appearance.

fatxada [fətʃàðə] See FAÇANA.

fatxenda [fətʃèndə] f. swank, show-off.

faula [fàŭlə] f. fable, tale; story.

fauna [fàŭnə] f. fauna.

faune [fàŭnə] m. MYTH. faun.

faust, -ta [fàŭst, -tə] a. lucky, fortunate. 2 happy, content.

fautor, -ra [fəŭtó, -rə] m.-f. abettor; accomplice.

fava [fàβə] f. BOT. (broad) bean. ‖ ésser faves comptades, to be definite, to be sure as fate. ‖ no poder dir ~, to be speechless (with exhaustion). 2 good-for-nothing. ■ 3 a. fig. wishy-washy.

favor [fəβór] m. favour, (USA) favor. ‖ a ~ de, in favour of, all for. ‖ fes el ~ de callar, will you shut up?, do me a favour and shut up! 2 kindness, good turn.

favorable [fəβuràbblə] a. favourable, (USA) favorable; auspicious. 2 benign, mild.

favorit, -ta [fəβurit, -tə] a., m.-f. favourite, (USA) favorite.

favoritisme [fəβuritizmə] m. favouritism, (USA) favoritism.

fe [fε] f. faith; belief. ‖ anar amb bona ~, to act in good faith. ‖ tenir ~ en, to have faith in. 2 testimony. ‖ donar ~, to bear witness to. 3 certificate. 4 PRINT. ~ d'errates, (list of) errata.

feble [fèbblə] a. feeble, weak, frail.

feblesa [fəbblézə] *f.* feebleness, weakness. 2 fig. moral weakness, lack of moral fibre, frailty.

febre [féβrə] *f.* fever.

febrer [fəβrè] *m.* February.

febril [fəβril] *a.* feverish; restless, agitated.

fecal [fəkàl] *a.* faecal.

fècula [fékulə] *f.* starch.

fecund, -da [fəkùn, -də] *a.* prolific, productive. ‖ *un escriptor ~,* a prolific writer. 2 fecund, fertile.

fecundació [fəkundəsió] *f.* fertilization.

fecundar [fəkundà] *t.* to impregnate, to fertilize; to inseminate.

fecunditat [fəkunditàt] *f.* productivity. 2 fecundity, fertility.

feda [fédə] (ROSS.) See OVELLA.

federació [fədərəsió] *f.* federation; club.

federal [fədəràl] *a.* federal.

federar [fədərà] *t.* to federate, to band together.

fefaent [fəfəèn] *a.* authentic, reliable.

feina [féĭnə] *f.* work; job, task. ‖ *amb prou feines,* hardly, scarcely.

feinada [fəĭnàðə] *f.* excessive or heavy work.

feinejar [fəĭnəʒà] *i.* to do light work, to potter (around).

feiner, -ra [fəĭnè, -rə] *a.* hard-working, industrious, applied. 2 *dia ~,* work day.

feix [féʃ] *m.* bundle, bunch.

feixa [féʃə] *f.* AGR. plot, bed; patch.

feixisme [fəʃizmə] *m.* fascism.

feixista [fəʃistə] *a., m.-f.* fascist.

feixuc, -uga [fəʃúk, -úγə] *a.* heavy, cumbersome; clumsy, awkward.

fel [fɛl] *m.* gall, bile.

feldspat [fəldspàt] *m.* MINER. feldspar.

felí, -ina [fəli, -inə] *a.* feline, cat-like.

feliç [fəlis] *a.* happy. 2 opportune, well-timed; lucky.

felicitació [fəlisitəsió] *f.* congratulation, felicitation.

felicitar [fəlisità] *t.* to congratulate. ∎ *p.* to feel proud or satisfied.

felicitat [fəlisitàt] *f.* happiness. 2 luck, good fortune; success. 3 *pl.* congratulations.

feligrès, -esa [fəliγrès, -ézə] *m.-f.* parishioner.

Felip [fəlip] *pr. n. m.* Philip.

fel·lació [fəllləsió] *f.* fellatio.

feltre [féltrə] *m.* felt (cloth).

fem [fem] *m.* manure. 2 *pl.* (BAL.), (VAL.) See ESCOMBRARIES.

femar [fəmà] *t.* to manure, to fertilize.

femella [fəmèʎə] *f.* female. 2 nut [of screw].

femení, -ina [fəmèni, -inə] *a.* feminine; womanish, womanlike.

femer [fəmè] *m.* manure heap, dunghill.

feminisme [fəminizmə] *m.* feminism.

feminitat [fəminitàt] *f.* feminity, womanliness.

fems [fems] *pl.* See FEM.

femta [fèmtə] *f.* excrement, faeces.

fèmur [fèmur] *m.* ANAT. femur, thigh-bone.

fenc [fɛŋ] *m.* BOT. hay.

fendre [fèdrə] *t.* to cleave, to split, to cut. ▲ CONJUG. like *prendre.*

fenici, -ícia [fənisi, -isiə] *a., m.-f.* Phoenician.

fènix [fèniks] *m.* MYTH. phoenix.

fenomen [fənɔ́mən] *m.* phenomenon. 2 fig. monster; event.

fenomenal [fənumənàl] *a.* phenomenal, remarkable. 2 tremendous.

fer [fe] *t.* to make, to create, to do. 2 to prepare. ‖ *~ el llit,* to make the bed. ‖ *~ el sopar,* to make dinner. 3 to do; to perform, to execute. ‖ *~ salts,* to jump up and down. ‖ *~ una pregunta,* to ask a question. 4 to cause, to produce. ‖ *~ fàstic,* to disgust. ‖ *~ pudor,* to smell bad, to stink. ‖ *~ soroll,* to make noise. 5 *~ bondat,* to behave oneself. ‖ *~ règim,* to be on a diet. 6 to be [weather]. ‖ *fa calor,* it's hot. ‖ *fa sol,* it's sunny. 7 *fa tres dies,* three days ago. 8 to measure, to be: *feia dos metres d'ample,* it was two metres wide. ∎ 9 *i.* to have enough: *amb dos ja farem,* we'll make do with two. ∎ 10 *p.* to be friends (*amb,* with). 11 to become. ‖ *fer-se gran,* to grow old. ‖ *fer-se petit,* to shrink [clothes, etc.]. ▲ CONJUG. P. P.: *fet.* ‖ INDIC. Pres.: *faig, fas, fa, fan.* | Imperf.: *feia.* | Perf.: *fiu, feres, féu, férem,* etc. | Fut.: *faré,* etc. ‖ SUBJ. Pres.: *faci,* etc. | Imperf.: *fes, fessis.* ‖ IMPERAT.: *fes.*

fer, -ra [fe, -rə] *a.* fierce, ferocious. ∎ 2 *f.* wild beast or animal. 3 fig. monster; fiend.

feraç [fəràs] *a.* very fertile.

feredat [fərəðàt] *f.* terror, dread.

feréstec, -ega [fərèstək, -əγə] *a.* fierce, wild [animal or person].

fèretre [fèrətrə] *m.* coffin.

ferida [fəɾiðə] f. wound [also fig.]; injury.

feridura [fəɾiðúɾə] f. MED. apoplexy.

ferir [fəɾí] t. to injure, to wound, to hurt [also fig.]. ■ 2 p. to have an apoplectic fit.

ferit, -ida [fəɾít, -íðə] a. injured, hurt, wounded. 2 apoplectic. ■ 3 m.-f. injured or wounded person; casualty.

ferm, -ma [fɛ́rm, -mə] a. firm, resolute, steadfast; steady. ■ 2 adv. firmly, steadily; hard.

fermall [fərmáʎ] m. brooch, pin.

fermar [fərmá] t. ant. to tie (up); to chain (up); to attach.

fermentació [fərməntəsió] f. fermentation.

fermentar [fərməntá] i. to ferment.

fermesa [fərmɛ́zə] f. fig. firmness, resolve; determination.

feroç [fəɾós] See FEROTGE.

ferotge [fəɾɔ́dʒə] a. ferocious, fierce, savage.

ferradura [fərrəðúɾə] f. horseshoe.

ferralla [fərráʎə] f. scrap (iron). 2 wreckage.

ferramenta [fərrəmɛ́ntə] f. ironwork [of building, etc.]. 2 (VAL.) See EINA.

Ferran [fərrán] pr. n. m. Ferdinand.

ferrar [fərrá] t. to bind with iron. 2 to shoe [horse]. 3 ou ferrat, fried egg.

ferreny, -nya [fərrɛ́ɲ, -ɲə] a. iron [also fig.]; strong, powerful. 2 stern; austere.

ferrer [fərrɛ́] m. blacksmith.

ferreteria [fərrətəɾiə] f. ironmonger's (shop), hardware store.

ferri, fèrria [fɛ́rri, fɛ́rriə] a. iron. 2 fig. strong, hard, firm.

ferro [fɛ́rru] m. iron. ‖ fig. tenir voluntat de ~, to have a will of iron. 2 iron tool; piece of iron.

ferrocarril [fərrukərríl] m. railway, (USA) railroad.

ferroviari, -ària [fərruβiàri, -àriə] a. rail; railway, (USA) railroad. ■ 2 m.-f. railwayman, (USA) railroad worker.

fèrtil [fɛ́rtil] a. fertile; fruitful; rich.

fertilitzar [fərtilidzá] t. to fertilize.

ferum [fəɾúm] f. scent [of animal], smell; stench.

fervent [fərβɛ́n] a. fervent, passionate.

fervor [fərβór] m. fervour, (USA) fervor; zeal.

fesol [fəzɔ́l] m. BOT. (kidney) bean.

fesomia [fəzumiə] f. physiognomy, features pl.

festa [fɛ́stə] f. party, get-together. 2 celebration, festivity. ‖ ~ major, celebration of a town's patron saint. 3 holiday(s) (pl.) (USA) vacation; time off. 4 caress, stroke.

festejar [fəstəʒá] t. to court, to woo. 2 to celebrate.

festí [fəstí] m. feast, banquet.

festiu, -iva [fəstíu, -íβə] a. festive, merry. ‖ ambient ~, festive atmosphere. ‖ dia ~, holiday.

festival [fəstiβál] m. festival.

festivitat [fəstiβitát] f. festivity; (religious) feast, holiday.

fet [fɛt] m. act. 2 fact. ‖ de ~, in fact, actually. ‖ ~ i ~, all in all. 3 matter [question]. 4 event.

feta [fɛ́tə] f. feat, deed; achievement.

fetge [fɛ́dʒə] m. liver.

fetitxe [fətítʃə] m. fetish.

fètid, -da [fɛ́tit, -ðə] a. stinking, fetid. ‖ bomba fètida, stink bomb.

fetor [fətó] f. stink, stench; smell.

fetus [fɛ́tus] m. foetus.

feudal [fəuðál] a. feudal.

feudalisme [fəuðəlizmə] m. feudalism.

FFCC m. pl. (Ferrocarrils Catalans) (Catalan Railways).

fi [fi] m. aim, purpose. ‖ phr. a ~ que, so (that). 2 f. end, conclusion. ‖ a la ~, in the end, finally. ‖ al cap i a la ~, after all. ‖ per ~!, at last!

fi, fina [fi, finə] a. thin, fine. 2 delicate, subtle. 3 sharp, acute [hearing]. 4 smooth. 5 refined, well-bred; polite.

fiador, -ra [fiəðó, -rə] m. surety, guarantor, backer. 2 catch, latch, bolt.

fiança [fiánsə] f. LAW security, bond; bail. ‖ sota ~, on bail.

fiar [fiá] t. to sell on credit. ■ 2 p. to trust (de, —), to rely (de, on).

fiasco [fiásko] m. fiasco; flop.

fiblar [fibblá] t. to prick, to sting.

fibló [fibbló] m. sting [of insect]. 2 fig. spur, incentive.

fibra [fíβɾə] f. fibre, (USA) fiber.

ficar [fiká] t. to introduce, to put (in), to insert. 2 to misplace. ‖ ~ els peus a la galleda, to put one's foot in it. ■ 3 p. to interfere, to get involved. 4 to start. ‖ ficar-se a córrer, to take off.

ficció [fiksió] f. fiction; invention.

fictici, -ícia [fiktisi, -isiə] a. fictitious, imaginary.

fidedigne, -na [fiðəðíɲnə, -nə] a. reliable, trustworthy.

fideïcomís [fiðəikumís] *m.* trust.

fidel [fiðèl] *a.* faithful; reliable, trustworthy. ■ *2 m.* faithful.

fidelitat [fiðəlitát] *f.* fidelity, loyalty, faithfulness; allegiance. 2 accuracy, precision.

fideu [fiðèŭ] *m.* noodle.

figa [fiɣə] *f.* fig. ‖ ~ *de moro,* prickly pear. ‖ fig. *figues d'un altre paner,* another kettle of fish. ‖ *fer* ~, to falter, to give way.

figuera [fiɣèrə] *f.* fig tree.

figura [fiɣúrə] *f.* figure. 2 image; shape, form.

figuració [fiɣurəsió] *f.* figuration.

figurant, -ta [fiɣuràn, -tə] *m.-f.* THEATR. walk-on.

figurar [fiɣurá] *t.* to portray, to represent. 2 to simulate, to affect. ■ *3 i.* to appear [on list]. 4 to figure. ■ *5 p.* to imagine.

figuratiu, -iva [fiɣurətiŭ, -iβə] *a.* figurative.

figurí [fiɣurí] *m.* fashion plate. 2 fashion magazine. 3 well-dressed person.

fil [fil] *m.* thread, yarn; filament, fibre. ‖ *perdre el* ~, to lose the thread [of an argument]. 2 edge; blade.

fila [filə] *f.* row, line; queue, (USA) line. 2 fig. face, look; mug.

filaberquí [filəβərkí] *m.* (carpenter's) brace.

filada [filáðə] *f.* line, row [of bricks, etc.].

Filadèlfia [filəðèlfiə] *pr. n. f.* GEOGR. Philadelphia.

filador, -ra [filəðó, -rə] *a.* spinning. ■ *2 m.-f.* spinner. 3 *f.* spinning wheel.

filagarsa [filəɣársə] *f.* loose threads.

filament [filəmèn] *m.* filament; thread.

filantrop [filəntròp] *m.* philanthropist.

filantropia [filəntrupiə] *f.* philanthropy.

filar [filá] *t.* TEXT. to spin. 2 fig. to see through, to discern. 3 ~ *prim,* to be subtle, to draw it fine.

filat [filát] *m.* wire netting or fence. 2 network.

filatèlia [filətèliə] *f.* stamp-collecting.

filatura [filətúrə] *f.* spinning [action]. 2 spinning mill.

filera [filèrə] *f.* row, string, line; (fine) thread.

filet [filèt] *m.* COOK. fillet, steak.

filferro [filfèrru] *m.* wire, steel wire.

filharmònic, -ca [filərmònik, -kə] *a.* philharmonic.

filiació [filiəsió] *f.* parent-child relationship. 2 affiliation; connection.

filial [filiál] *a.* filial. ■ *2 f.* branch office.

filibuster [filiβustè] *m.* freebooter, pirate.

filiforme [filifòrmə] *a.* thread-like, stringy.

filigrana [filiɣránə] *f.* filigree [gold]. 2 fig. delicate work of art; masterpiece. 3 TYPOGR. watermark.

filipí, -ina [filipí, -inə] *a.* GEOGR. Philippine. ■ *2 m.-f.* Philippine, Filipino.

Filipines [filipínəs] *pr. n. f. pl.* GEOGR. Philippines.

filípica [filipíkə] *f.* harangue, tirade.

fill, -lla [fiʎ, -ʎə] *m.* son. 2 *f.* daughter. 3 *m.-f.* child.

fillada [fiʎáðə] *f.* offspring; brood.

fillastre, -tra [fiʎástrə, -trə] *m.* stepbrother. 2 *f.* step-daughter.

fillol, -la [fiʎòl, -lə] *m.* godson. 2 *f.* goddaughter. 3 *m.-f.* godchild.

film [film] *m.* film.

filmar [filmá] *t.* to film, to shoot.

fil·loxera [filluksèrə] *f.* ENT. phylloxera.

filó [filó] *m.* MIN. seam, vein.

filòleg, -òloga [filòlək, -òluɣə] *m.-f.* philologist.

filologia [filuluʒiə] *f.* philology.

filosa [filózə] *f.* distaff.

filòsof [filòzuf] *m.* philosopher.

filosofia [filuzufiə] *f.* philosophy.

filtració [filtrəsió] *f.* filtration. 2 fig. leakage, leak [of news, etc.].

filtrar [filtrá] *t.-i.-p.* to filter.

filtre [filtrə] *m.* filter, screen.

fimosi [fimòzi] *f.* MED. phimosis.

final [finál] *a.* final, last. ■ *2 m.* end, conclusion.

finalista [finəlistə] *m.-f.* finalist.

finalitat [finəlitát] *f.* purpose, aim; object.

finalitzar [finəlidzá] *t.-i.* to finish, to end, to finalize.

financer, -ra [finənsè, -rə] *a.* financial. ■ *2 m.-f.* financier.

finat, -ada [finát, -áðə] *a., m.-f.* deceased.

finca [fiŋkə] *f.* property, land; estate. 2 farm, plantation.

finès, -esa [finés, -ézə] *a.* Finnish. ■ *2 m.-f.* Finn. 3 *m.* Finnish [language].

finesa [finèzə] *f.* fineness, excellence; refinement. 2 courtesy, kindness.

finestra [finèstrə] f. window, bay window. ‖ fig. *tirar la casa per la ~*, to go all out.

finestral [finəstràl] m. (large) window.

finestrella [finəstrèʎə] See FINESTRETA.

finestreta [finəstrɛ̀tə] f. window [of booking office], ticket window.

finestró [finəstró] m. shutter.

fingiment [finʒimèn] m. pretence, (USA) pretense, simulation; make-believe.

fingir [finʒi] t. to pretend, to simulate, to feign.

finir [fini] t.-i. to finish. 2 i. to die.

finit, -ida [finit, -iðə] a. finite.

finlandès, -esa [finləndès, -ɛ̀zə] See FINÈS.

Finlàndia [finlàndiə] pr. n. f. GEOGR. Finland.

finor [finó] See FINESA.

fins [fins] prep. as far as, up to, down to, to [place]. 2 until, till, up to [time]. ‖ ~ *aquí*, so far; up to here; ~ *després*, see you later; ~ *i tot*, even; ~ *que*, until.

fiord [fiɔ̀r(t)] m. fiord, fjord.

fira [firə] f. (open-air) market; fair.

firaire [firàirə] m.-f. stallholder, seller [at open-air market].

firal [firàl] m. fairground, market-place.

firar [firà] t. to buy or sell at a market. 2 p. to buy.

firma [firmə] f. signature. 2 firm, enterprise, company.

firmament [firməmèn] m. firmament.

firmar [firmà] t. to sign.

fisc [fisk] m. (national) treasury, exchequer.

fiscal [fiskàl] a. fiscal, tax; financial. ■ 2 m.-f. prosecutor; attorney, (USA) district attorney.

fiscalitzar [fiskəlidzà] t. to control, to inspect [officially].

físic, -ca [fizik, -kə] a. physical. ■ 2 m. physicist. 3 physique, appearance. 4 f. physics.

fisiòleg, -òloga [fiziɔ̀lək, -ɔ̀luɣə] m.-f. physiologist.

fisiologia [fiziuluʒiə] f. physiology.

fisonomia [fizunumiə] See FESOMIA.

fisonomista [fizunumistə] a. good at remembering faces.

fissió [fisió] f. fission.

fissura [fisùrə] f. fissure.

fístula [fistulə] f. MED. fistula.

fit, -ta [fit, -tə] a. sharp, penetrating [look, glance]. ■ 2 f. boundary post or mark. 3 aim, goal. 4 milestone.

fitar [fità] t. to stare at i. to glare at i. 2 to mark off, to mark the boundary of.

fitó [fitó] m. target.

fitxa [fitʃə] f. (index) card. 2 GAME token, chip.

fitxar [fitʃà] t. to file, to index [a card]. 2 fig. to put someone on record. ■ 3 i. to clock in or out. 4 SP. to sign (per, with).

fitxatge [fitʃádʒə] m. SP. signing up.

fitxer [fitʃé] m. file. 2 filing-cabinet.

fix, -xa [fiks, -ksə] a. firm; steady, stable. ‖ *no tenir una feina fixa*, not to have a steady job. 2 fixed [price, date]. 3 permanent [staff, etc.].

fixació [fiksəsió] f. fixing, fastening; establishing. 2 MED. fixation.

fixador, -ra [fiksəðó, -rə] a. fixing, fastening. ■ 2 m. fixer [photography]. 3 fixative. 4 hair cream or lotion.

fixar [fiksà] t. to fix, to fasten, to secure; to stick (up); to set [hair]. 2 to establish, to settle or decide on, to appoint [date, time]. ■ 3 p. to notice (en, —), to pay attention (en, to); to stare (en, at).

flabiol [fləbiòl] m. MUS. flageolet.

flac, -ca [flak, -kə] a. skinny, lean. 2 weak, feeble.

flàccid, -da [flàksit, -ðə] a. flabby, soft. flaccid.

flagel [fləʒɛ̀l] m. flagellum.

flagell [fləʒɛ̀ʎ] m. whip, scourge. 2 fig. scourge, affliction.

flagel·lar [fləʒəlà] t. to whip, to scourge, to flog; to flagellate.

flagrant [fləɣràn] a. flagrant; obvious, undeniable. ‖ *en ~ delicte*, in the act, red-handed.

flairar [fləirà] t. to smell, to scent [also fig.].

flaire [flàirə] f. smell, scent.

flama [flàmə] f. flame [also fig.]: *la ~ de l'amor*, the flame of passion.

flamant [fləmàn] a. flaming. 2 fig. brand-new, shiny new.

flamarada [fləməràðə] f. flare.

flam [flam] m. caramel custard.

flamejar [fləməʒà] t. to flame, to blaze. 2 to flutter [flag, sail, etc.].

flamenc, -ca [fləmɛ̀n, -kə] a. GEOGR. Flemish. 2 flamenco, Andalusian gypsy. ■ 3 m.-f. Fleming. 4 m. Flemish [language]. 5 flamenco. 6 ORNIT. flamingo.

flanc [flaŋ] m. flank, side.

flanquejar [fləŋkəʒá] *t.* to flank.

flaquejar [fləkəʒá] *i.* to become skinny or lean. 2 to slacken, to ebb; to flag.

flaquesa [fləkɛ́zə] *f.* thinness, leanness. 2 frailty, feebleness, weakness.

flascó [fləskó] *m.* flask, bottle.

flash [fláʃ] *m.* flash; flashgun; flashcube.

flassada [fləsáðə] *f.* blanket.

flatulència [flətulɛ́nsiə] *f.* flatulence.

flauta [fláu̯tə] *f.* MUS. flute. 2 *m.-f.* flute-player, flautist.

flautista [fləu̯tístə] *m.-f.* flute-player, flautist.

fleca [flɛ́kə] *f.* baker's, bakery.

flegma [flɛ́ɣmə] *f.* phlegm [also fig.].

flegmó [fləɣmó] *m.* MED. gumboil.

flequer, -ra [fləkɛ́, -rə] *m.-f.* baker.

fletxa [flɛ́tʃə] *f.* arrow, dart.

fleuma [flɛ́u̯mə] *a.* wishy-washy, limp [person]. ■ 2 *m.-f.* drip.

flexibilitat [fleksiβilitát] *f.* flexibility.

flexible [fləksíbblə] *a.* flexible.

flexió [fləksió] *f.* flexion, bending.

flirtejar [flirtəʒá] *t.* to flirt.

floc [flɔ́k] *m.* lock [of hair]. 2 bunch. 3 flake.

flonjo, -ja [flɔ́nʒu, -ʒə] *a.* soft, spongy; springy; flabby.

flor [flɔ́] *f.* flower [also fig.]; blossom, bloom. ‖ *no tot són flors i violes,* it's not all beer and skittles. 2 *a ~ de,* on the surface of. ‖ *a ~ d'aigua,* at water level.

flora [flɔ́rə] *f.* flora.

floració [flurəsió] *f.* bloom, flowering.

Florència [flurɛ́nsiə] *pr. n. f.* GEOGR. Florence.

floret [flurɛ́t] *m.* foil [sword].

floreta [flurɛ́tə] *f.* compliment, flattery. ‖ *tirar floretes,* to make a pass [at someone].

florí [fluri] *m.* NUMIS. florin.

floricultura [flurikultúrə] *f.* flower-growing, floriculture.

floridura [fluriðúrə] *f.* mould, mildew.

florir [fluri] *i.* to bloom, to flourish. 2 fig. to flourish. ■ 3 *p.* to get mouldy.

florista [fluristə] *m.-f.* florist.

florit, -ida [flurit, -iðə] *a.* flowery, covered in flowers. ■ 2 *m.* See FLORIDURA. 4 *f.* blooming, flowering.

flota [flɔ́tə] *f.* MAR. fleet. 2 fig. multitude; crowd.

flotació [flutəsió] *f.* floating, flotation.

flotador [flutəðó] *m.* float; ball cock. 2 life-preserver, life-buoy, (USA) life saver.

flotant [flután] *a.* floating; afloat.

flotar [flutá] *i.* to float.

fluctuar [fluktuá] *i.* to fluctuate; to waver.

fluid, -da [fluit, -ðə] *a.-m.* fluid. 2 *m.* ELECTR. power.

fluïdesa [fluiðɛ́zə] *f.* fluidity. 2 fluency.

fluir [flui] *i.* to flow.

fluix, -xa [fluʃ, -ʃə] *a.* loose, slack. 2 soft, limp. 3 weak; poor [student]. ■ 4 *m.* flow, stream.

fluor [fluó, coll. flúor] *m.* CHEM. fluorine.

fluorescència [flurəsɛ́nsiə] *f.* fluorescence.

fluvial [fluβiál] *a.* fluvial, river.

flux [fluks] *m.* flow, stream, flux. 2 rising or incoming tide.

FM [ɛ́fɛ́mə] *f. (Freqüència Modulada)* FM (Frequency Modulation).

fòbia [fɔ́βiə] *f.* phobia.

foc [fɔ́k] *m.* fire. ‖ *calar ~,* to set fire to; *castell de focs,* fireworks; *~ de camp,* camp fire; *treure ~ pels queixals,* to be mad with rage, to foam at the mouth.

foca [fɔ́kə] *f.* ZOOL. seal.

focus [fɔ́kus] *m.* focus. 2 fig. centre. 3 THEATR. spotlight.

fofo, -fa [fófu, -fə] *a.* soft, spongy; puffy, fluffy.

fogó [fuɣó] *m.* cooker, stove.

fogonada [fuɣunáðə] *f.* fireball, flash.

fogós, -sa [fuɣós, -ózə] *a.* fiery, ardent; vigorous.

fogot [fuɣɔ́t] *m.* sudden blush, flush.

foguejar [fuɣəʒá] *t.* to set fire to, to set on fire. 2 MED. to cauterize. 3 MIL. to fire on, to shoot (at).

foguera [fuɣɛ́rə] *f.* bonfire, blaze.

foguerada [fuɣəráðə] *f.* See FLAMARADA.

folgar [fulɣá] *i.* to take time off [work], to be idle. 2 to mess about; to enjoy oneself, to have a good time.

folgat, -da [fulɣát, -áðə] *a.* loose, ample, baggy [clothes]. 2 fig. well-off, comfortable.

foli [fɔ́li] *m.* folio. 2 sheet [paper].

folklore [fulklɔ́r] *m.* folklore.

foll, -lla [fóʎ, fɔ́ʎə] *a.* crazy, mad.

follet [fuʎɛ́t] *m.* goblin, elf.

follia [fuʎíə] *f.* madness, lunacy; folly.

folrar [fulrrá] *t.* to line; to pad; to cover [book, etc.]. ■ 2 *p.* to make a fortune.

folre [fɔ́lrrə] *m.* lining, padding; cover.

foment [fumɛ́n] *m.* incentive, promotion, encouragement.

fomentar [fuməntá] *t.* to foster, to promote, to encourage.

fona [fónə] *f.* sling [for propelling stones, etc.].

fonació [funəsió] *f.* phonation.

fonament [funəmèn] *m.* foundation [also fig.]. 2 fig. source; basis, grounds. ‖ *sense ~,* groundless, baseless.

fonamental [funəməntál] *a.* fundamental; basic, essential. ■ 2 *f.* MUS. fundamental.

fonamentar [funəməntá] *t.* ARCH. to lay the foundations of. 2 fig. to found, to base.

fonda [fóndə] *f.* inn; lodging house.

fondalada [fundəláðə] *f.* lowland, lowlands; hollow.

fondària [fundáriə] *f.* depth.

fondejar [fundəʒá] *i.-t.* NAUT. to anchor.

fondo, -da [fóndu, -də] *a.* deep.

fondre [fóndrə] *t.* to melt; to blend, to fuse. ■ 2 *p.* to melt, to dissolve; to fuse. 3 fig. to vanish, to disappear. ▲ CONJUG. GER.: *fonent.* ‖ P. P.: *fos.* ‖ INDIC. PRES.: *fonc.* ‖ SUBJ. PRES.: *fongui,* etc. ‖ Imperf.: *fongués,* etc.

fonedís, -issa [funəðís, -isə] *a.* slippery, shifty. ‖ *fer-se ~,* to slip off or away, to vanish.

fonema [funèmə] *m.* phoneme.

fonètic, -ca [funɛ̀tik, -kə] *a.* phonetic. ■ 2 *f.* phonetics.

fònic, -ca [fónik, -kə] *a.* phonic.

fonògraf [funɔ́ɣrəf] *m.* gramophone, (USA) phonograph.

fonoll [funóʎ] *m.* BOT. fennel.

fons [fons] *m.* bottom. ‖ *a ~,* thoroughly. ‖ *en el ~,* at heart; actually. 2 sea bed, river bed. 3 back, far end [of room, etc.]. 4 ARTS, PHOTO. background. 5 ECON. fund; funds *pl.,* resources *pl.* ‖ *xec sense ~,* bad cheque.

font [fon] *f.* fountain, spring. 2 fig. source, origin.

footing [fútin] *m.* SP. jogging.

fora [fɔ́rə] *adv.* out, outside. ‖ *ser ~,* to be out or away. ‖ *tenir una casa a ~,* to have a house in the country. 2 fig. *~ de sí,* beside oneself.

forassenyat, -ada [fɔrəsəɲát, -áðə] *a.* outrageous, absurd, nonsensical.

foraster, -ra [furəstè, -rə] *a.* alien; foreign. ■ 2 *m.-f.* stranger, outsider; foreigner, alien.

forat [furát] *m.* hole; hollow, pit. 2 fig. hide-out, retreat [place].

forca [fórkə] *f.* gallows. 2 pitchfork.

força [fórsə] *f.* strength, force. 2 power. ‖ *~ pública,* public pressure. ‖ *per ~, a la ~,* against one's will. ■ 3 *a.* much, a lot of. ‖ *~ gent,* quite a crowd. ‖ *~ soroll,* a lot of noise. ■ 4 *adv.* very; rather. ‖ *~ de pressa,* very fast.

forçar [fursá] *t.* to force, to compel. 2 to force; to break down, to break into; to rape. 3 to strain [voice, ears, etc.].

forçat, -ada [fursát, -áðə] *a.* forced, compulsory. ‖ *treballs forçats,* hard labour, (USA) hard labor.

forcejar [fursəʒá] *i.* to struggle, to fight; to strive.

fòrceps [fórsəps] *m. pl.* MED. forceps.

forçós, -osa [fursós, -ózə] *a.* compulsory, unavoidable; necessary.

forçut, -uda [fursút, -úðə] *a.* strong, tough, robust.

forense [furènsə] *a.* forensic. ■ 2 *m.-f.* forensic surgeon.

forestal [furəstál] *a.* forest. ‖ *guarda ~,* gamekeeper, game warden. ‖ *incendi ~,* forest fire.

forja [fɔ́rʒə] *f.* forge, foundry. 2 forging.

forjar [furʒá] *t. t.* to forge, to shape [also fig.].

forma [fórmə] *f.* form, shape. 2 way, means.

formació [furməsió] *f.* formation. 2 education, training. 3 MIL. formation; assembly.

formal [furmál] *a.* formal. 2 serious, well-behaved [person]. 3 reliable.

formalitat [furməlitát] *f.* formality. 2 reliability.

formalitzar [furməlidzá] *t.* to formalize.

formar [furmá] *t.* to form, to shape; to make, to draw up. 2 to constitute, to make up. 3 to train, to educate. ■ 4 *i.* MIL. to fall in line.

format [furmát] *m.* format, size.

formatge [furmádʒə] *m.* cheese.

formatgeria [furmədʒəriə] *f.* cheese factory, dairy. 2 cheese shop. 3 cheese restaurant.

forment [furmèn] *m.* BOT. wheat.

formidable [furmiðábblə] *a.* formidable, fearsome. 2 fig. extraordinary, magnificent.

formiga [furmíɣə] *f.* ENT. ant.

1) formigó [furmiɣó] *m.* concrete.

2) formigó [furmiɣó] *m.* creepy feeling, itchiness.

formigueig [furmiɣètʃ] See FORMIGÓ 2).

formiguer [furmiɣè] m. anthill. 2 colony of ants. 3 fig. swarm [people].

formol [furmɔl] m. CHEM. formol.

formós, -osa [furmós, -ózə] a. beautiful.

fórmula [fɔrmulə] f. formula.

formular [furmulá] t. to formulate.

formulari, -ària [furmulári, -áriə] a. perfunctory. ■ 2 m. formulary, form.

forn [forn] m. oven [for food]; kiln [for pottery]; furnace [for glass, metals]. 2 bakery, bread shop.

fornada [furnáðə] f. batch [also fig.].

fornal [furnál] f. forge.

forner, -ra [furnè, -rə] m.-f. baker.

fornicació [furnikəsió] f. fornication.

fornicar [furnikà] i. to fornicate.

fornir [furní] t. to supply, to provide.

fornit, -ida [furnit, -iðə] a. well-built, strong, muscular.

forqueta [furkètə] (BAL.), (VAL.) See FORQUILLA.

forquilla [furkiʎə] f. fork.

forrellat [furrəʎát] m. bolt.

fort, -ta [fɔrt, -tə] a. strong. 2 healthy. 3 loud. ■ 4 m. MIL. fort. || **al ~ de l'estiu**, in the height of summer. || **el seu ~ és la física**, physics is his strong point. ■ 5 adv. strongly. 6 loudly.

fortalesa [furtəlèzə] f. strength. 2 MIL. fortress.

fortí [furtí] m. small fort.

fortificar [furtifikà] t. to fortify. 2 fig. to strengthen, to fortify.

fortor [furtó] f. stench, stink.

fortuït, -ta [furtuít] a. accidental; fortuitous.

fortuna [furtúnə] f. fortune.

fòrum [fɔrum] m. HIST. forum. 2 LAW legal profession. 3 THEATR. back.

fosa [fózə] f. melting [snow, butter, etc.]; smelting [metals]. 2 ART casting.

fosc, -ca [fosk, -kə] a. dark. || **fer-se ~**, to get dark. 2 fig. obscure. ■ 3 f. darkness. || **a les fosques**, in the dark.

foscor [fuskó] f. See FOSCA 3.

fosfat [fusfát] m. CHEM. phosphate.

fosforescent [fusfurəsèn] a. phosphorescent.

fossa [fósə] f. grave. 2 ~ **nasal**, nostril.

fossar [fusá] m. cemetery, graveyard.

fossat [fusát] m. moat.

fòssil [fɔsil] a.-m. fossil.

fossilitzar [fusilidzàr] t.-p. to fossilize.

fotesa [futèzə] f. trifle, insignificant thing.

fòtil [fɔtil] m. coll. useless object.

fotimer [futimè] m. coll. lot (de, of).

foto [fótu] f. coll. photo.

fotocòpia [futukɔpiə] f. photocopy.

fotogènic, -ca [futuʒɛnik, -kə] a. photogenic.

fotògraf, -fa [futɔɣrəf, -fə] m.-f. photographer.

fotografia [futuɣrəfiə] f. photography [activity]. 2 photograph.

fotografiar [futuɣrəfiá] t. to photograph, to take pictures of.

fotogravat [futuɣrəβát] m. photogravure.

fotòmetre [futɔmətrə] m. exposure meter, light meter.

fotonovel·la [fótunuβɛllə] f. romantic story with photographs.

fotosfera [fótusfèrə] f. photosphere.

fotosíntesi [fótusíntəzi] f. photosynthesis.

fotre [fótrə] t. vulg. to fuck. 2 coll. to make, to do. || **què hi fots aquí?**, what are you doing here? || **el cotxe fot un soroll estrany**, the car's making a funny noise. 3 to throw: **li van ~ una galleda d'aigua per sobre**, they threw a bucket of water over him. 4 to annoy, to bother: **ho fan només per ~'ns**, they do it only to annoy us. 5 to put: **el van ~ a la presó**, they put him in prison. 6 **fot el camp!**, bugger off! 7 to nick. ■ 8 p. to get depressed, to get bored, to become sick. 9 to eat; to drink. 10 to start. || **tot just es fotia a clapar**, van trucar a la porta, he was just off to sleep when there was a knock at the door. 11 to laugh (de, at).

FP [efəpè] f. EDUC. (Formació Professional) (technical training).

fra. f. COMM. (abbr. of **factura**) inv. (invoice).

frac [frak] m. dress coat, tails pl.

fracàs [frəkás] m. failure, disaster.

fracció [frəksió] f. part, fragment. 2 MATH. fraction.

fraccionari, -ària [frəksiunári, -áriə] a. fractional.

fractura [frəktúrə] f. fracture, break.

fracturar [frəkturà] t. to fracture, to break.

fragància [frəɣánsiə] f. fragrance, perfume.

fragata [frəɣátə] f. NAUT. frigate.

fràgil [fràʒil] a. fragile, delicate. 2 fig. frail.

fragilitat [frəʒilitát] a. fragility. 2 fig. frailty.

fragment. [frəgmèn] m. fragment.

fragmentar [frəgməntá] t. to fragment, to fragmentize, to break up.

fragor [frəɣò] m. din.

franc, -ca [fraŋ, -kə] a. free: *port-franc,* freeport. ‖ *de ~,* free. 2 frank. ■ m. 3 franc.

França [fránsə] pr. n. f. GEOGR. France.

francès, -esa [frənsέs, -έzə] a. GEOGR. French. ■ 2 m. Frenchman. 3 French [language]. 4 f. Frenchwoman.

Francesc [frənsέsk] pr. n. m. Francis.

francmaçoneria [fraŋməsunəríə] f. freemasonry.

francòfil, -la [frəŋkɔ́fil, -lə] a. francophile.

franel·la [frənέllə] f. flannel.

franja [fránʒə] f. trimming, fringe.

franqueig [frəŋkέtʃ] m. postage. 2 franking.

franquejar [frəŋkəʒá] t. to stamp, to frank. 2 to cross [rivers].

franquesa [frəŋkέzə] f. frankness, sincerity.

frare [frárə] m. friar, monk. ‖ *dotzena de ~,* baker's dozen.

frase [frázə] f. sentence; phrase. ‖ *~ feta,* set phrase, set expression.

fraseologia [frazeuluʒíə] f. phraseology.

fraternitat [frətərnitát] f. fraternity, brotherhood.

fraternitzar [frətərnidzá] i. to fraternize.

fratricidi [frətrisíði] m. fratricide.

frau [fráŭ] m. fraud.

fraudulent, -ta [frəŭðulèn, -tə] a. fraudulent.

fre [frɛ] m. bit. 2 MECH. brake. 3 fig. curb, check.

frec [frέk] m. scraping, rubbing; brushing.

fred, -da [frɛt, -ðə] a. cold: *fa molt ~,* its very cold. ‖ *mantenir la sang freda,* to stay cool. 2 fig. cold, indifferent, unaffectionate. ■ 3 m. cold.

fredeluc, -uga [frəðəlúk, -úɣə] a. See FREDOLIC.

Frederic [frəðərik] pr. n. m. Frederic.

fredolic, -ca [frəðulík, -kə] a. who feels the cold. ■ 2 m. BOT. edible type of agaric mushroom.

fredor [frəðò] f. coldness [also fig.].

frega [frέɣə] f. rubbing, rub-down, massage.

fregadís [frəɣəðís] m. rubbing.

fregall [frəɣáʎ] m. pan-scrub, scourer.

fregar [frəɣá] t. to scrub [the floor]; to clean. 2 to rub, to catch: *frega el sostre amb els cabells,* her hair catches the ceiling. ■ 3 i. to rub, to scrape.

fregidora [frəʒiðòrə] f. deep-fryer.

fregir [frəʒí] t. to fry t.-i. ■ 2 p. fig. to be roasting [people].

freixe [frέʃə] m. BOT. ash.

freixura [frəʃúrə] f. COOK. lungs.

frenar [frəná] t. to brake. 2 fig. to check, to curb, to restrain.

frenesí [frənəzí] m. frenzy.

frenètic, -ca [frənέtik, -kə] a. frenetic, frantic.

freqüència [frəkwέnsiə] f. frequency. ‖ *amb ~,* often, frequently.

freqüent [frəkwèn] a. frequent, common, usual.

freqüentar [frəkwəntá] t. to frequent. 2 to do (something) often.

fresa [frɛ́zə] f. MECH. milling machine.

fresc, -ca [frέsk, -kə] a. fresh, new. 2 cool. 3 coll. cheeky. ■ 4 m. ART fresco. 5 f. cool air ~, it's cool [weather]. ‖ *prendre la ~,* to get some fresh air.

frescor [frəskò] f. freshness. 2 fig. coolness, phlegm. 3 coll. cheek, cheekiness.

fressa [frɛ́sə] f. noise.

fressat, -ada [frəsàt, -áðə] a. beaten [paths].

fretura [frətúrə] f. lack; scarcity, shortage.

fricandó [frikandò] m. COOK. fricandeau.

fricció [friksiò] m. rubbing. 2 MECH. friction. 3 fig. friction, trouble. 4 MED. massage.

frigidesa [friʒiðèsə] f. frigidity.

frigorific, -ca [friɣurifík, -kə] a. refrigerating. ■ 2 m. refrigerator, fridge.

fris [fris] m. ARCH. frieze.

frisar [frizá] i. to get extremely impatient.

frívol, -la [fríβul, -lə] a. frivolous.

fronda [frɔ́ndə] f. BOT. frond.

frondós, -osa [frundòs, -ózə] a. leafy.

front [fron] m. forehead. 2 front. ‖ *fer ~ a,* to face (up to).

frontal [fruntál] a. frontal.

frontera [fruntὲrə] f. frontier, border [also fig.].

fronterer, -ra [fruntərè, -rə] a. border, frontier.

frontispici [fruntispísi] m. frontispiece.

frontissa [fruntísə] f. hinge.

frontó [fruntó] *m.* ARCH. pediment. 2 SP. pelota court. 3 SP. front wall of a pelota court.

fructificar [fruktifiká] *t.* to bear fruit, to fructify.

frugal [fruɣál] *a.* frugal.

fruir [fruí] *i.* to enjoy *t.*

fruit [frúit] *f.* BOT. fruit. 2 BOT. fruit, result, benefit. ‖ *donar* ~, to bear fruit, to give results.

fruita [frúitə] *f.* fruit [apples, oranges, etc.].

fruiter, -ra [fruítè, -rə] *a.* fruit. ■ 2 *m.* fruit tree. 3 *m.-f.* greengrocer.

frunzir [frunzí] *t.* to gather [in cloth].

frustració [frustrəsió] *f.* frustration.

frustrar [frustrá] *t.* to frustrate, to thwart.

fúcsia [fúksia] *f.* fuchsia.

fuet [fuèt] *m.* whip. 2 long, thin, dried, cured sausage.

fuetejar [fuətəʒá] *t.* to whip, to flog.

fuga [fúɣə] *f.* escape, flight. 2 MUS. fugue.

fugaç [fuɣás] *a.* fleeting.

fugida [fuʒíðə] *f.* escape, flight.

fugir [fuʒí] *i.* to escape, to flee; to run away. ‖ *fer* ~, to put to flight, to frighten away. 2 to come off; to come out of. ‖ *la raqueta em va* ~ *de la mà,* the racket flew out of my hand. 3 ~ *d'estudi,* to evade the question. ▲ CONJUG. INDIC. Pres.: *fujo, fuigs, fuig, fuig,* etc.

fugisser, -ra [fuʒisè, -rə] *a.* fleeting.

fugitiu, -iva [fuʒitiŭ, -iβə] *a., m.-f.* fugitive.

fulard [fulár] *m.* foulard.

fulgència [fulʒènsiə] *f.* brilliance, dazzling brightness.

fulgor [fulɣó] *m.* See FULGÈNCIA.

fulgurar [fulɣurá] *i.* to flash, to emit flashes of light.

full [fuʎ] *m.* sheet of paper. 2 page. 3 COOK. *pasta de* ~, puff pastry.

fulla [fúʎə] *f.* leaf [trees, plants]. 2 blade. ‖ *posa-t'hi fulles,* it's not my problem.

fullaraca [fuʎərákə] *f.* dead leaves. 2 fig. worthless book.

fullatge [fuʎádʒə] *m.* foliage, leaves.

fullejar [fuʎəʒá] *t.* to leaf through [a book].

fulletó [fuʎətó] *m.* installment, part [of a novel published in parts].

fullola [fuʎólə] *f.* veneer.

fulminant [fulminán] *a.* fulminating.

fulminar [fulminá] *t.* to strike by lightning. ‖ ~ *amb la mirada,* to cast a withering look at. 2 to explode. ■ 3 *i.* to flash with lightning. 4 to explode.

fum [fum] *m.* smoke; fumes. 2 vapour, steam. 3 *pl.* airs *pl.*

fumador, -ra [fuməðó, -rə] *m.-f.* smoker. 2 *m.* smoking room.

fumar [fumá] *t.-i.* to smoke. 2 *i.* to steam: *aquest cafè és massa calent; mira com fuma,* this coffee's too hot; look how it's steaming.

fumarada [fuməráðə] *f.* (thick) cloud of smoke.

fumarola [fumərólə] *f.* fumarole.

fumejar [fuməʒá] *i.* to give off smoke or steam; to smoke; to steam.

fúmer [fúmə] coll. See FOTRE.

fumera [fumèrə] *f.* cloud of smoke.

fumerol [fuməròl] *m.* light cloud of smoke or mist.

fumigar [fumiɣá] *t.* to fumigate.

funàmbul, -la [funámbul, -lə] *m.-f.* tightrope walker.

funció [funsió] *f.* function. 2 duty. 3 performance; show. 4 MATH. function. 5 *en* ~ *de,* in terms of. ‖ *president en funcions,* acting president.

funcional [funsiunál] *a.* functional.

funcionament [funsiunəmèn] *m.* functioning, working.

funcionar [funsiunár] *i.* to function, to work. ‖ *fer* ~, to make work. ‖ *no funciona,* out of order.

funcionari [funsiunári] *m.* civil servant; functionary.

funda [fúndə] *f.* cover [flexible]; case [rigid].

fundació [fundəsió] *f.* foundation.

fundar [fundá] *t.* to found [city]; to establish [business]. 2 to base (*en, on*): *en què fundes aquesta deducció,* on what do you base this deduction? ■ 3 *p.* to base oneself (*en, on*).

fúnebre [fúnəβrə] *a.* funeral. 2 funereal, gloomy.

funeral [funərál] *m.* funeral.

funerari, -ària [funərári, -áriə] *a.* funerary. ■ 2 *f.* undertaker's; (USA) funeral parlor.

funest, -ta [funès(t), -tə] *a.* fatal, deadly. 2 baneful, baleful.

funicular [funikulár] *m.* cable car.

fur [fur] *m.* law or privilege [special to a certain region].

fura [fúrə] *f.* ZOOL. ferret. 2 fig. busybody, nosey parker, meddler.

furgar [furɣá] *t.* to poke, to stir, to prod. 2 to rummage about. *i.* 3 fig. to meddle, to pry.

furgó [furɣó] *m.* wagon, truck. 2 RAIL. luggage van.

furgoneta [furɣunɛ́tə] *f.* van [small].

fúria [fúriə] *f.* fury.

furiós, -osa [furiós, -ózə] *a.* furious.

furóncol [furóŋkul] *m.* MED. boil, furuncle.

furor [furó] *m.* furore.

furt [fur(t)] *m.* theft. 2 thing stolen.

furtiu, -iva [furtiǔ, -iβə] *a.* furtive. ‖ *caçador ~,* poacher.

fus [fus] *m.* spindle. 2 GEOM. lune. 3 ~ *horari,* time zone.

fusell [fuzéʎ] *m.* rifle, gun.

fusible [fuzibblə] *a.* fusible. ■ 2 *m.* ELECTR. fuse.

fusió [fuzió] *f.* fusion. 2 COMM. merger.

fusta [fústə] *f.* wood, timber. ‖ *té ~ de santa,* she's like a saint. 2 piece of wood.

fuster [fusté] *m.* carpenter; joiner.

fusteria [fustəriə] *f.* carpentry; joinery. 2 carpenter's or joiner's shop.

fustigar [fustiɣá] *t.* to flog, to whip.

futbol [fubbɔ́l] *m.* football.

futbolí [fubbulí] *m.* GAME table football.

futbolista [fubbulistə] *m.-f.* football player.

fútil [fútil] *a.* futile.

futur, -ra [futúr, -rə] *a.-m.* future.

futurisme [futurizmə] *m.* futurism.

futurista [futuristə] *a., m.-f.* futurist.

G

G, g [ʒe] *f.* g [letter].

gàbia [gáβiə] *f.* cage. ‖ *muts i a la ~!,* shut up!

gabial [gəβiál] *m.* large cage; aviary.

gabinet [gəβinέt] *m.* study. 2 POL. cabinet. 3 office [lawyer's].

Gabriel [gəβriέl] *pr. n. m.* Gabriel.

gafarró [gəfərró] *m.* ORNIT. greenfinch.

gafet [gəfέt] *m.* clasp; hook [of hook and eye].

gai, gaia [gái, -gájə] *a.* gay, festive. 2 homosexual. ■ 3 *m.-f.* homosexual, gay.

gaiato [gəjátu] *m.* crook [shepherd's].

gaig [gatʃ] *m.* ORNIT. jay.

gaire [gáïrə] *a.* much: *en vols ~?,* do you want much?; *no n'hi ha ~,* there isn't much; *parles sense ~ convenciment,* you don't sound very convinced. ■ 2 *adv.* very: *no és ~ gran,* it's not very big; *vindràs ~ tard?,* will you come very late?

gairebé [gəïrəβέ] *adv.* almost, nearly. 2 *~ no,* hardly, scarcely.

gairell [gəïrέʎ] *adv. phr. de ~,* aslant, sideways.

gaita [gáïtə] *f.* MUS. bagpipe. ‖ *estar de mala ~,* to be in a bad mood.

gala [gálə] *f.* pomp, show. ‖ *sopar de ~,* gala dinner.

galant [gəlán] *a.* gallant. ■ 2 *m.* beau; lover; suitor. 3 THEATR. (juvenile) lead.

galantejar [gələntəʒá] *t.* to be courteous to; to court, to woo.

galàpet [gəlápət] See GRIPAU.

galàxia [gəláksiə] *f.* ASTR. galaxy.

galdós, -osa [gəldós, -ózə] *a.* rotten, awful, terrible, shocking.

galena [gəlέnə] *f.* MINER. lead sulphide, galena.

galera [gəlέrə] *f.* NAUT., print. galley. 2 ant. women's prison. 3 *pl.* galleys.

galerada [gələráðə] *f.* PRINT. galley proof.

galeria [gələriə] *f.* gallery. 2 corridor. 3 fig. public opinion.

galerna [gəlέrnə] *f.* METEOR. strong north west wind.

galet [gəlέt] *m.* spout.

galeta [gəlέtə] *f.* biscuit, (USA) cookie. 2 coll. slap.

Galícia [gəlisiə] *pr. n. f.* GEOGR. Galicia.

galifardeu [gəlifərðέŭ] *m.* coll. lad, youth.

galimaties [gəlimátiəs] *m.* coll. mess; nonsense.

galindaina [gəlindáïnə] *f.* bauble. 2 *pl.* trifles.

galindó [gəlindó] *m.* ANAT. bunion.

galiot [gəliót] *m.* NAUT. galley slave.

gall [gaʎ] *m.* cock. ‖ *~ dindi,* turkey. 2 MUS. wrong note. 3 fig. bossy person.

gallard, -da [gəʎár(t), -ðə] *a.* charming, elegant. 2 fig. gallant, brave.

gallardet [gəʎərðέt] *m.* pennant.

gallardia [gəʎərðiə] *f.* elegance, grace. 2 fig. courage.

gallaret [gəʎərέt] *m.* See ROSELLA.

galleda [gəʎέðə] *f.* bucket. ‖ fig. *ficar els peus a la ~,* to put one's foot in it.

gallejar [gəʎəʒá] *i.* to strut about; to be arrogant. 2 to brag; to bluster.

gal·lès, -esa [gəʎɛ́s, -zə] *a.* Welsh. ■ 2 *m.* Welshman. 3 *f.* Welshwoman.

Gal·les [gáʎəs] *pr. n. m.* GEOGR. Wales.

gallet [gəʎέt] *m.* young cock. 2 trigger. 3 weather vane, weather cock.

galleta [gəʎέtə] (BAL.), (VAL.) See GALETA.

gàl·lic, -ca [gáʎik, -kə] *a.* Gallic.

gal·licisme [gəʎisizmə] *m.* Gallicism.

gallimarsot [gəʎimərsót] *m.* cock without a crest. 2 masculine looking woman.

gallina [gəʎinə] *f.* hen. ‖ *pell de ~,* goose-pimples, gooseflesh. 2 fig. chicken, coward.

gallinaire [gəʎinàirə] *m.-f.* poultry dealer or seller.

galliner [gəʎinè] *m.* hen run. 2 henhouse. 3 fig. bedlam, madhouse.

galló [gəʎó] *m.* segment, slice [fruit].

galó [gəló] *m.* MIL. stripe. 2 gallon.

galop [gəlɔ́p] *m.* gallop. 2 MAR. breakwater. 3 MUS. galop.

galopant [gəlupán] *a.* galloping.

galotxa [gəlɔ́tʃə] *f.* See ESCLOP.

galta [gáltə] *f.* cheek. 2 *pl.* fig. cheek *sing.*

galtaplè, -ena [gəltəplɛ̀, -ɛ́nə] *a.* chubby cheeked.

galtera [gəltèrə] *f.* chinstrap. 2 *pl.* MED. mumps.

galvana [gəlβánə] *f.* laziness.

galvànic, -ca [gəlβánik, -kə] *a.* ELECTR. galvanic.

galvanitzar [gəlβənidzá] *t.* to galvanize [also fig.].

galze [gálzə] *m.* groove.

galzeran [gəlzəràn] *m.* BOT. butcher's broom.

gamarús [gəmərús] *m.* ORNIT. tawny owl. 2 type of mushroom.

gamba [gámbə] *f.* ZOOL. shrimp, prawn. 2 leg.

gambada [gəmbàðə] *f.* stride.

gambal [gəmbál] *m.* stirrup leather. ‖ *curt de gambals,* slow, thick.

gamma [gámmə] *f.* gamma. 2 MUS. scale. 3 range.

gana [gànə] *f.* hunger. ‖ *tinc ~,* I'm hungry. 2 *pl.* wish *sing.* desire *sing.* ‖ *tinc ganes d'anar-me'n al llit,* I want to go to bed. ‖ *no em dóna la ~,* I don't feel like it.

ganàpia [gənàpiə] *m.-f.* big baby.

gandul, -la [gəndúl, -lə] *a.* lazy, idle. ■ 2 *m.-f.* lazybones, idler, loafer.

gandulejar [gənduləʒá] *i.* to be lazy, to be idle, to laze about.

ganduleria [gənduləríə] *f.* laziness, idleness.

ganga [gáŋgə] *f.* bargain. 2 ORNIT. sandgrouse. 3 MINER. gangue.

gangli [gáŋgli] *m.* ANAT. ganglion.

gangrena [gəŋgrènə] *f.* gangrene.

gangrenar-se [gəŋgrənàrsə] *p.* to go gangrenous.

gànguil [gáŋgil] *m.* coll. lanky person, beanpole.

ganivet [gəniβɛ́t] *m.* knife.

ganiveta [gəniβétə] *f.* large knife; bread knife.

ganso, -sa [gánsu, -sə] *a.* dawdling.

gansola [gənsɔ́lə] (ROSS.) See GANDUL.

gansoner, -ra [gənsunè, -rə] See GANSO.

gansoneria [gənsunəríə] *f.* slowness, time wasting.

ganut, -uda [gənút, -úðə] *a.* starving, ravenous. 2 always hungry.

ganxet [gənʃɛ́t] *m.* crochet hook. ‖ *fer ~,* to crochet.

ganxo [gánʃu] *m.* hook.

ganya [gáɲə] *f.* gill.

ganyota [gəɲɔ́tə] *f.* grimace, face.

gara-gara [gàrəɣàrə] *f. fer la ~ a,* to suck up to.

garant [gəràn] *a.* responsible. ■ 2 *m.-f.* guarantor.

garantia [gərəntiə] *f.* guarantee, warranty.

garantir [gərənti] *t.* to guarantee. 2 to assure. 3 to vouch for.

garatge [gəràdʒə] *m.* garage.

garba [gárβə] *f.* AGR. sheaf.

garbell [gərβéʎ] *m.* riddle; sieve.

garbí [gərβi] *m.* METEOR. south-west wind.

garbuix [gərβúʃ] *m.* tangle, mix-up, mess. ‖ *fer-se un ~,* to get all mixed up.

gardènia [gərðèniə] *f.* BOT. gardenia.

garfi [gárfi] *m.* sharp pointed hook; gaff.

gargall [gərɣáʎ] *m.* spit.

gargamella [gərɣəmèʎə] *f.* throat.

gàrgara [gárɣərə] *f.* gargle. ‖ *ves a fer gàrgares!,* get lost!, push off!

gàrgola [gárɣulə] *f.* gargoyle.

gargot [gərɣɔ́t] *m.* scribble, scrawl.

gargotejar [gərɣutəʒá] *t.* to scribble, to scrawl.

garita [gəritə] *f.* sentry box; lookout turret.

garjola [gərʒɔ́lə] *f.* clink, prison, jail.

garlaire [gərláirə] *m.-f.* chatterbox, prattler.

garlanda [gərlàndə] *f.* garland.

garlar [gərlá] *i.* to prattle, to rabbit on.

garnatxa [gərnàtʃə] *f.* variety of black grape. 2 *m.* wine of this grape.

garneu, -ua [gərnèŭ, -wə] *a.* cunning, sly. ■ 2 *m.* ICHTHY. piper.

garra [gárrə] *f.* leg [animals].

garrafa [gərráfə] *f.* demijohn, large bottle.

garranyic [gərrəɲik] *m.* squeal; squeak.

garratibat, -ada [gərrətiβát, -áðə] *a.* stiff-legged. 2 fig. dumbfounded, astounded.

garrell, -lla [gərréʎ, -ʎə] *a.* bow-legged.

garrepa [gərrépə] *a.* mean, miserly. ■ 2 *m.-f.* miser; penny-pincher.

garreta [gərrétə] *f.* ANAT. back of the knee.

garrí, -ina [gərri, -inə] *m.-f.* piglet.

garriga [gərriɣə] *f.* BOT. scrubland, scrub.

garrit, -ida [gərrit, -iðə] *a.* charming; gallant.

garró [gərró] *m.* ankle.

garrofa [gərrófə] *f.* BOT. carob bean or pod. ‖ *guanyar-se les garrofes,* to earn one's living.

garrofer [gərrufé] *m.* BOT. carob tree.

garrot [gərrɔ́t] *m.* stick, stave, staff. 2 LAW garrotte or garotte.

garrotada [gərrutáðə] *f.* a blow with a stick or club.

garrotxa [gərrɔ́tʃə] *f.* difficult terrain, rugged land.

garsa [gársə] *f.* ORNIT. magpie.

gas [gas] *m.* gas. 2 *pl.* wind *sing.,* gas *sing,* [in the stomach].

gasa [gázə] *f.* gauze.

gasela [gəzélə] *f.* ZOOL. gazelle.

gaseta [gəzétə] *f.* gazette.

gasetilla [gəzətiʎə] *f.* news-in-brief section. 2 short news item.

gasetiller [gəzətiʎé] *m.* writer of short news items.

gasificar [gəzifiká] *t.* to gasify.

gasiu, -iva [gəziŭ, -iβə] *a.* mean, tight-fisted.

gasiveria [gəziβəriə] *f.* meanness, tight-fistedness; miserliness.

gasògen [gəzɔ́ʒən] *m.* gasogene.

gas-oil [gəzɔ́il] *m.* gas oil. 2 diesel [vehicles].

gasolina [gəzulinə] *f.* petrol, (USA) gasolene, gas.

gasolinera [gəzulinérə] *f.* garage, petrol station, (USA) gas station.

gasòmetre [gəzɔ́mətrə] *m.* gasometer.

gasós, -osa [gəzós, -ózə] *a.* gaseous. 2 fizzy. ■ 3 *f.* lemonade.

gaspatxo [gəspátʃu] *m.* gazpacho [a cold soup].

gassot [gəsɔ́t] (ROSS.) See TOLL.

gastar [gəstá] *t.-p.* to spend [money]. 2 *t.* to use up. 3 to use [gas, electricity, etc.]. 4 *p.* to be used up. 5 to wear out.

gastat, -ada [gəstát, -áðə] *a.* worn out.

gàstric, -ca [gástrik, -kə] *a.* gastric.

gastritis [gəstritis] *f.* gastritis.

gastronomia [gəstrunumiə] *f.* gastronomy.

gat, gata [gát, gátə] *m.* cat. 2 MECH. jack. 3 ~ *vell,* wise old bird; *donar* ~ *per llebre,* to sell someone a pig in a poke. 4 *f.* she-cat.

gatejar [gətəʒá] *i.* to crawl on all fours.

gató [gətó] (ROSS.) See PASTÍS.

gatosa [gətózə] *f.* BOT. gorse, furze.

gatzara [gədzárə] *f.* shouting, uproar, din.

gatzoneta [gədzunétə] *adv. phr. a la* ~, squatting.

gaudi [gáŭði] *m.* enjoyment, pleasure.

gaudir [gəŭði] *i.* to enjoy *t.*

gautxo, -txa [gáŭtʃu, -tʃə] *m.-f.* gaucho.

gavadal [gəβəðál] *m.* trough. ‖ fig. *un* ~ *de,* loads of.

gavardina [gəβərðinə] *f.* raincoat.

gavarra [gəβárrə] *f.* MAR. barge.

gavarrot [gəβərrɔ́t] *m.* tack.

gavatx, -txa [gəβátʃ, -tʃə] *a., m.-f.* pej. French. 2 *m.-f.* pej. Frog.

gavella [gəβéʎə] *f.* AGR. sheaf.

gavet, -ta [gəβét, -tə] *m.* BOT. rhododendron. 2 *f.* mortar trough.

gavià [gəβiá] *m.* ORNIT. seagull.

gavina [gəβinə] *f.* ORNIT. seagull.

gebrada [ʒəβráðə] See GEBRE.

gebrar [ʒəβrá] *i.* to freeze. ■ 2 *t.* COOK. to frost with sugar.

gebre [ʒéβrə] *m.* frost, hoar frost.

gec [ʒék] *m.* jacket.

gegant, -ta [ʒəɣán, -tə] *a., m.-f.* giant. 2 *f.* giantess.

gegantesc, -ca [ʒəɣəntésk, -kə] *a.* gigantic.

gel [ʒél] *m.* ice. ‖ fig. *trencar el* ~, to break the ice.

gelar [ʒəlá] *t.-i.-p.* to freeze.

gelat, -ada [ʒəlát, -áðə] *a.* frozen. ■ 2 *m.* ice cream. 3 *f.* freeze-up.

gelatina [ʒələtinə] *f.* gelatine.

gelea [ʒəléə] *f.* jelly.

gelera [ʒəlérə] *f.* glacier.

gèlid, -da [ʒélit, -ðə] *a.* freezing, icy.

gelosia [ʒəluziə] *f.* jealousy.

gemec [ʒəmék] *m.* groan; moan.

gemegaire [ʒəməɣáirə] *m.-f.* moaner; groaner; wailer.

gemegar [ʒəməɣá] *i.* to moan, to groan [with pain].

geminat, -ada [ʒəminàt, -àðə] *a.* geminate, arranged in pairs.

Gèmini [ʒɛ́mini] *m.* ASTROL. Gemini.

gemir [ʒəmí] See GEMEGAR.

gemma [ʒɛ̀mə] *f.* BOT. bud. 2 MINER. gem.

gen [ʒɛn] *m.* BIOL. gene.

genciana [ʒənsiànə] *f.* BOT. gentian.

gendarme [ʒəndàrmə] *m.* gendarme.

gendre [ʒɛ́ndrə] *m.* son-in-law.

genealogia [ʒənəəluʒiə] *f.* genealogy.

gener [ʒənè] *m.* January.

generació [ʒənərəsió] *f.* generation.

generador, -ra [ʒənərəðó, -rə] *a.* generating. ■ 2 *m.* TECH. generator.

general [ʒənəràl] *a.* general. ■ 2 *m.* MIL. general.

generalitat [ʒənərəlitàt] *f.* generality. 2 majority. 3 POL., HIST. the autonomous government of Catalonia and Valencia.

generalitzar [ʒənərəlidzà] *t.* to generalise. ■ 2 *p.* to become more common.

generar [ʒənərà] *t.* to generate.

gènere [ʒɛ̀nərə] *m.* class, type, sort. 2 GRAMM. gender. 3 COMM. material, goods. *pl.*

generós, -osa [ʒənərós, -ózə] *a.* generous.

generositat [ʒənəruzitàt] *a.* generosity.

gènesi [ʒɛ́nəzi] *f.* genesis, beginning.

genet [ʒənɛ̀t] *m.* jockey; horseman.

genètica [ʒənɛ́tikə] *f.* genetics.

geni [ʒɛ́ni] *m.* MYTH. genie. 2 genius. 3 temper: *té mal ~*, he's bad-tempered.

genial [ʒəniàl] *a.* inspired, brilliant.

genialitat [ʒəniəlitàt] *f.* genius. 2 brilliant idea, stroke of genius.

genital [ʒənitàl] *a.* genital. ■ 2 *m. pl.* genitals.

geniüt, -üda [ʒəniút, -úðə] *a.* bad-tempered, irascible.

geniva [ʒəniβə] *f.* ANAT. gum.

genoll [ʒənóʎ] *m.* ANAT. knee.

genollera [ʒənuʎɛ̀rə] *f.* knee guard. 2 knee bandage.

Gènova [ʒɛ́nuβə] *pr. n. f.* GEOGR. Genoa.

gens [ʒɛns] *adv.* not at all. ‖ *no m'agrada ~*, I don't like it at all. ‖ *gairebé ~*, hardly at all. 2 any: *en vols ~?*, do you want a bit?

gent [ʒɛn] *f.* people *pl.*

gentada [ʒəntàðə] *f.* crowd.

gentalla [ʒəntàʎə] *f.* riffraff.

gentil [ʒəntíl] *a.* elegant, graceful. 2 REL. gentile; pagan, heathen.

gentilhome [ʒəntilɔ́mə] *m.* ant. gentleman.

gentilici, -cia [ʒəntilisi, -siə] *a.* national; tribal; family.

genuflexió [ʒənufləksió] *f.* genuflexion.

genuí, -ïna [ʒənui, -inə] *a.* genuine, real.

geògraf, -fa [ʒəɔ́ɣrəf, -fə] *m.-f.* geographer.

geografia [ʒəuɣrəfiə] *f.* geography.

geòleg, -òloga [ʒəɔ́lək, -ɔ́luɣə] *m.-f.* geologist.

geologia [ʒəuluʒiə] *f.* geology.

geometria [ʒəumətriə] *f.* geometry.

Geòrgia [ʒəɔ́rʒiə] *pr. n. m.* Georgia.

gep [ʒep] *m.* hump.

gepa [ʒɛ́pə] *f.* See GEP.

geperut, -uda [ʒəpərút, -úðə] *a.* humpbacked.

gerani [ʒəràni] *m.* BOT. geranium; pelargonium.

gerd [ʒɛ́r(t)] *m.* BOT. raspberry.

gerent [ʒərɛ̀n] *m.* director, manager.

geriatria [ʒəriətriə] *f.* MED. geriatrics.

germà, -ana [ʒərmà, -ànə] *m.* brother. 2 *f.* sister.

germanastre, -tra [ʒərmənàstrə, -trə] *m.* step-brother. 2 *f.* step-sister.

germandat [ʒərməndàt] *f.* brotherhood.

germani [ʒərmàni] *m.* MINER. germanium.

germanor [ʒərmənó] *f.* companionship.

germen [ʒɛ́rmən] *m.* BIOL. germ.

germinar [ʒərminà] *i.* to germinate.

gernació [ʒərnəsió] *f.* crowd.

gerontologia [ʒəruntuluʒiə] *f.* MED. gerontology.

gerra [ʒɛ́rrə] *f.* jug.

gerro [ʒɛ́rru] *m.* vase, flower vase.

gespa [ʒɛ́spə] *f.* lawn.

gessamí [ʒəsəmí] *m.* BOT. jasmine.

gest [ʒes(t)] *m.* gesture. 2 *mal ~*, awkward movement [which causes injury].

gesta [ʒɛ̀stə] *f.* deed, exploit.

gestació [ʒəstəsió] *f.* gestation.

gesticular [ʒəstikulà] *i.* to gesticulate.

gestió [ʒəstió] *f.* management; handling. 2 step, measure.

gestionar [ʒəstiunà] *t.* to take steps to achieve; to negotiate.

gestor, -ra [ʒəstó, -rə] *a.* administrating, managing. ■ 2 *m.-f.* administrator, manager.

gibrell [ʒiβrɛ̀ʎ] *m.* basin; bowl.

gibrelleta [ʒiβrəʎɛ́tə] *f.* chamber pot.

gimnàs [ʒimnás] *m.* gymnasium.

gimnasta [ʒimnàstə] *m.-f.* gymnast.

gimnàstica [ʒimnàstikə] *f.* gymnastics.

ginebra [ʒinéßrə] *f.* gin.

Ginebra [ʒinéßrə] *pr. n. f.* GEOGR. Geneva.

ginebró [ʒinəßró] *m.* BOT. juniper.

ginecologia [ʒinəkuluʒiə] *f.* MED. gynae-cology, (USA) gynecology.

ginesta [ʒinéstə] *f.* BOT. broom.

gingiva [ʒinʒißə] (ROSS.) See GENIVA.

gínjol [ʒinʒul] *m.* BOT. jujube. ‖ *més content que un ~,* as happy as a sandboy.

giny [ʒin] *m.* device; contrivance; engine. 2 strategem.

gir [ʒir] *m.* turn, rotation. 2 *~ postal,* postal or money order. 3 turn of phrase.

gira [ʒirə] *f.* the underside; the inside.

girada [ʒiràðə] *f.* turn. 2 twist. 3 turning place.

giragonsa [ʒirəɣónsə] *f.* bend, turn.

girafa [ʒiráfə] *f.* giraffe.

girar [ʒirà] *t.* to turn, to turn over; to turn round. ‖ fig. *~ cua,* to turn tail. ■ 2 *i.* to turn; to spin; to go round. ■ 3 *p.* to turn round. 5 to twist. ‖ fig. *s'ha girat la truita,* the tables have turned.

gira-sol [ʒirəsɔ̀l] *m.* BOT. sunflower.

giratori, -òria [ʒiratɔ̀ri, -ɔ́riə] *a.* gyratory.

giravoltar [ʒirəßultá] *i.* to go round, to spin, to spin round.

Girona [ʒirónə] *pr. n. f.* GEOGR. Gerona.

gitano, -na [ʒitánu, -nə] *m.-f.* gipsy.

gitar [ʒitá] *t.* to throw; to throw out; to throw up. ■ 2 *p.* (VAL.) to go to bed.

gla [gla] *f.* BOT. acorn.

glaç [glas] *m.* ice.

glaçar [gləsá] *t.-i.* to freeze.

glacera [gləsèrə] See GELERA.

glacial [gləsiál] *a.* icy; glacial. ‖ *era ~,* ice age.

gladiador [glədiəðó] *m.* gladiator.

gland [glan] *m.* ANAT. glans.

glàndula [glàndulə] *f.* gland.

glatir [gləti] *i.-t.* to long for *i.,* to yearn for *i.;* to covet *t.*

glauc, -ca [gláuk, -kə] *a.* glaucous.

gleva [gléßə] *f.* clod. 2 lump. 3 clot. 4 HIST. glebe. 5 fam. slap.

glicerina [glisərinə] *f.* glycerine.

global [glußál] *a.* global, total.

glòbul [glɔ́ßul] *m.* globule. 2 corpuscle.

globus [glɔ́ßus] *m.* balloon. 2 *~ terraqüi,* the Earth.

gloc-gloc [glɔɡglɔ́k] *m.* glug-glug.

glop [glɔp] *m.* sip, gulp, swallow.

glopada [glupàðə] *f.* mouthful. 2 puff [smoke].

glopejar [glupəʒá] *t.* to swill round one's mouth.

glòria [glɔ́riə] *f.* glory.

Glòria [glɔ́riə] *pr. n. f.* Gloria.

glorieta [gluriètə] *f.* arbour; bower.

glorificar [glurifiká] *t.* to glorify.

glosa [glɔ́zə] See GLOSSA.

glossa [glɔ́sə] *f.* footnote, annotation. 2 commentary. 3 gloss [poetry].

glossari [glusári] *m.* glossary.

glotis [glɔ́tis] *f.* ANAT. glottis.

glucosa [glukɔ́zə] *f.* CHEM. glucose.

gluten [glútən] *m.* gluten.

gnom [(g)nom] *m.* gnome.

gnòstic, -ca [(g)nɔ́stik, -kə] *a., m.-f.* gnostic.

gobelet [gußəlέt] *m.* dice cup.

godall [guðáʎ] *m.* piglet.

godallar [guðəʎá] *t.* to farrow.

goig [gɔtʃ] *m.* joy, enjoyment. ‖ *fer ~,* to look pretty or lovely.

gol [gol] *m.* goal.

gola [gólə] *f.* throat. 2 mouth [caves, harbours, etc.]. 3 MIL. gorget. 4 ruff. 5 gluttony, greed.

golafre [guláfrə] *a.* greedy, gluttonous. ■ 2 *m.-f.* glutton.

golafreria [guləfrəriə] *f.* greed, gluttony.

goleta [gulètə] *f.* MAR. schooner.

golf [golf] *m.* GEOGR. gulf; bay. 2 SP. golf.

golfa [gólfə] *f.* attic, loft.

goll [goʎ] *m.* MED. goitre.

gom a gom [gomɣòm] *adv. phr. de ~,* chockfull, jam packed.

goma [gómə] *f.* gum. 2 rubber.

gònada [gɔ̀nəðə] *f.* ANAT., BIOL. gonad.

gòndola [gɔ́ndulə] *f.* NAUT. gondola.

gonfanó [gumfənó] *m.* standard, banner.

gong [goŋ] *m.* MUS. gong.

goril·la [gurillə] *m.* ZOOL. gorilla.

gorja [gɔ́rʒə] *f.* throat. 2 gorge. 3 groove. 4 lever [in lock]. 5 pool [in river].

gormand, -da [gurmán, -də] *a.* greedy. 2 sybaritic.

gorra [górrə] *f.* cap. ‖ *de ~,* on the scrounge; without paying.

gorrejar [gurrəʒá] *i.* to scrounge, to sponge.

gorrer, -ra [gurrér, -rə] *m.-f.* scrounger.

gos, gossa [gos, gósə] *m.* ZOOL. dog. 2 (VAL.) See MANDRA. 3 *f.* bitch.

gosadia [guzəðiə] f. daring.

gosar [guzá] i. to dare.

got [gɔt] m. glass.

gota [gɔ́tə] f. drop, bead [of liquid]. ‖ *assemblar-se com dues gotes d'aigua,* to be as alike as two peas in a pod; *caure quatre gotes,* to spit with rain; *la ~ que fa vessar el vas,* the straw that breaks the camel's back; *ni ~,* (none) at all; *suar la ~,* to sweat blood. 2 MED. gout.

gotejar [gutəʒà] i. to drip. 2 to drizzle.

gotera [gutérə] f. leak.

gòtic, -ca [gɔ́tik, -kə] a. Gothic.

gotim [gutim] m. bunch of grapes.

govern [gußɛ́rn] m. government.

governador, -ra [gußərnəðó, -rə] m.-f. governor.

governall [gußərnáʎ] m. MAR. rudder.

governant [gußərnán] a. governing, ruling. ■ 2 m.-f. governor, ruler.

governar [gußərnà] t. to govern, to rule. 2 MAR. to steer.

gra [grə] m. grain [cereals, sand, etc.]. ‖ *~ de raïm,* grape. 2 spot. 3 bead [necklaces]. 4 fig. *anar al ~,* to get to the point. ‖ fig. *fer-ne un ~ massa,* to go a bit too far.

gràcia [gràciə] f. charm; style; attractiveness; wit. 2 grace, favour; pardon. 3 pl. thanks. 4 *fer ~ a,* to please t.-i., to attract t. ‖ *em va fer molta ~,* it was really funny. ‖ *gràcies!,* thank you!, thanks!

gràcil [gràsil] a. slim, slender; delicate.

grada [gráðə] f. step. 2 tier of seats.

gradació [grəðəsió] f. gradation.

graderia [grəðəriə] f. series of steps. 2 tier of seats.

graduació [grəðuəsió] f. graduation. 2 MIL. rank. 3 VIT. alcoholic content.

graduar [grəðuá] t. to graduate. 2 VIT. to determine the strength of. 3 to regulate, to set. 4 MIL. to confer a rank. ■ 5 p. EDUC. to graduate.

graella [grəɛ́ʎə] f. grill.

grafia [grəfiə] f. spelling. 2 graphic representation of a sound.

gràfic, -ca [gràfik, -kə] a. graphic. 2 vivid, lifelike. ■ 3 m. graph, diagram.

grafisme [grəfizmə] m. design.

grafista [grəfistə] m.-f. design artist.

grafit [grəfit] m. graphite.

grafologia [grəfuluʒiə] f. graphology.

gralla [gràʎə] f. ORNIT. jackdaw.

grallar [grəʎá] i. to caw.

gram [gram] m. gram, gramme. 2 BOT. Bermuda grass.

gramàtic, -ca [grəmàtik, -kə] m.-f. grammarian. 2 f. grammar. 3 grammar book.

gramòfon [grəmɔ́fun] m. gramophone, (USA) phonograph.

gran [gran] a. big, large. 2 old, elderly. 3 great, famous. ■ 4 m. pl. adults, grown-ups.

grana [grànə] f. seed.

granada [grənàðə] f. ARTILL. grenade.

granar [grənà] i. to seed [cereals].

granat, -ada [grənàt, -àðə] a. AGR. with the grain formed [cereals]. 2 fig. grown-up, mature, adult.

Gran Bretanya [gràn brətàɲə] pr. n. f. GEOGR. Great Britain.

grandària [grəndàriə] f. size.

grandesa [grəndɛ́zə] f. size. 2 greatness. 3 grandeur.

grandiloqüència [grəndilukwɛ́nsiə] f. grandiloquence.

grandiós, -osa [grəndiós, -ózə] a. grandiose.

granellada [grənəʎáðə] f. MED. rash.

granellut, -uda [grənəʎút, -úðə] a. spotty, pimply.

graner [grənè] m. barn, granary. 2 m.-f. grain dealer.

granera [grənèrə] (BAL.), (VAL.) See ESCOMBRA.

granger, -ra [grənʒè, -rə] m.-f. farmer.

granís [grənis] m. METEOR. hail.

granissar [grənisà] i. to hail.

granissat, -ada [grənisàt, -àðə] a. iced drink. 2 f. rash. 3 m. METEOR. hailstorm.

granit [grənit] m. granite.

granívor, -ra [grənißur, -rə] a. grain-eating.

granja [grànʒə] f. farm.

granota [grənɔ́tə] f. ZOOL. frog. 2 overall, overalls pl.

gcrànul [grànul] m. granule.

graó [grəó] m. step.

grapa [gràpə] f. paw. ‖ *de quatre grapes,* on all fours. 2 coll. (bid) hand. 3 staple.

grapat [grəpàt] m. handful.

grapejar [grəpəʒà] t. to paw, to handle, to finger.

gras, -assa [gras, -àsə] a. fatty. 2 fat.

grat, -ta [grat, -tə] a. pleasing, agreeable, pleasant. ■ 2 m. liking: *és del meu ~,* it is to my liking.

gratacel [gratəsɛ́l] m. skyscraper.

gratar [grətà] t. to scrape, to scratch.

gratificació [grətifikəsió] *f.* reward, recompense. 2 gratification.

gratificar [grətifiká] *t.* to reward, to recompense. 2 to gratify.

gratis [grátis] *adv.* free (of charge).

gratitud [grətitút] *f.* gratitude, gratefulness.

gratuït, -ta [grətuit, -tə] *a.* free (of charge). 2 gratuitous, uncalled for; unfounded, unjustified.

grau [graů] *m.* degree, stage. 2 step. 3 measure, rate. 4 degree.

grava [gráβə] *f.* gravel.

gravador, -ra [grəβəðó, -rə] *m.-f.* engraver.

gravamen [grəβámən] *m.* tax, obligation. 2 fig. obligation, burden.

gravar [grəβá] *t.* to engrave, to etch; to carve. 2 to tax; to levy. 3 fig. to engrave, to etch, to carve.

gravat, -ada [grəβát, -áðə] *a.* engraved, etched [also fig.]. ■ 2 *m.* etching; engraving; print; illustration.

gravetat [grəβətát] *f.* gravity. 2 fig. gravity, seriousness.

gravitar [grəβitá] *i.* to gravitate.

grec, -ega [grέk, -έɣə] *a., m.-f.* Greek.

Grècia [grέsiə] *pr. n. f.* GEOGR. Greece.

gregal [grəɣál] *m.* METEOR. north-east wind.

gregari, -ària [grəɣári, -áriə] *a.* gregarious.

gregorià, -ana [grəɣuriá, -ánə] *a.* Gregorian.

greix [grέʃ] *m.* fat; lard. 2 grease.

greixatge [grəʃádʒə] *m.* greasing, lubrication; oiling.

greixós, -osa [grəʃós, -ózə] *a.* fatty; greasy, oily.

gremi [grέmi] *m.* guild; union, association.

grenya [grέɲə] *f.* shock or mat of hair.

gres [grέs] *m.* MINER. potter's clay. 2 stoneware, earthenware.

gresca [grέskə] *f.* hubbub, hullabaloo, commotion; uproar. 2 row, revolt; riot.

greu [grέů] *a.* heavy, weighty. 2 grave, serious; extreme. 3 MUS. deep, low. 4 *accent ~,* grave accent. 5 *saber ~,* to be sorry.

greuge [grέůʒə] *m.* offence, (USA) offense; injustice; wrong. 2 grievance, complaint.

grèvol [grέβul] *m.* BOT. holly.

grill [griʎ] *m.* ENT. cricket. 2 piece, segment [of fruit].

grinyol [griɲól] *m.* howl, cry; shriek, screech. 2 screech [of tires, etc.], creak, squeak.

grinyolar [griɲulá] *i.* to howl; to shriek, to screech. 2 to creak, to screech [tires], to squeak.

grip [grip] *f.* MED. flu, influenza.

gripau [gripáů] *m.* ZOOL. toad.

gris, -sa [gris, -zə] *a., m.* grey, (USA) gray.

groc, -oga [grók, -óɣə] *a., m.* yellow.

groller, -ra [gruʎέ, -rə] *a.* coarse, rough [texture]. 2 rude, coarse; impertinent.

grolleria [gruʎəriə] *f.* rudeness, coarseness; discourtesy. 2 rude or coarse thing; vulgar remark.

gronxador [grunʃəðó] *m.* swing.

gronxar [grunʃá] *t.* to swing, to push (on swing). ■ 2 *p.* to swing.

gropa [grópə] *f.* rump, hindquarters; croup [animals].

gros, -ossa [grós, -ósə] *a.* big; thick; fat. ‖ *dit ~,* thumb. ■ 2 *m.* mass, main, body. ‖ *el ~ de la manifestació,* the bulk of the demonstration. 3 *f.* *la grossa de Nadal,* the (Christmas) jackpot. 4 (VAL.) See GRUIXUT.

grosser, -era [grusέ, -έrə] *a.* coarse, rude; crass, gross.

grosseria [grusəriə] *f.* crassness, rudeness; tactlessness.

grotesc, -ca [grutέsk, -kə] *a.* grotesque, hideous.

grua [grúə] *f.* ORNIT. crane. 2 MECH. crane. 3 tow truck.

gruix [gruʃ] *m.* thickness; width.

gruixària [gruʃáriə] *f.* thickness; width.

gruixat, -ada [gruʃát, -áðə] (BAL.) See GRUIXUT.

gruixut, -uda [gruʃút, -úðə] *a.* thick; bulky; fat; heavy; large.

grum [grum] *m.* bellboy, (USA) bellhop.

grumet [grumέt] *m.* MAR. cabin boy, ship's boy.

grumoll [grumóʎ] *m.* lump. 2 clot.

grunyir [gruɲí] *i.* to grunt; to growl. 2 to grumble. ▲ CONJUG. INDIC. Pres.: *gruny.*

grunyit [gruɲít] *m.* grunt; growl, snarl. 2 grumble, grouse.

grup [grup] *m.* group; cluster; batch. 2 unit, set.

gruta [grútə] *f.* grotto, cave.

guaita [gwáĭtə] *f.* vigilance, watch. 2 *m.* guard, watchman.

guaitar [gwáĭtá] *t.* to watch, to keep an eye on. 2 to look at. 3 fig. *guaita!,* look!, listen!

gual [gwál] *m.* ford. 2 AUTO. entrance or exit across with parking is forbidden.

guant [gwán] *m.* glove.

guany [gwáɲ] *m.* gain, profit; benefit. 2 earnings.

guanyar [gwəɲá] *t.* to obtain, to earn, to win. 2 SP. to win, to beat. 3 to gain. ■ 4 *p. guanyar-se el pa,* to earn one's living. 5 fig. to win [affection, support], to win over. ■ *6 i.* to look better.

guarda [gwárðə] *m.-f.* guard, keeper; watchman.

guardaagulles [gwàrðəɣúʎəs] *m.* RAIL. switchman.

guardabarrera [gwàrðəβərrérə] *m.-f.* crossing keeper.

guardabosc [gwàrðəβɔ́sk] *m.* forester, gamekeeper, (USA) forest ranger, game warden.

guardacostes [gwàrðəkɔ́stəs] *m.* MAR. coastguard ship or vessel.

guardaespatlles [gwàrðəspàʎʎəs] *m.* bodyguard. 2 shawl.

guardapols [gwàrðəpɔ́ls] *m.* dustsheet. 2 dust coat.

guardar [gwərðá] *t.* to protect, to look after, to guard; to preserve. ‖ *Déu nos en guard!,* Heaven forbid! 2 to keep , to hold on to. 3 to put away. *4 Déu vos guard!,* God be with you! [greeting]. ■ *5 p.* to refrain (*de,* from), to avoid (*de,* —). *6* to be careful, to look out (for oneself).

guarda-roba [gwàrðərrɔ́βə] *m.* cloakroom, (USA) checkroom.

guàrdia [gwárðiə] *f.* guard. 2 policewoman. 3 police *pl: la ~ urbana va haver d'intervenir,* the local police had to step in. 4 watch, guard, custody. ‖ *fer ~,* to be on guard or on duty. ■ *5 m.* policeman: *em va aturar un ~,* a policeman stopped me.

guardià, -ana [gwərðià, -ánə] *m.-f.* guardian, custodian; keeper. 2 watchman, caretaker.

guardiola [gwərðiɔ̀lə] *f.* money-box; piggy bank. ‖ *fer ~,* to save up, to put one's pennies away.

guardó [gwərðó] *m.* reward, recompense.

guarició [gwərisió] *f.* cure, healing; treatment.

guarir [gwəri] *t.* to cure; to treat. ■ *2 i.-p.* to recover, to get well; to get better.

guarnició [gwərnisió] *f.* MIL. garrison. 2 adornment, embellishment; lining [of

brake]; setting [of jewel]. 3 COOK. side dish, garnish.

guarnir [gwərni] *t.* MIL. to garrison. 2 to adorn; to trim, to set [jewels]. 3 COOK. to garnish.

Guatemala [gwətəmàlə] *pr. n. f.* GEOGR. Guatemala.

guatemaltenc, -ca [gwətəməltèŋ, -kə] *a., m.-f.* Guatemalan.

guatlla [gwàʎʎə] *f.* ORNIT. quail.

guenyo, -ya [gέɲu, -ɲə] *a.* cross-eyed.

guerra [gέrrə] *f.* war, warfare.

guerrer, -ra [gɛrré, -rə] *a.* war, warlike. ■ *2 m.-f.* warrior, soldier. 3 *f.* combat jacket.

guerrilla [gərríʎə] *f.* guerrilla warfare. 2 guerrilla [group].

guerriller [gərriʎé] *m.* guerrilla [person].

guerxo, -xa [gέrʃu, -ʃə] *a.* cross-eyed. 2 twisted, bent.

guia [giə] *m.-f.* guide, leader. 2 *f.* slide; runner. 3 guide, guidebook. ‖ ~ *telefònica,* telephone directory.

guiar [già] *t.* to guide, to show the way. 2 to direct, to lead.

guilla [giʎə] See GUINEU.

guillar [giʎá] *i.* to flee, to run away. ■ *2 p.* to go mad, to lose one's marbles.

guillat, -ada [giʎát, -áðə] *a.* mad; crackers, barmy.

Guillem [giʎèm] *pr. n. m.* William.

guillotina [giʎutínə] *f.* guillotine. 2 guillotine, paper cutter.

guillotinar [giʎutiná] *t.* to guillotine.

guineu [ginèu] *f.* ZOOL. fox [male]; vixen [female].

guió [gió] *m.* dash, hyphen. 2 sketch, outline. 3 (film) script.

guionista [giunistə] *m.-f.* scriptwriter.

guionet [giunèt] *m.* hyphen.

guirigall [giriɣàʎ] *m.* hubbub, din, roar.

guisar [gizá] *t.* to cook; to stew.

guisat [gizát] *m.* stew.

guitarra [gitárrə] *f.* MUS. guitar.

guitarrista [gitərristə] *m.-f.* guitarist, guitar player.

guitza [gidzə] *f.* kick [animal]. ‖ *tirar guitzes,* to kick.

guix [giʃ] *m.* plaster. 2 chalk. 3 plaster, (USA) cast.

guixar [giʃá] *i.* to make a mark, to write: *aquest bolígraf no guixa,* this biro won't write. 2 fig. to work. ■ *3 t.* to scribble on or in.

guspira [guspírə] *f.* spark; flash.

gust [gus(t)] *m.* taste [sense]. 2 flavour, (USA) flavor. 3 pleasure. ‖ *si et ve de* ∼, if you like. 4 style. ‖ *mal* ∼, bad taste.

gustós, -osa [gustós, -ózə] *a.* tasty, savoury, (USA) savory.

gutural [guturál] *a.* guttural.

H

H, h [ak] *f.* h [letter].

hàbil [áβil] *a.* skilful, clever; adept. 2 *dia* ~, working day.

habilitar [əβilitá] *t.* to enable; to entitle. 2 to convert (*com a*, into).

habilitat [əβilitát] *f.* skill, ability.

hàbit [áβit] *m.* habit, custom. 2 ECCL. habit. ‖ fig. *penjar els hàbits,* to quit, to throw in the towel.

habitació [əβitəsió] *f.* room. 2 bedroom.

habitant [əβitán] *m.-f.* inhabitant. 2 resident, occupant.

habitar [əβitá] *t.* to inhabit, to live in. ■ 2 *i.* to live.

hàbitat [áβitət] *m.* habitat.

habitual [əβituál] *a.* habitual, regular.

habituar [əβituá] *t.* to accustom (*a*, to). ■ 2 *p.* to get accustomed or used (*a*, to).

Haia, la [áiə, lə] *pr. n. f.* GEOGR. The Hague.

haixix [əʃíʃ] *m.* hashish.

hajar [əʒá] (ROSS.) See AGAFAR.

ham [am] *m.* (fish) hook. 2 fig. bait.

hamaca [əmákə] *f.* hammock.

handbol [əmbɔ́l] *m.* SP. handball.

hangar [əŋgár] *m.* hangar.

harem [ərɛ́m] *m.* harem.

harmonia [ərmuníə] *f.* MUS. harmony. 2 fig. agreement, accord.

harmònic, -ca [ərmɔ́nik, -kə] *a.* MUS. harmonic. ■ 2 *f.* harmonica, mouth-organ.

harmoniós, -osa [ərmuniós, -ózə] *a.* harmonious.

harmonitzar [ərmunidzá] *t.* to harmonize. ■ 2 *i.* to harmonize, to adapt; to come to terms.

harmònium [ərmɔ́niũm] *m.* MUS. harmonium.

harpia [ərpíə] *f.* MYTH. harpy.

havà, -ana [əβá, -ánə] *a.* GEOGR. of Havana. ■ 2 *m.-f.* GEOGR. native of Havana. 3 *m.* (Havana) cigar.

havanera [əβanérə] *f.* MUS. habanera.

haver [əβé] *m.* COMM. assets *pl*.

haver [əβé] *aux.* to have. ‖ ~ *de,* to have to. ■ 2 ~-*hi,* impers. to be [with *there* as a subject]. ‖ *hi ha dos llibres al prestatge,* there are two books on the shelf. ■ 3 *t.* to have; to own, to possess.

hebdomadari, -ària [əbduməðári, -áriə] *a.* weekly.

hebreu, -ea [əβrɛ́u, -ɛ́ə] *a., m.-f.* GEOGR., LING. Hebrew.

hecatombe [əkətɔ́mbə] *f.* hecatomb. 2 fig. slaughter.

hectàrea [əktáreə] *f.* hectare.

hectogram [əktuɣrám] *m.* hectogram.

hectolitre [əktulítrə] *m.* hectolitre, (USA) hectoliter.

hectòmetre [əktɔ́mətrə] *m.* hectometre, (USA) hectometer.

hedonisme [əðunízmə] *m.* hedonism.

hegemonia [əʒəmuníə] *f.* hegemony.

Helena [əlɛ́nə] *pr. n. f.* Helen.

heli [ɛ́li] *m.* helium.

hèlice [ɛ́lisə] *f.* helix, spiral. 2 AER., NAUT. propeller.

helicòpter [əlikɔ́ptər] *m.* helicopter, chopper.

hèlix [ɛ́liks] See HÈLICE.

hel·lènic, -ca [əllɛ́nik, -kə] *a.* Hellenic.

hel·lenisme [əllənízmə] *m.* Hellenism.

helvètic, -ca [əlβɛ́tik, -kə] *a.* Helvetic, Swiss.

hematoma [əmatɔ́mə] *m.* MED. haematoma; bruise.

hemicicle [əmisíklə] *m.* semi-circular theatre. 2 chamber, floor [of Parliament].

hemisferi [əmisfɛ́ri] *m.* hemisphere.

hemofilia [əmufilíə] *f.* MED. haemophilia, hemophilia.

hemorràgia [əmurráʒiə] *f.* MED. haemorrhage, hemorrhage.

hemorroides [əmurrɔ̈iðə] *f. pl.* MED. haemorrhoids.

hendecasíl·lab, -ba [əndəkəsilləp, -βə] *a.* hendecasyllabic. ■ 2 *m.* hendecasyllable.

hepàtic, -ca [əpàtik, -kə] *a.* hepatic, liver.

hepatitis [əpətitis] *f.* MED. hepatitis.

heptàgon [əptàɣun] *m.* heptagon.

herald [ərál] *m.* herald [also fig.].

heràldic, -ca [əráldik, -kə] *a.* heraldic. ■ 2 *f.* heraldry.

herba [èrβə] *f.* grass; herb. 2 grass [lawn].

herbari [ərβári] *m.* herbarium, plant collection.

herbei [ərβèĭ] *m.* lawn.

herbicida [ərβisiðə] *m.* CHEM. herbicide.

herbívor, -ra [ərβiβur, -rə] *a.* herbivorous.

herbolari [ərβulári] *m.* herbalist.

hereditari, -ària [ərəðitári, -áriə] *a.* hereditary, inherited.

herència [ərènsiə] *f.* inheritance, estate. 2 BIOL. heredity. 3 fig. heritage.

heretar [ərətá] *t.* to inherit; to be heir to. 2 to name as one's heir.

heretge [ərèdʒə] *m.-f.* heretic.

heretgia [ərədʒiə] *f.* heresy.

hereu, -eva [ərèŭ, -èβə] *m.-f.* heir, inheritor. ‖ ~ *escampa,* spendthrift, squanderer.

hermafrodita [ərməfruðitə] *a.-m.* hermaphrodite.

hermètic, -ca [ərmètik, -kə] *a.* airtight, hermetic.

hèrnia [èrniə] *f.* MED. hernia.

heroi [ərɔ̈ĭ] *m.* hero.

heroïcitat [əruisitát] *f.* heroism. 2 heroic deed.

heroïna [əruinə] *f.* heroine. 2 heroin [drug].

herpes [èrpəs] *m.* MED. herpes; shingles.

hesitar [əzitá] (ROSS.) See DUBTAR.

heterodox, -xa [ətəruðɔ̈ks, -ksə] *a.* heterodox, unorthodox.

heterogeni, -ènia [ətəruʒèni, -èniə] *a.* heterogeneous.

heura [èŭrə] *f.* BOT. ivy.

heure [èŭrə] *t.* to get (hold of), to take over; to obtain. ‖ *heure-se-les,* to have to contend, to be up (*amb,* against). ‖ *heus aquí,* this is, these are.

hexàgon [əgzáɣun] *m.* hexagon.

hexàmetre [əgzámətrə] *m.* hexameter.

hi [i] *pron.* there, here. ‖ *ja ~ som,* here we are, there we are. ‖ *no ~ ha ningú,* there's nobody here or there. ‖ *per on ~ has entrat?,* how did you get in (there). 2 *t'* ~ *ajudaré; confia-~,* I'll help you; trust me. ‖ *no t'~ amoïnis!,* don't worry about it! ‖ *pensa-~,* think about it. 3 *no ~ sento,* I can't hear. ‖ *no ~ veig,* I can't see.

híbrid, -da [iβrit, -ðə] *a.* hybrid.

hidra [iðrə] *f.* MYTH. Hydra.

hidrat [iðrát] *m.* CHEM. hydrate.

hidratar [iðrətá] *t.* to hydrate; to moisturize.

hidràulic, -ca [iðráulik, -kə] *a.* hydraulic, water. ■ 2 *f.* hydraulics.

hidroavió [iðruaβió] *m.* seaplane.

hidrocarbur [iðrukərβúr] *m.* CHEM. hydrocarbon.

hidroelèctric, -ca [iðruəlèktrik, -kə] *a.* hydroelectric.

hidròfil, -la [iðrɔ̈fil, -lə] *a.* absorbent. 2 hydrophilic.

hidrofòbia [iðrufɔ̈βiə] *f.* hydrophobia.

hidrogen [iðrɔ̈ʒən] *m.* hydrogen.

hidrografia [iðruɣrəfiə] *f.* hydrography.

hidrosfera [iðrusfèrə] *f.* hydrosphere.

hiena [jènə] *f.* ZOOL. hyena.

higiene [iʒiènə] *f.* hygiene; cleanliness.

higròmetre [iɣrɔ̈mətrə] *m.* hygrometer.

higroscopi [iɣruskɔ̈pi] *m.* hygroscope.

hilaritat [iləritát] *f.* hilarity; roar of laughter.

himen [imen] *m.* ANAT. hymen.

himne [imnə] *m.* hymn.

hindú [indú] REL. *a.-m.* Hindu.

hipèrbaton [ipèrβətun] *m.* hyperbaton.

hipèrbole [ipèrβulə] *f.* MATH. hyperbola. 2 LIT. hyperbole.

hipertròfia [ipərtrɔ̈fiə] *f.* hypertrophy.

hípic, -ca [ipik, -kə] *a.* horse. 2 horseback riding.

hipnosi [ibnɔ̈zi] *f.* hypnosis.

hipnotitzar [ibnutidzá] *t.* to hypnotize, to mesmerize.

hipocondria [ipukundriə] *f.* hypochondria.

hipocondríac, -ca [ipukundriək, -kə] *a., m.-f.* hypochondriac.

hipocresia [ipukrəziə] *f.* hypocrisy, insincerity.

hipòcrita [ipɔ̈kritə] *a., m.-f.* hypocritical, false. ■ 2 *m.-f.* hypocrite, double-talker.

hipodèrmic, -ca [ipuðèrmik, -kə] *a.* hypodermic.

hipòdrom [ipɔ́ðrum] *m.* race-track [horses].

hipòfisi [ipɔ́fizi] *f.* ANAT. hypophisis.

hipopòtam [ipupɔ́təm] *m.* ZOOL. hippopotamus.

hipoteca [iputɛ́kə] *f.* mortgage; pledge.

hipotecar [iputəkà] *t.* to mortgage; to bond, to pledge.

hipòtesi [ipɔ́təzi] *f.* hypothesis, conjecture.

hipotètic, -ca [iputɛ́tik, -kə] *a.* hypothetical, supposed.

hirsut, -ta [irsùt, -tə] *a.* bristly, hairy.

hisenda [izɛ́ndə] *f.* (country) estate; hacienda. 2 finance. ‖ *inspector d'~,* tax inspector. ‖ *Ministeri d'~,* Treasury, Ministry of Finance.

hisendat, -ada [izəndát, -áðə] *m.-f.* landowner, property owner.

hispànic, -ca [ispànik, -kə] *a.* Hispanic, Spanish.

hissar [isá] *t.* to hoist.

histèria [istɛ́riə] *f.* hysteria.

histèric, -ca [istɛ́rik, -kə] *a.* hysterical.

historiador, -ra [isturiəðò, -rə] *m.-f.* historian.

història [istɔ́riə] *f.* history. 2 story; tale. 3 fig. mess.

historial [isturiál] *a.* record. ‖ *~ mèdic,* case history.

històric, -ca [istɔ́rik, -kə] *a.* historical. 2 historic.

historieta [isturiɛ́tə] *f.* short story; anecdote. 2 *~ il·lustrada,* (strip) cartoon.

histrió [istriò] *m.* ham [actor].

hivern [iβɛ́rn] *m.* winter.

hivernacle [iβərnáklə] *m.* greenhouse, hothouse.

hivernar [iβərná] *i.* to hibernate.

ho [u] *pron.* it. ‖ *~ has sentit?,* did you hear it? ‖ *no ~ sé,* I don't know. ‖ *qui s'~ creu?,* who believes such a thing?

hola [ɔ́lə] *interj.* hullo; (USA) hello, hi.

Holanda [ulándə] *pr. n. f.* GEOGR. Holland.

holandès, -esa [uləndɛ́s, -ɛ́zə] *a.* Dutch. ■ 2 *m.* Dutchman. 3 Dutch [language]. 4 *f.* Dutchwoman.

holocaust [ulukáus(t)] *m.* holocaust. 2 fig. sacrifice.

hom [ɔm] *indef. pron. ~ creu que,* it is believed that. 2 one. ‖ *en aquests casos ~ no sap què dir,* in such cases one is at a loss for words.

home [ɔ́mə] *m.* man. ‖ *~ de negocis,* businessman. ‖ *~ de palla,* sidekick, henchman. 2 mankind. 3 husband.

homenatge [umənádʒə] *m.* homage; tribute, honour.

homeopatia [uməupətiə] *f.* homeopathy, homoeopathy.

homicida [umisiðə] *a.* homicidal. ‖ *acte ~,* act of murder.

homicidi [umisiði] *m.* murder, homicide.

homogeni, -ènia [umuʒɛ́ni, -ɛ́niə] *a.* homogeneous.

homòleg, -òloga [umɔ́lək, -ɔ́luɣə] *a.* matching, corresponding; homologous.

homònim, -ma [umɔ́nim, -mə] *a.* homonym.

homosexualitat [umusəksuəlitát] *f.* homosexuality.

homosexual [umusəksuál] *a., m.-f.* homosexual; gay.

honest, -ta [unɛ́s(t), -tə] *a.* decent, proper. 2 modest.

honestedat [unəstəðát] *f.* decency. 2 modesty; purity.

hongarès, -esa [uŋɡərɛ́s, -ɛ́zə] *a., m.-f.* Hungarian.

Hongria [uŋɡriə] *pr. n. f.* GEOGR. Hungary.

honor [unòr] *m.* honour, (USA) honor. 2 prestige.

honorable [unurábblə] *a.* honourable, (USA) honorable.

honorar [unurá] See HONRAR.

honorari, -ària [unurári, -áriə] *a.* honorary. ■ 2 *m. pl.* fees, charges.

honra [ónrrə] *f.* dignity; honour, (USA) honor. 2 good name, reputation.

honradesa [unrrəðɛ́zə] *f.* honesty; integrity.

honrar [unrrá] *t.* to honour, (USA) to honor.

honrat, -ada [unrrát, -áðə] *a.* honest, decent; truthful.

hoquei [ukɛ́i] *m.* SP. hockey.

hora [ɔ́rə] *f.* hour. 2 time. ‖ *d'~,* early; *és ~ de plegar,* it's time to stop [work]; *quina ~ és?,* what time is it?

horabaixa [ɔrəβáʃə] (BAL.) See TARDA.

horari, -ària [urári, -áriə] *a.* hourly; time, hour. ■ 2 *m.* timetable, schedule. ‖ *quin ~ fas?,* what's your timetable like?

horda [órðə] *f.* horde. 2 swarm, mob.

horitzó [uridzò] *m.* horizon [also fig.].

horitzontal [uridzuntál] *a.* horizontal.

hormona [urmónə] *f.* hormone.

horòscop [uròskup] *m.* horoscope.

horrible [urribblə] *a.* horrifying, horrid; horrible; ghastly, dreadful.

horror [urrór] *m.* horror; dread.

horroritzar [urruridzá] *t.* to horrify; to terrify.

horrorós, -osa [urrurós, -ózə] *a.* horrible, terrible; horrifying. *2* fig. awful; hideous. ‖ *una calor horrorosa,* dreadful heat.

hort [ɔr(t)] *m.* kitchen garden, back garden.

horta [ɔrtə] *f.* (large) vegetable garden, market garden.

hortalissa [urtalisə] *f.* vegetable.

hortènsia [urtɛnsiə] *f.* BOT. hydrangea.

hortolà, -ana [urtulá, -ánə] *m.-f.* (market) gardener.

hospici [uspisi] *m.* hospice [for the destitute], poorhouse.

hospital [uspitál] *m.* hospital.

hospitalari, -ària [uspitalári, -áriə] *a.* hospital. *2* hospitable.

hospitalitat [uspitalitát] *f.* hospitality.

hospitalitzar [uspitalidzá] *t.* to hospitalize, to send to hospital.

hostal [ustál] *m.* inn, small hotel; hostel.

hostaler, -ra [ustalè, -rə] *m.-f.* innkeeper, hosteler.

hoste [ɔstə] *m.* guest. *2* host.

hostessa [ustèsə] *f.* guest. *2* hostess. *3* air hostess, stewardess.

hòstia [ɔstiə] *f.* REL. host. *2* fig. punch, clout, whack.

hostil [ustil] *a.* hostile.

hostilitat [ustilitát] *f.* hostility, enmity. *2* hostile act.

hostilitzar [ustilidzá] *t.* to harass [enemy]. *2* fig. to antagonize.

hotel [utél] *m.* hotel.

hui [wi] (VAL.) See AVUI.

huit [wit] (VAL.) See VUIT.

hule [úlə] *m.* oilskin, oilcloth.

hulla [úʎə] *f.* MINER. (soft) coal.

humà, -ana [umá, -ánə] *a.* human. *2* humane. ■ *3 m. pl.* mankind *sing.,* humanity *sing.*

humanisme [umənizmə] *m.* humanism.

humanitari, -ària [umənitári, -áriə] *a.* humanitarian.

humanitat [umənitát] *f.* humanity.

humanitzar [umənidzá] *t.* to humanize, to make humane.

húmer [úmər] *m.* ANAT. humerus.

humil [umil] *a.* humble, meek. *2* lowly, poor. ‖ *una família ~,* a humble family.

humiliació [umiliəsió] *f.* humiliation, disgrace.

humiliar [umiliá] *t.* to humiliate; to disgrace, to shame. *2* to humble, to lower. ■ *3 p.* to humble or lower oneself.

humilitat [umilitát] *f.* humility, humbleness.

humit, -ida [umit, -íðə] *a.* damp, humid; moist, wet.

humitat [umitát] *f.* humidity, dampness; moisture.

humitejar [umitəʒá] *t.* to dampen, to wet, to moisten; to humidify.

humor [umór] *m.* humour, (USA) humor [fluid]. *2* mood, temper. *3* humor, (USA) humor.

humorisme [umurizmə] *m.* humour, (USA) humor; humorousness.

humorístic, -ca [umuristik, -kə] *a.* funny, humorous.

humus [úmus] *m.* humus.

huracà [urəká] *m.* hurricane.

hurra! [úrrə] *interj.* hurray!, hurrah!

hússar [úsər] *m.* MIL. hussar.

I

I, i [i] *f.* i [letter].

i [i] *conj.* and.

iaia [jájə] *f.* coll. granny, grandma.

ianqui [jáŋki] *a., m.-f.* Yankee, American.

iarda [járðə] *f.* yard [measurement].

iber, -ra [iβər, -rə] *a., m.-f.* HIST. Iberian.

ibèric, -ca [iβɛrik, -kə] *a.* Iberian.

iceberg [isəβɛrk] *m.* iceberg.

icona [ikónə] *f.* icon, ikon.

ICONA [ikónə] *m.* *(Instituto Nacional para la Conservación de la Naturaleza)* (National Institute for the Conservation of Nature).

iconoclasta [ikunuklàstə] *m.-f.* iconoclast.

icterícia [iktərisiə] *f.* MED. jaundice.

ictiologia [iktiuluʒiə] *f.* ichthyology.

idea [iðéə] *f.* idea. 2 plan, intention.

ideal [iðeál] *a.* ideal, perfect. ■ 2 *m.* ideal, paragon. 3 ideal.

idealisme [iðeəlizmə] *m.* idealism.

idealista [iðeəlistə] *a.* idealistic. ■ 2 *m.-f.* idealist.

idealitzar [iðeəlidzá] *t.* to idealize.

idear [iðeá] *t.* to think up; to devise, to plan.

ídem [iðem] *adv.* ditto, the same, idem.

idèntic, -ca [iðɛntik, -kə] *a.* identical, (exactly) the same.

identificació [iðəntifikəsió] *f.* identification.

identificar [iðəntifiká] *t.* to identify. ■ 2 *p.* to identify [with something, someone]. 3 to identify oneself.

identitat [iðəntitát] *f.* identity.

ideologia [iðəuluʒiə] *f.* ideology.

idil·li [iðílli] *m.* idyll, idyl. 2 love affair.

idioma [iðiòmə] *m.* language.

idiosincràsia [iðiusiŋkràziə] *f.* idiosyncrasy.

idiota [iðiòtə] *a.* MED. idiotic, imbecile. ■ 2 *m.-f.* idiot, imbecile. 3 fig. half-wit, dim-wit, (USA) dummy.

idiotesa [iðiutɛzə] *f.* MED. idiocy, imbecility. 2 fig. stupid or foolish thing.

idiotisme [iðiutizmə] *m.* idiom, (idiomatic) expression.

idò [iðɔ́] (BAL.) See DONCS.

ídol [íðul] *m.* idol [also fig.].

idolatria [iðulətriə] *f.* idolatry, idolism. 2 fig. idolatry, (hero) worship.

idoni, -ònia [iðɔ́ni, -ɔ́niə] *a.* suitable, fit, appropriate; apt, capable.

Ignasi [iŋnázi] *pr. n. m.* Ignatius.

ignomínia [iŋnuminiə] *f.* ignominy, disgrace.

ignorància [iŋnuránsiə] *f.* ignorance.

ignorar [iŋnurá] *t.* not to know, to be unaware (—, of). 2 to ignore.

ignot, -ta [iŋnɔ́t, -tə] *a.* unknown, undiscovered.

igual [iɣwál] *a.* the same, equal. ‖ *m'és* ~, it's all the same to me, I don't mind. 2 alike, similar. 3 even, level; constant. ■ 4 *adv.* like. ‖ ~ *que,* the same as. ■ 5 *m.* equal. 6 equals sign, (USA) equal mark or sign.

igualar [iɣwəlá] *t.* to make equal, to equalize. 2 MATH. to equate (*a,* to). 3 to consider equal. 4 to become equal. 5 to level; to even out, to smooth.

igualtat [iɣwəltát] *f.* equality; similarity, alikeness. 2 evenness, levelness; uniformity.

illa [íʎə] *f.* island, isle. 2 block [of houses, buildings].

il·legal [illəɣál] *a.* illegal.

il·legalitat [illəɣəlitát] *f.* illegality.

il·legible [illəʒíbblə] *a.* illegible.

il·legítim, -ma [illəʒítim, -mə] *a.* illegitimate; unlawful.

illenc, -ca [iʎéŋ, -kə] *a.* island. ■ 2 *m.-f.* islander.

il·lès, -esa [illɛ́s, -ɛ́zə] *a.* unhurt, unharmed.

il·lícit [illísit, -tə] *a.* illicit, unlawful.

il·limitat, -ada [illimitát, -áðə] *a.* unlimited; limitless.

il·lògic, -ca [illɔ́ʒik, -kə] *a.* illogical.

illot [iʎɔ́t] *m.* small island.

il·luminació [illuminəsió] *f.* lighting; illumination.

il·luminar [illuminá] *t.* to illuminate, to light up. 2 to install lighting in [hall, building, etc.]. 3 *fig.* to enlighten.

il·lús, -usa [illús, -úzə] *a.* easily led or deceived.

il·lusió [illuzió] *f.* illusion, delusion. 2 false hope, wishful thinking. ‖ *fer-se il·lusions,* to build up false hopes. 3 thrill, excitement: *em fa molta ~ que hagis pensat en mi,* I'm thrilled that you thought of me.

il·lusionar [illuziuná] *t.* to deceive, to delude. ■ 2 *p.* to be thrilled, to get excited.

il·lusionista [illuziunístə] *m.-f.* conjuror, illusionist.

il·lusori, -òria [illuzɔ́ri, -ɔ́riə] *a.* illusory, unreal.

il·lustració [illustrəsió] *f.* learning; enlightenment. 2 illustration [in book, etc.].

il·lustrador, -ra [illustrəðó, -órə] *a.* enlightening, instructive. ■ 2 *m.-f.* illustrator.

il·lustrar [illustrá] *t.* to enlighten, to instruct. 2 to illustrate [book, etc.]. ■ 3 *p.* to learn, to acquire knowledge.

il·lustre [illústrə] *a.* illustrious, famous.

imaginació [iməʒinəsió] *f.* imagination.

imaginar [iməʒiná] *t.* to imagine. 2 to think up, to conceive. ■ 3 *p.* to imagine, to fancy; to picture. ‖ *imagina't!,* (just) imagine!

imaginari, -ària [iməʒinári, -áriə] *a.* imaginary, fanciful, make-believe.

imaginatiu, -iva [iməʒinətiu, -íβə] *a.* imaginative, fanciful. ‖ *és un nen molt ~,* he's a boy with a lot of imagination.

imant [imán] *m.* magnet.

imatge [imádʒə] *f.* image; picture. 2 TV picture.

imbatible [imbətíbblə] *a.* unbeatable; invincible.

imbecil [imbésil] *a.* MED. imbecile. 2 *fig.* silly. ■ 3 *m.-f.* imbecile; idiot.

imberbe [imbérβə] *a.* beardless.

imbuir [imbui] *t.* to imbue, to instill.

imitació [imitəsió] *f.* imitating, imitation. 2 imitation, fake.

imitar [imitá] *t.* to imitate. 2 to mimic, to ape. 3 to counterfeit, to fake.

immacular, -ada [imməkulát, -áðə] *a.* immaculate, spotlessly clean; unblemished.

immaterial [immətəriál] *a.* immaterial.

immediat, -ta [imməðiát, -tə] *a.* immediate.

immemorial [imməmuriál] *a.* immemorial.

immens, -sa [imméns, -sə] *a.* immense, huge.

immensitat [immənsitát] *f.* immensity, hugeness.

immersió [immərsió] *f.* immersion, immersing; plunge.

immigració [immiɣrəsió] *f.* immigration.

immigrant [immiɣrán] *a., m.-f.* immigrant.

immigrar [immiɣrá] *i.* to immigrate.

imminent [imminén] *a.* imminent, impending.

immòbil [immɔ́βil] *a.* immobile, immovable. 2 motionless.

immobiliari, -ària [immuβiliári, -áriə] *a.* real estate. ■ 2 *f.* estate agent's, (USA) real estate agency.

immobilitzar [immuβilidzá] *t.* to immobilize; to bring to a standstill.

immoble [immɔ́bblə] *a. béns immobles,* real estate. ■ 2 *m.* building.

immolar [immulá] *t.* to immolate.

immoral [immurál] *a.* immoral; unethical.

immoralitat [immurəlitát] *f.* immorality. 2 immoral act.

immortal [immurtál] *a.* immortal.

immortalitat [immurtəlitát] *f.* immortality.

immund, -da [immún, -də] *a.* filthy, dirty.

immune [immúnə] *a.* immune. 2 *fig.* free (*de,* from).

immunitat [immunitát] *f.* immunity.

immunitzar [immunidzá] *t.* to immunize.

immutable [immutábblə] *a.* immutable, unchangeable.

immutar [immutá] *t.* to alter, to cause a change in; to disturb. ■ 2 *p.* to lose one's self-possession; to change countenance.

impaciència [impəsiénsiə] *f.* impatience.

impacientar [impəsiəntá] *t.* to make impatient, to exasperate. ■ 2 *p.* to lose one's patience; to get worked up, to fret.

impacte [impáktə] *m.* impact [also fig.]; blow, hit.

imparcial [impərsiál] *a.* impartial, unbiased.

imparcialitat [impərsiəlitát] *f.* impartiality, fairness.

imparell [impərέʎ] *a.* MATH. odd.

impartir [impərtí] *t.* to impart; to distribute, to give out.

impassible [impəsíbblə] *a.* impassive, cold.

impàvid, -da [impáβit, -ðə] *a.* fearless, intrepid.

impecable [impəkábblə] *a.* impeccable, faultless; spotless.

impediment [impəðimèn] *m.* impeding, hindering. 2 impediment, hindrance.

impedir [impəðí] *t.* to impede, to hinder; to obstruct. 2 to keep from doing something, to thwart.

impel·lir [impəlʎí] *t.* to impel, to drive [also fig.].

impenetrable [impənətrábblə] *a.* impenetrable [also fig.]. 2 fig. obscure.

impenitent [impənitèn] *a.* impenitent.

imperar [impərá] *t.* to rule, to be in command; to prevail [also fig.].

imperatiu, -iva [impərətiů, -íβə] *a.-m.* imperative.

imperceptible [impərsəptíbblə] *a.* imperceptible, unnoticeable; slight.

imperdible [impərðíbblə] See AGULLA 2.

imperdonable [impərðunábblə] *a.* unforgivable, inexcusable.

imperfecció [impərfəksió] *f.* imperfection; defect, fault.

imperfecte, -ta [impərfèktə, -tə] *a.* imperfect.

imperi [impéri] *m.* empire.

imperial [impəriál] *a.* imperial.

imperialisme [impəriəlízmə] *m.* imperialism.

imperialista [impəriəlístə] *a.* imperialistic, imperialist. ■ 2 *m.-f.* imperialist.

imperiós, -osa [impəriós, -ózə] *a.* imperative, urgent. ‖ *una necessitat imperiosa,* a pressing need.

impermeabilitzar [impermeəβilidzá] *t.* to waterproof.

impermeable [impərmeàbblə] *a.* impermeable, waterproof. ■ 2 *m.* raincoat, mackintosh.

impersonal [impərsunál] *a.* impersonal.

impertèrrit, -ta [impərtèrrit, -tə] *a.* fearless; undaunted.

impertinència [impertinènsiə] *f.* irrelevance. 2 impertinence, insolence.

impertinent [impərtinèn] *a.* irrelevant, uncalled for. 2 impertinent, rude.

impertorbable [impərturβábblə] *a.* imperturbable; unruffled.

ímpetu [impətu] *m.* impetus, driving force; momentum.

impetuós, -osa [impətuòs, -ózə] *a.* impetuous; impulsive.

implacable [impləkábblə] *a.* implacable, relentless.

implantació [impləntəsió] *f.* implantation, insertion; introduction.

implantar [impləntá] *t.* to implant [also fig.]; to establish; to introduce.

implicació [implikəsió] *f.* implication, involvement.

implicar [implikà] *t.* to implicate. 2 to imply. 3 to involve.

implícit, -ta [implisit, -tə] *a.* implicit, implied.

implorar [implurá] *t.* to implore, to beseech; to urge, to adjure.

imponderable [impundərábblə] *a.-m.* imponderable.

imponent [impunèn] *a.* impressive, imposing.

impopular [impupulár] *a.* unpopular.

import [impòr(t)] *m.* amount, cost.

importació [impurtəsió] *f.* import, imports *pl.* 2 importation. ‖ *d'~,* imported.

importància [impurtánsiə] *f.* importance; significance. ‖ *sense ~,* unimportant.

important [impurtán] *a.* important; significant. 2 large; sizeable, considerable. 3 serious.

importar [impurtá] *t.* to imply, to import. 2 to cost. 3 to import. ■ 4 *i.* to matter. ‖ *això a tu no t'importa,* this doesn't concern you.

importunar [impurtuná] *t.* to bother; to importune.

imposar [impuzá] *t.* to impose; to force. 2 fig. to impose [tax, etc.], to set [task]; to command [respect]. ■ 3 *p.* to prevail. 4 to impose one's authority.

imposició [impuzisió] *f.* imposition; duty, tax. 2 ECON. deposit.

impossibilitat [impusiβilitát] *f.* impossibility.

impossible [impusíbblə] *a.-m.* impossible. ‖ *fer els impossibles,* to do one's utmost.

impost [impòs(t)] *m.* tax, duty.

161

inapreciable

impostor, -ra [impustó, -rə] *m.-f.* impostor.

impotència [imputènsiə] *f.* impotence; powerlessness.

impotent [imputèn] *a.* impotent; powerless, helpless.

impracticable [imprəktikábblə] *a.* impassable [road, etc.].

imprecís, -isa [imprəsis, -izə] *a.* imprecise.

imprecisió [imprəsiziò] *f.* imprecision.

impregnar [imprəɲnà] *t.* to impregnate, to saturate.

impremeditat, -ada [imprəməðitàt, -àðə] *a.* unpremeditated.

impremta [imprèmtə] *f.* printing. 2 press, printing house or office. 3 print. || *lletra d'~,* block letters *pl.*

imprès [imprès] *m.* printed paper; form. 2 *impresos,* printed matter.

imprescindible [imprəsindíbblə] *a.* essential, absolutely necessary.

impressió [imprəsiò] *f.* impression, impress, imprint. 2 printing; edition. 3 fig. impression. 4 PHOTO. *print, exposure.*

impressionable [imprəsiunábblə] *a.* impressionable.

impressionar [imprəsiunà] *t.* to impress; to move, to affect. 2 PHOTO. to expose. ■ 3 *p.* to be impressed or moved.

impressionisme [imprəsiunizmə] *m.* ARTS Impressionism.

impressionista [imprəsiunistə] *a., m.-f.* ARTS Impressionist.

impressor, -ra [imprəsò, -rə] *a.* printing. ■ 2 *m.-f.* printer. 3 *f.* printing machine; COMP.. printer.

imprevisible [imprəβizíbblə] *a.* unforseeable, unpredictable.

imprevist, -ta [imprəβis(t), -tə] *a.* unexpected, unforeseen. ■ 2 *m.* something unexpected.

imprimir [imprimì] *t.* to stamp, to print; to imprint. 2 to influence. 3 fig. to impress. ▲ CONJUG. P. P.: *imprès.*

improbable [impruβábblə] *a.* unlikely, improbable.

improcedent [imprusəðèn] *a.* inappropriate, inconvenient; untimely.

improductiu, -iva [impruðuktiù, -iβə] *a.* unproductive.

improperi [imprupèri] *m.* insult; offence, (USA) offense.

impropi, -òpia [impròpi, -òpiə] *a.* improper; amiss, wrong.

improvís, -isa [impruβis, -izə] *a.* sudden, unexpected. || *d'~,* unexpectedly.

improvisació [impruβizəsiò] *f.* improvisation. 2 MUS. impromptu.

improvisar [impruβizà] *t.* to improvise.

imprudència [impruðènsiə] *f.* imprudence, rashness. 2 unwise act.

imprudent [impruðèn] *a.* imprudent, rash; unwise.

impúdic, -ca [impúðik, -kə] *a.* shameless, indecent.

impugnar [impuɲnà] *t.* to oppose, to contest. 2 to impugn.

impuls [impúls] *m.* impulse, thrust, impetus. 2 fig. impulse, urge.

impulsar [impulsà] *t.* to propel, to drive. 2 to impel, to urge.

impulsiu, -iva [impulsiù, -iβə] *a.* impulsive.

impune [impúnə] *a.* unpunished.

impur, -ra [impúr, -rə] *a.* impure.

impuresa [impurèzə] *f.* impurity.

imputar [imputà] *t.* to impute, to ascribe.

inacabable [inəkəβábblə] *a.* interminable; endless.

inacceptable [inəksəptábblə] *a.* unacceptable.

inaccessible [inəksəsíbblə] *a.* inaccessible.

inactiu, -iva [inəktiù, -iβə] *a.* inactive; idle.

inactivitat [inəktiβitàt] *f.* inactivity; idleness.

inadaptat, -ada [inəðəptàt, -àðə] *a.* maladjusted.

inadequat, -ada [inəðəkuàt, -àðə] *a.* inadequate; unsuitable.

inadmissible [inəmmisíbblə] *a.* inadmissible.

inadvertència [inəbbərtènsiə] *f.* inadvertence, negligence. 2 oversight, slip.

inaguantable [inəɣwəntábblə] *a.* unbearable, intolerable. || *fa una calor ~,* it's unbearably hot.

inalterable [inəltərábblə] *a.* inalterable, immutable; fast [colour], permanent.

inanició [inənisiò] *f.* starvation.

inanimat, -ada [inənimàt, -àðə] *a.* lifeless, inanimate [also fig.].

inapetència [inəpətènsiə] *f.* lack of appetite, loss of appetite.

inapreciable [inəprəsiàbblə] *a.* insignificant, inappreciable. 2 invaluable, inestimable.

inassequible [inəsəkíbblə] *a.* unattainable, out of reach.

inaudit, -ta [inəůðit, -tə] *a.* unprecedented, unheard-of.

inauguració [inəuɣurəsió] *f.* inauguration, opening.

inaugurar [inəůɣurà] *t.* to inaugurate, to open.

inca [iŋkə] *a., m.-f.* Inca.

incalculable [iŋkəlkulàbblə] *a.* incalculable.

incandescent [iŋkəndəsèn] *a.* incandescent; glowing.

incansable [iŋkənsàbblə] *a.* tireless, unflagging.

incapaç [iŋkəpàs] *a.* incapable; incompetent; unable (*de,* to).

incapacitat, -ada [iŋkəpəsitàt, -àðə] *a.* incapacitated. ■ 2 *f.* incapacity, inability.

incaut, -ta [iŋkàŭt, -tə] *a.* incautious.

incendi [insèndi] *m.* fire. || ~ *provocat,* arson attack. || *perill d'~,* fire risk.

incendiar [insəndià] *t.* to set fire to, to set on fire. ■ 2 *p.* to catch fire.

incendiari, -ària [insəndiàri, -àriə] *a.* incendiary. || *bomba incendiària,* incendiary (device). ■ 2 *m.-f.* arsonist.

incentiu [insəntiŭ] *m.* incentive, inducement.

incert, -ta [insèr(t), -tə] *a.* uncertain, in the air; doubtful; vague.

incertesa [insərtèsə] *f.* uncertainty; doubt.

incertitud [insərtitút] See INCERTESA.

incessant [insəsàn] *a.* incessant, unceasing.

incest [insès(t)] *m.* incest.

incidència [insiðènsiə] *f.* incidence. 2 event.

incident [insiðèn] *a.* incident.

incidir [insiðí] *i.* to fall (*sobre,* upon).

incineració [insinərəsió] *f.* incineration. 2 cremation.

incinerar [insinərà] *t.* to incinerate. 2 to cremate.

incipient [insipièn] *a.* incipient.

incís [insis] *m.* GRAMM. clause, sentence.

incisió [insizió] *f.* incision, cut.

incisiu, -iva [insiziŭ, -íβə] *a.* sharp. 2 fig. incisive; cutting [remark, etc.]. ■ 2 *f.* ANAT. incisor.

incitació [insitəsió] *f.* incitement.

incitar [insità] *t.* to incite, to rouse.

incivilitzat, -ada [insiβilidzàt, -àðə] *a.* uncivilized.

inclemència [iŋkləmènsiə] *f.* harshness, inclemency.

inclinació [iŋklinəsió] *f.* inclination; incline, slope; stoop. 2 liking, inclination.

inclinar [iŋklinà] *t.* to incline; to slope, to tilt; to bend; to bow [head]. 2 fig. incline, lead. ■ 3 *p.* to bend forward, to bow. 4 to be inclined.

incloure [iŋklóŭrə] *t.* to include, to comprise. || COMM. *tot inclòs,* all-in. 2 to enclose, to attach [correspondence]. ▲ CONJUG. like *cloure.* || P. P.: *inclòs.*

inclusió [iŋkluzió] *f.* inclusion.

incoar [iŋkuà] *t.* LAW to start, to initiate.

incògnit, -ta [iŋkɔ̀ŋnit, -tə] *a.* unknown. ■ 2 *m.-f.* incognito [person]. 3 *f.* unknown quantity or factor. || *d'incògnita,* incognito.

incoherència [iŋkuərènsiə] *f.* incoherence.

incoherent [iŋkuərèn] *a.* incoherent; disconnected.

incolor, -ra [iŋkulòr, -rə] *a.* colourless, (USA) colorless.

incòlume [iŋkɔ̀lumə] *a.* unhurt, unharmed.

incommensurable [iŋkummənsuràbblə] *a.* unmeasurable, incommensurable.

incòmode, -da [iŋkɔ̀muðə, -ðə] *a.* uncomfortable. 2 uneasy; awkward. 3 embarrassing.

incomoditat [iŋkumuðitàt] *f.* discomfort. 2 uneasiness; awkwardness.

incomparable [iŋkumpəràbblə] *a.* incomparable.

incompatibilitat [iŋkumpətiβilitàt] *f.* incompatibility.

incompatible [iŋkumpətibblə] *a.* incompatible.

incompetent [iŋkumpətèn] *a.* incompetent.

incomplet [iŋkumplèt] *a.* incomplete.

incomprensible [iŋkumprənsibblə] *a.* incomprehensible.

incomptable [iŋkumtàbblə] *a.* innumerable, countless.

incomunicació [iŋkumunikəsió] *f.* isolation. 2 solitary confinement.

incomunicar [iŋkumunikà] *t.* to cut off, to isolate. 2 to hold incommunicado.

inconcebible [iŋkunsəβibblə] *a.* inconceivable.

incondicional [iŋkundisiunàl] *a.* unconditional; whole-hearted.

inconfusible [iŋkumfusibblə] *a.* unmistakable.

incongruència [iŋkuŋgruɛ́siə] *f.* incongruity.

incongruent [iŋkuŋgruɛ̀n] *a.* incongruous.

inconsciència [iŋkunsiɛ́nsiə] *f.* unconsciousness. 2 fig. unawareness; thoughtlessness.

inconscient [iŋkunsiɛ̀n] *a.* unconscious. 2 fig. unaware; thoughtless. ■ 3 *m.* unconscious.

inconstància [iŋkunstànsiə] *f.* inconstancy; fickleness.

inconvenient [iŋkumbəniɛ̀n] *a.* unsuitable, inappropriate. ■ 2 *m.* problem, difficulty; drawback.

incorporació [iŋkurpurəsiò] *f.* embodiment, incorporation.

incorporar [iŋkurpurà] *t.* to incorporate. 2 to embody. 3 to sit up. ■ 4 *p.* to sit up. 5 to join (*a, —*) [society, club, etc.].

incorrecció [iŋkurrəksiò] *f.* inaccuracy, imprecision; error; slip.

incórrer [iŋkòrrə] *i.* to commit, to perform (*en, —*) [crime; error]. 2 to incur; to bring upon oneself [punishment]. ▲ CONJUG. like *córrer.*

incorruptible [iŋkurruptibblə] *a.* incorruptible.

incrèdul, -la [iŋkrɛ̀ðul, -lə] *a.* incredulous; sceptical.

increïble [iŋkrəibblə] *a.* incredible, unbelievable.

increment [iŋkrəmɛ̀n] *m.* increase, increment.

increpar [iŋkrəpà] *t.* to rebuke; to scold.

incriminar [iŋkriminà] *t.* to condemn, to find guilty. 2 to accuse; to incriminate.

incrustació [iŋkrustəsiò] *f.* incrustation. 2 inlaying.

incrustar [iŋkrustà] *t.* to incrust. 2 to inlay. ■ 3 *p.* to be incrusted. 4 to be inlaid.

incubar [iŋkuβà] *t.* to incubate; to hatch.

inculcar [iŋkulkà] *t.* to inculcate; to instil.

inculpar [iŋkulpà] *t.* to accuse (*de,* of); to blame (*de,* for).

inculte, -ta [iŋkúltə, -tə] *a.* uncultured, boorish. 2 AGR. unworked, uncultivated.

incultura [iŋkultúrə] *f.* lack of culture, boorishness, uncouthness.

incumbir [iŋkumbi] *i.* to be fitting. 2 to be the duty of.

incunable [iŋkunàbblə] *m.* incunabulum, incunable.

incursió [iŋkursiò] *f.* incursion; raid.

indagar [indəɣà] *t.* to investigate, to inquire into.

indecència [indəsɛ́nsiə] *f.* indecency; filth. 2 obscenity [state, remark]; indecent act.

indecís, -isa [indəsis, -izə] *a.* undecided. 2 indecisive; vacillating.

indecisió [indəsiziò] *f.* indecision; lack of decision.

indefens, -sa [indəfɛ́ns, -sə] *a.* defenceless, unprotected.

indefinit, -ida [indəfinit, -iðə] *a.* indefinite; undefined. 2 GRAMM. indefinite.

indeleble [indəlɛ́bblə] *a.* indelible.

indemne [indɛ̀mnə] *a.* undamaged [thing]; unhurt, unharmed [person].

indemnització [indəmnidzəsiò] *f.* damages *pl.;* compensation.

indemnitzar [indəmnidzà] *t.* to compensate (*per,* for).

independència [indəpəndɛ́nsiə] *f.* independence.

independent [indəpəndɛ̀n] *a.* independent; self-sufficient.

indescriptible [indəskriptibblə] *a.* indescribable.

indesxifrable [indəʃifràbblə] *a.* undecipherable.

indeterminat, -ada [indətərminàt, -àðə] *a.* undetermined; not fixed or settled. 2 irresolute [person]. 3 GRAMM. indefinite.

índex [indəks] *m.* forefinger, index finger. 2 ratio. 3 list; index [book]. 4 MATH. index.

indi, índia [indi, indiə] *a., m.-f.* Indian.

Índia [indiə] *pr. n. f.* GEOGR. India.

Índic, oceà [indik, useà] *pr. n. m.* GEOGR. Indian Ocean.

indicació [indikəsiò] *f.* indication; suggestion. 2 sign. 3 instruction.

indicador, -ra [indikəðò, -rə] *m.* indicator; gauge, meter.

indicar [indikà] *t.* to point out, to indicate, to show. 2 to suggest, to hint.

indici [indisi] *m.* indication, mark, sign.

indiferència [indifərɛ́nsiə] *f.* indifference; lack of interest.

indiferent [indifərɛ̀n] *a.* uninterested; indifferent. ‖ *m'és ~,* it makes no difference to me.

indígena [indiʒənə] *a., m.-f.* native.

indigència [indiʒɛ́nsiə] f. poverty; destitution.

indigest, -ta [indiʒɛ́s(t), -tə] a. indigestible; hard to digest.

indigestió [indiʒəstió] f. indigestion.

indignació [indiŋnəsió] f. indignation, anger.

indignar [indiŋná] t. to infuriate; to anger. ■ 2 p. to get angry.

indigne, -na [indíŋnə, -nə] a. unworthy (de, of). 2 fig. beneath (de, —).

indiot [indiɔ́t] m. turkey.

indirecte, -ta [indirɛ́ktə, -tə] a. indirect. ■ 2 f. hint, suggestion. ‖ *deixar anar una* ~, to drop a hint.

indisciplina [indisiplínə] f. lack of discipline, indiscipline.

indiscreció [indiskrəsió] f. tactlessness, lack of tact. 2 indiscreet or tactless act or remark.

indiscret, -ta [indiskrɛ́t, -tə] a. tactless, indiscreet.

indiscutible [indiskutíbblə] a. unquestionable, indisputable.

indispensable [indispənsábblə] a. essential, indispensable.

indisposar [indispuzá] t. ~ *amb,* to make unpopular with; to set against. 2 to indispose; to make ill. ■ 3 p. to fall ill.

indisposició [indispuzisió] f. MED. indisposition.

individu, -ídua [indiβíðu, -íðuə] a., m.-f. individual. 2 m.-f. coll. person; bloke, chap [man]; bird [woman].

individual [indiβiðuál] a. individual.

individualisme [indiβiðuəlízmə] m. individualism.

indocumentat, -ada [indukuməntát, -áðə] a. not carrying identity papers.

indoeuropeu, -ea [induəŭrupέŭ, -ɛ́ə] a. Indo-European.

índole [índulə] f. nature; character.

indolència [indulɛ́nsiə] f. apathy; indolence.

indòmit, -ta [indɔ́mit, -tə] a. untamed. 2 untameable [animal]; indomitable [person].

indret [indrɛ́t] m. spot; place. 2 LIT. passage.

indubtable [induptábblə] a. unquestionable; indubitable.

inducció [induksió] f. inducement. 2 induction; inference. 3 ELECTR. induction.

induir [induí] t. to induce. 2 to infer. 3 ELECTR. to induce.

indulgència [indulʒɛ́nsiə] f. indulgence; clemency. 2 ECCL. indulgence.

indult [indúl(t)] m. LAW pardon; reprieve.

indultar [indultá] t. LAW to pardon; to reprieve.

indumentària [induməntáriə] f. study of period dress. 2 clothing, dress, clothes pl.

indústria [indústriə] f. industry.

industrialitzar [industrialidzá] t. to industrialize.

inèdit, -ta [inέðit, -tə] a. unpublished.

inefable [inəfábblə] a. ineffable; indescribable, inexpressible.

ineficàcia [inəfikásiə] f. inefficiency; ineffectiveness: incompetence.

inepte, -ta [inɛ́ptə, -tə] a. inept, incompetent.

inèrcia [inɛ́rsiə] f. inertia. 2 apathy.

inerme [inέrmə] a. unarmed; defenceless. 2 BOT. thornless.

inert, -ta [inέr(t), -tə] a. CHEM. inert. 2 inactive, immobile.

inesperat, -ada [inəspərát, -áðə] a. unexpected.

inestable [inəstábblə] a. unstable; unsettled.

inestimable [inəstimábblə] a. invaluable.

inevitable [inəβitábblə] a. inevitable; unavoidable.

inexactitud [inəgzəktitút] f. inaccuracy; imprecision.

inexistent [inəgzistɛ́n] a. non-existent.

inexorable [inəgzurábblə] a. inexorable.

inexpert, -ta [inəkspέr(t), -tə] a. inexpert; unexperienced.

inexplicable [inəksplikábblə] a. inexplicable; unaccountable.

inexplorat, -ada [inəksplurát, -áðə] a. unexplored.

inexpressiu, -iva [inəksprəsiŭ, -íβə] a. inexpressive; dull.

inexpugnable [inəkspuŋnábblə] a. MIL. impregnable: unstormable. 2 indomitable.

infal·libilitat [imfəlliβilitát] f. infallibility.

infame [imfámə] a. infamous; vile.

infàmia [imfámiə] f. disgrace; disgracefulness.

infància [imfánsiə] f. infancy; childhood.

infant [imfán] m. infant; child.

infanteria [imfəntəriə] f. infantry.

infantesa [imfəntɛzə] f. infancy; child-hood.

infanticidi [imfəntisiði] m. infanticide.

infantil [imfəntil] a. infant; child's, children's: *jocs infantils,* children's games. 2 child-like. 3 pej. childish, infantile.

infart [imfár(t)] m. heart-attack.

infatuar [imfətuá] t. to make vain or conceited. ■ 2 p. to become vain or conceited.

infecció [imfəksió] f. infection.

infectar [imfəktá] t. to infect. to contaminate. 2 fig. to corrupt.

infecte, -ta [imfɛktə, -tə] a. infected. 2 fig. corrupt.

infeliç [imfəlis] a. unhappy; wretched.

inferior [imfəriònrɔɛ] a. lower. 2 fig. pej. inferior. ■ 3 m. inferior; subordinate.

inferioritat [imfəriuritát] f. inferiority. ‖ *complex d'~,* inferiority complex.

inferir [imfəri] t. to infer, to deduce. 2 to inflict [wound, damage]; to cause [offence].

infermer, -ra [imfərmɛ, -rə] m. male nurse. 2 f. nurse.

infermeria [imfərməriə] f. infirmary.

infern [imfɛrn] m. hell.

infestar [imfəstá] t. to overrun; to infest. 2 to infect. ■ 3 p. to be overrun, to be infested. 4 to be infected.

infidel [imfiðɛl] a. unfaithful. 2 REL. unbelieving. ■ 3 REL. unbeliever, infidel.

infidelitat [imfiðəlitát] f. infidelity, unfaithfulness.

infiltrar [imfiltrá] t. to infiltrate (*en,* into). ■ 2 p. to filter (*en,* into), to infiltrate.

ínfim, -ma [imfim, -mə] a. lowest. 2 fig. meanest.

infinit, -ta [imfinit, -tə] a. infinite, endless. 2 fig. boundless. ■ 3 m. infinity. 4 MATH. infinity. ■ 5 adv. infinitely.

inflació [imfləsió] f. inflation. 2 MED. swelling.

inflamació [imfləməsió] f. ignition [catching fire]. 2 MED. inflammation.

inflamar [imfləmá] t. to ignite; to set fire to, to set light to. 2 to inflame [also fig.]. ■ 3 p. to catch fire. 4 MED. to become inflamed. 5 fig. to get excited. 6 fig. coll. to get het-up.

inflar [imflá] t. to inflate; to blow up. 2 fig. to exaggerate. 3 fig. coll. ~ *el cap,* to fill somebody's head (*amb,* with). ■ 4 p. to swell up. 5 fig. to get vain or conceited.

inflexible [imfləksibblə] a. rigid, inflexible; stiff.

inflexió [imfləksió] f. inflexion.

infligir [imfliʒi] t. to inflict (*a,* on).

inflor [imfló] f. fig. conceit; conceitedness, vanity. 2 MED. swelling.

influència [imfluɛnsiə] f. influence (*sobre,* on, over).

influir [imflui] i. to have or exercise influence (*sobre,* on, over). ■ 2 t. to influence; to sway.

infondre [imfòndrə] t. fig. to instil (*a,* into); to fill with. ‖ ~ *por al contrari,* to fill the opponent with fear, to frighten the opponent. ▲ CONJUG. like *fondre.* ‖ P.P.: *infós.*

informació [imfurməsió] f. information. 2 news; item or piece of news.

informal [imfurmál] a. informal; casual. 2 unreliable [person].

informar [imfurmá] t. to shape, to form. 2 to inform. ■ 3 p. to inform oneself.

informàtic, -ca [imfurmátik, -kə] a. computer. ■ 2 m.-f. computer scientist. 3 computer science.

informatiu, -iva [imfurmətiu, -iβə] a. informative; enlightening.

informe [imfòrmə] a. shapeless, formless; unshapely. ■ 2 m. report. 3 pl. personal particulars.

infortunat, -ada [imfurtunát, -áðə] a. unfortunate, unlucky.

infortuni [imfurtúni] m. misfortune.

infracció [imfrəksió] f. infringement. 2 LAW offence: ~ *de tràfic,* road traffic offence, driving offence. 3 LAW breach [contract].

infrastructura [imfrəstruktúrə] f. infrastructure.

infringir [imfrinʒi] t. to violate [terms]; to infringe [law]. 2 LAW to be in breach of [contract].

ínfula [imfulə] f. infula. 2 pl. fig. conceit, vanity.

infusió [imfuzió] f. infusion. 2 herbal tea.

ingent [inʒɛn] a. huge, enormous.

ingenu, -ènua [inʒɛnu, -ɛnuə] a. naïve, innocent; artless, ingenuous.

ingenuïtat [inʒənuitát] f. naïveté, innocence; artlessness, ingenuousness.

ingerència [inʒərɛnsiə] f. interference; meddling.

ingerir [inʒəri] t. to swallow. ■ 2 p. to meddle (*en,* in, with).

ingrat, -ta [ingrát, -tə] a. unpleasant. 2 thankless, unrewarding [task]. 3 ungrateful.

ingratitud [ingrətitút] f. ingratitude.

ingredient [iŋgrəðièn] *m.* ingredient.

ingrés [iŋgrès] *m.* entry, entrance. 2 admission [to club, school, etc.]. 3 COMM. sum deposited or received, deposit. 4 *pl.* income *sing.*, earnings. revenue *sing.* [company].

ingressar [iŋgrəsà] *t.* to deposit [money]. ■ 2 *i.* ~ *a l'hospital,* to be admitted to hospital. 3 to be admitted [to society, club, etc.].

inhàbil [inàβil] *a.* unskilful. 2 LAW unfit (*per a,* for). ■ 3 *m.-f.* LAW unfit person [for a post].

inhabitable [inəβitàbblə] *a.* uninhabitable.

inhalació [inəlàsiò] *f.* inhalation.

inhalar [inəlà] *t.* to breathe in, to inhale.

inherent [inərèn] *a.* inherent.

inhibició [iniβisiò] *f.* inhibition.

inhibir [iniβi] *t.* to inhibit; to restrain. ■ 2 *p.* to keep out (*de,* of).

inhumà, -ana [inumà, -ánə] *a.* inhuman.

inhumar [inumà] *t.* to bury [esp. corpse].

inici [inisi] *m.* start, beginning.

inicial [inisiàl] *a.* initial. ■ 2 *f. pl.* initials.

iniciar [inisià] *t.-p.* to start, to begin. 2 *t.* to initiate (*en,* in, into).

iniciativa [inisiətìβə] *f.* initiative, lead. 2 initiative, enterprise.

inimaginable [inimaʒinàbblə] *a.* unimaginable.

inimitable [inimitàbblə] *a.* inimitable.

intel·ligible [inintəlliʒìbblə] *a.* unintelligible.

iniquitat [inikitàt] *f.* wickedness, iniquity. 2 injustice.

injecció [inʒəksiò] *f.* injection.

injectar [inʒəktà] *t.* to inject. ■ 2 *p.* to inject oneself.

injúria [inʒúriə] *f.* insult, offence; outrage, wrong [act only].

injuriar [inʒurià] *t.* to insult, to abuse, to revile.

injust, -ta [inʒus(t), -tə] *a.* unfair, unjust.

injustícia [inʒustʌsiə] *f.* unfairness, injustice. 2 injustice [act].

injustificat, -ada [inʒustifikàt, -áðə] *a.* unjustified.

innat, -ta [innàt, -tə] *a.* innate, inborn; inherent.

innocència [innusènsiə] *f.* innocence.

innocent [innusèn] *a.* harmless. 2 LAW innocent. 3 artless, ingenuous. ■ 3 *m.-f.* LAW innocent person.

innocentada [innusəntáðə] *f.* coll. practical joke; hoax.

innocu, -òcua [innóku, -ókuə] *a.* harmless; innocuous.

innombrable [innumbràbblə] *a.* countless, innumerable.

innovació [innuβəsiò] *f.* innovation; novelty.

innumerable [innuməràbblə] See IN-NOMBRABLE.

inoblidable [inuβliðàbblə] *a.* unforgettable.

inocular [inukulà] *t.* to inoculate.

inodor, -ra [inuðòr, -rə] *a.* odourless.

inofensiu, -iva [inufənsiù, -iβə] *a.* harmless; innocuous, inoffensive.

inòpia [inòpiə] *f.* poverty, indigence.

inoportú, -una [inupurtù, -únə] *a.* untimely, inopportune; inconvenient.

inoportunitat [inupurtunitàt] *f.* untimeliness, inopportuness; inconvenience.

inorgànic, -ca [inuryànik, -kə] *a.* inorganic.

inqualificable [iŋkwəlifikàbblə] *a.* indescribable. 2 pej. unspeakable.

inqüestionable [iŋkwəstiunàbblə] *a.* unquestionable; indisputable.

inquiet, -ta [iŋkièt, -tə] *a.* restless. 2 coll. fidgety. 3 anxious.

inquietar [iŋkiətà] *t.* to unsettle. 2 to worry; to disturb. ■ 3 *p.* to worry.

inquietud [iŋkiətùt] *f.* restlessness. 2 anxiety. 3 *pl.* concern *sing.*

inquilí, -ina [iŋkilì, -inə] *m.-f.* tenant; lodger. 2 LAW lessee, tenant.

inquirir [iŋkiri] *t.* to investigate; to look into.

inquisició [iŋkizisiò] *f.* investigation; enquiry. 2 ECCL. Inquisition.

inquisidor, -ra [iŋkiziðò, -rə] *a.* investigating. ■ 2 *m.* ECCL. Inquisitor. 3 *m.-f.* fig. coll. busybody; carper.

inrevés [inrrəβès] *adv. phr. a l'~,* the other way round.

insà, -ana [insà, -ánə] *a.* mad. 2 MED. insane.

insaciable [insəsiàbblə] *a.* insatiable.

insalubre [insəlúβrə] *a.* unhealthy, insalubrious [esp. place].

inscripció [inskripsiò] *f.* registration, enrolment. 2 register.

inscriure [inskriùrə] *t.* to inscribe. 2 to register, to record, to enrol. ▲ CONJUG. like *escriure.*

insecte [insèktə] *m.* insect.

insecticida [insəktisiðə] a. insecticidal. ■ 2 m. insecticide.

insectívor, -ra [insəktiβur, -rə] a. insectivorous, insect-eating.

inseguretat [insəɣurətát] f. uncertainty. 2 insecurity. 3 lack of safety

inseminació [insəminəsió] f. insemination. ‖ ~ *artificial,* artificial insemination.

insensatesa [insənsətɛzə] f. stupidity; senselessness. 2 idiotic or senseless remark.

insensibilitat [insənsiβilitát] f. lack of sensitivity or delicacy; lack of feeling, callousness. 2 MED. numbness, lack of feeling.

insensible [insənsibblə] a. insensitive; callous. 2 MED. numb.

inseparable [insəpərábblə] a. inseparable.

inserció [insərsió] f. insertion.

inserir [insəri] t. to insert; to put into.

inservible [insərβibblə] a. useless.

insidia [insidiə] f. trap; trick [act or words].

insigne [insiŋnə] a. famous, celebrated.

insígnia [insiŋniə] f. badge; decoration.

insignificant [insiŋnifikán] a. trivial, unimportant, insignificant.

insinuar [insinuá] t. to insinuate. 2 to hint at, to allude to. ■ 3 p. to make a pass (a, at).

insípid, -da [insipit, -ðə] a. tasteless, insipid; flat.

insistència [insistɛnsiə] f. insistence; persistence.

insistir [insisti] i. to persist; to insist (a, in).

insociable [insusiábblə] a. unsociable; anti-social.

insolació [insuləsió] f. exposure to the sun. 2 MED. sunstroke.

insolència [insulɛnsiə] f. insolence; rudeness.

insòlit, -a [insɔlit, -tə] a. unusual; extraordinary.

insolvència [insulβɛnsiə] f. insolvency; bankruptcy [person only].

insomni [insɔmni] m. insomnia, sleeplessness.

insondable [insundábblə] a. unfathomable [also fig.].

insonoritzar [insunuridzá] t. to soundproof.

inspecció [inspəksió] f. inspection; examination. 2 survey. 3 inspectorate. 4 inspector's office [room].

inspeccionar [inspəksiuná] t. to inspect, to examine. 2 to survey.

inspector, -ra [inspəktó, -rə] m.-f. inspector. 2 surveyor.

inspiració [inspirəsió] f. inspiration.

inspirar [inspirá] t. to breathe in, to inhale. 2 to inspire. ■ 3 p. to get or be inspired; to find inspiration.

instal·lació [instəlləsió] f. installation.

instal·lar [instəllá] t. to instal; to establish. ■ 2 p. to instal oneself; to establish oneself.

instància [instánsiə] f. urging. 2 application; written request. 3 challenge [allegation, reason]. 4 instance: *tribunal de primera* ~, court of first instance.

instant [instán] m. moment, instant.

instantani, -ània [instəntáni, -ániə] a. instantaneous, immediate.

instar [instá] t. to urge; to press. 2 to challenge; to question [allegation, reason, etc.].

instaurar [instəŭrá] t. to constitute, to set up.

instigar [instiɣá] t. to instigate; to encourage. 2 LAW to incite.

instint [instin] m. instinct.

instintiu, -iva [instintiŭ, -íβə] a. instinctive.

institució [institusió] f. institution, establishment.

instituir [institui] t. to institute, to establish.

institut [institút] m. state secondary school.

instrucció [instruksió] f. teaching; education. 2 MIL. training, instruction; training drill. 3 pl. instructions.

instructiu, -iva [instruktiŭ, -íβə] a. instructive; educational.

instruir [instrui] t. to teach; to instruct. 2 MIL. to train, to drill. 3 LAW to prepare [case].

instrument [instrumèn] m. instrument; tool. 2 MUS. instrument.

insubordinar [insuβurðiná] t. to incite to rebellion or mutiny. ■ 2 p. to rebel; to mutiny.

insubstituïble [insupstituibblə] a. irreplaceable.

insuficiència [insufisiɛnsiə] f. insufficiency, lack; inadequacy.

insular [insulár] a. insular.

insuls, -sa [insúls, -sə] *a.* tasteless; insipid [also person].

insult [insúl(t)] *m.* insult; offence; outrage [act only].

insultar [insultá] *t.* to insult, to offend; to abuse [words only].

insuperable [insupərábblə] *a.* insurmountable.

insuportable [insupurtábblə] *a.* unbearable; intolerable.

insurrecció [insurrəksió] *f.* rebellion; revolt.

intacte, -ta [intáktə, -tə] *a.* untouched; intact, undamaged.

intangible [intənʒíbblə] *a.* intangible.

integral [intəγrál] *a.-f.* integral. ‖ *pa* ~, wholemeal bread.

integrar [intəγrá] *t.* to compose, to constitute. 2 to integrate (*en*, in).

íntegre, -gra [íntəγrə, -γrə] *a.* whole, integral. 2 fig. honourable; honest.

integritat [intəγritát] *f.* integrity; honesty.

intel·lecte [intəl·léktə] *m.* intellect.

intel·lectual [intəl·ləktuál] *a., m.-f.* intellectual.

intel·ligència [intəl·liʒɛ́nsiə] *f.* intelligence; understanding.

intel·ligent [intəl·liʒɛ́n] *a.* intelligent; clever.

intel·ligible [intəl·liʒíbblə] *a.* intelligible.

intempèrie [intəmpɛ́riə] *f.* inclemency; bad weather. ‖ *a la* ~, in the open; exposed.

intempestiu, -iva [intəmpəstiŭ, -íβə] *a.* untimely, inopportune.

intenció [intənsió] *f.* aim, intention, purpose.

intencionat, -ada [intənsiunát, -áðə] *a.* **ben** ~, well-meaning. ■ 2 *m.-f.* malicious person; wicked person.

intens, -sa [intɛ́ns, -sə] *a.* intense; deep [feeling].

intensitat [intənsitát] *f.* intensity; power; magnitude.

intensiu, -iva [intənsiŭ, -íβə] *a.* intensive.

intent [intɛ́n] *m.* purpose, aim, intention. 2 attempt.

intentar [intəntá] *t.* to attempt, to try. 2 to mean; to want.

intercalar [intərkəlá] *t.* to intercalate.

intercanvi [intərkámbi] *m.* exchange; interchange.

intercanviar [intərkəmbiá] *t.* to exchange; to interchange.

intercedir [intərsəði] *i.* to intercede. 2 to plead (*per,* for).

interceptar [intərsəptá] *t.* to intercept; to cut off. 2 MATH. to intercept, to comprehend between.

interès [intərɛ́s] *m.* interest.

interessant [intərəsán] *a.* interesting.

interessar [intərəsá] *t.* to interest; to concern. 2 to involve, to interest. ■ 3 *p.* to get involved. 4 to take an interest.

interessat, -ada [intərəsát, -áðə] *a.* interested, involved, concerned.

interferència [intərfərɛ́nsiə] *f.* interference.

interferir [intərfəri] *i.* to interfere.

intèrfon [intɛ́rfun] *m.* doorphone. 2 intercom.

interí, -ina [intəri, -inə] *a.* interim; provisional, temporary. 2 acting [person, in office]. 3 *m.-f.* substitute; stand-in.

interior [intəriónrœ] *a.-m.* interior, inside. 2 *a.* inner [thoughts]. 3 *m.* fig. inside or personal feelings; heart, soul. 4 inside-forward [football].

interjecció [intərʒəksió] *f.* exclamation; interjection.

interlocutor, -ra [intərlukutò, -rə] *m.-f.* speaker [in conversations].

interludi [intərlúði] *m.* MUS. pause, interlude. 2 THEATR. sketch [usually comic].

intermedi, -èdia [intərmɛ́ði, -ɛ́ðiə] *a.* intermediate; intervening. 2 *m.* interval.

intermediari, -ària [intərməðiári, -áriə] *a.* intermediate. ■ 2 *m.-f.* mediator. 3 *m.* COMM. middle-man.

intermitent [intərmitɛ́n] *a.* sporadic; intermittent. ■ 2 *m.* AUTO. indicator, trafficator.

intern, -na [intɛ́rn, -nə] *a.* internal, inside; interior. 2 fig. inner. 3 boarding [school, pupils]. ■ 4 *m.-f.* boarder [pupil].

internacional [intərnəsiunál] *a.* international.

internar [intərná] *t.* to insert. 2 to intern, to commit. 3 to admit. ■ 4 *p.* to penetrate. 5 to become a boarder [pupil].

internat [intərnát] *m.* boarding-school.

interpel·lar [intərpəl·lá] *t.* to appeal. 2 to interpellate.

interposar [intərpuzá] *t.* to put between; to interpose. 2 LAW to lodge [appeal]. ■ 3 *p.* to intervene, to mediate.

intèrpret [intɛ́rprət] *m.-f.* interpreter. 2 translator, interpreter.

interpretar [intərprətá] *t.* to interpret. 2 to translate, to interpret. 3 THEATR. to portray; to perform, to play [role, part].

interregne [intərrɛ́ŋnə] *m.* interregnum. 2 interval.

interrogació [intərruɣəsió] *f.* interrogation; questioning. 2 question mark.

interrogant [intərruɣán] *a.* questioning. ■ 2 *m.* question mark.

interrogar [intərruɣá] *t.* to interrogate; to question. 2 fig. to check, to investigate.

interrogatori [intərruɣətɔ́ri] *m.* questioning. 2 LAW examination [of witnesses].

interrompre [intərrómprə] *t.* to interrupt. 2 to impede; to obstruct.

interrupció [intərrupsió] *f.* interruption. 2 obstruction; impeding.

interruptor, -ra [intərruptó, -rə] *a.* interrupting. ■ 2 *m.* ELECTR. switch.

interurbà, -ana [intərurbá, -ánə] *a.* inter-city.

interval [intərβál] *m.* interval, distance between. 2 interval [time]. 3 MUS. interval.

intervenir [intərβəni] *i.* to participate; to intervene (*en,* in). ■ 2 *t.* MED. to operate on. 3 COMM. to audit; to investigate. ▲ CONJUG. like *abstenir-se.*

intervenció [intərβənsió] *f.* participation; intervention (*en,* in). 2 COMM. audit. 3 MED. operation.

interviu [intərβíu] *m.* interview.

intestí, -ina [intəsti, -inə] *a.* internal, domestic; interior. ■ 2 *m.* ANAT. intestine.

íntim, -ma [íntim, -mə] *a.* intimate, inmost [thoughts, feelings]. 2 intimate, close [relationship].

intimar [intimá] *i.* to become very friendly or familiar; to become close friends.

intimidar [intimiðá] *t.* to intimidate; to frighten.

intimitat [intimitát] *f.* closeness, intimacy [relationship]. 2 familiarity, close or intimate terms. 3 fig. privacy, intimacy. 4 *pl.* personal affairs, private life *sing.* [of couple]. 5 intimate gesture.

intitular [intitulá] *t.* to entitle, to head; to call.

intolerable [intulərábblə] *a.* unbearable; intolerable.

intoxicació [intuksikəsió] *f.* poisoning.

intoxicar [intuksiká] *t.* to poison. ■ 2 *p.* to get or be poisoned.

intransferible [intrənsfəríbblə] *a.* not transferable [ticket, title].

intransigència [intrənziʒɛ́nsiə] *f.* intransigence; rigidity, inflexibility [person].

intrèpid, -da [intrɛ́pit, -ðə] *a.* fearless, intrepid; daring.

intricat, -ada [intrikát, -áðə] *a.* intricate; involved; complicated.

intriga [intriɣə] *f.* intrigue, plot. 2 THEATR. plot.

intrigar [intriɣá] *i.* to plot, to intrigue. ■ 2 *t.* to intrigue, to perplex [person].

intrínsec, -ca [intrinsək, -kə] *a.* intrinsic; inherent.

introducció [intruðuksió] *f.* introduction.

introduir [intruðuí] *t.* to show in [person]. 2 to admit; to introduce. 3 to introduce [innovation]. ■ 4 *p.* to enter. 5 to get in; to slip in.

intromissió [intrumisió] *f.* meddling, interference.

introspecció [intruspəksió] *f.* introspection.

introversió [intruβərsió] *f.* introspection; introversion.

intrús, -usa [intrús, -úzə] *a.* intruding, intrusive.

intuïció [intuisió] *f.* intuition.

intuir [intuí] *t.* to guess; to feel; to know by intuition.

inundar [inundá] *t.* to flood. 2 fig. coll. to swamp. ■ 3 *p.* to get or be flooded. 4 fig. coll. to be swamped.

inútil [inútil] *a.* useless; pointless.

inutilitzar [inutilidzá] *t.* to ruin, to spoil. 2 to render useless.

invàlid, -da [imbálit, -ðə] *a.* disabled, unfit; invalid. ■ 2 *m.-f.* invalid, disabled person.

invalidar [imbəliðá] *t.* to invalidate; to nullify, to cancel.

invariable [imbəriábblə] *a.* unchanging, invariable.

invasió [imbəzió] *f.* invasion.

invasor, -ra [imbəzó, -rə] *a.* invading. ■ 2 *m.-f.* invader.

invectiva [imbəktiβə] *f.* invective; diatribe, philippic.

invencible [imbənsibblə] *a.* unconquerable; unbeatable.

invenció [imbənsió] *f.* invention, discovery.

invent [imbɛ́n] *m.* invention [device].

inventar [imbəntá] *t.* to discover, to find out; to invent [also fig.]. 2 fig. to make up; to fabricate.

inventari [imbəntári] *m.* inventory. 2 stock-taking [act]. ‖ *fer* ~, to stock-take.

inventiu, -iva [imbəntíŭ, -íβə] *a.* inventive; imaginative. ■ 2 *f.* inventiveness; imaginativeness.

inventor, -ra [imbəntó, -rə] *m.-f.* inventor.

invers, -sa [imbɛ̀rs, -sə] *a.* inverse; converse; reverse. 2 opposite.

inversemblant [imbərsəmblán] *a.* improbable, unlikely.

inversió [imbərsió] *f.* ECON. investment. 2 inversion.

invertebrat, -ada [imbərtəβrát, -áðə] *a., m.-f.* invertebrate.

invertir [imbərtí] *t.* to invert; to turn upside down. 2 to reverse; to turn round. 3 ECON. to invest.

investigació [imbəstiɣəsió] *f.* research. 2 investigation, enquiry.

investigar [imbəstiɣá] *t.* to investigate, to enquire into. 2 to do research in.

investir [imbəstí] *t.* to invest (*amb,* with).

invicte, -ta [imbíktə, -tə] *a.* undefeated, unbeaten; unconquered.

invisible [imbizíbblə] *a.* invisible.

invitació [imbitəsió] *f.* invitation.

invitar [imbitá] *t.* to invite.

invocar [imbuká] *t.* to invoke; to call up; to call on.

involucrar [imbulukrá] *t.* to involve; to include.

involuntari, -ària [imbuluntári, -áriə] *a.* involuntary; unintentional.

ió [ió] *m.* ion.

iode [jòðə] *m.* iodine.

ioga [jòɣə] *f.* yoga.

iogui [jòɣi] *a.* yoga. ■ 2 *m.-f.* yogi.

iogurt [juɣúr(t)] *m.* yoghurt.

iot [iòt] *m.* yacht.

ira [írə] *f.* anger; ire.

Iran [irán] *pr. n. m.* GEOGR. Iran.

iranià, -ana [irənià, -ánə] *a., m.-f.* Iranian.

Iraq [irák] *pr. n. m.* GEOGR. Iraq.

iraquià, -ana [irəkià, -ánə] *a., m.-f.* Iraqi.

irascible [irəsíbblə] *a.* irascible; irritable.

Irene [irɛ́nə] *pr. n. f.* Irene.

iris [íris] *m.* ANAT. iris.

Irlanda [irlándə] *pr. n. f.* GEOGR. Ireland.

irlandès, -esa [irləndɛ̀s, -ɛ́zə] *a.* Irish. ■ 2 *m.* Irishman. 3 *f.* Irishwoman.

ironia [iruníə] *f.* irony.

irònic, -ca [irɔ́nik, -kə] *a.* ironical.

IRPF [iɛrrəpeéfə] *m. (Impost sobre la Renda de les Persones Físiques)* (form of income tax).

irracionalitat [irrəsiunəlitát] *f.* irrationality; unreasonableness.

irradiar [irrəðiá] *t.* to irradiate; to radiate.

irreal [irreál] *a.* unreal; fantastic.

irreflexiu, -iva [irrəfləksíŭ, -íβə] *a.* thoughtless; impetuous; unreflected.

irrefutable [irrəfutábblə] *a.* unanswerable; irrefutable.

irregularitat [irrəɣuləritát] *f.* irregularity; abnormality.

irreparable [irrəpərábblə] *a.* irreparable.

irreprotxable [irrəprutʃábblə] *a.* irreproachable.

irresistible [irrəzistíbblə] *a.* irresistible.

irrespectuós, -osa [irrəspəktuós, -ózə] *a.* disrespectful.

irrespirable [irrəspirábblə] *a.* unbreathable.

irresponsable [irrəspunsábblə] *a.* irresponsible.

irrevocable [irrəβukábblə] *a.* irrevocable; irreversible.

irrigar [irriɣá] *t.* to water; to irrigate.

irrisió [irrizió] *f.* ridicule; derision.

irrisori, -òria [irrizɔ́ri, -ɔ́riə] *a.* ridiculous; derisory.

irritar [irritá] *t.* to irritate. ■ 2 *p.* to get angry (*amb,* with), (*per,* about).

irrogar [irruɣá] *t.* to damage; to injure.

irrompible [irrumpíbblə] *a.* unbreakable.

irrompre [irròmprə] *i.* to burst (*en,* in or into).

irrupció [irrupsió] *f.* bursting (*en,* into); invasion; rush (*en,* into).

Isabel [izəβɛ́l] *pr. n. f.* Elisabeth.

islam [izlám] *m.* Islam.

islamisme [izləmízmə] *m.* Islamism.

islandès, -esa [isləndɛ̀s, -ɛ́zə] *a.* Icelandic. ■ 2 *m.-f.* Icelander.

Islàndia [islándiə] *pr. n. f.* GEOGR. Iceland.

isolar [izulá] See AÏLLAR.

isòsceles [isòsələs] *a.* GEOM. isosceles.

Israel [izrráɛl] *pr. n. m.* GEOGR. Israel.

israelià, -ana [izrrəelià, -ánə] *a., m.-f.* Israeli.

israelita [izrrəelítə] *a., m.-f.* Israelite.

Istanbul [istəmbúl] *pr. n. m.* GEOGR. Istanbul.

istme [ízmə] *m.* isthmus; neck [of land].

Itàlia [itáliə] *pr. n. f.* GEOGR. Italy.

italià, -ana [italiá, -ánə] *a., m.-f.* Italian.

itinerari, -ària [itinərári, -áriə] *a.* itinerant. ■ *2 m.* itinerary; trip, journey.

iugoslau, -ava [ʃuɣuzláŭ, -áβə] *a.* Yugoslavian. ■ *2 m.-f.* Yugoslav.

Iugoslàvia [ʃuɣuzláβiə] *pr. n. f.* GEOGR. Yugoslavia.

IVA [íβə] *m. (Impost sobre el Valor Afegit)* VAT (Value Added Tax).

ivori [iβóri] *m.* ivory.

ixent [iʃèn] *a.* lit. arising; rising [esp. sun].

J

ja [ʒə] *adv.* already. 2 now, at once [emphasis]. 3 in due course; given time [future event]. ■ 4 *interj.* I see!, well, well! 5 ~ *vinc!*, coming! ■ 6 *conj.* ~ *que*, since, seeing that, as.

jaç [ʒas] *m.* sleeping-place [esp. animals]. 2 coll. bed; shakedown.

jaciment [ʒəsimèn] *m.* bed; layer.

jacobí, -ina [ʒəkuβi, -inə] *a., m.-f.* Jacobin.

jactar-se [ʒəktàrsə] *p.* to brag, to boast.

jade [ʒàðə] *m.* jade.

jaguar [ʒəɣwár] *m.* ZOOL. jaguar.

Jamaica [ʒəmàĭkə] *pr. n. f.* GEOGR. Jamaica.

jamaicà, -ana [ʒəməĭkà, -ánə] *a., m.-f.* Jamaican.

Japó [ʒəpò] *pr. n. m.* GEOGR. Japan.

japonès, -esa [ʒəpunès, -èzə] *a., m.-f.* Japanese.

jaqué [ʒəkè] *m.* morning coat.

jaqueta [ʒəkɛ̀tə] *f.* jacket.

jardí [ʒərðí] *m.* garden. 2 ~ *d'infants*, nursery school, kindergarten, crèche.

jardiner [ʒərðinè] *a.* garden. ■ 2 *m.-f.* gardener. 3 *f.* window box.

jardineria [ʒərðinəriə] *f.* gardening.

jaspi [ʒàspi] *m.* jasper.

Jaume [ʒàŭmə] *pr. n. m.* James.

jaure [ʒàŭrə] See JEURE.

javelina [ʒəβəlinə] *f.* javelin.

jazz [ʒas] *m.* jazz.

jeia [ʒɛ̀jə] *f.* fig. temperament, nature, disposition. ‖ *tenir bona* ~, to be good tempered.

jerarquia [ʒərərkiə] *f.* hierarchy. 2 high rank.

jeroglífic, -ca [ʒəruɣlifik, -kə] *a.-m.* hieroglyphic. 2 *m.* hieroglyph.

jersei [ʒərsèĭ] *m.* jumper, pullover, jersey; sweater.

Jerusalem [ʒəruzələm] *pr. n. f.* GEOGR. Jerusalem.

jesuïta [ʒəsuitə] *m.* Jesuit.

jet [ʒɛt] *m.* jet.

jeure [ʒɛ́urə] *i.* to lie; to recline, to be recumbent. 2 to be confined to bed; to be bedridden [through illness]. 3 fig. to be inactive; to be out of action. 4 ~ *amb*, to sleep with. ▲ CONJUG. GER. *jaient.* ‖ P. P.: *jagut.* ‖ INDIC. Pres.: *jec* (o *jac*), *jeus*, etc. ‖ Imperf.; *jeia, jeies*, etc. ‖ SUBJ. Pres.: *jegui, jeguis, jegui, jaguen, jagueu, jeguin* (o *jagui, jaguis*, etc.). ‖ Imperf.: *jagués*, etc.

JJOO *m. pl. (Jocs Olímpics)* Olympic Games.

jo [ʒɔ] *pers. pron.* I. ■ 2 *m.* ego.

Joan [ʒuán] *pr. n. m.* John.

joc [ʒɔk] *m.* game. ‖ ~ *brut*, foul play. ‖ *fora de* ~, off-side [player]; out of play [ball]. ‖ ~ *de penyores*, game of forfeits. 2 set. ‖ ~ *de cartes*, set of playing cards; card game. ‖ ~ *de taula*, set of table linen. 3 ~ *de paraules*, pun, play on words. 4 fig. *fer el doble* ~, to be double-faced.

jocós, -osa [ʒukós, -ózə] *a.* comic, funny; humorous.

joglar [ʒuɡɡlá] *m.* HIST. minstrel; entertainer.

joguina [ʒuɣinə] *f.* toy; plaything. 2 fig. puppet [person], plaything.

Johannesburg [ʒuənəsbúrk] *pr. n. m.* GEOGR. Johannesburg.

joia [ʒɔ̀jə] *f.* rejoicing, merriment; elation. 2 jewel; piece of jewellery.

joier, -ra [ʒujè, -rə] *m.-f.* jeweller.

joieria [ʒujəriə] *f.* jewellery.

joiós, -osa [ʒujós, -ózə] *a.* full of joy; joyful; elated.

joquei [ʒɔ́kəĭ] *m.* jockey.

jòquer [ʒɔ́kər] *m.* joker.

jordà, -ana [ʒurdà, -ánə] *a., m.-f.* Jordanian.

Jordània [ʒurðàniə] *pr. n. f.* GEOGR. Jordan.

Jordi [ʒɔ́rði] *pr. n. m.* GEOGR. George.

jorn [ʒorn] *m.* day; daylight.

jornada [ʒurnáðə] *f.* day, length of day. ‖ *tota la ~,* all day long. 2 journey, day's journey. 3 working day; working time; shift. ‖ *~ intensiva,* continuous or intensive working day or shift.

jornal [ʒurnál] *m.* day's wage, daily pay. ‖ *a ~,* on a daily wage, paid daily.

jornaler, -ra [ʒurnəlè, -rə] *m.-f.* day labourer.

Josep [ʒusɛ́p] *pr. n. m.* Joseph.

jota [ʒɔ́tə] *f.* letter J. 2 kind of dance [esp. in Aragon].

jou [ʒɔ́u] *m.* yoke [also fig.]. 2 fig. bond, tie.

jove [ʒɔ́βə] *a.* young. ■ 2 *m.-f.* young person. 3 *f.* daughter-in-law.

jovenalla [ʒuβənáʎə] *f.* youth, young [collective], young people.

jovent [ʒuβén] *m.* See JOVENALLA.

joventut [ʒuβəntút] *f.* youth [age]. 2 young people.

jovenívol, -la [ʒuβəníβul, -lə] *a.* young; youthful. 2 juvenile.

jovial [ʒuβiál] *a.* cheerful, jovial.

jubilació [ʒuβiləsió] *f.* retirement. 2 retirement pension.

jubilar [ʒuβilá] *t.-i.-p.* to retire. 2 *i.* to rejoice.

jubileu [ʒuβilɛ́u] *m.* jubilee.

judaic, -ca [ʒuðáik, -kə] *a.* Jewish, Judaean, Judaic.

judaisme [ʒuðáizmə] *m.* Judaism.

judicar [ʒuðiká] *t.* to judge; to deem. 2 LAW to find.

judici [ʒuðísi] *m.* judgment. 2 LAW trial; hearing. 3 LAW ruling, decision; sentence. 4 opinion, view.

judicial [ʒuðisiál] *a.* judicial.

Judit [ʒuðít] *pr. n. f.* Judith.

judo [ʒúðo] *m.* SP. judo.

jueu, -eva [ʒuɛ́u, -éβə] *m.-f.* Jew.

jugada [ʒuɣáðə] *f.* piece of play; move [board games]. 2 fig. trick, mean trick.

jugador, -ra [ʒuɣəðò, -rə] *a., m.-f.* player. 2 *m.-f.* gambler.

juganer, -ra [ʒuɣənè, -rə] *a.* playful.

jugar [ʒuɣá] *i.-t.* to play; to gamble. ‖ *~ una mala passada,* to play a dirty trick [a, on]. ■ 2 *p.* to risk; to gamble.

juguesca [ʒuɣéskə] *f.* bet.

jugular [ʒuɣulár] *a.* jugular.

juliol [ʒuliɔ́l] *m.* July.

julivert [ʒuliβɛ́r(t)] *m.* parsley.

jungla [ʒúŋɡlə] *f.* jungle.

Júlia [ʒúliə] *pr. n. f.* Julia.

junt, -ta [ʒun, -tə] *a.* next to; beside. 2 together. ■ 3 *f.* joint. 4 AUTO. gasket; washer. 5 meeting; conference; assembly. 6 board [of directors]; committee. ■ 7 *adv.* together.

juntura [ʒuntúrə] *f.* joint.

juny [ʒuɲ] *m.* June.

junyir [ʒuɲí] *t.* to unite; to bring together. 2 to yoke. 3 fig. to subdue. ■ 4 *p.* to flow together, to join [two rivers].

jupa [ʒúpə] (ROSS.) See FALDILLA.

jura [ʒúrə] *f.* pledge, oath. ‖ MIL. *~ de bandera,* pledge of loyalty to the flag.

jurar [ʒurá] *t.* to swear; to pledge.

jurat [ʒurát] *m.* LAW jury. 2 board or panel of judges [competition].

jurídic, -ca [ʒuríðik, -kə] *a.* legal; juridical.

jurisconsult [ʒuriskunsúl(t)] *m.* legal expert; jurist.

jurisdicció [ʒurizðiksió] *f.* jurisdiction [esp. of court of law].

jurisprudència [ʒurispruðénsiə] *f.* jurisprudence.

jurista [ʒuristə] *m.-f.* jurist; lawyer.

just, -ta [ʒus(t), -tə] *a.* fair; just; right; legitimate. 2 correct, right; exact, precise. 3 scant; low [income]. ‖ *tenir un sou molt ~,* to have a very low salary. ■ 4 *adv.* precisely, exactly. ‖ *tot ~,* scarcely, hardly. ‖ *anar ~,* to be hard up. ■ 6 *phr. justa la fusta!,* absolutely!, I agree entirely!

justícia [ʒustísiə] *f.* justice; rectitude; equity. 2 fairness. 3 law; justice.

justicier, -ra [ʒustisiè, -rə] *a.* upright, righteous, law-abiding; just.

justificació [ʒustifikəsió] *f.* justification; pretext.

justificant [ʒustifikán] *a.* justifying. ■ 2 *m.* voucher; certificate.

justificar [ʒustifiká] *t.* to substantiate; to justify. 2 to clear [suspect].

jutge [ʒúdʒə] *m.* LAW judge; magistrate. 2 judge [competition].

jutjar [ʒudʒá] *t.* to judge, to consider, to deem. 2 LAW to find; to rule.

jutjat [ʒudʒát] *m.* court of law; court.

juvenil [ʒuβənil] *a.* youthful; juvenile.

juxtaposar [ʒukstəpuzá] *t.* to juxtapose; to compare.

K

K, k [ka] *f.* k [letter].
kàiser [káizər] *m.* HIST. Kaiser.
karate [kərátə] *m.* karate.

kenià, -ana [kənià, -ánə] *a., m.-f.* Kenyan.
Kenya [kèniə] *pr. n. f.* GEOGR. Kenya.

L

L, l [èlə] *f.* l [letter].

l' *art. m.-f.:* **l'home,** the man; **l'orella,** the ear. ■ *2 pers. pron.* See EL.

'l *pers. pron.* See EL.

la [lə] *art. f.* the. ■ *2 pers. pron. f.* **porteu-la,** bring it, bring her. ▲ l'. [before vowels and h]. ■ *3 f.* MUS. A.

laberint [ləβərin] *m.* labyrinth, maze.

labor [ləβór] *f.* work, task, labour. *2* sewing; crochet work; embroidery; knitting.

laborable [ləβuràbblə] *a.* arable. *2 dia ~,* weekday; working day.

laborar [ləβurá] *i.* to labour, to toil. ■ *2 t.* to work, to till.

laboratori [ləβurətɔ́ri] *m.* laboratory.

laboriós, -osa [ləβuriós, -ózə] *a.* hardworking. *2* laborious.

laboriositat [ləβuriuzitát] *f.* industry.

laca [lákə] *f.* lacquer. *2* lac; shellac. *3* hairspray.

lacai [ləkǎi̯] *m.* lackey.

lacerar [ləsərá] *t.* to lacerate. *2* fig. to damage, to hurt, to harm.

lacònic, -ca [ləkɔ́nik, -kə] *a.* laconic.

lacrar [ləkrá] *t.* to seal [with sealing wax].

lacre [lákrə] *m.* sealing wax.

lacrimal [ləkrimál] *a.* lachrymal, tear. ■ *2 pl.* lachrymal glands.

lactant [ləktán] *a.* nursing. ■ *2 m.* unweaned baby.

lacti, làctia [lákti, láktiə] *a.* milk, lactic. ∥ *productes lactis,* milk products. ∥ *Via Làctia,* Milky Way.

lacustre [ləkústrə] *a.* lake.

laic, -ca [lái̯k, -kə] *a.* lay.

lama [lámə] *m.* lama.

lament [ləmèn] *m.* lament; wail, moan.

lamentació [ləməntəsió] *f.* lamentation.

lamentar [ləməntá] *t.* to lament, to mourn. *2* to be sorry (—, about), to regret. ■ *3 p.* to complain.

làmina [láminə] *f.* sheet. *2* PRINT. plate.

laminar [ləminá] *t.* to roll, to roll out.

làmpada [lámpəðə] *f.* light, lamp.

lampista [ləmpistə] *m.-f.* electrician; plumber.

landa [lándə] *f.* moor; moorland.

lànguid, -da [lángit, -ðə] *a.* languid; listless.

làpida [làpiðə] *f.* inscribed stone; gravestone, tombstone.

lapidar [ləpiðá] *t.* to stone.

lapse [lápsə] *m.* space [of time], lapse.

laringe [lərinʒə] *f.* ANAT. larynx.

larinx [lərins] anat. See LARINGE.

larva [lárβə] *f.* ENT. larva.

lasciu, -iva [ləsiŭ, -iβə] *a.* lascivious, lecherous.

làser [lásər] *m.* laser.

lassar [ləsá] *t.* ant. to tire.

lat, -ta [lát, -tə] *a.* extensive; wide. ■ *2 f.* pest, nuisance.

latent [lətèn] *a.* latent.

lateral [lətərál] *a.* lateral, side.

latifundi [lətifúndi] *m.* very large country estate.

latitud [lətitút] *f.* latitude.

latria [lətriə] *f.* worship.

latrina [lətrinə] *f.* latrine.

laudable [ləŭðábblə] *a.* praiseworthy, laudable.

Laura [láŭrə] *pr. n. f.* Laura.

lava [láβə] *f.* lava.

lavabo [ləβáβu] *m.* wash-basin. *2* washroom. *3* toilet.

lavanda [ləβándə] *f.* lavander. *2* lavander water.

lavativa [ləβətiβə] *f.* enema.

lax, -xa [láks, -ksə] *a.* slack; lax.

laxar [ləksá] *t.* to slacken; to loosen. *2* to act as a laxative, to loosen the bowels.

lector, -ra [ləktò, -rə] *a., m.-f.* reader. *2 m.-f.* assistant lecturer.

lectura [ləktúrə] f. reading. 2 reading matter.

legació [ləɣəsió] f. legation.

legal [ləɣál] a. legal.

legalitat [ləɣəlitát] f. legality, lawfulness.

legalitzar [ləɣəlidʒá] t. to legalise.

legat [ləɣát] m. legate.

legió [ləʒió] f. MIL. legion. 2 multitude, great number.

legionari, -ària [ləʒiunári, -áriə] a.-m. legionary. 2 m. legionnaire.

legislació [ləʒizləsió] f. legislation.

legislar [ləʒizlá] i. to legislate.

legislatura [ləʒizlətúrə] f. legislature.

legítim, -ma [ləʒítim, -mə] a. legitimate. 2 genuine, authentic, real.

legitimitat [ləʒitimitát] f. legitimacy.

lema [lèmə] m. motto; slogan. 2 theme, subject. 3 MAT. lemma. 4 lemma [in logic].

lenitat [lənitát] f. leniency.

lenitiu, -iva [lənitiú, -íβə] a. soothing. ■ 2 m. soothing medicine.

lent, -ta [len, -tə] a. slow. ■ 2 f. lens.

lentitud [ləntitút] f. slowness.

lepra [lèprə] f. MED. leprosy.

leprós, -osa [ləprós, -ózə] a. MED. leprous. ■ 2 m.-f. leper.

les [ləs] art. f. pl. the. ■ 2 pers. pron. f. pl. them: *te ~ dono*, I'll give them to you.

lesió [ləzió] f. injury.

lesionar [ləziuná] t. to injure; to wound.

letal [lətál] a. lethal, deadly.

letàrgia [lətárʒiə] f. lethargy.

letàrgic, -ca [lətárʒik, -kə] a. lethargic.

Letònia [lətóniə] pr. n. f. Latvia.

leucèmia [ləusèmiə] f. MED. leukaemia, leucaemia, (USA) leukemia, leucemia.

leucòcit [ləukósit, cold ləukusit] m. BIOL. leucocyte, (USA) leukocyte.

levita [ləβítə] m. frock coat. 2 Levite [bible].

lèxic [léksik] m. lexis, vocabulary.

lexicografia [ləksikuɣrəfiə] f. lexicography.

li [li] pers. pron. him, her, it: *dóna-li les claus*, give him or her the keys.

liana [liánə] f. liana, liane.

libació [liβəsió] f. libation.

Líban [liβən] pr. n. m. GEOGR. Lebanon.

libanès, -esa [liβənés, -ézə] a., m.-f. Lebanese.

libèl·lula [liβéllulə] f. ENT. dragonfly.

liberal [liβərál] a. liberal, generous. 2 a., m.-f. POL. liberal.

liberalisme [liβərəlizmə] m. POL. Liberalism.

libi, líbia [liβi, liβiə] a., m.-f. Lybian.

Líbia [liβiə] pr. n. f. GEOGR. Libya.

libidinós, -osa [liβiðinós, -ózə] a. libidinous, lascivious.

libido [liβíðo] f. libido; sexual drive.

liceu [lisèu] m. lyceum: *Teatre del Liceu*, Barcelona Opera House. 2 secondary school. 3 literary society.

lícit, -ta [lisit, -tə] a. lawful, licit, permissible.

licitar [lisitá] t. to bid.

licor [likór] m. liqueur.

líder [liðə[r]] m.-f. leader.

lignit [liɲnit] m. lignite.

lila [lilə] a.-m. lilac [colour].

lilà [lilá] m. BOT. lilac.

lil·liputenc, -ca [lilliputèŋ, -kə] a. Lilliputian.

limbe [limbə] m. BOT. limb. 2 edge.

limfa [limfə] f. BIOL. lymph.

limfàtic, -ca [limfátik, -kə] a. lymphatic.

liminar [liminár] a. introductory.

límit [limit] m. limit.

limitació [limitəsió] f. limitation.

limitar [limitá] t. to limit. ■ 2 i. to border [*amb*, on].

limítrof [limitruf] a. bordering.

límpid, -da [limpit, -ðə] a. limpid, pellucid.

lineal [lineál] a. linear, lineal. 2 line: *dibuix ~*, line drawing. ‖ *sentit ~*, in a straight line.

lingot [liŋɡɔt] m. ingot.

lingüista [liŋɡwistə] m.-f. linguist, linguistician.

lingüístic, -ca [liŋɡwistik, -kə] a. linguistic. ■ 2 f. linguistics.

línia [liniə] f. line.

liniment [linimén] m. MED. liniment.

linòleum [linóleum] m. linoleum, lino.

linx [liŋs] m. ZOOL. lynx.

linxar [liɲʃá] t. to lynch.

liquar [likwá] t. to liquefy. 2 to melt. 3 METALL. to liquate.

liquen [likən] m. BOT. lichen.

líquid, -da [likit, -ðə] a.-m. liquid.

liquidació [likiðəsió] f. ECON. liquidation. 2 clearance sale [shops]. 3 settlement [of debt]. 4 CHEM. PHYS. liquefaction.

liquidar [likidá] t. to liquidate. 2 to sell off. 3 to settle [a debt]. 4 CHEM. PHYS. to liquefy. 5 fig. to eliminate, to get rid of, to kill.

lira [lírə] f. MUS. lyre.

líric, -ca [lírik, -kə] a. lyrical. ■ 2 f. lyrical poetry.

liró [liró] m. ZOOL. dormouse. 2 m.-f. fool. ■ 3 a. stupid, silly. ‖ *fer tornar* ~, to drive mad or round the bend.

lis [lis] f. BOT. lily. 2 HERALD. fleur-de-lis.

Lisboa [lisbóə] pr. n. f. GEOGR. Lisbon.

literal [litərál] a. literal.

literari, -ària [litərári, -áriə] a. literary.

literat, -ata [litərát, -átə] m.-f. man or woman of letters.

literatura [litəratúrə] f. literature.

liti [líti] m. CHEM. lithium.

litigar [litiyá] t. to litigate.

litigi [litíʒi] m. LAW litigation, lawsuit, suit. 2 fig. dispute, disagreement.

litografia [lituyrəfíə] f. lithography [art]. 2 lithograph [example of the art].

litoral [liturál] a. coastal. ■ 2 m. coast.

litre [lítrə] m. litre. 2 (USA) liter.

Lituània [lituániə] pr. n. f. Lithuania.

litúrgia [litúrʒiə] f. liturgy.

lívid, -da [líβit, -ðə] a. black and blue, livid. 2 ashen, pallid.

lividesa [liβiðézə] f. lividness, lividity.

llac [ʎák] m. lake.

llaç [ʎás] m. bow. 2 fig. trap, snare. 3 noose. 4 fig. link, connection.

llaçada [ʎəsáðə] f. decorative bow.

llacuna [ʎəkúnə] f. small lake, tarn. 2 fig. gap, lacuna.

lladella [ʎəðéʎə] f. ENT. crab louse.

lladrar [ʎəðrá] i. to bark.

lladre [ʎáðrə] m. thief; robber. 2 ELECTR. adaptor.

lladruc [ʎəðrúk] m. bark [of dog].

llagasta [ʎəyástə] f. tick [parasite].

llagosta [ʎəyóstə] f. spiny lobster, crawfish. 2 ENT. locust; grasshopper.

llagostí [ʎəyustí] m. type of large prawn.

llagotejar [ʎəyutəʒá] t. to flatter.

llagoter, -ra [ʎəyutè, -rə] a. flattering. ■ 2 m.-f. flatterer.

llàgrama [ʎágrəmə] (ROSS.) See LLÀGRIMA.

llàgrima [ʎágrimə] f. tear.

llagrimejar [ʎəyriməʒá] i. to weep, to cry.

llagrimós, -osa [ʎəyrimós, -ózə] a. weepy, tearful. 2 tear-jerking, tearful.

llagut [ʎəyút] m. NAUT. catboat.

llama [ʎámə] m. ZOOL. llama.

llamàntol [ʎəmántul] m. lobster.

llamborda [ʎəmbórðə] f. flag, flagstone. 2 cobble, cobblestone.

llambregada [ʎəmbrəyáðə] f. glimpse; peep; quick look.

llambregar [ʎəmbrəyá] t. to glimpse; to catch sight of.

llaminadura [ʎəminəðúrə] f. titbit, delicacy [esp. sweet ones].

llaminer, -ra [ʎəminè, -rə] a. sweet-toothed.

llamp [ʎám] m. bolt of lightening. ‖ *mal* ~, damn! ‖ *com un* ~, like lightening.

llàmpada [ʎámpaðə] f. flash.

llampant [ʎəmpán] a. brand new, brand spanking new. 2 garish, loud [colours].

llampec [ʎəmpék] m. flash of lightening. ‖ *com un* ~, like lightening. 2 flash [also fig.]: *una visita* ~, a lightening visit.

llampegar [ʎəmpəyá] i. to lighten.

llana [ʎánə] f. wool. ‖ *tenir* ~ *al clatell*, to be dozy or dopey.

llança [ʎánsə] f. lance. ■ 2 m. lancer.

llançada [ʎənsáðə] f. thrust of the lance. 2 lance wound.

llançador, -ora [ʎənsəðó, -órə] a., m.-f. thrower. 2 TEXT. shuttle.

llançaflames [ʎənsəflàməs] m. MIL. flamethrower.

llançament [ʎənsəmèn] m. launch, launching.

llançar [ʎənsá] t. to throw. 2 to launch [rockets, new products, etc.]. 3 fig. to let out. ‖ *va* ~ *una exclamació de sorpresa*, she cried out in surprise. ■ 4 p. to throw oneself.

llanceta [ʎənsètə] f. MED. lancet.

llanda [ʎándə] f. MECH. rim; wheel. 2 (BAL.), (VAL.) See LLAUNA.

llaner, -era [ʎənè, -èrə] a. woollen.

llangardaix [ʎəŋgərðáʃ] m. ZOOL. lizard.

llangor [ʎəŋgó] f. languidness, listlessness.

llanguiment [ʎəŋgimèn] See LLANGOR.

llanguir [ʎəŋgí] i. to languish.

llanta [ʎántə] f. MECH. rim; wheel.

llanterna [ʎəntèrnə] f. lantern. 2 torch, flashlight.

llàntia [ʎántiə] f. oil lamp. 2 oil or grease stain.

llantió [ʎəntió] m. small lamp.

llanut, -uda [ʎənút, -úðə] a. woolly. 2 stupid, dozy.

llanxa [ʎánʃə] f. NAUT. launch.

llaor [ʎəó] f. praise.

llapis [ʎápis] m. pencil. 2 ~ de color, crayon.

llar [ʎar] f. ~ de foc, fireplace. 2 home.

llard [ʎar(t)] m. lard.

llardó [ʎərðó] m. piece of crackling.

llardós, -osa [ʎərðós, -ózə] a. greasy.

llarg, -ga [ʎark, -yə] a. long. || a la llarga, in the long run. || saber-la llarga, to be clever. || passar de ~, to go past, to miss. ■ 2 m. length.

llargada [ʎəryáðə] f. length.

llargària [ʎəryàriə] See LLARGADA.

llargarut, -uda [ʎəryərút, -úðə] a. very long, very tall.

llarg-metratge [ʎarmətràdʒə] m. CIN. full-length film, feature film.

llarguesa [ʎəryɛzə] f. largesse, generosity.

llast [ʎas(t)] m. ballast [also fig.].

llàstima [ʎástimə] f. pity, grief.

llastimós, -osa [ʎəstimós, -ózə] a. pitiful; lamentable.

llatí, -ina [ʎəti, -inə] a., m.-f. Latin.

llatinista [ʎətinistə] m.-f. latinist.

llatzeret [ʎədzərɛt] m. lazaretto, lazaret.

llauna [ʎáunə] f. tin sheet. 2 tin, can.

llauner, -era [ʎəuné, -ɛrə] m.-f. plumber.

llaurada [ʎəuráðə] f. ploughing. 2 ploughed land.

llaurador, -ra [ʎəuɾəðó, -rə] m. ploughman. 2 f. ploughwoman. 3 (VAL.) farmer.

llaurar [ʎəuɾá] t. to plough.

llaüt [ʎəút] m. MUS. lute. 2 NAUT. catboat.

llautó [ʎəutó] m. brass. || veure-se-li el ~, to see through someone.

llavar [ʎəßá] (VAL.) See RENTAR.

llavi [ʎáßi] m. lip.

llavor [ʎəßó] f. seed [also fig.].

llavorer, -ra [ʎəßuré, -rə] a. stud.

llavors [ʎəßórs] adv. then.

llebeig [ʎəßɛtʃ] m. METEOR. warm southwest wind.

llebre [ʎɛßrə] f. ZOOL. hare. || aixecar la ~, to let the cat out of the bag.

llebrer [ʎəßré] a., m. ZOOL. greyhound.

llebrós, -osa [ʎəßrós, -ózə] a. leprous. ■ 2 m.-f. leper.

lledó [ʎəðó] m. BOT. hackberry.

llefiscós, -osa [ʎəfiskós, -ózə] a. slimy; sticky.

lleganya [ʎəyáɲə] f. sleep [in the eyes].

lleganyós, -osa [ʎəyəɲós, -ózə] a. bleary.

llegar [ʎəyá] t. to will; to bequeath, to leave.

llegat [ʎəyát] m. legacy; bequest.

llegenda [ʎəʒɛndə] f. legend. 2 inscription.

llegendari, -ària [ʎəʒəndàri, -àriə] a. legendary.

llegible [ʎəʒibblə] a. legible. 2 readable.

llegir [ʎəʒi] t. to read.

llegítima [ʎəʒitimə] f. that part in a will which must be left to close relatives.

llegua [ʎɛ́ɣwə] f. league [distance].

llegum [ʎəɣúm] m. legume. 2 pl. vegetables.

llei [ʎeĭ] f. law, rule. 2 kind, sort.

lleial [ʎəjál] a. loyal, faithful.

lleialtat [ʎəjəltát] f. loyalty, faithfulness, allegiance.

Lleida [ʎéĭðə] pr. n. f. GEOGR. Lleida.

lleig, lletja [ʎetʃ, ʎédʒə] a. ugly; nasty [also fig.].

lleixa [ʎéʃə] f. shelf.

lleixiu [ʎəʃiŭ] m. bleach.

llenç [ʎɛns] m. canvas.

llenca [ʎɛ́ŋkə] f. strip.

llençar [ʎənsá] t. to throw. 2 to throw away.

llenceria [ʎənsəriə] f. draper's (shop). 2 lingerie, underwear.

llençol [ʎənsɔ́l] m. sheet [linen, etc.].

llenegar [ʎənəyá] (BAL.) See RELLISCAR.

llengota [ʎəŋɡɔ́tə] f. m'ha fet una ~!, she put her tongue out at me!

llengua [ʎɛ́ŋɡwə] f. tongue. || no tenir pèls a la ~, to call a spade a spade. || tenir la ~ llarga, to be all talk; not to know when to shut up. 2 language.

llenguado [ʎəŋɡwáðu] m. ICHTHY. sole.

llenguallarg, -ga [ʎəŋɡwəʎárk, -yə] a. talkative, who never stops talking.

llenguatge [ʎəŋɡwádʒə] m. language.

llengüeta [ʎəŋɡwɛ́tə] f. tongue, flap.

llengut, -uda [ʎəŋɡút, -úðə] a. talkative.

llentia [ʎəntiə] f. BOT. lentil.

llenya [ʎéɲə] f. wood, firewood. 2 fam. beating.

llenyataire [ʎəɲətáĭrə] m. woodcutter.

lleó, -ona [ʎəó, -nə] m. lion. 2 ASTROL. Leo. 3 f. lioness.

lleopard [ʎəupár(t)] m. ZOOL. leopard.

llepa [ʎépə] m.-f. coll. crawler; vulg. arselicker.

llepada [ʎəpáðə] f. lick.

llepaire [ʎəpáĭrə] See LLEPA.

llepar [ʎəpá] t. to lick. 2 to suck up to; to crawl i.

llepissós, -osa [ʎəpisós, -ózə] See LLEFISCÓS.

llèpol, -la [ʎέpul, -lə] See LLAMINER.

llepolia [ʎəpulíə] See LLAMINADURA.

llera [ʎέrə] f. GEOGR. bed.

llesamí [ʎəsəmí] m. BOT. jasmine.

llesca [ʎéskə] f. slice.

llest, -ta [ʎes(t), -tə] a. clever, quick. 2 ready. 3 finished.

llet [ʎέt] f. milk. 2 *mala* ~, bad temper. ‖ *està de mala* ~, he's in a bad mood, he's angry.

lletania [ʎətəníə] f. LITURG. litany. 2 coll. long list.

lleter, -ra [ʎətέ, -rə] a. milk. ■ 2 m.-f. milkman, milk seller. 3 f. milk jug.

lleteria [ʎətəríə] f. dairy.

lletgesa [ʎədʒέzə] f. ugliness.

lletjor [ʎədʒó] f. ugliness.

lletra [ʎétrə] f. letter [of the alphabet]. 2 writing. ‖ *fer bona* ~, to write neatly. 3 letter [written communication]. 4 COMM. ~ *de canvi*, bill of exchange. 5 words pl. [of song]. 6 pl. arts [subjects].

lletraferit, -ida [ʎétrəfərit, -iðə] a. coll. fond of literature.

lletrat, -ada [ʎətrát, -áðə] a. lettered, learned. ■ 2 m.-f. lawyer.

lletrejar [ʎətrəʒá] t. to spell.

lleu [ʎéŭ] a. light. 2 slight; not serious.

lleuger, -ra [ʎəŭʒέ, -rə] a. light. 2 slight, not serious. ‖ *a la lleugera,* without thinking, lightly. 3 agile, quick.

lleugeresa [ʎəŭʒərέzə] f. lightness. 2 agility, quickness. 3 hastiness.

lleure [ʎéŭrə] m. leisure, spare time.

lleva [ʎέβə] f. MECH. cam. 2 MIL. levy, conscription.

llevadís, -issa [ʎəβəðis, -isə] a. which can be raised and lowered: *pont* ~, drawbridge.

llevadora [ʎəβəðòrə] f. midwife.

llevaneu [ʎəβənaéŭ] f. snowplough, (USA) snowplow.

llevant [ʎəβán] m. the east, the orient.

llevar [ʎəβá] t. to remove, to take out, to take off. 2 to get someone out of bed. ■ 3 p. to get up.

llevat [ʎəβát] m. yeast. ■ 2 prep. except, but. ‖ ~ *de*, except, but.

llevataps [ʎeβətáps] m. corkscrew.

lli [ʎí] m. BOT. flax. 2 linen.

lliberal [ʎiβərál] See LIBERAL.

llibertar [ʎiβərtá] t. to liberate, to free, to set free.

llibertat [ʎiβərtát] f. liberty, freedom.

llibertí, -ina [ʎiβərti, -inə] a. libertine, licentious.

llibertinatge [ʎiβərtinádʒə] m. licentiousness, libertinism.

llibre [ʎíβrə] m. book.

llibrer, -ra [ʎíβrè, -rə] See LLIBRETER.

llibreria [ʎiβrəríə] f. bookshop. 2 bookcase.

llibreta [ʎiβrétə] f. notebook, exercise book. ‖ ~ *d'estalvis*, savings book.

llibreter, -ra [ʎiβrətè, -rə] m.-f. bookseller.

llibreteria [ʎiβrətəríə] f. bookshop.

lliça [ʎísə] f. HIST. lists.

llicència [ʎisέnsiə] f. licence, permit.

llicenciar [ʎisənsiá] t. to release from duty. 2 MIL. to discharge. 3 EDUC. to confer a bachelor's degree on. ■ 4 p. MIL. to finish one's national service. 5 to obtain or receive a bachelor's degree, to graduate.

llicenciat, -ada [ʎisənsiàt, -áðə] m.-f. graduate. ‖ *títol de* ~, bachelor's degree.

llicenciatura [ʎisənsiətúrə] f. bachelor's degree. 2 degree course.

llicenciós, -osa [ʎisənsiòs, -ózə] a. licentious.

lliçó [ʎisó] f. lesson.

lliga [ʎíɣə] f. league, alliance. 2 SP. league. 3 alloy.

lligabosc [ʎíɣəβɔsk] m. BOT. honeysuckle.

lligacama [ʎiɣəkámə] f. garter.

lligadura [ʎiɣəðúrə] f. MED., MUS. ligature.

lligall [ʎíɣəʎ] m. sheaf [papers], bundle.

lligam [ʎíɣəm] m. bond, tie [also fig.].

lligament [ʎiɣəmèn] m. tie, bond [fig.]. 2 tying. 3 ANAT. ligament.

lligar [ʎiɣá] t. to tie, to bind. ‖ fig. *estar lligat de mans i peus*, to have one's hands tied. 2 fig. to join, to connect, to link, to unite. ■ 3 i. to fit in (*amb*, with), to go well together. 4 to agree with; to get on with. 5 i.-p. to chat up.

llim [ʎím] m. mud.

llima [ʎímə] f. file. 2 (VAL.) lemon.

llimac [ʎímák] m. ZOOL. slug.

llimadures [ʎiməðúrəs] f. pl. filings.

llimar [ʎimá] t. to file, to file off or down. 2 fig. to smooth, to polish.

llimbs [ʎims] *m. pl.* limbo *sing.* ‖ *viure als* ~, to live in the clouds.

llimó [ʎimó] *m.* (OCC.) See LLIMONA.

llimona [ʎimónə] *f.* lemon.

llimonada [ʎimunáðə] *f.* lemonade.

llimoner [ʎimunè] *m.* BOT. lemon tree.

llinatge [ʎináʤə] *m.* lineage, family.

llinda [ʎíndə] *f.* lintel.

llindar [ʎindá] *m.* threshold [also fig.].

llinge [ʎinʒə] *f.* (ROSS.) lingerie.

lliri [ʎíri] *m.* BOT. lily.

llís, -sa [ʎís, -zə] *a.* smooth; even. 2 straight [hair]. 3 plain, unpatterned.

lliscar [ʎiská] *i.* to slide, to slip.

llista [ʎístə] *f.* list, register. ‖ *passar* ~, to call the register, to call the roll.

llistat [ʎistát] *a.* striped. ■ 2 *m.* COMP. print out.

llistó [ʎistó] *m.* batten, lath, piece of wood.

llit [ʎit] *m.* bed. ‖ *fer* ~, to be ill in bed. 2 GEOGR. river bed.

llitera [ʎítèrə] *f.* stretcher. 2 bunk [on ships]; sleeper, couchette [on trains]. 3 *pl.* bunks.

lliura [ʎiúrə] *f.* pound.

lliurament [ʎiúrəmèn] *m.* delivery.

lliurar [ʎiúrá] *t.* to deliver, to hand over. 2 ~ *batalla*, to put up a fight. ■ 3 *p.* to hand oneself over, to give oneself up. 4 to devote oneself (*a,* to).

lliure [ʎiúrə] *a.* free: ~ *d'impostos*, tax-free, duty free. ‖ *entrada* ~, free entry. ‖ *dia* ~, day off.

lloable [ʎuábblə] *a.* praiseworthy, laudable.

lloança [ʎuánsə] *f.* praise.

lloar [ʎuá] *t.* to praise.

lloba [ʎóβə] *f.* ZOOL. she-wolf.

llobarro [ʎuβárru] *m.* ICHTHY. bass.

llobató [ʎuβətó] *m.* ZOOL. wolf cub. 2 boy scout.

llobina [ʎuβínə] *f.* ICHTHY. See LLOBARRO.

llòbrec, -ega [ʎɔ́βrək, -əγə] *a.* dark, gloomy.

lloc [ʎɔk] *m.* place; scene. ‖ *m'ha pres el* ~, he's taken my seat. 2 room, space: *no hi ha* ~, there's no room.

lloca [ʎɔ́kə] *f.* broody hen.

lloctinent [ʎɔktinèn] *m.* deputy, lieutenant.

llogar [ʎuγá] *t.* to hire [cars, sports equipment, etc.]; to rent [houses, flats, cars, etc.]. 2 to contract, to take on [workers]. ■ 3 *p.* to be for rent; to be for hire.

llogarret [ʎuγərrèt] *m.* hamlet, tiny village.

llogater, -ra [ʎuγətè, -rə] *m.-f.* tenant.

lloguer [ʎuγè] *m.* rent. ‖ *un pis de* ~, a rented flat.

llom [ʎom] *m.* back, loin. 2 GEOGR. loin. 3 spine [book]. 4 COOK. loin of pork.

llombrígol [ʎumbríγul] *m.* navel.

llonguet [ʎuŋgèt] *m.* small elongated bread roll.

llonza [ʎónzə] *f.* COOK. chop.

llop [ʎop] *m.* ZOOL. wolf. ‖ fig. ~ *de mar,* old sea dog.

llopada [ʎupáðə] *f.* pack of wolves.

llorer [ʎurè] *m.* BOT. laurel. ‖ fig. *adormir-se sobre els llorers,* to rest on one's laurels.

llorigó [ʎuriγó] *m.* ZOOL. bunny, young rabbit.

lloriguera [ʎuriγèrə] *f.* warren, rabbit warren. 2 fig. den of thieves.

llorma [ʎórmə] (ROSS.) See BARJAULA.

lloro [ʎóru] *m.* ORNIT. parrot.

llosa [ʎózə] *f.* tile.

llosc, -ca [ʎosk, -kə] *a.* short-sighted, myopic.

llot [ʎot] *m.* mud, mire.

llotja [ʎɔ́ʤə] *f.* THEATR. box. 2 COMM. (commodity) exchange.

lluc [ʎuk] *m.* BOT. shoot. 2 good judgement.

lluç [ʎus] *m.* ICHTHY. hake. ‖ ~ *de riu,* pike.

llucar [ʎuká] *i.* to produce shoots. ■ 2 *t.* to see, to spot. 3 to look at. 4 fig. to see through, to suss, to weigh up.

llúcera [ʎúsərə] *m.* ICHTHY. blue whiting.

llúdria [ʎúðriə] *f.* ZOOL. otter.

llúdriga [ʎúðriγə] ZOOL. See LLÚDRIA.

lluent [ʎuèn] *a.* shining; bright; sparkling.

lluentó [ʎuəntó] *m.* sequin.

lluentor [ʎuəntó] *f.* brilliance; shine; sparkle; glow.

lluerna [ʎuèrnə] *f.* skylight. 2 ENT. glow-worm. 3 ICHTHY. streaked gurnard.

llufa [ʎúfə] *f.* silent fart. ‖ fig. *fer* ~, to flop, to fail.

llufar-se [ʎufàrsə] *p.* to fart silently.

lluïment [ʎuimèn] *m.* brilliance; sparkling; shining; sparkle; shine.

lluir [ʎui] *i.* to sparkle; to twinkle; to shine. 2 fig. to shine, to look good; to stand out. ■ 3 *t.* to show off. ■ 4 *p.* to shine; to succeed, to be a success, to ex-

cel oneself. 5 to make a fool of oneself, to make a mess of something.

Lluís [ʎúis] *pr. n. m.* Louis, Lewis.

lluïssor [ʎuisó] *f.* shine; sparkle; glitter; glow.

lluït, -ïda [ʎuit, -iðə] *a.* successful.

lluita [ʎúitə] *f.* fight, struggle.

lluitador, -ra [ʎuitəðò, -rə] *a.* fighting. ■ 2 *m.-f.* fighter. 3 SP. wrestler.

lluitar [ʎúitə] *i.* to fight; to struggle.

llum [ʎum] *f.* light. 2 *m.* lamp, light [apparatus].

llumenera [ʎumənèrə] *f.* oil lamp. 2 fig. very intelligent person.

llumí [ʎukét] *m.* match.

lluminària [ʎumináriə] *f.* illuminations *pl.*

lluminós, -osa [ʎuminòs, -òzə] *a.* luminous. 2 fig. ingenious, clever.

lluna [ʎúnə] *f.* moon. ‖ *de mala* ~, in a bad mood. ‖ *demanar la* ~ *en un cove,* to ask for the impossible. ‖ ~ *de mel,* honeymoon.

llunàtic, -ca [ʎunátik, -kə] *a.* moody.

lluny [ʎuɲ] *adv.* far away. ‖ *de* ~, by far.

llunyà, -ana [ʎuɲà, -ánə] *a.* far, distant, remote.

llunyania [ʎuɲaniə] *f.* distance.

lluquet [ʎukét] *m.* sulphur match.

llur [ʎur, ʎurs] *poss. a.* their. ▲ pl. *llurs.*

llustre [ʎústrə] *m.* shine; polish; sparkle; lustre.

llustrós, -osa [ʎustròs, òzə] *a.* polished/ining; sparkling; lustrous.

lo [lu] *pers. pron. doneu-lo al pare,* give it to your father. ■ 2 (OCC.) (lo) *art. m. sing.* the.

lòbul [lɔ̀βul] *m.* lobe.

local [lukál] *a.* local. 2 SP. home. ■ 3 *m.* premises.

localitat [lukəlitát] *f.* locality, place. 2 seat; ticket [cinema, theatre, etc.].

localitzar [lukəlidzà] *t.* to localize. 2 to find, to locate.

loció [lusió] *f.* lotion.

locomoció [lukumusió] *f.* locomotion. ‖ *mitjà de* ~, means of transport.

locomotor, -ra [lukumutò, -rə] *a.* locomotive; driving. ■ 2 *f.* engine, locomotive.

locució [lukusió] *f.* idiom. 2 phrase.

locutor, -ra [lukutò, -rə] *m.-f.* radio or television presenter.

logaritme [luɣərídmə] *m.* logarithm.

lògia [lɔ́ʒiə] *f.* lodge.

lògic, -ca [lɔ́ʒik, -kə] *a.* logical. ■ 2 *f.* logic.

lona [lònə] *f.* canvas; sailcloth.

londinenc, -ca [lundinèn, -kə] *a.* London, from London. ■ 2 *m.-f.* Londoner.

Londres [lóndrəs] *pr. n. m.* GEOGR. London.

longevitat [lunʒəβitát] *f.* longevity.

longitud [lunʒitút] *f.* length. 2 GEOGR. longitude.

longitudinal [lunʒitudinàl] *a.* longitudinal.

loquaç [lukwàs] *a.* loquacious, talkative.

loquacitat [lukwəsitát] *f.* loquacity.

lord [lɔr(t)] *m.* lord.

los [lus] *pers. pron. m.* them: *doneu-los a qui els vulgui,* give them to whoever wants them. ■ 2 *m.-f.* them: *doneu-los dinar,* give them lunch ▲ els, 'ls. ■ 3 (OCC.) (los) *art. m. pl.* the.

lot [lɔt] *m.* share, portion. 2 lot [auctions]. 3 batch.

loteria [lutəriə] *f.* lottery.

lotus [lɔ́tus] *m.* BOT. lotus.

'ls *pers. pron.* See LOS.

lubricar [luβrikà] See LUBRIFICAR.

lubrificant [luβrifikàn] *a.* lubricating. ■ 2 *m.* lubricant.

lubrificar [luβrifikà] *t.* to lubricate.

lúcid, -da [lúsit, -ðə] *a.* lucid, clear.

lucidesa [lusiðézə] *f.* lucidity.

lucratiu, -iva [lukrətiŭ, -iβə] *a.* lucrative.

lucre [lúkrə] *m.* gain, profit; benefit.

luctuós, -osa [luktuós, -òzə] *a.* sad, sorrowful.

lúgubre [lúɣuβrə] *a.* lugubrious.

lumbago [lumbáɣu] *m.* MED. lumbago.

lumbar [lumbàr] *a.* MED. lumbar.

lunar [lunàr] *a.* lunar, moon.

lupa [lúpə] *f.* magnifying glass.

lustre [lústrə] *m.* lustrum (5 year period).

luteranisme [lutərənizmə] *m.* Lutheranism.

luxació [luksəsió] *f.* MED. dislocation.

luxe [lúksə] *m.* luxury. ‖ *de* ~, luxury.

Luxemburg [luksəmbúrk] *pr. n. m.* GEOGR. Luxembourg.

luxós, -osa [luksòs, -òzə] *a.* luxurious.

luxúria [luksúriə] *f.* lust, lechery.

luxuriós, -osa [luksuriós, -òzə] *a.* lustful, lecherous.

M

M, m [ème] f. m [letter].

m' pers. pron. 1st pers. accus. and dat. sing. before vowel or h: **m'entens?**, do you understand me? ▲ **'m**, after vowel: **dona'm això!**, give me that!

ma [mə] poss. a. f. my.

mà [ma] f. ANAT. hand. ‖ fig. **a ~**, handy, within easy reach. ‖ **a ~ armada**, armed. ‖ fig. **allargar la ~**, to put one's hand out. ‖ fig. **arribar a les mans**, to come to blows. ‖ fig. **demanar la ~**, to ask for someone's hand [in marriage]. ‖ **de segona ~**, second-hand. ‖ fig. **en bones mans**, in good hands. ‖ **fer mans i mànigues**, to do one's utmost, to do one's best. ‖ **lligar les mans**, to tie someone's hands. ‖ **tenir manetes**, to be handy. 2 ZOOL. paw; foot.

maça [másə] f. mace. 2 mallet. 3 pestle.

macabre, -bra [məkáßrə, -ßrə] a. macabre.

macadura [məkəðúrə] f. bruise.

macar [məká] t. to bruise. ■ 2 p. to get bruised.

macarró [məkərró] m. piece of macaroni: **macarrons gratinats**, macaroni with tomato and cheese. 2 pimp.

macarrònic, -ca [məkərrɔ̀nik, -kə] a. macaronic.

macedònia [məsəðɔ̀niə] f. COOK. fresh fruit salad. 2 **Macedonia**, GEOGR. Macedonia.

macer [məsé] m. REL. mace-bearer.

maceració [məsərəsió] f. maceration.

macerar [məsərá] t. to macerate.

maco, -ca [máku, -kə] a. cast. pretty, beautiful, nice.

maçó [məsó] m. freemason.

macrobiotic, -ca [məkruβiɔ̀tik, -kə] a. macrobiotic. ■ 2 f. macrobiotics.

màcula [mákulə] f. esp. fig. stain.

macular [məkulá] t. esp. fig. to stain.

madeixa [məðéʃə] f. skein, hank.

madona [məðɔ̀nə] f. Madonna. 2 (BAL.) landlady; mistress.

madrastra [məðrástrə] f. stepmother.

madrigal [məðriɣál] m. madrigal.

maduixa [məðúʃə] f. BOT. strawberry.

maduixera [məðuʃérə] f. BOT. strawberry plant.

maduixot [məðuʃɔ́t] m. strawberry.

madur, -ra [məðú, -rə] a. ripe [fruit]. 2 mature.

madurar [məðurá] i.-t. to ripen. 2 to mature [also fig.].

maduresa [məðurézə] f. ripeness [fruit]. 2 maturity.

mag [mak] m. magician.

magarrufa [məɣərrúfə] f. flattery.

magatzem [məɣədzɛ̀m] m. warehouse; store. ‖ **grans magatzems**, department store.

magí [məʒí] m. coll. mind, head.

màgia [máʒiə] f. magic. ‖ fig. **per art de ~**, by magic.

màgic, -ca [máʒik, -kə] a. magic; magical. ■ 2 m.-f. magician. 3 f. magic.

magisteri [məʒistɛ̀ri] m. teaching. ‖ **estudio ~**, I'm doing teacher training.

magistral [məʒistrál] a. masterly. 2 magisterial.

magistrat [məʒistrát] m. judge.

magistratura [məʒistrətúrə] f. magistrature, magistracy.

magma [máɣmə] m. GEOL. magma.

magnànim, -ma [məŋnánim, -mə] a. magnanimous.

magnat [məŋnát] m. magnate, baron.

magne, -na [máŋnə, -nə] a. great.

magnesi [məŋnɛ̀zi] m. magnesium.

magnèsia [məŋnɛ̀ziə] f. magnesia.

magnètic, -ca [məŋnɛ̀tik, -kə] a. magnetic.

magnetisme [məŋnətizmə] m. magnetism.

magnetòfon [məŋnətɔ́fun] *m.* tape-recorder.

magnífic, -ca [məŋnifik, -kə] *a.* magnificent; splendid.

magnificar [məŋnifikà] *t.* to magnify, to extol.

magnificència [məŋnifisɛ́nsiə] *f.* magnificence.

magnitud [məŋnitút] *f.* size; magnitude. 2 ASTR. magnitude.

magnòlia [məŋnɔ́liə] *f.* BOT. magnolia.

magrana [məɣránə] *f.* BOT. pomegranate.

magre, -gra [máɣrə, -ɣrə] *a.* lean. 2 fig. thin, lean.

mahometà, -ana [məumətà, ánə] *a., m.-f.* Mohammedan, Muslim.

mahometisme [məumətízmə] *m.* Mohammedanism, Islam.

mai [mái] *adv.* never. 2 ever: *si ~ véns,* if you ever come.

maig [matʃ] *m.* May.

mainada [məinàðə] *f.* children *pl.*

mainadera [məinəðèrə] *f.* nurse, nanny.

maionesa [məjunɛ́zə] *f.* COOK. mayonnaise.

majestat [məʒəstát] *f.* majesty: *Sa Majestat,* Your or His or Her Majesty.

majestuós, -osa [məʒəstuòs, -òzə] *a.* majestic.

majestuositat [məʒəstuuzitát] *f.* majesty.

major [məʒó] *a.* greatest, most important. ‖ *la ~ part,* the greater part, the majority. ‖ *carrer ~,* high street, main street. 2 MUS. major.

majoral [məʒurál] *m.* head shepherd. 2 IND. foreman.

majordom, -oma [məʒurðɔ̀m, -ɔ́mə] *m.* butler; steward. 2 *f.* housekeeper; stewardess.

majordona [məʒurðɔ̀nə] *f.* priest's housekeeper.

majoria [məʒuriə] *f.* majority.

majorista [məʒuristə] *m.-f.* wholesaler.

majorment [məʒurmèn] *adv.* mainly, chiefly.

majúscul, -la [məʒúskul, -lə] *a.* enormous. ■ 2 *f.* capital, capital letter.

mal, mala [mal, málə] *a.* bad. ▲ usu. before noun. ■ 2 *m.* ache, pain. ‖ *~ de cap,* headache. 3 damage. ‖ *m'he fet ~,* I've hurt myself. 4 bad, badness; evil. ■ 5 *adv.* badly. ‖ *~ que bé,* somehow.

malabarisme [mələβərízmə] *m.* juggling.

malabarista [mələβəristə] *m.-f.* juggler.

malaconsellar [mələkunsəʎá] *t.* to mislead, to give bad advice to.

malagradós, -osa [mələɣrəðòs, -òzə] *a.* unpleasant, unsociable, surly.

malagraït, -ïda [mələɣrəit, -iðə] *a., m.-f.* unthankful *a.,* ungrateful *a.*

malaguanyat, -ada [mələɣwəɲát, -áðə] *a.* wasted. 2 ill-fated. 3 prematurely dead. ■ 4 *interj.* what a shame!

malai, -aia [məlái, -ájə] *a., m.-f.* Malay, Malayan.

malalt, -ta [məlál, -tə] *a.* ill; sick.

malaltia [mələltiə] *f.* illness; disease.

malaltís, -issa [mələltis, -isə] *a.* unhealthy; sickly.

malament [mələmèn] *m. adv.* badly, wrong, wrongly. ‖ *t'he entès ~,* I misunderstood you. ‖ *ho fas ~,* you're doing it wrong. ‖ *funciona ~,* it doesn't work properly.

malapte, -ta [mələápte, -tə] *a.* clumsy, hamfisted.

malaquita [mələkitə] *f.* MINER. malachite.

malària [məláriə] *f.* MED. malaria.

malastrugança [mələstruɣánsə] *f.* misfortune.

malaurat, -ada [mələurát, -áðə] *a.* unfortunate, unlucky; wretched.

malaventura [mələβəntúrə] *f.* misfortune.

malaventurat, -ada [mələβənturát, -áðə] *a.* unfortunate, unlucky.

malavesar [mələβəzá] *t.* to allow or encourage someone to acquire bad habits.

malavingut, -uda [mələβiŋgút, -úðə] *a.* incompatible.

malbaratador, -ora [məlβərətəðò, -órə] *a., m.-f.* squanderer *s.*

malbaratar [məlβərətá] *t.* to squander, to waste.

malbé (fer) [məlβé] *phr.* to spoil; to ruin, to destroy.

malcarat, -ada [məlkərát, -áðə] *a.* sullen.

malcontent, -ta [məlkuntèn, -tə] *a.* discontent, unhappy.

malcreient [məlkrəjèn] *a.* coll. disobedient.

malcriar [məlkriá] *t.* to spoil, to bring up badly [child].

maldar [məldá] *i.* to strive (*per,* to),to try hard (*per,* to).

maldat [məldát] *f.* badness, evilness. 2 bad or evil action.

maldecap [məldəkáp] *m.* problem, trouble, worry, headache. ▲ usu. *pl.*

maldestre, -a [məlðéstrə] *a.* clumsy; awkward.

maldir [məldí] *i.* to malign, to defame, to speak ill of.

maledicció [mələðiksió] *f.* curse.

malèfic, -ca [məlέfik, -kə] *a.* evil, malefic.

malefici [mələfísi] *m.* curse.

maleir [mələí] *t.* to curse. ‖ *maleït siga,* damn it!, curse it!

malejar [mələʒá] *t.* to spoil.

malenconia [mələŋkuniə] *f.* melancholy.

malenconiós, -sa [mələŋkuniós, -ózə] *a.* melancholy, melancholic.

malendreç [mələndrés] *m.* untidiness; disorder.

malentès [mələntés] *m.* misunderstanding.

malesa [mələ̀zə] *f.* badness; evil. 2 bad or evil action.

malestar [mələstá] *m.* unease, uneasiness; unrest. 2 MED. malaise.

maleta [mələ̀tə] *f.* suitcase, case.

maleter [mələté] *m.* suitcase maker or seller. 2 porter. 3 AUTO. boot, (USA) trunk.

maletí [mələtí] *m.* briefcase, attaché case.

malèvol, -la [məlέβul, -lə] *a.* malevolent.

malfactor, -ra [məlfəktó, -rə] *a., m.-f.* malefactor, wrongdoer.

malferir [məlfərí] *t.* to wound badly.

malfiar-se [məlfiársə] *p.* to mistrust *t.* (*de, —*), to distrust *t.* (*de, —*). 2 to suspect.

malforjat, -ada [məlfurʒát, -áðə] *a.* scruffy, untidily dressed.

malgastar [məlɣəstá] *t.* to waste.

malgirbat, -ada [məlʒirβát, -áðə] *a.* scruffy.

malgrat [məlɣrát] *prep.* despite, in spite of: ~ *tot,* after all.

malhumorat, -ada [məlumurát, -áðə] *a.* bad-tempered.

malícia [məlísiə] *f.* malice.

maliciós, -osa [məlisiós, -ózə] *a.* malicious.

malifeta [məlifέtə] *f.* misdeed.

maligne, -na [məliɲɲə, -nə] *a.* malignant.

malintencionat, -ada [məlintənsiunát, -áðə] *a.* ill-intentioned.

mall [máʎ] *m.* sledgehammer.

malla [máʎə] *f.* mesh. 2 network. 3 mail, chain mail.

mal·leabilitat [məlleəβilitát] *f.* malleability.

mal·leable [məlləàbblə] *a.* malleable.

mallerenga [məʎərέŋgə] *f.* ORNIT. tit: ~ *cuallarga,* long-tailed tit; ~ *blava,* blue tit; ~ *carbonera,* great tit.

Mallorca [məʎɔ́rkə] *pr. n. f.* GEOGR. Majorca.

Mallorca (Ciutat de) [məʎɔ́rkə, siutát ðə] *pr. n. f.* GEOGR. Palma de Majorca.

mallorquí, -ina [məʎurkí, -inə] *a., m.-f.* Majorcan.

mallot [məʎɔ́t] *m.* leotard. 2 bathing suit, bathing costume.

malmès, -esa [məlmés, -ézə] *a.* spoiled; ruined.

malmetre [məlmέtrə] *t.* to spoil; to ruin. ▲ CONJUG. P. P.: *malmès.*

malnom [məlnɔ́m] *m.* nickname.

malparat, -ada [məlpərát, -áðə] *a.* damaged, in bad condition.

malparlar [məlpərlá] *i.* to run down, to speak ill of.

malparlat, -ada [məlpərlát, -áðə] *a.* foul-mouthed.

malpensar [məlpənsá] *i.* to think ill of. 2 to suspect.

malpensat, -ada [məlpənsát, -áðə] *a.* evil-minded.

malsà, -ana [məlsá, -ánə] *a.* unhealthy. 2 fig. unwholesome.

malson [məlsón] *m.* nightmare.

malsonant [məlsunán] *a.* ill-sounding. 2 rude, offensive. ‖ *paraula ~,* swearword.

maltractament [máltrəktəmèn] *m.* abuse, ill-treatment.

maltractar [məltrəktá] *t.* to abuse, to ill-treat, to treat badly. 2 to damage; to knock about.

maluc [məlúk] *m.* ANAT. hip.

malva [màlβə] *f.* BOT. mallow.

malvasia [məlβəziə] *f.* malmsey [wine].

malvat, -ada [məlβát, -áðə] *a.* evil, wicked.

malvendre [məlβέðrə] *t.* to sell at a loss. ▲ CONJUG. like *vendre.* ‖ INDIC. Pres.: *malvèn.*

malversació [məlβərsəsió] *f.* embezzlement, misappropriation.

malversar [məlβərsá] *t.* to embezzle, to misappropriate.

malvestat [məlβəstát] *f.* bad or evil action.

malvist, -ta [məlβis(t), -tə] *a.* considered wrong, not done.

màniga

malviure [mɔlβiu̯rə] *m.* to subsist, to live badly.

malvolença [mlβulɛ́nsə] *f.* malevolence.

mam [mam] *m.* coll. drink.

mama [mámə] *f.* mum, mummy. 2 breast.

mamà [məmá] *f.* mum, mummy.

mamar [məmá] *t.* to suck. 2 fig. to drink straight from a bottle. 3 to drink [alcohol].

mamarratxo [məmərrátʃo] *m.* fig. nincompoop [person].

mamella [məmɛ́ʎə] *f.* breast [woman]; udder [animal].

mamífer, -ra [məmífər, -rə] *a.* mammalian. ■ 2 *m.* mammal.

mampara [məmpárə] *f.* screen.

mamut [məmút] *m.* ZOOL. mammoth.

manaire [mənái̯rə] *a.* bossy.

manament [mənəmɛ́n] *m.* order. 2 REL. commandment.

manar [məná] *t.* to order, to command. 2 to rule.

manat [mənát] *m.* bunch; handful.

manc, -ca [maŋ, -kə] *a.* one-handed; one-armed.

manca [máŋkə] *f.* lack.

mancament [məŋkəmɛ́n] *m.* offence; insult; wrong. 2 nonfulfilment [of one's duty]; failure to keep [one's promise or word]; non-payment [of a debt].

mancança [məŋkánsə] See MANCA.

mancar [məŋká] *i.* to lack *t.*, not to have *t.* ‖ *li manca un braç,* he has an arm missing.

mancomunitat [məŋkumunitát] *f.* union, association [of towns, provinces, etc.].

mandarí [məndəri] *m.* mandarin.

mandarina [məndərínə] *f.* BOT. mandarin, tangerine, satsuma.

mandat [məndát] *m.* mandate.

mandatari [məndətári] *m.* mandatory.

mandíbula [məndíβulə] *f.* ANAT. mandible, jawbone.

mandolina [məndulínə] *f.* MUS. mandolin, mandoline.

mandonguilla [mənduŋgíʎə] *f.* COOK. meat ball.

mandra [mándrə] *f.* laziness.

mandràgora [məndráɣurə] *f.* BOT. mandrake, mandragora.

mandril [məndríl] *m.* ZOOL. mandrill.

manduca [məndúkə] *f.* coll. grub, nosh.

mànec [mánək] *m.* handle. ‖ *tenir la paella pel ~,* to give the orders.

manefla [mənɛ́flə] *a.* meddlesome, interfering. ■ 2 *m.-f.* meddler, busybody.

mànega [mánəɣə] *f.* sleeve. 2 hose. 3 MAR. beam.

manegar [mənəɣá] *t.* fig. to sort out. ■ 2 *p.* to cope, to manage.

maneig [mənɛ́tʃ] *m.* handling. 2 running; management.

manejable [mənəʒábblə] *a.* manageable. 2 handy.

manejar [mənəʒá] *t.* to handle, to control; to use. 2 to move (from side to side).

Manel [mənɛ́l] *pr. n. m.* Emmanuel.

manera [mənɛ́rə] *f.* way, manner. ‖ *d'aquesta ~,* in this way. ‖ *de cap ~,* in no way. ‖ *de mala ~,* far too much. ‖ *de ~ que,* so that. ‖ *de tota ~, o de totes les maneres,* anyhow, anyway. ‖ *no hi ha ~,* it's impossible.

manescal [mənəskál] *m.* ant. veterinary surgeon, vet.

maneta [mənɛ́tə] *f.* small hand. ‖ *fer manetes,* to hold hands. ‖ *tenir manetes,* to be skilful with one's hands. 2 handle. 3 pestle.

manganès [məŋgənɛ́s] *m.* manganese.

mangosta [məŋgóstə] *f.* ZOOL. mangoose.

mania [mániə] *f.* mania, fad; obsession. ‖ *té la ~ de l'hoquei,* he's obsessed with hockey. ‖ *ha agafat la ~ que s'està tornant cec.* ‖ he's got it into his head that he's going blind. ‖ *em té ~,* he hates me. 2 bad habit.

maníac, -ca [məniək, -kə] *a.* maniacal, maniac.

maniàtic, -ca [məniátik, -kə] *a.* fussy, finicky; faddy.

manicomi [mənikɔ́mi] *m.* lunatic asylum, mental hospital.

manicur, -ra [mənikúr, -rə] *m.-f.* manicurist. 2 *f.* manicure.

manifest, -ta [mənifɛ́s(t), -tə] *a.* manifest, patent. ■ 2 *m.* manifesto.

manifestació [mənifəstəsió] *f.* sign, show. 2 demonstration.

manifestar [mənifəstá] *t.* to show, to demonstrate. ■ 2 *p.* to demonstrate [in the street].

manifestant [mənifəstán] *m.-f.* demonstrator.

màniga [mánəɣə] *f.* sleeve. ‖ *estirar més el braç que la ~,* to overspend.

manillar [məniʎár] *m.* handlebar, handlebars *pl.*

manilles [məniʎəs] *f. pl.* handcuffs.

maniobra [məniβɾə] *t.* handling, operation, manipulation; action. 2 manoeuvre, (USA) maneuver.

maniobrar [məniuβɾá] *t.* to handle, to manipulate, to operate. ■ 2 *i.* to manoeuvre, (USA) to maneuver.

manipulació [mənipuləsió] *f.* manipulation.

manipular [mənipulá] *t.* to manipulate, to handle. 2 pej. to manipulate.

maniquí [məniki] *m.* (tailor's) dummy. 2 fig. puppet. 3 *m.-f.* professional model.

manllevar [mənʎəβá] *t.* to borrow.

mannà [mənná] *m.* manna.

manobre [mənɔβɾə] *m.* labourer.

manoll [mənɔʎ] *m.* bunch; handful.

manòmetre [mənɔmətrə] *m.* pressure gauge.

manotada [mənutáðə] *f.* slap, blow with the hand.

mans, -sa [mans, -sə] *a.* tame; gentle.

mansalva [mənsálβə] *a* ~ *adv. phr.* without running any risk, without exposing oneself to danger.

mansió [mənsió] *f.* mansion.

mansoi, -ia [mənsɔ̌i, -ʝə] *a.* gentle; docile; tame.

mansuetud [mənsuətút] *f.* gentleness, tameness.

manta [mántə] *f.* blanket.

mantega [məntɛɣə] *f.* butter.

manteleta [məntəlɛtə] *f.* shawl.

mantell [məntɛʎ] *m.* cloak, cape.

mantellina [məntəʎínə] *f.* mantilla.

manteniment [məntənimɛn] *m.* maintenance; upkeep.

mantenir [məntəni] *t.* to keep, to maintain. ‖ ~ *en un lloc fresc,* to keep in a cool place. 2 to maintain, to carry on: ~ *una conversació,* to carry on a conversation. 3 to maintain, to support: *amb un sou no podem* ~ *tota la família,* we can't support the whole family on one wage. 4 to maintain: *jo mantinc que...,* I maintain that... ■ 5 *p.* to sustain oneself, to keep oneself. 6 to stay, to keep: *com et mantens en forma?,* how do you stay fit?

mantó [məntó] *m.* shawl.

manual [mənuàl] *a.* manual. ■ 2 *m.* manual, handbook, guide.

manubri [mənúβɾi] *m.* handle; crank.

manufactura [mənufəktúɾə] *f.* manufacture.

manuscrit, -ta [mənuskrit, -tə] *a.* handwritten. ■ 2 *m.* manuscript.

manutenció [mənutənsió] *f.* maintenance.

manxa [mánʃə] *f.* bellows *pl.* 2 pump.

manxar [mənʃá] *t.* to produce a draught or to make air with a pair of bellows. ■ 2 *t.* to fan.

manya [máɲə] *f.* skill. 2 fig. ingenuity.

manyà [məɲá] *m.* locksmith.

manyac, -aga [məɲák, -áɣə] *a.* gentle; docile, tame.

manyagueria [məɲəɣəɾiə] *f.* gentleness; tameness, docility. 2 caress.

manyoc [məɲɔ́k] *m.* handful.

manyopla [məɲɔ́plə] *f.* mitten.

manyós, -osa [məɲós, -ózə] *a.* handy.

maó [məó] *m.* brick.

mapa [mápə] *m.* map.

mapamundi [mapəmúndi] *m.* world map, map of the world.

maqueta [məkɛ̀tə] *f.* scale model.

maquiavèl·lic, -ca [məkiəβɛ́llik, -kə] *a.* Machiavellian.

maquillar [məkiʎá] *t.-p.* to make up.

maquillatge [məkiʎádʒə] *m.* make-up.

màquina [mákinə] *f.* machine. ‖ ~ *d'afaitar,* electric-shaver. ‖ ~ *d'escriure,* typewriter. ‖ ~ *de fotografiar,* camera.

maquinal [məkinál] *a.* fig. mechanical.

maquinar [məkiná] *t.* to plot, to machinate.

maquinària [məkináriə] *f.* machinery.

maquinista [məkinístə] *m.-f.* RAIL. engine driver. 2 TECHNOL. operator, machinist.

mar [mar] *m.* (i *f.*) sea. ‖ *en alta* ~, on the high seas. 2 *f.* fig. *la* ~ *de,* a lot (of). ‖ *hi havia la* ~ *de gent,* it was packed with people. ‖ *és un noi la* ~ *de simpàtic,* he's ever such a nice boy.

marabú [məɾəβú] *m.* ORNIT. marabou.

maragda [məɾáɣdə] *f.* MINER. emerald.

marasme [məɾázmə] *m.* MED. emaciation, wasting. 2 fig. paralysis, stagmation.

marassa [məɾásə] *f.* (excessively) doting mother.

marató [məɾətó] *f.* SP. marathon.

marbre [márβɾə] *m.* marble.

marbrista [mərβɾístə] *m.* marble cutter, worker in marble.

Marc [mark] *pr. n. m.* Mark.

marÇ [mars] *m.* March.

marca [márkə] *f.* mark; spot; stain. 2 brand; make. 3 SP. record.

marcar [mərká] *t.* to mark; to brand [animals]. 2 to show. ‖ *el meu rellotge marca les cinc,* according to my watch it's five o'clock. 3 SP. to score [goal]. 4 SP. to mark [man]. 5 to dial. 6 COMM. *to price, to put a price on.*

marcià, -ana [mərsià, -ánə] *a., m.-f.* Martian.

marcial [mərsiál] *a.* martial.

marcir [mərsí] *t.* to wilt. ■ *2 p.* to will, to droop.

marcit, -ida [mərsít, -íðə] *a.* wilting, drooping; withered.

marduix [mərðúʃ] *m.* BOT. marjoram.

mare [márə] *f.* mother. 2 GEOL. bed. ‖ fig. *sortir de ~,* to lose one's temper. 3 fig. origin.

marea [mərɛ́ə] *f.* tide.

mareig [mərɛ́tʃ] *m.* dizziness; sick feeling; nausea; seasickness. 2 fig. confusion.

marejada [mərəʒáðə] *f.* METEOR. swell, surge.

marejar [mərəʒá] *t.* to make dizzy; to make feel sick. 2 fig. to confuse; to bother; to pester. ■ *3 p.* to feel dizzy; to feel sick. ‖ *sempre em marejo en aquest cotxe,* I always get sick in this car.

maremàgnum [mərəmáŋnum] *m.* coll. mess, tangle.

mareperla [mərəpɛ́rlə] *f.* ZOOL. mother-of-pearl.

mareselva [mərəsɛ́lβə] *f.* BOT. honeysuckle.

màrfega [márfəɣə] *f.* straw mattress.

marfil [mərfíl] *m.* ivory.

margalló [mərɣəʎó] *m.* BOT. palmetto. 2 CULIN. palm heart.

Margarida [mərɣəríðə] *pr. n. f.* Margaret.

margarida [mərɣəríðə] *f.* BOT. daisy [wild]. 2 BOT. marguerite [garden].

margarina [mərɣərínə] *f.* margarine.

marge [márʒə] *m.* edge, border; side. ‖ fig. *on the sidelines.* 2 margin [of page]. 3 COMM. margin. 4 opportunity.

marginal [mərʒinál] *a.* marginal.

marginar [mərʒiná] *t.* to leave out; to omit. 2 to discriminate against; to reject.

marí, -ina [mərí, -ínə] *a.* marine. ■ *2 m.* sailor, seaman. 3 *f.* MIL. navy. 4 coast. 5 ART seascape.

Maria [məria] *pr. n. f.* Mary.

maridar [məriðá] *t.-p.* to marry [also fig.].

marieta [məriɛ́tə] *f.* ENT. ladybird. 2 *m.* coll. puff, pansy.

marihuana [məriuánə] *f.* marijuana, cannabis, hashish.

marinada [mərináðə] *f.* METEOR. sea breeze.

mariner, -ra [mərinɛ́, -rə] *a.* of the sea. ‖ *un poble ~,* a coastal or seaboard town. ■ *2 m.* sailor, seaman.

marisc [mərísk] *m.* shellfish.

mariscal [məriskál] *m.* marshal.

marit [mərít] *m.* husband.

marítim, -ma [mərítim, -mə] *a.* maritime.

marmessor [mərməsó] *m.* LAW. executor.

marmita [mərmítə] *f.* (large) cooking pot.

marmitó [mərmitó] *m.* scullion, kitchen boy.

marmota [mərmɔ́tə] *f.* ZOOL. marmot.

maroma [mərɔ́mə] *f.* hawser, thick rope.

maror [məró] *f.* swell, heavy sea. 2 fig. disagreement, discontent.

marquès, -esa [mərkɛ́s, -ɛ́zə] *m.* marquis, marquess. 2 *f.* marchioness; marquise.

marquesat [mərkəzát] *m.* marquisate.

marquesina [mərkəzínə] *f.* ARCH. canopy; porch.

marqueteria [mərkətəríə] *f.* marquetry.

marrà ,-ana [mərrá ,-ánə] *m.* ZOOL. ram. 2 *m.-f.* pig-headed person. 3 filthy person. ■ *4 a.* pig-headed, stubborn. 5 filthy, dirty.

marrada [mərráðə] *f.* indirect route. ‖ *per aquest camí farem ~,* this is the long way round.

marrameu [mərrəmɛ́u] *m.* howl; howling, caterwauling. 2 fig. grouse, complaint.

marranada [mərrənáðə] *f.* herd of pigs. 2 dirty or rotten trick. 3 (temper) tantrum.

marraneria [mərrənəríə] *f.* (temper) tantrum.

Marràqueix [mərrákəʃ] *pr. n. m.* GEOGR. Marrakech.

marrar [mərrá] *i.* to go the long way round. 2 to go the wrong way. ■ *3 t.* to wind, to be windy [a path, etc.].

marrasquí [mərrəskí] *m.* maraschino.

marrec [mərrɛ́k] *m.* ZOOL. lamb. 2 small boy.

marro [márru] *m.* sediment; dregs *pl.;* grounds *pl.* [coffee].

marró [mərró]*a.-m.* brown.

Marroc [mərrɔ́k] *pr. n. m.* GEOGR. Morocco.

marroquí, -ina [mərruki, -ánə] *a., m.-f.* Moroccan.

marroquineria [mərrukinəriə] *f.* Morocco leather dressing.

marsupial [mərsupiál] *a.-m.* marsupial.

Mart [mart] *pr. n. m.* ASTR. Mars.

marta [mártə] *f.* ZOOL. (pine) marten.

Marta [mártə] *pr. n. f.* Martha.

martell [mərtέʎ] *m.* hammer. 2 ANAT. hammer, malleus.

Martí [mərti] *pr. n. m.* Martin.

martinet [mərtinέt] *m.* ORNIT. heron,; egret. 2 MECH. drop-hammer. 3 CONSTR. pile-driver.

martingala [mərtiŋgálə] *f.* breeches *pl.* [worn under armour]. 2 martingale. 3 fig. trick.

màrtir [mártir] *m.-f.* martyr.

martiri [mərtiri] *m.* martyrdom. 2 fig. torment.

martiritzar [mərtiridzá] *t.* to martyr. 2 fig. to torment.

marxa [márʃə] *f.* march. 2 SP. walk: ‖ ~ *atlètica,* walking race. 3 AUTO. gear. 4 operation, running, working. ‖ *posar en* ~, to start. 5 departure.

marxamo [márʃámu] *m.* seal [placed by customs on goods].

marxant, -ta [mərʃán, -tə] *m.-f.* travelling salesman. 2 art dealer.

marxar [mərʃá] *i.* to leave, to depart. 2 to march. 3 to go, to work, to operate [machines, etc.].

marxisme [mərʃizmə] *m.* Marxism.

marxista [mərʃistə] *a., m.-f.* Marxist.

mas [mas] *m.* farmhouse; country house.

màscara [máskərə] *f.* mask. 2 masked person.

mascara [məskárə] *f.* mark [of soot, etc.].

mascaró [məskəró] *m.* figurehead [on ship].

mascle [másklə] *m.* male.

masclisme [məsklizmə] *m.* machismo, male chauvinism.

mascliste [məsklistə] *a., m.-f.* male chauvinist

mascota [məskɔ́tə] *f.* mascot.

masculí, -ina [məskuli, -ínə] *a.* ANAT. male. 2 GRAMM. masculine. 3 manly, masculine.

masegar [məzəɣá] *t.* to batter, to bruise.

masia [məziə] *f.* (large) country house.

masmorra [məzmɔ́rrə] *f.* dungeon.

masover, -ra [məzuβέ, -rə] *m.* (tenant) farmer. 2 *f.* (tenant) farmer's wife.

massa [másə] *f.* mass; volume. 2 COOK. dough; pastry. ■ 3 *a.* too much; too many. ■ 4 *adv.* too.

massapà [məsəpá] *m.* marzipan.

massatge [məsádʒə] *m.* massage.

massatgista [məsədʒistə] *m.* masseur. 2 *f.* masseuse.

massís, -issa [məsis, -ísə] *a.* solid. 2 robust, strong. ■ 3 *m.* GEOG. massif.

mastegar [məstəɣá] *t.* to chew. 2 to mumble.

mastegot [məstəɣɔ́t] *m.* slap.

mastí [məsti] *m.* ZOOL. mastiff.

màstic [mástik] *m.* putty.

masticació [məstikəsió] *f.* chewing, mastication.

mastodont [məstuðɔ́n] *m.* mastodont.

masturbació [məsturβəsió] *f.* masturbation.

mat [mat] *m.* mate [chess]. ■ 2 *a.* matt.

mata [mátə] *f.* BOT. small bush.

mata-degolla (a) [mataðəɣɔ́ʎa] *phr.* *estar a* ~, to be at daggers drawn.

matalaf [mataláf] (VAL.) See MATALÀS.

matalàs [mətəlás] *m.* mattress.

matamosques [mátəmóskəs] *m.* fly-killer.

matança [mətánsə] *f.* slaughter.

matar [mətá] *t.* to kill. 2 fig. to annoy, to get on one's nerves. ‖ *els casaments em maten,* I can't stand weddings. 3 fig. to get rid of. ■ 4 *p.* to commit suicide, to kill oneself. 5 to die [accidentally]. 6 fig. to go out of one's way, to bend over backwards [to help someone, etc.].

mateix, -xa [mətέʃ, -ʃə] *a.* the same. 2 ‖ *ara* ~, right now; *jo* ~ *ho faré,* I'll do it myself; *en aquest* ~ *pis,* in this very flat. ■ 3 *pron.* the same: *sempre passa el* ~, it's always the same.

matemàtic, -ca [mətəmàtik, -kə] *a.* mathematical. 2 fig. exact, precise. ■ 3 *m.-f.* mathematician. 4 *f.* mathematics.

matèria [mətέriə] *f.* matter. 2 material: ~ *primera,* raw material. 3 subject.

material [mətəriál] *a.-m.* material.

materialisme [mətəriəlizmə] *m.* materialism.

matern, -na [mətέrn, -nə] *a.* maternal. ‖ *llengua materna,* mother tongue.

maternal [mətərnál] *a.* maternal. 2 fig. protective.

maternitat [mətərnitát] *f.* maternity, motherhood.

matí [məti] *m.* morning: *de bon ~*, early in the morning.

matinada [mətináðə] *f.* early morning.

matinador, -ra [mətinəðó, -rə] *a.* who rises very early.

matinal [mətinál] *a.* early morning.

matinar [mətiná] *i.* to get up very early.

matinejar [mətinəʒá] See MATINAR.

matiner, -ra [mətinè, -rə] See MATINA-DOR.

matís [mətis] *m.* shade, hue [colours]. 2 fig. nuance [of meaning]; slight variation.

matisar [mətizá] *t.* to tinge. 2 to be more precise about.

mató [mətó] *m.* COOK. cottage cheese.

matoll [mətóλ] *m.* thicket.

matràs [mətrás] *m.* CHEM. flask.

matrícula [mətrikulə] *f.* register, list. 2 enrolment, registration. 3 enrolment fee, registration fee. 4 AUTO. number plate, (USA) license plate. 5 AUTO. registration number, (USA) license number.

matricular [mətrikulá] *t.* to register; to licence. ∎ 2 *p.* to enrol; to register.

matrimoni [mətrimóni] *m.* matrimony. 2 married couple. ‖ *llit de ~*, double bed.

matriu [mətriŭ] *f.* ANAT. womb. 2 mould, (USA) mold. 3 matrix. 4 stub [of a chequebook].

matusser, -ra [mətusè, -rə] *a.* clumsy, cack-handed, ham-fisted [person]; botched [job].

matuta [mətútə] *f.* contraband.

matutí, -ina [mətuti, -inə] See MATINAL.

matxet [mətʃὲt] *m.* machete.

matxucar [mətʃuká] *t.* to crumple, to crease. 2 to knock about; to bruise. 3 TECH. *to crush; to pound.* ∎ 4 *p.* to bruise, to get damaged. 5 to get crumpled; to crease.

maula [máŭlə] *f.* trick, ruse. 2 *m.-f.* trickster, cheat.

maurar [məŭrá] *t.* to knead. 2 to pound.

màuser [máŭzər] *m.* ARTILL. Mauser.

mausoleu [məŭzulέŭ] *m.* mausoleum.

maxil·lar [məksiλár] *a.* ANAT. maxillary. ∎ 2 *m.* jawbone.

màxim, -ma [máksim, -mə] *a.* maximum; highest. ∎ 2 *m.* maximum. 3 *f.* maximum temperature.

me [mə] *pers. pron.* See EM.

mè [mέ] (ROSS.) See PERÒ.

meandre [meándrə] *m.* meander.

mecànic, -ca [məkànik, -kə] *a.* mechanical. ∎ 2 *m.* mechanic. 3 *f.* mechanics.

mecanisme [məkənizmə] *m.* mechanism.

mecanització [məkənidzəsiò] *f.* mechanization.

mecanitzar [məkənidzá] *t.* to mechanize.

mecanògraf, -fa [məkənɔ́γrəf, -fə] *m.-f.* typist.

mecanografia [məkənuγrəfiə] *f.* typing, typewriting.

mecenes [məsέnəs] *m.* patron.

medalla [məðáλə] *f.* medal. 2 medallion. 3 fig. stain.

medi [mέði] *m.* medium. 2 historical or social context. 3 surroundings; environment.

mediació [məðiəsiò] *f.* mediation. 2 agency; intercession.

mediador [məðiəðó] *a.* mediating. ∎ 2 *m.-f.* mediator, intermediary.

mèdic, -ca [mέðik, -kə] *a.* medical.

medicament [məðikəmèn] *m.* medicine; medication.

medicació [məðikəsiò] *f.* medication; medical treatment.

medicina [məðisinə] *f.* medicine.

medieval [məðiəβál] *a.* medieval, mediaeval.

mediocre [məðiɔ́krə] *a.* mediocre.

mediocritat [məðiukritát] *f.* mediocrity.

meditabund, -da [məðitəβún, -ðə] *a.* meditative, pensive, thoughtful.

meditació [məðitəsiò] *f.* meditation.

meditar [məðitá] *t.* to consider carefully, to ponder. ∎ 2 *i.* to meditate.

mediterrani, -ània [məðitərráni, -àniə] *a.* Mediterranean. ∎ 2 *f.* the Mediterranean.

mèdium [mέðium] *m.* medium [spiritual].

medul·la [məðúllə] *f.* marrow, medulla.

medusa [məðúzə] *f.* ZOOL. jellyfish.

mefistofèlic, -ca [məfistufέlik, -kə] *a.* Mephistophelian.

megàfon [məγáfun] *m.* megaphone.

megalit [məγálit] *m.* HIST. megalith.

megalític, -ca [məγəlitik, -kə] *a.* HIST. megalithic.

meitat [məĭtát] *f.* half: *trencar per la ~*, to break in half.

mel [mέl] *f.* honey.

melangia [mələnʒiə] *f.* melancholy.

melangiós, -osa [mələnʒiòs, -ózə] *a.* melancholic.

melassa [məlásə] *f.* molasses.

melic [məlik] *m.* navel, belly button. ‖ *se m'arrugà el ~,* I got the wind up.

melicotó [məlikutò] (BAL.) See PRÉSSEC.

melindro [məlindru] *m.* sweet cake or bun. 2 *pl.* affectation *sing.,* affected ways.

melmelada [mɛlməlàðə] *f.* jam; marmalade [citrus].

meló [məló] *m.* BOT. melon.

melodia [məluðiə] *f.* MUS. melody.

melòdic, -ca [məlɔ̀ðik, -kə] *a.* melodic.

melodrama [məluðràmə] *m.* melodrama.

melòman, -ana [məlɔ̀mən, -ənə] *m.-f.* music lover.

melós, -osa [məlòs, -ózə] *a.* honeyed. 2 fig. sugary.

melsa [mɛ́lsə] *f.* ANAT. spleen.

membrana [məmbrànə] *f.* membrane.

membre [mɛ̀mbrə] *m.* member. 2 fig. part, component. 3 ANAT. penis. 4 ANAT. member, limb.

memorable [məmuràbblə] *a.* memorable.

memoràndum [məmurándum] *m.* memorandum.

memòria [məmɔ̀riə] *f.* memory. ‖ *de ~,* by heart. 2 *pl.* memoirs. 3 report.

mena [mɛ́nə] *f.* kind, sort, type. ‖ *de ~,* by nature. 2 MINER. ore. 3 MAR. thickness [of rope].

menar [mənà] *t.* to lead, to direct; to drive.

menció [mənsió] *f.* mention. ‖ *fer ~,* to mention.

mencionar [mənsiunà] *t.* to mention.

mendicar [məndikà] *i.-t.* to beg.

mendicitat [məndisitàt] *f.* begging.

menester [mənəstè] *m.* need, necessity. ‖ *hem de ~ més temps,* we need more time.

menestral, -la [mənəstràl, -lə] *m.-f.* craftsman, artisan.

mengívol, -la [mənʒiβul, -lə] *a.* appetizing.

menhir [mənir] *m.* menhir.

meninge [məninʒə] *f.* ANAT. meninx.

meningitis [məninʒitis] *f.* MED. meningitis.

menisc [mənisk] *m.* ANAT. meniscus.

menja [mɛ̀nʒə] *f.* delicacy, special dish.

menjador, -ra [mənʒəðò, -rə] *a.* big eater. ■ 2 *m.* dining room. 3 *f.* manger.

menjar [mənʒà] *t.-p.* to eat. 2 fig. to eat up: *el lloguer es menja tot el sou,* the rent eats up all my wages.

menjar [mənʒà] *m.* food.

menor [mənòr] *a.* smaller; the smallest; less; the least; lower; the lowest. ‖ *un mal ~,* the lesser of two evils. ■ 2 *m.-f.* minor.

Menorca [mənòrkə] *pr. n. f.* GEOGR. Minorca.

menorquí, -ina [mənurki, -inə] *a., m.-f.* Minorcan.

menovell [mənuβèʎ] *m.* little finger.

menstruació [mənstruəsió] *f.* menstruation.

mensual [mənsuàl] *a.* monthly.

mensualitat [mənsuəlitàt] *f.* monthy payment or instalment.

mènsula [mɛ́nsulə] *f.* ARQ. console.

ment [men] *f.* mind; intellect.

menta [mɛ́ntə] *f.* BOT. mint. 2 crème de menthe.

mental [məntàl] *a.* mental.

mentalitat [məntəlitàt] *f.* mentality.

mentida [məntiðə] *f.* lie.

mentider, -ra [məntiðè, -rə] *a.* lying. ■ 2 *m.-f.* liar.

mentir [mənti] *i.* to lie, to tell a lie. ▲ CONJUG. INDIC. Pres.: *ment* o *menteix.*

mentó [məntó] *m.* ANAT. chin.

mentor [məntó] *m.* mentor; guide.

mentre [mɛ̀ntrə] *conj.* while, as long as.

mentrestant [mɛntrəstàn] *adv.* meanwhile, in the meantime.

menú [mənú] *m.* menu.

menudesa [mənuðèzə] *f.* smallness.

menut, -uda [mənút, -úðə] *a.* small, little. ■ 2 *m.-f.* child, little one. 3 COMM. *a la menuda,* retail.

menys [mɛɲs] *a.* less; fewer. ■ 2 *adv.* less. ‖ *anar a ~,* to come down in the world. ■ 3 *prep.* except (for), but (for). ■ 4 *m.* minus sign.

menyscabar [mɛɲskəβà] *t.* to diminish, to reduce. 2 to impair, to damage.

menyspreable [mɛɲspreàbblə] *a.* contemptible. 2 insignificant.

menysprear [mɛɲspreà] *t.* to despise, to scorn. 2 to underrate, to underestimate. 3 to belittle.

menyspreu [mɛɲsprèu] *m.* scorn. contempt.

metgessa

mer, -ra [mer, -rə] *a.* mere. ▲ always before the noun.

meravella [mərəβέʎə] *f.* wonder, marvel.

meravellar [mərəβəʎá] *t.* to amaze, to astonish. 2 to fill with admiration. ■ 3 *p.* to be amazed or astounded; to marvel (*de,* at); to wonder (*de,* at).

meravellós, -osa [mərəβəʎós, -ozə] *a.* marvellous, wonderful.

mercader, -ra [mərkəðé, -rə] *m.-f.* merchant.

mercaderia [mərkəðəriə] *f.* merchandise, goods *pl.*

mercantil [mərkəntil] *a.* mercantile, commercial.

mercat [mərkát] *m.* market.

mercè [mərsέ] *f.* mercy; benevolence. 2 *pl.* thanks.

mercenari, -ària [mərsənári, -áriə] *a., m.-f.* mercenary.

merceria [mərsəriə] *f.* haberdasher's [shop]. 2 haberdashery.

mercuri [mərkúri] *m.* CHEM. mercury. 2 *pr. n. m.* ASTR. *Mercuri,* Mercury.

merda [mέrðə] *f.* vulg. shit. ‖ *ves-te'n a la* ~, fuck off. 2 dirt, filth, muck. 3 fig. crap; rubbish.

merder [mərðé] *m.* pigsty. 2 fig. chaos.

merèixer [mərέʃə] to deserve, to merit; to be worth. ▲ CONJUG. P. P.: *merescut.*

merenga [mərέŋgə] *f.* meringue.

meretriu [mərətriú] *f.* prostitute, whore.

meridià, -ana [məriðià, -ánə] *a.* midday. ■ 2 *m.* meridian.

meridional [məriðiunál] *a.* southern.

mèrit [mέrit] *m.* merit.

merla [mέrlə] *f.* ORNIT. blackbird.

merlet [mərlέt] *m.* ARCH. merlon.

1) mes [mes] *m.* month.

2) mes [mes] *conj.* but.

més [mes] *a.-adv.* more. ‖ *és molt* ~ *gran que jo,* he's much older than I am. ‖ *feia* ~ *aviat calor,* it was on the hot side. ‖ *a* ~ *(a* ~*),* besides. ‖ *si* ~ *no,* at least. ■ 2 *pron.* else: *alguna cosa* ~, *senyora?,* anything else, madam?

mesa [mέzə] *f.* altar. 2 board. ‖ ~ *electoral,* electoral college.

mesada [məzáðə] *f.* month. 2 month's wage.

mesc [mesk] *m.* musk.

mescla [mέsklə] *f.* mixture; blend.

mesclar [məsklá] *t.* to mix; to blend.

mesquí, -ina [məski, -inə] *a.* mean, stingy. 2 fig. contemptible, despicable. 3 poor, wretched.

mesquinesa [məskinέzə] *f.* meanness, stinginess. 2 fig. contempt, scorn. 3 poverty, wretchedness. 4 mean thing. 5 contemptible thing.

mesquita [məskitə] *f.* mosque.

messiànic, -ca [məsiánik, -kə] *a.* messianic.

messies [məsiəs] *m.* Messiah. 2 fig. saviour; leader.

mestís, -issa [məstis, -isə] *a., m.-f.* half-breed, half-caste.

mestral [məstrál] *m.* METEOR. Mistral. 2 the north west.

mestratge [məstrádʒə] *m.* rank of master. 2 guidance, teaching.

mestre, -tra [mέstrə, -trə] *a.* masterly; skilled; skilful. 2 main, principal. ■ 3 *m.-f.* teacher; expert. 4 *m.* master. 5 *f.* mistress.

mestressa [məstrέsə] *f.* landlady; owner. 2 mistress. ‖ ~ *de casa,* housewife.

mestretites [mέstrətitəs] *m.-f.* know-all.

mesura [məzúrə] *f.* measure. 2 moderation.

mesurar [məzurá] *t.* to measure. ‖ ~ *les paraules,* to weigh one's words.

meta [mέtə] *f.* finish, finishing line. 2 fig. goal, aim, objective. 3 coll. tit, breast.

metà [mətá] *m.* methane.

metabolisme [mətəβulizmə] *m.* metabolism.

metafísic, -ca [mətəfizik, -kə] *a.* metaphysical. ■ 2 *m.-f.* metaphysician. 3 *f.* metaphysics.

metàfora [mətáfurə] *f.* metaphore.

metall [mətáʎ] *m.* metal.

metàl·lic, -ca [mətállik, -kə] *a.* metallic. ■ 2 *m.* cash.

metal·lúrgic, -ca [mətəllúrʒik, -kə] *a.* metallurgical. ■ 2 *m.-f.* metallurgist.

metamorfosi [mətəmurfɔzi] *f.* metamorphosis.

meteor [mətəɔr] *m.* meteor [atmospheric phenomenon]. 2 meteor, shooting star.

meteorit [mətəurit] *m.* meteorite.

meteoròleg, -òloga [mətəurɔlək, -ɔluyə] *m.-f.* meteorologist.

meteorologia [mətəuruluʒiə] *f.* meteorology.

metge [mέdʒə] *m.-f.* doctor.

metgessa [mədʒέsə] *f.* lady doctor, woman doctor.

meticulós, -osa [mətikulós, -ózə] *a.* meticulous.

mètode [métuðə] *m.* method.

metòdic, -ca [mətɔ́ðik, -kə] *a.* methodical.

metodisme [mətuðizmə] *m.* REL. methodism.

metodologia [mətuðuluʒiə] *f.* methodology.

metralla [mətráʎə] *f.* shrapnel.

metrallar [mətrəʎá] *t.* to machine-gun.

metre [métrə] *m.* metre, (USA) meter.

metro [métru] *m.* underground, tube, (USA) subway.

metrònom [mətrɔ́num] *m.* MUS. metronome.

metròpoli [mətrɔ́puli] *f.* metropolis. 2 mother-country.

metropolità, -ana [mətrupulità, -ánə] *a.* metropolitan. ■ 2 *m.* See METRO.

metxa [métʃə] *f.* fuse.

metzina [mədzinə] *f.* poison.

mèu [mɛ́u] *m.* meow, miaow.

meu, meva [mɛ́u, -mɛ́βə] *poss. a.* my: *la meva mare,* my mother. ■ 2 *poss. pron.* mine: *són meves aquestes sabates!,* these shoes are mine.

meuca [mɛ́ukə] *f.* prostitute, whore.

Mèxic [mɛ́gzik] *pr. n. m.* GEOGR. Mexico.

mexicà, -ana [məgzikà, -ánə] *a., m.-f.* Mexican.

1) mi [mi] *m.* MUS. E.

2) mi [mi] *pers. pron.* me: *vine amb* ~, come with me. ▲ after preposition.

miasma [miázmə] *m.* miasma.

mica [mikə] *f.* bit. ‖ *una miqueta,* a little bit. ‖ *de* ~ *en* ~, bit by bit. ‖ *fer miques,* to smash to bits. ‖ *gens ni* ~, not a bit. ‖ not at all. 2 MINER. mica.

micció [miksió] *f.* miction.

mico [miku] *m.* ZOOL. long-tailed monkey.

micro [mikru] *m.* (abbr. de *micròfon*) mike.

microbi [mikrɔ́βi] *m.* microbe.

microbús [mikruβús] *m.* minibus.

microcosmos [mikrukɔ́zmus] *m.* microcosm.

microfilm [mikrufilm] *m.* microfilm.

micròfon [mikrɔ́fun] *m.* microphone.

microorganisme [mikruryənizmə] *m.* microorganism.

microscopi [mikruskɔ́pi] *m.* microscope.

microscòpic, -ca [mikruskɔ́pik, -kə] *a.* microscopic.

mida [miðə] *f.* measure; size. ‖ *fet a* ~, made to measure.

midó [miðó] *m.* starch.

mielitis [mielitis] *f.* myelitis.

mig, mitja [mitʃ, midʒə] *a.* half. ‖ *a* ~ *camí,* halfway. ■ 2 *m.* half. ‖ *al* ~ *de,* in the middle of. 3 *f.* See MITJA.

migdia [midʒdiə] *m.* noon. 2 south.

migdiada [midʒdiàðə] *f.* noon, afternoon. 2 siesta.

migjorn [midʒɔ́rn] *m.* noon. 2 south. 3 southern wind.

migració [miyrəsió] *f.* migration.

migranya [miyrápə] *f.* MED. migraine.

migrar-se [miyrársə] *prnl.* to languish.

migratori, -òria [miyrətɔ́ri, -ɔ́riə] *a.* migratory.

migtemps [mitʃtémps] *m.* period of time between summer and winter.

mil [mil] *a.-m.* thousand.

milà [milà] *m.* ORNIT. kite.

Milà [milà] *pr. n. m.* GEOGR. Milan.

miler [milɛ́] *m.* thousand.

milhomes [milɔ́məs] *m.* braggart, cocky youth.

milícia [milisiə] *f.* soldiering. 2 militia.

milicià [milisià] *m.* militiaman.

milió [milió] *m.* million.

milionari, -ària [miliunàri, -àriə] *a., m.-f.* millionaire.

militant [militàn] *a., m.-f.* militant, activist.

militar [militàr] *a.* military. ■ 2 *m.* military man, soldier.

militar [militá] *i.* to soldier, to serve in the army. 2 POL. to belong to a party.

militarisme [militarizmə] *m.* militarism.

mill [miʎ] *m.* BOT. millet.

milla [miʎə] *f.* mile.

mil·lenari, -ària [millənàri, -àriə] *a.* millennial. ■ 2 *m.* millennium.

mil·lèsim, -ma [millɛ́zim, -mə] *a.-m.* thousandth.

mil·ligram [milliyràm] *m.* milligramme, (USA) milligram.

mil·lilitre [millilitrə] *m.* millilitre, (USA) milliliter.

mil·límetre [millimətrə] *m.* millimetre, (USA) millimeter.

millor [miʎó] *a.* better; the best. ■ 2 *adv.* better.

millora [miʎòrə] *f.* improvement.

millorar [miʎurá] *t.* to improve, to make better. ■ 2 *i.* to improve, to get better.

milotxa [milɔ́tʃə] *f.* (VAL.) See ESTEL 2.

mim [mim] *m.* mime.

mimetisme [mimətizmə] *m.* ZOOL. mimicry.

mímic, -ca [mimik, -kə] *a.* mímic. ■ 2 *f.* mimicry, mime.

mimosa [mimòzə] *f.* BOT. mimosa.

mina [minə] *f.* MINER. mine. 2 refill, lead [of pencil]. 3 MIL. mine. 4 *fig.* mine.

minar [miná] *t.* MIL., MINER. to mine. 2 *fig.* to undermine.

minaret [minərɛt] *m.* ARCH. minaret.

miner, -ra [minɛ, -rə] *a.* mining. ■ 2 *m.-f.* miner.

mineral [minərál] *a.-m.* mineral.

mineralogia [minərəluʒiə] *f.* mineralogy.

mineria [minəriə] *f.* mining.

minestra [minɛstrə] *f.* vegetable soup; vegetable stew.

miniatura [miniətúrə] *f.* miniature.

minifaldilla [minifəldiʎə] *f.* mini-skirt.

mínim, -ma [minim, -mə] *a.-m.* minimum. ‖ *com a ~,* at least.

minimitzar [minimidzá] *t.* to minimize.

ministeri [ministɛri] *m.* ministry.

ministre [ministrə] *m.* minister.

minorar [minurá] *t.* to diminish.

minoria [minuriə] *f.* minority.

minso, -sa [minsu, -sə] *a.* weak, feeble. 2 scanty; thin; slender.

minúcia [minúsiə] *f.* unimportant detail, trifle.

minuciositat [minusiuzitát] *f.* meticulousness, thoroughness.

minúscul, -la [minúskul, -lə] *a.* tiny, minute. 2 *a.-f.* PRINT. small (letter).

minut [minút] *m.* minute.

minuta [minútə] *f.* first draft. 2 lawyer's bill. 3 menu.

minutera [minutɛrə] *f.* minute hand.

minva [mimbə] *f.* decrease; lessening.

minvant [mimbán] *a.* decreasing. ‖ *quart ~,* waning (moon).

minvar [mimbá] *t.-i.* to decrease, to diminish, to reduce.

minyó, -na [miɲó, -nə] *m.* boy-lad. 2 *f.* girl. 3 maid.

miol [miɔl] *m.* mew.

miolar [miulá] *i.* to mew.

miop [miɔp] *a.* short-sighted. ■ 2 *m.-f.* short-sighted person.

miopia [miupiə] *f.* myopia, short-sightedness.

miquel [mikɛl] *m.* rebuff.

mira [mirə] *f. fig.* aim, purpose. 2 MIL., TECHNOL. sights.

miracle [miráklə] *m.* miracle.

mirada [miráðə] *f.* look, glance. ‖ *fixar la ~,* to stare.

mirador, -ra [miraðó, -rə] *m.* bay window. 2 belvedere. 3 peep hole.

mirall [miráʎ] *m.* mirror, looking-glass.

mirament [mirəmèn] *m.* consideration, respect, regard. ▲ usu. *pl.*

mirar [mirá] *t.* to look at. ‖ *fig. mira què m'ha dit,* do you know what he said to me? 2 to try: *miraré de ser-hi a les nou,* I'll try to be there at nine. 3 to consider, to take into account. ■ 4 *i.* to point. 5 *fig. ~ contra el govern,* to be cross-eyed. ■ 6 *p. mirar-s'hi,* to take great pains over.

mirat, -ada [mirát, -áðə] *a.* painstaking, meticulous. ‖ *ben mirat,* on second thoughts; thinking about it.

miratge [miráḍʒə] *m.* mirage [also *fig.*].

miríade [miriəðə] *f.* myriad.

mirra [mirrə] *f.* myrrh.

misantropia [mizəntrupiə] *f.* misanthropy.

miscel·lània [misəllániə] *f.* miscellany.

míser, -ra [mizər, -rə] *a.* wretched.

miserable [mizərábblə] *a.* wretched, pitiable. 2 contemptible. 3 destitute, poverty-stricken. 4 miserly, stingy. ■ 5 *m.-f.* pitiable person, wretch. 6 contemptible person, wretch. 7 pauper, poor person. 8 miser.

misèria [mizɛriə] *f.* poverty. 2 misery, deprivation. 3 paltry sum, miserable quantity.

misericòrdia [mizərikɔrðiə] *f.* compassion; pity.

missa [misə] *f.* mass. ‖ *arribar a misses dites,* to arrive late.

missal [misál] *m.* missal, mass-book.

missatge [misáḍʒə] *m.* message.

missatger, -ra [misəḍʒè, -rə] *m.-f.* messenger.

missil [misil] *m.* missile.

missió [misió] *f.* charge, duty, assignment. 2 REL. mission.

missioner, -ra [misiunè, -rə] *m.-f.* REL. missionary.

missiva [misiβə] *f.* missive.

mistela [mistɛlə] *f.* drink made with brandy, water, sugar and cinnamon.

misteri [mistɛri] *m.* mystery.

misteriós, -osa [mistəriós, -ózə] *a.* mysterious.

místic, -ca [mistik, -kə] *a.* mystic, mystical. ■ 2 *m.-f.* mystic. 3 *f.* mystic.

misticisme [mistisizmə] *m.* mysticism.

mistificar [mistifiká] *t.* to falsify; to forge.

mite [mitə] *m.* myth.

mític, -ca [mitik, -kə] *a.* mythical.

mitigar [mitiɣá] *t.* to mitigate, to alleviate; to assuage; to quench.

míting [mitiŋ] *m.* meeting [esp. political].

mitja [midʒə] *f.* stocking. 2 *pl.* tights. 3 *fer* ~, to knit.

mitjà, -ana [midʒà, -ánə] *a.* average. ■ 2 *m.* means. 3 *f.* average. 4 bottle of beer.

mitjan [midʒán] *adv. phr. a* ~, in the middle of, halfway through.

mitjançant [midʒənsán] *prep.* by, by means of, through.

mitjançar [midʒənsá] *i.* to mediate, to intercede.

mitjancer, -ra [midʒənsè, -rə] *m.-f.* mediator, intermediary.

mitjania [midʒəniə] *f.* mediocrity. 2 average.

mitjanit [midʒənit] *f.* midnight.

mitjó [midʒó] *m.* sock.

mitologia [mituluʒiə] *f.* mythology.

mix, mixa [miʃ, miʃə] *m.-f.* coll. pussy, pussycat.

mixt, -ta [miks(t), -tə] *a.* mixed. || *col·legi* ~, co-educational school.

mixtura [mikstúrə] *f.* mixture.

mnemotècnia [(m)nəmutèkniə] *f.* mnemonics.

mòbil [mɔ́βil] *a.* mobile. 2 variable. ■ 3 *m.* motive [of a crime]. 4 mobile.

mobiliari [muβiliàri] *m.* furniture.

mobilitat [muβilitát] *f.* mobility.

mobilització [muβilidzəsió] *f.* mobilization.

mobilitzar [muβilidzá] *t.* to mobilize.

moblar [mubblá] *t.* to furnish.

moble [mɔ́bblə] *m.* piece of furniture. 2 *pl.* furniture *sing.*

moc [mok] *m.* mucus; coll. snot. 2 rebuff.

moca [mɔ́kə] *m.* mocha.

mocada [mukáðə] *f.* blow [nose].

mocador [mukəðó] *m.* handkerchief. 2 scarf.

mocar [muká] *t.* to blow someone's nose. ■ 2 *p.* to blow one's nose.

moció [musió] *f.* motion. 2 || ~ *de censura*, censure motion.

mocós, -sa [mukós, -ózə] *a.* coll. snotty. ■ 2 *m.-f.* brat.

moda [mɔ́ðə] *f.* fashion. || *estar de* ~, to be in fashion.

mode [mɔ́ðə] *m.* way. 2 GRAMM. mood.

model [muðέl] *m.* pattern, standard. 2 *m.-f.* ARTS., PHOT. model.

modelar [muðəlá] *t.* to model; to shape, to form.

modèlic, -ca [muðέlik, -kə] *a.* modelic.

moderació [muðərəsió] *f.* moderation.

moderar [muðərá] *t.* to moderate, to restrain.

modern, -na [muðέrn, -nə] *a.* modern.

modernisme [muðərnizmə] *m.* modernism.

modernització [muðərnidzəsió] *f.* modernization.

modernitzar [muðərnidzá] *t.* to modernize.

modest, -ta [muðέs(t), -ə] *a.* modest.

modèstia [muðèstiə] *f.* modesty.

mòdic, -ca [mɔ́ðik, -kə] *a.* reasonable, moderate.

modificació [muðifikəsió] *f.* modification.

modificar [muðifiká] *t.* to modify.

modista [muðistə] *m.-f.* dressmaker.

mòdul [mɔ́ðul] *m.* module. 2 modulus.

modulació [muðuləsió] *f.* modulation.

modular [muðulá] *t.-i.* to modulate.

mofa [mɔ́fə] *f.* mockery.

mofar-se [mufàrsə] *p.* to mock, to make fun of.

mofeta [mufètə] *a.* insolent. ■ 2 ZOOL. *f.* skunk.

moix, -xa [moʃ, -ʃə] *a.* sad, depressed. ■ 2 *m.-f.* cat.

moixaina [muʃáïnə] *f.* caress.

moixernó [muʃərnó] *m.* BOT. St. George's agaric.

moixó [muʃó] (OCC.) See OCELL.

mola [mɔ́lə] *f.* bulk, mass. 2 millstone, grindstone.

molar [mulár] *f.* molar.

moldre [mɔ́ldrə] *t.* to grind. || fig. *he anat a cal metge i ha estat arribar i* ~, I went to the doctor's and I was straight in, no waiting. ▲ CONJUG. GER.: *molent.* || P. P.: *mòlt.* || INDIC. Pres.: *molc.* || SUBJ. Pres.: *molgui*, etc. | Imperf.: *molgués*, etc.

molècula [mulέkulə] *f.* molecule.

molest, -ta [mulέs(t), -tə] *a.* annoying.

molestar [muləstá] *t.* to annoy, to bother.

molèstia [mulèstiə] *f.* nuisance.

molí [muli] *m.* mill.

molinet [mulinὲt] *m.* hand mill. ‖ ~ *de café*, coffee mill, coffee grinder.

moll [mɔʎ] *m.* ANAT. marrow. 2 flesh [of fruit]. 3 MAR. dock. 4 ICHTHY. red mullet. 5 *pl.* tongs, curling tongs.

moll, -lla [mɔʎ, -ʎə] *a.* wet, damp. 2 soft, delicate.

molla [mɔʎə] *f.* string. 2 crumb.

mol·lusc [mullúsk] *m.* ZOOL. mollusc.

molsa [mólsə] *f.* BOT. moss.

molt, -ta [mol, -tə] *a. sing.* much, a lot of; *pl.* many; a lot of. ■ 2 *pron. sing.* much, a lot; *pl.* many; a lot. ■ 3 *adv.* very.

moltó [multó] *m.* ZOOL. sheep, ram; mutton.

moment [mumὲn] *m.* moment. ‖ *d'un ~ a l'altre*, at any moment. 2 the right time.

momentani, -ània [mumǝntáni, ániǝ] *a.* momentary.

mòmia [mɔ̀miǝ] *f.* mummy.

momificar [mumifikà] *t.* to mummify.

mon, ma [mon, mǝ] *poss. a.* my.

món [mon] *m.* world. 2 fig. world, circle. ‖ *no és res de l'altre ~*, it's nothing special.

mona [mɔ̀nǝ] *f.* monkey. ‖ *agafar una ~*, to get pissed. 2 Easter cake.

Mònaco [mɔ̀nǝko] *pr. n. m.* GEOGR. Monaco.

monada [munáðǝ] *f.* stupid smile. 2 cute thing.

monarca [munárkǝ] *m.* monarch.

monarquia [munárkiǝ] *f.* monarchy.

monàrquic, -ca [munárkik, -kǝ] *a.* monarchic, monarchical, monarchist.

moneda [munέðǝ] *f.* currency, money. 2 coin, piece.

monegasc, -ca [munǝɣás, -kǝ] *a., m.-f.* Monegasque.

monestir [munǝsti] *m.* monastery.

mongeta [munʒέtǝ] *f.* BOT. bean: ~ *tendra*, green or runner bean.

mongetera [munʒǝtὲrǝ] *f.* BOT. bean plant.

mongòlic, -ca [munɡɔ̀lik, -kǝ] *a.* MED. mongol, mongolian.

mongolisme [munɡulízmǝ] *f.* MED. mongolism.

moniato [muniátu] *m.* BOT. sweet potato.

monitor [munitó] *m.* group leader. 2 COMP. T.V. monitor.

monja [mɔ̀nʒǝ] *f.* REL. nun, sister.

monjo [mɔ̀nʒu] *m.* REL. monk.

monocle [munɔ̀klǝ] *m.* monocle.

monògam, -ma [munɔ̀ɣǝm, -mǝ] *a.* monogamous.

monogàmia [munuɣámiǝ] *f.* monogamia.

monografia [munuɣrǝfiǝ] *f.* monograph.

monòleg [munɔ̀lǝk] *m.* monologue.

monòlit [munɔ̀lit] *m.* monolith.

monologar [munuluɣà] *i.* to soliloquize.

monomania [monumǝniǝ] *f.* monomania.

monomi [munɔ̀mi] *m.* MATH. monomial.

monoplà [munuplá] *m.* AER. monoplane.

monopoli [munupɔ̀li] *m.* ECON. monopoly.

monopolitzar [munupulidzà] *t.* to monopolize.

monoteisme [munutǝizmǝ] *m.* monotheism.

monòton, -na [munɔ̀tun, -nǝ] *a.* monotonous.

monsó [munsó] *m.* METEOR. monsoon.

monstre [mɔ̀nstrǝ] *m.* monster.

monstruós, -osa [munstruós, -ózǝ] *a.* monstruous.

mont [mon] *m.* mount, mountain.

monument [munumὲn] *m.* monument.

monumental [munumǝntál] *a.* monumental. 2 fig. huge; terrific.

monyó [munó] *m.* stump.

moqueta [mukέtǝ] *f.* moquette.

móra [mórǝ] *f.* BOT. blackberry.

moral [murál] *a.* moral. ■ 2 *f.* morals *pl.* 3 morale.

moralitat [murǝlitát] *f.* moral [of story]. 2 morals *pl.*

morat, -ada [murát, -áðǝ] *a.* purple, violet. ■ 2 *m.* bruise.

moratòria [murǝtɔ̀riǝ] *f.* moratorium.

mòrbid, -da [mɔ̀rβit, -ðǝ] *a.* soft [esp. flesh].

morbós, -osa [murβós, -ózǝ] *a.* morbid, unhealthy [also fig.].

mordaç [murðás] *a.* biting, cutting, sarcastic.

mordassa [murðásǝ] *f.* gag.

mordent [murðὲn] *m.* mordant.

morè, -ena [murὲ, -ἑnǝ] *a.* brown; tanned; black [hair].

morenes [murἑnǝs] *f. pl.* MED. piles.

morera [murὲrǝ] *f.* BOT. mulberry tree.

moresc, -ca [murὲsk, -kǝ] *a.* Moorish. ■ 2 *m.* maize, (USA) corn.

morfina [murfinǝ] *f.* morphine.

morfologia [murfuluʒiǝ] *f.* morphology.

moribund, -da [muriβún, -də] *a.* dying.
morigerar [muriʒərá] *t.* to moderate.
morir [muri] *t.-p.* to die. ▲ CONJUG. P. P.: *mort.*
morisc, -ca [murisk, -kə] *a.* Moorish.
moro, -ra [mɔ́ru, -rə] *a.* Moorish. ■ 2 *m.-f.* Moor.
morós, -osa [murós, -ózə] *a.* slow to pay up.
morral [murrál] *m.* nosebag.
morrió [murrió] *m.* muzzle.
morro [mɔ́rru] *m.* snout. 2 coll. lips *pl.* ‖ *ésser del ~ fort,* to be stubborn. 3 *pl.* (BAL.) See LLAVIS.
morsa [mɔ́rsə] *f.* ZOOL. walrus.
mort [mɔr(t)] *a.* dead. ■ 2 *f.* death. 3 *m.-f.* corpse.
mortadel·la [murtəðéllə] *f.* mortadella.
mortal [murtál] *a.* mortal. 2 deadly, lethal. 3 fatal. ■ 4 *m.-f.* person, human being.
mortaldat [murtəldát] *f.* mortality.
mortalitat [murtəlitát] *f.* death rate.
mortalla [murtáʎə] *f.* shroud.
morter [murtè] *m.* mortar.
mortífer, -ra [murtífər, -rə] *a.* deadly, lethal.
mortificar [murtifiká] *t.* to mortify [also fig.].
mortuori, -òria [murtuɔ̀ri, -ɔ̀riə] *a.* mortuary.
morú, -una [murú, -únə] See MORESC.
mos [mos] *m.* bite. 2 morsel.
mosaic [muzáïk] *m.* mosaic.
mosca [mɔ́skə] *f.* ENT. fly.
moscatell [muskətéʎ] *m.* muscatel.
Moscou [muskɔ́ǔ] *pr. n. m.* GEOGR. Moscow.
mosqueter [muskətè] *m.* musketeer.
mosquetó [muskətó] *m.* musketoon.
mosquit [muskit] *m.* ENT. mosquito.
mossa [mɔ́sə] *f.* girl.
mossec [musɛ́k] *m.* See MOS.
mossegada [musəɣáðə] *f.* bite.
mossegar [musəɣá] *t.* to bite. 2 MECH. to catch.
mossèn [musɛ́n] *m.* priest, father.
mosso [mɔ́su] *m.* lad. 2 servant. 3 porter.
most [mos(t)] *m.* must.
mostassa [mustásə] *f.* mustard.
mostatxo [mustátʃu] *m.* moustache.
mostela [mustɛ̀lə] *f.* ZOOL. weasel.
mostra [mɔ́strə] *f.* sample. 2 model, pattern. 3 sign, indication.

mostrar [mustrá] *t.* to show. 2 to exhibit. 3 to demonstrate.
mostrari [mustrári] *m.* collection of samples.
mot [mot] *m.* word. ‖ *mots encreuats,* crossword puzzle.
motejar [mutəʒá] *t.* to nickname.
motí [muti] *m.* mutiny, revolt.
motiu [mutiǔ] *m.* motive. 2 nickname.
motivar [mutiβá] *t.* to motivate, to cause.
motlle [mɔ́ʎʎə] *m.* mould. 2 fig. model.
motllura [muʎʎúrə] *f.* moulding.
moto [mɔ́tu] *f.* (abbr. of *motocicleta*) motorbike.
motocicleta [mutusiklɛ́tə] *f.* motorcycle.
motor, -ra [mutór, -rə] *a.* motive. ■ 2 *m.* engine; motor.
motorisme [muturizmə] *m.* motor racing.
motorista [muturistə] *m.-f.* motorcyclist.
motriu [mutriǔ] *a.* motive, driving.
motxilla [mutʃíʎə] *f.* rucksack.
moure [mɔ́urə] *t.* to move. 2 to cause, to provoke. 3 to make, to produce [sounds, etc.]. ▲ CONJUG. GER.: *movent.* ‖ P. P.: *mogut.* ‖ INDIC. Pres.: *moc.* ‖ SUBJ. Pres.: *mogui,* etc. ‖ Imperf.: *mogués,* etc.
moviment [muβimèn] *m.* movement. 2 motion. ‖ *en aquest despatx hi ha molt de ~,* this office is very busy.
moviola [muβiɔ́lə] *f.* hand-viewer.
mucosa [mukɔ́sə] *f.* mucus.
mucositat [mukuzitát] *f.* mucosity.
mucus [múkus] *m.* mucus.
muda [múðə] *f.* change [of clothes]. 2 ZOOL. moult.
mudar [muðá] *t.* to change. 2 ZOOL., ORNIT. to shed, to moult. ■ 3 *i.* to change. ■ 4 *p.* to put on one's Sunday best.
mudat, -ada [muðát, -áðə] *a.* well-dressed.
mudèjar [muðɛ̀ʒər] *a., m.-f.* HIST. Mudejar.
mudesa [muðɛ́zə] *f.* dumbness.
mufla [múflə] *f.* muffle.
mugir [muʒi] *i.* to moo, to bellow.
mugit [muʒit] *m.* moo; bellow.
mugró [muɣró] *m.* nipple.
mul, -a [mul, -ə] *m.-f.* mule.
mulat, -ta [mulát, -tə] *a., m.-f.* mulatto.
mullader [muʎəðɛ̀] *m.* pool, puddle. 2 rumpus.

mullar [muʎá] *t.* to wet; to soak; to damp, to dampen.

muller [muʎé] *f.* wife.

mullerar-se [muʎərársə] *p.* to marry.

multa [múltə] *f.* fine, penalty.

multar [multá] *t.* to fine.

multicolor [multikuló] *a.* multicoloured.

múltiple [múltiplə] *a.* multiple.

multiplicació [multiplikəsió] *f.* multiplication.

multiplicar [multipliká] *t.* to multiply.

multiplicitat [multiplisitát] *f.* multiplicity.

multitud [multitút] *f.* multitude; crowd; great number.

mundà, -ana [mundá, ánə] *a.* worldly.

mundial [mundiál] *a.* world; worldwide.

Múnic [múnik] *pr. n. m.* GEOGR. Munich.

munició [munisió] *f.* MIL. ammunition.

municipal [munisipál] *a.* municipal, town, city. ■ *2 m.* policeman. *3 f.* policewoman.

municipi [munisipi] *m.* municipality, town. *2* town council.

munió [munió] *f.* multitude; great number.

munt [mun] *m.* mountain. *2* heap. ‖ *un ~,* a lot.

muntacàrregues [muntəkárrəyəs] *m.* service lift.

muntador [muntəðó] *m.* fitter, assembler.

muntanya [muntáɲə] *f.* mountain. *2* mountains *pl.,* countryside.

muntanyenc, -ca [muntəɲéŋ, -kə] *a.* mountain.

muntanyós, -osa [muntəɲòs, -ózə] *a.* mountainous; hilly.

muntar [muntá] *i.* to go up, to rise. ■ *2 t.* to ride [horse, bicycle, etc.]. *3* to put together, to assemble.

muntatge [muntádʒə] *m.* MECH. assembly; fitting. *2* THEATR. production.

munteria [muntəriə] *f.* hunting.

muntura [muntúrə] *f.* mount [of animals]. *2* frame [of glasses]. *3* setting [of jewels].

munyir [muɲí] *t.* to milk. ▲ CONJUG. INDIC. Pres.: *munyo.*

mur [mur] *m.*

mural [murál] *a.* wall. ■ *2 m.* mural.

muralla [muráʎə] *f.* (city) wall, rampart.

murga [múryə] *f.* bind, drag; bore nuisance.

murmurar [murmurá] *i.* to mutter; to rustle. *2* to gossip. *3 i.-t.* to murmur, to whisper.

murmurejar [murmurəʒá] See MURMURAR 3.

murmuri [murmúri] *m.* murmur.

murri, múrria [murri, múrriə] *a.* sly, cunning, crafty. ■ *2 m.-f.* villain, sly person.

murtra [múrtrə] *f.* BOT. myrtle.

musa [múzə] *f.* MIT. Muse.

musaranya [muzəráɲə] *f.* ZOOL. shrew. ‖ *mirar les musaranyes,* to be miles away.

muscle [músklə] *m.* shoulder. *2* (VAL.) See ESPATLLA.

musclo [músklu] *m.* mussel.

múscul [múskul] *m.* muscle.

musculatura [muskulətúrə] *f.* muscles *pl.*

musell [muzéʎ] *m.* snout.

museu [muzɛ̀u] *m.* museum.

músic, -ca [múzik, -kə] *a.* musical, music. ■ *2 m.-f.* musician. *3 f.* music.

musicar [muziká] *t.* to set [music for a text].

mussitar [musitá] *i.* to mutter.

mussol [musɔ́l] *m.* ORNIT. owl. *2* MED. stye. *3* simpleton.

mussolina [musulinə] *f.* TEXT. muslin.

musti, mústia [músti, mústiə] *a.* BOT. withered, faded, dry. *2* depressed.

mústig, -iga [mústik, -iyə] See MUSTI.

musulmà, -ana [muzulmá, -ánə] *a., m.-f.* Moslem, Muslim.

mut, muda [mut, múðə] *a., m.-f.* dumb. *2* silent, mute. ‖ *muts i a la gàbia!,* shut up!

mutació [mutəsió] *f.* mutation.

mutilació [mutiləsió] *f.* mutilation.

mutilar [mutilá] *t.* to mutilate.

mutis [mútis] *m.* THEATR. exit. ‖ fig. *fer ~,* to keep quiet, to say nothing.

mutisme [mutizmə] *m.* mutism, silence.

mutu, mútua [mútu, mútuə] *a.* mutual.

mutualitat [mutuəlitát] *f.* mutuality. *2* mutual benefit society.

N

N, n [ɛnə] f. n [letter].

n' pron. See EN 1.

na [nə] lit. art. f. [before first names]: *Na Marta,* Marta.

nació [nəsió] f. nation.

nacional [nəsiunàl] a. national; home; domestic.

nacionalisme [nəsiunəlizmə] m. nationalism.

nacionalitat [nəsiunəlitàt] f. nationality.

nacionalitzar [nəsiunəlidzá] t. to nationalize.

nacre [nákrə] m. mother-of-pearl.

Nadal [nəðál] m. Christmas, Xmas. ‖ *nit de ~,* Christmas Eve.

nadala [nəðálə] f. Christmas carol. 2 Christmas card.

nadalenc, -ca2 [nəðəlɛ́ŋ, -kə] a. Christmas.

nadiu [nəðiŭ] a. native, home. ■ 2 m.-f. native.

nadó [nəðó] m. newborn baby.

nafra [náfrə] f. wound, ulcer.

nafta [náftə] f. naphtha.

naftalina [nəftəlinə] f. naphthalene.

naixement [nəʃəmɛ̀n] m. birth. 2 fig. birth, origin, source.

naixença [nəʃɛ́nsə] f. See NAIXEMENT.

nàixer [náʃə] (VAL.) See NÉIXER.

nan, nana [nan, nánə] a., m.-f. dwarf.

nansa [nánsə] f. handle, grip.

nap [nap] m. BOT. turnip.

napalm [nəpálm] m. napalm.

nap-buf [nabbúf] m. child. 2 small person, shrimp.

Nàpols [nápuls] pr. n. m. GEOGR. Naples.

narcís [nərsis] m. BOT. daffodil.

narcòtic, -ca [nərkɔ̀tik, -kə] a.-m. narcotic.

nard [nar(t)] m. BOT. nard.

narguil [nərɣil] m. hookah.

nariu [nəriŭ] m. nostril.

narració [nərrəsió] f. narration, story.

narrador, -ra [nərrəðó, -rə] m.-f. narrator.

narrar [nərrá] t. to narrate, to tell.

narrativa [nərrətiβə] f. prose.

nas [nas] m. nose. ‖ *treure el ~,* to have a look; *no veure-hi més enllà del ~,* to see no further than the end of one's nose; *pujar-li a algú la mosca al ~,* to get angry. 2 sense of smell.

nasal [nəzàl] a. nasal, nose.

nat, nada [nat, náðə] a. born. ‖ *nou ~,* newborn.

nata [nátə] f. cream. ‖ fig. *la flor i ~,* the cream. 2 slap.

natació [nətəsió] f. swimming.

natal [nətál] a. natal, native; home.

natalitat [nətəlitàt] f. birth rate.

natiu, -iva [nətiŭ, -iβə] See NADIU.

natja [nádʒə] f. buttock.

natura [nətúrə] f. nature.

natural [nəturál] a. natural. 2 artless. 3 native.

naturalesa [nəturəlɛ́zə] See NATURA.

naturalisme [nəturəlizmə] m. ARTS naturalism.

naturalista [nəturəlistə] a. ARTS naturalistic. ■ 2 m.-f. ARTS naturalistic a. 3 BOT., ZOOL. naturalist.

naturalitat [nəturəlitàt] f. naturalness.

naturalitzar [nəturəlidzá] t. to naturalize.

naturisme [nəturizmə] m. naturism.

nau [naŭ] f. ship. ‖ *~ espacial,* spaceship, spacecraft. 2 ARCH. nave [church]. 3 IND. large building, shop.

nàufrag, -ga [náŭfrək, -ɣə] a. shipwrecked. ■ 2 m.-f. shipwrecked person.

naufragar [nəŭfrəɣá] i. to be wrecked, to sink [ship]; to be shipwrecked [person].

naufragi [nəŭfràʒi] m. shipwreck.

nàusea [náŭzeə] f. nausea.

nàutic, -ca [nàŭtik, -kə] a. nautical. ■ 2 f. navigation, sailing.

naval [nəβál] a. naval; ship; sea. ‖ *indús-tria* ~, shipbuilding industry.

navalla [nəβáʎə] f. razor. 2 knife, pocket knife. 3 ZOOL. razor shell.

navegable [nəβəɣábblə] a. navigable.

navegació [nəβəɣəsió] f. navigation, shipping.

navegant [nəβəɣán] a. navigating. ■ 2 m.-f. navigator.

navegar [nəβəɣá] i. to navigate; to sail. 2 fig. to lose one's way.

naveta [nəβétə] f. incense box. 2 prehistoric monument in the Balearic Islands.

navili [nəβili] m. poet. ship, vessel.

ne [nə] pron. See EN 1.

nebot, -oda [nəβɔt, -ɔðə] m. nephew. 2 f. niece.

nebulós, -osa [nəβulós, -ózə] a. nebulous, cloudy. 2 fig. nebulous; obscure. ■ 3 f. nebula.

necessari, -ària [nəsəsári, -áriə] a. necessary; needed.

necesser [nəsəsέr] m. toilet bag, sponge bag.

necessitar [nəsəsitá] t. to need.

necessitat, -ada [nəsəsitát,-áðə] a. needy. ■ 2 m.-f. needy person. 3 f. need, necessity. ‖ *fer les necessitats*, to relieve oneself.

neci, nècia [nέsi, nèsiə] a. stupid, silly.

necròfag, -ga [nəkrɔfək, -ɣə] a. necrophagous.

negació [nəɣəsió] f. refusal. 2 denial. 3 negation. 4 exact opposite.

necròpolis [nəkrɔpulis] f. necropolis.

nèctar [nέktər] m. nectar.

nedador, -ra [nəðəðó, -rə] m.-f. swimmer.

nedar [nəðá] i. to swim.

nefand, -da [nəfàn, -də] a. execrable.

nefast, -ta [nəfàs(t), -tə] a. ill-fated, fateful.

nefritis [nəfritis] f. MED. nephritis.

negar [nəɣá] t. to deny. ■ 2 t.-p. to refuse. 3 p. to drawn.

negat, -ada [nəɣát, -áðə] a. hopeless.

negatiu, -iva [nəɣətiŭ, -iβə] a.-m. negative. 2 f. denial; refusal.

negligència [nəɣliʒὲnsiə] f. negligence.

negligir [nəɣliʒí] t. to neglect. 2 to omit.

negoci [nəɣɔsi] m. business.

negociació [nəɣusiəsió] f. negotiation, negotiating.

negociant [nəɣusián] m. dealer, trader. 2 businessman.

negociar [nəɣusiá] i. to trade. ■ 2 t. to negotiate.

negociat [nəɣusiát] m. department.

negre, -gra [nὲɣrə, -ɣrə] a. black. ‖ *em veig* ~ *per acabar aquest informe*, I've got my work cut out to finish this report. 2 red [wine]. ■ 3 m.-f. black, negro.

negrer, -ra [nəɣrὲ, -rə] a., m.-f. slave trader.

negror [nəɣró] f. blackness.

neguit [nəɣit] m. anxiety, restlessness. 2 uneasiness.

neguitejar [nəɣitəʒá] t. to annoy, to upset. ■ 2 p. to get annoyed. 3 to be anxious.

neguitós, -osa [nəɣitós, -ózə] a. anxious. 2 annoyed. 3 uneasy.

néixer [nέʃə] i. to be born. ▲ CONJUG. GER.: *naixent*. ‖ P. P.: *nascut*.

nen, nena [nεn, nὲnə] m. boy; baby, child. 2 f. girl.

nenúfar [nənúfər] m. BOT. water-lily.

neó [nəó] m. neon.

neoclàssic, -ca [nəuklàsik, -kə] a. neoclassical, neoclassic.

neoclassicisme [nəukləsisizmə] m. neoclassicism.

neòfit, -ta [nəɔfit, -tə] m.-f. neophyte.

neolític, -ca [nəulitik, -kə] a., m. neolithic.

neologisme [nəuluʒizmə] m. neologism.

neozelandès, -esa [nἑuzələndὲs, -ézə] a., m.-f. New Zealander.

nepotisme [nəputizmə] m. nepotism.

Neptú [nəptú] pr. n. m. ASTR. Neptune.

nervi [nέrβi] m. nerve. 2 sinew. 3 fig. strength, vigour.

nerviós, -osa [nərβiós, -ózə] a. nerve: *centre* ~, nerve centre. 2 highly-strung, nervous; upset; overwrought [person].

nespra [nέsprə] f. BOT. medlar.

net, -ta [nεt, -tə] a. clean, tidy; neat. ‖ *joc* ~, fair play. 2 COMM. net: *preu* ~, net price.

nét, -néta [nεt, -tə] m. nephew. 2 f. niece.

netedat [nətəðát] f. cleanness; tidiness; neatness. 2 cleanliness.

neteja [nətέʒə] f. cleaning; cleansing. 2 clearing [act].

netejar [nətəʒá] t. to clean; to cleanse. 2 to clear.

neu [nέŭ] f. snow.

neula [něŭlə] f. rolled wafer. 2 fog; mist. 3 BOT. rust.

neulir-se [nəŭlírsə] p. to weaken, to fade away [person]; to languish.

neulit, -ida [nəŭlít, -íðə] a. sickly, weak.

neurastènia [nəŭrəstɛ́niə] f. neurasthenia.

neuròleg, -òloga [nəŭrɔ́lək, -ɔ́luɣə] m.-f. neurologist.

neurologia [nəŭruluʒíə] f. neurology.

neurona [nəŭrónə] f. BIOL. neuron; nerve cell.

neurosi [nəŭrɔ́zi] f. MED. neurosis.

neutral [nəŭtrál] a. neutral.

neutralitat [nəŭtrəlitát] f. neutrality.

neutralitzar [nəŭtrəlidzá] t. to neutralize.

neutre, -tra [nɛ́ŭtrə, -trə] a. neutral. 2 neuter, sexless. 3 GRAMM. neuter.

neutró [nəŭtró] m. neutron.

nevada [nəβáðə] f. snowfall.

nevar [nəβá] i. to snow. ■ 2 t. to cover with snow; to snow up.

nevera [nəβɛ́rə] f. fridge, refrigerator.

nexe [nɛ́ksə] m. nexus; link.

ni [ni] conj. nor, neither: ~ *estudia* ~ *treballa*, he neither works nor studies, he doesn't work or study. 2 not.....even: *no hi aniria* ~ *que em paguessin*, I wouldn't go (even) if they paid me.

niar [niá] i. to nest.

Nicaragua [nikərάɣwə] pr. n. f. GEOGR. Nicaragua.

nicaragüenc, -ca [nikərəɣwɛ́n -kə] a., m.-f. Nicaraguan.

nicotina [nikutínə] f. nicotine.

nigromància [niɣrumánsiə] f. necromancy.

nígul [níɣul] (BAL.) See NÚVOL.

nihilisme [niilízmə] m. nihilism.

Nil [nil] pr. n. m. GEOGR. Nile.

niló [niló] m. nylon.

nimbus [nimbus] m. METEOR. nimbus.

nimfa [nimfə] f. nymph.

nimietat [nimiətát] f. long-windedness, prolixity. 2 minute detail. 3 trivial detail.

nin, nina [nin, ninə] m. (BAL.) little boy. 2 f. (BAL.) little girl. 3 doll. 4 ANAT. pupil.

ningú [niŋɡú] indef. pron. neg. no-one, nobody; not anyone, anybody: *aquí no hi ha* ~, there isn't anybody here; there's nobody here. 2 pej. no-one, nobody, nonentity.

ninot [ninɔ́t] m. doll; puppet.

nínxol [nínʃul] m. niche; recess.

níquel [níkəl] m. METALL. nickel.

nit [nit] f. night. || *bona* ~, good night. || *de la* ~ *al dia*, overnight [also fig.]. || ~ *del lloro*, sleepless night. || ~ *de Nadal*, Christmas Eve. 2 *s'ha fet de* ~, night has fallen; it's got dark.

nítid, -da [nítit, -ðə] a. bright; clean. 2 sharp, clear [outline].

nitrogen [nitrɔ́ʒən] m. nitrogen.

niu [niŭ] m. nest. 2 coll. *saber-ne un* ~, to know a heap of things.

nivell [niβɛ́ʎ] m. level. || ~ *de vida*, standard of living.

no [no] adv. no: ~, *gràcies*, no, thanks. 2 not: ~ *t'estima*, she doesn't love you.

nobiliari, -ària [nuβiliári, -áriə] a. noble, aristocratic [title, law].

noble [nɔ́bblə] a. noble, aristocratic. 2 honest, upright. ■ 3 m.-f. noble. 4 m. nobleman. 5 f. noblewoman.

noblesa [nubblɛ́zə] f. nobility, aristocracy. 2 honesty, uprightness.

noces [nɔ́səs] f. pl. wedding sing., marriage sing.

noció [nusió] f. notion, idea. 2 rudiments pl.; smattering.

nociu, -iva [nusiŭ, -iβə] a. harmful.

noctàmbul, -la [nuktámbul, -lə] a. sleep-walking. ■ 3 m.-f. sleep-walker.

nocturn, -na [nuktúrn, -nə] a. night; evening: *curs* ~, evening course. ■ 2 m. MUS. nocturne.

nodrir [nuðrí] t. to nourish; to feed [also fig.].

noguera [nuɣɛ́rə] f. BOT. walnut tree.

noi, noia [nɔ́i, nɔ́jə] m. boy; son. 2 f. girl; daughter. ■ 3 interj. gosh!

nom [nɔ́m] m. name: *posar* ~, to name, to call. 2 first name, Christian name. 3 fig. reputation. 4 GRAMM. noun.

nòmada [nɔ́məðə] a. nomadic. ■ 2 m.-f. nomad.

nombre [nómbrə] m. number.

nombrós, -osa [numbrós, -ózə] a. numerous.

nomenament [numənəmɛ́n] m. appointment [to a post].

nomenar [numəná] t. to appoint. 2 to nominate.

nomenclatura [numəŋklətúrə] f. nomenclature.

només [numɛ́s] adv. only; merely. 2 just; hardly, scarcely. || ~ *entrar, ja em varen cridar*, scarcely had I gone in, when they summoned me.

nòmina [nòminə] *f.* list, roll. 2 payroll. 3 pay, salary.

nominal [numinál] *a.* nominal, titular. 2 GRAMM. noun.

nominatiu, -iva [numinətiu, -iβə] *a.* GRAMM. nominative. 2 COMM. *acció* ~, nominee share.

nona [nònə] *f.* sleep. ‖ *fer* ~, to sleep.

non-non [nònnón] *m.* sleep. ‖ *fer* ~, to sleep.

nora [nòrə] *f.* daughter-in-law.

noranta [nurántə] *a.* ninety.

norantè, -ena [nurəntè, -ɛnə] *a.-m.* ninetieth.

nord [nòr(t)] *m.* north. 2 fig. goal, aim; ideal.

nord-americà, -ana [nòrtəmərikà, -ánə] *a., m.-f.* North-American; American.

nord-est [nòrès(t)] *m.* north-east.

nòrdic, -ca [nòrðik, -kə] *a.* Nordic.

nord-oest [nɔruès(t)] *m.* north-west.

no-res [norrés] *m.* nothing, nonentity. 2 nothingness.

norma [nòrmə] *f.* norm, standard. 2 rule. 3 pattern.

normal [nurmál] *a.* normal; usual; standard.

normalitat [nurməlitát] *f.* normality; usualness.

normalització [nurməlidzəsió] *f.* normalization. 2 standardisation.

normalitzar [nurməlidzà] *t.* to normalize. 2 to standardize.

normand, -da [nurmán, -ðə] *a., m.-f.* Norman.

normatiu, -iva [nurmətiŭ, -iβə] *a.* standard. ■ 2 *f.* norm; regulation.

noruec, -ega [nuruɛk, -ɛɣə] *a., m.-f.* Norwegian. 2 *m.* Norwegian.

Noruega [nuruɛɣə] *pr. n. f.* GEOGR. Norway.

nos [nus] *pers. pron.* See ENS.

nosa [nòzə] *f.* hindrance; impediment. ‖ *fer* ~, to be in the way; to be a hindrance. 2 mess.

nosaltres [nuzáltrəs] *pers. pron.* we. 2 us.

nostàlgia [nustálʒiə] *f.* nostalgia; yearning; longing. 2 homesickness.

nostàlgic, -ca [nustálʒik, -kə] *a.* nostalgic. 2 homesick.

nostre, -tra [nòstrə, -trə] *poss. a.* our. ■ 2 *poss. pron.* ours.

nota [nòtə] *f.* MUS. note. 2 note. 3 PRINT. footnote.

notable [nutábblə] *a.* noteworthy. 2 remarkable; outstanding. ■ 3 *m.* good mark.

notar [nutá] *t.* to notice, to note. 2 to note (down). 3 to mark.

notari [nutári] *m.* notary.

notícia [nutisiə] *f.* news; piece or item of news.

noticiari [nutisiári] *m.* news column [in newspaper]. 2 CIN. newsreel. 3 RADIO news bulletin.

notificació [nutifikəsió] *f.* notification.

notificar [nutifikà] *t.* to notify, to inform.

notori, -òria [nutòri, -òriə] *a.* pej. notorious. 2 well-known. 3 obvious; blatant.

1) nou [nòŭ] *f.* BOT. walnut [nut]. ‖ ~ *moscada*, nutmeg. 2 ANAT. ~ *del coll*, Adam's apple.

2) nou [nòŭ] *a.-m.* nine.

nou, -va [nòŭ, nòβə] *a.* new. ‖ *què hi ha de* ~?, what've you got to tell me?; what's the latest? 2 *de* ~, recently, lately. 3 *de (bell)* ~, again, once more. ■ 4 *f.* news; piece or item of news.

nou-cents, -tes [nòŭsèns, -təs] *a.-m.* ninehundred.

nou-ric, -ca [nòŭrrik, -kə] *m.-f.* pej. nouveau-riche.

Nova Delhi [nòβəðéli] *pr. n.* GEOGR. New Delhi.

Nova York [nòβəjòr(k)] *pr. n. m.* GEOGR. New York.

Nova Zelanda [nòβəzəlándə] *pr. n. f.* GEOGR. New Zealand.

novè, -ena [nuβè, -ɛnə] *a.-m.* ninth.

novell, -lla [nuβéʎ, -ʎə] *a.* green, inexperienced, raw.

novel·la [nuβéllə] *f.* novel.

novel·lesc, -ca [nuβəllésk, -kə] *a.* fictional, novel. 2 romantic; far-fetched.

novel·lista [nuβəllistə] *m.-f.* novelist.

novembre [nuβémbrə] *m.* November.

novetat [nuβətát] *f.* newness, novelty. 2 new item or development.

novici, -ícia [nuβisi, -isiə] *m.-f.* ECCL. novice. 2 beginner, learner; novice.

nu, nua [nu, núə] *a.* nude, naked; bare. ■ 2 *m.-f.* nude [painting].

nuca [núkə] *f.* nape [of neck].

nuclear [nukláər] *a.* nuclear; atomic. ‖ *central* ~, atomic power station.

nucli [núkli] *m.* nucleus. 2 fig. core. 3 ELECTR. core. 4 BOT. kernel.

nul, nul·la [nul, núllə] *a.* void, null and void [esp. in law]; invalid.

nul·litat [nullitát] *f.* LAW nullity. 2 non-entity, good-for-nothing [person].

numerador, -ra [numərəðò, -rə] *a.* numbering. ■ 2 *m.* numbering machine. 3 MATH. numerator.

numeral [numərál] *a.* numeral; number.

numerar [numərá] *t.* to number.

número [nùməru] *m.* number. 2 size [clothing]. 3 *prendre el ~,* to pull someone's leg.

numismàtic, -ca [numizmàtik, -kə] *a.* numismatic. ■ 2 *f.* numismatics.

nunci [nùnsi] *m.* herald. 2 ECCL. nuncio.

nupcial [nupsiál] *a.* wedding, marriage, nuptial. 2 bridal.

nus [nus] *m.* knot. 2 fig. bond, link. 3 fig. core [of problem]. 4 *tenir un ~ a la gola,* to have a lump in one's throat.

nutrició [nutrisió] *f.* nutrition.

nutritiu, -iva [nutritiŭ, -iβə] *a.* nourishing, nutritious.

nuvi, núvia [núβi, -núβiə] *m.* bridegroom. 2 *f.* bride.

núvol [núβul] *m.* cloud. ■ 2 *a.* cloudy.

nyanyo [ɲáɲu] *m.* MED. bump, lump; swelling.

nyap [ɲap] *m.* fig. piece of rubbish; trash.

nyaufar [ɲəŭfá] (ROSS.) See ESCLAFAR.

nyigo-nyigo [ɲiɣuɲiɣu] *m.* screech.

nyigui-nyogui [ɲiɣiɲòɣi] *phr. pej. de ~,* cheap.

nyonya [ɲòɲə] *f.* drowsiness.

O

O, o [ɔ] *f.* O [letter].

o *conj.* or.

oasi [uàzi] *m.* oasis.

obac, -aga [uβák, -áɣə] *a.* shady. ■ *2 f.* north-facing slope.

obcecació [upsəkəsió] *f.* blindness [of mind]; disturbance [of mind].

obediència [uβəðiὲnsiə] *f.* obedience.

obedient [uβəðièn] *a.* obedient; well-behaved.

obeir [uβəí] *t.-i.* to obey. *2 i.* to respond [treatment]. *3* to be due.

obelisc [uβəlisk] *m.* obelisk.

obert, -ta [uβέr(t), -tə] *a.* open [also fig.]; opened; clear.

obertura [uβərtúrə] *f.* opening; gap; aperture; crack. *2 MUS.* overture.

obès, -esa [uβέs, -ὲzə] *a.* obese; fat.

obesitat [uβəzitát] *f.* obesity.

objecció [ubʒəksió] *f.* objection; criticism.

objectar [ubʒəktá] *t.* to object.

objecte [ubʒέktə] *m.* object. *2* subject, theme [of talk, writing, etc.]. *3 fig.* objective, aim.

objectiu, -iva [ubʒəktiǔ, -iβə] *a.-m.* objective. *2 m. PHOTO.* lens.

objectivitat [ubʒəktiβitát] *f.* objectivity.

objector, -ora [ubʒəktó, -órə] *a.* objecting. ■ *2 m.-f.* objector: ~ *de consciència,* conscientious objector.

oblic, -iqua [uβlik, -ikwə] *a.* oblique; slanting.

oblidar [uβliðá] *t.-p.* to forget. *2* to leave behind. *3* to leave out, to omit.

obligació [uβliɣəsió] *f.* obligation; duty; responsibility. *2 ECON.* liability. *3 ECON.* bond.

obligar [uβliɣá] *t.* to force, to compel, to oblige.

obligatori, -òria [uβliɣətɔ̀ri, -ɔ̀riə] *a.* compulsory, obligatory.

oblit [uβlit] *m.* oblivion. *2* omission, oversight.

oboè [uβuέ] *m. MUS.* oboe.

obra [ɔ́βrə] *f.* work; piece of work. *2* deed. *3 THEATR.* play. *4* building site. *5 pl. CONSTR.* repairs; alterations. ‖ *a casa fem obres,* we've got the workmen in at home.

obrar [uβrá] *t.* to work [material]. *2* to make; to perform. ■ *3 i.* to act, to behave.

obrellaunes [ɔ̀βrəʎáǔnəs] *m.* tin-opener.

obrer, -ra [uβrέ, -rə] *a.* working: *la classe obrera,* the working class. ■ *2 m.-f.* worker; labourer. *3* (VAL.) See PALETA.

obridor [uβriðó] *m.* opener.

obrir [uβrí] *t.-p.* to open; to open up. *2* to open out, to spread out. *3 t.* to sink; to bore [well]. *4* to head [procession]. *5* to turn on, to switch on [light, television, etc.]. *6 MED.* to cut open. ▲ CONJUG. P. P.: *obert.* ‖ INDIC. Pres.: *obre.*

obscè, -ena [upsὲ, -ὲnə] *a.* obscene, filthy, lewd.

obscenitat [upsənitát] *f.* obscenity.

obscur, -ra [upskúr, -rə] *a.* dark, dim; gloomy. *2 fig.* obscure.

obscuritat [upskuritát] *f.* darkness; gloominess. *2 fig.* obscurity.

obsequi [upsέki] *m.* present.

obsequiar [upsəkiá] *t.* to give as a present, to present. *2* to regale.

observació [upsərβəsió] *f.* observation. *2* remark; comment. *3* objection.

observador, -ra [upsərβəðó, -rə] *a.* observant. ■ *2 m.-f.* observer.

observar [upsərβá] *t.* to observe; to respect [law, rule, etc.]. *2* to watch, to observe; to notice.

observatori [upsərβətɔ̀ri] *m.* observatory.

obsés, -essa [upsés, -ὲsə] *a.* obsessed.

obsessió [upsəsió] *f.* obsession.

obsessionar [upsəsiuná] *t.* to obsess.

obstacle [upstàkle] *m.* obstacle. 2 fig. stumbling-block, obstacle.

obstaculitzar [upstəkulidzà] *t.* to hinder. 2 to block [also fig.].

obstant [upstàn] *adv. phr.* nevertheless, however, notwithstanding. ‖ *no* ~, nevertheless.

obstar [upstà] *i.* to be a hindrance or obstacle; to hinder [also fig.].

obstetrícia [upstətrisiə] *f.* MED. obstetrics.

obstinació [upstinəsiò] *f.* stubbornness, obstinacy.

obstinar-se [upstinàrsə] *p.* ~ *a* o *en,* to persist in.

obstinat, -ada [upstinàt, -àðə] *a.* stubborn, obstinate.

obstrucció [upstruksiò] *f.* obstruction.

obstruir [upstrui] *t.* to obstruct, to block [also fig.].

obtenció [uptənsiò] *f.* securing, attainment.

obtenir [uptəni] *t.* to obtain, to acquire, to get. ▲ CONJUG. P. P.: *obtingut.* ‖ INDIC. Pres.: *obtinc, obtens, obté,* etc. | Fut.: *obtindré, obtindràs,* etc. ‖ SUBJ. Pres.: *obtingui,* etc. | Imperf.: *obtingués,* etc. ‖ IMPERAT.: *obtén.*

obtús, -usa [uptús, -úzə] *a.* obtuse; dull [person]. 2 blunt. 3 MATH. obtuse.

obús [ußús] *m.* ARTILL. shell.

obvi, òbvia [ɔ́bbi, ɔ́bbiə] *a.* obvious, evident.

oca [ɔ́kə] *f.* goose.

ocàs [ukàs] *m.* sunset. 2 fig. fall, decline.

ocasió [ukəziò] *f.* occasion. ‖ *en* ~ *de,* on the occasion of. 2 opportunity, chance. ‖ *aprofitar l'*~, to take the opportunity. 3 *d'*~, second-hand.

ocasionar [ukəziunà] *t.* to cause, to occasion.

occident [uksiðèn] *m.* west, occident.

occidental [uksiðəntàl] *a.* western, west.

occità, -ana [uksità, -ànə] *a., m.-f.* Provençal.

oceà [useà] *m.* ocean.

Oceania [useəniə] *pr. n. f.* GEOGR. Oceania.

oceànic, -ca [useànik, -kə] *a.* oceanic. 2 *a., m.-f.* Oceanian.

ocell [usèʎ] *m.* bird.

oci [ɔ́si] *m.* leisure; spare time.

ociós, -osa [usiòs, -òzə] *a.* at leisure: *una dona ociosa,* a woman at leisure. 2 pej. idle, inactive.

ocórrer [ukòrrə] *i.* to occur, to happen. 2 to occur. ‖ *se'm va* ~ *una bona idea,* I had a good idea. ▲ CONJUG. like *córrer.*

octàgon [uktáɣun] *m.* octagon.

octubre [uktúßrə] *m.* October.

ocular [ukulàr] *a.* ocular; eye.

oculista [ukulistə] *m.-f.* oculist.

ocult, -ta [ukul(t), tə] *a.* secret, hidden. 2 occult [science].

ocultar [ukultà] *t.* to hide, to conceal.

ocupació [ukupəsiò] *f.* job; occupation.

ocupar [ukupà] *t.* to occupy. 2 to employ. ▪ 3 *p.* to look after, to take care of. 4 to be in charge of.

ocupat, -ada [ukupàt, -àðə] *a.* busy. 2 engaged [toilet]. 3 taken [seat].

ocurrència [ukurrènsiə] *f.* event; incident.

odi [ɔ́ði] *m.* hate.

odiar [uðià] *t.* to hate, to detest.

odiós, -osa [uðiòs, -òzə] *a.* hateful, odious.

odissea [uðisèə] *f.* Odyssey.

odontòleg, -òloga [uðuntɔ̀lək, -ɔ̀luɣə] *m.-f.* MED. odontologist.

odontologia [uðuntuluʒiə] *f.* MED. odontology, dentistry.

oest [uès(t)] *m.* west.

ofec [ufɛ́k] *m.* choking; shortness of breath.

ofegar [ufəɣà] *t.-p.* to choke; to suffocate. 2 to drown. 3 *t.* to stifle [cry, exclamation].

ofendre [ufèndrə] *t.* to offend; to upset. ▪ 2 *p.* to take offence (*per,* at). ▲ CONJUG. GER.: *ofenent.* ‖ P. P.: *ofès.* ‖ INDIC. Pres.: *ofenc, ofens, ofèn,* etc. ‖ SUBJ. Pres.: *ofengui,* etc. | Imperf.: *ofengués,* etc.

ofensa [ufènsə] *f.* insult; offence.

ofensiu, -iva [ufənsiũ, -íßə] *a.* insulting, offensive. 2 *f.* MIL. offensive.

oferiment [ufərimèn] *m.* offer; offering.

oferir [ufəri] *t.* to offer; to present. ▪ 2 *p.* to offer oneself; to volunteer. ▲ CONJUG. P. P.: *ofert.*

oferta [ufértə] *f.* offer; bid. 2 proposal; proposition. 3 COMM. ~ *de la setmana,* bargain of the week.

ofici [ufisi] *m.* profession; trade. 2 ECCL. service.

oficial [ufisiàl] *a., m.-f.* official. 2 *m.-f.* craftsman. 3 MIL. officer.

oficiar [ufisià] *i.* REL. to officiate.

oficina [ufisinə] *f.* office [room, place].

oficinista [ufisinistə] *m.-f.* office clerk.

oficiós, -osa [ufisiòs, -ósə] *a.* unofficial; informal.

ofrena [ufrɛnə] *f.* offering, gift.

oftalmòleg, -òloga [uftəlmɔ̀lək, -ɔ́luɣə] *m.-f.* MED. ophthalmologist.

oftalmologia [uftəlmuluʒiə] *f.* MED. ophthalmology.

ogre [ɔ́ɣrə] *m.* ogre.

oh! [ɔ] *interj.* oh!

oi [ɔ́i] *interj.* really?, isn't that so?

oïda [uiðə] *f.* hearing. ‖ *ser dur d'~,* to be hard of hearing. 2 sense of hearing.

oleoducte [oleoðúktə] *m.* oil pipeline.

olfacte [ulfáktə] *m.* smell, sense of smell.

oli [ɔ́li] *m.* oil.

òliba [ɔ́liβə] *f.* ORNIT. owl; barn-owl.

oligarquia [uliɣərkíə] *f.* oligarchy.

olimpíada [ulimpíəðə] *f.* Olympiad. 2 *pl.* Olympics.

olímpic, -ca [ulímpik, -kə] *a.* Olympic.

oliós, -osa [uliòs, -ózə] *a.* oily; greasy.

oliva [ulíβə] *f.* olive.

olivera [uliβɛ́rə] *f.* BOT. olive-tree.

olla [ɔ́ʎə] *f.* pot, cooking pot. ‖ *~ de pressió,* pressure cooker. 2 stew.

olor [ulɔ́] *f.* smell, scent, odour. ‖ *fer bona ~,* to smell nice.

olorar [ulurá] *t.* to smell; to sniff. 2 fig. to sense.

olorós, -osa [ulurós, -ózə] *a.* fragrant, scented.

om [om] *m.* BOT. elm, elm-tree.

ombra [ómbrə] *f.* shadow; shade. ‖ *fer ~,* to provide shade.

ombrel·la [umbrɛ́ʎə] *f.* umbrella.

ombrívol, -la [umbríβul, -lə] *a.* shady; dark, shadowy.

ometre [umɛ́trə] *t.* to omit, to leave out. ▲ CONJUG. P. P.: *omès.*

omissió [umisió] *f.* omission; oversight.

omnipotència [umniputɛ́nsiə] *f.* omnipotence.

omnipotent [umniputɛ́n] *a.* all-powerful, almighty, omnipotent. ‖ *Déu ~,* Almighty God.

omnívor, -ra [umníβur, -rə] *a.* omnivorous.

omòplat [umɔ́plət] *m.* ANAT. shoulder, shoulder-blade.

omplir [umplí] *t.-p.* to fill (up). 2 *t.* to fill in, to complete [form]. 3 coll. to stuff. 4 *p.* coll. to stuff oneself.

OMS [ɔ́ms] *f. (Organització Mundial de la Salut)* WHO (World Health Organization).

on [on] *adv.* where; where (to).

ona [ónə] *f.* wave. 2 RADIO wave. 3 wave [light, sound].

onada [unáðə] wave; surge; swell [sea]. 2 fig. wave: *~ de calor,* heat wave.

ONCE *f. («Organización Nacional de Ciegos Españoles»)* (national organization for the blind).

oncle [óŋklə] *m.* uncle.

onda [óndə] *f.* roll [in land]. 2 curl [hair].

ondulació [unduləsió] *f.* undulation. 2 ripple [water]. 3 wave [hair].

ondular [undulá] *i.* to undulate. ■ 2 *t.* to wave.

onejar [unəʒá] *i.* to undulate [land]. 2 to wave, to flap [flag].

onomatopeia [unumətupɛ́jə] *f.* onomatopoeia.

onsevulga [ɔnsəβúlɣə] *adv.* wherever.

ONU [ɔ́nu] *f. (Organització de les Nacions Unides)* UN (United Nations).

onze [ónzə] *a.-m.* eleven.

onzè, -ena [unzɛ́, -ɛ́nə] *a.-m.* eleventh.

opac, -ca [upák, -kə] *a.* opaque; dull. 2 dark [glass].

opció [upsió] *f.* option; choice.

OPEP [ɔpɛ́p] *f. (Organització dels Països Exportadors de Petroli)* OPEC (Organization of Petroleum Exporting Countries).

òpera [ɔ́pərə] *f.* opera.

operació [upərəsió] *f.* operation. 2 MED. operation. 3 COMM. transaction; deal.

operador, -ra [upərəðò, -rə] *a.* operating. ■ 2 *m.-f.* operator [of machinery]. 3 surgeon.

operar [upərá] *i.* to operate. 2 MED. to operate. ■ 3 *t.* to perform, to accomplish.

operari, -ària [upərári, -áriə] *m.-f.* labourer, worker.

opi [ɔ́pi] *m.* opium.

opinar [upiná] *i.* to be of the opinion, to consider. 2 to give one's opinion.

opinió [upinió] *f.* opinion, view; belief.

oportú, -una [upurtú, -únə] *a.* timely, opportune. 2 suitable, appropriate.

oportunisme [upurtunízmə] *m.* opportunism.

oportunitat [upurtunitát] *f.* opportunity, chance. 2 timeliness.

oposar [upuzá] *t.* to oppose. ■ 2 *p.* to oppose. 3 to object (*a,* to).

oposat, -ada [upuzát, -áðə] *a.* opposite. 2 contrary, opposing [esp. opinion].

oposició [upuzisió] *f.* opposition. 2 *pl.* public examination *sing.*

opositor, -ra [upuzitó, -rə] *m.-f.* opponent; competitor. 2 candidate [state or public examination].

opressió [uprəsió] *f.* oppression.

opressiu, -iva [uprəsiŭ, -íβə] *a.* oppressive.

opressor, -ra [uprəsó, -rə] *a.* oppressing. ■ 2 *m.-f.* oppressor.

oprimir [uprimí] *t.* fig. to oppress; to crush.

optar [uptá] *i.* to choose (*per*, —); to opt (*per*, for).

òptic, -ca [ɔ́ptik, -kə] *a.* optic(al. ■ 2 *m.-f.* optician. 3 *f.* optics.

òptim, -ma [ɔ́ptim, -mə] *a.* very best; optimum.

optimisme [uptimízmə] *m.* optimism.

optimista [uptimístə] *a.* optimistic. ■ 2 *m.-f.* optimist.

opulència [upulɛ́nsiə] *f.* opulence; luxury.

opulent, -ta [upulɛ́n, -tə] *a.* opulent; wealthy.

opuscle [upúsklə] *m.* booklet; short work.

or [ɔr] *m.* gold.

oració [urəsió] *f.* prayer. 2 speech; oration. 3 GRAMM. sentence.

oracle [uráklə] *m.* oracle.

orador, -ra [urəðó, -rə] *m.-f.* speaker; orator.

oral [urál] *a.* oral.

orangutan [urəŋgután] *m.* ZOOL. orangoutang.

orar [urá] *i.* to pray.

oratge [urádʒə] *m.* breeze.

orb [ɔ́rnpœ] *a.* blind.

òrbita [ɔ́rβitə] *f.* orbit. 2 ANAT. eye-socket.

orca [ɔ́rkə] *f.* ZOOL. killer whale.

ordenació [urðənəsió] *f.* arrangement; ordering. 2 plan; planning. 3 ECCL. ordination.

ordenança [urðənánsə] *f.* rule; decree. ‖ *ordenances municipals,* by-laws. 2 *m.* office boy. 3 MIL. orderly; batman.

ordenar [urðəná] *t.* to arrange; to order, to put in order. 2 to order. 3 ECCL. to ordain.

ordi [ɔ́rði] *m.* BOT. barley.

ordidor, -ra [urðiðó, -rə] *a.* warping. ■ 2 *m.-f.* warper. 3 *f.* warping machine.

ordinador [urðinəðó] *m.* computer.

ordinal [urðinál] *a.* ordinal.

ordinari, -ària [urðinári, -áriə] *a.* ordinary; standard; usual; current. 2 coarse, vulgar.

ordir [urðí] *t.* to warp. 2 to weave. 3 fig. to plot, to scheme.

ordre [ɔ́rðrə] *m.* order. ‖ ~ *del dia,* agenda; MIL. order of the day. ‖ ~ *públic,* law and order. ‖ *sense* ~, in disarray; in disorder. 2 *f.* order. 3 COMM. order.

orella [urɛ́ʎə] *f.* ear. 2 hearing. ‖ *parlar a cau d'*~, to whisper.

oreneta [urənɛ́tə] *f.* ORNIT. swallow.

orenga [urɛ́ŋgə] *f.* oregano.

orfe, òrfena [ɔ́rfə, -ɔ́rfənə] *a.* orphaned. ■ 2 *m.-f.* orphan.

orfebre [urfébrə] *m.* goldsmith.

orfeó [urfəó] *m.* MUS. choral society.

òrgan [ɔ́rɣən] *m.* organ.

orgànic, -ca [urɣánik, -kə] *a.* organic.

organisme [urɣənízmə] *m.* organism. 2 COMM. organization, body.

organització [urɣənidzəsió] *f.* organization [act]. 2 institution, organization.

organitzador, -ra [urɣənidzəðó, -rə] *a.* organizing. ■ 2 *m.-f.* organizer.

organitzar [urɣənidʒá] *t.* to organize.

orgasme [urɣázmə] *m.* orgasm.

orgia [urʒiə] *f.* orgy.

orgue [ɔ́rɣə] *m.* MUS. organ. 2 fig. *no estar per orgues,* I just want peace and quiet. ‖ ~ *de gats,* hullabaloo; confusion.

orgull [urɣúʎ] *m.* pride.

orgullós, -osa [urɣuʎós, -ózə] *a.* proud. 2 haughty.

orient [uriɛ́n] *m.* east; orient.

orientació [uriəntəsió] *f.* orientation; direction. 2 information; guidance. 3 training; education.

oriental [uriəntál] *a.* eastern, oriental.

orientar [uriəntá] *t.* to orientate; to direct. 2 fig. to inform.

orifici [urifísi] *m.* orifice; opening.

origen [uriʒən] *m.* origin; source. 2 cause.

original [uriʒinál] *a.* original. ■ 2 *m.* PRINT. original.

originar [uriʒiná] *t.* to give rise to, to originate; to cause.

originari, -ària [uriʒinári, -áriə] *a.* originating. ‖ *ser* ~ *de,* to originate from; to be a native of.

orina [urínə] *f.* urine.

orinal [urinál] *m.* bedpot, chamberpot.

orinar [uriná] *i.-t.* to urinate.

orins [urins] *m. pl.* urine *sing.*

oripell [ɔripέʎ] *m.* tinsel. *2* expensive looking trash.

oriünd [uriún] *a.* originating (*de,* from), native (*de,* of).

ornament [urnəmèn] *m.* adornment, ornament.

ornamentació [urnəməntəsió] *f.* ornamentation, adornment.

ornamentar [urnəməntá] *t.* to adorn, to embellish.

orni [ɔ́rni] *phr.* **fer l'~,** to pretend not to hear or not to understand.

ornitologia [urnituluʒiə] *f.* ornithology.

orografia [uruɣrəfiə] *f.* orography.

orquestra [urkèstrə] *f.* orchestra; band.

orquídia [urkiðiə] *f.* orchid.

ortiga [urtiɣə] *f.* stinging-nettle, nettle.

ortodox, -xa [urtuðɔ̀ks, -ksə] *a.* orthodox.

ortografia [urtuɣrəfiə] *f.* spelling. ‖ **falta d'~,** spelling mistake. *2* orthography.

ortopèdia [urtupèðiə] *f.* orthopaedics.

ortopèdic, -ca [urtupὲðik, -kə] *a.* orthopaedic. ■ *2 m.-f.* orthopaedist.

orxata [urʃátə] *f.* sweet drink made from earth almonds.

os [ɔs] *m.* bone. ‖ **ser un sac d'ossos,** to be nothing but skin and bones.

ós, ossa [ós, ósə] *m.* bear. *2 f.* she-bear.

osca [ɔ́skə] *f.* nick, notch.

oscil·lació [usilləsió] *f.* oscillation. *2* fluctuation.

oscil·lar [usillá] *i.* to oscillate; to sway, to waver.

Oslo [óslo] *pr. n. m.* GEOGR. Oslo.

ossada [usáðə] *f.* skeleton; bones.

ossi, òssia [ɔ́si, -ɔ́siə] *a.* bony; osseous.

ostensible [ustənsibblə] *a.* ostensible; evident.

ostentació [ustəntəsió] *f.* show, display; pomp; ostentation.

ostentar [ustəntá] *t.* to show, to display. *2* to show off; to parade.

ostra [ɔ́strə] *f.* oyster. *2 pl. interj.* coll. bloody hell!

ostracisme [ustrəsizmə] *m.* ostracism.

OTAN [ɔ́tən] *f. (Organització del Tractat de l'Atlàntic Nord)* NATO (North Atlantic Treaty Organization).

oto-rino-laringòleg, -òloga [uturrinuləriŋgɔ̀lək, -ɔ̀luɣə] *m.-f.* MED. otorhinolaryngologist.

oto-rino-laringologia [uturrinuləriŋguluʒiə] *f.* MED. otorhinolaryngology.

ou [ɔ́u] *m.* egg. ‖ **~ dur,** hard-boiled egg. ‖ **~ ferrat,** fried egg. ‖ **~ passat per aigua,** boiled egg. *2* fig. coll. **ser la mare dels ous,** to be the cause or source of everything. *3* fig. **ple com un ~,** full up, absolutely full. *4 pl.* vulg. balls, bollocks.

OUA [ɔ́uə] *f. (Organització de la Unitat Africana)* OAU (Organization of African Unity).

ovació [uβəsió] *f.* applause, ovation.

ovalat, -ada [uβəlát, -áðə] *a.* oval.

ovari [uβári] *m.* ovary.

ovella [uβέʎə] *f.* sheep.

ovípar, -ra [uβípər, -rə] *a.* oviparous.

òvul [ɔ́βul] *m.* ovule; ovum.

ovulació [uβuləsió] *f.* ovulation.

òxid [ɔ́ksit] *m.* oxide.

oxidar [uksiðá] *t.* to oxidize.

oxigen [uksiʒən] *m.* oxygen.

oxigenada [uksiʒənáðə] *f.* **aigua ~,** hydrogen peroxide.

oxigenar [uksiʒəná] *t.* to oxygenate.

ozó [uzó] *m.* ozone.

P

P, p [pe] _f._ p. [letter].

pa [pa] _m._ bread. ‖ ~ _integral,_ wholemeal bread. 2 fig. daily bread. 3 fig. _ser un tros de_ ~, to have a heart of gold.

paciència [pəsiènsiə] _f._ patience.

pacient [pəsièn] _a._ patient. ■ 2 _m.-f._ patient [in hospital].

pacífic, -ca [pəsifik, -kə] _a._ pacific. 2 tranquil; calm [person]. 3 GEOGR. Pacific. ■ 4 _pr. n. m. Oceà Pacífic,_ Pacific Ocean.

pacificar [pəsifikà] _t._ to pacify; to calm.

pacifisme [pəsifizmə] _m._ pacifism.

pactar [pəktà] _t._ to agree to or on. ■ 2 _i._ to come to an agreement.

pacte [páktə] _m._ agreement; covenant, pact.

padrastre [pəðràstrə] _m._ step-father.

padrí [pəðri] _m._ godfather. 2 best man [in wedding]. 3 fig. patron.

padrina [pəðrinə] _f._ godmother. 2 fig. _veure la_ ~, to be doubled up with pain.

padró [pəðrò] _m._ census, roll, register [of inhabitants].

paella [pəèʎə] _f._ frying pan. 2 paella pan. 3 paella.

pàg. _f._ abbr. (_pàgina_) page.

paga [páɣə] _f._ payment. 2 pay, wages.

pagà, -ana [pəɣà, -ánə] _a._ pagan.

pagament [pəɣəmèn] _m._ payment; re-payment. 2 _suspensió de pagaments,_ COMM. suspension of payments [deci-sion not to meet outstanding bills].

pagar [pəɣà] _t._ to pay; to repay. 2 to pay for [service, article]. ‖ fig. ~ _els plats trencats,_ to carry the can.

pagaré [pəɣərè] _m._ ECON. IOU; promis-sory note.

pagès, -esa [pəʒès, -ɛ̀zə] _m._ countryman. 2 _f._ countrywoman. 3 _m.-f._ farm-hand. 4 _pej._ peasant.

pàgina [páʒinə] _f._ page.

pagoda [pəɣɔ̀ðə] _f._ pagoda.

pair [pəi] _t._ to digest. 2 fig. _no la puc pair,_ I can't stand her, I can't bear her.

pairal [pəiràl] _a._ ancestral; parental.

país [pəis] _m._ POL. country. 2 country, ter-rain.

País Basc [pəis básk] _pr. n. m._ GEOGR. Basque Country.

paisà, -ana [pəizà, -ánə] _m.-f._ person from same city, town or village. 2 _m._ fel-low-countryman. 3 _f._ fellow-country-woman. 4 civilian. ‖ _un policia vestit de_ ~, a plain clothes policeman.

paisatge [pəizàdʒə] _m._ countryside; landscape; scenery.

Països Baixos [pəizus bájus] _pr. n. m._ GEOGR. Netherlands, Holland.

pal [pal] _m._ stick; post, pole. 2 NAUT. mast. 3 SP. bat; stick.

pala [pálə] _f._ shovel; spade.

palada [pəláðə] _f._ shovelful, spadeful. ‖ _a palades,_ in heaps.

paladar [pələðà] _m._ palate [also fig.]. 2 sense of taste.

paladejar [pələðəʒà] _t._ to taste; to relish.

palanca [pəlánkə] _f._ lever; crowbar. 2 SP. springboard.

palangana [pələŋɡánə] _f._ washbowl, basin.

palangre [pəlàŋɡrə] _m._ MAR. fishing line with multiple hooks. ‖ _lluç de_ ~, line caught hake.

palau [pəláu] _m._ palace.

paleografia [pələuɣrəfiə] _f._ paleography.

paleolític, -ca [pələulitik, -kə] _a._ paleo-lithic.

paleontologia [pələuntuluʒiə] _f._ paleon-tology.

palès, -esa [pəlès, -ɛ̀zə] _a._ evident, ob-vious, clear.

palet [pəlɛ̀t] _m._ pebble.

paleta [pəlɛ̀tə] _m._ bricklayer. 2 _f._ trowel. 3 palette.

palla [páʎə] *f.* straw. 2 fig. waffle, padding; rubbish. 3 fig. *tenir una ~ a l'ull,* to be blind to the goings-on all around one.

pallasso [pəʎásu] *m.* clown.

paller [pəʎé] *m.* haystack. 2 hayloft; barn.

pal·liar [pəʎiá] *t.* to mitigate, to alleviate; to relieve.

pàl·lid, -ida [páʎit, -iðə] *a.* pale, white; ghastly.

pal·lidesa [pəʎiðézə] *f.* paleness, pallor.

pallissa [pəʎísə] *f.* barn. 2 thrashing, beating.

pallús [pəʎús] *m.* thickhead; dumbo.

palma [pálmə] *f.* palm-tree. 2 palm-leaf. 3 ANAT. palm.

palmell [pəlmèʎ] *m.* ANAT. palm.

palmera [pəlmèrə] *f.* palm tree.

palmípede [pəlmipəðə] *a.* palmiped, web-footed.

palmó [pəlmó] *m.* whitened palm leaf displayed on Palm Sunday.

palpable [pəlpábblə] *a.* palpable, tangible [also fig.].

palpar [pəlpá] *t.* to feel. 2 to frisk. 3 fig. to perceive, to appreciate.

palpentes (a les) [pəlpéntəs] *adv. phr.* groping one's way; by groping.

palpís [pəlpís] *m.* boneless steak.

palpitació [pəlpitəsió] *f.* throbbing, beating, palpitation.

palpitar [pəlpitá] *i.* to throb, to beat.

paludisme [pəluðizmə] *m.* malaria.

pam [pam] *m.* span, hand-span; inches. ‖ fig. *~ a ~,* inch by inch, gradually. ‖ fig. *no ve d'un ~,* it doesn't have to be so exact. ‖ fig *quedar amb un ~ de nas,* to bedisappointed.

pàmfil, -la [pámfil, -lə] *a.* slow; simple.

pamflet [pəmflèt] *m.* pamphlet.

pàmpol [pámpul] *m.* vine leaf. 2 lampshade.

pana [pánə] *f.* TEXT. corduroy. 2 AUTO. breakdown.

panacea [pənəsèə] *f.* panacea, cure-for-all.

Panamà [pənəmá] *pr. n. m.* GEOGR. Panama.

panameny, -nya [pənəmɛ́ɲ, -ɲə] *a., m.-f.* Panamanian.

pancarta [pəŋkártə] *f.* placard; banner.

pàncreas [páŋkreəs] *m.* pancreas.

pandereta [pəndərètə] *f.* tambourine.

panegíric [pənəʒírik] *m.* panegyric.

paner [pənè] *m.* basket. 2 coll. backside, bottom.

panera [pənèrə] *f.* basket.

panet [pənèt] *m.* bun, roll.

pànic [pánik] *m.* panic.

panificar [pənifiká] *t.* to turn into bread.

panís [pənís] *m.* millet. 2 maize. 3 coll. dough, bread [money].

panòplia [pənɔ́pliə] *f.* panoply.

panorama [pənurámə] *m.* panorama; vista, view. 2 fig. panorama, outlook.

panotxa [pənɔ́tʃə] *f.* corncob. ‖ *color ~,* orange.

pansa [pánsə] *f.* raisin. 2 cold sore.

pansir [pənsí] *t.-p.* to shrivel up; to wither.

pansit, -ida [pənsit, -iðə] *a.* withered. 2 fig. apathetic, lifeless.

pantà [pəntá] *m.* reservoir; artificial lake.

pantalla [pəntáʎə] *f.* screen.

pantalons [pəntəlóns] *m. pl.* trousers. ‖ *portar els ~,* to wear the trousers.

pantanós, -osa [pəntənós, -ózə] *a.* marshy, swampy.

panteisme [pəntəizmə] *m.* pantheism.

panteix [pəntéʃ] *m.* gasping, panting; heavy breathing.

panteixar [pəntəʃá] *i.* to gasp, to pant; to breathe heavily.

panteó [pənteó] *m.* pantheon; royal tomb; family vault.

pantera [pəntèrə] *f.* panther.

pantomima [pəntumimə] *f.* pantomime.

panxa [pánʃə] *f.* coll. belly; paunch. ‖ *estar de ~ enlaire,* to be or lie on one's back. 2 bulge.

panxacontent, -ta [pánʃəkuntèn, -tə] *a.* comfort-loving.

panxada [pənʃáðə] *f.* bellyful.

panxell [pənʃéʎ] *m.* ANAT. calf.

panxó [pənʃó] *m.* bellyful. 2 *fer-se un ~ de riure,* to laugh one's head off, to split one's sides laughing.

panxut, -uda [pənʃút, -úðə] *a.* pot-bellied.

pany [paɲ] *m.* lock. 2 bolt. 3 *~ de paret,* area of bare wall.

paó [pəó] *m.* ORNIT. peacock.

pap [pap] *m.* ORNIT. crop. 2 coll. belly, guts [person]. ‖ *buidar el ~,* to spill the beans; to get something off one's chest.

papa [pápə] *m.* pope.

papà [pəpá] *m.* dad, daddy.

papada [pəpáðə] *f.* double chin.

papadiners [pəpəðinès] *m.* racket [way of making money]. 2 cheat [person].

papagai [pəpəɣàï] *m.* parrot.

papaia [pəpàjə] *f.* BOT. papaya, pawpaw.

papallona [pəpəʎónə] *f.* butterfly.

papallonejar [pəpəʎunəʒà] *i.* to flit about; to flutter about. 2 fig. to be inconstant or changeable.

papar [pəpà] *t.* to swallow, to gulp down.

paparra [pəpàrrə] *f.* ENTOM. tick.

paper [pəpè] *m.* paper. ‖ ~ *de plata,* aluminium foil. ‖ ~ *de vidre,* sand paper. ‖ fig *és* ~ *mullat,* it's worthless. 2 role. 3 *pl.* documents.

paperer, -ra [pəpərè, -rə] *a.* paper. ■ 2 *f.* waste paper basket or bin.

papereria [pəpərəriə] *f.* stationer's. 2 stationery. 3 paper factory.

papereta [pəpərètə] *f.* slip [of paper]. ‖ ~ *de vot,* ballot paper.

paperina [pəpərinə] *f.* paper cone; paper bag. 2 fig. coll. drunkenness.

papió [pəpió] *m.* baboon.

papir [pəpir] *m.* papyrus.

papissot [pəpisɔt] *a.* lisping. ■ 2 *m.-f.* lisper.

papista [pəpistə] *m.-f.* pej. papist. 2 fig. *ser més* ~ *que el papa,* to out-Herod Herod.

papu [pàpu] *m.* bogeyman.

papú [pəpú] *a., m.-f.* GEOGR. Papuan.

paquebot [pəkəβɔt] *m.* NAUT. packet boat; liner.

paquet [pəkèt] *m.* parcel, packet; package [also fig.]. ‖ ~ *de cigarretes,* packet of cigarettes. 2 fig. ~ *de mesures econòmiques,* package of economic measures. 3 fig. pillion rider or passenger [on motor-bike].

paquiderm [pəkiðèrm] *m.* ZOOL. pachyderm.

paràbola [pəràβulə] *f.* MATH. parabola. 2 LIT. parable.

parabrisa [pərəβrizə] *f.* windscreen.

paracaiguda [pərəkəiɣúðəs] *m.* parachute.

parada [pəràðə] *f.* stop; stopping. ‖ ~ *d'autobús,* bus-stop. 2 SP. save: *quina* ~ *ha fet!,* what a save! [of goalkeeper]. 3 COMM. stand. 4 MIL. parade; procession.

paradigma [pərəðiɲmə] *m.* paradigm.

paradís [pərəðis] *m.* paradise.

parador [pərəðó] *m.* resting-place. 2 whereabouts. 3 inn. ‖ ~ *nacional,* state-run hotel. 3 RAIL. halt.

paradoxa [pərəðɔ̀ksə] *f.* paradox.

paradoxal [pərəðuksàl] *a.* paradoxical.

parafang [pərəfàŋ] *m.* mudguard.

parafina [pərəfinə] *f.* paraffin.

paràfrasi [pəràfrəzi] *f.* paraphrase.

paràgraf [pəràɣrəf] *m.* paragraph.

Paraguai [pərəɣwàï] *pr. n. m.* GEOGR. Paraguay.

paraguaià, -ana [pərəɣwəià, -ánə] *a., m.-f.* Paraguayan.

paraigua [pəràïɣwə] *m.* umbrella.

paràlisi [pəràlizi] *f.* paralysis.

paralític, -ca [pərəlitik, -kə] *a.* paralytic.

paralitzar [pərəlidzà] *t.* to paralyse [also fig.]. 2 fig. to bring to a standstill.

parallamps [pərəʎàms] *m.* lightning conductor.

paral·lel, -la [pərəl·lèl, -lə] *a.* parallel.

paral·lelepípede [pərəl·lələpipèðə] *m.* parallelipiped.

paral·lelisme [pərəl·ləlizmə] *m.* parallelism.

paral·lelogram [pərəl·lęluɣràm] *m.* parallelogram.

parament [pərəmèn] *m.* ornamentation; decoration. 2 household equipment. ‖ *paraments de la cuina,* kitchen utensils. 3 face [of wall].

paraninf [pərənimf] *m.* auditorium.

parany [pəràɲ] *m.* trap; snare. 2 fig. trap; trick.

parapet [pərəpèt] *m.* parapet; barricade.

parapetar [pərəpətà] *t.* to barricade. 2 fig. to shelter; to protect. ■ 3 *p.* to barricade oneself. 4 fig. to shelter (*darrera,* behind).

parar [pərà] *t.* to stop. 2 to check [progress]; to stop, to halt [machine, car, etc.]. 3 to ward off, to parry [blow]. 4 to get ready. ‖ ~ *la taula,* to lay the table. 5 SP. to stop [ball]; to save [shot]. 6 ~ *la mà,* to hold out one's hand. 7 ~ *la pluja,* to stand in the rain. ■ 8 *i.* to stop. ‖ ~ *de riure,* to stop laughing. ‖ *sense* ~, continuously; incessantly. 9 *anar a* ~, to end up.

paràsit, -ta [pəràzit, -tə] *a.* parasitic. ■ 2 *m.-f.* parasite.

para-sol [pərəsɔl] *m.* parasol; sun-shade.

parat, -ada [pərət, -áðə] *a.* stopped; motionless. 2 slow; dull [person]. 3 unemployed, out of work. 4 *quedar* ~, to be struck dumb; to be taken aback.

paratge [pəràdʒə] *m.* spot, place.

paraula [pəràùlə] *f.* word. 2 speech; speaking. ‖ *deixar algú amb la* ~ *a la boca,* to cut someone off, not to let

partença

someone finish. ‖ **demanar la ~,** to ask to speak, to request leave to address [meeting, audience].

paravent [pərəβèn] *m.* screen; folding screen.

para-xocs [pərəʃɔks] *m.* AUTO. bumper.

parc [park] *m.* park. ‖ **~ d'atraccions,** funfair. ‖ **~ infantil,** children's playground. 2 **~ de bombers,** fire station.

parc, -ca [park, -kə] *a.* sparing; frugal; moderate.

parca [pàrkə] *f.* LIT. Parca.

parcel·la [pərsèl·lə] *f.* plot [of land].

parcial [pərsiàl] *a.* partial. 2 biassed; partisan.

parcialitat [pərsiəlitát] *f.* bias; prejudice.

pardal [pərdàl] *m.* sparrow. 2 (VAL.) See OCELL.

pare [pàrə] *m.* father.

parèixer [pərèʃə] (VAL.) See SEMBLAR.

parell, -lla [pərèʎ, -ʎə] *a.* similar; same; equal. 2 even [number]. ■ 3 *m.* pair. ‖ **un ~ de sabates,** a pair of shoes. 4 a few, two or three. ‖ **un ~ de noies,** two or three girls. 5 *f.* couple.

parenostre [pərənòstrə] *m.* Lord's Prayer.

parent, -ta [pərèn, -tə] *m.-f.* relative.

parentela [pərəntèlə] *f.* relatives, relations.

parèntesi [pərèntəzi] *m.* parenthesis; aside. 2 PRINT. bracket. 3 fig. pause, interval.

parentiu [pərəntiŭ] *m.* relationship. 2 fig. tie, bond.

parer [pərè] *m.* opinion, view; mind.

paret [pərèt] *f.* wall. ‖ fig. coll. **em fa enfilar per les parets,** she drives me up the wall.

pària [pàriə] *m.* pariah [also fig.]. 2 fig. outcast.

parida [pəridə] *f.* birth, childbirth; delivery. 2 fig. idiocy; piece of nonsense.

parietal [pəriətàl] *a.* parietal.

parió [pəriò] *a.* twin; equivalent. ‖ **sense ~,** peerless; unparalleled.

parir [pəri] *t.* to give birth to [child, animal offspring]. 2 to bear [child].

París [pəris] *pr. n. m.* GEOGR. Paris.

paritat [pəritàt] *f.* equality; similarity. 2 COMM. parity.

parla [pàrlə] *f.* speech [faculty]. 2 language [local, regional].

parlament [pərləmèn] *m.* speech; talk. 2 POL. parliament.

parlamentar [pərləməntà] *i.* to have talks. 2 to parley.

parlamentari, -ària [pərləməntàri, -àriə] *a.* parliamentary. ■ 2 *m.-f.* member of parliament.

parlant [pərlàn] *m.-f.* speaker [of a language].

parlar [pərlà] *i.* to speak; to talk. ‖ **~ clar,** to speak one's mind. ‖ **~ pels descosits,** to talk one's head off. ■ 2 *t.* to speak [a language]. ■ 4 *m.* way of talking; speech; language.

parler, -ra [pərlè, -rə] *a.* talkative, chatty. ■ 2 *f.* talkativeness.

parleria [pərləriə] *f.* wordiness; long-windedness. 2 gossip.

parlotejar [pərlutəʒà] *i.* to chatter, to prattle.

parnàs [pərnàs] *m.* Parnassus.

paròdia [pərɔ̀ðiə] *f.* parody; travesty.

parodiar [pəruðià] *t.* to parody, to travesty.

paroxisme [pəruksizmə] *m.* paroxysm.

parpella [pərpèʎə] *f.* ANAT. eyelid.

parpellejar [pərpəʎəʒà] *i.* to blink; to wink. 2 fig. to blink; to flicker [light].

parquedat [pərkəðàt] *f.* sparingness, frugality; moderation.

parquet [pərkèt] *m.* parquet.

parquímetre [pərkimətrə] *m.* parking meter.

parra [pàrrə] *f.* BOT. vine.

parrac [pərràk] *m.* rag; strip [cloth].

parraguera [pərrəɣèrə] *f.* (ROSS.) See CORRAL.

parral [pərràl] *m.* vine arbour.

parricida [pərrisiðə] *m.-f.* parricide.

parricidi [pərrisiði] *m.* parricide.

parròquia [pərrɔ̀kiə] *f.* parish. 2 parish church. 3 COMM. clients *pl.,* customers *pl.,* clientèle.

parroquià, -ana [pərrukià, -ànə] *m.-f.* parishioner. 2 regular [customer].

parrup [pərrúp] *m.* ORNIT. cooing.

parrupar [pərrupà] *i.* ORNIT. to coo.

parsimònia [pərsimɔ̀niə] *f.* thrift; parsimony.

1) part [par(t)] *f.* part; section. ‖ **a ~,** aside. ‖ **en ~,** in part; partly. ‖ **prendre ~,** to take part. 2 share, portion. 3 LAW party.

2) part [par(t)] *m.* birth, childbirth; delivery. 2 labour.

partença [pərtènsə] *f.* departure; setting-off, setting-out.

partera [pərtὲrə] f. woman in labour.

parterre [pərtὲrrə] m. GARD. flower-bed(s).

partició [pərtisió] f. division; distribution, share-out; sharing-out.

partícip [pərtisip] m. participant.

participació [pərtisipəsió] f. participation. 2 announcement, notice [of engagement, marriage].

participant [pərtisipán] a. participating. 2 SP. competing. ■ 3 m.-f. participant. 4 SP. competitor.

participar [pərtisipá] t. to inform. 2 to announce. ■ 3 i. to take part (en, in). 4 SP. to compete (en, in).

participi [pərtisipi] m. participle.

partícula [pərtikulə] f. particle.

particular [pərtikulá(r)] a. private. 2 particular; especial. 3 unusual, peculiar; extraordinary.

particularitat [pərtikuləritát] f. peculiarity; special feature.

partida [pərtíðə] f. departure. 2 COMM. remittance. 3 GAME match, game; hand [cards].

partidari, -ària [pərtiðári, -áriə] a. in favour (de, off); partisan. ■ 2 m.-f. supporter; follower; adherent.

partió [pərtió] f. border, boundary.

partir [pərtí] t. to divide. 2 to share (out), to apportion. 3 to split (up). ■ 4 i. to depart, to leave, to set off or out. 5 ~ de, to set out from, to start from.

partit [pərtít] m. POL. party. 2 decision. 3 SP. game; match. 4 és un bon ~, he is a good catch.

partitiu, -iva [pərtitiŭ, -íβə] a. partitive.

partitura [pərtitúrə] f. MUS. score.

parvitat [pərβitát] f. smallness, littleness; shortness [person]. 2 small or tiny amount.

parxís [pərʃís] m. GAME pachisi. 2 ludo.

1) pas [pas] m. pace; step [also fig.]. 2 walk, way of walking. 3 footprint; trail. ‖ fig. **seguir els passos d'algú,** to follow in someone's footsteps. 4 passage; stay. 5 crossing. ‖ ~ **zebra,** zebra crossing. ‖ ~ **a nivell,** level crossing.

2) pas [pas] adv. not [emphatic]. ‖ **no ho sé** ~, I really don't know.

pasqua [páskwə] f. Easter.

pasquí [paskí] m. lampoon, pasquinade.

passa [pásə] f. pace, step. 2 epidemic.

passable [pəsábblə] a. bearable, tolerable; acceptable.

passada [pəsáðə] f. passing, passage. ‖ fig. coll. **fes-hi una** ~ **més amb la planxa,** give it one more going-over with the iron. 2 series or row of stitches. 3 serenade. 4 serenaders [persons]. 5 trick; dirty trick. 6 **de totes passades,** whatever happens.

passadís [pəsáðis] m. corridor; passage, passage-way. 2 NAUT. gang-way.

passador, -ra [pəsəðó, -rə] a. tolerable, bearable; acceptable. ■ 2 m. hairpin. 3 MECH. bolt; fastener.

passamà [pəsəmá] m. banister. 2 TEXT. frill, fringe; trimming.

passamuntanyes [pəsəmuntáɲəs] m. pl. balaclava helmet sing.

passant [pəsán] m.-f. passer-by. 2 assistant.

passaport [pəsəpόr(t)] m. passport.

passar [pəsá] i. to pass [basic sense]; to go through. ‖ ~ **de llarg,** not to stop. ‖ fig. ~ **pel cap,** to go through one's mind. 2 to happen, to occur: **què t'ha passat?,** what's happened to you? 3 to pass (by) [time; circumstances]. 4 to come or go in; to enter. ‖ **passi!,** come in! 5 ~ **a ser,** to go on to be or become [profession, trade]. ‖ ~ **de,** to exceed. ‖ ~ **per,** to have the reputation of; to pass for. ■ 6 t. cross [river, mountains]. ‖ fig. ~ **pel damunt,** to overlook. 7 to spend [period of time, holiday]. 8 to pass [exam]. 9 to exceed. 10 to go through; to be or to feel [feelings]. ‖ **hem passat molta por,** we were really afraid. 11 ~ **apunts d'una llibreta a una altra,** to copy or to transfer notes from one exercise-book to another. ■ 12 p. to go off [milk, fish]. 13 **t'has passat!,** you've gone too far! ■ 14 **passi-ho bé!** good-bye [formal].

passarel·la [pəsəréllə] f. footbridge.

passat [pəsát] m. past. 2 pl. ancestors, forebears. ■ 3 a. last, previous; past. 4 off-colour; ill [person]; off [milk, fish]; over-ripe [fruit].

passatemps [pəsətéms] m. hobby, past-time; spare-time activity.

passatge [pəsáddʒə] m. passage, passage-way. 2 fare [price of journey]. 3 fare [taxi client]; passengers pl., fare-payers [bus, coach, etc.]. 4 LIT. passage, excerpt.

passatger, -ra [pəsəddʒé, -rə] a. ephemeral, short-lived. ■ 2 m.-f. passenger.

passeig [pəsέtʃ] m. walk, stroll [on foot]; drive, ride [using transport]. 2 walk, promenade [place].

passavolant [pəsəβulán] *m.-f.* person passing through. 2 coll. pej. fly-by-night.

passejada [pəsəʒáðə] *f.* walk, stroll [on foot]; drive, ride [using transport]. ‖ *fer una ~,* to go for a walk.

passejar [pəsəʒá] *i.* to go for a walk [on foot]. ■ 2 *t.* to take for a walk. ■ 3 *p.* to go for a walk or stroll. 4 fig. coll. to take for a ride; to take the mickey out of.

passera [pəsèrə] *f.* footbridge.

passerell [pəsəréʎ] *m.* ORNIT. linnet. 2 greenhorn.

passió [pəsió] *f.* passion [most senses]. 2 suffering. 3 REL. Passion.

passiu, -iva [pəsiŭ, -íβə] *a.* passive. ■ 2 *m.* ECON. liabilities.

passivitat [pəsiβitát] *f.* passivity, passiveness; apathy.

pasta [pástə] *f.* paste. ‖ *~ de paper,* pulp; papier mâché. 2 COOK. pasta. 3 COOK pastry; *~ de full,* flaky pastry. 4 cake; biscuit. 5 fig. coll. dough [money]. 6 coll. *ser de bona ~,* to be of the right sort, to be a good person.

pastanaga [pəstənáɣə] *f.* BOT. carrot.

pastar [pəstá] *t.* to turn into a paste or into pulp. 2 to knead [dough]. 3 fig. coll. pej. *ves a ~ fang!,* shove off!, get lost!

pastat, -ada [pəstát, -áðə] *a. és al seu pare ~!,* he's the living image of his father!

pastel [pəstέl] *m.* pastel [painting].

pastell [pəstέʎ] *m.* PRINT. blot. 2 fig. mess. 3 fig. imbroglio, plot.

pastera [pəstèrə] *f.* kneading-trough [for dough]. 2 trough [for working pastes, cement, etc.].

pasterada [pəstəráðə] *f.* pasting. 2 kneading. 3 botched job; mess.

pasteuritzar [pəstəuɾidzá] *t.* to pasteurize.

pastilla [pəstíʎə] *f.* tablet. 2 bar: *~ de sabó,* bar of soap. ‖ *~ de xocolata,* bar of chocolate.

pastís [pəstís] *m.* cake; tart.

pastisser, -era [pəstisé, -érə] *m.-f.* pastry cook.

pastisseria [pəstisəríə] *f.* cake shop, pastry shop.

pastor, -ra [pəstó, -rə] *m.* shepherd. 2 *f.* shepherdess.

pastoral [pəstuɾál] *a.* pastoral. 2 REL. pastoral.

pastós, -osa [pəstós, -ózə] *a.* pasty; doughy; sticky.

pastura [pəstúrə] *f.* pasture. 2 fodder; food [for animals].

pasturar [pəstuɾá] *i.* to graze, to pasture; to feed [cows, sheep, etc.]. ■ 2 *t.* to put out to graze or pasture.

patac [pəták] *m.* blow; knock.

patacada [pətəkáðə] *f.* blow; knock. 2 coll. swipe, whack; thump. 3 collision.

patafi [pətáfi] *m.* botch-up; botched job; mess.

patata [pətátə] *f.* potato. ‖ *patates rosses* o *fregides,* chips. ‖ *patates de bossa,* crisps.

patatera [pətətèrə] *f.* BOT. potato-plant.

patena [pətènə] *f.* REL. paten, communion-plate.

patent [pətén] *a.* evident; obvious, clear. ■ 2 *f.* COMM. patent.

patentar [pətəntá] *t.* COMM. to patent, to register as a patent.

patern, -na [pətέrn, -nə] *a.* paternal [blood relationship].

paternal [pətərnál] *a.* paternal, fatherly.

paternitat [pətərnitát] *f.* fatherhood, paternity; parenthood.

patètic, -ca [pətέtik, -kə] *a.* pathetic, moving.

patge [pádʒə] *m.* HIST. page, page-boy.

pati [páti] *m.* inner court; patio. 2 playground [at school]. ‖ *hora de ~,* playtime, break.

patí [pətí] *m.* roller-skate. 2 NAUT. catamaran.

patíbul [pətíβul] *m.* scaffold.

patilla [pətíʎə] *f.* sideboard, sideburn.

patiment [pətimén] *m.* suffering.

pàtina [pátinə] *f.* patina.

patinada [pətináðə] *f.* skate [action]. 2 slip.

patinar [pətiná] *i.* to skate [on ice]. 2 to slip; to slide. 3 to skid [vehicle].

patinatge [pətinádʒə] *m.* SP. skating.

patinet [pətinét] *m.* scooter [for child].

patologia [pətuluʒíə] *f.* pathology.

patir [pətí] *t.-i.* to suffer. ‖ *~ de nervis,* to suffer from nerves. 2 *t.* to endure.

patracol [pətrəkɔ́l] *m.* bundle of papers; papers. 2 paperwork.

pàtria [pátriə] *f.* fatherland, mother country, native or home country.

patriarca [pətriárkə] *m.* patriarch.

patrimoni [pətrimɔ́ni] *m.* inheritance. 2 fig. heritage: *el ~ artístic de Catalunya,* the art heritage of Catalonia.

patriota [pətriɔ́tə] *m.-f.* patriot.

patrioter, -ra [pətriutè, -rə] *a.* fanatically patriotic. 2 pej. chauvinistic.

patriòtic, -ca [pətriɔ̀tik, -kə] *a.* patriotic.

patriotisme [pətriutizmə] *m.* patriotism.

patuleia [pətulèjə] *f.* tiny tots, toddlers; little children. 2 pej. rabble.

patró, -ona [pətrò, -ónə] *m.-f.* boss, employer. 2 company-owner, boss. 3 REL. patron, patron saint.

patrocinar [pətrusinà] *t.* to back, to sponsor [initiative, enterprise].

patrocini [pətrusini] *m.* backing; sponsorship; patronage.

patronal [pətrunàl] *a.* REL. of the patron saint. 2 employer's. ■ 3 *f.* employer's association.

patronat [pətrunàt] *m.* trustees, board of trustees; patrons.

patronímic, -ca [pətrunimik, -kə] *a.* patronymic.

patrulla [pətrúʎə] *f.* patrol.

patrullar [pətruʎà] *i.* to go on patrol; to patrol.

patuès [pətuès] *m.* vernacular.

patufet [pətufèt] *m.* tiny tot, toddler; little child.

patum [pətúm] *f.* fabulous animal [carried in processions]. 2 fig. big name [person].

patxoca [pətʃɔ̀kə] *f.* impressiveness, presence [of person].

pau, -la [pàu, pàulə] *m.* simpleton, idiot.

pau [pàu] *f.* peace. ‖ fig. GAME coll. *estar en ~,* to be even. ‖ *fer les paus,* to make peace.

Pau [pàu] *pr. n. m.* Paul.

pauperisme [pəupərizmə] *m.* pauperism.

paüra [pəùrə] *f.* fear, fright, dread.

pausa [pàuzə] *f.* pause. 2 slowness.

pausat, -ada [pəuzàt, -àðə] *a.* slow, calm; deliberate.

pauta [pàutə] *f.* rule, guide, standard. 2 line, guide lines. 3 fig. model, example. 4 MUS. staff.

pavelló [pəβəʎò] *m.* pavillon. 2 flag, banner.

paviment [pəβimèn] *m.* pavement, paving. 2 tiling, flooring.

peatge [peàdʒə] *m.* toll.

pebre [pέβrə] *m.* pepper.

pebrot [pəβrɔ̀t] *m.* pimento, pepper [green or red]. 2 *pl.* vulg. balls.

peça [pèsə] *f.* piece, fragment. 2 THEATR. piece, short play. 3 SEW. article, garment. 4 GAME piece. 5 room [of a house]. 6 ~ *de recanvi,* spare part. 7 *d'una ~,* all in one piece [also fig.]. 8 *ets una mala ~,* you're a nasty piece of work. ▲ *pl.* **peces.**

pecat [pəkàt] *m.* sin: ~ *mortal,* deadly or moral sin.

pècora [pὲkurə] *f.* ewe, sheep. ‖ *mala ~,* wicked woman.

pectoral [pəkturàl] *a.* pectoral.

peculi [pəkúli] *m.* peculium; private money or property.

peculiar [pəkuliànrœ] *a.* peculiar, particular, characteristic, special.

peculiaritat [pəkuliəritàt] *f.* peculiarity. 2 characteristic or special feature.

pecuniari, -ària [pəkuniàri, -àriə] *a.* pecuniary, money, financial.

pedaç [pəðàs] *m.* patch. ‖ *posar un ~,* to patch something up; to fix something temporarily.

pedagog, -ga [pəðəɣɔ̀k, -ɣə] *m.-f.* pedagogue. 2 teacher, educator.

pedagogia [pəðəɣuʒiə] *f.* pedagogy.

pedal [pəðàl] *m.* pedal.

pedalar [pəðəlà] *i.* to pedal *i.-t.*

pedalejar [pəðələʒà] See PEDALAR.

pedant [pəðàn] *a.* pedantic. ■ 2 *m.-f.* pedant.

pedanteria [pəðəntəriə] *f.* pedantry.

pedestal [pəðəstàl] *m.* pedestal, stand, base.

pedestre [pəðèstrə] *a.* pedestrian, on foot. 2 fig. pedestrian, dull, prosaic.

pediatre [pəðiàtrə] *m.* paediatrician.

pediatria [pəðiətriə] *f.* paediatrics.

pedicur, -ra [pəðikúr, -rə] *m.-f.* chiropodist. 2 *f.* chiropody, pedicure [science].

pedra [pèðrə] *f.* stone, rock. 2 pebble. 3 MED. stone. 4 ~ *foguera,* flint. 5 METEOR. hail, hailstone. 6 *posar-se pedres al fetge,* to worry; *quedar-se de ~,* to be thunderstruck; *tirar la primera ~,* to cast the first stone.

pedrada [pəðràðə] *f.* blow from or with a stone: *va rebre una ~ al cap,* he was hit on the head by a stone.

pedregada [pəðrəɣàðə] *f.* METEOR. hailstorm.

pedregar [pəðrəɣà] *m.* stony or rocky ground. ‖ fig. *anar el carro pel ~,* to go badly.

pedregar [pəðrəɣà] *i.* to hail.

pedregós, -osa [pəðrəɣòs, -òzə] *a.* stony, rocky, pebbly.

pedrer [pəðrè] *m.* gizzard.

pedrera [pəðrèrə] *f.* quarry.

pedreria [pəðrəriə] *f.* precious stones.

pedrís [pəðris] *m.* stone bench.

pega [pέɣə] *f.* pitch, tar. 2 fig. bad luck. ‖ *estar de ~,* to have hard luck. 3 *~ dolça,* liquorice.

pegar [pəɣà] *t.* to hit, to thump; to slap, to smack. ‖ *m'ha pegat una cleca,* he slapped me. 2 *~ un salt,* to jump, to leap. ■ 3 *i.* to beat, to knock (against).

pegat [pəɣàt] *m.* patch.

pegellida [pəʒəʎiðə] *f.* ZOOL. limpet.

pegot [pəɣɔt] *m.* cobbler. 2 fig. botch-up, patch.

peix [peʃ] *m.* fish. 2 coll. *~ gros,* bigwig, big shot; *donar peixet,* to give someone a head start; *estar com ~ a l'aigua,* to be in one's element.

peixater, -ra [pəʃətè, -rə] *m.-f.* fishmonger.

peixateria [pəʃətəriə] *f.* fish shop, fishmonger's.

péixer [pέʃə] *t.* to feed. ■ 2 *i.* to graze. ▲ CONJUG. like *néixer.*

peixera [pəʃèrə] *f.* fish bowl or tank.

Peixos [pέʃus] *m. pl.* ASTROL. Pisces.

pejoratiu, -iva [pəʒuratiŭ, -iβə] *a.* pejorative, deprecatory, disparaging.

pel [pəl] (*contr. per + el*).

pèl [pέl] *m.* hair. 2 hair, coat, fur [of animals]. 3 down [of birds]. 4 fig. a bit. 5 fig. *amb pèls i senyals,* in great detail; *en ~,* naked, nude; *no tenir pèls a la llengua,* not to mince one's words; *prendre el ~ a algú,* to pull someone's leg.

pela [pèlə] *f.* skinning, peeling. 2 peelings *pl.,* skins *pl.,* husk. 3 coll. peseta.

pelacanyes [pɛləkàɲəs] *m.* penniless fellow, down-and-out, wretch.

pèlag [pέlək] *m.* sea, high sea.

pelar [pəlà] *t.* to peel. 2 to cut: *ahir em van ~,* I had my hair cut yesterday. 3 fig. to fleece. 4 fig. to kill, to murder. 5 *fa un fred que pela,* it's bitterly cold. ■ 6 *p.* to peel. 7 to scrape. 8 vulg. *pelar-se-la,* to wank.

pelat, -ada [pəlàt, -àðə] *a.* cut [hair]; shorn [sheep]; flayed, skinned [dead animal]; peeled [fruit]. 2 bald, bare; hairless. 3 barren; treeless. 4 fig. broke, penniless.

pelatge [pəlàdʒə] *m.* fur, coat, hair [of animal].

pelegrí, -ina [pələɣri, -inə] *m.-f.* pilgrim.

pelegrinar [pələɣrinà] *i.* to go on a pilgrimage.

pelfa [pέlfə] *f.* plush.

pelicà [pəlikà] *m.* ORNIT. pelican.

pell [peʎ] *f.* skin [person]; skin, peel [fruit]; skin, fur, leather [animal]. ‖ fig. *~ de gallina,* goose flesh.

pelleringa [pəʎəriŋɡə] *f.* flap; scrap, rag, shred.

pel·lícula [pəllikulə] *f.* film, (USA) movie.

pellingot [pəʎiŋɡɔt] See PARRAC.

pellofa [pəʎɔfə] *f.* skin [grape]; pod [bean]; husk.

pell-roja [pɛʎ rɔʒə] *m.-f.* redskin.

pèl roig, roja [pέl rrɔtʃ, -rrɔʒə] *a.* red-haired.

pelsigar [pəlsiɣà] (ROSS.) See TREPITJAR.

pelussa [pəlùsə] *f.* fluff, fuzz [clothes]. 2 down [fruit].

pelussera [pəlusèrə] *f.* coll. mop; long hair; unkempt hair.

pelut, -uda [pəlùt, -ùðə] *a.* hairy, shaggy. 2 fig. tricky, difficult.

pelvis [pέlβis] *f.* ANAT. pelvis.

pena [pέnə] *f.* penalty, punishment. ‖ *~ de mort,* capital punishment. 2 grief, sorrow, sadness. ‖ *semblar una ànima en ~,* look like a soul in torment. 3 pity, trouble, distress. ‖ *és una ~,* it's a pity. 4 *val la ~,* it's worth it. ■ 5 *adv. phr. a penes,* hardly; the moment that, as soon as.

penal [pənàl] *a.* LAW penal, criminal. ‖ *dret ~,* criminal law. ■ 2 *m.* prison, gaol, jail.

penalitat [pənəlitàt] *f.* punishment, penalty. 2 fig. suffering, hardship.

penar [pənà] *t.* to penalize, to punish. ■ 2 *i.* to suffer, to grieve.

penca [pέŋkə] *f.* cut, piece, slice. 2 *m.-f. pl.* coll. cheeky devil *sing.*

pencar [pəŋkà] *i.* coll. to work.

pendent [pəndèn] *a.* pending, outstanding. 2 sloping. ■ 3 *m.* slope, gradient.

pendís [pəndis] *m.* slope, gradient, incline.

pendó [pəndò] *m.* banner, standard. ■ 2 coll. libertine.

pèndol [pέdul] *m.* pendulum.

penediment [pənəðimèn] *m.* repentance; regret.

penedir-se [pənəðirsə] *p.* to repent. 2 to regret, to be sorry.

penell [pənèʎ] *m.* weathercock, weathervane.

penelló [pənəʎò] *m.* chilblain.

penetració [pənətrəsiò] *f.* penetration.

penetrar [pənətrá] *t.-i.* to penetrate.

pengim-penjam [pənʒim, pənʒàm] *adv.* lazily; in an ungainly manner.

penic [pənik] *m.* penny.

penicil·lina [pənisil·linə] *f.* MED. penicillin.

península [pəninsulə] *f.* GEOGR. peninsula.

penis [pénis] *m.* ANAT. penis.

penitència [pənitènsiə] *f.* penitence, penance.

penitenciari, -ària [pənitənsiàri, -àriə] *a.* penitentiary. ‖ *centre* ~, prison, (USA) penitentiary.

penitent [pənitèn] *a., m.-f.* penitent.

penjador [pənʒəðò] *m.* hanger.

penjament [pənʒəmèn] *m.* insult, slander. ‖ *dir penjaments,* to slander, to speak badly of.

penjar [pənʒá] *t.-i.* to hang, to hang up. 2 to hang [criminal]. 3 to lay at the door of.

penjarella [pənʒərέʎə] *f.* rag, tatter, shred.

penja-robes [pɔənʒərróβəs] *m.* hanger, clothes-hanger.

penjat, -ada [pənʒát, -áðə] *a.* hanging, hung; hanged. ■ 2 *m.-f.* hanged person.

penjoll [pənʒóʎ] *m.* bunch. 2 charm.

penó [pənò] See PENDÓ 1.

penombra [pənòmbrə] *f.* ASTR. penumbra [also fig.]. 2 half-light, semi-darkness.

pensa [pénsə] *f.* thought.

pensada [pənsáðə] *f.* thought, idea.

pensador, -ra [pənsəðò, -rə] *m.-f.* thinker.

pensament [pənsəmèn] *m.* thought. ‖ *fer un* ~, to decide. 2 BOT. pansy.

pensar [pənsá] *t.* to think over or out; imagine; to intend: *penso anar al Liceu,* I intend to go to the Liceu. ■ 2 *i.* to think. ‖ ~ *a,* to remember, not to forget; ~ *en,* to think of or about. ■ 3 *p.* to think, to believe: *no em pensava pas que vinguessis,* I never thought you would come; *pensar-s'hi,* to think something over.

pensarós, -osa [pənsərós, -ózə] *a.* pensive, thoughtful.

pensió [pənsiò] *f.* pension. 2 allowance, grant. 3 boarding or guest house.

pensionat [pənsiunát] *m.* boarding-school.

pensionista [pənsiunistə] *m.-f.* pensioner.

pentàgon [pəntáɣun] *m.* MATH. pentagon.

pentagrama [pəntəɣràmə] *m.* MUS. staff.

pentecosta [pəntəkɔstə] *f.* REL. Whitsun, Whitsuntide, Pentecost.

pentinador, -ra [pəntinəðò, -rə] *m.-f.* hairdresser.

pentinar [pəntiná] *t.* to comb. 2 fig. to scold, to tell off.

pentinat [pəntinát] *m.* hairstyle.

penúltim, -ma [pənúltim, -mə] *a.* penultimate, last but one.

penya-segat [pέɲəsəɣát] *m.* cliff.

penyora [pəɲòrə] *f.* pawn, pledge, token. 2 security [guarantee].

penúria [pənúriə] *f.* penury, shortage, scarcity. 2 poverty.

penya [péɲə] *f.* rock. 2 circle, group. 3 SP. fan club.

penyal [pəɲál] *m.* large rock, boulder.

peó [pəò] *m.* pedestrian. 2 foot-soldier. 3 unskilled worker. 4 GAME pawn.

Pequín [pəkin] *pr. n. m.* GEOGR. Peking.

per [pər] *prep.* through: ~ *la porta,* through the door. 2 by: ~ *carretera,* by road. 3 because of: ‖ *ho ha fet* ~ *enveja,* he did it out of envy. 4 to, in order to: *he vingut* ~*veure't,* I've come to see you. 5 in: *contesta* ~ *escrit,* answer in writing. 6 for: *l'he comprat* ~ *mil cinc-centes,* I bought it for fifteen hundred. 7 as: *tenim un inepte* ~ *director,* we have a useless boss. 8 near: *visc* ~ *aquí,* I live near here. 9 *pel que fa a...,* as far as... is concerned. 10 ~ *mitjà de,* by means of. ‖ ~ *què?,* why? 12 ~ *tal que,* so that. ▲ *pel* (pəl) *contr. per + el.*

pera [pérə] *f.* BOT. pear. 2 bulb. 3 fig. *partir peres,* to break up, to split up.

peralt [pərál] *m.* camber.

perbocar [pərbuká] *t.* to vomit, to throw up.

percaçar [pərkəsá] *t.* to pursue, to search or seek after. ■ 2 *p.* to get or procure for oneself. 3 to bring upon oneself.

percala [pərkálə] *f.* calico, cambric.

percebe [pərsέβə] *m.* ZOOL. barnacle.

percebre [pərsέβrə] *t.* to perceive, to notice, to see, to sense. 2 COMM. to receive, to earn. ▲ CONJUG. INDIC. Pres.: *perceps, percep.*

percentatge [pərsəntádʒə] *m.* percentage. 2 rate.

percepció [pərsəpsiò] *f.* perception.

percudir [pərkuði] *t.* to strike, to hit. 2 MED. to percuss. ▲ CONJUG. INDIC. Pres.: *percuts, percut.*

percussió [pərkusió] *f.* percussion. 2 MUS. *instruments de ~*, percussion instruments. 3 MED. percussion.

perdedor, -ra [pərðəðó, -rə] *a.* losing. ‖ *l'equip ~*, the losing team. ■ 2 *m.-f.* loser. ‖ *mal ~*, bad loser.

perdonavides [pərðonaβiðəs] *m.* fig., coll. bully, thug, tough.

perdició [pərðisió] *f.* bane, ruin, downfall, undoing. 2 loss.

perdigó [pərðiɣó] *m.* ORNIT. young partridge. 2 pellet.

perdigonada [pərðiɣunàðə] *f.* shot or wound with bird shot.

perdigot [pərðiɣɔt] *m.* ORNIT. male partridge.

perdiguer, -ra [pərðiɣé, -rə] *a.* partridge-hunting. ■ 2 *m.* *gos ~*, setter.

perdiu [pərðiŭ] *f.* ORNIT. partridge.

perdó [pərðó] *m.* pardon, forgiveness. ‖ *demanar ~*, to apologize. ‖ *perdó!*, sorry!, I beg your pardon!

perdonar [pərðoná] *t.* to forgive *t.-i.* 2 to excuse, to overlook. 3 to pardon. 4 to spare [someone's life].

perdre [pɛrðrə] *t.* to lose. ‖ *~ les claus*, to lose one's keys. 2 to waste. ‖ *~ el temps*, to waste time. 3 SP. to lose *i.* 4 to ruin, to spoil, to be the ruin of. ‖ *el joc l'ha perdut*, gambling has been his ruin. 5 to miss [train, bus]. 6 to leak *i.* ‖ *aquest dipòsit perd*, this tank leaks. 7 ~ *el camí*, to lose one's way [also fig.]; fig. ~ *el cap*, to lose one's head, to go mad: ~ *de vista*, to lose sight of. ■ *8 p.* to get lost. 9 to disappear, to vanish.

pèrdua [pɛrðuə] *f.* loss. 2 waste [of time, etc.].

perdulari, -ària [pərðulàri, -àriə] *m.-f.* dissolute person; careless or sloppy person.

perdurar [pərðurà] *i.* to endure, to last. 2 still to survive, to stand.

Pere [pɛrə] *pr. n. m.* Peter.

peregrí, -ina [pərəɣrí, -inə] *a.* unusual, uncommon, rare. 2 fig. strange, odd, peculiar.

peregrinar [pərəɣrinà] *i.* to travel, to journey, to wander. 2 fig. to go to and fro.

peremptori, -òria [pərəmtɔri, -ɔriə] *a.* peremptory, imperious. 2 pressing, urgent.

perenne [pərɛnnə] *a.* BOT. perennial. 2 fig. everlasting, perennial.

perer [pərɛ] *m.* BOT. pear tree.

perera [pərɛrə] *f.* See PERER.

peresa [pərɛzə] (OCC.), (BAL.) See MANDRA.

perfecció [pərfəksió] *f.* perfection.

perfeccionar [pərfəksiunà] *t.* to perfect. 2 to improve.

perfecte, -a [pərfɛktə, -ə] *a.* perfect; complete.

pèrfid, -da [pɛrfit, -tə] *a.* lit. perfidious. 2 treacherous.

perfídia [pərfiðiə] *f.* lit. perfidy. 2 treachery, betrayal.

perfil [pərfil] *m.* profile. 2 contour, outline, silhouette. 3 ARCH. section, cross section.

perfilar [pərfilà] *t.* to profile, to outline. 2 fig. to shape, to put the finishing touches to.

perforació [pərfurəsió] *f.* perforation, boring, drilling.

perforar [pərfurà] *t.* to perforate. 2 to drill, to bore.

perfum [pərfúm] *m.* perfume. 2 fragrance, scent.

perfumar [pərfumà] *t.* to perfume, to scent.

perfumeria [pərfuməriə] *f.* perfume industry. 2 perfumery. 3 perfume shop.

pergamí [pərɣəmí] *m.* parchment.

pèrgola [pɛrɣulə] *f.* pergola.

pericardi [pərikàrði] *m.* ANAT. pericardium.

pericarp [pərikàrp] *m.* BOT. pericarp.

perícia [pərisiə] *f.* expertise. 2 skill, skilfulness.

perifèria [pərifɛriə] *f.* periphery, outskirts.

perífrasi [pərifrəzi] *f.* periphrasis.

perill [pəriʎ] *m.* danger, peril. 2 risk, hazard.

perillar [pəriʎà] *i.* to be in danger, to run a risk.

perillós, -osa [pəriʎós, -ózə] *a.* dangerous, perilous, risky.

perímetre [pərimətrə] *m.* perimeter.

període [pəriuðə] *m.* period. 2 GRAMM. sentence; period. 3 PHYSIOL. period [menstruation].

periòdic, -ca [pəriɔðik, -kə] *a.* periodic, periodical. 2 recurrent, recurring. ■ 3 *m.* periodical, journal, magazine, newspaper.

periodisme [pəriuðizmə] *m.* journalism.

periodista [pəriuðistə] *m.-f.* journalist, reporter.

peripècia [pəripɛ̀siə] *f.* vicissitude, incident. 2 *pl.* ups and downs.

periple [pəriplə] *m.* circumnavigation. 2 account of a coastal journey. 3 journey, voyage.

periquito [pərikitu] *m.* ORNIT. parakeet, budgerigar.

periscopi [pəriskɔ́pi] *m.* periscope.

peristil [pəristil] *m.* ARQ. peristyle.

perit, -ta [pərit, -tə, cold pèrit] *a.* skilled, skilful, expert. ■ 2 *m.-f.* expert, professional and qualified person.

peritoneu [pəritunɛ̀u] *m.* ANAT. peritoneum.

peritonitis [pəritunitis] *f.* MED. peritonitis.

perjudicar [pərʒuðiká] *t.* to hurt, to damage, to injure, to impair, to harm.

perjudici [pərʒuðisi] *m.* damage, harm, prejudice. ‖ *en ~ de,* to the detriment of. 2 COMM. *financial loss.*

perjur, -ra [pərʒúr, -rə] *a.* perjured. ■ 2 *m.-f.* perjurer.

perjurar [pərʒurá] *i.* to commit perjury, to perjure oneself. 2 *t.* to swear, to curse.

perjuri [pərʒúri] *m.* perjury.

perla [pèrlə] *f.* pearl. 2 fig. pearl, gem.

perllongar [pərʎuŋgá] *t.* to lengthen, to extend, to protract. 2 to delay, to defer, to postpone, to put off.

permanència [pərmənɛ̀nsiə] *f.* permanence. 2 stay.

permanent [pərmənɛ̀n] *a.* permanent, lasting, constant. ■ 2 *f.* perm [hair].

permeable [pərmeàbblə] *a.* permeable, pervious.

permetre [pərmɛ̀trə] *t.* to allow, to permit. ■ 2 *p.* to take the liberty of, to allow oneself. ‖ *l'amo es permet de fer el què vol,* the owner takes the liberty of doing what he wants. ‖ *no em compro el cotxe, no m'ho puc permetre,* I'm not buying the car, I can't afford it. ▲ CONJUG. P. P.: *permès.*

permís [pərmis] *m.* permission; permit, licence [document]. ‖ *~ de conduir,* driving licence; *~ de treball,* work permit; *demanar ~,* to ask permission. 2 MIL. leave.

permissió [pərmisió] *f.* permission, consent.

permuta [pərmútə] *f.* barter, exchange.

permutar [pərmutá] *t.* to permute. 2 to exchange, to interchange. 3 to barter.

pern [pɛrn] *m.* bolt, pin. 2 fig. axis; foundation.

perniciós, -osa [pərnisiòs, -ózə] *a.* pernicious, harmful, destructive; wicked [person].

pernil [pərnil] *m.* pig's ham or thigh. 2 COOK ham. ‖ *~ dolç,* boiled ham. 3 leg of ham [cured or smoked]. 4 coll. and fig. thigh [of person].

pernoctar [pərnuktá] *i.* to stay for the night.

però [pərɔ́] *conj.* but, yet. ‖ *és una feina interessant, ~ mal pagada,* it's an interesting job, but badly paid. ■ 2 *adv.* however, nevertheless. ‖ *hi aniré, ~ amb la condició que m'acompanyis,* I'll go, on condition, however, that you come with me. ■ 3 *m.* objection.

perol [pərɔ́l] *m.* pot, saucepan, cauldron.

peroné [pərunè] *m.* ANAT. fibula.

perorar [pərurá] *i.* to make a speech. 2 coll. to spout.

perpal [pərpál] *m.* lever, crowbar.

perpendicular [pərpəndikulá(r)] *a.* perpendicular, at right angles. ■ 2 *m.* perpendicular, vertical.

perpetrar [pərpətrá] *t.* to perpetrate, to commit.

perpetu, -ètua [pərpɛ́tu, -ɛ́tuə] *a.* perpetual, ceaseless, everlasting. ‖ *cadena perpètua,* life imprisonment.

perpetuar [pərpətuá] *t.* to perpetuate.

Perpinyà [pərpiɲá] *pr. n. m.* GEOGR. Perpignan.

perplex, -xa [pərplɛ̀ks, -ksə] *a.* perplexed, puzzled, bewildered.

perplexitat [pərpləksitát] *f.* perplexity, bewilderment.

perquè [pərkɛ̀] *conj.* because. ‖ *no vinc perquè estic marejada,* I'm not coming because I'm ill. 2 so that, in order that. ‖ *t'ho explico perquè ho entenguis,* I'm explaining it to you so that you will understand it. ■ 2 *m.* reason. ‖ *vull saber el perquè,* I want to know the reason.

perruca [pərrúkə] *f.* wig.

perruquer, -ra [pərrukè, -rə] *m.-f.* hairdresser.

perruqueria [pərrukəriə] *f.* hairdresser's, barber's. 2 hairdressing.

perruquí [pərruki] *m.* toupee.

persa [pɛ̀rsə] *a., m.-f.* Persian.

persecució [pərsəkusió] *f.* pursuit, chase. 2 persecution.

perseguir [pərsəɣi] *t.* to pursue, to chase; to persecute. 2 fig. to go after.

perseverança [pərsəβərànsə] *f.* perseverance; constancy.

perseverar [pərsəβərà] *i.* to persevere, to persist.

persiana [pərsiànə] *f.* blind. ‖ ~ *veneciana,* venetian blind.

persignar [pərsiŋnà] *t.* to make the sign of the cross. ▪ 2 *p.* to cross oneself.

persistència [pərsistènsiə] *f.* persistence.

persistir [pərsisti] *i.* to persist, to persevere.

persona [pərsònə] *f.* person. ‖ *hi caben quatre persones,* there is room for four people. 3 GRAMM. *person.* 4 *pl.* persons, people.

personal [pərsunàl] *a.* personal: *defensa* ~, self-defence; *objectes personals,* personal belongings. 2 GRAMM. personal. ▪ 3 *m.* personnel, staff.

personalitat [pərsunəlitàt] *f.* personality.

personatge [pərsunàdʒə] *m.* personage, celebrity. 2 THEATR., LIT. character. 3 fig. person.

personificar [pərsunifikà] *t.* to personify.

perspectiva [pərspəktiβə] *f.* perspective. 2 fig. prospect, outlook. 3 scope.

perspicaç [pərspikàs] *a.* perspicacious, discerning, shrewd.

perspicàcia [pərspikàsiə] *f.* perspicacity, clear-sightedness. 2 keen insight, acumen.

persuadir [pərsuaði] *t.* to persuade, to convince. ▪ 2 *p.* to be persuaded, to convince oneself.

persuasió [pərsuəziò] *f.* persuasion. 2 conviction; belief.

pertànyer [pərtàɲə] *i.* to belong. 2 fig. to concern, to apply, to pertain. ▲ CONJUG. P. P.: *pertangut.*

pertinaç [pərtinàs] *a.* obstinate, stubborn, determined.

pertinàcia [pərtinàsiə] *f.* obstinacy, doggedness, stubbornness.

pertinença [pərtinènsə] *f.* possession, ownership. 2 *pl.* belongings, possessions, property *sing.*

pertinència [pərtinènsiə] *f.* relevance, appropriateness.

pertinent [pərtinèn] *a.* pertinent, relevant. 2 appropriate.

pertocar [pərtukà] *i.* to concern. 2 to correspond, to answer (to); to belong. 3 to be one's turn.

pertorbar [pərturβà] *t.* to disturb. 2 to perturb, to upset, to unsettle. 3 to confuse, to agitate.

pertrets [pərtrèts] *m. pl.* supplies. 2 equipment *sing.*; tools, implements.

Perú [pərú] *pr. n. m.* GEOGR. Peru.

peruà, -ana [pəruà, -ánə] *a., m.-f.* Peruvian.

pervenir [pərβəni] *i.* to arrive at, to reach, to attain.

pervers, -sa [pərβèrs, -sə] *a.* perverse, depraved. 2 wicked, evil.

perversió [pərβərsiò] *f.* perversion, depravity. 2 wickedness.

perversitat [pərβərsitàt] *f.* perversity, depravity. 2 wickedness, evil.

pervertir [pərβərti] *t.* to pervert, to lead astray, to corrupt. 2 *p.* to become perverted or corrupt.

perxa [pèrʃə] *f.* coat stand, coat hanger. 2 pole. 3 SP. *salt amb* ~, pole-vault.

pes [pes] *m.* weight. 2 fig. weight, burden: *el* ~ *de la responsabilitat,* the burden of responsibility. 3 fig. weight, load, importance: *el* ~ *de l'opinió pública,* the weight of public opinion. ‖ *treure's un* ~ *de sobre,* to take a load off one's mind. 4 PHYS. weight. 5 SP. *llençament de* ~, shot put.

pesadesa [pəzəðèzə] *f.* heaviness, weight. 2 tiresomeness. 3 clumsiness.

pesant [pəzàn] *a.* heavy, weighty.

pesantor [pəzəntò] *f.* weight. 2 PHYS. gravity.

pesar [pəzà] *m.* sorrow, grief, regret. 2 repentance.

pesar [pəzà] *t.* to weigh [also fig.], to consider. ▪ 2 *i.* to weigh, to be heavy. 3 to be sorry, to regret. 4 fig. to carry a lot of weight, to play an important part. ‖ *el seu argument ha pesat molt en la decisió,* his argument carried a lot of weight in the decision. ‖ 5 *adv. phr. a* ~ *de,* inspite of, despite, although.

pesat, -ada [pəzàt, -àðə] *a.* heavy, weighty. 2 hard, tedious [job, etc.]. 3 tiresome, boring. 4 clumsy, sluggish. 5 *m.-f.* bore, coll. drag.

pesca [pèskə] *f.* fishing, angling. ‖ ~ *fluvial,* river fishing. 2 catch.

pescador, -ra [pəskəðò, -rə] *a.* fishing, angling. ▪ 2 *m.-f.* angler. 3 *m.* fisherman.

pescaire [pəskàjrə] (ROSS.) See PESCADOR.

pescant [pəskán] *m.* coach driver's seat. 2 NAUT. davit.

pescar [pəská] *t.* to fish, to go fishing. 2 fig. to catch, to get hold of: *he pescat un bon refredat,* I've caught a bad cold. ‖ *el van ~ buidant la joieria,* he was caught robbing the jeweller's. 3 ~ *amb canya,* to angle.

pèsol [pézul] *m.* BOT. pea.

pesquer, -era [pəskè, -érə] *a.* fishing. ‖ *flota ~,* fishing fleet; *zona ~,* fishing ground, fishery. ■ 2 *f.* fishing. 3 *m.* fishing boat, trawler.

pessebre [pəsèβrə] *m.* crib, manger. 2 nativity scene.

pesseta [pəsétə] *f.* peseta. 2 fig. *canviar la ~,* to throw up, to be sick.

pesseter, -ra [pəsətè, -rə] *a.* money-grubbing. ■ 2 *m.-f.* money grubber.

pessic [pəsik] *m.* pinch, nip. 2 pinch, bit. 3 *pa de ~,* spongecake.

pessigada [pəsiɣáðə] *f.* pinch, nip. 2 bite, sting [of an animal].

pessigar [pəsiɣá] *t.* to pinch. 2 to bite, to sting.

pessigolleig [pəsiɣuʎέtʃ] *m.* tickling.

pessigollejar [pəsiɣuʎəʒá] *t.* to tickle.

pessigolles [pəsiɣóʎəs] *f. pl.* tickling *sing.,* ticklishness *sing.:* *tenir ~,* to be ticklish.

pèssim, -ma [pèsim, -mə] *a.* very bad, abominable, terrible.

pessimisme [pəsimizmə] *m.* pessimism.

pessimista [pəsimistə] *a.* pessimistic. ■ 2 *m.-f.* pessimist.

pesta [pèstə] *f.* plague, epidemic. 2 fig. coll. stink, stench. 3 pestilence, evil. 4 fig. plague, pest, nuisance [person].

pestanya [pəstáɲə] *f.* ANAT. eyelash. 2 fringe, edge, rim. 3 TECH. flange.

pestanyejar [pəstəɲəʒá] *i.* to blink, to wink.

pestell [pəstèʎ] *m.* bolt, latch, catch.

pestilència [pəstilènsiə] *f.* pestilence. 2 stink, stench.

pet [pet] *m.* bang, crack, crash. 2 vulg. fart. 3 *anar ~,* to be pissed, to be sloshed.

petaca [pətákə] *f.* cigar case. 2 pocket flask.

petadissa [pətəðisə] *f.* (ROSS.) See MUNT fig.

pètal [pétəl] *m.* BOT. petal.

petaner, -ra [pətənè, -rə] *a.* vulg. farting. ■ 2 *m.* lapdog.

petar [pətá] *i.* to crack, to crackle, to bang. 2 to die, to kick the bucket. ‖ *fer ~ la xerrada,* to have a chat. ‖ *peti qui peti,* no matter what. ■ 3 *p.* to snap, to burst, to split. ‖ *petar-se de riure,* to split one's slides laughing.

petard [pətár(t)] *m.* firecracker.

petarrell [pətərrèʎ] *m.* pout. 2 fig. kid, nipper, tiny tot. ‖ *fer el ~,* to pout, to sulk.

petició [pətisió] *f.* request, demand, appeal. 2 petition. 3 LAW petition, plea, claim.

petimetre [pətimètrə] *m.* dandy, fop, dude.

petit, -ta [pətit, -tə] *a.* small, little. 2 short, brief. 3 young [child]. ■ 4 *m.-f. pl.* children; little ones, young ones [animals].

petitesa [pətitèzə] *f.* smallness, littleness, small size. 2 fig. meanness. 3 slightest thing, trifle.

petja [pèdʒə] *f.* step, tread. 2 foot print, trace, track, footstep. ‖ *no deixar de ~,* to chase after.

petjada [pədʒáðə] *f.* footprint; trace, trail. ‖ fig. *seguir les petjades d'algú,* to follow in someone's footsteps.

petjapapers [pèdʒəpəpès] *m.* paperweight.

petjar [pədʒá] *t.* to step on, to tread on, to walk on.

petó [pətó] *m.* kiss. ‖ *fer un ~,* to kiss.

petoneig [pətunétʃ] *m.* kissing.

petonejar [pətunəʒá] *t.* to cover with kisses. 2 coll. to snog.

petri, pètria [pètri, pètriə] *a.* stone, of stone. 2 rocky, stony.

petricó [pətrikó] *m.* liquid measure (0.235 l).

petrificar [pətrifiká] *t.* to petrify, to turn into stone. 2 fig. *ens vam quedar petrificats,* we were petrified, we stood rooted to the ground.

petroler, -ra [pətrulè, -rə] *a.* oil, petroleum. ■ 2 *m.-f.* petroleum retailer. 3 *m.* oil tanker.

petroli [pətróli] *m.* petroleum, oil, mineral oil.

petrolier [pətruliè] See PETROLER.

petulància [pətulànsiə] *f.* arrogance, insolence.

petulant [pətulán] *a.* arrogant, insolent; vain.

petúnia [pətúniə] *f.* BOT. petunia.

petxina [pətʃinə] *f.* shell.

peu [peŭ] *m.* ANAT. foot. 2 base, foot [of objects]. 3 ~ *de cabra,* crowbar; ~ *de rei,* vernier calliper. 4 foot, bottom. ‖ ~ *de pàgina,* foot of the page. 5 foot [measurement]. ■ *6 al* ~ *de la lletra,* literally, exactly; *amb peus de plom,* carefully, warily; *a* ~ *pla,* on a level, on the same floor; *ficar-se de peus a la galleda,* to put one's foot in it; *tenir fred de peus,* to be green with envy.

peüc [pəúk] *m.* bootee [for babies]. 2 bed sock.

peülla [pəúʎə] *f.* hoof.

peungla [pəúŋɡlə] *f.* hoof.

pi [pi] *m.* BOT. pine, pine tree. 2 MATH. pi.

piadós, -osa [piəðós, -ózə] *a.* pious, devout.

piafar [piəfá] *i.* to paw the ground, to prance [horse].

pianista [piənístə] *m.-f.* pianist.

piano [piánu] *m.* MUS. piano. ‖ ~ *de cua,* grand piano. ■ *2 adv.* piano.

piastra [piástrə] *f.* NUMIS. piastre.

pic [pik] *m.* pick, pickaxe [tool]. 2 peak [mountain]. 3 knock [on door]. 4 time. 5 peak: *al* ~ *de l'estiu,* the height of summer. 6 dot, point.

pica [píkə] *f.* sink [kitchen, etc.]. 2 peak [mountain]. 3 ARTILL. pike.

picada [pikáðə] *f.* bite, sting [mosquito, etc.]. 2 COOK. sauce made in a mortar.

picadura [pikəðúrə] *f.* bite, sting. 2 cut tobacco.

picant [pikán] *a.* hot, spicy [also fig.].

picantor [pikəntó] *f.* itch, smart, tingling.

picapedrer [pikəpəðrè] *m.* stonecutter, stonemason; quarryman. 2 (BAL.) See PALETA.

picaplets [pikəplèts] *m.-f.* coll. lawyer.

picaporta [pikəpɔ́rtə] *m.* doorknocker.

picar [piká] *t.* to bite, to sting, to peck [reptile, insect, bird]. 2 to peck (at) [birds]. 3 to pick at, to nibble at. ‖ *vols* ~ *quatre olives?* do you want some olives to eat? 4 to hit, to knock, to bang. ‖ fig ~ *els dits,* to teach a lesson. ■ *5 i.* to itch: *aquest jersei pica,* this jersey itches; to burn, to scorch: *avui el sol pica,* the sun is scorching today. 6 ~ *de mans,* to clap. ■ *7 p.* to become motheaten [cloth]; to get wormeaten [wood]; to go bad, to decay, to go rotten [teeth, fruit, etc.]; to rust [metal]. 8 fig. to get narked, to get nettled; to get angry, to get cross.

picardia [pikərðíə] *f.* craftiness, slyness. 2 dirty trick, vile deed. 3 trick, prank.

picaresc, -ca [pikərèsk, -kə] *a.* mischievous, roguish. 2 LIT. picaresque.

picarol [pikərɔ́l] *m.* small bell.

pica-soques [pikəsɔ́kəs] *m.* ORNIT. woodpecker.

picó, -ona [pikó, -nə] *a.* with protruding upper teeth.

piconadora [pikunəðòrə] *f.* steam-roller, road roller.

piconar [pikuná] *t.* to roll.

picor [pikó] *f.* itch, stinging, tingling.

picossada [pikusáðə] *f.* large sum, amount [of money].

picota [pikɔ́tə] *f.* HIST. pillory.

picotejar [pikutəʒá] *t.-i.* to peck.

pictòric, -ca [piktɔ́rik, -kə] *a.* pictorial.

pidolaire [piðulálrə] *m.-f.* beggar.

pidolar [piðulá] *t.* to beg.

pietat [piətát] *f.* piety. 2 pity, mercy.

pietós, -osa [piətós, -ózə] *a.* pious, devout. 2 compassionate, merciful.

pífia [pífiə] *f.* blunder, gaffe.

piga [píɣə] *f.* freckle. 2 beauty spot.

pigall [piɣáʎ] *m.* blind person's guide.

pigallós, -osa [piɣəʎós, -ózə] See PIGAT.

pigat, -ada [piɣát, -áðə] *a.* freckled, freckly.

pigment [pigmèn] *m.* pigment.

pigmeu, -ea [pigmèŭ, -éə] *a., m.-f.* pygmy.

pijama [piʒàmə] *m.* pyjamas, (USA) pajamas.

pila [pílə] *f.* pile, heap. 2 loads *pl.,* lots *pl.,* heaps *pl.: fa una* ~ *d'anys,* lots of years ago. ‖ *hi havia una* ~ *de gent,* there were loads of people there. 3 font [baptismal]. 4 ELECTR. battery, cell. 5 *nom de* ~, first name, Christian name.

pilar [pilá] *m.* pillar [also fig.].

pilastra [pilástrə] *f.* ARCH. pilaster.

pillar [piʎá] *t.* to pillage, to plunder, to loot. 2 to grab, to catch.

pillatge [piʎádʒə] *m.* plunder, pillage, looting.

pillet, -ta [piʎèt, -tə] See MURRI.

piló [piló] *m.* block. 2 chopping block. 3 heap.

pílor [pilur] *m.* ANAT. pylorus.

pilós, -osa [pilós, -ózə] *a.* hairy, shaggy.

pilot [pilɔ́t] *m.* NAUT. pilot; mate. 2 AUTO. driver. 3 AVIAT. pilot. 4 heap; amount; bundle. ■ *5 a.* pilot. ‖ *un projecte* ~, a pilot scheme.

pilota [pilɔ́tə] *f.* SP. ball. 2 COOK. meatball. 3 fig. *fer el* ~, to play up to. ‖ *tornar la*

pilotada

~, to give someone a taste of his own medicine; tit for tat.

pilotada [pilutáðə] *f.* blow with a ball.

pilotar [pilutá] *t.* ANAT. to pilot, to steer. 2 AVIAT. to pilot, to fly. 3 AUTO. to drive.

pilotatge [pilutádʒə] *m.* NAUT. piloting. 2 AVIAT. piloting, flying. 3 AUTO. driving.

pilotejar [pilutəʒá] See PILOTAR.

pinacle [pináklə] *m.* pinnacle. 2 fig. pinnacle, acme, peak.

pinacoteca [pinəkutέkə] *f.* art gallery, picture gallery.

pinar [piná] *m.* BOT. See PINEDA.

pinassa [pinásə] *f.* BOT. pine needles.

pinça [pinsə] *f.* peg. 2 SEW. dart. 3 *pl.* tongs, tweezers, pincers. 4 *pl.* claws [of crabs, etc.].

pinçar [pinsá] *t.* to fasten, to secure, to hold, to grip. 2 to pinch.

píndola [pindulə] *f.* pill. ‖ *daurar la* ~, to sugar or to sweeten the pill.

pineda [pinέðə] *f.* pine grove, pine wood.

ping-pong [piŋpòŋ] *m.* ping-pong, table tennis.

pingüí [piŋgwi] *m.* ORNIT. penguin.

pinsà [pinsá] *m.* ORNIT. chaffinch.

pinso [pinsu] *m.* feed, fodder.

pinta [pintə] *f.* comb. 2 fig. appearance, look. ‖ *fer bona* ~, to look good. 3 *m.* rogue, scoundrel.

pintada [pintáðə] *f.* graffity.

pintar [pintá] *t.* to paint, to draw, to sketch. 2 ARTS to paint, to describe, to depict, to paint. ■ 4 *p.* to put make-up on, to make oneself up.

pintor, -ra [pintó, -rə] *m.-f.* painter. 2 house painter.

pintoresc, -ca [pinturέsk, -kə] *a.* picturesque. 2 colourful.

pintura [pintúrə] *f.* paint. 2 painting, picture.

pinxo [pinʃu] *m.* show-off, boaster, swaggerer.

pinya [piɲə] *f.* BOT. pine-cone. 2 pineapple. 3 fig. punch, blow. 4 crash [cars, etc.]. 5 cluster, bunch.

pinyac [piɲák] *m.* blow, punch.

pinyó [piɲó] *m.* BOT. pine seed, pine nut. 2 MECH. pinion.

pinyol [piɲɔ́l] *m.* BOT. stone; pip, seed, (USA) pit.

pinzell [pinzέʎ] *m.* paintbrush, brush.

pinzellada [pinzəʎáðə] *f.* brushstroke, stroke. 2 fig. short description.

pioc, -ca [piɔ́k, -kə] *a.* weak, poorly, unhealthy.

piolet [piulέt] *m.* ice-axe.

pipa [pipə] *f.* pipe. 2 *fer la* ~, to suck one's thumb.

pipada [pipáðə] *f.* puff [of smoke].

pipar [pipá] *i.* to smoke. ■ 2 *t.* to puff at.

pipeta [pipέtə] *f.* pipette.

pipí [pipi] *m.* wee-wee. ‖ *fer* ~, do a wee-wee.

piqué [pikέ] *m.* piqué [type of cloth].

piquet [pikέt] *m.* picket.

pira [pirə] *f.* pyre.

piragua [piráɣwə] *f.* canoe.

piràmide [pirámiðə] *f.* pyramid.

pirandó [pirəndó] *m.* *tocar el* ~, to beat it, to hop it.

pirata [pirátə] *m.* pirate. ■ 2 *a.* pirate, bootleg: *edició* ~, pirate edition.

pirateria [pirətəriə] *f.* piracy.

pirinenc, -ca [pirinέŋ, -kə] *a.* Pyrenean.

Pirineus [pirinέus] *pr. n. m. pl.* GEOGR. Pyrenees.

pirita [piritə] *f.* MINER. pyrites.

pirotècnia [pirutέkniə] *f.* pyrotechnics.

pis [pis] *m.* flat, apartment. 2 floor, storey. 3 layer; deck. ‖ *casa (o bloc) de pisos*, block of flats, high-rise building. 4 ~ *franc*, flat used as a hideout by delinquents.

pisa [pizə] *f.* china, earthenware, pottery. 2 crockery.

piscicultura [pisikultúrə] *f.* fish farming.

piscina [pisinə] *f.* swimming pool.

piscolabis [piskuláβis] *m.* snack.

pispa [pispə] *m.* pickpocket, thief.

pispar [pispá] *t.* coll. to pinch, to nick, to lift.

pissarra [pisárrə] *f.* MINER. slate. 2 blackboard, board.

pista [pistə] *f.* trail, track. 2 trace, scent. 3 fig. clue. 4 SP. track; court. ‖ ~ *de gel*, ice rink; ~ *d'esquí*, ski run or slope; ~ *de tennis*, tennis court. 5 ~ *d'aterratge*, runway. ‖ ~ *de ball*, dance floor.

pistil [pistil] *m.* BOT. pistil.

pistó [pistó] *m.* MECH. piston. 2 MUS. piston, valve. 3 cartridge or percussion cap [of guns].

pistola [pistɔ́lə] *f.* pistol, gun. 2 spray gun, paint gun.

pistoler, -ra [pistulέ, -rə] *m.* gangster, gunman. 2 *f.* holster.

pistrincs [pistriŋks] *m. pl.* coll. money *sing.*, dough *sing.*

planura

pit [pit] *m.* ANAT. chest. 2 breast, bust, bosom [of woman]. 3 breast [of animal]. 4 *prendre's una cosa a ~,* to take something to heart.

pita [pitə] *f.* BOT. agave.

pitafi [pitáfi] *m.* botch-up, cock-up, mess-up.

pitam [pitám] *m.* big bust, large breasts.

pitança [pitánsə] *f.* daily ration or food allowance. 2 coll. daily bread; food.

pitet [pitɛt] *m.* bib.

pítima [pitimə] *f.* coll. drunkenness.

pitjar [pidʒá] *t.* to press, to squeeze; to trample [down].

pitjor [pidʒó] *a.-adv.* worse, worst.

pitó [pitó] *m.* ZOOL. python.

pitonisa [pitunisə] *f.* pythoness.

pitrera [pitrɛ́rə] *f.* front, shirt-front. 2 coll. breast, bust, bosom, chest.

pit-roig [pitrrɔ́tʃ] *m.* ORNIT. robin.

piu [piů] *m.* chirping, cheeping [birds]. ‖ *sense dir ni ~,* without saying a word. 2 TECH. pin, peg; pivot, plug; catch. 3 vulg. cock.

piula [piůlə] *f.* banger, cracker, firework.

piular [piůlá] *i.* to chirp, to cheep. 2 fig. to speak.

piulet [piůlɛt] *m.* chirping, cheeping [birds]. 2 screeching, screaming, squealing.

pixaner, -ra [piʃənɛ́, -rə] *a.* vulg. weak-bladdered. ■ 2 *m.-f.* vulg. weak-bladdered person.

pixar [piʃá] *t.-i.* vulg. to piss, to pee.

pixatinters [piʃətintɛ́s] *m.* pej. penpusher; clerk.

pixats [piʃáts] *m. pl.* vulg. piss *sing.* ‖ fig. *amb els ~ al ventre,* in the act, red-handed.

pla, -ana [pla, -ánə] *a.* even, flat, level, smooth. ■ 2 *m.* flat surface. 3 ARCH. draft, ground plan. 4 GEOGR. map; street plan. 5 project, plan. 6 MATH., GEOM. plane; straight. 7 plain. 8 *f.* page.

plaça [plákə] *f.* plate. ‖ ~ *solar,* solar panel.

plaça [plásə] *f.* square. 2 job, post [work]; seat, place [cinema, bus, etc.]. 3 market, market place.

placenta [pləsɛ́ntə] *f.* ANAT. placenta.

plàcid, -da [plásit, -ðə] *a.* calm, peaceful, placid, still.

placidesa [pləsiðɛ́zə] *f.* calmness, peacefulness, stillness, placidness.

plaent [pləɛ́n] *a.* agreeable, nice, pleasant, pleasing.

plaer [pləɛ́] *m.* pleasure, enjoyment, delight. ‖ *per ~,* for pleasure, for fun.

plafó [pləfó] *m.* panel.

plaga [pláɣə] *f.* plague, curse, calamity, scourge. 2 MED. ulcer, sore. ■ 3 *m.* practical joker, leg-puller, mocker.

plagi [pláʒi] *m.* plagiarism.

plagiar [pləʒiá] *t.* to plagiarise.

planador [plənəðó] *m.* AER. glider.

planar [pləná] *i.* AER. to glide. 2 to soar [birds].

plançó [plənsó] *m.* BOT. seedling; sapling. 2 shoot, sprout. 3 fig. offspring.

planejar [plənəʒá] *t.* to plan. ■ 2 *i.* to be flat.

planell [plənɛ́ʎ] *m.* GEOGR. plateau, table-land.

planer, -ra [plənɛ́, -rə] *a.* flat, level, even. 2 fig. simple, easy.

planeta [plənɛ́tə] *m.* planet.

plànol [plánul] *m.* map, plan. 2 drawing, draft.

planta [plántə] *f.* BOT. plant. 2 ANAT. sole. 3 appearance, bearing. 4 ARCH. ground plan. 5 floor, storey.

plantació [pləntəsió] *f.* plantation; planting.

plantar [pləntá] *t.* AGR. to plant. 2 to put in, to stick. 3 coll. to place, to put, to set. ‖ ~ *cara,* to face, to stand up to someone. 4 coll. to abandon, to give up, to leave. 5 coll. to land [blow], to slap, to hit. ■ 6 *p.* to get to.

plantat, -ada [pləntát, -áðə] *a.* planted; standing. ‖ *ben ~,* good-looking, well-built.

plantejament [pləntəʒəmɛ́n] *m.* exposition; planning. 2 approach. 3 statement [of problem]. 4 posing, raising [of question].

plantejar [pləntəʒá] *t.* to state, to set forth [problem]. 2 to raise, to pose [a question]. 3 to plan, to think out; to outline. 4 to carry out, to introduce [reform, etc.].

planter [pləntɛ́] *m.* nursery, seedbed [for plants]. 2 seedling. 3 fig. training establishment, nursery.

plantificar [pləntifiká] *t.* coll. to put, to stick, to place.

plantilla [pləntiʎə] *f.* insole [of shoe]. 2 TECH. template, pattern; stencil. 3 personnel, employees *pl.*; staff.

plantofa [pləntɔ́fə] *f.* slipper.

plantofada [pləntufáðə] *f.* blow, slap.

planura [plənúrə] *f.* GEOGR. plain.

planxa [plánʃə] f. plate, sheet. 2 iron [for ironing]. 3 PRINT. plate. 4 coll. bloomer, blunder. ‖ *fer una* ~, to drop a clanger.

planxar [plənʃá] t. to iron, to press [clothes].

plany [plaɲ] m. lament, complaint, moaning.

plànyer [plàɲə] t. to pity, to feel sorry for, to sympathize with. 2 to save, to use sparingly, to economize. ■ 3 p. to complain or to moan about.

plasma [plázmə] m. plasma.

plasmar [pləzmá] t. to shape, to mould; to create, to represent; to capture.

plàstic, -ca [plàstik, -kə] a. plastic. ■ 2 m. plastic. 3 f. plastic art, modelling.

plastificar [pləstifiká] t. to plasticize, to plastify.

plat [plat] m. plate, dish. 2 dish, plateful. 3 course.

plata [plátə] f. silver [metal]. 2 dish, serving dish, (USA) platter.

plataforma [plətəfórmə] f. platform. 2 platform car. (USA) flat-car. 3 footplate [trains, buses]. 4 ~ *de llançament,* launching pad. 5 ~ *de perforació,* drilling rig. 6 fig. stepping-stone.

plàtan [plátən] m. BOT. plane tree. 2 banana tree. 3 banana [fruit].

platanar [plətəná] m. banana plantation.

platea [plətέə] f. THEATR. stalls pl.

platejat, -ada [plətəʒát, -áðə] a. silver-plated. 2 silvery [colour].

plateresc, -ca [plətərέsk, -kə] a. ART plateresque [style].

platerets [plətərέts] m. pl. MUS. cymbals.

platí [pləti] m. platinum.

platina [plətinə] f. MECH. plate. 2 TECH. slide [of microscope]. 3 worktable [machine tool]. 4 cassette deck. 5 record deck. 6 PRINT. platen.

platja [pládʒə] f. beach. 2 seaside.

platònic, -ca [plətɔ̀nik, -kə] a. Platonic. 2 platonic.

plats-i-olles [plàdziʎəs] m. pottery seller.

plaure [plàurə] i. to please; to like. ‖ *si et plau,* please. ▲ CONJUG. GER. *plaent.* ‖ P. P.: *plagut.* ‖ INDIC. Pres.: *plac.* ‖ SUBJ. Pres.: *plagui,* etc. ‖ Imperf.: *plagués,* etc.

plausible [pləuzibblə] a. plausible.

ple, -ena [plέ, -έnə] a. full. 2 absolute, total. 3 chubby, plump, fat. ■ 4 m. THEATR. full house; sellout. 5 plenary session. 6 *de* ~, totally, completely.

plebeu, -ea [pləβέu, -έə] a. plebeian, vulgar, common.

plebiscit [pləβisit] m. plebiscite.

plebs [plέps] f. common people, masses pl., rabble. 2 coll. plebs.

plec [plέk] m. pleat [of clothes]; crease, fold [of paper etc.]. 2 GEOL. fold. 3 sealed letter.

pledejar [pləðəʒá] t. LAW to plead. ■ 2 i. LAW to plead (for or against).

plegar [pləɣá] t. to fold; to bend; to pleat [clothes]. 2 to stop; to close down. ■ 3 i. to stop working, to knock off. ‖ *pleguem!,* that's enough, let's finish. 4 to pack up.

plegat, -ada [pləɣát, -áðə] a. pl. together. ■ 2 m. folding, bending. ‖ *tot* ~, the whole thing; when all's said and done. ‖ *tot d'un* ~, all of a sudden, all at once.

plèiade [plέjəðə] f. group, number [of famous people]. 2 ASTR. pl. Pleiades.

plenamar [plɛnəmár] f. high tide, high water.

plenari, -ària [plənári, -áriə] a. plenary; full, complete. ■ 2 m. plenary session.

pleniluni [plənilúni] m. full moon.

plenipotenciari, -ària [plɛniputənsiàri, -àriə] a., m.-f. plenipotentiary.

plenitud [plənitút] f. plenitude, fullness; completeness. ‖ *en la* ~ *de,* in the fulness of. 2 fig. prime [persons].

pleonasme [pləunázmə] m. pleonasm.

plet [plet] m. debate, dispute, controversy. 2 LAW lawsuit, case.

pleta [plέtə] f. sheepfold, fold.

pleura [plέurə] f. ANAT. pleura.

pleuresia [pləurəziə] f. MED. pleurisy.

plom [plom] m. CHEM. lead [metal]. 2 ELECTR. fuse. 3 drag, bore [person].

ploma [plɔ̀mə] f. feather. 2 quill; pen [writing instruments].

plomada [plumáðə] f. CONSTR. plumbline.

plomall [plumáʎ] m. plumage; crest, plume. 2 feather duster.

plomar [plumá] t. to pluck.

plomatge [plumádʒə] m. plumage, feathers.

plomer [plumέ] m. feather duster.

plomissol [plumisɔ̀l] m. down.

plor [plɔ] m. crying, weeping. ‖ *arrencar el* ~, to start crying.

ploramiques [plɔrəmikəs] m. f. crybaby.

ploraner, -ra [plurənέ, -rə] a. tearful, weeping. ■ 2 m.-f. crybaby, whimperer. 3 f. hired mourner.

plorar [plurá] *i.* to cry, to weep. ■ *2 t.* to shed tears, to weep. *3* to mourn (for). *4* to regret. *5* to bemoan, to bewail.

ploricó [plurikó] *m.* whimpering, whining.

plorós, -osa [plurós, -ózə] *a.* tearful, weeping.

ploure [plɔ́urə] *i.* to rain [also fig.]. ‖ ~ *a bots i barrals,* to rain cats and dogs.

plovisquejar [pluβiskəʒá] *i.* to drizzle.

plugim [pluʒim] *m.* drizzle.

pluja [plúʒə] *f.* rain, shower [also fig.]. ‖ *una ~ d'aplaudiments,* a hail of applause.

plujós, -osa [pluʒós, -ózə] *a.* rainy, wet.

plural [plurál] *a.* plural.

pluralitat [pluralitát] *f.* plurality. *2* majority. *3* a great number of, a great variety of.

plus [plus] *m.* bonus, extra pay. ‖ ~ *de nocturnitat,* bonus for working nights.

plusquamperfet [pluskwəmpərfét] *m.* GRAMM. *pluperfect.*

plus-vàlua [pluzβálua] *f.* appreciation, increased value; unearned increment.

Plutó [plutó] *m.* ASTR. Pluto.

plutocràcia [plutukrásiə] *f.* plutocracy.

pluvial [pluβiál] *a.* pluvial, rain.

pluviòmetre [pluβiɔ́mətrə] *m.* pluviometer, rain gauge.

pneumàtic, -ca [nəũmátik, -kə] *a.* pneumatic. ■ *2 m.* tyre, (USA) tire.

pneumònia [nəũmɔ́niə] *f.* MED. pneumonia.

poagre [puáɣrə] *m.* MED. podagra, gout.

poal [puál] *m.* (BAL.) (VAL.) See GALLEDA.

població [pubbləsió] *f.* population. *2* city, town; village.

poblament [pubbləmén] *m.* populating, peopling.

poblar [pubblá] *t.* to people, to populate [people]. *2* to populate [animals]. *3* to inhabit. *4* to settle, to colonize; to plant [trees]; to stock [fish].

poble [pɔ́bblə] *m.* people [nation]. *2* village. *3* common people.

pobre, -bra [pɔ́βrə, -βrə] *a.* poor [also fig.]. *2* little, no. ■ *3 m.-f.* poor person; poor man or woman, beggar. *4 pl.* the poor.

pobresa [puβrɛ́zə] *f.* poverty; need. *2* lack, scarcity, want.

pobrissó, -ona [puβrisó, -ónə] *a.* poor little thing.

poc, -ca [pɔ́k, -kə] *a.* little, not much; slight, scanty; not very. ‖ ~ *útil,* not

very useful. *2 pl.* not many, few; a few, some. ‖ *poques vegades,* not very often. ■ *3 adv.* not very much, little. ‖ *entre ~ i massa,* neither one thing nor the other. ‖ *a ~ a ~,* bit by bit, slowly. ‖ *al cap de ~,* after a short while. ‖ ~ *més o menys,* more or less.

poca-solta [pɔ́kəsɔ́ltə] *m.-f.* coll. thoughtless person. *2* cheeky person.

poca-traça [pɔ́kətrásə] *m.-f.* awkward or clumsy person, bungler.

poca-vergonya [pɔ́kəβərɣóɲə] *m.-f.* cheeky or shameless person, rotter.

poció [pusió] *f.* potion. *2* fig. brew, concoction.

podar [puðá] *t.* to prune; to trim.

poder [puðé] *m.* power, force, means; capacity; strength. *2* authority, control. ‖ *en ~ de,* in the hands of.

poder [puðé] *t.* to be able to, can. *2* may, might [granting or asking for permission]. *3* to be allowed to. *4* may, might, can [possibility]. ▲ CONJUG. P. P.: *pogut.* ‖ INDIC. Pres.: *puc, pots, pot,* etc. ‖ SUBJ. Pres.: *pugui,* etc. ‖ Imperf.: *pogués,* etc.

poderós, -osa [puðərós, -ózə] *a.* powerful; strong.

podridura [puðriðúrə] *f.* putrefaction, rot, decay. *2* fig. corruption, rottenness.

podrir [puðrí] *t.* to rot. ■ *2 p.* to rot, to decompose.

podrit [puðrit] *m.* rotten part [of something].

poema [puɛ́mə] *m.* poem.

poesia [puəziə] *f.* LIT. *poetry.* *2* poem.

poeta [puɛ́tə] *m.* poet.

poetastre [puətástrə] *m.* poetaster, petty poet.

poetessa [puətɛ́sə] *f.* poetess.

poètic, -ca [puɛ́tik, -kə] *a.* poetic, poetical. *2* poetry.

pol [pɔl] *m.* pole.

polaina [puláĭnə] *f.* gaiter, legging.

polar [pulár] *a.* polar.

polaritzar [pularidzá] *t.* to polarize.

polca [pɔ́lkə] *f.* MUS. polka.

polèmic, -ca [pulɛ́mik, -kə] *a.* polemical. ■ *2 f.* polemic, controversy. *3* polemics.

polemista [puləmistə] *m.-f.* polemicist, debater.

policia [pulisiə] *f.* police, police force. *2 m.* policeman. *3 f.* policewoman.

policíac, -ca [pulisiək, -kə] *a.* police. ‖ *novel·la policíaca,* detective novel; coll. whodunit.

polidesa [puliðέzə] *f.* neatness, tidiness. 2 cleanliness. 3 refinement, polish, elegance.

poliedre [puliəðrə, cold puliέðrə] *m.* GEOM. polyhedron.

poliester [puliέstər] *m.* polyester.

polifonia [pulifuniə] *f.* MUS. polyphony.

polifònic, -ca [pulifɔnik, -kə] *a.* MUS. polyphonic.

poligàmia [puliɣàmiə] *f.* polygamy.

poliglot, -ta [puliɣlɔt, -tə] *a., m.-f.* polyglot.

polígon [puliɣun] *m.* GEOM. polygon. 2 ~ *industrial,* industrial estate.

polinomi [pulinɔmi] *m.* polynomial.

poliomelitis [puliumǝlitis] *f.* MED. poliomyelitis.

pòlip [pɔlip] *m.* ZOOL., MED. polyp.

polir [puli] *t.* to polish, to smooth. 2 fig. to put the finishing touches to. 3 fig. to polish, to refine [person]. 4 fig. to steal, to pinch. ■ 5 *p.* to squander, to waste [money, etc.]. 6 coll. to polish off.

polisíl·lab, -ba [pulisíl·ləp, -βə] *a.* GRAMM. polysyllabic. ■ 2 *m.* polysyllable.

polisportiu [pɔlispurtiŭ] *m.* sports hall.

pòlissa [pɔlisə] *f.* policy [insurance]. 2 tax stamp, fiscal stamp. 3 contract.

polissó [pulisó] *m.* stowaway.

polit, -ida [pulit, -iðə] *a.* neat, trim; lovely, pretty.

politècnic, -ca [pulitέknik, -kə] *a.* polytechnic, polytechnical. ■ 2 *m.-f.* polytechnic.

politeisme [pulitəizmə] *m.* polytheism.

polític, -ca [pulitik, -kə] *a.* political. ‖ *fill* ~, son-in-law. ■ 2 *f.* politics 3 policy. 4 *m.* politician, statesman.

politja [pulidʒə] *f.* pulley.

poll [poʎ] *m.* chick, chicken. 2 ENT. louse.

polla [pɔʎə] *f.* ORNIT. pullet, young hen.

pollancre [puʎáŋkrə] *m.* BOT. poplar.

pollastre [puʎástrə] *m.* chicken.

polleguera [puʎəɣèrə] *t.* TECH. strap hinge, pivot, pin. ‖ fig. *fer sortir de* ~, to get on one's nerves.

pol·len [pɔl·lən] *m.* BOT. pollen.

pollet [puʎέt] *m.* ORNIT. chick, chicken.

pollí, -ina [puʎí, -inə] *m.-f.* young donkey or ass.

pollós, -osa [puʎós, -ózə] *a.* lousy. 2 fig. dirty, wretched.

pol·lució [pullusió] *f.* pollution.

polo [pɔlu] *m.* SP. *polo.*

polonès, -esa [pulunές, -έzə] *a.* Polish. ■ 2 *m.-f.* Pole.

Polònia [pulɔniə] *pr. n. f.* GEOGR. Poland.

polpa [pɔlpə] *f.* pulp.

pols [pols] *m.* ANAT. *pulse.* 2 ANAT. temple. 3 dust.

polsada [pulsáðə] *f.* pinch.

polsar [pulsá] *t.* to take or to feel the pulse of. 2 to play, to strum, to pluck [guitar, violin, etc.]. 3 fig. to sound out, to probe.

polsegós, -osa [pulsəɣós, -ósə] *a.* dusty.

polseguera [pulsəɣèrə] *f.* dust cloud, cloud of dust.

polsera [pulsèrə] *f.* bracelet.

polsim [pulsim] *f.* very fine dust.

polsós, -osa [pulsós, -ózə] *a.* dusty.

poltre [pɔltrə] *m.* ZOOL. colt, foal. 2 SP. vaulting horse.

poltró, -ona [pultró, -ónə] *a.* idle, lazy. ■ 2 *f.* easy chair.

pólvora [pɔlβurə] *f.* gunpowder.

polvorera [pulβurèrə] *f.* COSM. compact.

pólvores [pɔlβurəs] *f. pl.* COSM. powder *sing.*

polvorí [pulβuri] *m.* powder magazine, gunpowder arsenal.

polvoritzador [pulβuridzəðó] *m.* pulverizer. 2 atomizer, spray.

polvoritzar [pulβuridzá] *t.* to pulverize, to crush, to grind [solids]. 2 to atomize, to spray [liquids].

polzada [pulzáðə] *f.* inch.

polze [pɔlzə] *m.* thumb.

pom [pom] *m.* knob. 2 bunch [of flowers].

poma [pɔmə] *f.* BOT. apple.

pomada [pumáðə] *f.* MED. ointment.

pomell [pumέʎ] *m.* bunch [of flowers].

pomer [pumέ] *m.* BOT. apple tree.

pompa [pómpə] *f.* pomp; ceremony, display. 2 *pompes fúnebres,* funeral [ceremony], undertaker's [establishment].

pompill [pumpiʎ] (ROSS.) See CUL.

pompós, -osa [pumpós, -ózə] *a.* pompous, showy, self-important [person]. 2 splendid, sumptuous. 2 pompous, inflated [style].

pòmul [pɔmul] *m.* ANAT. cheekbone.

poncell, -a [punsέʎ, -έʎə] *a.* virgin. ■ 2 *f.* virgin, maid. 3 BOT. bud.

ponderar [pundərá] *t.* to ponder over, to consider, to think over. 2 to balance, to weigh up. 3 to exaggerate. 4 to praise highly.

ponderat, -ada [pundərát, -áðə] *a.* measured [thing]. 2 prudent, tactful [person]. 3 well-balanced, steady.

pondre [póndrə] *t.* to lay [eggs]. ■ 2 *p.* to set, to go down [sun, etc.]. ▲ CONJUG. like *respondre*.

ponedor [punəðó] *a.* egg-laying, laying. ■ 2 *m.* laying place, nest box.

ponència [punénsiə] *f.* report. 2 position of reporter. 3 reporter.

ponent [punén] *m.* GEOG. west. 2 *m.-f.* rapporteur.

pont [pɔn] *m.* CONSTR. bridge. 2 NAUT. upper deck. 3 ~ *aeri*, airlift, air shuttle. 4 *fer* ~, to have a long weekend.

pontífex [puntífəks] *m.* REL. pontiff; pope.

pontificat [puntifikát] *m.* pontificate.

pontifici, -ícia [puntifísi, -ísiə] *a.* pontifical.

pontó [puntó] *m.* NAUT. pontoon.

ponx [pɔnʃ] *m.* COOK. punch.

pop [pɔp] *m.* ZOOL. octopus.

popa [pópə] *f.* NAUT. poop, stern.

pope [pópe] *m.* pope.

popular [pupulá(r)] *a.* popular. || *un cantant* ~, a popular singer. 2 of the people, folk; *cançó* ~, folk song; *república* ~, people's republic. 3 colloquial [language].

popularitat [pupuləritát] *f.* popularity.

popularitzar [pupuləridzá] *t.* to popularize. ■ 2 *p.* to become popular.

populatxo [pupulátʃu] *m.* populace, masses; mob, rabble.

populós, -osa [pupulós, -ózə] *a.* populous.

pòquer [pɔ́kər] *m.* GAME. poker.

por [po] *f.* fear, fright, dread. || *tinc* ~, I'm afraid (de, of). || *em fa* ~, it frightens or scares me. 2 *tenir* ~, to be afraid that. || *tinc* ~ *de fer tard*, I'm afraid I will be late.

porc, -ca [pɔrk, -kə] *m.-f.* pig, hog, swine; sow [female]. || ~ *espí*, porcupine. || ~ *senglar*, wild boar. 2 fig. pig, swine, bitch. ■ 3 *a.* dirty, filthy; disgusting; bawdy, smutty.

porcada [purkáðə] *f.* herd of pigs. 2 fig. dirty trick.

porcell [pursèʎ] *m.* piglet; sucking pig.

porcellana [pursəʎánə] *f.* porcelain, china.

porcí, -ina [pursí, -inə] *a.* porcine, pig.

porció [pursió] *f.* portion; share. 2 COOK. part, amount; piece [of chocolate].

porfídia [purfíðiə] *f.* persistence; stubbornness.

porfidiejar [purfiðiəʒá] *i.* to persist, to insist; to argue stubbornly.

porgar [purɣá] *t.* to sieve, to sift.

pornografia [purnuɣrəfíə] *f.* pornography.

porós, -osa [purós, -ózə] *a.* porous.

porpra [pórprə] *f.* purple.

porqueria [purkəriə] *f.* filth, muck. 2 dirty trick. 3 rubbish, junk.

porra [pórrə] *f.* truncheon, club. || *ves a la* ~, get lost, go to hell!

porro [pórru] *m.* BOT. leek. 2 coll. joint [drug].

porró [purró] *m.* glass wine jug with a long spout.

port [pɔr(t)] *m.* port, harbour, (USA) harbor. 2 GEOGR. *pass.* 3 bearing, air. 4 *pl.* porterage *sing.*; delivery charge *sing.*

porta [pɔ́rtə] *f.* door; gate; doorway, entrance [also fig.]. || *a* ~ *tancada*, behind closed doors. || *estar a les portes de*, to be on the threshold of. || *tancar la* ~ *als nassos*, to slam the door in one's face. || *trucar a la* ~, to knock at someone's door [also fig.].

portaavions [pɔrtəβiòns] *m.* aircraft carrier.

portabombeta [pɔrtəβumbètə] *m.* ELECTR. bulb-holder.

portacigarretes [pɔəxrtəsiɣərrètəs] *m.* cigarette case.

portada [purtáðə] *f.* main door or entrance. 2 cover, title page [of book].

portador, -ra [purtəðó, -rə] *a.* carrying. ■ 2 *m.-f.* carrier. 3 *m.* COMM. bearer, payee.

portaequipatges [p'ɔrtəkipádʒəs] *m.* boot [of a car], (USA) trunk.

portal [purtál] *m.* main door or entrance; doorway.

portalada [purtəláðə] *f.* large doorway or entrance.

portalàmpades [pɔrtəlámpəðəs] *m.* socket [of light bulb].

portamonedes [pɔrtəmunèðəs] *m.* purse, (USA) change purse.

portar [purtá] *t.* to bring (along), to carry on one, to have; to carry. || *portes diners?*, have you any money (on you)? || *quina en portes de cap?*, what have you got in mind? 2 to direct, to manage; to run [also fig.]. || ~ *un taxi*, to drive a taxi. || ~ *una botiga*, to run a shop. 3 to wear. 4 to take; to lead. 5 to cause. || fig. *els gats negres porten mala sort*, black cats bring you bad luck. ■ *6 p.* to behave (oneself).

portàtil [purtátil] *a.* portable.

portaveu [pɔrtəβéŭ] *m.-f.* spokesman.

portaviandes [pɔrtəβiándəs] *m.* lunch box. *2* picnic basket; ice-box.

portella [purtéʎə] *f.* little door. *2* door [of car].

portent [purtèn] *m.* prodigy, phenomenon; marvel; sensation [person].

portentós, -osa [purtəntós, -ózə] *a.* marvellous, extraordinary; sensational.

porter, -ra [purtè, -rə] *m.-f.* doorman, doorkeeper; porter. *2* SP. goalkeeper, goalie.

porteria [purtəriə] *f.* porter's lodge or lodgings. *2* hall, entrance [of a building]. *3* SP. *goal.*

pòrtic [pɔ́rtik] *m.* portico; porch.

porticó [purtikó] *m.* shutter [of window]. *2* small window.

porto-riqueny, -nya [purturrikèɲ, -ɲə] *a., m.-f.* Puerto Rican.

portuari, -ària [purtuári, -áriə] *a.* port, dock: *treballador ~*, docker.

Portugal [purtuɣál] *pr. n. m.* GEOGR. Portugal.

portugués, -esa [purtuɣès, -ézə] *a., m.-f.* Portuguese.

poruc, -uga [purúk, -úɣə] *a.* fearful, faint-hearted; timid.

porus [pɔ́rus] *m.* pore.

porxada [purʃáðə] *f.* arcade.

porxo [pɔ́rʃu] *m.* porch, portico.

posada [puzáðə] *f.* inn, lodging house. *2 ~ en comú*, meeting, get-together. ‖ *~ en escena*, staging. ‖ *~ en funcionament*, implementation. ‖ *~ en marxa*, starting-up.

posar [puzá] *t.* to put; to place, to set. *2* fig. *~ atenció*, to pay attention. ‖ *al gos li posarem «Pelut»*, we'll call the dog «Pelut». *3* to suppose. ■ *4 p.* to get, to become: *posar-se trist*, to get sad. *5* to start. ‖ *posar-se a córrer*, to run off. ‖ *posar-se a plorar*, to start crying. *6* to put on [clothing, jewellery, etc.]. ■ *7 i.* to stop over, to spend the night. *8* to pose [for an artist].

posat [puzát] *m.* attitude, air.

posició [puziziò] *f.* location; position. *2* situation. ‖ fig. *~ econòmica*, financial position. *3* position [also fig.].

pòsit [pɔ́zit] *m.* sediment, deposit. *2* fig. bed.

positiu, -iva [puzitiŭ, -iβə] *a.* positive.

positivisme [puzitiβizmə] *m.* PHIL. positivism.

positivista [puzitiβistə] *a., m.-f.* positivist.

positura [puzitúrə] *f.* posture; pose.

posposar [puspuzá] *t.* to put after or behind. *2* to postpone; to put off.

posseïdor, -ra [pusəiðò, -rə] *a.* owning, possessing. ■ *2 m.-f.* owner, possessor; holder.

posseir [pusəi] *t.* to possess, to own, to have; to hold.

possessió [pusəsiò] *f.* possession, ownership. *2* tenure. *3* possession, property; estate.

possessiu, -iva [pusəsiŭ, -iβə] *a.* possessive.

possibilitar [pusiβilitár] *t.* to make possible or feasible; to permit.

possibilitat [pusiβilitát] *f.* possibility; chance.

possible [pusibblə] *a.* possible. ■ *2 m. pl.* assets, funds; means.

post [pɔs(t)] *f.* board, plank. ‖ *~ de planxar*, ironing-board. *2 m.* MIL. *post.*

posta [pɔ́stə] *f.* placing, putting. *2* relay [of horses]. ‖ *a ~*, on purpose. *3* setting [of star]. *4* egg-laying; egg-laying season. *6* bet [money].

postal [pustál] *a.* postal, (USA) mail: *gir ~*, postal order, (USA) mail order. ■ *2 f.* postcard.

postdata [puzdátə] *f.* postscript.

postergar [pustərɣá] *t.* to postpone; to delay. *2* to disregard, to ignore.

posterior [pustəriònrœ] *a.* rear, back, posterior. *2* later, subsequent.

posteritat [pustəritát] *f.* posterity.

postís, -issa [pustis, -isə] *a.* false, artificial.

postor [pustò] *m.* LAW bidder.

postrar [pustrá] See PROSTRAR.

postrem, -ma [pustrèm, -mə] *a.* last.

postres [pɔ́strəs] *f. pl.* dessert *sing.*

postular [pustulá] *t.* to postulate. *2* to request; to demand. *3* to collect [money].

postulat [pustulát] *m.* postulate.

pòstum, -ma [pɔ́stum, -mə] *a.* posthumous.

postura [pustúrə] *f.* See POSITURA. *2* bid. *3 pl.* affectation *sing.*

posturer, -ra [pusturè, -rə] *a.* affected; suave.

pot [pɔt] *m.* jar; pot.

pota [pɔ́tə] *f.* leg [of furniture]; foot, leg; paw [of animal].

potable [putábblə] *a.* drinkable. ‖ *aigua* ∼, drinking water. 2 fig. modest; passable.

potassa [putásə] *f.* CHEM. potash.

potassi [putási] *m.* CHEM. potassium.

potatge [putádʒə] *m.* stew; stewed vegetables. 2 mixture; mishmash.

potència [putɛnsiə] *f.* power; capacity [mechanical].

potencial [putənsiàl] *a.-m.* potential.

potent [putɛn] *a.* powerful; potent.

potentat [putəntát] *m.* potentate; magnate, tycoon.

potestat [putəstát] *f.* power, authority.

potinejar [putinəʒá] *t.* to dirty. 2 to mess up, to botch. ■ 3 *i.* to make a mess.

potiner, -ra [putinè, -rə] *a.* fithy, dirty; slovenly.

potinga [putingə] *f.* coll. concoction. 2 MED. potion.

poti-poti [pɔ̀tipɔ̀ti] *m.* jumble, mix-up, muddle.

pòtol [pɔ́tul] *m.* tramp, vagrant, (USA) bum.

potser [putsè] *adv.* maybe, perhaps; possibly.

pou [póu̯] *m.* well. 2 pit, shaft.

PPCC *pr. n. m. pl. (Països Catalans)* (Catalan Countries)

pràctic, -ca [práktik, -kə] *a.* practical; useful, handy; convenient. ■ 2 *f.* practice. 3 *pl.* training *sing.*

practicant [prəktikán] *a.* practising. ■ 2 *m.-f.* medical assistant.

practicar [prəktiká] *t.* to practise, (USA) to practice. 2 to perform. 3 SP. *to play, to go in for.* 4 REL. *to practise, (USA) to practice.*

prada [prádə] *f.* meadow; grasslands *pl.*

Praga [práɣə] *pr. n. f.* GEOGR. *Prague.*

pragmàtic, -ca [prəgmátik, -kə] *a.-f.* pragmàtic.

pragmatisme [prəgmətizmə] *m.* pragmatism.

prat [prat] *m.* field, meadow; pasture.

preàmbul [prəámbul] *m.* preamble, introduction.

prec [prek] *m.* request.

precari, -ària [prəkári, -áriə] *a.* precarious.

precaució [prəkəu̯sió] *f.* precaution.

precedent [prəsəðèn] *a.* preceding, foregoing. ■ 2 *m.* precedent.

precedir [prəsəðí] *t.* to precede.

precepte [prəsèptə] *m.* precept; rule.

preceptor, -ra [prəsəptó, -rə] *m.-f.* preceptor, instructor.

precinte [prəsintə] *m.* seal, band [of package, furniture, etc.].

preciosisme [prəsiuzizmə] *m.* over-refinement, preciosity.

precipici [prəsipisi] *m.* precipice; cliff.

precipitació [prəsipitəsió] *f.* precipitation; (great) haste. 2 CHEM. precipitation.

precipitar [prəsipitá] *t.* to precipitate, to hurl; to hasten. ■ 2 *p.* to rush; to be rash.

precipitat, -ada [prəsipitát, -áðə] *a.* precipitate, rash, sudden. ■ 2 *m.* CHEM. precipitate.

precisar [prəsizá] *t.* to specify, to state precisely.

precisió [prəsizió] *f.* precision, accuracy.

precoç [prəkòs] *a.* precocious.

preconitzar [prəkunidzá] *t.* to advocate. 2 to propose, to put forward; to defend.

precursor, -ra [prəkursó, -órə] *a.* precursory, preceding. ■ 2 *m.-f.* forerunner, precursor.

predecessor, -ra [prəðəsəsó, -rə] *m.-f.* predecessor.

predestinar [prəðəstiná] *t.* to predestine. 2 to predestinate.

predeterminar [prəðətərminá] *t.* predetermine.

predi [prɛ́ði] *m.* property, estate.

prèdica [prɛ́ðikə] *f.* sermon; preaching. 2 fig. harangue.

predicar [prəðiká] *t.* to preach. 2 fig. to sermonize, to lecture.

predicció [prəðiksió] *f.* prediction, forecast.

predilecció [prəðiləksió] *f.* predilection; fondness.

predilecte, -ta [prəðilɛ́ktə] *a.* a favourite, (USA) favorite, preferred.

predir [prəðí] *t.* to predict, to foretell; to forecast.

predisposar [prəðispuzá] *t.* to predispose. 2 to prejudice.

predisposició [prəðispuzisió] *f.* predisposition; tendency, inclination.

predominar [prəðuminá] *i.* to prevail; to predominate.

predomini [prəðumini] *m.* predominance.

preeminent [prəəminèn] *a.* pre-eminent.

preestablir [prəəstəbbli] *t.* to pre-establish.

preexistent [prəəgzistèn] *a.* pre-exis-tent, pre-existing.

prefaci [prəfàsi] *m.* preface.

prefecte [prəfèktə] *m.* prefect [adminis-trative official].

preferència [prəfərènsiə] *f.* preference.

preferir [prəfəri] *t.* to prefer.

prefix [prəfiks] *m.* prefix. 2 area code [tel-ephone].

pregar [prəɣà] *t.* ECCL. to pray. 2 to ask, to beg.

pregària [prəɣàriə] *f.* prayer.

pregó [prəɣó] *m.* announcement; proclamation. 2 speech [during special occasion].

pregon, -na [prəɣón, -nə] *a.* deep; profound.

pregunta [prəɣùntə] *f.* question.

preguntar [prəɣuntà] *t.* to ask.

prehistòria [prəistòriə] *f.* prehistory.

prejudici [prəʒudìsi] *m.* prejudgement. 2 prejudice, bias.

prejutjar [prəʒudʒà] *t.* to prejudge.

preliminar [prəliminà] *a., m.* preliminary.

preludi [prəlùði] *m.* prelude.

preludiar [prəluðià] *i.-t.* to prelude.

prematur, -ra [prəmətúr, -rə] *a.* premature.

premeditació [prəməðitəsió] *f.* preme-ditation; deliberation.

premeditar [prəməðità] *t.* to plan, to premeditate.

prémer [prèmə] *t.* to squeeze; to crush; to press.

premi [prèmi] *m.* reward. 2 award, prize.

premiar [prəmià] *t.* to reward, to recom-pense. 2 to give an award or a prize to.

premissa [prəmisə] *f.* premise, premiss.

premsa [prèmsə] *f.* press.

premsar [prəmsà] *t.* to press; to squeeze.

prenatal [prənətàl[rp] *a.* antenatal.

prendre [prèndrə] *t.* to take; to pick up, to lift. 2 to grab, to grasp. 3 to take out, to take away. 4 to have [to eat or drink]. 5 to adopt, to take [precautions, meas-ures]. 6 ~ *algú per un altre,* to mistake someone for someone else. ‖ ~ *el pèl,* to pullsomeone's leg; ~ *el sol,* to sun-bathe; ~ *la paraula,* to speak [in a meeting]; ~ *mal,* to hurt or injure one-self; ~ *part,* to take part. ■ 7 *i.* BOT. to take (root), to catch [fire]. ■ 8 *p.* to con-geal, to set, to thicken. ▲ CONJUG. GER.: *prenent.* ‖ P. P.: *pres.* ‖ INDIC. Pres.: *prenc.*

‖ SUBJ. Pres.: *prengui,* etc. ‖ Imperf.: *prengués,* etc.

prènsil [prènsil] *a.* prehensile.

prenyar [prəɲà] *t.* to make pregnant; to impregnate.

preocupació [prəukupəsió] *f.* worry, concern, anxiety.

preocupar [prəukupà] *t.* to worry, to concern; to bother. ■ 2 *p.* to worry, to be concerned.

preparació [prəpərəsió] *f.* preparation. 2 training, knowledge.

preparar [prəpərà] *t.* to prepare, to get ready. 2 to teach, to train. ■ 3 *p.* to get ready, to prepare oneself; to be on the way [event].

preparat [prəpəràt] *m.* ready, prepared, set.

preponderància [prəpundərànsiə] *f.* preponderance; superiority.

preponderar [prəpundərà] *i.* to prepon-derate. 2 to prevail.

preposició [prəpuzisió] *f.* preposition.

prepotent [prəputèn] *a.* prepotent, all-powerful; overwhelming.

prepuci [prəpúsi] *m.* ANAT. prepuce, fo-reskin.

prerrogativa [prərruɣətiβə] *f.* prerroga-tive, privilege.

pres, -sa [pres, -zə] *a.* imprisoned. ■ 2 *m.-f.* prisoner.

presa [prézə] *f.* catch; loot; prey. ‖ *ocell de* ~, bird of prey. 2 taking; capture. ‖ ~ *de possessió,* taking over, inauguration [president]. 3 dam. 4 ~ *de xocolata,* bar or square of chocolate.

presagi [prəzàʒi] *m.* omen.

presagiar [prəzəʒià] *t.* to foreshadow, to forebode, to presage.

presbiteri [prəzβitèri] *m.* presbytery, chancel.

prescindir [prəsindi] *i.* to do without, to go without; to omit. ‖ *no podem* ~ *dels seus serveis,* we can't do without his help.

prescripció [prəskripsió] *f.* prescription.

prescriure [prəskriùrə] *t.-i.* to prescribe. ▲ CONJUG. like *escriure.*

presència [prəzènsiə] *f.* presence; bear-ing.

presenciar [prəzənsià] *t.* to be present at; to witness.

present [prəzèn] *a.* present [in time or place]. ‖ *estar de cos* ~, to lie in state; *fer* ~, to remind; *tenir* ~, to bear in mind, to remember. ■ 2 *m.-f.pl.* those present. 3 *m.* present.

presentació [prəzəntəsió] *f.* presentation, introduction.

presentar [prəzəntá] *t.* to present, to show; to put forward. 2 to introduce [person]. ■ 3 *p.* to present oneself, to turn up, to appear. ‖ *presentar-se a algú,* to introduce oneself. ‖ *presentar-se a un examen,* to take or to sit (for) an examination. 4 to appear.

preservar [prəzərβá] *t.* to preserve, to protect (*de,* from).

preservatiu, -iva [prəzərβətiú, -íβə] *a.* preservative. ■ 2 *m.* condom, sheath.

presidència [prəziðénsiə] *f.* presidency; chairmanship.

president, -ta [prəziðén, -tə] *m.-f.* president; chairman.

presidi [prəziði] *m.* prison; penitentiary.

presidiari [prəziðiári] *m.* convict, prisoner.

presidir [prəziði] *t.* to preside.

presó [prəzó] *f.* prison, jail.

presoner, -ra [prəzuné, -rə] *m.-f.* prisoner.

pressa [présə] *f.* hurry, haste. ‖ *córrer ~,* to be urgent. ‖ *de ~,* quickly. ‖ *tenir ~,* to be in a hurry.

préssec [présək] *m.* peach.

presseguer [prəsəɣé] *m.* BOT. peach tree.

pressentir [prəsəntí] *t.* to have a premonition or presentiment of. ▲ CONJUG. INDIC. Pres.: *pressent.*

pressió [prəsió] *f.* pressure. ‖ *~ arterial,* blood pressure. ‖ *~ atmosfèrica,* air pressure. 2 fig. pressure, stress.

pressionar [prəsiuná] *t.* to pressure, to pressurize [a person]; to put pressure on.

pressuposar [prəsupuzá] *t.* to presuppose.

pressupost [prəsupɔs(t)] *m.* budget. 2 estimate.

prest, -ta [prɛs(t), -tə] *a.* ready. 2 prompt; quick. 3 (BAL.) See D'HORA.

prestar [prəstá] *t.* to lend, to loan. 2 fig. to lend, to give. ‖ *~ atenció,* to pay attention. ‖ *~ declaració,* to make a statement. ■ 3 *p.* to lend oneself to.

prestatge [prəstádʒə] *m.* shelf; ledge.

préstec [prɛstək] *m.* loan. 2 LING. loanword.

prestigi [prəstíʒi] *m.* prestige.

presumir [prəzumí] *t.* to presume, to surmise. ■ 2 *i.* to take pride in one's appearance. 3 to be conceited; to show off, to swank. 4 to boast (*de,* of).

presumpció [prəzumsió] *f.* presumption. 2 conceit, pretentiousness.

presumpte, -ta [prəzúmtə, -tə] *a.* alleged, supposed; so-called.

pretendent, -ta [prətəndén, -tə] *m.-f.* pretender. 2 suitor.

pretendre [prəténdrə] *t.* to seek, to try (to achieve); to be after. 2 to claim. ▲ CONJUG. like **atendre.**

pretensió [prətənsió] *f.* aspiration; ambition. 2 pretension, claim. 3 pretentiousness.

preterir [prətərí] *t.* to omit, to leave out; to overlook.

pretèrit, -ta [prətɛrit, -tə] *a.* past, former. 2 GRAMM. past.

pretext [prətéks(t)] *m.* pretext; excuse.

preu [prɛú] *m.* price, cost; fare. ‖ *a ~ fet,* by the job; fig. quickly; in one go. ‖ *a tot ~,* at all costs.

prevaler [prəβəlé] *i.-p.* to prevail, to predominate. ▲ CONJUG. like **valer.**

prevaricació [prəβərikəsió] *f.* prevarication. 2 LAW breach of official duty, prevarication.

prevenció [prəβənsió] *f.* prevention; foresight. 2 prejudice.

prevenir [prəβəní] *t.* to foresee, to anticipate. 2 to prevent. 3 to warn; to admonish. ■ 4 *p.* to get ready; to provide oneself (*de,* with). ▲ CONJUG. like **abstenir-se.**

preveure [prəβɛúrə] *t.* to foresee, to anticipate; to expect. ▲ CONJUG. like **veure.**

previ, -èvia [prɛ́βi, -éβiə] *a.* previous, prior.

previsió [prəβizió] *f.* anticipation, foresight.

prim, -ma [prim, -mə] *a.* thin; fine; subtle. ‖ *filar ~,* to split hairs. ‖ *mirar ~,* to be choosy. ■ 2 *f.* premium. 3 bonus.

primacia [priməsiə] *f.* primacy.

primari, -ària [primári, -áriə] *a.* primary.

primat [primát] *m.* primate, archbishop. 2 *pl.* primates.

primavera [priməβɛ́rə] *f.* spring.

primer, -ra [primé, -rə] *a.* first. 2 prime. ‖ *de primera,* first-rate, excellent. ‖ *nombre ~,* prime number. ■ 3 *adv.* first (of all).

primícia [primisiə] *f.* first fruit; first attempt.

primitiu, -iva [primitiŭ, iβə] *a.* primitive; original. 2 *colors primitius,* primary colours, (USA) primary colors.

primogènit, -ta [primuʒènit, -tə] *a., m.-f.* first-born.

primordial [primurðiàl] *a.* primordial, primary. 2 fundamental, basic.

príncep [prínsəp] *m.* prince.

princesa [prinsèzə] *f.* princess.

principal [prinsipál] *a.* principal, chief; foremost. ■ 2 *m.* first floor, (USA) second floor.

principat [prinsipát] *m.* princedom. 2 principality [territory].

principi [prinsípi] *m.* beginning, start. 2 origin. 3 principle. ‖ *en* ~, in principle. ‖ *per* ~, on principle. 4 *pl.* first notions; introduction *sing.*

prior, -ra [priò, -rə] *m.* prior. 2 *f.* prioress.

prioritat [priuritát] *f.* priority; seniority.

prisar [prizá] *t.* to pleat.

prisma [prízmə] *m.* prism.

privar [priβá] *t.* to deprive (*de,* off); to bereave (*de,* of). 2 to forbid (*de,* to). ■ 3 *p. privar-se de,* to go without; to do without.

privilegi [priβilèʒi] *m.* privilege; concession.

pro [prɔ] *m. prep.* on behalf of, in favour of. ■ 2 *m.* advantage. ‖ *el* ~ *i el contra,* the pros and cons.

proa [próə] *f.* NAUT. prow; bow.

probabilitat [pruβəβilitát] *f.* probability. 2 chance.

probable [pruβábblə] *a.* probable, likely.

problema [pruβlèmə] *m.* problem; question.

procaç [prukás] *a.* insolent, brazen; cheeky.

procedència [prusəðènsiə] *f.* source, origin. 2 point of departure [train, plane], port of origin [ship]. 3 propriety.

procedir [prusəðí] *i.* to derive from, to originate in. 2 to come from. 3 to proceed. 4 to act, to behave. 5 LAW to proceed; to take proceedings.

procés [prusés] *m.* process. 2 course [of time]. 3 LAW proceedings *pl.*, lawsuit, action.

processar [prusəsá] *t.* to prosecute, to try; to sue, to proceed against.

processó [prusəsó] *f.* procession. 2 fig. train. 3 *la* ~ *li va per dins,* he keeps it to himself.

proclamar [prukləmá] *t.* to proclaim, to declare. 2 to acclaim, to praise.

procrear [prukreá] *t.* to procreate.

procurar [prukurá] *t.* to procure; to acquire, to obtain. 2 to try, to take care; to be sure. 3 to get, to find.

pròdig, -ga [prɔ̀ðik, -ɣə] *a.* prodigal; wasteful.

prodigar [pruðiɣá] *t.* to be lavish in; to squander. ■ 2 *p.* to be very active. 3 to make oneself (highly) visible.

prodigi [pruðíʒi] *m.* prodigy, wonder.

producció [pruðuksió] *f.* production; output, produce.

producte [pruðúktə] *m.* product; produce.

produir [pruðuí] *t.* to produce, to bear. 2 to make; to manufacture. 3 to cause, to bring about; to give. ■ 4 *p.* to act, to behave.

proemi [pruèmi] *m.* preface; prologue.

proesa [pruèzə] *f.* feat, brave deed.

profà, -ana [prufà, -ánə] *a.* profane. 2 ignorant. ■ 3 *m.-f.* lay person. 4 ignorant *a.*

profanar [prufəná] *t.* to profane. 2 to slander, to defile.

profecia [prufəsíə] *f.* prophecy.

proferir [prufərí] *t.* to utter, to hurl [insult].

professar [prufəsá] *t.* to practise, (USA) to practice [profession]. 2 to teach. 3 to profess. 4 to harbour, (USA) to harbor, to bear [feeling]. 5 to take vows.

professió [prufəsió] *f.* profession, avowal. 2 profession; calling.

professional [prufəsiunál] *a.* professional.

professor, -ra [prufəsó, -rə] *m.-f.* teacher. 2 lecturer [university].

profeta [prufètə] *m.* prophet.

profilaxi [prufiláksi] *f.* prophylaxis.

profit [prufít] *m.* profit; benefit, advantage. ‖ *bon* ~*!,* enjoy your meal! ‖ *fer* ~, to do good.

pròfug, -ga [prɔ̀fuk, -ɣə] *a., m.-f.* fugitive; deserter *s.*

profund, -da [prufún, -də] *a.* deep; profound; low [note]. 2 fig. intense.

profunditzar [prufundidzá] *t.* to deepen. 2 fig. to go deeply into; to study in depth.

profusió [prufuzió] *f.* profusion. 2 extravagance.

progènie [pruʒèniə] *f.* progeny, offspring.

progenitor [pruʒənitó] *m.-f.* ancestor. 2 parent.

programa [pruɣrámə] *m.* programme, (USA) program; schedule.

progrés [pruɣrés] *m.* progress; advance, development.

progressar [pruɣrəsá] *i.* to progress, to advance; to make progress.

progressió [pruɣrəsió] *f.* progression.

progressista [pruɣrəsistə] *m.-f.* progressive.

prohibició [pruiβisió] *f.* prohibition, ban.

prohibir [pruiβí] *t.* to ban, to forbid; to prohibit, to bar.

prohom [pruɔ́m] *m.* man of mark, paragon, notability.

proïsme [pruízmə] *m.* fellow man; neighbour, (USA) neighbor.

projecció [pruʒəksió] *f.* projection. 2 showing [film].

projectar [pruʒəktá] *t.* to project. 2 to screen, to show [film]. 3 to plan. 4 to design [machine, building, etc.].

projecte [pruʒɛ́ktə] *m.* project, design. 2 plan; scheme.

projectil [pruʒəktíl] *m.* projectile, missile.

projector [pruʒəktó] *m.* projector. 2 spotlight; searchlight.

prole [prɔ́lə] *f.* offspring; brood.

pròleg [prɔ́lək] *m.* prologue; preface.

proletari, -ària [prulətári, -áriə] *m.-f.* proletarian.

prolix, -xa [pruliks, -iksə] *a.* long-winded, verbose; tedious.

prologar [pruluɣá] *t.* to preface; to introduce.

prolongar [pruluŋgá] *t.* to prolong.

promès, -esa [prumɛ́s, -ɛ́zə] *m.* fiancé. 2 *f.* fiancée.

promesa [prumɛ́zə] *f.* promise; assurance.

prometatge [prumətádʒə] *m.* engagement [to be married].

prometença [prumətɛ́nsə] *f.* promise. 2 word (of honour), pledge. 3 pledge. 4 betrothal, engagement.

prometre [prumɛ́trə] *t.* to promise; to swear. 2 to pledge. 3 to assure; to warrant. ■ 4 *p.* to get engaged. ▲ CONJUG. P. P.: *promès.*

promiscu, -íscua [prumisku, -iskuə] *a.* promiscuous. 2 ambiguous.

promoció [prumusió] *f.* promotion. 2 class [of students or graduates].

promontori [prumuntɔ́ri] *m.* promontory.

promotor, -ra [prumutó, -rə] *a.* promotive; sponsoring. ■ 2 *m.-f.* promoter; instigator. 3 sponsor.

promoure [prumɔ́ŭrə] *t.* to promote; to pioneer [plan], to cause [scandal]. 2 to sponsor. ▲ CONJUG. like *moure.*

prompte [prɔ́mtə] (VAL.) See AVIAT.

promulgar [prumulɣá] *t.* to promulgate, to proclaim. 2 to announce; to publicize.

pronòstic [prunɔ́stik] *m.* prediction, forecast. ‖ ~ *del temps,* weather forecast. 2 MED. prognosis.

pronosticar [prunustiká] *t.* to predict, toforecast. 2 MED. to give a prognosis.

pronunciació [prununsiəsió] *f.* pronunciation.

pronunciar [prununsiá] *t.* to pronounce, to utter. 2 to pass [sentence]. ■ 3 *p.* to pronounce oneself; to make a pronouncement.

prop [prɔp] *adv. (a)* ~, near, nearly; close. 2 *(a)* ~ *de,* near; beside; about, approximately.

propà [prupá] *m.* CHEM.

propaganda [prupəɣándə] *f.* propaganda. 2 advertising.

propagar [prupəɣá] *t.-p.* to propagate. 2 to spread.

propens, -sa [prupɛ́ns, sə] *a.* inclined, prone; apt, likely.

propensió [prupənsió] *f.* propensity; tendency.

proper, -ra [prupέ, -rə] *a.* near, close; nearby. 2 next; forthcoming.

propi, -òpia [prɔ́pi, -ɔ́piə] *a.* own, of one's own. 2 *nom* ~, proper name or noun. 3 *amor* ~, self-love. 4 *sentit* ~, proper meaning. ■ 5 *m.* messenger.

propici, -ícia [prupisi, -isiə] *a.* propitious, auspicious; favourable, (USA) favorable [moment].

propietat [prupiətát] *f.* property, quality. 2 accuracy, faithfulness. 3 property.

propina [prupínə] *f.* tip [money]. 2 *de* ~, on top of (all) that.

proporció [prupursió] *f.* proportion; ratio; rate. 2 size; extent.

proporcionar [prupursiuná] *t.* to adjust; to bring into proportion. 2 to give, to supply, to provide: *li vaig* ~ *els documents,* I provided him with the documents.

proposar [prupuzá] *t.* to propose. ■ 2 *p.* to propose, to intend; to set out.

proposició [prupuzisió] f. proposal; motion. 2 proposition. 3 GRAMM. clause.

propòsit [prupɔzit] m. intention, aim; purpose. 2 *a* ~, appropriate, suitable; relevant. 3 *a* ~ *de,* regarding, on the subject of.

proposta [prupɔstə] f. proposal; offer.

propugnar [prupuŋnà] t. to advocate; to defend.

propulsar [prupulsà] t. to propel, to drive (forward). 2 fig. to promote.

prorratejar [prurrətəʒà] t. to allot, to apportion, (USA) to prorate.

pròrroga [prɔrruγə] f. prorogation, deferring. 2 extension; deferment [military service].

prorrogar [prurruγà] t. to adjourn; to defer [military service]. 2 to extend, to lengthen.

prorrompre [prurrómprə] i. to break out, to burst [into tears, applause, etc.].

prosa [prɔzə] f. prose. 2 fig. tedium; ordinariness.

prosaic, -ca [pruzàĭk, -kə] a. prosaic; prose.

prosceni [prusɛni] m. proscenium.

proscripció [pruskripsió] f. ban, prohibition; outlawing.

proscriure [pruskriŭrə] t. to ban; to proscribe; to outlaw [criminal]. 2 fig. to banish. ▲ CONJUG. like *escriure.*

proselitisme [pruzəlitizmə] m. proselytism.

prosòdia [pruzɔðiə] f. study or rules of pronunciation.

prospecte [pruspɛktə] m. prospectus; leaflet.

pròsper, -ra [prɔspər, -rə] a. successful; favourable, (USA) favorable. 2 prosperous, flourishing: *un negoci* ~, a thriving business.

prosperar [pruspərà] t. to make prosperous or successful. ■ 2 i. to prosper, to thrive.

prosperitat [pruspəritàt] f. prosperity; success.

prosseguir [prusəγi] t. to continue, to carry on; to proceed; to pursue [study].

pròstata [prɔstətə] f. ANAT. prostate.

prosternar-se [prustərnàrsə] p. to prostrate oneself.

prostíbul [prustibul] m. brothel.

prostitució [prustitusió] f. prostitution.

prostituir [prustitui] t. to prostitute [also fig.]. ■ 2 p. to prostitute oneself; to become a prostitute.

prostituta [prustitútə] f. prostitute; streetwalker.

prostrar [prustrà] t. to overcome; to exhaust, to weaken. ■ 2 p. to prostrate oneself.

protagonista [prutəγunistə] m.-f. protagonist; main character.

protecció [prutəksió] f. protection.

proteccionisme [prutəksiunizmə] m. protectionism.

protegir [prutəʒi] t. to protect; to defend. 2 to sponsor, to back.

proteïna [prutəinə] f. protein.

pròtesi [prɔtəzi] f. MED. prosthesis.

protesta [prutɛstə] f. protest.

protestantisme [prutəstəntizmə] m. protestantism.

protestar [prutəstà] t. to protest. ■ 2 i. to protest; to object.

protó [prutó] m. PHYS. proton.

protocol [prutukɔl] m. protocol.

protoplasma [prutuplàzmə] m. protoplasm.

prototipus [prututipus] m. prototype.

protozou [prutuzɔw] m. protozoan.

prou [prɔw] adv. enough, sufficiently. 2 quite, rather. 3 certainly; yes. ■ 4 a. enough, sufficient. ■ 5 interj. (that's) enough!, stop!

prova [prɔßə] f. attempt; try. 2 test; trial. ‖ *a* ~, on trial. ‖ *a* ~ *d'aigua,* waterproof. ‖ *a* ~ *de vent,* wind-proof. 3 test, examination; audition [performers]. 4 proof.

provar [prußà] t. to test, to try (out). 2 to sample, to taste [food]. 3 to prove. 4 to try, to attempt. ■ 5 i. to suit. ‖ ~ *bé,* to do good.

proveir [prußəi] t.-i. to provide, to supply; to furnish. ■ 2 p. to provide oneself with.

Provença [prußɛnsə] pr. n. f. GEOGR. Provence.

provenir [prußəni] i. to come from, to stem from.

proverbi [prußɛrßi] m. proverb.

proveta [prußɛtə] f. test-tube.

providència [prußiðɛnsiə] f. measure, step. 2 Providence.

província [prußinsiə] f. province; region.

provisió [prußizió] f. provision: *fer* ~ *de queviures,* to lay in provisions.

provisional [prußiziunàl] a. provisional; temporary.

provocar [prußukà] t. to provoke; to rouse. 2 to cause, to bring about.

pròxim, -ma [prɔksim, -mə] *a.* close, nearby; approaching. 2 next. ■ 3 *m.-f.* neighbour, (USA) neighbor. 4 *m.* fellow man. 5 *f.* fellow woman.

prudència [pruðɛnsiə] *f.* prudence, caution. 2 apprehension.

prudent [pruðɛn] *a.* prudent, cautious. 2 apprehensive. 3 advisable, wise.

pruïja [pruiʒə] *f.* (terrible) itch. 2 fig. itch, urge.

pruna [prúnə] *f.* BOT. plum. ‖ ~ *seca*, prune.

prunera [prunɛrə] *f.* BOT. plum tree.

pseudònim [səuðɔnim] *m.* pseudonym; pen-name.

psicoanàlisi [sikuənàlizi] *f.* psychoanalysis.

psicodrama [sikuðràmə] *m.* psychodrama.

psicòleg, -òloga [sikɔlək] *m.-f.* psychologist.

psicologia [sikuluʒiə] *f.* psychology.

psicosi [sikɔzi] *f.* psychosis.

psico-somàtic [sikusumàtik] *a.* psycho-somatic.

psicoteràpia [sikutəràpiə] *f.* psychotherapy.

psiquiatre [sikiàtrə] *m.-f.* psychiatrist.

psiquiatria [sikiətriə] *f.* psychiatry.

psíquic, -ca [sikik, -kə] *a.* psychic; psychical.

pta *f.* abbr. *(pesseta)* peseta. ▲ *pl.* *ptes.*

pua [púə] *f.* prickle, spike [of plants, animals]; tooth [of comb]; prong [of fork]; pick, plectrum [for instrument]. 2 fig. rogue.

púber [púβər] *a.* adolescent, teenager.

pubertat [puβərtàt] *f.* puberty.

pubilla [puβíʎə] *f.* heiress.

pubis [púβis] *m.* ANAT. pubis.

públic, -ca [púβlik, -kə] *a.* public. 2 well-known. 3 ECON. *sector* ~, public sector. ■ 4 *m.* audience. ‖ *el gran* ~, the general public.

publicació [pubblikəsió] *f.* publication.

publicar [pubblikà] *t.* to publicize; to make public, to disclose. 2 PRINT. to publish; to issue.

publicista [pubblisistə] *m.-f.* publicist; publicity agent.

publicitat [pubblisitàt] *f.* publicity. 2 advertising.

puça [púsə] *f.* ENT. flea. 2 fig. midget.

pudent [puðɛn] *a.* stinking, foul-smelling; smelly.

pudir [puðí] *i.* to stink; to reek. ▲ CONJUG. INDIC. Pres.: *puts, put.*

pudor [puðó] *m.* modesty; decency. 2 shyness, timidity; reserve. 3 stench, stink. ‖ *fer* ~, to smell bad, to stink.

puericultura [puərikultúrə] *f.* paediatrics, pediatrics. 2 child-care.

pueril [puəril] *a.* childish; child.

puf [puf] *m.* poof! [sound]. 2 pouffe.

púgil [púʒil] *m.* pugilist. 2 boxer.

pugna [púɲnə] *f.* battle, struggle; conflict.

pugnar [puɲnà] *i.* to fight. 2 to struggle, to strive.

puig [putʃ] *m.* hill, small mountain.

puix [puʃ] *conj.* as, since; because.

puixança [puʃánsə] *f.* strength; vigour, (USA) vigor; drive.

puja [púʒə] *f.* climb. 2 rise, increase.

pujada [puʒàðə] *f.* climb, ascent; hill-climb. 2 (mountain) trail.

pujar [puʒà] *i.* to climb, to ascend; to go up, to come up; to rise. 2 to get into, to get onto [means of transport]. 3 to be promoted. 4 to rise, to increase; to go up [price]. 5 to amount (—, to). 6 ~ *al cap,* to go to one's head. ■ 7 *t.* to go up, to come up; to climb. 8 to raise; to carry up, to bring up. 9 fig. to raise, to bring up: *ha hagut de treballar molt per ~ els seus fills,* she's had to work hard to bring up her children.

pujol [puʒɔl] *m.* hillock, mound.

pulcre, -cra [púlkrə, -krə] *a.* neat, tidy, smart.

pulcritud [pulkritút] *f.* neatness, tidiness; cleanliness.

pul·lular [pullulà] *i.* to proliferate, to multiply. 2 to swarm.

pulmó [pulmó] *m.* ANAT. lung.

pulmonar [pulmunànrœ] *a.* pulmonary, lung.

pulmonia [pulmuniə] *f.* MED. pneumonia.

pulsació [pulsəsió] *f.* pulsation, throbbing. 2 beat [of heart]; stroke [on typewriter].

pulverulent, -ta [pulβərulèn, -tə] *a.* powdery. 2 dusty.

puma [púmə] *m.* ZOOL. puma.

punció [punsió] *f.* MED. puncture.

punir [puní] *t.* to penalize. 2 to punish.

punt [pun] *m.* point; dot, speck. 2 PRINT. full stop, (USA) period. ‖ ~ *i coma,* semicolon. 3 stitch. 4 knitwork, knitting. ‖

gèneres de ~, knitwear; hosiery. *5* spot,place; point. *6* moment. *7 a* ~, ready. ‖ *en* ~, sharp, exactly [time].

punta [púntə] *f.* point, (sharp) end, edge; tip [of tongue]; corner [sewing]. ‖ *a* ~ *de dia,* at daybreak. *2* ~ *de cigarreta,* (cigarette) butt. *3* fig. *estar de* ~, to be at odds. *4* fine lace.

puntal [puntál] *m.* prop, support; backbone [also fig.].

puntejar [puntəʒá] *t.* to dot, to cover with dots; to speckle. *2* to pluck [strings of an instrument].

punteria [puntəriə] *f.* aim, aiming. ‖ *tenir bona* ~, to have a good aim.

puntetes [puntɛ́təs] *adv. phr. de* ~, on tiptoe.

puntuació [puntuəsió] *f.* punctuation: *signes de* ~, punctuation marks. *2* mark, (USA) grade; score.

puntual [puntuál] *a.* reliable, prompt; punctilious. *2* punctual, on time. *3* accurate, precise.

puntualitat [puntuəlitát] *f.* punctuality: *la seva* ~ *és admirable,* he is remarkably punctual.

puntualitzar [puntuəlidzá] *t.* to specify; to fix; to state (in detail); to settle.

puntuar [puntuá] *t.* to punctuate. *2* to mark, (USA) to grade [exam], to give a score [sports]. ■ *3 i.* to count, to score [sports], to get a mark or grade [exam].

punxa [púnʃə] *f.* spike, point; thorn, prickle. *2* fig. thorn.

punxada [punʃáðə] *f.* prick, puncture; jab. *2* twinge, shooting pain; pang.

punxar [punʃá] *t.* to prick, to puncture; to punch. *2* fig. to prod; to provoke.

punxegut, -uda [punʃəɣút, -úðə] *a.* sharp, pointed.

punxó [punʃó] *m.* punch.

puny [puɲ] *m.* fist. ‖ *cop de* ~, punch. *2* wrist. *3* hilt; handle.

punyal [puɲál] *m.* dagger.

punyalada [puɲəláðə] *f.* stab.

punyent [puɲèn] *a.* bitter, pungent, biting; caustic. *2* sharp, penetrating.

punyida [puɲíðə] See PUNXADA.

punyir [puɲí] See PUNXAR.

pupil, -il·la [pupil, -íllə] *m.-f.* boarder; orphan. *2* LAW ward. *3 f.* ANAT. pupil.

pupil·latge [pupilládʒə] *m.* pupillage. *2* garaging. *3* garaging fee.

pupitre [pupítrə] *m.* desk.

pur, -ra [pur, -rə] *a.* pure, clean: *aire* ~, pure air. *2* sheer, simple. *3* innocent.

puré [puré] *m.* COOK. purée. ‖ ~ *de patates,* mashed potatoes.

puresa [purézə] *f.* purity, pureness.

purga [púrɣə] *f.* purge.

purgar [purɣá] *t.* to purge.

purgatori [purɣətɔ̀ri] *m.* purgatory.

purificar [purifiká] *t.* to purify, to cleanse.

purista [puristə] *m.-f.* purist.

purità, -ana [purità, -ánə] *a.* puritanical, Puritan. ■ *2 m.-f.* Puritan.

púrpura [púrpurə] *f.* purple.

purpuri, -úria [purpúri, -úriə] *a.* purple, purplish.

purpurina [purpurinə] *f.* metallic paint. *2* glitter.

púrria [púrriə] *f.* rabble, riff-raff.

purulent, -ta [purulèn, -tə] *a.* purulent, pus.

pus [pus] *m.* pus.

pusil·lànime [puzillánimə] *a.* fainthearted, pusillanimous.

pussar [pusá] *t.* (ROSS.) to push.

pústula [pústulə] *f.* pustule; pimple, spot.

puta [pútə] *f.* whore, prostitute. ‖ *fill de* ~, son of a bitch. ■ *2 a.* bitch s.

putrefacció [putrəfəksió] *f.* putrefaction; rotting, decay.

putrefacte, -ta [putrəfáktə, -tə] *a.* rotten, putrid.

pútrid, -da [pútrit, -ðə] *a.* putrid, rotten.

putxinel·li [putʃinèlli] *m.* puppet, marionette.

Q

Q, q [ku] *f.* q [letter].

quadern [kwəðɛ́rn] *m.* notebook; exercise book.

quadra [kwáðrə] *f.* bay [factory]. 2 stable.

quadrant [kwəðrán] *m.* quadrant. 2 sundial.

quadrar [kwəðrá] *t.* to make square, to square (off). 2 MATH. to square. ■ 3 *p.* not to take it any longer. ■ 4 *i.* to square, to tally; to match. 5 to come together.

quadrat, -ada [kwəðrát, -áðə] *a.* square. 2 stocky, broad-shouldered [person]. ■ 3 *m.* square [shape].

quadratura [kwəðrətúrə] *f.* quadrature.

quadre [kwáðrə] *m.* picture, painting [framed]. 3 officer corps. 4 chart, table. 5 scene.

quadricular [kwəðrikulá] *t.* to divide into squares, to rule squares on.

quadriga [kwəðríɣə] *f.* quadriga.

quadrilàter, -ra [kwəðrilátər, -rə] *a.-m.* quadrilateral.

quadrilla [kwəðríʎə] *f.* team; squad, gang. 2 gang of thieves.

quadrúpede, -da [kwəðrúpəðə, -ðə] *a.* quadrupedal, four-footed. ■ 2 *m.* quadruped.

quàdruple, -pla [kwáðruplə, -plə] *a.-m.* quadruple.

qual (el, la) [kwal] *a.* such as. ■ 2 *pron.* which; who; whom. ‖ *el nom del ~,* whose name. ‖ *la ~ cosa,* which, a fact which.

qualcú [kwalkú] (BAL.) See ALGÚ.

qualificació [kwəlifikəsió] *f.* qualification, qualifying; rating. 2 mark, (USA) grade; rating.

qualificar [kwəlifiká] *t.* to qualify, to describe. 2 to mark, to grade [exam]; to assess. 3 to qualify.

quall [kwaʎ] *m.* rennet-bag. 2 rennet. 3 curd; clot.

quallar [kwəʎá] *t.* to curdle.

qualque [kwálkə] (BAL.) See ALGUN.

qualsevol [kwalsəβɔ́l] *a.* any; whatever; whichever. 2 ordinary, run-of-the-mill. ■ 3 *pron.* anyone; whatever; whichever; whoever. ■ 4 *m.-f.* nobody; (just) anyone.

quan [kwan] *adv.* when, whenever. ■ 2 *conj.* when; whenever. 3 if.

quant, -ta [kwan, -tə] *a.-pron.* how many; how much. 2 a few, several. ■ 3 *adv.* how. ‖ ~ *a,* as to, as for.

quantia [kwəntíə] *f.* amount, quantity; extent, importance.

quantitat [kwəntitát] *f.* quantity, amount. 2 number. 3 quantity [mathematics].

quaranta [kwərántə] *a.* forty. ‖ *cantar les ~,* to tell a few home truths.

quarantè, -ena [kwərántè, -ɛ́nə] *a.-m.* fortieth.

quarantena [kwərəntɛ́nə] *f.* two score, forty. 2 the age of forty. 3 quarantine. 4 fig. *posar en ~,* to have one's doubts.

quaresma [kwərɛ́zmə] *f.* Lent.

quars [kwars] *m.* MINER. quartz.

quart, -ta [kwàr(t), -tə] *a.* fourth. ■ 2 *a., m.-f.* quarter. ■ 3 *m.* quarter (of an hour): *un ~ de dotze,* a quarter past eleven.

quarter [kwərtè] *m.* quarter [division], district. 2 MIL. barracks. ‖ ~ *general,* headquarters.

quartet [kwərtɛ́t] *m.* MUS. quartet. 2 LIT. quatrain.

quarteta [kwərtɛ́tə] *f.* LIT. quatrain.

quartilla [kwərtíʎə] *f.* (small) sheet of paper. 2 manuscript page.

quasi [kwázi] *adv.* almost. ‖ ~ *mai,* seldom, hardly ever. ‖ ~ *res,* next to nothing.

quatre [kwátrə] *a.-m.* four. 2 *a.* a few: *a ~ passes,* a stone's throw. 3 ~ *gats,* hardly a soul. 4 *de ~ grapes,* on all fours.

que [kə] *rel. pron.* that; who; whom; which. 2 *el ~,* what, whatever; that which. ■ 3 *conj.* that: *no crec ~ plogui demà,* I don't think (that) it'll rain tomorrow. 4 because. ‖ *tanca, ~ tinc fred,* close the window; I'm cold. 5 than. 6 that. ■ 7 *adv.* how: *~ maco!,* how lovely (it is)!

què [kɛ] *interr. pron.* what. 2 *rel. pron.* which. ‖ *el llibre de ~ et parlava,* the book I was telling you about.

quec, -ca [kɛk, -kə] *a.* stuttering, stammering. ■ 2 *m.-f.* stutterer.

quedar [kəðá] *i.* to be left, to remain. 2 to be (situated). 3 to agree. 4 to arrange to meet (each other). ■ 5 *p.* to stay; to stay on or behind. 6 to keep; to take.

queixa [kéʃə] *f.* complaint; grouse. 2 groan; moan.

queixal [kəʃál] *m.* molar. ‖ *~ del seny,* wisdom tooth.

queixalada [kəʃəláðə] *f.* bite. 2 snack, bite.

queixar-se [kəʃársə] *p.* to groan, to moan. 2 to complain; to grumble.

quelcom [kəlkɔ́m] *indef. pron.* anything; something. ■ *adv.* a bit; somewhat, rather.

quequejar [kəkəʒá] *i.* to stutter, to stammer.

quequesa [kəkɛ́zə] *f.* stutter, stammer.

querella [kərɛ́ʎə] *f.* dispute, controversy. 2 LAW charge, accusation.

querellar-se [kərəʎársə] *p.* LAW to file a complaint or charges.

qüestió [kwəstió] *f.* question. 2 *posar en ~,* to cast doubt on.

qüestionar [kwəstiuná] *i.* to argue. 2 *t.* to question.

qüestionari [kwəstiunári] *m.* questionnaire.

queviures [kəβiúɾəs] *m. pl.* provisions; food *sing.*

qui [ki] *interr. pron.* who: *no sé ~ és,* I don't know who he (or she) is. 2 *rel. pron.* who; whom. 3 *~ sap,* who knows, God knows.

quid [kit] *m.* main point. ‖ *el ~ de la qüestió,* the crux of the matter.

quiet, -ta [kiɛ́t, -tə] *a.* still; motionless. 2 calm; quiet, peaceful.

quietud [kiətút] *f.* peacefulness, quietude. 2 stillness.

quilla [kíʎə] *f.* MAR. keel.

quilo [kílu] *m.* kilo.

quilogram [kiluɣrám] *m.* kilogram, kilogramme.

quilòmetre [kilɔ́mətrə] *m.* kilometre, (USA) kilometer.

quilovat [kiluβát] *m.* kilowatt.

quimera [kimɛ́rə] *f.* chimera. 2 figment of one's imagination. 3 dislike. 4 anxiety, worry.

quimèric, -ca [kimɛ́rik, -kə] *a.* fanciful, imaginary; impossible [plan].

químic, -ca [kímik, -kə] *a.* chemical. ■ 2 *m.-f.* chemist.

química [kímikə] *f.* chemistry.

quimono [kimónu] *m.* kimono.

quin, -na [kin, -nə] *interr. a.* which; what. ‖ *quina hora és?,* what time is it? 2 what (a): *~ vestit més modern!,* what a stylish dress!

quina [kínə] *f.* Peruvian bark; cinchona bark.

quincalla [kiŋkáʎə] *f.* cheap metal trinket; junk (jewellery).

quinina [kininə] *f.* MED. quinine.

quinqué [kiŋkɛ́] *m.* oil lamp.

quint, -ta [kin, -tə] *a.* fifth. ■ 2 *f.* MUS. fifth. 3 MIL. class, call-up.

quintar [kintá] *m.* measure of weight [41.6 kg]. ‖ *~ mètric,* 100 kg.

quintet [kintɛ́t] *m.* MUS. quintet.

quinze [kínzə] *a.-m.* fifteen. ‖ *a tres quarts de ~,* at the wrong time; very late.

quiosc [kiɔ́sk] *m.* kiosk, (USA) newsstand; stand.

quiquiriquic [kikirikík] *m.* cock-a-doodle-doo.

quirat [kirát] *m.* carat.

quiròfan [kirɔ́fən] *m.* MED. operating theatre.

quiromància [kirumánsiə] *f.* palmistry.

qui-sap-lo [kisáplu] *a.* hoards of. ■ 2 *adv.* immensely.

quisca [kískə] *f.* dirt, filth; grime; shit.

quist [kis(t)] *m.* cyst.

quitrà [kitrá] *m.* tar.

quitxalla [kitʃáʎə] *f.* crowd of children.

quixot [kiʃɔ́t] *m.* quixotic person.

quocient [kusiɛ́n] *m.* MATH. quotient.

quòrum [kwɔ́rum] *m.* quorum.

quota [kwɔ́tə] *f.* fee; dues.

quotidià, -ana [kutiðiá, -ánə] *a.* everyday, daily.

R

R, r [ɛ̀rrə] f. r [letter].

rabadà [rrəβəðà] m. shepherd boy.

rabassut, -uda [rrəβəsút, -úðə] a. stocky, stout; bulky.

Rabat [rrəβát] pr. n. m. GEOGR. Rabat.

rabejar [rrəβəʒà] t. to soak; to dip [into water]. ■ 2 p. to gloat.

rabent [rrəβèn] a. swift; speeding.

rabí [rrəβí] m. rabbi.

ràbia [rràβiə] f. rabies. 2 rage, fury. ‖ *fer* ~, to infuriate, to make angry.

rabiola [rrəβiɔ̀lə] f. tantrum; crying spell.

rabior [rrəβió] f. itch; throb [of pain].

raça [rràsə] f. race; breed [animals]. 2 fig. race. 3 stock.

ració [rrəsió] f. ration, portion; serving, helping.

raciocinar [rrəsiusinà] i. to reason.

racional [rrəsiunàl] a. rational; reasonable, sensible.

racionalisme [rrəsiunəlizmə] m. rationalism.

racionar [rrəsiunà] t. to ration out, to dole out. 2 to ration.

racó [rrəkó] m. corner; nook. 2 blockage. 3 savings pl.

raconer, -ra [rrəkunè, -rə] a. corner [piece of furniture]. ■ 2 f. corner dresser; corner cupboard.

radar [rrəðàr] m. radar.

radi [rràði] m. GEOM., ANAT. radius. 2 CHEM. radium. 3 spoke [of wheel]. 4 range. 5 ~ *d'acció*, field of action, scope.

radiació [rrəðiəsió] f. radiation. 2 RADIO broadcasting.

radiar [rrəðià] i. to radiate; to irradiate. ■ 2 t. to broadcast.

radical [rrəðikàl] a. radical. 2 GRAMM., MATH. root.

radicar [rrəðikà] t. to lie [difficulty, problem, etc.]. 2 to be (located).

ràdio [rràðiu] f. radio, wireless. 2 radio (set). 3 wireless message.

radioactivitat [rrəðiuəktiβitàt] f. radioactivity.

radiodifusió [rrəðiuðifuzió] f. broadcasting.

radiografia [rrəðiuɣrəfiə] f. radiography. 2 radiograph, X-ray.

radiograma [rrəðiuɣràmə] m. radiograph, X-ray. 2 wireless message.

radionovela [rrəðiunuβèlə] f. radio serial.

radiooient [rrəðiuuʝèn] a., m.-f. listener.

radioscòpia [rrəðiuskópiə] f. radioscopy.

radioteràpia [rrəðiutəràpiə] f. radiotherapy.

ràfec [rràfək] m. ARCH. eaves; gable-end.

ràfega [rràfəɣə] f. gust [of wind]. 2 flash. 3 burst [of shots].

1) rai [rrai] m. NAUT. raft.

2) rai [rrai] *això* ~, no problem, (that's) easily done.

raig [rratʃ] m. ray [also fig.]; beam. ‖ ~ *de sol*, sunbeam, ray of sunlight. 2 jet; squirt [of liquid]. ‖ *beure a* ~, to drink a jet [wine, water, etc.] 3 *a* ~ *fet*, in abundance, in plenty. ‖ *un* ~ *de*, a stream of; tons of.

rail [rrail] m. rail.

raïm [rrəim] m. grapes pl. 2 bunch, cluster.

raió [rrəió] m. TEXT. rayon.

rajà [rrəʒà] m. rajah.

rajar [rrəʒà] i. to spout, to gush (out). 2 fig. to pour out, to flow. 3 *la font no raja*, the fountain is dry.

rajol [rrəʒɔ̀l] m. See RAJOLA.

rajola [rrəʒɔ̀lə] f. (floor) tile. ‖ ~ *de València*, painted tile. ‖ ~ *de xocolata*, block or piece of chocolate.

rajolí [rrəʒulí] m. trickle, thin stream [of liquid].

ral [rral] m. ant. 25 cent coin [one quarter of a peseta]. ‖ *no tenir un* ~, not to have a penny.

ralinga [rrəliŋgə] *f.* NAUT. bolt rope [of a sail].

rall [rraʎ] *m.* (BAL.), (ROSS.) See XERRAMECA.

ram [rram] *m.* branch [also fig.]. 2 bunch [of flowers, herbs]. 3 *ésser del ~ de l'aigua,* to be a homosexual.

rama [rámə] *f.* twig. 2 *pl.* branches, twigs.

ramader, -ra [rraməðè, -rə] *a.* cattle, stock. ■ 2 *m.-f.* stockbreeder, (USA) rancher.

ramaderia [rraməðəriə] *f.* cattle raising, stockbreeding.

ramat [rrəmát] *m.* herd, flock.

rambla [rrámblə] *f.* stream bed, watercourse. 2 silt. 3 avenue; promenade.

ramificació [rrəmifikəsió] *f.* ramification.

ramificar-se [rrəmifikársə] to branch out, to ramify.

Ramon [rrəmón] *pr. n. m.* Raymond.

rampa [rrámpə] *f.* ramp; incline, slope. 2 cramp.

rampell [rrəmpèʎ] *m.* whim, (sudden) urge.

rampinyar [rrəmpiɲá] *t.* to steal.

rampoina [rrəmpɔ́inə] *f.* (piece of) junk, rubbish. 2 fig. rabble.

ran [rran] See ARRAN.

ranci, -ància [rránsi, -ánsiə] *a.* rancid, stale. 2 old, mellow [wine]. 3 mean, stingy.

rancor [rrəŋkó] *m.* bitterness, rancour; resentment.

rancorós, -osa [rrəŋkurós, -ózə] *a.* resentful. 2 spiteful, nasty.

rancúnia [rrəŋkúniə] *f.* spite; rancour.

randa [rrándə] *f.* lace (trinning). ‖ *contar fil per ~,* to give a run-down, to tell in detail.

ranera [rrənèrə] *f.* rasp, rattle [in breathing].

rang [rraŋ] *m.* rank; standing.

ranura [rrənúrə] *f.* groove; slot.

ranxo [rránʃu] *m.* ranch, farm. 2 mess, communal meal.

raó [rrəó] *f.* reason; sense. ‖ *perdre la ~,* to lose one's reason. 2 reason, motive. ‖ *demanar ~,* to ask for an explanation or information. 3 right. ‖ *donar la ~ (a algú),* to say (someone) is right. ‖ *tenir ~,* to be right. 4 *pl.* reasons, arguments. 5 ~ *social,* trade name, firm's name.

raonar [rrəuná] *i.* to reason. ■ 2 *t.* to reason out; to give reasons for.

rapaç [rrəpás] *a.* predatory; of prey [bird]. 2 rapacious, greedy.

rapar [rrəpá] *t.* to crop; to shave.

rapè [rrəpè] *m.* snuff.

ràpid, -da [rrápit, -ðə] *a.* fast, quick, rapid; swift. ■ 2 *m.* rapids *pl.* 3 RAIL. express (train).

rapidesa [rrəpiðèzə] *f.* rapidity, speed; swiftness.

rapinyar [rrəpiɲá] *t.* to steal; to snipe; to snatch.

rapsòdia [rrəpsɔ̀ðiə] *f.* rhapsody.

raptar [rrəptá] *t.* to kidnap, to abduct. 2 to seize, to snatch.

rapte [rráptə] *m.* kidnapping, abduction.

raptor, -ra [rrəptò, -rə] *m.* kidnapper, abductor.

raqueta [rrəkètə] *f.* racket.

raquis [rrákis] *m.* ANAT., BOT. rachis.

raquitisme [rrəkitizmə] *m.* MED. rickets.

rar, -ra [rrár, -rə] *a.* rare, uncommon. 2 strange, odd, peculiar; bizarre; remarkable. 3 eccentric; extravagant.

raresa [rrərèzə] *f.* rarity. 2 oddity, peculiarity.

ras, -sa [rras, -zə] *a.* cropped. 2 smooth; flat, level. ‖ *a ~ de,* level with, flush with. 3 level [measurement]. 4 *cel ~,* clear sky. 5 *soldat ~,* private. ■ 6 *m.* plateau.

rasa [rrázə] *f.* ditch. 2 trench, drainage channel.

rasar [rrəzá] *i.-t.* to skin, to graze.

rascada [rrəskáðə] *f.* scratch.

rascar [rrəská] *t.* to scratch; to scrape.

rascle [rrásklə] *m.* AGR. rake; harrow.

raspa [rráspə] *f.* rasp, file.

raspall [rrəspáʎ] *m.* brush: ~ *de dents,* toothbrush.

raspallar [rrəspəʎá] *t.* to brush. 2 fig. to butter up.

raspament [rrəspəmèn] *m.* MED. scrape, scraping.

raspar [rrəspá] *t.* to rasp, to file; to scratch. 2 to scrape.

rasqueta [rrəskètə] *f.* scraper.

rastre [rrástrə] *m.* track, trail. 2 trace.

rastrejar [rrəstrəʒá] *t.* to track, to trail. 2 to dredge, to drag; to trawl.

rasurar [rrəzurá] *t.* to shave (off).

rata [rrátə] *f.* ZOOL. rat; mouse. 2 *m.* fig. tightwad, skinflint.

ratadura [rrətəðúrə] *f.* rat-hole.

ratafia [rrətəfiə] *f.* ratafia.

rata-pinyada [rrátəpiɲàðə] *f.* bat.

ratar [rrətá] *t.* to go rat-hunting. 2 to gnaw (at), to nibble (on).

rebrot

ratera [rrətɛ́rə] *f.* mousetrap.

ratificació [rrətifikəsió] *f.* ratification.

ratificar [rrətifiká] *t.* to ratify.

ratlla [rràʎʎə] *f.* line; scratch. 2 stripe. 3 crease, fold. 4 line (of writing). 5 *llegir entre ratlles,* to read between the lines. 6 line, limit. 7 parting [in hair], (USA) part.

ratllar [rrəʎʎá] *t.* to line, to rule lines on. 2 to scratch (out). 3 to grate. 4 (BAL.), (ROSS.) See XERRAR.

ratolí [rrətulí] *m.* mouse.

rat-penat, rata-penada [rràtpənát, rràtəpənáðə] ZOOL. See RATA-PINYADA.

ratxa [rràtʃə] *f.* gust [of wind]. 2 streak, spell.

ràtzia [rràdziə] *f.* raid, incursion; border-raid.

rauc, -ca [rràŭk, -kə] *a.* hoarse, harsh.

raure [ráŭrə] *i.* to treat with. 2 to end up. 3 to be staying. 4 to lie. ▲ CONJUG. like *plaure.*

raval [rrəβál] *m.* suburb.

rave [rràβə] *m.* BOT. radish.

re [rrɛ] *m.* MUS. re [musical note]; D.

reabsorbir [rreapsurβí] *t.* to reabsorb.

reacció [rreaksió] *f.* reaction.

reaccionar [rreaksiuná] *i.* to react; to respond.

reaccionari, -ària [rreaksiunári, -áriə] *a., m.-f.* reactionary.

reactor [rreaktó] *m.* reactor. 2 jet, jet plane.

real [rreál] *a.* real, actual; true.

realçar [rrealsá] *t.* to raise [value]. 2 to add to; to enhance.

realisme [rrealízmə] *m.* realism.

realista [rrealístə] *a.* realistic. ■ 2 *m.-f.* realist.

realitat [rrealitát] *f.* reality; truth. ■ 2 *en ~,* in fact, actually.

realització [rrealidzəsió] *f.* fulfilment; achievement, accomplishment. 2 T.V., CIN. production.

realitzar [rrealidzá] *t.* to fulfil; to accomplish, to achieve; to carry out. 2 to do; to make. 3 to produce [film, programme, etc.]. 4 *p.* to come true; to be carried out; to occur.

reanimar [rreənimá] *t.* to revive, to resuscitate [also fig.]; to encourage, to lift one's spirits.

reaparèixer [rreəpərɛ́ʃə] *i.* to reappear; to recur. ▲ CONJUG. like *aparèixer.*

rearmar [rreərmá] *t.* to rearm.

rebaixa [rrəβáʃə] *f.* discount, rebate; reduction.

rebaixar [rrəβaʃá] *t.* to lower; to reduce, to cut [price]; to lose [weight]; to lessen [intensity]. 2 to cut down, to humble.

rebatre [rrəβátrə] *t.* to repel; to ward off. 2 fig. to refute, to reject.

rebec, -ca [rrəβɛ́k, -kə] *a.* rebellious, insubordinate; stubborn, difficult.

rebedor [rrəβəðó] *m.* hall [house].

rebel [rrəβɛ́l] *a.* rebellious, insubordinate; rebel. 2 defiant; stubborn. ■ 3 *m.-f.* rebel.

rebel·lar-se [rrəβəllársə] *t.* to revolt, to rebel, to rise. 2 to feel or show indignance.

rebel·lió [rrəβəllió] *f.* revolt, rebellion; uprising.

rebentar [rrəβəntá] *i.* to burst [also fig.], to explode, to die [of laughing]. ■ 2 *t.* to burst, to explode. 3 to exhaust; to flog. 4 to annoy; to rile. 5 to criticize; to tell off.

rebequeria [rrəβəkəriə] *f.* stubbornness; disobedience. 2 tantrum, fit of temper.

rebesavi, -àvia [rrəβəzáβi, -áβiə] *m.* great-great-grandfather. 2 *f.* great-great-grandmother.

reblanir [rrəβləní] *t.* to soften [also fig.]; to soften up.

reble [rrébblə] *m.* gravel; rubble. 2 LIT. padding.

rebobinar [rrəβuβiná] *t.* to rewind.

rebolcar [rrəβulká] *t.* to overturn; to knock down. ■ 2 *p.* to turn over and over; to roll about.

rebombori [rrəβumβóri] *m.* bedlam, uproar, hullabaloo. 2 riot, uprising.

rebost [rrəβɔ́s(t)] *m.* larder, (USA) pantry. 2 food supply.

rebot [rrəβɔ́t] *m.* rebound, bounce. ‖ *de ~,* on the rebound.

rebotar [rrəβutá] *i.* to rebound, to bounce (back). ■ 2 *t.* to bounce off, to throw at.

rebotiga [rrəβutíɣə] *f.* back room.

rebotre [rrəβótrə] See REBOTAR.

rebre [rrɛ́βrə] *t.* to take (on); to catch. 2 to receive; to welcome, to entertain. 3 to greet; to await. 4 to receive, to get: *~ un cop de puny,* to receive a punch. ▲ CONJUG. INDIC. Pres.: *reps, rep.*

rebregar [rrəβrəɣá] *t.* to squeeze; to crush; to crumple.

rebrot [rrəβrɔ́t] *m.* shoot, sprout; new growth.

rebrotar [rrəβrutá] *i.* to sprout, to shoot.

rebuda [rrəβúðə] *f.* reception, welcome. 2 receipt.

rebuf [rrəβúf] *m.* rebuff; retort.

rebufar [rrəβufá] *i.* to blow [strong wind]. 2 to recoil; to peel off [paint].

rebuig [rrəβútʃ] *m.* refusal, rejection. 2 refuse. 3 waste; left-overs. 4 scraps *pl.*, leftovers *pl.*, junk.

rebut [rrəβút] *m.* receipt.

rebutjar [rrəβudʒá] *t.* to refuse; to reject, to turn down.

rec [rrek] *m.* irrigation ditch or channel.

recalar [rrəkəlá] *i.* MAR. to sight land. 2 to reach port.

recalcar [rrəkəlká] *t.* to emphasize, to stress. ■ 2 *i.* to lean; to list [ship].

recambra [rrəkámbrə] *f.* side room; dressing room. 2 breech, chamber [of gun].

recança [rrəkánsə] *f.* regret.

recanvi [rrəkámbi] *m.* changing over, refilling. 2 spare: *peça de ~,* spare part.

recapitular [rrəkəpitulá] *t.* to recapitulate; to sum up.

recaptació [rrəkəptəsió] *f.* collection. 2 collection; takings *pl.*, income.

recaptar [rrəkəptá] *t.* to collect, to take in. 2 to obtain by entreaty.

recapte [rrəkáptə] *m.* provisions *pl.* 2 food.

recar [rrəká] *i.* to grieve, to distress. ‖ *ara li reca de no haver vingut,* now he regrets not having come.

recàrrec [rrəkárrək] *m.* extra charge, surcharge. 2 increase [in taxes, fees, etc.].

recarregar [rrəkərrəɣá] *t.* to recharge [battery]; to reload. 2 to put an additional charge on, to increase.

recaure [rrəkáúrə] *i.* to suffer a relapse. 2 to backslide, to fall back. 3 to fall upon, to fall to. 4 to weigh on or upon, to bear on. ▲ CONJUG. like *caure.*

recel [rrəsέl] *m.* suspicion; apprehension, fear.

recelar [rrəsəlá] *i.* to suspect; to fear, to be apprehensive.

recensió [rrəsənsió] *f.* recension.

recent [rrəsέn] *a.* recent; new.

recepció [rrəsəpsió] *f.* reception.

recepta [rrəsέptə] *f.* MED. prescription. 2 COOK. recipe.

receptacle [rrəsəptáklə] *m.* receptacle, container; holder.

receptar [rrəsəptá] *t.* MED. to prescribe.

receptor [rrəsəptó] *a.* receiving. ■ 2 *m.* receiver.

recer [rrəsέ] *m.* shelter, refuge. ‖ *a ~ de,* sheltered from, protected from.

recercar [rrəsərká] *t.* to look for again. 2 to research; to look into.

recés [rrəsέs] *m.* retreat. 2 backwater. ▲ *pl. recessos.*

reciclar [rrəsiklá] *t.* to recycle.

recinte [rrəsintə] *m.* precinct, enclosure.

recipient [rrəsipiέn] *m.* container, receptacle. ‖ ~ *amb tapadora,* bin.

recíproc, -ca [rrəsipruk, -kə] *a.* reciprocal, mutual.

recital [rrəsitál] *m.* recital.

recitar [rrəsitá] *t.* to recite.

recitat [rrəsitát] *m.* recitation [of poetry].

reclam [rrəklám] *m.* call. 2 COMM. advertisement. 3 fig. inducement; lure.

reclamació [rrəkləməsió] *f.* claim; demand. 2 complaint. ‖ *llibre de reclamacions,* complaints book.

reclamar [rrəkləmá] *t.* to claim; to demand. ■ 2 *i.* to make a claim. 3 to complain, to make a complaint; to protest.

reclinar [rrəkliná] *t.* to lean; to recline (*sobre,* on).

recloure [rrəklóúrə] *t.* to confine, to shut up. ▲ CONJUG. like *cloure.*

reclús, -usa [rrəklús, -úzə] *a.* in prison, imprisoned. ■ 2 *m.-f.* prisoner, convict.

reclusió [rrəkluzió] *f.* confinement, reclusion. 2 imprisonment.

recluta [rrəklútə] *m.* recruit [esp. army].

reclutar [rrəklutá] *t.* to recruit; to sign up. 2 MIL. to recruit; to enlist.

recobrar [rrəkoβrá] *t.* to recover, to regain; to get back.

recobrir [rrəkoβri] *t.* to cover, to coat (*amb,* with) [esp. paint]. ▲ CONJUG. P. P.: *recobert.*

recol·lectar [rrəkulləktá] *t.* to harvest, to gather in [crops].

recol·lecció [rrəkulləksió] *f.* gathering [of fruit, mushrooms, etc.]. 2 harvesting [cereal crops]; picking [fruit] [act].

recollir [rrəkuʎí] *t.* to collect, to gather. 2 to pick up, to collect: *et recolliré demà a les 10,* I'll pick you up at 10 tomorrow. 3 to take in [needy person]. ■ 4 *p.* to withdraw, to retire [to meditate].

recolzament [rrəkolzəmέn] *m.* support [also fig.]. 2 fig. backing.

recolzar [rrəkolzá] *t.* to lean, to rest (*a/ sobre,* on/against); to support [also fig.]. 2 fig. to back. ■ 3 *i.* ~ *sobre,* to lean on;

to rest on [also fig.]. ∎ *4 p.* to lean back. *5 fig.* to base oneself, to be based (*en, on*).

recomanació [rrəkumənəsió] *f.* recommendation. ‖ *carta de ~,* letter of introduction.

recomanar [rrəkuməná] *t.* to recommend. 2 to suggest; to advise.

recompensa [rrəkumpénsə] *f.* reward.

recompensar [rrəkumpənsá] *t.* to reward (*per,* for).

recomptar [rrəkumtá] *t.* to count (up) again. 2 to count carefully.

recompte [rrəkómtə] *m.* recount. 2 inventory.

reconciliació [rrəkunsiliəsió] *f.* reconciliation.

reconciliar [rrəkunsiliá] *t.* to reconcile. ∎ *2 p.* to become or be reconciled.

recòndit, -ta [rrəkɔ̀ndit, -tə] *a.* recondite, hidden.

reconeixement [rrəkunəʃəmèn] *m.* recognition. 2 acknowledgement; gratitude. 3 examination. ‖ *~ mèdic,* checkup.

reconèixer [rrəkunέʃə] *t.* to recognise. 2 to acknowledge; to be grateful for. 3 to examine, to inspect.

reconfortar [rrəkumfurtá] *t.* to comfort, to cheer.

reconquerir [rrəkuŋkəri] *t.* to reconquer; to recapture, to retake.

reconquesta [rrəkuŋkèstə] *f.* reconquest.

reconquista [rrəkuŋkistá] See RECONQUESTA.

reconquistar [rrəkuŋkistá] See RECONQUERIR.

reconsiderar [rrəkunsiðərá] *t.* to reconsider, to think over again.

reconstitució [rrəkunstitusió] *f.* reconstitution.

reconstituent [rrəkunstituèn] *a.-m.* restorative. 2 *m.* tonic.

reconstituir [rrəkunstitui] *t.* to reconstitute.

reconstrucció [rrəkunstruksió] *f.* reconstruction, rebuilding.

reconstruir [rrəkunstrui] *t.* to reconstruct, to rebuild.

reconvenir [rrəkumbəni] *t.* LAW to counterclaim. ▲ CONJUG. like *abstenir-se.*

recopilar [rrəkupilá] *t.* to collect (up, together); to compile.

recopilació [rrəkupiləsió] *f.* collection; compilation.

record [rrəkɔ̀rt] *m.* memory, recollection. 2 souvenir; memento; keepsake. 3 *pl.* regards: *dóna-li records de part meva,* give him my regards, remember me to him. ‖ *molts records,* best wishes, regards [at end of letter].

rècord [rrέkor] *m.* record [esp. in sport].

recordança [rrəkurðánsə] *f.* commemoration; memory.

recordar [rrəkurðá] *t.* to remember, to recall. 2 to remind. ∎ *3 p. recordar-se de,* to recall, to remember.

recordatori [rrəkurðətɔ̀ri] *m.* reminder, memento.

recorregut [rrəkurrəɣút] *m.* journey; run.

recórrer [rrəkórrə] *i. ~ a,* to have recourse to, to turn to [person]. 2 LAW to appeal, to lodge an appeal. ∎ *3 t.* to travel or journey over [area, region, etc.]; to travel [distance].

recrear [rrəkreá] *t.* to please; to delight. ∎ *2 p.* to enjoy oneself.

recreatiu, -iva [rrəkreətiŭ, -iβə] *a.* entertaining; amusing. ‖ *sala recreativa,* amusement arcade.

recriminació [rrəkriminəsió] *f.* reproach, recrimination.

recriminar [rrəkriminá] *t.* to countercharge. 2 to reproach, to recriminate.

rectangle [rrəktáŋglə] *m.* rectangle.

rectangular [rrəktəŋgulánrœ] *a.* rectangular.

recte, -ta [rrέktə, -tə] *a.* straight, direct, unswerving. ‖ *tot ~,* straight on, straight ahead. 2 *fig.* honourable, honest. ∎ *3 m.* ANAT. rectum. 4 *f.* straight line.

rectificació [rrəktifikəsió] *f.* rectification, correction.

rectificar [rrəktifiká] *t.* to rectify, to correct. 2 to change, to mend [one's ways, behaviour].

rectilini, -ínia [rrəktilini, -iniə] *a.* rectilinear.

rectitud [rrəktitút] *f.* straightness. 2 *fig.* honesty, uprightness.

rector, -ra [rrəktó, -rə] *a.* governing; guiding. ∎ *2 m.* ECCL. rector, parish priest. 3 rector; vice-chancellor [of university].

rectorat [rrəkturát] *m.* rector's office [in university].

rectoria [rrəkturiə] *f.* ECCL. rectory.

recuit [rrəkúĭt] *m.* COOK. kind of cottage cheese.

recular [rrəkulá] *i.* to back (away); to go back; to fall back.

recull [rrəkúʎ] *m.* compilation, collection.

reculons (a) [rrəkulòns] *adv. phr.* backwards.

rècula [rrέkulə] *f.* line [of persons], train [of animals].

recuperació [rrəkupərəsió] *f.* recovery.

recuperar [rrəkupərá] *t.* to recover; to retrieve. 2 to make up [lost time]. 3 to reclaim; to re-cycle [waste]. ■ *4 p.* to recover (*de,* from) [illness, set-back].

recurs [rrəkúrs] *m.* recourse, resort. 2 LAW appeal. 3 *pl.* means; resources.

recusar [rrəkuzá] *t.* to reject. 2 LAW to challenge [jury person; allegation].

redacció [rrəðəksió] *f.* writing; essay, composition. 2 editorial staff. 3 editor's office.

redactar [rrəðəktá] *t.* to write down; to draw up; to compose [letter].

redactor, -ra [rrəðəktó, -rə] *m.-f.* writer. 2 *m.* editor. 3 *f.* woman editor.

redempció [rrəðəmsió] *f.* redemption.

redemptor, -ra [rrəðəmtó, -rə] *a.* redeeming. ■ *2 m.-f.* redeemer.

redimir [rrəðimí] *t.* to redeem [also fig.]. 2 to ransom.

rèdit [rrέðit] *m.* ECON. yield, return [on capital].

redó, -ona [rrəðó, -ónə] (BAL.), (VAL.) See RODÓ.

redoblar [rrəðubblá] *t.-i.* to redouble; to intensify. 2 *i.* to beat a roll [on drum].

redolta [rrəðòltə] *f.* BOT. vine shoot.

redós [rrəðòs] *m.* shelter; refuge.

redreçar [rrəðrəsá] *t.* to straighten (out, up); to stand up.

reducció [rrəðuksió] *f.* reduction, lessening, decrease; slackening (off). 2 setting [of bones].

reducte [rrəðúktə] *m.* redoubt, stronghold.

reduir [rrəðuí] *t.* to reduce, to lessen. 2 to put down [revolt]. ■ *3 p.* **reduir-se a,** to be reduced to, to come down to.

reduït, -ïda [rrəðuít, -íðə] *a.* diminished, reduced. 2 small, limited [quantity].

redundància [rrəðundánsiə] *f.* superfluity, excess; redundance.

reeixir [rrəəʃí] *i.* to succeed, to be successful. ▲ CONJUG. like *eixir.*

reelecció [rrəələksió] *f.* re-election.

reemborsar [rrəəmbursá] See REEMBOSSAR.

reembossar [rrəəmbusá] *t.* to refund [expenses, deposit]; to return, to pay back [deposit]; to reimburse.

reemplaçar [rrəəmpləsá] *t.* to replace; to substitute.

refectori [rrəfəktòri] *m.* refectory [esp. in monastery].

refer [rrəfé] *t.* to redo, to do again. ‖ ~ **camí,** to retrace one's steps. 2 to mend, to repair; to do up. ■ *3 p.* to regain, to recover [one's health, strength]. ▲ CONJUG. like *desfer.*

referència [rrəfərέnsiə] *f.* reference. ‖ *punt de* ~, point of reference.

referèndum [rrəfərέndum] *m.* referendum.

refermar [rrəfərmá] *t.* to strengthen, to consolidate. ■ *2 p.* to reaffirm [viewpoint].

refet, -ta [rrəfέt, -tə] *a.* robust, well-built [person]. 2 restored to health, recovered.

refiar-se [rrəfiársə] *p.* ~ *de,* to rely on.

refiat, -ada [rrəfiát, -áðə] *a.* confident; trusting.

refilar [rrəfilá] *i.* to chirp, to twitter; to trill; to warble [birds].

refilet [rrəfilέt] *m.* chirping, twittering; trilling; warbling [birds].

refinament [rrəfinəmὲn] *m.* refinement.

refinar [rrəfiná] *t.* to refine [also fig.]. 2 fig. to make more cultured [person].

refineria [rrəfinəriə] *f.* refinery.

reflectir [rrəfləktí] *t.-p.* to reflect [also fig.]. 2 fig. to mirror.

reflector, -ra [rrəfləktó, -rə] *a.* reflecting, reflective. ■ *2 m.* spotlight. 3 MIL. searchlight. 4 NAUT. rear reflector.

reflex, -xa [rrəflέks, -ksə] *a.* reflex [action]. ■ *2 m.* reflection, mirroring [also fig.].

reflexió [rrəfləksió] *f.* reflection, thinking over. 2 conclusion [on reflection].

reflexionar [rrəfləksiuná] *t.* to reflect, to think over; to meditate on.

reflexiu, -iva [rrəfləksiú, -íβə] *a.* thoughtful. 2 GRAMM. reflexive.

reflux [rrəflúks] *m.* ebb.

refondre [rrəfòndrə] *t.* to re-melt; to re-smelt [metals]; to recast [things]. 2 to re-write [piece of work]. ▲ CONJUG. like *confondre.*

reforç [rrəfòrs] *m.* reinforcement. 2 fig. assistance, aid.

reforçant [rrəfursán] *a.-m.* MED. restorative. 2 *a.* strengthening, invigorating; pep-up [pills].

reforçar [rrəfòrsá] *t.* to strengthen. 2 to reinforce.

reforma [rrəfòrmə] *f.* reform. 2 *pl.* repairs; alterations.

reformar [rrəfurmá] *t.* to reform; to modify, to alter. 2 to mend; to improve.

reformatori [rrəfurmatòri] *m.* reformatory.

refractar [rrəfrəktá] *t.-p.* to refract.

refractari, -ària [rəfrəktári, -ària] *a.* refractory [also fig.]. 2 fig. awkward; obstinate, stubborn.

refrany [rrəfráɲ] *m.* proverb, saying.

refredar [rrəfrəðá] *t.* to chill; to cool. 2 to give a cold to [person]. ■ 3 *p.* to catch a cold.

refredat [rrəfrəðát] *m.* cold.

refrenar [rrəfrəná] *t.* to restrain, to check. 2 to rein back [horse].

refresc [rrəfrèsk] *m.* refreshment [drink].

refrescar [rrəfrəská] *t.-i.* to cool (down).

refrigeració [rrəfriʒərəsió] *f.* refrigeration; cooling. 2 cooling system or plant.

refrigerar [rrəfriʒərá] *t.* to cool; to refrigerate.

refrigeri [rrəfriʒéri] *m.* snack.

refugi [rrəfúʒi] *m.* shelter; refuge.

refugiar [rrəfuʒiá] *t.* to shelter. 2 to give shelter to. ■ 3 *p.* to take refuge.

refulgir [rrəfulʒí] *i.* to shine.

refusar [rrəfuzá] *t.* to refuse, to turn down; to despise.

refutar [rrəfutá] *t.* to refute.

reg [rrek] *m.* irrigation; watering.

regadiu [rrəɣəðíu] *m.* irrigatedland; irrigable land.

regadora [rrəɣəðòrə] *f.* watering can.

regal [rrəɣál] *m.* present.

regalar [rrəɣəlá] *t.* to give [as present]; to present. ■ 2 *i.* to run; to drip [liquids].

regalèssia [rrəɣəlésiə] *f.* liquorice [plant].

regalim [rrəɣəlím] *m.* rivulet, drip [water, sweat, etc.].

regar [rrəɣá] *t.* to irrigate; to water.

regata [rrəɣátə] *f.* groove; small furrow, furrow.

regatejar [rrəɣətəʒá] *t.* to haggle over. 2 fig. to skimp.

regència [rrəʒènsiə] *f.* regency.

regenerar [rrəʒənərá] *t.* to regenerate.

regeneració [rrəʒənərəsió] *f.* regeneration.

regent [rrəʒèn] *a., m.-f.* regent.

regi, ègia [rrèʒi, -ɛʒiə] *a.* royal [also fig.]. 2 fig. splendid.

regicidi [rrəʒisiði] *m.* regicide.

regidor, -ra [rrəʒiðò, -rə] *a.* POL. town councillor's. ■ 2 *m.-f.* POL. town councillor.

règim [rrèʒim] *m.* régime; rule. 2 MED. diet.

regiment [rrəʒimèn] *m.* MIL. regiment. 2 government, administration.

regió [rrəʒió] *f.* region; district.

regional [rrəʒiunál] *a.* regional; district.

regir [rrəʒí] *t.* to rule; to govern. 2 to head; to run [company, business].

regirar [rrəʒirá] *t.* coll. to turn upside down, to mess up.

registrar [rrəʒistrá] *t.* to register; to record.

registre [rrəʒistrə] *m.* registration [act]. 2 register [book]; record.

regla [rrègglə] *f.* rule; standard, norm. 2 period, menstruation.

reglament [rrəggləmèn] *m.* rules, regulations.

regle [rrègglə] *m.* ruler. 2 rule, regulation.

regna [rrèŋnə] *f.* rein.

regnar [rrəŋná] *i.* to reign, to rule; to govern. 2 fig. to reign, to prevail.

regnat [rrəŋnát] *m.* kingdom. 2 reign.

regne [rrèŋnə] *m.* kingdom, world [of animals, minerals, etc.].

Regne Unit [rrèŋnə unit] *pr. n. m.* GEOGR. United Kingdom.

regraciar [rrəɣrəsiá] *t.* to thank (*per*, for).

regressió [rrəɣrəsió] *f.* regression. 2 fig. backward step.

reguerot [rrəɣərɔt] *m.* irrigation or drainage ditch.

reguitzell [rrəɣidzéʎ] *m.* series, line; stream.

regular [rrəɣulá] *a.* average, not outstanding.

regular [rrəɣulá] *t.* to regulate, to control.

regularitat [rrəɣuləritát] *f.* regularity.

regularitzar [rrəɣuləridzá] *t.* to regularize; to put in order.

regust [rrəɣús(t)] *m.* after-taste.

rehabilitar [rreəβilitá] *t.* to rehabilitate. 2 to reinstate [in office].

rei [rrèi] *m.* king.

reial [rrəjál] *a.* royal.

reialesa [rrəjəlézə] *f.* royalty.

reialme [rrəjálmə] *m.* kingdom.

reimprimir [rrəimprimí] *t.* to reprint. ▲ CONJUG. P. P.: *reimprès.*

reina [rrɛ́inə] *f.* queen.

reincidir [rrəinsiðí] *i.* to relapse (*en,* into) [crime, vice, etc.]. 2 to repeat [offence].

reincorporar [rrəiŋkurpurá] *t.* to reincorporate.

reintegrar [rrəintəɣrá] *t.* to reintegrate. 2 to restore. ■ 3 *p.* to return to work.

reiterar [rrəitərá] *t.* to reiterate, to repeat.

reivindicació [rrəiβindikəsió] *f.* claim.

reivindicar [rrəiβindiká] *t.* to claim; to demand [esp. wage-claims].

reixa [rrɛ́ʃə] *f.* grille, grating; bars *pl.* [on window].

reixat [rrəʃát] *m.* grille; railing. 2 iron gate [usu. wrought iron]. 3 SEW. openwork; open-stitch.

rejovenir [rrəʒuβəni] *t.* to rejuvenate, to make young again.

relació [rrələsió] *f.* report, account; narration. 2 relationship, connection. 3 bearing. 4 bond, tie. 5 relationship; acquaintance [between persons]. 6 sexual relations *pl.*

relacionar [rrələsiuná] *t.* to relate; to connect. ■ 2 *p.* to be connected (*a,* with).

relat [rrəlát] *m.* narration, account.

relatar [rrələtá] *t.* to relate, to narrate.

relatiu, -iva [rrələtíu, -íβə] *a.* relative [all senses].

relaxació [rrələksəsió] *f.* relaxation. 2 relaxing, slackening.

relaxar [rrələksá] *t.* to relax. 2 to slacken.

relegar [rrələɣá] *t.* to relegate. 2 to banish.

religió [rrəliʒió] *f.* religion.

relíquia [rrəlíkiə] *f.* REL. relic. 2 remains *pl.*

rella [rrɛ́ʎə] *f.* blade [of plough].

relleu [rrəʎɛ́u] *m.* ART relief, raised work; embossing [leather]. ‖ *baix ~,* bas-relief. 2 fig. emphasis, stress; importance.

rellevant [rrəʎəβán] *a.* eminent, excellent.

rellevar [rrəʎəβá] *t.* to take over from, to relieve [someone at work, in office, etc.].

relligar [rrəʎiɣá] *t.* to tie up again. 2 to frame.

relliscada [rrəʎiskáðə] *f.* slip [also fig.]; stumble. 2 fig. oversight; error.

relliscar [rrəʎiská] *i.* to slip; to skid.

rellogar [rrəʎuɣá] *t.* to sublet.

rellotge [rrəʎɔ́dʒə] *m.* clock; watch.

rellotgeria [rrəʎudʒəriə] *f.* watchmaker's.

rem [rrɛm] *m.* oar.

remar [rrəmá] *i.* to row.

remarca [rrəmárkə] *f.* remark; comment.

remarcar [rrəmərká] *t.* to mark again. 2 to notice; to remark or comment on.

rematar [rrəmətá] *t.* to finish off [kill]. 2 to complete [job], to conclude [deal, negotiations].

remei [rrəmɛ́i] *m.* remedy.

rememorar [rrəməmurá] *t.* to recall, to evoke.

remenar [rrəməná] *t.* to move or shift around; to stir; to shake. ‖ fig. ~ *les cireres,* to be in charge, to have the last word.

remesa [rrəmɛ́zə] *f.* remittance; shipment, consignment; batch.

remetre [rrəmɛ́trə] *t.* to remit, to send. 2 COMM. to ship, to consign. 3 to refer [book reference]. 4 to remit, to pardon. ■ 5 *i.* to remit, to abate, to slacken (off). ■ 6 *p.* ~'*s a,* to keep or stick to [norms, rules]. ▲ CONJUG. P. P.: *remès.*

reminiscència [rrəminisɛ́nsiə] *f.* reminiscence.

remissió [rrəmisió] *f.* remission [of sins, sentence].

remitent [rrəmitɛ́n] *m.-f.* sender.

remolatxa [rrəmulátʃə] *f.* BOT. beetroot.

remolc [rrəmɔ́lk] *m.* towing [act]. 2 trailer; caravan. 3 cable; tow-rope.

remolcar [rrəmulká] *t.* to tow.

remolí [rrəmulí] *m.* whirl [also fig.]. 2 whirlpool; eddy.

remor [rrəmó] *f.* murmur [people; waves]; rumble [waves; thunder].

remordiment [rrəmurðimɛ́n] *m.* remorse.

remot, -ta [rrəmɔ́t, -tə] *a.* remote, distant, far-away.

remoure [rrəmɔ́urə] *t.* to move or shift about or around. 2 to move (away), to shift, to remove. ▲ CONJUG. like *moure.*

remugant [rrəmuɣán] *m.* ZOOL. ruminant.

remugar [rrəmuɣá] *t.* to ruminate [also fig.]. 2 to chew [cud].

remull [rrəmúʎ] *m.* soaking, drenching; steeping. ‖ *deixar en ~,* to leave to soak [clothes].

remullar [rrəmuʎá] *t.* to soak, to drench; to steep.

remuneració [rrəmunərəsió] *f.* remuneration, pay.

remunerar [rrəmunərá] *t.* to remunerate, to pay.

remuntar [rrəmuntá] *t.* to soar (up) *i.* 2 to go or journey or travel upstream. ■ 3 *p.* **remuntar-se a,** to go back to [history].

ren [rrɛn] *m.* ZOOL. reindeer.

renaixement [rrənəʃəmèn] *m.* rebirth. 2 ART Renaissance.

renaixença [rrənəʃénsə] *f.* rebirth. 2 LIT. Renaixença [19th century Catalan literary movement].

renàixer [rrənáʃə] See RENÉIXER.

renal [rrənál] *a.* renal, kidney.

renda [rrèndə] *f.* ECON. yield; income. ‖ *viure de* ~, to live on one's own income [interest from capital, investments, etc.].

rendibilitat [rrəndiβilitát] *f.* profitability.

rendible [rrəndíβlə] *a.* profitable [also fig.].

rendició [rrəndisió] *f.* surrender.

rendiment [rrəndimèn] *m.* exhaustion. 2 ECON. yield, income. 3 performance; capacity.

rendir [rrəndi] *t.* to exhaust. 2 ECON. to yield. ■ 3 *p.* to surrender.

rendista [rrəndistə] *m.-f.* pensioner. 2 person of independent means.

renec [rrənék] *m.* blasphemy. 2 curse, oath.

renegar [rrənəɣá] *t.* to deny; to renege; to abjure; to disown. ■ 2 *i.* to blaspheme; to curse; to swear.

renegat, -ada [rrənəɣàt, -áðə] *a.* apostatic. ■ 2 *m.-f.* apostate.

renéixer [rrənéʃə] *i.* to be born again, to be reborn. 2 fig. to revive. ▲ CONJUG. like *néixer.*

RENFE («Red Nacional de Ferrocarriles Españoles») (Spanish national railways).

rengle [rrèŋglə] *f.* line, row [of persons, things].

renglera [rrəŋglèrə] *f.* See RENGLE.

renill [rrəniʎ] *m.* neigh.

renillar [rrəniʎá] *i.* to neigh.

renom [rrənɔm] *m.* renown, fame. 2 nickname.

renou [rrənɔ̆u] *m.* bustle; hubbub, din [of people].

renovar [rrənuβá] *t.* to renew; to renovate.

rentadora [rrəntəðòrə] *f.* washing machine.

rentamans [rrɛntəmáns] *m.* wash bowl, hand bowl, wash basin.

rentaplats [rrɛntəpláts] *f.* dish-washer.

rentar [rrəntá] *t.-p.* to wash. 2 *p.* to have a wash.

renúncia [rrənúnsiə] *f.* renunciation. 2 abandoning, relinquishment [act].

renunciar [rrənunsiá] *t.* to renounce; to give up. ■ 2 *i.* to resign. 3 ~ *a fer-ho,* to decide not to do it; to stop doing it.

renyar [rrəɲá] *t.* to reproach, to rebuke, to upbraid. 2 coll. to tell off, to scold [esp. child].

renyina [rrəɲinə] *f.* quarrel.

renyir [rrəɲi] *i.* to quarrel. 2 to fall out with. 3 to fight.

reorganitzar [rrəurɣənidzá] *t.* to reorganize.

reòstat [rreɔ̀stət] *m.* ELECTR. rheostat.

repapar-se [rrəpəpársə] *p.* to lounge, to loll [in an armchair, on a sofa, etc.].

repapiejar [rrəpəpiəʒá] *i.* to be senile; to dodder.

reparació [rrəpərəsió] *f.* repair; repairing [act]. 2 compensation; redress, amends.

reparar [rrəpərá] *t.* to mend, to repair. 2 to spot, to notice, to observe. 3 to compensate, to make good. ■ 4 *i.* ~ *en,* to take heed of; to pay attention to.

repartició [rrəpərtisió] *f.* distribution, division, sharing out.

repartir [rrəpərti] *t.* to share out, to divide up. 2 to distribute.

repàs [rrəpás] *m.* revision; review. 2 meal.

repassar [rrəpəsá] *t.* to revise, to go over again; to review.

repatriar [rrəpətriá] *t.* to repatriate.

repèl [rrəpɛl] *m.* ANAT. hangnail. 2 splinter. *a repèl,* against the grain [also fig.].

repel·lent [rrəpəllèn] *a.* repugnant; repulsive.

repel·lir [rrəpəlli] *t.* to repel. 2 fig. to disgust, to be repugnant to.

repeló [rrəpəló] See REPÈL.

repenjar-se [rrəpənʒársə] *p.* ~ *en,* to lean or rest on.

repensar [rrəpənsá] *t.* to think over again, to reconsider. ■ 2 *p.* to change one's mind.

repercussió [rrəpərkusió] *f.* repercussion.

repercutir [rrəpərkuti] *i.* ~ *en,* to echo against; to reverberate on. 2 to have repercussions on, to affect.

repertori [rrəpərtɔ̀ri] *m.* repertory.

repetició [rrəpətisió] *f.* repetition.

repetir [rrəpəti] *t.* to repeat, to say again; to reiterate; to do again.

repetjó [rrəpədʒó] *m.* rise; slope, gradient.

repicar [rrəpikà] *t.* to ring or chime merrily [bells]. 2 poet. to tintinnabulate.

replà [rrəplà] *m.* landing [stairs]. 2 small plateau, small area of flat ground.

replec [rrəplέk] *m.* fold; crease [clothes]. 2 fold, undulation [land].

replicar [rrəplikà] *i.* to retort, to answer back.

repoblar [rrəpubblà] *t.* to repopulate, to resettle. 2 BOT. to reafforest; to replant.

report [rrəpɔr(t)] *m.* report, account.

reportatge [rrəpurtádʒə] *m.* JOURN. report; article [esp. news].

reportar [rrəpurtà] *t.* to bring [benefit, profit]. ∎ 2 *p.* to control or restrain oneself.

repòrter [rrəpɔrtər] *m.* JOURN. reporter.

repòs [rəpɔs] *m.* rest, repose.

reposar [rrəpuzà] *t.* to put back, to replace. ∎ 2 *i.* to have a rest, to rest. 3 to settle [liquids].

reprendre [rrəprèndrə] *t.* to start up again, to restart [activity]. 2 to rebuke, to admonish. 3 to upset [stomach]. ▲ CONJUG. like *aprendre.*

reprensió [rrəprənsió] *f.* rebuke. 2 telling-off, scolding [esp. child].

represa [rrəprέzə] *f.* restart, recommencement, restarting [act].

represàlia [rrəprəzàliə] *f.* reprisal, retaliation.

representació [rrəprəzəntəsió] *f.* representation. 2 THEATR. performance [esp. of play]; acting [of actors].

representant [rrəprəzəntán] *a., m.-f.* representative.

representar [rrəprəzəntà] *t.* to represent; to stand for. 2 THEATR. to perform [esp. play]; to play [part, role].

repressió [rrəprəsió] *f.* repression; suppression.

repressiu, -iva [rrəprəsiŭ, -iβə] *a.* repressive.

reprimenda [rrəprimèndə] *f.* rebuke, reprimand.

reprimir [rrəprimi] *t.* to repress, to restrain, to check; to smother [yawn].

reproducció [rrəpruðuksió] *f.* reproduction.

reproduir [rrəpruðuí] *t.-p.* to reproduce.

reprotxar [rrəprutʃà] *t.* to reproach, to ubraid, to censure.

reprotxe [rrəprɔtʃə] *m.* reproach, upbraiding, censure.

reprovar [rrəpruβà] *t.* to censure, to reprove, to condemn.

reptar [rrəptà] *i.* to slither, to wriggle [snake]. ∎ 2 *t.* to challenge. 3 to reproach.

repte [rrèptə] *m.* challenge.

rèptil [rrèptil] *a.* reptile.

república [rrəpúbblikə] *f.* republic.

republicà, -ana [rrəpubblikà, -ánə] *a.* republican.

repudiar [rrəpuðià] *t.* to repudiate; to disown.

repugnància [rrəpuɲnánsiə] *f.* disgust, loathing (*per,* for), aversion (*per,* to).

repugnar [rrəpuɲnà] *i.* to be hateful or loathsome. 2 to disgust, to revolt.

repulsa [rrəpúlsə] *f.* severe reprimand.

repulsió [rrəpulsió] *f.* repulsion [also fig.]. 2 fig. aversion (*per,* to).

repulsiu, -iva [rrəpulsiŭ, -iβə] *a.* disgusting, loathsome, repulsive.

repunt [rrəpunt] *m.* backstitch.

reputació [rrəputəsió] *f.* reputation.

reputar [rrəputà] *t.* to hold, to consider, to deem.

requerir [rrəkəri] *t.* to ask for; to require, to need; to demand.

rèquiem [rrèkiəm] *m.* requiem.

requisar [rrəkizà] *t.* to requisition.

requisit [rrəkizit] *m.* requisite. 2 mouthwatering dish, succulent dish.

rerafons [rrɛrəfóns] *m.* background.

reraguarda [rrɛrəɣwàrðə] *f.* MIL. rearguard, rear.

res [rrɛs] *pron.* nothing, not... anything [in negative phrases]: *no hi ha ~ aquí,* there isn't anything here. 2 anything, something [in questions]: *vols ~?,* do you want something? ∎ 3 *de ~,* not at all, you're welcome [replying to thanks]. ‖ *no hi fa ~,* it doesn't matter. ‖ *com aquell qui ~,* just like that.

resar [rrəzà] *t.* to say [prayer]. 2 to pray *i.*

rescabalar [rrəskəβəlà] *t.* to repay; to compensate [loss].

rescalfar [rrəskəlfà] *t.* to warm up (again), to reheat.

rescat [rrəskát] *m.* rescue; rescuing [act]. 2 ransom.

rescatar [rrəskətà] *t.* to rescue. 2 to ransom.

rescindir [rrəsindi] *t.* LAW to rescind. *2* to cancel.

rescissió [rrəsisió] *f.* LAW rescission. *2* cancellation.

resclosa [rrəsklɔ́zə] *f.* dam; barrage.

resclosir-se [rrəskluzirsə] *p.* to go musty, to smell musty.

reserva [rrəzɛ́rβə] *f.* reservation, booking [hotel room, flight, etc.]. *2* secrecy, confidentiality. ‖ *sense reserves,* frankly, openly, without reserve. *3* GEOGR. reservation, reserve [tribes]; reserve [nature].

reservar [rrəzərβá] *t.* to reserve, to book [room, flight]. *2* to put by, to reserve.

reservat, -ada [rrəzərβát, -áðə] *a.* reserved, timid, withdrawn [person]. *2* confidential [matter]. ■ *3 m.* private room [in restaurant].

resguard [rrəzɣwár(t)] *m.* COMM. voucher; slip; receipt.

resguardar [rrəzɣwərðá] *t.* to protect, to shelter.

residència [rrəziðɛ́nsiə] *f.* residence.

residir [rrəzidi] *i.* to reside, to dwell, to live.

residu [rrəzidu] *m.* residue, remainder.

resignació [rrəziɲnəsió] *f.* resignation.

resignar-se [rrəziɲnársə] *p.* to resign oneself (*a,* to).

resina [rrəzinə] *f.* resin.

resistència [rrəzistɛ́siə] *f.* resistance [most senses]. *2* endurance, staying power.

resistent [rrəzistɛ́n] *a.* resistant (*a,* to).

resistir [rrəzisti] *i.* to resist (*a,* against), to stand up (*a,* to). ■ *2 t.* to withstand; to put up with, to endure. ■ *3 p.* to resist, to refuse; to be reluctant: *em resisteixo a pensar que és un lladre,* I'm reluctant to believe he's a thief; I refuse to believe he's a thief.

resoldre [rrəzɔ́ldrə] *t.* to solve [problem]; to sort out [matters]. *2* to decide [issue]. ▲ CONJUG. like *absoldre.*

resolució [rrəzulusió] *f.* solution [of problem]. *2* decision.

respatler [rrəspəʎʎé] (VAL.) See RESPAT-LLER.

respatller [rrəspəʎʎé] *m.* chair back, seat back.

respectable [rrəspəktábblə] *a.* respectable. *2* sizeable, considerable.

respectar [rrəspəktá] *t.* to respect. ‖ *pel que respecta a,* as regards, as for.

respecte [rrəspɛ́ktə] *m.* respect, consideration, regard. ‖ ~ *a,* regarding, with regard to.

respectiu, -iva [rrəspəktiŭ, -iβə] *a.* respective.

respectuós, -osa [rrəspəktuòs, -ózə] *a.* respectful; courteous.

respir [rrəspir] *m.* breathing. *2* coll. breather [also fig.]. *3* respite.

respiració [rrəspirəsió] *f.* breathing; breath.

respirador [rrəspirəðó] *m.* ventilator; vent.

respirar [rrəspirá] *i.-t.* to breathe. *2 i.* fig. coll. to have a breather.

resplendent [rrəspləndɛ́n] *a.* gleaming; shining; resplendent [also fig.].

resplendir [rrəspləndi] *i.* to shine, to glow [also fig.].

resplendor [rrəspləndó] *f.* shining, glow, radiance, brilliance.

respondre [rrəspɔ́ndrə] *t.* to answer, to reply. ■ *2 i.* to respond (*a,* to). *3* to correspond (*a,* to). ▲ CONJUG. GER.: *responent.* ‖ P. *p.: respost.* ‖ INDIC. Pres.: *responc.* ‖ SUBJ. Pres.: *respongui,* etc. ‖ Imperf.: *respongués,* etc.

responsabilitat [rrəspunsəβilitát] *f.* responsibility. *2* LAW liability; responsibility; accountability.

responsable [rrəspunsábblə] *a.* responsible (*de,* for); accountable (*de,* for). *2* accountable (*davant,* to).

resposta [rrəspɔ́stə] *f.* answer, reply; retort.

ressaca [rrəsákə] *f.* flowing back, receding [of waves, after breaking].

ressagar-se [rrəsəɣársə] *p.* to fall behind; to be left behind.

ressaltar [rrəsəltá] *i.* to project, to jut out. *2* fig. to stand out.

ressec, -ca [rrəsɛ́k, -kə] *a.* dried out, arid. *2* shrivelled (up); skin and bones [person].

ressecar [rrəsəká] *t.-p.* to dry up; to dry out, to dry off.

ressentiment [rrəsəntimɛ́n] *m.* resentment, bitterness.

ressentir-se [rrəsəntirsə] *p.* to feel the effects of [blow, injury]; to show the effects of. *2* fig. to be offended, to get upset, to be upset.

ressenya [rrəsɛ́ɲə] *f.* brief account or description, outline account. *2* review [book].

ressenyar [rrəsəɲà] t. to describe in brief or in outline, to write a brief account. 2 to review [book].

ressò [rrəsó] m. roll, thunder, boom; echo; resonance, reverberation.

ressonància [rrəsunánsiə] f. resonance, reverberation, echo(ing). 2 fig. *tenir* ~, to have widespread repercussions.

ressonar [rrəsuná] i. to resound, to reverberate, to echo.

ressopó [rrəsupó] m. late snack, supper.

ressorgir [rrəsurʒí] i. to revive, to reappear.

ressort [rrəsɔ́r(t)] m. MECH. spring. 2 means.

ressortir [rrəsurtí] t. to project, to jut out, to be prominent. ▲ CONJUG. INDIC. Pres.: *ressurt.*

ressuscitar [rrəsusitá] t. to resuscitate, to revive. 2 fig. to revive, to reappear.

resta [rrɛ́stə] f. MATH. subtraction. 2 MATH. remainder. 3 rest, remainder. 4 pl. leftovers, remains.

restabliment [rrəstəbblimèn] m. re-establishment. 2 MED. recovery, convalescence.

restablir [rrəstəbblí] t. to re-establish, to restore. ■ 2 p. MED. to recover.

restant [rrəstán] a. remaining. ■ 2 m. remainder, rest.

restar [rrəstá] i. to stay. 2 to be left; to have left: *em resten només cent pessetes,* I've only got one hundred pesetas left. ■ 3 t. MATH. to subtract.

restauració [rrəstəurəsió] f. restoration; doing-up.

restaurador, -ra [rrəstəurəðó, -rə] a. restoring. ■ 2 m.-f. restorer.

restaurant [rrəstəurán] m. restaurant.

restaurar [rrəstəurá] t. to restore; to do up.

restitució [rrəstitusió] f. return, restitution.

restituir [rrəstituí] t. to return, to restore, to give back.

restrènyer [rrəstrɛ́ɲə] t. to restrict, to limit. 2 to constipate. ▲ CONJUG. P. P.: *restret.*

restrenyiment [rrəstrəɲimèn] m. constipation.

restricció [rrəstriksió] f. restriction, limit.

restringir [rrəstrinʒí] t. to restrict, to limit.

resultar [rrəzultá] i. to turn out, to prove, to be. 2 to be effective; to be a good

idea: *treballar sense cobrar no resulta,* working for nothing isn't a good idea.

resultat [rrəzultát] m. result, effect, upshot, outcome. ‖ *donar* ~, to give good results. 2 SP. result.

resum [rrəzúm] m. summary, brief outline. ‖ *en* ~, in brief, in short. 2 abridgement [of book].

resumir [rrəzumí] t. to summarize. 2 to abridge [story, book, etc.].

resurrecció [rrəzurrəksió] f. resurrection.

ret [ret] m. hairnet.

retall [rrətáʎ] m. remnant, left-over, off-cut.

retallar [rrətəʎá] t. to cut out [paper figure]; to trim [hair], to cut away, to cut off [excess]. 2 fig. to cut out; to trim, to prune [text].

retaló [rrətəló] m. ANAT. back of the heel. ‖ *a* ~, breaking down the back of the shoe.

retard [rrətár(t)] delay; lateness. ‖ *amb* ~, late [arrival]. 2 ~ *mental,* backwardness, subnormality.

retardar [rrətərðá] t. to postpone, to put off. 2 to slow down, to hold up [movement]. ■ 3 i. to be or go slow [clock]. ■ 4 p. to be late.

retaule [rrətáulə] m. altarpiece, reredos.

retenció [rrətənsió] f. retention. 2 COMM. deduction, amount withheld.

retenir [rrətəní] t. to retain. 2 COMM. to deduct, to withhold, to hold back. ▲ CONJUG. like *abstenir-se.*

retentiva [rrətəntíβə] f. retentiveness, retention.

reticència [rrətisènsiə] f. reticence, reserve; taciturnity.

reticent [rrətisèn] a. reticent, withdrawn, uncommunicative, taciturn.

reticle [rrətíklə] m. OPT. reticle. 2 reticulum [of cow].

retina [rrətínə] f. ANAT. retina.

retir [rrətír] m. retirement. 2 pension. 3 retreat [place].

retirada [rrətiráðə] f. MIL. retreat. 2 resemblance.

retirar [rrətirá] t. to take away, to remove, to withdraw. ■ 2 p. to go away, to leave. 3 to retire (*de,* from) [job]. 4 to withdraw, to retire [into reclusion]. ■ 5 i. to be like (*a,* —), to resemble (*a,* —).

retocar [rrətuká] t. to amend; to correct. 2 to touch up [painting, decorations].

rètol [rrɛ́tul] *m.* sign; placard. 2 label; inscription.

retolar [rrətulá] *t.* to label [objects]; to put a sign (up) on [buildings]. 2 to inscribe; to head [document].

retop [rrətɔ́p] *m.* rebound, bounce (back). ‖ *de* ∼, on the rebound [also fig.].

retorçar [rrətursá] See RETÒRCER.

retòrcer [rrətɔ́rsə] *t.* to twist, to distort [also fig.]. 2 to wring (out) [wet clothes].

retòric, -ca [rrətɔ́rik, -kə] *a.* rhetorical. ■ 2 *f.* rhetoric.

retorn [rrətɔ́rn] *m.* return, coming back.

retornar [rrəturná] *i.* to return, to give back. 2 to bring back to life or consciousness. ■ 3 *i.* to come back, to return.

retracció [rrətrəksió] *f.* retraction.

retractor [rrətrəktá] *t.-p.* to withdraw. 2 *t.* to retract [claws; statement, words, etc.].

retràctil [rrətráktil] *a.* retractable.

retransmetre [rrətrənzmέtrə] *t.* to broadcast live; to retransmit.

retrat [rrətrát] *m.* portrait, likeness.

retratar [rrətrətá] *t.* to portray [also fig.]. 2 fig. to depict.

retre [rrɛ́trə] *t.* to return, to give back. 2 to render [homage]. 3 to yield, to produce [profits].

retret [rrətrέt] *m.* reproach, censure. 2 coll. telling-off.

retreure [rrətrέŭrə] *t.* to reproach. 2 coll. to tell off: *em va* ∼ *el meu retard,* she told me off for being late. ▲ CONJUG. like *treure.*

retribució [rrətriβusió] *f.* pay, payment. 2 reward [for service done].

retribuir [rrətriβuí] *t.* to pay for. 2 to reward [for service done].

retroactiu, -iva [rrətruəktiŭ, -íβə] *a.* retroactive. ‖ *donar efecte* ∼, to backdate.

retrocedir [rrətrusəðí] *i.* to go back, to retrace one's steps.

retrocés [rrətrusέs] *m.* set-back. 2 withdrawal, backing away, retreat. 3 recoil [gun].

retrògrad, -da [rrətrɔ́ɣrət, -ðə] *a.* retrograde, retrogressive.

retrospectiu, -iva [rrətruspəktiŭ, -íβə] *a.* retrospective.

retrovisor [rrətruβizó] *m.* AUTO. driving mirror.

retruc [rrətrúk] *m.* tap, knock. ‖ *de* ∼, on the rebound [also fig.].

retruny [rrətrúɲ] *m.* roll, boom, reverberation, rumble; echo.

retxa [rrέtʃə] (BAL.) See RATLLA.

retxillera [rrətʃiʎέrə] (BAL.) See ESCLETXA.

reu, rea [rrέu, -rrέə] *a.* LAW of the accused. ■ 2 *m.-f.* LAW accused.

reüll (de) [rrəúʎ] *adv. phr.* out of the corner of one's eye.

reuma [rrέŭmə] *m.* MED. rheumatism.

reumàtic, -ca [rrəumátik, -kə] *a.* rheumatic. ■ 2 *m.-f.* person suffering from rheumatism.

reumatisme [rrəŭmətizmə] *m.* rheumatism.

reunió [rrəŭnió] *f.* meeting; gathering.

reunir [rrəuní] *t.* to gather, to assemble, to collect. ■ 2 *p.* to meet, to gather.

revalidar [rrəβəliðá] *t.* to confirm, to ratify; to recognize [diploma; record].

revalorar [rrəβəlurá] *t.* to revalue.

revelació [rrəβələsió] *f.* revelation, disclosure.

revelar [rrəβəlá] *t.* to reveal; to disclose. 2 PHOTO. to develop [film].

revendre [rrəβέndrə] *t.* to retail, to resell. 2 to tout [tickets]. ▲ CONJUG. like *vendre.*

revenja [rrəβέnʒə] *f.* revenge, vengeance.

revenjar-se [rrəβənʒársə] *p.* to get revenge, to revenge oneself. 2 coll. to get one's own back.

reverberar [rrəβərβərá] *i.* to reverberate, to reflect (off). ■ 2 *t.* to reflect.

reverència [rrəβərɛ́nsiə] *f.* reverence, respect, awe. 2 curtsy, bow.

reverend, -da [rrəβərέn, -ðə] *a.* respected. 2 REL. reverend.

revers [rrəβέrs] *m.* back, reverse, other side.

reversible [rrəβərsíbblə] *a.* reversible.

revés [rrəβέs] *m.* back, reverse, other side. ‖ *al* ∼, the wrong way round. 2 fig. setback, reverse. 3 cuff [blow]. ▲ *pl.* *revessos.*

revestiment [rrəβəstimέn] *m.* CONSTR. facing; coating.

revestir [rrəβəstí] *t.* to face, to coat, to cover. 2 fig. to invest (*de,* with). 3 to assume [shape, appearance].

revetlla [rrəβέʎʎə] *f.* party, celebration.

reveure [rrəβέŭrə] *t.* to see again. ‖ *a* ∼!, see you!

revifalla [rrəβifáʎə] *f.* revival; recovery.

revifar [rrəβifá] *t.* to revive, to give new life to. ■ 2 *p.* to recover, to revive [person; fire, etc.].

revinclada [rrəβiɲkláðə] *f.* sprain.

revingut, -uda [rrəβiŋgút, -úðə] *a*. robust, strong, well-built.

revisar [rrəβizá] *t*. to check, to go over. 2 AUTO. to service.

revisió [rrəβizi̯ó] *f*. check, checking, going-over. 2 AUTO. service.

revisor, -ra [rrəβizó, -órə] *m*.-*f*. ticket collector [esp. railway]; ticket inspector [esp. railway].

revista [rrəβístə] *f*. inspection, check; review. 2 magazine. 3 review, variety show.

reviure [rrəβiu̯rə] *t*. to relive, to live again. ▲ CONJUG. like *viure*.

revocar [rrəβuká] *t*. to revoke, to cancel.

revolta [rrəβɔ́ltə] *f*. revolt, rebellion, uprising.

revoltar [rrəβultá] *t*. to make rebel or rise up. 2 to anger, to offend. ■ 3 *p*. to revolt, to rebel, to rise up.

revolució [rrəβulusi̯ó] *f*. revolution.

revolucionari, -ària [rrəβulusiunári,-ári̯ə] *a*., *m*.-*f*. revolutionary.

revòlver [rrəβɔ́lβər] *m*. revolver.

revulsiu, -iva [rrəβulsiu̯, -íβə] *a*. MED. revulsive. ‖ *tractament ~*, shock treatment.

RFA *pr. n. f*. GEOGR. *(República Federal Alemanya)* FRG (Federal Republic of Germany).

ria [ri̯ə] *f*. GEOGR. ria, estuary.

rialla [rriáʎə] *f*. laughter, laughing. 2 laughing-stock.

rialler, -ra [rriəʎè, -rə] *a*. laughing; smiling; cheerful.

riba [rríβə] *f*. GEOGR. bank.

ribera [rriβérə] *f*. bank [of river]; beach, edge [of sea, lake].

ribet [rriβét] *m*. SEW. border, edging.

ribot [rriβɔ́t] *m*. MECH. plane.

ric, -ca [rrik, -kə] *a*. rich [also fig.], wealthy. 2 fig. abundant.

Ricard [rrikir(t)] *pr. n. m*. Richard.

ridícul, -la [rriðíkul, -lə] *a*. ridiculous. ■ 2 *m*. ridicule. ‖ *fer el ~*, to make a fool of oneself.

ridiculitzar [rriðikulidzá] *t*. to ridicule, to mock, to deride. 2 to make a fool of.

riera [rri̯érə] *f*. stream [usu. seasonal].

rierol [rri̯arɔ́l] *m*. stream. 2 LIT. brook.

rifa [rrífə] *f*. raffle, lottery.

rifar [rrifá] *t*. to raffle. ■ 2 *p*. to take in, to make a fool of.

rifle [rríflə] *m*. rifle.

rígid, -da [rríʒit, -ðə] *a*. stiff [also fig.], rigid. 2 severe, hard.

rigidesa [rriʒiðézə] *f*. stiffness [also fig.], rigidity. 2 severity, hardness, rigour.

rigor [rriɣór] *m*.-*f*. rigour, severity, strictness; harshness. 2 precision, exactitude. ‖ *en tot el seu ~*, to the letter [applying laws, rules, etc.].

rigorós, -osa [rriɣurós, -ózə] *a*. strict, severe; harsh.

rima [rrímə] *f*. rhyme.

rimar [rrimá] *t*.-*i*. to rhyme.

rímmel [rrímməl] *m*. mascara.

Rin [rrin] *pr. n. m*. GEOGR. Rhine.

rinoceront [rrinusərón] *m*. rhinoceros.

rínxol [rrínʃul] *m*. ringlet, curl.

rioler, -ra [rriulè, -rə] *a*. laughing; smiling, cheerful.

riota [rri̯ɔ́tə] *f*. laughing-stock. 2 mocking laugh.

riquesa [rrikèzə] *f*. wealth; richness, wealthiness, affluence.

ris [rris] *m*. ringlet, curl; loop.

risc [rrisk] *m*. risk, danger.

ritme [rrídmə] *m*. pace, rate; rhythm. 2 MUS. rhythm, beat.

rítmic, -ca [rridmik, -kə] *a*. rhythmic.

ritu [rritu] *m*. rite, ceremony, ritual.

ritual [rrituál] *a*. ritual.

riu [rriu̯] *m*. river.

riuada [rri̯wáðə] *f*. flood.

riure [rri̯úrə] *m*. laughter, laughing.

riure [rri̯úrə] *i*. to laugh. ‖ *de per ~*, for fun, for a laugh or joke. ‖ *cargolar-se de ~*, to split one's sides with laughter. ▲ CONJUG. GER.: *rient*. ‖ P. P.: *rigut*. ‖ INDIC. Pres.: *ric*. ‖ Imperf.: *reia*, etc. ‖ SUBJ. Pres.: *rigui*, etc. ‖ Imperf.: *rigués*, etc.

rival [rriβál] *a*., *m*.-*f*. rival. 2 *a*. competing. 3 *m*.-*f*. competitor.

rivalitat [rriβəlitát] *f*. rivalry; competition.

rivalitzar [rriβəlidzá] *i*. to rival, to compete.

roba [rrɔ́βə] *f*. clothes, clothing. ‖ *~ de llit*, bed-clothes. ‖ *guaita! hi ha ~ estesa*, watch out! walls have ears; careful! somebody's listening. 2 *~ interior*, underwear, underclothes *pl*.

robar [rruβá] *t*. to steal, to rob. ‖ *m'han robat la cartera*, someone's stolen my wallet. ‖ fig. *em té el cor robat*, he's stolen my heart.

robatori [rruβətɔ́ri] *m*. theft.

Robert [rruβέr(t)] *pr. n. m*. Robert.

robí [rruβí] m. MINER. ruby.

robust, -ta [rruβús(t), -tə] a. strong, well-built, robust. 2 plump; chubby [child].

roc [rɔk] m. stone, pebble.

roca [rɔ́kə] f. rock, boulder.

rococó [rrokokó] m. Rococo.

rocós, -osa [rukós, -ózə] a. rocky, stony.

roda [rɔ́ðə] f. wheel.

rodadits [rɔ̀ðəðíts] m. MED. whitlow.

rodalia [rruðəliə] f. surroundings pl., surrounds pl., environs pl. 2 neighbourhood. ▲ usu. pl.

rodament [rruðəmèn] m. rotation, going-round. ‖ ~ de cap, vertigo, dizziness, dizzy feeling.

rodamón [rɔ̀ðəmón] m. tramp, vagabond.

rodanxa [rruðánʃə] f. slice.

rodanxó, -ona [rruðənʃó, -ónə] a. plump, round; chubby [child].

rodar [rruðá] i. to go round, to run round. 2 to drift [person]. 3 to roll. ■ 4 t. to roll; to wheel [vehicle]. 5 to travel (all) over, to cover [area]. 6 to film, to shoot [film].

rodatge [rruðáddʒə] m. AUTO. running-in. 2 shooting [film].

rodejar [rruðəʒá] t. to surround, to encircle.

rodera [rruðèrə] f. track, tyre-marks pl.

rodet [rruðèt] m. spool [film]; reel [fishing]; bobbin [sewing].

rodó, -ona [rruðó, -ónə] a. round. 2 fig. perfect. ■ 3 f. circumference.

rododèndron [rruðuðéndrun] m. BOT. rhododendron.

rodolar [rruðulá] i. to somersault, to turn somersaults.

rodolí [rruðulí] m. couplet.

roent [rruèn] a. white-hot; red-hot, glowing.

rogent [rruʒèn] a. reddish [esp. sky].

roger [rruʒè] m. red mullet.

Roger [rruʒè] pr. n. m. Roger.

roig, roja [rrɔtʃ, rrɔ́ʒə] (OCC.) See VERMELL.

roin, -ïna [rruin, -inə] See DOLENT.

roina [rrɔ̌ĭnə] f. drizzle.

rol [rrɔl] m. role, part.

rom [rrɔm] m. rum.

rom, -ma [rrɔm, -mə] a. blunt [blade].

Roma [rrɔ́mə] pr. n. f. GEOGR. Rome.

romà, -ana [rrumà, -ánə] a., m.-f. Roman. 2 f. steelyard.

romanç [rumàns] a. Romance. ■ 2 m. LIT. romance.

romancejar [rrumənsəʒá] i. to slack [on the job]; to waste time.

romanços [rrumánsus] m. pl. excuses, stories. ‖ coll. deixar-se de ~, to cut out the flannel.

romandre [rrumándrə] i. to stay, so remain; to be. ▲ CONJUG. GER.: romanent. ‖ P. P.: romàs. ‖ INDIC. Pres.: romanc. ‖ SUBJ. Pres.: romangui, etc. | Imperf.: romangués, etc.

romanent [rrumənèn] a. remaining. ■ 2 m. remainder, residue, remains.

romanès, -esa [rumənès, -èzə] a., m.-f. Rumanian.

romaní [ruməní] m. BOT. rosemary.

Romania [ruməniə] pr. n. f. GEOGR. Rumania.

romànic, -ca [rrumánik, -kə] a. Romanic. 2 ARCH. Romanesque.

romanista [rrumənistə] m.-f. follower of the School of Rome. 2 Romance linguist.

romàntic, -ca [rrumántik, -kə] a. ART Romantic. 2 fig. romantic, sentimental.

romanticisme [rruməntisizmə] m. ART Romanticism.

rombe [rrómbə] m. rhombus.

romeria [rrumariə] f. pilgrimage; religious outing.

romiatge [rrumiáddʒə] m. See ROMERIA.

rompre [rrómprə] t. to break. 2 to destroy, to break (up), to shatter, to smash. 3 to break through, to breach [wall, barrier]. ▲ CONJUG. GER.: rompent. ‖ INDIC. Pres.: rompo, romps, romp, rompem, etc. | Imperf.: rompia, etc. | Perf.: rompí, romperes, etc. | Fut.: rompré, etc. ‖ SUBJ. Pres.: rompi, etc. | Imperf.: rompés, etc. ‖ IMPERAT.: romp.

ronc, -ca [rroŋ, -kə] a. hoarse; raucous. ■ 2 m. snore, snoring.

roncar [rrunká] i. to snore.

ronda [rróndə] f. round [drinks]. 2 nightpatrol, night-watch. 3 ring-road.

rondalla [rrundáʎə] f. fairy-tale; nursery story; tale.

rondar [rrundá] i.-t. to patrol. 2 i. to wander about, to walk the streets. 3 t. to run after; to hang about.

rondinaire [rrundináĭrə] a. grumbling; sullen. ■ 2 m.-f. grumbler; sullen person.

rondinar [rrundiná] i. to grumble.

rònec, -ega [rrɔ́nək, -əɣə] a. desolate, abandoned [place].

ronquera [rruŋkɛ́rə] f. hoarseness; huskiness.

ronsa [rrónsə] m.-f. shirker [of work]; laggard.

ronsejar [rrunsəʒá] i. to shirk work.

ronya [rrópə] f. scabies [humans], mange [animals]. 2 coll. layer of filth or dirt [on skin].

ronyó [rrupó] m. ANAT. kidney.

ros, rossa [rros, rrósə] a., m.-f. blonde; redhead. 2 a. fair [colour].

rosa [rrɔ́zə] f. rose. ‖ *més fresc que una ~,* as fresh as a daisy. 2 MED. German measles.

Rosa [rrɔ́zə] pr. n. f. Rose.

rosada [rruzáðə] f. dew.

rosari [rruzári] m. rosary; beads pl. ‖ fig. coll. *acabar-se com el ~ de l'aurora,* to end badly.

rosat, -ada [rruzát, -áðə] a. pink. ‖ *ví ~,* rosé.

rosbif [rrozβíf] m. COOK. roast beef.

rosec [rruzέk] m. gnawing. 2 unease, nervousness; restlessness. 3 coll. fidgetiness. 4 remorse.

rosegador, -ra [rruzəɣəðó, -rə] m. ZOOL. rodent.

rosegar [rruzəɣá] t. to gnaw (at) [also fig.]. 2 fig. to eat up: *l'ambició el rosega,* he's eaten up with ambition. 3 fig. to nag; to torment.

rosegó [rruzəɣó] m. crust [of bread].

rosella [rruzέʎə] f. BOT. poppy.

roser [rruzέ] m. rose-bush; rose tree.

ròssec [rrɔ́sək] m. after-effect, legacy [of illness]. 2 aftermath. 3 balance brought forward [accounting].

Rosselló [rrusəʎó] pr. n. m. GEOGR. Rousillon.

rossinyol [rrusiɲɔ́l] m. ORNIT. nightingale. 2 picklock.

rost, -ta [rrɔs(t), -tə] a. steep. ■ 2 m. slope, sloping terrain; hillside.

rostir [rrustí] t. to roast; to grill. 2 to scorch, to burn.

rostit, -ida [rrustít, -íðə] a. COOK. roast; grilled.

rostoll [rrustóʎ] m. AGR. stubble.

rostre [rrɔ́strə] m. face; countenance. 2 beak.

rot [rrot] m. coll. belch, burp.

rotació [rrutəsió] f. rotation; turning; revolution.

rotar [rrutá] i. coll. to belch, to burp.

rotatiu, -iva [rrutətiŭ, -iβə] a. revolving, rotary. ■ 2 f. rotary press.

rotatori, -òria [rrutətɔ́ri, -ɔ́riə] a. rotatory.

rotllana [rruʎʎánə] f. circle, ring. 2 ring [of people].

rotlle [rrɔ́ʎʎə] m. roll. 2 circle; knot, huddle, cluster [of people].

rotllo [rrɔ́ʎʎu] See ROTLLE.

ròtula [rrɔ́tulə] f. ANAT. knee-cap.

rotund, -da [rrutún, -də] a. emphatic [assent, denial, etc.]; flat [denial, refusal, etc.]. 2 forthright, straightforward.

roure [rrɔ́ŭrə] m. BOT. oak, oak-tree.

rovell [rruβέʎ] m. rust. 2 yolk.

rovellar [rruβəʎá] t.-p. to rust.

rovelló [rruβəʎó] m. BOT. milk mushroom, saffron milk-cap.

rpm f. pl. abbr. *(revolucions per minut)* rpm (revolutions per minute).

rubèola [rruβέulə] f. MED. German measles.

ruble [rrúbblə] m. rouble.

rubor [rruβó] m. blush, blushing.

ruboritzar-se [rruburidzársə] p. to blush, to go red in the face.

rúbrica [rrúβrikə] f. flourish [to signature].

ruc, -ca [rruk, -kə] m.-f. ass [also fig.].

rucada [rrukáðə] f. idiocy, act of stupidity.

rude [rrúðə] a. vulgar, coarse, uncultured. 2 rough [esp. manner]. 3 stiff, tough [fight].

rudesa [rruðέzə] f. vulgarity, coarseness, lack of culture. 2 roughness [esp. manner].

rudiment [rruðimὲn] m. rudiment.

rudimentari, -ària [rruðiməntári, -áriə] a. rudimentary.

rúfol, -la [rrúful, -lə] a. cloudy; stormy [weather].

rugbi [rrúɣbi] m. SP. rugby.

rugir [rruʒí] i. to roar [esp. lion]. 2 fig. to roar [person, wind, sea]; to bellow [person, wind].

rugit [rruʒít] m. roar, roaring.

ruibarbre [rruiβárβrə] m. BOT. rhubarb.

ruïna [rruinə] f. disintegration, falling apart, collapse, ruin [buildings, walls, etc.]. 2 pl. ruins. 3 downfall, ruin [of person].

ruïnós, -osa [rruinós, -ózə] a. ruinous [also fig.].

ruixar [rruʃá] *t.* to sprinkle, to spray; to spatter.

ruixat [rruʃát] *m.* shower, rain-shower. 2 downpour, cloudburst.

ruixim [rruʃím] *m.* drizzle; fine rain.

ruleta [rruléta] *f.* roulette.

rull [rruʎ] *m.* curl [in hair].

rumb [rrumb] *m.* course [of ship]. 2 fig. line, path; way.

rumiar [rrumiá] *t.* to ruminate, to meditate (on), to ponder, to turn over in one's mind.

ruminant [rruminán] *a.-m.* ZOOL. ruminant.

rumor [rrumòr] *m.* rumour; gossip.

runa [rrúna] *f.* rubble.

rupestre [rrupèstra] *a.* rock. ‖ *pintura* ~, cave painting.

rúpia [rrúpia] *f.* rupee.

ruptura [rruptúra] *f.* rupture, split [also fig.]. 2 break-up [of relationship].

rural [rrurál] *a.* rural, country.

rus, russa [rrus, rrúsa] *a., m.-f.* Russian.

rusc [rrusk] *m.* beehive.

Rússia [rrùsia] *pr. n. f.* GEOGR. Russia.

rústec, -ega [rrústak, -aɣa] *a.* rough, coarse [to touch]. 2 fig. unrefined, uncultured.

rústic, -ca [rrústik, -ka] *a.* rustic, country; rural. 2 *en rústica,* softback; paperback.

ruta [rrúta] *f.* route, course; journey.

rutina [rrutína] *f.* routine.

rutinari, -ària [rrutinári, -ària] *a.* routine.

rutllar [rruʎʎá] *i.* to go round, to rotate. 2 to work, to function.

S

S, s [èssə] *f.* s [letter].

s. *m.* abbr. (Segle) c. (Century).

s' *pers. pron.* See ES.

sa [sə] *ant.* (BAL.) See LA.

SA *f.* COMM. *(Societat Anònima)* Ltd. (limited liability company).

sa, sana [sa, sánə] *a.* healthy, fit. 2 safe, intact, sound. ‖ ~ *i estalvi,* safe and sound.

saba [sáβə] *f.* BOT. sap.

sabana [səβánə] *f.* savannah, savanna.

sabata [səβátə] *f.* shoe.

sabater, -ra [səβətè, -rə] *m.-f.* shoemaker, cobbler.

sabateria [səβətəríə] *f.* shoe-shop, shoemaker's.

sabatilla [səβətíʎə] *f.* slipper.

1) saber [səβé] *m.* knowledge, learning.

2) saber [səβé] *t.* to know [facts, answers, etc.]. 2 to be able to, to know how to: *sap nedar,* he can swim. 3 to speak [languages]. 4 *fer* ~, to announce. ‖ *coll. saber-la llarga,* to be an old fox. ■ *5 i.* to taste. *6* ~ *greu,* to be sorry (—, about), to regret *t.* ▲ CONJUG. INDIC. Pres.: *sé, saps, sap,* etc. ‖ SUBJ. Pres.: *sàpiga,* etc. ‖ IMPERAT.: *sàpigues,* etc.

saberut, -uda [səβərút, -úðə] *a.* knowledgeable; learned. ■ *2 a., m.-f.* know-all.

sabó [səβó] *m.* soap.

sabonera [səβunèrə] *f.* froth, foam. 2 soap-dish.

sabor [səβónrœ] *m.* taste, flavour, savour.

saborós, -osa [səβurós, -ózə] *a.* tasty; appetizing. 2 fig. spicy.

sabotatge [səβutádʒə] *m.* sabotage.

sabotejar [səβutəʒà] *t.* to sabotage.

sabre [sáβrə] *m.* sabre.

sac [sak] *m.* bag; sack. ‖ ~ *de dormir,* sleeping-bag; fig. ~ *d'ossos,* bag of bones [person].

saca [sákə] *f.* big sack.

sacarí, -rina [səkəri, -inə] *a.* sugar; sugared, sweetened. ■ *2 f.* saccharin.

sacerdot [səsərðòt] *m.* priest.

saciar [səsià] *t.* to satiate, to satisfy [also fig.].

sacre, -cra [sákrə, -krə] *a.* sacred, holy. ■ *2 m.* ANAT. sacrum.

sacrificar [səkrifikà] *t.* to sacrifice [also fig.]. 2 to slaughter [animal for meat]. ■ *3 p.* fig. to make a sacrifice, to sacrifice oneself.

sacrifici [səkrifisi] *m.* sacrifice [also fig.]. 2 slaughter [animal for meat].

sacrilegi [səkrilèʒi] *m.* sacrilege.

sacseig [səksètʃ] *m.* shake, shaking; jerk.

sacsejar [səksəʒà] *t.* to shake; to jerk, to jolt. 2 to beat [carpet]. 3 to shake off [dust].

sàdic, -ca [sáðik, -kə] *a.* sadistic.

sadisme [səðizmə] *m.* sadism.

sadollar [səðuʎà] *t.* to satiate, to satisfy [person, appetite]. 2 fig. to satisfy [wish].

safanòria [səfənòriə] *f.* carrot.

safareig [səfərètʃ] *m.* washing sink, washing place [for clothes]. 2 fig. coll. gossip.

safata [səfátə] *f.* tray.

safir [səfir] *m.* GEMM. sapphire.

safrà [səfrà] *m.* BOT. saffron.

sagaç [səɣás] *m.* wise, judicial, sagacious; shrewd.

sagacitat [səɣəsitát] *f.* sagacity, sound judgement; shrewdness.

sageta [səʒètə] *f.* arrow.

Sagitari [səʒitàri] *m.* ASTROL. Sagittarius, the Archer.

sagnar [səŋná] *t.-i.* to bleed.

sagrament [səɣrəmèn] *m.* sacrament.

sagrat, -ada [səɣrát, -àðə] *a.* sacred, holy. 2 fig. sacred, inviolable.

sal [sal] *f.* salt.

sala [sálə] *f.* room [house]. 2 hall: ~ *d'actes,* meeting hall, lecture hall.

salamandra [sələməndrə] *f.* ZOOL. salamander, lizard.

salaó [sələó] *f.* salted meat; salt fish.

salar [səlá] *t.* to salt.

salari [səlári] *m.* salary, wage.

salconduit [səlkundúit] *m.* safe-conduct.

saldar [səldá] *t.* COMM. to pay [bill]; to pay (off) [debt]. 2 to sell off cheap.

saldo [sáldu] *m.* COMM. balance. 2 COMM. clearance sale.

saler [səlé] *m.* salt-cellar.

salfumant [salfumán] *m.* hydrochloric acid [for cleaning].

saliva [səlíβə] *f.* saliva, spit.

salivera [səliβèrə] *f.* dribble of saliva or spit.

sàller [sáʎər] (ROSS.) See SORTIR.

salmó [səlmó] *m.* salmon.

saló [səló] *m.* lounge, sitting room, drawing room. 2 COMM. salon. ‖ ~ *de bellesa,* beauty parlour.

salpar [səlpá] *i.* NAUT. to upanchor, to weigh anchor, to set sail. ■ 2 *t.* NAUT. to draw up [anchor].

salsa [sálsə] *f.* sauce, dressing.

salsera [səlsèrə] *f.* gravy boat, sauce boat.

salsitxa [səlsitʃə] *f.* sausage.

salt [sal] *m.* jump, leap, bound; hop, skip. 2 coll. *fer el* ~, to be unfaithful; not to show up.

saltar [səltá] *i.* to jump, to leap, to spring; to hop, to skip. 2 to come off: *m'ha saltat un botó a la camisa,* a button's come off my shirt. 3 coll. ~ *a la vista,* to stick out a mile. ■ 4 *t.* to jump (over); to hop, to skip over. 5 to skip, to omit, to leave out.

saltejador [səltəʒəðó] *m.* highway robber, highwayman.

saltejar [səltəʒá] *t.* to hold up, to rob [on roads].

saltimbanqui [səltimbáŋki] *m.* travelling actor, juggler; travelling showman.

saltiró [səltiró] *m.* hop, skip.

salubre [səlúβrə] *a.* healthy, salubrious.

saludable [səluðábblə] *a.* healthy. 2 fig. salutary, beneficial, good.

saludar [səluðá] *t.* to greet.

salut [səlút] *f.* health. ‖ ~*!,* cheers!, your health!

salutació [səlutəsió] *f.* greeting.

salvació [səlβəsió] *f.* salvation.

salvador, -ra [səlβəðó, -rə] *a.* saving. ■ 2 *m.-f.* rescuer; deliverer, saviour.

salvadorenc, -ca [səlβəðurèŋ, -kə] *a., m.-f.* Salvadorean.

salvament [səlβəmèn] *m.* rescue; salvation.

salvar [səlβá] *t.* to rescue, to save. 2 to overcome [difficulty], to get round, to bypass [obstacle].

salvatge [səlβádʒə] *a.* wild; savage, fierce [animal]. ■ 2 *m.-f.* savage, barbarian.

salvatgina [səlβadʒínə] *f.* wild animal [of the forest].

salvavides [salβəβíðəs] *m.* lifebelt, lifejacket; life-preserver.

salze [sálzə] *m.* BOT. willow [tree].

samarreta [səmərrètə] *f.* T-shirt; vest, (USA) undershirt.

samfaina [səmfáinə] *f.* COOK. fried vegetable sauce. 2 jumble, hotchpotch.

sanar [səná] *i.* to recover, to get over [an illness]. ■ 2 *t.* to castrate, to geld.

sanatori [sənətóri] *m.* sanatorium; nursing home.

sanció [sənsió] *f.* sanction, ratification.

sancionar [sənsiuná] *t.* to sanction.

sandàlia [səndáliə] *f.* sandal.

sandvitx [səmbitʃ] *m.* sandwich.

sanefa [sənèfə] *f.* trimming; border.

sanejament [sənəʒəmèn] *m.* sanitation; cleaning-up [also fig.].

sanejar [sənəʒá] *t.* to sanitate; to clean up [also fig.].

sang [saŋ] *f.* blood. 2 bloodshed. 3 parentage. 4 ~ *calenta,* hotbloodedness; ~ *freda,* cold blood.

sanglot [səŋglót] *m.* sob.

sanglotar [səŋglutá] *i.* to sob.

sangonera [səŋgunèrə] *f.* ZOOL. leech.

sangtraït [saŋtrait] *m.* bruise.

sanguinari, -ària [səŋginári, -áriə] *a.* bloodthirsty, cruel.

sanitari, -ària [sənitári, -áriə] *a.* sanitary; health.

sanitat [sənitát] *f.* health; healthiness. 2 public health (department).

sànscrit, -ta [sánskrit, -tə] *a.-m.* Sanskrit.

sant, -ta [san, -tə] *a.* holy, sacred, blessed; saintly. ■ 2 *m.-f.* saint. 3 name day. 4 statue or image of a saint. 5 ~ *i senya,* password.

santoral [sənturàl] *m.* list of saints, hagiology. 2 hagiography.

santuari [səntuári] *m.* sanctuary, shrine.

saó [səó] *f.* maturity, ripeness. 2 occasion, moment.

sapastre [səpástrə] *m.* bungler; fumbler.

sapiència [səpiénsiə] *f.* wisdom, knowledge.

saqueig [səkétʃ] *m.* sacking, plunder, looting.

saquejar [səkəʒá] *t.* to sack, to loot, to plunder.

Sara [sárə] *pr. n. f.* Sarah.

saragata [sərəɣátə] *f.* bustle, hullabaloo.

sarau [səráŭ] *m.* dinner dance. 2 brawl, riot.

sarbatana [sərβətánə] *f.* blowpipe; pea-shooter [toy].

sarcasme [sərkázmə] *m.* sarcasm.

sarcàstic, -ca [sərkástik, -kə] *a.* sarcastic; backhanded.

sarcòfag [sərkɔ́fək] *m.* sarcophagus.

sardana [sərðánə] *f.* traditional folk-dance of Catalonia, danced in a circle.

Sardenya [sərðéɲə] *pr. n. f.* GEOGR. Sardinia.

sardina [sərðínə] *f.* sardine.

sargantana [sərɣəntánə] *f.* ZOOL. (small) lizard.

sargir [sərʒí] *t.* to mend, to sew (up).

sargit [sərʒít] *m.* mending. 2 mend, patch.

sarment [sərmén] *m.* vine shoot.

sarna [sárnə] *f.* scabies [humans]; mange [animals].

sarraí, -ïna [sərəí, -ínə] *a., m.-f.* Saracen.

sarró [sərró] *m.* (leather) knapsack.

sarsuela [sərswélə] *f.* (Spanish) operetta. 2 fish served in sauce.

sastre [sástrə] *m.* tailor.

sastreria [səstrəríə] *f.* tailor's (shop). 2 tailoring.

sastressa [səstrésə] *f.* seamstress, dressmaker.

satèl·lit [sətέllit] *m.* satellite. 2 hanger-on; henchman.

sàtira [sátirə] *f.* satire.

satíric, -ca [sətírik, -kə] *a.* satirical, satiric.

satisfacció [sətisfəksió] *f.* satisfaction.

satisfactori, -òria [sətisfəktɔ́ri, -ɔ́riə] *a.* satisfactory, adequate, passable.

satisfer [sətisfέ] *t.* to satisfy, to please; to meet [need]. 2 to compensate. ▲ CONJUG. like *desfer.*

satisfet, -ta [sətisfét, -tə] *a.* satisfied, contented.

saturar [səturá] *t.* to saturate, to soak.

Saturn [sətúrn] *pr. n. m.* ASTR. Saturn.

saüc [səúk] *m.* BOT. elder.

sauna [sáŭnə] *f.* sauna.

savi, sàvia [sáβi, sáβiə] *a.* learned; wise, sensible.

saviesa [səβiézə] *f.* wisdom, knowledge; erudition.

saxó, -ona [səksó, -ónə] *a.* saxon.

saxofon [səksufɔ́n] *m.* MUS. saxophone.

se [sə] *pers. pron.* See ES.

Sebastià [səβəstiá] *pr. n. m.* Sebastian.

séc [sek] *m.* fold, pleat; wrinkle; line, groove.

sec, -ca [sέk, -kə] *a.* dry; dried (up). 2 skinny [person]. 3 blunt [manner, character]. ‖ *una salutació seca,* a brusque greeting.

secà [səká] *m.* dry land.

secada [sekáðə] *f.* drought, dry season.

secall [səkáʎ] *m.* twig. 2 skinny person.

secant [səkán] *a.* drying; blotting [paper]. ■ 2 *f.* GEOM. secant.

secció [səksió] *f.* section, cross-section. 2 section, division, department.

seccionar [səksiuná] *t.* to section, to divide into sections.

secessió [səsəsió] *f.* secession, seceding.

secreció [səkrəsió] *f.* secretion.

secret, -ta [səkrέt, -tə] *a.* secret; confidential; undercover [agent, activity, etc.]. ■ 2 *m.* secret; secrecy. ‖ ~ *professional,* professional secrecy.

secretar [səkrətá] *t.-i.* to secrete, to exude.

secretari, -ària [səkrətári, -áriə] *m.-f.* secretary.

secretaria [səkrətáriə] *f.* (secretary's) office. 2 secretariat.

secta [sέktə] *f.* sect.

sector [səktó] *m.* section; area. 2 sector.

secular [səkulá(r)] *a.* age-old, centuries-old. 2 lay. 3 secular.

secundar [səkundá] *t.* to second, to support.

secundari, -ària [sekundári, -áriə] *a.* secondary: *ensenyament* ~, secondary education. 2 ancillary; minor, lesser.

seda [sέðə] *f.* silk. ‖ *anar com una* ~, to go like a dream.

sedant [səðán] *a.-m.* sedative.

sedàs [səðás] *m.* sieve.

sedentari, -ària [səðəntári, -áriə] *a.* sedentary.

sedició [səðisió] *f.* sedition.

sediment [səðimèn] *m.* sediment, deposit.

sedimentar [səðiməntá] *t.* to deposit [sediment]. ■ 2 *p.* to settle, to form [sediment].

seducció [səðuksió] *f.* seduction. 2 allure, charm.

seductor, -ra [səðuktó, -rə] *a.* alluring, seductive.

seduir [səðui] *t.* to seduce, to allure; to captivate.

sega [sèɣə] *f.* AGR. reaping, harvesting; mowing. 2 harvest [season].

segador, -ra [səɣəðó, -rə] *m.-f.* harvester, reaper.

segar [səɣá] *t.* to mow, to cut [grass], to reap [corn]. 2 to chop.

segell [səʒèʎ] *m.* seal. 2 stamp.

segellar [səʒəʎá] *t.* to seal. 2 to stamp.

segle [sèɣglə] *m.* century.

segment [səŋmèn] *m.* segment; piece.

sègol [sèɣul] *m.* rye.

segon, -na [səɣón, -nə] *a.-m.* second.

segons [səɣóns] *prep.* according to; in accordance with. 2 depending on.

segregació [səɣrəɣəsió] *f.* segregation. 2 secretion.

segregar [səɣrəɣá] *t.* to segregate. 2 to secrete.

segrest [səɣrès(t)] *m.* kidnapping, abduction. 2 confiscation.

segrestar [səɣrəstá] *t.* to kidnap, to abduct. 2 to seize [publication]; to confiscate.

següent [səɣwèn] *a.* next, following.

seguida [səɣiðə] *adv. phr. de ~,* at once, straight away, (USA) right away.

seguidor, -ra [səɣiðó, -rə] *m.-f.* follower, back-up. 2 SP. fan, supporter.

seguir [səɣi] *t.* to follow, to come or go after; to pursue. 2 to continue, to go on.

segur, -ra [səɣú, -rə] *a.* sure, definite. 2 safe; secure.

seguretat [səɣurətát] *f.* certainty, sureness. 2 security. 3 safety. 4 confidence, self-confidence.

seient [səjèn] *m.* seat. 2 chair. 3 saddle [of bicycle, motorcycle, etc.].

seitó [səjtó] *m.* ICHTHY. anchovy.

seixanta [səʃántə] *a.* sixty.

seixantè, -ena [səʃəntè, -énə] *a.-m.* sixtieth.

selecció [sələksió] *f.* selection. 2 SP. team.

seleccionar [sələksiuná] *t.* to select, to pick (out), to choose.

selecte, -ta [səlɛ́ktə, -tə] *a.* choice, select.

sella [sèʎə] *f.* saddle [on horse].

selva [sɛ́lβə] *f.* jungle; forest.

semàfor [səmáfur] *m.* traffic light [roads]; signal [railways]. 2 NAUT. semaphore.

semblança [səmblánsə] *f.* likeness, similarity; resemblance. 2 biographical sketch.

semblant [səmblán] *a.* similar, alike; akin. 2 such: *no pot haver tramat semblants accions,* he can't have plotted such actions. ■ 3 *m.* look, appearance. 4 fellow man or creature.

semblar [səmblá] *i.* to look (like); to seem, to look as though. ‖ *què et sembla?,* what do you think (of this, that)? ‖ *sembla ser que,* apparently, it seems that.

sembra [sèmbrə] *f.* sowing. 2 sowing season.

sembrar [səmbrá] *t.* to sow [also fig.].

semen [sɛ́mən] *m.* semen.

sement [səmèn] *f.* seed.

semental [səməntál] *a.-m.* stud.

semestre [səmɛ́strə] *m.* semester, half year.

semicercle [sɛmisèrklə] *m.* semicircle.

semicorxera [sɛmikurʃèrə] *f.* MUS. sixteenth note, semiquaver.

semifusa [sɛmifúzə] *f.* MUS. sixty-fourth note.

seminari [səminári] *m.* seminary. 2 seminar.

semita [səmitə] *a.* Semitic. ■ 2 *m.-f.* Semite.

semitò [sɛmitó] *m.* half tone, semitone.

semivocal [sɛmiβukál] *f.* LING. semivowel.

sempre [sèmprə] *adv.* always, for ever, (USA) forever. ‖ *per ~,* for ever. 2 *~ que,* provided (that). ▲ with *subj.* or *indic.* ‖ *~ que,* whenever, every time that verb.

senador, -ra [sənəðó, -rə] *m.-f.* senator.

senar [səná] *a.* odd [number]. ‖ *parells o senars,* odds or evens [guessing game].

senat [sənát] *m.* senate.

sencer, -ra [sənsé, -rə] *a.* whole; entire.

senderi [səndèri] *m.* sense; gumption, brains *pl.*

senglar [səŋglá] *m.* ZOOL. boar.

sengles [sèŋgləs] *pl. a.* each, both: *portaven ~ bastons,* each of them carried a cane.

senil [sǝníl] *a.* senile.

sens [sens] See SENSE.

sensació [sǝnsǝsió] *f.* feeling, sensation; sense. 2 *fig.* sensation; rage.

sensacional [sǝnsǝsiunál] *a.* sensational.

sensat, -ta [sǝnsát, -tǝ] *a.* sensible; wise, sound. ■ 2 *adv.* (ROSS.) See DE DEBÒ.

sensatesa [sǝnsǝtézǝ] *f.* (good) sense, judgement.

sense [sénsǝ] *prep.* without.

sensibilitat [sǝnsiβilitát] *f.* sensitivity; sensibility; feeling.

sensible [sǝnsíbblǝ] *a.* sensitive. 2 perceptive, noticeable [change, improvement, etc.].

sensorial [sǝnsuriál] *a.* sensory.

sensual [sǝnsuál] *a.* sensual; sensuous.

sentència [sǝnténsiǝ] *f.* maxim. 2 LAW sentence.

sentenciar [sǝntǝnsiá] *t.* LAW to sentence.

sentiment [sǝntimén] *m.* feeling, emotion; sentiment. 2 regret; grief, sorrow.

sentimental [sǝntimǝntál] *a.* sentimental. 2 love [affair, life].

sentinella [sǝntinéʎǝ] *m.* sentry, guard.

sentir [sǝntí] *t.* to feel. 2 to hear. ‖ *ho sents?*, do you hear that? 3 to be sorry, to regret. ‖ *ho sento*, I'm sorry. ■ 4 *p.* to feel: ~ *trist*, to feel sad. ▲ CONJUG. INDIC. Pres.: *sent*.

sentit, -ida [sǝntít, -íðǝ] *a.* sensitive [easily hurt]. ■ 2 *m.* sense. ‖ *perdre els sentits*, to lose consciousness. 3 meaning, sense. 4 direction. ‖ ~ *únic*, one-way [street].

sentor [sǝntó] *f.* smell, odour, (USA) odor.

seny [sɛɲ] *m.* (good) sense, (good) judgement; prudence. ‖ *perdre el* ~, to take leave of one's senses, to go mad.

senya [séɲǝ] *f.* feature [of person], distinguishing mark [of thing].

senyal [sǝɲál] *m.* mark; trace. 2 signal; gesture [of warning, greeting, etc.]. 3 sign, token; indication: *donar* ~ *de vida*, to show signs of life.

senyalar [sǝɲǝlá] *t.* to mark. 2 to signpost [road], to put up signs on. 3 to point out, to point to; to indicate. 4 to mark (for life), to sear.

senyera [sǝɲérǝ] *f.* flag; banner, standard.

senyor, -ra [sǝɲó, -rǝ] *m.* man, gentleman. 2 lord; owner, master. 3 mister [before proper name]; sir [in direct address]. ‖ *sí* ~, yes indeed. 4 *f.* woman; lady. 5 mistress, owner. 6 wife. 7 Mrs [before proper name]; madam [in direct address].

senyorejar [sǝɲurǝʒá] *t.* to control, to dominate; to rule. ■ 2 *i.* to act like a lord.

senyoreta [sǝɲurέtǝ] *f.* young woman or lady. 2 miss [before proper name]. 3 teacher; miss.

senzill, -lla [senzíʎ, -ʎǝ] *a.* simple. 2 easy. 3 plain, natural.

senzillesa [senziʎézǝ] *f.* simplicity. 2 plainness, naturalness.

separació [sǝpǝrǝsió] *f.* separation, removal. 2 space, distance; gap.

separar [sǝpǝrá] *t.* to separate; to move or take away. 2 to pull apart, to keep apart. ■ 3 *p.* to separate; to split up.

separatisme [sǝpǝrǝtízmǝ] *m.* separatism.

sepeli [sǝpéli] *m.* burial; interment.

sèpia [sépiǝ] ZOOL. See SÍPIA.

septentrional [sǝptǝntriunál] *a.* north, northern.

sepulcre [sǝpúlkrǝ] *m.* tomb, grave; sepulchre.

sepultar [sǝpultá] *t.* to bury [also fig.]; to inter.

sepultura [sǝpultúrǝ] *f.* burial. 2 tomb, grave.

sequaç [sǝkwás] *m.-f.* follower, supporter; henchman.

sequedat [sǝkǝðát] *f.* dryness. 2 fig. brusqueness, abruptness.

seqüela [sǝkwέlǝ] *f.* sequel. 2 aftermath.

sèquia [sέkiǝ] *f.* irrigation channel.

1) ser [se] *m.* being.

2) ser [se] See ÉSSER.

Sèrbia [sέɾβiǝ] *pr. n. f.* Serbia.

serè, -ena [sǝrέ, -énǝ] *a.* clear, cloudless [sky]. 2 calm, quiet, peaceful; serene [person].

serenata [sǝrǝnátǝ] *f.* serenade.

serenitat [sǝrǝnitát] *f.* peacefulness, quietness; serenity.

serenor [sǝrǝnó] See SERENITAT.

sergent [sǝrʒén] *m.* sergeant.

serial [sǝriál] *a.-m.* serial.

sèrie [sέriǝ] *f.* series; sequence, string. ‖ *producció en* ~, massproduction. ‖ *fora de* ~, exceptional, out of the ordinary.

serietat [sǝriǝtát] *f.* seriousness; gravity. 2 consciousness, responsibility; formality.

serigrafia [səriɣrəfiə] *f.* silk-screen (printing).

seriós, -osa [səriòs, -òzə] *a.* serious; conscientious, responsible. 2 solemn. 3 serious, important; critical.

sermó [sərmó] *m.* speech. 2 fig. sermon, harangue.

serp [serp] *f.* ZOOL. snake, serpent.

serpent [sərpèn] *m.-f.* ZOOL. See SERP.

serpentejar [sərpəntəʒà] *i.* to twist, to wind, to meander.

serra [sèrrə] *f.* saw. 2 mountain range; mountains.

serradura [sərrəðúrə] *f.* sawing (off). 2 saw cut. 3 *pl.* sawdust *sing.*

serralada [sərrəláðə] *f.* mountain range.

serraller, -ra [sərrəʎé, -rə] *m.-f.* locksmith.

serrar [sərrà] *t.* to saw (off, up). 2 to press (together), to clench: ~ *les dents,* to clench one's teeth.

serrat [sərràt] *a.* sawn; sawn-up, sawn-off. 2 serrated, toothed; jagged. ■ 3 *m.* range of hills.

serrell [sərrèʎ] *m.* fringe. 2 fringe [of hair], (USA) bangs *pl.*

sèrum [sèrum] *m.* serum.

servei [sərβèi] *m.* favour, (USA) favor. 2 service; use, usefulness. 3 service, duty. ‖ ~ *militar,* military service. 4 servants, help; employees [of hotel]. 5 *pl.* public utilities.

servent, -ta [sərβèn, -tə] (domestic) servant, home-help.

servicial [sərβisiàl] *a.* obliging, accommodating; obsequious.

servil [sərβil] *a.* servile; obsequious.

servilisme [sərβilizmə] *m.* servility.

servir [sərβi] *i.* to be useful or of use, to be handy. 2 to serve. ■ 3 *t.* to serve; to wait on [in a restaurant]; to be of help. ‖ *en què et puc* ~?, can I help you (in any way)? ■ 4 *p.* to use, to make use of.

sèsam [sèzəm] *m.* BOT. sesame.

sessió [səsió] *f.* session; meeting; sitting. 2 show, performance; showing [cinema].

set [sɛt] *f.* thirst. ‖ *tenir* ~, to be thirsty. ■ 2 *a.-m.* seven. 3 *m.* tear, rip [in material, paper], cut [in skin].

setanta [sətàntə] *a.-m.* seventy.

setantè, -ena [sətəntè, - énə] *a.-m.* seventieth.

set-cents, -tes [sètsèns, -təs] *a.-m.* seven hundred.

set-ciències [sɛtsièns iəs] *m.-f.* know-all, (USA) know-it-all.

setè, -ena [sətè, -énə] *a.-m.* seventh.

setembre [sətèmbrə] *m.* September.

setge [sèdʒə] *m.* siege.

setí [səti] *m.* TEXT. sateen; satin.

setmana [səmmànə] *f.* week. ‖ *Semana Santa,* Holy Week, Easter.

setmanada [səmmənàðə] *f.* (weekly) wages *pl.*, wage.

setmanal [səmmənàl] *a.* weekly. ■ 2 *m.* weekly pay-sheet [amount].

setmanari [səmmənàri] *m.* weekly [publication].

setmesó, -ona [sèdməzó, -ónə] *a.* premature. ■ 2 *m.-f.* premature baby.

setrill [sətriʎ] *m.* cruet.

setrilleres [sətriʎérəs] *f. pl.* cruet-set *sing.*

setze [sèdzə] *a.-m.* sixteen.

setzè, -ena [sədzè, -énə] *a.-m.* sixteenth.

seu [sèu] *f.* seat [of government], headquarters, head office [of company]. 2 cathedral.

seu, seva [sèu, sèβə] *poss. a.* his, her, its; one's; your [polite address]. ‖ *ella i el* ~ *germà,* she and her brother. ‖ *vostès i els seus familiars,* you and your relatives. 2 their: *ells i el* ~ *equipatge,* they and their baggage. ■ 3 *poss. pron.* his, hers. 4 theirs. ‖ *aquest és (el)* ~, this is theirs. ‖ *el* ~ *no hi és,* theirs isn't here.

sèu [sèu] *m.* grease, animal grease or fat.

Seül [səúl] *pr. n. m.* GEOGR. Seoul.

seure [sèurə] *i.* to sit (down). 2 to be seated or sitting. ▲ CONJUG. GER.: *seient.* ‖ P. P.: *segut.* ‖ Pres. INDIC.: *sec,* etc. ‖ Pres. SUBJ.: *segui,* etc. ‖ Imperf.: *segués,* etc.

sever, -ra [səβènr, -rə] *a.* strict; harsh, hard; severe.

severitat [səβəritàt] *f.* strictness; harshness, hardness; severity.

Sevilla [səβiʎə] *pr. n.* GEOGR. Seville.

sexe [sèksə] *m.* sex, gender. 2 sexual organs, genitalia.

sexual [səksuàl] *a.* sexual, sex.

sexualitat [səksuəlitàt] *f.* sexuality.

1) si [si] *m.* MUS. B.

2) si [si] *conj.* if, whether. ‖ ~ *de cas,* if, perchance. ‖ ~ *més no,* at the very least.

3) si [si] *pers. refl. pron.* himself, herself, itself, oneself; yourself [polite address]. ‖ *tornar en* ~, to recover consciousness, to come round.

sí [si] *adv.* yes.

sibarita [siβəritə] *a.* sybaritic, luxury-loving. ■ 2 *m.-f.* sybarite, luxury-lover.

Sicília [sisiliə] *pr. n. f.* GEOGR. Sicily.

sicilià, -ana [sisilià, -ánə] *a., m.-f.* Sicilian.

SIDA [siðə] *f.* MED. *(Síndrome d'Immunodeficiència Adquirida)* AIDS (Acquired Immune Deficiency Syndrome).

sideral [siðərál] *a.* astral, sidereal.

siderúrgia [siðərúrʒiə] *f.* iron and steel industry, steel industry.

sidra [siðrə] *f.* cider.

sífilis [sifilis] *f.* MED. syphilis.

sifó [sifó] *m.* siphon. 2 soda siphon. 3 soda, soda water.

sigla [sigglə] *f.* acronym; abbreviation.

signar [sinnà] *t.* to sign.

signatura [sinnətúrə] *f.* signature. 2 signing, signature [act]. 3 reference or catalogue number [on books].

signe [sinnə] *m.* sign, mark; token.

significació [sinnifikəsió] *f.* meaning; significance.

significar [sinnifikà] *t.* to mean; to signify.

significat [sinnifikát] *m.* meaning, sense.

silenci [silénsi] *m.* silence, quiet. 2 MUS. rest.

silenciós, -osa [silənsiós, -ózə] *a.* quiet, silent.

sílex [siləks] *m.* MINER. flint, silex.

silicona [silikònə] *f.* CHEM. silicone.

síl·laba [sillàβə] *f.* syllable.

síl·logisme [sillu ʒizmə] *m.* syllogism.

silueta [siluétə] *f.* silhouette, outline.

silvestre [silβéstrə] *a.* wild.

Sílvia [silβiə] *pr. n. f.* Silvia, Sylvia.

simbiosi [simbiòzi] *f.* BIOL. symbiosis.

símbol [simbul] *m.* symbol, sign.

simbòlic, -ca [simbòlik, -kə] *a.* symbolic.

simbolitzar [simbulidzà] *t.* to symbolize.

simetria [simətriə] *f.* symmetry.

simètric, -ca [simétrik, -kə] *a.* symmetric.

simfonia [simfuniə] *f.* MUS. symphony.

simi [simi] *m.* ZOOL. ape.

símil [simil] *m.* simile; comparison.

similar [similárɾœ] *a.* similar.

similitud [similitút] *f.* similarity, resemblance, similitude.

simpatia [simpətiə] *f.* friendliness, pleasantness. 2 attraction. ‖ *li tinc molta ~,* I like her a lot. 3 MED. sympathy.

simpàtic, -ica [simpàtik, -kə] *a.* friendly; likeable, pleasant.

simple [simplə] *a.* undivided, whole. 2 uncomplicated, simple, straightforward.

simplicitat [simplisitàt] *f.* simplicity, uncomplicatedness.

simplificar [simplifikà] *t.* to simplify.

símptoma [simtumə] *m.* symptom.

simulació [simuləsió] *f.* simulation; pretence; make-believe.

simulacre [simulákrə] *m.* simulacrum.

simular [simulà] *t.* to simulate; to pretend, to feign, to sham.

simultani, -ània [simultàni, -ániə] *a.* simultaneous.

sina [sinə] *f.* breast, chest. 2 bosom [woman].

sinagoga [sinəγóγə] *f.* synagogue.

sincer, -ra [sinsέɾ, -rə] *a.* frank; sincere.

sinceritat [sinsəritàt] *f.* frankness; sincerity.

síncope [sinkupə] *f.* GRAM., MUS. syncope. 2 MED. faint, fainting, fit.

sincronitzar [sinkrunidzà] *t.* to synchronize.

sindical [sindikàl] *a.* trade union, union.

sindicalisme [sindikəlizmə] *m.* tradeunionism.

sindicat [sindikát] *m.* syndicate. 2 union, trade union.

síndria [sindriə] *f.* BOT. water melon.

singladura [singləðúrə] *f.* NAUT. day's run, day's sailing.

singlot [singlót] *m.* hiccup.

singlotar [singlutà] *i.* to hiccup.

singular [singulárɾœ] *a.* singular. 2 unusual, strange, odd.

sínia [siniə] *f.* water wheel.

sinistre, -ra [sinistrə, -trə] *a.* left. 2 sinister; evil. ■ 3 *m.* disaster, calamity; accident.

sinó [sinó] *conj.* but [contrast]. ‖ *no es ell ~ el seu germà,* it's not him but his brother.

sinònim, -ma [sinònim, -mə] *a.* synonymous.

sinonímia [sinunimiə] *f.* synonymy.

sintaxi [sintáksi] *f.* syntax.

síntesi [sintəzi] *f.* synthesis.

sintètic, -ca [sintétik, -kə] *a.* synthetic; artificial.

sintetitzar [sintətidzà] *t.* to synthesize.

sintonitzar [sintunidzá] *t.* to tune in. ■ 2 *i.* to get on well.

sinuós, -osa [sinuós, -ózə] *a.* windy, winding. 2 fig. devious.

sinus [sínus] *m.* GEOM. sine.

sinusitis [sinuzítis] *f.* MED. sinusitis.

sípia [sípiə] *f.* cuttlefish.

sirena [sirénə] *f.* siren, mermaid. 2 siren.

sirgar [siryá] *i.* MAR. to tow; to pull. 2 fig. to work hard, to toil.

Síria [síriə] *pr. n. f.* GEOGR. Syria.

sirià, -ana [siriá, -ánə] *a., m.-f.* Syrian.

sis [sis] *a.-m.* six.

sis-cents [sisèns] *a.* six hundred.

sisè, -ena [sizè, -énə] *a.-m.* sixth.

sisme [sízmə] *m.* earthquake, tremor.

sísmic, -ca [sízmik, -kə] *a.* seismic.

sismògraf [sizmɔ́yrəf] *m.* seismograph.

sistema [sistémə] *m.* system; method.

sistemàtic [sistəmátik, -kə] *a.* systematic; methodical.

sístole [sístulə] *f.* MED. systole.

sitja [sidʒə] *f.* underground silo or storage pit.

situació [situəsió] *f.* situation; location; status, standing.

situar [situá] *t.* to situate; to locate, so site. ■ 2 *p.* to establish oneself; to settle down [in life]. 3 coll. to make it [in life].

sivella [sißéʎə] *f.* buckle.

SL [èsə élə] *f.* COMM. *(Societat Limitada)* (limited liability company) [with restrictions on size].

so [sɔ] *m.* sound.

sobirà, -ana [sußirá, -ánə] *a., m.-f.* sovereign.

sobirania [sußirəniə] *f.* sovereignty.

sobra [sɔ́βrə] *f.* left-over, remainder; excess. ‖ *de ~,* more than enough, ample. 2 *pl.* remains, left-overs.

sobrar [sußrá] *i.* to be superfluous or in excess. ‖ *sobren tres cadires,* there are three chairs too many.

sobrassada [sußrəsáðə] *f.* kind of sausage, made of pork, red pepper and salt.

sobre [sɔ́βrə] *adv.* on top. ■ 2 *prep.* on, upon, on top of. 3 about, on [subject]. 4 besides, in addition to. ■ 5 *m.* top-side, top. 6 envelope.

sobreabundància [soβrəβundánsiə] *f.* overabundance, superabundance.

sobrealimentar [soβrəliməntá] *t.* to overfeed.

sobrecàrrega [soβrəkárrəyə] *f.* overload. 2 excess weight. 3 surcharge.

sobredosi [soβrəðɔ́zi] *f.* overdose.

sobreentendre [soβrəntèndrə] *t.* to infer.

sobrehumà, -ana [soβrəumá, -ánə] *a.* superhuman.

sobrenatural [soβrənəturál] *a.* supernatural.

sobrenom [soβrənɔ́m] *m.* nickname.

sobrepassar [soβrəpəsá] *t.* to surpass; to exceed. 2 to be taller [height].

sobreposar [soβrəpuzá] *t.* to superimpose, to put on top of. 2 fig. to give preference to (*a,* over). ■ 3 *p.* to pull oneself together, to regain one's self-control.

sobresalt [soβrəsál] *m.* start, jump; shock; fright.

sobreseure [soβrəsèŭrə] *t.* LAW to discontinue [proceedings].

sobresortir [soβrəsurti] *i.* to stick out, to jut out, to project. 2 fig. to stand out, to be outstanding. ▲ CONJUG. like *sortir.*

sobresou [soβrəsɔ́ŭ] *m.* extra pay, bonus.

sobretaula [soβrətáŭlə] *f.* chat over coffee and cigars, after-dinner table-talk.

sobretot [soβrətɔ́t] *adv.* above all.

sobrevalorar [soβrəβəlurá] *t.* to overvalue; to overrate.

sobrevenir [soβrəβəni] *i.* to happen suddenly, to come about. ▲ CONJUG. like *abstenir-se.*

sobreviure [soβrəβiŭrə] *i.* to survive. ▲ CONJUG. like *viure.*

sobri, sòbria [sɔ́βri, sɔ́βriə] *a.* sober, restrained; unadorned.

sobrietat [sußriətát] *f.* sobriety, restraint.

sobtadament [suptəðamèn] *adv.* suddenly, all of a sudden, abruptly.

sobtar [suptá] *t.* to catch (out), to catch unawares. 2 COOK. to undercook. ■ 3 *p.* to be caught (out) or unawares. 4 COOK. to be undercooked.

sobtat, -ada [suptát, -áðə] *a.* sudden, abrupt.

sobte (de) [sɔ́ptə] *adv. phr.* suddenly, all of a sudden.

soca [sɔ́kə] *f.* stump, roots [of tree]. 2 *de ~ rel,* totally, one hundred percent, through and through.

socarrar [sukərrá] *t.* to singe; to scorch.

socarrim [sukərrím] *m.* singeing; scorching.

socarrimar [sukərrimá] See SOCARRAR.

soci, sòcia [sɔ́si, -sɔ́siə] *m.-f.* COMM. partner, associate. 2 member [club, society]. 3 guy, chap.

sociable [susiábblə] *a.* sociable, friendly, gregarious.

social [susiál] *a.* social. 2 COMM. company, commercial.

socialisme [susiálizmə] *m.* socialism.

socialista [susiálistə] *a., m.-f.* socialist.

societat [susiətát] *f.* society. ‖ ~ *de consum,* consumer society. 2 COMM. corporation, company. ‖ ~ *anónima,* limited liability company. 3 COMM. firm, company, association.

sociòleg, -òloga [susiɔ́lək, -ɔ́luɣə] *m.-f.* sociologist.

sociologia [susiuluʒíə] *f.* sociology.

sòcol [sɔ́kul] *m.* base, plinth. 2 skirting board [around wall].

socórrer [sukɔ́rrə] *t.* to aid, to assist, to help. 2 to meet, to relieve [needs].

socors [sukɔ́rs] *m.* aid, assistance, help: ~!, help!

soda [sɔ́ðə] *f.* soda water, soda.

sodi [sɔ́ði] *m.* MINER. sodium.

sofà [sufá] *m.* settee, sofa, couch.

sofert, -ta [sufér(t), -tə] *a.* long-suffering; patient [person]. 2 TEXT. hard-wearing, tough, long-lasting.

Sofia [sufíə] *pr. n. f.* GEOGR. Sofia.

sofisticació [sufistikəsió] *f.* sophistication, refinement, elegance. 2 pej. affectation.

sofre [sófrə] *m.* MINER. sulphur.

sofregir [sufrəʒí] *t.* to fry lightly.

sofriment [sufrimén] *m.* suffering. 2 endurance; tolerance, patience.

sofrir [sufrí] *i.* to suffer. ■ 2 *t.* to endure [illness, misfortune]; to suffer from [illness]. ‖ ~ *un accident,* to have an accident. ‖ ~ *un canvi,* to undergo a change.

soga [sɔ́ɣə] *f.* rope. 2 *veure's amb la* ~ *al coll,* to be up to one's neck in it, to be in a tight spot.

sogre, -gra [sɔ́ɣrə, -ɣrə] *m.* father-in-law. 2 *f.* mother-in-law.

soja [sɔ́ʒə] *f.* BOT. soya.

sojorn [suʒòrn] *m.* stay, sojourn. 2 dwelling, dwelling-place, home, abode.

sojornar [suʒurná] *i.* to stay, to spend some time [in a place].

sol [sɔl] *m.* ASTR. sun. ‖ ~ *ixent,* rising sun. 2 sunshine. ‖ *prendre el* ~, to sunbathe; to lie in the sun. 3 MUS. G.

sòl [sɔl] *m.* ground. 2 floor [house]. 3 AGR. land, ground.

sol, sola [sɔl, sɔ́lə] *a.* alone, unaccompanied; single. ‖ *una sola vegada,* one single time, once only. 2 lonely: *trobar-se* ~, to feel lonely.

sola [sɔ́lə] *f.* sole [of shoe].

solà, -ana [sulá, -ánə] *a.* sunny, sunlit. ■ 2 *f.* sunny spot, suntrap.

solament [sɔ́ləmén] *adv.* only.

solapa [sulápə] *f.* lapel.

solar [sulá] *m.* building pot, plot, lot; site.

solar [sulánrœ] *a.* solar, sun.

solatge [suláʤə] *m.* deposit, sediment [from liquid].

solcar [sulká] *t.* AGR. to plough up; to furrow. 2 fig. to plough up [vehicles, of land]. 3 to ply [the seas]. 4 to cut through, to cleave [the waters, the airs]. 5 to score [hard surfaces].

soldador [suldəðó] *m.* soldering iron. 2 welder [person].

soldadura [suldəðúrə] *f.* welding [usu. act only]. 2 weld.

soldar [suldá] *t.* to weld.

soldat [suldát] *m.* soldier.

soledat [suləðát] *f.* solitude; loneliness.

solemne [sulémnə] *a.* solemn, serious, dignified.

solellada [suləʎáðə] *f.* sun-bathing. 2 MED. sunstroke.

soler [sulé] *i.* to be in the habit or custom of, to be accustomed to. ‖ *sol anar al cine cada diumenge,* he usually goes to the cinema every Sunday.

solfa [sɔ́lfə] *f.* MUS. solfa. 2 musical notation.

solfeig [sulfétʃ] *m.* MUS. solfa.

solfejar [sulfəʒá] *t.* MUS. to solfa.

sòlid, -da [sɔ́lit, -ðə] *a.-m.* solid. 2 *a.* firm; hard.

solidari, -ària [suliðári, -áriə] *a.* joint, common [activities]. 2 shared in common; in solidarity. 3 LAW joint.

solidaritat [suliðəritát] *f.* solidarity.

solidaritzar-se [suliðəridzársə] *p.* to declare one's support for or solidarity with.

solidesa [suliðɛ́zə] *f.* solidity; firmness; hardness.

solidificar [suliðifiká] *t.* to solidify; to become firm or hard.

soliloqui [sulilɔ́ki] *m.* soliloquy. 2 monologue.

solista [sulístə] *m.-f.* soloist, solo singer.

solitari, -ària [sulitári, -áriə] *a.* solitary; lonely; bleak, desolate. ■ 2 *m.-f.* loner. 3 *f.* ENT. tapeworm.

solitud [sulitút] *f.* solitude. 2 lonely place.

sol·lícit, -ta [sullisit, -tə] *a.* solicitous, obliging.

sol·licitar [sullisitá] *t.* to apply for [job]. 2 to request, to solicit; to ask for.

sol·licitud [sullisitút] *f.* solicitude, concern. 2 petition. 3 application (form).

solo [sólu] *m.* MUS. solo.

sols [sɔls] See SOLAMENT.

solstici [sulstisi] *m.* solstice.

solt, -ta [sɔlt, -tə] *a.* loose; untied; free, flowing. 2 detached, separate. ■ 2 *f.* (common) sense, logic. ‖ *sense solta ni volta,* without rhyme or reason.

solter, -ra [sultέ, -rə] *a.* single, unmarried. ■ 2 *m.* bachelor. 3 *f.* spinster, unmarried woman.

soluble [sulúbblə] *a.* soluble. 2 solvable [problem].

solució [sulusió] *f.* solution.

solucionar [sulusiuná] *t.* to solve. 2 to resolve, to settle.

solvència [sulβέnsiə] *f.* solvency.

solvent [sulβέn] *a.* solvent; afloat.

somera [sumέrə] *f.* ZOOL. she-ass.

somiador, -ra [sumiəðó, -rə] *a.* idealistic; dreamy. ■ 2 *m.-f.* dreamer.

somiar [sumiá] *i.* to dream (*amb,* of). ■ 2 *t.* to dream about. ‖ ~ *truites,* to live in a dream, to build up (false) hopes.

somiatruites [sumiətrúitəs] *m.-f.* dreamer, escapist.

somicar [sumiká] *i.* to whimper, to whine.

somicó [sumikó] *m.* whimper, whine.

somier [sumié] *m.* spring mattress.

sòmines [sɔ́minəs] *m.* dolt, dimwit, dope.

somnàmbul, -la [sunámbul, -lə] *m.-f.* sleepwalker, somnambulist.

somni [sɔ́mni] *m.* dream. 2 pipe dream, fantasy.

somniar [sumiá] See SOMIAR.

somnífer, -ra [sumnifer, -rə] *a.* sleep-inducing, soporific. ■ 2 *m.* sleeping pill.

somnolència [sumnulέnsiə] *f.* drowsiness, sleepiness.

somort, -ta [sumɔ́r(t), -tə] *a.* dying, weak; muffled [sound], dim [light].

somrient [sumrriέn] *a.* smiling, beaming.

somrís [sumris] *m.* See SOMRIURE.

somriure [sumrriúrə] *m.* smile; grin.

somriure [sumrriúrə] *i.* to smile, to grin; to beam. ▲ CONJUG. like *riure.*

son [sɔn] *m.* sleep. 2 *f.* sleepiness. ‖ *tinc* ~, I'm sleepy, I'm tired.

son, sa [son, sə] *poss. a.* his, her, its.

sonar [suná] *i.* to sound; to go off, to ring [bell]. 2 fig. to sound familiar. ‖ *et sona aquest nom?,* does this name ring a bell? ■ 3 *t.* to play, to sound [instrument].

sonat, -ada [sunát, -áðə] *a.* well-known, talked-of. 2 crazy; bonkers.

sonata [sunátə] *f.* MUS. sonata.

sonda [sóndə] *f.* sounding. 2 TECH. bore, drill. 3 MED. probe; tube. 4 ~ *espacial,* space probe.

sondar [sundá] *t.* to sound, to probe. 2 TECH. to bore (into). 3 MED. to put a tube or probe into [patient]. 4 fig. to take polls, to do surveys.

sondeig [sundέtʃ] *m.* sound, sounding; probe. 2 fig. poll, inquiry; survey.

sondejar [sundəʒá] *t.* to sound, to probe. 2 take polls, to do surveys.

sonet [sunέt] *m.* sonnet.

Sònia [sɔ́niə] *pr. n. f.* Sonia.

sonor, -ra [sunór, -rə] *a.* sonorous; resonant; sound. ‖ *banda sonora,* soundtrack.

sonoritat [sunuritát] *f.* sonority, resonance.

sopa [sópə] *f.* soup; broth. ‖ *estar com una* ~, to have a bad cold.

sopar [supá] *m.* dinner, supper.

sopar [supá] *i.* to have dinner or supper; to dine.

sopera [supέrə] *f.* soup tureen.

sopluig [suplútʃ] *m.* shelter.

sopor [supórrœ] *m.* drowsiness; sluggishness.

soporífer, -ra [supurifər, -rə] *a.* sleep-inducing, soporific.

soprano [suprának] *m.-f.* MUS. soprano.

sord, -da [sor(t), -ðə] *a.* deaf. 2 muffled, dull; quiet. 2 *m.-f.* deaf person.

sordejar [surðəʒá] *i.* to be hard of hearing.

sordesa [surðέzə] *f.* deafness.

sordid, -da [sɔ́rðit, -ðə] *a.* sordid, filthy, squalid.

sordina [surðinə] *f.* MUS. damper [on piano]; mute [for trumpet].

sord-mut, sorda-muda [sɔrmút, sɔrðəmúðə] *a.* deaf and dumb. 2 *m.-f.* deaf and dumb person.

sorgir [surʒi] *i.* to arise, to emerge; to appear (unexpectedly); to crop up.

sorna [sórnə] *f.* sarcasm.

sorneguer, -ra [surnəɣè, -rə] *a.* underhand; sly, sneaky.

sornegueria [surnəɣəriə] *f.* slyness, cunning.

soroll [suróʎ] *m.* noise.

sorollós, -osa [suruʎòs, -ózə] *a.* noisy, loud.

sorprendre [surprèndrə] *t.* to surprise, to catch (unawares). 2 to surprise, to astonish, to amaze. ▲ CONJUG. like *aprendre.*

sorprenent [surprənèn] *a.* surprising; astonishing, amazing.

sorpresa [surprézə] *f.* surprise; astonishment, amazement.

sorra [sórrə] *f.* sand.

sorral [surrál] *m.* sandy spot; sandpit. 2 bunker [golf].

sorrut, -uda [surrút, -úðə] *a.* sullen, sulky; unsociable.

sort [sɔr(t)] *f.* luck, (good) fortune. ‖ *tenir ~,* to be lucky.

sorteig [surtètʃ] *m.* draw, raffle.

sortejar [surtəʒà] *t.* to draw lots for; to raffle.

sortida [surtiðə] *f.* departure; leaving; rising [of sun]. 2 SP. start. 3 exit, way out; outlet; valve, vent. 4 outing, excursion. 5 quip, witty remark; joke.

sortidor [surtiðò] *m.* jet, spout.

sortilegi [surtilὲʒi] *m.* sorcery. 2 spell.

sortir [surtí] *i.* to go out; to come out; to get out of. 2 to depart, to leave. 3 to appear, to emerge; to come out [publication]. 4 to rise [sun]. 5 to turn out, to prove (to be); to go [well or badly]. ▲ CONJUG. INDIC. Pres.: *surto, surts, surt, surten.* ‖ SUBJ. Pres.: *surti, surtis, surti, surtin.*

sospir [suspir] *m.* sigh; breath.

sospirar [suspirà] *i.* to sigh [also fig.].

sospita [suspitə] *f.* suspicion; doubt.

sospitar [suspità] *t.* to suspect. ■ 2 *i. ~ de,* to be suspicious of, to have one's suspicious about.

sospitós, -osa [suspitòs, -ózə] *a.* suspicious, suspect.

sostenidors [sustəniðòs] *m. pl.* brassière *sing.*, bra *sing.*

sosteniment [sustənimèn] *m.* support; strengthening; upholding. 2 sustenance [of body].

sostenir [sustəni] *t.* to support, to hold' (up); to carry, to bear. 2 fig. to support,

to back, to defend; to sustain, to maintain. ▲ CONJUG. like *abstenir-se.*

sostingut, -uda [sustiŋgút, -úðə] *a.* steady, sustained; prolonged. ■ 2 *a.-m.* MUS. sharp.

sostre [sɔstrə] *m.* ceiling. 2 layer.

sostreure [sustrὲu̯rə] *t.* to take out, to take away; to remove. 2 MATH. to subtract, to deduct. ▲ CONJUG. like *treure.*

sot [sɔt] *m.* hole. 2 dip; hollow. 3 small valley. 4 grave.

sota [sòtə] *prep.* under, beneath, below. ■ *adv.* below, underneath.

sotabarba [sɔtəβárβə] *m.* double chin; jowl.

sotamà [sotəmá] *adv. phr. de ~,* underhand, on the sly; stealthily.

soterrani, -ània [sutərràni, -àniə] *a.* underground, subterranean. ■ 2 *m.* basement.

sotjar [sudʒá] *t.* to spy on, to watch; to stalk [hunting].

sotmetre [summὲtrə] *t.* to subdue, to overcome. 2 to subject to; to put under [treatment]. 3 to submit, to present. ■ 4 *p.* to submit, to surrender. ▲ CONJUG. like *admetre.*

sotrac [sutrák] *m.* jolt, bump [of car].

sotragada [sutrəɣàðə] *f.* See SOTRAC.

sots-director, -ra [sɔdzðirὲktò, -rə] *m.-f.* sub-director, assistant director.

sotsobrar [sutsuβrà] *t.* to knock down [person]. ■ 2 *i.* MAR. to capsize, to overturn.

sots-oficial [sɔdzufisiàl] *m.* non-commissioned officer. 2 MIL. sergeant-major.

sou [soú̯] *m.* salary, wage; pay. 2 *pl.* (ROSS.) money *sing.*

soviètic, -ca [suβiὲtik, -kə] *a.* Soviet.

sovint [suβin] *adv.* often.

sovintejar [suβintəʒà] *t.* to do repeatedly or frequently. ■ 2 *i.* to happen frequently, to be frequent.

SP *m.* (*Servei Públic*) Public Service.

Sr. *m.* abbr. (*Senyor*) Mr (Mister).

Sra. *f.* abbr. (*Senyora*) Mrs (Mistress).

Srta. *f.* abbr. (*Senyoreta*) Miss (Miss).

SS *f.* (*Seguretat Social*) Social Security.

St. *m.* abbr. (*Sant*) St. (Saint).

Sta. *f.* abbr. (*Santa*) St. (Saint).

suada [suàðə] *f.* sweat. 2 fig. toil, labour, (USA) labor.

suar [suà] *i.* to sweat. 2 fig. to work hard. ■ 3 *t.* to sweat (off); to ooze. ‖ *~ la can-*

salada, to bathe in sweat. ‖ ~ *sang,* to sweat blood. 4 to make or get sweaty.

suau [suáŭ] *a.* soft; gentle, mild; smooth.

suavitat [suəβitát] *f.* softness, mildness, gentleness, smoothness.

suavitzar [suəβidzá] *t.* to soften; to smooth (out); to soothe.

subaltern, -na [subbəltɛ̀rn, -nə] *a.* secondary; auxiliary, assistant.

subconscient [supkunsièn] *a.-m.* subconscious.

súbdit, -ta [súbdit, -tə] *a., m.-f.* subject; citizen.

subdividir [subdiβiði] *t.* to divide up, to subdivide.

subhasta [suβástə] *f.* auction.

subhastar [suβəstá] *t.* to put up for auction; to auction off.

subjacent [subʒəsèn] *a.* underlying.

subjecció [subʒəksió] *f.* seizure; fastening. 2 subjection.

subjectar [subʒəktá] *t.* to hold (tight); to clutch, to seize; to fasten (together). 2 to subdue; to hold down.

subjecte [subʒɛktə] *m.* subject. 2 person; type, character.

subjectivisme [subʒəktiβizmə] *m.* PHIL. subjectivism.

subjectivista [subʒəktiβistə] *a.* subjectivistic. 2 subjective. ■ 3 *m.-f.* subjectivist.

subjugar [subʒuɣá] *t.* to subjugate, to subdue; to overpower.

sublim [suβlim] *a.* lofty, towering; sublime.

submarí, -ina [summəri, -inə] *a.* submarine, underwater. ■ 2 *m.* NAUT. submarine.

submergible [summərʒibblə] *a.* submersible.

submergir [summərʒi] *t.* to submerge; to immerse, to plunge [also fig.].

subministrar [sumministrá] *t.* to supply, to provide; to give.

submís, -issa [summis, -isə] *a.* submissive, obedient.

submissió [summisió] *f.* submission; submissiveness.

subnormal [subnurmál] *a.* subnormal, retarded, mentally handicaped. ■ 2 *m.-f.* retarded *a.,* subnormal.

subordinació [suβurðinəsió] *f.* subordination.

subordinar [suβurðiná] *t.* to subordinate.

subordinat, -ada [suβurðinát, -áðə] *a., m.-f.* ancillary; subordinate.

suborn [suβòrn] *m.* bribery. 2 bribe.

subornar [suβurná] *t.* to bribe, to pay or buy off.

subratllar [subrrəʎʎá] *t.* to underline. 2 fig. to emphasize.

subscripció [suspkripsió] *f.* signature, subscription. 2 subscription [to a periodical].

subscriure [suspkriŭrə] *t.* to sign, to subscribe. ■ 2 *p.* to subscribe.

subsidi [supsiði] *m.* subsidy, grant; allowance; benefit. ‖ ~ *d'atur,* unemployment benefit.

subsistència [supsistɛ̀nsiə] *f.* subsistence; sustenance.

subsistir [supsisti] *i.* to subsist; to stay alive; to survive.

subsòl [supsɔ̀l] *m.* subsoil.

substància [supstànsiə] *f.* substance [also fig.]; essence, core.

substancial [supstənsiál] *a.* substantial. 2 vital, essential.

substanciós, -osa [supstənsiòs, -ózə] *a.* substantial. ‖ *un menjar* ~, a solid meal. 2 fig. meaty.

substitució [supstitusió] *f.* substitution, replacement.

substituir [supstitui] *t.* to substitute, to replace; to stand in for [temporarily].

substitut, -ta [supstitút, -tə] *m.-f.* substitute, replacement; deputy, stand-in.

substrat [supstrát] *m.* substratum.

subterfugi [suptərfúʒi] *m.* subterfuge.

subterrani, -ània [suptərràni, -ániə] *a.* underground, subterranean.

subtil [suptil] *a.* subtle; fine [line], thin; keen, sharp [mind].

subtilesa [suptilɛ̀zə] *f.* subtlety; thinness.

subtítol [suptitul] *m.* subtitle; subheading.

subtracció [suptrəksió] *f.* MATH. subtraction; deduction.

suburbà, -ana [supurβà, -ánə] *a.* suburban.

suburbi [suβúrβi] *m.* (poor) suburb.

subvenció [subbənsió] *f.* subsidy, subvention.

subversió [subbərsió] *f.* subversion; overthrow [act].

subversiu, -iva [subbərsiŭ, -iβə] *a.* subversive.

suc [suk] *m.* juice. 2 gravy. 3 fig. essence, substance.

sucar [sukà] *t.* to dip, to dunk. 2 coll. to have a hand in.

succedani, -ània [suksəðáni, -ániə] *a.* substitute.

succeir [suksəi] *i.* to follow, to succeed. 2 to happen.

succés [suksès] *m.* event, incident. 2 success.

successió [suksəsió] *f.* succession. 2 issue, offspring; heirs.

successiu, -iva [suksəsiŭ, -íβə] *a.* successive, consecutive. ‖ *sis dies successius,* six days running, six days in a row.

successor, -ra [suksəsó, -rə] *a.* succeeding. ■ 2 *m.-f.* successor; heir.

succint, -ta [suksin, -tə] *a.* succint, brief; to the point.

sucós, -osa [sukòs, -ózə] *a.* juicy, succulent. 2 fig. solid.

sucre [súkrə] *m.* sugar.

sucrera [sukrèrə] *f.* sugar-bowl, sugar-basin.

suculent, -ta [sukulèn, -tə] *a.* succulent. 2 nutritious.

sucumbir [sukumbi] *i.* to succumb, to give way.

sucursal [sukursál] *a.-f.* branch, subsidiary.

sud [sut] *m.* south.

Sud-Àfrica [sutáfrikə] *pr. n. f.* GEOGR. South Africa.

sud-africà, -ana [sutəfrikà, -ánə] *a., m.- f.* South African.

Sud-Amèrica [sutəmɛ́rikə] *pr. n. f.* GEOGR. South America.

sud-americà, -ana [sutəmərikà, -ánə] *a., m.-f.* South American.

suec, -ca [suɛ́k, -kə] *a.* Swedish. ■ 2 *m.- f.* Swede.

Suècia [suɛ́siə] *pr. n. f.* GEOGR. Sweden.

suèter [suɛ́tər] *m.* sweater.

suficiència [sufisiɛ̀nsiə] *f.* sufficiency, adequacy. 2 smugness, complacency.

suficient [sufisiɛ́n] *a.* sufficient, enough; adequate. 2 smug, condescending.

sufocar [sufukà] *t.* to suffocate, to stifle. 2 to put out [fire]. 3 to crush [revolt]. 4 to make blush.

sufragar [sufrəɣà] *t.* to cover, to meet [costs]; to aid, to help [economically].

sufragi [sufràʒi] *m.* suffrage. 2 vote.

suggeriment [sudʒərimèn] *m.* suggestion.

suggerir [sudʒəri] *t.* to suggest.

suggestió [sudʒəstió] *f.* suggestion. 2 PSYCH. inducement.

suggestionar [sudʒəstiunà] *t.* to influence; to induce; to hypnotize.

suggestiu, -iva [sudʒəstiŭ, -íβə] *a.* stimulating, thought-provoking.

suïcida [suisiðə] *a.* suicidal. ■ 2 *m.-f.* suicide, person who is going to commit suicide. 3 fig. suicidal person.

suïcidar-se [suisiðàrsə] *p.* to commit suicide, to kill oneself.

suïcidi [suisiði] *m.* suicide.

suís, suïssa [suis, suisə] *a., m.-f.* Swiss.

Suïssa [suisə] *pr. n. f.* GEOGR. Switzerland.

suma [súmə] *f.* addition. 2 sum; amount.

sumand [sumán] *m.* addendum.

sumar [sumà] *t.* to add, to sum (up). 2 to total, to add up to.

sumari, -ària [sumári, -áriə] *a.* brief. ■ 2 *m.* summary. 3 LAW indictment.

sumir [sumi] *t.* to bury; to sink [also fig.], to plunge.

súmmum [súmmum] *m.* summit, peak. ‖ *ser el ~,* to be the limit, to be the last straw.

sumptuós, -osa [sumtuòs, -ózə] *a.* sumptuous; lavish.

suor [suó] *f.* sweat, perspiration.

supeditar [supəðità] *t.* to subordinate.

superar [supərà] *t.* to surpass, to beat; to overcome, to get over.

superàvit [supəráβit] *m.* surplus.

superb, -ba [supɛ́rp, -βə] *a.* magnificent, splendid. 2 arrogant; haughty.

supèrbia [supɛ́rβiə] *f.* arrogance, haughtiness.

superficial [supərfisiál] *a.* superficial, surface; shallow. ‖ *una ferida ~,* a superficial wound. 2 fig. superficial, shallow; airy.

superfície [supərfisiə] *f.* surface. 2 area.

superflu, -èrflua [supɛ́rflu, -ɛ́rfluə] *a.* superfluous.

superior, -ra [supəriò(r), -rə] *a.* higher, greater; upper; top. 2 better, superior. ■ 3 *m.-f.* superior.

superioritat [supəriuritát] *t.* superiority.

supermercat [supərmərkàt] *m.* supermarket.

superposar [supərpuzà] *t.* to superimpose, to put on top.

superstició [supərstisió] *f.* superstition.

supervivent [supərβiβèn] *a.* surviving. ■ 2 *m.-f.* survivor.

suplantar [suplantá] *t.* to supplant; to take over from.

suplement [suplamèn] *m.* supplement. *2* extra fee or charge.

suplementari, -ària [suplamantári, -ária] *a.* supplementary; additional, extra.

suplent [suplèn] *a., m.-f.* substitute.

súplica [súplika] *f.* request, appeal; supplication, entreaty.

suplicar [supliká] *t.* to implore, to beg, to plead; to appeal to.

suplici [suplisi] *m.* torture, torment [also fig.].

suplir [supli] *t.* to substitute, to replace. *2* to make up (for). ▲ CONJUG. P. P.: ***suplert.***

suport [supòrt] *m.* aid, help; support, backing. *2* support, base.

suportable [supurtábbla] *a.* bearable, endurable.

suportar [supurtá] *t.* to support, to back; to help. *2* to endure, to bear; to stand.

suposar [supuzá] *t.* to suppose, to assume. *2* to mean; to involve.

suposició [supuzisió] *f.* assumption; supposition.

supositori [supuzitòri] *m.* MED. suppository.

suprarenal [suprarranál] *f.* ANAT. suprarenal [gland].

suprem, -ma [suprèm, -ma] *a.* supreme.

supremacia [supramasía] *f.* supremacy.

supressió [suprasió] *f.* suppression, abolition; lifting; elimination.

suprimir [suprimi] *t.* to abolish; to supress [rebellion, book, etc.]; to eliminate; to lift [restrictions].

supurar [supurá] *i.* to suppurate, to fester.

surar [surá] *i.* to float.

suro [súru] *m.* cork.

surra [súrra] *f.* walloping, tanning.

surrealisme [surrealízma] *m.* surrealism.

Susagna [suzáŋna] *pr. n. f.* Susan, Suzanne.

susceptible [susaptíbbla] *a.* susceptible; capable, liable. *2* touchy, sensitive.

suscitar [susitá] *t.* to cause, to provoke; to start; to arouse [interest, suspicion].

suspendre [suspèndra] *t.* to adjourn; to suspend. *2* to hang. *3* to fail [exam]. ▲ CONJUG. like ***ofendre.***

suspens [suspèns] *m.* fail, failure [in exam].

suspensió [suspansió] *f.* suspension. *2* adjournment.

suspicaç [suspikás] *a.* distrustful, suspicious.

suspicàcia [suspikásia] *f.* mistrust, suspicion.

sustentar [sustantá] *t.* to sustain, to nourish; to keep going. *2* to hold up.

sutge [súdʒa] *m.* soot.

sutura [sutúra] *f.* MED. suture.

T

T, t [te] *f.* t [letter].

t', 't *pers. pron.* See ET.

ta [tə] *poss. a.* See TON.

tabac [təβák] *m.* tobacco. ‖ ~ *ros,* Virginia tobacco, blond tobacco. ‖ *tens* ~?, have you any cigarettes?

tabalot [təβəlɔ́t] *m.* scatter-brain.

tabola [təβɔ́lə] *f.* revelry, carousal, binge, spree. ‖ *fer* ~, to carouse; to make a racket.

tabú [təβú] *m.* taboo.

tac [tak] *m.* peg; plug.

taca [tákə] *f.* stain; spot, blotch. ‖ *això ja passa de* ~ *d'oli,* this has gone too far, this is beyond a joke.

tacar [təká] *t.* to stain; to mark.

tàcit, -ta [tásit, -tə] *a.* tacit; unspoken, unwritten.

taciturn, -na [təsitúrn, -nə] *a.* taciturn; sullen, moody.

tacte [táktə] *m.* touch [sense or act]; feel. 2 *fig.* tact.

tàctic, -ca [táktik, -kə] *a.* tactical. ■ 2 *f.* tactics.

tafanejar [təfənəʒà] *t.* to pry into; to spy on.

tafaner, -ra [təfəné, -rə] *a.* nosey. ■ 2 *m.,f.* nosy parker.

tal [tal] *a.* such (a). ‖ ~ *dia com avui,* years ago today. 2 a certain; that. ‖ *vindrem a* ~ *hora,* we'll come at a certain time. 3 *la senyora* ~, Mrs. So-and-so. ■ 4 *a.-adv.* such a way. ‖ *porta-ho* ~ *com t'han dit,* carry it just as they told you to. 5 *per* ~ *de,* in order to. ‖ *per* ~ *que,* so that.

tala [tálə] *f.* (tree) felling. 2 *fig.* destruction, devastation.

talaia [təlájə] *f.* watchtower.

talar [təlá] *t.* to fell, to cut down [trees]. 2 to devastate, to destroy; to demolish.

talc [talk] *m.* talc. 2 talcum powder.

talent [təlèn] *m.* talent; ability.

TALGO [tálɣo] *m.* («*Tren Articulado Ligero Goicoechea-Oriol*») (special express train).

talismà [təlizmà] *m.* talisman; good-luck charm.

tall [taʎ] *m.* cutting. 2 cut, incision. 3 slice [of cheese, meat, etc.]. 4 meat or fish [in stew].

talla [táʎə] *f.* (wooden) sculpture; engraving. 2 height, stature. 3 size [of garment].

tallada [təʎáðə] *f.* cut, cutting. ‖ *fer-se una* ~ *de cabells,* to get one's hair cut. 2 slice [of food].

tallar [təʎá] *t.* to cut; to cut down [tree], to cut off [branch]; to chop; to slash. 2 to slit, to cut. 3 to cut off; to shut off. ■ 4 *p.* to curdle, to turn [milk, sauce, etc.].

tallat, -da [təʎát, -áðə] *a.* cut; cut down; cut off; chopped. ■ 2 *m.* (small) white coffee.

taller [təʎé] *m.* workshop, shop. 2 repair shop.

taló [təló] *m.* heel [of foot or shoe]. 2 cheque, (USA) check.

talonari [təlunári] *m.* cheque book, (USA) checkbook.

talòs, -ossa [təlɔ́s, -ɔ́sə] *a.* thick, dim, dopey.

talp [talp] *m.* ZOOL. mole.

també [təmbè] *adv.* also, too, as well: *jo* ~, me too.

tambor [təmbó] *m.* drum.

tamboret [təmburèt] *m.* stool.

Tàmesi [táməzi] *pr. n. m.* GEOGR. Thames.

tampoc [təmpɔ́k] *adv.* neither; either [preceded by not]: *ell* ~ *no ho sap,* he doesn't know either.

tan [tan] *adv.* as: *és* ~ *alt com tu,* he's as tall as you (are). 2 so, such (a). ‖ *és* ~ *simpàtica!,* she's so nice!

tanc [taŋ] *m.* tank.

tanca [táŋkə] *f.* fence; palisade, stockade; wall. 2 bolt, latch; lock [of door]. 3 fastener; clasp; catch; lock.

tancar [təŋká] t. to close, to shut; to block (up); to close down; to turn off; to lock (up). ‖ ~ *amb clau*, to lock. ■ 2 i. to close, to shut; to lock: *aquesta porta no tanca*, this door doesn't shut properly.

tancat, -ada [təŋkát, -áðə] a. closed; blocked; tuned off; locked (up). ■ 2 m. enclosure, enclosed area.

tanda [tándə] f. shift. 2 turn. 3 series; course.

tàndem [tándəm] m. tandem. 2 duo; pair.

tanga [táŋgə] m. G-string.

tanmateix [təmmətéʃ] adv. naturally; as expected. 2 nevertheless; however.

tanoca [tənɔ́kə] a., m.-f. dumb, dopey, thick. 2 m.-f. dim-wit, idiot.

tant, -ta [tan, -tə] a.-pron. so much, as much; so many, as many: *no n'hi ha tants com m'havies dit*, there aren't as many as you said. ■ 2 adv. so; so much, as much: *menja ~ com vulguis*, eat as much as you please. ‖ ~ *de bo*, if only. ‖ ~ *me fa*, I don't care. ‖ ~ *se val*, it doesn't matter, it makes no difference. ‖ *de ~ en ~*, now and again, from time to time. ‖ *per ~*, so, therefore.

tap [tap] m. stopper, cap, top; cork. 2 plug; blockage. 3 fig. dwarf.

tapa [tápə] f. lid; cap, cover. 2 heel; heel-plate. 3 tidbit, snack [in a bar].

tapadora [təpəðórə] f. lid, cover.

tapar [təpá] t. to cover; to put the cap or lid on; to plug; to block (up), to stop (up). 2 to block. ‖ *el núvol tapa el sol*, the cloud is screening the sun. 3 to cover, to wrap. 4 fig. to conceal, to cover up.

tapet [təpét] m. (small) table cover.

tàpia [tápiə] f. mud wall. 2 garden wall; boundary wall.

tapís [təpís] m. tapestry.

tapisser [təpisé] m. upholsterer.

tapisseria [təpisəríə] f. tapestry [hanging]. 2 upholstery [furniture].

taquigrafia [təkiɣrəfíə] f. shorthand, stenography.

taquilla [təkíʎə] f. booking-office, ticket-window; box-office.

taquiller, -ra [təkiʎé, -rə] m.-f. (ticket) clerk.

tara [tárə] f. tare. 2 defect.

taral·lejar [tərəlləʒá] t. to hum.

tarannà [tərənná] m. temperament; personality.

taràntula [tərántulə] f. ENT. tarantula.

tard [taar(t)] adv. late. ‖ *fer ~*, to be late. 2 evening. ‖ *cap al ~*, at dusk.

tarda [tárðə] f. afternoon; (early) evening.

tardà, -ana [tərðá, -ánə] a. slow [person]. 2 late: *Renaixement ~*, late Renaissance.

tardar [tərðá] i. to be late, to delay; to be delayed. 2 to take: *quan tardarem a arribar?*, how long will it take (us) to get there?

tardor [tərðó] f. autumn, (USA) fall.

targeta [tərʒétə] f. card.

tarifa [tərifə] f. fare; rate.

tarima [tərimə] f. platform.

tarja [tárʒə] f. card.

taronger [tərunʒé] m. BOT. orange tree.

taronja [tərɔ́nʒə] f. orange.

taronjada [tərunʒáðə] f. orangeade.

Tarragona [tərrəɣónə] pr. n. f. GEOGR. Tarragona.

tars [társ] m. ANAT. tarsus.

tartamut, -uda [tərtəmút, -úðə] a. stuttering, stammering.

tartana [tərtánə] f. cart [drawn by animals].

tarter, -ra [tərtá, -rə] m.-f. scree.

tasca [táskə] f. job, assignment, task.

tascó [təskó] m. chisel.

tassa [tásə] f. cup. 2 (toilet) bowl.

tassó [təsó] (BAL.) See GOT.

tast [tas(t)] m. tasting, sampling; taste, sample. 2 taste [flavour].

tastaolletes [təstəuʎétəs] m.-f. fly-by-night; quitter.

tastar [təstá] t. to taste, to sample; to try.

tatuar [tətuá] t. to tattoo.

tatuatge [tətuádʒə] m. tattoo. 2 tattooing [act].

taujà, -ana [təuʒá, -ánə] a. slow, thick. ■ 2 m.-f. nitwit, clot.

taula [táulə] f. table. 2 board, plank; slab [of stone]. 3 fig. index; table of contents. 4 ~ *rodona*, round-table conference. ‖ *joc de ~*, table-linen. ‖ *parar ~*, to set the table.

taulell [təuléʎ] m. (shop) counter. 2 workbench.

tauler [təulé] m. board, plank. ‖ ~ *d'anuncis*, notice board, (USA) bulletin board. ‖ ~ *d'escacs*, chess-board. ‖ ~ *d'instruments*, panel.

tauleta [təulétə] f. small table, side table. ‖ ~ *de nit*, bedside table.

tauló [təuló] m. plank; beam.

Taure [táurə] m. ASTROL. Taurus.

taurí, -ina [təuri, -inə] a. bull, bullfighting.

tauró [təuɾò] *m.* ICHTHY. shark.

taüt [təút] *m.* coffin.

tàvec [táβək] *m.* ENT. horsefly.

taverna [təβέɾnə] *f.* tavern.

taxa [táksə] *f.* fixed or standard price.

taxar [təksá] *t.* to fix a price; to rate; to regulate.

taxi [táksi] *m.* taxi, (USA) cab.

taxímetre [təksimətɾə] *m.* taxi-meter.

taxista [təksistə] *m.-f.* taxi driver, (USA) cab driver.

1) te [tɛ] *m.* tea.

2) te [tə] *pers. pron.* See ET.

teatral [teətɾál] *a.* theatre, (USA) theater, theatrical. 2 theatrical, showy.

teatre [teátɾə] *m.* theatre, (USA) theater. 2 fig. show, histrionics; bluster.

tebi, -a [tɛβi, tέβiə] *a.* lukewarm, tepid. 2 fig. cool, lukewarm.

tec [tɛk] *m.* spread, feast.

teca [tέkə] *f.* food.

tecla [tέklə] *f.* key [of mechanism]. 2 fig. subject.

teclat [təklát] *m.* keyboard, keys.

tècnic, -ca [tέknik, -kə] *a.* technical. ■ 2 *m.-f.* technician; specialist. 3 *f.* technique, method; skill.

tecnicisme [təɲnisizmə] *m.* technical term.

tecnologia [təɲnuluʒiə] *f.* technology.

tedi [tέði] *m.* tedium, boredom.

Teheran [təəɾán] *pr. n. m.* GEOGR. Teheran.

teia [tέjə] *f.* fire-lighter, (small) fire-wood.

teixidor, -ra [təʃiðò, -ɾə] *m.-f.* weaver.

teixir [təʃi] *t.* to weave [also fig.]; to spin.

teixit, -ida [təʃit, -iðə] *a.* woven; spun. ■ 2 *m.* weave; woven material, fabric; textile. 2 tissue.

tel [tɛl] *m.* membrane, (thin) skin. 2 film, skin [over liquid].

tel. [tɛl] *m. abbr. (telèfon)* tel. (telephone number).

tela [tέlə] *f.* cloth, material; fabric. ‖ ~ *metàl·lica,* wire netting.

telecomunicació [tələkumunikəsiò] *f.* telecommunications.

teledirigit, -ida [tələðiɾiʒit, -iðə] *a.* TECH. remote-controlled, radio-controlled.

telefèric, -ca [tələfέɾik, -kə] *m.* lift, cable car.

telèfon [tələfun] *m.* telephone, phone.

telefonar [tələfuná] *t.* to telephone, to phone, to call.

telègraf [tələɣɾəf] *m.* telegraph.

telegrafiar [tələɣɾəfiá] *t.* to telegraph.

teleobjectiu [tələuβʒəktiŭ] *m.* telephoto lens.

telepatia [tələpətiə] *f.* telepathy.

teler [tələ] *m.* loom.

telescopi [tələskɔpi] *m.* telescope.

televident [tələβiðən] *m.-f.* (TV) viewer.

televisar [tələβizá] *t.* to televise.

televisió [tələβiziò] *f.* television, TV.

televisor [tələβizò] *m.* television set, TV set.

tell [teʎ] *m.* BOT. lime tree.

teló [tələ] *m.* THEATR. curtain.

tema [tέmə] *m.* topic, subject; theme.

témer [tέmə] *t.-p.* to fear, to be afraid of. ‖ *em temo que suspendré,* I'm afraid I'm going to fail.

temerari, -ària [təməɾáɾi, -áɾiə] *a.* rash, reckless; hasty.

temeritat [təməɾitát] *f.* recklessness, rashness.

temible [təmibblə] *a.* fearsome, frightful.

temor [təmòr] *m.* fear; alarm; apprehension.

temorenc, -ca [təmuɾέŋ, -kə] *a.* fearful, frightened.

temperament [təmpəɾəmèn] *m.* temperament, disposition.

temperar [təmpəɾá] *t.* to temper, to moderate. 2 MUS. to tune (up).

temperatura [təmpəɾətúɾə] *f.* temperature.

tempesta [təmpέstə] See TEMPESTAT.

tempestat [təmpəstát] *f.* storm; tempest.

tempestuós, -osa [təmpəstuòs, -òzə] *a.* stormy, tempestuous [also fig.].

templa [tέmplə] *f.* ANAT. temple.

temple [tέmplə] *m.* temple; chapel, church.

temporada [təmpuɾàðə] *f.* season; period, spell. ‖ *tinc una ~ de molta feina,* I'm having a very busy spell (at the moment).

temporal [təmpuɾál] *a.* temporary. 2 ANAT., ECCL. temporal. ■ 3 *m.* storm; rough weather.

temporer, -ra [təmpuɾè, -ɾə] *a.* temporary, casual. ■ 2 *m.-f.* temporary (worker).

temps [tems] *m.* time. ‖ *perdre el ~,* to waste time. 2 weather. ‖ *quin ~ fa?,* what's the weather like? 3 MUS. tempo; movement. 4 season: *fruita del ~,* fruit in season.

temptació [təmtəsiò] *f.* temptation.

temptador, -ra [təmtəðò, -rə] *a.* tempting.

temptar [təmtà] *t.* to try, to test. 2 to tempt, to attract.

temptativa [təmtətiβə] *f.* attempt, effort.

tempteig [təmtɛt∫] *m.* test, trial.

temptejar [təmtəʒà] *t.* to test, to try out; to sound out.

tenaç [tənàs] *a.* tenacious, determined.

tenacitat [tənəsitàt] *f.* tenacity, determination.

tenalles [tənàʎəs] *f. pl.* pliers. 2 pincers. 3 MED. forceps.

tenda [téndə] *f.* tent. 2 shop, (USA) store.

tendència [təndɛnsiə] *f.* tendency, inclination; trend.

tendir [təndi] *i.* to tend; to be inclined.

tendó [təndò] *m.* tendon.

tendre, -dra [téndrə, -drə] *a.* tender, soft [also fig.]. ‖ *pa* ~, fresh bread.

tendresa [təndrézə] *f.* tenderness, softness. 2 affection.

tendrum [təndrúm] *m.* cartilage.

tenebra [tənéβrə] *f.* darkness, dark, blackness; gloom.

tenebrós, -osa [tənəβròs, -ózə] *a.* dark; gloomy, black. 2 fig. dark, shady.

tenir [təni] *t.* to have. 2 to hold, to hold on to. 3 ~ *algú per beneit,* to take someone for a fool; ~ *deu anys,* to be ten (years old); ~ *lloc,* to take place, to be held; *què tens?,* what's wrong (with you)? ▲ CONJUG. P. P.: *tingut.* ‖ INDIC. Pres.: *tinc, tens, té, tenen.* ‖ Fut.: *tindré,* etc. ‖ SUBJ. Pres.: *tingui,* etc. ‖ Imperf.: *tingués,* etc. ‖ IMPERAT.: *té* o *ten* (o *tin-guis*), *teniu* (o *tingueu*).

tennis [ténis] *m.* tennis.

tenor [tənòr] *m.-f.* tenor.

tens, -sa [tɛns, -sə] *a.* tense [also fig.]; taut.

tensió [tənsiò] *f.* tension; pressure, stress. 2 fig. tension, tenseness.

tentacle [təntáklə] *m.* tentacle.

tentines [təntínəs] *f. pl.* short unsteady steps. ‖ *fer* ~, to toddle, to totter.

tènue [tɛnuə] *a.* thin, fine; faint; slight.

tenyir [təɲi] *t.* to dye; to tinge [also fig.].

teologia [təuluʒiə] *f.* theology.

teorema [təurɛmə] *m.* theorem.

teoria [təuriə] *f.* theory. ‖ *en* ~, theoretically.

teòric, -ca [təɔrik, -kə] *a.* theoretical, theoretic.

teranyina [tərəɲinə] *f.* spider's web, spider web, cobweb.

terapèutic, -ca [tərəpɛ̆utik, -kə] *a.* therapeutic. ■ 2 *f.* therapeutics.

teràpia [tərápiə] *f.* therapy.

tèrbol, -la [tɛrβul, -lə] *a.* cloudy, turbid, murky. 2 fig. unclear; shady, murky.

terç, -ça [tɛrs, -sə] *a.-m.* third.

tercer, -ra [tərsè, -rə] *a.* third. ■ 2 *m.-f.* third party; mediator. 3 *f.* MUS. third.

tercermundista [tərsəmundistə] *a.* third world.

tercet [tərsɛt] *m.* trio. 2 LIT. tercet.

terciari, -ària [tərsiàri, -àriə] *a.* tertiary. ■ 2 GEOL. *m.* Tertiary period.

Teresa [tərézə] *pr. n. f.* Teresa, Theresa.

tergal [tərɣál] *m.* TEXT. poly-cotton.

tergiversar [tərʒiβərsà] *t.* to twist, to distort.

terme [tɛrmə] *m.* end, conclusion. ‖ *dur a* ~, to carry out. 2 boundary stone. 3 term. ‖ ~ *mitjà,* middle term, average. 4 *pl.* terms, conditions.

tèrmic, -ca [tɛrmik, -kə] *a.* thermic, heat.

terminal [tərminàl] *f.* terminal, terminus.

termini [tərmini] *m.* term; time, period. 2 instalment.

termòmetre [tərmɔmətrə] *m.* thermometer.

termos [tɛrmus] *m.* thermos flask.

termòstat [tərmɔstət, collq -mustàt] *m.* thermostat.

terna [tɛrnə] *f.* threesome; trio.

terra [tɛrə] *f.* Earth [planet]. 2 land [surface]. ‖ *la meva* ~, my homeland. ‖ *tenir terres,* to own lands or estate(s). 3 *m.* ground, floor. ‖ *caure a* ~, to fall down. ‖ *sota* ~, underground. ‖ *tirar a* ~, to knock down.

terrabastall [tərəβəstàʎ] *m.* crash, clatter; din.

terraplè [tɛrəplɛ] *m.* embankment; bank, rampart; terrace.

terraqüi, -àqüia [tərràkwi, -àkwiə] *a. globus* ~, globe [of the earth].

terrassa [tərràsə] *f.* terrace; balcony.

terrat [tərràt] *m.* (flat) roof.

terratinent [tɛrrətinɛn] *m.-f.* landowner.

terratrèmol [tɛrrətrɛmul] *m.* earthquake.

terrenal [tərrənàl] *a.* earthly, worldly.

terreny [tərrɛɲ] *m.* terrain, land; earth, soil, ground. 2 plot, site; area, field [also fig.].

terrestre [tərrɛstrə] *a.* terrestrial; earthly, land, ground.

terrible [tərríbblə] *a.* frightening, awful. 2 atrocious, terrible.

terrícola [tərríkulə] *m.-f.* earthling.

terrina [tərrínə] *f.* terrine, earthenware dish or jar.

terrissa [tərrísə] *f.* pottery, earthenware.

terrissaire [tərrisáĭrə] *m.-f.* potter.

territori [tərritɔ́ri] *m.* territory; domain.

terror [tərró(r)] *m.* terror.

terrorífic, -ca [tərrurífik, -kə] *a.* terrifying, frightening.

terrorisme [tərrurízmə] *m.* terrorism.

terrorista [tərrurístə] *a., m.-f.* terrorist.

terròs [tərrɔ́s] *m.* clod; lump [of earth, sugar].

tertúlia [tərtúliə] *f.* gathering [social or literary]; get-together.

tes, -sa [tes, -zə] *a.* stiff, rigid [also fig.]; erect; taut.

tesi [tɛ́zi] *f.* thesis.

tesina [təsínə] *f.* Master's Degree.

test [test] *m.* flowerpot, pot. ‖ *els testos s'assemblen a les olles,* like father, like son. 2 test; quiz.

testa [tɛ́stə] *f.* head.

testament [təstəmén] *m.* will, testament. ‖ *fer ~,* to make one's will.

testar [təstá] *i.* to make one's will.

testarrut [təstərrút] *a.* headstrong; obstinate, stubborn.

testicle [təstíklə] *m.* ANAT. testicle.

testificar [təstifiká] *t.* to testify to, to attest.

testimoni [təstimɔ́ni] *m.* LAW testimony, evidence. 2 witness.

testimoniar [təstimuniá] *t.* to testify to. 2 fig. to show.

testimoniatge [təstimuniádʒə] *m.* testimony, evidence.

tètanus [tɛ́tənus] *m.* MED. tetanus.

tetera [tətɛ́rə] *f.* teapot.

tetina [tətínə] *f.* (rubber) teat, (USA) rubber nipple.

tètric, -ca [tɛ́trik, -kə] *a.* gloomy, dismal.

teu, teva [tɛŭ, tɛ́βə] *poss. a.* your *sing.* *el ~ amic,* your friend; *la teva germana,* your sister. ■ 2 *poss. pron.* yours *sing.*

teula [tɛ́ŭlə] *f.* tile.

teulada [təŭláðə] *f.* See TEULAT.

teulat [təŭlát] *m.* (tiled) roof. ‖ *sota ~,* indoors, inside.

text [teks(t)] *m.* text.

tèxtil [tɛ́kstil] *a.* textile.

textual [təkstuál] *a.* textual. 2 exact, literal.

textura [təkstúrə] *f.* texture.

tia [tíə] *f.* aunt.

tibant [tiβán] *a.* taut, tight, tensed.

tibantor [tiβəntó] *f.* tautness, tightness.

tibar [tiβá] *t.* to tighten (up), to tauten. ■ 2 *i.* to be tight. ‖ *aquesta camisa em tiba,* this shirt is tight on me.

tiberi [tiβɛ́ri] *m.* spread, feast; blow-out.

tibia [tíβiə] *f.* ANAT. tibia, shin-bone.

tic [tik] *m.* tic.

tic-tac [tikták] *m.* tick-tock.

tifa [tífə] *f.* turd. 2 *m.-f.* spineless person.

tifó [tifó] *m.* typhoon.

tifus [tífus] *m.* MED. typhus.

tigre [tíɣrə] *m.* ZOOL. tiger.

tija [tíʒə] *f.* BOT. stem, stalk; blade [of grass].

til·la [tíllə] *f.* BOT. (infusion of) lime flowers.

til·ler [tíllə] *m.* BOT. lime tree, linden tree.

timba [tímbə] *f.* cliff, precipice. 2 gambling house.

timbal [timbál] *f.* (small) drum; kettledrum.

timbaler, -ra [timbəlɛ̀, -rə] *m.-f.* drummer.

timbre [tímbrə] *m.* bell, buzzer: *tocar el ~,* to ring the bell. 2 (fiscal) stamp. 3 timbre.

tímid, -da [tímit, -ðə] *a.* shy, timid; bashful.

timidesa [timiðɛ́zə] *f.* shyness; bashfulness.

timó [timó] *m.* MAR. rudder; helm [also fig.]. 2 BOT. thyme.

timoner [timunɛ̀] *m.* steersman, helmsman; cox.

timpà [timpá] *m.* ANAT. tympanum, eardrum.

tina [tínə] *f.* vat, tub; washtub.

tinença [tinɛ́nsə] *f.* possession: *~ il·lícita d'armes,* possession of illegal weapons.

tinent [tinɛ̀n] *m.-f.* MIL. lieutenant.

tint [tin] *m.* dyeing. 2 dye.

tinta [tíntə] *f.* ink; dye. 2 *pl.* shades, hues.

tinter [tintɛ̀] *m.* inkwell, inkpot.

tintoreria [tinturəríə] *f.* dry cleaner's.

tinya [tíɲə] *f.* MED. ringworm.

tió [tió] *m.* log [for firewood]. 2 log filled with small presents [Christmas tradition].

tip, tipa [tip, típə] *a.* full, satiated, stuffed. 2 fig. fed up, sick and tired. ■ 3 *m.* repletion; fill. 4 excess. ‖ *un ~ de riure,* a fit of laughing.

típic, -ca [típik, -kə] *a.* typical; traditional, picturesque.

tipografia [tipuɣrəfíə] *f.* typography; printing. 2 printing press.

tipus [típus] *m.* type. 2 sort, kind.

tiquet [tikɛ́t] *m.* ticket.

tir [tir] *m.* shooting, firing. 2 shot [sound]. 3 SP. target practice.

tira [tírə] *f.* strip, band.

tirà, -ana [tirá, -ánə] *m.-f.* tyrant.

tirabuixó [tirəβuʃó] *m.* corkscrew. 2 ringlet.

tirada [tiráðə] *f.* throw; pull, tug. 2 tendency. 3 distance; stretch. 4 circulation [of newspaper], edition [of a book]. 5 *d'una ~,* in one go, straight off.

tirallonga [tirəʎóŋgə] *f.* string; stream.

tirania [tirəníə] *f.* tyranny.

tirànic, -ca [tiránik, -kə] *a.* tyrannical, domineering.

tirant [tirán] *m.* brace, (USA) suspender; (shoulder) strap [of dress].

tirar [tirá] *t.* to throw, to cast, to hurl; to put in. 2 to post [letter]. 3 fig. to attract. ‖ *li tira molt el cinema italià,* he's very fond of Italian films. 4 to shoot, to fire. 5 PRINT. to print, to run off. 6 to move. 7 *~ a terra,* to knock down. ■ 8 *i.* to go; to turn: *hem de ~ a l'esquerra,* we have to turn left. 9 to draw [chimney].

tiratge [tiráddʒə] *m.* printing. 2 circulation [newspaper], edition [book].

tiroteig [tirutɛ́tʃ] *m.* shooting, shoot-out.

tirotejar [tirutəʒá] *t.* to shoot at; to fire shots at.

tírria [tírriə] *f.* coll. grudge; aversion.

tisana [tizánə] *f.* medicinal tea, tisane.

tisi [tízi] *f.* MED. consumption, tuberculosis.

tísic, -ca [tízik, -kə] *a.* consumptive, tubercular. ■ 2 *m.-f.* consumptive.

tisores [tizórəs] *f. pl.* scissors.

tisoreta [tizurɛ́tə] *f.* ENT. earwig.

tita [títə] *f.* chick. 2 coll. willy.

tità [titá] *m.* MYTH. Titan.

titànic, -ca [titánik, -kə] *a.* titanic.

titella [titɛ́ʎə] *m.* puppet; marionette. 2 fig. fool, buffoon.

titllar [tiʎʎá] *t.* LING. to put a tilde over. 2 to brand [someone].

títol [títul] *m.* title. 2 heading, section. 3 qualification, degree [university].

titubeig [tituβɛ́tʃ] *m.* hesitation.

titubejar [tituβəʒá] *i.* to hesitate; to shilly-shally, to hum and haw.

titular [titulá] *m.* headline.

titular [titulá] *t.* to title, to entitle; to name.

to [tɔ] *m.* MUS. tone, key. 2 tone [of voice]. 3 shade, hue. 4 *posar-se a ~,* to catch up.

tobogan [tuβuɣán] *m.* toboggan. 2 slide.

toc [tɔk] *m.* touch. 2 sound; beat [of drum], blast [of trumpet]. 3 feel [sensation]. 4 touch, stroke. ‖ *~ final,* finishing touch.

tocadiscos [tɔkəðískus] *m.* record-player.

tocador [tukəðó] *m.* dressing-table.

tocant [tukán] *phr. ~ a,* concerning, with regard to; about.

tocar [tuká] *t.* to touch; to feel. 2 to hit [target]. 3 fig. to touch on [a subject]. 4 to play [instrument, piece], to ring [bell]. 5 to deal in, to handle. 6 to touch, to move. 7 to be one's turn: *em toca a mi,* it's my turn. 8 to win [lottery, contest]: *m'ha tocat un cotxe,* I won a car. 9 to strike [hour]. 10 *~ el cor,* to touch [emotionally]; *~ el dos,* to leave; *estar tocat del bolet,* to be touched or mad; *no ~ de peus a terra,* to live in a dream.

tocòleg, -òloga [tukɔ́lək, -ɔ́luɣə] *m.-f.* MED. obstetrician.

tocologia [tukuluʒíə] *f.* obstetrics.

toia [tɔ́jə] *f.* bouquet [of flowers].

toix, toixa [toʃ, tóʃə] *a.* dull [also fig.].

tolerable [tulərábblə] *a.* tolerable, bearable.

tolerància [tuləránsiə] *f.* tolerance; toleration.

tolerant [tulərán] *a.* tolerant.

tolerar [tulərá] *t.* to tolerate, to bear; to endure.

toll [toʎ] *m.* puddle.

tom [tom] *m.* volume, tome.

tomaca [tumákə] *f.* See TOMÀQUET.

tomaquera [tuməkɛ́rə] *f.* tomato plant.

tomàquet [tumákət] *m.* tomato.

Tomàs [tumás] *pr. n. m.* Thomas.

tomata [tumátə] *f.* See TOMÀQUET.

tomàtiga [tumátiɣə] *f.* See TOMÀQUET.

tomb [tom] *m.* turn. ‖ *donar un ~,* to turn. 2 about-face, about-turn; reversal. 3 (short) walk, stroll. ‖ *fer un ~,* to go for a stroll. 4 *no venir a ~,* to be irrelevant, not to be the point.

tomba [tómbə] *f.* tomb.

tombar [tumbá] *t.* to turn (round). 2 to knock down or over. ■ 3 *i.* to turn, to change.

tombarella [tumβərèʎə] *f.* tumble; somersault.

tómbola [tɔ́mbulə] *f.* tombola.

ton, ta [tun, tə] *poss. a.* your.

tona [tɔ́nə] *f.* ton. 2 barrel, keg.

tonada [tunáðə] *f.* tune [melody].

tonalitat [tunəlitát] *f.* MUS. key; tonality. 2 colour scheme, (USA) color scheme.

tonell [tunéʎ] *m.* barrel, keg.

tongada [tuŋgáðə] *f.* string, series.

tònic, -ca [tɔ́nik, -kə] *a.* tonic. ■ 2 *f.* tonic (water). 3 MUS. tonic, keynote.

tonificar [tunifiká] *t.* to tone; to tone up.

tonyina [tuɲínə] *f.* tunny; tuna, (USA) tuna fish. 2 fig. beating.

topada [tupáðə] *f.* bump, bang, knock; collision. 2 clash, run-in.

topall [tupáʎ] *m.* bumper [of car], buffer [of train].

topants [tupáns] *m. pl.* places.

topar [tupá] *i.* to bump, to hit, to collide. ■ 2 *t.* to run into [a person].

topazi [tupázi] *m.* GEMM. topaz.

tòpic, -ca [tɔ́pik, -kə] *a.* local. ■ 2 *m.* commonplace; cliché.

topògraf, -fa [tupɔ́ɣrəf, -fə] *m.-f.* topographer, surveyor.

topografia [tupuɣrəfíə] *f.* topography.

topònim [tupɔ́nim] *m.* toponym, placename.

toquejar [tukəʒá] *t.* to handle; to fiddle with.

Tòquio [tɔ́kiu] *pr. n. m.* GEOGR. Tokyo.

tòrax [tɔ́rəks] *m.* ANAT. thorax.

torb [torp] *m.* METEOR. snow-drift.

torbació [turβəsió] *f.* perturbation; anxiety, uneasiness.

torbar [turβá] *t.* to upset, to disturb; to distract. ■ 2 *p.* to get caught up. 3 to lose one's self-possession.

torçada [tursáðə] *f.* twist; sprain.

1) torcar [torkár] (VAL.) See EIXUGAR.

2) torcar [turká] *t.* to wipe.

torçar [tursá] *t.* to twist; to sprain, to strain; to bend. ‖ *torçar-se el turmell,* to sprain one's ankle. 2 *p.* to turn [direction].

tòrcer [tɔ́rsə] See TORÇAR.

torejar [turəʒá] *t.* to fight [bulls].

torero [turéru] *m.* bullfighter, matador.

Torí [turí] *pr. n. m.* GEOGR. Turin.

torn [torn] *m.* lathe. 2 turn; shift.

torna [tɔ́rnə] *f.* makeweight.

tornada [turnáðə] *f.* return. ‖ *de* ~, on the way back. 2 LIT. refrain.

tornar [turná] *i.* to return, to go or come back. 2 to do over, to do again: *torna a ploure,* it's raining again. ■ 3 *t.* to return, to put back. 4 to send or give back. ■ 5 *p.* to become, to turn. ‖ *tornar-se boig,* to go mad, (USA) to go crazy. 6 *tornar-se'n,* to return, to go back. ‖ *tornar-s'hi,* to counter-attack; to hit back.

tornassol [turnəsɔ́l] *m.* iridescence. 2 CHEM. litmus.

tornavís [turnəβis] *m.* screwdriver.

torneig [turnétʃ] *m.* tournament; competition.

torner, -ra [turnè, -rə] *m.-f.* machinist; turner, lathe operator.

torniquet [turnikèt] *m.* turnstile. 2 MED. tourniquet.

toro [tɔ́ru] *m.* bull.

torpede [turpèðə] *m.* torpedo.

torpedinar [turpəðiná] *t.* to torpedo.

torrada [turráðə] *f.* toasting. 2 (piece of) toast.

torrar [turrá] *t.* to toast. ■ 2 *p.* fig. to bake, to roast. 3 to get drunk.

torrat, -ada [turrát, -áðə] *a.* toasted, roasted. 2 fig. legless, (USA) loaded.

torre [tɔ́rrə] *f.* tower. 2 villa, (country) house.

torrent [turrèn] *m.* torrent, (rushing) stream.

tòrrid, -da [tɔ́rrit, -ðə] *a.* torrid.

torró [turró] *m.* nougat made of almonds, honey, and egg, typical of the Christmas season.

tors [tɔrs] *m.* torso.

tort, -ta [tɔr(t), -tə] *a.* bent; twisted, awry. ‖ *a* ~ *i a dret,* thoughtlessly.

tortell [turtéʎ] *m.* COOK. ring [filled with cream, jam, etc.].

torticoli [turtikɔ́li] *m.* MED. stiff neck, crick.

tórtora [tɔ́rturə] *f.* ORNIT. turtle-dove.

tortuga [turtúɣə] *f.* ZOOL. tortoise; turtle.

tortuós, -osa [turtuós, -ózə] *a.* tortuous, winding. 2 fig. devious, underhand.

tortura [turtúrə] *f.* torture [also fig.].

torturar [turturá] *t.* to torture.

torxa [tɔ́rʃə] *f.* torch.

tos [tos] *f.* cough: *tenir* ~, to have a cough.

tosc, -ca [tosk, -kə] *a.* coarse, rough; unrefined.

tossal [tusál] *m.* hill.

tossir [tusí] *i.* to cough. ▲ CONJUG. INDIC. Pres.: *tus.*

tossuderia [tusuðəriə] *f.* obstinacy, stubbornness.

tossut, -uda [tusút, -úðə] *a.* obstinate, stubborn, headstrong.

tot, -ta [tot, -tə] *a.* all; whole, entire. 2 every. ‖ coll. ~ **déu,** everybody and his brother. ■ 3 *adv.* all, completely. ‖ ~ **d'una,** all of a sudden, suddenly. ‖ ~ **seguit,** then; next, immediately afterwards. 4 (BAL.) See DE SEGUIDA. ■ 5 *m.* whole. ‖ **del** ~, wholly, entirely. ■ 6 *indef. pron.* everything, all. ‖ ~ **i això,** however, nevertheless.

total [tutál] *a.* total; complete. ■ 2 *m.* total, whole. ■ 3 *adv.* (en) ~, all in all; in short.

totalment [tutəlmén] *adv.* totally, completely.

totalitari, -ària [tutəlitári, -áriə] *a.* totalitarian.

totalitat [tutəlitát] *f.* whole, totality: *la* ~ *dels treballadors,* all the workers.

tothom [tutɔ́m] *indef. pron.* everybody, everyone.

tothora [totɔ́rə] *adv.* always.

tòtil, -la [tɔ́til, -lə] *m.-f.* nitwit, fool.

totxo, -xa [tɔ́tʃu, -ʃə] *a.* simple, thick. ■ 2 *m.* brick.

tou, tova [toŭ, tóβə] *a.* soft; tender; gentle, mild; delicate. ■ 2 *m.* (soft) flesh, soft part or mass.

tovalla [tuβáʎə] *f.* (VAL.) See TOVALLOLA. 2 table-cloth.

tovalló [tuβəʎó] *m.* napkin, serviette.

tovallola [tuβəʎɔ́lə] *f.* towel.

tòxic, -ca [tɔ́ksik, -kə] *a.* toxic, poisonous.

toxicitat [tuksisitát] *f.* toxicity.

toxicomania [tuksikumaniə] *f.* drug addiction.

toxina [tuksínə] *f.* toxin.

traç [tɾás] *m.* line, stroke.

traca [tɾákə] *f.* string of bangers [firecrackers].

traça [tɾásə] *f.* skill, ability. 2 trace.

traçar [tɾəsá] *t.* to draw, to trace; to outline, to sketch; to plan. 2 fig. to contrive, to devise [a plan of action].

tracció [tɾəksió] *f.* traction; draught. 2 drive.

tractament [tɾəktəmén] *m.* treatment. 2 form of address.

tractant [tɾəktán] *m.* dealer, trader [in animals, cereals].

tractar [tɾəktá] *t.* to treat; to handle. 2 to deal with. 3 to address: ~ *de vostè,* to

address as «vostè» [polite form for the 2⁰ person]. ■ 4 *i.* to try, to attempt (*de,* to). 5 ~ *de,* to talk about, to be about. ‖ *de què tracta?,* what's it all about? ■ 6 *p.* to deal with, to have to do with: *amb persones com tu no m'hi tracto,* I have nothing to do with people like you.

tractat [tɾəktát] *m.* treaty, agreement. 2 treatise, study.

tracte [tɾáktə] *m.* treatment; handling. 2 behaviour, (USA) behavior; manner. 3 agreement, deal [also fig.]. 4 intercourse; relationship.

tractor [tɾəktó] *m.* tractor.

traçut, -uda [tɾəsút, -úðə] *a.* skilful, ingenious; clever.

tradició [tɾəðisió] *f.* tradition.

tradicional [tɾəðisiunál] *a.* traditional.

traducció [tɾəðuksió] *f.* translation.

traductor, -ra [tɾəðuktó, -ɾə] *m.-f.* translator.

traduir [tɾəðui] *t.* to translate.

tràfec [tɾáfək] *m.* hustle and bustle. 2 live wire.

tràfic [tɾáfik] *m.* trade, business. ‖ ~ *d'armes,* arms trade. 2 traffic.

traficant [tɾəfikán] *m.-f.* dealer, trafficker.

traficar [tɾəfiká] *i.* to traffic, to deal.

tragèdia [tɾəʒɛ́ðiə] *f.* tragedy [also fig.].

tràgic, -ca [tɾáʒik, -kə] *a.* tragic.

traginar [tɾəʒiná] *t.* to carry; to transport. 2 fig. to have.

traguet [tɾəɣɛ́t] *m.* sip.

traïció [tɾəisió] *f.* betrayal; treachery; treason.

traïdor, -ra [tɾəiðó, -ɾə] *a.* treacherous, deceiving. ■ 2 *m.-f.* betrayer, traitor.

trair [tɾəí] *t.* to betray.

trajecte [tɾəʒɛ́ktə] *m.* route [of vehicle], journey [of person], (USA) trip; stretch, section.

trajectòria [tɾəʒəktɔ́riə] *f.* trajectory, path. 2 course, development; line.

tram [tɾam] *m.* stretch, section; span [of bridge]. 2 flight [of stairs].

trama [tɾámə] *f.* weft. 2 fig. plot, scheme.

tramar [tɾəmá] *t.* to weave. 2 fig. to plot, to scheme; to be up to.

tramesa [tɾəmɛ́zə] *f.* sending, remittance. 2 shipment; consignment. 3 reference [in books].

trametre [tɾəmɛ́tɾə] *t.* to send. ▲ CONJUG. P. P.: *tramès.*

tràmit [tɾámit] *m.* step; procedure.

tramitar [trəmitá] *t.* to process, to negotiate; to transact.

tramoia [trəmɔ́jə] *f.* THEATR. piece of stage machinery. 2 fig. intrigue, scheme; to-do, fuss.

trampa [trámpə] *f.* trap; snare. 2 trick, fiddle. ‖ *fer ~,* to cheat.

trampejar [trəmpəʒá] *i.* to cheat. 2 *i.-t.* to get along, to manage; to get by.

trampolí [trəmpulí] *m.* trampoline; springboard, diving-board.

trampós, -osa [trəmpós, -ózə] *a.* tricky, crooked.

tramuntana [trəmuntánə] *f.* METEOR. (strong) north wind.

tramvia [trəmbiə] *m.* tramway, (USA) street railway. 2 tram, (USA) streetcar, cable car.

tràngol [tráŋgul] *m.* heavy sea; swell. 2 quandary; crisis, difficult situation.

tranquil, -il·la [trəŋkíll, -íllə] *a.* calm, still; tranquil, peaceful, quiet.

tranquil·litat [trəŋkillitát] *f.* calmness, peacefulness, tranquility; peace and quiet.

tranquil·litzar [trəŋkillidzá] *t.* to calm (down), to reassure; to soothe. ■ 2 *p.* to calm down, to relax.

transacció [trənzəksió] *f.* transaction, deal.

transatlàntic, -ca [trə(n)zəllántik, -kə] *a.* transatlantic. ■ 2 *m.* (transatlantic) liner.

transbord [trə(n)zβɔ́rt] *m.* change [of trains, ships, etc.]. ‖ *fer ~,* to change.

transbordador, -ra [trə(n)zβurðəðó, -rə] *a.* ferry. ■ 2 *m.* ferry.

transcendència [trəsəndénsiə] *f.* significance; importance, consequence.

transcendental [trəsəndəntál] *a.* transcendental.

transcendir [trəsəndí] *t.* to transcend, to surpass. ■ 2 *i.* to reach, to get across to; to extend to.

transcórrer [trənskɔ́rrə] *i.* to pass, to go by [time]. ▲ CONJUG. like *córrer.*

transcripció [trənskripsió] *f.* transcription, transcript; transliteration.

transcriure [trənskriúrə] *t.* to transcribe; to transliterate [alphabet]. ▲ CONJUG. like *escriure.*

transcurs [trənskúrs] *m.* passing, course [of time]: *el ~ dels anys,* the passing of the years.

transeünt [trənzəún] *a.* provisional, temporary. ■ 2 *m.-f.* passer-by.

transferència [trə(n)sfərénsiə] *f.* transference; transfer.

transferir [trə(n)sfərí] *t.* to transfer.

transformació [trənsfurməsió] *f.* transformation; conversion.

transformar [trənsfurmá] *t.* to transform; to convert, to change.

transfusió [trənsfuzió] *f.* transfusion.

transgredir [trənzɣrəðí] *t.* to transgress.

transgressió [trənzɣrəsió] *f.* transgression.

transhumància [trənzumánsiə] *f.* seasonal migration [of cattle].

transhumant [trənzumán] *a.* migrating [cattle].

transició [trənzisió] *f.* transition, charge-over.

transigir [trənziʒí] *i.* to make concessions; to compromise.

transistor [trənzistó] *m.* transistor.

trànsit [tránzit] *m.* transit, movement. 2 traffic. ‖ *prohibit el ~,* no thoroughfare.

transitar [trənzitá] *i.* to travel along, to go along; to drive along.

transitori, -òria [trənzitɔ́ri, -ɔ́riə] *a.* temporary, transitional, transitory.

translúcid, -da [trə(n)zlúsit, -ðə] *a.* translucent.

transmetre [trə(n)zmétrə] *t.* to transmit; to transfer; to broadcast. ▲ CONJUG. P. P.: *transmès.*

transmissió [trə(n)zmisió] *f.* transmission; transfer; broadcast.

transmissor, -ra [trə(n)zmisó, -rə] *a.* transmitting; broadcasting. ■ 2 *m.-f.* transmitter.

transparència [trə(n)spərénsiə] *f.* transparency. 2 slide.

transparent [trə(n)spərén] *a.* transparent; clear [air], filmy, see-through [cloth].

transpiració [trənspirəsió] *f.* perspiration; transpiration [of plants].

transport [trənspɔ́rt] *m.* transport; haulage; removal, (USA) moving.

transportar [trənspurtá] *t.* to transport; to haul, to carry. 2 MUS. to transpose.

trapelleria [trəpəʎeriə] *f.* swindle; trick.

trapezi [trəpézi] *m.* trapeze. 2 GEOM. trapezium.

tràquea [trákeə] *f.* ANAT. trachea.

trasbals [trəzβáls] *m.* fig. upheaval; upset.

trasbalsar [trəzβəlsá] *t.* fig. to upset; to disturb; to confuse.

trascantó [trəskəntó] *adv. phr. de* ~, unexpectedly; all of a sudden.

traslladar [trəzʎəðá] *t.* to move [house, business, goods]; to transfer [business, goods]. 2 to postpone, to adjourn.

trasllat [trəzʎát] *m.* move, transfer; removal [esp. of furniture].

traspàs [trəspás] *m.* crossing. 2 LAW sale; conveyance; transfer. 3 decease. 4 *any de* ~, leap year.

traspassar [trəspəsá] *t.-i.* to cross (over). 2 to come through, to go through; to pierce *t.,* to perforate *t.* 3 *t.* LAW to transfer [business]; to convey [property].

trasplantament [trəspləntəmèn] *m.* MED. transplant. 2 BOT. transplantation.

trasplantar [trəspləntá] *t.* MED., BOT. to transplant.

traspuar [trəspuá] *t.* to ooze, to exude. 2 to ooze through.

trastejar [trəstəʒá] *i.* to do the housework or household chores. ■ 2 *t.* to move [furniture].

trasto [trástu] *m.* good-for-nothing [person], useless person or thing; nuisance [person, thing].

trastocar [trəstuká] *t.* to turn crazy, to unhinge. ■ 2 *p.* to go mad or crazy, to become unhinged.

trastorn [trəstòrn] *m.* disorder, mix-up, confusion, upheaval. 2 upset.

trastornar [trəsturná] *t.* to disturb; to upset; to turn upside down. 2 to upset [person].

trau [trau] *m.* button-hole. 2 gash.

trauma [tráumə] *m.* trauma.

traumatòleg, -òloga [trəumətɔ̀lək, -ɔ̀luɣə] *m.-f.* MED. traumatologist.

traumatologia [trəumətuluʒíə] *f.* MED. traumatology.

traure [tráurə] (VAL.) See TREURE.

trava [trábə] *f.* bond, tie. 2 hobble [horse]; shackle, fetter [captive, prisoner]. 3 fig. hindrance, obstacle, impediment. 4 fig. objection; difficulty.

travar [trəbá] *t.* to bind or tie together, to join, to link. 2 to tie up; to fasten. 3 to hobble [horse]; to shackle, to fetter [captive, prisoner]. 4 fig. to hinder, to impede. ■ 5 *p.* fig. *travar-se la llengua,* to become or be tongue-tied; to stammer.

través [trəbès] *m.* width; breadth. ‖ *a* ~ *de,* across; through. ‖ *camps a* ~, across country. ‖ *de* ~, askew.

travessa [trəbèsə] *f.* crossing. 2 ARCH. cross-beam; rafter. 3 RAIL. sleeper. 4 football pools.

travessar [trəbəsá] *t.* to cross (over), to go across or over; to go or pass through. 2 to pierce, to go through, to come through.

travesser, -ra [trəbəsè, -rə] *m.* cross-piece. 2 ARCH. cross-beam. 3 *f.* road through [village, town]. ■ 4 *a.* transverse, cross.

travessia [trəbəsíə] *f.* side street. 2 through road [in town]. 3 MAR. crossing, passage.

traveta [trəbètə] *f.* trip: *fer-li la* ~ *a algú,* to trip someone up. 2 stumble, slip.

treball [trəβáʎ] *m.* work. 2 job; task, chore. 3 *pl.* hardship *sing.,* troubles, difficulties. 4 *treballs manuals,* handicraft, handiwork.

treballador, -ra [trəβəʎəðò, -rə] *a.* hardworking, assiduous, industrious. ■ 2 *m.-f.* worker.

treballar [trəβəʎá] *i.-t.* to work. 2 *t.* to fashion, to shape; to carve [wood, stone]; to knead [dough]. 3 to work at [subject]; to work on [project].

tremend, -da [trəmèn, -də] *a.* dreadful, terrible, fearsome. 2 tremendous, huge, enormous.

tremolar [trəmulá] *i.* to shiver; to tremble, to shake; to shudder [with fright].

tremolor [trəmulò] *m.-f.* shiver, shivering; trembling, shaking; shudder [with fright].

tremp [trɛmp] *m.* fig. mettle, spirit [of person].

trempat, -ada [trəmpát, -áðə] *a.* genial; cheerful.

trempó [trəmpó] *m.* (BAL.) See AMANIDA.

tren [trɛn] *m.* train.

trena [trénə] *f.* plait, tress.

trenc [trɛŋ] *m.* crack; fracture; breach. ‖ *a* ~ *d'alba,* at daybreak. 2 MED. fracture [of bone]; gash [in skin].

trencaclosques [trəŋkəklɔ̀skəs] *m.* puzzle, enigma. 2 coll. poser, teaser. 3 GAME picture bricks.

trencacolls [trəŋkəkɔ́ʎs] *m.* precipice, dangerous spot [with sheer drops]. 2 fig. coll. touchy or dangerous business or affair.

trencadís, -issa [trəŋkəðís, -ísə] *a.* fragile, delicate; brittle. ■ 2 *f.* breakage, shattering. 3 coll. smash-up.

trencall [trəŋkáʎ] *m.* detour; diversion.

trencanous [trəŋkənɔ́us] *m.* nutcracker.

trencar [trəŋká] t.-p. to break, to fracture; to smash, to shatter. ‖ *m'he trencat el dit,* I've broken my finger. ‖ fig. *trencar-se el cap,* to rack one's brains. ‖ fig. *trencar-se de riure,* to laugh one's head off, to split one's sides laughing. 2 t. to interrupt; to cut off [supply, flow]; to break or cut in on [conversation, thoughts]. 3 to break [promise]; to infringe, to transgress [law]; to violate [treaty]. 4 ~ *amb,* to break with [tradition, family, etc.]. 5 to break up i. [relationship]. ■ 6 i. to turn: *trenca a l'esquerra,* turn left.

trencat, -da [trəŋkát, -áðə] a. broken, fractured; smashed, shattered. ‖ fig. *pagar els plats trencats,* to take the blame. ■ 2 m. MATH. fraction.

trenta [trɛ́ntə] a.-m. thirty.

trentè, -ena [trəntɛ́, -ɛ́nə] a.-m. thirtieth.

trepanació [trəpənəsió] f. trepanning, trepanation.

trepitjada [trəpidʒáðə] f. treading or stepping on someone's foot. 2 footprint, track.

trepitjar [trəpidʒá] t. to tread or step on.

tres [trɛ́s] a.-m. three. ‖ *en un ~ i no res,* in the twinkling of an eye, in a flash.

trescar [trəská] i. to toil or work hard and quickly. 2 to rush [walking].

tres-cents, -tes [trəsɛ́ns, -təs] a. three hundred.

tresor [trəzɔ́r] m. treasure [also fig.].

tresorer, -ra [trəzuré, -rə] m.-f. treasurer.

trespol [trəspɔ́l] m. (BAL.) floor. 2 (VAL.) ceiling; roof.

1) tret [trɛ́t] m. shot. 2 report [of firearm]. 2 feature; trait [of character]. ‖ *a grans trets,* broadly, in outline.

2) tret [trɛ́t] prep. ~ *de,* except for.

tretze [trɛ́dzə] a.-m. thirteen.

tretzè, -ena [trədzɛ́, -ɛ́nə] a.-m. thirteenth.

treure [trɛ́ŭrə] t. to take out (de, from), to pull or draw out [from pocket], to bring out. 2 to eject; to dismiss. 3 to obtain, to get; to gain. ‖ *què en treus de dir mentides?,* what do you gain by lying? 4 coll. to stick out [one's tongue, head, etc.]. 5 to except. ▲ CONJUG. GER.: *traient.* ‖ P. P.: *tret.* ‖ INDIC. Pres.: *trec* (o *trac*). | Imperf.: *treia, treies,* etc. ‖ SUBJ. Pres.: *tregui, treguis, tregui, traguem, tragueu, treguin* (or *tragui,* etc.). | Imperf.: *tragués,* etc.

treva [trɛ́βə] f. MIL. truce. 2 fig. let-up, respite.

trèvol [trɛ́βul] m. BOT. clover. 2 HERALD. trefoil.[ol0]

tria [tríə] f. selection, choosing. 2 sorting-out.

triangle [triàŋglə] m. triangle. 2 MUS. triangle.

triangular [triəŋgulánrœ] a. triangular.

triar [triá] t. to select, to choose. 2 to sort (out).

tribu [tríβu] f. tribe.

tribuna [triβúnə] f. rostrum, platform. 2 SP. grandstand. 3 ARCH. gallery.

tribunal [triβunál] m. LAW court. ‖ *portar algú als tribunals,* to take someone to court. 2 EDUC. board of examiners. 3 panel [of judges in competition].

tribut [triβút] m. tax. 2 fig. tribute.

tributar [triβutá] t. to pay [taxes]. 2 fig. to pay [tribute, homage].

tríceps [trísəps] m. ANAT. triceps.

tricicle [trisiklə] m. tricycle.

trigar [triɣá] See TARDAR.

trilió [trilió] m. trillion.

trillar [triʎá] t. to thresh [corn, wheat].

trimestral [triməstrál] a. quarterly, three-monthly.

trimestre [triméstrə] m. ECON. quarter. 2 EDUC. term.

trineu [trinɛ́ŭ] m. sledge, sleigh.

trinxa [trínʃə] f. SEW. waist.

trinxar [trinʃá] t. to carve [food].

trinxera [trinʃérə] f. trench.

trinxeraire [trinʃəràĭrə] m.-f. lout, young layabout.

trio [tríu] m. MUS. trio. 2 coll. three-some, trio.

triomf [triòmf] m. triumph.

triomfar [triumfá] i. to triumph, to win.

tripa [trípə] f. intestines pl.; gut.

tripijoc [tripiʒɔ́k] m. coll. mess, tangle.

triple [tríplə] a. triple.

triplicar [triplicá] t. to triplicate.

trípode [trípuðə] m. tripod.

tríptic [tríptik] m. triptych. 2 PRINT. three-page folded pamphlet.

tripulació [tripuləsió] f. crew.

tripulant [tripulán] m. crew-member, member of crew.

tripular [tripulá] t. to man [a ship, etc.].

trist, -ta [tríst, -tə] a. gloomy, dull, dreary; sad, sad-looking.

tristesa [tristɛ́zə] f. gloominess, misery, dreariness. 2 sadness [person].

tristor [tristó] See TRISTESA.

triturar [triturá] *t.* to chop up, to hack up; to crush, to pulverize.

trivial [triβiál] *a.* trivial, banal.

trivialitat [triβiəlitát] *f.* triviality, banality.

tro [trɔ] *m.* clap of thunder, thunder.

trobador [truβəðó] *m.* troubadour.

troballa [truβáʎə] *f.* find, discovery.

trobar [truβá] *t.-p.* to meet *t.-i.* [people]: *ens trobarem demà a les nou,* we'll meet at nine o'clock tomorrow. 2 *t.* to find, to discover. 3 *p.* to feel [state]. 4 to be (situated). ■ 5 *i.* to feel, to reckon, to think.

troca [trɔkə] *f.* hank, skein. ‖ fig. coll. *enredar la ~,* to confuse things more.

trofeu [trufέu] *m.* trophy.

trombó [trumbó] *m.* MUS. trombone.

trombosi [trumbɔzi] *f.* MED. thrombosis.

trompa [trómpə] *f.* MUS. horn. 2 trunk [of elephant]. 3 fig. coll. *agafar una ~,* to get drunk; *estar ~,* to be drunk.

trompada [trumpáðə] *f.* blow. 2 coll. clout, whack [people]; crash [vehicles].

trompeta [trumpέtə] *f.* MUS. trumpet.

trompetista [trumpətistə] *m.-f.* MUS. trumpet-player, trumpeter.

tron [trɔn] *m.* throne.

trona [trɔnə] *f.* pulpit. 2 high chair [for babies].

tronar [truná] *i.* to thunder.

tronat, -ada [trunát, -áðə] *a.* threadbare [garment], worn; worn out, falling to pieces.

tronc [troŋ] *m.* trunk [tree]. 2 ANAT. trunk. 3 log. ‖ *dormir com un ~,* to sleep like a log.

trontollar [truntuʎá] *i.* to shake; to wobble. 2 to stagger [person].

tropa [trɔpə] *f.* troop.

tròpic [trɔpik] *m.* tropic. 2 tropics.

tropical [trupikál] *a.* tropical.

tros [trɔs] *m.* piece, bit; fragment. ‖ *ser un ~ de pa,* to have a heart of gold.

trossejar [trusəʒá] *t.* to chop up; to cut or slice into pieces. 2 to break or smash up or into pieces. 3 to tear to pieces.

trot [trɔt] *m.* trot.

trotar [trutá] *i.* to trot. 2 fig. to rush (along), to race. 3 fig. coll. to beaver away.

truc [truk] *m.* knock; ring. 2 telephone-call, call, ring. 3 trick, ploy.

trucar [truká] *i.* to knock; to ring. 2 to ring, to call [on telephone].

truita [trúitə] *f.* omelette. 2 ICHTHY. trout.

truja [truʒə] *f.* ZOOL. sow. 2 vulg. cow, bitch [insult].

trumfa [trúmfə] *f.* potato.

trust [trust] *m.* ECON. cartel; trust.

tsar [sər] *m.* czar, tsar.

tu [tu] *pers. pron. 2nd pers. sing.* you [familiar address].

tub [tup] *m.* tube; pipe.

tubèrcul [tuβέrkul] *m.* BOT. tuber, tubercle.

tuberculós, -osa [tuβərkulós, -ózə] *a.* MED. tuberculous. 2 BOT. tubercular.

tuberculosi [tuβərkulɔzi] *f.* MED. tuberculosis.

tubular [tuβulá(r)] *a.* tubular.

tuf [tuf] *m.* pej. smell, stink. 2 smell, odour.

tuguri [tuɣúri] *m.* hovel; shack [building]. 2 dingy little room.

tul [tul] *m.* tulle, net.

tulipa [tulipə] *f.* tulip.

tumor [tumó(r)] *m.* tumour, growth.

tumult [tumúlt] *m.* uproar, hullabaloo; disturbance, commotion. 2 POL. riot.

tumultuós, -osa [tumultuós, -ózə] *a.* uproarious, tumultuous. 2 POL. riotous.

tundra [túndrə] *f.* tundra.

túnel [túnəl] *m.* tunnel.

túnica [túnikə] *f.* tunic, gown.

Tunis [túnis] *pr. n. m.* GEOGR. Tunis.

Tunísia [tunisiə] *pr. n. f.* GEOGR. Tunisia.

tupí [tupi] *m.* small saucepan, small cooking pot.

turba [túrβə] *f.* crowd, throng. 2 pej. mob.

turbant [turβán] *m.* turban.

turbina [turβinə] *f.* turbine.

turbulència [turβulέnsiə] *f.* turbulence; storminess [character].

turc, -ca [túr(k), -kə] *a.* Turkish. ■ 2 *m.-f.* Turk.

turgència [turʒέnsiə] *f.* turgidity.

turisme [turizmə] *m.* tourism. 2 car.

turista [turistə] *m.-f.* tourist; sightseer.

turístic, -ca [turistik, -ka] *a.* tourist. ‖ *ruta turística,* scenic route.

turmell [turmέʎ] *m.* ANAT. ankle.

turment [turmέn] *m.* torture; torment. 2 anguish; agony, torment. 3 torment [cause].

turmentar [turməntá] *t.-p.* to torture; to torment.

turó [turó] *m.* hill; hillock, mound.

Turquia [turkiə] *pr. n. f.* GEOGR. Turkey.

tustar [tustá] *t.* to beat, to knock, to hit, to strike.

tuteig [tutɛ́tʃ] *m.* familiar address, usage of *tu* in address.

tutejar [tutəʒá] *t.* to address familiarly, to address using *tu*.

tutela [tutέlə] *f.* guardianship, tutelage. 2 fig. protection, shelter.

tutor, -ra [tutó, -rə] *m.-f.* guardian; tutor.

TV3 *f. (Televisió de Catalunya)* TV. Channel 3 (Catalan channel).

TVE *f. (Televisió Espanyola)* TV. Spanish television (state channel).

txec, -ca [tʃɛk, -kə] *a., m.-f.* Czech. ‖ *República Txeca,* Czech Republic. 2 *m.* Czech [language].

Txecoslovàquia [tʃəkuzluβákiə] *pr. n. f.* GEOGR. Czechoslovakia.

U

1) U, u [u] *f.* u [letter].

2) u [u] *a.-m.* one [number].

ubiqüitat [uβikwitát] *f.* ubiquity.

Ucraïna [ukraínə] *pr. n. f.* Ukraine.

udol [uðól] *m.* howl, howling [also fig.]. 2 shriek, scream [esp. of pain] [also fig.].

udolar [uðulá] *i.* to howl [also fig.].

ufana [ufánə] *f.* pomp, display, ostentation; ostentatiousness.

ufanós, -osa [ufənòs, -ózə] *a.* pompous; ostentatious; extravagant.

ui! [uĭ] *interj.* wow!, gosh! [surprise]. 2 ouch! [pain].

uix! [uʃ] *interj.* ugh! [repugnance].

úlcera [úlsərə] *f.* MED. ulcer.

ull [uʎ] *m.* eye. ‖ *a ~,* roughly; by guesswork. ‖ *~ de poll,* corn; callus. ‖ *a ulls clucs,* blindly, without looking. ‖ *fer els ulls grossos,* to overlook; to ignore. ‖ *de cua d'~,* out of the corner of one's eye.

ullada [uʎáðə] *f.* glance, look.

ullal [uʎál] *m.* canine, canine tooth, eye tooth. 2 tusk [of elephant]. 3 ZOOL. fang.

ullera [uʎérə] *f.* eye-piece; eye glass. 2 spy-glass. 3 *pl.* glasses, spectacles. 4 *pl.* rings under one's eyes.

ullerós, -osa [uʎərós, -ózə] *a.* with rings under one's eyes; haggard.

ullet [uʎέt] *m.* SEW. eyelet. 2 wink. ‖ *fer l'~,* to wink (*a,* at).

ulterior [ultəriórœ] *a.* ulterior. 2 further, farther [place]. 3 later; subsequent [occasion].

últim, -ma [últim, -mə] *a.* last, ultimate.

ultimar [ultimá] *t.* to finish (off), to give the finishing touches to.

ultimàtum [ultimátum] *m.* ultimatum.

ultra [últrə] *prep.* besides, in addition to. ■ 2 *a.* POL. extreme. ■ 3 *m.-f.* POL. extremist.

ultramar [ultrəmár] *m.* overseas territory or territories; foreign parts.

ultrança [ultránsə] *adv. phr. a ~,* to the utmost. ‖ *combatre a ~,* to fight to the end, to fight to death.

ultrapassar [ultrəpəsá] *t.* to exceed, to go beyond *i.,* to surpass.

ultratge [ultrádʒə] *m.* outrage; insult.

ultratomba [ultrətómbə] *f.* the beyond, the next world; life after death.

ultraviolat, -ada [ultraβiulát, -áðə] *a.-m.* ultraviolet.

ulular [ululá] See UDOLAR.

umbilical [umbilikál] *a.* ANAT. umbilical. ‖ *cordó ~,* umbilical cord.

un, una [un, únə] *a.* one. ‖ *ho hem fet en ~ sol dia,* we did it in one single day. ■ 2 *indef. art.* a, an. ■ 3 *f.* one [hour]. ■ 4 *imper. pron.* one [formal]. 5 *tot d'una,* all of a sudden, suddenly; (BAL.) at once.

unànime [unánimə] *a.* unanimous.

unanimitat [unənimitát] *f.* unanimity.

unça [únsə] *f.* ounce.

UNESCO [unésko] *f.* (*Organització de les Nacions Unides per a l'Educació, la Ciència i la Cultura*) UNESCO (United Nations Educational, Scientific and Cultural Organization).

ungla [únglə] *f.* nail, fingernail; nail, toenail. ‖ fig. *ser carn i ~,* to be as thick as thieves. 2 claw [cat]. 3 hoof [cow, horse, etc.].

unglot [únglɔt] *m.* hoof [cow, horse, etc.].

ungüent [uŋgwèn] *m.* ointment.

únic, -ca [únik, -kə] *a.* only, sole, solitary; unique; lone. 2 unique, extraordinary.

unifamiliar [unifəmiliár] *a.* single family [house].

unificació [unifikəsió] *f.* unification.

unificar [unifiká] *t.* to unite, to unify.

uniformar [unifurmá] *t.* to standardize, to make uniform or standard; to make the same. 2 MIL. to put into uniform, to dress in uniform [persons].

uniforme [unifórmə] *a.* standard, uniform, regular; same. ■ 2 *m.* uniform.

uniformitat [unifurmitát] *f.* uniformity, regularity; sameness.

unilateral [unilətərál] *a.* unilateral; one-sided.

unió [unió] *f.* union; uniting [act]. 2 association, union. 3 unity. 4 ANAT. joint.

Unió Soviètica [uniósuβiètikə] *pr. n. f.* GEOGR. Soviet Union.

unir [uni] *t.* to join; to bind or tie together; to couple. 2 to unite, to join [persons]. ■ 3 *p.* to unite *i.,* to join (together) *i.*

unitari, -ària [unitári, -áriə] *a.* unitary. 2 REL. Unitarian.

unitat [unitát] *f.* unity. 2 unit.

univers [uniβèrs] *m.* universe.

universal [uniβərsál] *a.* universal. ‖ *història ~,* world history. 2 MECH. all-purpose.

universitari, -ària [uniβərsitári, -áriə] *a.* university. ■ 2 *m.-f.* university student.

universitat [uniβərsitát] *f.* university.

untar [untá] *t.* to grease; to smear. 2 fig. to bribe, to grease. ■ 3 *p.* to get greasy.

uralita [uralítə] *f.* uralite, asbestos.

urani [uráni] *m.* MINER. uranium.

urbà, -ana [urβá, -ánə] *a.* urban, city, town. ■ 2 *m.* city or town policeman.

urbanisme [urβənizmə] *m.* town planning.

urbanitat [urβənitát] *f.* good manners, urbanity, courtesy.

urbanització [urβənidzəsió] *f.* urban development. 2 housing estate.

urbanitzar [urβənidzá] *t.* to urbanize; to develop [open land].

urbs [urps] *f.* metropolis.

urèter [urètər] *m.* ANAT. ureter.

uretra [urètrə] *f.* ANAT. urethra.

urgència [urʒènsiə] *f.* urgency; pressure. 2 emergency.

urgent [urʒèn] *a.* urgent; pressing. ‖ *correu ~,* express post.

urgir [urʒi] *i.* to be urgent; to be pressing.

urinari, -ària [urinári, -áriə] *a.* urinary. ■ 2 *m.* urinal [public use].

urna [úrnə] *f.* urn. 2 POL. ballot-box.

uròleg, -òloga [urɔ́lək, -ɔ́luɣə] *m.-f.* MED. urologist.

urologia [uruluʒiə] *f.* MED. urology.

urpa [úrpə] *f.* talon, claw.

urs [úrs] (ROSS.) See ós.

URSS [urs] *pr. n. f.* GEOGR. *(Unió de les Repúbliques Socialistes Soviètiques)* USSR (Union of the Soviet Socialist Republics).

Úrsula [úrsulə] *pr. n. f.* Ursula.

urticària [urtikáriə] *f.* MED. urticaria, nettlerash.

Uruguai [uruɣwái] *pr. n. m.* GEOGR. Uruguay.

uruguaià, -ana [uruɣwəià, -ánə] *a., m.-f.* Uruguayan.

us [us] *pers. pron. pl.* you: *~ necessito,* I need you. ‖ *~ donaré el millor,* I'll give the best one to you. ‖ *~ en deixaré una mica,* I'll leave a little for you.

ús [us] *m.* use, usage.

usar [uzá] *t.* to use, to employ, to make use of.

usat, -ada [uzát, -áðə] *a.* used. 2 worn; second-hand, used.

usdefruit [uzðəfrúĭt] *m.* LAW use, usufruct.

usdefruitar [uzðəfruĭtá] *t.* LAW to enjoy or have the use of.

usual [uzuál] *a.* usual, customary; normal.

usura [uzúrə] *f.* usury.

usurer, -ra [uzurè, -rə] *m.-f.* usurer, money-lender.

usurpador, -ra [uzurpəðò, -rə] *a.* usurping. ■ 2 *m.-f.* usurper.

usurpar [uzurpá] *t.* to usurp.

utensili [utənsíli] *m.* utensil; tool, implement.

úter [útər] *m.* ANAT. uterus.

útil [útil] *a.* useful; handy.

utilitat [utilitát] *f.* usefulness, utility; benefit.

utilització [utilidʒəsió] *f.* utilization.

utilitzar [utilidʒá] *t.* to use, to utilize, to employ, to make use of.

utillatge [utiʎádʒə] *m.* tools, tools of trade; instruments.

utopia [utupiə] *f.* Utopia.

utòpic, -ca [utɔ́pik, -kə] *a.* Utopian.

V

V, v [be] *f.* v [letter].

va, vana [ba, bánə] *a.* vain, idle, useless; pointless, frivolous; illusory. ‖ *en ~,* in vain.

vaca [bákə] *f.* ZOOL. cow.

vacació [bəkəsió] *f.* vacancy [post].

vacances [bəkánsəs] *f. pl.* holidays. ‖ *fer ~,* to take a holiday, to go on holiday.

vacant [bəkán] *a.* vacant, empty, unoccupied. ■ 2 *f.* vacancy [post].

vaccinar [bəksiná] (ROSS.) See VACUNAR.

vacil·lar [bəsillá] *i.* to shake; to wobble. 2 fig. to waver, to hesitate, to vacillate.

vacu, vàcua [báku, bákuə] *a.* empty. 2 fig. empty-headed, vacuous.

vacuïtat [bəkuitát] *f.* emptiness. 2 fig. empty-headedness, vacuity.

vacuna [bəkúnə] *f.* MED. vaccine.

vacunar [bəkuná] *t.* to vaccinate.

vaga [báɣə] *f.* POL., ECON. strike. ‖ *declarar-se en ~,* to go (out) on strike. ‖ *fer ~,* to be on strike, to strike. ‖ *~ de zel,* work-to-rule.

vagabund, -da [bəɣəβún, -də] *a.* wandering, roving. ■ 2 *m.-f.* pej. tramp, vagabond; drifter.

vagabundejar [bəɣəβundəʒá] *i.* to wander about. 2 pej. to drift (around).

vagància [bəɣánsiə] *f.* loafing (around), idleness.

vagar [bəɣá] *i.* to wander around, to roam, to rove. 2 pej. to drift. 3 to fancy, to feel like. ‖ *ja et vagarà!,* you'll have plenty of time!

vagina [bəʒínə] *f.* ANAT. vagina.

vagó [bəɣó] *m.* RAIL. carriage, coach, car [for passengers]; truck, waggon [for goods].

vagó-llit [bəɣoʎít] *m.* RAIL. sleeping-car, sleeper.

vagoneta [bəɣunέtə] *f.* truck, waggon.

vague, -ga [báɣə, -ɣə] *a.* vague, undefined. 2 wandering.

vaguetat [bəɣətát] *f.* vagueness, indefiniteness.

vaguista [bəɣístə] *m.-f.* POL., ECON. striker.

vailet [bəilέt] *m.* boy, lad, youngster; boy-helper.

vainilla [bəiníʎə] *f.* vanilla.

vaivé [bəiβé] *m.* to-ing and fro-ing; movement to and fro. 2 fig. changes *pl.,* ups and downs *pl.* [of fortune].

vaixell [bəʃέʎ] *m.* ship; boat. 2 vessel.

vaixella [bəʃέʎə] *f.* crockery; china; dishes; service.

val [bal] *m.* voucher. 2 LAW promissory note; IOU.

València [bəlénsiə] *pr. n. f.* GEOGR. Valencia.

valent, -ta [bəlén, -tə] *a.* brave, courageous, valiant. ‖ *de ~,* a lot, very much.

valentia [bələntíə] *f.* bravery, courage. 2 brave or courageous deed.

valer [bəlé] *i.* to be worth [also fig.]. ‖ *quant val això?* how much is this? ‖ fig. *val la pena,* it's worth-while. ‖ fig. *aquella noia val molt,* that girl's worth her weight in gold. 2 to be useful, to be of use. ‖ *aquest martell no val res,* this hammer's no good. 3 to count, to be valid. ‖ *no s'hi val de jugar amb les mans,* playing with one's hands doesn't count. 4 ~ *més,* to be better: *val més que callis!,* you'd do better to shut up! ■ 5 *conj.* *val a dir,* however. ■ *6 p.* to avail oneself of, to use. ▲ CONJUG. P. P.: *valgut.* ‖ INDIC. Pres.: *valc.* ‖ Fut.: *valdré,* etc. ‖ SUBJ. Pres.: *valgui,* etc. ‖ Imperf.: *valgués,* etc.

valerós, -osa [bələrós, -ózə] *a.* bold, courageous, brave.

vàlid, -da [bálit, -ðə] *a.* valid.

validesa [bəliðέzə] *f.* validity.

vall [baʎ] *f.* valley; vale. 2 *m.* MIL. ditch, fosse; moat [water-filled].

valor [bəlónrœ] *m.-f.* value, worth; price. ‖ *objectes de ~,* valuables. ‖ *~ adquisitiu,* purchasing power. 2 valour, courage, bravery.

valorar [bəlurá] *t.* to evaluate; to appraise. 2 to appreciate, to value; to esteem.

vals [bals] *m.* MUS. waltz.

vàlua [bálua] *f.* worth, value.

valuós, -osa [bəluós, -ózə] *a.* valuable.

vàlvula [bálβulə] *f.* valve.

vampir [bəmpir] *m.* vampire.

vanagloriar-se [bənəɣluriársə] *p.* to boast, to brag.

vanar-se [bənársə] See VANAGLORIAR-SE.

vàndal, -la [bándəl, -lə] *m.-f.* HIST. Vandal. 2 *fig.* vandal.

vandàlic, -ca [bəndálik, -kə] Vandal(ic). 2 *fig.* destructive, vandal.

vanitat [bənitát] *f.* vanity. 2 idleness, futility, uselessness; emptiness.

vanitós, -osa [bənitós, -ózə] *a.* vain, smug, conceited.

vànova [bánuβə] *f.* bedspread.

vantar-se [bəntársə] See VANAGLORIAR-SE.

vapor [bəpór] *m.* vapour; haze. 2 steam. 3 NAUT. *vaixell de ~,* steamer, steamship.

vaporós, -osa [bəpurós, -ózə] *a.* vaporous; hazy. 2 steamy. 3 airy, diaphanous.

vaquer, -ra [bəkè, -rə] *m.-f.* cowherd. 2 *m.* cowboy. 3 *f.* cowgirl. 4 *m. pl.* jeans.

vaqueria [bəkəriə] *f.* dairy.

vaquí, -ina [bəki, -inə] *a.* bovine.

vara [bárə] *f.* stick; wand.

varar [bərá] *t.* to launch [boat].

vari, vària [bári, báriə] *a.* varied, diverse; variegated.

variable [bəriábblə] *a.* variable, changeable. ■ 2 *f.* MATH. variable.

variació [bəriəsió] *f.* variation, change, alteration.

variar [bəriá] *t.-i.* to change; to vary.

variat, -ada [bəriát, -ádə] *a.* varied, assorted; mixed. 2 variegated [colours].

variça [bərisə] *f.* MED. varicose veins.

varicel·la [bərisέllə] *f.* MED. chickenpox.

varietat [bəriətát] *f.* variety; diversity. 2 variation.

Varsòvia [bərsóβiə] *pr. n. f.* GEOGR. Warsaw.

vas [bas] *m.* glass; tumbler; beaker. 2 vase. 3 ANAT. vessel, vein.

vasectomia [bəzəktumiə] *f.* vasectomy.

vaselina [bəzəlinə] *f.* vaseline.

vassall, -lla [bəsáʎ, -ʎə] *m.-f.* vassal.

vast, -ta [bast, -tə] *a.* vast; extensive; huge.

vat [bat] *m.* watt.

vaticinar [bətisiná] *t.* to foretell, to prophecy, to predict.

vaticini [bətisini] *m.* prophecy, prediction.

vector [bəktó] *m.* vector.

veda [bέðə] *f.* prohibition; prevention. 2 close season [hunting].

vedar [bəðá] *t.* to prohibit; to prevent.

vedat [bəðát] *m.* game preserve [hunting].

vedell [bəðéʎ] *m.* ZOOL. calf, bull calf.

vedella [bəðéʎə] *f.* ZOOL. calf, heifer [animal]. 2 veal [meat].

vegada [bəɣáðə] *f.* time; occasion. ‖ *algunes vegades,* sometimes. ‖ *cada ~ més,* increasingly more, more and more. ‖ *cada ~ menys,* increasingly less, less and less. ‖ *una altra ~,* once more, again. ‖ *una ~,* once. ‖ *dues vegades,* twice.

vegetació [bəʒətəsió] *f.* vegetation.

vegetal [bəʒətál] *a.-m.* vegetable; plant.

vegetar [bəʒətá] *i.* BOT. to grow. 2 *fig.* to vegetate.

vegetarià, -ana [bəʒətərià, -ánə] *a., m.-f.* vegetarian.

veguer [bəɣè] *m.* HIST. chief-justice, chief magistrate.

vegueria [bəɣəriə] *f.* jurisdiction of chief-justice or chief magistrate.

vehemència [bəəmέnsiə] *f.* vehemence, passion. 2 impetuosity; eagerness.

vehement [bəəmèn] *a.* vehement; passionate. 2 impetuous, eager.

vehicle [bəiklə] *m.* vehicle.

veí, veïna [bei, bəinə] *a.* nearby, neighbouring. ■ 2 *m.-f.* neighbour, next-door neighbour. 3 local inhabitant; resident.

veïnat [bəinát] *m.* neighbourhood.

vel [bɛl] *m.* veil.

vela [bέlə] *f.* sail. ‖ *~ major,* mainsail. ‖ *a tota ~,* full sail. 2 *fig. plegar veles,* to call it a day, to go away.

veler [bəlè] *m.* NAUT. sailing-ship.

vell, -lla [bέʎ, -ʎə] *a.* old, aged; ancient. ‖ *fer-se ~,* to get old, to age. ■ 2 *m.* old man. 3 *f.* old woman. 4 eldest person [in a family group, etc.].

vel-leïtat [bəlləitát] *f.* caprice, whim.

vellesa [bəʎéza] *f.* old age.

vellut [bəʎút] *m.* velvet. ‖ *ull de ~,* black eye.

veloç [bəlòs] *a.* quick, fast, speedy, swift.

velocitat [bəlusitát] *f.* speed, velocity. 2 rate, pace.

velòdrom [bəlòðrum] *m.* velodrome.

vena [bénə] *f.* ANAT. vein. 2 GEOL. underground stream. 3 MINER. seam, lode, vein. 4 BOT. vein. 5 grain [wood]. 6 fig. vein, spirit, mood: *estar en ~,* to be in the mood, to be inspired.

vencedor, -ra [bənsəðò, -rə] *a.* winning, victorious. ■ 2 *m.-f.* winner, victor.

vèncer [bénsə] *t.* to conquer, to overcome; to beat [rival]. ■ 2 *i.* to become or fall due [repayment]; to mature [bond]; to expire [period, insurance, etc.]. ▲ CONJUG. P. P.: *vençut.* ‖ INDIC. Pres.: *venço, vences, venç, vencem,* etc. ‖ IMPERAT.: *venç, venci.*

venciment [bənsimèn] *m.* expiry [period, insurance, etc.]; maturity [bond].

venda [béndə] *f.* sale; selling. ‖ *en ~,* for sale. ‖ *preu de ~,* sale price.

vendaval [bəndəβál] *m.* gale, strong wind.

vendre [béndrə] *t.* to sell; to market; to sell off [in shop sales]. ‖ *~ a l'engròs,* to sell wholesale. ‖ *~ a la menuda,* to retail. 2 pej. to sell. ■ 3 *p.* pej. to sell oneself. ▲ CONJUG. GER.: *venent.* ‖ P. P.: *venut.* ‖ INDIC. Pres.: *venc.* ‖ SUBJ. Pres.: *vengui,* etc. ‖ Imperf.: *vengués,* etc.

Venècia [bənésiə] *pr. n. f.* GEOGR. Venice.

venedor, -ra [bənəðò, -rə] *a.* sale, selling. ■ 2 *m.-f.* seller. 3 *m.* salesman. 4 *f.* saleswoman.

venenós, -osa [bənənòs, -òzə] *a.* poisonous, venomous.

venerable [bənəràbblə] *a.* venerable.

veneració [bənərəsiò] *f.* veneration, worship.

venerar [bənərá] *t.* to venerate, to worship.

veneri, -èria [bənéri, -ériə] *a.* MED. venereal: *malaltia venèria,* venereal disease.

venir [bəní] *i.* to come; to arrive. ‖ *vinga!,* come on! ‖ *el mes que ve,* next month, the coming month. 2 to suit, to be convenient: *m'ha vingut malament,* it didn't suit me. 3 to fit. ‖ *aquests pantalons em venen estrets,* these trousers are too tight for me. ▲ CONJUG. P. P.: *vingut.* ‖ INDIC. Pres.: *vinc, véns, ve, vénen.* | Fut.: *vindré,* etc. ‖ SUBJ. Pres.: *vingui,* etc. | Imperf.: *vingués,* etc. ‖ IMPERAT.: *vine.*

venjança [bənʒánsə] *f.* revenge, vengeance.

venjar [bənʒá] *t.* to revenge, to avenge. ■ 2 *p.* to take revenge, to revenge oneself (*en,* on) (*de,* for).

venjatiu, -iva [bənʒətiŭ, -íβə] *a.* vindictive, revengeful.

vent [ben] *m.* wind. 2 GEOGR. cardinal point. 3 air; slipstream. 4 wind, flatulence. 5 guy-rope, guy [tent]. 6 fig. *anar ~ en popa,* to go full-steam; to do extremely well. ■ *4 i.* to blow [wind]. 7 *bon ~ i barca nova!,* good riddance!

ventada [bəntáðə] *f.* gust of wind.

ventall [bəntáʎ] *m.* fan. 2 bellows, fan [in kitchen]. 3 fig. range, assortment.

ventar [bəntá] *t.* to fan; to blow on. 2 to move to and fro; to wag [tail]. 3 to deal, to strike [blow]. ■ *4 i.* to blow [wind].

ventijol [bəntiʒɔ́l] *m.* breeze.

ventilació [bəntiləsiò] *f.* ventilation; airing.

ventilador [bəntiləðò] *m.* ventilator.

ventilar [bəntilá] *t.* to ventilate; to air [room]. 2 fig. to air [subject].

ventós, -osa [bəntòs, -òzə] *a.* windy, airy.

ventosa [bəntòzə] *f.* MED. cupping-glass. 2 sucker [animal organ].

ventositat [bəntuzitát] *f.* wind, flatulence.

ventre [béntrə] *m.* ANAT. belly, abdomen. ‖ *anar o fer de ~,* to move one's bowels, to defecate. ‖ *mal de ~,* indigestion.

ventricle [bəntriklə] *m.* ventricle.

ventríloc, -oqua [bəntriluk, -ukwə] *a.* ventriloquous, ventriloquist. ■ 2 *m.-f.* ventriloquist.

ventura [bəntúrə] *f.* fortune. 2 happiness. ‖ *a la ~,* with no fixed plan; happy-go-lucky. ‖ (BAL.) *per ~,* perhaps, maybe.

ver, -ra [ber, -rə] *a.* true, authentic, veritable, real. ■ 2 *m.* truth. ‖ *de ~ o de veres,* really, truly.

veraç [bərás] *a.* truthful, veracious.

veracitat [bərəsitát] *f.* truthfulness, veracity.

verat [bərát] *m.* ICHTHY. mackerel.

verb [berp] *m.* verb. 2 the Word [in the Bible].

verbal [bərβál] *a.* verbal, oral. ■ 2 *m.* (ROSS.) See MULTA.

verd, -da [bert, -ðə] *a.* green. 2 unripe, green. 3 blue, dirty, indecent [film, joke]; randy [person]. ■ 4 *m.* green [colour].

verdet [bərðèt] *m.* CHEM. verdigris. 2 BOT. duckweed.

verdulaire [bərðulàirə] *m.-f.* greengrocer.

verdura [bərðúrə] *f.* greens, green vegetables.

veredicte [bərəðictə] *m.* verdict.

verema [bərèmə] *f.* wine harvest; grape harvest.

veremar [bərəmá] *t.* to harvest, to pick [grapes].

veres [bèrəs] *adv. phr.* de ~, (BAL.), (VAL.) See DE DEBÒ.

verge [bérʒə] *a.* virgin. ■ 2 *f.* virgin. 3 REL. the Virgin. 4 ASTROL. *Verge,* Virgo.

vergonya [bəryòɲə] *f.* shame; disgrace. 2 sense or feeling of shame. 3 shyness, bashfulness, timidity; embarrassment. ‖ *fer ~,* to embarrass *t.* 4 *pl.* **les vergonyes,** private parts.

vergonyós, -osa [bəryuɲòs, -ózə] *a.* shameful, disgraceful. 2 shy, bashful, timid [person].

verí [bəri] *m.* poison, venom. 2 fig. poison.

verídic, -ca [bəriðik, -kə] *a.* truthful, true.

verificar [bərifiká] *t.* to check, to ascertain, to verify. 2 to inspect, to examine, to check.

verinós, -osa [bərinòs, -ózə] *a.* poisonous, venomous.

veritable [bəritábblə] *a.* true, authentic, veritable, real.

veritat [bəritát] *f.* truth. ‖ *de ~?,* really? ‖ *ho dius de ~?,* do you really mean it? 2 fig. *cantar-li a algú les veritats,* to speak plainly to someone.

vermell, -lla [bərmέʎ, -ʎə] *a., m.* red. ‖ *tornar-se ~,* to blush, to go red.

vermut [bərmút] *m.* vermouth. 2 pre-lunch or pre-dinner drinks and snack.

vernís [bərnis] *m.* varnish [on wood], glaze [on pottery]. 2 fig. gloss, veneer.

verola [bərɔ́lə] *f.* MED. smallpox.

vers [bers] *m.* verse; poem. ■ 2 *prep.* toward(s), to [direction]. 3 around [quantity; time].

versar [bərsá] *i.* ~ *sobre,* to deal with, to be about [book].

versat, -ada [bərsát, -áðə] *a.* ~ *en,* versed or knowledgeable in.

versàtil [bərsátil] *a.* versatile. 2 pej. changeable, fickle.

versemblança [bərsəmblánsə] *f.* likeliness, probability.

versemblant [bərsəmblán] *a.* likely, probable.

versió [bərsió] *f.* version; translation.

vertader, -ra [bərtəðè, -rə] *a.* true, authentic, real.

vèrtebra [bέrtəβrə] *f.* ANAT. vertebra.

vertebrat, -ada [bərtəβrát, -áðə] *a.* vertebrate. ■ 2 *m. pl.* vertebrate animals.

vèrtex [bέrtəks] *m.* GEOM. apex, top, vertex.

vertical [bərtikál] *a.-f.* vertical. 2 *a.* upright.

vertigen [bərtiʒən] *m.* vertigo, dizziness, giddiness.

vertiginós, -osa [bərtiʒinòs, -ózə] *a.* dizzy, giddy. 2 fig. breakneck, dizzy [speed].

vescomte [bəskómtə] *m.* viscount.

vescomtessa [bəskumtèsə] *f.* viscountess.

vesícula [bəzikulə] *f.* ANAT. vesicle. 2 ANAT. bladder: ~ *biliar,* gall bladder.

vespa [béspə] *f.* ENT. wasp.

vespertí, -ina [bəspərti, -inə] *a.* evening.

vesprada [bəspráðə] *f.* See VESPRE. 2 (VAL.) See TARDA.

vespre [bésprə] *m.* evening, late afternoon.

vessament [bəsəmèn] *m.* spillage, spilling; overflow. 2 MED. internal haemorrhage; collection of fluid.

vessant [bəsán] *a.* GEOGR. slope, hillside, mountainside.

vessar [bəsá] *i.-t.* to spill. 2 to leak. 3 *t.* to pour [drinks]. 4 fig. *vessar-la,* to make a mistake or gaffe.

vestíbul [bəstiβul] *m.* hall, lobby, vestibule.

vestidor [bəstiðò] *m.* SP. changing room. 2 THEATR. dressing room.

vestigi [bəstiʒi] *m.* trace, mark, sign; vestige. 2 *pl.* remains.

vestir [bəsti] *t.-p.* to dress *t.-i.*; to get dressed *t.-i.* 2 *t.* to put on. 3 to clothe [person] (*de,* in). 4 to wear [clothes].

vestit [bəstit] *m.* dress [woman]; suit [esp. man]. ‖ ~ *de bany,* bathing costume.

vestuari [bəstuári] *m.* THEATR. costumes. 2 wardrobe, set of clothes. 3 wardrobe [furniture]. 4 SP. changing room. 5 THEATR. dressing room.

veta [bέtə] *f.* ribbon. 2 GEOL. vein, seam. 3 noodle. 4 *seguir-li la* ~ *a algú,* to humour someone. 5 *tirar de* ~, not to stint on expenses.

vila

veterà, -ana [bətərà, -ánə] *a., m.-f.* veteran.

veterinari, -ària [bətərinàri, -àriə] *a.* veterinary. ■ 2 *m.-f.* vet, veterinary surgeon. 3 veterinary science.

vetlla [bèʎʎə] *f.* staying up; night work; sleepless night. 2 wake [funeral]. 3 eve, evening. 4 REL. vigil.

vetllada [bəʎʎàðə] *f.* staying up; wakefulness; vigil. 2 evening party; soirée.

vetllar [bəʎʎà] *i.* to stay up; to stay awake. 2 to keep watch [at night]. ‖ ~ *per,* to watch over, to keep an eye on. ■ 3 *t.* to sit up with, to watch over [sick person].

veto [bétu] *m.* veto.

veu [bèŭ] *f.* voice. ‖ *de viva* ~, viva voce, verbally. ‖ *en* ~ *alta,* aloud. ‖ *un fil de* ~, weak or faint voice. 2 GRAMM. word, term. 3 piece of gossip, rumour. ‖ *corre la* ~ *que...,* rumour has it that... ‖ *donar veus,* to broadcast a fact, to make a thing known. 4 say; turn to speak [in a meeting].

veure [bèŭrə] *t.* to see, to perceive, to spot. 2 fig. to see, to understand. 3 fig. to see, to ascertain, to check, to look into. ‖ *a veure,* let's see, let me see. ‖ *no tenir res a* ~, to have nothing to do (*amb,* with). ‖ *pel que es veu,* as far as can be seen. 4 *ve't aquí!,* look!, see! 5 *no poder* ~, not to bear the sight of. 6 *fer* ~, to pretend, to make out. 7 *fer-se* ~, to attract attention.

vexació [bəksəsió] *f.* annoyance, vexation.

vexar [bəksà] *t.* to harass; to humiliate.

vi [bi] *m.* wine. ‖ ~ *blanc,* white wine. ‖ ~ *negre,* red wine. ‖ ~ *rosat,* rosé.

via [biə] *f.* way, path; route; road. 2 RAIL. track; line. 3 ANAT. tract; passage. 4 *fer* ~, to walk. 5 lane [motorway]. 6 fig. *fer* ~, to shift, to make headway [in work].

viable [biábblə] *a.* viable, feasible.

viaducte [biəðúktə] *m.* viaduct.

vianant [biənán] *m.* pedestrian.

vianda [biándə] *f.* foodstuff, food.

viarany [biəráɲ] *m.* narrow path, track.

viatge [biádʒə] *m.* trip, journey. 2 *pl.* travels.

viatger, -ra [biədʒè, -rə] *m.-f.* traveller.

viatjant [biədʒán] *m.* travelling salesman.

viatjar [biədʒà] *i.* to travel, to journey.

vibració [biβrəsió] *f.* vibration, shaking, shuddering.

vibrar [biβrà] *i.* to vibrate, to shake, to shudder. 2 to rattle [sound]. 3 to shake, to throb [with emotion].

Vicenç [bisèns] *pr. n. m.* Vincent.

vice-president, -ta [bisəprəsiðèn(t), -tə] *m.-f.* vice-president.

viceversa [bisəβèrsə] *adv.* vice versa.

vici [bisi] *m.* vice; bad habit. 2 defect, imperfection.

viciar [bisià] *t.* to vitiate; to pervert, to corrupt, to deprave [person].

viciós, -osa [bisiòs, -ózə] *a.* perverted, depraved, corrupt; vicious.

vicissitud [bisisitùt] *f.* vicissitude; mishap, accident. 2 *pl.* ups and downs.

víctima [biktimə] *f.* victim.

Víctor [biktur] *pr. n. m.* Victor.

victòria [biktɔ̀riə] *f.* victory, triumph.

Victòria [biktɔ̀riə] *pr. n. f.* Victoria.

victoriós, -osa [bikturiòs, -ózə] *a.* victorious, triumphant.

vida [biðə] *f.* life, living. ‖ *amb molta* ~, lively. ‖ *guanyar-se la* ~, to earn one's livelihood. 2 lifetime. 3 way of life.

vídeo [biðéu] *m.* video.

vidre [biðrə] *m.* MINER. glass.

vidrier, -ra [biðriè, -rə] *a.* glass. ■ 2 *m.-f.* glazier. 3 *f.* large window. 4 stained glass window.

vidriola [biðriɔ̀lə] (BAL.), (VAL.) See GUARDIOLA.

vidu, vídua [bidu, biðuə] *a.* widowed. ■ 2 *m.* widower. 3 *f.* widow.

Viena [biènə] *pr. n. f.* GEOGR. Vienna.

Vietnam [biənnàm] *pr. n. m.* Vietnam.

vietnamita [biənnəmitə] *a., m.-f.* Vietnamese.

vigent [biʒèn] *a.* valid, in force.

vigilància [biʒilánsiə] *f.* vigilance, watchfulness.

vigilant [biʒilán] *a.* vigilant, watchful, alert. ■ 2 *m.-f.* caretaker. 3 *m.* watchman.

vigilar [biʒilà] *t.* to watch over; to supervise; to look after.

vigília [biʒiliə] *f.* REL. eve [before festival]. 2 vigil; wakefulness; lucubration.

vigir [biʒi] *i.* to be in force, to prevail.

vigor [biɣó(r)] *m.* vigour, strength, stamina.

vigoritzar [biɣuridzà] *t.* to invigorate; to revitalize, to stimulate.

vil [bil] *a.* mean, low, vile [person]; base, shabby [act, treatment].

vila [bilə] *f.* HIST. town, villager.

vilatà, -na [bilətà, -ánə] *a.* HIST. town, village. ■ *2 m.-f.* villager.

vilesa [bilézə] *f.* meanness, lowness, despicability, baseness. 2 base act, vile deed.

vímet [bimət] *m.* BOT. osier, willow. 2 wicker [material].

vinagre [bináɣrə] *m.* vinegar.

vinagrera [binəɣrèrə] *f.* vinegar bottle.

vinater, -ra [binatè, -rə] wine. ■ *2 m.-f.* vintner, wine merchant.

vincladís, -issa [biŋkləðis, -isə] *a.* pliable.

vincle [biŋklə] *m.* link, bond, tie [also fig.].

vinculació [biŋkuləsió] *f.* linking, connection. 2 LAW entailing.

vincular [biŋkulá] *t.* to link, to bind, to tie. 2 LAW to entail.

vinent [binèn] *a.* coming, next. ‖ *l'any* ~, next year.

vinguda [biŋgúðə] *f.* coming; arrival.

vinícola [binikulə] *a.* winemaking, wine-producing.

vint [bin] *a.-m.* twenty.

vintè, -ena [bintè, -ènə] *a., m.-f.* twentieth.

vinya [biɲə] *f.* BOT. vine. 2 vineyard.

viola [biɔ̀lə] *f.* BOT. viola. 2 MUS. viola.

violació [biuləsió] *f.* breach, infringement; violation [of treaty]. 2 rape.

violar [biulá] *t.* to break, to infringe [law]; to violate [treaty]. 2 to rape.

violència [biulènsiə] *f.* violence.

violent, -ta [biulèn, -tə] *a.* violent. 2 embarrassing.

violeta [biulètə] *a.* violet. ■ *2 m.* violet [colour]. *3 f.* BOT. violet.

violí [biuli] *m.* MUS. violin.

violinista [biulinistə] *m.-f.* violinist, violin player.

violoncel [biulunsèl] *m.* MUS. cello, violoncello.

violoncel·lista [biulunsèl·listə] *m.-f.* MUS. cello player, cellist, violoncellist.

virar [birá] *i.-t.* to turn, to turn round [vehicles]. 2 NAUT. to veer; to put about. 3 NAUT. to tack. 4 *t.* PHOTO. to tone.

viratge [birádʒə] *m.* turning [vehicles]. 2 NAUT. veering; tacking. 3 bend, curve [road]. 4 PHOTO. *toning*.

Virginia [birʒiniə] *pr. n. f.* Virginia.

viril [biril] *a.* manly, virile.

virilitat [birilitát] *f.* manliness; virility.

virrei [birrèi] *m.* viceroy.

virreina [birrèinə] *f.* vicereine.

virtuós, -osa [birtuós, -ózə] *a.* virtuous. ■ *2 m.-f.* ARTS, MUS. virtuoso.

virtut [birtút] *f.* virtue. ‖ *en* ~ *de*, by virtue of, because of, by reason of.

virulència [birulènsiə] *f.* virulence.

virulent, -ta [birulèn, -tə] *a.* virulent [also fig.].

virus [birus] *m.* MED. virus.

vis [bis] *m.* MECH. vice.

visat [bizát] *m.* visa.

visca! [biskə] *m.* long live...!

víscera [bisərə] *f.* ANAT. viscera, entrail.

viscós, -osa [biskós, -ózə] *a.* viscous; thick [liquid].

visera [bizèrə] *f.* peak [on cap]; eyeshade; visor [on helmet].

visibilitat [biziβilitát] *f.* visibility.

visible [biziββlə] *a.* visible. 2 clear, evident.

visió [bizió] *f.* REL. vision. 2 sight, vision. 3 view, overview. 4 fantasy, illusion. ‖ *veure visions*, to see things.

visita [bizitə] *f.* visit; call. ‖ *fer una* ~, to visit, to call by or in (*a*, on), to make a call (*a*, on). 2 visitor.

visitar [bizitá] *t.* to visit, to call (in) on.

visó [bizó] *m.* ZOOL. mink.

vista [bistə] *f.* sight. ‖ *conèixer de* ~, to know by sight. ‖ *perdre algú de* ~, to lose sight of someone. 2 view, sight. ‖ *tenir* ~ *sobre*, to look out on, to have a view of [room, building]. 3 LAW hearing; trial. 4 *m.* customs inspector.

vistós, -osa [bistós, -ózə] *a.* showy, spectacular. 2 pej. gaudy.

visual [bizuál] *a.* visual.

vital [bitál] *a.* life. 2 fig. vital, essential.

vitalici, -ícia [bitəlisi, -isiə] *a.* life-long, life, for life.

vitalitat [bitəlitát] *f.* vitality.

vitamina [bitəminə] *f.* vitamin.

vitrina [bitrinə] *f.* show case, glass case.

vitualla [bituáʎə] *f.* victuals, provisions, food supplies.

viu, viva [biu, biβə] *a.* alive, live, living. 2 lively; vivid, bright [colours]. 3 lively [person]. 4 sharp, acute [pain]. 5 keen, sharp [mind]. *6 adv. phr. de* ~ *en* ~, live, alive.

viudo, -a [biúðu, -a] *a.* widowed. ■ *2 m.* widower. *3 f.* widow.

1) viure [biúrə] *m.* life; living.

2) viure [biúrə] *i.* to live, to be alive. ‖ ~ *de*, to live on. 2 to live, to reside. ▲ CON-

JUG. GER.: *vivint*. ‖ P. P.: *viscut*. ‖ INDIC. Pres.: *visc*. ‖ SUBJ. Pres.: *visqui*, etc. | Imperf.: *visqués*, etc.

vivaç [biβás] *a.* vivacious. 2 long-lived; lasting. 3 BOT. perennial.

vivacitat [biβəsitát] *f.* vivacity, liveliness [person]. 2 brightness, vividness; liveliness [colours].

viver [biβé] *m.* BOT. nursery. 2 ICHTHY. hatchery; fishpond.

vividor, -ra [biβiðò, -rə] *a.* long-lived. ■ 2 *m.-f.* scrounger, cadger, sponger.

vocable [bukábblə] *m.* word; term.

vocabulari [bukəβulári] *m.* vocabulary.

vocació [bukəsió] *f.* vocation, calling.

vocal [bukál] *a.* vocal, voice. ■ 2 *m.-f.* board or committee member. 3 *f.* LING. vowel.

vocalitzar [bukəlidzá] *i.-t.* LING. to vocalize. 2 MUS. to hum; to sing scales.

vociferar [busifərá] *t.-i.* to shout, to yell; to scream.

vogar [buɣá] *i.* to row; to sail.

1) vol [bɔl] *m.* flight; flying. 2 flight [of birds].

2) vol. *m.* (abbr. of *volum*) vol. (volume).

volada [bulàðə] *f.* flight. 2 fig. *de la primera ~*, fresh, inexperienced. 2 ARCH. projection.

volant [bulán] *a.* flying. ■ 2 *m.* AUTO. steering wheel. 3 SEW. frill, flounce. 4 pamphlet, leaflet.

volar [bulá] *i.* to fly [also fig.]; to fly away or off. 2 to be used up in no time, to disappear in a flash [money; food, etc.]. ■ 3 *t.* to blow up, to explode.

volàtil [bulátil] *a.* volatile, flying. 2 volatile, evaporable.

volatilitzar [bulətilidzá] *t.-p.* to vaporize *t.-i.*, to volatilize *i.-t.*

volcà [bulká] *m.* volcano.

1) voler [bulé] *m.* wish; will; desire; volition; intention.

2) voler [bulé] *t.* to want, to wish; to intend. 2 to be about to: *vol ploure,* it's about to rain. 3 to need, to require. 4 *~ dir,* to mean, to signify. ▲ CONJUG. P. P.: *volgut*. ‖ INDIC. Pres.: *vull*. | Fut.: *voldré*, etc. ‖ SUBJ. Pres.: *vulgui*, etc. | Imperf.: *volgués*, etc. ‖ IMPERAT.: *vulgues*.

1) volt [bɔl] *m.* edge, surround; perimeter. 2 walk, round. ‖ *fer el ~*, to go around [place], to do the rounds 3 *pl.* surroundings; neighbourhood *sing.*, vicinity *sing.* ‖ fig. *pels volts de les nou,* around or about nine o'clock.

2) volt [bɔl] *m.* ELECTR. volt.

volta [bɔltə] *f.* turn; round; circuit; tour [cycling]; lap [racing]. 2 trip, journey; walk, stroll. 3 turn, time. 4 bend, curve, turn. 5 ARCH. vault. 6 *~ de campana,* somersault; cartwheel. 7 *fer ~,* to go the long way round.

voltant [bultán] *m.* perimeter; edge, surround. 2 *pl.* surroundings; vicinity *sing.* neighbourhood *sing.* ‖ *al ~*, around. ‖ *al ~ de,* around, round.

voltar [bultá] *i.* to turn (round), to go round; to revolve. 2 to stroll or walk (about); to go or walk around or up and down; to travel (about). ‖ *hem anat a ~,* we went for a stroll. ‖ *he voltat per tot el món,* I've been around the whole world. ■ 3 *t.* to surround.

voltatge [bultádʒə] *m.* ELECTR. voltage.

voltímetre [bultimətrə] *m.* PHYS. voltmeter.

voltor [bultó] *m.* ORNIT. vulture.

voluble [bulúbblə] *a.* changeable, fickle [person].

volum [bulúm] *m.* volume [sound; space]. 2 volume, tome [book].

voluminós, -osa [buluminós, -ózə] *a.* sizeable; bulky, massive; voluminous.

voluntari, -ària [bulintári, -áriə] *a.* voluntary. ■ 2 *m.-f.* volunteer.

voluntat [bulintát] *f.* will, desire, wish; intention; volition.

voluptuós, -osa [buluptuós, -ózə] *a.* voluptuous.

volva [bɔ́lβə] *f.* flake [snow]; speck [dust].

vòmit [bɔ́mit] *m.* vomit.

vomitar [bumitá] *t.-i.* to vomit, to throw up. 2 fig. to vent, to belch forth.

vora [bɔ́rə] *f.* edge, edging; fringe; margin; perimeter. ‖ *la ~ d'un vestit,* the fringe of a dress. 2 bank, side [river]; edge, side [path]. ‖ *a la ~*, nearby, in the vicinity.

voraç [burás] *a.* voracious. 2 fig. all-consuming.

voracitat [burəsitát] *f.* voracity.

voravia [bɔrəβiə] See VORERA.

voraviu [bɔrəβiŭ] *m.* SEW. selvage. 2 fig. *tocar el ~*, to hurt, to offend; to annoy.

vorejar [burəʒá] *t.* SEW. to edge, to fringe, to border.

vorera [burèrə] *f.* pavement, path, (USA) sidewalk.

vori [bɔ́ri] *m.* ivory.

vos [bus] *pers. pron. 2nd pers. pl.* you [familiar address]: *no puc donar-vos la carta,* I can't give you the letter.

vós [bos] *pers. pron. 2nd pers. sing.* you [polite address].

vosaltres [buzáltrəs] *pers. pron. 2nd pers. pl.* you [familiar address].

vostè [bustέ] *pers. pron. 2nd pers. sing.* you [formal address].

vostre, -tra [bɔ́strə, -trə] *poss. a.* your [see *vosaltres*]: *el ~ cotxe,* your car. ■ 2 *poss. pron.* yours: *aquesta és la vostra,* this one's yours.

vot [bɔt] *m.* POL. vote. 2 REL. vow. 3 wish [usu. pl.].

votació [butəsió] *f.* voting, ballot, vote.

votant [butàn] *a.* voting. ■ 2 *m.-f.* voter.

votar [butá] *t.* to vote (for). 2 REL. to vow, to promise, to undertake.

vuit [buĭt] *a.-m.* eight.

vuitanta [buitàntə] *a.-m.* eighty.

vuitantè, -ena [buitəntέ, -έnə] *a.-m.* eightieth.

vuit-cents, -tes [buĭtsèns, -təs] *a.* eight hundred.

vuitè, -ena [buĭtέ, -έnə] *a.-m.* eighth.

vulgar [bulɣár] *a.* vulgar, gross, crude; common.

vulgaritat [bulɣəritàt] *f.* vulgarity, grossness, crudeness; commonness. 2 vulgarism.

vulnerabilitat [bulnərəβilitàt] *f.* vulnerability.

vulnerable [bulnəràbblə] *a.* vulnerable.

vulnerar [bulnərá] *t.* to hurt, to wound [also fig.]. 2 fig. to break, to infringe [law].

vulva [búlβə] *f.* ANAT. vulva.

W

W, w [bẻ bȧʃǝ] *f.* w [letter].
wàter [bȧter] *m.* toilet, w.c., lavatory. 2 toilet or lavatory pot.
waterpolo [bǝtǝrpɔ́lu] *m.* SP. water polo.

watt [bat] See VAT.
WC *m.* water-closet WC.
whisky [wiski] *m.* whisky, scotch [Scotland]; whiskey [Ireland].

X

X, x [iks] *f.* x [letter].

xacal [ʃəkál] *m.* ZOOL. jackal.

xacra [ʃákrə] *f.* ailment, complaint; infirmity, disability.

xafar [ʃəfá] *t.* to flatten; to squash [also fig.]; to crush [also fig.]. *2* to mash [potatoes]. *3* fig. to leave dejected [person]. *4* fig. to deflate [person]; to make feel small.

xafardejar [ʃəfərðəʒà] *i.* to gossip. *2* to pry, to be nos(e)y.

xafarder, -ra [ʃəfərðè, -rə] *a.* gossiping. *2* nos(e)y, prying; inquisitive. ■ *3* *m.-f.* gossip [person]. *4* prier, pryer. *5* coll. Nosey Parker.

xafarderia [ʃəfərðəriə] *f.* gossip, gossiping; piece of gossip. *2* nosiness; inquisitiveness.

xàfec [ʃáfək] *m.* downpour, heavy shower; cloudburst.

xafogor [ʃəfuɣò] *f.* sultriness; stifling heat [weather].

xai, -ia [ʃái, -jə] *m.-f.* lamb. *2* fig. easygoing person; docile person.

xal [ʃal] *m.* shawl.

xalar [ʃəlá] *i.* to enjoy oneself, to have a good time.

xalet [ʃəlèt] *m.* chalet; country house or villa.

xaloc [ʃəlɔ́k] *m.* south-easterly (wind).

xalupa [ʃəlúpə] *f.* NAUT. launch. *2* NAUT. brig; two-masted coaster.

xamfrà [ʃəmfrá] *m.* corner.

xamós, -osa [ʃəmós, -ózə] *a.* charming. *2* witty, facetious.

xampany [ʃəmpáɲ] *m.* champagne, French champagne.

xampú [ʃəmpú] *m.* shampoo.

xampurrejar [ʃəmpurrəʒá] *i.-t.* to mumble, to speak badly [foreign language].

xancleta [ʃəŋklètə] *f.* sandal [esp. for beach]. *2* slipper.

xandall [ʃəndàʎ] *m.* tracksuit.

xanguet [ʃəŋɡèt] *m.* ICHTHY. whitebait.

xantatge [ʃəntádʒə] *m.* blackmail. ‖ *fer-li ~ a algú*, to blackmail someone.

xapa [ʃápə] *f.* plaque, disc [metal]. *2* board, panel [wood]. *3* ply [wood].

xarampió [ʃərəmpió] *m.* MED. measles.

xarcuteria [ʃərkutəriə] *f.* delicatessen, cold meats and sausages [esp. pork]. *2* delicatessen shop.

xardor [ʃərðò] *f.* stifling heat, oppressive heat [weather].

xarlatà, -ana [ʃərlətà, -ánə] *m.-f.* pedlar. *2* *m.* smooth-tongued salesman. *3* *f.* smooth-tongued saleswoman. *4* *m.-f.* coll. big-mouth.

xaró, -ona [ʃəró, -ónə] *a.* coarse, crude, inelegant.

xarol [ʃərɔ́l] *m.* patent leather. *2* varnish [esp. on leather].

xarop [ʃərɔ́p] *m.* syrup; cordial.

xarrupada [ʃərrupàðə] *f.* sip; suck, pull [at drink through straw].

xarrupar [ʃərrupá] *t.* to suck [drink through straw]; to sip [drink].

xaruc, -uga [ʃərúk, -úɣə] *a.* doddering, doddery; senile.

xarxa [ʃárʃə] *f.* net.

xato, -ta [ʃátu, -tə] *a.* snub-nosed; flat-nosed.

xaval, -la [ʃəβál, -lə] *m.* coll. lad, boy. *2* coll. girl; lass.

xavalla [ʃəβáʎə] *f.* small change [coins].

xec [ʃɛk] *m.* cheque, check.

xeixa [ʃéʃə] *f.* BOT. wheat.

xemeneia [ʃəmənèjə] *f.* fireplace, hearth. *2* chimney.

xenofòbia [ʃənufɔ́biə] *f.* xenophobia.

xerès [ʃərɛ́s] *m.* sherry.

xeringa [ʃəriŋɡə] *f.* syringe.

xerinola [ʃərinɔ́lə] *f.* merry-making, festivity; carousal.

xerrac [ʃərrák] *m.* hand-saw, saw.

xerrada [ʃerràðə] *f.* chat, conversation. 2 talk, discussion.

xerraire [ʃərràïrə] *a.* gossipy; talkative, chatty. ■ 2 *m.-f.* gossip [person]; chatterbox [person].

xerrameca [ʃərrəmèkə] *f.* prattling; patter [seller]. 2 garrulity.

xerrar [ʃərrá] *i.* to gossip; to chatter, to prattle. 2 to chat.

xerrera [ʃərrèrə] *f.* talkativeness, chattiness.

xic, -ca [ʃik, -kə] *a.* little, small. ■ 2 *m.* (VAL.) boy, lad; youth. 3 *f.* girl, lass.

xicot, -ta [ʃikòt, -tə] *m.* lad, guy; youth; young man. 2 *f.* girl, lass; young woman.

xicotet, -ta [ʃikutèt, -tə] *a.* (VAL.) small, little.

xifra [ʃifrə] *f.* figure; number, numeral. 2 cipher, code. 3 monogram; initial(s).

Xile [ʃilə] *pr. n. m.* GEOGR. Chile.

xilè, -ena [ʃilè, -ènə] *a., m.-f.* GEOGR. Chilean.

xíling [ʃiliŋ] *m.* shilling.

xilòfon [ʃilɔ́fun] *m.* MUS. xylophone.

ximpanzé [ʃimpənzé] *m.* ZOOL. chimpanzee.

ximple [ʃimplə] *a.* simple; obtuse, stupid.

ximpleria [ʃimpləriə] *f.* act of stupidity, idiocy. 2 piece of nonsense [spoken words].

ximplet, -eta [ʃimplèt, -ètə] *a.* slow, slow-witted; simple.

Xina [ʃinə] *pr. n. f.* GEOGR. China.

xindria [ʃindriə] BOT. See SÍNDRIA.

xinès, -esa [ʃinès, -èzə] *a., m.-f.* Chinese.

xino-xano [ʃinuʃànu] *phr.* slowly, gradually, little by little, bit by bit.

xinxa [ʃinʃə] *f.* ENT. bedbug; bug.

xinxeta [ʃinʃètə] *f.* drawing pin.

xipollejar [ʃipuʎəʒá] *i.* to splash (about) [in water].

Xipre [ʃiprə] *pr. n. m.* GEOGR. Cyprus.

xiprer [ʃiprè] *m.* BOT. cypress, cypresstree.

xipriota [ʃipriɔ̀tə] *a.* Cypriot. ■ 2 *m.-f.* Cypriot.

xiquet, -ta [ʃikɛt, -tə] (OCC.) See NEN.

xirivia [ʃiriβiə] *f.* parsnip.

xisclar [ʃisklá] *i.* to scream; to shriek; to cry out.

xiscle [ʃisklə] *m.* scream; shriek; cry.

xiular [ʃiŭlá] *i.-t.* to whistle.

xiulet [ʃiŭlèt] *m.* whistle. 2 whistle [instrument].

xiuxiuejar [ʃiŭʃiwəʒà] *i.* to mutter, to murmur, to whisper.

xivarri [ʃiβàrri] *m.* rumpus, hullabaloo, uproar [people].

xoc [ʃɔk] *m.* bump; jolt, jar; impact. 2 MED. shock.

xocant [ʃukàn] *a.* startling, striking. 2 shocking, scandalous.

xocar [ʃuká] *i.* to collide; to crash [vehicles]. 2 to shock, to startle.

xocolata [ʃukulàtə] *f.* chocolate.

xofer [ʃufè, cold ʃɔ́fər] *m.* chauffeur, driver.

xop, -pa [ʃòp, -pə] *a.* soaked, wet through, dripping wet.

xoriço [ʃurisu] *m.* chorizo [pork sausage seasoned with red pepper].

xot [ʃot] (BAL.) See BE.

xuclar [ʃuklá] *t.* to sip [drink]. 2 to suck. ‖ fig. ~ *la sang a algú,* to bleed someone dry [of their money].

xuclat, -ada [ʃuklàt, -àðə] *a.* gaunt [esp. face]; skinny [body].

xufla [ʃúflə] *f.* BOT. earth almond, chufa.

xumar [ʃumá] *t.* to suck [at breast]. 2 to drink straight from [bottle, etc.].

xumet [ʃumèt] *m.* dummy [rubber teat].

xurriaques [ʃurriàkəs] *f. pl.* whip *sing.*; switch *sing.*

xusma [ʃúzmə] *f.* rabble, mob.

xut [ʃut] *m.* shot [football]. 2 ORNIT. owl.

xutar [ʃutá] *i.* to shoot [football].

Z

Z, z [zɛ́tə] *f.* z [letter].
zebra [zɛ́βrə] *f.* ZOOL. zebra.
zebú [zəβú] *m.* ZOOL. zebu.
zel [zɛl] *m.* keenness, zeal; ardour. 2 conscientiousness, zeal. 3 ZOOL. *heat, rut.* ‖ *en ~,* on heat, in season.
zenc [zɛŋ] *m.* MINER. zinc.
zenit [zɛ́nit] *m.* ASTR. zenith.
zero [zɛ́ru] *m.* zero. ‖ fig. coll. *un ~ a l'esquerra,* good-for-nothing, bum [person]; piece of trash, rubbish [thing].
ziga-zaga [ziɣəzáɣə] *f.* zigzag.
zinc [ziŋ] *m.* MINER. zinc.
zíngar, -ra [zíŋɡər, -rə] *a., m.-f.* Gypsy.

zitzània [zitzániə] *f.* BOT. darnel. 2 fig. *phr. sembrar ~,* to sow discord.
zodíac [zuðiək] *m.* zodiac.
zona [zónə] *f.* zone.
zoo [zo] *m.* zoo.
zoòleg, -òloga [zuɔ́lək, -ɔ́luɣə] *m.-f.* zoologist.
zoologia [zuuluʒíə] *f.* zoology.
zoològic, -ca [zuulɔ́ʒik, -kə] *a.* zoological. ■ 2 *m. (parc) ~,* zoo.
zumzejar [zumzəʒá] *i.* to go up and down.
zum-zum [zumzúm] *m.* hum, humming; buzz, buzzing.